KB242207

# 1001 INVENTIONS

죽기 전에 꼭 알아야 할 세상을 바꾼 발명품 1001

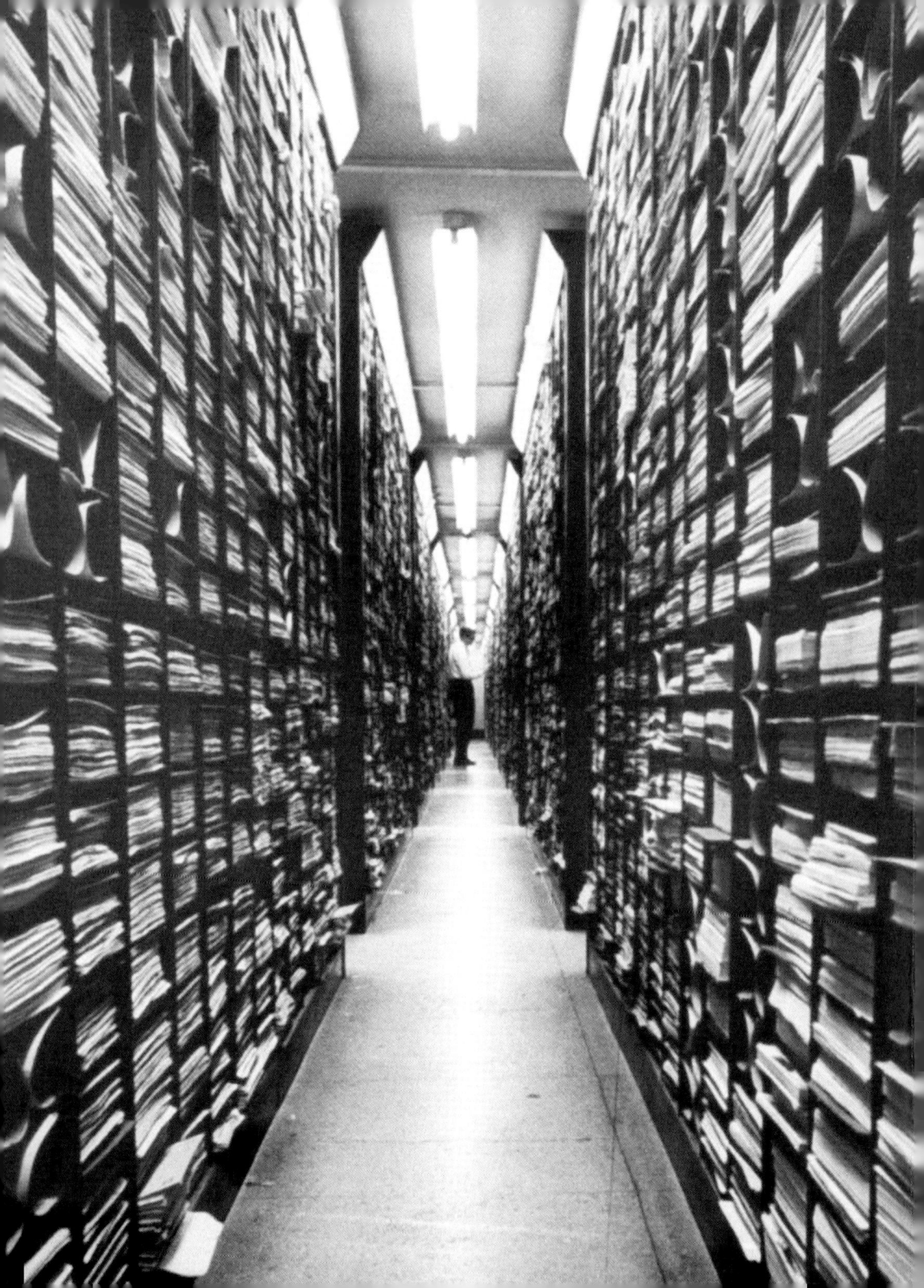

# 1001 INVENTIONS
## 죽기 전에 꼭 알아야 할 세상을 바꾼 발명품 1001

잭 첼로너 책임편집

트레버 베이리스 서문편집

이사빈 · 이제학 · 이민희 옮김

○ 워싱턴 D. C.에 있는 미 특허청 건물에
보관된 특허권 신청서.

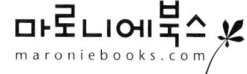

1001 INVENTIONS
THAT CHANGED THE WORLD

Copyright © 2008 Quintessence.


죽기 전에 꼭 알아야 할
세상을 바꾼 발명품 1001

책임 편집자   잭 첼로너
서문 편집자   트레버 베이리스
옮긴이       이사빈, 이제학, 이민희

초판 1쇄   2010년  1월 20일
초판 3쇄   2015년  5월   1일


펴낸이    이상만
펴낸곳    마로니에북스
등 록     2003년 4월 14일 제2003-71호
주 소     (413-756) 경기도 파주시 문발로 165
전 화     02-741-9191(대)
편집부    02-744-9191
팩 스     02-3673-0260
홈페이지  www.maroniebooks.com

* 책값은 뒤표지에 있습니다.

ISBN   978-89-6053-169-7
       978-89-91449-83-1(set)

Printed in China
Korean Translation Copyright © 2010 by Maroniebooks
All rights reserved.
The Korean language edition published by arrangement with Quintet
Publishing Ltd., London through Agency-One, Seoul.

# Contents

# 서문

트레버 베이리스(대영제국 제4급 훈작사, 발명가)

이 책 속의 발명품 목록을 읽다 보면 여러분이 생각했던 것보다 훨씬 더 오래 전에 발명되었다는 사실에 놀랄 것이다. 예를 들어 컴퓨터 프로그램은 1843년경부터 개발되었고 낚시 바늘은 3만 5,000년 전에 처음 등장하였다. 나는 우리 모두 그러한 발명을 할 수 있다고 믿는다. 좋은 아이디어가 있지만 실행에 옮기지 않는 이가 얼마나 많은가. 결국 몇 달 혹은 몇 년이 지난 후에야 그 아이디어를 위해 무언가 실행했다면 이 책에 이름을 올릴 수 있었을 것이라 뒤늦게 깨닫는 것이다.

나는 또한 훌륭한 발명가인 루이 파스퇴르의 "기회는 준비된 자에게만 온다"라는 말을 믿는다. 사실 어느 날 밤 아프리카에서 HIV와 에이즈의 확산에 관한 텔레비전 프로그램을 보게 된 것은 순전히 우연이었다. 벌거벗은 시체들을 무덤 구멍으로 넣는 장면을 보고 오싹해졌다. 리포터는 에이즈 전염을 통제하기 위한 유일한 방법으로 라디오 방송을 통해 건강 정보를 널리 알리고 교육하는 것이라 했다. 그러나 아프리카에서는 배터리를 구하기 힘들 뿐만 아니라 전기도 들어오지 않는 문제점이 있었다. 그 프로그램을 보다가 갑자기 식민지 시대의 나를 떠올렸다. 진토닉을 손에 들고 헬멧과 외알 안경을 쓴 채 턴테이블 위의 큰 호른 스피커에서 흘러나오는 '히즈 마스터즈 보이스' 상표의 레코드로 듣던 때를 말이다. 만약 축음기 스프링이 베이크라이트로 된 판에 바늘을 문질러 그 정도의 소리를 얻을 수 있다면, 작은 발전기를 움직여 라디오의 소리를 내기에 충분한 힘이 있을 거라는 생각이 순간적으로 들었다. 이것이 태엽장치 라디오를 개발시킬 수 있던 나의 '유레카'의 순간이었고, 나머지 과정은 태엽장치와도 같이 척척 맞물리며 진행되었다.

이 이야기는 비누, 수세식 변기, 가위, 만년필과 같은 많은 발명품이 어떤 물건에 대한 필요성을 느끼는 것으로부터 영감을 받는다는 것을 보여준다. 그러나 아이러니컬하게도 인류에게 더 적당한 방식으로 혜택을 주기 위한 사용 목적을 찾기보다는 로켓과 같은 무기를 생산하도록 동기를 부여하는 전쟁과 같은 극적인 사건이 계기가 되는 일이 더 많다.

하지만 엄청난 아이디어를 갖고 있다고 하더라도 그 다음에 어떻게 해야 하는가를 알고 있는 사람이 우리 중 얼마나 될까? 기억하라. 한 장의 그림이 천 개의 단어보다 가치 있다. 하지만 아이디어의 원형은 더 가치 있는 것이다. 슬프게도 만약 술집에 가서 모든 사람에게 자신의 새로운 아이디어를 말한다면 그것은 더 이상 법으로 보호할 수 없음을 사람들은 알지 못한다. 이를 일컫는 단어를 '지적 재산권'이라고 한다. 좋은 아이디어가 있다 해도 그 대가를 지불하는 이는 없을 것이다. 대신 당신이 아이디어를 소유할 수 있는 특허권, 의장등록, 또는 저작권 문서와 같은 몇 장의 서류가 있다면 기꺼이 대가를 지불할 것이다. 운 좋게도 나는 내가 태엽장치 라디오를 발명했을 당시 지적 재산권에 대해 알고 있었다. 하지만 내가 변리사와 상담해야 한다는 것을 충고한 특허청에 더욱 의존해야 했다(변리사만이 구두점 없이 글을 쓸 수 있는 유일한 사람이라 생각했기 때문이다).

따라서 이제 발명가에 대해 좀더 진지하게 생각해야 할 때라 본다. 국가 교육 과정으로 '발명 분야 절차'를 만드는 것이 필요하다. 누군가가 좋은 아이디어를 생각해냈을 때, 그것을 보호하는 데 어떤 단계를 거쳐야 하며 어떻게 시장에서 제품화될 수 있는지 알게 될 것이다. 내가 좋아하는 표현 중 하나는 '예술은 기쁨이고 발명은 재산이다'이며, 1001가지 발명품의 리스트를 보게 되었을 때 당신은 얼마나 많은 발명품이 우리의 일상생활에서 중요하게 쓰이는지 깨닫게 될 것이다. 게다가 발명은 산업과 상업의 지속적인 성장을 위한 결정적 요인이다. 내가 태어난 해인 1937년, 최초 제트기 엔진 발명 회사를 설립한 프랭크 위틀과 같은 발명가들은 우리의 거대한 행성이 '지구촌'으로 변화하는 데 공헌했다.

흥미롭고 시사하는 바가 많은 발명품 리스트를 편집한 이 책의 필자들에게 축하의 말을 전하고 싶다. 이 책을 통해 일상생활 속에서 중요한 것은 무엇인지 깨닫는 과정 또한 매우 흥미로울 것이다. 이 책은 평범한 사람들이 지식과 창의력을 통해 어떻게 우리의 삶을(사회적으로나 상업적으로) 바꾸었는지 세상에 알리고, 특히 뒷 부분에서는 발명가들이 얼마나 빠르게 이 세상을 바꾸어 놓았는가에 대한 다양한 증거를 제시한다.

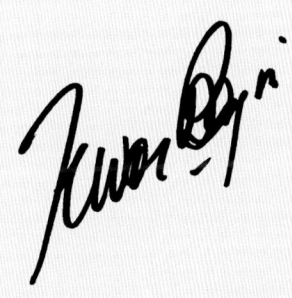

# 소개
## 잭 첼로너(책임편집)

발명이란 무언가 새로운 것, 이전에 존재하지 않았던 어떤 것을 창조하는 일이다. 발명은 사상이나 이념(민주주의와 같은), 시, 춤 또는 음악과 같은 것이 될 수 있지만 이 책에서는 기술적 발명만을 다루고 있다. 기술은 우리가 필요로 하고 원하는 바를 달성하기 위해 세상에 대한 지식을 실제적으로 적용한 것이다. 기술이란 컴퓨터나 자전거와 같은 사물의 차원을 넘어 알파벳, 숫자 체계, 광석에서의 금속 추출과 같은 기법과 방식 역시 기술에 속하는 것이다.

과학적 이론과 발견은 이 책에 수록되어 있지 않다. 과학은 우리가 이론과 실험을 통해 자연 법칙의 신비를 풀어가는 방식이다. 과학과 기술은 상호의존적이다. 예를 들면 내연기관은 열역학과 연소 화학에 대한 과학적 이해가 없었다면 발명되지 못했을 것이다. 거꾸로 현미경과 전파망원경, 컴퓨터와 같은 발명품들은 과학적 탐구에 커다란 도움을 주었다.

이 책의 발명품 리스트를 편집하기 시작했을 때, 나는 1001가지라는 숫자가 너무 많지 않을까 염려했다. 하지만 곧 셀 수 없이 많은 기술적 혁신이 현재 우리가 살아가는 방식을 정의내리는 역할을 하고 있다는 것을 깨달았다. 각각의 발명품은 어떤 방식으로든 세상을 바꿔왔으며 그 외에도 너무나 많아 전부 이 책에 수록하지는 못했다.

그렇다면 나는 어떻게 최종 리스트를 결정하였을까? 나는 독자들이 누가 종이 클립, 눌러 붙지 않는 팬, 혹은 가위를 발명했는지 찾기 위해 이 책을 고를 거라는 것을 알고 있었다. 색인에는 실질적으로 이러한 다양한 발명품을 포함하고 있다. 기술적 혁신의 증가 속도는 발명이 흔한 일이 될 수 있음을 알려 주었으나, 필연적으로는 현대 발명품들에 대한 편견을 끌어냈다. 또한 나는 이 책이 중요하지만 아직 대중에게 알려지지 않은 기술을 소개해주길 바랐다. 여러분은 책장을 뒤적이다가, 혹은 상호 참조를 통해 이러한 기술들을 접하게 될 것이다.

『죽기 전에 꼭 알아야 할 세상을 바꾼 발명품 1001』은 연대순으로 정리되었다. 그러나 발명품의 첫 출현 날짜가 항상 정확하진 않다. 예를 들면 백열등은 19세기 전반에 걸쳐 점차 발달했다. 고무는 고대 메소포타미아 시대에 처음으로 경화되었지만 훗날 실생활에 사용되지 않았다. 백열전구의 경우 오늘날 우리와 익숙한 형태의 백열등이 처음 작동한 날짜를 인용했다. 경화된 고무는 집필진이 직접 현대 산업 과정을 도입한 날짜를 적용했다. 발명품을 만든 사람과 날짜 기록이 어디에도 존재하지 않는 고대 기술의 경우, 우리는 가장 오래된 증거와 추측을 근거로 날짜를 추산했다.

『죽기 전에 꼭 알아야 할 세상을 바꾼 발명품 1001』은 전부 여덟 개의 장으로 나뉘어 있다. 이 같은 방식으로 1001가지 발명품의 역사를 나열하는 것은 꽤 자의적일수 밖에 없지만, 우리는 사회와 기술이 중요한 변화를 겪던 역사적 시기를 기준으로 각 장을 서술하기 위해 최선을 다했다.

제1장에서는 석기가 최초 인간의 발명품으로 널리 받아들여지기 시작하여 250만 년전 인류의 조상들이 만들어 사용했다. 초기 석기 시대(구석기 시대)에는 석기뿐만 아니라 불의 사용, 의복, 날카로운 칼, 창은 역사상 가장 중요한 발명품일 것이다. 이러한 과학 기술이 없었다면 인류는 사냥과 채집에서 더욱 자리잡힌 생활 방식으로 옮겨오지 못했을지 모른다.

과학 기술 발전의 속도가 급속도로 빨라지면서 인류가 정착 생활을 하게된 일은 우연의 일치가 아니다. 최초의 대규모 문명은 약 7,000년 전에 메소포타미아(현재의 이라크)에서 발생했다. 바퀴, 차축 그리고 다른 중요한 후보 발명품이 고대 메소포타미아에서 비롯되었다. 유리와 관개도 마찬가지이다. 그 후 2,000년 정도 흐르자 인더스 강(인도 아대륙), 이집트, 중국의 황하에서 문명이 발생했다.

금속은 여러 기구의 재료로 광범위하게 쓰이기 시작했다. 새로운 금속은 농기구뿐만 아니라 무기와 도구들을 만들었다. 대부분의 금속은 광석 안에 있는 상태로 다른 원소와 함께 단단히 뭉쳐 있다. 청동기 시대와 철기 시대에 사람들은 어떻게 그 광석에서 금속을 추출하는지에 대해 배우기 시작했다.

약 2,500년 전 지중해 쪽에서는 또 다른 위대한 문명이 절정에 달했다. 고대 그리스는 철학자들 때문에 명성이 높았다. 하지만 수학자와 공학자 또한 과학과 기술에 중요한 공헌을 했다. 예를 들어 아르키메데스는 지레, 도르레 장치, 나사 등 가장 오래된 형태의 기계를 발명했다.

제2장은 우리에게 로마 시대부터 산업사회의 시작까지를 조명한다. 200년에서 300년에 걸쳐 인더스 강과 고대 중국에서 대부분의 기술 혁신이 일어났다. 인더스 강에서 만들어진 발명품이 세상의 다른 지역에는 알려지지 않은 반면, 중국에서 발명된 발명품은 널리 알려졌다. '4대 발명'이라고 일컬어지는 화약, 종이, 나침반, 그리고 인쇄가 그 예이다.

15세기 로마 제국의 쇠퇴 이후, 서양의 대부분은 암흑시대에 접어들었지만 중국 문명은 안정을 이루었고 혁신을 계속했다. 이슬람 제국이 18

세기에 출현했고, 이슬람 학자들은 자칫 잃어버릴뻔 했던 고대 그리스 사상가들의 업적을 전승했으며 많은 부분 발전시켜나갔다. 14세기 말부터 17세기 초까지 유럽 르네상스 시기 풍족한 사회에서 꽃핀 이성적 사고는 인쇄, 현미경, 망원경과 같은 과학 기술을 낳았다.

17세기와 18세기는 천문학과 생물학, 물리학, 화학, 수학에서 급격한 발전을 이룬 시기였다. 이 시기에는 온도계, 습도계, 진공 펌프, 기압계와 기계 계산기 등이 놀라운 속도로 발전했다. 그 덕분에 과학자들은 물리 세계를 전례에 없던 엄밀한 방식으로 조작할 수 있었다. 이 시기 동안 과학자들은 전기력과 자기력이라는 중요한 두 힘을 실험하기 시작했다.

물리학과 화학에 대한 새로운 통찰력은 기계적 혁신을 촉진했고, 산업혁명은 18세기 말 영국에서 코크스를 이용한 철 제련법이 도입되면서 일어났다. 수세기 동안 철을 제련하는 데는 나무에서 나온 숯을 이용했다. 17세기에 철 수요가 급증하여 영국은 거의 대부분의 산림을 벌채했다. 숯을 대신하여 나무가 아닌 석탄에서 나오는 코크스를 사용하게 되면서, 영국은 남은 산림을 보존함과 동시에 철의 생산량을 증가시킬 수 있었다. 석탄 추출 과정에도 문제점은 있었다. 그중 가장 큰 문제는 홍수였다. 광산에서 펌프로 물을 퍼내게 된 것은 1700년대 초반 증기기관이 발명된 결과였다. 18세기 후반 제임스 와트는 기본 펌핑 엔진의 효율성을 향상시켰고, 회전 동작을 할 수 있는 더욱 강력한 엔진을 도입했다.

제3장은 영국이 산업혁명으로 비약적 발전을 이루던 18세기 말에서 시작한다. 고압 엔진은 세계를 가로지르며 급변화하던 운송시스템에 혁명을 일으킨 철도 기관차와 증기선의 도입을 이끌었다. 기술자들은 작지만 더욱 강력한 증기기관을 개발했고, 그 이후에도 내연 기관을 잇따라 발달시켰다. 동시에 직물 산업의 기계화에 공장제 시스템으로 움직임을 촉진했다. 수천 명의 사람들이 일을 구하기 위해 시골에서 대도시로 떠났다.

제4장은 19세기 중반 산업혁명의 기술적 발전이 지속적인 진보를 가져왔을 때 시작되었다. 새로운 단계의 지적 교양과 발전은 유럽 식민지의 번성을 가능케 했다. 이 시기는 제국의 시대였다. 새로운 형태의 교통과 수송 방식이 등장한 덕분에 제국주의 국가들은 대륙을 가로지르며 활동할 수 있었다. 미국이 21세기까지도 강력한 국가로 세력을 떨칠 수 있게 되는 계기를 마련한 것 또한 이 시기였다. 미국의 발명가 토머스 에디슨은 홀로 1001개 이상의 특허권을 갖고 있었다.

오늘날의 모든 산업기술은 우리가 알고 있는 기술적으로 진보된 세계에 적절하게 놓여 있다. 화학 산업은 1830년대에 등장했다. 염료와 비료가 발명됐을 뿐만 아니라 세기 말에는 플라스틱이 만들어졌다. 가스등과 전기 조명의 도입은 쉼 없는 혁신과 밤낮 없는 지속적인 산업을 가능케 했다. 전보는 전화와 라디오로 대체되었으며, 전기 통신은 끊임없이 발전했다. 19세기 말 제5장의 시작에서, 많은 나라가 거대한 전기 제품 시스템, 전화 네트워크, 도로, 철도 선로를 만들었다. 물론 자동차는 1886년 독일에서 특허권을 얻으면서 존재감을 갖게 되었다. 이 시기의 다른 발명품은 20세기에 큰 영향을 끼쳤으며 동력 비행기, 필름과 텔레비전은 현대 사회에 등장한 주요 발명품이었다.

전쟁이 일어나면서 세계사에 혁신이 초래되었다. 제6장은 DDT와 원자 폭탄과 같은 기술 혁신을 가져온 제2차 세계대전 발발 전에서 시작된다. 이 장은 과학과 기술에 대한 낙관론이 최고조에 달했던 전후 시대를 다루고 있으며 디지털 컴퓨터의 실현을 보여준다. 1950년대 초 제7장에서는 집적 회로가 발명되었고 의미 있는 첫 번째 위성도 출현했다. 마지막 장에서는 놀라운 의학적 기술과 가전제품의 발달 과정을 보여준다. 인터넷이 개발되면서 현재 우리의 삶에도 깊은 영향을 주고 있는 과학 기술이 출현하기 시작한다.

발명은 인간 역사의 본질을 밝히는 역할을 한다. 인류는 원시 수렵 채집생활에서 정교하게 기반을 닦으면서 스스로 결정하는 인종으로 변모하고 있다. 오늘날의 세계는 삶의 질을 높이는 셀 수 없이 다양한 기술을 포함하고 있다. 하지만 모든 발명품이 좋은 일에 쓰이는 것은 아니다. 어떤 발명품은 인간이 의도했던 바와 상관없이 해를 끼치기도 한다. 일반적인 과학 기술의 발전이 인구의 무제한 증가와 지구의 자연 균형 혼란에 의해 인류의 생존을 언제 위협할지 모른다는 설득력 있는 주장이 나오고 있다.

필요가 발명의 어머니라면, 능력은 발명의 아버지임에 틀림없다. 발명의 능력이 사랑, 증오, 친절, 불신과 같은 선천적인 것이기에 인간은 전쟁과 평화 시 쓰이게 될 새로운 물건을 계속해서 발명할 것이며, 현존하는 발명품을 지속적으로 개선할 것이다.

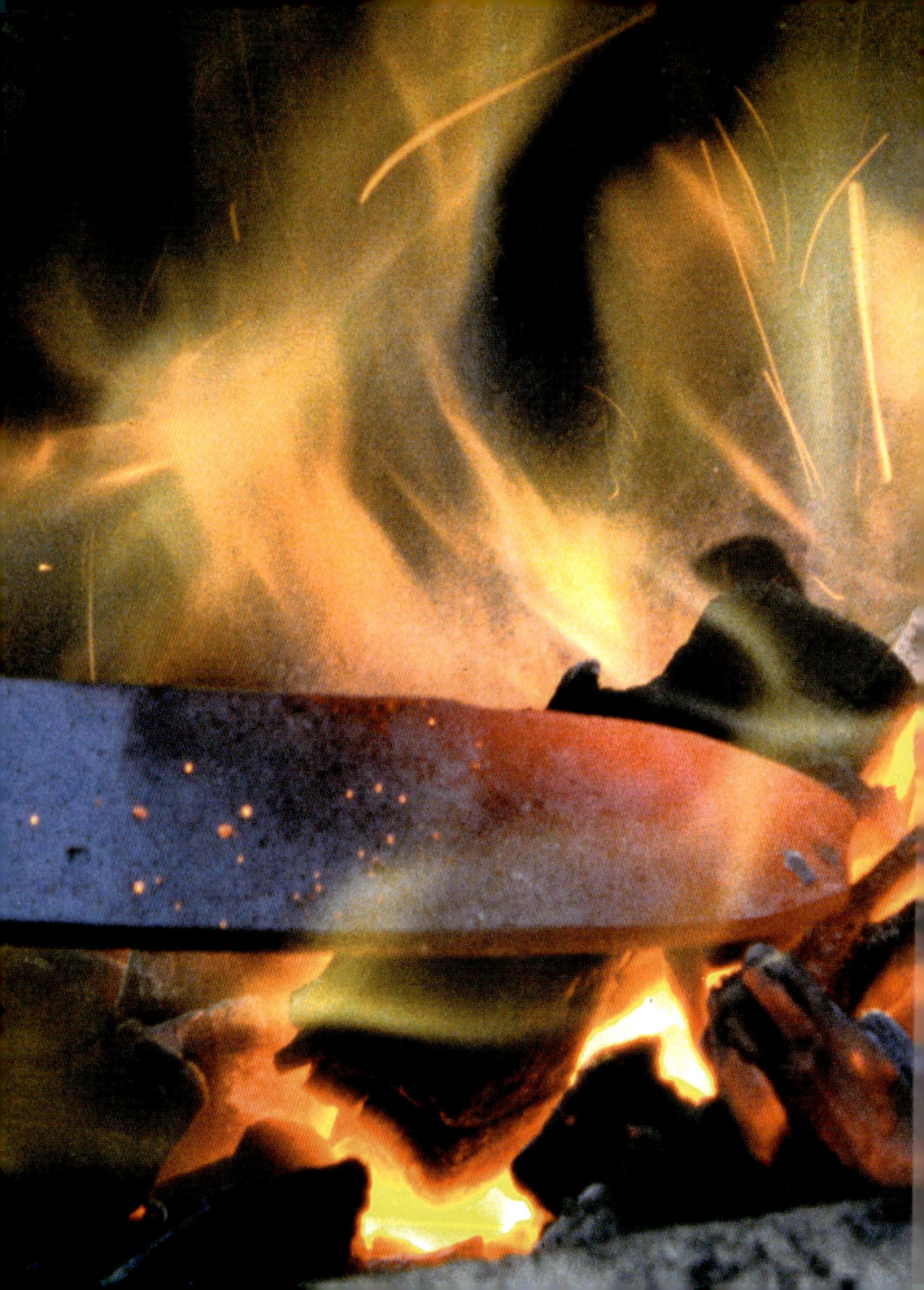

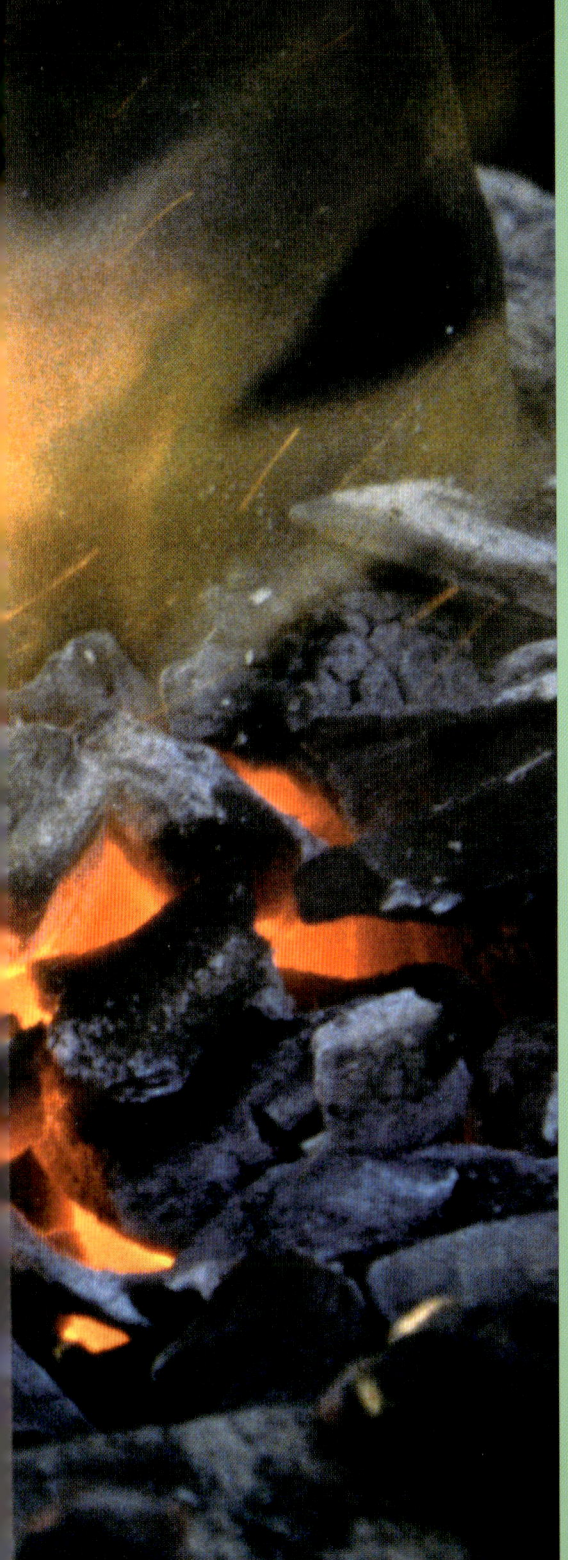

약 200만 년 전에 최초의 석기를 발명한 순간 인류는 지구상의 다른 종족과 차별화되기 시작했다. 그로부터 또다시 120만년이 더 흐른 뒤에야 우리의 선조들은 천연 자원을 활용할 수 있는 독창적인 방법을 찾아내기 시작했다. 일단 한 번 탄력을 받기 시작하자 갖가지 아이디어가 점점 빠른 속도로 생겨났으며 고대가 끝날 무렵에는 완전한 문명이 꽃피워 있었다.

# The ANCIENT WORLD
## (고대 세계)

◀ 파라오 람세스 2세가 전쟁문화에 혁신을 가져온 스포크 차륜 전차를 타고 있다.

B.C.E.

# 석기(石器)

## (기원전 260만 년경)

초기 인류가 발명의 시대의 도래를 예고하다.

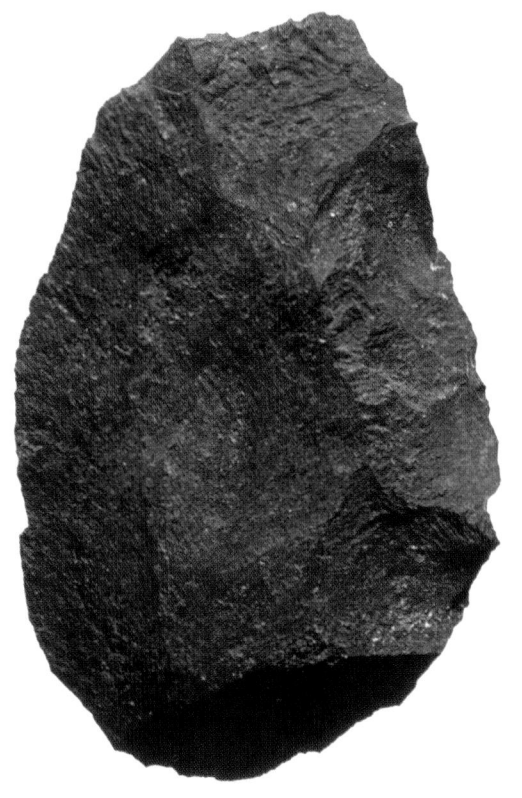

인간이 처음으로 발명한 것은 날카로운 부싯돌이었다. 원시인들은 자연 상태의 부싯돌을 발견하여 사용하다가 점차 의도적으로 돌을 날카롭게 다듬기 시작했다. 이는 인류의 시초로 거슬러 올라간다. 1969년에 케냐에서 발견된 석기는 260만 년 전의 것으로 추정된다.

다양한 크기를 보여주는 구석기 시대 석기의 주된 형태는 석핵(石核), 박편, 돌날로 알려져 있다. 이중 석핵으로 만든 석기가 가장 크고 원시적인 것으로, 주먹 정도 크기의 암석이나 돌을 유사한 형태의 돌망치로 다듬고 한쪽의 박편을 깎아 날카로운 모서리를 만들었다. 이것은 일반 용도로 쓰였던 도구로서, 무언가를 잘게 썰거나 가루로 빻거나 절단하는 데 주로 사용되었다. 나중에는 더 얇고 날카로운 석핵으로 만들어 훨씬 유용한 석기로 발전했다. 세월이 지나 석기시대의 마지막 1만 년 동안 쪼기, 빻기, 자르기, 구멍 뚫기 등 다른 석조 기술들이 등장했다.

석기 제작의 발전 덕분에 초기 인류는 이전에 아예 불가능하거나 조잡한 수준으로밖에 할 수 없었던 많은 일들을 가능하게 할 수 있었다. 이제 돌칼, 클리버, 큰 칼로 짐승 가죽을 벗기고 살점을 발라내 고기를 자르는 것이 가능해졌다. 사람들은 가죽을 거친 스크레이퍼로 다듬고 송곳으로 구멍을 뚫은 다음 옷을 만들었다. 또한 돌의 박편으로 창끝을 만들어 사냥을 보다 효율적으로 할 수 있게 되었다. 돌도끼의 도움으로 초기 인류는 은신처를 만들었으며, 한 곳에 머무는 생활을 영위하면서 그들이 원하는 대로 세계를 형성하기 시작했다. **MF**

> "최고의 재료에는
> 흑요석과 규질암,
> 부싯돌과 옥수가 포함된다."
>
> 플로이드 라전트, 소설가

참고: 불의 제어, 집 짓기, 의류, 창, 낚시, 드릴, 날카로운 돌날

↖ 석기 시대의 인류는 딱딱한 화산 암석에서 박편을 깎아내 도구와 무기를 만드는 데 익숙해졌다.

# 불의 제어
## (기원전 142만 년경)

호모 에렉투스가 번개를 동력화하다.

중요한 도구인 불을 제어할 수 있게 되면서부터 인류는 문명의 길을 걸을 수 있었다. 불을 처음 발견한 경위는 번개였을 것으로 추정되며, 수 세기 동안 이런 방식으로 점화된 불꽃들이 불의 유일한 원천이었다.

얼마 전까지 기원전 50만 년경에 살았던 북경 원인(原人)이 불을 최초로 사용한 것으로 알려져 있었지만, 1981년 케냐와 1988년 남아프리카에서 발견된 증거들은 인간이 최초로 불을 제어하여 사용한 것이 약 142만 년경으로 거슬러 올라간다는 사실을 암시한다. 점화의 어려움 때문에 불을 계속해서 살려두어, 낮에는 활활 타게 하고 밤에는 약하게 줄이곤 했다. 원시인들 사이에서는 황철광에 부싯돌을 치는 등의 마찰 방법이 불을 붙이는 가장 일반적인 방법이었다.

최초로 불을 제어하게 된 인류는 몸을 따뜻하게 하

---

"이미 불이 한 번 붙었던 나무를 찾아라. 한번 그을린 나무는 불을 붙이기가 그다지 어렵지 않다."

아프리카 속담

---

고 음식을 조리하며 포식동물로부터 자신들을 보호하는 데 불을 사용했다. 과거에는 너무 추워서 인간이 거주할 수 없었던 지역에서도 불을 사용하여 생존할 수 있게 되었다. 또한 동물이나 적들을 숨어 있는 곳으로부터 유인해내는 '불 몰이'에도 불을 사용하였다. 제어된 불은 숲을 태워서 길을 만들고, 목초지와 농지를 만드는 데 중요한 역할을 했다. 그러나 불을 제어하지 못하면 흙의 영양분과 구성성분이 파괴되었다. 불의 제어는 금속을 녹이는 것을 가능하게 함으로써 인류가 석기 시대의 한계를 벗어나는 것을 가능해 주었다. **MF**

참고: 석유 램프, 양초, 오븐

# 집 짓기
## (기원전 40만 년경)

호모 하이델베르겐시스가 최초의 오두막을 짓다.

인간이 지은 가장 오래된 은신처는 기원전 80만 년에서 기원전 20만 년경 사이 유럽에 살았던 호모 하이델베르겐시스의 것으로 알려졌다. 인류학자들은 이들이 호모 사피엔스(인간) 또는 호모 네안데르탈렌시스(네안데르탈인)의 조상인지, 아니면 그 둘 전부의 조상인지에 대해서 단정하지 못한다.

40만 년경 전의 것으로 추정되는 프랑스의 테라 아마타 유적에서 고고학자들은 커다란 타원형의 오두막으로 보이는 것들을 발견했다. 그중에는 화덕에 불을 사용한 흔적을 보여주는 것도 있었지만, 일부 학자들은 이 흔적이 자연 현상 때문이라고 주장하기도 한다. 수십만 년 전의 유적을 다루는 고고학은 복잡한 학문이다. 일본에서 50만 년 이상된 유적지에서 오두막을 발견했다는 주장은 2000년대에 들어서 신빙성을 잃

---

"인간에게 있어 은신처는 농경 다음으로 중요한 것이다. 배를 채우고 나면 쉴곳이 있어야 했기 때문이다."

필립 존슨, 건축가

---

었다. 사실상 일본에서 3만 5,000년 전보다 과거에 살았던 인류에 대한 모든 증거는 현재 그 진위 여부가 문제시된다.

우리는 먼 옛날 조상들이 수십만 년 동안 동굴에서 생활했다는 사실을 알고 있다. 그러나 동굴은 일부 특정 지역에서만 발견된다. 인간은 먹을 거리와 물, 기타 자원과 가까운 곳에 은신처를 마련함으로써 외부 요소와 위험한 동물들로부터 스스로를 보호할 수 있게 되었다. 또한 일터에서 가까운 곳에 거주하면서 다양한 방식의 실험, 즉 발명을 할 수 있는 시간도 가지수 있었다. **ES**

참고: 말린 벽돌, 요새, 초벽, 구운 벽돌, 회 반죽

# 의복 (기원전 40만 년경)

초기 인류가 벌거숭이 몸을 감싸다.

40만 년 전 호모 사피엔스는 상처받기 쉬운 벌거벗은 몸을 외부 환경으로부터 보호하고자 옷을 고안해냈다. 인류학자들은 추위와 바람, 비를 피하기 위해, 사냥한 동물의 털이나 나뭇잎을 이용해 몸을 독창적으로 감싼 데서 의복이 비롯되었다고 추측한다.

기원전 3만 년경 동물의 뼈로 만든 바늘이 발견되었는데, 이 물건의 발명 시기를 놓고 고고학자들 사이에 의견이 분분했다. 사람 몸의 벼룩을 유전학적으로 분석한 결과 이들이 의복의 등장과 맞물려 진화했다는 사실이 밝혀졌다. 과학자들은 원래 벼룩이 10만 7,000년 전에 진화했다고 생각했으나, 이후의 조사를 통하여 수십만 년 전에 진화한 것으로 추정했다.

세기가 바뀌면서 의복은 급격하게 변화했지만 옷이 사람의 지위와 부, 신념에 대한 외적 표현이라는 전통적인 기능은 과거 어느 때보다 더 중요해졌다. 산업

> "옷이 사람을 만든다.
> 옷을 입지 않은 사람은 사회에서 영향력이
> 전혀, 혹은 거의 없는 사람들이다."
> 마크 트웨인, 『마크 트웨인의 명언들』, 1927년

혁명 시기에 섬유 산업은 최초로 기계화된 분야였다. 기계화는 보다 정교한 디자인들이 더욱 빠른 속도로 제작되는 것을 가능하게 했다. 21세기에는 기계화 덕분에 우리의 몸을 극단적인 날씨나 화학물질, 벌레, 우주 공간으로부터 보호할 수 있는 정교한 실용적 의복이 고안되었다. 이러한 옷들이 없었다면 지금처럼 우리가 사는 세상과 우주를 탐험하고 개척할 수 없었을 것이다. **FS**

**참고:** 바느질, 신발, 직조된 천, 단추, 헬멧, 버클, 제니 방적기, 물 방적기

# 창 (기원전 40만 년경)

인간이 날카로운 장대로 사냥하는 법을 배우다.

날카로운 나무 장대, 혹은 최초의 창으로 추정되는 유물이 독일 쇠닝엔에서 발견되었다. 이곳에서 발견된 여덟 개의 창은 기원전 40만 년의 것으로 추정되었다. 고대의 사냥꾼들은 잘라낸 나무를 다듬어 끝을 뾰족하게 만든 후, 끝 부분을 불에 그을려 단단하게 함으로써 보다 효율적인 무기로 만들었다. 독일 브레멘 근처 레링엔 지역의 사냥꾼은 이와 유사한 기술을 사용했다. 이곳에서는 완전한 창이 매머드의 뼈에 박힌 상태로 발견되어, 이러한 창들이 주로 자기 방어나 전쟁보다는 사냥을 위해 쓰였다는 사실을 알 수 있다. 먹거리에 대한 수요가 높았던 탓에 매머드를 엉성한 창으로 공격한 것이다. 매머드를 직접 공격하기보다는 미리 파둔 함정이나 덫에 걸리도록 유인하기 위해 창을 사용했을 것이다.

기원전 6만 년경, 프랑스에서 바위 속 은신처나 사냥을 위한 임시 야영지에 살았던 네안데르탈인은 부싯돌의 작은 조각들을 날카롭게 다듬어 창 끝에 끼웠다. 사하라의 사냥꾼들도 같은 방식으로 날카롭게 만든 돌을 사용했다. 반면 중앙 아메리칸들은 화산성 유리 광물인 흑요석을 사용했다. 전 세계에 걸쳐 석기 시대인들은 점차 작은 돌이나 부싯돌을 다듬어서 세석기(細石器)로 알려진, 창끝을 날카롭게 만들어 사용하는 기술을 응용하기 시작했다. 가장 위대한 진보는 기원전 5000년 이후에 남동 유럽에서 일어난 금속 세공, 그중에서도 특히 구리 세공이었다. 그 후에는 기원전 2300년경 구리와 주석을 합금한 청동이 나타났고 1,000년 후에는 철이 그 뒤를 이었다. 이러한 신기술은 사냥꾼과 전사들로 하여금 더 단단하고 날카로우면서 효율적인 창을 만들 수 있게 해주었다. **SA**

**참고:** 석기, 날카로운 돌날, 금속 세공, 창 발사기, 활과 화살

▣ 터키와 시리아의 국경에 위치한 카르케미시의 부조에 새겨진, 창을 들고 있는 히타이트족 전사.

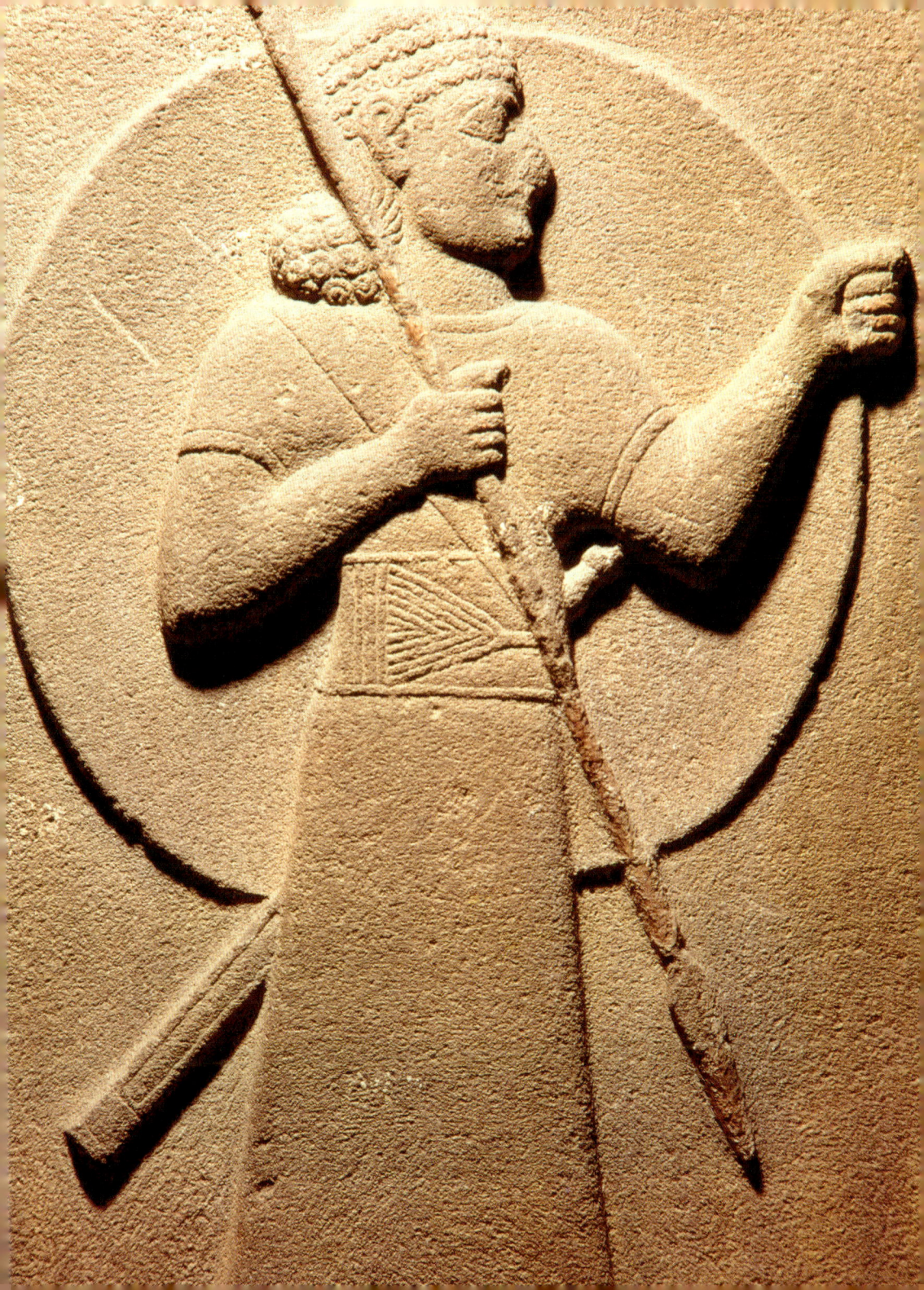

# 낚싯바늘 (기원전 3만 5000년경)

초기 인류가 잡은 물고기를 보관하는 방법을 발견하다.

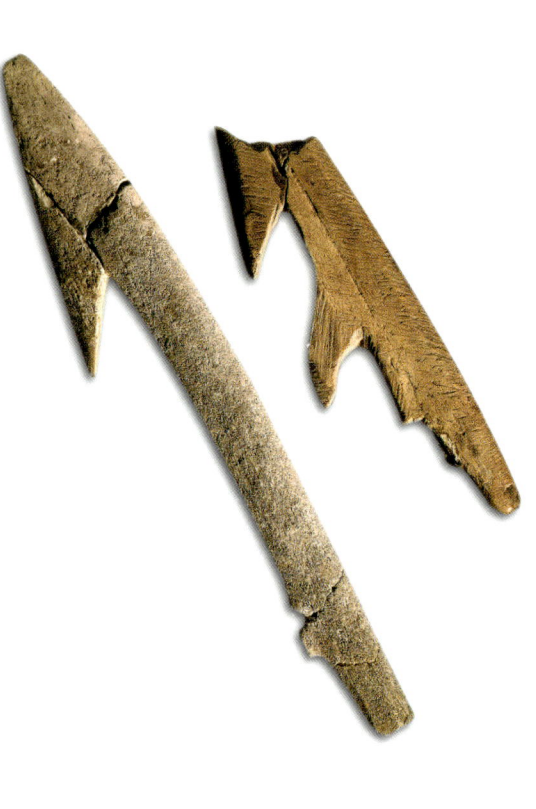

"기회는 모든 곳에 있으므로
언제나 낚싯바늘을
드리우고 있어야 한다."

오거스틴 '오그' 만디노, 소설가

⬆ 상아로 된 가시가 돋은 선사시대의 작살 고리는 정교한 조각술을
보여주는 증거이다.

➡ 제6왕조, 기원전 2325~2175년경, 이집트 테티의 피라미드
에 있는 얕은 돋을새김 부조에 나타난 가중된 바늘로 낚시하는
모습.

선사시대에 이뤄진 발명품을 연대 추정하는 것은 매우
어렵다. 이는 발명의 개념이나 사용법을 기록한 직접적
인 설명의 부재에 기인한다. 선사고고학자들은 조상들
이 남긴 유물을 한데 모아 인류의 선사 시대를 구현해
내야 했다. 낚싯바늘은 초기 인류의 독창적인 발명품
중 하나로 오늘날 우리가 생각하는 것 이상으로 인류의
발전에 있어서 중요한 역할을 했을 것이다.

현재까지 고고학자들이 발견한 낚싯바늘의 가장
오래된 예는 기원전 3만 5000년경의 것으로 추정된다.
금속 세공보다 훨씬 이전에 등장한 초기 낚싯바늘들은
뼈, 조개껍데기, 동물의 뿔, 나무 등의 유기적이고 단단
한 재료로 만들어졌다. 선사 시대의 인간은 바늘에 다
양한 종류의 미끼를 걸어서 단백질과 지방이 풍부한 에
너지원을 쉽게 구할 수 있게 되었다. 또한 생선을 먹기
시작하면서 건강에 좋은 필수 지방산을 지속적으로 섭
취하기 시작했다.

낚싯바늘의 기술은 수천 년에 걸쳐 물고기를 유인
하고, 잡은 상태를 유지시키면서 바늘에서 떼어내기에
적합한 방향으로 발전했다. 가장 오래된 낚시바늘은 나
무로 만들어졌을 것으로 추정된다. 그러나 뼈나 조개
껍데기에 비해 손상되기 쉽기 때문인지 이러한 원시 형
태의 바늘 중 지금까지 남은 것은 별로 없다. 얼핏 나
무는 고기를 잡기에 너무 부력이 강한 재료인 것 같지
만, 사실상 1960년대까지도 모캐와 같은 어종을 잡는
데 나무가 사용되었다.

생존하는 데 충분한 량의 식량 공급이 원활해진 것
은 초기 인류가 성공하는 데 핵심 요소였던 것으로 생
각된다. 가까운 물에서 낚시를 하는 것은 에너지와 시
간이 매우 적게 소요되는 일이었으며, 덕분에 우리 조
상들은 다른 활동을 추구할 수 있었다. 이는 그들이 생
존을 넘어서 번영을 추구하게 되었음을 의미한다. **JB**

**참고:** 석기, 날카로운 돌날, 트롤 어선 낚시, 근대적 작살

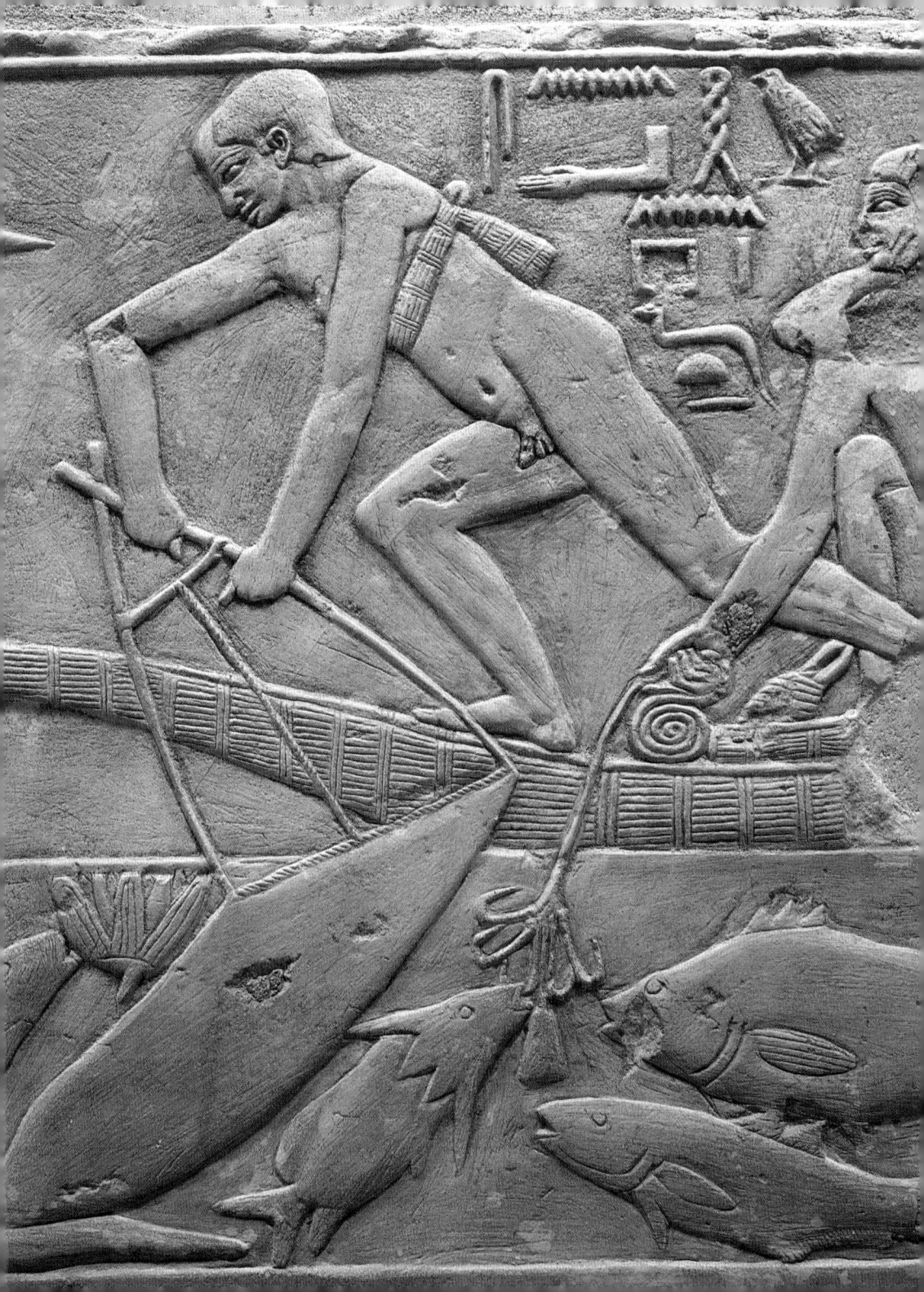

# 엄대 (기원전 3만 5000년경)

**스와질란드에서 계산이 시작되다.**

엄대, 혹은 신표(信標)는 뼈, 상아, 나무 혹은 돌로 된 막대기에 숫자나 메시지를 기록하기 위해 눈금을 새긴 것이다. 고고학적 역사 기록에는 엄대가 넘쳐나며, 이 중에서도 레봄보 뼈가 가장 오래된 예이다. 스와질란드에 있는 레봄보 산의 동굴에서 발견된 레봄보 뼈는 기원전 3만 5000년으로 거슬러 올라간다. 여기에 표시된 눈금들은 태음력 계산법을 암시하며, 단순한 셈 이상의 수학이 발달했음을 보여준다.

엄대는 대부분이 문맹이었던 중세 유럽에서 원시적인 계산 도구였다. 1100년대 영국의 헨리 1세는 재무부를 설치하여 세금의 징수와 관리를 담당하게 했다. 세금의 부과액과 지불 금액을 기록하기 위해 엄대를 쪼개서 사용하였다. 엄대는 보통 사각형의 개암나무로 만들어졌는데, 눈금을 표시할 때는 손바닥 정도의 두께로 1,000파운드, 엄지 두께로 100파운드, 새끼손가락 두

---

> "낡고 벌레 먹은
> 썩은 나무 조각으로 계산을 하기
> 위한 미개한 방법."
>
> 찰스 디킨스, 소설가

---

께로 10파운드, 물에 불은 보리 낟알 두께로 1파운드, 가는 금을 그어서 1실링을 표시했다. 눈금은 막대기의 가로 폭 전체에 걸쳐 새겨졌고, 새긴 후에는 막대기를 둘로 쪼개어 상대방이 동일한 표시를 나눠가지게 해서 위조를 방지했다. 두 개의 반쪽은 길이가 서로 달랐다. 더 긴 쪽의 막대기(stock)는 지불을 하는 사람의 것으로, 여기에서 '주주(stockholder)'라는 단어가 유래했다. 나머지 짧은 쪽, 혹은 박편은 돈이나 물품을 받는 사람에게 주었다. **RP**

---

참고: 주판, 기계 계산기, 휴대용 계산기, 전자 컴퓨터

---

# 드릴 (기원전 3만 5000년경)

**초기 인류가 작은 구멍을 뚫는 법을 발견하다.**

초기 인류는 나무와 동물의 가죽에 구멍을 뚫기 위해 창을 개조한 형태의 원시적인 드릴을 사용했을 것이다. 한참 후에 고대 이집트의 목수들은 활비비(송곳의 한 종류)로 구멍을 뚫어 이 기술을 더 정교하게 다듬었다. 불쏘시개를 변형하여 만들어진 활비비는 활에 노끈을 감아 팽팽하게 당긴 채로 사용했다. 사용자는 드릴을 수직으로 잡고 활을 앞뒤로 움직이면서 번갈아가며 아래로 눌렀다(이와 같은 방법을 사용하여 기원전 9000년에 치과 드릴을 사용했던 증거도 남아 있다). 로마인들은 활비비를 나사 송곳으로 대체했지만 각 회전 사이에 드릴의 날이 정지한다는 문제점이 있었다. 목수의 거멀못을 사용한 드릴의 지속적인 회전은 중세에 이르러서야 가능해졌다.

'드릴'이라는 용어는 관통하는 데 필요한 회전력을 공급하는 기계 혹은 회전하는 부분이라는 의미로 쓰인다. 실제로 재료 속으로 뚫고 들어가는 부분인 '드릴 날'을 의미한다. 특수한 수요를 충족시키기 위해 다양한 종류의 드릴이 발전했다.

어떤 드릴이라도 나무나 벽돌에 작은 구멍을 만들 수 있지만, 석조물이나 금속에 파이프 크기의 구멍을 만들기 위해서는 보다 강력한 기계가 필요하다. 근대의 드릴은 드릴 날이나 간단한 부속물을 잡기 위한 척(chucks)을 포함했다. 어떤 드릴들은 사포 도구, 와이어 브러시, 맷돌, 둥근 톱 같은 더 큰 부속품을 장착하기 위해 분리가 가능한 척을 사용하기도 했다.

드릴의 끝에는 원뿔 형태로 날이 달려 있다. 드릴의 홈이 파인 부분, 혹은 몸체 부분은 현대에 이르러 보통 경화된 고탄소강으로 만들어진다. 끝 측면에 있는 뾰족한 모서리는 각 회전 시 얼마나 큰 조각들이 제거되는지를 결정한다. 날 부분에는 나선형의 홈이 있는데, 이는 드릴의 절단력과 조각 제거 성능에 영향을 준다. **MF**

---

참고: 파종기(播種機), 천공 드릴, 전기 드릴

# 날카로운 돌날 (기원전 3만 년경)

## 석기 시대 인간이 연장과 무기를 날카롭게 만들기 시작하다

200만 년 이상 전부터 석기를 사용한 것은 우리가 구석기 시대라고 부르는 시대와 인류 기원의 도래를 예고했다. 단지 자연 속에서 찾아쓴 것이 아니기 때문에 돌날을 처음으로 직접 만들어 사용한 시기를 정확하게 알아내는 것은 불가능하지만 대략 기원전 3만 년경으로 추정된다.

날카로운 돌을 만드는 기술은 오늘날 석기 환원법이라고 불린다. 이 기술은 (돌이나 나무나 뼈로 만든) 도구로 돌 덩어리를 쳐서 박편이 깨지게 하는 것이었다. 이러한 박편들은 자연적으로 날카로운 형태였기 때문에 스크레이퍼나 낫, 칼, 화살촉, 창끝 등의 유용한 연장과 무기로 사용될 수 있었다. 초기의 연장 제작자들은 돌 덩어리에서 남은 부분을 가지고 도끼 머리를 만들었을지도 모른다.

다양한 종류의 돌들이 날을 만드는 데 사용되었지만, 그중에서도 가장 인기 있는 것은 부싯돌이었다. 이는 석기 환원법으로 돌날을 만드는 사람을 뜻하는 말인 '부싯돌 깨는 사람'(flintknapper)이라는 용어와도 관련이 있다. 부싯돌을 깨는 기술이 발전함에 따라, 특히 특정 각도를 반복적으로 가격할 수 있게 되면서 장인들은 날의 크기와 날카로운 정도, 형태를 보다 능숙하게 제어할 수 있었다.

1만 년 전에 마지막 빙하기가 끝난 이후에는 다양한 목적의 훨씬 정교한 석기들이 만들어졌다. 다른 종류의 연장들도 깨진 부싯돌이나 자연적인 유리질 암석의 형태인 흑요석으로 된 날을 사용하여 만들어졌다. 세석기(細石器)라고 알려진 작고 날카로운 돌날들은 농경에 사용되는 목조 절단 도구의 일부를 구성하기도 하고, 화살이나 창의 미늘에 사용되어 특별히 효율적인 사냥 도구를 만들기도 했다. **RBd**

**참고:** 석기, 창, 활과 화살, 끌

↗ 손으로 잡아 사용했던, 모서리가 깨진 이 이집트의 손도끼는 기원전 9000~2700년의 것으로 추정된다.

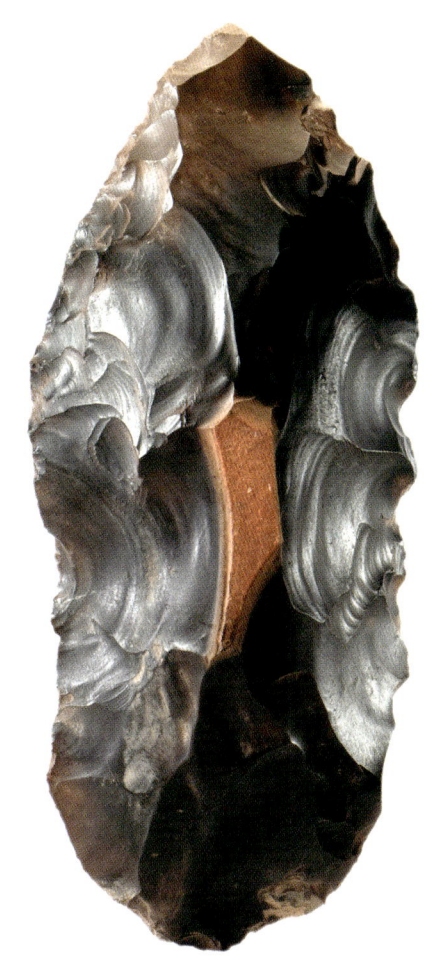

> "우리의 조상이 누구였던 간에 우리는 모두 부싯돌 깨는 사람들의 후손이다"
>
> 버트 매튜즈, 날카로운 돌을 만드는 장인

# 바느질 (기원전 2만 5000년경)

바늘과 실을 사용하여 옷을 맞춰 입다.

바느질의 역사는 도구의 역사와 밀접하게 관련되어 있다. 지금까지 발견된 최초의 바늘은 구석기 시대의 것으로 기원전 2만 5000년경에 만들어졌다. 이 시기의 것으로 추정되는 주요 유물로는 프랑스 남서부와 러시아 모스크바 근처의 바늘을 들 수 있다. 이들은 상아나 뼈에 작은 구멍을 내어 만들어졌다. 그중에는 여우나 토끼의 털과 함께 발견된 것도 있었다.

바느질은 의복의 단열성과 편안함을 개선시키고 멋있는 장식까지 가능하게 해주면서 우리 조상들이 몸에 더 잘 맞는 옷을 만들 수 있도록 했다. 프랑스와 스위스에서 발견된 천 조각에는 생선의 뼈나 가시를 사용하여 실로 씨앗이나 동물의 이를 꿰맨 장식이 수놓아져 있었다. 아메리카 원주민들은 용설란 잎의 끝으로 바느질을 했다.

금속 바늘은 청동기 시대(기원전 2000~800년)에 개발되었고 처음에는 여러 개의 철사 줄을 하나로 용접하여 만들어졌다. 이 시대에 만들어진 바늘은 금속이 처음으로 도입된 북부 아프리카와 중국에서 발견되었다. 바느질된 단춧구멍으로 알려진 최초의 예는 기원전 4200년의 것이다.

복잡하고 장식적인 바느질 작업인 자수는 청동기 시대에 이집트와 인도에서 등장했다. 같은 시기에 중국에서는 비단에 수를 놓고 바느질을 했으며 골무는 로마 시대부터 사용되어 왔다. 노르망디의 영국 침공을 묘사한 유명한 바이외 태피스트리는 올이 성긴 털실로 하는 형태의 자수, 즉 털실 자수의 예다. 이 태피스트리에서 적어도 네 가지 형태의 바느질 자국들이 확인되었다. 16세기에 양말 짜는 기계가 개발되면서 섬유 생산의 기계화가 시작되었고 이는 자동 베틀로 발전되었다. 손바느질은 1830년대 이후로 재봉틀이 등장하면서 변화하였다. **AC**

**참고:** 의복, 신발, 직조된 천, 제니 방적기, 정방기, 재봉틀

# 창 발사기 (기원전 2만 3000년경)

초기 인류가 창 던지는 거리를 확장하다.

1500년경에 최초로 아스텍인들을 맞닥뜨린 스페인의 탐험가들은 아스텍인들이 던지는 창이 자신들의 갑옷을 쉽게 관통한다는 사실에 경악했다. 아스텍인들은 장거리 사냥을 위해 많은 고대인이 사용했던 단순한 기구인 창 발사기로 이와 같은 기술을 발전시켰는데, 아마도 기원전 2만 3000년경의 것으로 추정된다.

창 발사기는 던짐 판과 약 6피트(180센티미터) 길이의 창으로 구성된다. 판은 보통 2피트 정도로 끝 부분에 돌출부가 있다. 창의 고리 부분은 중앙을 잘라서 마치 두 손가락 사이에 카드를 끼운 것처럼 판의 돌출부 위에 끼우게 되어 있다. 창 발사기를 사용하는 사람은 던짐 판의 앞쪽 모서리에 있는 손잡이를 잡고 손으로 할 수 있는 것보다 훨씬 더 세게 창을 던질 수 있다. 던지는 사람이 테니스 채를 휘두르는 것과 유사한 동작을 취하는 동안 유연성 있는 창이 구부러지고 에너지가

> "창 발사기는 고대인들이
> 사냥으로 '밥벌이'를 하기 위해
> 사용한 도구다"
> 로버트 '창 발사기 밥' 퍼킨스, 원시 기술학자

증가한다. 창은 돌 모서리나 평형추를 사용해 에너지의 증대를 최대화시킨다.

창 발사기에서 창이 발사되면 창의 탄성 에너지에 추진력이 더해져 창이 시간당 100마일(160킬로미터)을 넘는 속력까지 가속화된다. 창 발사기는 사냥 대상을 잡는 데 매우 효율적이어서 일부 학자들은 그것이 북아메리카에 살았던 틸 매머드의 멸종에 중요한 역할을 했을 것으로 짐작된다. 발명된 지 2만 5,000년이 지난 현재에도 열정적인 취미를 가진 사람들이 창 발사기를 사용하고 있다. **LW**

**참고:** 석기, 창, 활과 화살, 부메랑, 투석기

# 활과 화살 (기원전 2만 년경)

최초로 멀리 있는 표적이 치명적으로 가까운 거리 안으로 들어오다.

활과 화살을 사용한 증거는 서부 유럽과 북아프리카에 있는 동굴 벽화에서 발견되었다. 활과 화살의 발명은 아마도 기원전 2만 년 경의 구석기 시대에 이루어졌을 것이다. 구석기인들은 이 무기가 창으로 던질 수 있는 범위를 넘어서는 거리까지 사냥을 할 수 있게 해준다는 사실을 깨달았다.

활과 화살은 휴대가 가능하고 제작도 어렵지 않았으며 그것을 만드는 데 필요한 재료들은 상대적으로 구하기 쉬웠다. 활을 만들기 위해 먼저 활의 재료인 유연한 나무대를 구부려 힘줄, 사슴 창자, 식물의 섬유질, 또는 생가죽을 양쪽 끝 사이에 묶어서 팽팽하게 했다. 때로는 활줄을 꼬아서 더 강하게 만들었다. 양물푸레나무, 마호가니, 주목이 모두 활에 사용된 나무이다. 종종 활을 더 강하게 하고 부러지지 않게 하기 위해 나무에 힘줄을 대기도 했다.

화살은 한쪽을 날카롭게 다듬은 얇은 나무막대로, 꼬리 부분에는 공기 역학적 안정성을 주기 위해 깃털을 붙였다. 화살촉은 부싯돌 등의 돌로 만들거나 뿔, 혹은 뼈를 사용하여 만들었다.

활은 에너지를 저장한 최초의 기구였다. 사수의 근육에서 나온 에너지가 활을 당기는 과정에서 점차 활로 전달되고, 활시위를 놓는 순간 화살에는 창을 던지는 것보다 훨씬 더 큰 속도가 가해졌다. 기원전 1500년 경에 보다 짧고 가벼운 활이 개발되었는데, 이것이 합성 활이다. 짧고 곡선 모양인 이 활은 장력이나 압력에 의해 각각 다르게 반응하는 재료를 겹겹이 합성하여 만들어졌다. 그것은 말을 탄 상태에서 사용할 수 있는 정확한 무기였다.

근대의 활은 나무뿐만 아니라 섬유 유리와 탄소, 알루미늄으로 만들어졌다. 반면 화살은 합성 재료로 만들어지는 것이 보통이다. **MF**

**참고:** 석기, 창, 목공술, 창 발사기, 고무총, 격발식 활, 투석기

↗ 람세스 3세의 묘지 사원에 있는 부조의 사수들. 기원전 1184~1153년.

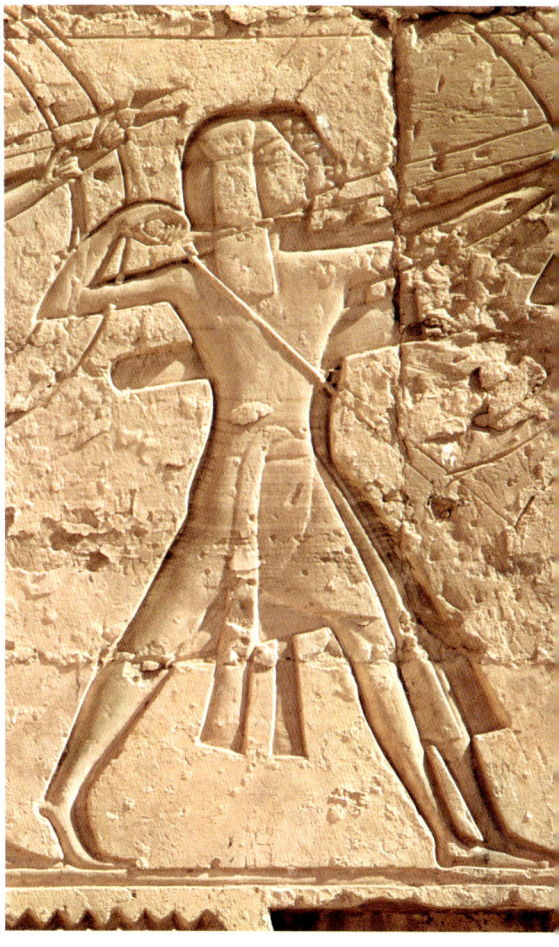

"그들의 살은 날카롭고
모든 활은 당겨졌으며
그 말굽은 부싯돌 같았다."

이사야 5:28

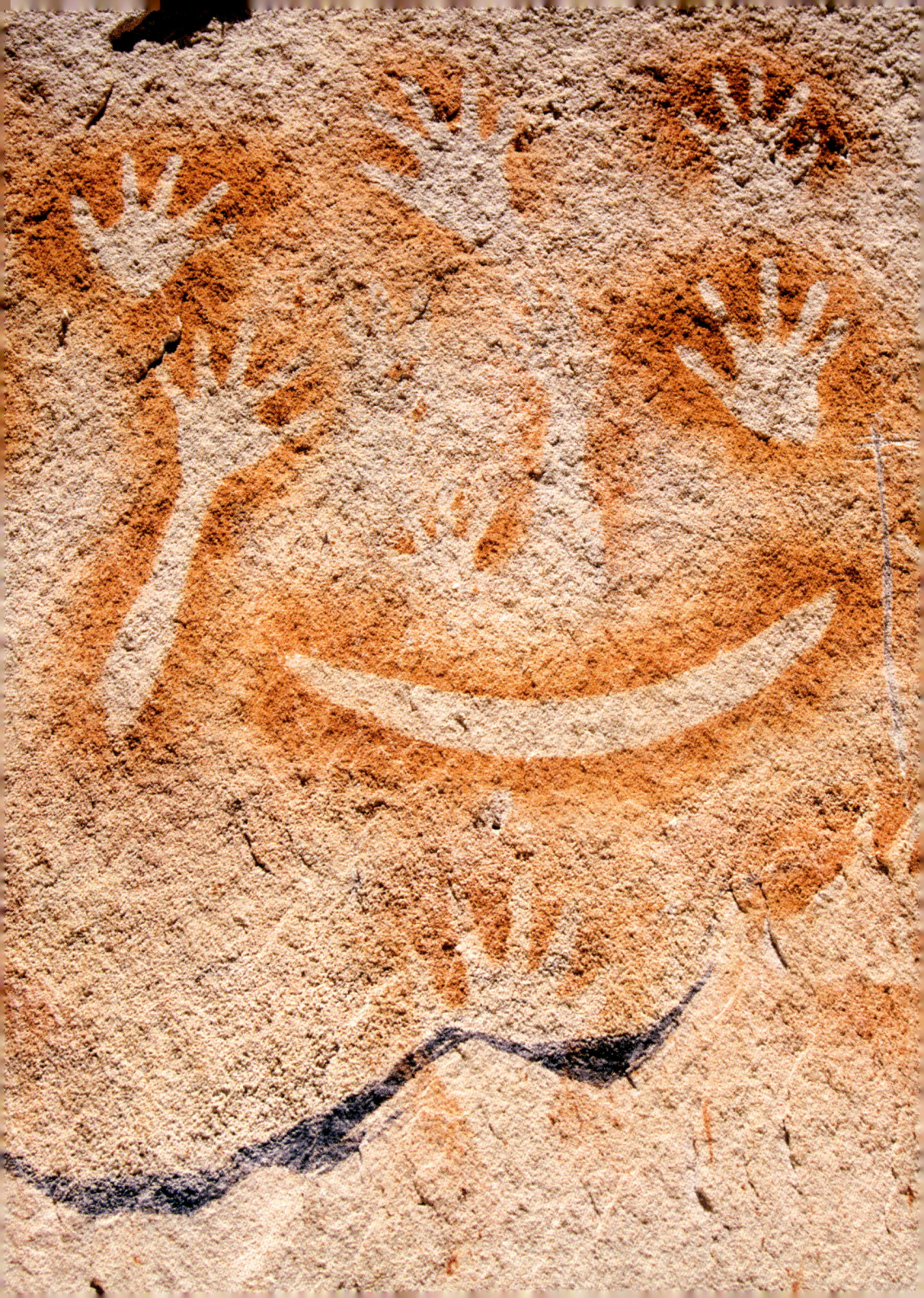

# 부메랑 (기원전 1만 8000년경)

쉽게 회수할 수 있는 무기가 등장하다.

현존하는 가장 오래된 부메랑은 폴란드 남부의 카르파티아 산맥의 동굴에서 발견된 것으로 기원전 1만 8000년에 제작된 것으로 추정된다. 나무를 던지는 관습은 신석기 시대(기원전 6000년경)의 것으로 추정되는 북아프리카의 암석화에도 묘사되었다. 던지는 나무의 형태는 다양했는데, 한쪽 끝에 힘이 집중되는 '던지는 곤봉'이나 날카롭게 다듬은 딱딱하고 곧은 나무 막대기로서 회전이 되는 '던지는 막대기', 혹은 이러한 도구에서 보다 특화된 형태로 발전하여 되돌아오는 부메랑이 있었다.

유럽에 살았던 고대 부족들은 던지는 도끼를 사용한 것으로 알려졌고, 이집트에서는 파라오들이 새를 사냥할 때 곡선형의 특수한 막대기를 사용했다. 나무를 던져서 되돌아오게 하는 것은 이집트에서 시작되어 북부 아프리카와 대서양으로 퍼져 나간 것으로 추정된다.

부메랑하면 호주 원주민들이 떠오르는 것이 가장 일반적이다. 부메랑은 그것이 유래된 지역과 용도에 따라 형태와 크기를 보여준다. 과거에 부메랑은 사냥을 위한 무기, 또는 악기, 전투용 곤봉, 오락용 장난감 등으로 사용되었다. 가장 잘 알려진 형태는 되돌아오는 부메랑이다. 어떤 부메랑은 표면에 '터뷸레이터'(돌출부나 구멍)가 있어서 비행을 보다 예측 가능하게 하기도 한다. 되돌아오는 부메랑은 일종의 날개로 급속도로 회전하면서 직선보다는 곡선으로 날아간다.

다른 형태의 부메랑들은 되돌아오지 않는 것으로, 이중에는 아예 던지지도 않고 원주민들의 일대일 전투에 사용되는 것들도 있었다. 부메랑은 전투 무기보다는 주로 사냥 도구로 사용되었다. **MF**

참고: 석기, 날카로운 돌날, 창 발사기, 목공술

← 호주 카나본 협곡의 협곡 주벽에 그려진 원시 미술에 나타난 부메랑.

# 새끼줄 (기원전 1만 7000년경)

섬유를 꼬아서 유용한 도구를 만들다.

세상에서 가장 오래된 물건 중 하나인 새끼줄은 아직까지도 다양한 상황에서 널리 사용되고 있다. 새끼줄은 앞으로도 대체되지 않을 것으로 보인다. 전통적으로 삼이나 황마, 야자껍질의 섬유 등 자연 섬유로 만들어졌던 새끼줄은 이제는 나일론이나 강철 등의 합성 섬유로도 제작된다.

섬유를 꼬아서 만든 새끼줄은 유연한 데다가 강한 장력이 작용하므로 안정된 닻 역할을 하는 물건에 다른 물건을 매달거나 연결하는 용도로 쓰인다. 인간이 만든 가장 오래된 새끼줄은 프랑스 남서부의 라스코 동굴에서 발견된 것으로, 제작 연대는 기원전 1만 7000년으로 추정된다. 새끼줄은 사냥감을 묶거나 운반하는 데도 사용되는 중요한 사냥 도구이기도 했다.

특히 범선에 꼭 필요한 기다란 새끼줄은 기계로 만드는 것이 가능해지기 전까지 손으로 섬유를 엮어야 하

> "새끼줄의 종류는
> 지구상에 있는 섬유재료의
> 종류만큼 다양하다."
> 브렌든 맥기건, 소설가

는 고된 작업이었다. 고대 이집트인들은 최초로 새끼줄을 엮는 도구를 개발했다. 이렇게 만든 새끼줄은 커다란 돌을 운반하는 데 사용됐다. 길이가 긴 새끼줄을 방적하는 기계는 훗날 케이크워크, 혹은 새끼 공장이라고 불리는 건물 내에 유치되었다. 이 건물은 폭이 300야드(275미터)에 이르렀다. 이러한 새끼 공장이 영국 채텀의 해군 공창에 남아 있는데, 이곳에서는 300년째 계속 새끼줄이 제작되고 있다. 길이가 440미터나 되는 이 공장은 1720년에 만들어진 것으로 당시에는 영국에서 가장 긴 건물이었다. **JG**

참고: 직조된 천, 돛, 나일론

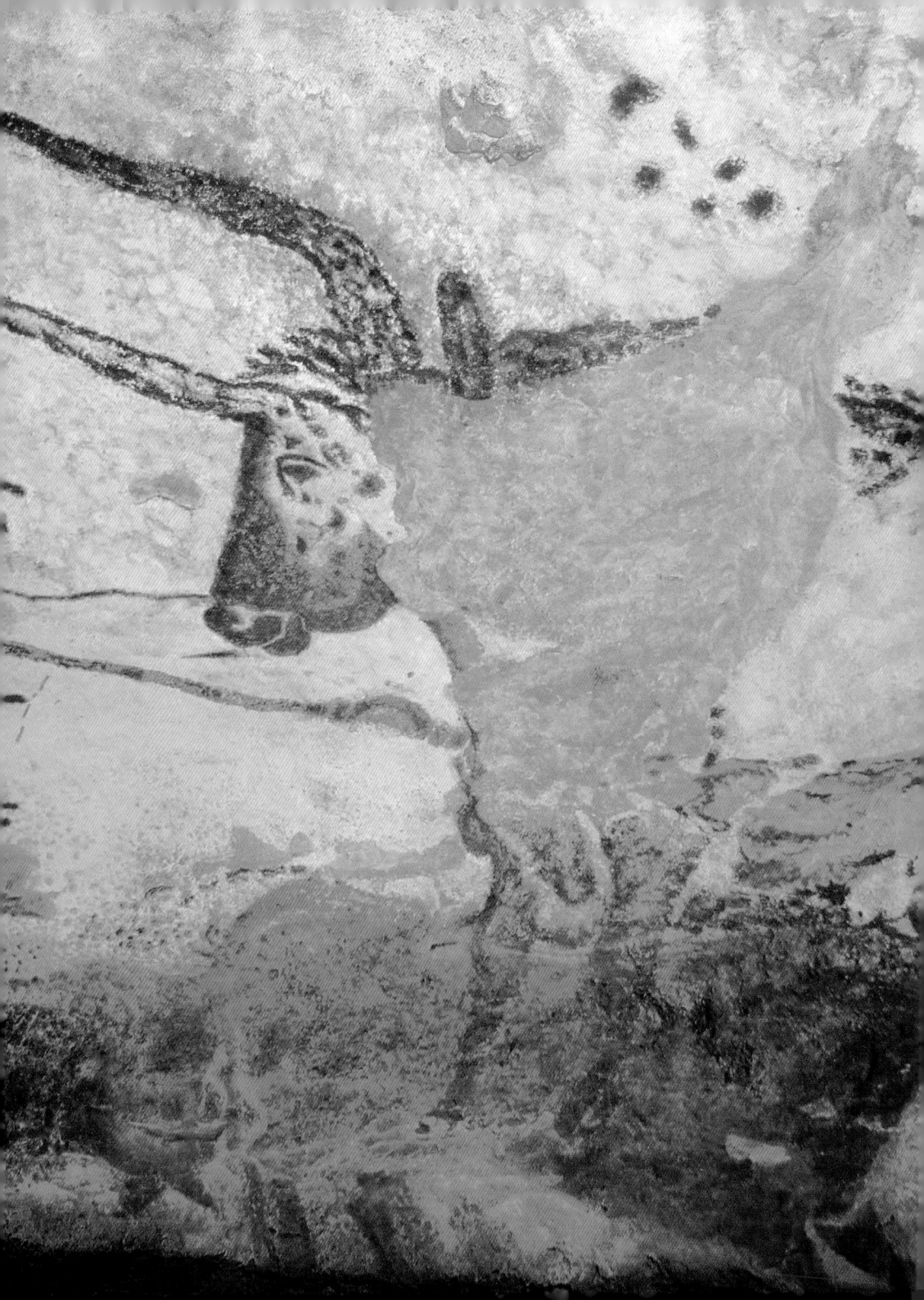

# 태음력 (기원전 1만 5000년경)

초기 인류가 시간의 경과를 기록하다.

가장 오래된 것으로 알려진 태음력은 프랑스 남서부의 라스코 동굴에서 발견되었으며 기원전 1만 5000년경에 만들어진 것으로 추정된다. 한 달에 이르는 달 주기의 절반을 상징하는 일련의 점들을 이은 커다란 사각형이 나타나는데 이는 아마도 맑은 하늘을 표시한 것으로 보인다.

개월(29.530588일의 기간)을 세는 태음력은 달의 차고 이지러지는 모습에 기반한 것이다. 1개월은 번갈아 29과 30일로 이루어지고 이따금 달의 실제 모습과 맞추기 위해 날이 더해지기도 한다.

태음력은 고대에 많은 지역에서 종교적 용도로 널리 사용되었으나 계절 변화에 따른 연간 기온과 일조량의 변화, 그리고 식물의 성장과 동물의 이동, 짝짓기 등은 고려하고 있지 않기 때문에 농업에는 적합하지 않았다. 태음력의 1개월은 태양력의 1년 안에 12번 들어가

" 날(日)은 다음 날로 바뀌면서 흘러가고
새로운 달(月)은 죽음을 향해
발길을 재촉하네."

호라티우스, '송가' II

고 10.88일이 남는다.

아테네의 메톤(기원전 440년경)은 태양력의 19년과 태음력의 234.997개월이 일치한다는 사실을 발견했다. 이로써 19년 주기인 메톤 주기가 만들어졌는데, 3년과 5년, 8년, 11년, 13년, 16년, 그리고 19년째 해는 각각 태음력 13개월로 이루어지고, 나머지 해는 각각 12개월로 이루어졌다. **DH**

# 술 (기원전 1만 년경)

유쾌한 음료가 등장하다.

술의 기원은 선사 시대 사람들이 우연히 물과 과일을 햇볕에서 발효시킨 것이라고 생각된다. 의도적으로 발효시킨 음료에 대한 증거는 신석기 시대(기원전 1만 년)로 추정되는 석기 시대 술병의 형태로 남아 있다. 서남아시아와 북아프리카에서도 술병이 발굴되었다.

술은 식사, 축하연, 혹은 종교 의식에 사용되는 등 여러 문화권에서 중요한 역할을 해왔다. 알코올은 행복감을 주기도 하지만 진정제로써 행동억제 작용을 하기도 한다.

알코올의 섭취는 부유한 사람들의 지위를 상징하는 것이 되었다. 중세 시대에는 혼합음료를 증류하여 술을 만들었다. 술은 또한 물이 오염되었을 때 갈증을 해소시켜주는 역할을 하기도 했다. 1700년대에는 자가 양조 과정이 상업적으로 만든 맥주와 와인으로 대체되었으며, 이는 유럽 경제에 중요한 역할을 하게 되었다.

최초의 술은 맥주로 알려져 있지만 그 이후로 다양한 종류의 술이 만들어졌다. 중국인들은 4,000년 전에 노란색 포도주를 생산한 것으로 알려졌다. 유럽에서는 수도원이 최고의 포도밭을 소유했다. 프랑스의 수도사들은 발포성 포도주를 생산했는데 이는 프랑스 샹파뉴 지방의 이름을 따서 샴페인이라고 불렸다. 브랜디는 한 네덜란드 무역상이 '물의 양을 줄여 화물칸 자리를 만들기 위해' 포도주를 끓인 데서 우연히 발명되었다고 알려졌다(Brandewijn은 네덜란드어로 '불에 태운 와인'이라는 뜻이다).

음주에 대한 관점은 시대에 따라 달라졌다. 많은 나라에서 술집들의 영업 시간을 제한하거나 심지어 알코올의 판매를 전면 금지하기도 했다. 미국에서 1920년과 1933년 사이에 주류 양조 판매가 금지된 것이 그 예다. **MF**

참고: 물시계, 탑시계, 그레고리력, 표준 시간대

← 프랑스 라스코 동굴 벽화의 황소 그림 위에 점으로 된 태음력 달력이 나타나 있다.

참고: 토기, 유리, 증류, 표준 계량

# 토기 (기원전 1만 년경)

일본의 채집 수렵꾼들이 최초로 불에 구운 진흙 항아리를 만들어내다.

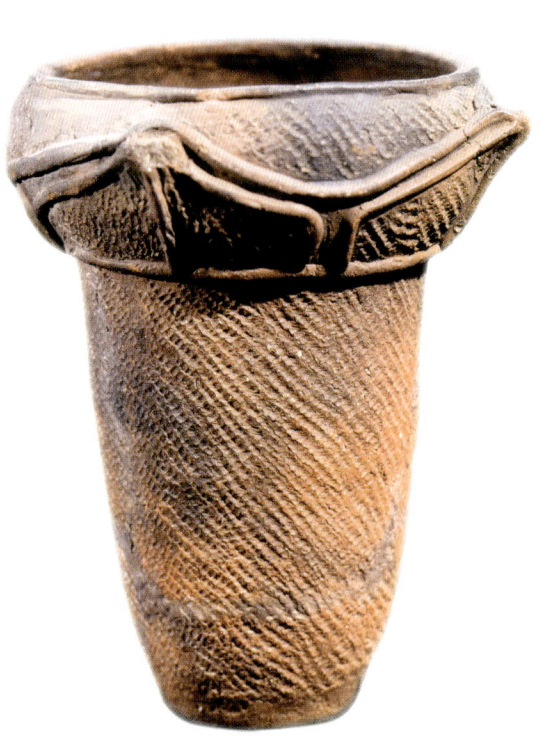

초기의 발명이 모두 그렇듯, 토기를 발명한 사람의 이름은 알려지지 않았다. 최초의 도공들 중 자신의 이름이나 이니셜을 항아리 바닥에 새겨 최초임을 자랑한 자는 아무도 없었다. 오랫동안 이 발명자는 그가 누구인지는 알 수 없지만, 아마도 아시아 근동 지방 어딘가에 살았을 것으로 여겨져 왔다. 따라서 1960년대에 기원전 1만 년경의 것으로 추정되는 토기들이 근동에서 수천 마일 떨어진 극동 지역, 일본 규슈 섬의 나스나하라에서 발견된 것은 고고학적으로 충격적인 사건이었다. 동굴에서 발견된 이 토기들은 정착생활을 했던 농부나 도시 거주자가 아닌, 유목생활을 하는 채집 수렵꾼들이 사용한 것이다. 마찬가지로 중요한 사실은 이 토기들이 불이나 열을 이용하여 진흙을 단단하게 했던 것으로, 이들이 진보된 기술을 가지고 있었음을 알려준다.

최초의 일본 토기가 중요한 것은 이 토기들이 근동 지역에서 만들어진 최초의 토기보다 약 1,000년 정도 앞섰다는 사실 때문이다. 이란에서 발견된 근동 지역의 토기들은 진흙을 단단하게 하기 위해 햇볕에 말려서 제작된 것으로 불을 사용한 것에 비해 훨씬 더 원시적인 기술이었다.

일본 토기는 바닥이 둥글고 위로 갈수록 조금씩 넓어지며 상부가 돌출되어 있고 테두리에 조각이 있다. 이들은 기원전 9000년경에 일본에서 만들어진 조몬 토기, 혹은 '새끼줄 무늬' 토기의 선조이기 때문에 초기 조몬 토기로 알려져 있다. 후기의 토기들은 뾰족한 바닥에 진흙을 새끼줄 모양으로 쌓아 올려서 원하는 형태로 만들어졌다. 새끼줄 무늬 토기는 매우 복잡한 패턴을 지닌 것이 많아서, 요리나 저장과 같은 일상적인 용도보다는 의식이나 장례 행사에 사용하기 위해 고안되었음을 암시한다. **SA**

**참고:** 불의 제어, 오븐, 곡물 창고, 말린 벽돌, 구운 벽돌, 용광로

🝖 기원전 9000년경의 일본 조몬 문화에서 조각된 토기 항아리.

# 석유 램프 (기원전 1만 년경)

기름 덩어리를 태움으로써 밤을 영원히 추방하다.

오늘날에는 석유 램프는 가끔 정전이 될 때 불을 밝히는 용도로만 쓰이곤 하지만, 수천 년 동안 램프는 인간이 밤에도 사물을 볼 수 있게 해주었고 의식이나 축제에서 상징적이고 장식적인 역할을 했다. 1780년대에 아르강 램프가 발명되고 나중에 전깃불이 등장하면서 석유 램프는 거의 사라졌다.

조잡한 형태의 램프는 기원전 8만 년경에 최초로 사용된 것으로 추정된다. 램프란 가연성 오일이 담긴 용기에 천천히 연소하는 심지로 저장된 연료를 흡수하도록 고안된 것이다. 초기 인간은 돌이나 조개 껍질에 동물의 기름을 채우고 식물의 조각으로 된 심지로 램프를 만들었다.

최초의 진정한 석유 램프는 기원전 1만 년경(후기 구석기 시대)에 정착 농경지 근처에서 나타났다. 곡식을 재배하기 시작하면서 올리브 오일과 같은 식물성 기름을 램프에 사용할 수 있게 되었다. 석유 램프는 불빛을 제공해줄 뿐만 아니라 종교 의식이나 의례에서 중요한 상징적 역할을 했다. 램프는 성경과 코란 모두에 자주 언급된다.

로마인들은 진흙 램프를 대량 생산했다(폼페이에서 서기 79년의 화산 분화 때 파묻힌 새로 만든 램프 한 더미가 발굴되었다). 중세에 양초의 인기가 높아졌지만 이들은 석유 램프만큼 밝은 불꽃을 만들어내지는 못했다. 18세기의 산업혁명은 혁신을 위한 계기를 마련했다. 1780년에 과학자 에메 아르강은 금속 케이스에 안정되고 연기가 나지 않는 불꽃으로 기름을 태우는, 석유 램프에 비해 더 밝은 램프를 개발했다. 그러나 전깃불의 발명으로 인간의 문명과 함께해온 이 오래된 기술은 마침내 사라지게 되었다. **SR**

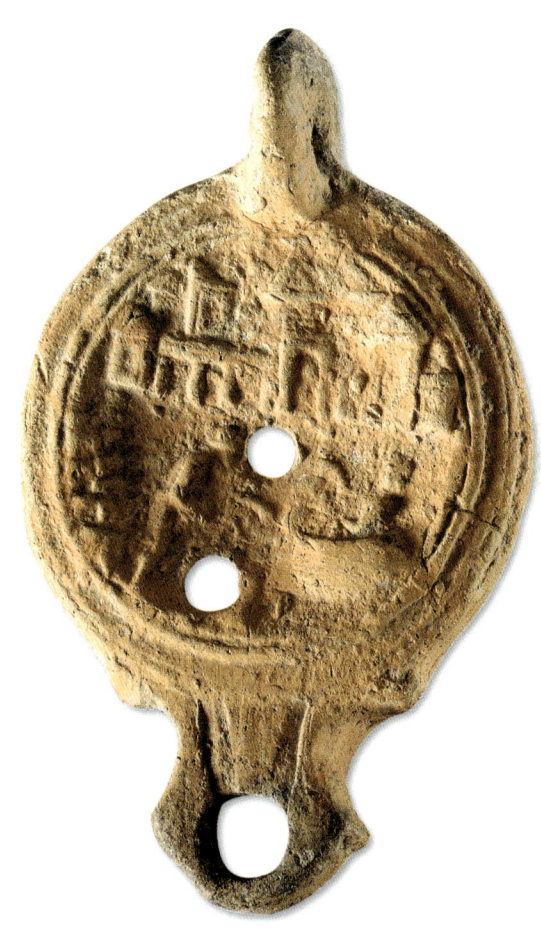

**참고:** 불의 제어. 양초. 가스등. 전구. 아르강 램프. 라바 램프

↗ 이집트 알렉산드리아 항구의 석유 램프로 서기 1세기 로마 제국의 것으로 추정됨.

> "내가 당신 사원의 램프에
> 불을 밝히기 위해
> 석유를 주었노라."
>
> 네스호르의 비문, 기원전 589~570년

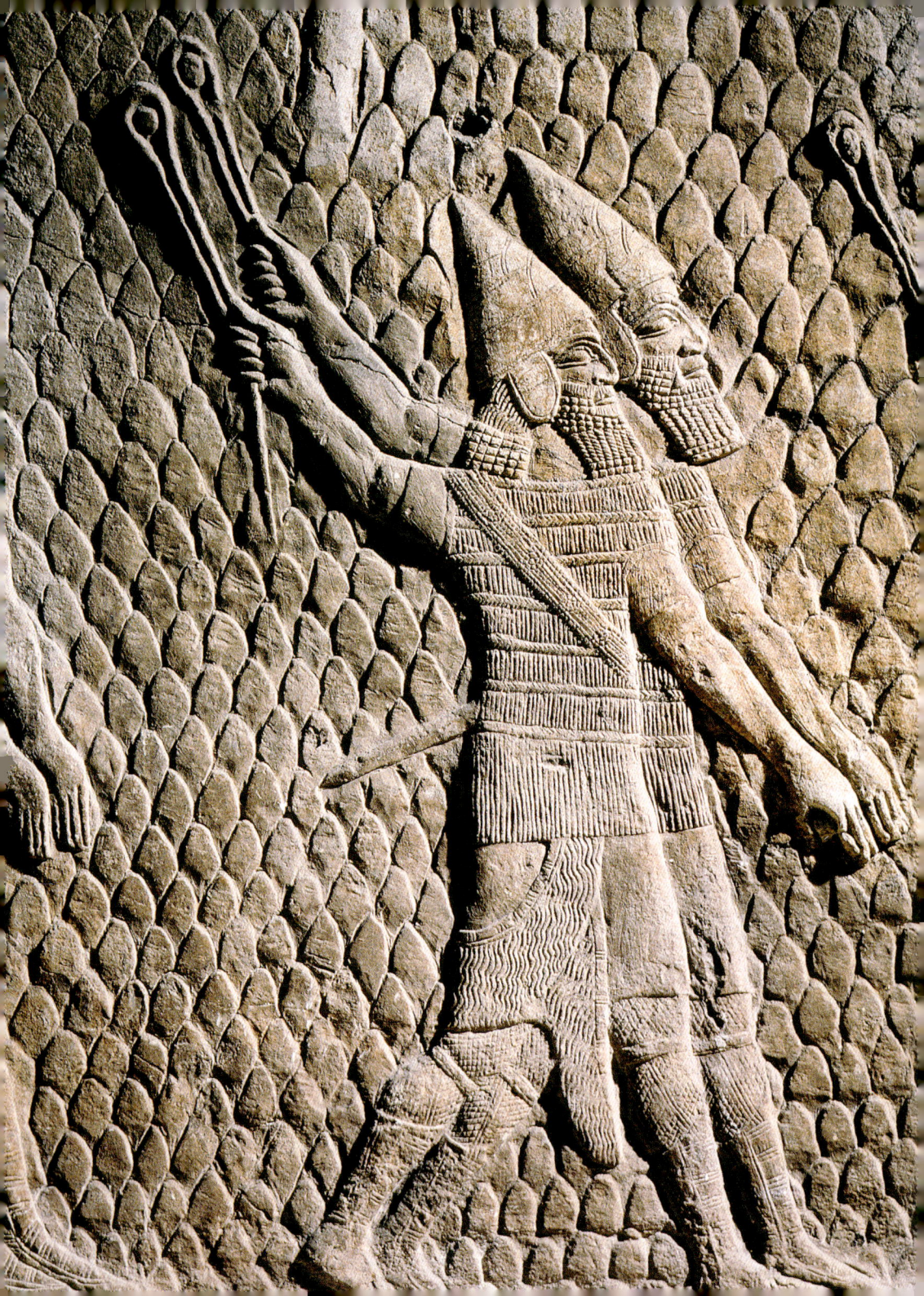

# 고무총 (기원전 1만 년경)

돌이 치명적 용도로 사용되기 시작하다.

고무총은 선사 시대의 무기로 발명 연대가 1만 년 이상 거슬러 올라간다. 현재 남아 있는 것 중 가장 오래된 고무총들은 투탕카멘의 무덤에서 발견되었으며 기원전 1325년의 것이다. 고무총은 성경에도 등장하며 이에 관한 가장 유명한 일화는 다윗과 골리앗의 이야기이다.

고무총은 돌을 인간의 팔 힘만으로 던질 수 있는 거리의 몇 배 이상의 거리를 던지는 데 사용된다. 고무총은 두 개의 끈과 그 사이에 위치한 받침대 혹은 주머니로 구성된다. 돌을 주머니 안에 넣어 두 개의 끈을 손으로 잡은 후, 팔을 뒤로 젖혔다가 고무총을 앞쪽으로 휘두른다. 두 개의 끈 중 하나가 풀어지면서 돌이 멀리 날아간다.

무기로서 고무총은 대단한 성공을 거두었다. 만들기 쉬운데다가 가볍게 운반할 수 있으며 사용법이 용이했고, 탄약처럼 사용되는 돌도 쉽게 구할 수 있었다. 그

> "다윗은 고무총과 돌멩이로
> 골리앗을 물리쳤다. 칼조차도
> 사용하지 않고 그를 죽인 것이다."
>
> 사무엘 17:50

것이 고대에 전 세계에서 널리 사용된 것도 놀라운 일이 아니다. 단 호주에서는 창이 더 선호되었던 것으로 보인다. 전문가는 고무총을 사용해 650야드(600미터)까지도 돌을 던질 수 있는데, 이는 활에 비하여 정확도는 떨어지지만 거리는 더 멀리까지 간다. 돌이 가장 많이 사용되었지만, 그리스인과 로마인들은 돌 대신에 납을 도입하기도 했다. 중세에 이르러서는 고무총 대신에 보다 정교한 무기들이 등장했다. **RBd**

**참고:** 창, 창 발사기, 직조된 천, 투석기

← 이라크 센나케리브 궁에 있는 아시리아의 부조에 새겨진 고무총을 들고 전진하는 병사들.

# 곡물 창고 (기원전 9500년경)

초기 농부들이 최초의 곡물 저장소를 만들다.

세계 최초의 곡물 창고는 요르단 계곡의 사해 근처 메마른 고원지대의 드라에서 인디애나 주 노터데임 대학의 인류학 부교수인 이안 쿠이트가 발굴했다. 대략 정방 9피트(2.9미터)의 이 구조물은 지하 2피트(0.6미터)에서 발견되었다.

곡물 창고는 집이었던 것으로 보이는 근처의 다른 구조물들에 비해 크기가 작아, 그것이 다른 용도로 사용되었음을 알려준다. 흥미롭게도 이 구조물은 두 개의 층이 있었는데, 이는 이 시대의 건물에서는 한번도 발견되지 않은 건축적 특징이었다. 이것이 세계 최초의 곡물 창용광으로 중요한 이유는 세계에서 가장 오래된 정착 농경 사회 중 하나에 속하기 때문이다. 즉, 사람들이 더 이상 먹을 것을 찾아 방랑하지 않고 일 년 내내 한곳에 살기 시작했을 때 만들어진 것이다. 이는 초기 인간이 채집수렵에서 정착 농경으로 전환한 역사적 변화의 시점을 상징하는 것이다.

곡물 창고는 사람들로 하여금 밀과 보리의 낟알, 견과류, 여름에 추수한 기타 농작물을 저장하여 겨울철, 혹은 추수가 저조한 여름 한철을 지낼 수 있게 해주었다. 창고에 저장된 음식으로 공급이 지속되자 인구가 증가하였고, 이는 또다시 농경이나 다른 직업들의 기술적 진보에 박차를 가하는 계기가 되었다.

이러한 발전에는 물론 단점도 존재했다. 최초의 농부들이 곡물의 종류를 줄여서 그것에 집중함에 따라, 사람들이 다양한 종류의 음식을 마구 모아서 섭취했음에도 불구하고 식단이 불균형해진 것이다. 드라에 살았던 최초의 농부들은 아마도 원래 그 지역에 존재했던 곡물의 잡초를 제거하고 물을 주는 일은 하지 않았을 것이다. 그러나 당시에는 그들이 농작 했던 고원이 현재보다 훨씬 더 습윤하여, 오늘날에 비해 다양한 곡물이 재배될 수 있었다는 사실이 도움을 주었을 것으로 보인다. **SA**

**참고:** 집 짓기, 엄대, 토기, 관개, 쟁기

# 금속 세공 (기원전 8700년경)

메소포타미아인들이 금속으로 물건을 만들어내다.

금속을 사용하여 연장이나 무기 또는 보석을 만들기 시작한 것은 인류의 중요한 성과 중 하나였다. 부엌 도구에서 고도의 기술로 만들어진 무기와 도구에 이르기까지 금속을 사용한 예는 도처에 널려 있다. 금속을 포함하지 않는 제품조차도 공정 과정에서 금속 도구의 도움을 받았을 가능성이 높다.

고고학자들이 추정한 바에 따르면, 인간과 금속의 관계는 기원전 8700년경에 시작된 것으로 짐작된다. 이라크 북부에서 발견된 구리 펜던트가 이를 증명한다. 제련, 즉 금속을 함유한 광석에서 금속을 추출하는 공정은 기원전 5000년경에 구리광을 녹이면서 시작되었다. 기원전 4000년에는 금을 사용하거나 구리에 비소를 첨가하여 비소 함유 청동을 만들었는데, 이는 인간이 만든 최초의 합금 또는 금속 혼합물일 것이다. 비소 함유 청동은 구리보다 단단했지만 그것을 만드는 데는

> "철제 무기는 전쟁에
>  혁명을 일으켰고, 철제 기구는
>  농업에 혁명을 일으켰다."
>
> 앨런 W. 크램, 공학 교수

큰 희생이 따랐다. 몇몇 문화권에서는 금속 세공을 담당하는 신(神)들이 절름발이로 묘사되는데, 이는 독성이 강한 금속에 장기간 노출됐기 때문이다.

기원전 3,500년경, 주석과 구리를 혼합하여 청동이 만들어졌다. 이러한 청동 주조법은 교역을 통해 널리 퍼졌으며 사람들은 청동으로 무기와 갑옷, 장식물, 연장을 만들었다. 교역이 점차 줄어들고 주석을 구하는 것이 어려워지자 청동기 시대는 종말을 맞이했으며 철의 등장으로 철기 시대가 이를 대체했다. 수세기 후 사람들은 소량의 탄소를 철과 혼합해 강철을 만들었다. **LW**

**참고:** 불의 제어, 창, 끌, 헬멧, 납땜과 압접(壓接), 사슬갑옷

# 통나무 카누 (기원전 7500년경)

속이 빈 통나무가 최초의 배가 되다.

발명에 있어서 때로는 정말 영리하거나 복잡하거나 특별히 정교할 필요가 없는 경우도 있다. 때로는 단순함이 성공하기도 한다.

통나무 카누의 경우가 바로 이에 해당한다. 기원전 7500년경의 사람들은 물 위에서 이동하기 위한 방법이 필요했지만, 여러 재료를 사용해 배를 건조하는 것은 아직 먼 미래의 일이었다. 따라서 그들은 쉽게 접근할 수 있는 기술을 사용한 간단한 해법을 발견했다.

통나무 카누를 간단한 말로 설명하면 속을 비운 통나무, 즉 통나무를 세로로 길게 잘라서 내부를 제거한 것이 전부이다. 여기에서 필요한 것은 속을 비운 통나무가 적어도 한 사람이 앉을 정도로 커야 한다는 것과 나무가 썩지 않고 튼튼해야 한다는 것뿐이었다. 이 두 가지 기준을 충족시키는 통나무는 모두 카누를 만드는 데 적합한 것이다. 이러한 배가 만들어진 것은 금속 연

> "고대 그리스인들은 속이 빈 통나무를
>  사용했고 이를 '한 개의 나무'라는
>  의미의 모노옥실론이라고 불렀다."
>
> 존 크랜달, 「통나무 카누」

장이 발명되기 전이었기 때문에 통나무 속을 비우기 위해서는 불을 제한적으로 사용한 후, 까뀌라고 하는 날카로운 석기로 불에 탄 나무 부분을 긁어냈다. 그러고 나서 물에서 잘 나아가도록 통나무의 앞과 뒤를 뾰족한 모양으로 만들었다.

통나무 카누는 북유럽의 여러 지역에서 발굴되었으며 현재까지 발견된 것 중 가장 오래된 배에 해당된다. 카누의 등장 이전에는 수상 이동의 수단이 전혀 없었다. 수영을 하거나 유목(流木)에 매달리는 것이 유일한 방법이었다. **CL**

**참고:** 불의 제어, 낚시, 목공술, 노 젓는 보트, 돛, 키, 증기선

# 끌 (기원전 7500년경)

끌이 표준적인 건설 도구가 되다.

끌과 비슷한 도구는 최초의 호모 사피엔스가 등장하기 전부터 대략 기원전 1만 년경까지의 방대한 진화의 시간에 걸쳐 있는 구석기 시대에 만들어진 것으로 추정된다. 이 시기에 인간은 석기를 만들고 다듬기 시작했으며, 이는 시간이 지남에 따라 점차 특화되었다. 이 시기에는 다른 재료도 사용되었으며, 기원전 3만 년경의 것으로 추정되는 뼈로 만든 끌이 프랑스 남부 오리냐크 유적 부근에서 발견되었다. 이 유적이 있었던 정확한 연대를 추정하는 것은 매우 어렵지만, 기원전 7500년경에는 우리가 오늘날 끌이라고 부를만한 것이 꽤 일상적으로 사용되었던 것으로 여겨진다.

청동기에 이르러 끌의 형태는 다양해졌으며 날이 곡선형으로 된 둥근 끌과 날이 고리를 통하여 손잡이와 연결되어 있는 끌 등이 등장했다. 그리스의 건축가인 마놀리스 코레스는 고대 그리스에서 사용된 끌들이 오늘날의 끌에 비해 사실상 더 날카롭고 튼튼했을 것이라고 생각한다. 파르테논 신전의 복원 작업을 하는 동안 코레스는 대리석에 새겨진 조각들을 바탕으로 다양한 고대의 연장들을 재건했다. 물론 고대 그리스인들은 아크로폴리스의 이미지를 상징하는 사원 건립을 위하여 특화된 다양한 연장이 필요했을 것이다.

중세 시대에는 목수들이 '옛날' 끌이라고 알려진 연장을 사용했다. 이는 날이 넓고 벌어진 것으로, 거친 나무를 조각하는 데 사용되었다. '날이 얇은 끌'이라고 불리는 튼튼한 끌은 나무 망치와 함께 목재의 모양을 다듬고 마감하는 데 사용되었다. 그 외에도 정교하고 특수한 작업을 위한 여러 종류의 끌이 있었다.

끌은 중세 시대 이후로 그 형태가 거의 변하지 않았다. 그러나 현대의 DIY 상점에 진열된 연장을 보면 중세 목수의 작업장에서 보는 것만큼 인상적으로 느껴지지는 않을 것이다. **HB**

참고: 석기, 날카로운 돌날, 금속 세공, 목공술

↗ 이집트 아비도스의 석회암 석주에 상형문자로 표현된 끌 (우측 상단), 기원전 3100~2900년경.

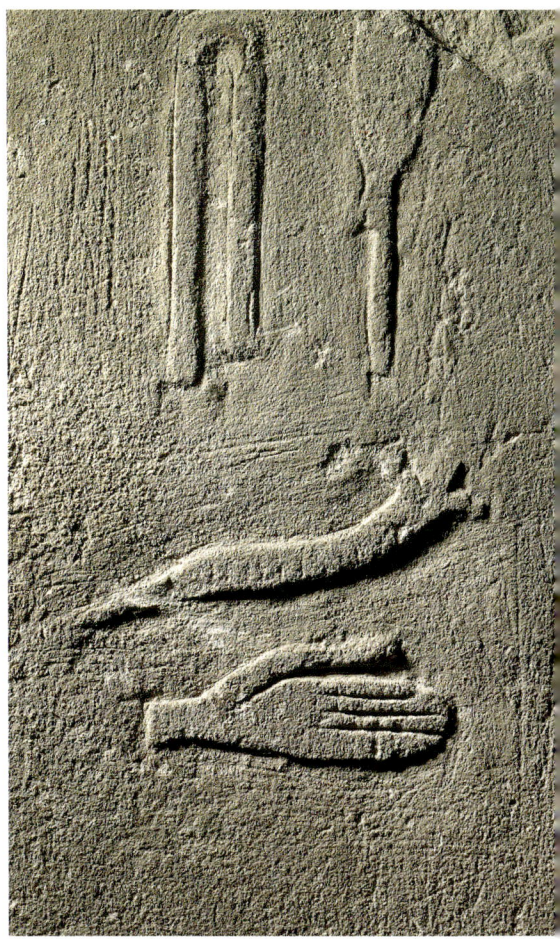

"고대의 석공들은
오늘날의 기술자보다 두 배의 속도로
대리석을 조각할 수 있었다."

에반 해딩언, '스미스소니언 잡지'

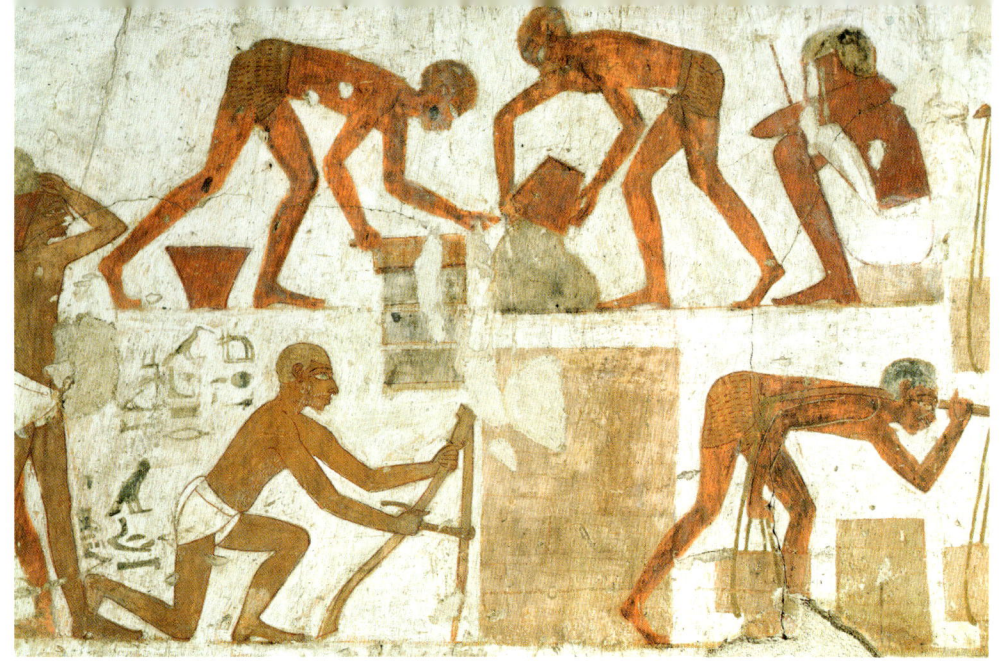

# 말린 벽돌 (기원전 7500년경)

인류가 운반이 가능한 진흙 덩어리로 집을 짓기 시작하다.

말린 진흙으로 미리 모양을 잡은 벽돌을 사용하여 건물을 세우기 시작한 시기는 기원전 7500년경으로 거슬러 올라간다. 고고학자들은 이러한 예를 오늘날의 터키 지역에 있는 티그리스 계곡 상류의 카요누와 아나톨리아 남동부의 디야르바키르 근처에서 발견하였다.

기원전 7000년에서 6400년 사이의 것으로 추정되는 보다 후대의 벽돌은 요르단 계곡의 예리코 유적과 터키에 있는 차탈회유크에서 발굴되었다. 초기 벽돌은 진흙을 손으로 빚은 후 햇볕에 말려 단단하게 해 만들었다. 이렇게 만들어진 벽돌을 간단한 진흙 회반죽을 사용하여 벽으로 쌓아 올렸다. 진흙은 건조한 기후에서 집을 짓는 데 매우 뛰어난 재료다. 농업이 행해지는 곳이면 어디나 쉽게 구할 수 있는 진흙은 강바닥에서 구할 수도 있으며, 건축적으로나 보온성에 있어서나 유리한 특성을 지녔다.

수년 후에 진흙 벽돌은 나무로 만든 거푸집으로 주조되면서 체계적인 대량 생산이 가능해졌다. 이는 중요한 발전이었다. 작은 규모의 집이나 농장, 곡물 창고 및 기타 농장 구조물의 건립뿐만 아니라 마을 전체, 나중에는 도시와 그 안에 들어가는 궁전, 사원 및 기타 국가 공공 건물을 건설하는 데까지 벽돌의 사용이 점차 증가했기 때문이다.

돌을 구할 수 없거나 돌이 부족한 곳에서는 전부 진흙 벽돌이 돌 대신에 사용되었다. 진흙 벽돌은 근동 지방 전역에서 사용되었으며, 이집트 문명과 인더스 계곡에서는 벽돌 한 장의 길이와 폭, 높이의 비율이 4:2:1로 규격화되었다. 이 단순하지만 효율적인 건축 자재는 기원전 3000년경에 메소포타미아에서 가마에 구운 벽돌이 등장하기 전까지 최고의 인기를 누렸다. **RP**

**참고:** 집 짓기, 구운 벽돌, 회반죽, 요새, 초벽

⬆ 노예들이 벽돌을 만들고 벽을 세우는 장면. 이집트 제18 왕조의 무덤 벽화.

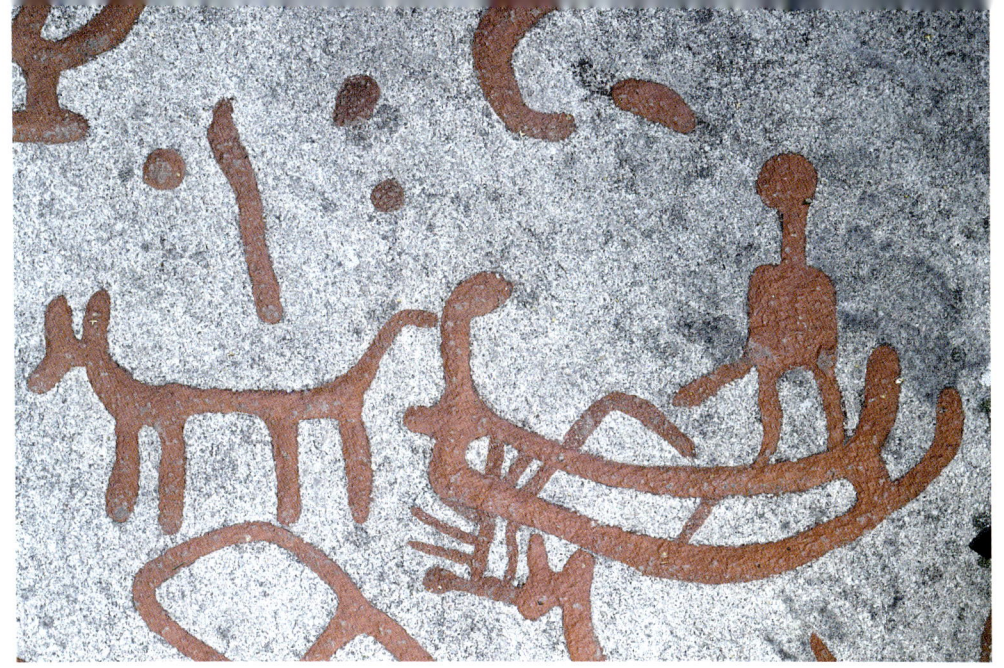

# 썰매 (기원전 7000년경)

북극인들이 빙상 이동수단을 발명하다.

스노우모빌이 등장하기 오래 전에 우리 조상들은 눈 위에서 이동할 수 있는 친환경적인 방식인 썰매를 고안해냈다. 사실상 썰매와 그로부터 변형된 다양한 형태는 고대 생활에 있어 많은 지역에서 중요한 요소였다.

썰매란 땅 위로 미끄러지면서 움직이는 이동 수단이다. 말 썰매는 말이 끄는 썰매로 탑승객을 위한 좌석이 달려 있다. 썰매는 보통 커다란 수레로서 매끈한 활주부와 그 위에 얹어진 목재 토대로 구성되며 큰 물건을 운송하는 데 유용하다. 나무 썰매를 사용한 증거는 기원전 7000년경에 북유럽의 북극 지방에 살았던 종족으로 거슬러 올라간다. 처음에는 사람이 썰매를 끌었겠지만 이는 시간이 지나면서 개와 황소들의 몫이 되었다. 이누이트족은 콜럼버스의 미대륙 발견 이전부터 개 썰매를 사용했다. 썰매의 사용은 메소포타미아의 건조한 사막 지대를 비롯하여 더운 기후 지역으로까지 확대되었다.

썰매가 정확히 언제, 어디에서 발명되었는지는 알려져 있지 않지만, 전 세계 다양한 지역에서 독립적으로 발명되었을 가능성이 높다. 사람이 끄는 썰매는 인간이 북극과 남극을 탐험한 초기 시대에 핵심적인 역할을 했다. 20세기에는 허스키 종의 개들이 탐험에서 썰매를 끌었으며 보다 최근에는 썰매를 끄는 데 연이 사용되었다. 연은 풍력을 사용하기 때문에 썰매를 끄는 데 필요한 동력을 충당할 수 있었다. 오늘날 썰매는 스포츠와 여가 활동에 사용된다. 앞 부분이 둥글게 만들어진 작은 썰매는 터보건의 형태로 즐겁게 타고 놀 수 있다. 봅슬레이는 동계 올림픽 스포츠의 하나로, 경쟁하는 팀들은 특수한 유선형의 썰매를 타고 트랙을 따라 아래로 질주하며 경주를 벌인다. **JG**

참고: 목공술. 스키. 트러보이. 짐수레. 스노우모빌

⤒ 스웨덴 보후슬렌의 암석화에 그려진 동물이 끄는 썰매. 기원전 1500~1000년경.

# 요새 (기원전 7000년경)

**강력한 공동 방어 시설이 등장하다.**

방어 시설은 수천 년에 걸쳐 건설되었다. 청동기와 철기 시대에는 자연 언덕을 이용한 언덕요새가 방어의 목적으로 사용되었고, 로마인들은 침략을 막기 위해 영국 남동부 해안을 따라 색슨 연안 요새를 건설했다.

군사 시설인 요새(fort)라는 용어는 '강하다'라는 뜻의 라틴어 포르티스(fortis)에서 유래했다. 강화(fortification)라는 말은 성벽과 같은 다른 방어 시설들을 보다 튼튼하게 개량한다는 의미도 있다. 영구적인 요새는 내구성이 좋은 재료로 만들어졌지만, 전장의 요새는 흙과 목재, 모래 주머니를 사용하기 때문에 별다른 준비가 필요하지 않았다.

14세기에 대포가 등장하자 중세 시대의 요새는 쓸모가 없어졌다. 그 이후에 만들어진 구조물들은 대포의 화력을 흡수하기 위한 참호와 흙 누벽이 추가되었다. 19세기에 폭발탄이 등장하자 또 다른 진화가 이루어졌다. 요새의 높이가 더 낮아지고, 주위는 적의 엄호를 방해하는 비탈진 땅으로 둘러싸였다. 요새의 입구는 참호의 안쪽 면에 있는 관문으로 다리를 통해 접근이 가능했으며, 다리는 사용 후에 거둬들일 수도 있었다. 요새의 대부분은 지하에 지어졌으며, 방책들과 사격 위치들이 통로로 연결되었다. 열린 포상(砲床)에서 탑재된 포는 묵직한 흙벽으로 보호되면서 공격 전술과 방어 전술은 기동성에 초점을 맞추게 되었다. 20세기에는 방어 탱크들이 전투선 뒤의 기동부대에 집중되었다. 공격이 개시되면 그곳으로 증원부대가 보내졌다.

철근 콘크리트 요새는 19세기와 20세기 초에 많이 사용되었지만, 현대의 전쟁은 대규모 요새를 무용지물로 만들었다. 현재는 지하 깊은 곳에 지어진 벙커만이 충분한 엄호가 가능하다. 오늘날 과거의 요새들은 인기 있는 관광지가 되었다. **MF**

**참고:** 집 짓기, 말린 벽돌, 배터링 램, 투석기, 화약, 대포

---

# 트러보이 (기원전 7000년경)

**아메리카 원주민이 운송 수단을 발명하다.**

대초원 지대의 아메리카 원주민은 유목생활을 했다. 그들은 들소의 고기를 먹고 가죽으로 옷과 천막 덮개를 만드는 등 들소를 거의 모든 일에 사용했다. 항상 떼를 지어 이동하는 동물에 의존하여 살았기 때문에 이들 역시 항상 이동해야만 했으며, 천막에 거주하면서 다음 주둔지로 가져갈 수 있는 정도만 소유 재산을 가질 수 있었다.

사람들은 가방 하나에 들어가는 것보다 많은 양을 운반하고 싶어 한다. 도로와 단단한 땅에서는 수레가 최상의 방법이었고, 멀리 북쪽으로 가면 눈과 얼음이 쌓인 바닥이 미끄럽기 때문에 썰매를 끄는 것이 용이했다. 그러나 부드러운 흙 바닥 위를 다녀야 할 때는 두 가지 방법 모두 적합하지 못했다. 아메리카 원주민들이 이에 대한 해결책으로 만든 트러보이는 나무 장대로 만든 높이 6.5피트(2미터)의 커다란 'A'자 모양으로,

---

> "인생은 무엇인가? 그것은
> 밤을 비추는 반딧불의 깜박거림,
> 한겨울에 들소가 내쉬는 숨결이다."
>
> 크로우풋, 블랙풋 종족의 추장

---

가로 장대에 운반할 물건을 올린 후 비스듬히 벌어진 장대 방향으로 끌었다. 끌리는 끝 부분은 적은 마찰로 조용하게 움직였다. 스페인인들이 신세계에 말을 들여오기 전까지는 개들이 트러보이를 끌었다. 트러보이를 채우면 66파운드(30킬로그램)까지 끌 수 있었다. 말을 이용한 이후에는 더 큰 트러보이로 더 많은 짐을 운반할 수 있었다. 아메리카 원주민들은 아픈 사람이나 노인을 운반하기 위해 말 한 마리나 개 여러 마리가 끄는 트러보이를 사용하기도 했다. 오늘날까지도 보이 스카우트는 다친 동료를 운반할 경우를 대비하여 트러보이의 사용법을 배운다. **DK**

**참고:** 목공술, 썰매, 바퀴와 차축, 수레, 스노우모빌

# 신발 (기원전 7000년경)

아메리카 원주민들이 인간의 발을 땅에서 분리시키다.

발을 보호하기 위한 단순한 덮개로부터 오늘날의 방대한 패션 산업 제품에 이르기까지 신발은 인간에게 있어 중요한 역할을 하는 물건이었다. 고대의 모든 발명이 그렇듯, 언제 처음으로 신발을 신었는지는 불확실하며 고고학적 증거들은 계속해서 이 문제를 더 복잡하게 만들고 있다. 현존하는 가장 오래된 신발은 기원전 7000년경의 것으로 아메리카 대륙에서 발견되었다.

초기의 신발은 새끼줄이나 나뭇잎, 동물의 가죽 등으로 다양하게 만들어졌던 것으로 보인다. 이들은 전부 쉽게 부패하는 재료들이기 때문에 고고학적 예는 거의 찾기 힘들지만, 다른 증거들을 바탕으로 4만 년 전부터 신발이 사용되었다고 주장하는 사람들도 있다. 고고학자들은 고대의 뼈를 조사한 결과 이 시기에 발가락 뼈의 크기와 강도가 줄어들었다는 사실을 알아냈고 그 이유가 신발을 신었기 때문이라고 추정했다. 그러나 이 가설은 진실 여부가 증명되지 않았다.

최초의 신발은 대체로 현대의 샌들과 유사한 디자인으로, 발바닥을 보호하기 위한 밑창을 끈이나 띠를 사용하여 발에 고정시킨 형태였다. 명백한 필요성에 따라 발명된 신발은 인간이 여행을 하고 일을 하며 또한 거친 환경을 견디는 데 있어서 커다란 발전을 이룩했음을 의미한다.

신발과 관련된 예법은 세계 여러 곳에서 생겨났다. 아시아의 여러 지역에서는 집에 들어가면서 신발을 벗는 것이 관례였으며, 이 관습은 북아메리카와 유럽의 많은 가정으로 확대되었다. 아시아에서는 주인이 손님에게 실내화를 제공하는 경우가 많지만 다른 곳에서는 그렇지 않다. 무슬림들은 모스크에 들어가기 전에 반드시 신발을 벗는다. **JG**

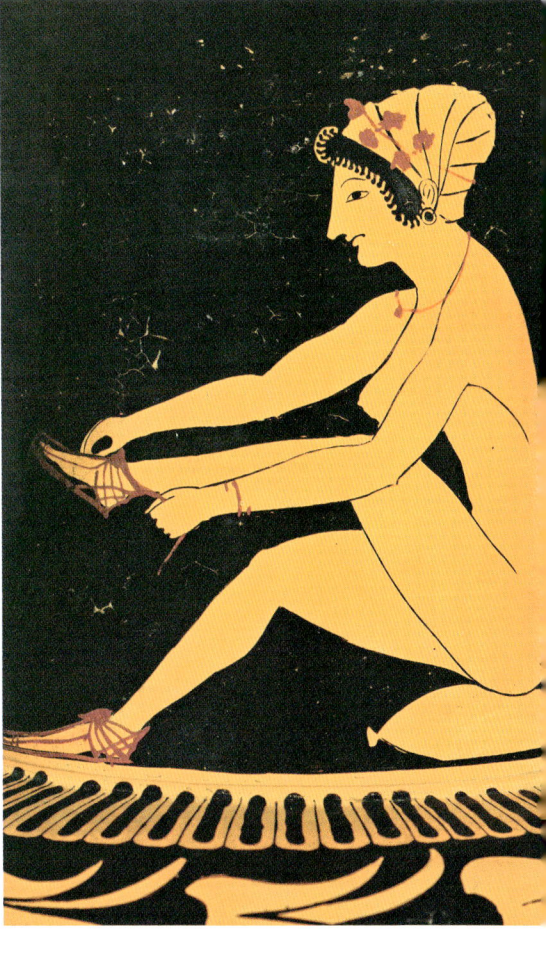

**참고:** 의복, 바느질, 재봉틀, 에어쿠션 밑창

↗ 한 여성이 샌들 끈을 묶고 있다. 기원전 520년경에 그리스 항아리의 목 부분에 그려진 그림.

> "신발을 신은 자에게는
> 전 세계가 가죽으로
> 뒤덮인 것이나 다름없다."
>
> 페르시아 속담

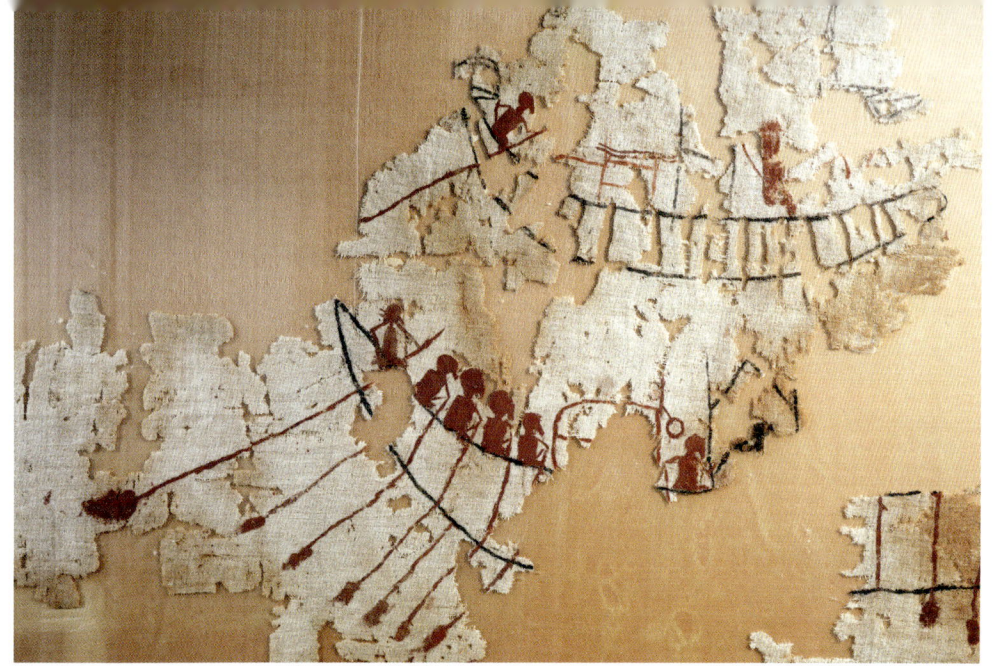

# 직조된 천 (기원전 6500년경)

세계 최초의 직조공이 의류 제작에 혁명을 일으키다.

인간이 수작업으로 옷을 만든 최초의 재료는 펠트로, 동물의 섬유를 열과 압력을 가한 상태로 맞물리게 하여 만들었다. 이러한 펠트는 내구성이 부족했다. 섬유의 진정한 혁신은 직조의 등장으로 이루어졌다. 직조에는 베틀이 사용되었는데, 이는 사용자가 씨실을 엇갈리게 짜는 동안 날실을 팽팽하게 잡고 있는 틀이었다. 실 자체는 동물이나 식물의 섬유를 손이나 기계로 꼬아서 만들었다.

직조를 했던 최초의 예는 1962년에 터키의 차탈회유크 시내에서 발견된 탄화 천 조각으로 기원전 6500년경의 것으로 추정되었다. 이 천이 아마(지중해 야생식물의 한 종류)로 만든 것인지, 혹은 양모로 만든 것인지는 확실하지 않다. 더 후대인 기원전 5000년의 것으로 추정되는 아마로 직조된 아마포가 이집트에서 발견됐고, 터키에서도 동일한 재료로 만들어진 천이 발견되었다. 그러나 아마 전문가들은 이 식물이 당시의 터키에서는 발견되지 않았음을 들어 이 주장에 반대했다.

양모 전문가들 역시 천이 비늘 모양인 것을 발견한 후에 이러한 의견에 동의했다. 그들은 아마로 만든 천은 매끄럽기 때문에 터키에서 발견된 천은 모직으로 만들어진 것이라는 결론을 내렸다. 이 논쟁은 결국 천을 알칼리 용액에 담금으로써 해결되었다. 천이 모직이었다면 알칼리 용액에 용해됐겠지만, 천의 검정색이 제거되면서 아마와 일치하는 격자무늬 모양이 드러났다.

모직이나 비단으로 만든 섬유가 등장한 것은 아마로 직조를 하게 된 직후부터였다. 이 혁신은 다양한 종류의 섬유 제품을 등장시켰으며, 보다 보온성이 강하고 내구성이 좋은 옷들이 만들어졌다. **RB**

**참고:** 의복, 바느질, 물레, 양말 짜는 기계, 제니 방적기, 뮬 방적기, 동력직기

⤴ 이집트의 천 조각. 원래 이미지는 노 젓는 배로 장식되어 있으며 기원전 4000년경의 것으로 추정됨.

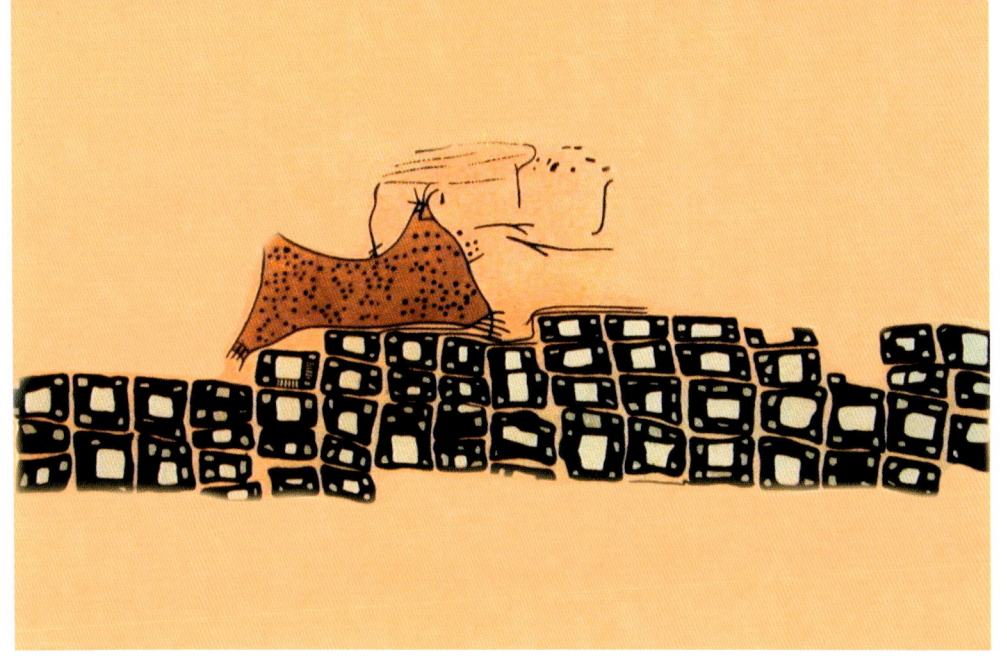

# 지도 (기원전 6500년경)

바빌로니아인들이 세계를 지도로 그리기 시작하다.

바빌로니아의 서판 형식의 지도들은 이집트 땅을 그린 그림들로, 고대 무덤에서 발견되었다. 1961년에 터키의 차탈회유크 시내 지도가 벽에 그려진 형태로 발굴된 이 벽화는 8,500년 정도 된 것이다.

이마고 문디(Imago Mundi)라고 알려진 6세기 서판은 유프라테스 강 유역의 바빌론을 묘사한 것인데, 도시들이 원형의 대륙에 모여 있고 강이 둘러싸고 있다. 어떤 지도들은 T지도나 O지도라고 알려져 있다. 이중 하나는 로마 시대의 거주지를 묘사하는 것으로 T가 지중해를 상징하며 아시아와 유럽, 아프리카 대륙을 분할하고, O는 주위의 바다를 가리킨다. 1300년의 T와 O 헤리퍼드 마파 문디(Hereford Mappa Mundi) 지도는 한 장의 송아지 피지 위에 그려져 있으며, 검정색 잉크로 글씨가 쓰여 있고 물은 녹색으로, 홍해는 붉은색으로 칠해져 있다.

그리스의 학자들은 지구구체론(地球球體論)을 내세웠으며 기원전 350년에는 아리스토텔레스가 이를 정당화시키기 위한 논거를 만들었다. 서기 1세기에는 천문학자이자 수학자인 프톨레마이오스가 기준선 이론을 만들어냈다. 그는 자신의 저서 『지리학』에서 8,000개의 지역을 대략적인 위도와 경도로 표시했다. 서쪽으로 가면 인도에 도달한다는 그의 가정은 수세기 후 콜럼버스에게 영향을 끼쳤다. 지도 제작법은 13세기에 마르코 폴로가 유럽으로 가져온 다양한 교정 정보들로 크게 발전했다.

1891년에 열린 국제 지리학 대회에서 세계 축적도에 대한 세부사항들이 규정되었고, 이는 제1차 세계대전과 제2차 세계대전을 거치면서 더욱 발달하게 되었다. **MF**

**참고:** 자석나침반, 주행기록계, 육분의, GPS

⬆ 터키 차탈회유크에서 발견된 벽화의 지도 그림. 기원전 6500년경.

# 초벽 (기원전 6000년경)

**나무와 흙으로 건축이 시작되다.**

윗가지를 엮고 흙을 바른 초벽은 은신처가 바깥 날씨에 견딜 수 있도록 하기 위한 방법의 일환으로 기원전 6000년경에 만들어졌다. 초벽은 나무로 만든 집의 구조적 요소들 사이에 생기는 틈을 메우는 방법의 일종이다.

튜더 양식의 전형적인 예를 들자면, 오크 통판들을 구조 빔 사이에 수직으로 세운 후 버드나무나 개암나무와 같이 유연성 있는 가느다란 나뭇가지들을 통판들 사이에 수평으로 짜 넣어서 튼튼한 그물망을 만든다. 이렇게 엮은 윗가지에 진흙과 동물의 배설물을 혼합한 후 여기에 지푸라기나 말총을 섞어 강화시킨 재료를 손으로 윗가지 위에 바른다. 진흙과 배설물은 재료를 윗가지에 접착시키는 것을 돕고, 섬유의 함유는 갈라지는 것을 방지했다. 때로는 완성된 벽을 마치 토기처럼 불에 태워 단단하게 만들거나 석회를 발라 비

> "어떤 진취적인 인간이 가지로 만든
> 은신처 위에 진흙을 바르기 시작하면서
> 건축이 시작되었다."
> 조지프 F. 케네디, 『자연 건축의 기술』

바람에 잘 견딜 수 있게 만들기도 했다. 그 결과 비와 바람, 겨울의 추위와 여름의 더위를 차단하는 강한 벽이 탄생했다.

그러나 초벽도 단점이 있었다. 습기가 차면 부패하거나 벌레가 들끓었다. 또한 범죄자들이 쉽게 초벽을 부수고 집안에 함부로 들어갈 수 있었던 데서 무단침입(breaking and entering)이라는 말이 유래했다는 설도 있다. **HI**

**참고:** 집 짓기, 목공술, 말린 벽돌, 구운 벽돌, 회반죽

# 관개 (기원전 6000년경)

**수메리아인들이 수로를 개척하다.**

근처에 있는 강에서 물을 가저와 자신의 농작물에 물을 댄 최초의 사람이 누구인지는 알려져 있지 않지만, 고고학적 증거들에 의하면 어디든 농작이 발생한 곳에서는 곧이어 관개 작업이 뒤따라 시작된 것으로 추정된다. 메소포타미아의 수메르에서 기원전 6000년경에 관개를 했던 증거가 있고 나일 강 근처의 고대 이집트 농장에도 비슷한 증거가 남아 있다. 2000여 년 후에는 러시아 남부의 게오키수르와 페루 안데스 산맥의 자나 계곡에서 관개가 이루어졌다. 기원전 3000년경에는 현재의 파키스탄에 해당하는 인더스 강 문명에서 동일한 기술이 사용되었다.

기원전 6000년경에 메소포타미아 최초의 농부들은 티그리스 강이나 유프라테스 강 주변에 보리와 밀, 기타 작물들을 심으면서, 작물들이 씨앗에서 수확에 이르기까지 성장하는 전 과정을 비와 가끔씩 찾아오는 홍수, 그리고 토양의 수분 보유 능력에 의존했다. 강에서 양동이로 물을 날라올 수는 있었지만 비가 오지 않고 가뭄이 길어지면 작물들은 말라 죽을 수밖에 없었다.

물의 자연적인 공급에만 의존함으로써 발생했던 문제점들은 물을 논밭으로 끌어올 수 있는 인공적인 수단이 생겨나면서 해결되었다. 큰 강으로부터 물을 끌어와 논밭을 따라 흐르게 만들거나, 저수지나 연못에 저장하여 논밭에 배분하고, 홍수가 발생할 때 다시 채우기도 했다. 이러한 관개는 강의 양쪽 연안 주변에 좁게 펼쳐져 있던 비옥한 땅을 몇 마일이나 더 확장시키는 효과를 가져왔다. 관개된 토지가 확장되자 농작물의 수확량도 증가하였고, 따라서 인구 증가를 감당할 수 있는 능력도 향상됐다. **SA**

**참고:** 곡물 창고, 쟁기, 운하, 댐, 하수 체계

→ 서기 1206년의 터키 문서에 도해된 그림이 펌프로 물을 퍼 올리는 정교한 시스템을 묘사하고 있다.

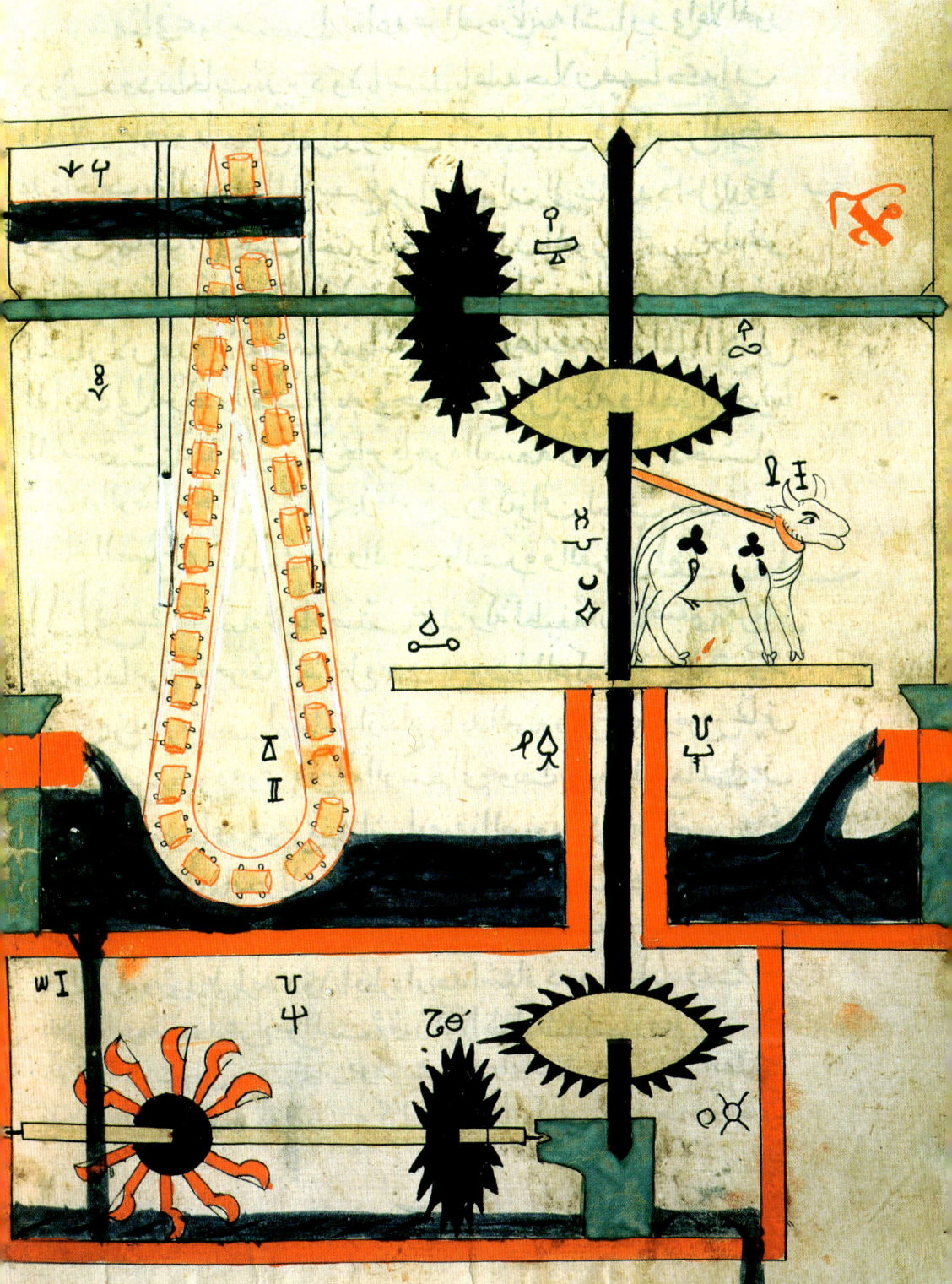

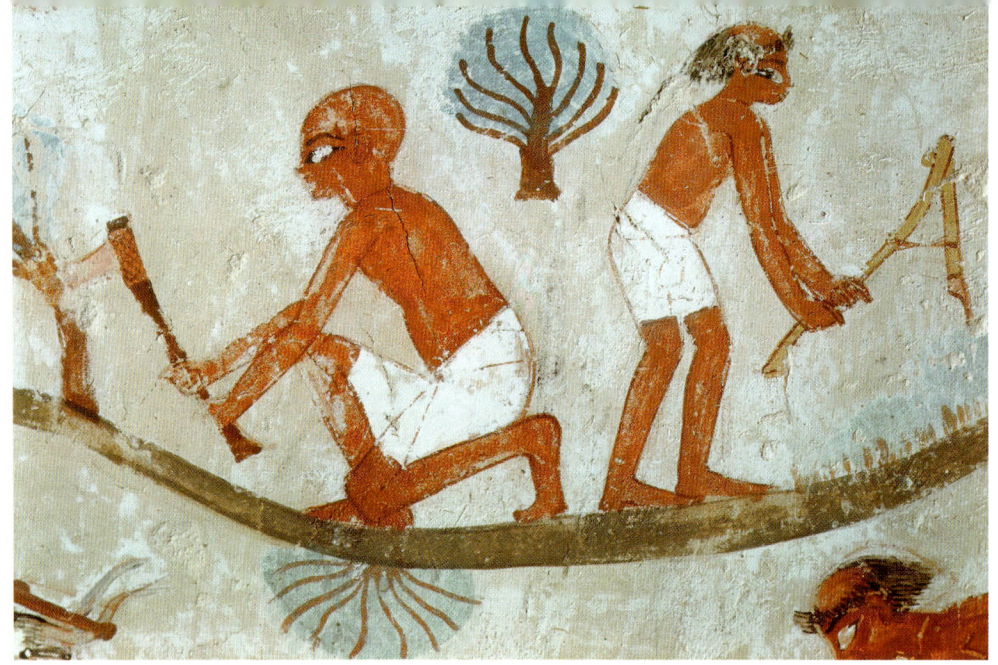

# 도끼 (기원전 6000년경)

초기 인류가 우림을 개간하기 위해 최초의 도끼를 만들다.

백만 년도 더 전에, 호모 에렉투스는 손도끼의 초기 형태라고 할 만한 석기를 만들었다. 눈물 모양으로 거칠게 만들어진 이 석기는 양면이 얇고 날카로운 칼날 형태로 만들어졌다. 오늘날 우리가 도끼라고 부르는 것의 초기 형태가 만들어진 것은 후기 구석기 시대에 농경이 시작되면서부터다. 이 시기에는 이러한 도구의 교역이 활발해져 신석기 시대의 많은 합류 지점에서 돌도끼가 발견되었다.

뉴기니의 하겐 산 근처의 유적지에서 손잡이에 부착되도록 고안된 것으로 보이는 도끼가 발견되었다. 고고학자들은 약 8000년 전으로 추정되는 같은 시대의 꽃가루를 분석한 결과, 이 도끼들이 농경의 발생기에 곡식들의 일조량을 증가시키기 위해 우림을 개간하는 데 사용되었을 것이라고 추정했다.

영국에서는 청동기 시대의 목공들이 사용 목적에 따라 다양한 종류의 도끼들을 만들었다. 고고학자들은 이 도구들을 복원하여 다양한 도끼 자국을 내는 실험을 통해 각 도끼의 형태를 추정할 수 있었다.

도끼는 주로 기능적인 도구로 쓰였지만 권력을 상징하기도 했다. 분묘의 부장품을 통해서 무덤의 주인이 사회적 지위가 높은 사람인지를 식별할 수 있는데, 이 부장품에 도끼가 포함될 때도 있었다. 예를 들면 기원전 4000년경으로 거슬러 올라가는 불가리아의 공동묘지를 발굴할 때 금으로 장식한 다수의 도끼들이 발견되었다. 도끼가 무덤에 부장품으로 포함되어 있었다는 사실은 무덤 주인이 강력한 권력자임을 의미하는 것으로 해석된다. **HB**

참고: 석기, 날카로운 돌날, 목공술, 톱, 장도리

⬆ 석회암 부조 회화에서 한 일꾼(왼쪽)이 까뀌를 사용하고 있다. 이집트 왕가의 계곡, 기원전 1400~1390년.

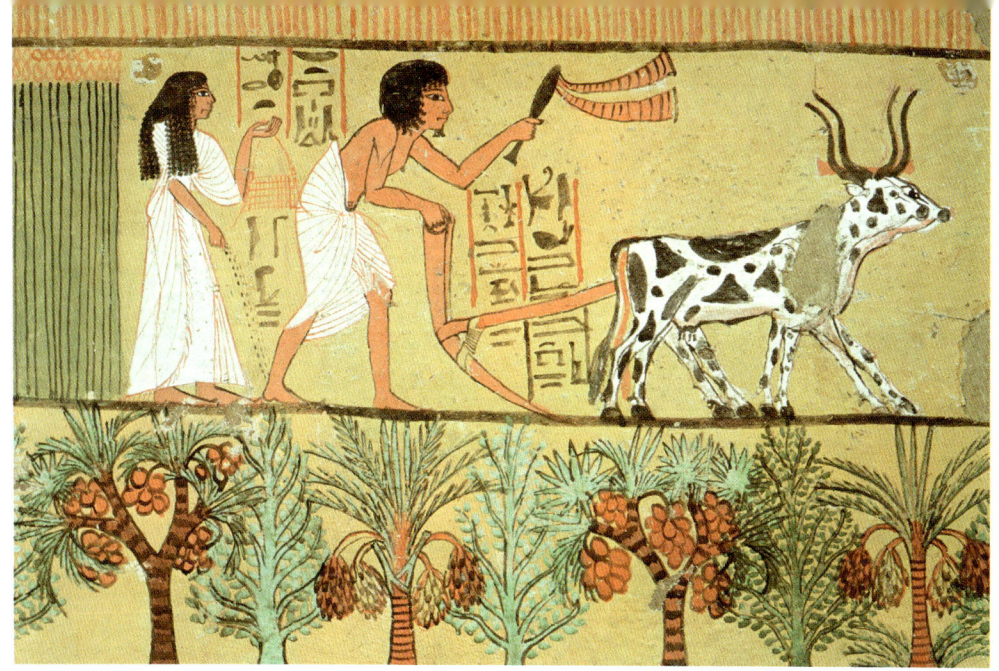

# 쟁기 (기원전 5500년경)

메소포타미아인들이 문자 그대로 개척의 도구를 발명하다.

기원전 9500년경, 서로 떨어져 있는 여러 지역의 사람들이 음식 등의 목적을 위하여 작물을 골라 경작하기 시작했다. 바로 최초의 농부들이 등장한 것이다. 오늘날 비옥한 초승달 지대로 알려진 서남 아시아 지역에서는 적은 수의 농부들이 소규모 농경을 했으며, 농사의 8대 기초 작물인 에머밀, 외알밀, 겉보리, 야생 완두, 콩, 병아리콩, 렌즈콩, 아마를 재배하기 시작했다. 그러나 농부들이 보다 대규모의 경작에 필요한 기술과 방식을 개발하기까지는 그 이후로 수천 년의 시간이 더 걸렸다.

기원전 5500년에는 경작을 위해 흙을 일구는 데 사용되는 도구인 최초의 쟁기가 메소포타미아의 인더스 계곡 문명에서 발명되었다. 쟁기의 발명은 농경의 가장 위대한 진보 중 하나를 의미했다. 그것은 단순히 나무 막대를 나무틀에 부착시킨 것에 불과하지만 흙에 공기를 공급하고 이랑을 지어 파종을 가능케 했다. 쟁기는 길들인 수소가 끌었고 쟁기에 의해 생긴 이랑 사이에는 갈지 않은 온전한 땅이 남아 있었다. 밭의 생산성을 향상시키기 위하여 농부들은 직각으로 교차하여 밭을 가는 경우가 많았다. 이로 인해 생긴 사각형의 밭은 고고학자들에게 '켈트 족의 밭'이라고 불리고 있다.

이 단순한 도구는 여러 종류의 쟁기들로 대체되었지만, 여전히 세계의 많은 지역에서 사용되고 있다. 북유럽을 포함한 일부 지역에서는 쟁기가 점성이 강한 진흙 토양을 일구는 데 적합하지 않았다. 인도에서는 농부들이 2000년 동안 일궈온 흙 속에 유기물을 심기 위해 계속해서 원시적인 쟁기를 사용한다. **FS**

참고: 목공술, 관개, 강철쟁기, 볏쟁기, 주물쟁기

⬆ 센네젬의 무덤 벽화 속에서 센네젬과 그의 부인이 쟁기를 이용하고 있다. 기원전 1150년경.

# 회반죽 (기원전 5500년경)

이집트인들이 새로운 다목적 재료를 만들다.

회반죽은 파리 석고, 부분탈수 석고, 황산칼슘 반수화물 등 다양한 이름으로 통용된다. 석고는 설화석고의 미세한 결정체에서 투명 석고의 크고 납작한 조직에 이르기까지 다양한 결정질의 형태로 발견되는 흔한 광물이다.

회반죽은 적어도 7,000년 전에 중동에서 건축 자재와 장식으로 최초로 사용되었다. 이집트에서는 석고를 불에 직접 굽고 빻아서 가루로 만든 후에 물을 섞어서 회반죽을 만들었으며, 피라미드 건설에 쓰이는 벽돌에 바르거나 궁전의 외장을 매끄럽게 만드는 데 사용되었다. 예리코에서는 인간의 해골에 회반죽을 붙여 장식을 하고 살아 있는 사람처럼 보이도록 그림을 그리는 신흥 종교가 부흥했다. 로마인들은 회반죽을 사용한 미장공사 기술을 유럽에 소개했다.

석고는 동쪽으로는 태국, 서쪽으로는 뉴멕시코에

> "그것은 돌 등
> 단단히 고정시키고자 하는
> 모든 동류의 물건에 부어서 사용한다."
>
> 테오프라스투스, 철학자, 과학자.

이르기까지, 막대한 량이 매장된 사례가 세계 곳곳에서 발견된다. '파리 석고'라는 이름은 몽마르트르에서 채굴된 16세기의 대량 매장물에서 유래했다. 프랑스 왕은 파리의 목조 주택에 회반죽을 발라 화재로부터 보호하라는 명을 내리기도 했다.

회반죽은 건설뿐만 아니라 미술에서도 핵심적인 역할을 했다. 프레스코는 얇은 표면에 젖은 회반죽으로 그림을 그린 것이고, 치장 벽토는 회반죽에 기반을 둔 장식적인 초벌 재료이다. 의학에서는 19세기 초반에 유럽에서 부러진 뼈를 지지하는 데 처음으로 회반죽이 사용되었다. **AC**

**참고:** 집 짓기, 말린 벽돌, 초벽, 구운 벽돌, 강화 콘크리트

# 치약 (기원전 5000년경)

이집트에서 만든 혼합재료로 치아 보호를 증진시키다.

이를 닦고 입 냄새를 상쾌하게 하기 위해 고안된 치약은 이미 기원전 5000년에 이집트에서 사용되기 시작되었다. 사람들은 몰약(沒藥)과 화산성 부석, 소 발굽을 태운 재에 계란 껍질, 굴 껍질 및 결정이 고운 연마제를 혼합한 후, 손에다 묻혀서 이를 문질러 닦아 음식 찌꺼기와 박테리아 침전물을 제거했다.

중국에서는 기원전 300년경 황제가 잇몸의 특정 부위에 침을 꽂음으로써 치통을 치료할 수 있다고 주장했다. 황제의 이론은 기록으로 남아 있는 세계 최초의 체계적인 구강 위생학적 접근법이 되었다.

그러나 17세기 전까지 사람들이 일반적으로 치약을 사용한 것은 실용성과 신화, 미신 등에서 비롯된 행위였다. 예를 들어 1세기에는 늑대의 배설물에서 동물의 뼈를 골라낸 후 밴드를 이용해 목에 두르고 다니면 치통을 예방할 수 있다고 믿었다. 같은 시대에 그리스와 로마에서는 철사로 이를 묶었고, 치아 관리와 발치(拔齒)를 위한 기초 도구들을 생산하기 시작했다.

가루 치약은 18세기 후반에 유럽에서 등장했다. 이 시기에도 잘못 조제된 치약들이 계속해서 사용되었다. 글리세린을 첨가하여 치약의 맛을 개선하기는 했지만, 벽돌 가루와 질그릇 가루와 같은 강력한 연마재 성분들은 치아를 보호하는 법랑질을 제거함으로써 오히려 이를 상하게 했다.

1850년대에는 미백 성분으로 백악질(초크)이 첨가되었고, 크렘 덴티프리스(Creme Dentifrice)는 치약을 최초로 병에 넣어 판매한 제품이다. 1873년에는 콜게이트가 향기가 나는 병에 든 치약을 대량 생산하기 시작했다. **BS**

**참고:** 비누, 칫솔, 치실

# 목공술 (기원전 5000년)

목공술이 오랫동안 확립된 석조 기술을 보완하다.

야금술이 시작되기 전이자 플라스틱이 개발되기 한참 전인, 구석기 시대에 인간이 사용한 재료는 자연 속에서 발견할 수 있는 돌과 진흙, 뼈, 나무였다.

나무는 수많은 유용한 속성들을 지니고 있는 매우 유용한 재료이다. 나무는 물에 뜨고 불에 타며, 비교적 쉽게 다양한 형태의 물건으로 조형할 수도 있다. 나무의 모양을 다듬고 사용하는 기술인 목공술은 선사 시대에 뿌리를 두고 있다.

초기의 목조 작업은 나무를 기본적인 연장으로 사용하는 것이었다. 이미 구석기 시대 중기(30만에서 3만 년)에 네안데르탈인들이 부싯돌로 만든 연장으로 나무를 깎아 새로운 형태를 만들었다는 고고학적 증거도 남아 있다. 이러한 방식을 통해 나무를 재료로하는 유용한 물건이 만들어졌다. 불에 그을려 단단하게 만든 창이나 통나무 속을 비워 간단하게 만든 배가 이에 포함된다.

신석기 시대에 이르러 초보적인 목조 작업은 보다 복잡한 기술인 목공술로 진화했다. 구석기 시대에 주를 이루던 유목 문화가 점차 농경 사회로 정착되면서 영구 정착지가 늘어났고, 이들은 목재로 건조되는 경우가 많았다. 일본 등지에서 조사된 정착지에는 기원전 5000년경에 지어진 목조 가옥이 포함되어 있다.

목공(carpentry)이라는 영어 단어는 라틴어인 카르펜트리우스(carpentrius)에서 유래된 것으로, 마차나 수레를 만드는 사람을 의미한다. 고대 로마에서도 목수들은 마차뿐만 아니라 무기(활, 창, 바위 던지는 기계 등)에서부터 아름답게 조각된 가구에 이르기까지 다양한 목조 제품을 생산했다. **BG**

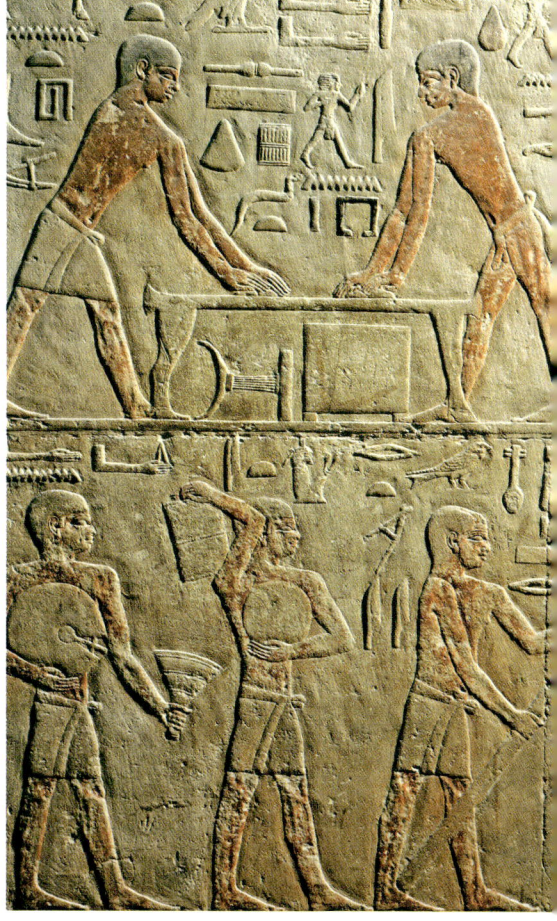

**참고:** 석기, 집 짓기, 활과 화살, 창, 도끼, 톱

↗ 이집트 사카라의 무덤 부조에 그려진 일하는 목수들. 제5왕조, 기원전 2450~2325년.

> "석조 건축의
> 많은 유적은 목조 구조물을
> 모방한 형태를 보여준다."
>
> 존 카포토스토, 소설가

# 노 젓는 보트 (기원전 4500년경)

메소포타미아에서 노를 저어 배를 나아가게 움직이는 기술이 시작되다.

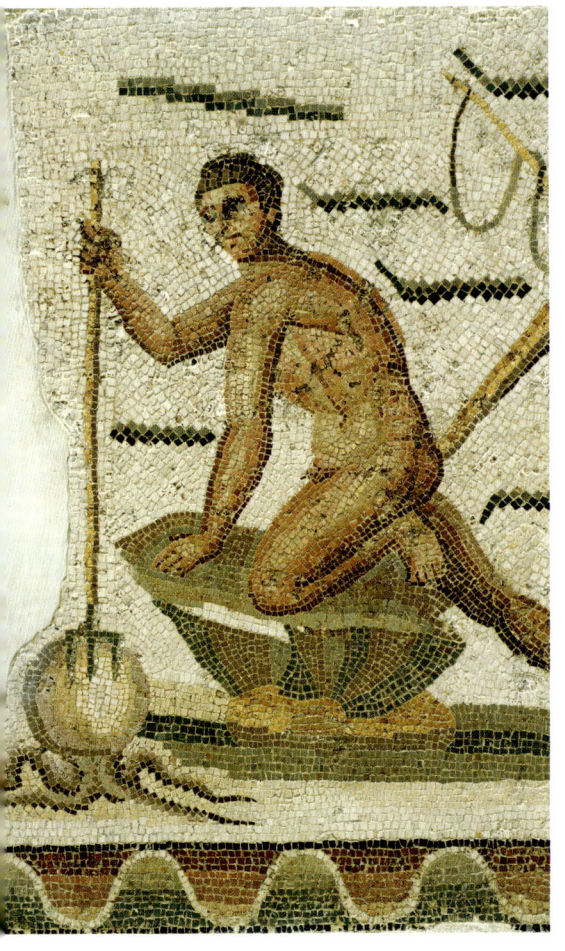

기원전 3000년경에 이집트에서 나일 강을 따라 여행하거나 무역을 하는 수단으로 노 젓는 보트가 사용되었다는 사실은 이미 널리 알려져 있다. 최근에 이것이 그보다 훨씬 이전에 존재했음을 암시하는 증거가 발굴되었다. 메소포타미아의 에리두 시에서 발굴된 무덤에서 고고학자들은 진흙으로 된 배의 모형을 발견했다. 이 무덤은 기원전 4000년 이전에 만들어진 것으로 추정된다. '문명의 요람'이라고 널리 일컬어지는 메소포타미아는 헬레니즘 시대에 현재의 이라크와 서부 이란의 일부에 해당되는 넓은 지역을 일컫는 이름이었다.

이들이 찾은 모형은 짐배처럼 바닥이 얕은 널찍한 보트로, 메소포타미아의 얕은 강 위로 다니도록 만들어진 것이다. 유프라테스와 티그리스 강이 바로 이 지역을 관통하는 강이다. 북에서 남으로 흐르는 이 두 강은 정착 문명이 자리를 잡으면서 교통 체계의 중요한 역할을 하게 되었다.

목재 공급이 부족했기 때문에 메소포타미아에서 만들어진 대부분의 배는 두 강 입구의 늪지대에 무성하게 자라는, 속이 비고 부력이 있는 갈대로 만들어졌다. 갈대를 배 모양으로 조형한 후에 밧줄을 이용해 단단하게 묶었다. 갈대를 덮고 배의 틈새를 막는 데는 역청을 사용하여 물이 들어오지 않게 했다.

상류에서 하류로 조류를 따라가는 것은 간단했지만, 상류로 거슬러올라가는 데는 어려움이 있었다. 동물로 하여금 배를 끌면서 물가를 따라 걷게 하는 방법이 통용되기도 했지만, 대부분의 경우에는 노를 젓는 편이 더 쉽고 빠르다는 사실을 깨닫게 되었다. **CL**

> "노를 젓는 것은
> 귀신이 배를 움직이게 하기 위한
> 주술 의식에 불과하다."
>
> 프리드리히 니체, 철학자

참고: 목공술, 통나무 카누, 돛, 키, 증기선, 잠수함, 모터보트, 제트보트

◪ 배에서 창으로 문어를 잡는 로마시대 모자이크. 튀니지 두가 유적지, 3세기.

# 운하 (기원전 4000년경)

중동에서 인공 수로가 등장하다.

13세기에 완성되고 북쪽의 베이징에서 남쪽의 항저우까지 1,200마일(1,930킬로미터)에 이르는 중국의 대운하는 오늘날까지도 사용되는것 중 가장 오래된 운하이다. 이 수로의 가장 오래된 부분은 기원전 486년으로 거슬러 올라가지만, 이보다 수세기 전부터 운하는 관개와 운송을 위해 사용되었다. 가장 오래된 증거에 따르면 인공 수로는 기원전 4000년 경에 이라크와 시리아에서 굴착되고 사용되었다.

최초의 영국 운하인 포스다이크는 로마인들이 만든 것이지만 18세기 중반 산업혁명이 도래하면서 운하 네트워크의 건설이 본격적으로 시작되어 4,000마일(6,440킬로미터)로 연장되었다. 말이 끄는 짐배가 석탄과 목화 등 기타 상품들을 값싸게 운송하는 주요 수단이 되면서 운하 체계는 유럽과 미국에서도 급격하게 증가했다.

19세기 중반에 철도가 들어오면서 영국의 운하는 쇠퇴하기 시작했다. 대부분 유람 휴가용으로 재발견되기 전까지 백 년 이상을 폐기된 상태로 방치되었다. 유럽 대륙과 북아메리카에서는 운송 거리가 훨씬 더 길었다. 철도의 등장에도 불구하고 이 지역에서는 대륙의 중심부까지 항해선이 들어갈 수 있도록 폭이 넓고 깊은 운하를 건설하는 것이 허가되었다. 오늘날까지도 산업계는 운하를 통해 대량 화물을 수송하여 이익을 얻고 있다.

가장 유명한 운하들은 아마도 멀리 돌아가야 하는 복잡한 항로를 급격하게 단축시킨 운하들일 것이다. 유럽과 동양을 연결한 1869년의 수에즈 운하와 태평양과 대서양을 연결한 1914년의 파나마 운하가 이에 포함된다. 이 두 운하는 공학기술의 놀라운 비전을 제시해 주었다. **FW**

# 접착제 (기원전 4000년경)

밀랍과 수액이 접착제의 역할을 하다.

우리가 매일 접착제를 직접 사용하는 것은 아니지만, 접착제는 많은 일상 용품에 필요한 중요한 구성요소이다. 책, 봉투, 슈퍼마켓의 비닐포장, 값싼 축구화가 이 발명품의 덕을 보고 있다. 최근 몇십 년 사이에 화학자들이 접착력이 매우 강해 사용상 극도의 주의를 기울여야 하는 초강력 순간 접착제를 만들었지만, 자연적으로 발생한 밀랍이나 나무 수액과 같은 접착제들은 훨씬 더 오래 전부터 사용되어 왔다.

고대 부족들의 무덤 유적에서 고고학자들은 식물의 수액으로 깨진 부분을 수선한 도기 조각들을 발견했다. 타르와 유사한 이 접착제는 바빌로니아 인을 조각한 조각상에도 사용되었으며, 눈알을 눈구멍에 접착제로 붙이기도 했다. 3,000여 년 전에 만들어진 이집트의 조각들은 널빤지를 무화과나무에 붙였고, 북유럽에서는 6,000년 된 진흙 항아리들이 박달나무 껍질의 타르

> "고대 이집트인들은 짐승 가죽을 끓여 풀을 만들었으며, 그것을 바인더로 쓰거나 목공일을 하는 데 사용했다."
>
> 조 어스트 바시추크, 소설가

에서 추출한 접착제로 수선된 흔적이 발견되었다.

고대 이집트인들은 동물로도 접착제를 만들었는데, 이 기술은 기원전 5세기에 로마인과 그리스인들이 정교하게 발전시켰다. 로마인들은 결국 다른 자연적 요소들인 식물, 우유, 치즈, 피 등을 사용하여 다양한 형태의 접착제를 만들었고 최초로 타르와 밀랍을 사용하여 배에 생긴 균열들을 봉합했다. **CB**

**참고:** 항구, 운하 갑문, 운하 경사면

**참고:** 우표, 테이프, 에폭시 수지, 초강력 순간 접착제, 포스트잇

# 통나무 길 (기원전 4000년경)

지나갈 수 없는 땅에 통나무로 길을 열다.

'코듀로이 길'이라는 별명이 붙은 통나무 길은 통나무를 길 위에 빽빽하게 붙여 놓음으로써 질퍽하거나 진흙투성이의 땅 위에 저항력 있는 길을 만든 것이다. 코듀로이와 같이 울퉁불퉁한 표면의 불편함을 줄이기 위해 그 위에 모래를 뿌리는 경우가 많다.

본래 접근이 어려웠던 장소를 보다 쉽게 통과할 수 있게 해주기는 하지만, 코듀로이 길은 보행자에게 위험할 수도 있다. 비가 와서 모래가 씻겨 나가 통나무들이 헐거워지거나 젖는 경우 이 길을 달리는 말과 그에 부착된 수레에게는 극도로 위험했다.

최초의 통나무 길은 기원전 4000년에 만들어진 것으로 추정된다. 늪지대에 오크 판자로 코듀로이 길을 만든 증거가 영국 글래스턴베리에서 발견되었으며, 이는 기원전 3800년의 것으로 추정된다.

수세기에 걸쳐 통나무 길은 판자길로 대체되어,

---

> "오디세우스는 홀과 집안 그리고
> 마당을 유황 연기로 가득 채워
> 해충을 박멸했다."
>
> 호메로스, 「오디세이아」

---

통나무 대신 평평한 널빤지를 사용해 보다 매끄럽게 건널 수 있는 길이 만들어졌다. 그러나 나치와 소비에트의 군대는 제2차 세계대전 때 동쪽 전방에 통나무 길을 만들었다. 보다 최근에 코듀로이 길은 본래의 기능을 상실하고 혐기성 토양에서 매우 느린 속도로 부패한 후에 다른 길 표면의 기반이 되었다. 미국에서는 알래스카 하이웨이 등 20세기 초에 건설된 도로들이 통나무로 기반이 다져져 있다. **FS**

# 리벳 (기원전 4000년경)

초기 이집트인들이 건설 트렌드를 시작하다.

타이타닉호의 침몰을 포함해, 리벳은 비록 크기는 작지만 막중한 책임을 지니고 있다. 리벳은 수천 년에 걸쳐 널리 사용되어 왔으며, 오늘날의 엔지니어들이 배나 다리, 항공기와 기타 복잡한 구조물을 안전하게 건설하는 데 리벳에 의존하게 되면서 그 신뢰도가 매우 중요해졌다.

리벳 구멍은 기원전 4400년에서 3300년 사이에 있었던 이집트 나카다 문화 시기에 만들어진 창의 끝에서 발견되었다. 또한 고고학자들은 손잡이가 있어야 할 자리에 리벳 구멍이 나 있는 청동기 시대의 검이나 단도를 발견했다. 리벳 자체는 본질적으로 짧은 금속 막대를 금속 세공인이 망치로 두들겨서 한쪽은 미리 구멍을 만들어놓고 다른 쪽은 고정시키기 위해 형태를 변형시킨 것이다. 오늘날 다양한 종류의 리벳이 존재하며, 이들을 사용하기 위해 고안된 도구들도 다양하게 특화되어 있다.

리벳이 근대 공학과 건설에서 광범위하게 사용됨에 따라 한 두 개가 느슨해지는 일은 불가피한 것이었다. 재료 과학자들은 1912년 1,500명 이상의 사망자를 낸 RMS 타이타닉호의 악명 높은 침몰의 원인이 리벳 때문이라고 주장했다.

제니퍼 맥카티와 티모시 푀케는 침몰한 난파선을 심층적으로 연구하여 조악한 제작 솜씨가 침몰의 원인이라는 결론을 내렸다. 보다 자세하게 말하자면, 배를 건조하는 데 사용된 300만 개 이상의 리벳이 강철로 만들어졌어야 하는 데도 불구하고 실제로는 품질이 떨어지는 철로 만들어졌다는 것이다. 빙하에 부딪친 타이타닉호의 전방 부분에 사용된 조악한 철로 된 리벳이 배의 몸체에 사용된 강철 리벳에 비해 충돌의 충격을 견뎌내지 못한 것이다. **HB**

---

참고: 바퀴와 축, 수레, 스포크 차륜 전차, 머캐덤 포장도로, 자동차

참고: 용접, 연철(鍊鐵), 나사, 못, 장도리

# 바퀴와 축 (기원전 3500년경)

메소포타미아 도공들의 회전바퀴가 바퀴를 이용한 운송의 길을 안내하다.

대부분의 발명은 뛰어난 과학자의 천재적 두뇌에서 하루 아침에 생겨난 것이 아니라 이미 존재한 것들로부터 응용된 것이다. 이는 바퀴와 바퀴에 부착된 축의 경우에도 마찬가지로, 이들은 두 가지 서로 다른 곳에서 유래되었다. 첫째는 기원전 3500년경에 메소포타미아에서 발명된 도공들의 회전바퀴였다. 도공의 기술에서 본질적으로 중요한 도구는 아니었지만 바퀴는 우수한 품질의 그릇들을 보다 빠르게 생산할 수 있게 도와주었다. 둘째는 평행한 나무 막대들 위에 커다란 짐을 실어서 옮기는 원시적이지만 효율적인 도구, 즉 썰매였다. 썰매는 얼음이 얼고 눈이 오는 기후와 뜨거운 모래 사막에서 쓰이기 적합한 것이었지만, 딱딱하고 건조한 지역에서는 썰매를 끄는 데 엄청난 힘이 요구되었기 때문에 적합하지 못했다.

바퀴의 발명에 있어 도공의 바퀴와 썰매가 결합되었다는 증거가 세계에서 가장 오래된 그림 문자에서 발견되었다. 메소포타미아 남부, 수메르의 우루크 유적에서 발견된 기원전 3200년경으로 추정되는 그림 문자들은 다양한 썰매들의 모습을 보여주는데 이중 일부에 바퀴가 달려 있다. 판자 두 세 개를 합쳐서 못으로 박아 견고한 나무 원반 바퀴 모양으로 잘라 만든 이 최초의 바퀴들은 조잡하지만 효과적이었다. 한 쌍의 바퀴를 고정된 축에 부착시켜 동시에 회전하는 것이 가능해지자, 바퀴와 축의 결합을 사용하여 짐이나 사람을 수레, 짐마차, 4륜마차 등으로 운송할 수 있으리라는 상상은 어렵지 않았다. 그러나 이 발명에 있어 메소포타미아가 전적으로 공을 세운 것은 아니다. 바퀴는 카프카스 산맥 북부의 무덤에서도 발견되었으며, 폴란드에서 출토된 진흙 항아리에도 나타났다. 이 증거는 기원전 3500년의 것으로 추정된다. **SA**

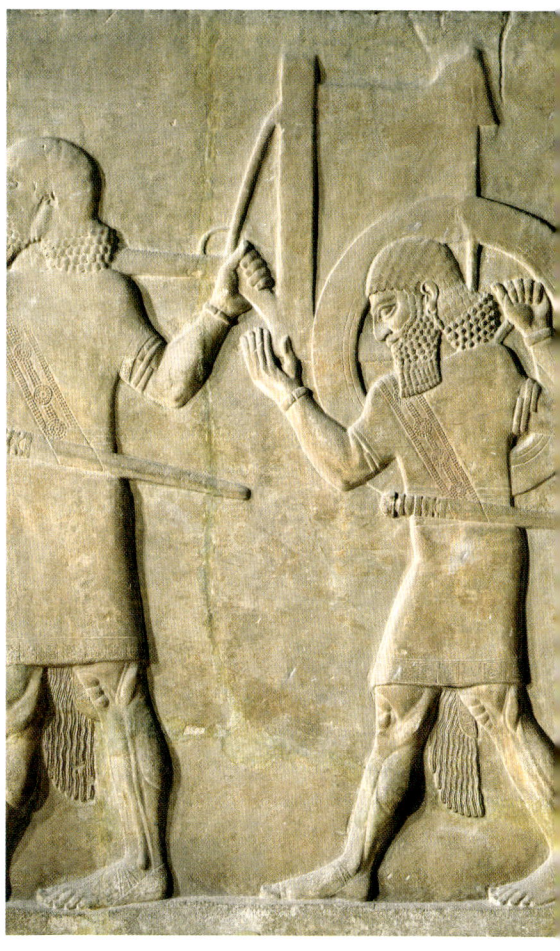

> "물건을 옮기는 데 마찰력을
> 줄이기 위해 바퀴를 사용한 것은
> 가장 중요한 발명 중 하나였다."
>
> 오디스 헤이든 그리핀, 공학자

**참고:** 통나무길, 윤활유, 수레, 기관차, 자동차

↗ 병사들이 왕의 전차를 끄는 모습. 기원전 8세기, 이라크 사라곤 2세의 궁전에서 출토된 부조.

# 합판

(기원전 3500년경)

이집트인들이 나무 판을 층층이 겹치는 법을 발견하다.

도금에서는 기초 재료로 만들어진 물건에 얇은 층의 금을 입혀 견고한 금으로 만들어진 것처럼 보이게 한다. 합판도 이와 거의 동일한 방법에서 유래되었다. 기원전 3500년경 이집트에서는 질 좋은 목재의 공급이 부족하여, 고급 가구 제작의 수요에 부응하기 위한 대책이 필요했다.

이러한 해결책 중 하나는 얇은 장식 목판을 질이 떨어지는 두꺼운 목재에 붙이는 것이었다. 이는 순전히 외양적이고 경제적인 목적이었던 것으로 생각되지만, 그 과정에서 발생한 혼합목재의 물리적 속성까지도 개선시키는 결과를 낳았다.

이집트 합판이 탄생한 이래 이 재료는 게리트 리트벨트, 마르셀 브로이어, 알바 알토의 멋진 가구에 사용되는 등 대중적인 디자인에서 중요한 역할을 맡아 왔다. 그러나 이들은 5,000년 전의 디자이너들과는 달리 자신들이 생산하는 합판 제품이 원치 않는 구부러짐에 대하여 강력한 내성이 있다는 사실을 알고 있었다. 합성목재는 각 층을 이루는 목재의 나뭇결이 90도 각도로 목재와 접착이 되기 때문에 단단하다.

한밤중에 불이 꺼져 있는 곳에서 가구들 사이로 비틀거리는 것은 고통스러운 경험이 될 수 있다. 다행히도 이집트 목수들은 미지의 어둠 속에서 비틀거리다가 우연히 합판 가구의 우월한 강도를 발견하게 되었다. 사실상 합판의 사용은 가구에만 국한된 것은 아니다. 합판은 건물을 짓고 보트와 선반, 자동차의 몸체를 만드는 데 사용되었다. 이 모든 것은 20세기에 접착제가 발전된 이후에야 실용화가 가능해졌다. **CB**

참고: 목공술, 의자, 접착제

# 윤활유

(기원전 3500년경)

기름과 지방으로 최초의 바퀴 차량이 가속되다.

바퀴가 등장한 이래 윤활제에 대한 수요가 계속 존재해 왔다. 윤활제는 마찰을 줄이는 역할을 한다. 바퀴에 윤활유를 바르면 에너지를 절약하고 마멸을 감소시키며, 과열을 방지하고 소음을 줄인다.

고대 메소포타미아 문명과 그리스, 로마 문명은 요업을 할 때 바퀴를 사용해 수로를 만들어 운송했다. 바퀴 축의 윤활제로는 올리브 오일이 사용되었다. 또 기원전 1400년으로 추정되는 이집트의 2륜 전차가 축에 동물의 지방이 칠해진 채로 발견되었는데, 지방은 물에는 없는 점성을 더해준다. 로마의 2륜 전차 경주 선수들에게 바퀴 윤활제는 생명을 구해주는 것이나 마찬가지였으며, 스페인에서는 마치 오늘날의 정비사처럼 기름 단지를 들고 경주로 옆에 서 있는 남자의 모습이 그려진 모자이크가 발견되었다. 유틀란트 반도에서

> "과거에 살았던 사람들은
> 돼지 기름을 사용하여 차축에
> 기름을 발랐다."
>
> 대(大)플리니우스, 역사가

발견된 1세기의 청동 바퀴는 축에 윤활제를 바르는 것을 용이하게 해주는 특수한 홈을 가지고 있었다. 1500여 년 후에는 레오나르도 다빈치가 올리브 오일을 사용하여 자가급유 차축을 발명했다.

올리브 오일과 동물의 지방은 19세기까지 윤활제의 기본 형태로 지속되었다. 향유고래 기름과 동물의 발굽에서 추출한 우족유는 영국 산업혁명 시기에 증기기관의 엔진과 기관차의 윤활제로 사용되었다. 1850년대에는 광물성 기름, 그중에서도 특히 석유가 개발되어 산업에 혁명을 일으켰다. **AC**

참고: 바퀴와 축, 수레, 스포크 차륜 전차, 기관차, 모터사이클, 자동차

# 수레
## (기원전 3500년경)

메소포타미아인들이 운송 수단에 바퀴를 달다.

수레의 기원은 바퀴의 발명과 밀접하게 연결되어 있다. 사실상 바퀴의 발명에 대한 이론 중 하나를 보면, 수레와 바퀴가 통나무 위로 끌고 다녔던 초기의 썰매로부터 영감을 받아 동시에 만들어졌다고 주장한다.

바퀴 달린 수레의 최초 증거는 메소포타미아의 서판에 나타나 있다. 이 공예품들의 연대를 측정하는 방법이 정확하지는 않지만, 서판들은 기원전 4000년 중반의 것으로 알려져 있다. 이와 비슷한 시기에 유럽에서 바퀴 달린 수레가 사용된 증거가 남아 있다. 독일 키일 근처의 긴 고분에 있는 바퀴 자국과 폴란드 브로노치체에서 출토된 컵에 새겨진 수레 상형문자가 그것이다. 이 증거들 때문에 고고학자들은 바퀴 달린 수레가 여러 지역에서 동시에 발명되었는지, 아니면 메소포타미아에서 시작되어 빠른 속도로 확산된 것인지에 대하여 논쟁을 벌였다.

수레는 처음 만들어진 이래로 지속적으로 사용되어 왔으며, 시간이 지남에 따라 보다 안정감을 주기 위하여 바퀴살과 완충용 스프링이 바퀴에 결합되었다. 그러나 자동차의 발명, 그리고 어느 정도로는 기차의 발명으로 인해 운송수단으로서의 수레의 역할은 쇠퇴하게 되었다.

오늘날의 수레는 말이 끄는 전통적인 수레에서 인력거와 태국의 삼륜차인 툭툭, 전기로 움직이는 골프카트에 이르기까지 온갖 종류의 형태와 기능이 있다. 또 어디에서나 볼 수 있는 쇼핑 카트도 빼놓을 수 없다. 쇼핑 카트는 미국 오클라호마에서 피글리 위글리 슈퍼마켓 체인점의 고객들이 보다 많은 식료품을 손쉽게 사기 원했던 실반 골드맨이 발명한 것이다. **RP**

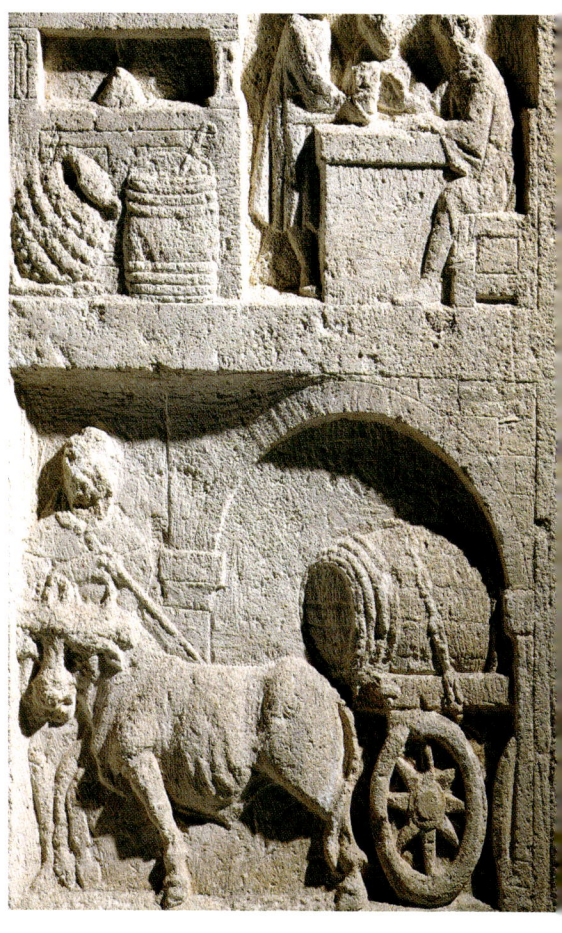

참고: 통나무 길, 바퀴와 축, 윤활유, 스포크 차륜, 머캐덤 포장도로

↗ 독일 트리어르 근처에서 출토된 로마시대 장례용 부조에서 수레로 통을 나르고 있는 장면. 서기 2세기.

> "고객들은 바구니가
> 가득 차거나 너무 무거워지면
> 쇼핑을 멈추는 경향이 있었다."
>
> 실반 N. 골드맨, 사업가

# 돛 (기원전 3500년경)

**이집트인들이 물 위에서 풍력을 이용하다.**

돛은 수천 년 동안 바람을 이용하기 위해 사용되어 왔다. 기원전 3500년경, 고대 이집트의 배들은 바람을 타고 나일 강 상류로 거슬러 올라가고 노를 저어서 돌아왔으며, 페니키아인들은 바다 항해를 위해 보다 튼튼한 배를 개발하는 데 앞장섰다.

그러나 이 배들은 가로돛식 범장의 돛을 사용하여 바람을 타고 움직였다. 바람을 거슬러 나아가기 위해서는 돛을 날개로 사용하여 지나가는 바람과 수직이 되는 방향으로 양력을 생성시켜야 한다. 현대식 배는 바람을 향해 돛의 각도를 조절할 수 있고, 생성된 양력의 분력(分力)이 배에 추진력을 줌으로써 바람이 불어오는 방향에서 (작은 범위의 각도 내에서도) 항해가 가능하다.

돛은 아라비아 해에서 기원전 300년에 이런 방식으로 사용되었지만, 15세기에 유럽에서 전 장비를 갖춘 돛단배가 등장하기 전까지는 별다른 발전이 이루어지

"태평양 섬에서는
역삼각형 모양의 돛을
수직의 기둥에 부착하여 사용했다."

톰슨 게일, 『발명의 세계』, 2006년

지 못했다. 이 배는 돛대에 삼각형과 사각형 돛을 달고 있어 안정성과 동력뿐만 아니라 기동성까지 갖추었다.

상업적 항해는 19세기에 아메리카가 무역의 경쟁 상대로 떠오르면서 절정에 달했다. 당시의 배들은 속도와 크기가 최고조에 이르렀다. 중국과 북아메리카, 호주에서는 20노트(시속 37킬로미터)로 달리는 쾌속선과 케이프 혼 주변을 다니는 1에이커 면적의 방대한 완전 장비 돛단배인 것이 특징이었다. **FW**

# 오븐 (기원전 3000년경)

**이집트인들이 빵 굽는 방법을 바꾸다.**

이집트인들은 기원전 3000년경 선사 시대가 막을 내릴 무렵에 최초의 밀폐형 오븐을 만들어낸 것으로 추정된다. 오븐은 빵의 품질을 높이기 위해 발명되었다. 납작한 빵이 거의 5,000년 동안 존재해왔는데, 이집트의 오븐 덕분에 이스트로 빵을 만드는 것이 가능해져 이제 납작한 형태가 아닌 부풀어 오른 빵을 만들 수 있었다.

전통적인 오븐은 가장 단순한 발명에 속한다. 그것은 음식을 요리하기 위하여 벽 안에 열을 가두는 것이다. 오븐이 발명된 시기를 생각할 때는 오븐의 수요를 야기한 농업의 발전을 함께 고려해야 한다. 약 1만 년 전에 마지막 빙하기가 끝난 이후, 겨울잠에서 깨어난 땅은 따뜻해지면서 사람들에게 곡식과 기타 음식들을 제공해주었다. 우리의 선조들은 영양공급을 위한 새로운 재료들을 다소 늦게 발견했는지는 모르지만, 이집트의 제빵사들이 보여준 것처럼 궁극적으로는 목적

"무거운 토기로 된 빵 굽는 틀들을
잿불 위에 일렬로 세워 놓아
그 안에 담긴 반죽을 구웠다."

제인 하워드, 『고대 이집트의 빵』

을 달성했다.

개방된 구조의 탄두르(원통 모양의 진흙 벽돌) 오븐이 기원전 3000년으로 추정되는 인더스 계곡의 정착 도시 모헨조다로에서 발견되었다. 그러나 앞면이 열리며 휴대가 가능한 오븐을 발명하고 이를 사용해 제빵을 수익성 있는 사업으로 키운 것은 고대 그리스인들이었다. **CB**

**참고:** 직조된 천, 통나무 카누, 노 젓는 보트, 키, 모터보트

**참고:** 불의 제어, 집 짓기, 토기, 가스 스토브, 전기 스토브, 전자레인지

# 도리깨 (기원전 3000년경)

이집트인들이 새로운 발명품으로 밀을 겨에서 분리해내다.

도리깨는 인간이 사용한 가장 오래된 농기 중 하나로 5,000년이 넘는 기간 동안 사용되어 왔다. 그것은 권력을 상징했으며, 심지어 무기의 역할도 했다. 19세기에 모터로 작동되는 경작기계들이 도입되었지만, 아직도 세계 일부 지역에서는 도리깨가 사용되고 있다. 이 도구의 주요 기능은 타작, 즉 곡물의 낟알을 식물로부터 강제로 분리시키는 것이다.

도리깨가 어디에서 유래했는지는 명확하지 않지만 고대 이집트에서 사용되었던 것은 확실하다. 도리깨는 본래 자루라고 부르는 손잡이 끝에 가죽 끈으로 짧은 막대기가 연결되어 있다. 자루의 끝부분을 잡고 막대기를 아래쪽으로 향하게 하여 좌우로 휘둘러 사용한다. 보통 추수한 밀이나 다른 곡물을 바닥에 놓고 도리깨로 치면 껍질이 벗겨지면서 낟알이 걸러진다.

이집트에서 도리깨는 왕조의 상징으로 사용되어 권력의 징표가 되었다. 도리깨는 양치기의 지팡이와 함께 발견되는 경우가 많은데, 이 두 가지 도구는 파라오가 마치 양치기가 양떼를 돌보듯 자신의 백성들에게 음식을 제공하고 그들을 보살펴줄 수 있는 능력을 지녔음을 상징했다. 양치기 지팡이와 도리깨는 지하세계의 왕인 오시리스 신의 징표이기도 했다. 죽은 파라오의 내장을 보관한 투탕카멘의 관에는 오시리스 신이 이 두 도구를 가슴 위로 교차하여 들고 있다.

타작을 위해 도리깨를 사용하는 것은 고도로 노동집약적인 일이다. 오늘날 이 연장은 현대적인 기계로 거의 대체되었다. 복식 수확기는 그 이름이 얘기해주듯이, 한 번에 곡물을 수확하면서 동시에 낟알을 걸러낼 수 있는 기계이다. **SR**

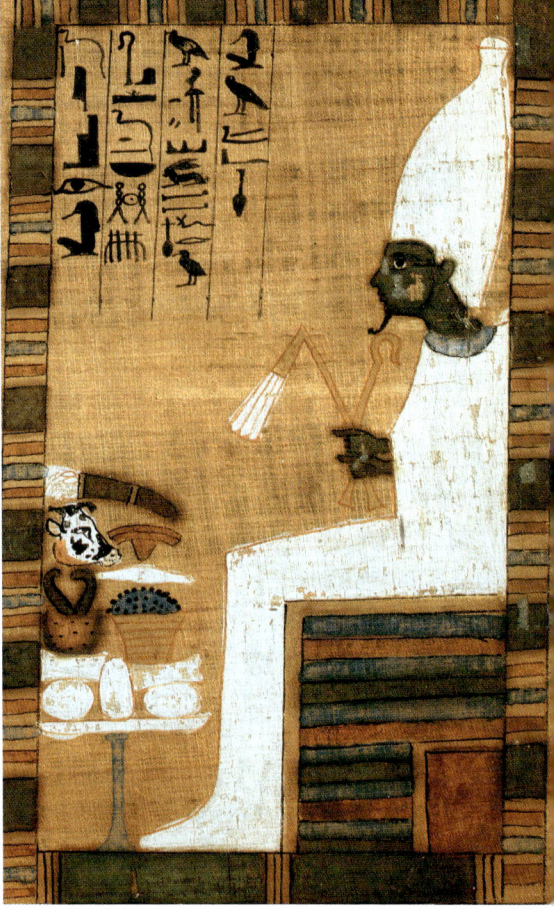

**참고:** 곡물 창고, 쟁기, 수확기, 복식 수확기

↗ 기원전 1070~945년의 이집트 벽화에서 오시리스가 권력의 상징인 도리깨와 지팡이를 들고 있다.

> "지푸라기를 제거하고 낟알과 겨를 걸러서 바구니에 담았다."
>
> 존 카터, 『도리깨를 사용하는 방법』

# 종 (기원전 3000년경)

고대 중국인들을 위해 종이 울리다.

고대 중국인들은 기술적으로나 문화적으로 발전해 있었다. 기원전 3950년과 1700년 사이에, 양샤오 문화의 사람들은 돼지를 사육하고 밀과 기장을 재배했으며, 고도로 특수화된 연장들을 제작하고 표면에 그림을 그린 토기를 생산했다. 또한 링이라고 불리는 토기도 생산했는데, 이것이 최초의 소리 나는 종이 되었다. 이 진흙 종의 가장 오래된 예 중 하나는 중국 중부 허난 성의 유적지에서 발굴된 작고 붉은 색의 링이다.

후에 상과 주 왕조 시대의 중국인들은 금속으로 종을 만들어 정교하게 장식했다. 기원전 5세기에 이르러 종은 문화적으로 중요한 역할을 담당하게 되었으며, 청동으로 만든 종들이 종교 의식에서 쓰이는 음악을 연주하기 위해 사용되었다. 크고 추가 없는 종들은 중국에서 '종(zhong)'이라고 불렸으며 채로 쳐서 소리를 내기도 했다. 이들은 모든 곡식이 추수되는 추분(秋分)의 소리를 상징한다. 중국어로 종(zhong)이라는 단어는 종(bell)이라는 뜻 외에도 다른 식으로 발음했을 때 '경작된' 이라는 뜻을 가지고 있다.

기원전 2세기 진나라 황궁에 여섯 개의 커다란 종이 설치된 이후에는 종이 권력과 권위의 상징이 되었다. 현대 중국에서 종은 다른 의미, 즉 교육과 숭배의 의미를 지닌다.

오늘날 서구에서 종은 기능적인 용도와 상징적인 용도로 모두 사용된다. 종소리는 시간을 알려주기도 하지만 교회에서나 크리스마스, 또는 결혼식과 같은 전통적인 의례와도 연관된다. 손으로 흔드는 종은 오늘날에도 교회 신도들이나 학교에서 음악 교육의 일환으로 사용되고 있다. 심지어 퇴직자 전용 아파트나 병원에서 음악 치료의 용도로 사용되는 종도 존재한다. **HB**

# 양초 (기원전 3000년경)

기름과 왁스, 심지로 세상의 불을 밝히다.

양초의 발명을 특정한 사회나 국가의 공으로 돌리기는 어렵다. 최초의 '양초'는 단지 동물의 지방 덩어리에 불을 붙인 것에 불과했을 것이다. 훗날 이는 동물의 지방에 갈댓잎을 넣은 형태로 진화했는데, 이는 보다 오랫동안 연소하기는 했지만 여전히 심지(천천히 연소하는 중심 핵으로 보통 섬유나 노끈으로 만들어짐)는 등장하지 않았다.

고고학적 증거에 따르면 이집트인들과 그리스인들 모두가 이미 기원전 3000년경부터 (우리가 오늘날 알고 있는 것과 유사한 형태의) 심지가 있는 양초를 사용했다. 많은 고대 문명이 밀랍이나 수지, 심지어는 열매 등의 재료를 사용하여 다양한 형태의 양초를 개발한 것으로 보인다. 이런 재료들로 식물의 섬유나 파피루스, 혹은 라이스 페이퍼를 둥글게 말아서 만든 심지를 감쌌다.

> "아메리카 인디언들은 기름진 생선
> (candlefish, 은대구의 일종)을
> 뾰족한 막대에 끼운 채 불로 태웠다."
>
> 밥 셔먼, 『양초 제작의 역사』

규칙적인 불꽃을 일정한 속도로 연소시키는 양초는 수천 년 동안 인공적인 불빛을 생성하는 방법으로 선호되었다. 양초는 중세 시대 내내 불빛을 만들어내는 저렴하고 효율적인 방법으로 사용되었으며, 이는 파라핀이 상업적으로 통용되면서 파라핀 전등이 대부분의 가정에 보급된 19세기 중반까지 계속되었다. 가스와 전기가 도입된 이후 양초의 역할은 대체로 종교적 환경이나 가정 내에서 평화롭고 명상적이며 감성적인 분위기를 조성하는 것으로 대체되었다. **BG**

참고: 금속 세공, 탑시계

참고: 불의 제어, 석유 램프, 아르강 램프, 가스등, 백열전구, 라바 램프

# 집게 (기원전 3000년경)

단순한 부젓가락이 진화하여 물건을 집는 도구가 만들어지다.

집게는 지레의 원리를 사용하여 물건을 집는 데 사용하는 도구이다. 집게는 손가락의 강력한 악력을 이용하여 좁은 범위에 정확한 힘을 가한다. 다양한 종류의 물건을 집거나 돌리고 잡아 당기거나 조절하기 위하여 다양한 형상의 디자인이 존재해왔다.

집게는 오래된 발명품으로 아마 불을 사용해서 요리를 할 때 달궈진 석탄을 집기 위해 사용한 도구에서 개발되었을 것이다. 처음에는 막대기나 나무 부젓가락이 사용되었는데 기원전 3000년경에 철이 연마되면서 금속 부젓가락으로 대체되었다. 이것이 사실상 집게의 초기 형태였다. 기원전 4세기의 그리스 마케도니아 금제 화관에도 집게가 사용된 증거가 남아 있다.

현대의 집게는 염화 비닐을 씌운 손잡이, 추축, 그리고 잡거나 자르는 면이 달린 머리 부분 등 세 가지 요소로 구성된다. 집게의 잡는 부분은 항상 한 지점에서 만나게 되어 있다. 조절 가능한 이음 집게는 잡는 부분에 홈이 있고 추축 구멍을 늘여서 각각의 반쪽이 서로 다른 크기의 물건에 맞춰서 두 가지 위치로 회전할 수 있게 되어 있다.

집게는 수도관을 잡고 풀거나 수도꼭지를 고치거나, 와이어를 구부리거나(둥근 코 집게), 자르는(날이 있는 집게) 용도로 사용될 수 있다. 대각선형의 자르는 집게는 큰 연장이 들어가지 않는 좁은 곳에 위치한 와이어나 작은 핀을 자르는 데 사용된다. 보석세공에 사용되는 소형의 '사이드 커팅' 집게나 스위스 군용 칼에 사용되는 것과 같은 작은 형태의 집게도 존재한다.

집게의 기본적인 디자인은 시대가 지나서도 거의 변하지 않았으며 집게는 여전히 손재주와 정확성이 요구되는 직업에서 많이 사용되고 있다. **MF**

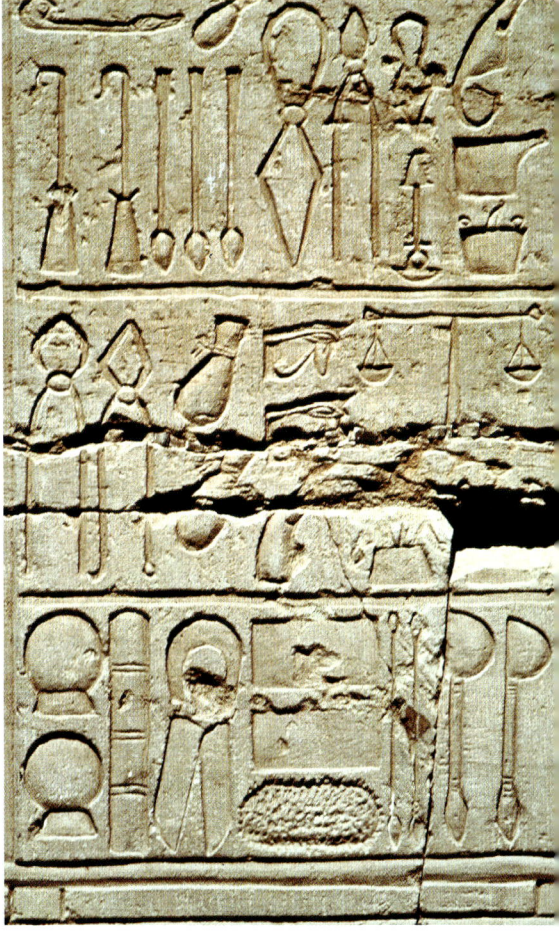

참고: 불의 제어, 금속 세공, 납땜과 압접

↗ 집게를 포함한 외과용 도구들. 이집트 아스완의 소베크와 하로에리스 사원에 있는 돋을새김 부조.

"아폴로 16호 달 착륙선에서 사용된 바늘 코 집게가 3만 3,000달러가 넘는 가격에 낙찰되었다."

헤리티지 옥션 갤러리, 달라스, 2008년 3월

# 매몰 주조
## (기원전 3000년경)

**인류가 거푸집으로 금속을 조형하기 시작하다.**

매몰 주조는 금속 세공 방법 중에서 가장 오래된 것으로 기원전 3000년에 발생하였으며 정교한 금속 디자인을 하는 데 있어 여전히 중요한 역할을 하고 있다. 오늘날 이 기법은 원자력 발전시설에서 정교한 부분을 제작하는 데 사용되고 있지만 수천 년 전에는 본질적으로 동일한 기술을 사용하여 작은 금속 장식과 조각상을 생산했다.

이집트와 메소포타미아 문명에서는 작은 성상이나 복잡한 문양의 보석을 제작하기 위해 매몰 주조 혹은 '로스트 왁스' 기법을 사용했다. 먼저 각 사물의 의도된 형태와 디자인을 천연 밀랍으로 조각한 후 두껍고 내열성이 강한 석고를 여러 겹으로 입힌다. 이렇게 만든 거푸집에 열을 가하여 내부의 왁스가 녹아서 흘러나오게 한 후 속이 빈 공간에 주조한 금속을 부어 넣는다.

> "오랫동안 매몰 주조는
> 조각과 예술 작업으로
> 그 사용처가 국한되었다."
>
> 유럽 매몰 주조자 연합

열을 식히고 난 후에 석고를 제거하면 밀랍 주형과 동일한 형태의 금속이 드러난다.

제2차 세계대전 기간에는 군사 기계의 정밀한 구성요소들을 제작하는 데 이 공법이 널리 사용되었으며, 이와 같은 경향은 전후까지 이어져 다른 산업 분야로 확대되었다. 이 과정에서 밀랍이 개선되는 등 보다 세밀한 기술들이 등장했지만, 이 공법의 기본인 요소들은 수천 년 동안 변함없이 그대로 유지되었다. **SR**

**참고:** 금속 세공, 샌드 캐스팅, 다이 캐스팅

# 단추
## (기원전 3000년경)

**초기 인류가 의류 장신구를 만들어내다.**

단추는 대략 5,000년 동안 옷에 부착되어 왔지만 청동기 시대의 우리 조상들은 단추를 옷에 고정시키기 위한 도구가 아니라 장식용으로 사용했다. 초기에 나온 단추들은 단지 장식적인 효과를 위해서 옷에 부착되었고, 옷을 고정할 때는 핀과 벨트를 사용했다. 단추는 보통 뼈나 나무, 혹은 뿔을 손으로 조각하여 만들었다.

단추를 사용하여 옷을 고정한다는 생각을 최초로 한 것은 그리스인들이었다. 최초의 '단춧구멍'은 단추를 끼울 수 있도록 단순히 실 한 가닥으로 고리를 만든 것에 불과했다.

유럽에서 단추가 사용된 것은 13세기에 십자군 원정대가 돌아온 이후였다. 이 새로운 고정 도구의 도입은 몸에 꼭 맞는 옷의 유행과 시기에 맞아떨어지면서 인기가 급상승했다. 1250년에는 프랑스에서 단추 제작자 조합이 설립되었다. 사실상 '단추(button)'라는 단어는 '봉우리'라는 의미의 프랑스어 부통(bouton)이나 '민다'는 의미의 부테르(bouter)에서 파생된 것으로 보인다.

단추는 지위의 상징이 되어 부유한 계층은 수백 개의 단추로 장식된 옷을 입었다. 16세기에는 정교한 단추에 귀중한 보석이나 다이아몬드를 박았고, 18세기에는 도자기와 상아, 유리로 단추를 만들었다.

나전 단추를 단 옷을 입은 런던 행상인들이 등장한 시기는 1860년대에 일본에서 어마어마한 양의 단추가 배로 들어온 때와 일치한다.

단추의 대량 생산이 시작되면서 지위 상징의 기능이 감소하면서 덩달아 인기도 떨어졌다. 현대의 단추들은 대부분 플라스틱으로 만들어지지만, 오늘날에도 고가의 의류에는 진귀한 장식 단추가 달리는 경우가 종종 있다. **HI**

**참고:** 의류, 바느질, 직조된 천, 유리, 버클

# 투구
## (기원전 3000년경)

머리 보호대가 메소포타미아와 이집트에서 등장하다.

영국에서 '헬멧'은 일반적으로 충격과 관련된 손상으로
부터 머리를 보호하는 모든 장비를 일컫는 보통 명사이
다. 오늘날 헬멧은 스포츠에서 우주 탐사에 이르기까지
다양한 분야에서 사용되며 플라스틱과 케블라 등의 고
도로 개발된 합성재료로 만들어져 최소한의 무게로 최
대의 보호 효과를 제공한다.

고고학적 증거에 따르면 헬멧, 즉 투구는 기원전
3000년경 고대 메소포타미아 문명에서 처음으로 사용
되었다. 그 이후로 이어지는 수세기 동안 투구는 오직
전쟁 용도로만 사용되었다. 고대 이집트인들도 거의 동
일한 시기에 악어 가죽의 단단함을 이용한 재료로 투
구를 만들었다.

고대의 무기와 전쟁은 기원전 5세기 무렵에 고대
그리스인들에게서 절정에 다다랐다. 몸에 맞는 청동 갑
옷과 커다란 방패와 더불어 그리스의 장갑 보병들은 청
동 투구를 착용했는데, 이 투구들은 대체로 코린트 양
식으로 단단한 금속으로 머리와 목을 보호했으며, 눈과
코, 입 부분에 좁은 틈이 나 있었다. 이 양식의 투구는
머리를 보호할 뿐만 아니라 적군에게 두려움을 불러일
으키기도 했다.

그 이후 투구는 다양한 모습으로 개량되었다. 로
마인들은 경첩으로 양 볼에 챙을 달기도 하고 중세 시
대에는 면갑(面甲)을 추가하여 안면 보호를 강화했다.
이후 보호용 투구가 고도로 특수화되어 머리를 식히기
위해 통풍을 용이하게 하는 사이클링 헬멧이 개발되기
에 이르렀다. **BG**

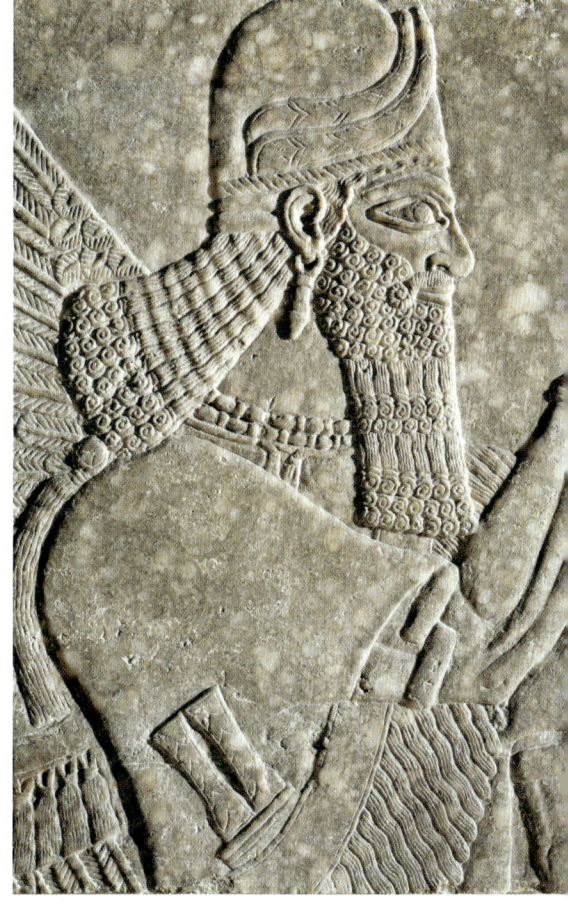

**참고:** 의류, 금속 세공, 사슬 갑옷, 표준 잠수복

↗ 기원전 879년 이라크 아슈르나시르팔 2세의 궁궐에서 출토된
돋을 새김 부조에 표현된 투구를 쓰고 날개가 있는 아시리아인의
조각상.

"머리에는
놋 투구를 쓰고 몸에는
비늘 갑옷을 입었다."

사무엘 17:5 골리앗에 대한 묘사

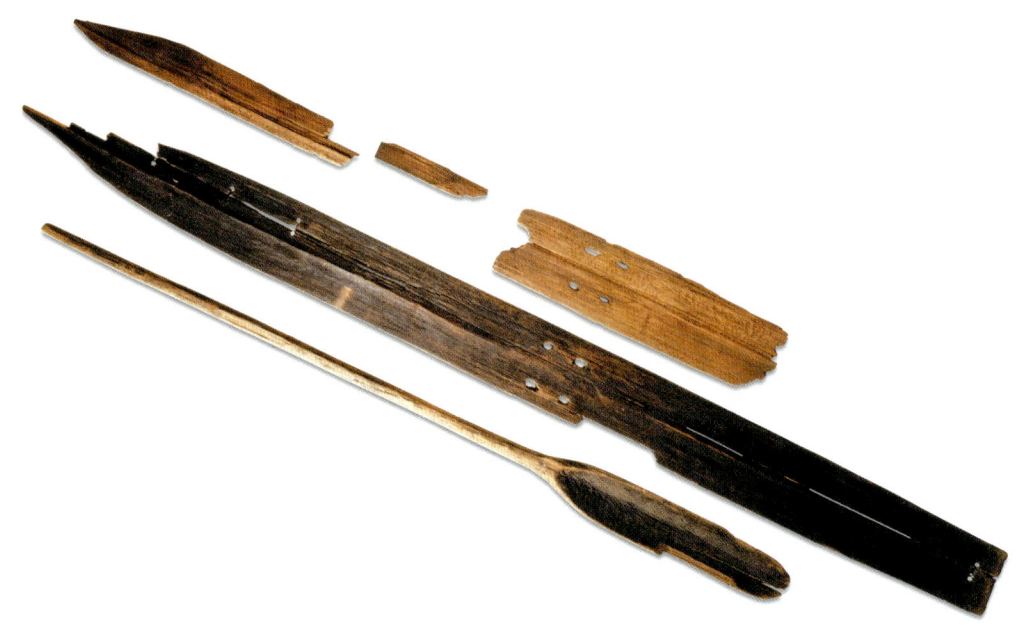

# 스키 (기원전 3000년경)

스웨덴인들이 눈 위에서 이동하기 위해 나무로 만든 스키를 사용하다.

스키의 발명은 지난 4,000년 동안 사회에 커다란 기여를 했다. 오늘날과는 달리 초기의 스키는 놀이나 여가를 위해서가 아니라 작업과 운송을 위해 사용되었으며, 사냥과 전쟁에서 중요한 역할을 했다. 스키는 나무로 만들어졌으나 속도감을 높이기 위한 디자인은 아니었다. 스키는 단순히 눈 위를 다니기 위한 목적으로 만들어졌으며 균형을 잡기 위해 지팡이가 함께 사용되었다.

사냥꾼들은 기원전 2000년경부터 얼음으로 뒤덮인 땅 위에서 짐승을 쫓기 위해 스키를 사용했다. 이 무렵 사프미(오늘날의 노르웨이, 스웨덴, 핀란드, 러시아에 걸쳐 있는 지역)의 라플란드인들은 스키를 광범위하게 사용하기 시작했다. 스키를 누가 발명했는지는 명확하지 않다. 현존하는 가장 오래된 스키는 기원전 3000년경의 것으로 1924년에 스웨덴 북부의 칼브트래스크에서 발견되었다. 길이가 80인치(204센티미터), 폭이 6인치(15.5센티미터)로 오늘날의 스키보다 길이는 약

간 더 길고 폭은 두 배 정도이다. 고대 문명에서 최초로 스키를 사용한 증거가 러시아의 백해(白海)와 오네가 호수 근처에 있는 암벽화에서 발견되었는데, 제작된 지 5000년이 넘은 것으로 추정된다. 동물 가면을 쓰고 매우 긴 스키를 탄 모습으로 스키 탄 사람을 묘사한 가장 유명한 고대의 암벽화는 노르웨이의 로도이에 있다.

핀란드와 스웨덴의 습지에서 보관 상태가 좋은 스키들이 발견되었다. 이보다 더 오래된 전례는 오늘날의 스키와 다른 모양을 한 최초의 스키다. 스키는 '나무 막대기'라는 의미의 고대 스칸디나비아 말에서 유래한 노르웨이 단어이다. 이 스키는 커다란 동물 뼈로 만든 것으로 장화에 부착하기 위해 가죽 끈을 사용했다. **CB**

**참고:** 썰매, 아이스 스케이트, 목공술, 신발, 금속 세공, 스노우모빌, 스키 리프트

⬆ 세계에서 가장 오래된 스키(스웨덴 배스터보텐 미술관에 전시되어 있음)는 소나무로 만들어졌다.

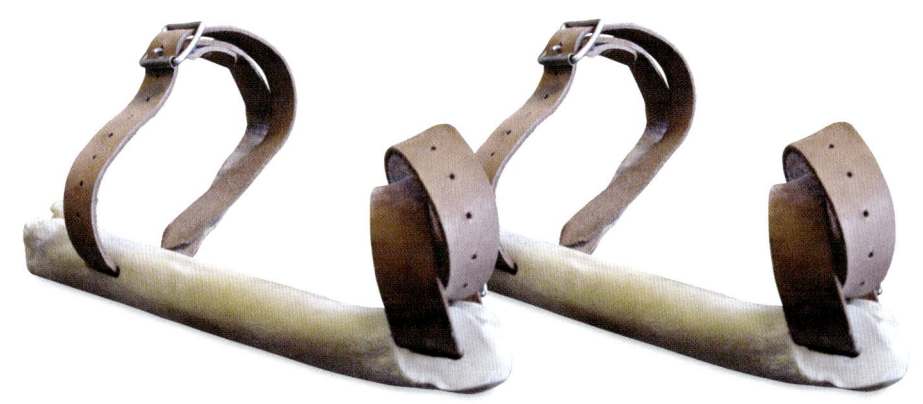

# 아이스 스케이트 (기원전 3000년경)

핀란드인들이 뼈로 만든 스케이트를 타고 얼음으로 덮인 땅을 횡단하다.

아이스 스케이트는 기원전 3000년경에 핀란드에서 발명된 것으로 추정된다. 한동안 과학자들은 스케이트가 정확히 어디에서 기원했는지 확신할 수 없었다. 고대의 원형들이 러시아뿐만 아니라 스칸디나비아 전역에서 발견되었기 때문이다. 그러나 2008년에 현재의 핀란드 남부에 해당하는 지역에 살았던 사람들이 조잡한 날로 만든 스케이트로부터 가장 많은 덕을 보았을 것이라는 사실이 드러났다. '천 개의 호수를 가진 땅'이라는 이 나라의 별명은 사실상 겸손한 표현이다. 실제로 18만 7,888개의 호수가 있는 핀란드는 추운 나라이기 때문에 매해 겨울마다 수많은 호수가 얼어붙어 심각한 교통문제가 되었다. 이웃 마을들이 호수로 분리되어 있는 경우가 많고 노 젓는 보트는 봄이 올 때까지는 사용하지 못했기 때문에, 궁여지책으로 얼어붙은 물을 피해서 돌아가거나 미끄러운 표면과 타협할만한 길을 찾는 수밖에 없었다.

최초의 스케이트는 커다란 동물의 다리뼈로 만들어졌다. 뼈의 끝 부분에 구멍을 뚫고 가죽 끈을 끼워 스케이트를 발에 묶었다. 스키와 마찬가지로 스케이트를 탈 때도 추진력을 위해 장대가 사용되었는데, 14세기에 네덜란드에서 철로 된 활주부가 발명되고 나서야 장대의 필요성이 없어졌다.

핀란드 호수에서 유래한 스케이트에 경의라도 표하듯이, 핀란드 이베스킬레 시의 학생들은 여전히 스케이트를 신고 도시를 가로지르는 호수를 건너 등교한다. 스케이트는 진화하는 과정에서 나무 또는 금속이 부착되기도 했다. 균형을 잡으면 거의 힘 들이지 않고 미끄러운 얼음 위로 달릴 수 있어서 스케이트는 지속적으로 인기를 얻었다. **CB**

**참고:** 목공술, 금속 세공, 신발, 썰매, 스키, 버클, 아이스링크 청소기

↑ 옥스포드 대학이 고대 핀란드인들이 사용한 것과 유사한 뼈를 사용하여 만든 아이스 스케이트.

# 쐐기문자 (기원전 3000년경)

수메르인들이 쐐기모양의 문자를 만들어내다.

약 5000년 전에 고대 메소포타미아의 수메르인들이 인류 최초의 글자 체계를 발명했다. 농경을 도입하고 가축을 길들임으로써 인류 역사상 최초로 진정한 문명을 세운 이들은 경제활동을 기록하는 것이 거대한 짐승의 수와 농작물의 양을 징표를 사용하여 표시하는 것보다 더 효율적이라고 판단했다. 처음에는 간단한 그림문자를 사용했는데, 곧 복잡한 체계의 상징들로 발전하였으며, 품목들을 하나의 기호로 나타내고 각각의 수량을 다른 기호로 표시했다.

수메르인들의 이 혁신적인 발명은 상업적 용도로만 국한되지 않았고, 상형문자가 아닌 표음문자로도 확장되어 신성과 왕조, 사상과 같은 개념들까지 표현하기에 이르렀다.

상징들이 진화함에 따라 진흙으로 된 서판에 기록된 부호들은 수메리아인들이 필기 도구로 사용한 쐐

> "우리의 땅은 근세에 들어서
> 타락하고 있다. 세계의 종말이
> 다가오고 있음이 명백하다."
>
> 아시리아 서판에 새겨진 명문

기가 달린 갈대 때문에 점차 쐐기 모양이 되었다. 이들은 처음에 수직방향으로 그려졌지만, 필기 방향은 곧 왼쪽에서 오른쪽으로 쓰는 수평으로 변화했다. 19세기에 재발견된 쐐기문자로 작성한 문서(서기 75년의 천문학적 글을 새긴 것이 가장 마지막에 쓴 글로 알려짐)는 글쓰기에 대한 최초의 기록으로 매우 중요한 의미를 지닌다. **DaH**

참고: 알파벳, 잉크, 주판, 양피지, 깃펜, 목판 인쇄, 아라비아 숫자

# 댐 (기원전 2800년경)

이집트인들이 최초로 강 줄기를 막다.

댐들은 여러 가지 목적을 위하여 건설된다. 수력발전이나 홍수를 제어하기 위해, 관개를 위한 물을 공급하기 위해, 또는 가정용이나 산업용으로 사용하거나 휴양의 목적으로 항해를 용이하게 하기 위해 건설된다.

알려진 바에 의하면 최초의 댐은 이집트인들이 기원전 2800년에 가라위 계곡을 가로질러 건설한 것으로 꼭대기가 370피트(113미터)에 이르렀다. 석조 외관은 흙과 돌로 채워졌지만 물을 봉쇄하지 않았기 때문에 댐의 중앙은 곧 물살에 휩쓸려 떠내려갔다. 이러한 실패로 이집트인들은 더 이상 댐 건설을 추진할 의욕을 상실했다.

로마인들은 콘크리트에 대한 지식 덕분에 훨씬 더 성공적이었다. 그들의 건설은 처음에는 물에 저항하기 위해 무게가 가벼운 재료에 의존했지만 1세기에는 프랑스 글라눔에 최초의 원형 댐을 건설했다. 아치형 구조의 꼭대기는 상류를 향하며, 수압이 댐을 따라 계곡 측면의 바닥으로 전달되었다. 이러한 설계는 14세기 이란에서의 몽골인들도 선호했다. 그러나 그 외에 19세기에 프랑스 출신의 공학자 프랑수아 졸라가 최초로 합리적인 압력 분석을 사용하여 아치형 댐을 설계하기 전까지는 거의 사용되지 않았다.

19세기 후반에는 처음으로 콘크리트가 뉴욕의 중력 댐과 호주 퀸즈랜드의 아치형 댐을 짓는 주 재료로 사용되었다. 이제 보다 복잡한 구조로 건축하는 것이 가능해졌으며 다중 아치형 구조, 둥근 지붕, 부벽 댐이 미국 전역에 세워졌다.

중국은 세계 최대의 댐 건설 프로젝트인 싼샤(三峽) 댐의 건설을 진행하고 있으며 2009년에 완공될 예정이다. 이 댐은 양쯔 강에 걸쳐져 있으며 양쯔 강의 범람을 제어하고 수백만 명에게 수력 발전을 제공하기 위해 건설되고 있다. **FW**

참고: 관개, 운하, 항구

# 의자 (기원전 2800년경)

이집트인들이 스툴에 등받이를 만들다.

의자는 그네처럼 좌우로 흔들거리거나, 앞뒤로 흔들리며 회전되면서 둥글게 말리거나, 뒤로 젖혀지거나 접히거나, 마사지를 하거나 심지어는 감전사로 사형시키는 것에 이르기까지 다양한 형태로 발명되었다. 그러나 이 모든 것이 등장하기 전인 약 4,800년 전에 가장 단순한 형태의 의자가 발명되었다. 그보다 천년 전에, 인간은 땅에서 떨어진 채로 휴식을 취할 수 있는 방법을 발명했는데 등받이가 없는 간단한 의자인 스툴이 그것이다.

고대 이집트인들은 스툴을 예술적인 형태로 발전시켰다. 이집트 장인들은 아름답고 장식적인 스툴을 만들었을 뿐만 아니라 접히는 스툴을 고안함으로써 기능에도 초점을 맞췄다. 바닥에 레일이 달려 있고 깃털과 눈 모양의 상아가 박힌 거위 머리를 조각한 교차 축이 있는 의자도 남아 있다. 제3왕조(기원전 2650~2575년)에서는 이집트인이 스툴에 엄청난 장식을 했으며 똑바로 앉아 있을 수 있도록 등을 받쳐주는 등받이를 달았다. 단순한 허리 받침의 높이를 점차적으로 높이면서 이집트인들은 곧이어 등받이가 높은 의자를 사용하게 되었다.

스툴과 마찬가지로 이집트인들은 외양 때문에 기능을 희생하지 않는 선에서 의자를 예술로 승화시켰다. 중기 왕국(기원전 2040~1640년)의 의자는 안락을 위해 쿠션이 깔려 있거나 높은 등받이를 달고 있었다. 이 의자들은 곡선형의 얇은 목재 널빤지로 만들어졌으며 가는 다리로 지탱되었다. 때로는 동물의 가죽처럼 보이도록 그림이 그려지기도 했다. 신왕조(기원전 1540~1070년) 시대에는 새로운 요소인 팔걸이가 의자에 추가되었다. 그로부터 수천 년이 지나고 인류가 그 어느 때보다 앉아 있는 시간이 많아진 현대에는 안락함을 위해 조절이 가능한 발 받침은 흔한 선택사항이 되었다. **RBk**

**참고:** 집 짓기, 목공술, 합판, 접착제, 해먹, 접이식 휠체어

⬈ 기원전 5세기의 테라코타 부조에 의자가 표현되어 있음. 이탈리아 페르세포네 신전.

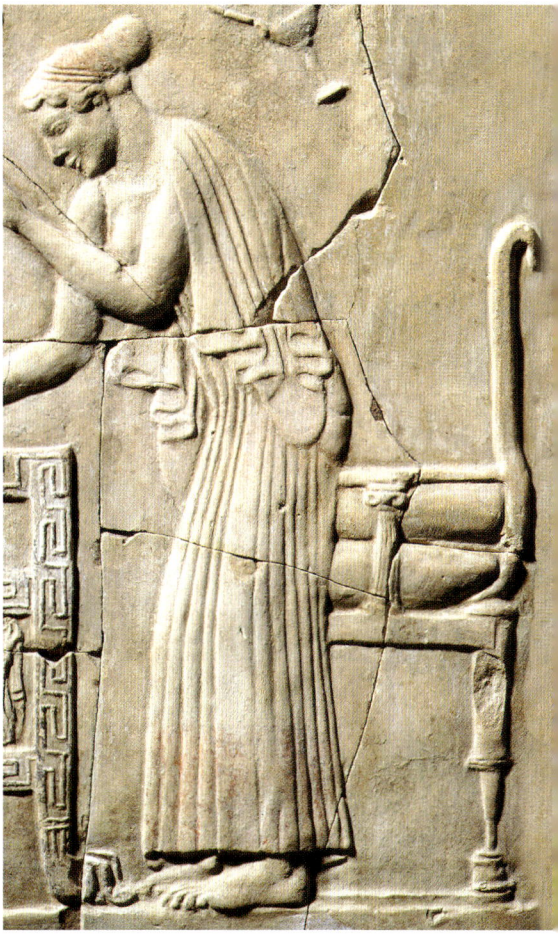

"의자는 매우 어려운 물건이다.
고층 빌딩 건설이 차라리 더 쉽다.
그것이 바로 치펀데일이 유명한 이유이다."

루드비히 미스 반 데어 로에, 건축가

# 비누 (기원전 2800년경)

바빌로니아인들이 인간의 위생상태를 개선시키다.

오늘날 우리가 알고 있는 형태의 비누는 기원전 2800년경에 바빌로니아인들이 처음으로 만들었다. 바빌론을 발굴할 때 비누와 유사한 재료를 담고 있는 진흙으로 만든 원통이 발견되었다. 원통의 측면에는 기름과 재를 끓이는 제조법이 새겨져 있다.

비누는 유화제 역할을 한다. 각각의 비누 분자들은 길고 두꺼운 꼬리와 전자가 충전된 머리 부분으로 구성된다. 물에 들어가면 비누 분자는 '미셀'이라고 불리는 작은 구체를 형성하여, 머리 부분이 바깥쪽에 위치하고 방수성의 지방질 꼬리가 중앙에 위치한다. 오물과 기름때는 물에 용해되지 않기 때문에 미셀 안으로 들어가게 된다. 그후 미셀을 씻어내면 깨끗한 표면만 남게 된다.

진정한 비누는 기름과 지방질을 알킨 소금과 함께 끓여서 글리세린과 지방산의 염제를 형성시켜 만들어

> "비누는 우리가
> 생활에서 접하게 된
> 최초의 제조 물질이다."
> 존 A. 헌트, 『간략한 비누의 역사』

졌다. 염제는 고체이며 우리가 오늘날 우리가 사용하는 비누와 유사하다. 나트륨 염제로는 단단한 비누가, 칼륨 염제로는 보다 부드러운 비누가 만들어진다. 칼슘과 마그네슘 염제는 불용성 잔류물을 형성하는데, 센물에서 비누가 만들어내는 찌꺼기가 그것이다.

최초의 단단한 흰색 비누는 스페인에서 올리브 오일과 수송나물의 재로 만들어졌다. 그러나 비누의 상업적 생산은 알칼리 생산 공정이 발견된 19세기 후반에 이르러서야 급속도로 발달했다. **HP**

# 아치형 다리 (기원전 2500년경)

혁신적 발명이 건축에 변화를 가져오다.

단순한 다리가 아치형 지지대의 다리로 바뀌는 역사적 변화가 최초로 일어난 정확한 시간과 장소는 현재 알려져 있지 않다. 아치형 다리의 개발과 사용은 기원전 2500년경의 인더스 문명과 관련된 것으로 여겨져 왔다. 메소포타미아인, 이집트인, 수메르인, 중국인, 그리고 현재 유럽에 남아 있는 아치형 구조의 건축물 대부분은 에트루리아인과 로마인이 지은 것이다.

초기의 아치는 받침 장치로, 우리가 오늘날 생각하는 것과 같은 형태는 아니었다. 받침대는 돌을 지지하는 돌출부에 해당한다. 그것은 캔틸레버의 단순한 예이다. 이러한 아치는 양쪽에서 점차 받침대를 쌓아 올려 수평으로 접합시키고 중간 지점에서 만나게 된다. 양쪽이 만나는 꼭대기에는 관석을 올렸다.

로마인들은 돌을 서로 접합시키는 시멘트 재료의 발명에 힘입어 아치형 구조의 건축 기술을 보다 정교하게 개선시켰다. 아치형 구조의 로마시대 다리와 수로는 오늘날에도 유럽과 중동의 많은 도시에서 볼 수 있다. 본래 기본적인 아치형 설계는 빔을 반원형으로 구부린 모양으로, 퍼지는 것을 막기 위해 강한 교대(橋臺)가 한쪽 끝에 설치됐다. 전통적으로 석조 아치는 서로 완벽하게 들어맞도록 정교하게 만들어진 쐐기 모양의 벽돌로 축조됐다.

'홍예석(虹霓石)'이라고 알려진 이 벽돌들은 중앙의 수직 쐐기돌에서 아래쪽의 수평으로 된 기반부에 이르기까지 점차 곡선이 된다. 다리를 이용하는 사람들의 무게는 아래의 쐐기돌로 분산되고, 이 에너지는 쐐기 형태를 따라 홍예석으로 전달되어, 측면의 곡선을 따라 힘이 전달되도록 한다. 아치의 발명은 보다 길고 튼튼한 다리를 만드는 것을 가능하게 했다. **MD**

---

**참고:** 치약, 방취제, 선탠 로션, 회전식 방취제, 액체 비누

**참고:** 구운 벽돌, 석고, 현수교, 트러스교, 캔틸레버식 다리, 강화 콘크리트

# 납땜 (기원전 2500년경)

금속 제품이 낮은 융해점으로 다른 금속과 결합되다.

야금학은 가장 오래되고 중요한 기술 분야 중 하나이다. 금속의 사용은 인류에게 매우 중요한 사건으로 청동기 시대나 철기 시대처럼 당대에 우세하게 사용된 금속명을 따서 역사적 시간을 명명하기도 했다.

금속 조각을 접합시키는 기술은 금속 공예품을 제작하는 데 있어 언제나 핵심적인 요소였다. 접합은 여러 가지 다양한 방법으로 가능한데, 여기에는 용접과 납땜, 경납이 포함된다. 금속 제품을 용접으로 접합하려면 그 제품도 부분적으로 녹여야 한다.

납땜은 액체 상태로 용해한 금속을 주입시킴으로써 금속 조각들을 결합시키는 공정이다. 이 '주입' 금속은 금속 조각을 결합시키는 접착제의 역할을 한다. 주입 금속의 녹는점은 결합되는 금속들의 녹는점보다 낮다. 이러한 특성 때문에 금속 자체를 부분적으로 또는 전체적으로 용해할 필요 없이 결합시킬 수 있는 것이다.

납땜은 '경납'과 '연납'으로 구분되기도 하며, 경납이 보다 높은 온도에서 이루어진다. 경납은 용접이나 연납보다 먼저 발견되었다. 그것은 기원전 4000년경에 이미 발생한 것으로 보이며 금속 조각을 접합시키기 위해 경납이 사용된 예는 기원전 2500년경으로 추정된다.

경납과 납땜 기술은 수천 년에 걸쳐 보다 정교해졌다. 이 기술들은 오늘날에도 중요하게 사용되고 있으며, 공학과 전기공학 등 다양한 야금학 관련 분야에서 응용되고 있다. **BG**

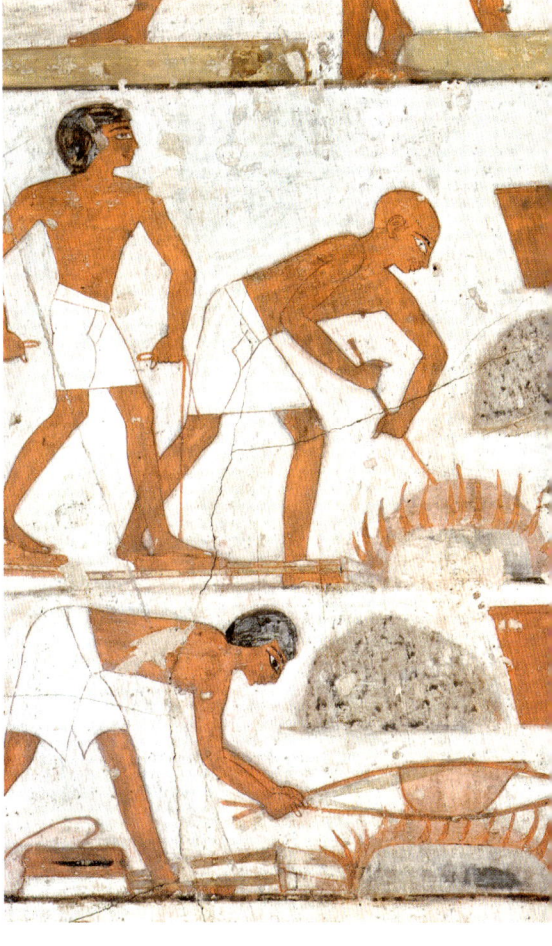

**참고:** 불의 제어, 금속 세공, 매몰 주조, 샌드 캐스팅, 다이 캐스팅

↗ 금속 세공인들이 용광로에서 제련을 하는 모습. 기원전 2000년경, 이집트의 석회암 패널화.

"실라는 두발가인을 낳았으니,
그는 놋과 철을 다루는
대장장이었다."

창세기 4:22

# 유리 (기원전 2500년경)

이집트인들이 투명한 물질을 발명해내다.

고고학 발굴에 의하면 유리는 중동에서 청동기 시대에 처음으로 만들어졌다. 남서쪽의 이집트에서는 기원전 2500년경의 것으로 추정되는 유리 구슬이 발견되었다.

유리는 규토와 산화칼슘, 소다, 마그네슘을 혼합한 후, 용광로에서 섭씨 1,500도로 녹여서 만든다. 대부분의 초기 용광로들이 유리를 적절히 녹이기에는 열기가 부족했기 때문에 유리는 소수의 사람들만이 사용할 수 있는 사치품이었다. 이러한 상황은 기원전 1세기에 취관이 발명되면서 달라졌다.

유리 생산이 로마 제국 전역으로 널리 확산되면서 유리는 더 이상 사치품이 아니게 되었다. 유리 생산은 15세기 베네치아에서 특히 번창했는데, 베네치아에서는 '크리스탈로'라고 알려진 소다석회 유리가 개발되었다. 베네치아의 유리 제품은 세계에서 가장 정교하고 우아하다고 알려졌다.

유리는 보통 투명하거나 반투명한, 깨지기 쉬운 물질이지만 만드는 방법에 따라 채색을 할 수도 있다. 유리를 만들기 위한 세 가지 구성요소는 알칼리와 흙, 금속 산화물이다. 창문에 사용되는 크라운 유리는 납을 사용하지 않고 검정색의 산화 망간을 포함한다. 값싼 병 유리는 산화철과 알루미나, 규토로 만든다.

1950년대에 앨러스테어 필킹턴 경이 '플로트 유리 공법'을 도입했다. 이는 현재까지도 유리를 만드는 데 사용되는 혁신적인 방법이다. 이 공정에서는 점성이 강한 얇은 막의 유리를 액체 상태로 용해된 주석 위에 띄운다. 이 두 성분은 서로 섞이지 않기 때문에 접촉면은 완벽하게 매끄러운 평면이 된다.

그 외에도 안전 유리, 내열 유리를 비롯하여 가는 유리 섬유를 따라 광파가 전달되는 광섬유 등이 개발되었다. 광섬유 장비는 전자 통신이나 인체에서 접근 불가능한 부분을 보기 위한 의학적 용도로 사용된다. **MF**

참고: 유리불기, 렌즈, 안경, 유리거울, 오븐용 유리, 섬유 유리, 플로트 유리

# 용접 (기원전 2500년경)

아나톨리아인들이 망치질로 철 조각을 접합시키다.

용접은 금속 조각을 열이나 압력 혹은 열과 압력을 함께 가하여 서로 완전히 융합시키는 과정이다.

최초의 용접은 연철을 제작하기 위해 철광석을 녹인 과정에서 발생했다고 짐작된다. 가장 오래된 예는 아나톨리아 북부의 무덤에서 발견되었으며 기원전 2500년경의 것으로 추정된다. 철광석 덩어리를 용광로에서 가열하면 불순물들이 녹아서 슬래그(광석에서 금속을 빼내고 남은 찌꺼기)가 되어 단단한 철의 구멍 속으로 들어간다. 뜨거운 조각을 망치로 두드려서 액체 상태의 슬래그를 추출하고 철 입자를 함께 용접했다.

가열과 망치질을 사용한 유사한 방법들이 철 조각을 붙이는 데 사용되었으며, 이 예는 기원전 1350년에 건설된 것으로 추정되는 투탕카멘의 무덤에서 발견되었다. 이러한 형태의 용접 기술은 수세기 동안 고유 기술로 유지되었다. 가장 유명한 고대의 예 중 하나는

> "뜨거운 부젓가락으로
> 갈라진 틈을 잡고 단단하게 조여서
> 용접이 되게 했다."
>
> 바노치오 비링구초, 16세기의 저술가

4~5세기의 델리 철제 기둥으로 당대의 인도 금속 세공의 기술을 증명해준다.

전기의 등장으로 아크 용접과 저항 용접, 산소 아세틸렌 용접이 개발되었다. 용접은 양차 세계대전 기간 중에 활성화되었으며, 알루미늄과 같이 좀더 어려운 재료와 레이저나 전자 빔 용접과 같은 새로운 기술의 사용으로 오늘날까지도 개발되고 있다. **FW**

참고: 금속 세공, 납땜, 연철, 홀-헤로울트 공법

# 풀무 (기원전 2500년경)

새로운 발명이 메소포타미아 금속 제련에 변화를 가져오다.

광석으로부터 금속을 추출해내는 기술은 고대의 가장 중요한 발견 중 하나였다. 풀무가 발명되기 전에는 용광로의 불을 지필 때 입으로 직접 숨을 불어 넣을 수밖에 없었다. 인부들은 조를 이루어 취관을 불어 석탄의 온도를 높이기 위해 필요한 산소를 공급해야만 했다. 이런 방법으로 구리와 주석, 청동과 은, 금과 같은 금속을 용해할 정도로 온도를 높일 수 있었다.

풀무는 이러한 공정을 크게 개선시켰다. 폐활량보다는 팔과 다리의 근력이 훨씬 더 강했기 때문이다. 또한 풀무 덕분에 보다 큰 용광로의 사용이 가능해졌다. 인부 한 사람을 기준으로 풀무는 취관에 비해 70배의 속도로 열을 발생시킬 수 있었다. 메소포타미아 탈라에서 발견된, 기원전 2500년의 것으로 추정되는 접시가 최초의 풀무가 있었다는 증거로 여겨지지만, 이보다 더 오래 전부터 존재했을 가능성이 높다. 불을 담는 용기에는 두 개의 구멍이 있는 돌출부가 달려 있는데, 이것이 풀무가 부착되었던 부분으로 추정된다. 제련을 위해 지속적으로 공기를 생성하고 일정한 온도를 유지시키기 위해 두 개의 풀무가 교대로 사용되었다.

풀무의 또 다른 이점은 주변의 공기를 사용한다는 것이다. 이는 사람의 날숨에 비해 산소의 함량이 많고 이산화탄소와 수증기 함량이 적음을 의미한다. 따라서 철의 녹는점까지 온도를 높일 수 있었으므로 최초로 철을 녹일 수 있게 되었다. 고대에 철을 생산할 때 풀무가 사용되기는 했지만, 풀무의 존재만으로 철이 사용되었다고 볼 수는 없다. 풀무가 이집트, 유럽에 도달하기까지는 천 년의 시간이 더 흘러야 했다. 한 가지 확실한 것은, 광물로부터 철을 추출할 수 있게 됨으로써 수많은 가능성이 열렸다는 것이다. **RP**

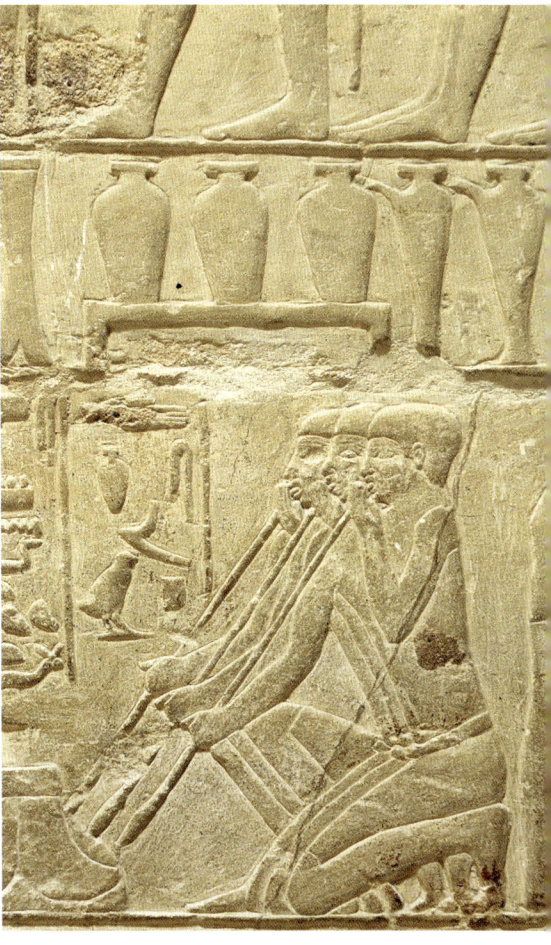

**참고**: 불의 제어, 금속 세공, 납땜, 용접, 연철

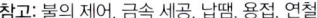 금속 세공인들이 용광로에 공기를 불어넣고 있는 모습. 기원전 2300년경 이집트 사카라에서 출토된 부조.

> "그는 나에게 황소의 가죽을 벗겨 만든 주머니를 주었다. 그 안에 그는 휘몰아치는 바람을 넣었다."
>
> 호메로스, 「오디세이아」

# 양변기 (기원전 2500년경)

인더스 계곡에 위생설비가 들어오다.

인터넷? 텔레비전? 내연기관? 이 모든 것이 중요하긴 하지만 전 시대를 통틀어 가장 중요한 발명품인 양변기 앞에서는 무색해진다.

고고학 연구에 의하면 물을 내리는 변기는 기원전 2500년경부터 존재해왔다. 인더스 계곡에 살던 사람들은 정교한 화장실 시스템과 수도관을 개발했다. 집집마다 좌식 변기가 있었고 오물은 물을 사용하여 말린 진흙 벽돌로 뒤덮인 하수 체계를 통해 제거됐다. 이 체계는 기원전 3000년에서 1700년까지 지속된 인더스 문명이 존재한 대부분의 기간 동안 인도에서 사용되었다.

고대 이집트에서도 흐르는 물을 사용하여 오물을 제거하는 유사한 시스템이 개발되었다. 고대 로마인들은 너무나 까다로워서 여행을 다닐 때 사용할 수 있는 화장실까지 만들었다. 그들의 하수 설비는 매우 정교했으며 공공화장실이 일상적으로 존재했다.

서기 500년에서 1500년 사이에 이르는 시기는 위생 개념이 희박했다. 20세기 후반에 화장실의 중요한 혁신이 일어났다. 영국 엘리자베스 1세의 대자(代子)인 존 해링턴이 1596년에 수세식 변소를 발명한 것이다. 그러나 이 발명은 대중화되지는 않았다. 1700년대 후반에는 화장실 기술이 발달하면서 몇몇 발명가들이 해링턴의 아이디어를 개선하기도 했다. 1779년에 조지프 브라마가 개발한 형태도 이중 하나로 많은 선박에 설치되었다.

도기로 만든 최초의 양변기는 1885년에 도자기 제작자인 토머스 티포드가 만들었다. 그것은 수조 트랩의 초기 혁신을 포함하는데, 이는 물을 U자형 배출관에 보관함으로써 아래에 있는 하수 설비에서 나는 악취를 차단하는 것이다. **BG**

# 하수 체계 (기원전 2500년경)

인더스 계곡의 화장실들이 하수도와 연결되다.

최초의 진정한 하수 체계가 만들어진 것은 배설물과 관련한 건강상의 위험 때문이라기보다는 악취를 제거하기 위해서였던 것으로 보인다. 초기의 정착지들은 대부분 자연 수로 근처에서 발전했지만 변소의 오물이 이곳으로 배출되었기 때문에, 대도시가 등장하면서부터 이 접근법은 부적절한 것이 되었다.

바빌로니아와 같은 초기 문명에서는 집안의 바닥 아래에 오물 구덩이를 파고 조잡한 배수구 시설을 만들어 물을 배출시켰다. 벽돌을 쌓아 만든 정확한 하수도 체계가 거리를 따라 건설되어 가정에서 배출된 오물을 흘려보내게 된 것은 기원전 2500년경 인더스 계곡이었다. 길 쪽에 설치된 각 가정 내의 변소들은 이러한 도로 하수구로 직접 연결되어 있었고 깨끗한 물을 손으로 흘려내려서 사용되었다.

후에 로마나 콘스탄티노플과 같은 대도시들은 점

> "배관공과 위생 기사들이
> 할 일을 끝마쳤을 때 질병이
> 사라지기 시작했다."
>
> 루이스 토머스, 의학 연구자, 수필가

차 복잡한 망으로 이루어진 하수 체계를 만들어냈고, 그중 일부는 아직도 사용 중이다. 오늘날에는 오물을 바다나 강이 아닌 산업 하수처리장으로 보낸다.

서유럽의 많은 도시에서는 초기의 하수 체계의 기술이 개선되지 않은 채 최초에 설치된 상태 그대로 유지되었다. 이처럼 19세기 말까지도 하수 시설이 불충분했기 때문에 콜레라와 장티푸스처럼 오염된 물 때문에 발생한 전염병이 유행하기도 했다. **RBd**

**참고:** 하수 체계, 화장지, 양변기의 S자 트랩, 부구판

**참고:** 말린 벽돌, 토기, 양변기, 양변기의 S자 트랩, 부구판

# 살충제 (기원전 2500년경)

수메르인들이 유황을 사용하여 쥐와 벌레로부터 곡식을 보호하다.

문명은 농경을 기반으로 발생했다. 가장 오래된 도시들은 약 9,000년 전에 유목을 하던 수렵 채집꾼들이 메소포타미아에 정착하여 가축을 기르고 작물을 재배하면서 형성되었다. 그러나 매년 그해의 경작 성공 여부에 의존하는 것은 위험했다. 악천후나 병충해가 추수를 망치면 사람들이 굶어 죽었다. 날씨를 제어하는 것은 여전히 불가능하지만 다른 문제들에 대한 해결책은 고대부터 제시되었다.

해충에 의한 손해를 최소화하려는 초기의 시도들은 대체로 윤작이나 손으로 벌레를 제거하는 등의 물리적인 방법이었다. 화학 약품에 대한 최초의 증거는 기원전 2500년에 수메르에서 발견된 것으로, 사람들은 유황을 사용하여 벌레를 쫓았다. 수메르인들은 농경을 정교하게 발전시켜 관개와 집단 노동을 사용하여 보리와 밀, 병아리콩과 야채를 경작했다. 또한 유황을 살포함으로써 곰팡이와 쥐, 메두끼와 같은 벌레들로부터 작물을 보호할 수 있었다.

제2차 세계대전 때까지는 자연적인 해충 제거 방법이 주를 이루었다. 제2차 세계대전 때는 모기가 옮기는 말라리아와 장티푸스와 같은 전염병을 감소시키기 위해 화학물인 DDT가 처음으로 사용되었다. 그로부터 5년 후에 해충들이 DDT에 대한 면역력을 보이자 DDT는 유기인산화합물로 대체되었다. 오늘날 전 세계에서 매년 25만 톤의 화학 살충제가 사용되고 있다. 대체 기술의 발달과 화학물의 독성이 인간에게 미치는 영향에 대한 두려움, 유기농법과 자연 살충제에 대한 관심의 확대로 화학 살충제에 대한 의존도는 점차 감소하고 있다. **MB**

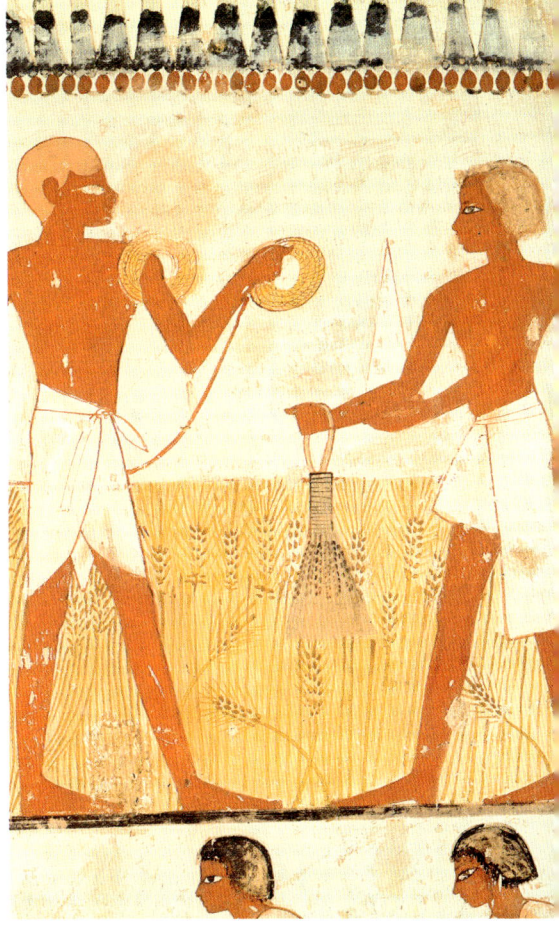

참고: 인조비료, DDT

↗ 농부가 밭을 점검하고 있다. 이집트 왕가의 계곡에서 출토된 제18왕조의 벽화.

> "오디세우스는 해충을 없애기 위해 유황을 태워 홀과 집과 마당을 연기로 가득 채웠다."
>
> 호메로스, 『오디세이아』

# 표준 측량법
(기원전 2500년경)

인더스 계곡에서 공정한 거래를 발전시키다.

사람들 사이의 상거래는 양쪽 당사자들 사이에 거래되는 물건의 정확한 수량이 보장되도록 통일된 중량과 치수에 의존한다. 이러한 표준 중량은 아시아 남부의 인더스 계곡 문명에서 최초로 발생했다. 인더스 문명은 당대의 문명 중 근동이나 이집트 문명에 필적할 정도로 발달했으며, 모헨조다로와 하라파와 같은 대도시들을 탄생시켰다. 인더스 문명의 상인들과 회계원들이 고안한 체계는 규토의 결정질 형태인 규질암의 입방체로 이루어졌다. 이 입방체들은 연속적으로 체계가 구성되어, 1단위에서 시작하여 무게가 배가 되면서 2단위가 되고, 다시 4단위, 8단위, 이처럼 계속해서 64단위까지 이어졌다. 그 다음 덩어리는 160단위, 그리고 그 다음은 320단위가 되고, 그 이후로는 160의 배수로 계속되었다. 가장 작은 단위들은 보석상들이 극

> "우리가 여기서 다루는 것은
> 체계적 정보를 위한
> 조직적 방법론의 추구이다."
> 모헨조다로에서 모티머 휠러 경

소량의 금이나 기타 귀중한 금속과 보석을 측량하는 데 사용되었다. 가장 큰 단위들은 밧줄을 이용해서 들어야 할 정도로 크기가 컸으며, 곡식과 목재를 측량하는 데 사용되었다.

메소포타미아에서는 거의 같은 시기에 곡식과 같은 천연 산물을 비교대상으로 사용했는데, 곡식은 크기나 무게가 다양하기 때문에 믿을 만한 측량법이 될 수 없었다. 따라서 통일된 체계의 필요성이 대두되었으며, 돌을 깎아서 잠자는 거위 모양으로 만들어 사용했다. 잠자는 거위의 배수 계산법은 양을 규제하는 데 있어 놀라울 정도로 효과적이었다. **SA**

참고: 미터법, 시간대, 국제 단위계

# 연철(鍊鐵)
(기원전 2,500년경)

철기 시대의 이름을 부여한 금속.

사람들이 철에 대해 이야기할 때는 일반적으로 연철을 의미하는 것이다. 이것은 철광석을 기반으로 하는 세 개의 주요 광물 중 하나이다. 철광석은 다른 성분과 결합이 가능하기 때문에 다양한 형태로 나타나는 일반적인 성분이다. 정제한 형태로 생산하기 위해서는 석탄과 철광석에 충분한 열을 가하여 산화철이 녹지 않고 철로 환원되게 만든다. 이렇게 생성된 결과물에는 슬래그와 기타 불순물이 포함되어 있어 부식을 막는다.

기원전 2500년경에 처음으로 생산된 연철은 철의 가장 오래된 형태로 철기 시대의 명칭이 여기에서 유래했다. 15세기에 서유럽에서 용광로가 급증하면서 연철의 생산량도 증가했지만, 그보다 조금 더 후에 등장한 주철(鑄鐵, 오늘날 파이프와 기계나 자동차 부품에 사용되는 연성적인 형태)의 인기가 더 높아졌다.

> "좋은 철로는
> 못을 만들지 않고, 인재(人才)는
> 병사로 키우지 않는다."
> 중국 속담

오늘날 연철은 역사적 철제품을 복원하거나 고품질의 의뢰품을 제작하는 데 주로 사용된다. 철의 세 번째 형태인 강철은 탄소의 함량이 더 높고 훨씬 더 단단하다. 19세기에 헨리 베서머가 개발한 연강(軟鋼)은 더욱 강력할 뿐만 아니라 제작비도 저렴했다. 강철이 등장하면서 한때 없어서는 안될 재료였던 연철은 점차적으로 몰락했다. **DaH**

참고: 금속 세공, 용접, 풀무, 용광로, 베서머 법

# 잉크
## (기원전 2500년경)

중국인들이 새김 문자를 강조하기 위해 영구 염료를 도입하다.

잉크는 액체로 된 주재료와 안료 혹은 염료로 구성된다. 안료는 액체가 마른 후에 잔류물이 표면에 착색되게 한다. 최초의 잉크는 중국인들이 약 4500년 전에 발명했는데, 그을음과 램프 오일, 동물 가죽에서 추출한 젤라틴, 기름 냄새를 중화시키기 위해 사향을 혼합하여 만들었다. 잉크는 돌에 양각으로 새겨진 형태와 글자들을 강조하기 위해 표면의 도드라진 부분을 검게 하는 데 사용되었다. 후에 중국을 비롯한 여러 지역에서 광물의 가루와 식물 추출액, 열매의 즙을 안료로 사용한 잉크가 개발되었다.

글쓰기가 시작되고 파피루스와 종이가 등장하면서 세밀하고 영구적인 텍스트를 위해 고안된 필기도구와 함께 사용할 수 있는 새로운 형태와 색채의 잉크가 필요했다. 약 2,500여 년 전에 중국인들은 막대 모양으로 저장할 수 있는 고형의 잉크, 즉 먹을 발명했고 이것은 오늘날까지도 사용되고 있다. 먹을 갈아서 물과 혼합하여 사용하면 된다.

그 외 초기 잉크 제조법에는 금속 염료와 씨의 껍질, 오징어 먹물(세피아라고 알려진 짙은 갈색의 잉크) 등이 포함되었다. 1,600년 전에 발명된 제조법 중 하나는 철염과 나무 즙에서 추출한 탄닌산과 침전제로 구성된다. 이 잉크는 처음 사용할 때는 검푸른 색이지만 시간이 지나면 갈색으로 변한다.

15세기에 인쇄기가 등장하면서 인쇄판에 고착되는 새로운 종류의 잉크가 필요해졌다. 그을음과 테레빈, 호두 기름으로 만든 걸쭉하고 기름진 잉크가 인쇄를 위한 용도로 특별히 개발되었다. 현대의 잉크는 혼합액체로 다양한 용제와 안료, 염료, 합성수지, 윤활제 등으로 구성된다. **RBd**

참고: 종이, 깃펜, 석판인쇄, 만년필, 볼펜, 잉크젯 프린터

↗ 파피루스에 잉크로 그려진 이집트 문서의 상형문자. 그레코로만 시대, 기원전 1세기.

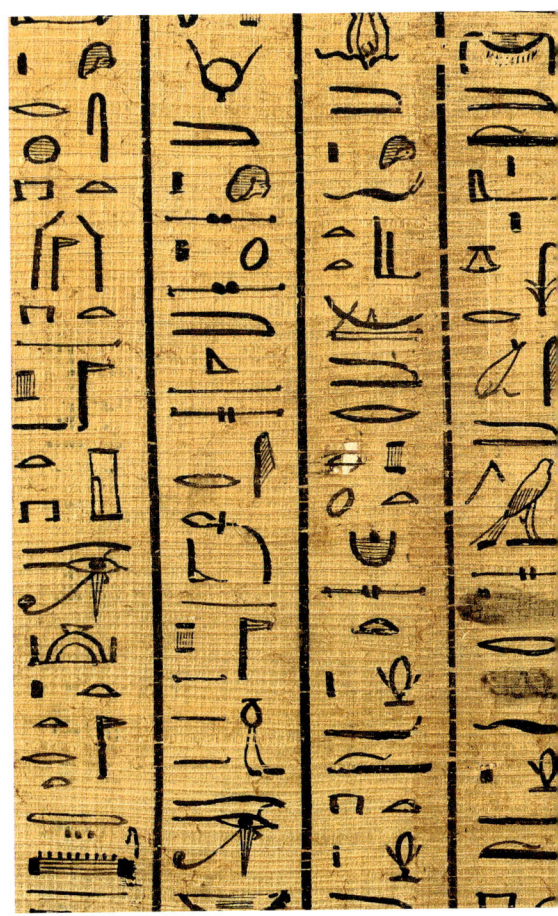

"아무리 흐린 잉크라도
가장 날카로운 기억력보다
언제나 우월하다."

중국 속담

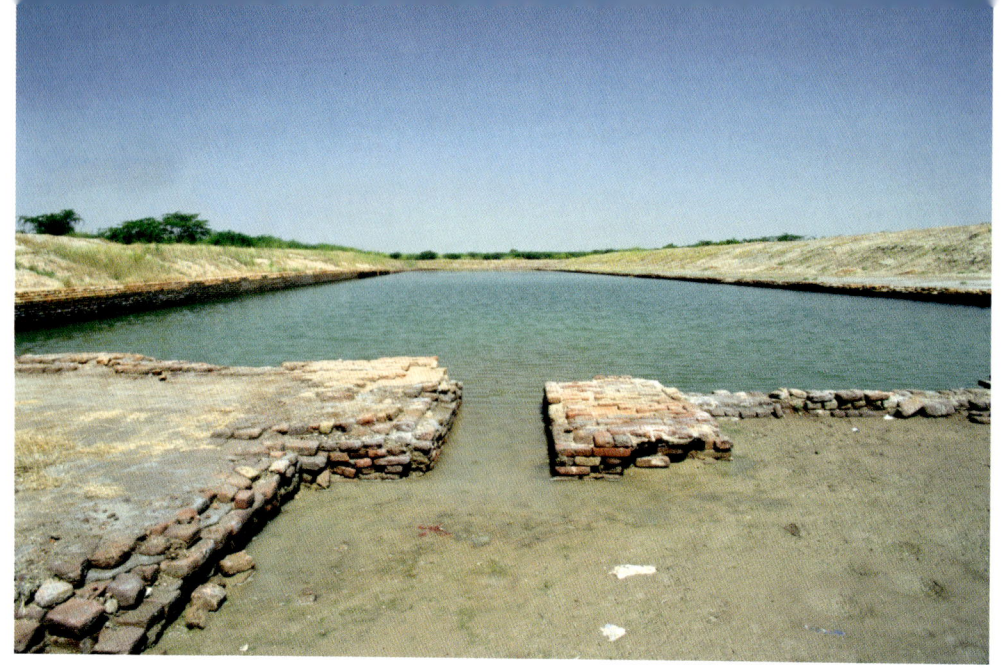

# 항구 (기원전 2500년경)

인도 해변에 인간이 만든 최초의 부두가 건설되다.

세계 최초의 항구는 수천 년 전에 하라파나 인더스 문명 때 건설된 것으로 여겨진다. 이 항구는 오늘날의 인도의 구자라트 해변에 있는 만그로울 항구의 로탈 유적지에 위치해 있으며 인도양과 접해 있다.

이 부두는 1955년에 발견되었으며 기원전 2500년경에 만들어진 것으로 보인다. 형태는 사다리꼴이며 벽은 구운 벽돌을 쌓아 만들어졌다. 동쪽에서 서쪽으로는 40야드(37미터), 북쪽에서 남쪽으로는 24야드(22미터)에 이른다. 후미 수로를 통해 여분의 물이 빠져나갈 수 있고 제방의 부식을 방지할 수 있다. 북쪽으로는 사바르마티 강의 어귀로 연결되고 그쪽에 설치된 수문은 배들이 조선소 내에 떠 있도록 유지한다.

부두의 입구는 한 번에 두 채의 선박을 수용할 수 있었고, 항상 항구를 드나들던 상인들의 배에서 짐을 싣고 내릴 수 있는 시설이 갖추어져 있었다. 로탈의 부두를 오가던 배들은 아마도 북쪽으로는 티그리스 강과 유프라테스 강까지 다녔을 것이다. 로탈에 운송되던 수

메르산 물품에는 면 섬유와 구슬이 박힌 보석, 식료품 등이 포함되어 있었다.

기원전 2200년에는 대규모 홍수가 발생했고 기원전 1900년경에는 로탈의 부두가 모래와 실트(모래와 찰흙의 중간 굵기인 흙)에 파묻혔다. 이러한 자연 현상들로 이 지역의 쇠퇴기가 시작되어 수백 년 동안 지속되었다. 1950년대에 시작된 고고학 발굴 작업을 통해 이 항구 도시의 번영을 증명하는 유물들이 출토되었다. 일부 연구가들은 이 구조물의 사용 목적에 의구심을 제기하기도 하지만, 대부분의 전문가들은 이것이 고대 해양 건축의 훌륭한 예를 보여준다는 데 동의하고 있다. **RH**

참고: 운하, 댐, 통나무 카누, 노 젓는 보트, 돛, 키, 운하 운하 갑문, 운하 경사면

⊡ 사바르마티 강으로 이어지는 좁은 수로를 통해 선박들이 로탈의 사다리꼴 항구로 들어갔다.

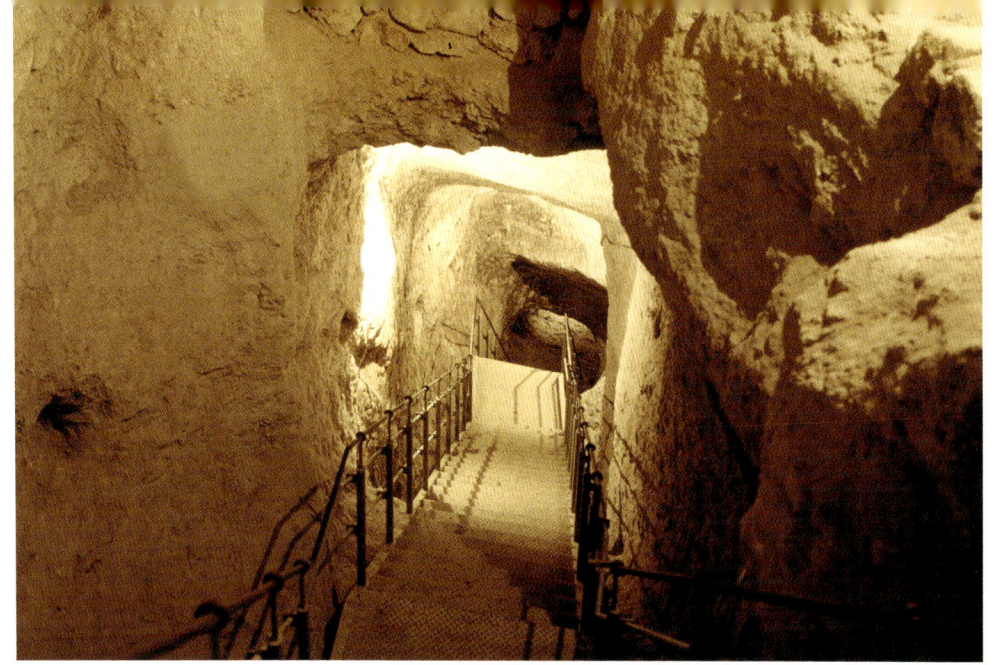

# 터널 (기원전 2180년경)

바빌로니아인들이 최초의 굴착 도로를 굴착하다.

바빌로니아인들은 기원전 2180년경에 유프라테스 강 지하에 오늘날 절개식 공법이라고 알려진 방법으로 터널을 건설했다고 전해진다. 강의 흐름을 바꾼 후에 강바닥을 가로지르는 널찍한 도랑을 파고 도랑에 벽돌 터널을 축조했다. 터널 위로는 강바닥을 다시 채우고 강이 본래의 물길로 흐르게 했다. 그러나 이 터널이 존재했다는 확실한 증거가 없기 때문에, 보다 후대의 역사를 살펴볼 필요가 있다. 이집트 신왕조 파라오들의 무덤 중에서 기원전 1481년에서 1069년 사이에 조성된 것들은 단단한 바위 안으로 파낸 터널들을 통해 접근이 되었지만, 이들은 터널이라기보다는 입구에 가깝다.

최초의 진정한 터널, 즉 단단한 바위의 양쪽 면을 파서 중간에 만나도록 길을 뚫은 터널은 예루살렘에 있는 히즈키아의 터널(실로암 터널)이다. 이 터널은 단단한 암벽을 통과하도록 굴착되었으며 아시리아인들에게 포위 공격을 당하는 동안 성안으로 물을 가져오는 수로의 역할을 했다. 양쪽 맞은편에서 팀을 이루어 굴을 파낸 일꾼들은 공사 중간에 몇 차례 방향을 잘못 잡는 실수를 저질러서, 그 결과 기혼의 샘에서부터 성벽 옆의 실로암 연못까지 완만하게 비탈진 1,757피트(535미터)의 곡선형 터널이 만들어졌다. 실제 직선 거리로는 1,104피트(309미터)에 불과하다. 이보다 더 유명하고 정확한 예로 그리스의 공학자 유팔리노스는 수도에 물을 공급하기 위해 사모스 섬의 카스트로 산을 통과하는 직선형 터널을 만들었다. 기원전 550년에서 530년 사이에 건설된 3,399피트(1,036미터)의 터널은 완벽하게 만들어졌다. 양쪽에서 터널을 판 굴착 팀들이 중앙에서 만났을 때의 오류가 수직 높이에서 1.5인치(3센티미터)에 불과했다. **SA**

**참고:** 아치형 다리

⬆ 히즈키아의 터널은 기존의 동굴을 결합한 것으로 보이는 지하수로이다.

# 물 여과 장치
## (기원전 2000년경)

인더스 계곡에서 식수를 정화하기 시작하다.

인간이 식수로 사용할 수 있는 깨끗한 물을 추구한 것은 수천 년 동안 계속되어 왔고, 그 과정에서 물을 정화하는 수많은 방법이 생겨났다. 기원전 2000년경의 것으로 추정되는 산스크리트 문서의 내용에 의하면, 오늘날의 파키스탄과 서부 인도에 해당하는 인더스 계곡에서 물을 여과하기 시작한 것으로 보인다. 산스크리트어로 된 고대 의학 문서인 수스루타 사미타에는 물을 정화하는 방법이 적혀 있다. "불순한 물은 불 위에 놓고 끓이거나 햇볕을 쪼이거나 불에 달군 철을 담금으로써 정화시켜야 한다. 또는 모래와 자갈 사이로 여과시킨 후 식혀서 정화할 수도 있다." 초기의 정화 방법들은 위생보다는 물의 맛이나 색깔과 같은 미학적 속성에 초점을 맞췄다.

　　고대 이집트인 역시 자신들이 마시는 물이 어떻게 보이는지에 관심이 많았다. 그들은 이미 기원전 1500년경에 식수를 뿌옇게 만드는 입자들을 걸러내기 위해 명반(明礬)을 사용했다. 그로부터 수백 년 후에 히포크라테스는 '히포크라테스 슬리브'이라고 알려진, 물을 끓인 후 여과하는 천 자루를 발명했다.

　　18세기에 현대적 모래 여과 방법이 도입되어 대도시에서는 물을 여과하여 사용했다. 그러나 물의 품질과 건강 사이의 관계가 성립된 것은 19세기에 이르러서였다. 그전까지의 모든 여과 방법은 정화된 물이 단순히 맑은 빛을 띠고 맛이 있다는 개념에만 기반을 두고 있었다. 1855년에 런던에서 발생한 콜레라가 오염된 물 때문이었다는 사실이 알려지자 마침내 사람들은 물 속의 보이지 않는 오염 물질이 중대한 건강상의 문제를 일으킬 수 있다는 사실을 깨달았다. **RH**

**참고:** 증류, 커피 필터

# 기계적 잠금 장치
## (기원전 2000년경)

이집트의 자물쇠 제조공들이 도둑을 막는 법을 발견하다.

이집트인들과 동시대에 살았던 다른 고대인들은 4,000여 년 전에 최초의 기계적 잠금 장치를 발명했다. 잠금장치는 밖에서 문을 여는 것을 막기 위해 내부에서 문을 수평으로 가로지르는 나무 빗장을 개발한 것이었다. 빗장을 고정시키기 위해 움직이는 핀들을 문 뒤에 설치하여 빗장이 제자리로 올 때 이 핀들이 중력 때문에 빗장에 뚫어놓은 구멍 안으로 들어가도록 만들었다. 밖에서 문을 열기 위해서는 이에 들어맞는 나무못이나 갈퀴로 된 열쇠를 구멍에 넣어야 했다. 열쇠는 빗장 위의 핀들을 들어올려서 손잡이로 하여금 뒤로 젖혀지게 만들었다. 이러한 열쇠는 길이가 2피트(0.6미터)에 이르기도 했다.

　　천년 전에 금속 자물쇠가 등장하면서 보다 작고 단단하고 정확한 잠금 기계장치들이 만들어졌다. 로마인

> "훗날 자물쇠는
> 너무나 아름답게 만들어져
> 기계적 의도가 예술에 의해 가려졌다."
>
> F.J. 버터, 『자물쇠와 건축업자의 기재들』

들은 자물쇠에 손대는 것을 방지하기 위한 차단 장치로 '돌기'를 도입했다. 휴대가 가능한 '여행용' 자물쇠, 혹은 맹꽁이 자물쇠는 특히 유럽과 아시아의 무역로를 다니는 상인들에게 유용했다.

　　르네상스 시대의 유럽에서는 자물쇠 제조공이 장인의 우두머리가 되었다. 부유한 사람들은 안전뿐만 아니라 취향의 상징으로서 아름답게 장식된 자물쇠를 주문했다. 그 이후로 자물쇠 제조공과 자물쇠 따는 도둑이 끊임없는 전쟁을 거치면서 다양하고 독창적인 형태의 자물쇠들이 탄생했다. **RBd**

**참고:** 주판, 기계 계산기, 휴대용 계산기, 디지털 전자 컴퓨터

# 마취
## (기원전 2000년경)

이집트인들이 외과수술의 고통을 감소시키는 방법을 발견하다.

심장절개술이나 관절대체술과 같은 현대의학의 많은 약진들은 고통의 통제가 없었다면 절대로 불가능했을 것이다. 그런데 마취제는 어떻게 발명되었을까?

초기의 의사들은 우리가 아는 한, 수술을 시행하기 전에 사람들을 기절시키는 방법에 의존한 적은 한번도 없다. 고대 이집트와 아시리아의 의사들은 두 개의 경동맥들을 동시에 압박하여 뇌에 들어가는 피의 양을 줄여서 환자의 의식을 흐려지게 하고 수술을 진행했다. 또한 이집트인들은 아편이 고통을 덜어준다는 사실을 발견했고 아시리아인들은 벨라도나와 대마초, 맨드레이크 뿌리를 혼합한 독자적인 진통제를 사용했다. 그리스인들과 로마인들은 이 기술을 받아들여 발전시켰고, 중세 아랍에서는 흡입 마취제를 개발하기에 이르렀다.

현대적 마취제의 등장은 18세기 후반에 조지프 프리스틀리가 이산화질소를 분리해낸 이후로 간주된다. 험프리 데이비 경은 이산화질소가 마취와 졸음이 오게 하는 효과가 있다는 사실을 발견했지만, 이는 의학적으로 대단한 발명이라기보다는 재미있는 소일거리 정도로 생각했다. 그러나 이 모든 상황은 미국의 한 치과의사가 이산화질소를 사용하여 고통 없이 이를 뽑게 되면서 달라졌다.

몇 년 후에는 디에틸에테르가 특상의 마취약이 되어 처음에는 치과 진료에, 곧이어 다른 수술에까지 사용되었다. 가연성이 적다는 이점이 있지만 문제를 일으킬 소지가 많은 클로로포름은 일부 지역에서 에테르 대신에 사용되기도 했다. **BMcC**

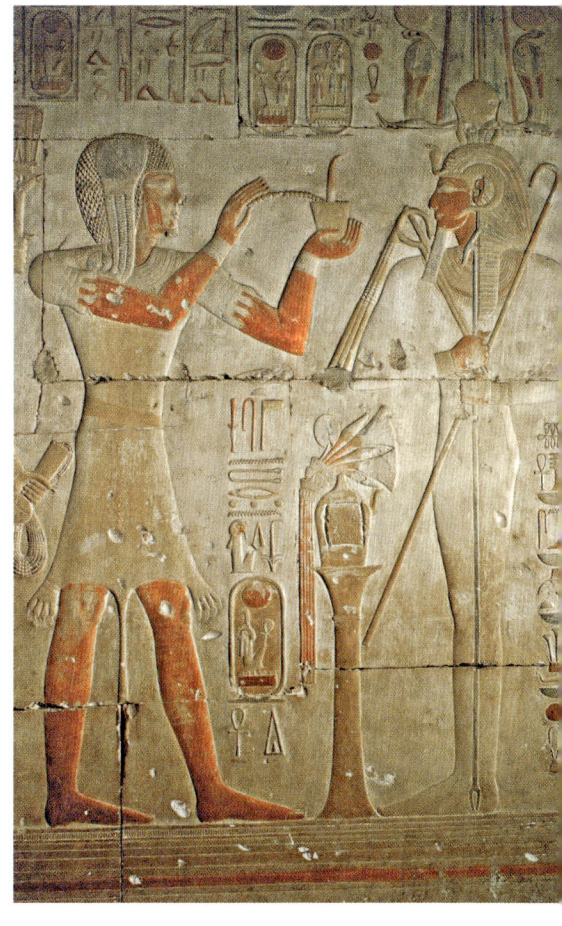

**참고:** 아산화질소 마취제, 에테르 마취제, 클로로포름 마취제, 현대적 일반 마취제

↗ 젊은 파라오 람세스 2세가 오시리스의 형상으로 아버지에게 연고 형태의 진통제를 건네주고 있다.

"아담이 깊이 잠드니
하나님이 그 갈빗대 하나를 취하고
그 자리를 살로 대신 채우셨다."

창세기 2 : 21

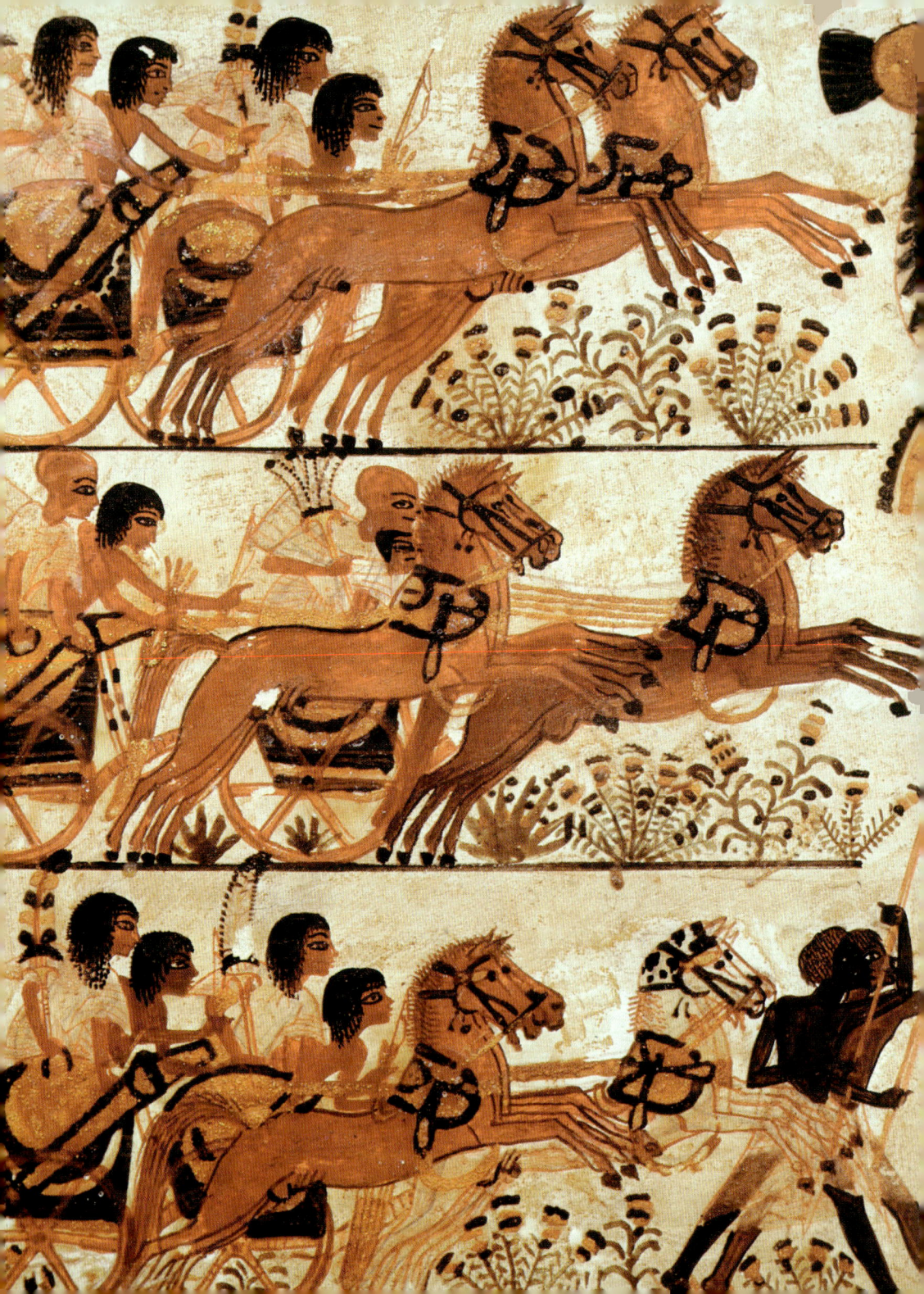

# 스포크 차륜 전차
## (기원전 2000년경)

이집트인들이 빠른 전투용 전차를 개발하다.

기원전 2000년경, 스포크 차륜 전차의 개발은 전쟁 문화에 혁신을 가져왔다. 청동기의 등장으로 목공들은 단단하고 무거운 널빤지를 댄 바퀴를 버리고, 보다 가벼운 바퀴살이 달린 바퀴를 사용할 수 있게 되었다. 중심축을 기준으로 이는 길이가 동일한 바퀴살(스포크)들을 둥글게 늘어놓고 나무로 된 원형 테두리로 고정시킨 후 다시 청동으로 테를 둘렀다.

스포크 차륜은 이전의 바퀴보다 크고 가벼웠으며, 울퉁불퉁한 땅 위에서도 잘 달렸다. 말 한 마리가 끌고 전차 마부가 몰면서 옆에 전사 한 명을 태운 2륜 전차는 이제 손쉽게 보병을 따라잡고 속도와 기동성에서 우위를 선점한 채 창이나 화살로 공격할 수 있었다. 이러한 전차의 사용은 빠른 속도로 근동 지역 전체로 퍼져 나갔다. 기원전 1600년에는 힉소스 왕조에서 이 전차를

> "황금빛의 신 호루스여,
> 전차를 타고 마치 떠오르는
> 태양처럼 빛나니."
>
> 아멘호테프 3세의 승리의 서판, 기원전 1391~1353년

이집트에 도입했고, 기원전 1000년에는 유럽 전역에서 사용되었다. 이와는 별개로 중국인들은 이 새로운 전차를 기원전 1300년경에 사용하기 시작했다. 청동 대신에 철을 사용하게 되면서 이 무시무시한 전쟁 도구는 속도와 힘에 있어 더욱 효율적으로 발전했다. **SA**

**참고:** 목공술, 금속 세공, 통나무길, 바퀴와 축, 윤활유, 수레, 자동차

← 이집트 왕가의 계곡에서 출토된 목조 궤에 그려진 전차들. 기원전 1330년경.

---

# 구운 벽돌
## (기원전 2000년경)

중동에서 구운 벽돌이 개발되다.

고대의 벽돌집은 젖은 진흙과 점토를 두꺼운 조각으로 빚은 후 햇볕에 말려서 만들어졌다. 일단 단단해지고 나면 벽돌들을 쌓아 올려 기본적인 건물의 형태를 만들었다. 그러나 햇볕에 말린 벽돌은 비가 많이 오는 경우에 진흙으로 변해버릴 수 있다는 큰 문제점을 안고 있었다. 벽돌 제조인들이 이에 대한 해결책을 구하기까지는 오랜 시간이 걸렸다. 구운 벽돌이 등장하기 전까지 5,000년이 넘는 시간 동안 말린 벽돌이 건축에 사용되었다.

중동의 벽돌 제조인들은 점토와 모래, 물을 혼합하여 물렁물렁한 덩어리를 만들었다. 이 덩어리를 나무로 만든 거푸집에 넣어 '생(굽지 않은)' 벽돌을 만들었다. 이것을 다시 가마에 넣고 거의 섭씨 2,000도에서 구운 후에 식히면 영구적으로 단단하고 내구성이 강한

> "서로 말하되
> 자, 벽돌을 만들어
> 견고히 굽자 하고…"
>
> 창세기 11:3

벽돌이 만들어졌다.

구운 벽돌은 최초의 진정한 영구적 구조물들, 즉 진흙벽돌로 지은 건물보다 혹독한 기후나 기온 변화, 날씨 등에 훨씬 더 잘 견디는 건물들을 만들 수 있게 해주었다.

구운 벽돌은 그 화학 성분이 변형되면서 처음 발명된 이후로 개량되었다. 기술의 진보는 대량 생산도 가능하게 해주었다. 그러나 벽돌 제작 공정의 바탕이 된 기본 전제는 정확히 그대로 남아 있다. **CL**

**참고:** 집 짓기, 토기, 오븐, 말린 벽돌, 석고, 강화 콘크리트

# 톱 (기원전 2000년경)

이집트인들이 금속으로 된 톱을 만들다.

톱은 신석기 시대의 도구로부터 진화했다. 고고학자들은 기원전 2000년으로 추정되는, 톱니가 금속으로 된 이집트의 톱을 발견했다. 중국에서는 기원전 5세기에 루 반이 톱을 발명했다고 주장했다. 처음에는 날을 구리로 만들었다. 그 이후에는 로마인들이 철을 사용하고 날을 나무 틀 안에 끼워 더욱 강화시켰다. 19세기에 유럽에서는 보다 정확한 톱질을 위해 피스톨 모양의 손잡이를 가진 단단한 강철 날이 도입되었다.

톱날의 자르는 면은 톱니 모양이거나 연마재로 되어 있다. 단단한 톱니 날이 달린 톱은 밀거나 당길 때 모두 톱질이 가능하지만 구부러지는 날은 당길 때만 자르는 것이 가능하다. 각각의 톱니는 '세트'라고 불리는 특정한 각도로 구부러지는데 이는 사용 용도에 따라 결정된다. 어떤 톱니들은 각각 측면으로 벌어져 있어 톱질을 하는 동안 날이 달라붙거나 감기는 것을 방지한다. 절단톱은 연마용 원반이나 밴드를 사용하여 절단한다.

손으로 작동시키는 톱에는 다양한 종류가 있는데, 앞으로 밀거나 뒤로 당기도록, 혹은 앞뒤로 움직이도록 고안되며 한 명이나 두 명이 잡고 사용할 수 있다. 그 이후로는 증기나 물, 휘발유, 전시 등을 사용하여 기계적으로 작동하는 톱이 등장했는데, 이들은 모두 커다란 금속 조각을 절단한다는 동일한 용도를 지녔다. 그보다 더 최근에는 원형 톱(회전하는 금속의 원반 형태로 가장자리에 톱니가 나 있는 톱)과 사슬 톱(날 부분이 작은 톱니가 나 있는 사슬로 되어 있는 톱) 등이 나왔다.

사무엘 밀러가 1777년에 발명한 원형 톱은 1813년에 제분기가 증기력을 사용하게 된 이후에야 사용되었다. 1813년에 메사추세츠 출신의 셰이커 방적업자 태비타 배빗이 벌목 생산을 개선하기 위해 원형 톱을 발명했다. 사슬 톱의 초기 형태는 1830년에 독일의 정형외과 의사인 베르나르트 하이네가 뼈를 자르는 용도로 개발했다. **MF**

참고: 날카로운 돌날, 금속 세공, 도끼, 원형 톱, 띠톱, 사슬 톱

# 알파벳 (기원전 2000년경)

최초의 표음문자가 이집트에서 기원하다.

1999년에 예일 대학의 이집트 학자 존 다넬은 그가 이집트 서부 사막의 와디엘홀에서 발견한 4,000년 된 낙서가 인류의 가장 오래된 표음문자라고 세상에 발표했다. 초기 상형문자와 후기 셈어의 요소들을 혼합한 다넬의 발견은 알파벳 문자가 기원전 2000년 중반경에 가나안 지역(오늘날의 이스라엘과 웨스트 뱅크)에서 기원했다는 오래된 믿음을 거스르는 것이었다.

그러나 부드러운 석회암 절벽에 새겨진 이 문자들은 가나안 사람들, 혹은 중기 왕조 초기(기원전 2050~1780년경)에 이집트 군대에서 근무하던 셈어를 사용하는 용병들이 남긴 것으로 여겨진다. 이집트 상형문자를 단순화시켜 개발한 것으로 보이는 이 문자는 용병들과 일반인들이 자신의 생각을 기록하고 다른 사람들의 생각을 읽을 수 있게 해주었다. 적혀진 많은 단어는 사람들의 이름인 것으로 보인다. 이름을 기록하려는

> "나의 아버지가 받은
> 교육이라고는 회초리와
> 알파벳이 전부였다."
> 조지 엘리어트, 소설가

욕구는 사후에 사람들이 이름을 불러주면 내세의 삶이 더 나아진다는 믿음에서 비롯되었다.

오늘날 최초의 표음문자 체계의 영향은 여전히 전 세계에 걸쳐 나타나고 있다. 한글을 제외한, 이후에 만들어진 모든 문자들이 직접적으로 또 간접적으로 그로부터 유래되었기 때문이다. **DaH**

참고: 쐐기문자, 수기신호, 브라유 점자

# 우산 (기원전 2000년경)

중국인들이 접을 수 있는 그늘을 발명하다.

최초로 우산을 발명한 것은 중국인이나 고대 이집트인 중 하나였다. 양쪽 문화 모두 군주와 지위가 높은 사람들을 햇볕으로부터 가려주기 위해 우산이 사용되었다는 초기의 기록이 남아 있다. 황제의 머리 위로 우산을 드는 일은 보통 가장 지위가 높은 하인의 몫이었다. 중국인들은 이 기술을 더욱 발전시켜 종이로 만든 파라솔에 왁스를 발라 비로부터 보호하기도 했다. 그들은 4,000년경 전에 접이식 우산도 만들었으며, 그 이후로는 기본 디자인은 거의 변하지 않았다.

로마와 그리스로 진출한 우산은 야외 극장에 앉아 있는 여성들, 일부 여성적인 남성들을 햇볕으로부터 가려주기 위해 사용되었다. 이러한 우산들은 가죽이나 피혁으로 만들어졌다. 우산은 18세기 초반, 앤 여왕의 통치 기간 중 영국에 들어왔으며, 여성들만 비를 피하기 위한 용도로 사용했다. 이 우산들은 왁스나 기름을 칠한 비단으로 만들어졌기 때문에 한번 젖으면 다시 펴거나 접기가 어려웠다. 종교인들은 우산 사용을 반대하기도 했는데, 이들은 우산이 신실한 자들을 적시려는 하나님의 의도를 방해한다고 생각했다. 그 후에는 사람들이 악천후에도 우산을 쓰고 편하게 걸어갈 수 있게 되자 장사가 안 된다는 이유로 마부들이 우산의 사용을 반대하기도 했다.

우산을 여성스러움과 연관시키던 편견은 18세기에 소설가이자 병원 설립자인 조나스 한웨이가 우산을 들고 다니면서 마침내 없어졌다. 건강이 나빴던 한웨이는 더위와 추위를 피하기 위해 30년 동안 우산을 쓰고 다녔다. 결국 남성과 여성 모두 우산을 동등하게 사용하게 되었다. **DK**

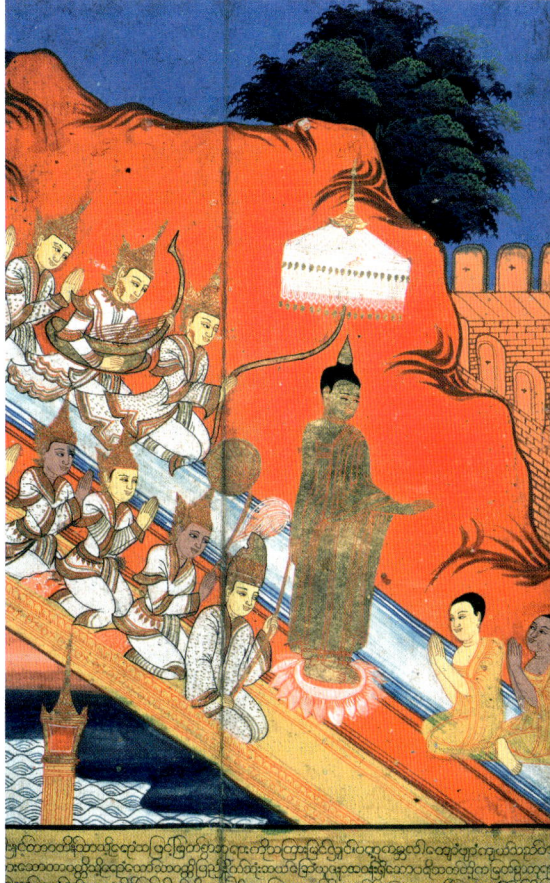

**참고: 직조된 천, 종이, 금속 세공, 목공술**

↗ 19세기 미얀마의 그림에서 연꽃 위의 부처가 우산 아래 서 있다.

"미국인들은 절대로
우산을 들고 다니지 않는다. 그들은
영원히 햇살 속에서 걸을 준비만 한다."
알프레드 E. 스미스, 미국 정치가

# 맷돌 (기원전 2000년경)

곡물을 갈기 위한 돌이 개발되다.

인류가 수렵채집을 하는 유목민의 생활을 끝내고 정착하여 곡식을 재배하기 시작하면서 새로운 형태의 도구가 필요해졌으며 곡식을 재배하는 것이 가능해졌다. 그런데 빵을 만들기 위해서는 곡물을 가루로 갈아야만 했다. 이를 위해 결국 맷돌이라고 불리는 제분기의 초기 형태가 등장했다.

약 4,000년 전에 인류는 거친 돌을 다른 돌 위에 올려놓고 이 두 개의 돌을 이용하여 곡물을 작은 입자로 빻을 수 있다는 사실을 발견했다. 초기의 맷돌은 거친 바위로 된 밑돌이나 맷돌에 윗돌이라고 불리는 좀더 작은 돌을 위에 얹은 것으로 구성되었다.

윗돌이 돌의 긴 축을 따라 평행으로 움직이지 않고 고정된 아랫돌을 돌리도록 만들어진 것은 큰 진전이었다. 이 소위 '회전 맷돌'은 더욱 진화하여 윗돌의 중앙에 구멍을 뚫어 위에서 곡식을 부어 넣고, 가루는 두 돌 사

---

"그가 살아 있든 죽었든 간에
　나는 그의 뼈를 갈아서
　내 빵을 만들 것이다."
『잭과 콩나무』, 영국 동화, 1890년

---

이로 배출되게 했다. 후에 사람들은 다양한 형태의 돌을 사용하여 실험을 했다. 로마인들은 거칠고 날카로운 표면 때문에 화산암의 형태를 선호했다.

맷돌은 수력과 풍력으로 움직이는 물방아로 진화했지만 곡식을 손으로 가는 일부 사회에서는 여전히 사용되고 있다. **BMcC**

참고: 곡물 창고, 풍차, 물방앗간, 조력 제분기, 자동 제분기

# 수도 (기원전 2000년경)

미노스인들이 수도관을 발명하다.

수도란 물을 운반하기 위한 인공적인 도관을 의미한다. 그러나 이 용어는 이러한 수로들을 지하까지 연결하기 위해 사용되는 아치형 구조를 가리키는 것으로 잘못 받아들여지는 경우가 종종 있다. 티그리스와 유프라테스, 나일 강가에 위치했던 고대 문명들은 관개를 위해 이 큰 강들로부터 물을 끌어왔다. 그러나 물의 양이 부족했던 미노스 크레타 문명에서는 기원전 2000년에 처음으로 복잡한 저장과 분배 체계가 만들어졌다.

혁신적인 급수 체계로 가장 유명한 것은 로마인들이었다. 기원전 312년과 서기 226년 사이에 로마인들은 로마에 물을 공급하기 위해 열 개의 대규모 수도관을 건설했다. 수도에 대한 수요와 공급이 다시 많아진 것은 19세기 후반으로, 이때 영국에서는 인구가 급증하여 물의 공급이 부족해지면서 공학자들이 깨끗하고 지속적인 급수를 위한 수도 체계를 개발했다.

---

"갈증이 몸을 덮쳐오는 순간에
　우물을 파는 것은
　비참한 일이다."
티투스 마키우스 플라우투스, 극작가

---

미국은 이 예를 본받아 20세기에 거대한 수도를 여러 개 건설하여 도시에 물을 공급했으며, 444마일(715킬로미터) 길이의 캘리포니아 수도관을 포함하는 이 수도관들은 세계에서 가장 크고 긴 것들 중 하나이다. **FW**

참고: 운하, 아치형 다리, 댐, 터널, 하수 체계

➡ 로마인들이 프랑스 님 근처에 있는 서기 1세기의 퐁 뒤 가르를 건설하는 데는 15년이 소요되었다.

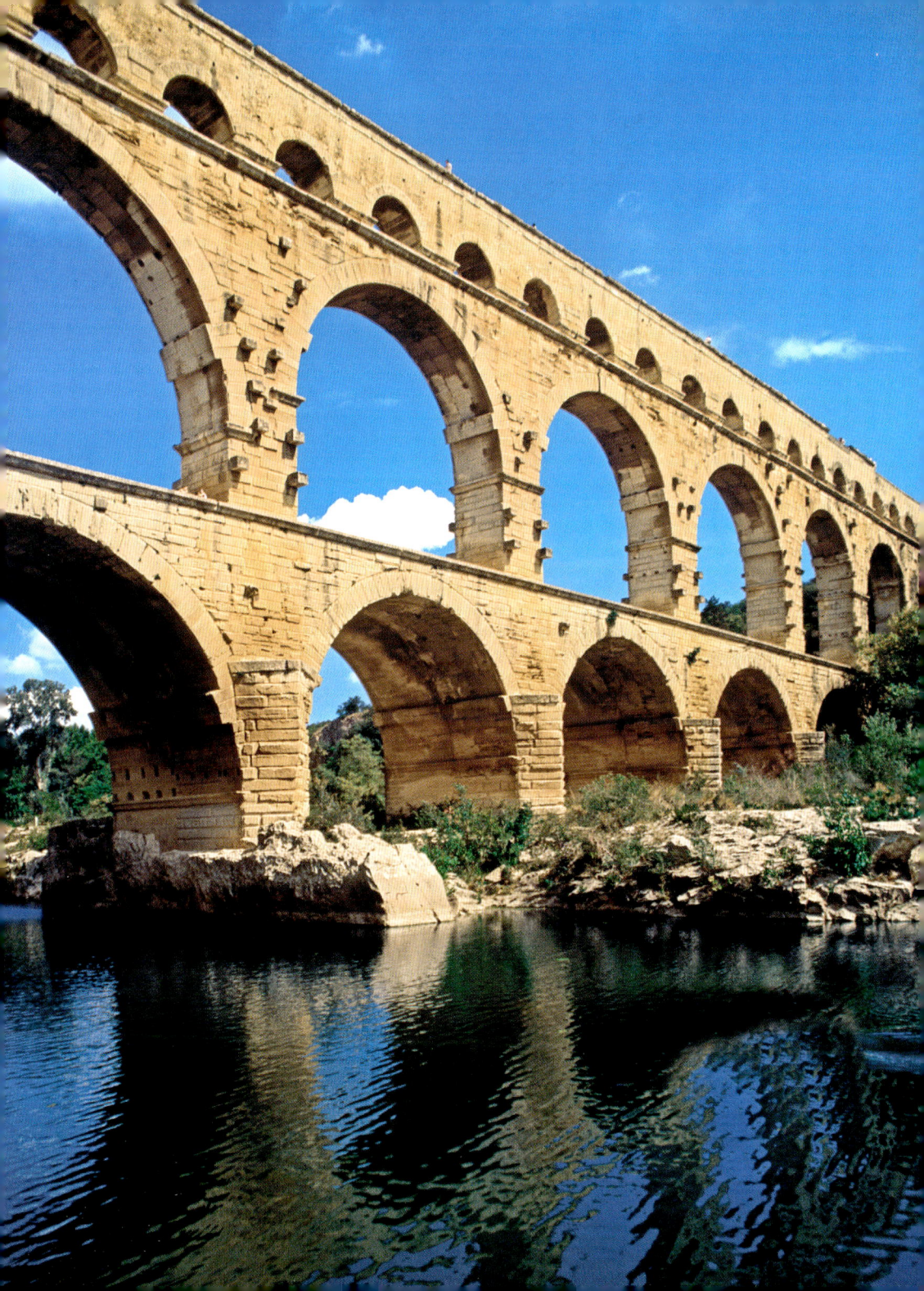

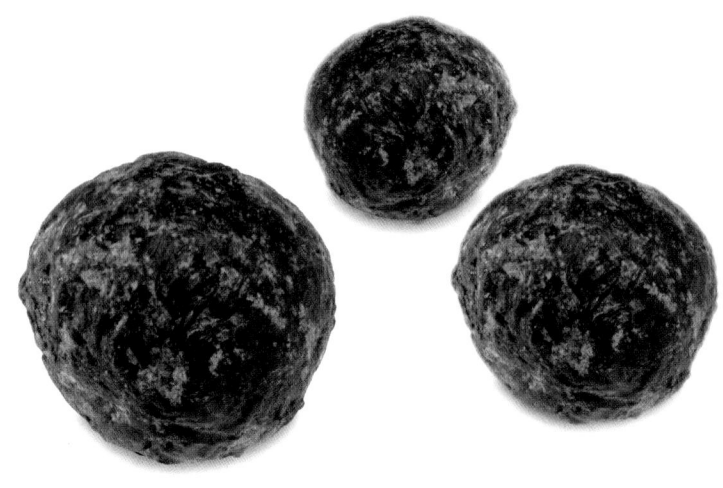

# 고무공 (기원전 1600년경)

고대 메조아메리카인들이 최초로 고무공을 발명하다.

다른 고대문명에서 천으로 바느질된 공이나 소의 방광을 가지고 공놀이를 하는 동안, 메조아메리카(오늘날의 멕시코와 중앙 아메리카)에서는 가공한 고무로 만든 공을 만들어 중요한 경기에서 사용했다. 이들은 나팔꽃 덩굴의 즙을 천연 고무나무(카스틸라 엘라스티카)에서 추출한 라텍스(가공하지 않은 액체상태의 고무)와 혼합하여 매우 잘 튕기는 공을 만들어냈다.

이미 기원전 1600년대 초에 메조아메리카인들은 이 방법을 사용하여 고체 라텍스의 자연적인 연약함을 벗어나는 탄력적인 고무공을 만들었다. 그들이 만든 혼합물은 어떤 형태로든 조형이 가능했지만, 수분 내에 딱딱해졌기 때문에 형태를 수정하는 것은 불가능했다. 그들은 이 공정을 다양한 제품을 만드는 데 사용했고, 다양한 크기의 공도 제작했다. 가장 큰 것은 배구공보다 크고 무게가 8파운드(3.6킬로그램)에 이르렀다. 이러한 공들은 정치적으로나 종교적으로 중요한 의미를 지니는 관례적인 경기에 사용되었다.

오늘날의 스포츠 팬들은 중요한 경기를 두고 "목숨을 건다"라는 표현을 사용하곤 하는데, 이는 중앙 아메리카의 경기장을 뛰는 선수들에게는 실제로 적용되는 말이었다. 메조아메리카인들에게 경기는 선과 악의 투쟁이라는, 삶에 대한 가치관을 반영하는 것이었다. 승리한 팀은 상을 받았고, 패배한 팀의 '악한' 리더는 제물로 바쳐졌다. 이는 태양이 뜨고 곡식이 자라기 위해서 필요한 방법이라는 믿음하에 이루어졌다.

따라서 메조아메리카인들의 고무공은 잠재적으로 인생을 바꿀만한 도구였다. 찰스 굿이어가 1839년에 발명한 경화 고무는 여가 활동의 새로운 국면을 열어주었다. **DaH**

**참고:** 합성 고무, 실리콘 고무

⬆ 17세기 페루에서 발견된 이 고무공들은 종교적 경기에서 사용된 것과 같은 종류였다.

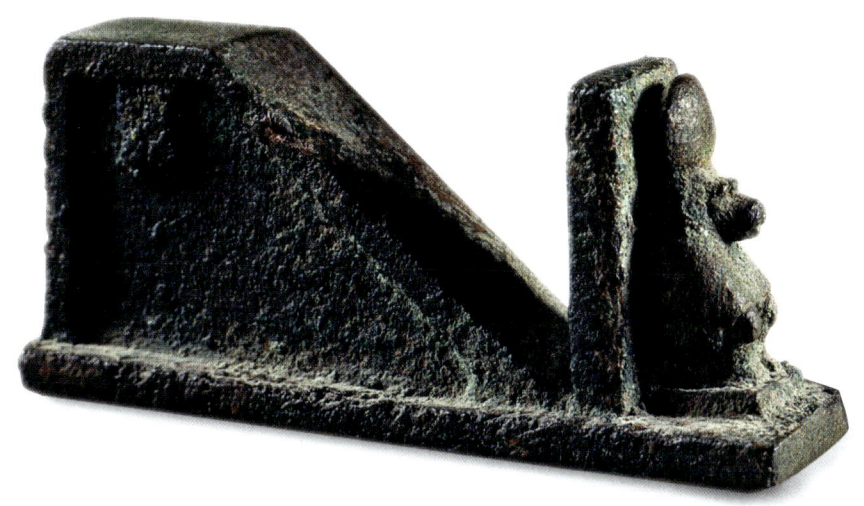

# 해시계 (기원전 1500년경)

이집트인들이 태양의 빛을 사용하여 시간을 구분하다.

태양은 한 시간에 15도씩 위치가 바뀌고(다음날에도 이와 같은 위치 변화가 반복됨), 태양 때문에 생기는 그림자도 유사한 속도로 움직인다. 해가 오랫동안 떠 있는 지역에서는 그림자가 시계로 사용되었다. 가장 오래된 시계는 수직의 오벨리스크였다. 위로 갈수록 뾰족해지는 이 기둥은 런던에 있는 클레오파트라의 바늘처럼 하루의 시간이 흘러감에 따라 그림자의 길이와 방향이 변한다.

이집트인들은 크기가 작고 휴대가 가능한 해시계를 가지고 있었다. 그것은 T자 모양의 막대기를 바닥에 눕힌 형태로, 짧은 막대기가 수직으로 서 있어 짧은 막대가 수평의 긴 막대 위로 그림자를 드리우게 했다. 긴 막대는 정확히 아침에 지평선이 보이는 서쪽 지점을 향하게 했고 정오에는 반대쪽인 동쪽을 가리키게 했다. 막대에는 간격이 서로 다른 다섯 개의 표시가 있는데, T자 바로 아래에 있는 표시가 정오에 그림자가 떨어지는 위치를 가리켰고, 이어지는 표시들은 정오와 일몰 사이(혹은 아침에 사용할 때는 일출에서 정오 사이)의 다섯 시간에 해당했다. 이집트인들은 태양이 지평선 위에 있는 시간을 열 개의 '시'로 나누었다. 새벽과 황혼을 위해 두 개의 '시'가 더 있었고, 밤은 열두 개의 '시'로 나뉘어, 스물네 개의 시가 하루를 구성했다.

이 해시계를 사용하기 위해서 이집트인들은 기본 방위에 대한 정확한 지식을 갖추고 있어야만 했다. 동서남북은 그들에게 매우 중요했으며, 이러한 점은 그들이 만든 피라미드의 측면을 정확히 이 네 개의 방위로 맞춘 점에서도 잘 드러난다. **DH**

**참고:** 물시계, 탑시계, 진자시계, 태엽장치, 원자시계, 수정시계

⬆ 이집트의 해시계는 시간을 정확하게 읽기 위해서는 동쪽이나 서쪽으로 맞춰야 한다.

# 가위 (기원전 1500년경)

이집트인들이 최초로 천 재단기를 만들다.

스프링 타입의 가위는 아마도 청동기 시대에 등장했을 것이다. 손잡이에 C자 모양의 스프링으로 연결된 두 개의 날로 구성된 가위는 이집트에서 기원전 1500년부터 예술 작품의 윤곽선을 자르기 위해 사용되었다.

고대 로마와 아시아 일부 지역에서 사용된, 추축이 있는 가위는 청동과 청으로 만들어졌고, 이는 16세기의 유럽 가위들도 마찬가지였다. 금속 제련의 방법이 개량됨에 따라 가위나 기타 연장들도 품질이 개선되면서 보다 널리 사용되었지만, 주강(鑄鋼)은 로버트 힌치리프가 셰필드에서 가위를 제작한 1761년에 이르러서야 사용되었다. 많은 가위들이 장식적인 손잡이가 달려 있고 손으로 단조(鍛造)되었지만, 19세기가 되면 대량생산을 위해 형태가 보다 단순화되었다.

가위에 사용되는 강철은 가위의 품질에 따라 다양한 양의 탄소를 함유한다. 낙하 해머는 빨갛게 달군 강

---

"가위는 자르고 분리하고 찌르기 위해
고안된 많은 도구들과 함께
단계적으로 진화했다."

마시밀리아노 만델, 『가위』

---

철 막대로 만든 반제품으로부터 거친 날의 형태를 형성한다. 그리고 나서 날을 다듬고 단단하게 만든다. 강철에는 0.55에서 1.03퍼센트의 탄소가 함유되는데, 탄소 함량이 높을수록 자르는 면이 더 단단하다.

외과용 가위나 기타 특수 가위들은 스테인리스로 만들어지고, 저렴한 가위들은 더 연한 강철을 냉압시켜 만들어진다. 금속박판 세공에 사용되는 가위는 철판가위라고 불리며 손잡이가 하이 레버리지로 되어 있지만 제작 공정은 가위와 동일하다. **MF**

참고: 금속 세공, 용접, 강철

---

# 물시계 (기원전 1500년경)

이집트인들의 시간 기록이 태양에서 벗어나다.

수천 년 동안 인류는 자연 대상, 그중에서도 태양과 별들을 관찰함으로써 시간의 경과를 추적했다. 그러나 날씨가 흐리면 이들을 볼 수가 없었다. 물시계는 용기에서 일정한 양의 물이 흘러나오거나 흘러 들어가는 것을 측정함으로써 작동하는 시간 기록계이다. 충분한 양의 물과 커다란 용기만 있으면, 이 시간기록계는 다시 보충할 필요 없이 하루 이틀 정도 사용할 수 있다.

바닥에 구멍이 있는 원통형의 용기를 상상해보라. 용기에서 물이 한 방울씩 흘러나오는 속도는 용기 안에 담긴 물에 가해지는 압력과 함수 관계를 이룬다. 따라서 용기에 물이 많을수록 흐름의 속도가 빨라지는 것이다. 용기가 가득 차 있을 때는 수위가 빨리 내려가지만 거의 다 비워질 때쯤이면 그 속도가 느려진다. 기원전 1500년경, 이집트인들은 물통의 측면을 포물선 모양으로 점점 좁아지게 만들면 수위가 동일한 속도로 낮아진다는 사실을 발견하고 이것이 시계를 위한 적당한 도구가 될 수 있다는 것을 깨달았다. 다른 곳에서는 수위가 일정하도록 보장하는 다수의 수조 체계를 도입하기도 했다. 고대의 물시계에서 물이 떨어지는 소리는 현대의 시계에서 똑딱거리는 소리로 재현되었다.

그 이후에 로마인과 중국인들은 변화하는 수위를 추적하여 원형의 숫자판 위에서 시침이 움직이거나 특정 시간에 벨이 울리는 복잡한 부표 시스템을 만들었다. 오늘날 계란을 삶을 때 모래시계를 사용하듯, 단순한 형태의 물시계는 종교 의식이나 정치 토론 등을 규제할 때 특정 시간 간격을 측정하기 위해서 사용되기도 한다. **DH**

참고: 해시계, 탑시계, 태엽장치, 진자시계, 수정시계

➡ 이집트 왕가의 계곡의 무덤벽화에 그려진 깔때기 모양의 물시계 (중앙), 기원전 12세기경.

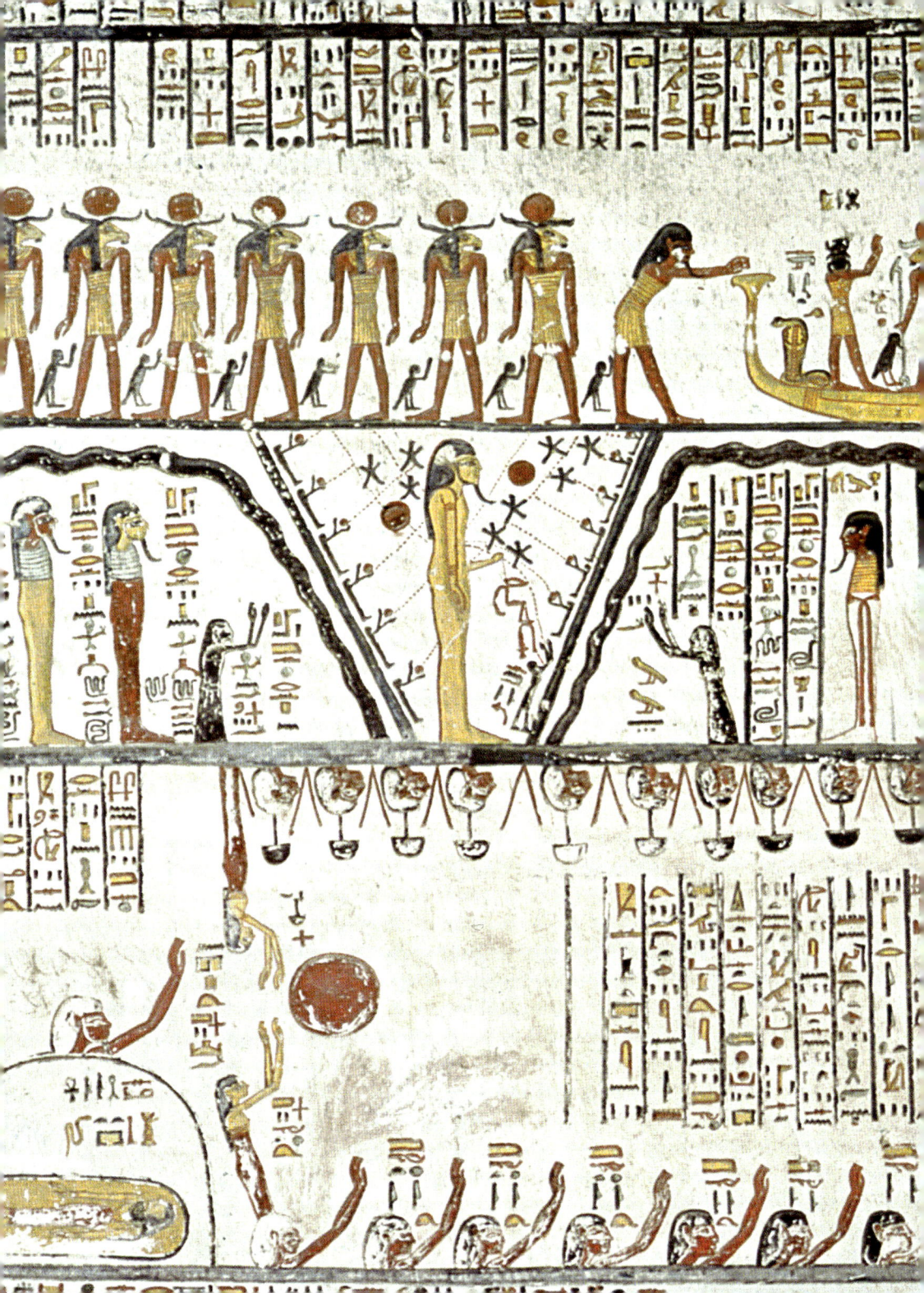

# 강철 (기원전 1500년경)

**동아프리카인들이 탄소로 철을 강화시키다.**

강철은 기원전 1500년경에 사하라 사막 이남의 동아프리카 지역의 탄소 용광로에서 처음으로 생산되었다. 강철은 철과 0.2~0.4퍼센트의 탄소 합금이다. 바나듐이나 망간, 텅스텐 등의 미량원소가 함유되기도 한다. 탄소는 경화제 역할을 하며 격자 모양인 철의 결정체들이 서로 미끄러지는 것을 방지한다. 강철에 탄소의 양이 많을수록 경도가 강해지지만, 그와 함께 불안정성도 증가한다. 철과 탄소 등 다른 성분들의 정확한 비율을 조절함으로써 강철의 속성은 특정한 용도에 따라 조정이 가능하다.

다마스쿠스 강철(우츠 강철이라고도 함)은 강도와 날을 유지하는 기능이 뛰어나다. 다마스쿠스 강철은 기원전 300년경에 인도에서 유래되었고 후에 널리 수출되었다. 그것은 줄무늬 모양으로 구분되었으며 우츠 강철로 만든 날에 대한 최근의 연구는 탄소 나노튜

> "철기 시대는
> 아프리카에서 비교적 일찍,
> 기원전 6세기경에 시작되었다."
> 리처드 후커, 역사학자

브가 포함된 것이 그 전설적인 줄무늬 모양에 기여했다는 사실을 발견했다. 불행히도 이 강철을 만드는 공정은 생산에 필요한 철광석이 18세기에 고갈된 이후에 소멸했다.

현대의 제강산업은 1850년대에 유럽에서 베서머법이 발명되면서 시작되었다. 이 공정의 핵심 요소는 산화를 통해 불순물을 제거하는 것으로, 주조한 철 속에 공기를 불어넣는 과정으로 이루어졌다. 덕분에 강철을 산업 규모로 저렴하게 생산하는 것이 가능해졌다. **HP**

**참고:** 금속 세공, 베서머 법, 스테인레스 강철, 가위, 검, 자동차

# 검 (기원전 1500년경)

**철을 제련하여 긴 무기를 만들다.**

검은 칼날과 손잡이로 구성된다. 손잡이는 자루나 손잡이, 평형추로 만들어진다. 검의 날 부분은 치고 자르기 위한 한 개나 두 개의 날과 찌르기 위한 뾰족한 끝으로 구성되었다. 검을 가리키는 'sword'라는 단어는 상처를 입힌다는 의미의 고대 영어 'sweord'에서 유래했다.

인간은 날카로운 부싯돌로부터 무기를 개발했고 청동기 시대에는 단검과 같은 짧은 날의 무기를 사용했다. 그 당시에는 3피트(90센티미터) 이상의 청동 검을 만드는 것이 비실용적이었지만, 제련 기술이 발전하고 더 강력한 합금이 개발되면서 기원전 1500년경부터는 길이가 긴 철제 검의 제작도 가능해졌다.

중국의 외날검은 기원전 3세기에 등장했다. 로마 시대에는 자루 부분이 짧고 납작한 검이 쓰였고, 유럽의 중세 시대에는 검의 기본 형태가 확립되면서 다양한 기능을 충족시키기 위한 여러 종류의 디자인이 만들어졌다. 중세 시대의 검들은 양날에 커다란 자루와 보호용 코등이가 있었고 양손으로 잡도록 디자인되었다. 아시아에서 사용된 곡선의 칼날을 터키인들이 16세기에 유럽으로 유입해, 서쪽에서는 기병도(騎兵刀)로 개조되었다.

사냥용 검과 해군 전용 검은 날이 둥근 16세기의 '행거'로부터 발전했으며, 17세기에 화기와 함께 사용하도록 발명된 총검도 마찬가지였다. 17세기와 18세기에는 좀더 짧은 '찌르는 검'이 패션 소품이 되었다. 찌르는 검과 가늘고 긴 쌍날칼은 18세기까지도 결투용 검으로서 인기를 유지했다. **MF**

**참고:** 석기, 날카로운 돌날, 창, 금속 세공, 용접, 헬멧, 사슬 갑옷, 버클

➡ 고대 그리스의 화병에 그려진 장면으로 검으로 무장한 전사가 창을 든 사람을 공격하고 있다.

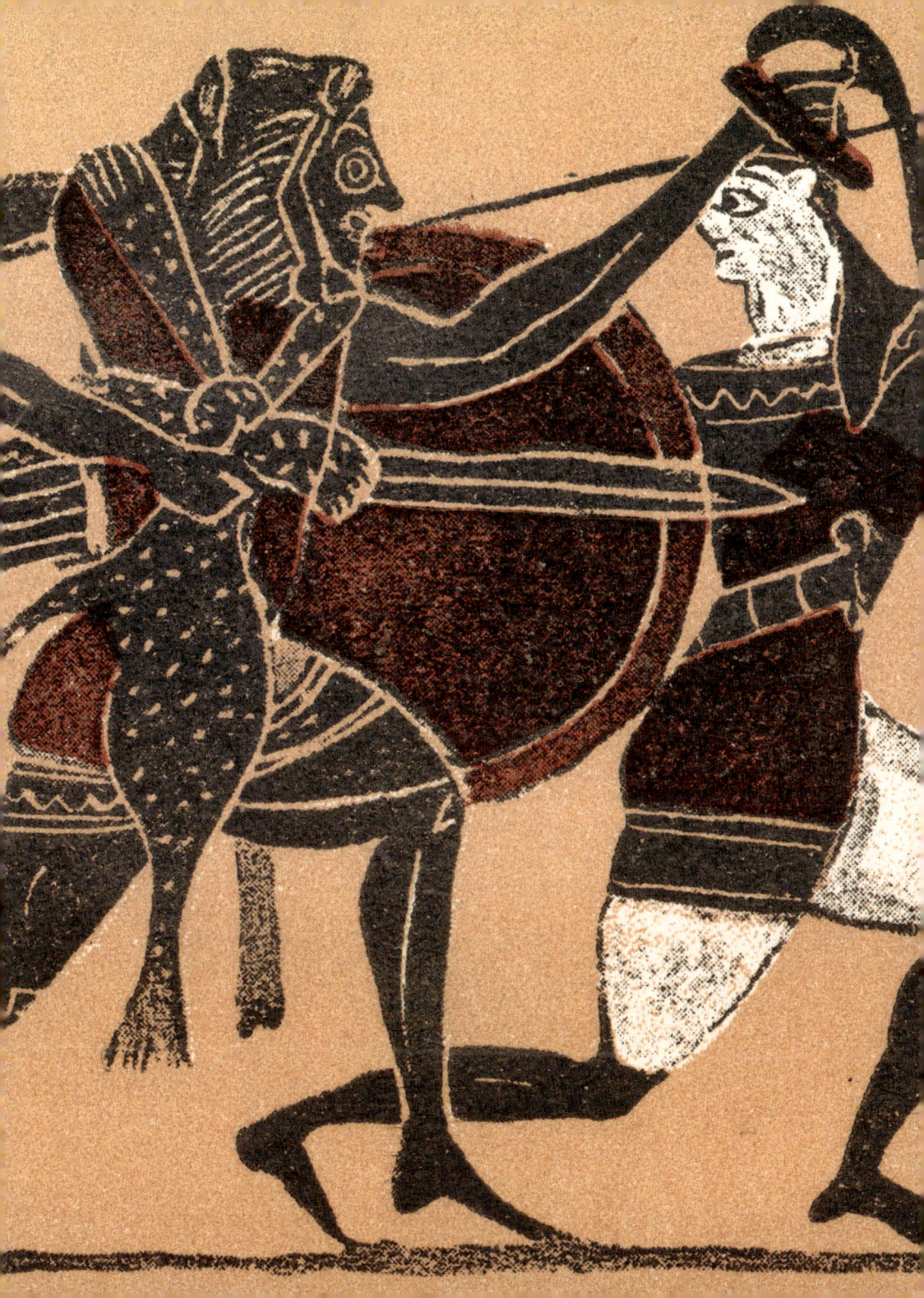

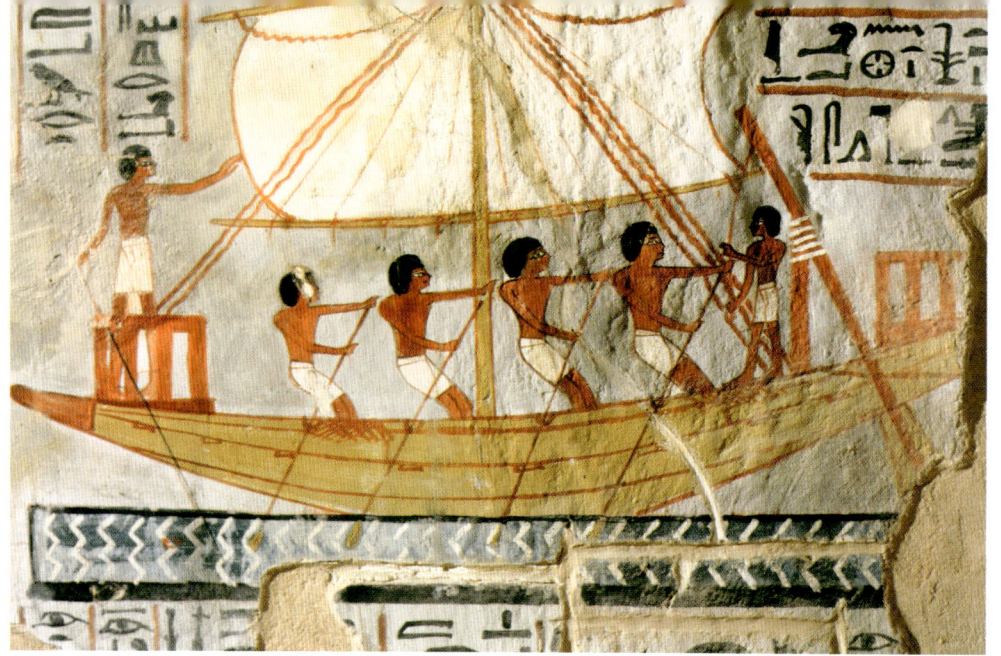

# 키 (기원전 1420년경)

이집트인들이 선미에서 선박을 조정하는 법을 배우다.

기원전 1420년경 이집트의 무덤 벽화에는 선미의 한 쪽 면에 조종용 노가 있는 배가 그려져 있다. 이는 배의 선체를 지나쳐 흐르는 물의 방향을 바꾸는 키의 원리를 사용한 최초의 예로 생각된다. 동일한 기술이 지중해의 화물선에서 오랫동안 사용되었지만 바이킹들은 배의 선미 우현에 하나의 단일한 노를 설치하는 것을 선호했다. 얕은 물에서는 노를 쉽게 들어올릴 수 있었지만 깊은 바다에서는 파도 때문에 물 밖으로 밀릴 위험이 있어 효과가 떨어졌다.

키는 선박의 중심선에 설치하는 것이 가장 효율적이며, 이와 더불어 중국의 선박들은 기원전 1세기부터 선미에 힌지로 연결된 키가 설치되도록 설계되었다. 그러나 유럽에서는 11세기가 될 때까지 이러한 방법을 사용한 예를 찾을 수 없고, 중앙선 키가 널리 사용된 것은 13세기에 이르러서였다. 이러한 변화가 북유럽에서 독자적으로 개발된 것인지 아니면 중국으로부터 건너온 것인지는 확실치 않다. 어느 쪽이든, 키는 이후에 서양

의 함대들이 강력한 해군으로 부상하는 것을 가능하게 한 핵심 도구였다.

1900년대 초기에는 라이트 형제가 그들의 선구적인 글라이더의 테일 핀 뒤에 수직의 키를 사용하여 1903년에 최초의 항공기 비행을 성공시켰다. 현대의 항공기도 좌우의 흔들림을 제어하기 위해 이와 유사한 키 시스템을 사용한다. 비록 수많은 변형과 특수화가 가해졌지만, 키는 여전히 우리가 물과 하늘에서 사용하는 다양한 선박이나 항공기를 조정하는 수단으로 남아 있다. **FW**

**참고:** 통나무 카누, 노 젓는 보트, 운하, 돛, 항구, 금속 닻, 육분의

⬆ 측면 키를 갖춘 돛단배. 기원전 1400년경, 이집트 왕가의 계곡의 무덤.

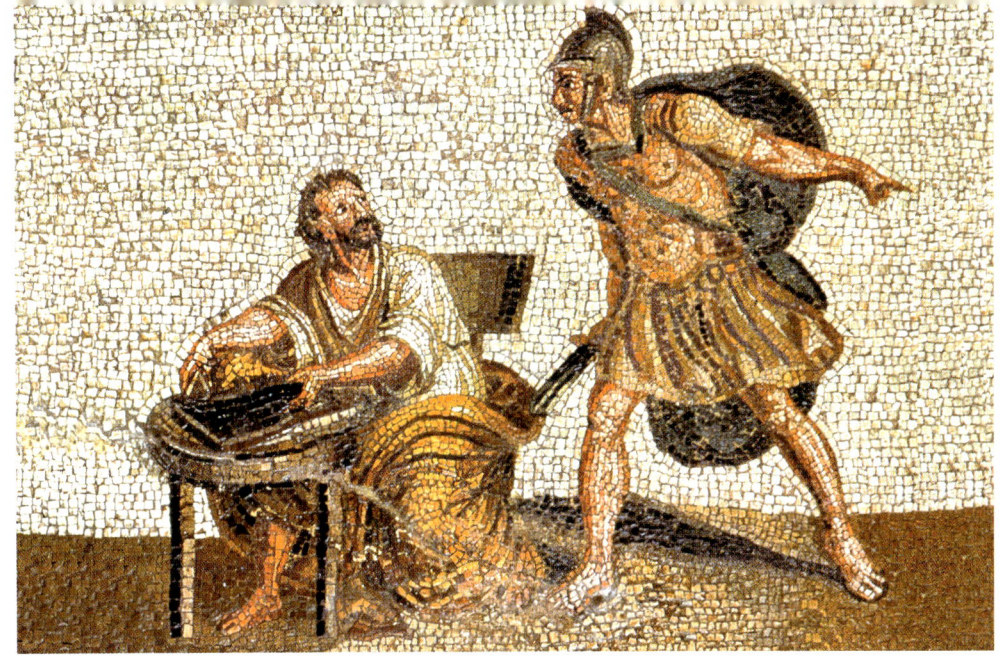

# 주판 (기원전 1000년경)

메소포타미아인들이 최초의 계산기로 연산의 시대를 열다.

우리가 주판이라고 알고 있는 고대의 계산 도구는 끈이나 막대에 끼운 나무 구슬을 측면으로 밀어서 움직이는 나무틀 형태의 것이었다. 메소포타미아에서는 모래로 덮인 납작한 석조 계산용 판 위에 조약돌을 올려놓고 움직인 것으로부터 주판이 개발되었다. 계산을 도와주는 이 도구는 힌두-아라비아 숫자 체계가 수용되기 훨씬 전부터 사용되었다. 주판은 어떤 숫자 체계에도 응용될 수 있고, 매우 큰 수를 정확하게 기록할 수 있다는 점에서 손가락으로 세는 것에 비해 커다란 강점이 있다.

가장 이해하기 쉬운 주판의 형태는 10진법을 사용하는 현대 서양의 주판이다. 이 주판에서 각각의 줄에 10개의 구슬이 끼워져 있어 10의 단위, 즉 1, 10, 100, 1000 등을 표시한다. 예를 들어 617,483이라는 숫자는 각각의 줄에 있는 구슬을 각 자리의 수만큼 주판의 한 쪽 끝으로 옮겨서 표현할 수 있다. 그 이후에는 원래의 숫자에서 다른 숫자를 더하거나 빼는 것이 상대적으로 쉬워진다. 하나의 계산이 끝나고 나면 다음 연산을 위해 주판 전체를 한번 흔들어 다시 고쳐 놓을 수 있었다.

주판은 고대에 널리 사용되었고 오늘날에도 여전히 취학 전에 사용하는 교육 도구로 중요한 역할을 한다. 구슬의 움직임은 어린이들이 현재 우리가 사용하는 숫자 체계의 기반인 10단위 분류를 이해하는 데 도움이 된다. 내부에 구분 막대가 있는 다른 형태의 주판들도 제작되었다. 1200년경에 등장한 중국의 쑤엔 패드는 막대의 한 쪽에 5개의 구슬이 있고 위에는 2개가 있다. 일본의 소로반은 원래 5대 1의 구슬 분류법으로 되어 있었다. 러시아의 셰티는 유럽처럼 10개의 구슬에 막대가 없는 형태의 주판을 사용했다. **DH**

**참고:** 엄대, 미터법, 기계 계산기, 휴대용 계산기, 기계적 컴퓨터

⬆ 서기 212년경의 모자이크에서 아르키메데스가 주판으로 계산을 하고 있는 도중에 로마인 병사를 보고 깜짝 놀라는 장면.

## 부교(浮橋)
### (기원전 1000년경)

중국인들이 물을 건너는 임시 건널목을 만들다.

기록에 의하면 기원전 1000년에 고대 중국 주나라의 문왕이 최초의 부교를 고안했다. 이 발명은 그의 화려한 결혼식의 일환으로, 결혼식 행렬이 웨이 허강을 건널 수 있도록 고안되었다.

문왕의 디자인은 배처럼 생긴 부대(浮袋)로 지지되는 대나무 갑판 위로 물을 건널 수 있게 한 것이었다. 부교가 발명된 이후로, 이들은 단지 장식적인 건널목 이상의 역할을 했다. 즉, 군사 무기가 된 것이다. 전투에 사용된 부교의 가장 오래된 예 중 하나는 974년에 중국 송나라의 군대가 사흘 동안 건설한 부교였다. 그러나 이러한 다리들을 적의 추격을 막기 위해 파괴하거나 철거하는 시간은 짧았다.

문왕의 부교는 오늘날까지도 군에서 사용되고 있다. 2003년에는 이라크 전쟁 동안 '공격용 대상(帶狀) 부교'가 알 무사이브 근처의 유프라테스 강을 건너는 데 사용되었다.

부교들이 전부 임시 구조물인 것은 아니다. 일부 부교들은 현수교를 건설하는 것이 비경제적인 강에 설치되기도 한다. 이 다리들은 배를 통과시키기 위해 일부분을 높여서 짓는다. 이러한 부교로 가장 긴 것 중 하나가 워싱턴 주의 워싱턴 호수에 놓여 있는 레이시 V. 머로우 메모리얼 다리다. 길이가 6,620피트(2,019미터)인 이 다리는 1940년에 완공되었으며 통상적인 다리의 건설에 비해 1,000만 달러의 비용을 절감했다.

저렴하기는 하지만 부교가 특별히 안전한 것은 아니다. 이들은 특히 악천후의 영향을 받기 쉬우며 강한 바람이 불면 망가지기도 한다. 레이시 V. 머로우 메모리얼 다리는 1990년에 강한 폭풍우로 가라앉은 후 재건되었다. **FS**

참고: 아치형 다리, 현수교, 트러스교, 캔틸레버식 다리

## 배터링 램(성벽 파괴용 망치)
### (기원전 1000년경)

아시리아인들이 새로운 포위공격 무기를 만들다.

배터링 램은 트로이의 목마와 같은 교묘한 맛은 없지만, 불청객의 입성이라는 결과는 같다. 본래 전쟁 무기였던 초기의 배터링 램은 무거운 나무 막대기로 끝부분이 금속으로 덮여 있고 경우에 따라 숫양의 머리 모양으로 조각되어 있었으며, 성과 마을의 성채를 부수는 것이 유일한 용도였다.

가장 간단한 방식으로 사용되는 경우, 몇몇 사람들이 이것을 들고 목표물을 향해 최대한 강하게 던졌다. 그러나 성공을 위한 열쇠는 속도에 달려 있었으므로 후기의 배터링 램에는 바퀴를 달아 목표를 공격했다.

배터링 램은 점점 정교하게 변화했다. 그 중요한 예가 기원전 1000년경에 아시리아인들이 만든 포위 공격 엔진이었다. 그들의 램은 나무틀을 매달아 지속적으로

> "히즈키아의 마흔 여섯 개의 도시들과 수많은 작은 마을들을 내가 공격하고 정복했다."
>
> 아시리아의 센나케리브 왕

로 목표물에 휘두를 수 있게 설계되었으며, 그 동안 병사들은 틀 안에서 몸을 보호할 수 있었다. 불화살을 막기 위하여 젖은 가죽이나 흙이 사용되었으며 바퀴가 달려 있어서 쉽게 이동할 수 있었다.

전쟁의 양상이 많이 달라졌음에도 불구하고 배터링 램은 오늘날에도 군사용 차량에 부착되어 자신의 자리를 지키고 있다. 오늘날에는 1인용으로 작동되는 금속 램이 법 집행 기관에서 사용되고 있다. **RP**

참고: 활과 화살, 요새, 바퀴와 축, 수레, 스포크 차륜 전차

➡ 아시리아인들이 요새를 공격하기 위해 바퀴가 달린 배터링 램을 사용하고 있다. 이라크 북부 님루드의 부조.

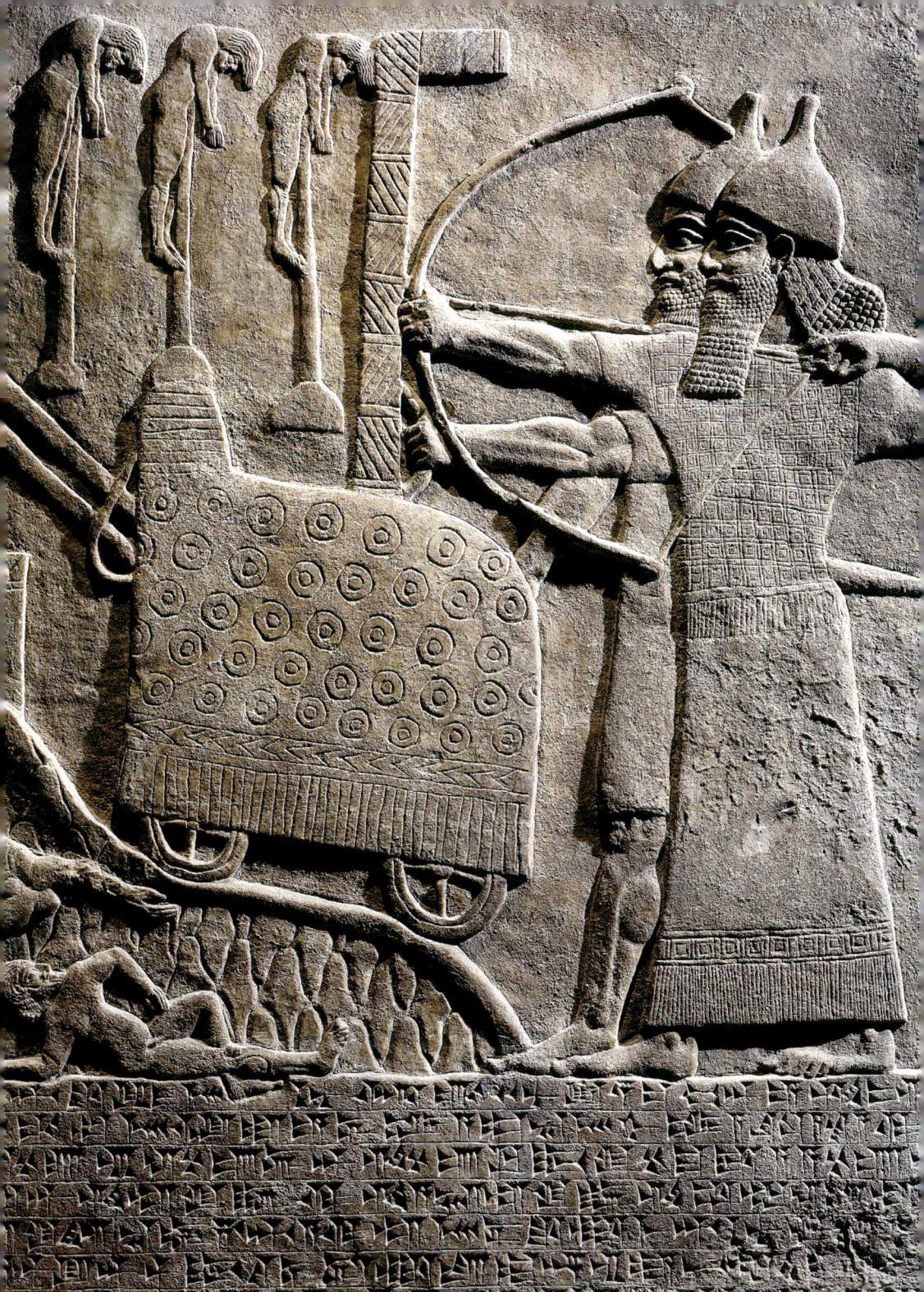

# 샌드위치 (기원전 1000년경)

히타이트족이 빵 조각 사이에 고기를 끼워 먹다.

샌드위치가 샌드위치 가문의 4대 백작인 존 몬터규가 발명한 것이라는 사실은 널리 알려져 있다. 그러나 그 기원은 이보다 훨씬 더 옛날로 거슬러 올라간다. 또 하나의 속설은 유대교의 전통에서 유래하는 것으로 기원전 1세기에 힐렐이 샌드위치를 발명했다는 것이다. 유월절 예배에서는 다음과 같은 힐렐의 발명에 관한 부분이 언급된다. "사원이 존재했을 때 힐렐이 한 일은 이것이다. 그는 어린 양고기와 무교병, 쓴쓸한 허브를 하나로 싸서 먹었다." 기념예배를 하는 중에 이 글이 나오는 부분에서 참석자들은 이 행동을 따라 한다.

고고학적 증거에 의하면 샌드위치는 이보다 더 오래 전, 즉 수백 년 전의 히타이트 제국 시절로 거슬러 올라갈 수도 있다. 이 제국의 병사들이 빵 사이에 고기를 끼운 식량을 배급 받았다는 기록이 남아 있다.

오늘날의 샌드위치는 국제적 요리법에 따른 다양한 방식으로 존재한다. 샌드위치를 구성하는 요건에 대해서 논쟁이 일기도 했지만(미국에서는 법정 소송이 있었다), 일반적으로는 빵 두 쪽과 그 사이에 음식을 넣은 식사라는 의미로 통용되고 있다.

샌드위치 백작의 이야기는 샌드위치에 이름을 붙여주었을 뿐만 아니라 18세기 영국에서 샌드위치가 유행하게 만들었다. 몬터규가 샌드위치를 좋아한 이유는 손가락에 고기 기름을 묻히지 않고 먹을 수 있어서 카드놀이를 할 때 간식으로 먹기 편하기 때문이라고 전해진다. 이것이 진실인지 아닌지는 논쟁의 여지가 있지만, 확실히 이 시기 이후로 샌드위치는 영국에서 주요한 점심식사 메뉴가 되었다. 만들기 쉽고 가지고 다닐 수 있으며 무한한 변형이 가능한 샌드위치의 인기는 수그러든 적이 없고 전 세계에서 수많은 판매점이나 체인점을 통해 구입할 수 있다. **JG**

참고: 아침식사용 시리얼, 분유, 통조림 식품, 토스트기, 자동 빵 써는 기계

# 예방접종 (기원전 1000년경)

중국인 승려들이 천연두 예방법을 개척하다.

천연두는 기원전 1만 년경에 처음으로 등장한 것으로 추정된다. 기원전 1157년에 람세스 5세가 갑자기 사망했다. 그의 미라에 남아 있는 상처는 천연두에 의한 상처와 놀라울 정도로 유사하다. 천연두에 걸리면 3분의 1 정도가 사망했고 생존자들은 흉터가 남았다. 그러나 일단 한번 살아나면 다시는 천연두에 걸리지 않는다는 사실이 주목을 끌었다.

기원전 1000년경에 중국의 수상 왕단의 장남이 천연두로 사망하자, 왕단은 치료법을 찾기 시작했다. 한 도교 승려가 예방 접종의 일종인 우두 접종을 도입했다. 생존자의 딱지로 덮인 농포를 갈아서 코 속으로 흡입시켰다. 예방접종에 대한 소문이 유럽에 퍼진 것은 1700년대였다. 런던에서는 1721년에 워틀리 몬터규 부인과 웨일스 공주의 주장으로 네 명의 사형수들에게 접종을 시도했다. 몇 개월 후, 이들은 천연두에 걸렸지만

> "영국인들은 바보들이다. 그들은 자식들이 천연두에 걸리는 것을 막기 위해 천연두에 감염시킨다."
>
> 볼테르, 「영국인에 관한 서한」, 1778년경

모두 살아남았다. 일단 안전성이 검증되자 귀족들이 이를 사용하기 시작했고 예방접종이 유행하게 되었다.

천연두를 방지하기 위해 천연두에 걸리게 하는 것은 무모해 보이지만, 생존자로부터 추출한 딱지이기 때문에 바이러스는 약해진 상태였다. 예방접종으로 인한 사망률은 약 1퍼센트였고, 천연두 사망률은 20에서 40퍼센트에 이르렀다. 1774년에는 벤저민 제스티가 자신의 아내에게 우두 바이러스를 접종했다. 1796년에는 에드워드 제너가 어린아이인 제임스 핍스에게 우두 바이러스를 접종함으로써 백신 치료법이 시작되었다. **SS**

참고: 백신접종, 콜레라 백신, 광견병 백신, BCG 백신, 소아마비 백신, 풍진 백신

# 연 (기원전 1000년경)

무명의 중국인이 길고 다채로운 전통을 설립하다.

연은 중국에서 3,000년경 전에 최초로 발명되었다. 기록에 남아 있는 최초의 연은 중국의 철학자 묵자(기원전 470~391년경)가 만든 것으로, 나무로 연을 만드는 데 3년이 걸렸다. 돛의 재료로 쓰이는 비단이나 가늘면서도 강한 틀을 만들기 위한 대나무와 같이 연을 만들기에 이상적인 재료들은 중국에서 대량으로 생산되었고 다양한 용도로 사용되었다. 고대 중국에서 내려오는 이야기나 기록에서는 거리를 측정하기 위한 연, 바람을 시험하기 위한 연, 군사 작전 중에 통신수단으로 사용된 연을 찾아볼 수 있다. 초기 중국 연들은 악기를 장착해 날아가면서 소리를 내는 경우가 많았고, 신화적 상징으로 장식되기도 했다.

최초의 연들은 납작하고 사각형이었지만, 이제는 다양한 형태의 연들이 만들어지고 있어 박스 형태 등의 입체적 디자인으로도 조립된다. 취미로 연을 날리는 것은 특히 아시아에서 인기가 있으며, 아시아의 많은 나라들에서 국가적 행사 의식에 연날리기가 포함되어 있다. 중국인들은 연이 복을 가져다 준다고 믿어, 악한 기운을 물리치기 위해 연을 날렸다.

연은 중요한 과학 연구에도 사용되었는데, 번개가 전류라는 사실을 증명한 벤저민 프랭클린의 유명한 실험도 여기에 포함된다. 라이트 형제는 비행기를 비행 중에 제어하는 원리를 실험할 때 5피트(1.5미터) 크기로 복엽형 비행기 형태의 박스 연을 만들었다. 이 연구는 라이트 형제가 1903년에 세계 최초로 공기보다 비중이 큰, 제어 가능한 중(重)비행기를 만들어 자신들의 꿈을 이루는 데 기여했다. 현대의 연들은 남극 지방에서 눈썰매를 끄는 데도 사용되었다. **CA**

**참고:** 공공 전기 공급, 엔진 항공기, 초음속 항공기

↗ 나비 모양의 연은 중국의 연날리기 전통에서 오랫동안 인기를 누렸다.

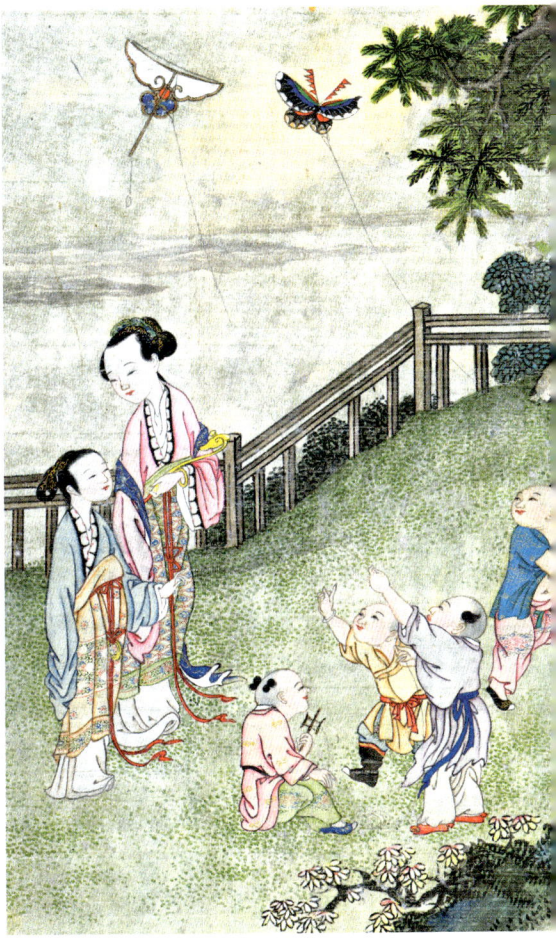

> "십자 형태의 끝부분에 손수건의 네 모서리 부분을 묶으면 연의 몸체가 된다."
>
> 벤저민 프랭클린이 피터 콜린슨에게, 1752년

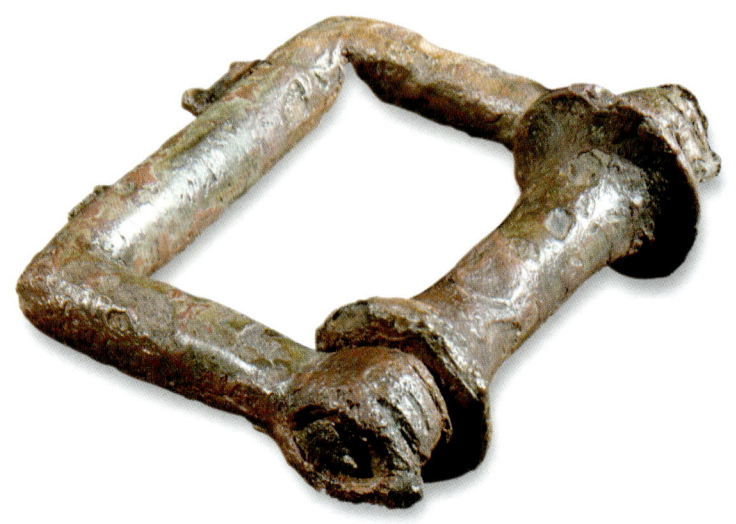

# 도르래 (기원전 750년경)

아시리아인들이 무거운 짐을 들어올리는 방법에 혁명을 일으키다.

도르래는 가장 단순한 기계 중 하나로, 기본적으로 바퀴나 고정된 곡선형 활차의 형태를 띠고 그 둘레에 밧줄이나 벨트를 감기 위한 홈이 파여 있는 원통형의 지레이다. 도르래의 존재에 대한 최초의 증거는 기원전 8세기의 아시리아로 거슬러 올라간다. 전투 장면을 묘사한 그림에 한 병사가 벽 너머로 통을 올리기 위해 간단한 도르래를 사용하고 있는 모습이 그려져 있다.

도르래는 주로 짐을 옮기거나 들어올리기 위해 사용된다. 고정된 단일 도르래는 힘이 적용되는 방향을 바꾸는 데 사용될 수 있다. 짐을 끌거나 미는 것보다 밧줄로 잡아당기는 것이 더 쉽기 때문이다. 밧줄의 한 쪽이 고정되어 있고 다른 도르래가 추가되면, 밧줄의 각 부분이 짐의 무게를 동일하게 분할하기 때문에 필요한 힘은 효율적으로 절반으로 감소한다. 이것이 필요한 기계적 일의 양을 줄이는 것은 아니다. 일은 힘과 거리를 곱한 값으로, 길이가 두 배로 늘어난 밧줄은 두 배로 당겨져야 한다. 도르래를 더 많이 추가하여 '겹도르래'를 만들어 힘의 효율성을 배가시킬 수도 있다.

도르래는 수세기 동안 전 세계에서 사용되어 왔다. 가장 오래되고 확실한 증거는 기원전 8세기의 것이지만, 그보다 훨씬 전부터 이 원리가 사용되었을 가능성이 높다. 고대의 인간은 아마도 무거운 짐을 들기 위해 밧줄이나 덩굴을 나뭇가지 위에 걸쳐서 도르래를 만들었을 것이다.

메소포타미아의 지구라트(기원전 4000년), 영국의 스톤헨지(기원전 2200년), 이집트 피라미드(기원전 3000년)와 같은 고대의 대규모 건축 사업에서도 도르래가 사용되었을 가능성이 높다. **EH**

**참고:** 새끼줄, 바퀴와 축, 윈치, 기중기, 지레, 겹도르래

⬆ 바퀴가 없는 간단한 청동 도르래의 잔해가 이스라엘 게제르에서 발견되었다.

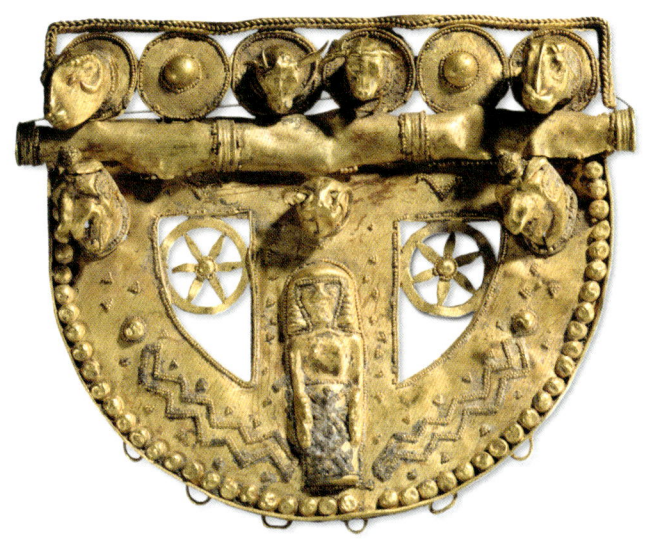

# 버클 (기원전 700년경)

고대 그리스인들이 버클을 도입하다.

버클은 기원전 700년경에 만들어졌다. 고대 그리스와 로마 시대에 걸쳐 많은 유물이 남아 있으며, 중세 시대의 예는 유럽 전역에 남아 있다. 버클이라는 단어는 '뺨'이라는 뜻의 라틴어 부카(bucca)에서 유래했다. 사용과 제작이 쉬웠기 때문에 버클은 의류나 장비를 잠그고 고정시키는 해결책으로 계속해서 사용되고 있다.

초기의 버클은 뼈와 상아, 금속으로 만들어졌으며, 주로 내구성 때문에 군사 장비와 마구, 갑옷에 사용되었다. 그러나 버클의 사용이 이러한 분야에만 한정된 것은 아니었다. 장화나 신발, 지퍼가 발명되기 전에는 옷에도 버클이 사용되었다.

화려한 장식을 덧붙이면서 버클은 실용적인 영역에서 벗어나게 되었다. 은과 청동으로 만들고 값비싼 보석을 박은 버클들이 481년에 사망한 프랑크족의 왕 힐데리히 1세의 무덤에서 발견되었다. 보석이 박힌 신발 모양의 버클은 루이 14세의 통치 기간 중에 유행했다. 19세기에는 영국 해군의 힘은 절정에 달해 있었지

만 그들은 한 가지 고질적인 문제점을 지니고 있었다. 군인들의 옷이 끈과 작은 구멍으로 고정되었다는 것이었다. 때문에 온도가 낮거나 물에 젖으면 사용하기가 어려웠다. 더욱이 물에 젖은 옷은 끈으로 잘 지탱이 되지 않았다. 한 영리한 선원이 버클을 가죽 끈에 고정시켜서 바지에 사용하는 아이디어를 냈다. 이 방법은 효과가 있는 것으로 판명났고, 손가락이 얼어붙은 상태에서도 사용하기가 수월했다.

오늘날 버클은 보석으로서의 역할은 줄어들었지만 여전히 패션 소품으로 남아 있다. **BG**

**참고:** 의류, 금속 세공, 신발, 단추, 헬멧, 사슬갑옷, 표준 잠수복

⬆ 고대 그리스 동방화 시대의 금으로 만들어진 벨트 버클로 낟알 모양의 장식이 되어 있다.

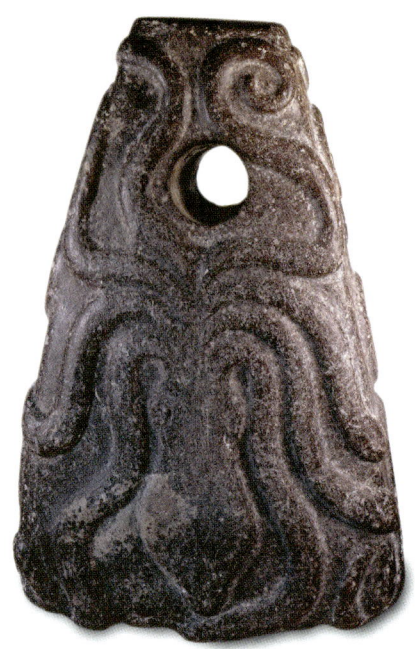

# 금속 닻 (기원전 650년경)

그리스인들이 금속을 사용하여 닻의 무게를 더하다.

배를 정박시켜야 할 필요성은 배 자체만큼이나 오래되었다. 메소포타미아, 이집트, 그리스, 로마 등의 고대 문명에서는 이를 위해 돌 한 바구니에서 모래 한 자루에 이르기까지 무엇이든 구할 수 있는 것을 밧줄로 내려 사용했다. 커다란 돌에 밧줄 구멍을 뚫는 형태가 일상화되었다.

고대에 선박의 크기가 커지고 다양한 디자인의 닻이 개발되면서 점차 금속이 도입되었다. 기원전 500년에는 몰타 섬에서 청동으로 닻이 주조되었다. 일부 조잡한 나무 닻은 무게를 위해 납이나 기타 무거운 금속 조각을 포함했으며, 인기 있었던 갈고리 형태의 나무 닻이 점차 나무 대신 철을 사용하는 것으로 바뀌었다. 철제 닻은 로마의 상선들에 의해 재생되어 고전적 형태에서 보다 발전된 모습으로 바뀌었다. 여기에는 닻가지(닻 밑부분의 뾰족한 갈고리 모양의 미늘)와 스톡(닻가지가 해저에 잘 박히도록 하기 위해 닻을 세우는 수평의 막대)이 달려 있었다.

닻은 전설 속의 미다스 왕(기원전 700년경)이 발명했다고 전해지지만, 다른 이야기에 따르면 기원전 650년경에 그리스의 뱃사람들이 돌 닻에 갈고리를 달아서 기본적인 디자인을 완성했다고 한다. 닻의 디자인은 시간이 지나서도 크게 변하지 않았다. 1700년에 가장 일반적인 닻은 철로 만든 작은 닻으로, 긴 닻채가 달려 있었다. 1901년에는 강철로 만든 스톡리스 닻이 특허를 받았다. 2003년에는 세계에서 가장 오래된, 금속을 입힌 나무 닻이 고대 그리스의 식민지였던 클라조메나이 유적지(현재 터키)에서 발견되었다. 기원전 600년으로 소급되는 이 닻은 아마도 금속 닻이 등장한지 얼마 안 가 제작됐을 것이다. **AK**

**참고:** 금속 세공, 돛, 키, 노 젓는 보트, 증기선, 잠수함, 모터보트, 항구

⬆ 미노스 시대의 금속 닻으로 문어 문양으로 장식되어 있다. 구멍은 밧줄을 부착하기 위한 것.

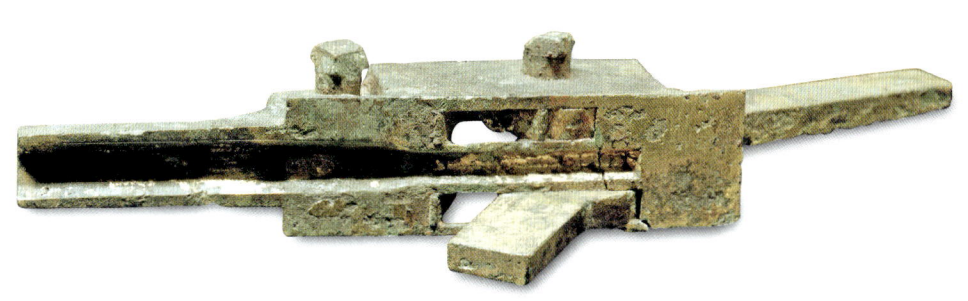

# 석궁 (기원전 550년경)

중국인들이 긴 활에 대작할 만한 작은 라이벌을 개척하다.

석궁은 고대 중국에서 기원전 550년경에 만들어졌으며 사냥감을 죽이는 데 사용되었던 수평적인 보우트랩(bow trap)으로부터 발전한 것으로 생각된다. 중국인들은 다양한 디자인의 석궁을 무기용으로 개발했다. 그중에는 궁사가 재정비를 하는 동안 활을 아래로 향하게 하는 등자가 부착된 것도 있었다. 후기의 석궁포에는 활시위를 뒤로 당기기 위한 윈치가 달려 있었는데, 이러한 장치 없이는 사람의 힘만으로 당기는 데 어려움이 있었기 때문이다. 중국인들은 서기 100년에 격자 조준기와 기관총 타입의 석궁도 발명했는데, 후자는 화살 홈 위에 볼트 탄창이 부착되어 있어 하나의 볼트를 쏘고 나면 다음 볼트가 그 자리로 떨어졌다. 독을 묻힌 석궁 볼트도 사용되었다.

석궁에 대한 지식은 아마도 그리스와 로마를 통해 중국에서 유럽으로 전해진 것으로 보인다. 이 무기를 사용하면 훈련을 받지 않은 병사가 갑옷을 입은 기사를 다치게 하거나 죽음에 이르게 할 수 있었다. 석궁은 10세기에 유럽에 수용되었고 중세 시대 내내 사용되었다. 정복왕 윌리엄은 1066년에 중세의 석궁을 영국으로 가져왔지만, 에드워드 1세의 통치기간(1272~1307) 동안 웨일스의 긴 활이 석궁을 대체했다. 아무런 기술도 요하지 않고 명예롭지도 않은 석궁에 대해 많은 사람들이 비인간적인 무기라고 비판했고 1139년에는 교황이 제2차 라테란 공의회에서 이단자를 처단할 때를 제외하고는 어떤 경우에도 석궁을 사용해서는 안 된다는 칙령을 내렸다. 오늘날 석궁은 대체로 현대 양궁에서 과녁을 맞추는 데 사용된다. 미국의 몇몇 주와 아시아, 호주, 아프리카 등 일부 국가에서는 석궁 사냥이 여전히 허용되고 있다. **MF**

**참고:** 목공술, 금속 세공, 활과 화살, 헬멧, 사슬갑옷, 투석기

⬆ 청동 석궁의 제동 장치. 중국의 왕 조말(기원전 137~122년 통치)의 묘에서 출토됨.

# 기중기 (기원전 550년경)

그리스인들이 대규모 건설에 기중기를 사용하다.

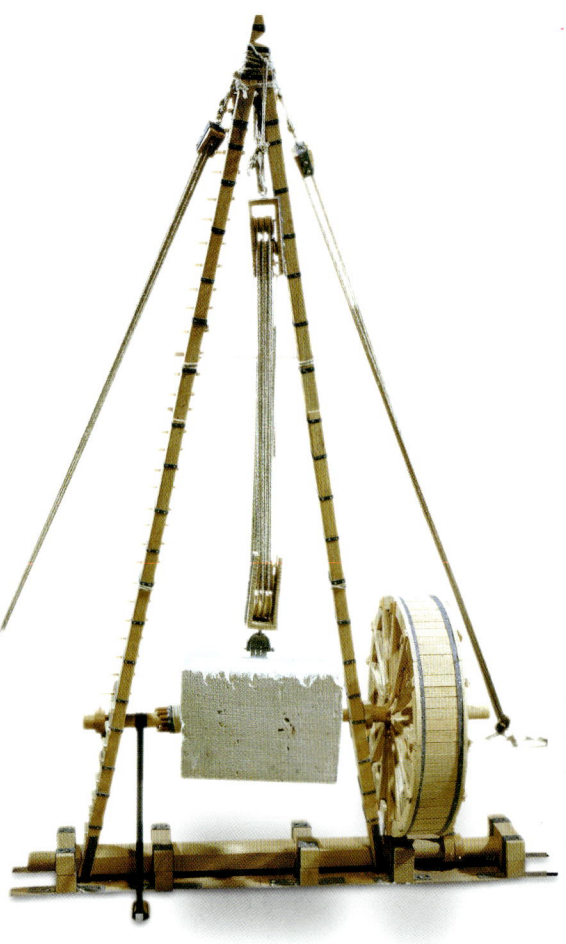

인간이 기계를 사용하여 능력의 범위를 확장시키는 정도는 우리를 다른 동물들로부터 차별화시키는 척도이다. 특히 기중기는 이를 보여주는 좋은 예다. 인간이 혼자 힘으로 들어올리고 움직일 수 있는 무게보다 훨씬 더 무거운 무게를 들고 움직일 수 있는 능력은 인간 사회의 발전에 결정적인 역할을 해왔다.

기중기는 도르래와 끈, 혹은 철사 줄을 틀 구조에 설치한 기계이다. 무거운 짐을 기계적 이점을 이용해서 수직으로나 수평으로 움직이게 하는 것이다.

최초의 기중기는 대략 기원전 550년경에 만들어진 것으로 추정된다. 그러나 이보다 몇 백 년 전에 지어진 그리스 건축 구조물이 남아 있고, 이는 분명히 어떤 종류의 도르래의 원리로 작동되는 기계를 필요로 했을 것이다. 기중기는 고대 그리스에서 다양한 용도로 사용되었다. 기중기는 그리스 건축에 있어 중요한 역할을 했고 무거운 짐을 드는 데도 사용되었다. 아르키메데스의 갈고리발톱은 침략 선박을 높이 들어올린 후 내던져서 부숴버리는 데 사용되었다.

기중기는 고대 로마에서도 계속해서 광범위하게 쓰였고, '트레드밀 기중기'가 건물의 축조 과정에서 사용되었다. 재건 공사에서는 무게가 100톤에 이르는 돌들이 이 기술을 사용하여 들어올려졌다. 기중기는 한동안 사용되지 않다가 중세 후기에 재등장했다. 기중기는 오늘날까지 지속적으로 실생활의 여러 분야에서 쓰인다. **BG**

"아르키메데스는
알맞은 양의 힘을 가하면
어떤 중량도 움직일 수 있다고 말했다."
플루타르코스, 『마르켈루스의 생애』

참고: 새끼줄, 도르래, 윈치, 지레, 겹도르래

◩ 이 회전 기중기는 무거운 블록이 들린 채로 스위스 니옹의 로맹 미술관에 전시되어 있다.

# 의지(義肢) (기원전 550년경)

페르시아인이 최초로 신체 일부에 대한 대체물을 만들다.

의족과 의수에 대한 최초의 기록은 기원전 3500년과 1800년 사이에 편찬된 인도의 서사시 『리그베다』에 나타난다. 산스크리트어로 씌어진 이 시에는 전투 중에 비쉬프라 여왕의 다리가 절단된 사건이 묘사되어 있다. 후에 그녀는 아슈빈(천국의 의사)이 만들어준 철제 의족을 착용하고 다시 전투로 돌아간다.

대부분의 전문가들은 비쉬프라 여왕의 이야기를 의심하면서 헤로도토스의 『역사』에서 언급된 의족에 대한 내용을 최초의 기록으로 간주한다. 헤로도토스는 기원전 6세기 중반에 페르시아의 병사이자 예언가였던 엘리스의 헤게시스트라투스가 스파르타인들에게 잡혀 사형 선고를 받고 구금되어 있다가 자신의 발을 일부 절단하고 탈출을 시도한 이야기를 들려준다. 헤게시스트라투스는 나무로 의족을 만들어 트레기까지 30마일(48킬로미터)을 걸어갔지만 불행히도 자크신티우스에게 붙잡혀 참수형을 당했다.

기원전 1세기에는 대(大)플리니우스가 자신의 저서 『박물지』에서 제2차 포에니 전쟁(기원전 218~210년)에서 카르타고에 대항하여 군대를 지휘한 로마의 장군 마르쿠스 세르기우스의 이야기를 다루었다. 장군은 23군데에 부상을 입어 오른쪽 팔을 절단해야만 했다. 그는 방패를 들기 위한 철제 의수를 만들어 다시 전투에 합류했다. 그 이후로 그는 네 번의 전투에 참여했으며, 타고 있던 말이 죽은 적이 두 차례나 있었다.

가장 오래된 것으로 알려진 의족은 1858년에 이탈리아 카푸아의 한 무덤에서 발견되었다. 구리와 나무로 된 이 의족은 기원전 300년의 것으로 삼니움 전쟁 기간 중에 만들어졌다. 유감스럽게도 카푸아 의족은 제2차 세계대전 중인 1941년에 아일랜드 왕립 외과 대학 박물관이 공습을 당했을 때 파괴되었다. **SS**

참고: 목공술, 마취, 안경, 관절이 있는 의지(義肢), 인공 심장

↗ 이탈리아 카푸아의 로마인 무덤에서 발견된 황동과 석용광로 만들어진 의족의 복제품. 기원전 300년경.

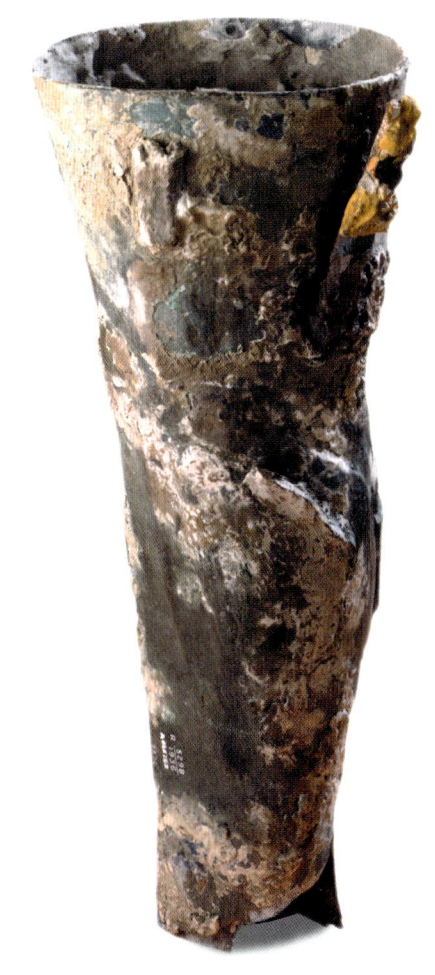

"농업의 여신 데메테르는 펠로프의 어깨를 먹었지만, 상아로 된 보철 어깨를 만들어주었다."
앰퓨러브, 『보철술의 역사』

# 윈치 (기원전 500년경)

페르시아인들이 다리 건설에 윈치를 사용하다.

윈치에 대한 최초의 알려진 기록은 할리카르나소스의 헤로도토스가 기원전 480년의 페르시아 전쟁에 대해 쓴 글에 남아 있다. 이 전쟁에서 헬레스폰트를 건너는 다리에 사용된 굵은 밧줄을 조이기 위해 나무 윈치가 사용되었다. 이 아이디어는 곧 인기를 얻었으며 100여 년이 지나자 윈치가 그리스의 건축 현장에도 사용되었다. 반면 기원전 5세기에 아시리아인들이 발명했음을 암시하는 증거도 존재한다.

간단한 윈치는 밧줄이나 케이블을 감기 위해 사용되지만 이 도구는 장력을 유지시키고 밧줄이나 케이블이 풀어지는 것을 막기 위한 고정구가 부착되어 다양한 응용이 가능하다. 고정구가 부착된 윈치는 오랫동안 선박과 보트를 부둣가 가까이에 정박시키기 위해 항구 가까이에 있는 배에 장착되었다. 윈치는 인부들이 대규모 작업을 빠른 시간 안에 수행할 수 있게 함으로써 건축

> "그들은 나무 윈치로
> 굵은 밧줄을 팽팽하게 꼬아서
> 잡아당겼다."
>
> 할리카르나소스의 헤로도토스, 역사가

현장에서 중요한 역할을 했다.

중세 시대에는 고정구가 부착된 윈치가 랙의 중요한 구성요소였다. 랙은 침대처럼 생긴 고문 도구로 사람의 몸을 고통스러운 각도로 잡아당기도록 고안되었다. 고정구가 부착된 윈치들은 깃대 위로 깃발을 올리고 공중에 있도록 유지시키는 데 사용되고, 소형 윈치는 낚시대의 릴에도 사용되어 낚싯줄의 장력을 유지하거나 풀어줄 수 있게 해준다. 윈치는 견인차에도 사용되며, 헬리콥터 구조에서는 위험한 상황에 처한 사람들을 안전하게 구출하는 데 중요한 역할을 한다. **CB**

**참고:** 목공술, 금속 세공, 도르래, 기중기, 지레, 겹도르래

# 해먹 (기원전 425년경)

알키비아데스가 새로운 형태의 침대를 만들다.

서유럽 사회가 처음으로 해먹을 알게 된 것은 1492년이었다. 크리스토퍼 콜럼버스는 신세계를 찾다가 바하마에 도착하여 원주민들이 해먹에서 휴식을 취하고 잠을 자는 것을 발견했다. 그는 유럽으로 돌아가면서 해먹 몇 개를 가지고 왔으며, 한 세기도 지나기 전에 해먹은 유럽의 뱃사람들에게 일반적인 물품이 되었다. 당시의 비좁은 배 안에서는 걸었다가 사용 후에 바로 뗄 수 있는 해먹의 인기가 높았다. 다른 형태의 침대에 비해 해먹은 배가 위아래 좌우로 흔들거리고 기울어지는 와중에도 중력의 방향을 유지함으로써 선원들이 배의 흔들거림과 조화를 이루는 역설적인 안정감 속에서 잠잘 수 있게 해주었다.

해먹이 발명된 정확한 연도는 알 수 없지만 기원전 1000년경, 마야의 인디언들이 발명했다는 설이 그럴 듯해 보인다. 그러나 이에 대해서는 뚜렷한 증거가 남아 있지 않아, 더 후대에 발명된 것으로 여겨지기도 한다. 소크라테스의 제자인 그리스의 알키비아데스(기원전 450~404년경)를 해먹의 발명가로 추측케 하는 일부 기록들도 존재한다.

1500년에 콜럼버스를 본받아 모험을 떠난 포르투갈의 탐험가 페루 바스 지 카미냐는 카리브 해 원주민이 낚시그물을 걸어놓고 잠들어 있는 모습을 보게 되었다. 그는 이것을 '레데 데 도르미르(rede de dormir)', 즉 '잠자기 위한 그물'이라고 칭하였다. '레데'는 해먹을 뜻하는 포르투갈어로 남아 있다. 거의 같은 시기에 스페인의 정복자들도 카리브의 인디언들이 사용하는 해먹과 맞닥뜨렸다. 그들이 사용한 호모카(homoca)라는 단어는 해먹의 인디언식 명칭인 하마카(hamaca), 혹은 하모크(hammok)에서 유래된 단어로, 이는 해먹을 직조하는 섬유를 공급하는 나무의 이름이었다.

21세기의 재료들이 수용된 것을 제외하면 해먹의 디자인은 수백 년 동안 대체로 변하지 않았다. **CB**

**참고:** 새끼줄, 직조된 천, 의자

# 사슬갑옷 (기원전 400년경)

루마니아인들이 최초의 무장용 금속 옷을 만들다.

사슬갑옷은 본래 영국에서 그냥 갑옷, 혹은 사슬이라고 불렸고 프랑스어로는 '그물로 짠'이라는 뜻의 마유(maille)라고 불렸다. 사슬갑옷이 영어권에서 상용화된 것은 1700년대 이후였다.

갑옷은 금속 줄로 만든 일련의 사슬고리들로 구성된다. 형태를 잡는 원뿔에 이들을 원형으로 구부리고 완성된 사슬들은 웃옷의 형태로 용접하거나 리벳으로 고정시킨다. 그 결과 칼을 매우 효과적으로 방어하면서 동시에 상대적으로 가볍고 유연하면서 튼튼한 갑옷이 만들어진다.

그러나 사슬갑옷만으로는 충돌로부터 완전히 보호할 수 없었고, 따라서 전사들은 갑옷 속에 갬브슨을 입었다. 갬브슨은 모직물과 기타 충격으로 인한 상해에 효과적인 저항력을 제공하는 여러 재료들을 겹겹이 덧댄 재킷이었다.

기록에 남아 있는 최초의 사슬갑옷은 루마니아에 있는 켈트족 대장의 무덤에서 출토된 것으로 기원전 4세기로 거슬러 올라간다. 사슬갑옷은 지난 천년의 절반에 이르는 기간 동안 유럽과 아시아 전역에서 널리 사용되었지만 제 역량을 충분히 발휘하게 된 것은 13세기에 이르러서였다. 기사의 몸 전체로 확장되면서 기본적인 갑옷 웃옷이 다리와 팔, 머리를 위한 개별적인 갑옷 조각들과 결합되어 보다 완전한 무장을 제공하게 되었다.

기사들이 이러한 전신 갑옷을 오랫동안 입지는 않았다. 판금 갑옷 제품들이 점차 갑옷에 추가되었으며 이들은 점점 더 정교해졌다. 보병들은 중세 후기까지 계속해서 사슬갑옷을 입었다. **BG**

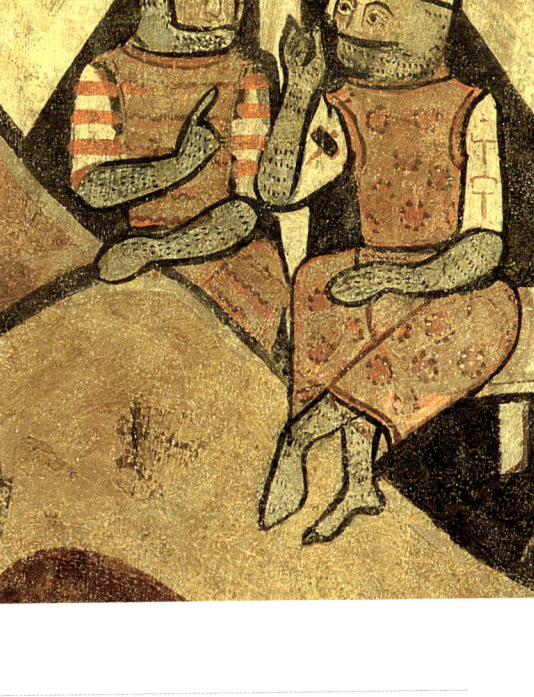

**참고:** 의류, 금속 세공, 직조된 천, 바느질, 창, 검, 헬멧

↗ 스페인 바르셀로나의 베렝구에르 드 아길라 궁전의 프레스코에서 기독교 기사들이 사슬 갑옷을 입고 있다.

> "사슬갑옷 제작자들이
> 사슬고리들을 하나씩 연결하면서
> 천천히 머리가 이상해졌다."
>
> 어슬러 K. 르귄, 『테하누』, 1990년

... ὥσει ὡπλοι ἢ ἐξαττη
σηλῶ, ἢ ὡς βούλῃ καὶ ὅσα ἀνάπαυσαι
θι οὕτοι :-

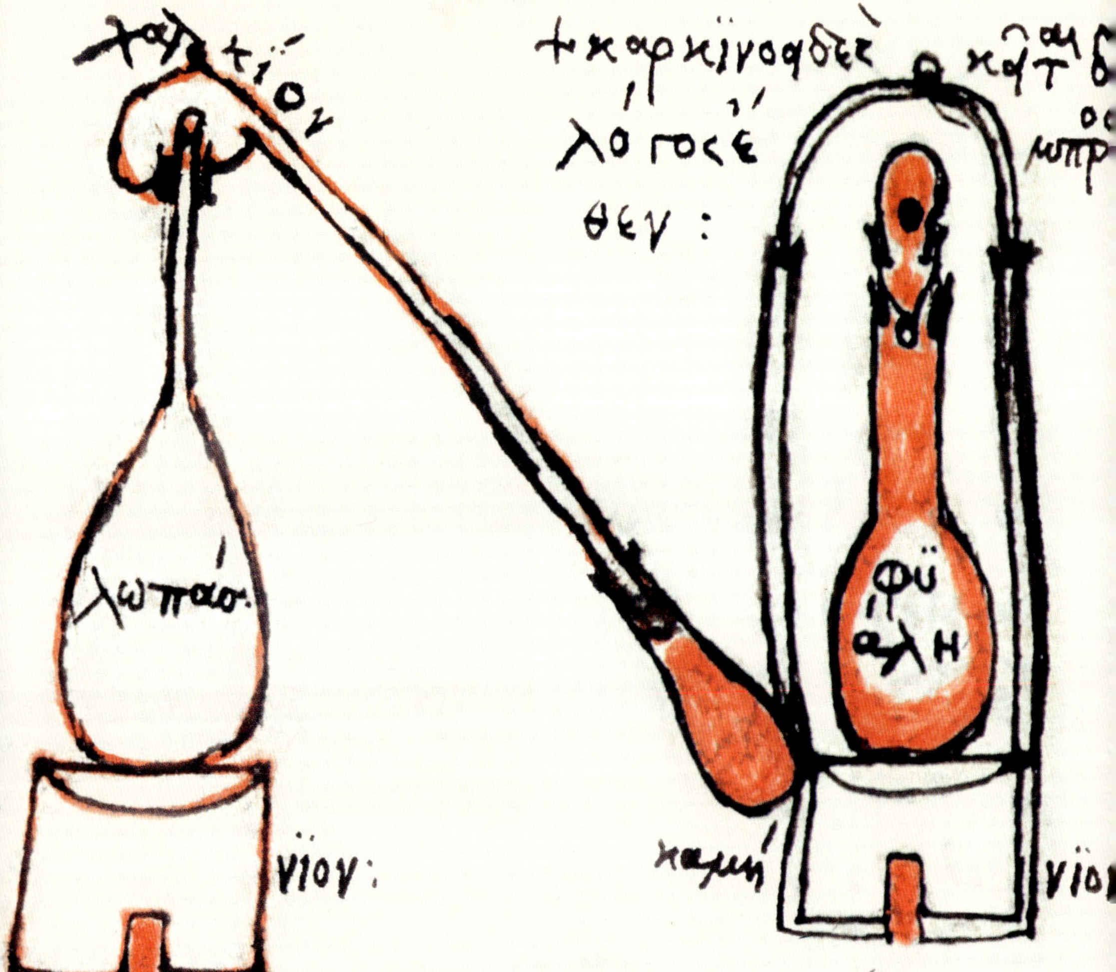


ω τὰ οὐράνια καὶ τὰ κάτω τὰ ἐπίγεια
φενος καὶ θήλεος πληροῖ μόνον δὲ ἔργον:

# 증류 (기원전 400년경)

알코올의 증류가 물의 증류를 앞서다.

증류는 술의 제작에만 국한되는 과정이 아니라 화학 물질의 휘발성을 이용하여 술을 분리시키는 방법이다. 화학 물질은 용액에 열을 가하여 끓이고 기화시킴으로써 용액으로부터 분리된다. 그 기체를 모아서 냉각시키면 액체로 응축된다. 화학 물질에 따라 끓는점이 다르기 때문에 가열온도를 통제함으로써 이들을 분리하는 것이 가능해진다.

기원전 2000년에 알코올을 증류했다는 증거가 남아 있지만 최근에 파키스탄에서 발견된 증거에 의하면 이 과정이 정확하게 이해된 것은 기원전 400년에 이르러서였다. 물을 끓여서 그것을 증기 상태로 수집하여 먼지와 소금, 박테리아 등을 분리해낸다는 생각은 그로부터 800년 후에나 등장하여, 알렉산드리아의 히파티아(350~416년경)가 물을 증류시키기 위한 최초의 기구를 발명했다. 그러나 증류로 순수한 화학 물질을 획

> "생각할 수 있는 권리를 사수하라.
> 설령 그릇된 생각이라도 전혀 생각하지
> 않는 것보다는 낫다."
> 알렉산드리아의 히파티아, 증류기 발명가

득한 것은 서기 8세기경으로 페르시아의 화학자 자비르 이븐 하이얀이 증류기를 발명했다. 9세기에는 또 다른 무슬림 화학자 알 라지가 석유를 증류하여 등유를 생산했으며, 11세기에는 아비세나가 증기 증류로 정유를 추출했다. **RP**

참고: 불의 제어, 술, 물 여과장치, 인스턴트 커피

◄— 파노폴리스의 조시모스가 쓴 3세기 후반의 논문이 두 개의 증류기와 증류된 액체를 받는 용기를 보여준다.

# 긴 창 (기원전 400년경)

마케도니아인의 팔랑크스 부대가 긴 창을 이용하다.

기원전 400년 파이크의 발명은 고대 전쟁의 복잡한 역사 속에서 무기의 중대한 진보를 이룬 것으로, 마케도니아가 그리스와 이집트, 아시아 일부를 정복하게 해준 일등공신이었다.

유명한 알렉산더 대왕의 아버지인 마케도니아의 필리포스 2세(기원전 382~336년)는 긴 창(사리사)과 보병 대형의 일종인 마케도니아 팔랑크스를 도입했다. 20피트(6미터) 정도의 긴 창은 엄청난 길이 덕분에 병사들이 그보다 짧은 무기의 사정거리 밖에서 공격을 가할 수 있도록 해주었다. 팔랑크스는 창을 든 병사들이 빽빽하게 만든 대형이었다. 팔랑크스의 전방에 있는 사람들은 긴 창을 앞으로 내밀어 병사 다섯 줄에 해당하는 공간을 창출했다.

필리포스의 발명 전에는 마케도니아의 군대가 장비나 훈련 면에서 뒤쳐진다고 여겨졌다. 긴 창과 팔랑크스 대형의 조합은 병사들의 수비력을 증강시켰다. 팔랑크스 진법이 실패하는 경우는 대형이 깨지거나 허를 찔리는 때였는데, 이런 일이 발생하는 경우는 드물었다. 긴 창은 팔랑크스 대형에서 사용될 때만 효과적인 무기였으며 본질적으로 그 외에는 효용성이 없었다. 팔랑크스 대형 외에, 필리포스의 병사들은 투창을 사용했다. 그들은 두 가지 종류의 무기를 모두 능숙하게 다루었는데, 이는 각각의 사용 기술이 상당히 다르다는 점에서 매우 인상적인 군사력이었다.

알렉산더 대왕은 긴 창과 팔랑크스를 사용하는 필리포스의 군사 전략을 계승하였고, 이를 이용하여 이집트와 페르시아, 현재의 북부 인도에 해당하는 지역을 정복했다. 긴 창의 변형된 형태는 18세기까지도 군사 작전에서 사용되었다. 오늘날에는 팔랑크스가 운용이 힘든 전투부대로 보일 수도 있지만, 그것은 적군의 대형을 부수고 밀고 들어가는 오늘날의 탱크와 같은 역할을 했다. **RH**

참고: 창, 금속 세공, 검, 헬멧, 사슬갑옷

# 자석 나침반
(기원전 400년경)

한 발명품이 이상적인 활용법을 찾지 못하다.

중국인들은 이미 기원전 4세기에 자철석이 방위를 맞춘다는 사실을 발견했으며, 최초의 나침반들은 반(半)마술적 용도로 사용되었다. 이 나침반들은 물이 담긴 용기의 나무토막 위에 천연 자석 조각을 띄운 것으로 구성되었고, 자석은 항상 일정한 방향을 가리키면서 회전했다. 이것이 항해에 사용되기까지는 천년의 시간이 더 흘렀다. 그전까지 북반구에서 항해를 할 때는 북극성을 사용하여 방향을 잡고 고대의 지도를 지침으로 삼았을 뿐이었다. 북극성과 같은 방향을 가리키는 나침반은 어떠한 상황에서도 사용할 수 있기 때문에 더욱 유용했다.

자석 나침반은 지구 중심에 있는 용해된 철이 마치 거대한 자석과 같은 자심(磁心)의 역할을 하여 나침반 바늘이 지축의 남북과 평행이 되도록 하기 때문에 이와

---

"지구
전체가
하나의 자석이다."
윌리엄 길버트, 의사 겸 자연 철학자

---

같은 작용을 하는 것이다. 자석의 북쪽과 지형학적 북쪽(지축)은 완전한 평행이 아니며 12도 정도의 차이가 있다는 사실은 나중에 발견되었다.

시간이 지난 후에는 천연 자석을 접촉시킨 철이나 강철 바늘이 자기를 띠면서 남북 방향을 가리킨다는 사실이 밝혀졌다. 1745년에는 영국의 발명가 고원 나이트가 강철을 영구적으로 자화(磁化)시키는 방법을 개발했다. **MF**

참고: 지도, 강철, 육분의, 회전나침반, GPS

# 용광로
(기원전 400년경)

중국에서 청동으로 제련이 시작되다.

가장 오래된 것으로 알려진 용광로는 기원전 4세기에 중국 한 왕조 시대에 만들어졌다. 주조된 철로 용광로를 생산한 것은 청동을 용해시키기 위해 사용된 화덕에서 진화하였다. 진나라가 중국을 통일한 시점(기원전 221년)에는 철이 군사적 성공을 위한 핵심 역할을 했다. 11세기에 이르면 송나라의 제철산업에서 철과 강철을 주조하는 데 사용되던 목탄이 석탄으로 바뀌면서 수천 에이커에 이르는 삼림이 무사히 보존될 수 있었다.

용광로에서 연료와 광석은 용광로의 위쪽을 통해 공급되고 화로의 바닥으로는 공기가 주입된다. 재료가 아래로 이동하면서 화학 반응이 일어나 바닥 부분에서는 용해된 금속과 슬래그(광석에서 금속은 빼내고 남은 찌꺼기)가 만들어지고 위로는 가스가 배출된다.

서양에서 가장 오래된 것으로 알려진 용광로는 스위스의 뒤르슈텔과 독일의 메르키셰 자우어란트, 스웨덴의 라피탄이다. 이 지역에서는 용광로가 1150년과 1350년 사이에 활발하게 사용되었다. 또한 1100년 용광로의 흔적이 발견된 스웨덴에 있는 노라스코그에서 발견되었다. 이 용광로들은 오늘날에 사용되는 것들에 비하면 효율성이 많이 떨어졌다.

야금술에 능한 것으로 알려진 프랑스의 시토 수도회 수도사들은 13세기와 17세기 사이에 용광로의 기술적 진보에 대한 지식을 전승했다. 그들은 철광석을 기부받는 경우가 많았으며 수도원에서는 잉여의 철과 인산업이 풍부하여 농사의 비료로 사용된 용광로의 슬래그를 판매했다.

1709년에는 퀘이커교도이자 영국 슈롭셔에 살았던 제철업자인 에이브러햄 다비가 자신의 개량된 용광로에서 목탄 대신 코크스를 사용하여 철을 제련했다. 또한 그는 무쇠를 연철과 강철로 가공하기도 했다. **MF**

참고: 불의 통제, 오븐, 풀무기, 강철, 연철, 전기 아크로

# 투석기
## (기원전 400년경)

시칠리아인들이 최고의 전쟁 기계를 도입하다.

투석기(catapult)라는 단어는 '아래로'라는 뜻의 카타 (kata)와 작은 원형 방패를 의미하는 풀토스(pultos) 라는 두 개의 그리스어에서 유래했다. 카타풀토스 (Katapultos)는 '방패를 뚫는 것'을 의미했다. 아르키 메데스에 의하면 이 무기는 기원전 299년에 시라쿠사 의 시칠리아 시에서 발명되었고, 석궁과 유사한 복합궁 에서 파생되었다.

초기의 투석기는 중앙에 지레가 있고 한 쪽에는 투석 바구니, 맞은편 끝에는 평형추가 달려 있었다. 탄 성을 이용하는 투석기는 기원전 330년경에 그리스와 마케도니아에서 일상적으로 사용되었다. 알렉산드로 스 대왕은 이를 사용하여 전장을 엄호하거나 포위 공 격을 했다.

중국과 그리스, 로마에서는 다양한 형태의 투석기 를 사용했다. 마케도니아 필리포스 왕을 위해 만들어진 발리스타는 거대한 석궁과 유사했으며, 꼬아 놓은 밧줄 타래의 장력을 이용하여 무거운 볼트와 다트, 혹은 창 을 던질 수 있었다. 트레뷰셋(trebuchet)은 지레와 밧 줄로 구성되어 큰 돌을 던지는 데 사용되었다. 로마인 들이 만들었다고 생각되는 망고넬은 거대한 지렛대 끝 에 달린 그릇 모양의 용기로부터 무거운 물건들을 던 졌다. 포위 공격을 하는 데 사용된 투석기는 보통 현장 에서 제작되었는데, 이는 끌고 다니기엔 너무 성가셨기 때문이다. 때로는 벌집이나 죽은 동물의 사체를 성벽 너머로 던져 성안에 있는 사람들을 감염시키기도 했다. 이 무기가 유럽에 도달한 것은 중세 시대로 프랑스인들 은 서기 1216년에 도버 성을 함락할 때 이를 사용했다. 서기 14세기에는 대포가 투석기를 대신하여 유럽의 대 표적인 포위 공격 무기가 되었다. **MF**

**참고:** 창, 고무총, 활과 화살, 요새, 지레, 석궁, 대포, 탄도 미사일

⬈ 양식화된 중세 삽화에서 포위 공격 도중에 기초적인 형태의 투석기를 들여오고 있다.

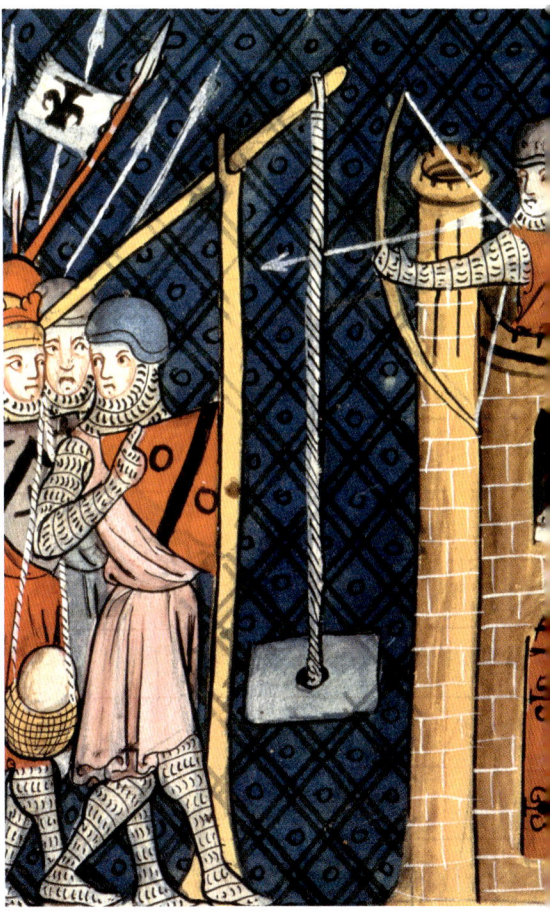

"첫 번째 돌이 엄청난 무게와 힘으로 건물 위로 떨어져, 상당 부분이 파괴되었다."
마르코 폴로, 『동방견문록』, 1298년경

# 등자
## (기원전 300년경)

중국인들이 기마 전쟁에서 중요한 우위를 선점하다.

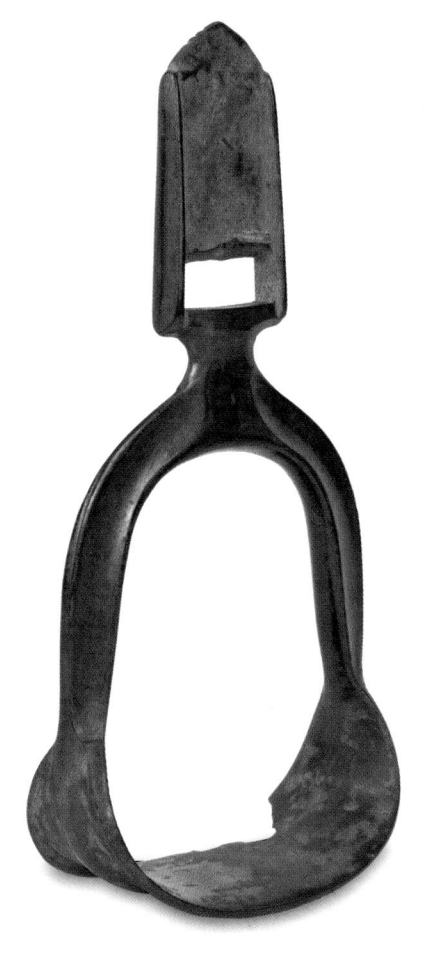

기마용 금속 등자에 대한 가장 오래된 기록은 서부 중국의 한 무덤에서 출토된 토기 파편에 그려진 그림이다. 이는 진왕조의 것으로 기원전 300년경에 만들어진 것으로 추정된다. 처음에는 한 개의 등자가 사용되었으며 주로 기수가 말에 올라타는 것을 도와주는 역할을 했다.

당대의 중국은 북방 유목민족의 기마병들로부터 끊임없이 전쟁의 위험을 받고 있었다. 중국은 유럽보다 약 천년 앞서 마구를 발명해 금속 주조의 전문성을 확립했다는 사실을 고려할 때, 등자가 중국의 정예 기병부대에서 등장한 것도 놀라운 일이 아니다. 말에 올라타기 위해 한 개의 등자를 사용하던 것은 승마와 전투 중에 안정감을 증진시키기 위해 한 쌍을 사용하는 것으로 점차 진화했다.

등자의 등장으로 기병은 중요한 군사 요소가 되었으며 기마 전쟁의 개념이 근본적으로 바뀌었다. 중국 장수성 동부의 난징(南京) 근처 무덤에서 출토된, 기원전 322년의 것으로 추정되는 말 모양 토기에는 한 쌍의 등자를 사용한 최초의 흔적이 남아 있다.

이미 기원전 850년 전에 등자가 등장했음을 암시하는 정황적 증거도 존재하지만, 인간이 운송과 통신 수단으로 오랫동안 말에 의존했다는 사실과 전쟁에서의 전략적 중요성을 고려하면 등자의 발명은 상대적으로 늦게 이루어진 셈이다. 등자의 발명은 문화의 교류와 이동에 있어 커다란 도약을 가능케 해주었다. **BS**

> "등자는 기수가
> 더 훌륭한 궁수 겸 검술사가
> 될 수 있게 만들어주었다."
>
> 알버트 딘 교수, 역사가

**참고:** 금속 세공, 버클, 안장, 편자, 말굴레

K 중요한 발명의 세련된 산물인 7세기의 중국 청동 등자.

# 안장
## (기원전 300년경)

안장 없이 말을 타던 시대에 종말을 고하다.

인간이 최초로 말을 길들여서 타게 된 시기는 명확하지 않다. 프랑스의 동굴벽화에 나타난 증거에 따르면 기원전 1만 5,000년경에 이미 말에 고삐를 달았던 것으로 보인다. 초기의 기수들은 말을 제어하기 위한 재갈과 고삐, 마구를 사용했음에도 불구하고, 말에 앉을 때는 담요나 천을 깔거나 아무것도 깔지 않은 상태로 불편함을 감수했다. 기원전 300년경 아시아에서 기수들이 펠트와 나무로 된 안장을 만들어내기는 했지만, 진정 편안한 안장을 사용하게 된 것은 서기 100년경에 이르러서였다

틀과 받침이 있는 최초의 안장은 서기 25년과 220년 사이에 중국의 한왕조에서 만들어졌다. 이 안장은 나무로 된 틀을 가죽과 같은 딱딱한 재료로 감싼 후 천을 덧대고 편리하게 모양을 잡은 것이었다. 안정감

> "어떤 기회로든 허영심 강한 인간의
> 지각을 이용할 수 있으며 그것을
> 안장으로 삼아 그를 조종할 수 있다."
>
> 필립 시드니 경, 정치가

을 위해 안장의 앞머리와 꼬리는 들어올렸다. 기수들이 안장의 가죽에 문양이나 개인적 문장을 새기고 정교한 상아 등으로 장식하기 시작하면서, 처음에는 말에 타기 위한 단순하고 효과적 도구였던 안장은 곧 지위의 상징이 되었다.

안장이 승마술에서 미친 영향은 대단했지만, 처음에는 기수들이 불안정한 자세로 앉아 있어 그 효과가 제대로 발휘되지 못했다. 등자가 발명된 이후에야 안장이 진정한 제 역할을 하게 되었다. **SA**

**참고:** 금속 세공, 버클, 등자, 편자, 말굴레

# 모울드보드 쟁기
## (기원전 300년경)

중국인들이 농기구를 변형하다.

단순한 모울드보드 쟁기는 역사에서 가장 중요한 발명 중 하나였지만 그것을 발명한 사람의 이름은 알려져 있지 않다.

최초로 밭을 갈기 시작한 인간은 단순히 막대기나 괭이로 땅을 팠다. 그 결과로 만들어진 밭고랑들은 경작을 위해 씨를 뿌리기에 완벽한 상태가 되었다. 기원전 7000년경에 소를 가축으로 길들이면서부터 소의 힘을 이용해 경작의 효율성을 증대시킬 수 있었다. 소는 나무틀에 부착된 괭이를 끌었다.

진정한 혁신은 중국인들이 쿠안, 혹은 모울드보드 쟁기를 고안한 기원전 3세기에 일어났다. 이는 동물의 몸에 걸기 위한 고리와 비대칭의 모울드보드 날로 구성되었는데, 이 날은 흙을 수평으로 가르면서 잡초의 뿌리를 자르는 효과도 있었다. 흙을 수평으로 가른 후에

> "모울드보드 쟁기는 거의
> 모든 곡식 그루터기와 밀짚,
> 찌꺼기를 파묻는다."
>
> 릭 큐빅, 농사 전문가

는 곡선의 쟁기날이 흙을 앞으로 밀면서 날에 의해 흙이 한번 뒤집어진 후 새로 형성된 밭고랑 옆으로 떨어졌다. 이것은 흙 속에 산소를 공급하는 효과도 있었지만 흙을 뒤집어준 것이야말로 새로운 이점들을 가져다주었다. 남아 있는 잡초들이 뒤집어진 흙 속에 파묻혔고 특히 건조한 토양에서는 영양분과 수분이 표면으로 드러났다. 이제 더 넓은 범위의 땅을 보다 효과적으로 경작할 수 있게 된 것이다. **DHk**

**참고:** 쟁기, 강철쟁기, 주물쟁기

# 지레 (기원전 260년경)

아르키메데스가 지레의 작동법을 설명하다.

기원전 260년경에 아르키메데스(기원전 287~212년경)가 최초로 지레를 묘사했지만 실제로 사용된 것은 선사 시대부터였을 것이다. 지레는 무거운 것을 들어올리거나 저항력을 극복하기 위해 사용된다. 그것은 지렛목이라고 알려진 고정된 지점에서 회전하는 긴 막대로 구성된다. 지렛목의 위치를 옮김에 따라 같은 노력으로 추가적인 힘이 발생된다.

지레는 몇 가지 종류로 분류된다. 1종 지레는 마치 시소처럼 서로 반대쪽 끝에 있는 힘점과 작용점 사이에 받침점에 해당하는 지점에 지렛목이 위치한다. 2종 지레는 병따개처럼 지렛목이 한 쪽 끝에 있고 힘점은 다른 쪽 끝에 위치한다. 3종 지레는 지렛목과 작용점 사이에 힘점이 위치한다. 예를 들면 핀셋은 두 개의 3종 지레를 한번에 눌러서 작동한다.

이집트인들은 기원전 5000년에 무게를 재기 위해

"길이가 충분히
긴 지레와 지렛목만 있다면
세계를 움직일 수도 있다."
아르키메데스, 수학자 겸 의사

지레를 사용했다. 막대기를 중심에서 받침대로 회전시켜 양쪽에서 무게를 잰 것이다. 램프와 지레는 돌을 높은 구조물 위로 이동시키는 데도 사용되었는데, 이는 기원전 1500년에 이집트에서 개발된 샤두프의 원리를 이용한 것이다. 이 기구는 지렛목을 지레의 한 쪽 끝 가까이에 놓은 것으로 한 쪽에는 물통이 달려 있고 다른 한 쪽에는 평형추가 부착되어 있었다. 지레의 긴 쪽을 아래로 내리면 사람 몸무게의 몇 배에 해당하는 것도 들어올릴 수 있었다. **MF**

참고: 도르래, 기중기, 윈치, 아르키메데스의 나선식 펌프, 겹도르래, 기계적 잠금 장치, 연발권총

# 못 (기원전 250년경)

수공업으로 못을 한 개씩 제작하다.

못은 손으로 만들어진 최초의 금속 제품 중 하나였다. 로마 시대에는 모든 대형 요새에 군사들에게 필요한 금속 제품을 만드는 공방이 있었다. 이곳에서는 '슬리터'라고 불리는 장인들이 철 막대기를 자르고, '네일러'들이 못의 머리와 뾰족한 끝을 만들었다.

초기의 못은 보통 단면이 사각형이었으며, 머리부분은 한 쪽을 구부려서 L자 형태로 만들었다. 이러한 못들은 제작하는 데 돈이 많이 들었다. 이처럼 값이 비쌌기 때문에 어떤 사람들은 다른 집으로 이사할 때 옛날 집을 불태운 후 잿더미 속에서 못들을 수거하여 재활용하기도 했다.

1590년에는 철을 자르는 물방앗간이 영국에 도입되었다. 뜨거운 철을 얇은 판으로 만든 후 가위처럼 절단하는 굴림대를 이용해 각각의 판을 단면이 사각형인 가늘고 긴 막대들로 잘랐다. 납작하고 머리가 없는 막

"모든 정직한 직업이 영예로운 것으로
여겨진다는 것은 위대한 이점이다.
나는 못 만드는 사람이다."
토머스 제퍼슨, 미국 대통령

대들은 손으로 마무리 작업을 하여 못이나 대못으로 완성되었고, 이는 보통 대장장이들이 주문을 받아 제작했다. 18세기 말에 못을 제작하는 기계가 발명되기 전까지는 이것이 못을 만드는 공정이었다. 19세기 말에 이르면서 수공업 못 제작은 사라졌다.

못은 다양한 형태로 만들어진다. 19세기에 제작된 가장 일반적인 형태의 못은 '철사못'으로 핀이나 납작못, 압정과 구분되었다. 못은 현재 다양한 크기와 형태로 생산되며 머리 모양도 다양하다. **MF**

참고: 리벳, 나사, 장도리, 못제작기, 증기 망치, 증기해머

# 아르키메데스의 나선식 펌프 (기원전 250년경)

아르키메데스가 독창적인 도구로 관개를 위한 물을 끌어올리다.

아르키메데스의 나선식 펌프는 기원전 200년에 나우크라티스의 아테나이오스가 쓴 문서에 최초로 언급되었다. 그는 시라쿠시아라는 이름의 배에서 바닥에 고인 물을 빼내는 데 나선형 장치를 사용한 것을 묘사하면서 그 발명이 아르키메데스의 것이라고 언급했다.

아르키메데스(기원전 287~212년경)는 시칠리아의 시라쿠사에 살았으며 수학과 과학 탐구에 전념했다. 이 박식한 사람은 일정 기간 이집트에서 공부를 했다고 추정되며 그의 이름을 딴 나선식 펌프는 2000년 이상이 지난 오늘날까지도 나일 삼각주에서 관개의 목적으로 강에서 물을 끌어올리는 데 사용되고 있다.

아르키메데스의 나선식 펌프는 속이 빈 관 속에 나선형으로 감긴 원형관으로 되어 있는 형태로, 축의 아랫부분을 액체 속에 넣도록 되어 있다. 나선의 축을 회전시키면 나선형의 홈을 통해 액체가 관의 위쪽으로 올라온다. 고대에는 이 도구가 지중해 지역 전역에 관개를 위한 용도로 사용되었다. 특히 로마인들의 급수 체계에 사용되었고 스페인에서는 광산에서 물을 추출하는 도구로 쓰였다.

중세의 암흑 시대에는 기술이 후퇴했지만 아르키메데스의 나선식 펌프는 14세기에 공중 분수에 물을 공급하기 위한 도구로 다시 등장했다. 그 이후에는 거의 피스톤식 펌프로 대체되었지만, 1600년대에 특히 네덜란드에서 간척사업을 하는 데 사용됨으로써 다시 제자리를 되찾게 되었다. 네덜란드에서는 풍차의 동력을 이용하여 저지대의 물을 운하로 끌어올렸다.

아르키메데스의 나선식 펌프는 오늘날에도 하수와 홍수 조절에 사용되고 있으며, 오일 펌프나 하수 처리, 농업, 심지어 심장 의학에 이르기까지 다양한 분야에서 현대적으로 응용되고 있다. **FW**

참고: 관개, 하수 체계, 나사, 지레, 겹도르래, 풍차

↗ 관개를 위해 아르키메데스의 나선식 펌프를 사용하는 일꾼의 모습을 표현한 이집트의 테라코타 조각상.

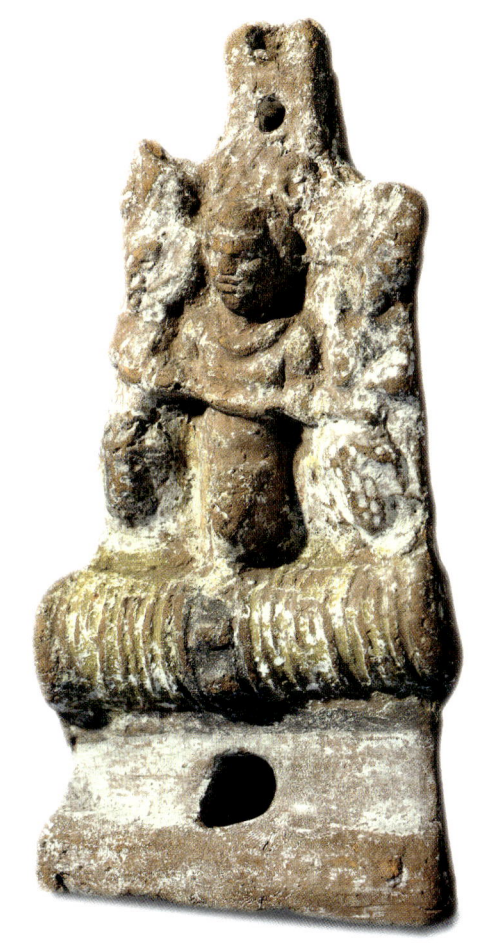

"적은 양의 노동력으로
거대한 양의 물을
내다 버렸다."
디오도루스 시쿨루스, 역사가

# 겹도르래
## (기원전 250년경)

아르키메데스가 도르래 장치를 도입하다.

단순한 도르래는 힘이 작용되는 방향을 바꿈으로써 사용자가 물체를 보다 쉽게 들어올릴 수 있게 해준다. 한쪽에 밧줄을 고정하고 또 다른 도르래를 추가하면 적용된 힘이 배가되어 무거운 물체를 들어올릴 수 있게 된다. 즉 도르래를 하나 더 추가함으로써 작용된 힘의 효율성을 배가시킬 수 있는 것이다. 이것이 현재 우리가 알고 있는 '겹도르래' 장치이다.

이 장치의 이점은 물체를 들어올리는 데 필요한 힘의 양을 반으로 절감시킬 수 있다는 것이다. 여기에 세 번째 도르래를 추가하면 필요한 힘의 양이 4분의 1로 줄어든다.

기원전 250년에 그리스의 과학자이자 발명가인 아르키메데스가 이 원리를 이용하여 몇 개의 도르래를 동일한 축에 쌓아 올린 '블록'을 만들었다. 이것은 별도의 도르래들보다 훨씬 더 사용하기 쉬웠다. 한 쪽 끝에 고정된 '태클'이라고 불리는 밧줄을 고정된 블록 사이로 끼워 넣은 후 움직이는 블록의 도르래 바퀴들의 둘레에 감음으로써, 장치에 실리는 하중이 팽팽하게 당겨진 밧줄들 사이로 분할되었다.

도르래에 대한 최초의 기록인 플루타르코스의 말에 의하면, 아르키메데스는 그의 새로운 발명품을 사용하여 전함 하나를 통째로 한 손으로 움직였다고 한다. 이것이 진짜인지 아닌지는 알 수 없지만 그 이후로 도르래가 무거운 짐을 들어올리거나 옮기는 데 중요한 역할을 한 것은 확실하다. 오늘날에는 건설에 사용되는 기중기와 수송 장비, 공학 기술, 선적, 창고업을 비롯하여, 가장 단순한 장비를 갖춘 소형배를 포함하여 거의 모든 종류의 요트와 범선에 사용된다. **EH**

**참고:** 새끼줄, 도르래, 윈치, 레버, 기중기, 아르키메데스의 나선식 펌프

# 파이프 오르간
## (기원전 240년경)

크테시비오스가 원시적 악기를 재발명하다.

파이프 오르간이 발명되기 한참 전에, 그것의 기본적인 음악 요소들, 즉 공기가 통과하면 서로 다른 높이의 소리가 울려 퍼지는 서로 다른 크기의 파이프들이 새의 울대 형태로 존재했다. 이 간단한 악기는 동부 지중해 연안 전역에서 널리 사용되었다.

그러나 기원전 240년에는 그리스의 공학자 크테시비오스(기원전 285~222년경)가 파이프들에 공급되는 공기의 흐름을 일정하게 하는 방법을 개발했다. 그는 가압된 물을 이용하여 공기가 펌프질 되어 들어가는 폐쇄된 상자에 파이프들을 부착함으로써 상자 내에서 일정한 기압이 형성되고 유지되게 만들었다. 파이프들은 키보드로 간단하게 조작되는 스위치 장치에 의해 열리거나 닫혀서 공기의 유입을 조절했다. 이 장치는 본래 히드라울리스, 후에는 오르가눔이라고 불렸으며 큰

> "적절한 때에 적절한 건반을
> 누르기만 하면 악기가
> 스스로 연주한다."
> J. S. 바흐, 작곡가 겸 오르간 연주자

소리를 냈기 때문에 야외에서도 명확하게 들려서 행진이나 경기에 사용하기에 이상적이었다. 이 악기는 비잔틴 시대 내내 그림과 모자이크, 문서들에 등장했다.

파이프 오르간은 클래식 음악에 여전히 사용되는 가장 오래된 악기이다. 그것은 비잔틴 제국에서 발명되어 서기 1세기에 기독교 교회에 수용되었다. 수압 장치는 그 다음 세기에 풀무기로 대체되었다. **EH**

**참고:** 금속 세공, 일렉 기타, 음성합성, 전자 음악 신시사이저

➡ 합주를 하는 음악가들을 그림 13세기의 시편집 삽화에서 풀무기로 오르간에 공기를 주입하고 있다.

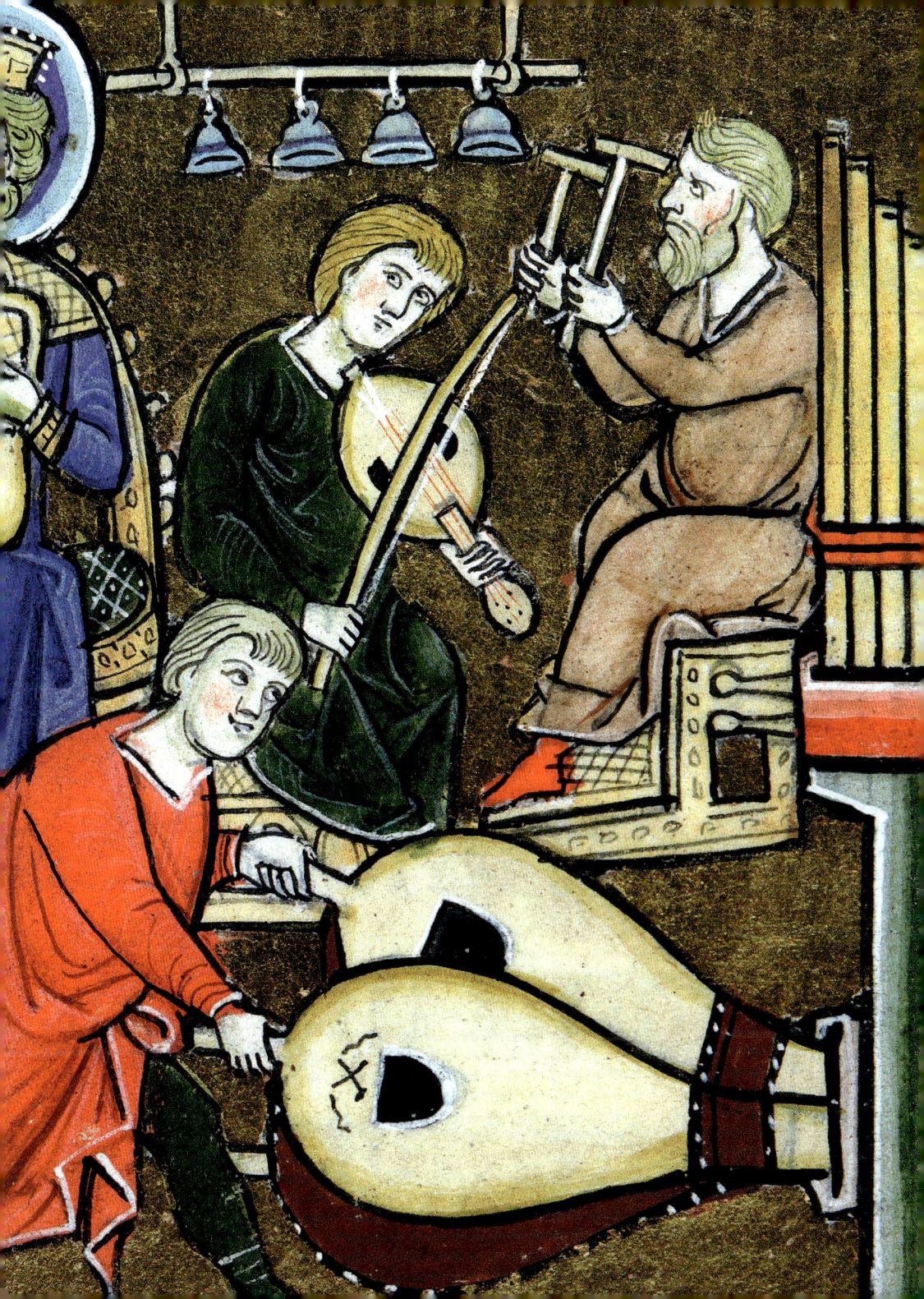

# 건식(乾式) 독 (기원전 200년경)

**페니키아인이 배를 진수시키는 새로운 방법을 발견하다.**

건식 독은 기원전 221년에서 204년까지 통치한 프톨레마이오스 4세가 사망한 지 몇 년 후에 이집트에서 한 페니키아인이 발명한 것이다. 배를 진수(進水)시키는 그의 방법은 항구 가까이에 도랑을 판 후 수로를 만들어 바다로부터 물을 채우는 것이었다.

건식 독은 고대 전반에 걸쳐 지속적으로 사용되었다. 유럽에서는 최초의 건식 독이 1495년에 헨리 8세의 주문에 따라 영국의 포츠머스에 만들어졌다. 건식 독은 배를 관리하고 수선하기 위해 주로 사용되며 배를 건조하는 데 사용되는 경우는 드물다. 건조 시간이 워낙 오래 걸리기 때문이다. 초기의 건식 독들이 주로 배를 진수시키는 데 사용된 반면 현대에는 선양장이 사용되는 경우가 더 많다.

건식 독에는 두 가지 형태가 있다. 배의 바닥을 청소한다는 의미의 그레이빙 독과 부양식 독이 그것이다. 그레이빙 건식 독은 물을 채운 좁은 분지로, 보통 콘크리트로 지으며 배가 출입할 수 있도록 개폐가 가능한 문이 달려 있다. 배가 들어오면 펌프로 물을 빼내어 배가 블록 위에 놓이게 된다. 작업을 마치고 나면 다시 독 안으로 물이 들어오게 하고 배는 다시 물 위에 뜨게 된다. 초기의 건식 독은 그곳에 들어가는 배와 같은 형태로 만들어졌지만, 최근에는 사각형으로 만들어져 형태가 모난 배까지 수용할 수 있게 되었다.

부양식 독은 보통 속이 빈 강철로 만들어진다. 처음에는 독에 물을 넣어 가라앉히고 수로를 통해 배를 들여온 후에 바다와 벽에서 밸러스트(바닥짐)를 제거함으로써 독이 다시 떠오르게 한다. 배수가 된 독은 바닥에 부착된 블록으로 배를 지탱한다. 부양식 독은 파도로부터의 손상을 방지하기 위해 보통 지붕이 있는 항구에서 사용된다. **MF**

# 풍차 (기원전 200년경)

**중국과 페르시아에서 바람의 힘을 이용하다.**

풍차의 초기 역사에 대해서는 많은 논쟁이 있고 그것이 처음으로 등장한 장소와 시기는 확실히 알려지지 않았다. 어떤 사람들은 기원전 17세기의 바빌로니아에서 등장했다고 주장하고, 다른 사람들은 중국에서 물을 펌프질하고 페르시아에서 곡식을 가는 데 풍력이 이용된 것이 기원전 200년에 이르러서였다고 주장한다. 믿을만한 기록에 의하면 풍차는 서기 7세기에 페르시아에서 널리 사용되었다. 그들은 수직의 축에 부착한, 갈대로 엮은 날개에 부는 바람으로 회전되는 맷돌 사이에 곡식을 넣어 갈았다.

가장 오래된 유럽의 풍차들은 12세기에 프랑스와 영국에서 만들어졌고 일부에서는 이것이 십자군 전쟁에서 돌아온 사람들이 가져온 지식의 결과물이라고 여긴다. 수평의 축으로 이루어진 북유럽의 풍차들은 페르시아의 풍차들과 외관상 유사점이 별로 없어, 아마도

> "여러 개의 풍차가
> 함께 돌아가는 것만큼
> 즐거운 풍경도 드물다."
> 로버트 루이스 스티븐슨, 소설가

전적으로 독립적인 발명이었던 것 같다.

풍차는 부채꼴의 꼬리가 등장하여 자동적으로 바람이 불어오는 쪽을 향하게 되고, 날개의 효율성과 제어력이 개선되면서 실용성이 높아졌다. 산업혁명이 도래하기 전까지 풍차는 유럽 전역과 북아메리카에서 곡식을 갈고 나무를 자르고 하수나 관개, 탈염을 위한 물을 펌프질하기 위해 우후죽순으로 생겨났다. 20세기 후반 이후로는 발전을 위한 풍력 터빈의 형태로 풍력 기술의 경제적 중요성이 높아졌다. **FW**

---

**참고:** 항구, 강철, 강화 콘크리트, 자동 제분기

**참고:** 돛, 맷돌, 물방앗간, 조력 제분기

# 아스트롤라베 (기원전 150년경)

히파르코스가 천문학적 위치를 관측하는 기계를 발명하다.

아스트롤라베는 천문학자들이 시간이나 천체상의 태양과 별의 위치에 대한 문제를 해결하는 데 사용했던 기구로 반구형 하늘에 대한 평면적인 원형 스테레오 투영법에 기반하는 장치이다. 이 투영법은 로도스 섬에서 활동한 그리스의 천문학자 히파르코스(기원전 190~120년)가 만들어낸 것으로 여겨진다.

아스트롤라베는 수직으로 걸어서 사용했으며, 까치발로 (낮에는) 태양의 시병선과 (밤에는) 밝은 별 위로 고도를 측정했다. 아스트롤라베의 테두리에는 월과 일, 시간이 눈금으로 표시되어 있고, 대부분은 일정한 고도와 방위각, 적위, 적경 눈금이 표시된 일련의 경도 측정용 원반들이 있었다. 원반 위에는 비스듬하게 번개 무늬(레테)가 새겨져 있어, 특정한 위도에서 특정 시간에 지평선 위로 보이는 천구 부분의 윤곽을 보여주었다. 레테에는 가장 밝은 별 12개의 위치를 표시해주는 눈금이 있었다.

태양이나 밝은 별들의 고도를 관측하면 여행 중에도 시간을 알 수 있었다. 관찰 중인 별의 위치가 특정 원반에 어느 정도 일치하는가를 관찰함으로써 여행지의 위도도 측정할 수 있었다. 별들의 위치는 또한 지평선 상의 북쪽을 정확하게 알려주었다.

클라우디우스 프톨레마이오스(85~165년경)는 스테레오 투영법에 대한 기록을 남겼으며 아마도 아스트롤라베를 보유했던 것으로 보인다. 아스트롤라베는 이슬람 세계에서 인기가 좋았는데, 그것은 무슬림에게 기도 시간과 메카의 방향을 알려주었기 때문이다. 현존하는 가장 오래된 기구는 10세기에 제작된 것이다. **DH**

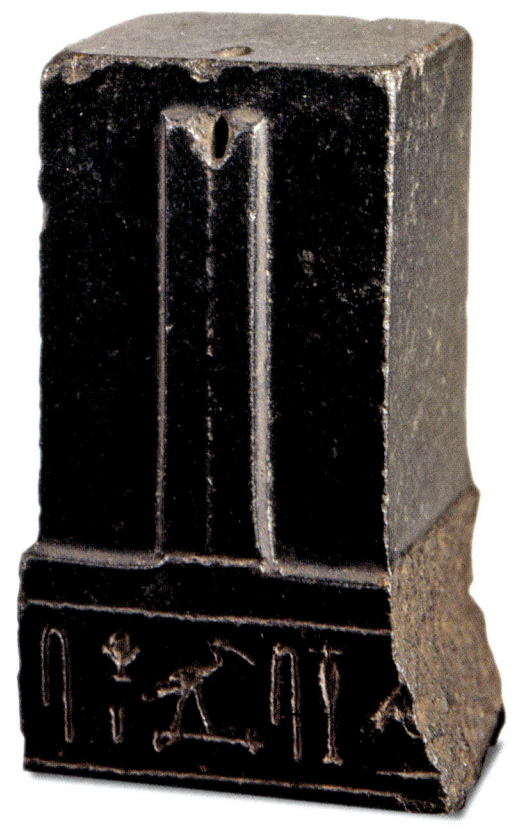

**참고:** 지도, 자석 나침반, 회전 나침반, GPS

↗ 오른쪽: 이 아스트롤라베는 이집트의 천문학자들이 태양과 행성의 고도를 관측하는 데 사용되었다.

"원을 그리며 회전하는
별무리를 찾아낼 때면 나의 발은
더 이상 땅을 밟고 있지 않았다."
클라우디우스 프톨레마이오스, 수학자 겸 천문학자

# 안티키테라의 기계 (기원전 150년경)

논쟁의 여지가 있는 천문 관측기가 그리스인들의 발명품으로 여겨지다.

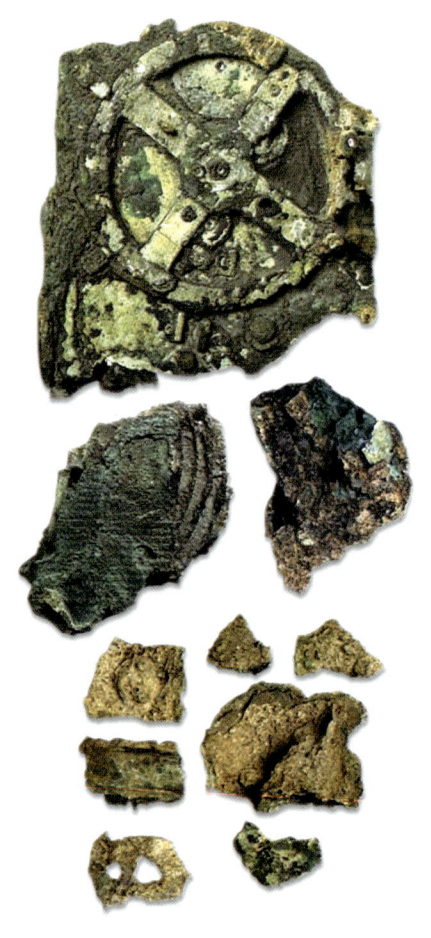

1900년에 그리스의 다이버가 안티키테라 섬 근처에서 난파당한 고대 그리스 혹은 로마의 화물선을 발견하면서 고대 세계에서 가장 놀라운 발명 중 하나가 세상의 빛을 보게 되었다. 난파선에서 찾아낸 물건 중에서 조각난 기계 하나가 발견되었는데, 기계에 새겨진 그리스 글자의 모양으로 미루어 기원전 150년과 100년 사이의 것으로 추정된다.

이 기계에는 30개가 넘는 톱니바퀴와 세 개의 숫자판이 있다. 다시 조립을 하자 해와 달, 그리고 당시에 알려졌던 다섯 행성들의 천문학적 위치를 측정할 수 있는 과학기구가 만들어졌다. 지금은 소실된 크랭크에 날짜를 입력하면 기계가 해나 달, 혹은 행성의 위치를 계산해냈을 것이다. 이 안티키테라 기계는 알려진 것 중 최초의 연동기구로서 최초의 태엽장치이자 과학기구에 해당한다.

차동(差動)기어 장치의 개념은 16세기에서야 재발견되었으며, 이 기계의 복잡성 및 부품의 축소기술은 가장 정교한 18세기 시계들에 버금간다. 결정적으로, 기계 장치가 당시의 그리스 과학자들이 개발한 천문학과 수학의 이론에 기반하고 있음에도 불구하고, 태양계에 대하여 당시의 천동설이 아닌 지동설을 통해 측정하고 있으며, 당시에 알려지지 않았던 행성의 운동 이론과 중력법칙에 대해 가정하고 있다. 최근의 연구에 의하면 이 기계는 고대 그리스 경기의 4년 주기 달력을 편성하기도 했다. 이 것을 만든 사람은 놀라울 정도로 시대를 앞서간 것으로 보인다. **SA**

"이 기구는 이런 종류 중 유일무이한 것이다. 디자인이 아름답고 천문학적으로도 정확하다."

마이클 에드먼즈 교수, 카디프 대학

참고: 물시계, 해시계, 탑시계, 진자시계, 원자시계, 전자시계

◪ 그리스 안티키테라 해변 근처에서 다이버들이 발견한 안티키테라 기계의 파편들.

# 양피지 (기원전 150년경)

동물의 가죽이 필기 용구가 되다.

대(大)플리니우스에 의하면 양피지는 페르가뭄 시(현재 터키의 베르가마)에서 발명되었으며, 그 이유는 이집트의 한 왕이 페르가뭄의 대형 도서관이 알렉산드리아의 도서관보다 발전하는 것을 우려하여 파피루스의 수출을 금지했기 때문이라고 한다.

그 이전부터 양피지가 이미 존재했으므로 페르가뭄에서는 이전보다 개량된 양피지가 제작됐을 가능성이 높다. 또한 동물 가죽에 글씨를 쓴 예는 이전에도 존재했다. 가죽이 종종 사용되었으며, 이는 기원전 2000년경으로 거슬러 올라간다. 그러나 과거에는 가죽을 햇볕에 말려서 사용했기 때문에 그 결과물은 다소 거칠고 딱딱해서 한 쪽 면밖에는 사용할 수 없었다. 반면에 양피지는 양이나 송아지, 염소의 가죽을 깨끗이 씻은 후 완전히 털을 깎아서 만든 것이었다. 부드럽고 유연한 표면의 양쪽 모두가 글을 쓰기에 이상적이었고 궁극적

> "프톨레마이오스가 종이의
> 수출을 억제하자 페르가뭄에서
> 양피지가 발명되었다."
> 대(大)플리니우스, 『박물지』 13권

으로는 이 양피지들을 바느질로 묶어 파피루스 두루마리보다 훨씬 더 읽기 쉬운 '책'을 만들 수 있었다. 양피지보다 파피루스가 저렴했지만 14세기에 제지 산업이 발전하기 전까지는 양피지가 유럽에서 선호되는 재료였다. 양피지는 특히 1400년대 초에 만들어진 베리 공작의 『호화로운 기도서』와 같은 중세의 채색 사본들을 만들 때 인기가 있었다.

가장 우수한 양피지들, 특히 매우 어리거나 심지어는 아직 태어나지 않은 동물의 가죽으로 만든 것들은 송아지 피지, 혹은 고급 피지라고 불렸다. 이 용어는 오늘날에도 특수한 고급 종이에 종종 사용된다. **AK**

**참고:** 종이, 잉크, 카본지, 크라프트 법, 수정액

# 벨트 구동 (기원전 100년경)

로마인들이 트레드밀에 벨트 구동기를 연결하다.

벨트 구동기는 현대에 쓰이는 대부분의 기계에서 중요한 구성요소이다. 벨트 구동기에서는 부드러운 재료로 만든 고리를 두 개의 굴대 둘레에 감는다. 하나의 굴대가 회전하면 벨트가 움직임으로써 다른 굴대 역시 회전하게 된다. 이 간단한 도르래 장치는 오랫동안 힘을 전달하는 확실한 도구로 사용되었다. 기원전 100년에는 로마에서 하테리의 묘를 건설하는 인부들이 트레드밀로 구동되는 기중기를 사용하여 무거운 재료를 들어 올렸다. 이는 기계학 분야에서 역사적인 순간이었다. 1203년에는 프랑스의 혁신적인 발명가들은 인력으로 벨트를 구동시키던 것을 당나귀들로 대체시켰다.

벨트 구동의 발전 과정은 동물의 힘을 도입한 것에서 끝나지 않았다. 수력으로 구동되는 제분기들은 수력을 이용하기 위해 이를 사용했고, 산업혁명 시대의 공장들은 공장 전체에 힘을 분배하기 위해 선축이라고 불리는 벨트 구동기를 사용했다. 이 발명품은 엔진 디자인에도 일상적으로 사용되며 모터바이크에서 헬리콥터에 이르기까지 대부분의 기계적 이동 수단에서 찾아볼 수 있다. 자동차 엔진은 일반적으로 V 벨트라고 불리는 벨트 구동 장치와 서펀틴 벨트를 포함한다. 이 장치가 엔진의 힘을 부속품들로 이동하여 분산시킨다.

삼각형의 'V'자 형태 때문에 이름이 붙여진 V 벨트는 일반적으로 차량의 에어컨 압축기와 교류기, 동력 조타 장치와 물 펌프를 구동하는 데 사용된다. 주로 팬 벨트라고 불리는 경우가 많다. 서펀틴 벨트는 여러 개의 V 벨트를 결합하여 사용하는 것에 비해 수명이 더 길다. 이 장치는 하나의 긴 벨트를 사용하여 수많은 V 벨트를 사용했을 때와 동일한 숫자의 부속품들을 구동한다. 서펀틴이라는 이름은 뱀처럼 구불구불하게 다수의 굴대에 감기는 복잡한 형태에서 유래했다. 서펀틴 벨트를 최적의 장력으로 유지시키기 위해 스프링 장착 도르래가 사용된다. **LW**

**참고:** 새끼줄, 도르래, 물방앗간, 자동차

# 물방앗간 (기원전 100년경)

그리스인들이 흐르는 물의 에너지를 이용하여 곡물을 갈다.

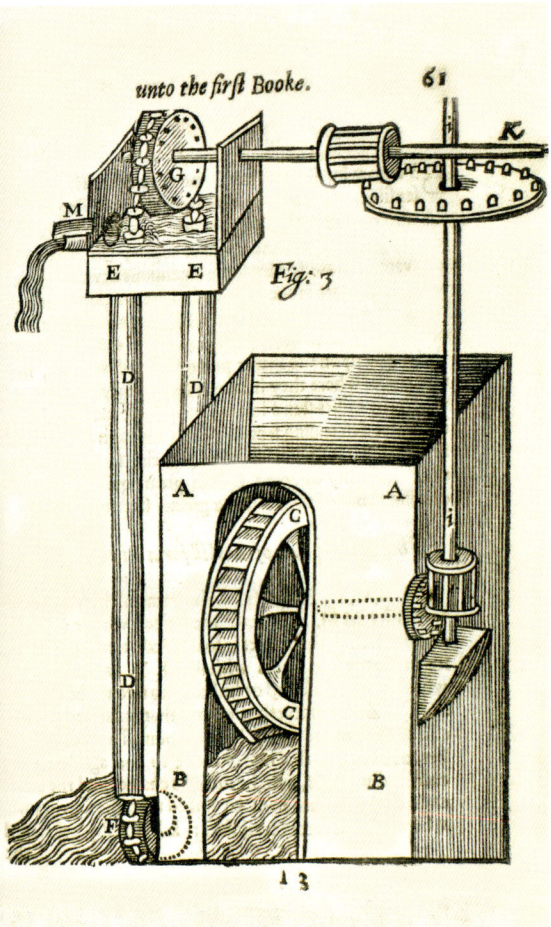

물방앗간에 대한 최초의 기록은 테살로니카의 안티파어가 기원전 1세기에 곡물을 갈기 위해 사용했다고 언급한 글에 나타난다. 이 고대 그리스의 장비는 맷돌을 수직의 축 위에 올리고 흐름이 빠른 물에서 회전하는 수평의 외륜이 고정된 돌과 맞물려 회전하는 구조였다. 이러한 형태의 물방앗간은 아일랜드와 스칸디나비아, 중국에서도 발견되었다.

처음으로 수평 축을 통해 보다 효율적이고 다목적으로 사용할 수 있는 기구를 고안해낸 것은 로마인들이었다. 이는 아마도 물을 끌어올리기 위해 사용했던 고대 동양의 물레바퀴에서 영향을 받았을 것이다. 중세의 이슬람 국가에서는 7세기에 물방앗간을 수용하여 다리와 정박한 배의 부근에 물방앗간을 설치하거나 댐에서 수로로 물을 끌어와 물방앗간에 공급하기도 했다. 이들은 종이를 위한 펄프를 생산하거나 목재를 톱질할 때, 또는 곡식을 갈거나 사탕수수와 광석을 부수는 데 사용되었다.

19세기에는 북유럽과 북아메리카에서 산업적 동력의 수요가 급증했고 새로운 무쇠 물레바퀴가 만들어져 이에 부응했다. 이들은 결국 운하로 들여오는 석탄을 연료로 사용하는 증기기관으로 대체되었다.

영국 북부에서는 1880년에 최초로 물을 이용하여 발전을 했다. 이는 1826년에 브누아 푸르네이롱이 고안한 새로운 형태의 터빈을 이용한 것이었다. 1920년대에는 수력 발전이 미국 전력의 40퍼센트를 차지했다. 노르웨이와 브라질을 포함한 일부 국가에서는 현재 자국의 거의 모든 전력 수요를 흐르는 물의 에너지를 이용하여 충족시키고 있다. **FW**

"방아를 돌리던 손을 쉬게 하라.
네 손이 하던 일들을 이제
님프들이 해줄 것이다."

테살로니카의 안티파터, 풍류시인

**참고:** 풍차, 조력제분기, 자동제분기, 운하, 댐, 증기터빈, 풍력
터빈 발전기

◪ 1635년에 제작된 판화에서 방아를 구동하는 물레바퀴가 조수의 밀물과 썰물의 힘으로 작동되고 있다.

# 유리불기 (기원전 100년경)

시리아인들이 최초로 취관(吹管)을 사용하여 유리를 조형하다.

최초로 속이 빈 금속 관을 통해 용해된 유리를 불어서 정교한 형태로 조형한 것은 시리아인들이었다. 유리 생산 기술을 그로부터 2500년 전부터 존재했지만 화씨 1000도 이상의 액화 상태의 유리를 사용하는 '유리불기'라는 위험천만한 기술이 완성된 것은 기원전 100년경에 이르러서였다.

유리불기는 유리를 원하는 형태로 조형하기 위한 공정이다. 유리로 도상적이고 실용적이며 우아한 모양을 만들어내는 이 기술은 무한한 가치와 실용적 이익을 가져다 주었다. 현재는 시리아의 장인들이 대부분 유리 부는 기계로 대체했지만, 이 기술의 바탕에 깔린 과학은 동일하다. 먼저 용해된 유리를 속이 빈 관의 한쪽 끝으로 부어 넣는다. 관 속으로 공기를 불어 넣으면 공기방울이 관을 통과해 나오면서 용해된 유리가 그 둘레로 구형의 막을 형성한다. 유리막으로 둘러싸인 방울은 관에 붙어 있는 채로 원하는 형태의 틀 안에 넣어서 더 크게 불거나, 도구를 이용하여 원하는 형태로 조형한다. 그리고 난 후, 유리를 천천히 냉각시킴으로써 공정이 완성된다. 유리불기가 가능한 것은 유리의 융해점이나 빙점이 일정하게 정해져 있지 않았기 때문이다. 유리의 상태는 온도가 오르거나 내림에 따라 천천히 변화한다.

유리불기가 시작된 때와 거의 동일한 시기에 로마 제국이 부흥함으로써 이 기술의 확산이 촉진되었다. 혼합물에 산화망간을 첨가함으로써 로마인들은 서기 100년에 투명 유리를 발견했으며 이는 건축 분야에서 다양한 용도로 사용되었다. **CB**

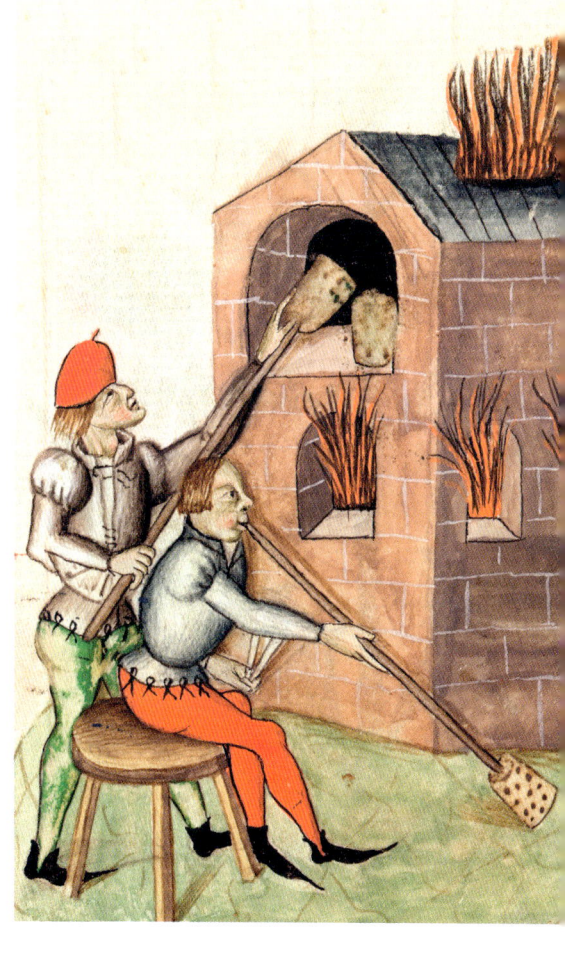

**참고:** 유리, 유리거울, 안경, 현미경, 망원경, 콘택트렌즈

↗ 디오스코리데스의 『약물지(藥物誌)』 삽화에 그려진 15세기의 프랑스 유리불기 장인들.

"유리불기 기술은 전례 없는 융통성과 제작 속도를 가능케 했다."

로즈마리 트렌티넬라, 메트로폴리탄 미술관

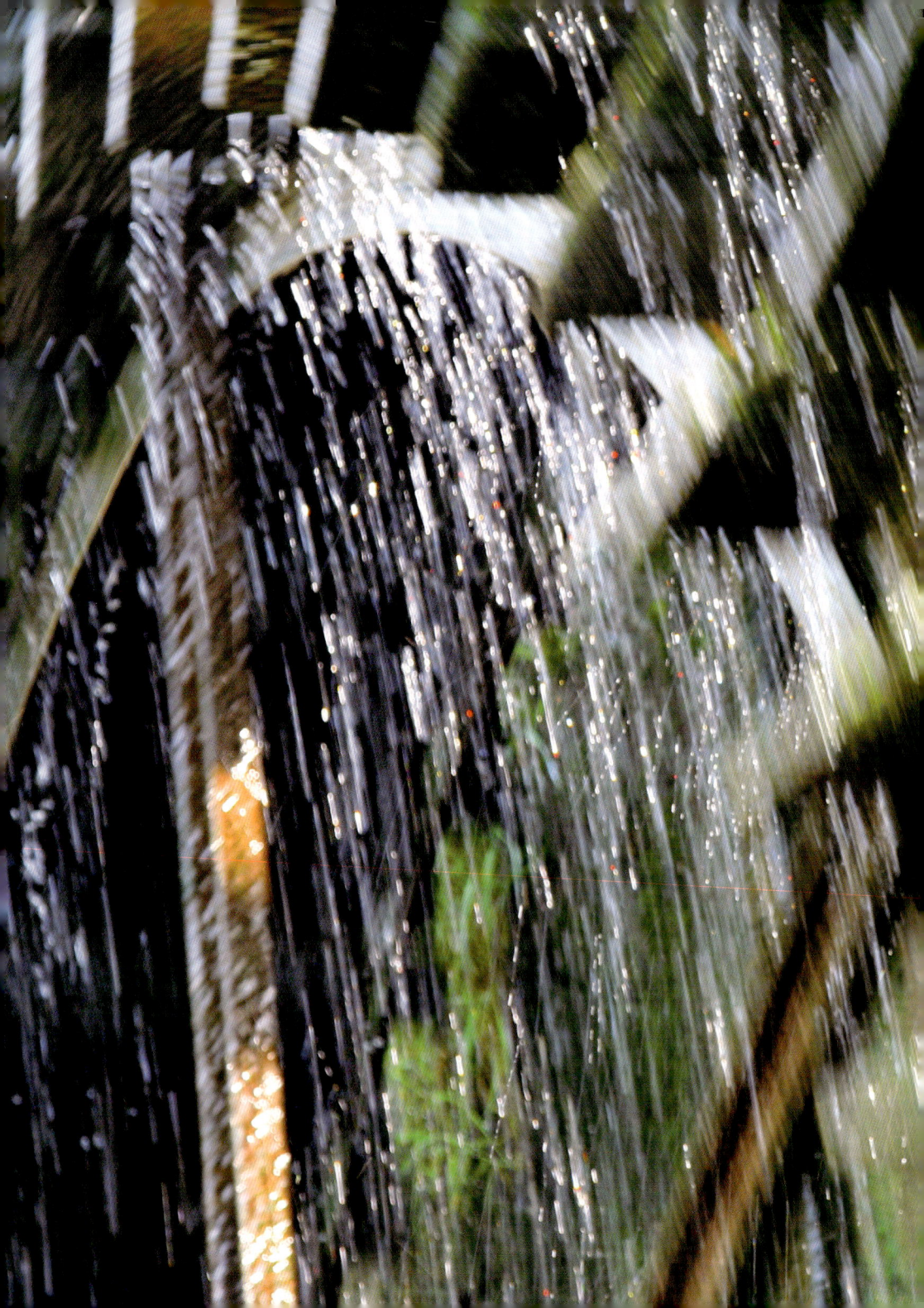

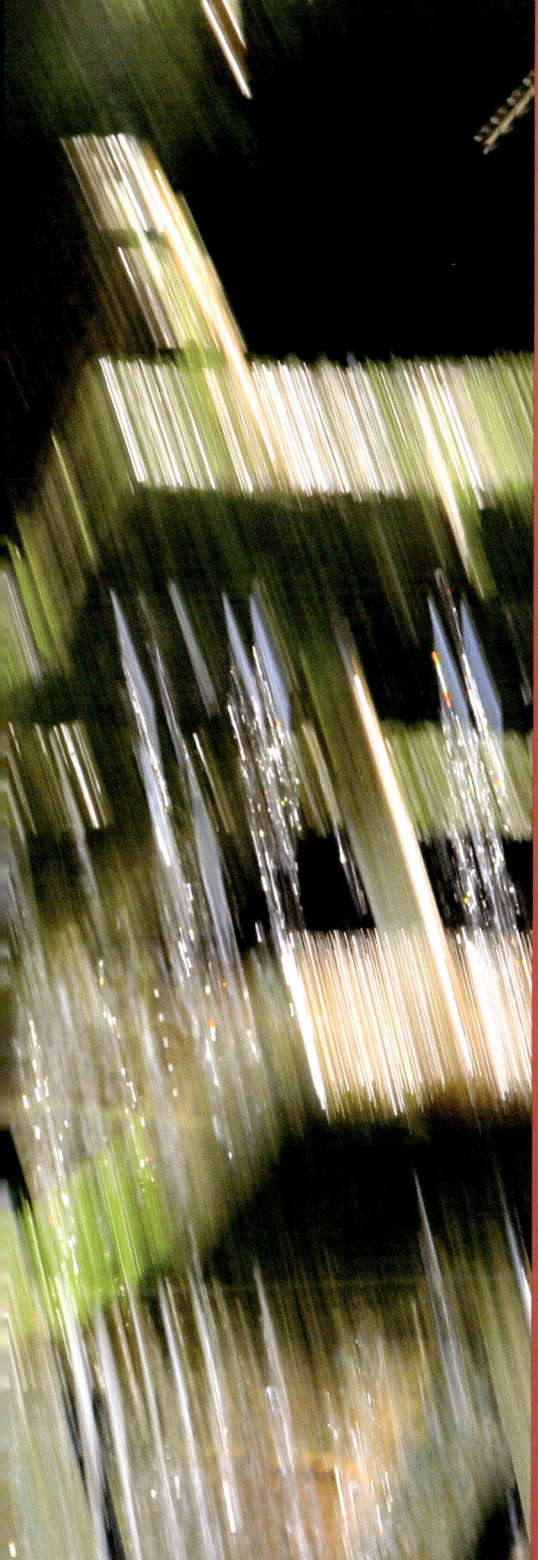

기원전 44년에 카이사르가 암살당하자 혁명이 일어
나면서 로마제국의 부흥기가 시작되었다. 그로부터
거의 2000년 후에는 또 다른 혁명이 일어났다. 이
혁명은 산업적인 것으로 증기기관과 공학기술에 기
반을 둔 것이었지만, 그 내용의 풍부함과 논쟁거리
에 있어서는 결코 뒤지지 않았다.

# From ROME to REVOLUTION
## (로마시대에서 산업혁명까지)

◪ 물의 힘이 필요해짐에 따라
물방앗간과 수로가 건설되었다.

B.C.E. to 1799

# 주행기록계 (기원전 27년경)

비트루비우스가 거리 측정을 단순화시키다.

특정한 두 지점 사이의 거리를 측정하는 것은 지도 제작의 기본 요소이다. 가장 오래된 방법은 직접 걸어서 한 걸음의 길이와 총 걷는 데 걸린 걸음의 횟수를 곱하는 것이었다. 예를 들어 1,000보가 1마일이었다.

로마의 건축자이자 공학자인 비트루비우스(기원전 75~기원전 14년경)는 이 방법을 기계화시켰다. 기원전 27년경, 그는 일륜차(一輪車) 형태의 기구를 고안하였는데, 이 기구는 원주가 알려진 커다란 바퀴가 한 바퀴 회전할 때마다 돌멩이 하나를 용기에 떨어뜨렸다. 처음에는 손으로 밀어서 사용했지만 곧 전차와 결합되었으며, 표준적인 전차의 바퀴는 직경이 4피트(1.2미터) 정도였다. 이 장치는 알렉산더의 헤론이 그의 저서 『경위의(經緯儀)』의 제34장에 묘사한 바 있다.

일부 기록에 의하면 서기 300년경에는 중국의 장형이 이와 유사한 기구를 만들었다. 특수한 마차의 바퀴가 한 바퀴 회전할 때마다, 그와 맞물리는 내부의 톱니바퀴에 있는 돌기가 한 개의 핀으로 움직였다. 톱니바퀴가 한 번 완전히 회전할 때마다 막대기가 움직이면서 북을 쳤다. 열 번째는 북소리 대신 징이 울렸다. 이 방법으로 마을 간의 거리를 1마일의 10분의 1에 이르는 정확도로 쉽게 측정할 수 있었다.

초기의 자동차들은 주행기록계가 바퀴 중 하나에 부착되어 있었으며, 이들은 별도의 기어가 달려 있어서 1, 10, 100, 1000마일 단위로 거리를 기록했다. 측정된 거리는 타이어 압력과 함수 관계였다. 1980년대 이후에는 차량의 주행기록계가 999,999마일까지 표시하기에 이르렀다.

손으로 미는 간단한 주행기록계는 오늘날 도시 조사관들이 사용하고 있으며 주행거리계라고도 불린다. **DH**

참고: 바퀴와 축, 스포크 차륜 전차, 일륜차, 자동차

# 볼 베어링 (40년경)

로마인들이 회전 마찰력을 감소시키다.

볼 베어링은 기계의 여러 부분들이 회전하면서 서로 지나칠 때 일어나는 마찰에 의한 에너지 손실을 줄이는 방법이다. 이것은 자전거와 자이로스코프, 전기모터, 터빈을 포함하여 다양한 곳에 사용된다. 볼 베어링은 산업혁명 이전에는 상용되지 않았지만 그 개념은 2,000년 이상 존재해 왔다.

로마 황제 칼리굴라(12~41)는 네미 호수에서 두 개의 커다란 배 두 척을 만들었다. 1930년대 초에 이 배들의 잔해가 복원되었을 때, 해양고고학자들은 알려진 것 중 가장 오래된 볼 베어링들을 발견했다. 발견된 것은 두 가지 종류였다. 청동 구체와 나무 공. 나무로 된 볼 베어링은 회전 쟁반과 유사한 회전 테이블을 지탱했다. 이것이 발견되기 전에는 역사가들이 레오나르도 다빈치가 볼 베어링을 발명했다고 믿었다.

볼 베어링은 공장과 차량 등 기타 기계에 광범위하

> "볼들은 특정 지점에서 하중과 그것의 저항체 사이에만 접촉된다."
> 레오나르도 다빈치, 『마드리드 코디시즈』, 1490년경

게 사용되었으며, 제2차 세계대전 중에는 연합군이 독일군의 전투력을 붕괴시키기 위해 독일의 볼 베어링 공장들을 폭파하기 위해 협공을 펼쳤다. 그러나 독일군은 교묘하게 수백만 개의 베어링들을 비축해두었으며, 볼 베어링 생산이 절반으로 줄어들었음에도 불구하고 공장 공급을 유지할 수 있었다.

오늘날 볼 베어링은 작업량과 속도의 응용, 정확도에 대한 필요성 때문에 기체나 액체를 사용하는 유체 베어링으로 점차 대체되고 있다. **ES**

참고: 자가정렬 볼 베어링, 전자모터, 자동차, 안전자전거, 모터사이클

# 장도리 (79년경)

로마인들이 못을 박거나 빼기 위한 연장을 고안해내다.

치거나 두드리기 위한 연장인 망치는 특수하게 조각된
돌을 사용하여 다른 돌이나 뼈, 혹은 나무를 깨거나 다
듬는 형태로 수백 년 동안 쓰여왔다. 망치는 대체로 목
공술과 연관되는데, 못이 발명된 후 사람들은 하나의
연장으로 못을 박고 또 뽑기도 한다면 매우 유용할 것
이라고 생각했다. 못은 귀중한 것이었기 때문에 잘못된
각도로 박는 경우에는 다시 뽑아서 재활용했다. 이러한
필요성 때문에 장도리가 탄생했다.

장도리는 양면으로 된 머리 부분이 손잡이에 달려
있는 대략 T자 형태의 모양을 하고 있다. 머리 부분의
한쪽은 못을 치는 면으로 보통 납작하다. 다른 쪽은 둥
글거나 각진 쐐기 형태로 못을 뽑는 데 사용된다. 고고
학자들은 폼페이 유적에서 79년에 베수비우스 화산이
폭발했을 때 파묻혔던 철제 장도리를 발견했다. 1세기
의 로마인들은 못을 만드는 데 숙련되어 있었는데, 고
고학자들은 스코틀랜드의 로마 요새에서 80년대에 주
둔군이 버리고 간 90만 개의 못을 발견했다.

다양한 종류의 장도리들이 1867년과 1941년 사이
에 특허를 받았다. 수년 동안 장도리는 목수와 건설업
자들에게 중요한 연장이었다. 1950년대에 못 총이 발
명된 이후로 건설업자들은 점차 장도리 대신에 못 총에
의존하게 되었다. 못 총으로 작업하는 것이 더 쉽고 빠
를 뿐만 아니라 재미도 있기 때문이다. 오늘날 숙련되
지 않은 토건업자들이 우리의 벽에 수많은 못을 남겨
두는 사태가 발생하게 된 것은 이 신기술의 부작용이라
고 할 수 있다. **ES**

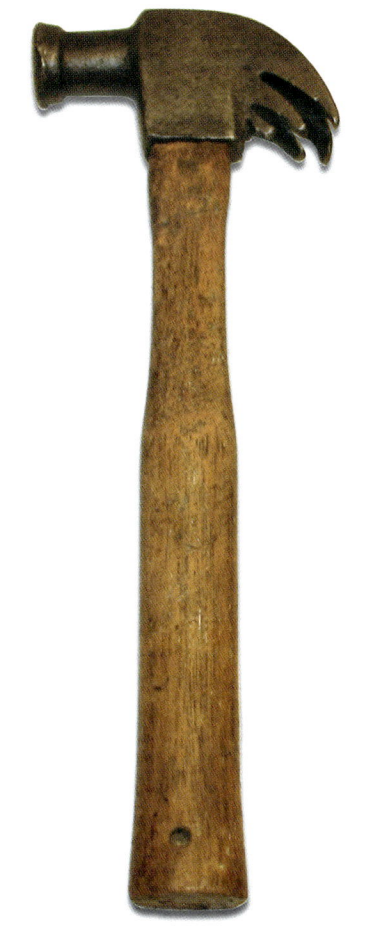

참고: 못, 못제작기, 증기 망치, 증기해머

↗ 이 3중 장도리는 알래스카 헤인즈에 있는 세계 유일의 망치
　미술관에 전시되어 있다.

> "일꾼이 주인의 위치이기는
> 하지만, 그래도 망치가
> 더 우세하다."
>
> 밀란 쿤데라, 소설가

# 편자 (100년경)

로마인들이 '히포샌들'을 발명하다.

강력한 여러 제국의 역사에서 말은 핵심 역할을 해왔으며, 그 활용도는 편자의 발명으로 더욱 증대되었다. 말이 일상적인 교통 수단이자 가축이었던 시대에 편자는 딱딱하거나 거친 바닥에 말발굽이 닳는 것을 보호함으로써 장거리 여행을 가능케 했다. 또한 군사 작전의 일부를 이루는 기병대에 사용되면서 효율성을 증대시켰다.

편자의 정확한 발명 시기가 알려지지는 않았지만, 로마의 시인 카툴루스가 기원전 1세기에 노새가 신발을 잃어버렸다고 언급한 기록이 있다. 알프스 이북의 로마 지역에서 출토된 증거들은 서기 100년경 오늘날의 독일 지역에서 온 말들이 최초로 편자를 정식으로 사용했음을 암시한다.

단단한 바닥을 말의 발굽에 대고 끈으로 묶는 편자의 형태는 로마인들의 '히포샌들'에서 오늘날 사용되는

> "편자는 거의 유사한 시기에
> 여러 나라에서 발명되었을
> 가능성이 높다."
> 『사이언티픽 아메리칸』, 1891년

U자형의 금속판으로 점차 개량되었다. 철제 편자를 언급한 최초의 기록은 910년의 것이다. 초기 편자의 무게와 모양은 말이 사용되는 지역의 기후와 토양, 출처에 따라 다양하다. 대장장이와 편자공들은 못을 사용하여 편자를 만들고 부착했으며, 그들의 기술은 중세 시대에 야금학이 발전하는 데 일조했다. 오늘날 편자는 강철과 알루미늄으로 만들어지는 경우가 많지만 말의 용도에 따라 구리와 티타늄, 고무, 혹은 플라스틱으로 만들어지기도 한다. **CB**

참고: 금속 세공, 못, 안장, 등자, 말굴레

# 돔 (100년경)

로마의 공학자들이 건축학적 수수께끼를 풀다.

돔은 아치와 마찬가지로 건축가와 공학자들에게 문제점을 안겨준다. 마지막 돌을 얹기 직전까지 불안정하기 때문에, 무너지지 않고 자체의 무게를 지탱해야 하는 것이다. 이 기술적 문제들을 처음으로 해결한 것은 로마인들로 그들은 100년경에 진정한 돔, 즉 지지대가 없는 반구 형태를 만들어냈다.

이중 가장 거대한 것이 로마의 판테온 신전으로 123년경에 지어졌다. 로마의 공학자들은 문제를 해결하기 위해 여러 개의 반원통 볼트나 아치를 중심점을 축으로 원형으로 배치하는 것처럼 접근하고, 콘크리트를 건축자재로 사용했다. 이 당시의 콘크리트는 석회와 돌의 파편, 화산재, 부석을 혼합한 것이었다. 각 아치를 위한 주형을 발판으로 올린 후 그 안에 콘크리트를 부었다. 돔은 부분별로 만들어졌으며 두꺼운 아랫부분에는 무거운 콘크리트를, 얇은 천장 쪽으로는 가

> "내 생각에 판테온의 이름은
> 하늘과 같은 둥근 형태에서
> 비롯된 것이다."
> 카시우스 디오, 『로마사』, 220년경

벼운 콘크리트를 사용했다. 돔의 무게는 구조물의 꼭대기에 있는 링에 집중되었으며, 이 링 내부에는 빛을 들이는 창문이 있어 꼭대기의 무게를 덜어주었다. 그 결과 돔의 무게는 아랫부분으로 밀려서 바닥을 향하게 되었다. 돔이 완성되고 콘크리트가 마르면 지지대들을 제거했다. **SA**

참고: 목공술, 아치형 다리, 구운 벽돌, 강화 콘크리트

➡ 지지대가 없는 거대한 돔을 보여주는 로마 판테온의 평면도와 정면.

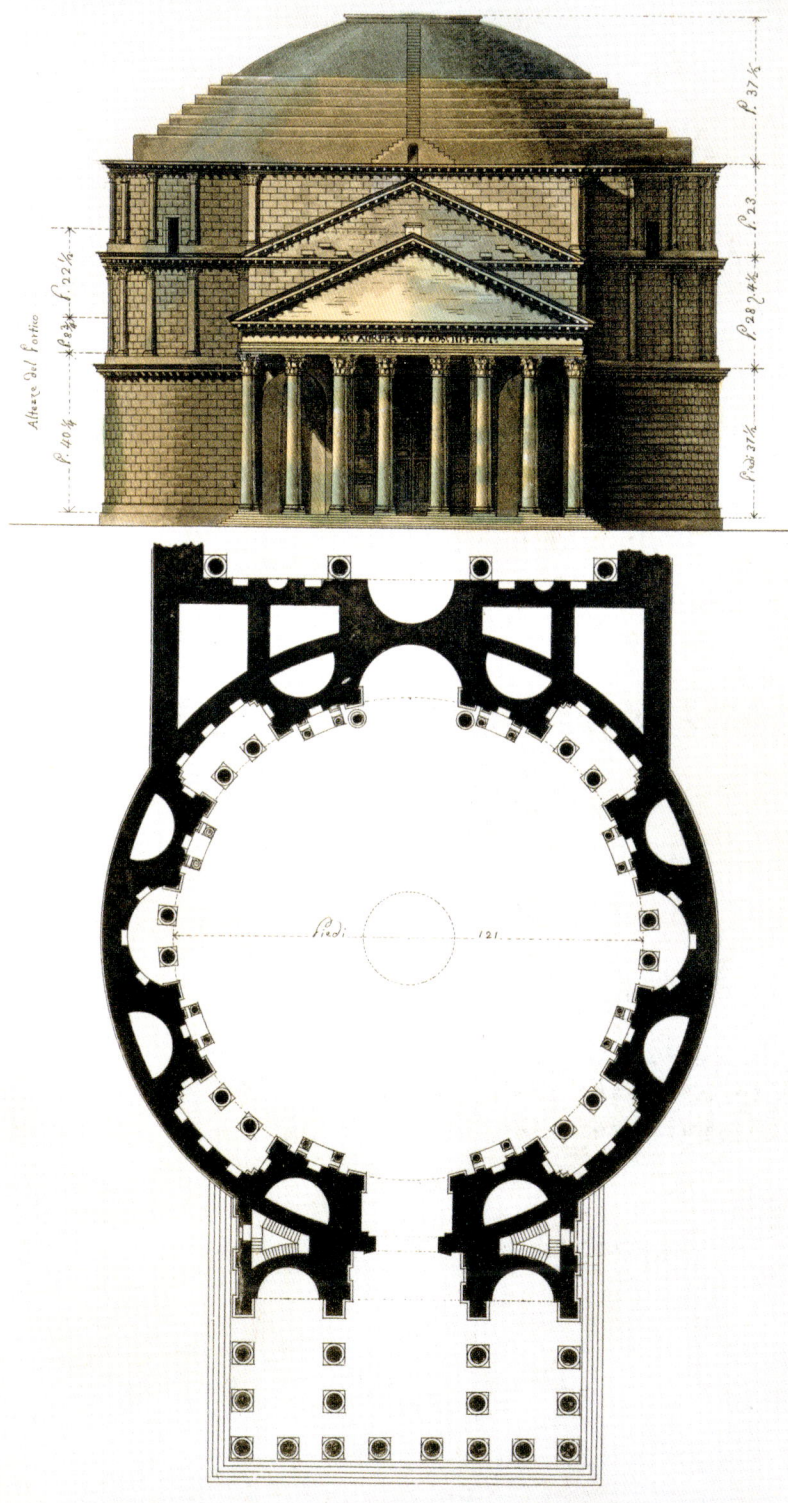

# 현수교 (100년경)

중국인들이 쇠사슬로 다리를 매달다.

원시적인 현수교는 덩굴과 밧줄의 형태로 아시아와 아프리카, 남아메리카 전역에서 수천 년 동안 사용되었다. 이 것이 철제 쇠사슬로 대체된 것은 100년경 중국에서부터라고 짐작된다. 초기 현수교의 통로 부분은 계곡의 양끝에 걸린 사슬에 직접 고정되었는데, 4세기 인도에서는 중심부에 케이블을 매달아 수평적인 통로를 만들었다. 이는 비스듬한 기존의 다리보다 건너기가 훨씬 더 수월했다.

유럽에서는 간단한 현수교가 군사 작전 때 임시적으로 사용되었는데, 최초로 영구 설치된 예는 1741년 영국의 티스 강 위에 지어진 원시적인 현수교이다. 이 현수교 모델이 미국에서 인기를 끌어 제임스 핀리가 1801년에 최초의 현대적 현수교를 펜실베이니아 제이콥 지류에 만들었다.

나중에는 와이어 케이블이 사슬을 대체했는데, 와

> "친애하는 기사님,
> 당신과 싸우고 싶지는 않지만
> 저는 이 다리를 건너야 합니다."
>
> 아서 왕, 『몬티 파이튼의 성배』

이어 케이블을 사용한 최초의 현수교는 1823년에 스위스 제네바에 건설된 성 앙투안 다리이다. 초기 건설에는 강철이 사용되었지만 1855년에 베서머의 강철 제작 공법이 개발되기 전까지는 비용이 매우 높았다. 존 A. 뢰블링은 다리의 안정성을 상당 부분 개선했고 그가 1883년에 만든 브루클린다리는 현수교의 상징으로 남아 있다. **FW**

---

**참고:** 새끼줄, 아치형 다리, 부교, 트러스교, 캔틸레버 다리, 베서머 법

# 종이 (105년)

채륜이 종이 제작을 시작하다.

105년에 중국 황실의 환관이었던 채륜(50~121)이 종이를 발명했을 때, 자신이 역사상 가장 획기적인 장을 열었다는 사실을 깨닫지 못했다. 그는 나무의 섬유와 밀의 줄기를 뽕나무 껍질과 혼합하여 가루로 빻은 후, 직물 위에 부어 가벼운 표면을 만드는 공정을 정교하게 다듬고 대중화시켰다. 그가 섬유를 혼합하여 만든 얇은 판은 다루기 힘들고 무거운 나무나 대나무, 혹은 비싼 비단에 비해 한 단계 개선된 것이었다. 이후의 중국 왕조들은 그의 발명을 비밀로 유지하기 위해 노력했고, 제지술이 한국과 일본에서 나타난 것은 7세기에 이르러서였다.

751년에 일어난 탈라스 강 전투에서 아랍 병사들이 중국의 종이 상인들을 포획하면서 제지술은 곧 아랍 세계로 확산되었고, 유럽에서는 12세기 초에 스페인 무어왕국에서 처음으로 등장했다.

> "종이는 사적인 경고,
> 공적인 위협, 비밀스러운 유혹,
> 공개적 도전을 담을 수 있다"
>
> 에릭 프랭크 러셀, 『말벌』, 1957년

유럽에서 종이는 수세기 동안 양피지와 경합을 벌였으며, 15세기에 이르러 가동활자가 발명되면서 지식이 발전하고 서적 제작의 수요가 급등하여 양피지로는 이를 충족시킬 수 없게 되었다. 18세기에는 아마포와 목화 넝마로 종이가 만들어지다가 19세기 초에는 나무와 기타 식물의 펄프로 대체되었다. **BS**

---

**참고:** 잉크, 양피지, 크라프트 법, 수정액, 전자종이

# 일륜차 (231년경)

제갈량의 발명이 무거운 짐의 이동을 가볍게 만들다.

일륜차는 중국 한나라의 재상 제갈량(181~234)이 발명한 것으로 여겨진다. 그는 군사 작전 중에 이 기구를 사용하여 부상당한 병사들에게 물품을 운반하도록 했다. 전하는 말에 의하면 이 기구 덕분에 중국이 적들보다 우세할 수 있었기 때문에 비밀에 부쳐졌다고 한다. 이것은 중국의 초기 농업에도 사용되었는데, 중국의 농업은 유럽에 비해 30배 이상 효율적으로 이뤄졌다고 한다. 무거운 짐을 운반하기 위해 고안된 일륜차는 오늘날 건설산업과 원예에 사용되고 있다.

일륜차는 한 개나 두 개의 바퀴가 달린 작은 수레로, 사람이 수레의 뒷부분에 달린 두 손잡이를 잡고 앞으로 밀어서 사용한다. 중국의 일륜차는 두 개의 바퀴가 달린 경우가 종종 있었고, 16세기 유럽 여행자들의 기록에 따르면 때로는 돛을 달아 바람의 힘을 부분적으로 이용하기도 했다.

일륜차가 유럽에서 사용된 것은 12세기로, 그 증거는 1220년경에 만들어진 프랑스의 샤르트르 대성당의 스테인드글라스 창에 남아 있다. 이는 서유럽에서 가장 오래된 일륜차의 이미지로 추정된다. 1286년의 채색사본에도 일륜차가 등장하는데, 바퀴가 수레의 중앙에서 전방으로 옮겨지고 추진력이 후방에 있다는 점에서 중국의 디자인과 달랐다.

일륜차의 디자인은 최근 몇 년 동안 발전했으며, 영국의 발명가 제임스 다이슨이 1974년에 발명한 손수레는 구형의 플라스틱 바퀴를 사용했기 때문에 전통적인 바퀴에 비해 조종하기가 용이했다. **MF**

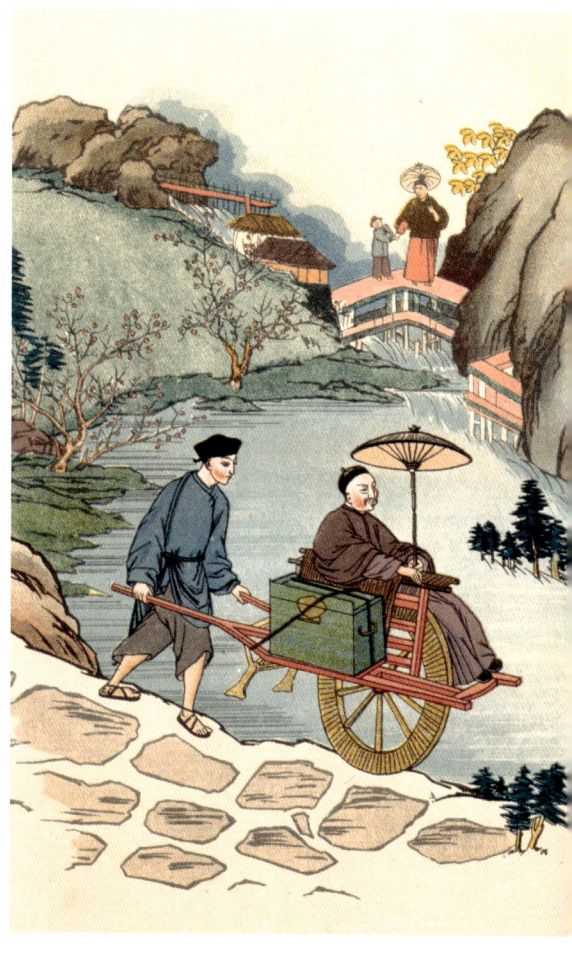

참고: 바퀴와 축, 돛, 수레, 윤활유, 볼 베어링

↗ 중국에서 일륜차는 물건뿐만 아니라 부유한 사람들을 싣는 데도 이용되었다.

"정원에서 돌이나 갈퀴질로 모은 것은 지정된 장소로 운반하거나 흙에 담는다."
프랜시스 장틸, 『고독한 정원사』, 1706년

# 트레뷰셋(trebuchet) (500년경)

중국인들이 돌 던지는 기계를 발명하다.

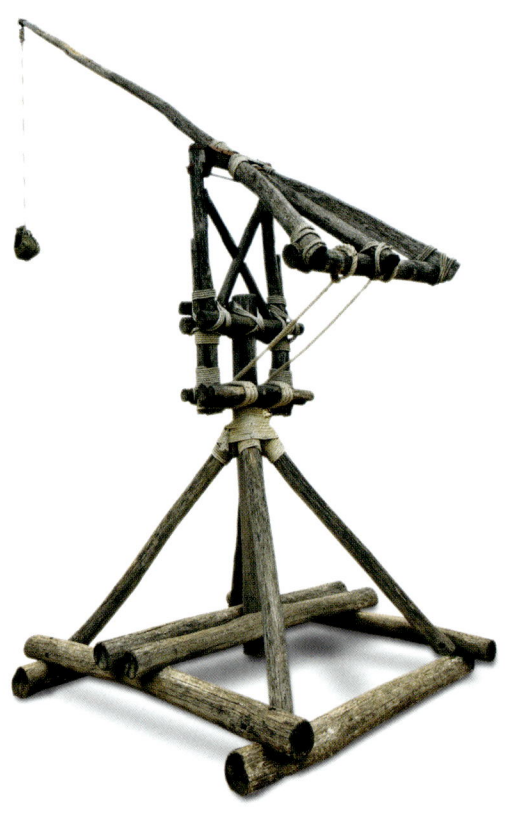

트레뷰셋(trebuchet)은 고대에 등장한 대포의 형태로 기원전 5세기 중국에서 처음으로 사용되었다. 이는 당대의 대형 파괴 무기로 투석기의 개량된 형태였다. 힘을 제공하기 위해 새끼줄을 사용한 다른 투석기들과 달리 트레뷰셋은 평형추를 사용했으며 16세기까지 장거리 무기에서 우위를 차지했다.

트레뷰셋의 메인 암(arm)은 평형추가 달린 끝이 투사기가 있는 끝보다 지렛목에 더 가까운 방식으로 장착되었다. 평형추를 제거하면 암의 짧은 끝 부분이 급속하게 아래로 떨어진다. 지렛목의 다른 쪽이 길이가 더 길기 때문에 끝 부분에 달려 있는 투사기는 훨씬 더 빠른 속도로 호를 그리며 날아가 투사체에 상당한 가속도가 붙는다. 일반적으로 이 효과는 발사하는 쪽에 바깥쪽으로 회전하는 슬링을 추가함으로써 배가되기 때문에 트레뷰셋의 힘을 효과적으로 증가시킨다.

트레뷰셋은 이전의 투석기에 비해 훨씬 더 강력하고 정확했으며, 이 기구가 1100년경 지중해 지역에 등장했을 무렵에는 견고한 방어를 구축한 성채를 포위 공격할 수 있는 위협적인 전쟁 무기로 진화했다. 이들은 주로 약한 지점을 지속적으로 공격함으로써 성벽을 부수는 데 사용되었다. 300파운드(140킬로그램)에 이르는 큰 돌이 방어벽을 향해 투척되었다.

트레뷰셋은 생물학 무기의 초기 형태로도 사용되어, 배설물이나 병든 동물, 혹은 부패한 시체를 포위된 마을과 성채 안으로 던졌다. 이들은 병을 전염시켰으며 동료의 시체가 하늘에서 떨어지는 것은 상대편의 사기를 저하시키는 강력한 수단이었다. **DHk**

> "트레뷰셋(trebuchet)은 우세한 포위공격 무기로 화약의 등장 이후에도 100년 동안 지속되었다."
>
> 아칸소 주립 대학 웹사이트

⬆ 프랑스 페리고의 요새화된 마을 카스텔노드에 서있는 작은 목조 트레뷰셋(500년경).

➡ 15세기의 판화 삽화에 작동 중인 트레뷰셋이 그려져 있다.

**참고:** 슬링, 투석기, 부메랑, 창 발사기, 요새, 화약, 로켓, 대포, 탄도 미사일

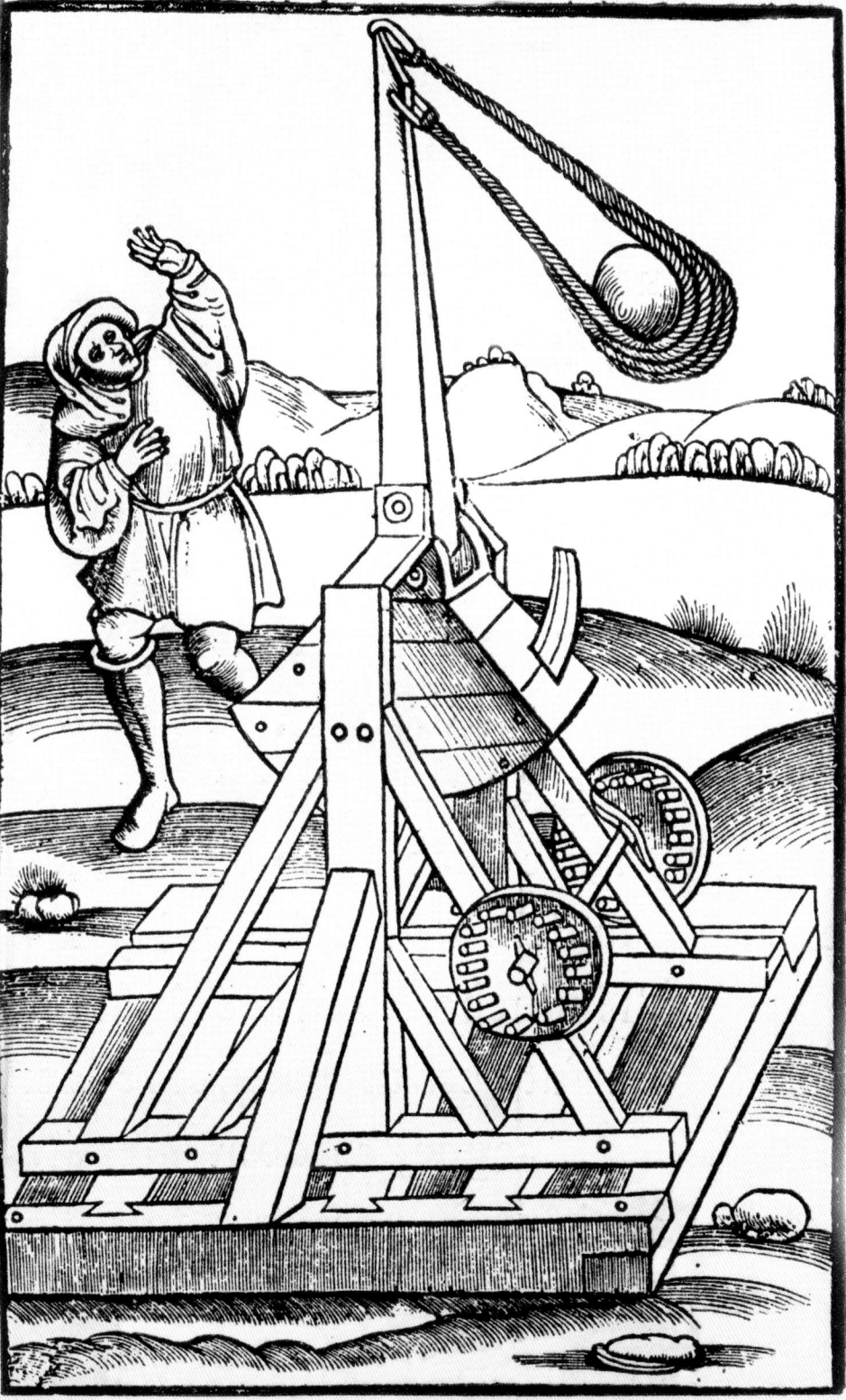

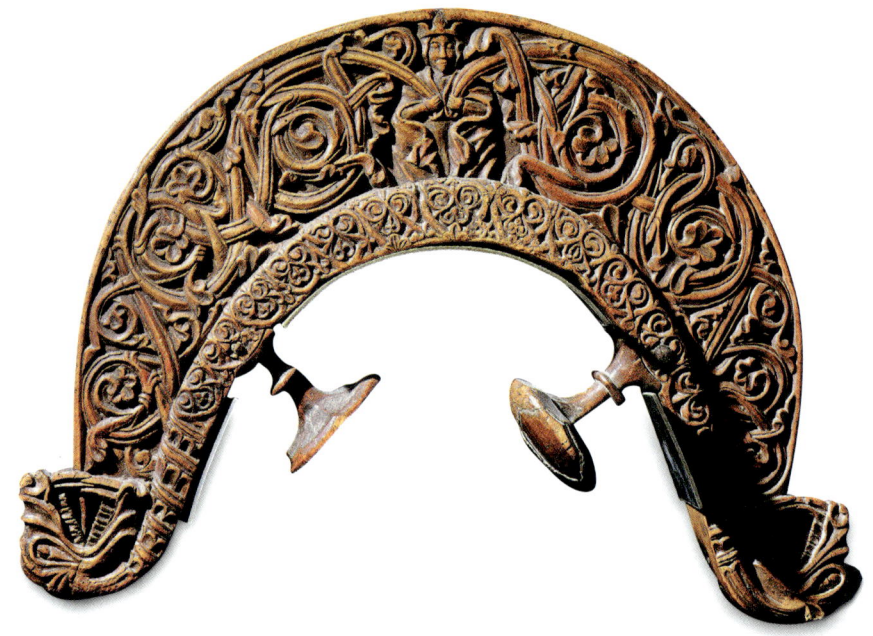

# 말굴레 (500년경)

중국의 장비가 마력을 증가시키다.

대부분의 발명품은 등장 자체로 세상을 바꾸기 때문에 시대를 앞서 나가는 것처럼 보인다. 하지만 말굴레는 이와 반대의 경우처럼 여겨지는데, 더 일찍 발명되지 않은 것이 이해하기 힘들 정도다.

해결해야 할 문제점은 명백했다. 단순한 마구를 차고 있는 말은 135파운드(60킬로그램) 가량의 짐을 끌 수 있지만 그 이상의 무게가 나가는 짐을 올리면 마구가 말의 숨통을 조여 숨쉬기 어렵게 만들었다. 서기 100년경에 이르면 말이 가축화되어 안장을 깔고 마구를 채워서 여가나 일 또는 전쟁을 위해 타고 다닐 수 있게 되었지만 짐을 끄는 짐승으로서의 역할은 제한되어 있었고 이러한 양상은 이후 400년간 그대로 지속되었다.

500년경에 이르러서야 중국의 낙타몰이꾼이 기지를 발휘하여 덧댄 굴레를 고안해냈고, 이는 곧 말에도 사용되었다. 말굴레는 딱딱한 재질로 만들어져 말의 가슴 밑부분에 부착해 목에 두르면 어깨 부분까지 올라왔다. 굴레의 윗부분은 한 쌍의 곡선형 금속 혹은 나무 멍에를 지지하고 있어 여기에 마구를 장착했다. 굴레는 숨통을 누르는 압력을 감소시켜 말의 힘을 온전히 사용할 수 있게 했다.

이 새로운 형태의 굴레는 920년경 유럽에 전파되어 곧바로 농업에 혁명을 일으켰다. 말은 소 대신 짐을 끌고 쟁기를 끌고 써레질과 경작을 했으며 수레 등의 다른 농사기구의 역할을 대체했다. **SA**

**참고:** 쟁기, 무쇠쟁기, 강철쟁기, 안장, 등자, 편자, 수레

⬆ 조각 장식이 된 이 목조 말굴레는 1300년경의 것으로 스웨덴 스톡홀름에 있는 역사박물관에 있다.

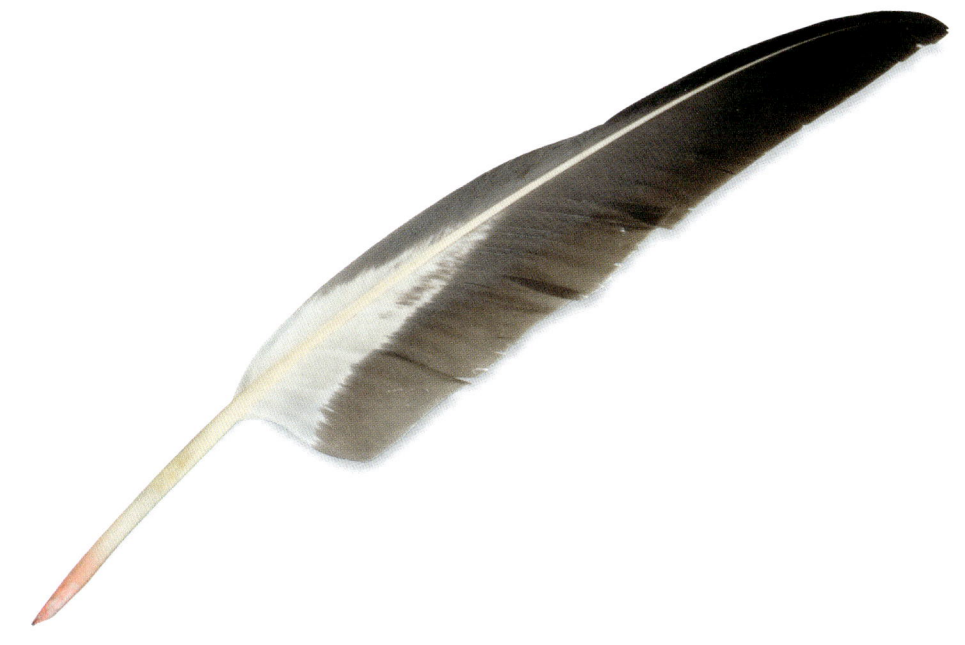

# 깃펜 (580년경)

중국인들이 '역사를 기술하는 펜'을 기록하다.

새의 깃털로 만든 펜들은 꽤 오래 전부터 사용되었을 가능성이 높지만, 깃펜에 대한 최초의 구체적 언급은 580년경 세빌의 성 이시도르가 쓴 글에 남아 있다. 깃펜은 19세기에 만년필이 발명될 때까지 서양의 주된 필기도구였다. 깃펜의 발달은 기독교의 부흥으로 더욱 촉진되었다. 왜냐하면 깃펜의 정교한 필체는 종교의 공표에 적합했으며 빽빽한 분량의 글을 쓰는 데도 적합했기 때문이다.

다양한 종류의 새의 깃털이 사용되었지만, 그 중 거위와 까마귀의 깃털이 특히 선호되었다. 깃펜의 끝 부분은 살짝 베어서 잉크가 펜촉에 잘 스며들 수 있게 했다. 거위 깃털은 잉크를 보유하는 능력이 탁월했으며, 그 형태와 크기는 펜촉을 넓게 자르고 끝을 극도로 뾰족하고 정교하게 다듬을 수 있게 했다. 깃펜은 금방 뭉뚝해졌기 때문에 뾰족함을 유지하기 위해서는 수시로 끝을 다시 잘라내야 했다. 깃털은 살아 있는 새의 것만 사용했는데 왼쪽 날개에서 뽑은 것이 오른쪽으로 기울어진 곡선형태라 오른손잡이가 사용하기에 가장 적합했다. 새 한 마리당 대략 10개의 품질 좋은 깃펜을 공급할 수 있었다. 깃펜은 너무나 중요해서 유럽 전역에 거위 농장이 넘쳐났다.

미국 최고법원은 1801년에 깃펜을 사용하는 전통을 세웠고 법원장은 1920년대까지도 깃펜으로 글씨를 썼다. 오늘날에도 법정이 개정될 때 변호사 책상에 흰색의 깃펜이 올려져 있다. 1850년에는 금속 펜촉의 품질이 개선되면서 깃펜의 사용량이 감소하기 시작했다. **BS**

참고: 양피지, 잉크, 종이, 만년필, 연필, 볼펜

↑ 깃펜은 6세기에서 19세기 중반까지 주된 필기도구였다.

# 화장지 (589년경)

중국인들이 개인의 위생을 개혁하다.

기록에 의하면 최초로 화장지가 사용된 것은 6세기 중국에서 였으며 정부관리이자 학자인 안지추가 철학 관련 글이 인쇄된 종이로 엉덩이를 닦지 말라고 훈계를 했다고 한다. 14세기 말 다른 지역에서 물을 사용하고 있을 때 중국에서는 연간 70만 개의 향기로운 화장지가 황실에서 쓰이기 위해 생산되고 있었다. 1857년에 뉴욕 시에서 조지프 게이예터가 최초로 상업적으로 포장된 촉촉한 화장지를 발명하기 전에는 사람들의 씻는 방법이 사는 지역과 생활 수준, 사회적 지위에 따라 천차만별이었다. 평등주의인 하와이에서는 코코넛 껍질이 널리 사용되었고 프랑스 귀족들 사이에서는 끈과 삼이 인기였다. 고대 로마의 상류사회에서는 장미 향수와 모직을 혼합하는 것이 일반적이었다. 식민지 시대의 미국에서는 옥수수자루와 오래된 책을 사용했으며, 17세기와 18세기의 스페인과 포르투갈 뱃사람들은

> "현인들의 이름이 써 있는
> 종이를 감히 화장지로
> 사용할 수 없다."
> 안지추

썩 내켜 하지는 않았지만 종종 오래된 닻줄의 끝을 사용하기도 했다.

최초로 화장지가 두루마리로 제작된 것은 1890년 미국의 스코트社에 의해서였다. 1935년에는 노던 휴지 회사가 '찢어지지 않는' 화장지를 광고하기 시작했고, 1942년에는 보다 부드러운 두 겹의 화장지가 첫선을 보였다. **BS**

**참고:** 양변기, 양변기의 S자 트랩, 퇴비변소, 하수 체계, 종이, 휴지

# 물레 (700년경)

인도인들이 방적 과정을 가속화시키다.

물레의 유래는 확실치 않지만, 700년경 인도에서 발명된 것으로 추정된다. 인도에서는 물레를 사용하여 섬유를 실로 만들어 옷을 직조했다. 이 발명을 통해 이전의 수공 방적 방식은 물레가락을 수평으로 놓고 오른손으로 커다란 바퀴를 천천히 돌리는 방식으로 대체되었다. 왼손으로는 섬유를 특정한 각도로 잡아 실에 꼬임이 생기게 했다.

물레는 중세 시대에 유럽에 들어와 손으로 작동하는 간단한 도구를 사용하는 가내수공업의 일부가 되었으며 이러한 양상은 18세기까지 지속되었다.

영국에서는 새로운 목화산업이 기존 양모산업을 기반으로 구축되었다. 가장 복잡한 기구인 베틀은 한 명의 직조공이 사용할 수 있었고 대부분 자연광이 들어오는 위층에 설치되었다. 직조공들은 보통 남자였으며 방적을 담당한 여자들이 만들어낸 실을 사용했다. 수력의 등장으로 초기의 가내수공업은 결국 대규모 공장산업으로 성장했다. 1733년에는 존 케이가 직조공정을 가속화시킨 북을 만들었고 산업혁명이 시작되면서 점차 기계화가 일어났다.

현대 물레는 전기적, 기계적 수단을 통해 물레가락을 회전시키고 자동적으로 섬유를 끌어내면서 동시에 여러 개의 물레가락을 빠른 속도로 작동시키는 기구를 사용한다. 그 외에 보다 빠른 방적을 가능케 하는 기술에는 마찰 방적장치와 에어제트 등이 있다. **MF**

**참고:** 직조된 천, 바느질, 바퀴와 축, 제니 방적기, 뮬 방적기, 동력 베틀

➡ 19세기의 인도 수채화 소품에 한 여성이 목화를 방적하기 위해 물레를 사용하고 있다.

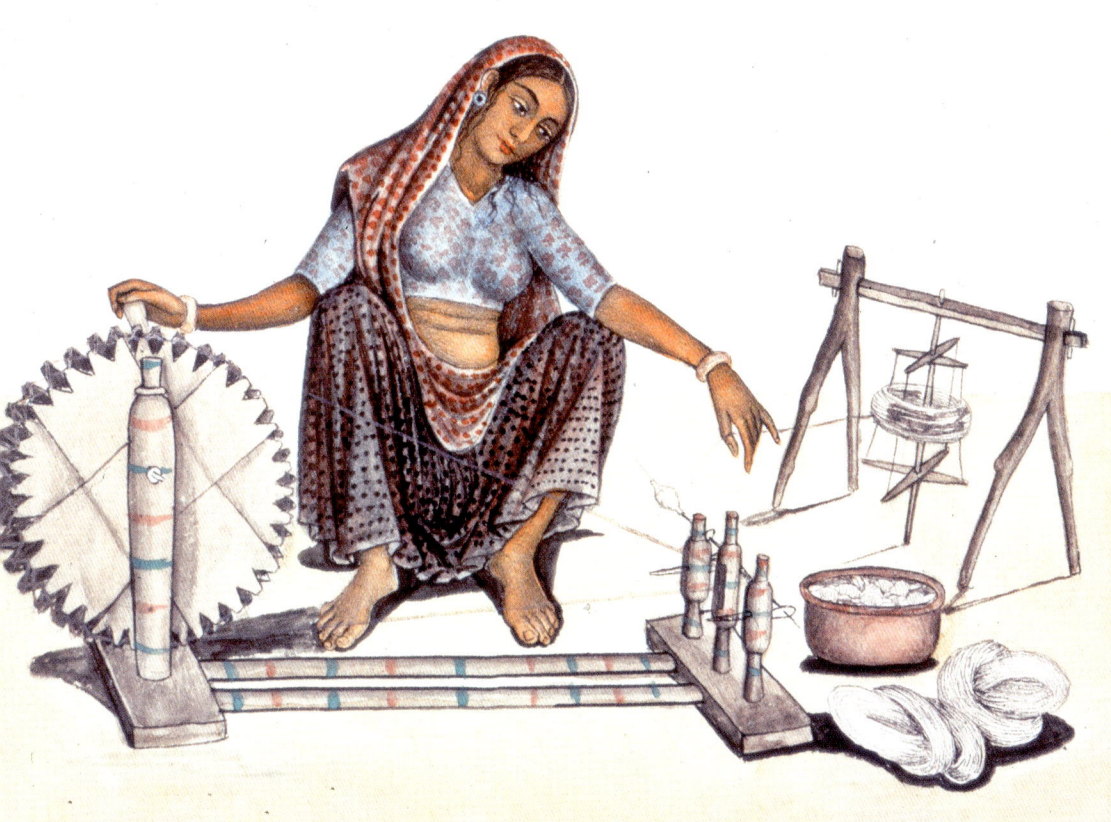

# 조력 제분기 (787년경)

아일랜드의 수도승들이 조력 에너지를 이용하다.

조력 제분기에서 물이 수문을 통해 들어오면 저수지에 찼다가 썰물 때 수로를 통해 나가면서 물레방아를 돌려 맷돌을 가동하고 곡물을 가루로 빻는다. 최초의 조력제분기로 알려진 것은 787년경 북아일랜드의 스트랭포드 만에 설치된 것으로, 수도승들이 근처 수도원에서 쓰일 옥수수를 갈기 위해 사용한 것으로 추정된다.

조력 제분기는 중세 시대에 유럽의 대서양 연안에서 사용되었다. 이곳은 조차가 높아 제분업자들이 상당한 수익을 올렸다. 설치할 수 있는 장소가 제한되어 있고 또 방아는 만조 직후의 일정 기간 동안만 작동되었음에도 불구하고 조력 제분기는 전통적인 물방앗간이나 날씨에 의존하는 풍차에 비해 산출량이 일정해 예측이 가능한 장점이 있었다.

조력 제분기의 인기는 증기기관이 등장하면서 수그러들었지만 1966년에는 프랑스의 공학 기술자들이

---

"제분업자가 알지 못하는
사이 많은 양의 물이
방아를 지나친다."
속담

---

조력발전을 시작했다. 프랑스 북부의 랑스 강에는 스물네 개의 터빈이 있는 댐이 설치되어 밀물 때와 썰물 때 모두 전기를 생산하는 것이 가능했다. 그 이후 다른 장치도 개발되었지만 조수 독 주변의 장소적, 환경적 요건 때문에 매우 제한적으로 이용되었다.

댐에 대한 현대적 대안은 수중 터빈을 강바닥이나 해저에 설치하거나 조류에서 회전하는 수면 부표에다가 매다는 것이다. **FW**

# 화약 (800년경)

중국인들이 화기 경쟁의 방아쇠를 당기다.

얼핏 무해한 것처럼 보이지만 화약만큼 인류에게 고통을 안겨준 발명품도 드물 것이다. 9세기 중국의 연금술사들이 만든 화약은 초석(질산칼륨), 목탄, 유황을 대략 75, 15, 10의 무게 비율로 혼합한 것이다. '흑색 화약'이라고 알려진 화약을 불꽃에 직접 노출하면 그 폭발력 때문에 한 쪽이 막힌 원통형 속 물건이 먼 거리까지 날아갔다. 중국인들은 초석의 함량을 조절하는 실험을 통해 로켓탄을 고안했으며, 아랍의 화학자들은 철로 강화된 대나무 관으로 만든 총을 생산하는 등, 13세기에 얻은 화약 관련 지식을 군사적 용도로 사용했다. 이 정보는 유럽까지 확산되어 연소 속도를 통제하기 위해 좀더 큰 결정체가 동일한 크기로 제작되었으며, 야금학의 발달로 손에 들고 사용하는 화기와 대포가 만들어졌다.

19세기 말에 이르면 '흑색 화약'이 니트로셀룰로오스로 대체되었으며, 그 결과 화기로부터 보다 강력

---

"중세에 인류 최악의
발명품 두 개가 만들어졌다.
그것은 바로 낭만적 사랑과 화약."
앙드레 모로아, 소설가 겸 기고가

---

한 폭발이 일어났으며 연기 침전물도 줄어들었다. 연기가 나지 않는 화약은 보통 단일성분 화약(니트로셀룰로오스)이나 이중성분 화약(니트로셀룰로오스와 니트로글리세린)의 형태로 오늘날 생산되는 화약의 대부분을 차지한다. **SG**

---

참고: 곡물 창고, 맷돌, 풍차, 물방앗간, 자동 제분기

참고: 불꽃놀이, 총, 머스킷 총, 대포, 화승총, 부싯돌식 발화장치, 후장식 총, 연발권총

# 지폐 (806년경)

중국 당 왕조가 백성들이 종이 돈을 사용하도록 설득하다.

13세기 말 마르코 폴로는 중국을 여행할 때 현지인들이 동전 대신에 종이 돈을 사용하는 것을 보고 깜짝 놀랐다. 구리 공급의 부족으로 당 왕조(618~907)는 806년에 새로운 화폐 체계를 도입했는데, 이는 유럽에 첫 지폐가 등장한 것보다 800년 이상 앞선 것이었다.

실물화폐(금이나 가축과 같이 고유한 가치를 지닌 상품의 교환)는 문명의 시작 때부터 존재해왔지만, 최초의 표준화된 주조 화폐는 리디아(소아시아 서부)에서 기원전 7세기에 나타난 것으로 간주된다. 이것은 돈의 액면상 가치가 돈을 만드는 재료의 가치보다 높아진 최초의 예였다. 고대 그리스의 역사가 헤로도토스는 이 화폐 체계가 야기한 '야비한 상업주의'를 비판했다.

1660년에 스웨덴 은행인 스톡홀름 방코가 최초의 유럽 지폐를 발행했는데, 이번에도 구리 부족이 원인이었다. 고객들이 은행에 구리를 빌려주었다가 동전의 구리 함량이 감소하자 다시 상환을 요구하였고, 구리의 가치가 동전의 가치보다 높아지자 수요를 충족시키지 못하게 된 은행은 유동성 문제를 해결하기 위해 일정 금액을 정해진 날짜에 지급하는 약속 어음을 도입했다.

고유한 가치가 확립되지 않은 돈을 사용할 때 생기는 위험성을 처음으로 발견한 것은 중국인들이었다. 1020년에 수입품의 가격이 침략 가능성이 있는 외부 세력에게 바치는 뇌물 비용으로 인해 두 배로 상승하자 정부는 지폐 생산량을 늘렸고, 이로 인해 인플레이션이 야기되었다. 1455년에는 종이돈의 가치가 크게 하락하면서 명 왕조(1368~1644)가 이를 전부 폐지시켜 이후 200년 동안 지폐가 유통되지 않았다. **DaH**

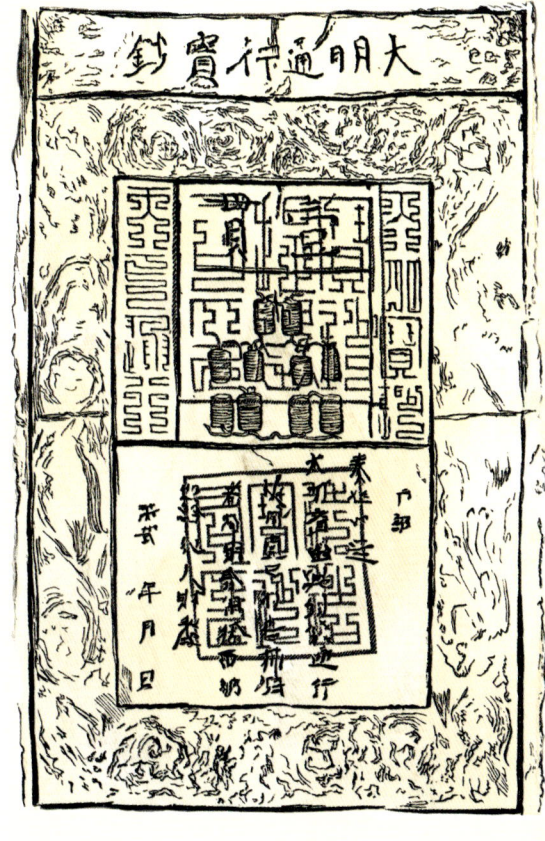

**참고:** 금전 등록기, 신용카드, 현금지급기

↗ 중국 명대의 지폐는 현존하는 가장 오래된 지폐 중 하나이다.

"마흔 살 아내를 수표처럼 스무 살짜리 아내 두 명으로 교환할 수 있어야 한다는 것이 내 생각이다."

워렌 비티, 연기자, 제작자 겸 감독

# 목판 인쇄술 (868년경)

중국의 목판 인쇄술이 예전부터 전해지던 이야기를 전해주다.

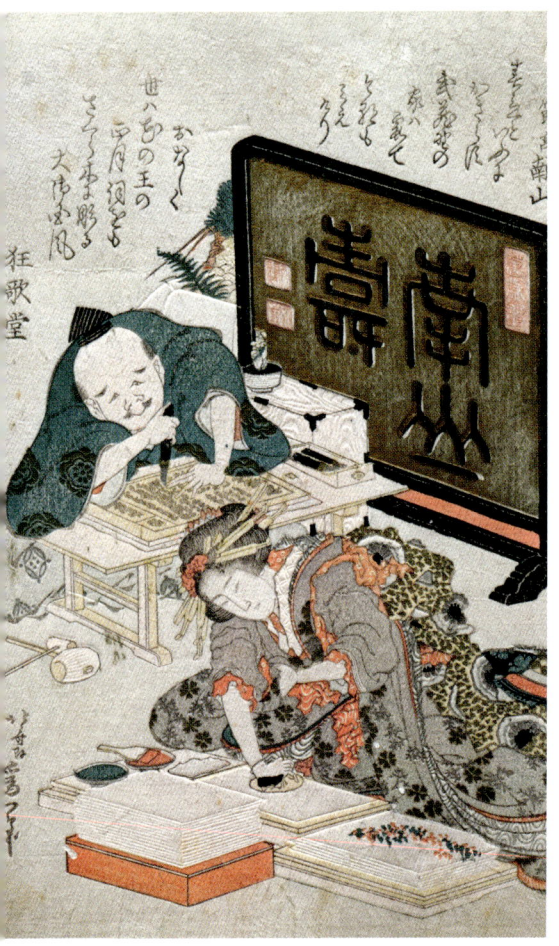

목판 인쇄는 9세기 중국 당 왕조 시기에 최초로 등장했으며 처음에는 직물과 불교서적, 부적의 제작에 사용되었다. 글이나 그림을 얇은 종이에 옮긴 후 종이를 뒤집어서 나무로 된 표면 위에 쌀풀로 붙이고, 목판 제작자가 윤곽선을 파냈다. 잉크가 묻어야 할 부분만 남겨두고 나머지는 나뭇결에 따라 권도(拳刀)라고 알려진 손칼을 사용하여 전부 파냈다. 박달나무, 배나무, 대추나무와 같은 고밀도의 경재(硬材)가 이에 사용되었다.

이와 같은 수분과 벌레에 대한 저항력이 강하면서도 규칙적이고 고운 나뭇결 때문에 조각과 인쇄가 용이했다. 일단 목판이 완성되면 표면의 볼록한 부분에 잉크를 문질렀다. 숙련된 장인은 하루에 1,000장 이상의 판화를 찍어냈으며, 이로써 서적의 대량 생산 시대가 시작되었다.

제작 날짜가 찍혀 있는 세계 최고(最古)의 목판 인쇄본은 『금강경』으로, 400년의 것으로 추정되는 인도의 산스크리트어 불경을 중국어로 번역해 868년 5월 11일에 종이에 잉크로 인쇄한 것이었다. 1908년에 중국 북서부 돈황석굴에서 고고학자 마크 오렐 스타인 경이 이 책을 발견했다. 그러나 이것이 목판 인쇄의 가장 오래된 예는 아니다. 『금강경』의 기술적 완성도는 당시에 이미 목판 인쇄술이 오랫동안 확립되어 있었음을 암시한다.

목판 인쇄술은 19세기 중반까지 동아시아에서 꾸준한 인기를 누렸다. **BS**

> "좋은 목판 인쇄는
> 드로잉과 채색, 색채와 선의
> 완성도에 달려 있다."
> 히로시 요시다, 『일본의 목판화』, 1939년

**참고:** 잉크, 가동활자, 인쇄기, 라이노타이프 인쇄, 모노타이프 인쇄

◩ 일본의 삽화에서 장인이 목판을 새기고 여성이 그것으로 인쇄를 하고 있다.

# 로켓 (904년경)

중국의 '불화살'이 로켓공학의 도래를 알리다.

904년에 중국 남동부에 있는 예장의 포위공격 때 공격군은 명령에 따라 성문에 '불화살'을 쏘아 쓰러뜨리고 성안으로 진군했다. 이것이 최초의 불화살을 사용한 예로, 화살에 화약을 묻혀 충돌 시 폭발하게 하는 것이었다.

증공량이 저술한 『무경총요』(1044)는 활을 사용하는 대신 화약으로 불 화살을 쏘는 방법을 자세히 기술하고 있다. 1232년에 중국인들이 몽고를 상대로 전투를 벌일 때는 화살에 추진력을 더하기 위해 폭발관을 사용하는 훨씬 더 그럴듯한 로켓이 만들어졌다. 관의 윗부분은 뚜껑이 닫혀 있었지만 바닥은 열려 있었고, 화살 위에 묶어서 불을 붙이면 화약이 발화되고 추진력이 생겼다. 이러한 로켓들이 그 자체로 전장에서 물리적 파괴력이 있었는지는 불분명하지만 심리적 효과는 엄청났다. 로켓이 자신들에게 발사되는 것을 본 이

> "예장의 전투에서 그는 자신의
> 부대에게 포위된 성에 '불화살'을
> 쏘라는 명령을 내렸다."
>
> 『무경총요』, 1044년

후 몽고인들은 곧바로 이를 자체 제작하여 제국 전역에서 사용했다. 이 기술은 중동을 횡단하여 유럽까지 확산되었다. 12세기에 이르면 로켓이 유럽의 무기고까지 전파되어 1500년에는 이탈리아에, 그 후에는 독일과 영국에 도입되었다. 18세기에 인도에 주둔한 영국 군들을 상대로 사용된 철제 로켓은 로켓 기술의 발전을 이끌었다. **DK**

참고: 활과 화살, 화약, 불꽃놀이, 탄도 미사일

# 운하 운하 갑문 (984년경)

교위가 운하 운하 갑문을 고안하다.

운하 갑문은 운하 또는 강을 가로질러 흐르지 않는 물을 계단식으로 배치함으로써 수로의 조류를 감소시키고 통로를 위한 물을 보관했다. 현대 운하 갑문의 선조는 댐의 일부가 배를 통과시키기 위해 일시적으로 열리는 플래시 운하 갑문으로, 중국에서는 이미 1세기에 사용하고 있었다. 하류 쪽으로 이동하던 배들은 파도처럼 밀려오는 물을 타고 내려갔고, 반대 방향으로 항해하던 배들은 급류를 거슬러 올라가야 했다. 이러한 체계는 위험한 것으로 배가 한번 지나갈 때마다 많은 양의 물이 소모되었으며, 이러한 상황은 물 공급에 의존하는 방앗간 주인들에게는 달갑지 않은 것이었다.

984년 중국 대운하를 건설하는 도중 공학기술자 교위는 두 개의 플래시 운하 갑문을 750피트(229미터) 정도 간격을 두고 설치하면 수로의 상류 쪽이나 하류 사이에 이용되어 수위를 조절할 수 있다는다는 사실을

> "운하 갑문에서 대기 중인 짐배들을
> 보는 것은 세상을 얼마나 쉽게 정복할 수
> 있는지에 대한 교훈을 준다."
>
> 로버트 루이스 스티븐슨, 『내륙여행기』, 1878년

발견했다. 이로써 파운드 운하 갑문, 혹은 챔버 운하 갑문이 탄생했다. 이러한 혁신 이후 16세기 이탈리아에서 연귀 이음으로 된 운하 갑문이 개발되면서 또 한번 중대한 발전이 일어났다. 이는 아마 레오나르도 다빈치의 디자인에 기반을 둔 것으로 보인다. 연귀 이음은 수위가 높은 상류의 수압을 이용하여 수위가 동일해질 때까지 안정적으로 물을 봉인했다. 그 덕분에 갇힌 물을 저장하는 구조물의 규모를 줄일 수 있었다. **FW**

참고: 운하, 운하 경사면, 댐, 건식 독

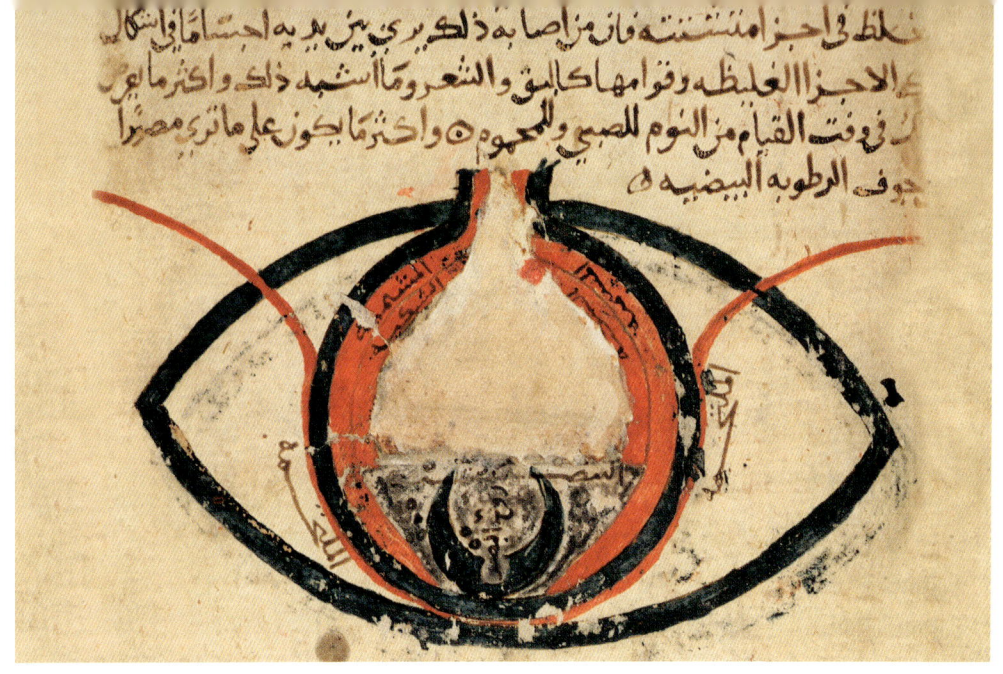

# 렌즈 (984년)

이븐 알하이탐의 논문이 광학(光學)을 확립시키다.

최초의 렌즈는 원형의 수정 조각, 혹은 녹주석이나 석영과 같은 준보석을 갈아 윤을 내어 만들어졌으며 그것을 통해 사물을 보면 상을 확대하여 볼 수 있었다. 알려진 것 중 가장 오래된 렌즈 공예품은 기원전 640년경에 수정으로 만든 것으로, 이라크 모술 근처의 니네베에서 발굴되었다. 가장 일반적인 형태는 원형으로 가장자리보다는 중심부가 두꺼웠으며 앞면이나 뒷면의 모양이 동일했다.

현대의 볼록렌즈는 그리스의 화경(火鏡)에서 발전한 것이다. 구형 용기에 담긴 물을 사용하여 태양빛을 좁은 구역에 집중시키면 그 부분이 가열되었으며 이 열을 사용하여 사원에 불을 붙이거나 상처를 소독했다. 이라크의 수학자 겸 광학 기술자인 이븐 살(940~1000년경)은 「화경과 렌즈」(984)라는 논문에서 스넬의 법칙을 사용하여 렌즈의 형태를 계산하면서 곡선형의 거울과 렌즈가 빛을 굴절시키는 현상에 대한 자신의 견해를 서술했다. 그러나 알하젠이라고도 알려진 이라크

의 이븐 알하이탐이 쓴 「광학서」(1011~1021)라는 그의 논문 때문에 그는 '광학의 아버지'로 여겨진다. 이 책에서 그는 광선이 직선으로 이동한다는 사실을 증명하면서 인간의 눈에 있는 수정체가 망막에 상을 형성하는 방식을 설명하고 핀홀 사진기로 실험한 것을 묘사했다.

13세기에는 원시 교정을 위해 볼록렌즈가 안경에 사용되었다. 빛을 모으지 않고 분산시키는 오목렌즈의 성질을 근시를 교정하는 데 사용한 것은 15세기 초에 이르러서였다. **DH**

**참고:** 유리, 망원경, 현미경, 안경, 이중 초점 안경, 시력 테스트, 분광기, 콘택트 렌즈

⬆ 이집트의 알 무타니비가 저술한 눈병에 대한 책에 등장하는 12세기의 안구 해부도.

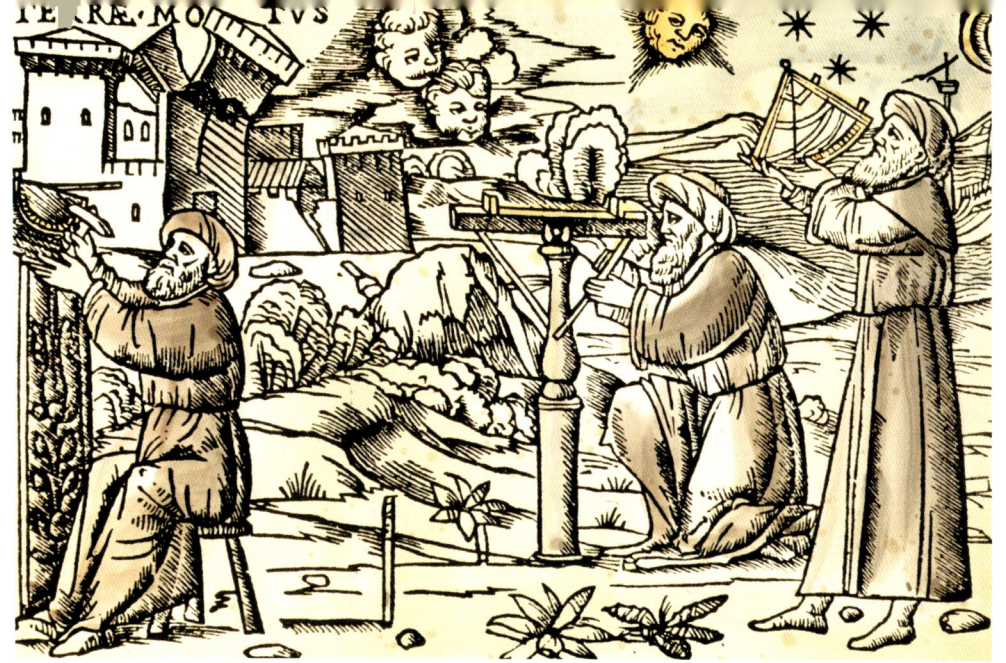

# 육분의 (994년)

아부마흐무드 알쿠잔디가 지평선 위 태양의 위도를 측정하다.

이란의 천문 관측학자 겸 기구 디자이너 아부 마흐무드 알쿠잔디(940~1000년경)는 최초의 벽화 육분의를 만들었다. 반경이 66피트(20미터)인 이 육분의는 오늘날의 이란 테헤란 근처에 있는 레이에서 정확하게 남-북을 향하는 벽에 그려졌다. 육분의라는 이름은 이 기구가 원의 6분의 1, 즉 60도의 원호 모양을 한 프레임으로 구성되기 때문이다(위도를 측정할 때 1분은 60분의 1도에 해당된다).

이 기구는 하지와 동지, 정오에 지평선 위에 있는 태양의 위도를 측정하기 위해 고안되었다. 하지와 동지는 각도의 최대치와 최소치에 해당하는 날이었다. 이 두 각도의 평균을 냄으로써 관측자는 자신의 위도, 즉 적도와 관측지 사이의 거리각을 측정할 수 있었다.

하늘에 있는 태양의 높이는 정확한 측량기에 생긴 그림자를 통해 측정되었다. 알쿠잔디의 측량기는 너무나 정확해서 그가 얻은 위도는 근소한 각도까지 잴 수 있었다. 그 이후로도 다른 유명한 벽화 육분의가 만들

어졌는데, 반경이 118피트(36미터)에 이르는 파크리 육분의가 그 예이다. 이 육분의는 1420년에 우즈베키스탄 사마르칸트에서 이란인 울루그 벡이 만들었다. 보다 현대적인 천문학 육분의들은 크기가 더 작고 균형점에서 회전한다. 이들은 별과 행성의 이각을 측정하기 위해 움직일 수 있다.

손으로 들어서 사용하는 항해용 육분의는 지난 300년 동안 일반화되었다. 이들은 조절 가능한 거울이 부착되어 있고 천체의 위도를 측정하는 데 사용된다. **DH**

**참고:** 지도, 유리거울, 아스트롤라베, 허블 우주망원경

⬆ 16세기 독일 목판화에서 아라비아 학자들이 육분의(오른쪽) 등의 기구를 사용하고 있다.

# 가동활자(1041)

필승(畢昇)이 가동 점토판 위에 글자를 새김으로써 인쇄를 발전시키다.

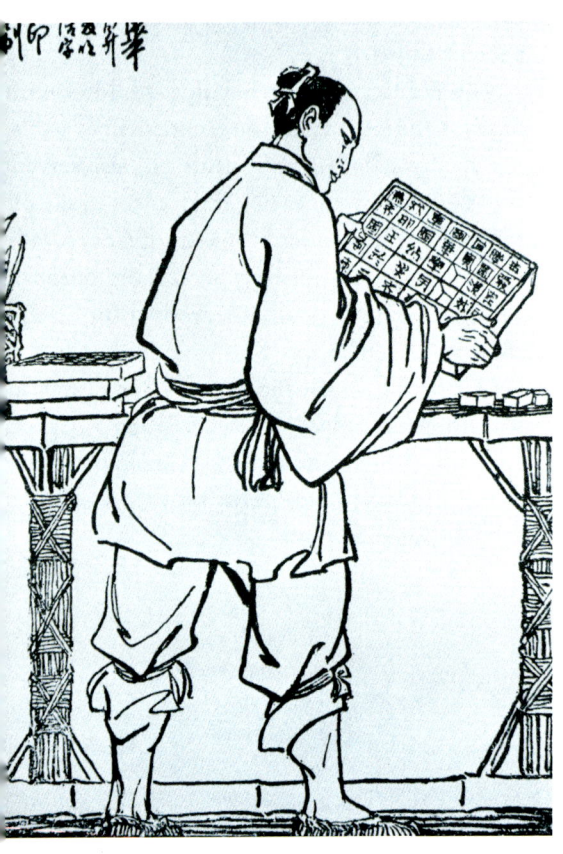

중국 역사상 가장 창의적이고 기술 개발이 활발했던 송(960~1280)나라 때인 1041년에 필승이라는 연금술사가 재활용이 가능한 젖은 점토판을 만들어 각각의 표면에 한자(漢字)를 한 글자씩 새긴 후 불에 구워서 영구적으로 딱딱하게 만들었다. 이 과정에서 가동활자가 발명되었다. 인쇄업자들은 이 활자들을 수지와 테레빈, 밀랍, 종이 재의 혼합물로 덮은 철제 프레임 안에 넣은 후 인쇄될 페이지에 반사가 되는 방향으로 활자들을 배열했다.

26개의 글자만 만들고 배열하면 되는 서양의 알파벳과는 달리 필승은 5,000개 이상의 개별적인 글자들로 이루어진 언어로 작업을 해야 했다. 이중 많은 글자가 몇 개의 활자를 조합해야 하는 것들이었고 전체 글자들의 복제본도 만들어야 했다. 복제본들은 사용하지 않을 때는 종이에 싼 후에 각 발음의 첫 음절에 따라 정렬하여 나무로 된 상자 안에 넣어 보관했다. 필승의 노력은 중국의 위대한 과학자 침괄의 『몽계필담』에 기록되었지만, 요한네스 구텐베르크가 수백 년 후에 그랬던 것처럼 필승 역시 생전에 자신의 발명을 인정받지 못했다.

15세기 유럽에서 시작된 구텐베르크의 인쇄술에 비해 필승의 발명이 중국 사회에 중요한 영향을 주지 못한 이유 중 하나는 중국의 글자와 기호들이 너무 많고 복잡했기 때문이다. 또 다른 문제는 점토판이 대형 인쇄에는 명백히 부적합하고 전혀 내구성이 없었기 때문이다. 점토의 한계점들 때문에 결국 고려에서 금속으로 된 가동활자가 발명되었고, 이는 13세기 초 아시아에서 인쇄술의 확산을 촉진시켰다. **BS**

> "수십만 개의 사본을
> 인쇄하는 데 있어 그것은 놀라울
> 정도로 속도가 빨랐다."
>
> 침괄, 『몽계필담』

↑ 1041년에 점토판을 사용하여 가동활자를 발명한 중국의 발명가 필승.

↱ 유럽에 인쇄술을 도입한 요한네스 구텐베르크를 표현한 19세기의 판화

참고: 잉크, 종이, 금속 가동활자를 사용한 인쇄기, 스테노타이프기, 타자기, 라이노타이프 인쇄

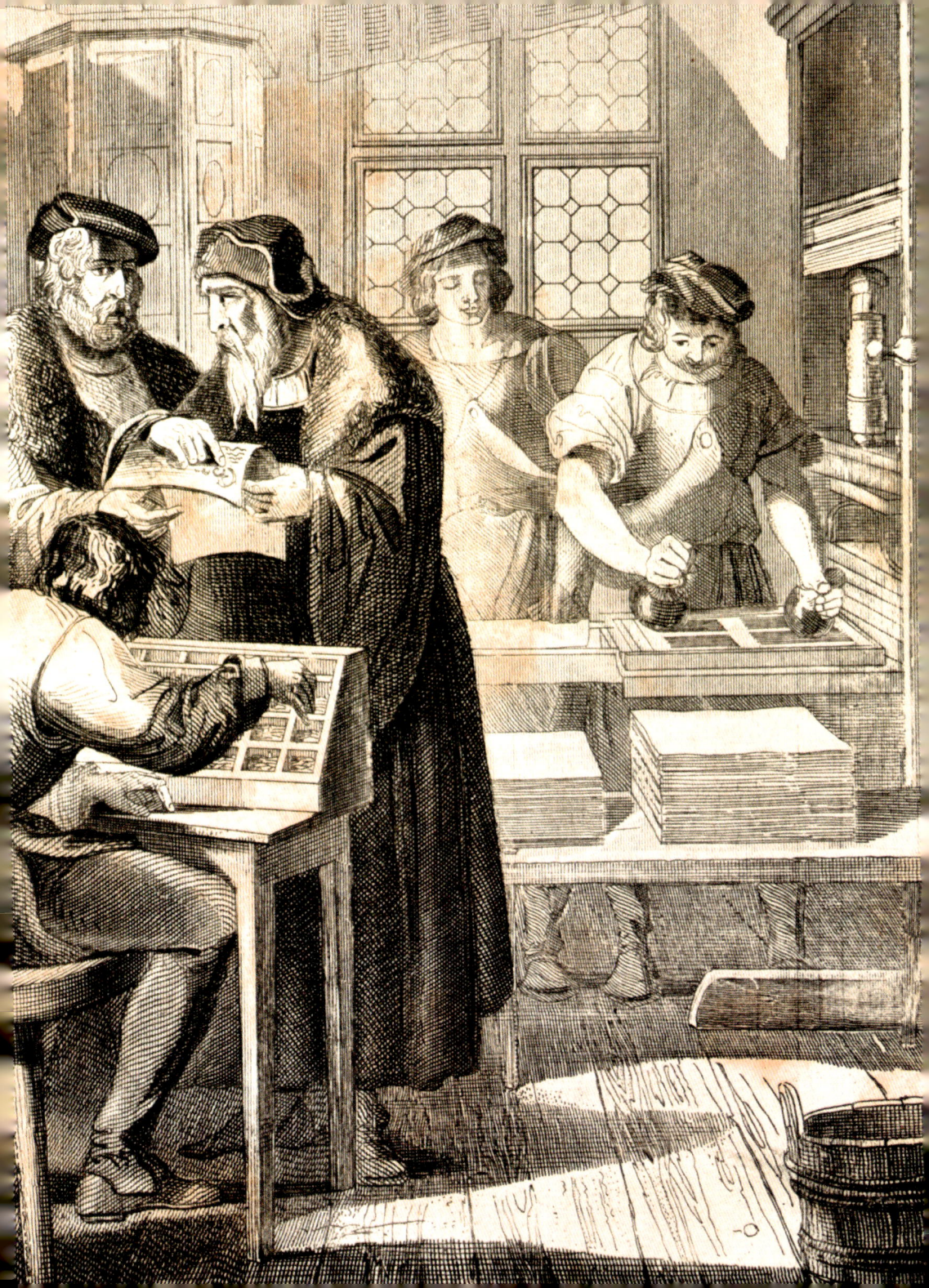

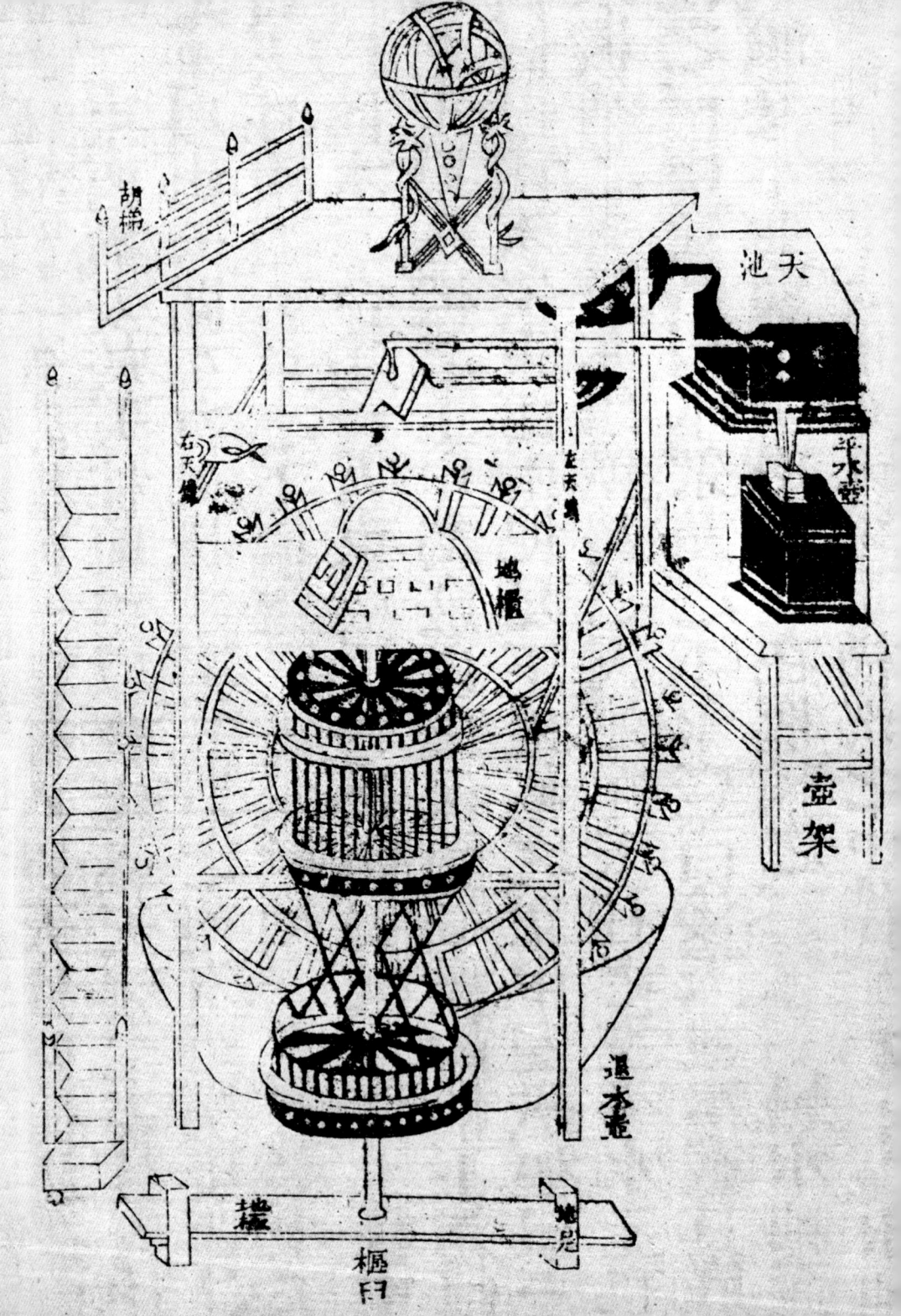

# 탑시계 (1094년)

소송(蘇頌)이 기술적으로 놀라운 기적을 만들어내다.

세계 최초의 물로 가동되는 천문학적 시계탑은 당대에 가장 진보적인 천문학 기구였다. 이것을 설계한 사람은 소송(1020~1101)으로, 수학자 한공렴의 도움을 받아 제작 과정을 총괄했다. 40피트(12미터)에 이르는 이 화려한, 물로 가동되는 기계 시계는 청동 주물과 정밀 기어, 기어링, 작은 톱니바퀴로 구성되었다. 아랫부분에 천구가 있는 청동으로 주조된 혼천의는 관찰용 튜브를 통해 해와 달, 몇몇 선별된 별들을 볼 수 있게 해주었다.

탑은 3층으로 이루어져 있었고 중앙의 바퀴에 부착된 36개의 물통으로 가동되었다. 각각의 물통은 레버를 움직여서 정해진 지점까지 앞으로 기울어지면서 시계의 복잡한 기어들과 평형추들을 맞물리게 했다. 소송의 위대한 업적은 이 에너지를 진자에서 기어로 조심스럽게 변환시키는 정교한 탈진기(脫進機)를 만든 것이

> "회전운동 간에는
> 어긋나거나 일치하지
> 않는 것이 없다."
> 소송, 『신의상법요』, 1092년

다. 이는 시계를 만드는 과정에서의 핵심 개념으로 유럽에서는 13세기 후반에서야 알려진 기술이다. 이 기술은 기계적 탈진기의 선구자로써 훨씬 더 정확하게 시간을 알려주는 모든 기계적 시계의 제작을 가능하게 했다. **BS**

# 체인 전동 장치 (1094년)

소송의 시계가 뛰어난 혁신을 발명하다.

중국 정부 관리였던 소송(1020~1101)은 자연학자이자 지도학자, 천문학자, 시계학자, 공학자였다. 그가 남긴 위대한 유산은 개봉(開封)에 축조한 탑시계였다. 1806년, 황제는 시간을 알려주고 천체를 관측하기 위한 '혼천의'의 제작을 명령했다. 구조물은 1094년에 완성되었고 세 개의 층으로 구성되었다. 꼭대기 층에는 관측 튜브를 통해 천체를 관찰할 수 있게 해주는 혼천의가 있었고, 중간 층에는 청동으로 만들어진 천구, 바닥 층에는 기계적으로 시계가 맞춰진 모형들이 매일 특정한 시간에 문을 나서도록 되어 있었다.

그러나 가장 중요한 것은 아마도 시계의 혁신적인 구동 체계였을 것이다. 시계탑의 중심부에는 '천체 사다리'가 있었다. 이것이 바로 끝없이 힘을 전달하는 최초의 체인 전동 장치였다. 체인은 물레바퀴로부터 힘을 전달하여 혼천의를 회전시켜 시계를 움직였다.

중국에서 구동 벨트는 소송의 체인 전동 장치가 등장하기 1,000년 전부터 존재했다. 이 벨트들은 원시적이고 무작위적이어서 시계와 혼천의를 구동시키기 위해 필요한 정확성이 결여되어 있었다. 체인 고리는 사슬톱니에 장착되어 늘어나거나 미끄러지지 않았다. 오늘날 체인 전동 장치는 다양한 범위의 기계 장치, 특히 자전거와 같은 운송수단에 주로 사용되고 있다. 유럽이 독립적으로 이 기술을 발견한 것은 소송의 발명 이후 몇 세기가 지난 후였다.

1127년에 개봉을 점령한 만주의 여진족은 이 시계를 파괴했다. 이 사건은 중세 시대에 소실된 물건 중 가장 커다란 손실이었다. 그러나 소송의 1092년도 논문인 『신의상법요』는 보존되어, 시계에 대한 묘사와 삽화를 전해주었다. **SS**

---

참고: 물시계, 해시계, 태엽장치, 진자시계, 원자시계

← 중앙의 바퀴에 36개의 물통이 달려 있고, 각 물통에 교대로 물을 채워 시계장치를 가동했다.

참고: 물시계, 탑시계, 내연기관, 캠축, 안전자전거

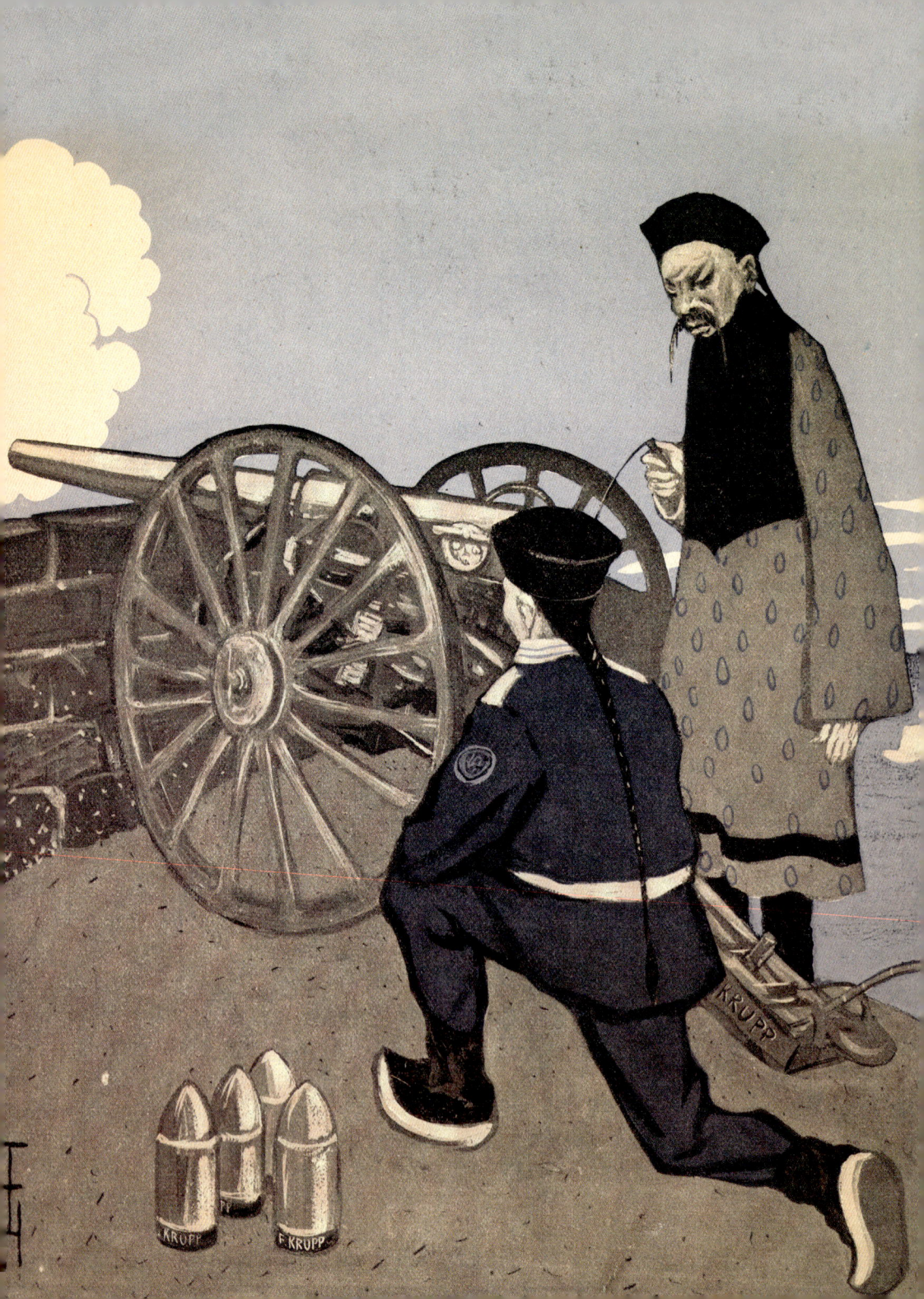

# 대포 (1128년경)

중국인들이 원시적인 대나무 대포를 청동 대포로 발전시키다.

중국 송대(960~1279년경)에는 대포 공학이 급속도로 발전하면서 대포의 조상, 즉 대나무로 만들어진 '불창'이 개발되었다. 한 쪽 끝에서 화약을 점화하면 모래나 납으로 된 탄알, 또는 도자기 파편들이 적을 향해 발사되었다.

시간이 지나 1100년대 초에 이르러 금속이 대나무를 대체하자, 불창은 '불관' 혹은 '폭발기'라고 불리게 되었다. 이에 대한 가장 오래된 기록은 1128년의 그림이다. 중국의 초기 대포들은 대포알을 50야드(45미터) 거리까지 던질 수 있었다. 한 세기가 지난 후에 이들은 성벽을 부술 정도로 강력해졌고 청동으로 만들어졌다. 중국 기술 역사가 조지프 니덤에 따르면, 대포 전술은 튜브의 구경에 맞는 대포알의 발명으로 제어력이 강화되면서 한 단계 도약했다. 그 이후의 대포들은 무쇠로 만들어졌으며 바퀴가 달린 것도 있었다.

대포 기술이 확산되면서 유럽에서도 대포가 개발되었다. 스코틀랜드 사람들은 1341년에 대포를 가지고 스털링 성을 방어했고, 1346년의 크레이상 퐁티외 전투에서는 영국의 에드워드 3세가 대포 세 대를 사용했다. 에드워드 3세는 100개 이상의 대포를 보유하고 있었다. 유럽의 초기 대포들은 크기가 작았지만 100년 전쟁(1337~1453)이 끝날 무렵에는 '사석포'라고 하는 거대한 대포들이 사용되었다. 1457년에 만들어진 사석포인 몬즈 메그는 스코틀랜드의 에든버러 성에 남아 있다. 포신의 구경이 22인치(56센티미터)인 몬즈 메그는 무게가 331파운드(150킬로그램)에 이르는 포탄을 거의 2마일(3.2킬로미터) 거리까지 발사할 수 있었다.

16세기부터는 보다 정확한 사격이 가능한, 가벼운 대포들이 개발되었다. 이들은 미국 남북전쟁(1861~1865)에서 대단한 위력을 발휘한 곡사포처럼 현대적 대포들로 진화했다. **AC**

**참고:** 화약, 로켓, 총, 머스킷 총, 기관총, 탄도 미사일

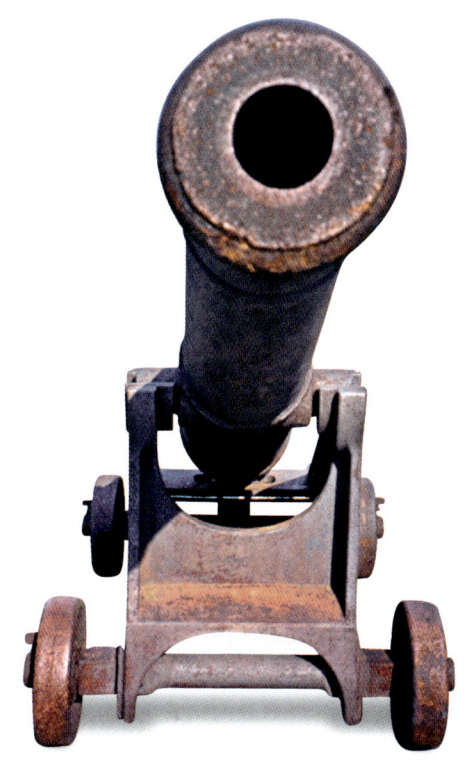

"포탄은 무쇠로 만들어졌고 폭발기에서 직군의 진영을 향해 발사되었다."

초옥과 류기, 「화룡신기진법」, 1368~1398년경

⤒ 이 군함용 대포는 선상에서 손쉽게 조종할 수 있도록 바퀴가 달려 있다.

⬅ 중국의 대포 발명으로부터 수백 년 후에 중국의 대포 기술자들이 독일 대포를 발사하고 있다(1900년경).

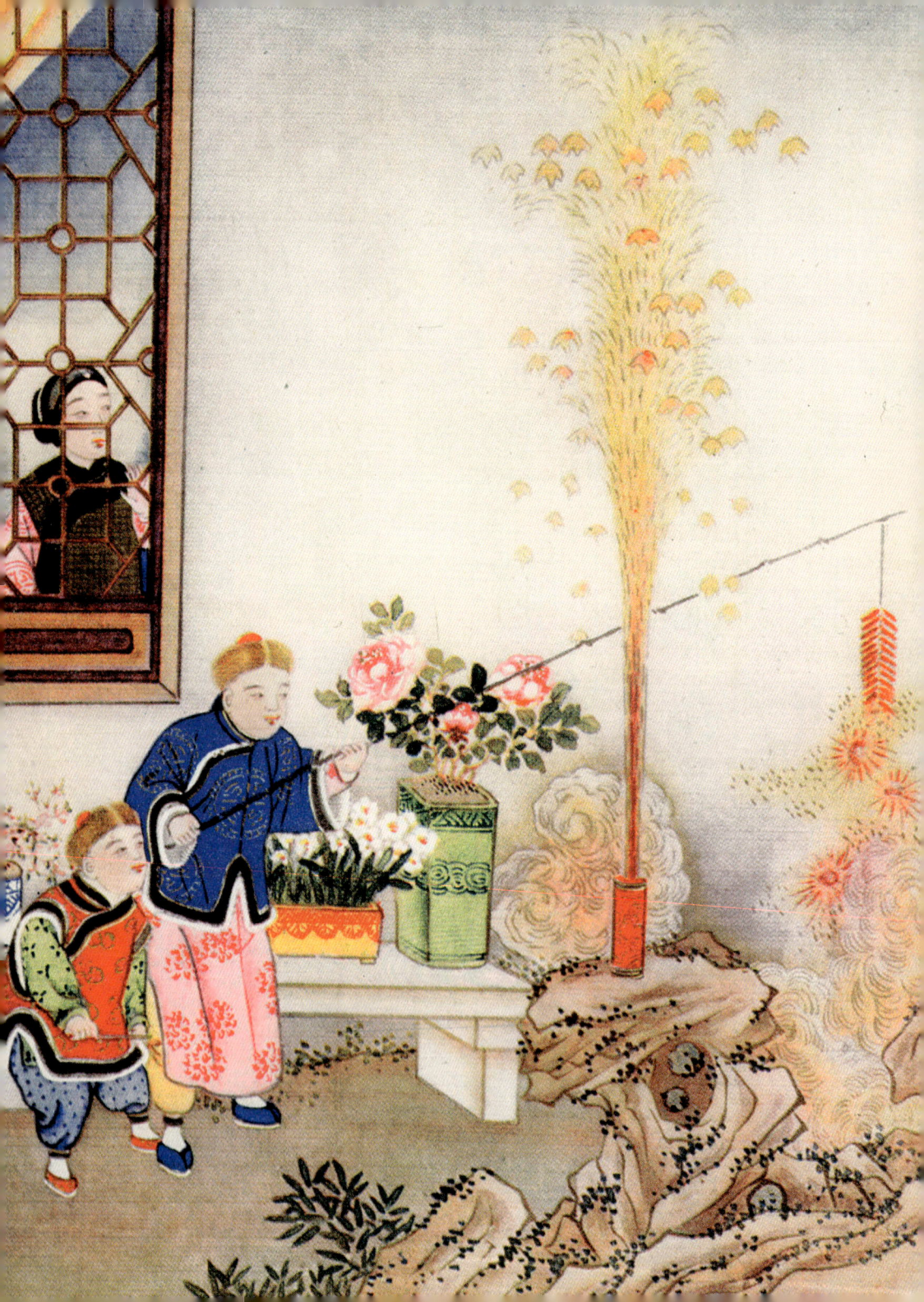

# 불꽃놀이 (1150년경)

중국인들이 폭발적인 오락거리를 발명하다.

오늘날 유흥을 위한 밤 축제에서 볼 수 있는 불꽃놀이는 중국에서 약 1,000년 전에 발명된 것으로, 이는 1세기의 화약 발명으로 비롯된 것이었다. 종교 축제에서는 화약을 채운 대나무관을 불 속에 던져 폭발시켰는데, 이는 폭발음이 악한 기운을 쫓아버린다는 미신에 바탕을 둔 것으로 보인다. 이 작은 폭탄 중 일부에서는 가스가 생성되어 로켓처럼 날아올랐을 가능성도 높다.

그 다음 단계는 이렇게 장전된 대나무관을 막대기에 붙여 활로 쏘아 올리는 것이었다. 불꽃놀이용 로켓이라고 할 수 있는 최초의 예는 중국과 몽고가 전쟁 중이던 1232년의 한 전투에 대한 서면 보고에 기록되어 있다. 이 전투에서 중국인들은 '불을 뿜으며 날아다니는 화살 비화창(飛火槍)'으로 공격했다고 전해진다. 이 전투 이후 몽고인들도 로켓탄을 만들기 시작하면서 유럽으로 전파된 것으로 보인다.

유럽에서는 13세기에서 15세기 사이에 로켓과 관련된 실험을 한 증거가 기록으로 남아 있다. 영국의 프란체스코회 수도사이자 철학자였던 로저 베이컨(1214~1294년경)은 화약을 개량하고 로켓의 사정거리를 증가시키기 위한 실험 내용을 담은 보고서를 남겼고, 프랑스에서는 장 프루아사르(1337~1405년경)가 관을 통해 로켓을 발사하는 것이 보다 정확하다고 언급했다.

발명 후 700년 동안 불꽃놀이는 노란색의 한 가지 색깔로만 만들어지다가 1800년경 프랑스의 화학자 클로드 베르톨레가 염소산칼륨을 발견하면서 새로운 색깔의 불꽃놀이들이 개발되었다. **SC**

**참고:** 화약, 머스킷 총, 대포, 화승총, 부싯돌식 발화장치, 후장식 총, 연발권총

← 중국의 한 가족이 새해 축제의 일환으로 부엌의 신을 기리기 위해 화약에 불을 붙이고 있다.

# 아라비아 숫자 (1202년)

피보나치가 아라비아 숫자를 활성화시키다.

1202년 피보나치라고 알려진 레오나르도 피사노(1170~1240년경)가 독창적인 저서 『주판서』를 출판함으로써 유럽에서 아라비아 숫자를 대중화시켰다. 피보나치는 이탈리아에서 태어났지만 오늘날의 알제리아 베자에 해당하는 지역에서 성장해 아랍인 선생님으로부터 가르침을 받고 현대적 숫자 체계를 배웠다. 이 숫자 체계는 고대 인도에서 고안된 것으로 당시에 유럽에서는 아직 알려지지 않은 것이었다.

이전까지는 로마의 숫자 체계가 유럽대륙 전역에서 사용되고 있었다. 이 체계는 이집트에서 발견된 최초의 숫자들을 개량한 것으로 숫자에 상징적인 획을 긋고 10에는 특별한 표시를 했으며 숫자 이름의 첫 번째 글자를 기록하는 그리스 아테네의 방식을 응용되었다. 반면 아라비아의 10진법 체계에서는 각각의 숫자 사이에 보이는 특정한 법칙에 따라 표시되었다(예컨대 200

> "너무나 간단해 보여서
> 그 개념의 중요성과 의미는
> 더 이상 진가를 인정받지 못한다."
> 피에르 시몽 라플라스(1749~1827), 수학자

의 2는 20의 2보다 10배 큰 수이다).

이 숫자들을 새긴 최초의 명문으로 알려진 것은 기원전 3세기의 것이지만 이것이 자릿수 체계를 의미하는 것인지는 명확하지 않다. 7세기에는 이미 이 체계가 아랍세계에서 사용되고 있었으며 알 크와리즈미와 같은 수학자들에 의해 기록되었다. 15세기에 인쇄기가 등장하자 아라비아 숫자의 대중화는 가속화되었으며 수세기를 거치면서 보편적인 인간 언어에 가장 가까운 것이 되었다. **DaH**

**참고:** 엄대, 주판, 쐐기 문자, 계산자, 미터법, 기계 계산기

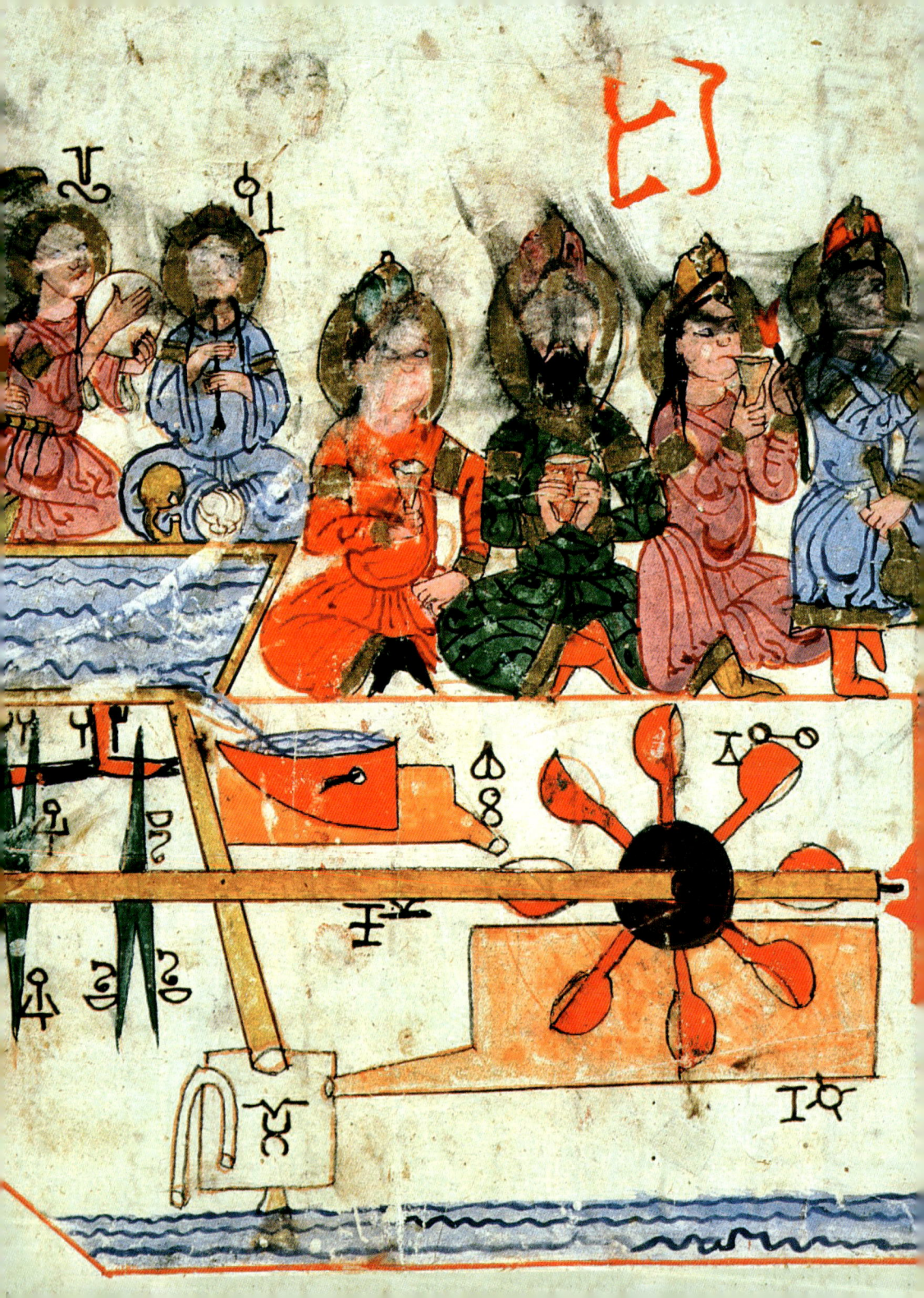

# 크랭크축 (1206년경)

알 자자리가 회전에너지를 가동시키다.

이슬람 학자 알 자자리(1150~1220년경)는 오늘날의 시리아 북동부와 이라크 지역인 북부 메소포타미아 출신이다. 뛰어난 발명가였던 그는 1206년 세계 최초의 크랭크축을 발명함으로써 인간 공학기술사에 매우 중요한 공헌을 했다. 이 기구는 회전운동을 왕복운동으로, 왕복운동을 회전운동으로 변환시킴으로써 자동차를 포함한 수많은 현대 기계에 사용되고 있다. 과장해서 말하자면 크랭크축이 없었다면 산업혁명이 일어나지 못했을 것이다.

오늘날 크랭크축은 현대의 모터엔진에서 가장 흔하게 볼 수 있는 것으로 알 자자리의 가장 유명한 발명품 중 하나이다. 현대의 자동차에서 크랭크축은 선형으로 왕복운동을 하는 점화 피스톤으로부터 힘을 받고 가동 베어링을 통해 축 둘레로 회전하면서 피스톤 에너지를 바퀴의 회전력으로 변환시킨다.

> "놀라운 제어력의 가능성을
> 제공하는 기계의 형태들이
> 나의 주목을 끌었다."
> 알 자자리, 『독창적 기계장치에 대한 지식의 서』, 1206년

알 자자리의 발명은 관개를 위해 우물에서 펌프로 물을 퍼내도록 고안된 것으로, 처음에는 에너지 공급을 위해 가축이 사용되었다. 이것은 크랭크축의 현대적 해석과는 상당한 대조를 이룬다. 비록 복잡성에서는 차이가 있지만 크랭크축의 기본 원리는 알 자자리가 처음으로 생각해낸 지 800년이 지난 지금까지도 동일한 것으로 남아 있다. **SR**

# 캠축 (1206년경)

알 자자리가 회전력을 변형시키다.

위대한 이슬람 학자 알 자자리(1160~1220)가 1206년 그의 저서인 『독창적 기계장치에 대한 지식의 서』를 출판했을 때, 회전 운동을 왕복 운동으로 바꿀 수 있는 기구에 대한 설명이 포함되어 있었다. 이것이 바로 역사상 위대한 발명품 중 하나인 캠축이었다. 이 발명은 타원형 돌출부가 부착된 축으로 구성되었는데, 원형이 아니기 때문에 이 '캠'들은 축이 회전할 때 마치 진동하는 것처럼 보인다.

예컨대 내연기관에서처럼 캠을 밸브 옆에 위치시키는 경우, 캠축이 회전하면서 캠의 가장 긴 끝을 아래로 누르면 축이 한번 회전할 때마다 밸브가 열린다. 그 이전에 캠축은 중세 시대의 여러 기술에서 중요한 역할을 했다. 예를 들면 풍차와 물레바퀴에서 캠축은 회전력을 옥수수를 갈거나 나무를 톱질하거나 금속을 두드리는 데 필요한 에너지로 전환시켰다.

현대에 이르러 캠축은 여러 방면에서 내연기관의 핵심 요소로 잘 알려지게 되었다. 엔진의 각 연소실에서 연료가 폭발하면 연소된 연료와 공기의 혼합물이 확장하면서 축에 연결된 피스톤을 구동시킨다. 피스톤의 운동 차를 추진시키거나 혹은 짐을 드는 등 여러가지 일을 하는 데 필요한 에너지로 전환된다.

하나의 캠축, 혹은 엔진의 디자인에 따라 두 개의 캠축이 새로운 연료를 각 연소실로 들여보낸다. 곧이어 밸브와 이전의 연료 발화에서 소진된 가스를 배출하는 밸브가 조절된다. 엔진에서 캠축은 연료의 흡입과 배기가스의 배출로 연소실 점화를 정확하게 조정해주는 타이밍 벨트를 통하여 크랭크축에 연결되어 있다. **DHk**

---

**참고:** 캠축, 기관차, 증기기관, 복합 증기기관, 자동차

← 오락거리의 일환으로 알 자자리는 음악가 모형의 자동인형들이 탄 배를 만들었다. 이 배는 크랭크축으로 움직였다.

**참고:** 풍차, 크랭크축, 자동차

# 자동인형 (1206년경)

알 자지리가 오늘날의 산업 로봇의 전신인 자동인형을 만들다.

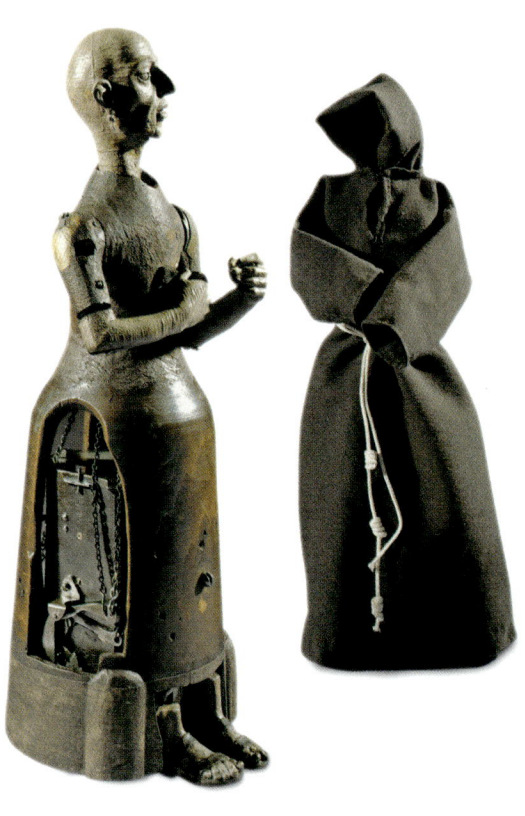

"복종은 인간을 노예로
만들고 인간의 틀로 기계화된
자동인형을 만들다."
퍼시 비시 셸리, 『매브 여왕』

⬆ 스페인 수도사를 본 딴 금속 자동인형으로 머리와 손은 나무로
   되어 있고 수도복은 별도로 만들어졌다.

➡ 알 자지리는 우르투기드 왕조 왕자들의 오락거리를 위해 물을
   따르는 자동인형을 만들었다.

대부분의 사람들은 자동으로 작동하는 기계가 20세기의 발명품이라고 생각한다. 아이작 아시모프가 1942년에 '로보틱'이라는 말을 만들어내고 그레이 월터가 1948년에 최초의 전자 자동 로봇을 만들었지만, 최초의 자동인형은 네 명의 기계 음악가들을 태운 보트였다는 확실한 증거가 있다. 그것은 800여 년 전에 이슬람 학자 알 자지리(1150~1220)가 만든 것이다.

일각에서는 로봇의 아버지라고 불리기도 하는 알 자지리는 디야르바키르(오늘날의 터키 남동부에 위치) 궁전의 수석 공학자를 지내는 동안 1206년경 『독창적 기계장치에 대한 지식의 서』를 집필했다. 이 책에서는 본인이 궁전 호수 위를 떠다니면서 자동인형이 연주하는 플루트와 하프, 두 개의 드럼에서 나는 음악소리가 나는 보트를 만들어 파티 손님들을 즐겁게 해준 모습을 묘사하고 있다. 드럼 치는 인형에는 움직일 수 있는 쐐기못이 있는 회전통이 달려 있었다. 회전통이 돌아가면 쐐기못이 지레를 움직여서 드럼이 연주되었다. 쐐기못의 숫자와 위치를 바꾸면 다른 리듬이 생겼기 때문에 이 자동인형은 프로그램 입력이 가능한 것이었다.

그 이후로 수세기 동안 주로 오락적인 용도로 쓰기 위해 만들어진 자동인형은 계속해서 악기를 연주하는 등 실제 인간이 하는 행동을 재현했다. 오늘날 공장들은 속도와 정확성, 강도 및 내구성이 요구되는 작업을 위해 전기로 구동되는 자동인형인 로봇의 사용을 늘리고 있다. 이들을 통해 차를 조립하고 상품을 포장하며 회로기판을 제작하는 등 다양한 작업을 수행할 수 있다. 2007년에는 거의 100만 개에 이르는 로봇들이 전 세계에서 가동되고 있었으며, 국제 로봇 연맹은 이 숫자가 2010년 말에 120만 개로 증가할 것으로 예상하고 있다. **ES**

**참고:** 로봇, 산업 로봇, 두발 로봇, 외과용 로봇

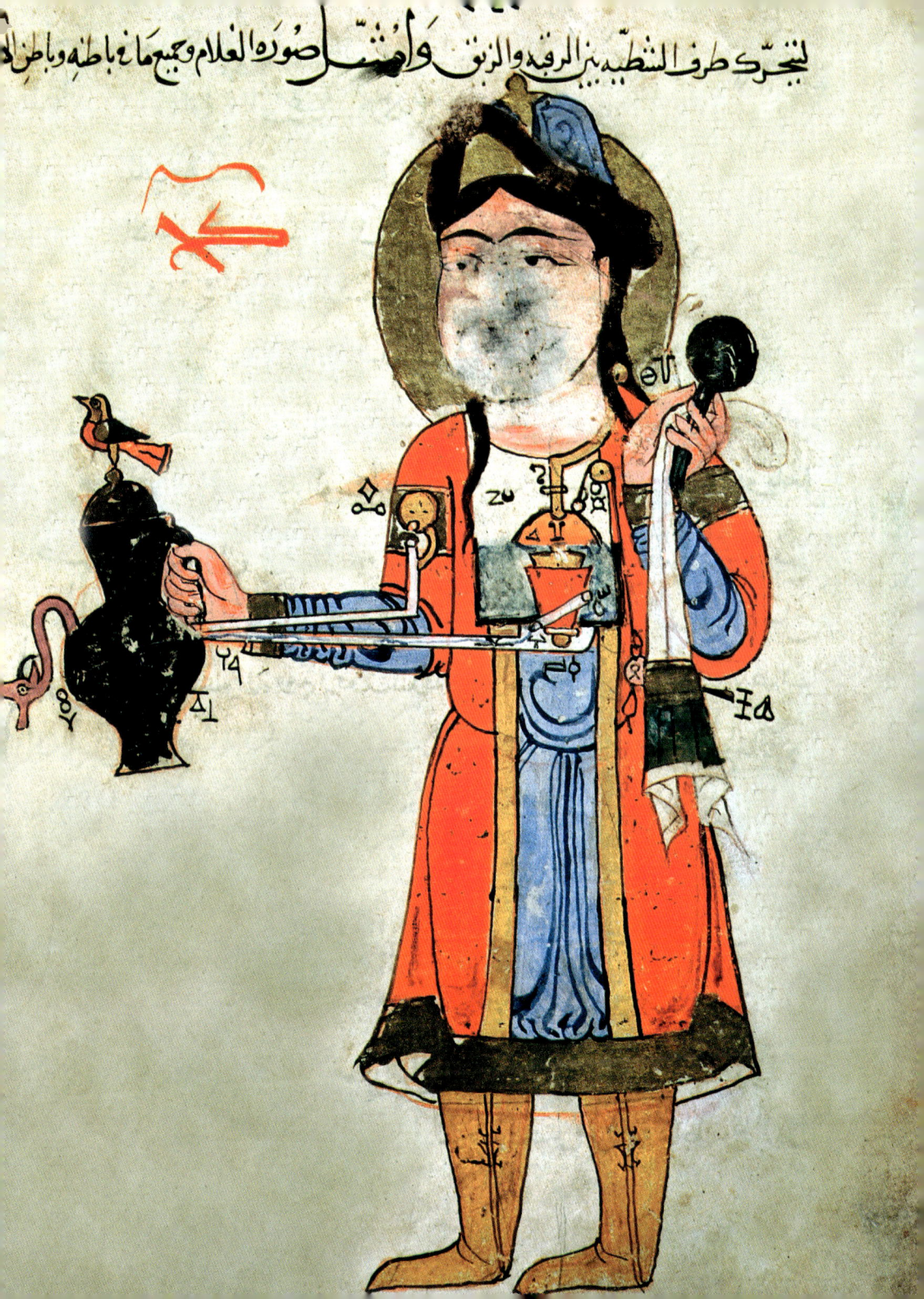

# 안경 (1250년경)

**베네치아인들이 유럽에서 최초로 안경을 만들다.**

1세기에 로마의 철학자이자 극작가 세네카는 물을 가득 채운 유리구체를 읽을거리 위에 놓아 글자를 확대했으며, 천 년이 지난 후 원시가 있는 수도승들도 이 방법을 사용했다. 베네치아의 유리 부는 장인들이 확대경으로 사용되는 렌즈를 생산했는데, 유럽에서는 13세기에 이 렌즈를 각 눈에 하나씩 쌍으로 사용했으며 렌즈를 지지하는 테는 나무나 뿔로 만들어졌다.

피사의 살비노 다르마트(1258~1312)와 피렌체의 수도사 알레산드로 다 스피나(1313년 사망)는 1284년에 안경을 발명한 것으로 자주 언급된다. 그러나 마르코 폴로가 1270년에 중국의 노인들이 안경을 사용하는 것을 보고 안경의 유래에 대해 물어보자 중국인들이 11세기 아랍에서 발명된 것이라고 답했다고 한다. 중국인들은 당시에 그을린 수정을 선글라스로 사용하기도 했다.

> "이 발명은 시력을 좋게 해주는,
> 세상에 존재하는 모든
> 유용한 기술 가운데 하나이다."
> 프라 조르다노 다 리발토, 연설, 1305년

최초의 안경은 볼록렌즈를 사용했고 원시를 교정했다. 1451년 독일 추기경 쿠사의 니콜라스는 근시를 교정하는 오목렌즈 안경을 도입했다. 이후 렌즈의 작용에 대해서는 요한네스 케플러가 1604년 광학에 관한 논문에서 설명했다. 1730년경 런던의 광학자 에드워드 스칼렛이 귀 뒤에 거는 안경다리를 완성시켰으나 이러한 디자인이 선호되기까지는 시간이 좀더 흘러야 했다. **DH**

# 지뢰 (1277년경)

**중국인들이 숨겨진 무기를 개발하다.**

압력이나 접근을 통한 자극을 받으면 폭발하는 무기인 지뢰는 수백 년 동안 사용되었으나 그 기원은 명확하지 않다. 1277년 중국에서 최초의 자급식 지뢰가 몽고의 침략자들을 상대로 군사적 용도로 사용되었다는 증거가 남아 있다. 전투가 종료된 지 한참 후에도 민간인 사상자가 발생할 비율이 높기 때문에 지뢰의 사용은 큰 논쟁을 불러일으켰다.

'지뢰'라는 이름은 유럽 중세에 사용되었던 '터널 지뢰'에서 유래한 것이다. 터널 지뢰는 성이나 요새를 포위 공격할 때 성벽 밑으로 터널을 파고 성벽 바로 아래에서 폭발물을 터뜨려 성벽을 무너뜨리는 역할을 했다. 대인 지뢰는 중세 중국에 도입되었다. 이 지뢰는 사람이 그 위를 지나가면서 생기는 압력이나 원격 조종으로 폭발했고 다양한 모양으로 만들어졌다. 그러나 전쟁에서는 화약이 부족해 제한적으로 쓰였다.

> "도화선은 바닥에서부터 시작된다…
> 흑색 화약을 그 안에 압축시켜 넣어
> 폭발적인 지뢰를 만든다."
> 초옥과 류기, 『화룡신기진법』, 1368~1398년경

유럽에서 지뢰는 16세기 초에 작은 구덩이에 화약을 넣고 부싯돌로 만든 장전 장치로 폭발물을 점화하는 형태로 나타났다. 그 이후에 사용된 예로는 보어 전쟁과 제1차 세계대전에서 진군 중인 군대의 속도를 늦추는 용도로 사용된 것을 들 수 있다. 20세기에 이르러 지뢰의 사용 빈도는 급격히 증가했다. **SR**

---

**참고:** 유리, 렌즈, 유리불기, 시력검사(스넬런 시력표), 이중 초점 안경, 콘택트 렌즈

**참고:** 화약, 어뢰

# 큰 낫 (1300년경)

유럽의 발명품이 생산력을 높이고 일꾼들을 낫으로부터 해방시키다.

큰 낫은 지난 천년 동안에 일어난 농기구의 발전 중에서 가장 중요한 것 중 하나로 꼽힌다. 13세기 후반에 유럽 농장에서 등장한 큰 낫은 농업 생산에 엄청난 혁명을 일으켰다. 안쪽이 날카로운 곡선형의 날과 길다란 나무 자루로 구성된 큰 낫은 수확자가 풀을 자를 때 똑바로 서서 일할 수 있게 해주었다. 이는 사용자가 몸을 불편하게 구부려야 했던 날이 짧은 낫에서 크게 개선된 것이었다.

기원전 5000년경에 나타난 이래로 외형이 거의 변하지 않은 일반 낫을 사용하는 농사꾼은 기껏해야 하루에 0.3헥타르를 수확할 수 있었지만, 큰 낫의 사용으로 수확된 곡물의 생산량은 하루에 0.4헥타르로 증가했다. 큰 낫은 사용하기 편하도록 설계된 환경 공학적 디자인과 일종의 지렛대 원리로 작동되어 뼈빠지게 힘든 일반 낫에 비해서 더 적은 힘으로 큰 힘을 발휘할 수 있었다. 16세기에 이르러 큰 낫이 수확을 위한 도구로 선호되면서 기존에 사용하던 구식 낫은 대부분 사라졌다. 또한 큰 낫은 수많은 농민 반란에서 무기로 사용되기도 했다.

18세기 후반에는 자루에 일련의 나무못이 추가됨에 따라 한번에 곡식을 베고 모아서 다발로 만들 수 있게 되었다. 이것은 농부의 생산성을 효과적으로 배가시키는 혁신적 사건이었다. 큰 낫은 곡식 수확의 대표적인 기구로 역사 속에서 오랜 기간 군림하다가 1831년 발명된 말이 끄는 기계 수확기로 대체되었다. 이 기계 수확기는 하루에 큰 낫을 사용한 농부 열 명이 수확하는 양에 해당하는 곡식을 수확했다. **BS**

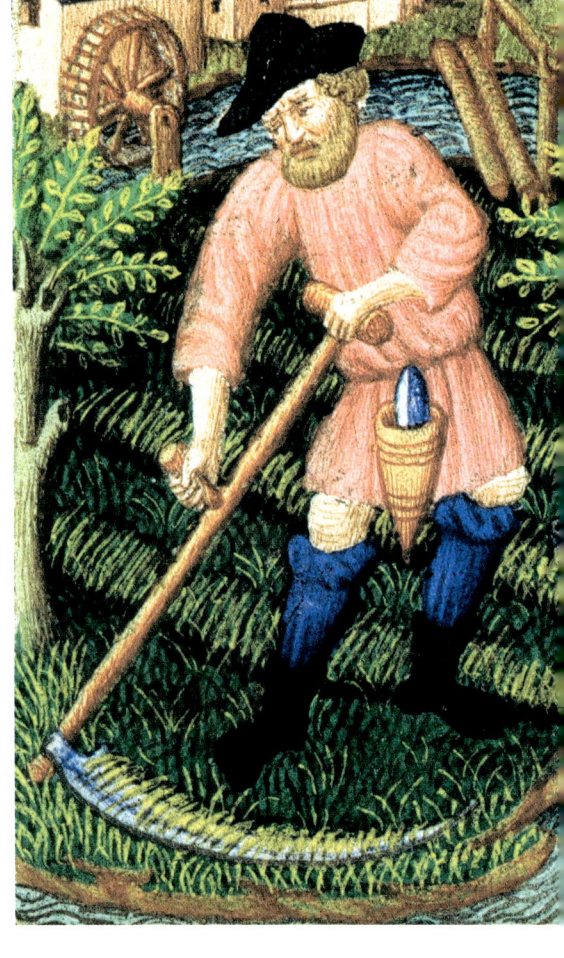

> "큰 낫은 자루가 고대의 낫에 비해 짧았으며, 톱니 모양인 낫에 비해 경작 속도가 빨랐다."
>
> 컨트리사이드 박물관 웹사이트

**참고:** 금속 세공, 도리깨, 탈곡기, 수확기, 잔디 깎는 기계, 콤바인

↗ 「베드포드 신도서」(1423)의 삽화에서 한 농부가 큰 낫으로 풀을 가지런하게 자르고 있다.

# 머스킷 총 (1300년경)

중국의 대장장이가 화약을 사용하여 긴 활에 대적하는 치명적인 무기를 발명하다.

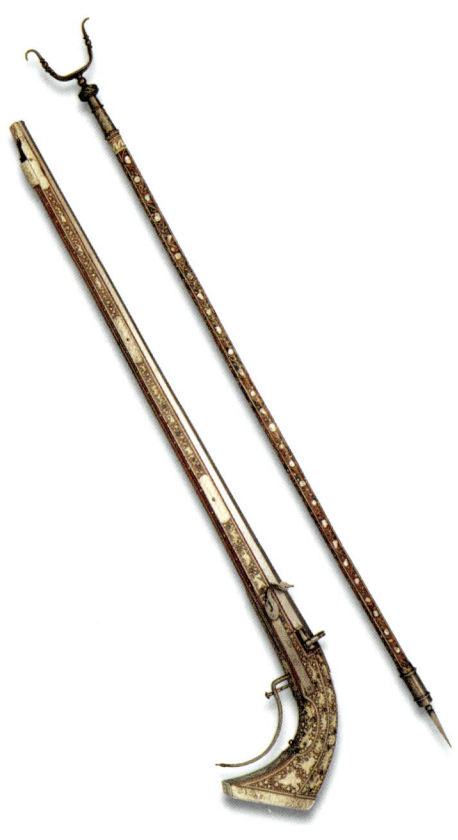

> "전쟁과 영토 확장에
> 있어 중국 화기의
> 영향은 엄청났다."
> 선 라이첸, 아시아 리서치 인스티튜트

⬆ 상아로 정교하게 장식된 이 머스킷 총과 받침대는 1630년경의
　　것으로 추정된다.

➡ 한 영국 삽화가 머스킷 총을 설치, 발사하고 어깨에 매는 과정을
　　보여주고 있다.

머스킷 총은 총구로 장전되는 활강총으로 어깨 높이에서 발사된다. 화승총보다 크며 받침대에 올려놓고 좌우로 회전시켜서 사용하는 경우가 많다. 머스킷 총이 언제 발명되었는지는 정확하게 알 수 없지만 고대 중국의 문서에 기록된 바에 따르면 14세기경으로 추정된다.

초기에 만들어진 대포는 중국인이 고안했고 중국의 무기 전문가들은 최초로 머스킷 총이라고 할 만한 무기를 만들어냈다. 하지만 세계 역사상 무기의 혁명이 일어난 시기는 이 기술이 오스만 제국(이후에는 유럽)의 발달된 야금학 기술과 결합된 이후였다.

머스킷 총이 확립되기까지는 상당한 시간이 걸렸다. 초기의 머스킷 총은 재장전에 특히 오랜 시간이 걸렸고 갑옷을 제대로 뚫지 못했으며 비싸고 신뢰성이 떨어졌다. 결정적으로 활과 화살이라는 싸고 치명적이면서도 정확한 대안이 이미 존재했기 때문이다. 긴 활과 화살은 현지에서 구할 수 있는 재료로 비교적 쉽게 만들 수 있었다. 그러나 16세기 이후에는 유럽인들, 특히 포르투갈인들이 머스킷 총과 대포를 생산하여 아시아로 수출했다.

17세기경 머스킷 총의 신뢰성과 사용의 편의성이 개선되면서 긴 활에 비교해 명확한 이점을 확보하게 되었다. 이 총은 고도로 훈련 받은 병사나 귀족만이 사용할 수 있는 무기가 아니었던 것이다. '고귀한' 무기를 '저속화'시킨다는 사실에 대해 처음에는 적지 않은 반발이 있었다. 귀족들은 곧 치명적인 화기를 사용하는 적군 사상자의 대부분이 귀족 계층이 아니라 일반인이라는 사실을 깨달았다.

이후 전쟁은 이러한 양상으로 계속되었고 시간의 흐름에 따라 강화됨에 따라 제1차 세계대전에 이르러 피비린내 나는 절정에 도달했다. **JB**

참고: 화약, 대포, 총, 화승총, 후장식 총, 부싯돌식 발화장치, 연발
　　권총

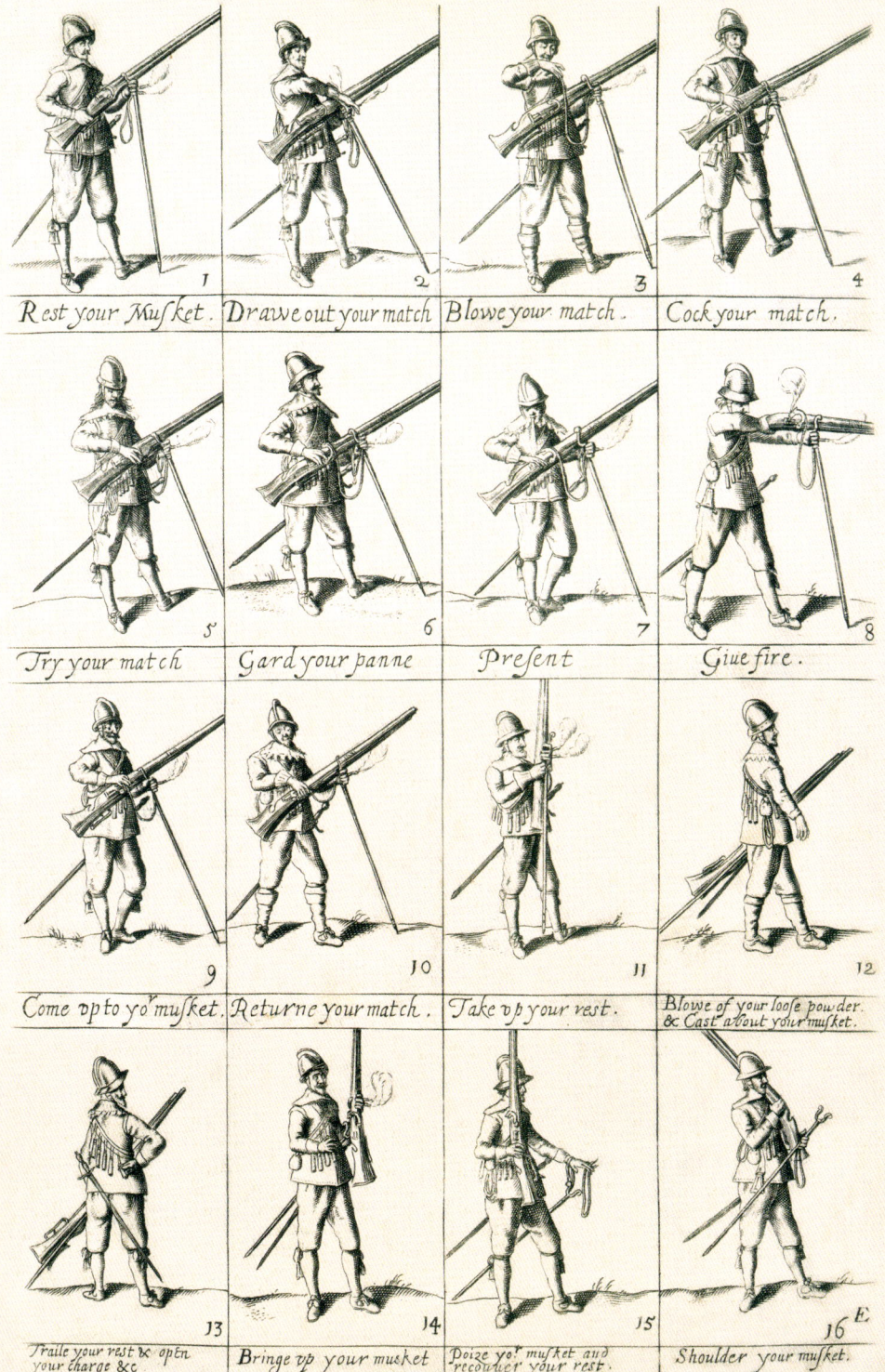

| | | | |
|---|---|---|---|
| *Rest your Musket.* 1 | *Drawe out your match* 2 | *Blowe your match.* 3 | *Cock your match.* 4 |
| *Try your match* 5 | *Gard your panne* 6 | *Present* 7 | *Giue fire.* 8 |
| *Come vp to yo.ʳ musket.* 9 | *Returne your match.* 10 | *Take vp your rest.* 11 | *Blowe of your loose powder. & Cast about your musket.* 12 |
| *Traile your rest & open your charge &c* 13 | *Bringe vp your musket* 14 | *Poize yo.ʳ musket and recouer your rest.* 15 | *Shoulder your musket.* 16 E |

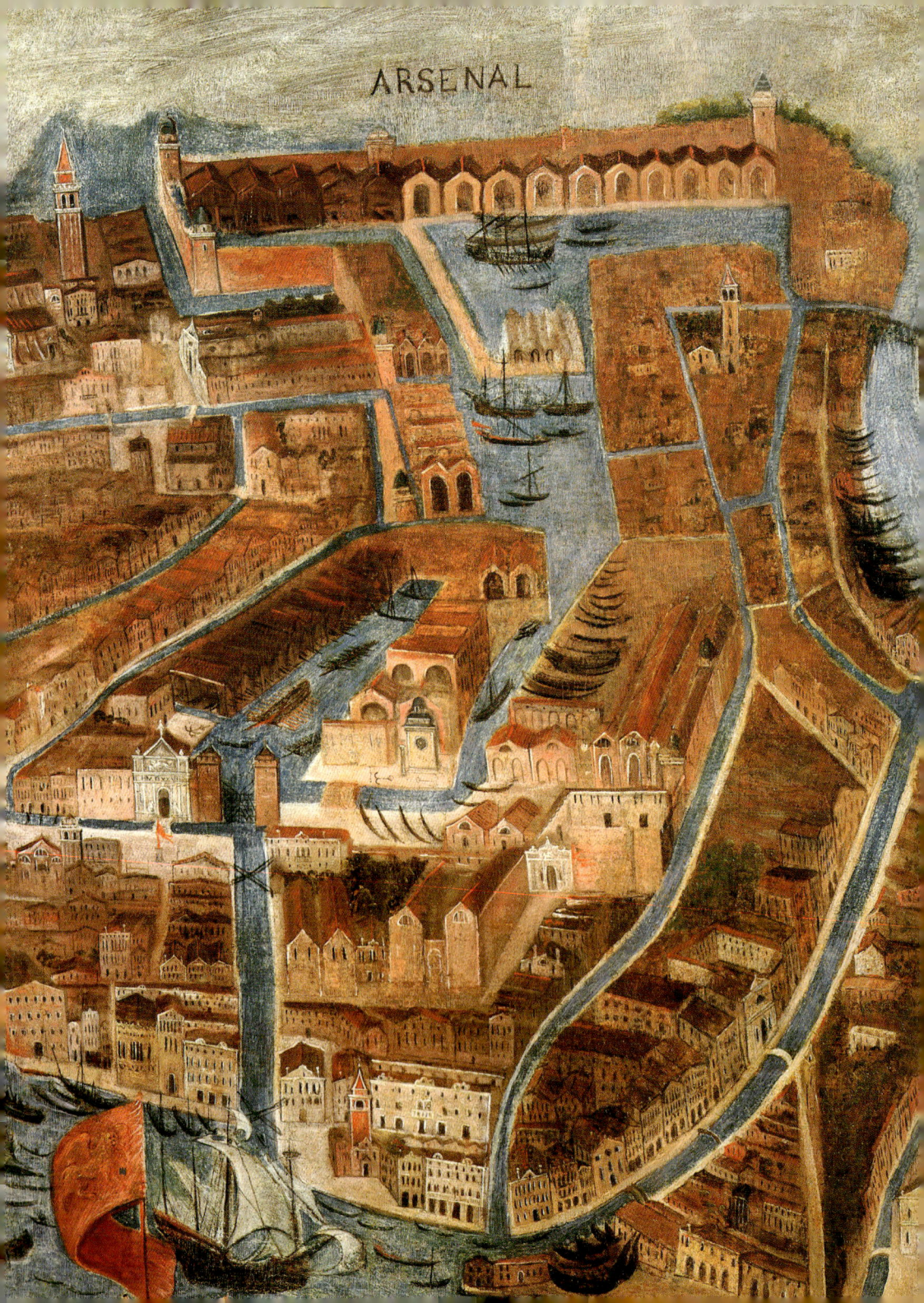

# 생산 라인 (1320년경)

베네치아인들이 대량 생산을 시작하다.

생산 라인에서 노동력을 여러 작업으로 분업시킨 것은 효율성과 생산량을 증가시켰고 고품질의 대량 생산을 가능케 했다. 이는 다른 어느 곳에서보다 베네치아의 군수 공장에서 명확하게 증명되었는데, 이곳에서는 역할을 표준화하고 작업을 특수화함으로써 베네치아인들이 전함과 화기를 만들어 결과적으로 제국을 건설하는 데 큰 공헌을 했다.

1574년 영국의 헨리 3세는 이 엄청난 최초의 공장이 하루 안에 전함 한 척을 완성하는 것을 목격하는 행운을 누렸다. 군수공장에 있는 수천 명의 노동자들은 효율적이고 조직화된 접근법으로 산업혁명이 시작되기 600년 전에 정교한 전쟁 도구를 만들었다. 군수공장은 원래 1104년 조선소로 건설되었지만 몇 차례에 걸쳐 규모가 확장되었다. 1320년에 노동자들이 배를 제작하기 위해 특수화된 작업을 수행했다. 가장 절정기에 있을

> "베네치아의 군수공장은
> 지속적으로 베네치아 해군을 위한
> 새로운 혁신들을 생산해냈다."
> 그레고리 셰리단, 『베네치아의 제국시대』, 1970년

때 군수공장은 1만 6,000여 명의 노동자들을 고용하여 유럽에서 최대의 노동력을 자랑했다. 1875~1878년에 베네치아가 이탈리아에 합병되자 군수공장은 더욱 확장되었다. 1800년대 말에는 이탈리아 해군의 가장 강력한 전함 몇 척이 이곳에서 건조되었다. **LW**

참고: 동력 직기, 로봇, 산업로봇

← 7세기의 투시도. 병참학적 중심에 놓여 있는 베네치아 해군의 군수공장을 묘사하고 있다.

# 측우기 (1441년경)

장영실이 강우량을 측정하다.

15세기 가뭄으로 고통 받던 조선에서 세종대왕(1397~1450)은 각 농가의 잠재적 수확량에 근거하여 토지세를 징수하고자 했다. 이러한 목적으로 국가 전역에 측우기가 설치되었고, 각 마을의 지방관은 강우량을 중앙 정부에 보고했다.

1441년에 각 마을에 높이 17인치(43센티미터), 나비 7인치(17센티미터)인 표준적인 원통형 용기가 지급되어 석조 받침 위에 설치되었다. 측우기는 일정 기간 원통에 담긴 빗물의 깊이를 재는 데 사용되었으며 이 기구의 발명가는 과학자 장영실이었다. 빗물을 측정하는 방법은 다소 노동집약적 성향을 띠고 있었다. 한편 중국에서도 1247년 강설량을 측정하기 위해 유사한 기술을 사용했다.

1662년 크리스토퍼 렌 경(1632~1723)이 기계적으로 스스로 비워지는 '우량기'를 만들었다. 이는 빗물을 연속적으로 담는 작고 균형 잡힌 두 개의 양동이로 구성되었다. 한 쪽 양동이에 보통 0.03인치(0.1센티미터) 정도 물이 차오르면 양동이가 기울어지면서 물을 비워내고 기계적으로 신호가 기록되었다. 또한 통이 기울어질 때마다 움직이는 종이 테이프에 구멍이 뚫렸다. 두 번째 양동이가 빗물을 담기 시작해서 가득 채워지지면 또다시 기울어지면서 물을 비웠다. 신호가 많이 기록될수록 강수량이 큰 것이었다.

렌의 우량기를 설치할 때는 세심한 주의가 필요했다. 그것은 물이 튀거나 동물이 접근하는 것을 방지하기 위해 땅에서 어느 정도 떨어진 높이에 있어야 했으며, 시야에 가려지는 것을 막기 위해 나무나 담장, 건물에서도 충분한 거리를 두고 설치되어야 했다. 가열된 우량기는 오늘날 해일과 폭설을 예측할 때 사용되고 있다. **DH**

참고: 풍속계, 기압계, 아네로이드 기압계, 기상 레이더

# 용수철 (1450년경)

헨라인이 시계장치의 심장부를 완성하다.

역사적으로 하나의 결정적인 발명이 다른 발명을 야기하여 오히려 새로운 발명에 가려지는 경우가 종종 있다. 회중시계를 발명한 독일의 자물쇠공 페터 헨라인도 이와 같은 경우였다. 그는 1504년과 1508년 사이에 회중시계를 발명했고, 이것은 태엽을 다시 감기 전까지 40시간 정도 사용할 수 있었다.

헨라인의 업적은 그보다 50년 전에 이루어진 발명 덕분에 가능한 것이었다. 그것은 작은 금속 조각이었으며 특정한 형태를 띨 때 금속의 자연적 탄력을 이용하여 그것에 작용된 힘을 흡수하는 동시에 배출할 수 있었다. 보기에는 볼품 없어 보이는 용수철이 바로 그것이었다. 역사는 이 대단하고 유용한 발명이 누구의 것인지 기억하지 못하지만 용수철로 구동되는 15세기 초의 시계가 몇 개 남아 있다.

에너지를 저장할 수 있는 용수철의 능력은 시계장

> "가장 박식한
> 수학자들조차도
> 경탄하게 하는 작품."
>
> 『코스모그라피카 폼포니 멜라에』, 1551년

치를 구동시키기에 완벽한 것이었다. 시계의 태엽을 감으면 스프링이 압축되면서 물리 에너지가 소요된다. 이 태엽 장치는 에너지를 점차 배출시키는 동시에 작지만 일정한 흐름의 힘을 시계에 제공해준다.

헨라인 등은 초기 모델에서 나타나는 다양한 문제점들을 극복해야 했다. 좋은 스프링은 압박을 해도 부러지지 않는, 형태가 일정한 하나의 강철 끈으로 만들어진다. 용수철을 완화시키는 데 필요한 섬세한 예열은 까다로운 기술이었고 이것을 완성시킨 것은 야금학 분야에서 획기적인 발전이었다. **DHk**

참고: 물시계, 해시계, 태엽장치, 진자시계, 회중시계

# 화승총 (1450년경)

스페인에서 손에 들고 사용하는 대포를 만들다.

1500년 이후로 전쟁터는 무장한 기병과 갑옷을 입은 용감한 기사라는 낭만주의적 개념에 의해 지배되는 장소가 되었다. 그러나 전쟁을 완전하게 바꿀만한 기술적 혁신이 곧 일어났다. 전장의 분위기를 바꾼 문제의 발명품은 화승총이라고 불린 것이었다. 이는 아마 '고리총'이라는 의미의 네덜란드어인 하크 뷔스(haakbus)에서 유래한 것으로 추정된다. 화승총은 손으로 들고 발사할 수 있는 화기 중에서 최초의 효율적인 예 중 하나였다.

이 시기에 화약을 사용하여 투사물을 발사하는 것은 그다지 새로운 개념이 아니었다. 대포는 1300년대 초기부터 존재했고 이를 보충하기 위해 보다 작은 '손대포'가 개발되어 널리 쓰이고 있었다. 이 초기 형태의 화기들은 기본적으로 작은 대포를 장대나 석궁 위에 장착시킨 것으로, 통기공을 성냥으로 건드려 화약을 점화하고 투사체를 발사하는 구조였다. 이러한 메커니즘은 모든 현대적 총에 달려 있는 방아쇠의 초기적 형태로 볼 수 있다. 두 손을 모두 자유롭게 쓸 수 있었기 때문에 무기를 훨씬 더 정확하게 다루는 것이 가능했다. 이러한 이점에도 불구하고 화승총은 긴 활이나 석궁에 비해 정확성이 떨어지는 단점이 있었다.

화승총의 뛰어난 점은 한 쪽 끝에 느린 속도로 연소하는 성냥을 사용하는 회전 메커니즘으로 구성됐다는 것이었다. 이것은 사용자가 두 손으로 총을 잡고 목표물을 겨눈 후에 회전 지렛대의 다른 한 쪽 끝을 잡아당기는 간단한 조작으로도 화약을 점화하고 무기를 발사할 수 있게 해주었다. 화승총은 석궁이 발명된 이후에도 비교적 사용법을 익히기가 쉽다는 장점 때문에 꾸준히 인기를 유지했다. 긴 활은 수년간 몸에 익히는 수련과 신체적 강인함을 연마해야 마스터할 수 있는 무기였다. 하지만 총은 손에 쥔 사람이라면 거의 누구라도 발사할 수 있는 물건이었다. **BG**

참고: 화약, 머스킷 총, 부싯돌식 기계장치, 연발총, 연발권총

# 풍속계 (1450년경)

알베르티가 효과적인 기구로 바람의 속도를 측정하다.

레온 바티스타 알베르티(1404~1472)가 고안한 풍속
계는 바람의 속도를 측정하기 위한 간단한 기구였다.
그것은 사각형의 금속판을 수평의 축에 힌지로 부착
한 것으로, 바람이 불면 금속판이 움직이면서 상대적
인 풍속이 곡선형 계량기에 표시되었다. 약한 바람에
서는 금속판이 약하게 움직이고 강한 바람에서는 더
많이 움직였다.

알베르티는 이 장치를 자신의 저서 『수학의 즐거
움』(1450)에서 묘사했다. 부유한 상인의 아들로 좋은
교육을 받은 알베르티는 성공한 예술가이자 운동선수,
승마인, 음악가, 수학자, 암호 사용자(암호 원반을 발
명), 고전주의자, 작가, 성직자와 건축가였다. 그는 당
시 이탈리아 도시에서 지식 문화의 발달이 만들어낸 진
정한 르네상스 시대의 박식가였다.

예술가이자 건축가로서 알베르티는 필리포 브루
넬레스키가 사용한 직선 원근법과 자신이 수사 신부
로 재직했던 피렌체 대성당의 위대한 설계로부터 영
감을 얻었다. 반대로 풍속계를 비롯한 알베르티의 업
적은 레오나르도 다빈치에게 영감을 주었으며, 다빈치
는 이것을 그림으로 그리고 자신의 비행 기계 설계에
이용했다.

알베르티의 단순한 디자인은 200년 이상 사용되
다가, 영국의 과학자 로버트 후크(1635~1703)에 의해
재발명되었다. 그는 움직이는 금속판을 곡선형 계량기
아래에 장착시켜 보다 정확한 측정을 가능하게 했다.
거의 2세기가 지나고 1846년에는 아일랜드 천문학자
존 토머스 롬니 로빈슨(1792~1842)이 컵 네 개가 달린
풍차 풍속계를 발명했다. **EH**

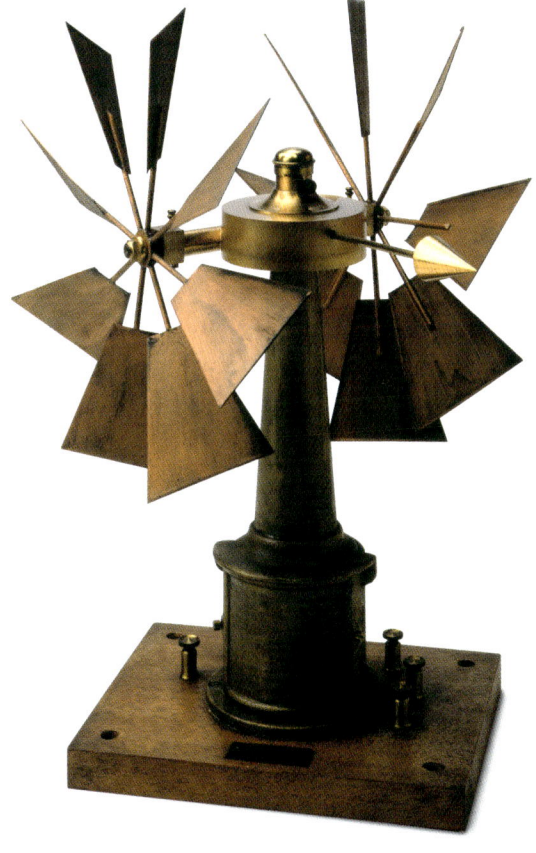

**참고: 측우기, 기압계, 아네로이드 기압계, 기상 레이더**

↗ 날개 여덟 개의 바람개비로 이루어진 이 19세기의 풍속계는
   G. T. 킹튼이 만들었다.

> "알베르티를 제외한 우리의 근대
> 기술자 중 어느 누구도 이 주제에 대해
> 어떻게 써야할지 알지 못했다."
>
> 조르조 바사리, 『예술가들의 생애』, 1550년

# 가동 금속활자를 사용한 인쇄기 (1450년경)

구텐베르크의 혁신적인 인쇄술이 정보의 확산을 급격하게 증진시키다.

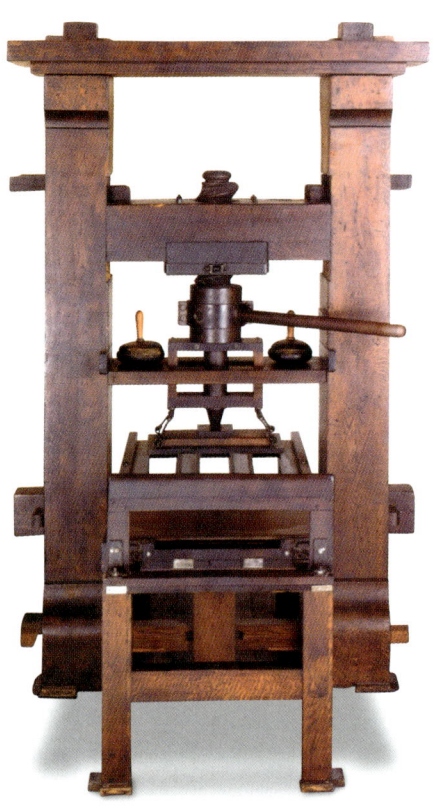

"그것은 무지의 어둠을
깨뜨리고 빛을 만들어 인간들
사이에서 빛날 것이다."

요한네스 구텐베르크, 인쇄업자

글쓰기의 발명은 문명의 발전에 있어 중요한 도약이었지만 초창기에는 책이 거의 만들어지지 않았고 일부 제한된 숫자의 사람들에게만 읽혔다. 이러한 책들은 대개 종교적인 내용으로, 손으로 직접 라틴어로 씌어졌으며 성직자들과 귀족들을 위해 교회의 서기관이 필사한 것이었다. 지식과 사상이 보다 널리 확산된 것은 인쇄기가 개발된 이후에나 가능해졌다.

인쇄기의 가장 초기 형태는 한 쪽 면에 볼록한 글자가 새겨진 목판으로 구성되었다. 이러한 목판들은 틀 안에서 배열되어 종이로 눌렀을 때 글자의 모양이 나타났다. 유감스럽게도 목판은 사용할수록 마모되기 때문에 많은 사본을 생산하지 못했다. 글자와 삽화를 위해 새로운 목판을 제작하는 것은 매우 많은 시간이 소요되는 작업이었다.

1450년에 독일인 인쇄업자 요한네스 구텐베르크(1400~1468년경)가 금속합금 주물로 만들어진 글자들을 단어로 조합한 후 탬플릿으로 함께 고정시켜 하나의 활자면이 완성되는 기술을 개발했다. 이것은 동일한 페이지를 수백 장 인쇄할 수 있을 정도로 단단했으며 책의 제작이 확산되면서 보다 많은 사람이 책을 읽게 되었고 책에 대한 수요도 높아졌다.

구텐베르크의 인쇄술은 적절한 잉크가 없었다면 그 효용성이 제한적이었을 것이다. 그보다 이전에는 더 간단한 인쇄 방법에서 수성 잉크를 사용했고, 구텐베르크 자신은 보다 강한 유성 잉크를 도입했다. 여기에는 그가 자신의 성경에 실험적으로 사용한 채색 잉크도 포함되어 있었다.

평상형 인쇄판은 결국 윤전 인쇄기로 대체되었으며 20세기 말경에는 자료가 컴퓨터에서 인쇄판으로 직접 전송되는 CPT 기술이 사용되었다. **MF**

⬆ 구텐베르크 인쇄술의 사회적 영향력은 오늘날의 인터넷에 필적하는 것이었다.

➡ 구텐베르크 성경(1456)은 가동활자로 인쇄된 글과 손으로 그린 요소를 결합했다.

**참고:** 종이, 잉크, 목판인쇄, 가동활자, 에칭, 윤전 인쇄기, 라이노 타이프 인쇄

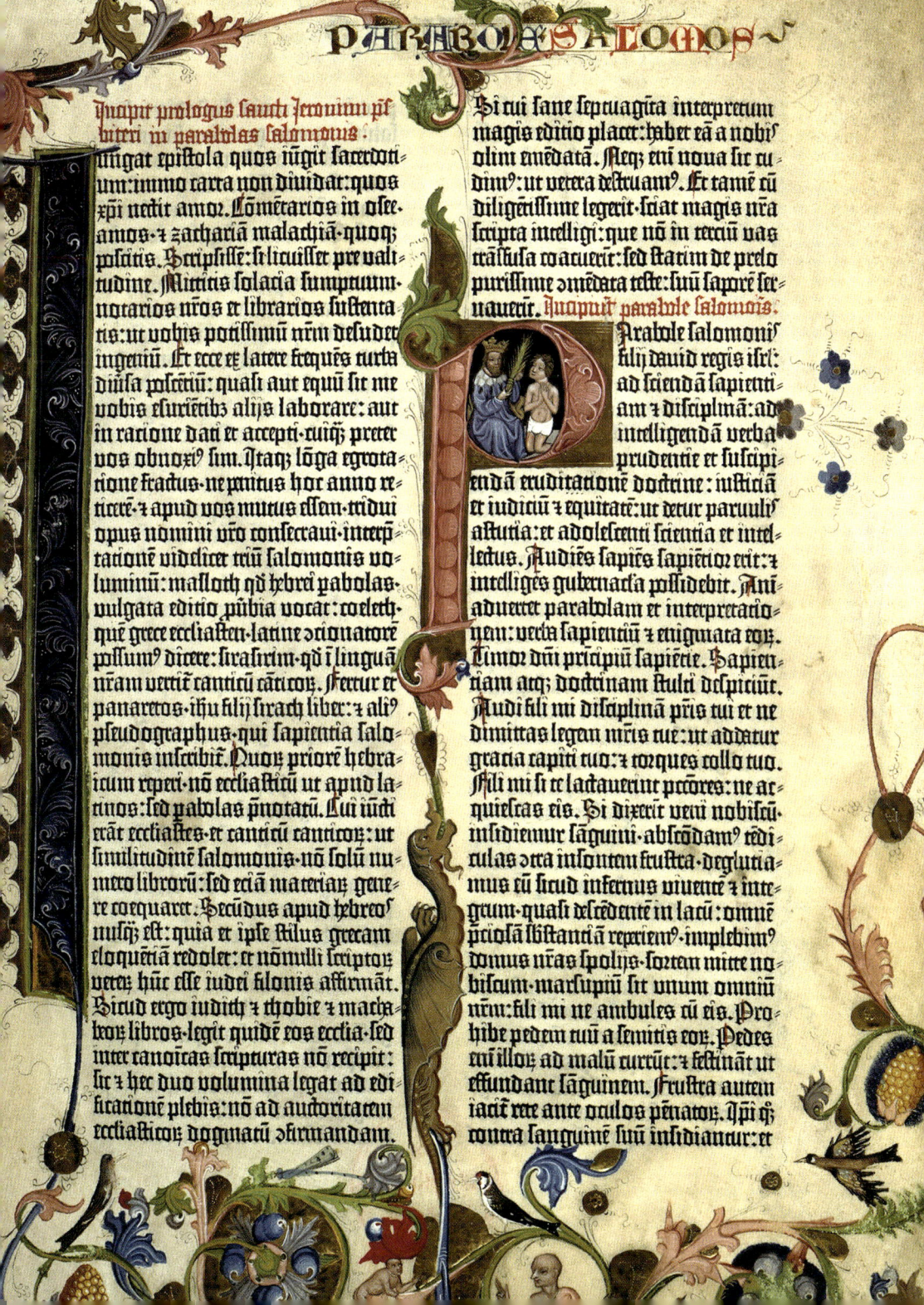

Incipit prologus sancti Jeronimi presbiteri in parabolas salomonis :

Iungat epistola quos iungit sacerdotium: immo carta non diuidat: quos xpi nectit amor. Comentarios in osee. amos z zachariam malachiam quoq; poscitis. Scripsisse: si licuisset pre valitudine. Mittis solacia sumptuum: notarios nostros et librarios sustentatis: ut vobis potissimum nostrum desudet ingenium. Et ecce ex latere frequens turba diuersa poscentiu: quasi aut equum sit me vobis esurientibus alijs laborare: aut in ratione dati et accepti cuiq; preter vos obnoxius sim. Itaq; longa egrotatione fractus: ne penitus hoc anno reticerem: z apud vos mutus essem: tridui opus nomini vestro consecraui: interptatione videlicet trium salomonis voluminum: masloth qd hebrei pabolas. vulgata editio pubia vocat: coeleth. que grece ecclesiasten. latine ocionatorem possum dicere: sirasirim. qd i lingua nostram uertit canticu canticorum. Fertur et panaretos. ihu filij sirach liber: z alis pseudographus. qui sapientia salomonis inscribit. Quor priore hebraicum reperi. no ecclesiasticu ut apud latinos: sed pabolas pnotatu. Cui iuctu erat ecclesiastes. et canticu canticor. ut similitudine salomonis. no solu numero librorum: sed etia materiar. genere coequaret. Secudus apud hebreos nusq; est: quia et ipse stilus greca eloquentia redolet: et nonulli scriptor. veter. huc esse iudei filonis affirmat. Sicut ergo iudith z thobie z macabeor libros. legit quide eos ecclia. sed inter canoicas scripturas no recipit: sic z hec duo volumina legat ad edificatione plebis: no ad auctoritatem ecclesiasticor dogmatu confirmandam.

Si cui sane septuaginta interpretum magis editio placet: habet eam a nobis olim emendatam. Neq; eni noua sic cudim9: ut vetera destruam9. Et tame cu diligentissime legerit: sciat magis nostra scripta intelligi: que no in tertiu vas trasfusa coacuerit: sed statim de prelo purissime emendata teste: suu sapore seruauerit. Incipiut parabole salomois.

Parabole salomonis filij dauid regis isrl: ad sciendam sapientiam z disciplinam: ad intelligenda verba prudentie et suscipienda eruditione doctrine: iusticia et iudiciu z equitate: ut detur paruulis astutia: et adolescenti scientia et intellectus. Audies sapies sapietior erit: z intelliges gubernacla possidebit. Animaduertet parabolam et interpretatione: verba sapientiu z enigmata eor. Timor dni pricipiu sapietie. Sapientiam atq; doctrinam stulti despiciut. Audi fili mi disciplina ptis tui et ne dimittas legem nris tue: ut addatur gracia capiti tuo: z torques collo tuo. fili mi si te lactauerint pctores: ne acquiescas eis. Si dixerint veni nobiscu: insidiemur sanguini: abscondam9 tediculas otra insontem frustra: deglutiamus eu sicud infernus viuente z integrum: quasi descedente in lacu: omne priosa sbstantia reperiem9: implebim9 domus nras spolijs: sortem mitte nobiscum: marsupiu sit unum omniu nrm: fili mi ne ambules cu eis. Prohibe pedem tuu a semitis eor. Pedes eni illor ad malu currut: z festinat ut effundant sanguinem. Frustra autem iacit rete ante oculos penatos. Ipi q contra sanguine suu insidiantur: et

# 칫솔 (1498년)

중국인들이 치아의 구세주를 도입하다.

현대의 강모 칫솔은 일반적으로 15세기 중국에서 유래했다고 추정된다. 1498년 집필된 중국의 백과사전은 시베리아 야생 멧돼지의 목 부분에서 채취한 짧고 거친 강모를 동물의 뼈로 만든 손잡이에 심은 기구를 묘사하고 있는데, 이는 이를 닦는 데 사용된 것이었다. 중국 상인들은 이 브러시를 유럽에 가져갔으며, 멧돼지의 털이 예민한 유럽인의 잇몸에는 너무 거칠다고 여겨졌음에도 불구하고 큰 인기를 누렸다. 좀더 부드러운 말의 털이 대안으로 사용되기도 했지만 멧돼지 털이 가장 일반적인 것으로 남아 있었다.

칫솔이 치위생을 위한 인류 최초의 시도는 아니었다. 기원전 3000년경으로 거슬러올라가는 '치아 막대기'들이 이집트 파라오의 무덤을 발굴하는 과정에서 출토되었다. 이들은 얇은 나뭇가지나 섬유질이 많은 관목의 목재로 만들어졌으며 치아 사이를 닦고 입 냄새를 없애기 위해 사용되었다. 구강 위생과 입 냄새 제거를 위해 향이 나는 관목으로 만들어진 '씹는 막대기'는 16세기에 중국인들이 사용했다.

최초로 대량 생산된 칫솔은 1780년에 영국의 발명가 윌리엄 애디스에 의해 만들어지고 상품화되었다. 이것은 멧돼지 털과 돼지의 광모를 소의 허벅지 뼈 끝에 부착한 것이었다. 1840년대 중반에는 보다 기하학적인 디자인이 등장하였으며, 이때 처음으로 칫솔모가 일렬로 정렬되었다. 1938년에 뒤퐁 드 느무르가 나일론을 발명하기 전까지는 계속해서 천연모가 사용되었다. 세계 최초의 전동 칫솔은 1939년에 등장했다.

칫솔은 현재까지도 사용되는 가장 오래된 발명품 중 하나로, 없어서는 안될 물건의 리스트에서 자동차나 퍼스널 컴퓨터 등의 더 멋진 발명품들보다 상위를 차지한다. **BS**

# 유리거울 (1505년경)

베네치아인들이 유리의 반사능력을 이용하다.

원시시대 사람들은 잔잔한 연못의 표면으로 자신의 모습을 비춰보았고 그리스 로마 문명 및 중세 유럽에서는 표면으로 빛을 반사하는, 광을 낸 금속 조각을 거울로 사용했다. 거울이 인간의 허영심을 만족시키기 위해 쓰이기 시작한 것은 16세기 초였다. 베네치아인들이 납작한 유리판에 반사 성질을 띠는 주석과 수은의 합금을 얇은 층으로 입혀 굽는 기술을 개발하여 반사의 선명도를 증가시킨 것이다.

최초의 거울들은 개인적인 몸치장에 사용된 손거울이었고 후에는 상아나 은, 혹은 나무를 조각해서 만든 틀에 끼운 인테리어 용품으로도 사용되었다. 현대 거울 제작 기술의 기원인 유리 표면을 금속성 은으로 코팅하는 화학 공정은 1835년 유스투스 폰 리비히가 발견한 것이었다. 영국인 형제 로버트와 제임스 애덤은 거울을 사용한 커다랗고 장식적인 벽난로를 디자인하

> "세상은 매일매일 거울을 들여다보기 시작하면서 더 추해졌다."
>
> 카를 크라우스, 저널리스트 겸 시인, 극작가

여 멋진 효과를 냈다. 19세기에는 거울이 벽장이나 찬장 등 가구의 일부로 디자인됐다.

현대에 이르러 거울은 망원경과 카메라, 레이저 등의 과학기기에 사용되면서 산업에 응용되고 있다. 가시광과 파장이 다른 전자기 방사선을 위해 디자인된 거울은 특히 광학기기를 제작하는 데 유용하게 사용된다. **MF**

참고: 치약, 틀니, 치실, 치과용 전동드릴

참고: 금속 세공, 유리, 렌즈, 망원경, 카메라 복합렌즈, 레이저, 허블 우주망원경

# 회중시계 (1508년경)

헨라인이 최초의 휴대용 소형시계를 만들어내다.

세계 최초의 휴대 가능한 시계는 1504년과 1508년에 독일 뉘른베르크에서 자물쇠 견습공이자 시계 제작공인 페터 헨라인(1479~1542)에 의해 만들어졌다. 시계의 소형화는 1450년대 후반 다양한 탈진기의 발명과 함께 이탈리아에서 용수철이 발명되면서 시작되었다. 이러한 발전의 결과물이 바로 헨라인이 발명한 밸런스 스프링이었다. 이 스프링 덕분에 용수철로 구동되는 시계 내부 장치의 정확성이 크게 개선되었다.

직경이 2~3인치 정도 되는 헨라인의 새로운 회중시계는 벨을 울려 시간을 알려주었으며 태엽을 다시 감을 때까지 40시간가량 사용할 수 있었다. 시계는 축소형 강철 바퀴와 손으로 제조한 용수철로 구동되었는데, 커다란 기술적 도약을 상징함에도 불구하고 정확성이 떨어졌다. 용수철들이 풀리는 속도는 각각 달랐으며, 큰 태엽이 풀리면 시계가 느려졌다. 또한 초기의 용수철은 팽팽하게 감으면 부러지는 경향이 있었다. 나중에 캠스프링 등의 장치가 보완됨으로써 이러한 단점들은 개선되었다.

헨라인이 최초의 회중시계(이 시계와 그 이후에 만들어지는 시계들은 '뉘른베르크의 달걀들'로 불리게 됨)를 발명하기까지는 10년의 시간이 걸렸다. 이 발명품의 높은 가격 때문에 회중시계는 대체로 상류층의 지위를 상징하는 물건이 되었고, 이 회중시계의 인기는 400년 동안 지속되었다. 20세기 초에는 손목시계가 발명되었다. **BS**

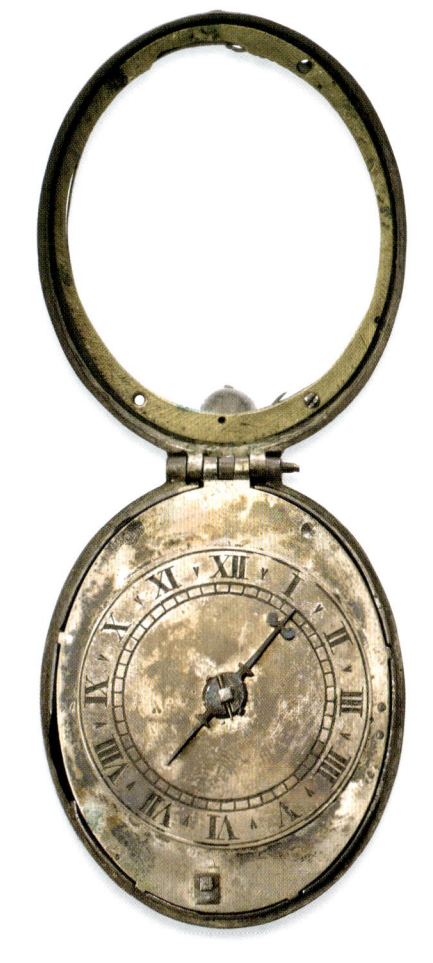

**참고:** 태엽장치, 용수철, 전자시계, 원자시계, 디지털시계, 수정시계

↗ 1650년의 이 회중시계는 헨라인의 다른 시계들과 마찬가지로 하나의 바늘만으로 시간을 표시한다.

"페터 헨라인은 작은 철 조각을 가지고 많은 바퀴가 달린 회중시계를 만든다."
요하네스 코클레우스, 역사가

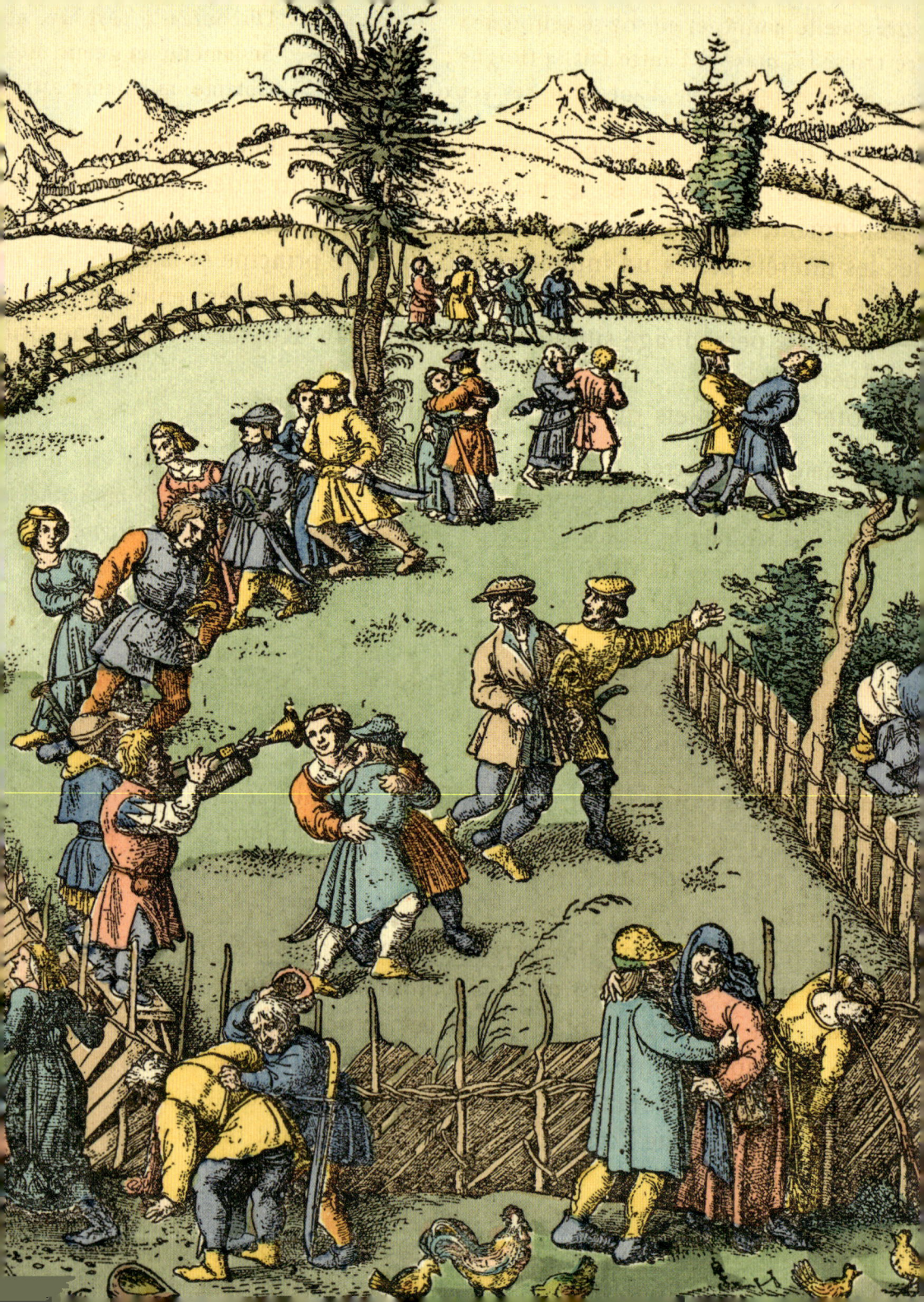

# 에칭 (1510년경)

호퍼가 인쇄를 단순화시키다.

장식 기술로 쓰이는 에칭은 다니엘 호퍼(1470~1536)
가 태어나기 수년 전부터, 혹은 고대부터 존재했을 가
능성이 있다. 그의 혁신은 에칭을 판화 제작에 적용시
킨 것이다. 에칭의 공정은 금속판을 그라운드라고 불리
는 말랑말랑한 재료로 뒤덮는 것으로 시작된다. 선을
그리고 싶은 자리에 바늘로 그라운드를 긁어서 금속판
바닥이 드러나게 한다. 그 후에 판을 산성 용액으로 닦
아내면(혹은 용액에 담그면) 드러난 금속 부분에 용액
이 침투하면서 선이 부식된다.

　　판을 오랫동안 용액에 담글수록 부식이 더 깊게
일어나고 판화에 선은 더 어둡게 나타난다. 보다 정교
한 판화를 위해서는 이 과정을 수차례 반복해서 하나의
작품에 여러 단계의 명암이 드러나도록 해야 했다. 부
식된 판은 잉크를 바른 후 다시 닦아내면 부식된 부분
에만 잉크가 남는다. 그리고 나서 금속판을 젖은 종이

---

> "그는 발명가로 칭송되기도
> 하지만, 모방자로 헐뜯기거나 단순한
> 기능공으로 불리기도 한다."
>
> 프라이다 스피라, 역사가

---

로 덮고 압착기에 통과시킨다. 압착기의 압력으로 종이
가 부식된 부분에 침투하면 금속판의 이미지가 종이에
그대로 나타난다.

　　호퍼의 기술은 사용 방법이 쉬웠기 때문에 큰 영
향을 끼쳤다. 판화를 제작하는 다른 방식 중에는 조각
이 있었지만 이 경우에는 금속 세공 기술이 필요했다.
에칭을 하기 위해서는 판에 선묘만 할 수 있으면 되었
다. **JG**

**참고:** 금속 세공, 잉크, 종이, 가동활자, 목판인쇄, 석판인쇄

◀ 〈마을 댄스〉, 다니엘 호퍼가 16세기에 만든 최초의 동판화 중
한 점.

# 모래 거푸집 주조 (1540년경)

비링구초가 오래된 기술을 되살리다.

용해된 금속으로 모래 거푸집 주조를 하는 것은 가장
오래된 제작 기술 중 하나다. 그것은 수년 동안 비밀
에 싸인 기술로, 그 신비함에 대해서는 선택된 소수만
이 알고 있었다. 이와 같은 상황은 16세기의 이탈리아
야금학자이자 무기 제작자인 바노초 비링구초의 독창
적인 저서 『신호탄에 관하여』(1540)로 인해 변화를 맞
는다. 베네치아에서 비링구초 사후 1년 뒤에 출판된 이
책은 야금학적 지식에 대한 진정한 백과사전으로 모
래 거푸집 주조 및 일반 주조술을 다룬 최초의 인쇄물
중 하나이다.

　　시에나에서 태어난 비링구초는 이탈리아의 상인
정치가이자 참주인 판돌포 페트루치의 후원을 받아 이
탈리아와 독일 전역을 여행하면서 얻은 정보와 체험들
을 수집하여 책을 저술했다.

　　일반적인 모래 거푸집 주조 과정에서는 주조 대상
인 물건의 모형이나 '패턴'을 틀 속에 놓고 나서 접합을
위해 물에 적신 모래를 패턴 주위로 빽빽하게 압축시킨
다. 젖은 모래의 혼합물은 이 공정에서 가장 핵심적인
것으로, 수년에 걸쳐 다양한 종류의 접합용 재료들이
수용되었으며 이중에는 꽤 유별난 것들도 있었다. 비링
구초 자신은 인간의 소변과 맥주 양조통에 있는 찌꺼기
의 사용을 추천했다.

　　틀이 가득 차고 모래가 들어가면, 거꾸로 뒤집은
후 다른 틀이 임시로 부착된다. 이 과정을 반복하고 틀
을 분리한 후 모형을 조심스럽게 제거하면 각각의 모래
상자에 주조될 물건의 반쪽에 해당하는 구멍이 남는다.
모래 속에 두 개의 구멍을 뚫은 후 한쪽으로 용해된 금
속을 거푸집 안에 부으면, 금속을 붓는 동안 다른 쪽으
로는 공기가 배출된다. 이제 틀은 안전하게 다시 조립
되고 금속이 부어진다. **MD**

**참고:** 금속 세공, 용광로, 전기 아크로

# 다이얼 자물쇠

## (1550년경)

카르다노가 기억된 코드로 열리는 다이얼 자물쇠를 고안하다.

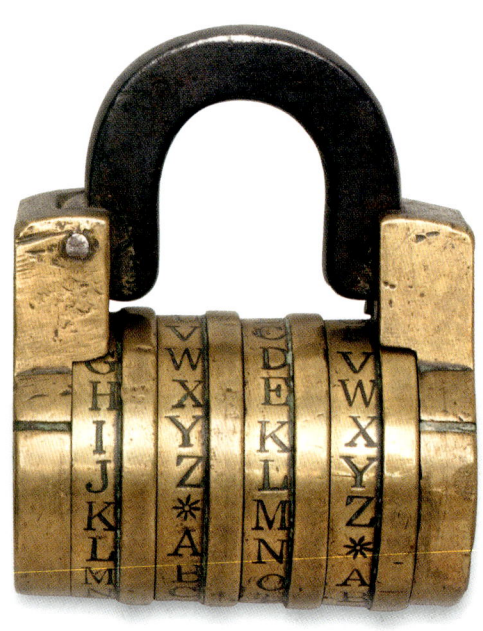

1206년, 아랍의 학자 알 자자리가 『독창적 기계장치에 대한 지식의 서』라는 저서를 출판했다. 잘 알려지지 않은 이 학자는 당시에 아직 발명되지 않은 수많은 기구들을 묘사했다. 그중에는 물레바퀴와 크랭크축, 다이얼 자물쇠가 여기에 포함된다.

1550년에 이탈리아의 한 괴짜 수학자가 알 자자리의 아이디어를 확장시켜 최초의 다이얼 자물쇠를 만들었다. 지롤라모 카르다노(1501~1576)는 형편이 궁핍하여 도박과 내기 장기로 돈을 충당하곤 했다. 주목할 만한 발명가이기도 했던 그는 자신의 실생활과 접목시켜 아이디어를 생각해낸 결과, 재산을 안전하게 보관할 수 있는 실용적인 상품을 제작했다.

카르다노의 디자인은 각각 새김눈이 새겨진 몇 개의 회전하는 원반으로 이루어졌다. 이 자물쇠는 회전하는 원반 속에 걸리는 돌기가 솟아 있어 핀으로 잠글 수 있게 만들어져 있었다. 원반의 새김눈들이 핀의 돌기들과 일직선상에 놓이면 자물쇠가 열렸다.

오늘날 카르다노의 다이얼 자물쇠는 보안성이 가장 떨어지는 형태 중 하나로 간주된다. 비밀번호가 단순하거나 기계 자체가 엉성하게 맞춰져 있는 경우에는 정확한 다이얼의 숫자를 몰라도 손쉽게 열 수 있었다. 단순히 원반들을 돌리면서 귀를 기울이다 보면, 돌기들이 각각에 해당하는 새김눈에 걸릴 때 나는 클릭 소리를 들을 수 있었기 때문이다.

카르다노의 디자인은 여전히 자전거나 서류가방의 자물쇠로 사용되고 있다. 하지만 예전과 달리 이제는 암호가 쉽사리 풀리지 않는 정교한 전자 다이얼 자물쇠와 경쟁해야 한다. **FS**

> "우리는 인류를 구원하기 위해 친환경적인 자전거를 타고 다니지만, 인류를 불신하기 때문에 자전거에 자물쇠를 채운다."
>
> 출처 미상

**참고:** 기계 자물쇠, 맹꽁이 자물쇠, 텀블러 자물쇠, 안전 자물쇠, 시한 자물쇠, 예일 자물쇠.

🔏 이 18세기 영국의 다이얼 자물쇠는 네 글자를 특정 방식으로 조합하여 사용할 수 있었다.

# 콘돔
## (1560년경)

**팔로피오가 피임용 덮개를 발명하다.**

이탈리아의 해부학자 가브리엘 팔로피오(1523~1562)가 쓴 매독에 관한 논문 「프랑스 질병」(1564)이 그의 사후에 출판되었는데, 여기에 콘돔에 대한 언급이 있다. 성관계로 전염되는 병의 확산을 막기 위해 팔로피오는 린넨으로 만든 덮개를 발명했는데, 이것은 소금 용액에 담그면 성관계를 맺는 동안 보호막을 형성했다. 여성들의 호감을 얻기 위해 콘돔은 핑크색 리본으로 묶어서 고정했다. 팔로피오는 이 기구를 사용한 1,100명의 남성 중 어느 누구도 매독에 걸리지 않았다고 주장했다.

그러나 팔로피오의 기구가 최초의 콘돔은 아니었다. 프랑스 콩바렐의 동굴 벽화와 고대 이집트의 드로잉에는 콘돔을 착용하고 있는 남성들이 묘사되어 있다. 시간이 지나면서 콘돔은 기름 종이, 얇은 가죽, 물고기 방광, 심지어는 거북이 껍질로도 만들어졌다.

> "콘돔은 쾌락에 대해서는
> 갑옷이고 위험에 대해서는
> 거미줄이다."
>
> 마담 드 세비녜, 소설가

1884년경에는 찰스 굿이어(타이어로 명성이 높음)가 고무의 경화 공법에 대한 특허를 받았다. 이것은 고무에 강한 열을 가하여 강력하고 탄력 있는 재료로 변형시키는 공법이었다. 경화고무로 만든 최초의 콘돔은 자전거 타이어만큼 두꺼웠고 측면에는 솔기가 이어져 있었다. 1880년대에는 제작과정이 발전하여 유리 거푸집을 액화 상태의 라텍스에 담그는 과정을 통해 콘돔이 생산되었다. 이 공정으로 솔기가 제거되어 콘돔이 보다 실용적인 형태를 띠게 되었다. **JF**

**참고:** 고무 밴드, 합성 고무, 실리콘 고무, 피임약, 비아그라

# 관절이 있는 의지
## (1564년경)

**파레가 현대적 보철술을 시작하다.**

관절이 있는 의지는 1500년대에 만들어졌으며 그 이후 5세기 동안 계속해서 발전했다. 이것은 프랑스의 이발사 겸 외과의사 앙브루아즈 파레(1510~1590년경)의 발명이었는데, 그는 초기 업적으로 더 잘 알려져 있다. 예들 들면 토리노 포위전(1536~1537) 때 총에 맞은 상처가 위독하지 않기 때문에 끓는 기름으로 소독할 필요가 없다는 사실을 깨달았다. 1545년 출판된 『화승총 및 기타 총에 맞은 상처를 치료하는 방법』에서 파레는 연고를 바르고 간단하게 붕대로 감는 것을 추천했다. 그는 수술 중 출혈을 막기 위해 혈관을 묶는 방법도 장려했는데, 이는 과거에 1,000년 이상 사용되다가 사라진 방법이었다.

또한 파레는 무릎 위를 절단한 환자를 위해 허벅지에 끼우는 의족을 발명했다. 그것은 무릎을 꿇을 수 있는 의족으로 엉덩이까지 연결된 끈으로 조절하는 무릎 관절을 포함하고 있었다. 또한 그는 프랑스군 장교를 위해 전쟁에서 사용할 수 있는 의수를 고안하기도 했다. '르 프티 로랭'이라고 불린 이 의수는 엄지는 고정되어 있었지만 나머지 손가락들은 스프링과 고리로 작동되었다.

이와 유사한 의수는 이전에도 '독일의 로빈 후드'라는 낭만적인 명성을 누린 괴츠 폰 베를리힝겐을 위해 고안된 적이 있다. 그는 귀족을 유괴하고 전리품을 위해 상인들의 호위대를 공격했다. 그는 1525년의 농민 전쟁 동안 반항군의 일부를 지휘하기도 했지만, 결국 농부들이 패배하기 전에 그만두었다. 1504년에는 란츠후트 포위전에서 아군의 대포가 그의 검에 맞아, 검이 떨어지면서 팔이 잘렸다. 그는 손을 잃었지만 결과적으로 '철의 손을 가진 기사'라는 또다른 별명을 얻었다. **SS**

**참고:** 마취, 의지, 인공 심장

# 연필 (1564년경)

영국인들이 지워지는 펜을 발명하다.

흑연으로 만든 연필은 1564년에 영국에서 발명되었다. 컴브리아 보로데일 근처의 시스웨이트펠에서 광대한 매장량의 순수 흑연이 발견된 직후였다. 보로데일에 매장된 흑연은 순도가 높아서 얇은 판으로 자른 후에 측면도가 사각형인 긴 막대로 자를 수 있었다. 이 물질은 순도가 덜한 흑연 혼합물에 비해 더 어두운 자국을 남겼고 감촉이 기름졌으며, 매우 깨지기 쉬운데다가 사용자의 손을 더럽히기 때문에 일종의 보호막이 필요했다. 그러나 지우기가 쉽다는 사실 때문에 잉크의 대안으로 인기를 얻게 되었다.

연필에 대한 최초의 기록은 1565년 독일의 과학자 콘라트 폰 게스너가 기록해 놓은 내용이다. 그는 '나무 손잡이에 둘러싸인' 납 연필을 묘사했으며, 1660년대에 이르면 케스윅의 한 목수가 나무 조각의 속을 비운 후 오늘날의 흑연심 연필의 원형을 만들었다.

> "몽당 연필이
> 가장 좋은
> 기억력보다 더 낫다."
> 속담

흑연(graphite)은 '블랙리드(blacklead)'나 '플럼바고(plumbago, 흑연석의 라틴어)'라는 용어로 불리다가 스웨덴의 화학자 K.W. 셸레가 자신의 논문 「화석론」(1779)의 각주로 흑연이라는 새 이름을 사용했다.

시스웨이트 펠에는 세계에서 발견된 것 중 가장 순도가 높은 흑연이 매장돼 있었으며 쉽게 추출이 가능했던 까닭에 1752년 영국 의회가 흑연의 절도에 대해 구금형을 내릴 수 있는 법을 통과시켰다. 최초의 상업적 연필 제작은 1761년 독일 뉘른베르크에서 시작되었다. **BS**

참고: 종이, 잉크, 깃펜, 만년필, 연필깎이, 크레용, 볼펜

# 경위의(經緯儀) (1571년경)

디기스가 삼각 측량법을 촉진하다.

수평과 수직의 각을 측정하기 위해 고안된 기구인 경위의는 조사 업무에 있어 매우 중요하다. 수평축과 수직축으로 모두 움직일 수 있는 망원렌즈로 구성된 경위의는 '삼각측량'에서 핵심적인 역할을 한다. 삼각측량은 오래 전부터 토지의 면적을 측정하기 위해 사용된 기술이다. 두 지점 사이의 거리를 측정하여 삼각형의 밑변으로 삼는다. 경위의를 밑변의 한 쪽 끝에 놓고 사전에 정의된 먼 지점과의 각을 결정한다(이것으로 삼각형의 각이 만들어진다). 그리고 나서 기구를 밑변의 반대쪽에 놓고 동일한 지점까지의 또다른 각을 잰다. 이와 같이 간단한 삼각법을 사용하면 다른 두 변의 길이를 알아낼 수 있다.

'경위의'라는 단어는 수학자이자 과학자였던 너드 디기스의 측량 교본인 『판토메트리아라는 이름의 기하학』(1571)에 처음으로 등장한다. 각도를 측정하기 위한 도구는 이미 수백 년 동안 존재해왔지만, 수직을 이루는 두 개의 축으로 움직이는 경위의를 도입한 것은 디기스가 처음이었다. 디기스는 자신의 책이 출판되기 12년 전에 빈털터리로 세상을 떠났다. 그의 역사적 지위는 그의 아들인 토머스 덕분에 성취된 것으로, 토머스는 아버지의 업적을 널리 알리기 위해 끊임없이 노력했으며 현대 과학의 원리들을 대중화시킴으로써 자신도 중요한 인물이 되었다.

그 이후로 기술적으로 많은 발전이 이루어졌는데, 그 예 중 하나인 제스 램즈던의 1797년도 대경위의는 대영제국 영국 육지측량부의 모체인 제일 삼각법에 의해 사용되었다. **TB**

참고: 버니어 눈금, 나사 마이크로미터

→ 고도로 정확한 램즈던의 대경위의는 처음에 영국 남부를 측량하는 데 사용되었다.

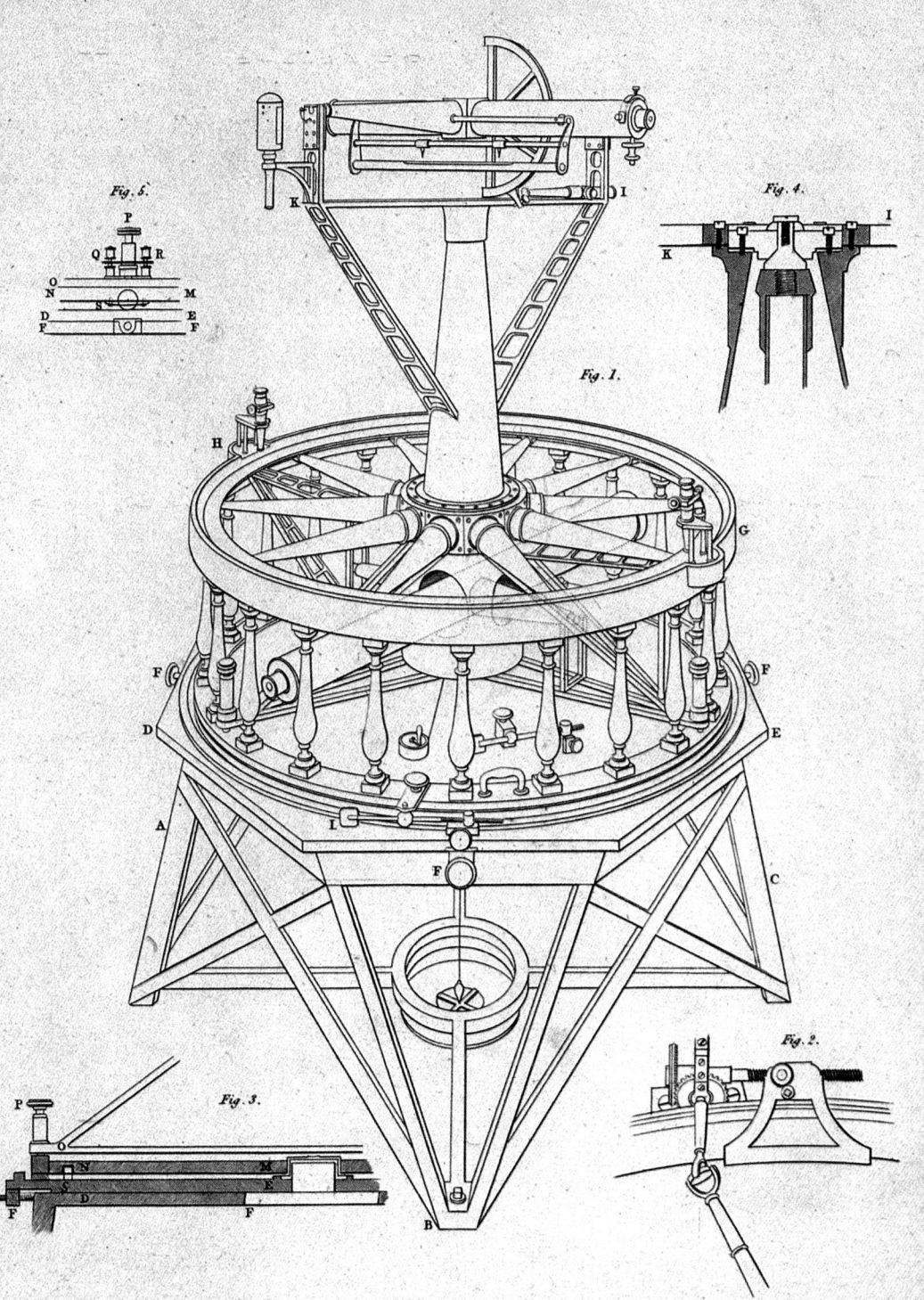

Fig. 5.

Fig. 4.

Fig. 1.

Fig. 2.

Fig. 3.

| | | | |
|---|---|---|---|
| 13 | b | Euphrasia | 13 | e | Hermene |

## Top register

| | | |
|---|---|---|
| 13 | b | Euphrasia |
| 14 | c | Matthildis |
| 15 | d | Longin, |
| 16 | e | Heribert, |
| 17 | f | Patrici, |
| 18 | g | Narciss, |
| 19 | A | Ioseph |
| 20 | b | Ioachim |
| 21 | c | Benedict, |
| 22 | d | Basili, M. |
| 23 | e | Victorian, |
| 24 | f | Gabriel |
| 25 | g | Mariæ Ver. |
| 26 | A | Ludgeri, |
| 27 | b | Rupert, |
| 28 | c | Guntram, |
| 29 | d | Eustachi, |
| 30 | e | Iohann Cl. |
| 31 | f | Amos |

| | | |
|---|---|---|
| 13 | e | Hermene |
| 14 | | Tiburti, |
| 15 | | Basilissa |
| 16 | A | Callist, |
| 17 | b | Anicet, |
| 18 | c | Eleutheri, |
| 19 | d | Thimon |
| 20 | | Sulpiti, |
| 21 | | Anselm, |
| 22 | | Soter |
| 23 | A | Leonti, |
| 24 | b | Georgi, |
| 25 | | Marc, |
| 26 | | Clet, |
| 27 | e | Anthim, |
| 28 | | Vitalis |
| 29 | | Petrus M. |
| 30 | A | Cath. Se. |

| | | |
|---|---|---|
| 13 | f | Hilari, |
| 14 | | Febr... |
| 15 | | Paul. E. |
| 16 | b | Marcell, |
| 17 | c | Antoni, A |
| 18 | | Pet. St. R. |
| 19 | | Marius |
| 20 | f | Fab. Seb. |
| 21 | g | Agnes |
| 22 | A | Vincenti, |
| 23 | | Emerenti. |
| 24 | c | Thimoth. |
| 25 | | Pauli Be. |
| 26 | e | Polycarp, |
| 27 | f | Ioh. Chry. |
| 28 | g | Carol, M. |
| 29 | | Francisc. S |
| 30 | | Martina I. |
| 31 | c | Pet. Nol. |

| | | |
|---|---|---|
| 13 | b | Gregori, |
| 14 | | Valentin, |
| 15 | d | Faustin, |
| 16 | e | Iuliana |
| 17 | f | Polychron. |
| 18 | | Simeon |
| 19 | | Gabin, |
| 20 | b | Euchari, |
| 21 | c | Maximian, |
| 22 | d | Pet. St. A. |
| 23 | | Siren, |
| 24 | f | Matthias |
| 25 | | Victor |
| 26 | A | Alexand. |
| 27 | b | Roman, |
| 28 | c | Macari, M. |
| | | Im Schalt Iahr |
| | | hat Febr. 29. Tag. |
| | | Matth. ist den 25. |

## MAIUS. IUNIUS.

Hat 31. Tag. ☉
in ♊ h. ☿ Or. 4.
20. Oc. 7. 40. T. 19.
20. N. 6. 40. Z. 21.

Hat 30. Tag. ☉
in ♋ h. ☾ Or. 4.
0. Oc. 8. 0. T. 16.
0. N. 8. 0. Z. 21.

| | | | | | |
|---|---|---|---|---|---|
| 1 | b | Philippi Iac. | 1 | e | Inventi, |
| 2 | c | Athanasi, | 2 | f | Erasm, |
| 3 | d | Creuz Erf. | 3 | g | Lucian, |
| 4 | e | Monica | 4 | A | Quirin, |
| 5 | f | Gotthard, | 5 | b | Bonifaci, |
| 6 | g | Ioh. Port. | 6 | c | Norbert, |
| 7 | A | Stanisla, | 7 | d | Rorbert, |
| 8 | b | Mich Erfch | 8 | e | Medard, |
| 9 | c | Greg. Naz. | 9 | f | Prim, |
| 10 | d | Gordian, | 10 | g | Getuli, |
| 11 | e | Mamert, | 11 | A | Barnabas |
| 12 | f | Pancrati, | 12 | b | Basilides |
| 13 | g | Servati, | 13 | c | Anth. Pad. |
| 14 | A | Bonifaci, | 14 | d | Basili, |
| 15 | b | Robert, | 15 | e | Vitus |
| 16 | c | Vbald, | 16 | f | Benno |
| 17 | d | Bruno B. | 17 | g | Nicander |
| 18 | e | Venanti, | 18 | A | Marc, M. |
| 19 | f | Pet. Cölest. | 19 | b | Gervasi, |
| 20 | g | Bern. Sen. | 20 | c | Silveri, |
| 21 | A | Hospiti, | 21 | d | Alban, |
| 22 | b | Cassi, | 22 | e | Achati, |
| 23 | c | Desideri, | 23 | f | Edltraud |
| 24 | d | Iohanna | 24 | g | Iohann T. |
| 25 | e | Vrban, | 25 | A | Gallican, |
| 26 | f | Phil. Ner. | 26 | b | Ioh. Paul |
| 27 | g | Ioh. Pabst | 27 | c | 7. Schläf. |
| 28 | A | German, | 28 | d | Leo 2. P. |
| 29 | b | Maximin, | 29 | e | Pet. Paul |
| 30 | c | Felix | 30 | f | Pauli Ged. |
| 31 | d | Petronilla | | | |

## MARTIUS APRILIS

Hat 31. Tag. ☉
in ♈ h. ♂ Or. 6.
0. Oc. 6. 0. T. 12.
0. N. 12. 0. Z. 20.

Hat 30. Tag. ☉
in ♉ h. ♀ Or. 5.
4. Oc. 6. 56. T. 13.
52. N. 10. 8. Z. 19.

| | | | | | |
|---|---|---|---|---|---|
| 1 | d | Suidbert, | 1 | g | Theodora |
| 2 | e | Simplici, | 2 | A | Franc. d.P. |
| 3 | f | Cunegund | 3 | b | Nicetas |
| 4 | g | Casimir, | 4 | c | Isidor, |
| 5 | A | Gerassim, | 5 | d | Zeno M. |
| 6 | b | Euagri, | 6 | e | Celestin, |
| 7 | c | Thom. Aq. | 7 | f | Hegesipp, |
| 8 | d | Philemon, | 8 | g | Amand, |
| 9 | e | Francisca | 9 | A | Maria Cle. |
| 10 | f | 40. Mart. | 10 | b | Ezechiel |
| 11 | g | Firmini, | 11 | c | Leo 1. P. |
| 12 | A | Gregori, P. | 12 | d | Zeno B. |
| 13 | b | Euphrasia | 13 | e | Hermene. |
| 14 | c | Matthildis | 14 | f | Tiburti, |
| 15 | d | Longin, | 15 | g | Basilissa |
| 16 | e | Heribert, | 16 | A | Callist, |
| 17 | f | Patrici, | 17 | b | Anicet, |
| 18 | g | Narciss, | 18 | c | Eleutheri, |
| 19 | A | Ioseph | 19 | d | Thimon |
| 20 | b | Ioachim | 20 | e | Sulpiti, |
| 21 | c | Benedict, | 21 | f | Anselm, |
| 22 | d | Basili, M. | 22 | g | Soter |
| 23 | e | Victorian, | 23 | A | Leonti, |
| 24 | f | Gabriel | 24 | b | Georgi, |
| 25 | g | Mariæ Ver. | 25 | c | Marc, |
| 26 | A | Ludgeri, | 26 | d | Clet, |
| 27 | b | Rupert, | 27 | e | Anthim, |
| 28 | c | Guntram, | 28 | f | Vitalis |
| 29 | d | Eustachi, | 29 | g | Petrus M. |
| 30 | e | Iohann Cl. | 30 | A | Cath. Se. |
| 31 | f | Amos | | | |

# 그레고리력 (1582년)

릴리오가 가톨릭 세계의 시계를 다시 맞추다.

율리우스력(율리우스 카이사르가 기원전 45년에 도입)은 1년이 365.25일로 이루어지고 4년마다 윤년이 있었다. 그러나 실제 1년의 길이는 365.24219879일이었기 때문에 로마력은 점차 현실과 멀어져 갔다. 16세기에는 실제 절기와 10일의 차이가 있었다.

1576년에는 교황 그레고리우스 13세가 천문학자와 수학자, 성직자들로 구성된 위원회를 소집했다. 이 자문기관은 알로이시우스 리우스라고도 알려진 칼라브리아 출신의 물리학자 루이지 릴리오가 제안한 안을 채택했다. 1582년 2월 24일, 교황은 1582년 10월 4일 다음날을 10월 15일 금요일로 정한다고 공표했다. 그 이후로 윤년은 해당 년도가 400의 배수일 때만 적용되었다. 예컨대 2000년, 2400년, 2800년이 윤년에 해당하는 것이다.

로마 가톨릭 국가들은 즉각적으로 그레고리력을 채택했지만 개신교와 그리스정교 국가에서는 이를 거부했다. 노르웨이와 덴마크에서는 1700년에 마침내 마음을 바꿨으며 대영제국과 미국을 포함한 그 식민지들은 1752년에 그레고리력을 받아들였다. 이들 지역에서는 그해 9월 2일 다음날이 9월 14일이었다. 일본은 1873년에 그레고리력을 채택했고 러시아는 혁명 후인 1918년에, 그리스는 1923년에 이를 받아들였다.

여전히 사소한 문제들은 존재한다. 1만 3,000년이 지나면 다시 10일의 차이가 벌어진다. 지구의 자전 속도가 매우 복잡한 방식으로 천천히 감소하고 있기 때문에 이 체계는 2,000년마다 하루씩 삭제해야 정확한 날짜 계산이 가능하다. **DH**

**참고:** 태음력 원자시계

← 그레고리력이 새겨진 독일 검의 날. 1686년경.

# 양말 짜는 기계 (1589년)

리가 뜨개질을 기계화하다.

영국 노팅햄셔 출신의 성직자 윌리엄 리(1550~1610년경)는 1589년에 양말 짜는 기계를 발명했다. 한 일화에 의하면 그가 이것을 발명한 이유가 어머니와 누이들을 힘든 뜨개질로부터 해방시켜주기 위해서라고 한다. 또 다른 일화는 어떤 여성이 그보다 뜨개질에 더 관심을 보였기 때문이라고 말한다.

뜨개질은 일련의 고리들을 맞물리게 하는 것으로 구성되며 한 줄의 고리가 이전 줄에 얽힌다. 양말 짜는 기계는 뜨개바늘과 유사한 긴 막대로 지지되는 완성된 한 줄의 고리를 만들어준다. 두 번째 막대가 그 막대와 마주보고 한 개의 와이어가 각각의 고리를 한 개씩 들어올려 첫 번째 막대기로 옮긴다. 리의 첫 번째 기계는 조잡한 모직 양말을 제작했으나 엘리자베스 1세는 이에 대한 특허 출원을 거부했다. 그는 섬세한 조직의 실크 양말을 제작하는 보다 개량된 기계도 만들었는데, 이번

> "모든 사람의 양말을 만든다는 것은 너무나 중요한 특권이기 때문에 특정 개인에게 부여할 수 없다."
> 엘리자베스 1세가 윌리엄 리에게

에도 여왕은 뜨개질을 업으로 하는 사람들의 생계를 걱정하면서 특허를 거부했다.

프랑스의 앙리 4세는 새로운 산업을 장려했기 때문에 리는 동생 제임스와 함께 기계 아홉 대를 가지고 프랑스로 갔다. 이들은 1610년에 앙리 4세가 암살당할 때까지 사업을 번창시켰으나, 그 이후에는 루이 13세가 외국 산업을 규제했다. 리 형제는 영국으로 돌아왔고 제임스는 런던에 공방을 차렸다.

윌리엄 리는 1610년 파리에서 사망했다. 오늘날 편물 산업은 컴퓨터로 가동되는 기계를 사용하지만, 여전히 그의 아이디어가 여러 곳에서 쓰이고 있다. **MF**

**참고:** 의류, 바느질, 직조된 천, 물레, 제니 방적기, 뮬 방적기, 동력 직기

# 현미경 (1590년경)

한스 얀센과 자하리야 얀센이 렌즈들을 조합하여 최초의 복합 현미경을 만들다.

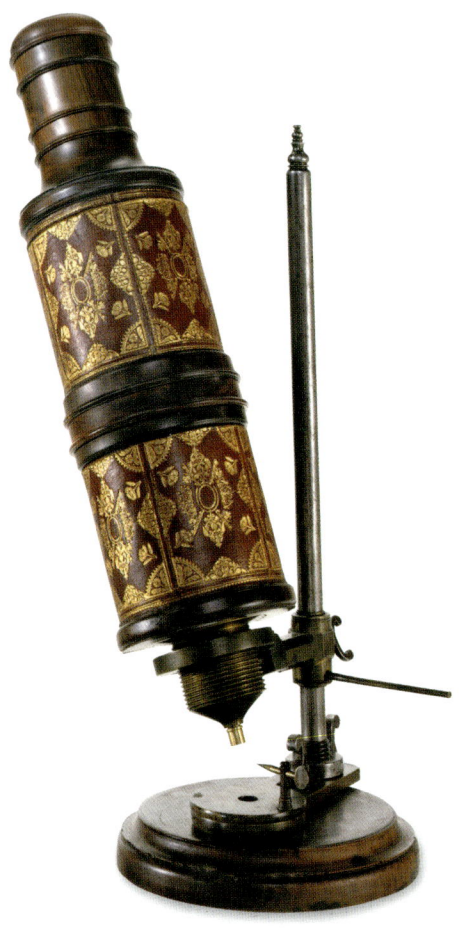

최초의 현미경은 배율이 6배에서 10배 정도인 작은 렌즈 하나로 구성되었다. 자하리아 얀센과 렌즈 제작자였던 그의 아버지 한스는 렌즈들을 조합하여 실험을 하면서 망원경을 반전시킴으로써 확대율을 증대시킬 수 있다는 사실을 깨달았다. 그들의 복합 현미경은 관의 한쪽에 확대시키는 대물렌즈를 달고 반대쪽에 접안렌즈를 단 것이었다. 초점을 맞추는 장치는 이탈리아의 갈릴레오 갈릴레이에 의해 추가되었다.

이탈리아 생리학자 마르첼로 말피기(1624~1694)는 모세혈관 속에서 혈액이 순환하는 것을 관찰했다. 현미경의 인기는 영국의 과학자 로버트 후크의 『마이크로그라피아』(1655)의 출판으로 크게 높아졌다. 네덜란드의 안톤 판 레웬후크(1632~1723)는 현미경을 사용하여 직조된 천의 실의 개수를 세보기도 했다. 그가 개량한 현미경은 배율이 270배에 이르렀다. 반 레웬후크의 현미경은 반경의 곡률이 0.7밀리미터인 단일 렌즈로 이루어져 있었다. 그는 미생물과 혈구를 최초로 관찰한 사람이었다. 반 레웬후크가 제작한 500개의 현미경 중 열 개 정도가 현재까지 남아 있다.

18세기에는 개량된 유리와 보다 초점거리가 짧은 다중 대물렌즈 때문에 훨씬 더 세밀한 부분까지 관찰이 가능했다. 대상 물체를 안전하게 고정시키기 위한 받침대도 추가되었다. 19세기에는 우리에게 익숙한 형태인, 흔들리지 않도록 단단하게 고정시킨 광학 튜브 형 현미경이 등장했다. **DH**

"자연은 가장 사랑스러운
시 중 일부를 망원경과 현미경을
위해 만들었다."
테오도르 로스작, 학자 겸 역사가

**참고:** 유리, 렌즈, 망원경, 전자 현미경, 주사형 터널 현미경

🇰 로버트 후크의 것으로 전해지는 이 1675년도 현미경은 조지 3세의 소장품 중 하나였다.

# 신문 (1605년)

카롤루스가 세계 최초의 인쇄된 뉴스를 출판하다.

1605년, 요한 카롤루스(1575~1634)가 프랑스 스트라스부르에서 '특별하고 기념할만한 소식들의 모음'의 첫 호를 인쇄하여 세계 최초의 신문을 발행했다.

이와 비슷한 개념은 1,500년 동안 존재해왔다. 율리우스 카이사르는 로마 시민들을 위해 석판이나 금속판에 새긴 일종의 뉴스레터인 '아크타 디우르나'를 만들었고 그로부터 800년경 후인 713년에는 중국의 당 왕조가 비단 위에 손으로 글씨를 쓴 뉴스 게시판 '저보(邸報)'를 출판했다.

처음에 카롤루스는 자신의 뉴스레터를 손으로 필사하여 부유한 구독자들에게 판매했다. 그러나 보다 많은 사람에게 출판물을 제공하고 수익을 증가시키기 위해, 1604년 인쇄소 하나를 구입한다. 이러한 현대적 접근법에도 불구하고 그의 신문은 살아남지 못했다. 따라서 현재까지 발행되고 있는 가장 오래된 신문은 네덜란드의 일간지 '하를렘 일보'(1656년에 다른 회사와 합병됨)이다.

처음에는 이 매체에 대한 회의적인 시각이 존재했다. 벤저민 해리스도 1690년에 미국 최초의 신문인 '퍼블릭 어커런시즈'를 창간하려고 할 때 이런 상황과 맞닥뜨렸다. 이 신문은 '한 달에 한 번(혹은 사건이 많을 경우에는 더 자주)' 출판될 예정이었다. 그러나 창간호를 발행한 후 분개한 정부 관리들이 그의 출판물을 두고 '고위 관료의 영향력'을 포함하며, '당국의 최소한의 동의나 허가 없이' 인쇄되었다고 판단했기 때문에 자신의 계획을 포기해야 했다.

오늘날 인터넷이 많은 신문을 위협하지만, 여전히 전 세계적으로 10억 이상의 사람들이 매일 인쇄된 신문을 읽는다. **DaH**

**참고:** 잉크, 종이, 가동활자, 가동 금속활자를 사용한 인쇄기

↗ '특별하고 기념할만한 소식들의 모음'의 1609년도 판은 현존하는 가장 오래된 신문의 예다. 하이델베르크 대학 소장.

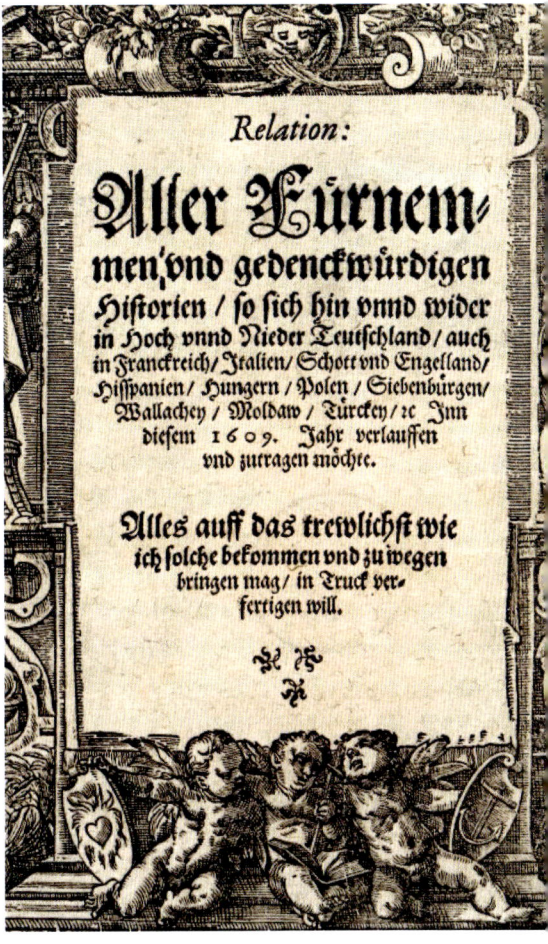

> "실제로 새로운 소식이
> 있던 없던 간에, 신문은 항상 같은
> 숫자의 단어들로 구성된다."
>
> 헨리 필딩, 소설가

# 망원경 (1609년경)

리퍼셰이가 하늘을 관찰하기 위한 기구를 개발하다.

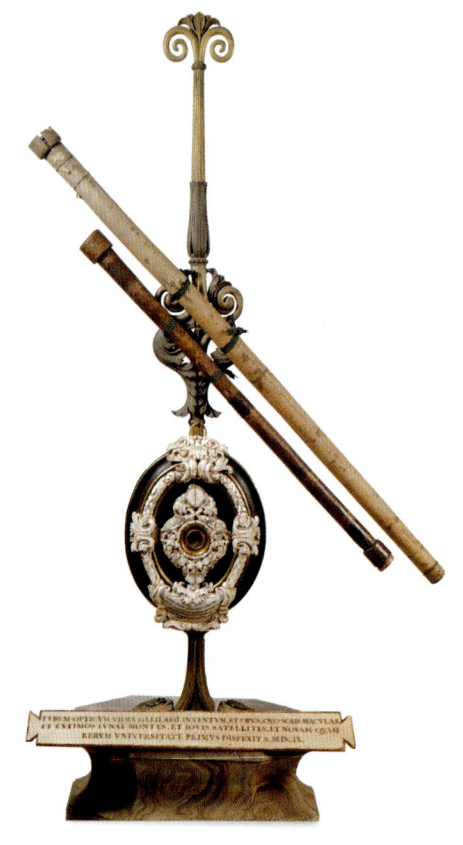

"어슴푸레한 경계선에서
우리는 그림자를 측량하고
희미한 오류들 사이를 탐색한다."
에드윈 허블, 『성운의 범위』, 1936년

⬆ 갈릴레오가 태양계를 관측했던 망원경은 피렌체의 과학
박물관에 소장되어 있다.

➡ 갈릴레오가 1609년에 달의 모양 변화를 세피아로 표현하다.

전설에 의하면, 아버지의 안경가게에서 놀던 두 명의 네덜란드 아이들이 오목렌즈 하나를 눈 가까이에 대고, 또 다른 오목렌즈를 팔을 뻗어서 들고 있으면 시내의 교회 탑이 확대되어 보인다는 사실을 깨달았다고 한다. 이 아이들의 아버지인 한스 리퍼셰이(1570~1619년경)는 이 두 렌즈를 하나의 관에 부착시킨 후 이것을 네덜란드군에 판매하려고 했다. 이 발명의 주인이 리퍼셰이인지, 혹은 자하리아 얀센이나 야콥 메티우스, 심지어는 영국인 레너드 디기스인지는 지속적인 논쟁의 대상이 되어 왔다. 리퍼셰이는 적어도 이 기구를 대중화시키고 최초의 실용적 망원경을 위한 디자인을 고안하여 확산시킨 장본인으로 여겨진다. 곧이어 '더치 트렁크'라고 알려진 유사한 기구들이 유럽 전역에 나타나기 시작했다.

이탈리아의 천문학자이자 물리학자인 갈릴레오 갈릴레이는 1609년 5월에 베네치아에 있는 동안 이 새로운 기구에 대한 이야기를 들었다. 당시 재직 중이던 파도바 근처의 대학으로 돌아온 후 그는 배율이 20배이고 시야가 10분의 1도인 망원경을 만들었다. 이것을 사용하여 그는 태양의 흑점, 목성의 네 개 위성, 금성의 차고 기욺, 달의 울퉁불퉁한 표면을 발견했다. 이러한 사실들은 그가 1610년 3월에 출판한 저서인 『별들의 사자』에 실렸다.

망원경 천문학은 계속해서 발전했다. 1611년에는 독일의 천문학자 요한네스 케플러가 두 개의 오목렌즈로 구성된 망원경을 사용했는데, 이는 배율은 증가했지만 상이 반전되었다. 1668년에는 영국의 천재 아이작 뉴턴 경이 반사망원경을 발명했다. 이것은 빛을 모으고 초점을 맞추기 위해 커다란 렌즈 대신 곡선형 거울을 사용함으로써 색수차(色收差) 문제를 해결했다. **DH**

**참고:** 유리, 유리거울, 렌즈, 전파 망원경, X선 망원경, 허블 우주망원경

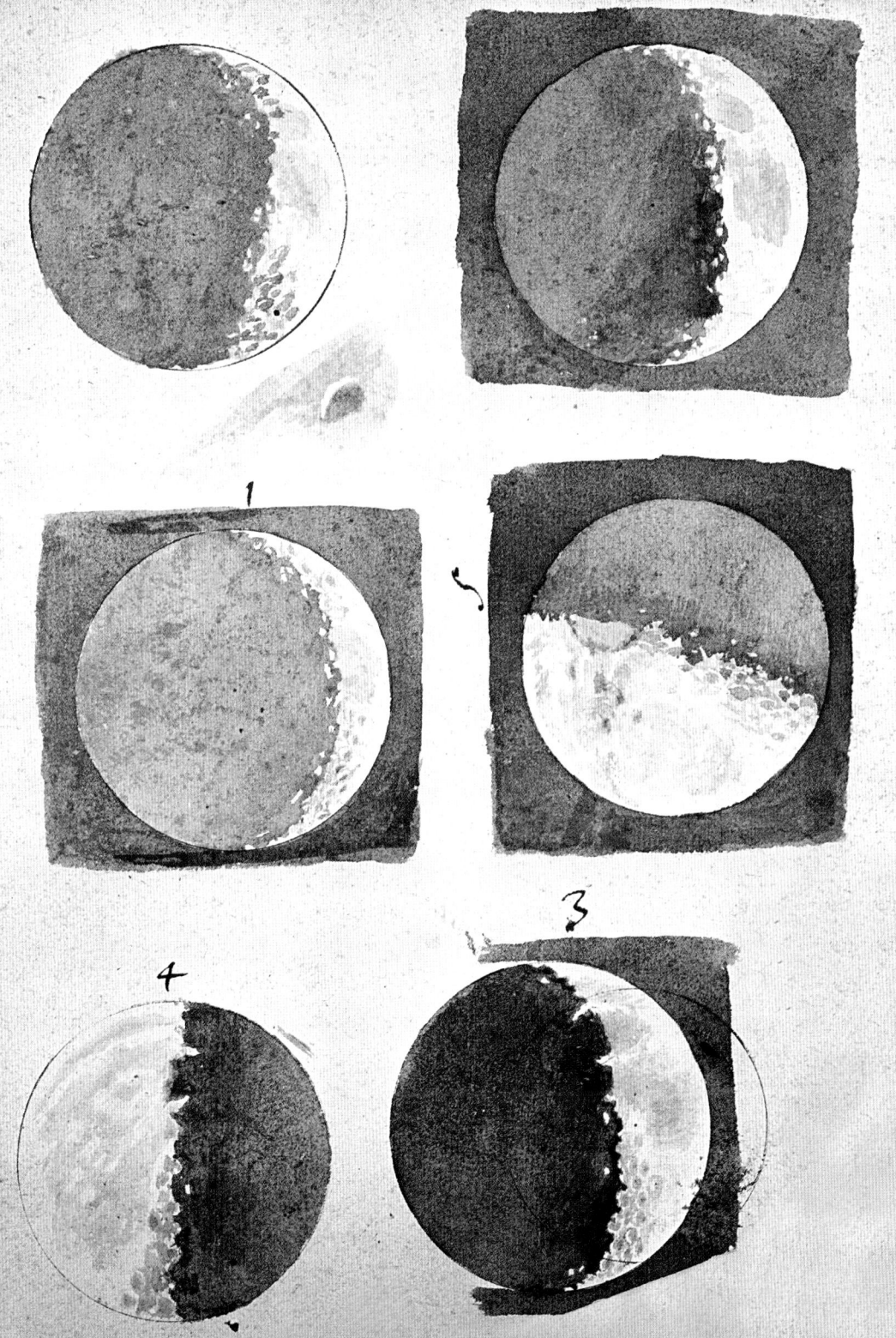

# 부싯돌식 발화장치 (1612년경)

무명의 프랑스 총포 장인이 화약을 점화하는 장치를 만들다.

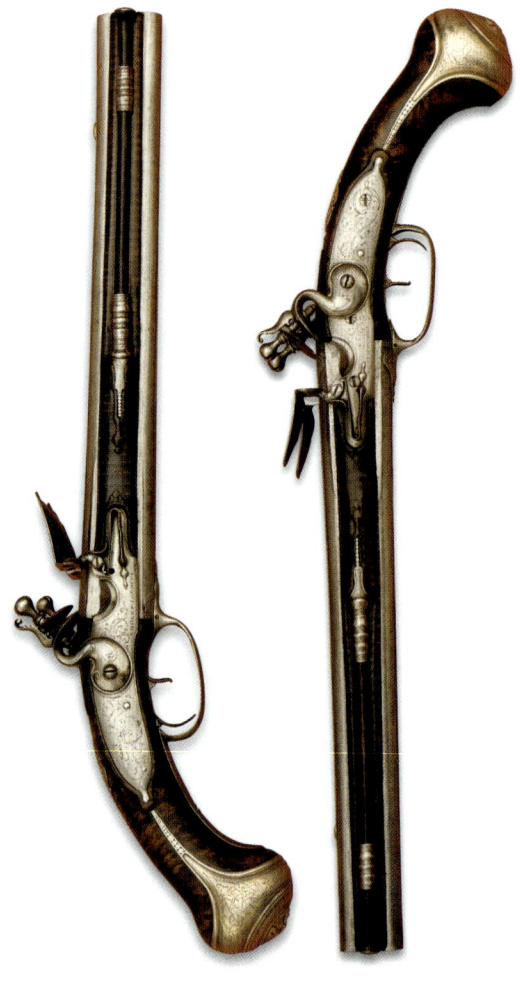

전통적인 부싯돌식 발화장치가 유래된 기본적인 메커니즘은 프랑스의 루이 13세를 위해 만들어진 화기에 처음 등장한 것으로 여겨진다. 이 발화장치에는 프랑스 왕실의 신하인 마렝 르 부르주아의 이름이 적혀 있는 것으로 보아 1612년경에 만들어진 것으로 추정된다.

부싯돌식 발화장치는 다음과 같이 작동한다. 먼저, 부싯돌 조각을 포함하고 있는 총의 해머를 뒤로 당기거나 반(半)안전 상태로 돌린다. 화약을 총신에 부어 넣고 강철로 된 공 모양의 탄약을 넣은 후에 쇠꼬치로 눌러 제자리에 들어가게 한다. 그 후 곱게 빻은 소량의 화약을 해머 아래에 위치한 플래시팬에 넣고서 해머를 뒤로 당기거나 완전히 세우면 총을 발사할 준비가 완료된 것이다. 방아쇠를 당기면 해머가 앞으로 튀어나와서 부싯돌 조각이 프리즌이라는 강철판을 친다. 프리즌이 옆으로 움직여 화약이 플래시팬에 노출되고 부싯돌의 불꽃이 플래시팬의 화약을 점화하면 총신에 있는 화약이 폭발해 총알을 총신으로부터 발사된다.

17세기나 18세기에는 탄약을 발사시키고자 하는 사람은 누구라도 이 부싯돌식 발화장치의 조작 순서를 완벽하게 숙지하고 있어야만 했다. 가장 숙련된 전문가들도 부싯돌식 발화장치를 사용한 무기를 장전하고 발사하는 데 15초 정도가 걸렸다.

부싯돌식 발화장치의 사용 방법은 오늘날까지도 몇몇 영어 구문들에 사용되고 있다. '모조리, 완전하게(Lock, Stock, and barrel)'와 '어정쩡한 상태로 뛰어들다(going off half-cocked)' 등의 구문이 부싯돌식 발화장치의 작동법에서 유래된 것이다. **CL**

> "정치권력은
> 총신으로부터
> 나온다."

마오쩌둥, 정치 지도자

**참고:** 화약, 총, 머스킷 총, 화승총, 후장식 총, 권총의 소음(消音)장치

🇰 영국의 이 2연발식 부싯돌식 발화장치 권총들은 앤드류 돌리프 (1648~1713년경)에 의해 만들어졌다.

# 궐련 담배 (1614년)

세비리아의 거지들이 새로운 방식의 담배를 찾아내다.

크리스토퍼 콜럼버스는 1492년 미국에 도달했을 때, 현지인들의 낯선 습관을 보고 깜짝 놀랐다. 마야인들은 기원전 1세기부터 말린 타바코 잎으로 담배를 피웠고 스페인 선원들이 신세계를 발견했을 무렵에는 이러한 관습이 대륙 전역에 확산되어 있었다. 외국인 방문자들을 신성하게 여긴 아라와크족은 콜럼버스와 그의 부하들에게 타바코 잎을 조금 주었으나 이들은 이것을 즉시 내다버렸다.

그러나 그중 한 명이었던 로드리고 데 헤레스는 다른 사람들만큼 의심이 많지 않았다. 그는 곧 말린 타바코 잎들을 종려나무나 옥수수 나무 잎에 말아서 '마셨고', 이로써 유럽인 최초로 담배를 피운 사람이 되었다. 고향으로 돌아온 후에 그의 새로운 습관은 다른 사람들에게 큰 두려움을 주어 종교재판소에서 그를 감옥에 집어넣기도 했다.

그 이후 몇 세기 동안 이 관습은 점차 전 세계로 확산되었으나 그 수용 양상은 다양했다. 처음에는 유럽의 의사들이 그 의학적 효용성을 칭찬했다. 심지어 포르투갈 주재 프랑스 대사 장 니코 드 빌르망(니코틴이라는 이름의 유래가 됨)은 담배를 '만병통치약'이라고 묘사하기도 했다. 그러나 머지 않아 사람들은 흡연의 위험성을 깨달았다. 멕시코는 1575년에 종교적 장소에서의 흡연을 법으로 금지시킨 최초의 국가였고, 터키와 러시아, 그리고 중국은 1630년대에 일시적으로 흡연을 처벌이 가능한 범죄로 규정했다.

그로부터 몇 년 전인 1614년에는 스페인 남부의 세비리아가 담배 생산의 중심이 되었다. 같은 해에 바로 이곳에서 거지들이 시가에서 남은 타바코 찌꺼기를 종이에 말아 최초의 궐련 담배를 만들었다. 서양에서는 그 후로도 250년 동안 코담배나 시가, 파이프 담배가 궐련 담배보다 인기가 좋았다. 그러나 크림전쟁(1853~1856)에 참가했던 영국 병사들은 동맹군인 터키인들의 궐련 담배에 넘어갔다. **DaH**

**참고:** 불의 제어, 마찰 성냥, 안전 성냥, 점화 램프

# 계산자 (1622년경)

오트레드가 계산조견표를 만들어내다.

계산자는 복잡한 수학 함수들을 수행하기 위해 사용되는 기계장치이다. 그것은 서로 평행으로 움직이는 두 개의 대수 계산자로 구성되며 이들은 원하는 계산에 따라 정렬된다. 예를 들어 두 개의 숫자를 곱하기 위해서는 각각의 대수를 더해서 10제곱하고, 나눗셈 때는 대수들을 뺀다.

1620년에는 영국의 성직자이자 그레샴 대학의 천문학 교수였던 에드먼즈 건터(1581~1626)가 대수계산자를 만들어 구획기로 특정 간격을 설정하여 연산했다. 수학자이자 앨버리의 교구목사 윌리엄 오트레드(1574~1660)는 1622년경에 디바이더를 없애고 두 개의 건터 계산자를 나란히 놓고 사용했으며 『비례의 원과 수평의 도구』(1632)에서 자신의 원형 계산자를 묘사했다. 세스 패트리지(1617~1689)는 내부의 자가 외부자에 의해 고정되고 그 안에서 움직이는 현대적 계산

> "많은 어려운 계산을
> 수행해야 하는 컴퓨터는
> 보통 계산자를 가지고 있다."
> 피켓 매뉴얼

자를 발명했다.

1775년에는 존 로버트슨이 이동판을 추가하여 다른 어떤 평행 자에도 같은 세팅을 옮길 수 있게 만들었다. 1815년 P.M. 로제가 로그-로그 눈금을 추가하여 제곱과 지수, 제곱근의 측정을 용이하게 만들었다. **DH**

**참고:** 표준 중량 및 측량법, 휴대용 계산기, 디지털 전자 컴퓨터, 노트북

# 기계 계산기 (1623년경)

**쉬카르트가 숫자의 조작을 자동화하다.**

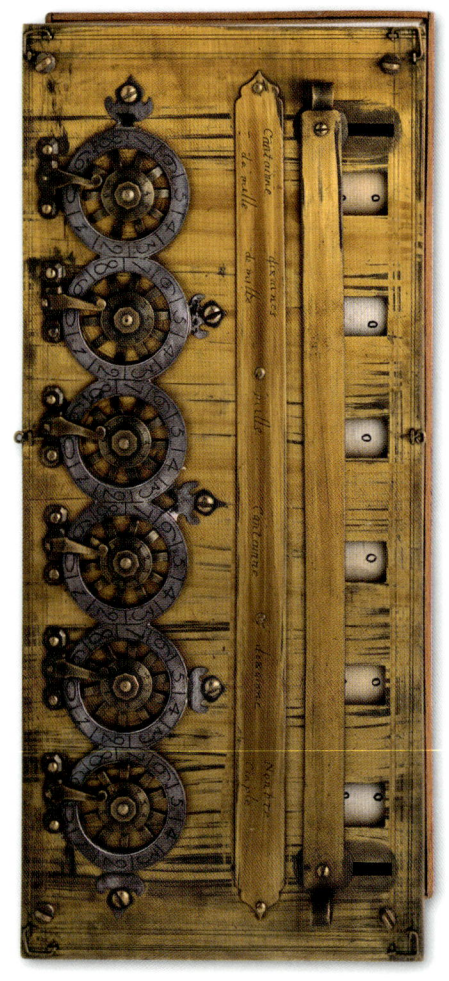

계산 속도를 높이려는 초기 발명품들은 주로 계산을 위해 뼈에 곱셈표를 새긴 네이피어 계산봉과 같은 수동적 해결책에 초점을 맞췄다. 존 네이피어의 발명품을 보고 독일의 빌헬름 쉬카르트(1592~1635)는 계산과정을 자동화시키고 네이피어의 계산봉을 결합시킨 기계 계산기를 만들었다. 1623년에 그는 '계산용 시계'를 제작했다. 타자기 정도의 크기인 이 기계는 최대 여섯 자리 숫자까지 다룰 수 있었다.

이 계산기는 톱니바퀴 구동장치와 회전바퀴를 사용하여 덧셈과 뺄셈을 수행했다. 하나의 바퀴가 360도 회전하면 인접한 바퀴가 10분의 1만큼 회전했다. 기계의 아랫부분에 있는 다이얼들은 덧셈을 할 때는 특정 방향으로 돌리고 뺄셈을 할 때는 그 반대 방향으로 돌렸다. 이 다이얼에는 돌기가 있는 내부 바퀴가 결합되어 있었는데, 이들은 바퀴가 9에서 0으로 넘어갈 때마다 숫자를 하나씩 옮겼다. 기계의 윗부분은 네이피어의 기계봉을 사용하여 곱셈과 나눗셈을 수행했다. 이 기계에는 벨이 달려 있었는데, 계산 결과 여섯 자리가 넘는 숫자가 나오면(즉, 너무 길어서 표시할 수 없는 숫자가 나오면) 이 벨이 울렸다.

쉬카르트는 천문학자 요한네스 케플러를 위해 자신의 계산용 시계의 복제품을 만드는 데 착수했으나 작업실에 화재가 발생하는 바람에 결국 완성시키지 못했다. 그는 케플러에게 계산기 제작법에 대한 상세한 설명을 해주었지만 1630년대에 쉬카르트와 그의 가족이 페스트로 사망하면서 원형이 사라져버렸다. 1950년대에 이르러서야 계산용 시계의 스케치가 러시아에 있는 케플러의 문서들 사이에서 발견되면서 쉬카르트가 기계 계산기의 발명자임을 증명해주었다. **RB**

> "그것은 주어진 숫자들을 덧셈, 뺄셈, 곱셈 및 나눗셈 등으로 계산한다."
>
> 빌헬름 쉬카르트

**참고:** 엄대, 주판, 휴대용 계산기, 기계적 컴퓨터, 디지털 전자 컴퓨터

◪ 블레즈 파스칼이 만든 17세기의 계산기로 일련의 금속 바퀴들 위에 숫자가 새겨져 있다.

# 버니어 눈금 (1631년)

베르니에가 마이크로 측정을 재정립하다.

버니어 캘리퍼스는 2~3센티미터 길이를 0.01센티미터의 정확도까지 정확하게 측정하는 기구이며 슬라이딩으로 조정이 가능하다. 본척(本尺)의 눈금은 0.1센티미터 간격으로 표시된다. 본척의 측면에 평행으로 밀어서 조정되는 훨씬 작은 버니어 눈금이 있고, 이것은 본척의 0.9센티미터에 해당하는 길이가 정확하게 10등분되어 있다. 본척의 0.1센티미터 눈금을 10으로 나누려면, 사용자는 본척의 눈금과 일렬로 되어 있는 가장 가까운 버니어 눈금을 찾아서 선택하면 된다.

이 눈금은 프랑스의 과학자이자 공학자 피에르 베르니에(1580~1637)가 발명했으며, 그 세부설명은 1631년에 브뤼셀에서 출판된 저서 『새로운 수학적 사분의(四分儀)의 구조와 사용법 및 특징』에 실려 있다. 베르니에는 지도제작과 측량술에 관심이 있었으며, 그의 버니어 눈금은 사분원의 경위의(經緯儀)에 최초로 사용

> "그 너머에는
> 옳은 것이 존재할 수 없는
> 고정된 경계선들이 존재한다."
>
> 호레이스, 『풍자시』, 1권, 기원전 35년

되었다. 이 눈금은 60분의 1도에 이르는 정확도까지 각도의 측정을 가능케 했다.

불행하게도 원형의 자를 동일한 숫자의 균일한 각으로 분할하는 것은 상당히 복잡한 작업이었고, 버니어 눈금은 19세기 초에 이르러서야 망원경과 경위의 등 각도를 측정하는 기구에 일상적으로 포함되는 부품이 되었다. **DH**

---

참고: 육분의, 망원경, 경위의, 나사 마이크로미터, 스프링 줄자

# 나사 마이크로미터 (1635년)

개스코인이 정밀 측정을 개선하다.

윌리엄 개스코인(1612~1644)는 영국의 수학자 겸 천문학자로 과학기구를 만드는 것으로 유명했다. 그는 버니어 눈금에 관심이 많았으며 별들 사이의 각거리를 측정할 수 있는 잠재적 가능성을 이 눈금에서 발견했다.

1635년경 정밀광학에 대해 연구하던 도중에 그는 거미줄 한 가닥이 두 렌즈의 정확한 초점에 걸려 있는 것을 보고 사물을 보다 선명하게 보는 게 가능하다는 사실을 깨달았다. 이에 영감을 얻은 그는 렌즈의 초점에 놓을 수 있는 얇은 표지를 만들었다. 두 번째 직선형 표지를 추가하여 망원경 렌즈를 통해서 보면 시야 안에서 두 개의 평행선이 보일 수 있게 만들었다.

표지 중 한 개는 아주 얇은 나사줄에 연결시켰는데, 이는 두 표지 사이의 거리를 조절하는 데 사용되었으며 나머지 다른 표지는 고정된 채로 남아 있었다. 망원경 시야의 각도는 이미 알려져 있었기 때문에, 개스코인의 발명품은 하늘에 있는 천문학 관련 대상의 정확한 위치를 측정할 수 있었다. 개스코인의 마이크로미터는 천문학의 정확한 측량을 개혁했지만 이 기구는 그 외에도 많은 유용성이 있었다.

증기기관의 발명으로 가장 잘 알려진 영국의 공학자 제임스 와트는 1776년에 개스코인의 개념을 수용하여 손으로 들고 사용하는 마이크로미터 나사 계량기를 만들어 작은 물건의 실제 크기를 측정했다. 표지들을 캘리퍼스로 대체함으로써, 그리고 이들을 조절하는 나사의 끈의 크기를 가지고, 나사의 머리 부분에 계량용 휠을 추가할 수 있었다. 이것은 미세한 조절과 측량을 가능케 했다. 와트의 기구는 기계 부품을 정밀하게 제작할 수 있는 기술력을 크게 향상시켰다. **DHk**

---

참고: 나사, 아르키메데스의 나선식 펌프, 렌즈, 현미경, 망원경, 버니어 눈금

# 기압계 (1643년)

토리첼리가 대기의 압력을 연구하다.

기압에 대한 관심은 광부와 우물 파는 일꾼들이 펌프와 사이펀이 최대 33피트(10미터)까지밖에 물을 끌어올리지 못한다는 사실을 발견하면서 일어났다. 토스카나 대공의 빨 펌프가 원하는 정도로 물을 끌어올리지 못한다는 사실을 듣고 이탈리아의 물리학자 에반젤리스타 토리첼리(1608~1647)는 1643년에 이 문제를 조사했고, 토리첼리의 관이라고 알려진 물건을 만들었다.

　한 쪽 끝이 막혀 있고 수은으로 가득 채워진 40센티미터 길이의 유리관이 있다고 상상해보라. 이 관을 조심스럽게 거꾸로 돌리고 개봉된 쪽을 수은 용기에 담그면 수은이 유리관 아래로 내려오면서 관의 윗부분은 진공상태가 된다. 용기 표면 위의 수은은 30인치(75센티미터) 정도 높이에서 멈추고, 관 속에 있는 수은의 중량은 용기 속의 수은면에 작용하는 대기압에 의해 지지된다.

　당시에 많은 자연 철학자들은 진공의 성질에 관심이 많아서, 토리첼리의 관은 그들의 모임에서 자주 행해지는 실험이 되었다. 블레즈 파스칼(1623~1662)은 1660년경에 토리첼리의 관에 눈금자를 장착했고, 이로써 일회성 실험도구가 기압의 변화를 측정하는 중요한 도구로 발전했다.

　파스칼은 자신의 처남에게 수은기압계를 퓌드돔산 근처로 가져가게 하여 높이에 따라 기압이 감소한다는 사실을 발견했다. 에드먼즈 핼리는 이 감소율이 기하급수적이라고 정립했다. 당대의 사람들은 기압이 날씨에 따라 변화한다는 사실에 주목했고, 19세기 이후로는 다양한 형태의 기압계가 일기 예보의 핵심적 도구가 되었다. **DH**

# 진공펌프 (1650년)

게리케가 진공을 개척하다.

진공이란 공기를 비롯하여 아무것도 포함하지 않은 빈 공간이다. 진공상태를 포함하는 물건은 내부의 압력이 외부의 압력보다 훨씬 낮으며, 이것은 엄청난 힘을 창출한다. 독일의 과학자 오토 폰 게리케(1602~1686)는 최초로 진공이 지닌 힘을 시험했다. 그는 용기에 물을 채운 후 펌프를 이용하여 물을 빼내면서 공기가 들어가지 않게 했다. 나무는 공기를 통과시키기 때문에 사용할 수 없었고, 유리나 금속으로 된 용기를 사용했다. 공기의 유입을 최소화시키기 위해 게리케는 용기를 다른 층의 물 속에 넣었다. 공기가 새는 것보다는 물이 새는 것을 막는 것이 더 쉬웠기 때문이다. 때로는 용기에 가해지는 압력이 너무 강해서 용기가 부서지기도 했다. 몇 번의 실험을 더한 끝에 게리케는 구형의 용기가 최적이라는 결론을 내렸다. 부드러운 곡선의 표면으로 구조상 약한 지점이 없기 때문이다. 자신의 발견이 지닌

"진공은 자연이 그곳에
채워 넣는 일부 물질보다
훨씬 더 낫다."
테네시 윌리엄스, 『양철 지붕 위의 고양이』

대단한 잠재력을 증명하기 위해 게리케는 페르디난트 3세에게 50명의 인부나 여러 필의 말을 사용해도 진공을 내포하는 두 개의 구리 반구체들을 떼어놓을 수 없다는 사실을 증명해보였다.

　과학에서 진공은 완전히 빈 공간을 만들어 공기와 혼합되지 않은 상태의 분자를 연구하는 데 가장 많이 사용된다. 진공은 또한 액체를 펌프질하거나, 물건을 옮기거나, 무거운 기계를 구동시키는 많은 산업 기계에서 핵심적인 역할을 한다. **LS**

---

참고: 측우계, 풍속계, 아네로이드 기압계, 기상 레이더

참고: 전자 레인지, 텔레비전, 진공포장 용기, 보온병, 전기 진공청소기

# 진자시계 (1656년)

호이겐스가 진자를 이용하여 시간기록의 정확성을 높이다.

1602년경 갈릴레오 갈릴레이는 진자의 진동 주기가 진폭으로부터 거의 독립적이라는 사실을 발견했으며, 이는 시계학의 역사에서 가장 중요한 발견이 되었다. 1656년에는 네덜란드의 수학자이자 천문학자 크리스티안 호이겐스(1629~1695)가 최초로 진자를 시계의 발진기로 사용했다.

이전의 폴리옷 발진기가 동력 용수철이 출력하는 힘에 의존하는 진동주기를 가진 것과는 달리, 진자의 진동주기는 그것의 길이와 해당 지역의 중력장의 함수로 이루어진다.

호이겐스의 발견이 이루어진 지 몇 년 지나지 않아, 유럽 전역에서 진자시계가 나타나기 시작했다. 추가 움직일 수 있는 공간을 충분히 확보하고, 길이가 적당히 긴 진자를 수용하기 위하여 이 시계들은 바닥에 세우는 긴 상자 안에 설치되었다. 2초간 똑딱하기 위해서는 3피트(1미터) 길이의 진자가 필요했다. 이 '할아버지' 시계들은 하루에 20초 이내의 오차 범위가 있었으며 (당시로서는) 매우 정확했다. 1670년경에는 앵커 탈진기의 발명으로 진동의 진폭을 감소시켜 시계의 정확성이 더욱 개선되었다.

1676년에는 보다 섬세한 직진식 탈진기가 고도로 정확한 시계에 도입되었다. 이 탈진기는 진자가 수직 위치에 접근할 때만 진자를 건드렸다. 여기에 서로 다른 금속(보통 황동과 강철)으로 만들어진 막대들로 구성되는 진자의 등장까지 더해져, 온도가 변해도 진자의 길이가 일정하게 유지되었다. 정확성은 하루에 1초 정도로 개선되었고, 이는 천문학적 관측작업에 중요한 도움을 주었다. **DH**

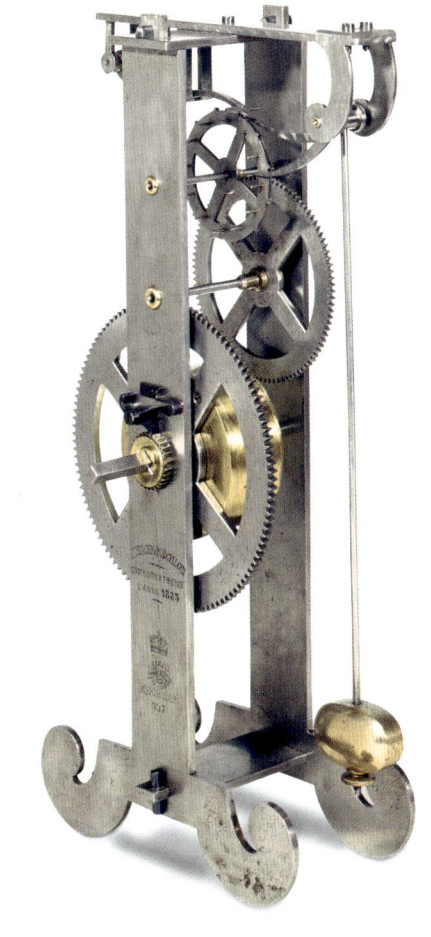

**참고:** 물시계, 해시계, 태엽장치, 탑시계, 전자시계, 회중시계

↗ 갈릴레오가 사망 직전에 구상한 이 시계는 19세기에 그 모형이 만들어졌다.

"공상은 마치 시계바늘처럼, 거대한 회전을 하면서도 여전히 제자리로 돌아온다."

윌리엄 카우퍼, '겨울 저녁', 1785년

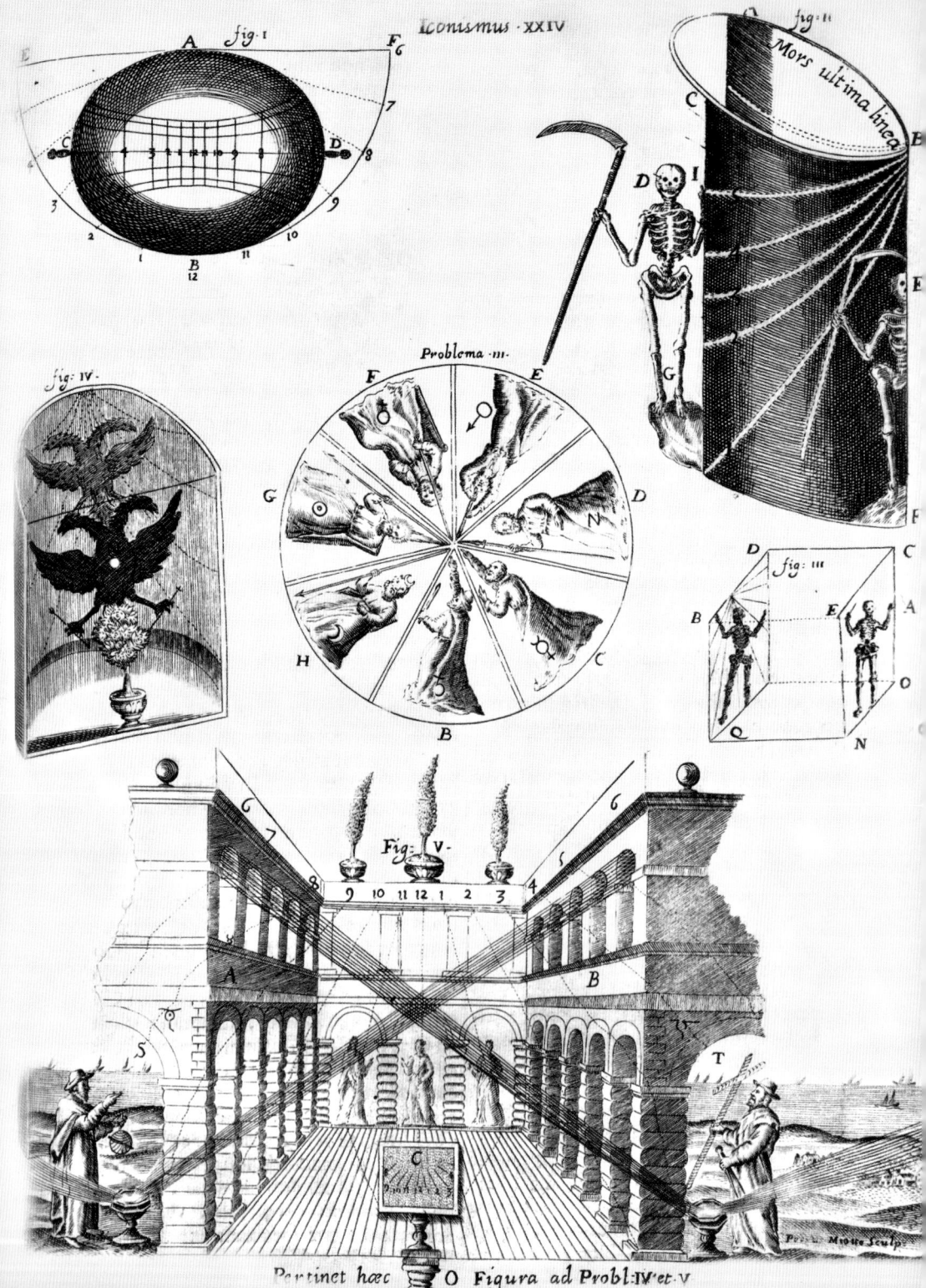

Iconismus · XXIV

fig. I

fig. II

Mors ultima linea

Problema III

fig. IV

fig. III

Fig. V

Pertinet hæc O Figura ad Probl. IV et V

# 환등기 (1659년경)

호이겐스가 최초의 이미지 투사기를 만들다.

환등기는 정지한 이미지를 벽이나 종이에 투사하는 데 사용되었으며, 슬라이드 프로젝터의 전신에 해당되었다. 그 개념은 수세기 전부터 알려져 있었다. 빛을 반투명의 그림에 통과시키면 이미지가 밝은 색의 평평한 표면에 투사되는 것이다. 등을 사용하여 이미지를 투사한 예로 가장 오래된 기록은 1420년경에 집필된 조반니 드 폰타나의 『전쟁기구에 관한 책』에 남아 있다.

17세기의 유럽에서는 광학이 급속도로 발전했다. 이미 1659년에, 네덜란드의 과학자 크리스티안 호이겐스(1629~1695)가 빛을 초점에 모으기 위한 렌즈가 있는 등을 만들어 선명한 이미지를 만들어냈다. 덴마크의 수학자 토마스 발겐슈텐(1627~1681)은 1660년대에 유럽 전역을 여행하면서 '마법의 등', 즉 환등기를 판매했다. 이 시기의 환등기는 디자인이 다양했으며 1663년에는 런던의 광학자 존 리브스가 환등기를 제작하고 판매

---

> "벽면에 매우 아름답고
> 신기한 것들을 나타나게 하는,
> 유리표면에 그림이 그려진 등"
>
> 새뮤얼 페피스, 일기 작가

---

했다. 일기 작가 새뮤얼 피프스(1633~1703)도 1666년에 리브스로부터 환등기 한 개를 구입했다.

18세기에는 렌즈와 광원, 거울의 발달로 환등기가 강력한 프로젝터로 발전했다. 마술사들은 유럽 전역을 여행하면서 환등기를 사용하여 유령이나 공포스러운 이야기를 보여주는 화려한 '요술' 쇼를 선보이기도 했다. **EH**

---

**참고:** 다게레오타이프, 셀룰로이드, 활동사진 영사기, 필름 카메라/프로젝터

↵ 아타나시우스 키르허의 『빛과 그림자의 위대한 예술』(1646)은 환등기의 개발을 야기시켰다.

# 습도계 (1664년)

폴리가 공기의 습도를 측정하다.

세계에서 가장 덥고 습한 지역은 동남 아시아의 적도 근처 해안 지방이다. 무겁고 습하며 정체된 이곳의 공기에 익숙하지 않은 사람은 매우 살기 불편한 곳이라고 여길 수도 있다.

공기의 수분 함량을 의미하는 습도가 이 지역에서 더 높은 이유는, 이곳의 공기가 태양의 열기로 인해 주변의 바다와 대양으로부터 더 많은 양의 수분을 흡수하기 때문이다. 추운 위도의 지역에서는 공기가 상대적으로 건조하다. 그러나 습도의 측정은 1600년대에 이르러서야 가능해졌다.

실제로는 레오나르도 다빈치가 1440년대에 최초의 습도계를 설계했지만, 공기의 수분 함량을 측정하는 데 사용된 실용적인 습도계는 1664년에 프란체스코 폴리(1624~1685)에 의해 발명되었다. 폴리의 발명품은 황동으로 만들어진, 정교하게 장식된 기구로 수분을 흡수하는 표시기의 역할을 하는 종이 조각이 포함되어 있었다. 수분의 함량이 달라지면서 종이의 길이가 변화하면, 간단한 기계장치가 중앙에 있는 황동 다이얼의 바늘을 움직였다. 이 바늘은 습도의 변화를 표시했다.

현대적 습도계 중에는 폴리의 원래 디자인과 매우 유사한 원리를 사용하는 것도 존재한다. 일반적으로 원본에서 개량된 점은 종이 조각 대신에 금발의 머리카락을 사용하여, 이것이 습도의 변화에 따라 늘어나고 줄어든다는 것이다.

그러나 오늘날에는 다양한 종류의 습도계가 존재한다. 가장 일반적인 것은 건습구(乾濕球) 습도계로 건조한 온도계와 물에 담근 온도계의 눈금을 비교하여 사용한다. 그 외에 반도체를 사용하여 습도에 영향을 받는 전자저항의 변화를 측정하는 습도계도 있다. **FS**

---

**참고:** 측우기, 기압계, 아네로이드 기압계, 기상 레이더

# 압력솥 (1679년)

파팽의 '증기 찜통'이 현대적 요리 기구의 형상을 예견하다.

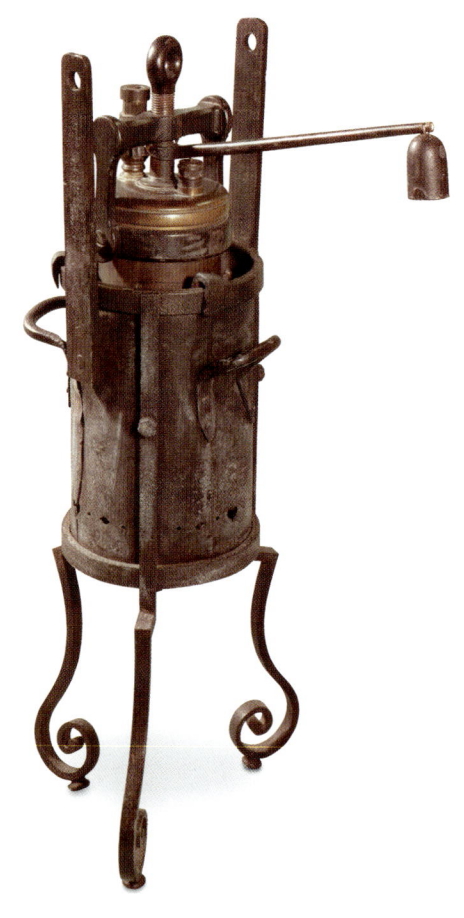

프랑스의 과학자이자 발명가인 드니 파팽(1647~1712)이 1679년에 처음으로 런던 왕립협회에 자신의 '찜통'을 전시했을 때 이 기구가 폭발했다는 일화가 있다. 그래서 또 하나의 발명이 곧바로 탄생했다. 다른 기계에서 응용되고 있는, 파팽의 안전밸브가 그것이다.

1682년 증기 찜통의 개량된 형태가 음식을 요리하고 영양가 높은 뼈들을 부드럽고 맛있게 만드는 데 탁월한 효과를 보여주었다. 왕립협회에서 시식을 마친 후에, 손님 중 한 명이었던 유명 원예가 존 이블린은 자신의 일기에 찜통으로 만든 그날의 음식이 "내가 먹어본 것 중 가장 맛있었다"는 기록을 남겼다.

파팽은 과학에 대해 다양한 관심사를 보인 흥미로운 인물이었다. 청년 시절에 의학 공부를 한 그는 오랫동안 음식 저장에 관심을 가져왔다. 단단하게 봉해진 그의 찜통 용기는 대기압이 끓는점에 어떤 영향을 미치는가를 보여주었다. 고압 상태에서 용기 안의 물이 발생시키는 수증기는 일반 냄비보다 훨씬 더 높은 온도와 빠른 속도로 음식을 가열했다. 요리된 음식은 금방 녹을 듯이 부드러웠고 영양소와 향은 그대로 유지되었으며 연료의 사용량도 적었다. 파팽은 가난한 사람들이 자신의 발명품으로 많은 도움을 받게 되리라는 사실을 직감했다.

파팽은 그가 개발한 다양한 증기기관 기구에 유사한 원리로 실험을 지속했다. 한편 그의 찜통은 고압솥(의학기기의 살균에도 사용됨)의 역사에도 기여를 했으며, 원리가 크게 변하지 않은 채로 현대의 압력솥으로 발전했다. **AK**

"끓여야 되는
음식을 위해 이보다 더
좋은 것은 없다고 생각한다."
드니 파팽, 『철학 회보』, 1683~1775년

참고: 오븐, 증기기관, 분리 응축기가 있는 증기기관, 전기오븐, 전자레인지

↖ 고압으로 음식을 요리한다는 파팽의 개념은 20세기에 이르러서야 대중화되었다.

# 유니버설 조인트 (1676년)

후크가 회전하는 축들을 결합시키다.

로버트 후크(1635~1703)는 17세기 후반을 이야기할 때 자주 언급되는 이름이다. 이 시대는 소수의 과학자들이 다양한 과학 분야에 걸쳐 새로운 발명들을 하면서 전 세계를 이끌던 시대로, 이 뛰어난 소수 중에서도 후크는 가장 성공한 사람 중 하나였다.

영국 출신의 이 박식한 과학자는 탄성력을 지배하는 물리학 법칙들을 발견하고 그것에 자신의 이름을 붙였다. 그는 생물체를 구성하는 기본 단위를 묘사하면서 '세포'라는 단어를 최초로 사용한 사람이다. 또한 후크는 크리스토퍼 렌 경과 함께 공동 프로젝트를 수행할 정도로 뛰어난 건축가이기도 했다. 그의 모든 업적 중에서 응용역학의 세계에 완전히 새로운 가능성을 열어준 것은 종종 간과되기도 하는 유니버설 조인트의 발명이었다.

많은 발명들과 마찬가지로 유니버설 조인트는 발명가가 개인적으로 맞닥뜨린 문제에 대한 해결책으로 탄생했다. 후크는 천문학에 조예가 깊었으며 우주에 대한 지식을 발전시키기 위해서는 장비가 보다 정확하게 만들어져야 한다는 사실을 인식했다. 그의 프로젝트 중 일부는 작은 나사들을 톱니바퀴 장치와 비스듬한 각도로 돌리는 기술을 요하여 당시의 제작 수준을 넘어서는 것이었다.

1676년 태양 관측 망원경의 조절용 손잡이를 작동하는 방법을 연구하는 도중에 그는 최초로 힘을 하나의 회전 축에서 다른 축으로 이동시키는 조인트의 모형을 만들었다. 그의 조인트는 결정적으로 두 개의 축이 서로 비스듬한 각도를 유지하면서 회전하는 것을 가능케 했다. 이로써 회전하는 축이 모서리를 돌아가는 것이 처음으로 가능해짐으로써 모든 형태의 기계 디자인이 가능해진 새로운 세계가 열린 것이다. **DHk**

**참고:** 캠풋, 크랭크축, 자동차

# 원심 펌프 (1689년)

파팽이 광산의 환기상태를 개선하다.

원심 펌프는 유체(액체나 기체)를 날개가 달린 회전압축기를 포함하는 원통형의 용기 중앙에 끌어들임으로써 작동된다. 이것은 유체를 바깥쪽으로 회전시켜 배출관으로 흘러 들어가게 만든다. 배출되는 액체는 유체의 회전으로 인해 유입되었을 때보다 속도와 압력이 증가한다.

원심 펌프는 프랑스의 과학자 드니 파팽이 1689년에 광산의 통풍 문제를 해결하려는 과정에서 발명되었다. 파팽의 기구는 광산 속으로 공기를 펌프질 하는 데 사용되었고 용광로에도 응용되었다. 기초적인 원식 펌프에 내장된 날의 형태는 펌프의 효율성에 미치는 영향에 대한 방대한 연구를 해온 존 애폴드가 개량했다. 1851년 만국박람회에서 애폴드는 자신의 개량된 디자인을 전시했는데, 이는 가장 근접한 경쟁자가 만든 발명품의 성능보다 세 배나 효율적이었다. 새로운 디자인

> "오늘날 원심 펌프와 압축기는 전체 효율성의 90퍼센트까지 도달했다."
> 에이브러햄 인지다, 미시간 주립대학교

은 원심 압축기의 개발을 촉진시켰는데, 이는 펌프뿐만 아니라 압축기에도 응용되었다.

원심 펌프는 현재 발전과 급수, 일반 산업에 사용되고 있다. 이들은 상대적으로 저렴하고 많은 양의 유체를 취급할 수 있기 때문에 석유 산업과 화학 산업에서도 널리 사용된다. **HP**

**참고:** 풀무, 증기 펌프, 물기둥 펌프, 내연기관

# 메트로놈 (1696년)

루리에의 기구가 음악적 박자를 알려주다.

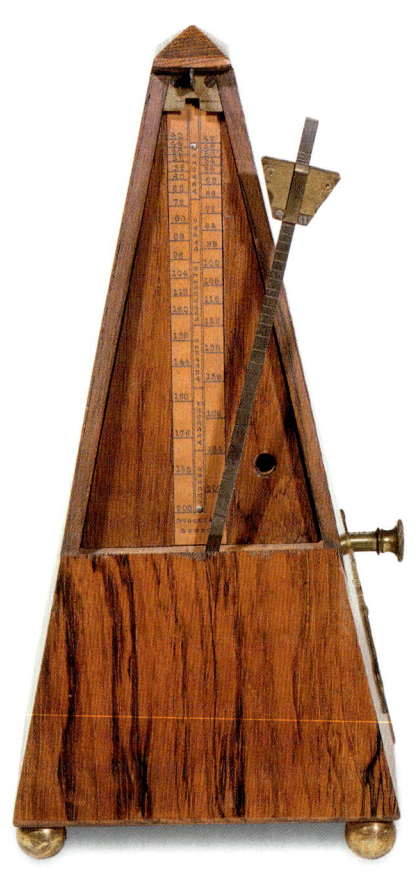

음악의 박자는 메트로놈을 사용하여 맞출 수 있다. 메트로놈은 조절이 가능하고 소리가 큰 일종의 작은 시계장치이다. 가장 일반적인 형태는 간단한 태엽장치로 이루어져 있으며, 수직의 금속 막대가 좌우로 진동하면서 큰 소리로 똑딱거린다. 진동의 속도는 진동 막대의 작은 추를 위아래로 움직임으로써 조절이 가능하다. 위로 올리면 속도가 줄어들고 내리면 증가되는 것이다. 이 도구는 음악가들이 의도했던 박자를 맞추면서 연주하는 것을 도와준다.

최초의 메트로놈은 1696년에 파리의 에티엔 루리에(1654~1702)가 만들었다. 이것은 괘종시계와 유사한, 한 개의 추가 달린 진자로 구성된다. 그것은 진자의 움직임을 유지시키는 탈진계가 없었기 때문에 제한된 시간 내에서만 사용할 수 있었다. 1812년에 디트리히 니콜라우스 빙켈이 네덜란드에서 다른 형태의 메트로놈을 발명했다. 그가 이룬 혁신은 위아래로 추가 달린 8인치(20센티미터)의 짧은 금속 진자를 사용하여 분당 40~60의 느린 속도의 박자를 낼 수 있다는 사실을 발견한 것이었다. 요한 멜첼은 1816년에 빙켈의 기본 디자인을 사용한 작은 휴대용 메트로놈으로 특허를 받았다. 메트로놈으로 맞춰진 속도에 따라 음악을 작곡한 최초의 작곡가는 루트비히 판 베토벤으로, 이는 1817년 경에 이루어졌다.

현재는 전자 메트로놈과 기계 메트로놈이 경쟁을 벌이고 있다. 전자 메트로놈은 추가 사운드 등의 정교한 요소가 포함되어 있고 기계 메트로놈의 능력을 벗어나는, 예컨대 4분의 5의 박자 기호 등을 표현할 수도 있다. **DH**

"시간에
순응하라."

테오도시우스 2세의 금언

참고: 물시계, 탑시계, 용수철, 전자시계, 전자시계, 수정시계

🇰 19세기에 만들어진 이 메트로놈은 요한 멜첼이 확립한 삼각형 디자인을 반영한다.

# 증기 펌프 (1698년)

세이버리가 증기를 사용하여 광산으로부터 홍수로 고인 물을 빼내다.

탄광업은 어렵고 위험한 일이며, 홍수는 광산에서의 위험요소 중 하나이다. 현대의 장비로는 쉽게 해결되는 일이지만 17세기 말에 홍수가 났을 때의 최선의 대처방안은 빗물을 양동이로 퍼내는 것이었다. 이 문제는 영국의 군사 공학자 토머스 세이버리(1650~1715)의 관심을 끌었고, 그는 보다 빠르고 쉽게 물을 빼내는 일에 착수했다. 세이버리의 해결책은 이열치열 방법인, 증기로 물을 다스리는 것이었다.

증기의 힘은 1679년 프랑스의 물리학자 드니 파팽과 그의 압력솥 때문에 알려졌다. 파팽은 밀봉 상태의 증기가 솥의 뚜껑을 들어올린다는 사실을 발견하고 증기가 엔진의 피스톤에 동일한 작용을 할 것이라고 구상했다. 세이버리는 파팽의 작업에서 영감을 얻어 광산에서 증기를 사용하기 시작했다. 1698년 세이버리는 광산에서 물을 빼내는 증기기관의 초기 형태인 '광부의 친구'에 대한 특허를 받았다.

세이버리의 펌프는 압축시킨 증기를 사용하여 광산에 고인 물을 배수관 위로 끌어올렸다. 배수관, 밸브, 보일러, 연결관, 증기공급관, 응축기, 난방로 등의 수많은 부품들로 이루어진 이 제품에는 한 가지 한계가 있었는데 그것은 바로 거리였다. 물은 증기의 압력만큼만 움직였다. 세이버리의 펌프는 25피트(7.6미터)가 상한선이었기 때문에, 지하 탄광에서는 사용이 제한되었다.

세이버리의 펌프가 가진 거리의 한계는 토머스 뉴커먼의 대기 증기기관으로 해결되었지만 세이버리의 특허가 뉴커먼의 기계를 제작하는 데 방해가 되었다. 뉴커먼은 법적 문제를 피하기 위해 세이버리와 함께 사업을 시작했고 머지않아 그들의 증기기관은 큰 인기를 끌게 되었다. **RBk**

참고: 압력솥, 증기기관, 분리 응축기가 있는 증기기관

↗ 세이버리 펌프의 18세기 모델로 비효율적인 데다 사용하기에도 위험했다.

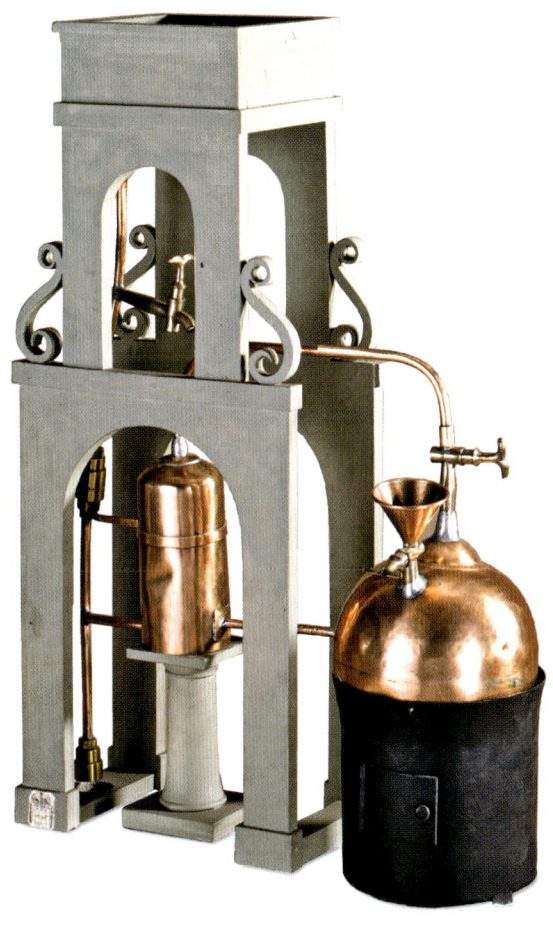

"그러한 기관은 열 필, 열다섯 필,
혹은 스무 필의 말이 할 수 있는 정도의
일을 하도록 만들어질 수 있을 것이다."

토머스 세이버리, '광부의 친구' 1702년

# 파종기
## (1701년)

툴이 씨 뿌리는 방법을 변형함으로써 생산성을 여덟 배로 높이다.

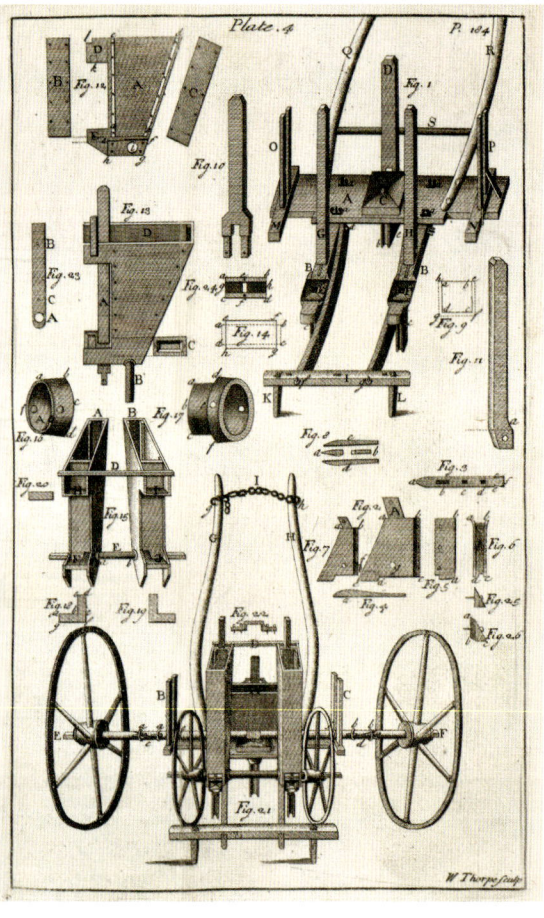

영국의 농부 제스로 툴(1674~1741)은 씨를 뿌리면서 버려지는 씨가 너무 아까웠다. 씨를 뿌리다 보면 서로 너무 가까운 곳에 떨어지거나 돌 바닥 위에 떨어지기도 하고 박히는 깊이도 제각각이었다.

툴의 말이 끄는 나무 파종기는 이 상황을 개선시켜서 결과적으로 직접 씨를 뿌리던 것보다 여덟 배나 더 많이 생산량을 늘렸다. 나무 드릴이 흙 속에 적절한 깊이의 균일한 이랑을 파고 그 위에 부착된 깔때기 모양의 용기에서는 말이 앞으로 움직임에 따라 씨가 동일한 간격으로 이랑 안으로 떨어졌다. 툴은 하나의 기계에 세 개의 드릴을 나란히 장착시켜, 한 번에 세 이랑에 씨를 뿌렸고 동시에 이랑 간의 간격도 동일하게 유지시켰다.

툴은 젊은 시절에 계몽주의 시대 초기의 유럽 대륙을 여행했으며 이때 맞닥뜨린 몇 가지 과학적 개념에서 영감을 받았다. 그는 파종기의 발명으로 가장 잘 알려져 있지만, 그 외에도 소 대신에 짐말의 사용을 도입하고 말이 끄는 괭이를 발명했으며, 쟁기의 디자인을 오늘날에까지 사용되는 형태로 개량시켰다.

그의 아이디어 중 일부는 당대에 논쟁거리가 되기도 했으며, 결국 곡물의 영양소가 토양으로부터 배출된다는 툴의 생각은 잘못된 것으로 판명되었다. 하지만 그가 산업혁명과 농업혁명이 시작되기 수십 년 전에 이루어낸 많은 업적은 영국이 현대 농업의 형태로 발전하는 데 중요한 기초가 되었다. **EH**

> "경작이 시작되면
> 다른 기술들도 따라간다.
> 따라서 농부는 인간 문명의 설립자이다."
> 다니엘 웹스터, 미국 정치가, 1840년

참고: 드릴, 쟁기, 수레, 말굴레

◪ 툴의 파종기가 그가 1733년에 출판한 책 『말이 끄는 괭이 농업』의 삽화에 상세하게 묘사되어 있다.

# 코크스에 기반한 철 제련

(1709년)

다비가 제철에 혁명을 일으키다.

플라스틱이 도입되기 전에 철은 가장 다용도로 사용되던 재료였다. 철은 거의 모든 것을 만드는 데 사용되었다. 지구상에 있는 순수한 철은 우주에서 운석으로 떨어진 것이 전부로, 여기에 의존하기에는 너무 양이 적다. 대부분의 철은 지구 중심핵의 활동에 의해 지구 표면으로 올라온 것이지만, 이것은 다른 많은 요소와 반응하여 자연 그대로의 순수한 철이 아닌 철광석이 된다. 철광석에서 철을 분리하는 공정을 제련이라고 한다. 즉 철광석을 가열하여 액체 상태로 만든 후 금속을 분리해내는 것이다.

목탄은 철을 녹이기에 충분할 정도의 고온에서 타는 몇 안 되는 재료 중 하나이다. 영국에서는 제철 산업이 한 지역에서 숲을 태우고 다른 지역으로 옮겨 다녔는데, 17세기에 이르면 나무가 부족해지면서 목재 가격이 크게 상승했다. 또한 목탄은 부드럽기 때문에 용광로를 작게 만들어야 했고, 따라서 철을 대량 생산하는 것이 불가능하여 대안이 필요했다.

석탄은 석탄에 함유된 물질들이 철을 약하게 만들기 때문에 부적합했지만, 나무로 목탄을 만드는 것과 동일한 방식을 써서 석탄으로 코크스라는 재료를 만들 수 있었다. 코크스는 다른 재료들에 비해 깨끗했고 1709년에는 철기 제조업자 에이브러햄 다비 1세(1678~1717)가 최초로 코크스로 불을 피우는 용광로를 만들었다. 그는 3대에 걸쳐 제철 산업에서 선구적인 업적을 남긴 에이브러햄 다비 가문의 첫 세대였다. 순도가 높아지자 철은 더 강해졌고 코크스의 사용으로 더 큰 용광로를 짓는 것이 가능해졌다. 곧 대량의 철이 저렴한 가격으로 생산되었으며, 철은 산업혁명에 중요한 역할을 담당했고 당대에 영국이 가장 강력한 열강이 되는 데 기여했다. **DH**

참고: 철제로켓, 주물쟁기, 철폐(鐵肺), 전기로

# 대기 증기기관

(1712년)

뉴커먼이 광산의 배수시설을 개선시키다.

데번셔 출신의 제철공 토머스 뉴커먼(1663~1729)은 세계 최초의 성공적인 증기기관을 만들어 광산에서 물을 끌어올리는 데 사용했다. 그의 증기기관은 토머스 세이버리가 만든 열을 사용한 사이펀을 개량한 것이었다. 세이버리의 표면 응축기 특허 때문에 자신의 독자적인 디자인을 만들 수 없었기 때문이다.

뉴커먼의 증기기관은 물로 냉각되는 원통 안에서 증기를 응축시키고, 응축과정에서 만들어진 진공을 이용하여 피스톤을 아래로 끌어당겼다. 피스톤은 중앙에서 회전되는 커다란 나무 빔에 체인으로 연결되고, 빔의 다른 쪽 끝은 체인에 의해 광산의 바닥 부분에 있는 펌프에 연결되었다. 이 기관은 대기의 압력으로 피스톤을 빈 원통 안으로 누르기 때문에 대기압과 유사한 압력에서 안정적으로 작동했다.

> "현대문명에 감탄하는 자들은
> 보통 그것을 증기기관과
> 동일시한다."
>
> 조지 버나드 쇼, 극작가 겸 소설가

뉴커먼의 최초의 대기 증기기관은 영국 웨스트미들랜드의 코니그리에서 작동되었다. 그 이후 70년 동안 많은 대기 증기기관들이 더 만들어졌고, 처음의 황동 원통은 더 커다란 무쇠 원통으로 대체되어, 일부는 직경이 6피트(1.8미터)에 이르렀다. 이 기관은 상대적으로 비효율적이었고 석탄이 많지 않은 지역에서는 결국 제임스 와트(1736~1819)가 설계한 복동식 기관으로 대체되었다. 이것은 동력행정을 위해 원통의 양쪽 면을 모두 사용했고 보통 분리된 응축기를 지니고 있었다. **DH**

참고: 압력솥, 증기펌프, 분리 응축기가 있는 증기기관, 복합 증기기관

# 수은 온도계 (1714년)

**파렌하이트가 온도의 측정을 표준화하기 시작하다.**

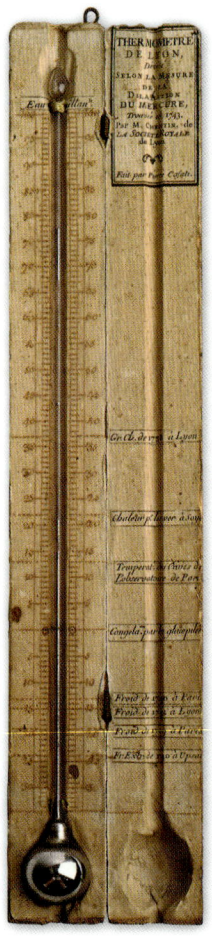

수은 온도계에서는 작은 수은구 안에 담긴 수은이, 속이 비고 단면이 균일한 직선형의 유리관 안으로 확장된다. 확장된 양의 정도로 수은구의 온도가 측정되는 것이다. 단테 가브리엘 파렌하이트(1686~1736)는 고향인 폴란드의 그단스크를 떠나, 네덜란드에서 유리를 불어서 과학기기를 제작했다. 그가 만든 최초의 유리 온도계(1709)는 확장되는 유체로 알코올을 사용했지만, 이것은 어는점과 끓는점 사이의 온도차가 제한적이었다. 1714년에 파렌하이트는 일반적인 온도 범위에서 균일하게 확장하는 금속액체인 수은으로 눈을 돌렸다.

파렌하이트는 온도계의 측정결과가 보편적으로 재현 가능해야 하며 유사한 온도는 동일한 숫자로 표현되어야 한다고 주장했다. 이러한 목적으로 그는 1724년에 세 개의 '고정된' 지점과 여덟 개의 단계를 온도계에 도입했다. 화씨 0도는 그가 실험실에서 얻을 수 있는 가장 낮은 온도로 이는 물과 얼음 그리고 염화암모늄을 혼합한 온도였다.

화씨 32도는 얼음과 순수한 물을 혼합한 온도였고, 화씨 96도는 인체의 정상적인 체온이었다. 1717년부터 파렌하이트는 암스테르담에 있는 가게에서 온도계를 판매했고 그의 온도체계는 영국과 네덜란드, 독일에서 널리 사용되었다.

보다 최근에 파렌하이트 온도체계는 정상적인 기압에서 순수한 물의 어는 점과 끓는 점, 즉 화씨 23도와 212도(섭씨 0도와 100도)로 정의되었다. 이 경우 우리 몸의 온도는 화씨 98.6도(섭씨 37도)가 된다. **DH**

---

"과학자들은 물질적이고
명백한 일들을 관찰하는
단순함으로 돌아가야 한다."
로버트 후크, 『마이크로그라피아』, 1664년

**참고:** 유리, 유리불기, 이금속성 스트립, 열전대

K 조지 애덤스가 만든 18세기의 온도계는 눈금이 화씨 −20도에서 210도까지 표시된다.

# 맹꽁이 자물쇠 (1720년)

폴헴이 도둑을 효과적으로 방지하는 휴대용 자물쇠를 고안해내다.

맹꽁이 자물쇠는 중세 시대부터 존재해왔는데 이들은 디자인상으로 쉽게 부수거나 힘으로 딸 수 있었다. 1720년에 스웨덴의 발명가 크리스토퍼 폴헴(1661~1751)은 자물쇠 따는 도둑들의 뛰어난 손기술에 훨씬 더 잘 견디는 자물쇠를 고안해냈다.

폴헴은 당대에 가장 재능 있는 기계 공학자 중 하나였다. 웁살라 대학에서 수학과 물리학, 공학을 공부한 후 그는 시계 수리공으로 일을 시작했다. 그의 천재성은 곧 중요한 고객들의 눈에 띄었는데, 스웨덴의 왕 카를 11세도 그중 한 사람이었다. 폴헴은 계속해서 크고(산업용 기계) 작은(시계태엽장치) 정교한 기계들을 설계했다. 그러나 그의 발명품 중 가장 오랫동안 지속된 것은 맹꽁이 자물쇠였다.

그의 기본적인 디자인은 일련의 회전원반을 포함하는, 무쇠로 된 타원형의 몸체로 구성되었다. 자물쇠를 잠그면 원반이 걸쇠에 파인 홈에 걸리면서 몸체로부터 떨어지지 않게 잡아주었다. 맞는 열쇠를 넣고 돌리면 원반의 새김눈과 걸쇠의 홈이 일직선이 되면서 자물쇠가 열렸다.

스웨덴 발명가의 이 장치는 폴헴 자물쇠, 혹은 스칸디나비아 자물쇠라는 이름으로 알려지기 시작했고 폴헴은 이를 제작하기 위한 공장을 열었다. 스칸디나비아 자물쇠는 시장을 지배하게 되었다. 이 디자인은 후세 미국의 자물쇠공 해리 소레프에 의해 보강되었는데, 그는 1921년에 마스터 자물쇠 회사를 설립했다. 이 디자인의 수정된 형태는 오늘날에도 사용되고 있다. 많은 업적을 남긴 폴헴은 스웨덴의 500크로나 지폐의 뒷면에 실리게 되었다. **MB**

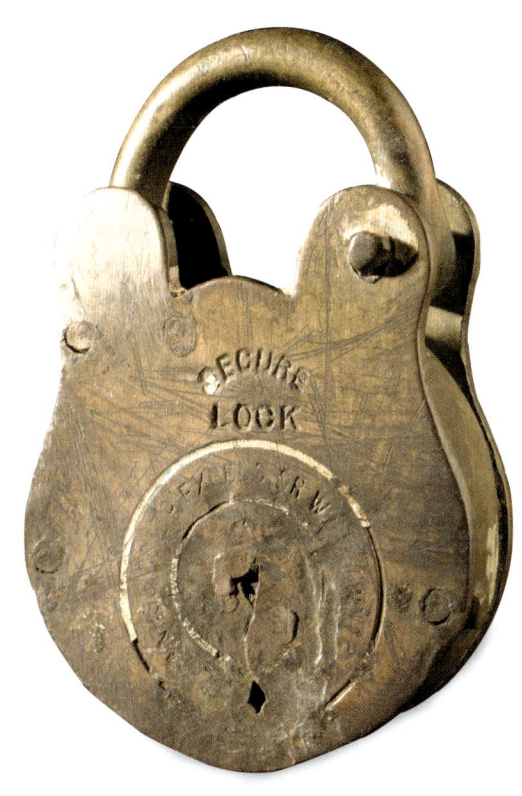

**참고:** 기계 자물쇠, 다이얼 자물쇠, 텀블러 자물쇠, 안전 자물쇠, 시한 자물쇠 금고, 예일 자물쇠

↗ 폴헴이 확립시킨 디자인 원칙에 따라 만들어진 영국의 놋쇠로 된 맹꽁이 자물쇠.

"열쇠와 자물쇠,
문명과 계몽의 특징적인
장치이다."

앰브로즈 비어스, 소설가 겸 저널리스트

# 피토관 (1732년)

**피토가 공기와 액체의 유속(流速)을 측정하다.**

피토관은 21세기의 기술 속에서도 승승장구하는 18세기의 발명품이다. 프랑스의 천문학자이자 공학자 겸 수학자였던 앙리 피토(1695~1771)에 의해 설계된, 믿을 수 없을 정도로 단순한 이 기구는 근본적으로 차압계(差壓計)로서 유속이나 기타 속도 측정 용도로 다양하게 사용될 수 있다.

피토의 주된 관심은 물의 흐름이었고 그는 개인적인 연구를 통해 당시에 수용되던 지식의 대부분이 틀렸다는 결론을 내렸다. 예를 들어 다른 조건들이 동일한 경우 흐르는 물의 속도는 깊이가 깊어질수록 빨라진다는, 당시로서는 우세했던 이론을 인정하지 않았다. 그가 만든 관은 1732년에 프랑스의 과학 아카데미에서 전시되어 그가 옳다는 사실을 증명해주었다. 물의 속도는 깊이에 따라 빨라지지 않았다.

지정된 위치에서 액체나 기체의 유속을 측정하는 데 사용된 이 L자형 관은 배나 비행기에 부착하여 전진하는 속도를 측정할 수도 있었다. 피토관은 주변의 압력과 흐름에 의해 생성된 압력의 차이를 기록함으로써 작동되며, 이는 흐름의 속도가 증가할수록 커졌다. 그 측정 결과는 적절한 수단을 통해 표시될 수 있었다. 수년 동안 기본 설계를 바탕으로 다양한 형태의 개선이 이루어졌지만 1858년 헨리 다시의 디자인이 대체로 오늘날까지 사용된다.

오늘날 피토의 놀라운 작은 관의 변형과 효용성은 계속해서 증가하고 있다. 멀티포트 버전은 서로 다른 지점에서 동압과 정압을 측정하는 것을 가능케 한다. 이들은 F1 레이싱 카와 우주선에서 사용된다. 심지어는 비행기 안테나의 역할을 수행하도록 설정된 적도 있다. **MF**

---

참고: 기압계, 풍속계, 동력 비행기

# 유모차 (1733년)

**켄트가 아이들을 위한 즐거움을 만들어내다.**

최초의 유모차로 알려진 것은 1733년에 영국의 유명한 조경 디자이너 윌리엄 켄트(1685~1748)가 발명한 것이다. 오늘날 유모차는 아이들이 있는 가정의 필수품이지만 원래는 일종의 놀이기구로 고안되었다. 디자이너로서 정원뿐만 아니라 여성 의류나 가구까지 다루었던 켄트는 데번셔의 세 번째 공작으로부터 자신의 아이들을 즐겁게 해줄 만한 것을 디자인해달라는 부탁을 받았다. 그는 아기가 앉을 수 있는 조가비 모양의 탈 것을 만들고 여기에 작은 망아지나 개, 혹은 염소를 채울 수 있는 장치를 부착시켰다.

유모차는 곧 부자들 사이에서 최신 장난감으로서 크게 인기를 누렸다. 시간이 지남에 따라 디자인에 변형이 가해졌는데, 그중에서 가장 중요한 것은 손잡이를 추가하여 사람이 밀 수 있게 만든 것이었다. 1840년대에 빅토리아 여왕이 러드게이트 힐의 히칭스 아기용품

---

> "유모차에 있는 아기를 제외하고 편견이 없는 견해가 존재한다고 믿는 사람은 아무도 없다."
>
> 릴리언 헬먼, 극작가

---

점에서 미는 유모차 세 대를 구입한 후 유모차는 더욱 큰 인기를 끌었다.

그 이후에 일어난 혁신적 변화는 1889년에 윌리엄 H. 리처드슨이 손잡이를 자유자재로 회전시킬 수 있는 특수한 조인트를 고안한 것이었다. 또한 그는 바퀴축을 개량하여 각 바퀴들이 개별적으로 회전할 수 있게 함으로써 조종을 더욱 용이하게 했다. 그가 디자인한 요소들은 오늘날까지도 많은 부분에서 사용되고 있다. **TP**

---

참고: 바퀴와 축, 수레, 접이식 유모차, 접이식 휠체어

# 플라잉 셔틀 (1733년)

케이가 직조과정을 급격하게 가속화시키다.

고고학자들은 4,000년 전의 이집트 무덤에서 베틀의 모형을 발견했다. 그러나 존 케이(1704~1780)가 플라잉 셔틀을 발명한 1733년 이전까지는 베틀 기술의 발전이 더딘 편이었다.

베틀은 두 개의 실을 엇갈리게 짜서 천을 만들어낸다. 첫 번째 실은 베틀의 길이를 따라 가로로 놓인 날실이고 두 번째 실은 씨실이다. 씨실은 셔틀을 이용해 날실 사이로 엇갈리게 놓는다. 전통적인 베틀에서는 사용자가 손으로 셔틀을 잡고 날실 사이로 통과시켰고, 이것은 속도가 매우 떨어지는 과정이었다. 케이의 플라잉 셔틀은 사용자가 줄 하나를 당기면 바퀴를 타고 궤도를 따라 날실 사이를 통과했다. 이는 손으로 하는 것보다 훨씬 더 속도가 빨랐으며 이전보다 더 넓은 천을 만들어낼 수도 있었다.

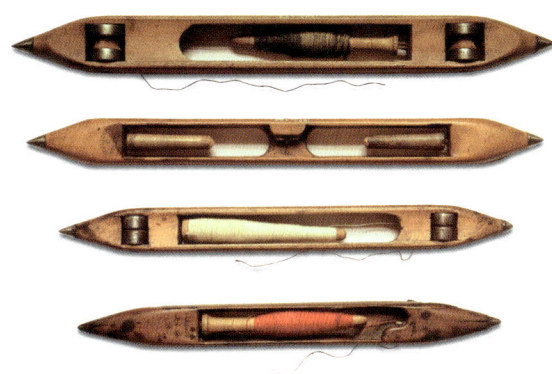

케이는 자신의 발명으로 큰 이익을 보지는 못했다. 직조공들이 플라잉 셔틀이 자신의 생계를 위협한다고 여겼기 때문이다. 결국 틀린 것으로 판명되었지만, 그들은 천에 대한 수요가 일정하기 때문에 베틀의 효율성이 증가하면 직조공에 대한 수요가 줄어들 것이라고 생각했다. 제조업자들은 케이의 발명품을 기쁜 마음으로 사용했지만 그에게 로열티를 지급하지는 않았다. 케이는 가난하게 살다가 1780년에 사망했다.

플라잉 셔틀은 방적사에 대한 방대한 수요를 창출했다. 당시에 방적업은 손으로 이루어지는 느린 작업이었다. 그 이후로 55년 동안 발명가들은 방적기의 생산성을 증가시키기 위한 기계의 발명에 많은 노력을 기울였다. 제니 방적기와 뮬 방적기 등이 여기에 포함된다. 이 발명품들 덕택에 많은 사람들이 면직 제품을 사용할 수 있게 되었다. **ES**

**참고:** 의류, 직조된 천, 바느질, 물레, 제니 방적기, 뮬 방적기, 동력직기

↗ 18세기의 셔틀은 굴림대가 있었고 마찰을 줄이기 위한 철제 부리가 달려 있었다.

→ 셔틀은 제각기 다른 색깔의 실을 감은 채로 놀라울 정도로 빠른 속도로 베틀 속을 통과했다.

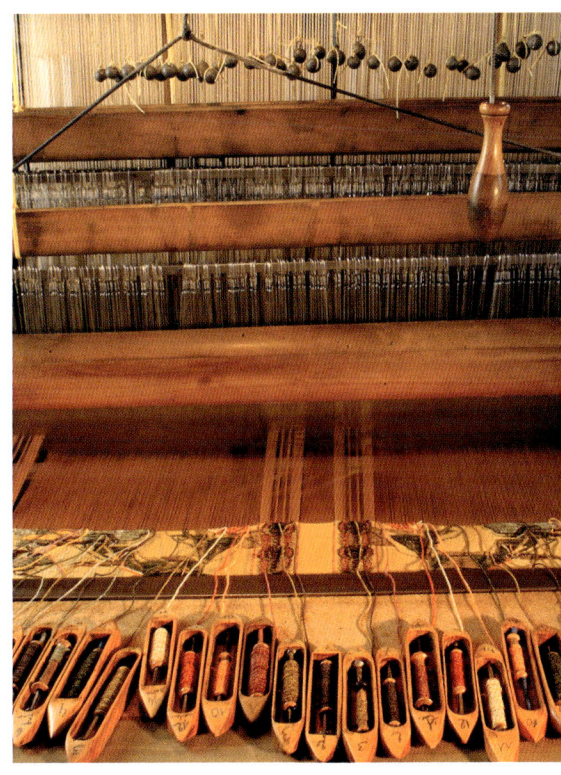

# 프랭클린 난로 (1742년)

프랭클린이 목조 건물을 위한 보다 안전하고 효율적인 난방법을 발명하다.

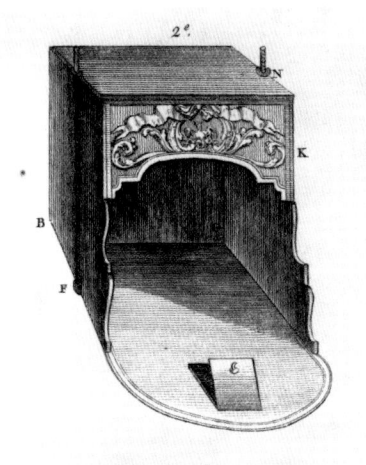

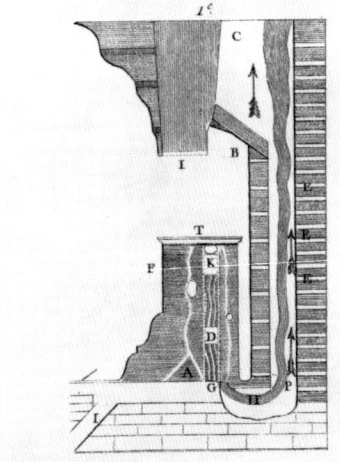

피뢰침과 이중 초점 안경을 발명하기 전에, 미국의 정치가이자 지식인인 벤저민 프랭클린(1706~1790)은 사람들의 집을 따뜻하고 안전하게 유지시키는 데 관심을 기울였다. 18세기에 미국의 많은 집은 목조 건물로 지어진 데다가 평로(平爐)로 난방을 했기 때문에 화재의 위험이 높았다. 이러한 사실은 적어도 1735년부터 프랭클린의 걱정거리가 되었다. 1735년에 그는 자신의 새로운 고향 펜실베이니아 필라델피아에 최초의 자원봉사 소방서를 조직했다. 그는 또한 건물의 난로 디자인에 있어 최소한의 안전기준을 포함하는 규제사항들은 만들기도 했다. 현대의 기준들은 여전히 이에 기반하고 있다.

1742년 그는 새로운 난로를 만들어 '펜실베이니아 난로'라는 이름을 붙였다. 이는 훗날 '프랭클린 난로' 혹은 '순환 난로'라고 불리게 된다. 이 난로는 금속을 댄 상자 형태로 벽에서 떨어져 있어, 뒷벽으로 많은 양의 열이 소실된 이전의 난로에 비해 효율성이 개선된 것이었다. 그는 또한 난로의 뒷면에 조절 장치를 달아 공기의 흐름을 개선시켰다. 나중에 프랭클린이 고치기는 했지만, 유일한 단점은 연기가 난로의 바닥을 통해 빠져나왔기 때문에 방 안에 가득 찼다는 것이다.

이 난로는 프랭클린의 친구 로버트 그레이스가 처음으로 제작했지만 발명가는 이 기술이 자유롭게 사용될 수 있도록 특허 받기를 거부했다. 이는 오픈 소스 개발의 초기적 예로 자주 언급되는 일화이다.

프랭클린의 디자인에 자유롭게 손을 댈 수 있다는 사실은 1780년대에 데이비드 리텐하우스가 L자형 굴뚝을 추가할 수 있게 해주었다. 그럼에도 불구하고 프랭클린 난로의 이름은 바뀌지 않았고, 이 난로는 오늘날까지도 많이 사용되고 있다. **AC**

> "이 난로들을
> 많은 집에서 사용하는 것은
> 나무를 크게 절약할 수 있는 방법이다."

벤저민 프랭클린, 정치가 겸 과학자

**참고:** 불의 제어, 오븐, 구운 벽돌, 전기 화재 경보기, 자동 소화 장치

▨ 프랑수아 니콜라 마티네의 1773년도 판화가 프랭클린 난로의 기능을 세부적으로 표현하고 있다.

# 레이덴 병 (1745년)

판 무센브루크가 전기를 저장했다가 방전할 수 있다는 사실을 증명하다.

1745년에 네덜란드의 물리학자 피테르 판 무센브루크 (1692~1791)는 물이 조금 들어 있는 유리병을 밀봉한 후 코르크 뚜껑 속으로 도선을 통과시킨 후 정전기를 발생시키는 윔스허스트 기전기에 부착시켰다. 발명가의 고향 마을 이름을 딴 레이덴 병은 전기를 흡수하여 저장했고, 이로써 전기가 생성 및 저장되고 다시 도선을 통해 접지된 물체로 방전될 수 있다는 사실이 최초로 증명되었다. 무센브루크는 이 기구를 시험하기 위해 한 손에 유리병을 들고 다른 손으로 충전된 도선을 건드렸다. 그는 너무나 큰 충격을 받아서 프랑스 전체를 준다 해도 다시는 이를 시도하지 않겠다고 맹세했다.

레이덴 병은 전 세계 과학계에 센세이션을 일으켰다. 미국의 발명가 벤저민 프랭클린은 이를 '무센브루크의 경이로운 병'이라고 불렀다. 1년 후에 영국의 의사 윌리엄 왓슨은 변형된 레이덴 병을 이용하여 템즈 강을 횡단하는 도선을 따라 전기 불꽃을 성공적으로 전도시켰다. 전기의 정확한 속성과 구성은 1897년에 J.J. 톰슨이 전자를 발명하기 전까지 알려지지 않았다.

현대의 기준에서 보면 거추장스럽고 비효율적이지만 현대 축전기의 선조격인 이 기구는 전기에 대한 이해와 사용에 있어 18세기에 이루어진 가장 중요한 발전을 상징했다. 이것은 전도의 속성에 대한 이해를 증진시키고 대전체의 인력에 대한 연구에 보다 수학적인 접근을 가능케 했다. **BS**

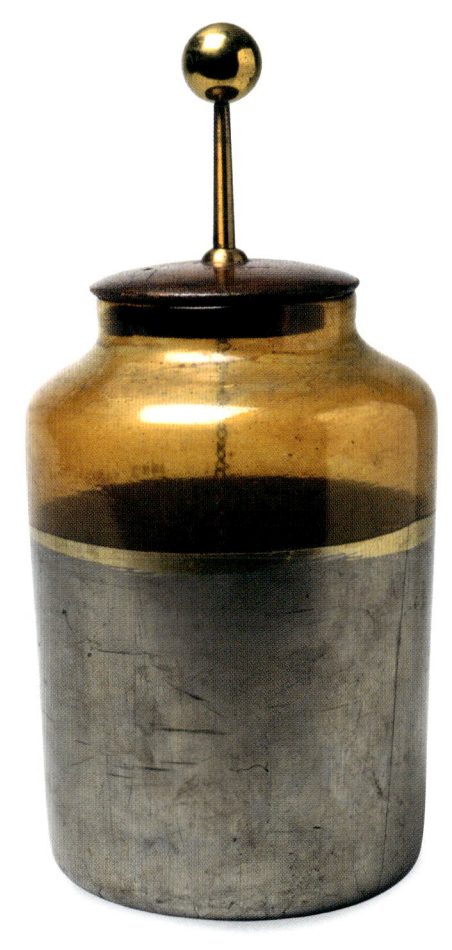

참고: 유리, 전기모터, 발전기, 공공 전기 공급, AC 전력

⬈ 1745년의 오리지널 레이덴 병은 유리로 만들어졌고 내부와 외부가 부분적으로 금속으로 코팅되어 있었다.

"내 몸은
마치 번개를 맞은 것처럼
흔들렸다."
피테르 판 무센브루크, 물리학자

# 검전기 (1748년)

**놀레의 발명품이 전기의 충전량을 측정하다.**

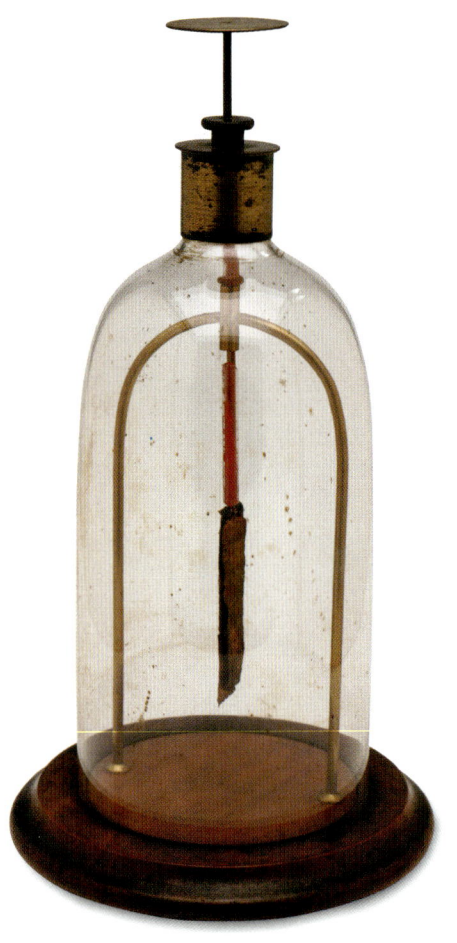

장 앙투안 놀레(1700~1770)는 파리 대학 실험 물리학의 첫 번째 교수였다. 당시에는 정전기학이 큰 주목을 받는 주제였다.

놀레의 검전기는 전하를 찾아내고 대략적으로 측정하기 위해 고안되었다. 절연된 감지기가 양쪽 끝이 납작한 유리창으로 덮여 있는 원통형의 용기 안에 끼워진다. 감지기의 아랫부분(원통 속에 들어간 부분)에는 얇은 금속판(보통 금을 사용)으로 된 두 개의 날개가 부착된다. 밖으로 튀어나온 감지기의 반대쪽 끝을 음전하로 충전된 대전체와 접촉시키면 전자가 두 개의 날개 부분으로 흘러들어가면서 날개가 서로 벌어진다. 이때 날개가 서로 벌어지는 각도가 바로 충전량의 함수값에 해당된다. 밖으로 나와 있는 감진기에 두 번째로 음전하가 충전된 대전체를 가져가면 날개가 더욱 넓게 벌어지지만, 그 직후에 양전하로 충전된 물체를 접촉시키면 벌어진 각도가 감소한다.

초기의 검전기는 주로 손으로 돌리거나 발로 밟는 기전기로 생산되는 전기의 충전량을 조사하는 데 사용되었다. 이는 구형 유리를 부드러운 재료로 마찰시킴으로써 충전되었다.

놀레는 정전기의 인력과 척력의 원인 및 전류가 흐르는 속도에 관심이 있었다. 그는 전류의 속도를 측정하기 위해 커다란 레이덴 병에 전기를 충전한 후 25피트(7.6미터)의 도선으로 연결된 카르투지오 수도회 수도승 200명을 통해 전류를 방전시켰다. 수도승들이 동시에 전기 충격을 받고 전부 뛰어오르자 그는 전류가 매우 빠른 속도로 먼 거리까지 흐른다는 결론을 내렸다. **DH**

"전자는 마치 병 속에서
마법사 지니가 나오듯 슈뢰딩거의
안개 속에서 모습을 드러냈다."
아서 에딩턴 경, 「물리적 세계의 본성」

**참고:** 레이덴 병, 발전기, 공공 전기 공급, AC 전력

↖ 검전기의 막대를 타고 흐르는 음전하가 날개들을 벌어지게 만든다.

# 물기둥 펌프 (1794년)

헬이 수력을 사용하여 광산을 배수시키다.

16세기에서 19세기에 이르는 기간 동안 슬로바키아의 광산마을 반스카 슈티아비니차는 금과 은의 주요 생산 지이자 이 귀중한 금속들을 추출하는 데 필요한 뛰어난 기술의 중심지로 이름을 날렸다. 이 지역은 광석 제련과 공정기술의 발전을 상징하는 곳이 되었다.

당대의 광산 기술자들이 극복해야 했던 많은 문제 중에서 가장 근본적인 것은 수백 야드 깊이의 수갱으로부터 물을 제거하는 것이었다. 이 작업을 위해 인간과 동물의 힘이 상당 부분 사용되었다. 17세기 말에는 거의 1,000명에 가까운 인부들과 수백 마리의 말이 펌프를 작동시키기 위해 하루종일 일해야 했다. 증기로 가동되는 기계들도 시험적으로 사용되었다. 그런데 많은 양의 물이 문제라면, 물의 잠재 에너지를 이용함으로써 문제 자체를 해결책으로 만들 수는 없을까? 고참 광산 기술자이자 재능 있는 마테즈 코넬 헬의 아들이었던 요제프 헬은 그의 '물기둥' 펌프 디자인으로 이 혁명적인 발명을 이루어냈다.

1749년 반스카 슈티아비니차의 레오폴드 광산 수갱에서 제작된 헬의 최초의 펌프는 용적형 기관으로, 피스톤과 밸브로 이루어진 장치를 사용한 것은 증기기관과 상당 부분 유사했다. 증기 대신에 표면 저수통에서 만들어진 물기둥으로 생성된 수압이 사용되었다. 이 것은 투웨이 밸브를 직접 조작하는 간단한 막대와 해머들이 사용되는 제어 장치가 있는 하나의 수직 원통으로 구성되었다. 하나의 펌프 밑에 또다른 펌프를 설치하여 사용할 수도 있었는데, 이 경우 동일한 양의 물을 사용하여 펌프 두 개를 구동시킬 수 있었으며 더 낮은 곳에서도 물을 끌어올릴 수 있었다. **MD**

# 피뢰침 (1752년)

프랭클린이 번개가 전기라는 사실을 증명하다.

미국의 정치가이자 발명가인 벤저민 프랭클린(1706~1790)은 특히 전기에 관심이 많아서 자신의 집에 작은 연구실을 만들어 전기의 속성을 연구했다. 전기와 번개 사이의 유사점들을 발견한 후 그의 관심은 번개에 집중되었다. 이전에도 많은 과학자가 둘 사이의 연관성에 주목했지만 이를 증명한 사람은 아무도 없었다.

1752년 폭풍우가 몰아치는 어느날 밤에 그는 번개가 전류라는 사실을 증명하기 위해 목숨을 건 실험을 감행했다. 그는 금속의 스파이크를 장착시킨 연을 만들어 폭풍우 속으로 날렸다. 연줄의 끝에는 열쇠가 달려 있었는데 프랭클린은 여기에 불꽃이 튀는 것을 발견했다. 프랭클린은 번개가 일종의 전기라는 사실을 증명하고 이러한 지식을 사용하여 건물을 보호하기 위한 피뢰침을 만들었다. 피뢰침은 높이가 6피트(2미터)에서 10피트(3미터) 사이로, 번개에 대한 저항을 최소화한 통

> "전깃불은
> 구름속에서 조용히 나온 후
> 가까이 다가와서 번개를 친다."
>
> 벤저민 프랭클린, 정치가 겸 과학자

로를 제공하여 전류를 안전하게 땅으로 흘려보냈다. 후에 그는 뭉뚝한 것보다는 날카로운 피뢰침이 더 효과적이라는 사실도 증명했다.

최근에는 프랭클린의 연 실험은 지어낸 이야기이며 만약 그가 진짜로 번개에 맞았다면 그 자리에서 사망했을 것이라는 주장이 제기되었다. 일부에서는 실험 자체는 진짜지만 프랭클린이 본 불꽃은 번개가 아니고 전기장에서 비롯된 것이라고 여기기도 한다. **RB**

**참고:** 원심 펌프, 증기 펌프, 진공 펌프, 대기 증기기관, 인슐린 펌프

**참고:** 레이덴 병, 검전기, 발전기, 전기도금, 전기기계식 릴레이

# 린네식 식물분류법
## (1753년)

린네가 모든 식물들을 분류하다.

린네식 식물분류법은 살아 있는 유기체들을 분류하는 체계로 생물학에서 사용된다. 이를 발명한 카롤루스 린네(1707~1788)는 생애 대부분을 스웨덴 웁살라에서 보냈다. 그는 외형상의 유사성에 따라 식물의 분류체계를 만들었는데 식물계(界)로 시작해서 스물다섯 개의 문(門)을 나누고, 각각의 문을 강(綱)으로, 그리고 다시 강을 목(目), 과(科), 속(屬), 종(種)으로 나누었다. 이 체계에 대한 최초의 설명은 1753년에 린네가 쓴 두 권짜리 책『식물의 종』으로 출판되었다. 그는 훗날 동일한 체계를 동물과 광물에도 적용시켰다.

린네식 분류법의 가장 중요한 특징은 이명법(二名法)이라고 하는 체계이다. 첫 번째 이름은 해당 유기체가 속하는 속(屬)을 정의하고 두 번째 이름은 그것의 독자적인 종(種)을 지칭하는 것이다. 예를 들면 평범한 데이지 꽃의 학명은 '벨리스 페레니스(Bellis perennis)'이다. 필요한 경우에는 어떤 속(屬)이 속한 과, 목, 문은 꽃분류학 참조책에서 찾아볼 수 있다.

린네는 식물과 동물을 수집하고 연구하고 분류하였으며, 자신의 연구를 『자연의 체계』라는 여러 판의 책으로 출판했다. 1735년에 출판된 제1판은 11페이지에 불과했다. 제10판은 1758년에 출판되었고 4,400종의 동물과 7,700종의 식물을 상세히 열거했다. 린네식 분류법은 다윈의 진화론보다 100년 전에 만들어졌지만 과학자들이 유기체 사이의 진화론적 관계를 연구한 이후에도 그 실효성이 지속되었다. 최근에는 개별적인 종들의 유전코드를 비교함으로써 일부 동물과 식물들이 재분류되었지만 린네식 식물 분류법의 기본적인 개념을 오늘날에도 유효하다. **EH**

# 바이메탈 스트립
## (1755년)

해리슨이 금속팽창을 이용하다.

바이메탈 스트립은 요크셔의 시계 제조공 존 해리슨(1693~1776)이 만들었고 그의 세 번째와 다섯 번째 크로노미터에 사용되어 밸런스 스프링에서 열에 의해 유도되는 변형을 상쇄시켰다.

예컨데 강철과 황동이라는 두 직선형 금속 막대를 긴 면에 따라 용접하거나 납땜하면서 리벳으로 고정시켰다고 상상해보자. 황동은 온도가 섭씨 1도씩 상승할 때마다 100만분의 19만큼, 강철은 100만분의 13만큼 확장된다. 막대를 가열하면 한 쪽 금속이 다른 쪽보다 많이 팽창되어 막대가 휘어진다. 위의 예에서는 황동이 휘어진 곡선형의 바깥면이 된다. 금속을 냉각시키면 막대는 반대쪽으로 휘어지면서 강철이 바깥면이 된다.

나선형의 바이메탈 스트립은 온도의 함수값으로 풀리거나 조여진다. 여기에 바늘을 부착하면 저렴하면

> "불빛을 보고 발길을 돌리는 사람이 있는가 하면, 뜨거운 열기를 느껴야 비로소 발길을 돌리는 사람이 있다."
>
> 카롤린 슈뢰더, 피아니스트

서도 튼튼한 온도계가 만들어진다. 스트립은 시계에서 평형바퀴의 원형 테를 형성하는 데도 사용되는데, 바퀴의 크기는 제어 스프링 강도의 온도 변화를 보강하는 방식으로 변화한다. 그러나 가장 일반적으로는 냉장고나 오븐, 다리미와 같이 자동 온도 조절로 제어되는 기구들에서 온도 감지 전류차단기로 사용되는 것이다. **DH**

참고: 유전자 변형 농산물, 유전자 치료, DNA 자동 서열 판독기

참고: 수은 온도계, 전기 난로, 전기 다리미, 냉장고

# 항해용 크로노미터(정밀시계)

(1761년)

해리슨의 발명으로 항해 중에 경도를 측정할 수 있게 되다.

항해 중인 곳의 실제 경도와 알려진(예컨대 그리니치) 경도의 차이를 계산하는 방법 중 하나는 천문 관측을 통해 평균 태양시를 확인하고 그리니치 시간과 비교하는 것이었다. 이러한 목적을 위해서는 흔들리는 배 안에서도 정확하게 그리니치 시간을 지키는 시계가 필요했다. 1714년 영국 정부는 항해 중에 오차범위 0.5도 이내로 정확한 경도를 알아낼 수 있는 사람에게 2만 파운드(오늘날의 100만 파운드에 해당)의 상금을 준다고 선언했다.

요크셔 출신의 존 해리슨(1693~1776)은 정확한 시계가 해답이라고 생각했다. 그는 1735년에 최초의 항해용 크로노미터를 만들었다. 스프링으로 구동되는 이 시계는 서로 반대 방향으로 진동하는 두 개의 연결된 평형추에 의해 조절되어, 배의 흔들림이 주는 영향을 모두 제거했다. 또한 밸런스 스프링의 길이를 의도적으로 다르게 함으로써 온도 변화를 상쇄시켰다.

해리슨의 세 번째 크로노메터(1759)는 바이메탈 온도 상쇄기와 탈진기의 동력을 일정하게 유지시켜주는 속도 조절 톱니바퀴를 포함하고 있었다. 해리슨의 네 번째 크로노미터(1761)는 그의 모든 성과들을 직경 5인치(13센티미터) 정도의 커다란 '회중' 시계 안에 구현했다.

이 시계는 1761년에 자메이카로 항해하는 HMS 뎁포드호에서 사용되었다. 항해기간 동안 시계의 오차는 5초 정도로, 이는 경도로는 60분의 1도의 오차에 해당하는 것이었다. 따라서 이 배의 위치는 오차 범위 1.5마일(2킬로미터) 이내의 정확성으로 파악되었다. 해리슨은 결국 1773년에 상금을 받았고, 곧이어 모든 선박에서 그의 기구가 사용되었다. **DH**

**참고:** 아스트롤라베, 태엽장치, 육분의, 회중시계, 전자시계

↗ 1770년대에 만들어진 이 예에서 볼 수 있듯이 해리슨의 항해용 크로노미터는 극도로 정교하게 잘 만들어진 것이었다.

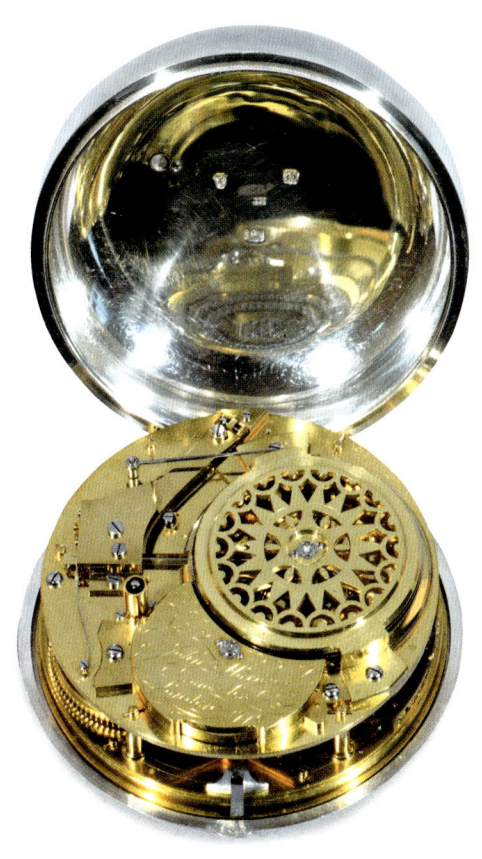

"모든 뛰어난 선장들이
최고의 지도와 나침반을 사용함에도
불구하고 항해 중에 길을 잃었다."

데이바 소벨, 『경도』, 1995년

End View. *Fig. 2.*

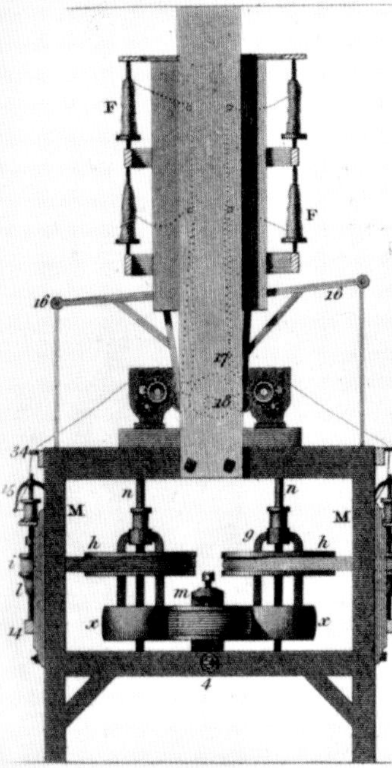

Elevation. *Fig. 1.*

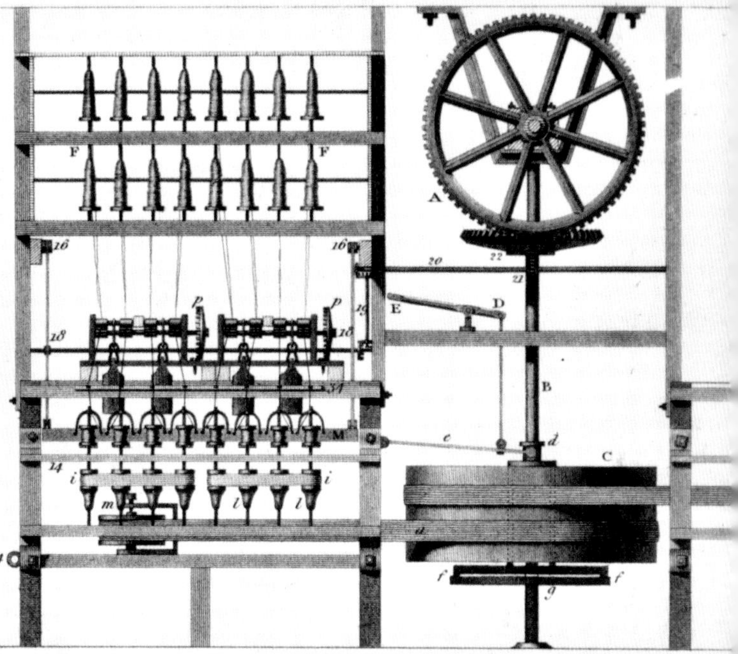

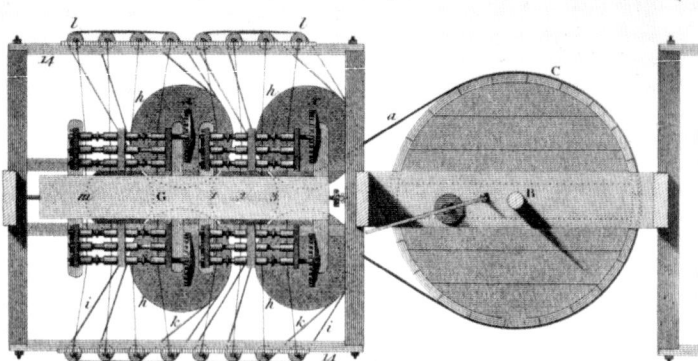

Spindle enlarged.

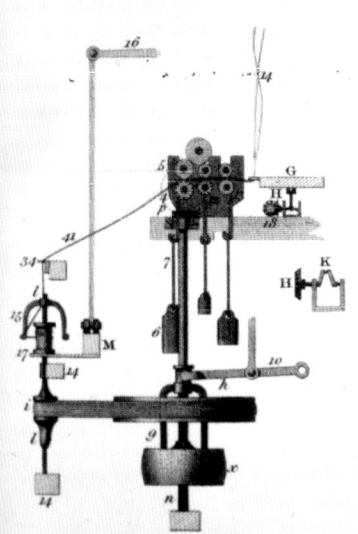

Plan. *Fig. 3.*

End View.

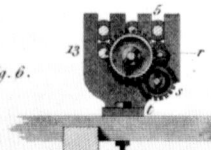

*Fig. 6.*

Elevation of rollers.

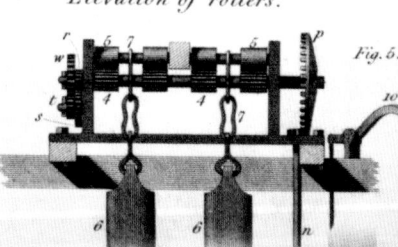

*Fig. 5.*

# 제니 방적기 (1764년)

하그리브스가 면방직에 혁신을 일으키다.

방적업자 겸 목수였던 제임스 하그리브스(1720~1778)는 랭커셔에 있는 자신의 면직공장의 생산성을 증가시키기 위한 방법의 일환으로 여러 개의 방추를 사용하는 물레를 발명했다. '제니 방적기'는 여덟 개의 방추를 포함하고 있었고 이들은 전부 한 사람에 의해 작동이 가능했다. 한 사람이 방사의 두께가 적당해질 때까지 도투마리를 방사 위로 앞뒤로 돌렸다. 이 기계는 방적사의 생산을 여덟 배나 증가시켰다. 한 일화에 따르면 어느날 하그리브스의 딸이 물레를 넘어뜨렸는데 그 이후에도 온전히 작동하는 것을 보고 하그리브스가 여러 개의 방추를 사용한 기계를 고안해냈다고 한다. 방추들은 전부 수직으로 세웠다.

이 기계는 매우 성공적이어서 방적사 가격이 하락했으며 그 지역의 방적업자들을 화나게 했다. 어느 날은 방적업자 몇 명이 하그리브스의 집에 침입해서 그

> "산업혁명은…
> 대량 수요를 위한
> 생산의 시대를 열었다."
> 루드비히 폰 미제스, 경제학자

의 기계들을 망가뜨렸다. 그는 결국 1767년에 노팅햄으로 이주했다. 그는 자신의 발명품에 대해 특허를 신청했지만 자신의 기계를 복제하여 사용하는 업자들을 고소하는 데는 실패했다. 하그리브스는 1778년에 사망했으며, 이 해에 새뮤얼 크롬프톤은 훨씬 더 효율적인 '뮬 방적기'를 발명했다. **JL**

# 주행거리계 (1765년)

펜이 토지측량을 용이하게 만들다.

아이작 펜이 자신이 만든 거리 측정 주행기록계로 특허를 받은 1765년경에는 이미 이 기구가 다양한 형태와 이름으로 수백년 동안 존재해온 상태였다. 로마시대에는 '오도메테르'라는 이름으로도 불렸으며 바퀴 하나를 밀고 가면서 여기에 연결된 기계 장치로 바퀴의 회전 횟수를 기록하여 거리를 계산하는 방식이었다.

18세기와 19세기에는 인도 지도가 제작되었고 미국이나 호주와 같은 지역에서는 광대한 토지를 농가로 구획했다. 이에 따라 정확한 거리 측량이 중요해졌다. 주행거리계는 일상생활에서도 사용되었다. 이 기구의 정확성은 포장도로나 머캐덤 포장도로와 같이 매끄러운 표면에서 특히 높았다. 농지와 같이 울퉁불퉁한 땅에서는 바퀴가 흔들리고 미끄러지는 것이 문제가 되어 측정결과를 상당부분 교정해야 했다. 높은 정확성이 요구되는 작업을 위해서는 줄자나 체인도량법에 의존해야 했다.

전형적인 18세기형 주행거리계는 직경이 31과 1/2인치(80센티미터)인 바퀴 하나로 구성되어 있고, 따라서 바퀴의 원주는 8과 1/4인치(2/5미터)였다. 이는 바퀴를 두 번 회전시키면 1폴(영국의 오래된 길이 및 넓이 단위)과 동일해진다는 것을 의미했다. 시계와 유사한, 두 개의 바늘이 달린 다이얼이 기계 중앙에 달려 있었다. 긴 바늘은 320폴마다 한 번 움직였다. 이것이 1마일(1.6킬로미터)에 해당되는 거리였다. 짧은 바늘은 움직인 전체 마일을 숫자로 표시했다.

오늘날 전문가용 거리주행계는 고도로 정확하며 LCD 화면이 장착되고 디지털 데이터 저장/조종 장치가 내장된 경우가 많다. **MD**

---

**참고:** 의류, 바느질, 직조된 천, 증기기관, 물레, 뮬 방적기, 동력 직기

← 면 빙적을 위해 하그리브스가 발명한 혁신적인 수력 방적기의 기술 도면.

**참고:** 바퀴와 축, 지도, 주행기록계, 일륜차

# 분리 응축기가 있는 증기기관 (1765년)

**와트가 기술적 혁신으로 증기력을 발전시키다.**

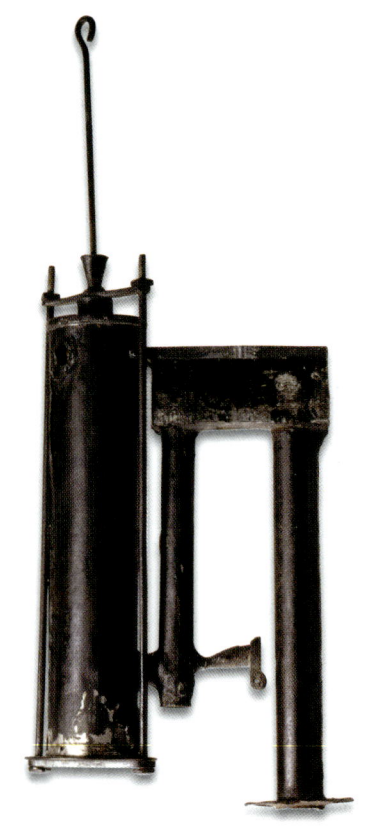

> "나는 지금 한 방울의 증기도
> 낭비하지 않는 기관을 만들었다.
> 그것은 뜨겁게 끓어오를 것이다."

제임스 와트가 친구 존 로빈슨에게

스코틀랜드 출신의 공학자 제임스 와트(1736~1819)는 증기기관 기술의 가장 중요한 발전 몇 가지를 이루었다. 증기기관은 1710년대부터 사용되었으며, 그 주된 용도는 광산에서 물을 끌어올리는 것이었다. 이 기계들은 커다란 실린더를 찬물로 냉각시킨 후, 그 안에서 증기를 응축시키는 기술에 의존했다. 증기가 응축되면서 부피가 줄어들면, 실린더 내의 피스톤이 기압에 의해 아래로 눌러졌다.

1765년에 와트는 증기력에 가장 중요한 기여를 한 자신의 발명품의 실용 모델을 최초로 만들었고 1769년에 특허를 받았다. 그의 혁신적 발명은 증기가 주(主)실린더 외부에 있는 분리된 응축기에서 응축되는 기관이었다. 주실린더는 작동 중 계속해서 온도를 유지할 수 있었다. 와트는 그 외에도 자신이 만든 증기기관의 힘과 효율성을 증가시키기 위해 몇 가지 기술적 개선책들을 추가했다. 예를 들면 그는 밀폐된 실린더 내에서 대기압 대신 압력이 낮은 증기가 피스톤을 밀 수 있다는 사실을 깨달았다. 머지 않아 와트는 증기가 피스톤을 먼저 한 방향으로 밀고 그 다음에 다른 방향으로 미는 복동식 기관을 설계하여 효율성을 더욱 증가시켰다.

와트가 증기기관 기술의 역사에 끼친 영향력은 자기 자신의 천재성뿐만 아니라 그의 사업 동업자 매튜 볼튼(1728~1809)의 덕분이기도 했다. 이 두 사람은 1775년에 동업관계를 맺었고 볼튼은 엄청난 양의 돈을 와트의 발명에 투자했다. 1781년부터 볼튼과 와트는 회전운동을 생성하는 증기기관을 제작하고 판매했다. 그 이전의 증기기관들은 수직의 펌프운동에 국한되었다. 회전 증기기관은 곧 공장의 동력으로 많이 사용되었고, 영국 산업혁명을 이끄는 주된 동력이 되었다. **JC**

⬆ 와트의 독립된 증기 응축기는 주 실린더를 뜨거운 상태로 유지시킴으로써 열효율을 크게 개선시켰다.

➡ 분리 응축기가 있는 제임스 와트 증기기관의 전, 후, 측면 스케치

**참고:** 대기 증기기관, 고압 증기기관, 복합 증기기관

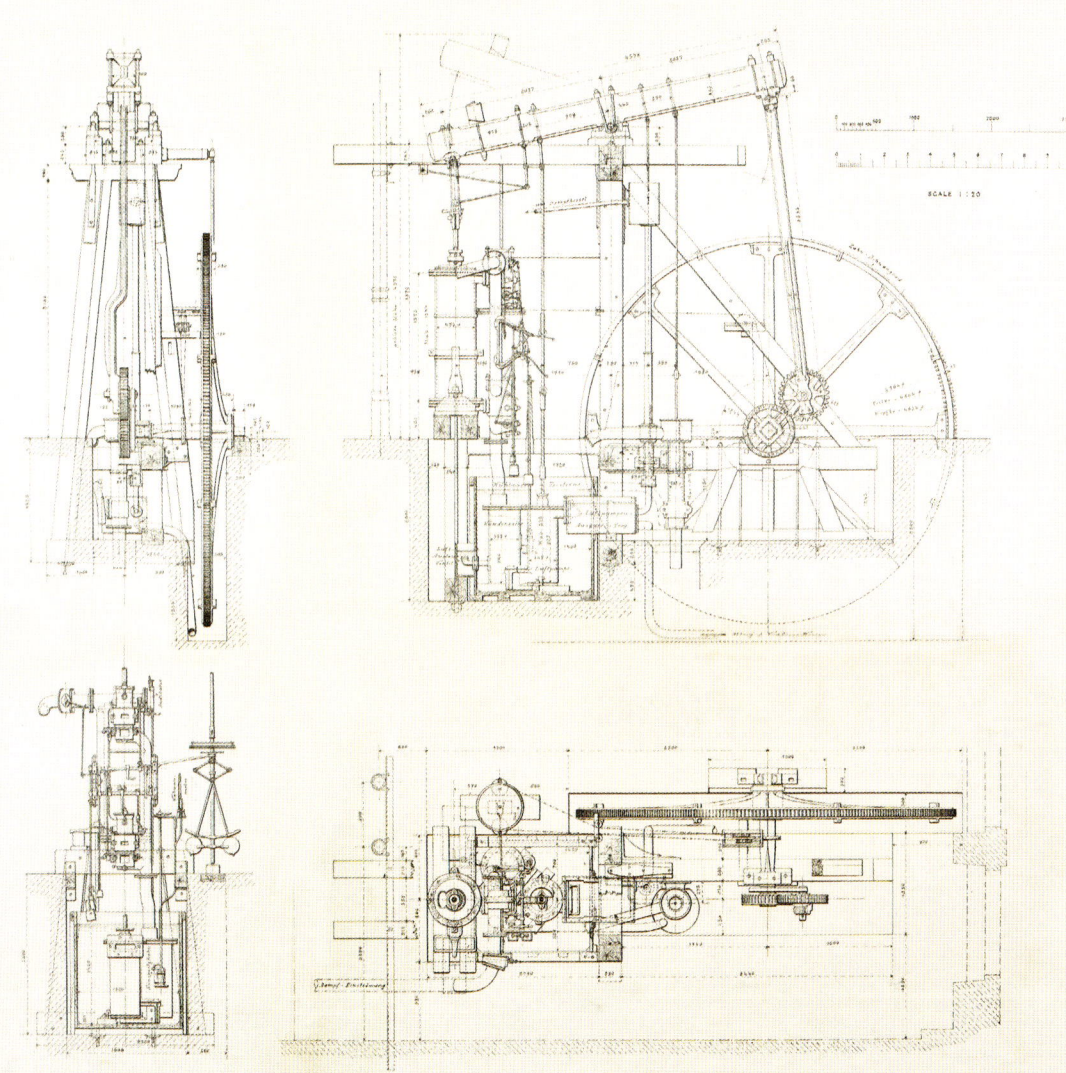

SCALE 1:20

te *Watt'sche Dampfmaschine.* M.·1:20.    Disposition für die Aufstellung der Nachbildung in der Hauptwerkstätte München.

# 수력 방적기 (1769년)

**아크라이트의 발명이 직물의 대량 생산을 가속화시키다.**

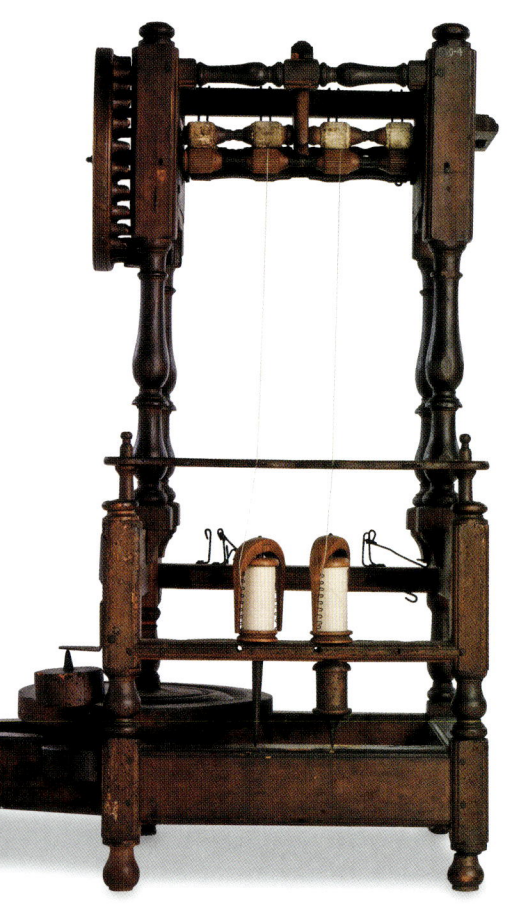

프레스턴의 가발 제조공 리처드 아크라이트 경(1732~
1792)은 1769년에 새로운 면방직기로 특허를 받았다.
당시에는 직물 산업을 위해 빠르고 저렴하게 고품질의
면을 생산하는 방법을 찾기 위한 경쟁이 치열했다. 제
임스 하그리브스는 1764년과 1767년 사이에 '제니 방
적기'를 만들었지만 이는 손으로 물레를 돌리는 행위를
모방한 것에 지나지 않아 고품질의 면사를 만들어내지
는 못했다. 아크라이트의 '수력 방적기'는 산업혁명의
중요한 촉매가 되었다.

가발 제조공으로 일하면서 아크라이트는 면 방적
에 관심을 갖게 되었다. 그는 시계제작자 존 케이의 도
움을 청했다. 존 케이는 이전에도 토머스 하이즈와 함
께 다른 방적기를 연구하다가 자금 부족으로 중단한 적
이 있었다. 아크라이트와 토머스는 마력에 의해 구동
되는 방적기를 만들어 1769년에 특허를 받았다. 이 방
적기는 면사 공정의 속도를 급격하게 가속화시켜, 양
말 등에 사용할 수 있는 씨실과 고품질의 날실을 만
들어냈다.

대규모 생산의 가능성을 발견한 아크라이트는 물
레바퀴로 구동하는 모델을 완성시켰고, 이는 '수력 방
적기'라고 불리게 되었다. 아크라이트가 수력 방적기
의 발명자로 이름을 알렸지만, 많은 이가 원본의 설계
를 생각해낸 것은 사실상 하이즈였다고 믿는다. 케이와
함께 일하는 동안 아크라이트가 하이즈의 설계와 관련
된 비밀을 알게 되었고 자신의 수력 방적기에 사용했다
고 여겨진다. 이 모델은 집에서 작동될 수 있는 규모가
아니었기 때문에 아크라이트는 1771년에 더비셔 크롬
포드에 최초의 직물 공장을 만들어, 직물의 대량 생산
의 시작을 알렸다. **HI**

> "이전에 인력으로 수백 시간이
> 걸리던 일을 기계 하나가
> 한 시간 안에 해냈다."
>
> 로버트 클락, 이스트 앵글리아 대학

**참고:** 물레, 제니 방적기, 뮬 방적기

🔗 아크라이트의 수력 방적기는 18세기 영국의 직물 생산에 혁명을
가져왔다.

# 베니션 블라인드 (1769년)

베란이 창 가리개로 특허를 내다.

최초의 베니션 블라인드가 정확히 언제 어디서 등장했는가에 대해서는 오랫동안 여러가지 설이 있었다. 얇은 널빤지로 된 블라인드는 1700년대 중반에서 후반 사이에 이탈리아 북부 전역에서 다양한 나무로 만들어졌다. 이는 얇은 널빤지를 띠나 천으로 묶어서 만들었고 널빤지의 각도는 오늘날에 사용되는 것과 비슷한 장치를 사용하여 조절되었다. 자유를 얻은 베네치아의 노예들이 1790년대에 프랑스에 베네치아의 블라인드를 가지고 오면서 이들은 곧 프랑스인들에 의해 페르시엔(페르시아인)이라고 불리게 되었다.

사실상 1700년대에 이탈리아는 이미 베니션 블라인드와 오랫동안 연관을 맺고 있었다. 고고학자들은 폼페이 유적에서 대리석 판으로 이루어진 창 가리개들을 발굴했다. 동양의 경우, 이란(과거의 페르시아)에서 발굴된 최초의 창 가리개가 기원전 4000년경의 것으로 추정되었다. 이는 진흙 타일로 만들어진 것이었다. 남쪽으로는 지중해의 크레타 섬에서 대리석과 설화석고의 합금으로 만들어진 겉창들이 고대 미노스 문명(기원전 2600~1100년)의 것으로 알려진 폐허 속에서 발견되었다.

영국에서 베니션 블라인드는 에드워드 베란에 의해 1769년 12월 11일에 런던에서 특허를 받았다. 베니션 블라인드는 한 세기가 지난 후에 빅토리아 시대 사람들 사이에서 크게 유행하여 무겁고 거추장스럽고 유행에 뒤처진 커튼의 대용으로 사용되었다.

현대에서 블라인드 차양의 각도를 일률적으로 조절하는 방법은 1841년에 루이지애나 뉴올리언스 출신의 존 햄프슨이 발명했다. 나무로 만든 블라인드는 1940년대 중간에 조 헌터와 헨리 소넨버그가 폭이 2인치(50밀리미터)인 알루미늄 블라인드를 만들기 전까지 인기를 유지했다. **BS**

**참고:** 집 짓기, 목공술, 직조된 천, 유리, 홀-헤로울트 공법(알루미늄 제작공법)

# 무한궤도 (1770년)

에지워스가 연속적인 궤도로 특허를 받다.

땅이 울퉁불퉁하고 진흙투성이인 곳을 운전하려고 한다면, 아예 도로를 가져가는 것이 최고의 해결책이 아닐까? 영국의 리처드 러벨 에지워스(1744~1817)는 바로 이러한 아이디어에 착안하여 최초의 무한궤도식 차량을 실현한 '이동이 가능한 궤도'를 발명했다. 그가 1770년에 받은 특허에 대해서는 다양한 해석의 여지가 있지만, 바퀴가 연결장치로 덮인 모든 차량에서부터 앞바퀴와 뒷바퀴 사이가 연속적인 궤도로 연결되는 오늘날의 시스템까지 모든 것에 적용될 수 있었다.

19세기에는 궤도가 달린 차량들에 대한 특허가 대거 출원되었다. 그러나 이들은 조향 장치가 부실하거나 궤도 장치의 긴장과 압력을 감당하기에 부족한 재료를 사용하는 등의 문제점이 있었다. 그러나 가장 큰 장애물은 아마도 추진력 부족이었을 것이다. 이는 내연기관이 등장하기 전까지는 해결되지 못한 문제였다. 그럼에

> "사람들이 다가와 나를 끌어내렸다.
> 그들은 고양이들과 함께 왔는데
> 캐터필러 트랙터라 불리고 있었다."
>
> 『분노의 포도』, 너낼리 존슨의 시나리오

도 불구하고 이 무한궤도식 증기 추진 차량들은 나름의 효용성이 있었다. 예컨대 크림전쟁(1853~1856) 중에 연합군이 사용하기도 했다.

'무한궤도'라는 이름은 1900년에 캐터필러社의 전신인 홀트 제조업의 설립자 벤저민 홀트가 한 영국 군인이 무한궤도식 차량이 진행하는 모습이 마치 쐐기벌레가 기어가는 것 같다고 말하는 것을 들은 후 재빨리 상표화되었다고 전해진다. 무한궤도는 이제 많은 영역의 디자인에서 나타난다. **RP**

**참고:** 트랙터, 불도저, 군용 탱크

# 탄산수 (1771년)

**프리스틀리가 이산화탄소와 물을 혼합하다.**

조지프 프리스틀리(1733~1804)는 영국 요크셔의 양조장 근처에서 성장했으며 청소년기에 이산화탄소 가스가 발효된 곡물 찌꺼기 위로 '떠다니는' 것을 보았다. 성직자이자 철학자 겸 화학자였던 프리스틀리는 1771년에 이산화탄소를 주변 공기에 의해 오염되지 않은 물이 담긴 용기에 주입하기 시작했다. 그는 이 혼합물을 30분 동안 흔들어서 물이 이산화탄소를 흡수하게 만들었고, 이로써 세계 최초의 탄산 음료수를 만들었다. 프리스틀리는 1772년에 저술한 한 책에서 탄산수가 음식의 부패를 지연시키고 장기간 항해 중 괴혈병의 발생을 감소시킬 수 있을 것이라는 생각을 상세하게 다뤘다. 또한 그는 「물 속에 이산화탄소를 흡수시키는 방법」이라는 제목의 논문을 쓰기도 했다.

　프리스틀리가 남긴 많은 유산에는 전기, 윤리, 종교적 자유의 속성에 대한 글과 기체의 속성에 대한 광

---

"설교와 탄산수는
　그 다음 날로 미루고,
　포도주와 여자, 환희와 웃음을 즐기자."

로드 바이런, 「돈 후앙」

---

범위한 연구가 포함되는데, 후자의 연구를 통해 그는 그가 1774년에 산소를 발견했다. 그는 자신이 만든 탄산수의 상업적 가능성을 파고들어갈 만한 시간적 여유, 혹은 그보다는 욕심이나 의지가 없었다.

　인공적으로 탄산화된 물은 천연 온천에서 발견되는 것과 유사한 거품이 있었다. 그러나 탄산수가 오늘날의 수많은 청량음료에 사용되는 것처럼 큰 인기를 얻은 것은 소다수 통이 등장하고 1819년에 새뮤얼 파넨슈톡이 탄산음료 자판기를 발명한 이후였다. **BS**

**참고:** 술, 탄산수병, 왕관형 병뚜껑

# 양변기의 S자 트랩 (1775년)

**커밍스가 실내용 변기를 도입하다.**

변기 시스템이 없다면 질병은 널리 확산되고 물은 마실 수 없게 될 것이다. 그것은 현대 세계에서는 당연한 것으로 여겨지는 발명이지만, 그것이 없다면 우리는 어떻게 될 것인가? 비록 처음에는 땅에 구멍을 파는 것에 불과했지만, 변기는 바빌로니아 시대부터 다양한 형태로 사용되었다.

　변기의 복잡하고 긴 역사 속에서 결정적인 혁신을 이룬 것은 시계 제조공 알렉산더 커밍스에 의해 개발된 S자 트랩 시스템이었다(현대식 변기의 발명으로 토머스 크래퍼가 언급되는 경우가 많다. 그는 변기의 제작에 관계했지만, 특허를 얻은 것은 커밍즈였다). 커밍즈의 디자인은 배수관에 S자 모양의 트랩을 만들어 물을 내릴 때마다 수밀(水密)을 형성시켰다. 이는 악취가 물 밑에 갇혀서 공기 중으로 배출되지 않게 되었음을 의미한다.

---

"네 기구에 작은 삽을 더하여
　밖에 나가서 대변을 볼 때에
　그것으로 땅을 팔 것이요."

신명기 23:13

---

　수세식 변소와 밀봉된 하수 체계로 삶의 질은 크게 개선되었다. 하수의 악취를 처리함으로써 커밍스는 변소가 실내에 들어오는 것을 가능케 했으며, 탐나는 물건으로 만들었다. 곧 모든 사람들이 행복하게 수세식 변소를 사용하게 되었다.

　S자 트랩 디자인은 악취를 처리하기 위한 효과적인 방법으로 여전히 사용되고 있다. 그러나 변기 디자인은 사용상의 다양한 측면들을 고려하며 변화해왔다. 일본에서는 표준적인 변기에 시트 온열장치가 있고 세척용 물이 분사되며 물을 내리는 장치가 완전히 자동화되어 있다. **LS**

**참고:** 수세식 변소, 퇴비변소, 하수 체계, 화장지, 도시의 정수처리 시설

# 잠수정 (1775년)

버쉬넬이 군사적인 목적으로 최초의 잠수함을 만들다.

1775년에 대영제국의 북부 아메리카 식민지들은 영국의 법에 저항하여 독립전쟁의 발발을 예고했다. 미국 코네티컷 세이브룩 출신의 열정적인 애국자 데이비드 버쉬넬(1742~1824)은 영국 해군의 막강한 힘에 대항하기 위한 비밀 무기를 만들어냈다. 그는 정박 중인 전함들을 공격하기 위한 잠수정을 설계하고 제작했다.

버쉬넬의 '거북이'는 나무와 황동으로 만들어진 타원형의 기구로 딱 한 사람이 들어갈 수 있을 정도의 크기였다. 그것은 밸러스트용 물탱크가 장착되어 있어 물을 채워서 잠수를 하고, 펌프를 사용해서 물을 비우면서 다시 수면으로 떠올랐다. 잠수 중에는 페달과 핸들에 의해 작동되는 두 개의 스크루 추진기를 사용하여 잠수정을 위아래로, 혹은 옆으로 조종할 수 있었다. 잠수정의 내부는 교묘하게도 천연 발광성 목재를 사용하여 계기판, 즉 나침반과 깊이 측정기를 읽을 수 있게 했다.

'거북이'의 무기는 타이머가 장착된 수중용 화약으로, 말하자면 최초의 수뢰(水雷)였다. 버쉬넬은 이것을 전기가오리의 이름을 따서 '토르피도'라고 불렀다. 정박 중인 전함의 선체에 무기를 부착시키기 위한 드릴도 포함되어 있었다.

'거북이'가 최초로 작전을 수행한 것은 1776년 9월 7일이었다. 육군 자원병 에즈라 리 병장의 조종하에 영국의 기함 HMS 이글호를 공격하기 위해 뉴욕항을 출발했지만 무기를 적군의 선체에 부착시키는 데는 실패했다. 강한 급류 속에서 균형을 잡으면서 동시에 구리로 덮인 선체를 드릴로 뚫는 것은 리 병장의 역량을 벗어나는 것이었다. 그 이후 거북이의 운명은 모호하지만 공격에는 한번도 성공하지 못했다. **RG**

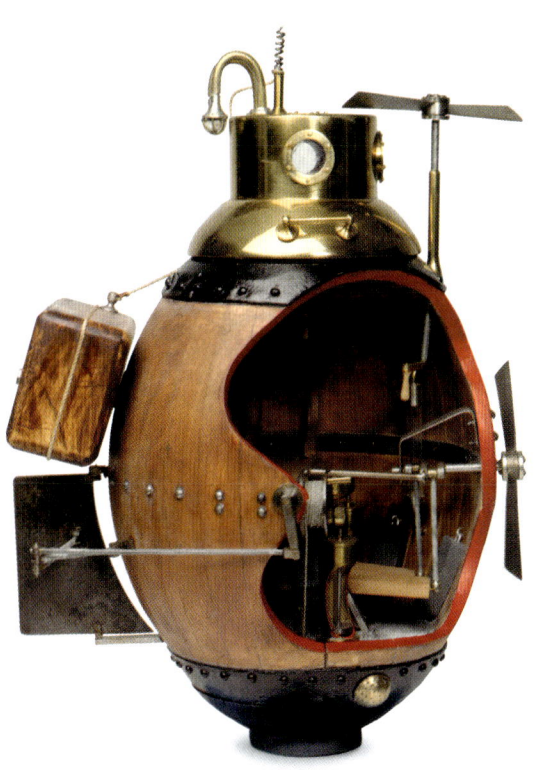

**참고: 잠수함, 구형 잠수기(球形潛水機)**

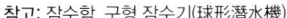 '거북이'의 모형. 두 개의 추진기는 수직과 수평 운동을 제어했다.

"나는 2분마다 일어서서 맞는 방향으로 가고 있는지 확인해야 했다."
에즈라 리 병장, '거북이' 조종사

# 천공기(穿孔機) (1775년)

윌킨슨이 철 정밀공학에서 핵심적인 연장을 만들어내다.

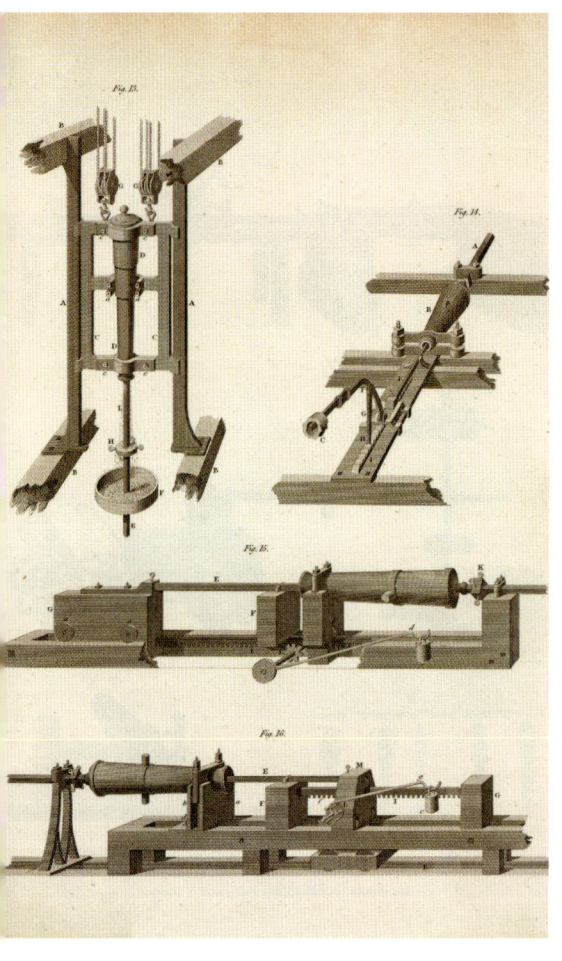

존 윌킨슨(1728~1808)이 설계한 천공기는 산업혁명의 토대를 이룬 발명 중 하나였다. 기계로 구멍을 뚫는다는 아이디어는 새로운 것이 아니었지만 윌킨슨의 발명품은 기능과 정확성을 한층 높였다. 그보다 더 중요한 것은 천공기를 사용하여 증기기관의 실린더를 정밀공학으로 만들 수 있게 되었다는 것이다. 상업적 증기기관을 발명한 제임스 와트와의 공동작업 덕분에 윌킨슨은 수년 동안 증기기관을 독점하는 혜택을 누렸고, 두 사람 모두 큰 부자가 되었다.

윌킨슨의 재산이 증가함에 따라 그의 기행들도 늘어났다. 그는 변덕스러운 성격이었으며, 수상쩍은 사업거래나 다른 사람이 이미 제시한 아이디어들을 사용했다는 의혹 때문에 동료 제조업자들로부터 비난을 받는 경우가 많았다. 가족들과의 관계에서도 몇 가지 문제가 있었다. 아버지와는 사이가 안 좋았고 1780년대에는 형과 크게 싸우면서 결국 증기기관의 독점도 무너지게 되었다.

말년에 윌킨슨은 점점 철에 대해 강박적인 집착을 보였다. 그는 사후에 사용하기 위해 거대하고 비실용적인 철제 관을 만들었고, 죽은 지 7년이 지나면 사랑하는 용광로로 돌아오기 위해 부활할 것이라는 예언을 하기도 했다. 당대로서는 매우 비범하게도 그는 자신의 밑에서 열심히 일한 나이든 일꾼들에게 연금을 주었고 피고용인들로부터 상당한 존경을 받았다. 1808년에 사망한 후에는 그의 밑에서 일했던 일꾼들이 그를 기리기 위한 민요를 만들었고 7년 후에는 '철 미치광이' 윌킨슨이 자신의 예언대로 부활하는지를 보기 위해 수천명이 그의 용광로를 찾아왔다. **JB**

> "현대 영국에 살고 있는
> 가장 냉혹하고 무정한
> 악당 중 한 명이다."
>
> 돈도널드 경, 존 윌킨슨에 대하여

**참고:** 드릴, 대포, 못제작기, 나사 절삭 선반, 코크스에 기반한 철 제련

🇰 리의 『백과사전』(1808)에는 윌킨슨의 기술로 대포를 만드는 방법이 설명되어 있다.

# 증기선 (1776년)

드 주프루아 다방이 선박에 동력을 공급하다.

증기선의 발명은 일반적으로 미국의 로버트 풀턴 (1765~1815)의 업적으로 여겨지지만 사실상 그 발명의 배경이 된 진정한 독창성은 프랑스의 젊은 귀족인 클로드 프랑수아 도로테, 즉 드 주프루아 다방 후작 (1751~1832)의 것이었다. 전설에 의하면 드 주프루아 다방은 성격이 거칠고 제멋대로였으며 이 때문에 성 마르게리트 섬의 군사감옥에 감금되었다. 감옥에 있는 동안 그는 지나다니는 선박들을 관찰하면서 공학에 대한 관심을 키웠다.

석방 후 그는 파리에 가서 페리에 형제와 함께 연구를 하면서 와트의 증기기관을 분석하고 그것을 선박의 추진력으로 응용할 수 있는 방법들을 고안했다. 그는 '팔미페드'라는 이름의 실험적인 증기선을 만들어 1776년 6월과 7월에 두브 강에 띄웠다. 이 배는 완전히 성공적인 것은 아니어서 그는 파리에서 리용으로 거처

> "이 영광은 1783년에
> 리용의 사온 강에서 실험을 한
> 저작자의 몫이다."
>
> 로버트 풀턴이 드 주프루아의 증기선에 대하여

를 옮긴 후 실험을 계속했다. 1783년에는 새로운 모델의 외륜선 '피로스카프호'가 완성되어 많은 과학자들과 구경꾼들이 지켜보는 가운데 사온 강을 거슬러 올라가며 15분 동안 항해했다. 이 배는 성공을 거두며 16개월 동안 항해를 했지만 파리의 왕립 과학 아카데미에서 인정해 주지 않아 특허를 받지는 못했다. 결국 비참하고 가난해진 발명가는 은퇴하여 앵발리드에서 살다가 그곳에서 콜레라로 사망했다. **TP**

# 원형톱 (1777년)

밀러가 혁신적인 형태의 톱으로 특허를 받다.

1777년 영국 사우스햄튼 출신의 새뮤얼 밀러가 원형톱으로 최초의 특허를 받았다. 풍력으로 가동되는 그의 기계는 보다 강력한 에너지원의 부족 때문에 그 효용성이 제한적이었다.

그로부터 36년 후에 하버드 셰이커 교구 출신의 여성 타비타 바비트가 독자적인 원형톱을 발명했다. 그녀의 종교적 신념 때문에 특허를 낼 수는 없었지만 이 새로운 발명품은 셰이크교도들 사이에서 인기를 얻었다. 바비트의 톱은 처음에는 인력으로 구동되었지만 곧 물레바퀴와 증기를 사용하여 편의성과 효율성이 배가되었다. 제재소에서 원형톱을 도입하면서 연장은 목재 공업의 핵심 요소가 되었다.

원형톱은 비교적 간단한 기구로서 표준적인 톱의 효율성을 극대화시켰다. 원형톱은 톱니모양의 날을 고속으로 회전시킴으로써 목재를 절단한다. 미군은 제2차 세계대전에서 기술을 보강하기 위해 제작업자 스킬소에게 군사용 특수 톱을 개발시켰다. 스킬소가 만들어낸 PS-12 군사용 원형톱은 수중을 포함하여 모든 환경 조건에서 작동이 가능했고 위장을 위해 색깔이 칠해졌다. 미 해군은 이 톱을 위장된 상자 안에 넣고 비밀리에 미리 정해둔 착륙지점으로 물에 흘려보냈다.

오늘날 원형톱은 산업에서 중요한 역할을 한다. 휴대용 원형톱으로는 소규모 톱질을 할 수 있고 마이터 톱은 모든 각도로 절단이 가능하며 테이블 톱은 대다수 목공소의 기반을 이룬다. 특정한 용도의 절단을 극대화시키기 위해 수많은 형태의 날이 개발되었다. '리핑', '밑둥', '얇은 절단' 등의 흥미로운 이름이 붙여진 특수 날들이 벽돌, 강철, 유리 등의 다양한 재료를 절단하기 위해 고안되었다. **LW**

---

**참고:** 승기터빈, 증기펌프, 증기기관, 분리응축기가 있는 증기기관

**참고:** 금속 세공, 톱, 띠톱, 사슬톱

# 텀블러 자물쇠 (1778년)

**배런이 도둑에 강한 자물쇠로 특허를 받다.**

사람들은 스스로 인정하는 것보다 훨씬 더 많은 부분을 자물쇠와 열쇠에 의존한다. 아침부터 밤까지 가진 재산을 지키고 서 있지 않아도, 사람들은 집이나 직장으로부터 떨어져서도 자유롭게 활동할 수 있다. 자물쇠와 열쇠는 로버트 배런이 텀블러 자물쇠로 특허를 낸 1889년 이전부터 존재했지만, 현재 텀블러 자물쇠용 열쇠를 들고 다니는 엄청난 수의 사람들을 보면 그의 발명이 얼마나 큰 성공이었는지를 확인할 수 있다.

과거의 어느 자물쇠보다도 보안이 개선된 배런의 자물쇠는 복식 텀블러라고 불렸으며 현대 대다수의 자물쇠와 매우 유사했다. 자물쇠 내에 있는 지레에 해당하는 텀블러가 특정한 높이로 올려지기 전에는 자물쇠의 걸쇠가 열리지 않았다. 배런의 자물쇠는 두 개의 텀블러를 사용했으며 이들이 서로 다른 높이로 들어올려져야 걸쇠가 풀렸다.

> "지레 텀블러 자물쇠는 여전히
> 딸 수 있었다. 단지 기술과 시간이
> 더 걸릴 뿐이었다."
>
> 자크 뎀프시, 대장장이

집중력이 강한 도둑들은 시간이 충분히 주어지는 상황에서는 여전히 배런의 자물쇠를 딸 수 있었으며, 따라서 1818년에는 제레미아 처브가 영국 포츠머스 조선소가 상금으로 내건 100파운드를 받기 위해 자물쇠에 탐지기를 추가했다. 탐지기는 용수철이나 특수 지레로 만들어졌는데, 이는 너무 높이 들어올려지는 텀블러를 탐지하여 잡는 역할을 했다. 운이 나쁜 도둑이 텀블러를 탐지기 지점보다 높이 들어올리면 자물쇠에 잼이 걸리면서 도둑을 물리쳤다. 자물쇠에 잼이 걸리면 자물쇠 주인에게 경보가 울렸으며, 원래 열쇠를 사용하면 바로 원상복귀시킬 수 있었다. **LW**

참고: 기계 자물쇠, 맹꽁이 자물쇠, 다이얼 자물쇠, 안전 자물쇠, 시한 자물쇠 금고, 예일 자물쇠

# 음성 합성 (1779년)

**크라첸슈타인이 모음을 복제하다.**

최초의 음성 합성기는 러시아의 교수 크리스티안 크라첸슈타인(1723~1795)이 만들었다. 1773년에서 1779년 사이에 크라첸슈타인은 음향 공명기를 만들고 이를 오르간 파이프에 연결하여 모음 소리를 만들어냈다.

한편 빈에서는 볼프강 폰 켐펠렌이 1791년에 보다 발전된 형태의 기계를 제작했다. 그의 '기계적 음향 음성기'는 단일음을 낼 수 있었고 심지어 단어나 짧은 문장도 만들어냈다. 그는 그보다 전에 발명한 '터키인'이라는 장기 두는 기계로 가장 잘 알려져 있었다. 이것은 톱니와 바퀴, 그리고 팔이 움직이는 마네킹이 장착된 테이블로 구성되었다. 장기를 두는 사람은 테이블 속에 숨겨져 있었다. 이 속임수가 밝혀지자 그의 합법적인 음성기도 함께 평판이 떨어졌다.

알렉산더 그레이엄 벨은 폰 켐펠렌의 음성기의 복제본을 본 후에 음성 합성에 관심을 갖게 되었다. 벨은 어린 시절에 키우던 테리어 애완견을 훈련시켜 자신의 다리 사이에 서서 으르렁거리게 하는 동안 개의 성대를 손으로 만져서 소리를 조작했다. 결국 그는 "안녕하세요 할머니?"라는 소리를 만들어낼 수 있었다.

조지프 파버는 조작이 가능한 기계 혀와 인두를 추가함으로써 폰 켐펠렌의 기계를 개량했다. 이것은 풀무기로 가동되고 키보드로 조작되었으며, 말뿐만 아니라 노래까지 할 수 있었다.

최초의 전기 음성 합성기는 호머 더들리가 개발한 보더(VODER)로 1939년의 만국박람회 때 전시되었다. 그것은 보코더(VOCODER)보다 더욱 효용성이 높았는데, 이는 전화 전송에 필요한 대역폭을 줄이기 위해 평범한 말을 팩시밀리로 환원시켰다. 이것은 다량의 전화 통화가 하나의 선으로 전송되는 것을 가능케 했다. **SS**

참고: 파이프 오르간, 전화, 확성기

# 뮬 방적기 (1779년)

크롬턴이 방적사 대량 생산의 효율성을 더욱 발전시키다.

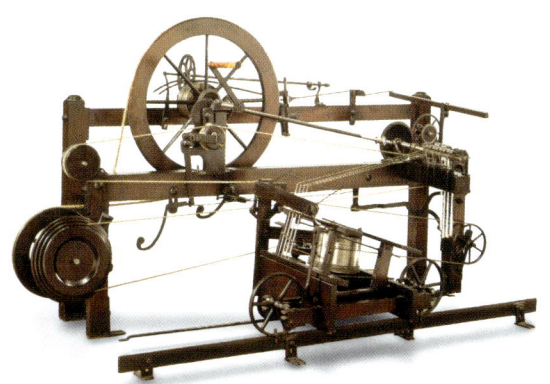

섬유산업은 영국 산업혁명의 토대를 이룬 분야 중 하나였다. 제작 공정은 수백 년 동안 거의 변하지 않았고, 인력으로 가동되는 바퀴를 사용하여 기술적으로 실을 꼬는 것이 전부였다. 주로 여성과 어린 아이들이 행한 이 일은 힘들고 고된 작업이었으나 그 대가는 보잘것없었다.

18세기 중반에 섬유 수출에 대한 수요가 증가하자 노동력을 절감시키고 보다 빠른 속도로 실을 자아낼 수 있는 기구들이 나타나기 시작했다. 가장 중요한 발명 두 개가 바로 수력 방적기와 제니 방적기였다. 수력 방적기는 물레바퀴의 원리를 이용하여 방적기를 가동시켰으며, 따라서 사람의 노동력을 급격하게 절감했다. 제니 방적기는 다수의 방추가 달린 물레로 한 명의 일꾼이 방추 여덟 개를 동시에 작동시키는 것을 가능케 함으로써 생산력을 증가시켰다. 1779년에는 발명가 새뮤얼 크롬턴(1753~1827)이 두 방적기의 특징들을 결합하여 뮬 방적기를 만들었다. 다수의 방추가 달린, 수력으로 가동되는 물레인 뮬 방적기는 품질과 견실성이 높아 어떤 종류의 섬유에도 적합한, 가늘고 질긴 방적사를 만들어냈다. 게다가 속도도 상당히 빨랐다.

산업혁명은 기술적 혁신이 끊임없이 이루어진 시기였으며, 증기가 점차 중요한 동력의 형태로 득세하면서 뮬 방적기도 이에 맞게 수정되었다. 이는 섬유의 대량확산을 야기시켰으며 랭카셔와 요크셔의 풍경을 지배하게 되는 거대한 공장들이 등장하는 데 기여했다. **SS**

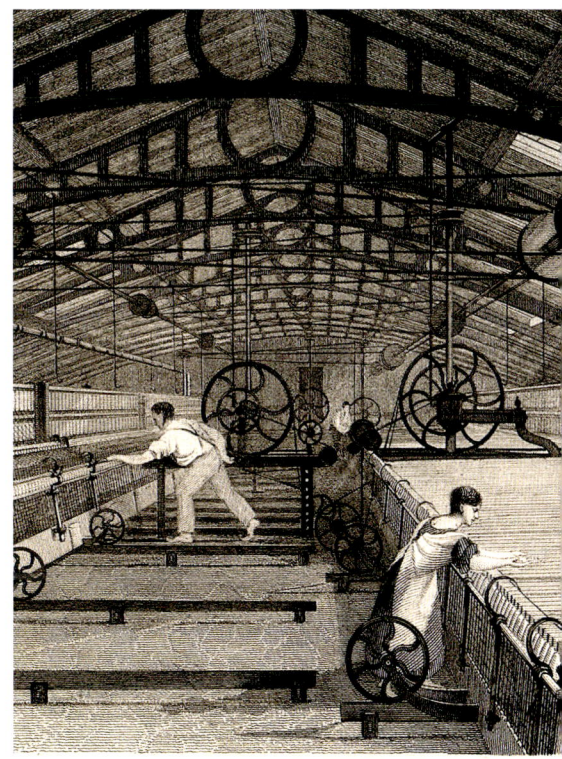

참고: 의류, 직조된 천, 물레, 플라잉 셔틀, 제니 방적기, 동력직기

↗ 금속과 나무로 만들어진 이 뮬 방적기의 복제품은 런던의 과학박물관에 전시되어 있다.

→ 벨트로 구동되는 크롬턴의 뮬 방적기가 있는 방적공장에서 일꾼들이 방적사를 정돈하고 있다.

# 아르강 램프

(1780년)

아르강이 석유 램프를 개량하면서 전 세계적으로 향유고래 사냥이 시작되다.

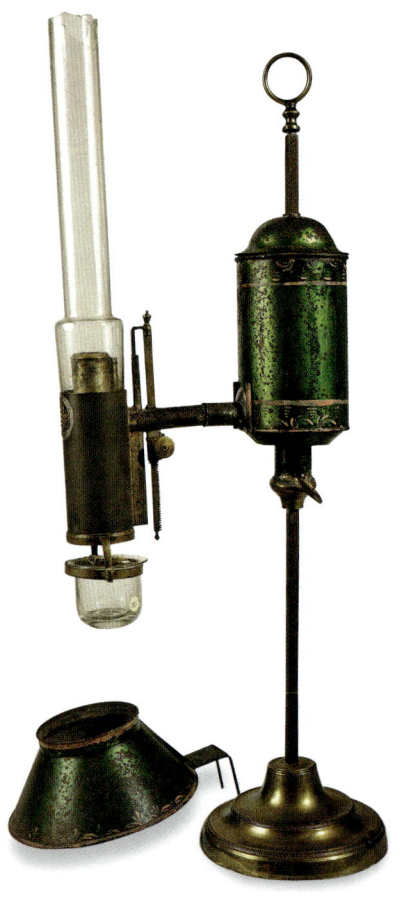

"아르강 램프에서
공기와 가스는 수많은
작은 구멍을 통해 접촉된다."

『기계공학지』, 1854년

연료를 태우는 램프는 수백년 동안 큰 변화없이 사용되었다. 그러다가 1780년에 스위스의 과학자 에메 아르강(1750~1803)이 지구상에 살고 있는 두 종(種)인 인간과 향유고래의 삶을 혁명적으로 바꾸어놓은 램프를 발명했다.

아르강은 연소를 위해 산소가 필요하다는 사실을 발견한 프랑스의 화학자 앙투완 로렝 드 라부아지에 밑에서 화학을 배웠다. 아르강의 램프는 불꽃 내부로 보다 많은 양의 공기를 끌어들이기 위해 속이 빈 심지를 사용했으며 심지 둘레로 유리 실린더가 장착되어 있어 불꽃 외부에서 공기의 흐름을 증가시켰다. 아르강은 또한 불꽃의 크기를 줄이거나 늘리기 위해 심지를 내리거나 올릴 수 있는 방법을 고안하여 램프에서 나오는 빛의 양을 조절했다. 산소공급의 증가로 불꽃은 더 높은 온도에서 연소되어 빛의 양이 보다 많아졌다. 또한 기존의 석유 램프에 먼지가 끼게 하고 흐릿하게 만들었던 탄소분자들을 대부분 연소시켰다. 유리 실린더는 불꽃을 기류로부터 보호하여 빛의 양을 일정하게 유지시켰다.

아르강은 향유고래의 기름이 양초 불꽃의 열 배에 이르는 최고의 불꽃을 만들어낸다는 사실을 발견했다. 해가 진 후에는 아르강 램프가 주된 광원이 되었기 때문에 고래 기름에 대한 수요가 급격하게 치솟았다.

1794년 프랑스 혁명 중에 라부아지에가 처형당하고 아르강의 특허가 박탈되면서 누구든지 아르강 램프를 만들 수 있게 되었다. 아르강은 생명을 연장시켜주는 불로장생의 약을 만들기 위해 뼈와 관을 위한 목재, 묘지 식물을 가지고 실험을 하면서 여생을 보내다가 1803년에 런던에서 사망했다. 1850년대에 등유가 등장하기 전까지 향유고래가 대량으로 학살되었다. **FS**

**참고:** 석유 램프, 양초, 가스등, 아르크등, 전구, 백열전구, 라바램프

🄰 이 프랑스의 아르강 램프는 작은 연료탱크가 있었고 자주 오일을 다시 채워야 했을것이다.

# 철제 로켓
## (1780년)

인도인들이 전쟁용 로켓의 범위를 확장하다.

로켓을 전쟁에서 사용하기 시작한 이는 13세기에 최초로 로켓 기술을 발명한 중국인이었다. 그들의 새로운 '불화살'은 몽고인들을 대상으로 사용되면서 성공적으로 발전했고 머지 않아 다른 나라에서도 이를 가지고 실험을 하기 시작했다.

18세기에는 영국과 프랑스가 인도를 두고 식민지 전쟁을 벌였다. 불행히도 그들은 인도 주민들이 언제나 자신의 땅을 기꺼이 넘겨주고 싶어하지는 않는다는 사실을 알게 되었다. 남인도 마이소르 왕국의 티푸 술탄은 아버지와 함께 개발한 전략을 사용하여 영국 보병에게 로켓 부대로 대항하며 전투를 벌였다. 마이소르인들은 영국군의 무기들보다 훨씬 더 멀리까지 발사할 수 있는 로켓 기술을 개발함으로써 전장에서의 로켓 사용을 완성시켰다.

유럽의 로켓은 나무로 만들어졌기 때문에 일정한 강도 이상으로 발사되면 힘을 견디지 못하고 부서졌지만 티푸 술탄의 로켓들은 철제 관으로 만들어져 있어서 목재 로켓보다 훨씬 더 강력했다. 이러한 힘의 차이로 로켓들은 보다 먼 거리로 발사될 수 있었고 마이소르인들은 전략적 우위를 선점할 수 있다. 발사된 로켓의 엄청난 수와 더불어 그로 인한 소음과 극적 효과는 영국 보병들을 혼돈에 빠트렸고 직접 로켓을 맞은 경우에는 많은 사상자가 발생했다.

로켓들을 보고 감탄한 영국인들은 수백 개를 가져가서 분해한 후 이를 모방했다. 이렇게 탄생한 영국의 새 로켓들은 불로뉴와 코펜하겐, 미국인들에 맞선 워싱턴 요새에서 사용되었으며, 결과적으로 미국의 애국가 첫 소절에 '로켓의 붉은 섬광'이라는 구절이 포함되게 만들었다. **DK**

**참고:** 화약, 불꽃놀이, 로켓, 유산탄, 탄도 미사일

# 복합 증기기관
## (1781년)

혼블로어가 복합 실린더를 도입하다.

초기 증기기관에서 증기는 한 번 밖에 사용되지 않으며 피스톤을 뒤로 밀고 나면 공기 중으로 배출되었다. 보다 효율적인 공정이 개발되면서 증기는 두 개 이상의 단계로 확장되었다. 이 '복합' 기관은 두 개 이상의 실린더를 가지고 있었다. 증기를 고압 실린더 안에서 확장시킨 후 배출된 증기는 원주가 더 큰 저압 실린더의 피스톤을 미는 데 사용되었다. 두 개의 피스톤에는 크랭크가 연결되어 있어 서로 다른 단계로 작동이 가능했다. 정확한 비례로 작동시키면 각 실린더의 출력이 동일해지면서 기관이 부드럽게 작동했다. 이러한 장치들은 다소 복잡했기 때문에 주로 산업용이나 해양용 기관에서 사용되었다. 복합 철도기관차도 만들어졌지만 어려운 작동조건 때문에 유지 관리하기가 힘들었다.

조나단 혼블로어(1753~1815)는 원래 볼튼&와트

> "기관을 제어하는 사람은 지적이고 정직하며 침착하고 꾸준해야 한다…"
>
> 이삼바드 킹덤 브루넬, 공학자

의 피고용인이었으며 1781년에 최초의 복합 증기기관을 설계했다. 불행하게도 초기의 복합기관은 단일 실린더 기관보다 경제적이지 못했다. 이 개념은 후에 콘월 출신의 아서 울프가 교정해 1805년에 특허를 획득했다. 고압 실린더의 문제점 때문에 이러한 기관들은 19세기 중반까지 거의 사용되지 않았다. **DH**

**참고:** 증기기관, 분리 응축기기 있는 증기기관, 고압 증기기관

# 열기구 (1783년)

몽골피에 형제가 불을 사용하여 인류를 공중에 띄우다.

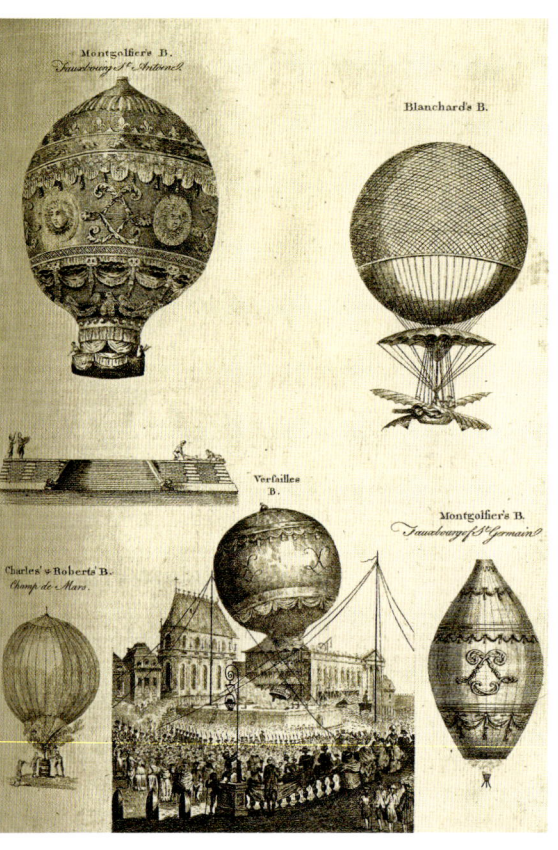

Montgolfier B.
Faubourg St. Antoine.

Blanchard's B.

Versailles B.

Charles's Roberts B. Champ de Mars.

Montgolfier's B. Faubourg St. Germain.

1783년 11월 21일 오후 1시 45분, 파리 외곽의 샤토 드 라 뮈트의 안뜰에서 조제프 미셸 몽골피에(1740~1810)와 자크 에티엔 드 몽골피에(1745~1799) 형제가 만든 기구가 최초의 유인(有人) 비행에 성공했다. 젊은 과학자 장 프랑수아 필라트르 드 로지에와 육군장교 마르퀴 다를랑드를 태운 기구는 25분 동안 높이 날아올랐으며 출발지점에서 10마일(16킬로미터) 떨어진 뷔트오카유에 착륙했다.

몽골피에 형제는 불이 타는 것을 보고 불꽃과 연기, 잿불이 솟아오르는 '에너지'를 관찰하면서 영감을 받았다. 그들은 호박단으로 커다란 외피를 만들고 입구 아래에 불을 피운 후 기구가 천장으로 솟아오르는 것을 관찰했다. 그들의 실험은 점점 규모가 커지면서, 1782년 9월 19일에는 베르사유 궁으로 호출되어 왕 앞에서 시행하게 되었다. 루이 16세와 마리 앙투아네트 왕비는 승객을 태운 최초의 비행을 목격했다. 비록 이 승객들이 양과 오리, 수탉을 한 마리씩 바구니에 태운 것에 불과했지만, 8분간의 비행으로 몽골피에 형제의 발명품은 1500피트(460미터)까지 날아올랐다가 연료가 떨어지면서 2마일(3.2킬로미터) 떨어진 지점에 안전하게 착륙했다.

이러한 성공에도 불구하고 몽골피에 형제는 자신들의 성과에 깔려 있는 과학적 원리를 이해하지 못했다. 그들은 양모와 지푸라기를 태운 연기가 기구를 떠오르게 한다고 믿었다. 사실 기구가 솟아오른 것은 온도의 변화로 공기의 속성이 달라졌기 때문이었다. 즉 기구 내의 가열된 공기가 외부의 차가운 공기보다 가벼워지면서 기구를 상승하게 만든 것이다.

두 형제는 프랑스 과학 아카데미로부터 명예훈장을 받았고 두 사람 모두 중요한 발명을 계속해서 이루어냈다. **TB**

"많은 양의 호박단 천을 구해라. 그러면 세상에서 가장 놀라운 광경을 보게 될 것이다."

조제프 몽골피에가 동생에게 쓴 편지 중에서

↑ 몽골피에가 비행한 직후인 1784년에 제작된 이 판화는 기구 디자인의 급증을 보여준다.

→ 초기의 실험에서 사람들이 몽골피에 기구를 잡고 있다가 공중에 띄우기 시작한다.

**참고:** 불의 제어, 연, 글라이더, 동력비행기, 오토자이로, 제트엔진, 초음속 비행기

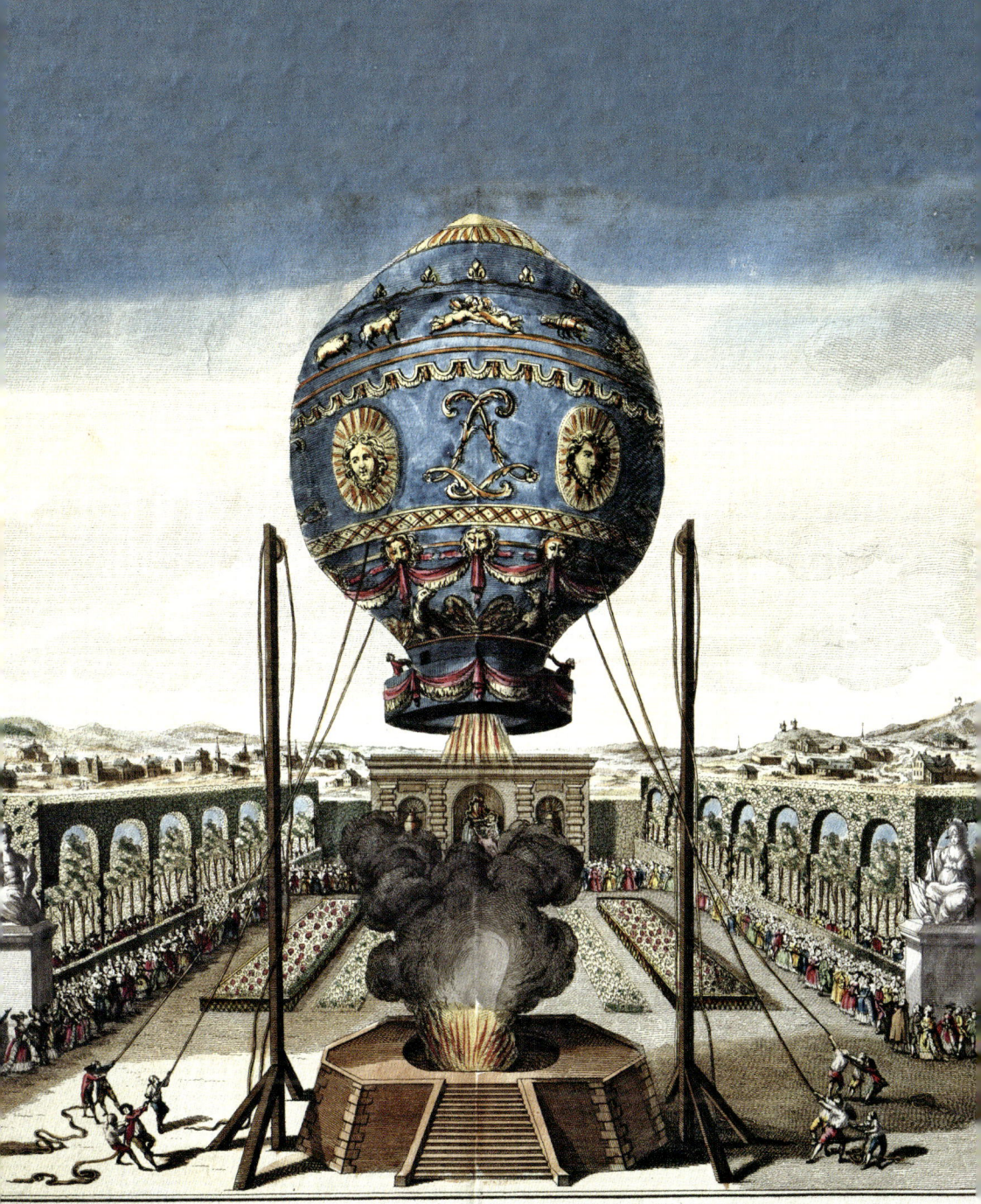

VUE ET PERSPECTIVE DU JARDIN DE Mᴿ REVEILLON FABRIQUANT DE PAPIER,
bourg Sᵗ Antoine, à l'ancien Hôtel de Titon, où se font faites les expériences de la Machine Aérostatique de MM. Montgolfier freres, dans le
courant de l'Eté, en l'année 1783 à la satisfaction d'un concours immense d'amateurs.

*DEDIÉE A Mᴿˢ LES PHYSICIENS.*

A Paris, chez Esnauts et Rapilly, rue Sᵗ Jacques, à la Ville de Constances.

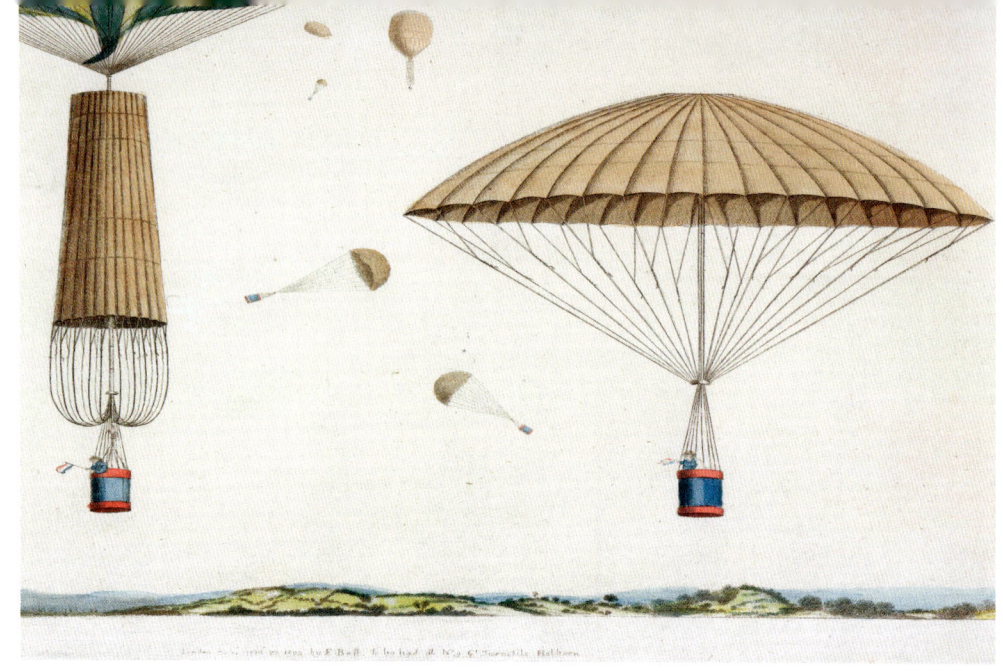

# 낙하산 (1783년)

르노르망이 최초로 천으로 된 낙하산으로 강하를 시도하다.

1783년 12월 26일, 파리 몽펠리에 천문대로 모인 많은 관중 앞에서 프랑스 과학자이자 물리학자 루이 세바스티앙 르노르망은 목재 틀에 부착된 14피트(4.2미터)의 낙하산에 매달린 채 천문대 탑에서 뛰어내렸다. 르노르망의 확신에 찬 도약은 낙하산이 사용된 최초의 기록으로 남아 있으며 그 전에는 변형시킨 파라솔 두 개를 잡고 나무에서 뛰어내린 적이 있었다.

르노르망은 중국 주재 프랑스 대사로 활동했던 사람의 유명한 저서에서 중국의 곡예사들이 우산을 사용하여 땅 위로 뛰어내린 것을 묘사한 내용을 읽고 영감을 받았을 가능성이 높다. 또한 기원전 90년으로 거슬러 올라가는 중국의 전설에는 한 무리의 죄수들이 죽음을 가장하기 위해 탑에서 뛰어내리면서 원뿔형의 밀짚모자로 하강 속도를 늦췄다는 이야기가 있다. 레오나르도 다빈치는 1485년에 유명한 피라미드 모양의 린넨 낙하산의 스케치를 그렸지만 이 아이디어가 직접 실현되었다는 증거는 없다. 최근에 발견된 1740년의 르네상스 문서에는 다빈치의 것과 비슷한 낙하산이 그려져 있는데 이는 그의 스케치보다 15년 앞선 것이었다.

최초로 엄청난 높이에서 뛰어내린 사람은 프랑스의 앙드레 자크 가르느랭이었다. 그는 1797년에 다빈치의 스케치처럼 디자인된 실크 낙하산을 달고 열기구 바구니에서 뛰어내려 2,230피트(680미터)의 높이를 하강하여 파리 몽소 공원에 모인 많은 관중 앞에서 아무런 부상 없이 안전하게 착륙했다. 후에 가르느랭은 하강 중 낙하산의 진동을 줄이기 위해 구멍을 추가함으로써 이 디자인을 수정했다. **BS**

참고: 직조된 천, 열기구, 동력비행기

⬆ 열기구를 타고 하늘로 올라간 후 가르느랭은 낙하산을 열고 안전하게 착륙했다.

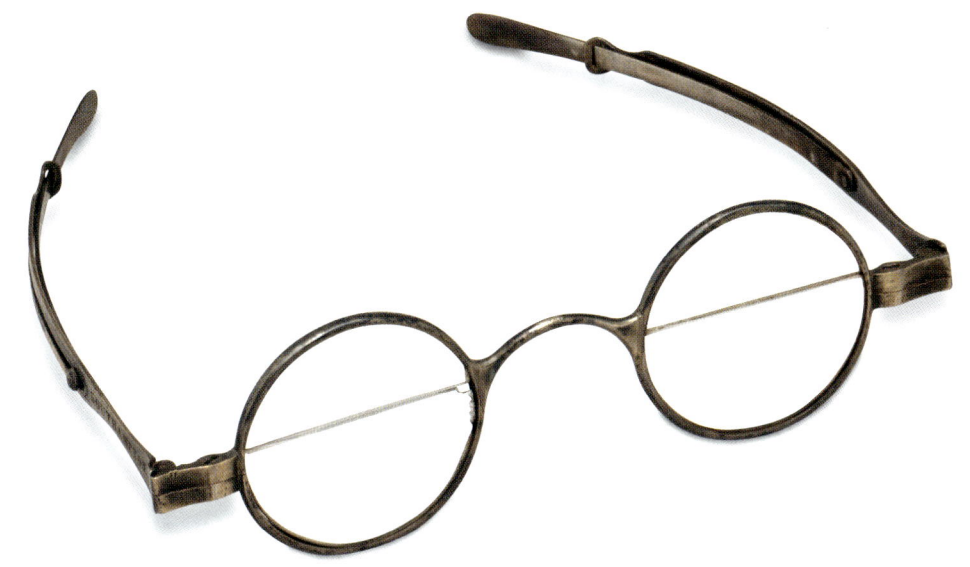

# 이중 초점 안경 (1784년)

프랭클린이 두 가지 기능을 하나의 안경에 결합한 '이중 안경'을 대중화하다.

가까이 있는 물체에 정확히 초점을 맞추는 '원근조절' 능력은 나이가 들면서 감퇴한다. 이는 노안이라고 알려져 있다. 나이 든 사람들이 팔을 멀리 뻗어서 책을 보는 이유가 바로 이것이다. 이중 초점 안경은 두 개의 렌즈를 하나의 안경에 통합한 것이다. 각 안경알의 아랫부분은 노안을 교정하여 가까이 있는 물체에 초점을 맞춘다.

이중 초점 안경의 발명은 보통 미국의 정치가 벤저민 프랭클린(1706~1790)의 업적으로 여겨진다. 정확히 누가 언제 이것을 고안해냈는지는 아무도 모른다. 프랭클린과 기타 다른 사람 몇 명이 1760년대부터 이중 초점을 썼던 것으로 보이지만, 자신의 '이중 안경'에 대한 최초의 언급은 1784년 8월 21일에 쓴 편지에 나타나 있다. 프랭클린은 이중 초점 안경을 대중화시키기 위해 많은 노력을 기울였다. 과학자로서, 그리고 시력이 나쁜 사람으로서 그는 분명히 이 안경의 기능과 관련된 원리를 이해하고 있었을 것이다.

프랭클린의 이중 초점 안경의 각 '렌즈'들은 두 개의 개별적인 유리로 구성되었지만 19세기 말이 되면 루이 드 베커(1832~1906)가 두 렌즈를 하나로 결합하는 방법을 고안해냈다. '이중 초점 안경'이라는 용어는 1826년에 존 아이작 호킨스(1772~1854)가 자신이 만든 세 개의 렌즈를 통합한 안경으로부터 구별하기 도입한 것이었다. 호킨스의 '삼중 초점 안경'은 이중 초점 안경을 쓰고 다니는 나이든 사람들이 직면한 문제, 즉 멀리 있는 물체나 가까이 있는 물체는 초점이 맞지만 그 중간 범위는 잘 보이지 않는 문제를 해결했다.

오늘날의 안경은 보다 광범위한 초점거리로 만들어진다. 1950년대 말에 등장한 이 '가변 초점 안경'은 초점거리의 변환이 부드럽게 이루어진다. **JC**

**참고:** 유리, 렌즈, 안경, 시력검사(스넬렌 시력표), 콘택트 렌즈

⬆ 이 이중 초점 안경은 두 개의 독립된 렌즈를 포함한다.

# 유산탄 (1784년)

슈라프넬이 기존 기술들을 결합하여 치명적인 신무기를 만들다.

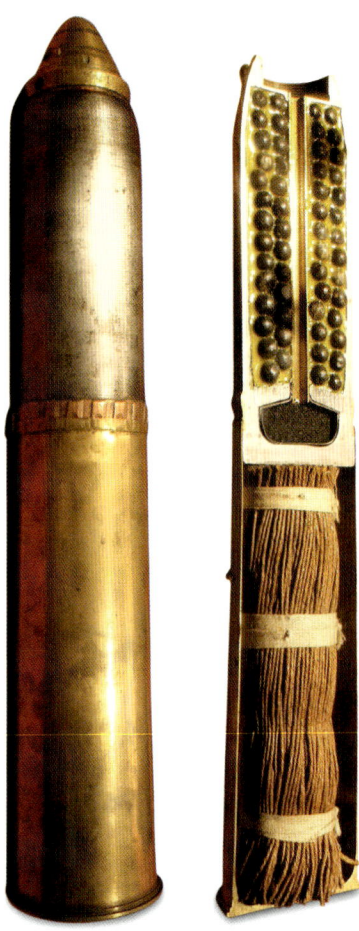

일상적인 언어에서 '슈라프넬(유산탄)'이라는 단어는 보통 폭발로 인한 금속파편, 특히 사람의 살 속에 박힌 조각을 묘사할 때 사용된다. 그러나 이 단어에는 보다 특수한 의미가 있다. 그것은 1784년에 영국의 육군 중위 헨리 슈라프넬(1761~1842)이 발명한 중요한 무기의 이름이다.

유산탄의 원래 디자인은 속이 비어 있는 철제 구체(球體)로 속에는 화약과 200개 정도의 머스킷 총알이 들어 있었다. 포탄 안으로는 시한 기폭장치의 도화선이 돌출되어 있어 구체가 공기 중으로 날아가면서 도화선이 폭발하여 포탄이 터지고 머스킷 총알들을 분출시켰다. 이 총알들은 포탄과 동일한 방향 및 속도로 날아갔는데, 이는 상당한 수의 사상자를 내기에 충분할 정도의 파괴력을 지녔다.

슈라프넬의 개념은 기존의 두 전장 기술들을 결합한 것이었다. 가까운 거리에서 병사들은 납 총알로 채워진 금속 산탄(霰彈)을 사용했는데, 이 산탄들은 마치 탄총으로 쏜 것처럼 분출되었다. 이것은 매우 효과적인 무기였다. 장거리에서는 화약을 넣은 철제 포탄을 던졌으며 화약이 폭발하면 철제 파편이 사방으로 날아갔다. 이러한 형태의 포탄은 소리는 컸지만 그다지 효과적이지는 않았다.

1787년 이후로 슈라프넬은 자신의 발명품을 영국 육군에 보여주었다. 결과적으로는 1803년에 이 무기가 수용되었다. 이 포탄이 처음으로 사용된 것은 1804년 수리남에서였으며 기대만큼의 효과가 나타났다. 19세기에 벌어진 다수의 전쟁에서 이들은 많은 공을 세웠다. 슈라프넬은 자신의 발명품을 '구형 케이스'라고 불렀지만 포병들은 이것을 항상 슈라프넬탄(유산탄)이라고 불렀다. **JC**

"위원회는 그것을
도입하는 정책에
동의하지 않는다."
영국 육군이 유산탄을 거절하면서, 1801년

참고: 포탄, 대포, 머스킷 총

◪ 포탄의 외부와 내부(아랫 부분의 묶인 끈들은 추진제로 쓰였으며 코르다이트인 경우가 많았다).

# 안전 자물쇠 (1784년)

브래머가 억지로 열 수 없는 자물쇠를 고안하다.

영국의 발명가 조지프 브래머(1748~1814)는 생전에 열여덟 개의 아이디어로 특허를 받았다. 여기에는 만년필, 소방펌프, 맥주펌프 등이 포함되지만 놀랍게도 그를 가장 유명하게 만든 것은 안전 자물쇠였다. 그의 자물쇠 디자인에는 교묘한 톱니모양의 슬라이더가 포함되어 있어서 억지로 따는 것이 거의 불가능했다.

브래머는 자신의 자물쇠에 대한 확신이 대단하여 그것을 열 수 있는 사람에게 현금으로 상금을 주겠다고 선언했다. 그의 자물쇠는 최소한 50년 동안 어떠한 시도에도 열리지 않아 '챌린지 락'이라는 이름으로 미디어의 주목을 끌고 브래머의 회사 이미지를 높여주었다. 브래머가 살아 있는 동안 상금은 그대로 있었다. 결국 미국인 A.C.홉스가 자물쇠를 열었지만, 자물쇠를 여는 데만 16일 이상이 소요되었다. 이 유명한 자물쇠의 원형은 현재 런던 과학박물관에 소장되어 있다.

> "빌리는 그 자물쇠가 브래머 자물쇠가 아닌 처브 자물쇠라고 판단했다. 브래머 자물쇠는 따기 힘든 것으로 유명하다."
>
> 프레더릭 포시스, 『제4조약』

브래머의 자물쇠는 손으로 제작하는 것이 매우 어려웠으며, 브래머는 헨리 모즐리라는 젊은 견습공을 받아들였다. 브래머의 반짝이는 아이디어와 모즐리의 실용적인 재능으로 그들은 경제적 비용으로 자물쇠를 제작할 수 있는 기계를 만들어냈다. 모즐리는 후에 나사 절삭 선반을 발명하여 제조업에 혁명을 일으켰다.

브래머의 회사는 런던에 남아 있고 조지프의 후손이 운영하고 있다. 이 회사에서는 여전히 원래 디자인에 기반한 자물쇠를 생산하고 있으며 이 자물쇠는 영국과 유럽의 표준적 자물쇠들보다 성능이 우수하다. **LS**

참고: 기계 자물쇠, 다이얼 자물쇠, 맹꽁이 자물쇠, 텀블러 자물쇠,
시한 자물쇠 금고, 예일 자물쇠

# 탈곡기 (1784년)

메이클의 기계가 이삭에서 낟알을 분리해내다.

1784년에 스코틀랜드의 기계 기술자이자 발명가 앤드류 메이클이 탈곡기를 만들었다. 그는 아마도 50년 전에 마이클 멘지스가 특허를 낸 디자인에서 영감을 얻어 탈곡기를 만든 것으로 보인다. 일단 곡물을 수확하고 나면 낟알을 이삭으로부터 분리하는 과정이 필요하다. 1778년에 첫 번째 시도가 실패한 후 메이클은 시간을 혁신적으로 단축시키는 기계를 만들었다. 기계는 점차 영국 전역으로 확산되면서 마을 주민들의 적대감을 불러일으켰다. 과거에 탈곡은 노동자들의 동절기 수입원 중 하나였으나, 이제 그들의 생계가 위협을 당하게 됨에 따라 여기저기서 폭동이 일어났다.

탈곡기는 작동이 그다지 안전하지는 않다. 기계 안에 들어가는 것이 식물의 이삭이든 사람의 팔다리든 관계없이 무조건 두들기고 때리기 때문이다. 메이클의 최종 디자인은 두들기는 기구가 고정되어 있는 강력한 드럼을 사용했다. 이로써 그는 이전의 실수, 즉 탈곡기가 곡물을 두드리는 대신 문지르는 것을 방지할 수 있었다.

탈곡기를 사용한 최초의 농부들은 거의 훈련이 되지 않았기 때문에 자동화 기계의 위험성에 대한 인식이 부족했다. 문제를 더욱 악화시킨 것은 18세기 말에 농부들이 물 대신 맥주를 마셨다는 것이다. 목마른 농장 일꾼들은 보통 하루 종일 몇 파인트의 맥주를 마시면서 수분을 보충했기 때문에 만취가 되는 경우가 많았다. 익숙치 않은 기계와 피로, 거기에 술에 취한 상태의 조합은 많은 부상과 사망 사고를 일으켰다.

이 발명은 후에 농업을 더욱 발전시킨 복식 수확기의 발명에 기여하게 되었다. **CB**

참고: 도리깨, 큰 낫, 수확기, 복식 수확기

# 동력직기
## (1785년)

카트라이트가 직기의 혁명을 일으키고 방적의 혁신을 상업적으로 이용하다.

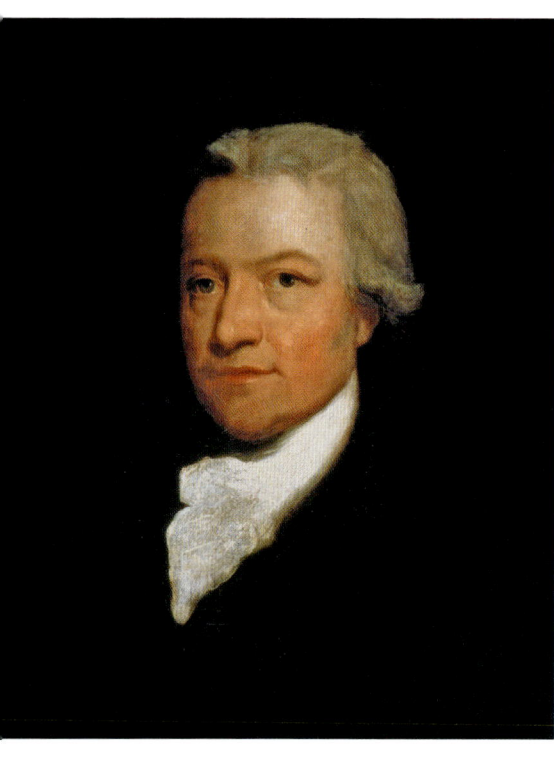

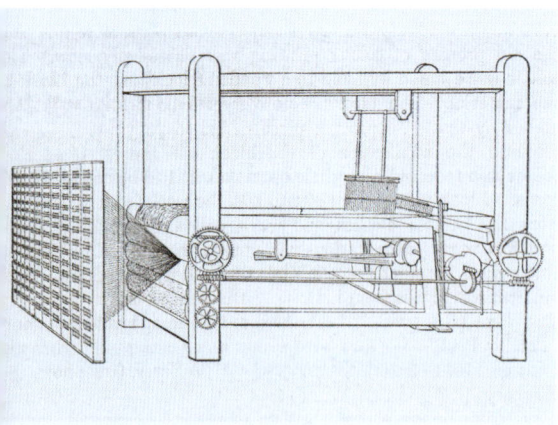

영국에서 섬유산업이 급격하게 발전한 것은 세계 최초로 일어난 산업혁명의 중요한 특징 중 하나였다. 1760년대부터는 기계를 사용한 효과적이고 빠른 속도의 방적이 이루어졌지만 천 직조의 기계화가 제대로 정착된 것은 1810년 이후였다. 그것은 에드먼즈 카트라이트(1743~1823)가 1785년에 최초의 동력직기로 특허를 출원하면서 시작되었다.

수직기(手織機)는 18세기에 상용화되어 있었다. 이들은 상대적으로 속도가 느리고 수직기 한 대당 적어도 한 명이 매달려 있어야 했다. 가장 기본적인 형태의 동력직기는 수직기를 기계화, 자동화시킨 기계이다. 그것은 수직기보다 빠른 속도로 천을 생산하며 한 사람이 여러 개의 기계를 관리할 수 있다.

카트라이트의 직기를 위한 동력은 원래 물레바퀴에 의해 구동축과 벨트, 기어들을 통해 제공되었다. 19세기에는 증기력이 점차 수력을 대체했다. 증기력으로 동력화된 공장들은 강 근처가 아니라도 어디든 세울 수 있었기 때문이다.

직조 과정은 반복적인 것이기 때문에 기계화하기 적합했다. 그러나 많은 오류가 일어날 수 있었고 카트라이트는 돈커스터에 자신의 섬유공장을 연 후에야 이 사실을 발견했다. 그는 곧바로 대다수 문제점에 대한 해결책을 찾았고 1785년에서 1792년 사이에 특허를 몇 개 더 획득했다. 다른 많은 발명가들도 개량에 일조했으며, 19세기 중엽에는 영국에서만 30만 개의 동력직기가 사용되었다. **JC**

참고: 의류, 직조된 천, 물레, 플라잉 셔틀, 제니 방적기, 물 방적기

🇰 로버트 풀턴이 그린 카트라이트의 초상. 카트라이트는 베드퍼드 공작의 농업 실험가가 되었다.

🇪 카트라이트의 증기 동력직기는 직조과정을 가속화시켰지만 많은 직조공들이 일자리를 잃게 만들었다.

# 자동 제분기
## (1785년)

에반스가 제분공정에 변혁을 일으키다.

1782년, 올리버 에반스(1755~1819)는 동생 조지프와 함께 메릴랜드에 점포를 열었다. 그곳에서 현지의 제분업자들과 거래하면서 에반스는 제분공정이 얼마나 성가신지 알게 되었다. 돌이나 나무로 된 제분기들은 매우 원시적인 형태로 수시간 동안 고된 노동을 해야했으며, 그 결과 생산된 밀가루는 바닥의 먼지로 오염되는 경우가 많았다. 에반스는 밀가루를 만드는 보다 나은 방법을 모색하다가 자동 제분기를 설계했다.

에반스의 제분기가 만들어진 곳은 1742년에 돌 제분기가 만들어졌던 레드 클레이 크릭이었다. 1785년에는 자동 제분기가 사용되기 시작했다. 그것은 승강식 운반기와 벨트 컨베이어, 수평 컨베이어, 그리고 밀가루를 펼치고 냉각시키는 데 사용되는 기계적 갈퀴로 구성되었다. 전체 공정은 기계화되었고 수력이나 중력에

> "레드 클레이 크릭은
> 최초로 완전히 통합된
> 자동 공장을 보여주었다."
> 유진 퍼거슨, 기술사가

의해 가동되었다. 제분업자들은 에반스의 발명을 곧바로 환영하지는 않았지만 점차 그의 공정이 제분업에 혁신을 일으킬 것이라는 사실이 명백해졌다.

에반스는 델라웨어와 펜실베이니아, 메릴랜드, 그리고 뉴햄프셔에서 발명 특허를 받았다. 1790년에 국가 특허법이 통과되면서 세 번째 국가 특허가 자동 제분기에 부여되었다. 조지 워싱턴과 토머스 제퍼슨은 후에 에반스에게 자신들의 사유지에서 사용할 자동 제분기의 제작을 의뢰했다. **RH**

참고: 곡물 창고, 맷돌, 풍차, 물레, 물방앗간, 조력 제분기

# 못 제작기
## (1790년)

퍼킨스가 못의 제작을 자동화하다.

평균적인 집 한 채를 짓는 데는 2만 개의 못이 사용된다고 추정된다. 이에 대하여 우리는 미국의 발명가이자 공학자인 제이콥 퍼킨스(1766~1849)에게 감사해야 한다. 그가 태어나기 수천 년 전에 등장한 못을 발명해서가 아니라, 하루에 20만 개의 못을 제작할 수 있는 기계를 발명함으로써 최초로 못의 대량 생산을 도입했기 때문이다.

메사추세츠에서 태어난 퍼킨스는 10대 시절에 금세공인 밑에서 일했다. 그는 다양한 발명품을 만들어낸 것으로 유명해졌는데, 그중에서 못 제작기는 최초의 발명이자 가장 유명한 업적이 되었다. 전통적으로 못은 수공으로 철판을 필요한 모양으로 두들겨 만들어졌지만 이는 1700년대에 기계적 절단공정이 발명되면서 한층 수월해졌다.

1790년 퍼킨스는 못 절단 발명품을 고안했고, 그로부터 5년 후에 '단 한 번의 작동으로 못을 자르고 못 대가리를 만드는 기계'로 특허를 받았다. 퍼킨스는 자신의 고향인 뉴베리포트에 못 생산 공장을 만들었다. 그러나 결국에는 다른 사람들이 그의 아이디어를 사용하여 비슷한 기계를 만들게 되었다. 기계를 가동시키는 데는 물방앗간이 사용되었으며, 단 한 번의 공정으로 못을 자르고 못 머리 부분을 만들 수 있었다. 생산량은 하루에 20만 개에 이르렀으며 과거 못 생산의 수준은 이에 비할 바가 아니었다. 결과는 극적이었다. 못의 가격이 이삼십년 내에 70퍼센트 하락하면서 건설의 전반적인 비용을 감소시켰다. 이는 이어진 산업혁명에서 못에 대한 수요가 급증했다는 점에서 매우 중요한 요소였다.

퍼킨스는 혁신적인 발명을 계속했고 1819년에는 영국으로 이주한 후 지폐 인쇄에 있어 구리 대신 강철의 사용을 개혁했으며 그 외에도 많은 유용한 발명품을 만들어냈다. **SR**

참고: 못, 망치, 물방앗간

# 단두대 (1791년)

기요탱이 인간의 목을 베기 위한 기계를 만들다.

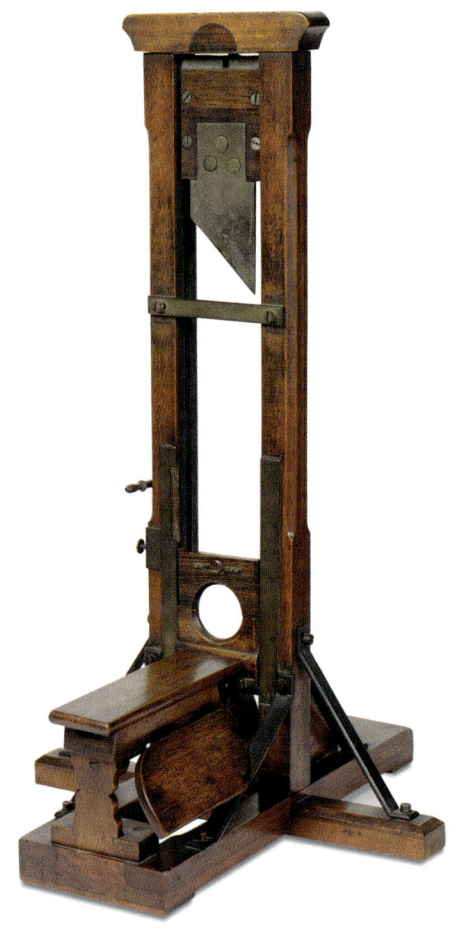

1789년에 프랑스 혁명이 시작될 무렵, 진보 성향의 의사 조제프 이냐스 기요탱은 프랑스 처형 제도의 철저한 개혁을 제안했다. 계몽사상의 인도주의와 합리주의에 영감을 받은 기요탱의 제안 중에는 공포스럽고 지저분한 전차 바퀴 사형법이나 교수형을 대신할 만한 단순한 처형 방법이 포함되어 있었다. 기요탱의 기계장치는 고통은 감소시키는 동시에 사형을 보다 민주화시키는 효과가 있었다. 참수형은 전통적으로 귀족 계승에 행해지는 처형법이었지만 효율적으로 목을 벨 수 있는 기계는 이 특권을 모든 계급으로 확장시킬 수 있었다.

1791년에 프랑스 국민공회는 이 프로젝트를 추진시킬 위원회를 소집했다. 기요탱도 여기에 포함되었지만 주도자는 왕실 의사이자 외과의학회 서기관이었던 앙투안 루이 박사였다. 채택된 기본 디자인은 높은 틀의 꼭대기에 날을 매달았다가 떨어뜨리는 것으로 완전히 새로운 것은 아니었다. 이런 기계는 중세 시대 이후로 사용된 예가 있었다. 과거의 기계들보다 더 진화한 점은 경사진 삼각날에 있었다.

원래는 루이 박사의 이름을 따서 '루이종'이나 '루이제트'로 불렸던 단두대는 곧 '기요틴'이라고 불리게 되었다. '인민의 적'으로 규정된 사람들을 공포의 도가니 속으로 끌어넣으면서, 그것은 혁명적 극단주의의 상징이 되었다. 루이 16세는 1793년 1월 21일에 처형되었다. 피비린내나는 혁명적 배경에도 불구하고 단두대는 1981년까지 프랑스에서 사용되었다. **RG**

---

"기계장치는 천둥처럼 떨어진다. 목이 날아가고 피가 튀면 사람이 더 이상 살아 있지 않은 것이다."

조제프 이냐스 기요탱, 1789년

참고: 목공술, 금속 세공, 검, 강철, 전기의자

↖ 기요탱의 인도주의적인, 그러나 여전히 공포스러운 살인 기계의 18세기 모형.

➡ 풍자화가 제임스 길레이(1757~1815)가 그린 루이 16세의 끔찍한 단두대 처형 장면.

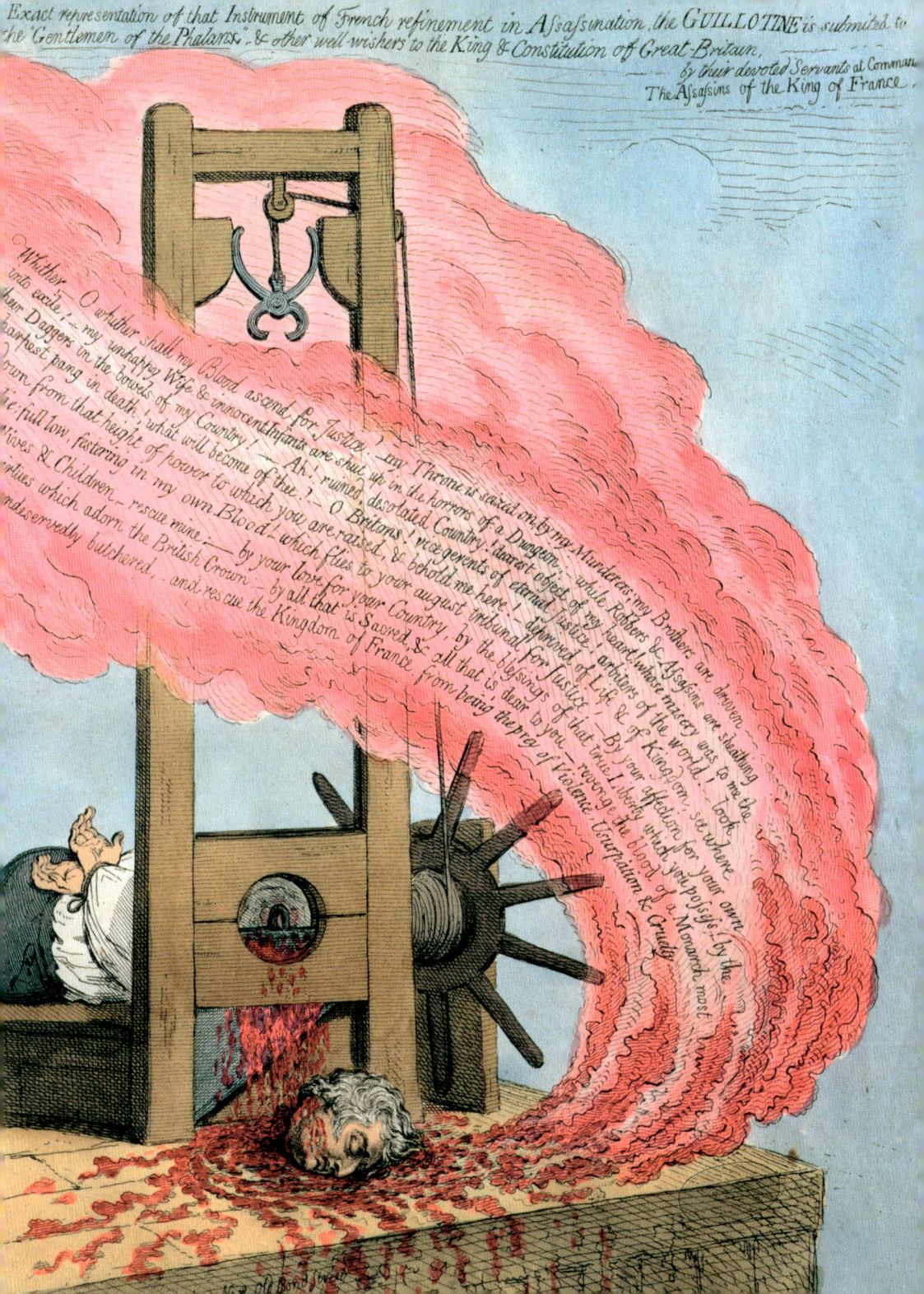

Exact representation of that Instrument of French refinement in Assassination, the GUILLOTINE is submitted to the "Gentlemen of the Phalanx", & other well-wishers to the King & Constitution of Great-Britain,

by their devoted Servants at Command
The Assassins of the King of France.

"Whither, O whither shall my Blood ascend for Justice! — my Throne is seized on, by my Murderers; my Brother, are driven into exile! — my unhappy Wife & innocent Infants are shut up in the horrors of a Dungeon; — while Robbers & Assassins are sheathing their Dagger in the bowels of my Country! — Ah! ruined, desolated Country, thou art object of my heart, whose misery was to me the sharpest pang in death; what will become of thee? — O Britons! Vicegerents of eternal Justice, arbiters of Life & of Kingdom; Look down from that height of power to which you are raised, & behold me here, deprived of Life & of Kingdom; see where thie full low, festering in my own Blood, which flies to your august tribunal for Justice! — By your true Liberty which you possess; by the ...ives & Children — rescue mine; — by your love for your Country, by the blessings of that revenge, the blood, you revenge; the blood of a Monarch most ...ties which adorn the British Crown — by all that is Sacred, &, all that is dear to you; — revenge the blood of Violence, Usurpation & Cruelty. ...deservedly butchered, — and rescue the Kingdom of France, from being the prey of Violence, Usurpation & Cruelty."

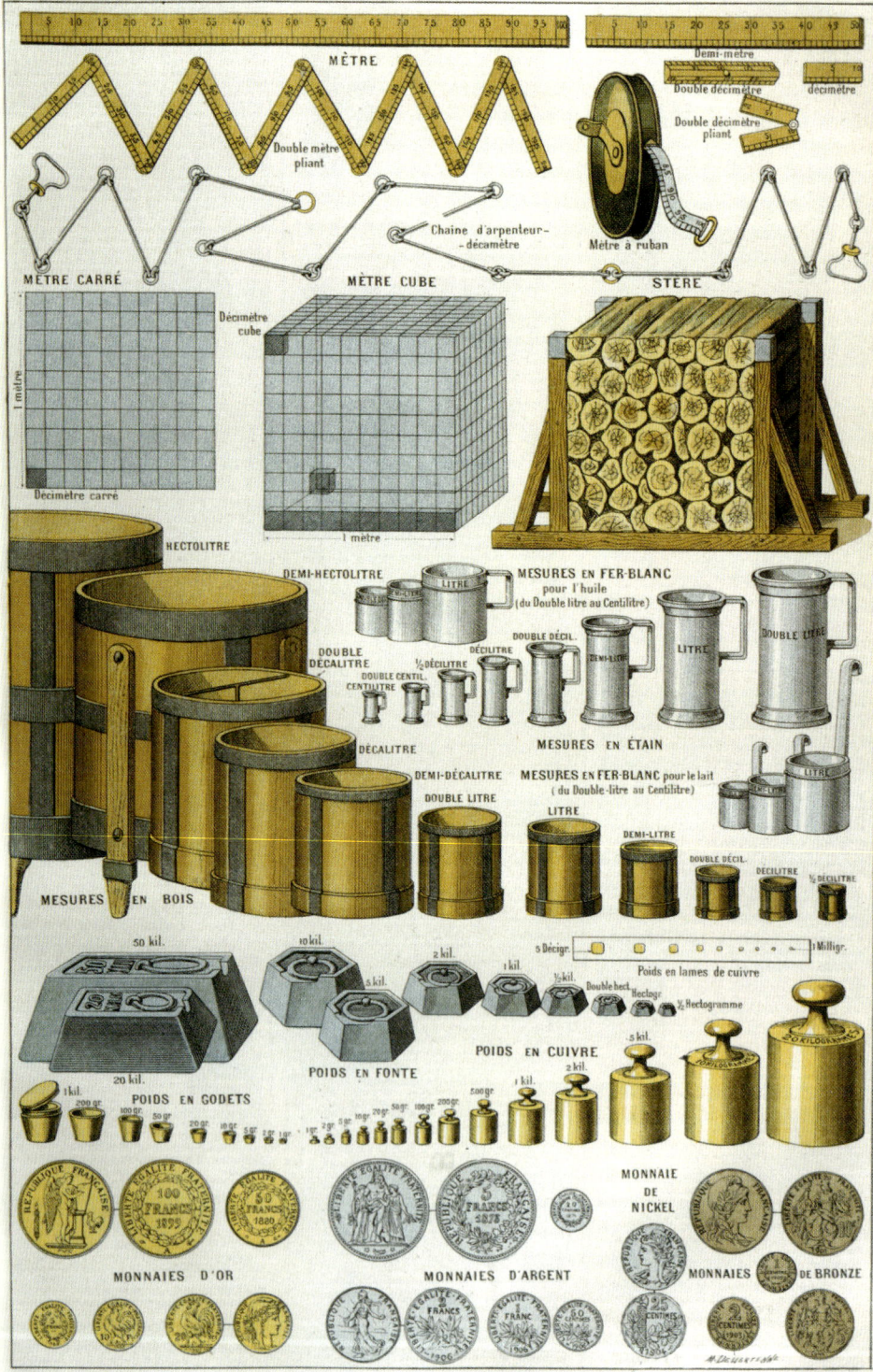

MÈTRE

Demi-mètre

Double décimètre

décimètre

Double décimètre pliant

Double mètre pliant

Chaîne d'arpenteur — décamètre

Mètre à ruban

MÈTRE CARRÉ

MÈTRE CUBE

STÈRE

Décimètre cube

1 mètre

Décimètre carré

1 mètre

HECTOLITRE

DEMI-HECTOLITRE

MESURES EN FER-BLANC
pour l'huile
(du Double litre au Centilitre)

LITRE

DOUBLE DÉCIL.

DÉCILITRE

DEMI-LITRE

LITRE

DOUBLE LITRE

DOUBLE
DÉCALITRE

½ DÉCILITRE

DOUBLE CENTIL.

CENTILITRE

DÉCALITRE

MESURES EN ÉTAIN

DEMI-DÉCALITRE

MESURES EN FER-BLANC pour le lait
( du Double-litre au Centilitre)

DOUBLE LITRE

LITRE

LITRE

DEMI-LITRE

DOUBLE DÉCIL.

DÉCILITRE

½ DÉCILITRE

MESURES EN BOIS

50 kil.

10 kil.

2 kil.

5 Décigr.

1 Milligr.

Poids en lames de cuivre

5 kil.

1 kil.

½ kil.

Double hect.

Hectog.

½ Hectogramme

POIDS EN FONTE

POIDS EN CUIVRE

5 kil.

2 kil.

500 gr.

1 kil.

2 kil.

20 kil.

POIDS EN GODETS

1 kil.

200 gr.

100 gr.

50 gr.

20 gr.

10 gr.

5 gr.

2 gr. 1 gr.

1 gr. 2 gr. 5gr. 10gr. 20gr. 50gr. 100gr. 200gr.

5 KILOGRAMMES.

2 KILOGRAMMES.

1 KILOGRAMME.

MONNAIE
DE
NICKEL

RÉPUBLIQUE FRANÇAISE

LIBERTÉ ÉGALITÉ FRATERNITÉ

100
FRANCS
1899

LIBERTÉ ÉGALITÉ FRATERNITÉ

50
FRANCS
1880

LIBERTÉ ÉGALITÉ FRATERNITÉ

RÉPUBLIQUE FRANÇAISE

5
FRANCS
1873

10

RÉPUBLIQUE FRANÇAISE

MONNAIES  D'OR

MONNAIES  D'ARGENT

MONNAIES

DE BRONZE

2
FRANCS

FRANC

50
CENTIMES

25
CENTIMES
1904

2
CENTIMES
1905

1906

1904

A. Dufresne

# 미터법 (1791년)

프랑스인들이 미터 측량을 시작하다.

19세기에는 혼란스러울 정도로 다양한 측량단위들이 존재했다. 예를 들어 영국에서 길이는 인치, 피트, 야드, 펄롱, 로드, 체인, 폴, 퍼치, 마일 등으로 측정되었다.

1791년에 프랑스 국민공회는 과학 아카데미에 간단한 십진법 체계를 만들라는 지시를 내렸다. 1793년, 길이의 단위인 미터는 지구의 북극과 적도 사이 거리의 100만분의 1에 해당하는 것으로 지정되었다. 이를 위해서는 파리를 통과하는 자오선이 사용되었다. 불행히도 자오선의 길이는 당시에는 측정된 적이 없었으며, 이 임무는 장 바티스트 조제프 드랑브르(1749~1822)와 피에르 메셍에 의해 수행되었다.

새로운 '미터' 거리를 두 개의 눈금으로 새긴 플래티늄 막대가 파리의 국제도량형국에 설치되었다. 센티미터와 킬로미터와 같은 십진법의 단위들이 사용되었으며, 지구의 원주는 대략 4만 킬로미터(2만 5,000마일)에 해당되었다. '대략'이라는 말을 사용해야 하는 이유는 프랑스인들이 지구가 완전한 구체가 아니라 살짝 납작하다는 사실을 고려하지 않았기 때문이다.

미터법으로 인해 질량의 미터식 정의인 킬로그램도 만들어졌다. 프랑스 혁명이 제도화한 개혁안에서는 킬로그램을 기포가 없는 섭씨 4도의 물이 담긴, 각 변의 길이가 10센티미터(3.9인치)인 정육면체의 질량으로 정의했다. 이 온도는 물의 밀도가 최대한이 되는 온도였다.

프랑스인들을 다소 미심쩍게 생각하는 영국에서는 미터법을 수용하지 않았다. **DH**

# 가스터빈 (1791년)

바버가 가스 동력 기술을 창시하다.

1791년에 영국의 발명가 존 바버(1734~1801)가 '운동 에너지를 발생시키기 위해 인화성 공기를 사용하는 기관'으로 특허를 받았다. 그가 발명한 것은 바로 가스터빈으로, 시대를 150년이나 앞서는 기술이면서 동시에 1,700년 전부터 존재해온 오래된 개념에 근거를 둔 것이었다.

터빈이란 움직이는 기체나 액체의 에너지를 회전 에너지로 바꾸는 기계이다. 1세기에 그리스의 발명가 알렉산드리아의 헤론이 최초의 증기터빈을 개발했다. 그의 기구는 끓는 물의 증기를 곡선형의 노즐에 통과시켜 실린더를 회전시켰다. 존 바버의 기관은 유사한 원리에 기반한 것이었지만 고대의 선례에는 존재하지 않은 부분들을 포함했다.

바버의 기관과 같은 가스터빈 기관은 세 개의 주요 구성요소를 지닌다. 기압을 높이기 위한 응축기, 공기가 연료와 함께 혼합되어 폭발이 일어나는 연소실, 그리고 연소산물의 확장에 의해 회전하는 터빈 바퀴가 그것이다.

바버의 설계는 흠잡을 데가 없었지만 가스터빈에 필요한 높은 온도를 지탱하기 위한 야금술은 그의 능력을 벗어나는 것이었다. 19세기에 많은 사람들이 가스터빈을 가지고 실험을 했지만 최초의 성공적인 가스터빈은 1903년에 엘링이 만든 11마력 기관이었다.

가스터빈의 사용법 중 두 가지가 가장 두드러진다. 에너지의 대부분이 터빈을 회전시키는 데 들어가는 발전과 에너지의 대부분이 고속의 배기가스로 들어가는 분사반동추진이 그것이다. 이 두 가지 응용법은 1939년에 최초로 구현되었다. 스위스에서 가스터빈을 사용하는 상업적인 동력장치가 실용화되었고 독일에서는 최초의 제트기가 날아올랐다. **ES**

---

**참고: 표준 중량 및 측량법, 계산자, 스프링 줄자**

← 프랑스의 참고문헌 한 페이지에 미터법 단위들의 상대적인 크기가 설명되어 있다.

**참고: 가스등, 가스난로, 가스터빈, 증기터빈, 프랜시스 터빈**

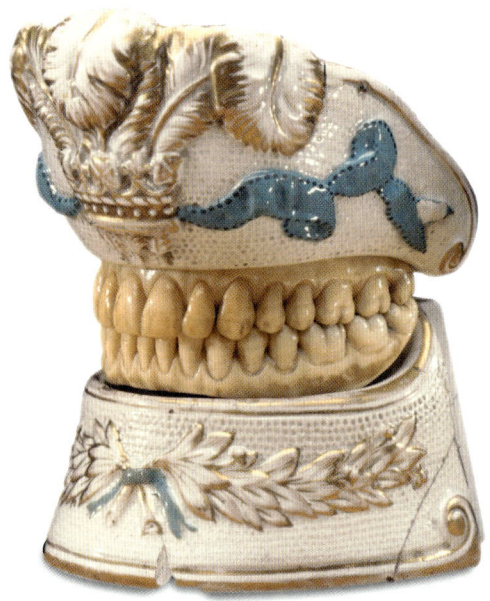

# 틀니 (1791년)

드세망이 포셀린으로 만든 치아로 영국 특허를 받다.

틀니의 역사는 치과의사 니콜라 듀보아 드세망(1753~ 1824)이 틀니로 특허를 받은 1791년보다 훨씬 더 오래 전으로 거슬러 올라간다. 기원전 700년경에 에트루리 아인들이 인간이나 동물의 치아로 만든 틀니를 사용했 다는 기록이 남아 있다. 15세기에는 상아나 뼈로 만든 틀니가 유럽에서 사용되었는데, 이들은 와이어를 사용 하여 남아 있는 치아에 부착되었다. 이 초기 형태의 틀 니들은 사용하기가 매우 불편하고 기능이 금방 나빠졌 으며 입냄새를 악화시켰다.

1774년에는 프랑스의 화학자인 알렉시 뒤샤토 (1714~1792)가 자신의 틀니에 대해 불만을 품고 포셀 린으로 만든 치아를 사용한 새로운 디자인을 제작했다. 그는 이 과정에서 드세망의 도움을 받았다. 그러나 뒤 샤토는 자신의 새로운 치아를 적절히 활성화시키지 못 했고 그의 아이디어는 제자리에 머물러 있었다. 드세망 은 실험을 계속하여 1787년에 새로운 틀니를 완성시켰 다. 그는 프랑스에서 특허를 신청했고, 자신의 아이디 어를 훔쳤다고 생각한 뒤샤토는 옛 친구를 상대로 소송 을 제기했으나 패소했다.

프랑스 혁명 동안 드세망은 영국으로 도피했고 그 곳에서 1791년에 '광물성 페이스트'로 만든 자신의 틀니 에 대한 특허를 받았다. 그 후로 몇 년 동안 유명한 영 국회사인 웨지우드가 드세망에게 틀니를 만드는 데 필 요한 포셀린 페이스트를 제공했다. 1800년대 초에 이 르러 의치를 하나씩 생산하기 시작했다. 드세망의 틀니 는 19세기 전반에 걸쳐 사용되다가 구조나 재료 등에서 개량이 이루어졌다. 점차 경질고무가 포셀린 페이스트 를 대체하기 시작했고, 그 다음에는 아크릴수지와 다른 플라스틱 재료들이 도입되었다. **TP**

**참고:** 치약, 칫솔, 치실, 치과 전기드릴

⬆ 1800년경에 웨일즈의 왕자를 위해 만들어진 하마상아 치아가 멋진 포셀린 홀더에 놓여 있다.

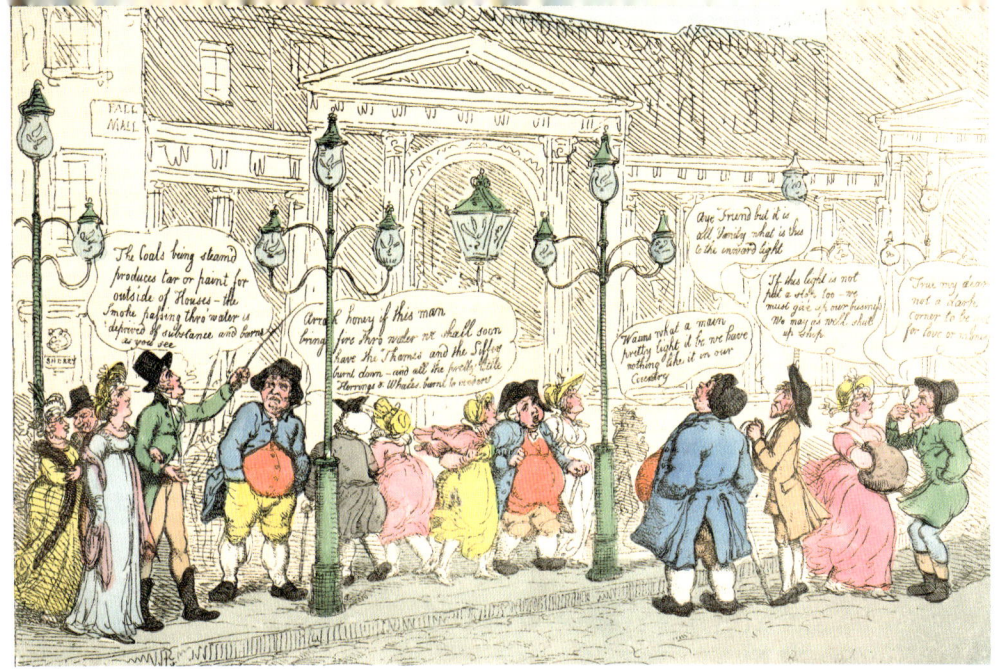

# 가스등 (1792년)

머독이 연소하는 석탄의 가스를 점화하여 조명으로 사용하다.

윌리엄 머독(1754~1839)은 유능한 발명가로 많은 발명품을 만들었지만 오늘날까지 가장 유명한 것은 석유 램프와 수지(獸脂)를 대체한 가스등의 발명이다. 그의 실험은 1792년경에 석탄이 탈 때 배출되는 가스가 점화될 수 있고 일정한 양의 빛을 지속시킨다는 사실을 발견하면서 시작되었다. 그는 어머니의 오래된 주전자에 석탄을 넣고 태우면서 주둥이로 나오는 가스에 불을 붙인 것으로 전해진다. 1794년에는 주전자 대신에 특수 제작된 증류기에 석탄을 넣고 태웠으며 석탄이 연소하면서 발생한 가스는 증류기에 부착된 길다란 관을 통과한 후 관끝에서 점화되었다.

　머독은 자신의 가스등 장치를 콘월 레드러스에 있는 자택에서 처음으로 사용한 후, 가스를 보다 효율적이고 실용적으로 생성, 저장 및 점화할 수 있는 방법을 계속해서 개발했다. 1798년에는 콘월에서 버밍엄으로 돌아와 불튼&와트(유명한 공학자 매튜 불튼과 증기기관으로 유명한 제임스 와트가 운영한 회사)의 공장에서 일하면서 이곳에 자신의 새로운 가스등을 설치했다. 그는 1802년에 공장 외부의 일부에 조명을 설치하여 많은 대중의 호응을 얻었다. 이듬해에 그의 가스등은 맨체스터의 필립스&리 방적공장에 설치되었다.

　머독이 왜 특허 획득에 실패했는지는 미스터리로 남아 있다. 그의 고용주인 불튼과 와트가 만류했을 가능성도 있다. 1800년대 중반이 되면 영국의 거의 모든 대도시들이 가스등을 조명으로 사용했고 머독의 발명에 기반한 가스공장을 자체적으로 운영했지만, 머독은 이러한 상황으로부터 별다른 수익을 얻지는 못했다. **TP**

**참고:** 석유 램프, 양초, 아르강 램프, 아크등, 공공 전기 공급, 백열 전구

↑ 토머스 로울랜슨(1756~1827)의 만화에서 1807년 런던에 가스등이 설치되었을 때의 반응을 볼 수 있다.

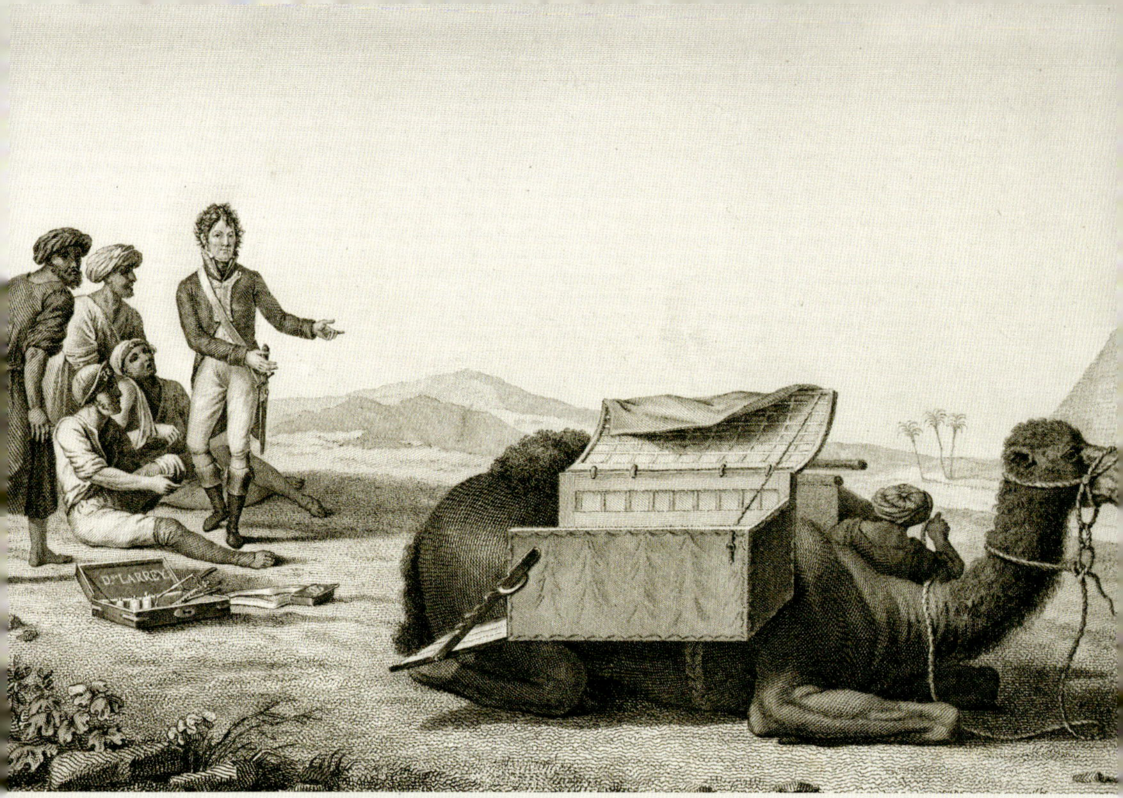
Dr LARREY

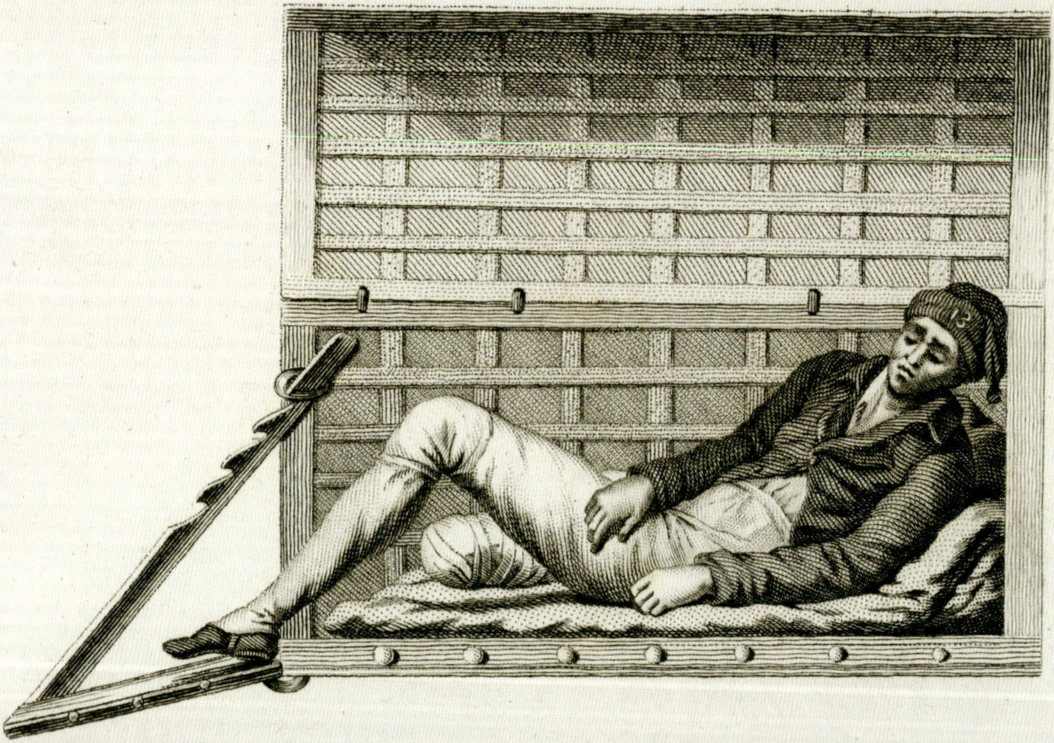
13

# 앰뷸런스 (1792년)

라레이가 의료 차량을 도입하다.

앰뷸런스는 1792년에 프랑스 나폴레옹 시대의 전쟁터에서 처음으로 나타났다. 앰뷸런스를 발명한 외과의사 도미니크 장 라레이(1766~1842)는 제한 규정 때문에 후위에 대기해야 하는 상황에 불만을 품기 시작했다. 프랑스군 포병대의 기동성이 진군하는 적으로부터 재빨리 철수하도록 해주는 것을 본 후에 라레이는 군사 책임자에게 '날아다니는 앰뷸런스'라는 것을 제안했다. 이것은 포병대를 따라 전장에 들어가서 부상자들을 그 자리에서 치료하는 것이었다.

라레이는 말이 끄는 수레 중앙에 환자 두 명을 편안하게 운송할 수 있도록 가죽으로 뒤덮인 말총 매트리스를 바닥에 깐 칸막이를 설치했다. 칸막이 양쪽에는 창문을 달아 통풍이 잘 되게 했다. 칸막이 안에서는 바퀴 바닥을 사용하여 환자들을 손쉽게 옮길 수 있었다. 구석에는 의약품과 의료기구들이 있었고 후방의 램프

> "날아다니는 앰뷸런스가 등장하기 전에는,
> 팔과 다리를 모두 잃은 사람을
> 거의 본 적이 없다."
>
> 도미니크 장 라레이, 외과의사

는 응급 수술 테이블의 역할을 겸했다.

라레이와 그의 의료팀은 지위나 등급에 관계없이 부상의 정도에 따라 치료를 했다. 부상으로 인해 사망할 가능성이 높은 환자들은 한 쪽에 제쳐두고 치명상을 입지 않은 환자들을 먼저 치료했다. 이것은 '분류'를 의미하는 프랑스어 '트리아주(triage)'가 외과의사의 백과사전에 들어가게 된 유래가 되었다. **BS**

**참고:** 썰매, 트러보이, 바퀴와 축, 수레, 말굴레

⬅ 바퀴 달린 앰뷸런스를 만들기 전에 라레이(왼쪽 위)는 부상자를 운송하기 위해 낙타의 측면에 짐바구니를 매달아 사용했다.

# 조면기(繰綿機) (1793년)

휘트니가 목화 가공을 변화시키다.

예일 대학교 졸업생 엘리 휘트니(1765~1825)가 1792년에 메사추세츠의 고향을 떠나 조지아 남부에서 일자리를 구하기로 결정하는 순간 미국의 역사도 크게 바뀌었다. 농장에서 일하는 동안 휘트니는 손으로 목화 다래에서 열매를 제거하는 노동집약적 방법을 보다 효율적으로 개선시켜야 할 경제적 필요성을 실감했다. 몇 개월 후 그는 목화를 회전 실린더에 장착된 수백 개의 짧은 와이어 후크 속으로 통과시킴으로써 열매로부터 재빠르게 분리시키는 기구를 제작했다. 이 기구를 사용하면 가늘고 좁은 구멍으로 섬유가 통과하고 열매는 뒤에 남아 있었다.

조면기(코튼 '진'이라는 이름은 엔진의 남부식 발음에서 유래했다)의 훌륭함은 그 동력원이 인간, 동물, 혹은 수력이든 간에 사용법이 매우 단순하다는 사실에 있었다. 영국 섬유공장의 엄청난 수요를 알고 있었던 휘트니는 조면기의 상업적 잠재력을 인식하고 1794년에 특허를 확보했다. 피니어스 밀러와 동업관계를 맺은 후 그는 남부를 중심으로 조면기를 제작 및 공급했지만, 농장주들이 스스로 표절하여 만들 수 있는 기계에 대해 절대로 돈을 내지 않는다는 사실을 깨달았다. 농장주들을 상대로 낸 소송에서 패배한 후 두 사람은 1797년에 사업을 그만둘 수밖에 없었다. 휘트니는 빚더미에 올라앉았고 남부의 농장주들은 큰 수익을 거두었다.

조면기는 남부의 목화사업에 혁명을 일으켰고 19세기 중반에는 미국이 전 세계 면의 3분의 1을 생산하기에 이르렀다. 이 발명에는 어두운 측면도 따랐다. 수요가 높아지면서 남부 주들의 노예제도도 강화되었고 결국에는 남부와 북부가 전쟁을 하게 되었다. **SG**

**참고:** 의류, 직조된 천, 물레, 제니 방적기, 뮬 방적기, 동력직기

# 운하 경사면
## (1794년)

**풀턴이 운하용 배를 다른 수위로 운반하다.**

경사면을 사용하여 서로 수위가 다른 지점에서 배를 운반한 것은 적어도 기원전 6세기로 거슬러 올라간다. 당시의 배들은 바퀴가 달린 진수대를 타고 코린트 지협을 건넜다. 고대 중국인들도 이 원리를 이용했는데, 운하에서 이중 조선대 구조를 사용하여 수위가 다른 지점에서 배를 운반했다.

현대의 경사면은 1770년대에 북부 아일랜드에서 이탈리아의 건축자 다비소 드 아르코트에 의해 개척되었다. 그는 콜아일랜드 운하에서 석탄을 실은 짐배를 평형추와 마력을 조합하여 경사진 레일 위로 끌어서 총 190피트에 이르는 단계로 끌어올리거나 내렸다. 그러나 이 야심찬 계획은 문제점들이 가득했고 결국 1787년에 중단되었다.

1778년에 윌리엄 레이놀즈가 영국 슈롭셔에 최초

> "이것은 단순히 두 개의 사면을
> 연결한 것으로, 낮은 언덕에서
> 산으로까지 확장된다."
>
> 로버트 풀턴, 공학자

의 사면(斜面)을 설치했으며 그 이후에는 증기로 가동되는 사면을 슈루즈버리 운하에 만들었다. 이러한 성공들에도 불구하고 1794년에 운하 경사면으로 영국 특허를 받은 것은 미국인 로버트 풀턴이었다. 젊은 예술가로 1786년에 영국에 도착한 풀턴은 곧 공학자로 변신했으며 다른 이들의 초기 아이디어를 개발시키는 데 능력을 발휘했다. 진정한 발명가로 인정받지는 않았지만 그가 1796년에 출판한 『운하항행의 개선에 대하여』는 프랑스와 미국 전역에 사면의 원리를 퍼뜨렸다. **FW**

참고: 운하, 운하운하 갑문, 댐

# 내연기관
## (1794년)

**스트리트가 동력장치의 새로운 형태를 창조하다.**

내연기관이라는 용어는 일반적으로 연소가 간헐적으로 일어나는 왕복운동형 기관을 가리키지만 좁게는 제트엔진, 로켓, 가스터빈 등의 연속적인 연소기관도 내연기관에 속한다.

17세기에 영국의 발명가 새뮤얼 몰랜드가 화약을 사용하여 물펌프를 가동시킴으로써 최초의 기초적인 내연기관을 창조해냈지만, 실제로 압축기가 없는 기관은 1794년에 로버트 스트리트에 의해 만들어졌다. 1879년에 카를 벤츠는 최초의 자동차를 가동시킨 4행정(行程) 기관을 설계하여 만들었다.

현대 내연기관과 초기 디자인의 가장 중요한 차이는 실린터 내 압축의 사용 여부이다. 최초의 내연기관은 압축기가 없이 흡입행정의 첫 부분에서 흡입된 공기와 연료의 혼합물에 의해 움직였다.

내연기관 내에서 연료와 산화제(보통 공기)의 연소는 한정된 공간, 즉 연소실 안에서 일어났다. 이 발열반응은 고온 고압의 가스를 생성시켰으며, 이것이 팽창하여 연소실 내에서 피스톤 운동을 발생시켰다. 반면 증기기관은 외부 연소실을 사용하여 별도의 작동유체를 가열했고, 이것이 피스톤을 움직였다.

가장 흔한 내연기관은 4행정기관, 가솔린기관, 불꽃점화기관으로 이들은 항공산업에도 사용된다. 일반적으로 석유를 사용하는 내연기관들은 자동차와 트럭, 모터사이클, 보트 및 다양한 종류의 항공기와 기관차에서 기동 추진제로 사용된다. **MF**

참고: 스털링기관, 가스터빈, 4행정 싸이클, 2행정 엔진, 버크엔진

# 수기(手旗) 신호체계

(1794년)

**샤프가 고속의 시각적인 장거리 신호체계를 개척하다.**

1791년 파리에서 무명의 공학자 겸 발명가 클로드 샤프(1763~1805)가 광학적 신호체계 혹은 시각적 전신 체계를 가지고 실험하기 시작했다. 그의 야망은 일련의 탑들을 통해 신호를 조합함으로써 복잡한 메시지를 전송하는 것이었다. 3년 후인 1794년에 샤프는 네 형제의 도움을 받아 최초의 시각적 수기 신호체계를 선보였다. 서로 보이는 간격에 따라 일렬로 세워진 열다섯 개의 탑들은 파리에서 릴까지 120마일(190킬로미터)에 이르는 거리로 9분만에 메시지를 전송했다. 이 프로젝트의 부담스러운 비용은 최근에 오스트리아와의 전쟁 후, 통신상의 전략적 이점을 찾고 있던 프랑스의 지도자가 부담했다.

각각의 탑 꼭대기에는 30피트(9미터) 높이의 장대가 설치되고 여기에는 양쪽 끝에 작은 평형막대가 달린, 회전하는 가로대가 부착되었다. 이들은 수평, 수직으로 움직였고 일곱 가지의 45도 위치를 통해 글자와 숫자, 그리고 선별된 단어들을 196가지로 조합할 수 있었다. 수기 신호의 신호들은 거의 인간이 팔을 뻗은 모양을 모방한 것처럼 보였으며 파란 하늘이나 흐린 하늘에 대조되어 가장 잘 보일 수 있도록 검정색으로 칠해졌다. 각각의 탑에는 망원경이 설치되어 작동자가 메시지를 전달할 수 있었다. 스파이들이 메시지를 쉽게 볼 수 있었기 때문에, 긴급상황을 대비해 비밀 구문과 단어로 구성된 암호책이 도입되었다. 샤프의 수기 신호는 큰 성공을 거두었으며, 머지않아 새로운 탑들이 건설되면서 프랑스의 수도에서 덩케르크, 브뤼셀, 안트베르웨와 같은 도시로까지 방사형으로 뻗어나갔다. **BS**

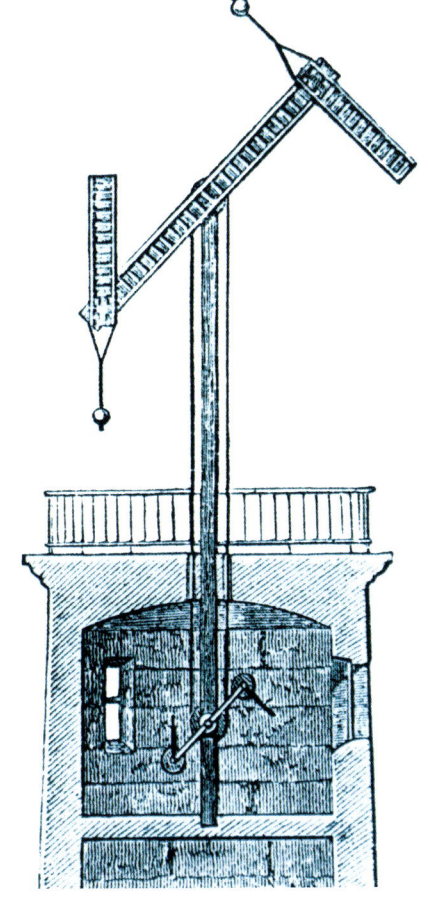

**참고: 전자기 전신, 인쇄전신, 이중전신, 전화**

↗ 기둥에 달린 나무막대 세 개의 배열은 탑의 아래쪽에 있는 방안에서 제어되었다.

> "전기는 전선을 위한
> 적절한 절연체를 찾을 수 없어서
> 포기했다."
>
> **아브라함 샤프가 형의 실험에 대하여**

# 코르크 스크루 (1795년)

**헨셀이 포도주병에서 코르크 마개를 제거하는 우아한 방법을 고안하다.**

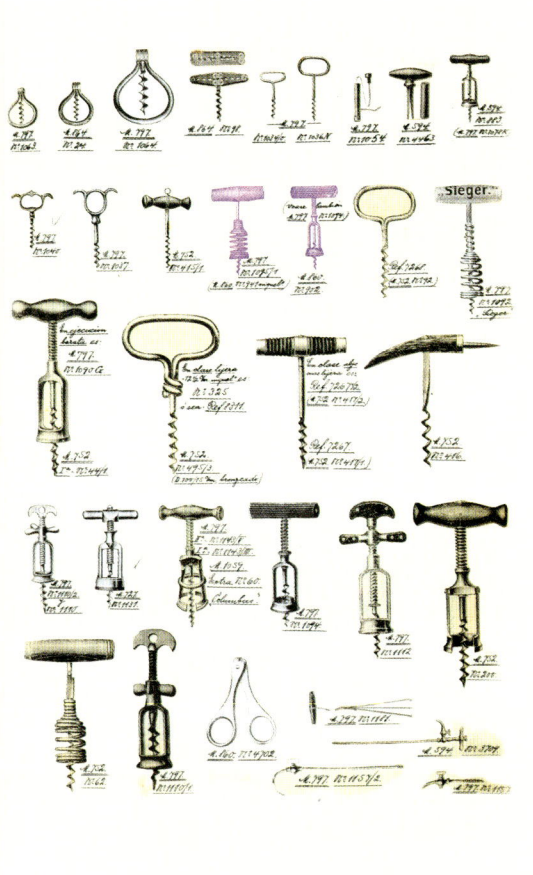

1795년에 옥스퍼드의 새뮤얼 헨셀 목사는 머스킷 총의 총구에서 충전물을 제거하는 데 사용되는 강철의 나선형 도구인 총의 나선관 끝 부분을 나무 손잡이에 부착시켰다. 현대의 코르크 스크루를 발명한 것이다. 손잡이와 나선관 사이에 그는 코르크를 누르기 위해 디자인된 오목한 버튼을 추가했다. 버튼의 아랫면에 있는 일련의 융기들이 코르크를 잡아 병에서 분리시키면서 동시에 코르크가 부서지는 것을 방지했다. 이 소위 '헨셀 버튼'은 총의 나선관이 코르크 속으로 너무 깊이 들어가는 것을 방지하기도 했다. 코르크 스크루는 버밍햄에서 마이클 불턴에 의해 제작되었으며, 버튼에는 '확신을 통해 진보를 이룰 수 있다'는 의미의 라틴어 문구 'obstando promoves soho patent'가 새겨져 있었다.

18세기 후반에는 유리불기 기술이 발전하여 유리병의 비약적인 발전이 이루어졌다. 조잡하고 땅딸막한 디자인에 목이 점점 좁아지고 손으로 뽑아내는 코르크가 밖으로 튀어나온 디자인은 대량 생산되는 병에 긴 원통형 목이 달린 디자인으로 대체되었다. 이 병들은 측면으로 쌓아올릴 수 있어서 저장과 운반이 용이했지만 틈새를 막기 위하여 보다 단단한 밀봉이 필요했다. 이를 위해 코르크를 먼저 압축시킨 후 병에 삽입했고, 따라서 더 이상 코르크가 밖으로 튀어나오지 않게 되었다.

헨셀의 디자인이 발명되기 수십 년 전부터 총포공이나 대장장이들이 나사관으로 '병마개 뽑이'를 제작하려는 시도는 존재해왔지만 이들은 훨씬 더 조잡하고 특허를 받은 적이 없으며 헨셀의 교묘한 '버튼'을 갖춘 것은 하나도 없었다. **BS**

> "누군가가 코르크 스크루를
> 안 가져와서 우리는 며칠 동안
> 음식하고 물밖에 먹지 못했다."
> W.C. 필즈, 코미디언 겸 연기자

**참고:** 술, 유리, 나사, 유리불기, 탄산수병, 머스킷 총

◪ 19세기 말에는 많은 발명가들이 헨셀의 코르크 스크루를 개량했다.

# 유압 프레스 (1795년)

브래머가 압축된 액체의 힘을 강력한 기계에서 이용하다.

영국 요크셔 출신의 발명가이자 자물쇠 제조공 조지프 브래머(1748~1814)는 1795년에 유압 프레스를 만들어 특허를 받았다. 그는 또한 맥주 펌프(1797), 제지 기계 (1805), 일련번호가 찍힌 지폐를 인쇄하는 기계(1806) 와 만년필(1809)까지 발명했다.

유압 프레스는 산업에서 큰 힘을 요구하는 일에 널리 사용되고 있다. 유압 프레스의 용량은 1톤 이하에서 1만 톤 이상까지 종류가 다양했다. 이 기계는 밀폐된 공간 속에서는 어느 곳이나 압력이 일정하게 작용한다는 파스칼의 원리에 기반한다. 보통 횡단면의 크기가 다른 두 개의 실린더 및 피스톤이 직경이 작은 배관으로 서로 연결되어 있다. 피스톤을 안쪽으로 밀면 기름 등의 유체가 배출된다. 동일한 운동거리에 대해 소구경 피스톤은 대구경 피스톤에 비해 적은 부피의 유체를 배출한다. 따라서 소구경 피스톤에 가해진 적은 양의 힘은 대구경 피스톤에서 힘이 증폭된다. 소구경 피스톤의 운동 거리가 대구경 쪽에서 힘으로 전환되기 때문이다.

유압기의 과학적 원리는 파이프나 강, 수로에서의 액체의 흐름, 댐이나 탱크에 갇힌 액체의 상태와 연관된다. 그 원리는 기체에도 적용될 수 있다. 오늘날 유압기의 범주는 환풍기와 가스터빈에서 공기 제어 시스템과 유압 디스크 브레이크, 유압 주차 리프트에 이르는 기계장치들에까지 확장되어 있다.

브래머는 윌리엄 조지 암스트롱과 함께 유압기를 만들었으며 이는 수많은 산업에서 응용되었다. 그의 이름을 따서 브래머 프레스라고도 불리는 유압 프레스는 그의 발명 중 가장 중요한 것이었다. **MF**

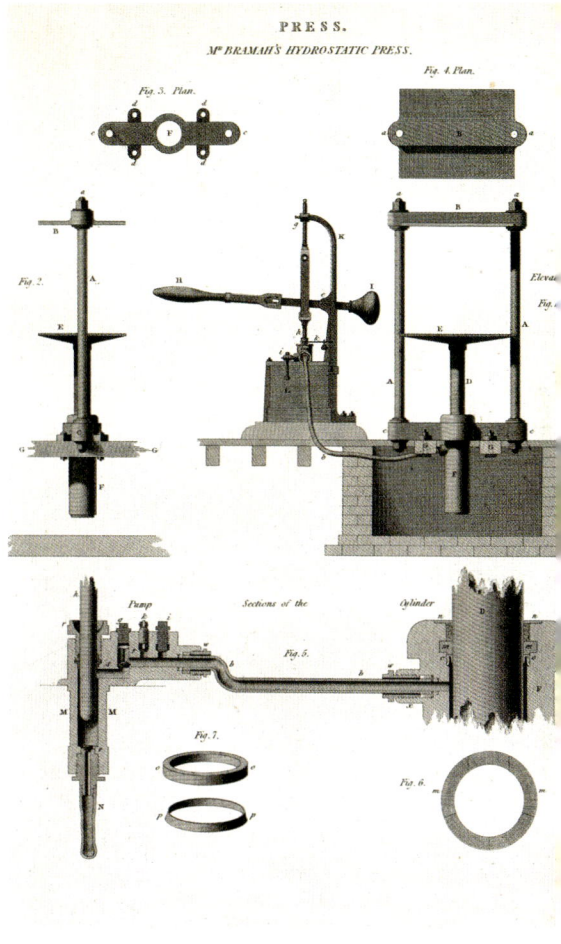

**참고:** 댐, 만년필, 유압 크레인, 유압 브레이크, 유압잭

↗ 1812년의 판화에 브래머의 유압 프레스와 그 구성요소들이 도해되어 있다.

"힘의 축적기로서 프레스는 이전까지 발명된 그 어떤 것보다 뛰어나다."
『사이언티픽 아메리칸』, 1864년 1월

# 백신 (1796년)

제너가 천연두에 대한 면역을 만들어내다.

에드워드 제너(1749~1823)가 영국에서 성장하던 시기에는 천연두가 다시 유행하면서 런던과 지방도시들을 황폐화시켰다. 제너는 의사가 되어 글로스터셔에서 병원을 운영하면서 우두와 천연두의 연관성에 관심을 갖기 시작했다. 낙농장에서 일하는 여자들은 치명적이지 않은 우두에 걸린 후 천연두에 면역력이 생긴 것처럼 보였으며 이에 흥미를 느낀 제너는 그 연관성을 연구하기 시작했다.

1796년 5월, 젖짜는 일을 하던 사라 넬머스가 우두에 전염되어 고름이 가득한 물집이 손과 팔을 뒤덮었다. 그녀는 제너 박사를 찾아왔다. 천연두에 걸린 적이 없는 사람에게 우두의 보호적 속성을 시험할 기회를 잡은 제너는 사라의 고름을 채취하여 제임스 핍스라는 어린 소년의 팔에 난 상처에 발랐다. 며칠 수 핍스는 약한 우두에 걸려와서 이 질병이 사람들 간에 전염

> "세상의
> 가장 큰 재앙 중 하나를
> 제거하게 될 도구."
>
> 에드워드 제너, 과학자 겸 의사

이 가능하다는 사실을 증명했다. 제너는 핍스에게 천연두를 감염시켰고, 소년은 병에 걸리기는 했지만 곧바로 완전히 회복했다.

여러 번의 실험을 거듭하여 결과를 확인한 후 1798년에 제너는 자신이 발견한 사실들을 발표했다. 처음에는 의학계에서 그의 방법을 사용하기를 꺼려했지만 그냥 무시하기에는 결과가 너무 결정적이었다. 1853년에는 우두를 사용한 백신을 의무화한 의회 결의안이 채택되었고 천연두로 인한 사망자 수는 급격하게 감소했다. **TP**

참고: 예방접종, 콜레라 백신, 광견병 백신, 탄저병 백신, BCG 백신, 소아마비 백신

# 주물쟁기 (1797년)

뉴볼드가 쟁기를 하나로 주조하다.

색슨족의 농경방식은 거의 1000년 동안 변하지 않은 채 그대로 유지되었다. 토지를 경작하기 위해 농부들은 기원전 5500년에 메소포타미아에서 개발된 원시적인 쟁기를 사용했는데 이는 많은 노동력을 요하는 작업이었다.

1797년에 뉴저지 출신의 제철공 찰스 뉴볼드(1764~1835)가 세 개의 주요 부분이 하나의 철제 주물로 만들어진 실용적인 쟁기로 특허를 냈다. 세 부분은 볏(곡선형의 철판), 보습(몰드보드에 부착된 자르는 날), 랜드슬라이드(측면운동을 중화시키는 안정장치)였다. 뉴볼드는 또한 방향 제어를 가능케 하여 밭고랑을 보다 곧게 일구는 러너를 통합시켰다.

농부들은 처음에 뉴볼드의 주물쟁기가 밭에 독을 퍼뜨려 작물을 망칠 것이라고 걱정했다. 결국에는 쟁기가 수용되었지만 뉴볼드가 당시로서는 엄청난 금액

> "그 개발에는
> 실험과 마케팅 비용으로
> 3만 달러 이상이 소요되었다."
>
> 로이드 E. 그리스컴, 『벌링턴 카운티의 역사』

이었던 투자금 3만 달러를 회수하는 것은 불가능했다. 경쟁자들이 이미 유사한 쟁기들을 만들기 시작했기 때문이다. 그러나 1807년에 뉴볼드는 거의 유사한 쟁기로 특허를 받은 데이비드 피콕에 대해 소송을 제기하여 승소했다. 뉴볼드는 특허 침해로 1,500달러를 보상받았다.

후에 뉴볼드의 디자인은 세 부분을 각각 별도로 제작하는 것으로 개량되어 망가지더라도 따로따로 고치고 대체할 수 있게 되었다. **FS**

참고: 쟁기, 볏쟁기, 강철쟁기

# 나사 절삭 선반 (1797년)

모즐리가 나사제작을 표준화하다.

영국의 공학자 헨리 모즐리(1771~1831)가 등장하기 전에 나사들은 수공으로 만들어졌으며 장인의 기술에 의존했다. 결과적으로 모든 나사는 서로 똑같지 않았으며 호환이 불가능했다.

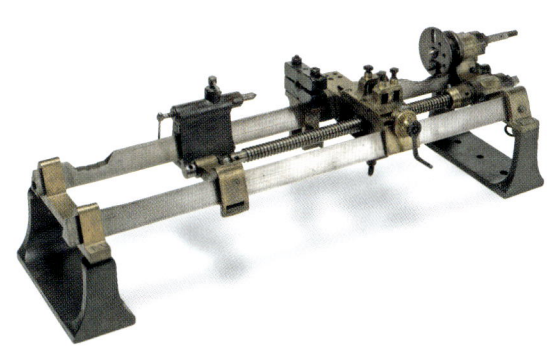

1797년에 모즐리는 동일한 나사의 생산을 가능케 하는 정밀기계를 만들었다. 모즐리의 표준화가 없었다면 조립식 가구를 만드는 등의 작업은 극도로 어려워졌을 것이다.

모즐리는 자물쇠 제조공 조지프 브래머의 숙련된 견습공이었다. 그들의 동업자 관계는 모즐리와 브래머가 월급 문제로 사이가 틀어지면서 끝이 났고, 모즐리는 런던의 다른 지역에 자신의 독자적인 가게를 열었다. 모즐리는 정밀함을 위해 정확도가 1만분의 1인치에 이르는 나사 절삭 선반을 고안했다.

기존의 선반설계에 모즐리는 나사의 피치(1회전 거리)를 바꾸는 엄지나사와 기어들을 도입했다. 이것은 연속적으로 동일한 기계를 사용하여 유례없는 정확성과 제어력, 그리고 빠른 속도로 나삿니 피치들을 자를 수 있게 해주었다. 모즐리의 동일한 나사들은 즉각적으로 증기기관을 제작하는 데 사용되었다. 모즐리의 견습공 중 한 명인 암스트롱 위트워스는 나삿니를 표준화시켰고 오늘날 나삿니에 대한 영국 단위는 BSW(British Standard Whitworth, 영국 표준 위트워스)이다.

정밀 나사는 모즐리의 또다른 업적으로, 공작기계의 발명에 토대가 되었다. 공작기계는 다른 기구를 만드는 기구로 영국의 산업혁명에서 중요한 역할을 했다. **LS**

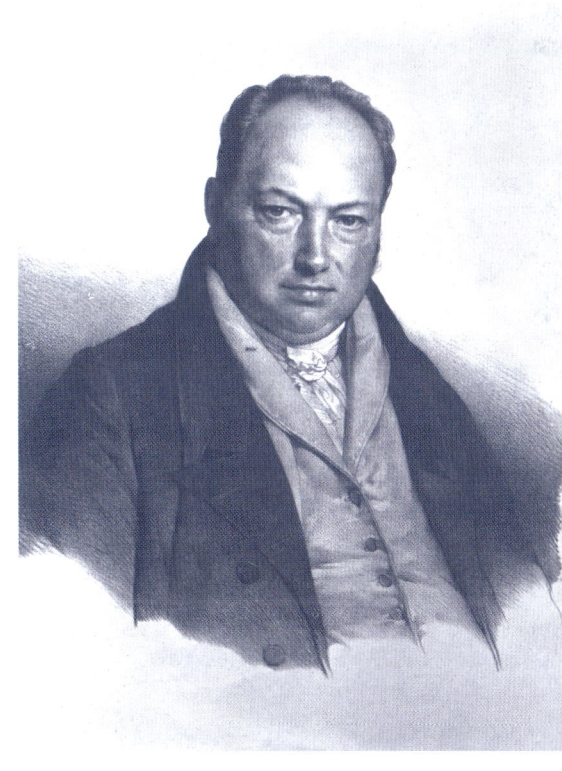

**참고:** 나사, 아르키메데스의 나선식 펌프, 나사 마이크로미터, 표준나사시스템, 사각나사

↗ 모즐리의 선반은 나삿니를 복제하기 위해 엄지나사와 전환 톱니바퀴를 결합했다.

➡ 일반 나사와 특수 나사의 제작을 표준화한 영국의 공학자 헨리 모즐리.

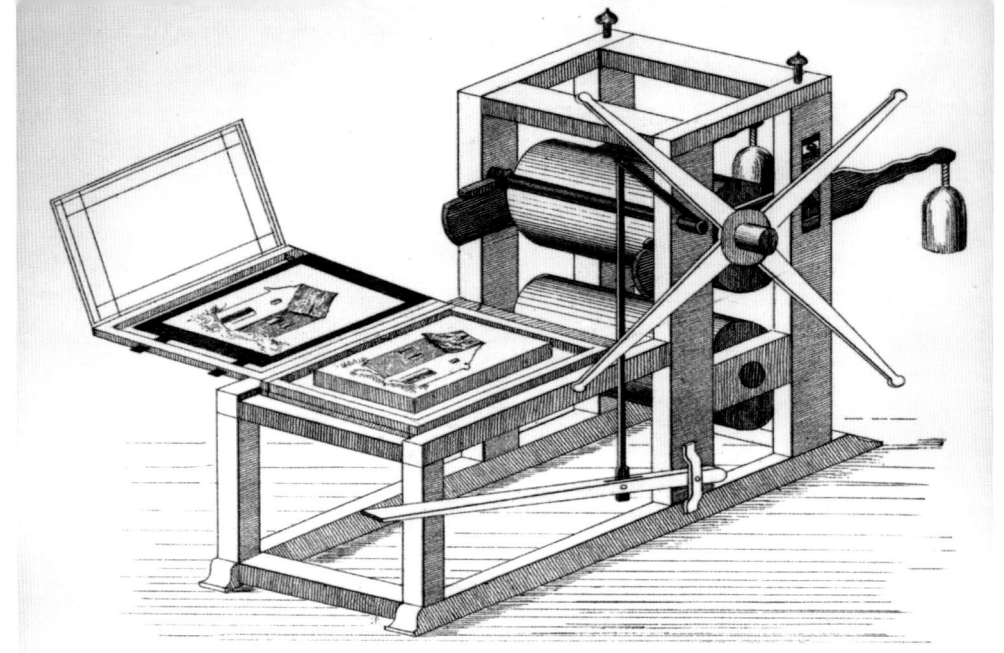

# 석판인쇄 (1798년)

제네펠더가 석회석을 사용하여 완전히 새로운 인쇄공정을 발명하다.

1798년에 오스트리아의 배우 겸 극작가 알로이스 제네펠더(1771~1834)는 프레스를 사용하여 석회석의 매끄러운 표면의 이미지를 종이에 인쇄했다. 제네펠더는 자신의 공정을 화학적 인쇄라고 칭했지만 그것은 틀린 표현이었다. 이 공정은 15세기의 활판인쇄 이후로 인쇄에 있어 가장 중요한 혁신을 일으켰다.

제네펠더의 발명에 대한 자세한 사항은 잘 알려지지 않았지만, 일반적으로 가장 많이 알려진 이야기는 다음과 같다. 어머니가 세탁물 기입표를 만들어달라고 요청했을 때 적당한 종이를 찾지 못한 그는 고밀도의 졸렌호펜 석회암의 납작한 표면에 기름진 연필로 기입표를 작성했다. 그리고 나서 제네펠더는 어느 순간 연필이 남긴 기름진 찌꺼기가 다공성 석회암에 의해 흡수되어, 표면을 닦은 후에도 잉크가 남아 있는 것을 발견했다. 석회암을 물로 씻은 후에는 표면이 잉크를 흡수하지 않아 새겨진 이미지만이 남았다. 제네펠더는 잉크가 흡수된 표면과 흡수되지 않은 표면을 분리시키는 새

로운 방법을 발견한 것이다. 이 과정을 완전히 실현시키는 데는 4년이 더 걸렸다.

석판화의 커다란 이점은 하나의 이미지를 무한하게 복제하면서도 어느 부분도 닳지 않는다는 점이다. 1800년경에는 제네펠더가 공정을 정교화시켜 런던에 석판 인쇄소를 설립하여 낱장 악보를 제작했다. 1802년에는 파리에도 인쇄소를 설립했는데, 프랑스인들은 그가 이 공정에 붙인 거추장스러운 이름인 '바이에른과 그 관할영토의 화학 인쇄'를 무시하고 '돌 위에 글씨를 쓴다'는 의미의 '리토그라피(lithographie)'라는 말을 만들어 사용했다. **BS**

참고: 잉크, 종이, 목판인쇄, 금속 가동활자를 사용한 인쇄기, 에칭

⬆ 종이를 석회석 위로 눌러서 이미지를 찍어내는 방법을 보여주는 드로잉.

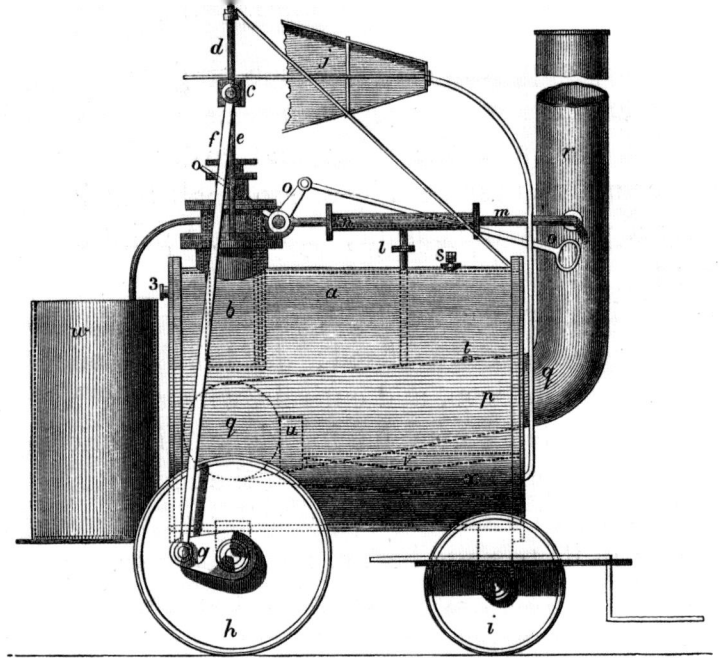

# 고압 증기기관 (1799년)

트레비딕이 고압증기로 가동되는 최초의 기관을 만들다.

콘월 출신의 리처드 트레비딕(1771~1833)은 19세에 콘월의 광산산업에서 공학 컨설턴트로 일했다. 광산 소유주들은 제임스 와트가 소유한 특허에 대해 지불해야 하는 로열티가 너무 비싸서 이를 피할 방법을 궁리하고 있었다.

윌리엄 머독은 1784년부터 모형 증기차를 개발하기 시작하여 1794년에 트레비딕에게 보여주었다. 따라서 트레비딕은 보일러 제작의 발전으로 이전보다 훨씬 더 고압의 증기를 사용하는 것이 가능해졌음을 알고 있었다. 고압에서 증기를 사용함으로써 트레비딕은 와트가 가진 특허의 핵심적인 부분인 분리응축기와 공기펌프와 같은 주변 장치들을 사용할 필요가 없어졌다. 게다가 와트의 저압 증기기관을 유치하기 위해서는 큰 건물이 필요했다. 트레비딕은 그의 실험적 기관들에서 고압증기를 사용함으로써 이들을 보다 작고 가볍고 다루기 쉽게 만들 수 있었다. 트레비딕은 고압증기로 정치(定置)기관과 이동식

기관의 실용모형을 만들었으며 이들은 너무나 성공적이어서 1799년에는 광석을 들어올리기 위한 실물크기의 고압 증기기관을 만들었다. '사용된' 증기는 굴뚝을 통해 배출되어 와트의 특허를 회피했다. 후에 그는 실물 크기의 기관차를 만들어 '연기 뿜는 악마'라고 불렀다. 1801년 12월 24일, 기이하게 생긴 이 기계가 몇 명의 승객을 태우고 성공적으로 콘월의 캠본 힐까지 운행되었다. 와트를 비롯하여 몇몇 사람들이 고압증기의 위험성을 제기했음에도 불구하고 트레비딕의 업적은 기계 동력과 운송의 새 시대를 열었다. **DHk**

**참고:** 증기기관, 분리응축기가 있는 증기기관, 복합 증기기관, 기관차

⬆ 트레비딕의 '연기 뿜는 악마'는 승객을 태운 최초의 기관차였지만 철도가 아닌 도로 위를 달렸다.

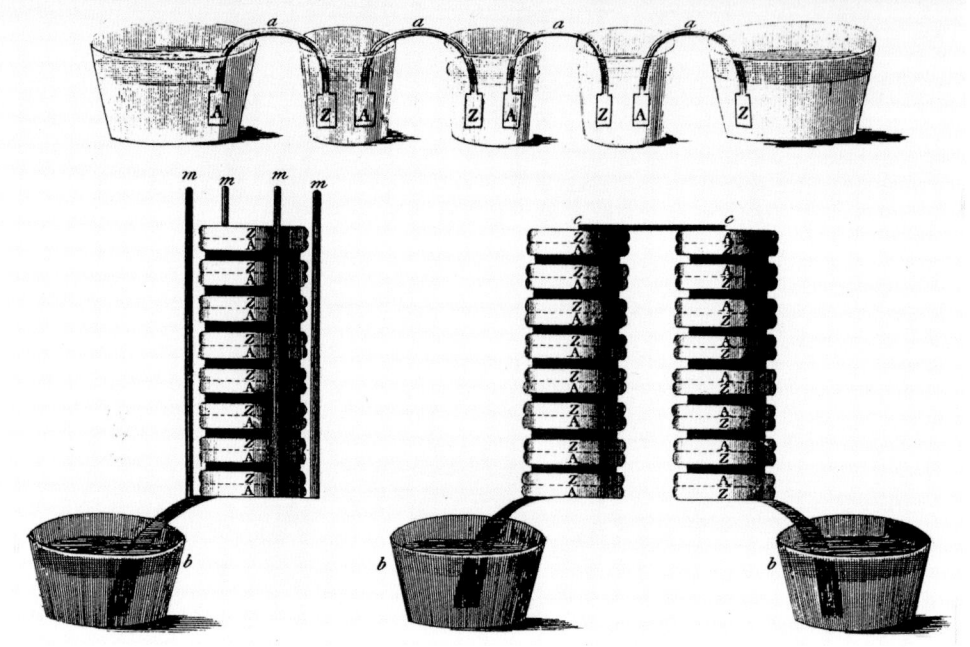

# 배터리 (1799년)

볼타가 자체 전류를 생산하는 최초의 기구를 만들어내다.

배터리는 화학 에너지를 전기 에너지로 변환시키는 기구이다. 두 개 이상의 전지를 연결시켜 전류가 같은 방향으로 흐르게 하면 배터리가 구성되며 배터리에는 두 가지 기본적인 형태가 존재한다. 첫 번째는 화학물질을 다 사용하면 전류가 멈추는, 재충전할 수 없는 형태이고, 두 번째는 충전이 가능한 형태이다.

배터리는 알레산드로 볼타(1745~1827)로부터 유래한다. 그는 1799년에 도선으로 연결하면 전류를 공급하는 해수에 담근 섬유조각들에 의해 분리된 은과 아연 더미인 '볼타 전퇴(電堆)'를 발명했다. 그의 작업은 서로 다른 두 개의 금속을 접촉시키면 죽은 개구리의 다리가 경련을 일으킨다는 사실을 발견한 루이기 갈바니의 연구에 기반한 것이었다.

각 전지에는 두 개의 전극인 양극과 음극이 전해질이라고 하는 액체 속에 떠 있다. 그 이후로 몇 년 동안 많은 발명가들이 보다 효율적인 배터리를 만들기 위해 다른 금속과 전해질을 조합했다. 1880년대에는 고체 전해질이 사용되고 내용물이 덮개로 씌워지면서 건전지(乾電池)라는 이름이 붙여졌다. '플래시라이트(회중전등)'라고 알려진 최초의 안전한 휴대용 기구는 1896년에 생산되었다.

1895년에는 프랑스의 물리학자 가스통 플랑테가 재충전이 가능한 배터리를 만들었으며, 이는 오늘날의 자동차에 사용되는 배터리와 유사하다. 이 배터리에서는 납으로 된 전극판을 황산에 담가서 사용했다. **MF**

**참고:** 전기도금, 아르크등, 재충전 가능한 축전지, 차배터리

↑ 영국왕립협회지 『필러소피컬 트렌섹션』에 실린 볼타의 '볼타 전퇴'.

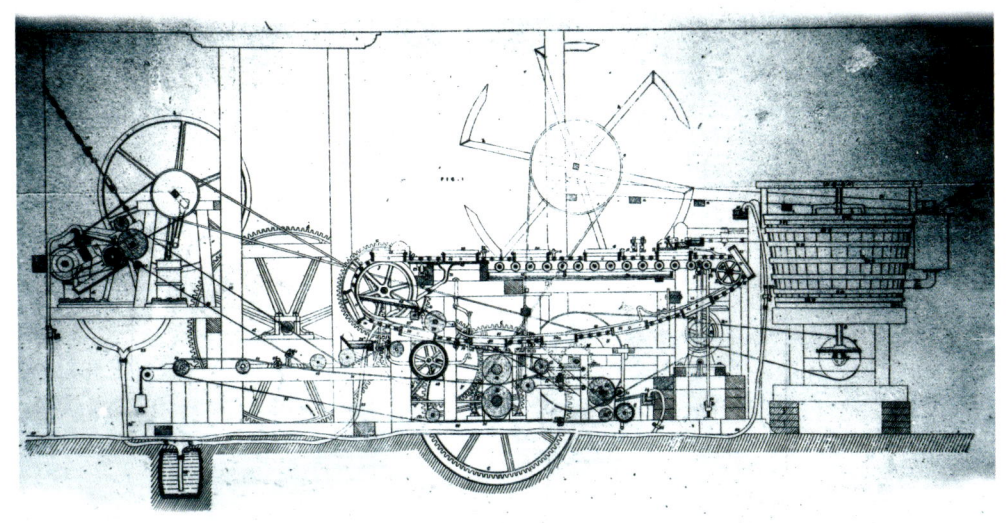

# 포어드리니어 제지기계 (1799년)

로베르가 훗날 '포어드리니어'라는 이름으로 판매되는 제지기계로 특허를 받다.

포어드리니어 제지기계가 등장하기 전에 종이는 바닥이 필터로 된 프레임과 젖은 펄프를 넣은 주형을 사용하여 한 번에 한 장씩만 만들 수 있었다. 프레임을 펄프 사이로 들어올리면 물이 배수되고 필터 위에는 펄프만 남았다. 이 펄프를 압축한 후에 건조시켰다. 종이 한 장의 크기는 손으로 다룰 수 있는 프레임의 크기에 달려 있었다.

종이 생산은 숙련공들에 의해 수행되는 기술적인 공정으로 조합 단위로 작업을 하는 경우가 많았다. 그러나 18세기가 되면 종이 수요의 증가와 제지업자들의 조합을 회피하고자 하는 욕심에서 프랑스의 니콜라 루이 로베르(1761~1828)가 이 공정을 자동화하고 천으로 덮인 철사망 필터로 된 연속 벨트를 사용하여 솔기가 없이 길게 종이를 생산하는 기계를 설계하기 시작했다.

많은 실험을 거친 결과 로베르의 기계는 1799년에 프랑스 특허를 받았지만 아직 개발되어야 할 부분들이 남아 있었다. 프랑스의 정치적 상황과 로베르의 원래 후원자들과의 의견 차이로 로베르와 그의 처남 존 갬블은 영국에서 이 기계에 대한 특허를 받고, 특허에 대한 권리를 새로운 재정지원자 헨리와 실리 포어드리니어와 공유했다. 궁극적으로는 포어드리니어의 기술자 브라이언 덩킨이 개량된 기계, 즉 '포어드리니어'를 만들게 되었다. 이 기계는 고품질의 종이를 생산했으며, 몇 차례 더 개량이 된 후에 1807년에 상품화되었다. 1812년에는 이러한 기계들이 상업적으로 이용되기 시작했다. 자동화 때문에 일자리를 잃게 될까봐 두려워한 수동 제지업자들은 폭동을 일으켰으며, 경고문을 무시하고 기계들을 파괴하려고 했다. **MD**

**참고:** 양피지, 종이, 크라프트 법

⬆ 발명가가 아닌 후원자의 이름을 딴 제지기계의 기술도면.

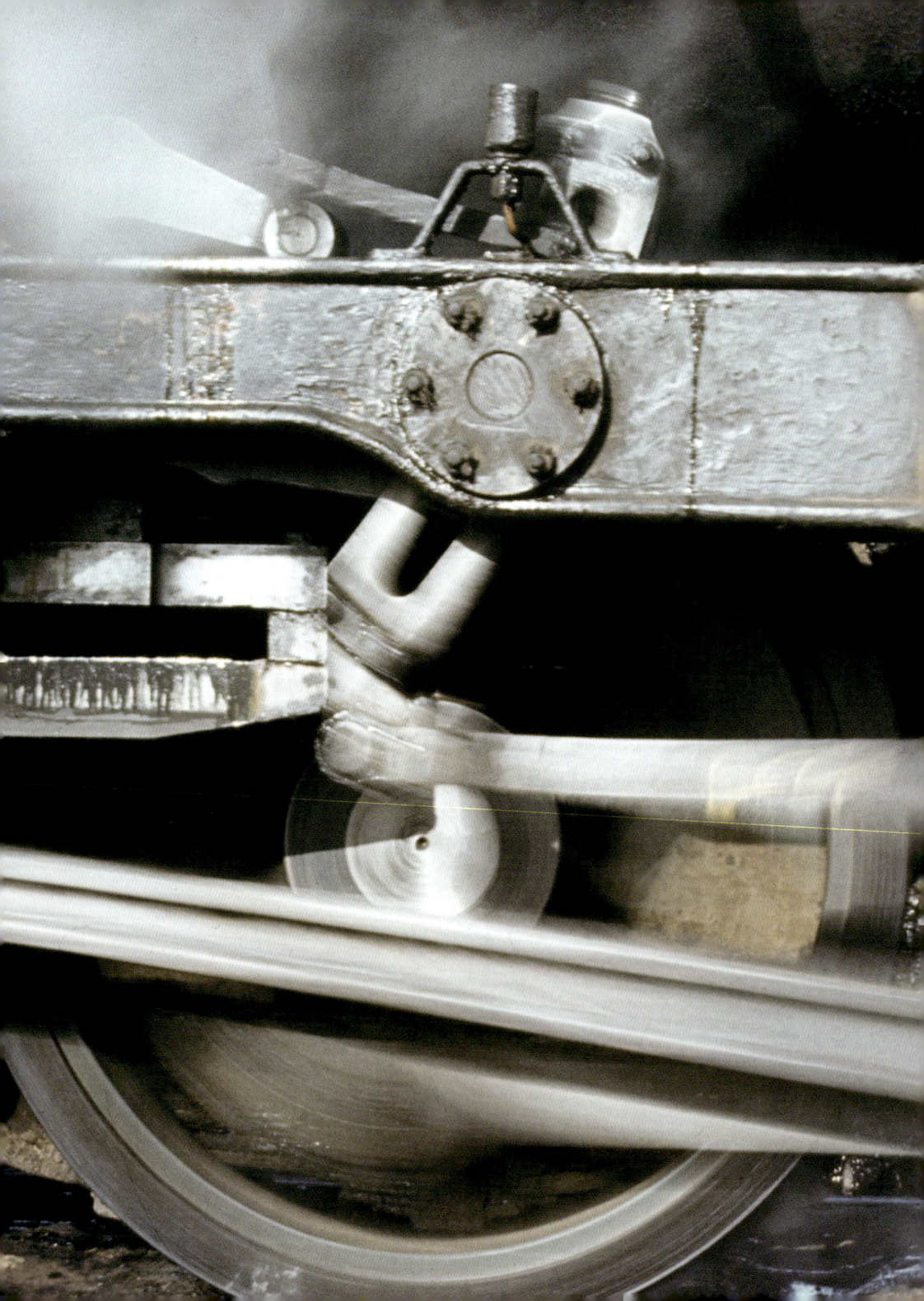

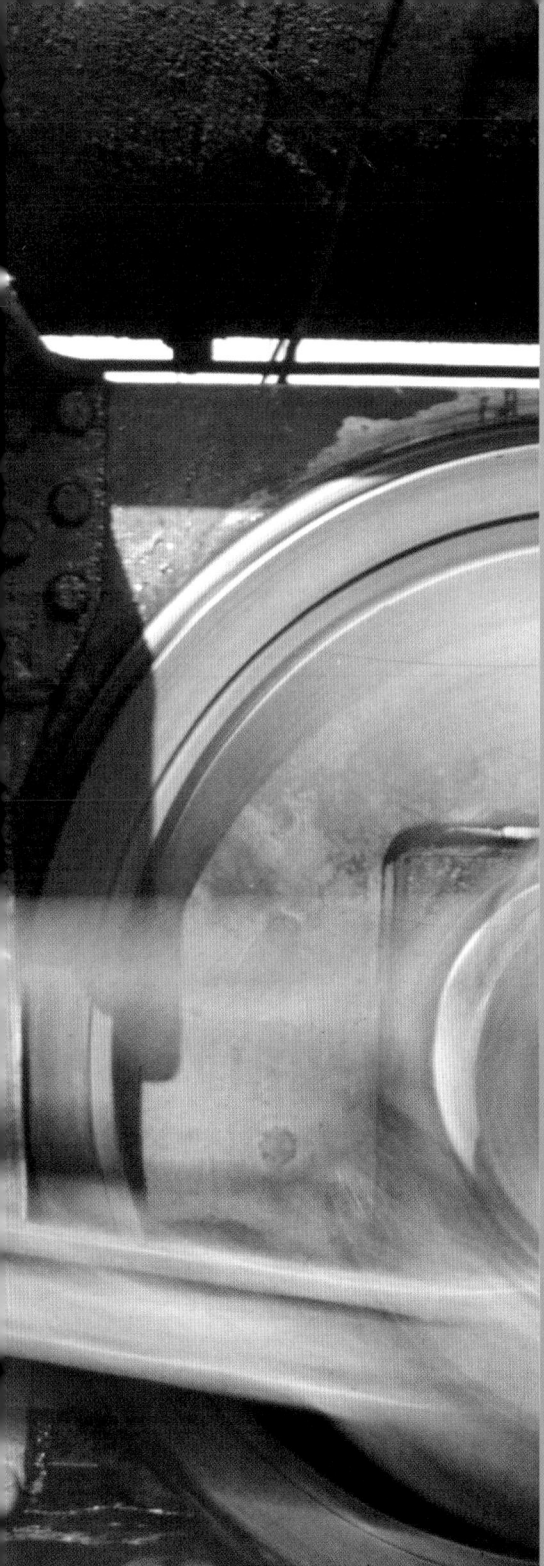

기원전 44년에 카이사르가 암살당하자 혁명이 일어
나면서 로마제국의 부흥기가 시작되었다. 그로부터
거의 2000년 후에는 또 다른 혁명이 일어났다. 이
혁명은 산업적인 것으로 증기기관과 공학기술에 기
반을 둔 것이었지만, 그 내용의 풍부함과 논쟁거리
에 있어서는 결코 뒤지지 않았다.

# The INDUSTRIAL AGE
## (산업 시대)

◀ 새로운 시대의 시작을 알리는
증기기관차.

1800 to 1799

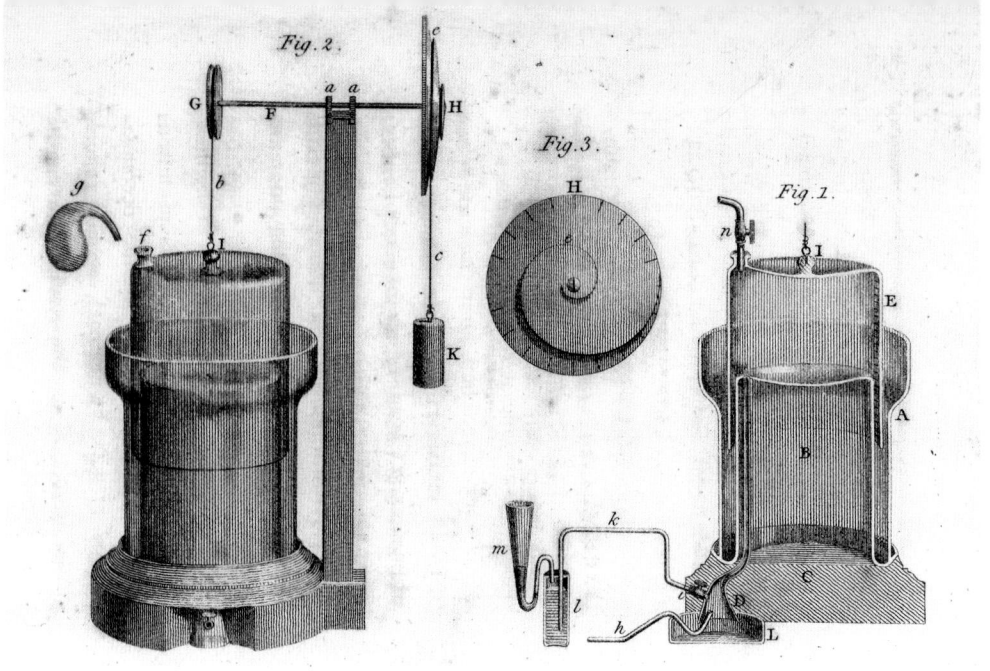

# 아산화질소 마취제 (1800년)

데이비의 '웃음가스'가 효과적인 진통제로 밝혀지다.

험프리 데이비(1778~1829)는 영국 브리스톨의 기체연구소에서 실험을 하는 도중에 무색 무취인 아산화질소의 마취효과를 처음으로 발견했다. 광부의 램프를 발명한 것으로 가장 유명한 데이비는 아산화질소가 웃음을 유발함과 동시에 치통을 완화시켜준다는 사실을 발견했다. 그는 1800년에 이 기체가 외과수술 중에 활용될 수 있다는 내용이 담긴 책을 출판했다. 데이비의 발견 이후 아산화질소는 파티나 장터에서 인기를 끌었지만 수술에는 40년이 지난 이후에야 사용되었다.

미국의 한 박람회에서 코네티컷 출신의 치과의사 호레이스 웰즈는 아산화질소를 흡입한 다음 자신의 다리에 상처를 입히는 남자를 보게 되었다. 그가 고통을 느끼지 않는 것처럼 보였기 때문에 웰즈는 즉시 자신의 이를 뽑으면서 이 기체를 흡입했다. 웰즈는 1845년 1월에 메사추세츠의 하버드 의과대학에서 발치(拔齒) 중 아산화질소를 사용하는 시범을 보였다. 불행히도 충분한 양의 이산화질소가 공급되지 못해 환자가 고통스러워하며 소리를 질렀다. 이 공개 망신으로 웰즈는 치과의사로서의 명성을 잃고 3년 후에 자살했다. 이듬해 치과의사 윌리엄 모턴은 외과의사가 환자의 목에서 종양을 제거하는 동안 아산화질소를 수술에 사용하는 데 성공했으며, 수술에서 환자의 마취용으로 아산화질소를 사용하는 시술이 런던과 파리까지 급속도로 확산되었다.

오늘날 아산화질소는 출산과 치과 치료에 사용되어 불안감을 완화하고 통증을 완화시키는 효과가 있다. 마취제로서 아산화질소는 오늘날 독성이 너무 강하다고 판명된 클로로포름과 폭발제로서의 위험성이 너무 큰 에테르를 제치고 살아남았다. **JF**

**참고:** 마취제, 에테르 마취제, 클로로포름 마취제, 일반 마취제

⤴ 1800년의 삽화에 데이비가 연구 중에 사용한 수은 공기 용기와 호흡기가 그려져 있다.

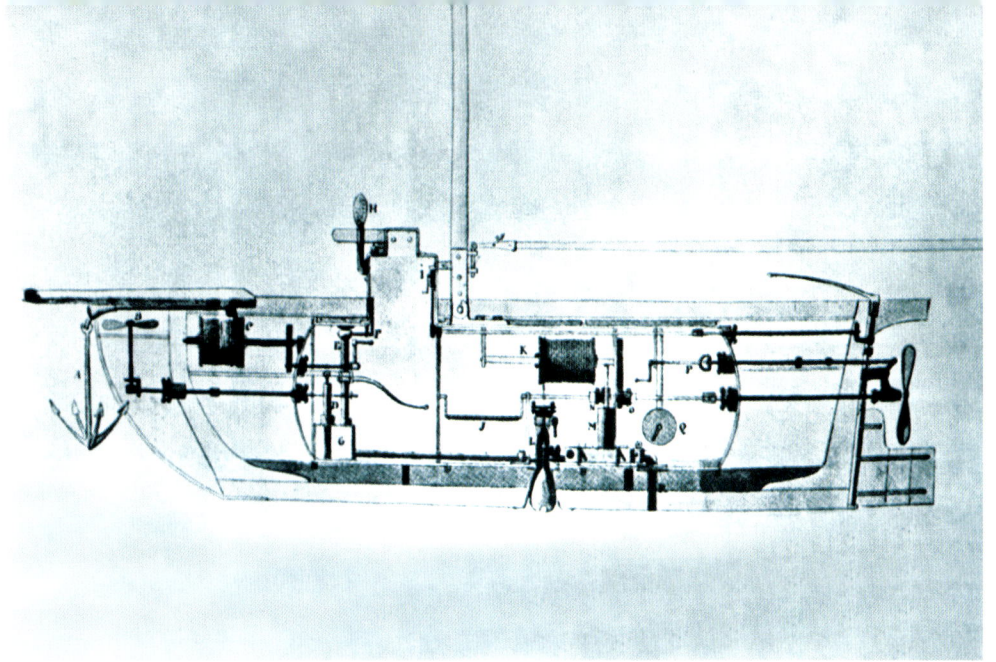

# 잠수함 (1800년)

풀턴이 수중용 선박의 설계에 있어 중요한 발전을 이루다.

1797년, 펜실베이니아 출신의 예술가 겸 발명가 로버트 풀턴(1765~1815)은 당시 영국과 치열하게 전쟁 중이었던 프랑스군을 위해 잠수함을 만들겠다는 제의를 했다. 그는 잠수함을 사용하여 프랑스의 항구를 봉쇄하는 영국 해군의 전함들을 침몰시킬 것을 약속했다. 프랑스 정부는 불명예스러워 보이는 전술을 사용해야 한다는 사실에 망설였다. 풀턴은 포기하지 않고 개발을 진행시켰으며, 나폴레옹이 1799년에 제1집정관으로 즉위하자 재정 지원을 받게 되었다.

풀턴의 '기계적 노틸러스호'는 1800년에 루앙의 센 강에서 진수되었다. 발명가는 이 배가 "길이가 6.5미터, 폭이 2미터이며 전부 목재로 만들어졌다"라고 묘사했다. 이 배는 수면 위를 항해할 때의 추진력을 위한 돛대와 돛이 있었는데, 이들은 물탱크에 물을 채워 배를 가라앉혔다. 또한 압축공기를 공급하면 두 명 내지 네 명 정도의 선원들이 네 시간 정도 수중에서 버틸 수 있었다. 일단 잠수한 후에는 손으로 작동시키는 추진기

로 운전을 할 수 있었고, 수직과 수평의 키를 사용하여 조종이 가능했다. 내부는 양초로 불을 밝혔으며, 반 정도 잠수했을 때는 유리전망대를 사용하여 주위를 살필 수 있었다. 1775년도에 만들어진 버슈넬의 '거북이'처럼 '노틸러스호'도 원시적 형태의 수뢰을 사용하여 적군의 전함을 공격하도록 고안되었다.

센 강에서 성공적인 시험운행을 마친 후에 노틸러스호는 1801년 7월에 브레스트에서 목표물을 침몰시킴으로써 성능을 입증했다. 그러나 프랑스인들은 풀턴이 영국의 전함을 공격하는 것을 허가하지 않았고 지원을 철회했다. **RG**

**참고:** 잠수정, 스털링기관, 구형잠수기

⬆ 길이가 35피트(10.7미터)에 이르는 풀턴의 두 번째 잠수함의 원형 설계도. 이 잠수함은 결국 제작되지 못했다.

# 천공카드 (1801년)

자카르가 생산을 자동화하고 암호화된 데이터를 저장하는 초기 방법을 발명하다.

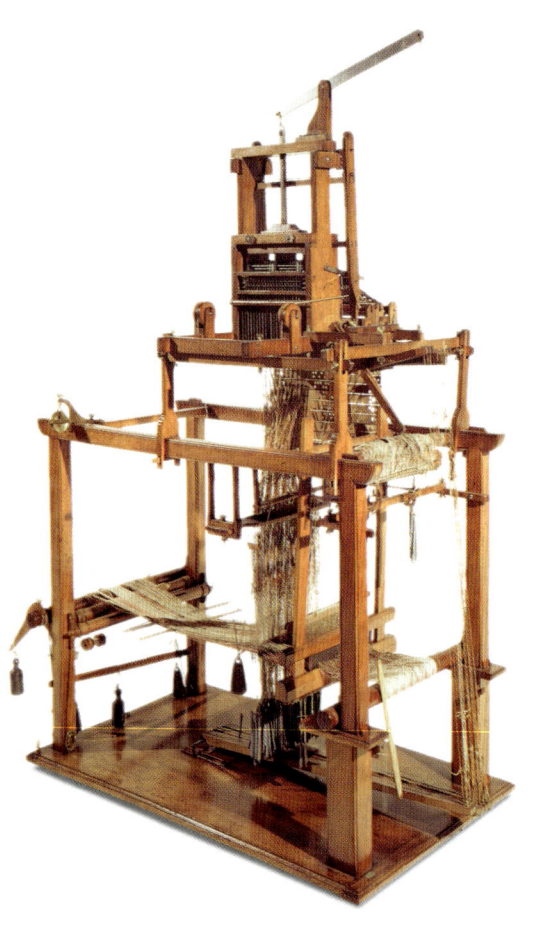

자카드 직조법의 이름이 유래된 것으로 유명한 조지프 마리 자카르(1752~1834)는 1745년에 자크 드 보캉송이 제시한 개념을 보다 실용적인 해석을 통해 완성시켰다. 천공카드를 사용한 자동화가 그것이었다.

자카르는 경험상으로 비단을 직조하는 것이 비록 숙련된 기술을 요하지만 지극히 반복적이라는 사실을 알고 있었다. 그는 바로 이런 특징에 착안하여 직기의 움직임을 카드 구멍이 패턴에 연결시킴으로써 직조공정을 제어하는 데 착수했다. 각각의 카드는 줄과 칸의 숫자가 동일했으며 구멍의 있는 부분과 없는 부분을 기계적으로 인지함으로써 직기의 움직임이 결정되었다. 이러한 카드 여러 장을 순서대로 연결하면 복잡한 디자인도 여러 번 반복해 찍을 수 있었다.

1803년에 자카르는 파리로 불려가 발명품을 시연한 후 파리 기술공예학교에서 일하게 되었다. 그의 직기 메커니즘은 계속 발전했고 1806년에는 그의 직기가 '공적인 자산'으로 선언되었다. 일자리에 위협을 느낀 직조공들은 이 발명품의 도입에 격렬하게 반대하면서 폭동을 일으켰다.

19세기 말 이후로 정보를 저장할 수 있는 이러한 카드의 잠재력 때문에 천공카드의 사용이 데이터 수집과 처리 분야로 확산되었다. 이들은 찰스 배비지의 해석기관에 사용되었고 1890년에는 허만 홀러리스가 미국 인구조사를 도표화하는 데 사용했다. 컴퓨터 시대에는 이 카드가 프로그래머들의 필요에 따라 코볼이나 포트란과 같은 컴퓨터 언어로 사용할 수 있는 방식으로 개발되었다. **MD**

> "진정한 위험은
> 자동화 때문에 개인의 자유가
> 점차적으로 손상되는 것이다."
> 미국 프라이버시 보호 연구 위원회, 1977년

**참고:** 동력직기, 기계적 컴퓨터, 컴퓨터 프로그램, 천공카드 회계 방식

🔎 자카르의 천공카드 체계는 그가 1804년에 무늬 있는 천을 짜기 위해 만든 직기에 사용되었다.

# 가스레인지 (1802년)

빈츨러의 혁신적 발명이 부엌 안으로 가스를 들여오다.

인류는 수천 년 동안 수많은 방법으로 음식을 만들었지만 아마도 가장 중요한 혁신은 처음으로 음식을 조리하기로 결정한 것 자체였을 것이다. 한동안은 불에 직접 조리를 했지만 인류의 문명이 발전하면서 요리 방법도 발달했다. 중국과 일본에서는 각각 기원전 2세기와 3세기부터 다른 나라보다 훨씬 더 오래 전에 폐쇄형 화로가 사용되었다. 15세기경에 유럽은 현대적 화로에 가까워지고 있었지만 19세기 전까지는 전 세계가 나무나 목탄, 또는 기름을 연료로 사용하여 요리를 했다.

가스를 이용한 음식 조리법은 1802년에 제카우스 빈츨러(1750~1830년경)에 의해 도입되었다. 오스트리아에 사는 모라교도 화학 제작업자였던 빈츨러는 네 개의 버너와 오븐이 있는 작은 가스 조리기로 음식을 요리하는 디너 파티를 열기 시작했다. 그러나 부엌에 가스레인지가 등장하기까지는 30년의 시간이 더 흘러야 했다.

1826년 가스레인지가 상업적으로 등장하기 1년 전에 가스레인지를 사용한 부엌이 등장했다. 영국 노스햄튼 가스회사의 매니저인 제임스 샤프는 자신의 가정집 부엌을 시험용 시설로 사용하여 자신이 직접 설계한 가스레인지를 설치했다.

가스레인지는 결국 인기를 얻게 되었고 1834년에는 샤프가 스펜서 백작의 재정적 지원을 받아 판매용 조리기를 생산하기 시작했다. 사업은 1850년대에 가스관이 일반 가정집에 보급되기 전까지는 부진한 편이었다. 1880년대에 이르러 가스를 이용한 요리가 대유행했다. 그 이후로는 전기 스토브와 전자레인지가 등장했지만 아직도 전 세계 디너파티에 가면 가스레인지를 사용하여 배고픈 손님들을 접대하는 주인들을 만날 수 있을 것이다. **RBk**

**참고: 불의 제어, 오븐, 가스등, 전기 스토브**

↗ 1837년에 만들어진 조기 가스레인지. 두 개의 문이 열려 있고 위층과 아래층의 가스가 켜진 상태이다.

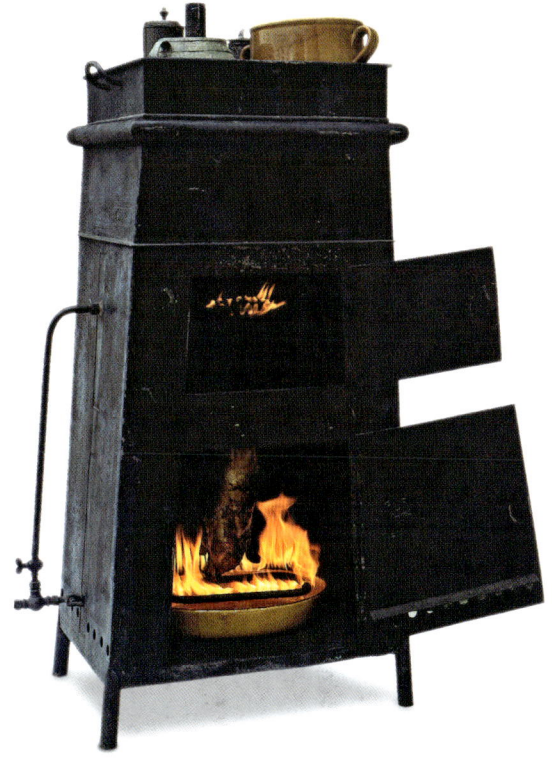

"요리는 가장 오래된 예술 중 하나로 우리의 도시생활에 있어 가장 중요한 공헌을 해주었다."

장 앙텔므 브리야 사바랭, 미식가

# NESTLE's

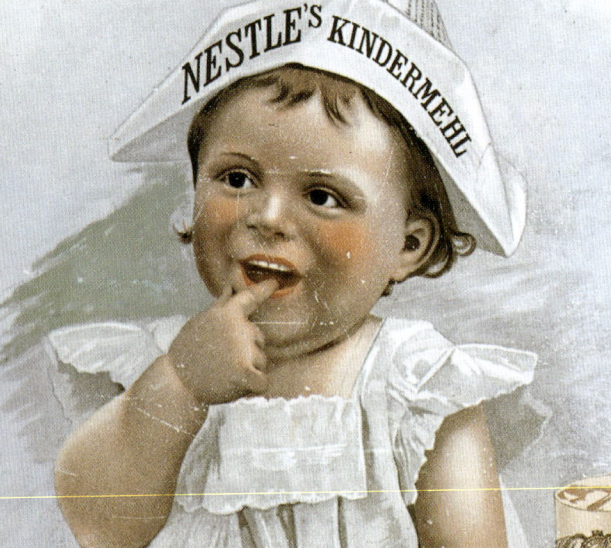

# Kindermehl

# 분유 (1802년)

크리체프스키가 다목적 음식 대용품을 발명하다.

러시아의 의사 오지프 크리체프스키는 1802년에 처음으로 분유를 생산했다. 분유는 우유를 흰색의 고운 가루가 될 때까지 건조시키거나 탈수시켜서 만들었다. 이를 위해서는 가열된 공간 속으로 우유를 분무시키거나 가열된 표면 위에 우유를 얇게 씌운 후 건조된 고체 형태로 긁어내야 했다. 오늘날에는 냉동건조법이 사용되어 영양분의 보존율이 더 높고 우유 영양소의 효과를 더욱 강화시키고 있다. 이러한 과정을 거쳐 만들어진 가루는 그 건조한 상태 때문에 신선한 우유를 부패시키는 박테리아에 감염될 가능성이 낮아져 장기간 보관이 가능하다.

장기 보관이 가능하다는 장점 외에도 분유는 신선한 우유에 비해 실용적인 이점들이 몇 가지 있다. 개발도상국가에서는 분유가 상대적으로 무게가 가볍고 냉장의 필요가 없기 때문에 비싼 냉장트럭을 사용할 필요

---

"사물들은 대체로
겉보기와 다르다. 예컨대 탈지우유가
크림으로 가장한다."

윌리엄 슈엥크 길버트 경, 『군함 피나포어』

---

없이 장거리를 운송할 수 있다.

분유는 현대 과학에서 특수 단백질 검출 검사라고 하는 단백질 분리 기술에도 사용된다. 이 검사에서 단백질이 풍부한 우유는 항체들이 부적절하게 결합하는 것을 방지하는 데 사용됨으로써 실험결과를 보다 명확하게 해주는 역할을 한다. **SB**

---

**참고:** 인스턴트 커피, 통조림 식품, 진공포장 용기, 크림 분리기

← 19세기 말에 만들어진 네슬레의 분유 광고. 분유는 이 회사가 처음으로 생산한 제품 중 하나였다.

# 판스프링 (1804년)

엘리엇이 도로여행의 충격을 완화시키다.

런던 출신의 오바다이어 엘리엇은 1804년에 강철판들을 쌓아올려서 고정시킨 후 마차의 끝 부분에 부착시킴으로써 판스프링을 발명했다. 그의 디자인은 대형수송차를 지지하는 데 핵심적인 구성 요소였지만, 수송차에 용수철을 부착한 최초의 예는 아니었다. 고대 로마의 차량들은 이와 같은 원리로 작용하는 탄성력 있는 나무채를 사용했다.

판스프링은 강철판 여러 개를 중앙에 축이 있는 아크 형태로 겹겹이 쌓은 후 가장자리를 차량에 부착시켜 만들어진다. 판스프링이 인기 있는 이유는 강철판의 숫자를 다양하게 변화시키거나 곡선 방향의 변화율인 곡률을 다르게 함으로써 용수철의 효율성과 중량 수용력을 변화시킬 수 있기 때문이다. 게다가 이들은 생산비용이 적게 들고 사용효과가 확연하게 드러난다. 판스프링이 인기를 끈 또 다른 이유는 멀미를 일으켰던

---

"상업상의 기회는 마치 버스와 같다.
한 대가 지나간 후에도 계속해서
다른 버스가 온다."

리처드 브랜슨, 영국 기업인

---

18세기 도로여행의 진동을 최소화시켰기 때문이다. 완충장치가 없어 충격이 그대로 전달되면 멀미가 일어나는 것이 다반사였다. 엘리엇은 울퉁불퉁한 도로를 매끄럽게 만들지는 못했지만 그 충격을 완화시키는 방법을 찾아냈다.

엘리엇의 발명 이후 승객수송이 급격히 증가했으며 이는 다시 다른 산업들을 발전시키는 배경이 되었다. 마차에는 말이 필요했고 말은 사료를 먹어야 했기 때문에 결과적으로 옥수수와 사료 산업이 성장했다. 한편 여행을 하는 승객들은 도로를 따라 우후죽순으로 생긴 여관과 호텔산업의 붐을 일으켰다. **CB**

---

**참고:** 바퀴와 축, 수레, 강철, 말굴레

# 철도 기관차 (1804년)

트레비딕이 바퀴가 달린 증기기관으로 승객을 태운 마차를 끌 수 있다는 사실을 증명하다.

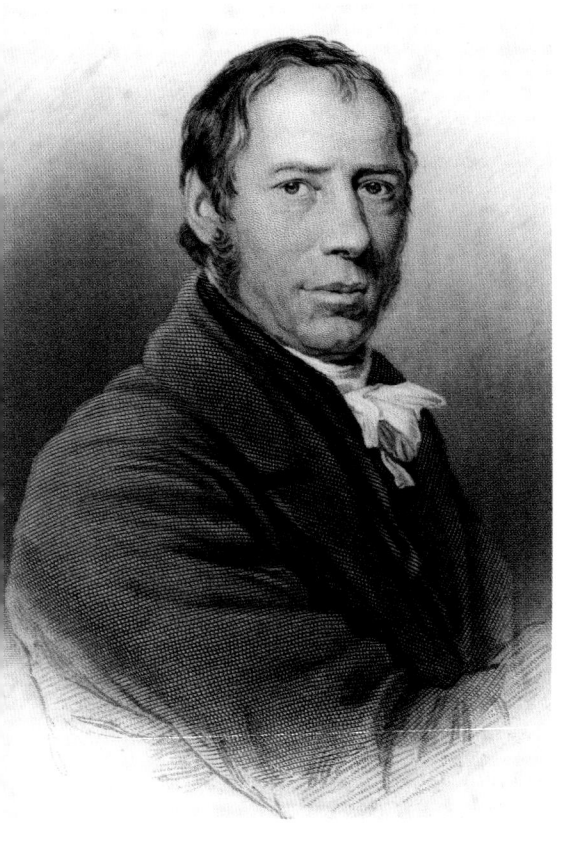

> "증기의 힘이 100년전에 비해
> 증가한 것은 아니지만
> 그 효용성은 발달했다."

랄프 왈도 에머슨, 작가

18세기 후반 유럽에는 많은 마차도로와 전차선로가 있었다. 당시 각지에 철로가 깔려 있었고 말이 끄는 마차에는 테두리가 있는 바퀴가 장착되어 있었다. 최초로 철도를 달린 증기기관차는 영국 콘월 출신인 리처드 트레비딕(1771~1833)에 의해 만들어졌다. 트레비딕은 저압의 증기를 사용한 와트나 뉴커먼의 것보다 효율적이고 저렴한 기관을 개발하는 데 전념했으며, 결국 최초로 고압증기를 사용한 사람이 되었다.

트레비딕의 '연기뿜는 악마'(1801)와 '런던증기마차'(1803)는 시범용이었지만 1804년 2월에는 그가 만든 '페니대런' 기관차가 다섯 개의 차량에 70명의 승객과 10톤의 철을 싣고 남부 웨일스의 머시르 티드필에서 애버시넌 사이의 철로 위를 달렸다. 이 강력하고 믿음직한 기계는 무거운 화물차들이 경사가 크지 않은 매끄러운 철도노선을 따라 기관차에 연결되어 달릴 수 있다는 사실을 증명해주었다.

1825년에는 같은 영국인인 조지 스티븐슨이 보다 발달된 형태의 철도기관을 만들었다. 그것은 여섯 개의 석탄 광차와 450명의 승객을 실은 스물한 개의 마차를 끌고 스톡턴과 달링턴 사이의 철도를 달렸으며, 운행시간은 1시간 정도가 소요되었다.

그 이후로 기관차는 빠른 속도로 발전했다. 1829년 10월 리버풀과 맨체스터 사이를 연결하는 최초의 도시 간 철도 노선을 위한 기관차를 선정하는 레인힐 선발전에서 조지와 로버트 스티븐슨의 '로켓'이 50마일(80킬로미터)을 시속 12마일(19킬로미터)로 달렸다. 이 기관은 증기생산을 증가시키는 다관 보일러를 내장하고 있었다.

급경사 실린더를 사용하는 4륜기관차들은 곧 보일러가 더 길고 수평적인 내부 프레임 실린더, 큰 바퀴가 많이 달린 안정적인 기관차들로 대체되었다. **DH**

⬆ 1816년에 그려진 콘월 출신의 공학자 리처드 트레비딕의 초상화.

➡ 트레비딕이 1803년에 제작하여 1804년에 전시한 기관차 '페니대런'의 삽화.

**참고:** 바퀴와 축, 증기기관, 고압 증기기관, 증기선

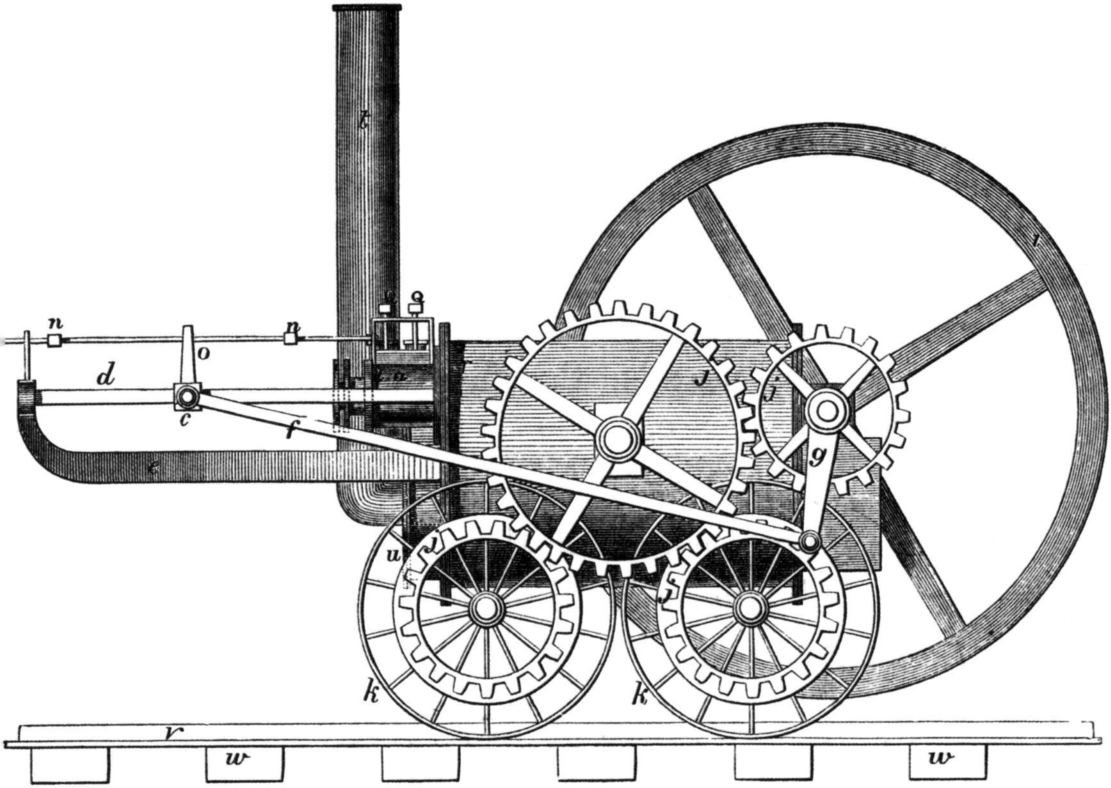

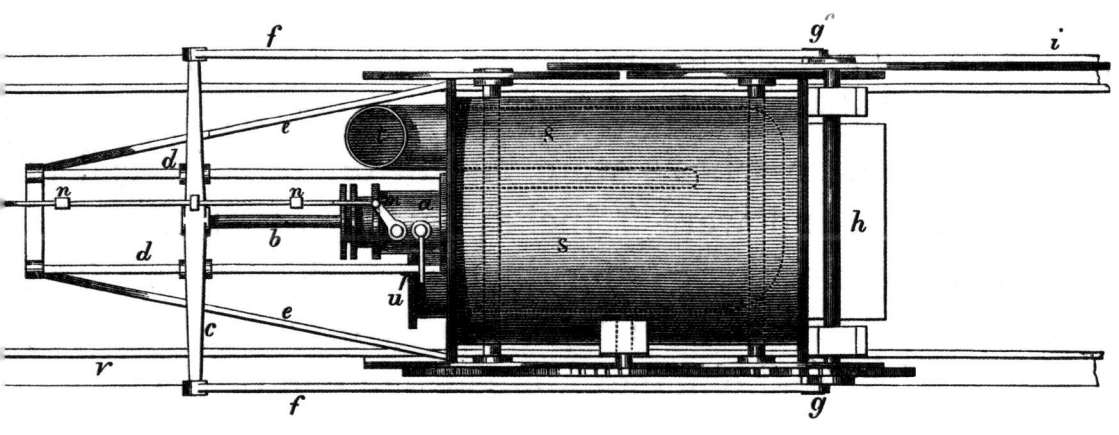

# 도시의 정수처리시설 (1804년)

**톰이 대중에게 깨끗한 물을 공급해주다.**

식수에 대한 수요는 지구 상에 생명체가 살기 시작한 순간부터 존재해왔다. 인간의 진화 과정에 있어 샘과 강, 호수들이 필요한 물을 공급해주었고 초기의 마을과 도시들은 결국 이 중요한 수원지(水源地)들을 중심으로 성장했다. 그러나 마을과 도시들의 규모가 커지면서 깨끗한 물을 공급하는 것이 점점 어려워졌다. 인구가 많아짐에 따라 오염도 심해졌기 때문이다.

물을 정화하는 방법은 수백 년 전부터 존재해왔다. 모래여과법은 7세기에 처음으로 불순물을 제거하기 위해 고안된 방법이었으며 자연에서 이를 응용한 방법이 사용되었다. 이 기술은 일반 개인들에 의해 수용되었지만 1804년에 이르러서야 시에서 운영되는 공공시설로 자리잡았다.

1804년에 토목기사 로버트 톰(1774~1847)이 스코틀랜드 페이즐리에 최초의 정수처리설비를 만들었다. 이 설비를 작동시키기 위해 물을 천천히 모래와 자갈 속으로 통과시킨 후 말이 끄는 수레로 운반했다. 다소 비효율적인 이 시스템은 그로부터 3년 후에 글래스고에서 시민들에게 수도관을 통해 물을 배수하기 시작하면서 개선되었다(오늘날 병에 든 물이 인기를 얻으면서 다시 도로로 물이 운반되는 것을 보면 예전으로 돌아간 것 같아 흥미롭다).

스코틀랜드 에어셔 남부 출신인 톰은 산업혁명 시기 제조산업으로 번영하던 도시로, 글래스고 근처에 위치한 그리녹을 위한 급수시설을 건설하라는 위탁을 받았다. 톰은 근처의 호수에서 물을 끌어다가 제조공장에 공급하기 위해 5와 1/2 마일(9킬로미터) 길이의 수로를 설계했다. 그리녹에 사는 사람들은 오늘날까지도 그가 지은 시설을 통해 물을 공급받고 있으며, 이 시설은 그것을 만든 공학자의 이름을 따서 '톰 호수'라고 불리고 있다. **MB**

**참고:** 수로, 수세식 변소, 물 여과장치, 하수 체계

# 글라이더 (1804년)

**케일리가 하늘을 나는 기구를 향해 전진하다.**

영국 북부 요크셔의 부유한 가문에서 태어난 조지 케일리(1773~1857)는 인간의 비행에 관심이 많은 다작의 발명가였다. 그는 이륙하기 위한 날개와 조종사가 앉을 수 있는 기체, 균형과 제어를 위한 십자형의 꼬리를 장착한, 공기보다 무거운 비행 기계를 고안했다. 1804년에 그는 자신의 설계에 기반하여 글라이더를 제작했다. 날개로는 연을 달고 기체로는 5피트(1.5미터) 길이의 장대를 설치했다. 이것은 사람이 타지 않은 채 무게가 각기 다른 모래 주머니들을 싣고 언덕 아래로 날았던 것으로 보인다. 케일리의 기록에 의하면 더 큰 글라이더에 사람이 매달린 채 '온화한 바람' 속으로 달려서 '몇 야드 정도' 땅 위를 난 적도 있다고 한다.

케일리의 설계는 상하 방향의 회전운동을 추진력에 사용하지 않았다는 점에서 독창적이었다. 과거에 사람들은 인간이 새처럼 날 수 있을 것이라고 상상했다.

> "우리는 가족들과 함께
> 배보다 더 안전하게 항공으로
> 여행할 수 있게 될 것이다."
> 조지 케일리, 「비행에 대하여」, 1809~1810년

케일리는 비행을 양력과 견인력, 추진력으로 정의했으며 날개의 역할을 양력을 제공하는 것으로 한정시켰다. 그러나 날개의 상하운동을 동력으로 사용하지 않았기 때문에 이를 대체할만한 추진력이 부족했다. 그가 후에 만든 글라이더는 1853년에 최초로 사람을 태운 비행에 성공했지만 동력 비행의 실현은 반 세기 후 석유엔진과 라이트 형제들이 등장하기까지 기다려야 했다. **RG**

**참고:** 연, 열기구, 동력 비행기, 제트엔진, 초음속 비행기

➡ 케일리가 1853년에 비행시킨 글라이더를 1973년에 영국의 앵글리아 TV가 재건했다.

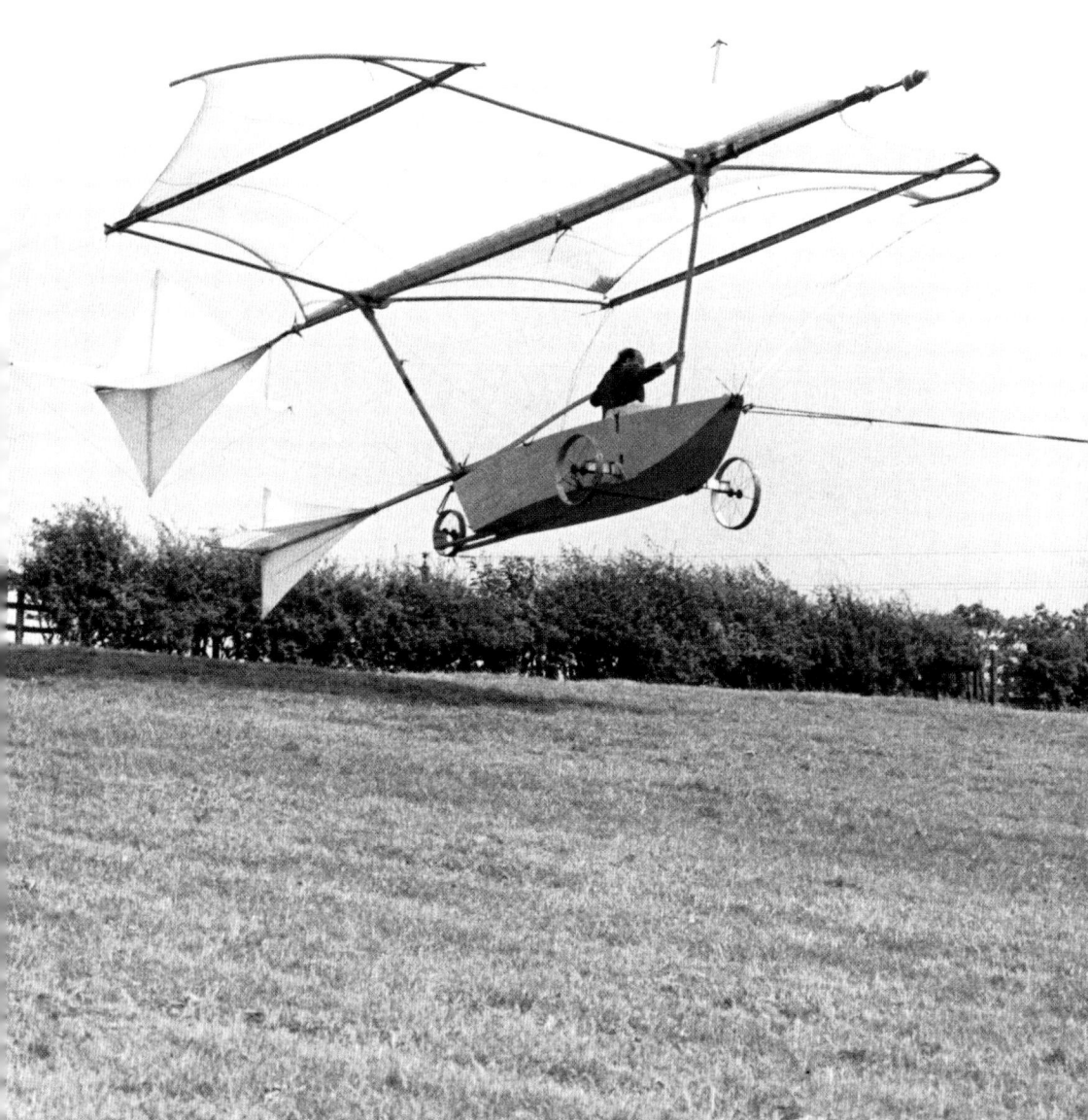

# 내시경 (1805년)

보치니의 실험이 보다 정확한 인체 내부 영상과 진단을 제공하다.

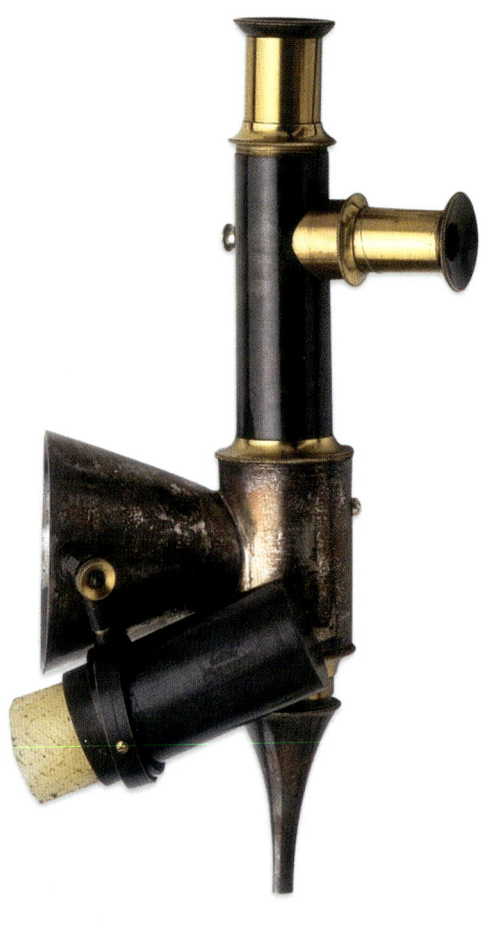

최초의 내시경은 오스트리아 빈 출신의 필리프 보치니 (1773~1809)가 개발한 '리히트라이터'로 1805년에 시연되었다. 일련의 렌즈에 반사된 촛불의 빛을 이용하여 그는 요로와 직장, 목의 내부를 관찰할 수 있었다. 의학 업계 내부에서 의혹을 제기했으며 보치니가 요절하자 내시경의 사용이 중단되었다.

1853년 앙트완 장 드조르모가 '리히트라이터'를 개조했다. 그는 거울과 렌즈, 그리고 조명을 위해 알코올과 테레빈유를 연소하는 램프 불꽃을 사용했다. 또한 그는 '내시경'이라는 용어를 최초로 사용한 사람이었다.

독일의 아돌프 쿠스마울 박사는 1868년에 최초로 내시경을 사용하여 살아 있는 환자의 위 속을 관찰했다. 그는 길이가 18인치(47센티미터)에 직경이 1/2 인치(13밀리미터)인 튜브를 시험삼아 삼키는 사람에게 이를 시연했다. 1932년에는 루돌프 쉰들러 박사가 환자들의 거부감을 덜어주는 형태의 내시경을 만들어 환자들을 안심시켰다. 1960년대에는 광섬유가 도입되면서 내시경의 직경이 줄어들고 전체적으로 유연해졌다.

윌리엄 보몽 박사는 그보다 수년 전에 내시경을 사용하지 않고 살아 있는 사람의 뱃속을 들여다보았다. 1822년 6월 6일, 알렉시스 세인트마틴이라는 이름의 프랑스계 캐나다인 여행가가 복부의 왼쪽 윗 부분에 총을 맞았다. 상처는 사람의 손바닥 크기보다 컸으며 완전히 아물지 못했다. 누관을 통해 보몽은 세인트마틴의 위 속을 들여다보고 음식을 넣어서 소화시킬 수 있었다. 이를 통해 그는 위산이 음식물을 녹이며 위가 제 기능을 하기 위해서는 일정 온도의 열이 필요하다는 사실을 알아냈다. 보몽은 후에 '위생리학의 아버지'로 평가받았다. **SS**

"축복받은 줄 알아.
옛날 같으면 스케치 화가를
들여보내야 했을 거야."
「두 남자와 2분의 1」, 2003년, 결장경 검사에 대해

**참고:** 유리거울, 렌즈, 현미경, 복강경, 캡슐 내시경

🅇 초기 내시경 중 하나인 '리히트라이터'는 실제로 사람에게는 한 번도 시험된 적이 없다.

# 전기도금 (1805년)

브루냐텔리의 금속도금이 다양한 용도로 사용되다.

종종 전해석출이라고도 일컬어지는 전기도금은 배터리와 같은 외부 전류의 공급을 통해 제공되는 전류를 용액 속으로 통과시킴으로써 이 전해질의 화학적 분해를 일으키는 과정이다. 그 결과 금속은 용액 속의 메탈 이온을 통해 하나의 전극인 양극에서 다른 전극인 음극으로 전환된다. 이는 목표물에 양극을 형성했던 금속의 얇은 층을 씌우는 결과를 가져왔다.

이탈리아 화학자 루이기 브루냐텔리(1761~1818)는 1805년에 전기도금을 발명한 것으로 알려져 있다. 그는 알레산드로 볼타가 발명한 배터리를 사용하여 최초의 전해석출을 시도해 성공했다.

전기도금은 다양한 산업에서 기능적 용도와 장식적 용도로 사용되고 있으며, 그것은 사물의 가치를 높이거나 외관을 개선시킬 수 있다. 예를 들어 보석은 금도금이 되는 경우가 많고 은기류는 보다 저렴한 금속에 은을 도금하여 만들 수 있다. 이 기술은 은도금 식기류에 사용된다. 아연이나 주석으로 도금하면 부식을 방지할 수 있고 강철로 된 자동차 범퍼의 경우 니켈과 크롬으로 순서대로 도금함으로써 단단하게 만들수 있다.

하드크롬은 구리나 황동으로 만들어진 전기커넥터를 은도금하는 데 사용하기도 한다. 은이 구리나 황동에 비해 녹스는 속도가 느리고 전도율도 높아 보다 효율적인 전기커넥터를 구성하기 때문이다.

이와 유사한 방법으로 컴퓨터나 기타 전자기기에 사용되는 커넥터들은 니켈을 한 층 씌운 후에 금이나 팔라듐으로 도금하여 전기 전도율을 높이기도 한다. **MF**

참고: 금속 세공, 배터리

# 카본지 (1806년)

웨지우드가 복사공정을 단순화하다.

1806년에 도예가 겸 발명가 랄프 웨지우드(1766~1837)는 자신이 '첨필형 복사기'라고 칭한 기구로 특허를 받았다. 이것은 맹인들이 당대에 가장 널리 사용하던 필기도구인 깃펜 대신에 첨필을 사용하여 글씨 쓰는 것을 보조하는 기구였다.

그의 글쓰기 기계는 금속 케이블을 교차시킨 판으로 이루어져 있어 맹인들이 글씨를 쓸 때 손의 움직임을 도와주는 역할을 했다. 웨지우드는 종이 한 장을 인쇄기의 잉크로 적셨다가 말린 후, 휴지 한 장과 또다른 종이 한 장 사이에 끼운 상태로 첨필 복사기의 틀 속에 끼워넣었다. 복사기의 첨필을 사용하면 탄소가 칠해진 종이에서 다른 종이로 잉크를 옮길 수 있었다. 이렇게 하면 깃펜에 계속 잉크를 묻혀야할 필요가 없었다.

첨필 복사기의 부산물로 만들어진 카본지는 사람들이 위조 가능성을 염려했기 때문에 쉽게 대중에게

> "초창기의 카본지는
> 전적으로 수공업으로
> 제작되었다."
> 브루스 아놀드, 작가

보급되지 않았다. 이 종이는 1867년에 상업적으로 성공한 최초의 타자기가 등장하기 전까지 사용되이 제한되었다.

카본지는 1860년대에 레비우스 로저스가 그을음과 나프타, 석유를 혼합하여 종이에 칠하면서 변형되었고 20세기까지 그 형태가 거의 그대로 유지되었다. 전자통신이 발달하면서 미래에는 카본지가 사라지게 될 가능성이 높지만, 'Cc(carbon copy의 약자)'라는 글자는 오늘날 이메일 용어로 사용되고 있다. **BS**

참고: 종이, 잉크, 펜, 타자기

# 띠톱 (1808년)

뉴버리의 새로운 톱이 목공작업을 기계화하다.

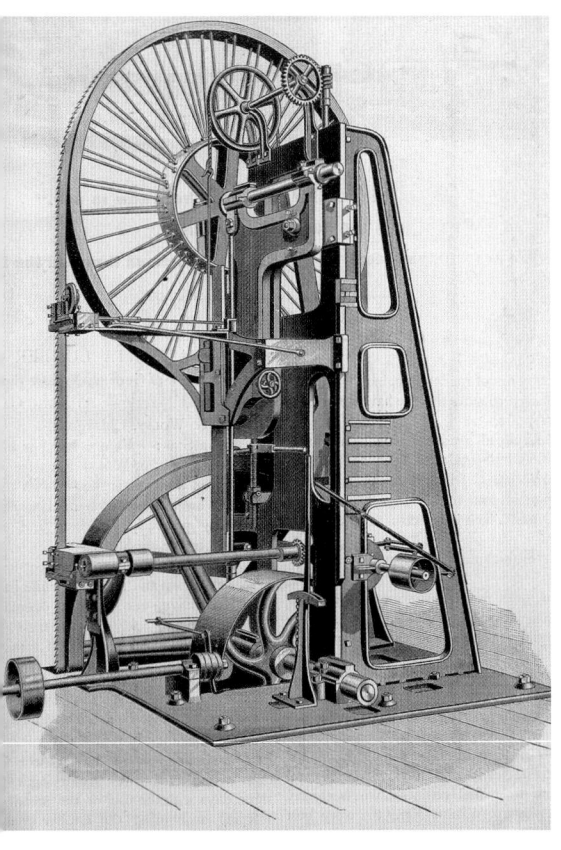

"띠톱은 미국의 건축에 있어 특별한 시대를 열었다. 진저브레드 하우스가 탄생한 것이다."

『목공의 200년』, 1976년

⬆ 띠톱의 연속 날이 윗바퀴 위로 통과하는 것을 보여주는 기술 도면.

➡ 19세기의 판화 속에서 커다란 목재가 강력한 띠톱을 통과하고 있다.

그리스 신화에 의하면 최초의 톱은 발명가 다이달로스의 조카인 페르딕스가 만든 것이다. 그는 생선의 등뼈를 보고 영감을 받아 절단 기구를 만들었다고 한다. 하지만 톱은 이보다 훨씬 전부터 사용되었을 것이다. 고대 이집트인들은 톱니모양의 구리톱날을 사용했다.

손으로 켜는 톱은 사람이 가동시켜야 한다는 한계가 있다. 18세기에 특허를 받은 원형톱은 그 문제를 해결했지만 나름의 문제가 있었다. 즉 톱원반의 지름 이상의 깊이로는 자를 수가 없다는 것이다. 빠르게 움직이는 기계에 장착된 절단용 띠톱은 이러한 문제점을 모두 해결했으며 손으로 켜는 탑이나 원형톱에 비해 많은 강점이 있었다.

영국 런던 출신의 윌리엄 뉴버리는 1808년에 최초의 띠톱으로 특허를 받았다. 그것은 유연한 강철 조각을 용접하여 원이나 띠를 형성한 것이다. 고속으로 회전시키면 이것은 강력한 절단력으로 커다란 목재를 널판지로 절단했다. 뉴버리의 발명품이 가진 결점은 비록 기술적으로는 완벽했지만, 당시에 톱을 만드는 데 사용된 금속이 충분히 튼튼하지 않았다는 사실이다. 금속 조각의 접합에도 문제가 있었기 때문에, 띠톱은 몇 년이 지난 후에야 실생활에서 사용가능한 모습을 띠게 되었다.

1864년에 프랑스 여성 마드모아젤 크레팽이 톱의 양 끝을 훨씬 더 강력한 이음새로 연결하는 기술을 발명해 특허를 얻어 실용성이 강화된 띠톱을 만들 수 있게 되었다. 강철의 품질도 개선되면서 띠톱은 중요한 기구가 되었다. 띠톱의 실질적인 영향력은 장식적인 새로운 건축 양식(미국 목조건축의 르네상스)의 등장에서 최초의 3D퍼즐의 제작에 이르기까지 다양한 분야에서 나타났다. **BG**

참고: 목공술, 톱, 원형톱, 사슬톱

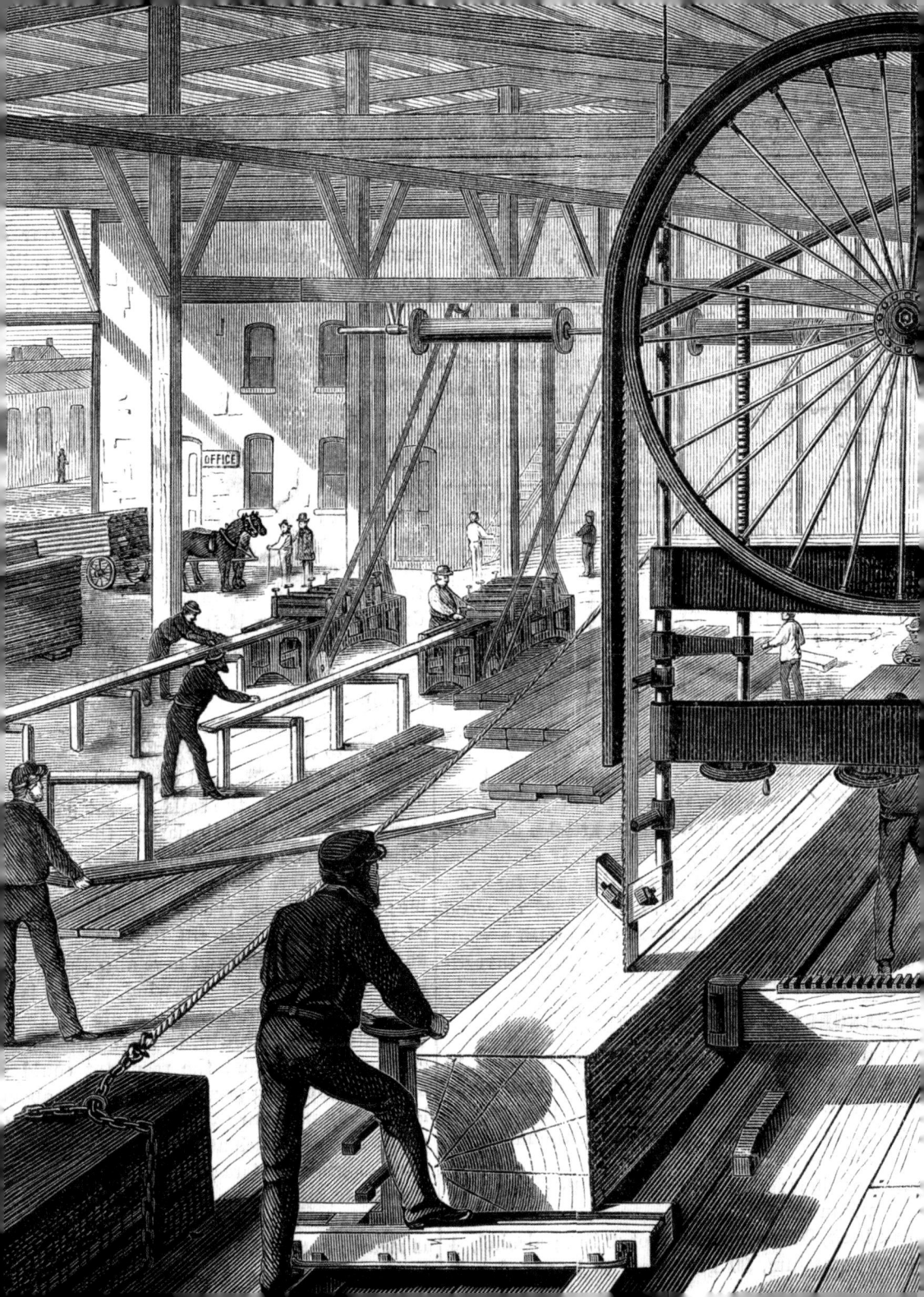

# 아르크등 (1809년)

**데이비의 발견이 전깃불을 향한 중요한 도약을 이루다.**

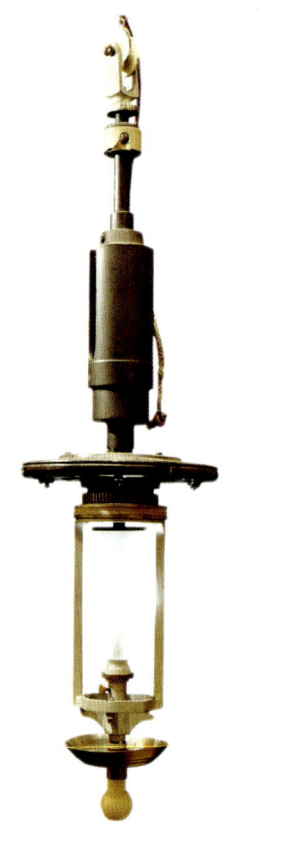

> "나의 발명품 중
> 가장 중요한 것들은
> 실패한 것들이었다."

험프리 데이비 경

⬆ 얀두스 아르크등에서는 유리 덮개로 공기의 흐름을 제한시킴으
로써 탄소봉이 더 오래 지속되었다.

➡ 1909년경 제네럴 일렉트릭社의 공장에서 한 일꾼이 수은 아
르크등을 사용하여 사진을 인화하고 있다.

험프리 데이비 경(1778~1829)의 이름은 언제나 그가 광부들을 위해 개발한 안전등과 관련하여 언급되지만, 사실 그가 아르크등을 시연한 것이 그보다 훨씬 더 중요한 사건이었다.

영국의 가장 위대한 과학자 중 한 명으로 간주되는 데이비는 청중을 매료시키는 명강의로 유명했는데, 웃음가스의 효과에 대한 시연도 여기에 포함되었다. 1801년 21세의 데이비는 런던에 있는 왕립연구소의 실험실 감독으로 지명되었으며, 그곳에서 전기화학 연구를 시작했다.

아르크등의 원리를 처음으로 발견한 것도 바로 이곳에서였다. 그는 목탄의 형태로 두 개의 탄소 막대기를 한 배터리의 양극에 연결했다. 그가 두 개의 탄소 '전극'들을 몇 인치 정도의 간격을 두고 들고 있으면 그 사이에 전기 아크가 발생하면서 회로를 완성시켰다.

부작용은 아크가 두 전극을 연결하면 탄소 전극의 끝 부분이 고온발광하여 엄청난 양의 빛을 발산하는 불꽃이 타올랐다는 것이다. 그러나 그것이 오래 지속되지는 않았다. 데이비의 실험에서 전극을 연결하는 전기불꽃은 공기의 흐름 때문에 아치의 형태를 이루었다. 그는 자신의 발명품을 '아치등'이라고 명명했지만 결국에는 아르크등이라는 이름으로 세상에 알려졌다.

보기에는 화려했지만 데이비의 발견은 어떻게 보면 시기상조였다. 당시는 배터리 자체가 도입된 것이 얼마되지 않았으며, 최초의 배터리가 알레산드로 볼타에 의해 2~3년 전에 처음으로 시연되었을 때였다. 데이비는 2,000개의 배터리를 사용해야 자신이 발명한 등을 밝힐 수 있었다. 이처럼 통상적으로 사용가능한 전류가 부족했기 때문에 아르크등이 실제로 조명으로 사용된 것은 1870년대에 이르러서였다. **DHk**

**참고:** 석유 램프, 양초, 아르강 램프, 배터리, 공공 전기 공급, 백열등

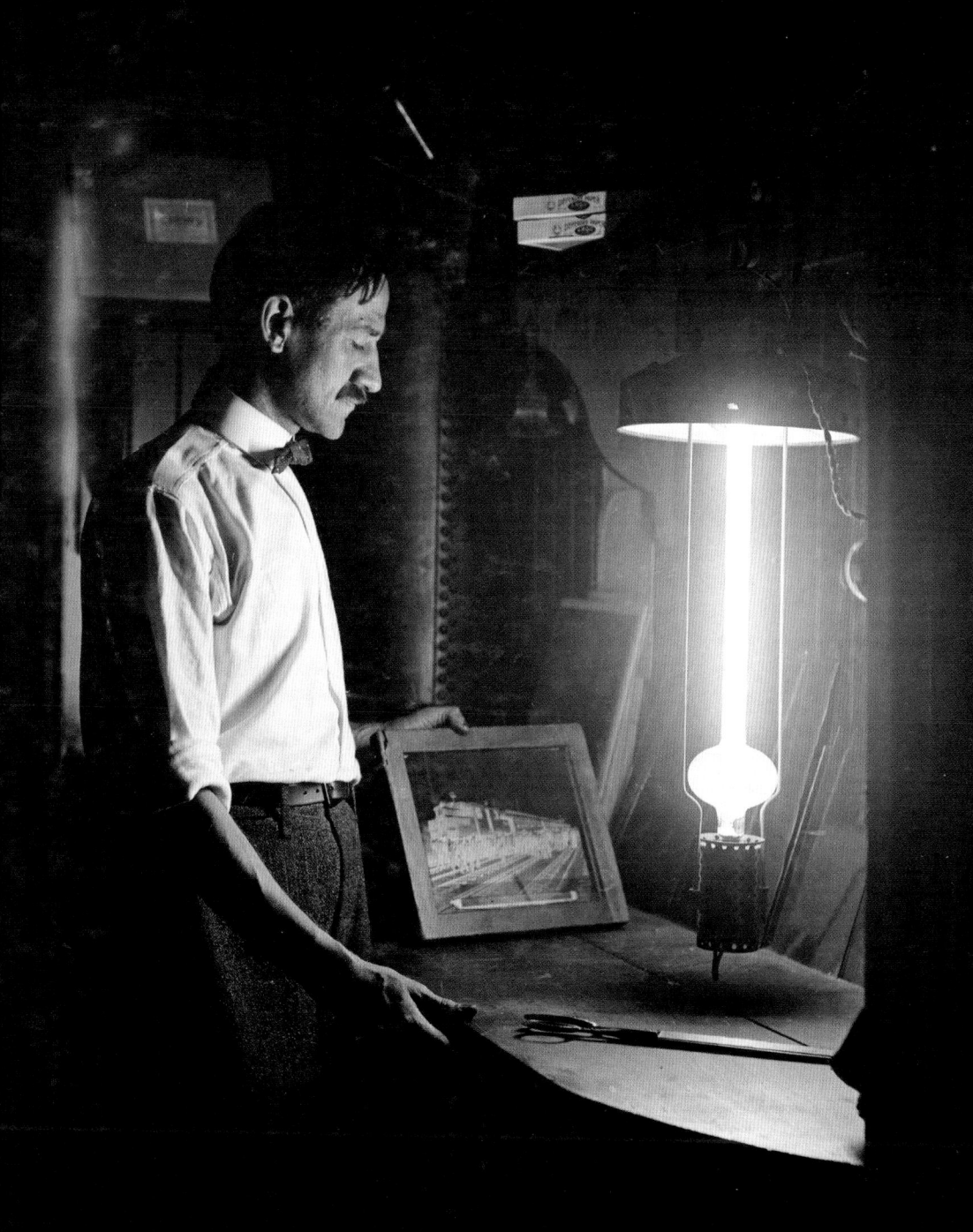

# 진공포장 용기

## (1809년)

아페르의 기술이 음식의 부패를 방지하다.

니콜라 아페르(1750~1841년경)는 본래 파리의 평범한 양초 제조공으로, 1795년에 나폴레옹 보나파르트가 자신의 광대한 군대에게 지속적으로 신속한 음식을 공급할 방법을 찾는 자에게 1만 2,000프랑의 상금을 내걸자 이에 도전했다. 실험을 거친 결과 아페르는 음식을 끓는 점에서 오랫동안 가열하면 부패를 방지하는 데 도움이 된다는 사실을 발견했다. 먼저 음식을 뚜껑이 없는 냄비에 조리한 후 유리 용기 속에 집어 넣고 송진과 코르크, 그리고 봉랍을 사용하여 봉인이 될 때까지 가열했다. 용기가 식으면 용기 내부에 진공상태가 형성되면서 박테리아의 서식에 필요한 공기가 제거되었고, 뚜껑을 금속실로 고정시켰다.

1806년에 프랑스 해군은 우유와 과일, 야채를 담은 아페르의 병조림을 시범적으로 사용하는 데 성공했

> "군대는
> 위 상태에 따라
> 행군한다."
>
> 나폴레옹 보나파르트

다. 아페르는 1809년에 1만 2,000프랑의 상금을 받았고 그의 공정은 '아페르 공정'이라고 알려지게 되었다. 1810년에 아페르는 자신의 발명에 대한 책을 출판했으며, 1812년에는 상금을 사용하여 파리 남부에 마시에 아페르의 집이라는 이름으로 세계 최초의 상업적 통조림 공장을 설립했다.

불행하게도 아페르는 멸균 과정의 속성을 이해하지 못했고, 다른 사람들에게 자신이 성공한 이유를 과학적으로 설명할 수 없었다. 거의 50년이 지난 후에야 루이 파스퇴르가 열에 의해 박테리아가 파괴된다는 가설을 입증했다. **BS**

**참고:** 유리, 통조림 식품, 자체가열 통조림 캔

# 후장식 총

## (1810년)

홀이 화기의 발전에 영향을 끼치다.

후장식 총이 발명되기 전에 발명된 화기들은 총신의 끝부분에서 장전되었는데 이는 상당한 시간이 걸리는 작업이었다. 전쟁에 사용된 최초의 후장식 총은 메이저 패트릭 퍼거슨에 의해 개발되었으며 이는 사실상 부싯돌식 발화총의 후장식 형태였다. 비록 기존의 부싯돌식 발화총에 비해 발포 속도가 빨랐지만 이 무기는 망가지기 쉬운 것으로 악명이 높아 널리 유통되지는 않았다.

존 H. 홀(1781~1841)이 만든 M1819는 단일탄의 후장식 총이었다. 화약과 총알은 여전히 별도로 장전되었지만 긴 총신의 끝 부분으로 삽입하여 막대로 약실에 밀어넣는 대신 총이 중앙에서 '꺾어지면서' 총알과 화약을 직접 약실 안으로 장전시킨 후 총신을 다시 제자리로 돌려놓을 수 있었다. 이러한 과정은 전장식 총에 비해 재장전의 시간을 급격하게 단축시켰으며 M1819

> "나는 무기를 완전히 동일하게,
> 그리고 경제적으로 제작할 수 있는 방법을
> 확립시키는 데 성공했다."
>
> 존 H. 홀

를 훨씬 더 효율적인 무기로 만들어주었다. 홀은 미국 군으로부터 1,000개의 후장식 총을 제작하해 달라는 주문을 받았다.

홀은 또한 드릴이나 직선형 절단 기계 등 M1819의 제작에 사용되는 도구에 대해서도 특허를 받았다. 이러한 방식으로 홀의 총은 훗날 대량 생산에서 일반화되는 기술과 장비들을 선구적으로 개척했다. **BG**

**참고:** 총, 화승총, 부싯돌식 발화장치, 연발권총, 기관총, 휴대용 자동기관총

# 통조림 식품
## (1810년)

듀랜드가 식료품 보존 역사에 있어 획기적인 진보를 이룩하다.

통조림 제조는 음식을 단단하고 밀폐된 용기에 넣고 밀봉한 후 밀봉된 깡통을 멸균시키는 공정이다. 깡통을 (때로는 끓이는 것보다 온도를 높이기 위해 압력을 가하기도 함) 가열시키는 이유는 박테리아를 파괴하기 위해서였다.

영국의 피터 듀랜드는 1810년에 런던에서 주석을 댄 연철 '깡통'을 사용한 공정으로 특허를 받았다(니콜라 아페르가 프랑스에서 뜨거운 음식을 유리용기에 넣고 밀랍으로 밀봉한 식품 보존 공정을 개발한 직후였다). 처음에는 강력한 금속 깡통을 만들고 손으로 밀봉한 후 여섯 시간 동안 가열했기 때문에 공정에 들어가는 비용이 비싼 편이었다. 당시 통조림은 군대와 탐험가들 사이에서만 유통되었다. 깡통따개가 아직 발명되기 전이라 배고픈 사람들은 힘을 써서 깡통을 열거나 부숴야 했다.

1846년에 영국의 헨리 에반스가 통조림의 생산성을 시간당 여섯 개에서 60개로 증가시키는 다이캐스팅 공정을 개발했고, 미국에서는 1847년에 앨런 테일러가 기계로 찍어내는 주석 깡통으로 특허를 받았다. 깡통을 밀봉하고 가열한 다음 여는 방법은 듀랜드의 초기 모델에 맞춰 지속적으로 발전을 거듭하여 생산 효율성을 증가시키면서 통조림 음식을 점차 안전하고 편리하게 만들었다.

19세기 말과 20세기 초부터 유럽과 미국의 도시 인구가 급격하게 증가하면서 안전한 운반이 가능하며 비용이 저렴한 식료품의 수요가 크게 늘어났다. 그 이후로 지금까지 통조림 시장은 계속해서 상승곡선을 그리고 있다. **EH**

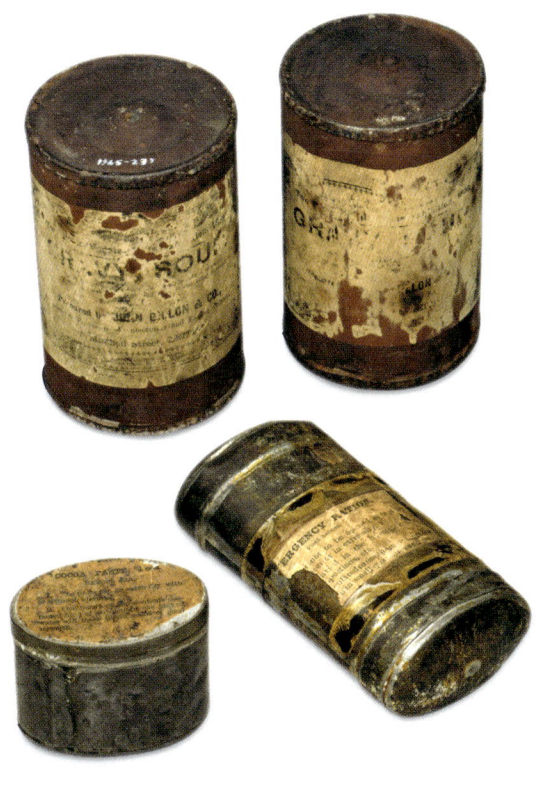

참고: 진공포장 용기, 깡통따개, 자체가열 통조림 캠

↗ 보어 전쟁(1899~1902)의 유물들이 증명하듯이 통조림은 원정군의 병사들에게 제공되었다.

"우리는 결국에 통조림 식품이 기관총보다 더 치명적인 무기라는 사실을 깨달을 것이다."

조지 오웰, 소설가

# 광부의 안전등 (1815년)

데이비의 발명품이 광산을 밝혀줌으로써 광부의 안전을 개선시키다.

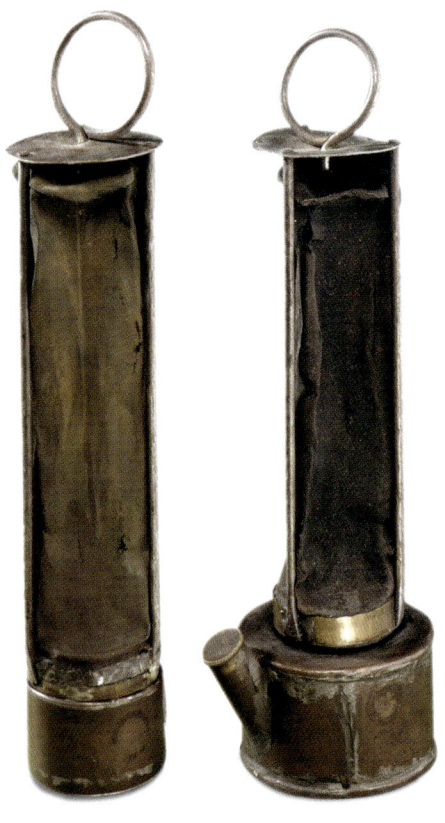

"다른 사람들과 마찬가지로
나는 나의 성공보다는 실수로부터
많은 것을 배웠다."

험프리 데이비

⬆ 데이비 램프는 기름 용기에 연결된 심지가 포함된 철망으로 된
실린더로 구성된다.

➡ 1931년에 남부 웨일즈의 파월 더프린 콜리어리에서 광부들이
휴식을 취하고 있다. 후기 모델인 안전등이 발치에 놓여 있다.

광부의 안전등은 안전등을 설계한 선구자인 험프리 데이비 경(1778~1829)의 이름을 딴 '데이비 램프'라는 이름으로 통용되고 있다. 그러나 그가 이 발명을 혼자 이뤄낸 것은 아니다. 데이비가 자신의 램프를 개발하는 동안에 철도 선구자 조지 스티븐슨과 윌리엄 R. 클래니 박사도 광부를 위한 램프를 설계하고 있었다.

광부의 안전등이 발명됨에 따라 비록 흐릿하지만 조명을 사용하면서 보다 깊은 광층으로 들어가는 것이 가능해졌다. 더욱 중요한 것은 이 램프의 불꽃이 갑자기 푸른 색조로 밝게 빛나면서 메탄과 같은 인화성 기체의 존재를 알려주었다는 것이다. 그것은 또한 산소량이 적어지는 곳에서 불꽃이 꺼지는 안전장치의 역할도 했다.

설계상의 가장 큰 문제는 인화성 기체와 닿았을 때도 폭발하지 않는 불빛을 만들어야 한다는 것이었다. 실험을 통해 데이비는 인화성 기체가 폭발하기 위해서는 온도가 발화점에 도달해야 한다는 사실을 발견했으며, 램프의 불꽃을 감싸는 철망을 고안해냈다. 이 철망이 불꽃의 열기를 흡수하여 넓은 면적으로 열을 전달하면서 인화성 기체의 발화점보다 낮은 온도를 유지시켰다. 데이비의 램프는 불꽃을 감싸는 철망 때문에 큰 불빛을 내지는 못했지만 폭발 가능성을 현저히 감소시켰고 이 철망 장치는 100여 년 동안 효과적으로 사용되었다.

1900년경에는 전기등이 사용되기 시작했으며, 훨씬 더 밝고 안전한 이 전기등은 1930년대에 들어 기존에 사용하던 불꽃 램프를 거의 대체했다. 그럼에도 불구하고 데이비 램프는 조명의 역할보다는 인화성 기체의 존재여부와 산소량의 수준을 조사하기 위한 용도로 계속해서 사용되었다. **TP**

참고: 가스등, 아르크등, 백열전구

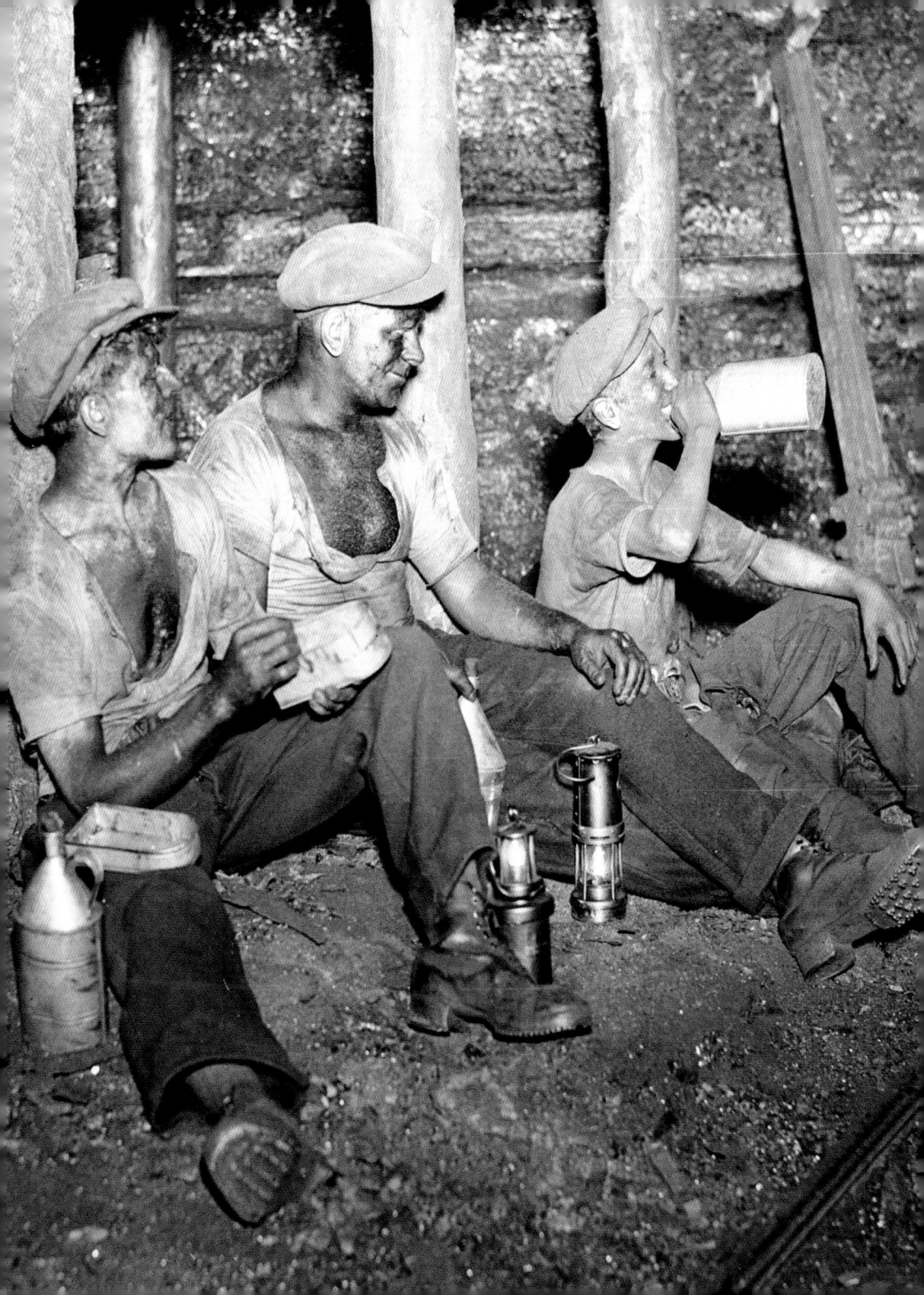

# 치실 (1815년)

스피어 팜리가 치아위생을 개선하다.

미국의 치과의사 레비 스피어 팜리(1790~1859)는 부모님의 지독한 치아 상태에 경악을 금치 못하고 치실의 사용을 권장하기 시작했다. 그는 사람들에게 왁스를 입힌 비단 실로 치아 사이를 청소하도록 장려했고 심지어는 치칠과 칫솔, 치약을 함께 사용하면 잇몸에서 박테리아를 제거할 수 있다고 장담하기도 했다. 이것은 약간 과장이었겠지만 오늘날 치실은 치아 위생관리에서 가장 중요하면서도 많이 이용되지 않은 것으로 널리 알려져 있다.

　실이나 뾰족한 물건으로 치아 사이를 청소하는 것은 스피어 팜리 이전부터 존재했지만 그는 이를 위한 기구과 방법을 재발명하면서 치실 사용의 이점을 대중에게 알렸다. 그의 영향력 있는 저서 『치아관리를 위한 실용적인 안내서』는 1819년에 출판되었다. 이 책에서 그는 매 식사를 마치고 치실을 사용할 것을 권고했다.

> "이 도구를 규칙적으로
> 매일매일 사용하면 치아와 잇몸이
> 질병으로부터 예방될 것이다."
>
> 레비 스피어 팜리

　스피어 팜리의 건강한 주장에도 불구하고 치실의 사용은 빠르게 확산되지 않았고 1874년에 코드맨&셔틀레프트가 치실로 특허를 받기 전까지 대량 생산되지 않았다. 그러나 외과 봉합술에 사용되는 비단 실을 사용하여 치실의 확산에 가장 크게 기여한 것은 존슨&존슨社였다. 1900년경에는 존슨&존슨에서 코드맨&셔틀레프트를 합병했으며, 이는 존슨&존슨 내에서 활발한 파트로 남아 있다. **TP**

참고: 치약, 칫솔, 틀니, 치과용 전동드릴

# 청진기 (1816년)

라에네크가 흉부의학의 역사에 혁명을 일으키다.

청진기의 발명은 내과의사 르네 라에네크(1781~1826)의 업적으로 알려져 있지만 고대 그리스의 의사들도 청진법을 사용했다. 이 프랑스인은 1816년으로 심장에 통증이 있는 젊고 뚱뚱한 여성환자를 진찰했을 때 청진기에 대한 영감을 받았다. 그녀의 풍만한 가슴에 직접 귀를 대야한다는 사실에 민망해진 그는 어린 아이들이 나무 막대기의 한쪽 끝을 귀에 대고 두드리면서 소리를 듣던 것을 떠올렸다. 이에 영감을 받은 그는 종이를 둥글게 말아서 환자의 가슴에 댔으며 그 결과 그녀의 심장소리를 명확하게 들을 수 있었다.

　이 아이디어에 착안하여 라에네크는 최초의 진정한 청진기를 개발했다. 그것은 길이가 9인치(22센티미터), 직경이 1인치(2.5센티미터)인 속이 빈 나무관으로 만들어졌으며, 귀에 대는 부분이 한쪽 밖에 없어서 '모노럴'이라고 불렀다. 라에넥은 그 후 3년 동안 자신의

> "의사를 상징하는 것 중
> 청진기만큼
> 강력한 것은 없다."
>
> 에어리얼 로건, 의학박사

제품 디자인을 완성시켰다. 1819년에 출판된 그의 선구적인 저서는 청진기를 사용해 호흡과 혈액 순환의 소리를 들을 수 있게 됨으로써 병리학이 최초로 살아 있는 생명체에 적용되었음을 증명했다.

　1829년에 스코틀랜드 의사 니콜라스 코민스가 최초로 유연성 있는 청진기를 만들었고 1852년에는 뉴욕의 내과의사 조지 P. 캐먼이 라에넥의 디자인을 두 귀로 들을 수 있는 쌍이식 청진기로 바꾸었다. 1878년에는 소리를 확대하기 위한 마이크가 추가되었다. **JF**

참고: 현미경

# 스털링 엔진 (1816년)

스털링이 증기를 대신할 조용한 엔진을 만들어내다.

스코틀랜드 출신의 목사 로버트 스털링(1790~1878)
은 작업장에서 증기기관을 대신할 새로운 형태의 엔
진을 만들기 위해 심혈을 기울였다. 당시의 증기기관
들은 불안정하고 위험했으며 폭발하기 일쑤여서 참사
를 일으키는 경우가 많았다. 자신의 교구에 속한 사람
들이 위험에 처하는 것을 보고 자극 받은 그는 후에 스
털링 엔진, 혹은 열기(熱氣)기관이라고 불리는 기계를
개발해냈다.

스털링 엔진은 외부 열원을 필요로 하는데 태양
열, 화학열, 핵에너지 등 어떤 것이든 가능했다. 엔진
은 실린더 내 가스의 가열과 냉각으로 가동된다. 스털
링 엔진은 폭발에 의존하지 않기 때문에 조용하게 작
동되었으며 당대에는 증기기관보다 훨씬 더 안전했다.
스털링의 디자인에는 효율성을 급격하게 높여주는 절
약장치가 장착되어 있었다. 1850년에는 사디 카르노가
엔진의 열역학을 분석하여 스털링의 엔진이 이론적으
로 거의 완벽에 가깝다는 사실을 증명했다.

스털링 엔진이 에너지를 효율적으로 생산하기 위
해서는 매우 높은 온도가 유지되어야 했는데 당시의 재
료로는 이를 감당하지 못했다. 그것은 산업혁명 기간
내내 증기기관에 완전히 가려져 있었다. 스털링 엔진
의 에너지를 감당할만한 재료가 등장할 무렵에는 전동
모터가 등장했다.

오늘날 스털링 엔진은 운전소리가 조용해야 하는
잠수함에서 가장 많이 사용된다. 그러나 미래에는 태
양열을 전류로 전환시키는 데 응용될 수도 있을 것이
다. **LS**

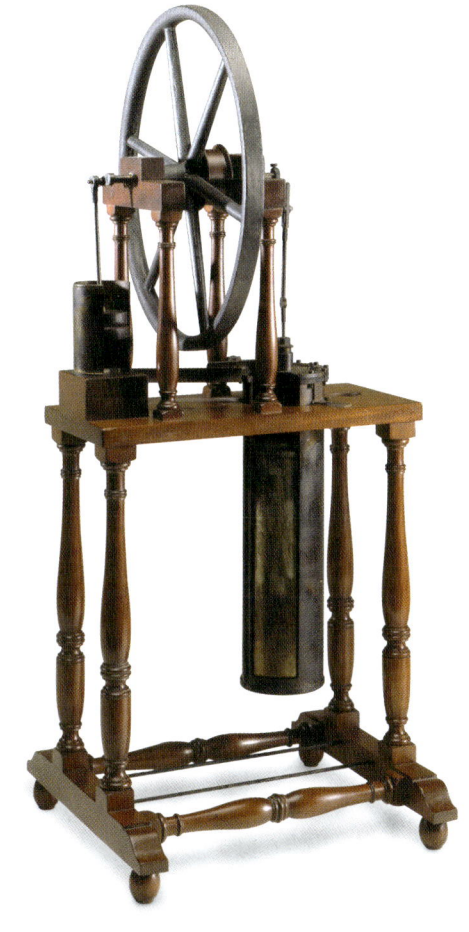

참고: 증기기관, 내연기관, 가스 추진 엔진, 2행정 엔진, 버크엔진

↗ 실린더를 가열하여 내부의 공기를 팽창시켜 피스톤을 밀어낸다.
그리고 나서 실린더를 냉각시킨다.

"스털링 엔진은 연료에 의존하지 않는다.
그것은 연료가 필요없다.
태양만 있어도 충분하다!"
스웨덴 룬드 기술대학

# 종이 상자 (1817년)

손힐이 단단하고 가벼운 포장방법을 발명하다.

종이 상자는 물건을 포장하고 저장하는 방법으로 가장 널리 사용되는 것 중 하나이다. 비록 최근 몇십 년 동안 새로운 재료의 등장으로 위협을 받기는 했지만, 현재 친환경을 강조하는 추세에 따라 사람들은 재활용이 가능한 종이 상자로 다시 눈을 돌리고 있다.

종이 상자가 발명되기 전에 가장 일반적인 포장 재료는 목재였다. 이는 무겁고 비쌌기 때문에 작거나 가벼운 물건을 넣는 데는 적합하지 않았다. 1817년에는 말콤 손힐 경이 최초의 상업적 종이 상자를 생산했다. 그의 발명품 인기를 얻었지만 이 상품이 진정으로 유행하기 시작한 것은 다음 세기가 된 직후에 켈로그 형제가 종이 상자를 사용하여 시리얼을 포장했을 때부터였다. 종이 상자 위에는 인쇄를 할 수 있기 때문에 생산업자들은 저렴한 비용으로 예쁜 포장용기를 만들고 광고까지 할 수 있는 가능성을 발견했다. 골진 형태의 종이

> "커다란 종이 상자 속에서
> 아이는 자신만의 세계에
> 빠져든다."
>
> 국립 장난감 박물관

상자는 후에 스웨덴에서 개발되었다. 이것은 기존의 종이상자보다 내구성이 훨씬 좋았으며, 이삿짐에 사용되거나 수천 명의 집없는 사람들에게 임시지붕을 제공해주는 등 응용 범위가 훨씬 더 넓었다.

빅토리아 시대에 종이상자의 영향력은 셜록 홈즈의 일화 중 하나인 『종이상자의 모험』을 통해서도 짐작할 수 있다. 이야기의 내용에서 중요한 역할을 하는 '잘린 귀' 보다도 종이 상자를 제목에 등장시킨 것이 흥미롭다. **JG**

참고: 종이, 바닥이 평평한 종이백, 아침식사용 시리얼

# 드라이지네 (1817년)

드라이스가 자전거의 초기 형태를 발명하다.

1815년에 인도네시아의 탐보라 화산이 폭발하면서 일련의 사건들이 연쇄적으로 발생하여 자전거가 발명되는 계기를 마련했다. 역사상 가장 대규모로 이루어진 이 폭발은 지구 대기에 수톤의 재를 뿌렸다. 이로 인해 지구의 온도가 낮아졌으며 농작물이 엄청난 피해를 입었다.

그로보터 3년 전인 1812년에는 기후 악화로 귀리 값이 오르고 있었으므로 독일의 발명가 카를 드라이스(1785~1851)는 사료를 줘야 하는 배고픈 말들을 대체할 만한 수단을 찾고 있었다. 그는 바퀴가 네 개 달린 수레를 고안했는데, 주인이 앞자리에서 손잡이로 운전을 하고 뒷자리에 앉은 하인이 페달을 밟는 구조였다. 이 기계가 별다른 인기를 얻지 못하자 드라이스는 대신 측량 장비를 만드는 데 전념하기로 결심했다. 1815년의 화산폭발 이후에 기후가 더욱 악화되면서 귀리값은 더욱 치솟았다. 말을 대체할 만한 교통수단이 절실하게 필요해지자 드라이스는 다시 한 번 발명을 시도했다. 그는 네 개의 바퀴를 두 개로 바꾸고 페달을 아예 없앴다. 그가 1817년에 발명한 것은 드라이지네라고 불렸다.

디자인은 단순했다. 바퀴 사이를 연결하는 가벼운 목재틀이 사람을 지지해주었고 타는 사람은 발을 이용해서 기구를 앞으로 밀었다. 이 기구는 시간당 12마일(19킬로미터)의 속도를 낼 수 있었다. 타기가 상당히 불편했음에도 불구하고 이 교통수단은 곧 인기를 얻었으며 전 세계에서 이를 복제했다. 그러나 싸구려 복제품들 중에는 브레이크가 없어서 매우 위험한 것들도 있었다. 보행자에게 위험하다는 이유로 보도 위에서 타는 것이 금지되면서 드라이지네의 인기도 점차 사그라들었다. 그러나 드라이지네는 그 뒤를 이은 자전거 발명의 길을 개척했다. **DK**

참고: 바퀴와 축, 안전 자전거, 모터사이클

➡ 드라이지네는 영국에서 1818년에 처음으로 등장했고 이곳에서는 '장난감 말'이라는 이름으로도 알려졌다.

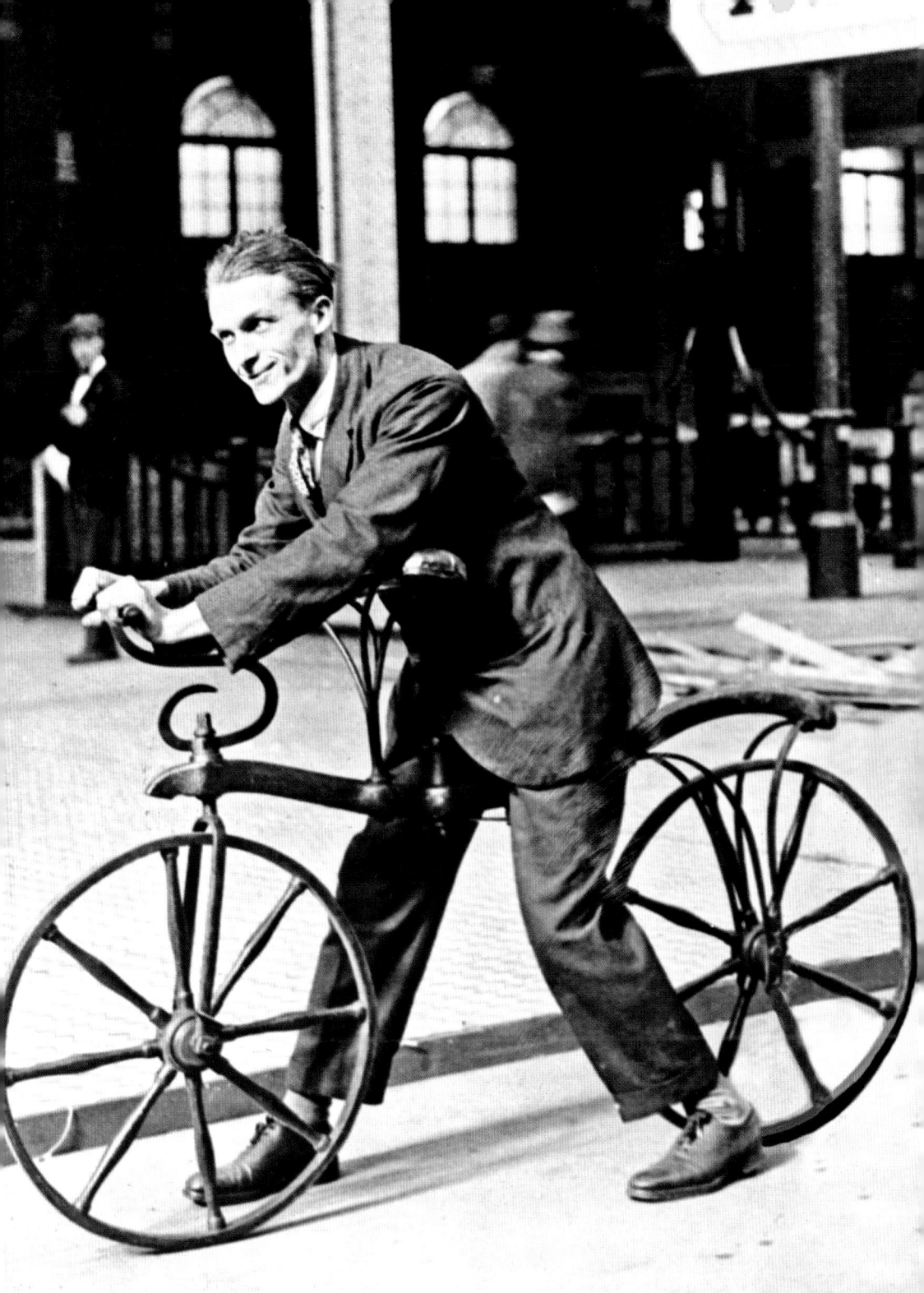

# 수혈 (1818년)

블런델이 생명을 구하는 치료법을 개발하다.

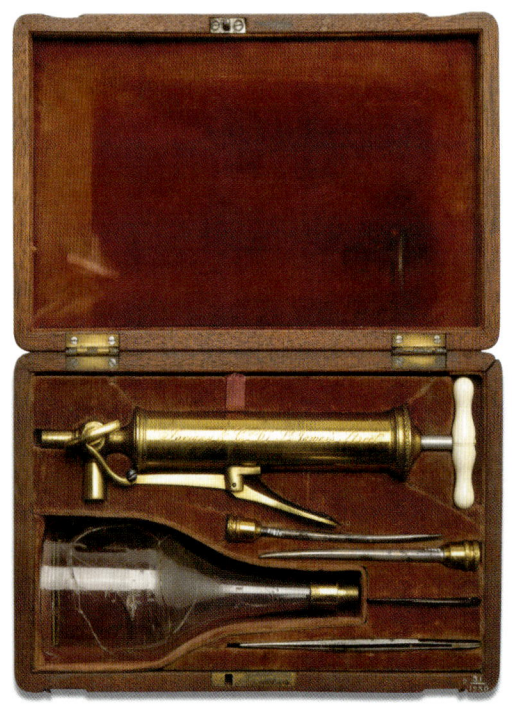

"인간의 피를 질병의 체내치료를 위해
사용하는 자들은 중대한 죄를
짓는 것이다."

토머스 바르톨린, 해부학 교수, 1616~1680년

---

⬆ 1847년경에 만들어진 몽콕—마티외 기구는 수혈을 보다
안전하게 하기 위해 개발된 많은 기구들 중 하나였다.

➡ J. S. 엘스홀츠는 자신의 저서 「클리스마티카 노바」(1667)에서
심지어 인간과 동물 사이의 수혈도 제안한 바 있다.

런던 가이스 병원의 산부인과 의사였던 제임스 블런델
(1790~1878)은 출산 후 심각한 출혈증세가 있는 여성
에게 수혈이 탁월한 해결책이 될 수 있다는 사실을 알
아냈다. 블런델은 1816년에 개와 고양이로 실험을 하면
서 수혈을 위해서는 혈액을 제공하는 쪽과 수혈을 받는
쪽이 같은 종(種)이어야 한다는 사실을 확립한 존 리콕
의 연구에 대해 숙지하고 있었다.

블런델이 주관한 최초의 인간 수혈은 산부인과 진
료가 아니고 위암에 걸린 35세 남성의 진료에서였다.
1818년 12월 22일에 이 환자는 주사기로 여러 명의 기
증자로부터 채혈한 약 14온스의 피를 수혈받았다. 잠
깐 동안 호전되기는 했지만 환자는 56시간 이후에 사
망했다. 수혈을 용이하게 하기 위해 블런델은 '블런델
의 압축기'라는 기구를 고안했다. 이것은 기증자의 혈
액을 채취하고 환자의 혈관에 수혈하기 위한 깔대기와
펌프로 구성되었다. 1818년에서 1829년 사이에 블런델
과 그의 동료 의사들은 열 번의 수혈을 수행했는데 이
중 네 번만 성공하였으며 수혈은 계속해서 논쟁 거리
가 되었다.

블런델 자신도 1829년에 집필한 『란셋』이라는 저
서에서 "열이 나고 요통과 두통 증세가 있으며 소변 색
이 어두운" 환자들에 대한 연구 내용을 다루었다. 현대
의 과학자들은 그것이 혈액형이 맞지 않아서 생긴 증상
이라는 것을 알아냈다. 이 모든 것은 1900년에 빈 출신
의 의사 카를 란트슈타이너가 어떤 사람의 혈청이 다른
사람의 적혈구를 점착시킬 수 있다는 연구결과를 보고
하면서 확연히 드러났다. 이러한 실험들을 통해 란트
슈타이너는 혈액을 A, B, C(후에 O로 바뀜)의 세 가지
로 분류했다. 네 번째로 매우 드물게 나타나는 AB형은
그 이듬해에 발견되었다. 란트슈타이너는 자신이 발견
한 사실이 수혈에 적용될 수 있을 것이라고 제안했지
만, 이 아이디어는 그 후로 10년 동안 그다지 호응을 얻
지 못했다. **JF**

**참고:** 백신, 피하주사기, 혈액은행, 신장투석

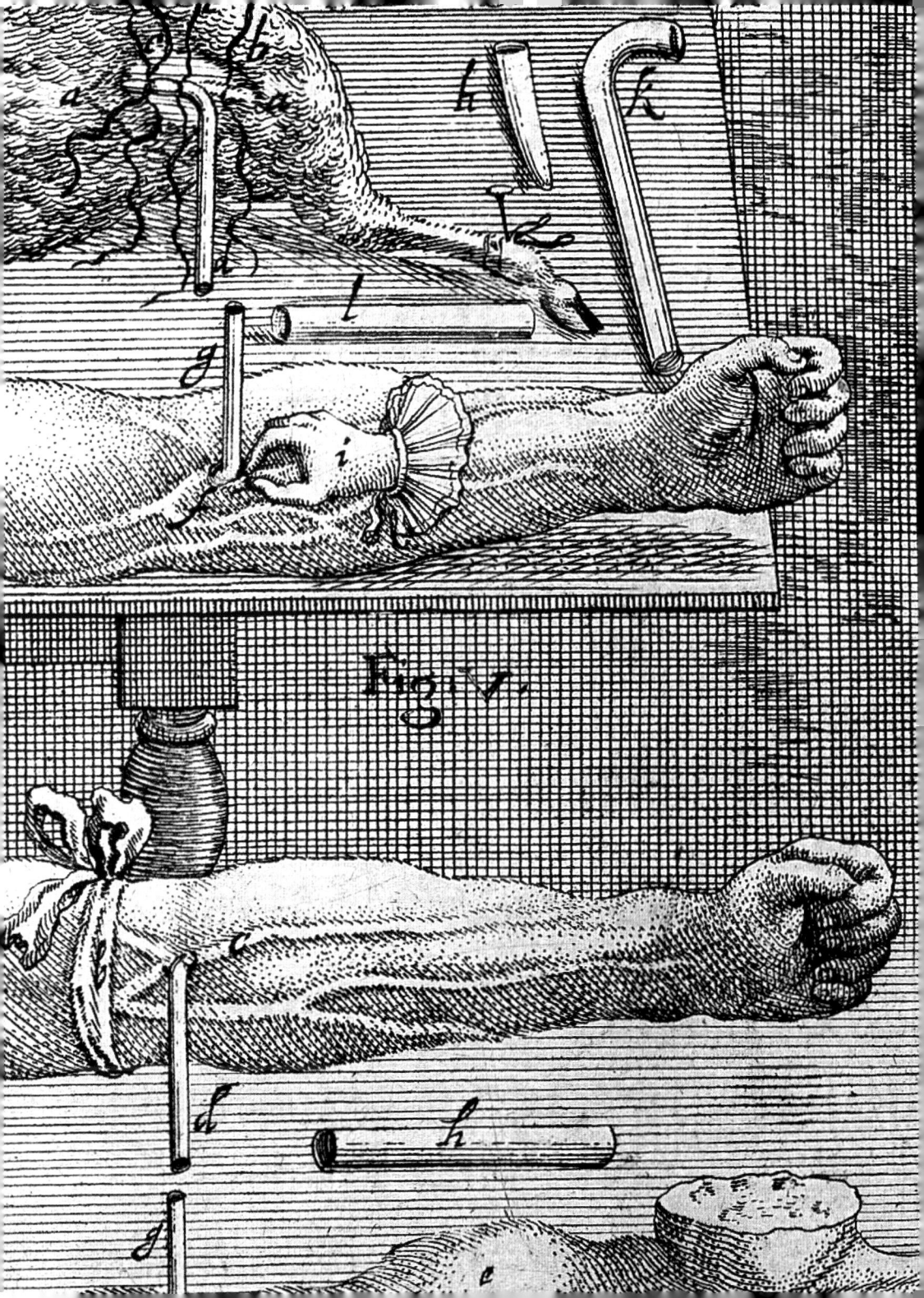

Fig. 1.

# 소화기 (1818년)

**맨비의 발명이 화염 속에서 인명을 구하다.**

조지 맨비(1765~1854)는 아마도 해안 난파선으로부터 사람들을 구출할 때 사용하는 기구인 맨비 모르타르를 발명한 것으로 가장 유명할 것이다. 그러나 그는 현대에서 쓰이는 형태의 소화기를 발명한 사람으로도 알려져 있으며, 이 발명품은 수천 명의 목숨을 구했다.

맨비의 발명 전에도 여러 형태의 소화기가 존재했으며 최초의 소화기 디자인에 대해서는 논쟁의 여지가 있지만 가장 오래된 것 중 하나는 1723년에 앰브로즈 고드프레이가 디자인한 것이었다. 고드프레이의 기구는 소화성 액체를 함유하는 용기와 일련의 도화선이 연결된 화약실로 구성되어 있다. 도화선이 점화되면 화약이 폭발하면서 액체를 확산시켰다. 1729년에 런던에서 화재를 진압하는 데 이 기구가 사용되었다는 기록이 있지만 이들은 널리 사용되지는 않았다.

맨비가 1818년에 발명한 기구는 훨씬 더 효율적이었다. 그는 에든버러에서 화재를 진압하던 도중 소방수가 꼭대기 층의 불을 끄지 못하는 상황을 목격한 후 휴대가 가능한 소화기를 발명하고자 했다. 그는 3~4갤런 정도의 탄산칼륨이 들어 있고 나머지 공간은 압축 공기로 채워넣은 구리통을 고안했다. 소화기 윗부분에 있는 마개를 열면 압축되었던 공기가 빠져나가면서 탄산칼륨을 상당히 먼 거리까지 뿌릴 수 있었다. 이 기구는 물과 함께 사용하는 것도 가능했으며 쉽게 들고 다닐 수 있어 소방수들이 위험에 처한 곳이면 어디든지 갈 수 있게 해주었다.

맨비의 발명은 곧 보다 효율적인 모델로 대체되었다. 그러나 압축공기를 사용하여 방화재료를 멀리까지 뿌리는 시스템은 새로운 발명의 기반이 되었으며, 현대의 소화기들은 이산화탄소를 유사한 방식으로 압축재로 사용하고 있다. **TP**

참고: 불의 제어, 화약, 자동소화장치, 전기 화재경보기

# 머캐덤 (1820년)

**머캐덤이 도로체계의 기초를 세우다.**

19세기 초에는 도로를 갱단들이 관리했으며, 이들은 도로를 최상의 상태로 유지시키는 것보다는 수익을 얻는 것에 관심이 있는 경우가 많았다. 스콧 존 루던 머캐덤(1756~1836)은 독학으로 공학을 배웠으며 통행료 징수 관리를 맡고 있었다. 구루병 환자인 그의 이웃집 사람이 울퉁불퉁한 도로 위를 다니는 것을 매우 고통스러워하자 머캐덤은 도로 건설법을 다양하게 실험하기 시작했다.

로마제국 시대 이후로 도로는 맨 밑에 무거운 돌들을 한 층 깔고 그 위에 좀더 작은 돌들을 몇 겹으로 깐 후에 맨 위는 자갈로 덮어서 만들어졌다. 머캐덤은 이 방법을 택했으며 압축된 무거운 굴림대를 사용하여 돌들을 빽빽하게 눌렀다. 머캐덤의 도로는 깨진 돌조각들로 단계적인 층을 이루었으며 중앙이 가장자리보다 높고 양쪽 측면에 배수로가 있었다. 이 도로는 보다 견

> "바닥은 모든 바퀴소리를
> 잠재우는 검정색 물체로 뒤덮였다.
> 마치 마법과 같은 일이었다."
> 로라 잉걸스 와일더, 동화작가

고할 뿐만 아니라 기존의 도로에 비해 관리의 필요성도 줄어들었다.

머캐덤의 방법은 도로여행의 속도를 크게 단축시켰지만 자동차가 등장함에 따라 개선될 필요성이 대두되었다. 빠른 속도로 달리는 차량에 의해 발생하는 먼지의 양을 줄이려고 E. 퍼넬 훌리는 뜨거운 타르를 사용하여 깨진 돌조각들을 서로 접착시켰으며 1901년에 타맥 포장도로에 대한 특허를 획득했다. **SD**

참고: 통나무도로, 지도, 자동차

➡ 1900년경 런던 러드게이트 서커스에서 인부들이 타르를 끓이는 커다란 기계를 사용하여 도로를 수리하고 있다.

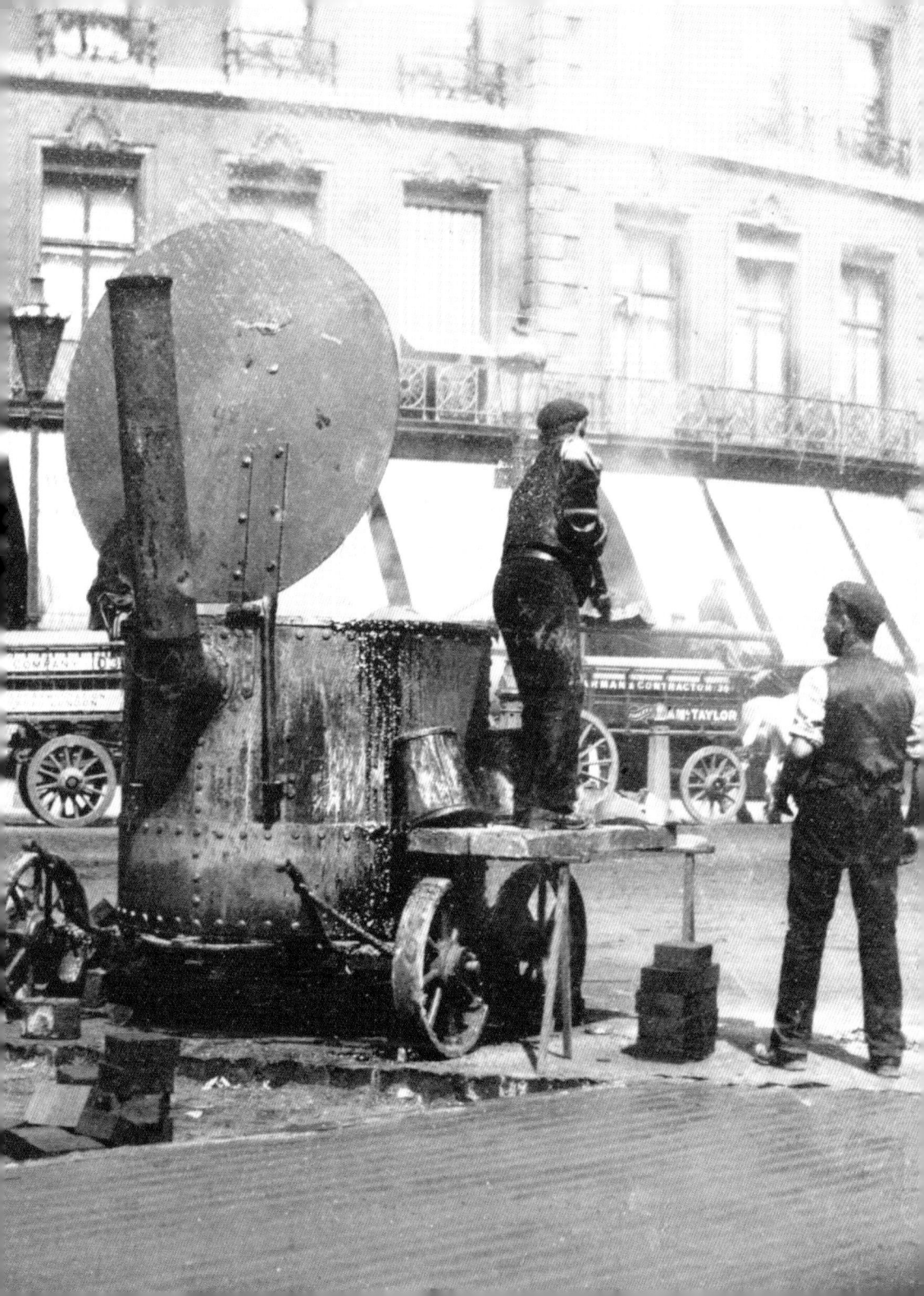

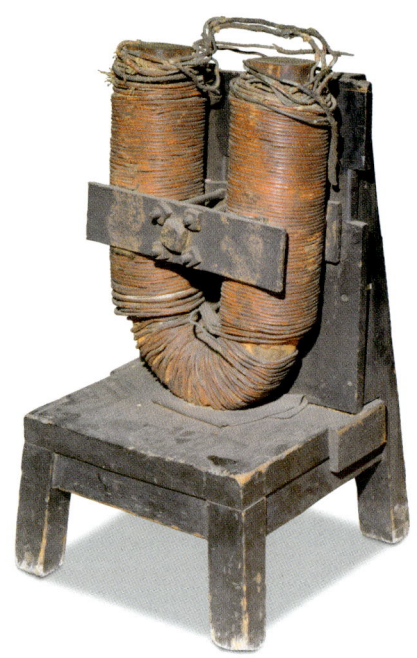

# 전자석 (1820년경)

외르스테드와 앙페르가 자기장과 전기를 연결시키다.

도선을 통과하는 전류가 도선 주위로 전자장을 생성한다는 사실과 전류가 흐르는 두 개의 도선이 전류의 방향에 따라 서로 잡아당기거나 밀어낼 수 있다는 사실은 1820년에 한스 외르스테드와 앙드레 마리 앙페르(전류의 국제표준 단위인 암페어는 앙페르의 이름에서 딴 것이다)의 논문에서 각각 강조되었다. 그러나 이 현상의 중요성을 인식한 것은 런던 울리치 왕립 아카데미 소속 물리학자 윌리엄 스털전이었다. 그는 전자석 장치를 단순한 장난감에서 실용적인 기계로 변환시켰다.

철제 편자를 전기 코일로 감으면 전류를 흘렸을 때 금속을 들어올릴 수 있는 강력한 기구가 만들어진다. 또한 이 기구를 전류의 흐름이 중단되면 힘이 사라지는 것이 특징이었다. 이 발명품의 작동은 전류에 의해 빠른 속도로 제어될 수 있다. 전류는 수 마일에 이르는 도선을 타고 흐르므로 한 장소에서 전류를 흘리면 그곳에서 멀리 떨어진 자석을 움직여서 벨을 울리거나 지레를 들어올릴 수 있었다. 조지프 헨리(1797~1878)는 미국 올버니 아카데미에서 수학 및 물리학 교수로 재직하는 동안 도선을 절연시키고 감는 회수를 증가시킴으로써 스털전의 전자석을 개조했다. 그의 전자석은 2,300파운드(1,040킬로그램)를 들어올려 당시로서는 세계기록을 세웠다.

헨리는 1832년에 프린스턴으로 옮긴 후 전자석을 계전기로 사용하여 자신의 연구실과 집을 연결하기도 했다. 이것은 최초의 실용적인 전보 장치였다. 헨리와 S. F. B. 모스, 찰스 휘트스톤은 각자 자신이 전보의 선구자라고 주장했다. **DH**

**참고:** 전기모터, 절연 전선, 전기발전기, 멀티플 코일자석, 배터리

⬆ 이 편자 모양의 전자석은 영국 출신의 화학자 겸 물리학자 마이클 패러데이의 것이었다.

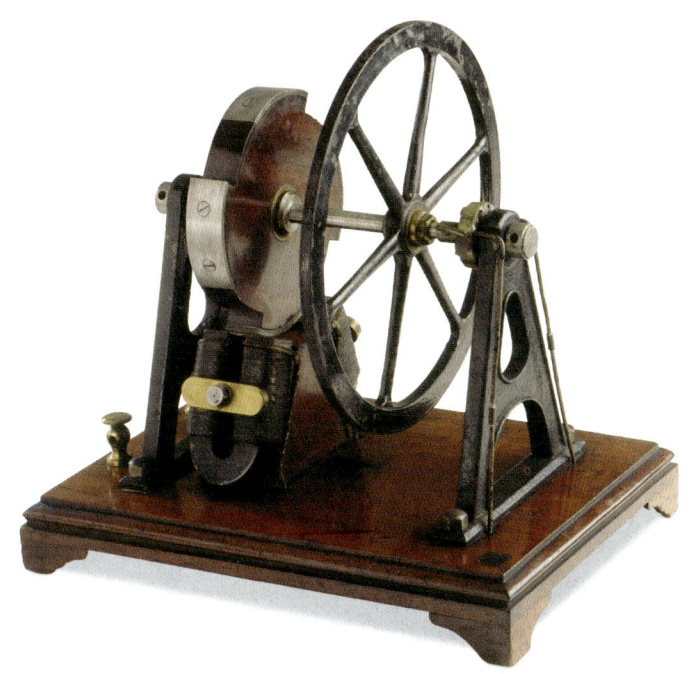

# 전기모터 (1821년)

패러데이가 전기와 자석이 회전운동을 발생시킬 수 있다는 사실을 증명하다.

전기모터는 많은 종류의 가전제품에 사용되며 산업현장에서 핵심적인 역할을 담당한다. 마이클패러데이(1791~1867)는 1821년에 최초의 전기 구동 모터를 성공적으로 시연하면서 이 혁명적인 기술을 세상에 알렸으며, 그의 발견으로 응용 전기기술의 황금시대가 시작됐다.

제철공의 아들로 태어난 패러데이는 처음에는 화학자였지만 곧 과학의 다양한 분야, 그중에서도 전자석학에 관심을 갖게 되었다. 1813년에 그는 왕립협회에서 화학자 험프리 데이비 밑에서 일하면서 훗날 최초의 전기모터로 발전하게 되는 전자석의 회전 원리를 중점적으로 연구했다. 덴마크 출신의 한스 외르스테드의 최근 연구에서 밝혀진 전자석의 속성을 바탕으로, 패러데이는 1821년에 전자석 에너지로부터 기계적 운동을 발생시킬 수 있다는 사실을 증명했다. 그는 바닥에 자석이 놓인 작은 컵을 수은으로 채운 후 도선을 풀어넣고 교류(AC)를 흘려보냈다. 도선은 빠른 속도로 원을 그리면서 자석 주위를 맴돌아 전류에 의해 도선 둘레로 진자장이 형성되었음을 보여주었다. 이것이 자석과 상호작용하여 도선을 움직이게 하는 것이었다.

패러데이는 1831년 말과 1832년 초에 왕립협회에서 자신의 아이디어를 발표했다. 그가 발견한 사실들은 전기와 자기, 그리고 그들의 상호작용에 대한 과학자들의 지식을 한층 높여주었다. 패러데이는 계속해서 배터리와 전기분해로 실험을 했고 전자석의 효과를 탐구했다. 그의 연구에 영감을 얻은 다른 과학자들은 전기에 숨겨진 과학 원리를 연구하면서 마침내 현대의 전기모터를 만들어냈다. **SR**

**참고:** 전자석, 절면 전선, 전기 발전기, 배터리, 유도 전동기

⬆ 패러데이가 정립한 원칙에 기반하여 만들어진 초기 전기모터의 모형.

# 트러스교 (1821년)

타운의 발명이 철도를 먼 거리까지 확산시키다.

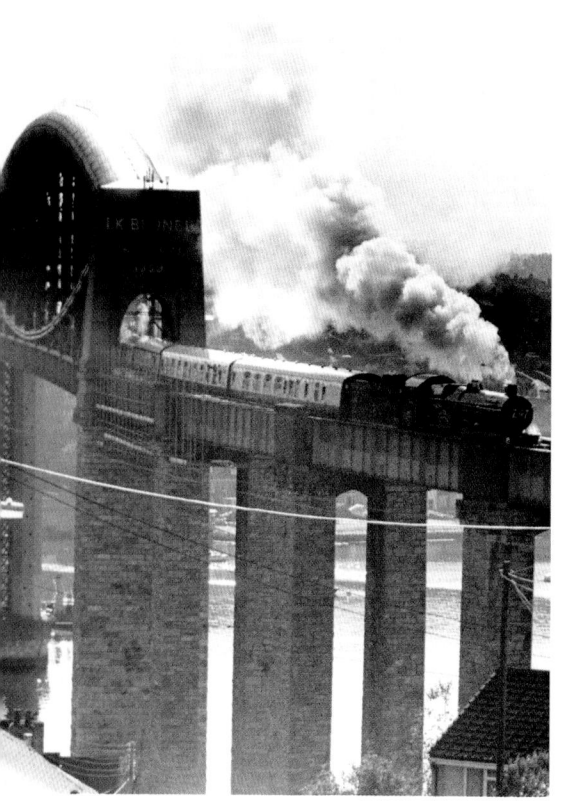

삼각형의 패턴을 형성하도록 연결되는 직선형의 구조틀인 트러스로 다리를 건설한다는 아이디어는 1570년에 서양 건축의 아버지인 이탈리아의 건축가 안드레아 팔라디오에 의해 처음으로 고안되었다. 그러나 트러스형 틀은 이미 고대 이집트와 그리스에서 사용된 적이 있으며, 팔라디오가 활동할 무렵에는 유럽에서 다리를 건설하는 데 간단한 목재 트러스가 사용되었던 것으로 추정된다.

트러스교는 19세기 초 미국에서 전성기를 맞이했다. 이는 철도운송의 발달로 무거운 철도 차량들을 다양한 거리로 안전하게 운행해야 할 필요성이 증대됨에 따른 것이었다. 1821년에 이시엘 타운(1784~1844)이 격자형 목재 트러스교로 특허를 받으면서 트러스 설계가 폭발적으로 증가하기 시작했다. 타운은 뉴잉글랜드 출신의 유명한 건축가로, 그의 설계는 숙련되지 않은 일꾼들이 거대한 부품을 운반할 필요 없이 빠른 속도로 다리를 건설하는 것을 가능케 해주었다.

트러스교는 지붕으로 덮여 있는 경우가 많았고 타운이 설계한 다리 두 개가 오늘날까지도 그의 고향이던 코네티컷에 남아 있다. 타운의 설계가 성공한 것은 부분적으로는 마케팅 능력 덕분이었으며, 특허를 잘 관리한 덕택에 그는 큰 부자가 되었다.

1870년대부터 1930년대까지 트러스교의 건설 과정에서 철이 목재를 대체하기 시작했고 그 이후에는 철 대신 강철이 사용되었다. 프랫, 워렌, 하우 트러스 등 다양한 디자인이 개발되었다. 세계에서 가장 긴 트러스교는 약 2.3마일(3.7킬로미터)로 간사이 국제공항에서 오사카까지 연결한다. 강철 트러스는 장거리용으로는 부적합하며 오늘날에는 현수교가 이러한 용도로 널리 사용된다. **AC**

> "나는 건축과
> 과학의 발달을
> 추구한다."
>
> 이시엘 타운

⬆ 클런캐슬 증기기관차가 1850년대에 I.K.브루넬에 의해 건설된 영국의 로얄 알버트 브리지를 건너고 있다.

➡ 뉴욕 제네시 목포 상류 위를 지나가는 고가교가 트러스교의 예를 보여준다.

**참고:** 강철, 아치형 다리, 부교, 현수교, 캔틸레버식 다리, 수도

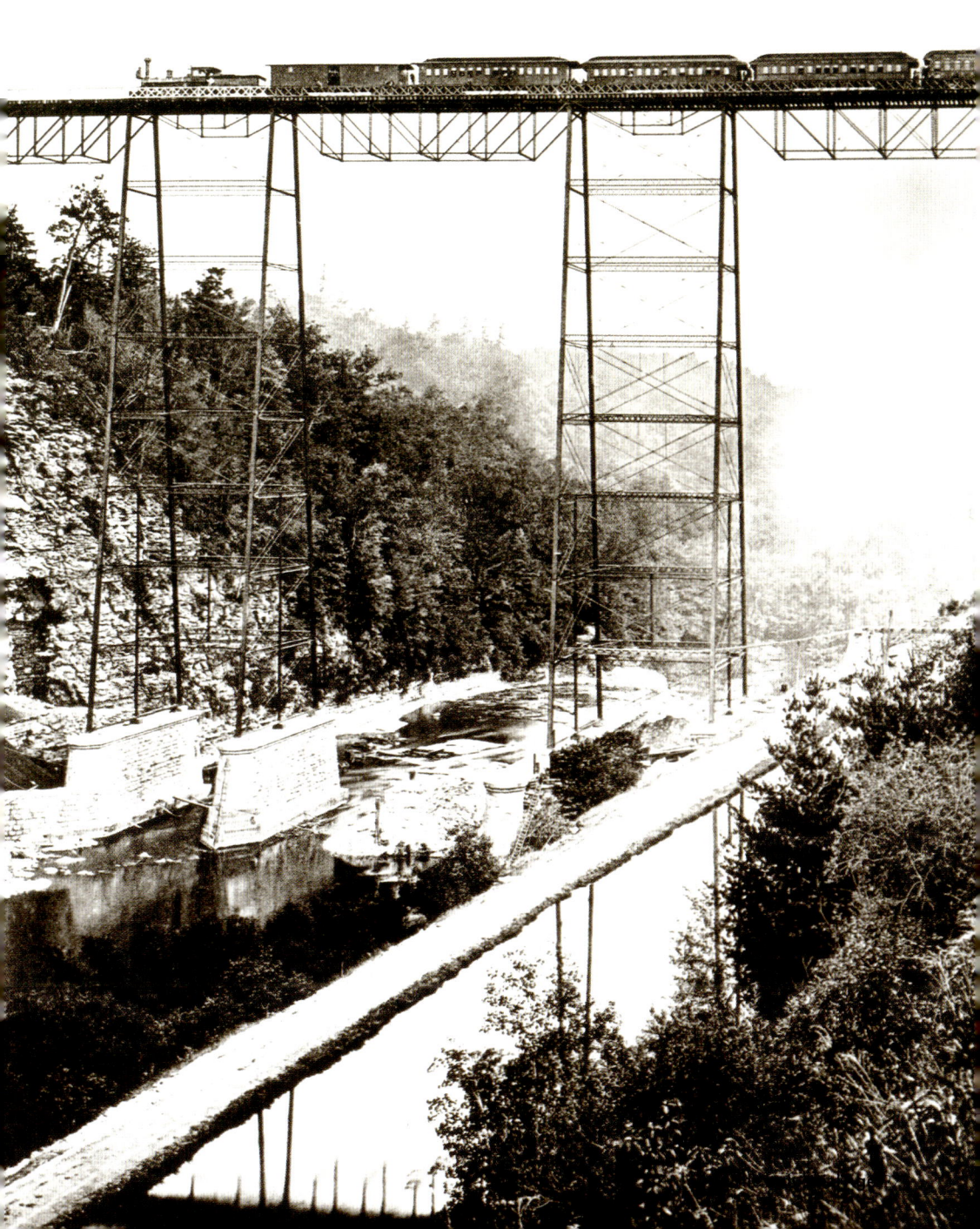

# 프레넬 렌즈 (1821년)

프레넬이 렌즈의 효율성을 개선시키다.

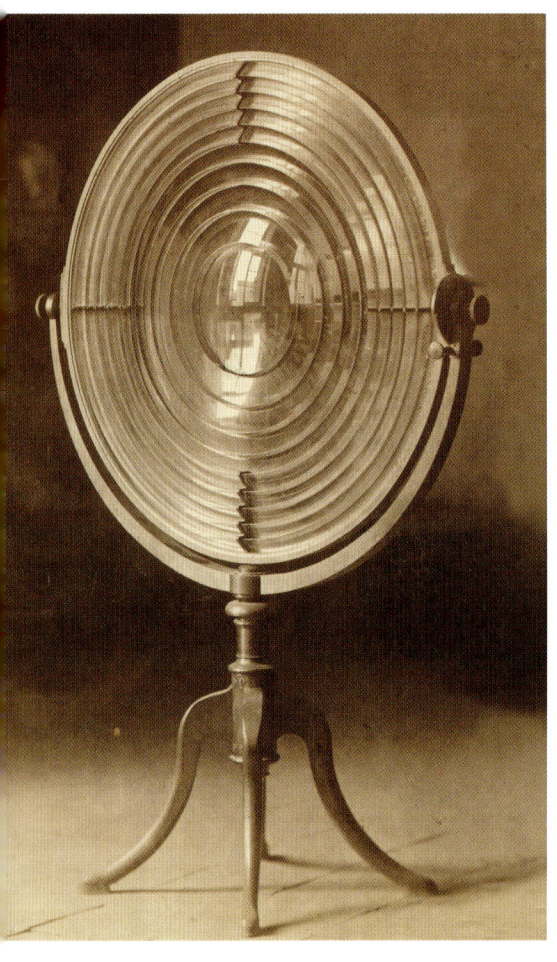

프랑스의 물리학자 오귀스탱 장 프레넬(1788~1827)은 빛의 속성에 깊은 관심이 있었다. 그는 수차(收差)나 회절 등의 광학현상에 대한 많은 논문을 출판했지만 오늘날 우리에게 가장 잘 알려진 것은 물리학에 대한 그의 사랑을 실용적이고 혁명적인 기구로 승화시킨 발명품인 프레넬 렌즈이다.

기본적으로 그는 기존 렌즈와 동일한 방식으로 작동하는 새로운 형태의 렌즈를 만들어냈다. 그러나 프레넬의 디자인은 훨씬 더 가벼웠기 때문에 등대에 사용되는 것과 같은 대형 렌즈를 만드는 데 보다 실용적이었다. 등대에 사용된 렌즈 중에는 높이가 12피트(3.6미터)가 넘는 거대한 벌집처럼 보이는 것들도 있었다. 이 렌즈들은 빛을 포착하는 효율성이 크게 개선되었으며 강력한 전구에서 나오는 빛의 80퍼센트를 빔으로 집중시켜 20마일(32킬로미터) 거리에 있는 배들도 볼 수 있게 해주었다.

프레넬은 파리의 등대에서 감독관으로 일하는 동안 이 아이디어에 착안했다. 작동 원리는 간단하다. (양쪽이 볼록렌즈로 이루어진) 수정체 모양의 커다란 확대경을 수십 개의, 아니 수백 개의 동심원으로 절단하면 각각의 원형 띠는 두께와 크기가 전부 달라진다. 프레넬의 띠는 한쪽이 모두 평평하고 두께가 동일했다. 빛을 모으는 렌즈의 본래 기능을 유지하기 위해, 그는 각각의 렌즈 띠들을 수정하여 원마다 앞면의 각도가 다르도록 만들었다. 이 띠들을 다시 제자리에 끼워 넣으면 프레넬 렌즈가 탄생하는 것이다.

오늘날 프레넬 렌즈는 일부 자동차나 수하물차의 뒷부분에 사용된다. **DHk**

"줄로 톱질을 하거나 톱으로 줄질을 할 수 없다면, 당신은 실험주의자로서 아무런 쓸모가 없는 사람이다."

오귀스탱 장 프레넬

**참고:** 유리, 렌즈, 안경, 유리거울, 현미경, 망원경

◱ 프레넬 렌즈는 빛을 확대하고 집중시켜 수평선까지 도달하는 강력한 빔을 만들어낸다.

# 방수 우비 (1823년)

매킨토시가 우비로 사용할 수 있는 방수 섬유인 매킨토시로 특허를 받다.

우리가 잘 알고 있는 매킨토시라는 이름의 방수 외투를 만든 것은 스코틀랜드 출신의 화학자 찰스 매킨토시였다. 그가 발명한 것은 외투가 아니라 이러한 의류를 만드는 재료인 방수 섬유였다.

매킨토시의 실험은 석탄으로부터 가스를 만들어내는 공정에서 남은 찌꺼기를 이용해 시작되었다. 처음에 그는 찌꺼기에서 암모니아를 추출하여 자주색의 염료를 만들었다. 이 공정에서 또다시 콜타르 나프타라고 하는 찌꺼기가 발생했다. 매킨토시는 이것을 용매로 실험을 하기 시작하면서 방수 성능이 있음을 발견했다. 그는 이것을 얇은 재료 위에 코팅해보았지만 문제가 발생했다. 고무가 너무 끈적끈적하고 지독한 악취가 났던 것이다. 그는 이 문제를 해결하기 위해 고무를 사이에 두고 섬유 두 장을 겹쳐서 방수가 되면서도 사용이 가능한 재료를 만들어 이것으로 1823년에 특허를 받았다.

불행하게도 고무 냄새는 마지막까지 완전히 해결되지 못했으며, 지금도 구식 방수 외투에서는 특수한 냄새가 난다. 처음에는 냄새와 재료의 거추장스러움 때문에 우비가 빨리 인기를 끌지 못했지만 군대에서는 이 방수재료를 도입 초반부터 매우 환영했다.

후에 영국의 발명가 토머스 핸콕(1786~1865)은 면허를 받고 두 겹의 방수포를 개량하면서 고무의 함량을 높이고 악취를 감소시켰다. 매킨토시社는 핸콕의 개발을 인정했으며 1831년 핸콥은 매킨토시社의 파트너가 되었다. **TP**

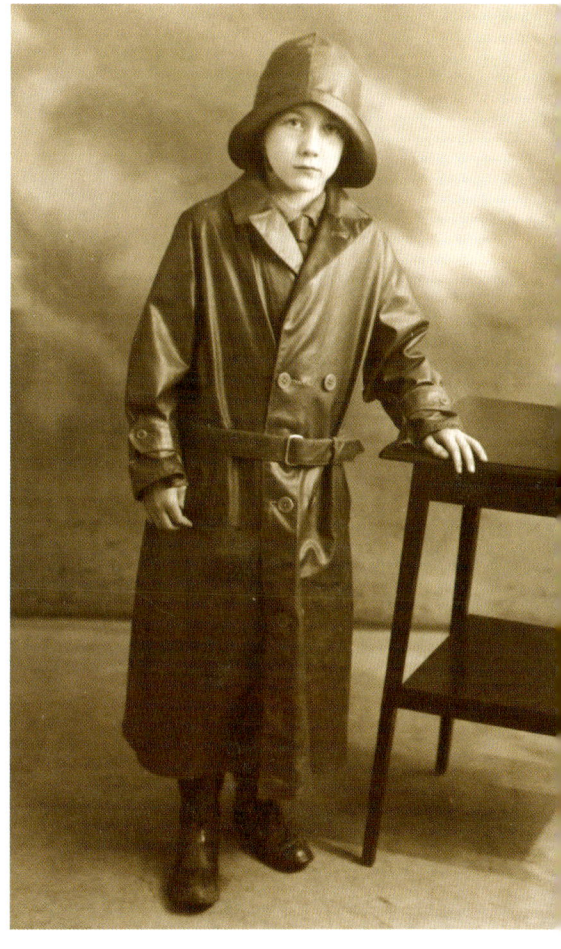

참고: 의복, 직조된 천, 우산, 고무 장화

↗ 1930년대에 찍은 사진 속에서 한 소년이 매킨토시 방수포의 응용상품들을 선보이고 있다.

"나는 낙관론자이지만 우비를 가지고 다니는 낙관론자이다."

해럴드 윌슨, 전 영국 수상

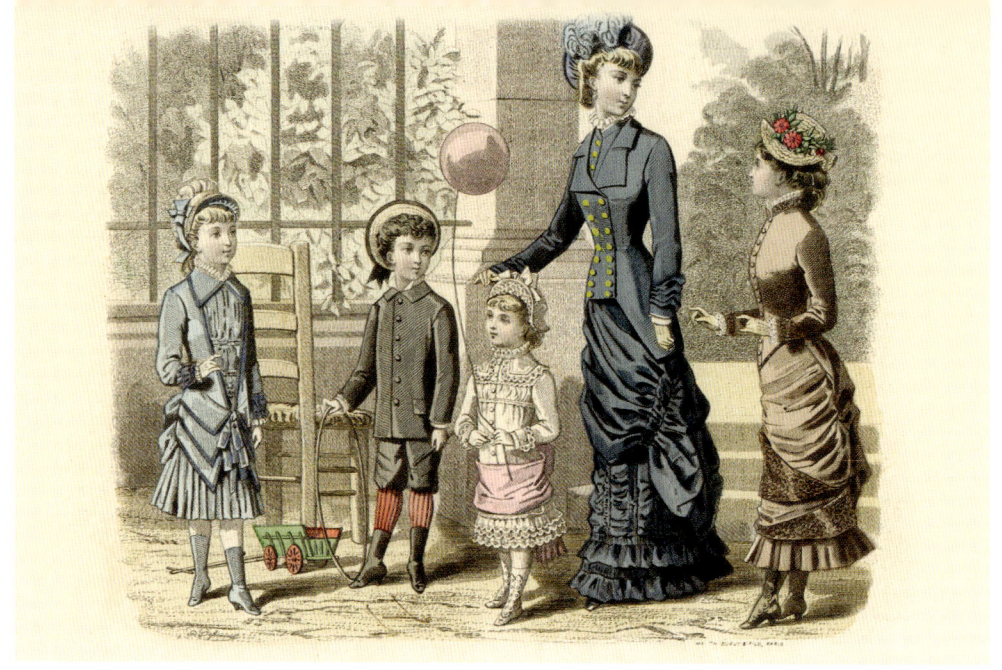

# 풍선 (1824년)

패러데이가 만들어 낸 고무로 된 기체 용기가 유명한 장난감이 되다.

마이클 패러데이(1791~1867)는 영국 최고의 물리학자 중 한 명으로 자기유도 및 자기와 전기의 관계를 규명하는 원리들을 발견한 것으로 매우 유명하다. 패러데이는 독창적인 강연가이기도 했으며 사실상 왕립협회에서 크리스마스 강연이 열리는 전통을 시작한 사람이기도 했다(이 강연은 오늘날까지도 계속되고 있으며 영국 텔레비전에서 방영된다). 심지어 패러데이의 이름을 따서 명명한 측정 단위까지 있다. 전기용량의 단위인 '패럿'이 그것이다. 그러나 이 과학자의 업적 중에서 역사책에 자주 등장하지 않는 것은 그가 풍선을 발명했다는 사실이다.

패러데이는 본래 물리학이 아닌 화학 공부를 먼저 시작했다. 그는 왕립협회의 화학과 조교로 임명되어 실험을 수행하면서 염소와 각종 기체의 성질을 연구했다. 수소의 성질을 연구하던 중 패러데이는 최초의 고무풍선을 만들었다.

풍선은 그 이전에도 수백 년 전부터 존재해왔으며 창자로 만들어지기도 했다. 이 냄새나는 장난감은 유럽의 중세 시대 궁정에서 광대들이 다양한 형태로 만들어 막대기 끝에 매달아서 들고 다녔다. 패러데이의 풍선은 훨씬 더 위생적이었다. 그것은 두 겹의 고무를 용접해서 가방 모양으로 만들어졌는데 여기에 수소를 채워 넣으면 중력을 거슬러 공중으로 떠올랐다. 패러데이는 이것을 통해 기체의 성질을 관찰할 수 있었다.

풍선이 상업화된 것은 그로부터 1년이 지난 후에 고무 생산업자인 토머스 핸콕이 풍선 제작 용품을 생산하면서부터였다. **BG**

참고: 고무공. 열기구. 장난감 전기기차. 레고

⬆ 1880년의 채색삽화에 그려진 가족의 모습에 분홍색으로 칠해진 풍선이 포함되어 있다.

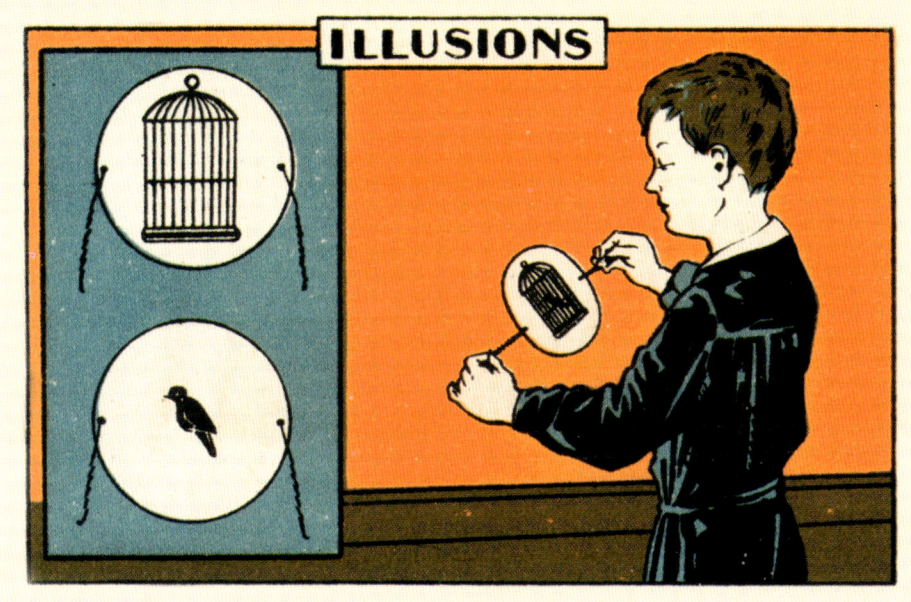

# 회전 그림판 (1824년)

패리스가 우연히 영화와 애니메이션의 토대를 마련하다.

영국의 뛰어난 물리학자 존 아일턴 패리스(1785~1856)는 빅토리아 시대에 큰 인기를 얻은 어린이용 장난감인 회전 그림판을 발명했다. 그것은 본래 장난감이나 오락거리로 고안된 것이 아니라 광학 현상을 증명하기 위해 만들어진 것이었다.

회전 그림판은 간단한 기구이다. 원반의 양면에 그림이 있고 두 개의 끈이 부착되어 있다. 손으로 두 개의 끈을 잡고 끈이 꼬이도록 원반을 회전시킨 후 갑자기 끈을 양쪽으로 잡아당기면 원반이 빠른 속도로 회전하면서 양면의 그림을 연속적으로 빠르게 보여준다. 그 결과 사람의 눈에는 두 개의 이미지가 하나의 이미지로 보이게 된다. 이 현상은 잔상(殘像)이라고 알려진 것으로 1824년에 왕립 물리학대학의 모임에서 증명되었다. 패리스의 그림판 중에는 한쪽 면에 새가 있고 다른 쪽 면에는 비어 있는 새장을 그려넣은 것이 있었다. 이 것을 빠른 속도로 회전하면 눈에는 새장 속에 갇힌 새의 이미지가 보였다.

회전 그림판은 영화나 애니메이션의 선조임에 틀림없다. 우리는 극장에서 영화를 볼 때 패리스가 회전 그림판으로 증명한 것과 동일한 잔상을 경험한다. 일련의 정지한 이미지들이 빠른 속도로 지나가면서 마치 움직이는 것처럼 보이는 것이다. 애니메이션에도 같은 원리가 적용된다.

패리스 본인은 자신의 발명품이 비과학적으로 응용되는 것에 대해 별로 관심을 보이지 않았으며 의학 연구를 하는 데 전념했다. 그는 후에 당대 가장 중요한 의학서적 중 하나를 집필했다. **TP**

**참고:** 환등기. 필름 카메라/영사기. 영화사운드

↑ 뇌는 빠른 속도로 반복되는 두 개의 이미지를 하나의 단일한 이미지로 인식한다.

# 브라유 점자 (1824년)

브라유가 촉각을 이용한 문자 체계로 맹인들이 읽고 쓸 수 있게 만들다.

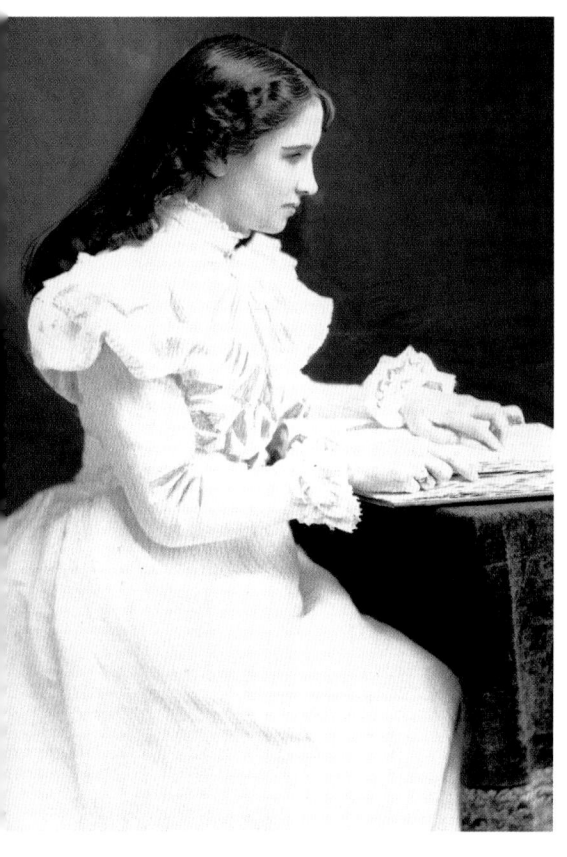

> "브라유 점자로 악보를 읽고
> 귀로 연주를 들은 것은 내 기억력을
> 크게 발달시켜주었다."
>
> 레이 찰스, 음악가

⬆ 19개월에 시력을 잃은 헬렌 켈러가 어린 시절에 브라유 점자
　책을 읽고 있다.

➡ 1952년에 만들어진 독일 종이에 브라유의 점자 알파벳이 쓰여
　있으며 그의 사망 100주년을 기리고 있다.

루이 브라유(1809~1852)는 열다섯 살에 볼록한 점으로 알파벳을 재현하여 손으로 만지면서 글자를 읽을 수 있게 했다. 브라유는 네 살 때 아버지의 마구 제작공방에서 놀다가 사용광로 시력을 잃은 후 열 살 때부터 파리의 국립맹인학교에서 교육을 받았다. 그는 학교 설립자인 발렝탱 아우이가 고안한 볼록한 나무 글자를 사용하여 글 읽는 법을 배웠다.

1821년에 프랑스군 대위였던 팔스 바비에가 학교를 방문했다. 브라유는 바비에가 병사들이 밤중에 소리나 빛을 쓰지 않고 소통할 수 있도록 개발한 글자 암호를 접하게 되었다. 바비에의 암호체계는 점과 획을 종이 위에 볼록하게 표시하여 각각의 발음을 상징하는 문자를 사용했다. 읽는 사람은 손가락을 움직여서 발음을 알아내야 했다.

브라유는 한 손가락으로 만져서 읽을 수 있는 간결한 상징체계가 훨씬 더 빠르고 확실하며 필기도 가능하게 해주리라는 사실을 깨달았다. 1824년에 그는 정사각형 모양으로 정렬된 여섯 개의 볼록한 점으로 이루어진 동일한 형태의 격자 체계를 개발해냈다. 각각의 글자와 숫자는 64개의 독자적인 조합의 점들로 이루어졌고 외우는 것을 용이하게 하기 위해 패턴의 순서는 체계화되어 있었다. 브라유는 이 체계를 개량하고 실험을 거듭하여 수학기호와 음악기호를 위한 패턴을 개발했으며 1829년에는 『점을 사용하여 단어와 음악, 간단한 악보를 작성하는 방법』이라는 제목의 저서를 출판했다.

맹인 어린이 학교의 교사가 된 브라유는 이 체계를 더욱 발전시켜 앞을 볼 수 있는 사람들까지도 점자를 알아볼 수 있게 만들었다. 그는 글자 쓰는 과정을 가속화시키는 기구의 개발에도 참여했다. **EH**

**참고:** 안경, 양피지, 종이, 이중 초점 안경, 안과 레이저수술,
　　　인공시각보철(생체공학 눈)

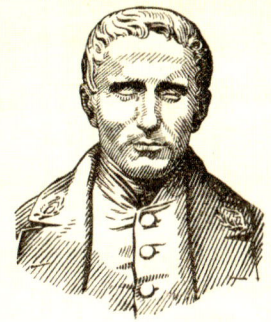

# LOUIS BRAILLE

## GEDENKBLATT

## ZU SEINEM EINHUNDERTSTEN TODESTAG

*geboren am 4. Januar 1809 · gestorben am 6. Januar 1852*

DEM SCHÖPFER DER PUNKTSCHRIFT UND DAMIT BEGRÜNDER
DER BLINDENBILDUNG DER WELT

Arbeitsausschuß für Blindenfragen in der Deutschen Demokratischen Republik

B l i n d e n schrift - A l p h a b e t

a    b    c    d    e    f    g    h    i    j

**Grundform**

k    l    m    n    o    p    q    r    s    t

u    v    x    y    z            ss ß   st

au   eu   ei   ch   sch            ü    ö    w

äu   ä    ie

,    :    ..   .    ?    I    ()   -    *    ˘    '    -

**Grundform**

1    2    3    4    5    6    7    8    9    0        1 9 5 2

**Zahlenzeichen**

Aus den 6 Punkten werden gebildet: Vollschrift, Kurzschrift, Stenografie, Mathematik-, Chemie- und Notenschrift

Verlag: Deutsche Zentralbücherei für Blinde zu Leipzig

III/18/20 - 10800A/51/DDR

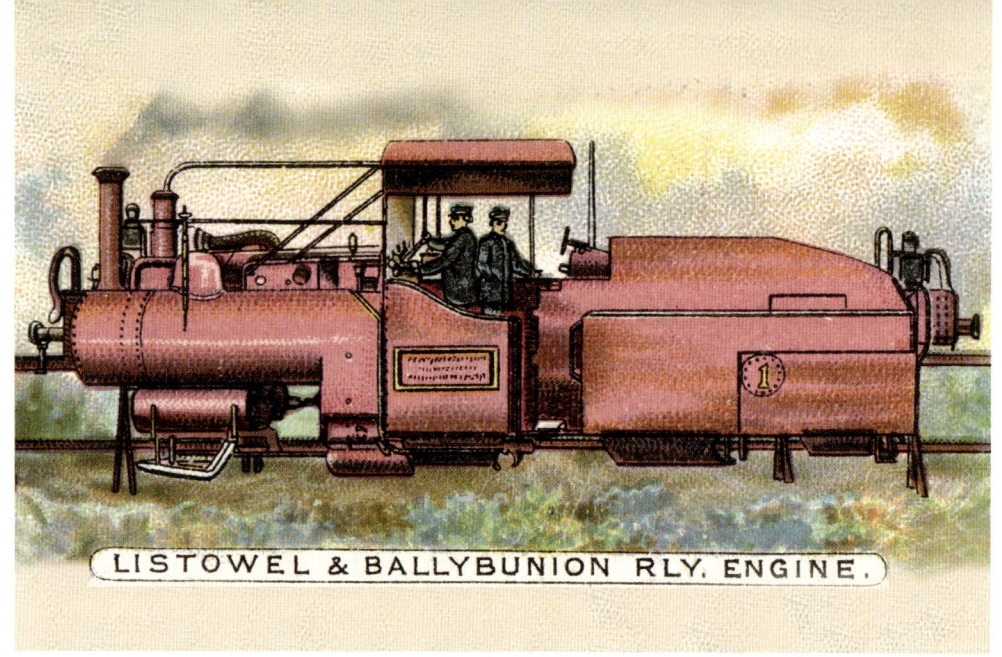

LISTOWEL & BALLYBUNION RLY. ENGINE.

# 모노레일 (1825년)

파머가 특수목적 단궤철도를 만들다.

모노레일은 기존의 두 개 레일을 하나의 레일로 대체한 철도로, 기차가 레일 위를 달리는 과좌식(跨座式)과 레일에 매달려서 달리는 현수식(懸垂式)의 두 종류가 있다. 전자의 경우 철도를 지지하는 기둥들이 서로 다른 높이로 되어 있어 거칠고 울퉁불퉁한 땅 위를 거칠게 지나가게 된다. 후자의 경우에는 철도를 운하나 강 위로 매달기 때문에 땅을 거의 쓰지 않아도 된다.

1825년 6월, 헨리 로빈슨 파머(1795~1844)가 런던 근처의 체선트에 현수식 모노레일을 개통시켰다. 이것은 벽돌을 운반하기 위해 설계되기는 했지만 승객도 태울 수 있었다. 미국의 독립 100주년 박람회에서 르로이 스톤 장군은 필라델피아에 시범용으로 과좌식 모노레일을 만들었다. 그 외에도 농산물과 광석을 운반하기 위한 과좌식 모노레일들이 만들어졌다.

승객을 싣고 다닌 가장 유명한 과좌식 모노레일은 1888년부터 1924년까지 운영된 9마일(14.5킬로미터) 거리의 아일랜드 리스토웰-밸리버니언 간 열차였다.

독일 부퍼탈에서는 현수식 모노레일이 1901년에 개통되어 지금까지도 정기적으로 승객들을 태우고 달린다. 1903년에는 루이스 브래넌이 지면 위를 달리는 모노레일과 두 개의 커다란 회전의(回轉儀)로 수직 상태를 유지하는 기차로 특허를 받았다. 회전운동의 비작동에 대한 두려움 때문에 이 체계는 오래가지 못했다.

기존 체계의 문제점 중 하나는 기차가 고속으로 달릴 때 옆으로 흔들리는 것이었다. 이것은 모노레일에서는 발생하지 않기 때문에 기차의 속도를 더 빠르게 할 수 있었다. 과좌식 모노레일의 현대식 모델은 스웨덴의 산업학자 알렉스 레나트 베너-그렌 박사(ALWEG)에 의해 설계되었다. ALWEG 모노레일은 플로리다와 일본, 호주에 건설되었다. **DH**

**참고:** 기관차, 케이블카, 전기전차, 자기부상열차

↑ 1888년 리스토웰-밸리버니언 간 철도는 세계 최초의 모노레일 철도였다.

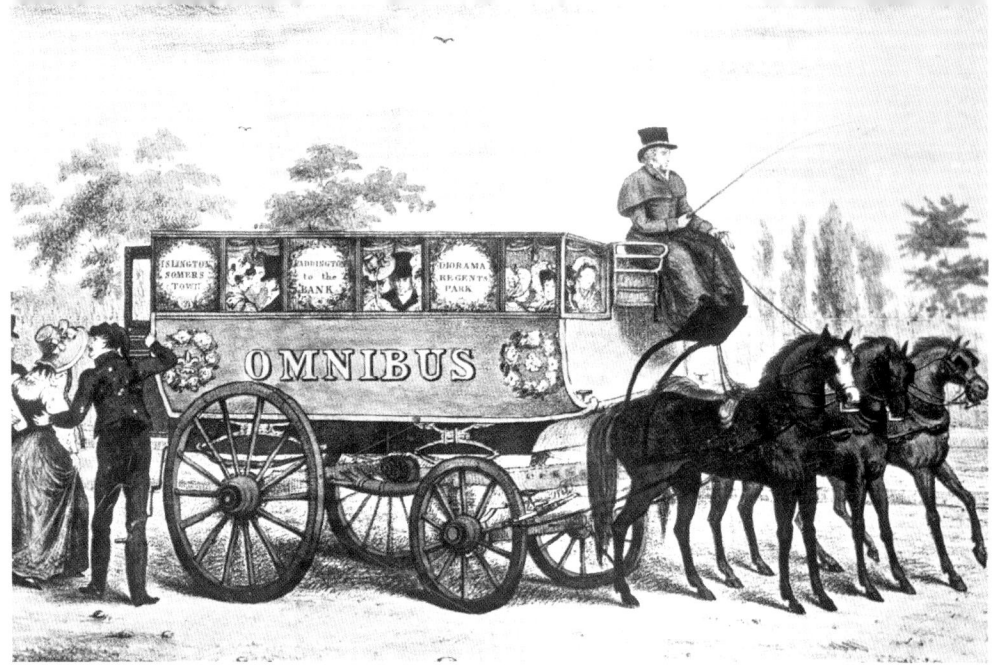

# 옴니버스 (1826년)

보드리가 우연히 대중교통 수단에 대한 거대한 수요를 발견하다.

스타니슬라 보드리(1780~1830)는 파리에 있는 공중 목욕탕의 주인이었으며 자신의 목욕탕으로 고객들을 실어나르는 버스를 운행했다. 말이 끄는 다양한 형태의 차량들은 이미 오래 전부터 존재해왔으며 보드리가 말이 끄는 버스를 발명한 것은 아니었지만, 1826년에 '옴니버스'의 사용을 장려하면서 옴니버스의 개념을 고안한 것으로 짐작된다. 그는 목욕탕으로 가는 길에 매일 지나쳤던 모자가게 이름(Omnes Omnibus, 라틴어로 '모두를 위한 모든 것'이라는 의미)에서 영감을 얻었다.

계급과 관계 없이 모든 사람이 사용할 수 있는 교통수단이라는 보드리의 개념은 전 세계로 확산되었으며 다양한 형태로 발전했다. 사용된 말의 숫자나 차량 내 좌석의 형태, 요금제 등이 각양각색으로 변화했다. 버스는 세월이 흐른 뒤에도 살아남았고 결국 말들은 디젤 엔진으로 대체되었다. 현대의 환경 친화적 경향으로 일부 국가에서는 석유 엔진을 대신하여 사탕수수를 발효시킨 연료로 가동되는 엔진을 사용한다. 이러한 버스는 이미 이탈리아와 폴란드, 스페인, 스웨덴에서 사용되고 있다.

보드리의 개념이 이룬 성공에서 볼 수 있듯이(그의 버스는 원래의 목적이었던 목욕탕보다 훨씬 더 인기가 많았다), 대중교통은 어느 사회에서나 매우 중요한 경제적 요소이다. 그것은 거래와 지식의 교환을 늘리고 소비자들을 회사로, 전문가들을 고용주에게 데려다줌으로써 한 국가의 지적, 상업적 잠재력을 극대화한다. 보드리는 의도치 않게 사회의 진화에서 중요한 요소를 발견해낸 것이다. **CB**

**참고:** 바퀴와 축, 말굴레, 기관차, 모노레일, 자동차

⬆ 1829년에 시작된 쉴리비어의 옴니버스 운행은 런던에서 최초로 시행된 것으로 단일 노선을 왕복했다.

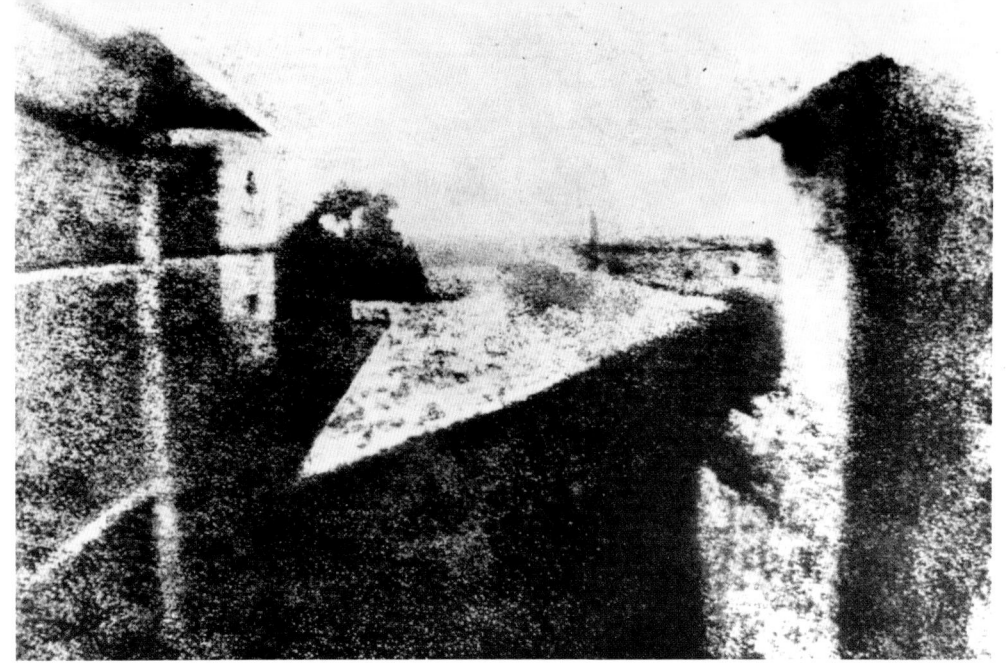

# 사진 (1826년)

니에프스가 감광도가 높은 화학약품을 사용하여 최초의 사진을 찍다.

알하젠(965~1040)이 이미지를 표면 위에 투사하는 핀홀 카메라를 발명한 이후로, 사람들은 그 이미지를 '고착'하여 기록할 수 있는 방법을 찾기 시작했다. 1727년 독일의 화학자 요한 슐체는 우연한 기회에 초크와 질산, 은의 혼합물이 햇빛에 노출되면 어두워지며, 은의 함량을 높일수록 어두워지는 정도가 강해진다는 사실을 발견했다. 1777년에는 스웨덴 출신의 화학자 카를 셸레가 암모니아를 사용하여 이러한 변화의 결과물을 영구적으로 고착시키는 데 성공했다.

조제프 니세포르 니에프스(1765~1833)는 1826년에 최초의 영구적 사진 이미지를 만들어냈다. 그는 처음에 역청(瀝青)을 덮은 납작한 백랍판을 사용했지만 곧 은 합성물로 바꿨다. 루이 다게르는 정교하고 복제가 불가능한 은도금 이미지를 만들어냈다. 노출시간이 약 10분이었지만 그는 에이브러햄 링컨(1846)과 에드가 앨런 포(1848) 등 유명인들의 은판사진을 찍었다. 비슷한 시기에 윌리엄 헨리 폭스 탤벗은 캘러타이프 사진

을 만들어냈다. 이것은 공정의 중간단계로 '네거티브'를 만들어내 이로부터 여러 개의 최종 '포지티브' 프린트를 출력할 수 있었다. 불행히도 네거티브 종이와 유리 판은 쉽게 젖는 단점이 있었다.

1884년에는 조지 이스트맨이 건조공정을 발명했다. 카메라의 사용법이 간단해졌으며 복잡한 화학 처리 과정은 추후의 인화 과정에서 해결되었다.

1907년에는 상업적 컬러사진판이 등장했고 1925년에는 35mm 필름이 만들어졌다. 1980년대 말에는 상대적으로 저렴한 메가픽셀 전하결합소자의 생산으로 필름기반 기술이 위협을 받았다. **DH**

**참고: 사진기 필름, 폴라로이드 카메라, 일안반사형 카메라(SLR), 디지털 카메라**

⬆ 니에스프의 초기 사진 중 하나로 1826년에 그의 집 창문에서 찍은 풍경사진이다.

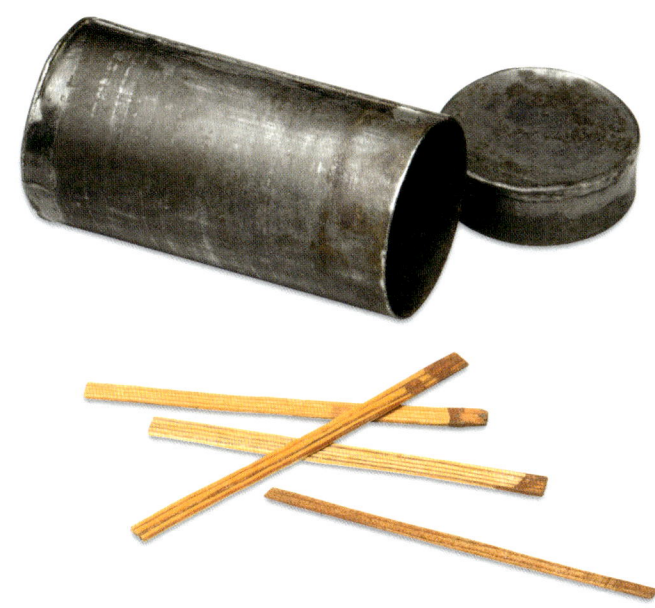

# 마찰성냥 (1827년)

워커가 불 붙이기를 간단하게 만들다.

성냥은 나무나 종이로 만들어지며 막대의 한 쪽 끝부분이 화학물질로 코팅되어 있어 적절한 표면에 대고 마찰시키면 점화된다. 점화는 두 개의 표면이 마찰되면서 발생하는 열기에 의해 이루어진다. 성냥의 등장으로 사람들은 불쏘시개나 날씨에 구애 받지 않고 원하는 대로 불꽃을 만들 수 있게 되었다.

영국의 화학자 존 워커(1781~1859)는 1827년에 최초의 마찰성냥을 만들었다. 그는 스톡톤 온 티즈에서 약국을 운영하고 있었고 총포탄의 뇌관에 사용되는 폭발성 화학 혼합물을 제조하곤 했다. 그는 우연히 황화안티몬과 염화칼륨을 동일한 비율로 혼합한 이 화학재료를 거친 표면에 대고 문지르면 점화가 된다는 사실을 발견했다. 워커는 이전까지 황산이 든 병에 담근 후에 점화되는 염소산 성냥을 사용했지만, 새로운 혼합물을 사용하여 성냥을 생산하기 시작했다. 워커는 이 성냥을 '콘그리브스'라고 칭했다. 마찰성냥의 화학구성은 보다 정교하게 다듬어졌고 1820년대에 이루어진 분석

결과 염화칼륨, 황화안티몬, 아라비아고무, 산화철로 구성되었다.

그러나 마찰성냥으로 특허를 받은 것은 새뮤얼 존스였고 '루시퍼 성냥'이라는 이름으로 판매되기 시작했다. 이러한 성냥으로 이루어진 점화는 매우 격렬하여 크게 펑 소리가 나는 경우가 많았다. 성냥머리에 붙어진 불꽃은 불안정하여 막대 부분까지 내려오지 않는 경우도 있었고 불쾌한 냄새가 났다. 이러한 문제점을 해결하기 위해 백색의 인이 추가되었지만, 이러한 성냥은 갑자기 연소하는 것을 방지하기 위해 밀폐된 상자 안에 넣어서 보관해야 했다. **CA**

**참고:** 불의 제어, 안전성냥, 점화 램프, 연기탐지기

⬆ 워커 성냥의 끝 부분은 염소산칼륨과 황화안티몬, 아라비아고무와 물로 구성되었다.

# 절연 전선 (1827년)

헨리가 더 강력한 전자석을 만들어내다.

미국의 조지프 헨리(1797~1878)는 열여섯 살에 처음으로 과학에 관심을 갖기 시작하면서 전기에 매혹되었고 전자석으로 실험을 하기 시작했다.

전류가 흐르는 전선은 그 주위에 약한 자기장을 형성한다. 만약 철과 같은 금속을 전선으로 여러 번 감으면 효과가 증가하면서 자기장이 훨씬 더 강력해진다. 최초의 전자석들은 전기의 누전을 방지하기 위해 전선을 느슨하게 감았다. 헨리는 최초로 전선에 절연 덮개를 씌운 후 보다 빽빽하게 여러 겹으로 감아서 효과를 배가시켰다. 헨리가 전선에 사용한 최초의 절연체는 부인의 속치마 천조각으로 만든 것이었다.

절연체의 재료는 전류가 통하지 않는 것이어야 했다. 이를 위해서는 그 재료를 구성하는 원자들이 속박된 전자로 구성되어야 했다. 최초의 대서양 횡단 전신 케이블은 열대성 수목으로부터 추출한 유액인 구

> "물리학자로서 그는
> 우리 나라의 젊은이들 중에서
> 최고이다."
>
> 지질학자 벤저민 실리먼이 조지프 헨리에 대하여

타페르카를 사용해 절연되었다. 이것은 공기 중에 노출되면 부패하는 성질이 있었기 때문에 초기의 전선들은 황마로 감싼 후 역청을 채운 파이프 내부에 설치되었다. 1890년대 후반에는 고무 또는 기름을 주입한 종이로 만들어진 절연재가 일반화되었다. 제2차 세계대전 때는 합성 고무와 폴리에틸렌으로 만들어진 절연재가 등장했다. **LS**

참고: 배터리, 동축케이블, 광섬유, 고온 초전도체

# 스크루 추진기 (1827년)

레셀이 선박을 위한 강력한 동력으로 특허를 받다.

18세기 후반에 산업혁명이 시작되면서 공학자들은 증기력을 여러 교통수단의 동력으로 사용했으며 이중에는 선박도 포함되었다. 발로 밟아서 패달을 가동시키는 방법은 고대부터 사용되었고 외륜선의 원형은 1870년대에 등장했다. 그러나 곧 이와 유사한 기술이 스크루 추진기의 형태로 나타났다. 이것은 부분적으로만 물에 잠기는 패달과는 달리 전체적으로 수중에서 작동되었는데, 대포알이 날아다니는 해상 전투에서는 큰 이점으로 작용했다. 선박용 추진기의 발명을 누구의 업적으로 돌릴 것인지는 여전히 논쟁거리가 되고 있다. 제임스 와트는 1784년에 증기로 가동되는 추진기를 제안했지만 실제로 만들지는 않았다. 다른 많은 사람들이 이 개념에 기반하여 특허를 출원했지만 그중 어느 것도 실용적인 기구로 만들어지지는 않았다.

최초의 실용적인 스크루 추진기로 스크루를 선박의 키와 선미 사이에 설치하는 공정은 보헤미아의 공학자 요제프 레셀(1793~1857)에 의해 개발되었다. 이 기술을 최초로 시험한 운행은 트리에스테 항구에서 이루어졌다. 증기로 가동되는 '치베타'에 40명의 승객을 태운 레셀은 속력을 6노트까지 올리는 데 성공했으나 그 이후에 엔진이 폭발했다. 레셀은 정부 당국으로부터 더 이상 실험하는 것을 금지당했다. 그는 개의치 않고 그 후로 십여 년 동안 연구를 지속했다. 그러나 레셀은 외국의 경쟁자들에게 패배했으며, 그의 발명이 영국에 판매되어 1836년에 프랜시스 스미스에 의해 실험되었다는 의혹도 제기됐다.

스크루는 훗날 스웨덴의 공학자 존 에릭슨이 개량했다. 그는 1839년에 이것을 사용하여 40일만에 대서양을 건넜다. 이 기술은 계속해서 발전하여 브루넬의 '그레이트 이스턴'호와 같은 빅토리아 시대의 거대한 증기선들에까지 사용되었다. **MB**

참고: 고무, 나사, 증기선

▶ 1932년에 진수된 프랑스의 거대한 증기선 '노르망디'에 사용된 23톤짜리 거대한 스크루 추진기 네 개 중 하나.

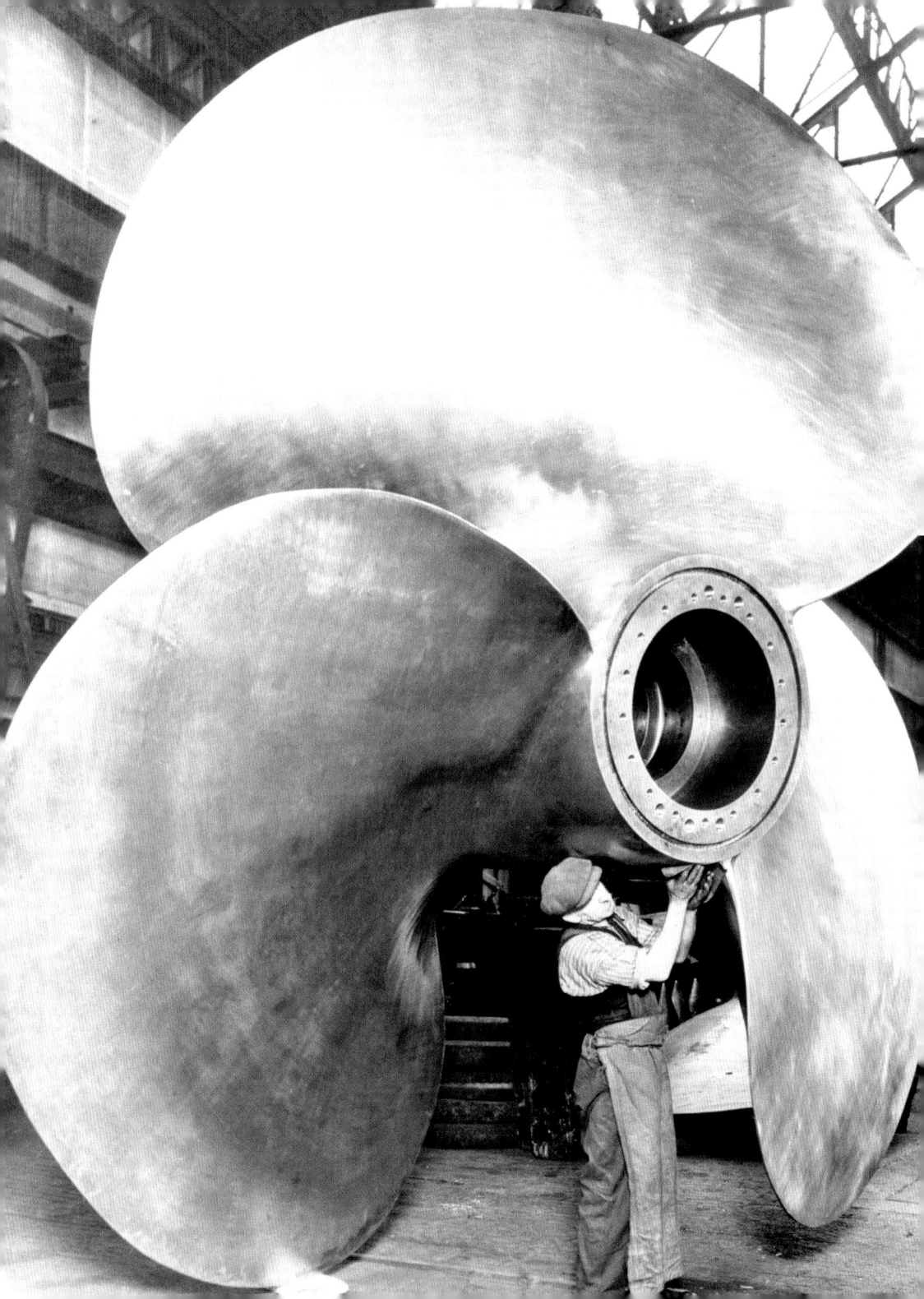

# 만년필 (1827년)

혁신적인 디자인으로 포에나루 만년필의 결점들이 드디어 극복되다.

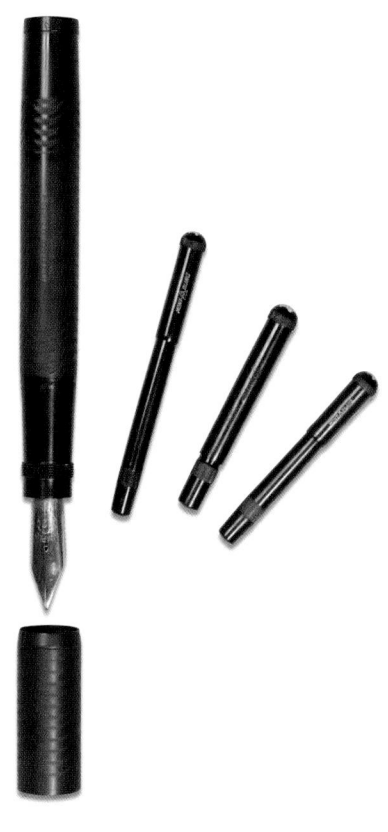

"우리들 중에서 만년필만큼
많은 미덕을 지니거나 만년필의 고집을
절반이라도 지닌 사람은 없다."

마크 트웨인

⬆ 몽블랑 만년필은 영구적인 고무 잉크용기 대신에 잉크 카트리지
  를 사용한다.

➡ 1919년의 광고에서 베르사유 조약이 워터맨의 만년필로 체결되
  었다고 말하고 있다.

현대적 만년필의 발명은 발명이라기보다는 그 발명품이 완성되는 과정에 가깝다. 만년필이 최초로 발명된 지 50년 후인 1883년에 뉴욕의 보험 브로커 루이스 워터맨은 중요한 계약서에 서명할 준비를 하면서 이 중요한 사건을 더욱 영예롭게 하기 위해 당시 일반화된 잉크 채우는 펜을 사용하기로 결심했다. 그러나 당시의 만년필들은 잉크가 나오는 양을 균일하게 조절하지 못하는 것으로 악명이 높았고, 서명을 하려는 순간 잉크가 계약서 전체로 뿜어져 나오면서 계약서 자체를 엉망으로 만들자 워터맨은 조치를 취해야겠다고 결심했다.

그로부터 한 해가 채 지나기도 전에 루이스 워터맨은 세계 최초로 잉크가 새는 것을 방지한 실용적이고 쓰기에 편리한 만년필을 고안했다. 잉크가 나오는 양을 조절하기 위해 그는 모세관 현상을 적용시켜 펜촉에 작은 공기구멍을 넣었고, 공급장치에 홈을 파서 새로 발명한 새지 않는 용기에서 펜촉으로 가는 잉크의 흐름을 조절했다. 워터맨은 우리가 오늘날 알고 있는 현대적 만년필을 발명한 공로를 마땅히 인정받아야 하지만, 그는 이것을 그보다 앞선 많은 사람이 쌓아놓은 연구 성과를 바탕으로 만들어냈다.

이미 18세기 초에 프랑스 왕의 수석 도구 제작가였던 M. 비용이 펜촉이 있는 만년필을 만들어냈으며 이중 다섯 자루가 오늘날까지 남아 있다. 강철로 만들어진 최초의 펜촉은 1828년에 생산되었으며 이는 페트라슈 포에나루가 발명한 것으로 추정된다. 1830년대에는 발명가 제임스 페리가 모세혈관 현상의 원리를 이용한 펜촉을 디자인하다가 실패했다. 그러나 이 모든 장애를 극복하고 성공적인 펜을 만들어낸 것은 루이스 워터맨이었다. 너무나 큰 성공을 거두었기 때문에, 워터맨이 사망한 지 2년 후인 1901년에는 그가 디자인한 펜이 전세계적으로 35만 자루가 판매되었다. **BS**

**참고:** 잉크, 종이, 강철, 깃펜, 연필, 타자기, 볼펜, 펠트펜

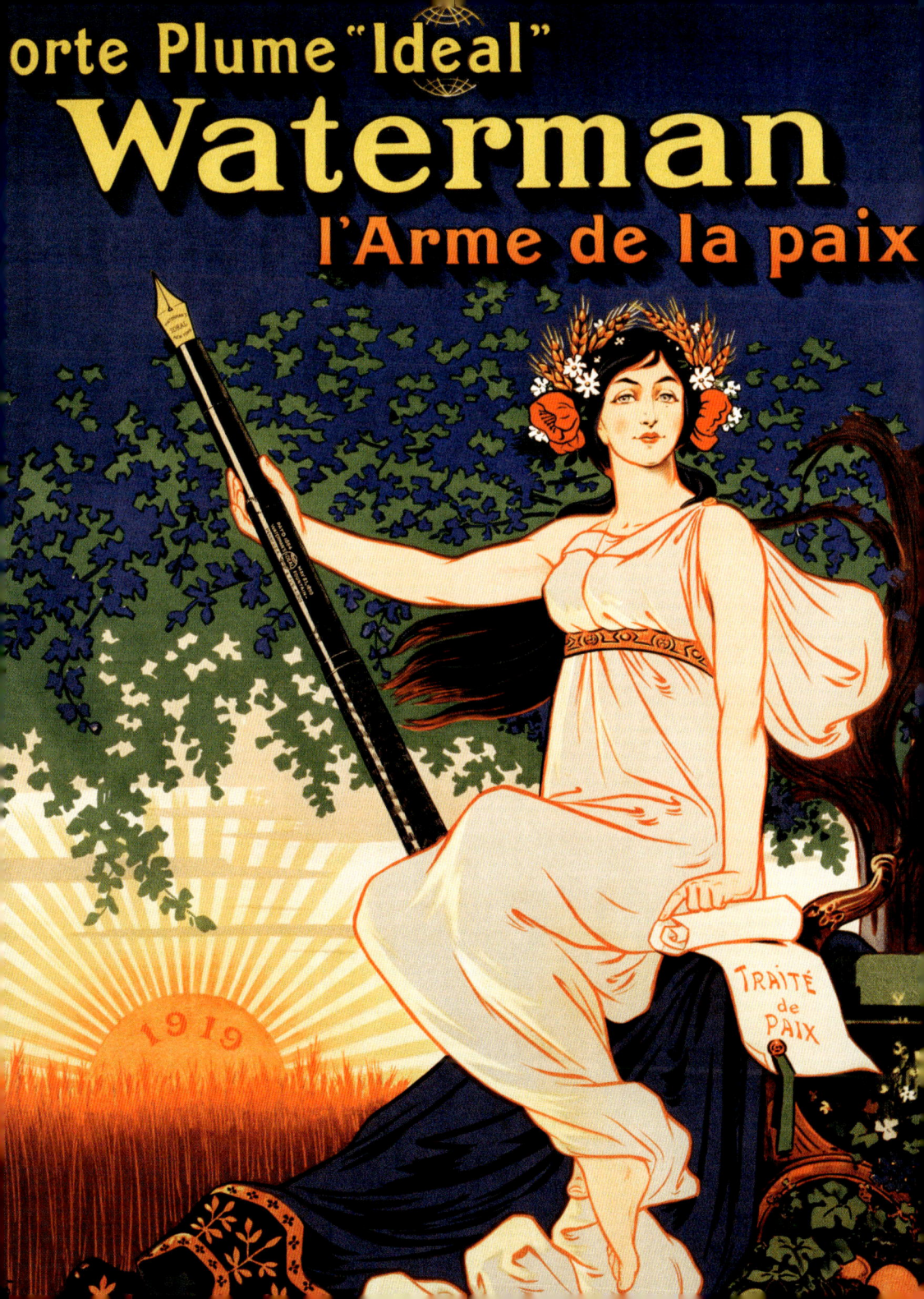

# 연필깎이
## (1828년)

라시몽이 연필을 펜나이프로부터 해방시키다.

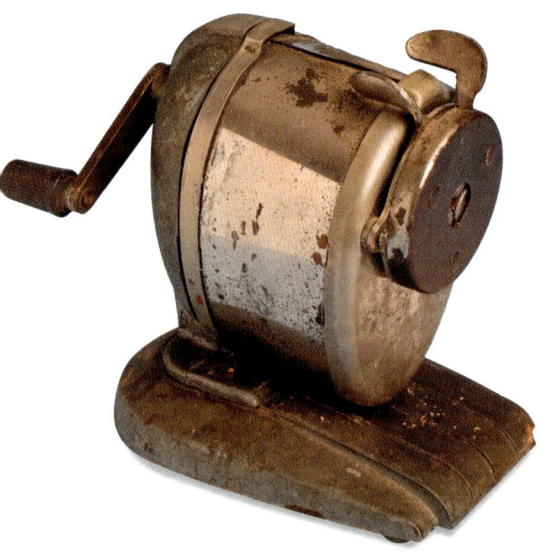

프랑스의 화가이자 육군장교 니콜라 자크 콩테는 1795년에 연필 제작공정으로 특허를 받았다. 그러나 연필깎이로 1828년에 최초의 특허를 받은 사람은 같은 프랑스 출신의 수학자 베르나르 라시몽이었다. 그 이전까지 연필은 펜나이프로 깎아야 했다. 펜나이프라는 이름은 깃펜을 깎기 위해 사용된 데서 유래되었다.

연필깎이가 지금의 형태를 띠게 된 것은 1847년에 이르러서였다. 그것은 테리 데제스토가 발명한 새로운 연필깎이였다. 그러나 아마도 연필깎이 디자인에 있어서 가장 중요한 발전은 아프리카계 미국인 존 리 러브의 디자인이었을 것이다. 그는 '러브 샤프너'라고 불린 휴대용 연필깎이를 고안했으며 이것은 특히 예술가들 사이에서 오늘날까지도 널리 사용되고 있다. 연필을 연필깎이의 구멍에 넣고 손으로 회전시키면 깎인 부분이 한컨에 쌓여서 다시 비우고 사용할 수 있었다. 러브는 1897년 11월 23일 미국에서 자신의 디자인에 대한 상세한 도면을 제출하여 특허를 출원했다. 그는 훗날 자신의 특허 도면에서 간단하고 실용적인 기구를 표현했지만, 연필깎이를 고도로 장식품으로 만들어서 책상 장식이나 문진으로 사용하는 용도도 생각해 보았다고 설명했다.

최초의 전기 연필깎이는 1940년대 초에 산업공학 디자이너 레이몬드 로위가 발명한 것으로 추정된다. 이것은 뉴욕의 하마커 슐레머社를 통해 판매되었다. **TP**

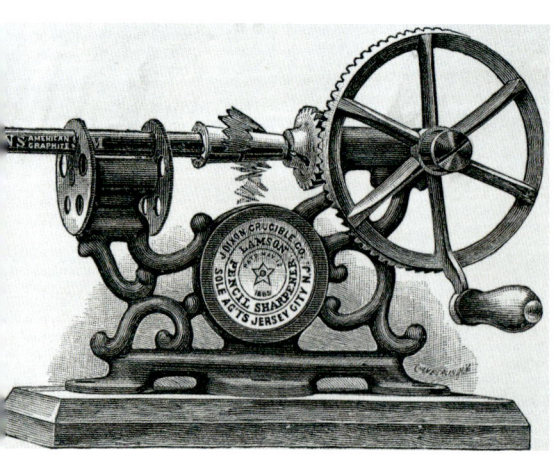

참고: 흑연 연필, 종이, 강철

◤ 20세기에 만들어진 이 연필깎이는 연필을 깎는 동안 연필을 고정시키는 용수철 장치가 입구 부분에 장착되어 있다.

◀ 이 기계에는 다섯 개의 연필이 들어간다. 바퀴를 돌리면 연필깎이의 날이 회전한다.

# 다관보일러 기관
## (1828년)

세갱이 보일러의 효율성을 높이다.

증기기관의 보일러는 불이 내뿜는 열기와 불에 의해 생성된 뜨거운 가스로부터 발생하는 열을 이용해 물을 끓이고 증기를 생성한다. 이러한 공정의 효율성은 뜨거운 가스와 물이 담긴 용기 사이의 접촉면이 클수록 증가한다. 단순히 불 위에 놓는 주전자형 보일러를 사용하는 대신 다관보일러는 일련의 좁은 관들을 통해 가스를 보일러 속으로 통과시킨다. 콘월 지방의 보일러는 한 개의 관, 랭커셔의 보일러는 두 개의 관으로 구성돼 있었다. 선박과 기관차의 보일러는 다수의 관으로 구성돼 있었으며 이들은 보일러 속을 앞뒤로 통과하기도 했다.

최초의 다관보일러는 1828년에 프랑스의 공학자 마르크 세갱(1786~1875)에 의해 발명되었다. 이것은 초기 철도기관의 출력과 속도를 상당한 수준으로 증가시켰으며 1829년 10월에 레인힐 선발전의 리버풀-맨체스터간 철도에서 조지 스티븐슨의 '로켓'이 성공할 수 있었던 핵심 요소이기도 했다.

이와 같은 다관보일러는 연관(煙管)보일러라고도 알려져 있다. 이들은 상대적으로 작고 빠른 속도로 증기압력을 높일 수 있었다. 기관차의 기관과 마찬가지로 다관보일러의 증기력은 산업기관에서 증기선에 이르기까지 모든 용도로 사용되었다.

현대에는 보다 높은 기압에서 작동하는 보일러들이 다관구조로 되어 있다. 여기에서는 좁은 관들이 물과 증기를 뜨거운 용광로 속으로 직접 통과시키고, 관속을 통과하는 유체의 흐름은 가속하기 위한 장치가 사용되는 경우가 많다. 또한 증기를 과열시켜서 추진터빈에서 사용할 수도 있다. 물을 사용하는 보일러는 연관(煙管)보일러보다 안전하다. 이들은 크게 고장나는 경우가 드물어서 핵발전에 있어 중요한 역할을 한다. **DH**

# 열전대
## (1829년)

노빌리가 높은 온도를 측정하는 방법을 발견하다.

1821년에 에스토니아의 물리학자 토머스 J. 제베크는 우연하게 다음과 같은 사실을 발견했다. 즉 전도체의 양쪽 끝의 온도가 다른 경우, 각 지점의 전위(전압량)가 달라질 뿐만 아니라 전압이 온도차에 비례한다는 것이었다. 회로가 단일한 재료로 만들어지면 순 루프 전압이 0이 된다. 그러나 서로 다른 두 개의 전도체, 예컨대 플라티늄과 팔라듐을 연결시키면 양의 전압이 발생한다.

열전대는 납(섭씨 327.6도), 은(섭씨 961도), 니켈(섭씨 1,453도) 등 특정 순수 물질들의 녹는점을 사용하여 눈금을 정한 후에 그 두 가지 구성요소의 녹는점에 이르는 정도까지 온도를 측정할 수 있다.

이탈리아 물리학자 레오폴도 노빌리(1784~1845)는 1829년에 몇 개의 안티몬 비스쿠트 막대를 사용하여 간단한 형태의 열전대를 만들었다. 이것은 적외선을 조사하기 위해 사용되었고 전압을 측정하는 무정위 검류계에 연결되었다.

후에 프랑스의 산업화학자 앙리 르 샤틀리에는 시멘트 산업과 관련하여 섭씨 500도 이상의 온도를 재는 데 관심이 있었다. 순수한 플라티늄과 플라티늄과 로듐의 합금을 자신의 열전대 온도계의 사용한 그는 이 두 재료의 순수성과 균질성이 매우 중요하다는 사실을 깨달았다.

1890년대에는 정확하고 튼튼하며 보다 신뢰도가 높은 열전대 온도계들이 강철작업 등의 분야에서 널리 사용되었다. 이것은 금속 합금의 효과에 대한 연구를 크게 발전시켰다. **DH**

---

**참고:** 증기기관, 고압 증기기관, 기관차, 증기선

**참고:** 금속 세공, 강철, 수은 온도계, 자동 온도 조절장치, 고온계

# 속기기계(스테노타이프) (1830년)

드라이스가 사람의 말을 기록하는 기계를 발명하다.

독일의 발명가 카를 드라이스(1785~1851)는 현대 자전거의 선조이자 기계적 운송수단의 초기 형태인 드라이지네를 발명한 것으로 유명하다. 그러나 그 외에도 1830년대에 사람의 말을 기록하는 자판 기구를 발명했으며, 이것은 우리가 오늘날 속기기계라고 부르는 것으로 발전했다.

속기기계는 스물두 개의 글자와 숫자가 있는 자판으로 이루어지며 마치 피아노로 화음을 연주하듯이 사용자(혹은 속기사)가 한 번에 하나의 음절이나 구문 혹은 단어를 타이핑할 수 있다. 속기사들은 음절을 철자가 아닌 발음에 따라 음성학적으로 기록한다. 간략하게 말하자면 왼손으로는 첫 자음, 오른손으로는 마지막 자음을 생성하고 엄지로는 그 사이의 모음을 만든다.

속기는 사람이 하는 말을 빠른 속도로 기록할 수 있어서 법정에서 인기가 있었으며 현재까지도 법정의

> "유일한 움직임은
> 신비한 기계의 자판 위로 춤추는
> 손가락들 뿐이다."
> 새라 캠벨, 『타임스』, 2007년 2월 8일

기록방법으로 사용되고 있다. 법원 속기사는 분당 225개 정도의 단어를 정확하게 기록할 수 있어야 한다. 분당 300개 단어(초당 다섯 개 단어)까지 기록하는 속기사도 종종 있다.

속기사들은 자신의 기계를 사용하는 데 있어 자신만의 방법을 개발하기 때문에 다른 사람들은 그 결과물을 읽을 수조차 없는 경우도 있다. **RBd**

참고: 타자기, 기계적 컴퓨터, 디지털 전자 컴퓨터, PC

# 자동 온도조절 장치 (1830년)

유어가 온도조절을 발전시키다.

자동 온도조절 장치는 오븐이나 자동차 엔진 혹은 방의 온도를 제어하여 지정된 특정 온도로 유지시킨다. 온도는 냉방이나 난방을 작동시키는 온도에 민감한 스위치를 통해서 제어할 수 있다. 이러한 스위치들 중 다수는 금속이나 밀랍 혹은 기체의 팽창을 유도함으로써 활성화된다. 보다 최근에 만들어진 자동 온도조절 장치는 전기회로의 서미스터에 의존해왔다. 서미스터는 보통 온도에 비례하여 값이 크게 변하는 세라믹이나 폴리머로 이루어진 전기 저항이다. 서미스터는 1930년에 새뮤얼 루벤에 의해 특허를 받았다.

앤드류 유어 박사(1778~1857)는 스코틀랜드 출신의 의사 겸 화학자로 공장 체계와 자유 무역, 증기기관 기계들에도 큰 관심이 있었다. 섬유 제조공장에서 균일한 품질로 상품을 제작하기 위해 일정한 온도가 유지되어야 한다는 사실을 깨달은 유어는 이러한 용도를 위해 만들어진 자동 온도조절장치로 특허를 받았다. 이것은 완전히 새로운 기구는 아니었다. 네덜란드의 코르넬리스 드레블(1572~1633)은 수은 용기의 팽창과 수축을 사용하여 인공 부화기 내의 기류와 온도를 제어했다.

동물들은 매우 효율적인 생물학적 자동 온도조절 장치를 지니고 있다. 인간의 몸은 시상하부를 통해 온도를 제어하고 탐지한다. 인간의 일반적인 체온은 활동 중일 때는 대략 섭씨 37.4도, 잠을 자고 있을 때는 섭씨 36.3도이다. 피부의 온도가 섭씨 37도 이상으로 올라가면 땀이 나기 시작하면서 수분이 증발해 체온이 내려간다. 섭씨 37도 이하의 온도에서는 혈관수축으로 피부로 가는 열의 흐름이 감소한다. 이 경우에는 오한이 시작되고 단열을 증가시키기 위해 털이 곤두서며 열이 오르기 시작한다. **DH**

참고: 가스레인지, 전기 스토브, 전기 다리미, 냉장고, 수은 온도계

# 잔디깎기 (1830년)

버딩이 발명한 기계가 교외의 삶을 상징하게 되다.

잔디깎기가 발명되기 전에 잘 다듬어진 잔디는 낫으로 풀을 깎는 정원사를 고용할 수 있는 계층만이 가지는 특권이다. 영국의 공학사 에드윈 비어드 버딩(1795~1846)은 운동경기장의 잔디와 부유한 사람들의 정원을 관리하기 위해 원통형 잔디깎기를 발명했다. 영국에서 1830년에 특허를 받은 버딩의 기계는 무거운 굴림대를 사용하여 원통을 가동시켰으며 이것을 밀고 끌기 위해 두 명의 정원사를 필요로 했다. 런던 리전트 파크 동물원은 1831년에 이 기계를 도입해 사용했다. 1860년에는 잔디깎기의 굴림대가 36인치(900센티미터)에 이르는 여덟 가지 크기로 생산되었다. 1859년에는 토머스 그린이 체인전동을 이용한 최초의 기계를 생산했다. 풀 박스가 추가된 것은 1860년대였다.

1893년에는 제임스 섬너가 휘발유나 등유를 연료로 사용하고 증기력으로 가동되는 잔디깎기로 특허를 받았다. 그는 랭커셔 증기모터社(레이랜드 모터社의 전신)의 공동설립자로서 1896년에 증기력으로 가동되는 차량을 생산했다. 이 기술은 영국의 모터 산업의 발전을 위한 토대를 닦았다. 1899년에는 미국의 에머리어 힐즈가 가벼운 원통형 잔디깎기를 개발하여 특허를 받았고 1900년경에는 영국의 랜섬스가 최초의 탈 수 있는 잔디깎기를 만들었다. 잔디깎는 기술은 계속해서 발전했으며 로터리식 잔디깎기와 호버 잔디깎기 그리고 로보트식 잔디깎기까지 발명되었다.

잔디깎기의 발명은 잔디를 보다 대중화시키고 잔디에서 하는 스포츠 종목인 테니스, 크리켓, 럭비, 축구의 인기를 끌어올렸다. **EH**

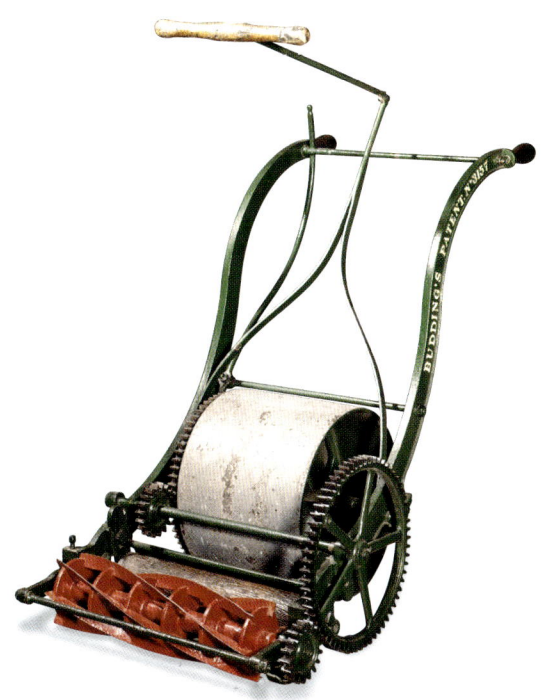

**참고:** 바퀴와 축, 증기기관, 전기모터, 자동차

↗ 버딩의 잔디깎기는 섬유공장에서 모직 옷감을 자르는 데 사용되던 절단기를 사용하여 만들어졌다.

➡ '버키 모워 앤 래킹 리퍼'의 광고에 탈 수 있는 잔디깎기가 등장한다.

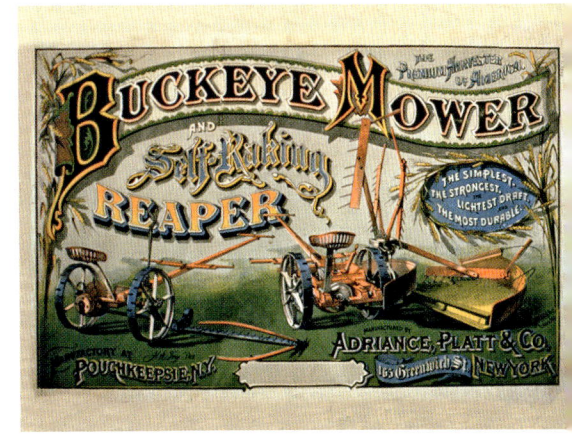

# 고온계

## (1830년)

다니엘이 가열된 플라티늄의 팽창을 이용하여 고온을 측정하다.

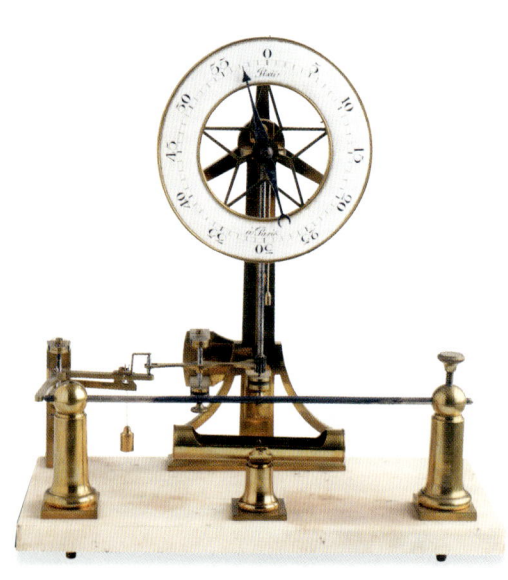

고온계란 높은 온도, 특히 수은의 끓는점인 섭씨 356도 이상의 온도를 측정하기 위한 기구이다. 런던 킹스 칼리지 화학과의 첫 교수였던 존 프레더릭 다니엘(1790~1845)은 1830년에 기록 고온계라는 기구를 발명했다. 이것은 플라티늄의 팽창을 이용한다. 예컨대 액체 은의 온도를 측정했다. 플라티늄 막대를 속이 빈 흑연 실린더에 넣은 후 지레 장치와 저울을 사용하여 팽창을 기록했다. 다니엘은 또한 다니엘 전지라고 불리는 전기 배터리와 이슬점 습도계도 발명한 것으로 유명하다.

19세기가 진행되면서 도기 제조를 위한 화로나 강철 용광로와 같은 생산공정에서 온도의 정확한 측정이 보다 중요해졌다. 섭씨 3,000도 정도의 온도를 측정할 수 있는 기구도 필요하게 되었다. 이러한 기구들은 고온의 물질로부터 거리를 두고 떨어져 있어야 하기 때문에 팔스 페리가 발명한 거울 고온계는 반사망원경 장치를 이용하여 방사된 복사에너지를 탐지기로 집중시켰다.

1899년에 처음으로 특허를 받은 광학적 고온계는 백열체의 색깔을 뜨거운 전선의 색깔에 비교하는 역할을 하는 기구였다. 이 기구는 가열된 물체가 방사하는 복사 에너지의 색깔이 온도가 점점 올라감에 따라 붉은색에서 노란색, 흰색으로 변한다는 사실에 기반을 둔 것이었다. **DH**

참고: 수은 온도계, 자동온도조절장치, 열전대

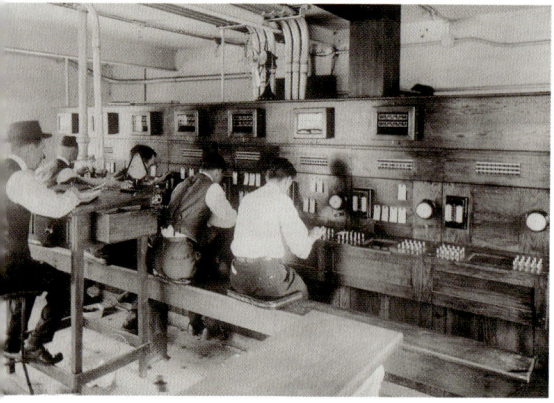

↖ 이 고온계는 파리의 이폴리트 픽시가 만들었으며 그의 도록에 1849년도의 기구로 수록되어 있다.

← 1917년 미시간 디트로이트에 있는 공장의 노동자들이 고온계를 사용하여 오븐의 온도를 조절하고 있다.

# 전자기 전신
(1830년)

실링이 새로운 통신 방법을 발명하다.

전신은 전선과 전류를 사용하여 메시지를 보내는 방법이다. 한쪽 끝에서 송신자가 스위치로 단어를 두드리면 그 때마다 회로가 완성되면서 전류가 흐를 수 있게 한다. 전류가 전선을 타고 흘러서 수신자 쪽에 이르면 계기판이나 지시기를 가동시켜서 사용자가 들어오는 메시지를 볼 수 있게 해준다.

전신의 초기 형태는 전류가 액체 속을 통과하여 시각 효과를 생성하는 전기분해요법에 기반을 두었다. 새뮤얼 토머스 폰 쇰머링이 개발한 전기분해 전신의 초기 형태는 독일 알파벳의 각 글자에 해당되는 30개의 전선을 산성수에 담근 것으로 구성되었다. 글자를 두드려서 회로가 완성되면 전기화학반응에 의해 수소 거품이 생성된다. 어떤 전선이 거품을 발생시키는지를 지켜보면 메시지를 쉽게 해독할 수 있다.

파벨 실링 남작(1780~1836년경)은 폰 쇰머링과 협력하여 보다 실용적인 기구를 발명하기로 결심했다. 1830년경 실링은 자기를 띤 바늘 둘레로 전선을 감으면 바늘이 한 쪽으로 진동한다는 사실을 발견했다. 이 효과는 전선을 통해 흐르는 전기가 자기장을 형성하는 전자기 현상에 기반을 둔 것이다. 전선을 둥글게 감으면 자기장이 증폭되면서 바늘을 진동시킬 정도로 강력해졌다. 그는 글자들을 지시하기 위해 수평으로 장착된 바늘들을 사용함으로써 이 현상을 전신에 결합했다.

전자기 전신은 1832년에 처음으로 시연되었으며 통신을 위해 전류를 이용한 최초의 대표적인 예이다. 4년 후에는 찰스 휘트스톤과 윌리엄 포더길 쿠크가 전기 전신으로 특허를 받았고 1844년 5월에는 새뮤얼 모스가 발명한 최초의 전신선이 개통되었다. **RB**

# 수확기
(1831년)

맥코믹이 농작물의 수확을 자동화시키다.

미국의 사이러스 맥코믹(1809~1884)이 수확기를 발명하기 전에는 농작물을 수확할 때 주로 큰 낫을 사용하여 손으로 작업을 해야 했다. 토지 소유자들은 땅의 면적이나 봄에 뿌릴 수 있는 씨의 양보다는 가을에 수확할 수 있는 양 때문에 제약이 있었다.

맥코믹의 아버지는 '수확기'를 만들기 위해 자동적으로 곡물을 자르고 다발로 모으는, 말이 끄는 기계를 설계했지만 실패했으며 자신의 연구를 아들에게 물려주었다. 사이러스 맥코믹이 1831년에 설계한 수확기는 커다란 기계적 칼날이 작물을 자르는 동안 사용자와 말 위로 틀을 씌워서 장치를 안정화시켰다.

맥코믹은 첫 번째 설계에 만족하지 못했으며 1834년까지 특허 출원을 미루다가 메릴랜드에 경쟁을 벌이는 발명가가 나타나서야 특허를 받았다. 그러나 무게와 효율성, 신뢰성을 개선하고 다발로 분류하는 기능까지 추가했음에도 불구하고 맥코믹의 기계는 인기를 얻지 못했다. 농부들은 변화를 꺼려했으며 거의 10년 동안은 판매가 부진했다.

결국에는 수요가 급격히 증가하여 맥코믹의 대장간으로는 공급을 맞출 수가 없어 시카고에 있는 공장으로 이전해야 했다. 발명가는 1851년에 런던의 크리스탈 궁에서 열린 산업박람회에서 최고상을 받으면서 국제 시장을 선점했다. 처음에 영국인들은 그의 우스꽝스러운 기계를 비웃었지만 이것이 효율적으로 농작물을 자르는 것을 본 후에는 많은 사람들이 맥코믹 수확기社에 기계를 주문했다.

수십 년 후에는 수확기가 개량되고 증기력과 엔진이 잇따라 추가되면서 현대적 복식 수확기가 만들어졌다. 이는 20세기의 농업에 혁명을 일으켰다. **LS**

---

**참고:** 모스부호, 인쇄전신, 이중전신, 전기기계식 릴레이, 전화

**참고:** 도리깨, 큰 낫, 탈곡기, 복식 수확기

# 멀티플 코일 자석 (1831년)

헨리가 전자석의 잠재력을 개발하다.

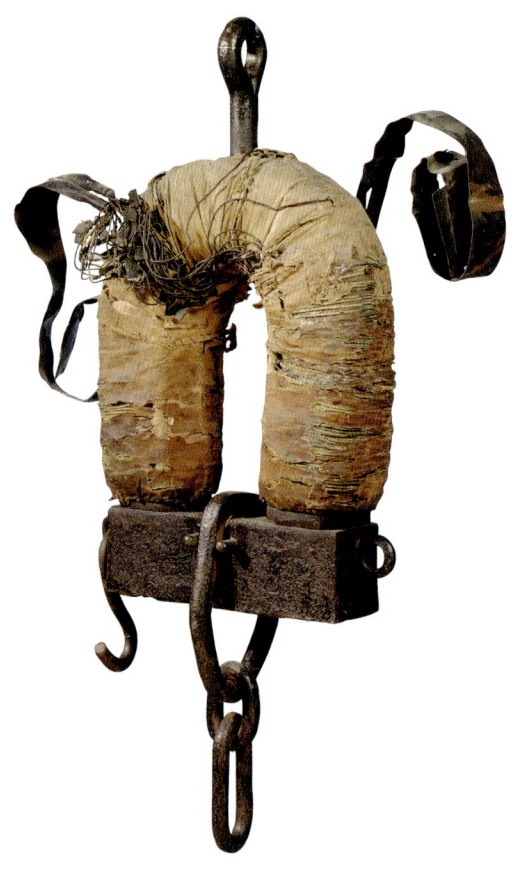

영국인 윌리엄 스털전은 1825년에 간단한 전자석을 발명했다. 그로부터 5년 후에는 미국의 조지프 헨리 (1797~1878)가 이 전자석 자기장의 세기를 약 400배 정도로 끌어올리는 데 성공했다.

현대 전자석의 가장 중요한 특징은 그 자기장을 제어할 수 있는 속도이다. 기본적으로 전자석은 전류가 흐르는 전선을 나사모양으로 감은 것, 즉 솔레노이드이다. 직류가 전선을 통과할 때는 자기장의 강도가 전류의 진폭에 직접 비례한다. 솔레노이드의 중심에는 공기만 있는데, 보다 강력한 자기장이 필요한 경우 중심을 연철이나 기타 강(强)자성 재료의 상자성체(常磁性體)로 채운다. 이 장치의 단점은 전류를 스위치로 끈 이후에도 잔류 자기장이 지속될 수 있다는 점이다. 이것은 코일에 교류 전류를 흘려보내 자기장을 제거해야 한다.

직류 전자석은 철제 물건을 들어올리거나 스위치를 끄거나 킨 상태로 유지시키는 데 사용된다. 교류 전자석은 텔레비전 브라운관과 같은 스캐닝 장치에 사용된다. 브라운관의 요크는 서로 수직으로 장착된 두 세트의 전자석을 가지고 있다. 코일을 통해 흐르는 전류는 스크린에 집중되는 전자 빔을 제어한다. 이 빔은 스크린의 위에서 아래까지 스캔되는 수평의 선으로 된 래스터(스캔 패턴)를 그리도록 만들어질 수도 있다.

확성기 역시 전자석에 의존한다. 확성기에서는 중앙의 철제 심이 확성기의 페이퍼 콘(paper cone)에 장착되어 있다. 코일에 교류가 흐르면 확성기가 진동하면서 소리를 방출한다. **DK**

> "헨리의 자기력은
> 자기학의 역사에 있어서
> 다른 모든 것을 능가한다."
> 윌리엄 스털전이 조지프 헨리에 대하여

참고: 전자석, 전기 모터, 절연 전선, 전기 발전기, 배터리

🗷 무거운 물체를 들고 있는 헨리의 전자석은 스미소니언 협회가 소장하고 있다.

# 발전기(다이너모) (1831년)

패러데이와 헨리가 운동 에너지를 전기 에너지로 변환하다.

발전기는 기계 에너지를 전기 에너지로 변환하는 장치이다. 예를 들어 자전거 램프를 위한 전기는 사람이 자전거에 타면 바퀴에 얹힌 이랑진 실린더가 페달을 밟음에 따라 회전하는 일종의 발전기에 의해 공급된다.

다이너모를 구성하는 두 개의 주요 부분은 자기장을 발생시키는 장치(고정자)와 전선이 자기장선을 계속해서 통과하도록 코일로 감긴 도선(전기자)이다. 최종 결과물은 교류 전류가 도선을 타고 흐르는 것이다. 세 번째 구성요소인 정류자(기계의 회전축 주위로 장착된 일련의 접점들)는 교류 전류를 직류 전류로 변환하는 데 사용되는 경우가 많다.

발전기와 전기모터 사이에는 밀접한 관계가 있다. 전자는 운동 에너지를 전류로 변환하고 후자는 전류를 운동 에너지로 변환한다. 사실상 현대의 전기 기관차에 달린 견인 모터는 두 가지 용도로 모두 사용되는 경우가 많다.

영국의 화학자 겸 물리학자 마이클 패러데이(1791~1867)는 다양한 종류의 전자석 회전 장치를 발명했으며 1831년에 최초의 발전기를 발명했다. 미국의 발명가 조지프 헨리(1797~1878)는 거의 비슷한 시기에 유사한 견본을 만들어냈다.

이 시연용 장치들은 1832년에 프랑스의 기구 제작자 앙트완 이폴리트 픽시(1808~1835)가 만든 보다 효율적인 기계로 대체되었다. 패러데이의 것과 동일한 원리로 작동하는 픽시의 기계는 영구자석을 회전시켜서 양극이 전선으로 휘감긴 철조각을 지나도록 되어 있어, 자석이 한번 회전할 때마다 전선을 따라 전류가 흘렀다. **RBk**

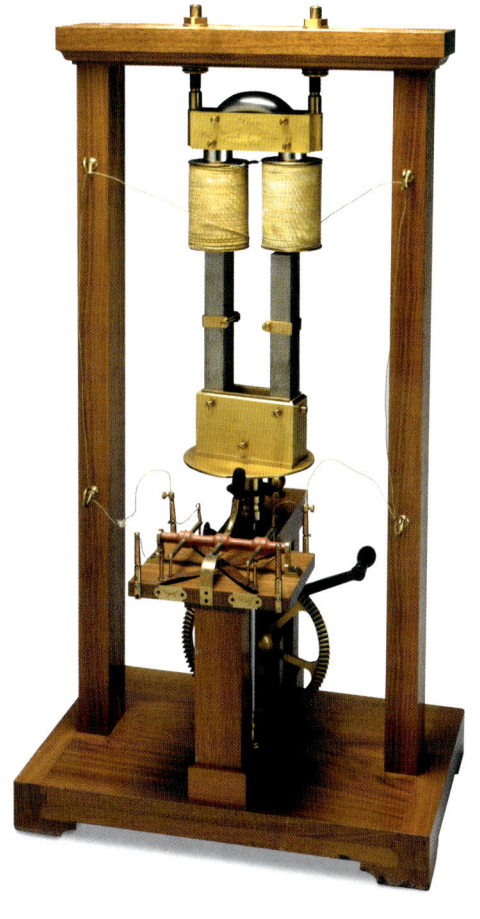

**참고:** 전자석, 전기모터, 단열전선, 전기발전기, 멀티플 코일 자석

↗ 픽시가 만든 1832년의 자전기(磁電氣) 기계는 전류를 생성하는 최초의 실용적인 기계발전기였다.

> "위대한 발명의 씨앗들은 그것을 받아들일 준비가 되어 있는 사람의 정신 속에서만 뿌리를 내린다."
> 조지프 헨리

# 시한자물쇠 금고 (1831년)

러더포드가 은행금고의 보안성을 발전시키다.

최초의 시한자물쇠 금고는 스코틀랜드의 윌리엄 러더포드가 1831년에 특허를 받은 것으로 여겨진다. 그의 금고는 금고를 안전하게 지키려는 은행과 금고를 따고 들어가려는 은행강도들 사이에서 벌어진 경합의 일환으로 만들어졌다.

로마인들은 금속으로 만든 자물쇠를 최초로 발명했으며 이 자물쇠들은 특수한 홈과 새김눈이 있어서 억지로 따기가 어려웠다. 1784년에는 조지프 브래머가 최초의 '딸 수 없는' 자물쇠를 만들었다. 비록 어떤 자물쇠공이 51시간에 걸쳐서 따기는 했지만, 이것은 도둑들의 자물쇠 여는 시간을 지연시켜 절도행위를 어렵게 만들었다. 1800년대가 되면서 은행강도 사건이 빠르게 증가했다. 이 문제에 대한 해결책이 바로 시한 자물쇠로, 정해진 시간이 되기 전에는 자물쇠의 본트가 열리지 않도록 방지하는 시계장치이다. 맞는 열쇠(혹은 다이얼

---

> "처음에는 은행원들이 도둑뿐만 아니라
> 은행직원들까지도 막아내는 자물쇠를
> 받아들이는 것을 망설였다."
>
> 존 에롤과 데이비드 에롤, 소설가

---

자물쇠의 경우에는 해당되는 다이얼의 조합)가 있더라도 시한자물쇠는 미리 정해진 시간이 되기 전에는 열 수가 없다. 예를 들어 은행에서 주말 동안 금고를 잠근다면 월요일 아침까지는 다시 열 수가 없는 것이다.

그로부터 40여 년 후인 1873년 예일의 직원인 제임스 사전트가 현대 시한자물쇠의 기초가 된 디자인으로 특허를 받았다. 이 모델은 믿을만하고 안전했으며 사용하기에도 간편했다. 은행에 이 자물쇠가 도입된 이후에 강도들은 금고에 침입하기 위해 폭발물을 사용하여 문을 부수는 등의 새로운 방법을 고안해야 했다. **HI**

---

**참고:** 기계적 자물쇠, 다이얼 자물쇠, 맹꽁이 자물쇠, 텀블러 자물쇠, 안전 자물쇠, 예일 자물쇠

# 점화 램프 (1832년)

되버라이너가 불을 즉각적으로 이용할 수 있게 만들다.

17세기 이전에는 불을 지피려고 하는 사람은 먼저 다른 불을 찾아야했다. 그렇지 않으면 고대로 돌아가서 나무나 돌을 이용한 다양한 방법 중 하나를 이용해 불꽃을 만들어내는 수밖에 없었다. 18세기에는 볼록렌즈 유리로 불을 지폈지만 이것은 어둠 속에서 불을 지펴야 하는 상황이나 직접 햇볕이 비치지 않는 곳에서는 소용이 없었다.

공기압을 이용한 최초의 점화램프는 1770년에 발명되었다. 이 장치는 기체를 고속으로 압축함으로써 열과 불꽃을 생성했다. 그러나 최초의 실용적인 점화램프는 1830년대 중반이 되어서야 일반적인 가정집에서 사용되었다. 1832년 독일의 화학자 요한 되버라이너가 최초로 이 아이디어에 착안했으며 5년이 지난 후, 이미 2만 개의 점화램프가 영국과 독일에서 사용되고 있었다. 이들은 안전성냥과 현대적 담배 라이터가 연달아 등장하기 전까지는 꾸준히 인기를 누렸다.

되버라이너는 플라티늄으로 실험을 하면서 순수한 플라티늄 가루가 수소 가스가 있을 때 불꽃을 만들어낸다는 사실을 발견했다. 사실 이 반응은 이전에도 주목을 받은 적이 있지만 이것을 실용적으로 활용한 것은 되버라이너가 최초였다. 이 현상을 재발견한 지 수일 내에 그는 '되버라이너르셰 포이어초이그'라고 하는 램프를 만들어냈다. 이 램프는 수소를 플라티늄과 접촉시켜서 불꽃을 점화시켰다.

현대의 담배 라이터는 이와 살짝 다른 메커니즘으로 플라티늄 대신에 다른 금속들의 혼합물을 부싯돌로 사용한다. 라이터의 버튼을 아래로 누르면 바퀴가 부싯돌을 마찰시키면서 입자들이 방출되어 공기 중에 불꽃을 생성하고 라이터 내부의 가스를 점화한다. **HB**

---

**참고:** 불의 제어, 마찰성냥, 안전성냥

# 자기계(磁氣計) (1833년)

자우스가 자기장의 에너지를 측정하다.

간단한 나침반은 자기장의 방향을 지시하지만 독일의
수학자 겸 과학자 C. F. 가우스(1777~1855)는 자기장
의 절대적 강도까지도 측정할 수 있었다. 가우스가 살
던 시대 이전에는 지구상의 서로 다른 두 지점에서의
자기력 수치를 비교할 때 자기화된 바늘을 매달아서 그
것이 진동하는 속도를 주의깊게 관찰해야 했다. 가우스
와 물리학 교수인 그의 친구 빌헬름 베버(1804~1891)
는 자기화된 바늘을 지구 자기장과 직각으로 매달고 있
을 때, 그것을 매달고 있는 두 개의 섬유에 어느 정도
의 꼬임이 생기는지를 관찰하여 자기장의 강도를 측
정했다.

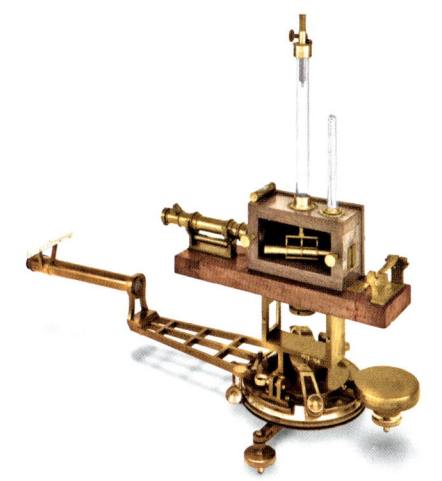

가우스와 베버는 '마그네티셔 페라인'(자석 모임)
을 설립했는데, 여기에 소속된 회원들은 지구 전역의
자기장뿐만 아니라 지구 중심핵에 있는 용해된 철의 느
린 변화와 시간이 지남에 따라 지구를 둘러싼 전자구
름의 변화에 의해 야기된 변화까지 측정했다. 전자구름
은 태양풍 때문에 간헐적으로 방출되는 미립자들의 영
향을 받는다.

지구 자장의 방향과 세기를 나타내는 현대의 자기
계는 훨씬 더 유용하다. 이들은 주변의 자기장이 자기
핵 주위로 감은 전선 코일에 유도된 전류가 미치는 영
향을 관찰함으로써 자기장을 측정한다. 자기계는 대부
분의 행성 간 우주선에 장착되었다. 이들은 지리학에
서, 특히 철광석 저장량을 시굴하는 데 있어 중요한 역
할을 하며 고고학에서는 땅 속에 묻힌 금속 물건들을
탐지하는 데 이용된다. **DH**

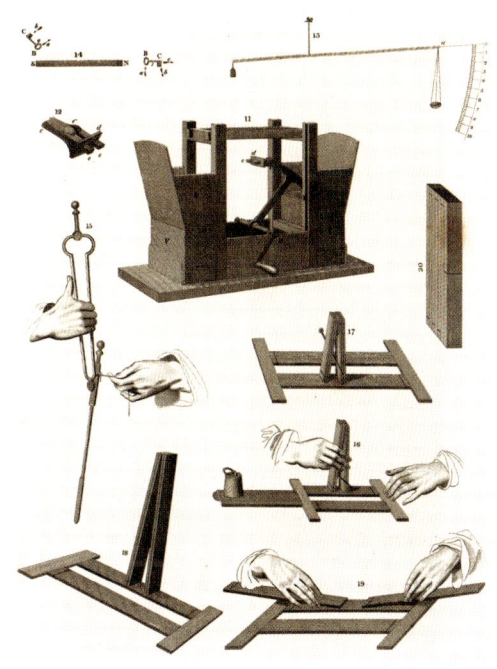

**참고:** 자석 나침반, 회전 나침반, 전자기 전신

↗ 큐 자기계는 1836년경에 토머스 존스에 의해 영국 큐 천문대
　를 위해 설계되었다.

➡ 자석 실험을 묘사한 판화에 람파디우스의 자기계가 그려져 있다
　(도판 13).

# 복식 수확기 (1834년)

무어가 곡물의 생산을 가속화시키다.

전통적인 작물 수확법은 노동집약적인 과정으로 곡식을 자르고 묶은 다음 탈곡하는 일련의 작업들로 이루어졌다. 1831년에 사이러스 맥코믹이 발명한 기계 수확기가 곡물을 절단하는 역할을 했지만 여전히 농부들은 기계를 따라다니면서 손을 사용해 수확물을 다발로 묶어야 했다. 1834년에는 히램 무어가 미국의 광대한 밀밭에서 작물의 수확을 가속화시키기 위해 최초의 성공적인 복식 수확기를 만들었다. 옥수수와 밀은 1800년대에 큰 돈을 벌어다 주었지만 농부들은 추수를 수확하기 위해 수십 명의 일손을 고용해야 했으며 이것은 비용이 많이 드는 작업이었다.

미시간의 농경지대에서 개발된 무어의 발명은 곡물을 자르고 탈곡시키는 두 개의 독립된 공정들을 하나의 간단하고 기계화된 과정으로 결합하는 데 성공했다. 역설적으로 이 발명은 농장인부들에게 축복이면서 동시에 저주였다. 한편으로는 고된 노동을 덜어주었지만 생계 수단을 잃어버린 사람들도 많았다.

이 기계는 기본적으로 두 단계로 작동했다. 처음에는 작물의 밑둥을 날카로운 다중날의 실린더로 잘라서 곡물을 수확하고, 그 다음에는 기계 속으로 넣어서 탈곡시키는 것이다. 탈곡과정에서 곡물은 밀과 겨로 분리되었다. 기계는 낱알을 골라내고 겨와 지푸라기는 남겨두어 가축의 사료나 헛간 등에서 사용했다.

초기의 복식 수확기는 무거워서 말 열여섯 마리로 끌면서 밭을 가로질러 운반해야 했지만 여러 명의 일꾼이 오랜 시간 동안 해야할 일을 한 번의 간단한 과정으로 끝마쳤기 때문에 그만한 가치가 있었다. 후에는 증기기관이 사용되었고 보다 최근에는 엔진으로 가동되는 복식 수확기가 개발되어 낱알의 수확을 보다 효율적으로 만들어주었다. **KB**

**참고:** 도리깨, 수확기, 큰 낫, 탈곡기

# 재봉틀 (1834년)

헌트가 의복의 대량 생산을 위한 길을 개척하다.

재봉틀의 역사는 1790년에 영국의 발명가 토머스 세인트가 가죽에 구멍을 뚫고 구멍 사이로 반복적으로 실을 통과시키는 기구(실제로 만들어진 적은 없음)로 특허를 받으면서 시작되었다. 1830년에는 프랑스의 바르텔미 티모니에가 이러한 '루프 스티치' 방법을 사용하는 기계를 만드는 데 성공했다. 그로부터 10년이 지나기도 전에 그는 80개의 기계를 만들었지만 화가 난 재단사들이 이 기계를 파괴했다.

우리가 아는 형태의 재봉틀은 1834년에 미국의 월터 헌트(1796~1859)에 의해 최초로 만들어졌다. 그의 결정적인 혁신은 두 개의 실패와 구멍이 뚫린 바늘을 사용하여 두 개의 실이 구멍을 통과하면서 함께 박히는 '박음질'을 개발한 것이다.

안전핀을 발명하기도 한 헌트는 자신이 발명한 재봉틀로 특허를 받는 데 실패했다. 반면 12년 후에 같

> "당시에 재봉틀은 20세기 사람들이 우주캡슐을 보았을 때처럼 경이로운 사건이었다."
>
> 그레이스 로저스 쿠퍼, 작가

은 미국인인 엘리아스 하위는 박음질 기계로 쉽게 특허를 받을 수 있었다. 하위는 많은 경재자들, 그중에서도 헌트의 기계에 기반한 새로운 기구로 특허를 받으려고 한 아이작 싱어를 상대로 소송을 걸었다. 하위는 법원 재판에서 승소했고 싱어는 그에게 로열티를 지불해야만 했다. 그러나 대량 생산 체제를 구축하고 자신의 이름을 재봉틀의 이름으로 후세에 남긴 사람은 결국 싱어였다. **AC**

**참고:** 의복, 바느질, 직조된 천, 안전핀

➡ 1846년에 특허를 받은 하위의 기계는 1849년가지는 전혀 판매가 되지 않았지만 훗날 그를 억만장자로 만들어주었다.

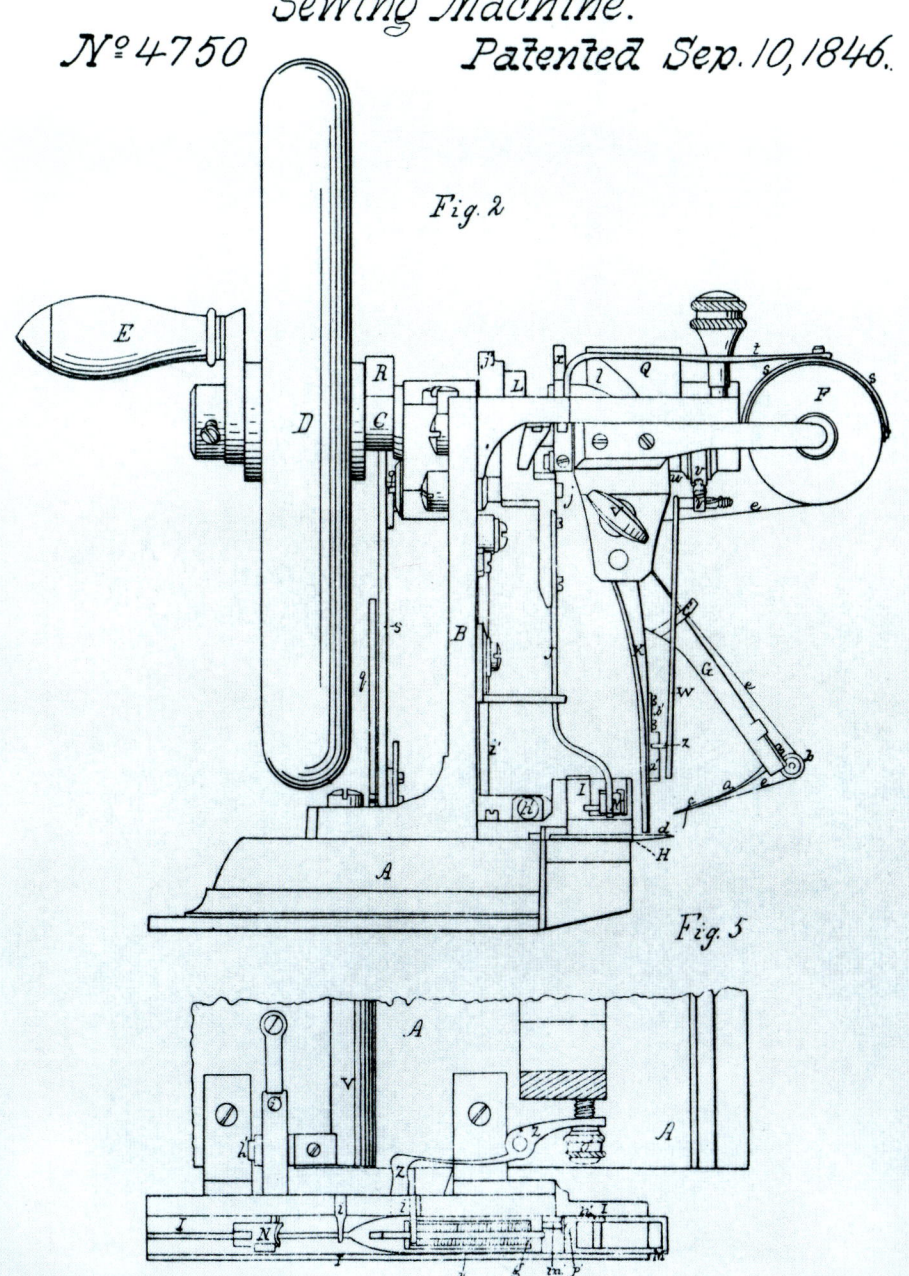

*E. Howe, Jr.*

*Sewing Machine.*

Nº 4750

*Patented Sep. 10, 1846.*

*Fig. 2*

*Fig. 5*

# 캘러타이프 사진 (1835년)

탤벗이 사진 촬영을 위해 최초의 네거티브/포지티브 공정을 개발하다.

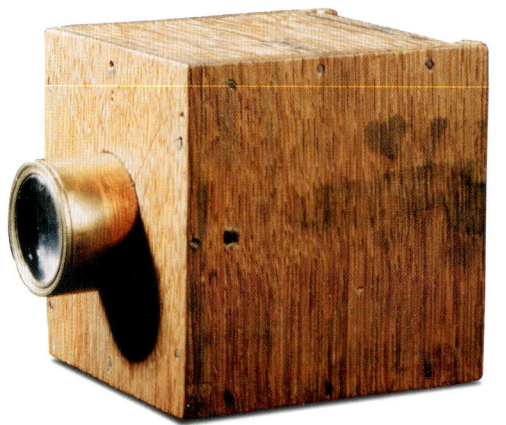

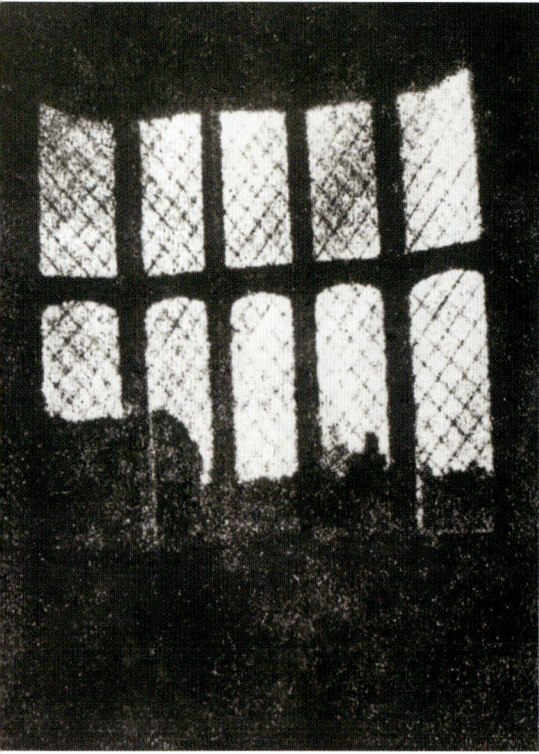

캘러타이프 공법은 사진역사 초기에 윌리엄 헨리 폭스 탤벗(1800~1877)이 만들었다. 탤벗은 비록 사진의 창시자는 아니지만 그의 캘러타이프는 150년 이상 지속된 사진공정의 기반을 형성했다.

캘러타이프 혹은 탤보타이프 공정은 사진현상을 해 본 사람이라면 누구나 알아볼 수 있을 것이다. 캘러타이프는 그리스어에서 유래된 단어로 문자 그대로는 '좋은 인상'이라는 의미가 있다. 탤벗은 빛에 민감한 염화은으로 코팅한 고품질의 종이를 사용했다. 이 종이는 미리 준비해 밝은 빛에서 10분 내지 15분 정도 노출시켜야 했으므로 일반적으로는 촬영에 햇빛을 사용했다. 종이는 현대의 카메라와 비슷한 기능을 가지는 나무 상자 안에서 빛에 노출되었다.

탤벗은 또한 빛에 민감한 종이를 짧게 노출시킨 후에 화학적으로 정착시키면 유용한 네거티브 필름이 생성된다는 사실을 발견했다. 정착 공정은 빛에 민감한 은을 제거함으로써 네거티브를 보다 다루기 쉽게 만들었다. 네거티브는 또한 여러 장의 '포지티브' 이미지가 인화되도록 했다. 따라서 탤벗의 발명은 오늘날까지도 사용되는 현상, 정착, 인화의 공정의 직접적인 선조 격인 셈이다.

탤벗의 작업과 거의 동시에 루이 다게르는 다게레오타이프 공정을 개발하고 있었다. 이 공정은 전통적인 사진보다는 폴라로이드에 가까웠다. 다게레오타이프는 캘러타이프보다 훨씬 더 전부터 상용화되었는데 처음에는 매우 인기가 있었지만 재사용이 가능한 네거티브 필름이 없어 곧 캘러타이프 공정이 사진술의 주류를 이루게 되었다. **JB**

참고: 카메라, 타이프, 디지털카메라, 사진 필름, 사진, 폴라로이드 카메라

↖ 윌리엄 폭스 탤벗이 1830년에 사진술의 실험을 위해 만든 카메라.

← 1835년에 최초의 네거티브 카메라로 촬영한 영국 윌트셔에 있는 레이콕 수도원의 사진.

# 백열전구 (1835년)

린제이의 시연이 일정한 전깃불의 공급을 현실화하다.

토머스 에디슨이 전기램프로 특허를 출원하기 수십 년 전에 스코틀랜드 출신의 제임스 바우맨 린제이(1799~1862)가 현대의 전구의 원형이 된 발명품으로 지속적인 전깃불을 만들어냈다.

린제이는 험프리 데이비가 1802년에 만든 플라티늄 백열등의 문제점을 개선해 보다 유용한 형태의 전구를 만드는 데 성공했다. 1829년에 스코틀랜드 던디에 위치한 와트 대학의 강사 자리를 확보한 린제이는 전깃불에 대해 실험을 하기 시작했다. 그는 자신의 발명을 1835년에 던디에서 열린 공공 회의에서 시연했다.

백열전구에서 방출되는 빛은 전류가 통과되는 필라멘트로부터 생성된다. 린제이는 자신의 전깃불로 "1.5피트 거리에서 책을 읽을 수 있다"고 주장했다. 이것은 그보다 지속시간이 짧고 밝기도 약하며 값비싼 재료인 플라티늄을 사용한 데이비의 등에 비해 크게 발전한 것이었다. 사람들은 냄새나 연기가 나지 않고 폭발도 하지 않으며 책상 위에 올려둘 수 있는 린제이의 전깃불을 보고 놀라워했다.

린제이는 그 후로도 몇 년 동안 자신의 발명품에 대한 강의를 계속했지만 그 외에는 더 이상 개발을 하지 않았다. 그는 자신의 기구로 특허를 받으려고 하지도 않았다. 우리가 아는 현대의 전구는 훗날 조지프 스완과 토머스 에디슨과 같은 이들에 의해 개발되었다. 그럼에도 불구하고 린제이의 발명품은 조명의 역사에 있어 중요한 사건으로 간주되며 오늘날 백열전구의 원형 중 하나이다. **RH**

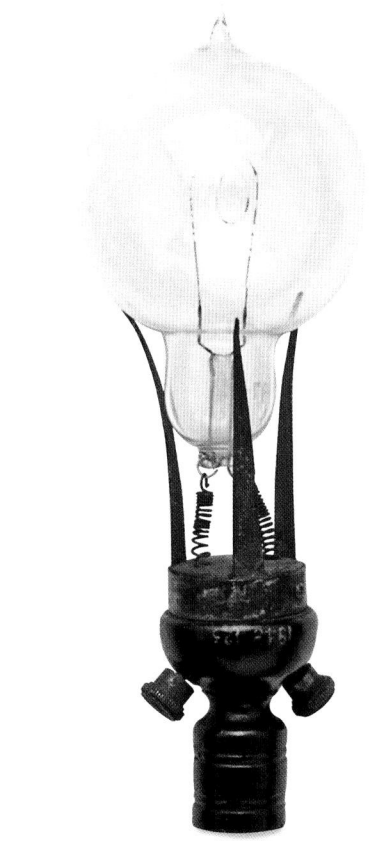

참고: 아르크등, 아르강 램프, 양초, 형광등, 가스등, 석유 램프, 앵글포이즈 램프

↗ 코일을 통해 유리 내부의 필라멘트에 전류 접점을 제공하는 초기의 백열전구.

➔ 에디슨의 백열등을 그린 1883년의 판화가 서로 다른 종류의 탄소 필라멘트를 보여준다.

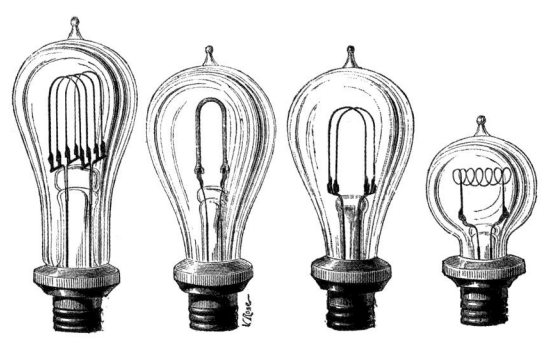

# 전기기계식 릴레이 (1835년)

헨리가 전기를 통신수단으로 삼다.

미국의 조지프 헨리(1797~1878)가 프린스턴 대학교의 교수로 부임한 직후인 1835년, 그는 전기기계식 릴레이와 전선을 사용하여 자신의 연구실에서 캠퍼스에 있는 근처의 집까지 간단한 온/오프 메시지를 전송했다.

초기의 릴레이에서 스위치로 전류를 켜거나 끄는 것은 릴레이의 전자석 핵을 자기화시켰으며 이 자기장은 회전하는 철제 전기자를 끌어당겼다. 이 전기자는 자체적으로 전기회로를 형성하거나 깨뜨리는 일련의 접점들을 조절했다. 이러한 릴레이의 장점 중 하나는 전자석을 통해 흐르는 전류의 양이 매우 적어도 스위치로 켠 회로의 전류량은 훨씬 더 많을 수 있다는 사실이다.

릴레이는 전신 체계의 토대를 형성했으며 전화 교환국의 핵심부에 위치했다. 현대 산업에서 전자기 릴레이는 전기모터를 제어하는 데 사용되며 기계제조의 자동화 시스템에서 중요한 역할을 한다.

릴레이의 디자인은 여러 형태로 변해왔는데, 이는 비활성화시 무너지는 코일의 자기장에서 생성되는 전압이 증가하면서 생기는 전력 소모량을 줄이기 위한 것이었다. 처음에는 이를 위해 콘덴서와 저항장치를 직렬로 위치시켰지만 현대의 릴레이에서는 간단한 다이오드를 코일에 장착시킨다.

릴레이의 전력 소모량은 래치 릴레이를 도입하면서 크게 감소했다. 이들은 스위치를 킬 때만 전력을 소모한다. 래칫과 캠 장치를 사용하여 이 릴레이들은 펄스에 의해 켜지고 다음 펄스에 의해 꺼진다. 또한 릴레이 접점 방식의 구현에 발명가들의 많은 관심이 쏟아졌는데, 이중에는 부식을 방지하기 위해 진공관 내에 설치된 것도 있고 일부는 수은으로 적셔서 전환 속도를 높이는 것도 있었다. **RH**

# 기계적 컴퓨터 (1835년)

배비지가 연산 기계를 개척하다.

성공한 수학자이자 기계 공학자인 찰스 배비지(1791~1871)는 이 두 가지 분야를 결합하여, 손으로 계산하는 부정확한 산술표를 사용하지 않고 다항식 함수를 풀 수 있는 기계인 '차분기관'을 만들어냈다.

상당한 정부 기금을 지원받았음에도 불구하고 배비지는 불행히도 자신의 차분기관을 제대로 완성시키지 못하고 이 프로젝트를 1834년에 폐기했다. 그러나 배비지는 연산기계에 관한 발상을 멈추지 않았다. 1835년에 그는 자신의 '분석기관'을 위한 디자인을 발표했다. 이는 차분기관과 유사했지만 프로그램을 입력할 수 있는 천공카드를 사용함으로써 단순히 다항식을 계산하는 것 이상의 잠재적 기능을 지닌 기구였다. 배비지는 수천 개의 세부적인 도표를 만들었지만 분석기관을 결국 한 번도 만들지 않았다.

분석기관에서 얻은 교훈을 바탕으로 배비지는

> "실수를 저지르는 것은 인간이지만 진정으로 일을 망치는 것은 컴퓨터의 몫이다."
>
> 『농부연감』

1849년에 보다 효율적이고 작은 차분기관을 만들었다. 그의 2차 차분기관은 1991년 전까지는 만들어지지 않다가 런던의 과학박물관이 최초의 청사진으로부터 기계를 완성하여 완벽하게 작동한다는 것을 발견했다. 배비지는 시대를 앞선 사람이었다는 명성을 되찾을 수 있었다. **JB**

**참고:** 디지털 전자 컴퓨터, 노트북, PDA, PC, 슈퍼 컴퓨터

➡ 배비지가 완성하지 못한 1차 차분기관을 완성시킨 이 부분은 현재까지도 완벽하게 작동된다.

**참고:** 전자석, 전자기 전신

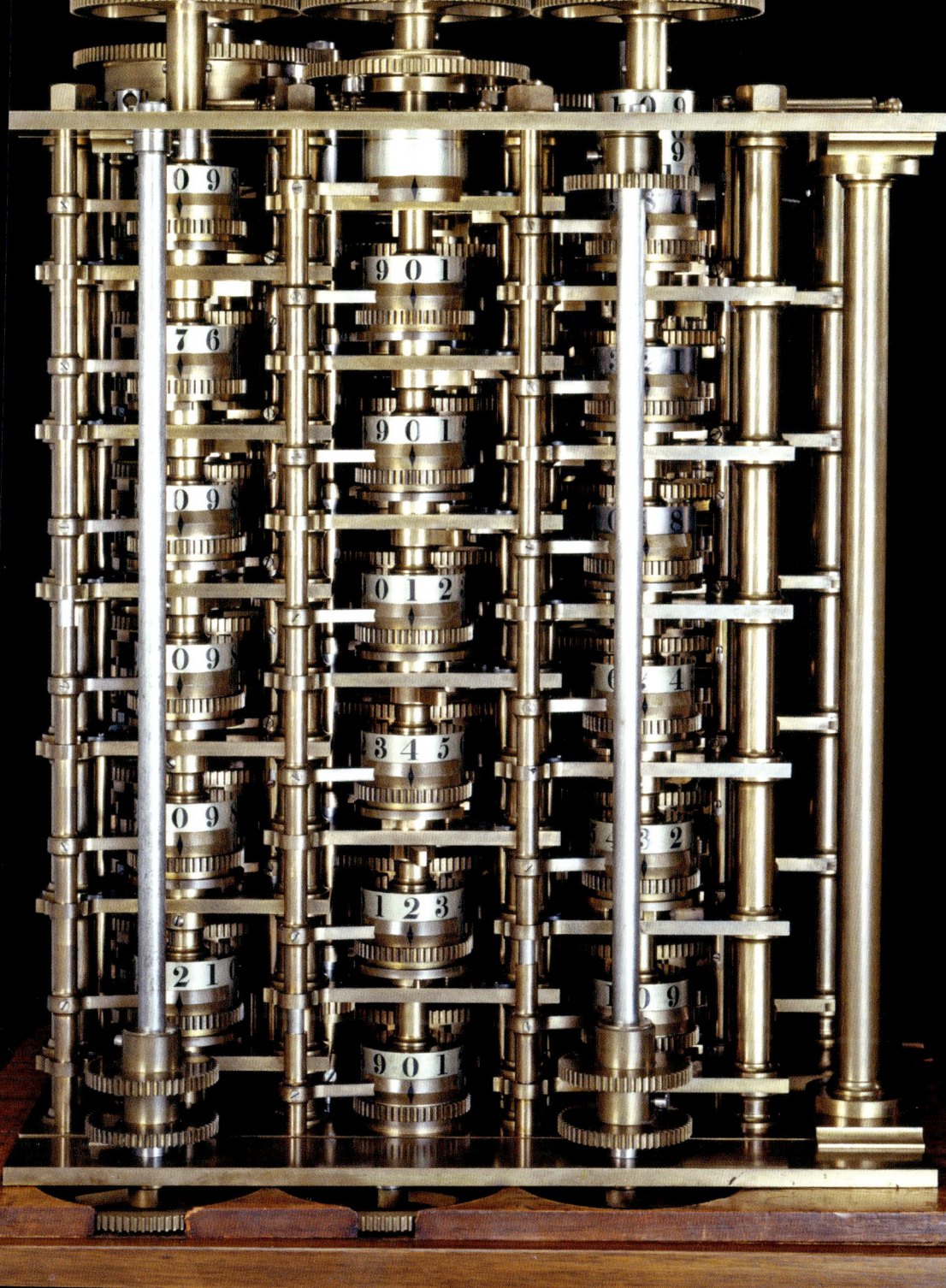

# 연발권총 (1835년)

콜트가 만든 총이 재장전하지 않고 연속적으로 발포하는 것을 가능케 하다.

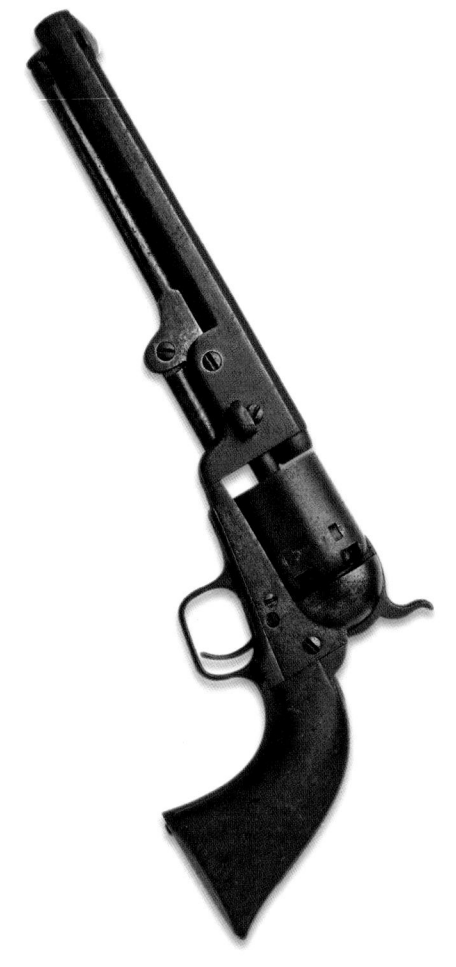

새뮤얼 콜트(1814~1862)는 재장전 없이 대여섯번 발포가 가능한 최초의 연발권총을 만들었다. 이것은 실린더 내부의 탄실에 그 안에 총알을 장전했다. 실린더는 총의 공이치기를 잡아당길 때마다 회전하여 각 탄실이 총신 뒤에 고정되면서 방아쇠를 당기면 총알이 발포되었다.

콜트는 연발권총에 대한 수요가 많을 것을 기대하면서 제조공장을 열었지만 판매 실적이 나빠 결국 문을 닫을 수밖에 없었다. 그러나 플로리다와 텍사스에서 전투를 벌이던 군대로부터 권총의 성능에 대한 긍정적인 보고를 받고 정부가 총 1,000자루를 주문하면서 콜트는 승승장구하기 시작했다. 엘리 휘트니 주니어의 도움으로 콜트는 코네티컷 하트포드에 세계에서 가장 큰 병기공장을 열어 권총과 호환성 있는 부품을 제작하는 생산라인을 만들었다. 1856년에 이르면 제품의 뛰어난 품질과 기능이 전 세계적으로 명성을 떨치면서 콜트는 미국에서 가장 부유한 사업가 중 한 명이 되었다.

스미스&웨슨 등의 다른 회사들은 독자적인 권총 디자인으로 콜트의 시장독점에 도전장을 냈다. 콜트의 제조업자들은 이에 대한 화답으로 1873년에 6연발 단발식 45구경 피스메이커 모델을 내놓았는데 이는 미국의 '서부개척' 시대에 엄청난 인기를 끌었다.

화기는 계속해서 발전하여 복동식 연발권총이 등장하기에 이르렀다. 이것은 방아쇠를 한 번 당김으로써 발포가 가능했고 장전을 보다 용이하게 하는 형태의 실린더를 사용했다. 연발권총은 계속해서 군사용으로 사용되다가 20세기의 시작과 함께 등장한 반자동총으로 대체되었다. **SG**

> "링컨이 모든 사람을 해방시켰다면 샘 콜트는 그들을 평등하게 만들었다."
>
> 미국 남북전쟁 직후에 유행한 슬로건

**참고:** 화승총, 총, 탄약, 부싯돌식 발화장치, 권총의 소음장치, 머스킷 총, 연발권총

◩ 1851년의 콜트 네이비 36구경은 콜트 연발권총 중 가장 인기가 많았던 것 중 하나로 23년 동안 생산되었다.

# 탄산수병 (1837년)

페르피냐가 일상적인 음료에 새로운 활기를 불어넣다.

탄산음료는 이미 1790년부터 프랑스에 알려져 있었지
만 탄산수병 혹은 셀처병은 1829년에 들뢰즈와 뒤틸레
에 의해 개발되었다. 이것은 속이 빈 나사형 장치로 병
속의 압력을 유지하면서 동시에 밸브를 통해 내용물의
일부를 배출할 수 있게 설계돼 있었다.

　근본적으로는 크게 변하지 않은 상태인 현대식 병
은 1837년에 앙투안 페르피냐에 의해 특허를 받았으며
'베이스 사이포이드'라고 불렸다. 초기 디자인을 개량하
여 머리 부분에는 스프링으로 닫히는 밸브가 달려 있었
다. 음료는 압력을 가한 이산화탄소로 탄산화된다. 큰
압력을 가하면 많은 양의 가스가 액체 속에 용해되는
데, 액체가 다시 대기압 상태에서 유리잔에 담기면 가
스가 기포의 형태로 음료에서 나온다.

　탄산수병은 처음에는 유리로 만들어졌으며 특수
한 펌프를 사용하여 손으로 다시 채워졌다. 탄산수병을
채우기 위해서는 밸브를 눌러야 했기 때문에 과정이 더
욱 복잡했다. 일반적으로 1평방 센티미터당 10~11킬로
그램의 압력이 가해진 병들이 폭발하는 경우도 적지 않
았다. 음료를 탄산화하는 데 가스 캐니스터를 사용하기
시작하면서 탄산수병도 개량되었고 이러한 개발 과정
에서 몇 개의 특허가 출원되었다.

　탄산수병은 1920년대와 1930년대까지 인기가 높
아졌다. 그러나 1940년대에는 체코슬로바키아에 위치
한 병제조 공장이 제2차 세계대전에 의해 무너지면서
이 사업은 사실상 붕괴했고 미국의 병제조업체들은 전
쟁재료를 만드는 것으로 선회했다. **HP**

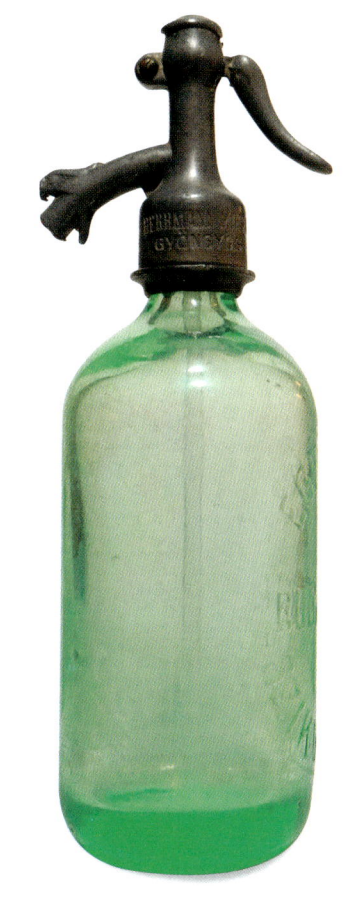

**참고: 코르크 스크루, 왕관형 병뚜껑, 유리잔, 탄산수**

↗ 초기 탄산수병들은 다양한 색상의 유리로 만들어진 것이
　많았다.

"탄산수병의 다소 특이한
장점 중 하나는 소화기로
사용할 수 있다는 점이었다."
브라이언 그레펀틴, 골동품 수집가

# 표준 잠수복 (1837년)

지베의 새로운 잠수복이 잠수기술에 혁명을 일으키다.

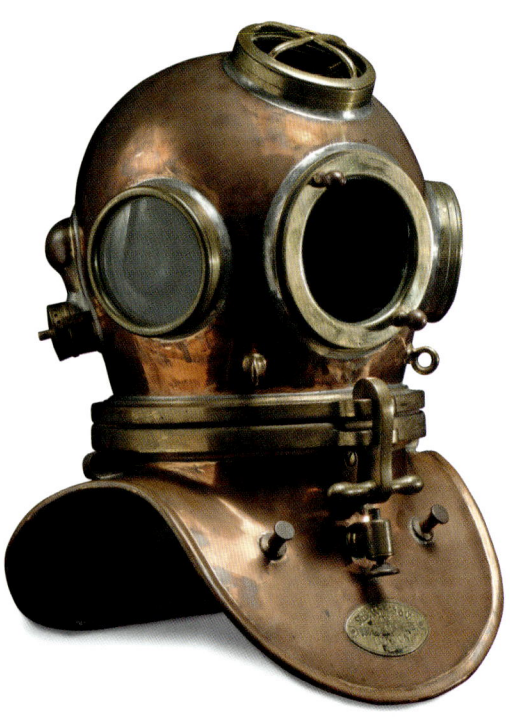

표준적인 잠수복, 혹은 '하드 햇' 잠수복은 잠수 기술에 있어서 커다란 발전을 이룩했다. 초기의 잠수복들은 조잡하고 탄력성이 없었기 때문에 잠수하는 사람의 움직임이 제한되었다. 아우구스투스 지베(1788~1872)라는 이름의 뛰어난 독일 발명가는 이 모든 것을 그의 혁신적인 '폐쇄형' 헬멧 잠수복으로 바꾸어놓았다. 이 디자인은 1960년대에 섬유유리로 된 스쿠버 잠수복이 등장할 때까지 근본적으로 변하지 않고 그대로 유지되었다.

금속 세공 기술을 배운 후 시계 제조업자로 일하다가 프로이센 군대의 포병대 장교로 워털루 전쟁에 참전했던 지베는 1815년에 영국으로 이주했다. 런던에서 사는 동안 그는 보다 실용적인 잠수복을 만들 수 있는 해결책을 우연히 발견하게 되었다. 이전의 디자인들은 숨을 쉬기 위한 공기를 가두는 단순한 잠수종으로, 잠수하는 사람이 몸을 수직으로 유지하지 않으면 잠수복 속으로 물이 들어왔다.

지베는 커다란 금속 헬멧을 캔버스 천으로 만든 잠수복에 나사못으로 연결하여 완벽하게 방수가 되도록 만들었다. 길다란 튜브를 통해 표면으로부터 공기가 공급되었다. 지베는 자신의 발명품에 대한 다양한 견본을 만들다가 결정적인 디자인을 만들어냈다. 이 디자인의 잠수복은 영국 와이트 섬의 스핏헤드 해변에서 침몰한 HMS 로얄 조지호의 난파선을 조사하기 위해 처음으로 사용되었다. 후에 헬멧을 잠수복으로부터 분리가 능하게 만들자는 의견이 제기되었고 이로써 표준적인 잠수복이 탄생했다.

지베의 잠수복은 수중 탐험을 전례없이 자유로운 수준으로 가능케 함으로써 잠수 기술의 혁명을 불러일으켰다. 이것은 또한 지베의 위대한 발명에 뒤이은 스쿠바 잠수복이 등장하기 전에 출현했던 잠수복들의 토대가 되었다. **SR**

> "지베의 디자인은 거의
> 변하지 않은 그대로의 상태로
> 1989년까지 영국해군에 의해 사용되었다."
> 영국 문화유산 기관

⬆ 지베의 잠수용 헬멧은 잠수복에 연결되었기 때문에 방수였다.

➡ 1830년에 그려진 이 드로잉은 공기 펌프가 달린 보다 초기의 잠수용 헬멧을 보여준다.

**참고:** 의복, 투구, 잠수함, 수중호흡기, 구형잠수기

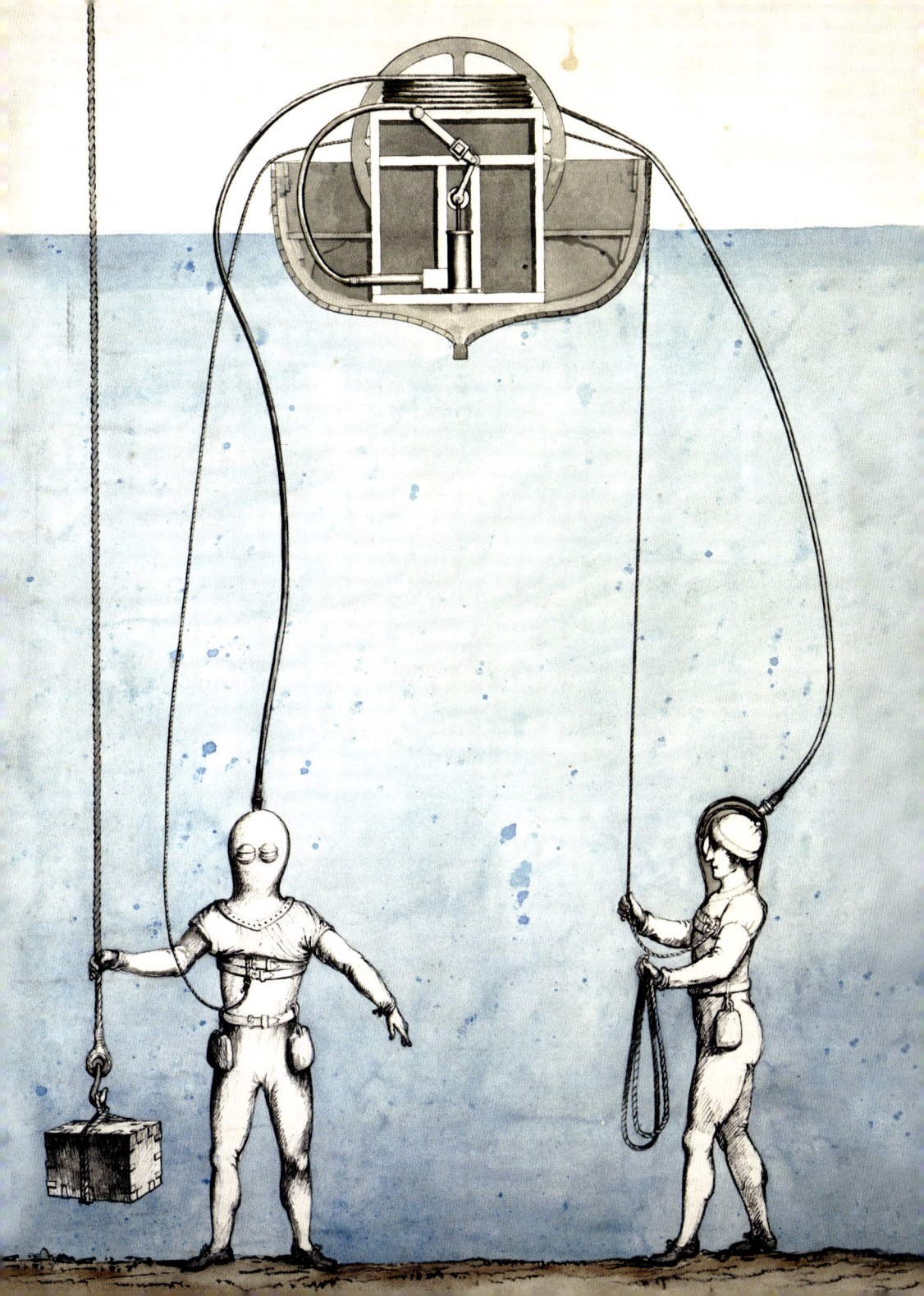

# 증기해머 (1837년)

내스미스가 대규모 제철산업을 위한 길을 닦다.

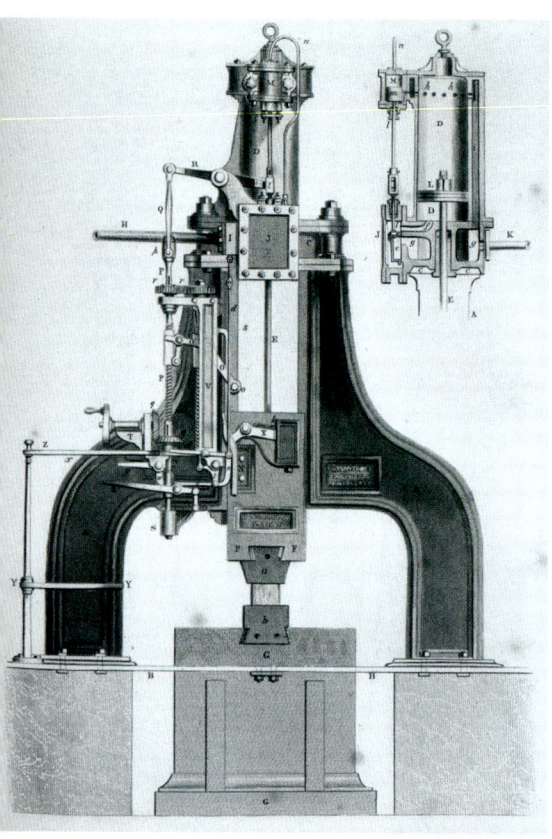

"1854년에 나는 증기를
이용한 철의 교련으로
특허를 받았다."

제임스 내스미스

⬆ 1854년에야 특허를 받은 제임스 내스미스의 증기해머를 묘사한 판화.

➡ 1855년경에 영국의 공장에서 증기해머를 사용하고 있다. 이것은 금속을 보다 큰 조직으로 단조할 수 있게 해주었다.

산업혁명이 시작된 초기에는 커다란 금속 조각을 주조하기 위해 다수의 작은 부품들을 먼저 주조한 후 이들을 용접하여 최종 생산품을 만들었다. 당시의 금속 세공 해머들은 작은 조각들을 효율적으로 단조(鍛造)했지만 커다란 조각을 넣으면 움직일 수 있는 공간이 적어 해머가 쓸수 있는 힘도 그만큼 부족했다.

이러한 사실은 그레이트 웨스틴 증기선 회사가 SS '그레이트 브리튼' 호를 건조하기 시작할 때 명백하게 드러났다. 담당 공학자는 배를 추진하기 위한 거대한 외륜을 만들 수 있는 해머를 도저히 구할 수 없었다. 에든버러 출신의 공학자 제임스 스미스(1808~1890)는 이 문제에 대한 소문을 듣고 그러한 장비를 만들어낼 수 있는, 증기력으로 가동되는 해머의 설계도를 그렸다. 내스미스의 해머는 해머의 머리에 부착된 피스톤으로 구성되었다. 피스톤으로 증기를 유입시킴으로써 해머의 머리가 특정 높이까지 들어올려진 후 엄청난 속도로 떨어졌다가 다시 빠르게 들어올려지는 것을 반복했다. 유감스럽게도 '그레이트 브리튼' 호의 설계도가 외륜선에서 스크루 드라이브 형으로 변경되면서 해머의 생산이 불필요해졌다.

내스미스는 자신의 해머를 제작하거나 특허를 출원하려는 시도를 전혀 하지 않다가 프랑스에서 르 크루소의 철공소를 방문하여 자신의 발명이 실제로 가동 중인 것을 보고 깜짝 놀랐다. 그는 영국으로 돌아와서 재빨리 자신의 설계로 특허를 받았고 제작에 착수했다. 그의 해머는 설계가 뛰어나고 제어가 용이한 것으로 밝혀졌으며 단조된 철의 생산비용을 50퍼센트까지 삭감시켰다. 그것은 또한 적응성이 뛰어나서 매우 큰 제품에서 못처럼 작은 물건을 단조하는 데도 사용이 가능했다. **BMcC**

**참고:** 코크스에 기반한 철 제련, 해머, 증기선

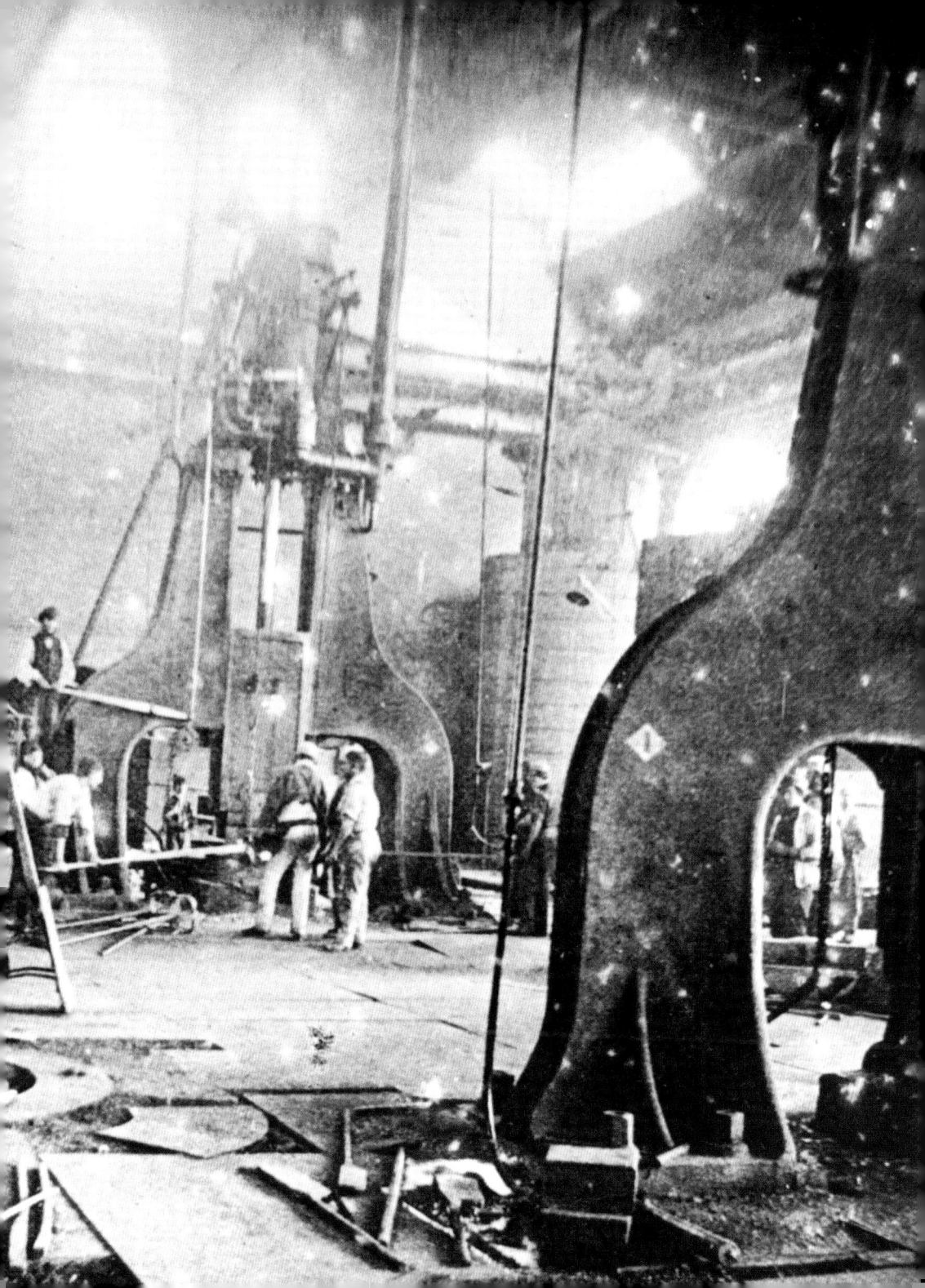

# 강철쟁기 (1837년)

디어가 쟁기의 내구성을 개선시키다.

존 디어(1804~1886)가 1837년에 최초의 상업적으로 성공한 강철쟁기를 제작했을 때 이것은 점토질 토양으로 고생하던 지역의 농경방법을 크게 개선시켰다. 기원전 5500년경에 수메르인들과 바빌로니아인들이 효과적인 쟁기를 사용했다는 기록이 남겨진 이래로, 모울드보드 쟁기와 무쇠쟁기가 등장해 디자인상의 가장 주목할만한 혁신을 이루었지만 이들은 모두 점토질 토양의 문제를 효과적으로 해결하지는 못했다.

디어는 자신의 고향인 버몬트에서 파산할 위기에 처하자 서부에서 인생을 새롭게 시작하기로 결심하고 일리노이 그랜드 디투어로 이주하여 대장간을 열었다. 그는 잦은 수리 작업을 거치면서 뉴잉글랜드의 가벼운 모래토양에서 효과적으로 사용되던 무쇠쟁기가 중서부의 묵직한 점토성 토양에는 적합하지 않다는 사실을 깨달았다. 농부들은 계속해서 쟁기 바닥에 달라붙는 흙을 손으로 제거해야 했기 때문에 작업이 힘들고 오래 걸린다고 불평을 했다. 디어는 흙이 달라붙지 않도록 표면이 매끄럽게 연마된 디자인으로 실험을 하기 시작했다. 그는 1837년에 세 개의 새로운 디자인을 만들어 판매했으며 여기에서 용기를 얻어 이를 계속 발전시켰다. 이들은 큰 인기를 끌어 1846년에는 연간 생산량이 1,000개에 이르렀다.

1848년에 디어는 미시시피 강변의 교통로를 활용하기 위해 사업체를 일리노이 멀린으로 옮겼다. 그는 이곳에서 피츠버그의 제조업자들과 협상하여 자신의 방식대로 강철을 제조하게 했고 미국 전역에 쟁기를 공급하기 시작했다. 1857년에 디어의 회사는 연간 판매량이 1만 개에 이르렀고 중서부 지역의 농부들은 새롭게 경작된 땅에서 좋은 수확을 거두었다. **SG**

# 퇴비 변소 (1838년)

스원번이 수세식 변소에 도전장을 내밀다.

퇴비 변소를 위한 최초의 특허는 1838년 토마스 스원번이 출원했지만 인간의 배설물을 재활용한다는 개념은 당시에 새로운 것은 아니다. 중국인들은 이미 수천 년 전부터 인간과 동물의 배설물을 비료로 사용했다. 이 공정은 그다지 매력적으로 보이지는 않겠지만 확실히 현대의 하수도 체계보다는 환경친화적이다. 퇴비 변소는 물의 오염을 감소시키고 인간의 배설물은 좋은 영양분을 포함하고 있어 농작물에 사용하는 화학비료의 양을 줄일 수 있다.

스원번의 '노천 변소'는 퇴비 변소라고 할만한 최초의 장치로, 퇴비화 과정을 위해 배설물 위에 흙이나 토탄을 덮었다. 그러나 이들이 보다 상용화된 것은 1860년대에 헨리 물이 '물 특허 퇴비변소社'를 설립한 이후였다. 일부 학교와 군부대에서는 이들이 수세식 변소보다 설치비용이 적게 든다는 점에서 선호되기도 했다.

오늘날에는 변소 아래에 회전하는 탱크가 달려 있는 유명한 '로타-루'를 비롯하여 다양한 디자인의 퇴비 변소가 존재한다. 현대의 퇴비변소 중에는 부엌 쓰레기와 화장실 배설물을 합쳐서 하나의 저장공간에 보관했다가 1년에 1회 정도 비우는 것도 있다.

전 세계적으로 퇴비 변소를 사용하여 이익을 볼 수 있는 지역이 여러 곳 존재한다. 세계보건기구는 2004년의 조사에서 세계 인구 중 26억명이 '선진화된' 위생시설의 혜택을 받지 못한다고 밝혔다. 물론 '선진화'를 정의하는 기준에 대해서는 논란의 여지가 있다. 일부 개발도상국 중에는 단순히 땅에 구멍을 파는 간단한 변소들을 사용하는 곳도 있지만 이것들은 비위생적인 경우가 많고 오염과 전염병의 원인이 될 수도 있다. **HB**

참고: 무쇠쟁기, 모울드보드, 쟁기, 파종기, 강철

참고: 수세식변소, 하수 체계, 양변기의 S자 트랩, 화장지

# 다게레오타이프 공정 (1839년)

다게르가 사진술을 예술의 형태로 발전시키다.

1839년으로 거슬러 올라가는 다게레오타이프는 사진의 가장 오래된 형태 중 하나이다. 이것은 지나치게 긴 노출시간을 필요로 하지 않는 최초의 공정으로 초상 사진을 촬영하는 데 이상적이었다.

루이 다게르(1787~1851)는 1829년부터 카메라 옵스큐라를 통해 보이는 이미지들을 포착하기 위해 노력했다. 카메라 옵스큐라는 나무 상자로, 한쪽 끝에 있는 렌즈를 통해 잿빛 유리 한 장 위에 이미지를 생성했다. 10년 동안 고생스럽게 연구를 하고 나서 1839년에 그는 자신의 다게레오타이프를 과학협회와 미술협회의 공동회의에서 발표했다. 그가 발표한 사진 중에는 조개와 화석, 죽은 거미를 현미경을 통해 촬영한 것들이 포함되어 있었다.

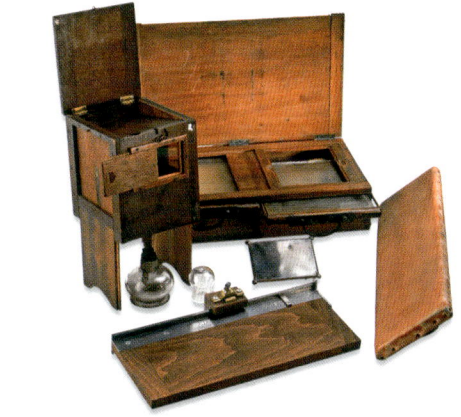

사진을 인화하는 과정은 시간이 오래 걸리고 손도 많이 갔다. 감광판은 구리판을 얇게 은으로 씌워서 사용했다. 은으로 뒤덮인 표면은 거울처럼 매끄러워질 때까지 광을 내야 했다. 그러고 나서 요오드 증기에 노출시켜 할로겐화은으로 된 표면을 형성하면 이것이 빛과 반응하여 이미지를 생성한다. 감광판을 커다란 상자처럼 생긴 카메라 안에서 노출시킨 후에 수은 연기를 사용하여 이미지를 현상하면 생성된 이미지는 물과 티오황산나트륨 용액을 사용하여 정착되었다.

완성된 다게레오타이프 이미지는 거울의 상처럼 원래의 사물과 좌우가 뒤바뀌어 있다. 이들은 유리판 뒤에 놓고 테이프로 고정시킴으로써 변색을 방지했다. 다게레오타이프는 복제가 불가능하며 각각의 이미지는 하나씩만 존재한다. 다게레오타이프를 복제할 수 있는 유일한 방법은 그 이미지의 다게레오타이프를 한 장 더 찍는 것밖에 없다. **HP**

**참고:** 캘러타이프 공정, 사진 필름, 사진, 폴라로이드 카메라

↗ 이 사진은 다게레오타이프 공정에 필요한 모든 장비들을 담고 있다.

➡ 1840년경에 찍은 작가 미상의 다게레오타이프 사진.

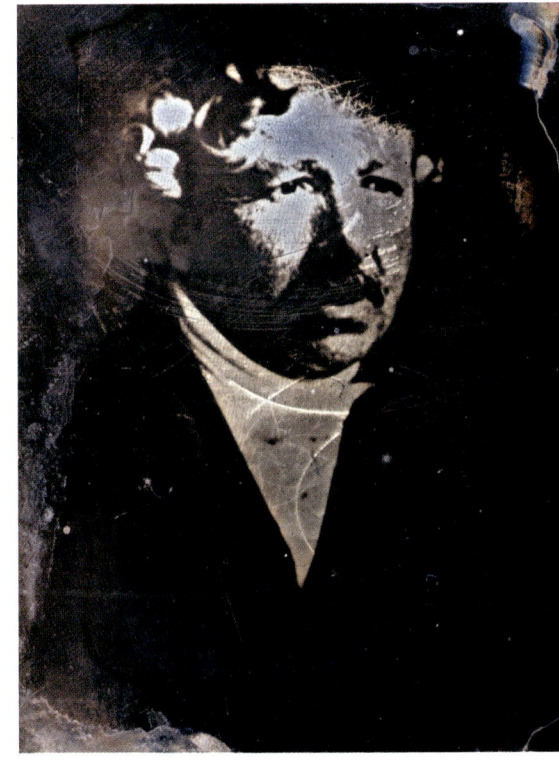

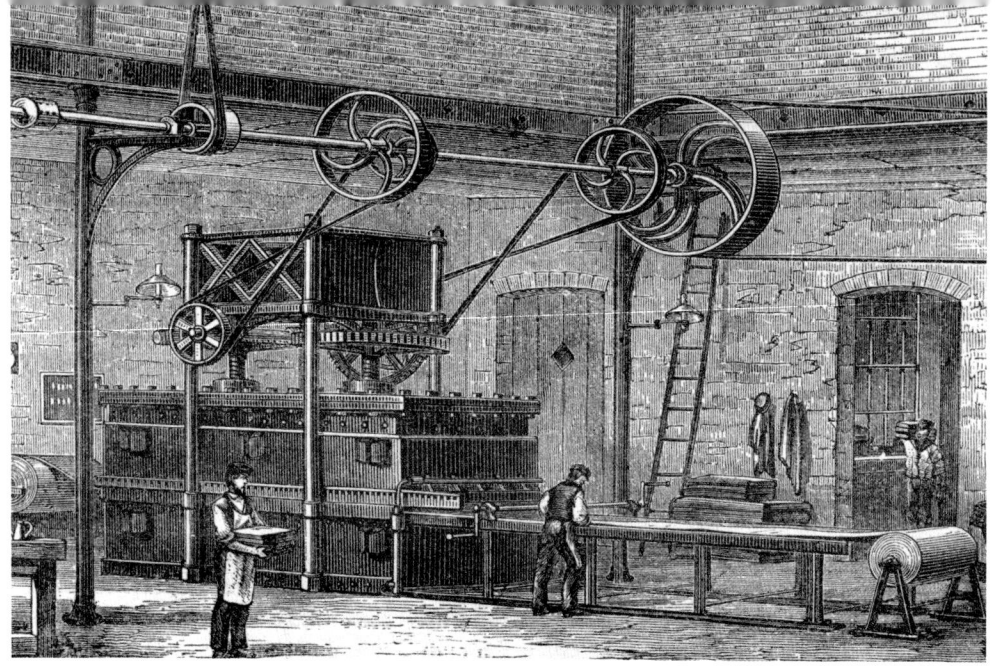

# 경화공정 (1839년)

굿이어가 열과 황을 사용하여 고무의 유용성을 증가시키다.

고무를 경화시킨다는 아이디어는 선사 시대로 거슬러 올라간다. 예를 들어 아스텍인들은 라텍스를 포도주스랑 혼합하여 고무를 가공했다. 그러나 우리가 오늘날 알고 있는 것과 같은 경화공정은 1839년에 찰스 굿이어(1800~1860)에 의해 발명되었다. 굿이어는 1844년에 자신의 발명으로 특허를 받았지만 1860년에 사망할 때는 큰 빚을 지고 있었다.

로마신화에 나오는 불의 신 불카누스(Vulcan)의 이름을 딴 경화공정(vulcanization)은 높은 온도를 사용하고 유황을 첨가하여 고무를 경화시키는 공정이다. 자연 상태의 고무는 점착성이 있고 따뜻한 곳에서는 변형되고 추운 곳에서는 쉽게 부서진다. 그러나 고무의 폴리머 분자들을 유황원자의 교상결합으로 연결하면 고무가 훨씬 더 단단해지고 점착성이 감소하며 지항력과 내구성도 증가한다. 결과적으로 경화된 고무는 다양한 범주로 응용이 가능하다. 특히 움직이는 부품 사이의 틈새를 봉하는 것이 그중 하나로, 이로써 고무는 산업기계의 개발에 있어 핵심적인 역할을 하게 되었다. 경화된 고무는 압력을 흡수하고 본래의 형태를 회복하는 기능이 뛰어나 타이어와 신발, 고무 밴드와 같은 제품을 위한 이상적인 재료임과 동시에 방수 기능이 있어 장화나 우비, 방수 옷감 등에도 적합하다.

경화공정은 19세기와 20세기의 제조업에 혁명을 일으켰지만 오늘날에는 환경친화적인 입장에서 경화된 고무의 재활용 방법에 초점이 맞춰지고 있다. 현재는 고무의 중요한 속성을 잃지 않으면서 경화된 고무를 경화 이전의 상태로 되돌려 놓기 위한 방법을 찾는 연구가 진행되고 있다. **RBd**

**참고:** 고무공, 공기 타이어, 레디얼 타이어, 고무 밴드, 고무 장화, 타이어 밸브

↑ 1867년에 제작된 목판화에 독일의 고무공장에서의 경화공정이 그려져 있다.

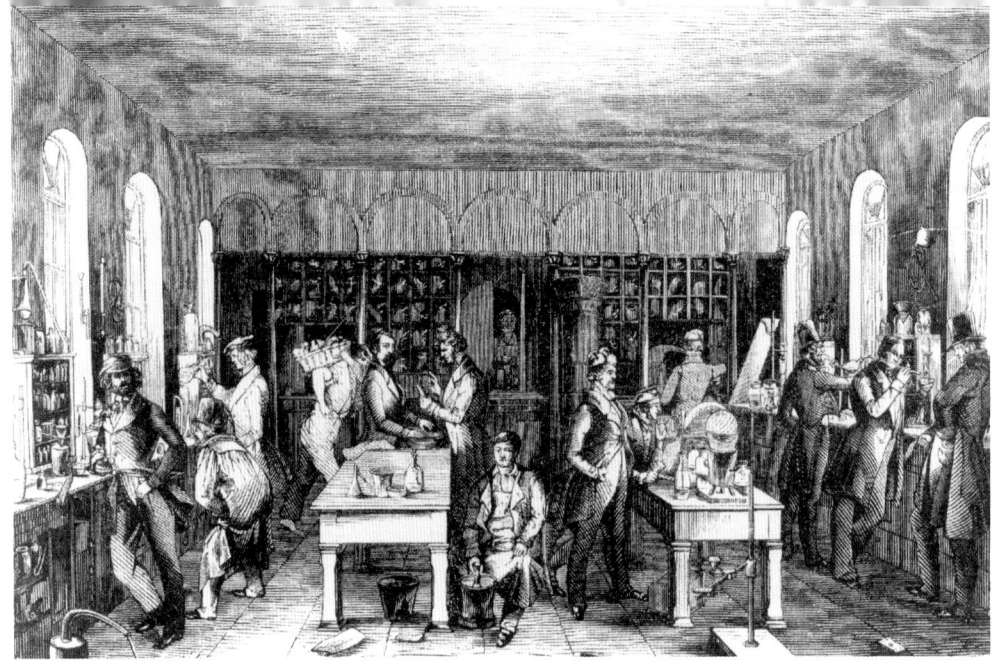

# 인조비료 (1839년경)

폰 리비히가 비옥한 토양을 유지하기 위한 과학적 접근법을 발견하다.

유스투스 폰 리비히(1803~1873)가 비옥한 토양의 유지 방법을 연구하기 전까지 농업용 비료는 동물의 배설물이나 재, 제련과정에서 생긴 슬래그와 같은 것들이 사용되었다. 화학을 공부한 폰 리비히는 농작물에 필요한 모든 영양분이 흙 속에서 부분적으로나 완전하게 부패한 동물과 식물로부터 공급된다는 기존의 가설을 부정하고 공기 중의 이산화탄소와 암모니아에서 탄소와 니트로겐을 흡수한다는 가설을 세웠다. 부패과정에서 가스가 대기 중으로 돌아가기 때문에 이 가스들은 충분히 공급될 것이고 따라서 토양에 공급되는 유일한 영양분은 무기물이었다. 이들은 농작물의 성장을 좌우하는 요소들이기 때문에 농부가 해야할 일은 작물을 태운 재를 분석하여 각각의 작물에 필요한 무기물이 무엇인지를 알아내고 필요한 화학적 합성물을 토양에 공급하는 것이었다.

폰 리비히가 수행한 최초의 실험은 그가 알칼리성 화합물을 불용성 형태로 첨가하려고 하면서 실패로 돌아갔다. 이는 식물의 뿌리로 흡수되지 못했기 때문이다.

폰 리비히의 연구는 인조비료의 개발과 폭넓은 사용으로 이어졌다. 불행하게도 화학비료의 과다한 사용은 오늘날 환경에 악영향을 끼쳤으며 토양 속에 중금속이 축적된 원인으로 추정된다. 질산칼륨이 수로에 용해되면서 부영양화를 야기시키고 이것이 녹조를 증가시켜 물 속의 산소량을 감소시키고 식물과 물고기를 죽게 만들었다.

오늘날에는 비료를 보다 효율적으로 사용함으로써 전반적인 사용량을 줄이려는 노력이 전 세계적으로 진행되고 있다. **HP**

참고: 살충제

⬆ 폰 리비히가 독일의 기센 대학에서 사용한 최초의 실용적 교육 연구실.

# 연료전지
## (1839년)

그로브가 전지에서 에너지를 발생시키다.

초기의 전신은 통신의 발전에 중요한 역할을 했지만 상용할 수 있는 전력의 부족으로 제한을 받았다. 1839년에는 웨일스의 과학자 윌리엄 그로브 경(1811~1896)이 이 문제를 해결하기 위해 강한 전류를 발생시키는 장치를 설계했다. 이 장치는 화학반응으로 방출된 에너지를 이용하여 전류를 발생시켰다.

그로브의 첫 번째 시도는 희석한 황산에 넣은 아연과 응축된 질산에 넣은 플라티늄을 다공성 용기로 분리하는 것이었다. '그로브 전지'는 강한 전류를 발생시켰기 때문에 19세기 중반까지 선호되는 전력원이었다. 그러나 전신의 사용이 증가하면서 전지에서 독성이 있는 산화질소가 방출된다는 사실이 알려졌다. 대형 전신국들은 그로브 전지에서 나오는 연기로 가득했다.

그로브의 두 번째 전기화학적 전지인 '가스 볼타 전지'는 현대적 연료전지의 기반을 구축했다. 그의 아이디어는 물속에 전류를 흐르게 하면 분자들이 수소와 산소로 분리된다는 사실이었다. 그로브의 이론은 이 과정을 거꾸로 뒤집어 플라티늄과 같은 촉매제를 사용하여 수소와 산소를 결합시키면 전류가 발생하면서 물을 만들어낼 수 있다는 것이었다. 그로브는 두 개의 플라티늄 조각을 각각 수소와 산수가 들어 있는 관에 집어 넣은 채로 황산이 담긴 수조 안에 넣었다. 전기회로를 닫은 후에 그로브는 전류가 흐른다는 사실을 증명하려고 그것을 사용하여 물을 다시 수소와 산소로 되돌려 놓았다.

그로브는 자신의 연료전지가 작동한다는 사실을 증명했지만 사업가가 아니었기 때문에 그의 아이디어는 그 이후로 130년 동안 실용화되지 않았다. '연료전지'라는 용어는 1889년에 최초의 실용적인 기구를 개발한 루드비히 몬트와 카를 랑게에 의해 만들어졌다. **RB**

참고: 배터리, 건전지, 광전지, 재충전 가능한 축전지

# 카메라 복합렌즈
## (1840년)

페츠발이 사진 촬영을 가속화하다.

1839년에 인물 사진은 단순한 요철 렌즈를 사용했으며 매우 오랜 시간이 소요되었다. 이 모든 것은 헝가리의 수학자 요제프 페츠발(1807~1891)이 최초의 카메라 복합렌즈를 고안하면서 변화했다. 페츠발 렌즈는 노출 시간을 급격하게 감소시켰으며 카메라의 작동력을 개선시키고 사진술에 혁명을 일으켰다.

프랑스의 루이 다게르가 개발한 '다게레오타이프'는 페츠발 렌즈의 전신이었다. 노출시간이 30분 정도 걸리는 이 기술은 성공적인 노출을 위해 몇 시간이 소요되었던 기존의 기술에 비해 크게 향상된 것이었다. 그러나 이것은 인물 사진을 촬영하기에는 여전히 너무 오랜 시간이었으며 중간에 인물이 조금만 움직여도 사진이 흔들렸다.

빈 대학에서 프리드리히 포이그트랜더와 함께 일

> "페츠발은 다게레오타이프의 노출 시간을 수분에서 수초로 줄이는 데 성공했다."
> 『슬로바키아 투데이』

하면서 페츠발은 네 개의 렌즈를 두 개의 그룹으로 배열한 무색의 인물사진 렌즈를 만들어 광도를 여섯 배로 증가시키면서 최초로 왜곡 없는 상을 만들어냈다. 결정적으로 이 렌즈들은 다게레오타이프 렌즈보다 20배의 속도로 촬영이 가능하게 해주었다. 페츠발은 자신의 발명으로 많은 상을 받았지만 그의 성공은 새로운 렌즈의 판매 권리를 두고 포이그트랜더와 싸움을 벌이면서 다소 퇴색되었다. 포이그트랜더는 이 발명품을 대량 생산했지만 현대의 카메라 렌즈를 개척한 것은 페츠발이었다. **SR**

참고: 디지털 카메라렌즈, 사진, 다게레오타이프, 일안반사식 카메라

# 우표
## (1840년)

힐이 상징적인 페니블랙을 도입함으로써 우편 시스템을 간소화하다.

1840년 5월 6일, 영국의 우편체계가 시작된 1510년 이후로 최고의 개혁이 일어났다. 세계 최초의 선불용 접착식 우표인 페니블랙이 발행된 것이다. 이 우표는 선불 우편의 시대를 열었고 우편 요금을 낮추는 데 기여했다. 1856년에는 영국에서 연간 발송되는 편지의 갯수가 거의 4억 통에 이르렀는데 이는 1839년의 7,600만 통보다 크게 증가한 것이었다.

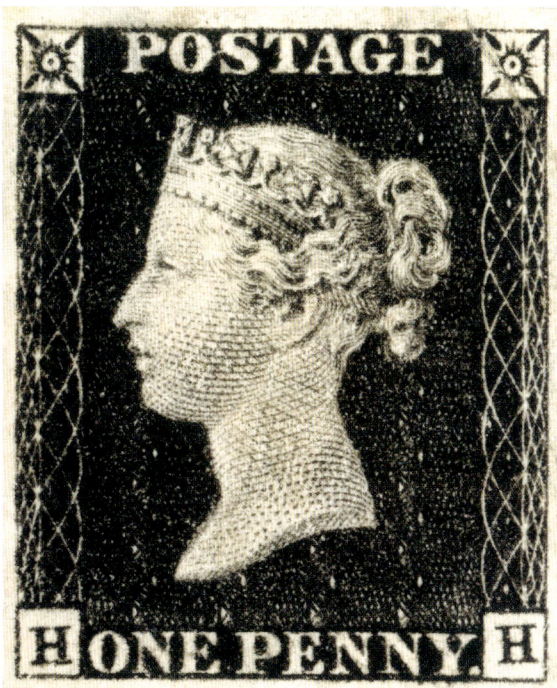

페니블랙은 젊은 빅토리아 여왕의 옆모습을 담고 있으며 우체국 직원 로울랜드 힐(1795~1879)이 디자인했다. 1837년에는 힐이 '우체국 개혁의 중요성과 실용성'이라는 팸플릿을 만들어 배포했는데, 여기에는 영국의 우편 배달체계와 관련된 비용이 너무 복잡하고 지나치게 높게 책정되었다는 문제가 다뤄져 있었다. 1840년 이전에는 선불 우편요금은 자발적으로만 이루어졌다. 그러나 우편물에 대한 비용이 미리 계산되지 않은 경우에는 그것을 배달하는 데 드는 비용을 우체국 직원이 배달을 하면서 받아야 했는데, 수취인을 찾기까지 여러 번의 시행착오를 겪어야 하는 경우도 있었다. 게다가 편지봉투에 암호를 사용한 메시지가 쓰여 있는 경우가 많았는데, 이러한 경우 수취인이 그 내용을 그 자리에서 읽고 해독한 후 수취를 거부하면 그만이었다.

페니블랙의 도입은 편지의 비용을 결정하는 수고스러운 과정을 생략하는 효과도 있었다. 그것은 본래 사용된 편지지의 숫자와 배달되는 거리에 따라 다르게 책정되었다. 이제는 1페니짜리 우표 한 장만 있으면 14그램 이하의 우편물을 영국 어느 곳으로든 발송할 수 있게 되었다. **BS**

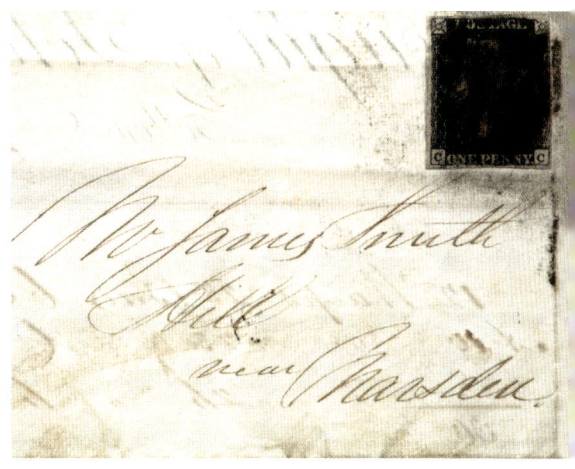

참고: 이메일, 접착제, 포스트잇

↗ 페니블랙은 검정색 바탕 위에 붉은 색 취소 표시가 잘 보이지 않는다는 이유로 1년 정도만 통용되었다.

→ 검정색의 취소표시를 사용한 페니 블랙. 우표는 1841년에 페니 레드로 대체되었다.

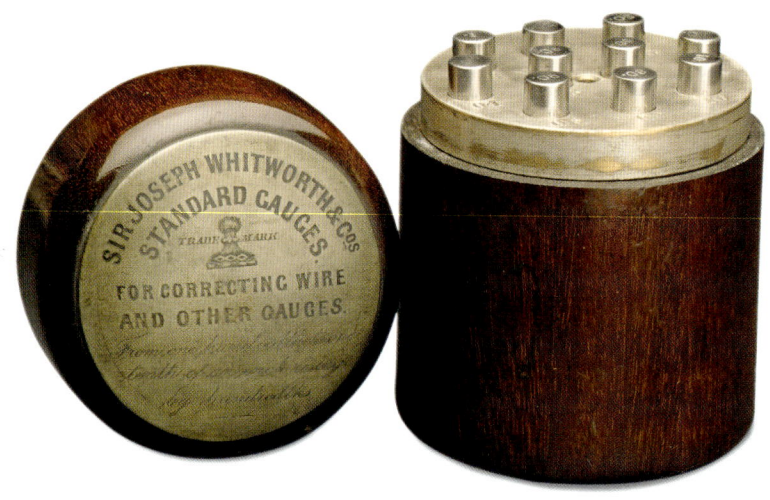

# 표준화된 나사 시스템 (1841년)

휘트워스가 너트와 볼트의 크기를 표준화하다.

조지프 휘트워스 경(1803~1887)은 평생 동안 기존의 기술들을 개선하고자 하는 욕망을 가지고 있었다. 그가 사망한 무렵에는 그의 이러한 노력들이 오늘날의 화폐로 1억 5천 파운드(3억 달러)에 이르는 재산과 영국 맨체스터에 있는 커다란 제조공장으로 결실을 맺었다.

살아 있는 동안 휘트워스는 도로 닦는 기계에서 화기에 이르기까지 거의 모든 종류의 발명품을 만들어냈다. 더구나 런던의 램버스 마시에 있는 헨리 모즐리의 유명한 공장에서 일하는 동안 접하게 된 아이디어와 철학들을 흡수하고 당시의 조잡한 표준법들을 거부함으로써 이 완벽주의자는 정밀공학의 아버지가 되었다.

휘트워스가 현대사회에 기여한 것 중에서 다른 많은 발명들의 토대가 되었고 그의 이름이 수년 동안 기계공들과 공학자들의 입에 오르내리게 만든 것은 1841년의 휘트워스 나사였다.

훗날 BSW(British Standard Whitworth) 나사라고 불리게 된 이것은 다양한 크기의 너트와 볼트를 위한 나삿니 피치를 최초로 표준화시켰다. 다시 말하면 BSW 너트는 어느 것이든 동일한 크기의 BSW에 정확하게 들어맞게 되었다.

지금은 당연한 얘기처럼 들리겠지만 기계들이 발전을 거듭하던 휘트워스의 시대 이전에는 '동일한' 크기의 너트와 볼트를 쌍으로 맞춤 제작했다. 이들은 호환이 불가능했고 특정 크기의 너트가 다른 종류의 크기가 동일한 볼트에 맞지 않았다. BSW 나삿니는 현재 '통합' 유형과 '미터' 유형으로 대체되었다. **MD**

참고: 미터법, 나사, 필립스 나사, 사각나사

⬆ 영국에 있었던 휘트워스의 회사는 와이어 게이지를 점검하고 조정하기 위한 표준 규격을 만들었다.

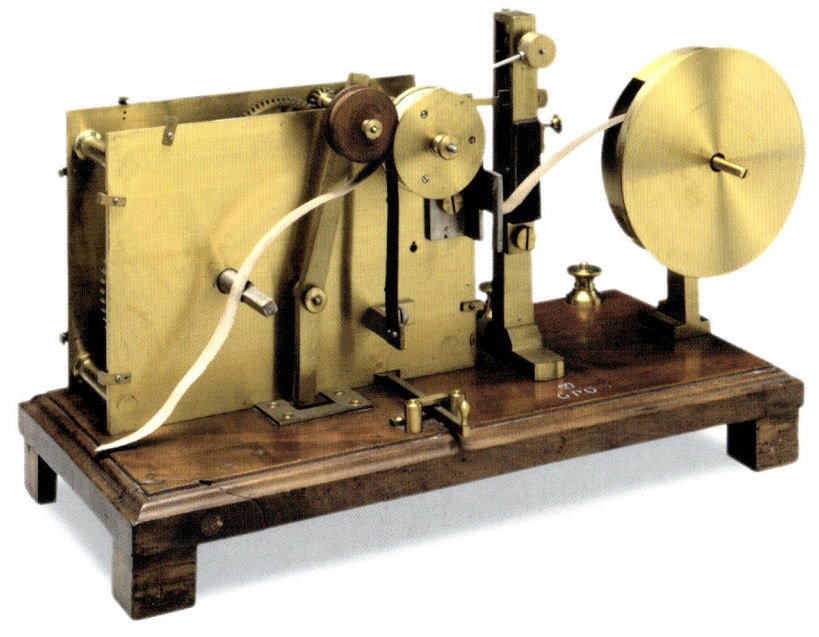

# 팩스기 (1842년)

베인이 팩스기의 전신인 기록 전신을 발명하다.

모든 사무실에는 팩스가 구비되어 있기 때문에 팩스를 현대의 발명이라고 생각하기 쉽다. 그러나 최초의 팩스기는 전화기가 등장하기 30년 전인 1842년에 발명되었다.

오늘날의 팩스기는 광학 칩을 사용하여 종이를 롤에 통과시킨다. 이 칩들은 1960년대 후반에서야 만들어졌지만 에두아르 벨린이 1907년에 발명한 광전지를 사용한 기계들은 그림의 밝고 어두운 부분을 전기 펄스로 전송했다. 1902년에는 아서 코른이 비슷한 기계를 발명했다. 그보다 이른 1898년에는 어니스트 A. 허멜이 복사형 전신을 발명했는데 이것은 미국의 주요 일간지 사이에서 이미지를 전송하는 데 사용되었다.

그러나 허멜의 시대보다 훨씬 오래 전부터 이미지를 전송하는 방법이 존재했다. 1855년에는 조반니 카셀리가 송신기와 수신기를 결합하고 펄스 전송을 교환함으로써 팬텔레그라프를 만들었다. 그러나 이것 역시도 원래 존재하던 팩스기를 토대로 개선한 것이었다.

1842년에 스코틀랜드의 시계 제작자 알렉산더 베인(1811~1877)은 현대적 팩스기의 전신인 기록 전신기를 발명했다. 메탈 테이프 위로 진동하는 진자를 사용한 이 기계는 사물의 밝고 어두운 부분을 인식했다. 이것은 어두운 부분을 모스부호와 같은 전기 펄스로 전송했고 수신기가 이미지를 화학처리된 종이 위에 착색시켰다. 이 기계는 이미지를 빠른 속도로 받아야 하는 신문사에서 인기가 많았으며 표음문자가 아닌 일종의 상형문자를 사용하기 때문에 모스부호를 사용할 수 없는 중국과 일본에서도 애용되었다. 1983년에 모든 팩스기가 동조되면서 현대의 빠른 통신이 가능해졌다. **DK**

**참고:** 전화, 컴퓨터 스캐너, 이메일, 인터넷, 광학식 문자판독

⬆ 1850년에 베인이 만든 화학 전신은 모스 부호를 기록하는 데 사용되었다.

# 양곡기 (1842년)

다트가 곡물의 이송을 가속화하다.

최초의 양곡기는 1842년에 뉴욕 버팔로에서 조지프 다트에 의해 만들어졌다. 다트는 소매상인으로 1825년에 중서부와 뉴욕을 연결하는 이리 운하가 개설된 이후로 버팔로가 성장하는 것을 지켜보았다. 처음에는 손으로 곡물을 싣고 내렸는데 이는 수일이 걸리는 힘든 노동이었다. 이 문제를 해결하기 위해 다트는 최초의 목조 양곡기를 만들었다.

양곡기는 곡물을 저장하는 용기로 사용되는 커다란 목조 구조물로 구성되었으며 여기에 양동이가 달린, 증기로 가동되는 벨트가 부착되어 있었다. 이 벨트를 조종하여 선박의 화물칸 안에서 작동시키면 양동이가 곡물을 퍼서 저장용기로 운반했다.

양곡기는 화물선의 짐을 시간당 1,000부셸(3만 5,000리터)의 속도로 내리는 것을 가능케 함으로써 선박을 정박시켜서 짐을 내리고 다시 출발시키는 과정을

---

"그들은 더 이상 오지 않는
화물선들을 기다리는
지나간 시대의 기념비다."

양곡기의 역사, 웹사이트

---

하루 안에 다 끝낼 수 있게 해주었다. 양곡기는 서늘하고 건조하여 해충이 없었기 때문에 곡물을 보관하기에도 이상적인 저장공간이었다. 유일한 위험요소는 목조 양곡기에 화재가 발생하는 것이었다. 곡물의 찌꺼기는 불이 쉽게 붙었기 때문이다.

조지프 다트는 자신이 양곡기를 발명한 것이 아니라 올리버 에반스의 디자인을 토대로 만든 것이라고 말했다. 에반스는 1780년대에 양동이가 달린 컨베이어를 사용하여 곡물을 이송하고 저장하는 원리를 고안했다. 그의 발명은 제분소에서 사용하기 위한 것이었다. **HP**

참고: 엘리베이터, 컨베이어 벨트

# 전기차 (1842년)

대번포트와 데이비슨이 전기를 시험하다.

1834년에 스코틀랜드의 로버트 앤더슨은 최초의 전기차를 만들었다. 그 이듬해에는 소형 전기차가 네덜란드 괴링엔의 스트라틴 교수와 그의 조수 크리스토퍼 베커의 팀에 의해 만들어졌다. 보나 실용적인 전기차는 미국의 토머스 대번포트(1802~51)와 스코틀랜드의 로버트 데이비슨(1804~1894)에 의해 1842년경에 만들어졌다. 이 두 발명가는 재충전이 불가능한 전지를 전기차에 도입했다.

파리의 공학자 샤를 장토는 1881년에 마차에 전기모터를 장착시켰다. 런던 시립대학과 길즈 대학의 교수인 윌리엄 에드워드 아일턴과 존 페리는 1882년에 전기 삼륜차로 도로 주행을 시험했다. 3년 후에는 배터리로 가동되는 전기 택시가 브라이튼에서 운행되었다. 1900년경에는 내연기관이 자동차를 추진시키는 세 가지 기술 중 하나에 불과했다. 증기기관에 비해 전기차는 깨끗하고 조용했으며 냄새가 나지 않았다. 미국에서는 전기 택시가 수년 동안 주요 도시에서 운행되었다.

전기차가 결국 실패한 이유는 배터리의 한계나 무게 때문이 아니었다. 역사가 미셸 쉬퍼 등은 사업전략의 실패가 보다 중요한 요인이라고 주장한다. 결국 20세기에는 대부분의 차가 내연기관에 의존하게 되었다.

20세기 말에는 제너럴 모터스가 EV1이라는 이름의 전기차를 1996년에서 2003년까지 생산했다. 1990년대 후반에는 도요타와 혼다가 내연기관과 배터리를 결합한 하이브리드차를 도입했다. **TZ**

참고: 에어카, 배터리, 자동차 배터리, 무인자동차, 전기모터, 자동차, 전기 자동차 배터리

➡ 초기 전기차의 단점 중 하나는 계속해서 손으로 재충전을 해야한다는 것이었다.

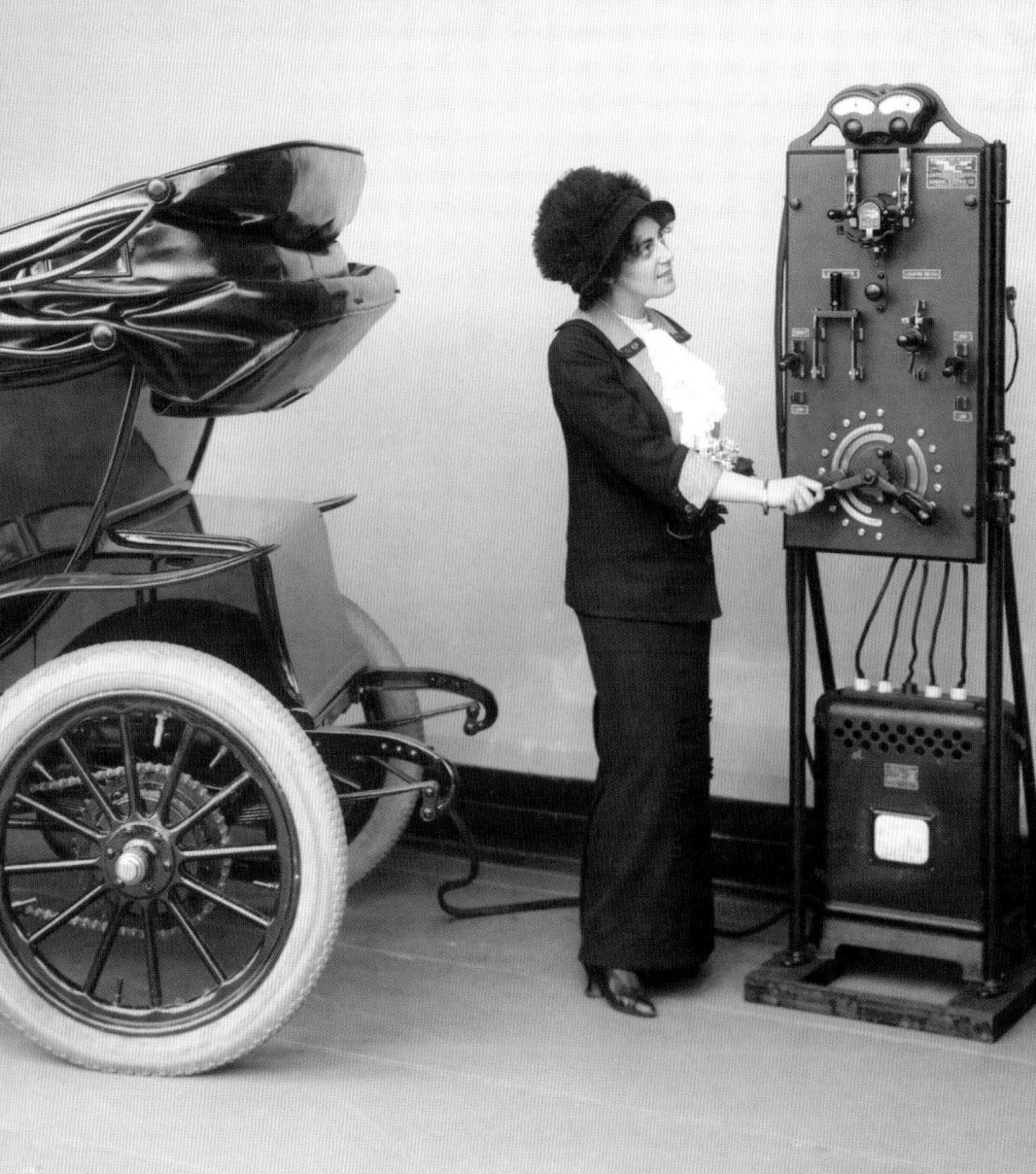

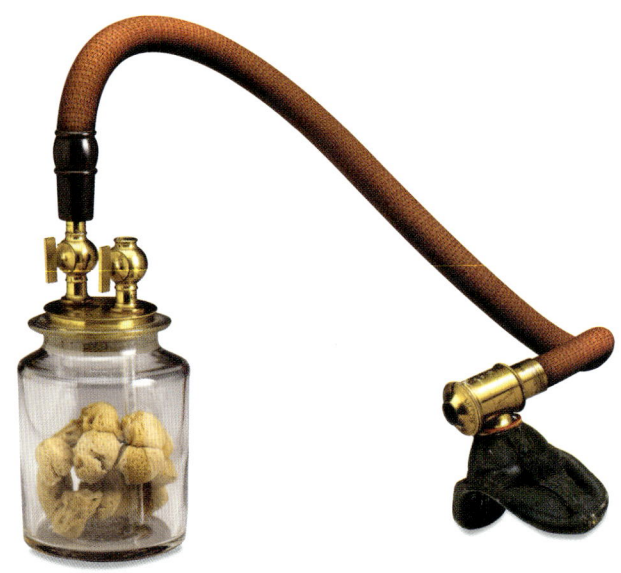

# 에테르 마취제 (1842년)

롱이 새로운 의학적 진통제를 발견하다.

에테르의 마취효과를 발견한 것은 의학계의 중요한 혁신 중 하나였다. 그 이전까지는 수술을 하는 환자들은 수술 통증을 견디는 데 최면술이나 알코올에 의존해야 했다. 미국의 크로포드 롱(1815~1878)은 의학 대학에 다니는 동안 '웃음 가스' 파티와 '에테르 모임'에 참가했다가 에테르의 효과를 발견한 것으로 짐작된다. 그곳에서 그는 아산화질소(웃음 가스)나 에테르를 마신 사람들이 그 효과가 지속되는 동안 넘어지거나 부딪쳐도 통증을 느끼지 않는다는 사실을 발견했다.

롱은 조지아 주 제퍼슨에서 진료소를 열고 유황에테르를 마취제로 사용하여 실험을 하기 시작했다. 그가 최초로 에테르를 사용한 것은 1842년 3월 30일에 한 젊은 남자의 목에서 종양을 제거하는 수술에서였다. 수술이 끝나자 환자는 수술을 했다는 사실을 기억하지 기억하지 못했다. 롱은 그 이후에 여성들이 출산할 때도 에테르를 사용했지만 자신의 발견에 대한 출판물을 발표하지는 않았다.

1846년에는 미국의 치과의사 윌리엄 모턴이 자신이 최초로 에테르를 마취제로 사용했다고 주장했으며, 이에 자극을 받은 롱은 자신의 연구를 기록하기 시작했다. 그는 1849년에 자신이 발견한 사실과 연구에 대한 증빙 자료들을 조지아 의과대학에서 발표했으며 동시에 호레이스 웰스와 찰스 잭슨이라는 다른 두 명의 의사들이 제각기 자신이 에테르 마취제를 발견했다고 주장한다는 사실을 알게 되었다. 롱의 연구 성과는 1849년에 출판되었지만 그는 생전에는 공식적으로 인정을 받지는 못했다. 마침내 그가 사망한 지 1년 만인 1879년 6월 18일에 롱은 '마취제의 아버지'라는 칭호를 얻었으며 그의 업적은 이 분야에서 큰 존경을 받게 되었다. **TP**

참고: 마취. 클로로폼 마취제. 현대적 일반 마취제. 아산화질소 마취제

⬆ 1847년의 '레테온' 흡입기는 에테르에 적신 스폰지를 담은 병으로부터 공기를 끌어내 환자에게 투입하는 장치였다.

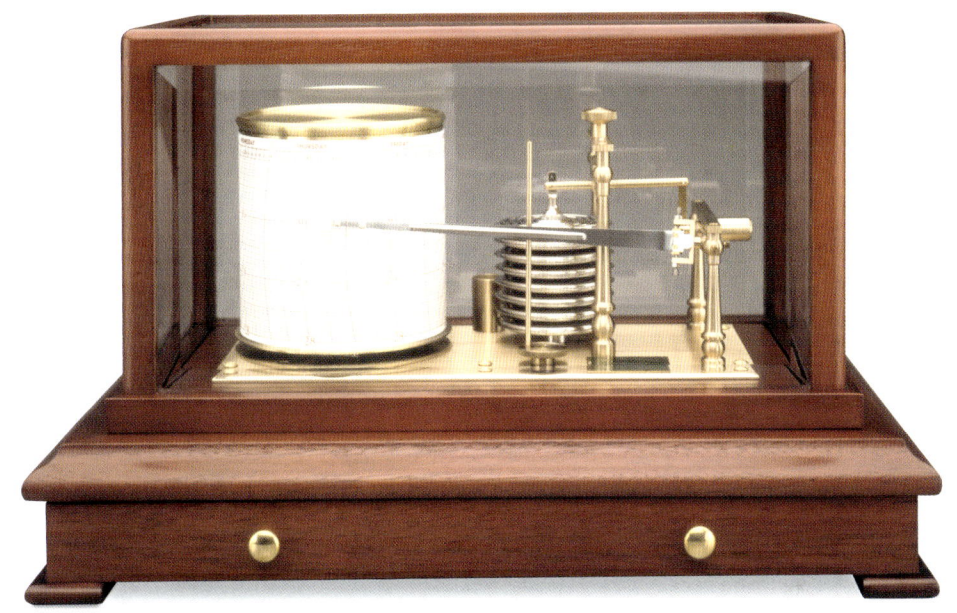

# 아네로이드 기압계 (1843년)

비디가 기압의 변화를 측정하다.

오늘날 아네로이드 기압계는 작고 저렴하며 튼튼하고 정확함과 동시에 가볍고 휴대가 가능한 기구이다. 이것은 기존의 기압계처럼 무거운 수은이 담긴 정교한 유리관과 쉽게 전복되는 용기 대신 밀봉된 풀무형 용기를 사용했다. 이 용기는 주변 공기의 압력에 따라 수축하거나 팽창했다. 압력은 기계적으로 작동되는 지레나 지시바늘에 의해 다이얼에 표시되었다. 이 다이얼에는 보통 또 하나의 바늘이 있어 현재의 압력을 표시하는 데 사용될 수 있었다. 이로써 기압의 변화율을 측정할 수 있었으며 그것이 증가하거나 감소하는 것도 알수 있었다.

아네로이드 기압계의 개념은 1698년에 고트프리트 빌헬름 라이프니츠에 의해 제안되었지만 최초의 실용적인 모델은 1843년에 프랑스의 과학자 겸 공학자 루시앙 비디(1805~1866)에 의해 제작된 후 특허 등록되었다. 그는 증기기관의 보일러에 사용되는 압력계에 대한 연구에서 아이디어를 발전시켰다. 비디는 자신의 기구를 1851년의 런던 대박람회에서 선보였으며 메달을 받았다. 기압과 날씨 사이의 연관성으로 인해 모든 기상학자가 기압계를 구입했고 뱃사람과 탐험가, 농부들도 기압계를 많이 사용했다. 기압계는 항해 중 흔들림에도 영향을 받지 않았다.

자기기압계는 아네로이드 기압계의 일종으로 시간의 흐름에 따라 기압을 기록한다. 이 기계에는 기록을 하는 바늘과 지속적으로 움직이는 기록용 종이를 구비하고 있다. 이들은 보통 일주일치의 기압 변화를 기록한다. **DH**

참고: 풍속계, 기압계, 기상 레이더

⬆ 이 아네로이드 기압계에서 고기압은 보통 건조한 날씨를, 그리고 저기압은 비가 오는 날씨를 가르킨다.

# 가변저항기 (1843년)

휘트스톤의 발명이 오디오 장비의 볼륨을 조절하다.

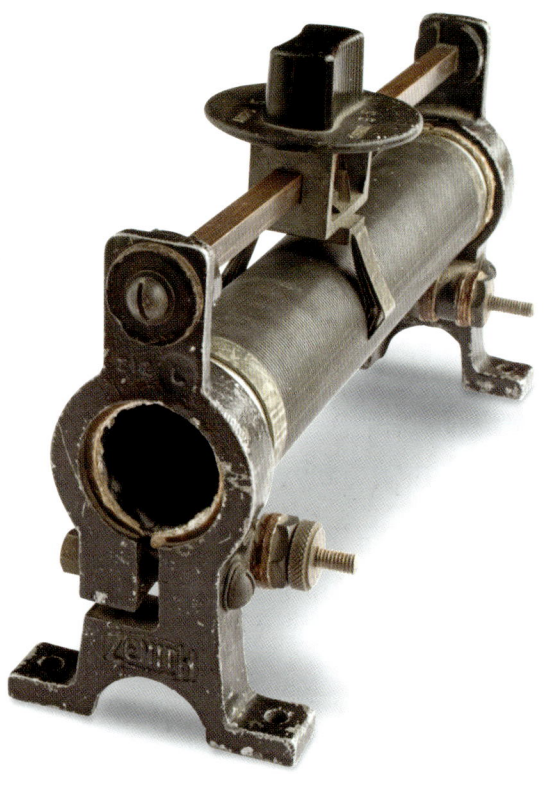

가변저항기(혹은 가감저항기)는 전류의 흐름을 조절하는 장치이다. 가변저항기는 전기기계의 전류를 조절하고 전기회로의 저항을 변화시키는 데 사용된다. 이것이 사용되는 예로는 불빛의 밝기 조절과 모터의 속도 제어를 들 수 있다.

대부분의 사람들이 가변저항기를 접하게 되는 것은 라디오나 오디오 장비의 조절단추이다. 볼륨 단추를 돌리면 가변저항기의 바늘이 움직여서 두드리는 지점과 저항을 변화시켜 스피커에 공급되는 전력을 조절함해 소리가 커지거나 작아지게 만든다.

가변저항의 디자인은 휘트스톤 브리지를 토대로 한 것이다. 휘트스톤 브리지는 영국의 수학자 새뮤얼 크리스티(1784~1865)가 발명했지만 그 이름은 그것을 대중화시킨 과학자 찰스 휘트스톤(1802~1875)의 이름을 따서 지어졌다. 그것은 네 개의 저항기와 하나의 배터리 그리고 검류계를 사용하여 전기 저항을 측정할 수 있었다.

이것을 단초로 삼아 휘트스톤이 고안한 가변저항기는 검전기(전류를 측정하는 기구) 및 유량계(전류원)와 함께 사용하여 미지의 저항을 측정하고 제어할 수 있었다. 먼저 미지의 저항을 대신하여 가변저항기를 회로에 삽입하기 전에 검전기의 수치를 기록했다. 그리고 나서 가변저항기를 이전에 검전기에 나타난 전류량의 수치와 동일하게 맞추었다.

가변저항기는 긴 케이블의 저항을 사용할 필요 없이 그 저항을 모방할 수 있게 해주었다. **DK**

> "앰프의 숫자들이 전부 11로 맞춰진다.
> 말하자면 1단계 더 시끄러운 것이다.
> 그것은 10이 아니니까."
>
> 영화 「이것이 스파이널 탭이다」, 1984년

**참고:** 전기기계식 릴레이, 전기의자, 헤어드라이어

◪ 이와 같은 가변저항기들은 저항력 있는 전선을 코일 형태로 감은 것으로 구성되었다.

# 컴퓨터 프로그램 (1843년)

러브레이스가 최초의 컴퓨터 프로그램을 만들어내다.

에이다 바이런(1815~1852)은 영국의 시인 바이런 경의 딸이었다. 어머니의 지도하에 에이다는 어렸을 때부터 수학과 과학 교육을 받았으며 어른이 되어 러브레이스 백작과 결혼했다.

1835년에 에이다는 찰스 배비지를 만나게 되었으며 그로부터 '분석기관'의 개념에 대한 이야기를 들었다. 1842년에 배비지는 이탈리아의 토리노 대학에서 초청을 받아 세미나를 하게 되었다. 이탈리아의 공학자 페데리코 루이기 메나브레아가 배비지의 강의에 대한 요약문을 프랑스의 과학 학술지에 실으면서 배비지의 연구에 대한 관심이 확산되었다. 배비지는 러브레이스에게 메나브레아의 글을 번역해달라고 부탁했는데, 그녀가 글에 추가한 주석들은 원글보다 더 방대해졌으며 그 내용이 다시 출판되었다. 마지막 일곱 개의 주석에서 러브레이스는 분석기관으로 베르누이 수를 연산할

> "분석기관은 우리가 명령하는 방법을 알고 있는 것은 무엇이든 계산해낼 수 있다."
>
> 에이다 러브레이스

수 있는 연산법을 설명했다. 이것이 연산기계를 사용하도록 특수하게 고안된 것이라는 점을 고려할 때 그녀는 최초의 컴퓨터 프로그램을 만들어낸 셈이다. 그러나 기계는 실제로 만들어지지 않았고 따라서 그녀의 연산법은 한번도 시험되지 못했다.

모든 역사가들이 러브레이스의 업적을 높이 평가하는 것은 아니다. 일부 역사가들은 그녀가 배비지의 연구를 단순히 기록만 했거나, 연산법이 공동작업으로 만들어낸 것이라고 주장한다. 그러나 배비지는 그녀가 자신의 연구에 대한 잠재력을 그 누구보다도 깊이 이해했다고 믿었다. **TB**

**참고:** 컴퓨터 보조수업, CAD, CAM, 디지털 전자 컴퓨터, 기계적 컴퓨터

# 타자기 (1843년)

서버가 실용적인 필기 기계로 특허를 받다.

19세기 중반에는 사업활동의 속도가 증가하면서 빠르고 효율적인 서면 통신이 중요한 역할을 차지하게 되었다. 당시의 특허들을 보면 필기를 기계화시키려는 많은 시도들이 있었음을 알 수 있지만 이중 실제로 생산된 것은 거의 없다. 1843년에 찰스 서버(1803~1886)가 특허를 받은 '카이러그라퍼'는 최초로 생산되고 상업적으로 판매된 타자기였다.

19세기 초중반에는 다양한 종류의 필기 기계들이 설계되었는데, 펠레그리노 투리가 1808년에 발명한 맹인들의 글쓰기를 도와주는 기계를 비롯하여 윌리엄 오스틴 버트의 1829년도 '타이포그래퍼', 그리고 1864년에 핸슨이 발명한 필기 기계 등이 그 예이다. 핸슨의 기계는 아마도 손으로 글씨를 쓰는 것보다 빠른 속도로 필기를 가능케 한 최초의 기계였을 것이다. 상업적으로 성공한 최초의 타자기는 1867년에 위스콘신 밀워키의 신문 편집자인 크리스토퍼 스콜스 등이 개발했다. 이 기계에 대한 특허는 후에 레밍턴즈라는 이름의 탄탄한 재봉틀 회사가 차지했으며 이 회사에서는 1873년에 스콜스와 글리덴 타자기를 출시했다. 이 기계는 사용자가 자신이 작업하는 동안 페이지를 볼 수 있게 해주었다. 자판기에는 발명가의 QWERTY 배열법이 사용되었는데 이는 글자판들이 껴서 고장나는 것을 방지하기 위해 고안된 것으로 널리 표준화되었다.

20세기 초에는 전기 타자기가 개발되었지만 이는 가격이 너무 비쌌다. 1935년에는 IBM이 전기타자기를 출시했다. 제조업자들은 계속해서 메모리와 '자동' 교정장치 등의 발전된 기능을 추가시켰으며 타자기는 '워드 프로세서'라는 새로운 이름으로 불리게 되었다. 이것은 다시 1980년대에 데스크탑 컴퓨터로 그 기능이 대체되었다. **EH**

**참고:** 카본지, 속기기계, 디지털 전자 컴퓨터, 노트북, PC

# 아이스크림 기계 (1843년)

존슨이 아이스크림 제조 시간을 최소화하다.

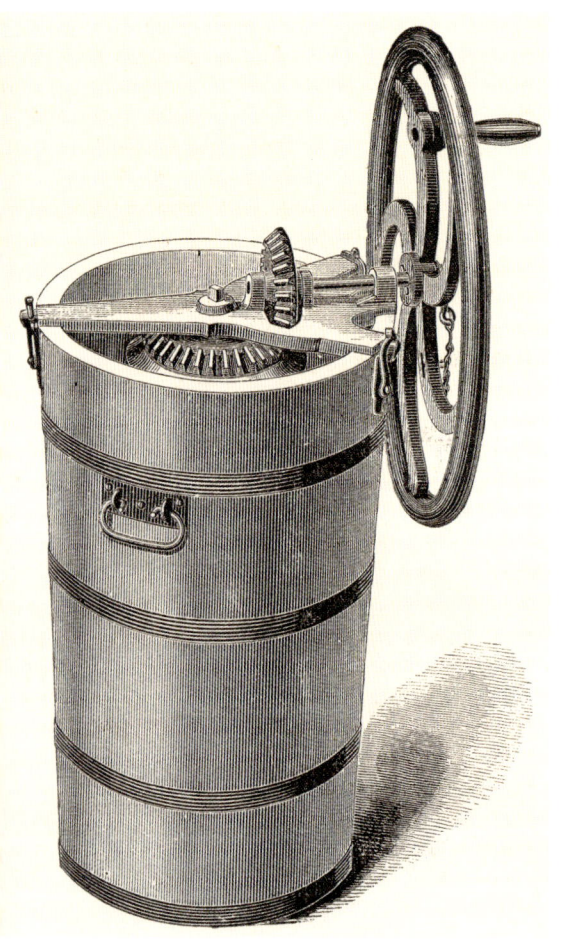

1846년에 필라델피아에 근거지를 둔 작은 주방기구 회사인 윌리엄즈&컴퍼니社는 아이스크림 만드는 과정을 가속하한, 손으로 돌리는 기계에 대한 특허를 구입했다. 그 이후로 30년 동안 이들이 단돈 200달러에 구입한 이 기계에 70여 차례에 걸친 개량이 이루어졌다.

윌리엄즈&컴퍼니가 돈으로 살 수 없었던 것은 이 기계의 발명가로서의 명예였다. 이것은 평범한 필라델피아의 주부인 낸시 존슨의 것으로 그녀는 자신의 발명품을 상업화할만한 자금과 사업능력이 없어서 자신의 기계에 대한 특허를 팔 수 밖에 없었다. 낸시 존슨은 곧이어 다시 평범한 주부의 삶으로 돌아갔다.

혁신적인 디자인을 자랑하는 존슨의 아이스크림 기계는 아이스크림의 재료인 얼음과 설탕, 바닐라, 계란, 그리고 소금을 뚜껑이 있는 용기에 넣어서 작동되었다. 손으로 손잡이를 돌리면 얼음과 설탕이 혼합되면서 손으로 나무 국자를 돌리는 기존의 방법에 비해 빠른 속도로 냉동이 되면서 아이스크림이 만들어졌다.

존슨의 발명 이전에는 아이스크림을 만드는 것이 노동집약적이고 힘든 과정이었으며 상류층만이 이를 즐길 수 있었다. 윌리엄즈&컴퍼니가 뛰어들자 이 기계는 단돈 3달러에 구입이 가능해졌고 아이스크림은 드디어 대중화되었다.

최초의 아이스크림 공장은 1851년에 발티모어에서 문을 열었고 질감이 부드러운 아이스크림은 1938년에 미국에서 개발되어 선풍적인 인기를 끌었다. **BS**

> "나이가 든다고 해서
> 아이스크림이 콘에서 떨어질 때의
> 실망감이 줄어드는 것은 아니다."

짐 피빅, 칼럼니스트

**참고: 분유, 냉장고**

🄺 1872년에 특허를 받은 이 '챔피언' 아이스크림 제조기는 손으로 돌리기 위한 플라이휠이 달려 있었다.

# 안전성냥 (1844년)

파쉬가 성냥 사고의 위험을 감소시키다.

스웨덴의 화학과 교수 구스타프 에릭 파쉬(1788~1862)가 1844년에 발명한 안전성냥은 마찰 성냥의 발명에 이어진 것이었다. 파쉬는 성냥 머리의 인화성 혼합물에 들어 있는 위험한 황린(黃燐)을 독성이 없고 인화성이 떨어지는 적린(赤燐)으로 대체했다.

그는 또한 성냥 머리에 있던 인을 제거하여 따로 준비된 마찰면에 함유시켰다. 이 마찰면은 적린과 유리가루로 만들어졌으며 성냥머리에는 황화안티몬과 염화칼륨이 남아 있었다. 적린의 일부는 성냥을 긋는 순간의 마찰열에 의해 백린으로 전환되었다. 이 적은 양의 백린이 점화되면 성냥의 연소가 시작되었다. 이 성냥들은 마찰면에 대고 그을 때만 점화가 되었기 때문에 매우 안전했다.

이 새로운 안전성냥으로 특허를 획득한 후 파쉬는 스톡홀름에 있는 공장에서 이들을 생산하기 시작했다. 하지만 제작 공정에서 너무 많은 비용이 들어갔기 때문에 포기할 수밖에 없었다. 또다른 스웨덴인 존 에드바르트 룬트스톰은 적린을 사포면에 혼합시킨 후 성냥상자의 바깥 쪽에 붙임으로써 파쉬의 안전성냥을 개선했으며 1855년에 이 새로운 안전성냥으로 특허를 받았다.

이 모델은 대규모로 생산되었고 룬트스톰은 자신의 동생 카를 프란스와 함께 안전성냥의 세계 시장을 사실상 독점했다. 이 성냥은 기존의 성냥에 비해 훨씬 더 안전했지만 여전히 독성 물질을 함유하고 있었다. 1910년에 미국에서 최초의 비독성 성냥으로 특허를 받은 것은 다이아몬드 성냥회사였다. **CA**

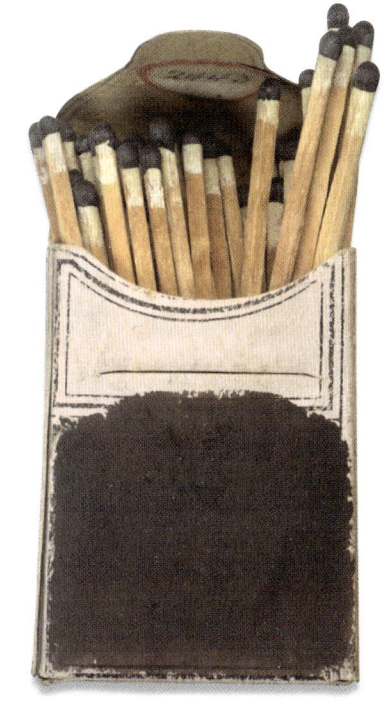

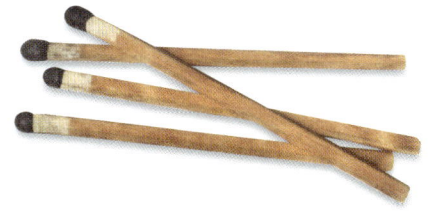

**참고:** 불의 제어, 마찰성냥

↗ 1845년 이후로 이와 같은 안전성냥은 적린에 마찰시켜 점화되었다.

"실수로 떨어뜨린 성냥 하나는 산불을 일으키는 반면, 모닥불을 피우려면 성냥 한 상자를 다 써야하는 이유는 무엇일까?"
작자 미상

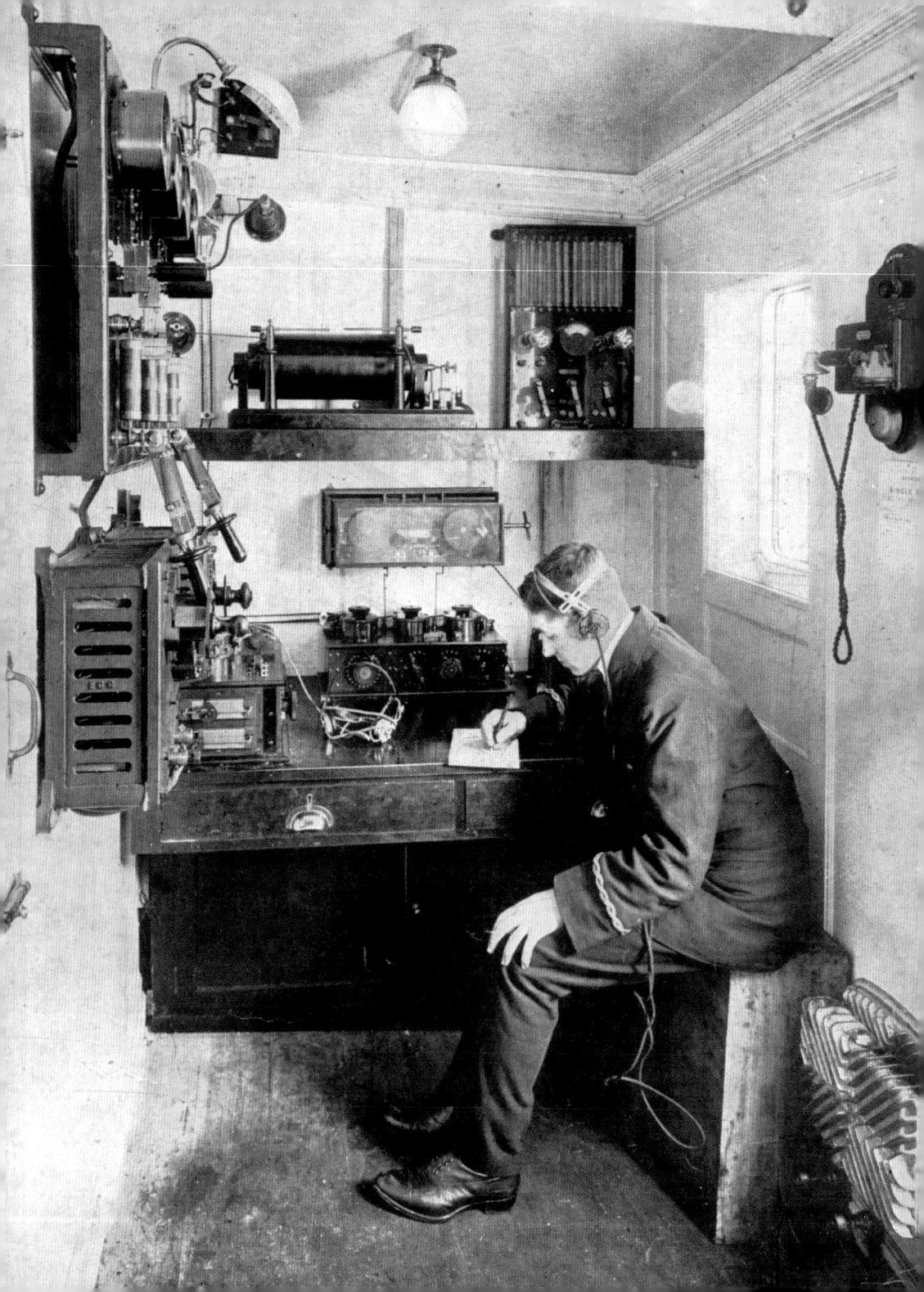

# 모스부호 (1844년)

모스와 베일이 전기로 통신하다.

새뮤얼 모스(1791~1872)의 이름을 딴 모스 부호는 글자를 단음과 장음으로 표현하는 간단한 부호이다. 장거리 통신의 시금석인 이 부호는 전신 작동자들이 일련의 전기 신호로 통신할 수 있도록 고안되었다. 모스와 그의 파트너 알프레드 베일이 부호를 만든 지 몇 년 후인 1844년에, 모스는 미국의 연방의회 앞에서 자신의 부호를 사용한 전신 기술을 시연했다. 모든 사람들의 경탄 속에서 그는 '주님이 창조하신 것'이라는 메시지를 워싱턴에서 발티모어로 전송했으며 그 속도는 어떠한 말이나 자동차로도 따라잡을 수 없을만큼 빨랐다.

의회는 몇년 동안 모스 부호에 대해 회의적인 태도를 보이다가 3만 달러라는 엄청난 비용을 들여서 워싱턴-볼티모어 선을 개통하는 데 동의했다. 모스 부호는 곧 국제적으로 군과 철도, 사업체 분야에서 활발하게 사용되었다. 라디오 통신의 최초 형태는 '무선 전신'으로 모스 부호를 라디오를 통해 전송하는 것으로 이루어졌다.

모스 부호는 하나의 시간 단위로 단음을 표시하고 시간단위 세 개로 장음을 표시한다. 각각의 글자 사이에는 세 단위의 휴식기가 있고 각 단어 사이에는 일곱 단위의 휴식기가 있다. 정확한 시간 단위는 작동자에 따라 다르며 숙련된 모스 부호 작동자는 1분당 20개에서 30개의 단어를 전송하고 수신할 수 있다.

모스 부호는 현재 거의 다른 통신 수단으로 대체되었지만 선박에서는 지금도 가끔 사용된다. 유명한 SOS 신호(단음 세 번, 휴식, 장음 세 번 휴식, 단음 세 번)는 조난되었을 때 구조를 요청하는 신호이다. 전 세계의 아마추어 라디오 사용자들은 종종 모스 부호의 단음과 장음으로 통신을 하기도 한다. **LW**

참고: 코히러, 전자기 전신, 수기신호

← 침몰하기 전 SOS 신호를 보냈던 타이타닉 호의 통신실.

# 포틀랜드 시멘트 (1845년)

애스피딘이 시멘트의 구성을 개선하다.

조지프 애스프딘(1778~1855)은 1824년에 회색 빛의 포틀랜드석과 비슷하다고 하여 이름 지어진 최초의 포틀랜드 시멘트를 발명했다. 그러나 그가 만든 시멘트는 너무 빨리 굳었으며 경도가 약했다. 조지프의 아들 윌리엄은 구성물인 진흙과 석회석을 함께 연소하여 광물과 결합하면 연소 온도(섭씨 1,250도 이상)가 높아지고 석회석의 비율이 증가하면 콘크리트와 건설에 적합한 시멘트가 만들어진다는 사실을 발견했다.

강도의 차이는 대체로 규산칼슘의 함량과 관계가 있었다. 조지프가 만든 시멘트의 강도는 규산이석회에서 나왔는데 이는 자리를 잡기까지 몇 주가 걸렸다. 초기 경도를 보강하기 위해서는 시멘트에 규산삼석회가 포함되어 있어야 했는데, 바로 이것을 윌리엄이 고온 연소를 통해 생성한 것이었다. 아버지의 발명과 다른 구성을 사용했음에도 불구하고 윌리엄은 자신의 아이

> "조건부 협동작업은
> 마치 굳지 않는 불순한
> 시멘트와 같다."
>
> 마하트마 간디

디어로 특허를 출원하지도 않았고 이름도 바꾸지 않았다. 아버지의 발명이기 때문에 특허를 출원하지 않을 거라고 말함으로써 그는 발명의 비밀을 경쟁자들로부터 지킬 수 있었다.

시멘트 생산 과정에서 다량의 이산화탄소가 발생하기 때문에 이를 대체할만한 공정을 찾으려는 노력이 존재한다. 그러나 아직까지는 그 대안으로 나온 방법들이 너무 비싸고 용도가 제한되어 있어 시멘트의 사용은 당분간 지속될 것이다. **RP**

참고: 구운 벽돌, 회반죽, 강화 콘크리트

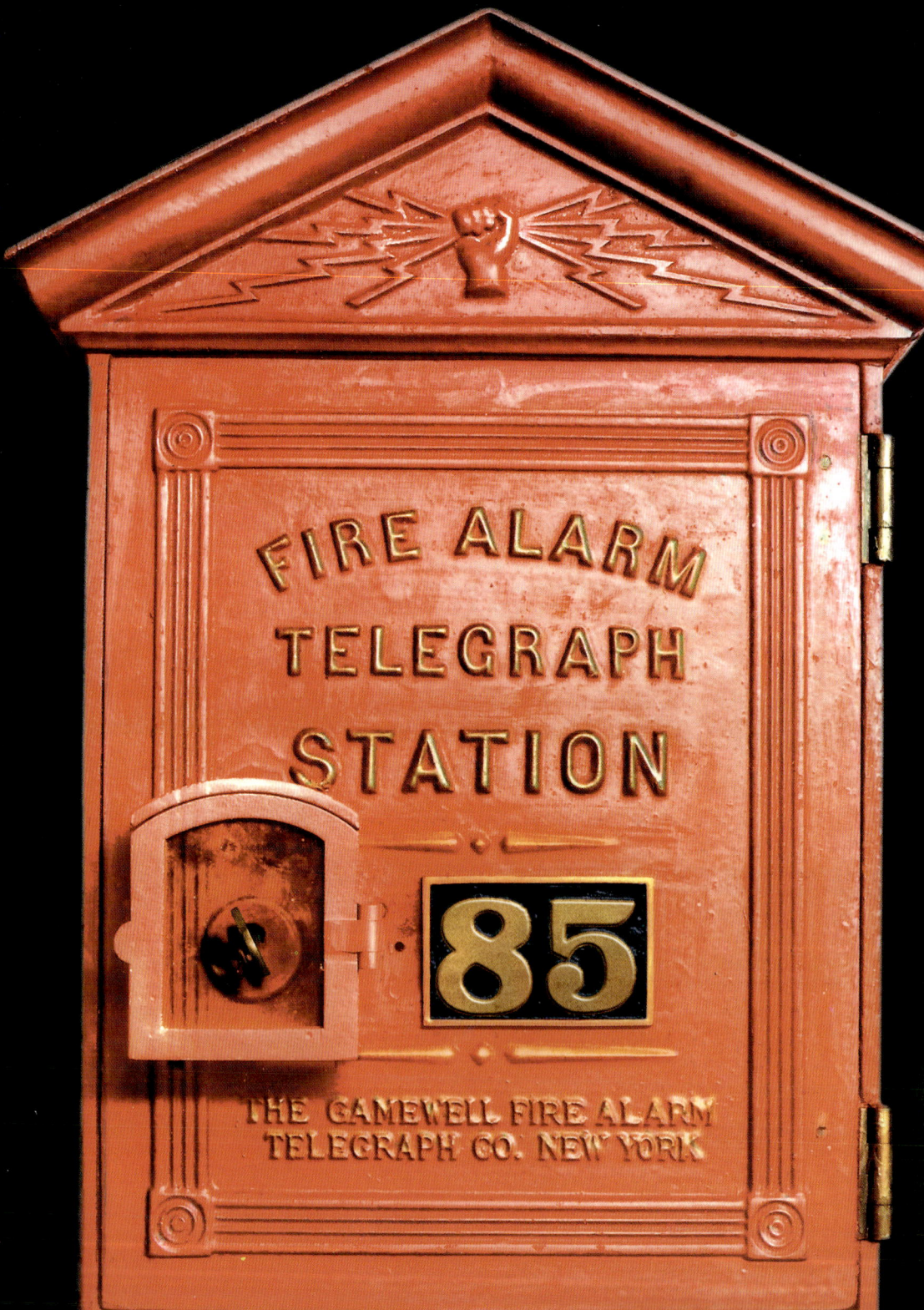

# 전기 화재 경보기 (1845년)

채닝이 화재 경보에 대한 반응 속도를 높이다.

예전에는 교회 종을 울려서 화재 발생 사실을 알렸다. 그러나 종은 소리라는 특성으로 인해, 환경적 조건에 영향을 받는다는 치명적인 단점이 있었으며 이로 인해 화재 발견을 매우 어렵게 했다.

1845년 미국인 윌리엄 채닝은 경보를 울리고 그에 대한 반응을 조정할 목적으로 새뮤얼 모스의 전신 시스템을 사용했다. 그의 시스템에는 자동화된 메시지를 중앙 사무실로 전송하는 신호 상자가 탑재되어 있었다. 화재 경보 신호 상자 시스템은 현재도 미국에서 사용되고 있으며 유럽에서 더욱 일반적인 형태인, 수동으로 유리를 깬 후 버튼을 누르는 방식의 화재 경보기와 매우 유사하다. 이 시스템에서 중앙 사무실의 기기 운영자는 메시지를 체인망 내의 다른 모든 신호 상자에 전달한다. 그와 동시에 전기 신호가 종을 자동으로 울리는 기계로 전달되어 소방관(그 당시 소방관은 대부분이 자원봉사자였음)에게 경보를 울려 화재 사실을 알렸다. 소방관들은 가장 가까운 신호 스테이션을 방문하여 중앙 사무실과 통신할 수 있었으며 이를 통해 적절한 조치를 취할 수 있었다.

채닝은 생전에 그의 꿈을 실현시키기 위해 전기 공학의 선구자인 모지스 파머와 함께 일했다. 1852년에 보스턴 시장을 설득하여 그의 발명품을 시험하게 한 이후 보스턴에는 세계 최초의 화재 경보 시스템이 설치되었다. 설치 후 몇 번의 가벼운 오류를 수정한 끝에 그의 시스템은 1854년에 서비스되었으며 1857년에 특허 등록되었다. 그해에 채닝의 화재 경보 시스템은 40곳 이상의 마을과 도시에 설치되었다.

여러 번 개선되었지만 20세기 후반에 디지털 시스템이 출현할 때까지 채닝의 시스템에는 큰 변화가 없었으며, 그의 설계 원리는 오늘날에도 유효하다. **RP**

**참고:** 벨, 자동 화재 스프링클러, 도난 경보기, 소화기, 모스 부호, 연기 탐지기

← 일반 대중이 빠르고 효율적으로 소방서를 호출할 수 있도록 해준 화재 경보 전신 시스템.

# 고무 밴드 (1845년)

페리가 고무의 새로운 용도를 발견하다.

기원전 1600년에 메소아메리카 사람들이 이미 고무 나무의 수액을 사용하여 만든 고무를 사용했지만, 19세기 전반기가 되어서야 미국인 찰스 굿이어가 상용화할 수 있는 고무 제조의 화학 공정을 개발했다. 굿이어는 우유같이 생긴 천연 유액에 유황을 첨가한 후 물질을 가열하여 고무를 경화시켰으며, 이로 인해 고무의 성질이 더욱 단단해지고 질겨졌다. 6년 후인 1845년 초기, 메세르 페리社의 직원인 영국인 스티븐 페리가 세계 최초의 경화 고무 밴드를 생산하기 위해 이 공정을 거쳤다.

그 이전에 동료 영국인 토머스 핸콕은 병 모양으로 성형된 고무를 여러 장으로 자른 후 이것을 다시 얇고 긴 조각으로 분할하여 고무 밴드를 생산하였다. 이 과정에서 발생하는 불필요한 부산물을 처리하기 위하여 그는 부산물을 분쇄하는 기계(마스티케이터)를 발명하였다. 그러나 기계를 통해 처리되는 마지막 부산물

> "달로 가는 여행에 대한 베른의 이야기에서 만약 고무 밴드를 사용하여 달에 갔다면 훨씬 더 공상 과학 소설 같았을 것이다."
> 필립 K. 딕, 공상 과학 소설가

은 동종의 고무덩어리였다. 마스티케이터는 고무 밴드를 만들기 위해 사용되는 현대식 고무 밀링 머신의 시초라 할 수 있다.

대부분의 고무 제품과는 달리, 고무 밴드는 합성 유액보다는 천연 유액으로 제조되는데, 이는 천연 유액의 탄성이 합성 유액보다 뛰어나기 때문이다. 고무 밴드는 모든 사회 및 산업 전반에 걸쳐 사용되고 있으며 미국 우체국은 세계에서 가장 큰 고무 밴드 소비자이다. **CB**

**참고:** 고무공, 캐터펄트, 고무 장화, 경화공정

# 공기 타이어 (1845년)

**톰슨의 공기 쿠션이 부드러운 승차감을 보장하다.**

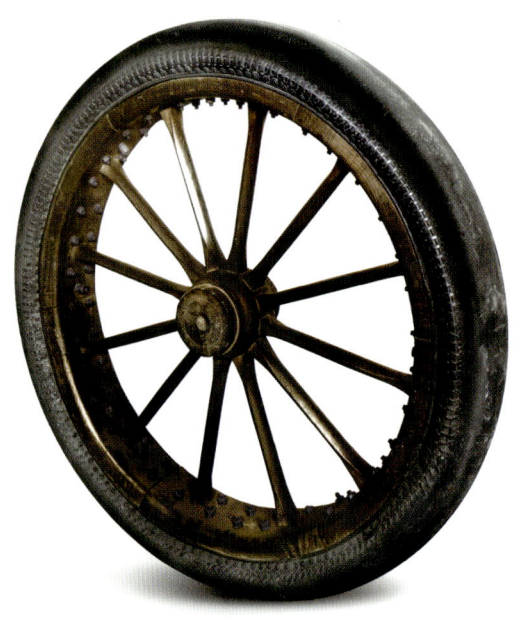

"공기가 주입된 바퀴는
땅, 레일, 트랙에서
공기의 쿠션처럼 작용한다."

로버트 윌리엄 톰슨

스코틀랜드 출신의 공학자인 로버트 윌리엄 톰슨(1822~1873)은 14세에 학교를 그만두었으나 몇 년 이내에 스스로 천문학, 화학, 전기 물리학을 공부하였다. 17세가 될 때 이미 자신의 작업장을 운영하던 톰슨은 23세의 어린 나이에 현재 공기 타이어로 알려져 있는 에어리얼 휠의 특허를 취득하였다. 그의 타이어는 인도 고무를 사용하였으며 땅, 레일 혹은 트랙에서 공기 쿠션으로 부풀려져 속이 빈 벨트로 구성되었다. 이 아이디어는 울퉁불퉁한 지면을 이동하는 사람들이 부드러운 승차감을 느낄 수 있게 했다.

유감스럽게도 1845년에는 새로운 타이어의 이점을 활용할 수 있는 자동차와 자전거가 개발되지 않았다. 그가 개발한 기술을 응용할 수 있는 곳이라고는 마차와 소수의 증기기관차뿐이었다. 톰슨은 쿠션 바퀴의 장점을 알리기 위해 런던의 리젠트 파크에서 일부 기자들과 사전에 약속을 잡고, 바퀴가 달린 마차와 공기 타이어가 부착된 마차를 끌고 나왔다. 많은 관중은 공기 타이어가 부드럽기 때문에 마차를 이동시키기 힘들 것이라고 예상했다. 그러나 톰슨은 그들의 예상이 틀렸다는 것을 증명했으며 공기 타이어는 고체 바퀴가 만드는 소음에 비해 적은 소음을 발생시킨다는 것을 보여주었다. 톰슨의 공기 타이어 1세트는 현저한 품질 저하 없이 1,200마일(1,931킬로미터)의 거리를 운행하였다.

톰슨이 공기 타이어를 발명했을 시기에는 타이어 튜브 제작에 필요한 얇은 고무가 부족했으며, 유감스럽게도 비운의 젊은 발명가는 자신의 아이디어로 부자가 될 수 없었다. 그리하여 톰슨은 그 당시 널리 쓰이던 고체 고무 타이어로 관심을 돌렸다. 존 던롭이 톰슨의 아이디어를 재발견하고 이것을 사용하여 글로벌 브랜드를 구축하기까지는 또 다시 40년의 세월이 흘러야 했다. **DHk**

↑ 에어리얼 휠 혹은 공기 타이어에 대한 로버트 톰슨의 오리지널 설계.

→ 자동차가 출현한 시기인 1890년대부터 공기 타이어를 생산한 던롭.

**참고:** 윤축, 자동차, 레이디얼 타이어, 타이어 밸브, 경화공정

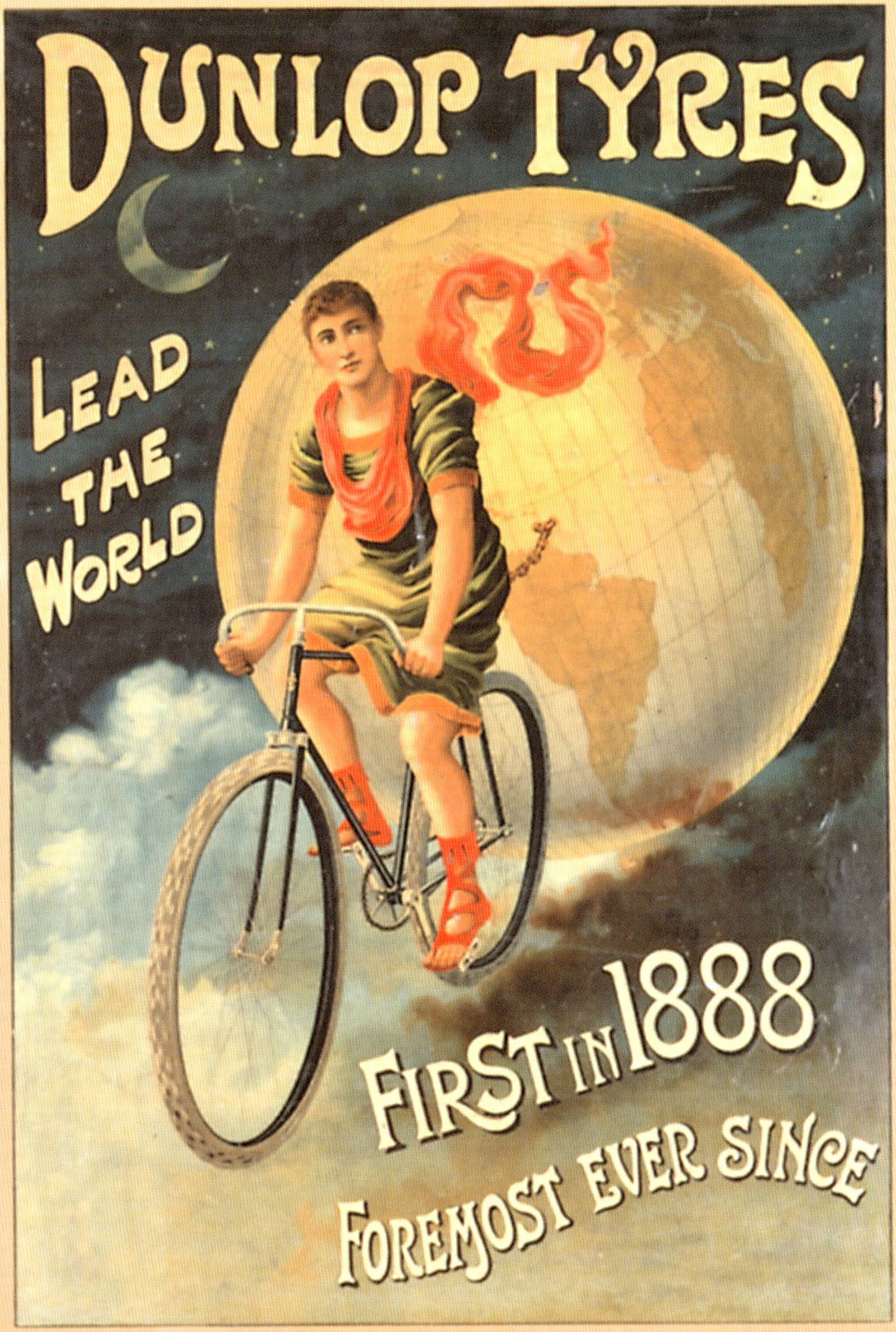
DUNLOP TYRES
LEAD THE WORLD
FIRST IN 1888
FOREMOST EVER SINCE

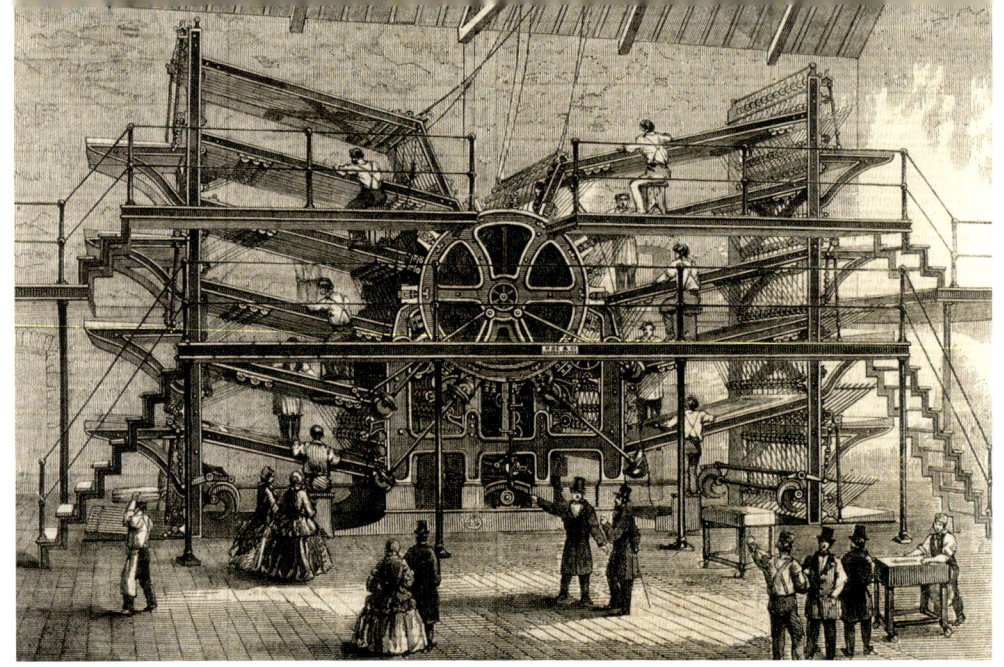

# 회전식 인쇄 기계 (1846년)

호에가 인쇄 공정을 빠르게 하다.

리처드 마치 호에(1812~1886)가 개발한 회전식 인쇄 기계는 대중매체의 발전을 이끈 중요한 발명품이다. 아버지는 뉴욕에서 인쇄 기계를 생산하는 공장을 운영하고 있었으며, 호에는 어린 시절부터 그 공장에서 일했다. 처남과 함께 일한 호에의 아버지는 기존에 쓰이던 평판 인쇄 기계를 다양하게 개선하였다.

호에의 인쇄 기계는 문서가 인쇄되는 속도 때문에 가히 혁명적이라 할 수 있었다. 각각의 새로운 종이 시트를 다시 위치시켜야만 하는 평판 인쇄 기계와는 달리, 회전식 인쇄 기계는 유형을 적용하는 여러 실린더를 사용하여 끊임없이 종이를 실린더로 통과시켰다. 누군가가 종이를 공급하는 한, 호에의 오리지널 '라이트닝 프레스(lightning press)'는 좋은 품질로 시간당 8,000장까지 출력할 수 있었다.

발명은 시의 적절한 것이었다. 그 당시 미국에서는 신문 산업이 붐을 이루고 있었으며 막대한 양의 일일 신문을 인쇄하고 유포시키는 과정에서 호에의 새로운 인쇄기가 사용되었다. '필리델피아 퍼블릭 레저'는 1847년 호에의 새로운 발명품으로 인쇄 공정을 거친 최초의 신문이다.

호에는 '웹 퍼펙팅' 인쇄기(끊임없이 공급되는 종이 롤을 사용하여 종이의 양면을 동시에 인쇄하는 것. '뉴욕 트리뷴' 신문에서 최초로 사용함)를 1871년에 처음으로 공개하기까지 회전식 기계를 계속해서 발전시켰다. 회전식 인쇄기는 종이를 절단하고 접는 공정에 혁신적인 개선을 가져왔으며, 20세기 후반 디지털 출력이 대세를 이루기 전까지 현대식 인쇄 기계의 표본이 되었다. **JG**

**참고:** 잉크, 인쇄 기계, 목판 인쇄, 컴퓨터 레이저 프린터, 프린팅 언 디멘드

⬆ 호에의 회전식 인쇄기를 사용한 런던의 '데일리 텔레그래프' 신문사로 견학 온 방문자들(1860).

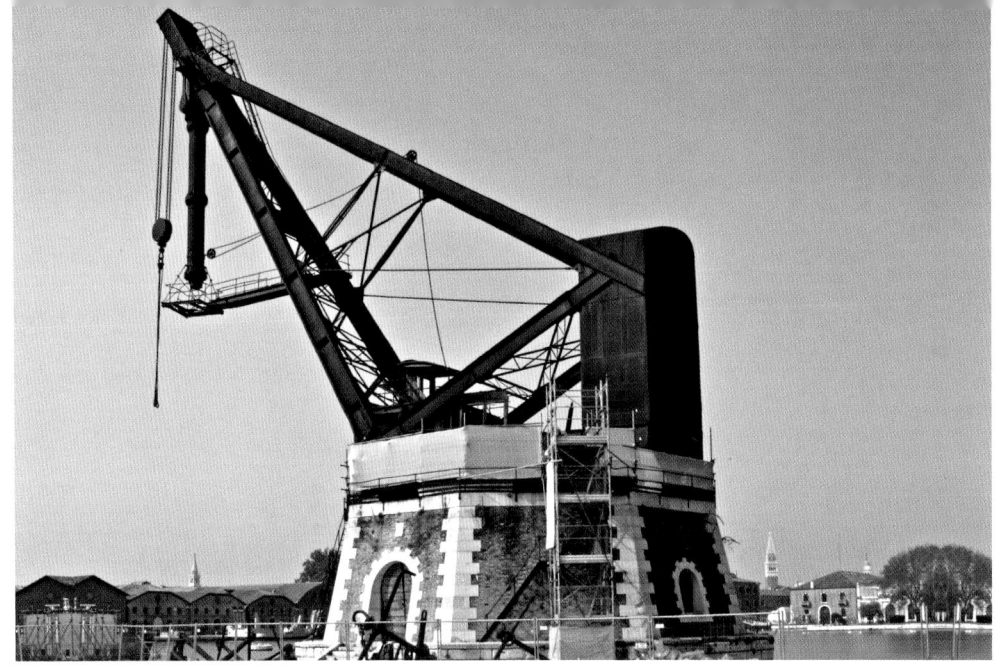

# 유압 크레인 (1846년)

암스트롱이 물의 힘을 이용하여 무거운 물체를 들어올리다.

윌리엄 조지 암스트롱 경(1810~1900)은 산업혁명 시기에 수력을 동력으로 이용하여 다양한 종류의 기계를 작동할 수 있게끔 해준 영국인 기업가이다.

물을 자원으로 사용한 그의 첫 번째 발명품 중 하나는 성능이 향상된 회전식 수력 모터였으며 이 발명 후 곧바로 물을 이용해 움직이는 피스톤 엔진을 설계했다. 그는 자신의 발명품을 사용하여 당시 운영되던 크레인들보다 더욱 효율적인 설계로 발명품을 만들 수 있다는 것을 깨달았다.

암스트롱의 첫 번째 유압 크레인은 1846년 뉴캐슬 부두에 설치되었으며 엄청난 성공을 거두었다. 마을의 급수 공급관에서 발생하는 압력을 이용하여 실린더 내의 피스톤이 움직임에 따라 차례대로 크레인을 가동시키는 기어가 작동했다. 이 설계가 매우 성공적이었던 나머지, 뉴캐슬社는 나중에 세 개의 크레인을 더 주문하였으며 이를 통해 암스트롱의 유압 크레인은 성공을 보장받을 수 있었다.

암스트롱의 최초 설계는 높은 급수탑이나 급수 공급관을 통해 발생하는 높은 수압의 힘을 이용하였기 때문에 다소 제약이 있었다. 높은 급수탑이나 급수 공급관을 사용할 수 없는 상황이 발생하는 문제점을 개선하기 위해 암스트롱은 유압 축압기를 설계하였다. 유압 축압기는 필요한 압력을 만들어내기 위해 큰 실린더에서 무게가 나가는 플랜저를 사용하는 장치이다.

암스트롱의 유압 분야에 대한 선구적 업적 덕분에 전력원으로서의 물 사용처가 증가하였다. 크레인이나 기타 중장비들은 현재에도 유압 부품을 사용하고 있다. **SB**

**참고:** 크레인, 유압 브레이크, 하이드라릭 잭, 수압 프레스

⬆ 1883년 이탈리아 베네치아의 아르세날레 지역에서 볼 수 있었던 암스트롱의 크레인.

# 인쇄 전신기 (1846년)

하우스가 서면 통신의 속도를 향상시키다.

로열 얼 하우스(1814~1895)의 전기 활자 인쇄 전신기는 녹음기와 피아노를 섞어놓은 모습을 하고 있다. 문자 표식이 있는 키보드 위쪽 나무판에는 여러 복잡한 장치를 탑재했다. 음악용 도구처럼 생겼지만 실제 이 기계는 음악용이 아니다. 이 발명품은 태엽장치로 발생한 전기의 안정된 비트 소리에 의지하여 폭이 좁은 종이에 메시지를 인쇄했다.

하우스는 자신의 아이디어를 영국인 전기 공학자 제이콥 브렛트(동작하는 인쇄 전신기 모델을 만듦)와 공유했다. 키보드의 키를 누르면 키보드 아래에 위치한 회전식 실린더의 핀과 일치하는 전자 회로(스물여덟 개 중 하나)가 일시적으로 끊어진다. 이러한 회로의 끊어짐은 실린더의 운동을 멈추게 하고, 그 결과 동기화된 전자석이 활자 구동 바퀴를 제어하는 공정을 중단시킨다. 적절한 문자에서 활자 구동 바퀴가 정지하면, 연결된 장치가 활자 구동 바퀴로 종이를 눌러 종이에 흑연 잉크를 찍는다.

유럽의 일렉트릭 타이프 프린팅 텔레그래프社와 미국의 S.T.C.(Submarine Telegraph Company)社는 프랑스와 영국 사이에서 메시지를 전달하기 위해 이 장치를 사용하기 시작했다. 특히 S.T.C.社는 1850년도에 전기 활자인쇄 전신기가 100분간 각각 50개의 단어로 100개의 메시지를 보낼 수 있음을 보여주었다.

하우스의 전기 활자인쇄 전신기는 구식 바늘 전신기에 비해 속도가 빠르고 구조가 복잡했으며 가격이 비쌌다. 인쇄 메시지의 편리함과 속도로 말미암아 전기 활자인쇄 전신기는 전보를 치는 데 있어 새로운 표준이 되었다. **LW**

참고: 이중 전신기, 전자기 전신기, 전화기

# 클로로포름 마취제 (1847년)

심슨이 출산의 고통을 완화시키다.

스코틀랜드에 위치한 에든버러 대학교의 산과학(産科學) 교수인 제임스 심슨(1811~1870)은 출산 과정에서 클로로포름을 사용한 최초의 의사이다. 그는 에테르를 사용하는 것에 만족하지 못하고 에테르의 대안을 찾기 위해 자신과 친구를 대상으로 삼아 실험을 계속했다. 1847년 11월 4일 심슨은 친구들과 함께 에테르의 대안으로 클로로포름을 사용하였는데, 그날 저녁을 차리면서 심슨의 아내는 모두 식탁 밑에서 마취 때문에 잠들어버린 것을 발견하였다. 심슨은 즉시 에테르를 능가할 수 있는 클로로포름의 장점(인화성이며 가볍고 관리하기가 더 용이함)에 대해 인지하였다. 일주일 내에 그는 산고를 겪고 있는 여성 30명에게 클로로포름을 투여하였다.

심슨의 혁명적 발견은 교회와 내과병원의 노여움을 샀다. 그 당시 교회는 출산 시 여성의 고통을 당

> "의사 스노우는 우리에게 축복받은 클로로포름을 선사하였으며 클로로포름은 고통을 감소시켜 우리에게 기쁨을 주었다."
>
> 영국 빅토리아 여왕

연하다고 가르쳤으며, 의사들은 고통이 생물학적으로 필요한 것이라고 주장했다. 이러한 반대 때문에 빅토리아 여왕이 마지막 아이를 분만하기 위하여 이 약물을 사용했던 1853년까지 클로로포름이 폭넓게 사용되지 않았다. 마취제로 사용하면 치명적인 심장마비의 원인이 된다는 것이 20세기 초에 밝혀지면서 결국 클로로포름 사용은 금지되었다. **JF**

참고: 마취제, 에테르 마취제, 현대 전신 마취제, 질소 산화물 마취제

→ 1862년에 자신이 발명한 장치를 시연하고 있는 조지프 클로버. 그가 발명한 장치로 클로로포름의 1회 복용량을 관리할 수 있었다.

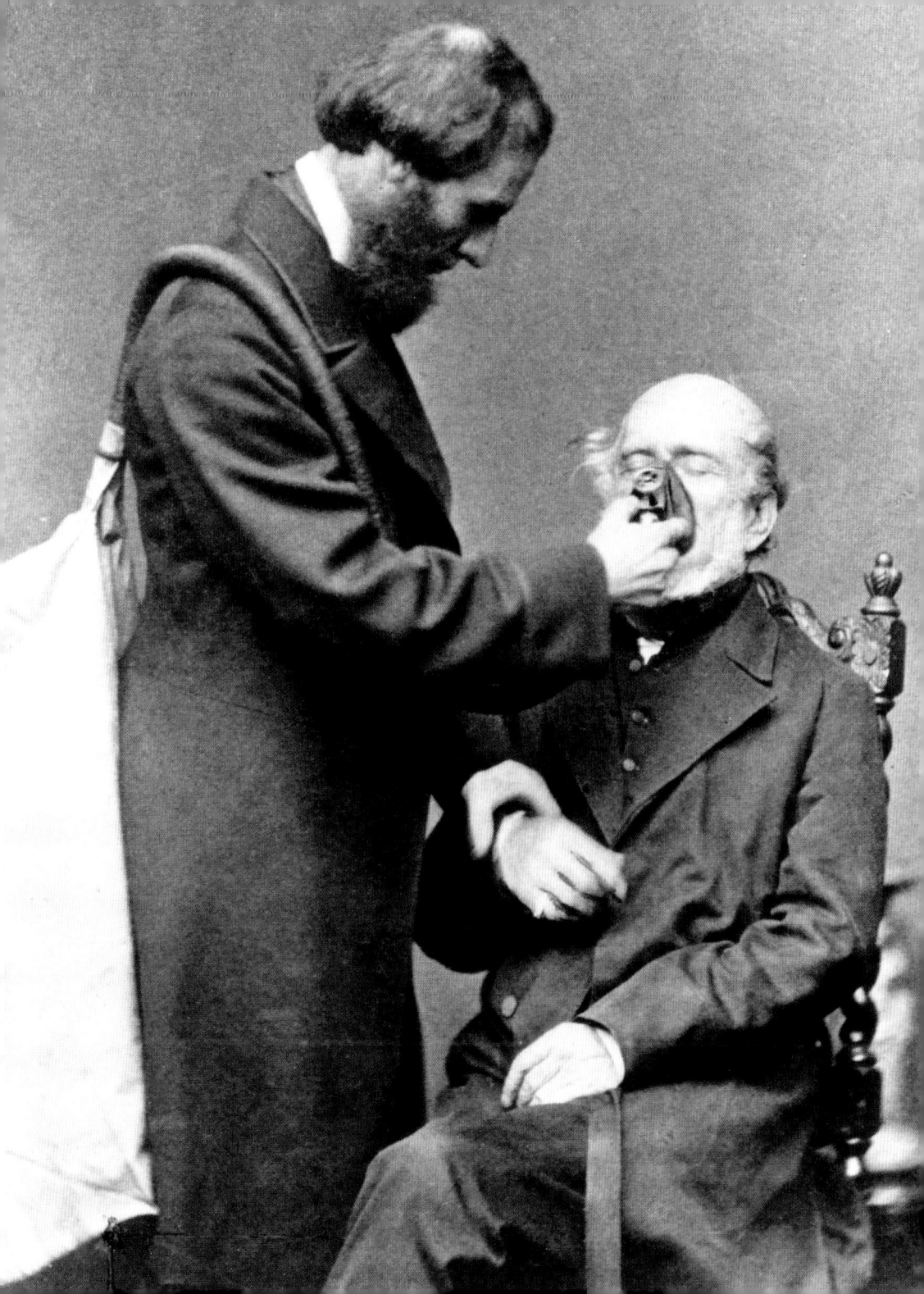

# 추잉 껌 (1848년)

커티스가 북미인 사이에서 껌 씹는 것을 유행시키다.

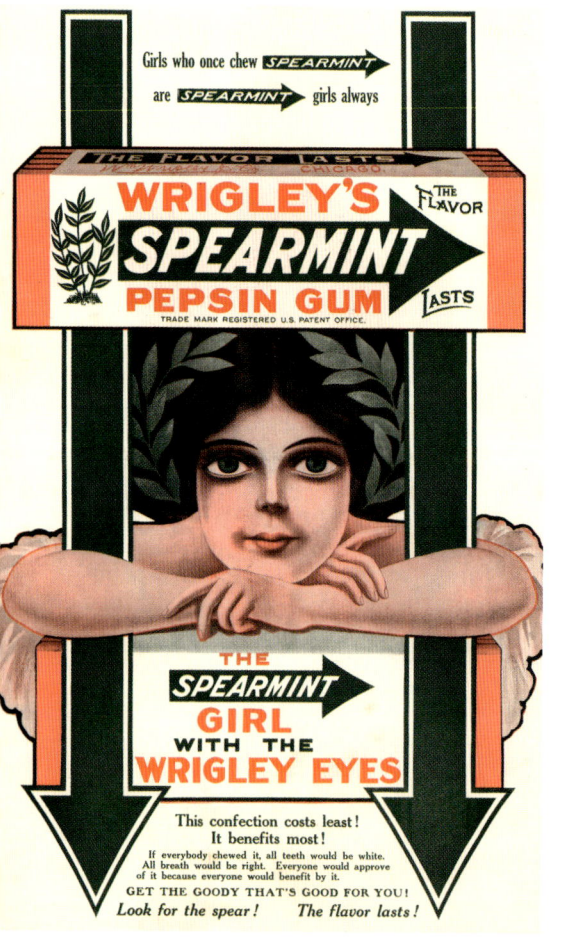

Girls who once chew *SPEARMINT* are *SPEARMINT* girls always

THE FLAVOR LASTS.

**WRIGLEY'S SPEARMINT PEPSIN GUM**

THE FLAVOR LASTS

TRADE MARK REGISTERED U.S. PATENT OFFICE.

THE SPEARMINT GIRL WITH THE WRIGLEY EYES

This confection costs least! It benefits most!

If everybody chewed it, all teeth would be white. All breath would be right. Everyone would approve of it because everyone would benefit by it.

GET THE GOODY THAT'S GOOD FOR YOU! Look for the spear! The flavor lasts!

추잉 껌은 미국인들이 유행시킨 기호품으로 간주되고 있지만 사실 껌 씹는 행위의 기원은 선사 시대의 유럽으로 거슬러 올라간다. 고대 그리스인들은 유향 나무의 송진인 마스티케를 씹었으며 고대 마야인들은 사포딜라 나무의 고무 같은 수액인 치클을 씹었다. 미국 원주민들은 가문비 나무의 송진으로 만든 껌을 씹었는데 미국인 존 커티스는 미국 원주민들이 씹던 껌을 사용하여 추잉 껌을 발명하였다. 1848년에 그는 자신이 개발한 스프루스 껌을 상업적으로 판매하였으며 이로 인해 껌에 대한 유행이 확산되기 시작했다. 점차 스프루스 껌은 파라핀 왁스로 만든 껌으로 대체되었다. 커티스는 대략 1848년경에 단맛을 지닌 파라핀 왁스 껌을 판매하였다.

현재의 추잉 껌은 우연한 계기로 탄생했다. 멕시코 장군인 안토니오 로페스 데 산타 안나는 공업적인 제조 목적으로 고무의 대안을 찾고 있었으며 치클을 대용품으로 사용할 수 있는지 확인하기 위해 미국인 발명가 토머스 애덤스에게 연구를 의뢰했다. 애덤스는 치클에서 당초에 목표로 했던 결과를 얻지 못하자 달콤하고 맛있는 추잉 껌을 만드는 것으로 목표를 바꾸었다. 그 무렵 윌리엄 화이트는 껌에 콘 시럽, 설탕, 페퍼민트를 첨가하는 연구를 하고 있었다. 1891년 윌리엄 리글리 주니어는 추잉 껌 회사를 설립했는데, 그가 설립한 '리글리'는 오늘날 미국에서 가장 큰 추잉 껌 제조사가 되었다.

추잉 껌 산업에서 치클이나 다른 천연 제품이 때때로 사용되고 있지만, 막대한 수요를 만족시키기 위해서 사람이 가공한 껌 기초제가 일반적으로 사용되고 있다. **TP**

> "추잉 껌! 스프루스 껌의 새롭고 고급스러운 합성 제품."
> '시카고 데일리 데모그래트', 1850년 10월 25일

**참고:** 러버 볼, 사카린

◪ 클래식 스피어민트(1893년에 출시) 등의 상표로 껌을 대중화시킨 리글리의 광고.

# 드라이 클리닝 (1849년)

졸리가 솔벤트를 사용하여 세탁하는 법을 발견하다.

다른 여러 발명이 그러하듯이 드라이 클리닝의 아이디어 역시 우연히 떠오른 것이다. 어느 날 아침, 프랑스 염색 공장 사장인 장 바티스트 졸리는 가정부가 등유 램프를 넘어뜨린 더러운 식탁보의 부분이 깨끗해지는 것을 발견했다. 실크와 울 혼방 섬유를 물과 비누로 세탁하면 색이 빠지고 섬유가 수축한다는 것을 발견한 졸리는 자신이 알게된 것을 어떻게 이용해야 하는지 깨달았으며, 곧 물 없이 옷을 세탁하는 방법을 개발하였다. 졸리는 해당 공법을 드라이 클리닝이라고 불렀다.

졸리는 등유와 휘발유를 사용해 섬세한 의류를 세탁하기 시작했다. 그러나 이러한 초기 용제는 불이 붙기 쉬웠기 때문에 다른 용제를 모색해야만 했다. 인체에 위험하다는 논란이 크게 일었지만 합성 탄화수소 용제는 곧 등유와 휘발유 용제를 대체하였다. 소비자가 드라이 클리닝된 상품을 되돌려 받을 때에는 거

> "진심 어린 웃음은 드라이 클리닝에 비유할 수 있지만 실컷 우는 것은 젖은 세탁물에 비유할 수 있다."
>
> 푸잔트 케복 토마얀

의 모든 용제가 세탁물에서 제거되어 사실상 위험하지는 않았다. 하지만 몇몇 사람들은 눈과 코의 자극에 대해 불평하기도 한다. 드라이 클리닝 작업자들의 경우, 용제와의 빈번한 접촉은 심각한 건강상의 위험(암, 신경 계통과 장기의 손상)을 불러일으킬 수 있다. 드라이 클리닝은 미국에서 특히 널리 쓰이고 있는데, 새로운 법률을 통해 위험한 화학 약품이 단계적으로 완전히 제거될 것으로 보인다. **LS**

**참고:** 의류, 비누, 부직포, 세탁기, 합성 세제

# 프랜시스 터빈 (1849년)

프랜시스가 물로 작동하는 터빈을 개선하다.

흐르는 물을 에너지원으로 사용하는 것은 초기 산업 활동에 동력을 공급한 전통적인 물레방아와 같은 형태로부터 수백 년 동안 개발되어 왔다. 현대 터빈은 과거의 물레방아와 동일한 개념이지만 프랜시스 터빈을 발명한 엔지니어인 제임스 프랜시스(1815~1892)의 노력 덕분에 더 높은 에너지 효율로 가동된다. 프랜시스는 현대적이고 고효율의 터빈을 만들 수 있도록 했으며 깨끗한 에너지를 생산해 재사용할 수 있도록 해주었다.

1827년 브노와 푸르네롱은 전기 발전을 위한 최초의 대규모 터빈을 건설하였다. 그의 터빈은 유출(流出) 방식으로 설계되었지만, 전체 에너지의 80퍼센트 효율로 터빈을 관리하도록 안정화시키는 데에 10년이 걸렸다. 즉, 터빈은 흐르는 물이 지닌 이론상 운동 에너지의 80퍼센트를 실질적으로 사용할 수 있었다.

영국인 엔지니어인 프랜시스는 메사추세츠의 로웰에 위치한 락 앤 커널社에 근무하기 위해 미국으로 갔다. 그는 터빈의 수력학을 자세히 연구하기 시작했으며 터빈의 특성에 대해 여러 번 실험을 거쳤다. 그는 폭넓은 연구를 통해 이전에 제작한 것보다 더욱 효율적인 내부 흐름 방식의 반동 터빈을 설계했다. 덕분에 프랜시스의 터빈은 90퍼센트 이상의 효율로 사용할 수 있었다. 프랜시스 터빈은 물이 터빈을 통과할 때 물의 압력이 고압에서 저압으로 변경되는 원리로 작동되었다.

프랜시스는 새로운 터빈에 자신의 이름을 붙였으며 40년간 회사를 운영했다. 새로운 터빈의 사용은 로웰을 산업 도시로 변모시키는 계기가 되었다. 오늘날 프랜시스 터빈은 여러 나라의 수력발전 댐과 양수 발전소에서 에너지 발전기로 폭넓게 사용되고 있다. **SR**

**참고:** 운하, 자유 제트 워터 터빈, 가스터빈, 물방앗간, 증기 터빈, 풍력 터빈 발전기

# 안전핀 (1849년)

헌트가 완벽하게 안전한 핀을 고안하다.

플라톤은 필요가 발명의 어머니라고 말했는데, 이 말은 월터 헌트(1796~1859)와 그의 가장 유명한 발명품(간단한 안전핀)에 딱 들어맞는 말이다. 안전핀은 전 세계 가정에서 쓰이는 유용한 물건이며 1970년대 펑크 운동 시기에는 패션 액세서리로 사용되었다.

　　월터 헌트는 뉴욕의 기계공으로 1849년에 많지 않은 채무를 어떻게 갚을 것인가를 고민했으며 손가락으로 긴 철사를 구부렸다 폈다 하면서 3시간 정도를 허비했다. 그가 손으로 만지작거렸던 철사가 훗날 안전핀이 된다. 핀 자체는 결코 새로운 아이디어가 아니었으며, 월터의 꼬임 설계 이전부터 수 세기 동안 존재하던 것이었다. 월터가 만든 핀은 잘못하면 찔릴 수 있는 기존의 잠재적인 문제점을 해결한 유일한 핀이었다. 그의 핀은 중앙이 스프링으로 감겨 있는 긴 철사와 한 쪽은 뾰족한 핀 끝, 다른 한 쪽 끝은 안전한 걸쇠

---

"안전핀을
발명한 사람은
진정 수공예의 천재이다."

'뉴욕타임스'

---

로 구성되었다.

　　헌트의 설계는 1849년 4월 특허로 등록되었으며 그는 채권자에게 385달러를 받고 특허권을 판매했다. 유감스럽게도 헌트는 자신의 발명품이 얼마나 유명하게 될지 예상하지 못했다. 또한 미국 최초의 재봉틀을 설계하였으나 자신이 설계한 재봉틀 때문에 일자리가 줄어들 것이 두려워 아이디어에 대한 특허권을 신청하지 않았다. 이 재봉틀에 대한 아이디어는 20년 후 그의 발명품에 대한 권리를 주장한 동료 미국인 일라이어스 하우에게 넘겨졌다. **JG**

참고: 버튼, 버클, 지퍼 파스너

# 정유 공장 (1850년)

영이 석탄에서 원유를 추출하다.

1848년 스코틀랜드의 화학자 제임스 영(1811~1883)은 더비셔 탄광에서 천연 기름이 새어 나오는 것을 알게 되었다. 1850년에 그는 촉탄에서 원유를 추출하는 공정으로 특허를 취득했으며 1851년에는 웨스트로디언의 배스게이트에 위치한 보그헤드 탄광(어마어마한 양의 새로운 석탄 자원이 매장)에 세계 최초의 상업적인 정유 공장을 건설했다.

　　영은 미국과 중동에서 원유가 수입될 때까지 40년 동안 계속해서 최대한으로 원유를 생산해 돈이 되는 사업을 시작하였다. 영의 '파라핀 라이트 앤 미네랄 오일社'는 파라핀 오일(등유)를 판매했으며 또한 나프타, 가스, 코크스, 황산 암모늄을 생산했다.

　　1852년 파라핀 오일에 대한 미국 특허를 취득하여 '파라핀'이 알려지게 된 사실은 캐나다의 지질학자 에이브러햄 게스너의 사업 야망에 불을 붙였다. 게스

---

"증류는
눈부신 등화용 전력을 위한
색상 없는 액체를 제공한다."

리용 플레이페어, 제임스 영에게 보낸 편지

---

너는 케로신(등유)을 증류해서 만드는 법을 알고 있었다. 게스너와 그의 동료들은 1857년 미국 시장에 케로신(앨버트석과 촉탄으로 만듦)을 출시하여 펜실베이니아에서 급속도로 성장한 석유 산업계와 영에게 패배를 안겨주었다. 1856년 폴란드인 화학자 이그나치 루카지위츠는 자연 누출유, 혹은 바위, 기름을 정제하는 정유 공장(해당 지역에서 사용할 목적으로 파라핀을 생산)을 오스트리아 제국 내에 있는 카르파티아에 설립했으며, 정유 공장에서 나오는 풍부한 산출량으로 많은 부를 축적하였다. **AE-D**

참고: 기름의 열분해, 가스터빈, 기름 램프, 유황 램프

# 트롤선 어업 (1850년)

영국 어부가 물고기를 전부 다 잡을 수 있는 방법을 고안하다.

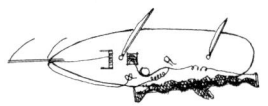

트롤 어업은 하나 이상의 보트(트롤선)가 배 뒤편으로 어망을 끄는 형태의 어업을 말한다. 이것은 심해 바닥을 따라 어망을 끌거나(심해바닥 트롤 어업으로 알려짐) 공해를 따라 어망을 끄는(원양 트롤 어업) 것을 의미한다.

이 고기잡이 방법이 가장 단순한 형태로 언제 처음 사용됐는지 말하는 것은 불가능하지만, 어부들이 트롤 어업의 환경적 영향에 대해 걱정한 증거는 남아 있다. 14세기에 이미 어부들은 물고기 종류와 크기를 가리지 않고 잡아대는 트롤선 어업에 대해 이의를 제기했다.

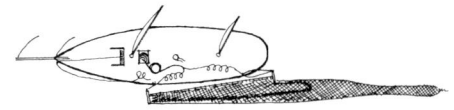

18세기 후반이 되어서야 현대적인 빔 트롤 어업 (어망의 입구를 딱딱한 철제 빔으로 연 상태로 유지하는 심해바닥 트롤 어업의 방법)이 성행했다. 영국의 바킹과 브릭스햄 지역의 어부들이 이 기술을 개발하였으며 이를 바탕으로 심해 트롤 어업이 널리 보급되었다. 1840년대까지 트롤 어업은 대규모로 물고기를 잡는 데 사용되는 주된 방법이었다. 1880년대의 증기 트롤어선 출현은 트롤 어업 산업에 더 큰 활력을 불어넣었으며 어부가 더욱 먼 어장에서 물고기를 잡을 수 있도록 해주었다.

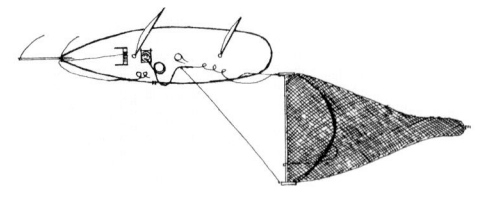

특히 심해바닥 트롤 어업의 경우는 해저 생태계를 파괴하는데 물고기 개체 수 관리를 위해 필요한 조그만 물고기도 그물에 잡히기 때문에 이에 대한 우려가 수세기 동안 제기되어 왔다. 심지어 트롤이라는 단어 자체가 빠르다는 것과 동시에 분별없는 포획을 의미하기도 한다. 트롤선을 이용한 어업은 현재 전 세계에서 대부분 규제하고 있지만, 생태계에 끼치는 악영향은 항의와 논쟁의 대상으로 남아 있다. **RBd**

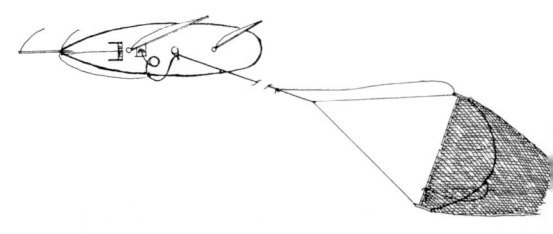

> "너는 물고기를 잡아야 한다. 보트가 들어올 때 보트에 해덕(대구의 일종)이 있어야 한다."
>
> '아버지의 춤', 노섬브리아 왕국의 민요

**참고:** 통나무 카누, 노로 젓는 배, 고무, 돛, 증기선

↗ 이 그림은 빔 트롤 어업 과정을 설명한다. 빔은 심해 위에서 어망을 유지하는 역할을 한다.

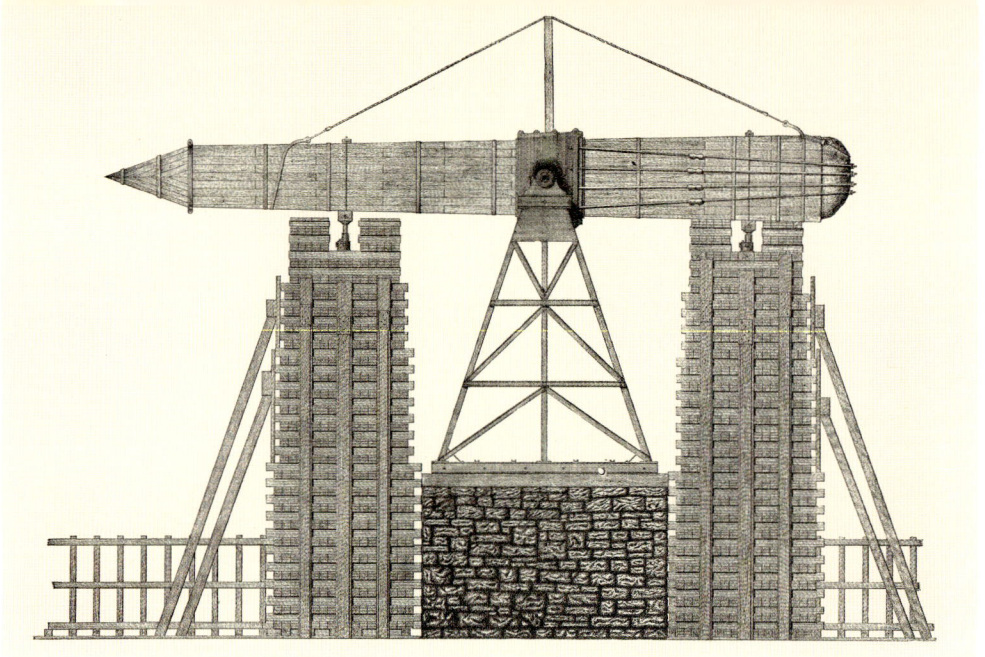

# 유압잭 (1851년)

더지온이 무거운 물체를 들어올리기 위하여 물을 이용하다.

유압이란 물이나 액체를 통한 이동이나 작동을 의미하며 역사 시대가 시작된 이래로 사용된 공학적 방법을 참조한 것이다. 고대 중국인과 이집트인들은 물을 운송 수단으로 사용했으며 로마인들은 무거운 물체를 옮길 때 물에 의존하였다. 그러므로 1851년에 유압잭의 등장이 새로운 것은 아니었지만 매우 유용하였다.

　　본래 잭은 상대적으로 쉽게 무거운 물체를 들어 올릴 수 있는 장치이다. 간단하게 표현하자면, 유압잭은 액체 용기의 특정 지점에 압력을 증가시키면 용기 내의 모든 다른 지점에서도 압력이 동등하게 증가한다는 파스칼의 원리가 적용된다.

　　리처드 더지온社는 뉴욕의 기계 상점으로서 1800년대 중반에 설립되었으며, 소유주이자 창업자인 리처드 더지온은 1851년에 유압잭(또는 이동식 유압 프레스라고 불림)에 대한 특허를 취득하였다. 더지온은 또한 롤러 보일러 튜브 엑스팬더, 필터 프레스 잭, 풀링 잭, 후판 유압 천공기, 다양한 기타 유형의 리프팅 잭을 포함한 여러 다른 기계 발명품에 대한 공적을 인정받았다.

　　더지온의 유압잭은 크게 힘쓰지 않아도 무한한 힘을 사용할 수 있었기 때문에 동시대에 쓰이던 다른 잭보다 성능이 월등히 우수했다. 무거운 중량을 들어올리기 위해 스크루 나사를 손으로 크게 돌려야 하는 전통적인 스크루 잭과 비교할 때, 유압잭은 조작이 쉽고 움직임이 더 부드러웠으며 강력한 리프팅 메커니즘을 제공한다. 유압잭은 자동차나 기타 무거운 기계류를 쉽사리 들어올릴 수 있도록 해주었으며 오늘날에도 여전히 널리 사용되고 있다. **KB**

참고: 크레인, 유압 크레인, 유압 프레스

⬆ 1881년 이집트의 오벨리스크를 뉴욕으로 옮기기 위해 사용되었던 일련의 유압잭과 다른 장비들.

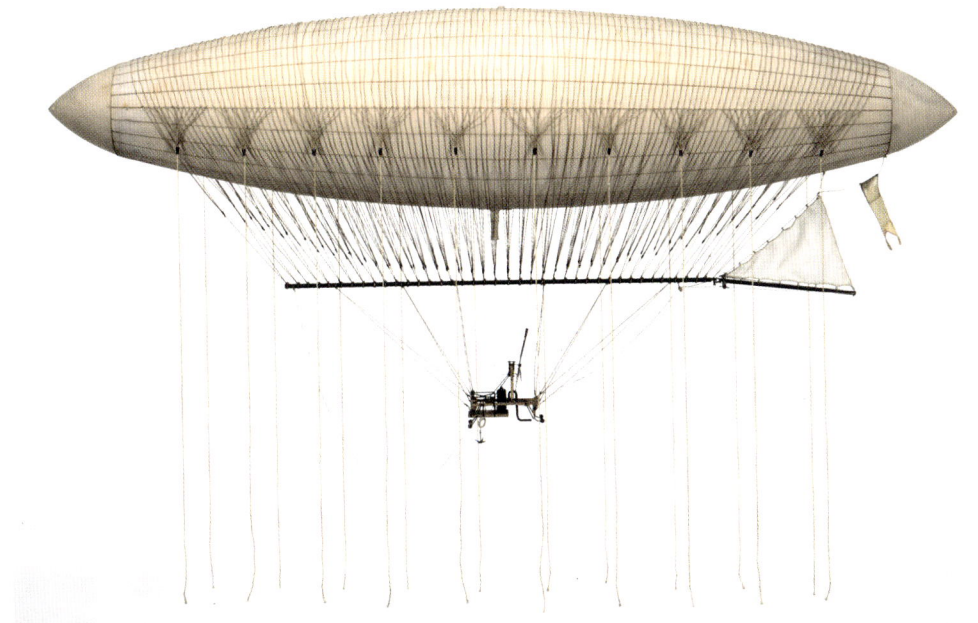

# 비행선 (1852년)

앙리 지파르가 최초의 조종 가능한 큰 커다란 비행선을 발명하다.

라이트 형제가 세계 최초의 비행선으로 거의 1분을 날기 50년 전, 프랑스 엔지니어인 앙리 지파르(1825~1882)는 경항공기로 파리에서 트라프까지 17마일(27킬로미터)을 비행하였다. 1850년에 그의 동료 피에르 줄리앙이 개발한 유선형 모델 비행선에서 영감을 얻은 지파르는 144피트(44미터) 길이의 담배 모양 비행선을 제작하여 2년 후에 띄웠다. 3마력(2.2킬로와트) 증기기관으로 구동되는 3날 프로펠러를 사용한 지파르의 비행선은 역사상 동력을 탑재한 상태에서 승객을 태운 채 조종이 가능했던 최초의 비행선이었다.

체펠린 비행선은 뼈대로 이루어진 가장 유명한 경식 비행선이었다. 반면 지파르의 비행선은 풍선과 같은 공기 주머니 모양을 하고 내부 수소 가스의 압력을 이용해 비행선을 띄웠던 연식 비행선이었다.

조종 가능한 지파르의 비행선은 1852년 9월 24일에 처녀 비행했으며, 의도한 방향으로 비행선을 조종하기 위해 지파르는 돛처럼 생긴 방향타를 사용했다. 그

는 시간당 6마일(10킬로미터)의 속도로 비행했다. 그러나 출발지로 즉시 되돌아오기에는 바람이 너무 강했으며, 엔진과 보일러를 합한 무게(350파운드/158킬로그램) 때문에 기상 조건이 좋을 때에만 비행선의 운행이 가능했다.

1884년에 지파르의 동료 프랑스인 샤를 르나르와 아르튀르 크레브는 그들이 개발한 비행선인 '라 프랑스'로 왕복 여행 비행에 최초로 성공하였다. 비행선 여행은 20세기 전반 최고조에 이르렀다. 그러나 1937년 5월 3일 힌덴부르크호가 화염 속에서 폭발한 사건으로 비행선 여행에 대한 사회적 신뢰도는 완전히 무너져 버렸다. **DaH**

**참고:** 열기구, 글라이더, 낙하산, 동력 비행기, 헬리콥터

↑ 1852년 9월 24일, 처음으로 기계적 힘을 비행에 성공적으로 적용한 비행선.

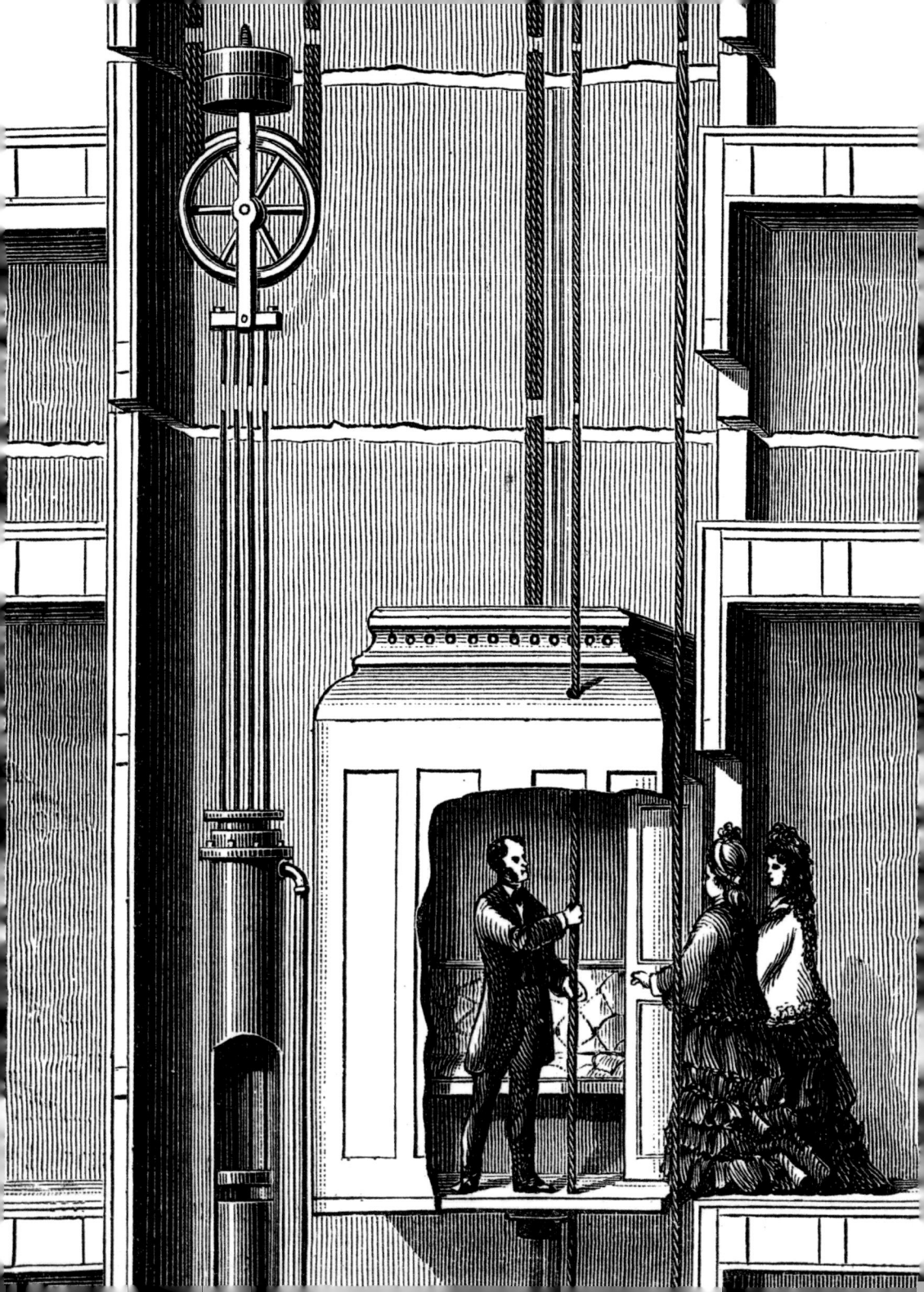

# 엘리베이터

## (1852년)

안전 브레이크를 장착한 엘리베이터가 설계되다.

1852년 뉴욕의 용커스에 있는 침대틀 제작 회사인 '메이즈 앤 번즈'는 밧줄이 끊어져도 아래로 떨어질 위험 없이 침대틀을 최상층까지 끌어올려야 했다. 회사의 숙련공인 엘리샤 오티스(1811~1861)는 철도 화차의 안전 브레이크를 설계한 경험이 있었다. 그는 무서운 플랫폼을 붙들고 유지하는 방법으로, 단단한 금속 수레 스프링이 래칫(한쪽 방향으로만 회전하는 톱니바퀴)과 맞물리면서 플랫폼이 엘리베이터 샤프트 내에서 자유롭게 움직이는 시스템을 고안하였다.

오티스는 그의 발명품을 시장에 출시하기 위해 회사를 그만두었다. 처음에는 대중의 관심을 끌지 못했지만 1854년에 뉴욕의 크리스털 궁전에서 자신의 발명품을 전시할 수 있는 기회를 잡았다. 오티스는 엘리베이터 샤프트를 설치하였고 관람을 위해 샤프트의 한쪽 면

> "만약 당신이
> 엘리베이터에서 죽으려면,
> 반드시 꼭 Up 버튼을 눌러라."
>
> 샘 레벤손, 미국인 저자 겸 유머 작가

을 개방한 다음 엘리베이터에 탑승하였으며, 그의 조수에게 도끼로 엘리베이터 케이블을 끊으라고 지시하였다. 래칫이 사용된 엘리베이터에 탑승한 오티스는 케이블이 끊어진 후에도 공중에 정지된 상태인 체로 머물러 있었으며 그대로 유지하였으며 궁전을 방문한 사람들은 그 광경을 보고 엘리베이터의 안정성에대해 신뢰하게 되었다. 1903년 전기 엘리베이터는 마천루의 시대를 열었다. 오티스 엘리베이터는 전 세계적으로 170만 개의 고층 빌딩에서 운행 중이다. **AE-D**

참고: 양곡기, 강철, 마천루

◄ 1877년에 밧줄을 잡아 당겨 내려가는 오티스 유압 승강기에 탑승하려는 두 명의 용기 있는 여성.

# 고무 장화(웰링턴 부츠)

## (1852년)

허친슨이 방수 장화를 만들다.

오늘날 도처에서 흔히 볼 수 있는 고무 장화의 정식 명칭은 영국 웰링턴 공작의 이름에서 유래했다. 웰링턴은 구두 제조공에게 송아지 가죽으로 헤센 부츠를 만들라고 지시했다. 그 결과 사람들은 '웰링턴'이라는 말을 들으면 편안하고 질기다는 이미지를 떠올리게 되었다.

그러나 가장 초기 제품인 '웰리 부츠'는 미국 기업가 히람 허친슨(1808~1869)이 설립한 회사의 프랑스 공장에서 생산됐다. 그는 1843년에 가황(加黃) 공정을 발명한 찰스 굿이어에게서 해당 특허를 구매했다. 경화 공정은 고무가 극한의 온도에서도 탄성과 방수 특성을 보유할 수 있도록 해주었다.

허친슨은 주민 대부분이 비와 진흙으로 부터 발을 보호하기 위해 나막신을 신고 땅에서 일하는 프랑스야말로 자신의 제품 판매를 위한 주요 시장이라는 것을

> "오, 웰리 부츠는 놀라워요.
> 웰리 부츠는 우아해요. 부츠는
> 물이 안으로 들어오지 않게 해줘요."
>
> 빌리 코놀리, 영국 코메디언

알고 있었다. 다른 미국 사업가 헨리 리 노리스 또한 굿이어에게서 특허를 구매하였으며 미국에서 그와 함께 일하던 숙련된 노동자들을 데리고 와 1856년에 에든버러에 노스 브리티쉬 러버社를 설립했다. 이 회사는 후에 현재의 헌터 부츠社로 발전하지만 원래는 주로 부츠보다는 고무 제품을 생산하는 곳이었다. 제1차 세계대전 중 혹독한 진흙 속에서의 전투를 경험한 영국 군대는 약 200만 켤레의 부츠를 구매했으며, 노스 브리티쉬 러버社는 부츠 생산에 주력하게 되었다. **AE-D**

참고: 고무공, 신, 공기 타이어, 고무 밴드, 경화공정

# 피하 주사기 (1853년)

프라바츠와 우드가 같은 시기에 약물을 투여하는 새로운 방법을 개발하다.

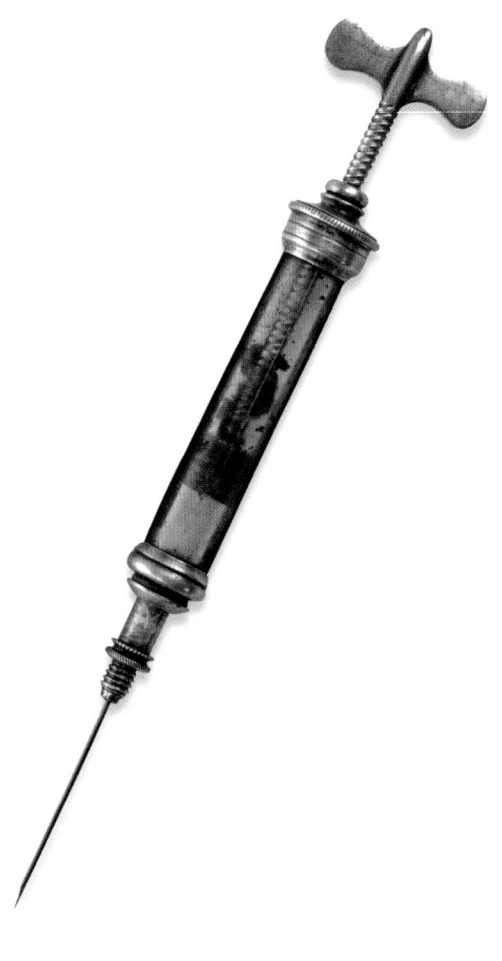

프랑스 리옹에서 근무하고 있던 프랑스인 외과 의사 샤를 가브리엘 프라바츠(1791~1853)와 스코틀랜드인 내과 의사 알렉산더 우드(1817~1884)가 1853년에 개발한 최초의 실용적인 피하 주사기는 약물 투여 전에 피부를 미리 절개하지 않고 피부 속에 침투하여 약물을 투여할 수 있게 해주었다.

프라바츠의 실버 주사기에는 뇌동맥류의 질병을 치료하는 데 혈액 응고 약품의 정확한 투약 관리가 가능하도록 나사 조절 장치를 지닌 피스톤이 내장되어 있었다. 우드는 신경통 장애가 있는 환자를 치료하는 데 모르핀의 투여량을 시각적으로 확인할 수 있는 유리 주사기를 사용했다. 우드는 나중에 조금 더 정확한 투여량 측정을 위하여 주사기에 눈금을 추가하였다. 주사기는 마취를 위한 정맥 주사에 처음으로 사용되었으며 수혈의 실험 분야에서 직면한 여러 문제점을 제거하는 데 도움을 주었다. 물론 아일랜드 내과의사인 프랜시스 린드가 1844년에 속이 빈 구멍이 있는 바늘을 발명하지 않았다면 이 두 버전의 주사기는 세상에 출현하지 못했을 것이다.

17세기 이전에는 백랍, 뼈, 은으로 만든 요도 주사기가 일반적으로 쓰였으며 17세기 중반까지는 동물 가죽을 통한 정맥 주사를 놓는 방법으로 약물을 투약하는 시도가 이루어졌다. 크리스토퍼 랜 경은 깃털 펜을 절단한 속이 빈 튜브를 통해 동물에게 약물을 주입하는 실험을 했다. 1800년대 초반에는 물집이 생기면 피부를 벗겨낸 후 약물을 투여하였다. 1853년 이후에는 바늘을 분리할 수 있는 주사기, 유리로 구성된 주사기 등 감염 발생을 현저하게 줄일 수 있도록 주사기가 개선되었다. **BS**

"셜록 홈즈는
아담한 모로코 가방에서
자신의 피하 주사기를 꺼냈다."
아서 코난 도일 경, 『네 개의 서명』, 1890년

**참고:** 마취, 에테르 마취, 깃펜, 방주제 수술, 원격 수술

◪ 환자의 피부 안에 액체를 주입하는 데 사용되었던 피하 주사기.
유리와 은으로 구성된 점이 프라바츠의 실버 주사기와 같다.

# 도난 경보기 (1853년)

오거스트 포프가 도난 방지에 유용한 특허를 취득하다.

1890년 3월 8일, 뉴욕 타임스는 두 개의 라이벌 보안 회사에 대한 기사를 내보냈다. 한 회사는 30년 이상 경보기를 판매해 온 홈즈 일렉트릭 프로텍티브社였으며 다른 한 회사는 단지 18개월 동안 경보기를 판매해 온 회사였다. 두 회사의 사장은 서로 사이가 좋지 않았다.

에드윈 홈즈는 일렉트릭 프로텍티브社의 사장이었으며 자신이 전기 도난 경보기 시장을 개척했다고 생각하고 있었다. 그는 수 년간 가정용 보안 시장을 독점해 왔으며 경쟁사인 메트로폴리탄 버글러 알람社를 자신의 발명품을 훔친 도둑으로 간주하였다. 그는 1857년 오거스트 포프에게서 도난 경보기에 대한 특허를 구매했다.

포프의 1853년 원본 특허는 문과 창문에 부착된 자석 접촉 장치와 스위치로 구성된 단순한 시스템에 관한 것이다. 이 시스템은 집 주인의 침실에 연결되었으

> "어두운 등과 작은 쇠지레를
> 지닌 도둑으로부터의
> 절대적 보호."
> '뉴욕 타임스', 1890년 3월 8일

며 만약 어느 스위치라도 닫히면 경보가 울렸다. 홈즈는 포프의 기본적인 설계를 기반으로 성능을 향상시킨 후 뉴욕의 상류층 사람들에게 도난 경보기를 선보였다. 은행, 보석상, 여러 값비싼 상점들이 그의 고객이었다.

W. R. 알링의 메트로폴리탄社는 홈즈社와의 특허 침해에 대한 법적 공방 후 1880년에 시장에 진입하였으며, 시장 확대를 위해 월별 보안 서비스에 대한 요금(15달러와 30달러 사이)을 10달러 미만으로 재빨리 낮추었다. **HB**

참고: 전기 화재 경보기, 차량 경보기, 예일 자물쇠

# 프리즘 쌍안경 (1854년)

포로가 멀리 있는 사물을 가깝게 보이도록 만들다.

사실 최초의 쌍안경은 두 개의 작은 갈릴레이식 망원경의 원리로 구성된 오페라 글라스다. 볼록 대물 렌즈와 오목 접안 렌즈의 조합은 제한되었던 시야를 세 배 가량으로 확대했다.

1790년대 경에 베네치아인 안경사 로렌조 셀바는 두 눈의 접안 렌즈를 따로 혹은 함께 이동시킬 수 있는 중앙 가변 힌지를 만들었다. 곧이어 중앙 초점 조절 메커니즘은 1830년경에 도입되었다. 두 개의 볼록 렌즈를 사용한 케플러 망원경 시스템은 천문학적 관측을 위하여 사용되었으나, 이 망원경으로 지구상의 사물을 관측하면 이미지가 뒤집혀서 보이는 매우 큰 단점이 있었다.

이탈리아 포병 장교인 파올로 이냐시오 피에트로 포로(1801~1875)는 각 대물 렌즈와 접안 렌즈 사이에 두 개의 프리즘을 Z자 모양으로 위치시켜 이미지가 반전되는 문제를 해결하였다. 이로 인해 쌍안경의 넓이가 늘어났으며 대물 렌즈가 분리되었다. 또한 사용자의 입체적 시야가 향상되었으며 원근을 구별하기가 쉬워졌다.

포로는 1854년 그의 설계에 대한 특허를 취득하였으며 카를 자이스社와 같은 제조사에서는 포로의 쌍안경이 지닌 성능을 향상시켰다. 포로의 특허를 침해하지 않고 쌍안경을 생산하려는 제조사들의 욕심 때문에 마침내 스테레오 프리즘과 지붕 프리즘이 쌍안경에 도입되었다.

두 번의 세계대전을 통해 군대는 쌍안경을 널리 사용하게 되었으며 반사방지 렌즈 코팅, 광각의 접안렌즈, 질소로 채워진 고무로 코팅된 경량화 방수 몸체의 도입과 같은 더 나은 기술을 필요로 하게 되었다. **DH**

참고: 유리, 렌즈, 망원경

# 베서머 제강법 (1855년)

베서머가 산업혁명 기간 동안에 값싸고 풍부한 강철을 제공하다.

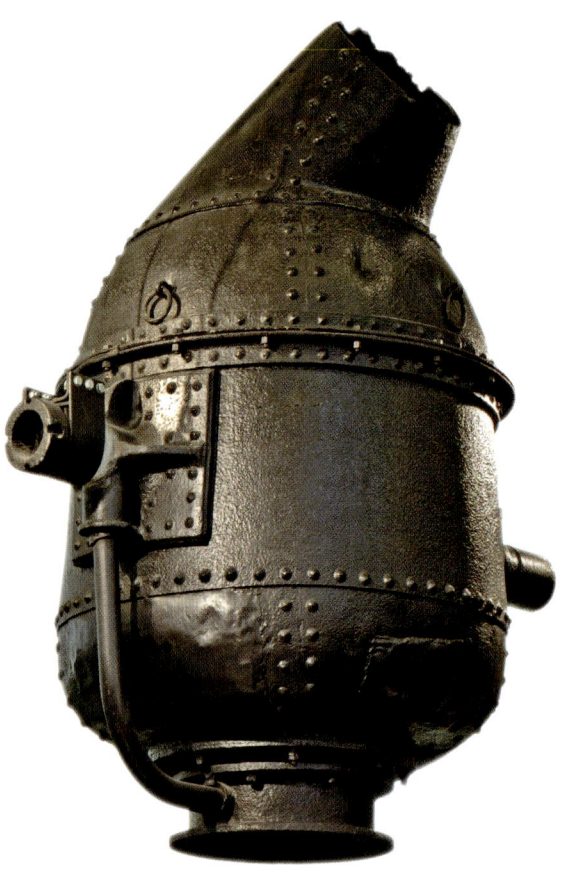

영국의 공학자 헨리 베서머 경(1813~1898)은 인생의 모든 것을 발명에 바친 발명가였다. 17세기에 그는 권리 증서에 사용할 수 있는 위조 방지 양각 도장을 고안했다. 그는 볼펜 심, 황금색 페인트로 사용할 수 있는 황동 분말, 사탕 수수에서 즙을 추출할 수 있는 수압 기계 등을 포함하여 100개 이상의 특허를 보유했으며 그 중 가장 유명한 것이 베서머 제강법이다.

베서머 제강법은 그 시대에 사용되고 있던 방법보다 상당히 값싸고 빠르며 효율적으로 강철을 만드는 방법이었다. 베서머가 이 방법을 고안하기 전, 강철은 연철에 탄소를 첨가하여 만들어졌다. 이 공정은 생산을 위해 일주일 내내 열을 가해야 했으며 상당한 양의 연료가 필요했다. 그러므로 다리나 빌딩의 구조를 위하여 강철을 사용하는 것은 매우 많은 비용이 들었다.

베서머는 불순물을 제거하여 강철을 만들 수 있는지 확인하기 위해 선철(강철보다 더 높은 탄소 함유량을 지닌 철광석 제품)로 실험을 실시했다. 그 결과 용해된 선철에 공기를 불어넣으면 철을 남겨두고 많은 불순물이 산화하면서 제거된다는 것을 알게 되었다. 베서머는 1855년에 베서머 제강법으로 알려진 그의 아이디어에 대한 특허를 취득하였다. 베서머 전로라고 불리는 큰 용기에서 해당 공정이 수행되면, 기존에 사용되던 방법으로는 1주일 소요되었던 것을 20분 정도에 처리할 수 있었으며 30톤의 강철을 생성할 수 있었다.

베서머 제강법은 건물, 무기류, 기계에 사용되던 강철의 가격과 생산량에 엄청난 영향을 미쳤다. 이때 미국의 야금학자 윌리엄 켈리는 독립적으로 유사한 공정을 발명하였다. **JB**

> "나는 고정관념이 없었으며
> 보편적인 믿음으로
> 고통 받지 않았다."
>
> 헨리 베서머 경

참고: 연철, 강철, 스테인리스, 전기 아크 용광로

◩ 크림 반도의 전쟁에서 새로운 포탄을 발사할 수 있는 강력한 대포를 만들 목적으로 제작되었던 베서머 전로.

# 분젠 버너 (1855년)

분젠이 실험실의 열원을 개선하다.

로베르트 빌헬름 분젠(1811~1899)은 1852년에 하이델베르크 대학교의 화학 및 의학 교수로 임명되었다. 이 직급을 받아들이기 전, 그는 당시 거리에 설치되기 시작한 도시가스 공급 파이프를 자신이 근무하게 된 새로운 실험동에 장착해 줄 것을 대학교 측에 요청했다.

분젠은 실험실에서 샘플 가열에 사용하던 장비들이 만족스럽지 않았다. 1827년 마이클 페러데이는 도시가스를 사용하는 버너에 대한 논문을 발표했지만, 이 버너는 너무 많은 그을음이 생길 뿐만 아니라 더 낮은 온도의 열을 만들어냈다. 분젠의 아이디어는 불을 붙이기 전에 도시가스와 공기를 혼합시키는 것이었다. 산소와 가스가 연소 지점에서 잘 혼합되면 그 결과 발생하는 불꽃은 뜨겁고 그을음이 거의 발생하지 않을 것이라고 생각했다.

하이델베르크 대학교의 기계공 페터 데사가는 분젠의 아이디어에 기반한 버너를 설계하였다. 버너는 가연성 가스(그 당시에는 도시가스를 사용했지만 오늘날에는 메탄, 프로판, 부탄이 사용됨)의 공급원(공기의 흡입을 가능하게 해주는 조절 구멍을 지님)에 연결된 수직 튜브 모양이었다. 더욱 넓어진 공기 구멍을 통해 흡입된 다량의 산소가 도시가스와 결합하여 더욱 뜨거운 불꽃을 만들어냈다.

분젠은 샘플을 가열하기 위해 자신이 발명한 버너를 사용하였으며 물리학자 구스타프 키르히호프와 함께 발광 스펙트럼을 연구할 수 있었다. 분젠과 키르히호프는 1860년에 세슘 원소를, 1861년에 루비듐 원소를 발견하였다. 분젠과 데사가가 1855년에 제작한 버너는 오늘날 사용되고 있는 버너와 매우 유사하다. 그러나 실제 실험실에서는 더욱 안전하고 높은 열을 발생시킬 수 있는 '핫 플레이트'나 '히팅 맨틀' 방식의 버너가 점점 더 많이 사용되고 있다. **ES**

참고: 아르강 램프, 가스 맨틀, 가스등, 분광계

↗ 불꽃의 세기를 다양하게 변화시키기 위해 바닥 부근에 흡입 공기의 양을 조절할 수 있는 공기 밸브가 있는 분젠 버너.

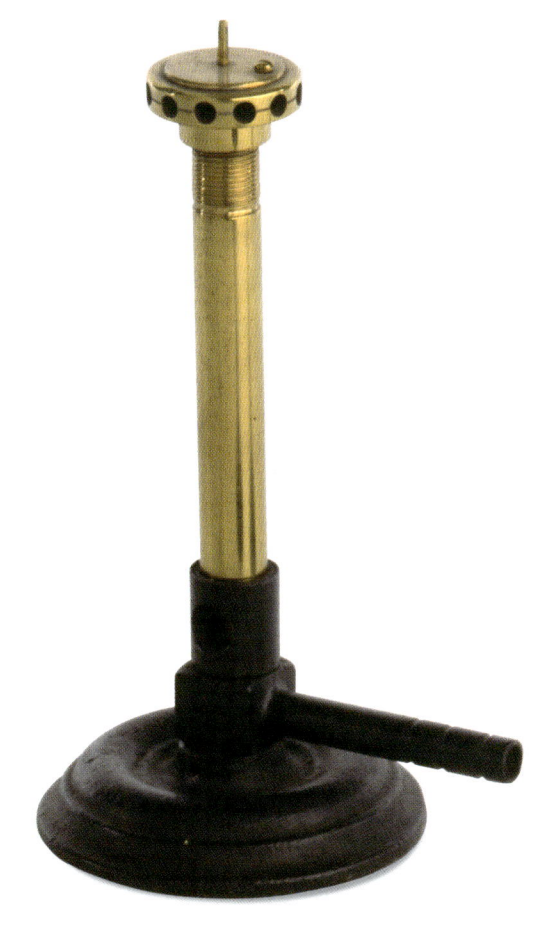

"분젠 버너의 원리는 간단하다. 도시가스를 버너로 계속 공급하면 되는 것이다."

로버트 분젠

# 회전식 빨래 건조대 (1855년)

히긴스가 빨래 건조에 혁명을 불러 일으키다.

회전식 빨래 건조대('힐스 호이스트로' 라고도 함)의 발명에 관한 내력은 복잡하다. 이 명칭은 1946년에 해당 장치를 개발한 호주인 랜스 힐의 이름을 따서 지어진 것이다. 힐스 호이스트는 호주인의 아이콘이자 호주 문화의 상징으로 여겨졌다. 이 건조대는 프레임이 오르내리는 나선 모양의 메커니즘으로, 천 기저귀가 매우 많았던 베이비 붐 시대에 매우 유용하였다.

많은 사람들은 이것이 최초의 회전식 빨래 건조대라고 생각하지만, 최초의 발명은 좀더 이전에 이루어졌다. 1925년 '드라이웰'이라고 불렸던 제임스 하디社의 빨래 건조대가 실질적인 최초의 빨래 건조대이다. 1914년 미국과 호주 회사는 서로 다른 버전의 회전식 빨래 건조대를 생각해냈다. 길버트 토인의 1912년 회전식 빨래 건조대(호주 질롱에 위치한 그의 집 뒷마당에 설치됨)는 오늘날에도 사용 중이다. 미국에서 개발된 회전

> "우리는 모든 것을 함께 걸어야만 한다.
> 그렇지 않으면 틀림없이 우리는
> 모든 것을 따로따로 걸 것이다."
>
> 벤저민 프랭클린

식 빨래 건조대에 대한 미국 특허는 1890년에 발급되었다. 1870년경 『카셀 집안일 설명서』에는 하이 홀본 지역의 '미스터 켄트'가 개발한 건조 기계에 대한 설명이 쓰여 있다.

회전식 빨래 건조대의 가장 초기 버전은 제임스 히긴스가 발명했으며 과학 저널인 '사이언티픽 아메리카'의 1855년 판에 등장하였다. 여전히 랜스 힐스가 회전식 빨래 건조대를 발명했다고 생각하고 있던 사람들은 발명이 더 이전에 이루어졌다는 사실에 놀라워 했다. **RH**

참고: 의류, 비누, 세탁기, 합성 세제, 드라이 클리닝

# 셀룰로이드 (1856년)

파크스가 플라스틱 산업의 아버지가 되다.

1850년대에는 자연산 상아와 같은 귀한 물건에 대한 모조품을 찾는 것이 유행이었다. 영국 버밍엄의 야금학자이자 발명가인 알렉산더 파크스(1813~1890)는 식물성 기름과 혼합한 니트로셀룰로오스를 사용하여 직물에 방수처리를 할 수 있는 방법을 연구하고 있었다. 그는 연구 도중에 상아와 같은 물질로 건조된 반죽을 만들었으며 그 반죽은 극한의 온도에서 특정 형체를 이룰 수 있었다. 파크스는 그러한 과정을 통해 완성된 형체를 '파크신(Parkesine)'이라고 이름 붙였다.

파크스는 1862년 런던 산업 전시회에 자신이 발명한 물품을 출품했다. 그는 전시회에서 동메달을 땄지만 물품을 시장에 출시할 수는 없었다. 파크신에는 뒤틀리고 금이 간다는 결점이 있었다.

다음 해 영국 직물 제조사인 다니엘 스필社는 파크신에 대한 권리를 사들였으며, 파크신의 이름을 '자

> "뿔로는 단단하지만 가죽으로는 부드러우며, 주조하거나 찍어낼 수 있고 그림을 그리거나 염색을 하거나 조각을 할 수 있다."
>
> 알렉산더 파크스

일로나이트'로 변경했다. 그 후 미국인 형제 존 하이어트와 이사야 하이어트는 1872년에 '셀룰로오드'라는 단어를 함께 만들었다. 그들은 당구공을 제조하기 위해 니트로셀룰로오스를 오랜 기간 실험했으며 스필社와의 길고 긴 특허 침해 법적 분쟁에서 승리하였다. 미완의 파크신을 완성시킨 사람은 하이엇이지만, 제조를 단순화시켜 미국에서 상업용으로 판매 가능한 최초의 플라스틱을 만든 사람은 셀룰로오드의 발명가인 파크스이다. **BS**

참고: 의류, 사진 필름, 방수 비옷, 페트병

# 모베인 (1856년)

퍼킨이 자줏빛 염료에 대한 왕실의 인가를 얻다.

1856년 18세인 윌리엄 헨리 퍼킨(1838~1907)은 런던의 왕실 화학 대학교에서 아우구스트 빌헬름 폰 호프만을 돕고 있었다. 호프만의 관심사는 천연 물질의 화학 합성물을 만드는 것이었다. 퍼킨은 런던에 있는 자신의 집 꼭대기에 위치한 임시 연구소에서 콜타르를 사용하여 항 말라리아 의료 퀴닌의 화학적 합성을 시도하고 있었다. 검은 침전물이 플라스크 아래에 형성될 때 그는 불순물을 깨끗이 제거하기 위해 알코올을 추가하고 혼합물을 흔들어 섞자 아름다운 푸른 색이 나타났다. 실크를 담가 테스트한 후 퍼킨은 이것이 자주색 염료(천년간 사용해온 천연 염료 이후에 최초의 화학 합성 염료)임을 알아냈다.

　　콜타르 기반 물질의 실험을 통해 퍼킨은 직물 산업을 변화시키고 사진술에서부터 의학에 이르기까지 다른 여러 분야의 발전에 영향을 미친 새로운 산업을 선도하기 시작했다. 그는 1856년 특허를 취득하여 공장을 설립했다. 1860년까지 퍼킨은 금전적인 성공과 명성을 얻었으며 빅토리아 여왕과 색상에 대한 열정을 지닌 다른 왕족들로부터 많은 지원을 받았다. 자줏빛이 대유행함에 따라 퍼킨의 모베인(mauveine)은 자줏빛과 완벽하게 어울리는 프랑스 단어 모브(mauve)가 되었다.

　　퍼킨은 30대 중반의 나이로 연구소로 되돌아가기 전까지 다른 화학 합성 염료를 계속해서 만들었다. 그는 1906년도에 기사 작위를 받았다. 한편, 화학 합성 염료 거래는 이후 모든 곳에서 대중화되었다. 최근 들어 자연 염료를 사용하자는 친환경적 인식이 늘어나고 있음에도 불구하고 퍼킨의 화학 합성 염료는 점차 천연 염료를 대체하고 있다. **AK**

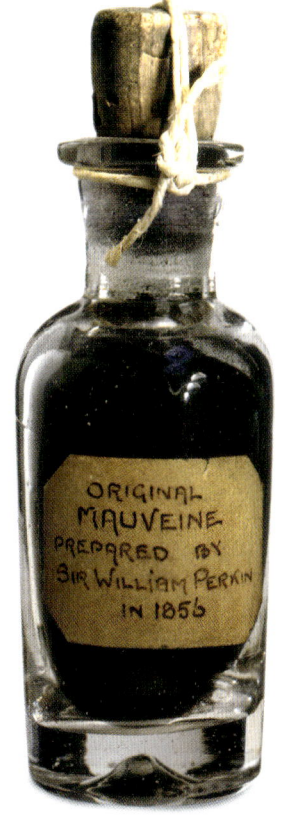

참고: 의류, 잉크, 물레, 플라잉 셔틀

↗ 1856년에 준비된 최초의 모브 염료 한 병. 퍼킨은 처음으로 유기 화학물질을 대량으로 만들었다.

"자줏빛 리본들은
퍼킨을 영원히 기리자는
의미로 간주되었다."

「올 더 이어 라운드」, 그 당시의 주간 저널

# 군 위장복 (1857년)

영국군이 카키색의 이점을 알게 되다.

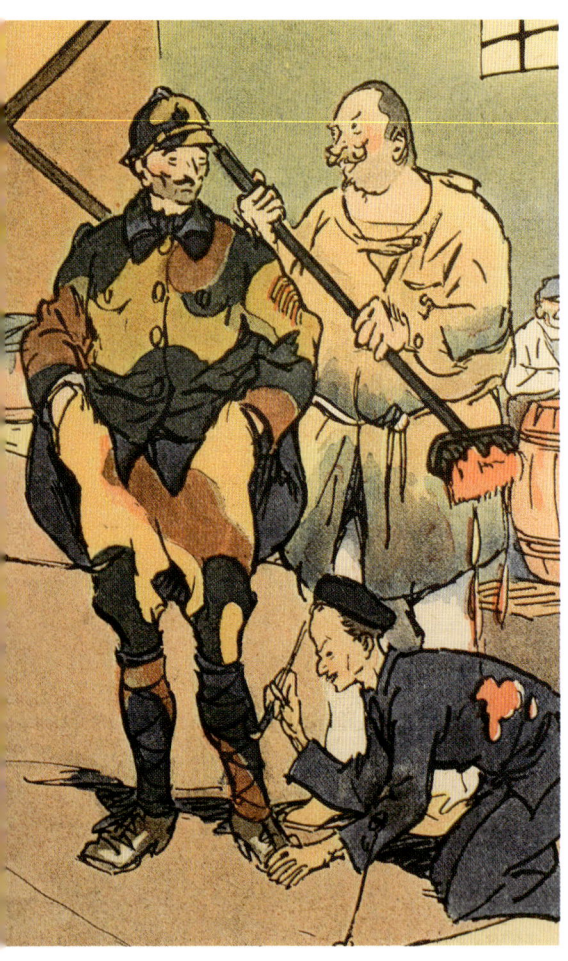

"우리는 위장하는 것을 좋아하지만,
감추고 싶어하는 것이 무언인지에 따라
역으로 우리의 비밀이 드러나게 된다."
러셀 라인즈, 작가 겸 편집자

사냥꾼 및 일부 특수 부대가 오랫동안 위장복을 사용해 왔지만, 19세기 말까지 대부분의 군인들은 화약 연기가 자욱한 전장에서 적으로부터 아군을 식별하고 새로운 지원병의 주의를 끌기 위해 밝은 색상의 고유한 유니폼을 입었다.

영국군은 아군들이 눈에 잘 띄지 않도록 하기 위해 처음으로 밝은 유니폼 착용을 금지했다. 1857년 인도와의 전투에서 엄청난 사상자가 발생하자, 영국군의 주홍색 튜닉은 어두운 갈색 혹은 카키색으로 염색됐으며 흰색의 여름 유니폼은 차에 담그는 방법으로 물들였다. 1880년대에는 카키색 유니폼이 인도에 주둔한 영국군의 표준 군복이 되었으며 1902년 2차 보어전쟁 동안 나머지 지역의 영국군도 카키색 유니폼을 표준 군복으로 지정했다.

제1차 세계대전이 시작될 무렵, 프랑스군은 파란색 셔츠와 빨간색 바지를 입었다. 군복의 두드러지는 앙상블 때문에 전장에서 프랑스군의 진격을 목격하면 적군의 사기가 떨어질 수 있었다. 그러나 이러한 프랑스군의 군복도 독일의 머신건 앞에서는 더이상 공포의 대상이 아니었다. 1915년 설립된 프랑스 위장 부서는 신체 윤곽을 감추기 위해 분열 패턴을 군복에 최초로 적용하면서 군인들이 주변 환경과 잘 섞일 수 있도록 했다. 텐트와 대포를 주변 지형과 유사하게 만들어 적군의 시야를 피하는 특수 부대의 개별 유니폼을 만들기 위해 여러 예술가들이 선발되었다. 오늘날 대부분의 군대는 다른 군대와 자신들의 군대를 구별하기 위해 위장 유니폼이나 위장 장비를 디자인해 사용한다.

1990년대에 캐나다군은 컴퓨터를 이용하여 위장 모양을 디자인하였다. 이 디자인은 656피트(200미터)의 거리에서 기존 디자인보다 40퍼센트 더 효율적으로 눈에 띄지 않도록 해주었다. **BO**

참고: 야간 투시경, 광학 위장, 컬러 나이트 비전

⬀ "왜 너는 그의 유니폼을 칠하고 있어? 아, 그러면 경찰이 그를 볼 수 없어." 「라 바이오메트 매거진」, 1915년.

# 포그혼 (1859년)

포올리스가 증기를 사용하여 선원들을 항구로 인도하다.

스코틀랜드 출신의 발명가 겸 토목 기사이며 예술가인 로버트 포올리스(1796~1866)가 포그혼을 발명하기 전에는, 항구 마을은 대포나 종을 사용하여 안개가 낄 때만 선박들을 항구로 인도하였다. 그러한 항구 마을 중 하나인 캐나다 뉴브런즈윅에 위치한 세인트 존 지역은 포올리스가 1825년 그곳에 정착했을 때 새로운 토목 기사인 포올리스를 환영해주었다. 그는 세인트 존에서 0.5마일(0.8킬로미터) 정도 떨어진 파트리지 섬에 경고 종이 설치되는 것을 목격했다.

파트리지 섬의 새로운 경고 종은 그 무게가 0.5톤으로 선박을 항구로 불러오는 데 도움이 되었지만 설치하는 데 어려움이 있었으며 이와 더불어 선원들은 더 큰 경고음이 필요하다고 주장하였다. 이에 포올리스는 1852년에 커다란 경고음을 발생시킬 수 있는 증기 추진 자동화 포그혼을 제안하였다. 포올리스의 포

> "미국의 전체 연안에서,
> 말했던 것과 동일한
> 다른 경보기는 없다."
>
> 윈체스터 선장, SS 이스턴 시티, 1860년

그혼은 당시의 커다란 경고 종보다 큰 소리를 낼 수 있었으며 크기는 훨씬 작았다. 세인트 롤에 위치한 마을에 포그혼을 사용할 것을 설득시키는 데에는 몇년의 세월이 걸렸다.

1859년 마침내 파트리지 섬에서 포올리스의 혼이 작동하기 시작했으며 포그혼은 곧 전 세계에서 사용되었다. 포올리스는 자신의 가장 위대한 해양 발명품 중 하나(포그혼)를 발명한 공적을 차지하지 못했다. 뉴브런즈윅 정부가 포그혼이 포올리스의 발명품이라는 사실에 동의했음에도 포올리스는 혼에 관한 특허를 취득하지 못했으며 어떠한 수입도 얻을 수 없었다. **RBk**

**참고:** 프레넬 렌즈

# 순간 노출기 (1859년)

폴크만의 기계가 잠재의식에 영향을 미치다.

1859년 독일인 의사 알프레도 빌헬름 폴크만(1800~1877)은 100분의 1초의 속도로 사진을 빠르게 보여주어 잠재 의식에 영향을 미칠 수 있는 최초의 순간 노출기를 제작하였다. 폴크만은 카메라에서 사용하는 것과 유사한 기계 셔터를 사용하여 사람들에게 감정적인 단어의 이미지를 보여주었다. 사람들은 의식적으로는 이미지들을 인지하지 않았지만, 잠재의식으로는 순간 보았던 이미지의 바로 다음 장면과 일치하는 감정을 투영하였다.

장치의 기계적 특성 때문에 셔터를 완벽한 정확도로 통제할 수 없었으므로 섬광전구 순간 노출기가 개발되었다. 이 기구는 완전한 암흑에서 상당히 밝게 빛이 들어왔다가 바로 꺼지는 조그만 램프와 큰 상자에 위치한 거울을 사용한다.

구멍을 통해 이미지를 관찰하는 피실험자가 모든

> "만약 신의 은총이 기적적으로
> 작동한다면, 아마도 잠재의식의 문을
> 통해 작동할 것이다."
>
> 윌리엄 제임스, 심리학자

이미지가 동일한 지점에 나타난다고 생각하게 되면, 실험을 하는 사람의 잠재의식과 연관된 이미지뿐만 아니라 의식과 잠재의식 사이에 연결을 방해하는 무의미한 사진들까지 보여주었다.

순간 노출기는 제2차 세계대전 전투기 조종사가 적기의 외형을 구별하는 데 도움을 주려고 사용되었던 반면, 잠재 의식의 메시지는 광고에서 사용되고 있다. 이 기법이 실제로 눈에 보이는 성공을 이루었는지에 대한 의심은 여전히 남아 있다. **DaH**

**참고:** 제논 플래스 램프, 거짓말 탐지기

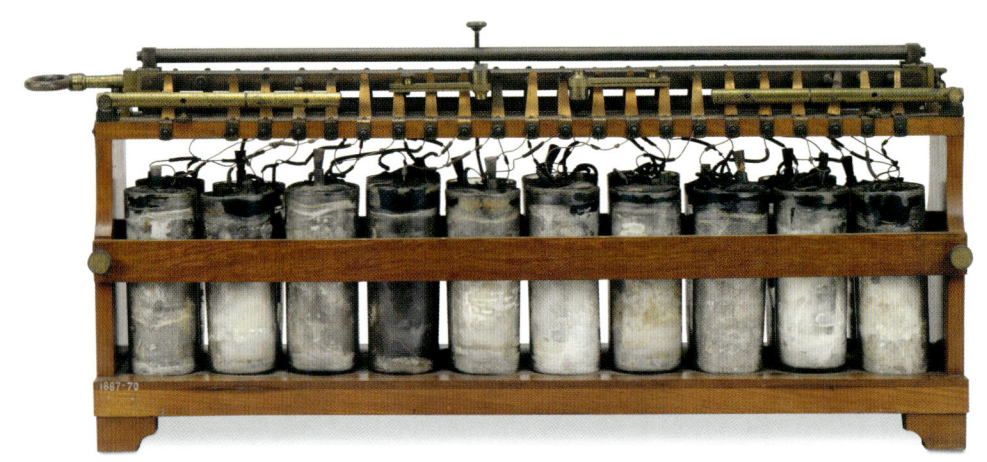

# 충전지 (1859년)

플랜티가 오늘날 자동차 배터리의 시초인 납축전지를 발명하다.

충전지는 휴대폰이나 아이팟에서 사용되고 있으며 이를 통해 현대적 삶의 방식은 충전지에 의존하고 있다는 것을 알 수 있다. 프랑스 물리학자 가스통 플랜티 (1834~1889)는 충전지 개발의 첫 번째 단계에 착수하였다.

1859년 파리에서 일하던 플랜티는 납축전지를 발명했다. 그의 장치는 음극인 납 코일과 양극인 산화 납 코일로 구성되었다. 이러한 코일들은 고무 테이프로 분리되어 있으며 묽은 황산에 흠뻑 젖어 있다. 황산이 납과 반응하여 양극을 통과하는 전자를 방출하면서 전류가 생성된다. 현존하는 전지들은 화학반응이 멈추면 전류를 생성하지 않는다. 플랜티 배열에서는 외부에서 전류를 공급하면 가역적인 화학반응이 발생하여 배터리가 충전된다.

일 년 내에, 플랜티는 아홉 개의 전류 생성 유닛을 보호 상자에 끼워 상당량의 전류를 생성할 수 있는 배터리를 만들었다. 납으로 만든 플랜티의 초기 충전 배터리는 소형 기기에서는 사용하기 불편했으며, 그 후에 대체 전지가 개발되었다. 토머스 에디슨은 니켈 철과 니켈 카드뮴 전지를 사용한 알카라인 충전지를 개발하였다. 그 이후로 납 전지보다 두 배에서 세 배 이상 더 효율적인 철 아연 배터리가 널리 보급되었다.

플랜티의 전지는 높은 전류가 중요시되고 중량 문제에 대해서는 상대적으로 자유로운 전기 자동차에서 매우 요긴하게 사용될 수 있다. 납축전지는 오늘날 운송수단 배터리의 가장 흔한 유형이다. 플랜티가 발명한 물품의 업그레이드 버전은 현대 사회에서 가장 필요로 하는 기술이다. **MB**

참고: 배터리, 자동차 배터리, 전기 자동차

⬆ 20개의 전지와 그들을 연결하는 하나의 스위치로 구성된 플랜티 충전 배터리(1860년부터 생산됨).

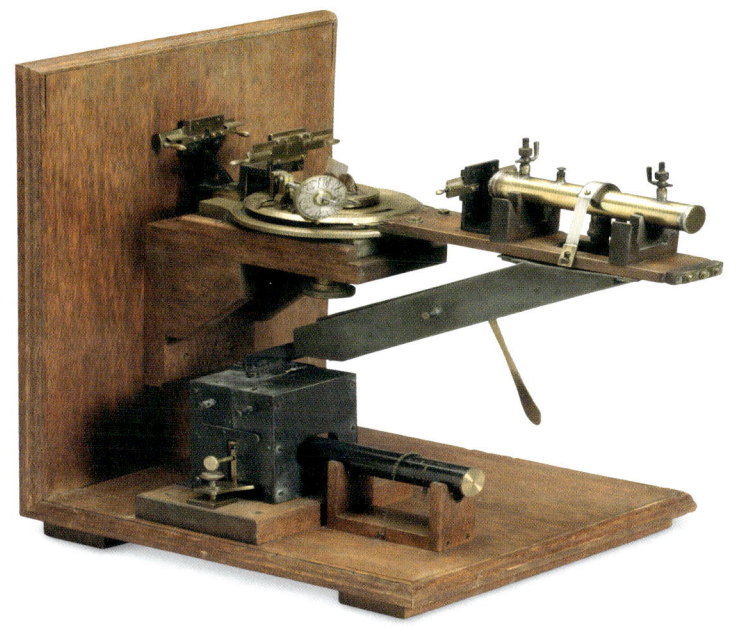

# 분광기 (1859년)

분젠과 키르히호프가 전자기 방사선에 의한 빛을 분석하다.

영국의 물리학자이자 수학자인 아이작 뉴턴 경은 1666년에 초기 분광기를 연구하던 도중 흰색이 프리즘을 통과할 때 7개의 무지개 색상으로 분산된다는 것에 주목하였다. 독일의 유리 제조업자 요제프 폰 프라운호퍼가 태양 스펙트럼은 일정한 파장의 암선을 포함하고 있다는 것을 발견한 것은 빛 연구 분야에서의 눈부신 발견이다.

하이델베르크 대학교의 화학 교수인 로버트 분젠(1811~1899)은 구스타프 키르히호프(1824~1887)와 함께 연구를 진행하였으며, 불꽃이 가열될 때 원소가 생성한 스펙트럼 방사선을 알아내기 위해 프리즘 분광기를 사용했다. 1859년 그들은 원소들이 선 스펙트럼의 영향으로 고유한 특성을 띈다는 사실을 알게 되었으며, 이를 통해 세슘과 루비듐을 발견하였다. 연구자들은 또한 태양 스펙트럼의 오렌지 프라운호퍼 D선이 실험실의 나트륨에서 방출되는 선의 파장과 동일하다는 것을 발견했으며 분광기를 사용하여 태양과 별의 구성

성분을 분석할 수 있다는 것을 알게 되었다.

1870년대부터 여러 유럽 회사에서 프리즘 분광기를 제조하기 시작하였다. 이러한 분광기들은 스펙트럼 선의 위치를 측정할 수 있는 원형 눈금이 표시돼 있다. 해상도는 빛이 일련의 스펙트럼을 통과하는 것에 따라 향상되었다. 처음에는 아무도 어떻게 스펙트럼을 만들어 낼 것인지에 대해 알지 못했다. 그러나 1913년 덴마크의 물리학자 닐스 보어는 스펙트럼 선이 안정된 궤도에서 다른 궤도로 전자가 이동하면서 발생하는 원자 모델을 소개하였다. **DH**

**참고:** 분젠 버너, 사진 필름, 엑스레이 사진, 전자 분광기

⬆ 영국 케임브리지 대학교의 물리학자인 윌리엄 브래그가 1912년에 만든 엑스레이 분광기.

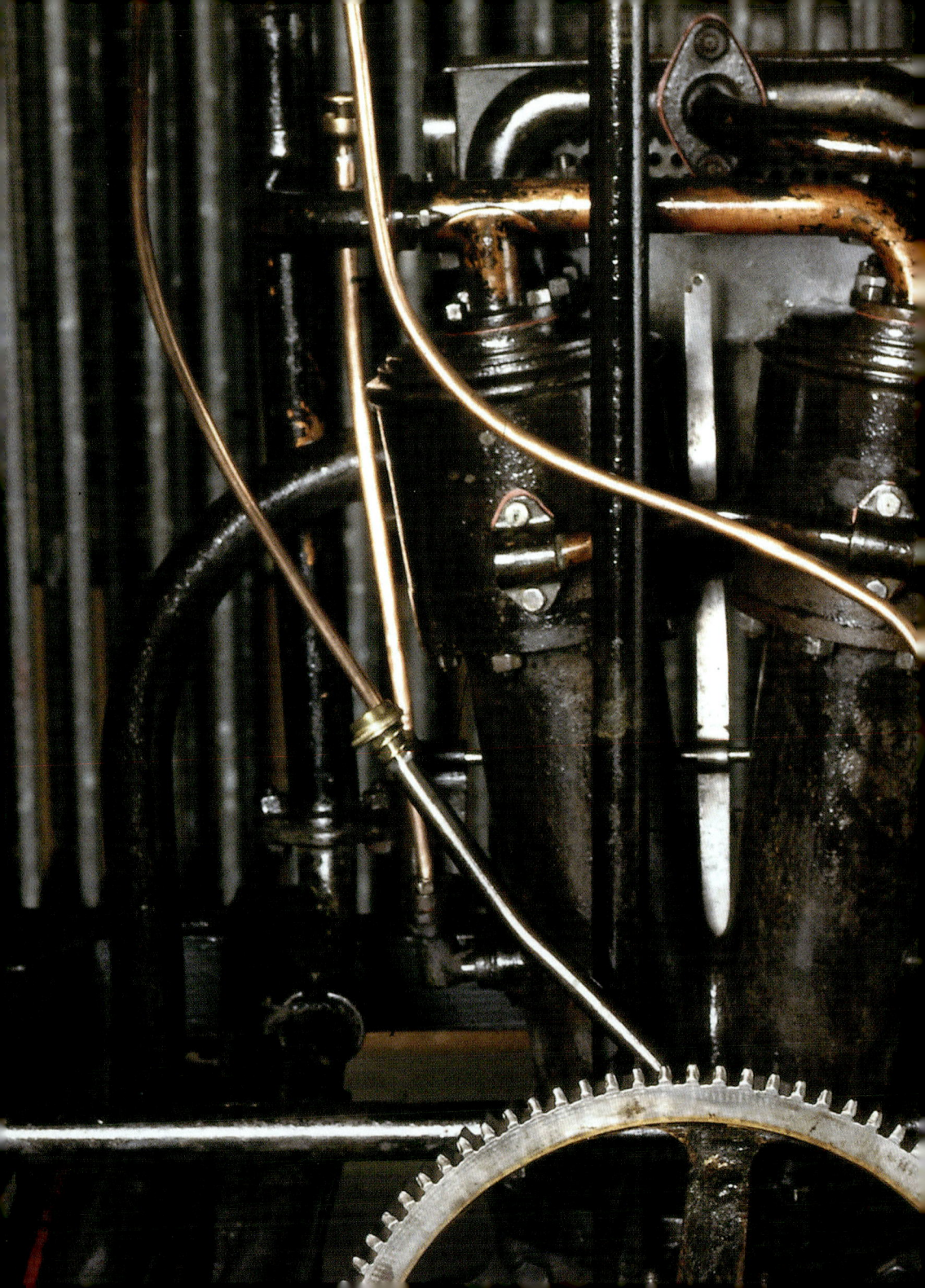

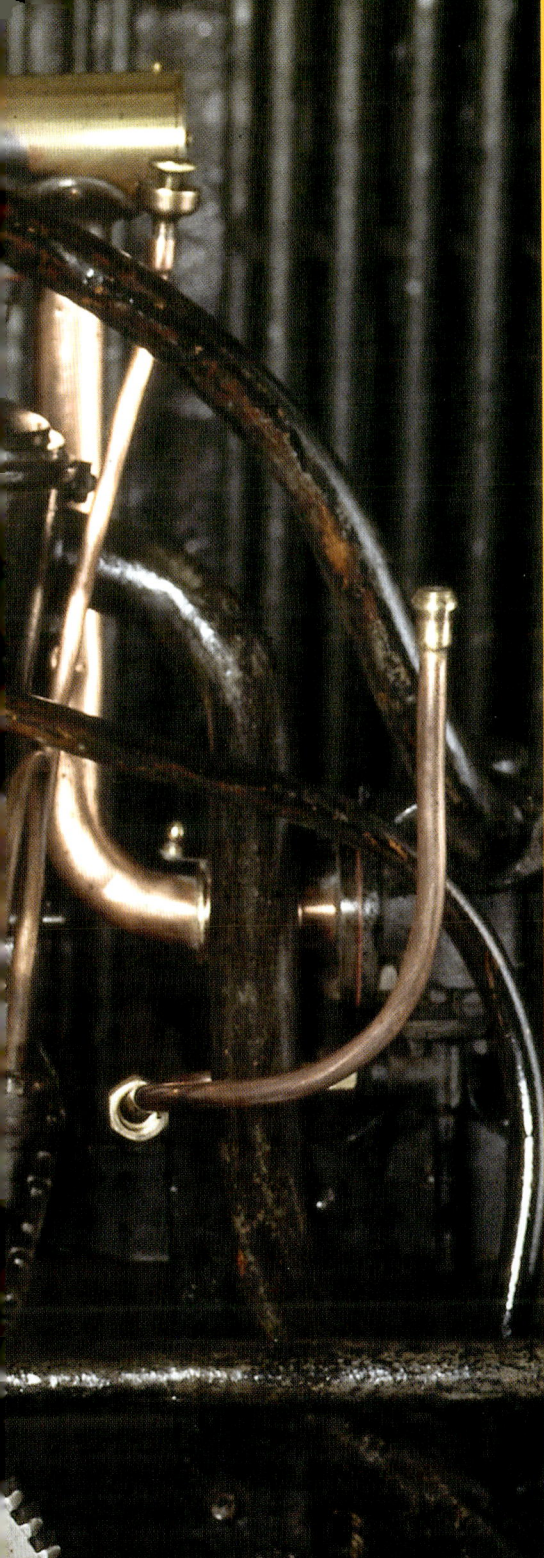

논란의 여지가 있지만, 1870년대와 1880년대에 이르러 전화기와 자동차의 발명은 오늘날 우리가 살고 있는 지구촌을 향한 첫걸음이었다. 또한 원거리 통신에 음성 전달을 사용함으로써 수많은 문화적 변화를 주도한 축음기가 등장할 수 있었다. 그 사이 도시로의 대이동과 엘리베이터의 발명은 세계 최초의 마천루 건설을 촉구하였다.

## The AGE of EMPIRES
### (제국 시대)

🔷 고틀립 다임러가 발명한 고속 가스 모터.

**1860 to 1891**

# 리놀륨 (1860년)

월튼이 깨끗하게 닦이는 놀라운 바닥재를 만들다.

뉴욕 맨해튼에서 남쪽으로 몇 마일 떨어진 곳에 트래비스라고 불리는 마을이 있다. 1930년까지 마을은 '리놀륨빌(Linoleum-ville, 영국의 발명가 프레더릭 월튼이 소유한 미국 최초의 리놀륨 공장 기지)'로 알려져 있었다.

월튼은 1850년대에 리놀륨에 대해서 관심을 갖기 시작했으며 오래된 페인트 깡통의 윗부분에 엷은 막이 생겨난다는 것을 알게 되었다. 이 엷은 막은 페인트 내의 아마인유와 공기 중의 산소 사이에서 단순한 화학 반응이 발생한 결과였다. 대부분의 유성 페인트는 아마인유를 포함한다. 여러분은 아마 페인트 깡통 가장자리 부근에 딱딱하게 굳은 고무를 무심코 벗겨내었을 것이다. 그러나 월튼은 이러한 현상에 대한 생각을 멈출 수가 없었다. 그는 아마인유로부터 바닥 타일을 제조하기 위한 공정을 개발하는 연구에 참여했다.

성공으로 향하는 그의 길은 험난하였다. 1860년에 그는 리놀륨 제조 방법에 대한 특허를 신청하였으나 제조 방법이 완전하지 않았다. 월튼은 혼합물에 아세트산납과 같은 다른 원료를 추가하여 제조 방법을 완전하게 만들었으며 더 빠른 반응을 위해 아마인유를 사용하였다. 그러나 대량으로 물질을 생산하기 힘든 공정이었기 때문에 대형 제조 회사들은 투자를 꺼려했다. 월튼은 자기 소유의 회사를 설립하고 난 후에야 이익을 창출하는 것이 어렵다는 것을 알게 되었다.

1872년 마침내 대중 마케팅 캠페인의 후원으로 월튼은 성공을 거두었으며, 그의 제품은 미국 공장이 가동되고 나서 전 세계로 뻗어나갔다. 오늘날 리놀륨은 합성 수지, 분말 석회암, 코르크, 아마인유를 혼합하여 제조한다. 이러한 혼합물 시트들은 뒷면에 캔버스를 추가하여 압축된다.

방수가 되면서 깨끗이 닦이는 리놀륨은 비닐로 대체되기 시작한 1960년대까지 바닥재로 널리 사용되었다. **HB**

참고: 카펫 청소기

# 가스 추진 엔진 (1860년)

르누아르가 최초의 내부 연소 엔진을 만들다.

1860년 벨기에 공학자 에티엔 르누아르(1822~1900)는 최초의 가스 추진 내부 연소 엔진을 만들었는데 이 엔진은 조작이 어려웠던 당시 증기기관의 대안으로 설계되었다. 증기기관을 사용하기 위해서는 화덕, 보일러, 덩치가 큰 화석 연료 등을 놓을 적재장소가 필요했기 때문에, 이들을 더욱 간결하게 구성한 르누아르의 가스 엔진은 대단한 인기를 얻었다.

르누아르는 1860년에 그의 아이디어에 대한 특허를 취득하였으며 같은 해에 첫 번째 실제 엔진을 만들었다. 발명품에 대한 초기 수요는 높았으며 프랑스, 영국, 미국에서 생산이 시작되었다. 가스 엔진은 첫 번째 피스톤 행정 기간 동안에 실린더에서 가스와 압축되지 않은 공기의 혼합물을 흡입한 후, 남아 있는 행정 과정에서 불꽃을 점화시켜 작동되었다. 그 후에 실린더 반대편에서 기화 현상이 일어났다. 이것은 크랭크가 각각

> "공학자는 세상의 물질을
> 진화시키는 데 있어 핵심적인
> 역할을 담당한다."
>
> 에릭 에슈비 경, 영국의 식물학자이자 교육자

회전하는 동안에 두 번의 폭발(피스톤 양 끝에서 한 번씩)을 가능하도록 해주었다.

애석하게도 현실적인 결함이 밝혀진 이후 르누아르 엔진의 성공은 한물 꺾였다. 그 당시 엔진의 동력인 가스는 값비싼 선택사항이었다. 엔진이 과열되어 멈추는 것을 막기 위해서는 많은 양의 냉각수와 오일이 필요했다. 곧 이어 다른 발명가가 유용한 엔진을 만들게 됨에 따라 르누아르 엔진은 생산이 중단되었으며, 중단 전까지 500개 미만의 르누아르 엔진이 제작되었다. **CB**

참고: 증기기관, 스털링 엔진, 4행정 사이클, 2행정 엔진, 버크 엔진

# 연발총 (1860년)

헨리가 레버 액션 방식의 연발총으로 전쟁의 진행 속도를 빠르게 하다.

연발총이 1800년대 중반에 출시되면서 전쟁 양상을 영원히 바꾸어놓았다. 단발총이 오랜 기간 동안 전장에서 주류를 이루었지만 연발총은 여러 발의 탄환을 보유한 탄창이 내장돼 있어 연속 장전할 필요가 없었다. 연발총 모델은 17세기 이후에 등장하였으나 탄약이 탄환에 포함되어 있기보다는 탄약과 별도로 분리된 탄환이 사용되었다.

1860년 뉴햄프셔 출신의 총포공 벤저민 타일러 헨리(1821~1898)는 44구경 림파이어 방식 금속 탄환을 장전하기 위해 레베 액션 방식을 사용한 연발총의 특허를 취득하였다. 헨리의 연발총은 그 당시에 주류를 이루었던, 총구에 총알을 집어넣어 장전하는 머스킷 총보다 훨씬 더 장전이 빨랐으며 이를 통해 연속 발포가 가능하여 한 사람이 더 큰 화력을 낼 수 있었다. 헨리의 연발총은 작동상의 단점이 있었음에도 불구하고 미국의 남북전쟁 기간 동안에 대부분의 군인이 사용했다. 헨리의 연발총과 동일한 시기에 개발되었던 크리스토퍼 스펜서의 연발총은 헨리의 연발총과 조금 달랐다.

헨리는 자신의 연발총을 제작할 때쯤 올리버 윈체스터를 위해 일하고 있었다. 윈체스터는 최초의 클래식 윈체스터 연발총(1866)을 생산하기 위해 헨리의 모델을 사용한 통찰력 있는 미국인 사업가였다. 윈체스터 연발총은 헨리의 연발총을 능가하는 성능을 지니고 있었으며 더 복잡한 장전 체계로 구성되어 오늘날에도 사용되고 있다. 헨리와 윈체스터의 총이 미국 서부 지역에서 쓰이고 있었을 때 다양한 연발총이 제1차 세계대전에 널리 사용되고 있었다. **AK**

**참고:** 머스킷 총. 후장식 총. 기관총. 이동식 자동 기관총

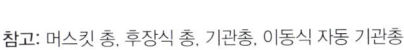 헨리 44구경의 복제품. 헨리 40구경은 미국인 배우 톰 셀렉이 서부 영화에서 사용하였다.

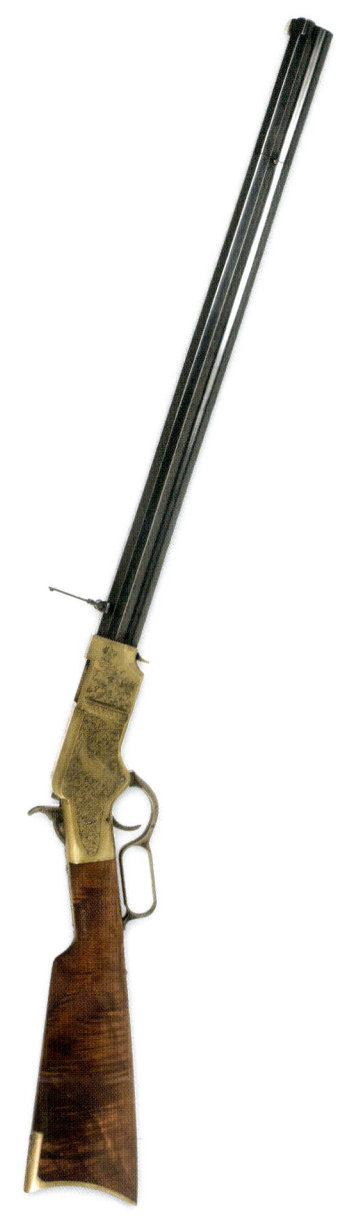

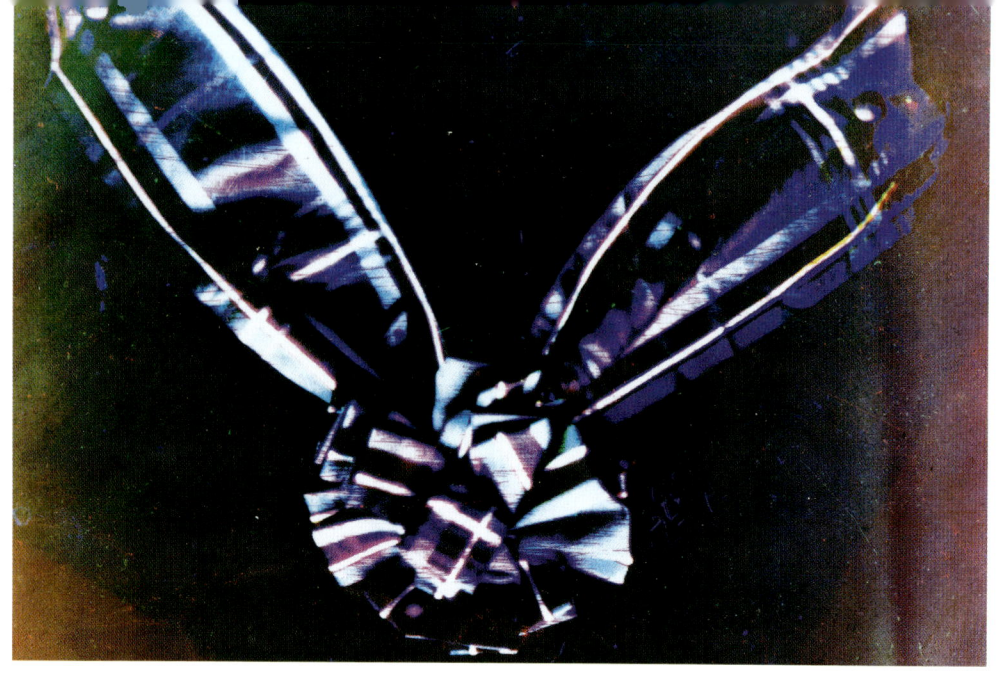

# 컬러 사진술 (1861년)

맥스웰이 컬러 이미지를 만들기 위한 삼원색 방식을 개발하다.

영국인 수학자이자 물리학자인 제임스 클럭 맥스웰 (1831~1879)은 19세기 과학의 거장이었다. 맥스웰은 당대 전자기에 대한 것을 집대성한 맥스웰 방정식으로 유명하며, 색상에 대한 인간의 지각 및 토성의 고리에 대해서도 관심이 있었다. 색상에 대한 인간의 지각을 연구한 맥스웰의 흥미는 1861년 최초의 컬러 사진을 탄생시켰다.

맥스웰은 런던 로열 인스티튜트에서 화려한 쇼의 진행자처럼 체크무늬 리본을 착용한 자신의 사진을 공개하였다. 색맹의 조건을 포함한 인간 시각에 대한 연구를 통해 그는 삼원색 방식을 사용하여 컬러 이미지를 만드는 것이 가능하다는 결론을 내리게 되었다. 로열 인스티튜트에 오기 전 그는 전문 사진사 토머스 서턴(일안 반사식 카메라의 발명가)에게 체크무늬 리본을 사진으로 찍도록 했다. 서턴이 찍어준 이미지는 흑백이었지만 맥스웰은 빨강, 초록, 파랑 필터를 통해 찍힌 이미지 세 장을 서턴한테 받았다. 이 이미지들을 슬라이드로 변환시키고 각각의 슬라이드를 주의 깊게 겹쳐 놓는 후 동일한 필터를 통해 스크린에 영사하자 눈부시게 아름다운 색의 체크무늬가 나타났다.

맥스웰은 운이 좋았다. 그의 공개 실험에서는 실제로 위와 같은 색상을 볼 수 없었는데 이는 그의 사진 유제가 빨간 빛에 민감하지 않았기 때문이다. 체크무늬에서의 빨간색이 자외선을 반사하면 사진 유제에 의해 사진에 반영되었다. 삼원색 방식은 모든 컬러 사진술의 초석이 되었으며 맥스웰이 보유했던 체크무늬 리본 슬라이드는 현재 에든버러의 작은 박물관에 전시되어 있다. **DHk**

참고: 사진술, 캘러타이프 사진, 다게레오타이프 공정, 적외선 사진

⬆ 서로 다른 색상의 필터를 통해 체크무늬 리본을 보여준 맥스웰의 사진 합성 이미지 세 개.

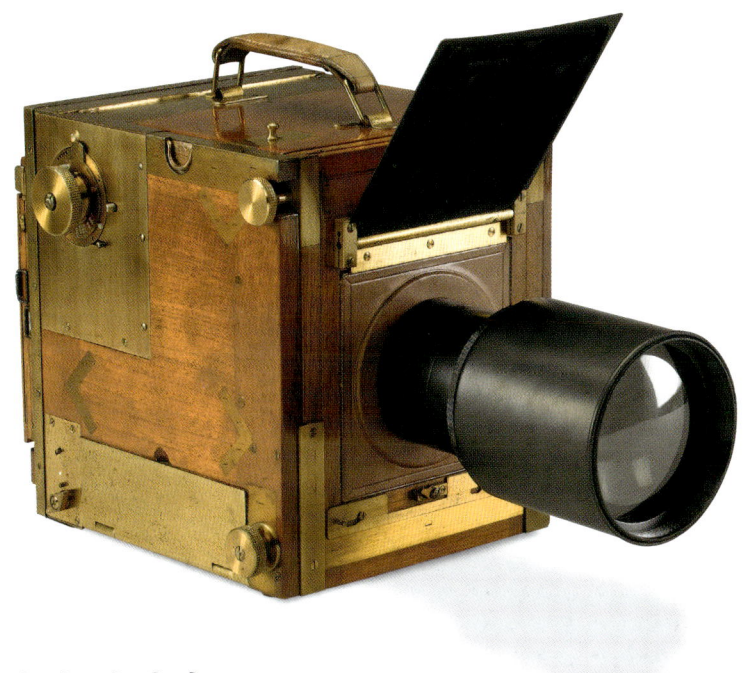

# 일안반사식 카메라 (1861년)

서턴이 새로운 카메라로 현대 사진의 도래를 알리다.

1861년에 사진 전문가 토머스 서턴(1819~1875)이 세계 최초의 일안반사식(SLR) 카메라를 발명하고 특허를 취득하면서 현대 사진의 시대가 시작되었다. 1884년 서턴의 시제품은 현재까지도 사용하고 있는 일안반사식 카메라의 개발에 많은 영향을 주었다. 서턴은 또한 1861년에는 컬러 사진을 성공적으로 시연한 제임스 클러 맥스웰을 도와주었다.

SLR 타입이 아닌 카메라에서는 렌즈를 통과한 화상이 조금씩 다르게 뷰 파인더에 맺히므로 사진이 뷰 파인더로 보던 것과는 다르게 나타날 수 있다. 일안반사식 카메라에서는 거울이 렌즈 앞에 위치하여 화상이 직접 펜타프리즘에 도달하며 마치 사람이 카메라 렌즈를 통해 직접 사물을 보고 있는 것처럼, 화상이 뷰 파인더에 정확하게 맺힌다. 사진이 찍히는 순간 거울은 화상이 필름 혹은 이미지 센서에 맺힐 수 있도록 움직인다.

현재 가장 대중적인 전문 사진 형태인 일안반사식 카메라는 루이 다게르의 다게레오타이프와 요제프 막시밀리안 페츠발의 렌즈 시스템 생산으로 시작되어 수십 년간 진행된 사진 혁명의 결정체였다.

비록 최초 생산 모델에 대한 기록이 존재하지는 않지만, 카메라는 1880년대 중반에 처음으로 상업적 목적으로 생산되었다. 1930년대까지는 정확한 원근으로 왜곡되지 않은 사물 사진을 찍을 수 있는 사진작가들이 매우 유명해졌다. DSLR은 전통적인 SLR을 거의 대체하였지만, 서턴의 원리는 오늘날에도 사용되고 있다. **SR**

**참고:** 사진, 카메라 복합렌즈, 필름 카메라, 이동식 브라우니 카메라, 35mm 카메라

⬆ 1911년에 제작된 애덤스의 마이넥스(일안 반사식 카메라). 비용의 감소로 일안 반사식 카메라가 더욱 대중적으로 보급되었다.

# 트위스트 드릴 비트 (1861년)

모스가 구멍을 뚫는 공법을 현대화시키다.

석기 시대 사람은 나무 판자 위에 날카로운 돌을 회전시키면 원형의 구멍이 생긴다는 것을 발견하였다. 돌로 구성된 원시 드릴에 활과 같은 도구를 응용한 것은 회전율을 증가시켰으며 그 결과 구멍이 생기는 속도가 빨라졌다. 19세기에 활은 기어를 내장한 기계류로, 돌 끝은 금속으로 교체되었지만 기본 구조는 동일하였다.

1860년대 초 이전에는 표준 드릴 비트(드릴 끝)가 단순히 평평하고 날카로운 조각의 금속으로 구성되어 있었다. 이러한 '스페이드 비트'는 정밀하지 못해 악명이 높았으며 또한 단단한 표면 위에서 사용하면 빠르게 무뎌지는 경향이 있었다. 미국인 스티븐 모스는 자신이 표준 드릴 비트를 개선시킬 수 있다고 생각했으며 1861년 트위스트 드릴에 대한 특허를 취득하였다. 모스의 장치는 현재 많이 볼 수 있는 헬리컬 드릴의 초기 버전이었다. 헬리컬 드릴은 비트의 축을 따라 위쪽

> "나는 쉽게 뚫을 수 있는
> 구멍을 뚫는 과학자들과는
> 어울리지 않는다."
>
> 알베르트 아인슈타인, 이론 물리학자

으로 꼬아진 나선형 홈과 날카로운 절단면으로 구성되어 있다. 방사형 홈은 구멍이 뚫리는 물체를 통해 비트를 아래로 끌어당겨 원형의 구멍을 만들어내는 가이드 역할을 하였으며, 또한 스크루로 동작하여 구멍이 뚫리면서 발생한 물체의 잔여물을 구멍의 바깥 쪽과 윗부분으로 밀어내었다.

비트가 더욱 단단한 금속으로 만들어진 지는 얼마되지 않지만, 동일한 기본 개념이 오늘날 주를 이루고 있다. **BMcM**

참고: 석기, 날카로운 돌날, 드릴, 금속 세공, 파종기, 전기 드릴

# 솔베이 법 (1861년)

솔베이가 탄산나트륨을 합성하다.

탄산나트륨은 오랫동안 세탁소 노동자에게 친숙하게 쓰인 세탁용 소다의 알칼린 분말이다. 그러나 탄산나트륨은 매우 폭넓은 분야에서 사용할 수 있는 다목적 물질이다. 탄산나트륨은 모래나 탄산 칼슘과 함께 가열 후 급속히 냉각되면 유리의 형태를 띤다. 탄산나트륨은 뼈에서 살을 벗겨낼 목적으로 박제술에 사용되며 음식 첨가물로 이용된다.

예전에는 탄산나트륨이 광산과 식물의 재로부터 추출되었다. 소다회는 탄산나트륨의 또 다른 이름이다. 산업 시대에 걸쳐 다량의 직물과 유리를 주성분으로 한 합성물을 생산할 수 있는 화학 합성법을 찾는 데 많은 시도가 있어 왔다. 첫 번째 시도로 프랑스인 니콜라 르블랑(1742~1806)은 1790년에 황산, 석회석, 석탄을 사용하여 소금을 탄산나트륨으로 변화시키는 방법을 발견하였다. 이 방식은 유효하였으며 70년간 산업 부문에서 사용되었다.

르블랑 방식은 두 가지 단점(값비싼 반응물과 공해)이 있었다. 1861년 벨기에 화학자 어니스트 솔베이(1838~1922)는 그의 이름을 붙인, 오늘날에도 사용되고 있는 효율적인 방법(솔베이 법)을 개발하였다. 솔베이 법에서는 염화암모늄과 중탄산나트륨을 만들기 위해 암모니아와 소금물의 혼합물에 이산화탄소를 불어넣었으며 이렇게 해서 생성된 염화암모늄과 중탄산나트륨을 정제하고 가열하여 탄산나트륨을 생성하였다.

어니스트와 그의 형제 알프레드는 1863년에 자신들 소유의 회사를 설립하였으며, 1865년에 탄산나트륨을 생산하기 시작했다. 그들이 탄산나트륨을 완벽하게 생산하는 데에는 오랜 시간이 걸렸으나 대량 생산에 더욱 적합한 솔베이 법이 마침내 르블랑 법을 대신하였으며 산업에서 우위를 차지하였다. 세계 탄산나트륨의 4분의 3이 현재 솔베이 법으로 생산되고 있다. **MB**

참고: 다우 법, 하버 법

# 예일 자물쇠 (1861년)

예일이 이집트인의 핀 텀블러 자물쇠를 개선하다.

귀중품을 보호하는 일은 19세기에 돈이 되는 사업이었다. 자물쇠 제조업자들은 경쟁자가 보유한 장치보다 우수한 자물쇠를 고안하여 경쟁 기업보다 사업을 번창시켰다.

1847년 라이너스 예일(1797~1858)은 뉴욕의 노포트 지역에 자물쇠 가게를 열었다. 그는 은행의 안전 잠금 장치에 관심이 있었으며 4,000년 전에 이집트인들이 사용해온 핀 텀블러 자물쇠를 조사하기 시작했다. 이집트인들의 자물쇠는 두 가지 큰 단점(나무로 되어 있으며 일부 자물쇠는 길이가 60센티미터로 측정될 만큼 부피가 큼)이 있었다. 예일은 성능 개선을 위해 핀 텀블러를 자물쇠 케이스에 집어 넣는 설계에 초점을 맞추었다. 자물쇠 케이스를 원형의 세로 홈을 가진 열쇠로 열 수 있도록 바뀐 설계는 작은 개선 사항일 뿐이었지만, 예일의 아들 라이너스 예일 주니어(1821~1868)는 마침내 이 자물쇠의 가능성에 대해 깨달았다.

1861년 예일 주니어는 그의 아버지가 설계한 것보다 더 작은 열쇠로 자물쇠를 열 수 있는 실린더 핀 텀블러 자물쇠를 설계하였다. 열쇠가 실린더 잠금 장치에 삽입되면 핀의 아랫부분이 정렬되어 자물쇠를 열 수 있었다. 실린더 자물쇠는 초기에 평평한 모양의 열쇠를 사용하였으나 이 열쇠는 곧 오늘날 사용하는 것과 같은 가장자리가 톱니 모양인 열쇠로 교체되었다. 열쇠가 작아지고 가벼워짐에 따라 한 번에 여러 열쇠를 운반할 수 있게 된 것이다. 실린더 자물쇠는 합리적인 가격으로 대량 생산되었다.

예일 주니어는 자신의 성취에 만족하지 않고 열쇠가 필요 없는 다이얼 자물쇠를 고안하였다. 실린더 자물쇠와 다이얼 자물쇠는 오늘날 널리 사용되고 있다. **RB**

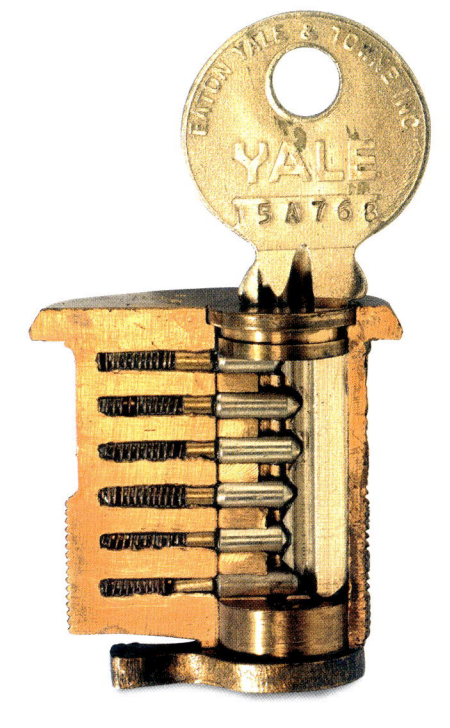

**참고:** 기계적 잠금 장치, 다이얼 자물쇠, 맹꽁이 자물쇠, 텀블러 자물쇠, 안전 자물쇠, 시한자물쇠 금고

↗ 스프링이 장착된 핀 텀블러가 열쇠의 톱니 모양 가장자리에 의해 올라가면 열리게 되는 예일 자물쇠.

"오늘날 우리는 발명된 모든 것을 사용하고 있으며, 라이너스 예일과 라이너스 예일 주니어가 개발한 장치에 신세를 지고 있다."

예일 웹사이트

# 스넬렌 시력 검사 (1862년)

스넬렌이 시력의 검사를 표준화하다.

네덜란드의 안과의사인 헤르만 스넬렌(1834~1908)은 최초로 표준화된 검사를 통해 사람들의 시력을 측정해 평균을 내야 겠다고 생각했다.

1862년에 개발된 스넬렌 차트는 열한 줄의 블록체 문자로 구성된다. 첫 번째 줄은 매우 큰 문자이며 그 다음 줄로 갈수록 문자의 크기가 점점 작아진다. 검사를 받는 사람은 한쪽 눈을 가리고 가장 위쪽부터 각 줄의 문자들을 큰소리로 읽게 된다. 정확하게 읽은 가장 작은 줄이 가리지 않은 눈의 시력을 나타낸다. 환자는 그 후 다른 눈으로 문자를 읽은 다음 두 눈으로 다시 한 번 문자를 읽게 된다. 전통적인 스넬렌 차트는 C, D, E, F, L, N, O, P, T, Z의 문자만을 포함한다.

글자 크기 사이의 관계와 차트를 보게 되는 거리는 시력을 기록하는 표준 방법이 되었다. 스넬렌은 보통 시력을 갖고 있는 대부분의 사람들은 20피트(6미터)의 거리에서 대략 0.3인치(8.75밀리미터) 높이(사이즈 20)의 문자를 식별할 수 있다고 결론지었다. 스넬렌 분수 20/20은 평균 시력을 위한 기준 모델이 되었다. 스넬렌 분수에서 분자는 항상 20인데, 이는 검사 거리를 의미하며 분모는 검사를 받고 있는 사람이 20피트에서 볼 수 있는 가장 작은 숫자를 나타낸다. 만약 한 사람이 식별할 수 있는 가장 작은 숫자가 0.6인치(17.5밀리미터)이면 해당 사람을 위한 스넬렌 분수는 20/40이다. 차트에서 가장 큰 문자는 20/200의 시력을 의미하며, 이 측정치는 법적으로 시각 장애인으로 간주된다.

문맹인 아이들을 위해서는 특정 부분이 없는 불완전한 원이나 흔한 사물의 사진을 사용하여 차트가 만들어진다. 스넬렌 차트는 지금도 안과 의사들 사이에서 가장 대중적인 차트 설계로 남아 있다. **JF**

# 기관총 (1862년)

개틀링이 속사를 가능하게 하여 전쟁에 혁명을 일으키다.

리처드 개틀링(1818~1903)의 기관총 발명은 전쟁의 양상을 바꾸어 놓았다. 개틀링은 1862년경 최초의 속사 무기를 제조하기 위해 새롭게 발명한 황동 탄환(초기의 종이 탄피와는 다르게 고유의 뇌관을 가지고 있음)을 사용하였다. 개틀링 총은 수동으로 크랭크를 회전시켜 빠른 속도로 황동 탄환를 발사한 후 다시 장전할 수 있는 열 개의 총신으로 구성되었다.

각 총신의 회전식 발포와 장전 메커니즘은 일련의 캠과 관련된다. 첫 번째 캠은 총신의 볼트를 열어 총알이 탄창으로 떨어질 수 있도록 해주며, 다른 캠은 볼트를 닫는 역할을 한다. 다음 캠은 마지막 캠이 볼트를 개방하고 탄피를 배출하는 동안에 공이를 해제한다. 미국의 남북전쟁 동안에 최초의 성공적인 개틀링 기관포 모델이 부대에 한정 수량으로 보급되었다.

미국인 발명가 히람 스티븐스 맥심은 1884년에 최초의 자동 기관총을 설계하기 위해 탄환 폭발의 힘을 활용하였다. 발포된 총알의 반동력으로 탄피가 방출되었으며 총신이 다시 장전되었다. 신뢰성이 높고 쉽게 운반이 가능하며 분당 600발의 사격 능력을 가진 맥심의 기관포는 유럽의 여러 군대에서 사용되었다.

맥심의 설계에 기반한 기관총은 제1차 세계대전 동안에 전투에서 우위를 차지하도록 해주었다. 고착상태의 참호전에서 기관포는 많은 이의 생명을 앗아갔으며 점차 무서운 명성을 얻게 되었다. 맥심의 자동 기관총은 제2차 세계대전중에도 생산이 계속되었으나 더욱 가볍고 휴대가 간편한 무기인 기관단총에게 인기를 빼앗겼다. **SG**

참고: 화승총, 캐논포, 총, 머스킷 총, 이동식 자동 기관총

▣ 1865년 미국 특허 사무소에 제출된 배터리 건에 대한 맥심의 세부 설계도.

참고: 안경, 이중 초점 렌즈, 콘택트 렌즈, 라식 수술, 인공 망막(생체공학 눈)

*Rec'd & filed March 8 1865*

Nº 47.631.

# R.J. Gatling

## Battery Gun.

### 1½ Inch to 1 Ft.

*Patented May. 9. 1865.*

47 631

**Fig. 1.**

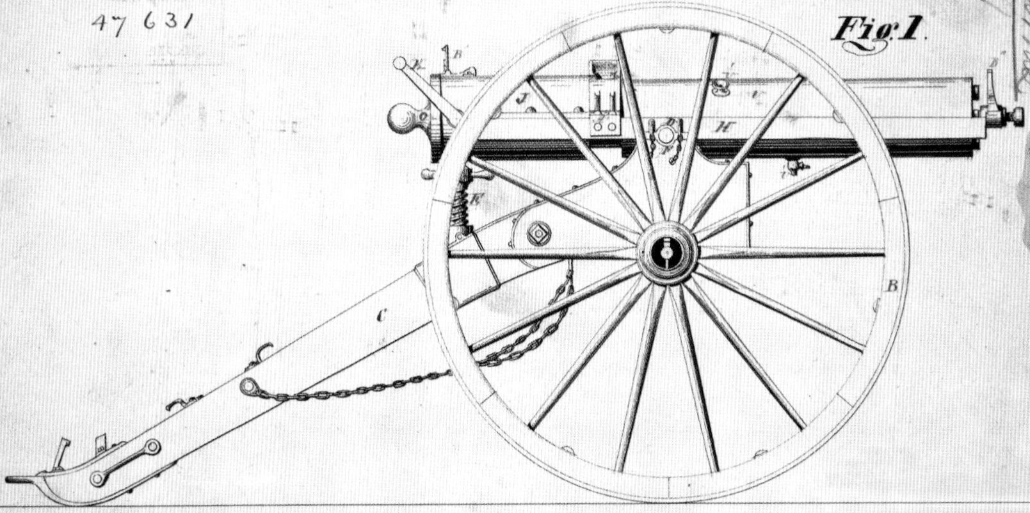

**Fig. 2.**

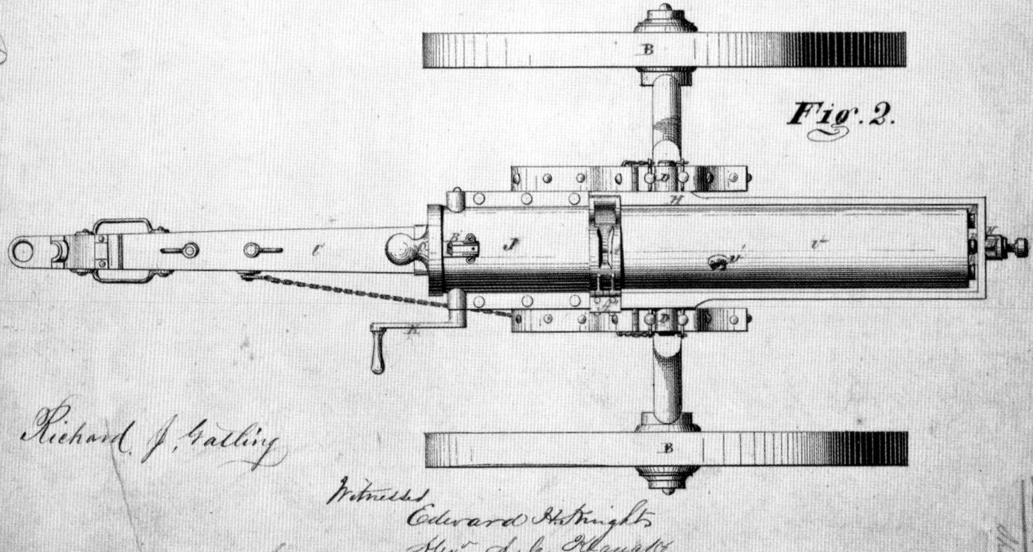

*Richard J. Gatling*

Witnesses
*Edward H. Knight*
*Alex. S. C. Klaugh*

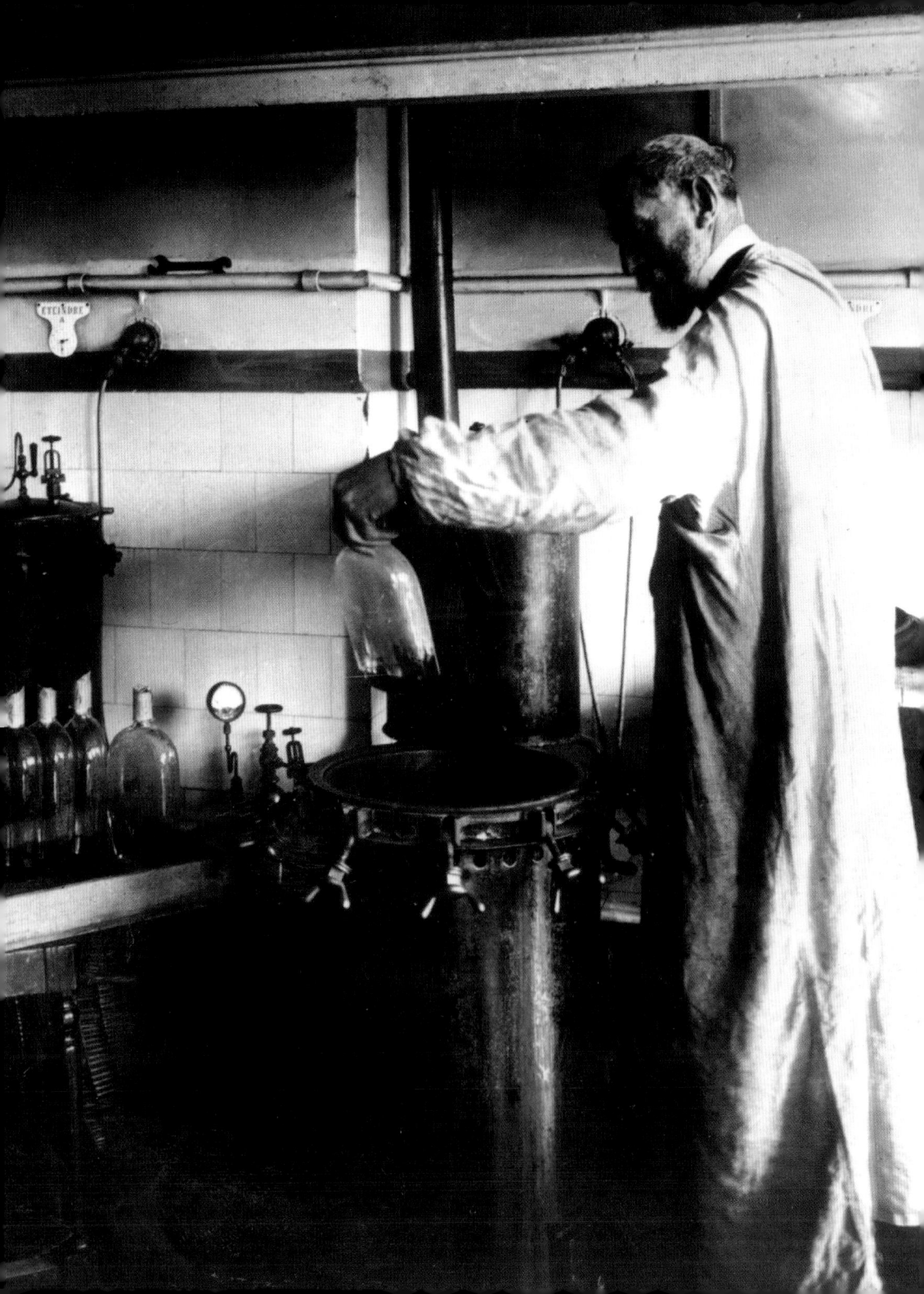

# 저온살균 (1862년)

파스퇴르와 베르나르가 우유의 박테리아를 박멸하다.

1860년대 초반에 프랑스의 화학자 루이 파스퇴르(1822 ~1895)는 이스트라고 하는 세포를 관찰했다. 이스트 는 부패되는 순간, 설탕으로부터 알코올을 만들어내는 살아 있는 세포이다. 그는 이러한 미생물들을 구별하여 분류할 수 있었다.

1862년 그와 프랑스 생리학자 클로드 베르나르 (1813~1878)는 우유가 30분 동안 섭씨 63도로 가열 되면 우유에 존재하는 대부분의 박테리아가 죽는다는 것을 알게 되었다. 우유는 그 후 박테리아 오염을 제거 하기 위해 급속 냉동되었으며 파스퇴르는 동일한 법 칙을 맥주에도 적용하였다. 이러한 공정이 바로 저온 살균이다.

화학사의 혁명적인 발견이었던 파스퇴르의 배종 설은 수 세기 동안 지속되어온 자연발생설의 개념에 종 말을 가져왔다. 파스퇴르는 부패한 고기에 구더기가 당

> "누구에게 사고가 발생하는 것을
> 관찰한 적이 있는가? 기회는 오직 준비된
> 자에게만 호의를 베푼다."
> 루이 파스퇴르, 프랑스 화학자이자 미생물학자

장 나타나는 것은 아니며 미생물과 박테리아 감염의 최 종 결과물이 구더기라고 말했다. 세균이 액체에서 발효 와 퇴화를 야기시킬 수 있다는 그의 연구는 감자 잎마 름병, 다양한 누에병과 같이 곡물에 발생하는 질병뿐만 아니라 탄저병, 광견병과 같은 질병의 치료에 대한 후 세의 연구에 기본 틀을 제공하였다. **BS**

참고: 분유, 우유/크림 분리기, 착유기

◀ 프랑스 파리의 파스퇴르 연구소에서 생명 보존 살균 장치와 함께 포즈를 취하고 있는 파스퇴르.

# 현대식 작살 (1864년)

쬔이 현대식 고래잡이 방법을 개발하다.

노르웨이인 스벤 쬔(1809~1894)은 현대식 고래잡이의 아버지이며 현대식 작살을 발명하였다. 쬔은 천재성을 발휘해 빠른 증기 추진 보트와 갑판에 설치된 캐논포 (튼튼한 밧줄과 가능한 한 빨리 고래를 죽일 수 있는 폭 탄 창을 사용)를 조합시켰다. 쬔의 의도대로 건조된 증 기 포경선인 스페스 엣 피데스(Spes et Fides, 희망과 신념이라는 의미)는 1864년에 처음으로 노르웨이의 북 쪽 지역으로 항해를 시작하였다.

1868년 쬔은 자금을 투자해 현대적 포경 기술을 완성하였다. 쬔의 포경 기술은 영국, 미국, 프랑스, 독 일 선박이 우위를 점하고 있었던 고래잡이 분야에서 노 르웨이가 우세할 수 있도록 해주었다. 19세기에는 전등 과 비누에 사용되는 고래 기름에 대한 수요가 많았다. 고래 고기는 과거부터 일부 문화권에서 식용으로 사용 되었으며 20세기에는 여러 문화권에서 고래 고기를 식 용으로 사용하였다.

쬔의 발명은 포경선의 도달 범위 내에서 기존에 잡 을 수 없었던 긴 수염고래군을 포획할 수 있도록 해주 었다. 밍크 고래, 정어리 고래, 지느러미 고래, 대왕 고 래를 포함한 긴 수염고래군은 일반적으로 크고 빠르며 힘이 세고, 수면에 머무르는 시간이 짧으며 작살을 던 지는 순간 잠수하기 때문에 기존에는 사냥하기가 어려 웠다. 쬔은 고래 시체를 물 위에 띄운 후 잡은 고래를 쉽게 한 장소로 모을 수 있도록 공기로 고래의 시체를 부풀리는 방법을 고안했다. 현대 고래잡이의 성공은 달 리 말하면 고래의 몰락을 의미하였다. 고래 개체 수는 현저하게 감소했으며 마침내 1982년에 전 세계에서 고 래잡이가 일시 중단되었다.

비록 일본, 노르웨이 등 여러 나라에서 소규모 고 래잡이를 계속하고 있지만, 세계적으로 고래잡이를 중 지시키려는 강력한 압박이 존재한다. **JB**

참고: 창, 낚시, 창 발사기

# 어뢰 (1864년)

비아지오 뤼피스가 자체적으로 프로펠러를 지닌 수중 미사일을 만들다.

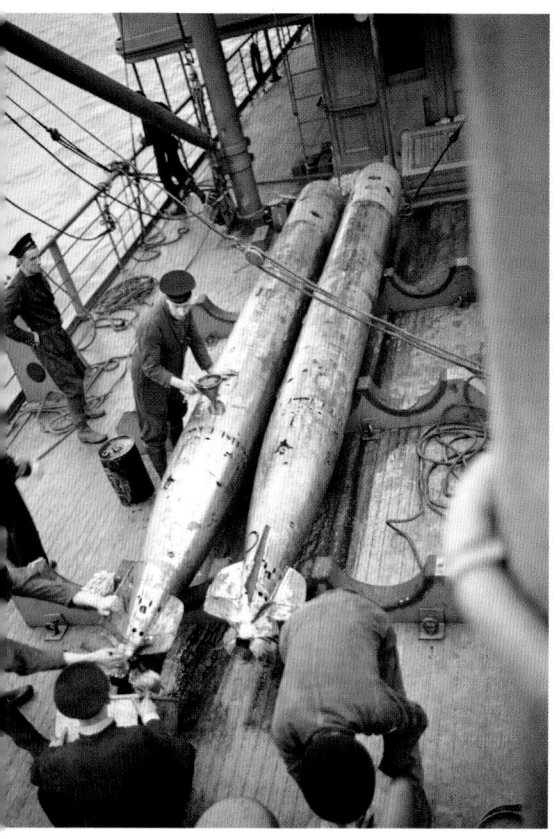

> "어뢰다!
> 앞으로 전진!
> 속도를 높여라!"
>
> 해군 제독 데이비드 패러것, 모빌만 전투, 1864년

↑ 1940년에 HMS 스내퍼에서 시험 발사된 후에 선박의 갑판에서 어뢰가 조사되고 있다.

→ 영국의 7,000톤급 증기선 벨루치스탄은 1942년 독일의 유보트 U-68이 발사한 어뢰를 맞아 침몰했다.

해군 무기로 악명을 떨쳤음에도 불구하고 최초의 현대식 어뢰는 내륙에 있는 오스트리아의 퇴역한 육군 장교가 개발했다. 그 후 오스트리아 제국은 아드리드 해로 영향력을 넓혀 나갔다. 오스트리아 해군을 위하여 1864년 비아지오 뤼피스(1813~1875)는 적군 선박에 대항하기 위한 방법으로 폭약을 탑재한 작은 무인 추진 보트에 대한 아이디어를 증기기관을 제작하고 있던 영국인 엔지니어 로버트 화이트헤드(1823~1905)에게 제시하였다. 또한 이와 동일한 장치(둥근 모양의 어뢰)가 동시대에 발발한 미국 남북전쟁에서 사용되었다. 남북전쟁에서 쓰인 어뢰는 수동으로 작동되는 증기 발사체였다. 어뢰를 발사하기 위해서는 선원이 원형 어뢰의 끝 부분을 폭파하려는 선박에 주입한 후 다시 되돌아와서 무기와 보트를 연결하고 있는 케이블을 끊어야 했다. 이렇게 하면 어뢰를 작당하는 방아쇠가 당겨져 대상 선박이 폭파되었다.

남북전쟁에서 사용된 어뢰와는 대조적으로 뤼피스의 어뢰는 자체 프로펠러가 장착되어 있었고 어뢰에 부착된 밧줄로 땅에서 조종이 가능했기 때문에 해당 무기를 사용하는 데 수반되는 위험 요소가 현저히 줄어들었다. 화이트헤드는 초기에 태엽장치 모터로 추진되는 어뢰의 원격 통제장치가 효율적으로 작동하기 어려울 수 있다는 우려 때문에 뤼피스의 설계에 대한 실현 가능성을 의심하였다. 화이트헤드는 어뢰의 개념에 대해 계속해서 심사숙고하였으며 2년 후 압축공기를 사용해 수중에서 발사되는 어뢰를 만들었다.

뤼피스와 화이트헤드는 잠수함을 두려운 존재로 만들었으며 두 번의 세계대전 결과에 중요한 영향을 미쳤다. 그들의 폭발력 있는 발사 무기는 목표물에게 큰 충격을 줄 수 있었다. 어뢰 때문에 해저에는 현재 2,500만 톤 이상의 선박들이 침몰해 있다. **DaH**

참고: 화약, 로켓, 캐논포, 지뢰, 레이저 유도 폭탄

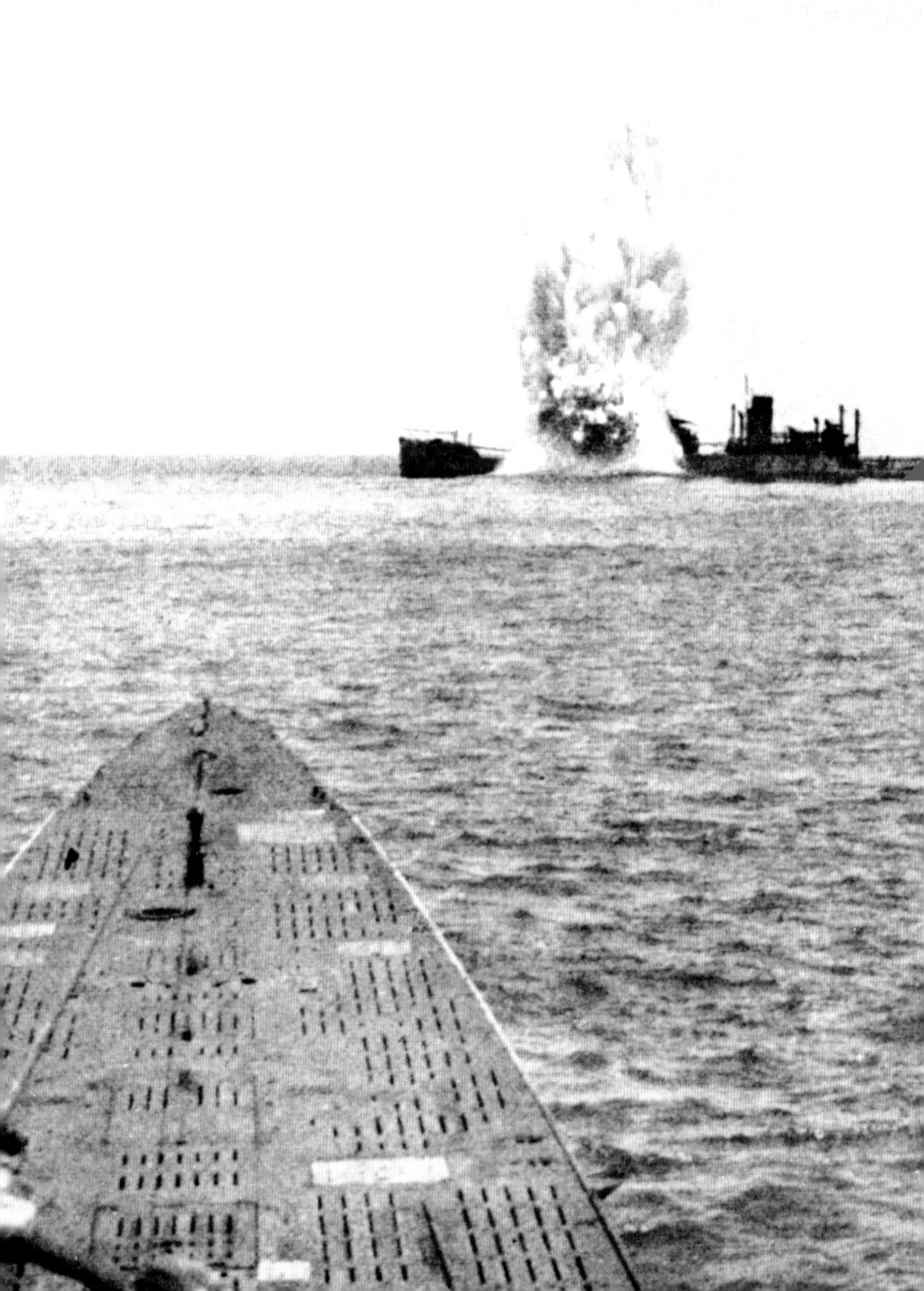

# 가시 철사 (1865년)

야닌의 철사 울타리가 미 서부에 울타리를 만들다.

가시 철사는 역사 속에서 대략 비슷한 시기에 여러 사람을 거쳐 발명되었다. 프랑스인 레옹 외젠 그라생 발레당은 1860년 얇게 꼬인 금속 가닥을 최초로 만들었으며 또 다른 프랑스인 루이 자댕은 1865년 발레당의 꼬인 금속 가닥을 기반으로 가시 철사에 대한 아이디어를 생각해냈다. 1867년에는 여러 명의 미국인이 서로 다른 설계(한 가닥으로 꼬인 철사를 사용)를 만들어 자댕의 아이디어를 구현하였다. 가시 철사의 발명에 마지막으로 기여한 사람은 미국인 조지프 글리든(1813~1906)이다. 가시 철사를 널리 쓰이게 만든 그의 생산 기계(1874년 특허를 취득)는 실용적이고 값싼 가시 철사를 대량 생산하였다.

일정 기간 거주 및 토지 개척 시 이민자에게도 최대 160에이커(67.4헥타르)의 토지에 대한 소유권을 주장할 수 있도록 해준 '홈스테드 법'이 1862년에 제정됨

---

"가시 철사의 원료를 찾는 것이
두려웠으며, 가시철사의 가시는
작은 비수처럼 보였다."

카메론 주드, 『악마의 철사』

---

에 따라 값싼 울타리에 대한 필요성이 제기되었으며 가시 철사를 발명하려는 사람들의 시도가 비슷한 시기에 나타났다.

가시 철사는 전 세계 사람들의 삶을 바꿨다. 미개척 서부지역이 더욱 정착된 농업 사회와 대규모 소 방목장으로 바뀌어감에 따라 이전에는 미국에 존재하지 않았던 토지의 울타리가 가시 철사로 만들어졌다. 가시 철사는 전쟁(보어 전쟁과 제1차 세계대전 초기)에 사용되었으며 전 세계에 걸쳐 탄압과 대립의 강력한 상징이 되기도 했다. **JB**

참고: 금속 세공, 연철, 강철

# 롤러코스터 (1865년)

톰슨이 새로운 탑승기구로 뉴욕 시민들을 전율시키다.

롤러코스터는 15세기 무렵 러시아에서 거대한 얼음 미끄럼틀 형태로 출현했다. 1817년에는 최초의 현대식 롤러코스터가 파리에서 공개되었지만 놀이기구로 이용되기 위해 필요한 경사진 철로가 발명되기까지는 이후 60년의 세월이 걸렸다.

미국에서 롤러코스터의 아버지로 불리는 라 마르코 앗나 톰슨은 1865년 롤러코스터에 대한 첫 번째 특허를 신청하였으며, 1884년 뉴욕의 코니아일랜드에 처음으로 놀이기구(롤러코스터)를 건설했다. 그는 한 번 타는 데 5센트를 부과하였으며 곧 하루에 600달러 이상의 수입을 벌어들였다. 톰슨의 스위치백 철로는 600피트 길이의 나무로 이루어진 두 개의 물결 모양 병렬 트랙으로 구성되었다. 주위 풍경을 구경할 수 있도록 의자를 측면에 위치시킨 톰슨의 조그만 기차는 해변 한쪽 끝의 50피트 높이 지점에서 출발하여 다른 한쪽 끝으로 운동량이 없어질 때까지 시간당 약 6마일의 속도로 경사를 내려왔다.

톰슨의 롤러코스터 건설 이후 롤러코스터는 빠르게 발전했다. 카롤루스 알코케는 끊어지지 않는 타원형 선로를 만든 반면, 필립 힌클은 롤러코스터를 끌어올리기 위해 가파른 언덕 꼭대기에 기중기를 설치하였으며 의자가 전방을 바라보도록 구성하였다. 그 사이에 톰슨은 경치가 좋은 철로를 건설하는 데 집중하였다.

거의 2,000개가 건설될 만큼 1920년대는 롤러코스터의 황금기였지만, 공황과 전쟁으로 1972년까지 쇠퇴의 길에 접어들었다. 세계의 놀이 공원들은 다양한 엔터테인먼트를 동원하여 서로 상대방을 앞지르려고 노력하고 있으므로 롤러코스터의 인기 회복은 오늘날에도 계속해서 진행되고 있다. **BO**

참고: 페리스 우주 관람차

➡ 1910년 뉴욕의 코니아일랜드에 위치한 루나 파크에서 롤러코스터 탑승자들이 깜짝 놀라는 모습에 즐거워 하는 관람객.

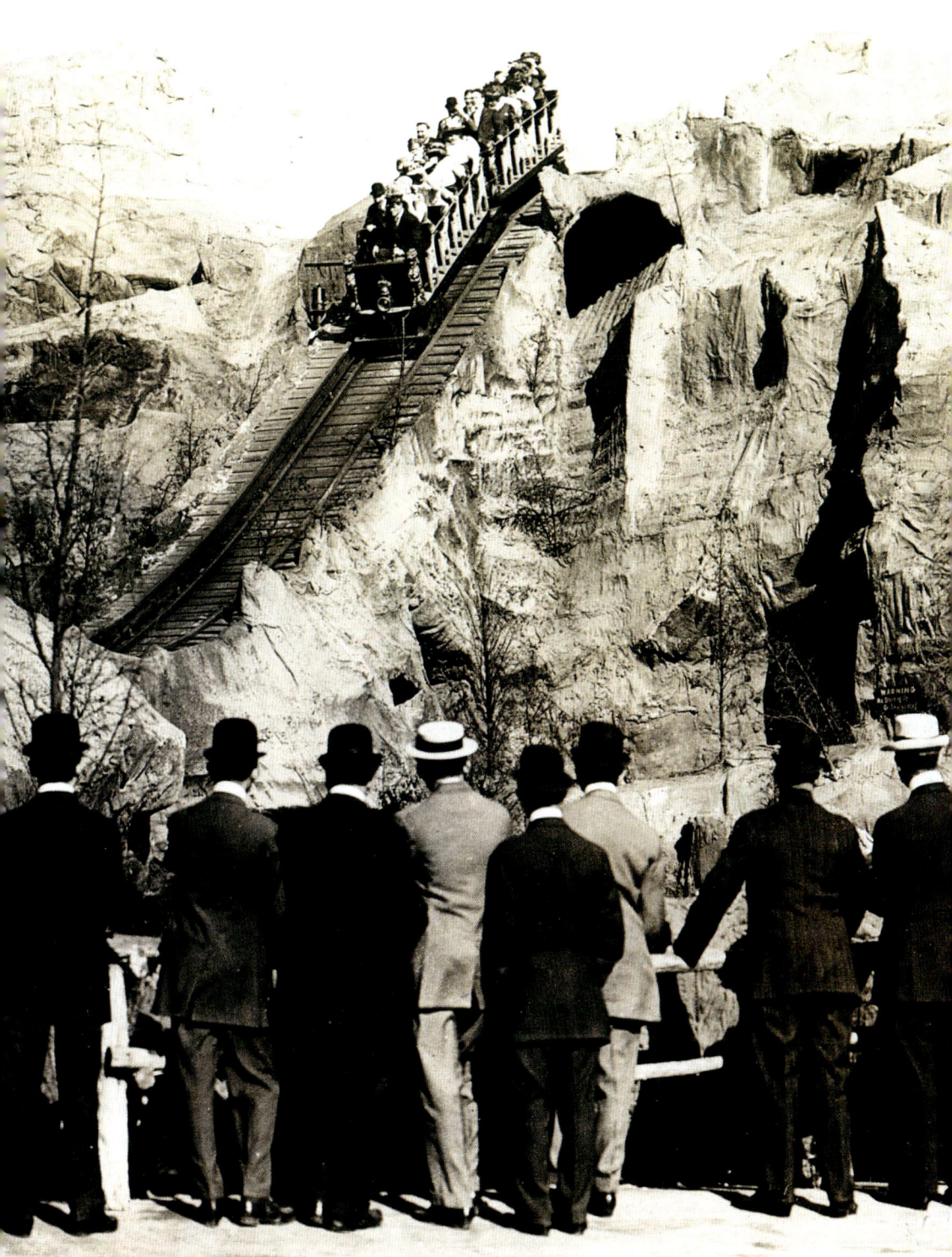

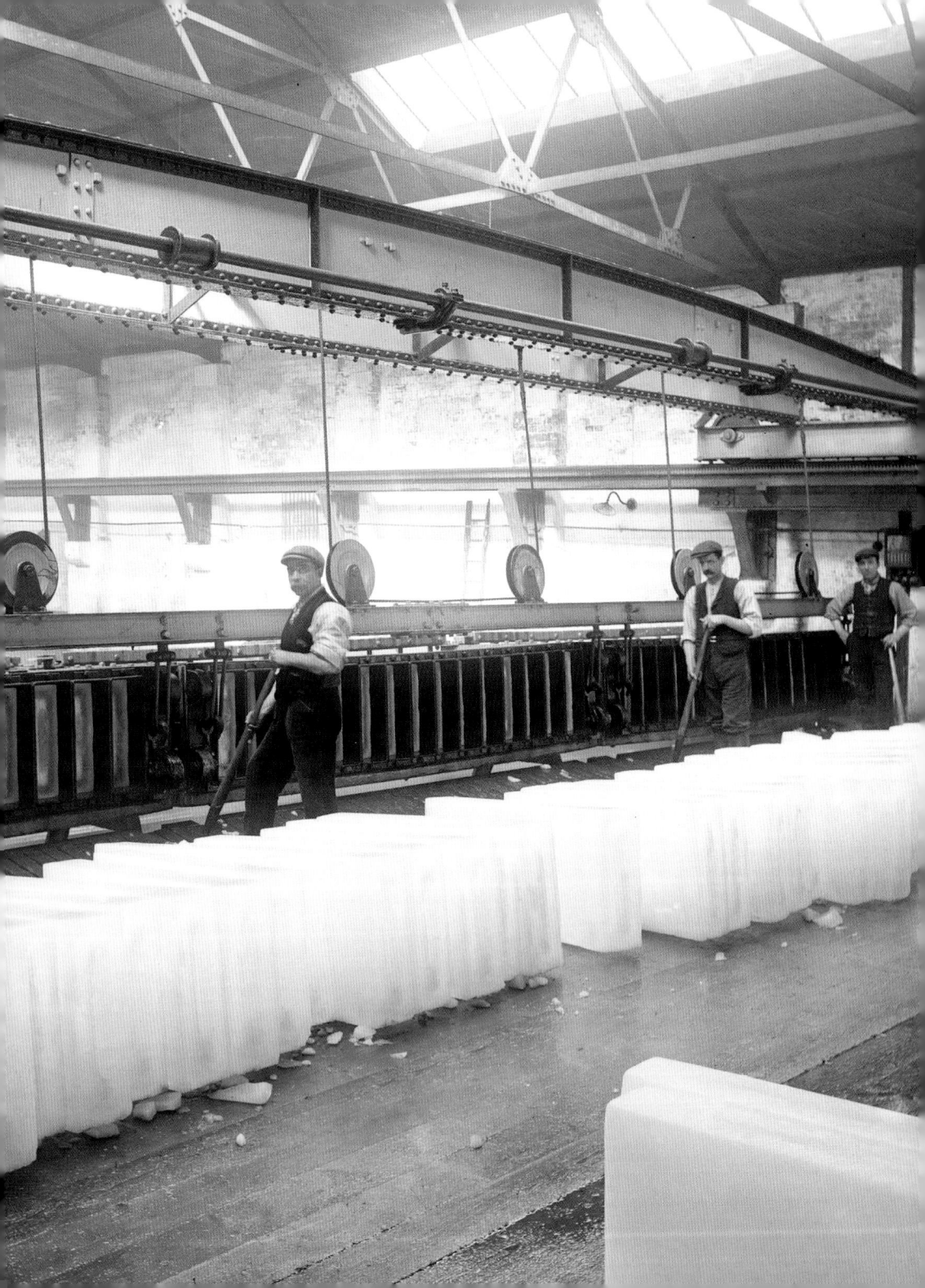

# 얼음 제조기 (1865년)

로우가 음식물 저장에 혁명을 일으키다.

테디우스 로우(1831~1913)가 발명한 것은 얼음 제조기만이 아니다. 그는 항공학, 공학, 화학 분야에도 많은 기여를 하였다. 압축 가스의 냉각 속성을 사용하여 작업을 진행하던 중 로우는 이산화탄소에 흥미를 가지게 되었으며 자신의 연구를 실용화시켜 1865년에 압축 얼음 기계를 개발하였다.

미국 남북전쟁이 끝난 후에, 로우는 가스의 속성에 대한 광범위한 연구에 착수하였다. 냉장은 본래 밀폐된 공간내에 존재하는 열을 제거하여 어딘가로 방출시키는 과정이다. 대부분의 시스템은 열을 제거하기 위해 가스와 같은 여러 화학약품을 사용한다. 가스가 팽창함에 따라 열은 물리 에너지로 변환되면서 공기는 차가워진다.

1869년에 로우와 다른 발명가들은 오래된 증기선을 구매하여 냉장실을 탑재시킨 후 텍사스에서 뉴욕까

> "로우의
> 천재적 발명은
> 매우 즐겁고 만족스럽다."
> 조지프 헨리 교수, 스미스소니언 협회

지 신선한 과일과 고기를 운반하기 시작했다. 그러나 대중은 포장 공장을 떠나 오랜 시간이 지난 고기를 먹는 것에 대해 회의적인 반응을 보였으며, 그로 인해 사업은 실패하였다. 이러한 좌절에도 불구하고 이후 냉장은 대량으로 보급되었으며 음식물 저장 방법에 일대 혁명을 가져왔다. **KB**

**참고:** 냉장고, 급속 냉동 식품, 프레온

← 전기 냉장고가 도래할 때까지 주요한 상업 활동이었던 얼음 제조.

# 건전지 (1866년)

르클랑셰가 봉인된 건전지를 만들다.

19세기 후반에 이탈리아 물리학자 알렉산드로 볼타는 배터리를 개발하였다. 볼타는 전기를 전도하는 용액으로 황산을 사용하였으며 한 쌍의 전극(한쪽은 아연, 다른 한쪽은 구리)을 위치시켜 오늘날의 건전지에서 여전히 사용하고 있는 원리를 개발하였다.

이후 반세기 동안 배터리의 많은 신규 버전이 출시되었지만 초기 볼타의 설계에서 발견되었던 문제점들은 여전히 개선되지 않고 있었다. 항상 일종의 산성 물질이었던 전기 전도 용액은 인체 접촉 시 매우 위험하였으며 배터리의 끝이 잘려나가면 용액이 엎질러질 수 있었다. 만약 배터리를 심하게 흔들면 전극이 불안정해지면서 배터리가 분리될 위험도 있었다. 더군다나 집 주변에서 사용하기에는 배터리 자체가 너무 무거웠다.

1866년이 되고 나서야 프랑스 공학자 조르주 르클랑셰(1839~1882)가 이러한 문제점들을 해결하였다. 르클랑셰는 산 대신에 인체에 끼치는 유해함이 적은 알칼리성인 염화암모늄으로 비분극 전극을 채웠다. 그는 초기 모델에서 사용했던 리드 전극들을 아연과 탄소 아산화망간의 구성으로 교체하여 더욱 무게가 적게 나가는 배터리를 제작하였다. 마지막으로 하드 왁스 혼합물로 배터리를 봉인하여 충격, 흔들림, 엎지름에 영향을 적게 받도록 신경썼다.

1887년 독일의 과학자 카를 가스너는 르클랑셰의 설계를 또다시 개조했다. 카를 가스너는 액체 염화암모늄 도체와 반죽을 형성하는 소석고를 혼합한 결과, 최초의 진정한 건전지를 세상에 탄생시켰다. **DK**

**참고:** 배터리, 전기 자동차 배터리, 충전지

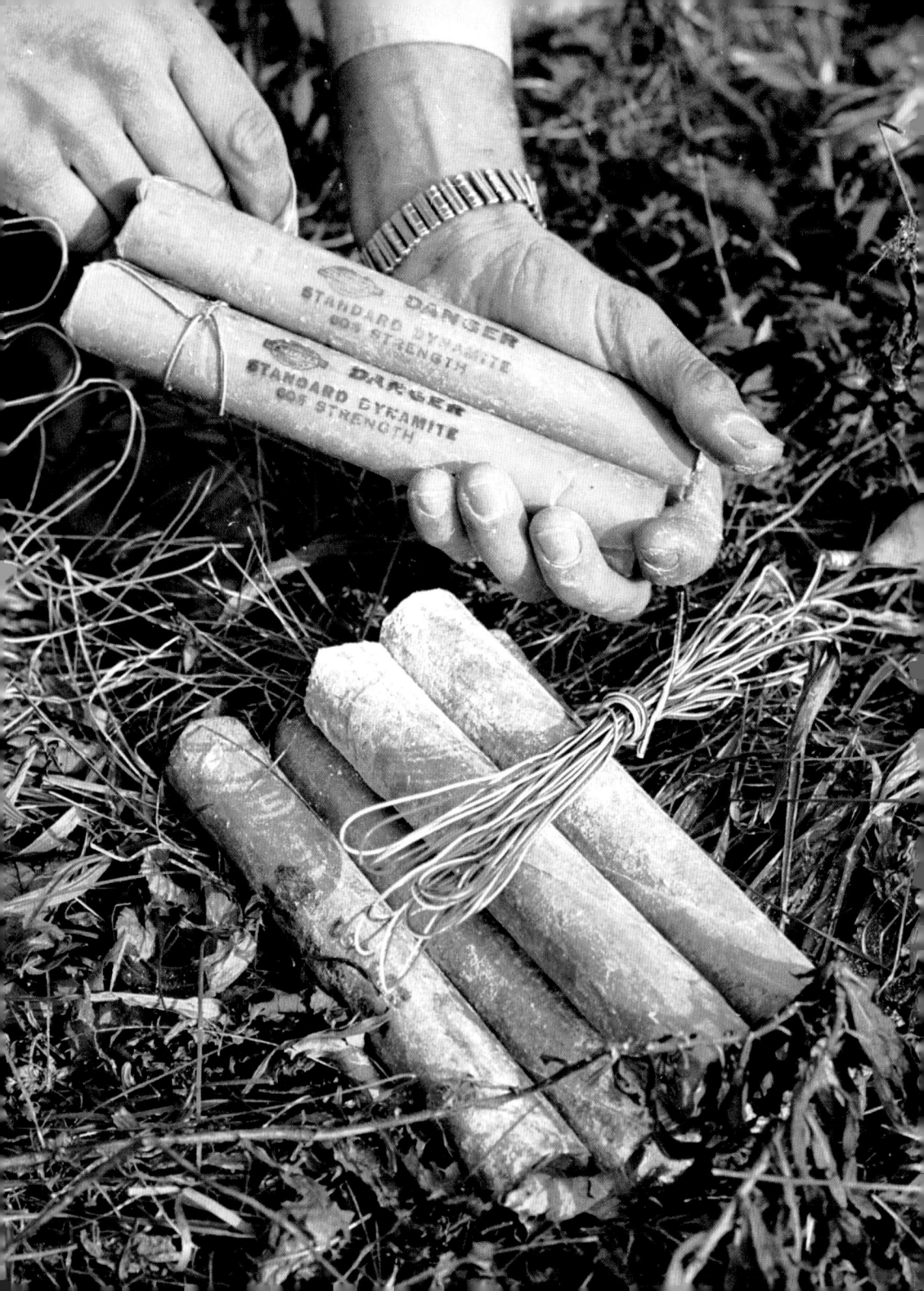

# 다이너마이트 (1866년)

노벨이 고폭발물의 시대로 인도하다.

19세기 중반까지 화약은 가장 강력하다고 알려진 폭발물이었다. 1846년에 이탈리아 화학자 아스카니오 소브레로는 질산 처리된 글리세린으로 무시무시한 폭발물 액체를 만들 수 있다는 사실을 알아냈다. 알프레드 노벨(1833~1896)은 니트로글리세린을 시장에서 거래가 가능한 상품으로 만드는 위험한 작업에 착수하였다. 1864년에 가족의 공장에서 발생한 폭발이 그의 형제와 동료들의 생명을 앗아갔음에도 불구하고 노벨은 연구를 진행하였다.

노벨은 처음으로 니트로글리세린을 뇌산수은을 뇌관에 결합하는 작업에 성공하였다. 그는 대량으로 이 폭발물을 생산하기 시작했지만, 사고가 빈번하게 발생해 많은 국가에서 이 폭발물의 사용을 금지하였다. 1866년에 노벨은 니트로글리세린과 규조토, 초크 같은 퇴적암의 혼합물을 개발하였다. 그는 이것을 상대적으로 안전한 폭발성 다이너마이트(그리스어로 파워를 의미)라고 이름 붙였다. 종이 튜브로 묶인 다이너마이트는 곧 엄청난 양이 판매되었으며 터널 건설이나 채석과 같은 분야에 혁명을 일으켰다.

1867년 특허를 취득한 다이너마이트는 고 폭발물의 시대를 열었으며 이러한 폭발물들은 인류의 살상 능력(전쟁에서 필연적으로 사용되는)을 크게 증가시켰다. 노벨은 1888년 죽음의 상인으로 기술된 자신의 사망 오보 기사를 읽고 충격을 받았다. 이 사건으로 노벨은 인류에게 가장 큰 혜택을 제공한 사람들에게 매년 상금을 제공하기 위해 자신의 재산을 출연하게 되었다. **RG**

참고: 화약, 로켓, 캐논포, 지뢰

⬅ 종이에 싸인 막대의 수에 따라 폭발력이 결정되는 다이너마이트.

# 접이식 다리미 판 (1866년)

모트가 가정식 세탁 장비를 개선하다.

직물의 주름을 제거하는 장치는 직물 그 자체가 나타난 시기와 비슷하게 출현하였다. 바이킹은 고래뼈 평판을 사용하였고 중국인들은 직물을 누르기 위해 금속 항아리에 뜨거운 석탄을 채웠으며, 17세기 영국에서는 나사 프레스를 널리 사용하였다. 19세기까지 대부분의 금속 다리미는 여러 생김새로 발전해왔지만 다리미판의 디자인은 크게 달라지지 않았다. 다리미질은 변함없이 테이블이나 두 의자에 걸쳐놓은 판자에서 했다.

소매, 바지의 다리 부분, 주름장식, 주머니, 버튼, 굽어진 이음새보다 다림질하기 어려운 부분들이 의류에 추가됨에 따라 세탁 후 주름을 없애는 것은 더욱 어려워졌다. 다리미판을 개선하기 위해 발명가들은 그들의 주의를 다리미에서 다리미판으로 돌렸다. 다리미판에 대한 최초의 미국 특허는 1858년에 반덴버그와 하비에게 승인되었다. 19세기 말에는 다리미 판에 대한 수

> "목요일은
> 대부분의 아이오와 주 가정집이
> 다림질을 하는 날이다."
> 아이오와 주부, 1880년

백 개의 특허가 발급되었다.

오하이오 주의 데이턴에 거주하고 있던 발명가인 사라 모트가 접이식 다리미판을 발명했기 때문에 테이블에서 다림질할 필요성이 없어졌다. 모트가 특허를 취득한 다리미판은 어느 곳에나 놓을 수 있었으며, 사용하지 않을 때에는 보통 판자 크기로 접을 수 있어 편리하였다. 새로운 다리미판이 실용적이고 보관이 용이할 지라도 다림질 그 자체는 여전히 귀찮은 일로 남아있다. **RBk**

참고: 전기 다리미

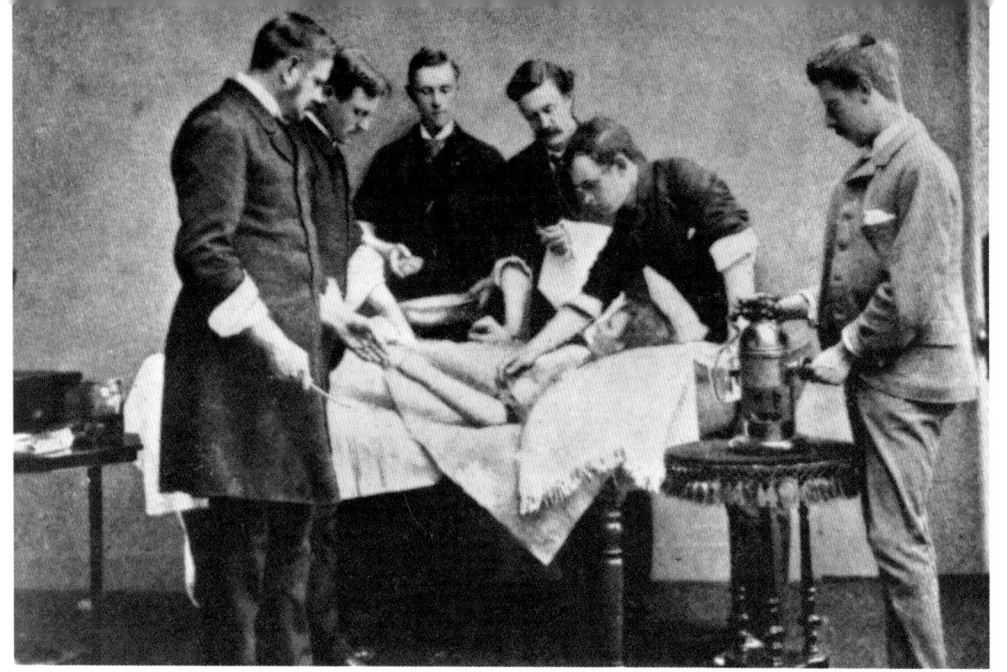

# 소독제 수술 (1867년)

리스터가 페놀로 상처의 감염을 줄이다.

1860년대 초 프랑스의 미생물학자이자 화학자인 루이 파스퇴르(1822~1895)는 그 당시 대부분의 과학자가 믿고 있던 자연발생설이 잘못된 학설임을 주장하였다. 그는 생물체 세포 조직의 부패(괴저)는 공기 중의 화학 물질(혹은 독기)보다는 오히려 박테리아에서 비롯된 것이라고 주장하였다.

파스퇴르의 논문을 읽은 후, 영국의 외과의사 조지프 리스터(1827~1912)는 자신의 실험실에서 연구를 시작했다. 파스퇴르와 동일한 결론에 도달한 리스터는 상처에 화학약품 용액을 부어서 괴저를 야기시키는 세균을 없애는 방법을 찾아냈다. 리스터는 외과용 수술 도구와 찢어진 상처를 페놀 용액으로 소독하였다. 리스터는 페놀로 상처와 수술 도구를 소독하면 환자의 괴저 발생이 현저하게 줄어든다는 것을 발견했다. 이를 통해 리스터는 의료 행위에서 사용되고 있는 최초의 소독제를 만들었다.

1867년에 리스터는 '더 랜싯'이라는 의료 저널에 자신이 발견한 내용을 담은 기사를 게재하였다. 외과의사들은 수술 절차를 진행하기 전에 페놀 용액으로 양손을 씻어야 하고 깨끗한 장갑을 껴야 했다. 수술실에는 페놀 용액이 분무되어야 하고 나무나 뼈와 같은 물질들은 박테리아에 의해 세균에 감염될 수 있기 때문에 수술 도구의 손잡이는 나무나 뼈와 같은 통기성 물질로 만들어져서는 안 된다고 제안하였다.

리스터의 발견으로 피로 흠뻑 젖은 앞치마가 의료행위의 상징이었던 시대는 종말을 고했다. 비록 그가 당시에 여러 동료로부터 조롱을 받았을 지라도 그의 혁신적인 아이디어는 수술 방법을 혁신적으로 변화시켰다. JI

참고: 마취, 백신, 아산화질소 마취제, 에테르 마취제

↑ 수술이 진행되는 동안 감염의 위험을 줄이기 위해 리스터의 소독제 스프레이를 사용하고 있는 수술 참가자(우측).

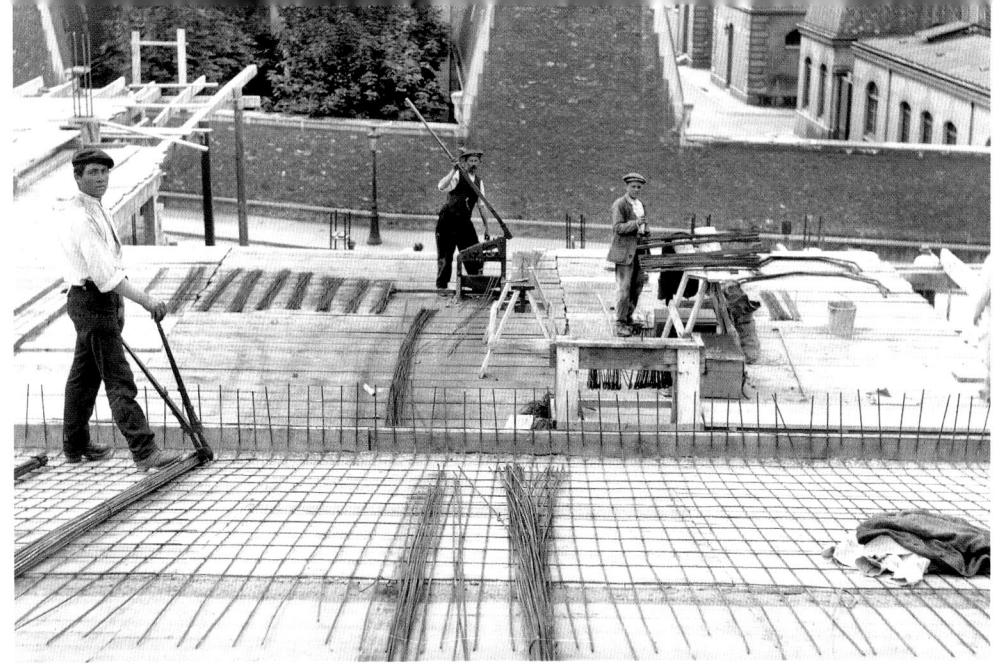

# 철근 콘크리트 (1867년)

모니에가 새로운 건축 재료를 개발하다.

철근을 사용하지 않은 순수한 콘크리트(유용하고 대중적이라는 사실을 부인할 수 없음)는 당신이 처음에 생각했던 것처럼 쓸만한 건축용 자재가 아니다. 순수한 콘크리트는 단단한 포장도로를 만든 다음 말뚝을 땅에 박아 단단하게 고정시키는 데는 유용하다. 하지만 다층 주차장이나 혹은 정체가 심한 고속도로 위로 운행이 가능한 고가 도로를 건설하기 원한다면, 콘크리트 그 자체만으로는 충분하지 않다는 사실을 깨닫게 될 것이다.

1860년대에 프랑스 정원사 조제프 모니에(1823~1906)는 철근 콘크리트(동료 프랑스인 조제프 루이 행보가 개발한 닭장과 콘크리트의 조합)를 사용하여 정원 물통을 제작하였다. 그의 정원 물통은 1867년 파리 박람회에 처음으로 출품되었으며 모니에는 같은 년도에 특허를 신청하였다. 콘크리트를 금속으로 강화시켜야 한다는 생각을 모니에가 처음으로 한 것은 아니었다. 다만 그의 특허 설계는 구조를 목적으로 한 강화 콘크

리트의 원리를 명확하게 설명하였다.

모니에는 생전에 계속해서 철근 콘트리트와 연관된 특허를 신청하고 보호하였다. 모니에가 신청한 특허에는 철제 보강 시멘트 파이프 특허(1868), 건물 정면을 위한 철제 보강 시멘트 패널 특허(1869), 철제 보강 시멘트로 구성된 다리 및 인도교의 건축을 위한 특허(1873)가 포함돼 있다.

철근 콘크리트(오늘날 여전히 널리 사용되고 있음)는 발명된 이래로 다양하게 개선되어 왔으며 현재도 가로등과 수영장에서부터 댐과 고가도로에 이르기까지 모든 종류의 건설 현장에서 사용되고 있다. **CL**

참고: 플라스터, 내화 벽돌, 초벽, 포틀랜드 시멘트

⬆ 프랑스 파리에서 철근 콘크리트 건설을 위하여 철근을 배열하고 있는 근로자들(1913).

# 종이 클립 (1867년)

**페이의 철사 클립이 오피스 서류의 정리정돈을 가능하게 하다.**

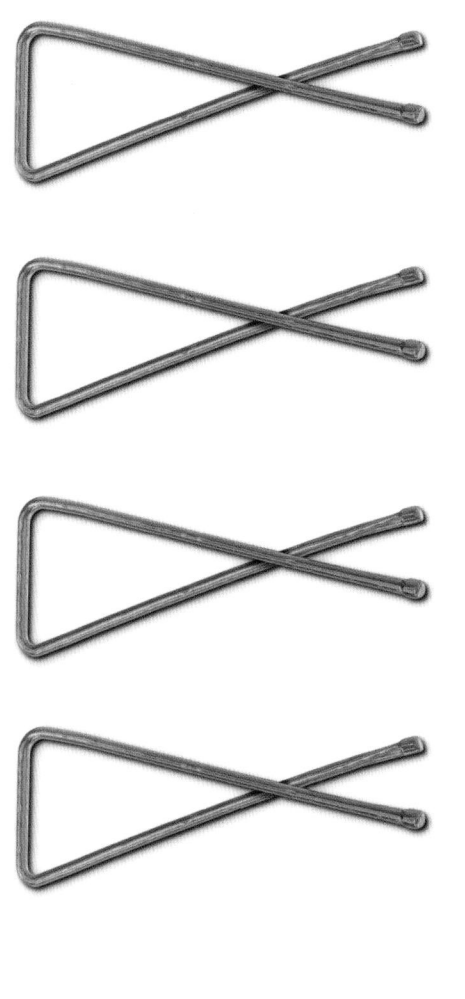

"사무실의 종이를 함께 묶기 위하여
기존에 사용되던 핀은
철사 클립으로 교체되었다."

『비즈니스 매거진』, 1900년 3월

미국인 새뮤얼 페이가 자신의 철사 티켓 파스너(의류에 상표를 붙이기 위해 사용)에 대한 특허를 취득했던 19세기 중반에는 철사가 여전히 새로운 물건이었다. 페이는 자신의 파스너가 여러 장의 종이를 함께 묶는 데에는 유용하지만 이는 자신이 당초에 목표로 했던 것이 아니라고 언급하였다. 이로 인해 단순한 삼각형 모양으로 설계한 그의 철사 파스너는 자신의 의도와는 다르게 세계 최초의 굽은 철사 모양을 한 종이 클립이 되었다.

페이의 파스너 이전에는 의류에 상표를 부착하는 데 직선 핀이 주로 사용되었다. 종이 클립(양 끝을 구부려 동일한 교차점을 만든 단일 길이의 철사)은 상표를 붙이는 속도를 증가시켰으며 꼬리표를 부착하는 상품의 손상도를 줄일 수 있었다.

그러나 페이의 종이 클립은 의류에 상표를 부착하는 데 사용될 운명이 아니었다. 페이의 패스너 이후 30년이 넘는 기간 동안 여러 장의 종이를 함께 묶는 데 최적화된 50개 이상의 종이 클립 설계가 특허로 등록되었다. 페이의 원래 설계에서는 클립의 노출된 끝 부분이 문서에 손상을 입히고 스크래치를 만들 수 있었기 때문에 사용하기에 부적합했다. 1877년부터 엘만 라이트의 신문 클립처럼 특정한 목적을 위해 설계된 종이 클립을 비롯한 수많은 클립이 등장하였다. 1890년대에는 종이 클립이 사무실에서 폭넓게 사용되기 시작했다. 철사가 부족한 것은 아니었지만 종이 클립이 상대적으로 늦게 출현한 이유는 이전에 철사를 적당한 모양으로 구부릴 수 있는 기계가 없었기 때문이다.

코네티컷에 거주하고 있던 윌리엄 미들브룩이 1899년에 취득한 종이 클립 특허는 현대식 디자인에 근접한 최초의 클립이었다. 미들브룩은 종이 클립을 대량 생산할 수 있는 기계에 대한 특허도 취득하였다. **BS**

**참고:** 종이, 스테이플러

🔲 대량 생산이 시작되기 바로 전인 1890년대에 유일하게 대중적인 문구 아이템이 된 종이 클립.

# 바닥이 평평한 종이 백 (1868년)

나이트가 부피가 큰 물품을 담기 적합한 쇼핑백을 만들다.

마거릿 나이트(1838~1914)는 특허를 얻은 최초의 미국 여성 중 한 명이다. 직물 공장에서 사고를 당한 이후 나이드는 12세 때 직조기로부터 노동자를 보호할 수 있는 안전한 기능을 설계하면서 다양한 발명품을 만들었다. 그녀의 발명품 중 바닥이 평평한 종이 백은 오늘날까지 가장 널리 사용되고 있다.

나이트는 남북전쟁 후 종이 백 공장에서 근무하던 도중 다른 종류의 백이 필요하다고 생각했다. 나이가 근무했던 공장에서는 부피가 큰 물품을 담기에 부적합한 작은 서류 봉투를 생산하였다. 나이트는 바닥이 사각형 모양인 종이 백을 손으로 만들었다. 교육 수준은 낮았지만 공장 기계류에 대해 독학한 그녀는 자신의 집에 나무로 구성된 종이 백 생산 기계의 시제품을 설치하였다. 그녀는 대량 생산과 특허 신청을 위해서는 철제 모델이 필요하다는 것을 알고 있었으므로 자신의 설계안을 기계 공장에 의뢰하였다. 나이트의 설계안이 기계 공장에 있는 동안, 해당 공장의 직원이었던 찰스 아난은 나이트의 설계를 훔쳐서 특허권을 신청하였다. 신청 초기에는 특허권이 아난에게 승인되었지만 나이트의 소송 제기로 법정에서 그 결정이 번복되어 1873년에 나이트에게 특허권이 주어졌다.

처음에 나이트의 발명품은 그녀가 여자라는 이유로 무시되었지만, 얼마 지나지 않아 세계 곳곳에서 관심을 보이기 시작했다. 1871년 빅토리아 여왕은 그녀에게 왕실 명예 메달을 수여했다. 그녀는 1870년도에 이스턴 페이퍼 백社를 공동으로 설립하여 범용적으로 사용된 종이백을 생산하였다. 나이트는 발명을 계속하여 총 스물일곱 개의 특허를 취득하였으며, 그녀가 취득한 특허에는 바비큐 꼬챙이, 윈도우 섀시와 프레임, 번호 찍는 장치 등이 있다. **JG**

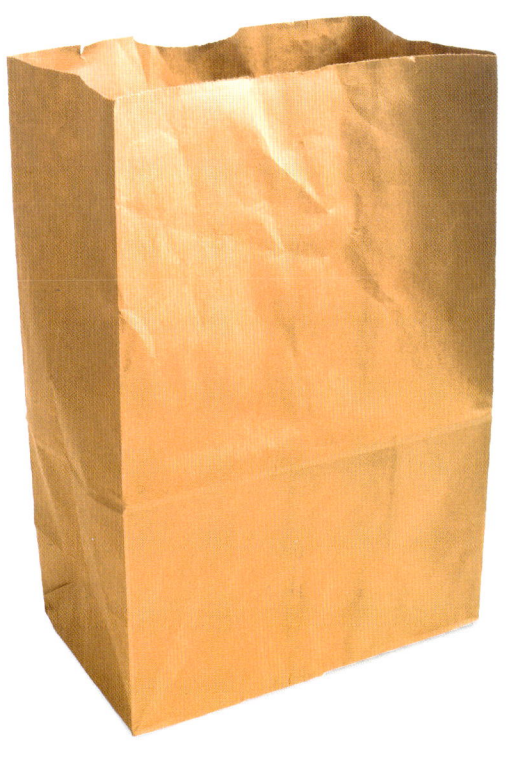

**참고:** 종이, 카본지, 마분지 상자, 테트라팩

↗ 나이트의 업적은 하나의 공정으로 종이 백을 자르고, 접고, 붙일 수 있는 기계를 만든 것이다.

> "나는 마을에서 내가 직접 만든 연으로 유명했다. 마을의 모든 소년은 나의 썰매를 부러워했다."
>
> 마거릿 나이트

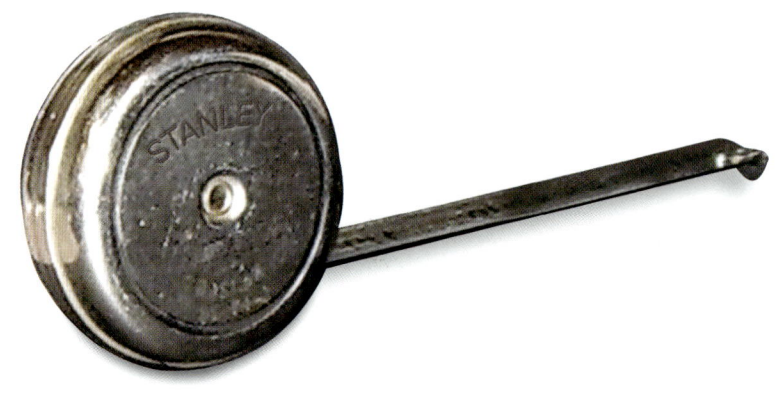

# 스프링 줄자 (1868년)

펠로우스가 접어서 넣을 수 있는 유연한 자를 발명하다.

도구는 200만 년 이상 존재해왔으며 수 세기에 걸쳐 디그, 리프트, 해머, 스크루, 프로펠, 크러쉬, 론치, 계량 기구 등 다양한 물건이 발명되었다.

비록 표준 중량과 측량은 바빌로니아 인(가장 초기의 문명국 국민 중 하나)들이 사용했던 수준을 뛰어넘었지만, 세계에서 가장 대중적인 측정 도구의 성능은 걸음마 단계에 지나지 않았다. 눈금자는 1675년에 발명되었으며 독일인 안톤 울리히(1826~1895)가 눈금자를 접는 자로 개선시켰다. 이윽고 이보다 더욱 유연하고 작은 자가 등장했다.

미국인 알빈 펠로우스는 1868년에 스프링 줄자에 대한 특허를 취득했다. 그가 만든 줄자는 금속이 아닌 섬유로 만들어졌지만, 접어넣을 수 있는 펠로우스의 줄자는 오늘날의 공구 상자에서 찾을 수 있는 스프링 줄자와 거의 동일하다. 뉴저지 엔지니어인 히람 패랜드는 1919년에 줄자를 구성하고 있던 직물을 강철로 교환하여 줄자를 개정하였다. 그는 1922년에 해당 줄자의 특허를 취득하였다. 패랜드의 줄자는 1931년 패랜드의 회사를 인수하여 1932년에 줄자 사업에 진출한 스탠리社 때문에 유명해졌다.

오늘날의 줄자는 고부가 가치 상품이다. 레이저 거리 측정기(효율적으로 컴퓨터화된 줄자)는 가장 최신식 줄자이며 액체 크리스틸 디스플레이와 메모리 저장공간으로 구성돼 있다. 그러나 이러한 최신 거리 측정기들은 거리 측정기만큼 대중적이지 않다. 접어 넣을 수 있는 스프링 줄자는 값싸고 부피가 작으며 커브나 사각 주위를 측정하는 데 충분히 사용될 수 있을 만큼 유연하다. **RBk**

**참고:** 표준 도량법, 데오드라이트, 계산자, 버니어 눈금, 미터법, 국제단위계

⬆ 많은 전문직 종사자에게 편리함을 주었던 주머니에 넣을 수 있는 강철 줄자.

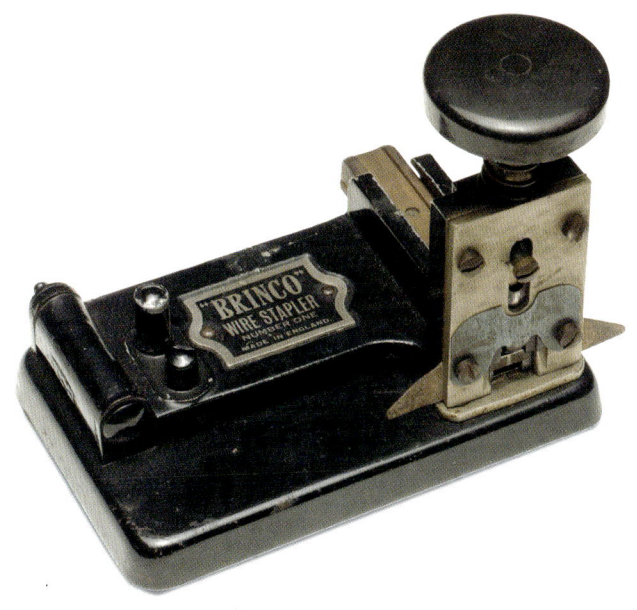

# 스테이플러 (1868년)

굴드가 시제품 종이 바인더를 개발하다.

프랑스의 왕 루이 15세는 최초의 스테이플러에 대해 구상했다. 정성을 들여 손으로 만든 스테이플러에는 왕실 문장이 찍혀 있었으며 법정 문서를 함께 묶는 데 사용되었다. 1868년에 찰스 굴드는 잡지를 묶는 데 사용할 수 있는 철사 스티처에 대한 영국 특허를 취득하였다. 그의 발명품에 사용된 철사는 일정 길이로 절단되어 뾰족한 끝 부분이 종이를 통과한 후 아래로 접히게 된다. 이 장치는 현대 스테이플러의 직접적인 선조이다.

1868년 미국에서는 알버트 클레츠커가 하나의 큰 철침을 사용하는 스테이플러 장치의 특허를 취득했다. 이 장치는 끝 부분이 자동으로 구부려지지 않아 손으로 구부려야만 했다. 1877년에 헨리 헤일은 철침을 종이에 삽입하여 한 번에 구부릴 수 있는 기계에 대한 특허를 취득하였다.

시장에서 최초로 성공을 거둔 스테이플러 모델은 조지 맥길이 1879년부터 생산한 것이다. 기존 철침을 한 번에 하나씩 삽입해야 했지만 이 기계는 철침이 종이에 삽입되는 동시에 철침의 끝이 구부러졌다. 이 스테이플러의 수정된 모루(받침대)는 오늘날의 현대 스테이플러에서 여전히 사용되고 있다.

한 번에 복수의 철침을 장전하기 위해 기본 설계가 여러 형태로 개선되었다. 1930년대에는 제조사들이 접착된 철침의 연속 조각을 생산하였으며, 이는 철침을 장전하기 쉽도록 해주었다.

전 세계 사무실에 널리 보급되어 있는 스테이플러는 없어서는 안 될 사무용품 중 하나이다. 또한 스테이플러에 사용되는 철침은 수술 시 봉합에도 사용되고 있다. **HP**

**참고:** 종이, 종이클립

↑ 철침의 저장 장소를 갖고 있으며 검정색 손잡이를 아래쪽으로 눌러서 작동시키는 '브링코' 스테이플러.

# 마가린 (1868년)

메주 무리에가 버터의 대체품을 개발하다.

1867년 프랑스의 나폴레옹 3세는 버터의 대체 상품인 마가린을 개발한 발명가에게 상을 수여하였다. 마가린은 군대 보급용과 가난한 사람을 위한 저렴한 대체품으로 개발되었다.

프랑스 화학자 이폴리트 메주 무리에는 올레오 마가린이라고 불리는 버터의 대체 상품을 만들어 나폴레옹에게 상을 받았다. 올레오 마가린은 팔미트산과 스테아르산의 혼합물인 마르가르산으로 만들어졌다. 그는 프랑스에 첫 번째 마가린 공장을 설립하였으며 후에 사업을 미국으로 확장하였으나 1880년에 의문의 죽음을 맞이했다.

메주 무리에는 레버 브라더스社의 사업 부분을 인수하여 마가린 사업을 시작한 네덜란드 사업가 안톤 주르헌스에게 자신의 마가린 제품을 판매하였다. 네덜란드 사업가였던 주르헌스는 1929년에 유니레버社를 설

> "나의 어머니는 가운데에 오랜지색 점이
> 있는 유연한 플라스틱 주머니의
> 흰색 마가린을 사셨다."
>
> 음식물 레퍼런스 웹사이트

립했다. 제2차 세계대전 중 버터 배급제가 시행되면서 유럽에서의 마가린 수요는 증가하였다.

미국 마가린 시장 또한 성장했는데, 1877년까지 미국 낙농 산업은 마가린의 시장 점유를 막기 위해 고군분투하였다. 1880년대 중반까지 미국 연방 정부는 마가린의 제조와 판매에 값비싼 라이센스를 부과하였다. 원래 하얀색 마가린에 노란색 색소를 첨가하는 것을 금지한 규제안은 마가린의 판매율을 떨어뜨리는 가장 효율적인 방법이었으며 일부 지역에서는 수백 년 동안 이 규제안이 효력을 발휘했다. **EH**

참고: 저온살균, 아침식사용 시리얼

# 공기 브레이크 (1869년)

웨스팅하우스가 철도 안전에 혁명을 불러 일으키다.

철도 여행은 현재 가장 안전한 여행 방법 중 하나이다. 이는 공상에 잠기는 것을 좋아한 발명가이자 제조업자인 조지 웨스팅하우스(1846~1914) 덕분에 가능하였다.

웨스팅하우스의 공기 브레이크가 개발되기 전 열차의 속도를 줄여 중지시키는 것은 위험이 따르는 행동이었다. 열차의 각 차량에는 제동 인원이 필요했으며 이 사람들이 차량마다 바퀴에 부착된 브레이크를 수동으로 작동시켰다. 그러나 제동 인원 간의 협력이 이루어지지 않아 사고가 빈번하게 발생했다. 웨스팅하우스는 열차의 허술한 안전 관리로 미국의 산업화가 지연되고 있다는 것을 깨달았다.

그는 열차의 수동 제동에 관한 대체안을 연구하는 데 수 년의 세월을 보냈으며 1868년 대체안을 마련할 때까지 그의 다양한 모델은 실패를 거듭했다. 웨스팅하우스는 열차의 조종실 내에 공기 컴프레서를 위치시키고 긴 공기 호스를 공기 컴프레서에 연결했다. 열차의 길이만큼 긴 호스가 각 열차의 운반차 브레이크에 연결되었다. 이러한 구성으로 인해 조종사가 스스로 모든 브레이크를 압축된 공기로 간단히 작동시킬 수 있었다. 웨스팅하우스는 웨스팅하우스 에어 브레이크社(웨스팅하우스의 여섯 개 회사 중 첫 번째 회사)의 설립을 추진하던 중 1869년 공기 브레이크의 특허를 취득하였다.

공기 브레이크는 빠른 속도로 산업 표준이 되었으며, 열차의 안전성이 큰 폭으로 개선되면서 열차가 전보다 더 빠르게 운행될 수 있었다. 1905년까지 웨스팅하우스의 공기 브레이크는 200만 개 이상의 열차 운반 차에 설치되었으며 또한 전 세계에 있는 대략 8만 9,000개의 기관차 엔진에 설치되었다. **DHk**

참고: 띠 브레이크, 디스크 브레이크, 드럼 브레이크, 유압 브레이크, 재생 브레이크

➡ 압축된 공기를 사용하여 제동을 자동으로 수행할 수 있었던 웨스팅하우스 브레이크 시스템의 설계도.

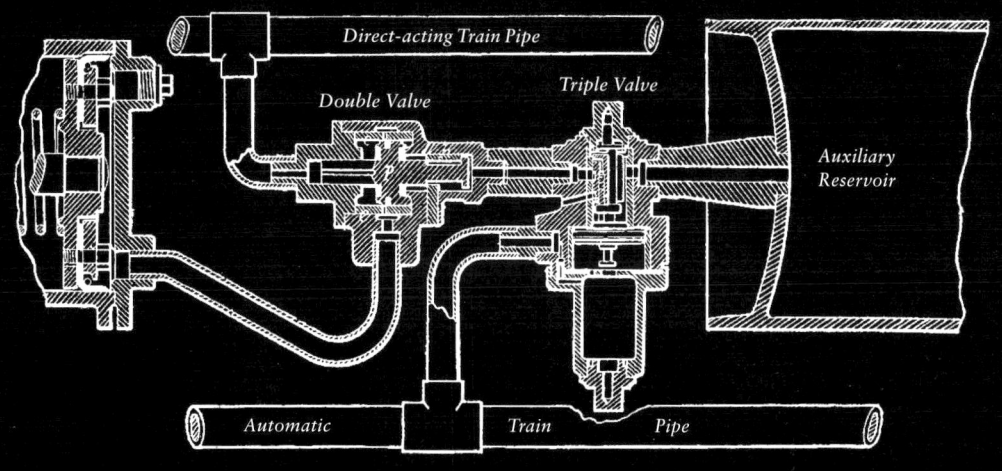

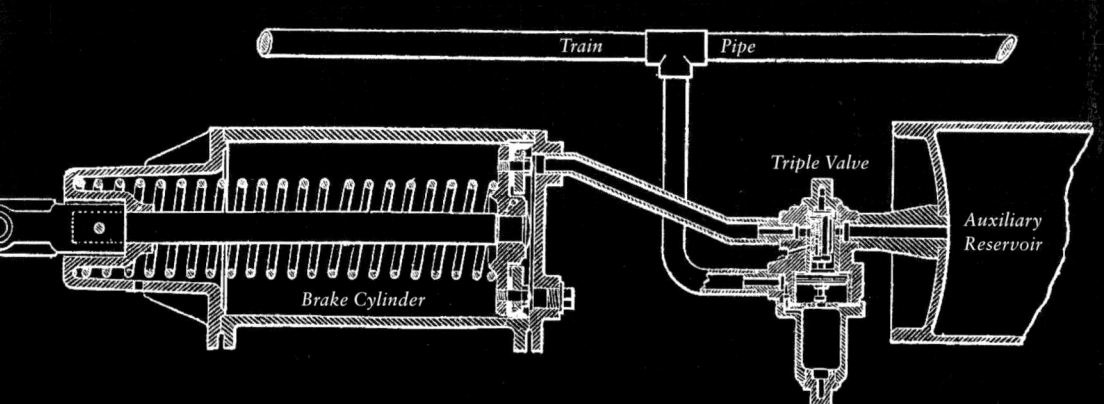

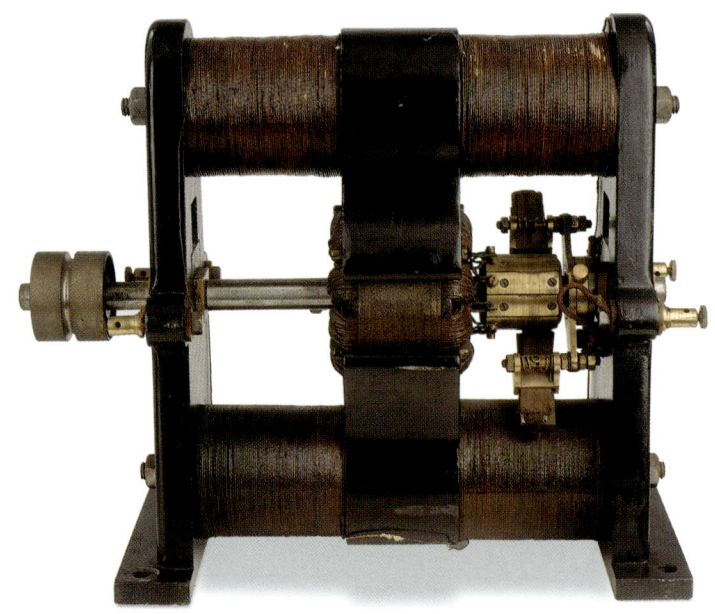

# 전기 발전기 (1869년)

그림이 풍부하고 저렴하게 생산되는 꿈의 전기를 개발하다.

1830년대에 마이클 패러데이와 조지프 헨리가 제작한 발전기는 연구소에서 단순한 호기심으로 제작된 수준이었다. 벨기에의 제조업자이자 전기 공학자인 제노브 테오필 그람(1826~1901)은 1869년에 최초의 고전압 직류 발전기를 개발하였다.

1871년에 그람과 프랑스 공학자 이폴리트 퐁텐은 제조 파트너쉽을 체결하였다. 1873년에 그람과 퐁텐은 그들의 발전기 기계가 전기 모터로 활용될 수 있음을 깨달았다. 그들은 1873년 개최된 빈 전시회에 제품을 출품해 전기를 생산하는 과정의 용이함과 힘든 작업을 편리하게 만드는 장점을 세상에 알렸다.

1880년 무렵 세바스찬 치아니 페란티는 윌리엄 톰슨의 도움(나중에는 로드 켈빈의 도움을 받음)으로 페란티 발전기를 개발하여 특허를 취득하였다. 런던 일렉트릭 서플라이社는 페란티에게 영국 뎁포드에 세계 최초의 현대식 발전소를 설계해줄 것을 의뢰했다. 페란티는 발전소와 건축물, 생산된 전기를 배분하는 시스템을 설계하였다. 1891년에 시공이 완료된 이 발전소는 소비자가 사용할 수 있는 수위로 전압을 낮출수 있는 고압 교류를 공급하였다. 페란티 시스템의 효율성은 토머스 에디슨과 웨스팅하우스社가 개발한 직류 공급 시스템을 압도하였다.

패러데이의 발전기 발명은 사회적, 상업적으로 의미하는 바가 크다. 이 덕분에 현재 효율적인 방법으로 에너지를 생성하면서 많은 양의 에너지를 배분하는 것이 가능하게 되었다. **KB**

**참고:** 공공 전기 공급, 전력 계량기

⬆ 인간의 삶에 상당한 변화를 불러 일으킨 그람의 발전기. 머

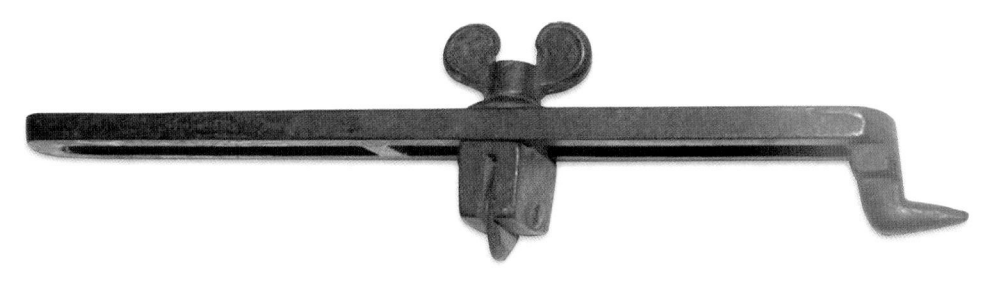

# 절삭 휠 캔 따개 (1870년)

라이먼이 캔을 딸 수 있는 효율적인 장치를 발명하다.

1810년 깡통의 발명은 음식 산업 분야에서, 특히 군대와 탐험가에게 혁명적인 것이었다. 유일한 문제점은 도구 없이 깡통을 따는 방법이 없다는 것이었다. 깡통은 너무 두껍고 무거워 따기가 어려웠으며 해머나 날카로운 도구를 사용해 캔을 따야만 했다. 1850년대 캔은 더욱 얇은 강철로 제조되었으며 1858년 최초의 캔 따개 특허가 코네티컷 주에 살던 에즈라 워너에게 발급되었다. 에즈라 워너는 날카로운 날과 캔 안으로 너무 깊이 날이 들어가는 것을 막는 보호 장치가 있는 캔 따개를 고안하였다. 1868년 오스터하우트는 정어리 통조림에 사용할 수 있는 캔 따개의 특허를 취득하였다. 그러나 1870년이 되어서야 윌리엄 라이먼이 현대식 캔 따개를 개발하기 시작했다.

캔을 따는 성가신 절차를 거치지 않고 내용물을 맛보려는 소비자의 요구를 충족시키기 위해, 라이먼은 캔의 가장자리를 절단할 수 있는 회전식 캔 따개를 설계하였다. 이 절삭 휠은 오늘날에도 여전히 캔 따개를 위

한 기초원리로 사용되고 있지만 라이먼의 발명에 아무런 문제가 없었던 것은 아니다. 캔이 절삭휠을 위한 회전축으로 사용되므로 캔의 가운데 부분을 오프너의 한쪽 끝 부분으로 꽉 잡아야 한다. 이로 인해 서로 다른 크기의 캔을 따기 위해서는 절삭 휠의 칼날 위치를 조절해야만 했다.

라이먼의 설계는 샌프란시스코에 위치한 스타 캔社가 두 개의 절삭 휠을 사용한 캔 따개를 생산하면서 1925년에야 개선되었다. 스타 캔社가 새롭게 생산한 캔 따개는 두 번째 절삭 휠이 캔 가장자리 아래에 끼워져 상위 휠과 함께 톱니바퀴 형태로 압착되면서 깔끔하고 부드럽게 잘릴 수 있었다. **TP**

**참고:** 레버. 통조림한 음식. 자체 가열된 음식 통조림, 따개 고리

⬆ 나비 모양의 나사못 아래에 위치한 절삭 휠이 가장자리 주변을 회전하면서 캔을 따는 절삭 휠 캔 따개.

# 샌드 블래스팅 (1870년)

틸먼이 표면을 깎는 공법을 개선하다.

벤저민 츄 틸먼(1821~1901)은 미군과 함께 사막에 거주하고 있을 당시 군 건물의 유리창에 바람에 휘날린 모래가 부딪치는 것을 보고 영감을 얻어 샌드 블래스팅을 개발하였다.

틸먼은 모래 혹은 석영의 알갱이들을 단단한 표면을 향해 빠른 속도로 발사하면 그 당시 사용했던 방법보다 더 큰 정확도와 힘으로 단단한 물체의 표면을 부드럽고 깨끗하게 깎아낼 수 있다고 제안했다.

틸먼은 알갱이들의 발사를 위해 압축된 공기와 증기 혹은 물을 사용하여 단단한 물체의 표면을 깎아내었다. 무엇인가를 깎아내는 행위는 새로울 것이 없었으나 틸먼의 시스템은 수동으로 깎아내야 하는 값비싸고 시간이 소모되는 기존의 공정을 대체하였다. 그때 이후로 샌드 블래스팅은 빌딩, 세공된 유리 제품, 조각된 돌을 청소하기 위해 사용되고 있다.

> "모래는 유리를 예칭한다.
> 그리고 금속으로 된 부분을
> 반짝거리게 만든다."
> 플라스터, 벤저민 츄 틸먼에 대한 찬사

1870년 이후 틸먼의 본래 설계에 약간의 변동이 생겼다. 모래 대신 다른 물질을 사용하게 된 것이다. 샌드블래스팅 공법으로 생성된 실리카 먼지는 사람의 호흡기로 종종 흡입되었으며 이는 규폐증(잠재적으로 치명적인 폐 질병)을 유발시켰기 때문이다. 대체 물질로는 철 쇼트, 유리 구슬, 드라이 아이스, 베이킹 소다, 호두 껍질이 사용되었다. 적절한 환기와 같은 안전 수칙 또한 제정되었다. **FS**

참고: 아이스 링크 청소 기계

# 압축 공기 착암기 (1871)

잉거솔의 드릴이 광산 산업에 혁명을 일으키다.

인간은 처음으로 석기를 사용하기 시작한 때인 대략 250만 년 전에 현대적인 광산 산업으로의 발명을 위한 첫발을 내딛었다. 그때 당시 지표면으로부터 돌을 수집할 수 있었음에도 불구하고 일찌감치 100만 년 전에 인간이 인위적으로 부싯돌을 채굴했다는 증거가 있다.

초기 채굴은 속도가 너무나도 느렸으며 노동 집약적이었다. 비록 금속 사용이 도입되고 한참이 지난 후에야 채굴 과정에 폭약이 도입되었지만, 바위에 폭약을 집어넣기 위한 구멍을 뚫기 위해서는 순수하게 인간의 힘만으로 해머를 사용해야 했다.

1800년대 중반 무렵에는 광산 산업의 효율 증가 및 최초의 철도를 위한 터널 건설에 도움을 주기 위해 기계적 착암기를 개발하려는 노력이 본격적으로 시작되었다. 1871년에 사이먼 잉거솔(1818~1894)은 자신이 개발한 착암기로 특허를 취득하였다.

잉거솔의 착암기는 광산 산업에 혁명을 일으켰으며 무게가 매우 가벼웠기 때문에 다른 드릴의 생산성을 능가할 수 있었다. 또한 그의 드릴은 삼각대를 사용하여 드릴의 머리 부분 반동력을 최소화시킨 최초의 드릴이었다. 얼마 지나지 않아 잉거솔 착암기 회사는 잉거솔 착암기의 초기 증기 추진 압축 공기 모델을 개발했다.

기계적 착암기의 사용으로 말미암아 증가된 생산성은 새로운 기술(현수교의 건설, 바다로 가는 배, 도로, 철도)에 대한 사람들의 끝없는 욕구를 어느 정도 충족시켜주었다. **RP**

참고: 드릴, 파종기, 트위스트 드릴 비트, 전기 드릴

➡ 1900년대 초반 아이다호 지역의 미니도카 프로젝트팀이 관개 수로를 생성하기 위해 설치 중인 잉거솔 드릴.

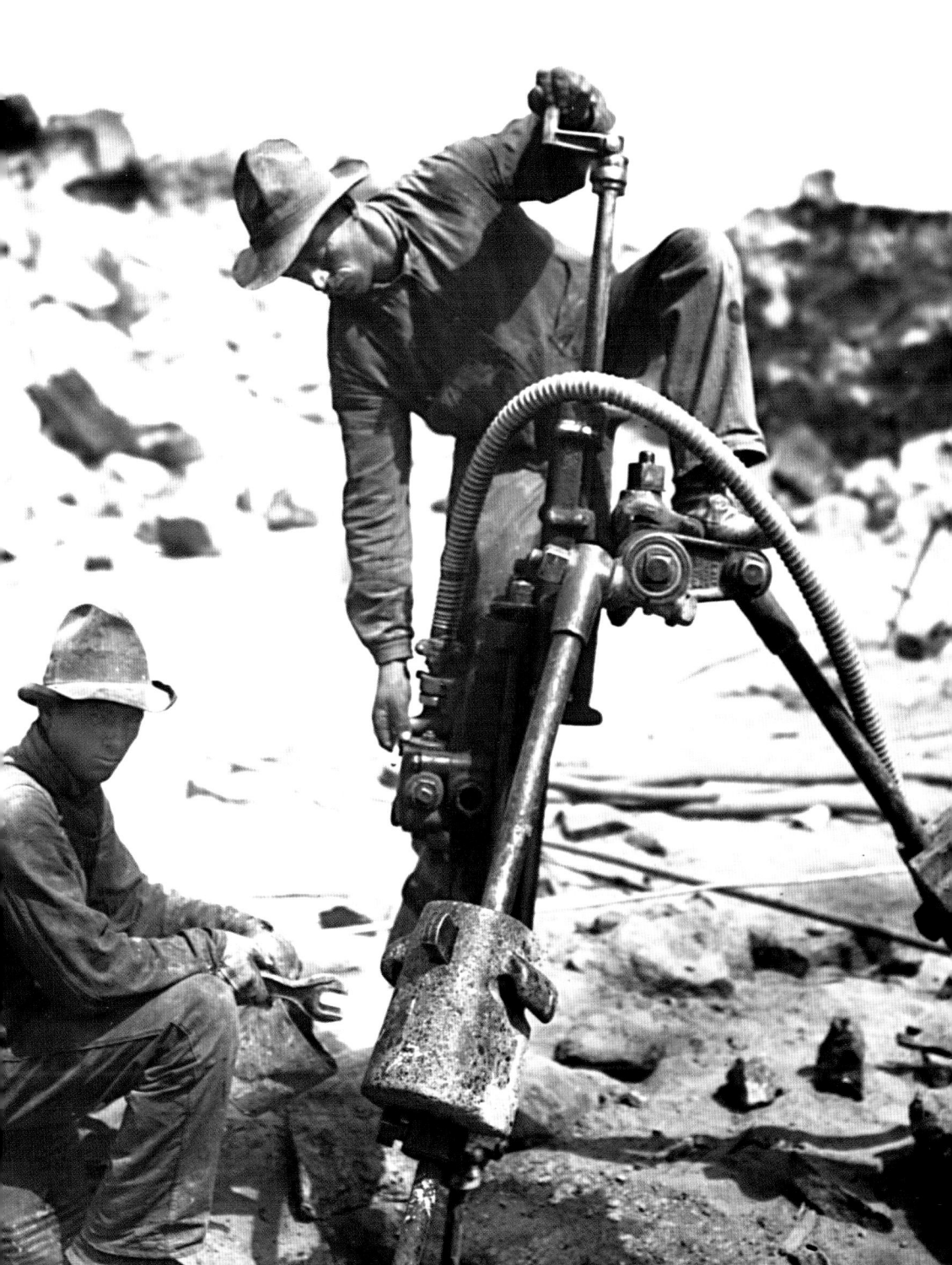

# 주식시세 표시기 (1871년)

에디슨이 주식 가격의 전송 속도를 빠르게 하다.

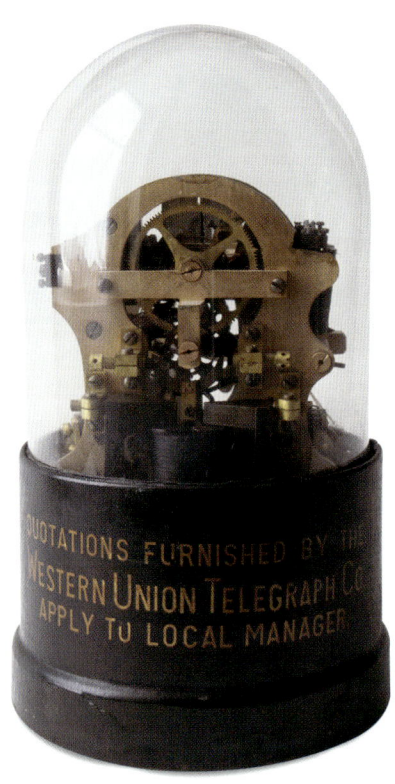

> "행운이란
> 계획했던 것이 특정한 기회에
> 이루어지는 것이다."
>
> 토머스 알바 에디슨

---

⬆ 이 주식시세 표시기는 원래 뉴욕 증권 거래소의 딜러들을 위한
데이터를 제공하였다.

➡ 1890년경에 광고를 목적으로 한 여성이 기둥에 탑재된
주식시세 표시기를 보고 있는 모습을 찍은 사진.

주식시세 표시기(원래는 전신 기술로부터 파생됨)는 주식 가격을 전신기를 통해 전달하는 장치이다. 주식시세 표시기는 '티커(ticker)'라는 이름이 붙었는데 이는 가격 정보가 표시되면 특정한 소음이 발생하기 때문이다.

아메리칸 텔레그래프社에서 근무하던 캘러헌은 1867년 최초의 주식시세 표시기를 발명하였다. 그 뒤 시장에 다른 표시기들이 잠시 등장하였다. 그러나 토머스 알바 에디슨(1847~1931)이 1871년에 금과 주식을 위한 만능 시세 표시기를 제작한 후에야 시세 표시기의 기능이 크게 개선되었다.

에디슨은 동시에 같은 내용의 정보를 전달할 수 있도록 주식시세 표시기를 동기화시키는 '스크루 스레드 일치' 장치를 만들었다. 이 장치는 기술적으로 크게 개선된 모델이다. 이전 모델은 수신 전파가 지연될 경우 주식시세 표시기를 수동으로 다시 설정해야만 했다. 이 장치 덕분에 회사는 표시기를 작동시킬 직원들을 파견하여 주식시세 표시기를 다시 설정할 필요가 없었으므로 많은 시간과 노력을 절감할 수 있었다.

에디슨은 활자 구동 바퀴와 종이 출력 방식을 개선하고 타자기 키보드처럼 작동되는 전달장치를 고안하여 더욱 성능을 향상시켰다. 이러한 개선은 이전 표시기보다 훨씬 더 낮은 배터리 전력을 사용할 수 있게 해주었다. 에디슨의 표시기는 1930년대까지 사용되었으며 이 발명품을 통해 벌어들인 돈으로 에디슨은 뉴저지의 뉴어크 지역에 그의 첫 번째 실험실이자 제조 공장을 건설했다. 이전 모델보다 처리 속도가 두 배나 빠른 새로운 표시기가 1930년과 1964년에 도입되었지만, 트랜잭션 처리 과정에서 15분에서 20분 정도가 지연되었다. 실시간 전자 표시기가 1996년에 출시되기 전 표시기에 시간 알림 기능이 있었다. **RH**

참고: 전자석 전신기, 모스 부호, 인쇄 전신기(전신 인자기),
　　　 듀플렉스 전신기

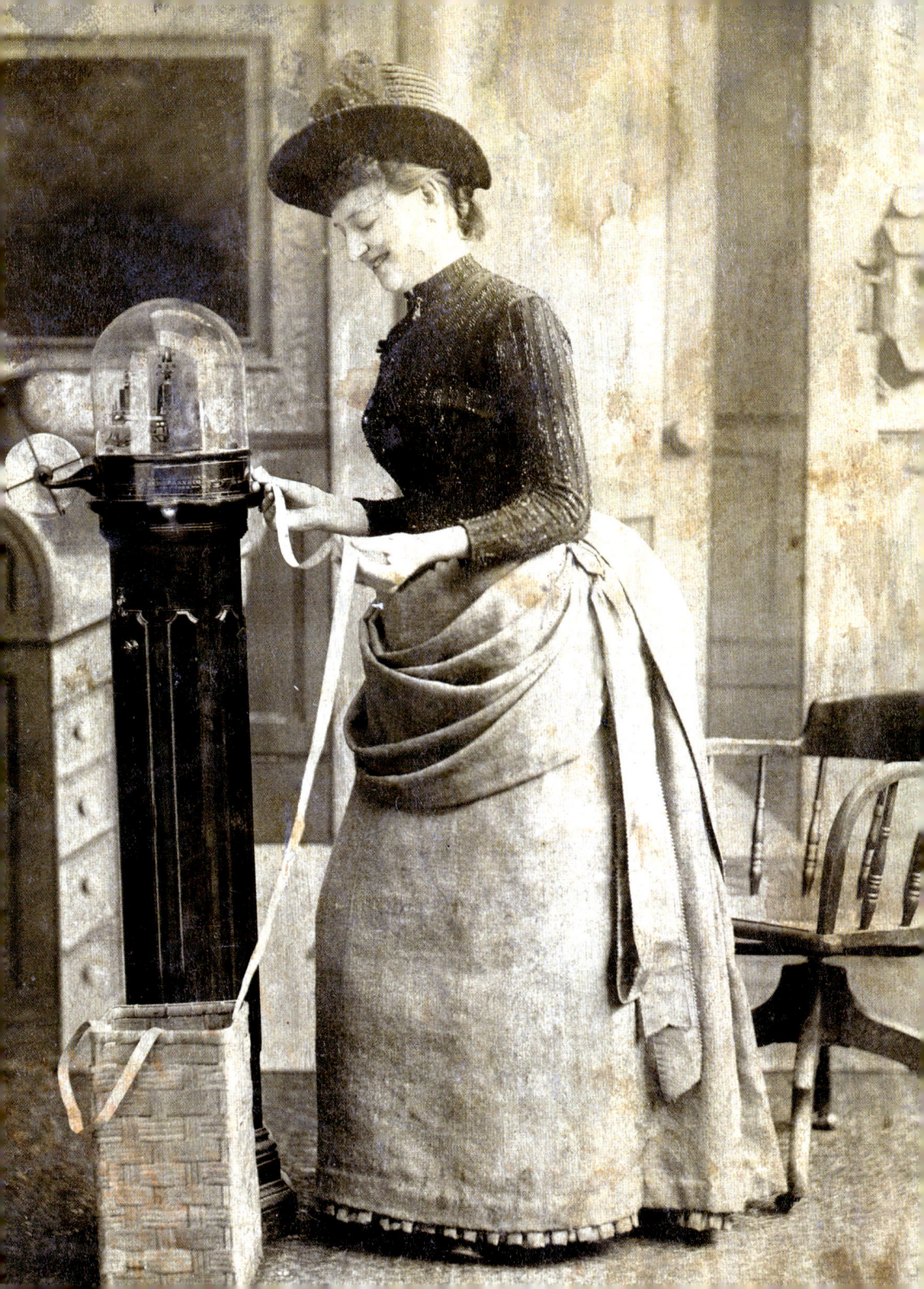

# 자동 윤활
## (1872년)

맥코이가 기관차에 기름이 자동으로 칠해지도록 만들다.

엘리자 맥코이(1843~1929)는 노예 해방을 위해 캐나다로 도망쳤던 아프리카 노예의 아들이었다. 16세 무렵에 그는 스코틀랜드 에든버러로 이주하여 공학을 공부하였다. 미국으로 돌아온 그는 미시간 센트럴 레일로드社의 기관원이자 주유원으로 근무했다. 그의 업무는 열차 엔진의 움직이는 부품, 차축, 베어링에 기름을 칠하는 것이었다.

기관차 내 움직이는 모든 부속품은 상당한 마모와 균열을 견뎌야만 했다. 엔지니어들은 기름 충전실 내부로 부품을 넣어서 차축에 기름이 쳐진 상태를 유지하는 방법을 이미 고안해냈다. 그러나 엔진의 많은 부속품은 증기의 거대한 압력하에서 작동하기 때문에 이동식 부품에서는 기름이 점점 말라버렸다. 맥코이는 이 점에 관심을 기울였으며 '윤활 컵'을 해결책으로 제시하였다.

> "우리는 적절한 윤활로
> 조금 더 큰 출력을 낼
> 수 있는 것에 만족했다."
> 오빌 라이트, 라이트 형제 중 동생으로 항공기 산업의 선구자

윤활 컵은 기름이 담긴 그릇으로 움직이는 부속품에 윤활유를 자동으로 공급하였으며 엔진에 기름을 쳐서 엔진이 과열되는 것을 방지하였다.

맥코이는 "The real McCoy"라는 영어 표현이 만들어질 만큼 다른 흑인 발명가보다 더 많은 특허를 취득하였다. 엔지니어들은 자신들의 기계를 위하여 항상 최적의 설계 모델을 찾아내므로 항상 다른 사람들로부터 "The real McCoy"냐고 질문을 받는다. 이 말은 즉 "진짜 네가 만든 게 맞냐"라는 것을 의미한다. **DHk**

참고: 윤활 구리스, 정유 공장

# 바셀린
## (1872년)

체스브로우가 치료를 목적으로 하는 제품을 장려하다.

1872년에 특허 등록된 바셀린은 영국 출신 화학자 로버트 체스브로우(1837~1933)가 발명하였다. 탄화수소의 반응고 혼합물인 바셀린은 초기에는 석유의 시추 과정에서 생긴 로드 왁스에서 추출되었다. 체스브로우는 천연 그대로의 로드 왁스를 진공 추출한 후 골탄을 통해 잔여물을 여과하여 바셀린을 제조하였다. 바셀린의 이름은 워터를 의미하는 독일어 바세(vasser)와 기름을 의미하는 그리스어 엘라이온(elaion)의 합성어이다.

바셀린 공장은 1870년에 뉴욕의 브루클린 지역에 최초로 설립되었으며 유럽의 첫 번째 바셀린 제조 공장은 1911년에 설립되었다. 처음에 체스브로우는 바셀린의 약효를 설명하면서 바셀린을 판매하려고 미국 전역을 떠돌아다녔다. 그는 산(acid)이나 불꽃으로 자신의 피부에 화상을 입힌 후 상처 주위에 바셀린을 발라 화상을 입은 부위가 치료되는 것을 고객에게 보여주었다. 주로 찰과상, 화상, 베인 곳을 위한 치료제로 홍보되었지만, 바셀린이 약효가 있는지는 확인된 바가 없다. 그럼에도 불구하고 바셀린은 상처 부위를 감염으로부터 보호하고 보습 작용을 하여 치료 과정의 속도를 높이는 데 도움을 준다.

20세기 초에는 콧수염 왁스를 만들기 위해 사용된 밀랍과 같은 첨가물이 바셀린에 혼합되었다. 현재 바셀린은 스킨 로션과 화장품에서부터 입술용 크림과 물집 방지에 이르기까지 다양한 범위에서 사용되고 있다.

체스브로우는 96세까지 살았으며 하루에 한 순가락씩 바셀린을 먹었다고 한다. 그가 늑막염으로 고통받고 있었을 때 몸 전체에 바셀린을 발랐으며 이를 통해 빠르게 건강을 회복했다는 소문이 있다. **IC**

참고: 윤활 구리스, 키토산 붕대

# 케이블카
## (1873년)

핼리디가 마력을 케이블로 교체하다.

1840년에 개장한 런던 철로와 블랙월 철로는 케이블로 작동되는 최초의 철로였다. 이 케이블 작동 철로는 차량을 잡아 당기는 3.5마일 길이의 밧줄로 구성되었지만 밧줄이 너무 빨리 마모되어 케이블카는 1848년에 증기 기관차로 교체되었다.

1870년에 샌프란시스코의 변호사 벤저민 브룩스는 산악 도시에 빠르고 저렴하며 편리하게 접근하기 위한 수단으로 케이블카를 사용할 것을 제안하였다. 마차는 평지에서는 잘 작동하나 샌프란시스코의 험준한 지형에서는 운행에 많은 어려움이 있었다. 브룩스는 도시의 케이블선 대리점을 인수하였으나 금융 지원을 받을 수 없어서 대리점을 앤드류 스미스 핼리디(1836~1900)에게 팔았다.

핼리디는 캘리포니아에서 철사 밧줄을 최초로 제조한 사람이었으며 1871년경에는 자신의 이름으로 두 개의 케이블카 특허를 취득하였다. 핼리디는 엔지니어인 윌리엄 에펠쉐이머를 고용하였으며 두 사람은 세계 최초의 실용적인 케이블카 시스템을 설계하였다. 그들이 개발한 기술의 핵심은 차량을 멈추고 다시 움직일 수 있게 하는 '그립'에 있었다. 차량은 그립을 통해 철사 케이블을 놓으면 멈추었으며 철사 케이블을 다시 잡아 당기면 차량이 다시 움직일 수 있었다. 1873년 샌프란시스코 케이블카 망이 성공적으로 구축되었으며 이를 통해 큰 돈을 벌어들였다.

이후 20년 동안 세계의 많은 도시에서 마차는 핼리디 케이블카 시스템으로 교체되었다. 그러나 19세기 말 건설과 운용 비용이 저렴한 전기 추진 트롤리가 등장하면서 샌프란시스코에서만 핼리디 시스템이 유지되었다. 케이블카는 오늘날에도 여전히 운행되고 있지만 주 이용자는 여행객이다. **ES**

참고: 기관차, 모노레일, 전기 트램, 자기부상 열차

↗ 핼리디(뒤에 서 있는 사람)가 1873년 케이블카 시연에서 샌프란시스코 최초의 케이블카를 조작하고 있다.

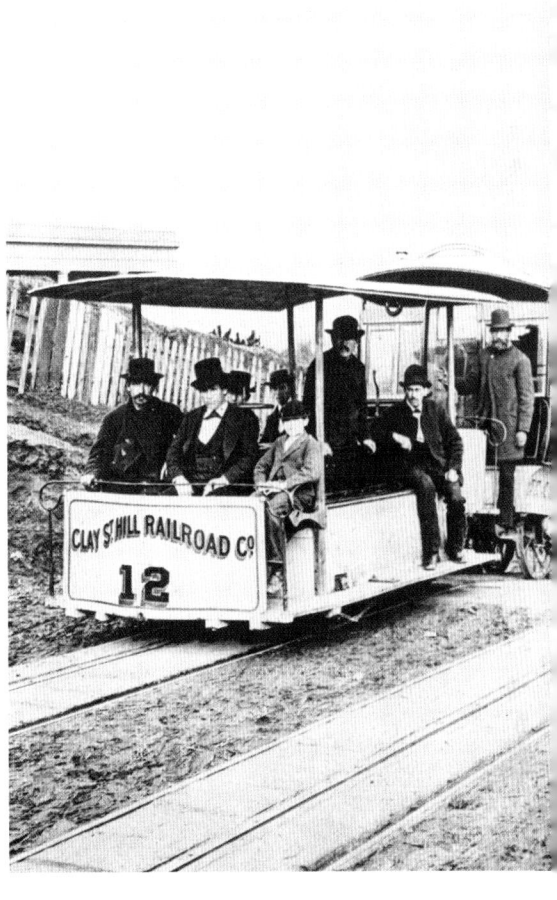

"나는 나의 발명품을
개선된 끝없는 철사 로프 길이라고
부르기로 결정했다."

앤드류 핼리디

# 현대식 DC 모터 (1873년)

그람이 전기를 사용하여 움직임을 만들어내다.

가정용 전기 기구에서 전기 모터는 가장 다양한 기계적 움직임을 만들어낸다. 선풍기, 냉장고, 심지어 컴퓨터까지도 전기 모터로 작동되고 있다. 1873년에 프랑스인 제노브 테오필 그람(1826~1901)은 물체를 효율적으로 움직이도록 하는 데 전기를 사용할 수 있다는 것을 보여주었다. 그는 반 문맹이며 단순한 연산만 계산할 수 있었다. 하지만 그의 손 기술과 논리적 사고는 전기를 활용하는 가장 중요한 방법을 개발하는 데 도움을 주었다.

그 당시 새롭게 발명된 전기 배터리는 찌꺼기가 생겼기 때문에 목수였던 그람은 전기 배터리의 디자인을 향상시킬 것을 결심했다. 그로부터 얼마 후 영국의 마이클 패러데이와 미국의 조지프 헨리는 운동 에너지를 전기로 변환하는 발전기를 제조하였다. 이러한 발전기는 다리의 힘을 자전거 램프의 불빛으로, 바람의 힘을 전기로 변환해주었다. 연구에 정진한 그람은 마침내 기존 발전기를 개선할 수 있었다. 그는 발전기 생산 공장을 설립하였으며 구매자들은 초기에 전기 도금과 점화를 목적으로 그의 장비를 사용하였다.

모터는 발전기와 반대의 원리로 작동한다. 모터는 전기 에너지를 물체를 이동시킬 수 있는 힘으로 변환시킨다. 자신의 개선된 발전기 설계를 과시할 무렵, 그람은 전기를 만들어내는 발전기와 움직임을 만들어내는 기계를 연결하여 전기 에너지를 기계 에너지로 전환하였다. 이를 통해 전기를 움직임으로 변환하는 것이 가능하다는 것이 증명되었다. 이것이 바로 DC(직류) 모터의 기본 원리이다. 전기 생산이 좀더 효율화 됨에 따라 전기 모터는 이동식 부품들로 구성된 대부분의 가전기기(세탁기, 선풍기, 믹서 등)에서 핵심 요소가 되었다. **LS**

참고: 전기 모터, 발전기, 유도 전동기, AC 전력

# 청바지 (1873년)

스트라우스와 데이비스가 데님과 리벳을 조합하다.

독일 출생의 리바이 스트라우스(1829~1902)는 소년 시절에 미국으로 이민왔으며 라트비아 출생의 제이콥 데이비스(1834~1908)는 1854년에 미국으로 이주하였다. 이 두 남자가 청바지를 발명한 장본인들이다.

1853년에 샌프란시스코로 이주한 리바이 스트라우스는 버튼, 가위, 나사의 볼트, 캔버스를 판매한 '리바이 스트라우스 앤 코퍼레이션社'를 샌프란시스코에 설립하였다. 그는 또한 현지 광부를 위하여 튼튼한 캔버스 작업 바지를 설계하였다. 스트라우스는 캔버스 작업 바지가 다 팔리자 데님을 사용하여 작업 바지를 제작하였다. 재봉사인 제이콥 데이비스는 스트라우스의 고객 중 한 명으로, 그 당시 작업 바지를 만들고 있었다. 데이비스의 고객은 주머니에 넣은 물건이 빠진다고 늘 불평했다. 데이비스는 금속 리벳으로 주머니의 모서리 부분을 단단히 고정하여 튼튼하게 만드는 방법을 고안했다. 이 방법은 즉시 성공하였지만 데이비스는 특허를 취득하는 데 필요한 돈이 없어 스트라우스를 찾아갔다. 영리한 사업가인 스트라우스는 특허 신청료를 대신 지불하였으며 두 남자는 1873년 5월 20일에 리벳을 사용한 새로운 작업 바지에 대한 공동 특허를 신청했다.

데이비스는 리바이 스트라우스 앤 코퍼레이션社에서 일했으며 1960년대가 되어서야 진(Jean)이라고 불린 새로운 작업 바지의 생산을 감독하였다. 새로운 바지는 최고의 작업 바지라는 명성과 함께 미국 전역에 널리 보급되었다. 1890년경 특허 시효가 만료되면서 다른 회사들도 리벳을 박은 진을 생산하기 시작하였다. 같은 시기에 리바이 스트라우스 앤 코퍼레이션社는 자신들이 생산한 진에 숫자 501을 표기하였다. 대중은 리바이 스트라우스 앤 코퍼레이션社 청바지를 리바이스라는 용어로 호칭하였으며 회사는 이 이름을 상표로 등록하였다. **TP**

참고: 의류, 짜인 직물, 버튼, 버클, 재봉틀, 지퍼 파스너

➡ 1890년대 진을 입은 광부들이 수레 옆에서 포즈를 취하고 있다.

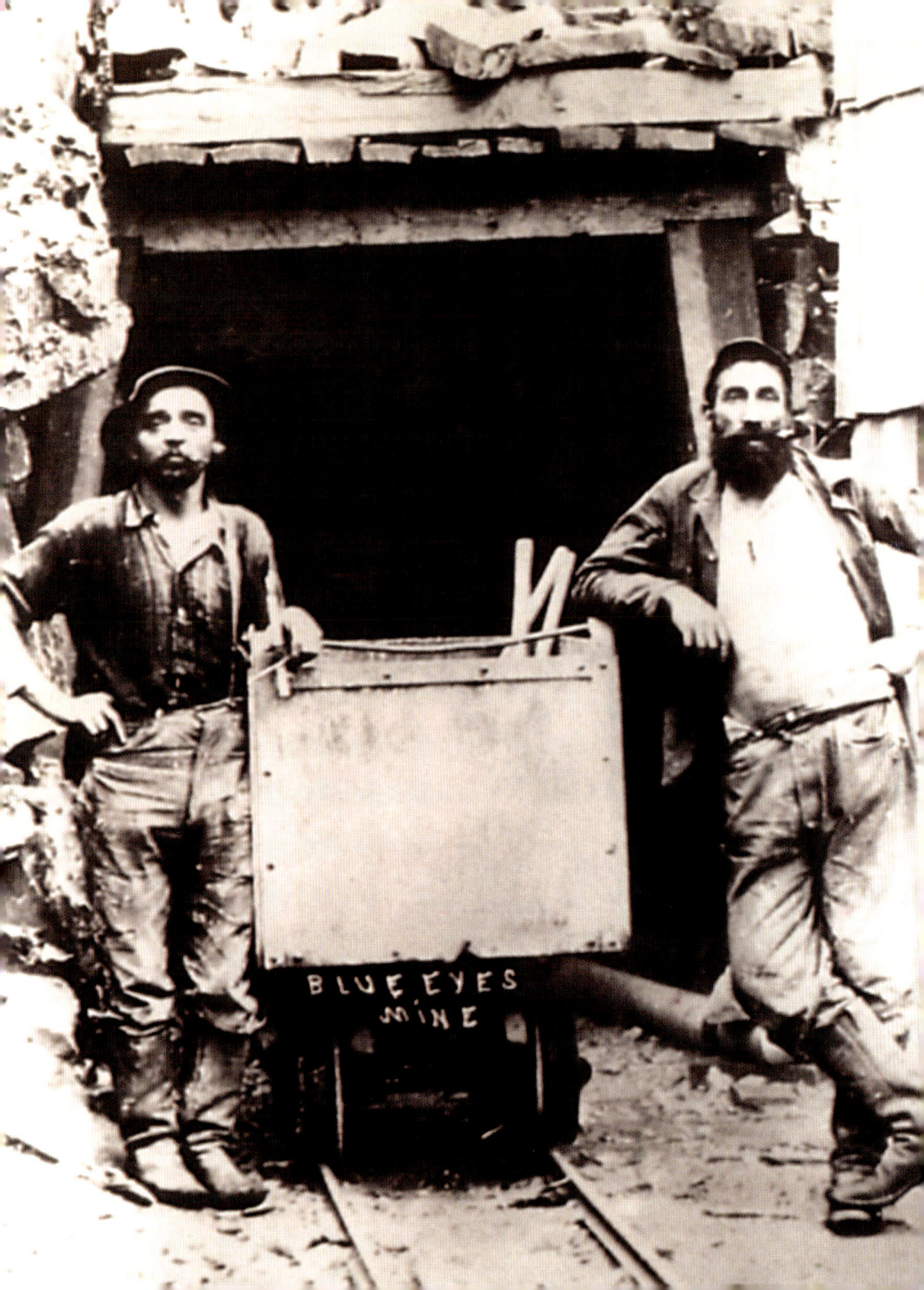

# 자동 화재 스프링클러 (1874년)

팔메리가 영구적으로 설치되는 스프링클러 시스템으로 소방의 새로운 시대를 열다.

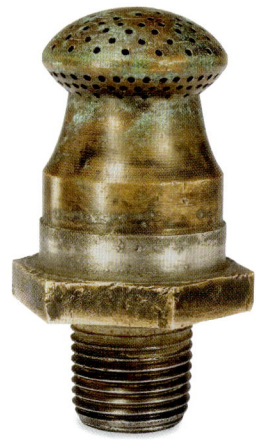

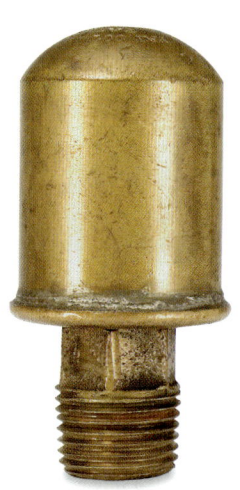

1806년에 영국인 존 캐리는 자동 화재 스프링클러의 초기 버전을 발명했지만 거의 7년 후에야 상업적으로 활용할 수 있는 화재용 스프링클러가 등장하였다.

1874년에 헨리 팔메리는 자신의 피아노 공장에 설치할 목적으로 스프링클러 머리 부분을 발명하였다. 헨리가 발명한 스프링클러 머리 부분은 불에 녹는 납으로 구멍을 틀어막은 단순한 밸브였다. 일단 납이 녹으면 구멍이 개방되어 밸브가 열리게 되며 뚫려 있는 구멍을 통해 물이 분사되었다. 물론 물을 뿌릴 수 있는 지역은 제한되었다.

일부 수정을 거쳐 '파멜리 스프링클러社'는 팔메리의 발명품을 시장에 출시하기 시작했다. 수많은 공장에 설치된 그의 스프링클러는 실제로 화재가 발생하자 곧바로 물을 분사하였다. 보험 회사가 스프링클러를 설치한 공장을 대상으로 보험료를 깎아주는 서비스를 제공하면서 스프링클러의 성공은 확실시되었다. 팔메리는 그의 스프링클러를 가지고 1881년에 영국으로 건너가 거기서도 스프링클러 사업을 시작하였다. 출시된 후부터 팔메리의 화재용 스프링클러는 성능을 향상시키면서 가격을 낮추기 위해 끊임없이 발전하였으며 그 결과 판매량이 계속 늘어났다.

오늘날 전 세계에 매년 4,000만 개의 스프링클러가 설치되어 화재로 발생하는 재산 피해와 개인적 손해, 문화적 피해를 크게 감소시키고 있다. 그러나 사람들은 스프링클러를 더 많은 곳에 설치해야 한다고 주장한다. 스프링클러를 공공 건물 및 개인 건물에 의무적으로 설치해야 한다고 세계적으로 캠페인을 벌이고 있는 단체들에게, 스프링클러의 설치는 뜨거운 논쟁거리로 남아 있다. **RP**

"스프링클러는 가정집에 일어난
화재로 죽을 확률을 2분의 1에서
3분의 2까지 줄인다."
국립 소방 협회

**참고:** 불의 제어, 소화기, 연기 탐지기

◪ 식탁용 소금 그릇의 뚜껑 부분처럼 생긴 팔메리의 스프링클러 머리 부분. 나중 모델은 머리 부분이 유선형으로 처리되었다.

# 전기 트램 (1874년)

필드의 트램으로 인해 교외지방에 사는 사람들이 마을 중심가로 빠르게 통근할 수 있는 시대가 열리다.

오늘날 트램은 대중교통 수단보다 관광 수단으로 사용되지만, 처음 만들어질 당시 미국인 전기 공학자 스티븐 더들리 필드(1846~1913)는 트램을 널리 보급하고자 노력하였다.

필드는 28세의 나이로 자신의 트램 시스템을 1874년 뉴욕에 설치했지만, 1880년대까지 전자기로 철로 차량을 이동시키는 트램 시스템에 대한 특허를 발급받지 않았다. 필드는 종종 트롤리 차량의 아버지라고 불린다. 트램 차량의 모터로 전기를 전달하는 것은 전류를 생성하는 발전기 덕분에 가능하였으며 모터와 철로의 한쪽을 연결하는 두 개의 금속 바퀴를 통해 전류가 발전기로 옮겨졌다. 이 시스템은 매우 비효율적이었으며 실제로 매우 위험했지만 사람들이 대중 교통에 대해 생각하고 있었던 사고 방식에 중요한 변화를 가져왔다.

1880년대 후반 제1차 세계대전(1914~1918)이 발발하기 전까지 전기 트램은 미국의 많은 도시에서 매우 대중적인 이동 수단이었다. 이러한 전기 시가 전차는 당시 다른 형태의 운송수단보다 속도가 현저하게 빨랐기 때문에 도시 거주자가 집에서 일터로 통근하는 것이 가능해졌다. 사람들은 도시의 중심부에 위치한 집에 거주하기보다는 노선 전차 운행 경로를 따라 일상 생활에 큰 지장을 주지 않는 선에서 교외 지역으로 이동하여 거주할 수 있었다.

더들리 필드는 인생에서의 커다란 성공에 즐거워했지만 이에 만족하지 않고 200개 이상의 다양한 발명품 특허를 취득하였다. 그의 이름이 실제로 붙여진 발명품이 없었기 때문에 필드의 발명은 사람들에게 거의 가치를 인정받지 못했다. **CL**

참고: 기관차, 모노레일, 케이블카, 자기부상 열차

↗ 전기 트램이 도입될 때마다 머리 위 케이블 망의 건설이 필요했다.

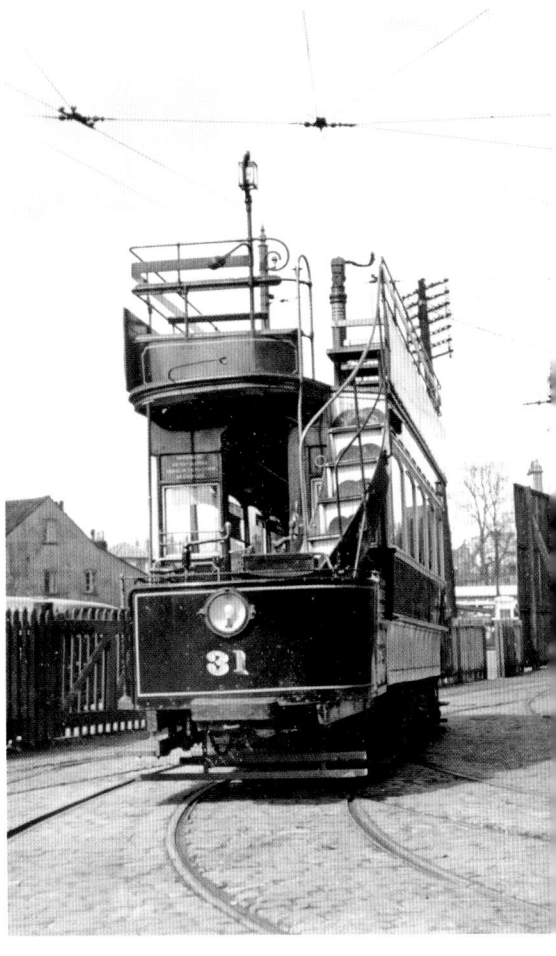

"여러분은 욕망에 대해 얘기하고 있다.
그것의 이름은 도시의 구역을
소리 내며 다니고 있는 노선 전차이다."
테네시 윌리엄스, 「욕망이라는 이름의 전차」, 1951년

# 전기 치과의사 드릴

(1875년)

**그린이 치과 치료의 통증을 줄이다.**

5,000년 전에 사람들은 치아에 구멍을 내기 위해 활 송곳을 사용하였다. 후에 그리스와 로마 사람들은 원초적인 목적을 위하여 이빨을 뚫었지만, 중세를 거치면서 그러한 예술행위는 없어지게 되었다. 프랑스 내과의사인 피에르 포샤르는 1728년에 정밀한 구멍을 뚫는 방법을 재발명하였지만 여러 중대한 개발들이 잇따라 미국에서 생겨났다. 조지 워싱턴의 치과의사인 존 그린우드는 더욱 정확하고 빠르게 구멍을 뚫을 수 있도록 발판을 사용한 최초의 동력 장치 드릴을 개발하였다.

영국인 조지 해링턴은 1864년 모터를 사용하여 그린우드의 드릴을 개량하였지만 미시간의 캘러머 주 출신이며 공학자 겸 발명가인 조지 그린이 당시 가장 중요한 개발을 수행하였다. 1868년 그린은 압축 공기를 사용하도록 해링턴의 드릴을 다시 설계하였다. 그는 당

> "더 빠르게 드릴이 회전하면,
> 환자가 느끼는 고통이
> 줄어든다"
>
> 말빈 링, 치과학 역사학자

시 가장 큰 치과 용품 제조사인 필라델피아의 에스에스 화이트社에 고용되어 있는 동안 여러 시제품을 만들었다. 압축 공기 드릴은 무겁고 느렸지만 핸드 드릴의 회전 속도를 적어도 다섯 배인 100rpm(분당 회전수)으로 향상시켰다.

1875년경에 그린(그의 다른 발명품으로는 전기 철로와 그레인 바인더가 있음)은 치과학에 혁명을 불러일으킨 완전한 전기 드릴을 만들어 해당 특허를 취득하였다. 40년 후 속도는 3,000rpm까지 증가하였으며 오늘날은 회전 속도가 40만rpm 이상에 이른다. **AC**

**참고:** 치약, 칫솔, 치실, 틀니

---

# 소화기 탄창

(1875년)

**호치키스가 소총의 장전을 단순화시키다.**

소화기 탄창의 개발은 19세기에 이루어진 많은 무기 개량 업적 중 하나로, 소화기 탄창 제작자의 이름은 오늘날에도 여전히 전 세계 총기 마니아들에게 인식되고 있다.

벤저민 호치키스(1826~1885)는 1850년과 1860년대에 코네티컷 주의 하트퍼드에서 총포 제조자로 일했다. 남북전쟁 후에 미국 정부는 소화기에 거의 관심이 없었으므로 존 브라우닝, 히람 맥심과 같은 유명한 다른 소화기 설계자들처럼 호치키스는 자신의 발명품을 시장에 출시하기 위해 유럽으로 이주했다. 그는 1867년 프랑스에 정착하였으며 수동 노리쇠를 장착한 연발총을 설계한 때인 1875년 세인트 데니스 지역에 공장을 설립하였다.

호치키스는 빈에서 부쿠레슈티로 가는 열차를 타고 가던 중 앞으로 수동 노리쇠를 장착한 소총이 군사적으로 필요하게 될 것이라고 생각한 로마 육군 장교와 대화를 나누었다. 그 후 호치키스는 수동 노리쇠 소총을 위한 새로운 장전 체계를 설계하였다. 수동 노리쇠 소총은 발렌타인 포가티, 크리스토퍼 스펜서와 같은 발명가들의 초기 탄창 개념을 이용하여 제작되었다. 새로운 탄창은 총의 개머리판에 부착된 실린더 내의 스프링 고정 슬리브로 구성되었다. 호치키스는 방아쇠를 당기는 순간 공이가 해제되고 새로운 탄환을 리시버로 이동시킬 수 있는 총을 설계하였다.

호치키스는 1876년 자신의 새로운 모델로 특허를 취득했으며 그 후 특허 권한을 1879년 수동 노리쇠 연발총을 제조하기 시작한 윈체스터 총기 회사에 판매하였다. 수동 노리쇠 소총은 후에 조금씩 개량되어 군대에 널리 보급되었으며 사냥꾼에게도 큰 인기를 얻었다. **RH**

**참고:** 머스킷 총, 후장식 총, 리볼버, 이동식 자동 기관총, 총 소음기

# 안전 면도기
(1875년)

캄프퍼 형제가 면도의 많은 위험 요소를 없애다.

안전 면도기가 발명되기 전까지, 면도는 면도기를 목 자르는 기구로 묘사할 만큼 위험한 작업이었다. 면도 는 어려운 작업이었으며 모르는 사람보다는 일반적으 로 이발사나 믿을 만한 식구들이 해주었다.

면도를 하는 동안 피부를 보호하기 위해 프랑스 인 장 자크 페레는 18세기 후반에 안전 면도기의 한 구 성요소인 보호막을 개발하였다. 목수의 면 설계로 영 감을 얻은 페레는 면도날의 앞쪽 끝 부분만 튀어나오 도록 칼날 주변에 나무 슬리브를 사용하였다. 보호막 과 분리형 칼날을 결합한 최초의 진정한 안전 면도기 는 독일인 캄프퍼 형제(프리드리히, 리하르트, 오토)가 1875년 미국에 소개하였다. 그들이 소개한 스타 면도 기는 한쪽만 날카로운 쐐기형 칼날을 지닌 괭이 모양 의 면도기였다.

1901년 미국인 발명가 킹 질레트(1855~1932)와 그의 동료 윌리엄 니커슨은 면도기에 일회용 칼날을 도입하였다. 일회용 칼날을 만드는 것은 불가능하다고 믿었던 사람들의 통념에 도전한 질레트는 탄소강으로 이루어진 얇은 양날형 칼날로 대단한 성공을 거두었 다. 질레트는 제1차 세계대전 동안에 미군의 모든 병 사에게 안전 면도기와 칼날을 공급하는 계약을 체결하 였으며 이와 더불어 자신의 일회용 면도기 설계를 보 강하였다.

영국의 윌킨슨 소오드社는 1965년 오랫동안 쓸 수 있는 스테인리스 칼날을 도입하였으며 1971년에는 더 욱 안전한 교거체형 칼날 카트리지가, 1974년에는 완 전한 일회용 면도기가 속속 개발되었다. 일회용 면도기 가 환경을 훼손할 수 있다는 우려 때문에 현재는 재생 가능하고 미생물로 분해되는 면도기에 대한 연구가 진 행되고 있다. **RBd**

**참고:** 일회용 면도날, 전기 면도기

↗ 안전 면도기에 대한 많은 특허가 수여되었으며, 1931년 이 질레 트 모델에 대해서도 특허가 수여되었다.

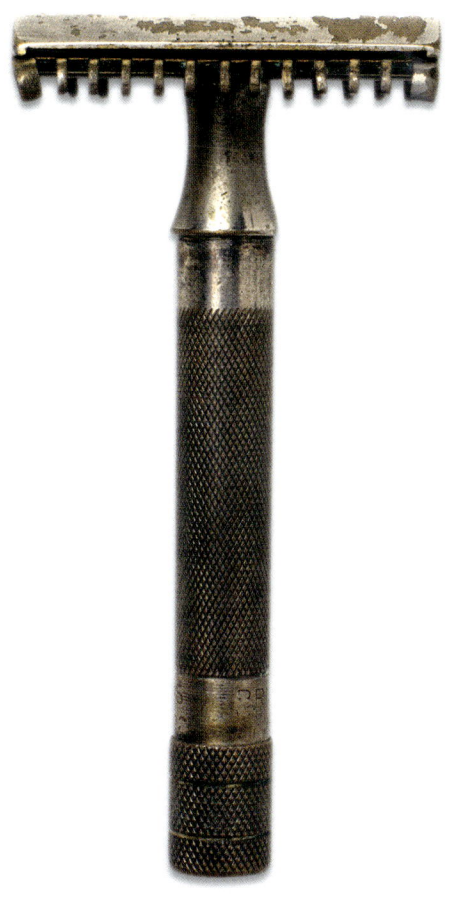

"내가 면도를 하는 것에 대해 기술적으로 숙련되었다면, 면도기 개발을 그만두거나 결코 시작하지 않았을 것이다."

킹 질레트, 미국 사업가

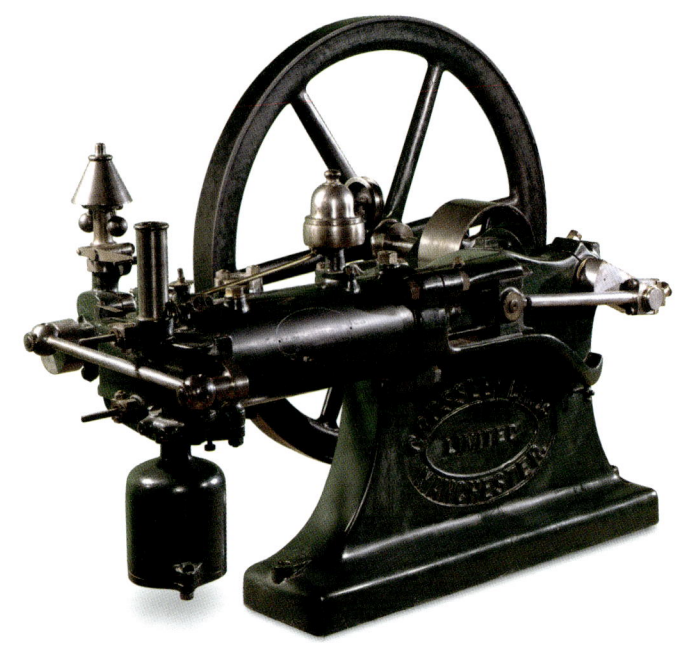

# 4행정 사이클 (1876년)

오토가 내연 엔진을 다시 살펴보다.

독일의 엔지니어인 니콜라스 오토(1832~1891)는 4행정 사이클 내연 엔진을 발명하여 모터가 달린 차량을 비약적으로 발전시킨 사람 중 하나이다.

내연 엔진에 흥미가 있었던 오토는 르누아르의 2행정 엔진 설계를 기반으로 4행정 사이클을 설계하였다. 1864년에 그는 세계 최초의 엔진 제조사인 유진 랭거社 바로 옆에 'N.A 오토 앤 시에'(N.A Otto&Cie)社를 설립하였다. 1872년에 오토는 기술 이사와 수석 디자이너로 고틀립 다임러와 빌헬름 마이바흐를 각각 고용했다.

1876년 최초의 실용적인 4행정 엔진이 제조되었다. 4행정은 흡입 행정, 압축 행정, 폭발 혹은 동력 행정, 배기 행정으로 구성된다. 흡입 행정은 연소실에서 연료와 공기를 혼합할 수 있도록 피스톤을 아래로 움직이며, 압축 행정은 가스를 압축하기 위해 피스톤을 위로 움직인다. 폭발 행정에서는 불꽃으로 연료에 불을 붙이고 피스톤을 다시 아래로 움직이며, 마지막 배기 행정에서는 사용된 연료를 배기 밸브를 통해 배출하기 위해 피스톤을 위로 움직인다. 오토는 1877년 4행정 사이클 엔진 특허를 신청했지만, 해당 특허는 1886년 작동하는 엔진을 제조해 본 경험이 없는 프랑스인 로샤스에게 승인되었다.

초기 연소 엔진은 액체 연료로 작동시키기에는 적합하지 않아 점화용 보조 버너가 필요했다. 오토는 1884년 매그니토 점화 계통을 발명하여 이 문제를 해결하였다. 이 발명은 4행정 엔진의 실용성을 증가시켰으며 그 결과 오토가 생산한 최초의 모터사이클과 자동차인 다임러와 마이바흐는 4행정 엔진을 사용할 수 있었다. **HP**

**참고:** 내부 연소 엔진, 스털링 엔진, 가스 추진 엔진, 2행정 엔진

⬆ 오토의 4행정 엔진 사이클은 '흡입, 압축, 폭발, 배기'로 단순화되었다.

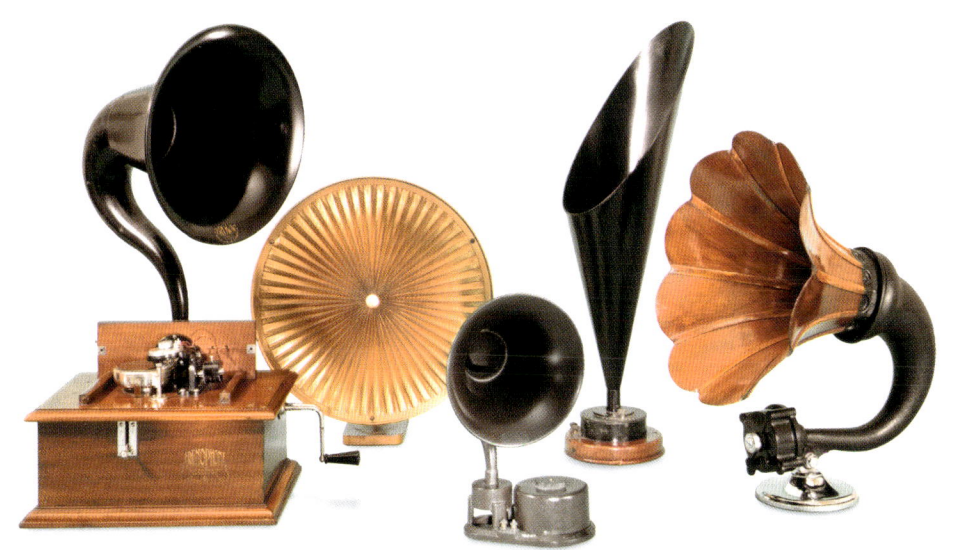

# 확성기 (1876년)

벨이 전기 신호를 음성으로 변환하다.

확성기는 지난 150년간 가장 획기적인 발명품 중 하나이다. 확성기는 출현 이래로 많은 기술(전화, 라디오, 텔레비전, 하이파이 뮤직 시스템)의 핵심이 되어 왔다.

전화기 부품으로서 1876년 처음으로 전자 확성기의 특허를 취득한 사람은 알렉산더 그레이엄 벨(1847~1922)이었다. 벨은 조수인 토머스 왓슨과 함께 단순한 디자인으로 전자 확성기를 만들었다. 벨이 만든 확성기에서 드럼은 팽팽하게 펴진 금박공의 가죽으로 덮여 있었으며 자기화 자유부양 전기자가 드럼의 가운데에 위치했다. 전기자는 가죽에 진동을 일으킬 수 있었으며 자기장의 변화에 반응하였다. 이 장치는 벨의 액체 송화기에 연결되었으며, 벨은 액체 송화기를 통해 다음 방에 있던 조수의 음성을 들을 수 있었다. 이것은 매우 기초적인 설계지만 이 장치의 원리는 현재 오디오 시스템과 대부분 동일하다. 벨이 만든 장치는 원래의 소스로부터 파생되고 변환된 전기 신호를 들을 수 있는 음성으로 바꾸어주었다.

벨은 사실 확성기 자체의 기능에 관심이 있었던 것이 아니었으므로 다른 사람들이 확성기를 개선하게끔 연구를 더 진행하지 않았다. 1년 후, 독일의 발명가이자 제조업자인 베르너 폰 지멘스(1816~1892)는 훨씬 더 복잡한 발명품(전기기계 변환기로 통제되는 진동판을 지닌 확성기 원추)을 세상에 내놓아 특허를 취득하였다. 지멘스의 설계가 널리 쓰임에 따라 대부분의 확성기에는 가동 코일 원리가 적용되었다. **TB**

참고: 영화 음성, 스테레오 음향, 서라운드 음향, 돌비 노이즈 리덕션

⤴ 1920년대에는 확성기로부터의 음성을 완벽하게 표현하는 혼을 디자인하는 데 많은 노력을 기울였다.

# 전화기 (1876년)

벨이 통신 환경을 현재 수준으로 끌어올리다.

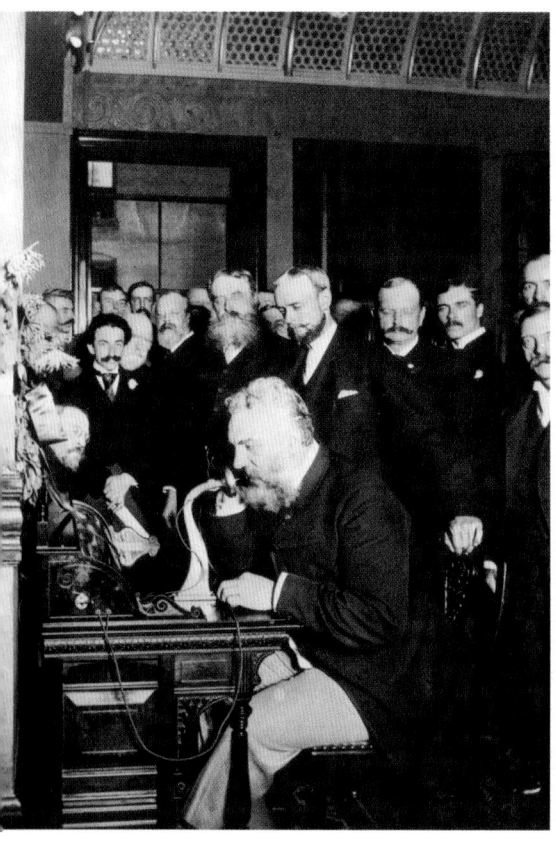

1870년대에 에든버러 출신 알렉산더 그레이엄 벨(1847 ~1922)은 전신기를 개선할 수 있는 방법을 연구하고 있었다. 비록 전신기가 원거리 통신 수단으로 확고히 자리매김했었지만 한 번에 하나의 메시지만 보낼 수 있다는 사실은 원거리 통신 수단으로서의 전신기 기능을 상당히 제한하였다. 벨의 원래 아이디어는 동시에 하나 이상의 메시지를 전달하기 위해 다수의 피치 (multiple pitches)를 사용한 '조화로운 전신기'를 개발하는 것이었다. 이것을 연구하고 있는 동안에 더욱 복잡한 시스템(모스 부호의 점이나 대시뿐만 아니라 실제 말하는 음성도 전달할 수 있는 시스템)에 대한 아이디어가 떠올랐다.

다른 팀에서도 전기를 통해 음성을 전달하는 연구를 진행하고 있었다. 전화기에 대한 벨의 아이디어가 다른 발명가들로부터 차용되었는지는 일부 논쟁의 여지가 있지만, 벨이 최초로 작동하는 전화 모델을 만들었다는 사실에 대해서는 아무도 이의를 제기하지 않는다. 벨은 조수인 토머스 왓슨과 함께 자신의 아이디어를 발전시켰으며 1876년 3월 10일에 "왓슨, 이리와, 너를 봐야 되겠어"라는 내용으로 왓슨과 최초로 통화했다. 벨은 전화번호가 없는 전화기로 다음 방에 있던 왓슨과 직접 통화했다. 대화를 위해 기계에 소리를 질러야만 했지만 전화기의 작동 기술이 이를 통해 입증되었다. 벨 텔레폰社는 그 다음해에 설립되었으며 10년 내에 대략 15만 세대의 미국 가정에 전화기가 보급되었다.

최초의 전화기는 배터리 산(acid)을 사용하였기 때문에 비실용적이었다. 사람들은 왓슨과 벨이 시장에 출시한 신기한 모양의 전화기를 단지 호기심으로 사용해보곤 했다. 그러나 곧 전화기는 현대에 가장 중요한 통신 수단 중 하나로 발전하였으며 전기 신호 형태로 정보를 전달하는 기술은 현대 통신 시스템을 위한 기초가 되었다. **SB**

"놀라운 발명품이다.
그러나 누가 그것을
사용하기를 원하겠는가?"

러더퍼드 B. 헤이스, 미국 대통령(1877~1881)

↑ 전화기를 발명한 시점으로부터 16년 후인 1892년에 처음으로 뉴욕에서 시카고광로 전화를 걸어보는 벨.

➡ 벨과 토머스 에디슨이 디자인한 전화기 구성요소의 기술적 삽화.

**참고:** 세마포어, 전자기 전신기, 휴대폰, 스마트폰

# TELEPHONE

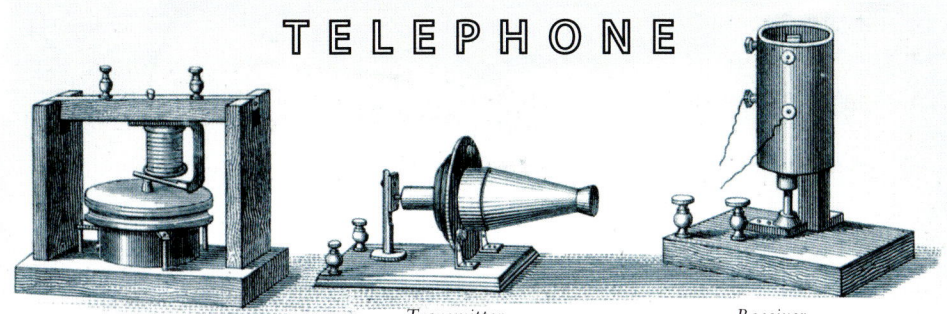

Transmitter         Receiver

Graham Bell's first telephone    Instruments Exhibited at Philadelphia in 1876

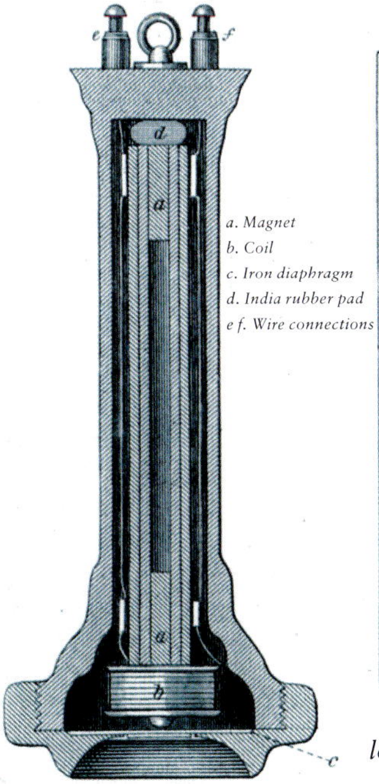

a. Magnet
b. Coil
c. Iron diaphragm
d. India rubber pad
e f. Wire connections

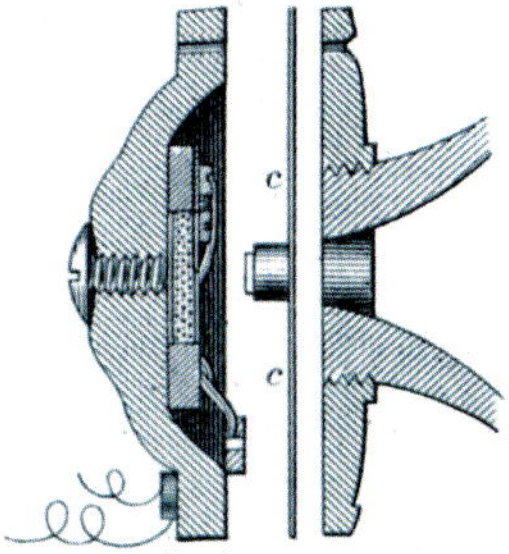

Section of Edison's Transmitter

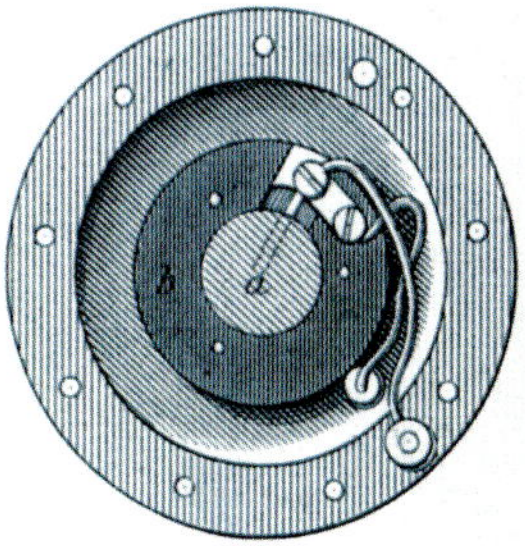

Graham Bell's hand telephone

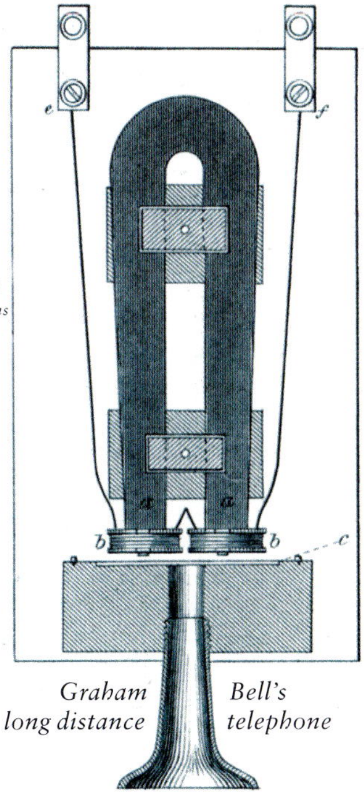

Graham Bell's
long distance telephone

Edison's Transmitter

a. Carbon    b. Vulcanite ring    c. diaphragm

a. Chalk cylinder
b. Platinum button
c. India rubber pad
d. Mica diaphragm
e. Handle to cylinder

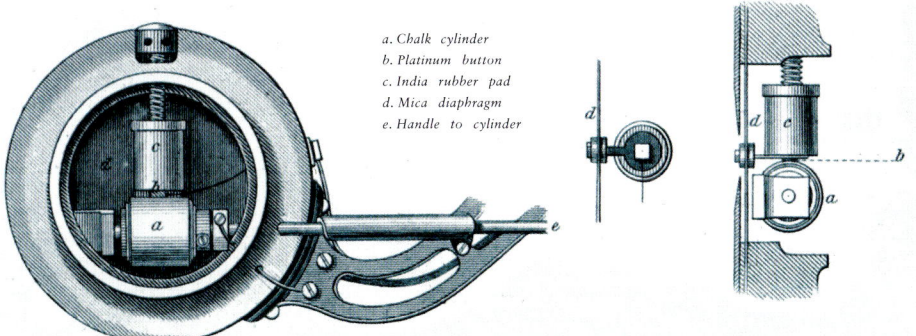

Receiver of Edison's Loud speaking Telephone

# 카펫 청소기 (1876년)

비셀이 더 나은 청소 기계를 개발하다.

19세기에는 바닥에 깔린 터키 카펫이나 액스민스터 카펫을 청소하는 것이 쉽지 않았다. 카펫을 청소하려면 카펫을 바깥으로 뺀 후 양탄자를 두드리는 도구로 힘차게 때려 먼지를 제거해야만 했다.

미국인 멜빌 비셀(1843~1889)과 그의 아내 안나는 카펫의 먼지가 건강에 악영향을 미친다는 것을 알게 되었다. 먼지 문제를 해결하기 위해 멜빌은 카펫으로부터 티끌을 모은 후 칸막이로 티끌을 넘길 수 있는 카펫 청소기를 설계했다. 바닥에서 이 청소기를 움직이면 회전형으로 엮인 털이 바닥을 청소하였으며 바닥, 카펫, 양탄자, 울퉁불퉁한 표면을 청소하기 위해 청소기의 머리 부분을 조절할 수 있었다.

비셀의 청소기에 대한 소문은 널리 퍼져나갔다. 비셀의 청소기는 상점에서 조립된 후 각 가정으로 판매되었다. 비셀은 1876년에 카펫 청소기의 특허를 취득하

> "내 발명 물품은
> 카펫과 울퉁불퉁한 표면의 바닥을
> 쓸기 위해 만들어졌다."
>
> 버트 매튜즈, 날카로운 돌을 만드는 장인

였으며 1883년 그랜드래피즈에 첫 번째 제조 공장을 설립하였다. 회사는 국제적으로 성장하였으며 빅토리아 여왕이 궁전에 있는 카펫들을 비셀의 청소기로 청소할 것을 주문한 후로 영국에서 큰 성공을 거두었다.

가정용 전기 진공 청소기의 도래는 카펫 청소기의 매출을 계속해서 감소시켰다. 다양한 기술이 적용된 비셀 청소기가 오늘날에도 여전히 사용되고 있지만 점차 사라져가는 추세이다. **HP**

참고: 전기 진공 청소기, 싸이클론 진공 청소기, 자동 세정 창문

# 마이크 (1876년)

베를리너가 벨의 전화 시스템을 개선하다.

1870년 19세였던 소년 에밀 베를리너(1851~1929)는 조국인 독일을 떠나 미국으로 이주하였으며 말 보관소에서 일했다. 베를리너는 당시 기술에 영향력을 미칠지 모를 내용을 제안하기에는 배경도 안 좋았고 교육도 받지 못했다. 그는 오직 전기학과 물리학의 기초 지식만을 알고 있었다. 그러나 베를리너는 1876년 미국 100주년 기념 축제 기간 중에 알렉산더 그레이엄 벨의 전화기 시연 장면을 보고 깊은 감명을 받아 전화기를 연구하기로 결심했다. 베를리너는 전화기의 주요 약점이 음성 감지기(송화구)에 있다는 것을 인지했다. 그 다음해에 베를리너는 판자집에서 홀로 연구를 진행하던 중 접촉 불량 탐지기를 만들었다. 이 장치는 전달된 음성의 양을 증가시켰는데 이 때문에 베를리너의 발명품이 가장 초기의 마이크인지에 대해서는 논쟁의 여지가 있다.

벨 텔레폰社를 설립한 지 얼마되지 않았던 벨은 무명의 젊은 발명가(베를리너)가 전화 시스템의 새로운 송화기 관련 특허를 신청했다는 사실을 알게 되었으며 사실 확인을 위해 조수인 토머스 왓슨을 워싱턴에 급파했다. 벨은 5만 달러나 되는 금액으로 발명품에 대한 권리를 베를리너에게서 구매하였으며 그를 연구원으로 고용하였다.

7년을 벨과 함께 연구한 후 베를리너는 독립하기 위해 벨을 떠났다. 수많은 아이디어를 이전 고용주인 벨에게 판매한 후 베를리너는 사람들에게 자신을 최용광로 각인시킨 분야인 축음기 음반에 대해 연구하기 시작했다. 1887년 베를리너는 실린더에서처럼 바늘을 수직보다는 수평으로 움직여 평평한 축음기 디스크에 녹음하는 방법을 알아냈다. **TB**

참고: 확성기, 전화기, 전신기, 레코드판

▶ 코드로 지원되는 마이크를 사용하여 호주인 소프라노 넬리 멜바가 1920년에 녹음 작업을 하고 있다.

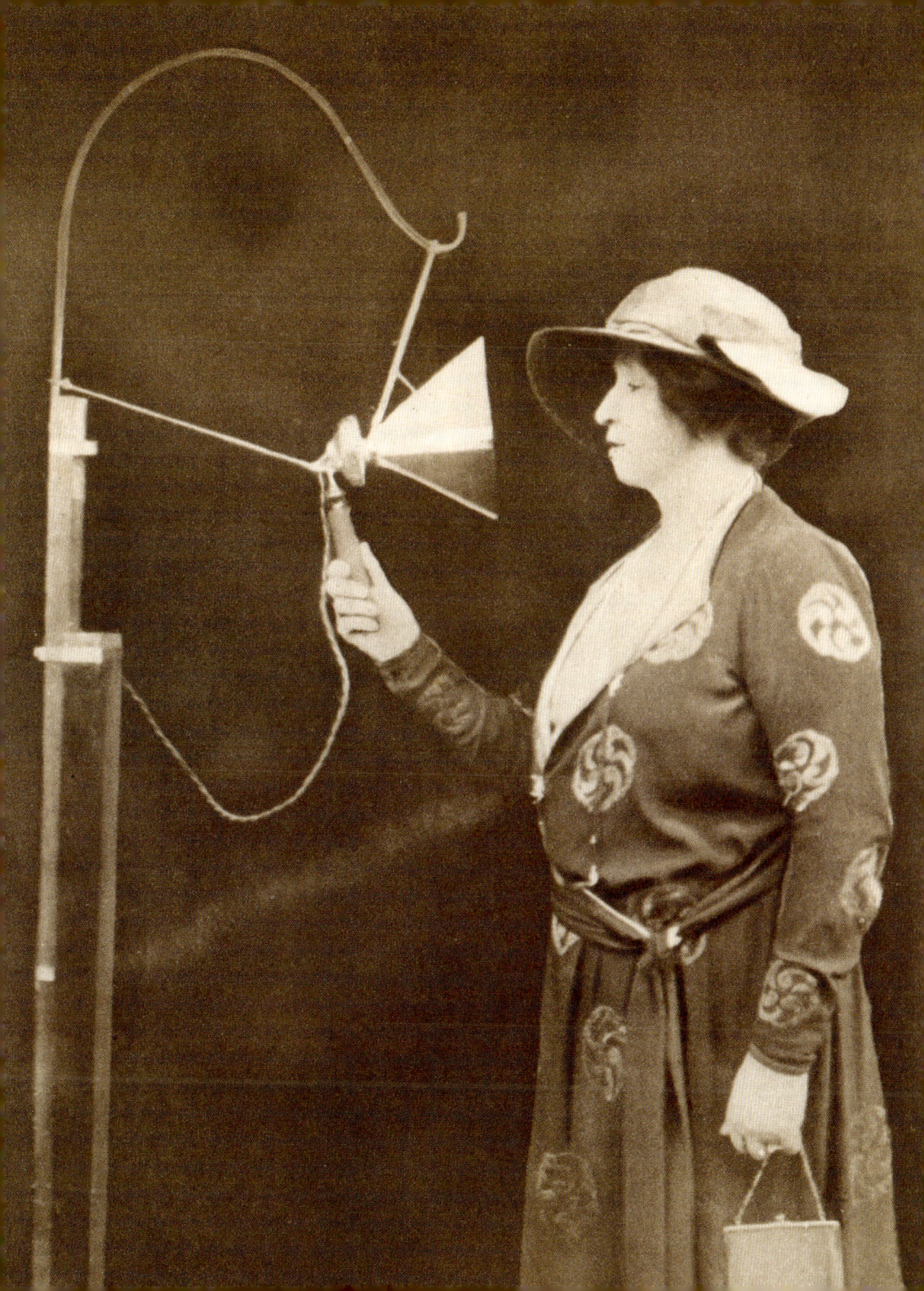

# 축음기 (1877년)

에디슨이 음성을 기록하고 재생하는 장치를 개발하다.

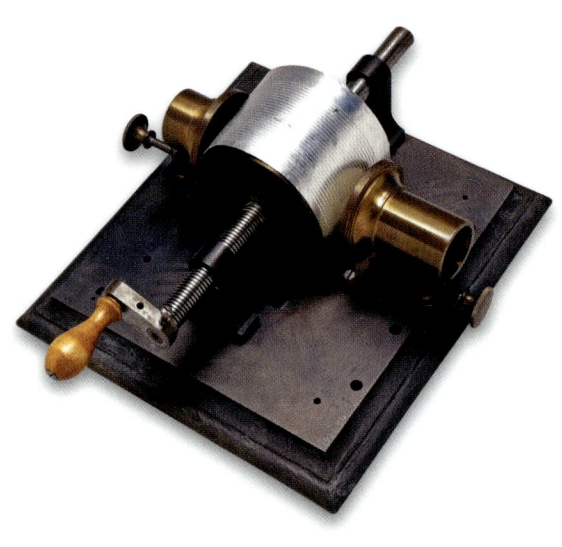

1877년 11월 21일에 토머스 알바 에디슨(1847~1931)은 음성을 기록하고 재생할 수 있는 최초의 장치(축음기)를 발명한 사실을 공표했다. 사진처럼 축음기는 순간을 영구적으로 간직할 수 있도록 해준 역사적인 발명품이다. 축음기는 원통에 은박을 붙이고 음파의 시각적 표현물을 은박을 붙인 원통에 새겨 넣어 작동하였다. 즉, 기록 중인 음성의 진동에 반응하는 바늘을 사용하고 은박을 붙인 원통에 홈을 파서 음성을 저장하였다. 재생 바늘이 원통 위를 지나가는 순간 녹음된 음성을 들을 수 있었다.

수많은 에디슨의 발명품이 처음에는 제대로 작동하지 않았던 것처럼 축음기 또한 녹음한 음성이 재생되지 않았으며, 이 때문에 에디슨은 축음기 발명에 더욱 많은 노력을 기울였다. 에디슨이 처음으로 녹음한 것은 동요 '메리에게는 어린 양 한 마리가 있어요(Mary Had a Little Lamb)'였다. 에디슨은 평면 원반에 나선형 홈을 새겨 음성을 녹음하려 하였으나 그 대신 원통을 회전시키는 방법을 선택하였다. 그럼에도 불구하고 그의 발명품에 사용된 원리는 후에 대량 생산된 축음기 음반에 적용되었다.

에디슨이 뉴저지에서 연구를 진행하고 있는 동안 프랑스의 과학자 샤를 크로스 또한 에디슨과 동일한 개념을 연구하고 있었다. 크로스는 1877년 4월 자신의 이론을 발표하였으나 자신의 이론에 기반한 축음기를 실물로 만들지는 않았다. 에디슨은 크로스가 프랑스 과학 협회에 논문을 제출하기 전에 이미 자신의 발명품을 만들어 시연했다. 축음기는 에디슨을 유명하게 만든 발명품이며 에디슨은 1878년 2월 축음기에 대한 특허를 취득하였다. **TB**

> "만약 우리가 할 수 있는 모든 것을 한다면,
> 정말로 자기 자신을 깜짝 놀라게
> 할 수 있을 것이다."
>
> 토머스 알바 에디슨

⬆ 두 개의 헤드가 사용된 에디슨의 축음기(한 헤드는 녹음용이며 다른 하나는 음성 재생용임).

➡ 청진기와 같은 귀 튜브를 통해 음성이 전달되는 자신의 기계에 대해 설명하고 있는 에디슨.

**참고:** 레코드판, 자기기록(자기녹음기), 비닐 레코드판

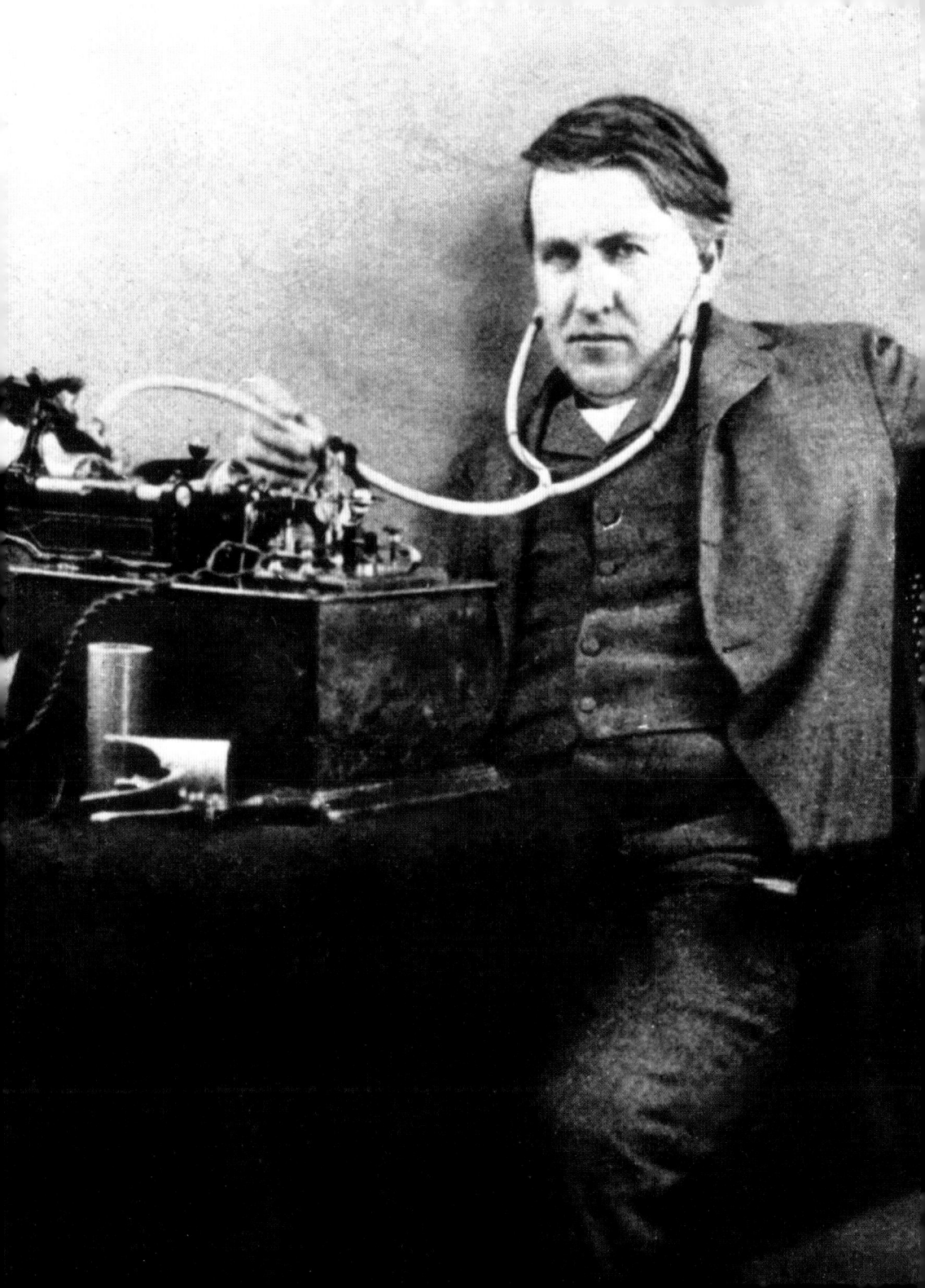

# 우유/크림 분리기 (1878년)

라발이 크림의 추출 속도를 높이다.

1878년 이전에는 중력의 힘으로 우유에서 크림을 분리하였다. 이 공법은 오랜 시간이 소요되었으며 우유로부터 가공할 수 있는 크림의 양이 많지 않아 비효율적이었다. 크림은 가벼운 지방 분자가 중질물 기반 분획물을 통해 우유의 상단에 떠오를 때 형성된다. 이 공법은 가공하지 않은 우유를 최소 24시간 동안 내버려두면 자연스럽게 발생한다. 그 후에 크림을 걷어내거나 크림만 남을 때까지 우유를 아래쪽으로부터 배출하면 된다.

스톡홀름 공과 대학의 졸업생인 카를 구스타프 드 라발(1845~1913)은 수분을 분리하기 위해 원심력을 사용하는 연구를 진행하였다. 1878년에 그는 4,000rpm의 속도로 가공하지 않은 우유 샘플을 회전시킬 수 있는 증기 추진 장치를 발명했다. 장치의 원심력하에서 가벼운 크림은 중앙에 위치하는 반면 중질 분획물은 회전 용기의 바깥 쪽에 위치하였다. 구스타프의 장비는 0.1퍼센트보다 적은 비율로 우유에서 크림을 빠르게 추출하였기 때문에 전통적인 방법보다 훨씬 효율적이었다.

구스타프는 많은 물품을 만든 발명가였다. 아마도 그가 많은 발명을 할 수 있었던 것은 기계 공학과 화학을 공부한 그의 배경 때문일수도 있다. 그는 현재까지도 자신의 이름과 연관된 미니어처 증기 터빈 및 착유기(1894년에 처음으로 특허를 취득)를 포함한 여러 유용한 장치를 계속해서 제작하였다.

라발의 회사인 '알파 라발'은 라발이 사망한 후 5년째 되는 해인 1918년 최초로 상용화된 착유기를 시장에 출시하였다. 하지만 중요한 사항은 라발이 아이스크림을 쉽게 만들 수 있는 장치를 발명했다는 사실이다. **BG**

참고: 분유, 저온살균, 착유기

# 시간대 (1878년)

플레밍이 전 세계의 시간 체계를 정리하다.

시간대는 지구 주위의 경도 띠(태양의 움직임에 따라 조정됨)를 기반으로 특정 시간대의 모든 사람이 동일한 시간을 설정할 수 있도록 해주는 시스템이다. 시간대가 도입되기 전에는 마을마다 자체적인 로컬 시간을 사용하였다. 그러나 철로가 도입되면서부터 출발지의 시간과 종착지의 시간이 다른 경우가 생기면서 기존의 시간 시스템을 개선할 필요가 대두됐다. 1847년 영국의 철도 회사들은 모든 시계를 동일한 시각으로 설정하려고 노력하였다. 이는 그리니치평균시(GMT)라고 알려진 그리니치 자오선의 정오(경도 0)가 동일한 시간대의 기준으로 선택되었다.

지구는 24시간마다 자전하기 때문에 경도가 15도씩 변경될 때마다 1시간씩 시차가 발생한다. 스코틀랜드 출신 공학자이자 발명가인 샌드포드 플레밍 경(1827~1915)은 이 사실을 알고 있었으며 미국 본토에

> "그 무렵이 몇 시지? 아무도 묻지 않더라도 나는 그것이 무엇인지 안다. 내가 설명하기 원하지 않는다면 그것이 무엇인지 모른다."
>
> 성 아우구스티누스, 신학자

는 네 개의 자오선이 있어야 하며 해당 자오선과 유사한 15도 시간대가 세계 전체에 걸쳐 설립되어야만 한다고 제안하였다.

1884년 플레밍의 제안은 워싱턴 D.C.에서 개최된 국제 자오선 학회를 통해 전 세계에 수용되었으며 기준이 되는 자오선으로 그리니치 자오선이 선택되었다. **DH**

참고: 태력, 그레고리력

➡ 런던 왕립 그리니치 천문대에 위치한 그리니치 자오선으로 시간을 표기하는 시계.

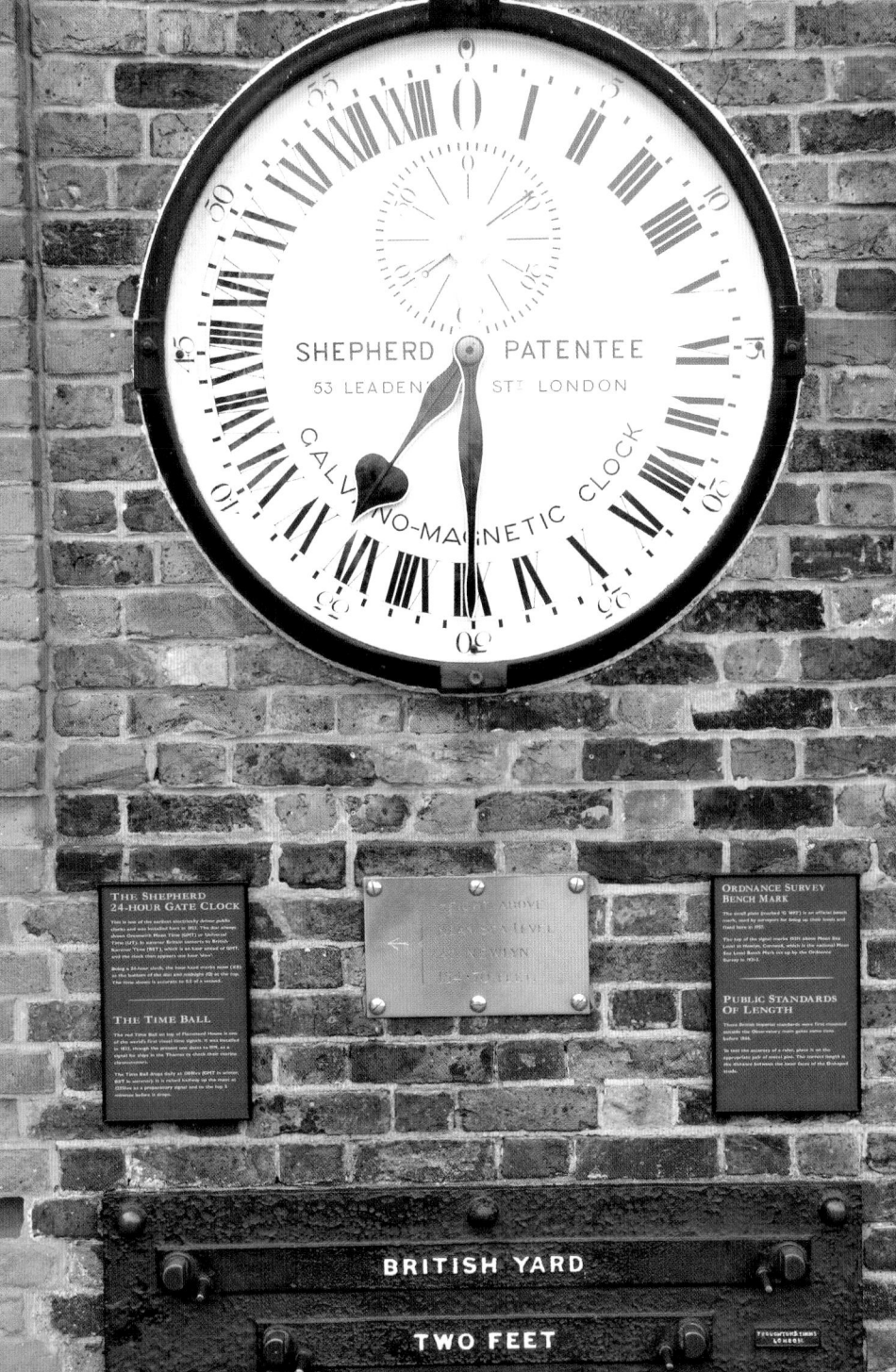

# 음극선관 (1878년)

크룩스가 음극에서 양극으로 이동하는 빛을 발견하다.

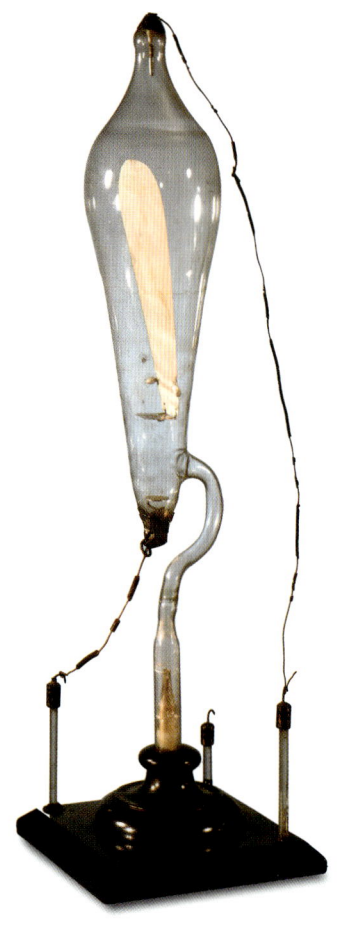

1800년도 중후반대는 전기의 비밀과 더불어 물리적 발생 과정을 밝혀낸 과학 혁명의 시기였다. 전기에 대한 초기의 연구 조사가 진행됨에 따라 텔레비전의 발명을 선도한 음극선관의 개발과 전자의 발견이 수반되었다.

마이클 페러데이(1791~1867)는 음극과 양극을 포함한 유리관에서 대부분의 공기를 제거하면 양극과 음극 사이에서 희미한 불빛이 발생한다는 사실을 알아냈다. 당시 기술로는 완전한 진공 상태를 만들어낼 수 없었기 때문에 패러데이의 연구에는 많은 제약이 따랐다. 1855년경 독일인 과학자 하인리히 가이슬러와 율리우스 플뤼커가 진공 기술을 발전시킨 덕분에 유리관 속에 있는 더 많은 공기를 제거할 수 있었다. 개선된 진공 기술을 사용하여 플뤼커는 전극 사이에서 훨씬 더 밝은 불빛을 생성해낼 수 있었으며 불빛이 자장의 영향력에 반응하는 것을 설명할 수 있었다.

영국인 화학자이자 물리학자인 윌리엄 크룩스(1832~1919)는 그의 연구 목표를 진공관으로 설정하기에 앞서 이미 진공관과 관련된 많은 사실을 발견했다. 크룩스는 가이슬러와 플뤼커의 진공관보다 더욱 더 진공 상태로 만들어진 자신의 크룩스관을 사용하여 직선으로 불빛의 이동을 야기시키고 특정한 물질에 부딪혀 인광을 발생시키는 음극선을 만들었다.

크룩스는 또한 전류가 흐를 때 회전하는 조그만 바람개비를 크룩스관에 설치했다. 그는 물질의 네 번째 상태(방사 물질)를 발견했다고 생각했지만 톰슨의 연구 결과 크룩스가 발견한 입자들은 방사 물질이 아닌 소립자였던 것으로 판명되었다. **DHk**

> "방사 물질은
> 음극으로부터 거대한 속도로
> 방출되고 있다."
>
> 윌리엄 크룩스, 영국의 화학자이자 물리학자

**참고:** 텔레비전, 컬러 텔레비전

◩ 진공 상태의 조건하에서 음극에서 양극으로 이동하는 빛의 속성을 보여준 크룩스 관.

# 수중 호흡기 (1878년)

프로스가 수중에서 숨쉬는 것을 가능하게 해주다.

스쿠버 다이빙에는 등 뒤에 항상 산소가 가득 든 탱크를 맨 후 수중에서 호흡하는 활동이 수반된다. 이 간단한 시스템을 일컬어 개방형 스쿠버라고 한다. 이러한 스쿠버 다이빙 방법이 유행하기 전까지 사람들은 수중 호흡기를 사용했다. 1878년 헨리 프로스는 사용자가 계속해서 공기를 호흡할 수 있도록 해주는 다이빙 시스템을 만들었다. 그는 고무 마스크, 호흡 주머니, 구리 탱크와 약간의 끈을 사용하여 최초의 스쿠버 수중 호흡기를 만들었다.

수중 호흡기는 잠수부가 내뿜은 가스로부터 이산화탄소를 제거하여 이를 재활용한다. 이 장치는 내뱉은 가스를 붙잡아 두는 팽창형 호흡 주머니와 오직 한쪽 방향으로만 가스를 흐르게 하는 밸브 시스템을 사용한다. 이산화탄소 스크러버는 내뿜어진 가스를 호흡 가능한 형태의 가스로 정화하는 역할을 담당하였다. 이산화탄소 스크러버에서 내뿜어진 공기는 종종 소다 석회를 포함한 흡수성 혼합물을 통해 이동한다. 소다 석회는 오로지 이산화탄소와 반응하여 해당 요소를 제거하였기 때문에 내뿜어진 공기의 다른 요소들은 호흡을 위해 재사용될 수 있었다. 이 시스템을 통해 수중 호흡기가 공기를 더 오랫동안 유지할 수 있었기 때문에 산소 탱크의 크기는 점점 줄어들었다.

수중 호흡기는 숨을 내뿜을 때 사용자가 활용할 수 있는 산소의 75퍼센트를 잃게 되는 보통의 스쿠버 시스템보다 효율적이다. 또한 유사 기기보다 현저하게 적은 거품을 생성하기 때문에 해군 잠수부가 적군의 눈에 띄지 않을 수 있다. 이와 유사한 시스템을 우주복과 소방 대원들이 사용하고 있다. 수중 호흡기는 또한 레저를 즐기고 싶어하는 사람들이 적당한 비용으로 잠수를 체험할 수 있도록 해준다. **LW**

참고: 표준 잠수복, 아쿠아렁

↗ 다소 번거로운 수중 호흡 장비. 실제 사용될 때에는 잠수복 위에 착용하게 됨.

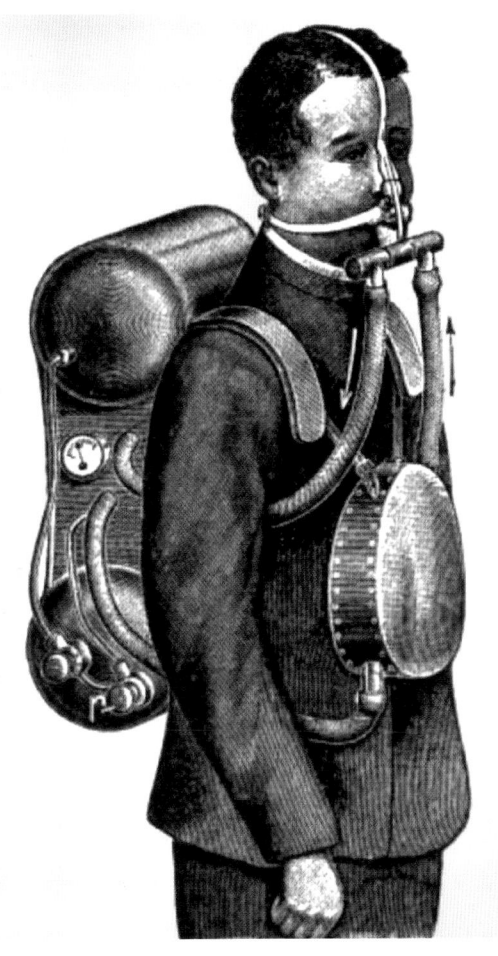

"우리가 숨을 내뱉는 순간
우리가 들이마신 산소의 많은
부분(대략 80퍼센트)이 내뱉어진다."

애덤 알트먼, 롱아일랜드 다이버 협회

# 금전 등록기 (1879년)

리티가 사소한 좀도둑질을 막다.

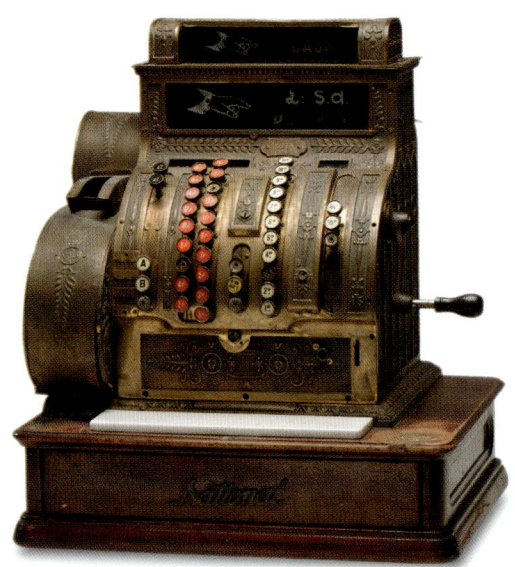

"모든 판매가
기록되는 것처럼,
인생은 금전 등록기와 같다."

풀턴 쉰, 대주교

⬆ 영국 시장 판매를 목적으로 제작된 미국 내셔널 캐쉬 레지스터社
의 1910년도 제품.

➡ 금전 등록기 덕분에 정신적 안정을 취할 수 있다고 선전하는 미국
'유니온 캐셔' 광고문.

금전 등록기가 출현하기 전에는 상점의 주인이나 관리자가 날마다 얼마 만큼의 금액을 전임자에게 인수인계 받았는지 정확하게 확인할 수 있는 방법이 없었다.

오하이오 주 데이턴에 위치한 자신의 술집에서 직원들의 좀도둑질로 스트레스를 받던 제임스 리티(1836~1918)는 직원의 횡령을 막을 수 있는 시스템을 설계하기로 결심하였다. 리티는 배로 유럽 여행을 하던 중 금전 등록기에 대한 영감을 얻었다. 배에 타는 동안 그는 배의 프로펠러가 얼마나 많이 회전했는지 기록하는 새로운 기계에 심취했다. 그는 이 기계를 보고 영감을 얻어 최초의 금전 등록기를 위한 시제품 제작에 착수했다.

리티는 기계공으로 훈련을 받았지만 사업체를 경영하였으므로 기계 제작에는 서툴렀다. 그는 기계 발명을 위해 여러 번의 시행착오를 겪었다. 하지만 1879년 기계공이었던 형의 도움으로 최초의 금전 등록기에 대한 특허를 취득하였다.

리티의 발명품은 오늘날의 금전 등록기와 매우 달랐다. 일례로 리티의 금전 등록기에는 현금 서랍이 없었다. 리티의 기계는 발생된 거래를 기록하고 시계의 문자판과 같은 다이얼로 총계를 계산하는 단순한 장치였다. 리티는 계속해서 기계를 개선하였으며 나중에는 거래의 기록을 출력하기 위해 종이롤과 핀을 추가하였다. 리티는 해당 기계를 대중에게 판매하기 시작하였다.

술집과 금전 등록기 사업을 병행할 수가 없어서 리티는 금전 등록기 회사를 1,000달러의 금액으로 제이콥 에크하트에게 매각하였으며, 에크하트는 다시 그 회사를 존 패터슨에게 매각하였다. 1884년 매각된 회사는 내셔널 캐쉬 레지스터社로 이름을 바꾸었으며, 오늘날에도 여전히 'NCR 주식회사'라는 이름으로 사업을 계속하고 있다. **CL**

**참고:** 계산자, 지폐, 신용 카드, 현금지급기

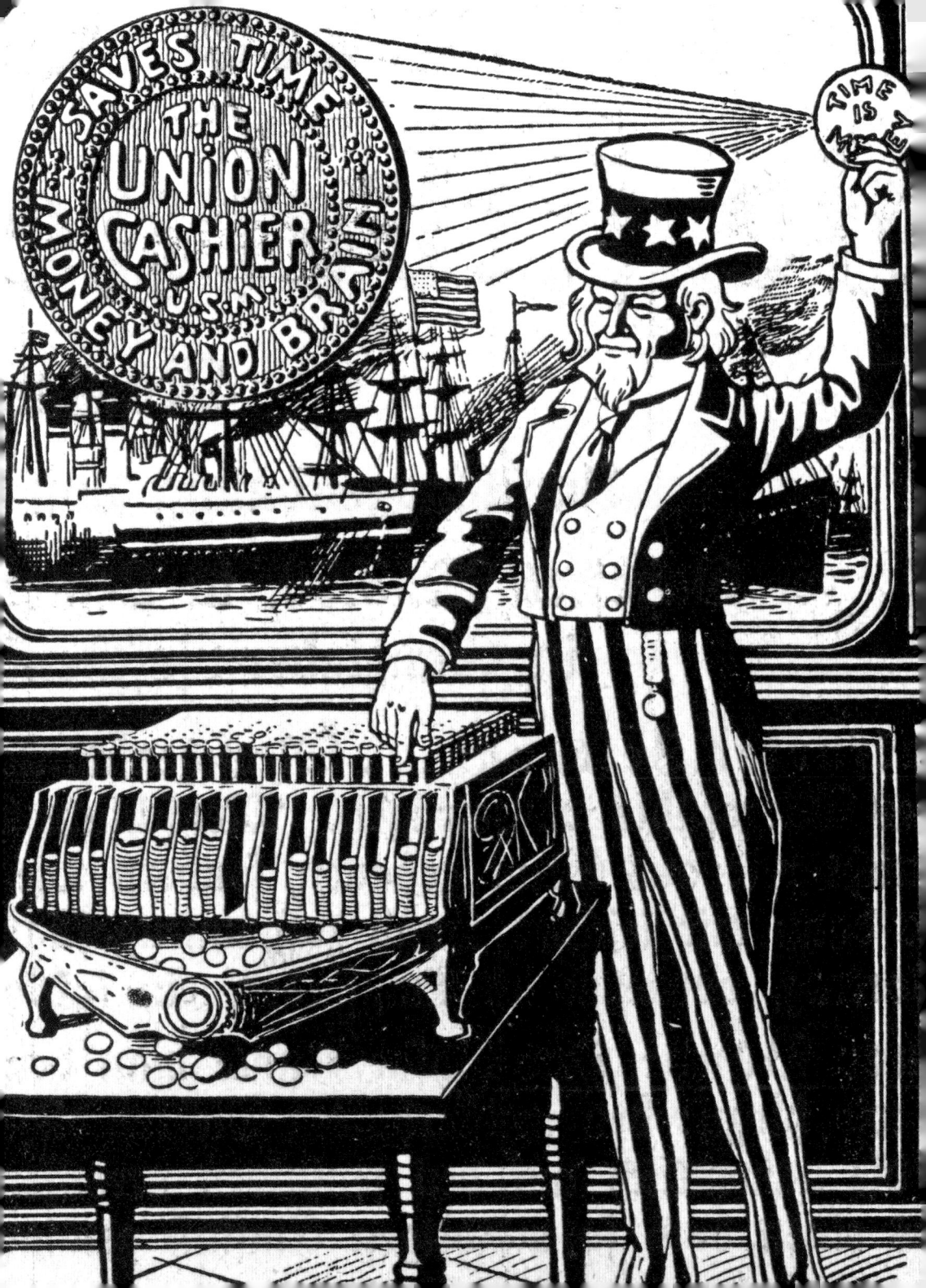

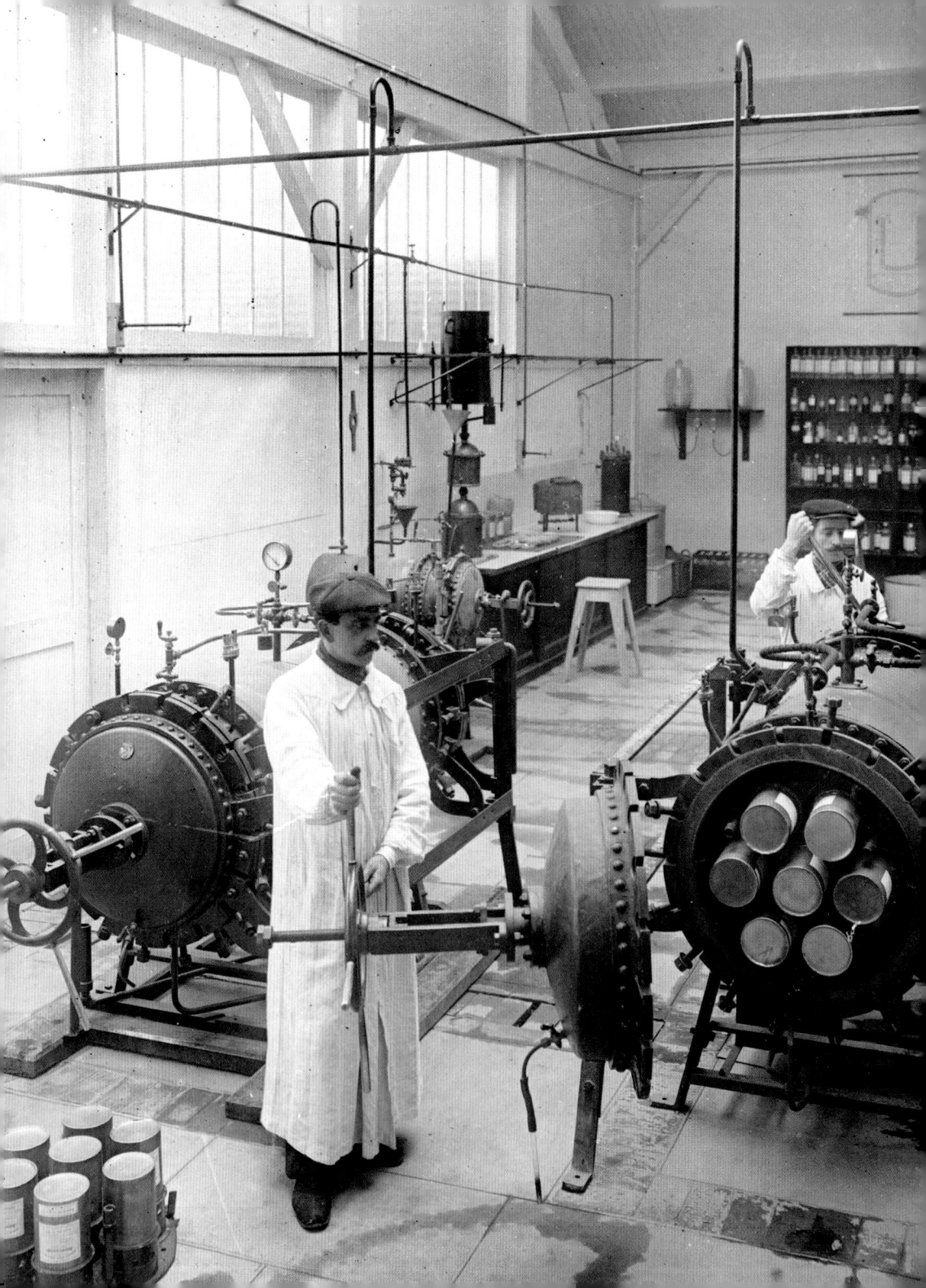

# 의료용 고압 소독기 (1879년)

샹베를랑이 수술 도구를 살균하다.

1870년대에 프랑스 미생물학자 루이 파스퇴르(1822~1895)는 자신의 세균 이론에 대한 반대세력의 비판을 반박하려고 노력하고 있었다. 그는 묽은 수프와 같은 끓인 액체가 오염에서 자유로운 지역에 놓여 있다면 박테리아가 성장하지 않는다는 내용의 논문을 발표하였다. 이에 비평가인 영국인 내과 의사 해리 바스티앙은 끓인 수프에도 박테리아가 증식할 수 있다고 반박하였다. 파스퇴르는 자신의 세균 이론(배종설)을 입증할 수 있는 실험을 수행하려고 하였다. 그러나 이러한 실험을 하기 위해서는 섭씨 100도보다 높은 온도에 도달해야 했기 때문에 프랑스 미생물학자인 샤를 샹베를랑(1851~1908)에게 온도를 높여주는 기계를 제작해줄 것을 제안하였다.

샹베를랑은 물이 압력하에서 끓게 되면, 섭씨 121도에 도달할 수 있다는 것을 알게 되었다. 이 온도를 15

> "미생물 좀 드실래요?
> 미생물만이 사실이며,
> 파스퇴르는 미생물의 예언자이다."
>
> 파스퇴르를 조롱한 프랑스 저널리스트, 1881년

분간 유지하면 모든 박테리아가 죽었다. 그는 1879년 수술 도구를 살균하는 고압 소독기를 고안하였다. 샹베를랑의 장치는 1679년 드니 파팽이 발명한 증기솥(최초의 압력솥)에 기반한 것이며 고압 소독기와 압력 조리기는 모두 오늘날 사용 중인 기기들이다. 유감스럽게도 고압 소독기는 음식에서 발생한 광우병 유발 병원체나 변종 크로이츠펠트 야코프병을 막을 수는 없다. 이는 감염 인자인 프리온이 보통의 살균 온도에서 생존할 수 있기 때문이다. **SS**

참고: 압력솥. 소독제 수술. 키토산 밴드

◀ 섭씨 121도에서의 살균을 위하여 고압 소독기 안에 붕대를 감은 튜브를 집어넣는 1905년의 프랑스 노동자들.

# 사카린 (1879년)

렘센과 팔베르크가 설탕 대체물을 만들다.

1879년 2월 27일에 메릴랜드의 볼티모어에 위치한 존스 홉킨스 대학교의 두 화학자인 아이라 렘센(1846~1927)과 콘스탄틴 팔베르크(1850~1910)는 콜타르 추출물인 o-톨루엔술폰아마이드의 산화에 대해 연구하고 있었다. 두 과학자는 저녁식사 도중 씻지 않은 손 때문에 음식물에서 의도하지 않은 단맛을 맛보게 되었다. 다음 날 그들은 이 신비롭고 달콤한 화학 물질에 대한 의견을 주고받았다. 세척하지 않은 장비를 확인한 결과 단맛이 났던 이유는 사카린이라고 나중에 이름 붙여진 인공 감미료 때문이었음이 밝혀졌다. 비록 팔베르크가 홀로 특허를 취득했지만, 두 과학자는 1880년에 그들이 발견한 것을 공표하였다.

칼로리와 글루코오스의 부족으로 사카린은 소비자들에게 큰 인기를 얻었다. 그러나 사카린의 안정성에 대해서는 항상 논쟁의 여지가 있었다. 1907년 식품 안

> "건강에 해롭다고?
> 사카린이 건강에 해롭다고 말하는
> 누군가는 멍청이다."
>
> 시어도어 루스벨트 대통령

정청은 사카린의 사용을 금지하려고 했으나 사카린 애호가였던 루스벨트 대통령 때문에 실패했다. 사카린은 1911년 사용이 규제되었지만 설탕 부족으로 제1차 세계대전과 제2차 세계대전 동안 제한조건이 완화되었다. 1970년대에는 많은 양의 사카린을 먹은 쥐가 방광암에 걸릴 수 있다는 연구결과가 발표되었다. 그러나 일부 과학자들은 이것이 사카린 불순물 때문이지 사카린 그 자체 때문은 아니라고 주장하였다. 2000년도에 빌 클린턴 대통령은 사카린 제품에 부착된 경고 문구를 없애는 법안에 서명하였다. 사카린의 안정성은 계속해서 논쟁이 진행되고 있다. **RH**

참고: 식용 마이코프로테인. 아침식사용 시리얼

# 지진계 (1880년)

밀른이 지구의 움직임을 기록하는 민감한 장치를 만들다.

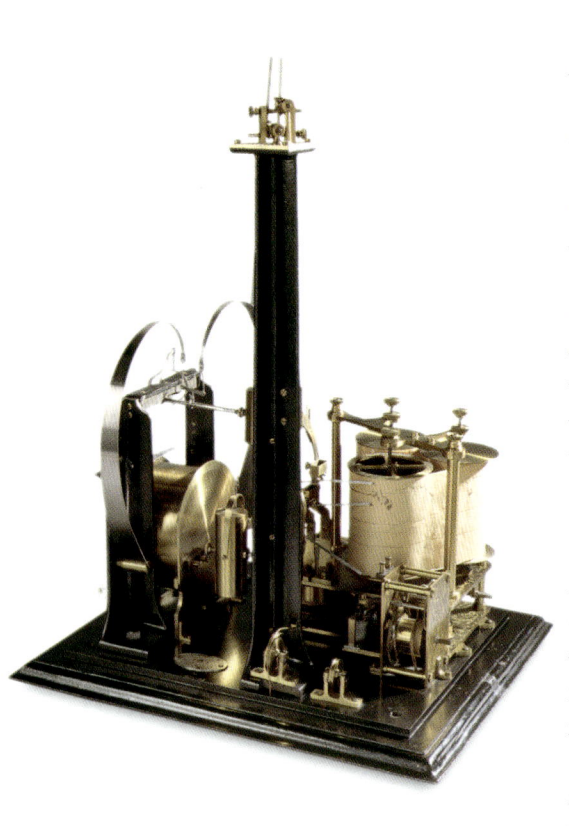

지진이 일어나면 지구 지각으로부터의 에너지가 방출되기 때문에 땅이 위아래 좌우로 움직인다. 지진계는 이러한 움직임을 계속해서 기록하는 장치이다. 중국인은 투박한 간이 지진계를 132년경에 발명했지만 이 장치는 지진 진원지의 방향만을 가르켰다. 그 후에 발명된 이란과 이탈리아의 지진계는 지진이 발생할 때 엎질러지는 수은 보관용기를 사용하여 진원지의 방향이나 움직임의 규모를 나타냈지만 발생 시간을 알아낼 수는 없었다.

영국인 과학자 제임스 알프레도 유잉과 토머스 그레이, 존 밀른(1850~1913)은 일본에서 발생하는 지진과 이를 기록할 수 있는 장치에 대해 연구하였다. 이 연구로 1880년 밀른의 수평 추 지진계가 발명되었다. 밀른은 1800년대 후반에 전 세계 표준 지진 관측망을 구성하자는 아이디어를 제안했다.

지진계는 지각이 흔들리는 동안 지구 지각의 움직임을 측정하기 위해 설계되었다. 암반에 부착된 프레임의 용수철에 매달린 큰 관성질량 물질(물질의 관성 크기를 나타내는 물질)이 지진계의 주요 구성요소이다. 땅이 흔들리면 프레임은 움직이는 반면 관성질량 물질은 움직이지 않는다. 질량 물질과 프레임 간의 거리 변화가 기록되며 이것을 통해 진동의 세부정보를 제공할 수 있다.

초기 지진계는 움직이는 종이 차트 위에 펜으로 수치를 기록했지만 현재는 디지털 방식으로 기록하고 있다. 지진 관측망은 1905년 액체로 구성된 지구의 핵을, 1909년 지각과 맨틀 사이의 단절을, 1936년 작은 고체인 내핵을 발견할 수 있도록 해주었다. **DH**

"왜 내가 쓰는 것을 멈추었을까?
내가 쓰고 있는 것을 멈춘 행위는
지진계보다는 피뢰침에 가깝다."
킨 키지, 『뻐꾸기 둥지 위로 날아간 새』의 작가

참고: 거짓말 탐지기

K 1885년 글래스고의 제임스 화이트가 만든 지진계. 이 모델은 하나의 원형 종이에 세 개의 펜으로 움직임을 기록하였다.

# 스프링 장착 쥐덫 (1880년)

맥심이 단순하지만 효율적인 형태의 쥐 잡는 방법을 개발하다.

히람 스티븐스 맥심(1840~1916)은 생전에 수많은 창작품을 만들어낸 발명가이다. 그는 총 271개의 특허를 신청했으며 그의 연구에는 총, 비행기, 고데기, 커피 대체품과 같은 다양한 물품이 포함되었다. 논란의 여지가 있지만 그의 가장 유명한 발명품 중 하나인 스프링 장착 쥐덫은 그가 개발한 것 중 가장 단순한 구조로 구성된 발명품이다.

마차 건축소에서 견습생으로 일하던 당시 14세였던 맥심은 자동 쥐덫을 만들었다. 그의 스프링 장착 덫은 동네 제분소에 설치되어 쥐를 사라지게 하는 데 일조했다. 맥심은 오늘날에도 여전히 사용되고 있는 형태의 덫을 설계하였다. 맥심의 쥐덫은 쥐덫의 통로에서 쥐를 잡기 위해 스프링 장착 막대를 푸는 시동 장치(미끼로 작동됨)를 포함하고 있었다. 이 장치는 쥐의 척수와 두개골, 혹은 늑골에 손상을 입힐 수 있었다. 치즈 미끼가 쥐를 잡는 데 효과적이라는 통념과 달리 땅콩버터, 초콜릿, 고기 등의 미끼가 더 유용하게 쓰인다.

1900년대 이후로 쥐덫은 전기 쥐덫이나 양동이 쥐덫과 같은 다양한 형태로 진화했다. 현재는 쥐를 붙잡은 후 해를 입지 않고 야생으로 돌려보낼 수 있도록 해주는 '고통을 주지 않는 덫'이 보다 대중화되고 있는 추세이다. 최근에는 쥐를 신속하고 고통 없이 죽이기 위해 이산화탄소 가스를 사용하는 렌토킬(해충 방역 회사)社가 개발한 레이더 쥐덫과 마취 가스 쥐덫 등을 사용한다. 렌토킬社의 쥐덫을 사용하여 쥐를 잡았을 경우, 사용자는 쥐덫을 비우고 설정을 리셋하라는 이메일을 받게 된다.

오늘날 시장에는 매우 다양한 유형의 쥐덫이 존재하지만, 맥심의 스프링 장착 쥐덫은 아직도 널리 사용되고 있다. **JG**

**참고:** 낚싯바늘

↗ 제작이 단순하였던 맥심의 쥐덫 설계.

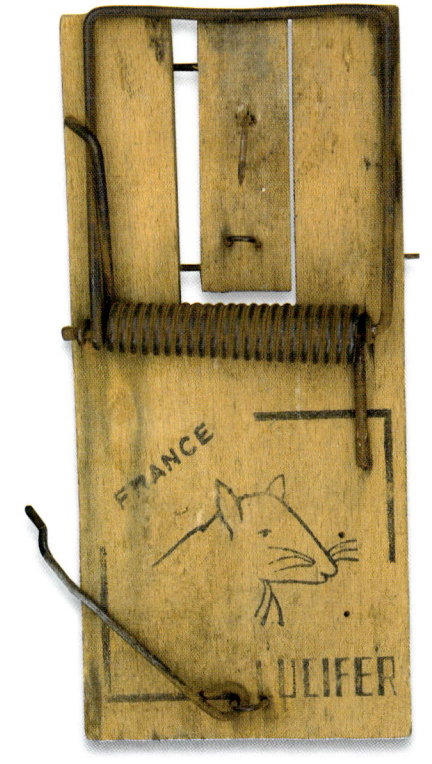

"만약 한 사람이 더 나은 쥐덫을 만들게 되면 세계는 그의 제품을 사려고 줄을 서게 될 것이다."

랄프 왈도 에머슨, 작가

# 콜레라 백신 (1880년)

파스퇴르가 새로운 백신을 소개하다.

프랑스 화학자인 루이 파스퇴르(1822~1895)는 19세기의 진정한 수재 중 한 명으로, 미생물학과 화학 분야에서 수많은 과학적 발견을 이끌어냈다. 그는 우유의 저온살균법 개발 및 광견병, 탄저병을 포함한 수많은 백신을 발명한 것으로 가장 잘 알려져 있다. 비록 파스퇴르가 천연두 백신을 개발했던 에드워드 제너(1749~1823)의 연구 내용에 대해 알고 있었을 지라도, 콜레라 백신 개발의 경우는 거의 우연한 계기로 이루어졌다.

1880년 여름, 파스퇴르는 콜레라에 걸린 닭으로 실험을 하고 있었으며 그의 조수 샤를 샹베를랑에게 콜레라 박테리아를 배양하여 닭들에게 접종할 것을 지시하였다. 샹베를랑은 지시받은 대로 일을 수행하지 않았으며 그 때문에 한 달 뒤 손상된 박테리아 배양균이 닭들에게 접종되었다. 닭들은 콜레라에 감염되었으나 죽지 않았기 때문에 파스퇴르는 새로운 무리의 닭에게 새로 배양된 박테리아를 접종하였다. 오래 배양된 박테리아를 접종한 닭들은 살았지만, 새로운 무리의 닭들은 모두 죽었다. 파스퇴르 이전에 백신을 연구했던 제너처럼, 파스퇴르는 약해진 박테리아가 그것을 주입한 생물체에게 면역력을 생성시킨다는 것을 깨달았다. 그러나 제너와 파스퇴르 연구의 차이점은 파스퇴르가 인공적으로 생성한 형태의 박테리아를 사용했다는 점이다. 이것은 백신을 대량 생산할 수 있도록 해주었으며 질병 예방에 혁명을 일으켰다. 콜레라 백신이 성공한 이후 파스퇴르는 탄저병 백신(1881)과 광견병 백신(1895)을 계속해서 만들었다.

파스퇴르의 성공과 명성에도 불구하고 의료 세계 내에서는 자연발생설을 믿는 반발 세력들이 그가 살아 있는 동안 전염병 치료 부문에서 파스퇴르가 쌓은 업적을 인정하지 않았다. **TP**

참고: 예방접종, 광견병 백신, 탄저병 백신, 소아마비 백신, 풍진 백신, B형 간염 백신

# 인큐베이터 (1880년)

타르니에와 마틴이 미숙아들을 구하다.

프랑스 산부인과 의사인 에티엔 스테판 타르니에는 이집트 상형문자에서 보았던 닭 부화기에서 영감을 얻어 가금류 사육사인 오딜 마틴의 도움으로 갓난아기들에게 적합한 인큐베이터를 만들었다. 1880년에 이집트 고대 디자인을 변형한 인큐베이터는 수백만 명의 생명을 구해냈다.

설계는 매우 단순했다. 인큐베이터는 위아래로 나뉘는데, 위쪽은 아기를 위한 공간, 아래에는 석유 램프 석유 램프로 가열된 물이 위치하여 위쪽의 공간을 따뜻하게 유지하는 역할을 하는 곳이었다. 한편 유아는 가장 위에 위치한 칸막이를 통해 숨을 쉴 수 있었다. 1880년 이후 인큐베이터는 인간이 고안한 가장 복잡한 장비인 현대식 버전 하우징으로 대폭 변경되었다.

매년 전 세계에서 대략 1,400만 명의 미숙아들이 태어나므로 아기를 살려내기 위해서는 이 기계가 꼭 필

> "건강한 사람은 희망을 가지고 있으며 희망을 가진 사람은 모든 것을 가지고 있다."
>
> 아랍 속담

요하다. 이 발명품이 구한 신생아가 전부 몇명인지 계산하기는 어렵다. 한 세기 이전에 지저분한 위생 환경 속에서 세상에 첫 발을 내딛은 미숙아들이 병 모양의 기계에서 자라고 있었다는 것은 놀라운 사실이다. **CB**

참고: 철폐, 신장 투석, 인공 심폐기기, 흡반

➡ 타르니에와 마틴의 아이디어를 개선한 닥터 하우의 전기 유아 인큐베이터(1903).

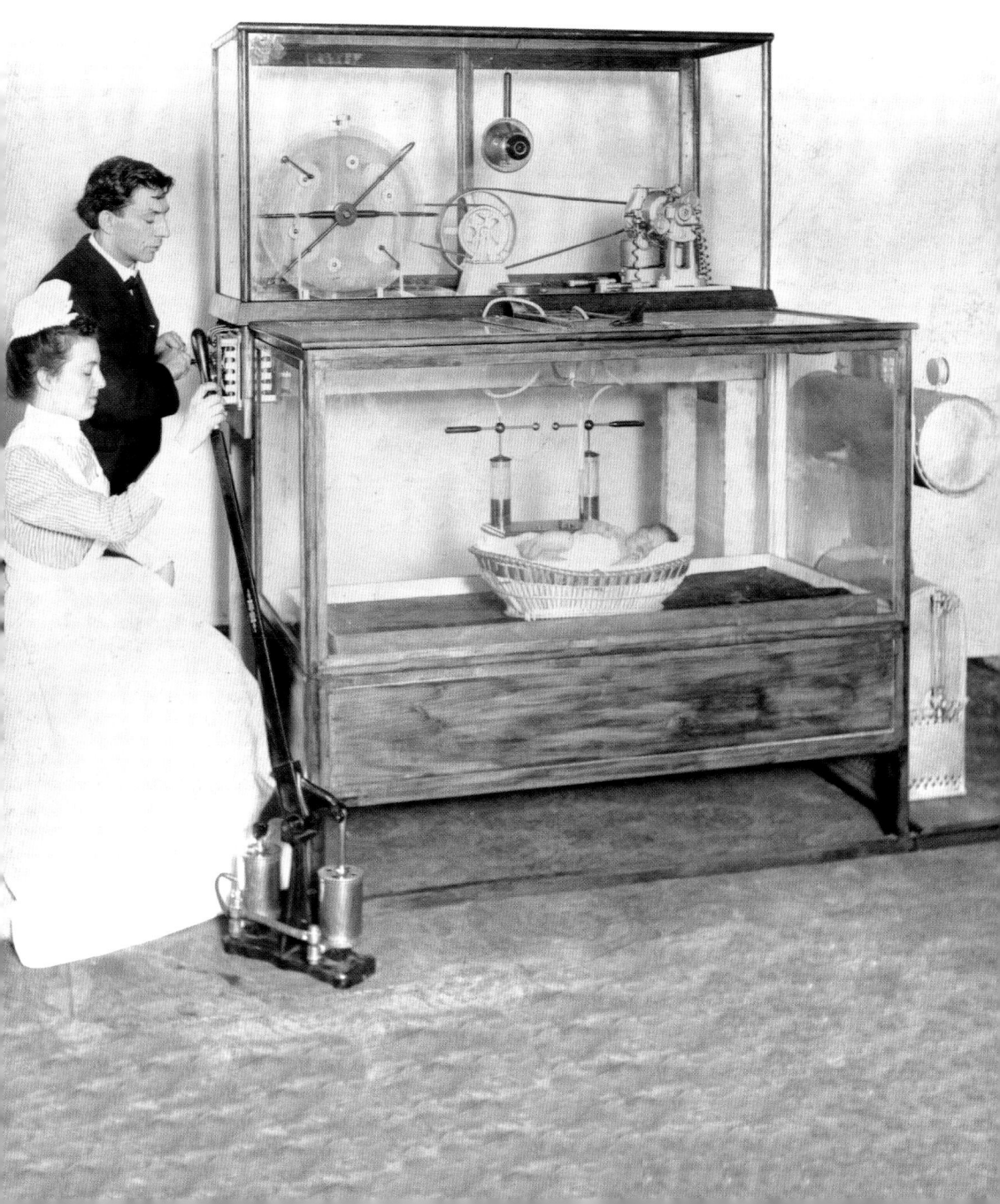

# 보올콕
## (1880년)

크래퍼가 변기 물통에서 물의 흐름을 제어하는 시스템을 고안하다.

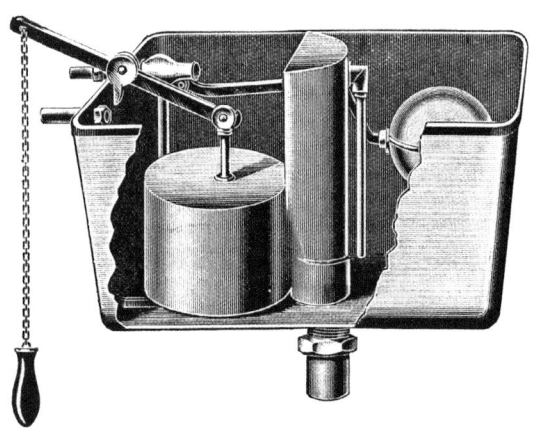

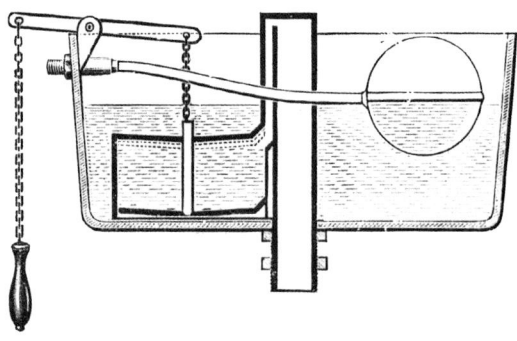

토머스 크래퍼(1836~1910)의 발명품 때문에 화장실에 과 관련된 여러 기구들이 다양하게 발전했다. 크래퍼에게 가장 실망스러운 사실 중 하나는 그 자신이 수세식 변소를 발명하지 않았다는 점이다. 하지만 크래퍼는 수세식 변소를 대중화시켰다. 실제로 크래퍼는 배관공이었는데 19세기 중반에 어린 나이로 견습생이 되었으며 20세의 나이에 마스터 배관공이 되었다. 그의 배관 공사 능력은 매우 뛰어났기 때문에 크래퍼는 왕족 구성원들에게서 일거리를 얻을 수 있었다.

크래퍼가 발명한 보올콕은 그가 취득한 아홉 개의 특허 중 하나였으며, 개선된 변기 디자인과 관련한 세 개의 특허 중 하나였다. 보올콕은 내부에 공기가 차 있는 상태에서 물에 뜨는 부레로, 변기 물통 내의 밸브에 연결되었다. 물통이 바닥부터 서서히 물로 채워짐에 따라 변기 부레는 위로 상승하였다. 변기 물통에 물이 넘쳐흐르는 것을 막기 위해 보올콕은 적당한 지점에서 밸브를 잠글 수 있도록 해주었다.

크래퍼는 통찰력 있는 사업가였으며 본인 소유의 배관과 욕실 수리 회사를 설립하다. 그는 또한 세계에서 최초로 대중이 볼 수 있는 전시실을 구비했다. 토머스 크래퍼 앤 코퍼레이션社는 크래퍼 본인이 설계한 제품을 비롯하여 계속해서 높은 품질의 욕실 설비를 만들었다.

오늘날 현재 관광 명소가 된 런던의 웨스트민스터 사원에는 크래퍼의 회사 이름을 새긴 맨홀 뚜껑이 있다. **DHk**

---

"제발 너의 안목을
변기 물을 내리는 시스템을
개발한 크래퍼 정도로 끌어올려라."

애덤 하트 데이비스, 영국인 과학자이자 방송인

**참고:** 수세식 변소, 하수 시스템, 휴지, 양변기의 S자 트랩, 비료 만드는 변기

▣ 물의 유입을 제어하기 위해 부레(우측에 위치한 공 모양)를 사용한 크래퍼의 '물 낭비 방지기'.

# 자유 제트 워터 터빈
## (1880년)

펠턴이 물레방아 효율을 개선하다.

미국의 골드 러시(1848~1855) 기간 동안에 전 세계에서 유입된 사람들은 부자가 되기 위해 캘리포니아로 몰려들었다. 오하이오 주에 살던 레스터 펠턴(1829~1908)은 이러한 이민자들 중 한 명이었지만 그는 금이 아닌 다른 수단으로 성공하였다. 1880년 펠턴은 자유 제트 워터 터빈에 대한 특허를 취득하였으며 이를 통해 부와 명예를 얻었다.

금광은 대규모 산업으로 성장하고 있었으며 이 사업을 유지하기 위해 끝없이 많은 양의 동력이 사용되었다. 땔감 공급이 차츰 줄어들어 증기 동력원의 가격이 매우 비싸졌으며 이로 인해 채광 회사들은 광산 주변의 샛강과 폭포에서 대체 에너지원을 찾고 있었다.

제분소에 동력을 공급하던 물레바퀴는 큰 강에서는 최적의 성능을 발휘하였으나 험준한 산의 샛강이나 폭포에서는 큰 성능을 발휘하지 못했다. 1866년 새뮤얼 나이트는 물레바퀴의 평평한 판을 컵 모양의 물받이로 교체한 수력 터빈을 발명하였다. 미완성인 자신의 터빈을 바라보면서 펠턴은 물이 물받이의 가운데를 타고 흐르는 것이 아니라 물받이의 가장자리를 타고 내려오며 이로 인해 바퀴의 회전이 더 빨라졌다는 사실을 알게 되었다. 이것은 물 분사로 발생된 힘의 양이 힘이 적용받는 거리에 비례하여 증가하기 때문이다. 이러한 원리를 이용하기 위해 펠턴은 금속 칸막이를 위치시켜 하나의 물받이를 두 개의 공간으로 나누었다. 펠턴의 설계(펠턴 수차)는 90퍼센트 이상의 효율성을 자랑하였으며 가장 유사한 물품을 출시한 라이벌 제품에 비해 대략 14퍼센트 정도 개선된 것이다.

펠턴 수차는 몇 십 년 동안 표준으로서의 지위를 유지하였으며 나중에 등장하는 수력 터빈을 위한 초석이 되었다. 펠턴 수차는 오늘날에도 제조되어 전 세계에서 사용되고 있다. **RP**

참고: 물 방앗간, 볼 베어링, 조력 물레방아, 프랜시스 터빈, 증기 터빈

# 금속 탐지기
## (1881년)

벨이 금속을 찾기 위해 자성을 이용하다.

1881년 미국 대통령 제임스 가필드가 저격당했을 당시, 의사는 대통령의 신체에서 총알을 찾기 위해 알렉산더 그레이엄 벨(1847~1922)을 호출하였다. 호출을 받은 벨은 금속을 탐지할 수 있는 임시 장비를 재빨리 만들었지만, 안타깝게도 대통령은 금속으로 만들어진 침대에 누워 있었기 때문에 금속 탐지기가 원활하게 작동하지 않았다. 벨은 침대 때문에 탐지기가 작동하지 않았다는 사실을 알아차렸지만 때는 너무 늦었다. 얼마 후 가필드 대통령은 사망했다.

금속 탐지기는 탐지를 위해 전기와 자기 사이의 관계를 활용한다. 전류가 코일선을 따라 흐르면 자기장이 발생한다. 금속 물체가 자기장을 따라 지나가고 나면 해당 물체에는 전류가 생성된다. 전류는 순서대로 코일에 반대 신호를 불러일으키며 이 변화로 인해 사용자는

> "나에게 묻지 마라.
> 금속 탐지기에게 물어봐라.
> 그것이 작동하게 되어 있다."
>
> 매니, 미국 범죄드라마 'CSI 시리즈'

금속의 존재를 파악할 수 있다.

벨이 발명한 금속 탐지기의 초기 모델은 1930년대부터 현대식 탐지기로 점차 개선되었다. 금속 탐지기는 오늘날 공항에서 흔히 볼 수 있으며, 숨겨진 무기를 탐지하는 데 사용한다. 금속 탐지기는 또한 전장에서의 지뢰 감지와 공장에서 금속 파편이 음식물에 들어가 있는지 확인할 때 쓰인다. 단순한 기능의 금속 탐지기는 구매하는 데 많은 비용이 들지 않고 만들기도 쉽다. 일부 금속 탐지기는 동전이나 기타 금속 품목을 찾는 취미 활동에 사용되고 있다. **LS**

참고: 금속 세공, 연철, 강철, 거짓말 탐지기

# 정화조
(1881년)

모라의 탱크가 사람의 분뇨를 정화처리하다.

사람의 분뇨 처리 방법은 길가에 오물을 투척하는 것에서부터 복잡한 정화처리 시스템에 이르기까지 다양하게 바뀌어갔다. 19세기 후반에 프랑스인 장 루이 모라는 하수관이 연결되어 있지 않은 외곽지역에서 현재까지도 사용되는 새로운 유형의 분뇨 처리 시스템을 발명하였다.

1860년대 모라는 사람의 분뇨를 한곳으로 모으기 위해 자신의 집과 연결한 석조 탱크를 건설하였다. 12년 후 탱크를 열었을 때 모라는 탱크에 고형물이 거의 없다는 사실에 놀랐다. 모라는 과학자이자 신부인 아베 모아노와 함께 현상에 대해 연구한 결과 1881년 분뇨 탱크에 대한 특허를 취득하였다.

분뇨 탱크의 부패조 작동 원리는 간단하다. 분뇨가 한쪽 끝으로 탱크에 주입되고 일정 기간 탱크에 머

"이 신비한 발명품은
수압 봉인물로 밀봉시킨
밀폐 공간으로 구성되어 있다."
장 루이 모라

무른 후 다른 한쪽으로 배출되는 것이다. 분뇨가 꽉 차게 되면 부패조에 주입된 액체가 동일한 양의 액체를 부패조 밖으로 밀어낸다. 탱크 내에는 찌꺼기 층(액체 상위)과 침전물 층(액체 바닥), 깨끗한 액체 층(액체의 중간)으로 구성된다. 그리고 나면 미생물을 활용한 정화처리와 함께 고형물을 침전시키는 방법이 적용되어 분뇨가 정화된다. 부분적으로 정화 처리된 분뇨는 지하수를 오염시키지 않기 위해 지정된 배수지로 배출된다. **RH**

참고: 수세식 변소, 오물 시스템, 비료 만드는 변기

# 하프톤 인그레이빙
(1881년)

아이브스가 사진을 출력하는 방법을 선보이다.

1800년대 책과 신문에 사진을 인쇄하려는 사람들이 늘어나면서 사진의 유행이 최고조에 달했다. 그러나 그 당시 인쇄기는 사진을 흑백으로만 표현할 뿐 명암으로는 표현할 수 없었다. 1881년이 되어서야 미국인 프레더릭 아이브스(1856~1937)가 최초의 성공적인 하프톤 공법을 개발하였다.

하프톤 출력은 연속적인 명암톤의 이미지를 수많은 크기의 점으로 구성된 이미지로 변환시키는 작업이다. 이 시스템의 핵심은 인간이 가지고 있는 시각적 능력의 한계를 활용하는 것이다. 적절한 해상도에서 인간의 눈은 개별적인 점들을 어두운 회색조 이미지로 받아들이게 되며 점이 커질수록 더욱 어두운 색조로 인식한다.

하프톤 출력을 위한 첫 번째 단계는 프로세스 카메

"사실 하프톤은
일종의 마술 속임수에
지나지 않는다."
빌 스티븐스, 인쇄업자

라로 음화를 만드는 것이다. 프로세스 카메라에서 화면은 격자를 포함한 필름과 렌즈 사이에 위치한다. 망사 모양의 격자는 빛을 통과시켜 이미지를 작은 네모 모양으로 분할시키며 이를 통해 분할된 점들이 만들어진다. 필름에 닿은 광량에 따라 서로 다른 크기의 점이 만들어지는데, 빛이 많이 들어올수록 더 큰 점이 만들어진다. 그 후 표면에 남겨진 이미지로 판화를 만들기 위해 음화가 사용되며, 생성된 판화를 잉크로 덮어 이미지를 출력한다. 값싸고 효율적인 하프톤 인쇄는 오늘날에도 여전히 신문과 같은 인쇄물에서 사용되고 있다. **RP**

참고: 인쇄기, 사진필름, 필름 카메라/프로젝터, 홀로그래피, 디지털 카메라

# 회전문
## (1881년)

보크해커의 아이디어로 빌딩 출입 시 사람들이 잠시 발걸음을 멈추다.

회전문의 개념을 혁명적이라고 표현하는 것은 옳지 않다. 회전문은 보통 문과는 다르게 여러 날개로 이루어진 회전형 문에 불과하다. 그러나 회전문의 건축학적, 사회적, 환경적 의미는 여러 사람의 흥미를 자극하기에 충분하다.

1881년 보크해커는 회전문에 대한 최초의 특허를 취득하였다. 그 당시 회전문은 평범한 개념이 아니었지만 빅토리아 시대가 끝나기 전에 이미 회전문과 관련한 여러 특허가 신청되어 있는 상태였다. 1888년 8월에 테오필루스 반 카넬이 고안한 세 개의 날개로 구성된 '회전문 구조'는 그러한 여러 개의 특허 신청 건 중 하나였다. 반 카넬은 자신의 회전문이 한 방향으로만 회전하기 때문에 사람들의 출입을 통제하는 데 적절하며 사람 간의 충돌 위험을 최소화시킬 수 있다고 주장하였다.

회전문은 건물 출입 시 사람의 발길을 멈추게 하는 기능 이상을 수행할 수 있도록 설계된다. 회전문은 따뜻한 공기가 밖으로 빠져나가는 것을 막아 에너지 손실을 줄일 수 있다. 또한 회전문의 회전 날개 때문에 사람들은 건물의 내부와 외부 사이를 통행할 때 직접 문을 열고 한 번에 나갈 수 없다. 매사추세츠 공과 대학교(MIT)에서 수행한 연구를 통해 회전문을 사용하면 실제로 많은 양의 에너지를 절약할 수 있다는 사실이 입증되었다.

2008년 뉴욕의 플럭스랩 디자이너들은 에너지를 절약하는 것이 아니라 에너지를 생성하는 회전문을 구상했다. 그들의 회전문은 풍력 터빈과 유사한 방식으로 작동하여 회전문의 움직임에서 발생한 운동 에너지를 전기로 변환시켰다. **HB**

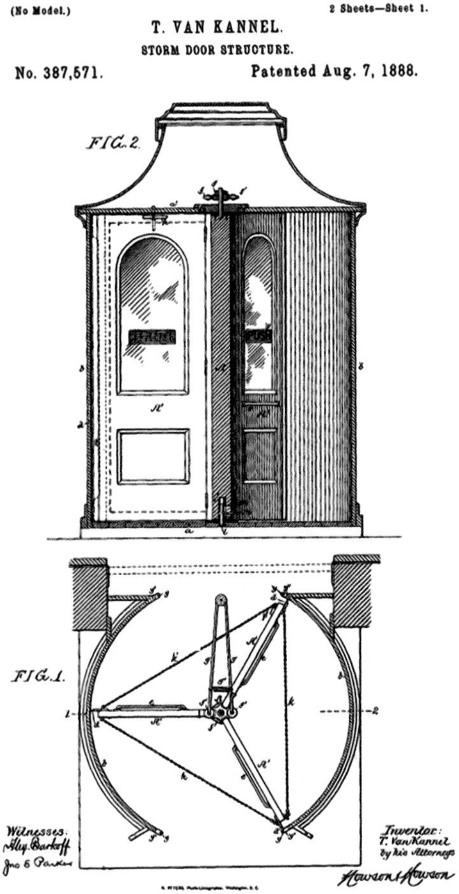

(No Model.)        2 Sheets—Sheet 1.

T. VAN KANNEL.
STORM DOOR STRUCTURE.

No. 387,571.      Patented Aug. 7, 1888.

FIG. 2.

FIG. 1.

Witnesses:
Alex Barksff
Jno G Parker

Inventor:
T. Van Kannel
by his Attorneys
Hawson & Hawson

**참고:** 강철 거더 마천루, 에스컬레이터, 자동문

↗ 회전문에 대한 보크해커의 여러 개념 중 하나를 사용한 테오필루스 반 카넬의 회전문 구조.

"위대한 작업은
종종 거리의 구석이나
레스토랑의 회전문에서 탄생하였다."

알베르 카뮈, 작가

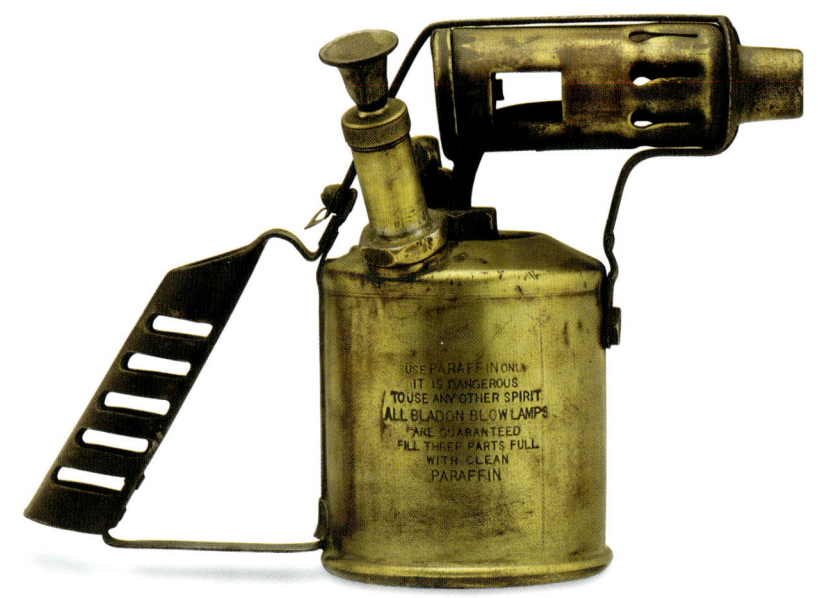

# 블로토치 (1881년)

나이버그가 불꽃의 세기를 조절할 수 있는 작은 도구를 발명하다.

1890년대 후반부터 스웨덴의 발명가인 카를 나이버그 (1858~1939)는 유인 비행선의 문제점을 해결하는 데 관심이 많았다. 그는 비행선(플루간)으로 수많은 실험을 했지만 대부분 성공하지 못했다. 나이버그는 비행에 대한 꿈을 이루는 데 실패했지만 비행선은 네 개의 블로토치로 가열되는 증기기관의 힘으로 추진되었으므로 블로토치(현재도 폭넓게 사용되고 있는 편리한 도구)를 세상에 알리는 계기가 되었다.

조리기와 증기기관, 보트 프로펠러를 포함한 많은 발명품을 남긴 나이버그는 1811년에 블로토치를 발명하였다. 그러나 블로토치에 대한 실제 특허는 나이버그의 발명품에 관심을 보인 사업가 맥스 시버트가 취득하였다. 맥스 시버트는 1886년경부터 블로토치를 판매하기 시작했다.

블로토치는 액체 연료로 항상 프로판, 부탄, LPG 중 하나를 채운 원통형 모양을 하고 있었다. 연료는 기화된 후 불꽃의 형태로 점화되기 전에 연소실에서 산소와 결합되었다. 조그만 노즐에서 분출되는 고압 연료는 연료가 분출되는 방향으로 불꽃을 방사할 수 있게 해주었으며, 이로 인해 블로토치를 사용하여 좁은 면적을 직접 가열할 수 있었다.

블로토치는 다양한 목적으로 사용되었다. 블로토치의 불꽃은 산소아세틸렌 토치의 불꽃보다 온도가 낮기 때문에 용접이나 절단에 사용할 수는 없지만 이를 제외한 거의 모든 부문에 쓰이고 있다. 주방에서부터 전문 기계공의 공구 상자에 이르기까지 블로토치가 폭넓게 사용되고 있으며, 크림 블레를 바삭하게 굽는 용도에서부터 금속의 땜질에 이르기까지 다양한 작업에 쓰인다. **BG**

**참고:** 불의 제어, 공기 액화 화염 방사기, 용접

⬆ 블로토치의 디자인은 1881년 나이버그가 출시한 이후 거의 변한 것이 없다.

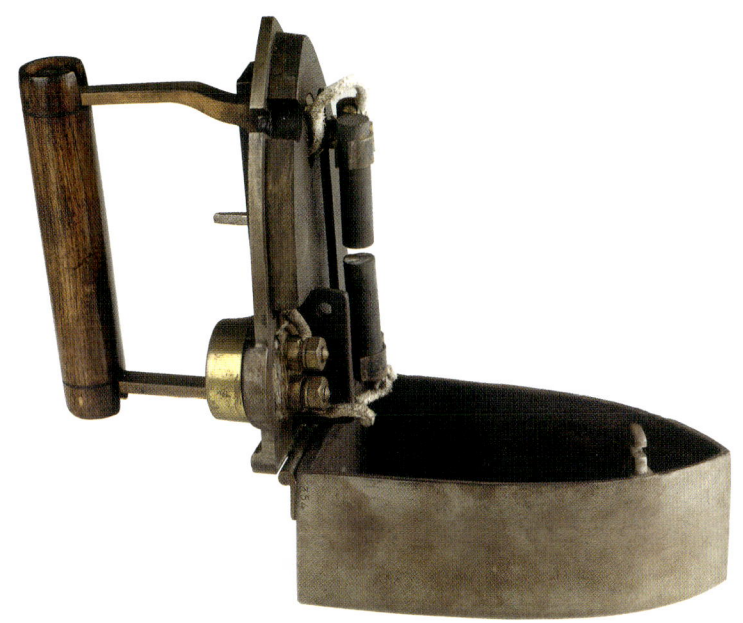

# 전기 다리미 (1882년)

실리가 노동을 줄여주는 장치로 다림질을 쉽게 만들다.

전기 다리미가 출현하기 전에 사람들은 다양한 방법을 사용해 의복의 주름을 제거하였다. 고대 중국인들은 17세기까지 숯으로 채워진 팬으로 옷을 다렸다. 19세기 후반까지 다리미는 등유와 동물 기름을 포함한 다양한 연료로 가열되었다.

　　다림질은 뜨거운 석탄 스토브와 계속해서 가열해 줘야 하는 수많은 다리미를 사용해야 했기 때문에 힘들고 피곤한 작업이었다. 그러나 전기의 출현으로 더 이상 석탄 스토브와 여러 개의 다리미를 사용할 필요가 없게 되었다. 뉴욕에 거주하고 있던 미국인 발명가 헨리 실리는 1882년에 전기 다리미를 개발하고 최초로 이에 대한 특허를 취득하였다. 실리의 전기 다리미는 저항 가열 방식(저항에 의해 전류로 열을 생성)을 사용했는데, 이 방식은 알루미늄이나 스테인리스 강철로 만들어진 현대식 다리미의 금속 열판을 가열하는 데 여전히 사용되고 있다. 열판에는 손잡이가 부착되어 있어 사용자가 원하는 방향으로 자유롭게 움직일 수 있었다. 초

창기 전기 다리미는 열판의 온도를 조절하는 것이 어려웠으며 열판을 다루는 것 또한 위험한 작업이었다. 실리와 리처드 다이어(토머스 에디슨의 특허 변호사)는 전기로 데워져 있는 상태에서 사용하지 않을 때에는 바닥에 내려놓을 수 있는 일종의 무선 다리미를 개발하여 이러한 문제를 해결하였다.

　　1920년대 무렵 선진국 가정 대부분에 전기가 공급되면서 전기 다리미가 널리 보급되었다. 1930년대에는 전류를 차단하여 온도를 조절하는 자동 온도 조절장치가 도입되었으며 그 후 현대식 스팀 다리미가 출시되었다. 1941년 무렵 미국 가정의 4분의 3 이상이 전기 다리미를 사용하였다. **RBd**

참고: 접이식 다리미판

⬆ 1905년경 프랑스에 소개된 전기 다리미의 초기 모델.

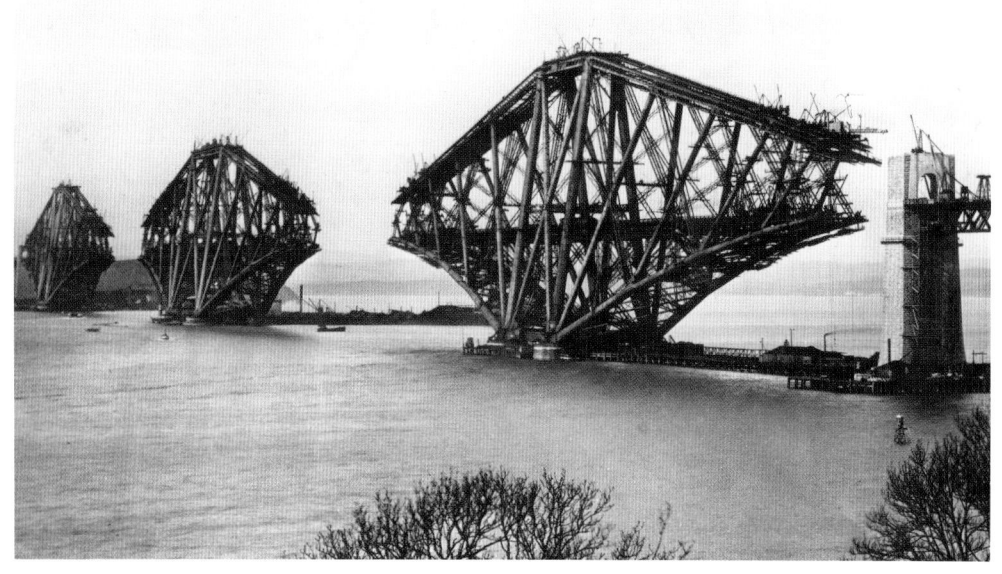

# 캔틸레버식 다리 (1882년)

베이커와 파울러가 엔지니어링 분야에서 훌륭한 업적을 이룩하다.

1882년부터 1890까지 스코틀랜드 에든버러 인근에서는 역사에 남을 건설 엔지니어링 프로젝트가 진행되었다. 이 프로젝트 내용은 스코틀랜드의 주요 지류 중 하나인 포스만에 다리를 놓아 스코틀랜드의 북동쪽과 남동쪽을 연결하기 위한 다리를 놓는 것이었다. 벤저민 베이커(1840~1907)와 존 파울러(1817~1898)는 이 프로젝트에 도전하였다. 비록 예술가인 윌리엄 모리스가 베이커와 파울러의 다리를 "세상에서 제일 흉칙한 사물의 표본"이라고 비난하였지만 그들의 다리는 스코틀랜드를 대표하는 상징이 되었다.

1879년 토머스 부치가 건설을 주도한 테이 브리지가 붕괴되어 75명의 사망자가 발생한 사건으로 베이커와 파울러는 토머스 부치 대신 1882년 이 프로젝트에 선발될 수 있었다. 베이커와 파울러는 빅토리아 시대에 공학의 계보를 구축하였다. 그들은 런던 최초의 지하철 노선인 메트로폴리탄 라인뿐만 아니라 여러 철도 다리를 건설하였다. 베이커와 파울러는 포스만에 캔틸레버식 다리를 건설하기로 결정하였으며 건축 자재로 6만 4,000톤의 강철을 사용하였다. 이 다리는 강철 건축 자재를 사용하여 지어진 최초의 다리이다.

캔틸레버식 다리는 균형의 원리에 기반한다. 간격에 맞춰 여러 개의 다리가 설치되며 지주 끝 부분은 교량의 균형을 잡는 역할을 한다. 종종 교량 끝 부분마다 하나씩 두 개의 다리가 사용되기도 하는데, 이 경우 교량 양쪽 끝 부분은 단일 빔 브리지와 교차한다. 다리에 캔틸레버 방식을 사용하겠다는 생각은 이전부터 있어 왔으며 이를 실현시킨 베이커와 파울러의 캔틸레버식 다리는 기존의 다리 건축 방식을 변화시켰다. **BG**

참고: 아치교, 부교, 현수교, 트러스교

↑ 세계에서 두 번째로 긴 캔틸레버식 다리인 포스 레일 브리지. 3,280피트(1,000미터) 이상의 길이임.

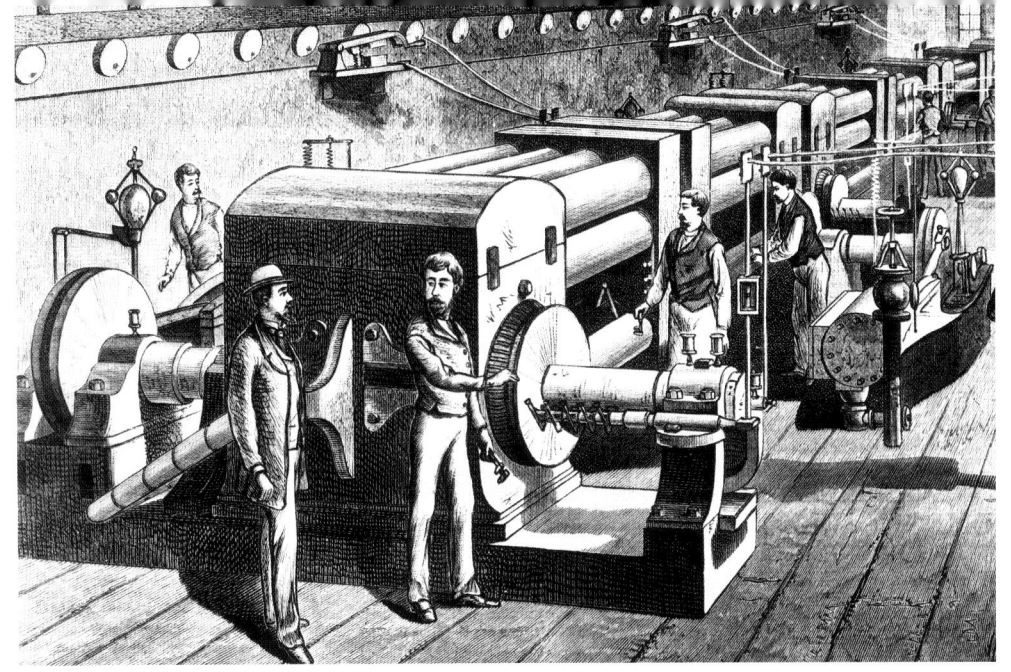

# 공공 전기 공급 (1882년)

에디슨이 대중을 위하여 전기 스위치를 누르다.

1882년 가을, 뉴욕 맨해튼에 동력과 빛을 둘 다 제공할 수 있는 중앙집중화된 전기 시스템이 설치되었다. 이 전기 시스템은 맨해튼의 금융가인 펄 스트리트에 설치되었다. 이 발전소는 최초의 영구 시스템이었으며 직류 전류와 3,000개의 전구를 사용하였다. 멘로 파크의 마법사(에디슨의 별명)인 토머스 에디슨(1847~1931)이 바로 이 시스템의 개발자이다.

1870년대 후반의 가장 큰 과학적 이슈는 쉽게 과열되는 커다란 전기 아크등을 작고 안전한 등으로 대체하는 것이었다. 저명한 재정가들(J. P. 모건과 벤더 빌츠 포함)에게 금융적 후원을 받았던 에디슨의 일렉트릭 라이트社는 일련의 조그만 등 사이에 전류를 배분할 수 있는 병렬 서킷의 제작에 착수하였다. 하나의 등이 꺼져도 전체 서킷에 영향을 미치지 않게 하는 것이 병렬 서킷 제작의 목적이었다.

에디슨은 일종의 탄소 기술을 사용한 탄소 버튼 송신기와 전신기(1877년에 발명)의 발명에 주력하였으며, 탄화된 대나무 전구 필라멘트를 제조하였다. 그는 또한 발전기, 접속 상자, 안전 퓨즈, 소켓 등 기타 관련 장비를 고안하여 펄 스트리트에 설치할 전기 시스템을 제작하였다.

개별 건물 방식 발전소와는 달리, 대형 중앙 발전소를 통한 전기 공급 방식이 채택되기까지는 다소 시간이 걸렸다. 또한 아크등의 대안이었던 가스등은 한동안 사용되지 않았다. 그러나 1915년경에 등장한 텅스텐 전구는 아크등보다 더 밝은 빛을 내면서 아크등을 대체하기 시작했다. **AK**

**참고:** 아크등, 백열전구, 가스 맨틀, 텅스텐 필라멘트, 앵글포이즈 램프, 할로겐 램프

⬆ 뉴욕의 펄 스트리트에 위치한 에디슨의 발전기 룸 내부를 묘사한 1882년도 그림.

# 선풍기
## (1882년)

휠러가 자신의 전기 데스크톱 선풍기로 열기를 누그러뜨리다.

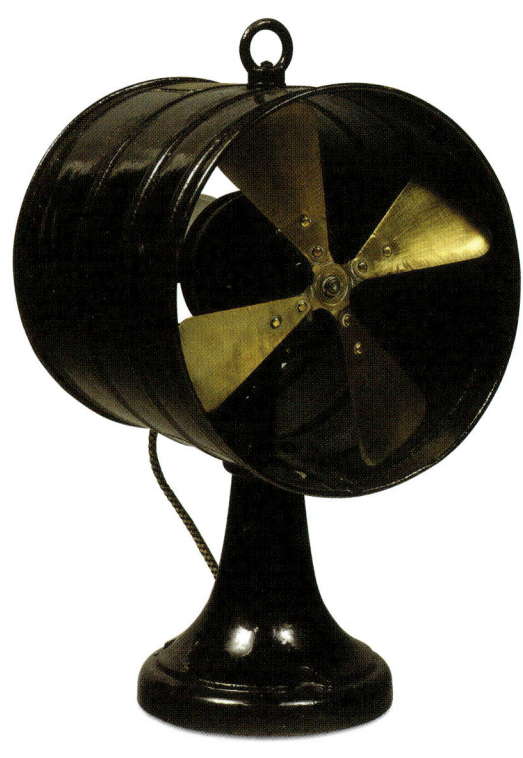

1800년대 후반에 이르기까지 무더위는 사람들의 주요 근심 거리였다. 전력을 활용할 수 있게 되자마자 발명가들은 선풍기를 제작하기 위한 본격적인 연구에 착수하였다.

미국의 엔지니어인 휠러(1860~1923) 박사는 개인용 양날 데스크 선풍기(여름에 집 안에서 일하는 것을 즐겁게 해준 발명품)를 제작하였다. 휠러가 22세의 어린 나이로 발명한 선풍기는 회전하는 날 주위에 보호 케이스가 없었기 때문에 현대식 제품이었음에도 불구하고 다소 위험한 제품이기도 하였다.

당시 전기로 구동되던 대부분의 발명품처럼, 휠러의 선풍기 역시 처음 출시되었을 때에는 권력을 지닌 부유한 사회계층의 사치품일 뿐이었다. 선풍기의 날을 만드는 데 필요한 철이 대량 생산될 수 있었던 1920년대에 이르러서야 비로소 선풍기 가격이 떨어지기 시작하였으며 일반 서민들도 마음 놓고 구매할 수 있었다.

휠러는 또한 수많은 장님을 고용하는 데 앞장섰다. 그는 숙련된 직원들이 손을 쳐다보지 않고도 코일을 감을 수 있다는 사실을 알게 되었다. 그는 조금만 연습하면 보지 않고도 코일을 감는 것이 가능한지 확인해 보기 위해 스스로 눈을 가린 후 테스트해보았다. 그 결과 보지 않고도 코일을 감을 수 있다는 사실을 알아냈다. 당시 제1차 세계대전 때문에 부상자가 속출함에 따라 장님의 수는 계속해서 증가했다. 휠러는 공장에 신규 부서를 만들어 장님인 사람들만 고용하였으며 앞을 볼 수 있는 동료들과 함께 업무에 배치시켰다. **CL**

"나의 가장 큰 야망이 무엇인가?
나는 항상 선풍기에 달걀을
던지고 싶어했다."
올리버 허포드, 작가 겸 예술가 겸 삽화가

참고: 주방 환풍기, 제트 엔진, 호버크래프트

◩ 1927년에 이탈리아에서 특허 등록된 선풍기. '새로운 파리 잡기 기계(Nuvol Acchiappa-mosche)'라고 불림.

# 유도 전동기
## (1883년)

테슬라의 모터가 교류를 사용하다.

역사상 가장 유명한 발명가 중 하나인 니콜라 테슬라는 1856년 크로아티아 스밀리안에서 태어났다. 그의 발명품들은 이 세계에 혁명을 불러일으켰다. 300개 가량되는 그의 발명품 중에는 무선 통신, 교류, 유도 전동기 등이 포함돼 있다.

테슬라는 1883년 처음으로 유도 전동기를 제작하였다. 마이클 패러데이는 1821년 전기 모터를 시연했으며 제노브 데오필 그람은 1873년 현대식 직류 모터를 발명했지만 대부분의 가전 기기에는 테슬라의 모터가 사용되었다. 유도 전동기는 직류보다는 교류를 사용하여 작동한다. 유도 전동기는 디자인이 단순하며 직류 전동기보다 생산 단가가 낮다. 유도 전동기는 또한 내구성이 강하여 직류 전동기보다 신뢰할 수 있다.

유도 전동기는 진공 청소기를 작동시키는 것 이상

> "아이디어의 실질적인 성공은
> 같은 시대 사람들의
> 태도에 달려 있다."
>
> 니콜라 테슬라

의 기능을 수행한다. 유도 전동기는 공작기계, 컨베이어 벨트 등 다양한 기기들을 움직이는 데 폭넓게 사용된다. 하지만 정밀한 속도 제어나 낮은 속도의 가동이 필요한 기기에는 유도 전동기가 적합하지 않다. 컴퓨터 디스크 드라이브, 레이저 프린터, 사진 복사기는 일반적으로 직류 전동기를 사용한다.

테슬라의 발명 덕분에 사람들은 다양한 가전기기를 편리하게 사용할 수 있게 되었다. **ES**

참고: 전기 모터, 공공 전기 공급, AC 전력, 전기 진공 청소기

# 이미지 래스터화
## (1884년)

니프코브의 디스크가 텔레비전 발명의 기초를 닦다.

셀레늄은 밝은 빛에서 노출되면 더 낮은 전기 저항을 띤다. 이로써 빛의 세기를 셀레늄 광전지로 측정한 후이에 비례하는 전기의 양으로 바꾸어 전송하는 것이 가능해졌다. 독일인 공학자 파울 니프코브(1860~1940)는 우리가 보는 모든 사물이 서로 다른 명암의 빛과 어둠으로 이루어져 있다는 사실과 셀레늄의 특성을 결합하여 사진을 전기 신호로 변환하는 방법을 알아냈다.

니프코브는 나선형으로 구멍이 뚫린 회전식 디스크를 고안하였다. 디스크가 회전하는 순간 움직이는 구멍이 이미지를 일련의 다양한 빛 신호로 분리한다. 빛이 회전식 디스크의 구멍을 통과해 셀레늄 광전지로 전달되면 셀레늄이 반응하게 되며, 그 후 셀레늄 광전지를 통과하여 생성된 전기 신호가 전선을 통해 이동하여 전등에 전원을 공급하였다. 회전 중인 두 번째 디스

> "나의 아버지는 라디오를 싫어하셨다.
> 그는 텔레비전이 발명되기를 기다릴 수가
> 없었으므로 그 또한 싫어했을 것이다."
>
> 피터 드 브리스, 작가

크가 램프 앞에 위치한 첫 번째 디스크와 동기화되면, 빛 신호는 두 번째 디스크의 구멍과 일치하게 되며 이를 통해 원본 이미지가 복제되어 나타난다. 만약 빠른 속도로 이러한 작업을 수행하면, 사람의 눈은 더 이상 연속으로 빠르게 방출되는 빛 신호를 인식할 수 없게 되며 그 대신 전체 이미지의 영상을 보게 된다. 이미지를 작은 점이나 픽셀로 분할하는 작업은 텔레비전의 기본 원리이다. **CL**

참고: 키네토스코프, 아이코노스코프

# 펀치 카드 어카운팅
## (1884년)

**홀러리스가 정보 처리를 자동화하다.**

독일계 미국인인 통계학자 허만 홀러리스(1869~1929)는 미 인구 통계청에서 처음으로 사회 생활을 시작하였다. 그 당시 그의 업무는 1880년 수행한 인구 조사 정보를 수동으로 대조 확인하는 것이었다. 홀러리스는 이 업무를 수행하면서 만약 이 업무가 자동화된다면 적은 에러로 빠르게 업무를 처리할 수 있을 것이라고 생각했다.

　　업무 자동화를 위해 여러 해결책을 궁리하던 그는 버스 티켓에 뚫린 구멍에서 영감을 얻어 펀치 카드 기반 시스템을 생각해냈다. 홀러리스는 1884년 자신의 첫 번째 특허를 신청하였다. 예전에 프랑스 직공인 조제프 마리 자카드가 카드의 구멍 패턴으로 직조기의 날실과 씨실을 제어하는 방법을 개발했으므로, 펀치카드는 완전히 새로운 개념이 아니었다. 하지만 홀러리스의 태뷸레이터와 분류기 디자인은 독창적인 것이었다.

　　태뷸레이터는 구멍을 뚫어 표시한 각각의 카드로부터 정보를 읽어낸 후 출력 다이얼을 사용하여 각 카드에 포함된 정보를 표시했다. 또한 분류기는 배열된 스위치를 사용하여 오퍼레이터가 성별, 결혼 여부, 혹은 직업과 같은 개인의 신상 정보를 선택하게 해주었다. 지정된 기준과 일치하는 카드는 자동적으로 특수 용기에 모아졌다. 이를 통해 통계학자들은 처음으로 만족할 수 있는 수준의 데이터를 모을 수 있었다.

　　홀러리스의 기계는 1890년도 인구 조사에 사용되어 데이터 확인 과정에 소요되는 시간을 반 이상 줄였으며, 500만 달러의 금액을 절감시켰다. 홀러리스는 1896년에 자신의 발명품을 시장에 출시하기 위해 TMC(Tabulating Machine Company)를 설립하였으며 1924년에는 회사 이름을 IBM(International Business Machines)으로 변경했다. 그의 시스템은 1970년대 후반까지 컴퓨터에서 사용되었다. **HP**

**참고:** 펀치 카드, 동력 직기, 기계적 컴퓨터, 컴퓨터 프로그램

# 라이노타이프 기계
## (1884년)

**메리겐탈러가 대중을 위한 뉴스를 인쇄하다.**

1436년 구텐베르크의 인쇄기가 발명된 이후 400년 동안 이동식 활자를 사용한 조판의 기본 공법(수동으로 금속 문자들을 인쇄하려는 랙이나 플레이트에 붙임)은 거의 변하지 않았다. 1822년 보스턴에 살았던 윌리엄 처치는 한 줄의 텍스트를 생성하기 위해 자모집에서 활자의 주형이 차례대로 나오는 기계를 특허로 등록하였다. 이 기계는 칸을 띄우거나 줄을 바꾸거나 글자를 정돈하려면 수동으로 조작해야만 했다. 결국 처치의 기계는 상업적으로 성공하지 못했다.

　　독일 출신인 오트마르 메리겐탈러(1854~1899)는 1884년 볼티모어에서 라이노타이프 기계로 특허를 취득하였다. 라이노타이프 기계는 90개의 문자 키보드를 사용하여 자모집에서 기타 기호와 활자에 대한 주형을 선택하였으며, 선택한 기호와 문자를 하나의 조합기에 장착하면 1줄분의 활자가 주조되었다. 활자 주형보다 큰 공백을 단어 사이에 추가하는 방법을 사용해 띄어쓰기를 하였으며, 조합된 한 줄의 활자를 물에서 급속히 냉각시켜 플레이트에 탑재된 여러 줄의 활자를 만들었다. 활자 주형이 기계적으로 정렬되고 자모집에서 정확한 원래 위치로 되돌아 갈 수 있도록 문자를 식별하기 위한 표식이 새겨졌다. 인쇄 후에는 재사용을 위해 합금 슬러그를 녹였다.

　　1886년 라이노타이프기는 '뉴욕 트리뷴' 신문사에 설치된 이후 전 세계의 신문 산업에서 빠르게 채택되었다. 라이노타이프기는 조판 과정에 걸리는 속도를 높였으며 필요한 숙련공의 수를 감소시켜 인건비를 낮추었다. 라이노타이프기로 말미암아 잡지와 신문 출판의 확산이 20세기까지 계속해서 가속화되었다. **EH**

**참고:** 회전식 인쇄기, 인쇄기, 하프톤 인그레이빙, 모노타이프기

# 이동식 자동화 기관총
(1884년)

맥심의 총이 전쟁의 양상을 영원히 바꾸다.

미국의 발명가 히람 맥심(1840~1916)은 전구를 발명한 공적을 놓고 벌인 토머스 에디슨과의 경쟁에서 승리한 것을 계기로 더욱 유명해졌다. 맥심의 다른 발명품들은 적어도 19세기 후반 소화기의 발전 과정에 있어 매우 중요한 위치를 차지했다.

맥심은 1883년 최초로 이동식 자동화 기관총의 원리를 특허로 등록하였다. 이는 맥심이 개발한 총의 몇몇 특징 때문에 가히 혁명적인 발명품이 되었다. 총의 작동이 완전히 자동화되었기 때문에 총기 사용자들은 오직 손가락으로 방아쇠를 당기기만 하면 되었다. 사용된 탄환을 방출하고 새로운 탄환을 장전하여 자동 발포를 하는 데 충격 시의 반동 에너지가 사용되었다. 맥심의 총은 단일 총신으로 구성되었으며 발포로 뜨거워진 총신을 냉각시키기 위해 물로 채워진 자켓으로 감싸야 했다. 맥심의 총은 이전의 총기류보다 가벼워 운반하기 편리하였다.

미국 정부는 맥심의 발명품을 구매하는 데 관심이 없었으므로 그는 유럽으로 건너가 영국과 독일 시장에 자신의 총을 선보였다. 맥심은 1901년 영국 시민이 되었으며 빅토리아 여왕에게 기사 작위를 받았다. 맥심의 회사인 빅터스 손 앤 맥심은 전 유럽, 특히 독일의 살상 무기 시장에서 매우 큰 성공을 거두었다. 맥심의 총은 영국과 독일에 위치한 자신의 회사에서 제조되었으며 1894년에는 소위 '맥심'이라고 불린 첫 번째 총이 독일 해군에 납품되었다. 제1차 세계대전 기간 동안 영국과 독일 두 나라 모두 맥심총을 사용하였다. 맥심총은 수년간 진화하여 보다 효율적인 총이 되었으며 오늘날의 현대식 기관총을 위한 초석이 되었다. **RH**

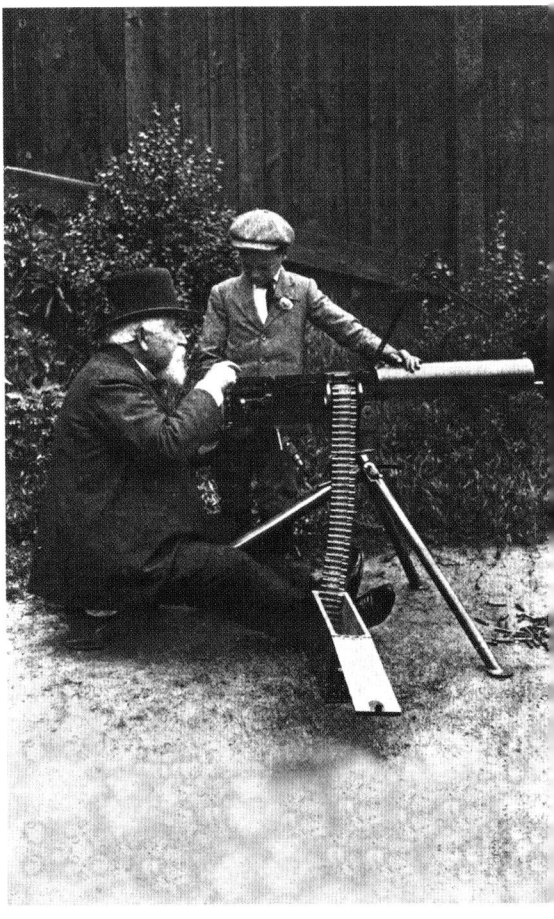

**참고:** 총, 머스킷 총, 캐논, 화승총, 수발총 메커니즘, 후장총

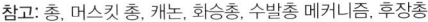 분당 500발을 발사할 수 있는 자신의 기관총에 앉아 있는 히람 맥심

"유럽 사람들은
서로의 목을 더욱 쉽고 빠르게
벨 수 있을 것이다."

히람 맥심의 익명의 지인

# 크라프트 법 (1884년)

다알의 공법이 양질의 종이를 만들 수 있도록 해주다.

최초의 현대식 종이는 105년 중국의 환관인 채륜이 발명하였다. 그는 뽕나무 껍질, 넝마, 대마 찌꺼기를 물과 섞어서 여러 시트의 종이를 만들었다. 기계로 종이를 만들기 시작했던 19세기 초까지 종이는 주로 넝마로 만들어졌다. 곧 종이에 대한 수요가 공급되는 넝마의 양을 초과하였으며 나무가 넝마의 대체제로 연구되기 시작하였다.

목재로부터 종이를 만들기 위해서는 식물의 섬유조직을 펄프로 변환한 후 평면 스크린에 펼쳐야 한다. 섬유 조직이 건조되면 조직들은 서로 들러붙어 한 장의 종이를 형성한다. 1866년 벤저민 틸먼은 이산화황을 다량 포함한 용액으로 나무를 가열시켜 펄프를 제조하는 아황산법을 발명하였다. 그 후 1884년 독일인 발명가 카를 다알(1813~1865년경)은 가성 소다와 황산 나트륨을 사용하면 더욱 튼튼한 펄프를 얻

> "내 머리는 아이디어로 가득하지만
> 내 머리 속에 있어야 할 이유는 없다.
> 아이디어들은 종이에 기입되어야만 한다."
>
> 카밀로 호세 셀라, 작가

을 수 있다는 사실을 알게 되었다. 이 펄프는 잘 찢어지지 않는 종이를 생산하였으며 그리하여 이 공법은 '강함'을 의미하는 독일어인 크라프트(kraft)로 명명되었다.

크라프트 법은 소나무를 펄프로 만들 수 있는 장점이 있다. 크라프트 법은 또한 아황산법보다 복원력이 뛰어나 더욱 효율적이다. 이는 펄프 제조의 주요한 방법으로서 아황산법을 교체하였으며 오늘날에도 여전히 사용되고 있다. **HI**

참고: 양피지, 종이, 장망식 초지기

# 용해성 알약 (1884년)

업존의 알약이 약물을 쉽게 복용할 수 있도록 하다.

1884년 미시간 출신 미국 의사 윌리엄 업존(1853~1932)은 위장에서 녹는 알약을 최초로 발명하였다. 업존은 회전식 팬을 사용하여 알약을 제조했는데, 팬이 회전하면 분말 약품에 스타터가 분무되어 알약의 껍질이 한 층씩 구성되었으며 층의 개수에 따라 알약의 강도가 달라졌다. 이러한 공정을 통해 생성된 알약은 복용하는 순간 용해되었다. 업존의 개발 이전에 환자들은 액체 형태나 하드 코팅된 알약의 형태로 약을 복용해야만 했다. 액체 형태의 약의 경우 투약량을 조절하기가 어려웠으며, 코팅된 알약은 코팅이 너무 단단해서 잘 용해되지 않았다. 그러므로 코팅된 알약의 경우 환자에게 약효가 거의 나타나지 않았다.

1886년 자신의 발명품을 특허로 등록한 후 업존은 알약을 대량 생산할 수 있는 기계를 개발하였다. 업존은 자신의 형제들과 업존 필 앤 그래뉼社를 설립하

> "어떤 환경하에서도
> 결코 수면제와 변비약을
> 같은 날에 먹지 마라."
>
> 데이브 배리, 해학가

였다. 업존의 영리한 마케팅 전략 덕분에 용해성 알약은 빠르게 유명해지기 시작했다. 그는 용해성 알약 샘플과 하드 코팅 알약 샘플을 조그만 소나무 판자에 함께 포장하여 수천 명의 의사에게 발송하였으며 어느 약이 소화가 잘 되는지 확인하기 위해 판자로 알약을 으깨어 볼 것을 의사들에게 권유하였다. 초기 업존의 제품은 퀴닌 알약과 최초의 사탕 변비약을 포함하였다. 얼마 후 업존의 회사는 알약의 형태로 186개의 다양한 약물을 제조하였다. 용해성 알약은 오늘날에도 여전히 사용되고 있다. **JF**

참고: 아스피린, 경구 피임약

# 우편 요금 계기 (1884년)

부셰의 기계가 우편 사업에 우표를 붙이다.

한 통의 편지만을 부칠 경우 우표를 붙이는 것은 상당히 사소한 일이다. 그러나 만약 수천 통의 편지를 부쳐야 한다면 각각의 우표를 편지에 일일이 붙이는 작업은 매우 많은 시간을 소모하는 일이 된다.

19세기 후반 프랑스인 카를 부셰는 봉투에 우표를 인쇄하고 지불할 우편 요금을 거리별로 기록하는 기계를 고안하여 특허를 취득하였다. 오늘날 우체국에는 신용 한도 내에서 봉투에 우표를 붙이고 우편 요금을 기입할 수 있는 우편 요금 계기가 존재한다. 우편 요금을 지불하기 위한 크레디트는 필요할 때마다 충전할 수 있다.

초기 우편 요금 미터는 국회가 정기적으로 수백 통의 공문을 발송하던 17세기에 등장하였다. 당시 국회 의원들은 무료로 우편을 발송하기 위해 자신의 서명을 봉투 윗부분에 기재하였다. 이것은 남용의 소지가 있었는데, 실제로 일부 국회 의원들은 친구나 가족들에게 자신의 서명을 제공하였다는 기록이 있다.

부셰는 1884년 우편 요금 계기를 설계하였지만 애석하게도 작동 가능한 기계 모델을 제작한 적은 없다. 부셰는 이러한 기계가 시간을 절약해줄 수 있다는 것을 명확하게 인지하였다. 부셰의 특허는 시카고의 발명가 아서 힐 피트니가 1902년 메일링 시스템으로 특허를 취득하는 데 많은 도움을 주었다. 피트니의 메일링 시스템은 수동 크랭크, 체인 활동, 프린팅 다이, 카운터, 잠금 장치로 구성되었다. 피트니는 회사를 설립하였으며 1912년에 해당 회사는 아메리칸 포스티지 미터社로 이름을 바꾸었다. **RB**

참고: 우표

↗ 1918년 특허 출원된 부셰의 설계를 개선한 우편 요금 계기.

> "접착성 있는 우표는 수백 통의 편지를 발송해야 할 때 심각한 시간의 손실을 유발한다."
>
> 카를 부셰

# 강철 거더 마천루 (1884년)

제니가 고층에 빌딩 건축하는 방법을 고안하다.

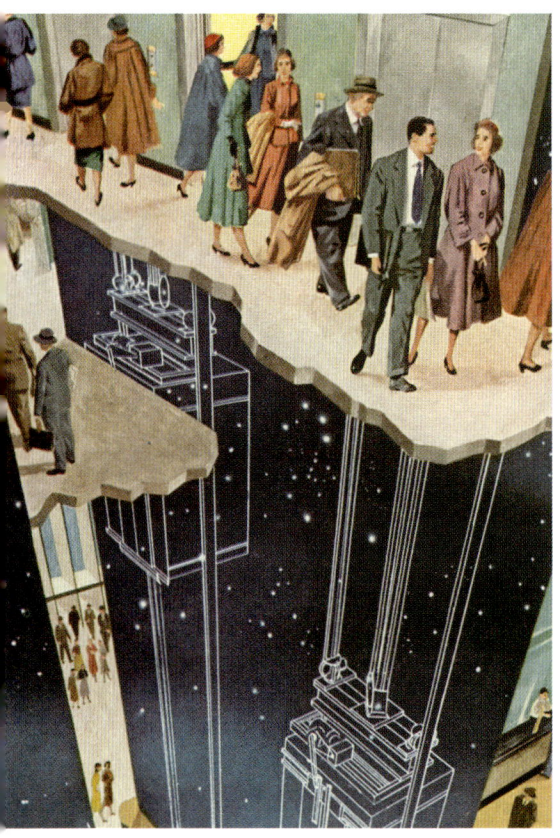

마천루 시대가 도래하기 전, 고층 빌딩은 부와 권력 혹은 종교적 믿음을 과시하기 위해 건설되었다. 건축가이자 토목기사인 윌리엄 르 바론 제니(1832~1907)는 1871년 대화재로 도시의 대부분이 불타버린 고향 시카고에 대단한 건축물을 짓고자 하였다.

19세기 중반 고층빌딩 건설에 장애가 되는 두 가지 요소가 극복되면서 마천루를 향한 길이 열렸다. 1853년에 엘리샤 그레이브스 오티스는 케이블이 끊어져도 엘리베이터가 떨어지지 않는 메커니즘을 고안했으며 이는 승객이 위층으로 안전하게 이동할 수 있도록 했다. 건물의 무게를 지탱하는 전통적인 내력벽 대신에 건물 벽의 전체 무게를 지탱할 수 있는 강철 프레임 구조는 고층 빌딩 건설의 두 번째 장애요소를 해결하였다.

1884년과 1885년에 시카고에 건축된 제니의 10층짜리 홈 인슈어런스 회사 빌딩은 강철 기둥과 거더, 내부 뼈대 혹은 골격을 사용하여 외벽(강철 구조로 고정됨)을 구성한 최초의 건물이었다. 건축가들은 특히 높이에 대한 규제 법률이 없었던 뉴욕에서 더 높은 초고층 빌딩을 경쟁적으로 설계하기 시작하였다.

제니의 설계 이후로 마천루는 지진을 포함한 혹독한 기후에도 견뎌낼 수 있는 유리로 건축되었다. 건물 1층에는 엔터테인먼트 장소와 소비자를 위한 장소로 쇼핑 센터와 공원이 마련되었다. 에너지 보호는 21세기 모든 미래 디자인에 있어 가장 중요한 요소이다.

오늘날 마천루는 도시에서 점점 더 친숙한 광경이 되고 있으며, 전 세계 모든 도시, 특히 홍콩과 상하이, 두바이뿐만 아니라 시카고에서도 그 숫자가 증가하고 있다. **SG**

> "마천루는 블록(block)을 설립하고, 블록은 거리를 만들며, 거리는 사람이 통행할 수 있는 길을 제공한다."
>
> 롤랑 바르트, 문학 겸 사회 이론가

↑ 1952년의 오티스 엘리베이터社 광고는 마천루의 미래 가능성을 암시하였다.

➜ 세계 최초의 마천루인 홈 인슈어런스 컴퍼니 빌딩은 1931년에 허물어졌다.

**참고:** 승객용 엘리베이터

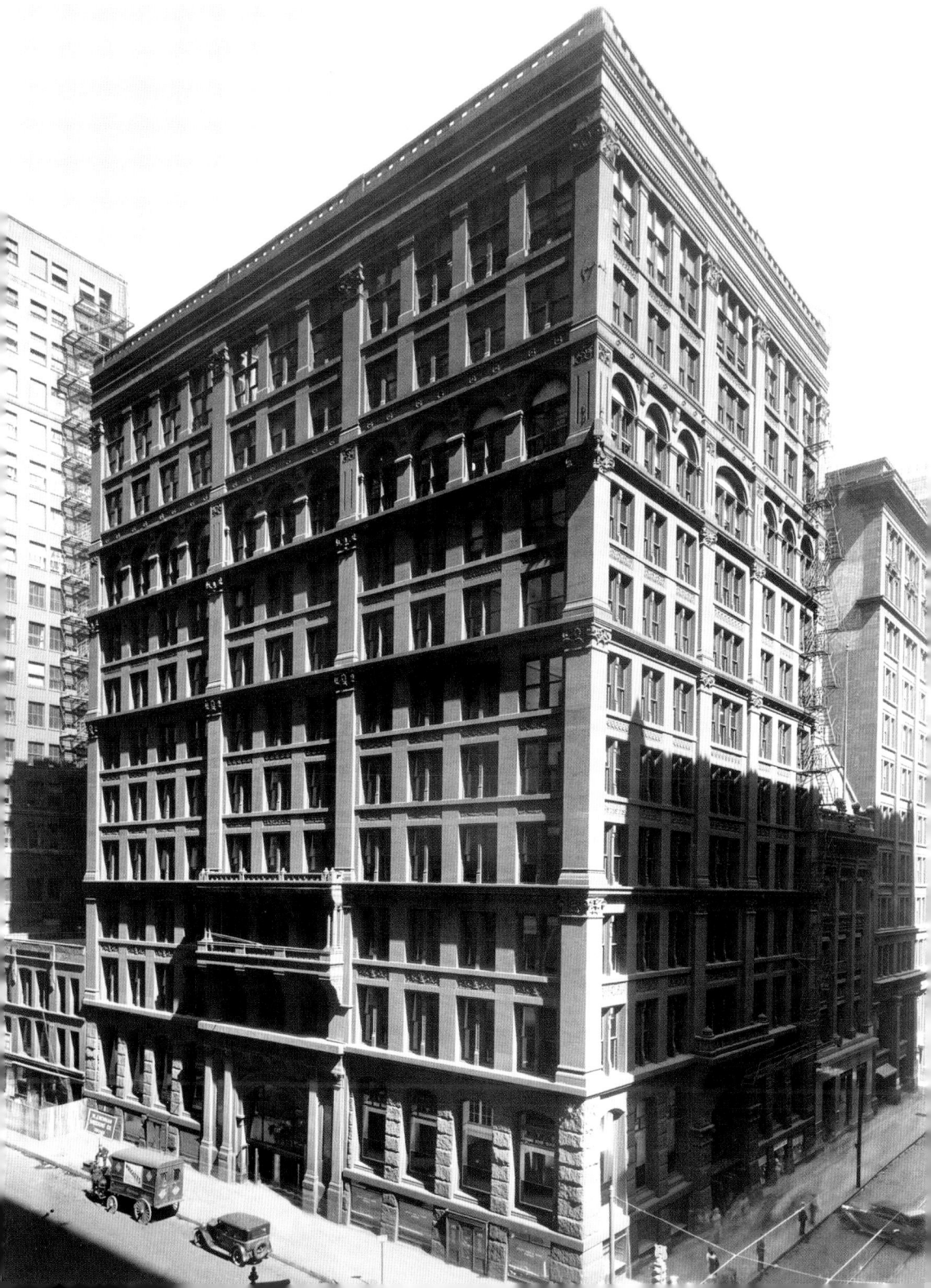

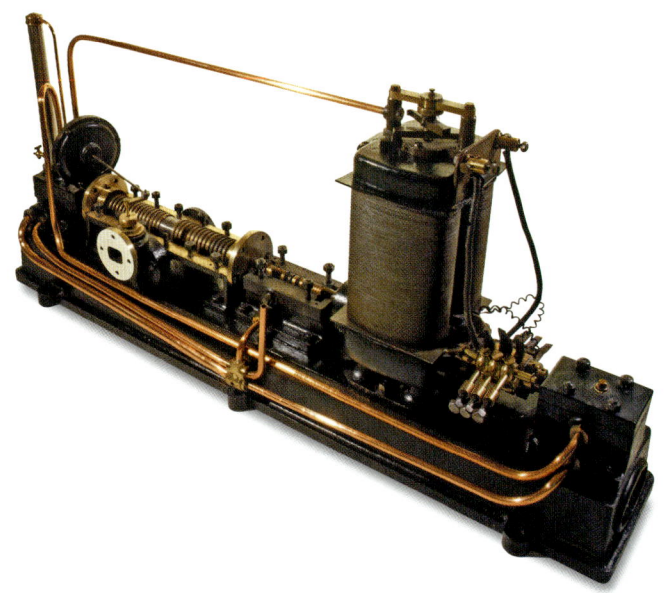

# 증기 터빈 (1884년)

파슨스가 동력원으로서 개량된 증기를 사용하다.

증기기관은 17세기 중반부터 존재했다. 핑음을 내는 증기기관은 증기 압력을 사용하여 피스톤을 누르고 엔진을 회전시켰지만, 가동시키는 데 엄청나게 비효율적이고 많은 비용이 소모되었다. 공학자와 발명가들은 자신들이 만들어낸 기계가 증기를 비효율적으로 사용한다는 사실을 알고 있었기 때문에 더 나은 시스템을 찾으려고 노력하였다. 1884년 선박 제조사의 전기관련 부서 책임자였던 영국인 엔지니어 찰스 파슨스(1854~1931)는 자신이 제조한 전기 발전기의 동력원으로 증기 터빈을 최초로 사용하여 특허를 취득하였다.

빠르게 분출되는 증기를 사용하는 것은 발명가들에게 항상 어려운 문제였다. 낮은 압력의 증기 분출은 시간당 1,000마일(1,610킬로미터) 이상 속도를 내었으며 높은 압력에서는 이 속도의 두 배에 이르렀다.

이러한 속도로 터빈 날을 회전시키면 산산이 부서질 수 있었지만 파슨스는 높은 압력에서 낮은 압력으로의 증기 이동 속도를 조금씩 감소시켜 이 문제를 해결하였다. 터빈의 속도를 너무 빠르지 않게 단계별로 설정하여 경미한 압력의 차이를 만들어냈으며 이러한 압력의 차이는 증기가 빠르게 이동할 수 있도록 했었다. 이로 인해 이전 설계의 최고 속도보다 다섯 배 빠른 속도로 엔진의 시동을 걸 수 있었다.

1891년 파슨스의 증기 터빈은 전기 발전소에서 사용할 목적으로 개조되었다. 해상 추진수단으로 증기 터빈을 사용하여 증기선과 군함은 이전보다 빠른 속도로 운항할 수 있었다. 1897년 선박 터비니아는 34.5노트의 속도를 낼 수 있었으며 그 당시 세계에서 가장 빠른 선박이었다. **DK**

**참고:** 증기기관, 증기선, 가스터빈, 내연기관, 프랜시스 터빈

⬆ 오늘날 전기 터보 발전기의 선구자인 파슨스의 1884년 시제품 증기 터빈.

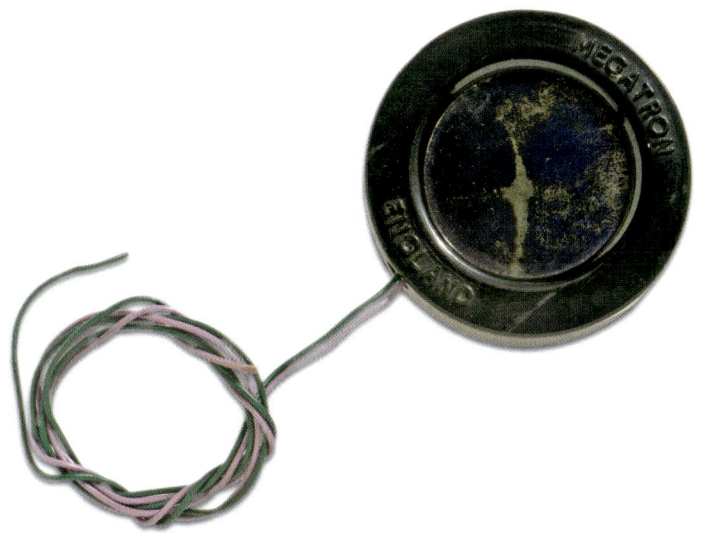

# 태양 전지 (1884년)

프릿츠가 빛의 힘을 동력화하다.

태양 전지는 현재 차세대 기술로 인식되고 있다. 그러나 빛 에너지를 전기 에너지로 변환하는 방법은 오래 전부터 사용되어 왔다. 1839년 베크렐은 빛이 전해액에 담긴 전극에 부딪치면 전류가 생성되는 '광기전력 효과'를 처음으로 발견하였다. 이 현상을 이용하여 미국인 과학자 찰스 프릿츠는 1884년 최초의 태양 전지를 만들었다.

프릿츠는 얇은 금박을 입힌 반도체 셀레늄을 사용하여 단 1퍼센트의 효율로 빛을 전기로 변환하였다. 프릿츠의 전지는 빛의 광자 형태로 에너지를 흡수한 후 반도체에서 전자로 교체하여 전류를 생성하였다.

프릿츠는 이 기술이 중앙화된 발전소를 대체할 수 있을지 모른다며 장밋빛 전망을 내놓았지만, 아무도 효율이 낮은 태양 전지로 자신의 집에 전원을 공급하려고 하지 않았다. 그러나 프릿츠의 아이디어는 사진 분야에 응용되었다. 20세기 카메라들은 빛의 강도를 측정하기 위해 셀레늄(후에 구리로 교체됨) 광전지를 사용하였다.

태양광 기술은 1941년 실리콘 반도체가 소개되면서부터 빛을 보게 되었다. 1950년대와 1960년대의 태양광 기술은 가정에서 사용할 수 있을 만큼 효율성이 개선되었으며 태양광 패널은 우주선과 인공위성을 위한 보조 전력원이 되었다. 태양광 기술은 오늘날에도 개선의 여지가 많다. 현재 상업용 태양 전지의 에너지 효율은 13퍼센트 내외이며 가장 높은 세계 기록은 42.8퍼센트이다. 하지만 이 정도 효율로도 집, 야외용 기구, 우주선에 동력을 공급하기에 충분하다. **MB**

참고: 배터리, 연료 전지

⬆ 태양 전지와 같은 원리로 동작하는 현대의 셀레늄 광전지.

# 가스 맨틀 (1885년)

**벨스바흐가 전구를 향한 길을 열다.**

1807년 런던의 폴몰은 도시 가스를 사용하여 공공 거리를 밝히는 최초의 지역이 되었으며 다른 국가들도 곧 뒤를 따랐다. 가스등은 석유 램프나 촛불보다 비용이 훨씬 저렴했지만 연기, 나쁜 냄새, 많은 열을 발생시키는 단점도 있다. 오스트리아 화학자인 벨스바흐는 이 문제를 해결하였다.

카를 아우어 폰 벨스바흐(1858~1929)는 로버트 분젠(분젠 버너의 공동 발명가)의 지도로 하이델베르크 대학교에서 화학을 연구하던 중이었다. 1885년 벨스바흐는 희토류 원소인 네오디뮴과 프라세오디뮴을 발견하였으며 분젠 버너로 가열할 시 밝은 빛을 만들어내는 일부 희토류도 발견하였다.

1885년에는 산화마그네슘 60퍼센트, 산화이트륨 20퍼센트, 산화란탄 20퍼센트로 구성된 가스 맨틀로 특허를 취득했으나 상업적으로 성공하지 못했다. 5년

> "화염의 빛을 밝히는 힘을
> 무시하는 것이야말로 훨씬 더
> 경제적이라는 사실이 명백해졌다."
> **카를 아우어 폰 벨스바흐**

후에 벨스바흐는 이산화토륨 99퍼센트와 이산화세륨 1퍼센트로 구성된 가스 맨틀을 개발하였다. 이 맨틀은 더 오래 지속되었고, 더 밝은 빛을 생성하였으며 얼마 지나지 않아 가로등과 공장, 가정에서 사용되었다.

하지만 '벨스바흐 등'은 여전히 그을음과 열이 발생하였다. 이러한 문제는 20세기 초반 대부분의 가스등을 대체한 백열전구가 등장하고 나서야 해결되었다. 벨스바흐 등은 오늘날에도 여진히 캠핑용으로 사용되고 있다. **ES**

참고: 분젠 버너, 백열등

# 전기 아크 용접 (1885년)

**두 명의 동유럽인이 용접을 개선하다.**

용접은 두 개의 금속을 하나로 붙이는 공법 중 하나이다. 서로 인접한 두 개의 금속은 용접 과정에서 강력한 열이 발생하면서 용해(때때로 용융된 용가재가 존재함)되어 섞이게 된다. 용접을 통해 두 금속 간 형성된 결합(두 금속의 혼합물로 구성됨)은 믿기지 않을 만큼 강력한 상태를 유지한다. 때문에 이 공법은 서로 속성이 다른 금속을 결합시키는 땜질 및 납땜질과는 다른 개념이다.

전기 아크 용접은 전기 아크가 발생시키는 강력한 열 에너지를 사용하여 금속을 녹인다. 용접 모재와 용접봉에 전원이 연결되면 용접모재의 표면과 용접봉 사이에 아크가 발생하여 모재가 접합된다.

여러 다른 발명품처럼, 한 사람 혹은 한 그룹의 사람들만이 아크 용접기을 발명한 것은 아니다. 아크 용접기는 기능 향상을 위해 오랜 시간을 거쳐 구현된 수많은 아크 용접 관련 발명품의 최종 산물이다. 결국 아크 용접기가 여러 사람의 공헌을 통해 탄생한 발명품이었음에도 불구하고, 용접 공정에서 전기 아크를 활용하는 것과 관련된 최초의 특허는 1885년 러시아 사람인 니콜라이 베나르도스와 올스제브스키에게 발급되었다.

오거스트 메리텐스는 납판을 함께 붙이는 공정에서 전기 아크를 사용하였다. 메리텐스의 학생이었던 베나르도스는 캐벗 연구소에서 올스제브스키와 함께 탄소 아크 용접의 기초를 형성한 용접봉 홀더를 만들어 특허를 취득하였다. **BG**

참고: 용접

➡ 1942년 영국인 아크 용접사가 발렌타인 탱크의 사슬 톱니바퀴를 용접하고 있다.

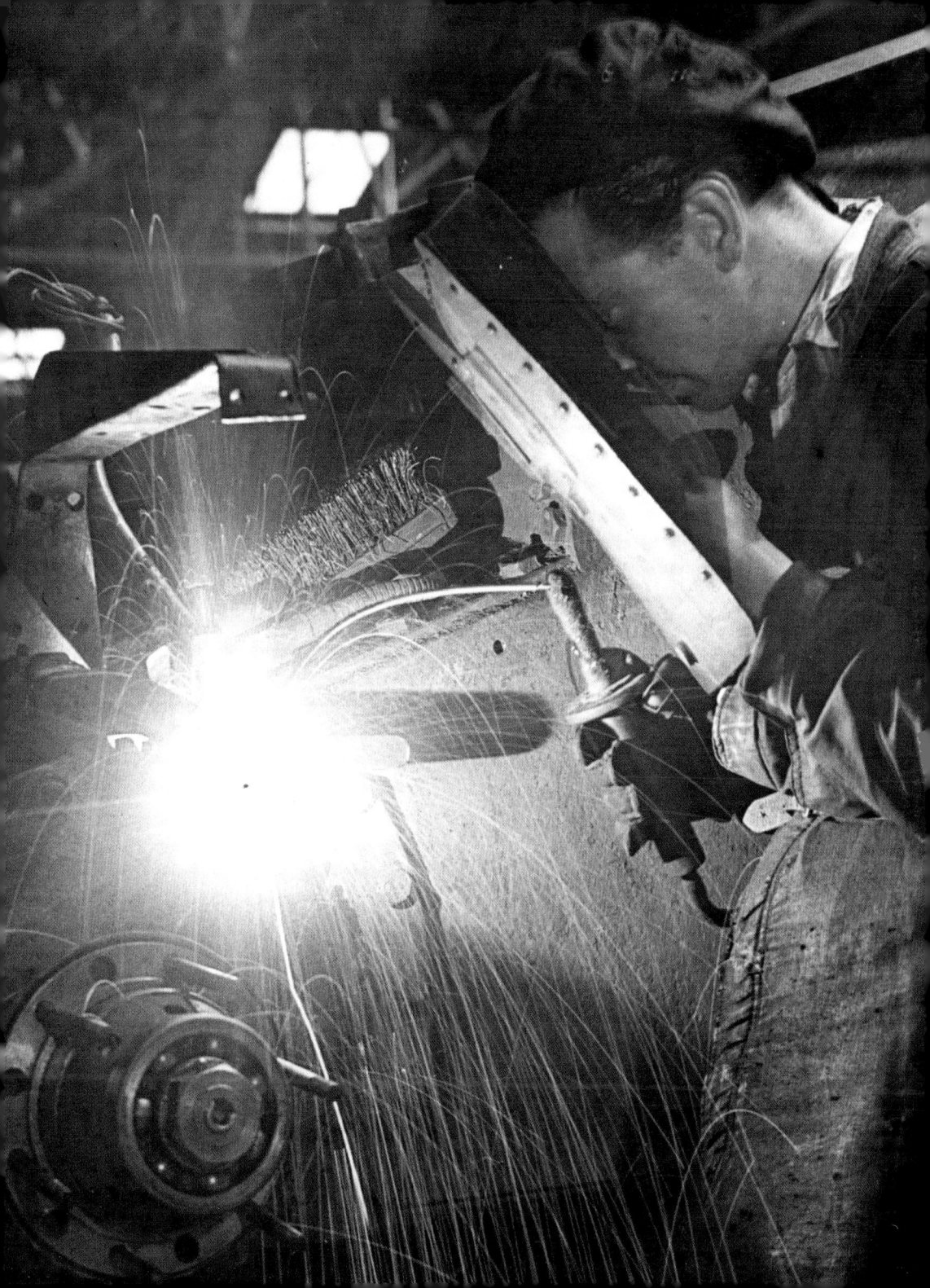

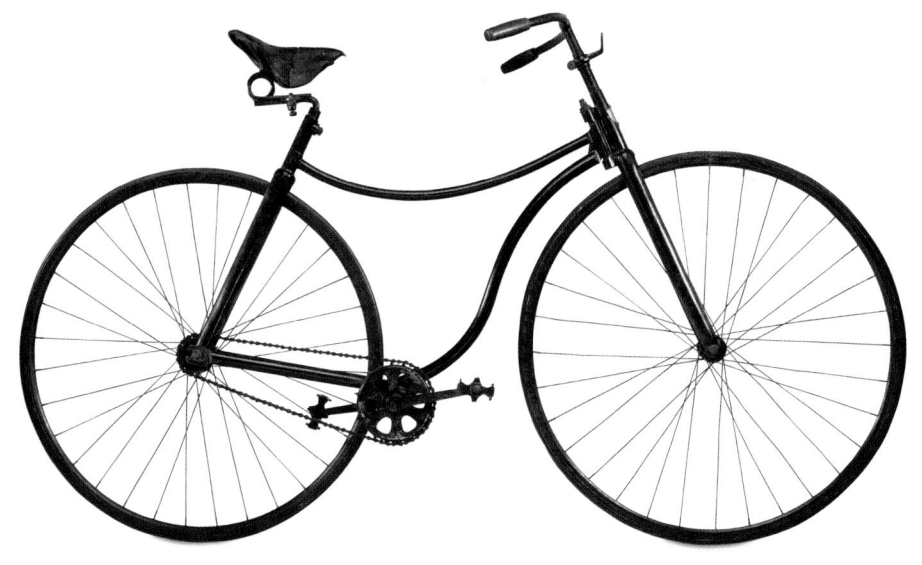

# 현대식 안전 자전거 (1885년)

스탈리가 현대식 자전거의 초기 모델을 제작하다.

자전거의 역사적 출발점에 대해서는 서로 의견이 분분하지만, 대부분의 전문가들은 자전거가 19세기에 비약적으로 발전했다는 사실에 동의한다. 영국의 자전거 제조자인 존 켐프 스탈리(1855~1901)는 자신이 1885년에 처음으로 안전 자전거를 발명했다고 주장했다. 다른 유사 모델들이 동일한 시기를 전후해 출현함에 따라 스탈리가 최초로 안전 자전거를 발명했는지는 의심스럽지만, 스탈리의 자전거가 다른 모델에 비해 최고라는 사실은 의심할 여지가 없었다. 스탈리의 로버 세이프티 모델은 앞뒤가 거의 동일한 크기의 바퀴(바퀴살이 부착됨), 다이아몬드 모양의 몸체, 로슨의 최신 발명품이었던 체인 전동(뒷바퀴로 동력을 얻음), 조정식 의자와 핸들바로 구성되었다.

　로버 세이프티 모델에 '세이프티(safety)'라는 단어를 사용한 데에는 이유가 있다. 이전의 자전거들, 특히 페니파딩(구식 자전거의 일종, 스탈리의 삼촌인 제임스 스탈리가 개발함) 자전거는 타고 다니기가 위험했다. 페니파딩의 큰 앞바퀴와 작은 뒷바퀴 때문에 탑승자는 땅에 발을 디딜 수 없었다. 안전 자전거였던 로버 세이프티는 안장의 높이가 적절했으며 디자인 및 무게 분산이 균형적으로 매우 잘 구성되었다.

　로버 세이프티의 바퀴는 빽빽한 바퀴살을 포함했지만 딱딱한 고무 타이어를 사용하여 승차감이 여전히 불편하였다. 존 던롭의 공기 타이어가 자전거에 사용되자 안전 자전거는 큰 인기를 끌었다. 안전 자전거는 또한 이전 자전거보다 가격이 저렴하여 사람들이 보편적으로 자전거를 탈 수 있도록 해주었다. 자전거는 개발된 이후 많은 개량이 이루어졌는데, 1970년대 캘리포니아에 출현한 산악 자전거가 그 예라고 할 수 있다. **AK**

**참고:** 드라이지네, 공기 타이어, 모터사이클

⬆ 브레이크는 없었지만 안전 자전거는 페니파딩보다 훨씬 더 안전하였다.

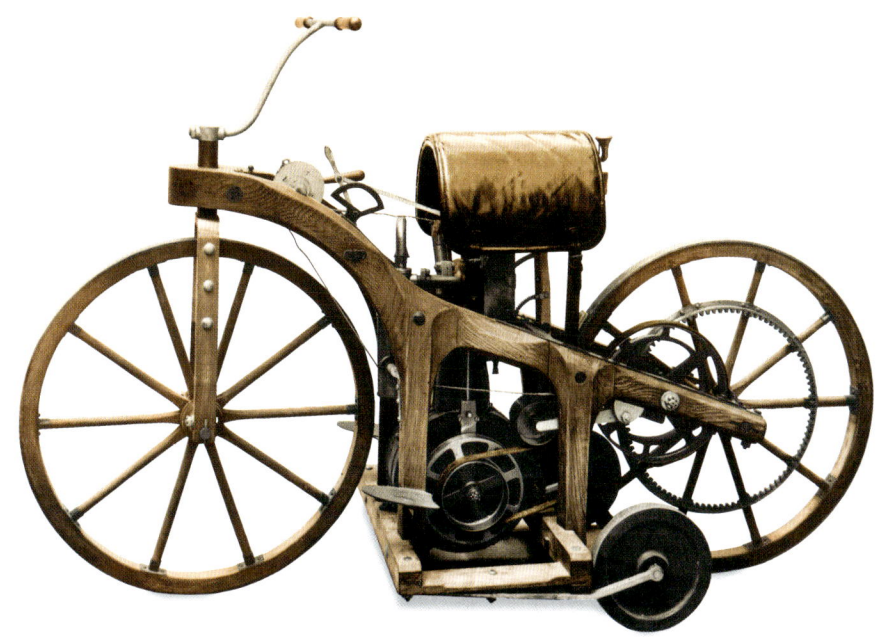

# 모터사이클 (1885년)

다임러와 마이바흐가 안전 자전거에 가스 연소의 힘을 추가하다.

독일 발명가인 니콜라우스 오토가 19세기 후반에 최초로 제작한 4행정 내부 연소 엔진은 고틀립 다임러(1834~1900)와 빌헬름 마이바흐(1846~1929)가 놀라운 형태의 차량을 만드는 데 영향을 끼쳤다. 다임러와 마이바흐가 생각했던 불안정한 '본 크러셔(bone-crusher)' 자전거와 가스 엔진과의 결합은 최악의 예였다.

두 바퀴로 구성된 동력 차량은 다임러와 마이바흐가 구상하기 전부터 존재했다. 증기 추진 자전거가 1867년경부터 있었으며 미쇼 페로스 증기 자전거(앞 바퀴가 뒷 바퀴보다 크고 증기기관이 안장 밑에 탑재됨)가 1868년에 생산되기 시작했다. 그러나 다임러와 마이바흐는 1885년 역사학자들이 최초의 모터사이클로 기록한 가스 기반 사이클을 제조하였다. 마이바흐는 자신의 시제품을 칸슈타트에서 운터뷔르크하임까지 시간당 7.5마일(12킬로미터)의 속도로 운행하였다. 다임러와 마이바흐의 현대식 모터사이클은 이전 모델들보다 안전했으므로 가죽 재킷을 입은 탑승자들이 자신 있게 모터사이클에 앉을 수 있도록 해주었다. 실제로 그들이 운전한 최초의 모터사이클은 안정된 운행을 보장하기 위해 추가 안전 보조 바퀴를 장착하였다. 탑승자들이 모터사이클 운행에 익숙해짐에 따라 이후 모델에서는 보조 바퀴가 제거되었다.

모터사이클은 오늘날 많이 사용되는 도로 운송 수단으로 진화하였다. 21세기에 들어 탄소 배출량을 최소화할 필요성이 대두됨에 따라 연료 대비 운행거리가 다른 차량에 비해 좋은 모터사이클이 더욱 대중적으로 사용될 것이다. **CB**

참고: 4행정 사이클. 내부 연소 엔진, 2행정 엔진

⬆ 튼튼한 보조바퀴를 부착한 1885년식 다임러 마이바흐 모터사이클은 효율적인 네 바퀴 기계였다.

# 광견병 백신
## (1885년)

파스퇴르가 죽음의 질병에 대한 해독제를 찾다.

태고적부터 광견병은 사형 선고처럼 두려운 존재였다. 1884년 루이 파스퇴르(1822~1895)는 광견병에 걸린 개에게서 추출한 물질을 토끼에게 주입한 후 죽은 토끼의 시체로부터 척수를 뽑아냈다. 파스퇴르는 추출한 척수를 수산화칼륨 기체 위에 매달아 건조시키면 감염균의 숫자를 줄일 수 있다는 것을 발견하였다.

파스퇴르는 단계별로 강력해지는 일련의 백신을 제조하였다. 가장 강력한 백신에는 하루 동안 건조된 척수가 사용되었으며 가장 약한 백신에는 14일 동안 건조된 척수가 사용되었다. 개 42마리로 백신을 테스트하였는데, 스물세 마리에게는 열네 번(가장 약한 백신으로 시작해서 가장 강한 백신으로 끝냄)에 걸쳐 백신을 주사한 반면, 열아홉 마리의 개에게는 아무것도 주사하지 않았다. 실험의 마지막 단계에서는 모든 개가

> "나는
> 광견병 주사를 맞았지만
> 건강에는 이상이 없었다."
>
> 오지 오스본, 락 보컬

광견병에 걸리게 만들었다. 면역성이 생긴 개들은 질병에 걸리지 않은 반면, 대조군인 열세 마리는 광견병에 걸렸다. 1885년 파스퇴르는 광견병에 걸린 개에게 물린 아홉 살짜리 소년에게 광견병 백신을 최초로 접종하였다. 파스퇴르는 14회에 걸쳐 점점 더 강력한 백신을 주사하였으며 소년은 건강을 유지하였다.

1915년 파스퇴르는 10년간의 연구를 통해 다음과 같은 사실을 확인하였다. 광견병에 걸린 동물에게 물린 6,000명을 조사한 결과 백신을 맞지 않은 사람들 중 16퍼센트가 사망했지만 접종한 사람들 중에는 0.6퍼센트만이 목숨을 잃었다. **JF**

**참고:** 예방접종, 백신, 콜레라 백신, 탄저병 백신, 소아마비 백신, 풍진 백신

# 변압기
## (1885년)

스탠리가 현대식 변압기를 소개하다.

변압기는 주파수 변경 없이 한 전압에서 다른 전압으로 직류를 변환시킨다. 1885년 미국의 윌리엄 스탠리 주니어(1858~1916)는 루시엥 골라르와 존 딕슨 깁스의 아이디어에 기반하여 변압기를 발명하였다. 스탠리가 발명한 변압기는 텔레비전, 컴퓨터, 배터리 충전기와 램프가 세상에 출현하는 데 도움을 주었다. 스탠리는 후에 사업가 조지 웨스팅하우스 밑에서 근무했다.

변압기는 하나의 코일이 다른 코일에 전류를 유도할 수 있도록 해주는 마이클 패러데이의 상호 인덕턴스 원리를 이용한다. 입력 전류와 출력 전류 간 비율은 개별적인 코일 두 개에 위치한 루프의 숫자로 결정된다. 그러므로 전류는 낮은 전압에서 높은 전압으로 비교적 쉽게 흐를 수 있다. 장거리로 낮은 전압을 전달할 시 많은 에너지가 낭비되는 반면, 장거리로 높은 전압을 전달하면 전압 에너지 대부분을 손실 없이 전달할 수 있다.

우리 주변에 수백 볼트, 심지어 수천 볼트의 전류가 흐르고 있다면 이는 매우 위험할 것이다. 이러한 이유로 전류를 적절한 전압으로 바꾸는 스탠리의 발명품이 추천되었다. 낮은 전압으로 전류를 전달하는 것은 구멍이 뚫려 있는 재질로 호스파이프를 만든 것처럼 전달 에너지의 많은 부분이 손실된다.

스탠리의 변압기는 1886년 3월 최초로 사용되어 매사추세츠 주 그레이트 배링턴의 번화가에 위치한 여러 상점에게 전원을 공급하였으며 큰 성공을 거두었다. 최근에는 전원을 공급받는 기기들이 자체적으로 전력을 변환시키고 있지만, 변압기의 기본 설계는 출시된 이후 100년 동안 여전히 쓰이고 있다. **CB**

**참고:** 텔레비전, 배전기

# 과급기
## (1885년)

다임러가 내연기관의 힘을 증가시키다.

종종 블로워라고 불리는 과급기는 차량에 사용되어 내연기관의 힘을 증가시킨다. 독일의 자동차 제조공인 고틀립 다임러(1834~1900)는 여분의 공기를 엔진에 불어넣어 마력을 증가시키는 아이디어를 최초로 생각해냈다. 다임러의 아이디어는 엔진의 무게를 감소시켰으며 경주용 자동차와 비행기에 직용되었다. 초기 엔진은 기압에 의존하여 엔진 내의 공기를 유지하였다. 여분의 공기를 엔진으로 불어넣으면 산소의 양이 증가하여 더 많은 연료를 태울 수 있으므로 차의 마력이 증가한다.

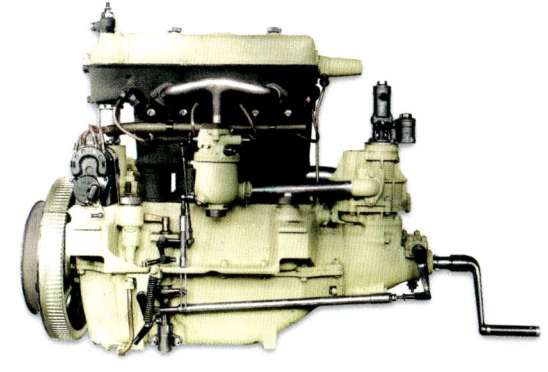

다임러의 설계는 강제로 여분의 공기를 시스템으로 밀어 넣는 트윈 모터 공기 펌프에 기반하였다. 그의 설계는 1920년대 메르세데스와 벤틀리 차량에 적용되었으며, 제2차 세계대전 당시 항공기에 필수적으로 응용되었다. 오늘날 과급기는 엔진으로 직접 움직이는 가스 압축기로 정의될 수 있다. 과급기의 향상된 버전인 터보 과급기는 배기 가스를 사용하여 깨끗한 공기를 불어넣는 터빈을 작동시킨다. 비행기가 더 높은 고도로 날 수 있게 됨에 따라 비행기의 대기 압력 손실을 보충하기 위해 과급기와 터보 과급기가 비행에서 필수적인 존재가 되었다. 1만 8,000피트(5,500미터) 상공의 공기는 해면 압력의 절반 수준이므로 일정한 힘을 유지하기 위해서는 두 배 더 많은 공기를 불어넣어야 한다.

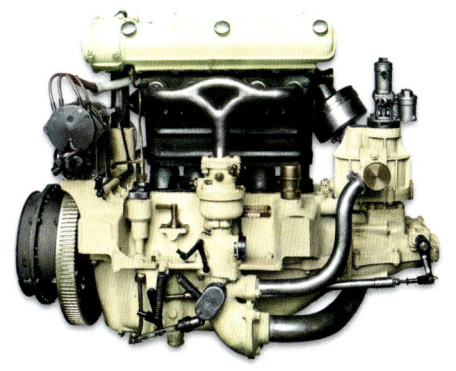

과급기의 정교함과 높은 가격 때문에 과급기가 장착된 자동차는 시장에서 비싼 가격으로 거래되고 있다. 자동차에 과급기를 장착하는 것은 다른 어떠한 부품보다 파운드당 더 많은 마력을 제공할 것이다. **LS**

---

**참고: 내부 연소 엔진, 자동차, 터보 과급기**

↗ 1921년 최초로 과급기가 부착된 자동차의 6/25/40 hp 메르세데스 엔진(위).

↗ 1921년 6/40/65 hp 메르세데스 엔진(아래)은 기계적인 과급 방식을 사용하였다.

> "고대 기사의 방패와 창 이후로
> 자동차처럼 사람의 자아를
> 충족시키는 장비는 없다."
>
> 윌리엄 루터스 경, 자동차 제조공

# 홀-헤로울트 공법 (1886년)

홀과 헤로울트가 알루미늄 생성을 가속화하다.

예전에는 알루미늄이 지금처럼 가볍고 저렴한 금속이 아니었다. 높은 온도로 가열되는 순간 빠르게 타버리기 때문에 작은 양의 알루미늄을 만드는 데에도 화학자들의 많은 노력이 필요했다. 워싱턴 기념탑은 1884년 마지막 건축 단계에 알루미늄으로 표면을 포장하였다. 기기에 사용된 6.1파운드(2.8킬로그램)의 알루미늄은 그 당시 가장 많이 만들어진 알루미늄 양 중 하나였다.

1886년 알루미늄 연금술사인 찰스 마틴 홀과 폴 헤로울트는 값싼 알루미늄 생산을 위한 공법을 각각 발견하였다. 미국 출신과 프랑스 출신의 22세 동갑내기 청년들은 많은 양의 알루미늄을 만들 수 있는 화학 반응에 용융 빙정석이 최적이라는 사실을 알아냈다.

홀-헤로울트 공법이 출현하기 전에는 보그사이트 광석을 우선 산화알루미늄으로 변화시켜야 했다. 이 과정에서 분말 산화알루미늄은 용융 빙정석(나트륨, 알루미늄, 플루오르화물로 구성된 물질)으로 용해되었으며 용해된 빙정석의 산화알루미늄은 이온으로 분리되었다. 산소 이온에는 많은 전자가 포함되었다. 음전하를 제공하면 양극으로 대전된 탄소 막대 쪽으로 산소 이온이 이동한 후 양극으로 대전된 탄소와 결합하여 이산화탄소를 형성하였다. 이와 동시에 알루미늄 이온은 반응 시험 용기에서 음극으로 대전된 탄소 라이닝 쪽으로 이동하였다. 알루미늄은 탄소에 접촉하는 순간 카본의 과잉 전자를 획득하여 안정된 알루미늄으로 형성되었다.

알루미늄은 음식 포장 용기 및 주방 용기의 제작에 사용될 뿐만 아니라 튼튼하고 가벼운 물질로 여러 전문 분야에서 폭넓게 사용되고 있다. **LW**

**참고:** 알루미늄 포일, 아노다이즈드 알루미늄

# 식기세척기 (1886년)

코크레인이 식기 세척을 쉽게 해주다.

식기세척기는 의외로 가사일에 바쁜 주부나 주방의 그릇을 빠르게 설거지하고자 하는 레스토랑 주인이 아닌, 하인이 접시를 깨는 데 신물이 난 미국 사교계 명사가 발명하였다.

식기세척기에 대한 최초의 특허는 1850년 존 호튼에게 승인되었지만, 그의 설계는 실현시키기 어려웠다. 토목 기사의 딸인 조세핀 코크레인(1839~1913)은 오늘날 우리가 사용하는 식기세척기와 유사한 기계에 대해 생각해냈으며 1886년에 관련 특허를 취득하였다. 접시와 컵은 구리 온수탱크에 위치한 평평한 철조망 모양 선반에 놓였으며 깨끗해질 때까지 고압의 물이 사방으로 분사되었다. 조세핀의 친구들은 이 기계에 관심을 보였으며 하나 둘씩 이 기계를 주문하기 시작했다. 1893년 시카고 만국박람회에 이 기계를 전시한 지 얼마 지나지 않아 조세핀은 본인 회사인 코크레인스 크레슨

> "1. 전형적인 주부가 정말로 원하는 것이 무엇인지를 찾아내라.
> 2. 그것을 만들어라!"
>
> 켄우드 식기 세척기 광고, 1965년

트 워싱 머신社의 이름으로 식기세척기를 일리노이 주에 있는 레스토랑과 호텔에 공급하였다.

1950년대가 되어서야 전기 모터와 영구적인 배관시설이 등장하면서 식기세척기는 더욱 대중화되었다. 오늘날 식기세척기는 서구 사회의 부엌에서 쉽게 찾아볼 수 있는 대중화된 기기이다. **BG**

**참고:** 합성 세제, 세탁기

➡ 프랑스 매거진 『라르 메나제르』에 나온 1929년 식기세척기 광고.

# SACAM Motolaveur

*Machines perfectionnées à laver la vaisselle*

Brevetées en France & à l'Étranger

**Pour laver votre vaisselle**
**IL SUFFIT :**

1°. — De disposer la vaisselle à laver dans cette cuve.

2°. — De fermer cet interrupteur et de laisser le lavage s'effectuer seul pendant une minute.

3°. — D'ouvrir ce robinet pendant 10 secondes pour rincer la vaisselle avec de l'eau bouillante strictement pure.

## C'EST FINI

Une minute après vous n'avez plus qu'à retirer la vaisselle LAVÉE, RINCÉE, STÉRILISÉE et SÉCHÉE.

A tout moment vous pouvez de plus puiser à ce robinet de l'eau chaude accumulée

dans ce chauffe-eau à gaz à chauffage lent et à accumulation.

**SOCIÉTÉ ANONYME DE CONSTRUCTION DES APPAREILS MÉNAGERS**

AU CAPITAL DE 4.000.000 DE FRANCS

**89, Rue de Sèvres - PARIS**

R. C  Seine 214.268 B    Tél. : LITTRÉ 91-10

# 자동차 (1886년)

다임러, 마이바흐, 벤츠가 최초의 실용적인 가솔린 엔진 자동차를 소개하다.

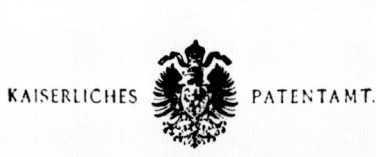

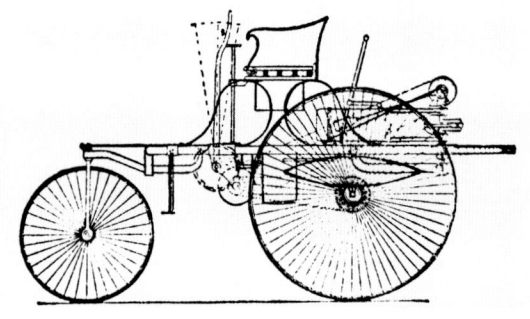

자동차가 없는 세상을 상상하기란 어렵다. 독일의 공학자 카를 벤츠(1844~1929)는 1885년에 세 바퀴 자동차를 제조하였으며 동료 독일인 고틀립 다임러(1834~1900)와 빌헬름 마이바흐(1846~1929)는 1886년 가을에 마차를 네 바퀴 자동차로 개조하였다. 그들 중 자신들이 만든 새로운 발명품이 어떠한 파급효과를 미칠지에 대해 예측한 사람은 아무도 없었다.

벤츠는 연료인 가솔린의 무한한 가능성을 인지하였다. 그의 세 바퀴 자동차는 시간당 최대 10마일(16킬로미터)로 운행했으며 4행정 1실린더 엔진을 탑재하였다. 벤츠는 1886년 1월 특허를 취득한 후 벤츠 벨로 모델을 판매하였지만 대중의 의구심 때문에 판매가 잘 되지 않았다. 벤츠의 아내 베르타는 기발한 아이디어로 새로운 자동차를 홍보하였다. 1888년 그녀는 만하임에서 슈투트가르트 부근까지 벤츠의 자동차로 60마일(100킬로미터)을 운전했다. 이 운전의 성공 덕분에 대중은 벤츠의 자동차를 신뢰할 만한 것으로 인식하였다.

다임러와 마이바흐는 1889년까지 상용화된 자동차를 생산하지 않았다. 초기 독일산 자동차들은 소비자들의 여러 요구사항을 충족시키지 못했지만 파나드 르바소社와 같은 프랑스 회사는 자동차를 재설계하여 대중의 요구사항을 충족시켰다. 1926년 벤츠의 회사는 합병되어 다임러 벤츠社가 되었다. 합병되기 전인 1906년 벤츠는 자신의 회사를 떠났다. 사람들의 소득이 높아지고 대량 생산으로 자동차의 가격이 저렴해짐에 따라, 미국은 20세기 전반에 걸쳐 차량의 동력화를 이끌었다.

그러나 이러한 움직임에는 많은 희생이 따랐다. 20세기에 전 세계적으로 2,500만 명이 자동차 사용광로 사망하였다. 배기 가스 방출로 비롯된 기후 변화와 무분별한 지역 개발은 자동차에 심하게 의존한 결과이다. **TZ**

"이렇게까지 파급 효과가
큰 발명품은 없었다. 덕분에
국가의 문화가 빠르게 변화하였다."
미국 정부 위원회, 1931년

⬆ 세 바퀴 차량의 삽화가 삽입된 카를 벤츠의 특허문서(1886년).

➡ 벤츠의 아내 베르타와 다른 사람들, 카를 벤츠가 1893년 네 바퀴 자동차인 벤츠 빅토리아를 시운전하고 있다.

**참고:** 클러치, 자동차 기어, 액셀러레이터, 스티어링 휠, 조립 라인, 자동 변속

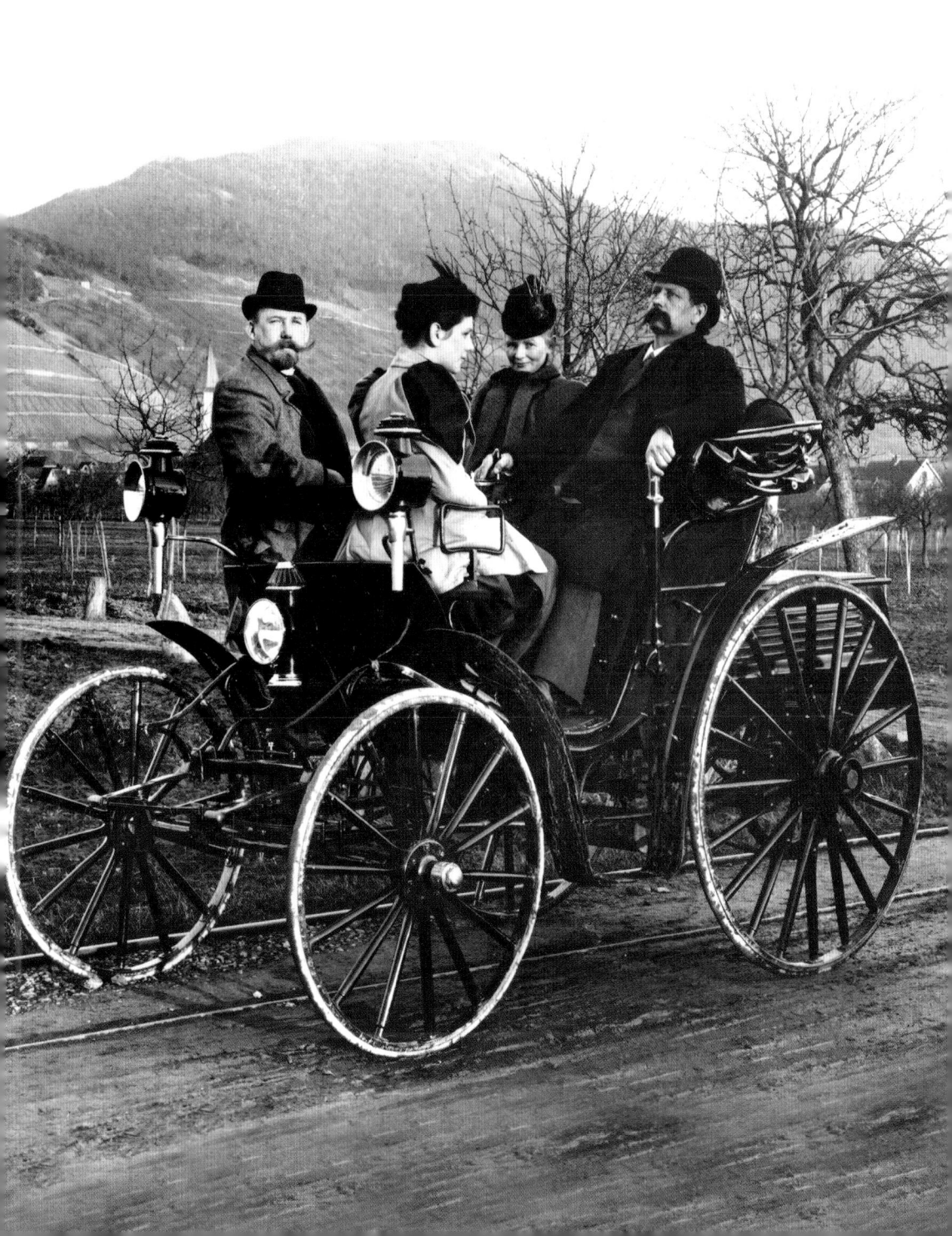

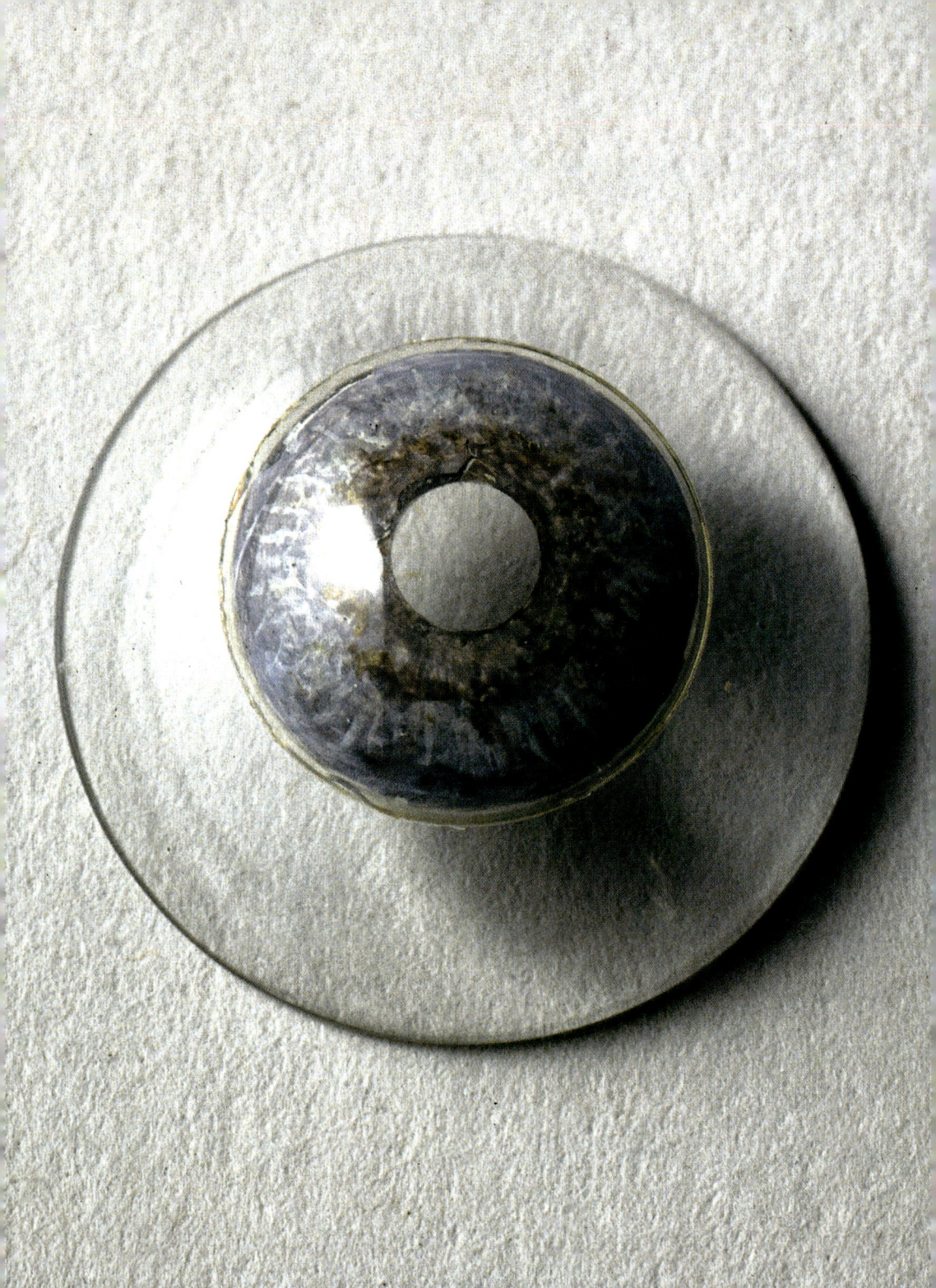

# 콘택트 렌즈 (1887년)

픽, 칼트, 뮬러가 시력 교정을 돕다.

인류가 직립보행을 시작한 이래로 시력이 나쁜 사람들은 여러모로 많은 불편을 느껴왔다. 13세기에 안경이 발명되기 전에는 이 문제를 해결할 방법이 없었다.

1880년대 후반, 두 명의 안과 의사와 한 명의 의학도가 각각 개별적으로 콘택트 렌즈를 발명하였다. 의사였던 아돌프 픽과 오이게네 칼트는 자신의 환자에게 도움을 주기 위해 콘택트 렌즈를 발명한 반면, 의학도였던 아우구스트 뮬러는 자신의 근시를 교정하기 위해 콘택트 렌즈를 발명하였다.

초기 렌즈는 눈에 직접적으로 닿는, 문자 그대로 유리 렌즈였다. 초기 렌즈는 통증과 팽창, 각막 저산소증을 유발했기 때문에 사용자들은 잠시 동안만 렌즈를 착용하였다. 이러한 단점에도 불구하고, 콘택트 렌즈는 1935년부터 1939년까지 미국에서만 1만 개 이상이 판매되었다. 1948년 케빈 튜위가 플라스틱 콘택트 렌즈

> "한 쌍의 강력한 안경은
> 때때로 사랑으로 사람을 치료하기에
> 충분했다."
> 프리드리히 니체, 철학가

를 개발하고 PMMA(양볼록렌즈)가 렌즈의 원료로 사용된 덕분에 1949년 렌즈 판매량은 20만 개에 달했다. PMMA는 여전히 각막 저산소증을 야기시켰기 때문에 1950년대에는 HEMA(소프트렌즈의 원료)로 교체되었다. 바슈롬社는 1971년에 획기적인 소프트렌즈를 선보였다. 21세기에는 콘택트 렌즈를 착용한 사람의 숫자가 1억 명 이상을 넘어섰다. **RBk**

**참고:** 렌즈, 안경, 이중 초점 안경, 안구내 렌즈, 라식 수술

← 1930년경 독일 비스바덴 지역의 뮬러 죄네가 제조한 유리 콘택트 렌즈.

# 모노타이프기 (1887년)

랜스턴의 기계가 식자를 향상시키다.

라이노타이프기가 발명되던 것과 동일한 시기에, 미 정부 직원인 톨버트 랜스턴(1844~1914)은 모노타이프라고 하는 또 다른 조판 시스템을 발명하였다. 랜스턴은 1885년 초기 특허를 취득하였지만, 1887년 워싱턴에 랜스턴 모노타이프 머신社를 설립할 때까지는 성공을 거두지 못했다. 랜스턴의 시스템에서 문자, 공백, 기타 부호들은 종이 테이프에 포함된 명령에 의해 기계적으로 선택되었다. 비록 모노타이프를 사용한 식자가 줄 단위로 활자를 주조하는 라이노타이프만큼 빠르지는 못했지만, 모노타이프 활자는 수정과 공백 제어가 라이노타이프에 비해 손쉬웠기 때문에 복잡한 설정이 가능하였다.

랜스턴은 출력을 고려한 역방향 활자를 생성하기 위해 문자를 새긴 차가운 금속 스트립을 사용했지만 달궈진 금속으로 문자를 주조하면 더욱 훌륭한 선명도를 얻을 수 있다는 것을 깨달았다. 1896년 그는 문자마다 구리 몰드를 사용한 '핫 메탈' 기계에 대한 특허를 취득하였다.

이윽고 문자에 해당하는 몰드를 손으로 분해하는 것이 가능해졌으며 이를 계기로 활판 인쇄술이 예술의 형태로 변모하기 시작했다. 모던 컨덴스트는 최초의 모노타이프 활자체이다. 1920년 프레더릭 가우디는 모노타이프 아트 디렉터가 되어 수천 개의 활자체를 디자인하였다. 또한 영국에서는 스탠리 모리슨(1889~1967)이 새로운 활자체를 생각해냈다. 1960년대 모노타이프의 금속 식자가 사진 식자로 대체되었지만 디지털 식자가 등장하기 전까지 모토타이프는 여전히 널리 사용되었다. 모노타이프 활판인쇄술은 지금까지 사람들이 글을 읽는 방식에 영향을 끼치고 있다. **EHs**

**참고:** 목판 인쇄, 가동활자, 인쇄기

# 모터보트 (1887년)

듀오의 초기 자동차 엔진이 보트에 동력을 공급하다.

1887년 독일의 슈투트가르트 인근 네카어 강에 모터보트가 최초로 운행되었다. 고틀립 다임러(1834~1900)와 빌헬름 마이바흐(1846~1929)가 제작한 최초의 모터보트는 가솔린 구동 내연기관을 장착하였다.

다임러와 마이바흐는 새로 개발한 엔진을 시험하기 위해 역마차보다는 덜 위험한 운송 수단인 보트를 선택했다는 루머가 있다. 그래서 그런지는 알 수 없지만, 그들은 새로 개발한 엔진을 시험하기 위해 보트를 사용하였다. 그들이 판매한 14.7피트(4.5미터) 길이의 네카라고 명명된 보트는 최대 6노트의 속도로 운행되었다. 다임러는 폭발 위험을 염려하는 고객들에게 새롭게 개발한 엔진이 장착되어 있다는 사실을 숨긴 채, 기름 전기 방식 엔진이 장착되었다고 고객들을 속였다. 네카라를 구매한 고객들로부터 어떠한 불평도 듣지 못했으므로 다임러는 고객들을 속인 그 엔진이 잘 작동한다는 것을 알았다. 네카라는 DMG(Daimler-Motoren-Gesellschaft)社에서 생산되었으며 당시 독일 도로의 열악한 포장 상태 덕분에 판매율이 높았다.

또 다른 독일인 발명가인 루돌프 디젤은 디젤 엔진을 장착한 보트를 1903년 시장에 출시하여 다임러와 마이바흐를 바짝 뒤쫓았다. 해군이 디젤 엔진을 채택하면서 디젤 엔진은 가솔린 엔진보다 더 밝은 미래를 맞이하게 되었다. 디젤은 가솔린보다 불이 붙을 수 있는 위험이 낮아 보트에 더욱 적합하였다.

최초의 모터보트 발명가는 영국의 프레더릭 란체스터이다. 그는 1896년 최초의 가솔린 구동 자동차를 제작하였다. 그의 모터보트(집 뒷마당에서 만들어 1904년에 옥스퍼드에서 진수했음)는 배 뒷부분에 외륜이 있었으며 카뷰레터를 탑재한 엔진으로부터 동력을 공급받았다. 란체스터의 모터보트는 희한하게 생긴 외관에도 불구하고 매우 효율적으로 작동하였다. **AE-D**

참고: 통나무 카누, 노로 젓는 보트, 돛, 고무, 증기선, 제트 보트

# 축음기 음반 (1887년)

베를리너가 음성 녹음 매체를 발명하다.

1887년 독일 태생의 미국인 발명가 에밀 베를리너(1851~1929)는 축음기 음반을 발명하였다. 그의 평면 회전식 디스크는 이전의 축음기 실린더가 사용했던 것처럼 음반을 따라 수평적으로 움직이는 바늘을 내장했다. 베를리너의 녹음 바늘은 음성 왜곡을 줄였으며 번거로운 왁스 실린더보다 손쉬운 제조가 가능하였다.

1896년이 되어서야 셸락(상업적 수지의 형태)이 도입됨에 따라 초기 축음기 음반은 셸락 대신에 딱딱한 고무, 면, 분말 슬레이트의 조합으로 만들어졌다. 초기 축음기 음반은 단면이 일반적이었지만 1923년경 이후로는 양면 디스크가 주로 사용되었다. 축음기 음반은 항상 세 가지 표준 크기(7인치, 10인치, 12인치)로 구성되었으며 초기에는 75rpm에서 80rpm 사이의 속도로 회전했다. 얼마 지나지 않아 대부분의 제조사들은 78rpm 속도 방식을 사용하였다. 10인치 디스크는 각 면당 3분 가량의 음악을 기록하였다. 음반은 나선형 홈에 아날로그 방식으로 음성을 녹음하였으며 바깥쪽 가장자리에서 시작되어 가운데를 향해 홈을 따라 바늘이 느리게 움직였다. 날카로운 바늘을 사용하여 음반으로부터 음성을 전달했는데, 바늘은 홈을 따라 끝에서 끝으로 오디오 주파수에 맞춰 움직였다.

1932년에는 큰 인기를 얻은 12인치 비닐 음반이 출현하였다. 이 음반은 33rpm으로 회전하였으며 25분의 음성을 면마다 기록할 수 있었다. 비닐 음반은 이전의 깨지기 쉬운 셸락보다 튼튼했다. 락앤롤의 도래와 함께 7인치, 45rpm 비닐 음반이 '셸락 78s' 음반을 대체하였다. **DH**

참고: 축음기, 비닐 축음기 음반, 플로피 디스크, 디지털 오디오테이프

➡ 1888년도에 설립된 콜럼비아 레코드社는 1890년대에 축음기 실린더를 음반으로 전환시키는 데 크게 기여하였다.

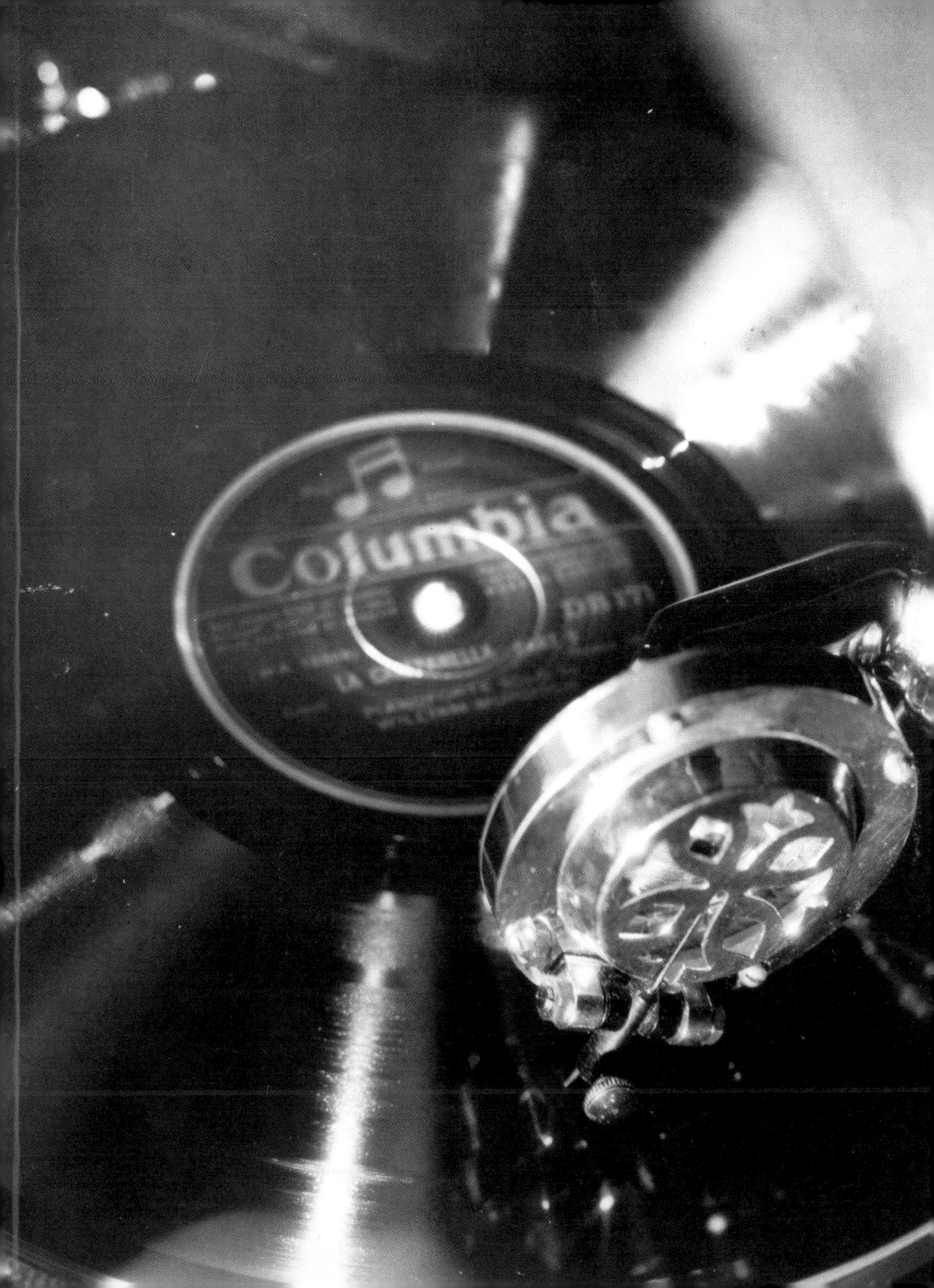

# 볼펜 (1888년)

로우드가 실용적인 필기 도구를 발명하다.

존 로우드가 발명한 볼펜은 완벽함과는 거리가 멀었다. 문서에 잉크가 새고 번졌으며 서한 작성에 사용하기에는 너무 미숙하였다. 그럼에도 불구하고 가죽과 나무에 필기할 수 있는 도구를 원했던 매사추세츠 주 출신 제혁업자인 로우드는 1888년 10월 30일 자신의 새로운 필기 도구를 특허로 등록하였다. 펜에 내장된 작은 강철 볼 베어링과 이보다 더 작은 볼 세 개는 잉크의 흐름을 조절하였으며, 잉크통으로부터 잉크를 공급받았다. 로우드는 세계 최초로 수시로 잉크를 채울 필요가 없는 펜을 발명하였다.

로우드의 펜은 잉크의 흐름을 제어할 수 없었기 때문에 상업적으로 판매할 수 없었다. 잉크가 너무 묽으면 펜에서 잉크가 새고 잉크가 너무 진하면 잉크가 잘 나오지 않았다. 또한 로우드의 펜은 중력에 의존하여 펜의 아래쪽 부분으로 잉크를 전달했기 때문에, 필

> "펜보다 더 가벼운
> 짐은 없으며 펜보다
> 더 기분 좋은 것은 없다."
>
> 페트라르카, 시인

기를 하려면 거의 수직으로 펜을 잡고 있어야 했다. 로우드의 특허가 만료된 후, 만년필이 널리 보급되기 시작했다.

1938년 헝가리 신문 편집자인 라슬로 비로는 잉크통을 고압 상태로 유지하여 펜을 수직으로 세우지 않아도 필기를 할 수 있는 펜을 발명하였다. 그의 펜은 모세관 현상을 이용하여 잉크를 전달하였으며 1943년에는 중력 공급식 관이 펜에 추가되었다. 비로(biro, 상표명) 볼펜은 볼펜을 새로 발명한 것이나 다름없었다. 비로는 자신의 펜을 별도의 잉크 충전 없이 1년간 필기가 가능하다는 약속과 함께 판매하였다. **BS**

참고: 잉크, 양피지, 종이, 깃펜, 만년필, 연필

# 데오드란트 (1888년)

필리델피아 남성이 오랜 세월 난제였던 암내를 해결하다.

모든 문명은 암내를 해결할 수 있는 방법을 궁리해왔다. 고대 이집트인과 그리스인들은 구주콩나무, 계피, 향료, 다양한 감귤류 주스의 혼합물을 피부에 발라 일시적으로나마 암내를 없앴다. 로마의 역사학자 대(大) 플리니우스는 칼륨과 알루미늄의 혼합물에서 추출한 소금이 악취를 없앨 수 있다고 기술하였다. 19세기가 이르러서는 에크린 선이 암내 생성의 원인이라는 사실이 밝혀졌다.

1888년 무명의 필라델피아 남성이 세계 최초로 상표를 단 데오드란트를 제조하였다. '멈'(Mum)이라는 상표가 붙여진 데오드란트 제품은 왁스 같은 크림 형태로 유리 항아리에 담아 판매되었으며 주요 건조제로 염화아연을 사용하였다. 이 제품은 겨드랑이 부분이 축축해지면 발생하는 박테리아의 성장을 막아 암내를 억제하였다.

> "우아함이 얼마나 중요한지
> 아는 여성들은 '멈'을
> 고맙게 여긴다."
>
> '멈' 광고 문구, 1926년

20세기 초기에는 일반적인 데오드란트로 탈크와 혼합한 분말 탄산수소나트륨이 사용되었다. 1940년대 후반 멈社의 경영진이었던 헬렌 바네트 디제랑스는 사용하기에는 편리하지만 머리카락이 빠지는 부작용이 있는 고형 염화 알루미늄 기반 데오드란트를 개발하였다. 디제랑스는 최근에 개발된 볼펜의 원리를 응용한 롤러볼 방식의 데오드란트를 최초로 개발하였다. **BS**

참고: 롤러볼 방식 데오드란트

# 자판기 (1888년)

**애덤스가 물건을 편리하게 파는 방식을 대중화시키다.**

자판기에 대한 개념은 고대 그리스 시대에도 존재하였다. 위대한 실험가인 알렉산드리아의 헤론은 동전을 넣으면 신성한 물을 배출하는 장치를 고안하였다. 동전의 무게로 평형추의 균형이 깨져 밸브가 열리면 동전이 빠져나갔으며, 평형추의 균형이 정상으로 되돌아올 때까지 물이 바깥으로 배출되었다. 평형추의 균형이 정상으로 돌아오면 밸브가 닫혀 물이 더 이상 배출되지 않았다. 이 훌륭한 아이디어는 현대식 자판기 탄생에 많은 도움을 주었다.

1800년대에는 제품 판매를 위해 다양하고 특이한 장치들이 만들어졌다. 이러한 장치에는 금지된 책을 판매할 목적으로 로버트 칼라일이 설계한 기계처럼, 법적 책임을 회피하면서 상품을 판매할 수 있도록 디자인된 장치들이 포함되었다. 투입된 동전에 맞춰 우표를 배분할 수 있는 시메온 던햄의 설계 또한 무인 판매가 목적이었다. 그러나 던햄의 기계가 아이디어 단계를 넘어서 실제로 제작되었는지는 분명하지 않다.

자판기는 1880년대가 되어서야 비로소 상업적으로 이용되었다. 토머스 애덤스는 1888년 자신의 새로운 추잉 껌을 빠르고 편리하게 판매하기 위해 자판기를 발명하였다. 그의 기계는 곧 뉴욕 철도망을 따라 기차 플랫폼에 배치되었다. 애덤스의 초기 모델은 구부러진 머리핀으로 손쉽게 자판기에서 물건을 빼낼 위험이 있어 설계가 개선되었다. 그 결과 초콜릿 바, 땅콩과 같은 다른 상품도 자판기를 통해 판매할 수 있게 되었다. 자판기는 슬롯 머신과 핀볼 머신의 개발에 영감을 제공하였다. 오늘날 자판기는 스낵과 뜨거운 커피에서부터 우산과 화장지에 이르기까지 모든 상품을 취급하고 있다. 쉽게 말하면, 조그만 포장 상품들은 거의 모두 자판기로 구매가 가능하다. **SB**

**참고: 추잉 껌, 주크박스, 자판기를 제외한 공중전화**

↗ 제노 추잉 껌 슬롯 머신은 1900년대에 로버트 갤러거가 개발하였으며 태엽장치 메커니즘을 사용하였다.

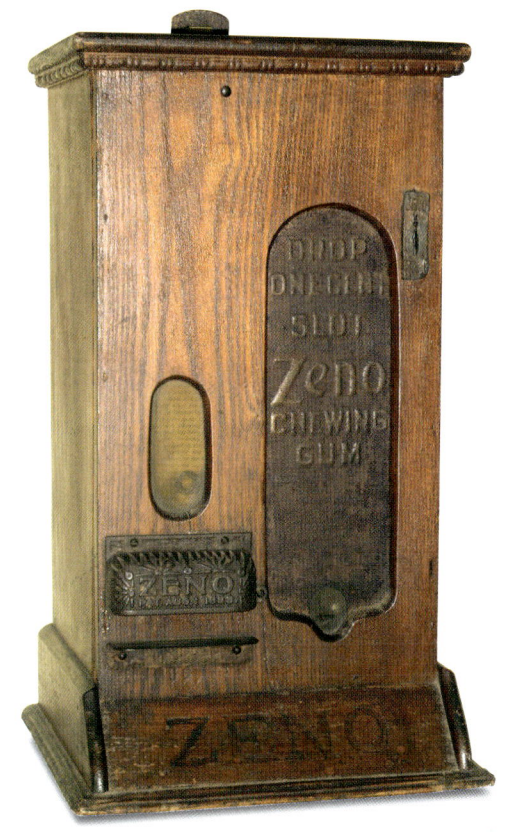

"자판기를
제외한 모든 것은
변화할 수밖에 없다."

로버트 C. 갤러거

# 구술 녹음기 (1888년)

에디슨이 이동식 녹음기를 만들다.

발명가 토머스 에디슨(1847~1931)은 40세 무렵 이미 특허권을 400개 정도 보유했으나 발명에 대한 도전을 멈추지 않았다. 그는 자신이 개발한 구술 녹음기를 대중화시키려고 노력하였다.

구술 녹음기는 자신이 개발한 초기 축음기를 개선하여 만들어졌다. 1878년 '노스 아메리칸 리뷰'와의 인터뷰에서 에디슨은 구술 녹음기가 메시지를 작성하고, 죽어가는 사람의 유언을 녹음하는 데 유용하다고 제안하였다. 그러나 해당 기계가 대중화되는 데 실패하자 아이디어 구현을 단념하였다.

다른 발명가 그룹이 1880년대 에디슨의 설계를 개선하여 그래포폰을 출시하자, 에디슨은 구술 녹음기의 가능성에 대해 깨닫게 되었다. 그는 좀더 실용적인 구술 기계를 제작하기 위해 다른 발명가들이 개발을 그만둔 지점부터 연구를 재개하였다. 이미 치체스

> "나는 모든 소스로부터 아이디어를 쉽사리 얻으며, 개발을 이어가던 마지막 사람이 개발을 그만 둔 지점에서 발명을 시작한다."
> 토머스 에디슨, 발명가

터 벨과 샤를 테인터가 바늘과 왁스 실린더를 사용하여 녹음하는 방법을 개발했으므로, 에디슨은 자신의 설계를 간략하게 개선하여 1888년 개선된 축음기를 시장에 출시하였다. 초기 에디슨의 구술 녹음기는 속기사들의 반대에 직면하여 성공하지 못했다. 그 후 에디슨이 출시한 에디폰은 '속기사들의 친구'라는 슬로건으로 제작된 광고의 도움으로 제1차 세계대전 후 판매가 증가하였다. **HB**

**참고:** 축음기, 축음기 음반, 비닐 축음기 음반, 미니디스크

# AC 전력 (1888년)

테슬라가 값싸고 신뢰할 수 있는 전기를 공급하다.

세르비아계 이민자 니콜라스 테슬라(1856~1943)는 에디슨의 DC(직류) 발전소에 재직하던 중 새로운 유형의 전력 방식인 AC(교류)를 개발하였다. 그러나 에디슨은 테슬라의 AC 전력 방식에 관심이 없었다. 에디슨은 AC 전력이 자신의 DC 전력과 경쟁해야 할 대상처럼 느껴졌기 때문에 테슬라에게 거액의 돈을 제공할테니 DC 시스템을 개선시킬 것을 권유하였다. 테슬라는 에디슨의 요구를 수용했지만 에디슨은 테슬라에게 약속한 사항을 지키지 않았다. 결국 테슬라는 회사를 그만두었고 자신의 연구 방향을 AC 전력으로 전환하였다.

DC 전력은 전선의 거리가 길어지면 전력의 손실을 야기시킨다. AC 전력은 전류를 다변화시켜 저항을 줄이므로 이러한 문제가 발생하지 않을 뿐더러 동일한 양의 전력을 전달할 수 있다. 이로 인해 AC 전력은 비용 대비 효과가 높아 DC 전력보다 발전소를 적게 건설

> "AC는 절벽 위에서 세차게 흐르는 급류와 같다."
> 토머스 에디슨, 발명가

할 수 있었다. AC 전력의 시장 가능성을 알아차린 사업가 조지 웨스팅하우스는 AC 모터에 대한 테슬라의 특허권을 구매하였다. 에디슨은 DC 전력의 선두자리를 지키기 위해 노력하였으나 AC 전력에게 밀리고 말았다. 전 세계 거의 모든 전기는 현재 테슬라의 AC 전력으로 공급되고 있다. **LS**

**참고:** 레이덴 병, 전기 모터, 전기 발전기, 전력 계량기, 공공 전기 공급

➡ 최초의 AC 전력을 구축한 세르비아계 발명가이자 엔지니어인 니콜라스 테슬라.

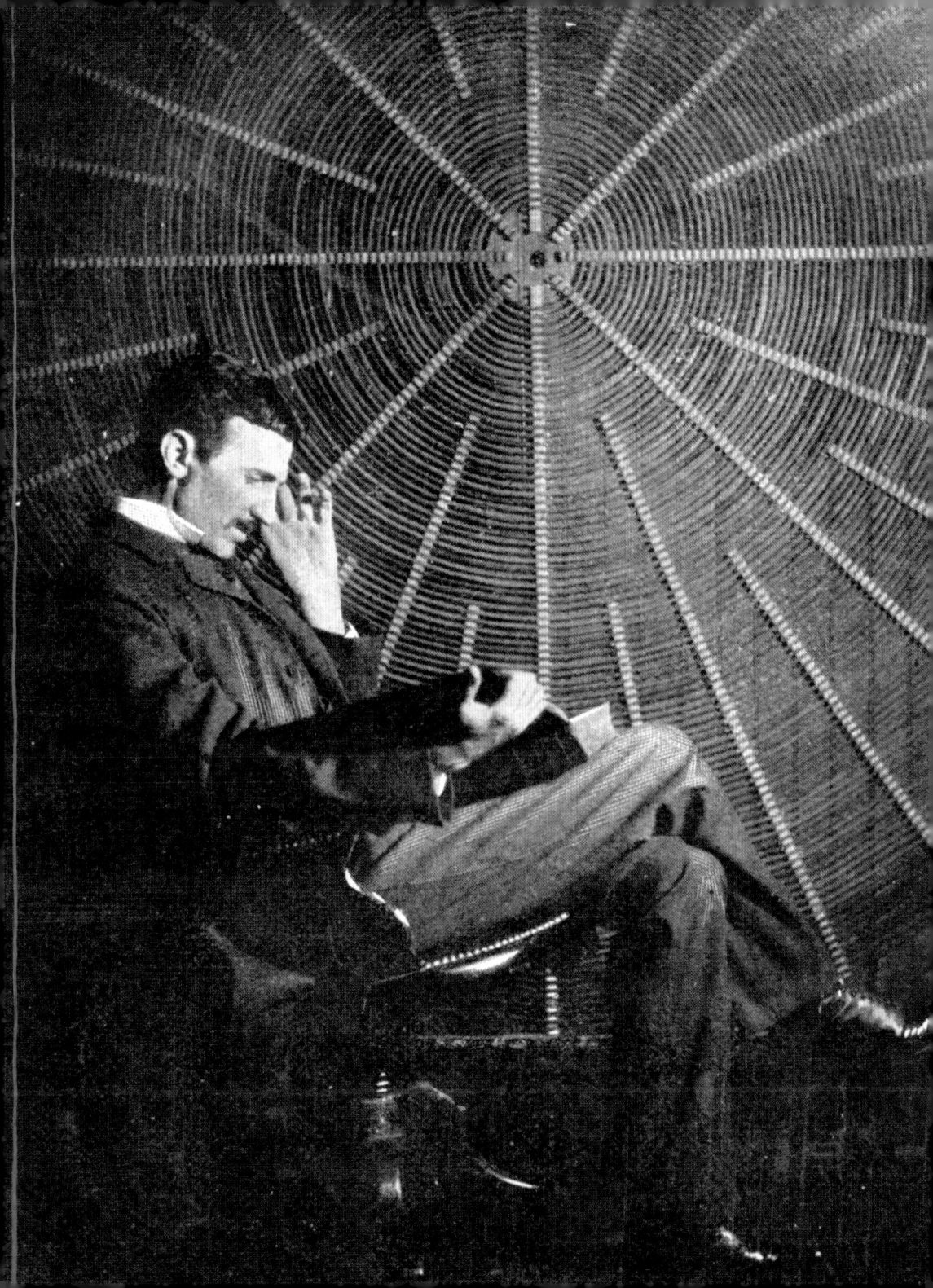

# 전력 계량기 (1888년)

샬렌버거의 계량기가 AC 전력을 공급하다.

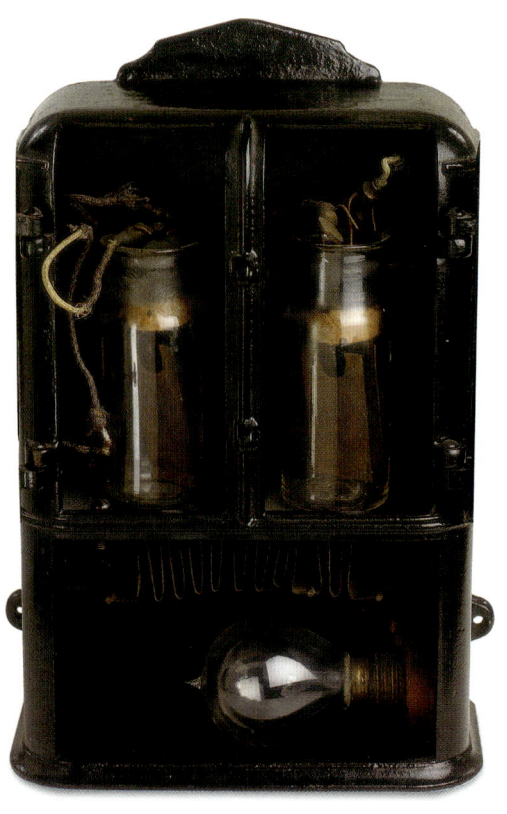

19세기 후반 조지 웨스팅하우스는 원거리로 전력을 공급하는 데 AC 발전기가 적합하다는 것을 증명하였다. 이를 통해 웨스팅하우스는 AC 전력에 대한 요금 부과로 많은 돈을 벌어들일 계획을 구상하였다. 그 당시 웨스팅하우스의 계획을 수행하기 위해 가장 필요했던 것은 AC에 기반한 전력 계량기였다. 토머스 에디슨의 GE社는 DC 전기로 램프 당 요금을 부과하여 많은 돈을 벌어들이고 있었다.

미 해군 사관학교 졸업생인 올리버 샬렌버거(1860~1898)는 AC 전력 계량기를 연구하고 있었다. 그는 에디슨에게 자신의 초기 아이디어를 제안했지만, DC와는 관련이 없었으므로 에디슨의 관심을 끌지 못했다. 그 후 샬렌버거는 웨스팅하우스를 찾아가 자신의 아이디어를 보여주었다.

웨스팅하우스는 샬렌버거의 조잡한 설계안에 당황했지만 30분 후 자기 회사의 수석 전기 기술자로 샬렌버거를 채용하였다. 그리하여 샬렌버거는 1884년 해군을 떠나 웨스팅하우스社에 합류하였다.

1888년 샬렌버거는 새로운 AC 램프에 대해 연구하던 도중 스프링이 이탈해 램프의 선반 내로 떨어진 것을 발견하였다. 이를 계기로 그는 전기장 근처의 힘이 미치는 범위 내에서 스프링이 움직인다는 사실을 알아냈다. 샬렌버거는 이 사실을 기반으로 산업 표준이 된 전력 계량기를 만들었다. 디자인은 가스 계량기와 매우 유사하였다. 샬렌버거가 개발한 것과 동일한 기본 계량기 기술은 오늘날에도 여전히 사용되고 있다. 후에 니콜라스 테슬라는 샬렌버거의 계량기가 AC 전기 모터의 일종이라는 것을 입증하였다. **RB**

"신념은 전기와 같다.
여러분은 신념을 볼 수는 없지만
빛을 볼 수는 있다."
작자 미상, '가난한 사람들의 대학'

**참고:** 레이덴 병, 전기 모터, 전기 발전기, 공공 전기 공급, AC 전력

◪ 전력 소비량을 측정하기 위해 전기 분해를 사용한 1881년경에 디슨의 전해액 계량기.

# 키네마토그라프 (1888년)

르 프랭의 획기적인 작업이 활동 사진으로의 길을 인도하다.

프랑스 출생 루이 오귀스탱 르 프랭(1842~1890)은 비극적인 무성 영화의 주인공으로 사람들에게 기억되고 있다. 다게르 밑에서 교육받은 사진작가이자 화학자이며 예술가였던 르 프랭은 움직이는 이미지에 대해 비밀스럽게 연구하였으나, 애석하게도 그의 연구 성과는 공개되기도 전에 사라져버렸다. 많은 사람들은 활동 사진의 실제 발명기는 르 프랭이며 에디슨과 뤼미에르 형제가 발명가로서 명성을 누리고 있는 것이 잘못된 일이라고 생각한다. 일부 사람들은 심지어 르 프랭이 활동 사진을 발명하던 중 경쟁자에게 살해되었다고 주장하고 있다.

1880년대 르 프랭은 키네마토그라프(움직이는 이미지를 캡처해서 보여주기 위한 초기 장치)를 연구하던 사람 중 한 명이었다. 1888년 그는 열여섯 개의 렌즈로 구성된 키네마토그라프(적절하게 동작하지 않았을 것임)에 대한 특허를 취득하였다. 르 프랭은 또한 이스트먼의 종이 필름을 결합하여 단일 렌즈 장치를 제조하였으며 1888년 가을 영국의 리즈 브리지에서 해당 장치를 사용하여 움직이는 말을 촬영하였다.

기존의 유리 슬라이드를 새로운 셀룰로이드 필름으로 교체하여 영사 기능을 개선한 후, 르 프랭은 세상에 자신의 발명품을 공개하려고 하였다. 하지만 1890년 9월 16일 프랑스에서 휴가를 보내기 위해 열차에 탑승한 이후 세상에서 사라져버렸다.

그로부터 얼마 후 에디슨의 초기 카메라와 영사기가 대서 특필되었다. 르 프랭의 가족은 에디슨이 활동 사진의 단독 발명가가 아니라고 주장하였으며 법원의 판결로 이 사실이 입증되었다. **AK**

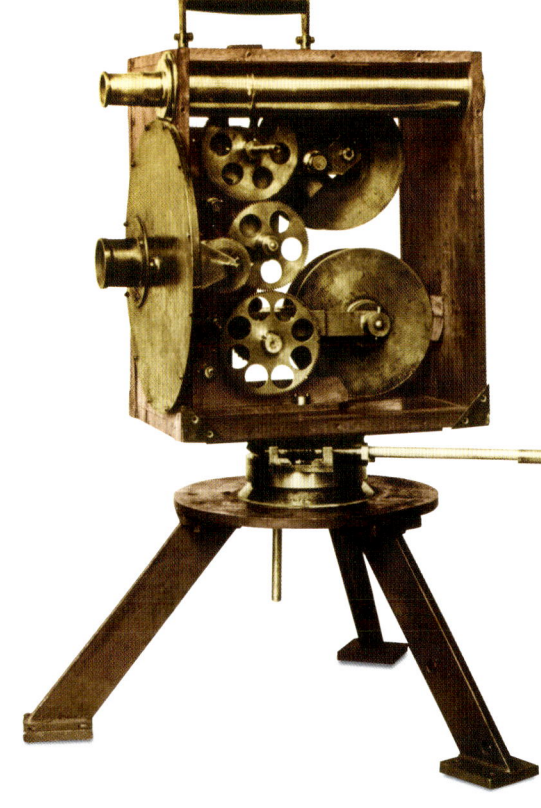

**참고:** 셀룰로이드, 사진 필름, 키네토스코프, 필름 카메라/영사기, 영화 음성

↗ 1896년 제작된 로버트 폴의 키네마토그라프. 1897년에 빅토리아 여왕의 기념제를 촬영하기 위해 사용됨.

"살아 움직이는 사진으로
자연 풍경과 삶을 보여주기 위한
방법 및 기구."
르 프랭의 1888년 특허

# 전기 속도계
## (1888년)

벨루식의 장치가 운전 속도를 측정하다.

초기의 운전자들은 얼마나 빠른 속도로 자동차를 운전하고 있는지 알 수가 없었다. 최초의 스포츠카에도 속도를 알려주는 장치가 부착되지 않았을 만큼 그 당시에는 속도계라는 개념이 존재하지 않았다. 이에 자동차 속도계를 개발하려는 연구가 시작되었다. 수 세기 동안 사람들은 주어진 시간과 거리로 속도를 산출하는 방법을 사용하였다. 하지만 전기 속도계는 이와 다르게 실시간으로 속도를 나타내는 시스템이다.

현대식 속도계인 전기 속도계는 19세기 후반과 20세기 초 사이에 출현하였다. 라빈의 오스트리아-헝가리 지역 출신인 크로아티아 교수 조시프 벨루식은 1888년 무렵 전기 속도계에 대한 특허를 취득하였다. 그 뒤를 이어 다른 발명가들도 수 년간 다양한 속도계를 제작하였다. 그들이 제작한 대부분의 속도계는 바퀴의 회전 속도를 측정하여 해당 정보를 속도 게이지에 전달했지만, 전기 속도계는 아니었다. 1902년 10월 7일 베를린에서 오토 슐츠 또한 전기 속도계에 대한 특허를 취득하였다.

전기 속도계의 회전식 샤프트 한 쪽 끝은 차량의 기어 상자에 결합되며 다른 한쪽 끝은 '스피드컵'의 영구 자석에 연결된다. 속도계 바늘은 이 컵의 다른 한쪽 부분에 고정된다. 케이블이 회전하면 자석도 비례적으로 회전하여 맴돌이 전류를 발생시키며 맴돌이 전류에 의해 컵과 컵에 부착된 바늘이 움직인다. 스프링은 맴돌이 전류로 발생한 회전력을 약화시키기 때문에 스프링에 부착된 속도 바늘은 속도가 다양하게 변해도 거의 정지된 상태를 유지한다. **MD**

참고: 전자석, 모터바이크, 자동차, 액셀러레이터, 불꽃 점화

# 풍력 터빈 발전기
## (1888년)

브러시가 천연 동력원을 이용하다.

풍차는 대략 2,000년 전부터 사용되었다. 1888년 찰스 브러시(1849~1929)는 풍력 터빈과 발전기를 연결하여 오하이오에 위치한 자신의 부지를 밝히는 데 필요한 전력을 공급하였다. 144개의 날로 구성된 로터는 풍력 구동 워터 펌프에 기반하였으며 오늘날의 터빈과는 전혀 다른 모습이었다.

1891년 폴 라쿠라는 현재 우리에게 친숙한 모양의 터빈을 개발하였다. 라쿠라는 고향인 덴마크 농장과 마을에 전력을 공급하기 위해 풍력을 개발하였다. 네 개의 날로 구성된 터빈은 최대 25킬로와트까지 전력을 공급할 수 있었으며 1910년경에는 라쿠라 터빈이 널리 보급되어 전력을 생산하였다. 20세기 초에는 프로펠러(두세 개의 날로 구성)같이 생긴 터빈이 등장하였다. 1931년 러시아 장비인 100킬로와트급 최초의 대규모

> "산업적으로 바람 에너지를 사용하는 것은 에너지 문제의 해결책이 아닌, 에너지 문제가 발생할 수 있다는 조짐이다."
> 에릭 로젠블룸, '내셔널 윈드 워치'

터빈이 전력 공급망에 직접적으로 연결되었다. 터빈의 일관된 성능에도 불구하고, 러시아인들은 제2차 세계대전이 시작할 무렵에 해당 연구를 중단하였다.

21세기 화석 연료 공급이 점점 고갈되어감에 따라 전 세계의 땅과 근해에 수많은 풍력 발전지대가 자리잡았다. 그러한 풍력 발전지대의 상업성에 대해서는 여전히 의심스럽다. 실제로 풍력 발전소의 에너지가 시골 경관과 야생 식물에 미치는 생태학적 피해보다 가치가 있는지에 대해서는 현재도 열띤 논쟁이 진행 중이다. **FW**

참고: 풍차, 전기 발전기, 공공 전기 공급

# 브래지어
## (1888년)

카돌이 여성을 위한 혁명적인 새로운 속옷을 소개하다.

브래지어 출현하기 전에는 코르셋이 여성들의 속옷이었다. 그러나 고래뼈로 만든 코르셋 심 때문에 착용하기가 불편했다. 1889년 프랑스 여성인 헤르미니 카돌(1845~1926)은 코르셋의 아랫부분을 잘라 최초의 브래지어를 만들었다.

19세기 후반 카돌은 아르헨티나의 부에노스아이레스로 이주하여 란제리 상점을 열었다. 그녀는 코르셀레트 고르지라고 불린, 어깨끈을 사용한 새로운 디자인의 속옷을 1890년 파리 만국 박람회에 출품하였다.

카돌의 디자인은 고무실이나 고무 밴드를 사용한 최초의 브래지어 중 하나이다. 그녀는 이전 디자인에서 사용되던 고래뼈나 코르셋 끈을 고무실이나 고무 밴드로 교체하였다. 1910년 뉴욕 사교계의 명사였던 메리 펠프스 제이콥은 얇은 이브닝 드레스 안에 착용할 수 있는 브레지어를 제작하여 카돌의 브래지어를 개선하였다. 제이콥은 실크 손수건 두 장을 리본 모양으로 묶어 브레지어를 제작한 후 '브래지어'라는 이름으로 1914년 특허를 취득하였다.

제1차 세계대전 이전에는 브래지어가 대중화되지 못했다. 그러나 제1차 세계대전이 발발하면서 전장으로 떠난 남성 대신 여성들이 공장에서 일을 하게 되면서 실용적인 속옷인 브래지어가 각광받기 시작했다. 전쟁의 영향으로 코르셋에 사용되는 금속조차 군수 산업에 사용되었다. 이는 브래지어가 대중화될 수 있었던 또 다른 이유였다. 브래지어의 컵 사이즈는 1920년대가 되어서야 러시아 이민자 이다와 윌리엄 로젠탈이 고안하였다. **HI**

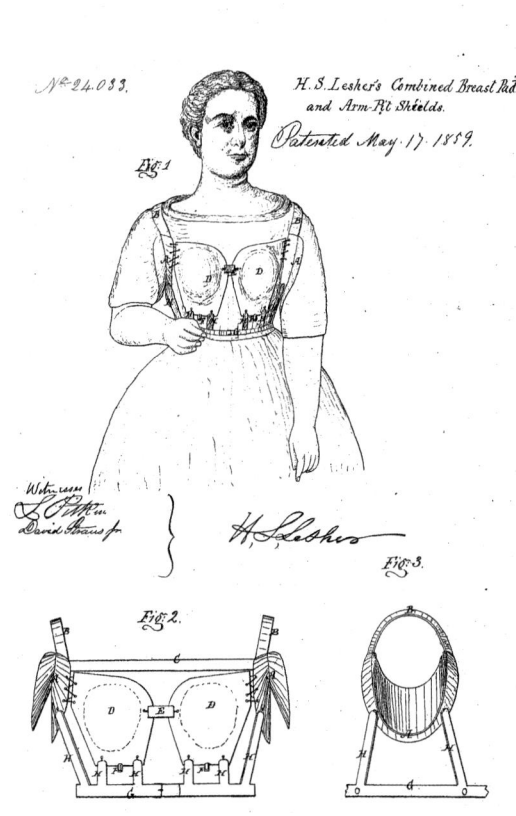

참고: 의복, 재봉틀, 유방 확대술, 합성 고무

↗ 뉴욕 사람인 헨리 레셔가 1859년 고무와 의복 형태의 브래지어 속옷을 발명했으나, 이 디자인은 인기를 얻지 못했다.

"헤르미니는 천재적 아이디어를 지녔다.
여성의 편안함을 위해 그녀는
전통적인 코르셋을 반으로 잘랐다."
카돌 웹사이트

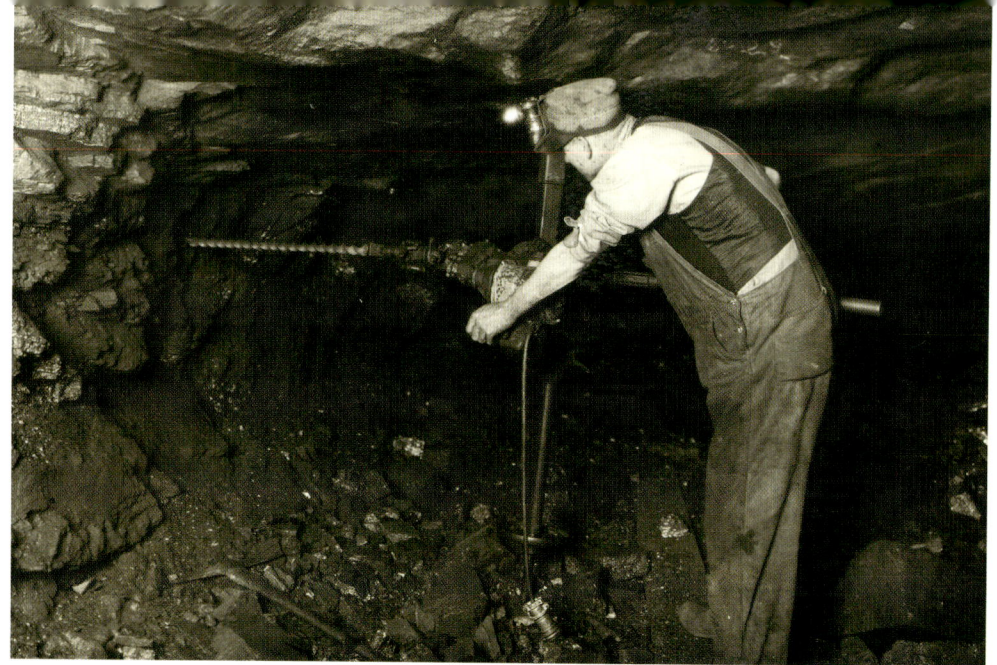

# 전기 드릴 (1889년)

아르놋이 집 수리 열풍에 시동을 걸다.

전기 드릴의 발명은 건설업 및 제조업에서 매우 중요한 의의를 지닌다. 우리는 광산업에서 사용할 수 있는 최초의 전기 드릴을 제조한 전기 공학자 아서 아르놋(1865~1946)에게 감사해야 한다.

수천 년 전에도 드릴의 개념은 존재해왔다. 이집트인들은 활송곳으로 마찰력을 일으켜 불을 지피고 나무에 구멍을 뚫었다. 드릴 머리 부분의 회전은 표면에 구멍을 뚫기에 충분하였다. 현대식 전기 드릴은 전기로 전력을 공급받는다는 점을 제외하고는 이와 동일한 원리를 사용한다.

스코틀랜드에서 태어난 아르놋은 전기 엔지니어로 교육받은 후 1885년 그로스비너가 발전소에서 근무하였다. 4년 후 아르놋은 유니온 일렉트릭社의 전기 발전소를 건설하기 위해 호주 멜버른으로 이주하였다. 전기 발전소를 건설한 후 멜버른에 전기 가로등을 설치하였는데, 이 기간 중 아르놋은 1889년 8월에 특허를 취득한 전기 드릴을 생각해냈다. 그의 발명품은 드릴을 광산업에서 사용할 수 있도록 해주었으며, 더욱 깊은 곳의 시추를 가능하게 하였다. 그러나 1895년 독일의 빌헬름 페인이 최초의 이동식 전기 드릴을 개발하면서 아르놋의 발명품은 점차 그 지위를 잃어버리게 되었다.

1917년 무렵 미국에 새로 설립된 블랙앤데커社는 현대 가정의 필수품이자 어느 공구상자에서도 늘 찾아볼 수 있는 최초의 전기 핸드 드릴을 특허로 등록한 후 해당 제품을 제조하여 판매하였다. **SR**

참고: 드릴, 파종기, 천공 드릴 비트

⬆ 고성능 전기 드릴을 사용한 1920년대의 석탄 채굴.

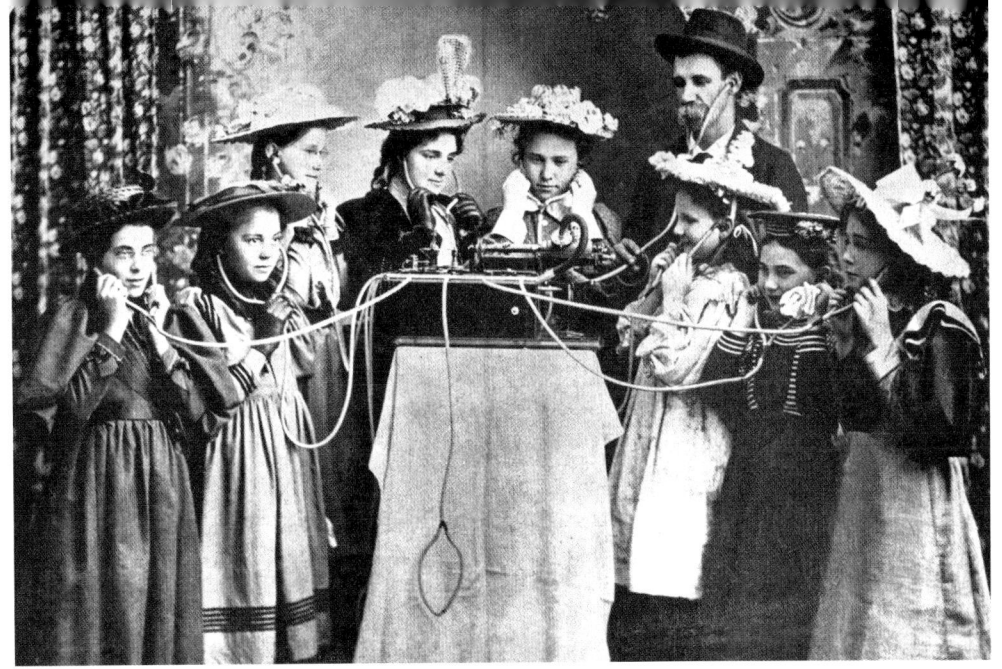

# 주크박스 (1889년)

글라스가 동전을 넣으면 음악이 나오는 기계를 소개하다.

주크박스라는 용어가 등장하기 5년 전, 5센트짜리 동전을 넣는 세계 최초의 축음기가 샌프란시스코 서터 스트리트에 위치한 팔라이스 로얄 레스토랑에 등장하였다. 퍼시픽 포노그래프社의 총 지배인이었던 루이스 글라스(1845~1924)가 그 장치의 개발자였다.

글라스는 오크 캐비닛 안에 설치한 에디슨 클래스 M 전기 실린더 축음기에 5센트까지 동전을 넣을 수 있는 장치를 부착하였다. 동전을 넣으면 틴 포일과 왁스 실린더에서 흘러나오는 음악이 청진기 모양의 튜브를 통해 최대 네 명에게 전달되었다. 음악을 청취 중인 손님들에게는 귀 덮개로 인해 발생하는 땀을 닦을 수 있도록 수건을 제공했다.

이 장치로는 음악을 한 번만 재생할 수 있었다. 이 단점에도 불구하고 새로운 기계는 처음 6개월의 서비스 기간 동안 1,000달러 이상을 벌어들일 만큼 대중적으로 성공하였다.

글라스의 주크박스는 곧 여러 술집과 선박 여행객 대기실에 설치되었다. 동전을 넣어 음악을 들을 수 있는 기계가 등장함에 따라 1889년까지 많은 사람에게 사랑받던 자동 피아노가 점차 쇠퇴하였다.

1910년경 실린더식 축음기는 점차 축음기 음반으로 교체되었다. 1950년대 45rpm 레코드 주크박스가 출현하기 전까지 셸락 78rpm 음반이 주크박스에 주로 사용되었다. 45rpm 주크박스는 몇 년간 주크박스 시대의 표준이 되었다. **BS**

**참고: 축음기, 자판기, 축음기 음반, 비닐 축음기 음반**

↑ 1890년대 캔자스 주 살리나 지역에 위치한 주크박스를 통해 여러 사람들이 음악을 듣고 있다.

# 클러치 (1889년)

다임러와 마이바흐가 부드러운 승차감을 제공하다.

자동차 역사에서 누가 최초의 클러치를 고안했는지 의견이 분분하다. 거의 모든 역사학자들은 클러치가 1880년대 독일에서 개발되었다는 사실에 동의한다. 일부 역사학자들은 고틀립 다임러(1834~1900)와 빌헬름 마이바흐(1846~1929)가 클러치 발명에 기여했다고 추정하기도 한다.

다임러와 마이바흐는 내연기관의 발명자인 니콜라우스 오토 밑에서 일하면서 서로 알게 되었다. 1882년 두 사람은 자신들의 회사를 설립하였으며 1885년부터 1886년까지 가솔린 엔진과 기어를 탑재한 4바퀴 차량을 제조하였다. 1889년 그들은 폐쇄형 4단 기어박스와 기어에 동력을 공급하는 마찰 클러치를 개발하였다. 1890년 다임러 모터社가 시장에 출시한 첫 번째 자동차에는 이러한 장치가 장착되었다.

클러치를 사용하지 않으면 자동차 엔진은 바퀴를

"우리는 싫어하는 사람과
쿠페형 자동차에 탑승하는 위험에
결코 빠지지 말아야 한다."

오토 율리우스, 자동차 여행 대 기차 여행

계속 회전시킨다. 그렇기 때문에 엔진을 정지시키지 않고 자동차를 멈추려면 클러치로 바퀴와 엔진을 분리시켜야 한다. 클러치는 또한 바퀴에 동력을 단계적으로 적용하는 역할을 하여 차량의 부드러운 출발과 원활한 기어 변속을 가능하게 해준다.

마찰 클러치는 엔진 쪽에 위치한 회전속도 조절 바퀴로 이루어져 있다. 클러치는 구동축으로부터 시작된, 마찰성 재료로 덮여 있는 큰 금속 판이다. 회전속도 조절 바퀴와 클러치가 서로 닿으면 동력이 바퀴로 전달된다. **SS**

참고: 자동 변속기, 원심 클러치

# 자동차 기어 (1889년)

벤츠가 자동차의 속도와 효율을 증가시키다.

기어 시스템은 최초의 자동차가 생산되자마자 발명되었다. 카를 벤츠는 자신의 자동차에 최초로 2단 기어를 장착하였으며 두 기어 간 변속을 가능하게 하는 변속 기어를 발명하였다. 세 바퀴의 모터웨건 모델로 만하임에서 슈투트가르트 인근의 포르츠하임까지 65마일을 운행(최초의 장거리 자동차 운행)했던 벤츠의 아내 베르타는 기어 시스템을 발명할 것을 벤츠에게 제안하였다.

기어는 내연기관(내부 연소 엔진)의 특성상 필요하다. 초기 엔진은 rpm(분당 회전수)의 범위가 넓지 못했다. 기어는 구동축의 상대 속도를 바퀴 속도로 변경하는 동안 엔진이 가장 효율적인 rpm을 유지할 수 있도록 해주는 역할을 한다. 이로 인해 자동차 엔진이 작동하는 동안 자동차의 속도를 높이거나 줄이는 것이 가능하다.

"내가 가장 열렬하게
느낀 것 중 하나는 결코
죽지 않을 발명에 대한 사랑이다."

카를 벤츠

초기의 기어는 사용자가 '이중 클러치'를 사용해야 했다. 이중 클러치란 클러치를 밟아 구동축에서 첫 번째 기어를 분리하여 rpm을 변경한 후 클러치를 한 번더 밟아 구동축과 새로운 기어를 맞물리는 것을 일컫는다. 현대식 자동차는 기어의 톱니날을 맞물리기 전에 새로운 기어와 구동축의 속도를 일치시키려고 마찰을 이용한 싱크로나이저를 사용한다. 덕분에 현대식 자동차에서는 클러치를 한 번만 밟으면 된다. **HP**

참고: 클러치, 자동 변속기, 등속 맞물림 클러치 기어, 원심 클러치

# 2행정 엔진 (1889년)

데이가 소형 모터 장치(잔디 깎기, 전기톱 등)에 유용한 엔진을 발명하다.

일부 사람들은 2행정 엔진의 윙윙거리는 소음을 기계가 만들어내는 가장 짜증나는 소음이라고 하는 반면, 다른 사람들은 음악 연주와 같이 아름다운 소리라고 말하기도 한다. 모터사이클에서부터 잔디 깎는 기계에 이르기까지 폭넓게 사용되고 있는 2행정 엔진은 구조가 비교적 단순한 모델이다. 영국인 엔지니어 조지프 데이(1855~1946)는 2행정 엔진을 현대적으로 디자인하였다.

1880년 두갈드 클라크가 고안한 초기 2행정 엔진은 데이가 개발한 버전보다 훨씬 복잡했다. 이동식 부품 세 개만을 사용한 데이의 엔진은, 배기 가스를 방출하는 동안 피스톤의 압력을 사용하여 연료와 공기를 연소실로 전달하였다. 이로 말미암아 한 번씩 회전할 때마다 한 펄스의 동력을 구동축을 따라 전달할 수 있었다. 이는 두 번 회전할 때마다 한 펄스의 동력을 전달하는 4행정 엔진보다 효율성이 뛰어난 것이었다.

2행정 엔진의 단순한 설계는 범용적인 응용을 가능하게 해주었다. 대부분의 고성능 모터사이클은 2행정 엔진을 사용한다. 출력 대 중량비가 높다는 장점에도 불구하고 2행정 엔진은 4행정보다 자연을 더 많이 훼손시킨다. 2행정 엔진은 연료와 공기가 연소실에 주입될 시 그중 일부가 외부로 새어 나온다. 일례로 우리는 선외 모터 주변에서 기름 광채를 확인할 수 있으며 고 카트 트랙에서 뚜렷한 기름 냄새를 맡을 수 있다. 환경 문제에 대한 전 세계적인 관심 때문에, 2행정 기술에 현저한 개선이 이루어지지 않는다면 우리는 더 이상 이 엔진을 볼 수 없을 지도 모른다. **DHk**

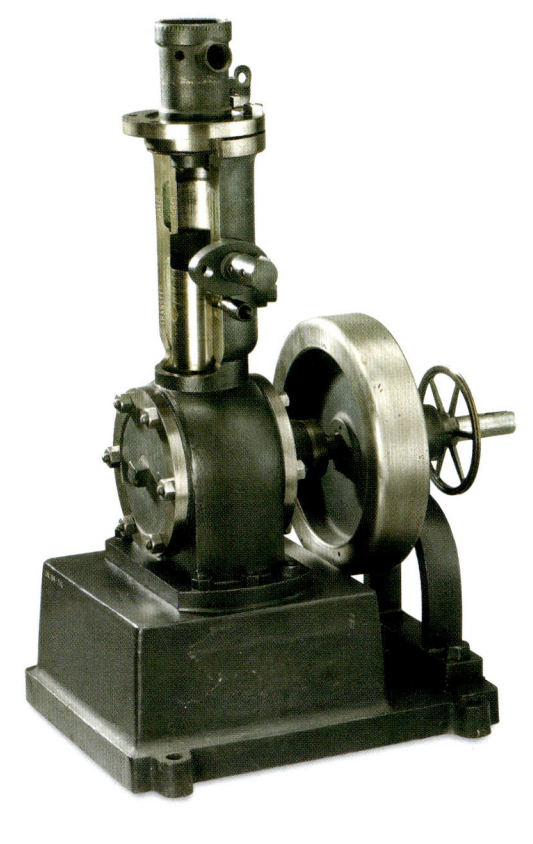

**참고:** 내연기관, 스털링 엔진, 가스 추진 엔진, 4행정 사이클, 버크 엔진

↗ 1891년 데이 모터社가 제작한 내연 2행정 무밸브 모터.

"당신이 첫 번째 잔디깎이를 할 때가 온 것을 깨닫기 전까지, 봄은 오지 않았다."

출처 미상

# 사진 필름 (1889년)

이스트먼의 혁명적 발명이 아마추어 사진에 영향을 미치다.

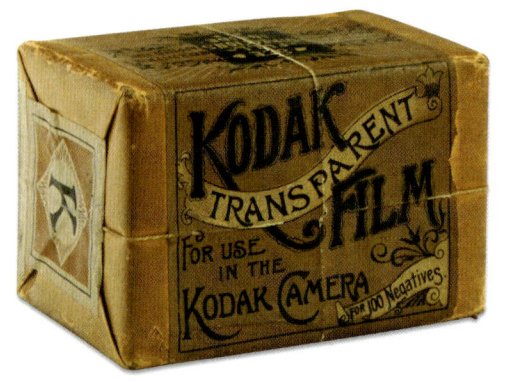

1874년 미국의 사업가이자 발명가인 조지 이스트먼 (1854~1932)은 사진에 매료되었다. 그는 사진 건판을 제작하는 공정을 개발하였으며 건판을 생산하기 위해 '이스트먼 드라이 플레이트 앤 필름'社를 설립하였다.

1889년 이스트먼은 사진 유제로 한 롤의 유연한 종이를 코팅하는 시스템으로 특허를 취득하였다. 이 공법의 원리는 이스트먼 회사의 화학 연구가인 헨리 라이헨바흐가 고안하였다. 그가 고안한 감광성 롤 필름은 깨지기 쉽고 다루기 어려운 유리 감광판을 대체하였다. 화상이 불분명한 이미지를 생성하는 종이 필름은 후에 질산염 셀룰로우즈 필름으로 바뀌었다.

이스트먼은 생산한 제품에 '코닥'이라는 상표를 부착하였다. 초기 코닥 카메라는 단순한 렌즈와 셔터를 포함한 손바닥 크기의 나무 상자로 구성되었다. 이 카메라는 100번을 촬영할 수 있는 필름을 내장하였다. 모든 촬영을 끝낸 카메라가 필름 현상을 위해 공장으로 되돌려 보내지면 공장에서는 출력한 사진과 함께 필름을 다시 장착한 카메라를 소유자에게 전달하였다. 1901년 무렵 이스트먼은 '브라우니' 롤 필름 카메라를 출시하였다. 이 카메라는 성공적으로 판매되었으며 구매한 사람들을 모두 사진작가로 만들어주었다.

이스트먼의 유연한 투명 필름은 태동 단계에 있던 활동 사진 산업에 활력을 불어넣었으며, 1891년 토머스 에디슨의 키네토스코프에 사용되었다. 1935년 세 개의 염료 층으로 구성된 코다크롬 컬러 필름의 출시는 컬러 사진을 대중화시켰다. **DH**

**참고:** 사진, 일안리플렉스 카메라, 휴대용 브라우니 카메라, 35mm 카메라

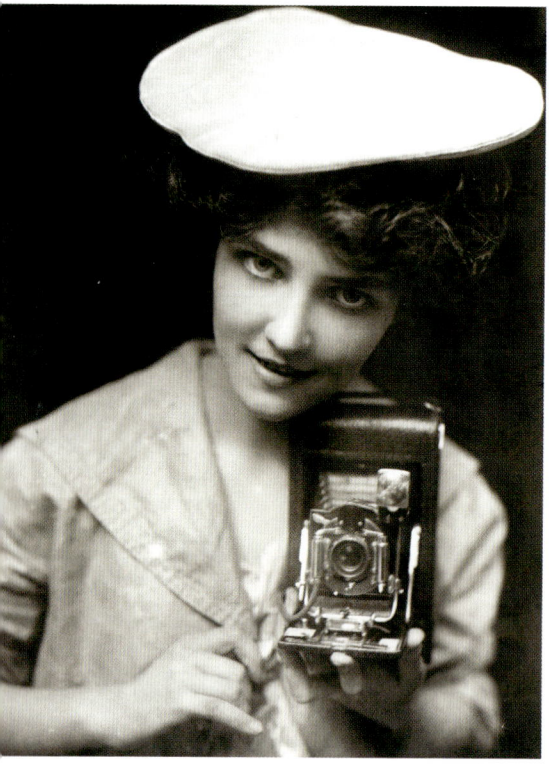

◩ 1888년 조지 이스트먼이 발명한 한 롤의 투명 필름.

◪ 1909년 코닥 폴딩 포켓 넘버 3 카메라 광고모델인 '코닥 소녀'.

# 공중전화 (1889년)

그레이의 아이디어로 전화기 수요가 창출되다.

슈퍼 히어로들은 스판덱스로 의상을 살아입기 위해, 창녀들은 자신의 전화번호를 홍보하려고 전화부스를 이용한다. 또한 훌리건들은 때때로 소변을 보려고 전화부스를 이용하기도 한다. 하지만 최초의 공중전화는 전화를 사용하고 싶은 개개인들의 욕망과 전화를 찾아보기 힘들던 여건으로 인해 출현하게 되었다.

1889년 미국 발명가 윌리엄 그레이는 동전으로 작동하는 공중전화를 최초로 고안하였다. 최초의 공중전화는 후불 방식을 사용했기 때문에 통화가 끝난 후 동전이 소모되었다. 공중전화는 발명 당시 전화 회사, 호텔, 상점의 관심을 끌었지만 대중의 관심을 끌지는 못했다. 사람들이 점점 더 멀리 떨어져 살게 됨에 따라, 안부 전화를 하는 일이 잦아졌으며 이로 인해 공중전화의 필요성이 점차 증가했다.

전화부스 자체의 디자인은 수년간 많이 변화하였

> "전화기는 사람들에게 마실 것을
> 제공하지 않아도 사람들과
> 얘기할 수 있는 좋은 방법이다."
> 프랜 리버위츠, 작가

다. 초기의 전화부스는 종종 내부에 카펫이 깔리고 마호가니와 같은 목재로 호화롭게 제작되었다. 1926년 길레스 길버트 스콧 경은 영국 런던의 빨간색 공중전화부스를 디자인하였으며, 이 디자인은 런던의 전통적 특징이 되었다. 뉴욕의 차이나타운 공중전화부스는 파고다 모양으로 디자인되었다.

1998년 무렵 미국에서만 260만 개의 공중전화가 보급될 만큼 그레이의 발명품은 큰 성공을 거두었다. 이 수치는 현재 휴대전화 보급의 증가로 빠르게 감소하고 있다. **CB**

참고: 전화기, 자판기, 다이얼 휴대폰, 스마트폰, 아이폰

# 액셀러레이터/스로틀 (1890년)

벤츠의 장치로 운전자의 속도 제어가 가능해지다.

때때로 재능 있는 발명가는 수많은 발명을 통해 거의 혼자 힘으로 산업을 재정의하곤 한다. 독일의 공학자 카를 벤츠(1844~1929)는 그러한 발명가 중 한 명이다.

1870년대와 1880년대 그는 자동차 기술 발전에 현저하게 기여한 수많은 특허를 취득하였는데, 이 특허 중에는 1890년에 개발된 액셀러레이터 혹은 스로틀이라고 알려진 속도 조절 시스템도 있다. 내연기관 설계와 관련한 많은 특허를 보유하고 있었던 벤츠는 자동차 분야의 리더가 되었다.

스로틀은 내연기관에서 단순한 기능을 수행한다. 가솔린 연료는 실린더에서 점화되기 전에 공기와 혼합되어 피스톤을 움직이는 작은 폭발을 일으키는데, 이 폭발이 차례로 바퀴를 구동시키는 구동축을 회전시킨다. 액셀러레이터는 연료와 공기의 비율을 제어하여 엔진의 출력, 즉 자동차의 속도를 결정하는 역할을 한다.

> "속도는 결코 누군가를 죽이지 않았으며,
> 갑자기 정지하고 있는 중이다.
> 그게 바로 너를 잡는다."
> 제레미 클락슨, 자동차 운전 방송인

영국의 자동차 공학자인 프레더릭 란체스터(1868 ~1946)는 1900년과 1904년 사이에 액셀러레이터를 소개하였다.

액셀러레이터의 기본 설계는 수년간 일부 수정되었지만, 근본적인 설계는 변경되지 않았다. 그 결과 액셀러레이터는 동력을 지닌 차량의 중추 요소 중 하나로 남아 있게 되었다. **BG**

참고: 모터사이클, 자동차, 자동차 기어, 불꽃 점화

# 코히러 (1890년)

브랑리가 무선 전신을 시작하다.

코히러 이면의 과학 원리는 코히러가 실용화되기 이전부터 수많은 다양한 사람들이 관찰해온 것이다. 1850년경 귀타르드라는 남성은 전하가 먼지와 같은 미세한 물질에 영향을 미친다는 사실을 알고 있었다. 그는 먼지가 가득한 공기에 전류를 흘려보내면 먼지 입자들이 함께 뭉친다는 사실을 밝혀냈다. 1890년이 되어서야 비로소 에두아르 브랑리(1844~1940)가 이러한 별난 현상을 응용할 수 있는 방법을 발견하였다.

유리 위에서 가는 조각의 플라티나 필름으로 연구를 수행하던 중, 브랑리는 필름이 전자기 파장(그 당시에는 헤르츠파라고 불렸음, 오늘날에는 전자파라고 함)에 종속되는 순간 필름의 전기 저항에 많은 변화가 발생한다는 사실을 알게 되었다. 이 발견은 브랑리가 코히러를 만드는 데 도움을 주었다. 코히러는 유리관 내 두 개의 금속 전극 사이에 금속 가루가 위치한 장비이

> "전쟁과 유물론적인 즐거움에
> 과학을 응용하는 것은 인류의 파멸을
> 불러올 것이다."
>
> 에두아르 브랑리

다. 정상적인 상태에서 코히러는 큰 저항을 가지며 헤르츠파가 존재하는 상태하에서 코히러의 금속 가루는 전류를 통과시킨다. 즉, 전도성이 증대되는 것이다. 이러한 특성을 이용하여 코히러는 전자기 신호를 감지하는 데 사용되었다.

이 장치의 발명은 무선 전신의 토대가 되었으며 마르코니는 이 장치를 개선하여 무선 전신술을 발달시켰다. **CL**

참고: 무선 통신, 개선된 라디오 송신기, 광석 라디오

# 자동 전화 교환기 (1890년)

스트로저가 전화 통화의 프라이버시를 보장하다.

전화기의 발명은 우리 사회에 큰 영향을 미쳤다. 그러나 초기 전화기 모델은 직접적으로 연결된 전화기하고만 통화할 수 있어 여러 사람에게 연락을 하는 데는 유용한 수단이 되지 못했다. 초기 전화기는 벨도 울리지 않았기 때문에 상대방에게 전화가 왔다는 것을 알리려면 스피커에 휘파람을 불어야 했다.

이처럼 전화기가 현대적인 기능을 갖추기 위해서는 여러 기능상의 개선이 필요했다. 미국 미주리 지역 장의사인 앨몬 스트로저(1839~1902)는 전화기의 자동 교환 방식을 고안하여 가장 중요한 기능상의 개선점을 만들어냈다. 당초 스트로저의 로컬 전화 교환원은 경쟁 장의사의 아내였는데, 스트로저에게 걸려온 전화를 일부러 엉뚱한 곳으로 연결시켰다. 이를 계기로 스트로저는 발신자가 돌린 다이얼을 인식하는 자동화된 교환 방식을 발명하게 되었다. 가장 초기의 자동 교환 전화기

> "언젠가 미국의
> 모든 주요 마을에
> 전화기가 있을 것이다."
>
> 알렉산더 그레이엄 벨, 발명가

모델은 위 아래로 이동하거나 회전하는, 속이 빈 실린더 형태로 구성되었다. 가운데 부분에는 샤프트가 자리 잡고 있었다. 가입자가 다이얼을 돌려 펄스를 송출하면 기계가 인식하여 상대방의 전화기로 연결시켰으므로 회전식 다이얼 전화기라고 불렸다. 이 시스템은 디지털 시스템으로 교체될 때까지 교환원이 수동으로 전화를 연결해야 할 필요성을 없애주었다. **JB**

참고: 전자기 전신기, 전화기, 다이얼 휴대폰

⤵ 1929년 런던의 혁명적인 새로운 자동 전화 교환기를 시험하고 있는 엔지니어.

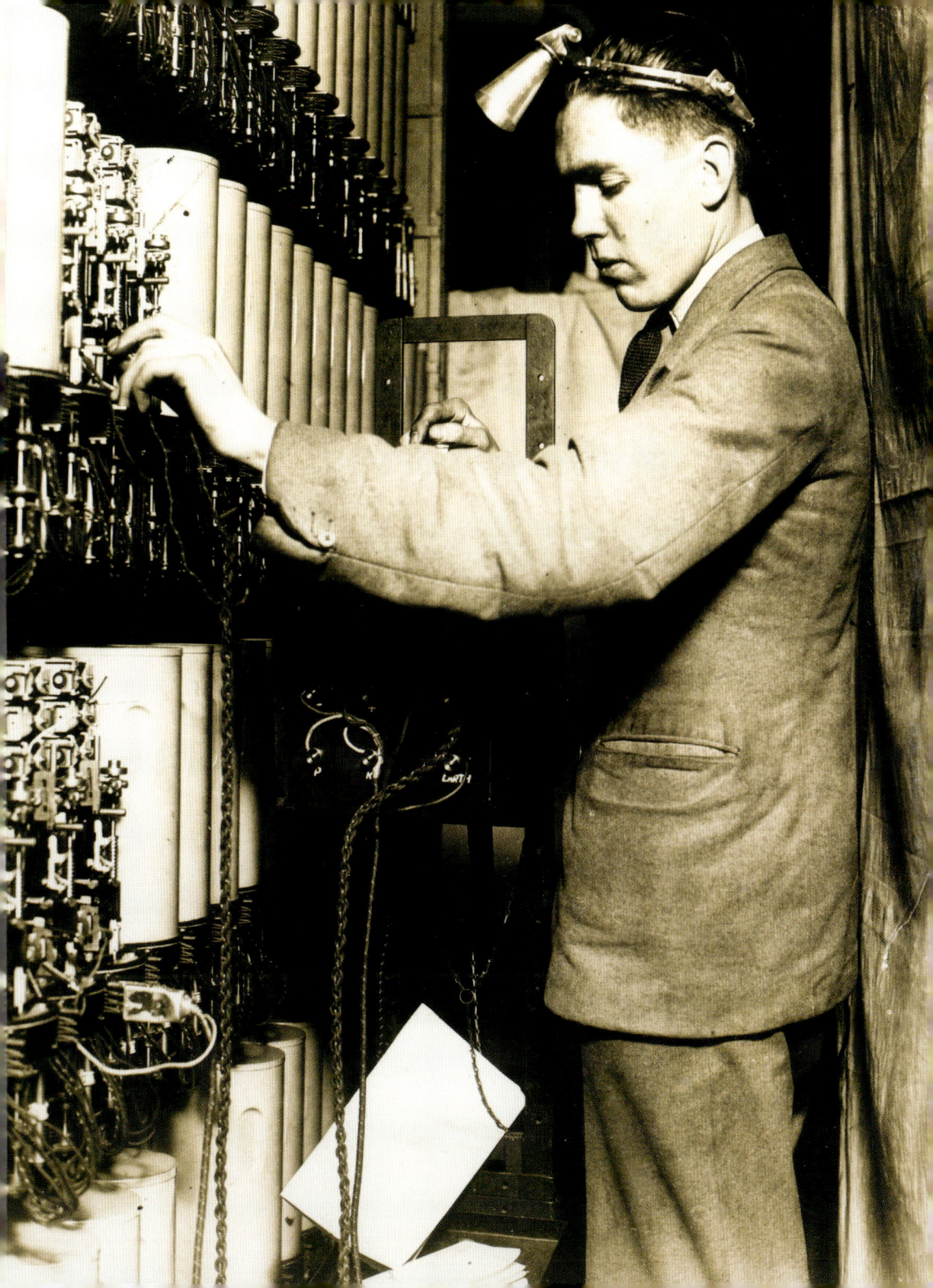

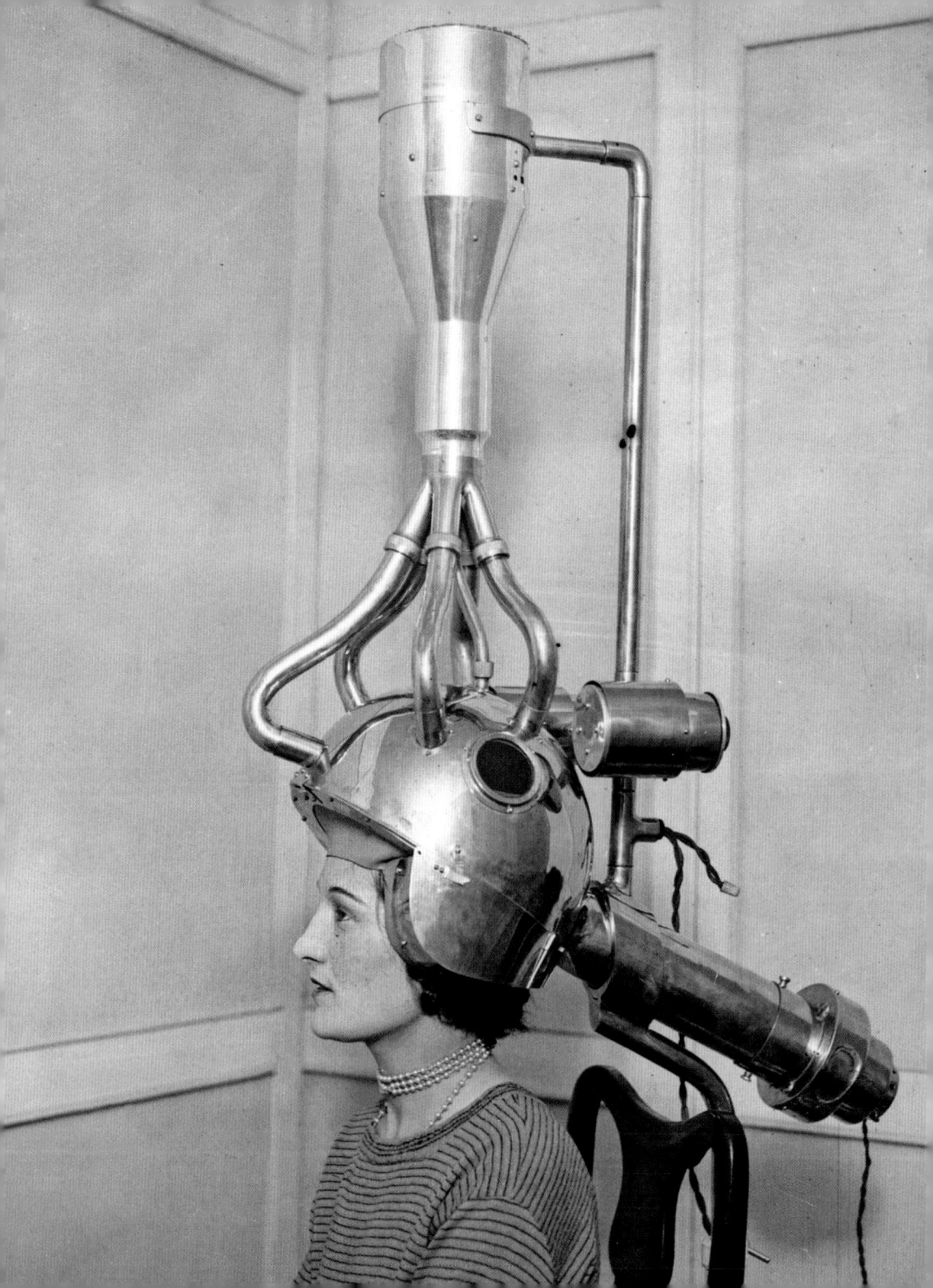

# 블로우 드라이 헤어 드라이어
(1890년)

---

고드프루아가 머리 치장용 스타일링 도구를 제공하다.

1890년대 미용실은 오로지 부유한 여성들을 위한 장소였다. 프랑스인 헤어드레서 알렉상드르 고드프루아는 1890년대 자신의 미용실에 최초의 블로우 드라이 헤어 드라이어를 설치하였다. 그의 드라이어는 굴뚝(가스레인지에 고정됨)에 부착된 보닛의 형태로 구성되었다.

고드프루아의 드라이어는 샴푸 광고처럼 머리를 찰랑거리게 해주었다. 그의 드라이어는 각 머리카락의 일시적인 수소 결합 형성을 가속화시켜 머리 스타일과 모양을 스타일링하기 쉽게 만들어주었다. 드라이어기로 말려진 머리는 자연 건조한 머리보다 외관상 보기가 좋았다. 이 기계를 사용하면 머리에 열을 가하여 파마 머리, 스트레이트 머리, 기타 다른 형태의 머리 스타일을 연출하였으며 머리가 축축하거나 젖었을 때에는 강력한 수소 결합으로 머리를 완전히 건조해주었다.

> "머리 스타일은 자신의 이미지를
> 표현하는 방법이다. 즉, 머리는
> 자신의 허영심을 만족시키는 부위이다."
>
> 샤나 알렉산더, 저널리스트

헤어 드라이어는 고드프루아의 설계를 기반으로 빠르게 개선되었다. 이전에는 헤어 스타일을 연출하기 위해 가열기의 후드 아래에 앉아야 했지만 오늘날에는 가정용 헤어 드라이어를 사용하여 스타일을 연출할 수 있다. 가장 최신 제품인 탈이온화 헤어 드라이어는 머리의 곱슬곱슬함을 완화시켜준다. **LS**

참고: 가변 레지스터, 헤어 스프레이

◁ 1930년경, 영국 런던의 화이트 시티 박람회에서 실용적인 헤어 건조가 시연되고 있다.

---

# 잔디 스프링클러
(1890년)

---

오스월드가 정원을 가꾸려는 욕구를 자극하다.

19세기 미국의 많은 사람들은 도심에서 개발 중이 교외로 삶의 터전을 옮겼다. 도심 지역에 거주할 때보다 더욱 많은 공간을 확보할 수 있었기 때문에 사람들은 정원을 가꾸는 데 관심을 보이기 시작하였다. 교외 지역으로까지 도시 상수도가 보급된 점도 정원을 가꾸게 하는 데 일조하였다.

스프링클러와 관련된 특허가 수천 개에 이르기 때문에, 발명의 업적이 어느 한 사람에게 있다고 할 수 없다. 미국인 조지프 오스월드는 기존 스프링클러를 잔디 스프링클러로 개선하여 특허를 취득하였다. 초기의 스프링클러는 머리 부분이 회전하지 않았던 반면 오스월드의 스프링클러는 회전식으로 물을 살포하는 메커니즘을 최초로 사용하였다.

대부분의 가정용 잔디 스프링클러는 바닥에서 회

> "정원 스프링클러는 한 시간 동안
> 하루 세 식구가 사용하는 물과
> 같은 양의 물을 사용한다."
>
> 캐롤라인 록스, 저널리스트

전하는 금속 암(arm)과 물을 공급하는 호스 파이프로 이루어져 있으며, 금속 암을 통해 물이 넓은 면적으로 가늘게 살포된다. 또한 내장된 기어 시스템은 너무 빨리 스프링클러가 회전하지 않도록 암의 속도를 제어하는 역할을 한다.

잔디 스프링클러는 전 세계에서 대중적으로 사용되고 있다. 그러나 물 부족 국가들은 잔디 스프링클러의 사용이 귀중한 자원인 물을 낭비하는 행위라고 비난하고 있다. **JG**

참고: 수로, 잔디 깎기

# 불꽃 점화 (1890년)

벤츠가 버튼을 눌러 자동차 시동을 걸다.

불꽃 점화는 농부가 가축의 무리를 원하는 방향으로 이동시키려고 사용하는 소몰이 막대(고전압 충격기임)에 비유할 수 있다. 또한 불꽃 점화는 내연기관이 가솔린으로 작동할 수 있도록 해주는 역할을 한다.

불꽃 점화는 배선 시스템을 통해 전류를 점화 플러그에 전달하여 작동되며 엔진룸에서 공기와 연료의 혼합물을 불꽃으로 점화시킨다. 1890년 카를 벤츠(1844~1929)는 불꽃 점화를 발명하여 문명 사회의 새로운 시대에 불을 지폈다. 자동차 세계에서 벤츠가 발명한 불꽃 점화는 내연기관에 가솔린 연료를 사용할 수 있게끔 해주었다.

올리버 조지프 로지 또한 불꽃 점화의 발명에 많은 기여를 하였다. 조지는 내연기관의 전기 불꽃 점화 개발에 큰 기여를 하였으며 조지의 아들은 아버지의 아이디어를 발전시켜 점화 플러그를 판매하는 로지 플러

> "나는 불꽃이 꺼지는 것보다
> 활활 타오르는 것이
> 낫다고 생각한다."
>
> 잭 런던

그社를 설립하였다. 내연기관의 발전을 가능하게 해준 마그네토 기반의 점화장치는 1902년 고틀롭 호놀드가 상용화한 고전압 점화 플러그였다.

이후 현대 사회에서 엔진의 안정성을 향상시키는 과정은 현대 사회와 관련된 수많은 기계적 기술을 가능하게 해주었다. **CB**

**참고:** 내연기관, 모터사이클, 자동차, 자동차 기어, 디젤 엔진

# 전기 의자 (1890년)

브라운이 전기로 사형 집행을 용이하게 하다.

전기와 사형 집행이라는 단어의 조합으로 만들어진 '전기 사형'이라는 용어는 처음에 전기로 사형을 집행하는 것만을 의미하였다. 하지만 나중에는 전기로 야기된 모든 죽음을 설명하는 용어로 사용되었다.

전기 단자에 닿은 의자에 앉아 사람이 사망하는 광경을 목격한 치과의사 알프레드 사우스윅은 전기 의자의 초기 아이디어를 고안하였다. 그 당시 에디슨과 웨스팅하우스는 자신들이 개발한 전기 시스템을 표준으로 삼기 위해 치열한 경쟁을 벌이고 있었다. 이 두 사람은 대중에게 자신들의 시스템으로 전기를 공급하려고 하였다. 에디슨은 사형 집행에 교류 전기를 사용하여 교류의 위험성을 알리고자 했다. 그리하여 1880년대 후반 에디슨과 해롤드 피트니 브라운(전기 의자 특허 소유자)은 전기로 동물들을 죽이는 실험을 통해 전기 의자를 제품화하려고 노력하였다. 그들은 사형 집행

> "교류는 의심할 여지 없이
> 교수형 집행인의 일거리를
> 없앨 것이다."
>
> '뉴욕 타임스', 1888년 시제품

을 위한 전기 의자에는 교류 전기가 적합하다는 결론을 내렸으며, 교류로 작동하는 전기 의자를 제작하였다.

최초의 전기 사형은 1890년 오번 교도소에서 집행되었다. 전기 사형 의자는 미국 동부 지역 및 필리핀에서 오랜 기간 가장 대중적인 사형 집행 방법으로 사용되었다. **BG**

**참고:** 전기 모터, 가변 저항기, AC 전력, 공공 전기 공급

↪ 사형 집행을 위해 전기 의자에 묶여 있는 남성(1908, 미국)

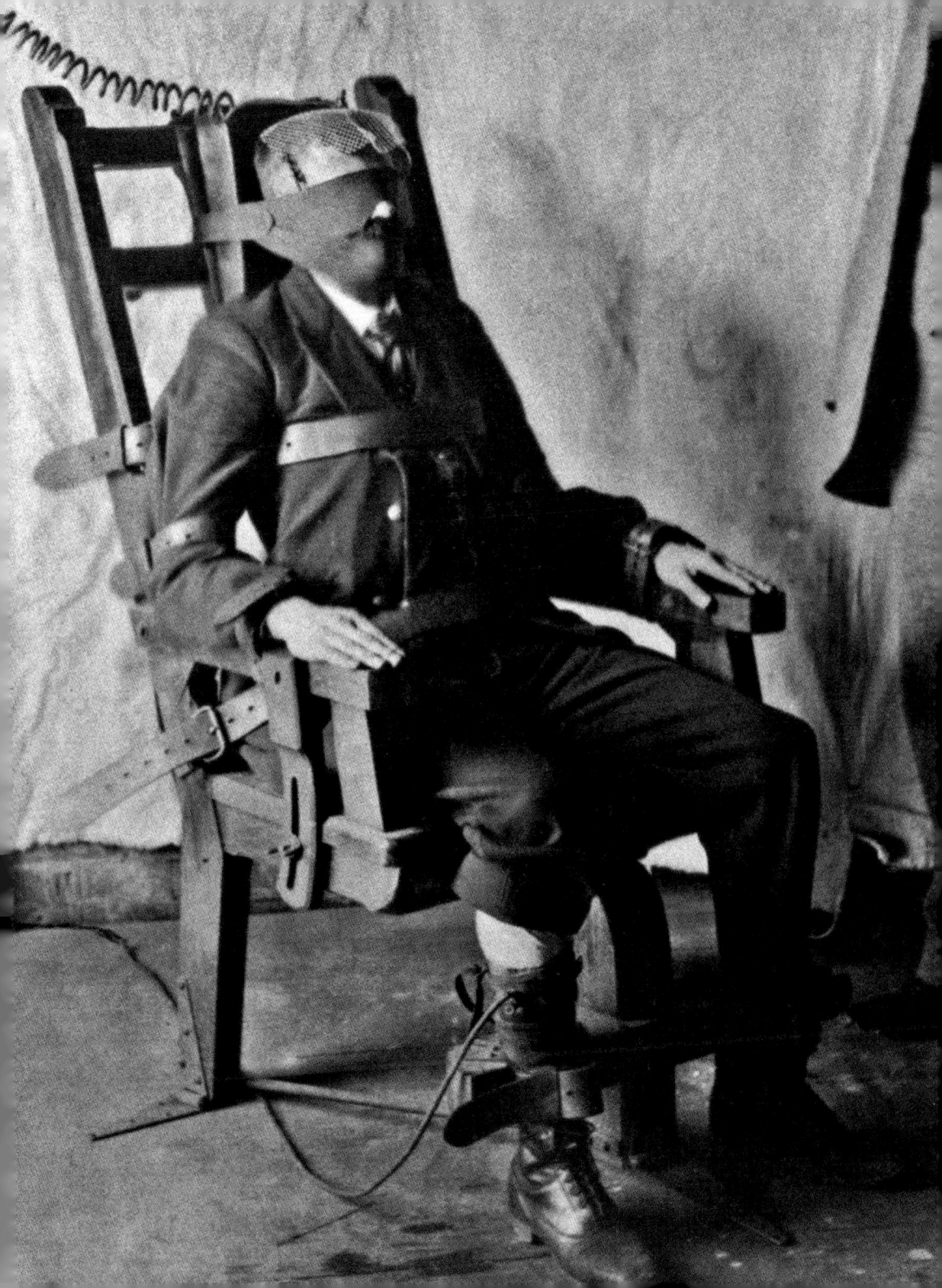

# 공기 해머 (1890년)

**킹이 공기의 힘으로 인간 근육의 힘을 보충하다.**

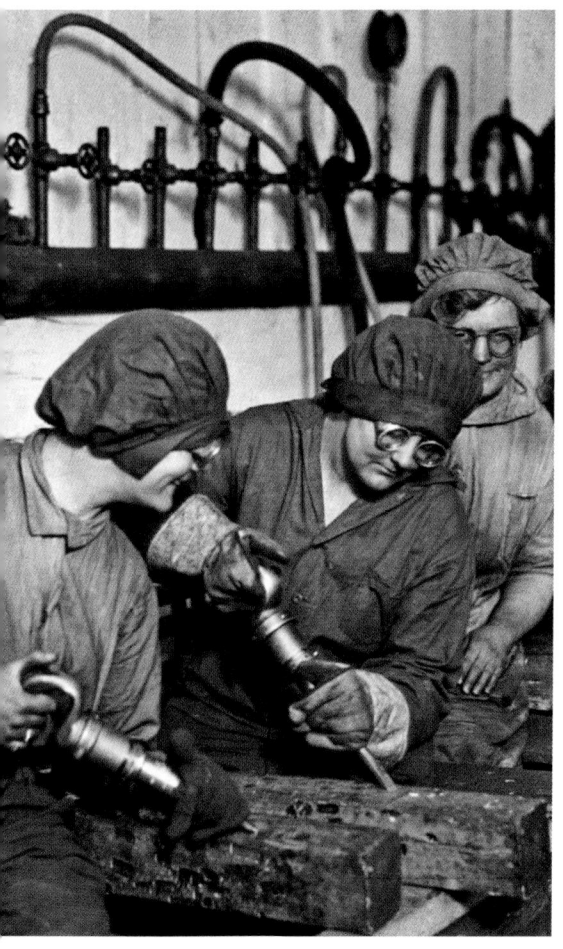

인간의 수공구 사용은 인류가 수렵인에서 문명의 건설자로 진화하는 데 매우 중요한 역할을 했으며, 도구가 새롭게 설계될 때마다 인류 기술의 역사는 빠른 속도로 발전하였다.

공기 해머는 기술의 역사를 발전시킨 도구 중 하나이다. 찰스 브레이디 킹(1869~1957)은 다양한 분야에 관심이 있었다. 그는 자신을 신비주의자뿐만 아니라 음악가, 예술가, 시인, 건축가라고 생각하였다. 킹은 또한 뉴욕 코넬 대학교에서 기계 공학 학위를 취득한 후, 매우 적절한 시기에 공기 해머를 발명하였다. 1890년대는 건축, 선박 건조, 광산 채굴, 새로운 자동차 설계 산업이 급속도로 성장하던 시기였으며, 근로자의 생산성을 향상시킬 수 있는 발명품은 확실한 성공이 보장되었다.

압축 공기의 힘을 사용한 킹의 해머는 매우 단순한 개념으로 설계되었다. 압축 공기는 큰 힘으로 피스톤을 전방으로 밀어냈으며, 이 원리는 해머처럼 앞뒤로 왕복 운동을 해야 하는 어떠한 도구에도 적용될 수 있었다.

킹은 1893년 시카고 만국박람회에 자신의 발명품인 공기 해머를 출품하였다. 시카고 뉴매틱 툴社를 설립한 후 킹은 공기 해머를 더욱 개선시켜 나갔다. 공기 리베터를 사용하여 여성 노동자가 일하는 모습을 그린 노먼 록웰의 유명한 그림은 제2차 세계대전 기간 중 용기의 상징이 되었다. 노먼 록웰(1943)이 그린 '리벳공 로지'라는 제목의 이 그림은 2002년 500만 달러에 판매되었다. **DHk**

---

"만약 여러분이 가지고 있는
도구가 해머뿐이라면, 여러분은
모든 문제를 못으로 보는 경향이 있다."

애이브러햄 매슬로, 심리학자

**참고:** 석기, 금속 세공, 장도리, 증기 해머, 자동차

🄺 공기 해머가 1918년 펜실베이니아 주에 위치한 미드베일 강철회사에서 사용되고 있다.

# 프라슈 공법 (1891년)

프라슈가 미국 화학 산업에 연료를 공급하다.

황은 수많은 산업 공정에서 중요한 전구체 역할을 한다. 황은 대부분 일반적인 반응물질 및 화학비료의 성분인 황산을 만드는 데 사용된다. 19세기 시칠리아는 황을 독점적으로 생산하고 있었다. 황은 미국 텍사스의 루이지애나 지역에도 존재했지만 너무 깊은 곳에 매장되어 있었기 때문에 채굴 과정에 많은 어려움이 뒤따랐다. 그 당시 황 생산은 많은 돈을 벌 수 있는 사업이었다.

독일 출생의 베르만 프라슈(1851~1914)는 미국 이민자였다. 1890년대 그는 황을 채굴하는 데 초점을 맞춰 연구를 진행하였으며, 그 결과 땅속 깊은 곳에 매장된 광물을 채굴할 수 있는 방법을 찾아냈다.

프라슈가 찾아낸 방법은 다음과 같았다. 드릴로 황을 포함한 층에 구멍을 뚫은 후 세 개의 파이프를 구멍으로 삽입하여, 섭씨 170도로 가열된 물을 가운데 파이프를 통해 바위 층으로 흘려 보낸다. 황은 대략 섭씨 115도 정도의 온도에서 녹기 때문에 뜨거운 물이 닿는 순간 황은 액체 상태가 된다. 그 후 다른 파이프로 압축 공기를 불어넣으면 용해된 황이 슬러리 형태로 지표면으로 올라오게 되며, 지표면에 올라온 황은 산업에서 즉시 사용할 수 있는 매우 순수한 형태로 응고된다.

프라슈는 직접 황 채굴 사업을 시작할 수 없었지만, 그의 공법은 미국을 황 생산 분야에서 **주력 국가로** 만들어주었으며 황과 관련된 화학 산업 부문이 급격하게 성장하는 데 지대한 공헌을 하였다. 프라슈 공법은 천연 가스와 오일을 정제하여 황을 경제적으로 취득할 수 있게 된 시기인 1970년대까지 세계 황 생산 과정에서 주류를 이루는 공법으로 사용되었다. **MB**

# 카보런덤 (1891년)

애치슨이 굉장히 단단한 연마제를 만들다.

1880년 전기 배터리를 개발한 에드워드 굿리치 애치슨(1856~1931)은 발명가이자 사업가인 토머스 에디슨에게 자신의 발명품을 판매하려고 했다. 그러나 에디슨은 배터리를 구매하는 대신 애치슨에게 일자리를 제공했다.

빠른 승진에도 불구하고 애치슨은 독립적인 발명가가 되기 위해 에디슨의 회사를 그만두었다. 램프를 생산하는 공장 관리자로 재직하면서 애치슨은 자신의 연구를 계속했다. 그는 실험실에서 인조 다이아몬드를 만들어보려 했지만, 탄소를 가열하는 공정에 문제가 있었다. 그 후 그는 점토와 탄소를 전기로 녹여 혼합하였다. 이 방식을 사용해 제조된 덩어리에는 반짝거리는 작은 조각이 포함돼 있었다. 얼마 지나지 않아 애치슨은 이 조각이 매우 단단하다는 사실을 알게 되었다.

애치슨은 탄화 규소를 제조한 후 카보런덤이라고

> "Illegitemi non carborundum.
> 모조품에 대한 라틴 슬로건: 사생아가 너를
> 학대하지 않아야 한다."
> 출처 미상

이름 붙였다. 카보런덤은 인류가 만든 것 중 가장 단단한 물질이다. 매우 견고한 연마제인 카보런덤은 정밀 공작 기계에 사용되었다. 이윽고 쇄도하는 주문 때문에 애치슨의 초기 생산 설비는 쉬지 않고 가동되었다.

1890년대 중반 애치슨은 카보런덤을 과열시키면 흑연이 만들어진다는 것을 알게 되었다. 오늘날 카보런덤은 사포, 디스크 브레이크, 세라믹 막, 방탄 조끼에 널리 사용되고 있다. **DHk**

참고: 화약, 폭죽, 경화공정

참고: 합성 다이아몬드

# 전기 자동차 배터리
(1891년)

모리슨이 최초의 전기 자동차에 동력을 공급하다.

스코틀랜드 출신 미국인 윌리엄 모리슨은 최초의 성공적인 전기 자동차를 개발한 인물이다.

모리슨의 연구는 사실 충전지를 위한 것이었다. 그는 자신의 최신 배터리를 과시하기 위해 마차형 하이휠(high-wheel, 앞 바퀴가 큼) 자동차만 제조하였다. 배터리는 전기 자동차의 성공 열쇠이며 전기 자동차의 속도와 운행거리를 결정하는 핵심 요소이다. 스물네 개의 셀로 구성된 모리슨의 자동차 배터리는 차량 무게의 절반 이상을 차지하였다. 모리슨은 자신의 배터리가 하룻밤 충전으로 시간당 최대 14마일(22.5킬로미터)의 속도로 열네 시간 동안 차량을 운행시킬 수 있다고 주장하였다. 그의 배터리가 다른 자동차 배터리보다 월등히 뛰어났던 것은 사실이지만 그가 주장한 내용은 사실이 아닌 듯 하다.

> "몇 년이 걸릴지 모르지만, 배터리로
> 작동하는 전기 자동차는 마침내 더욱 더
> 강력해져서 돌아올 것이다…."
> 크리스 페인, 「누가 전기 차를 죽였나?」(2006)의 감독

모리슨의 자동차는 1890년 아이오와의 디모인에서 개최된 '세니 옴 세드 퍼레이드'에 세계 최초로 공개되었다. 모리슨은 자신의 설계를 아메리칸 배터리社에 제공하였다. 아메리칸 배터리社는 1893년 개최된 시카고 만국 박람회에 전기 자동차를 출품하였다.

전기 자동차는 1930년대 중반 가솔린 동력 차량에 의해 교체되어 사실상 사라졌지만, 자동차 배터리는 엔진의 시동을 위해 오늘날에도 여전히 사용되고 있다. **RP**

참고: 배터리, 전기 모터, 자동차, 자동차 기어, 무인자동차,
      에어카

# 다우 법
(1891년)

다우가 바닷물에서 브롬을 추출하다.

허버트 헨리 다우(1866~1930)는 학위 취득을 목적으로 학업을 수행하던 중 브롬을 경제적으로 추출하는 방법을 개발하는 데 관심을 두게 되었다. 사업 감각이 뛰어났던 다우는 의학과 사진 산업에 브롬이 사용되는 것을 알고 있었다. 그렇기 때문에 소금물에서 브롬을 경제적으로 추출하게 되면 막대한 이익을 얻을 수 있다는 것도 깨달았다. 1889년경 그는 새로운 추출 공법으로 특허를 취득하여 본인 소유의 회사를 설립하였으나 1년 내에 사업이 몰락하였다. 하지만 다우는 계속 연구를 진행하여 1891년 다우 법으로 특허를 취득하였다. 바닷물을 전기분해(바닷물에 전류를 계속 흘림)하여 양극에서 브롬화물 이온을 추출하는 방법을 '다우 법'이라고 한다.

다우는 유럽시장에 진출하기 위해서는 독일 회사들이 모여 만든 브롬 연합과 경쟁해야 한다는 사실을 알고 있었다. 다우는 자체 상표를 사용하여 독일 회사들이 설정한 가격 기준보다 싸게 브롬을 판매하였다. 이에 대한 보복으로 브롬 연합은 다우의 사업을 몰락시킬 작정으로 생산 단가보다 낮은 가격으로 미국 시장에 대량으로 브롬을 공급하였다. 그러나 그들은 다우의 영리한 작전을 알아차리지 못했다. 다우는 영국과 독일의 대리인을 통해 브롬연합이 미국에 판매한 생산가 이하의 브롬을 대량으로 구매하였으며 이를 다시 브롬연합보다 낮은 가격으로 유럽에 판매하였다. 4년 후 브롬연합은 다우의 작전을 알아차렸지만 더 이상 그렇게 낮은 가격으로 브롬을 공급할 여력이 없었다.

오늘날 세계에서 가장 큰 기업 중 하나인 다우 케미컬社는 브롬과 관련된 품목(브롬계 난연제, 염색약, 농약, 조제약을 포함)을 계속해서 개발하고 있다. **RP**

참고: 사진, DDT, 정량 흡입기

# 키네토스코프
## (1891년)

에디슨과 딕슨이 최초의 활동 사진 영사기를 제작하다.

1891년 토머스 알바 에디슨(1847~1931)과 윌리엄 딕슨(1860~1935)이 키네토스코프를 발명하지 않았다면 활동 사진과 텔레비전은 오늘날과 같은 형태로 제작되지 못했을 것이다. 정지된 프레임을 연결해 빠르게 넘기면 이미지가 마치 움직이는 것처럼 보이게 된다는 아이디어는 이미 알려져 있었다. 에디슨과 딕슨은 이 원리를 사용하여 필름을 보여줄 수 있는 기계를 제작하였다.

에디슨은 빠르게 회전하는 디스크를 사용하여 움직이는 이미지를 만들어낸 주프락시스코프를 보고 키네토스코프 제작에 대한 영감을 얻었다. 에디슨은 딕슨과 팀을 이뤄 움직이는 이미지와 더불어 음성도 전달해줄 수 있는 시스템(에디슨이 키네토스코프라고 부름)을 개발하기 시작하였다. 에디슨과 딕슨은 가장 자리에 구멍이 뚫린 얇은 롤 필름, 스프로켓(필름 구멍에 거는 톱니 바퀴), 셔터로 구성된 키네토스코프를 고안하였다. 스프로켓은 필름이 전구 앞을 동일한 속도로 지나갈 수 있도록 해주었으며 셔터는 이미지가 즉시 노출될 수 있도록 제 시간에 맞춰 필름에 빛을 공급하였다. 필름이 작은 셔터를 계속해서 지나가면 필름 속의 대상이 마치 움직이는 것 같은 효과가 일어났다.

1894년 많은 박수갈채와 함께 키네토스코프의 최종 디자인이 대중에게 공개되었다. 사람들은 이 발명품에 매혹되었다. 구멍으로 영상을 들여다보았던 키네토스코프는 영사 방식을 발전시켰다. 에디슨과 딕슨은 영화 산업이 태동하는 데 지대한 공헌을 한 것이다. **SR**

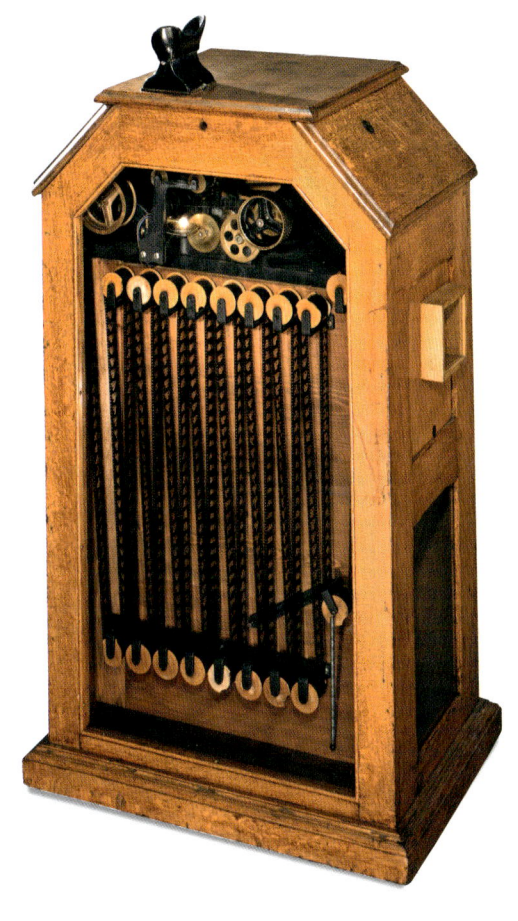

참고: 셀룰로이드, 키네마토그라프, 사진 필름, 필름 카메라/프로젝터, 필름 음성

↗ 활동 사진을 보여준 최초의 기계인 윌리엄 딕슨의 1894년 키네토스코프.

"실제로 오페라 하우스에 와 있는 것처럼 오페라를 보고 들을 수 있다."

키네토스코프에 대한 미국 특허청 설명 문구

# 무선 통신 (1891년)

테슬라가 라디오의 실용화에 기여하다.

1887년 데이비드 휴즈는 단거리로 모스부호를 전달하였다. 일 년 후, 하인리히 헤르츠는 전파를 감지하였으나 무선기술의 실질적인 용도를 깨닫지 못했다. 니콜라 테슬라(1856~1943)가 연구를 시작한 때인 1891년이 되어서야 무선 기술이 실용화되기 시작하였다.

　　뉴욕으로 이주한 세르비아 출신 테슬라는 실용적인 발명가였다. 그는 교류 전기 실험 중 발생한 공진 및 상호작용 현상의 잠재적 가치를 깨달았다. 테슬라는 수년간 무선 기술을 연구하여 여러 건의 특허를 취득하였으며 뉴욕에서 원거리 라디오 시스템을 제작하였다.

　　그 당시 테슬라는 경쟁 관계였던 직류 전기 시스템(에디슨이 발명)과의 치열한 경쟁으로 무선 기술에 대한 연구를 계속 진행할 여력이 없었다. 그리하여 그는 굴리엘모 마르코니에게 라디오로 대중적 영광과 부를 누릴 수 있는 기회를 열어준 채 라디오 관련 연구를 중

> "과학적인 사람은 시대를 앞서가는
> 자신의 아이디어를 쉽사리 실현할 수 있을
> 것이라고 기대하지 않는다."
>
> 니콜라 테슬라

단하였다. 미국 특허청은 라디오가 테슬라의 발명품이라는 사실을 알게 되었지만, 테슬라가 죽은 후인 1943년이 되어서야 1900년에 마르코니에게 부여한 특허권 판결 결정을 뒤집었다.

　　세계를 가장 많이 바꾼 발명품 중 하나인 라디오는 텔레비전, 휴대폰, 레이더, 무신 인터넷 연결, 위성 네비게이션, 전파 망원경, 심지어 전자레인지에서도 사용되고 있다. **MG**

참고: 코히러, 무선 송신기, 크리스탈 세트 라디오

# 에스컬레이터 (1891년)

리노가 이동식 계단으로 특허를 취득하다.

미국인 제시 리노(1861~1947)는 6세 때 경사진 엘리베이터의 개념을 생각해냈으며 1891년 에스컬레이터로 특허를 취득하였다. 리노의 특허 이전에 증기 추진 에스컬레이터 설계 특허가 먼저 승인되었기 때문에 리노의 발명품이 최초의 에스컬레이터는 아니었다. 그러나 이전에 승인된 증기 추진 에스컬레이터는 실물로 제작되지 않았다. 1895년 리노의 움직이는 계단은 뉴욕의 코니 아일랜드 놀이 공원에 설치되었다.

　　1897년 찰스 시버거가 스칼라(scala, 라틴어로 계단을 의미)라는 단어와 엘리베이터(몇 년 전에 발명된 장치의 이름)라는 단어를 조합하여 에스컬레이터라는 용어를 만들어내기 전, 이동식 계단은 에스컬레이터라는 용어로 불리지 않았다. 시버거는 리노의 에스컬레이터를 새롭게 디자인하여 뉴욕의 오티스 공장에 설치하였다. 오티스 엘리베이터社는 리노와 시버거의 디자인

> "나는 에스컬레이터는
> 고장이 나도 그냥 계단이 되기 때문에
> 에스컬레이터를 좋아한다."
>
> 미치 헤드버그, 코미디언

을 모두 구매하였으며 선도적인 에스컬레이터 제조사로 성장하였다.

　　리노는 에스컬레이터 연구를 멈추지 않았으며 런던으로 이주하여 자신이 설립한 회사 이름으로 지하철역에 나선형 에스컬레이터를 설치하였다. 그러나 일반 대중은 이 나선형 에스컬레이터를 결코 사용하지 않았다. **SB**

참고: 회전문, 마천루, 승객용 엘리베이터

➡ 오티스 엘리베이터社가 제작한 초기 에스컬레이터가 1900년도 그림에 묘사되어 있다.

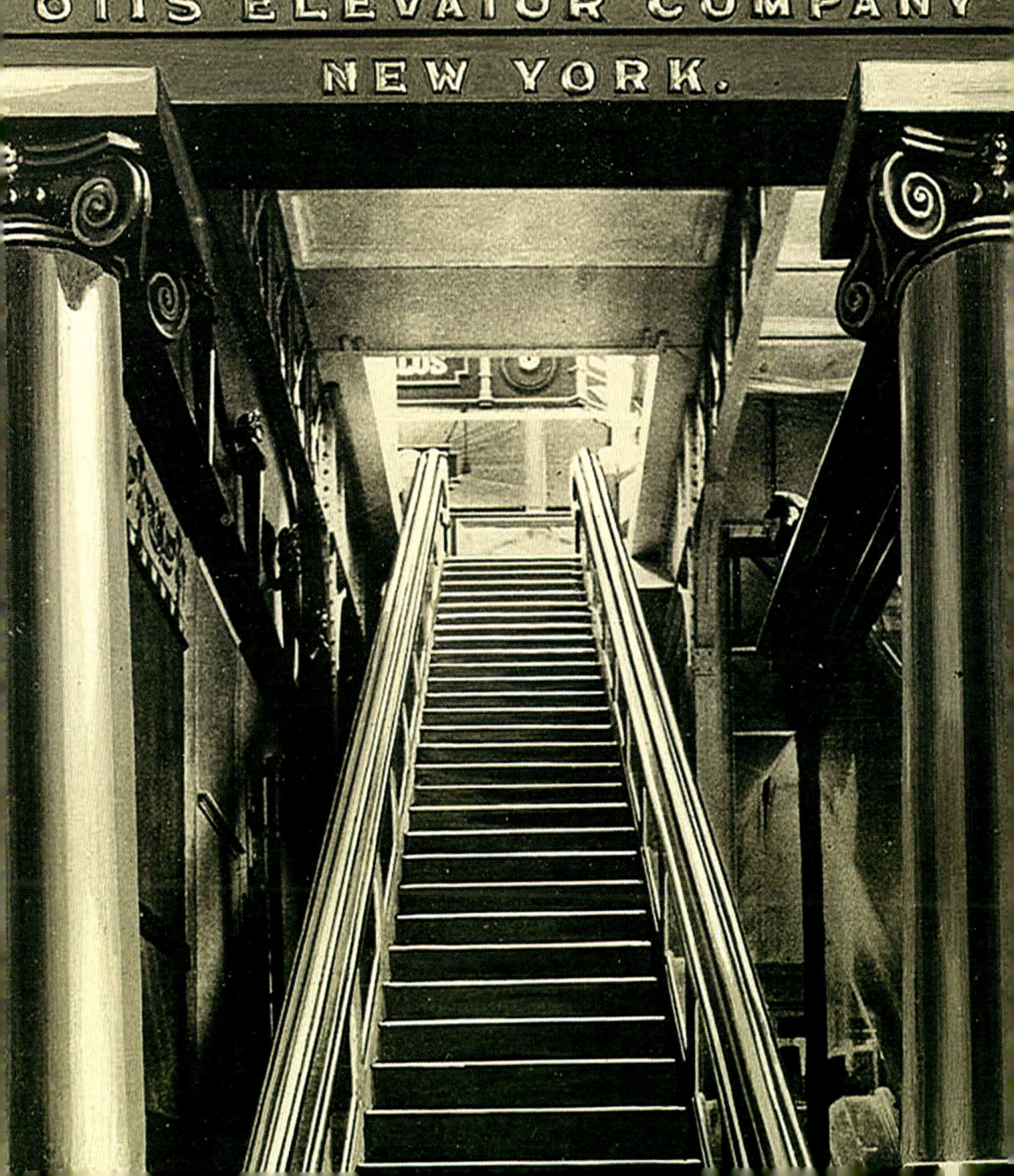

ESCALATOR

OTIS ELEVATOR COMPANY
NEW YORK.

# 스위스 아미 나이프 (1891년)

엘스너가 다목적 주머니칼을 만들다.

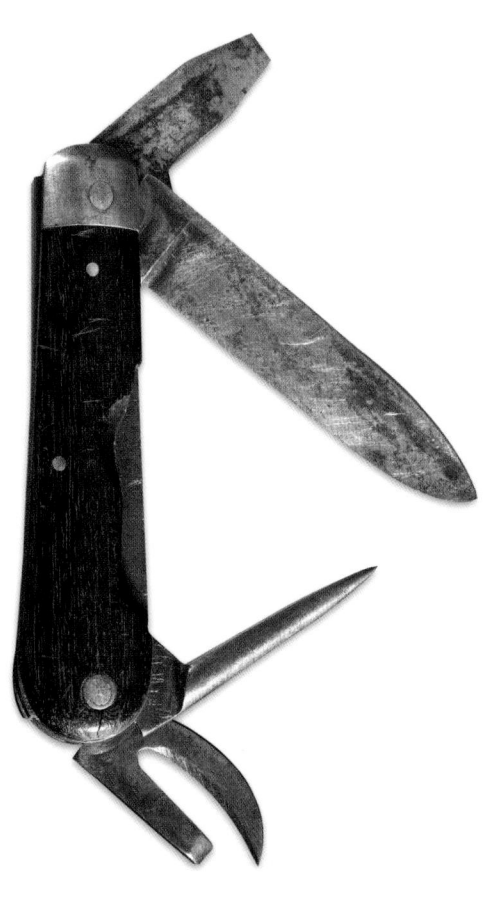

"너의 그릇에 계속 따르면
넘칠 것이고 너의 칼을 계속 갈면
뭉툭해질 것이다."

노자, 도교 사상가

수술 도구 제조회사의 사장이었던 스위스인 카를 엘스너(1860~1918)는 스위스 군대가 독일에서 제조한 휴대용 칼을 사용하고 있다는 사실을 알게 되었으며, 칼을 국산화하기로 마음먹었다. 엔지니어인 쟈닌 켈러의 도움으로 그는 1891년 다목적 휴대용 칼을 출시하였다. '군인의 칼'이라고 불렸던 다목적 휴대용 칼은 나무 손잡이, 절단 칼날, 스크루드라이버, 캔 따개, 펀치로 이루어졌다. 스위스 군대가 자신의 제품을 채택하였음에도 엘스너는 계속해서 칼의 디자인을 연구하였다.

1896년 엘스너는 나무 손잡이에 여러 도구들이 스프링으로 탑재된 나이프를 개발하였다. 이 혁명적인 발명품 때문에 엘스너는 도구의 개수를 늘릴 수 있었다. 그는 다른 칼날과 코르크 스크루도 추가하였다. 엘스너의 나이프는 매우 큰 인기를 얻었으며 경쟁사들 또한 이와 유사한 형태의 다목적 칼들을 생산하였다. 자신의 제품을 차별화하기 위해 엘스너는 생산되는 모든 칼에 스위스 아미 나이프의 상징이 된 심벌(방패내의 스위스 깃발)을 표기하였다.

1921년 엘스너의 회사는 새롭게 발명된 스테인리스 강철을 사용하여 더욱 강력한 칼을 만들었다. 1909년 엘스너는 돌아가신 어머니를 기리기 위해 프랑스 말로 스테인리스 강철을 의미하는 단어(acier inoxydable)의 약자 'inox'와 어머니의 이름을 조합하여 회사 이름을 빅토리아녹스('Victorianox')로 변경하였다.

나무 손잡이 대신 플라스틱 손잡이가 사용되고 있다는 점을 제외하고 스위스 아미 나이프의 본질적인 디자인은 오리지널 버전 이후로 지금까지 변한 것이 없다. 2006년에는 85개의 도구가 포함된 100주년 기념 특별 나이프가 컬렉터 피스(수집자용 작품)로 판매되었다. **SC**

참고: 석기. 날카로운 돌검. 금속 세공. 끌

🔲 칼날, 스크루드라이버, 캔 따개, 홀 펀치가 포함된 오리지널 스위스 아미 나이프(1891).

# 조절 가능 스패너 (1891년)

요한슨이 모든 너트에 사용할 수 있는 도구를 고안하다.

요한 퍼터 요한슨(1853~1943)은 스웨덴에서 가장 많은 특허를 취득한 발명가 중 한 명이다. 그는 평생 동안 118개의 특허권을 취득하였다. 그러나 요한슨의 발명품 중 조절 가능 스패너만큼 제조와 공학 부문에 기여한 것은 없다.

1886년 요한슨이 스웨덴 엔셰핑 지역에 자신의 첫 번째 공장을 설립하던 당시에는 너트, 볼트, 스크루와 이러한 부속들을 다루는 공구의 표준 크기나 규격이 존재하지 않았다. 존슨은 공장 건축을 위해 각각의 볼트, 너트, 스크루에 맞는 수많은 렌치를 자신의 수레에 실어야만 했기 때문에 공장을 건축하는 데 많은 부담을 느꼈다. 그는 작업할 때마다 새로운 크기의 스패너를 만들어야 했다.

요한슨은 인간의 손처럼 물체에 맞춰 자유롭게 물건을 집을 수 있는 도구를 제작하기로 결심했다. 1888년 그는 현재의 파이프 렌치인 '아이언 핸드'(Iron Hand)라고 불린 공구를 제작하였다. 그가 제작한 공구는 여러 분야에서 매우 유용하게 쓰였지만, 종종 녹슨 볼트나 꽉 낀 볼트에 사용할 시 볼트를 손상시켰기 때문에 해당 공구의 디자인을 개선하여 1891년 조절이 가능한 스패너를 제작하였다.

일반적인 랜치의 모습과 다를 바가 없었던 요한슨의 공구는 내부 나사 부품을 돌려 랜치 집게 사이의 거리를 조절할 수 있었다. 이러한 기능을 내장한 덕분에 조절 가능 스패너 하나로 다양한 크기의 너트 머리 부분을 쥘 수 있었으며, 볼트 머리 부분에 서로 다른 규격의 랜치를 일일히 맞춰봐야 하는 번거로움이 없어졌다. **DHk**

참고: 금속 세공, 스크루, 아르키메데스의 나선식 펌프, 알렌 키

↗ 1892년 가장 초기의 조절 가능 스패너의 한 예.

"사람은 도구를 사용하는 동물이다. 도구가 없으면 사람은 아무것도 할 수 없으며, 도구가 있으면 사람은 모든 것을 할 수 있다."

토머스 칼라일, 역사학자

# 기름의 고온 열분해
## (1891년)

슈호프가 원유를 사용 가능한 연료로 변환시키다.

러시아의 블라디미르 슈호프(1853~1939) 덕분에 엔진을 위한 현재의 기름 수요를 충족시키는 것이 가능해졌다. 1891년 그는 원유를 가솔린과 등유로 변환시킬 수 있는 정제소를 설계하였다. 원유는 다양한 분자 길이의 탄화수소 혼합물로 이루어져 있다. 분별 증류를 사용하여 추출할 수 있는 작은 분자로 이뤄진 원유는 그 자체보다 가연성이 좋은 반면, 땅에서 직접 뽑는 원유 대부분은 큰 분자로 구성되어 있기 때문에 불에 잘 타지 않는다. 불에 잘 타지 않는 롱 체인 분자들은 고온 열분해라고 불리는 공법을 사용하여 불에 잘 타는 짧은 체인으로 쪼개질 수 있다.

슈호프는 원유를 가열하고 가압을 일정하게 유지하여 원유를 작은 분자로 쪼개는 방법을 특허로 등록하였다. 이 고온 열분해는 1913년 윌리엄 메리엄 버튼이

> "우리는 우리의 에너지원을
> 다양화시켜야 하며 외국 오일에 대한
> 의존도를 줄여야만 한다."
>
> 매리 보노 맥, 미국 정치인

개발하여 가솔린 생산을 두 배로 향상시킨 '버튼 공법'의 선조이다. 동일한 방식으로 작동하는 이 두 방법은 1937년 촉매로 반응에 도움을 주는 접촉 분해로 대체되었다. 접촉 분해는 더욱 낮은 온도와 압력에서 반응이 발생할 수 있기 때문에 훨씬 경제적이다.

현재 오일 산업은 원유가 고갈되어 정유 공장이 없어지기 전에 보다 경제적으로 원유를 추출하고 가공할 수 있는 방법을 찾고 있다. **LS**

참고: 바이오디젤, 바이오 에탄올

# 타이어 밸브
## (1891년)

슈레이더가 영원한 생존자를 만들다.

타이어 밸브는 자동차 및 모터사이클 부품 중 한 세기 이상 디자인이 바뀌지 않은 부품이다. 타이어 밸브는 맨해튼에 고무 보관소와 창고를 소유한 독일인 이민자 어거스트 슈레이더(1820년 출생)가 만들었다. 슈레이더는 원래 굿이어社와 유니온 인도 러버社에 몰드와 놋쇠를 납품하고 있었다. 1890년 슈레이더는 새롭게 개발된 공기 타이어를 밀봉할 수 있는 방법을 개발해줄 것을 요청받았다. 2년 후 슈레이더와 그의 아들 조지는 슈레이더 타이어 밸브로 특허를 신청하였다.

밸브는 표면에 스크루 모양을 지닌, 조그만 놋쇠 공기 튜브로 구성되었으며 튜브 가운데에는 금속 핀이 포함돼 있었다. 공기 주입 펌프를 밸브에 나사로 고정하여 공기가 새나가지 못하도록 한 후 공기를 타이어에 주입하면 금속 핀이 눌리면서 공기 주입 펌프와 타이

> "세계 표준만이
> 자동차 산업에
> 사용된다."
>
> 데이비드 비크로프트, 자동차 공학협회

어 내부 사이에 밀봉 부분을 개방했다. 타이어에 공기를 주입한 후 펌프를 제거하면 금속 핀이 스프링의 도움을 받아 타이어의 공기 튜브를 밀봉하게 되는데, 만약 공기를 많이 주입하여 타이어가 너무 팽창하면 밸브를 열지 않고 금속 핀을 누르는 것만으로도 공기를 빼낼 수 있다.

어거스트 슈레이더의 회사는 현재 슈레이더-브리지포트라는 이름으로 사업을 계속하고 있으며 여전히 범용적으로 사용되는 타이어 밸브를 제조하고 있다. **DHk**

참고: 경화공정, 공기 타이어, 레이디얼 타이어

# 왕관형 병뚜껑

(1891년)

페인터가 효율적으로 병을 밀봉하는 법을 발명하다.

미국에서 더 나은 기회를 찾고자 아일랜드를 떠난 윌리엄 페인터(1838~1906)는 자신이 발명한 작고 단순한 발명품이 자신을 굉장한 부자로 만들어주고 음료를 병에 담는 산업에 혁명을 불러 일으킬 것이라고 예상하지 못했다.

수백 개의 병뚜껑 관련 특허가 이미 존재했기 때문에 업계에서는 더 이상 새로운 아이디어를 생각해 내는 것은 어려울 것이라고 단정했다. 하지만 페인터는 도전을 거듭한 끝에 1891년 '왕관형 병뚜껑'으로 특허를 신청하였다.

페인터가 발명한 뚜껑은 스물네 개의 톱니로 이루어진 뚜껑 금속과 내부 코르크 마개로 구성되었다. 이 톱니들은 금속 뚜껑이 병의 목 주위 테두리에 단단히 고정될 수 있도록 해주었으며, 내부 코르크 마개는 병 속의 내용물이 유해한 금속 뚜껑에 닿지 않도록 해주었다. 뚜껑은 전통적인 코르크 스크루나 휴대용 칼과 같은 평평한 물체로 제거할 수 있었다. 페인터는 왕관형 병뚜껑을 발명한 지 얼마 후 해당 발명품에 대한 특허를 신청하였고 1894년 특허를 취득하였다.

양조업자와 보틀러들이 왕관형 병뚜껑을 사용하려면 기존에 사용하던 병과 기계를 바꿔야하는 불편함을 감수해야 했다. 페인터는 양조업자와 보틀러들이 자신의 병뚜껑을 사용하도록 설득하기 위해 왕관형 코르크로 밀봉된 맥주를 북미에서 남미까지 운송하였다. 1906년 크라운 코르크 앤 실社는 전 세계적으로 공장을 가동하였으며 1930년대에는 전 세계 병뚜껑 중 거의 절반을 공급하였다. **RP**

**참고:** 유리, 소다수, 코르크 스크루, 소다 사이폰, 진공 밀폐 단지

↗ 1891년 스물네 개의 톱니을 지닌 왕관형 코르크 특허 신청서.

"맥주는 신이 우리를
사랑하고 우리가 행복하기
원한다는 증거이다."
벤저민 프랭클린

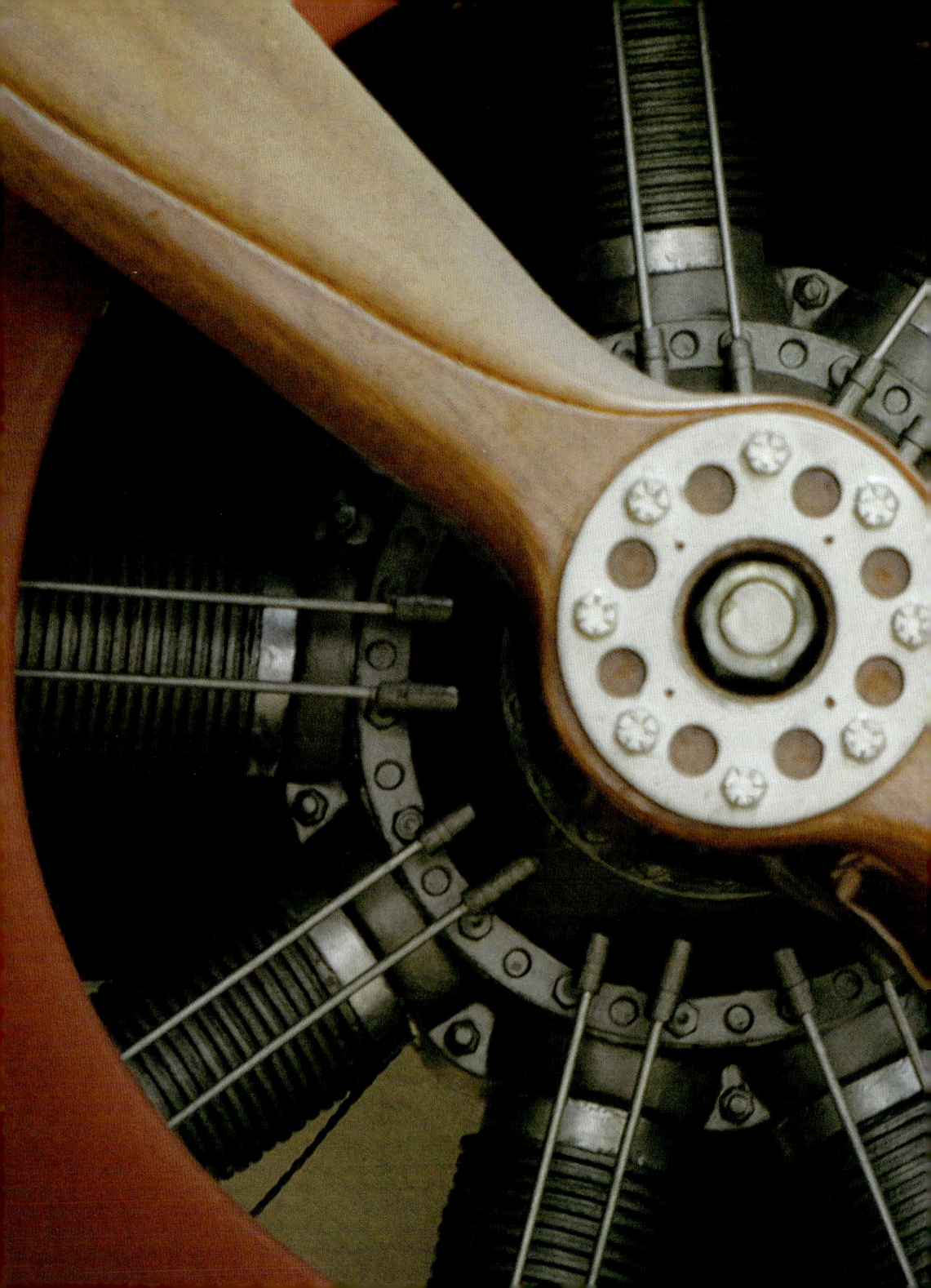

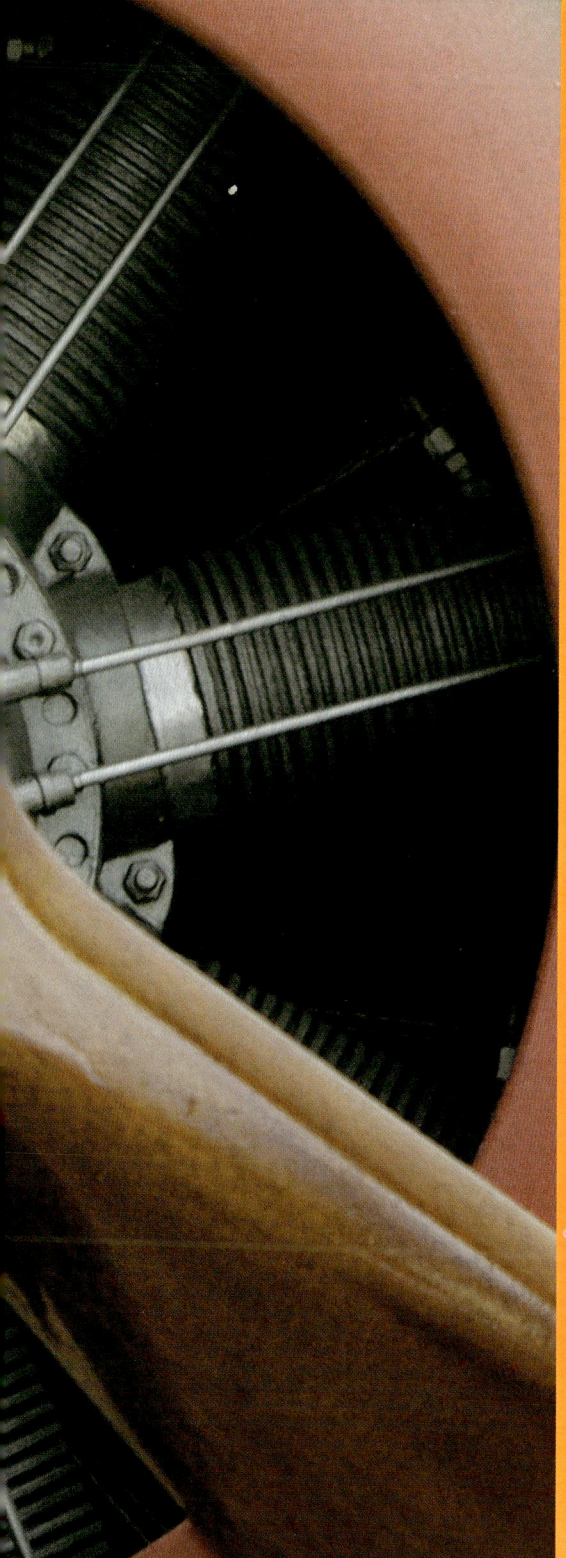

1890년대와 1900년대 초반, 스티어링 휠 같은 여러 자동차 산업 관련 제품의 수준은 여전히 걸음마 단계였던 반면, 라이트 형제의 비행기는 20세기를 주도하고 있었다. 빌헬름 뢴트겐의 X선 발견은 의료 진단 방식을 바꾸어 놓았으며 처음으로 질병 치료에 방사선을 사용할 수 있게끔 해주었다. 제약 업계에 아스피린이 최초로 등장했으며 헤로인은 발견된 모든 약물이 테스트를 거친 것은 아니라는 사실을 알려주었다.

◀ 제1차 세계대전에 사용된 카멜 파이터 복엽기 프로펠러.

## Birth of the MODERN AGE
(현대 사회의 탄생)

**1892 to 1924**

# 지문 감식 (1892년)

부세티츠가 범죄 과학의 핵심 기법을 개발하다.

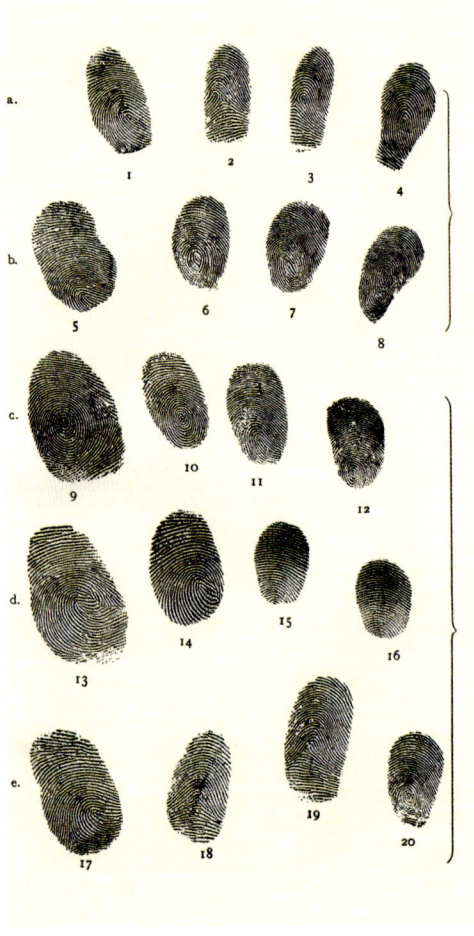

1892년 부에노스아이레스 인근에서 두 소년이 잔인하게 살해된 사건이 발생하였다. 경찰은 이 사건의 유일한 용의자로 벨라스케스라는 남성을 지목하였다. 그러나 며칠 후 경찰관 후안 부세티츠(1858~1925)는 살해자가 피해자의 어머니인 프란시스카 로하스라는 사실을 밝혀냈다.

라 플라타 경찰서의 신원 증명 및 통계 관련 업무를 담당하는 부서에서 근무했던 부세티츠는 인체 측정술을 사용하여 범죄자를 식별하는 업무를 수행하였다. 1882년경 프랑스의 알퐁스 베르티옹은 사람마다 고유한 신체 특정 부위들을 측정하는 방법을 개발하였다. 성격적 특성, 문신, 흉터와 더불어 베르티옹이 개발한 방법은 범죄자들을 식별하는 데 도움을 주었다. '베르티옹 범인 식별법'이라고 이름 붙여진 이 방법은 목격자 진술 및 사진보다 더욱 신뢰할 수 있는 신원 식별 체계로 경찰들 사이에서 폭넓게 사용되었다.

영국인 과학자 프랜시스 골턴의 지문 감식 연구내용을 잘 알고 있었던 부세티츠는 지문 감식이야말로 바보라도 범죄자를 식별할 수 있는 손쉬운 방법이라고 확신하였다. 지문감식을 범죄 과학에서 사용할 수 있는지 확인하기 위해 부세티츠는 체포된 사람들로부터 지문을 수집하여 분류하기 시작하였으며, 이런 과정을 통해 체계화된 자신의 시스템을 '지문 감식'이라고 불렀다.

이후 얼마 지나지 않아 부세티츠가 고안한 범죄자 식별 시스템은 점차 베르티옹 범인 식별법을 교체하였다. 1904년 부세티츠의 연구결과인 지문비교 검사는 수많은 호평과 함께 여러 상을 받았다. **DaH**

"각각의 사람들은
지문만큼 고유한 개인적 소명을
가지고 있다고 믿게 되었다."
오프라 윈프리, 'O 매거진', 2002년 9월

참고: DNA 지문감식

➡ 헨리 폴즈 박사의 『가이드부터 지문 식별』(1905)에서 발췌한 다섯 세트의 지문.

# 진공 플라스크 (1892년)

듀어가 최초의 보온병을 발명하다.

화학 약품을 보관 용기에 액체 형태로 저장해야 할 필요성이 대두됨에 따라 스코트랜드의 물리학자 겸 화학자인 제임스 듀어(1842~1923)는 자신의 이름을 붙인 진공 플라스크를 설계하였다.

1892년 듀어는 하나의 플라스크를 다른 플라스크 내에 넣은 후 두 플라스크 사이에 있는 공기를 제거하여 진공 상태로 만들었다. 듀어가 만든 이러한 이중 벽 용기는 단열 기능이 뛰어났으며 듀어가 목표로 했던 저온 유지 현상을 완벽하게 구현했다. 이 용기는 후에 '서모스' 보온병 발명에 많은 도움을 주었다.

듀어의 플라스크는 몇 년간 실험실에서 폭넓게 사용되었다. 듀어는 플라스크를 만들기 위해 유리 부는 직공인 라인홀트 부르거를 고용하였다. 플라스크의 상업적 가치를 알아차린 부르거는 듀어의 플라스크가 음식과 음료를 뜨겁거나 차갑게 보관하는 데 유용하다는 것을 깨달았다. 듀어의 플라스크를 가정에서 사용해본 후 부르거는 보온병으로 독일 특허를 취득하였으며 서모스 유한회사를 설립하여 1904년 서모스 보온병을 판매하기 시작하였다. 부르거가 제출한 1907년 미국 특허 신청서에는 플라스크를 "벽 사이에 진공 공간을 지닌 이중 벽으로 구성된 용기"라는 내용이 기술되어 있다.

듀어는 진공 플라스크 특허권을 판매하지 않았으며 서모스가 자신의 디자인을 사용하는 것을 막기 위해 법적 소송을 제기하였으나 패소하고 말았다. 그러나 듀어는 과학에 기여한 공을 인정받아 많은 상을 받았다. 그는 처음으로 액체 형태로 만들어진 수소를 응고시킨 사람이었으며 프레더릭 아벨과 함께 연기 없는 화약인 코르다이트를 발명하였다. **RBk**

참고: 진공 펌프, 진공 밀폐 단지, 전기 진공 청소기, 자체 발열 통조림

두 벽 사이의 공간을 보여주기 위해 반을 잘라낸 듀어의 실험적 플라스크 복제품 중 하나.

"이중으로 구성된 듀어 플라스크의 둥근 천장은 모든 화학자가 소유해야 하는 아름다운 설계이다."

안드레아 셀라, 영국 화학 연구소 웹사이트

# 듀플렉스 전신기
(1892년)

에디슨이 전신기 통신의 속도를 높이다.

미국인 발명가 토머스 에디슨(1847~1931)은 생전에 1,000개 이상의 특허를 신청하였다. 그는 열차에 치일 뻔한 세 살배기 아이를 구해준 후 전신의 세계에 발을 들여놓았다. 선행에 대한 보답으로 아이의 아버지는 에디슨에게 철도 전신을 가르쳐주었다. 에디슨은 빠르게 기술을 습득하였으며 웨스턴 유니온社에서 전신 오퍼레이터로 일하게 되었다. 에디슨은 이때부터 전신에 관심을 두었다.

그 당시 하나의 전선을 사용해 한 번에 단일한 방향으로 하나의 전보만을 보낼 수 있어 메시지의 착발신 과정이 더디게 진행되었다. 에디슨은 한 방향으로는 신호를 보내고 다른 방향으로는 신호를 받는 시스템을 완성하였으며 이것을 듀플렉스 전신기라고 불렀다. 그는 나중에 하나의 전선을 사용하여 양 방향으로 두 개의

> "결론을 내라! 나는 많은 결론을
> 내렸다. 나는 작동하지 않을
> 수천 개의 것들을 안다."
>
> 토머스 에디슨

신호를 주고 받는 기술(쿼드루플렉싱)을 개발하였는데, 이 기술은 1876년 전화기 개발의 토대가 되었다. 에디슨은 멘토이자 동료 전신기사였던 프랭클린 레너드 포페의 도움을 받아 발명에 전념하였다. 그는 쿼드루플렉싱 특허권을 웨스턴 유니온社의 경쟁 업체에게 판매하였다. 특허권을 판매한 에디슨은 멘로파크에 연구 실험실을 마련하였다. 전신 부문에서의 그의 연구 성과는 통신 혁명의 토대를 마련했다. **LS**

# 전기로
(1892년)

무와상이 화학제품의 생산을 돕다.

1886년 노벨 화학상을 차지한 페르디낭 프레데리크 앙리 무와상(1852~1907)은 불소 가스를 최초로 분리한 사람이다. 6년 후 그는 전기로를 설계하여 섭씨 3,500도의 온도에서 철과 설탕을 다이아몬드로 변화시키고자 했다. 실제로 다이아몬드를 만들어냈는지 여부는 의심스럽지만 그는 이 연구를 통해 아세틸렌을 제조하는 방법을 포함한 여러 고온 화학 반응을 발견하였다.

무와상은 두 덩어리의 석회암 사이에 빈 공간을 만들어 두 개의 탄소 막대기를 삽입한 용광로를 건설하였다. 석회암 사이 공간에 위치한 샘플을 가열한 후 수천 암페어의 전력을 탄소 막대기에 흘려보내 두 탄소 막대기 사이에 에너지 흐름 혹은 기화된 카본의 아크를 생성하였다. 아세틸렌을 제조하기 위해 무와상은 높은 온도에서 석회암과 석탄을 혼합시켜 탄화칼슘을 만든 후 물과 결합시켰다. 이것은 현재에도 여전히 사용되는 아세틸렌 제조의 기본 공정이다. 고온 산소 아세틸렌 용접의 연료인 아세틸렌은 수많은 화학 제품을 생산하는데 사용되고 있다.

무와상의 용광로가 전기로 개발에 중요한 역할을 하였지만 이는 전기로 개발 일화의 한 부분일 뿐이다. 1800년 험프리 데이비는 볼타의 새로운 배터리 중 하나를 사용하여 두 개의 대전된 탄소 막대기 사이에 아크를 만들었다. 1878년 윌리엄 지멘스는 최초로 실용적인 전기로를 개발하였으며 자신의 전기로를 사용하여 강철과 플라티나를 녹였다. 1900년 폴 루이 투상 에루는 스크랩 강철과 선철을 녹여 고품질 강철을 뽑아낼 수 있는 전기로를 발명하였다. **ES**

---

참고: 전자기 전신기, 모스 부호, 팩시밀리 기계, 인쇄 전신기(텔레프린터)

참고: 불의 제어, 오븐, 용광로

# 페리스 관람차
(1893년)

페리스가 놀라운 놀이기구를 발명하다.

1893년 시카고 만국 박람회 조직위원들은 박람회의 성공적인 개최를 위해 고민하였다. 조지 페리스(1859~1896)는 티켓 가격을 대폭 낮출 것을 제안하였다. 페리스는 철도와 다리 건설에 관심이 있는 토목 기사였다. 그는 박람회 전체를 한눈에 볼 수 있도록 최대 2,000명의 인원이 탑승할 수 있는 262피트(80미터) 높이의 관람차를 설계하였다.

페리스의 디자인 이전에 이미 나무로 제작된 '기쁨 관람차'가 세계 곳곳에 출현하였으나 페리스의 관람차처럼 크고 웅대하지 않았다. 박람회 조직위원들은 건설에 많은 어려움이 있다고 판단하여 페리스 관람차 설치에 반대하였다. 하지만 페리스는 단념하지 않았다. 그는 40만 달러를 확보하기 위해 지역 투자자들을 설득하여 자신의 디자인을 지지하도록 엔지니어들에게 호소했다. 조직위원들은 페리스 관람차 설치를 승인하였으며 1893년 6월 21일 회전 관람차가 개장하였다. 관람차는 서른여섯 개의 차량으로 구성되었으며 관리인이 관람차의 각 차량에 탑승하였다. 방문객은 20분간 탑승한 대가로 50센트를 지불하였으며 철거될 때까지 15만 명 이상이 탑승하였다. 철거된 관람차의 각 부분은 후에 지역 다리 건설 재료로 사용되었다.

1890년대 이후 수많은 페리스 관람차가 건설되었다. 테마 파크와 놀이 공원에는 만국 박람회에 설치되었던 것보다 작은 크기의 관람차가 설치되었던 반면, 더 큰 크기의 관람차는 세계 곳곳의 도시에서 관람 플랫폼의 역할을 하고 있다. 런던아이, 난창의 별, 싱가포르 플라이어는 세계에서 가장 큰 관람차들이다. **DK**

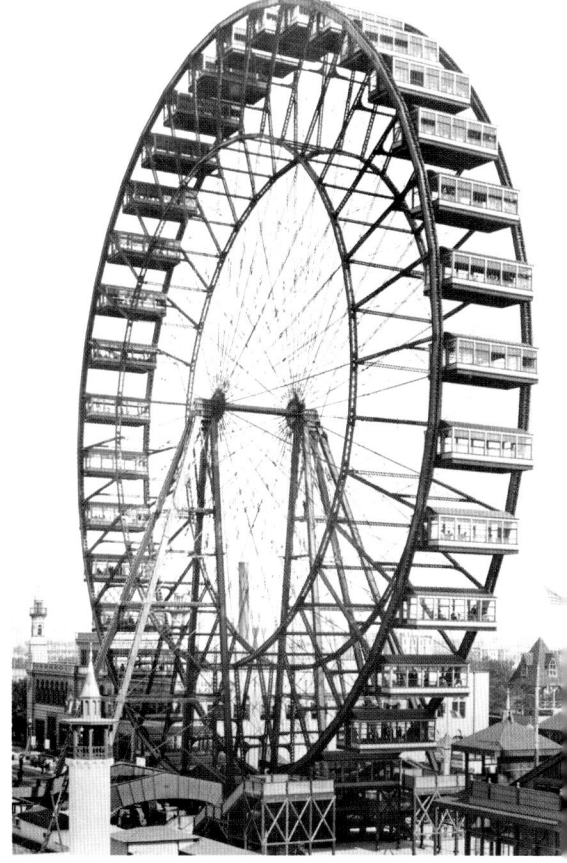

**참고:** 케이블카, 롤러코스터

↗ 시카고 만국박람회의 경제적 성공에 기여한 페리스 관람차.

"나는 페리스 관람차에서
내려다보는 것만큼 전망 좋은 풍경을
우주에서 내려다보지 못했다."

화이트, 작가

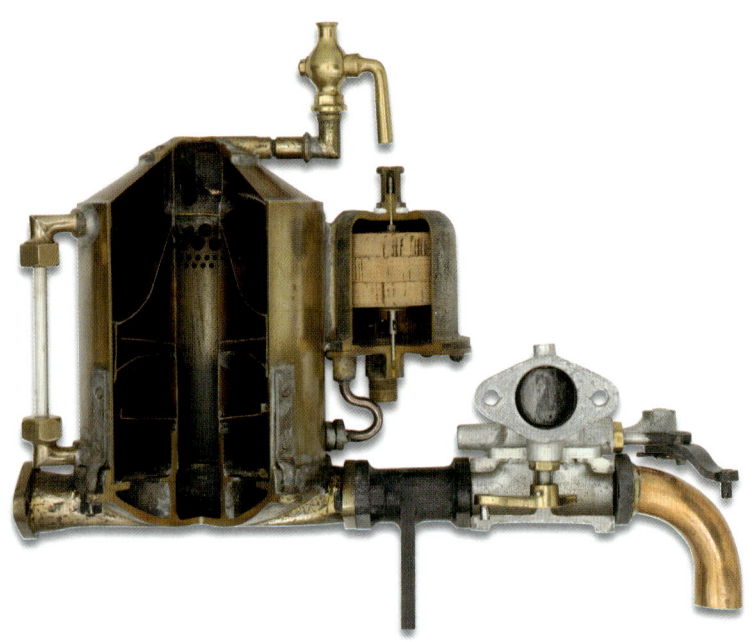

# 카뷰레터 (1893년)

반키와 촌카가 새롭게 발명된 자동차에 연료를 공급하다.

내연기관의 개발에는 많은 어려움이 있었으며 작동 가능한 엔진이 출현하는 과정에서 수백 가지의 문제점이 해결되어야 했다.

이러한 문제점 중 하나는 엔진에 연료를 공급하는 것이었다. 연소를 발생시키기 위해서는 연료, 산소, 열이 필요했지만 엔진 내에서 이들을 적절히 혼합하는 것은 어려운 작업이었다. 초기 엔진의 가스 펌프는 가스를 기화시켜 공기와 혼합시켰지만 가스와 공기의 비율이 제어되지 않았기에 연소가 불규칙적으로 발생하여 엔진이 매우 불안정하였다.

헝가리의 엔진 제조업자인 도나트 반키(1859~1922)와 야노스 촌카(1852~1939)는 이 문제를 해결할 수 있는 방법을 알아냈다. 반키는 수많은 자동차의 기능 개선에 기여하였으며 촌카와 함께 가스와 공기를 혼합하는 문제점을 해결하였다. 두 사람은 엉뚱한 장소에서 문제 해결에 필요한 영감을 얻었으며, 소녀가 유리 취관을 통해 물을 뿌려 꽃의 신선한 상태를 유지하는 것을 보고 같은 원리를 엔진에 적용해야겠다고 생각하였다.

그리하여 1893년 카뷰레터가 탄생하였다. 엔진에 필수적인 부품인 카뷰레터는 연료를 조금씩 분사하여 공기에 뿌려지는 연료의 양을 제어하였으며 이를 통해 연료는 엔진으로 빨려 들어가 연소되었다. 공기와 연료의 혼합을 일정하게 유지하는 장치인 카뷰레터 덕분에 연소에 필요한 적절한 혼합비를 구성할 수 있게 되었다. 엔진을 탑재한 거의 모든 운송 수단(자동차, 비행기, 보트)은 현재 카뷰레터를 사용하고 있다. **DK**

**참고:** 2행정 엔진, 불꽃 점화, 디젤 엔진, 과급기, 연료 분사, 스타터 모터

⬆ 트윈 초크 카뷰레터에서 가스와 공기는 개별적인 연료 분출기를 가진 별도의 두 공간에서 혼합되었다.

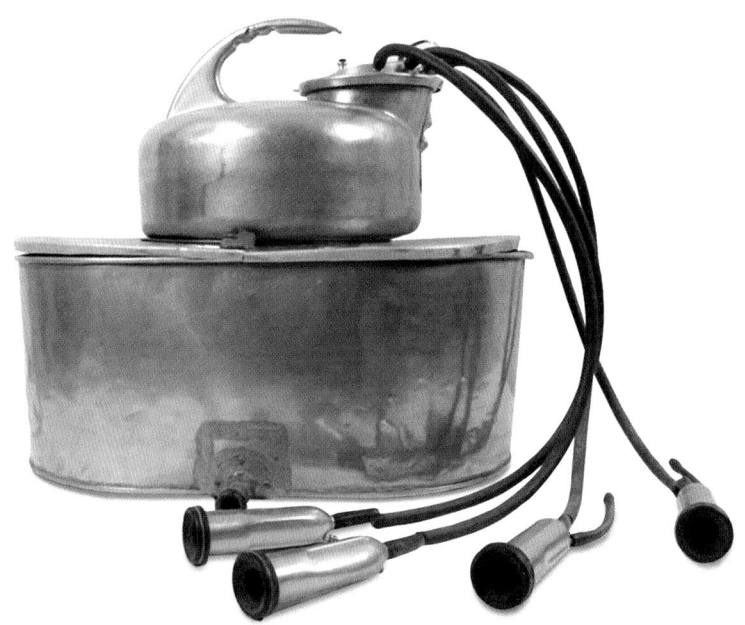

# 착유기 (1895년)

시슬社가 생산성이 향상되면서 안전한 기계를 고안하다.

19세기 후반 미국의 착유기 관련 특허 신청건이 총 100건에 육박하였다. 착유기를 개발하려는 사람들이 너무 많아 착유기 발명에 한 사람이나 한 조직이 기여했다고 말하기는 어렵다.

그 당시 모든 종류의 자동 착유기는 젖소의 유두에 상처를 입힌다는 문제점이 있었다. 그리하여 우유 생산량과 젖소를 보호하는 것 사이에 균형을 적절히 맞출 필요가 있었다.

많은 발명가들이 이 문제를 해결하기 위해 노력하였다. 구스타프 드라발에 위치한 드라발社는 손으로 직접 젖을 짜는 것처럼 작동하는 기계인 착유기도 연구 대상에 포함시켜 거의 모든 유형의 자동 착유기를 연구하였다.

드라발社는 원심력으로 우유와 크림을 분리하는 장치를 발명한 것으로 유명한 회사이다. 콜빈은 최초로 실용화된 진공 착유기 중 하나를 개발하였으며 윌리엄 메링은 발을 동력으로 사용하는 진공 착유기를 개발해 많은 인기를 얻었다.

현대식 착유기에 가장 가까운 모델은 아마도 스코틀랜드의 시슬社가 1895년에 제조한 '시슬' 머신일 것이다. 시슬의 맥동기라고 불린 증기 추진 펌프는 독특한 과정을 거쳐 우유를 짤 수 있도록 해주었다. 시슬은 젖소의 유두에 착용하는 유두컵의 진공상태를 조정하여 착유 중 유두에 피가 괴어 상처가 발생하는 것을 방지하였다. 시슬이 보유한 이 기능은 현대식 착유기의 핵심 기능이다. **BG**

참고: 분유, 저온살균, 우유/크림 분리기

⬆ 시슬은 더욱 효율적이고 청소가 간편한 '서지 밀커'로 1923년에 교체되었다.

# 아침식사용 시리얼 (1895년)

켈로그가 대중적인 아침식사용 시리얼을 발명하다.

콘프레이크는 1894년 존 하비 켈로그(1852~1943)와 윌 케이스 켈로그(1860~1951) 형제가 우연히 발명하였다. 형제가 소속된 제7일 안식일 예수재림교 그룹은 건강에 이롭다는 이유로 채식 식단을 구성할 수 있는 새로운 음식을 개발하고 있었다. 부유한 고객을 위한 병원이자 건강 요법소인 배틀 크리크 위생병원 원장이었던 존 켈로그는 고객들에게 개발한 음식을 맛보게 하였다.

그 당시 사람들은 모든 종류의 곡물에 영양분이 풍부하다고 생각하고 있었다. 어느 날 켈로그 형제는 조리하려고 준비한 밀을 남겨놓은 채 외출하였는데, 돌아와보니 밀이 건조되어 있었다. 형제는 버리기 아까워 롤러로 밀을 눌러 얇게 핀 후 불에 구워 현재의 프레이크 모양을 만들었다. 우유, 마시멜로와 함께 제공된 프레이크는 위생병원 손님들에게 인기가 있었다. 켈로그

> "나는 그 당시에 배틀 크리크 병원을 시초로 음식 사업을 하게 될 것이라고는 생각하지 못했다."
>
> 윌 케이스 켈로그

형제는 자신들의 발명품을 특허 등록한 후, 배틀 크리크 토이스티드 플레이크社를 설립하였다.

윌 켈로그는 옥수수를 포함한 다른 유형의 곡물을 사용하여 유사한 조리법을 개발하였다. 1906년 그는 그라노스 프레이크를 제조하기 시작하였으며 맛을 좋게 하기 위해 프레이크에 설탕을 추가하였다. 존 켈로그는 시리얼 사업을 대수롭지 않게 여겨 자신의 지분을 매각하였으며 윌 켈로그는 주식의 과반을 보유할 때까지 존 켈로그가 판매한 주식을 몰래 매입하였다. **EH**

**참고:** 샌드위치, 분유, 통조림, 얼음 제조기, 사카린, 냉동 식품

# 유방 확대술 (1895년)

체르니가 성형 수술을 소개하다.

1895년 오스트리아 외과의사인 체르니(1842~1916)는 최초의 유방 확대술을 시행하였다. 체르니는 유방 절제 수술을 받은 여성에게 새로운 가슴을 만들어주기 위해 환자의 옆구리에서 큰 지방종을 떼어내 가슴에 이식하였다. 그러나 애석하게도 수술 성과에 대한 자세한 내용은 기록되어 있지 않다.

20세기 초는 가슴 크기를 늘리는 데 파라핀 왁스 주입 기법이 사용되었지만 왁스 암과 같은 합병증 때문에 이 시술 방식은 금지되었다. 파라핀 왁스 대신 상아, 유리 공, 황소의 연골조직 등 다른 물질들이 시도되었다.

1920년대에는 복부와 엉덩이에서 지방을 제거하여 가슴에 이식하였다. 이 방법은 이식 후 가슴이 덩어리지고 양쪽 가슴의 크기 및 모양이 일치하지 않는 문제점 때문에 성공하지 못했다.

이 외에도 두 가지 주요 유형의 유방 확대 방법이 있는데, 하나는 식염수 보형물을 사용하는 방법이고, 다른 하나는 실리콘 보형물을 사용하는 방법이다. 식염수 보형물은 1964년 프랑스에서 처음으로 제조되었으며 소금물로 채워진 실리콘 엘라스토머백을 사용하였다. 이 보형물은 내용물을 비운 상태로 삽입되어 실리콘 보형물을 삽입한 경우보다 수술 흉터가 작게 남았다.

실리콘 보형물은 1962년 성형외과 의사인 토머스 크로닌과 프랭크 게로우가 처음으로 개발하였으며 삽입 전 이미 실리콘으로 채워져 있는 실리콘 백을 사용한다. 실리콘 겔이 결합조직 장애를 유발시킬 수 있다는 학계의 보고가 있은 후 보형물은 더욱 안정적인 물질로 만들어지고 있다. **JF**

**참고:** 실리콘 고무, 인공 심장, 능동 보조기, 인공 피부, 인공 간, 지방흡입

➡ 암 연구소를 설립했던 저명한 외과의사인 체르니(흰색 가운을 입고 가운데 서 있는 사람).

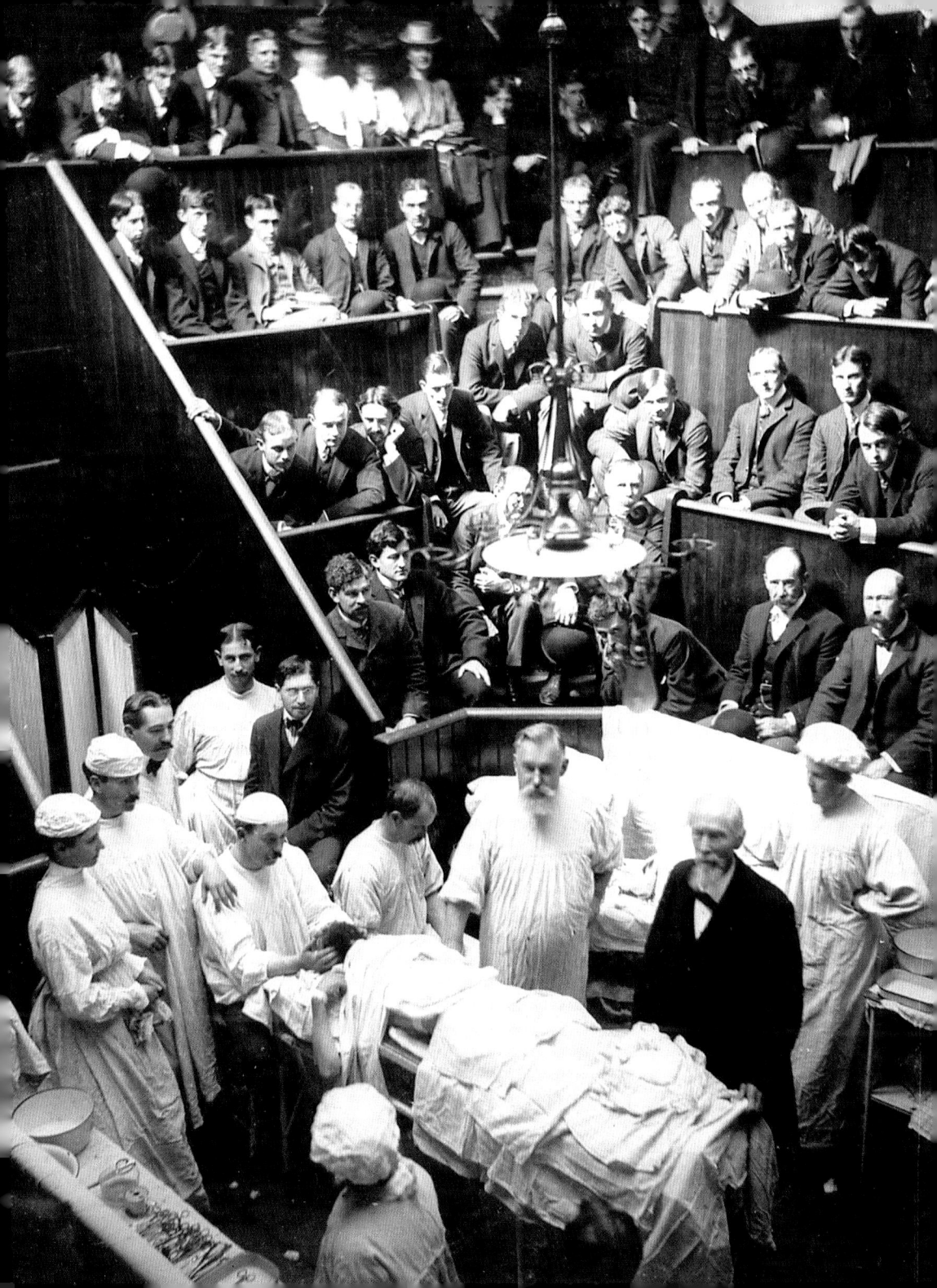

# 디젤 엔진 (1895년)

디젤이 연비가 좋은 엔진으로 특허를 취득하다.

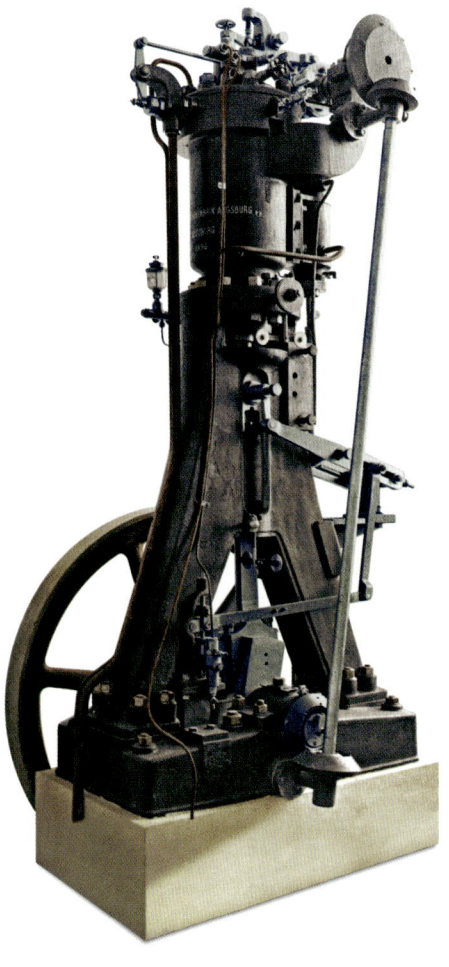

파리 출신 발명가인 루돌프 디젤(1858~1913)이 디젤 엔진의 발명가인지는 현재까지 논쟁거리로 남아 있다.

디젤 엔진은 한동안 압축 점화 및 내연기관을 설명하기 위한 일반 용어로 사용되었다. 즉, 카부레터나 점화 플러그를 사용하지 않고 실린더로 직접 연료 오일을 분사하는 엔진을 일반적으로 일컫는 용어였다. 디젤 엔진에 내장된 피스톤은 자체적으로 공기를 압축하기 때문에 점화 불꽃 없이 연료가 점화할 수 있을 정도로 충분히 뜨거워질 수 있다. 차가운 엔진은 디젤 연료를 점화할 수 없기 때문에 실린더와 혼합물을 미리 가열하기 위해 때때로 예열 플러그가 사용된다.

디젤은 압축 점화 엔진 기술을 수년간 연구하였으며 석탄 가루에서부터 두꺼운 타르 유형의 기름에 이르기까지 다양한 연료를 시험하였다. 1892년 그의 엔진 디자인은 특허로 등록되었다. 이에 앞서 영국 버킹엄셔의 허버트 애크로이드 스튜어트(1864~1927)는 압축 점화 엔진 특허를 1890년경에 발급받았다. 스튜어트의 특허는 디젤과 찰스 리처드 비니가 신청했던 여러 관련 특허 중 하나에 지나지 않았다.

디젤은 1898년 뮌헨 박람회와 1900년 파리 박람회에 자신의 압축 점화 엔진을 출품했다. 이를 통해 디젤이라는 이름은 그러한 스타일의 엔진 및 동력 공급에 사용되는 등유 유형의 연료를 모두 일컫는 뜻이 되었다. 뛰어난 연비와 연료 자체가 폭발하지 않는 특성은 디젤 엔진이 성공하는 데 도움을 주었다.

디젤은 실제로 바이오디젤 연료의 잠재성을 예견한 이후, 1913년 9월 증기선 드레스덴호에서 추락하여 익사했다. **MD**

"식물 원료로부터
기름을 확보하는 것이 지금은
중요하지 않아 보일 수도 있다."

루돌프 디젤, 1912년

**참고:** 내연기관, 2행정 엔진, 과급기, 바이오디젤, 바이오 에탄올

◪ 1897년 크루프 인더스트리社가 설치한 최초의 디젤 모터로 40년 이상 성공적으로 사용되었다.

# 필름 카메라/프로젝터 (1895년)

뤼미에르 형제가 영화를 대중화시키다.

약 100년 동안 활동 사진은 단순한 구경거리에서 전 세계에 걸쳐 어마어마한 돈을 벌어들일 수 있는 산업으로 성장하였다.

오늘날의 영화 산업은 19세기의 수많은 발명품이 있었기에 존재할 수 있었다. 토머스 에디슨은 귀로 들을 수 있는 축음기에 눈으로 볼 수 있는 무언가를 추가하여 귀로 듣는 동시에 눈으로 볼 수 있는 기계를 개발하려고 하였다. 실린더 형태로 이를 개발하려는 에디슨의 연구는 난관에 봉착하였으나 조수인 딕슨이 마침내 키네토스코프와 키네토그래프 카메라를 개발하여 문제를 해결하였다.

뤼미에르 형제는 실용적인 필름 카메라/프로젝터인 시네마토그래프를 발명했다. 시네마토그래프는 영사기와 카메라 기능을 하나로 통합하였지만 에디슨의 키네토그래프보다 크기가 훨씬 작았다. 또한 시네마토그래프는 한번에 많은 사람이 시청할 수 있다는 것이 장점이었다. 시네마토그래프는 최초의 진정한 필름 카메라/프로젝터로써 현대식 프로젝터와 유사하였다.

1895년 12월 28일 처음으로 열 편의 단편 영화가 대중에게 상영되었는데, 이중에는 뤼미에르 형제의 첫 번째 영화인 「공장을 나서는 노동자」도 포함되었다. 각 영화는 손으로 크랭크를 돌려 프로젝터로 영사되었으며 대략 46초씩 상영되었다. 영화 사학자들은 파리 그랑 카페에서의 영화 상영을 상업 매체로서 영화 탄생을 알린 중요한 사건으로 간주하고 있다. **BG**

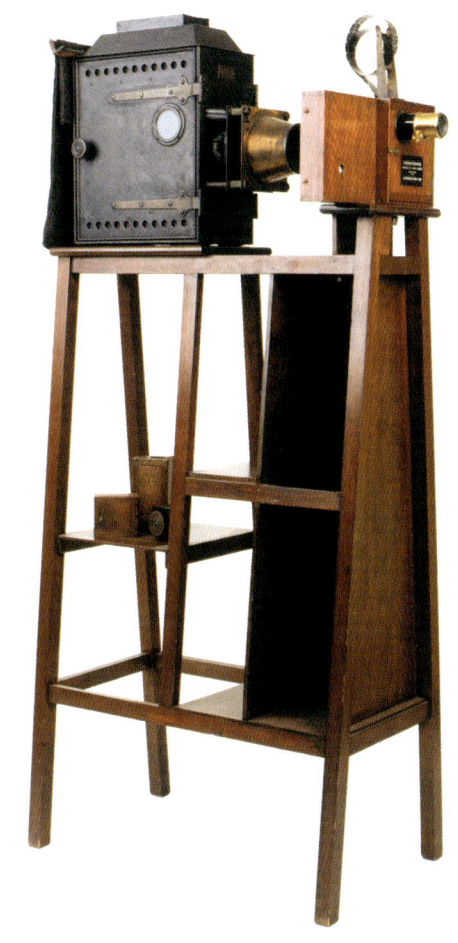

참고: 애니메이션, 키네마토그래프, 키네토스코프, 테크니컬러, 필름 음성

↗ 영사를 위하여 설정된 뤼미에르의 시네마토그래프(조합된 카메라, 프로젝터, 프린터).

"만약 내 영화가 한 명 이상의 관람객을 슬프게 한다면, 나는 내 할 일을 끝냈다고 생각할 것이다."

우디 앨런, 영화 감독

# X선 사진 (1895년)

뢴트겐이 살아 있는 생명체의 신체 내부 사진을 찍는 법을 발견하다.

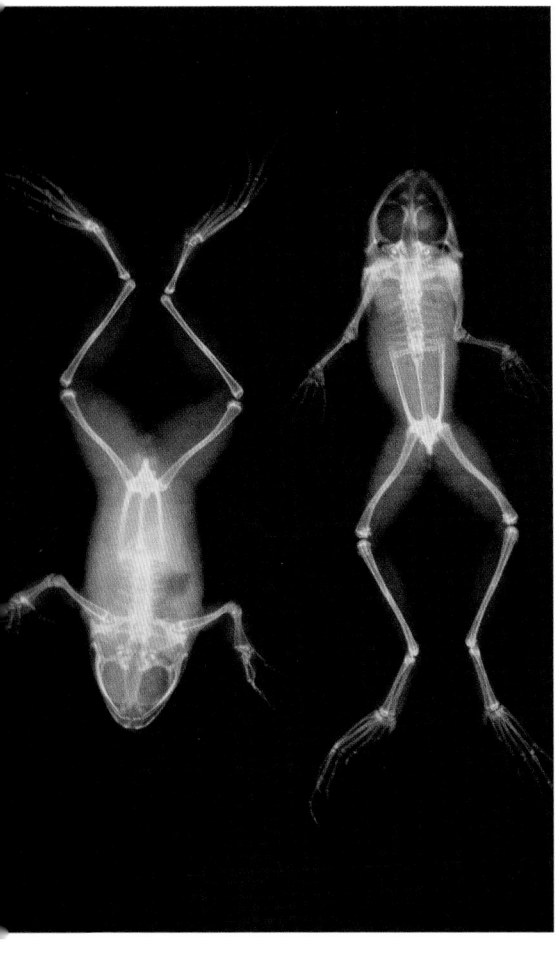

X선은 10나노미터부터 0.01나노미터까지의 범위로 구성된 매우 짧은 파장을 지닌 일종의 전자기 방사선이다. 독일의 물리학자 빌헬름 뢴트겐(1845~1923)은 1895년 음극선을 실험하던 도중 전자가 음극선관의 유리에 부딪칠 때 다른 형태의 방사선이 생성된다는 사실을 알게 되었다. 그는 그렇게 만들어진 방사선을 X선이라고 불렀다.

뢴트겐은 엑스선이 종이, 카드, 직물과 같은 부드러운 물체를 통과할 수 있고 형광 빛을 만들어낼 수 있다는 사실을 알게 되었다. 또한 바륨이 코팅된 사진 건판에 이미지를 만드는 데 X선이 사용될 수 있다는 것을 깨달았다. 그는 X선을 사용하여 인간 세포 조직과 연관된 실험을 수행하였다. 아내에게 손을 사진 건판 위에 올려놓으라고 말한 후 그는 아내의 손에 엑스선을 통과시켜 뼈나 반지에는 엑스선이 통과하지 않는다는 사실을 알아냈다. 이를 통해 1901년 뢴트겐은 최초의 노벨 물리학상을 받았다.

X선은 원자가 부딪힐 때 이온화를 일으키는 일종의 전리방사선이다. 1950년대까지는 X선이 살아 있는 세포를 손상시켜 암을 유발시킬 수 있다는 사실이 알려지지 않았다. 하지만 1950년대 이전에도 뢴트겐을 포함한 일부 사람들은 납 보호막을 사용하여 X선으로부터 자신을 보호하였다.

현대 의학에서 환자의 몸을 진찰할 때 X선은 중요한 역할을 담당하고 있다. X선은 분산 패턴으로 물체의 구조를 조사하기 때문에 결정학자들이 많이 사용하였으며 그 부작용마저도 방사선 암 치료법 개발에 이용되었다. **EH**

> "자신의 비범한 능력으로
> 그는 놀라운 선(ray)들을
> 발견하였다."
>
> 스웨덴 왕립 과학아카데미, 1901년

**참고:** 엑스선관, 적외선 사진, 자기 공명 화상법, 엑스선 망원경

**K** 조지프 에더와 빌렌타가 오리지널 X선으로 만든 그라비어 사진.

# 공기 액화 (1895년)

폰 린데가 현대식 냉장기법을 개발하다.

독일인 과학자 카를 폰 린데(1842~1934)는 가스를 액체로 변환시키는 방법을 최초로 발명하였다. 그의 발명은 현대식 냉장 및 액체 공기 생산의 토대를 마련하였다.

1600년대부터 과학자들은 물질이 가스 혹은 액체 상태일 때 온도가 영향을 미친다는 사실을 알고 있었다. 가스를 냉각하여 압력을 가하면 액체로 만들 수 있다. 1784년 프랑스 수학자 가스파르 몽주는 최초로 액화 아산화질소를 제조하였으며 1800년대 후반 대부분의 가스를 액화시키는 데 성공하였다. 그러나 많은 양의 액화가스를 생산해내는 것은 여전히 불가능했다.

폰 린데는 공기 그 자체를 냉매로 사용하는 기발한 아이디어를 떠올렸다. 1894년 그는 아일랜드 더블린의 기네스 양조장으로부터 새로운 냉장 시스템을 만들어달라는 요청을 받았다. 이에 공기를 압축한 후 빠르게 팽창시켜 온도를 떨어뜨리는 기법을 사용한 냉장 시스템을 개발하였다. 차가운 공기를 끊임없이 순환시켜 유입 공기를 더욱 차갑게 만들면 가스를 액화시킬 수 있었다.

린데 기법은 액체 산소 및 액체 질소를 계속해서 만들 수 있도록 해주었다. 액체 산소는 초기에 산소 아세틸렌 용접기에서 가장 많이 사용되었다. 산소 아세틸렌 용접기는 1904년 프랑스에서 발명되어 금속을 절단하고 용접하는 데 사용되었다. 액체 산소와 산소 아세틸렌 용접기는 20세기 초 선박과 마천루 건설, 기타 철 공소에 혁명을 불러 일으켰다.

그 후 액체 산소는 병원 및 산업 부문에서 주로 사용되었으며 액체 질소는 혈액과 조직 세포를 냉각시키는 데 사용되었다. **HI**

# 전기 스토브 (1896년)

헤이더웨이가 새로운 조리 도구로 특허를 취득하다.

18세기 이후 사람들은 음식을 조리할 때 위험하고 비효율적인 모닥불 대신 스토브를 사용하였다. 최초의 전기 스토브를 누가 언제 개발하였는지는 정확하게 알 수 없지만 스토브가 출현한 후 얼마 지나지 않아 등장한 것으로 알려져 있다.

1891년 카펜터 일렉트릭 히팅 제조사가 전기 스토브를 생산했지만, 전기 스토브의 최초 특허는 1896년 윌리엄 헤이더웨이에게 승인되었다. 일부 사람들은 1882년에 오타와 전기 회사를 설립한 캐나다 사업가이자 발명가인 토머스 아헤언(1855~1938)이 전기 스토브를 발명했다고 주장하고 있다.

초기 전기 스토브는 저항 코일에 전기를 전달하여 작동하였다. 가열된 코일은 차례대로 철판을 가열시켰으며 그 결과 조리 용기 내의 음식물을 익힐 수 있었다. 오늘날의 전기 스토브는 철판 대신 유리 세라믹

> "두 개의 히터로 발생하는
> 최대한의 온기는
> 수소를 굽기에 충분하였다."
> '더 이브닝 저널', 1892년 8월 29일

판을 사용하며, 저항 링 대신 할로겐 램프의 열을 활용한다. 현대식 전기 스토브의 기본 원리는 초기 전기 스토브와 동일하다.

처음 출시되었을 당시에는 가정에 전기가 공급되고 있지 않았으므로 전기 스토브는 대중화에 오랜 시간이 걸렸다. 전기 스토브는 1893년 시카고 만국 박람회에 출품되었다. 1920년대가 되어서야 비로소 전기 스토브가 가스레인지를 대체하기 시작하였다. **BG**

---

**참고:** 기름의 열분해, 액체 연료 로켓, 냉장고, 유동층 반응기, 에어로졸

**참고:** 오븐, 압력솥, 가스레인지, 자체 발열 통조림, 전자 레인지

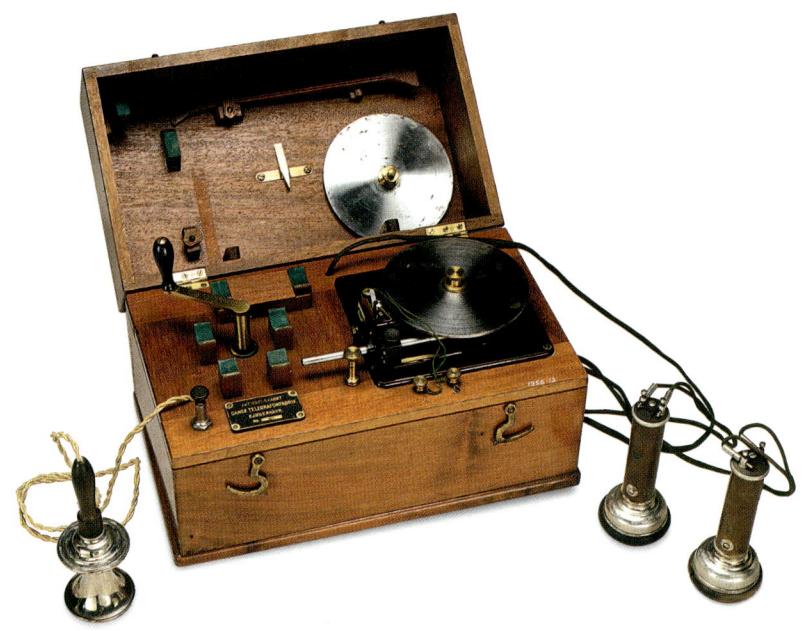

# 자기 녹음기 (1898년)

포울센의 발명품이 최초의 자기 음성 녹음을 가능하게 하다.

덴마크인 엔지니어 발드마 포울센(1869~1942)은 최초의 자기 녹음 시스템을 개발한 사람이다. 포울센의 발명품은 20세기 음성 녹음에 사용된 매체인 아날로그 테이프 녹음기보다 이전에 출현하였다.

포울센의 녹음 시스템 작동 원리는 아날로그 녹음 시스템과 다르지 않다. 녹음하려는 음성은 자성 패턴을 띠는 녹음 헤드를 통해 전기 신호로 변환된다. 이후 모터가 장착된 부품이 강선을 일정한 속도로 끌어당기면 자기장에서의 변화를 감지하는 자기 녹음 헤드에 강선이 접하여 이동하면서 연속적인 전기 신호가 강선 위에 기록되었다.

1898년 포울센은 강선 자기 녹음기(텔레그래폰)로 특허를 취득하였다. 2년 후 그는 파리 만국박람회에 이 제품을 출시하였으며 박람회장에서 오스트리아 황제 프란츠 요제프의 음성을 녹음하였다. 이 녹음본은 현존하는 자기 음성 녹음 중 가장 오래된 것이다. 포울센은 과학 발명품 부분에서 최우수상을 받았으며 유럽과 미국에서 제품을 생산할 거래처를 확보하였다.

20세기 전반에 걸쳐 강선 자기 녹음기는 사무실 음성 기록 기기로 사용되었으며 1940년경에는 음성의 질이 개선되어 라디오 방송에서까지 폭넓게 사용되었다. 제2차 세계대전 후 제조사들은 홈 엔터테인먼트의 용도로 가정용 강선 자기 녹음기를 출시하려 했지만 1950년대 초반 자기 테이프 녹음기가 개발되어 시중에 유통되면서 서서히 자취를 감추게 되었다. **TB**

**참고:** 자동 응답기, 아크 변환기, 무선 통신, 오디오 테이프 녹음

⤒ 포울센의 태엽장치 추진 텔레그래폰은 현대식 구술 녹음기의 시초였다.

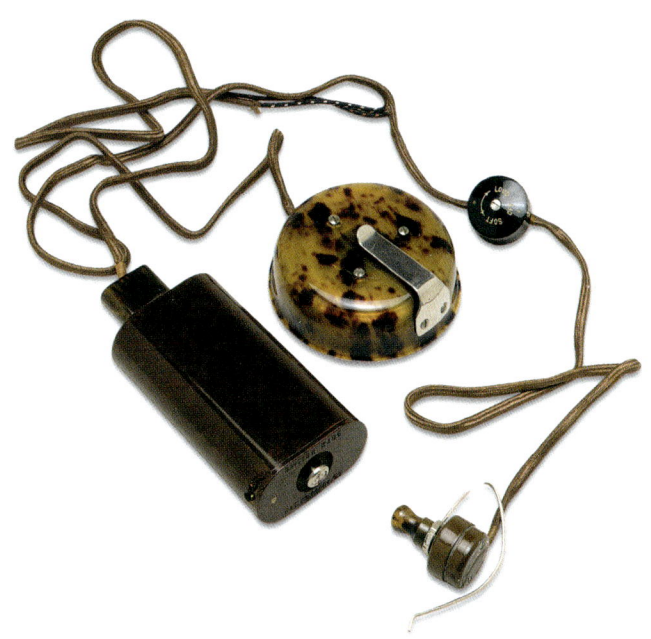

# 전자 보청기 (1898년)

허친슨의 발명품이 난청을 가지고 있는 사람들에게 힘을 주다.

보청기는 수 세기 동안 존재하였지만 지암바티스타 델라 포르타의 『자연의 마술』(1598)이라는 책에 처음으로 언급되었다. 초기 보청기는 나무로 만들어졌으며 동물의 귀와 비슷한 모양의 외관을 지니고 있었다.

1700년대 후반에는 나팔형 보청기가 다양한 모습과 크기로 제조되어 널리 사용되었다. 이러한 나팔형 보청기는 음파를 모아 귓구멍으로 전달하는 역할만을 담당하였다. 1819년 F. C.레인은 포르투갈의 고아 왕을 위한 특별한 왕좌를 제작하였다. 레인이 제작한 왕좌는 팔걸이에 사자 머리가 조각되었으며 머리 부분에는 왕의 귀에 청각 튜브를 꼽을 수 있는 기구인 '공명소실'이 숨겨져 있었다.

1890년대에는 그 당시 발명된 축전지를 사용하여 전자 보청기를 개발하려는 수많은 시도가 있었다. 최초의 상용화된 전자 보청기는 1898년 밀러 리즈 허친슨(1876~1944)이 개발한 '아쿨라리온'이었으며 1899년 해당 특허가 등록되었다. 테이블 위에 앉도록 설계되었던 초기 전자 보청기 모델은 크기가 크고 가격이 매우 비쌌으며 배터리 수명 또한 짧았다. 초기 전자 보청기는 음을 적절히 증폭하는 기능만을 포함하고 있었다. 물론 증폭된 음의 크기는 청취 손실을 줄이기 위해 적절한 수준으로 조절되었다.

허친슨은 초기 자동차에 널리 사용된 전기 크락숀을 개발하였다. 일부 사람들은 청각 장애인들이 더욱 많은 아코우스티콘(보청기 상표명)을 사도록 하기 위해 허친슨이 전기 크락숀을 개발했다고 빈정거렸다. **SS**

참고: 인공 와우

⬆ 1929년에 제조된 이 배터리 전기 보청기는 귀에 걸 수 있도록 이어플러그와 갈고리가 포함되어 있다.

# 헤로인
## (1898년)

호프만이 모르핀을 대체하기에 적절하다고 생각한 약을 개발하다.

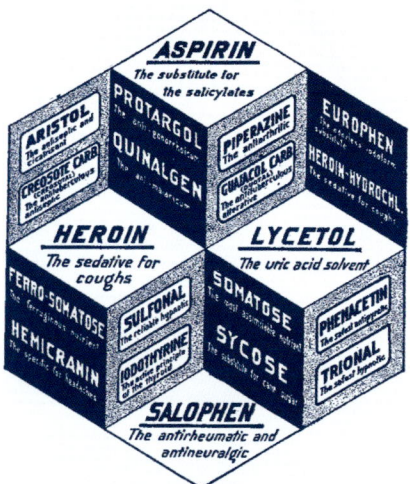

19세기를 통틀어 과학자들은 모르핀 진통제를 대체할 수 있는 중독성 없는 물질을 찾고 있었다. 헤로인은 런던 세인트 메리스 하스피털 메디컬 스쿨에 재직 중이던 화학자 C. R. 앨더 라이트가 1874년 처음으로 가공한 것이다. 그는 아세트산 무수물과 함께 무수의 모르핀 알칼로이드를 스토브 위에서 몇 시간 동안 끓여 더욱 강력한 형태의 모르핀인 디아세틸모르핀을 제조하였다.

헤로인은 그로부터 23년 후 바이엘 제약 회사에 근무하던 독일인 화학자 펠릭스 호프만(1868~1946)이 이 약물을 다시 합성한 후에야 인기를 얻게 되었다. 바이엘社의 직원들에게 헤로인을 테스트하였을 때 직원들은 영웅적 용기를 얻은 것 같은 느낌에 사로잡힌다고 말했다. 1898년부터 1910년까지 바이엘社는 헤로인을 모르핀 중독을 위한 치료제 및 기침 캔디와 엘릭시르의 재료로 시장에 출시하였다. 1899년경 바이엘社는 일 년에 대략 1톤 가량의 헤로인을 제조하였으며 스물세 개국에 수출하였다.

그 후 바이엘社는 신진대사가 일어나는 동안 헤로인이 간에서 모르핀으로 변환된다는 사실과 헤로인이 강력한 형태의 마약이라는 사실을 알게 되었다. 1914년 미국은 처방전 없이 헤로인을 사용하지 못하도록 규제하였으며 1919년 법원은 의사가 헤로인을 마약 중독자에게 처방하는 것은 불법이라고 최종 판결하였다.

오늘날 헤로인의 남용은 전 세계 많은 국가에서 심각한 사회문제로 대두되고 있다. 헤로인은 환자가 심각한 고통을 느낄 경우에만 제한적으로 사용하도록 엄격하게 규제되고 있는 실정이다. **JF**

> "헤로인은
> 최면성이 없으며
> 중독될 위험도 없다."
> '보스턴 의학 및 외과수술 저널,' 1900년

참고: 아스피린

🅺 바이엘社는 헤로인을 대중에게 광고하지 않았지만 내과 의사들에게는 전단지를 보내 홍보하였다. 바이엘社는 1913년 헤로인 판매를 중단하였다.

# 휴대용 손전등

## (1898년)

미셸과 휴버트가 휴대용 전등을 개발하다.

손전등이 발명되기 전 아이들은 어른들 몰래 밤 늦게까지 책을 읽는 은밀한 즐거움을 경험할 수 없었다. 장식을 목적으로 화분에 전등을 설치한 조슈아 라이오넬 코원의 아이디어로 손전등 개발이 시작되었다. 코원은 크리스마스 전구 및 기타 전기 제품을 제조하던 콘라드 휴버트(1856~1928)에게 자신의 회사와 아이디어를 판매하였다.

휴버트는 화분에 설치된 코원의 전등을 다시 발명하기로 결심했다. 그의 가게 직원이었던 영국인 발명가 데이비드 미셸은 종이와 기타 섬유로 기본 튜브를 만들었으며 1898년 전구와 반사판으로 현재의 손전등을 제작하였다. 제품 테스트를 위한 마케팅 수단으로 뉴욕의 경찰관들에게 손전등을 지급하였는데, 얼마 지나지 않아 모든 경찰관이 손전등을 사용하고 싶어했다. 휴

> "인류가 가진 지식은
> 세계를 밝게 비추는
> 손전등이다."
>
> 루이 파스퇴르, 과학자

버트의 가게는 에버레디社가 되었고 "빛이 있으라"라는 문구 옆에 새로운 손전등을 위치시켜 회사의 카탈로그를 제작하였다.

배터리 수명이 짧은 비효율적인 탄소 필라멘트 전구를 사용했음에도 불구하고 새로운 손전등은 인기를 끌었다. 1910년 출시된 텅스텐 필라멘트 전구는 손전등의 밝기와 에너지를 크게 개선시켰다. 1968년에는 형광등이 소개되었으며 그 뒤를 이어 1984년에 할로겐 램프가 소개되었다. 오늘날 최고의 전구는 한 세트의 배터리로 35시간 동안 빛을 낼 수 있는 고효율 화이트 LED이다. **DHk**

**참고:** 배터리, 야간 투시경

# 스티어링 휠

## (1899년)

윈톤의 시스템이 자동차 운전을 용이하게 하다.

최초의 실용화된 자동차가 제작될 당시 해당 자동차와 관련된 특허는 10만 개 이상에 이르렀다. 19세기 후반 증기 자동차는 많은 부분이 개선되었으며 미국과 영국에서 상업적으로 판매되었다. 그러나 제조사들은 차량 운전 장치로 스티어링 틸러라는 레버 장치를 사용하고 있었으므로 자동차 운전은 여전히 어렵고 힘든 것이었다.

윈톤 오토모빌社의 사장이자 자전거 광인 알렉산더 윈톤(1860~1932)은 본인이 소유한 자동차의 틸러를 자전거의 스티어링을 본뜬 시스템으로 교체하고자 하였다. 그는 스티어링 박스를 사용하는 원형의 자동차 핸들을 생각해냈다. 스티어링 박스 메커니즘은 바퀴의 회전을 직선 동작으로 전환하였으며 운전자가 더 쉽게 자동차의 움직임을 제어할 수 있었다.

포드 자동차 회사의 설립자이자 발명가인 헨리 포드조차도 자동차 핸들 방식을 새로운 스티어링 시스템으로 전환하였다. 1901년 그로스포인트 경주 이전에 포드는 윈톤의 스티어링 메커니즘 중 하나인 스티어링 휠 부품을 제공받았다. 포드는 경주에서 윈톤에게 승리했지만 윈톤의 스티어링 시스템을 사용했기 때문에 절반의 승리에 불과하였다.

유감스럽게도 윈톤의 경쟁자들은 모두 매우 유사한 시스템을 연구하고 있었으며 윈톤이 취득하지 않았던 해당 특허를 재빨리 등록하였다. 후에 패커드 자동차 회사로 이름을 바꾼 오하이오 오토모빌社는 윈톤의 초기 개발품에 기반한 스티어링 휠 버전을 1899년에 출시된 두 번째 자동차에 장착하여 성공을 거두었다. 윈톤의 회사는 모든 자동차를 주문 생산으로 제작했기 때문에 다른 회사들과의 경쟁에서 밀렸으며 그 결과 1924년 생산을 중단했다. **SD**

**참고:** 파워스티어링

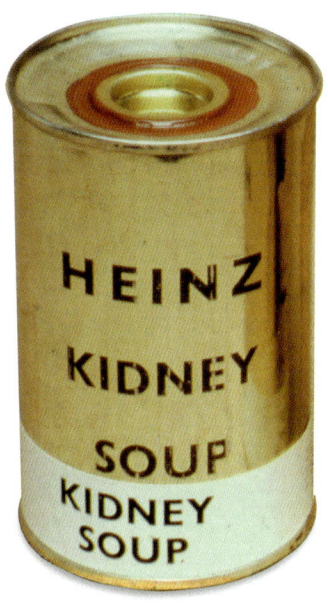
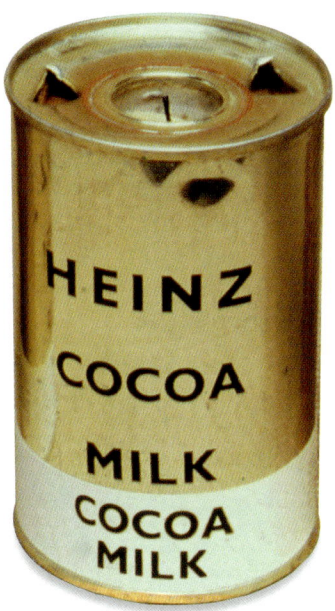

# 자체 발열 통조림 (1899년경)

무명의 발명가 덕분에 언제 어디서든 뜨거운 음식을 먹을 수 있게 되다.

1900년대 무렵 무명의 발명가가 산악가나 탐험가를 위한 자체 발열 통조림을 최초로 개발하였다. 통상적인 자체 발열 통조림은 음식이 들어있는 공간과 가열기가 들어있는 공간으로 구성된다. 조리를 위한 발열은 산화 칼슘(생석회)과 물의 발열 화학 반응으로 생성된다.

가열기 공간은 음식을 둘러싸고 있으며, 음식물 내에 가열을 위한 부품이 떠다니는 구조도 존재한다. 이 가열기는 버튼을 누르거나 구멍을 내어 밀봉을 뜯어내면 작동하는데, 화학 반응은 몇 분 내에 통조림 안에 있는 음식을 데운다.

제2차 세계대전 중 하인츠는 자체 발열 음료를 제조했다. 그의 음료는 내용물에 집어 넣는 코르다이트 폭약 막대에 불을 지펴 음식물을 데우는 구조였으나 언제나 제대로 작동하는 것은 아니었다. 노르망디 상륙작전에서 기록된 최초의 사상자는 자체 발열 음식이 폭발하여 다친 영국 군인이었는데, 코르다이트 폭약 막대에 불을 붙이자마자 토마토 수프가 그를 덮쳤다.

최근 일부 회사가 자체 발열 통조림을 재조명하고 있지만 어려움을 겪고 있다. 네스카페는 2002년 자체 발열 커피 캔을 영국에서 시험했지만 일정한 온도로 커피액을 가열하는 데 실패했다. 영국의 유명한 요리사인 울프강 퍽은 2005년에 자체 발열 커피와 라떼를 판매하기 시작했지만, 그들 중 일부는 발열되지 않았고 일부는 폭발되거나 녹아버렸기 때문에 다음해에 판매한 제품을 회수해야 했다. 이 미래형 음식을 제대로 맛보려면 앞으로도 몇 년은 더 기다려야 할 것이다. **BO**

참고: 진공 플라스크, 통조림, 냉동 식품, 테트라팩

⬆ 1940년대식 자체 발열 통조림은 1941년 '뉴욕 타임스' 리뷰에서 격찬받았다.

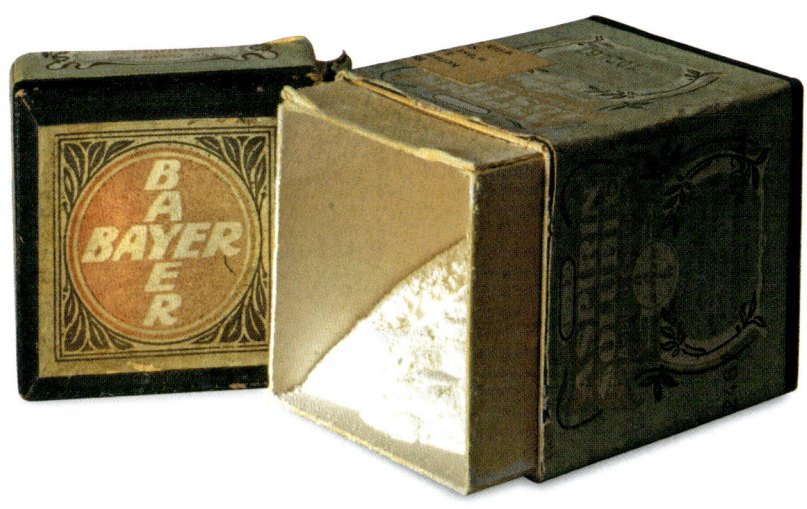

# 아스피린 (1899년)

호프만이 시대를 초월하여 가장 인기 있는 진통제 중 하나를 발명하다.

로마인들이 버드나무 껍질을 해열제로 사용했을 만큼, 아스피린과 같은 성분의 약효는 먼 옛날부터 잘 알려져 있었다. 19세기 초반에는 버드나무의 잎과 껍질에 살리실 산이라고 하는 성분이 포함되어 있다는 사실이 밝혀졌다.

살리실 산은 고통과 열을 감소시키지만 한편으로는 심각한 위장 장애를 일으킨다. 1832년 프랑스의 화학자 샤를 프레데리크 제라르는 살리실 산과 염화아세틸을 혼합하여 이러한 부작용을 없애려고 하였다. 그러나 이 공정은 너무 긴 생산 시간을 필요로 했다. 1899년 바이엘 제약회사에 근무하던 독일인 화학자 펠릭스 호프만(1868~1946)은 아버지의 신경통 증상을 완화시킬 수 있는 약을 찾던 중 제라르의 연구에 대해 알게 되었다. 호프만은 아세틸살리실산을 생각해냈다. 호프만은 조그만 약병을 아버지께 드렸는데 그날 밤 그의 아버지는 몇 년만에 처음으로 고통없는 밤을 보낼 수 있었다. 호프만은 염화아세틸의 첫 글자인 a에, 스피라에아 울마리아(Spiraeaulmaria, 살리실산이 추출되는 식물)의 spir를 덧붙여 이 약에 아스피린이라는 이름을 지었다.

바이엘社는 1899년 7월 아스피린을 시장에 출시하였으며 즉시 성공을 거두었다. 초기에는 가루 형태로 판매되었지만 1914년부터는 알약 형태의 아스피린을 출시하였다. 아스피린은 홍분, 통증, 열, 혈소판의 응고를 유발시키는 프로스타글란딘(호르몬과 유사한 화학물질)의 생성을 줄여준다.

아스피린은 통증 감소 및 해열 작용 이외에 심장병, 임신 중독증, 대장암의 발병률도 감소하는 효과가 있다. **JF**

**참고:** 헤로인, 용해될 수 있는 알약, 아세트아미노펜

⬆ 용해되는 아스피린 분말은 1900경 이후부터 존재하였다. 아스피린은 경미한 통증을 완화시키기 위해 가장 널리 사용되는 약이다.

# 밴드 브레이크 (1899년)

다임러가 운전을 더욱 안전하게 만들다.

자동차 제조의 여명기에 업체들은 효율적인 제동 시스템을 찾았지만 아무도 그런 것을 만들어 낸 적이 없다는 사실을 깨닫게 되었다. 그렇기 때문에 수년간 브레이크 기술은 엔진이나 트랜스미션에 비해 상당히 뒤떨어진 상태로 머물러 있었다.

헨리 포드는 1896년 자신의 쿼드리사이클에 제동 시스템을 설치하지 않음으로써 어떤 제동 시스템을 설치할 것인지에 대한 문제를 회피하였다. 대신 포드의 쿼드리사이클은 레버로 드라이브 벨트를 해제하면 멈출 때까지 미끄러져 나갔다. 운전자는 전면에 배치된 바퀴를 발로 밟아 쿼드리사이클의 정지에 도움을 받을 수 있었다.

공기 타이어의 출현은 블록-온-타이어 제동 시스템을 비실용적으로 만들어 버렸다. 그 결과 밴드 브레이크가 대중적으로 사용되었다. 밴드 브레이크는 회전하는 드럼이나 바퀴 허브 주위를 단단하게 조여주는 유연한 금속 밴드나 케이블로 이루어졌으며 금속 밴드 및 케이블은 마찰재로 코팅되었다. 초창기 자동차는 밴드 브레이크를 사용하였다. 밴드 브레이크는 먼지나 나쁜 날씨 때문에 제 기능을 발휘하지 못할 때도 있었다. 또한 경사면에서 무거운 차량을 효율적으로 움직일 수 없었다.

내부 확장 드럼 브레이크를 사용한 지 1년 후인 1899년 고틀립 다임러(1834~1900)는 섀시 기반 케이블을 포함한 밴드 브레이크를 사용하였다. 드럼의 회전으로 드럼 주위의 케이블이 끌리면 드럼과 케이블을 함께 멈추게 하려는 힘이 증가하여 운전자의 추가 노력없이도 제동력이 향상되었다. **MD**

# 조립 라인 (1901년)

올즈가 제조업을 위한 혁명적인 시스템을 발명하다.

랜섬 앨리 올즈(1864~1950)는 자신이 보유한 아이디어(조립 라인)로 제조 산업에 혁명을 불러 일으켰다. 올즈는 1896년 가솔린 점화 자동차를 제조하였으며 '올즈모빌' 후속 모델 대량 생산에 착수하였다. 올즈는 다양한 모델을 생산하려고 하였으나 1901년 3월에 발생한 화재로 계획을 실천에 옮기지 못했다. 불은 올즈의 모델 중 하나인 '커브드 대쉬' 올츠모빌을 제외한 모든 모델을 태워버렸다. 올즈는 불에 타지 않은 모델 생산에 초점을 맞추었으며 재기에 성공하였다. 그는 곧 생산 능력보다 더 많은 주문을 받게 되었다.

올즈는 노동자들이 총을 조립하고 있던 머스킷 총 공장에 대한 기억을 바탕으로 자동차 조립 라인을 구상했으며 이 아이디어를 수 개월간 실행에 옮겼다.

효율성을 높여준 기술인 자동차 조립 라인은 자동차 생산성을 극적으로 증가시켰다. 수년 후 자동차 제

> "랜섬 올즈는 조립 라인을 사용하여 1901년 425대에서 1902년의 2,500대로 자동차 생산을 증가시켰다."
>
> 커티스 레드갭, 자동차 매니아

조공 헨리 포드는 효율성을 높이기 위해 올즈의 개념을 채택하여 다시 연구에 돌입했다. 기계는 상당 부분 인간 노동력을 대체하였으며, 현재 시장에서 대량생산되는 제품들은 모두 조립 라인에 기반하고 있다. **LW**

---

**참고:** 생산 라인, 자동인형, 자동 제분기, 산업용 로봇

▶ 미국에 위치한 공장 조립 라인에서 생산되고 있는 초기 자동차 사진.

---

**참고:** 디스크 브레이크, 드럼 브레이크, 유압 브레이크, ABS(ANTI-LOCK BRAKING SYSTEM), 회생 브레이크

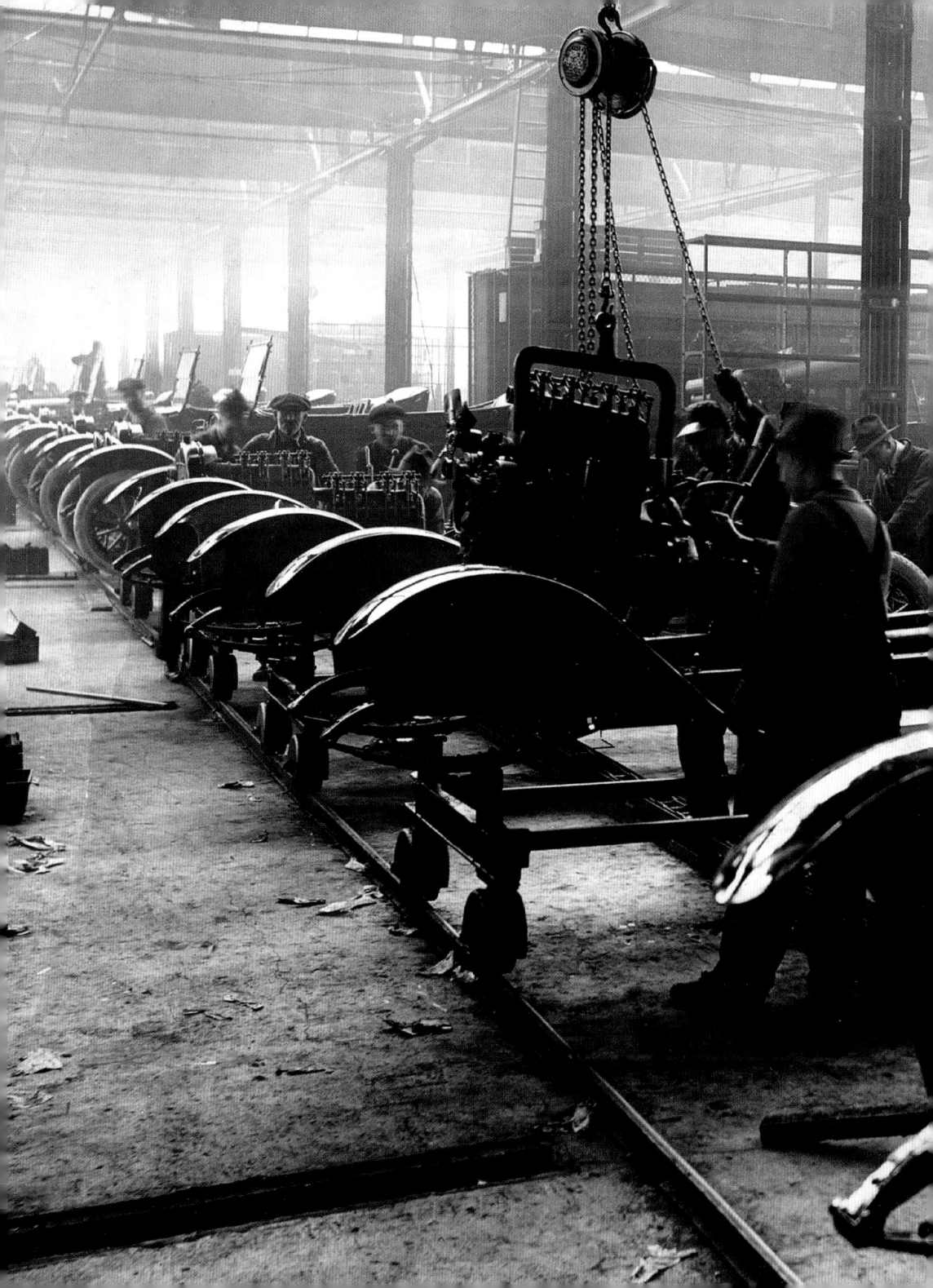

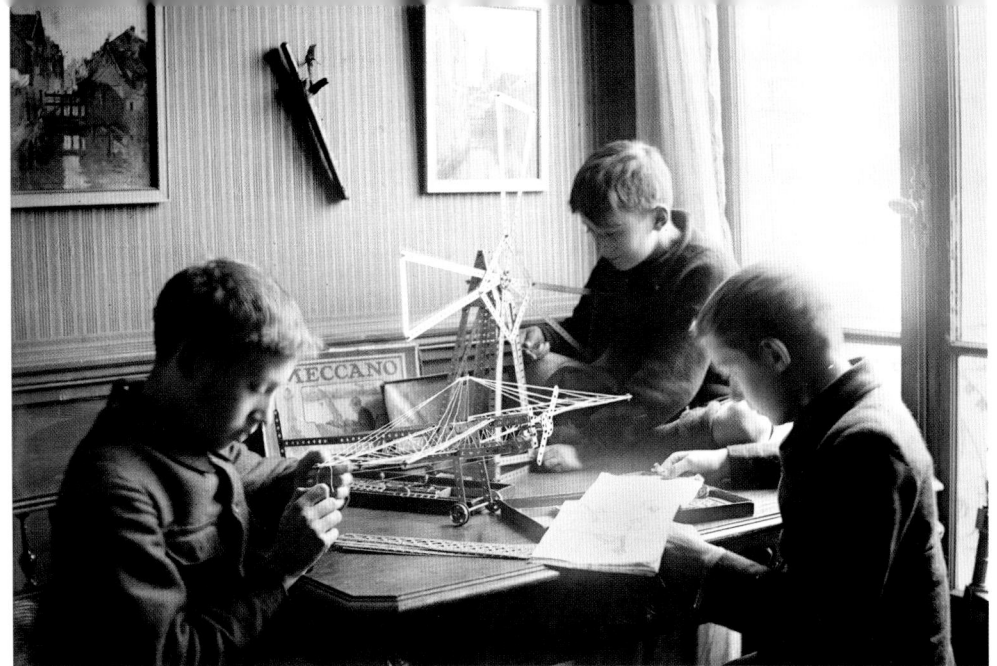

# 메카노 (1901년)

혼비가 많은 사랑을 받은 조립식 장난감을 발명하다.

1901년 영국 리버풀의 프랭크 혼비(1863~1936)는 사업 파트너인 데이티브 엘리엇과 함께 어린이용 모델 조립 키트를 제조하였다. 이 모델 조립 키트는 구멍이 뚫린 스트립, 평판, 황동 너트와 볼트로 조일 수 있는 앵글 거더로 구성되었다. "쉽게 배우는 기계학(Mechanics Made Easy)."이라고 불린 이 장난감 이름은 혼비가 전체 사업을 인수하였을 때인 1908년에 메카노로 변경되었다.

　　장난감은 1부터 10까지 다양한 세트로 시장에 출시되었으며 높은 번호의 세트를 구매할수록 낮은 번호의 세트와 조합하여 더 크고 복잡한 모델을 만들 수 있었다. 동봉된 설명서에는 2층 버스, 빔 브리지, 화물선, 기관차, 에펠탑을 만드는 방법이 설명되어 있었으며 바퀴, 기어, 축, 모터(증기와 태엽 형태 모두 제공됨)가 제공되었다.

　　원하는 모양을 횟수에 제한 없이 한 번 만든 모델을 다시 다른 모습으로 만들 수 있다는 점은 메카노의 큰 장점이었다. 메카노는 전 세계에 수출되었으며 이렉터 세트와 같은 유사한 장난감들이 세계적으로 생산되었다. 혼비는 1916년 메카노 매거진을, 1919년 메카노 길드를 소개하여 장난감 마니아끼리 친목을 도모하게 했다. 메카노 매거진은 1981년까지 매달 출간되었으며 메카노 길드는 메카노를 사랑하는 사람들이 가입한 수많은 클럽을 관리하였다. 또한 혼비는 모델 철도 기차와 딩키 토이즈社의 주물 미니어처 장난감을 생산하여 장난감 제조 사업을 확장하였다.

　　회사가 라인 브라더스社에게 인수당하면서 혼비는 1960년대에 힘든 시간을 맞이하였다. 오늘날 메카노는 프랑스의 칼레 지역에서만 생산된다. **DH**

**참고:** 장난감 전기 기차 세트, 크래용, 레고

⬆ 메카노의 발명가는 동시대의 다리 디자인 및 건축물에서 영감을 얻었다.

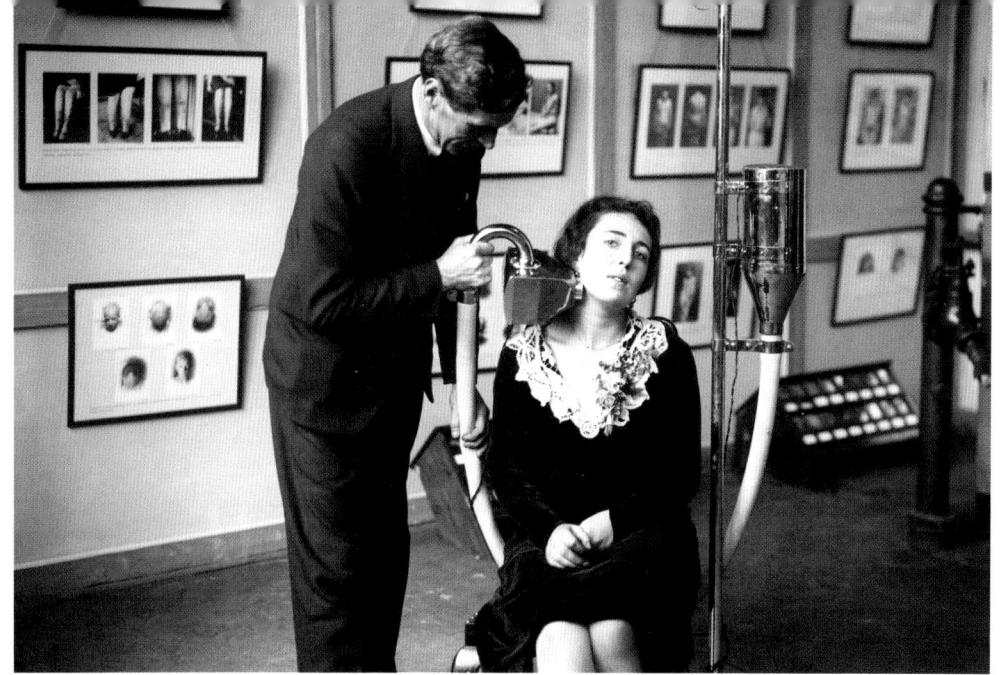

# 방사선 치료 (1901년)

과학자들이 암 치료책으로 방사선을 이용하다.

라듐 요법이 탄생한 19세기 후반. 과학은 비약적으로 발전했다. 라듐 요법이란 방사선으로 암을 치료하는 것을 말한다. 뢴트겐은 1895년에 X선을 발견하였으며 베크렐은 1896년에 방사능을 발견하였다. 방사선이 새롭게 발견된 지 얼마 지나지 않아 물리학자들은 방사선을 연구하기 시작하였으며, 암 치료에 방사능 물질을 사용한 보고서가 처음으로 출판되었다.

초기에 방사선은 가공을 거치지 않고 거의 그대로 사용되었으며 의사는 개개인에게 노출된 방사선 양을 통제하지 않고 방사선원에 다양한 종양을 노출시켰다. 암이 억제되었다거나 심지어 방사선으로 암을 치료했다는 보고서가 만연했으며 방사선이 커다란 가능성을 지니고 있는 것처럼 포장되었다. 안타깝게도 방사선 노출로 특정 질병이 야기될 수 있다는 사실이 밝혀지면서 방사선 연구 열기는 차츰 사그러들었다.

1920년대 방사선 측정 방법이 정립되면서, 방사선의 노출 적정량이 결정되었다. 동물 실험과 관련된 의료 부문에 방사선이 더욱 적절하게 사용되었으며 방사선을 치료 목적으로 사용하는 것이 가능해졌다. 또한 기술적으로 진보한 방사선 전달 장치는 방사선을 조직으로 깊숙하게 침투시켜 변종 종양을 치료했다. 더욱 개선된 화상 진찰 기술과 컴퓨터 성능은 방사선 량을 정확하게 전달할 수 있게끔 해주어 수많은 이의 생명을 구하거나 건강을 증진시키는 데 도움을 주었다. **BMcC**

**참고**: 엑스선 사진, 엑스선 튜브, 화학 요법

⬆ 1929년 젊은 여성 환자가 방사선 치료를 받고 있다.

# 일회용 면도날 (1901년)

질레트가 남성의 개인 위생을 획기적으로 개선하다.

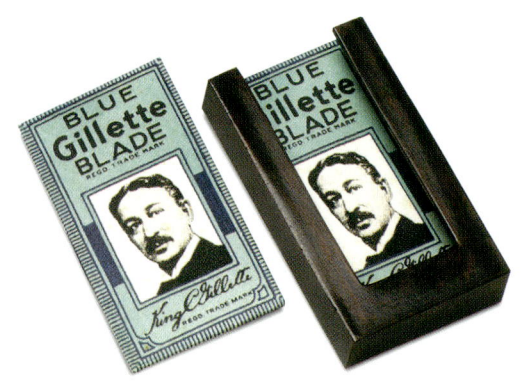

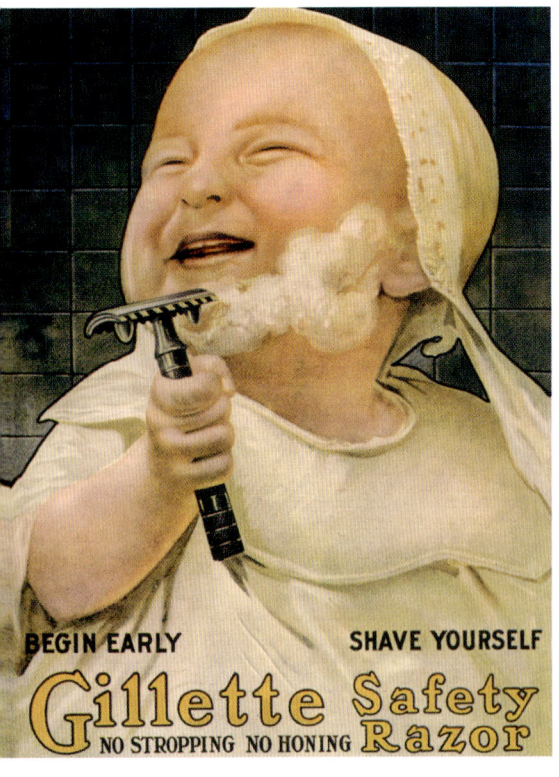

**BEGIN EARLY**　　　　**SHAVE YOURSELF**
**Gillette Safety Razor**
NO STROPPING NO HONING

수천 년 동안 남성은 수염을 깎기 위해 특별히 제작된 도구를 사용했다. 금속이나 흑요석(바위에서 발견되는 유리 같은 물질)으로 만들어진 날카로운 면도날이 전 세계 청동기 시대 유적에서 발견되었다. 19세기 말에는 직선 모양의 컷스로트 면도기가 가장 대중적인 면도 도구였다. 이러한 면도기는 피부를 베지 않고 사용하는 데 기술이 필요할 만큼 위험하고 날카로운 날을 가지고 있었다. 또한 컷스로트 면도기는 효율적인 면도를 위해 일정한 주기로 날을 갈아줘야 했다. 1875년 캄프퍼 형제는 면도기 가장자리를 따라 안전망을 장착한 최초의 면도기를 개발하였지만 면도날을 주기적으로 갈아줘야 하는 불편함이 여전히 남아 있었다.

영리한 미국인 사업가 킹 캠프 질레트(1855~1932)는 면도날을 갈아야 하는 불편함 없이 안전한 면도를 가능하게 하는 제품이 있다면 전 세계 모든 성인 남성의 관심을 독차지 할 수 있다고 생각하였다. 그는 일회용 면도날이 면도기 머리 부분에 안전하게 고정된, 작고 저렴한 면도기를 만드는 작업에 착수하였다. 사용자는 안전하게 면도를 할 수 있으며 면도날이 무뎌지면 새로운 날을 구매할 수 있었다. 그는 1901년 특허를 신청하고 질레트 안전 면도기 회사를 설립하였다. 그로부터 10년 후 질레트의 '면도기와 면도날 비즈니스 모델'은 세계에서 가장 대중적인 면도 시스템이 되었고 1970년대까지 시장을 지배하였다. 질레트는 1930년대 경제 대공황 시기에 대부분의 재산을 잃었지만 그의 이름은 면도용품의 가장 유명한 브랜드 중 하나로 남아 있다. **TB**

참고: 안전 면도기, 전기 면도기

🔳 한 세트의 질레트 일회용 면도날. 1932년 녹을 방지한 산화 블루 면도날이 소개되었다.

◀ 유아도 면도기를 잘 다룰 수 있다는 광고 내용에서 제품에 대한 질레트의 자신감을 찾아볼 수 있다.

# 휴대용 브라우니 카메라 (1901년)

브라우넬과 코닥이 누구나 사용할 수 있는 카메라를 개발하다.

코닥 브라우니는 누구나 사용하기에 적합한 손바닥 크기의 휴대용 카메라였다. 단돈 1달러에 판매된 브라우니 카메라는 카메라 제조공인 프랭크 브라우넬이 디자인하였다. 애초에 코닥의 설립자인 조지 이스트먼은 브라우넬이 제안한 카메라의 신뢰성과 품질을 미심쩍어했지만 브라우니 카메라가 출시되기 시작하면서 그러한 의구심을 떨쳐 버렸다.

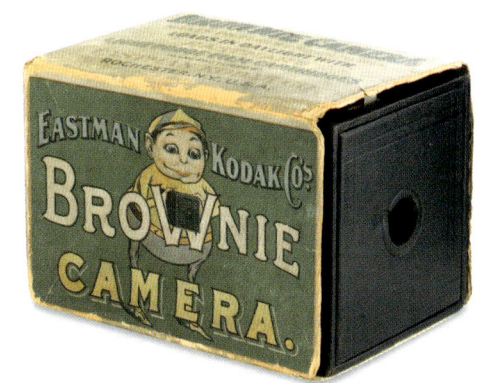

1890년대 어린이를 위한 작가이자 삽화가였던 파머 콕스는 그 시대의 월트 디즈니였다. 그 당시 최고 인기를 누렸던 그의 브라우니 캐릭터는 사탕과 인형에서부터 트레이딩 카드와 시가에 이르기까지 모든 제품 광고에 사용되었다. 이스트먼은 새로운 카메라의 브랜드로 브라우니라는 이름을 사용하면 시장에서 성공할 것이라고 생각했다. 브라우니라는 이름은 80년간 인기 있는 사진을 의미하는 단어로 통용되었기 때문에 이스트먼의 선택은 탁월했다.

직경 2¼인치(5.7센티미터)의 네모 모양 브라우니 카메라는 카드보드 상자와 양 쪽이 구부러진 메니스커스 렌즈로 구성된 단순한 장치였다. 브라우니 카메라는 4개월 동안만 생산되었지만 약 15만 대가 판매되었다. 1901년에는 브라우니 No. 2 모델이 1달러에 출시되었다. 1930년 코닥은 회사의 50주년 창립기념을 축하하기 위해 새로운 브라우니 카메라 모델을 50만 대 생산하여 한 롤의 필름과 함께 12살이 된 미국 어린이들에게 무료로 나누어 주었다. 코닥은 거의 100개 가량의 다양한 브라우니 카메라 모델들을 출시하였으며 1980년에 브라우니 카메라의 생산을 중단하였다. **DHk**

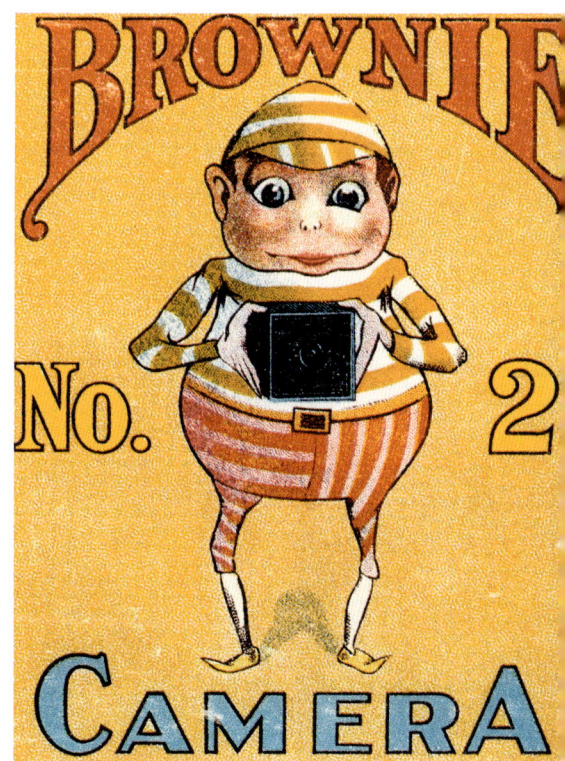

참고: 일안 리플렉스 카메라, 사진 필름, 35mm 카메라, 셀프 디벨로핑 필름 카메라

↗ 친숙한 캐릭터가 새겨진 카드 보드 상자로 이루어져 있는 최초의 브라우니 카메라.

→ 역사학자들은 이스트먼이 파머 콕스에게 브라우니 캐릭터 사용에 관한 라이선스 비용을 지불한 사실이 없음을 발견하였다.

# 인스턴트 커피 (1901년)

**카토가 빠르게 카페인을 섭취하는 방법을 발명하다.**

커피 콩은 10세기 에티오피아에서 재배되기 시작하여 16세기에 유럽으로 소개되었으며, 1600년대 중반에는 미국에서 매우 대중적인 음료가 되었다. 그러나 볶은 커피 콩으로부터 커피를 우려내는 것은 시간이 많이 필요한 작업이었다.

1901년이 되어서야 일본계 미국인 화학자 사토리 카토가 인스턴트 차를 만들기 위한 초기 공법을 사용하여 세계 최초의 가용성 인스턴트 커피를 제조하였다.

본인이 '산카'라고 불렀던 카토의 커피는 커피 콩과 물로 만든 농축 용액을 가루 형태로 건조시켜 뜨거운 물에 쉽게 용해되도록 하였다.

1909년 벨기에 출신 화학자 조지 워싱턴은 과테말라에 거주하던 중 커피 포트에서 분출되어 형성된 커피 건조물에서 영감을 얻어 '레드 E 커피'라는 브랜드로 대량 생산된 커피를 시장에 출시하였다. 레드 E

> "수학자는
> 커피를 논리적 명제로
> 변환하기 위한 장치이다."
>
> 알베르트 아인슈타인, 과학자

커피는 그 후 30년간 미국의 인스턴트 커피 시장을 지배하였다.

1920년대 미국으로의 커피 판매가 급증해 커피를 과잉으로 재배한 브라질 정부는 1938년 자국의 대규모 커피 잉여물을 해결하는 방안을 네슬레社에 의뢰하였다. 네슬레는 가용성 탄수화물을 사용하여 더욱 맛이 좋고 건조가 잘된 커피를 만들 수 있는 분무 건조 공법을 개발하였다. **BS**

**참고:** 자판기, 티 백, 분유, 커피 필터

# 화염 방사기 (1901년)

**피들러가 굉장한 파괴력을 지닌 무기를 생각해내다.**

현대식 화염 방사기는 혁신적인 발명품이 아니다. 그저 화염 방사를 위해 단순히 불에 잘 타는 연료를 장착했을 뿐이다. 하지만 전쟁에서 사용될 때 화염 방사기는 대단히 파괴적인 위력을 발휘한다. 화염 방사기는 여태껏 사용된 무기 중 상대편의 사기를 가장 크게 저하시킨 보병 화기이다.

20세기로 넘어오면서 독일인 발명가 리하르트 피들러는 두 가지 유형의 화염 방사기를 실험하였다. 그 중 하나는 압축 가스를 사용한 휴대용 화염 방사기(플라멘베르퍼)였으며 다른 하나는 휴대가 불가능하지만, 118피트(36미터)의 사정거리로 40초간 화염을 방사할 수 있는 모델이었다. 전쟁에 사용될 시 두 화염 방사기는 압축 가스 실린더가 폭발할 수 있었기에 적군이나 아군에게 굉장히 위험한 존재였다. 현대식 화염 방사기는 가연성 액체 탱크를 포함한 배낭과 압축 가스 탱크로 구성되며 불을 붙이는 순간 압축 가스가 밀어낸 연료가 점화되어 총구 끝에 화염이 만들어진다. 제1차 세계대전 중 독일군은 화염 방사기를 사용하였다. 베트남 전쟁 중에는 더욱 정교하고 효율적인 화염 방사기가 터널에 숨어 있는 적군을 터널 밖으로 몰아내는 데 사용되었다. 그러나 수많은 시민이 잘못 다뤄진 화염 방사기로 목숨을 잃었다.

전쟁 시 화염 방사기의 사용이 금지된 것은 아니지만 요즘 군대에서는 화염 방사기를 거의 사용하지 않는다. 삼림 노동자 및 농민들은 토지를 깨끗하게 정리할 목적으로 현대식 화염 방사기를 사용하고 있다. **LS**

**참고:** 불의 제어, 블로토치

➡ 1915년 8월 프랑스 군대가 철로 건너편으로 액체 연료를 분사하여 화염 방사기를 사용하고 있다.

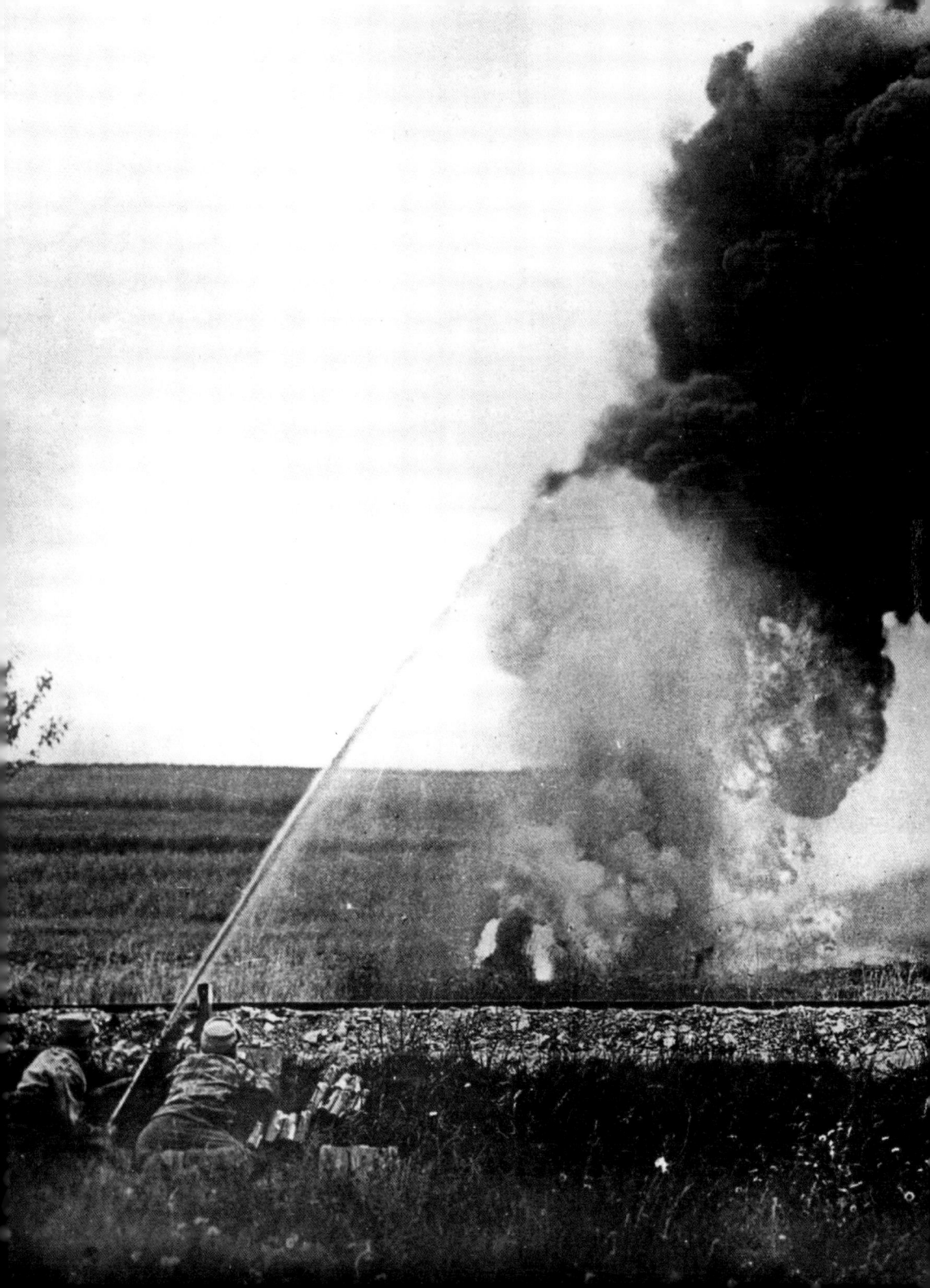

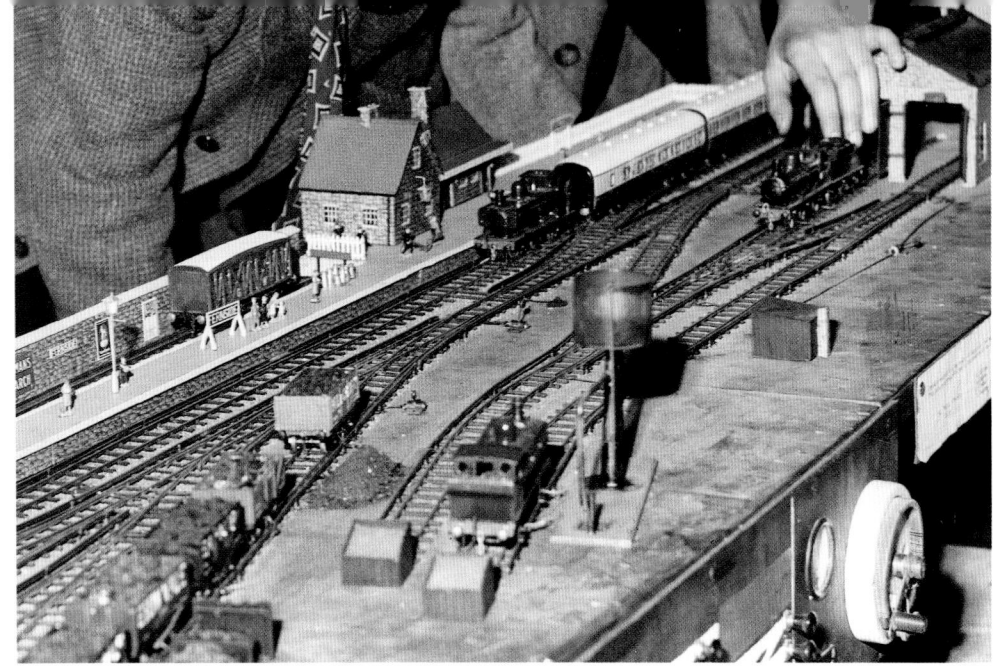

# 장난감 전기 기차 세트 (1901년)

코웬이 어린이와 성인을 위한 장난감을 발명하다.

장난감 기차는 단순한 모형에서 증기기관이나 태엽 엔진을 사용한 미니어처로 점차 발전하였다. 1891년경 독일 회사인 마클린社는 확장형 트랙 시스템과 태엽으로 움직이는 기관차를 판매하였다. 그 후 1896년 칼리슬과 핀치는 배터리로 전원이 공급되는 최초의 전기 장난감 기차를 생산하였다.

자신의 제조 회사에 적합한 생산품목을 찾고 있던 미국인 사업가 조슈아 리오넬 코웬(1877~1965)은 상점 창문에 있는 장난감 기차를 보고 트랙 없이 움직일 수 있는 장난감 기차를 생각해냈다. 그는 트랙 없이 움직이는 장난감 기차를 상점 쇼윈도에 진열하면 사람들의 시선을 사로잡을 수 있을 것이라고 생각했다. 1901년 그는 장난감 기차 아래에 조그만 모터를 달아 '전기 기차' 장난감을 탄생시켰다. 최초의 버전은 칼리슬과 핀치의 엔진처럼 배터리를 사용했지만 얼마 지나지 않아 전기로 동력을 공급받도록 모델을 개선하였다. 그 후 10년간 리오넬은 다양한 유형의 엔진, 객차, 역, 다

리, 터널을 조합한 기차 세트를 제조하였다.

1909년경 다양한 크기의 수많은 전기 기차가 등장하였다. 마케팅 수단의 일환으로 코웬의 회사는 자신들의 장난감 기차를 '표준 궤간'으로 생산하기 시작하였으며 이로 인해 다른 미국 회사도 자신만의 스케일로 장난감 기차를 생산하였다. 프랑크 혼비의 메카노는 리오넬 기차와 같은 년도에 출시되었으며 혼비는 1925년까지 영국에서 자신의 전기 기차 세트를 생산하지 않았다. **DK**

참고: 기관차, 메카노, 레고

⬆ 1948년 런던의 모델 철로 전시회에 출품된 철도역 축소 모델.

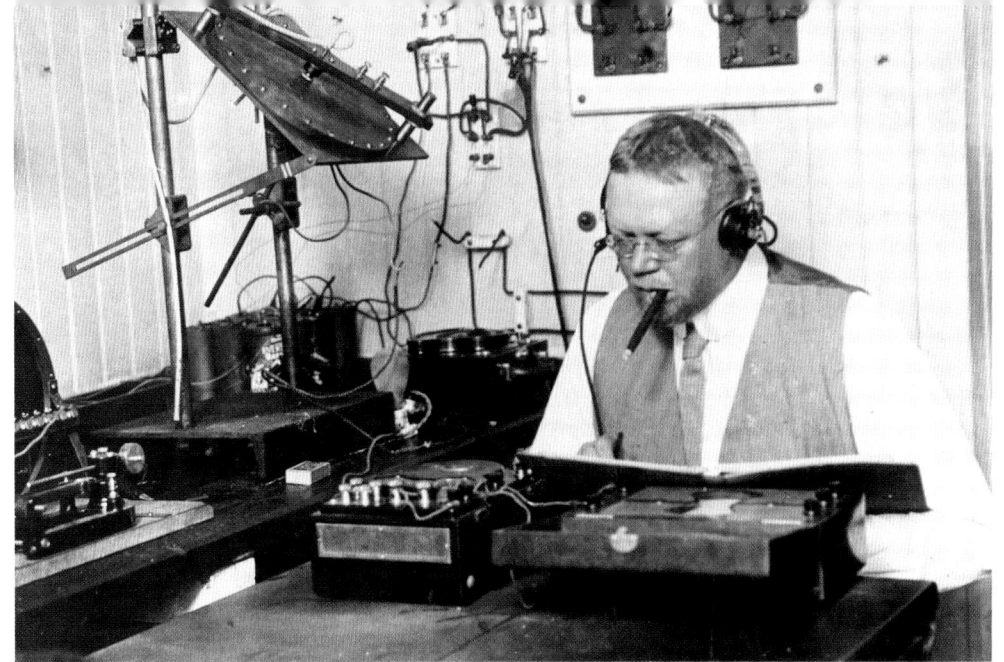

# 개선된 라디오 송신기 (1901년)

페슨든이 최초의 음성 라디오 방송을 내보내다.

캐나다 출생 레지널드 페슨든(1866~1932)은 마르코니도 해내지 못했던, 라디오 전파에 목소리를 실어 전달하는 기술을 개발하여 라디오 발전사에 한 획을 그었다. 그 당시 페슨든은 미국 기상청에서 일기예보에 사용할 무선 기술을 개발하고 있었다. 12월 23일 메릴랜드주의 콥 아일랜드에 위치한 자신의 기지국에서 페슨든은 오디오 사운드를 적재한 최초의 무선 방송을 진행하였다. 그는 마이크에 다음과 같이 소리쳤다. "안녕하세요, 하나, 둘, 셋, 넷. 티센 씨, 당신이 있는 곳에는 현재 눈이 오고 있나요? 만약 그렇다면, 전보를 쳐서 알려주세요." 이 방송을 들은 티센은 흥분하여 페슨든에게 전보를 쳤다.

페슨든이 사용한 송신기는 19세기 후반 헤르츠, 마르코니, 브라운이 라디오 주파수 전자파를 발생시키기 위해 개발한 장치인 스파크 송신기였다. 페슨든은 스파크가 빨리 사라지게 하기 보다 연속적인 파장으로 스파크가 생성되도록 스파크 송신기를 수정하였다. 또한 그는 일련의 탄소 마이크로폰을 안테나 납(lead)에 일직선으로 위치시켰다. 1910년 페슨든은 자신의 송신기로 미국 특허를 신청하였다. 페슨든이 개발한 라디오 송신기는 오늘날 AM(중파) 라디오 방송국에서 사용하는 것과 같은 원리를 사용하였다.

페슨든의 송신기는 페슨든이 라디오 역사에 미친 영향력의 시작일 뿐이었다. 페슨든은 자신의 송신기를 더욱 개선시킨 후 메사추세츠에서 스코트랜드까지 대서양을 횡단한 음성 송신에 최초로 성공하였으며 1906년 크리스마스 이브에 최초의 라디오 방송을 시작하였다. 그의 방송은 음악과 낭독으로 구성되었으며 대부분의 선박 운항자들이 청취하였다. **RH**

**참고:** 무선 통신, 아크 송신기, 진폭 변조

⬆ 1906년 페슨든은 라디오에 음성을 실어 전송하면서 라디오 방송을 위한 길을 열었다.

# 수은등 (1901년)

휴이트가 형광등을 개척하다.

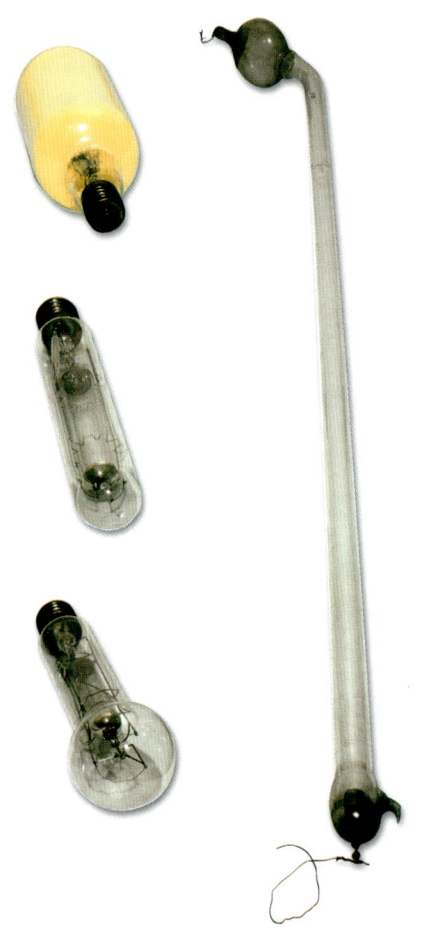

가스를 통해 전달되는 전류로 유리관 내에 빛을 만들어내는 것은 19세기 후반의 지대한 관심사였다. 독일인 율리우스 플뤼커와 하인리히 가이슬러는 기화된 수은을 가스로 사용하면 푸르스름한 빛을 방출시킬 수 있다는 사실을 알게 되었다.

미국 출신 전기 엔지니어인 피터 쿠퍼 휴이트 (1861~1921)는 수은관을 사용하여 다수의 수은등을 제조하였지만 그가 만든 수은등은 실용적으로 사용할 수 있을 만큼의 밝은 빛을 내지 못했다. 수은관이 만들어내는 빛 중 일부는 눈으로 확인할 수 없는 자외선이었으며 수은등은 빨간색 빛을 방출하지 않아 사람을 '창백한 시체'처럼 보이게 만들었다. 휴이트는 자외선을 흡수한 후 더 높은 파장으로 에너지를 방출하는 형광 화학 약품으로 수은관을 코팅하여 자외선 방출의 위험성을 완화시켰다.

휴이트는 1901년 수은등으로 특허를 취득하였으며 램프 생산을 위해 미국인 사업가 조지 웨스팅하우스와 공동으로 회사를 설립하였다. 그 당시 수은등은 산업용과 사진 촬영소에서 주로 사용되었지만, 휴이트의 수은등은 실질적인 현대 형광등의 전신이었다.

수은등은 제조 비용이 저렴하고 오랫동안 사용할 수 있다. 또한 수은이 예열되는 데 시간이 많이 소모되지 않는다. 그러나 점등을 위해 보조 전극이 필요하고 다른 방전 램프와 비교해볼 때 발광 효율이 낮다는 단점이 존재한다. 또한 스위치를 빨리 켜고 끌 수 없는 점도 수은등의 문제점이다. **DH**

"경험은
경험을 가진 사람만을 밝히는
감광 램프이다."
루이스 퍼디낸드 셀린느, 작가 겸 내과의사

**참고:** 백열등, 네온 램프, 형광등, 앵글포이즈 램프, 할로겐 램프, 라바 램프

◩ 1930년대 이후에 출시된 세 개의 개선된 고압력 램프와 그 옆에 위치한 저압력 수은등(우측).

# 전기 진공청소기 (1901년)

부스의 기계로 가사일이 편리해지다.

1901년 기계 기사인 휴버트 세실 부스(1871~1955)는 런던의 세인트 판크라스 역에서 압축 공기를 사용한 고압력 호스로 객차를 청소하는 광경을 목격하였다. 그 후 친구와 함께 저녁식사 중이던 부스는 젖은 손수건을 사용하여 자신의 입을 막은 후 공기를 흡입하여 손수건 바깥 쪽에 위치한 먼지를 붙잡았다. 그는 흡입 압력을 사용하고 필터를 장착한 장비가 효과적으로 먼지를 붙잡아 보관할 수 있다고 생각했다. 그래서 먼지를 공기로 불어서 날려보내기보다 흡입력을 사용하여 먼지를 빨아들이는 청소 기계를 제작하기 시작하였다.

냉각수를 포함한 전기 모터 추진식 6마력 피스톤 엔진을 설계한 F. R. 심즈와 함께 부스는 진공 펌프를 장착한 세계 최초의 전기 진공청소기를 제작하였다. 부스는 부스 진공청소社를 설립하여 청소 서비스를 시작하였다. 청소 서비스를 위해서는 자신의 청소기를 다른 장소로 옮겨서 사용해야 했지만 그 당시 거의 대부분의 집과 사무실에는 전기가 들어오지 않았다. 그리하여 그는 '퍼핑 빌리'라고 이름 붙인 자신의 마차를 거리에 세워놓고 고객 집이나 사무실 창문을 통해 마차에서 전력 공급용 호스를 끌어왔다. 그는 구경꾼들이 먼지 입자가 기계로 빨려 들어가는 것을 확인할 수 있도록 청소기에 투명한 튜브를 사용하였다.

그의 발명품은 성공을 거두었으며 1902년 에드워드 7세의 즉위식 장소인 웨스트민스터 대성당의 의식용 카펫 청소에 사용되었다. 왕은 부스의 청소기에 너무 좋은 인상을 갖게 되어 윈저 궁전과 버킹엄 궁전에 진공청소기를 설치하기 위해 부스에게 왕실의 보증서를 발급해 주었다. **BS**

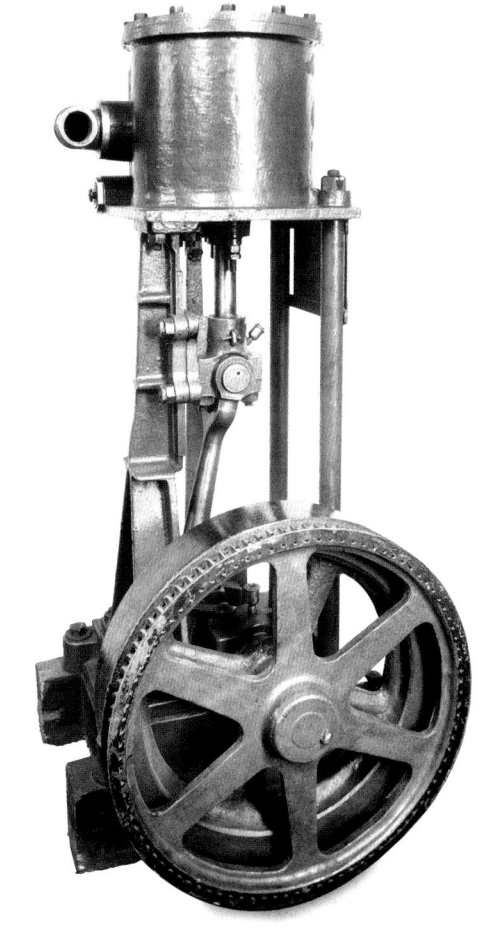

참고: 카펫 청소기

↗ 부스의 1901년 퍼핑 빌리 장치는 효율적인 전력원을 보유하고 있었기 때문에 성공하였다.

"먼지를 빨아들이는 것은 불가능하다. 그동안 계속 시도되었지만 누구도 성공하지 못했다."

존 S. 서먼, 발명가

C. C. ALLEN.
OPTICAL OBJECTIVE.
(Application filed Feb. 25, 1901.)

(No Model.)

2 Sheets—Sheet 1.

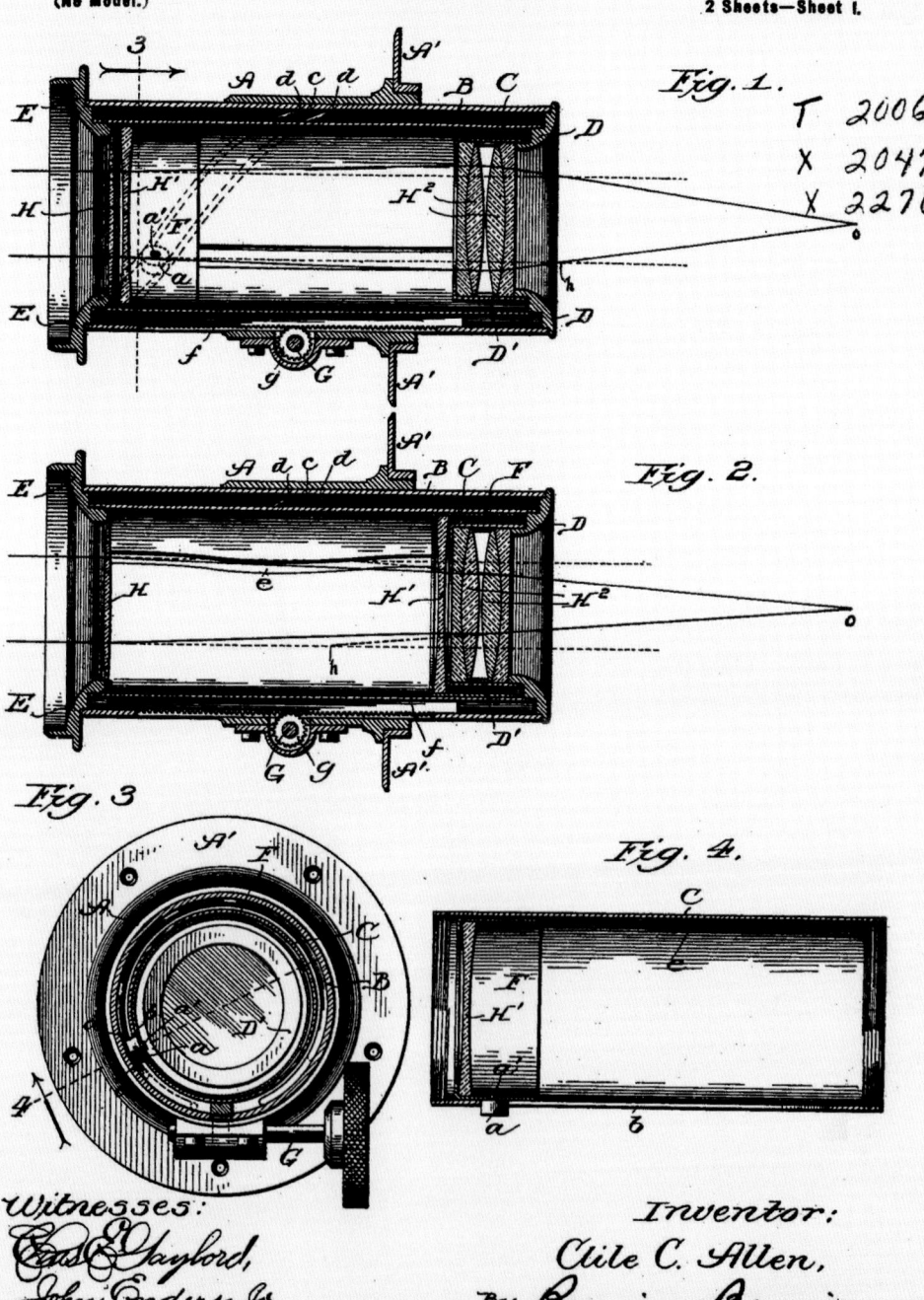

Fig. 1.

T 2006
X 2047
X 2276

Fig. 2.

Fig. 3.

Fig. 4.

Witnesses:
Chas E Gaylord,
John Enders Jr

Inventor:
Cile C. Allen,
By Banning & Banning,
Attys.

# 줌 렌즈 (1901년)

앨런이 사진에 초점을 맞추다.

칠레 C. 앨런은 최초의 줌 렌즈를 발명한 때는 1901년이지만, 1980년대 후반에야 줌 렌즈가 대중적으로 판매되었다. 줌 렌즈가 발명되기 이전 표준이었던 고정 초점 렌즈는 원거리에 있는 사물을 찍기 위해 직접 그 위치까지 이동해야 하는 불편함이 있었다. 고정 초점 렌즈에서 사진에 찍히는 사물의 양을 조절하는 유일한 방법은 물리적으로 카메라를 들고 앞 뒤로 움직이는 것뿐이었다.

줌 렌즈는 사진사가 초점거리를 넓거나 좁게 조절할 수 있어 사물의 확대율을 조절할 수 있게끔 해주었다. 초점거리는 렌즈와 광선을 수렴하는 카메라 지점 간의 거리를 일컫는다. 이 길이를 변경하여 사진을 찍을 때 줌 인(zoom in)과 줌 아웃(zoom out)이 가능하다.

줌 렌즈의 디자인은 다양하다. 어떤 줌 렌즈 설계에서는 카메라 내의 이동식 부품 중 최대 30개가 개별적인 렌즈로 구성된다. 이러한 모든 렌즈는 초점거리가 변하면서 이미지가 선명하게 보이도록 하는 최종 초점 렌즈의 역할을 한다. 이 방식은 19세기 '가변 초점 렌즈'를 획기적으로 향상시켰다. 가변 초점 렌즈는 초점거리를 조정할 때마다 매번 초점을 다시 맞춰야만 했다. 결국 앨런의 줌 렌즈는 사진을 편리하게 찍을 수 있도록 해주었다.

초기 줌 렌즈는 고정 초점 렌즈를 사용하여 찍은 사진과 비교해 볼 때 이미지의 품질이 낮았다. 그러나 디지털 사진과 최적화된 컴퓨터의 도래로 현대식 줌 렌즈 카메라는 고정 초점 렌즈의 사진 품질을 빠르게 따라잡았다. **RB**

# 복강경 (1901년)

켈링이 복부 수술에 혁명을 일으키다.

복강경은 외과의사가 사용하는 수술 도구의 일종이다. 외과의사는 환자의 복벽을 통해 작은 절개 부분을 만든 후 이산화탄소를 불어넣어 구멍을 개방한다. 그 후 복강경을 사용하여 시각적 평가 및 진단, 수술을 할 수 있다. 복강경 수술은 생리학적인 피해를 줄이고 환자의 통증을 감소시키며 환자의 회복 속도를 높여 입원 기간을 단축시킨다.

1900년대 초반 독일의 게오르그 켈링(1866~1945)은 환자의 내장을 관찰하기 위해 복강에 공기를 주입하고 방광경을 삽입하는 외과 수술 기법을 개발하였다. 1901년 후반 그는 이 기법을 사용하여 개의 복강을 성공적으로 관찰하였다.

복강경에 카메라가 사용되지 않았을 당시, 복강경은 산부인과 의사와 소화기내과 전문의가 수행하는 진단 절차에 사용되었다. 1980년대 소형 비디오 장치 및

> "65세의 환자가
> 복잡한 복강경 수술 후에
> 저녁을 먹으러 당일 병원을 퇴원하였다."
>
> 엘리사 번바움, 외과의사

광섬유의 발달은 외과 의사들이 복부를 열지 않고도 최소한의 작은 구멍을 통해 수술을 할 수 있도록 해주었다. 1966년에는 복강경을 이용한 수술이 최초로 생중계되었다. 그로부터 일년 뒤, 의사인 힘펜스는 복강경을 지원하기 위해 컴퓨터 제어 로봇 시스템을 사용하였다. 이런 유형의 수술은 현재 쓸개 제거뿐만 아니라 불임, 암, 탈장의 진단 및 수술을 위해 사용되고 있다. **LW**

---

**참고:** 사진술, 카메라 복합렌즈, 일안 리플렉스 카메라

← '광학 대물' 관련 앨런의 특허 신청서. 1902년 4월 1일에 인가.

**참고:** 내시경, 수술용 로봇

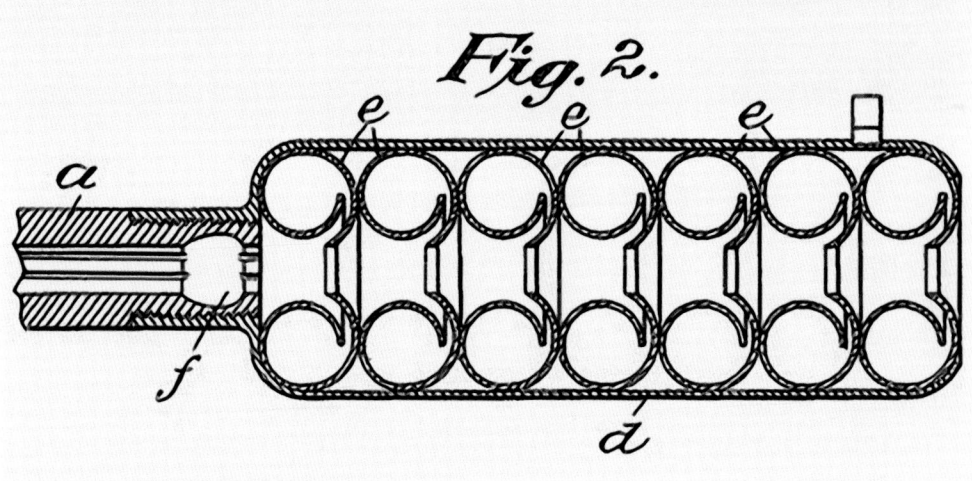

# 총 소음기 (1902년)

맥심이 아버지의 발명품인 맥심 총의 소음을 낮추다.

군수품 및 화기 분야에서 맥심 가족의 발명품 만큼 발명가와 발명품의 이름이 동일한 경우는 거의 없다. 이처럼 뛰어난 발명 재능을 지닌 맥심 가족이 무기만 개발한 것은 아니다. 사실 히람 퍼시 맥심(1869~1936)의 소음기(시끄러운 총소리 없이 소화기가 발포될 수 있도록 해줌)는 자동차 설계, 특히 배기 소음기 혹은 머플러에 대한 관심을 계기로 개발에 착수했으며 실제로 머플러에 꼽아 소음을 줄이기도 하였다.

　소화기 발포 시 발생하는 커다란 소음은 총구를 떠나는 추진 가스의 빠른 팽창으로 발생한다. 이것은 발포성 샴페인 병의 코르크 마개를 따는 것에 비교할 수 있다. 소화기 총신에 부착되는 맥심의 소음기는 총신보다 더 큰 원통형 케이스 모양(내부는 배플(baffle) 모양으로 구성됨)을 하고 있으며, 총구로 분출되는 고압 가스를 소음기 내부에서 조금씩 팽창시키는 방법으로 가스의 속도를 낮춰 훨씬 적은 소음을 발생시킨다.

　1902년경 처음으로 디자인되어 1910년 특허 등록된 맥심 소음기는 오늘날 대다수의 소음기처럼 소음기 내의 구멍이 동심원 모양으로 이루어져 있진 않지만 소음기 부착 후 조준 장치를 수정하지 않고도 사격이 가능하였다. 맥심의 소음기는 시장에 출시되어 소음 없이 표적 사격이 가능하다는 것을 보여주었다. 소음기는 다양한 무기에 사용할 목적으로 전 세계 경찰 및 군대에서 채택하였지만, 소음 없는 무기가 범죄자나 갱스터에게 유용하게 사용될 수 있다는 우려도 제기되고 있다. **MD**

**참고:** 총, 머스킷 총, 후장식 총, 기관총, 이동식 자동 기관총

⬆ 이 그림은 1908년 맥심이 제출한 특허 신청서의 일부분이다.

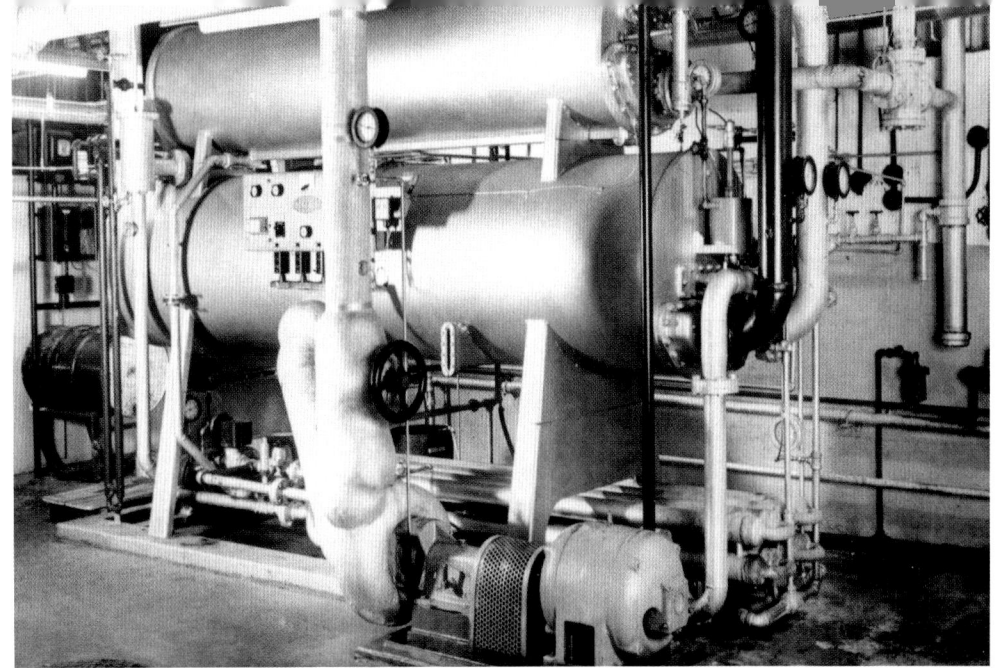

# 에어컨 (1902년)

캐리어가 세상을 훨씬 시원한 장소로 만들다.

고대 로마인들은 수로의 물을 벽으로 통과시켜 더운 날씨에 건물을 차갑게 유지하려 하였으며, 동남아 사람은 내부 공기의 온도를 낮추기 위해 젖은 잔디를 창문에 널었다. 현대식 에어컨은 이러한 기초 원리를 응용하여 1902년에 출현하였다.

　뉴욕 버팔로 지역의 윌리스 캐리어(1876~1950)는 에어컨의 근본적인 과학 이론을 개발하였다. 그가 설계한 최초의 에어컨 시스템은 인쇄 공장에서 사용되었다. 공장의 온도 및 습도 변화가 잉크 노즐이 정렬되는 데 영향을 미쳐 컬러 인쇄하기가 까다로웠다. 캐리어는 이 문제를 해결하는 작업에 참여했다. 공기의 냉각과 습도 제거를 위해 분사 노즐을 사용한 캐리어의 초기 시스템은 부피가 컸으며 냉각제로 암모니아를 사용하였기 때문에 위험했다. 초기 시스템은 수년간 기계를 냉각시키는 용도로만 사용되었지만 캐리어는 에어컨을 사용하여 사람이 느끼는 더위를 없앨 수 있다고 생각했기 때문에 사무실, 호텔, 병원과 같은 다른 상업적 건물에 자신의 에어컨을 설치하기 시작했다. 그는 미국 상원 의회와 백악관에도 에어컨을 설치하였다. 에어컨은 삶을 편리하게 만들었으며 여름에 더욱 활발한 경제 활동을 할 수 있게 해주었다. 또한 에어컨은 더위와 관련된 질병 사망률을 최대 40퍼센트까지 감소시켰다.

　디자인을 개량한 캐리어는 정화된 공기를 천장에서 빨아들여 바닥으로 배출하는 새로운 시스템을 1922년 로스앤젤레스 극장에 설치하였다. 캐리어社는 전 세계에서 에어컨 시스템의 제조 및 설치 사업을 계속 진행하고 있다. **SB**

**참고: 냉장고**

⬆ 사진에 보이는 흡수식 냉동기는 건물을 냉각시키기 위해 가스터빈에서 방출된 '폐열'을 사용한다.

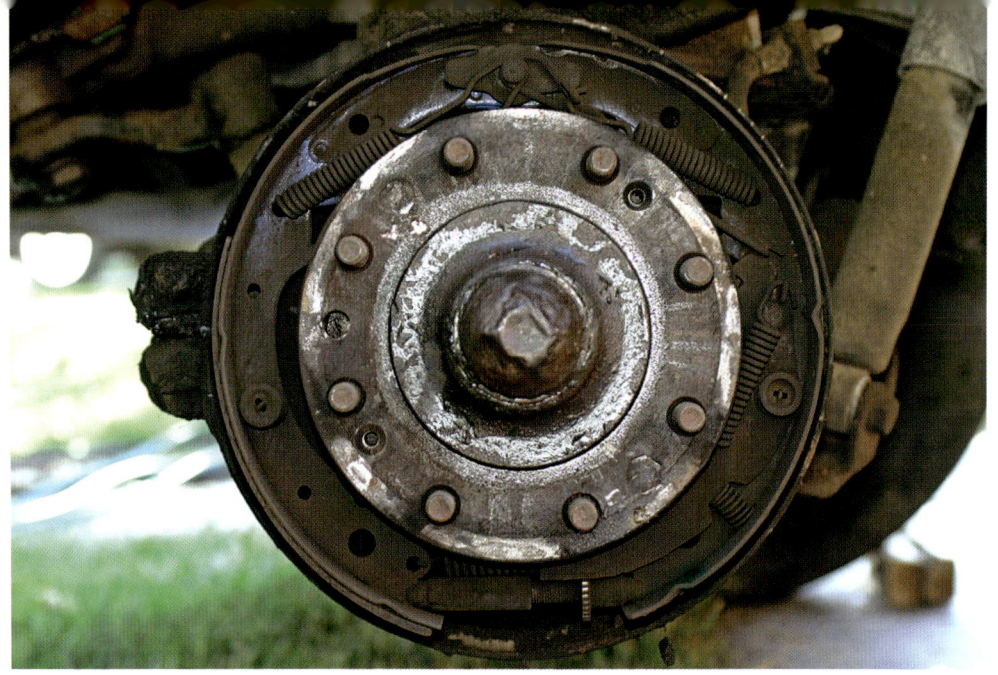

# 드럼 브레이크 (1902년)

르노가 자동차 감속에 마찰력을 사용하다.

1902년 루이 르노(1877~1944)는 자동차를 위한 드럼 브레이크를 발명하였다.

드럼 브레이크는 자전거 브레이크와 유사한 방식으로 마찰력을 사용하여 바퀴를 정지시킨다. 자동차 바퀴에 연결된 회전식 드럼의 패드로 표면을 누르면 마찰력이 발생했다. 패드가 회전 중인 바퀴를 정지시키는 쐐기 작용을 수행하면 자동차의 움직임은 멈추게 된다.

브레이크 패드가 적절히 작동하려면 정상 주행 중 드럼에 접촉하는 일 없이 제동 시에만 드럼에 완전히 밀착해 마찰력으로 회전을 정지시켜야 한다. 예를 들어 패드가 닳아 패드와 드럼 간의 간격이 너무 멀어지면, 브레이크 페달을 더 세게 밟아야 한다. 이러한 문제에 봉착하지 않으려고 대부분의 드럼 브레이크는 패드와 드럼 간 간격을 조정하는 자동 조절기를 사용한다. 드럼 브레이크는 오랜 기간 자동차에 사용되었지만, 1960년대 일부 자동차 모델에서 디스크 브레이크로 교체되기 시작하였다.

최초의 드럼 브레이크는 기계적으로 작동했지만 나중에 출시된 드럼 브레이크는 오일 압축 피스톤을 사용하였다. 드럼 브레이크는 오늘날에도 여전히 사용 중이지만 빈번한 조정과 교체가 필요하다는 단점이 있다. 패드의 마찰력은 패드를 상당히 빨리 닳게 만든다. 만약 운전자가 브레이크를 많이 사용하면 패드를 자주 교체해야 하기 때문에 차량 유지비가 늘어난다. 드럼 브레이크는 다른 브레이크 디자인보다 가격이 저렴하고 제조가 쉽기 때문에 일부 자동차 제조사에서 선호하는 모델이다. **LS**

**참고:** 자동차. 액셀러레이터. 밴드 브레이크. 디스크 브레이크. 유압 브레이크

⬆ 오랜 기간 동안 선호된 드럼 브레이크는 로터가 아닌 드럼을 브레이크 패드로 누른다.

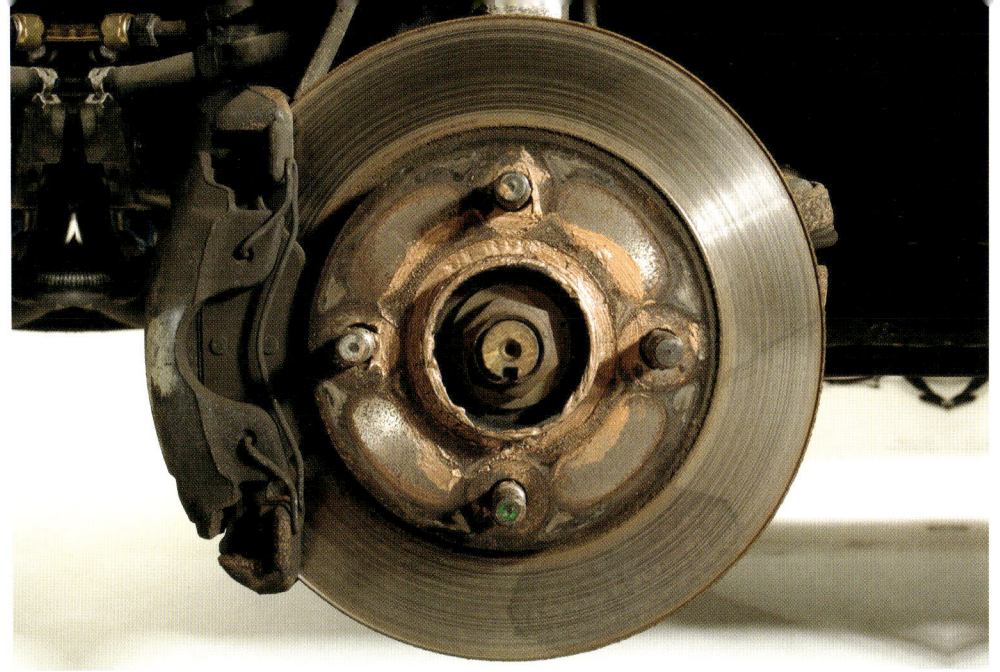

# 디스크 브레이크 (1902년)

란체스터가 시대를 앞서간 현대식 자동차 제동 시스템을 소개하다.

영국의 자동차 제조공 프레더릭 윌리엄 란체스터(1868
~1946)는 1902년 디스크 브레이크로 특허를 취득하였
다. 새롭게 등장한 드럼 브레이크와의 경쟁으로 디스크
브레이크는 55년의 세월이 흐른 뒤에야 채택되었다.

란체스터와 그의 형제는 1899년 란체스터 엔진 회
사를 설립하였다. 1889년 이후 란체스터는 자동차와
엔진을 개발하였으며 1895년 영국 최초의 4륜 자동차
를 제조하였다. 1902년 그들의 최신 자동차(10마력, 트
윈 실린더 엔진)에는 새로운 시스템인 디스크 브레이크
가 장착되었다.

디스크 브레이크는 회전하는 바퀴의 에너지를 제
거하여 자동차를 감속시킨다. 브레이크 패드는 바퀴에
연결된 로터의 양 끝을 압착하며 이러한 마찰은 자동
차 감속 시 에어벤트로 배출되는 열을 발생시킨다. 브
레이크 패드는 피스톤의 유압으로 로터에 밀착된다. 반
면 드럼 브레이크는 피스톤과 브레이크 패드를 사용하
지만 바퀴 드럼 내에 있는 브레이크슈로 마찰력을 발
생시킨다.

란체스터의 회사는 특허를 취득한 지 2년을 넘기
지 못하고 재정적인 어려움 때문에 파산하였다. 디스크
브레이크의 제동 능력이 보다 뛰어났음에도 불구하고
자동차 제조사들은 같은 년도에 등장한 드럼 브레이크
를 선호하였다. 1950년대가 돼서야 디스크 브레이크가
영국에서 재발견되었으며 이후 유럽과 영국에서 자동
차의 표준 브레이크 디자인이 되었다. **SR**

**참고:** 자동차, 엑셀러레이터, 밴드 브레이크, 드럼 브레이크, 유압
브레이크

⬆ 란체스터의 디스크 브레이크는 현대식 자동차에 여전히 폭넓게
사용되고 있다. 2002년 포드에 장착된 디스크 브레이크.

# 오스트발트 법 (1902년)

오스트발트가 질산을 제조하다.

암모니아에서 질산을 제조하는 공법은 화학 비료와 폭약 산업의 생산성에 지대한 영향을 미쳤다. 러시아계 독일인 화학자 빌헬름 오스트발트(1853~1932)는 1902년 이 공법으로 특허를 취득하였다. 물리 화학 분야의 창시자 중 한 명인 오스트발트는 촉매, 화학 평형, 반응 속도에 대한 연구로 1909년 노벨 화학상을 받았다. 그의 공법은 현대 화학 산업에 근본적으로 사용되고 있다.

오스트발트 법이 수행되는 동안 암모니아는 백금 로듐 촉매와 함께 가열되어 산화질소를 형성한다. 형성된 산화질소는 이산화질소로 산화된 후 물과 차례대로 반응하여 질산과 산화질소를 생성한다.

오스트발트는 반응물과 촉매의 접촉 시간이 반응물의 수율에 영향을 미친다는 사실을 알게 되었다. 반응물이 촉매와 접촉한 시간이 너무 길면 질산은 질소로 분해되어 버린다. 오스트발트는 반응을 발생시킬 수 있을 정도의 느린 속도로, 하지만 질산이 질소로 분해되는 것을 막을 수 있을 정도의 빠른 속도로 암모니아와 산소 가스를 촉매에 통과시켰다.

1838년 쿨만이 취득한 초기 특허는 기본 화학 공법을 설명해주었지만 그 당시 동물로부터 얻을 수 있는 암모니아가 부족했기에, 순수한 학문적 관심의 결과에 지나지 않았다. 20세기 초 암모니아를 생산하는 하버 법이 상용화되고 난 후에야 질산의 대규모 산업 제조가 가능해졌다.

오스트발트 법 및 하버 법의 등장은 제1차 세계대전의 기간을 연장시켰다. 칠레로부터 질산나트륨을 공급받을 수 없지만 이 두 가지 공법을 사용하여 독일이 계속해서 폭약을 만들 수 있었기 때문이다. **BO**

참고: 하버 법

# 테디 베어 (1902년)

루스벨트의 이름을 딴 인기있는 곰인형이 탄생하다.

1902년 미국 대통령 시어도어 루스벨트는 미시시피로 곰 사냥을 떠났다. 이 원정을 계기로 어린이들의 사랑을 가장 많이 받는 장난감이 발명되었다. 노예 출신 사냥꾼인 홀트 콜리어는 루스벨트와 함께 한 곰 사냥에서 추적 팀을 조직하는 임무를 맡았다. 루스벨트가 정확하게 사격할 수 있도록 콜리어는 사냥개들과 함께 곰의 뒤를 쫓아 대통령이 기다리고 있는 장소로 곰을 몰았다. 그러나 콜리어가 곰을 몰아 약속 장소에 도착했을 때에는 루스벨트가 점심을 먹으러 자리를 비운 상태였다. 콜리어는 대통령에게 곰 사냥을 약속했기에 차마 죽이지는 못하고 마지못해 소총으로 곰을 쓰러트린 후 나무에 묶었다. 잠시 후 돌아온 루스벨트는 콜리어의 공적에 감동하였으나 무방비 상태인 곰을 죽이는 것을 거부하였다.

이 에피소드는 매체의 폭넓은 관심을 샀으며 1902년 11월 워싱턴 포스트는 루스벨트와 나무에 묶인 성인 곰을 주연으로 한 클리포드 베리맨의 연재 만화를 게재하였다. 이 만화에서는 곰이 귀엽고 작은 새끼 곰으로 묘사되었으며 모리스와 로즈 밋첨이 이 만화로부터 영감을 얻어 장난감 곰을 만들었다. 대통령의 애칭을 따 '테디'라고 이름 붙인 곰 인형은 귀엽고 천진난만한 외모로 숙녀와 어린이에게 많은 사랑을 받았다. 그들은 현재도 여전히 사업을 영위하고 있는 아이딜 노벨티 앤 토이社를 설립하였다.

우연하게도 독일인 여자 재봉사 마르가레테 슈타이프 역시 대략 동일한 시기에 장난감 곰을 생산하기 시작하였다. 그녀의 곰 인형은 초기에 유럽에서 외면당해 미국에서 판매되었다. 슈타이프 곰 인형은 비싼 가격에 판매되었으며 앤티크 모델은 수집가들 사이에서 여전히 가장 높은 가격으로 거래되고 있다. **DaH**

참고: 장난감 풍선, 메카노, 장난감 전기 기차 세트, 크레용, 레고

# 점화 플러그 (1902년)

호놀드가 더욱 빨리 시동이 걸리는 엔진을 개발할 수 있게 해주다.

엔지니어인 고트롭 호놀드(1876~1923)는 행운의 기회로 발명가의 길에 접어든 사람이다. 그의 아버지는 유명한 독일 회사인 보쉬社의 설립자인 로베르트 보쉬 아버지와 친구였다. 14세의 나이로 호놀드는 슈투트가르트에 위치한 보쉬의 상점에서 처음으로 일을 시작하였다. 그는 슈투트가르트 대학교에서 공학을 공부하고자 일을 그만두었지만 1901년에 기술 관리자로서 보쉬社에 다시 입사하였다. 그 후 호놀드는 점화 플러그를 개발하여 자동차 기술 향상에 기여하였다.

그 당시 여러 점화장치가 존재했지만 모두 신뢰할 수가 없었다. 일부 시스템은 자동차 배터리를 빨리 고갈시켰으며 다임러 작열관 점화 장치는 때때로 엔진에 불이 붙도록 만들었다. 자동차 기술에 지대한 영향을 미쳤던 카를 벤츠는 신뢰할 수 있는 점화 장치의 발명이야 말로 가장 시급한 사안이라고 말했다.

호놀드는 점화 플러그가 완비된 고전압 마그네토 점화 장치를 개발하였다. 1897년 보쉬는 삼륜 오토바이에 마그네토 점화 장치를 장착하여 그 당시 굉장히 빠른 속도였던 최대 시간당 50마일(80킬로미터) 속도에 도달하였다.

호놀드는 점화 플러그를 위한 전하가 엔진 자체 내의 마그네토 움직임으로 발생하도록 마그네토 점화 장치를 개조하였다. 개조된 점화 장치는 대략 1,000rpm의 작동 속도로 엔진을 개발하게 해주었다. 자동차 수요가 증가하기 시작한 시기 일치한 호놀드의 개조 버전은 곧 표준이 되었다. 1902년 보쉬는 대략 300개의 점화 플러그를 제조하였다. 21세기인 현재 점화 플러그는 전 세계적으로 35억 개 이상이 생산된다. **DHk**

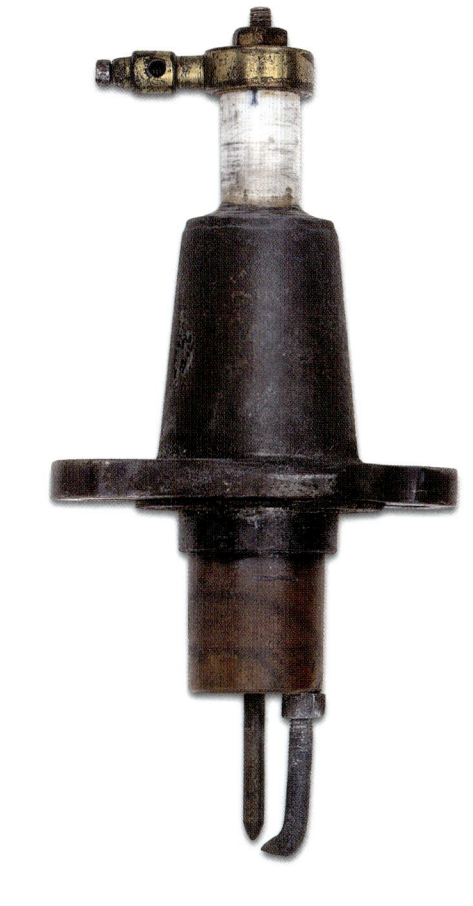

**참고:** 모터사이클, 자동차, 불꽃 점화, 자동차 배터리, 카뷰레터, 디젤 엔진, 과급기

↗ 점화 플러그는 초기에 제조되었지만, 호놀드의 마그네토 기반 점화장치만이 실용적이었다.

"고전압 마그네토와 점화 플러그는 자동차에 꼭 필요한 부품이 되었다."

바츨라프 스밀, 『20세기의 창조』

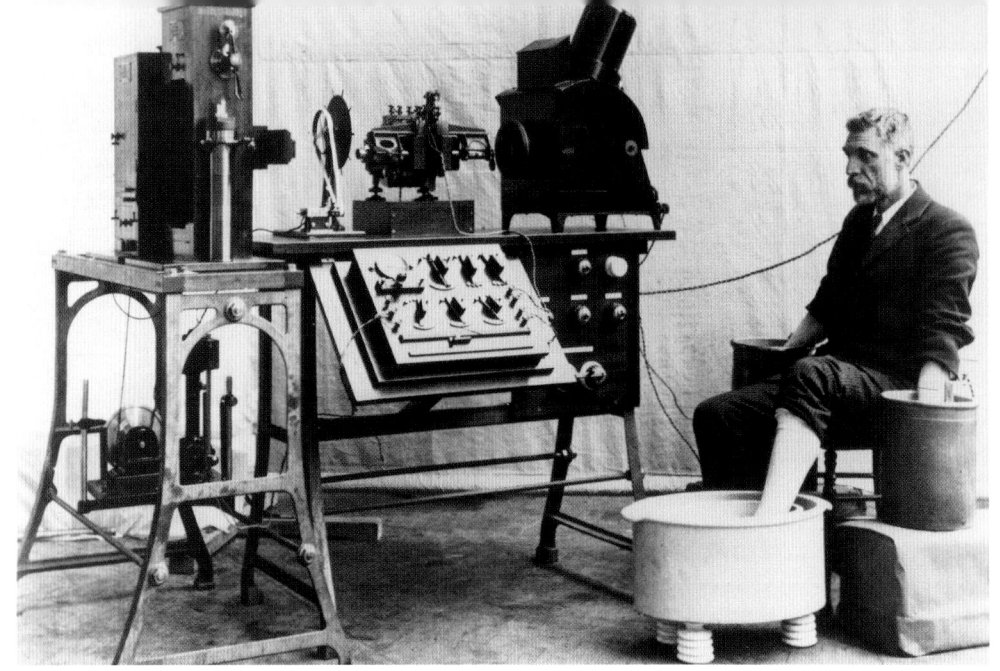

# 심전도 (1903년)

에인트호벤의 기계가 심장 질환 진단에 중요한 역할을 하다.

EKG 혹은 ECG라고도 하는 심전도는 심장 내에 발생한 미세한 전류를 기록하는 기구로, 다양한 유형의 심장 질환을 진단하는 데 사용된다. 19세기 후반, 생리학자들은 심장 박동이 전류를 생성한다는 사실을 알고 있었으나 심장 근육에 전극을 직접적으로 위치시켜 전류를 측정할 수는 없었다.

네덜란드의 내과의사이자 생리학자인 빌렘 에인트호벤(1860~1927)은 심장학에서 사용할 목적으로 단선 검류계를 개조하였다. 단선 검류계는 해저 케이블을 통해 전송된 전기 신호를 증폭시키기는 데 최초로 사용되었다. 에인트호벤의 검류계는 강력한 자기장에 수직으로 매달린 스트링이라고 하는 미세한 석영 줄기로 이루어졌다. 미세한 전류가 스트링을 통과할 때, 전류는 아래로 편향되고 빛의 광선을 방해하여 그림자가 사진 인화지에 기록될 수 있도록 해주었다.

무게가 600파운드(272킬로그램)에 이를 만큼 부피가 컸던 초기 시제품은 작동시키기 위해 다섯 명의 기술자가 필요했으며 환자가 차가운 물이 담긴 양동이에 양 손과 발을 담그고 있어야 했다. 그러나 심장의 수축과 이완에 따라 전기 자극을 감지할 정도로 성능은 훌륭한 편이었다. 에인트호벤은 정상 심전도와 비정상 심전도를 연구하여 심전도 결과의 해석을 위한 레퍼런스 항목을 의사에게 제공하였다. 휴대가 가능한 EKG가 출시되었으며 제2차 세계대전 후 단선 검류계는 직접 기록 장비로 교체되었다. **JF**

**참고:** 엑스선 사진, 초음파, 자기 공명 영상, 컴퓨터 단층촬영

⬆ 1911년에 케임브리지 과학 기기社가 제조한 에인트호벤 심전도의 테이블 모델.

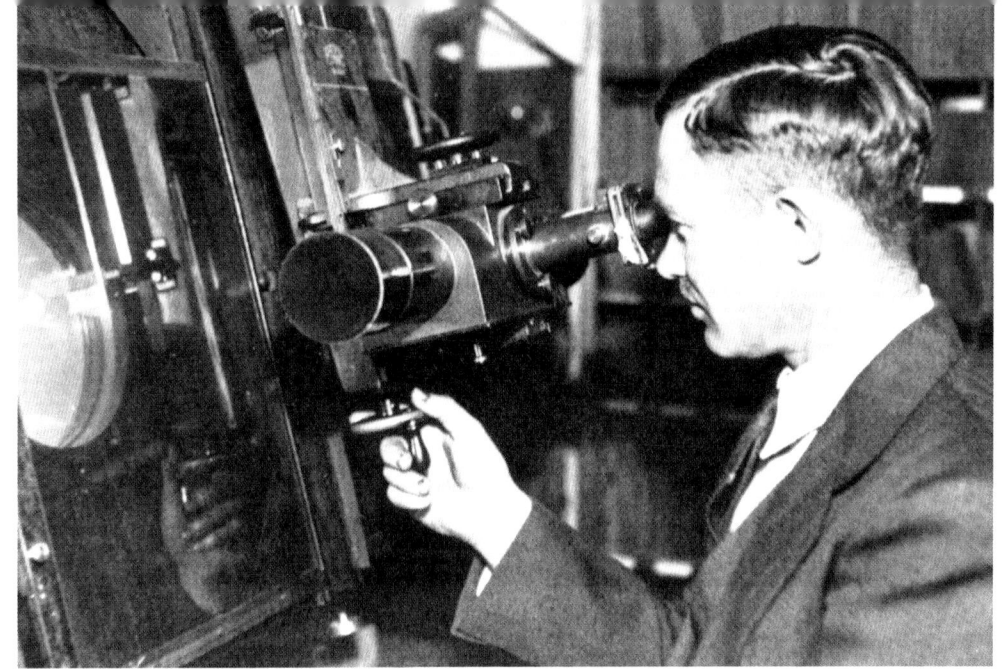

# 블링크 콤퍼레이터 (1903년)

풀프리히의 기구가 천문 관측을 개선하다.

블링크 콤퍼레이터는 동일한 망원경과 건판 노출을 사용하여 천문학자들이 서로 다른 날 저녁 하늘의 동일한 지역을 찍은 두 개의 사진을 비교할 수 있도록 해준다.

하나의 건판에서 다른 건판으로 재빠르게 시선을 옮기는 순간 무언가 깜빡인다면 사물의 광도가 변경되었거나 사물이 이동한 것이다.

이 기구와 기법은 소행성, 혜성, 변광성을 감지하는 데 사용되고 있다. 수년간 따로따로 찍은 건판은 빠르게 움직이는 별 주변을 감지하거나 질량의 중추를 선회하는 연성들을 구별하는 데 사용되고 있다.

독일인 물리학자 카를 풀프리히(1858~1927)는 카를 자이스 광학 워크숍에 재직 당시 블링크 콤퍼레이터 장치를 개발하였다. 블링크 콤퍼레이터는 곧 세계 곳곳에 있는 천문대에 설치되었으며 수백 개의 변광성을 발견할 수 있도록 해주었다. 블링크 콤퍼레이터로 수행된 가장 중요한 발견은 1930년 3월 클라이드 톰바우가 확인한 명왕성의 존재였다. 그 당시 천문학자들은 '행성 X'가 태양계 외곽을 선회하는 천왕성과 해왕성의 중력을 교란하여 해왕성의 궤도를 변화시키는 행성이라고 생각했다. 최근에 질량이 매우 낮은 것으로 밝혀진 명왕성은 행성 지위를 박탈당했다.

블링크 콤퍼레이터는 사진 건판이 컴퓨터에 저장될 수 있는 디지털 이미지로 교체된 것을 제외하고는 기술적으로 변경된 사항이 없으며 오늘날에도 여전히 사용되고 있다. 현재는 방사선 학자가 신규 X선과 기존 X선, CAT 스캔과 MRI 스캔을 좀 더 정확하게 비교하도록 새로운 블링크 콤페레이터가 사용되고 있다. **DH**

**참고:** 망원경, 전파 망원경, 우주 망원경, 엑스선 망원경, 허블 우주망원경

⬆ 클라이드 톰바우는 블링크 콤퍼레이터로 명왕성뿐만 아니라 3,000개 가량의 소행성을 발견하였다.

# 아크 송신기 (1903년)

포울센이 휴대용 라디오 시스템을 제작하다.

1906년 영국의 디 포레스트 무선 전신 신디케이트와 덴마크 발명가 발드마 포울센(1869~1942)이 경영하던 회사가 합병하여 통합 라디오 전신 회사가 설립되었다.

통합 라디오 전신 회사는 오래 전에 영국 뉴캐슬과 덴마크 간 실험적인 무선 전신 링크를 성공적으로 구축하였으나 불행히도 1907년에 파산하여 상용화에 착수하지 못했다.

1903년 포울센이 발명한 아크 송신기는 역사적 사건을 가능하게 하였다. 포울센은 전기 기사이자 여러 발명품을 개발한 발명가로 1898년경 자기 음성 녹음을 사용하는 최초의 장치(텔레그래프)를 발명하였다. 포울센은 거기서 멈추지 않았다. 그는 공진 회로를 만들려고 탄소 아크 램프를 사용했던 영국인 발명가 윌리엄 더델의 연구에 관심이 있었다. 더델의 '뮤지컬 아크'는 가청 주파수로 공진했다. 1899년 포울센은 뮤지컬 아크를 전자 연주 기구로 개조하였다. 포울센이 개조한 이 장치는 작동 주파수를 늘리는 순간 주파수 효율이 급격히 떨어지는 문제점이 있었다.

포울센은 수소 가스로 아크를 발생하도록 만들어 이 문제점을 해결하였으며 물로 냉각된 '양극 조동'를 사용하여 라디오 주파수로 아크 싱을 만들 수 있었다.

이전의 모든 라디오 송신기와는 달리 포울센의 아크 송신기는 지속파를 발생시켰다. 포울센의 통합 라디오 전신 회사는 파산하였지만 그의 발명품은 미 해군 통신에 채택되었다. 포올센의 아크 송신기는 진공관 시스템이 출현하기 전까지 10년간 최고의 휴대용 라디오 시스템이었다. **DHk**

참고: 전자기 전신기, 코히러, 무선 통신

# 크레용 (1903년)

비니와 스미스가 아이들을 예술가로 탄생시키다.

비니와 스미스는 처음에 단지 한 가지 색상(검정)의 크레용만을 개발했다. 그들이 개발한 크레용은 목탄과 기름을 혼합하여 만들어졌으며, 곧 기름을 왁스로 대체하여 손으로 쥐기 쉬운 단단한 크레용을 만들었다.

사촌 지간인 에드윈 비니(1866~1934)와 해롤드 스미스(1860~1931)는 그림 물감을 판매하는 회사를 운영하고 있었다. 1900년 그들은 연필을 제조하기 시작하였으며 교사를 위한 먼지 없는 분필을 구상하였다.

이 제품을 가지고 학교를 방문하던 중 두 사람은 새로운 그림 및 필기 도구와 관련한 틈새 시장을 발견하였다. 그들은 어린이들이 사용할 수 있는 안전하고 무해한 장난감 제조에 착수하였으며 그 결과 1903년에 최초의 현대식 크레용이 탄생하였다. 여덟 가지 색상(검정색, 갈색, 파랑색, 빨강색, 초록색, 오렌지색, 노랑색, 자주색)으로 구성된 크레용 상자의 가격은 5

> "아침놀 색, 언멜로 노랑, 밝은 귤색,
> 붉은빛 보라색, 장미색,
> 홍당무 색…"
> 1990년 크레용 상자에 추가된 색상 이름

센트였다.

이 크레용이 바로 비니의 아내가 초크(chalk)과 오일리(oily)의 프랑스어를 조합하여 만든 브랜드 이름인 크레욜라(Crayola) 크레용의 시작이었다. 수년간 엉겅퀴 색상, 멜론 색상, 구운 시에나토 색상 등 독특한 색상이 출시되었으며 1970년대에는 형광색이 추가되었다. 오늘날의 크레용은 어두운 곳에서 빛을 발하거나 꽃처럼 향기를 풍길 수 있지만 여전히 그림 그리기 놀이에 가장 적합하다. **DK**

참고: 잉크, 깃펜, 흑연 연필, 만년필, 연필깎이, 볼펜

➡ 1991년 비니와 스미스는 여덟 색상 오리지널 크레욜라 크레용을 다시 출시하였다.

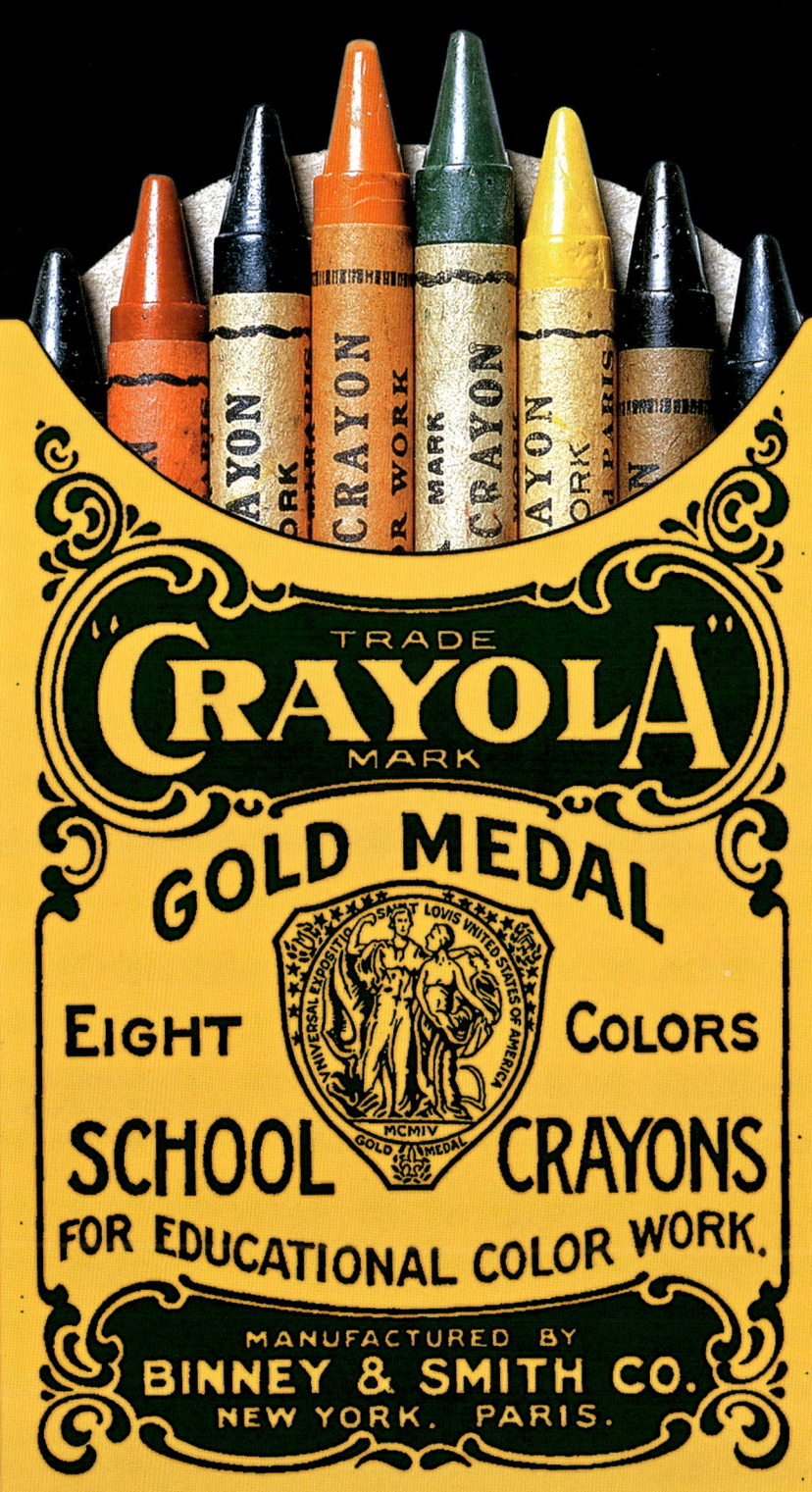

# 철사 옷걸이 (1903년)

파크하우스의 덕분에 주름 없이 의류를 보관하게 되다.

미국에서만 200건 이상의 특허가 등록되었던 옷걸이는 지금의 모습을 갖추기 위해 많은 변화를 겪었다.

1840년 영국의 빅토리아 여왕이 나무 옷걸이 세트를 선물받기 이전부터 옷을 거는 다양한 방법이 존재하였다. 1903년까지는 대량 판매용 철사 옷걸이가 발명되지 않았다. 철사 전등갓 프레임을 전문적으로 생산한 팀버레이크 와이어 앤 노벨티社의 직원인 알버트 파크하우스는 어느 날 그 당시 사용되던 모든 유형의 코트 고리를 조사하러 회사를 나서면서 짜증을 냈다. 그리하여 한 피스의 철사를 꽉 쥐어 두 개의 큰 타원형 테두리로 구부린 후 양 끝을 가운데로 하여 철사를 고리 모양으로 꼬아버렸다. 19세기에 흔히 그랬던 것처럼 팀버레이크社는 1904년 1월 철사 옷걸이로 특허를 취득하여 많은 돈을 번 반면 파크하우스는 한 푼도 벌지 못했다.

이윽고 팀버레이크 철사 옷걸이는 매우 대중적인

---

"녹슨 주석 옷걸이가 걸려 있는 것처럼,
모두 그냥 홀로 내버려둬라."

닥터 수스, 『당신이 얼마나 행복한지 내가 당신한테 말한 적이 있는가』, 1993년

---

물품이 되었다. 1906년경 메이어 메이(남성 양복점 주인)는 상점에 의류를 진열할 목적으로 철사 옷걸이를 사용하였다. 1932년 쉴러 헐렛은 옷에 철사 자국을 남기지 않으려고 철사의 위와 아래에 카드보드지 튜브를 부착하였다. 1935년 앨머 로저스는 기존 옷걸이의 하단 양 옆을 연결하여 우리에게 친숙한 현대식 옷걸이를 개발하였다. 오늘날 옷걸이는 나무와 금속, 플라스틱으로 만들어지고 있다. **SD**

---

참고: 의류, 바느질, 접이식 다리미판, 청바지, 전기 다리미

# 자동차 와이퍼 (1903년)

앤더슨이 운전자에게 깨끗한 시야를 제공하다.

그림같이 아름다웠던 20세기 초 뉴욕은 눈과 얼음 때문에 전차 운전자에게는 즐겁지 않은 장소였다. 창문에 붙은 눈을 제거할 수 있는 유일한 방법은 운전자가 몇 분 간격으로 차 밖으로 나가 창문에 붙어 있는 눈을 제거하는 것이었다.

메리 앤더슨(1866~1953)은 뉴욕 방문 중 이러한 상황에 대해 알게 되었으며 집으로 돌아올 무렵 이에 대한 해결책을 마련하였다. 그녀는 자동차 레버로 움직이는, 고무 날을 장착한 좌우 운동 막대를 개발하였다. 이 장치를 사용하면 창문을 열어 눈이나 성에를 제거할 필요가 없었다. 1903년 해당 특허를 취득한 후 1905년 제품을 생산하여 판매하였으나 아무도 관심을 보이지 않았다.

포드 모델 T와 다른 자동차에 자동차 와이퍼가 장착되어 대중에게 출시되기까지는 그로부터 3년이란 세월이 걸렸다. 1916년경 모든 자동차에 와이퍼가 기본적으로 장착되었다. 이후 날 대신 롤러를 사용한 자동 전기 와이퍼가 출시되었다. 자동 전기 와이퍼는 1917년 샬롯 브릿지우드가 발명하였으며 1920년대 초까지 자동차의 표준 장치가 되었다. 자동차 와이퍼는 액체 세정제 및 물을 펌프로 분배하는 윈드실드 세척 장치와 함께 작동한다.

1969년 로버트 커언스는 시간 간격을 두고 움직이는 자동차 와이퍼를 개발하여 특허를 취득하였다. 처음에 커언스의 제품에 관심을 보이지 않던 자동차 회사들은 후에 커언스의 발명품과 유사한 와이퍼를 자동차에 설치하였다. 커언스는 포드와 크라이슬러를 법원에 고소하여 승리하였다. 20세기 후반 빗방울 감지 와이퍼가 개발되면서 우천 시 와이퍼 스위치를 켤 필요가 없게 되었다. **DK**

---

참고: 방향 지시기, 캣츠아이즈

# 유리병 제조기 (1903년)

오웬스의 발명품이 아이들의 노동 착취를 근절시키다.

마이클 오웬스(1859~1923)의 자동식 유리병 제조기는 제조 공정의 속도를 높이고 가격을 낮춰 유리 산업에 혁명을 불러 일으켰을 뿐만 아니라 여러 관련 분야의 성장에 도움을 주었으며 아이들이 산업 현장에서 일하는 행위를 근절시켰다. 그 당시 유리불기는 가장 높은 임금을 받을 수 있는 기술 중 하나였는데, 종종 그 업무를 위해 아이들을 값싼 임금으로 고용하였다. 정규 교육을 받아본 적이 없는 오웬스는 가족을 부양하기 위해 웨스트버지니아 주의 유리 공장에서 열 살의 나이로 일을 시작하였다. 이후 톨레도, 오하이오로 이주하여 사업가 에드워드 리베이를 위하여 일했으며 리베이는 오웬스에게 발명의 잠재력을 실현할 수 있는 기회를 제공하였다.

반자동 유리병 제조기(다섯 명의 사람이 작동)의 개념을 기반으로 1903년 오웬스는 완전 자동 장치를 생각해냈다. 진공 흡입관이 적당한 양의 유리를 몰드에서 자동으로 흡입한 후 병의 목이 바디 몰드에 놓이면 자동적으로 병이 적당한 모양으로 불어졌다. 그리고 나면 컨베이어 벨트가 오븐에서 병을 빼내어 천천히 냉각시켰다.

두 명의 근로자만 있으면 작동시킬 수 있는 오웬스의 첫 번째 자동식 병 제조기는 회전식 프레임에 다섯 개의 펌프를 보유하고 있었으며 하루에 1만 7,000개 가량의 유리병을 생산할 수 있었다. 이는 반자동 제조기보다 6배 이상 높은 생산량이었다. 유리가 여전히 값비싼 아이템이었던 시기에 그는 병을 동일한 크기로 제조할 수 있도록 했다. 리베이의 도움으로 그는 자신의 병제조 회사를 설립하였다. 현대식 유리병 제조 기계는 하루에 100만 개의 병을 생산할 수 있다. **DaH**

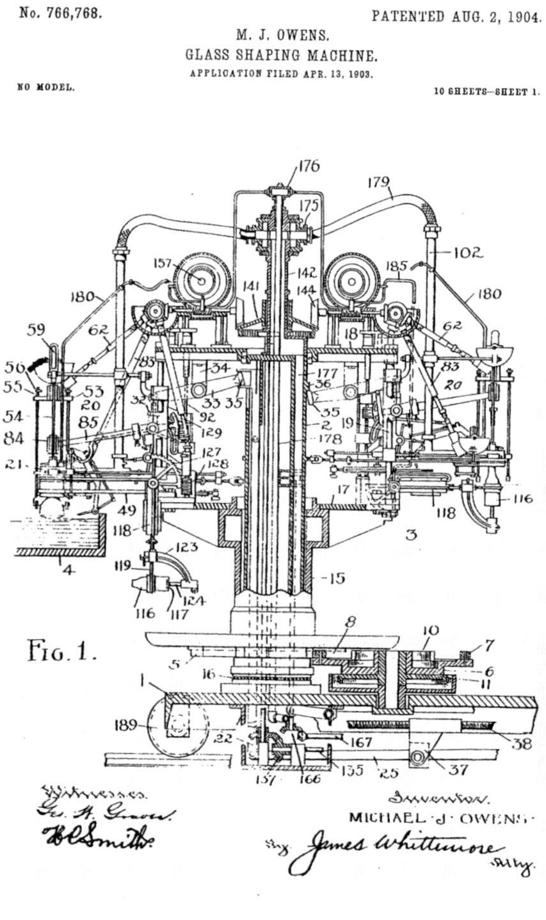

**참고:** 유리, 유리불기, 진공포장 단지, 유리섬유, 플라스틱 병

↗ 오웬스는 1904년 자신의 자동식 병 제조기로 특허를 취득하였다. 그는 45개의 미국 특허를 보유하였다.

No. 766,768.

PATENTED AUG. 2, 1904.

M. J. OWENS.
GLASS SHAPING MACHINE.
APPLICATION FILED APR. 13, 1903.

NO MODEL.

10 SHEETS—SHEET 1.

FIG. 1.

Witnesses.
Geo. A. Grover
H. C. Smith

Inventor.
MICHAEL J. OWENS
by James Whittemore
Atty.

"오웬스는 발명가였다.
그는 디자이너가 아니었지만
엔지니어들을 지도할 수 있었다."

리처드 라프랑스, 오웬스의 수석 엔지니어

# 동력 비행기 (1903년)

라이트 형제가 비행을 지속할 수 있는 최초의 날개 비행기를 제조하다.

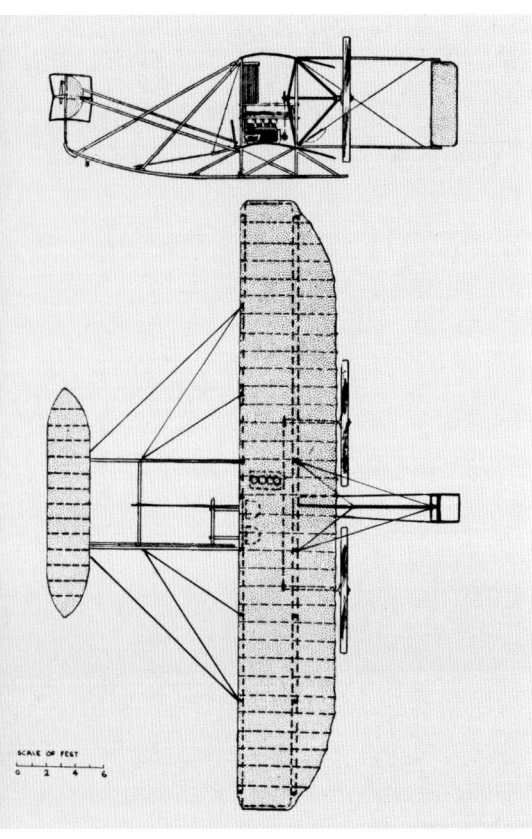

SCALE OF FEET
0  2  4  6

> "나는 사람이
> 직접 비행할 수 있다는 믿음으로
> 여러 해를 고민해왔다."
>
> 윌버 라이트, 1900년

1903년 12월 17일 아침 노스캐롤라이나 주 킬 데빌 힐스의 모래 언덕 한복판에서 오빌 라이트(1871~1948)는 가솔린 추진 복엽 비행기인 라이트 플라이어를 타고 강풍을 뚫고 나가며 이륙했다. 오빌은 12초 동안 하늘을 날았으나, 후에 그의 형인 윌버(1867~1912)는 세 번 더 실험을 한 끝에 네 번째 비행에서 59초간 852피트(260미터)의 거리를 운항하였다. 이것은 비행 실험자의 연구 여정에서 놀라운 성과였다.

오하이오 주 데이턴 출신 자전거 제조공인 라이트 형제는 실천 위주의 실험과 과학 이론을 적절히 조합하여 비행에 대해 연구하였다. 출판된 모든 이전 비행 실험 관련 정보를 습득한 후, 1900년에 최초로 노스캐롤라이나 주에서 여름마다 테스트했던 여러 대의 글라이더를 제조하였다. 겨울에는 데이턴으로 돌아가 비행기 디자인을 개량하였으며 풍동을 제작하여 다양한 날개 모양과 앵글을 테스트하였다. 그들은 독창적인 비행기 제어 시스템을 만들었다. 피치를 위해 프론트 엘리베이터를, 가로식 요를 위해 러더를, 롤을 제어하기 위해 날개 구부림 방식을 사용하였다. 이러한 독창적인 제어 시스템으로 제작한 글라이더를 통해 항력을 줄이는 데 성공하였다. 그 후 글라이더에 동력을 공급하기 위해 자신들만의 고유한 엔진과 프로펠러를 제조하였다.

라이트 형제의 플라이어호는 동력이 약했다. 1904년과 1905년 맞바람의 도움 없이 더 나은 비행을 수행하기 위해 라이트 형제는 캐터펄트를 제작하였다. 캐터펄트는 데이턴에서 비행기를 이륙시키는 데 도움을 주었다. 캐터펄트의 도움으로 라이트 형제는 한번에 최대 38분까지 비행할 수 있었다. **RG**

⬆ 1907년에서 1909년까지 사용된 라이트 비행기의 일반적인 배치도.

➡ 1909년 버지니아의 포트 마이어에서 라이트 형제가 자신들의 비행기를 미군에게 시연하고 있다.

**참고:** 글라이더, 비행선, 제트 엔진, 터보프롭 엔진, 헬리콥터, 초음속 비행기, 스크램 제트

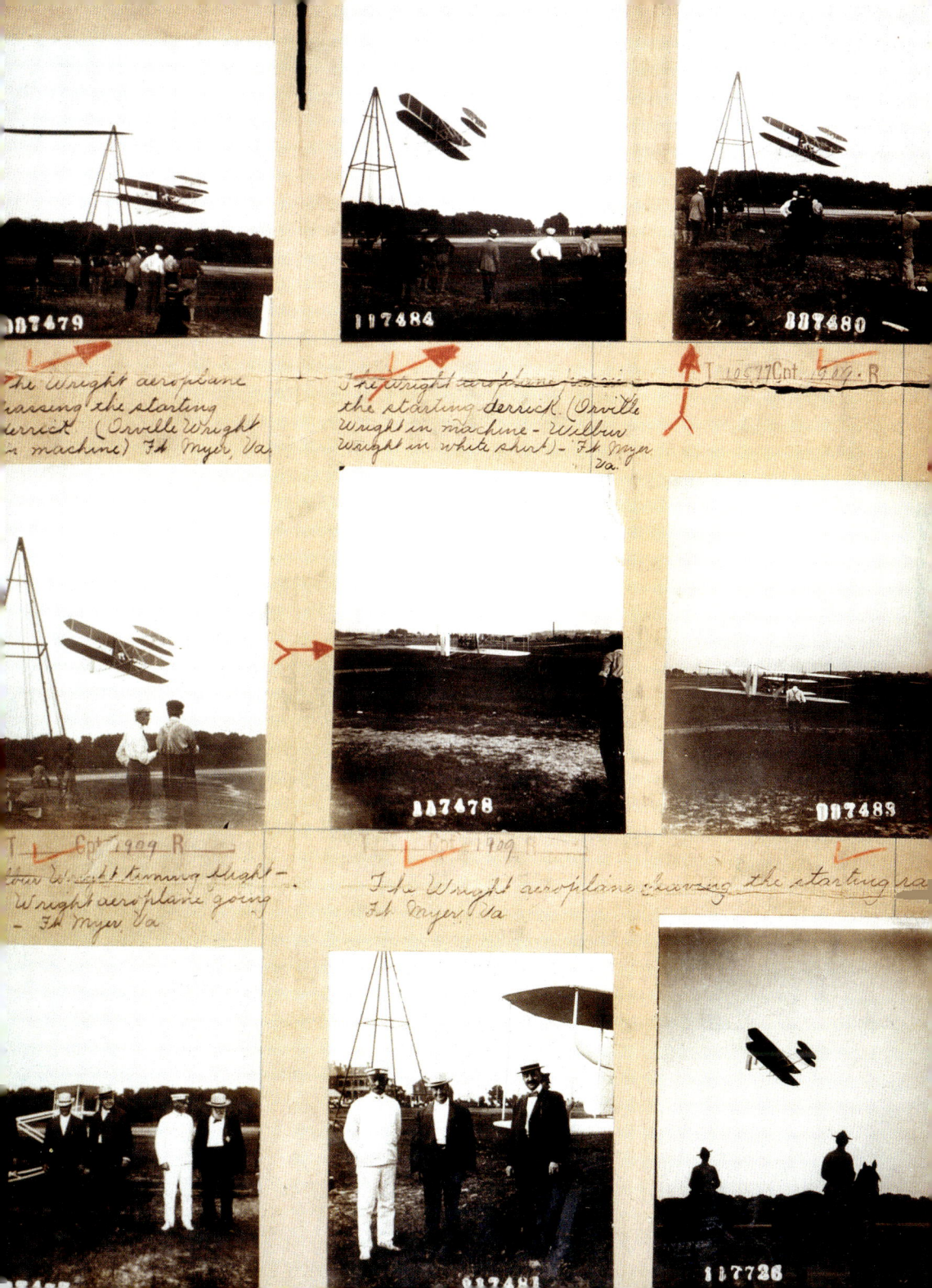

887479

887484

887480

The Wright aeroplane
crossing the starting
derrick (Orville Wright
in machine) Ft. Myer, Va.

The Wright aeroplane ~~crossing~~
the starting derrick. (Orville
Wright in machine — Wilbur
Wright in white shirt) — Ft. Myer
Va.

J 10577 Cnt. 1909. R

887478

887483

~~...~~ Wright turning flight —
Wright aeroplane going
— Ft. Myer Va.

Cpt 1909 R

The Wright aeroplane leaving the starting ra~~...~~
Ft. Myer Va.

887481

117725

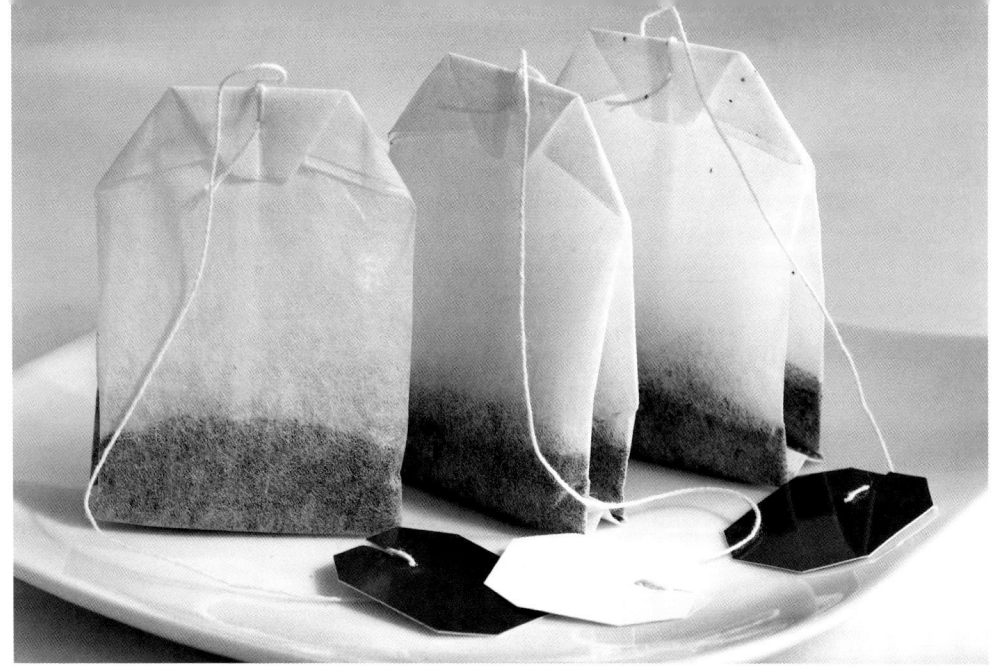

# 티백 (1903년)

설리반이 한 컵의 차를 즉시 끓일 수 있는 방법을 우연히 개발하다.

더 많은 차를 주문 받고자 했던 뉴욕의 차 상인 토머스 설리반은 소비자에게 차 샘플을 배포할 수 있는 새로운 방법을 고안하였다. 그는 조그만 실크 모슬린 백에 차를 넣고 꿰매어 배송이 쉽고 수취인이 포장을 풀 때 덜 지저분하도록 만들었다. 일부 고객은 천으로 된 백을 여는 것이 귀찮아 백 위에 그냥 뜨거운 물을 부었다. 설리반은 이 방법으로 실크로 포장된 차를 매우 많이 주문 받았다. 실크 직물의 구멍이 너무 작다는 소비자들의 의견을 개선하기 위해 실크 대신 면 거즈를 사용한 후 상업적으로 티백을 판매하기 시작하였다.

1902년 설리반은 티백으로 특허를 취득하였으며 1920년경에는 티백이 널리 보급되었다. 그 후 면 대신 종이가 사용되었으며 가는 끈과 장식된 태그를 추가하여 소비자가 차 한 잔을 더욱 편리하게 우려낼 수 있도록 하였다.

그로부터 수십 년 후인 1953년 조지프 테들리 앤 컴패니社가 영국에 티백을 소개할 때까지 티백은 미국 시장에서 많은 인기를 얻었다. 티백이 영국에 늦게 도입된 원인이 전시로 인한 물자 부족 때문이었는지 아니면 영국 차 애호가 중 일부 사람들이 티백 도입에 반대했기 때문인지는 확실하지 않다. 티백은 영국에 출시된 후 판매량이 급속하게 증가하였으며, 사람들에게 편리함과 시간 절약의 이점을 제공했다.

1970년대엔 허브 티에도 티백 기술이 사용되었다. 티백 기술은 계속해서 발전하였으며 피라미드와 같은 새로운 티백 모양은 차의 제조 과정에서 효율성을 증가시켰으므로 차 애호가들의 흥미를 유발했다. **EH**

**참고:** 탄산수, 분유, 사카린, 인스턴트 커피, 커피 필터

⤒ 티백의 비약적 발전은 열봉합 종이 섬유 티백이 제조되었던 1930년에 이루어졌다.

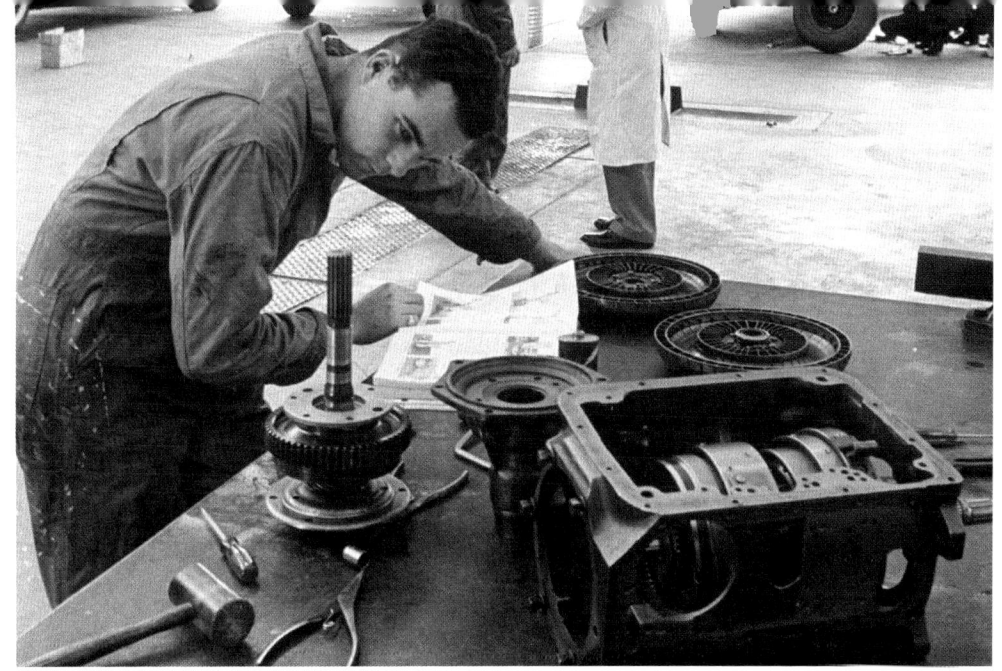

# 자동 변속기 (1904년)

스터번이 기어 스틱을 불필요하게 만들다.

1883년 토머스 L. 스터번은 화학 비료 산업의 기계화 수요를 충족시키기 위해 사업을 시작하였다. 아들인 로렌스와 조카 토머스 J. 스터번이 동업자로 참여했다. 스터번은 조카가 매사추세츠 공과대학에서 학위를 딸 수 있도록 해주었다. 스터번은 곧 자동차 산업 분야로 사업을 확장하였으며 진공 브레이크, 자동 엔진 윤활을 포함한 다양한 개선사항들을 설계하였다. 그의 자동 변속기는 현대식 오토매틱 기어 자동차가 등장하는 데 많은 도움을 주었다.

그 당시 엔진에서 바퀴로 동력을 전달하는 문제는 자동차 산업 설계자들의 가장 골치 아픈 문제 중 하나였다. 스터번은 클러치를 밟지 않고도 기어를 변경할 수 있는 방법을 개발하고자 했다. 그의 아이디어는 혁신적이었으나 초기에는 성공을 거두지 못했다. 1904년 그의 첫 번째 오토매틱 기어 자동차는 스피닝 웨이트의 원심력을 사용하여 기어를 변경하였다. 자동차 속도가 빨라지면 낮은 기어에서 높은 기어로 자동차 기어가 자동적으로 바뀌었다. 이 설계는 스피닝 웨이트의 약한 내구성 때문에 종종 스피닝 웨이트가 부숴져 버리는 문제점을 안고 있었다. 하지만 자동으로 기어를 변경할 수 있다는 개념은 사실로 입증되었다.

실용적인 자동 변속 기어 자동차를 만들어 내려는 수많은 노력과 시도에도 불구하고 초기 비용, 신뢰성, 수요의 부족으로 자동 변속 기어 자동차가 도로에 출현하기까지는 그로부터 수십 년의 세월이 흘러야 했다. **DHk**

**참고:** 자동차 기어, 클러치, 싱크로매시 기어, 원심 클러치

↑ 미국 기술대학의 한 학생이 1958년 자동 변속기를 공부하고 있다.

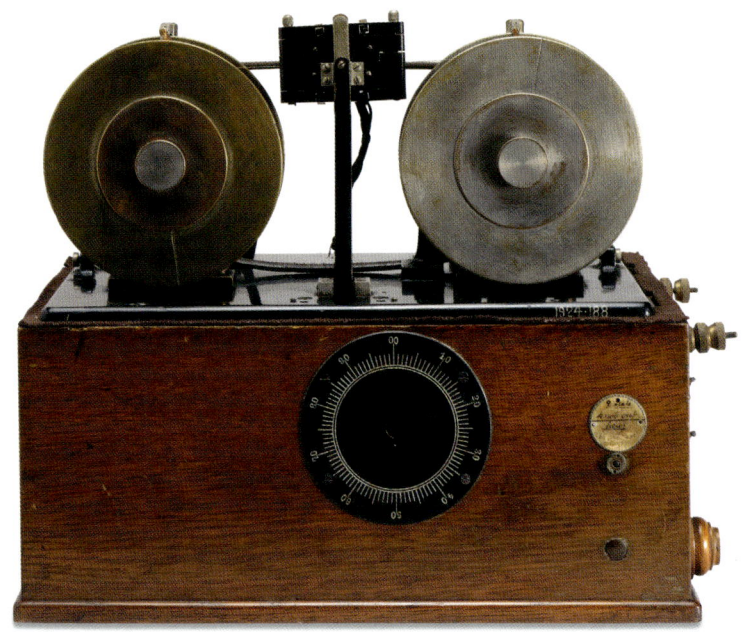

# 자동 응답기 (1904년)

포울센이 받지 못한 전화를 위한 해결책을 개발하다.

1898년 덴마크인 발드마 포울센(1869~1942)은 음성을 자기로 기록하는 발명품으로 현대의 여러 제품이 개발되는 데 많은 도움을 주었다. 포울센의 발명품은 테이프 녹음, 하드 디스크, 플로피 디스크, 신용카드에 사용되는 믿기지 않을 만큼 유용한 발명품이었다. 또한 이 발명품은 1904년 세계 최초의 자동 응답 전화기를 제작할 수 있도록 해주었다.

전화와 같은 통신 도구는 현대 사회의 필수 아이템으로 오늘날 거의 모든 전화기 자동 응답 기능이나 음성녹음 기능을 포함하고 있다. 1876년 포울센의 자기녹음 시스템이 발명된 후 전화기는 세계를 바꾸는 도구가 되었으며 누구라도 다른 사람과 즉시 통화할 수 있도록 해 주었다.

초기의 자동 응답기는 포울센의 자기 철사 녹음 장치를 사용하였으나 이후 버전의 자동 응답기는 전화 메시지 녹음에 자기 테이프를 사용하였다. 오늘날의 자동 응답 장치는 테이프 대신 점차 메모리 저장소를 사용하는 추세이다. 1983년 하시모토 카즈오는 미국에서 최초의 디지털 자동 응답 전화기를 발명하였다.

전화벨이 울리면 하고 있던 행동을 중단한 채 전화를 받아야 하므로, 전화기는 사실 받는 상대방에게 무례를 범하는 장치이다. 자동 응답기는 상대방이 얘기하려고 하는 대상이 누구인지, 상대방이 회신을 받고 싶어하는지를 알 수 있도록 해줌으로써 이러한 무례함을 줄일 수 있게 해주었다. **JB**

**참고:** 전화기, 자기 녹음, 오디오 테이프 녹음, 신용카드, 플로피 디스크

⬆ 1900년대 초 영국 왕실 선박 수리소 중 한 곳에 사용되었던 포울센의 텔레그래폰.

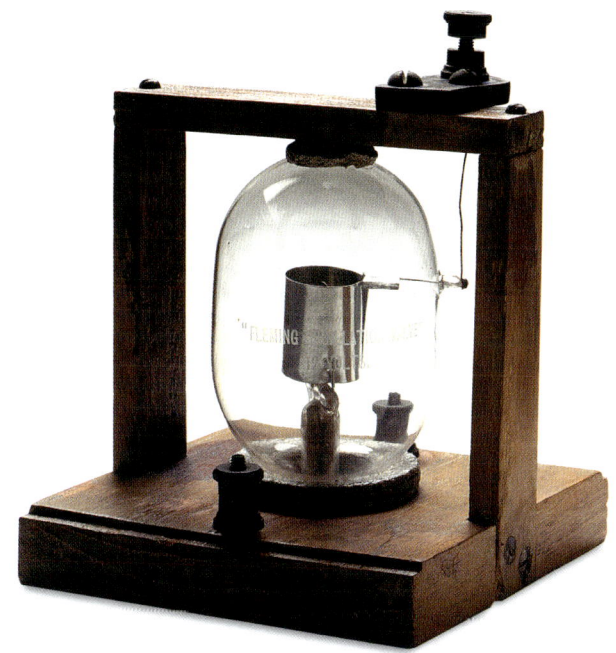

# 진공관 다이오드 (1904년)

플레밍이 최초의 진정한 전자 기기를 발명하다.

최초의 진공관 다이오드를 발명한 영국의 전기 기사 앰브로스 플레밍(1849~1945)은 자신의 발명품이 20세기 기술에 어떠한 영향을 미치게 될지 알지 못했다.

진공관 다이오드는 많은 전기 및 전자 시스템에 사용되고 있다. 초기의 밸브 형태 다이오드는 단 방향 전류를 생성하기 위해 열이온 방출(밀폐된 진공 내부의 전자 흐름)을 사용하였다. 다이오드는 전압을 조정하고 고주파 신호를 처리하며 AC(교류)를 DC(직류)로 변환하는 데 있어 중요한 역할을 담당한다.

토머스 에디슨은 진공관 다이오드의 근본 원리를 최초로 발견하였다. 1883년 그는 백열 전구를 개량하여 일종의 다이오드를 만들었다. 그는 '에디슨 효과'라고 자신이 명명한 현상으로 특허를 취득하였으나 시장 잠재성이 없다고 판단하여 발명을 제품화하지 않았다. 플레밍은 진동형 밸브를 개발하여 전자파를 단 방향의 전류 흐름으로 변환시켰다. '플레밍 밸브'라고 알려진 그의 발명품은 초기 라디오 및 축음기 산업을 상업적으로 가능하게 해주었다.

20세기에 이르러 진공관 다이오드는 아날로그 신호 장치와 전력 공급 장치의 정류기로 사용되었다. 그러나 1947년 더 작은 크기의 트랜지스터가 도입되면서 진공관이 사용되는 기존 영역을 대체하기 시작하였다.

오늘날 진공관 다이오드는 앰프와 같은 틈새 시장 제품에서만 사용되고 있다. **TB**

**참고:** 백열전구, 트라이오드, 플립플롭 회로, 반도체 다이오드, 트랜지스터, LED

⬆ 플레밍의 진공관은 탄소 필라민트를 둘러싼 개방형 알루미늄 튜브가 있는 유리 전구로 이루어져 있다.

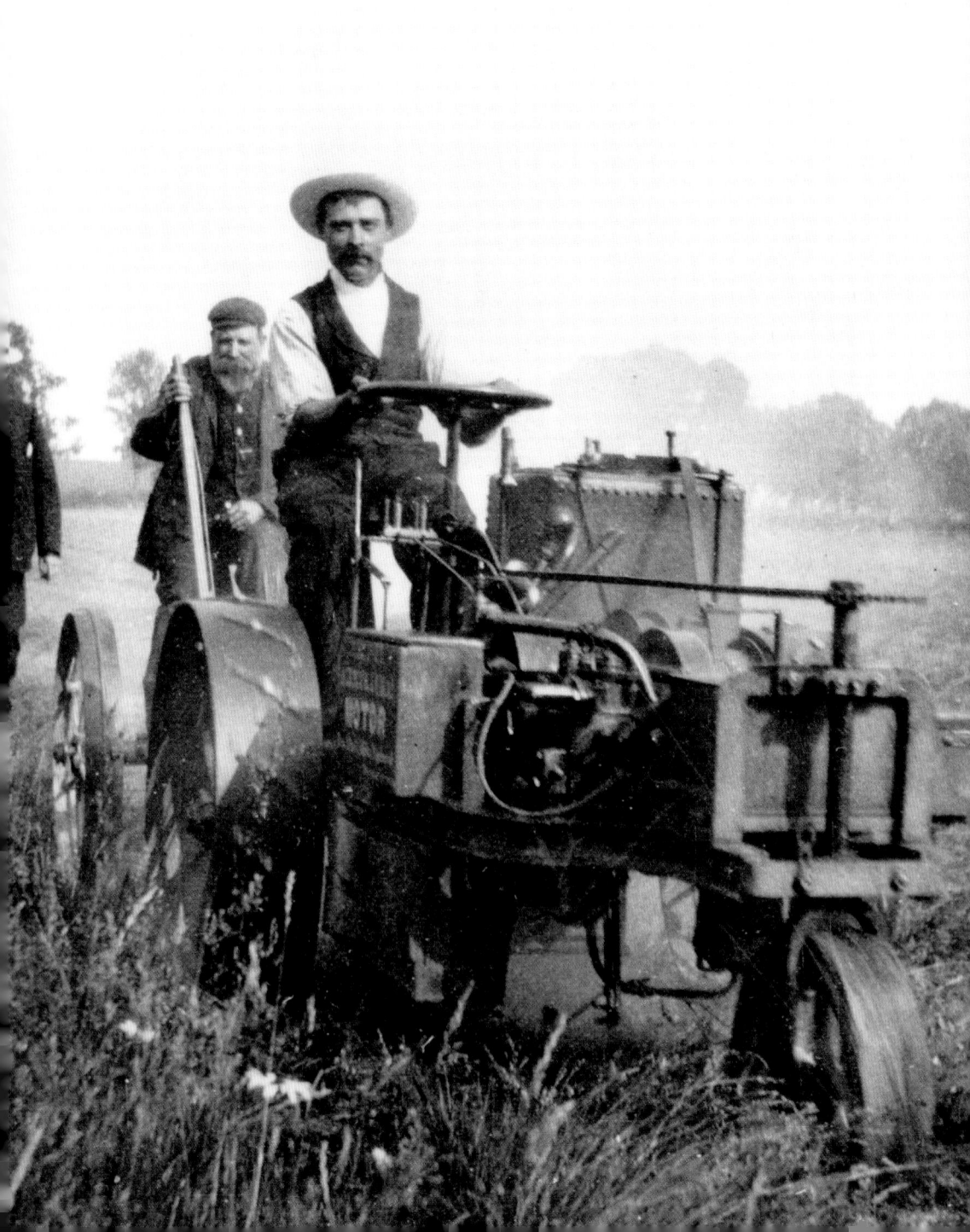

# 트랙터 (1904년)

홀트가 캐터필러 트랙을 발명하다.

19세기 초반에 발명된 엔진은 농업 부문에 빠르게 응용되었다. 초기에는 농장의 기계류를 이동시키는 데 활용되었고 이후엔 다른 장비에 활용되었으나 농업 자체에 적용되지는 않았다.

1868년에 소개된 증기 경작용 견인차는 목재와 기타 무거운 짐을 운반할 목적으로 도로에서만 사용되었으나 점차 경지를 일구는 작업을 하게 되었다. 이로 인해 경작용 견인차의 바퀴를 개선해야 할 필요성이 대두되었다. 견인차의 얇은 바퀴는 부드러운 토양에 빠지기 일쑤여서 중량을 분산시킬 수 있는 폭이 넓은 금속 타이어가 바퀴에 설치되었다. 그러나 이러한 바퀴는 약력이 부족해 중량을 분산시킬 수 있는 다른 방법을 찾아야 했다. 1904년 벤저민 홀트(1849~1920)는 바퀴 대신 트랙을 장착한 최초의 트랙터를 개발하였으며 캐터필러社를 설립하였다. 1932년 금속 타이어는 약력을 증가시키고 중량을 감소시키는 고무 타이어로 교체되었다.

1887년 차터 가솔린 엔진 회사는 경작용 견인차에 사용될 가솔린 연료 엔진을 제작하였으며 1892년 미국의 발명가 존 프뢸리히는 최초의 성공적인 가솔린 트랙터를 제작하였다. 프뢸리히의 성공으로 다른 회사들도 가솔린 트랙터를 제작하기 시작하였다. 1897년 위스콘신 주 매디슨 지역에 설립된 하트-파社는 '트랙터 산업의 설립자'로 알려지게 되었는데 이는 공장에서 트랙터를 최초로 생산했기 때문이다. 1906년 하트-파社의 영업 관리자가 '경작용 견인차'라는 이름이 너무 길고 의미도 모호하다고 생각하여 '트랙터'라는 이름을 붙였다. **DK**

참고: 콤바인, 쟁기, 수확기, 파종기, 탈곡기, 강철쟁기

◄ 내연기관을 장착한 최초의 성공적인 트랙터인 이벨 농업용 트랙터.

# 다단 변속 기어 (1905)

드 비비가 자전거를 더욱 쉽게 탈 수 있도록 해주다.

스물여덟 살이 될 때까지 자전거를 사본 적이 없던 폴 드 비비(1853~1930)는 새로운 가변 스피드 자전거를 발명하였다.

드 비비의 첫 번째 자전거는 앞 바퀴가 큰 페니파딩 자전거였다. 이 자전거의 페달은 바퀴에 직접 부착되었으므로 페달을 한 번 회전시키면 바퀴가 한 번 회전하였다. 드 비비는 자전거의 에너지 효율을 개선할 방법을 찾고 있었다. 1887년 그는 프랑스 생테티엔의 산지에 자전거 상점을 개설하였으며 직접 집필한 『르 시클리스트』라는 잡지를 발간하였다.

드 비비는 자전거 기어 시스템을 개발하려고 수동으로 체인을 한 곳에서 다른 곳으로 들어올려야 하는 두 개의 동심 체인 바퀴를 만들었다. 1905년 그는 2단 변속 기어를 시험했지만 자전거 제조업자 중 그의 제품을 구매하고자 하는 이가 없었다. 사람들에게 자신의

> "폴 드 비비는
> 일생을 자전거 완성에
> 헌신한 사람이다."
>
> 클리포드 그라브, 작가

변속 기어 성능을 입증하기 위해 드 비비는 산악 경주 대회를 열었다. 경주에 참가한 남성에게는 변속 기어가 장착되지 않은 자전거가 주어졌으며 여성에게는 3단 변속 기어가 장착된 자전거가 주어졌다. 물론 이 경주에서 여성이 승리하였다.

오늘날의 현대식 자전거는 20단 이상의 다단 변속 기어를 주로 사용하고 있기 때문에 다양한 지형을 쉽게 질주할 수 있다. **HI.**

참고: 안전 자전거(현대식 자전거)

# 터보 과급기
## (1905년)

부치가 엔진의 효율을 높이려고 잃어버린 에너지를 재생하다.

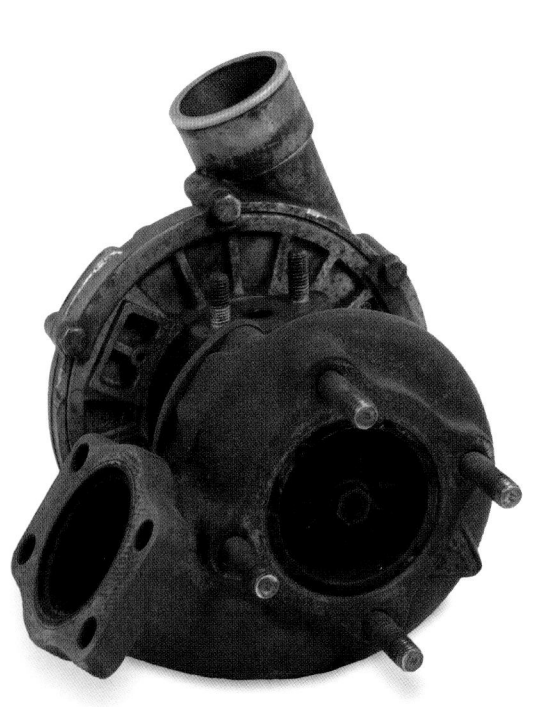

터보 과급기는 과급기와 유사하지만 기계적으로 엔진에 여분의 공기를 주입하는 대신 배출장치를 사용하여 터빈을 움직이는 방식으로 공기를 주입한다. 스위스 엔지니어인 알프레도 부치(1879~1959)는 엔진 배기가스를 사용하기 위해 터빈을 이용하면 실제로는 에너지를 회복하지만 연소 사이클을 훨씬 더 효율적으로 만드는 과정에서 에너지를 잃게 된다는 사실을 깨달았다.

디젤 엔진에는 터빈으로의 공기 흡입을 막는 스로틀이 존재하지 않기에 터보 과급기와 디젤 엔진은 완벽한 조합이라 할 수 있다. 두 대의 독일 여객선에 최초로 구현된 터보 과급기와 디젤 엔진의 조합은 선박의 마력을 1,750에서 2,500으로 증가시켰다.

그러나 터보 과급기를 자동차에 적용하는 것은 쉬운 일이 아니었다. 터빈을 움직이는 연소 과정에서 발생하는 뜨거운 공기 때문에 터보 과급기의 소재는 최대 섭씨 1,000도의 고온을 견뎌낼 수 있어야만 했다.

때문에 대중 시장에 터보 과급기를 출시하는 것은 쉽지 않았다. 그러나 제조사들은 터보 과급기 소재를 향상시키기 위해 우주 로켓 기술을 사용하였다. 로켓은 섭씨 1,000도보다 훨씬 더 높은 온도를 견뎌낼 수 있으므로 로켓 소재가 터보 과급기 제작에 채택되었다.

터보 과급기는 하이브리드 및 연료 전지 자동차와 같은 미래형 자동차 설계의 필수 요소이다. 터보 과급기는 평상시 낭비되는 연료 에너지의 3분의 1을 절약할 수 있도록 해주는 친환경 기술인 것이다. **LS**

---

"뒤뜰의 튜너에서부터
값비싼 리무진 제조사에 이르기까지 모두
부치의 터보 과급기에 의존하고 있다."

돈 셔먼, 자동차 매거진

**참고: 내연기관, 과급기, 2행정 엔진**

🔑 터보 과급기의 역할은 엔진에 유입되는 공기의 양을 증가시켜 더 많은 동력을 생성하는 것이다.

# 다이캐스팅 기계
## (1905년)

도엘러가 금속 부품을 대량 생산하다.

다이캐스팅은 고압의 조건에서 다이(die)라고 하는 몰드에 용해된 금속을 주입하여 금속 부품을 생산해내는 공정 이름이다. 다이캐스팅은 4단계로 이루어진 공정이다. 첫 번째로는 다이의 내부가 윤활제로 코팅된다. 여기서 윤활제는 몰드의 온도를 제어하는 데 도움을 주며 주조가 끝났을 때 부품을 쉽게 제거할 수 있도록 해준다. 그 후 용해된 금속은 고압의 조건하에서 다이로 주입된다. 다이캐스팅에는 일반적으로 비철금속이 사용된다. 아연은 주조가 쉽고 녹는점이 낮기 때문에 다이캐스팅에 많이 사용되고 있다. 알루미늄 또한 무게가 가볍기 때문에 다이캐스팅에 사용된다. 용해된 금속은 주물이 응고될 때까지 일정한 압력하에서 유지된다. 그 후 다이가 개방되고 몰딩 스크랩(다시 용해되어 재활용됨)이 제거되면 부품이 완성되는 것이다.

> "공학은
> 천연자원의 최적 변환에
> 과학을 적용하는 예술 행위이다."
>
> 랄프 스미스 교수, 스탠포드 대학교

　　도엘러 다이캐스팅社의 설립자인 독일 출생 기계공 헤르만 도엘러(1872~1964)는 1905년 최초의 다이캐스팅 기계를 제작하였다. 그는 1906년 이 공법으로 특허를 취득하였고 1907년 브루클린에 회사를 설립하였으며 1921년 뉴욕 바타비아 지역으로 이주하였다.

　　그는 다이캐스팅 기법으로 미국 자동차 후드 장식품의 최대 생산자가 되었다. **CL**

참고: 금속 세공

# 진폭 변조
## (1906년)

페슨든이 라디오 방송을 개척하다.

흔히 라디오파를 음파라고 오해하지만 실제로는 그렇지 않다. 라디오파는 전자기 스펙트럼에 속하며 단지 파장이 긴 또 다른 유형의 빛일 뿐이다. 라디오파는 파고와 파장의 변화에 의해 정보를 전달할 수 있다. 물론 음성 정보 전달은 라디오파 정보 전달의 가장 흔한 예이다. 라디오파로 전달된 음성 정보는 라디오에서 복호화되어 소리로 변환된다.

　　라디오파를 변환하는 방법에는 가장 일반적인 모드인 AM(진폭 변조)과 FM(주파수 변조) 두 가지 방법이 있다. 처음에는 송파의 세기를 변경했는데 이 방법은 1906년 캐나다 발명가 레지날드 페슨든(1866~1932)이 생각해냈다.

　　페슨든이 고안한 방법은 마이크를 사용하여 소리를 전기 신호로 변환한 후 전기 신호를 연속적인 라디오파와 결합시키는 것이었다. 이러한 변조된 파장은 안테나를 통해 송신되었고 좀 떨어진 곳에 위치한 안테나로 수신되었다. 원래의 소리를 듣기 위해서는 파장을 전기 신호로 다시 변환해야 하는데 이 과정을 '복조'라고 한다. 마지막으로 신호는 스피커로 전달되어 귀로 들을 수 있게 변환되었다.

　　1906년 크리스마스 이브에 페슨든은 진폭 변조 기법을 사용하여 세계 최초의 라디오 방송을 진행하였다. 그는 메사추세츠 주 플리머스 카운티의 브렌트 락 지역으로부터 수 마일 떨어진 대서양의 선박을 대상으로 자신의 목소리와 녹음된 음악을 전송하였다. 이것이 방송의 시초였으며 얼마 지나지 않아 사람들은 방송을 청취하려고 저녁 시간이 되면 라디오 주위에 모여들었다. **LS**

참고: 코히러, FM 라디오, 개선된 라디오 송신기, 팟캐스트, 위성 라디오 방송

# 크리스털 세트 라디오 (1906년)

피카드가 집에서 만든 수신기로 대중들이 방송을 들을 수 있도록 해주다.

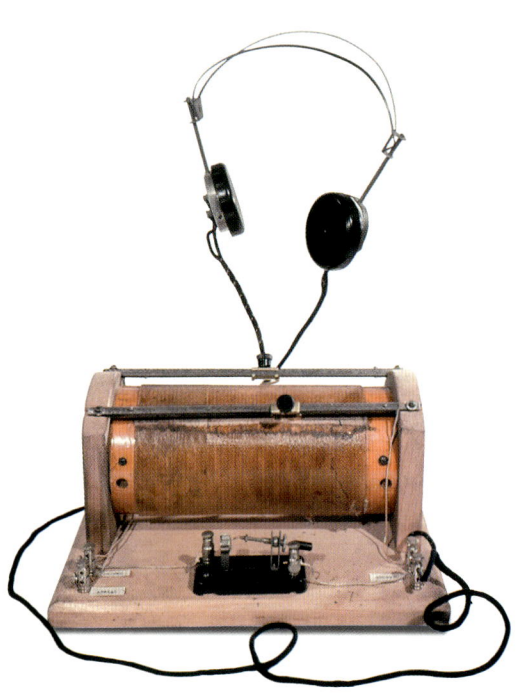

그린리프 피카드(1877~1956)는 무선 분야의 선구자였다. 그는 신호에서 잡음을 걸러내기 위해 광석을 사용하여 라디오 신호를 수신하는 방법을 연구해왔다.

미네랄 광석을 3만 번 이상 조합하는 실험 끝에 피카드는 결국 1906년 '광석 검파기' 특허를 취득하였다. 이 기술에서는 '고양이 수염'이라고 알려진 미세한 전선을 통해 실리콘 광석이 라디오 회로에 연결된다.

크리스털 세트 라디오는 가장 단순한 형태의 라디오였으며 신호를 수신하기 위해 전원이 필요하지 않았다. 전형적인 세트는 안테나, 감지기, 튜너, 오디오 출력 부분으로 구성되었다. 안테나로는 아무 전선 또는 금속 가닥이라도 사용할 수 있었다.

라디오파가 안테나를 통과하면 매우 작은 전압이 생성되며 안테나는 코일과 콘덴서로 이루어진 튜닝 회로에 연결되었다. 콘덴서는 다양하게 변경될 수 있으며 코일과 함께 필터로서 동작하여 특정 기지국으로부터의 전압만을 통과시키게 해주었다. 그 후 걸러진 신호는 감지기로 전달되었으며 신호의 복조를 거쳐 라디오 프로그램만을 귀로 전달하였다. '고양이 수염'이 광석의 표면을 가로지르는 형태로 광석과 접촉하면 깨끗한 소리가 만들어지는 것이다.

크리스털 세트는 특히 라디오 방송이 보편화되기 시작한 1920년대 초반에 인기를 얻었는데 이는 공장에서 만든 라디오가 여전히 매우 비쌌기 때문이다. 당시 시리얼 상자 및 야구 방망이 같은 가정용 품목을 사용하여 크리스털 세트를 만드는 설명서가 출판되기도 했다. **Hp**

"조금만 노력을 하면
고양이 수염과 광석을
사용하여 모든 방송을 들을 수 있다."

시어도어 화이트, 저널리스트, 역사학자, 저자

**참고:** 진폭 변조, 코히러, FM 라디오, 팟캐스트, 위성 라디오 방송

🇰 크리스털 세트 라디오는 전원을 필요로 하지 않는다. 이 세트는 1948년에 만들어진 제품임.

# 트라이오드 (1906년)

드 포레스트가 최초의 진공관 증폭기를 제작하다.

1904년 영국인 물리학자 존 앰브로스 플레밍(1849~1945)은 '진동형 밸브'라고 하는 장치를 개발하였다. 나중에 다이오드라고 다시 명명된 진공관은 최초의 진정한 전자 기기였다. 2년 후 플레밍의 연구를 기반으로 미국의 전기 기사 리 드 포레스트(1873~1961)가 오디온 진공관(최초의 진공관 증폭기)을 만들었다.

드 포레스트 진공관의 혁신점은 그것이 교류 전류를 정류할 뿐만 아니라 증폭할 수도 있다는 것이었다.

오디온은 플레밍 진공관과 동일한 필라멘트/양극, 플레이트/음극 디자인을 사용하였지만 필라멘트/양극과 플레이트/음극 사이에 그리드라고 불린 지그재그 모양의 전선을 위치시켰다. 작은 전류가 그리드에 흐르게 되면 필라멘트에서 플레이트로 많은 전류가 이동하였다. 이로써 최초의 전기 증폭기가 탄생했다. 세 개의 활성 전극이 있는 드 포레스트의 진공 증폭기는 후에 트라이오드로 진화하였으며, 이후 반세기 이상 대부분의 전자 기기 개발에 중심 역할을 하였다.

드 포레스트는 자주 특허 분쟁에 휘말렸으며 여러 건의 소송으로 그 동안 번 돈을 써버렸다. 오디온 진공관은 플레밍 진공관과 너무 유사해 수십 년간 소송이 뒤를 이었다. 1943년 미국 대법원은 처음에 플레밍의 편을 들어 주었으나 법적인 절차로 플레밍의 특허가 무효라고 판결하였다. 1946년 드 포레스트의 트라이오드가 그 당시 명성을 날리던 전기공학자 협회에서 주는 에디슨 메달을 수여하면서 일반인에게 드 포레스트가 발명한 발명품의 중요성이 알려졌다. **TB**

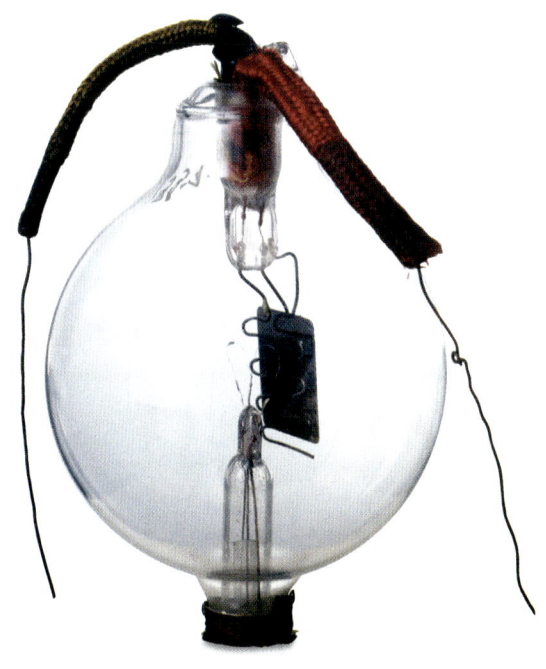

참고: 백열전구, LED, 반도체 다이오드, 트랜지스터, 진공관 다이오드

↗ 라디오 발전에 있어 중요한 역할을 담당한 트라이오드는 약한 전기 신호를 증폭시킬 수 있었다.

"라디오 방송으로 무엇을 하였느냐?
당신은 라디오 방송의 가치를
떨어뜨렸다."

리 드 포레스트, '시카고 트리뷴', 1946년

# 소나
## (1906년)

닉슨이 해상에 있는 물체의 정확한 위치를 나타내기 위해 메아리를 사용하다.

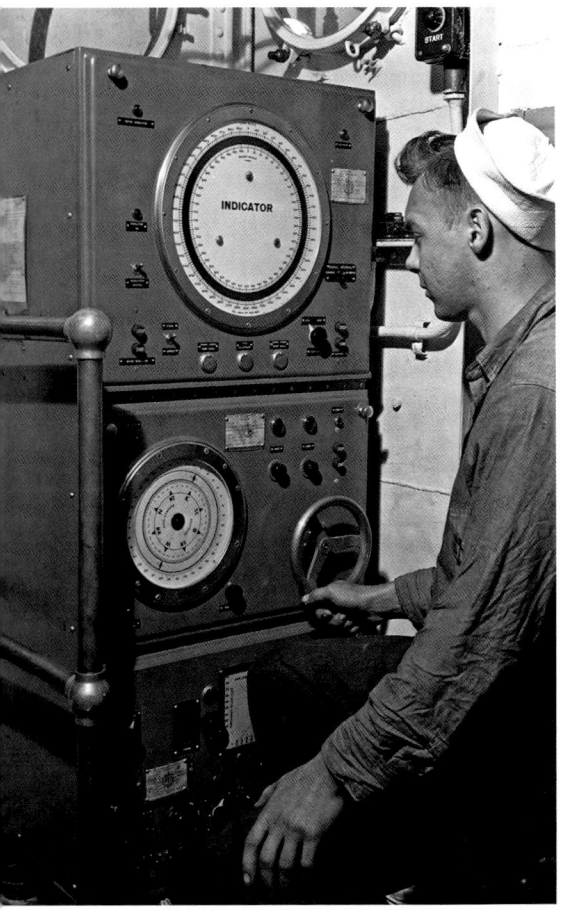

소나는 근처 선박이나 수중 장애물을 탐지하기 위해 선박에서 폭넓게 사용하고 있는 기법이다. 소나라는 용어는 제2차 세계대전 중 미국인들이 만들었다. 영국 또한 ASDICS(Anti-Submarine Detection Investigation Committee)를 소나라고 부른다.

소나의 두 가지 주요 유형으로는 능동형과 수동형이 있다. 능동형 소나는 스스로 음파를 내어 반사 펄스가 선박으로 되돌아오는 데 얼마나 오래 걸리는지 측정한다. 또한 음파 발생기와 수신기가 끊임없이 회전하며 메아리를 발생시킨 물체의 방향을 찾아낸다. 만약 반사체가 멀리 있으면 능동형 소나에서는 보다 낮은 주파수를 사용한다. 수동형 소나는 소리의 전송 없이 소리를 측정한다. 최초의 소나 장치는 군대에서 사용되고 있던 수동형 소나 장치였다.

미국 조선 행정관 루이스 닉슨(1861~1940)이 소개한 수동형 소나 시스템은 초기에 빙산을 찾는 데 사용되었으며 나중에는 잠수함이 항해할 때 내는 소리를 수신하는 데 사용되었다. 1912년 4월 타이타닉호의 침몰과 제1차 세계대전 중 해군 활동으로 능동형 소나 개발이 가속화되었다. 제2차 세계대전까지 모든 선박은 소나를 장착하였다.

소리의 속도는 물의 온도 및 염분의 영향을 받기 때문에 소나 시스템은 복잡한 구조를 띠고 있다. 한편 어선의 경우 얕은 곳의 물고기를 감지하기 위해 소형 소나 시스템을 사용하고 있다. **DH**

> "시를 출판한다는 것은
> 그랜드 캐니언 아래로 장미 꽃잎을
> 떨어뜨리고 메아리를 기다리는 일과 같다."
> 돈 마퀴스, 미국 해학가, 저널리스트, 저자

**참고:** 레이더, 잠수함

◪ 제2차 세계대전 중 PC-488을 추적하는 미국 잠수함에 탑승한 소나병.

# 방향 지시등
## (1907년)

더글라스-해밀턴이 자동 신호를 개발하다.

방향 지시등은 현재 모든 차량(자동차 및 오토바이 등)이 사용하는 표준 기능이다. 방향 지시등은 충돌사고를 사전에 방지할 목적으로 운전자가 의도한 방향으로 운송 수단을 이동하겠다는 사실을 알리는 필수 장치이다. 방향 지시등이 발명되기 이전, 운전자는 차의 방향을 돌릴 때 어느 방향으로 운전하겠다는 신호를 다른 운전자들에게 손으로 알려야 했다.

1907년 퍼시 시모어 더글라스-해밀턴은 최초의 자동 방향 신호기를 특허로 등록하였다. 그의 소위 '운송 수단의 의도된 움직임을 알려주는 장치'는 그 당시 사용되었던 수동 신호를 흉내내기 위해 손 모양으로 제작되었다. 그로부터 몇 년 후인 1925년 에드윈 A. 왈츠 주니어가 현대식 방향 지시등을 특허로 등록하였지만 당시 자동차 제조사들의 관심을 끌지는 못했다.

전기 방향 지시등을 상업용 자동차에 처음으로 부착한 회사는 뷰익이었다. 뷰익은 안전 기능을 내장한 이 장치를 1938년에 소개하였으며 방향 지시등을 "등이 깜빡 대는 방식의 방향 지시"라고 광고하였다. 스티어링 칼럼에 위치한 스위치를 운전자가 간단하게 누르면, 운송 수단의 후방에 위치한 번쩍이는 방향 지시 화살표에 불이 들어왔다. 1940년 뷰익은 일정 시간 후 방향 지시등이 자동으로 꺼지는 기능을 개발하였다.

그때 이후로 전기 방향 지시등의 디자인 및 기능은 사실상 변한 것이 없다. 대부분의 현대식 자동차는 전방과 후방의 모서리 부분에 방향 지시등이 설치되어 있다. 황색 지시등 불빛은 또 다른 개선사항으로, 눈부신 햇살에서도 신호를 볼 수 있게 해준다. 스티어링 칼럼에 탑재된 레버를 위나 아래로 움직여 오른쪽 방향 전환 신호나 왼쪽 방향 전환 신호를 작동시킬 수 있다. 지시등은 분당 60번에서 120번 사이의 비율로 깜빡인다. **HI**

참고: 액셀러레이터, 클러치, 자동차 기어, 스티어링 휠, 윈드쉴드 와이퍼

# 합성 세제
## (1907년)

헨켈이 분말 세제를 소개하다.

1907년 헨켈社는 퍼실(세계 최초의 자동식 세제)을 출시하였다. 이 새로운 유형의 분말 세제는 비비거나 표백하지 않고도 잘 지워지지 않는 옷의 얼룩을 의류에서 제거할 수 있도록 해주었다.

프리츠 헨켈(1848~1930)과 그의 사업 파트너는 1876년 독일 아헨 지역에 헨켈 & 키社를 설립하였으며 규산염을 원료로 한 범용 세제를 시장에 최초로 출시하였다. 1905년에는 헨켈의 막내 아들이 회사에 합류하여 세척, 표백, 과산화물의 화학에 대해 연구하기 시작하였다.

퍼실은 브랜드화된 초기 제품 중의 하나였다. 퍼실이라는 이름은 세제의 두 원료 이름인 과붕산염과 규산염을 따서 만들어졌다. 퍼실이 상업적으로 큰 성공을 거두었지만 합성 세제의 개발은 지방과 오일 공급을

> "내가 TV를 볼 때 그 남자가
> 내게 다가와 셔츠가 세제로 얼마나
> 하얗게 될 수 있는 지 말하네."
>
> 롤링 스톤즈, '세티스팩션'

확보하려고 과학자들이 대체 원료를 찾기 시작한 제1차 세계대전까지 시도되지 않았다.

1946년에 출시된 합성 세제는 심하게 더럽혀진 의류를 더욱 깨끗이 세탁할 수 있도록 해주었다. 자동 세탁기를 위한 세제는 1950년대에 소개되었으며 효소를 사용한 최초의 분말 세제는 그로부터 10년 후에 출시되었다. 1980년대 식기 세척기의 출현은 완전히 새로운 종류의 세제를 탄생시켰다. **HI**

참고: 드라이 클리닝, 물비누, 비누

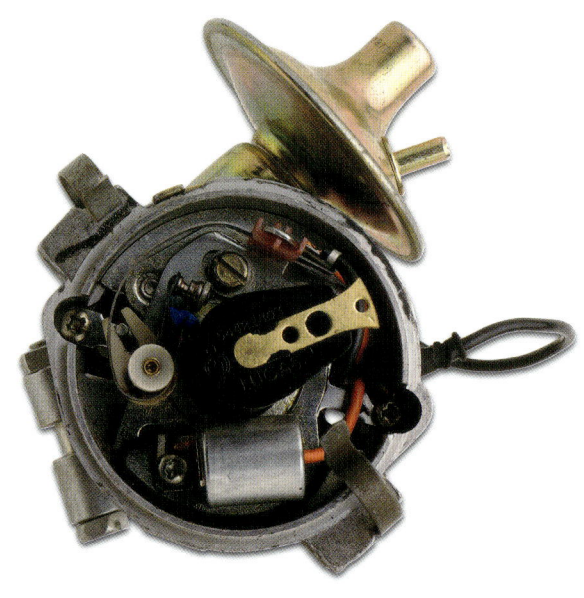

# 배전기 (1907년)

켄트가 점화 장치를 개발하다.

30세의 나이로 황폐한 공장에서 배터리를 제조하던 미국인 발명가 아서 애트워터 켄트(1873~1949)는 전기 및 기계 기구에 빠져 있었다. 그의 공장은 바닥의 갈라진 틈이 너무 커서 쓰레받기가 필요 없을 정도였다.

그는 벌어들인 돈으로 자동차를 구매한 후 해당 차를 수리하면서 자신의 점화 장치 개발에 대한 영감을 얻었다. 점화 장치는 엔진의 필수 부품으로 점화 코일은 자동차 배터리의 12볼트를 점화 플러그의 불꽃을 생성하는 데 충분한 수천 볼트로 승압시키는 역할을 한다. 점화 장치는 고전압 변압기처럼 작동하며, 메탈 코어 주변에 감긴 주 코일 및 보조 코일로 이루어져 있다.

주 코일은 보조 코일보다 적은 횟수로 회전하며 회로가 끊어지면 주 코일의 자기장이 사라진다. 코일의 고전압은 점화 플러그로 보내지기 전 실린더에 정확히 분배될 필요가 있다. 이것은 실린더마다 한 번씩 접촉하여 전기를 배포하는 회전 메커니즘으로 수행된다.

켄트는 자동차 점화 장치의 필수 요소인 이 메커니즘을 1907년에 생각해냈다.

그가 개발한 점화 장치는 독창적이었지만 켄트가 실제로 돈을 번 사업 부문은 라디오 제조였다. 그의 공장에 방문한 방문객들은 특수 창문을 통해 애트워터 켄트 상표 도금에 사용하려고 용해시킨 금괴를 구경할 수 있었다. **LS**

참고: 4행정 사이클, 불꽃 점화, 점화 플러그, 2행정 엔진

⬆ 초기 자동차 엔진 점화 장치의 배전기.

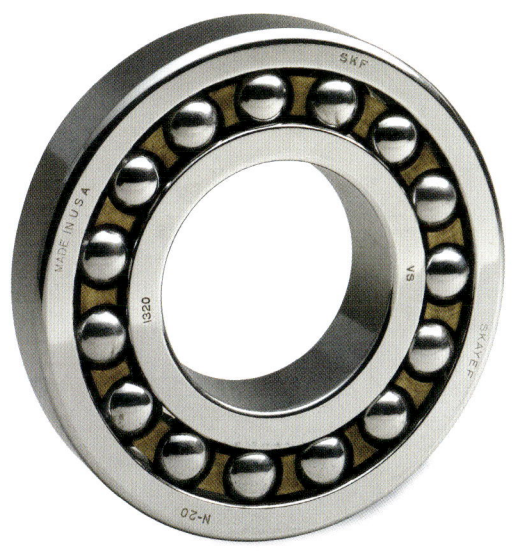

# 자기 정렬 볼 베어링 (1907년)

윙키스트가 기계적 움직임을 부드럽게 하다.

베어링의 원리는 기자 지역의 피라미드만큼 오랜 기간 동안 존재해왔다. 피라미드 건축자들은 두 물체 사이의 움직임을 부드럽게 해주는 베어링의 원리를 사용하여 널판지 밑에 둥근 나무 줄기를 위치시켜 무거운 짐을 운반하였다.

초기 베어링은 서랍을 열고 닫는 것처럼 일직선의 움직임만을 허용하였으며 나무, 돌, 사파이어, 유리로 만들어졌다. 그러나 기술이 발달함에 따라 기계적 움직임을 더욱 부드럽게 해줄 수 있는 개선된 베어링의 필요성이 대두되었다.

1907년 스웨덴인 스벤 윙키스트(1876~1953)는 다수의 각접촉 자기 정렬 볼 베어링으로 특허를 취득하였다. 베어링은 더 낮은 마찰력을 위해 강철로 만들어졌으며 2열의 궤도로 이루어졌다. 윙키스트의 회전식 디자인은 초기의 베어링 디자인보다 구조적으로 우수하였으며 바퀴 축에서와 같이 센터 주위의 움직임을 가능하게 해주었다. 자기 정렬 볼 베어링은 모든 회전

베어링 중 마찰력이 가장 낮았기 때문에 베어링이 고속으로 움직여도 차가운 상태를 유지할 수 있도록 해주었다. 또한 볼 베어링의 자기 정렬 성질 때문에 베어링의 내구력을 낮추지 않고 일부 샤프트 조정 불량을 흡수할 수 있었다. 볼 베어링은 1920년대와 1930년대 기계 문명 시대의 상징으로 여겨졌다.

윙키스트의 회사인 SKF(Svenska Kullager-fabriken AB)는 현재 가장 큰 베어링 제조업체이다. SKF는 기계의 에너지 소비를 30퍼센트까지 낮출 수 있는 에너지 효율 베어링 생산에 기대를 걸고 있다. **FS**

**참고:** 볼 베어링, 액셀러레이터, 카뷰레터, 클러치, 자동차, 자동차 기어

⬆ 크롬 도금 강철로 만들어진 1907년 윙키스트의 자기 정렬 볼 베어링.

# 선외 모터 (1907년)

에빈루드가 보트를 타는 즐거움을 선사하다.

올레 에빈루드(1877~1934)는 선외 모터로 상업적인 성공을 거둔 최초의 사람이다. 그는 1907년 자신의 첫 번째 모터로 1911년 특허를 취득하였으며 1913년경 자신의 회사인 에빈루드 분리 보트 회사를 통해 일년에 1만 개 가량의 선외 모터를 판매하였다.

일부 사람들은 1907년 특허를 취득한 카메론 워터맨이 선회 모터의 발명가라고 생각하고 있다. 1905년 워터맨은 모터사이클 엔진에 프로펠러를 부착하여 노로 젓는 배의 뒷 부분에 장착하였다. 사실 워터맨이 선외 모터를 최초로 발명한 것은 아니다. 1896년경에 이미 아메리칸 모터스社가 '역추진 프로펠러를 탑재한 이동식 보트 모터'를 제조하였다.

오리지널 발명가가 누구이던지 간에, 선외 모터는 배를 타는 즐거움을 선사하였다. 전형적인 선외 모터는 시간당 9마일의 속도(15킬로미터)로 보트를 추진하는

---

"에빈루드 보트 모터는
플라이휠에 위치한 손잡이로 시동을 거는
나무로 된 너클 버스터를 가지고 있었다."

**보트 실용 백과사전**

---

데 이 속도는 노를 젓는 속도보다 대략 세 배 정도 빠르다. 선외 모터는 또한 보트를 조정하는 키로서의 역할을 하며 냉각에 필요한 물을 외부에서 충분히 공급받으므로 엔진의 디자인이 단순하고 비용이 저렴하다. 선외 모터는 내장 모터보다 훨씬 가격이 싸며 한 보트에서 다른 보트로 이동시킬 수 있을 만큼 충분히 가볍다.

50개 이상의 회사가 1910년과 1930년 사이에 선외 모터를 제조하기 시작했으며 1950년대 무렵에는 50만 개 이상의 선외 모터가 매년 판매되었다. **ES**

---

**참고:** 통나무 카누, 제트 보트, 모터 보트, 노 젓는 보트, 키, 돛, 증기선, 증기 터빈

# 셀로판 (1908년)

브란덴베르거가 음식 포장에 혁명을 불러 일으키다.

공기가 새지 않는 특성이 있는 셀로판은 오늘날 음식 포장에서부터 스카치 테이프에 이르기까지 모든 분야에서 사용되고 있다. 셀로판을 발명한 스위스의 직물 기사 자크 E. 브란덴베르거(1872~1954)는 레스토랑 식탁보에 와인을 엎지르는 광경을 목격한 후 직물을 방수 처리할 수 있는 투명한 코팅재를 개발하고자 하였다. 그는 얇은 시트의 비스코스로 의류를 코팅하려고 하였지만 비스코스는 직물을 너무 딱딱하게 만들었다. 비스코스 필름 시트가 의류로부터 쉽사리 분리되었으므로 브란덴베르거는 방수 직물보다는 필름 그 자체가 더욱 잠재성이 있다는 사실을 깨달았다.

셀로판을 만들기 위해 브란덴베르거는 셀러리, 나무, 면과 같은 재료나 대마와 이황화탄소로부터 셀룰로오스 섬유를 추출하여 비스코스를 만든 후 슬릿을 통해 인산 베스로 압출하여 셀룰로오스로 재변환시켰다. 인산은 셀룰로오스를 필름으로 형성하였으며 다음 단계의 처리(예를 들어 세정 및 표백)를 통해 셀로판이 생성되었다. 레이온은 셀로판과 유사한 공정으로 만들어지지만 비스코스가 슬릿이 아닌 구멍을 통해 압출된다.

브란덴베르거는 셀룰로오스에서 'cello'을 따고 프랑스 단어 '드야판'(diaphane, 투명하다는 뜻)에서 'phane'을 따서 이 물질을 셀로판이라고 이름 지었다. 과학자들이 셀로판을 상업적으로 생산하기까지는 그로부터 10년이라는 세월이 걸렸다. 1927년 방수 락커의 발명으로 방습 셀로판이 만들어졌으며 이로 인해 셀로판을 음식 포장에 사용할 수 있게 되었다.

1960년대 이후 포장에 셀로판을 사용하는 비율이 점차 줄어들어 미국에 셀로판을 출시한 듀퐁社는 1986년 셀로판 생산을 중단하였다. 이러한 사실에도 불구하고, 셀로판의 100퍼센트 생물 분해성은 셀로판이 언젠가는 다시 사용될 수 있다는 것을 의미한다. **SD**

---

**참고:** 셀룰로이드, 레이온 셀룰로오스 에스테르, 테이프

# 푸드 믹서 (1908년)

비치가 경량 모터로 주방일의 속도를 높이다.

체스터 비치는 위스콘신의 농장에서 성장하면서 기계를 수리하고 고치기 위한 천부적인 소질을 키워 나갔다. 1900년대 초반 위스콘신 주의 전기 모터 회사에 근무하고 있을 당시 비치는 사업 파트너인 L. H. 해밀턴(Hamilton)을 만났다. 이 두 사람은 밝은 미래를 위하여 '해밀턴 비치 제조 회사'를 설립하였다.

회사에 큰 성공을 가져온 것은 비치가 발명한 경량 고속 모터였다. 비치의 경량 모터는 최대 7,200rpm까지 일정한 속도를 낼 수 있었으며 교류와 직류 모드에서 모두 작동할 수 있었다. 비치의 경량 모터는 푸드 믹서에 사용되어 회사에 큰 성공을 가져다 주었으며 후에 동등한 수익을 벌어다준 음료 믹서 및 다른 기기들에 사용되었다. 1908년 푸드 믹서의 출현은 가정 요리에 혁명을 일으켜 많은 양의 음식을 집에서 빠르게 요리할 수 있도록 해주었다.

해밀턴 비치 제조 회사가 1911년에 출시한 음료 믹서는 시기상 적절한 것이었다. 미국의 의사들은 밀크쉐이크의 건강상 이점을 알리기 시작하였으며 음료 믹서는 곧 미국 가정의 필수 아이템이 되었다. 비치와 해밀턴은 또한 헤어 드라이어, 기타 주방 기구(버터 믹서)를 포함한 다른 전기 가전 제품을 생각해냈다. 해밀턴과 비치의 회사는 해밀턴 비치라는 이름으로 오늘날에도 여전히 사업을 진행하고 있으며 다양한 분야의 제품을 생산하고 있다. **KB**

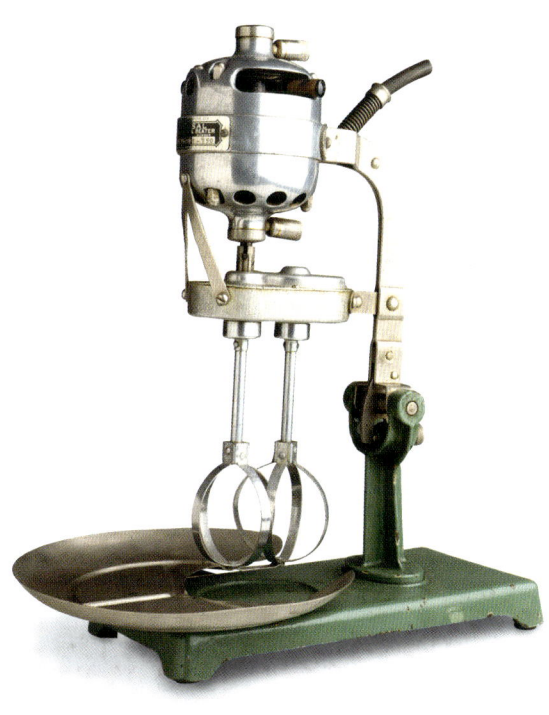

**참고:** 오븐, 압력솥, 전기 스토브, 푸드 프로세서, 전자레인지

↗ 미국 코네티컷주의 랜더스, 프러리, 클락이 제작한 1918년도 푸드 믹서기.

"해밀턴 비치 음료 믹서는
핫도그, 애플 파이, 혹은 야구처럼
전통적인 것을 상징하는 아이템이 되었다."
굿맨의 온라인 쇼핑 카탈로그

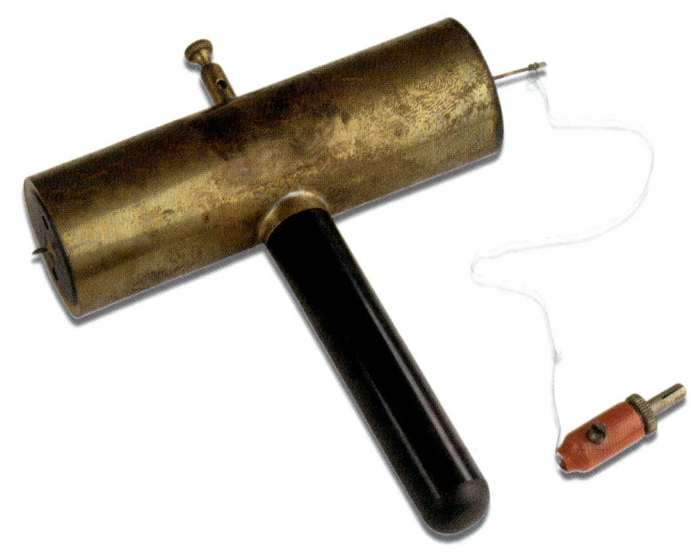

# 가이거 계수기 (1908년)

가이거와 러더퍼드가 방사선 탐지 장치를 발명하다.

1908년 물리학자인 한스 가이거(1882~1945)와 어니스트 러더퍼드(1871~1937)는 맨체스터 대학교에서 이온화된 헬륨 원자를 관찰하던 중 가이거 계수기를 개발하여 섬광 크리스털 계측기로 데이터를 확인하였다. 새발명품인 가이거 계수기는 원통형 황동관(저압 이산화탄소를 포함) 가운데에 축을 따라 들어가 있는 고전압 전선으로 이루어졌다. 하전 입자가 원통형 황동관의 구멍으로 들어가면 입자가 서로 충돌하여 이온화된 $CO_2$ 분자가 검류계에 등록된 중앙 전선의 전압을 변화시켰다. 계수기는 분당 5에서 10의 계수율을 표시할 수 있었다. 헬륨 가스를 사용한 더욱 정교한 감지기 및 사진 전압 표시기가 곧 소개되었으며, 계수율이 분당 1,000 정도로 증가하였다. 1928년 발터 뮐러(가이거의 박사 학생 중 한 명)는 개선된 장치로 전자 탐지를 가능하게 하여 전기적 특성을 개선하였다.

가이거 계수기의 주요한 문제는 입자의 기록 시간과 다음 입자를 기록하기 위한 시간 사이에 데드 타임이 발생한다는 것이었다. 1930년 퀸칭제로 $CO_2$에 에틸 알코올을 추가하여 데드 타임을 크게 감소시킬 수 있었다.

수많은 가이거 계수기가 제2차 세계대전과 종전 이후 핵 무기 산업에 사용되었다. 가이거 계수기는 저렴하고 정확도가 높은 기기로 발전하였다. 가이거 계수기의 딸깍하는 소리는 이온화된 입자 방사선의 존재여부와 세기를 가리켰으며 냉전 영화와 SF 영화의 단골 소재로 자주 등장하였다. **DH**

**참고:** 전자 분광기, 방사선 치료, 분광 광도계

⬆ 제임스 채드윅은 1932년 한스 가이거가 제작한 이 가이거 계수기를 사용하여 중성자를 발견하였다.

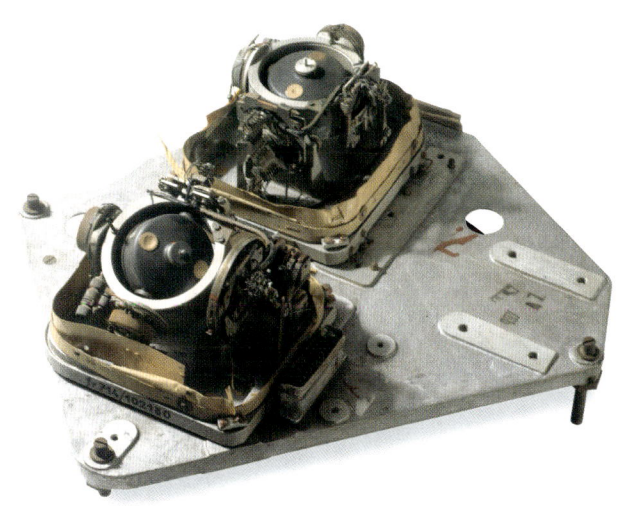

# 회전 나침반 (1908년)

안슈츠-캠페가 항해와 항공술을 개선시키다.

회전 나침반은 기존의 자석 나침반에 비하여 두 가지 훌륭한 장점이 있다. 첫째로 지구의 자남북극이 아닌 실제 자전축의 남북극 방향을 표시한다는 것이며 둘째로 선체의 금속 부품이나 기타 전선 등이 만드는 자기장에 전혀 영향을 받지 않는다는 점이다. 장착된

모터로 빠르게 회전하여 오차를 줄여주는 회전의(회전 바퀴)는 회전 나침반의 주요 부품이다. 회전의는 발생한 오차를 교정해주는 메커니즘으로 오차가 발생할 경우, 회전의 각 운동량과 지구 각운동량 간의 상호작용을 통해 실제 남-북 방향으로 위치를 수정한다.

선박의 회전 나침반은 피칭, 요잉, 롤링계와 분리된 복잡한 세트의 짐벌에 탑재된다. 항공기의 회전 나침반은 빠른 비행기 속도와 이착륙 시 급격한 고도 변화를 고려하여 더욱 복잡한 구조를 갖는다.

독일인 과학자 헤르만 안슈츠 캠프퍼(1872~1931)는 잠수함이 북극의 얼음 아래를 탐사하는 데 필요한 장치를 개발하고자 회전 나침반을 연구하기 시작하였

다. 그는 사촌인 막스 슐러와 협력하여 1908년 독일 해군에게 회전 나침반을 판매하였다.

슐러는 자이로스코프의 진자 주기(지구의 반지름과 동일한 길이의 진자 주기)가 84분이라면 선박의 가속도로 인한 오차가 없어진다는 사실을 발견하였다. 한편 미국인 발명가 엘머 스페리 또한 회전 나침반을 제작하여 특허 분쟁이 있었다. **DH**

**참고:** 아스트롤라베, GPS, 자기 나침반, 자력계

⬆ 이 회전 나침반은 독일 V2 로켓 비행 경로 통제를 위해 1940년에 설치되었다.

# 커피 필터
(1908년)

**벤츠가 커피 제조 과정을 개선시키다.**

밀리타 벤츠(1873~1950)는 단순히 가사일을 줄이기 위해 커피 필터를 발명하여 사업적으로 큰 성공을 거두었으며 그녀의 필터는 전 세계에서 사용되고 있다.

벤츠는 찌꺼기가 들어가지 않게 커피를 타는 방법을 찾고자 했으며 다양한 유형의 필터로 커피를 거르는 실험을 하던 중 자녀들이 숙제에 사용한 압지로 커피를 걸러보았다. 압지를 원형으로 말아 구멍이 있는 금속 컵에 넣은 후 압지 안에 있는 커피 위에 뜨거운 물을 붓자 압지에는 커피 찌꺼기만이 남았다. 1908년 벤츠는 자신의 발명품으로 특허를 신청하였으며 남편과 함께 커피 필터를 알리기 위해 커피 제조기를 생산하는 밀리타 벤츠 회사를 설립하였다. 벤츠는 다음 해 라이프치히 무역 박람회에 커피 제조기를 출품하여 1,000개 이상의 커피 제조기를 판매하였다. 이후 그녀의 회

> "나는 점심에는
> 결코 커피를 마시지 않는다. 마시게 되면
> 오후 내내 깨어 있기 때문이다."
>
> 로널드 레이건, 미국 대통령(1981~1989)

사는 압지를 사용하지 않고 자체 필터를 생산하기 시작하였다. 오늘날 사용되고 있는 필터처럼 벤츠의 커피 필터는 물에 잘 젖지 않았으며 젖어도 갈라지거나 찢어지지 않았다.

밀리타 벤츠社는 이후 필터 백을 개발하였다. 수많은 커피 제조법이 1908년 이후 개발되었지만, 벤츠의 필터링 시스템은 가정에서뿐만 아니라 상업직 출장연회에서도 계속해서 사용되고 있다. **JG**

# 4각 나사못
(1908년)

**로버트슨이 더욱 안전하고 빠른 나사못을 발명하다.**

다칠 위험이 따른다는 것을 공익 광고 만화로 알릴 만큼 가정집 보수 작업은 위험한 작업이다. 정원용 갈퀴를 밟거나 망치로 손가락을 잘못 내리치는 행위는 빈번하게 일어나는 사고 유형이다. 1906년 영업사원인 피터 L. 로버트슨(1879~1951)은 날카로운 나사못 드라이버에 손을 찔린 경험이 있었기 때문에 그러한 유형의 사고를 막을 수 있는 방법을 찾기로 결심하였다. 1908년경 로버트슨은 산업에 혁명을 불러 일으킨 나사못을 제작하였다.

헨리 페트로스키의 책에는 로버트슨이 나사못 디자인을 개선하려고 4각 나사못을 발명했다는 내용이 수록되어 있다. 4각 나사못은 조이는 도중 드라이버가 미끄러지는 위험을 감소시켰다. 전통적인 나사못과 비교해 볼 때 4각 나사못은 이전 제품보다 더욱 세게 조일 수 있으며 한 손으로도 나사못을 돌릴 수 있다는 장점이 있다. 이는 기계공과 기타 숙련공에게 매우 유용하였다. 4각 나사못은 사각의 홈이 있는 단순한 나사못이었다. 4각의 홈은 나사못 드라이버를 나사못에 꽉 끼어 맞출 수 있게 해주었으며 이전 나사못보다 적은 힘으로 더 빨리 나사못을 박을 수 있도록 해주었다. 4각 나사못은 등장한 지 얼마되지 않아 널리 사용되기 시작했다. 일례로 모델 T 포드 자동차는 로버트슨의 나사못을 700개 이상 사용하였다. 1906년 캐나다 사업가인 로버트슨은 4각 나사못 몸통 부분을 나선형으로 제작하여 생산하였으며 덕분에 유명인사가 되었다. **CB**

---

**참고:** 인스턴트 커피, 티백

**참고:** 장도리, 못, 못 제조 기계, 스크루 절단 선반, 유니버설 조인트

# 세탁기
## (1908년)

피셔가 가정집 빨래의 육체 노동을 최소화시키다.

의류를 세탁하는 것은 "미국 가정 주부들의 가장 힘든 일"이라고 불릴 만큼 고된 일이지만 세탁기라는 현대식 기술 덕분에 많은 부분이 해결되었다.

역사에 걸쳐 효율적이고 적은 힘으로 의류를 세탁하기 위한 다양한 장치가 발명되었지만 사용자의 육체 노동은 여전히 필요했다.

1858년 해밀턴 스미스는 특허를 취득하였는데, 이 세탁기는 현대식 세탁기로의 발전을 위한 첫 번째 단계였다. 스미스의 세탁기 외에도 여러 종류의 세탁기가 다양한 제조사를 통해서 만들어 졌는데 일부 세탁기는 탈수기와 결합되었다. 초기 세탁기들은 손으로 크랭크를 돌려 작동시켜야 했지만 얼마 지나지 않아 연료 모터나 전기 모터의 형태로 모터가 달린 세탁기를 사용할 수 있게 되었다.

1900년대 초반이 되어서야 헐리社는 알바 피셔 (1862~1947)가 디자인한 '토르'를 최초로 생산하였다. 토르는 대중 시장을 겨냥한 최초의 전기 구동 세탁기였으며 세탁이 진행되는 중 의류가 서로 뭉치지 않도록 해주는 자체 방향 전환 기어박스를 내장했다. 토르는 전기 모터에 물을 엎지르면 고장을 일으킬 수 있었다. 또한 모든 가정이 전기를 사용할 만큼 충분한 부자가 아니었기에 인기를 얻는 데 시간이 걸렸다. 전기가 널리 보급됨에 따라 세탁기는 점차 대중화되기 시작하였으며 필수적인 가전 기기로 자리매김 했다. **SB**

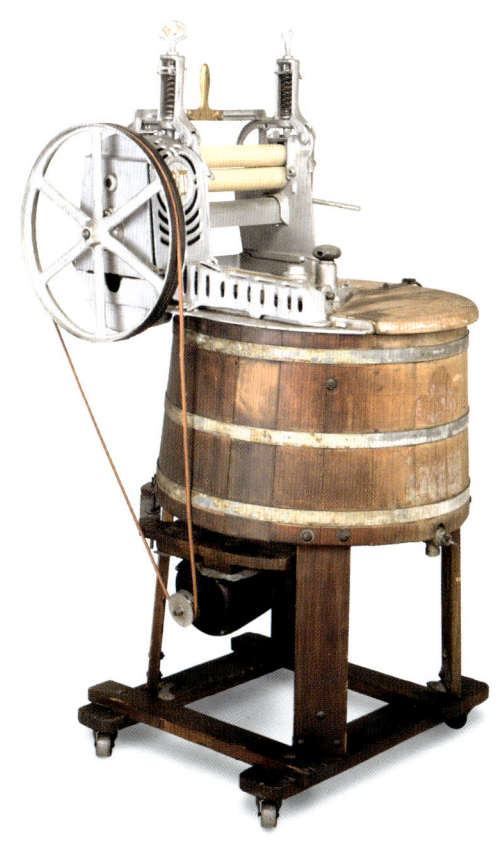

> "기술은 바위에서 빨랫감을 두드리던 사람들이 현대식 사각 세탁기로 빨래 할 수 있도록 해주었다."
>
> 리 맥스웰, 세탁기 박물관 소유주

**참고:** 식기세척기, 드라이 클리닝, 전기 모터, 합성 세제

↗ 캐나다 비티 브라더스社가 1920년경에 제조한 전기 구동 가정용 세탁기.

# 하버법 (1908년)

하버가 암모니아를 쉽게 사용할 수 있게 해주다.

1908년 독일의 화학자 프리츠 하버(1868~1934)가 발명한 하버법(하버-보쉬법이라고도 불림)은 20세기 가장 중요한 기술적 진보일지도 모른다. 그 당시 암모니아 생성의 주된 방법은 자연산 칠레초석에서 추출하는 것이었다. 암모니아는 매우 유용한 물질로, 세탁에서부터 화학 비료와 폭약에 이르기까지 여러 범위에서 사용되고 있다. 그러나 칠레 초석은 동굴 벽에 위치해 채굴이 어려웠으며 암모니아를 만들려면 수북하게 쌓인 동물 대변을 대규모로 분해해야 했다. 20세기 초, 전 세계 농업 활동의 증가로 암모니아의 공급이 부족해 공급이 수요를 따라가지 못할 것이라는 우려가 제기됐다. 하버가 발명한 것은 암모니아를 풍부하게 생산할 수 있는 제조 방법이었다. 그는 메탄에서 수소 가스를 추출한 후 대기 중의 질소와 화학적으로 반응시켰다. 이것을 수행하기 위해 촉매(특정화학 반응을 촉진시키는 물질)가 필요했다. 실험 도중 철이 완벽한 촉매제라는 것을 알아낸 하버는 고압으로 질소와 수소를 철이 존재하는 상태에서 혼합하여 많은 양의 $NH_3$(암모니아)를 만들어냈다.

그로부터 2년 후인 1910년 독일인 화학자 카를 보쉬(1874~1940)가 화학 회사인 바스프(BASF)에 재직하던 당시 하버가 발명한 공법을 상용화하였다. 이로 인해 풍부한 양의 암모니아가 독일 산업계에 공급되었다.

1918년 프리츠 하버는 자신의 연구 성과로 노벨 화학상을 받았다. 오늘날 전 세계에서 50억 톤 이상의 인공 비료가 하버법으로 생산되고 있다. **DHk**

**참고:** 다우 법, 프라슈 공법, 오스트왈드 공법, 냉장고, 솔베이 법

# 베이클라이트 (1909년)

베이클랜드가 합성 셸락을 만들다.

소수의 운 좋은 개인들은 역사를 바꾸는 동시에 많은 돈을 벌어들인다. 벨기에 출생 레오 헨드릭 베이클랜드(1863~1944)가 바로 그러한 사람이었다. 그에게는 기회를 포착하는 능력과 프로젝트를 달성할 수 있는 노하우가 있었다.

베이클랜드의 첫 번째 주요 발명품은 인화지의 개선이었다. 1898년 이스트먼 코닥은 75만 달러 이상의 가격으로 베이클랜드의 발명품인 '벨록스'를 구매하였다. 돈 걱정으로부터 자유로워진 베이클랜드는 실험실에서 자유롭게 연구에 몰두하였다. 19세기 후반과 20세기 초반 전기 산업의 성장은 절연체에 대한 수요를 불러일으켰다. 그 당시 가장 큰 수요는 아시아 토종 딱정벌레의 분비물로 만든 천연 수지인 셸락이었다. 셸락은 뛰어난 절연체였다. 베이클랜드는 셸락의 수요는 많지만 공급이 부족하기 때문에 합성 셸락의 발명은 금광

> "합성 셸락의 발명은
> 일종의 사고였다. 원래 나는 플라스틱을
> 개발하려고 했던 게 아니기 때문이다."
>
> 레오 베이클랜드, 벨기에 출신 미국인 화학자

의 발견과 같다는 것을 깨달았다.

베이클랜드는 카페산과 포름알데히드를 혼합하여 셸락처럼 표면에 칠할 수 있거나 원하는 형태로 만들 수 있는 제품을 제조하였다. 베이클라이트라고 이름 붙여진 이 제품은 최초의 완전한 합성 플라스틱이었으며 병 모양의 용기, 컴퓨터 키보드, 전구 스위치, 기타 수많은 일상 품목에 폭넓게 사용되고 있다. **BMcC**

**참고:** 셀룰로이드, 폴리스티렌, 퍼스펙스

# 합성 고무 (1910년)

레베데프가 폴리부타디엔을 합성하다.

수천 년간 파라 고무 나무로부터 유액(라텍스-천연 고무 원료)을 얻기 위해 수액이 채취되어왔다.

1829년 영국의 화학자이자 물리학자인 마이클 패러데이(1791~1867)는 마침내 고무의 화학적 구성을 밝혀냈다. 패러데이는 천연 고무의 기본 화학식을 $C_5H_8$로 파악하고 천연 고무를 구성하는 단위 분자에 아이소프렌이라는 이름을 붙였다. 고무는 중합체(폴리아이소프렌)를 형성하는 많은 아이소프렌 단위로 이루어져 있다.

과학자들은 파라 고무 나무로부터 얻는 천연 고무를 모방하기 위해 실험실에서 폴리아이소프렌을 합성했지만 대부분 실패하였다. 아이소프렌에 싫증을 느낀 과학자들은 부타디엔($C_4H_6$)이 고무와 유사한 합성 중합체 생산에 더욱 적합할 것이라 생각했다. 러시아 화학자 세르게이 레베데프(1874~1934)는 1910년 상트 페테르부르크에서 연구를 수행하던 중, 부타디엔 생성에 에탄올을 사용하고 나트륨으로 중합을 일으켜 폴리부타디엔, 즉 최초의 인조 고무를 생산하였다. 1940년대 구 소련에는 세계에서 가장 많은 합성 고무 회사가 있었다.

BR(butadiene rubber)이라고 하는 폴리부타디엔의 발견은 합성 고무 산업에 불을 붙였다. 다른 합성 고무들이 BR의 뒤를 이었는데 1930년대에는 SBR(styrene-butadiene rubber)이, 1940년대에는 SR(silicone rubber)이 발견되었다. 1960년대 말에는 합성 고무가 천연 고무보다 많이 사용 되었으며 오늘날에는 생산량과 사용량에서 합성 고무가 천연 고무를 능가하고 있다. 이 모든 것이 고무를 합성하는 방법을 우리에게 알려준 레베데프 덕분이다. **RBk**

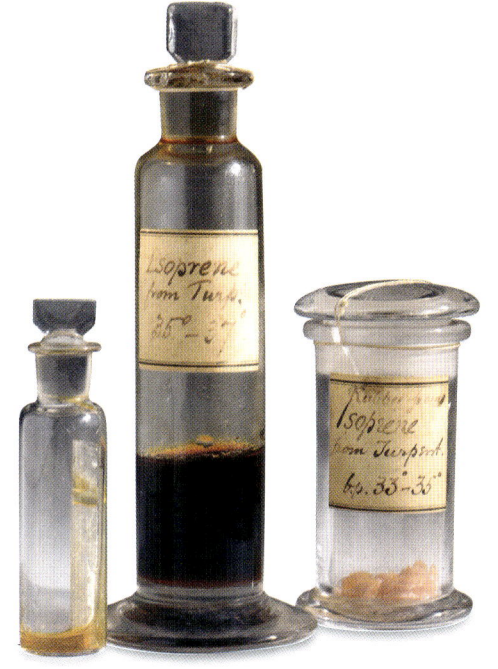

**참고:** 네오프렌, 고무 밴드, 고무 장화, 실리콘 고무

↗ 이 용기들은 합성 고무를 만드는 과정을 보여주고 있는데, 아이소프렌이 테레빈과 합성되고 있다.

"한 무리의 조수들보다
한 개의 연필과 고무가
사고의 정리에 더 큰 도움을 준다."

테오도르 아도르노, 철학자 겸 음악학자

# 연료 분사 (1910년)

**애덤스 파웰社가 초크를 없애버리다.**

구형 자동차에 시동을 걸어본 적 있는 사람이라면 초크가 작동시키기 번거로운 장치라는 것을 알 것이다.

초크를 너무 많이 잡아 당기면 엔진에서 기름이 넘쳐 흐르고, 충분히 잡아당기지 않으면 엔진이 점화되지 않는다. 이러한 현상으로 인해 자동차 엔지니어들은 카뷰레터를 사용하지 않아도 되는 방안을 강구하였으며 그 결과 연료 분사를 발명하였다.

현재 모든 자동차에 일반적으로 사용되고 있는 연료 분사는 엔진의 연료 공기 혼합비를 적절한 레벨로 유지하는 자동적이고 정확한 방식이다. 현대식 컴퓨터 시스템은 급가속과 같은 빠른 조작 변화에 반응하는 정밀 센서 및 게이지를 사용하여 특정 지점에 공급되어야 하는 연료량을 결정한다. 그리고 난 후 연료 분사기가 스프레이 방식으로 압축 연료를 엔진에 분사한다. 아이오와 주 더뷰크 지역의 애덤스 파웰社가 개발한 최초

---

> "제 차에 새 엔진을 달았는데 쓰던 엔진을 제거하는 일을 잊었습니다. 지금 제 차는 무려 시간당 500마일의 속도로 달릴 수 있습니다.."
>
> 스티븐 라이트, 코미디언

---

의 연료 분사 시스템은 이러한 연료 분사 원리를 기계적으로 구현하였다.

연료 분사는 자동차 디젤 엔진에 사용하기 위해 설계되었으나 전쟁 기간 중 항공기에 최초로 사용되었다. 그러나 1950년대 중반까지도 스파크로 점화하는 가솔린 엔진에 연료 분사 기법을 사용할 필요성이 심각하게 고려되지는 않았다. **CL**

# 레이온 (1910년)

**아메리칸 비스코스社가 인조 실크를 생산하다.**

아마를 직물 섬유로 사용한 최초의 기록이 발견된 기원전 5000년경부터 면, 울, 실크에 이르기까지, 인류는 길고 유연한 물질을 섬유로 만들고자 하는 의지를 관철시켜왔다.

1655년 영국인 과학자 로버트 후크가 젤라틴 물질로 인조 실크를 만든든 법을 최초로 제안하였지만 사람들이 인조 실크의 가능성을 깨닫는 데는 200년의 세월이 걸렸다. 1895년 스위스 화학자 조르주 오데마스는 뽕나무 껍질로 만든 펄프와 고무를 혼합하였다. 그는 이 물질에 바늘을 써서 인조 실크 섬유를 뽑아낼 수 있었다. 그의 공법은 각 섬유 가닥을 만드는 데 오랜 시간이 소요되었으므로 실용성이 떨어졌다. 1884년 프랑스 화학자 샤르도네는 오데마스가 사용한 방법을 개선하여 '샤르도네 실크'로 특허를 취득하였다. 1899년 샤르도네 실크는 파리 만국 박람회에 센세이션을 불러 일으켰음에도 불구하고 높은 가연성과 가격 때문에 성공하지 못했다.

다양한 회사들이 인조 실크를 생산하려고 노력하였지만 1910년이 되어서야 비로소 아메리칸 비스코스社가 인조 실크 상용화에 성공하였다. 1920년대 실크의 절반 가격으로 인조 실크를 구매하는 것이 가능하였으며 1924년부터는 레이온이라는 말이 인조 실크 섬유를 지칭하게 되었다. 레이온은 셀룰로오스에서 발견된 중합체를 활용하여 만들어지기 때문에 여러 쓰임새로 사용되며 천연 섬유와 유사한 속성을 띤다. 레이온은 나일론 같은 현대식 섬유와는 다르게 몸에 들러붙지 않아 더운 날씨에 입는 의류에 적합하다. **DHk**

**참고:** 의류, 직물, 나일론

➡ 1948년 7월 레이온의 기반이 되는 셀룰로오스 혼합물 샘플의 내용물을 분석가가 테스트하고 있다.

**참고:** 카뷰레터, 디젤 엔진, 자동차, 불꽃 점화, 스타터 모터

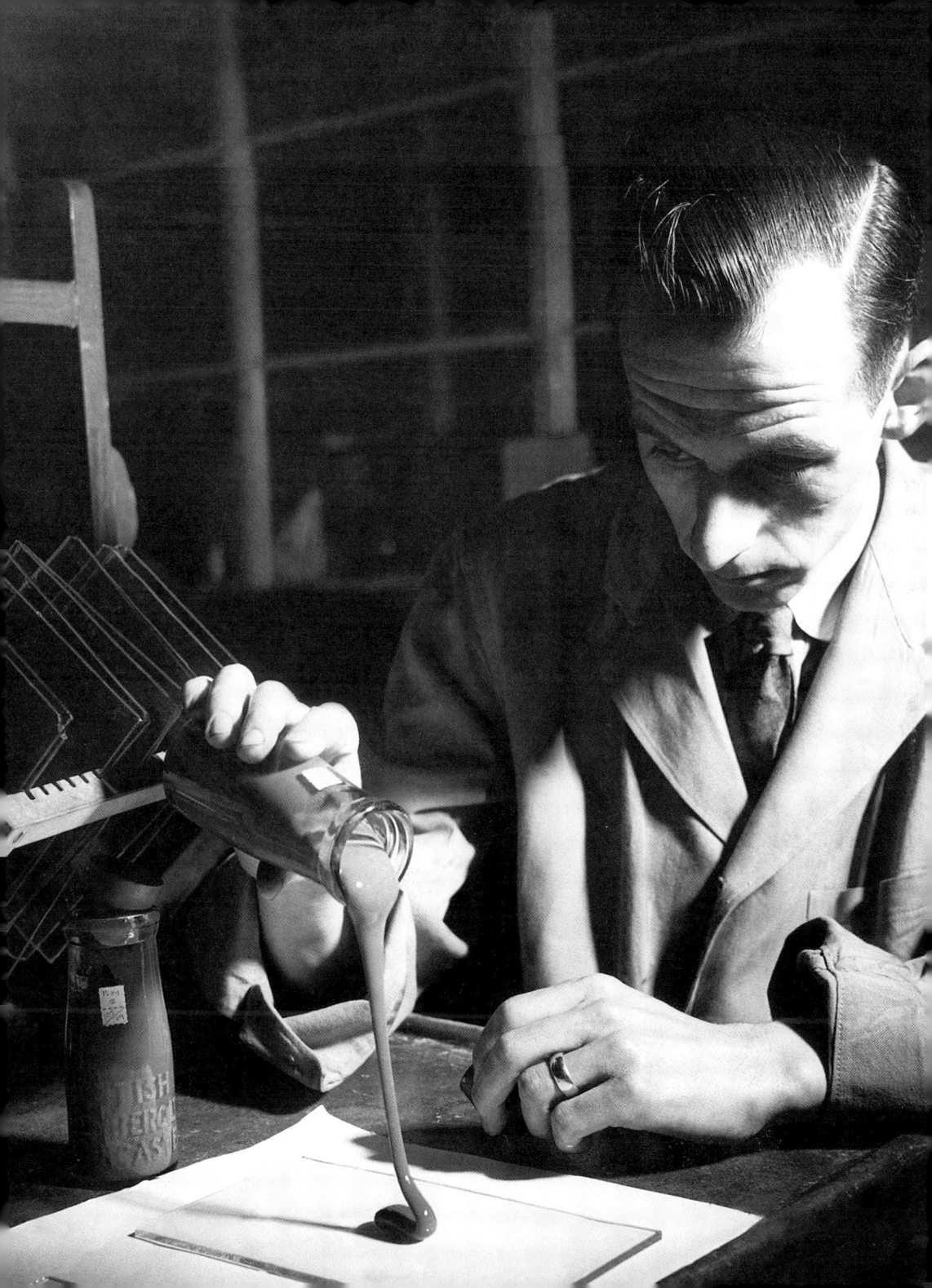

# 알루미늄 호일
## (1910년)

J. G. 네어 & 선즈社가 새로운 포장 재질을 개척하다.

1910년 스위스 크로이츠링엔의 라인폭포 하류에 위치한 호일 압연 공장에서, 주조된 알루미늄 시트를 수없이 압연한 결과 알루미늄 호일을 생산하는 방법이 개발되었다. 그 공장은 알루미늄 제조사인 J. G. 네어 & 선즈社의 소유였다.

이 회사는 순수한 알루미늄 시트를 무거우면서 폭의 조절이 가능한 두 개의 롤러 사이에 위치시킨 후 안으로 밀어넣는 실험을 했다. 시트는 롤러를 계속해서 통과하였으며 의도한 호일 두께가 될 때까지 점점 더 얇아졌다. 초기에 알루미늄 호일은 담배와 과자 포장지로 사용되었는데 산소와 빛을 차단하여 박테리아의 성장을 억제하여 포장과 식료품 보존에 사용되던 주석을 대체하였다. 한편 알루미늄 호일에 색상이나 문양을 인쇄하는 기술도 점차 발전했다.

19세기 전반에 걸쳐 알루미늄은 귀금속으로 인식되었다. 실리콘과 산소 다음으로 세계에서 가장 풍부한 원소임에도 불구하고, 자연에서 순수한 형태를 얻을 수 없었기 때문에 값비싼 방법으로 추출해야 했다. 1886년에 발견된 전해환원은 처음으로 순수한 알루미늄의 분리를 가능하게 해주었으며 알루미늄의 가격을 낮추는 데 기여해 순수 알루미늄의 생산률이 높아졌다.

1940년대 에리놀즈 랩 알루미늄 호일社는 한 영업이사가 추수감사절 칠면조 포장에 호일을 사용해본 경험에 착안하여, 마케팅을 전개했으며 이후 미국 전역의 가정에 알루미늄 호일이 보급되었다.. **BS**

# 적외선 사진
## (1910년)

우드가 전자기 스펙트럼의 비밀을 밝히다.

전통적인 사진은 가시광선과 건판 또는 필름의 상호작용으로 화상을 생성한다. 가시광선이 전자기 스펙트럼의 작은 영역에 포함되어 있기 때문에, 스펙트럼 내에서 가시광선의 옆에 위치한 적외선 혹은 자외선으로도 사진을 만들 수 있는 가능성은 존재했다.

1910년 로버트 W. 우드(1868~1955) 교수는 최초의 적외선 이미지를 촬영하여 현상하였다. 우드는 적외선을 제외한 모든 빛을 제거하기 위해 카메라 렌즈 앞에 필터를 사용하였으며 적외선에 민감한 필름을 사용하였다. 이 기법은 노출 시간이 오래 걸리기 때문에 초기에는 풍경 사진에 사용되었다. 적외선 촬영에서는 엽록소가 많은 양의 적외선을 반사해 잎이 밝은 흰색으로 나타나는 반면 파란색 하늘은 거의 검정색으로 나타난다.

"우드는 스펙트럼의 양 끝에 존재하는 두 개의 새로운 세상을 우리에게 알려 주었다."

로빈 윌리엄스 교수, 호주 RMIT 대학교

적외선 사진은 물의 깊이와 수중 장애물의 존재를 알 수 있도록 해주므로 항공 측량 및 군사 작전에 사용된다. 또한 산림 측량에서는 침엽수와 낙엽수를 구분하기 위해 사용된다. 식물학자들은 적외선 사진을 사용하여 식물의 질병에서 발생하는 착색과 세포 구조 변화를 관찰한다. 천체 물리학자는 적외선 사진으로 멀리 떨어진 은하를 관찰하여 새로운 별을 발견한다.

손상된 문서를 검토하는데도 적외선 및 자외선 사진이 사용되고 있다. **HP**

---

참고: 홀-헤로울트 공법, 아노다이즈드 알루미늄, 카보런덤, 테트라팩, 용접

참고: 컬러 사진, 카메라 복합렌즈, 키네마토그래프, 사진 필름, 사진

# 폭뢰
(1910년)

테일러가 최초의 효율적인 대잠수함 무기를 개발하다.

제1차 세계대전은 전쟁에서 처음으로 잠수함이 중요한 역할을 수행한 시기였으며, 이로 인해 대잠수함 무기의 필요성이 대두되었다. 잠수함에 대적하기 위해 '강하기뢰' 충격파를 사용하자는 아이디어가 1910년 영국 해군에서 논의되었지만, 실제 전쟁에 사용된 것은 1914년 최고 사령관 조지 오캘러헌(1852~1920)이 폭뢰의 생산을 요청한 시점부터였다.

1915년 허버트 테일러가 영국 포츠머스의 HMS 버논 어뢰 및 기뢰 학교에서 개발한 'D 타입'은 실질적인 최초의 폭뢰였다. 이 폭뢰는 강철 드럼통 모양으로, 미리 지정된 지점에서 폭발했다.

초기의 폭뢰는 단순히 공격선의 선미에 위치한 랙을 해제하여 바닷속으로 투하되었다. 이 투하 방법은 간단하고 효율적이었지만 문제점이 있었다. 잠수함의 선체를 파괴시키기 위해서는 표적 잠수함의 16피트(5미터) 내 거리에서 폭뢰가 폭발해야 했다. 이로 인해 공격 중 누적된 피해로 인한 손실이 많았다.

공격선과 잠수함의 근접한 거리로 인해 잠수함은 종종 공격을 사전에 감지할 수 있었으며 공격을 피하기 위해 잠수하여 그 지역을 빠져나갈 수 있었다. 이 문제를 해결하기 위해 폭뢰가 더 빨리 가라앉을 수 있도록 유선형으로 설계 되었으며 비행기에서 투하하기 쉽게 폭뢰의 추진 장치도 개발되었다.

폭뢰는 최근에 '헷지호그'나 자동추적 어뢰와 같이 전방으로 발사되는 장치로 대체되고 있지만 여전히 현역에서 활용되고 있다. **RP**

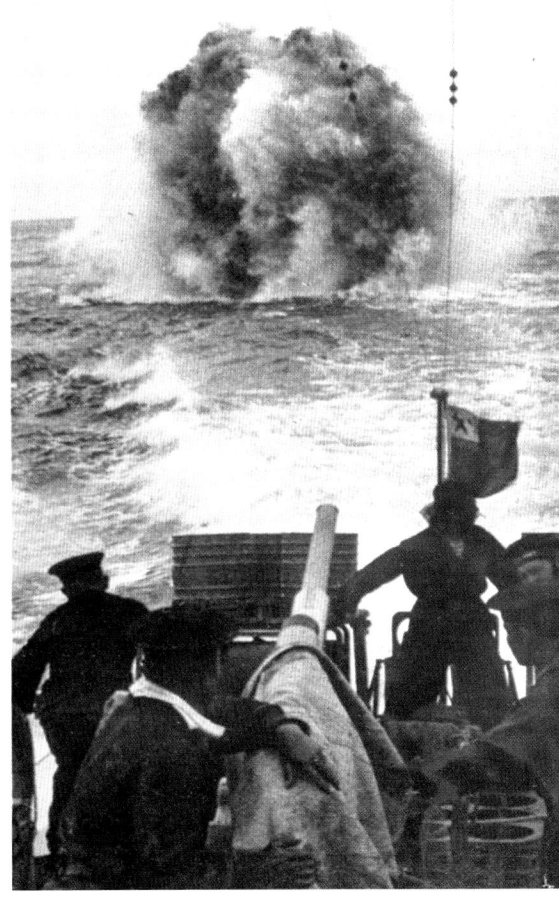

참고: 잠수함, 잠수정

↗ 제2차 세계대전 중인 1941년 11월 독일 파워 유보트에게 폭뢰를 발사하고 있는 러시아 해군.

"폭뢰는
미국의 관심을 이끌어 낸
성공적인 장치였다."
크리스 헨리, 해군 화력 박물관

# 네온등
## (1910년)

클로드가 비활성 가스로 세계를 밝히다.

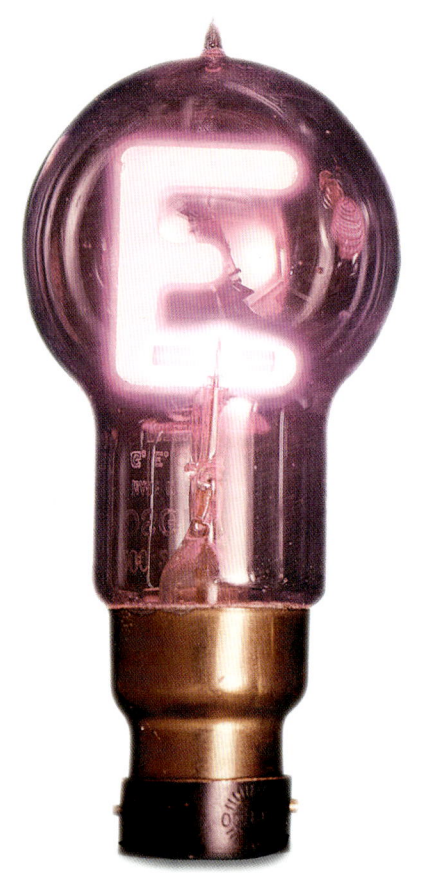

1878년 에디슨과 스완이 전구를 발명하자 전구의 디자인과 성능을 개선하려는 경쟁이 진행되었다. 프랑스 화학 엔지니어 조르주 클로드(1870~1960)는 병원과 용접 부문에 사용할 목적으로 공기에서 산소를 추출하는 발명품에 대해 연구하던 중 다른 원소와 반응하지 않는 비활성 가스(헬륨, 아르곤, 크립톤, 크세논, 라돈, 네온)를 발견하였다.

백열 전구의 완성도를 높이려는 경쟁에 관해 알고 있던 클로드는 낮은 압력에서 서로 다른 비활성 기체를 포함한 관에 전류를 통과시키는 실험을 수행하였다. 1902년 그는 아주 적은 전류로 강렬한 오렌지 빛을 생성하는 네온 가스를 발견하였다. 네온 가스가 만들어내는 불빛의 강도는 그에게 깊은 인상을 주지 못한 반면 광고 대행업자인 자크 퐁세크는 네온 가스의 잠재력을 알아봤다. 그리하여 두 남자는 유리관 형태로 다양한 색상을 만들 수 있는 네온 사인을 제조하기 시작하였다. 1910년 클로드가 파리의 대중에게 최초의 네온등을 공개하였다. 1912년 클로드와 퐁세크는 파리의 이발소에 처음으로 네온사인을 판매하였으며 제1차 세계대전 직후인 1919년에는 파리 오페라 하우스의 입구 위에 거대한 네온 사인을 설치하였다.

네온등은 미국에서 더욱 성공을 거두었다. 1923년 클로드의 공장에서 제작한 최초의 네온 사인은 로스앤젤레스의 자동차 판매점을 위한 광고에 사용되었다. 1927년경 뉴욕에는 750개의 네온 사인이 있었다. 1930년대 대공황이 오기 전 몇 년 동안 네온 불빛은 미국의 화려함과 사치의 상징이 되었다. **EH**

"네온등의 번쩍임이 밤의
어둠을 가르며 침묵의 소리를
감싸안았다네."
폴 사이먼, "침묵의 소리"

**참고: 아크등, 아르강 램프, 형광등, 가스등, 백열등, 할로겐 등**

◪ 네온등은 1910년 파리의 대중에게 최초로 공개되었다. 이 초기 네온등은 1922년경 제조되었다.

# 시동 모터
## (1911년)

케터링이 자동차 운전에 필요한 일부 노동을 없애다.

시동 모터가 발명되기 전에는 시동을 걸기 위해 엔진의 크랭크를 수동으로 돌려야만 했다. 때때로 엔진 시동이 꺼져 다른 자동차 운전자에게 피해를 입히기도 하였다.

자동 시동 모터에 대한 아이디어는 사실 발명되기 수년 전부터 제안되었는데, 1903년 클라이드 J. 콜맨이 비실용적인 시동 모터로 특허를 취득한 바 있다. 캐딜락社 설립자인 헨리 리랜드의 친구가 엔진 역화로 시동 핸들에 얼굴을 맞아 사망한 사건을 계기로 실용적인 시동 시스템 연구가 재개되었다.

캐딜락社는 찰스 케터링(1876~1958)의 회사인 DELCO(Dayton Engineering Laboratories)에게 도움을 요청하였다.

케터링은 시동 시 몇초 동안만 작동하면 되기에

> "더 이상 캐딜락 자동차 때문에
> 사람들이 다치지 않을 것이다.
> 우리는 안전한 장치를 개발할 것이다."
> 헨리 리랜드, 캐딜락 자동차社의 설립자

자동 시동 모터가 클 필요가 없다는 것을 깨닫고 시동 모터와 발전기를 결합한 장치를 개발하였다. 자동 시동 모터는 1911년 2월 27일 오버런 클러치와 감속 기어를 장착한 캐딜락에 최초로 설치되어 빠른 엔진 시동에 필요한 충분한 토크를 제공하였으며 시동을 걸면 모터의 작동이 중단되었다. 자동 시동 모터 덕분에 자동차 역사에 혁명이 초래되었다. **MD**

# 배낭 낙하산
## (1911년)

코텔니코브가 파일럿을 위한 안전 장치를 발명하다.

1903년 라이트 형제의 역사적 비행은 전 세계적으로 항공학에 대한 관심을 불러 일으켰으며 에어쇼가 점점 인기 있는 구경거리가 되었다. 러시아 포병학교 졸업생인 글렙 코텔니코브(1872~1944)는 1910년 에어쇼 관람 중 조종사의 죽음을 목격하였다. 이 사고로 그는 그러한 죽음을 예방하는 데 도움을 줄 수 있는 안전 장치를 만들기로 결심했다.

고대 세계에서 이미 낙하산을 사용하였으므로 코텔니코브가 구상한 낙하산이 새로운 아이디어는 아니었다. 낙하산을 조종사의 헬멧 내에 장착했던 초기 시제품은 실패하였지만 코텔니코브는 포기하지 않았으며 마침내 비행기 조종실에서 착용할 수 있는 배낭 낙하산을 고안했다.

그러나 조종사가 위험할 수 있음에도 불구하고,

> "우리의 가장 위대한 영광은
> 절대 실패하지 않는 것이 아니라,
> 실패할 때마다 다시 일어나는 것이다."
> 공자, 중국의 사상가

각국의 군대는 낙하산 보급을 꺼렸다. 처음 보급품에 낙하산을 도입한 것은 1918년 독일군 항공부였다.

오늘날 낙하산은 생명을 구하기 위해서 뿐만 아니라 레크레이션과 오락용으로도 사용되고 있다. 코텔니코브가 처음으로 낙하산을 시험하였던 러시아의 마을은 그를 기리기 위해 1949년 마을 이름을 코텔니코브로 변경하였다. **JB**

참고: 카뷰레터, 디젤 엔진, 4행정 사이클, 자동차, 자동차 기어, 불꽃 점화

참고: 비행선, 글라이더, 열기구, 연, 동력 비행기, 우주 탐사선

# X선 결정학 (1912년)

폰 라우에와 에발트가 결정 원자를 연구하다.

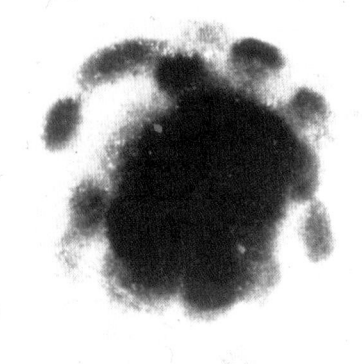

결정(Crystal)이란 소금, 다이아몬드, 석영과 같은 고체로 일정한 순서를 지닌 성분 원자나 분자로 구성되며, 이러한 성분 패턴은 모든 방향으로 동일하게 반복된다. 결정의 원자 배열은 규칙적이며 X선은 무작위로 산란하지 않는 특성 때문에 결정을 관통한 후 각 원자의 핵을 둘러싼 전자의 무리에 의해 흩어진다. 다양한 방향으로 발생하는 X선의 강도와 특정한 산란 각도를 측정하면 결정을 구성하는 원자의 배열 상태를 계산할 수 있다. 이렇게 결정을 구성하는 원자의 공간과 순서에 대해 연구하는 학문을 결정학이라고 한다.

1912년 막스 폰 라우에(1879~1960)와 파울 에발트(1888~1985)는 결정을 구성하는 원자의 규칙적인 배열이 회절 격자 상에 선으로 표시될 수 있다고 주장했다. X선을 섬아연석 결정에 비추었던 라우에는 섬아연석 결정 뒤에 사진 건판을 위치시키면 산란된 X선이 원형의 잔상을 만든다는 것을 알아냈다. 그는 산란 각도를 측정하여 이 결정의 배열 구조를 계산하였다.

그때 이후로 X선은 금속, 화학 약품, 생물학적인 샘플을 검사하는 데 사용되었으며 유기 금속 화학과 초분자 화학 분야에 대단한 진보가 이루어졌다. 도로시 호지킨은 콜레스테롤, 비타민 B12, 페니실린, 인슐린과 등의 원자 구조를 계산하기 위해 X선 결정학을 사용하였다. 오늘날 제약업계는 X선을 여러 분야에서 폭넓게 사용하고 있다. **DH**

> "결정은 절대 기하학에
> 복종한 대수학의 꽃처럼
> 바위 속에서 성장한다."
>
> 앤 딜라드, 미국인 저자

**참고:** X선 사진, X선 망원경, X선관, 방사선 요법

▣ 1912년 막스 폰 라우에가 서명한 X선 회절의 첫 번째 실험.

# 안개 상자 (1912년)

월슨이 전리 방사선을 발견하다.

1894년 9월 찰스 톰슨 리스 윌슨(1869~1959)은 스코틀랜드의 벤네비스 산 정상에 올랐다. 그는 궤적을 그린 구름을 보고 깊은 인상을 받았으며 실험실로 돌아가 자신이 본 것을 재현해보기로 결심하였다. 그 작업은 실험 용기에 인공 구름을 만들었던 공학자 존 에이트킨의 연구 내용에 기반하였다. 에이트킨은 공기에 먼지가 있는 조건에서 수증기를 유리 단지에 넣으면 구름이 형성된다는 것을 알아냈다. 공기 중 물 분자는 먼지 입자를 결정핵 생성 지점으로 간주하여 응결한 후 구름을 형성한다.

단지의 부피를 증가시키면 기압을 낮출 수 있는데, 이 과정에서 수증기가 먼지 위에 응결된다. 윌슨은 또한 먼지가 없어도 수증기로부터 물방울을 만들 수 있다는 것을 발견하였다. 그는 하전 입자 때문에 물방울 응축이 발생한다는 이론을 제기했다. 이 이론을 입증하

> "고향의 고지대에서 보낸 몇 주가
> 내 연구 인생에 있어 가장
> 행복한 나날을 만들어 주었다."
> C. T. R. 윌슨, 1927년 노벨상을 받으면서

려고 윌슨은 X선을 안개 상자에 쏘고 우라늄에도 노출시켰다. 두 가지 경우 모두 방사선으로부터 구름을 형성할 수 있었다.

윌슨은 1912년 안개 상자를 완성하였다. 그는 이온의 궤적을 안개 상자에 남겨 전하 입자의 움직임을 추적하였다. 그가 관찰한 물방울의 궤적을 바탕으로 과학자들은 전자와 헬륨핵의 속성을 연구할 수 있었다. **DHk**

참고: X선 사진, X선관, 전자 현미경

# MDMA(엑스터시) (1912년)

콜리쉬가 항정신성의약품을 우연히 발견하다.

MDMA(3,4-methylenedioxy-methamphetamine)는 원래 독일 약학 회사 머크에 근무하던 안톤 콜리쉬(1888~1916)가 1912년 출혈을 멎게하기 위해 만든 약품의 부산물이었다. MDMA는 1914년 특허로 등록되었으며, 콜리쉬는 그로부터 2년 후, 자신이 발견한 MDMA의 파급 효과가 수 년 내에 가시화될 것이라는 사실을 모른 채 사망했다.

MDMA는 제1차 세계대전 중 식욕 억제제로 개발되었지만 임상 실험이 수행되었는지에 대한 문서는 존재하지 않는다. 또한 1915년 머크社의 직원인 볼프강 프루호스토퍼가 MDMA에 대한 임상 실험을 했는지도 불분명하다. MDMA는 오늘날 우리에게 친근한 이름인 '엑스터시'라는 이름을 갖게 되었다.

오늘날 MDMA는 가장 인기 있고 가장 널리 보급된 기분 전환용 마약 중 하나이다. 불법임에도 불구하

> "나는 누군가에게 마약을 권하고
> 싶지 않지만 나 자신은 항상
> 마약의 기운으로 일해왔다."
> 헌터 S. 톰슨, 저널리스트 겸 저자

고 마약 생산은 650억 달러 이상(2003)의 경제적 가치가 있는 세계적인 산업이다. 마약 생산은 국경을 넘어 마약을 밀매하는 범죄 조직에 자금을 제공한다. 마약의 입수 가능성을 높이고 가격을 낮추기 위해 마약의 순도는 감소되었으며 사용자들은 알려지지 않은 마약을 첨가한 칵테일에 점점 더 빠져들고 있다. **JB**

참고: 헤로인, 리세르그산다이에틸아마이드, 발륨

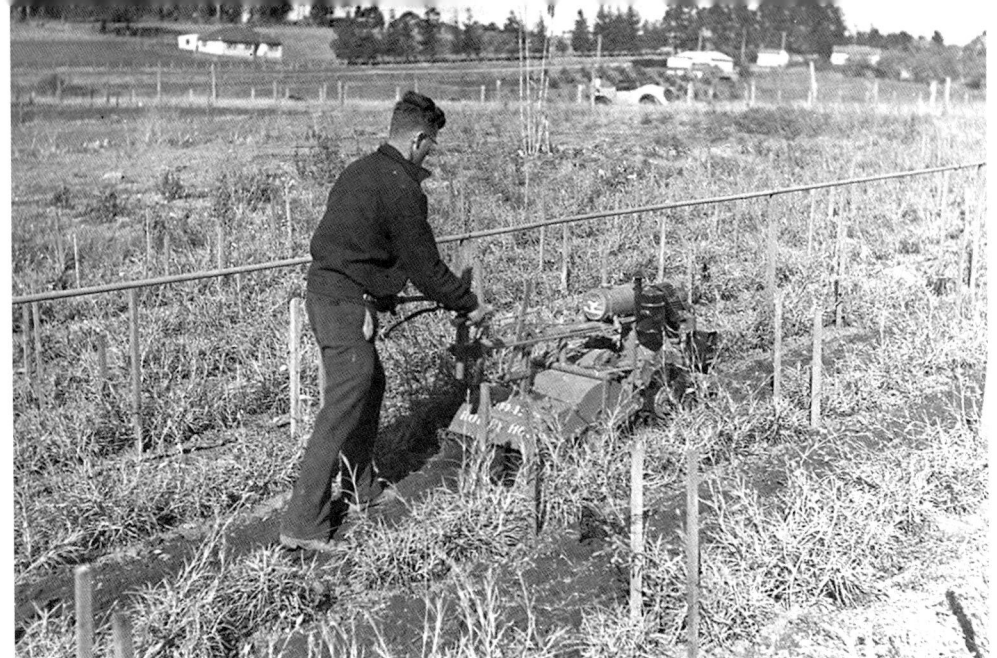

# 로터베이터 (1912년)

하워드가 모터를 장착한 회전식 경운기를 개발하다.

인류는 수천 년간 농작물을 경작해 왔으며 그 시간의 대부분을 땅을 가는 데 사용하였다. 경작과 농업은 1912년 호주의 발명가 아서 클리퍼드 하워드(1893~1971)가 모터를 장착한 경운기를 제작하면서부터 현대식 공법에 한 발 크게 다가섰다.

농부의 아들인 하워드는 호주 뉴사우스웨일즈주의 모스 밸레 지역에서 공학을 공부하였다. 1912년 그는 뉴사우스웨일즈주 길갠드라 지역의 가족 농장에서 주로 경작을 개선하는 기계를 연구하기 시작하였다. 하워드는 쟁기질을 하면 땅이 탄탄해져 비료가 땅에 잘 섞이지 않는다는 것을 알게되었다. 그 당시에도 회전식 경작이 사용되고 있었지만 수동으로 작업해야 했다. 하워드는 수동식 경운기를 아버지의 증기 트랙터에 연결하였다. 이 방법은 쟁기질 기법보다 효율적이었다. 땅을 가는 데 힘이 덜 들었고 토양이 잘 섞여 표면에 곡물 잔류물이 덜 남을 수 있도록 해주었다.

하워드는 자신의 창작물을 특허로 등록한 후 1922년 '오스트랄 자동 경운기 지주회사'를 설립하여 '로터베이터' 라는 상표로 자신의 발명품을 시장에 출시했다. 하워드는 과수원 및 포도원을 포함한 여러 지형에서 사용할 다양한 종류의 내연기관형 회전식 경운기를 계속해서 개발하였다. 또한 잡초를 뽑을 수 있는 기계를 제작하여 세계 시장에 출시했다. 오늘날 로터베이터는 토양 조건을 개량하고 정비하는 작업에 일반적으로 사용되고 있으며 현대식 농업의 높은 수확을 유지하는 데 필요한 기계로 자리잡았다. **sr**

**참고: 볏쟁기, 쿤스톤, 스크래치 쟁기, 파종기, 강철쟁기**

⬆ 하워드가 16세일 때 생각해낸 로터베이터를 사용하고 있다.

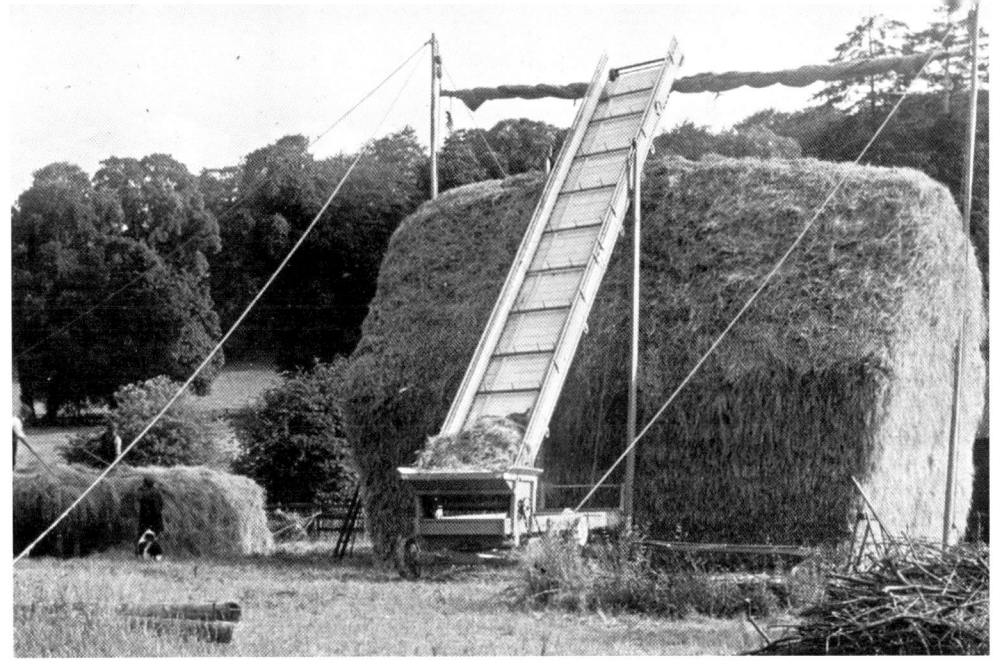

# 컨베이어 벨트 (1913년)

포드가 물체를 운반하는 데 사용할 수 있는 이동식 벨트를 소개하다.

기원전 250년 이래 다양한 종류의 컨베이어가 사용되어 왔다. 아르키메데스의 스크류 펌프는 물을 퍼올리기 위해 사용했던 가장 초기의 컨베이어이다. 체인 버킷을 사용하여 부피가 큰 물체를 운반한 버킷 컨베이어는 15세기 광산업이 태동하던 시기에 이루어진 중요한 기술 혁신이었다.

컨베이어 벨트는 이러한 단순한 기계들을 발전시킨 것이다. 1,700년대 초기 버전은 평평한 나무 침대 위에 놓인 가죽이나 무명 벨트 곡물 자루를 운반하거나 광산업에서 광물을 나르기 위해 사용되었다. 이후 벨트의 성분은 가죽이나 무명에서 고무로 교체되었으며 기계적인 요소들이 도입되었다.

1913년 헨리 포드는 미시간 주에 있는 본인 공장에 컨베이어 벨트로 생산 라인을 구축하였다. 포드의 공장은 다른 공장의 제조 기법에 부품의 상호교환성을 결합하여 자동차 산업에 혁명을 불러 일으켰으며 대량 생산을 위한 효율적인 표준을 만들었다. 하나 혹은 여러 개의 컨베이어를 각각의 근로자 앞에 배치시켜 최종 제품에 들어가는 부품들을 조립하게 한 포드의 아이디어는 많은 공장에서 채택되었다. 컨베이어 벨트는 생산의 다양한 단계에서 무거운 물체 및 가벼운 물체를 운반할 목적으로 공장에서 사용되었다.

컨베이어 벨트는 오늘날에도 공장과 광산업에서 사용되고 있다. 세계에서 가장 긴 컨베이어 벨트는 서사하라의 인산 광산에서 사용하고 있는 60마일 이상 길이의 벨트이다. **BG**

참고: 아르키메데스의 나선식 펌프, 리퍼, 콤바인, 양곡기

↑ 1912～1915년경 영국 서섹즈 지역에서 건초를 만드는 데 사용된 초기 컨베이어 벨트

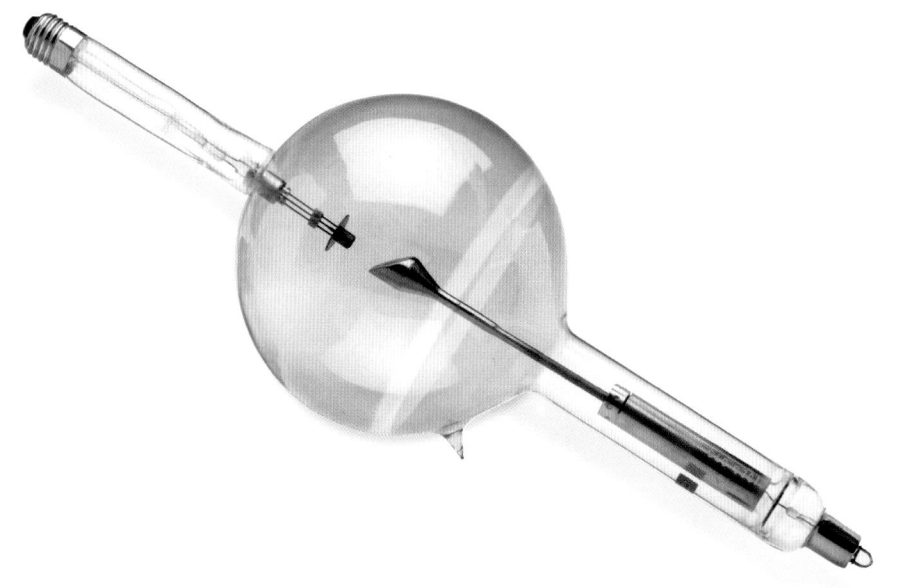

# X선관 (1913년)

쿨리지가 새로운 진단 도구를 개발하다.

최초의 X선은 가스방전관의 우연한 발산으로 만들어졌다. 가스 방전관의 양극과 음극 사이에 높은 전압이 적용되면 금속 음극 쪽에서 가스의 전하 원자들이 가속화되었다. 이것은 고에너지의 전자를 방출하였으며 이러한 전자들이 가스 방전관의 유리벽과 충돌하면 X선이 발산되었다.

X선관은 이와 똑같은 물리적 과정을 사용하지만, X선관의 음극은 마주보는 양극으로 전자를 방사할 수 있도록 해주는 특수한 형태로 되어 있다. 음극은 전자를 양극에 충돌시켜 X선을 발생시키며 이렇게 하여 발생된 X선은 한 방향으로 방사된다. 몰리브덴, 구리, 코발트, 철, 크롬, 텅스텐과 같은 금속이 음극에 사용되며 각각의 금속은 서로 다른 파장을 생성한다.

뉴욕 스케넥터디의 GE社에 근무하던 발명가이자 물리학자인 윌리엄 쿨리지(1873~1975)는 백열전구의 필라멘트를 개선하는 연구를 수행 하던 중 연성 텅스텐의 속성에 관심을 갖게 되어 연성 텅스텐을 방전관의

대상 양극으로 사용해보기로 결심하였다. 쿨리지의 관은 가스가 없었으며 고온의 텅스텐 음극(텅스텐은 섭씨 3,410도에서 용해됨)을 사용하였다. 새로운 관은 강렬하고 안정적이며 제어가 가능한 X선 광선을 만들어냈다. 쿨리지의 관은 X선을 안전하고 편리하게 의료 진단에 사용할 수 있도록 해주었다. 1913년 쿨리지의 관은 특허로 등록되었으며 제1차 세계대전 중 야전 병원에서 널리 사용되었다. 의사와 치과의사들이 이 장비를 도입함으로써 방사선학이 발전하기 시작하였다. **DH**

**참고:** 자기 공명 영상. 레이더. 방사선 치료. X선 사진. X선 망원경

↑ 쿨리지 X선관은 가열된 음극을 사용했으며 이전 모델들보다 더욱 안정적이었다.

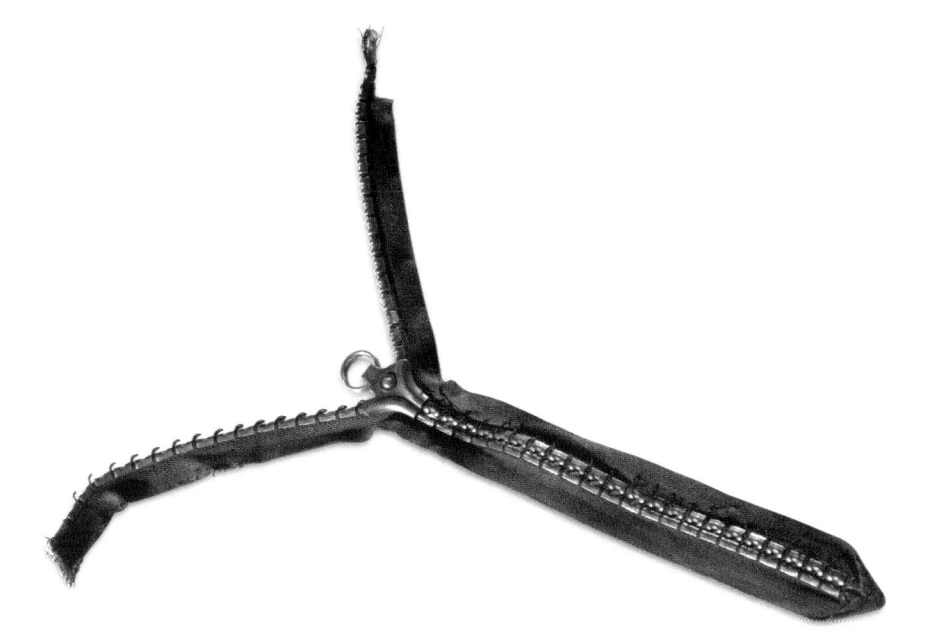

# 지퍼 파스너 (1913년)

선드백이 갈고리가 없는 잠금 장치를 발명하다.

1851년 미국 발명가 엘리아스 하우(1819~1867)는 '자동식, 연속 의류 연결' 방법을 사용하여 지퍼와 같은 메커니즘으로 두 개의 물체를 연결하려고 하였다. 그러나 하우는 자신의 잠금 장치 발명품 개발에 시간을 거의 투자하지 않았다. 얼마 후 동료인 미국인 휘트콤브 저드슨은 허리 통증 때문에 신발 끈을 묶기 힘든 친구를 도와주려고 걸쇠 잠금 장치를 발명하였다. 훅 단추 메커니즘에 기반한 그의 디자인은 상업적으로 성공하지 못했지만 저드슨의 직원 중 한 사람은 그의 발명품으로 대히트를 쳤다.

저드슨의 유니버설 파스너 회사에서 근무하던 기데온 선드백(1880~1954)은 뛰어난 기술을 인정받아 수석 디자이너로 임명되었다. 그는 저드슨의 훅 단추 파스너를 개선하는 작업을 담당하였다. 선드백은 서로 맞물리는 치아 원리에 기반한 획기적 디자인을 선보였으며 자신의 발명품을 "갈고리가 없는 파스너"라고 불렀다. 선드백의 발명품은 슬라이더로 서로 맞물려지는, 마주보고 있는 두 줄의 치아로 구성되었으며 1913년 이 발명품 대한 특허가 등록되었다. 그의 디자인은 보다 개선되어 1917년 '분리 가능한 파스너'가 되었다. 선드백의 주요 고객 중 한 사람인 B. F. 굿리치는 신발 끈 대용으로 파스너를 사용하였다. 굿리치는 선드백이 개발한 장치에 '지퍼'라는 이름을 붙였다. 선드백의 파스너는 담배 주머니에도 많이 사용되었다. 선드백의 파스터가 패션 산업에도 도입된 것은 그로부터 20년이 지난 후였다. **RB**

**참고:** 청바지, 버클, 버튼, 의류, 재봉틀, 직물

⤒ 이 지퍼 파스너는 20세기 초기에 제작된 프랑스 디자인이다.

# 스테인리스 강철 (1913년)

브리얼리가 녹슬지 않는 합금을 개발하다.

스테인리스 강철은 철과 크롬의 합금으로 공기와 물에 접촉해도 부식되지 않으며 밝은 광을 낼 수 있다. 크롬은 표면에 산화크로늄 분자막을 형성하여 철이 산소에 노출되는 것을 막아준다.

해리 브리얼리(1871~1948)는 영국 셰필드에 위치한 브라운 퍼스社의 연구팀 책임자였다. 그 당시 브라운 퍼스社는 총신에 사용할 수 있는 부식 저항 금속의 개발을 위탁받았다. 브리얼리는 강철보다 녹는점이 더 높은 철-크롬 합금으로 실험을 했다. 그는 크롬 비율을 6퍼센트와 15퍼센트 사이에서 조절하였으며 또한 12.8퍼센트의 크롬과 0.24퍼센트의 탄소로 구성된 합금을 개발할 때까지 탄소의 양을 조정하였다. 철-크롬 합금은 내부식성을 띄었으며 브리얼리는 자신의 합금이 칼 제조업에 사용되면 성공할 가능성이 있음을 인지하였다.

> "브리얼리가 출시한 '녹슬지 않는 강철(나중에 '스테인리스'로 이름이 변경됨)'에 세계가 푹 빠졌다."
>
> IP 리뷰: 우연에 의한 발명품들

브리얼리가 철-크롬 합금 속성에 주목한 첫 번째 사람은 아니었다. 프랑스의 야금학자 피에르 베르티에(1782~1861)도 이러한 합금을 만들었으며 다른 야금학자들 또한 브리얼리와 동일한 시대에 동일한 연구를 진행하였다. 특히 레옹 기예는 1906년 철-니켈-크롬 합금을 개발하였다. 1908년 독일의 크루프 철 공장은 요트의 선체를 크롬-니켈-강철로 제조하였으나 안타깝게도 해당 요트가 침몰하였다. **EH**

참고: 베서머법, 연철, 강철

# 액체 연료 로켓 (1914년)

고다드가 현대 로켓 공학을 창시하다.

로버트 고다드(1882~1945)는 인류가 달에 가는 방법을 생각해 내는 데 도움을 주었다. 비웃음을 당했음에도 불구하고, 그가 일궈낸 로켓 공학은 오늘날에도 여전히 사용되고 있다. 고다드는 수학을 사용하여 다양한 연료의 에너지 대 중량비를 계산하였다. 이로 인해 화약은 로켓을 우주로 쏘아 올릴 만큼 강력하지 못하다는 것이 입증되었다. 또한 진공에서 연료를 태우기 위해서는 로켓이 자체적으로 산소를 공급해야 했고 이 문제를 극복하기 위해 그는 가솔린을 액체 산소와 혼합해 연료로 사용했다. 가스 형태의 산소는 더 많은 공간을 필요로 했지만 액체 형태의 산소는 더 적은 무게와 부피로 더 많은 에너지를 로켓에 공급할 수 있었다.

1914년 고다드는 최초의 액체 연료 로켓에 대한 특허를 취득하였다. 여러 번의 연구 실패 후 고다드는

> "어제의 꿈이 오늘의 희망이며 내일의 현실이라는 것이 입증되었다."
>
> 로버트 고다드 박사, 미국 과학자

9피트 높이(3미터) 로켓인 '넬'을 발사하였다. 무게를 줄이기 위해 막대기에 블로토치를 결합한 로켓은 1초간의 발사 준비 후 30피트 상공(12미터)으로 발사되었다. 비행은 시간당 60마일(96킬로미터)의 평균 속도로 2분 30초 동안 지속되었다. 이 실험을 통해 고다드는 자신의 이론을 입증하였으며 이후 우주로 발사된 모든 로켓의 초석을 마련하였다. **DK**

참고: 인공 위성, 탄도 미사일, 동력 비행기, 재사용 가능 우주선, 초음속 비행기

▶ 1926년 3월 16일에 발사된 액체 산소 가솔린 로켓과 고다드.

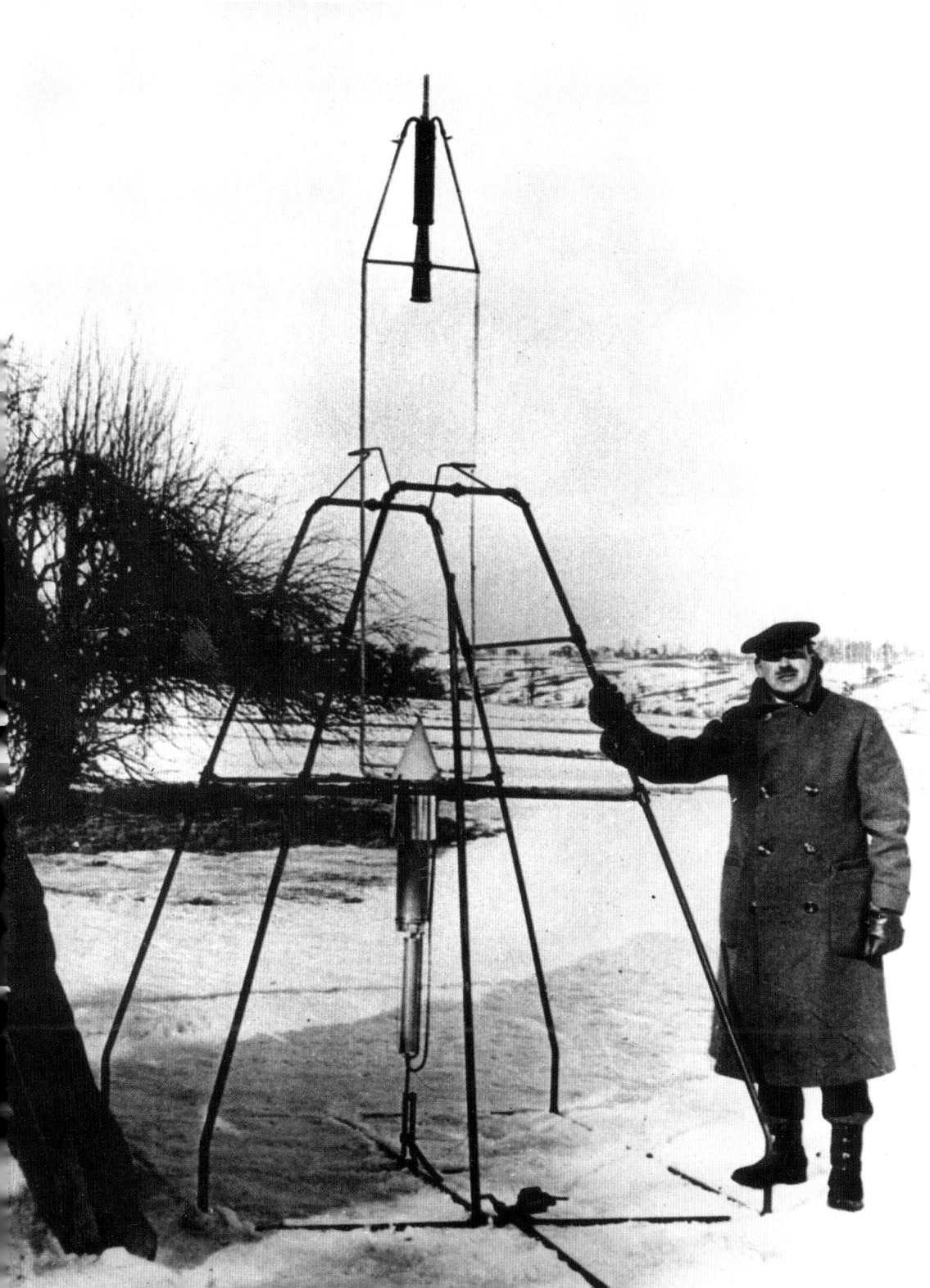

# 신호등 (1914년)

모건이 혼잡한 거리를 통제할 수 있는 시스템을 개발하다.

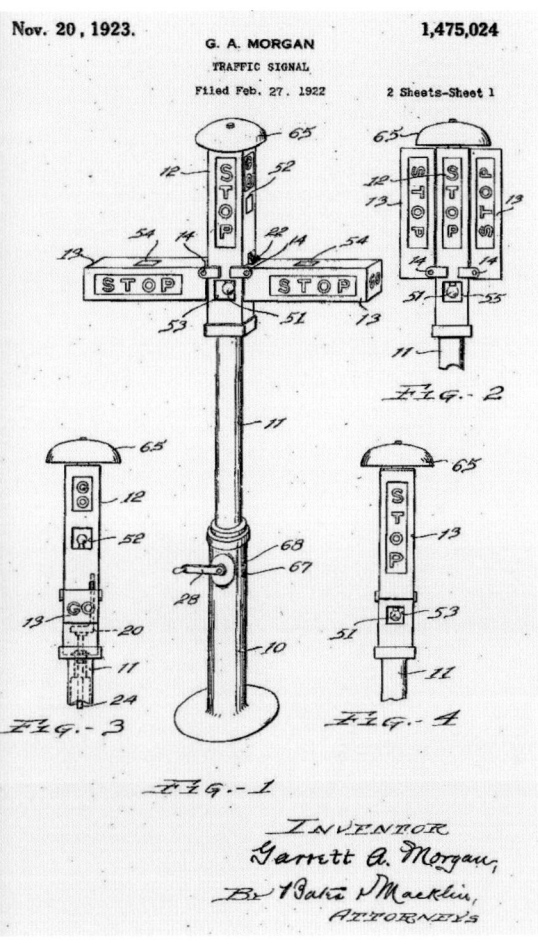

1903년 헨리 포드는 미국에 자신의 첫 번째 공장을 설립하였다. 포드가 공장을 설립한 곳에서는 마차, 보행자, 자전거, 자동차가 무질서하게 도로를 함께 사용하였기 때문에 사고가 빈번히 발생했다.

아프리카계 미국인 발명가인 가렛 모건(1877~1963)은 마차와 자동차 간에 발생한 끔직한 추돌사고를 목격한 후 신호등을 디자인하기로 결심했다. 모건이 발명한 신호등은 모건의 통찰력을 그대로 반영하였다. 그 당시 모건은 현재의 교통 문제를 예측하는 선견지명이 있었으며 이에 대한 해결책을 마련하였다. 신호등이 오늘날에도 여전히 사용 중이라는 것은 그의 디자인이 얼마나 체계적이었는지를 보여주는 증거이다.

모건은 보잘 것 없는 집안에서 태어났다. 노예 집안의 아들로 태어나 초등학교 졸업이 학력의 전부였지만, 수리와 발명에 관한 천부적 재능 덕분에 수석 수리공의 자리를 차지할 수 있었으며 또한 오하이오주의 클리블랜드 주위에서 여러 건의 계약을 따낼 수 있었다. 모건은 신호등 외에도 방독면, 재봉틀의 지그재그 설비, 머리카락을 위한 전열식 머리빗을 발명하였다. 그는 클리블랜드 콜이라고 불린 흑인 커뮤니티 신문을 발행하였으며 클리블랜드 시티 공무원 후보로 출마하기도 하였다.

모건의 신호등은 정지와 출발 신호가 있는 T자 모양으로 구성되었다. 신호등은 단방향이나 여러 방향으로 몰려오는 차량을 정지시켜 보행자가 안전하게 도로를 건너갈 수 있도록 해주었으며 사고를 예방하여 생명을 구하는 데 도움이 되었다. 모건은 자신의 신호등을 1923년 특허로 등록하였으며 신호등에 대한 자신의 권리를 4만 달러에 GE社에 판매하였다. **KB**

"낙천주의자는 모든 곳에서
초록불을 보는 반면에 비관주의자는
오직 빨간불만 본다."
알베르트 슈바이처, 알사스의 철학자

참고: 옴니버스, 전기 자동차, 모터사이클, 자동차

◤ 1923년도 모건의 신호등.

# 군용 탱크 (1914년)

영국군이 방어형 장애물을 돌파할 수 있는 방법을 찾아내다.

1900년대 초 참호전의 교착상태는 군사력이 적진을 돌파할 수 있는 대체 방안을 찾는 데 집중하게끔 만들었다. 제1차 세계대전 이전에는 모터가 장착된 차량이 흔하지 않았으며 그러한 차량은 전투에 적합하지도 않았다. 1914년 영국군은 최초로 탱크를 제조하면서 진흙 지형을 쉽게 이동할 수 있도록 캐터필러 바퀴를 사용하였다. 또한 내연 기관, 방탄 몸체를 적용하였고 회전식 기관총을 탑재하였다. 놀랍게도 제1차 세계대전 중에는 육군이 아닌 해군이 새로운 전쟁용 차량의 배치를 감독하였다.

최초의 탱크는 전쟁에 배치되기 전 두 명의 장래 영국 총리(데이비드 로이드 조지와 윈스턴 처칠)에게 시연되었다. 철조망을 닥치는 대로 쓰러뜨리는 탱크의 능력에 놀란 그들은 '육상선박'이라고 불린 탱크를 더 많이 생산하는 것에 동의하였다. 성공적인 탱크의 기준은 최소 시간당 4마일의 속도(6.5킬로미터)와 5피트(1.5미터)의 등판 능력, 5피트 넓이(1.5미터)의 내부 공간, 그리고 가장 중요한 소화기에 대한 방탄 능력이었다. 탱크의 개념 수립에서 실전 배치까지는 3년의 세월이 소요되었다.

1917년 11월 400대 가량의 탱크 중 거의 모든 탱크가 프랑스 캉브레 지역 7마일(11킬로미터) 전방까지 돌파하였다. 그러나 신규 무기 운용 전술의 미숙으로 탱크가 얻은 전과를 보병부대로 마감하지 못했기 때문에 이 습격이 완전한 성공은 아니었다. 하지만 영국군은 이후 전술을 급히 수정하였으며, 이후 다른 국가의 군대도 미래의 전쟁을 대비하기 위해 자체적으로 탱크를 개발하기 시작하였다. **LS**

**참고:** 탄도 미사일, 배터링 램, 바주카포, 대포, 철 로켓, 기관총, 연발총

↗ 1917년 11월의 영국 탱크. 제1차 세계대전에서 탱크는 참호전을 극복하기 위해 사용되었다.

> "철갑은 효율적으로 총알을 막았으며 내부 공간에는 30명이 탑승할 수 있었다."
>
> H. G. 웰스, 『육상의 철갑선』, 1908년

# 오븐용 유리
## (1915년)

설리반과 테일러가 새로운 조리기구를 발명하다.

오늘날 우리는 오븐도어와 계량컵이 투명한 유리로 만들어지는 것을 당연하게 생각한다. 하지만 오븐도어와 개량컵이 항상 투명한 유리로 만들어졌던 것은 아니다. 일반 유리는 부엌의 온도 때문에 팽창하여 산산조각 날 수 있었으므로 옛날의 오븐도어와 개량컵은 세라믹과 금속으로 이루어져 있었다.

코닝社에서 제조한 파이렉스는 부엌에서 유리를 사용할 수 있게끔 해준 마법의 물건이다. 붕규산 유리인 파이렉스로 만든 내열 유리는 즉시 성공을 거두었으며 곧 모든 조리 도구에 사용되었다. 파이렉스는 원래 철도 산업에 사용하려고 만든 것이다. 열차의 랜턴은 유리 안의 뜨거운 램프와 바깥의 차가운 날씨 사이의 큰 온도차 때문에 금이 가는 일이 잦았다. 코닝社 뉴욕 공장의 윌리엄 C. 테일러와 유진 설리반은 전통적인 유리 혼합물에 붕소를 추가하면 극한의 온도에 대한 저항력이 증가한다는 것을 발견하였다. 노넥스라고 이름 붙여진 이 물질은 철도 랜턴과 전신기 축전지조에 사용되었다. 코닝社는 이 물질을 응용할 다른 제품을 모색했다.

코닝社의 과학자 제시 T. 리틀톤은 즉석 찜 요리 접시로 노넥스 단지를 사용하고 있는 아내를 지켜보던 중 그 물질을 오븐 온도를 견디는 유리로 활용하는 방안을 생각해냈다. 리틀톤은 음식 조리에 적합하게끔 노넥스를 원료로 한 유리에서 납과 기타 화학 물질을 제거하여 새로운 제품 라인을 탄생시켰다. 파이렉스 조리기구는 1915년 보스턴에서 판매가 시작되었으며 같은 해 파이렉스로 만든 실험실 장비도 출시되었다.

파이렉스가 부엌에서만 사용되고 있는 것은 아니다. 화학 연구소에서 사용하는 대부분의 유리 제품은 파이렉스로 제조되었으며 샌디에이고 카운티의 팔로마산 천문대를 시작으로 붕규산 유리는 망원경 거울에까지 사용되고 있다. **MB**

참고: 불의 제어, 오븐, 압력솥, 아가 쿠커, 전기 스토브 전자레인지

---

# 립스틱
## (1915년)

레비가 위 아래로 움직이는 관에 입술의 색상을 집어넣다.

여성은 적어도 2,000년간 입술에 여러 색상을 발라왔다. 가장 초기의 색조 립스틱은 기원전 3000년 메소포타미아에서 사용되었다. 그 시대의 립스틱은 분쇄된 반귀석으로 만들어졌으며 눈꺼풀과 입술에 사용되었다. 이집트 패로아(기원전 69~30년)의 클레오파트라는 개미와 심홍색 딱정벌레를 분쇄하여 혼합한 물질을 립스틱으로 사용하였다. 기원전 1400년 이후 해초에서 추출한 빨간 염료를 기반으로 요오드와 유독한 브롬 혼합물을 섞은 이집트의 립스틱은 심각한 질병을 초래하거나 심지어 사망에 이를 수 있었다.

1915년 모리스 레비는 우리가 립스틱이라고 부르고 있는 슬라이딩 튜브를 발명하였다. 레비의 튜브는 길이가 단 2인치(5센티미터) 였다. 레비의 슬라이딩 튜브는 케이스의 회전 막대기로 작동하였다. 후에 레비

> "여자가 남자를 계속 바꿀 수는 없기에 립스틱 색상이라도 계속 바꾸는 것이다."
>
> 헤더 로클리어, 미국 여배우

는 자신의 튜브에 슬라이드와 트위스트 메커니즘을 추가하여 오늘날 우리가 알고 있는 립스틱 튜브를 만들었다.

20세기 초부터 립스틱은 미국과 유럽 여성의 마음을 사로잡았다. 전시 상황으로 경제적으로 궁핍하던 당시, 영화 배우와 연기자들은 비교적 저렴한 사치품인 립스틱을 구매했다. **LC**

참고: 유방 확대술, 헤어 스프레이, 지방 흡입술

▣ 1920년경에 찍은 사진으로 립스틱 키스 자국을 새긴 발렌타인 데이 카드.

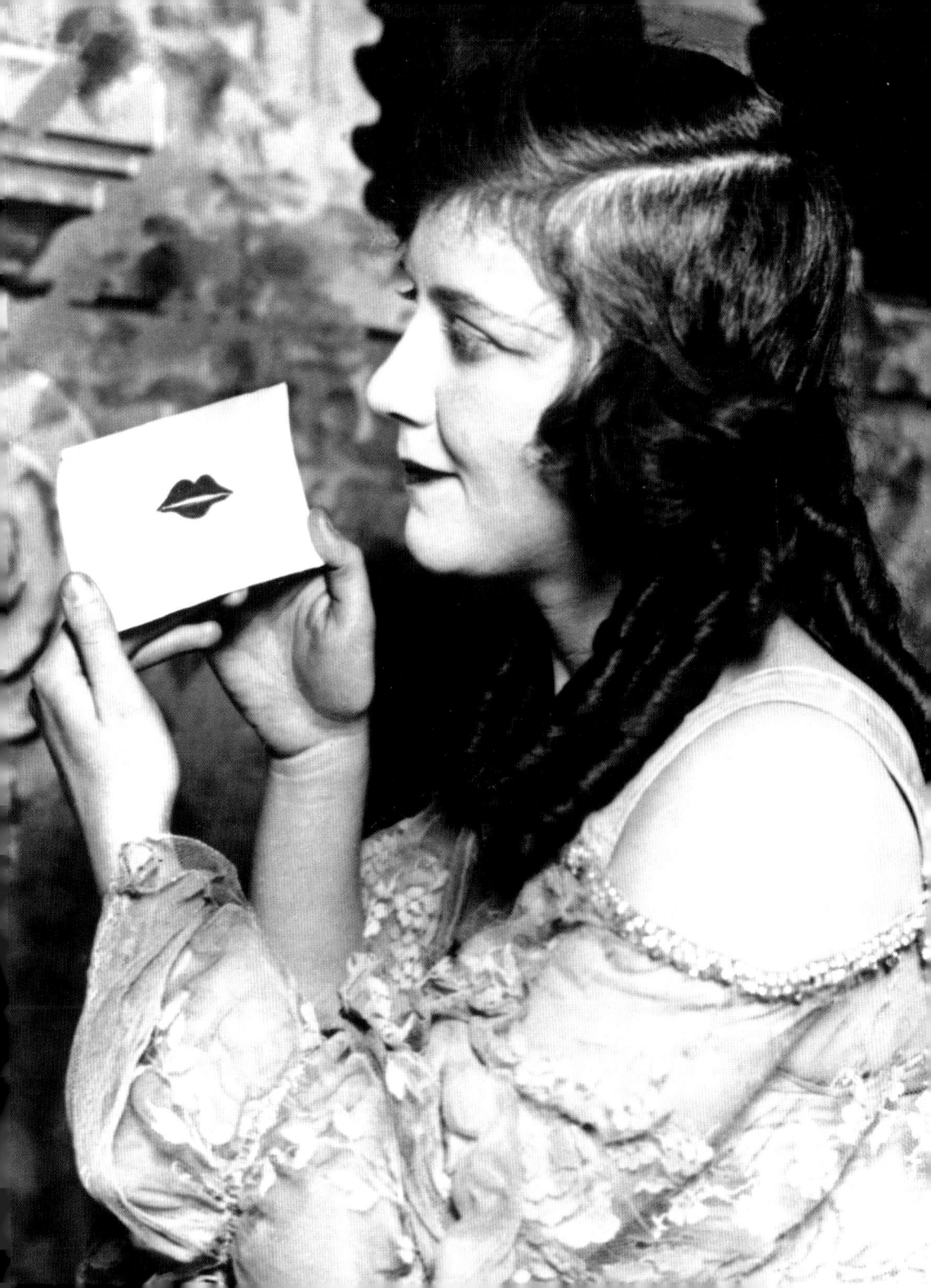

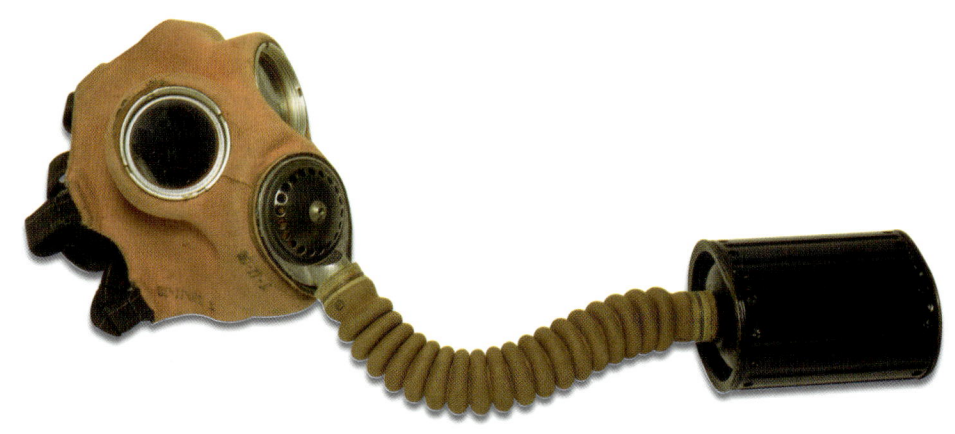

# 방독면 (1915년)

젤린스키가 공기 중의 유독 화학 물질을 걸러내다.

18세기 지하 광산의 개발로 말미암아 연기 및 공기 중 독소를 흡입하지 않게 해주는 얼굴 마스크의 필요성이 제기되었다. 1799년 독일의 박물학자 알렉산더 폰 훔볼트는 광산 엔지니어로 근무하던 중 원시적인 방독면을 발명하였다. 1912년에 개발된 가렛 모건의 '안전 두건 및 연기 방지기'도 최초의 방독면 중 하나였는데 바닥에 닿아 있는 두 개의 호스가 있는 두건의 모습을 하고 있었다.

그러나 독가스(특히 염소 가스)의 등장으로 효율적인 방독면을 개발할 필요성이 제기되었다. 독일군은 1차 세계대전 중 1915년 4월 2차 이프르 전투에서 처음으로 독가스를 사용했다. 초기에는 비효율적 이고 거추장스러운 입 가리개와 흡수성 두건을 사용하 여 염소 가스의 독성을 완화해보려고 하였으나 수천 명의 병사가 사망하고 말았다.

1915년 러시아의 화학자 니콜라이 젤린스키(1861 ~1953)가 염소를 흡수하는 탄소 필터를 사용한 석탄 방독면을 발명하였다. 영국군, 프랑스군, 러시아군은 화학전에 대응하는 중요한 역할을 한 석탄 방독면을 재빨리 전장에 수용했다.

탄소 필터는 공기 중의 미세 입자와 가스를 흡수하는 역할을 한다. 특히 탄소를 분말로 만들면 표면적이 넓어져 효과가 더욱 높아진다. 후에 방독면은 바이러스, 박테리아, 방사능 낙진과 같은 생물학적 공격으로부터 사람을 보호하도록 설계되었다. 그러나 마스크 하나만으로 이러한 수많은 생화학 무기의 공격을 막아내는 데에는 한계가 있다. **RBd**

참고: 철제 호흡 보조기, 수중 호흡기, 인공 호흡기

⬆ 위의 사진과 같은 방독면이 제2차 세계대전에 사용되었다.

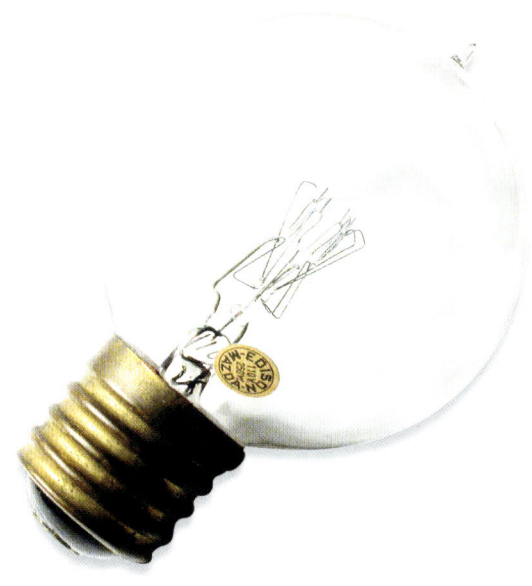

# 텅스텐 필라멘트 (1916년)

랭무어가 백열전구의 코어를 개선하다.

현대 문화에서 백열 전구는 영감이 갑자기 떠오르는 것을 표현하는 상징이지만 아이러니하게도 그 자체는 한 사람만의 뛰어난 아이디어가 아니라 수십 년간 수많은 사람이 개발에 참여한 결과물이다. 토머스 에디슨이 실용적인 백열 전구의 형태를 처음으로 디자인한 공로를 인정받고 있지만, 그는 초기 백열 전구의 개발과 관련이 없다. 미국의 화학자 어빙 랭무어(1881~1957)가 없었다면 오늘날 우리가 알고 있는 백열 전구는 세상에 존재하지 않았을 것이다.

19세기 후반 에디슨은 전구의 개선에 대한 수많은 특허를 신청하였다. 전구와 연관된 그의 특허 신청건은 무려 1,880건에 이르렀다. 그러나 백열 전구의 핵심인 필라멘트에 대한 랭무어의 발명 덕분에 백열 전구의 현대식 디자인이 가능했다.

랭무어는 GE社 연구원으로 백열 전구 내 텅스텐의 화학 반응에 대해 연구하고 있었다. GE社는 구식 탄소 필라멘트를 텅스텐으로 교체하여 필라멘트 지속 시간을 늘렸지만 빠르게 기화하는 텅스텐 필라멘트의 속성 때문에 전구가 까맣고 어두침침해지는 문제가 있었다. 랭무어는 필라멘트를 돌돌 감고 가스와 잘 반응하지 않는 질소를 백열 전구에 추가하여 기화 과정의 속도를 늦췄다.

1916년 4월 18일 개선된 필라멘트와 백열 전구 디자인이 특허로 등록되었다. 현재는 아르곤이 백열 전구의 무반응 가스로 사용되고 있지만 1916년에 등록된 디자인은 오늘날에도 여전히 사용되고 있다.

랭무어는 개면 화학에서의 공로를 인정받아 1932년에 노벨상을 받았다. **HB**

**참고:** 석유 램프, 양초, 가스등, 아크등, 백열전구, 네온 램프, 할로겐 램프, 라바 램프

⬆ 텅스텐 필라멘트를 사용한 초기의 마츠다 브랜드 백열전구.

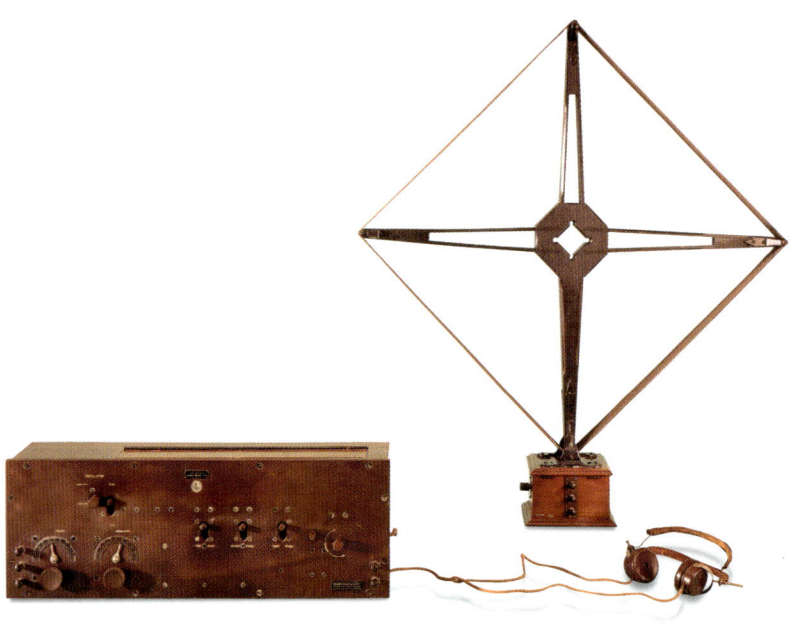

# 슈퍼헤테로다인 수신기 (1918년)

**암스트롱이 라디오 기술을 개선하다.**

슈퍼헤테로다인 수신기는 원하지 않는 라디오 신호를 거를 수 있게 해주어 20세기 초 라디오 기술을 크게 향상시켰다. 일반적으로 '슈퍼헷'이라고 불리는 슈퍼헤테로다인 수신기는 에드윈 하워드 암스트롱(1890~1954)의 발명품이다. 제1차 세계대전 중 라디오 신호를 증폭시킬 방법을 찾고 있던 그는 기발한 아이디어를 떠올렸다.

수신 라디오 신호는 수신기(국부 발진기라고도 함)가 생성한 내부 신호와 함께 섞여 있다. 두 신호가 함께 증가하면 두 개의 새로운 신호가 생성되는데, 하나는 두 개의 원래 신호가 합쳐진 신호이고 다른 하나는 그 둘의 차이가 된다. 만약 5메가헤르츠의 수신 라디오 주파수와 4메가헤르츠의 국부 발진 신호를 수신하면, 신호는 9메가헤르츠와 1메가헤르츠로 표시된다. 이러한 현상을 헤테로다인이라고 한다. 필터를 사용하면 다른 신호(여기서는 1메가헤르츠) 주변의 좁은 주파수 범위에 맞지 않는 신호를 제거할 수 있다.

이 시스템의 장점은 국부 발진기의 주파수를 변경하여 정확한 채널 수신이 가능하다는 데 있다. 예를 들어 1메가헤르츠에 고정된 필터를 가지고 있고 5, 6, 7메가헤르츠로 방송국들이 방송을 내보내면, 세 개의 라디오 방송 주파수를 각각 4, 5, 6메가헤르츠로 맞출 수 있다.

1918년 암스트롱은 이 기법으로 특허를 취득하였으며 군대는 이를 빠르게 채택하였다. 슈퍼헷 원리는 후에 TV와 라디오 방송의 채널을 맞추는 데 사용되었으며 오늘날에도 여전히 사용 중이다. 암스트롱은 FM 라디오를 발명했지만 특허 소송에 수년간의 세월을 낭비한 끝에 결국 자살하였다. **MB**

**참고:** 진폭 변조, 코히러, 전파 망원경, 라디오 수신기

⬆ 프레임과 헤드폰을 지닌 1924년형 7개 진공관 슈퍼헷 헤테로다인 라디오 수신기.

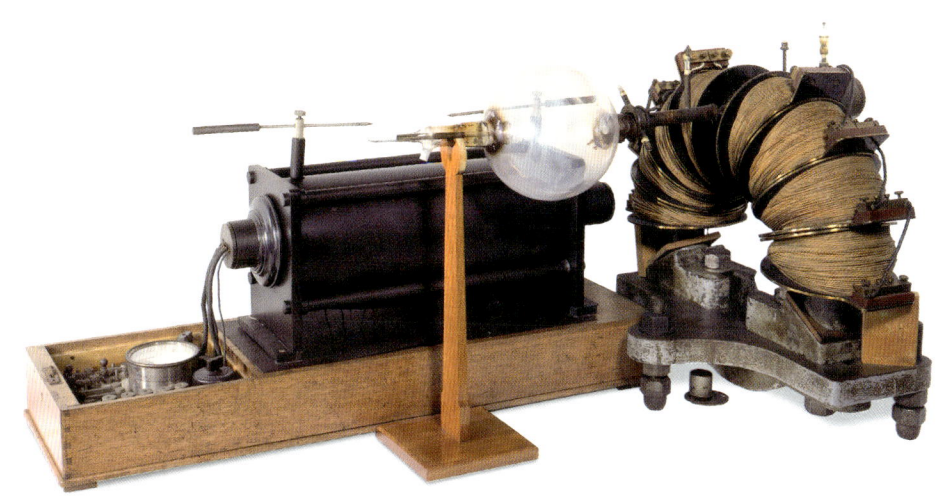

# 질량 분석기 (1918년)

뎀스터가 물질계를 분석하는 데 반드시 필요한 기기를 고안하다.

질량 분석기는 특수 가열된 물질로부터 방출되는 이온화 원자를 그 질량에 따라 분류하는 장치이다.

이 분석은 보통 이온을 강력한 자기장이 위치한 진공 챔버에 통과시켜 이루어진다. 챔버 내에서 이온의 경로는 질량, 속도, 전하에 따라 달라진다.

음극선관이 생성한 이온을 연구하는 과정에서 이 기법의 기초가 마련되었으며 1913년 J. J. 톰슨이 동위원소를 발견하는 데 이 기법이 도움을 주었다. 효율적인 질량 분석기는 제1차 세계대전 후 시카고의 대학교에서 1918년 전기 수집기를 사용한 아서 J. 뎀스터(1886~1950)가 제작하였다. 1년 후 프랜시스 애스턴(1877~1945)은 케임브리지 대학교에서 사진 건판을 질량 감지기로 사용하였다. 애스턴은 212개의 자연발생 동 위원소를 발견하여 1922년 노벨 화학상을 받았다.

1940년경 질량 분석기는 상업적으로 제조되었으며 많은 실험자가 사용하였다. 질량 분석기로 지질학자들은 바위의 나이를 측정하였고 화학자들은 복잡한 유기 분자를 분석했으며 우주 과학자들은 초고층 대기의 구성을 알아낼 수 있었다. 전자 광선과 레이저는 이온을 여기(勵起)시키기 위해 사용되었다.

휴대용 의료 약품을 위한 축소형 질량 분석기도 만들어졌는데, 금성 및 화성의 대기 분석과 핼리혜성에서 방출하는 가스 분석에 사용하기 위해 축소형 질량 분석기가 우주선에 설치되었다. 이러한 도구들은 시료의 질량을 정밀하게 측정할 뿐만 아니라 심지어 10억 분의 1 단위로 원자의 질량을 측정할 수 있다. **DH**

참고: 음극선관, 방사성 탄소 연대 측정법

⬆ 동위원소를 연구하던 애스턴은 1930년에 자기장을 지나면 이온이 휘는 성질을 이용하여 질량 분석기를 고안하였다.

# 유압 브레이크 (1918년)

로히드가 제동능력을 향상시키기 위해 액체를 사용하다.

유압 브레이크가 발명되기 전에는 다양한 브레이크 시스템으로 레버 및 패드 시스템이 사용되었다. 하지만 모든 바퀴가 동일한 제동 능력을 갖기 위해 레버 및 패드를 정기적으로 조정해야 하는 문제점이 있었다.

1918년 말콤 로히드가 발명한 유압 브레이크는 이 문제를 해결하였으며 훨씬 더 섬세하게 반응하는 제동 능력을 제공하였다.

유압 브레이크는 브레이크 페달과 브레이크 패드 자체에 연결된 일련의 피스톤으로 작동된다. 이한 피스톤들은 비압축성 액체(초기에는 물과 알코올의 혼합물이었음)의 중앙 저장소에 의해 상호 연결된다. 피스톤 직경의 차이는 시스템 내의 동일한 압력이 브레이크 페달에 적용되는 힘과 관련된다. 즉, 피스톤 직경이 크면 브레이크 페달에 적용되는 힘이 커진다. 이로 인해 브레이크가 훨씬 더 단단히 작동하므로 자동차가 더 빨리

> "나의 유압 브레이크는
> 차를 금방
> 정지하게 한다."
>
> 말콤 로히드, 항공기 및 자동차 엔지니어

정지할 수 있었다.

1912년 듀젠버그 모터社는 처음으로 유압 제동 시스템을 장착한 승용차인 '모델 A(Model A)'를 생산하였다. 이전의 제동 시스템보다 우수했음에도 불구하고, 유압작동유가 새는 문제 때문에 자동차 제조사들은 유압 브레이크를 서둘러 도입하지 않았다. 그러나 점차 라인과 피스톤에 대한 기술이 향상되면서 유압 브레이크가 두루 도입되었으며 1938년 포드社는 모든 자동차의 브레이크 시스템을 유압 브레이크로 교체하였다. **SB**

참고: 액셀러레이터, 공기 브레이크, 밴드 브레이크, 디스크 브레이크, 드럼 브레이크, 자동차, 회생 브레이크

# 탄저병 백신 (1918년)

스미스가 획기적인 약물을 공개하다.

효율적인 백신이 개발되기 전, 탄저병은 경제적 부담을 발생시키는 골칫거리였다. 탄저병은 동물과 인간에게 영향을 미치는 치명적인 질병으로, 호흡기를 통해 감염되었다. 탄저병에 대해 완전히 이해하지 못하던 시기에 사람들은 탄저병을 '넝마를 줍는 사람들의 질병', 혹은 '양모 선별인의 질병'으로 취급하였다. 이는 탄저병에 걸린 대부분의 사람들이 병균을 가진 동물과 가깝게 일하는 사람들이기 때문이었다.

1877년 독일의 내과의사인 로베르트 코흐(1843~1910)는 탄저병과 포자 형성 유포자 세균 간의 관계를 밝혀냈다. 19세기 후반 저명한 과학자 루이 파스퇴르(1822~1895)는 양에게 시험했던 2회 접종식 탄저병 백신을 개발하였다. 그러나 보관 용기가 백신의 효력을 급격하게 떨어뜨렸기 때문에 치명적이었다.

호주의 과학자 존 맥가비 스미스(1844~1918)와 그의 연구 동료인 존 건(1860~1910)은 마침내 안전한 1회용 접종 백신을 개발하였다. 두 남자는 친한 사이였지만 발명에 대한 권리를 상대방에게 결코 인정하지 않았다. 1910년 건이 죽고 난 후 스미스는 백신 제조법을 공개할 것을 거부하였으며 심지어 백신 생산을 위해 자신의 집에 연구소를 차려줄 것을 요청했다.

호주의 농업 장관인 W. C. 그레이엄의 백신 제조법 공개 압력을 견디다 못해 건강이 악화된 스미스는 마침내 이를 공개하였다. 1918년 그는 백신 제조 공식을 주 정부 대표인 프랭크 에드가 월 박사에게 판매하였다. 또한 자신의 백신을 대량 생산하여 배포할 수 있도록 존 맥가비 스미스 연구소 설립을 위해 1만 달러를 기부하였다. **HI**

참고: BCG 백신, 콜레라 백신, 예방접종, 소아마비 백신, 광견병 백신, 풍진 백신

# 내장형 침대 (1918년)

머피가 공간 절약형 침대로 원룸 생활을 개선하다.

20세기 초 샌프란시스코의 윌리엄 머피(1876~1959)에게는 한 가지 문제점이 있었다. 그는 배경이 좋은 젊은 오페라 가수를 집에 초대하고자 했지만, 그의 집은 바닥 공간의 대부분을 침대가 차지하는 조그만 원룸 아파트였다. 침실에 젊은 숙녀를 초대하는 것은 부적절했기 때문에 그는 방이 넓어 보이도록 내장형 침대를 연구하기 시작했다.

1900년 머피는 자신의 첫 번째 특허를 신청하였으며 그해 머피 월 베드社를 설립하였다. 머피의 회사는 오늘날에도 사업을 진행하고 있으며 미국에서 두 번째로 오래된 가구 회사이다.

가장 초기에 머피는 침대를 위쪽으로 들어올려 벽장에 보관하였다. 1918년 머피는 벽장의 문 기둥 주위에 스윙 암을 박아 침대를 벽장에 보관하다가 잠 잘때 내려서 꺼내놓는 내장형 침대를 발명하였다. 이 침대는 1920년대와 1930년대에 많은 인기를 끌었지만 제2차 세계대전 후 경제 성장과 더불어 핵가족 세대가 증가함에 따라 인기가 하락하였다. 그러나 1970년대 불황이 닥치면서 머피의 침대는 제한된 공간을 활용하는 방식으로 각광을 받았으며 머피의 사업은 한 번 더 성장하기 시작하였다.

머피 침대는 수 년간 슬랩스틱 코미디 소재로 활용되었으며 애보트, 코스텔로, 로렐과 하디, 찰리 채플린의 영화에 정기적으로 등장해 코미디 배우들이 관객을 웃기는 데 도움을 주었다. 그리고 머피는 자신의 노력의 결과 그 뮤지컬 배우 여인과 결혼에 성공하였다. **BO**

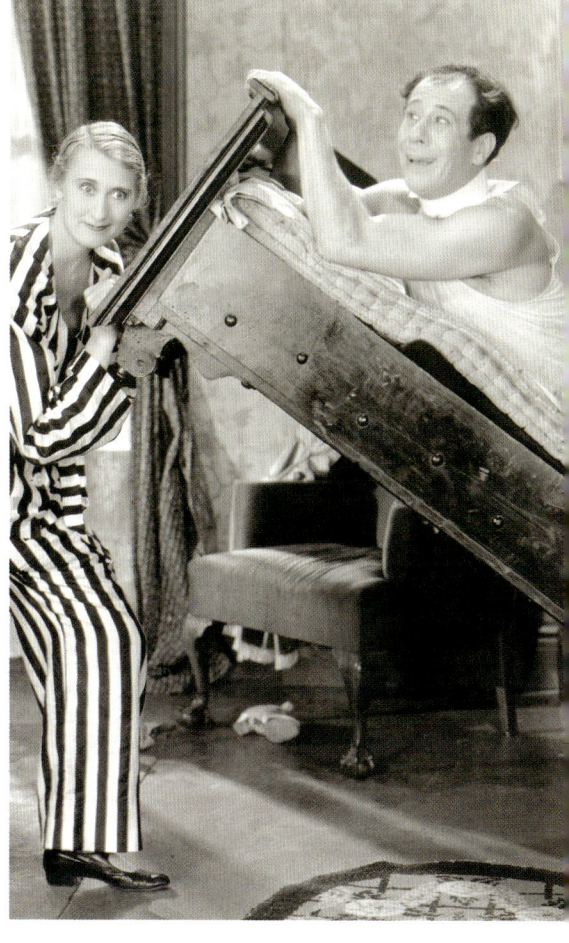

참고: 의자, 코일 스프링, 침대 겸용 소파, 카펫 청소기, 물침대

↗ 1931년 코미디 영화 「플라잉 하이」에서 내장형 침대의 특성을 활용하여 웃음을 유발하고 있다.

"정말이야. 침대에서 빠져 나오려면 아침 일찍 일어나야만 해."

그루초 마르크스, 미국 코미디언 겸 배우

# 플립플롭 회로 (1919년)

에클즈과 조던이 디지털 논리 회로를 발명하다.

컴퓨터가 발명되기 훨씬 전인 1919년 두 명의 영국 물리학자가 컴퓨터의 핵심 요소가 된 회로를 발명하였다. 윌리엄 에클즈(1875~1966)는 라디오 통신 개발에 이바지하였으며 프랭크 조단과 함께 굴리엘모 마르코니를 도왔다. 프랭크 조던은 그 시대를 선도하던 전자 기술인 진공관을 연구하던 사람이었다. 에클즈는 라디오의 선구자였는데 진공관에 대한 그의 관심은 라디오에 진공관이 사용되었기 때문이었다.

진공관 다이오드는 라디오 신호를 감지하기 위해 사용되었는데 에클즈가 '다이오드'라는 용어를 창안했다. 진공관으로 실험을 수행하던 에클즈와 조던은 흥미 있는 속성을 지닌 회로를 발견하였다. 그 회로는 기억을 갖고 있었다. 결과값이 입력값에 따라 달라지는 여타의 회로와 달리 에클즈와 조던이 발견한 회로는 이전에 입력된 상태를 유지했다. 이 회로는 두 개의 안정상태를 지니고 있었는데, 트리거에 의해 한 쪽 안정상태(플립)에서 다른 안정상태로 바뀌고 다음 트리거에 의해 다시 본래의 상태(플롭)로 되돌아가는 것을 반복하였다.

플립과 플롭은 전자 디지털 메모리의 근본적인 요소인 0과 1을 의미한다. 움직이는 부품이 없는 이 진공관 메모리는 기계적인 메모리보다 훨씬 빨랐다.

진공관 플립플롭은 제2차 세계대전 중 컴퓨터 메모리로 사용되었으며, 새로운 세대의 컴퓨터 기기들을 전쟁에서 사용할 수 있도록 했다. 플립플롭 회로는 현재 트랜지스터화 되어 실리콘 칩에 입력되어 있으며 여전히 현대 컴퓨터의 중심부에서 수백만 번의 플립플롭 연산을 진행하고 있다. **MG**

# 팝업 토스터기 (1919년)

스트라이트가 불에 탄 토스트를 먹지 않게 해주다.

1919년 제조 공장 근로자인 찰스 스트라이트는 구내 식당에서 내 놓은 불에 탄 토스트 때문에 화가 났다. 그래서 그는 이 문제의 해결에 착수했다.

최초의 전기 토스터기는 1893년에 발명되었다. 토스터기는 니크롬(니켈-크롬 합금) 코일에 전기를 흘려 열을 발생시킨 후 그 열로 빵을 구웠다. 토스터기(전구 소켓에 연결하도록 설계된 전원 코드를 지님)가 출시되었을 당시 대부분의 가정에는 전기가 들어오지 않았다.

토스터기는 전기가 들어오는 부유한 가정에서만 사용할 수 있는 제품이었다. 스트라이트는 자신의 발명품에 가열 코일, 시계 장치 타이머, 스프링을 추가하였다. 스트라이트의 토스터기는 설정된 조리 시간이 끝나면 가열에 사용된 부품의 전원이 꺼졌으며 잘 익은 토스트가 위로 솟아오르도록 설계되었다.

> "이제 연기를 그만두려고 합니다. 가정용 전기 제품 상점을 할겁니다. 난 항상 토스터기에 빠져 있었거든요."
> 데인 쿡, 배우 겸 코메디언

그의 토스터기는 사실 식당 주방을 대상으로 하였으나 가정용으로 출시하게 되었으며 1920년대에 '토스트마스터'란 이름으로 판매가 시작되었다.

스트라이트의 토스터기는 곧 전 세계적으로 큰 성공을 거두었으며 1930년경에는 일 년에 120만 개 이상이 판매되었다. **SB**

참고: 샌드위치, 자동 브레드 슬라이서

➜ 1926년에 워터스 젠터 회사는 찰스 스트라이트가 설계한 토스트마스터를 판매하기 시작하였다.

참고: 디지털 컴퓨터, 집적 회로, RAM, 워드 프로세서

# TOASTMASTER

## Automatic Electric Toaster

## You do not have to Watch it ~ The Toast can't Burn.

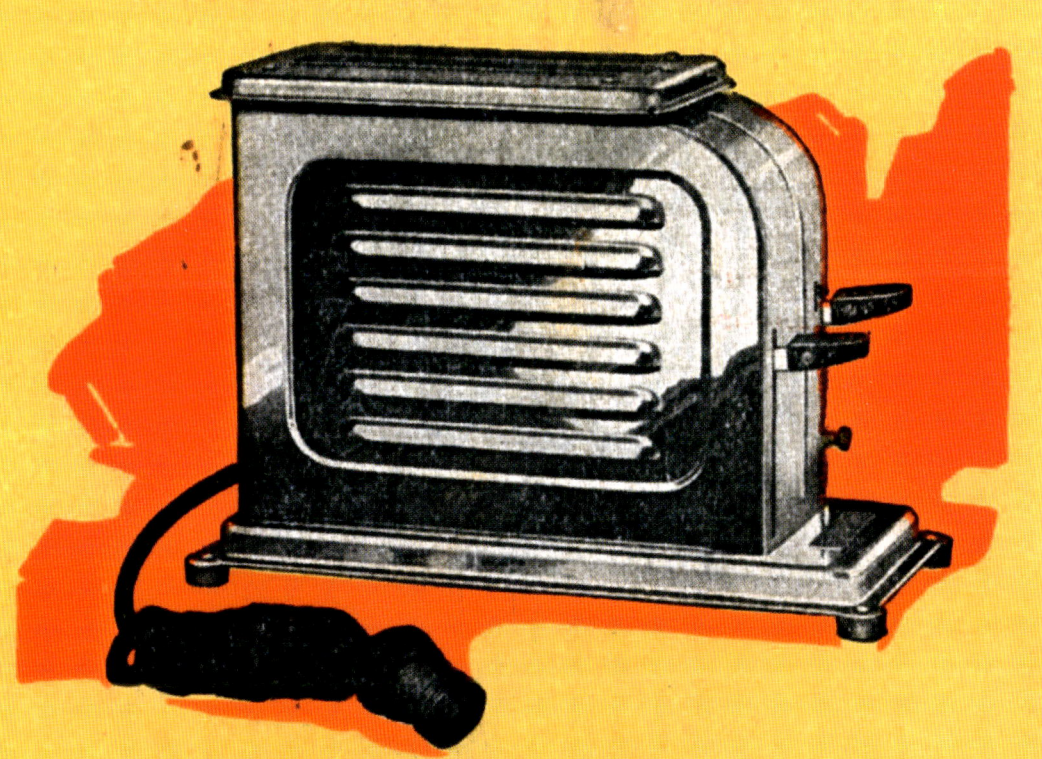

## Study Carefully These INSTRUCTIONS

# 앨런 키 (1920년)

미국의 운브라코와 이탈리아의 브루골라가 각각 상대방의 제품과 유사한 6각 드라이버를 고안하다.

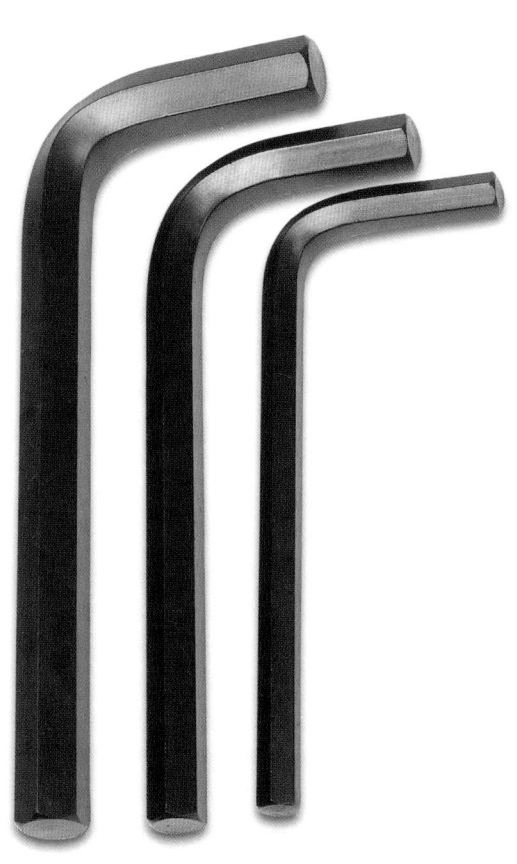

1920년대에 발명된 앨런 키는 대략 총 길이의 4분의 3 가량이 90도로 구부러진 금속 막대로, 외양이 6각형의 단면으로 구성되었다. 앨런 키는 헥스 키, 아룸 키, 인버스, 운브라코 키 등과 같이 다양하게 불렸다. 운브라코社는 미국과 영국에서 유명해진 6각 키와 나사를 1920년대에 개발하였다.

1926년 브루골라 제조회사를 설립한 이탈리아의 에지디오 브루골라 또한 운브라코社와 같은 시기에 6각 파스너를 제작하였다. 이탈리아에서 앨런 키는 '브루골라'라고 불리고 있다. 몇 십 년 후인 1943년 앨런 공업社는 미국과 영국에서 유명해진 이름인 '앨런 키'를 상표로 등록하였다.

6각 드라이버를 뭐라고 부르던 간에, 이 공구는 지구상에서 가장 흔하게 찾아볼 수 있는 도구 중 하나다. 작고 단순하고 가벼운 특성 덕분에 6각 드라이버는 인기 있는 공구가 되었다. 앨런 키는 양 끝을 다 사용할 수 있기 때문에 다양하게 활용된다. 앨런 키는 자동차와 모터사이클 산업에서 광범위하게 사용되고 있는데 6각 나사로 조인 부분은 표면이 매끄럽게 마감되어 나사나 너트의 돌출 부분에 다른 물체가 부딪치는 일 없이 부품이나 외관을 보호할 수 있다.

최근에는 생산 비용이 상대적으로 저렴하기 때문에 조립식 가구에 앨런 스크루를 많이 사용하고 있으며 가구 제조사들은 헥스 키를 동봉한 조립식 가구를 소비자에게 판매하고 있다. **BG**

---

"우주의 광대함과 인생 그 자체를 다룰 수 있는 도구가 없다는 것을 깨달을 필요가 있다."

핸즈 데코즈, 수비학자

**참고:** 금속 세공, 나사 절삭 선반, 표준화된 나사 체계, 조절 가능 렌치

K 앨런 키는 6각 구멍을 가진 볼트나 6각 모양의 나사에 사용되고 있다.

# 주빌리 클립 (1921년)

로빈슨이 호스와 파이프를 단단히 봉인하다.

주빌리 클립은 1921년 영국의 해군 소령인 럼리 로빈슨(1939년 사망)이 발명하였다. 이 독창적인 장치는 스테인리스 강철 밴드를 호스나 튜브 주위에 두른 후 클립의 끝에 있는 나사를 조여 단단히 밀폐시키는 구조로 되어 있다. 나사는 웜 구동 방식으로 동작하기 때문에 이러한 유형의 클립을 때때로 '웜 구동 호스 클립' 또는 단순히 '호스 클램프'라고 부른다. 쥬빌리 클립은 가정용 배관에서부터 선박 배관과 같은 더 큰 작업 분야에 이르기까지 폭넓게 사용될 수 있다. 쥬빌리 클립은 특허 등록되었으며 1923년 로빈슨은 클립을 상업

적으로 홍보하기 시작했다. 로빈슨이 사망한 후 아들인 존은 1948년 영국 질링엄 지역에 로빈슨 & 컴퍼니社를 설립하였다. 존의 회사는 오늘날에도 주빌리 클립을 제조하고 있으며 이러한 유형의 클립을 생산하는 최고의 회사 중 하나이다.

> "쥬빌리 웜 구동 호스 클립으로
> 물방울이 새는 것을
> 막아라."
>
> 쥬빌리 클립 광고 포스터

주빌리 클립은 단순한 디자인과 용도에도 불구하고 소개 당시 혁신적인 제품으로 간주되었다. 예를 들어 주빌리 클립이 발명되기 전 군함은 파이프를 지탱하기 위해 철사로 파이프를 묶고 별도의 핀으로 고정시켜야 했다.

쥬빌리 클립은 현재 정원과 자동차, 우주 공간에서 사용될 만큼 다양한 분야에 사용되고 있다. 2005년 로빈슨 & 컴퍼니社는 유럽과 아시아 전역을 횡단하는 자동차 경주인 몽골 랠리에 참가한 차에게 주빌리 클립을 기증하였다. **RH**

---

**참고:** 나사 절삭 선반, 표준화된 나사 체계, 스테인리스 강철

# 미세전극 (1921년)

하이드가 단세포에 대한 연구를 용이하게 하다.

1900년대 초 과학 분야에서 유명한 여성이 되는 것은 미국의 신경 생리학자인 아이더 하이드(1857~1945)에게 어려운 일이었다. 아이오와 주 대번포트 지역에 태어난 그녀는 자신을 받아줄 대학교를 찾느라 애를 먹었다. 마침내 코넬 대학교에서 학사 학위를 취득하였으며 이후 독일 하이델베르크 대학교의 과학 분야에서 박사 학위를 받은 최초의 여성이 되었다.

이러한 사실에도 불구하고, 하이드는 죽을 때까지 자신의 발명에 대해 인정받지 못했다. 그녀가 사망한 이후 미세전극은 신경세포-생리학 분야에 혁명을 불러일으켰다. 하이드의 전극은 매우 작아서 그 당시 단일 세포를 최초로 연구하는 데 도움을 주었다.

하이드의 연구는 메뚜기에서부터 인간에 이르기까지 다양한 유기체의 신경계와 호흡 메커니즘에 초점을 맞추었다. 연구를 진행하던 중 하이드는 전기 자극이나 화학 자극을 세포에 전달하고 개별적인 세포의 전기 활동을 기록하기 위해 미세전극을 발명하였다. 이 방법은 세포나 신경에 전기가 흐를 때 무슨 현상이 발생하는지 정확하게 알 수 있도록 해주었다.

그로부터 20년의 세월이 흐른 후에야 비로소 하이드의 초기 연구를 간과한 채 미세전극이 재발명되었으며 광범위한 연구에 사용되었다. 오늘날 미세전극은 뇌의 전기 자극을 조사하는 데 필수 장비이다. 만약 하이드의 미세전극이 그 당시에 인정되었다면 신경학자들이 수십 년 전부터 미세전극을 사용하였을 것이다.

하이드는 자신의 경험에 비춰 여성 교육 문제에 대해 걱정하였으며 후에 여성 문제에 대해 강의하였다. **LS**

---

**참고:** 컴퓨터 단층촬영, 뇌파계

# BCG 백신 (1921년)

**칼메트와 게린이 폐결핵과 싸우다.**

BCG(Bacille Calmette-Guerin) 백신은 1921년 처음으로 개발된 이후 폐결핵 예방을 목적으로 전 세계 10억 명에게 접종되었다.

　폐결핵은 19세기 성인의 주요 사망 원인이었다. 1882년 로베르트 코흐는 세균인 결핵균이 폐결핵의 원인이라는 것을 알아냈다. 그러나 죽거나 조작한 형태의 결핵균을 사용하여 사람들이 폐결핵에 감염되는 것을 막으려는 시도는 이루어지지 않았다. 프랑스의 세균학자 알베르 칼메트(1863~1933)와 동료인 수의사 카미유 게랭(1872~1961)은 글리세린-담즙-감자의 혼합물에 우결핵균을 위치시켰더니 덜 치명적인 결핵균이 성장한다는 것을 발견하였다. 1906년경 칼메트와 게린은 더욱 세균을 배양시켜, 너무 약해서 질병을 발생시킬 수는 없지만 백신으로 사용 가능한 살아 있는 바실루스를 만들었다. 1921년 그들은 자신들의 BCG 백신을 인

> "BCG 백신의 출시 때문에
> 병원 및 관련 산업에서 폐결핵으로
> 벌어들일 수 있는 돈이 줄어들었다."
>
> 진 엘미거 박사, 스위스 의사 겸 동종 요법가

간에게 처음으로 실험하였으며 1928년 11만 6,000명의 프랑스 어린이에게 성공적으로 접종되었다.

　최근에는 백신에 내성을 갖는 박테리아의 증가와 함께 더 다양한 유형의 폐결핵이 보고 되고 있어 BCG 백신을 보완한 새로운 백신을 개발해야 할 필요성이 제기되고 있다. MVA85A은 모든 유형의 결핵균에서 발견된 단백질을 포함하고 있으며, 이는 BCG 백신에 의하여 촉진된 T-세포의 반응을 활성화하는 역할을 한다.

　이 새로운 백신은 현재 남아프리카의 웨스턴 케이프 지역에서 실험중에 있다. **LH**

**참고:** 콜레라 백신, 예방접종, 소아마비 백신, 풍진 백신, 백신 접종

# 거짓말 탐지기 (1921년)

**라슨이 거짓 응답을 식별하다.**

거짓말은 입에서 쉽게 튀어 나오지만, 당사자의 손바닥에 땀이 나거나 신경에 경련이 발생하고 목소리가 일그러지거나 심장이 뛰는 식의 신체 변화를 일으킨다. 존 오거스터스 라슨(1892~1983) 덕분에 이러한 유형의 신호로부터 거짓말을 판별하게 되었다.

　캘리포니아 대학교의 의학도인 라슨은 1921년 거짓말 탐지기를 발명하였으며 이로 인해 경찰관의 서랍에 존재하는 가장 논쟁의 소지가 있는 도구 중 하나가 탄생하였다. 라슨의 거짓말 탐지기는 혈압, 맥박수, 호흡의 변화와 같은 신체 반응을 연속적으로 관찰하여 거짓말 여부를 가려냈다. 안타깝게도 누군가를 속이는 동안에 분비되는 거짓말 호르몬에 대해서는 알려진 것이 없다. 거짓말을 탐지하기 위한 감시 및 관찰하에서의 특정한 신체 반응은 스트레스를 받기 때문에 유발될 수 있다. 혹은 교활한 범죄자의 경우 신체 반응을 인위적

> "누구나 때때로 거짓말을 하지만
> 거짓말에 수반되는 찡그림은
> 진실을 말하기 마련이다."
>
> 프리드리히 니체, 독일 철학자

으로 억제시킬 수 있기 때문에 거짓말 탐지기의 신뢰성에 대해서는 항상 논란의 여지가 있다. 신뢰성에 대한 의구심에도 불구하고 거짓말 탐지기는 시대를 통틀어 가장 위대한 발명품 중 하나로 인식되고 있다. 거짓말 탐지기는 용의자를 식별할 필요가 있는 초기 조사 단계에 효율적으로 사용되고 있다. **CB**

**참고:** 순간 노출기, DNA 지문감식

➡ 1915년 초기 형태의 거짓말 탐지기로 심리 테스트를 받고 있는 죄수.

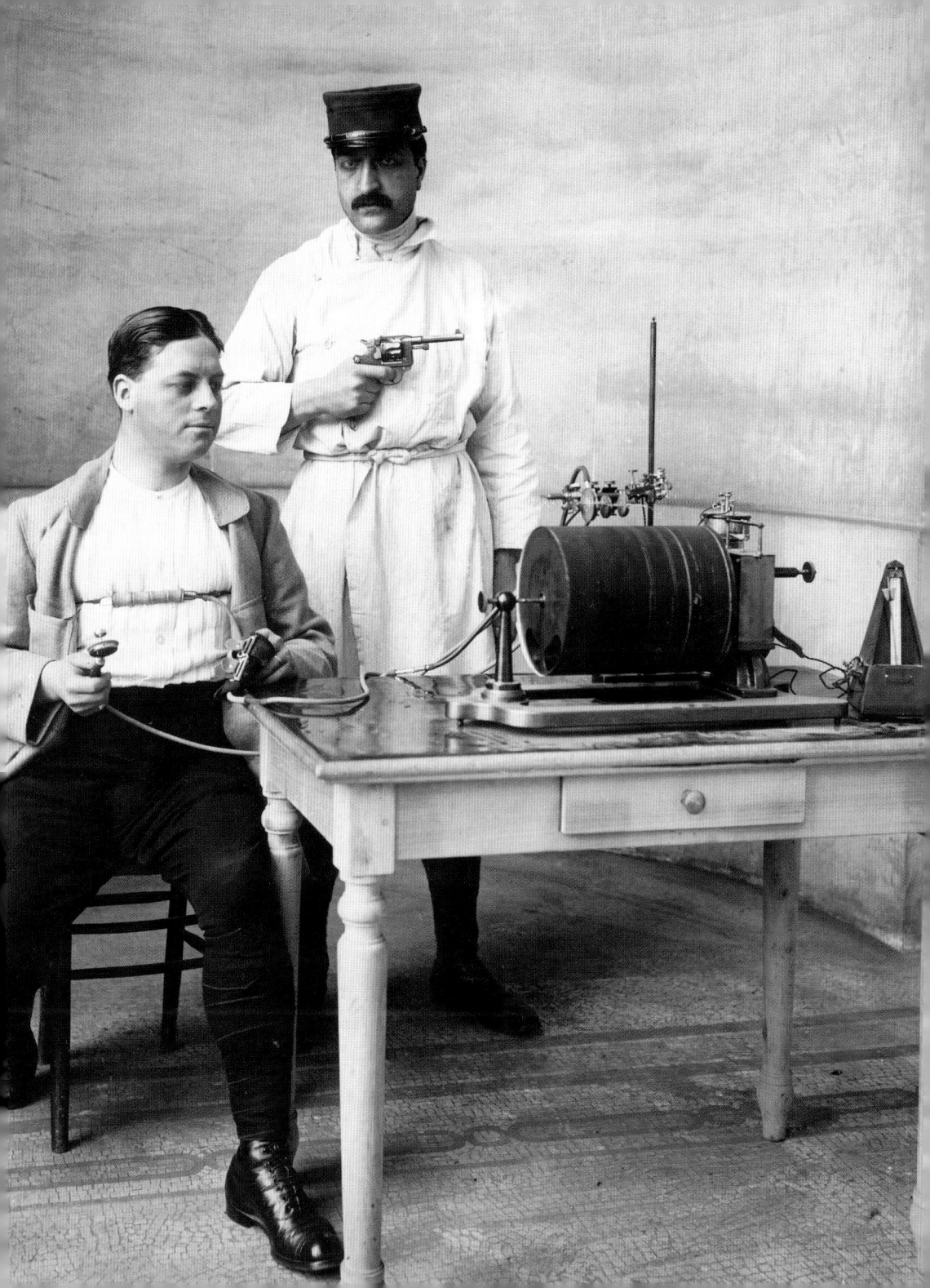

# 냉장고 (1922년)

폰 플라텐과 문터스가 음식을 보존할 수 있는 냉각 캐비닛을 개발하다.

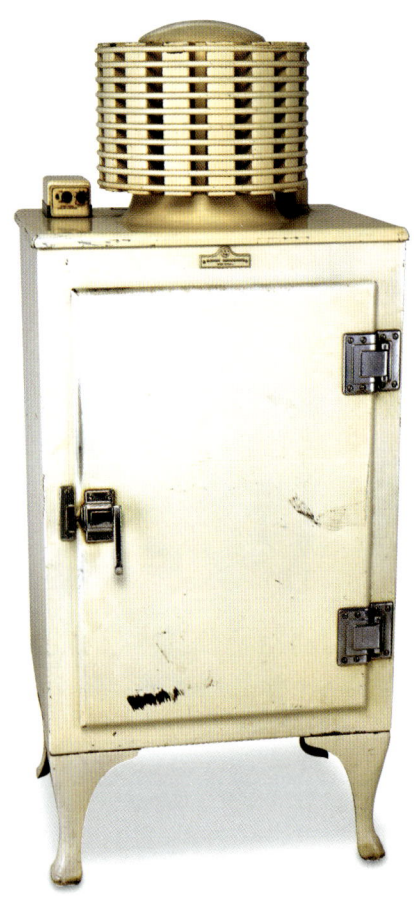

냉장고는 20세기 핵심 발명품 중 하나이다. 냉장고에 음식을 저장하면 음식의 신선도가 유지되고 박테리아의 번식을 느리게 해주어 오랫동안 식료품을 보관할 수 있다. 냉장고가 발명되기 전에는 일부 지역에서만 구매할 수 있는 얼음과 아이스 박스로 음식을 냉장시켰다. 그렇기 때문에 대부분의 가정은 결코 음식을 차갑게 할 수 없었다.

발트자르 폰 플라텐(1898~1984)과 카를 문터스(1897~1989)는 스웨덴 스톡홀름에 위치한 왕립 기술 학교 학생 시절에 공동으로 가스 흡수식 냉장고 개발에 착수했다. 전기로 컴프레셔를 가동시켜 냉장 기능을 수행하는 현대식 냉장고와는 달리, 이들의 냉장고는 대신 일련의 상태 변화에 따라 냉장 가스를 주입하는 독창적인 공정으로 냉장 기능을 수행하였다. 일단 물과 혼합된 암모니아를 증발할 때까지 가열한다. 증발한 암모니아 가스는 콘덴서로 전달되고 콘덴서는 액체 상태가 될 때까지 순수한 암모니아로부터 열을 빼앗는다.

열을 빼앗긴 액체 암모니아는 그 후 소금물을 통과하면서 냉장고 내의 기온을 낮춘다. 이후 암모니아는 이 공정을 다시 시작하기 위해 가스 상태로 되돌아가 물에 다시 흡수된다.

가스 흡수식 냉장고는 1923년에 AB 아틱社(나중에 일렉트로룩스社가 합병함)가 생산하였지만 인기를 얻지 못했다. 동일한 시대에 개발된 전기 냉장고는 훨씬 더 많은 투자와 광고로 순식간에 시장을 점령하였다. 1930년경 가스 흡수 냉장고는 생산이 중단되었다. **JG**

> "사냥을 하면 먹을 것이 생길 때도 있고 그렇지 않을 때도 있다. 그러나 냉장고 문을 열면 항상 먹을 것이 있다."
>
> 노라 볼코우, 국립약해연구소

**참고:** 프레온, 냉동 식품, 하버 법, 얼음 제조기

◪ 1934년 GE社가 제조한 전기 압축 가전 냉장고인 '모니터 탑'.

# 믹서기 (1922년)

포플로스키가 밀크쉐이크와 스무디를 만드는 방법을 알리다.

믹서기는 오늘날 어느 가정에서나 찾아볼 수 있는 기기이다. 믹서기는 소프트 드링크 산업을 위한 도구로, 밀크쉐이크를 혼합하기 위해 디자인되었다. 1920년경 밀크쉐이크와 맥아 분유 음료는 둘 다 매우 인기가 있었다. 맥아 분유 분말은 뜨거운 물에 타먹도록 개발되었기 때문에 종종 차가운 우유와 혼합하면 덩어리가 생겼다. 이 문제는 스티븐 포플로스키(1885~1956)가 믹서기를 발명한 시기인 1922년에 해결되었다. 그의 믹서기에는 전기 모터로 구동되는 조그만 회전날이 있어 용기의 아래 부분에서 모든 재료들을 하나로 뒤섞는다. 또한 이 장치 덕분에 그 당시 스무디가 개발될 수 있었다.

프레드 오시우스의 기능 수정과 프레드 와링의 재치 있는 마케팅 덕분에 믹서기는 곧 호텔과 레스토랑에서 찾아볼 수 있게 되었으며 많은 가정 내 주방에 믹서기가 보급되었다.

믹서기의 용도는 여기서 끝나지 않는다. 퓨레를 만들려고 재료들을 으깰 때에도 믹서기가 사용되고 있다. 예를 들어 병원에서는 특별한 식이요법 음식을 준비하기 위해 믹서기를 사용한다. 또한 현대식 과학 연구소에서도 믹서기가 사용된다. 조나스 솔크 박사는 소아마비 백신을 개발하는 동안 믹서기를 사용하였다. 최근에는 믹서기가 놀이 도구로 진화했는데 www.willitblend.com에서는 믹서기가 어떤 재료까지 분쇄할 수 있는지 테스트해보는 놀이가 진행되고 있다. 오늘날 믹서기는 건강을 챙기는 가정에 꼭 있는 대중적인 제품이 되었다. **RP**

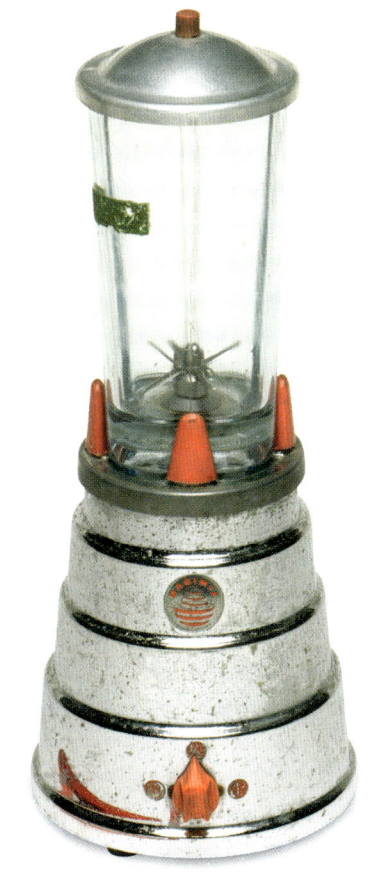

참고: 푸드 믹서. 푸드 프로세서

↗ 1951년에 제조된 마지믹스 음식 믹서기. 재료 혼합 용기가 포함되어 있음.

"두 살짜리 애들이란 믹서기를 뚜껑 없이 작동시키는 것처럼 종잡을 수가 없죠."

제리 사인펠트, 미국 배우 겸 코미디언

# 스노우모빌 (1922년)

봄바르디에가 눈 위를 달리는 캐터필러 바퀴를 사용하다.

스노우모빌은 눈과 얼음 위를 달리기 위해 모터로 추진되는 고무/케블라 캐터필러 바퀴와 조종관으로 사용되는 스키를 장착하고 있다. 이러한 캐터필러 바퀴 시스템에 대한 아이디어는 캐나다 발명가 조제프-아르망 봄바르디에(1907~1964)가 고안하였다. 봄바르디에는 독학한 기계 기사였으며 몬트리올 남동부 지역의 벨코트에서 조그만 자동차 정비소를 운영하였다. 겨울에는 도로를 치워야만 사람들이 다닐 수 있었고 지역 거주민들은 말이 끄는 썰매에 의지하여 이동해야 했기에 봄바르디에는 설상 차량을 만들기로 결심했다. 1937년경 그는 일곱 명의 승객을 태울 수 있는 스노우모빌을 제작하였다. 이 모델은 앰뷸런스, 겨울용 학교 버스, 산림 기계로 사용되었으며 또한 제2차 세계대전 중 군인들이 사용했다.

1950년대 후반에는 작고 가벼운 4행정 가솔린 엔진을 도입하여 기존 모델을 획기적으로 발전시켰다. 봄바르디에는 한 명 혹은 두 명이 탈 수 있는 '스키-두(Ski-Doo: 원래는 'Ski-Dog'였는데 인쇄업자가 'Ski-Doo'로 착각함)'라고 불린 개방형 스노우모빌을 발명하였다.

오늘날 매년 20만 대 이상의 스노우모빌이 제조됨에 따라 캐나다, 미국의 북쪽 지방, 유럽의 겨울 관광에 큰 변화를 가져왔다. 눈이 많이 온 지역에 빠른 속도로 쉽게 접근할 수 있어 스노우모빌은 이상적인 겨울 레저용 차량이 되었다. 가장 유명한 스노우모빌 경주 중 하나는 와실라와 놈을 거쳐 알래스카의 페어뱅크스까지 이어지는 1,971마일(3,172킬로미터) 길이의 '아이언 도그' 경주이다. 현재는 대기 오염을 줄일 수 있는 더 나은 스노우모빌 모터가 개발 중이며 옐로우스톤과 같은 일부 국립 공원은 4행정 스노우모빌의 사용만을 허가한다. **DH**

**참고:** 썰매, 스키, 아이스 스케이트, 4행정 싸이클, 스키 리프트, 케블라

# 테크니컬러 (1922년)

칼무스가 영화에 색상을 입히다.

일상 언어에서 발명품 이름이 날마다 사용되는 것은 발명품이 누릴 수 있는 최고의 영예이다. '테크니컬러'는 바로 그러한 발명품으로, 1922년 테크니컬러 활동 사진회사의 허버트 칼무스(1881~1963)와 동료들이 개발한 영화 색채 처리 기술을 일컫는다.

1922년작 「바다의 희생」은 테크니컬러를 사용한 최초의 대중 영화이다. 테크니컬러 기법은 두 개의 프레임(한 프레임은 녹색 필터 뒤에 위치시키고, 다른 프레임은 적색 필터 뒤에 위치시킴)을 서로 겹쳐서 흑백 필름을 영사하는 기법이다. 각 프레임 세트는 별도의 영화 제판으로 인화되어 서로 대비되는 색상과 어우러졌으며 그 후 각각의 색상(적색, 녹색)을 지닌 영화 제판을 함께 겹쳐 최종 출력물을 만들었다.

상업적으로 성공했지만 테크니컬러 기법은 완벽함과는 거리가 멀었다. 1929년 테크니컬러에 새로운 과

> "테크니컬러는
> 나를 안색이 안 좋아 보이는
> 사람처럼 만들었다."
>
> 베티 데이비스, 미국 배우

정을 도입함으로써 두 개의 분리된 영화 제판을 하나로 합칠 필요성이 없어졌다. 테크니컬러는 계속해서 보완되었으나 이 기법을 사용하여 컬러 영화를 제작하는 데는 많은 비용이 들었다. 이로 인해 영화 상영료가 비싸 충분한 관객을 확보할 수 없었다. 이 기술은 월트 디즈니가 스튜디오 내에서 독점 사용 계약을 맺으면서 부활하게 되었다. 테크니컬러를 사용한 월트 디즈니의 만화 영화 「백설공주와 일곱 난장이」(1937)는 큰 성공을 거두었고, 이후 20년간 테크니컬러는 컬러 필름 공정으로 할리우드에서 폭넓게 사용되었다. **RBd**

**참고:** 셀룰로이드, 컬러 사진, 필름 카메라/프로젝터, 키네마토그래프

# 아가 쿠커 (1922년)

달렌이 아이콘적인 주방용 가전 제품을 만들다.

아가 쿠커는 노벨 물리학상을 받은 스웨덴의 물리학자 구스타프 달렌(1869~1937)의 발명품이다. 1912년에 발생한 폭발로 실명한 달렌은 건강 회복을 위해 집에서 요양하던 중 조리 기구를 개선하는 데 관심을 가졌다.

달렌은 또한 스웨덴 악티보라게 가스 축적기 회사(등대에서 사용되는 아세틸렌 점화 자동 전등을 제조)의 상무 이사이기도 했다. 아가 쿠커는 1922년 특허로 등록되었고 대중화된 제품이 되었다. 아가 쿠커의 주철 오븐과 핫플레이트는 코크스 연료를 사용하여 일정한 열을 유지하였으며 크림색 에나멜 외관이 매력적이면서도 청소하기 쉬운 디자인을 연출하였다.

아가 쿠커는 1929년 영국으로 수출되었는데, 초기에는 유사 제품인 에쎄와 영국 시장을 공유하였다. 제2차 세계대전 종전 무렵 아가 쿠커는 대량으로 판매되었으며 점점 더 영국이 비중 있는 수출 시장이 되었다. 1948년경 아가 히트 웍스社는 라이센스하에 영국에서 10만대의 쿠커를 제조하였다. 밝은 색상의 에나멜 외관과 다양한 연료를 사용할 수 있도록 개선된 모델들이 계속해서 출시되었다.

1964년에는 석유를, 1975년에는 전기를, 그 이후로는 등유, 경유, 천연 가스, 프로판 가스를 연료로 사용할 수 있었다. 심지어 바이오 연료와 풍력을 사용하도록 설계한 시제품이 있을 정도였다. 네 개 오븐으로 구성된 모델은 1987년에 출시되었다. 현재 모든 아가 쿠커는 영국 슈롭셔의 콜브룩데일 지역에 위치한 주조 공장에서 제조되어 전 세계 여러 국가(현재는 21개국)에 판매되고 있다. **AE-D**

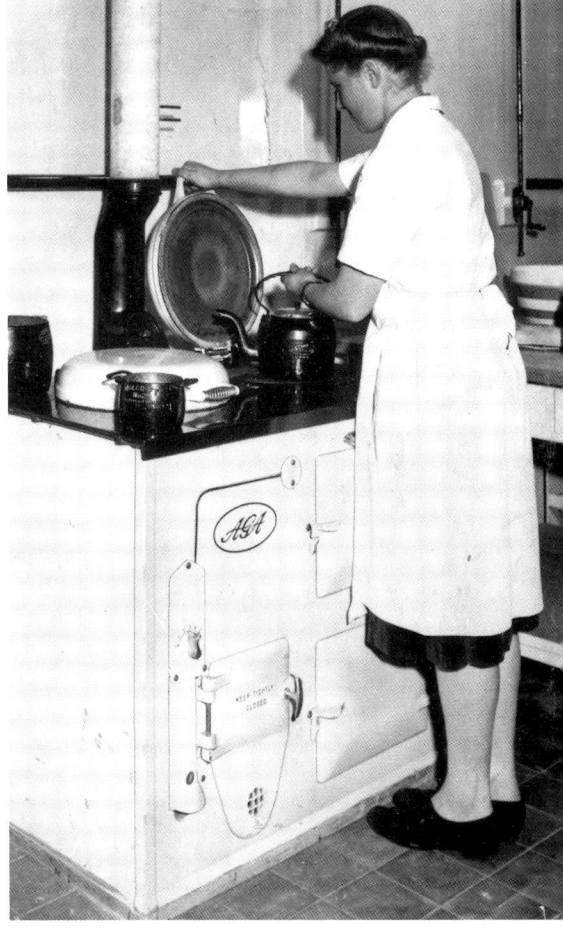

참고: 불의 제어, 전기 스토브, 전자 레인지, 압력솥

↗ 1940년경 제조된 아가 고체 연료 쿠커에 주전자를 올려놓는 젊은 여성.

"또 다른 아가 쿠커 소유자를 만나는 일은 쉽게 친구가 될 수 있는 사람을 사귀는 것과 같다."

메리 베리, 요리책 작가

# 수상 스키 (1922년)

새뮤얼슨이 매혹적인 새로운 스포츠를 발명하다.

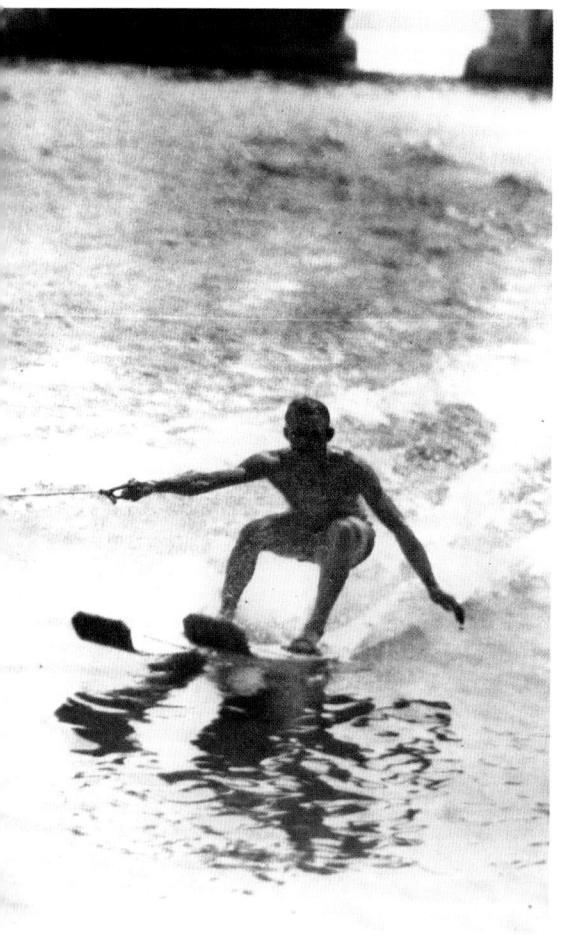

물에서 할 수 있는 놀이(수영, 낚시, 보트타기)는 다양하다. 1922년 수상스키가 물놀이 항목에 추가되었다.

수상스키의 발명가 랄프 새뮤얼슨(1903~1977)은 파도타기를 매우 좋아했지만 물에서 스키도 타보고 싶어했다. 통판과 스노우 스키를 사용한 그의 시도는 번번히 실패했다. 여러 번의 실패 후 8피트 길이의 두꺼운 널판지로 마침내 자신만의 스키를 제작할 수 있었다.

스키 제작 후 그의 다음 과제는 물 위에서 스키를 타기 위한 테크닉을 연구하는 것이었다. 누가 수상스키의 원조인지에 대해서는 수 년간 논쟁이 있었다. 여러 그룹이 자신들이 최초라고 주장했으며 1924년 아쿠아 스키의 특허 취득은 수상 스키의 개발자를 알아내는 데 혼동을 주었다.

1963년 한 보도 기자가 새뮤얼슨과 그에 얽힌 일화를 우연히 알게 되어서야 비로소 새뮤얼슨이 수상스키의 아버지라는 사실이 알려졌다. 그 후 새뮤얼슨은 '명예의 수상스키 전당'에 입회하였다. 새뮤얼슨은 수상스키로 인해 비웃음거리가 되었음에도 불구하고 자신의 행동이 후세에 어떠한 영향을 미칠 것인지 깨닫지 못했다.

1925년 새뮤얼슨은 돼지 기름을 발라 미끄럽게 만든 다이빙 플랫폼을 이용하여 수상스키 점프에 처음으로 성공하였으며 제1차 세계대전 기간 중 시간당 최대 80마일(129킬로미터)의 비행정이 끄는 수상스키를 탔다.

그가 착용했던 스키 세트는 명예의 수상스키 전당 박물관에서 볼 수 있다. **SB**

"나는 눈 위에서 스키를 탈 수 있다면 물에서도 스키를 탈 수 있다고 생각했다. 모든 사람들이 내가 미쳤다고 생각했다."

랄프 새뮤얼슨, 수상스키 선구자

**참고: 스키, 모터보트, 제트보트**

◪ 프레드 월러가 새뮤얼슨의 발명품으로 특허를 취득했던 해인 1925년 수상스키를 타고 있는 새뮤얼슨

# 면봉 (1923년)

저스텐장이 솜이 붙은 조그만 막대를 발명하다.

레오 저스텐장은 아이들의 귀를 깨끗하게 해주려고 부인이 이쑤시개 끝에 면을 붙이는 것을 본 후 면봉을 디자인하기 시작했다. 그는 면봉 몸체의 부스러기 때문에 아이들이 상처 입는 것을 막으려고 면봉의 몸통으로 카드보드 재료를 사용하였다. 또한 면봉의 각 끝에 동일한 양의 면을 붙였으며 귀를 파는 동안 면봉에 이물질이 붙어나올 수 있게끔 설계하였다. 그는 면봉을 보급하기 위해 레오 저스텐장 인펀트 노벨티社를 설립하여 1923년 '베이비 게이스'라는 이름으로 면봉을 출시하였다.

1926년 저스텐장은 품질을 의미하는 Q를 추가하여 기존의 이름을 '큐 팁스 베이비 게이스(Q-Tips Baby Gays)'로 변경했지만 저스텐장의 면봉은 우리에게 단순히 '큐 팁스(Q-Tips)'라는 이름으로 알려져 있다. 큐 팁스는 유아 용품 시장에 공급되었을 뿐만 아니

> "면봉을 사용하다가
> 발생한 상처 때문에 진료소를
> 찾는 환자들이 많았다."
> J. C. 홉슨과 J. A. 레비

라 1950년대 화장품 시장으로 제품 영역을 확대하였다. 할리우드 메이크업 아티스트들은 메이크업 도구로 면봉을 사용하기 시작했다.

1970년대 초반 면봉으로 귀를 파면 발생할 수 있는 신체 손상(특히 고막을 찌르거나 귀지를 깊숙이 집어넣는 것)에 대해 알려지기 시작하면서 제조사들은 면봉으로 더 이상 귀를 파지 말라고 광고하고 있다. 큐 팁스는 비록 과거와는 용도가 달라졌지만 오늘날에도 여전히 폭넓게 사용되고 있다. **HP**

참고: 일회용 면도날, 종이 티슈, 비누, 칫솔, 치약

# 유성 영화 (1923년)

드 포레스트가 무성 영화의 시대를 마감하다.

1900년 파리 박람회의 극장에서 최초로 음성 및 영상을 담은 영화의 공개 시연이 열렸다. 그러나 확성 장치라는 것이 아직 존재하지 않던 시대에 대형 관람석에서 볼륨을 높이는 것은 어려운 일이었다. 게다가 음성과 영상의 동기화 기술이 조잡해서, 영사기와 오디오 재생 실린더를 동시에 시작시키고 운이 좋아 음석과 영상이 일치하기만을 바랄 수밖에 없었다.

이러한 상황은 1919년 전기 기사인 리 드 포레스트(1873~1961)가 최초의 음성 영화 기술(사운드 트랙 스트립이 영화 필름에 추가되는 시스템)을 개발할 때까지 20년간 계속되었다. 4년 후인 1923년 4월 23일 드 포레스트의 포노필름스 스튜디오는 음성과 영상이 완벽하게 일치된 유성 영화를 대중에게 상영하였다.

1년 후 그는 H. 매닝 헤인즈가 감독을 맡고 존 스튜어트와 조안 윔딤이 주연한 「사랑의 오래된 달콤한 노래」라는 최초의 상업용 유성 영화를 제작하였다. 그러나 그 당시 이러한 신 기술 때문에 영화 산업에서 할리우드의 지배력이 위협받을 수 있다는 우려의 목소리가 높아졌다. 더군다나 수많은 메이저 할리우드 스튜디오는 자신만의 독자적인 기술을 경쟁적으로 개발하기 시작하였다.

앨런 크로스랜드가 감독을 맡은 영화 「재즈 가수」가 1927년에 성공을 거두면서 음성 영화가 큰 수익을 낼 수 있다는 것이 입증되었다. 심지어 이 영화의 성공으로 주연을 맡은 알 졸슨은 미국의 최고 유명 인사가 되었다. 그럼에도 불구하고 메이저 스튜디오들은 점점 더 과거의 영화 기법에 의존하려고 하였다. 그러나 1930년경에는 무성 영화의 시대가 거의 막을 내렸다. **TB**

참고: 확성기, 마이크, 스테레오 음향, 서라운드 음향

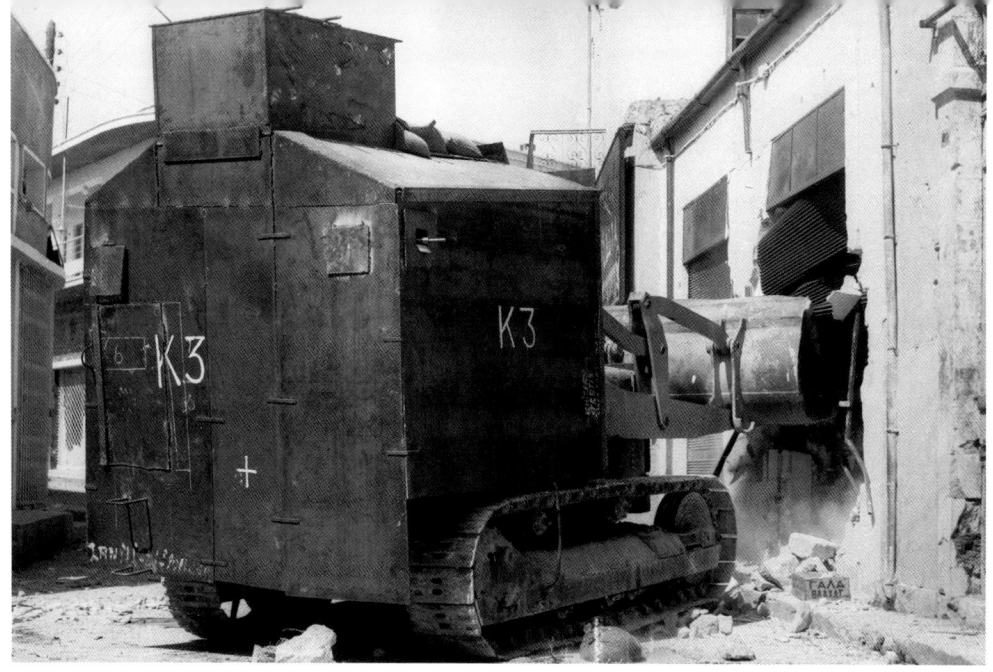

# 불도저 (1923년)

커밍스가 토양을 밀어내는 데 있어 노새의 힘을 대체할 수 트랙터를 소개하다.

1839년 윌리엄 오티스가 발명한 증기 삽은 1869년 수에즈 운하와 1910년 파나마 운하 공사에 사용되었다.

굴착기가 발명된 지 8년이라는 세월이 지났지만 도랑은 여전히 노새의 힘을 사용하여 메워졌다. 1923년 미국 농부 제임스 커밍스(1895~1981)는 노새를 사용하여 석유 파이프라인 도랑을 메우는 것을 보고 기계가 더욱 효율적으로 이 작업을 수행할 수 있겠다고 생각했다. 커밍스와 제도공 얼 맥리오드는 설계도를 그린 후 고물 부품으로 최초의 불도저를 제작하여 파이프라인의 도랑을 메우는 공사 계약을 따냈다.

불도저는 한 곳에서 다른 곳으로 물체를 이동시키는 데 사용된다. 넓은 캐터필러 바퀴와 바위, 모래, 흙, 잔해를 밀거나 운반하는 무거운 금속 판으로 이루어진 불도저는 오늘날 채석업, 광산업, 도로 및 빌딩 건설, 건축 철거에 필수적인 장비로, 공사 현장에서 흙을 이동시키는 데 가장 많이 사용되고 있다.

불도저는 1944년 노르망디 상륙 작전에서 중요한 역할을 담당했다. 무장한 영국의 불도저는 해변과 도로를 깨끗하게 정리하였으며 폭탄으로 땅에 생겨난 구멍을 메웠다. 일부 탱크는 포탑을 제거하고 불도저 날을 추가하여 불도저로 변환되었다. 오늘날 무장된 불도저는 토목 공사, 장애물 제거, 지뢰 제거, 건축물 철거에 중추적인 역할을 하고 있다. 불도저는 지진과 같은 자연 재해에 대처하기 위한 중요한 도구이며 붕괴된 고층 건물을 며칠 내에 깨끗하게 치울 수 있다. 불도저 없이는 강력한 지진이 강타한 도시를 결코 복구할 수 없을 것이다. **ES**

**참고:** 백호우, 주철 쟁기, 볏쟁기, 강철쟁기, 탈곡기, 트랙터

⬆ 1964년 3월 키프로스의 크티마에서 발발한 전쟁에 사용되고 있는 무장 불도저.

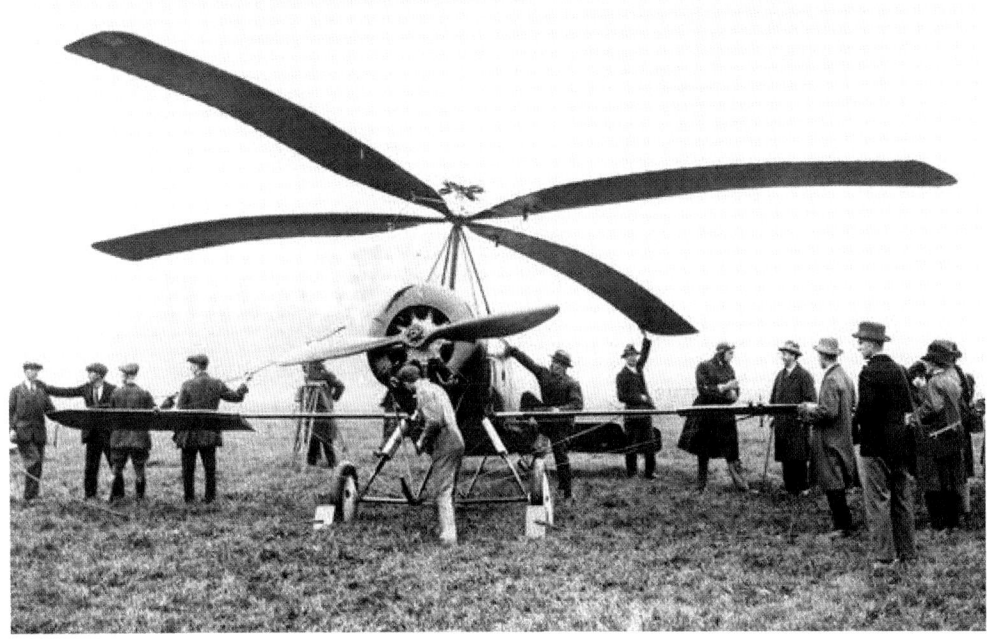

# 오토자이로 (1923년)

데 라 시에르바가 수직 비행으로의 길을 열다.

1923년 후안 데 라 시에르바(1895~1936)는 최초의 오토자이로를 개발하였다. 오토자이로는 헬리콥터와 외견상 유사해 보이지만 단일 무동력 회전 날개를 장착하고 있다. 초기 오토자이로는 헬리콥터보다 조정하기가 어려웠으며 수직으로 착륙하거나 이륙할 수 없었다.

오토자이로는 헬리콥터보다 먼저 발명되어 수직 비행에 대한 길을 열었다. 오토자이로의 회전 날개는 헬리콥터와는 달리 동력으로 작동하지 않는다. 공기 역학적으로 설계된 오토자이로의 회전 날개는 위에서 아래로 동체가 하강할 때 자동적으로 회전한다.

오토자이로의 동력 및 추진력은 동력으로 작동하는 프로펠러에서 얻어지므로 대부분 10피트 정도의 이륙 활주로를 확보해야 한다. 비행기도 오토자이로처럼 조그만 공간에 착륙할 수 있게 되었지만 오토자이로는 비행기보다 훨씬 더 조종하기가 쉽고 느린 속도로 안정적인 비행이 가능하며 헬리콥터보다 빨리 날 수 있다.

오토자이로는 또한 상공에서 실속(失速, stall)하는 경우가 없어 다른 항공기보다 훨씬 안전하다.

데 라 시에르바는 고정 날개가 장착된 항공기에 종종 발생하는 사고를 계기로 1920년경 오토자이로를 개발하기 시작하였다. 최초의 성공적인 오토자이로 비행은 1923년 C4라고 불린 비행체로 날아오른 것이었다.

이 C4는 완벽한 오토자이로 비행체는 아니었지만 상공에서 문제가 발생하면 자동 회전 날개를 사용하여 느리게 땅으로 착륙할 수 있었다. **JB**

**참고:** 비행선, 글라이더, 헬리콥터, 열기구, 연, 동력 비행기, 우주 탐사선

↑ 1925년 영국 판버러 비행장에서 F. T. 커트니의 오토자이로를 점검하고 있는 사람들.

# 파워 스티어링 (1923년)

데이비스와 제서프가 자동차 핸들 조작을 쉽게 하다.

파워 스티어링은 자동차 핸들을 돌리는 데 소모되는 힘을 줄여주는 장치로 1920년대 매사추세츠 주 월섬 지역의 프란시스 데이비스와 조지 제서프가 개발하였다.

데이비스는 피어스 애로우 자동차 회사의 트럭 부서 수석 엔지니어였으며 대형 차량의 핸들을 돌리는 것이 얼마나 힘든지 경험으로부터 알고 있었다. 그는 직장을 그만두고 파워 스티어링을 이끈 유압 스티어링 시스템을 개발하기 시작했다. 크라이슬러社는 1951년 임페리얼 모델에 '히드라가이드'라고 이름 붙인 최초의 상용화된 파워 스티어링 시스템을 장착하였다.

대부분의 파워 스티어링 시스템은 대부분 벨트 구동 펌프를 사용하여 유압을 시스템에 제공한다. 엔진의 속도가 증가하면 작동유의 압력도 증가하므로 초과된 압력을 배출할 수 있는 릴리프 밸브가 필요하다.

직선 운전 구간처럼 파워 스티어링 시스템을 사용할 필요가 없을 경우에는 두 개의 유압 라인이 스티어링 휠 기어의 양 쪽에 동일한 압력을 제공한다. 하지만 핸들을 돌리는 순간 유압 라인이 동일하지 않은 압력을 제공하므로 의도한 방향으로 핸들을 돌리는 것을 용이하게 해준다.

현재는 전력 스티어링 시스템이 유압 스티어링 시스템을 교체하는 추세이다. 전력 스티어링 시스템에서 센서는 스티어링 칼럼의 움직임과 토크를 감지하고 컴퓨터는 전기 모터를 이용하여 핸들을 돌리는 데 필요한 힘의 양을 줄여준다. 결국 속도에 따라 핸들을 돌리는 데 작용하는 힘의 양을 다양하게 변경하는 것이 가능하다. 전기 시스템은 엔진의 힘으로 움직이지 않으며 초기 유압 시스템보다 연료 효율이 3퍼센트 더 높은 것으로 알려져 있다. **BO**

참고: 자동차, 스티어링 휠

# 풍동 (1923년)

먼크가 현실적인 바람 시뮬레이션을 발명하다.

초기 비행기 엔지니어들은 새가 나는 모습에 기반하여 하늘을 나는 기계를 제작하였다. 그러나 이 방법에는 한계가 있다는 사실이 곧 밝혀졌다. 새가 날아갈 때 공기는 새의 날개를 통해 흐른다. 그러므로 엔지니어들은 비행의 비밀을 밝혀내려면 비행기 날개를 거치는 공기의 흐름을 모의로 실험해봐야 한다고 생각했다.

초기 시뮬레이션은 막대를 붙인 여러 날개를 회전시켜 바람을 일으키는 방법을 사용하였다. 이윽고 프랭크 웬햄(1824~1908)은 공기가 위에서 아래로 불도록 팬을 위치시킨 풍동을 디자인하였다. 웬햄의 풍동은 제어된 공기의 흐름을 만들어 냈으며 이것을 이용하여 맥스 먼크(1890~1986)는 최초의 가변 밀도 풍동을 개발하였다.

먼크는 1920년 NASA에서 근무하기 위해 독일에서 미국으로 이주하였다. 그는 초기 풍동 디자인의 공

> "기술적 진보는
> 차별화가 아닌 통합에 의해
> 이루어진다."
> 맥스 먼크, 물리학자 겸 수학자

기 흐름 모델링을 개선시켜 높은 고도에서 실물 크기의 비행기가 경험하게 되는 조건을 재현해 보기로 결심했다. 공기를 압축하여 터널의 공기 밀도를 높인 그의 아이디어는 기존의 풍동을 크게 개선시켰다. 이는 1923년 최초의 가변 밀도 폐쇄 회로 풍동을 만드는 토대가 되었으며 항공기와 자동차 디자인에 혁명을 불러일으켰다. **RB**

참고: 글라이더, 동력 비행기

➡ 1936년 영국 판버러에 위치한 풍동에서 플라잉 플리 항공기를 테스트하고 있는 엔지니어.

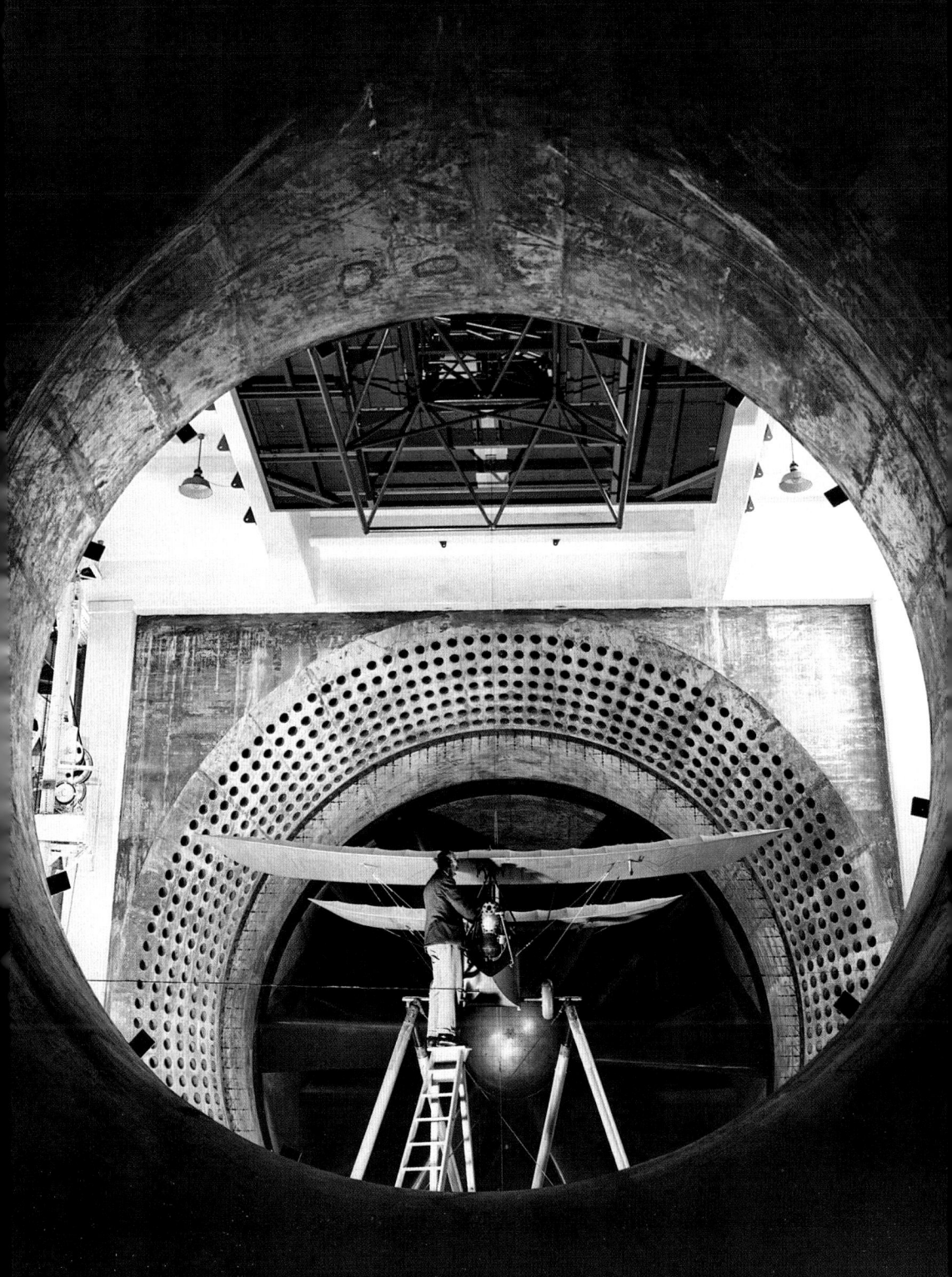

# 제논 플래시램프 (1923년)

에저튼이 사진 촬영에 빛을 사용할 수 있도록 하다.

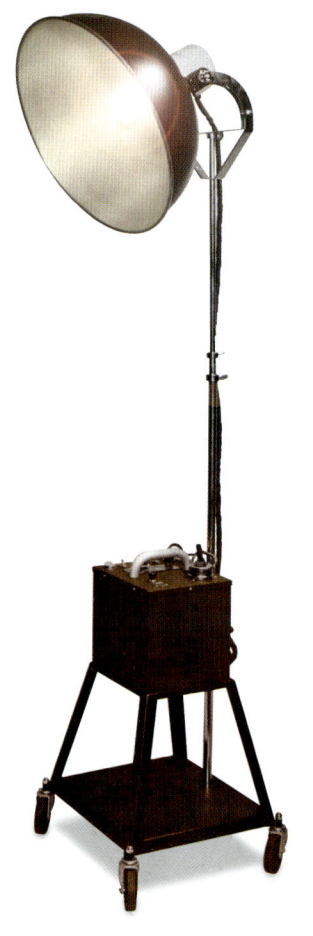

제논 플래시 램프는 MIT의 전기 공학 교수인 해롤드 에저튼(1903~1990)이 개발한 것이다. 그는 스트로보 스코프 전문가였을 뿐만 아니라 정지 화면 사진으로 유명한 창의적인 사진작가였다.

카메라의 플래시 라이트로 널리 사용되는 제논 플래시 램프는 각 램프의 가스 양과 부피에 따라 100만분의 1초에서 1,000만 분의 1초 사이로 초당 수천 번 반복될 수 있는 강력한 섬광을 만들어 낼 수 있다.

이 램프에서 제논은 대기압의 1퍼센트에서 10퍼센트 사이의 압력을 지닌 밀폐된 관(석영 유리로 만들어짐) 안에 들어있다. 이 관의 두 전극 사이에 고전압을 가하면 방전이 일어나 가스가 이온화된다. 잠시 후 전하된 축전기로부터 수천 암페어의 전류가 관을 통과하여 제논 원자를 여기(勵起)시키면 불빛이 번쩍하는 것이다.

제논은 전기 에너지를 가시 광선으로 변환하는 데 매우 효과적이다. 플래시의 발광 시간은 전극 사이의 길이로 결정된다. 전극의 간격을 주의 깊게 배치하면 각 플래시의 에너지 출력을 동일하게 유지할 수 있다.

제논 플래시 불빛은 광범위한 연속 스펙트럼을 만들어내지만 가시 스펙트럼을 통과하는 모든 파장을 내장하고 있기 때문에 사람의 눈에는 흰색으로 보인다. 만약 적외선 방사가 더 필요하다면 크립톤을 사용할 수 있다. **DH**

---

"삶은 사진처럼 플래시로 밝혀져 세세하게 살펴볼 수 있는 고정된 것이 아니다. 그러나 사진에서는 그것이 가능하다."
수전 손택, 작가 겸 평론가

**참고:** 아크등, 아르강 램프, 형광등, 할로겐 램프, 백열전구, 네온등

K 카메라 셔터가 열리는 순간 강력한 섬광 불빛을 만들어 내도록 디자인된 에저튼의 스트로브 전구.

# 아이코노스코프 (1923년)

즈보리킨이 텔레비전을 향한 길을 열다.

대부분의 사람들은 텔레비전이 순수 미국인의 발명품일 것이라고 생각하지만 실은 러시아계 미국인이 초기 개발에 많은 공헌을 하였다. 블라디미르 즈보리킨(1889~1982)은 상트 페테르부르크 공과 대학교에서 전기 공학을 전공했다. 연구소 프로젝트를 담당하던 교수인 보리스 로징은 즈보리킨을 개인 지도하였으며 전선으로 사진을 전송하는 실험을 소개하였다. 1900년대 초 즈보리킨과 로징은 매우 기초적인 텔레비전 시스템을 개발하였다.

러시아 혁명은 이 두 사람을 갈라놓음과 동시에 그들의 연구를 중단시켰다. 로징은 망명 중 사망했지만 즈보리킨은 미국에 정착하였고 웨스팅하우스 전기 회사의 직원으로 연구를 계속 진행하였다. 1923년경 즈보리킨은 '아이코노스코프'라고 불린 최초의 완전한 전기 카메라관을 개발하였다. 아이코노스코프는 윌리엄 크룩스가 개발한 음극선관을 개조한 것이었다.

웨스팅하우스社의 임원에게 깊은 인상을 주지 못했지만 즈보리킨은 여가 시간을 활용하여 더 나은 아이코노스코프(키네스코프)를 개발하였으며 1929년 라디오 기사 컨벤션에 자신의 전기 텔레비전을 공개하였다. RCA(Radio Corporation of America)의 경영진인 데이비드 사노프는 텔레비전의 잠재성을 간파해 즈보리킨을 RCA의 전기 연구소 이사로 영입하였다.

텔레비전이 미국 가정에 널리 보급되기까지는 그로부터 20년의 세월이 걸렸으며 그 동안 텔레비전 쇼를 채우기에 충분한 드라마(소송, 과잉 예산, 경영권 장악, 제2차 세계대전) 거리가 만들어졌다. 그러나 끈기 있는 발명가와 아이코노스코프가 없었다면 텔레비전의 역사는 시작되지 못했을 것이다. **RBk**

참고: 컬러 텔레비전, 케이블 텔레비전, 텔레비전 리모콘

↗ 1935년 BBC에서 개발한 에미트론(Emitron) 카메라관. 즈보리킨의 아이코노스코프와 디자인이 유사하다.

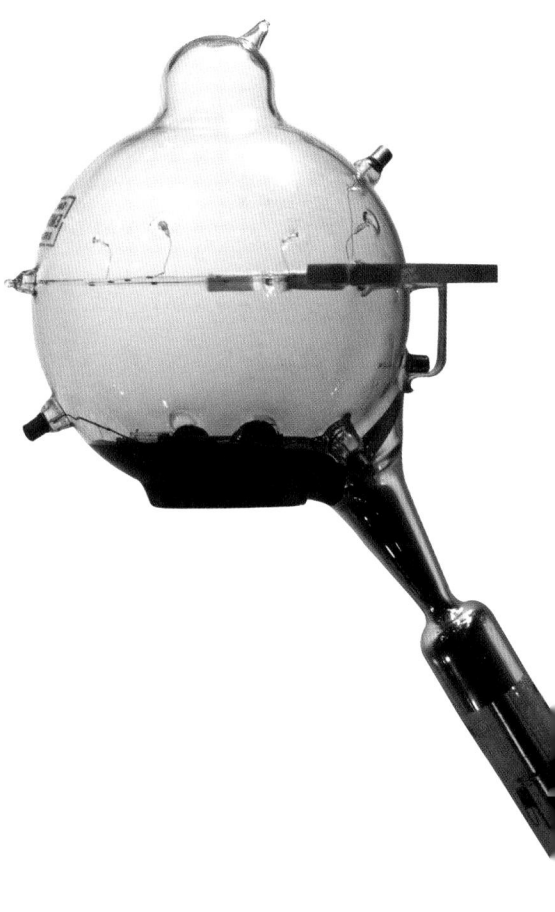

"텔레비전은
당신이나 나의 생전에 그렇게
중요한 물건이 되지는 못할 것이다."

버트란드 러셀, 영국 철학가, 1948년

# 급속 냉동 식품 (1924년)

버즈아이가 음식을 매우 빠른 상태로 냉각시켜 최적의 상태로 보존할 수 있도록 해주다.

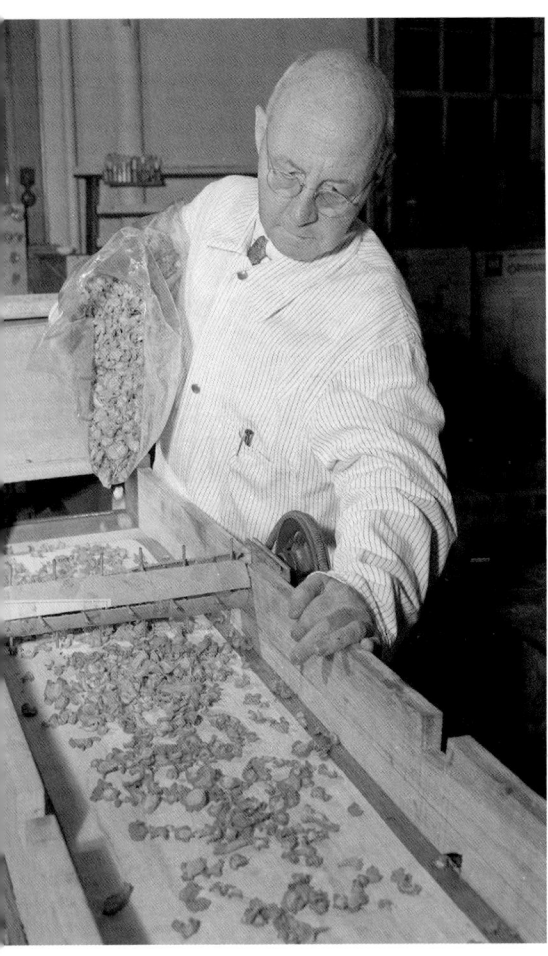

> "이 시대의 경이 중 하나는 새로운 급속
> 냉동 처리 기법이다. 냉동된 음식에게
> 시간은 더 이상 흐르지 않는다."
>
> 베터 홈 & 가든, 1930년 9월

1912년 클라렌스 버즈아이(1886~1956)는 캐나다 북부 지방에서 자연 연구가로 일하던 중 이누이트 사람들이 두꺼운 얼음 밑에 섭씨 영하 5도 가량의 온도로 생선을 냉동 보관한다는 사실을 알게 되었다. 냉동은 거의 순식간에 이루어졌으며 해동되었을 때 음식의 신선도에는 변화가 없었다. 이 방식으로 냉동된 생선은 뉴욕의 수산 시장에서 파는 생선(더 높은 온도에서 느리게 냉동됨)보다 더 신선했다. 그는 또한 음식이 빠르게 냉동되면 작은 얼음 결정만이 세포에 형성되어 조직에 피해를 덜 입힌다는 사실을 알게 되었다. 냉동 식품은 섭씨 영하 18도보다 낮은 온도에서 저장되는 한 여러 개월 동안 보존할 수 있다.

버즈아이는 1922년 자신이 냉동 기술을 연구했던 클로셀 냉동 회사에 재입사했다. 그는 차가운 공기를 사용하여 섭씨 영하 7도로 냉각시킨 냉동 생선육을 공급하기 위해 1923년 버즈아이 시푸드社를 설립하였다.

냉동 생선육이 잘 판매되지 않아 1년 만에 부도를 맞았지만 버즈아이는 실패에 굴하지 않고 1924년 급속 냉동을 위한 새로운 공법을 특허로 등록하였다. 생선은 밀랍 상자에 포장되어 일정 압력하에 빠르게 냉동되었다.

버즈아이는 회사를 새로 설립해 마케팅에 주력하였다. 1925년 특허 등록된 그의 이중 벨트 냉동기는 소금물로 생선을 운반하는 스테인리스 강철 벨트를 냉각하여 생선이 급속도로 냉각될 수 있도록 해주었다. 고기와 야채도 동일한 기법으로 냉동시킬 수 있었다. 버즈아이는 자신의 회사와 수많은 특허를 1929년 220만 달러의 금액으로 골드만 삭스와 포스팀社에 판매하였다. 포스팀社는 후에 제너럴 푸드社가 되어 전 세계에 버즈아이 브랜드를 소개하였다. **EH**

참고: 프레온, 얼음 제조기, 냉장고

↖ 건조 공정을 향상시킬 수 있는 방법을 알아보려고 잘게 썰린 당근으로 실험을 수행 중인 버즈아이(1943년).

# 종이 티슈 (1924년)

킴벌리-클라크社가 종이 손수건을 만들다.

재채기 후 코를 닦는 데 걸리는 시간은 매우 짧은 반면 점잖고 위생적으로 콧물을 처리하는 종이 티슈가 개발되는 데에는 오랜 시간이 걸렸다. 얼굴에 사용할 수 있는 종이 티슈는 다른 종이 제품과 비교해 싸고 부드러워야 하며 흡수성이 뛰어나고 일회용으로 사용할 수 있어야 한다.

화장실 휴지도 물에 녹도록 설계되었기에 이 요건을 충족시킬 수 없었다. 사실 킴벌리-클라크 주식회사가 처음에 개발한 물질(셀로코튼)은 제1차 세계대전 중 붕대로 사용되었다. 셀로코튼은 가공 처리한 나무 펄프로 만들어졌으며 면보다 1.5배 비싸고 흡수력은 5배 좋았다. 군대 간호사들이 사용 후 버릴 수 있는 위생 패드로 셀로코튼을 사용함에 따라, 킴벌리-클라크社는 1920년 최초로 일회용 여성 위생 용품을 소개하였다. 1924년이 되어서야 킴벌리-클라크社는 크리넥스라는 상표명으로 최초의 얼굴용 티슈를 출시하였다. 초기 크리넥스는 얼굴 화장 크림과 기타 메이크업을 지우는 용도로 제품을 판매하였는데, 1920년대 후반에야 소비자들이 티슈를 일회용 손수건처럼 사용하기도 한다는 것을 깨달았으며 이를 토대로 마케팅 전략을 변경하였다.

크리넥스는 일회용 얼굴용 티슈를 의미하게 되었다. 1928년에는 위에 구멍이 있어 쉽게 휴지를 뽑을 수 있는 상자가 도입되었으며, 곧이어 색상과 문양이 인쇄된 티슈가 출시되었다. 휴대용 제품은 1932년에 출시되었다. 종이 티슈가 대부분의 산업화 국가에서 면 손수건을 대체한 사이 환경적 영향을 우려하는 사회적 목소리가 높아지기 시작하였다. 그리하여 최근에는 재활용이 가능하고 염소가 첨가되지 않은 티슈가 개발되었다. **RBd**

참고: 종이, 휴지, 면봉, 탐폰 어플리케이터

# 초원심 분리기 (1924년)

스베드베리가 원심분리기의 속도를 높이다.

원심분리기는 1800년대 중반 이후로 존재해왔다. 원심분리기는 고속 회전을 통해 액체에서 침전물을 분리시키는 장치이다. 최초의 원심분리기는 손으로 작동시키는 장치였으며 800rpm의 속도를 내는 것이 가능했다. 1924년 스웨덴의 화학자 테오도어 스베드베리(1884~1971)는 16만rpm의 속도로 회전할 수 있는 최초의 초원심 분리기를 개발하였다. 16만rpm의 회전 속도는 중력 대비 110만 배의 원심력을 얻을 수 있다는 것을 의미한다. 스베드베리는 초원심 분리기를 사용하여 여섯 시간에 걸쳐 혈액에서 헤모글로빈을 분리시켰다. 이것을 정상 중력의 원심력으로 수행하려면 180년이 걸린다.

가장 강력한 분석용 도구로 자리매김한 초원심 분리기는 입자의 무게, 크기, 모습, 밀도를 측정할 수 있다. 이 기계는 특정한 회전 속도에서의 입자 움직임

> "우리 시대는 실용적인 시대이다.
> 그렇기 때문에 우리에게 모든 것에 대한
> 명확하고 깨끗한 결과를 요구한다."
>
> 테오도르 스베드베리, 화학자

을 측정하며, 측정된 '침강 속도'는 스베드베리 단위(중력장의 단위 당 분자의 속도)를 계산하기 위해 사용된다. 스베드베리 단위는 입자의 무게를 도출하는 데 사용된다.

스베드베리는 아인슈타인과 폰 스몰루초프스키가 내놓은 브라운 운동 이론을 뒷받침하기 위해 자신의 새로운 기법을 사용하였으며 1926년 노벨상을 받았다. 오늘날 초원심 분리기는 용액에 녹아 있는 대형 분자를 분석하는 데 유용하게 사용되고 있다. **JM**

참고: 원심 펌프, 원심 클러치

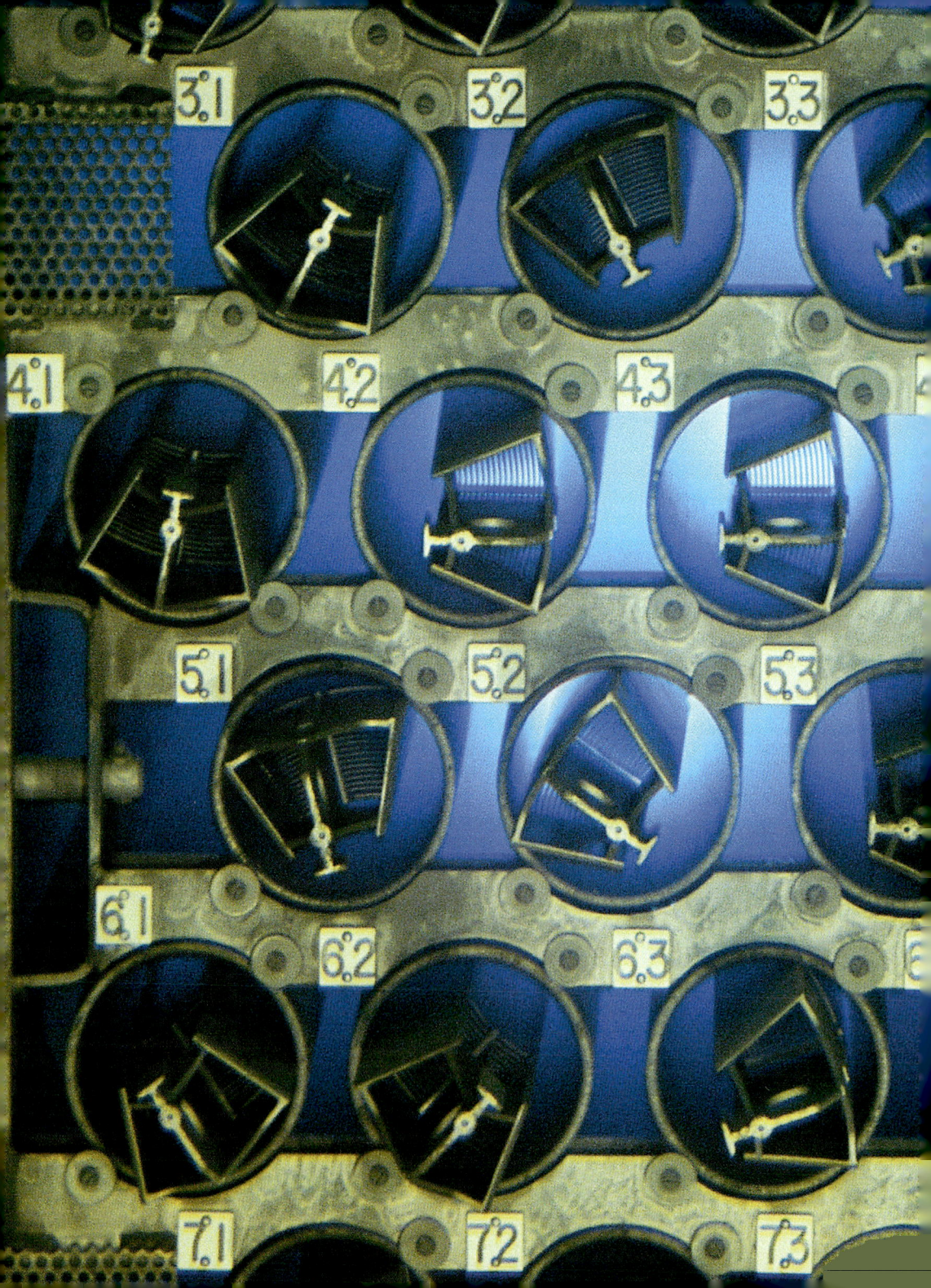

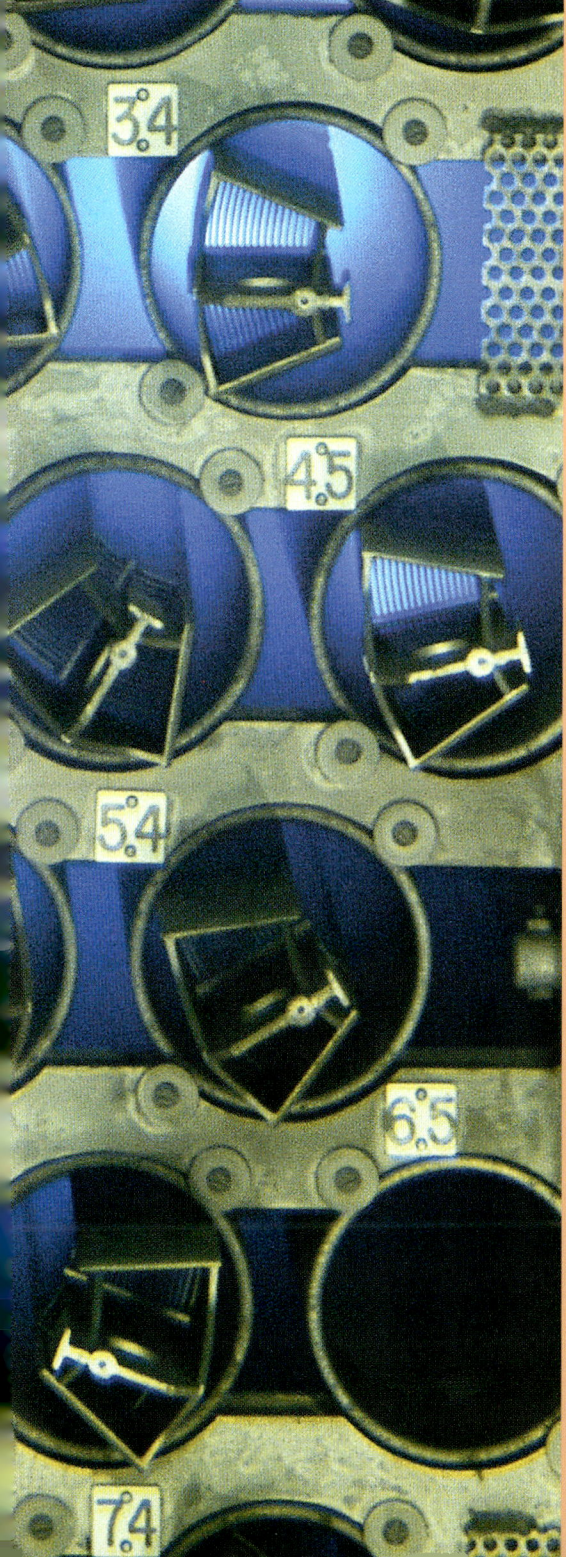

제2차 세계대전 중 탄도 미사일, 집속탄, 에니그마와 같은 군사용 발명품들의 개발 증가는 생명 유지의 중요성을 부각시켰다. 이 시기에 발견된 페니실린은 전쟁에서 입은 부상을 치료할 수 있도록 해주었다. 그 사이, 헬리콥터나 초음속 비행기의 발명은 대륙 간 이동 시간을 단축시켰으며 35mm 카메라, 비닐 음반, 텔레비전은 암울하던 시기에 긴장을 풀어주는 역할을 했다.

◪ 원자력 시대를 상징하는 원자로 연료봉

# WAR and PEACE
## (전쟁과 평화)

# 35mm 카메라

## (1925년)

바르나크가 반응 속도가 매우 빠른 카메라로 사진 중심의 보도 시대를 열다.

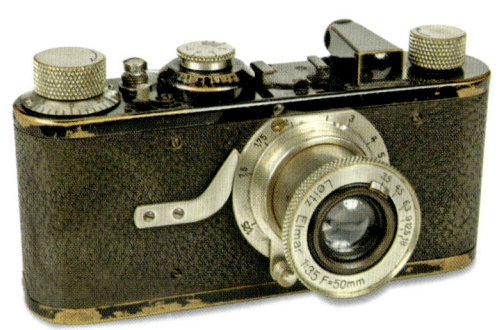

아무나 시상식에 자신의 이름을 붙일 수 있는 것은 아니다. 매년 사진기자들에게 수여되는 오스카 바르나크 시상식은 35mm 스틸 카메라 발명자의 탄생 100주년을 기념하기 위해 1979년부터 시작되었다. 바르나크(1879~1936)는 1905년 35mm 스틸 카메라를 고안했지만, 독일 카메라 회사인 라이츠社 개발 책임자로 근무하게 된 1913~1914년이 되어서야 자신의 아이디어를 현실로 전환할 수 있었다.

기존의 무거운 철판 카메라는 사용하기가 번거로웠으며 각 장면을 촬영하기 전에 준비해야 할 것이 많아 어떤 대상을 빠르게 찍는 것이 불가능했다. 바르나크의 카메라는 재킷 주머니에 들어갈 만큼 작고 단단한 금속 상자로 구성되었으며 토머스 에디슨의 35mm 영화 필름을 응용한 새로운 유형의 필름을 사용하였다.

1914년 바르나크는 36프레임 필름을 사용한 새 카메라로 병력 동원 명령을 전달받은 한 병사의 사진을 찍었는데, 이 사진은 역사의 한 순간을 자연스럽게 포착한 새로운 유형의 사진이 되었다.

제1차 세계대전 때문에 바르나크의 기술 개발은 잠시 중단되어 1925년이 되어서야 비로소 라이카 I 카메라(Leitz 카메라를 의미하는 이름)가 세상에 공개되었다. 한 역사학자에 의하면 전통적인 사진사들은 바르나크의 새로운 카메라를 장난감 정도로 취급했다고 한다. 그로부터 7년간 라이카 I 카메라는 거의 6만 대가 판매되었다. **DHk**

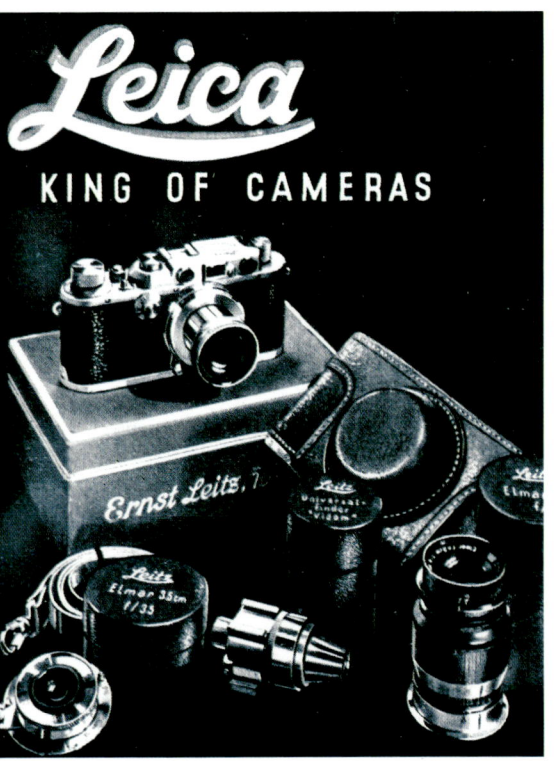

참조: 사진술, 단일 렌즈 반사 카메라, 휴대용 브라우니 카메라, 디지털 카메라

K 1925년 독일의 라이츠社가 최초로 상용화한 35mm 라이카 I 카메라.

E 이 1937년 광고는 라이카 III 시리즈 중 거리 측정기가 포함된 모델을 보여주고 있다.

# 유동층 반응기
## (1925년)

원클러가 접촉 분해를 향상시키다.

1925년 프리츠 원클러(1888~1950)는 가스의 상승 기류를 고형물에 통과시켜 대형 입자가 유동화되는 화학 반응기로 특허를 취득하였다. 원클러는 자신의 반응기를 사용하여 갈탄으로부터 암모니아 가스를 추출한 후, 관을 통해 압축 엔진으로 직접 전달하였다.

접촉 분해는 촉매를 넣고 열을 가하여 석유 매장물에서 얻은 무거운 입자들을 가솔린처럼 가벼운 입자로 분해하는 공법이다. 기 공법에서 촉매는 짧은 순간 활성화 상태를 유지한 뒤 표면에 초크라는 물질이 침전되며 비활성 상태로 변한다. 이를 다시 활성화시키기 위해서는 뜨거운 공기로 열을 가해 효소를 재생시키는 작업이 필요하다. 결국 생산 과정에 많은 시간이 소모되었고 또 반응 생성물에 영향을 미치지 않게 촉매를 제거하는 것도 문제가 되었다.

> "유동층의 역사에서
> 특정한 발전들이 이루어진 속도는
> 이 방식의 정당성을 알리고 있다."
> A.M.스콰이어스, M.곽, A.A.아비던

이를 해결하는 이상적인 수단이 바로 유동층(Fluid Bed) 반응기이다. 이 반응기에서는 가스가 촉매를 뚫고 상부로 상승하며, 일정 속도에서 촉매를 유동화하여 촉매가 대상 물질의 화학 작용을 촉진시키는 동시에 초크가 생성되는 것을 방지한다. 1940년 원클러의 디자인을 개조한 미국 최초의 유동층 반응기가 배턴루지의 스탠다드 오일정유 공장에 설치되었다. 유동층은 오늘날에도 연료 산업에 사용되고 있으며 PVC나 고무와 같은 폴리머 제조에도 폭넓게 사용되고 있다. **HP**

**참조**: 정유 공장, 합성 고무, 네오프랜

# 에어로졸
## (1926년)

로타임이 스프레이 깡통을 발명하다.

수 년간 일부 언론은 스프레이 캔의 유해성을 단골 주제로 보도해왔다. 스프레이 캔은 솔벤트 남용을 조장하며, 일부 사람들은 술에 취한 것 같은 기분을 느끼기 위해 에어로졸 가스를 흡입한다. 에어로졸 캔은 또한 스프레이 페인트 그라피티에 많이 사용되고 있다. 1970년대 클로로플루오로카본(CFC)이 오존층 손상을 유발시킨다는 인식이 확산되면서 CFC 사용을 단계적으로 줄이는 몬트리올 협약서가 체결되었다. 이러한 부정적인 측면에도 불구하고, 에어로졸 스프레이 캔은 오늘날 전 세계에서 사용되는 발명품이다.

금속 스프레이 에어로졸 캔은 1862년 초에 테스트되었다. 에어로졸 기술은 1926년 노르웨이의 화학 엔지니어인 에리크 로타임(1898~1938)이 캔 안에 들어갈 내용물을 가압된 깡통의 분사제와 혼합하여 조그만 노즐로 분사시키는 방법을 발견하면서 획기적으로 발전하였다.

에어로졸의 핵심은 분사제이다. 에어로졸에 사용되는 가스는 끓는점 바로 이하의 온도(항상 보통의 방온도보다 조금 낮음)에서 가압 액체 증기의 형태로 캔에 저장된다. 액체는 노즐을 통해 분사되는 순간 기화되어 가스로 변하므로 에에로졸 캔의 내용물이 스프레이 형태로 분사된다.

에어로졸의 부정적인 측면에도 불구하고, 로타임의 발명은 자동차 도장에 사용되는 스프레이 페인트에서부터 스프레이로 만들어지는 아라비아풍 장식무늬 거품 크림 토핑에 이르기까지 여러 분야에서 다양하게 응용되고 있다. **BG**

**참고**: 헤어 스프레이

# 에니그마 기계 (1926년)

세르비우스의 반사판 지원 암호화 장치가 이전의 회전식 암호화 기계를 능가하다.

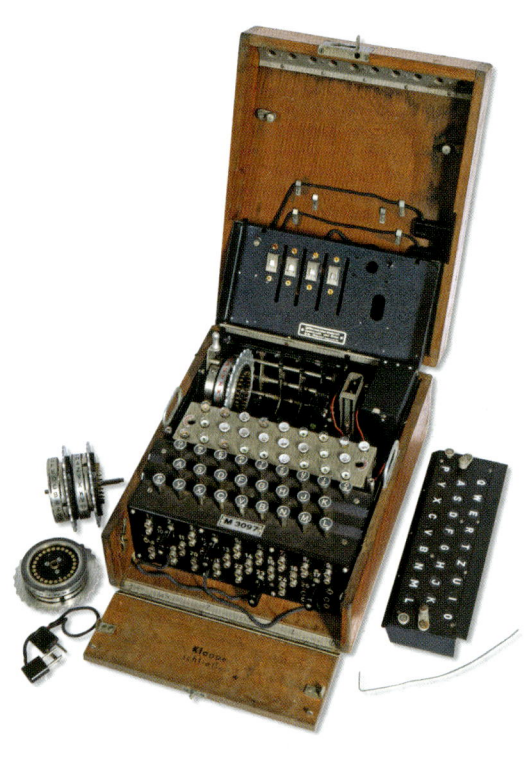

> "암호학의 과학은 매우 고상하지만
> 암호학이 적용되는 대상은
> 덜 고상하다."
>
> 제임스 샌본, 조각가

1926년 독일 군대는 암호를 쉽게 해독할 수 없으며 암호화뿐만 아니라 복호화도 가능한 전자 기계식 암호화 장치를 도입하였다. 8년 전 전기 기사 아르투르 세르비우스(1878~1929)는 메시지를 부호화하기 위해 덩치가 큰 기계에 표준 사이즈의 문자판과 세 개의 원판을 결합하여 최초의 에니그마 모델을 개발하였다. 글자를 입력하면 자동차 주행거리계가 회전하는 것과 비슷하게 전기 디스크 중 첫 번째 디스크가 회전하면서 다음 디스크가 회전했다. 원판들을 연결한 철사는 문자판의 버튼에서 출력 판까지 전기적 경로를 제공하는데, 이러한 경로는 평문(암호문의 원문)을 암호문으로 변환하기 위해 다양하게 구성되었다.

세르비우스의 에니그마 A와 B에 암호화 기능이 충분하지 않다고 판단한 독일군은 해당 기계를 사용하지 않는데, 세르비우스는 에니그마 기계로 전달된 메시지가 평문으로 복호화되지 않는다는 것을 보증하기 위해 세 번째 에니그마 모델에 안전 장치(반사판)를 추가하였으며 이 장치는 그 당시의 여타 암호화 장치보다 돋보이는 장점이었다.

마지막 원판 뒤쪽에 고정된 반사판은 키보드로부터 전달된 신호들을 모아 회전판을 통해 단일한 흐름을 가진 신호를 만들어냈다.

나치는 암호화와 복호화에 동일한 방식이 사용되는 반사판 에니그마의 해독이 불가능하다고 여겼다. 그러나 에니그마에는 출력값이 입력값과 동일하지 않다는 허점이 있었다. 즉, a가 결코 a로 암호화될 수 없었다. 이 사실을 알아낸 영국의 암호학자들은 에니그마 메시지에서 반복 사용된 "하일 히틀러(Heil Hitler)"와 같은 표준 독일 구문을 식별하여 코드를 복호화 시킬 수 있었다. **DaH**

⬆ 1942년 초반에 대서양에는 유보트가 등장하였고 그 해 11월 MK 4 에니그마의 코드가 해독되었다.

➡ 독일 통신병들은 제2차 세계대전 기간 중 에니그마 암호화 기계를 사용하여 통신하였다.

참고: 주행 기록계, 무선 통신, 소나, 레이더, 공개키 암호화

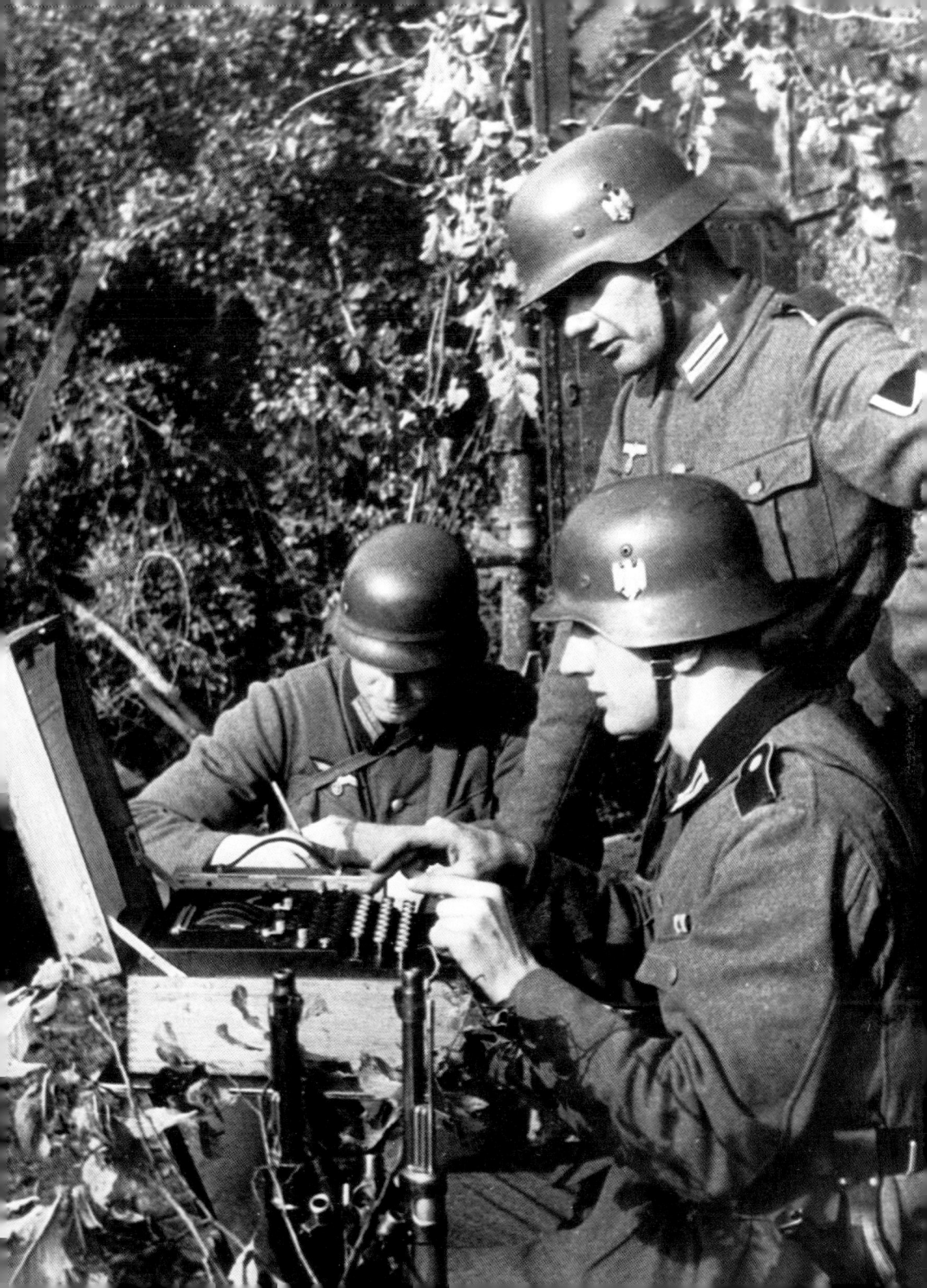

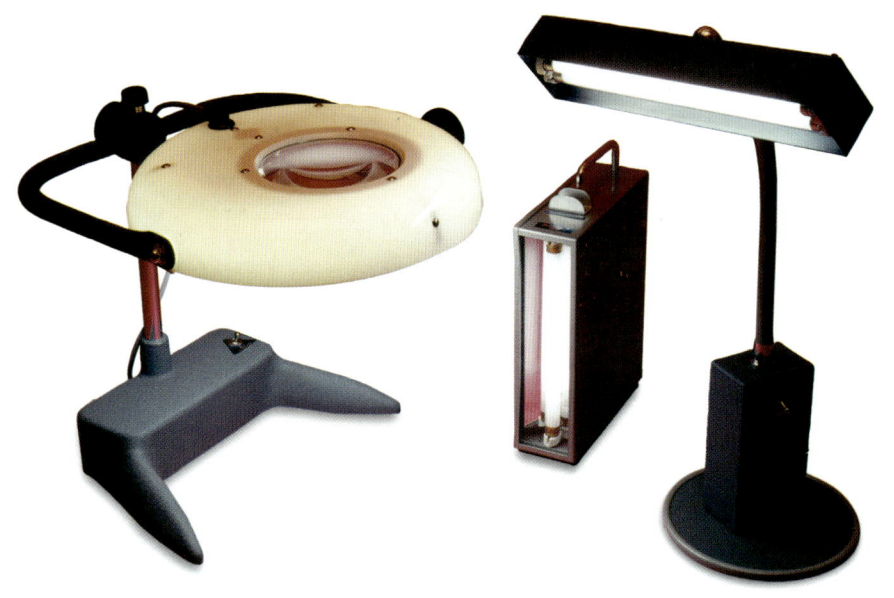

# 형광등 (1926년)

저머가 더욱 차갑고 효율적인 전구를 개발하다.

하인리히 가이슬러와 토머스 에디슨을 포함한 많은 과학자와 발명가가 형광등 발명에 기여했지만, 형광등을 발명한 한 사람을 꼽으라고 하면 아마도 에드먼드 저머(1901~1987)일 것이다.

형광등은 저압 불활성 기체(아르곤 가스)와 함께 내재되어 있는 수은 증기에 전류를 통과시켜 작동되는데, 전자가 수은 증기를 통과하면 수은 원자와 전자가 이동하여 자외선 광선을 방출한다. 자외선은 우리 눈에 보이지 않기 때문에 이를 흡수하여 눈으로 볼 수 있는 가시광선으로 방출시키기 위해 유리관 내부를 인 가루로 코팅해야 한다. 이 정교한 과정은 형광등이 백열등보다 더 효율적으로 빛을 발산할 수 있도록 해준다.

형광등의 제조 공정은 백열등의 제조 공정보다 복잡하기 때문에 10년간 많은 실험이 수행되었음에도 불구하고 1920년대가 되어서야 상용화되었다. 1926년 카르티에 리슬러가 주로 광고를 목적으로 사용하였던 형광 코팅된 네온등으로 특허를 취득하였지만 형광등이 세상에 알려진 것은 아니었다.

저머, 마이어, 스패너가 취득한 특허는 그 당시 생산되지 않은 고압 수은등에 관한 것이었다. 이들이 취득한 특허는 같은 시기에 형광등을 개발하고 있었던 GE社의 특허권 신청서와 내용이 유사하였다. 법정 다툼 끝에 GE社는 저머 외 다른 사람들에게 비용을 지불한 후 특허권을 획득하면서 독보적인 형광등 제조사가 되었다. **BG**

참고: 오일램프, 가스등, 아크등, 백열전구, 네온등, 할로겐 램프

⬆ 확대 유리 갓을 포함한 원형관 램프(1967)와 배터리 작동 핸드 램프(1966), 벤치 램프(1957)

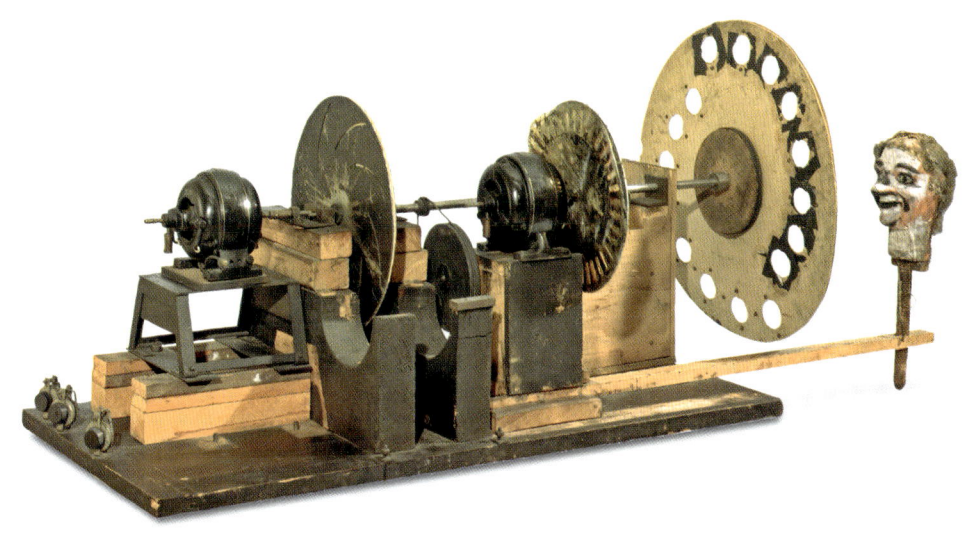

# 텔레비전 (1926년)

판스워스가 전자적 텔레비전 시스템을 시연하다.

텔레비전 시스템은 움직이는 하프톤 이미지를 실시간으로 주고받는 장치이다. 1920년대 존 로지 베어드가 발명한 초기 버전의 텔레비전은 구멍이 뚫린 회전식 주사판을 사용하여 이미지를 만들어냈으며, 매초 15프레임 이상의 정지 화면을 연속적으로 보여주면 인간의 두뇌가 조금씩 다른 정지 화면을 움직이는 영상으로 인식한다는 원리를 이용했다. 만약 정지 화면의 개수가 15프레임 미만으로 줄어들면, 움직임이 끊기는 현상이 발생하게 된다.

현대식 텔레비전은 음극선관의 발명으로 탄생한 제품이다. 음극선관은 전자빔이 음극선관과 충돌할 때 빛을 내는 형광체로 코딩되어 있으며 형광체 안쪽에는 화면을 사진 구성요소(픽셀)로 분할하는 쉐도우 마스크가 위치한다. 텔레비전 수상기의 주사선은 일반적으로 525개이며 이러한 선들은 1초에 60번씩 주사되어 화면을 만들어내는데, 수평 주사로 화면을 만든 후 수직 주사로 수평 주사선 사이를 주사하면 완벽한 화면이 만들어진다.

1926년에 필로 판스워스(1906~1971)는 오늘날의 텔레비전처럼 카메라가 전자방식으로 주사하면 텔레비전 수신기가 전자방식으로 주사받는 세계 최초의 전자 시스템을 개발하였다. 1936년경 BBC는 이 시스템을 사용하여 405개의 주사선으로 구성된 고해상도 화면을 생성해냈다. 1949년경에는 1,000만 대의 흑백 텔레비전이 미국에서 판매되었으며 현재 미국인은 하루 평균 두 시간에서 네 시간 정도 텔레비전을 시청하고 있다. 1953년 7월 엘리자베스 2세 여왕의 즉위식 방송 덕분에 영국에서의 텔레비전 시청률은 비약적으로 높아졌다. **DH**

참고: 음극선관, 이미지 래스터화, 컬러 텔레비전, 텔레비전 리모콘, 플라즈마 스크린

⬆ 베어드의 초기 기계 텔레비전 장치로, 빛을 수신기로 반사하는 디스크에 서른 개의 렌즈를 사용하였다.

# PVC (1926년)

**세몬이 다용도 플라스틱 제품을 만들다.**

PVC(Poly Vinyl Chloride)는 가장 널리 사용되고 있는 플라스틱 중 하나로, 1800년대 두 명의 화학자가 우연히 발견했다. 이들은 외부에 놓아둔 화학약품의 플라스크가 흰색의 고체로 굳어진 것을 발견했는데, 이 흰색의 고체가 바로 PVC였다. 1926년이 되어서야 비로소 왈도 세몬(1898~1999)이 매우 획기적인 발견을 했다. 그는 유용한 제품을 만들기 위해 가소제라고 알려진 첨가제와 PVC 원료를 혼합했으며, 이를 통해 '비닐'이라고 줄여서 부르고 있는 가소화 PVC가 탄생하였다.

세몬이 가소화 PVC를 만들 무렵 사람들은 PVC의 가치를 알지 못했다. 세몬의 말을 인용하면 사람들은 PVC가 쓸모없는 물질이라고 생각하여 휴지통에 버렸다고 한다. 이 새로운 플라스틱은 수많은 제품에 사용되고 있으며 오늘날 매년 수십억 달러의 수입을 올리고 있다.

---

"우주의 네 가지 건축용 자재는
불, 물, 자갈 그리고
비닐이다."

데이브 배리, 저자 겸 해학자

---

처음에는 구두 밑창과 전선 코팅재, 연장 손잡이로 사용되기 시작하여 다양한 분야에서 응용되었는데, 특히 건축 산업에서는 홈통 및 배선 절연에서부터 창문틀, 바닥 타일, 울타리에 이르기까지 모든 부분에 사용되고 있다. 또한 음식물 포장, 장난감, 자동차 대시보드, 레코드판, 의류를 포함한 수많은 물품에서 수 없이 많은 용도로 사용되고 있다. **SB**

**참고:** 폴리스티렌, 폴리프로필렌

# 철제 호흡 보조기 (1927년)

**드링커와 쇼가 탱크 인공호흡기를 발명하다.**

척수성 소아마비 환자를 치료하던 의사들은 흉부의 근육을 마비시켜 숨을 쉴 수 없게 되는 급성기를 극복한 환자들의 병이 완치된다는 사실을 발견하였다. 이로 인해 환자가 독립적으로 다시 숨을 쉴 수 있을 때까지 호흡을 유지시키는 방법을 개발해야 한다는 필요성이 제기되었다.

1927년 하버드 대학의 화학 엔지니어인 필립 드링커(1894~1972)와 루이스 아가시즈 쇼는 호흡을 유지시킬 수 있는 탱크 인공호흡기를 고안하였다. 공기가 새지 않도록 스펀지 고무로 밀폐시킨 이 장치에는 흉부를 확장시키는 부압을 생성하기 위해 탱크를 통해 공기가 공급되었다.

1927년 뉴욕의 벨뷰 병원에 최초의 철제 호흡보조기가 설치되었다. 이 기계는 1928년 척수성 소아마비 증상으로 인한 산소 부족으로 혼수상태가 된 여덟 살 소녀에게 최초로 사용되었는데, 철제 호흡 보조기의 스위치를 켠지 1분이 지나자 소녀는 의식을 회복하였다. 철제 호흡 보조기는 차고 정비공의 '자재 반송기'를 사용하여 환자를 탱크 외부로 이동시킬 수 있도록 개조하였으며 창문을 달아 의료 스태프의 치료 과정을 환자가 볼 수 있도록 해주는 등 지속적인 개선이 이루어졌다. 장비 디자이너 존 헤이븐 에머슨은 제조 비용을 절반으로 낮추면서 호흡수를 다양하게 조절할 수 있는 철제 호흡 보조기를 제작하였다.

철제 호흡 보조기는 척수성 소아마비가 폭발적으로 증가한 1940년대와 1950년대 수천 명의 생명을 구하는 데 도움을 주었다. 1959년에는 미국에서 1,200명이 미국에서 탱크 인공 호흡기로 치료받았으나 척수성 소아마비 백신의 출현 때문에 2004년경에 탱크 인공 호흡기를 사용한 사람의 수는 30명으로 감소하였다. **JF**

**참고:** 인공 심폐기, 인공 호흡기, 인공 심장

> 1928년 자신의 철제 인공호흡기 옆에 서 있는 드링커. 철제 인공호흡기는 한 소녀의 의식을 회복시키기 위해 사용되었다.

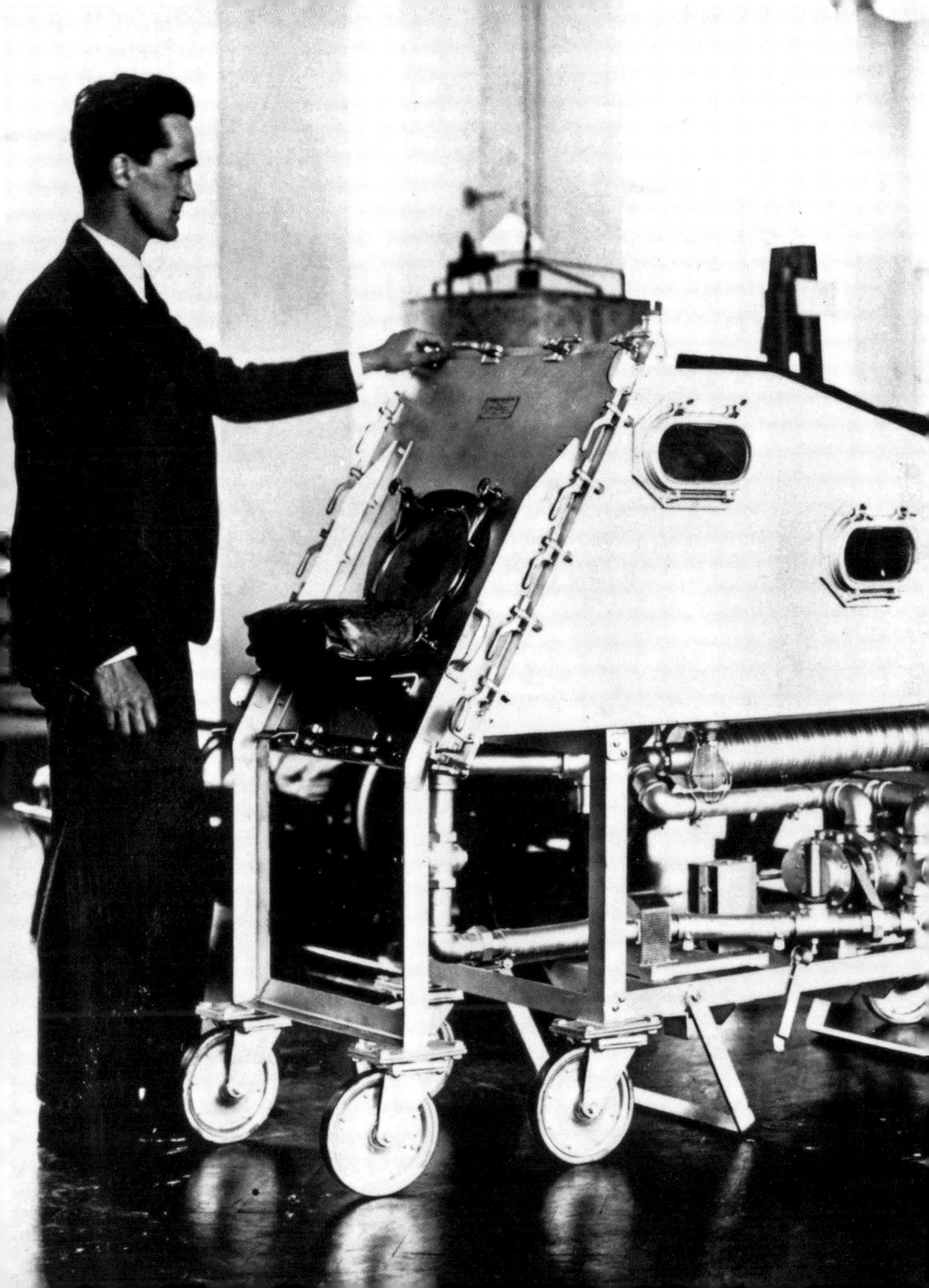

# 전기톱
(1927년)

스틸이 최초의 전기톱을 디자인하다.

전기톱이 내는 굉음은 항상 파괴와 폭력을 연상시킨다. 우리는 공포 영화와 야생 다큐멘터리를 시청하면서 알게 모르게 전기톱에 대한 부정적인 이미지를 연상하지만, 1920년대 전기톱의 발명은 정비 노동자와 벌목꾼에게 축복 그 자체였다.

일찍이 전기톱은 제1차 세계대전 이전에 사용되고 있었다. 물론 이 사실을 뒷받침할 수 있는 확실한 증거는 거의 없다. 제2차 세계대전이 일어나고 나서야 비로소 안드레아스 스틸(1896~1973)이 1927년 손으로 들고 다닐 수 있는 전기톱을 발명하였다. 독일 군인들은 산림지역을 빠르게 돌파하기 위해 이 전기톱을 사용하였다. 연합군은 독일군이 전기톱을 사용한다는 사실을 알게 되자 즉시 독일의 전기톱 공장에 폭탄을 투하하였다. 그러나 이미 연합군은 독일군이 사용하던 전기톱을 똑같이 만들 수 있도록 한 개의 전기톱을 사전에 확보하였다.

스틸의 오리지널 전기톱 무게는 10대 소년의 평균 체중과 비슷하였으며 그의 전기톱을 사용하기 위해서는 두 사람이 필요했다. 미리 확보한 독일의 전기톱을 연구한 후 미국 머큐리社는 한 사람이 들 수 있는 개선된 전기톱을 개발하였다. 스틸의 회사는 세계에서 가장 큰 전기톱 제조사가 되기 위해 1970년경 머큐리社에게 전기톱에 대한 권리를 주장하였다.

최근 몇십 년간 전기톱은 야생동물의 삶의 터전 중 일부를 파괴하는 데 일조하였다. BBC 시리즈 '새의 삶'은 자연 서식지를 파괴하는 전기톱의 음성을 흉내내는 금조의 모습을 비극적으로 보여주었다. 전기톱이 아마존 강의 열대 우림을 파괴함에 따라 벌목꾼에게 동정심을 찾기란 어려워 보인다. **HB**

참고: 톱, 둥근 톱, 띠톱

# 양극산화 알루미늄
(1927년)

그로워와 오브라이언이 단단한 코팅을 개발하다.

녹슨 자동차는 소유주에게는 부끄러움을 유발시키지만 알루미늄의 녹슨 부분은 외관상 바람직하지 않을 뿐이지 산화 방지 처리가 되어 있어 문제가 되지 않는다. 산소에 노출되면 순수 알루미늄 금속은 산화 알루미늄 층을 형성한다. 산화 알루미늄은 부식과 마모에 강한 저항력이 있어 알루미늄의 나머지 부분을 보호할 수 있는 견고한 외피의 기능을 한다.

1927년 찰스 그로워와 스태퍼드 오브라이언은 알루미늄의 산화방지 처리를 위해 현재 가장 널리 사용되고 있는 방법인 황산 아노다이징 공법에 대한 특허를 취득하였다. 이 공법에서는 먼저 알루미늄을 전류가 흐르는 황산에 담근다. 전하는 알루미늄의 표면에 산소를 발생시켜 두꺼운 산화 알루미늄 막을 생성한다. 그러고 나면 알루미늄에 손쉽게 색상을 입힐 수 있다. 양극 산

> "알루미늄의 산화물은
> 자연적으로 내부식성의 특징을 지니며
> 절연체이고 매우 잘 결합한다."
>
> 마리오 S. 페니시, 컨설턴트

화된 알루미늄의 새로운 코팅에는 구멍이 많으므로 염료와 같은 첨가물을 적용시키거나 윤활 보조제를 쉽게 집어넣을 수 있다. 마지막으로 알루미늄을 밀봉하면 코팅의 표면에 있는 구멍이 막히면서 색상 손실이나 스크래치가 줄어든다.

산화 방지 처리된 알루미늄의 보호 산화물 마감재는 가장 희귀한 자연 발생 원료 중 하나이다. MP3 플레이어, 전기기구, 인공위성, 컴퓨터 하드웨어, 시어스 타워와 같은 빌딩에서 양극 산화 알루미늄이 사용되고 있다. **LW**

참고: 홀–헤로울트 공법, 알루미늄 호일

# 전기 면도기
## (1928년)

쉬크가 젖은 면도기의 위험으로부터 면도하는 사람들을 자유롭게 하다.

비누나 물 없이 면도를 하는 것은 수 세기 동안 남자의 희망이었다. 19세기 후반 안전 면도기가 기존 재래식 면도기의 자리를 교체하였지만 면도하는 것은 여전히 물과 시간이 소모되는 섬세한 작업이었다.

1928년 미국의 발명가 제이콥 쉬크(1878~1937)는 전기 면도기(혹은 드라이 면도기라고도 함)에 대한 특허를 취득했다. 큰 외부 모터와 전기로 전원을 공급받는 일부 장치들을 취미삼아 조작하던 그는, 작지만 강력한 전기 모터를 작은 크기의 케이스에 집어 넣을 수 있는 방법을 찾아냈다. 작고 강력한 전기 모터는 턱수염을 얇게 잘라낼 수 있는 슬라이딩 칼날을 구동시켰다. 쉬크는 전기 면도기의 모든 부품들을 합성 수지 케이스 안에 적절하게 배치시켰다.

최초의 성공적인 쉬크 전기 면도기는 1931년에 등장했다. 출시된 신제품은 디자인이 개선되면서 매출액도 늘어났다. 전기 면도기가 안전 면도기보다 더욱 깨끗하게 면도되는지는 알 수 없었지만, 물, 비누 혹은 크림이 필요하지 않다는 점과 사용자가 더 이상 세면대에서 면도를 할 필요가 없다는 점은 명백한 장점이었다.

1937년에는 레밍턴社가 면도망을 도입하였고 네덜란드 필립스 연구소의 알렉산드르 호로비츠가 회전식 칼날을 발명하는 등 기술적 진보가 이루어졌다. 1939년에는 최초의 '필리쉐이브' 회전식 전기 면도기가 등장했다. 1940년대 후반에는 배터리로 전원을 공급하는 무선 면도기가 등장하였으며, 1947년에는 레밍턴社가 최초의 여성용 면도기를 출시하였다. 곧이어 1960년에는 충전이 가능한 배터리 내장형 면도기가 등장했다. 아이러니컬하게도 일부 최신 전기 면도기는 면도 거품 크림을 사용하도록 디자인되었다. **RBd**

참고: 안전 면도기, 전기 면도기, 베이클라이트

↗ 쉬크 전기 면도기는 1934년부터 110볼트를 필요로 했다. 쉬크 제조 공장은 1979년에 폐쇄되었다.

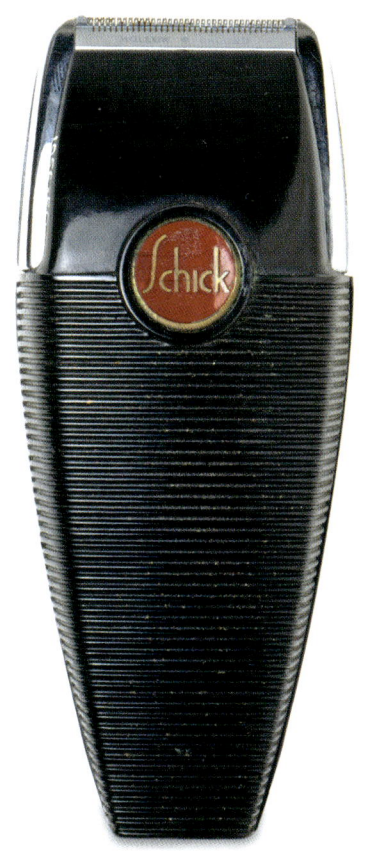

"수많은 남성이 어떻게
전기 면도기 없이 살아왔는지
궁금해하기 시작했다."

타임 매거진

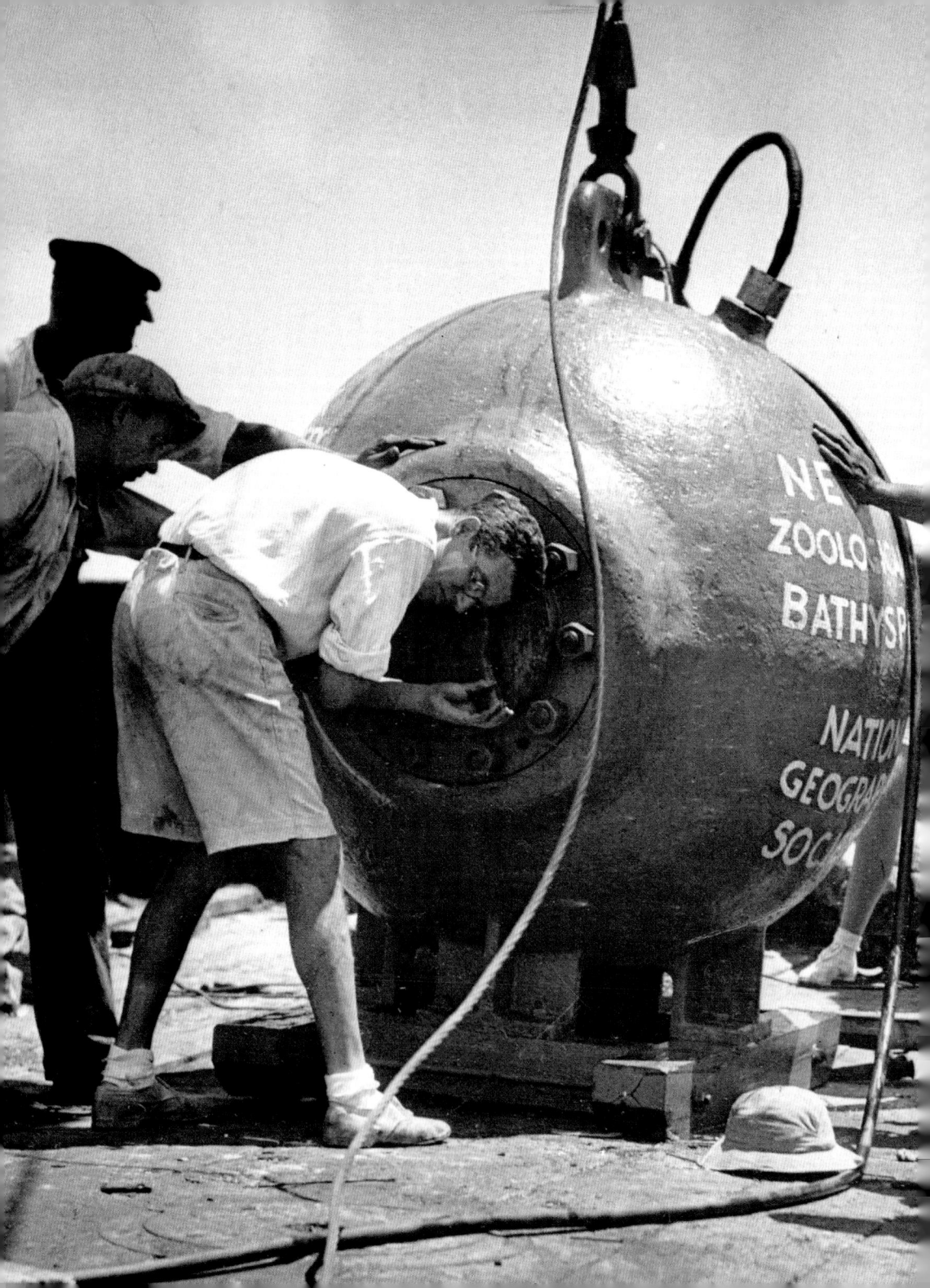

# 구형 잠수기 (1928년)

바튼이 심해 잠수용 선박을 디자인하다.

오티스 바튼(1899~1992)의 유명한 해양 탐사 선박은 흡사 기뢰를 연상시키는 모습을 하고 있었다. 강철로 만들어진 원형 모양의 이 잠수기는 2마일(3.5킬로미터) 길이의 케이블을 늘어뜨린 다음 바다 속으로 잠수하였다. 두 명의 용기 있는 탐험가들이 구형 잠수기에 탑승하였는데 탑승자의 편의를 고려하지 않고 설계되어 실내의 폭이 5피트(1.5미터)도 채 못되었다.

1928년 바튼은 학생의 신분으로 구형 잠수기를 설계하여 과학자이자 탐험가인 윌리엄 비브(1877~1962)의 관심을 사로잡았다. 희귀 생물 수집가인 비브는 이미 여러 명의 전문 엔지니어에게 심해 잠수용 선박 제조에 대한 조언을 받은 바 있었다. 그는 바튼의 설계에 깊은 인상을 받았으며 바튼의 구형 잠수기로 시험 잠수를 하기 위한 계획을 세우기 시작했다.

구형 잠수기의 성공 비밀은 단순한 구조에 있었

> "우리가 머문 시간이 더 길어질수록,
> 얻을 수 있는 것이 더 적어지는 것
> 같았다."
>
> 윌리엄 비비, 심해 탐험가

다. 구형 잠수기의 원형 외관은 수압이 구형 잠수기의 표면에 걸쳐 분산될 수 있도록 해주었다. 수면 아래의 수압은 깊이에 따라 급속하게 증가하는데, 328피트(100미터) 수면 아래에서의 수압은 스퀘어인치당 142파운드와 동일했다. 수차례의 시범 잠수를 거친 후에, 1934년 바튼과 비브는 버뮤다 근처의 북대서양에서 유인 잠수함의 이전 기록을 넘어서는 2,950피트(900미터)의 깊이로 원형 잠수기를 타고 심해로 내려갔다. **HB**

**참고:** 잠수정, 잠수함

← 1934년에 이전의 잠수 기록을 깬 바튼과 비브가 구형 잠수기 안에서 나오기를 기다리고 있다.

# 프레온 (1928년)

미드글레이가 냉각 시스템에 프레온 가스를 도입하다.

프레온 가스(CFC)는 수십 년간 냉장고의 냉각 시스템과 에어로졸 캔에 주로 사용되었다. 그러나 이러한 불활성 원료들은 대기 상층부에서 방사선에 노출되면 오존과 반응하는 염소를 만들어낸다. 이러한 반응은 오존층을 파괴하는데, 특히 북극과 남극 오존층에서는 그 피해가 두드러지게 나타나고 있다. 전 세계에서 대부분 사용하고 있는 가정용 전기 기기 때문에 UV 광선을 차단하는 자연 보호막인 오존층은 파괴되기 직전의 상황에 놓여 있다.

프레온 가스는 원래 냉장 장비의 아황산가스 및 암모니아와 같은 위험 물질을 대체하기 위해 사용된 인체에 무해한 가스였다. 초기 냉장 장비는 결함이 발생할 경우 아황산가스나 암모니아 가스 때문에 질병을 유발시켰으며 심지어 죽음에 이르게 할 수 있었다. 1928년 미국의 토머스 미드글레이(1889~1944)는 처음으로 냉각제로서 프레온 가스를 사용할 것을 제안하였다. 그는 프레온 가스를 흡입한 후 촛불에 불어 프레온 가스의 반응성과 유독성을 검증하였다. 찰스 케터링(1876~1958)의 도움으로 성장한 듀퐁社는 이 새로운 합성물질에 '프레온'이라는 상표를 붙였다.

미드글레이의 경이로운 합성물질은 가정의 냉장 시스템에 혁명을 불러 일으켰으며 덕분에 서구 사회의 거의 모든 가정은 안전하게 음식을 냉장하거나 냉동시켜 보관할 수 있었다. 그러나 1974년 프레온 가스(CFC)가 오존층에 유해하다는 사실이 밝혀지면서 프레온 가스 사용 규제가 확산되기 시작하였다. 그 결과 CFC 및 유사 가스들의 점진적인 사용 규제에 대한 내용을 담은 몬트리올 의정서가 1987년에 체택되었다. 최근에 들어 대기 중 CFC의 양이 낮아졌지만 오존층이 완전하게 복구되려면 아직도 수십 년의 시간이 필요하다. **MB**

**참고:** 얼음 제조기, 하버 법, 냉장고, 냉동 식품

# 자동 제빵 절단기
## (1928년)

로베더의 기계가 빵을 절단하고 포장하다.

미국의 발명가 오토 프레더릭 로베더(1880~1960)는 1912년경 자동 제빵 절단기의 디자인에 대해 연구하면서 여러 시제품을 개발하였다. 하지만 로베더의 초기 디자인은 성공적이지 못했다. 설상가상으로 1917년 일리노이 주 몬머스 지역에 위치한 공장 화재로 자신의 디자인이 불에 타버리면서, 최초의 제빵 절단기를 제작하려는 그의 바람은 좌절되는 듯 했다.

보석상으로 훈련받은 적이 있던 로베더는 이후 보안 회사에 취직하였으며 여가 시간에 틈틈이 제빵 절단기를 개발하여 자신의 디자인을 계속 개선시켰다. 그는 절단기로 빵을 자른 후에는 잘린 빵 덩어리가 급속도로 딱딱해지는 것을 보고 빵의 신선도를 유지하는 것이 주요 난제라는 것을 깨달았다. 1927년경 로베더는 빵을 절단한 다음 포장하는 기계를 발명했다. 그의 제빵 절단기가 출시된 시점은 적절했다. 1919년에 영국에서 찰스 스트라이트가 발명한 팝업 토스터기가 미국에서 널리 보급되고 있을 때였기 때문이다.

1928년 로베더의 제빵 절단 및 포장 기계를 최초로 설치한 칠리코시 베이킹 주식회사는 클렌 메이드 슬라이스 빵을 판매하기 시작하였다. 고객들은 잘려진 바게트 빵을 매우 좋아했으며 다른 빵집들도 로베더의 기계를 주문했다. 덕분에 로베더는 밀려드는 생산 주문을 처리하느라 정신이 없었다. 1929년에 로베더는 대번포트 지역에 맥-로 제조 공장을 설립하였지만 금전적 어려움으로 대공황 기간 중 자신의 공장과 특허권을 매각하였다.

썰린 바게트 빵에 대한 수요는 계속해서 증가하였으며 1933년경 미국의 빵집들은 썰지 않은 빵보다 썰린 빵을 더 많이 판매하였다. 오늘날 모든 빵의 대략 80퍼센트가 썰린 상태로 판매되고 있다. **EH**

# 오디오 테이프 녹음
## (1928년)

플로이머가 자기 테이프를 사용하다.

19세기 말 발드마 포울센은 자기 철사에 소리를 녹음할 수 있는 장치인 텔레그래폰을 개발하였다. 그러나 이 장치의 음성 퀄리티는 형편없었으며 자기 철사 그 자체는 항상 텔레그래폰과 통합되어 있어 하나의 녹음본을 오랫동안 저장하기가 어려웠다. 1928년 독일의 엔지니어인 프리츠 플로이머 박사(1881~1945)는 얇고 기다란 종이에 자기 분말을 입혀 획기적으로 음성 녹음 수준을 개선시켰다. 이로 인해 자기 철사보다 더욱 효율적으로 자기 신호를 녹음할 수 있었다.

1930년 베를린의 AEG社는 플로이머의 원리를 사용하여 만든 음성 녹음기인 마그네토폰을 개발하기 시작했다. 테이프 그 자체를 개발하기 위해 AEG社는 유명한 독일 전자회사인 BASF社와 협업했으며, BASF社는 전문 플라스틱 기술을 사용하여 새로운 유형의 녹

> "지하실이나 침실에서 테이프로 음성을 녹음하는 것은 특별한 행위였다. 현재는 누구나 어디서든 녹음을 할 수 있다."
> 레스 폴, 음악가

음 매체를 만들었다. BASF社가 개발한 시스템은 산화철 래커로 코팅된 아세틸 셀룰로오스 띠를 사용하였으므로 테이프가 녹음되는 도중에 자기화될 수 있었다. AEG社의 K1 마그네토폰과 BASF社의 자기 테이프는 1935년 베를린 라디오 박람회에 함께 출품되었다.

AEG K1은 제2차 세계대전 중 나치가 널리 사용하였다. 전쟁 후 수많은 K1 모델이 미국으로 수출되어 음성 녹음 혁명시대의 단초가 되었다. **TB**

참고: 샌드위치, 팝업 토스터기

참고: 자기 녹음, 오디오 테이프 카세트, 8트랙 오디오테이프

# 컬러 텔레비전

(1928년)

베어드가 움직이는 컬러 영상을 만들기 위해 두 개의 전자 빔을 추가하다.

컬러 텔레비전이 가능한 이유는 인간의 두뇌가 격자 보양의 서로 다른 컬러 도트(픽셀이라고 함)를 완전한 컬러 화면으로 인식할 수 있기 때문이다. 컬러 텔레비전의 음극선관은 흑백 TV의 단일 전자빔과는 달리 세 개의 전자빔으로 구성돼 있다. 화면은 음극선관의 쉐도우 마스크 구멍에 배치된 빨간색, 초록색, 파란색 형광 점으로 코팅된다. 컬러 텔레비전에서 보이는 모든 색은 이 색상 신호들의 조합이다.

컬러 텔레비전이 흑백 텔레비전보다 색상 구성이 세 배 더 복잡하다는 사실은 컬러와 흑백 텔레비전의 기본 발명 과정이 거의 동시에 일어났음을 의미한다. 존 로지 베어드(1888~1946)는 필로 판스워스와 나란히 텔레비전 개발의 선구자로 알려져 있으며 1928년에는 처음으로 컬러 화면 방송을 시연하였다.

초기의 중요한 상업적 고려사항 중 하나는 컬러 화면으로 전송되는 신호가 컬러 TV 수신기에서는 컬러 화면으로 표현되고 흑백 TV 수신기에는 흑백 화면으로 표현되야 한다는 것이었다. 이를 개발하는 데는 어느 정도 시간이 걸렸기 때문에 쉐도우 마스크를 탑재한 RCA 음극선관 TV 수신기는 1954년이 되어서야 판매되기 시작했다. RCA 음극선관 TV 수신기는 1,000달러 이상의 엄청난 고가로 판매되었다. 1961년 「월트 디즈니의 놀라운 색상 세계(Walt Disney's Wonderful World of Color)」라는 일요일 저녁 방송 프로그램은 미국 시민들로 하여금 컬러 TV를 구매하도록 만들었다. 1972년경에 들어서 컬러 TV 판매량이 흑백 TV 판매량을 넘어섰다. **DH**

**Television in Colours**

**Television**

The Official Organ of the Television Society

VOL 1.   AUG. 1928   No. 6

MR. BAIRD demonstrating to
MAJOR A. CHURCH, D.S.O., M.C.,
his new
COLOUR TELEVISION RECEIVER.
Read MAJOR CHURCH'S powerful article
in this issue.

THE WORLDS FIRST TELEVISION JOURNAL

---

**참고:** 음극선관, 이미지 래스터화, 텔레비전, 텔레비전 리모콘, 플라즈마 스크린

↗ 세계 최초의 TV 매거진. 이 매거진의 1928년 8월 표지는 베어드가 장식했다.

"텔레비전을 통해 사람들은 한 사람 한 사람만을 보게 되는 것이 아니라 자기가 알지 못하는 모든 사람들을 볼 수 있게 되었다."

앤 랜더스, 저널리스트

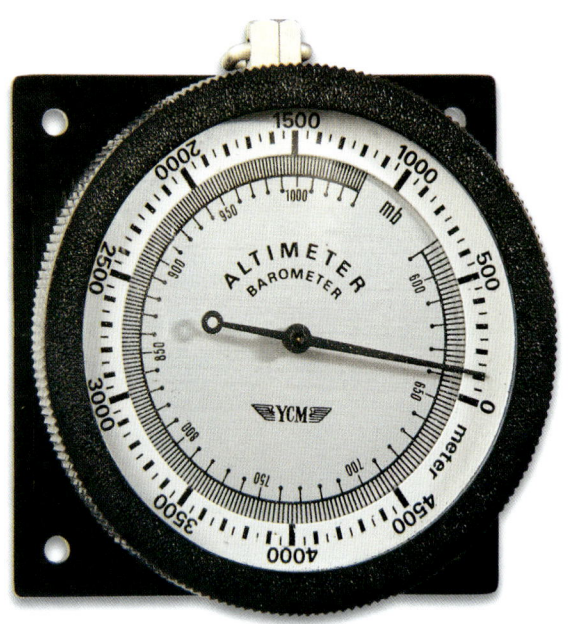

# 기압고도계 (1928년)

**콜스만이 고도계의 정확도를 높이다.**

17세기 중반 대기압과 해발고도 간의 관계(둘 중의 하나가 다른 하나를 측정하기 위해 사용될 수 있음)가 블레즈 파스칼과 에드먼드 핼리에 의해 규명되었다. 1862년 제임스 글레이셔는 7마일(11킬로미터) 상공의 열기구에서 아네로이드 기압계를 고도 표시기로 사용하였다.

기압고도계는 압력 변화를 표시하기 위해 아네로이드 기압계를 사용하는데, 더 높이 올라갈수록 공기가 희박해지면서 아네로이드 기압계는 수축된다. 정상 조건하에서 해수면의 기압은 27피트(8미터)의 높이당 1밀리바 정도 변경된다. 또한 기압은 날씨와 온도의 영향을 받으며, 기압과 고도의 관계는 산술급수적이 아니라 기하급수적으로 증가하는 관계이다.

독일의 기계 공학자인 파울 콜스만(1900~1982)은 1923년 미국으로 이주하였다. 이전의 고도계들은 비행기 고도를 몇백 피트로 표시하곤 했는데, 이것은 정상적인 기상 조건하에서는 문제가 없었지만 안개가

끼거나 구름이 드리워지거나 밤이 되면 비행을 매우 위험하게 했다. 콜스만의 슬로건은 '정확도'였으며, 그의 고도계는 고도를 몇 피트 내의 오차 범위 내에서 측정하였다.

1929년 전투기 조종사인 지미 둘리틀 중령은 지상 관제 무선 항법 시스템, 자이로 수평계, 나침반과 함께 기압고도계를 사용하여 15마일(24킬로미터)을 비행하였다. 이러한 성공적인 고도계 비행으로 말미암아, 이후 콜스만의 고도계없이 비행하는 비행기들을 전 세계에서 거의 찾아볼 수 없게 되었으며 비행기가 접근 중인 공항의 지상 기압은 콜스만 식으로 표시되었다. **DH**

참고: 지표면근접 경보장치

⬆ 고도 표시기는 조종사가 비행 중인 고도를 알 수 있도록 여러 기압 정보를 동시에 제공한다.

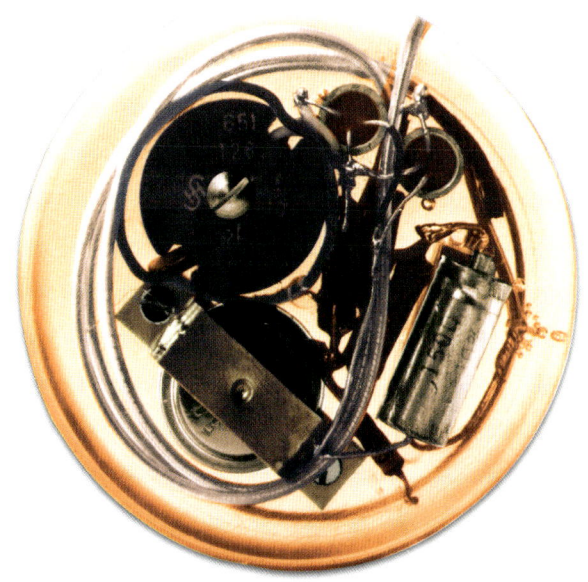

# 심장 박동기 (1928년)

리드웰이 전기 장치로 심장 박동을 정상적으로 유지시키다.

심장 박동기(심박 조율기)는 느리거나 불규칙적인 심장 박동을 정상 상태로 유지시키는 외과 이식용 전자 기기이다. 최초의 인공 심장 박동기는 호주의 마취 전문 의사인 마크 리드웰 박사가 발명하였는데, 그는 환자의 심실에 삽입하는 바늘이 있는, 교류로 작동하는 전자 기기를 개발하였다. 1928년 리드웰은 시드니 크라운 스트리트 여성병원에서 심장이 멎은 상태로 태어난 아기를 소생시키기 위해 심장 박동기를 사용하였다. 1929년 호주의료협회 3분과에 심장 박동기를 사용했던 사례를 보고했지만 그 당시 인위적으로 인간의 생명을 늘리는 연구를 둘러싼 논쟁 때문에 관심을 끌지는 못했다.

1932년 미국 생리학자인 앨버트 하이만(1893~1972)은 일종의 '인공 심박 조율' 장치를 독립적으로 개발하였다. 하이만의 장치는 손으로 크랭크를 돌려 모터로 전원을 공급하는 전자 기계 장치였다. 스웨덴의 룬 엘름크비스트는 최초의 내장 심장 박동기를 개발하였으며 1958년에는 외과의사 아케 셴닝엔이 스웨덴 카롤린스카 대학병원에서 엘름크비스트의 내장 심박 조율기를 환자에게 이식하였다. 이러한 초기 모델들은 수은-아연 배터리로 전원을 공급했으며 2시간에서 3시간에 이르는 시간 동안 작동하였다. 1973년에는 약 6년 정도 지속 가능한 리튬 요오드화물 연료 전지가 개발되었다.

오늘날 미국에서만 매년 10만 개 이상의 심장 박동기가 환자에게 이식되고 있다. 현대의 심박 박동기는 복잡한 프로그래밍 능력이 있으며 크기가 매우 작다. 현대식 심장 박동기에는 심박을 모니터하고 자극을 전달하도록 프로그램된 회로인 펄스 발생기와 7년에서 15년간 지속되는 리튬 요오드화물 배터리가 포함되어 있다. **JF**

**참고:** 청진기, 심전계, 제세동기, 인공 심폐기, 인공 심장

⬆ 1958년 환자의 몸 속에 이식되어 최초로 작동한 배터리 전원 공급형 심장 박동기.

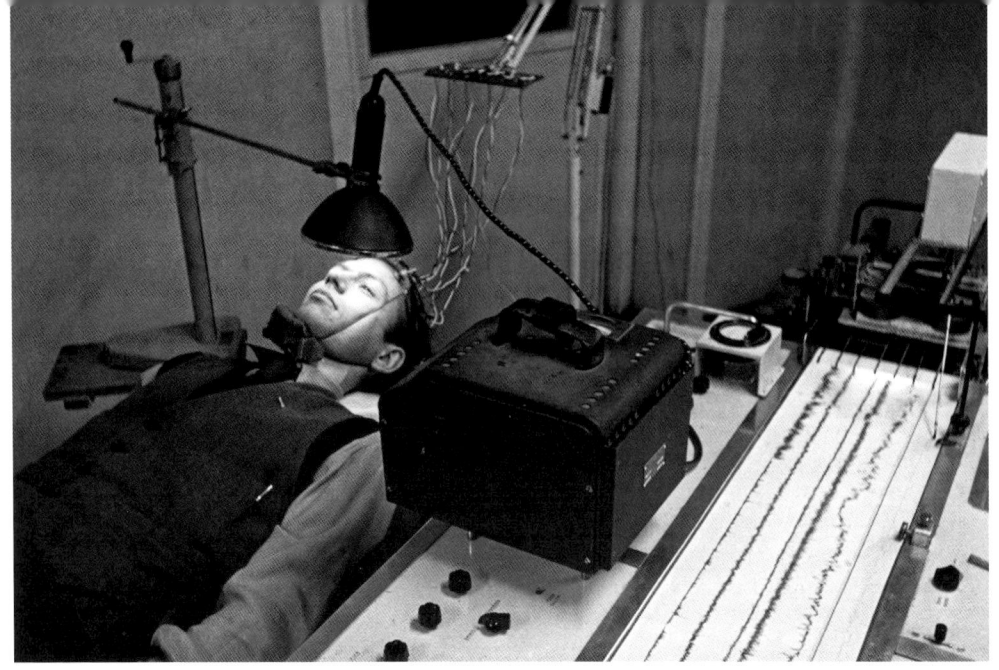

# 뇌파계(EEG) (1929년)

베르거가 인간 두뇌의 전기적 활동을 기록하다.

우리는 종종 갑자기 어떠한 생각을 떠올릴 때가 있는데, 이는 두뇌의 특정 화학 작용 속도와 전기 자극 때문에 일어나는 현상이었다. 무언가를 생각해 내는 과정을 전기적으로 측정해야 할 필요성이 대두되었으나, 한스 베르거(1873~1941)의 연구 이전에는 두뇌의 전기 자극이나 뇌파계 기술에 대한 연구가 거의 이루어지지 않았다.

1875년 영국의 내과의사인 리처드 카톤은 검류계로 동물의 두뇌 활동을 측정할 수도 있을 거라고 생각하였다. 검류계로 동물의 뇌 활동을 측정하던 폴란드 내과의사 아돌프 벡 역시 일부 감각자극의 위치를 발견하고 큰 소리나 밝은 빛을 보면 나타나는 행동 변화를 메모했다. 그의 연구는 1890년 당시의 시대 트렌드를 앞서나가는 것이었다. 당시에는 동물과 인간 모델 간의 연관성을 제대로 이해하지 못했기 때문에 누군가 이 분야에서 비약적 진보를 이루기까지는 수십 년의 세월이 더 흘러야 했다.

1920년대 한스 베르거는 두뇌의 전기 활동을 기록하는 연구를 시작했다. 실험은 비밀리에 진행되었기 때문에 베르거는 핑계거리로 텔레파시에 대한 강의를 한다고 하면서 자신의 기법을 개선시켜 나갔다. 피실험자로 자신의 아들인 클라우스를 선택한 베르거는 1924년에 최초로 인간 뇌파를 기록하였고 몇 년간 실험을 계속하였다. 베르거는 1929년 자신의 연구 내용을 책으로 출간하였고 신경학계에 혁명을 불러일으켰다. 오늘날 뇌파계는 간질, 수면 장애, 수많은 기타 신경학 문제를 진단하기 위해 사용되고 있다. **BN**

**참고:** 심전계, 컴퓨터 단층촬영

⬆ 자원한 사람의 두뇌 내 전기적 활동을 기록하기 위해 사용된 뇌파계.

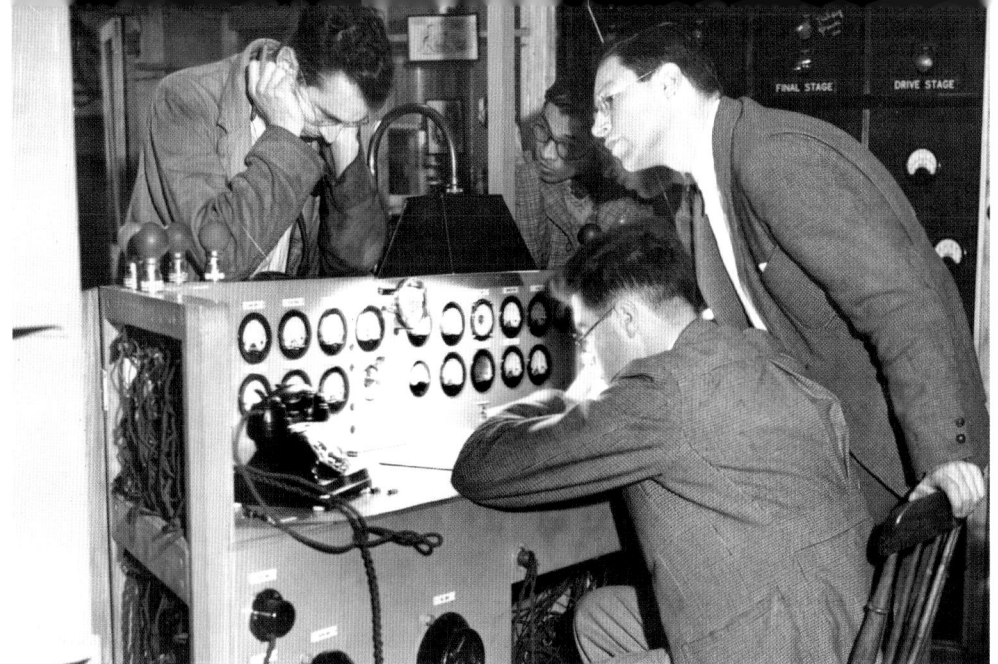

# 사이클로트론 (1929년)

로렌스가 이전보다 더 빠른 속도로 입자를 가속화하다.

사이클로트론의 발음만 들으면 1950년대 이후에 개발된 운동용 고정 자전거를 의미하는 것처럼 들리지만 실제로는 오늘날 가장 강력한 입자가속기의 할아버지뻘 되는 장치를 일컫는다. 화학을 전공한 어니스트 로렌스(1901~1958)는 물리학으로 전공을 바꿔 1925년 예일 대학교에서 박사학위를 취득하였다. 그 당시 자연 문제에 대한 과학자들의 연구는 흥미 있는 결과를 낳았다. 영국 케임브리지의 어니스트 러더퍼드는 원자 폭탄을 위하여 원자 입자를 사용하였고, 1919년경 질소 원자의 핵에 충격을 가하고 헬륨 핵을 흡수하는 데 성공하였다.

그러나 이런 유형의 연구는 기술적 한계에 봉착하였다. 방사능 물질로부터 자연적으로 얻을 수 있는 원자 입자의 양은 극소수였으며 그렇게 해서 얻어진 원자 입자는 러더퍼드가 하고자 했던 실험을 진행하는 데 충분하지 않았기 때문이다. 이에 1927년 러더퍼드는 물리학자들에게 고에너지 입자를 대량으로 공급할 수 있는 방법을 찾아줄 것을 부탁했다.

로렌스는 부탁에 응했으며 2년 후인 1929년에 사이클로트론 제작에 대한 아이디어를 생각해냈다. 그는 하전 입자를 원형 궤도로 이동시킨 자기장 실험에서 영감을 얻었다. 자기장 속에서 하전 입자가 원 궤도를 그리면서 운동을 하면 입자가 균일한 가속 자기장을 반복하여 지나가게 된다. 1931년 그가 개발한 최초 사이클로트론은 예전에 쓰던 방법으로 달성한 것보다 더 큰 에너지로 수소 이온을 가속화시키는 단순한 장치였다. 사이클로트론의 개발로 마침내 고에너지 물리학이라는 새로운 분야가 생겨날 수 있었다. **DHk**

참고: 싱크로트론, 강입자 충돌기

↑ 1938년 영국 케임브리지 대학교의 학생들이 사이클로트론의 제어판 주위에 모여있다.

# ABS(Antilock Braking System)
## (1929년)

브와쟁이 미끄러짐을 방지하는 더욱 안전한 제동 메커니즘을 디자인하다.

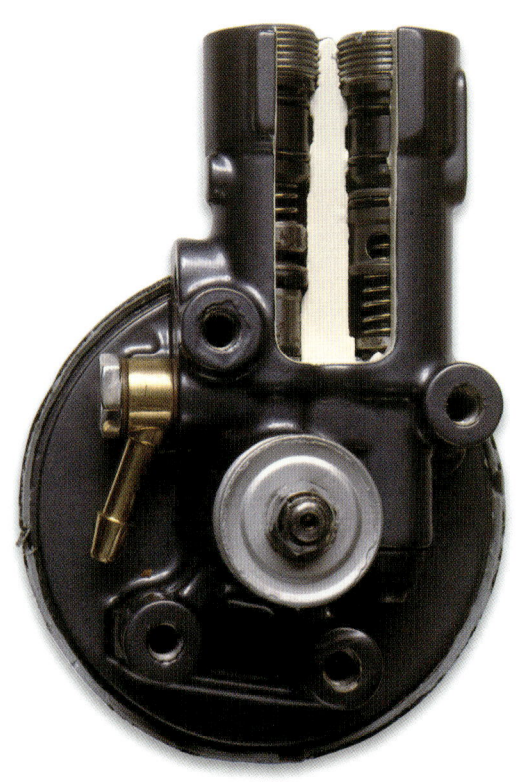

ABS는 원래 비행기 착륙 시 방향이 갑자기 바뀌는 것을 막기 위해 프랑스의 가브리엘 브와쟁(1880~1973)이 설계한 것이다. 1920년 그는 비행기 브레이크가 잠기지 않도록 해주는 시스템을 처음으로 설치하였다. 그로부터 수십 년 후, 자동차에서도 이와 유사한 시스템을 제한적으로 설치되기 시작했다. 메르세데스 벤츠社가 S-클래스 자동차에 전기 ABS를 설치한 사실을 공표한 때인 1978년에 이르러, 자동차 ABS 시스템은 비약적으로 발전하였다.

ABS는 운전자가 미끄러운 조건이나 급제동시 자동차 조정을 유지할 수 있게 해주어 대형 사고를 방지할 수 있다. 얼음으로 뒤덮인 도로에서는 자동차 바퀴가 잠겨 차량이 회전할 수 있는데, 이런 경우 ABS가 없는 자동차의 운전자는 이 사태를 막기 위해 브레이크를 여러 번 연속해서 밟아줘야 하는 반면, ABS가 있는 자동차는 시스템이 각종 조건하에서의 변화를 감지하고 그에 따라 유압을 변경한다. 그러므로 운전자가 브레이크를 밟지 않아도 자동적으로 여러 번 브레이크를 밟는 효과가 나타난다. 불행히도 많은 운전자가 ABS가 어떻게 작동되는지 모르거나 혹은 ABS를 사용하는 방법을 모르기 때문에, ABS가 도로에서 자동차 사고를 감소시켰다는 예는 거의 없다. 심지어 ABS로 인해 단독 차량 충돌 사고가 증가할 수 있다고 발표한 연구 결과도 있다.

제조사들은 현재 개선된 안전 시스템을 자동차에 설치하고 있다. 일례로 1990년대는 제동 시 항상 작동하는 ESP가 개발되었으며 일부 제조사들은 긴급 상황에서 차량을 완벽하게 제어할 수 있는 미래형 자동차를 생산하고 있다. **HB**

"ABS는 바퀴가 잠기는 것을 막아준다. 그러한 브레이크 시스템을 장착한 차량은 급제동 시 자세가 안정적으로 유지된다."

브라이언 오닐, 고속도로 안전협회

**참고:** 공기 브레이크, 액셀러레이터, 밴드 브레이크, 디스크 브레이크, 드럼 브레이크, 유압 브레이크, 회생 브레이크

◪ ABS는 바퀴가 잠겨 미끄러지는 경우 바퀴가 다시 회전할 수 있도록 해준다.

# 편광 필터
(1929년)

랜드가 밝은 빛과 눈부심을 제거하다.

1854년 영국인 의사 윌리엄 버드 헤라패스는 퀴닌을 먹은 개의 소변에 요오드를 몇 방울 떨어뜨리자 희한한 결정이 형성되는 것을 발견했다. 이 결정(후에 '헤라파타이트'라고 불림)은 개별로 있으면 어두워 보였지만 모아 놓으면 밝아 보였다. 이러한 편광 효과는 빛이 한 방향으로만 통과하게 했다.

미국 과학자 에드윈 랜드(1909~1991)는 편광 효과에 매혹되어 단추 크기만한 미네랄 전기석의 결정을 관찰하였다. 그는 편광 필터를 만들기 위해 이전 기록을 샅샅이 뒤져보았지만 실용적으로 사용할 수 있을 만큼 충분히 큰 결정을 만드는 것에 대한 내용은 찾아내지 못했다. 결국 랜드는 훨씬 더 작은 결정을 만들어 그들을 시럽 현탁액 형태로 함께 녹인 후 딱딱한 시트의 필름에 붙여 건조시키는 방법으로 이 문제를 해

> "최초의 합성 폴라라이저가 개발된 지
> 50년 후, 우리는 디지털 액정의
> 필수 층에서 그들을 발견한다."
>
> 에드윈 랜드, 과학자

결하였다. 이렇게 만들어진 것을 폴라로이드 필름이라고 불렀다.

랜드는 자동차 헤드라이트의 눈부심을 제거하기 위해 편광 필터를 개발했지만, 그의 필터는 제2차 세계대전 중 쌍안경에서 밝은 햇빛을 제거하여 독일 잠수함을 쉽게 발견할 수 있도록 했다.

점점 더 성능이 개선된 폴라로이드 필터가 선글라스와 사진에 응용되기 시작하였다. 오늘날 널리 보급되어 있는 LCD(Liquid Crystal Display)는 랜드의 편광 필터에 기반한 것이다. **AC**

참고: 폴라로이드 카메라, 액정

# 탐폰 어플리케이터
(1929년)

하스가 대체 생리대를 제공하다.

탐폰 어플리케이터는 1929년 얼 하스 박사(1888~1981)가 발명하였다. 1931년 특허를 위하여 제출된 탐폰 어플리케이터의 디자인은 면전(cotton plug)을 포함한 관 안에 또 다른 좁은 관이 들어 있는 형태로 구성되었다. 좁은 관을 그보다 좀 큰 관으로 밀어 넣으면 탐폰이 질 안으로 삽입되는데, 끝 부분에는 쉽게 뽑을 수 있도록 끈이 달려 있었다.

고대 이집트인들은 월경 때 일회용 면전을 사용하였으며 부드러운 파피루스로 탐폰을 제작하였다. 수년간 여성들은 실생활에서 구할 수 있는 원료로 즉석에서 탐폰을 만들었다. 로마에서는 울을 사용하였고, 일본에서는 종이를, 인도네시아는 천연섬유를, 아프리카에서는 풀을 탐폰의 원료로 사용하였다.

하스는 탐팩스라는 이름을 상표로 등록하였다. 1934년 한 그룹의 투자자들이 하스의 특허를 구매하여 탐팩스 세일즈 회사를 설립하는 데 도움을 주었다. 탐팩스 세일즈社의 가장 중요한 공헌은 제품을 여성에게 알리는 최선의 방법을 생각해낸 것이다. 탐팩스 세일즈社의 제품은 큰 인기를 얻었으며 여성들은 탐폰이 전통적인 생리대보다 장점이 많다는 것을 깨달았다. 탐폰 어플리케이터는 속옷에 비치지 않으며 수영할 때도 착용할 수 있었다.

수년간 탐폰은 여성의 신체 내부에 삽입하기에 보다 적절한 형태로 개선되었다. 1976년 캔자스 대학교의 해부학 교수인 커미트 크란츠 박사는 확장 가능한 탐폰을 특허로 등록하였다. 탐폰은 여성을 위한 자유와 편안함의 상징이 되었지만 탐폰을 너무 오랫동안 질 안에 넣어두면 포도상구균 아우레우스 박테리아가 만들어낸 독소가 혈관을 통해 흡수되어 독성 쇼크 증후군을 일으킬 수 있다. 아직까지 탐폰의 안전성에 대해서는 논란의 여지가 있다. **JF**

참고: 종이 티슈, 면봉

# 싱크로메시 기어 (1929년)

캐딜락社가 운전자가 기어를 바꾸는 방식을 단순화시키다.

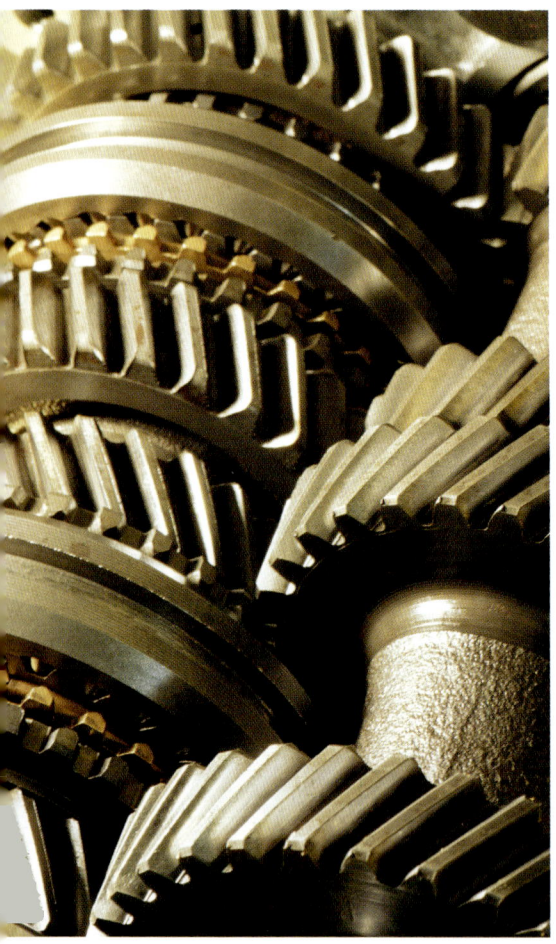

오늘날 우리는 자동차 운전 중 기어를 변경하는 것을 당연하게 생각하고 있지만 초기 자동차 시대의 기어 변경은 많은 기술과 연습이 요구되는, 지금보다 훨씬 더 복잡한 행위였다. 구형 자동차에서 사용하던 스트레이트 컷 기어는 바퀴에 동력을 공급하기 위해 기어를 함께 맞물리려면 기어의 회전 속도가 동일해야만 했다. 때문에 경험이 많고 운전 습관이 좋은 운전자일지라도 이런 방식의 기어를 사용하는 자동차에서는 기어의 회전 속도가 동일한 변속 시점을 맞추지 못해 종종 발생하는 쇠가 갈리는 끔찍한 소리를 들을 수 있었다.

운전자는 기어를 변속하기 위해 더블 클러치 기법을 사용해야 했는데, 기어를 고단으로 변속하려면 클러치를 밟는 동시에 기어를 중립으로 내려 엔진의 회전 속도를 늦추고 그 후 잠시 동안 클러치를 다시 밟아 기어의 회전 속도를 늦추어야 새로운 고단 기어로 변경이 가능했다. 저단 기어 변속은 이보다 더욱 어려웠는데, 일단 클러치를 밟는 동시에 기어를 중립으로 내리고 클러치를 뗀 후 짧게 클러치를 다시 밟은 상태로 엑셀러레이터 페달을 밟으면 기어의 회전 속도가 높아져 낮고 느린 기어로 변속할 수 있었다.

캐딜락社가 1929년 싱크로메시 기어를 도입한 것은 다리가 세 개가 아닌 운전자들에게는 축복이었다. 싱크로메시 기어의 개념은 의외로 단순했는데, 하나의 톱니 바퀴를 다른 톱니 바퀴와 맞물리려면 기어 바퀴의 회전 속도가 여전히 일치해야 했지만 싱크로메시가 사람 대신 그 작업을 수행해 주었다. 싱크로메시는 감속비가 다른 기어를 맞물리게 하기 전, 원추형의 원판을 서로 마찰시켜 회전속도를 일치시킨 뒤 힘을 전달하였다. 1950년경 싱크로메시 기어는 널리 보급되었다. **DHk**

> "경주용 차량 운전자들은 자동차 부품과 같다. 나는 기어를 너무 자주 변경해서 손에 무리가 갔다."
>
> 후안 마누엘 판지오, 포뮬러 원 세계 챔피언

참고: 자동차 기어, 클러치, 자동 변속기, 원심 클러치

◩ 싱크로메시 기어는 부드러운 맞물림을 위해 톱니모양으로 비스듬히 기울어 있다.

# 동축 케이블 (1929년)

에스펜쉬드와 에펠이 새로운 케이블을 고안하다.

1920년대 초반 일반 전선이나 케이블로는 고주파 신호를 전송할 수 없었기 때문에, 통신 기사들에게는 고주파 전송 케이블이 통신 부문의 어떠한 진보된 개발품보다 우선적으로 필요하였다. 벨 연구소의 두 엔지니어인 로이드 에스펜쉬드(1889~1986)와 허만 에펠(1893~1972)은 통신 기사들에게 필요한, 고주파 신호를 성공적으로 전송할 수 있는 동축 케이블을 제작하였다. 그들은 신축성 있는 플라스틱 피복으로 감싼 단일 구리 가닥 전선을 사용하는 대신 절연 스페이서와 차폐망을 포함하여 독특한 단면으로 구성되는 케이블을 제작하는 쪽으로 연구 범위를 확장한 결과 동축 케이블을 제작할 수 있었다.

동축 케이블 정 가운데에는 신호를 전송하는 도체가 위치하는데, 내부 유도 절연체가 이 도체 주위를 감싸고 있으며 전자기 간섭을 줄여주는 차폐망이 다시 이

> "AT&T社는 에스펜쉬드와 에펠의 뒤를 따른 것을 자랑스러워했는데, 계속해서 기술 혁신을 이루어 나갈 수 있었기 때문이다."
>
> 데이브 빌랜저, AT&T 연구소의 수석 과학자

내부 유도 절연체를 감싸 잡음 없이 신호를 깨끗하게 전송할 수 있도록 해준다. 또한 동축 케이블의 외피는 편조선이나 단단한 금속관으로 구성될 수 있으며 전체 케이블은 일종의 비닐 물질로 코팅된다.

동축이라는 단어는 케이블을 구성하는 도체, 절연체, 외피, 껍데기 모두가 동일한 축을 공유한다는 의미를 지닌다. **CL**

**참고:** 절연 와이어, 광섬유, 고온 초전도체

# 폴리스티렌 (1930년)

I. G. 파르벤이 중요한 화합물을 만들다.

연필, 전기 장비, 장난감 같은 수많은 일상생활 제품들은 폴리스티렌을 사용하여 만들어진다. 이렇게 다양한 형태로 응용되는 폴리스티렌은 비교적 평범한 분자 구조(각 원자가 페닐기라고 하는 여섯 개 탄소 원자의 링에 연결되는 구조)로 되어 있다. 펜탄이나 이산화탄소와 같은 가스로 팽창시키면 폴리스티렌은 포장과 절연을 위하여 빛나는 거품과 유사한 구조를 형성한다.

폴리스티렌은 1839년 베를린의 에두아르드 시몬이 처음으로 발견하였다. 그는 나무 수지로부터 자신이 스티롤이라고 명명한 유성 물질을 분리하였는데, 스티롤은 시간이 지나면 젤리처럼 굳어졌다. 후에 헤르만 스타우딩거는 이 물질이 플라스틱 중합체를 만들기 위해 다른 물질과 결합되는 분자 유형인 '단위체'라는 것을 발견하였다. 중합 과정은 긴 체인 같은 분자를 만들기 위해 스티롤의 단일 유닛을 합쳐 이루어졌다.

BASF社에 재직 중인 카를 울프와 외젠 도르러가 원유로부터 화합물을 경제적으로 제조하는 방법을 특허 등록한 1930년까지 폴리스티렌은 거의 응용되지 않았다. 울프와 도르러는 반응 용기에서 작은 구슬 형태의 폴리스티렌을 추출하기 위해 가열된 관을 사용하였으며 1931년 소규모의 폴리스티렌 제조가 시작되었다. 초기의 폴리스티렌은 부서지기 쉬웠으나 첨가물을 사용하여 이러한 단점을 보완했고, 1954년 발포 폴리스타이렌(스티로폼)이 개발되었다. 방수 절연체인 발포 폴리스타이렌은 컵과 음식 포장에 가장 많이 사용되었다. 현재는 경제적이지만 환경오염을 야기시킨다는 이유로 여러 지역에서 발포 폴리스타이렌의 사용을 금지하고 있는 실정이다. 폴리스티렌은 지금도 다양한 분야에서 사용되고 있으며 플라스틱은 집에서부터 X박스에 이르기까지 다양한 제품을 구성하는 데 사용된다. **MB**

**참고:** 합성 고무, 유동층 반응기, 나일론, 실리콘 고무

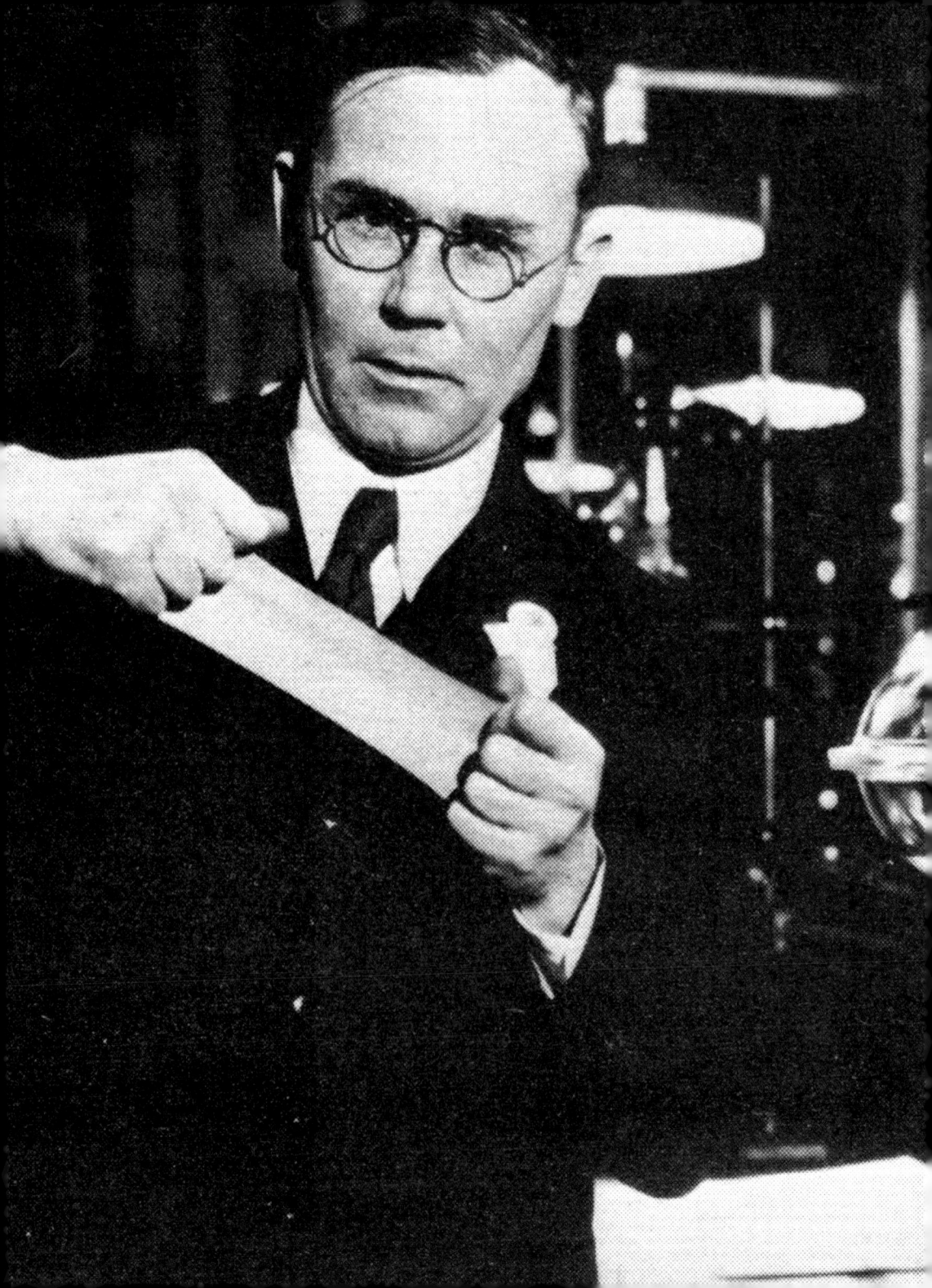

# 네오프렌 (1930년)

캐로더스가 다용도 고무 화합물을 만들다.

폴리클로로프렌의 상표명인 네오프렌은 클로로프렌을 중합(분자의 짧은 체인을 더욱 긴 체인으로 변경)해 만든 합성 고무이다. 클로로프렌은 중합될 때 고형의 고무 물질을 형성하는 액체이며, 불활성 물질인 네오프렌은 천연 고무에 비해 가볍고 썩지 않으면서 더 나은 단열재로 사용될 수 있다. 네오프렌은 최초의 대량 생산된 합성 고무 화합물로, 1930년 월러스 캐로더스(1896~1937)가 발명하여 잠수용 고무 옷, 자동차 팬 벨트, 개스킷, 호스, 내부식 코팅에 널리 사용되고 있다.

네오프렌이 잠수용 고무 옷에 사용될 때에는 단열 속성을 증가시키기 위해 공기 공간을 질소로 채우는데, 이는 잠수용 고무 옷의 부력이 증가하게 한다. 최근에는 네오프렌이 노트북 덮개, 아이팟 홀더, 리모컨 주머니, 보석을 포함한 일상생활 제품의 원료가 되고 있다.

미국의 화학 회사인 듀퐁은 합성 고무를 개발하기 시작하였다. 듀퐁의 합성 고무연구는 파리 노트르담 대학교 화학 교수인 줄리어스 아서 뉴랜드의 연구를 참고했다. 뉴랜드는 성공적으로 아세틸렌을 중합하였으며 듀퐁社는 그의 특허권을 구매하였다. 캐로더스는 뉴랜드와 협업하여 네오프렌을 상업적 물질로 개발했다.

중합체 연구를 시작할 당시 캐로더스는 하버드 대학교 교수였는데, 상업적 환경에서 연구를 수행하기 위해 듀퐁社로 이직하였다. 그는 우울증으로 고통받았으며 고통에서 탈출하기 위해 항상 시안화물 캡슐을 지니고 다녔다. **LC**

참고: 합성 고무, 유동층 반응기, 실리콘 고무

◀ 자신의 팀이 개발한 합성 고무의 고인장 강도를 증명하고 있는 캐로더스.

# 영상 증폭관 (1930년)

쿠베트스키가 광전자 증배관을 고안하다

1930년 소련의 물리학자인 레오니트 쿠베트스키(1906~1956)는 미세한 광전류를 증폭시킬 수 있는 방법을 제안하였다. 광전자 효과를 이용하여 광자 에너지를 전자 에너지로 전환하면 전자를 가속화할 수 있다. 가속된 전자가 형광판에 충돌하면 여러 개의 광자가 제거되어 에너지가 가시광선으로 전환된다. 광전자 증배관인 이 장치는 조명을 50배로 증가시킬 수 있고, 연속된 광전자 증배관들은 전자 파동을 생성하여 5만 배 이상의 조명이 진폭하게 된다.

1930년 블라디미르 즈보리킨(1889~1982)은 최초의 상용화된 텔레비전을 만든 RCA社에서 근무하였다. 신호 문제를 해결하기 위해 즈보리킨은 쿠베트스키의 것과 유사한 광전자 증배관을 사용하였다. 1936년에 만들어진 즈보리킨의 디자인은 상업적으로 성공을 거두었으나 쿠베트스키는 소련을 제외한 곳에선 거

> "모든 기술은 좋거나 나쁘게 사용될 수 있다. 어떻게 사용하는지는 당신에게 달려있다."
>
> 블라디미르 즈보리킨, 과학자

의 잊혀버렸다.

군에서는 재빠르게 이러한 장치의 실용 가능성을 알아차렸다. 즈보리킨은 RCA의 G. A. 모튼과 함께 1세대 야간 투시 장치를 개발하였고, 이는 인간의 눈에 보이지 않는 적외선을 감지하였다. 광전자 증배관은 1937년 천문학에 사용되었으며 이를 통해 멀리 떨어진 별이 발산하는 약한 가시광선을 관찰할 수 있었다. 또한 광전자 증배관은 의학 화상 부문에도 사용되었다. **SS**

참고: X선 사진, 적외선 사진, 컬러 야간 투시

# 테이프 (1930년)

드류가 누구나 꼭 가져야 하는 필수 제품을 만들다.

기록상 최초의 접착용 테이프가 사용된 시기는 류트 제조공이 악기를 만들면서 피스를 고정하려고 풀을 바른 조그만 종이를 사용한 1676년으로 거슬러 올라간다. 20세기 초 붕대나 반창고를 위한 의료용 테이프 분야에 많은 진전이 있었으나 1930년대가 되어서야 비로소 우리가 알고 있는 접착 테이프가 출현하였다.

　　1920년대 빵 굽는 사람, 식료품 장수, 정육업자는 제품을 포장하기 위해 셀로판을 사용하였다. 그러나 포장을 해도 음식이 눅눅해지거나 상하는 것을 막을 수는 없었다. 마스킹 테이프를 개발하는 데 참여한 3M社 엔지니어인 리처드 드류(1899~1980)에게 이러한 문제점을 해결해야 하는 업무가 주어졌다. 1년 이상 연구한 끝에 드류와 그의 팀은 셀룰로오스 테이프를 제작(1930)하였다. 셀룰로오스 테이프는 접착 부분, 프라이머, 셀룰로오스 층, 릴리스 코트 등 네 개의 층으

> "테이프의 끈적거리는 부분은
> 증거를 보존하는데 있어
> 놀라울 정도로 유용했다."
> 마이클 바덴, 부검 전문의

로 구성되었다. 드류의 테이프가 발명된 지 얼마 지나지 않아 다른 회사가 열을 가하여 셀로판을 밀봉하는 방법을 발명했다.

　　열을 가하는 셀로판 밀봉 방식은 셀룰로오스 테이프에게 위협적인 존재였지만 제조사들은 다양한 유형의 포장을 마무리하기 위해 테이프를 사용하기 시작하였다. 곧 대중도 테이프에 대해 알게 되었으며, 이 발명품은 드류가 전혀 상상해본 적 없던 용도로 다양하게 사용되었다. **DK**

참고: 접착제, 셀로판, 초강력 순간 접착제

# 라디오존데 (1930년)

몰차노프가 기상 데이터를 전송하다.

현대 기상학은 라디오존데에 상당 부분 의존하고 있다. 수천 개의 풍선으로 운반되는 기상 관측 기구인 라디오존데는 전 세계에 걸쳐 매일 기상 관측소로부터 방출되고 있다. 레이더를 사용하여 위치를 기록하면서 최대 18마일(30킬로미터) 상공에서 데이터를 수집하고, 무선으로 실시간 데이터를 끊임없이 지상으로 전송한다. 라디오존데는 분당 0.2마일(0.3킬로미터) 정도 상승하며 비행하는데 두 시간 가량이 소요된다.

　　실크 기상 관측 풍선은 1892년 프랑스 과학자 귀스타브 에르미트가 데이터를 수집하기 위해 최초로 사용하였다. 이후 1901년 실크 풍선은 고무 풍선으로 교체되었다. 12마일(20킬로미터) 상공에 도달하며 풍선이 터지면 기상 관측 기구인 라디오존데는 낙하산에 매달린 채 지상으로 떨어지는데, 떨어진 라디오존데를 찾는 것은 순전히 운에 달려 있었다.

　　제1차 세계대전 중 군은 라디오존데를 통한 더 많은 데이터를 필요로 했다. 저렴하고 가벼우면서도 신뢰할 수 있는 무선 시스템이자 온도, 기압, 습도를 무선 신호로 변조할 수 있는 라디오존데는 1930년대가 되어서야 쓰이기 시작하였다. 라디오존데는 러시아의 파벨 몰차노프(1893~1941)가 개발하였으며 수많은 나라의 기상청에서 빠르게 채택되었다.

　　현대식 네오프렌 풍선은 37킬로미터 상공에서 대기압이 대략 10밀리바로 떨어지면 터진다. 라디오존데와 풍선의 전체 무게는 불과 몇 파운드 정도이다. **DH**

참고: 측우기, 풍속계, 기압계, 습도계, 아네로이드 기압계, 기상 레이더

➡ 러시아 북극 코텔니 섬에서 라디오존데 풍선을 날리고 있는 북극 연구원.

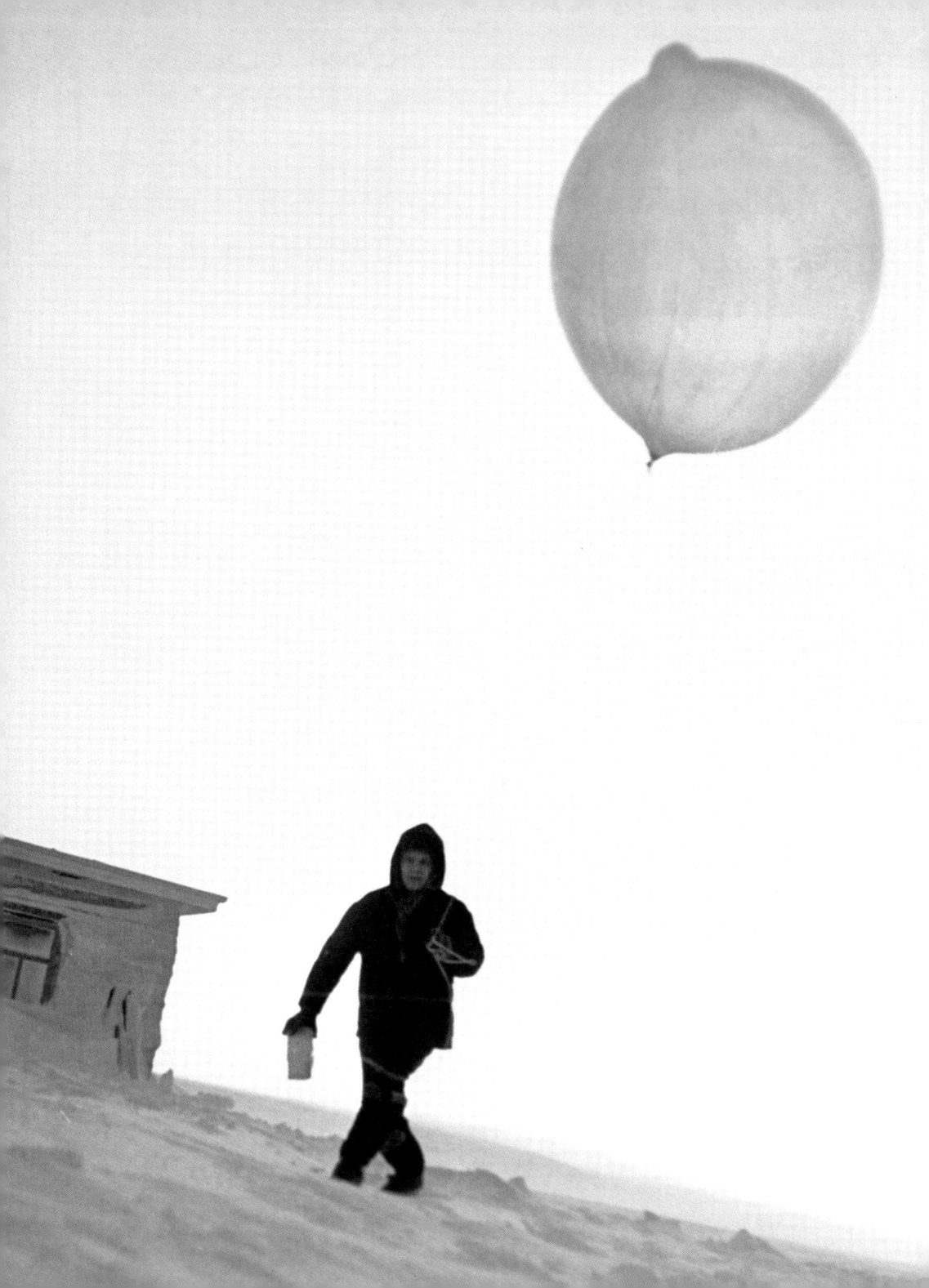

# 블라인드 리벳 (1931년)

혁이 더욱 다재 다능한 파스너를 만들다.

리벳(rivet)은 청동기 시대 이후로 존재하였으며 두 개의 물체(보통 얇은 금속판)를 함께 고정시키는 도구였다. 이는 항공기 및 선박 선체와 같이 고정된 상태를 유지해야 할 때 일반적으로 사용된다. 움직임으로 발생하는 진동 또한 너트와 볼트를 느슨하게 만드는 이유인데, 이 경우에도 리벳이 일반적으로 특정 물체를 고정시키는 데 선호된다.

1931년 루이스 혁은 항공기 생산 속도를 높일 수 있는 방법을 찾고 있던 중 블라인드 리벳으로 이를 해결하였다. 일반 리벳과는 다르게, 블라인드 리벳은 고정시키고자 하는 물체에 리벳의 한 쪽 끝만을 박았기 때문에 비행기 제조 속도를 높일 수 있었다.

보통 리벳처럼 블라인드 리벳은 미리 뚫어놓은 구멍에 삽입되지만 그 속에 심(단단한 물질로 구성된 원형 코어로 새김 눈이 달려 있음)이 내장돼 있다. 블라인드 리벳을 박는 공구는 구멍을 통해 부드러운 리벳 끝부분을 짓눌러서 리벳 심의 머리 부분을 제거한다. 일단 충분한 힘이 적용되고 나면 머리 부분은 부서지고 구멍에는 심만 남는다.

블라인드 리벳은 일반 리벳 만큼 견고하지는 않지만 기존 리벳보다 쉽고 빠르게 사용할 수 있다. 리벳의 기본 디자인은 오랜 시간 동안 거의 변한 것이 없지만 리벳의 원료와 리벳을 박는 공구는 수차례 개선되어 이전보다 더 쉽고 튼튼하게 리벳을 박을 수 있게 되었다. 블라인드 리벳은 조립식 집에서부터 열차의 객차, 버스, 자동차, 무역 컨테이너에 이르기까지 모든 물품을 제조하는 데 일반적으로 사용되고 있다. **JB**

참고: 리벳. 못. 필립스 나사못

# 전파 망원경 (1931년)

잰스키가 우주 공간으로부터의 전파를 잡아내다.

뉴저지 주 홈델 지역에 위치한 벨 전화 연구소는 단파 라디오 대서양 횡단 전화 서비스의 개시 여부를 검토하면서 공전(空電) 신호가 목소리 전송에 잡음을 발생시킬 수 있음을 우려하였다. 1931년 벨社의 물리학자 겸 엔지니어인 카를 구테 잰스키(1905~1950)는 공전 신호가 발생하는 위치를 찾아낼 것을 연구소로부터 지시받았다. 그는 고품질 14.6미터(20.5메가헤르츠) 라디오 수신기와 희한하게 생긴 바퀴 내장형 안테나 시스템을 사용하여 번개 등의 방전현상이 공전 신호를 발생시킨다는 것을 알아냈다.

몇 달간의 연구 끝에 잰스키는 하루는 24시간의 태양일이 아니라 23시간 56분의 항성일이라는 것을 알아냈으며 또한 은하수의 궁수 자리 지역으로부터 강력한 전파가 방사되고 있음을 발견했다. 이로 인해 그의 안테나는 최초의 전파 망원경이 되었다.

> "우리는 시시각각 변하는
> 우주에 살고 있으며 우리의 생각보다
> 빠르게 변화하는 것은 거의 없다."
> 티모시 페리스, 모든 것(The Whole Shebang)

그 후 일리노이 주 휘턴 출신의 햄 라디오 오퍼레이터 겸 무선 기사인 그로테 레버는 완전하게 조정 가능한 최초의 전파 망원경(고도 및 방위각을 변경할 수 있음)을 제작하였다. 그의 파라볼라 반사기는 여러 세대 동안 전파 망원경의 시제품이 되었다. 레버는 하늘의 전파 지도를 만들기 시작하여 카시오페이아 A, 백조자리 A(1940), 안드로메다 은하(1944)의 전파 소스를 발견하였다. 태양의 전파 방사는 제2차 세계대전 중에 개발되었다. **DH**

참고: 코히러

# 일렉 기타 (1931년)

리켄베커가 전후 대중 음악을 지배했던 악기를 만들다.

일찍이 르네상스 시대부터 있어왔지만, 기타는 대부분 집에서 연주하는 악기로 사용되었다. 19세기에 들어 기타는 차츰 콘서트 홀에서 연주되었으나 여전히 솔로나 소규모 합주에서 연주되는 악기에 지나지 않았다. 1920년대 재즈가 탄생하면서 기타는 재즈에 사용되는 악기가 되었지만 밴드의 규모가 커지고 금관 악기군의 소리가 높아짐에 따라 기타 소리는 다른 악기 소리에 묻혀 잘 들리지 않게 되었다.

기타 소리를 크게할 수 있는 해결책은 음성의 증폭뿐이었다. 1924년경 깁슨 기타 회사에 재직 중이던 엔지니어 로이드 로어는 자기 픽업을 사용하여 음성을 증폭시킬 수 있는 방법을 떠올렸다. 그의 방법은 다음과 같은 원리에 기반하였다. 기타 줄 아래에 위치된 자기 픽업은 자기장을 생성하며 기타 줄의 진동은 자기장에 간섭하는데, 이러한 간섭이 증폭되는 전류로 전환되어 스피커를 통해 재생되었다. 그러나 깁슨社는 로어의 아이디어를 채택하지 않았다.

대부분의 사람들이 최초의 일렉 기타로 인정하는 모델은 1931년 아돌프 리켄베커(1886~1976)가 생각해 낸 프라잉 팬이다. 그는 말굽자석 픽업을 장착한 랩스틸 기타를 제작하였으며 얼마 지나지 않아 동료들과 함께 ES(Electro-Spanish) 기타 모델(동일한 픽업이 부착된 어쿠스틱 기타)을 제작하였다. 일부 사람들은 ES 기타가 상업적으로 생산된 최초의 진정한 일렉 기타라고 주장하지만 그 당시 ES 기타는 크게 성공하지 못했다. 찰리 크리스찬 같은 뛰어난 재즈 뮤지션이 일렉 기타를 연주하기 시작한 때인 1930년대 후반까지 일렉 기타는 진정한 악기로 취급되지 않았다. **TB**

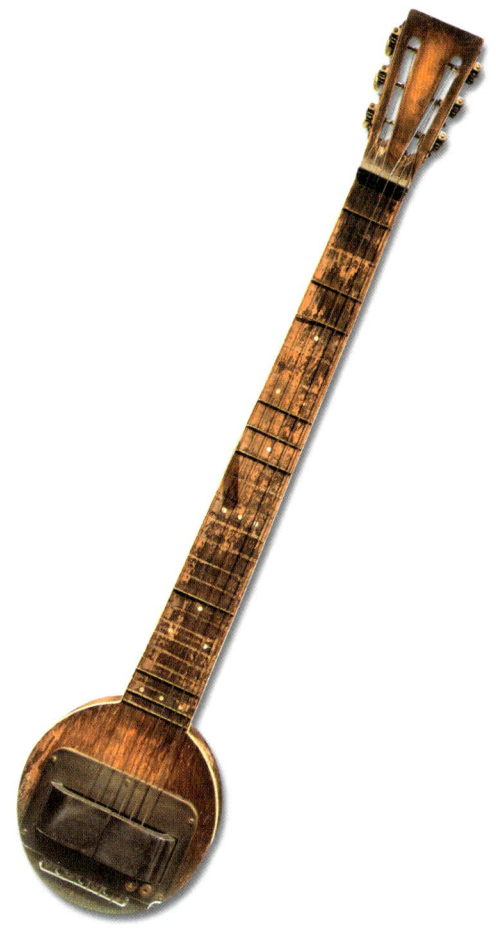

참고: 파이프 오르간, 전기 신디사이저

↗ 프라잉 팬의 시제품은 나무 목과 몸통 부분으로 구성되었지만 생산 모델은 주조 알루미늄으로 제작되었다.

> "특허 심사관들은
> 리켄베커의 프라잉 팬으로
> 연주가 가능하냐고 물어봤다."
>
> 모니카 스미스, 스미스소니언 협회

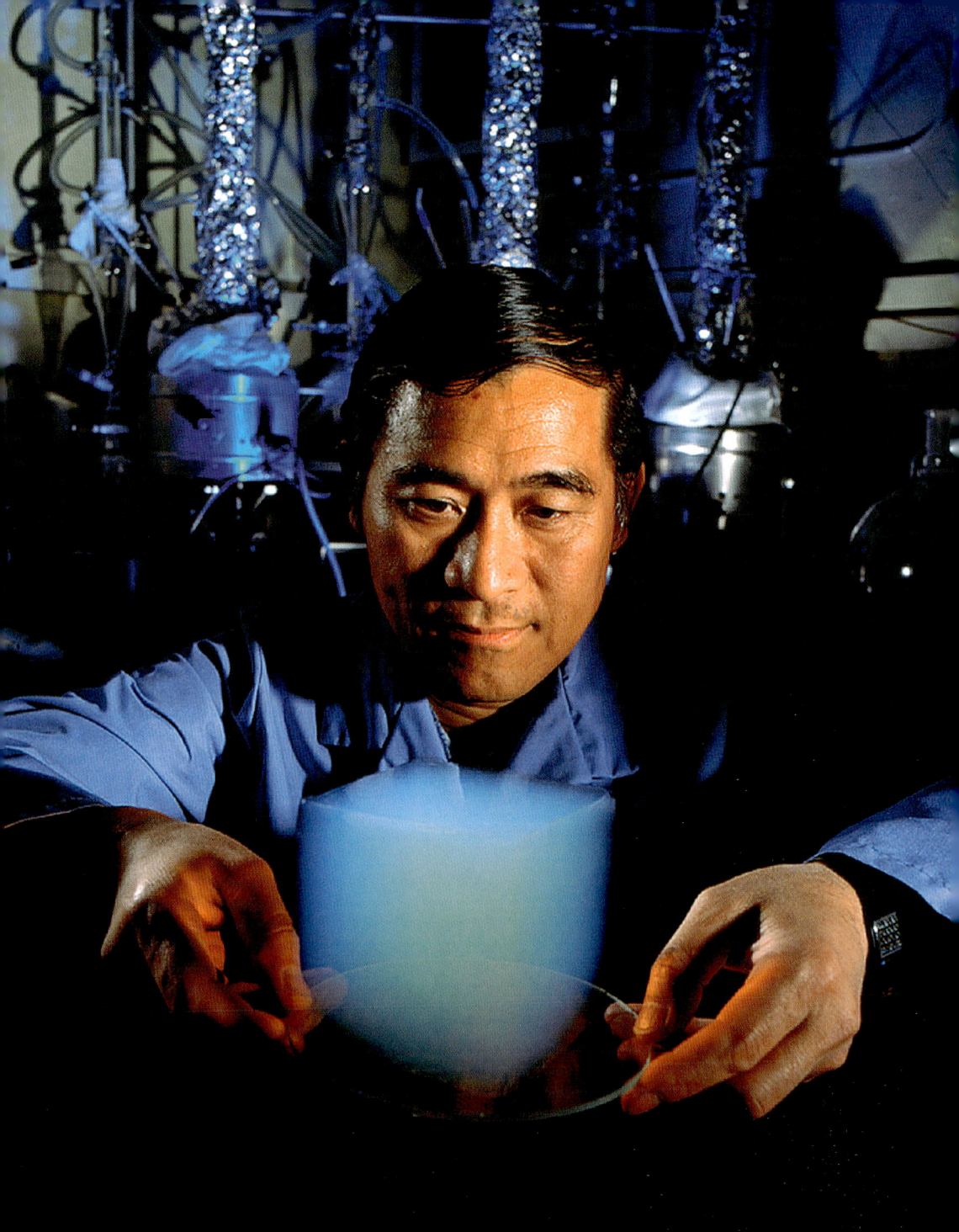

# 에어로 겔
## (1931년)

키슬러가 알려진 것 중 가장 가벼운 고형물을 만들다.

겔은 액체를 포함한 젤리 같은 콜로이드 물질로, 2~5 나노미터 입자가 서로 얽히면서 구성된다. 겔에서 액체를 제거한 후 가스로 교체하면 에어로 겔을 얻을 수 있는데, 에어로 겔은 가벼운 저밀도 고체 거품이기 때문에 '프로즌 스모크'라고 불리기도 한다.

캘리포니아 퍼시픽 대학교의 화학 기사인 스티븐 S. 키슬러(1900~1975)는 수용성 규산나트륨의 산성 응축으로 만들어진 겔을 연구하고 있었다. 그는 물의 높은 표면 장력으로 인해 물이 마르는 순간, 겔이 수축되고 부서진다는 것을 알아냈다. 키슬러는 물을 낮은 표면 장력의 알코올로 교체하여 부피가 감소되지 않도록 했는데, 그렇게 해서 만들어진 에어로 겔은 미소공(microporous, 微小孔)을 갖게 되었다.

1970년대 후반 프랑스 로켓 엔지니어들은 로켓 연

"너에게 불운이 다가오면,
젤리로도 너의 이빨이
부러질 수 있다."

페르시아 속담

료를 위한 저장 매체로 에어로 겔을 염두에 두었다. 이는 99퍼센트의 공기량 때문에 에어로 겔이 이상적인 단열재가 될 수 있기 때문이었다. 테트라메틸오르토실리케이트를 기반으로 메탄올 가수분해를 사용한 프랑스 로켓 엔지니어들의 실리카 에어로 겔은 제작 단가가 저렴하면서도 만들기가 쉬웠다. 혜성의 먼지를 수집하는 '스타더스트 스페이스 미션'에서도 에어로 겔이 사용되었다. **DH**

참고: 액체 연료 로켓, 우주 탐사선

◄ NASA의 스타더스트 프로그램에 사용된 에어로 겔은 NASA의 제트 추진 연구소에서 제조되었다.

# 전자 현미경
## (1931년)

루스카가 사물을 더 크게 확대시키다.

1590년경 네덜란드 안경 제조업자였던 한스와 그의 아들 자하리아 얀센은 20배로 확대 관찰할 수 있는 최초의 현미경을 제조하였다.

1673년 네덜란드의 안톤 반 레벤후크는 300배 가량으로 물체를 확대할 수 있는 현미경을 사용해 박테리아(미소동물)와 혈구, 원생동물과 정자를 발견하였다. 1886년 에른스트 아베는 현미경 기술을 크게 향상시켜 가시광선의 분해능 한계인 약 2,000옹스트롬(0.0002밀리미터)에 도달하였다.

더 나은 분해능을 얻기 위해서는 더 작은 파장을 지닌 무언가가 필요했다. 에른스트 루스카(1906~1988)와 그의 교수인 막스 크놀(1897~1969)은 전자가 진공에서 가속화되면 전자의 파장이 가시광선의 10만 분의 1일에 도달한다는 것을 깨달았다. 루스카는 1931년

"나약한 마음은 조그만 것은
확대하지만 큰 것은 볼 수 없는
현미경과 같다."

체스터필드 경, 영국 귀족

최초의 전자 현미경을 제작하였지만 아이러니컬하게도 얀센의 현미경보다 분해능 성능이 떨어졌다. 하지만 1933년경 루스카는 가시광선 현미경의 분해능을 뛰어넘는 전자 현미경을 만들었으며 1939년경 최초의 상용화된 전자 현미경을 제작하였다. 루스카는 전자 현미경에 대한 공로를 인정받아 1986년에 노벨 물리학상을 받았다. **SS**

참고: 렌즈, 현미경, 망원경, 주사형 터널 현미경

# 스테레오 음향 (1931년)

블럼라인이 음을 다양하게 만들어내다.

대부분의 사람들에게 '스테레오 음향'이란 2채널 스피커 시스템으로 오디오를 듣는 것을 의미한다. 인간의 귀는 음성이 2채널 스피커로 재생될 때 서로 다른 음성의 요소가 어느 스피커를 통해 나오는지 분간할 수 있다.

스테레오 음향을 발명한 사람은 영국의 전기 엔지니어인 알란 블럼라인(1903~1942)이다. 그는 1931년 한 편의 발성 영화를 보던 중, 배우들이 말을 할 때 한쪽에서만 출력되는 음성 효과 때문에 영화 속 목소리가 어느 배우의 것인지 구별하지 못해 영화에 집중할 수가 없었다. 그가 개발한 스테레오 시스템은 입체 음향을 통해 음성을 들었는데, 이를 고안해낸 그의 아이디어는 간단한 것이었다. 두 개의 마이크를 정해진 거리로 떨어뜨려 놓고 각자 오디오 채널에 연결하면 크기에 따라 사람의 음성이 각 채널로 방출된 입체 음향으로 들리기

> "음성은 한 사람 만이 내는 것이 아니다.
> 나는 사람마다 음성을 낼 수 있도록 하는
> 방법을 알고 있다."
>
> 알란 블럼라인, 전기 기사

시작하였다. 두 개의 채널 시스템(두 개의 스피커를 스크린의 양쪽 끝에 각각 위치)을 통해 영화 제작 시 녹음된 음성을 재생하면, 배우가 대사하는 시점에 맞춰 배우의 목소리가 스크린과 정확하게 일치하였다.

블럼라인은 1931년 말 관련 특허를 신청하였다. 그가 신청한 특허에는 입체 음향 시스템뿐만 아니라 하나의 축음기 음반에 두 개의 채널을 기록할 수 있는 방법도 포함되어 있었다. **TB**

참고: 확성기, 마이크, 영화 음성, 서라운드 음향, 돌비 노이즈 감쇄

# 버크 엔진 (1932년)

버크가 미래의 엔진을 생각해내다.

1932년에 러셀 L. 버크는 세계를 바꿀만한 엔진을 제작했다. 버크가 제작한 엔진은 스카치 요크(피스톤의 직선 운동을 회전 운동으로 바꾸는 크랭크 축을 사용한 메커니즘)에 피스톤을 연결한 액체 베어링과 움직이는 두 개의 피스톤으로만 이루어져 있었다. 수년 후, 버크는 자신의 엔진과 관련한 세 개의 미국 특허를 신청하였으며 1938년 신청 특허가 등록되었다.

20년간 정부나 산업 분야에서는 버크의 엔진에 관심이 없었다. 시간은 흘러 1957년 버크가 등록한 특허의 효력이 만료되어 전 세계 누구나 버크의 엔진을 제작할 수 있었지만, 여전히 그의 엔진에 관심을 보인 사람은 없었다. 반 세기 동안 가스 가격이 폭등했고, 온실 효과에 대한 우려가 높아졌음에도 불구하고 버크의 엔진은 사용되지 않았다. 버크는 석유와 엔진 제조업체, 관련 수리 업체들이 일부러 자신의 엔진을 사용하

> "나의 엔진은 탄화 수소를 기반으로 한
> 어떠한 연료도 사용할 수 있고 엔진을 수리
> 할 필요가 없으며 석유를 절약할 수 있다."
>
> 러셀 L. 버크, 엔지니어

지 않는다고 생각했다. 버크의 엔진은 석유 수요를 감소시키고 세계 기후 변화를 완화시키는데 영향을 미치기 때문에 일부 사람들은 버크의 엔진을 사용하는 것이 옳다고 생각한다.

그러나 다른 사람들은 버크 엔진이 현재의 엔진을 교체할 만한 합리적인 수단이 아니라고 여기고 있다. 이는 버크 엔진의 무거운 중량, 충격파와 지나친 열 전달로 인한 효율성 감소, 과도한 이산화질소 방출과 같은 여러 문제점 때문이다. **ES**

참고: 대기 증기기관, 내연기관, 2행정 엔진

# 앵글포이즈 램프 (1932년)

카워다인이 조명의 위치를 자유자재로 바꿀 수 있도록 해주다.

조지 카워다인(1887~1948)은 원하는 방향으로 움직일 수 있고, 움직인 후에도 자세를 유지할 수 있도록 금속 암(arm)에 스프링을 넣은 장치를 자신의 자동차 공장에서 고안했다. 이것을 디자인 하기 위해 팔의 관절 구조에서 영감을 얻어 사람 팔의 움직임을 흉내냈으며 1931년 자신의 디자인을 특허로 등록했지만 그 다음해가 되어서야 카워다인은 램프의 각도를 조절하는 데 자신의 발명품을 활용하였다.

카워다인은 움직일 수 있는 스프링 암에 무거운 방향성 램프를 달아 램프가 고정된 위치에서 원하는 방향으로 빛을 비추도록 만들었다. 처음에는 이 램프를 공장의 조립 라인을 밝게 비추는 데 사용하는 것이 더 낫다고 생각했지만, 얼마 후 사무실에서 사용하는 것이 더 유용하다는 것을 깨달았다. 그의 램프는 전구 위에 가리개를 추가하여 불빛을 특정 방향으로만 비출 수 있게 했기 때문에 경쟁 모델보다 적은 에너지를 사용할 수 있었다. 불빛 가리개는 또한 빛이 직접적으로 눈에 들어오지 않게 해주었으며 눈이 부시면 조명의 방향을 조절할 수 있게 했다.

25와트 전구를 사용한 앵글포이즈 램프는 60와트 전구를 사용한 일반 램프보다 훨씬 밝은 빛을 낼 수 있었다. 빛의 방향을 직접적으로 조절할 수 있다는 특징 때문에 사무실에서 사용하기 적합(특히 책이나 서류를 비추기 위해 적합)하였다. 이러한 장점들 덕분에 앵글포이즈 램프는 큰 인기를 얻었다. 오늘날 앵글포이즈 램프는 전 세계의 사무실에서 널리 사용되고 있으며 초기 개발 이후 수년 동안 카워다인의 초기 디자인에서 작은 사항만이 변경되었을 뿐이다. **LS**

**참고:** 석유 램프, 양초, 가스등, 아크등, 백열전구, 네온등, 할로겐 램프

↗ 영국 레디치 지역의 스프링 제조사인 허버트 테리 & 손이 제작한 초기 앵글포이즈 램프(1935).

"우리는 램프에서
발산되는 빛을 헛되이
낭비하고 있다."

윌리엄 셰익스피어, 『로미오와 줄리엣』

# 접이식 휠체어 (1932년)

제닝스가 시장을 선도하는 제품을 디자인하다.

탄광 사용광로 척추를 다친 후 거추장스러운 휠체어를 타는 것을 몹시 싫어했던 허버트 에베레스트는 친구 해리 제닝스의 새로운 휠체어 개발을 도와 시장에 혁명을 불러일으킨 휠체어를 발명했다.

16세기 이후 휠체어가(스페인의 왕 펠리페 2세를 위해 최초의 휠체어가 제작됨)있어 왔지만 1909년까지 휠체어의 기본 디자인은 거의 변하지 않았다. 1909년경 나무가 아닌 튜블라 스틸로 만들어진 최초의 경량 휠체어 모델이 등장하였다.

이러한 모델들도 접을 수 있었지만 제닝스의 휠체어는 기존 모델과 달리 접이식 X자 모양 프레임을 사용하였다.

이전의 접이식 휠체어들은 T자 모양이나 I자 모양 프레임을 사용하는 데 비해 제닝스의 X자 모양 접이식 휠체어는 휠체어를 더욱 튼튼하게 해주었으며, 바퀴를

---

"돈으로 건강을 살 수는 없지만
나는 다이아몬드가 박힌
휠체어에 앉았다."

도로시 파커, 작가

---

고정시킨 상태에서 바퀴의 양쪽 중 한 곳을 다른 바퀴 쪽으로 밀어 휠체어를 접을 수 있도록 해주었다. 에베레스트와 제닝스는 새로운 접이식 휠체어를 바탕으로 함께 사업을 시작하였으며 에베레스트 & 제닝스社를 설립하였다. 회사는 크게 성공했으며 다른 기업이 미국 법무부에 시장 독점에 관한 법률 소송을 제기했을 만큼 휠체어 시장을 독점하였다. **CL**

# 티오펜탈 나트륨 (1932년)

볼윌러와 타번이 안전한 마취제를 투여하다.

티오펜탈 나트륨은 1932년 혈류에 직접 주사할 수 있는 마취제를 찾고 있던 과학자인 어니스트 볼윌러(1893~1992)와 도나리 타번(1900~1974)이 발견하였다. 애보트 연구소에서 근무하던 볼윌러와 타번이 수술 전 최소한의 부작용으로 환자를 마취 상태로 만들 수 있는 약품을 찾는 데는 3년이 걸렸다.

1934년 3월 8일 랄프 워터스 박사는 티오펜탈 나트륨을 인간에게 최초로 실험했다. 워터스는 그 실험을 통해 티오펜탈 나트륨을 주입하면 60초 이내에 중추신경계를 마비시켜 10분에서 30분 동안 환자를 마취시킬 수 있다는 사실을 알게 되었다. 또한 놀라울 정도로 환자가 통증을 거의 느끼지 못하게 된다는 사실도 확인했다. 이러한 이유로 티오펜탈 나트륨은 환자를 마취 상태로 만든 후 그 상태를 더욱 길게 유지시키는 데 사용되었다. 티오펜탈 나트륨은 정맥 주사 방식으로 널리 사용된 최초의 전신마취제였으며 브레비탈 및 수리탈과 같은 단기 진정 작용 최면제를 만들어냈다.

1941년 진주만 공습 이후 티오펜탈 나트륨은 정신적 충격을 받은 환자들에게 과도하게 투여되어 수많은 마취 사망 사고가 일어났다. 이로 인해 티오펜탈 나트륨의 사용은 일시적으로 금지되었다. 다른 마취제와 마찬가지로, 티오펜탈 나트륨도 저혈압과 호흡 감소로 인한 심장 혈관 질환 및 호흡기 기능 저하를 일으켰다.

이후 티오펜탈 나트륨은 점점 사용 용도가 확대되었다. 조금만 사용하면 환자를 무의식 상태에 빠뜨리지 않고 편안한 상태로 만들어주기 때문에 CIA는 취조 시에 취조인에게서 진실을 알아내는 수단으로 사용하였다. 미국의 일부 주에서는 티오펜탈 나트륨을 사형 집행 수단인 치사 주사제의 원료로 사용했다. **JF**

---

**참고:** 의자, 접이식 유모차

**참고:** 마취, 아산화질소 마취제, 에테르 마취제, 클로로포름 마취제

# 주차 미터기 (1932년)

매기가 도심의 교통 혼잡을 줄이고 지역 정부의 수입을 창출하다.

1932년 오클라호마 주 교통위원회 대표로 새롭게 임명된 변호사 겸 신문 발행인 칼 매기는 도시의 교통 혼잡 문제에 대한 해결책을 강구해야 했다. 그는 운전을 하는 마을 사람들의 대부분이 자동차를 하루 종일 마을에 주차시켜 도로를 막고 있다는 사실을 알게 되었다. 이로 인해 사람들이 상점 근처에 주차를 할 수 없어 상점의 거래가 활성화되지 못했으며 물품 거래에 대한 세금도 징수할 수 없었다. 이 문제에 대한 해결책으로 매기는 주차 요금기를 생각해냈다. 그는 일단 기초적인 시제품을 설계한 후 오클라호마 주립대학교 연구 팀과 함께 이 아이디어를 개발해나갔다. 그리하여 '블랙 마리아'라고 하는 최초의 동전 작동식 주차 미터기가 1935년 7월에 설치되었다.

노스는 초과 미터에 대한 주차 티켓을 발급받은 최초의 사람이었다. 대부분의 사람들이 그렇듯 그는 법원에서 가게에 가려고 잠깐 동안만 정차한 것이라고 주장하였으나 그에 대한 소송은 기각되었다.

주차 미터기는 곧 오클라호마 주로부터 퍼져나가 1951년 9월 뉴욕에 도입되었다. 초기의 미터기는 태엽으로 돌아가는 시계처럼 작동하였다. 나중에 출시된 모델들은 자동 조절이 되는 메커니즘으로 구성되었지만 초기의 미터기는 일주일에 한 번씩 태엽을 감아줘야 했다. 기술이 진보하면서 거의 모든 주차 미터기가 디지털 모델로 교체되었다. 최근에는 대체 지불 방법 및 태양열 미터기를 포함한 다양한 기술 진전이 이루어지고 있다. 매기의 오리지널 태엽장치 기술은 신기술로 교체되었지만 그의 주차 미터기는 자동차 소유자가 증가함에 따라 계속해서 그 수가 늘어나고 있다. **JG**

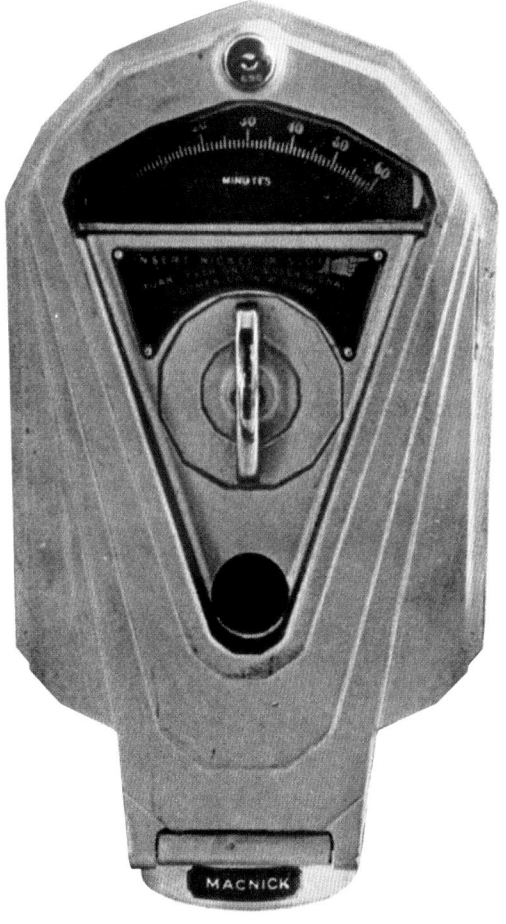

**참고:** 공중전화, 신호등, 자판기

↗ 1930년대 미국에서 사용된 주차 미터기.

> "주차 미터기는 사람들에게
> 돈을 걷으려는 또 다른 유형의
> 방법일 뿐이다."
>
> 슈가 레이 로빈슨, 뉴욕의 첫 번째 미터기 앞에서

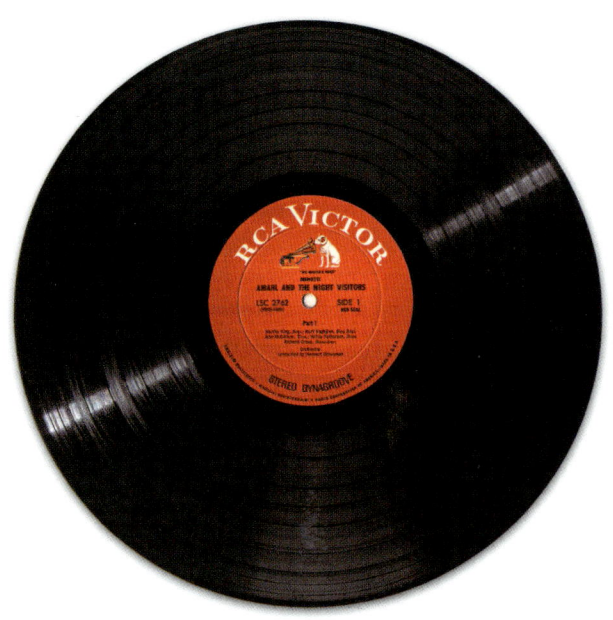

# 비닐 레코드 판 (1932년)

RCA 빅터社가 향후 몇십 년간 음악 산업을 지배할 비닐 음반을 시장에 출시하다.

1932년부터 1990년대 초반까지 비닐 레코드 판은 음악을 재생하기 위한 가장 대중적인 매체였다. 수많은 발명품처럼 비닐 레코드 판은 원통형 녹음 시스템을 개발한 토머스 알바 에디슨으로부터 시작되었다. 에디슨의 원통형 녹음 시스템 대신 나선형 홈이 있는 음반을 사용하고자 했던 에밀 베를리너는 1887년 알렉산더 그레이엄 벨이 발명한 전화기에서 수화기 부분에 사용되는 마이크를 개발한 사람이다.

최초의 음반은 고무로 제작되었지만 1896년 셸락을 사용하여 음반을 만들었으며 10인치의 78rpm 싱글이 표준으로 자리잡았다. 셸락은 매우 약한 물질이기 때문에 음반이 쉽사리 부서졌다. 또한 음반을 들을 때 많은 잡음이 생겼으며 면마다 4분 정도 길이의 음악만 재생할 수 있었다. 그러므로 큰 규모의 클래식 음악은 악장 별로 분할하여 컬렉션 음반 형태로 판매되었으며 이를 계기로 앨범이라는 용어가 사용되기 시작했다.

1932년 RCA 빅터社는 새로운 원료인 비닐을 사용한 최초의 상용화 LP(long-playing) 음반을 출시하였다. 12인치 직경인 LP음반은 표면 잡음이 적었으며 33rpm으로 음반을 재생하였기 때문에 음반에 더 많은 수의 음악을 넣을 수 있었다. 이 새로운 시스템은 처음에 출시 시기가 적절치 않아 성공하지 못하였는데 경제 대공황으로 소비자들의 소비 심리가 움츠러들었기 때문이었다. 그럼에도 불구하고 빅터社는 제품의 우수성을 내세워 시장을 공략하였으며 1950년경에 12인치 LP와 7인치 LP 싱글을 출시하여 성공을 거두었다. **TB**

참고: 레코드 판, 오디오 테이프 카세트, 광디스크, 미니디스크

⬆ 비닐 레코드 판은 면마다 30분의 음악을 수록할 수 있는데, 이는 이전의 음반보다 8배 정도 높은 수치이다.

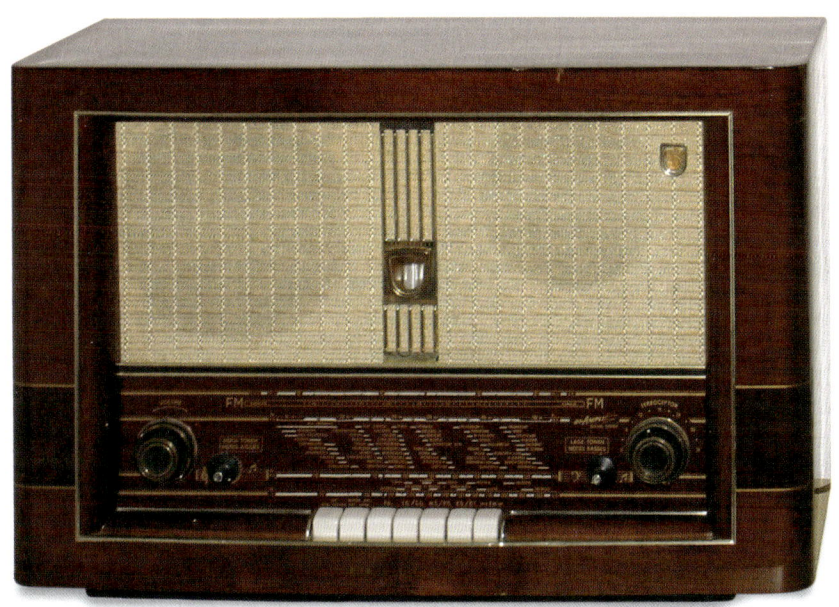

# FM 라디오 (1933년)

암스트롱이 간섭을 최소화하는 라디오 주파수를 개척하다.

20세기 초 최초의 라디오 방송은 진폭 변조(AM)의 원리에 기반한 것이었다. AM 라디오 전파는 특정 주파수를 통해 송신되었으며 수신기는 신호를 해독하기 전 진폭의 변화를 감지하였다. 비록 사운드의 질이 좋지 않고 간섭 현상이 발생하였지만 AM은 1970년대까지 방송에서 사용한 주요 송출 형태였다.

1933년 에드윈 암스트롱(1890~1954)은 주파수 변조(FM)를 사용하여 라디오 방송을 내보내는 방법을 발명해 특허를 취득하였다. 주파수를 음성 신호로 변경하기 위해 변조된 반송파를 사용하는 것이 FM의 기본 원리이다. FM이 AM보다 나은 결정적인 이유는 FM이 최소한의 간섭 현상으로 방송을 수신할 수 있도록 해준다는 점이었다. 뇌우와 같은 기상 현상이나 자동차 점화와 같은 주위의 전기 활동은 AM 신호를 만들어낼 수 있으므로 AM 방송에서는 간섭이 발생하지만 FM에서는 간섭이 발생하지 않는다.

암스트롱은 1935년 11월 「주파수 변조 시스템으로 라디오 신호의 간섭 현상을 줄이는 방법」이라는 논문을 무선기술사협회에 제출하였으며, 그로부터 2년 후 최초의 FM 라디오 방송국(W1ZOJ)을 설립해 방송을 시작하였다. 1990년대 후반 디지털 라디오가 출현하기 전까지 FM은 전 세계에서 가장 대중적인 방송 형태였으며 오늘날에도 아날로그 텔레비전 방송에서는 FM을 사용하고 있다. **TB**

**참고:** 무선 통신, 개선된 라디오 송신기, 진폭 변조, 크리스털 세트 라디오

⤒ 유럽에서는 1950년대에 FM 라디오가 대중적이었던 반면에 미국에서는 1978년이 되어서야 널리 사용되었다.

# 주방 환풍기 (1933년)

벤트 어 후드社가 집안의 공기를 맑게 하다.

환기 장치가 마련되기 이전, 주방에서 요리를 하면 냄새가 나면서 연기가 피어올랐다. 요리를 하면 주방에서 발생한 연기와 불결한 가스, 악취가 집안 전체로 퍼져 나갔으며 기름기가 벽에 들러붙곤 했다. 1933년 벤트 어 후드社는 집에서 보다 즐겁고 안전하게 요리하기 위해 연구에 착수하여 최초의 주방 환풍기를 개발하였다. 흡인 후드라고도 불리는 주방 환풍기는 기름기를 제외한 냄새와 연기를 밖으로 배출시켰다.

초기의 주방 환풍기는 화재가 발생하는 요인으로 간주되었다. 이는 빨아들이기만 했을 뿐 밖으로 배출시키지 못해 주방 환풍기에 남아 있는 기름기가 조리 기구의 온도가 높아지면서 쉽사리 점화되었기 때문이었다. 나중에 출시된 주방 환풍기는 기름기를 없애기 위해 철사 그물을 사용했지만 기름기의 25퍼센트 정도만을 없앨 정도로 비효율적이었다. 1937년 벤트 어 후드社는 초기 디자인을 개선하여 주방 환풍기에 '매직 렁' 이라고 하는 특별한 송풍기를 결합시켰으며 이를 통해 주방에서 일어나는 화재의 빈도를 감소시킬 수 있었다.

현재 전 세계 부엌에서 사용되고 있는 주방 환풍기는 상승하는 가스를 빨아들이는 철판 덮개와 기름기 필터, 환기를 시켜주는 팬으로 구성된다. 주방 환풍기에는 덕트가 있는 후드와 없는 후드 두 가지가 있다. 덕트가 있는 후드는 집 밖으로 연기와 냄새를 배출시키며, 덕트가 없는 후드는 목탄을 사용하여 악취와 연기 입자를 제거하고 공기를 정화시킨다.

주방 환풍기는 20세기의 부엌에서 보다 요리를 훨씬 더 안전하고 즐겁게 할 수 있도록 해주었으며 집과 부엌을 연기로부터 해방시켜 주었다. **FS**

**참고:** 가스레인지, 전기 스토브

# 캣츠아이즈 (1934년)

쇼가 세기의 디자인을 만들다.

1933년 어느 날 저녁 도로 보수 인부인 퍼시 쇼 (1890~1976)는 요크셔에 위치한 집으로 가던 도중, 자동차 헤드램프의 빛이 도로 건너편 고양이의 눈에 반사되는 것을 보았다. 여기서 영감을 얻은 쇼는 불빛이 약한 도로에서 운전자들을 도와줄 수 있는 실용적인 방법을 생각해냈다.

쇼는 끊임없이 질주하는 차량에 버틸 만큼 튼튼하고 최소한의 유지 보수만 필요하면서, 밤에 도로를 밝히기에 충분히 밝은 장치를 만들기 시작했다. 그는 도로에 표식으로 박을 수 있는 조그만 장치를 생각해냈는데, 그 장치는 고무로 된 원형 지붕 안에 서로 반대 방향으로 두 개씩 총 네 개의 유리 구슬이 위치한 구조로 이루어졌다. 차량이 원형 지붕 위로 지나가면 고무가 수축되어 고무 안에 있는 유리 구슬이 도로 표면 아래로 내려간다. 이 장치는 심지어 자체적으로 청소하는

> "캣츠아이는 모든 부분
> (단순함, 기능성, 아름다움)에서
> 위대한 디자인이다."
>
> 제임스 메이, 영국 TV쇼 탑 기어의 사회자

것도 가능했다. 주철 바닥은 빗물을 모으는 데 쓰였으며 원형 지붕의 꼭대기가 눌릴 때마다 원형 지붕의 고무가 물로 유리 구슬을 세척하여 먼지를 제거하였다. 이 과정은 마치 눈이 눈물로 세척되는 것과 같았다. 캣츠아이즈에 대한 특허는 1934년에 등록되었으며 2001년 콩코드를 제치고 20세기의 가장 위대한 발명품으로 선정되었다. **JF**

**참고:** 신호등

➜ 1936년 영국 런던의 윔블던 파크 횡단 보도에 놓여진 캣츠아이즈.

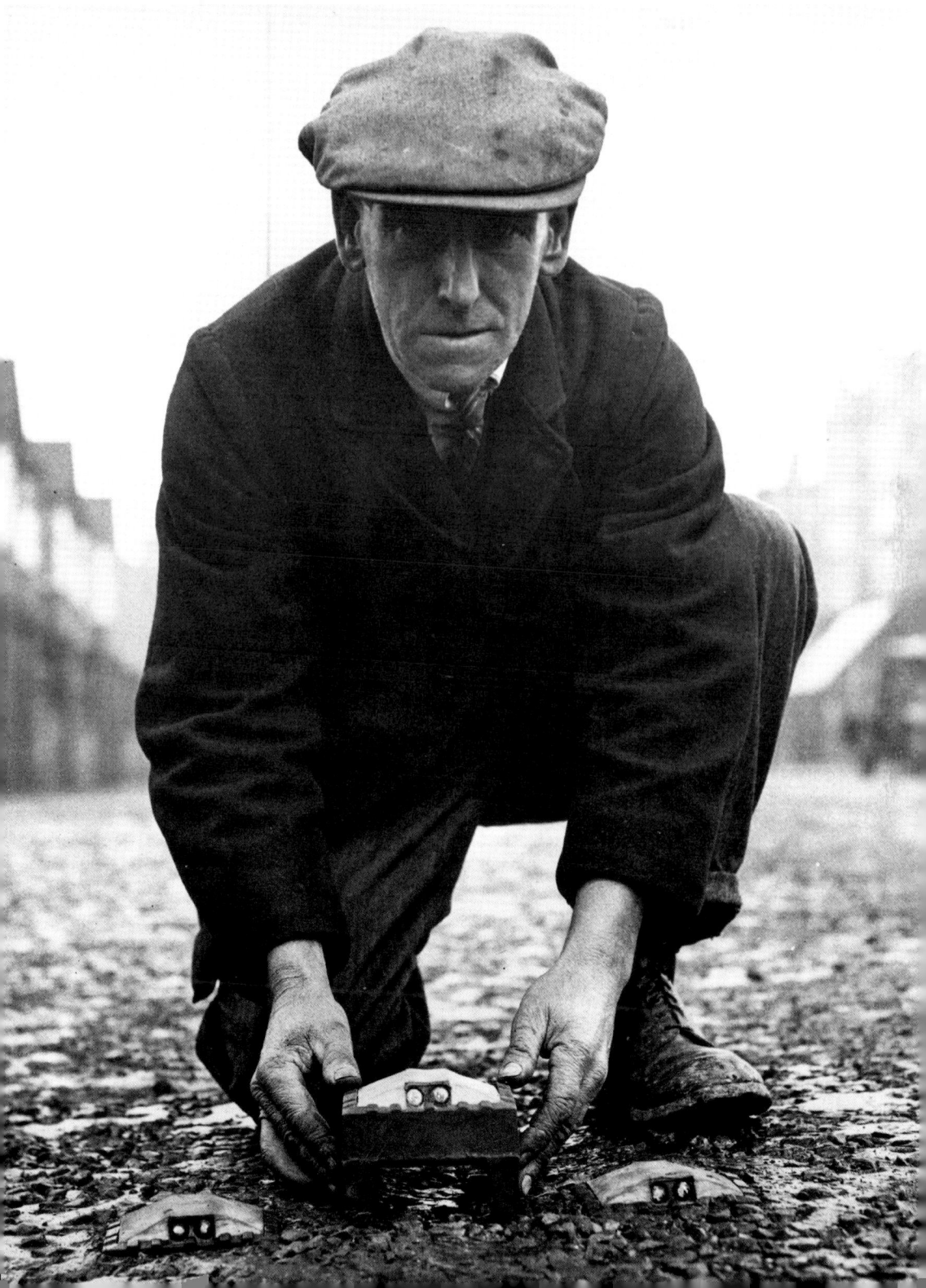

# 퍼스펙스 (1934년)

힐이 유리의 실용적 대안책을 소개하다.

아크릴 유리 혹은 퍼스펙스(상표명)는 전통적인 유리보다 장점이 많은 투명한 물질로, 유기 화합물인 메타크릴산 메틸의 중합체이며 플렉시 글라스, 아크릴, 폴리에스테르(메틸 2-메틸프로펜오에이트) 등 수많은 별칭으로 불리고 있다. 퍼스펙스는 탄소, 수소, 산소의 결합으로 형성된 단순한 중합체이다.

퍼스펙스는 단순하지만 동시에 여러 용도로 쓰이는 물질이다. 내구성이 있으며 모양을 바꾸기 쉽기 때문에 초기에는 유리를 대신하여 사용할 수 있는 대안 물질로 간주되었다. 제2차 세계대전 기간 중 스피트파이어의 조종석 덮개로 활용된 퍼스펙스는 이후 자동차 선바이저와 보호물로 사용되었다. 유리의 절반 정도 무게지만 유리보다 열 일곱 배 강도가 높은 퍼스펙스는 수족관, 채광창 등 압력이 필요한 투명 물질로 유용하게 사용되고 있으며, 의료 부문에서는 콘택트 렌즈, 틀니, 뼈 시멘트에 사용되고 있다. 게다가 물과 섞이면 아크릴 페인트를 만들 수도 있다.

퍼스펙스는 두 명의 직원이 수행한 연구 덕분에, ICI社에서 최초로 생산되었다. 로랜드 힐은 1931년 처음으로 중합체를 발견하여 특허를 신청하였다. 그 사이 ICI社에 근무하던 존 크로포드는 안전 유리로 사용하기 위한 합성 물질을 연구하고 있었으며, 힐이 발견한 중합체가 이상적인 물질이라는 사실을 알게 되었다. 그로포드는 전구체(前驅體)인 2-메틸프로펜오에이트를 합성하는 경제적인 방법을 찾아내는 데 기여했다.

그로부터 몇십 년간 ICI社는 퍼스펙스를 산업용으로 생산할 수 있는 방법을 모색해왔다. 1933년 최초의 투명 판재를 생산하였으며 1934년 퍼스펙스라는 상표명이 탄생하였다. 오늘날 퍼스펙트로 이루어진 물체는 실내 어디에서나 찾아볼 수 있다. 퍼스펙트는 다양한 분야의 제품에 사용되고 있다. **MB**

참고: 유리, 유리불기, 유리섬유

# 필립스 나사못 (1934년)

필립스가 조립 라인을 위한 나사못을 발명하다.

전통적인 접시 머리 나사못(flat-head screws)은 17세기 후반 이후부터 사용됐지만 두 가지 단점이 있었다. 하나는 못의 홈과 스크루 드라이버가 정확하게 밀착되어야 한다는 점과, 다른 하나는 스크루 드라이버가 원심력으로 인해 못의 머리에서 쉽게 미끄러질 수 있다는 점이었다. 이러한 문제들은 인간처럼 쉽게 드라이버가 미끄러지는 것을 보정할 수 없는 로봇의 특성 상, 특히 자동화 생산 라인에서 두드러지게 나타났다. 이러한 문제를 해결하고 나사못을 돌리는 과정에서 회전력을 높이기 위해 십자홈 모양의 나사못이 설계되었다.

십자홈 머리 모양은 오리건 주 포틀랜드 출신의 헨리 F. 필립스(1890~1958)가 고안해냈다. 그는 발명가 J. P. 톰슨의 연구를 활용하여 오목한 머리의 십자홈 나사못을 설계하였다. 필립스는 십자홈 나사못을 개발한 후 1933년 필립스 스크루社를 설립하였고 1934년과

> "조립 라인이
> 곧 금과 은으로 덮였으며
> 목걸이가 만들어졌다."
>
> 노먼 녹, 오스틴 힐리 매거진, 1996년

1936년 사이에 다섯 개의 미국 특허를 취득하였다.

한편 아메리칸 스크루社는 십자홈 모양의 나사못을 대량 생산할 수 있는 방법을 개발하였지만, 50만 달러에 달하는 개발 비용 부채가 있었다. GM社가 1936년 캐딜락 모델에 십자 홈 나사못을 사용한 다음에야 부채를 청산할 수 있었다. 필립스 나사못은 대량으로 쓰여 제2차 세계대전 중 탱크, 지프, 스피트파이어 전투기 등을 생산하는 속도를 높여주었다. **MB**

참고: 못, 아르키메데스의 나선식 펌프, 나사절삭선반, 4각 나사못

# 트램펄린 (1934년)

니센의 탄력성 매트가 군과 레저 산업에서 응용되다.

조지 니센(1914년 출생)은 체조 코치였으며 래리 그리스올드(1905~1996)는 마루 운동 체조 선수이자 곡예사였다. 그들은 1935년 여름 플라잉 워즈라고 하는 공중 곡예 단체에서 서로 알게 되었으며 종종 플라잉 워즈를 방문해 네트 수선을 도왔다. 니센은 공중 곡예사들의 덤블링 연습에 도움이 될만한 조그만 탄력 매트를 고안해 냈으며 그리스올드와 함께 부모님의 차고에서 반동 프레임을 개발하였다. 그들은 빳빳한 천을 모아 하나의 큰 천으로 꿰맨 후 천 주위에 여러 개의 스프링을 연결하였다. 그 후 인근 철거 현장을 뒤져서 찾은 사각형 철제 프레임에 스프링으로 큰 천을 연결하였다.

두 사람은 새롭게 개발한 탄력성 매트를 아이오와 대학교 여름 캠프에 가져가 큰 관심을 끌었다. 졸업 후 니센과 두 명의 친구들은 탄력성 매트를 멕시코로 가져가 매트로 할 수 있는 묘기를 개발했는데, 멕시코 시티의 엘 레티로라고 하는 조그만 나이트클럽에서 중심 잡기 묘기와 덤블링 묘기를 선보이면서 돈을 벌었다. 엘 트램펄린(el trampolin)은 스프링 보드를 의미하는 스페인어로, 니센은 이 단어의 마지막에 e를 붙여 현재 우리가 알고 있는 트램펄린(trampoline)이라는 이름을 지어냈다.

1942년 그리스올드-니센 트램펄린 & 덤블링 社가 설립되었다. 트램펄린은 전투기 조종사의 육체 및 정신 컨디션을 조절하고 항공 중 조종사가 자세를 잡는 데 도움이 될 목적으로 제2차 세계대전 중 군대에서 사용되었다. **BS**

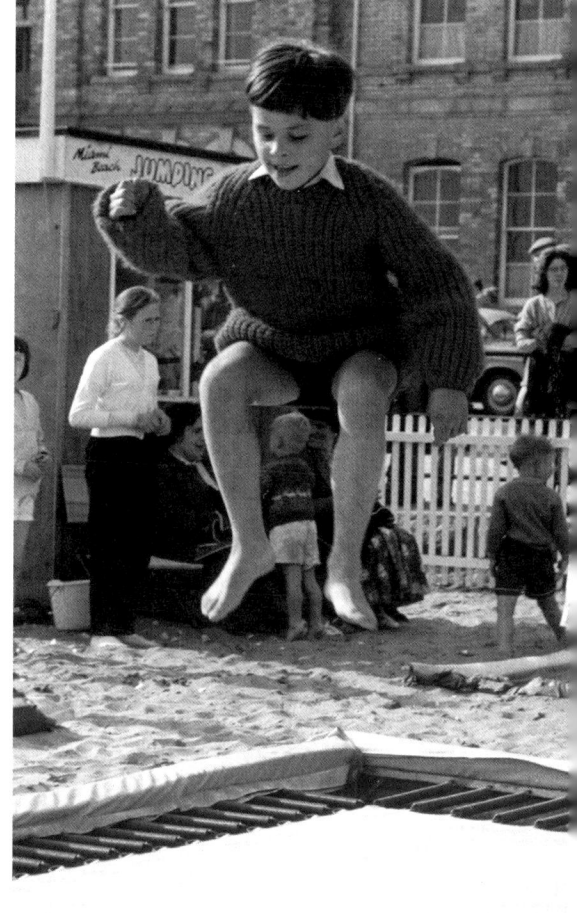

참고: 금속 세공, 나일론

↗ 영국 요크셔의 트램펄린에서 뛰고 있는 소년의 모습(1960년대)에서 알 수 있듯이 해변에서의 트램펄린 놀이는 인기가 높았다.

"점프할 때마다,
2초의 자유를
얻을 수 있다."

조지 니센, 체조 코치

# 전기 pH 미터(1935년)

베크만이 최초의 정밀 기기를 만들다.

1934년 캘리포니아 과일 재배 연구소 소속 화학자인 글렌 조지프는 감귤의 신맛(산성도)을 정확하게 측정하고자 하였다. 그 당시 물질의 산성도를 측정하는 pH 테스트의 가장 일반적인 방법은 리트머스 종이를 사용하는 것이었다. 리트머스 종이는 물질의 산성도에 따라 색상이 변한다. 그러나 감귤의 방부제로 사용된 아산화황이 리트머스 종이를 탈색시킬 수 있었으므로 조지프는 리트머스 종이를 이용하는 방법을 사용하지 않았다.

조지프는 유리 전극을 사용하여 pH를 측정하려고 했으나 깨지기 쉬운 유리 전극의 특성상 쉽지 않은 시도였다. 그는 pH 테스터기 제작에 진공관을 사용할 필요가 있다고 조언한, 오랜 친구인 아놀드 바크만(1900~2004)을 불러 캘리포니아 공과 대학의 교수로 채용하였으며 이후 바크만은 pH 측정에 필요한 기기를 스스로 만들어냈다.

바크만의 측정 기기는 원활하게 작동했기 때문에 조지프는 바크만에게 자신의 연구소를 위하여 또 다른 측정 기기를 만들어줄 것을 부탁했다. 바크만은 자신이 개발한 산도측정기로 1934년에 특허를 신청했고, 그 다음 해에 국립 기술 연구소는 이 산도측정기를 195달러에 판매하기 시작했다. 리트머스 종이와 비교하면 엄청나게 비싼 가격임에도 불구하고, 회사는 제품 출시 후 처음 석 달간 87개의 산도측정기를 판매하였다. 1939년 바크만은 교수직을 사퇴하고 국립 기술 연구소의 연구원으로 입사하여 여러 중요한 실험 기기들을 발명하였다.

pH 미터기는 신뢰성 있는 정확한 측정을 수행할 수 있도록 해준 휴대용 정밀 기기이다. 과학 실험실에서는 혁명적인 기기였으며 과학자들이 단순한 수치를 측정하기 위해 복잡한 장비를 설치하는 일 없이 연구에 집중하도록 했다. **RH**

**참고:** 고온계, 국제 단위계, 인조비료

# 레이더 (1935년)

왓슨-와트가 적군을 탐지할 수 있는 장치를 발명하다.

1935년 영국 정부는 스코틀랜드의 물리학자인 로버트 왓슨 와트(1892~1973)에게 적군에 피해를 입힐 수 있는 '데스 레이(death ray)'를 개발할 것을 종용하였으나 이것은 현실적으로 불가능하였다. 대신 그는 움직이는 물체에 닿으면 반사되어 되돌아오는 전파를 이론화했다. 또한 물체의 속도, 이동 경로, 고도와 같이 대상물에 대한 정보를 제공해줄 수 있는 전파의 움직임도 관찰하였다. 이 전파를 통해 고정된 송신기와 대상 물체 간의 거리를 측정할 수 있었다. 왓슨-와트는 이 전파로 영국 정부의 관심을 끄는 데 성공하였고, 그 후 레이더(무선탐지와 거리측정의 약어)라는 이름의 기술을 영국 정부에 넘겼다.

제2차 세계대전 초기 왓슨-와트는 영국 전역에 레이더 기지를 설치하였으며 두 명의 다른 영국 물리학자인 헨리 부트와 존 랜달은 '공진 공동 마그네트론'

> "제2차 세계대전 중 레이더를
> 사용하는 것은 영국을 성공적으로
> 방어하는데 있어 필수적인 요소였다."
> 한버리 브라운과 로버트 왓슨 와트, 물리학자들

을 개발하였다. 이 전자관은 많은 양의 힘으로 고주파 라디오 펄스를 발생시킬 수 있었다. 공진 공동 마그네트론은 현재 대기 오염을 측정하기 위해 사용되고 있으며 현대적 통신 형태인 극초단파 레이더를 개발하는 데 도움을 주었다. **SD**

**참고:** 소나, 기상 레이더, 지면근접 경보장치

▣ 1945년 캘리포니아주에 건설된 미 공군 레이더 기지의 61피트 (19미터) 지름 안테나 접시.

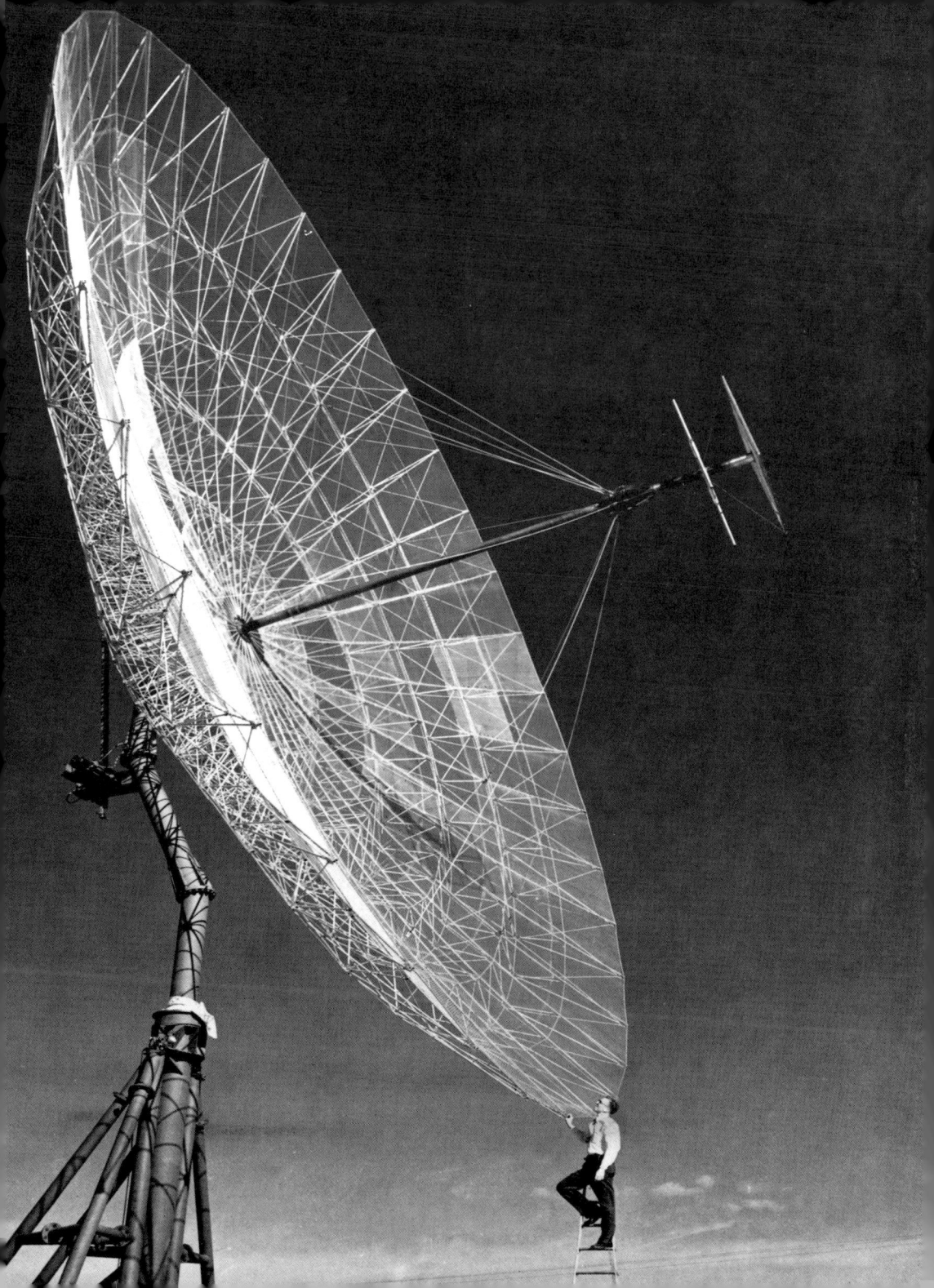

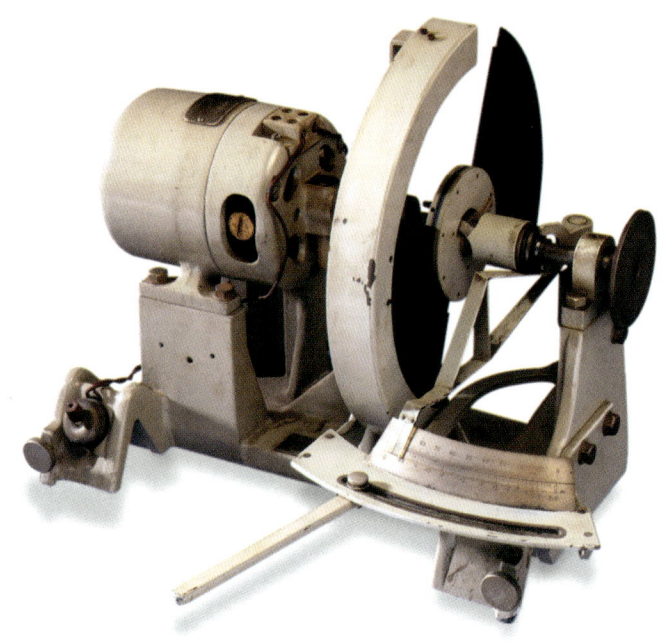

# 분광 광도계 (1935년)

하디가 전자기 방사선의 강도를 측정할 수 있는 기기를 개발하다.

분광 광도계는 전자기 방사선의 강도를 측정하기 위해 사용된다. 전자기 방사선 측정은 항상 필터에 의해 매우 좁은 스펙트럼 영역밖에 측정할 수 없는데, 오늘날 방사선이 샘플을 통과하거나 샘플에 반사된 후의 밝기 변화를 감지하기 위해 분광 광도계가 사용되고 있다. 초기의 분광 광도계는 육안으로 두 빔 사이의 강도 차이를 측정하였다.

매사추세스 공과대학교(MIT)의 물리학자인 아서 하디(1895~1977)는 육안 대신에 새로운 세슘 광전지를 사용하여 빔 사이의 전자 강도를 측정하였다. 그는 가시 스펙트럼을 자동으로 기록하는 분광 광도계와 빛의 강도가 빛의 파장으로 어떻게 변경되는지 보여주는 직접 관찰형 스펙트럼을 제작할 계획을 세우고 있었다. 아서는 이 계획을 실천하기 위해 빔 분리기와 회전식 편광면을 사용하였으며 교조 측광기 기법으로 한 쪽에서 다른 쪽으로 빔을 빠르게 깜박거려 두 빔을 비교하였다. 그리하여 1935년경 GE社와의 협력 연구로 최초

의 분광 광도계가 제작되었다. 그로부터 얼마 후 국립 표준국은 하디의 분광 광도계를 사용하여 도료와 염료를 테스트한 다음 페인트 색상 표준을 설정했다. 완전 자동화된 분광 광도계는 매우 고가였기 때문에 곧 이보다 저렴한 차기 수동 버전들이 생산되었다.

분광 광도계는 산업 연구소나 과학 연구소에서 찾아볼 수 있으며 이와 비슷한 기기들이 오존층의 계절적 변화량과 위도 변화량을 관찰하기 위해 널리 사용되고 있다. 분광 광도계는 남극의 오존층 구멍을 발견하는 데 도움을 주었다. **DH**

참고: 가이거 계수기, 전자 분광계

⬆ 분광 광도계의 일부분(1938년경). 제2차 세계대전 중 분광 광도계는 음식에 포함된 비타민을 측정하기 위해 사용되었다.

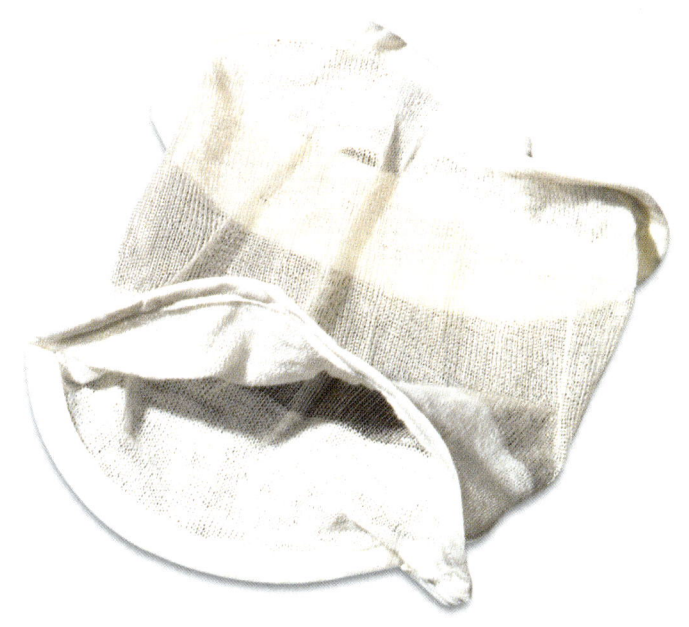

# 나일론 (1935년)

캐로더스의 실크 대체품이 큰 성공을 거두다.

월리스 캐로더스(1896~1937)는 유능한 화학자였으며 대학 시절 미주리 주 타키오 대학(Tarkio College)의 화학과 대표를 역임했다. 하버드대학교 교수가 된 후 그는 화학 회사인 듀퐁(DuPont)의 연구원으로 근무하게 되면서 화학 산업에 첫 발을 내디뎠다.

1928년 인공 물질을 연구하는 팀을 총괄하던 캐로더스는 탄화수소 아세틸렌과 유사 화학 약품에 관심을 갖고 있었다. 최초의 합성 고무 중합체(1931년에 듀퐁이 대량 생산한 네오프렌)를 개발한 그는 실크를 대체할 수 있는 합성 섬유의 제조에 대해 연구하기 시작했다. 그 당시 일본은 미국의 실크 주요 공급원이었지만 두 국가 간의 정치적 상황이 악화되어 무역 거래가 점점 줄어들고 있었기 때문에 실크를 구하기가 점점 더 어려워졌으며 가격 또한 매우 비싸졌다.

1935년 캐로더스는 화학 단위(단량체) 간 화학 반응을 촉진시켜 실크와 같은 섬유를 만들어냈다. 이 화학 반응은 중합체 섬유와 물(부산물)을 발생시켰으며

여기에서 물을 제거해 더욱 강력한 섬유를 만들어 낼 수 있었다. 이 섬유가 바로 1938년 세계에 소개된 나일론이었다. 전쟁 기간 동안 나일론은 실크를 대체하여 낙하산 제조에 사용되었으며 전쟁이 끝난 후 스타킹으로 제조되어 시장에서 많은 돈을 벌어들였다. 나일론은 현재 수십억 달러 규모인 직물 산업을 지탱하고 있다.

캐로더스는 심각한 우울증으로 고통을 겪었으며, 자신에게 참신한 영감이 없는 것에 절망하여 1937년 4월 청산가리를 복용하고 자살하였다. **RB**

**참고:** 합성 고무, 유동층 반응기, 네오프렌, 실리콘 고무

⬆ 나일론은 이전에 사람이 만든 어떠한 섬유보다도 열과 물에 훨씬 더 강한 저항력을 가지고 있었다.

# 스퀴즈 (1936년)

스텍콘이 창문을 쉽게 청소할 수 있도록 해주다.

이탈리아인 이민자 에토레 스텍콘(1896~1984)은 창문 청소에 관심이 많았다. 1922년 대서양을 건너 미국으로 이주할 당시 창문 청소부들은 무겁고 성가신 도구를 사용하여 창문을 청소했으나, 스텍콘은 창문 청소에 쓰이는 모든 도구를 바꾸기 시작하였다. 1936년 스퀴즈를 개발하여 1938년 특허를 취득한 그는 미국 사회에서 교육받지 못한 이탈리아 이민자로 취급 받아 발명품을 딜러에게 판매하지 못했다. 대신에 창문 청소하는 동료인 부들에게 하루 동안 자신의 도구를 사용할 수 있는 기회를 주었다. 스퀴즈는 단순함과 인체공학적 디자인으로 인해 출시된 즉시 대성공을 거두었으며 스텍콘 가족은 큰 돈을 벌게 되었다.

스퀴즈는 창문 청소부의 업무 과정을 용이하게 했으며 세월이 흘러도 디자인이 거의 변하지 않았다. 유리에 줄무늬 자국을 남기는 아주 사소한 결점이 있었지

> "나는 사람들이 여러 가지 청소 도구로 청소를 하는 것을 결코 이해하지 못했다."
>
> 다이안 스마릭, 에토레 스텍콘의 딸

만 스퀴즈 성능의 핵심은 고무에 있었다. 전 세계에서 스퀴즈가 사용되었지만 청소부들은 매번 나무로 된 측정 시스템을 사용하여 스퀴즈 끝의 가느다란 고무 조각을 손으로 잘라내는 수고를 감수해야 했다.

스퀴즈는 전면에 고무 날이 장착된 T자 형태의 장치로, 고무날 제조법은 오늘날에도 여전히 미공개 상태로 남아 있다. 미래의 자체 청소 창문은 스텍콘의 시장 점유율 중 일부를 빼앗아올 것이다. **CB**

참고: 유리. 아이스 링크 청소 기계, 자동 세정 창문

# 에폭시 수지 (1936년)

카스탄과 그린리가 강력한 접착제를 만들다.

만약 소재를 위한 명예의 전당이 만들어진다면 그 전당에 에폭시 수지가 입성할 것이다. 이 뛰어난 물질은 두 개의 표면을 단단하게 붙일 수 있는 접착제로서 뿐만 아니라 전기 절연체로서도 사용되고 있다. 에폭시 수지는 열과 화학 약품에 강한 반면, 일부 에폭시는 방수 용도로 사용되거나 심지어 수중에서 경화되는 능력도 있다.

에폭시는 열경화성수지이며 경화제나 촉매와 혼합되면 자체적으로 교차 결합되어 위에서 언급한 속성을 띠는 견고한 물질로 변한다. 원료 그대로의 에폭시는 저점도 액체와 분말 등 다양한 형태로 존재하며 경화제는 또한 매우 변하기 쉬워서 다양한 속성을 지닌 광범위한 경화 중합체를 만들 수 있다.

스위스의 화학자 피에르 카스탄(1899~1985)과 미국의 실반 그린리는 에폭시 수지 발명에 공동으로 기여한 인물이다. 1936년 틀니 수선용 물질을 연구하던 카스탄은 비스페놀 A와 에피쿨로르히드린을 낮은 융점에서 반응시켜 호박 물질을 생성하였다. 같은 시기에 그린리는 카스탄과 유사한 반응을 연구하고 있었으며, 카스탄의 호박 물질보다 더 높은 분자량을 가진 에폭시 수지를 만들었다. 두 과학자는 동시에 특허를 신청해 서로 중복되지 않는 지적 재산권을 확보하기 위해 에폭시 산업의 다목적성을 활용한 대체 수지를 개발하였다.

에폭시 수지가 가장 널리 유통되는 시장은 보호 코팅 분야이다. 표면을 강력하게 접착시키고 물, 열 등 모든 것에 저항성이 있는 에폭시의 능력은 세탁기, 파이프, 깡통 내부 코팅에 에폭시가 이상적인 코팅제로 사용될 수 있게 했다. **MB**

참고: 접착제, 초강력 순간 접착제

# 스키 리프트 (1936년)

쿠란이 의자와 도르래로 구성된 최초의 리프트를 디자인하다.

처음으로 로프가 발명됐을 때부터 사람들은 로프를 사용하여 산에 올랐으며 1600년대부터 로프를 사용하여 협곡이나 골짜기를 건넜다는 증거도 발견됐다. 어떤 이는 로프가 기원전 1만 5000년경 사용되었다고 주장하기도 한다. 그러나 스키를 탈 때 필요한 로프를 사용하기 시작한 때와 장소가 언제인지는 다소 불명확하다.

스키 리프트에는 여러 가지 유형이 있다. 1850년대 골드 마운틴(후에 유레카 정상이라고 명명됨)에서는 스키 타는 사람이 도르래와 밧줄로 움직이는 광석 채광 바구니를 타고 산으로 올라갔다. 1934년에는 스키토우(ski-tow)라고 불린 더욱 적합한 유형의 리프트가 버몬트주에 건설되었다. 이 리프트는 모델 T 포드 자동차 엔진에 부착된 긴 길이의 로프로 구성되었으며, 도르래에 의해 로프가 움직여 스키어를 산 꼭대기까지 데려다주었다.

짐 쿠란은 특별한 목적으로 스키 리프트를 설계한 최초의 사람으로, 1936년 자신의 리프트를 선 밸리 리조트에 건설하였다. 쿠란의 케이블카는 스키어가 공중 케이블에 매달린 의자에 앉아 이동할 수 있도록 설계되었다. 처음에 여러 다발의 바나나를 보트에 싣기 위한 시스템으로 사용되었던 이 아이디어는 스키어를 시간당 4~5마일(6~8킬로미터)의 속도로 이동시킬 수 있었다. 초기에는 스키 리프트가 위험할 지 모른다는 우려 때문에 허가가 나지 않았지만, 쿠란이 디자인한 새로운 시스템은 이러한 우려를 불식시켰으며 이윽고 해당 스키 리프트 시스템들이 여기 저기서 만들어지기 시작했다. **SB**

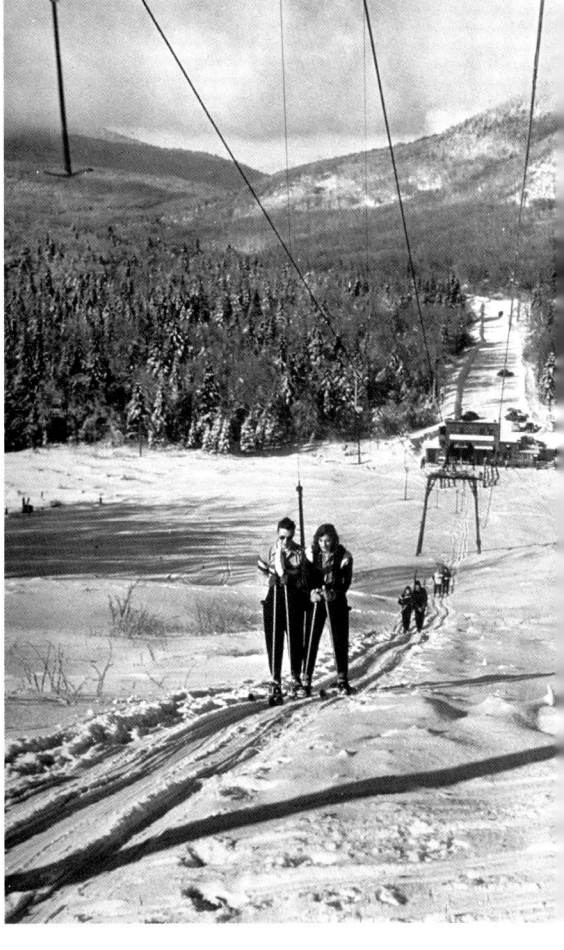

참고: 스키, 도르래, 케이블 카

↗ 이 사진에서 볼 수 있는 것과 같은 T-바(T-bar) 리프트는 비교적 적은 스키어가 사용하는 슬로프에 제공된다.

> "쿠란은 스키어가 산을
> 쉽게 오를 수 있도록 해주어
> 스키에 혁명을 불러 일으켰다."
>
> 명예의 스키 전당의 보도 자료

# 선탠 로션 (1936년)

슈엘러가 최초의 선스크린 제품을 출시하여 새로운 피부 관련 제품 시장을 개척하다.

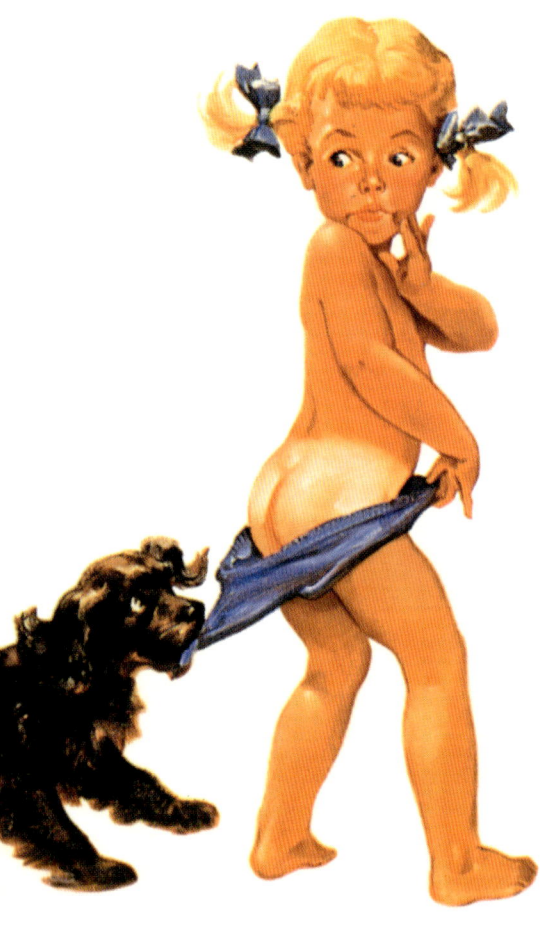

1920년대 전설적인 패션 디자이너인 코코 샤넬은 지중해 크루즈 여행 중 우연히 살갗을 햇볕에 알맞게 그을려 갈색으로 만드는 선탠을 고안하였다. 이후 구릿빛 피부는 아름다움과 패션, 건강한 생활 방식 등을 의미하게 되었다. 인민 전선이 1936년 프랑스 총선거에서 승리하여 연간 공휴일을 법률로 제정하면서 사람들은 태양 아래에서 더 많은 시간을 보내기 시작하였다.

태닝 보조 제품에 대한 프랑스인들의 수요는 날로 늘어났으며, 이러한 수요를 충족시키기 위해 프랑스의 화학자이자 로레알社의 설립자인 외젠 슈엘러(1881~1957)는 세계 최초의 선스크린(유해한 자외선으로부터 피부를 보호하기 위해 디자인된 제품의 총칭) 로션인 '벨리스'를 만들었다. 슈엘러의 선크림은 현대의 선크림과 비교해 볼 때 피부암 예방 효과가 거의 없었다. 초기의 많은 태닝 로션들은 오일 기반의 원료 외에는 아무 성분도 들어 있지 않았다. 그로부터 26년 후인 1962년 화학자 프란츠 그라이터가 SPF(Sun Protection Factor)라는 개념을 도입했으며 선크림의 UV(Ultra Violet radiation) 차단 지수가 등급별로 분류되었다.

슈엘러는 1903년 염색을 위한 화학 물질을 집에서 연구하기 시작하였다. 그는 암모니아와 과산화수소를 혼합하여 사람의 체모에 흡수되는 화학 물질을 개발하였다. 1907년 그는 오레올이라는 이름의 새로운 합성 염색제를 파리의 미용사들에게 판매하기 시작하였다. 1944년 코퍼톤社의 연구원인 약학자 벤저민 그린은 오래된 화강암으로 만든 커피 주전자로 재스민과 코코아 버터의 혼합물을 대량 생산하였다. 이것이 대량 생산된 최초의 선탠 로션이었다. **BS**

**참고:** 바셀린, 데오드란트, 헤어 스프레이

▣ 1953년에 코퍼톤社는 자사의 선크림을 홍보하기 위해 '코퍼톤 걸'로 광고 캠페인을 진행하였다.

# 일회용 기저귀 (1936년)

브룩이 최초로 일회용 제품을 만들다.

스웨덴의 제지 회사와 코네티컷주의 주부, 그리고 프록터 & 갬블社의 엔지니어는 아이의 천 기저귀를 계속 채워야 하는 의무로부터 부모들을 해방시켰다.

제지 회사인 폴리스트롬 브룩社는 종이 패드를 고무 밴드 팬티안에 넣은 일회용 기저귀 제품을 최초로 생산하였지만 아기 용품 산업 시장에서 호응을 얻는 데 실패하였다. 그로부터 10년 후, 보다 상업적으로 시장에서 성공한 제품이 가정 주부인 마리온 도노번 (1917~1998)에 의해 등장하였다.

1946년 도노번은 고무 밴드 팬츠와 종이 패드를 사용하지 않는 일회용 기저귀인 '보터'를 제작하였다. 도노번의 단순한 나일론 기저귀 커버는 피부염을 일으키지 않는다는 이유로 기존의 고무 밴드 팬츠보다 비교적 호평을 받았다.

1949년 보터는 시장에 출시되자 마자 부모들에게

"작은 기저귀가 어떻게
그렇게나 많은 소변을 받아내는지는
현대식 일회용 기저귀의 미스터리이다."
말콤 글래드웰, 저널리스트

인기를 끌었으며 도노번은 1951년 100만 달러의 금액으로 자신의 생산 공장을 판매하여 대박을 터트렸다.

도노번은 물기가 새지 않도록 고안된 일회용 기저귀를 만드는 데 착수해 가공 처리된 종이로 제작한 시제품을 여러 회사에 보여주었다. 프록터 & 갬블社는 1950년대 후반 도노번의 종이 기저귀 아이디어를 채택한 후 엔지니어인 빅터 밀(1897~1997)에게 결점을 보완하여 완벽한 종이 기저귀를 개발할 것을 종용했다. 그 결과 1961년 프록터 & 갬블社는 팸퍼스 기저귀를 전 세계에 출시하였다. **RBk**

참고: 면봉, 회전식 옷걸이, 유모차, 접이식 유모차

# 바이오디젤 (1937년)

샤반느가 식물성 기름을 연료로 바꾸다.

학술 용어로 식물성 기름이나 동물성 지방의 모노 알킬 에스테르류라고 부르는 바이오디젤은 석유 기반 제품에 덜 의존하려는 인류의 노력으로 탄생한 새로운 개념의 물질이다. 그러나 지금까지 대체 연료 부문의 중요한 기술적 진보로 평가받는 바이오디젤은 수십 년 전에 이미 개발된 것이었다.

바이오디젤이라는 이름은 1892년 루돌프 디젤이 발명한 엔진인 디젤이라는 단어에서 유래하였다. 디젤은 1900년 파리 만국 박람회에 땅콩 기름으로 작동하는 발명품을 출시하였다.

그러나 벨기에 브뤼셀 대학교의 과학자 샤반느가 '연료로 사용하기 위해 식물성 오일을 변환시키는 절차'라는 제목으로 1937년 해당 특허를 취득하였다. 이 특허에서 샤반느는 팜 오일을 바이오 연료라고 기술하였다. 샤반느는 식물성 기름과 에탄올을 혼합한 후 화학 반응인 알코올 분해(또는 에스테르 교환이라고도 함)과정을 통해 글리세롤과 식물성 오일 에스테르(바이오디젤이라고도 함)를 제조하였다. 과학자들은 이를 최초의 바이오디젤 생산으로 간주한다.

1942년 샤반느는 논문에서 팜 오일 에틸 에스테르를 연료로 사용할 수 있으며, 브뤼셀과 루뱅 사이에 운행되는 버스에 테스트 연료로 이를 사용했다고 기술하였다. 이 논문은 팜 오일의 화학적 속성과 물리적 속성을 고려해볼 때, 연료로서 사용 결과가 만족스러웠다고 보고하였다.

그 당시 바이오디젤은 현재 우리가 생각하고 있는 것처럼 환경적 영향력이나 배기가스로 인한 문제를 해결하고자 개발된 것이 아니었다. 현재 바이오디젤은 전통적인 석유 연료의 의존도를 줄이기 위한 방법으로 모색되고 있다. **RH**

참고: 디젤 엔진, 바이오에탄올

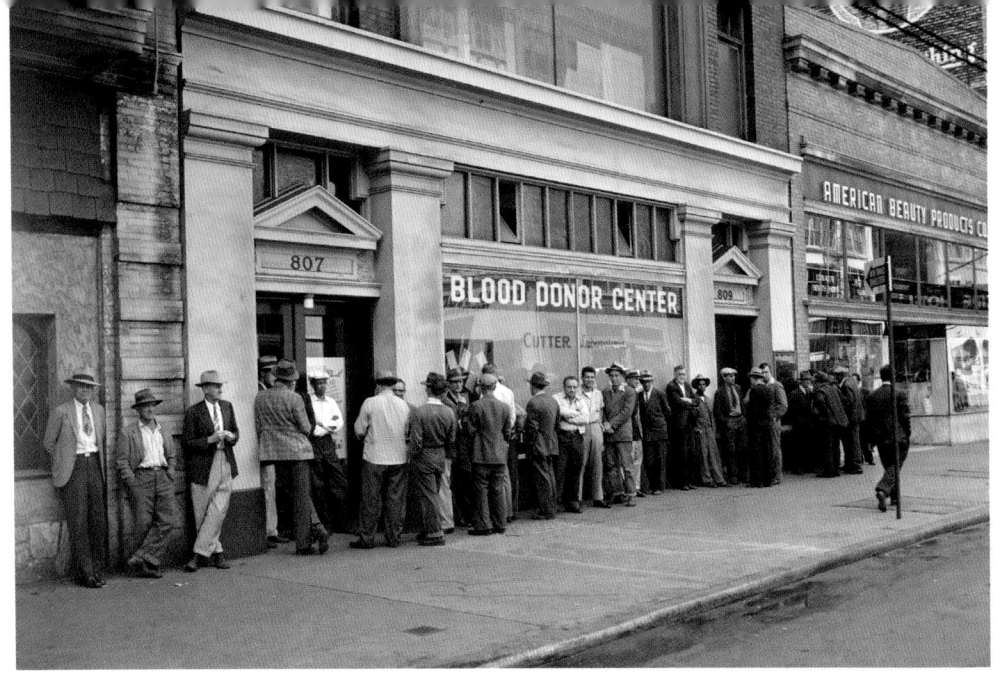

# 혈액 은행 (1937년)

드류가 혈액을 적혈구와 혈장으로 분리하고 최초의 혈액 은행을 설립하다.

찰스 드류(1904~1950)는 현대 혈액 은행의 개념을 처음 정립한 사람으로 익히 알려져 있으며 1937년 혈장으로부터 적혈구를 분리하고 두 개의 분리된 적혈구와 혈장을 냉동시켜 나중에 활용할 수 있게 하는 방법을 개발하였다.

1941년 2월 드류는 최초의 미국 적십자 혈액 은행 관리자로 임명되어 영국이 전쟁을 수행하는 과정에서 필요한 수많은 혈장을 수집하는 '혈장 프로젝트'를 실시하였다. 이렇게 수집된 혈장을 통해 영국군은 자체적으로 수혈 서비스를 실시할 수 있었다. 혈장은 건조 형태나 가루의 형태로 저장되었으며 저장된 혈장은 살균된 증류수로 액화시켜 사용되었다. 전쟁 기간 동안 수혈 치료의 효과를 확인한 의사들은 전쟁이 끝난 후 일반 환자들의 치료를 위해 전시에 만들어진 혈액을 사용할 것을 제안하였다.

1915년 리처드 레위손은 추출된 혈액에 구연산나트륨을 추가하면 혈액의 응고를 막을 수 있다는 사실을 발견하여 혈액 은행 개발에 많은 도움을 주었다.

1950년 혈액을 담는 용기가 깨질 위험이 있는 유리 병에서 플라스틱 백으로 교체되어 혈액 은행에서 많은 혈액 샘플을 다룰 수 있게 되었다. 1979년에는 CPDA-1라고 하는 항응고 방부물질을 혈액에 추가하여 혈액의 보존 기한을 늘렸으며 이에 따라 혈액 은행 간의 혈액 공유가 용이해졌다.

아이러니컬하게도 드류는 노스캐롤라이나 주에서 발생한 자동차 사고후 과다수혈로 인하여 사망했다. **JF**

참고: 소독제 수술, 수혈, 피하 주사기, 합성 혈액

⤒ 핀트당 4달러를 받고 부상을 입은 군인들에게 혈액을 기부하는 샌프란시스코 사람들(1944).

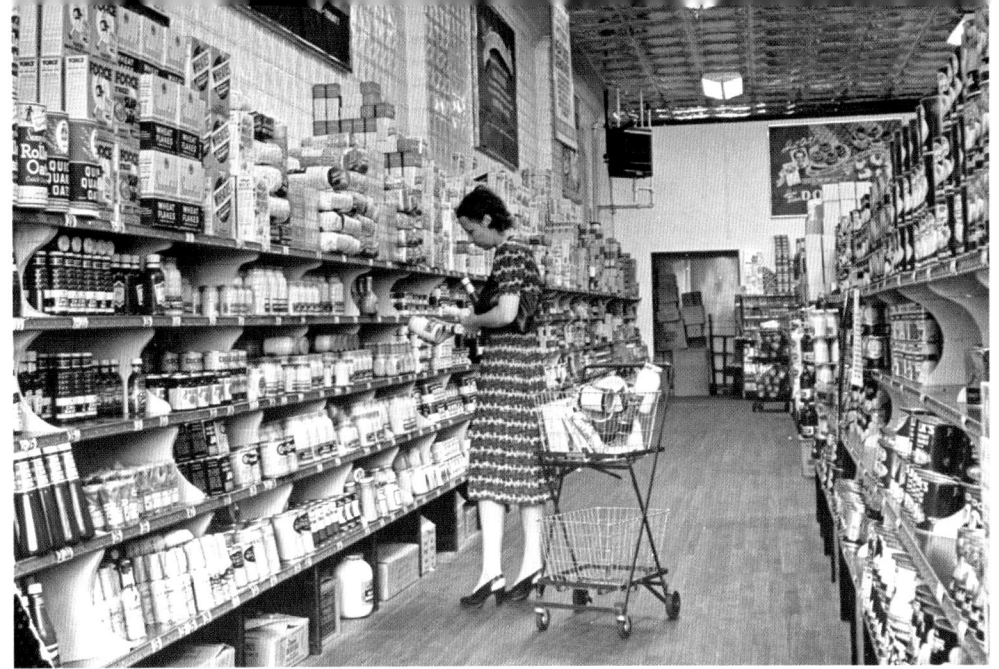

# 쇼핑 카트 (1937년)

골드만이 사람들의 쇼핑 물품 운반에 도움을 주다.

1937년 쇼핑 카트를 고안해 낸 실번 골드만(1898~1984)은 오클라호마시티에 위치한 험프티 덤프티 슈퍼마켓 체인의 사장이었다. 그는 사무실에 있던 접이식 의자를 보고 자신의 쇼핑 카트 디자인에 대한 아이디어를 얻었다. 직원인 프레드 영과 함께 골드만은 최초의 쇼핑 카트를 설계하여 제작하였는데, 그의 쇼핑 카트는 바퀴가 달린 금속 프레임에 두 개의 철사 바구니를 위 아래로 위치시켜 구성한 것이었다. 쇼핑 카트가 사용되지 않을 때에는 처음 영감을 얻은 의자처럼 프레임을 평평하게 접을 수 있었다.

골드만은 폴딩 캐리어 바스켓社를 설립한 반면 기계공인 아서 코스테드는 카트를 대량으로 생산할 수 있는 생산 라인 공정을 개발하여 상점에 소개하기 시작하였다. 사내답지 못하게 힘없이 쇼핑 카트를 밀고 다닌다는 남성들과 유모차와 너무 유사하다는 여성들의 견해에 부닥혀 쇼핑 카트는 초반부터 성공을 거두지 못했다.

골드만은 성별과 연령별로 다양한 쇼핑 카트 모델을 상점 주위에 배치하여 이 문제를 해결하였다. 쇼핑 카트는 1940년경 대기자 명단이 7년치에 이를 만큼 큰 성공을 거두었으며 골드만은 특허가 만료될 때까지 모든 쇼핑 카트에 부과된 로열티를 모아 부를 축적하였다.

골드만은 그로부터 몇 년 후, 현재 전 세계에서 널리 사용되고 있는 네스트 카트를 개발하여 자신의 디자인을 개선하였다. 기존 카트보다 더 넓은 바구니로 구성된 네스트 카트는 이후 70년 동안 그것을 교체할 카트가 없을 정도로 널리 사용된 디자인이다. **JG**

참고: 카트, 유모차, 접이식 유모차

⬆ 1942년 한 여성이 뉴욕의 A&P 상점에서 카트에 짐을 싣고 있다.

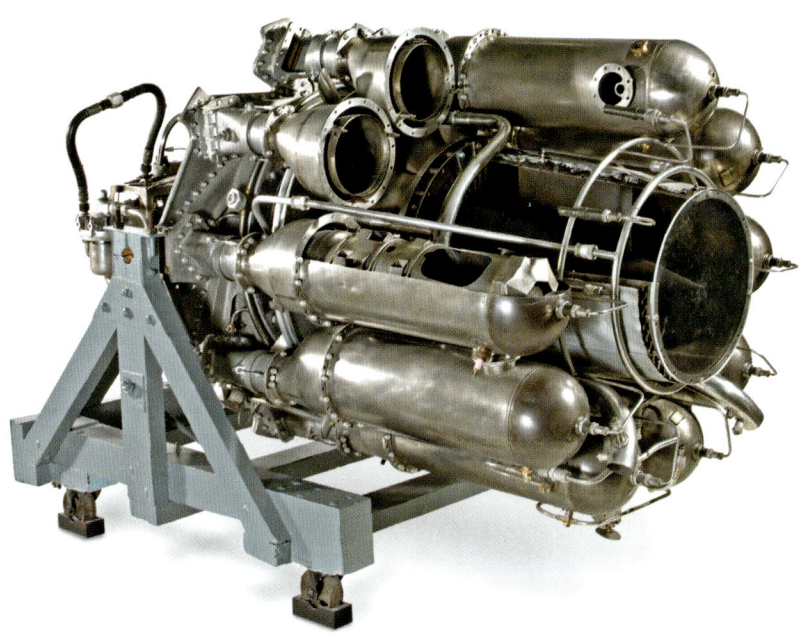

# 제트 엔진 (1937년)

휘틀과 폰 오하인이 비행기의 이동 속도를 높이다.

제트 엔진은 팬을 사용하여 공기실로 공기를 빨아들인 후 두 번째 터빈 팬으로 빨아들인 공기를 압축한다. 그 후 연료는 압축된 고압 공기와 혼합되어 불이 붙으면서 뜨겁게 팽창한 가스가 엔진의 끝 부분에 위치한 노즐로 분사되어 그 반동으로 항공기가 앞으로 나아간다.

영국의 항공 기사인 프랭크 휘틀(1907~1996)과 독일의 비행기 설계자인 한스 폰 오하인(1911~1998) 박사는 제트 엔진의 공동 개발자이다. 오하인의 엔진은 1939년에 8월 27일 처음으로 비행한 하인켈 He178을 통해 테스트되었다. 휘틀의 첫 번째 엔진인 WU는 1937년에 완성되어 글로스터 항공기 회사가 제작한 파이오니어(E.28/39) 항공기에 탑재되었다. 파이오니어(E.28/39)의 최초 비행일은 1941년 5월 15일이다.

제2차 세계대전을 거치면서 제트 엔진과 비행기는 많은 기술적 발전을 이룩하였다. 미국의 벨 XP-59는 1942년 9월에 비행하였으며 1944년경에는 메서슈미트 Me 262와 글로스터 미티아가 대량으로 생산되었다. 1950년 한국전쟁 중에는 제트기 간의 공중전이 벌어졌으며 1952년경 BOAC 항공사는 런던과 요하네스버그 구간에 드 해빌랜드社가 개발한 코멧 제트여객기를 운항하였다.

제트 엔진은 6마일(10킬로미터)과 9마일(15킬로미터) 사이의 고도에서 가장 효율적으로 작동하며 이를 탑재한 현대 항공기는 시간당 400마일(680킬로미터)과 580마일(900킬로미터) 사이의 속도로 운항한다. 이는 음속의 80퍼센트에 해당하는 속도이다. 프로펠러 추진 항공기는 이보다 훨씬 낮은 고도로 느리게 날아야 하며 제조와 유지 보수에 훨씬 더 많은 비용이 들어간다. **DH**

**참고:** 비행선, 동력 비행기, 터보프롭 엔진, 초음속 비행기, 스크램제트

⬆ 제트社가 1944년에 제조한 터보제트 엔진. 이 회사는 영국 항공국의 후원으로 설립되었다.

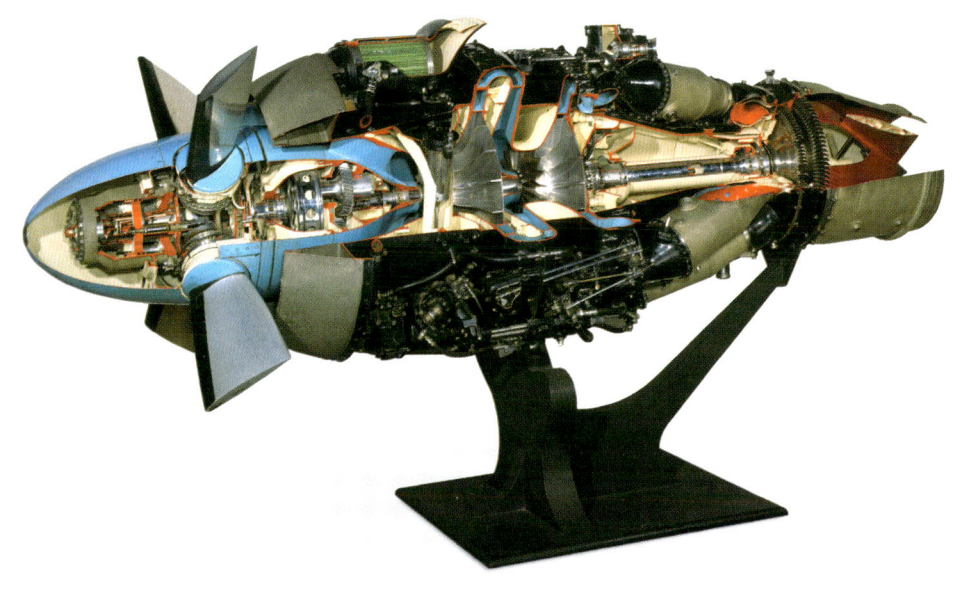

# 터보프롭 엔진 (1937년)

옌드라식이 느린 속도로 운항하는 항공기에 적합한 엔진을 디자인하다.

1937년 헝가리 엔지니어 죄르지 옌드레식(1898~1954)은 조그만 터보프롭 엔진을 설계해 제작에 들어갔다. 1년 후 그는 전에 제작한 것보다 좀더 큰 엔진인 'CS-1'을 완성하여 군 폭격기인 RMI-1에 장착하였지만, 연소 문제로 출력이 1,000마력에 채 미치지 못했다. RMI-1의 설계자는 RMI-1이 미국 상공에서 전멸되기 전까지 CS-1을 대체할 엔진을 구현할 수가 없었다.

CS-1은 불완전하였지만 이후 출시된 터보프롭 엔진은 시장에서 성공을 거두었다. 터보트롭은 터빈 구동 프로펠러 엔진으로 다른 유형의 엔진과 구별된다. 터보제트 엔진과 터보팬 엔진은 엔진의 후면으로 공기를 분사하여 추진력을 얻는 반면, 터보트롭 엔진의 추진력은 프로펠러에 의해 발생한다.

터보트롭 엔진은 여타 다른 가스터빈 엔진과 마찬가지로 작동하는데, 회전 날개가 달린 원뿔 모양의 축형 압축기는 공기가 연소 지역에 도달할 때까지 점점 더 작아지는 관으로 공기를 흡입하는 역할을 하며 연료 분사기는 연료와 고압 가스를 혼합하여 엔진 밖으로 배기 가스를 내보내는 강력한 폭발을 발생시킨다. 배기 가스가 분출되는 순간, 구동 축을 돌리는 터빈이 회전하며 그 후 회전 중인 구동 축은 기어 상자를 회전시켜 차례로 비행기의 프로펠러에 동력을 공급한다.

터보트롭 엔진은 시간당 500마일(800킬로미터) 이하의 속도에서 가장 효율적이므로 이륙과 착륙이 빈번한 소형 항공기에 적합하다. 보다 빠른 속력을 내기 위해 현대식 터보트롭 엔진은 더 작고 더 많은 회전 날개를 사용하고 있다. **LW**

**참고:** 비행선, 동력 비행기, 제트 엔진, 초음속 비행기, 스크램제트

⬆ 최초의 터보프롭 정기 여객기인 비커스 바이카운트에 동력을 공급한 엔진(1940).

# 탄도 미사일 (1938년)

도른베르거가 나치 독일의 로켓 프로그램을 시작하다.

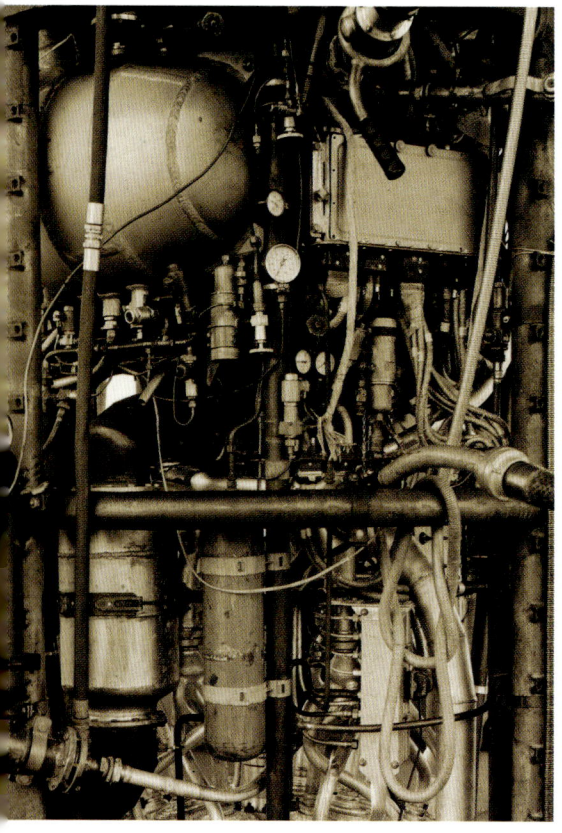

"1942년 10월 3일,
우주 여행을 위한 운송수단의
새로운 시대가 열렸다."

발터 도른베르거

⬆ 시험 발사대에 장착되어 있는 V−2 로켓 엔진. 이 엔진은 에틸알
코올과 액체 산소로 연료를 공급받았다.

➡ 1942년에 최초로 발사된 V−2 로켓은 세계에서 가장 빨리 성공
적으로 발사된 대형 액체 추진 미사일이었다.

로켓 공학의 역사는 서기 900년경으로 거슬러 올라가
지만 파괴적인 미사일의 용도로 로켓을 사용한 것은
1930년대부터이다. 전쟁은 수많은 발명품의 긍정적,
부정적 측면 모두 드러내는 역할을 해왔으며 탄도 미사
일 또한 이러한 두 가지 측면이 모두 존재한다. 탄도 미
사일은 인류의 가장 큰 업적을 성취하는 것을 가능하게
해주었지만 또한 일부 파괴적인 결과도 야기시켰다.

독일의 발터 도른베르거(1895~1980)와 그의 팀
은 1938년 로켓을 개발하기 시작했지만 1944년이 되어
서야 비로소 최초의 탄도 미사일인 아그레가트−4 혹은
V−2 로켓의 발사 준비가 완료되었다. V−2는 제2차 세
계대전 말에 나치가 광범위하게 사용하였는데, 주로 민
간인을 대상으로 한 공포의 무기였다. 46피트(14미터)
의 길이의 V−2 미사일은 시간당 3,500마일(5,600킬로
미터) 정도의 속도를 낼 수 있었으며 200마일(320킬로
미터) 반경에 2,200파운드(1,000킬로그램) 정도의 파
괴력을 발휘할 수 있었다.

탄도 미사일은 탄도 비행 경로를 따라 비행하였
는데, 경로는 미사일의 발사 단계에 설정되었다. 이 미
사일은 폭약을 장착한 무인 미사일인 유도 미사일(예
를 들면 크루즈 미사일)과는 달랐다. 초기 V−2는 부
정확하게 날아갔기 때문에 대부분 런던, 파리, 안트베
르펜과 같은 도시 규모의 큰 타켓을 공격하는 데 사용
되었다.

나치의 탄도 미사일 프로그램은 긍정적인 유산
과 부정적인 유산 두 가지 모두 우리에게 남겨주었다.
V−2와 같은 탄도 미사일은 다양한 탄두를 장착한 대륙
간 탄도 미사일을 생산할 수 있게 해주었을 뿐만 아니
라 사람이 우주로 나아갈 수 있는 기술 또한 제공하였
다. 탄도 미사일은 인류를 자멸의 길로 인도할 지도 모
르지만 탄도 미사일이 없었다면 인류는 결코 대기권을
넘어 우주로 나아가는 모험을 할 수 없었을 것이다. **JB**

**참고:** 로켓, 철제로켓, 어뢰, 액체 연료 로켓, 레이저 유도 폭탄

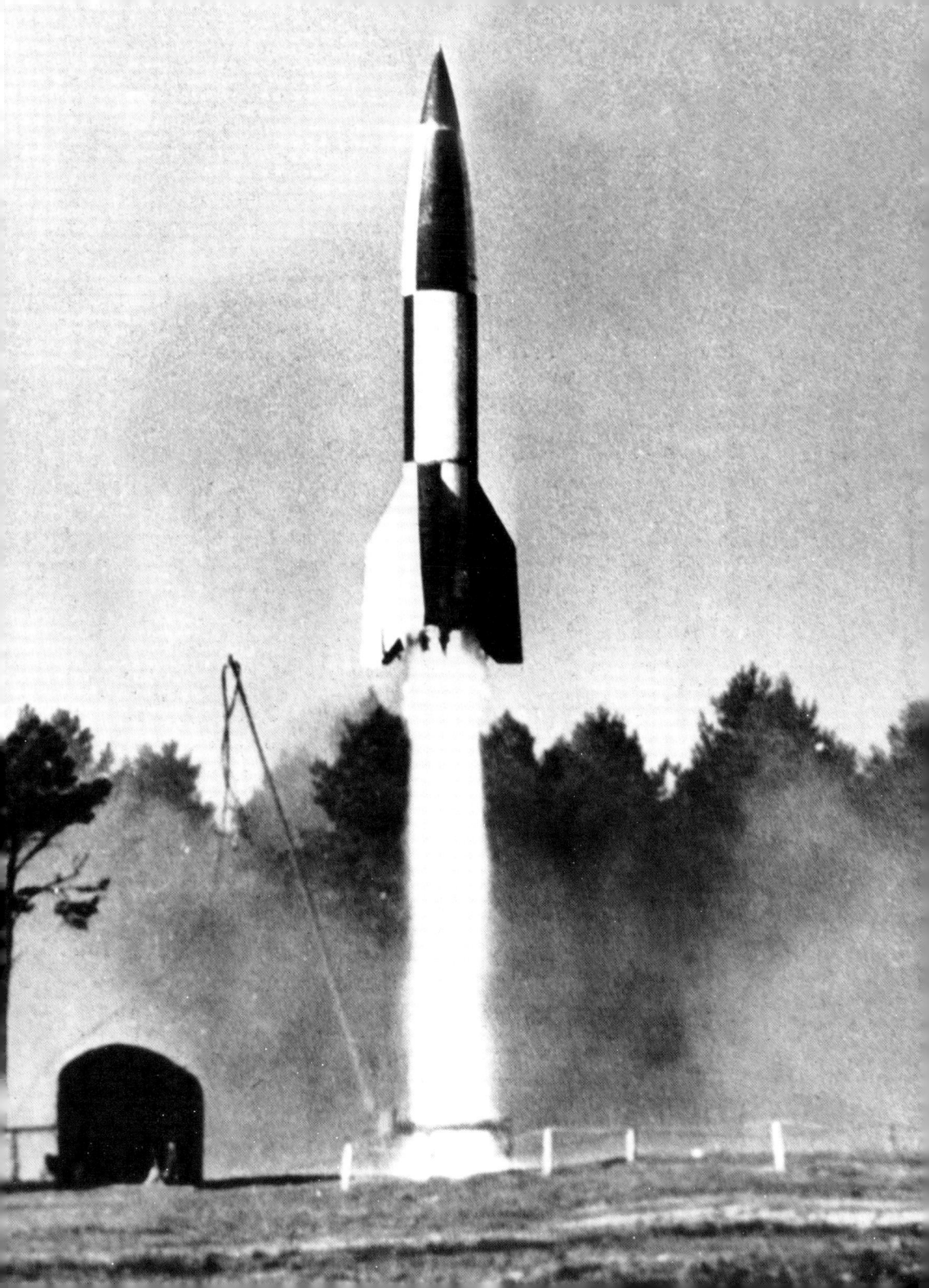

# 테플론 (1938년)

플렁켓이 새롭고 유용한 중합체를 발견하다.

1938년 뉴저지 주의 듀퐁 잭슨 연구소에서 근무하던 화학자 로이 플렁켓(1910~1994)은 독성을 없애고 불이 붙지 않게끔 냉각제를 개선하려고 하였다. 플렁켓과 그의 연구원 잭 리복은 테트라플루오로에틸렌 가스 100파운드(45킬로그램)를 제조하여 드라이아이스 통에 보관하였는데, 얼마 후 이 원료를 사용하려고 아이스 통을 확인해 보았을 때 통의 무게는 원료를 넣어놓았을 때와 같았지만 통에서 해당 물질을 찾을 수가 없었다. 해당 가스는 백색 분말로 변한 상태였다.

듀퐁社의 플렁켓과 다른 사람들은 이 물질이 상당히 미끄러워 좋은 윤활제가 될 수 있다고 생각했다. 이 물질은 화학 약품 뿐만 아니라 섭씨 260도 정도의 높은 온도에서도 저항성을 가지고 있었으며 다른 물질이 들러붙지 않았다. 플렁켓과 동료들은 이 새로운 중합체가 지닌 가능성을 깨달았으며 듀퐁社는 이 물질을 시장에

> "우리는 이 물질이 다른 물질과
> 다르다는 점과 이 물질의 잠재성에 대해
> 단번에 인식하였다."
> 로이 플렁켓

출시하기 시작했다. 이 것이 바로 테플론이다.

처음 테플론이 출시되었을 때는 매우 비싸 아무도 구매에 관심이 없었으나 초기에 군대와 산업용 제품에 사용되었으며 나중에는 눌러 붙지 않는 후라이팬의 용도로 가정에서 사용되었다. 1941년 특허로 등록된 테플론은 직물, 전선, 금속(미국에서 판매되는 취사 도구의 4분의 3이 테플론으로 코팅됨)을 위한 코팅제로 사용되고 있으며 또한 우주 산업과 제약 사업에서 사용되고 있다. **RH**

참고: 눌러 붙지 않는 팬

# 섬유 유리 (1938년)

슬레이터와 토머스가 새로운 절연체를 만들다.

매우 고운 유리 섬유로 구성된 섬유 유리는 용해 유리를 정해진 직경으로 추출하여 만들어진다. 유리 제조업자들은 오랫동안 유리 섬유에 대해 실험해왔지만 실용적인 제품을 생산하기 위해서는 공작 기계의 구조가 정교해질 때까지 기다려야 했다.

일반적으로 '섬유 유리(fiberglass)'라고 부르는 유리 섬유는 1930년대 오웬스-일리노이社의 러셀 게임스 슬레이터(1896~1964)와 존 토머스가 절연체로 사용하기 위해 발명하였다. 1938년 오웬스-일리노이社와 코닝 글라스社는 공동으로 오웬스-코닝社를 설립하였으며 슬레이터와 토머스의 방법을 사용하여 섬유 유리를 제조하였다.

섬유 유리는 우연히 발견되었다. 토머스는 조수인 데일 클라이스트가 실험을 위해 용해된 유리를 뿌리는 동안 아주 작은 섬유가 형성되는 것을 발견하였으며 섬유 유리의 생산량을 증가시키기 위해 이 공정을 사용할 수 있다는 것을 깨달았다. 토머스와 슬레이터는 이 공정을 개조하여 스팀 블로잉(steam-blowing) 방식을 개발했는데, 용해된 유리가 블러싱 플레이트에 위치한 수천 개의 미세한 노즐을 통해 압출되면 강력한 증기나 압축 공기가 발사되면서 매우 긴 길이의 섬유가 뽑아져 나온다. 슬레이터와 토머스의 발견 중 가장 중요한 부분은 이 과정에서 섬유가 깨지거나 부서지지 않게 강력한 증기를 쏘이게 하는 법이었다.

섬유 유리가 실용적으로 사용되는 분야는 사실상 끝이 없으며 슬레이터는 섬유 유리에 대한 90개 이상의 특허를 보유했다. 절연체 외에도 섬유 유리는 의료 장비, 내화성 직물, 전자 제품, 인테리어 디자인을 위하여 사용되고 있다. 1953년에 오웬스-코닝社는 GE社와 파트너쉽을 체결하여 FRP 몸체로 구성된 최초의 자동차인 시보레 코르벳을 공동 제조하였다. **BO**

참고: 유리, 유리불기, 퍼스펙스

# 워키토키 (1938년)

## 그로스가 휴대용 양방향 무선 전화기를 소개하다.

워키토키는 이동 중 멀리 떨어진 사람과 대화하는 즐거움을 대중에게 선사한 휴대용 양방향 무선 전화기로 차후에 출현한 휴대폰 개발의 단초가 되었다. 제2차 세계대전 중 워키토키는 군인들의 통신에 사용되었으며 이후 경찰 및 해안 경비대에서 사용하였다.

라디오가 발명된 이후 더욱 작고 휴대하기가 편리한 라디오 개발에 초점이 맞추어졌는데, 양방향 라디오가 워키토키로 사용되는 순간 당초의 개발 목표와는 거리가 멀어지기 시작했다.

돈 힝스는 1937년 방수가 되는 양방향 필드 라디오를 제작하였다. 이 라디오는 무게가 12파운드(5.5킬로그램)에 육박하였으며 토스터기와 크기가 비슷했지만 휴대는 가능하였다. 힝스의 라디오는 비행기 사고의 생존자가 라디오 제조업자나 캐나다 통신대에 신호를 전송하여 구조자에게 위치를 알리기 위한 목적으로 만들어졌다. 이 라디오가 제작되기 전 대부분의 라디오 기기들은 한 기기당 여러 사람이 사용하였다. 즉, 한 사람이 라디오 기기를 가지고 다니면서 그 와중에 여러 사람이 말하는 목소리를 들을 수 있었지만 힝스의 라디오는 한 사람만이 듣고 말할 수 있었다.

엔지니어인 알프레드 그로스(1918~2000)는 1938년 십대일 때 더 작고 가벼운 라디오를 만들었는데, 이는 CIA의 전신인 미국 OSS(Office of Strategic Services)의 관심을 끌었다. 그 결과 그로스는 OSS 요원들이 사용할 라디오를 디자인하였다. 그의 라디오는 제2차 세계대전 중 중요한 역할을 담당하였으며 전쟁이 끝난 후에는 일반 시민들이 사용했다.

그로스의 손목 라디오는 나중에 개발된 무선 통신 기기의 발전을 이끈 워키토키였으며 체스터 굴드의 영화『딕 트레이시』에서 극중 소품으로도 사용되었다. **DK**

**참고**: 무선 통신, 시민 밴드 라디오, 핸드폰, 디지털 핸드폰

↗ 모토로라社가 제조한 BC-611 워키토키로 제2차 세계대전 중에 미군이 사용하였다.

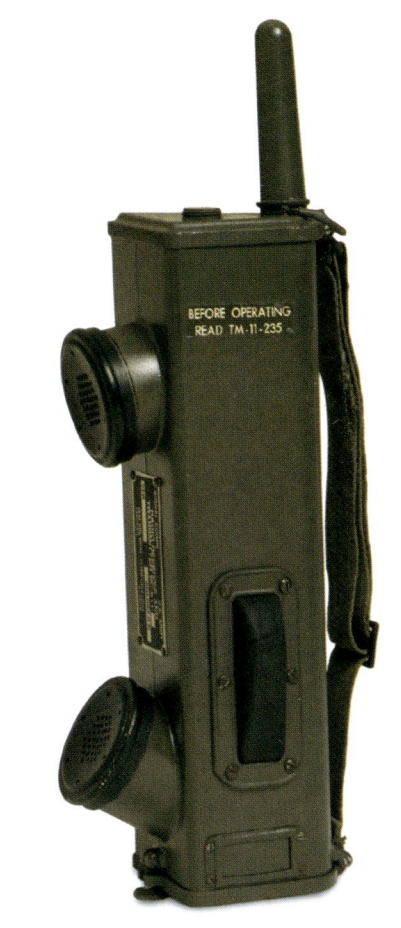

"굴드에게 워키토키를 사용하고 싶다고 말하자 손목시계 모양의 워키토키인 딕 트레이시를 주었다."

알프레드 그로스

# LSD (1938년)

호프만이 세계에서 가장 강력한 향정신성 약물을 발견하다.

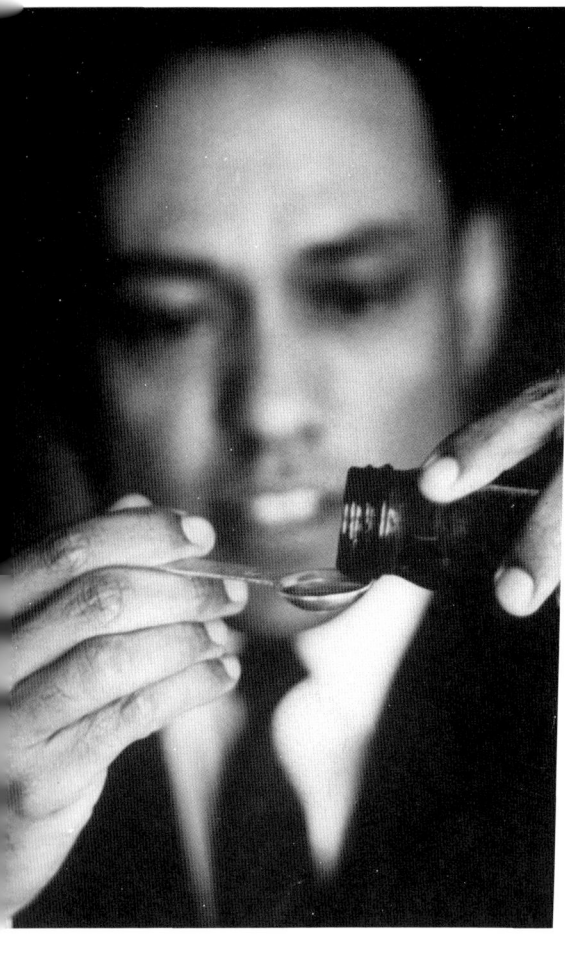

LSD(Lysergic acid diethylamide)는 강력한 환각제로, 1960년대에는 비행 청소년들이 주로 LSD를 복용하였지만, 1940년대와 1950년대에는 놀라운 효능이 있는 약물로 알려져 수천 명의 정신과 환자들을 치료하는 데 사용되었다.

스위스 화학자인 알버트 호프만(1906~2008)은 1938년 최초로 LSD를 합성하였으며 LSD가 약용 흥분제로 사용하기에 적합하다고 생각했다. 1943년 그는 LSD에 대해 다시 연구하였으며 실험을 위해 0.25밀리그램 LSD를 복용한 후에 느껴지는 유쾌한 기분을 경험하였다. 호프만은 집으로 자전거를 타고 온 이후부터 LSD의 환각 효과를 경험하기 시작하였다. 그는 환각 상태에서 깨어난 후에 자신이 경험한 약물 효능에 대하여 "오만가지 기분을 다 느꼈다"고 보고하였다.

오늘날 LSD는 주로 기분 전환용 마약으로 사용되고 있다. 이 약물을 복용하면 다채로운 환각 증상(정체성 상실, 시간 왜곡, 공감각)을 경험하게 되며, 복용한 양에 따라 최대 12시간까지 효과가 지속된다. 또한 저체온증, 열, 맥박수 증가, 발한, 발작, 불면증을 일으키기도 한다. LSD는 환각 증상을 동반하고 정신병을 유발하는 것으로 알려져 있으며 심리적 의존현상으로 인해 약을 복용하면서 환각을 반복 경험하도록 만든다.

이 약물을 복용했을 때의 특수한 효과 때문에, LSD가 자아 개발과 개인의 잠재의식을 확장시킨다고 믿었던 수많은 사람들이 앞다투어 복용하였다. 반체제 문화 심리학자인 티모시 리어리와 소설가인 엘더스 헉슬리는 LSD를 복용할 것을 사람들에게 권장하기도 했다. **JG**

> "LSD의 부적절한 사용은
> 나를 사회 문제를 야기시킨
> 사람으로 만들었다."
>
> 알버트 호프만

**참고:** 헤로인, MDMA(엑스터시), 발륨

◪ CIA의 비밀 병기였던 LSD는 약물의 정신적 효과로 1960년대 반체제 문화 사람들 사이에 널리 복용되었다.

# 크롤 법 (1938년)

크롤이 대량으로 순수한 티타늄을 가공 처리하다.

윌리엄 그레거는 1791년 티타늄을 금속 산화막으로 사용하기 위해 연구하였다. 순수 티타늄의 분리 작업은 엄청난 노력이 필요한데, 미국에 위치한 렌센라에르 폴리테크닉 대학교의 매튜 헌터는 이 작업을 수행하여 아주 적은 양의 티타늄을 얻을 수 있었다.

티타늄은 강하고, 가벼우며, 내부식성 때문에 거의 무한대로 응용이 가능했지만 다량의 티타늄을 추출할 수 있는 방법은 없었다. 1930년대 초반 야금학자 윌리엄 크롤(1889~1973)은 고향인 룩셈부르크에 위치한 독일 회사 지멘스&할스케에서 근무하던 중 티타늄을 대량 생산할 수 있는 다단계 공법을 개발하였다.

나치는 크롤을 미국으로 추방하였다. 크롤은 미국에 도착한 후 미국 광업청에서 근무하였는데, 미국은 적대적 무역 조치에 입각하여 소위 크롤 법이라고 불린 지멘스&할스케社의 1938년 독일 특허권을 무단으

> "1941년에는 미국에서
> 한 조각의 연성 티타늄을
> 본 야금학자가 없었다."
>
> 최초의 국제 티타늄 컨퍼런스, 1968년

로 사용하였다. 크롤은 1940년 미국 특허를 획득하여 자신의 권리를 유지하였으며 티타늄 연구를 계속 진행하였다. 그로부터 얼마 후 티타늄은 군대와 우주 프로그램 등에서 널리 사용되었다.

듀퐁社는 수정된 크롤 법을 통해 1948년 많은 양의 티타늄을 제조하였으며 티타늄은 곧 우주선, 자동차, 선박 산업에 일반적으로 사용되었다. 가장 단단한 금속 중 하나인 티타늄은 곳곳에서 광범위하게 쓰인다. **RB**

참고: 블랙박스 비행기록장치

# 서라운드 음향 (1939년)

디즈니가 전방향 오디오 시스템을 개발하다.

디즈니의 판타사운드 음향 시스템은 영화에 사용된 최초의 상업적 서라운드 시스템이다. 애니메이션에 클래식 음악을 결합한 '판타지아'를 제작하기 위해 월트 디즈니(1901~1966)는 1939년부터 판타사운드 시스템을 개발하기 시작하였다. 그 당시 활동 사진 음성의 퀄리티에 불만을 느낀 디즈니는 최초의 스테레오 녹음 실험에서 선구적 역할을 한 지휘자 레오폴드 스토코프스키와 함께 서라운드 시스템 개발을 위한 작업을 진행하였다. 디즈니의 목표는 더욱 깨끗하고 선명한 음성을 만들기보다는 서라운드 파노라마를 만드는 것이었기에 아홉 개의 독립적인 광학 녹음기(각각 마이크를 지니고 있음)가 오케스트라와 사운드트랙 요소의 다양한 부분을 녹음하는 데 사용되었다. 그 후 이렇게 녹음된 음성들은 스크린 뒤와 극장 주변에 위치된 다양한 지점의 스피커를 통해 재생되었다.

판타사운드는 1940년 상영된 애니메이션 판타지아에 사용되었고 놀라운 기술로 인식되었지만 비용이 많이 들고 시스템 설치에 많은 시간이 소요되었다. 또한 주요 도시의 외곽에 위치한 극장들은 판타시스템에 필요한 추가 장비를 도입하기에 규모가 너무 작았다. 더군다나 미국이 제2차 세계대전에 참전하게 됨에 따라 국민의 관심이 영화에서 멀어졌다.

그 후 서라운드 음향에 대한 아이디어는 계속 개발이 중지된 상태였다. 1970년대 4채널 음향 시스템과 앰비소닉스 음향 시스템이 개발되었지만 사용할 수 있는 콘텐츠의 부족으로 실패하였다. 이후 대중에게 잘 알려진 돌비 시스템이 등장하여 극장에서 개봉되는 영화에 점점 더 빈번하게 사용되었다. 돌비는 여전히 시장에서 압도적으로 사용되는 시스템이며, 현재는 홈 시네마 시장을 공략하고 있다. **TB**

참고: 확성기, 마이크, 필름 음성, 스테레오 음향

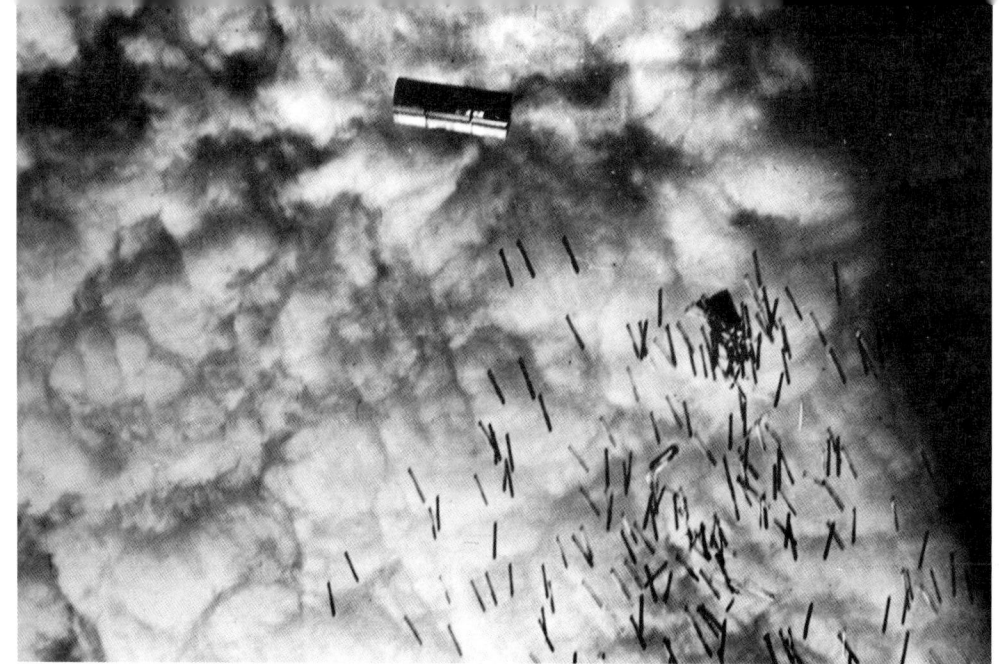

# 집속탄 (1939년)

여러 나라가 더 작은 폭탄으로 흩어지는 폭탄을 동시에 개발하다.

집속탄은 1939년에 현대전을 이끈 이래로 논란의 대상이 되고 있다. 전통적인 폭탄은 단일 용기 안에 충격을 받으면 터지는 폭발물이 내장되어 있으나 집속탄은 하나의 용기에 여러 개의 소형 폭탄들이 포함되어 있다. 집속탄이 담긴 케이스가 상공에서 쪼개지면, 수많은 소형 폭탄이 광범위한 영역에 투하되어 폭발한다.

종종 낙하산으로 투하되기도 하는 집속탄은 타겟이 정확할 필요가 없을 경우에 사용되어 비행기 이착륙장이나 사람들이 몰려 있는 장소와 같이 비무장 지역이나 무장이 허술한 타겟에 참혹한 피해를 입힐 수 있다. 유산탄이 포함된 집속탄은 장갑 탱크에 구멍을 낼 수 있으며 콘크리트를 관통할 수 있다. 베트남 전쟁 중에 사용된 집속탄은 베트남, 라오스의 빽빽한 산림 지역을 융단 폭격하였으며 캄보디아에 사용된 집속탄은 네이팜탄(napalm)처럼 생화학 무기가 포함되어 있었다. 집속탄은 사방에서 폭발하도록 디자인되었기 때문에 수많은 민간인이 희생되었으며 집속탄에 포함되어

있는 소형 폭탄 중 대략 5퍼센트 정도가 폭격 시에 불발하는 경우도 있었다.

불발탄이 나오거나 특정 지역을 정밀하게 폭격하지 못하는 문제점에도 불구하고, 집속탄은 코소보, 이라크, 아프가니스탄에서 발발한 최근 전투와 이스라엘−헤즈볼라 간 전투에 광범위하게 사용되었다. 국제적십자 위원회는 집속탄의 사용을 금지시키기 위한 전 세계적 차원의 합의를 촉구하고 있는데, 러시아와 중국, 미국은 집속탄의 사용 금지와 관련된 의정서에 서명을 거부하였다. **SG**

참고: 유산탄, 도약 폭탄, 원자 폭탄, 수소 폭탄

↑ 1943년 500파운드짜리 집속탄 두 발이 미군 항공기에서 독일의 킬(Kiel) 지역으로 투하되고 있다.

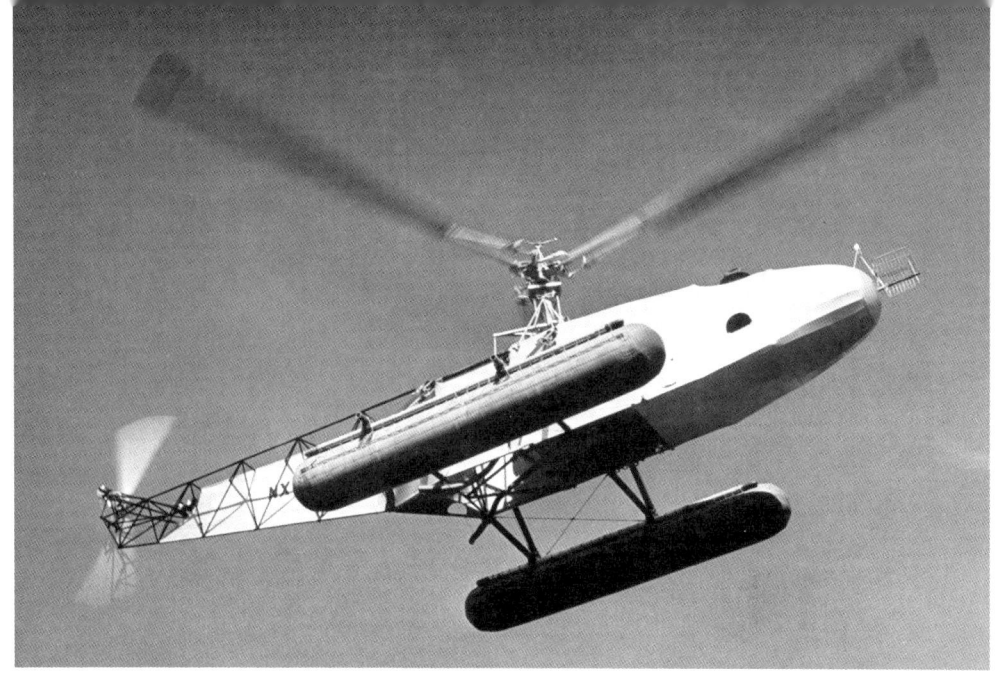

# 헬리콥터 (1939년)

시코르스키가 헬리콥터의 이륙과 비행을 안정화시키다.

프랑스인 파울 코르뉘는 1907년 20초간 땅에서 회전 날개 항공기를 이륙시켜 최초의 유인 헬리콥터로 비행하려 했으나 안타깝게도 착륙 시에 헬리콥터가 고장나고 말았다. 1909년 이고르 시코르스키(1889~1972)는 두 대의 헬리콥터를 제작하였지만 땅에서 이륙하지는 못했다. 최초의 실용적인 헬리콥터는 1936년에 비행한 독일의 포케-볼프 FW 61이었다. 1939년경 영국은 2인승 회전익 항공기인 위어 W.6을 제작하였다. 위어 W.6는 동체 날개 끝에 독립적으로 장착된 한 쌍의 회전익으로 동력을 공급받았다.

좌우 수평이 맞지 않은 상태로 헬리콥터가 이륙하여 동체가 뒤집히거나 회전익과 반대 방향으로 회전하는 현상은 가장 해결이 시급한 문제였다. 이 문제를 해결하기 위해 회전익의 회전수를 변경하기보다 회전익의 각도를 효율적으로 수정한 것은 하나의 큰 기술적 진보였다.

1939년 시코르스키의 VS-300은 기술상의 획기적 발전을 이룬 헬리콥터로. 수평 메인 회전익뿐만 아니라 두 개의 작은 꼬리 회전익도 장착되었다. 수평 메인 회전익은 헬리콥터의 수평적 안정성을 보장하였으며 꼬리 회전익은 방향타처럼 작동하여 비행의 방향을 통제할 수 있도록 해주었다. 이에 자극을 받은 미국은 1945년 매우 성공적으로 벨(Bell) 47을 대량 생산하였다. 오늘날 헬리콥터는 민간 용도보다 군용으로 더 많이 사용되고 있으며 또한 응급 환자의 신속한 이송이나 산불 진화와 같은 경우에 사용되고 있다. **DHa**

참고: 오토자이로

↑ 사진에 나온 VS-300은 하나의 꼬리 회전익만을 가지고 있지만 원형 모델은 두 개의 꼬리 회전익을 가지고 있었다.

# 반도체 다이오드
## (1939년)

올이 트랜지스터에 대한 길을 열다.

러셀 올(1898~1987)는 16세의 나이로 펜실베니아 주립대학교에 입학한 수재였다. 군 신호국에서 근무한 후 교사로 잠시 일한 올은 마침내 미국 산업체의 연구원으로 근무하게 되었다.

초기 라디오는 저주파 전송 신호만을 수신할 수 있었다. 뉴저지 주 홈델에 위치한 벨 연구소에서 올은 고주파수를 위한 라디오 수신기를 개발하던 중 그 당시 수신기에 사용된 진공관보다 성능이 뛰어나다고 알려진 반도체 물질을 실험하였으며 반도체를 위하여 게르마늄, 실리콘 등 다양한 물질을 연구하였다.

1933년 실리콘 샘플로 연구하던 중 샘플 중간 부분에 균열이 있음을 알아차린 올은 실리콘 샘플의 전기 저항을 테스트하는 과정에서 실리콘 샘플이 빛에 노출되는 순간 균열의 양쪽 면 사이에 흐르는 전류량이 현저하게 늘어난다는 것을 알게 되었다. 실리콘의 불순물 때문에 균열한 한쪽의 원자가 여분의 전자를 갖게 되고 다른 쪽 영역의 결정화된 실리콘은 부족한 전자를 보유하게 된 것이다. 올은 불순물이 실리콘의 서로 다른 영역의 전기 흐름에 저항성을 띠도록 만든다고 추론해 이러한 불순물들은 순도가 다른 영역 간의 경계면이라고 간주하였으며 두 개의 영역을 각각 'p형'(positive, 양극)과 'n형'(negative, 음극)이라고 정의하였다. 또한 균열 사이의 경계면을 피엔 접합(p-n junction)이라고 불렀다. 이후 진행된 연구에서 올은 정제된 게르마늄 결정을 사용하여 예측과 측정이 가능한 방법으로 작동하는 반도체 다이오드를 만들 수 있다는 것을 보여주었다. **TB**

# DDT
## (1940년)

뮐러가 강력한 살충제로 특허를 취득하다.

1874년 호주의 화학자인 오트마르 자이들러는 역사상 유명한 화학 약품 중 하나인 DDT(dichlorodiphenyltrichloroethane)를 제조하였다.

자이들러의 관심은 화학 약품을 만드는 데 있었기에 DDT가 애초에 살충제 용도로 개발된 것은 아니었다. 1935년이 되어서야 또 다른 화학자인 폴 헤르만 뮐러(1899~1965)가 스위스 게이기社에 재직하던 중 살충제를 연구하기 시작하였다. 1939년경 뮐러는 독립적으로 합성된 DDT를 살충제로 사용려는 연구를 시작하였으며 DDT가 모기, 감자잎벌레, 이와 같은 해충을 죽일 수 있다는 것을 알게 되었다. 뮐러의 연구는 또한 소량의 DDT 복용이 인간에게 안전하다는 것을 증명하였다. 1940년 뮐러는 스위스 특허를 취득하였으며 1942년경 DDT 제품을 상업적으로 출시하였다.

> "극히 소량의 화학 물질을
> 복용한 사람은 DDT에 대해
> 큰 빚을 지고 있다."
> 미국국립과학원회보, 1970년

DDT는 출시되자마자 황열병, 뎅기열, 말라리아 등 모기가 퍼트리는 모든 감염성 질병을 예방할 수 있는 수단으로 인식되었으며 실제로 섬 전체에서 말라리아를 박멸시켜 질병을 막는 데 사용되는 살충제라는 사실을 입증했다. 그러나 1970년대 초 DDT는 환경 오염에 대한 우려 때문에 전 세계적으로 사용이 금지되었다. **RBk**

참고: 진공관 다이오드, 트라이오드, LED, 트랜지스터, 트랜지스터 라디오, 모스펫

참고: 살충제

▣ 독일의 학교에서 이를 잡기 위해 아이에게 DDT를 뿌리고 있다.

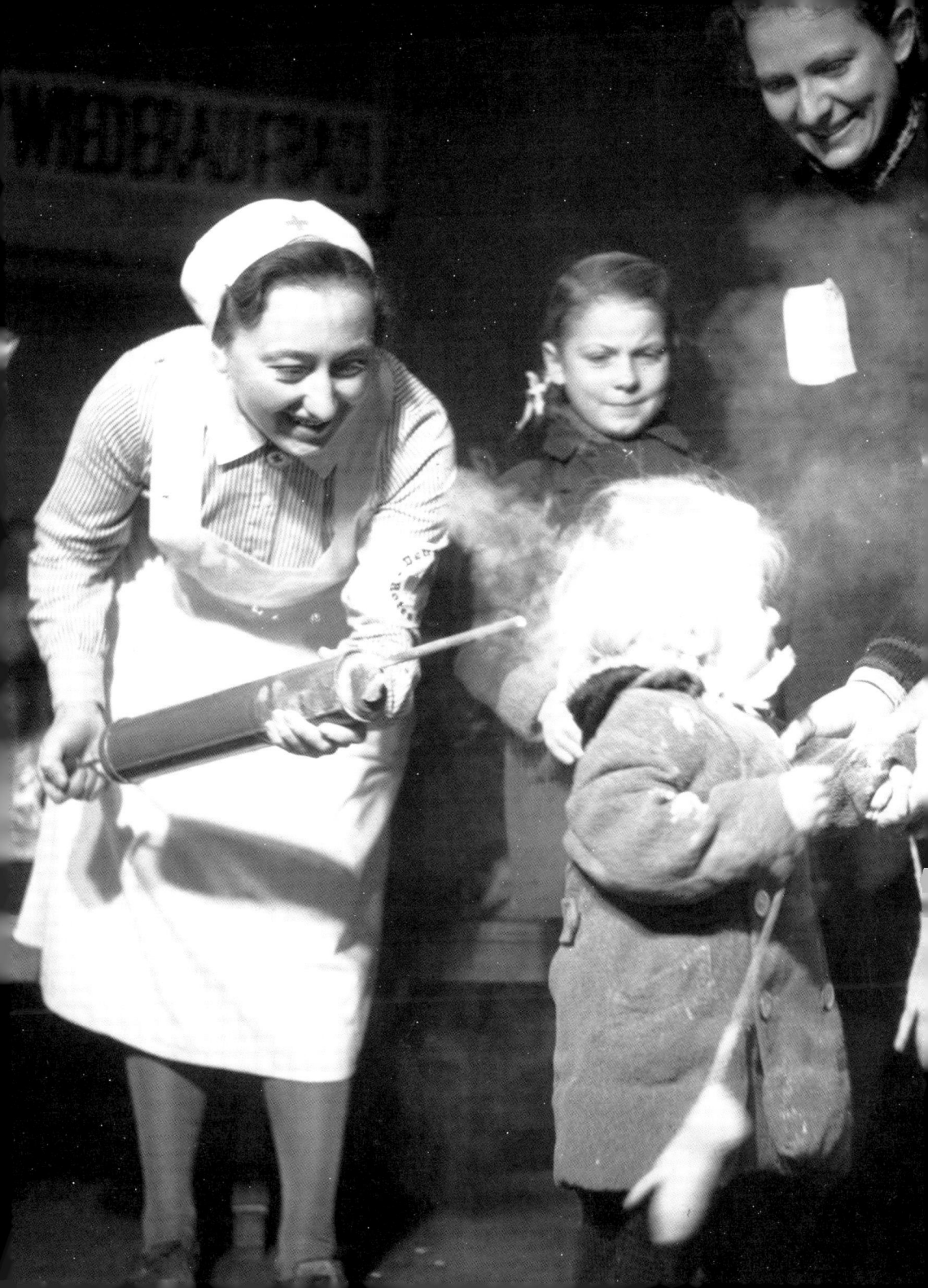

# 실리콘 고무
(1940년)

로코우가 고무 대체품을 개발하다.

1930년대 고무의 사용은 증가하였지만 공급이 수요를 쫓아가지 못했으며, 얼마 지나지 않아 발발한 제2차 세계대전은 천연 고무를 찾아내는 것을 불가능하게 만들었기 때문에 대체 재료의 발굴이 시급한 실정이었다. 사실 합성 고무는 1930년 이전부터 존재했다. 러시아의 세르게이 레베데프는 1910년 최초의 합성 고무인 뷰타다이엔고무(BR)을 제조했으며 이후로 과학자들은 BR을 싸고 빠르게 대량으로 제조하는 방법에 대해 연구하거나 혹은 품질이 개선된 합성 고무 제조 방법에 대해 연구하였다.

　　미국의 유진 로코우(1909~2002)는 GE 연구소에 근무한 지 5년 만에 탄소-탄소 결합이 존재하지 않는 최초의 합성 고무인 실리콘 고무(SR)를 제조하였는데, 실리콘 고무는 실리콘-탄소 결합으로 만들어져 고유한

> "실리콘 산업의
> 역사상 가장 중요한
> 실험은…."
>
> 허만 리에브하프스키, GE社의 화학자

속성을 띠게 되었다.

　　로코우의 실리콘 고무를 대량 생산하는 것은 어려운 일이었다. 이는 실리콘 고무의 원료 중 하나가 인화성 물질이고 다른 원료는 경쟁 회사에서 공급량을 통제했기 때문에 실리콘 고무의 부산물을 폐기하거나 재활용하는 것이 어려웠다. 실리콘 고무를 제조한 지 얼마 되지 않아 로코우는 더 나은 실리콘 고무 제조법을 개발하였다. 로코우의 연구로부터 실리콘 고무 산업이 시작되어 20세기 말경 연당 약 300만 톤의 실리콘 고무와 파생물이 제조되었다. **RBk**

참고: 합성 고무

# 페니실린 생산
(1941년)

히틀리가 페니실린을 제조하기 시작하다.

1938년 옥스포드 대학교 소속 병리학자인 하워드 플로리(1898~1968)와 에르른스트 체인(1906~1979)은 페니실린에 관한 9년 전 논문을 읽었다. 그 논문에서 저자인 알렉산더 플레밍은 곰팡이인 페니실리움 노타툼의 포자를 세균 배양 접시에 넣고 일부 세균을 제거하는 방법을 설명하였다.

　　플로리와 체인은 플레밍의 연구를 바탕으로 페니실린을 만들어보고자 곰팡이를 배양하였다. 초기에 그들은 충분한 양의 페니실린을 얻는 데 어려움을 겪었지만 함께 연구하던 생화학자인 노먼 히틀리(1911~2004)가 페니실린을 온전하게 분리하는 방법을 고안하였다. 그들은 세균에 감염된 쥐를 관찰하던 중 페니실린으로 치료된 동물들은 살아남는 반면, 치료받지 못한 동물들은 죽는다는 사실을 알게 되었다.

　　제2차 세계대전이 진행 중이었으므로 그들은 상처를 치료하는 데 사용될 수 있는 페니실린의 엄청난 잠재력을 인식하였다. 1941년 히틀리는 페니실린을 상업적으로 생산하기 위해 미국으로 건너갔다. 일리노이 주 피오리아 지역에 위치한 노던 리져널 연구소에서 팀을 이뤄 근무한 그는 발효 과정에 콘스타치와 락토오스의 부산물을 추가하여 페니실린의 생산을 서른네 배 증가시켰다. 덕분에 1944년 6월경 연합군은 치료에 충분한 페니실린 분량을 확보할 수 있었다.

　　1945년 플로리와 체인, 플레밍은 노벨상을 공동 수상하였다. 자신의 노벨상 수상 소감에서 플레밍은 페니실린 및 다른 항생제에 내성을 지닌 슈퍼 박테리아 문제를 예견하였다. **JF**

참고: 아스피린, 아세트아미노펜, 베타 차단제, 테트라사이클린, 항바이러스 약물, 휴물린, 프로작

▶ 1943년 12월 18일에 런던 성모병원의 연구소에서 알렉산더 플레밍이 실험용 접시의 내부를 현미경으로 들여다보고 있다.

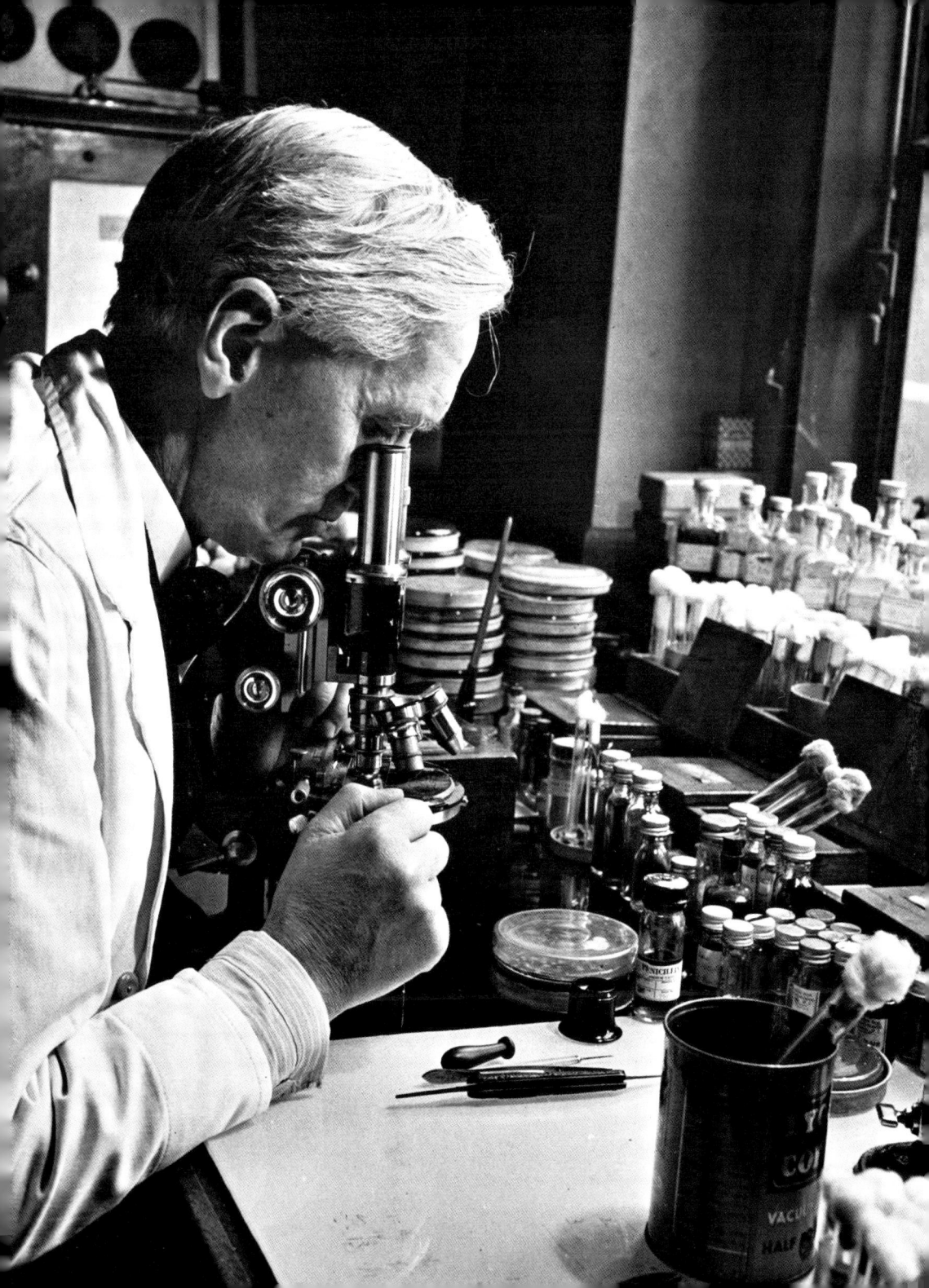

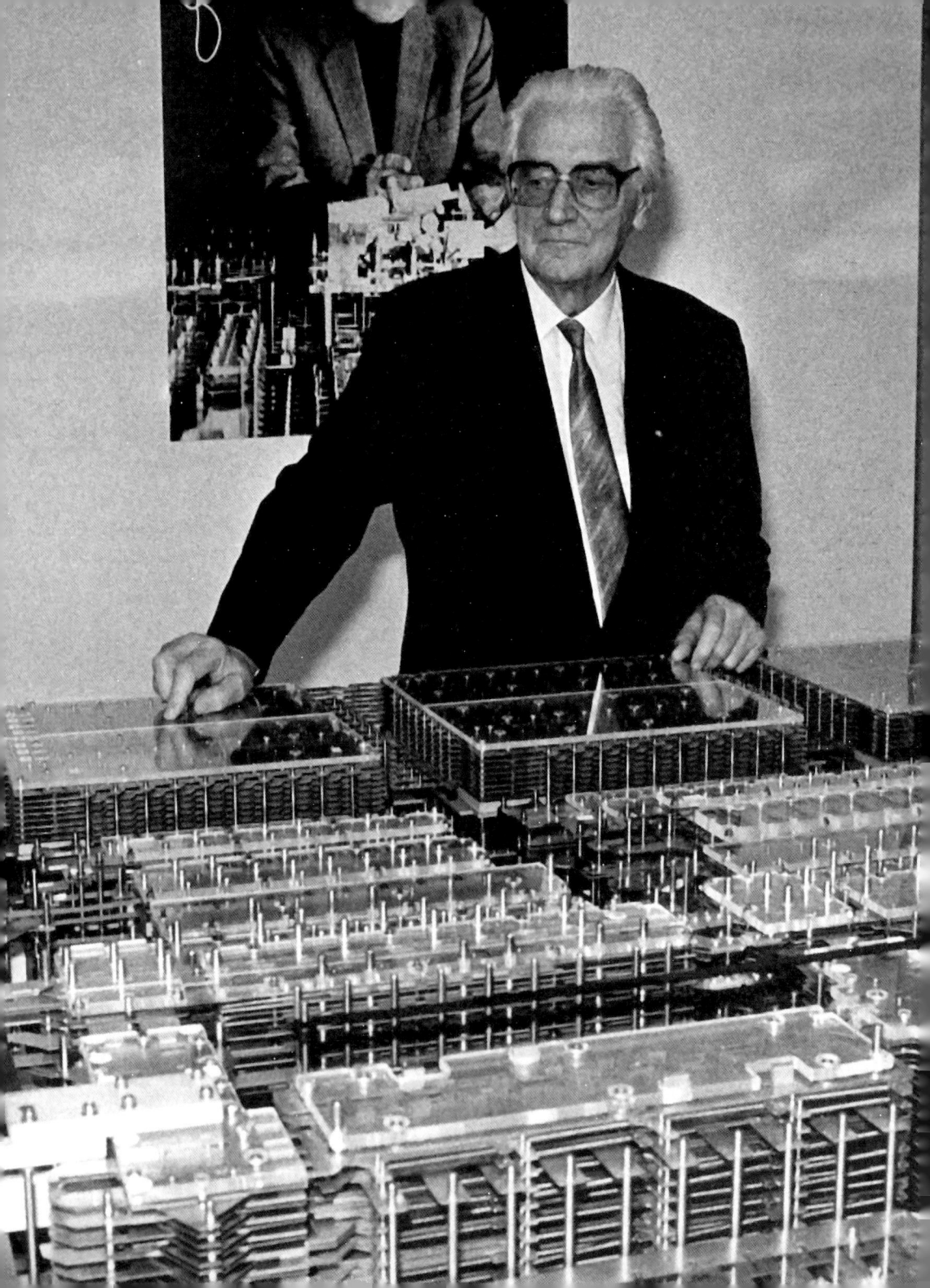

# 디지털 컴퓨터
## (1941년)

추제가 전기로 작동되는 기계적 컴퓨터를 최초로 제작하다.

두 차례의 세계대전은 과학과 기술의 모든 영역을 획기적으로 발전시켰지만 독일의 엔지니어인 콘라드 추제(1910~1995)의 경우처럼 개발 중인 발명품에 독립적으로 예산이 지원되기란 쉽지 않았다.

1936년 추제는 전기로 작동되는 기계식 바이너리 컴퓨터인 Z1을 발명했지만 제2차 세계대전의 폭격으로 파편이나 설계도까지 소실될 만큼 완전히 사라져 버렸다. 전쟁은 추제가 영국이나 미국의 컴퓨터 엔지니어들과 함께 작업하는 것을 불가능하게 만들었기 때문에 Z2를 만드는 것은 쉽지 않았다. 그러나 추제는 1940년 Z2를 완성했으며 Z2보다 더욱 복잡한 버전인 Z3는 DVL(독일 항공 연구 협회)로부터 부분적으로 자금을 지원받아 1941년에 제작되었다. Z3는 완전한 프로그램으로 제어되는 세계 최초의 전기 기계식 디지털 컴퓨터였다. 애석하게도 Z3 또한 전쟁 중에 파괴되었지만 Z4는 파괴되지 않도록 따로 보관했을 만큼 세심하게 보호되었다.

컴퓨터를 만들려는 추제의 주요 목적 중 하나는 동료 엔지니어와 과학자에게 도움을 주기 위해서였다. 그는 자신의 직업 특성상 종종 수행해야 하는 장시간의 계산을 엄청나게 싫어했기 때문에 토목기사로서 근무하는 동안 이러한 귀찮은 문제를 해결할 수 있는 기계를 필요로 했다.

오리지널 Z3는 파괴되었지만 1960년에 복원되어 현재 뮌헨의 국립독일박물관에 전시되어 있다. **CL**

**참고:** 기계적 컴퓨터, 개인용 컴퓨터, 슈퍼 컴퓨터, 랩톱, PDA

← 추제가 베를린 교통 박물관에서 자신의 첫 번째 컴퓨터인 Z1의 복원품을 점검하고 있다.

# 야간 투시경
## (1942년)

스파이서가 야간의 전투 시야를 개선하다.

제2차 세계대전 초기 미국의 엔지니어인 윌리엄 스파이서(1929~2004)는 야간 군사 작전에 가장 큰 걸림돌인 시야 확보 문제를 해결하기 위해 광전자 방출에 기반한 해결책을 연구하였다. 1942년 스파이서는 화상의 질을 높이는 기법으로 최초의 야간 투시경을 개발하였다.

우리의 눈은 감지하지 못하지만 야간에도 적은 양의 빛이 존재한다. 야간 투시경은 야간에 빛으로부터 발산된 광자를 투시경의 렌즈로 통과시켜 광전 음극에 충돌시킨 후 연쇄폭증 반응을 통해 수천 개의 전자를 방출시킨다. 그 후 이러한 전자는 가시광선을 발산하기 위해 형광 화학 물질로 코팅된 화면과 충돌하면서 적은 양의 오리지널 광자로부터 수천 개의 전자가 생성되어 훨씬 더 밝은 화상이 만들어진다.

> "CNN 방송에서 야간에 촬영된
> 조잡한 녹색 화면을 보게 되면
> 나는 스파이서 교수를 생각한다."
> 피에로 피아네타

야간 투시경으로 관찰하면 빛은 여러 색상을 띠지만 일단 광자가 자신들의 에너지를 전자에게 전달하면 색상 정보가 없어진다. 야간 투시경을 통해 보게 되는 이미지는 흑백이어야 하지만 실제로는 녹색으로 보인다. 이는 야간 투시경 화면에 녹색 형광 물질을 사용하였기 때문이다. 녹색이 색조의 어두운 부분을 더욱 잘 식별할 수 있도록 해주기 때문에, 가능한한 자세하게 화상을 표시하기 위해 야간 투시경 화면에는 녹색 형광 물질이 사용된다. **RB**

**참고:** 안경, 적외선 사진, 광 증폭기, 전자 현미경, 컬러 야간 투시

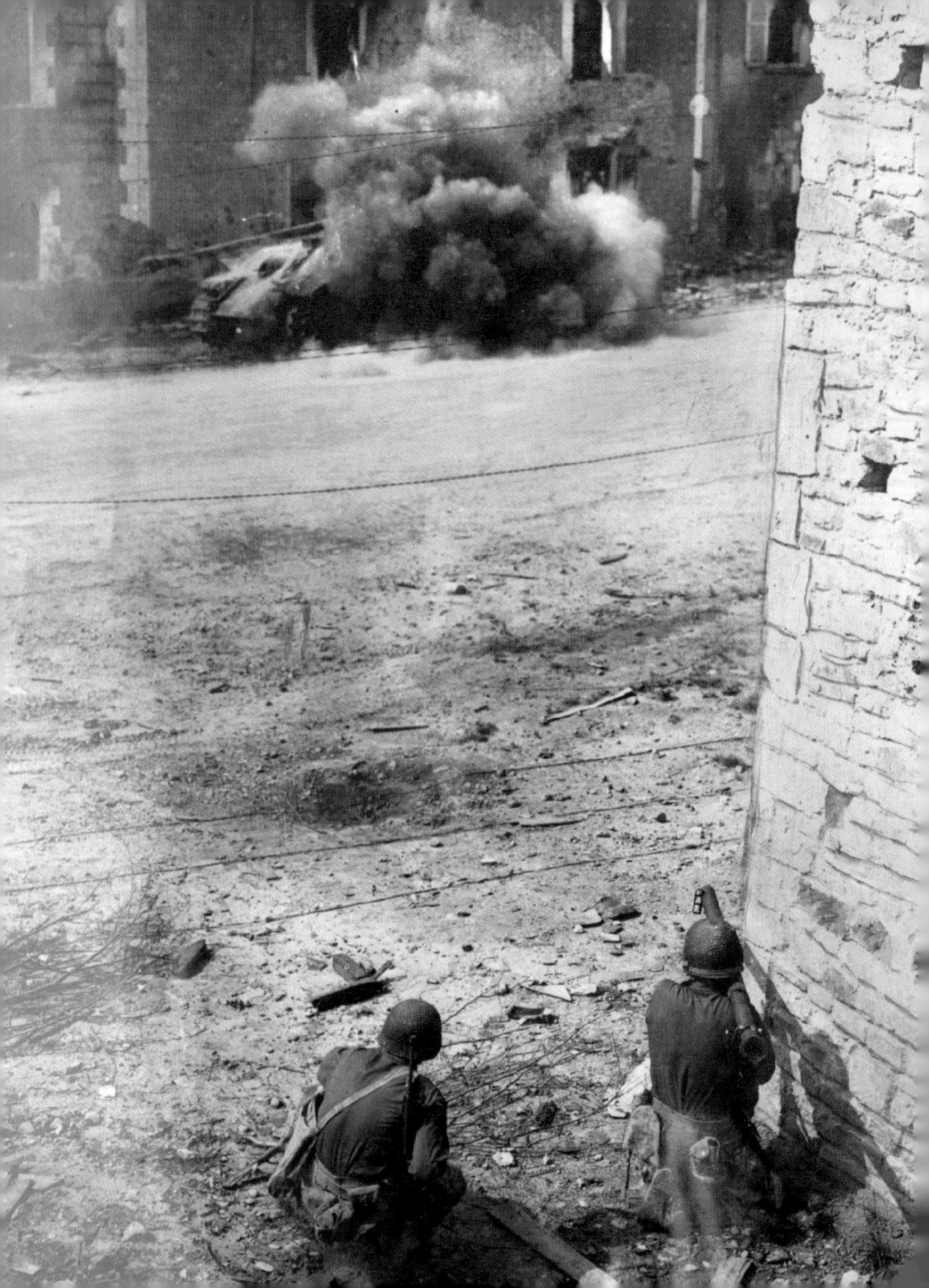

# 바주카포 (1942년)

미국인이 대전차 무기를 개발하다.

제2차 세계대전 초 탱크는 보병에게 대단히 위협적인 존재였다. 두꺼운 장갑은 소화기의 포화를 막아냈으며 탱크를 폭파시키기 위해서는 강력한 수류탄을 탱크 내부로 직접 집어넣어야만 했다.

　　세 미국인이 전기로 발사되는 로켓탄 발사기에 성형 작약 수류탄을 결합하여 탱크를 폭파시키기 위한 방법을 연구하기 시작하였다. 클래런스 힉맨 박사는 로버트 고다드와 함께 제1차 세계대전 중 튜브 발사 로켓을 연구한 적이 있었다. 1940년 그는 미군 장교인 에드워드 울과 레슬리 스키너를 도와 전기 추진 로켓탄 발사기를 개발하였다. 이 로켓탄 발사기는 사용자가 방아쇠를 당기면 배터리로 로켓이 점화되어 강관을 통해 로켓이 발사되었다. 실전에서 사용된 최초 버전의 공식 이름은 M1 로켓 발사기였으나 바주카라는 악기를 닮았기 때문에 곧 '바주카포'라는 닉네임을 얻게 되었다.

　　1942년 말경 북아프리카의 미군은 바주카포를 보급받았으며 그 다음 해 처음으로 적의 탱크에 바주카포를 발사하였다. 이는 적의 탱크에 효과적이었을 뿐만 아니라 콘크리트 진지에 피해를 입히고 철조망에 구멍을 내며 지뢰밭을 제거하는 데에도 효과적이었다. 제2차 세계대전이 끝나갈 때쯤 미국은 약 500만 대의 바주카포와 1,500만 이상의 로켓을 생산하였다.

　　독일 엔지니어들은 1943년 초 북아프리카에서 탈취한 바주카포를 분석하여 더 긴 사정거리와 더 큰 탄두를 장착한 독자적인 바주카포를 개발하였다. 후에 소련은 RPG(로켓 추진 수류탄) 발사기를 위한 설계에 바주카포의 특징을 사용하였으며, 오늘날에도 수많은 바주카포가 전 세계에서 사용된다. **ES**

참고: 유산탄

← 1944년의 노르망디 상륙 작전 중에 미국 군인이 바주카포로 독일 탱크를 파괴하고 있다.

# 초강력 순간 접착제 (1942년)

쿠버가 우연히 강력한 접착제를 발견하다.

1942년 이스트먼-코닥社에서 근무하던 화학자인 해리 쿠버(1919년 출생)는 총의 조준기에 사용할 수 있는 깨끗한 플라스틱을 개발하고 있었다. 그의 팀은 시아노아크릴레이트를 검토하였으나 자신들이 개발하려는 플라스틱에 적합하지 않다고 판단했다. 이는 시아노아크릴레이트가 매우 끈적거렸으며 소량의 물에 닿아도 굳어졌기 때문이다.

　　그로부터 수년 후 쿠버는 다른 프로젝트의 진행을 위해 시아노아크릴레이트를 다시 검토하던 중 시아노아크릴레이트가 뭔가 특별한 물질이라는 것을 깨달았다. 시아노아크릴레이트로 구성된 시제품 접착제는 열이나 압력 없이도 모든 물질을 붙일 수 있었다. 시아노아크릴레이트는 1958년 '이스트먼 910'이라는 이름으로 시장에 출시되었으며 초강력 순간 접착제라고 알려졌다.

> "위생병은 출혈을 멈추게 하기 위해
> 초강력 순간 접착제 스프레이를 사용하여
> 많은 생명을 구해냈다."
> 해리 쿠버

　　초강력 순간 접착제는 접착제 외에도 수없이 다른 용도로 사용되었다. 베트남 전쟁 중에는 비상 응급 처치에 널리 사용되어 상처를 봉합하고 출혈을 멎게 하는 데 사용되었다. 이는 시간이 소요되는 바느질 봉합보다 효율적이었다.

　　범죄 현장 조사관들 또한 지문을 드러내는 수단으로 초강력 순간 접착제를 사용했다. 밀폐된 탱크 내에 위치한 가열기 위에 몇 방울의 초강력 접착제를 떨어뜨리면 지문 자국이 그을려졌다. 이러한 과정을 통해 지문을 육안으로 식별할 수 있었다. **SB**

참고: 접착제, 테이프

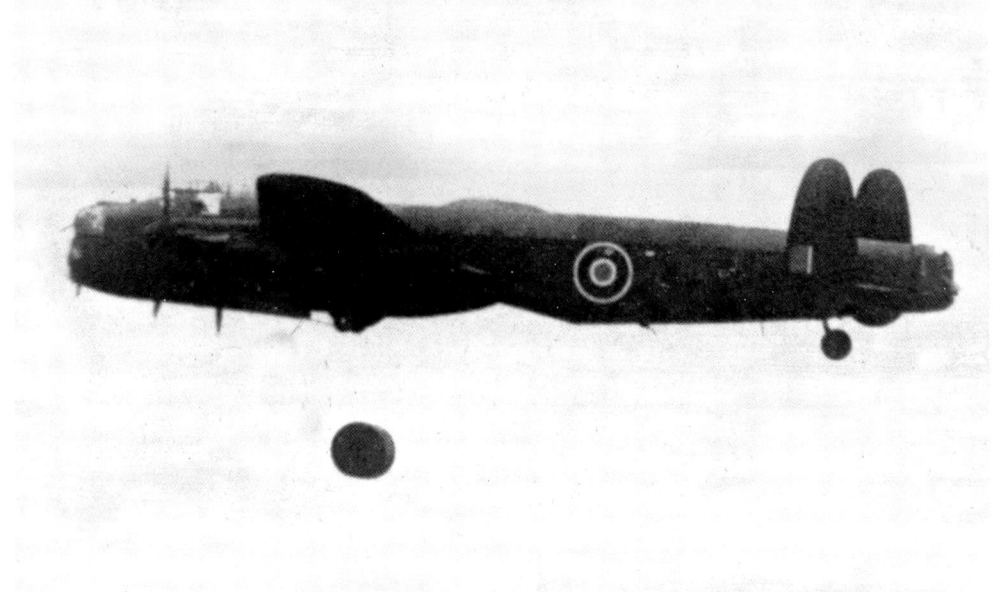

# 도약 폭탄 (1942년)

월리스가 댐 파괴용 폭탄을 제조하다.

영국의 항공 공학자인 네빌 반스 월리스(1887~1979)는 제2차 세계대전이 한창일 당시 독특한 목적(루르 계곡에 위치한 히틀러의 수력 발전소 파괴)을 지닌 도약 폭탄이라는 무기를 생각해냈다.

원통 모양의 도약 폭탄은 돌로 물 수제비를 뜨는 형태로 대포의 포탄 사정거리를 늘린 2세기 전 해군 포수들로부터 유래되었다.

도약 폭탄은 목표물에서 멀리 떨어진 곳에 투하되는 순간 적군의 화기를 뚫고 목표물을 향해 물위를 튕기면서 나아간다. 폭탄이 이런 방식으로 작동하게끔 설계된 이유는 댐을 폭파하기 위해서였다. 그러기 위해서는 불가능할 만큼 많은 양의 폭발물을 사용해야 하거나 비행기로 자폭하는 수밖에 없었으므로 월리스는 도약 폭탄을 만드는 작업에 착수하였다. 수많은 도약 폭탄이 실험되었지만 월리스는 폭탄의 케이스가 대략 7도 정도의 각도로 물을 박차는 것이 원활한 반동을 만들어낸다고 결론지었으며 이러한 설계로 인해 발생한 역회전은 도약 폭탄의 전방 추진력을 크게 증가시켰다.

폐기된 웰쉬 댐에서 폭발 테스트를 한 후 월리스는 독일의 루르 수력 발전소를 파괴하려면 도약 폭탄이 세 가지 조건을 충족시켜야 된다고 생각했다. 우선 수심의 깊이에 민감하게 반응하는 퓨즈를 장착해야 하고 폭발 시 파괴적인 수압을 발생시켜야 하며 각각의 댐 강타용 폭탄마다 6,500파운드(2,950킬로그램)의 폭약을 탑재해야 한다고 결론지었다. 그러기 위해서 도약 폭탄은 위험할 만큼 낮은 높이인 60피트(18미터) 상공에서 정확하게 투하될 필요가 있었다. 각 항공기에 특수한 조준기를 설치한 도약 폭탄은 성공적으로 독일 루르 수력 발전소를 파괴하였다. **MD**

참고: 집속탄, 원자 폭탄, 수소 폭탄

⬆ 독일 루르 계곡에 위치한 댐을 공격하기 진인 1943년 아브로 랭카스터 폭격기가 도약 폭탄을 시험하고 있다.

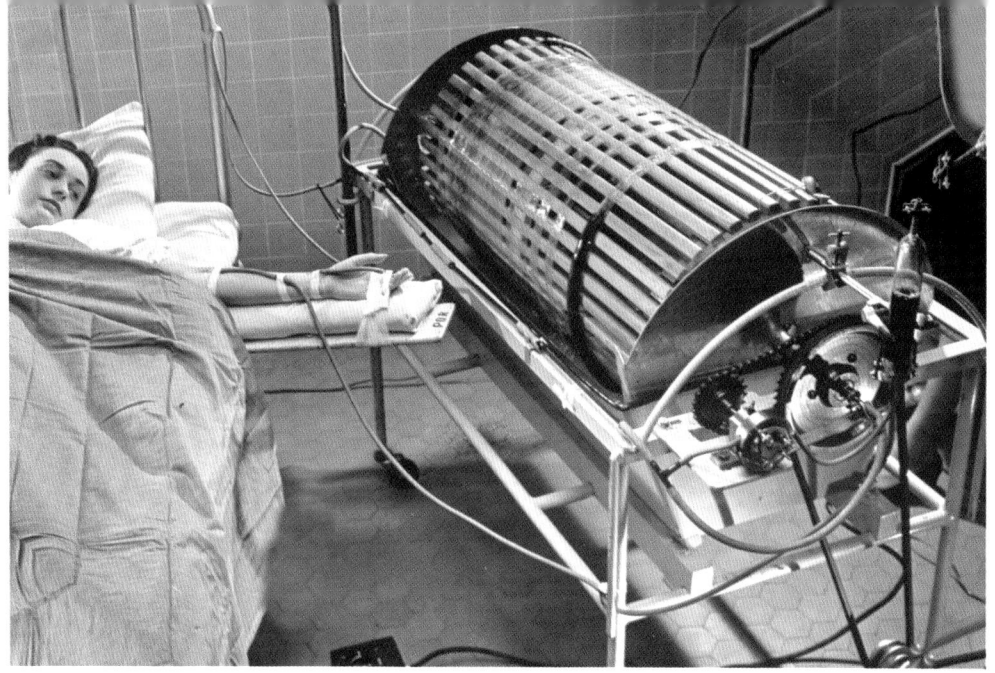

# 신장 투석기 (1943년)

콜프가 신장병 환자들의 혈액에서 독성 노폐물을 제거하다.

제2차 세계대전 중 네덜란드에서 근무하던 의사인 빌렘 J. 콜프(1911년 출생)는 최초의 신장 투석기(혈액 투석기)를 제작하였다.

신장이 제 기능을 하지 못하게 되면 노폐물이 혈액에 축적되어 생명에 치명적으로 작용할 수 있다. 콜프는 화학 농도가 다른 두 용액이 투과성 막에 의해 분리될 때, 실험을 통해 더 큰 농도의 용액에서 더 낮은 농도의 용액으로 분자의 교환이 발생한다는 것을 알고 있었다.

콜프의 신장 투석기는 식염수로 채워진 탱크와 나무로 된 원통으로 구성되었으며, 나무 원통 주위에는 66피트(20미터)의 셀로판 관이 감겨 있었다. 나무 원통은 모터로 회전되었으며, 환자의 혈액이 셀로판 관을 통과하면 혈액의 노폐물이 반투막에서 식염수로 확산되었다. 전쟁으로 물자가 부족했으므로 신장 투석기에 필요한 재료를 즉석에서 구한 콜프는 소시지 포장 껍질의 셀로판지를 사용하여 신장 투석기를 제작해 1943년

자신의 첫 번째 환자를 치료하는 데 성공하였다.

콜프는 미국으로 이주한 후 정맥 주사와 식염수 용액을 생산하는 제작자와 협업하여 인공 신장기의 디자인을 계속해서 개선하였다. 최초의 상업적인 인공 신장기는 1956년에 출시되었는데, 처음에는 신장이 회복되거나 독소가 제거되기를 오래 기다린 환자를 대상으로 급성인 경우(약물 중독, 3도 화상, 잘못된 수혈)에만 투석을 진행하였으나 1960년대 초반 환자에게 영구적으로 부착했던 테플론 U자형 션트가 개발됨에 따라 장기 투석이 가능해졌다. **JF**

**참고:** 합성 혈액, 쇄석기, 인공 심폐기, 인공 호흡 장치, 인공 심장, 인공 간

↑ 1947년에 제작된 신장 투석기가 환자의 손목에 삽입된 관으로부터 나온 혈액을 정제하고 있다.

# 아쿠아렁
## (1943년)

쿠스토와 가냥이 심해에서 숨을 쉬다.

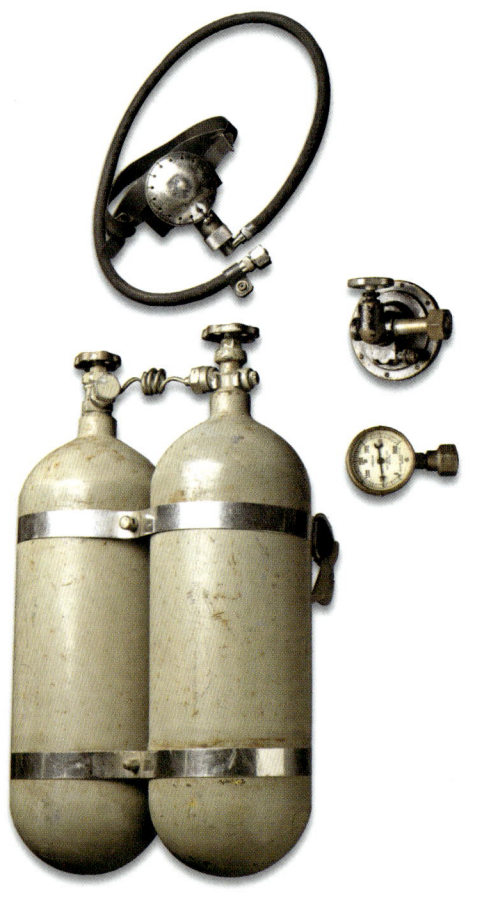

아쿠아렁은 1943년 프랑스인 자크 쿠스토(1910~1997)와 에밀 가냥(1900~1979)이 발명하였으며 수중 탐사, 공학, 해양 생물학 관련 분야에 많은 영향을 미쳤다. 아쿠아렁을 사용하여 처음으로 잠수부가 수중에서 자유롭게 움직일 수 있었으며 깊은 곳까지 잠수할 수 있었다. 아쿠아렁은 압축 공기가 포함되어 있는 원통과 조절된 밸브를 통해 압축 공기를 마실 수 있는 마우스피스 부분으로 이루어져 있다. 이 SCUBA(Self-Contained Under-water Breathing Apparatus) 장비는 우리가 오늘날 사용하고 있는 다이빙 장비와 매우 유사하다.

아쿠아렁이 발명되기 전, 잠수부는 수중 탐사를 위해 다양한 기법을 사용하였다. 수면 위로 나오는 관을 입에 물어 호흡하는 스노클링은 얕은 수면에서의 탐험을 가능하게 하였다. 더 긴 스노클 관을 사용하여 깊은 수중 탐사를 시도하려면 잠수부는 공기를 공급받을 수 있는 관 주위에 근접해야할 필요가 있었다. 잠수부가 내뱉는 가스를 정제하는 수중 호흡기 시스템은 신뢰할 수 없었으며 종종 사망 사고가 일어나기도 하였다.

가냥은 가스 밸브에 대한 전문지식이 풍부한 엔지니어였다. 반면 쿠스토는 제2차 세계대전 중 프랑스 해군 중령이었다. 적군 선박에 폭발물을 부착하던 프로그맨(특수부대명)의 새로운 스쿠버 장비에 관심이 많았던 쿠스토는 30피트(9미터) 아래의 깊이에서 산소가 독성을 지니게 된다는 것을 알지 못했기 때문에 첫 번째 잠수에서 거의 목숨을 잃을 뻔 했다. 전쟁이 끝난 후 쿠스토는 계속해서 심해 탐사 개발 계획을 지휘했으며 수중 촬영 및 사진으로 유명 인사가 되었다. **SC**

> "자신의 어깨에 중력의
> 무게를 짊어졌지만 수면 아래로
> 그는 자유롭게 가라앉았다."
>
> 자크 쿠스토

**참고: 표준 잠수복, 산소호흡기, 잠수함, 원형 잠수기**

🔎 멜빈의 엔지니어인 테드 엘드레드의 스쿠버 장비는 단일 호스로 구성되어 쿠스토우의 특허에 저촉되지 않았다.

# 일회용 카테터
## (1944년)

셰리든이 위생적인 일회용 관을 개발하다.

반세기 전의 도뇨관은 박막을 씌운 꼬인 면으로 만들어졌다. 그 당시 도뇨관은 일회용이 아니라 세척 후 다시 사용되었는데, 재사용되는 도뇨관은 감염율이 높아 환자에게 치명적이었다.

데이비드 셰리든(1908~2004)은 이 모든 것을 바꾸어 놓았다. 마루 공사 일을 하던 러시아 이민자의 아들인 그는 자신이 더 나은 카테터를 만들 수 있을 것이라고 생각했다. 제2차 세계대전으로 프랑스의 공급업자들이 미국 병원에 카테터 공급을 중단하면서 셰리던은 자신의 꿈인 개선된 카테터 제작에 착수하였다. 초등 교육만을 받았음에도 불구하고, 쉐리턴은 속이 빈 고무관을 일회용 카테터로 만들 수 있는 기계를 발명하였다. 카테터의 색칠된 띠는 X선에 카테터를 나타나게 하여 삽입되어 있는 정확한 위치를 알 수 있도

> "언제나 나는
> 카테터는 한 번 이상 사용해서는
> 안 된다고 생각했다."
>
> 데이비드 셰리든

록 해주었다.

그는 도뇨관 개발을 시작으로 더욱 정교한 다른 관 개발에 착수하여 환자가 수술 중에 숨쉬게 있게 해주는 기관 내 삽관과 심장 수술에 사용할 수 있는 여러 카테터를 발명하였다. 그러나 이 모든 카테터는 사람이 소변을 방출시킬 수 있도록 해준 도뇨관이 있었기에 개발이 가능하였다. **BMcC**

참고: 풍선 카테터, 혈관 내 스텐트

# 전자 분광계
## (1944년)

MIT팀이 전자 에너지를 측정하다.

매사추세스 공과 대학교(MIT)의 마틴 도이치(1917~2002)와 로블리 D. 에반스(1907~1995)가 고안한 최초의 분광계는 제2차 세계대전 말에 수행된 핵 실험의 방사능을 관찰하기 위해 사용되었으며 그 이후로 전자 분광계는 꼭 필요한 실험 기기가 되었다.

기체 상태에서 원자가 아닌 양이온과 전자가 분리된 상태로 존재하는 플라즈마는 제4의 물질 상태이다. 전자는 비교적 단순한 소립자로서, 전자의 질량, 전하, 충돌 단면적은 익히 알려져 있다. 반면 전자의 활동 속도와 방향은 알려지지 않은 채로 남아 있다. 전자 분광계는 전자를 정전기나 자기장에 통과시켜 구부러지는 전자의 궤도를 등록하는 방법으로 전자의 운동 에너지를 측정한다.

지구의 상위 전리층은 플라즈마인 동시에 태양으

> "나는 대학교 1학년 수준에 맞춰 설명할
> 수가 없었다. 이는 우리가 진정으로 그것을
> 이해하지 못하고 있다는 것을 의미한다."
>
> 리처드 파인만, 전자의 행동에 대한 강의에서

로부터 방출되는 바람의 입자이다. 오로라는 이 태양풍이 행성의 전리층과 충돌할 때 발생하는데, 전자 분광계는 전자 에너지의 분산을 측정하기 위해 사용되고 있으며 또한 전자 에너지 스펙트럼이 전자가 이동하는 방향으로 얼마나 다양하게 변화되는지 측정하는 데 사용되고 있다. **DH**

참고: 가이거 계수기, 분광 광도계

# 원자 폭탄 (1945년)

맨해튼 계획에 참여한 과학자들이 제2차 세계대전을 종료시킨 폭탄을 완성하다.

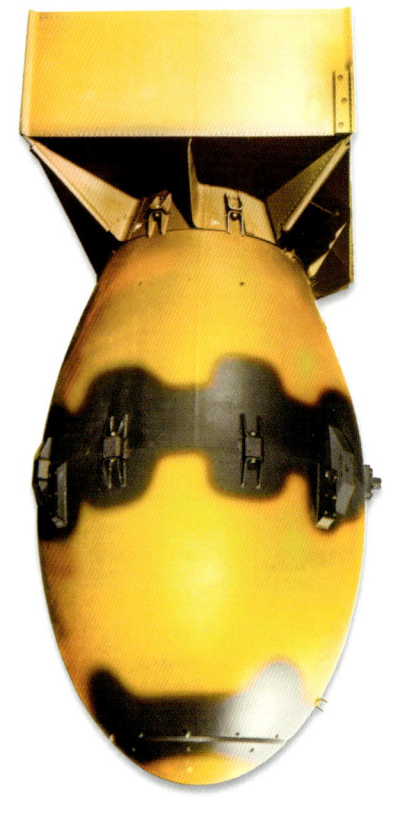

"과학자들을 위한 천국이었다.
로스앨러모스에서는 원하는 것은 무엇이든
지 확보할 수 있었다."

버트 매튜즈, 날카로운 돌을 만드는 장인

제2차 세계대전 기간 중 미국은 극비 연구 및 개발 프로그램에 전례 없는 수준인 20억 달러의 비용을 투입하였다. 맨해튼 계획으로 알려진 이 극비 프로젝트는 실용적인 원자 폭탄을 만들려는 미국과 우방국들이 진행하는 비밀 연구였다. 원자 폭탄은 하나의 폭탄으로도 엄청난 파괴력을 발생시킬 수 있으며 전쟁을 끝내기에 충분할 만큼 강력한 위협 수단이었다.

원자 폭탄의 개발 동기는 간단했다. 나치당을 탈당한 과학자들은 독일이 원자 폭탄의 이론적 실행 가능성을 뒷받침하는 연구를 진행 중이라는 사실을 폭로하였다. 1939년 나치가 그러한 무기를 개발 중이라는 두려움 때문에 알베르트 아인슈타인과 다른 과학자들은 미국의 프랭클린 D. 루스벨트 대통령에게 원자 폭탄에 대한 연구 필요성을 경고하는 서한을 보냈다. 1941년에 루스벨트 대통령은 원자 폭탄에 대한 공식적인 합동 과학 연구를 승인하였다. 1942년 로버트 오펜하이머 (1904~1967)는 맨해튼 프로젝트의 연구 관리자로 임명되었으며 그의 지도하에 로스앨러모스에 위치한 유명한 연구소들이 건설되어 과학 팀이 결성되었다.

원자 폭탄은 핵 연쇄 반응을 일으켜 실로 엄청난 양의 에너지를 방출한다. 초기 프로그램은 그러한 반응을 일으키는 데 있어 충분히 농축된 우라늄을 생성하는 것이었는데, 이탈리아의 물리학자인 엔리코 페르미는 농축 우라늄을 생성하는 데 도움을 주었으며 다른 과학자들은 역대 최초의 제어 가능하며 자동적으로 계속 발생되는 핵 연쇄 반응을 만들었다. 1945년 7월 16일 뉴멕시코 주 앨러머고도에서 맨해튼 계획은 마침내 오펜하이머가 '트리니티'라고 부른 최초의 인공 핵 폭발물을 만들어냈다. **MD**

↑ 볼록한 '팻맨' 폭탄 모양을 한 원자 폭탄이 1945년 일본 나가사키에 투하되었다.

→ 암호명 '트리니티'라는 이름으로 세계 최초의 원자 폭탄이 앨라모고도에서 폭발했다.

**참고**: 도약 폭탄, 집속탄, 수소 폭탄

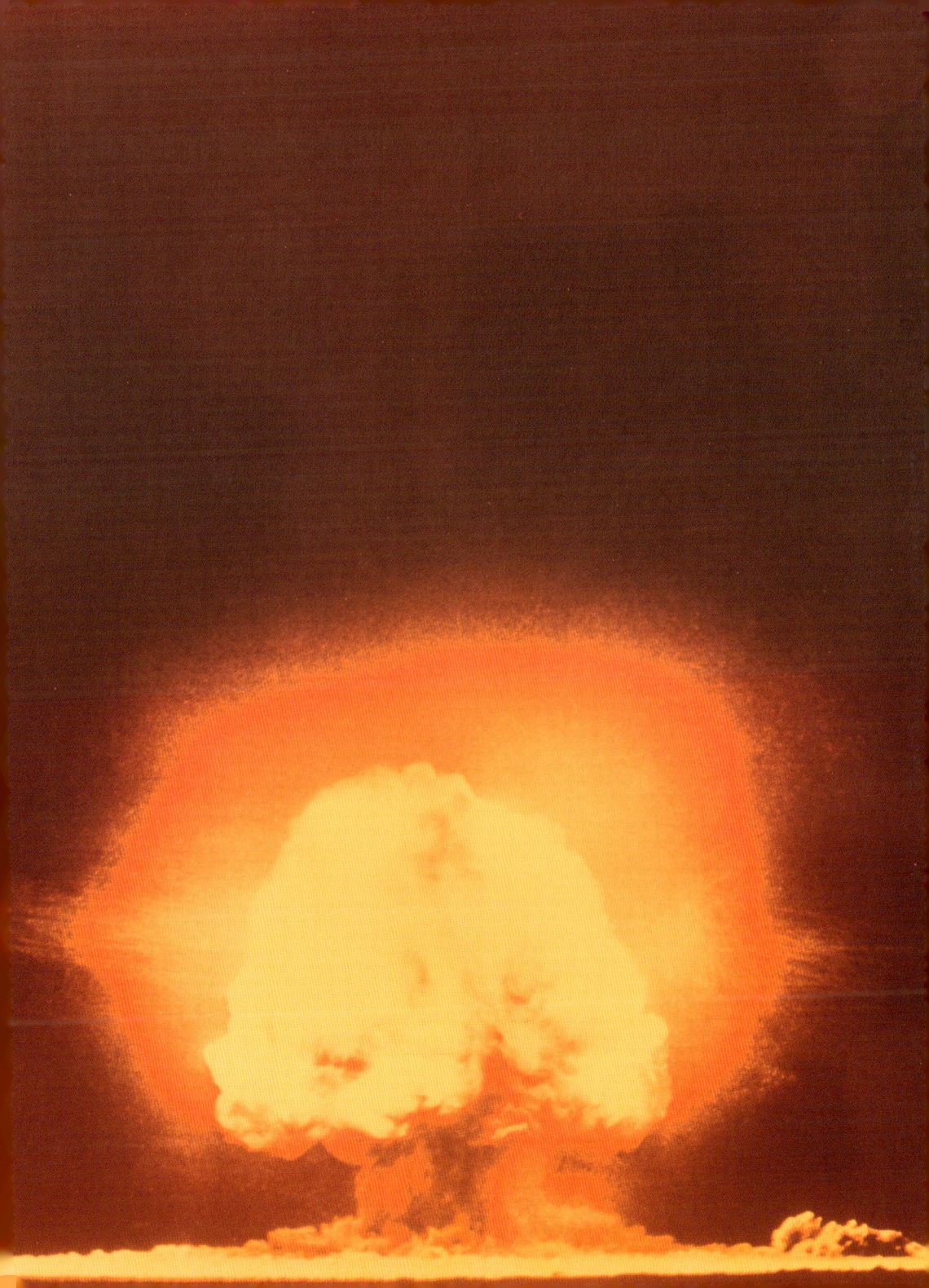

# 크루즈 컨트롤 (1945년)

티토가 자동차의 속도 제어를 자동화하다.

많은 발명을 한 시각장애인 발명가 랄프 티토(1890~1982)는 어느 날 변호사가 운전하는 차를 타고 그와 대화를 나누던 중 크루즈 컨트롤에 대한 영감을 얻었다. 변호사는 운전 중 남의 말을 듣는 동안에는 자동차의 속도를 높이고 말하는 동안에는 속도를 낮췄다. 이로 인해 발생하는 자동차의 흔들림 때문에 불편함을 느낀 티토는 속도 제어 장치를 발명하기로 결심하였다.

티토는 1945년 크루즈 컨트롤 장치로 특허를 취득하였으며 티토의 크루즈 컨트롤 장치는 1958년 크라이슬러社의 임페리얼, 뉴요커, 윈저 모델에 최초로 장착되었다. 티토의 발명품은 사람들이 크루즈 컨트롤이라고 부르기 전까지 컨트롤매틱, 터초매틱, 프레소매틱, 스피도스탯 등의 다양한 이름으로 불렸다.

크루즈 컨트롤로 운전자가 속도와 시스템을 설정하면 차량의 스로틀이 속도를 유지하는 역할을 하는데, 회전식 구동축, 속도계 케이블, 바퀴의 속도 센서나 엔진의 rpm으로부터 속도 신호를 전달받는다. 자동차는 솔레노이드나 진공 서보메카니즘으로 스로틀 케이블을 잡아당겨 속도를 유지한다.

스티어링 휠에 있는 크루즈 컨트롤 버튼은 운전자가 속도, 가속, 감속을 설정할 수 있도록 해준다. 크루즈 컨트롤로 속도를 설정하면 브레이크를 밟은 후에도 자동차가 속도를 유지하며 운행되는데, 운전자가 클러치나 브레이크를 밟으면 크루즈 컨트롤 기능이 꺼지는 반면, 엑셀러레이터를 밟으면 자동차의 속도가 올라간다. 그러나 엑셀러레이터에서 발을 떼면 설정된 속도로 자동차가 다시 운행된다. 대부분의 크루즈 컨트롤 시스템은 시간당 15마일(25킬로미터) 이하의 속도로 설정할 수 없다.

현재 전면 그릴 뒤에 설치된 레이더를 사용하여 차간 거리에 따라 자동적으로 속도를 조절할 수 있는 발전된 형태의 적응 크루즈 컨트롤 시스템이 개발 중이다. **BO**

참고: 자동차, 엑셀러레이터

# 소파 침대 (1945년)

카스트로가 제한된 공간에서의 삶을 편안하게 해주다.

시칠리아의 이민자 버나드 카스트로(1904~1991)는 미국의 대공항 시대에 틈새 시장을 발견하였다. 그 당시 사치품에 많은 돈을 소비할 수 있는 뉴요커는 없었으며 도시 내 아파트 공간은 비좁았다. 카스트로는 소파로 접을 수 있는 침대를 개발해 사용 가능한 거주 공간을 현저하게 늘릴 수 있도록 해주었다.

그는 21번가에 위치한 자신의 허름한 상점에서 소파 침대를 판매하였다. 대번포트라고 알려진 소파 침대는 접고 펴는 것이 어려웠으며 접으면 소파처럼 보이지 않았다. 어느 날 저녁 카스트로와 아내는 네 살배기 딸이 소파 침대를 가까스로 펴는 것을 보고 이것이 바로 주요 판매 포인트라는 것을 깨달았다.

카스트로는 텔레비전 광고를 이용하여 자신의 소파 침대를 성공적으로 판매하였다. 뉴욕의 텔레비전 방송국을 통해 지역 상업 광고를 실시한 그는 상업 광고

> "카스트로는 가구를 디자인하는 데 있어 천재였을 뿐만 아니라 자신의 제품을 홍보하는 데 있어서도 천재였다."
> 데니스 헤베시, 저널리스트

에 최초로 어린이(자신의 딸)를 출현시켜 소파 침대가 얼마나 쉽게 펴지는지를 보여주었으며 자신의 발명품을 '거주 공간 확보를 위한 최초의 침대', '아이들도 할 수 있을 만큼 쉬운 소파와 침대 간의 변환'이라는 광고 슬로건으로 홍보하였다.

한동안 모든 소파 침대는 카스트로의 소파 침대라는 이름으로 지칭되었으며 그는 백만장자가 되었다. 카스트로는 은퇴하기까지 총 500만 개 이상의 소파 침대를 판매하였다. **HP**

참고: 해먹

# 싱크로트론 (1945년)

맥밀란과 벡슬러가 전하 입자의 에너지를 증가시키다.

사이클로트론은 자기장을 사용하여 얇은 도넛 모양의 진공 상자에서 입자들이 원 궤도를 그리면서 움직이도록 만드는 소립자 가속기이다. 이후 사이클로트론은 다양하게 변경할 수 있는 자기장과 전기장을 지닌 싱크로트론으로 개발되었다. 전자를 빨리 움직이게 하기 위해 적용 전압의 주파수를 감소시키면 전압이 가속화되어 궤도를 선회 중인 입자들이 동기(同期)화 될 수 있었다. 싱크로트론은 이러한 문제를 해결하기 위해 너무 빨리 움직였던 입자들을 너무 느리게 움직이는 입자들보다 덜 가속화시켜 입자 간 가속화 속도를 평균적으로 맞출 수 있도록 해주었다. 1945년 미국의 에드윈 맥밀란(1907~1991)과 소련의 블라디미르 벡슬러는 각각 두 개의 싱크로트론을 고안하였다.

이윽고 수많은 싱크로트론이 제작되었다. 가속화된 입자 간의 충돌을 관찰하여 입자의 구조를 연구할 수 있었으며 이러한 입자들이 방출하는 싱크로트론 방사선을 스펙트럼의 자외선과 X선 영역 조사를 위한 소스로 사용할 수 있었다.

1983년에 완성된 미국 국립 페르미 가속기 연구소의 테바트론은 직경이 3.9마일(6.3킬로미터)이었으며 엄청난 양의 에너지를 발생시키기 위해 양자와 반양성자를 가속한 후 그들을 충돌시켰다. 유럽 원자핵 공동 연구소(CERN, 스위스와 프랑스 국경 지역에 위치)의 강입자 충돌기(Large Hadron Collider, 16.6마일/26.7킬로미터의 지름)는 테바트론이 만들어낸 에너지보다 일곱 배 증가한 에너지를 발생시켰다. **DH**

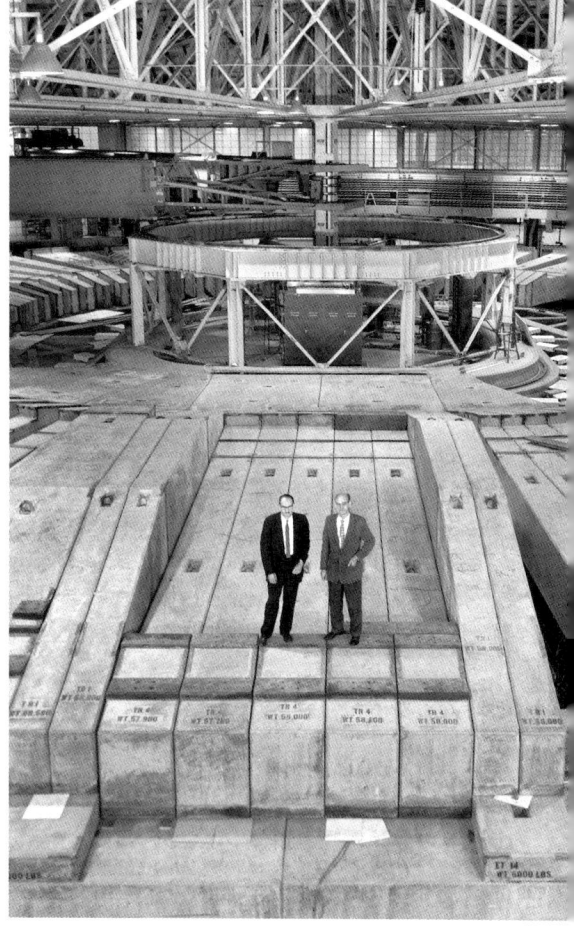

**참고:** 사이클로트론, 강입자 충돌기

↗ 1954년의 입자 가속기인 베바트론의 표면에 에드워드 러프그렌과 함께 서 있는 맥밀란(왼쪽).

"우주의 가장 작은 단편을 찾아내기 위해서는 세계에서 가장 큰 싱크로트론을 제작해야만 한다."
'가디언'지

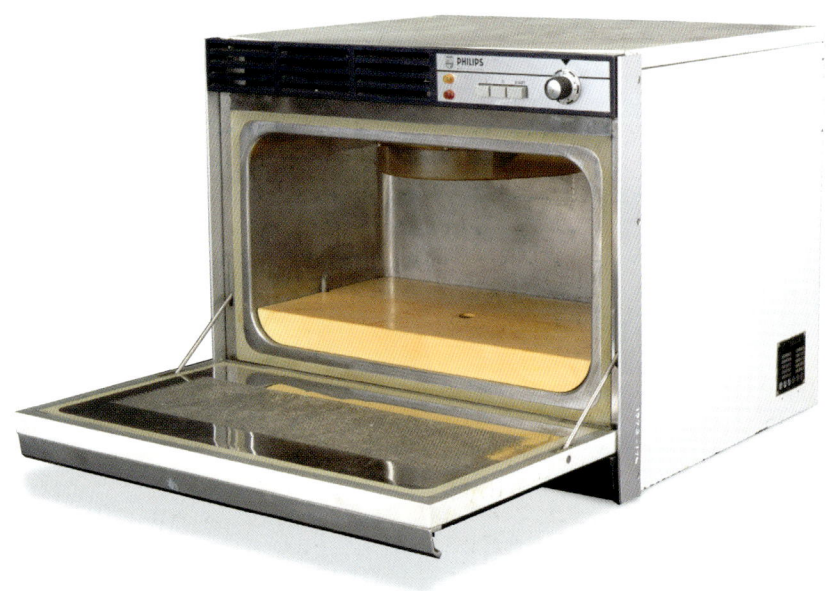

# 전자레인지 (1945년)

스펜서가 순식간에 음식을 조리할 수 있도록 해주다.

전자레인지는 우연히 개발된 발명품이다. 전자레인지의 발명가인 퍼시 스펜서(1894~1970)는 레이더 장비를 연구하던 중에 전자레인지를 발명하였다. 그는 레이더 기계류의 동력 부품 중 하나인 마그네트론 옆에서 잠시 휴식을 취했는데 주머니에 들어 있던 초콜릿 바가 녹아버린 것을 발견하고는 깜짝 놀랐다.

호기심으로 그는 다른 여러 물체를 마그네트론 근처에 올려놓고 물체로부터 멀찌감치 서 있었는데, 팝콘이 성공적으로 튀겨졌으며 다음날 아침에는 계란이 익었다.

스펜서는 자신이 발견한 것의 가능성을 깨닫고 더욱 효율적인 음식 조리 장치를 디자인하기 시작했다. 그는 1945년 특허를 신청했으며 1946년경 매사추세츠 주 보스턴에 있는 레스토랑에서 시제품 장치를 테스트한 후 곧바로 상업 모델을 제작하였다. 초기 전자레인지 모델은 6피트(1.8미터) 이상의 높이, 5,000달러의 가격, 마그네트론 장치를 냉각시키기 위한 특수한 배관이 필요했기 때문에 소비자들에게 잘 판매되지 않았으나 점차 실용적으로 개선되고 가격이 하락하여 일반 소비자들이 사용하기에 충분히 안전하고 신뢰할 수 있는 수준이 되었다. 1975년경 전자레인지의 판매액이 가스 조리 기구의 판매액을 초과하였다.

전자레인지는 빠른 조리 시간으로 인해 음식이 고르게 조리되지 않는다는 단점에도 불구하고, 많은 사람들이 전자레인지를 꼭 필요한 가전 제품으로 생각하고 있다. **SB**

참고: 불의 제어, 오븐, 압력솥, 가스레인지, 전기 스토브

⬆ 1968년 네덜란드 에인트호벤에 위치한 필립스社가 제조한 상업적 전자레인지 모델 HN 1102.

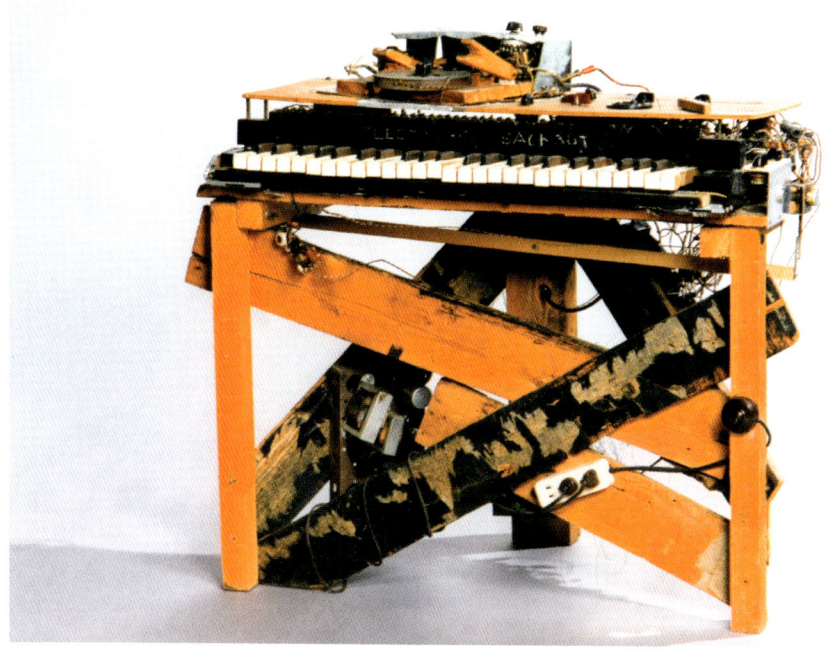

# 전자 음악 신디사이저 (1945년)

르 카인이 전자 음악을 개척하다.

신디사이저를 사용하지 않은 대중 음악을 상상하기란 쉽지 않다. 로버트 무그 박사가 이러한 전자 음악 분야를 개척한 것으로 잘 알려져 있지만, 캐나다의 물리학자이자 악기 디자이너인 휴 르 카인(1914~1977)은 무그보다 수십 년 전에 이 분야에 대한 기초를 다졌다. 특히 르 카인의 악기 중 하나인 전자 색버트는 최초의 전압 제어 신디사이저로 널리 알려져 있다.

1945년 캐나다 토론토 대학교에서 개발된 르 카인의 색버트는 오래된 책상에 피아노 타입 키보드를 얹은 모양이었다. 초기에 만들어진 대부분의 상업적 신디사이저와 달리 1970년대 초에 출현한 르카인의 색버트는 터치에 민감해 얼마나 가볍게 혹은 강하게 키보드를 누르냐에 따라 사운드의 특징이 달라졌다. 색버트는 실제 어쿠스틱 악기와 동일한 소리 재생이 가능하였다.

섹버트는 그 당시 신디사이저와 비교했을 때 두 가지 혁신적인 특징이 있었다. 일단 웨이브를 조절하는 형태로 기본 사운드를 만드는 것이 가능했으며 전압을 통제하여 소리의 높이 및 조정과 같은 사운드 특징을 변경할 수 있었다. 사운드 퀄리티 또한 특수 필터를 조작하여 전자적으로 변경되었다. 전압 제어는 1980년대 초까지 생산된 대부분의 신디사이저에서 사용되었다.

르 카인은 1971년 색버트를 다시 개조하여 상업적인 악기를 제작하려고 했지만 실패하였다. 대중적으로 알려지지 않았음에도 불구하고, 르 카인의 악기는 세계 전자 음악계에 매우 큰 영향을 미쳤다. **TB**

**참고: 파이프 오르간. 일렉 기타**

⬆ 르 카인은 세 개의 나무 다리에 자신의 시제품 전기 색버트를 얹었다(1948).

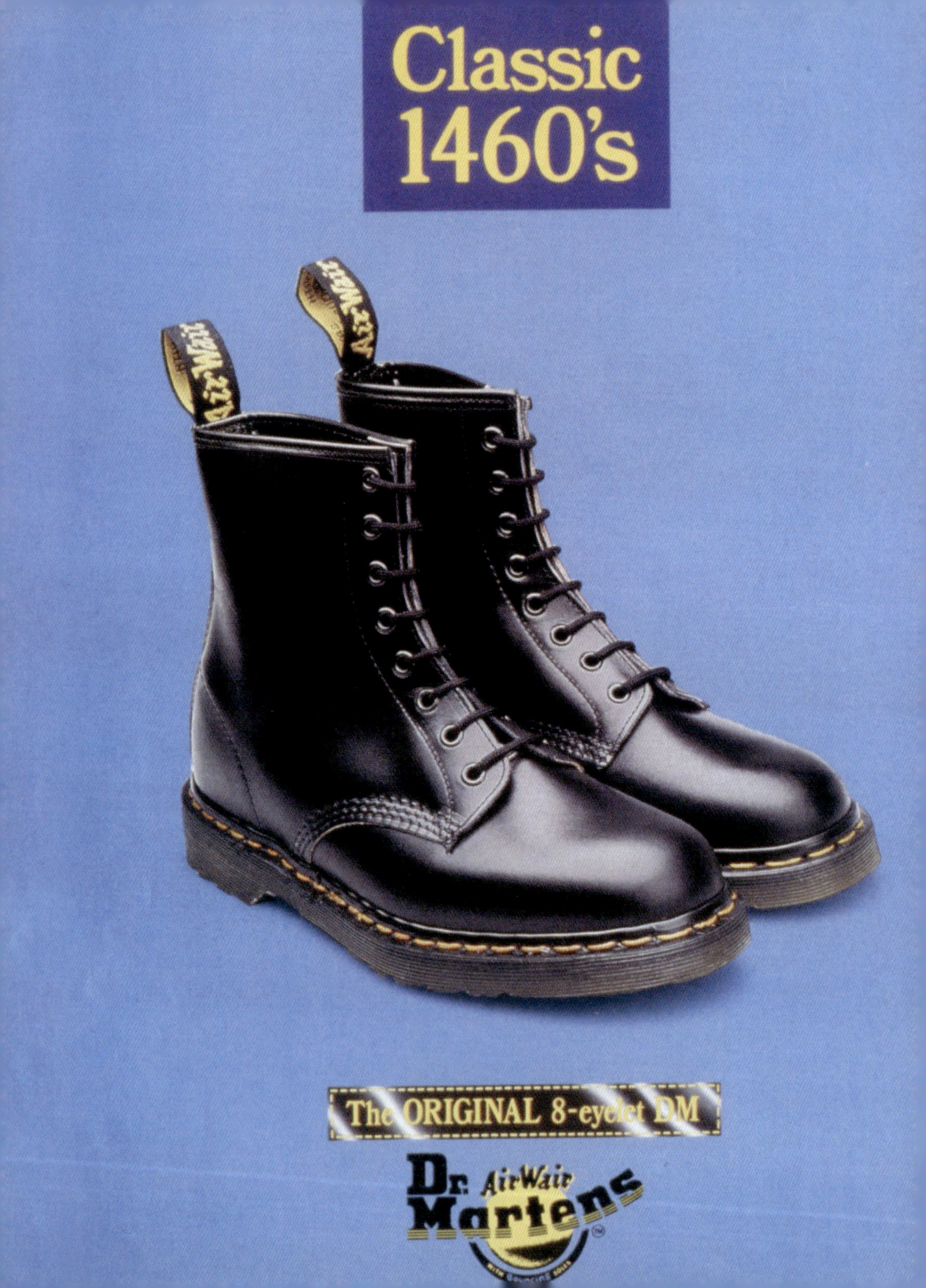

# Classic 1460's

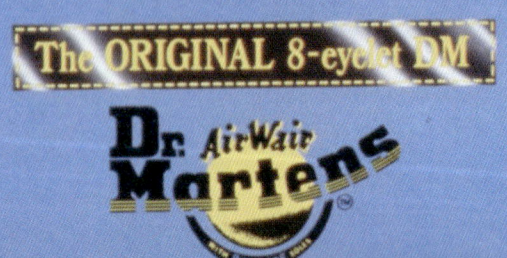

The ORIGINAL 8-eyelet DM

**Dr. Martens** AirWair

# 공기 쿠션 깔창
## (1945년)

마에르텐스가 거리 문화를 대변하는 신발을 만들다.

수많은 발명품이 우연한 계기로 발명되었지만 공기 쿠션 깔창은 발명가가 당한 불운한 사용광로 인해 세상에 출현했다. 1945년 스키를 타다가 사고를 당한 바이에른의 젊은 의사 클라우스 마에르텐스는 회복 속도를 높이기 위해서 충격 흡수 신발을 고안하였다. 마에르텐스가 고안한 신발의 깔창은 끊임없이 근육과 힘줄을 자극하는 공기 쿠션이 포함되어 있었다. 마에르텐스의 깔창은 탄력이 좋은 구두 안창을 모방했으며 관절을 보호하였다.

그로부터 2년 후 마에르텐스와 그의 친구인 허버트 푼크 박사는 마에르텐스가 개발한 신발을 판매하기 위해 회사를 설립하였다. 마에르텐스의 발명품은 의료 시장에서는 곧잘 판매되었지만 디자인이 패셔너블하지 않았다. 국제 무역 매거진에 광고를 게재하면서부터 마에르텐스와 푼크의 신발은 디자인적 요소가 가미되기 시작하였다.

1959년 영국 노샘프턴셔의 군용 부츠 및 작업 부츠 제조사인 빌 그릭스社는 마에르텐스와 푼크 중 한 사람을 만나 전 세계 판권을 구매하였다. 그 다음 해인 1960년 4월 1일 그릭스社는 닥터 마틴 에어웨어 브랜드를 상징하게 된 노란색 바느질과 마에르텐스의 깔창을 결합한 새로운 1460 부츠를 출시하였다.

1460 부츠는 초기에 영국의 우편 집배원, 청소부, 공장 근로자에게 인기를 끌었다. 이윽고 브랜드의 근로자 계급 이미지가 저항적인 거리문화를 대변하는 데 이상적이라고 판단한 스킨헤드, 펑크락 그룹 등에게 엄청난 사랑을 받게 되었다. **DaH**

참고: 의류, 바느질, 신발

◰ 마에르텐스의 공기 쿠션 깔창은 빌 그릭스社가 에어웨어 브랜드를 만들어낸 후에 패션 액세서리가 되었다.

# 시민 밴드 라디오
## (1945년)

그로스가 최초의 CB 라디오를 개발하다.

1945년 미국 정부는 CB(Citizens' Band)라고 불린 라디오 주파수를 개인용 라디오 서비스에 할당하였다. 이에 알프레드 J. 그로스(1918~2000)는 양방향 CB 라디오를 만들기 위해 회사를 설립했으며 1948년 그의 라디오는 최초로 연방정부의 승인을 받았다.

CB 라디오는 일반적으로 27MHz 밴드 내의 단거리 통신에 사용되고 있으며 아마추어 라디오와 달리 상업 통신에 사용할 수 있다. CB 라디오는 처음에 소규모 사업체와 트럭 운전자들에게 인기를 얻었지만 1970년대에 전 세계적인 인기를 끌었다. CB 라디오 장비가 수입되어 주파수가 불법적으로 사용되고 난 후에야 전 세계 정부들은 CB 주파수를 공개하기 시작했다.

주파수가 공개된 후 합법적으로 CB 라디오를 사용하려면 라이센스를 발급받아야 했으며 호출 부호가

> "만약 여전히 나의 발명품에 대한 특허권이 유효하다면, 빌 게이츠가 나에게 1위 부호의 자리를 넘겨야만 할 것이다."
>
> 알프레드 그로스

할당되었다. 이러한 사실에도 불구하고 많은 사람들은 신분을 노출하지 않기 위해 별명을 사용하여 불법으로 라디오 주파수를 이용하였다. CB 친목회 내에서는 완전히 새로운 문화가 시작되었는데, 심지어 자기들만의 은어를 사용하는 클럽도 있었다. 경찰이 '곰(bears)'으로, 속도 카메라가 '돈을 요구하는 플래시(flash for cash)'로 언급되었으며 CB 라디오 그 자체를 '귀(ears)'로 지칭하였다. 이러한 은어들은 텐코드(ten-code)와 결합되고 수정되어 자연스럽게 '10-100' 코드가 되었다. **RP**

참고: 무선 통신, 워키토키, 무선 호출기, 핸드폰, 디지털 핸드폰

# 래디알 타이어
## (1946년)

미쉐린社가 개선된 공기 타이어를 만들다.

말에서 1인승 마차로 운송 수단이 변천되는 과정 속에서 장거리를 빠르게 이동할 수 있는 차량이 대표 운송 수단으로 자리매김했다. 차량의 이동 거리가 길어지고 속도가 빨라짐에 따라 바퀴의 역할이 상당히 중요해졌다. 당시 마차에 사용되던 나무와 금속 바퀴는 자동차, 모터사이클, 자전거에는 적합하지 않았다.

내구성이 좋고 충격을 완화해줄 수 있는 물질이 필요했던 초기 타이어 제조사들은 고무에 관심을 가졌다. 처음에는 단단한 고무로 타이어를 만들었는데, 내구성은 좋으나 무겁고 울퉁불퉁하였다.

공기 타이어는 이미 개발되었지만 1900년대 초에는 자전거 타이어에서만 사용되었다. 사람들은 부드러운 승차감을 위해 가볍고 충격 흡수력이 더 나은 공기 타이어를 자동차에 사용하려는 생각을 하게 되었다. 초기의 공기 타이어는 외부 타이어와 내부 튜브로 구성되었는데, 타이어 외부는 강화를 목적으로 고무를 입힌 코드나 플라이로 구성돼 있었다. 플라이들은 외부 타이어 가장자리에서 내부 타이어 가장자리까지 일정한 각도를 이루고 있었기 때문에 이러한 구조로 이루어진 타이어를 바이어스 타이어라고 불렀다.

미쉐린社는 1940년대 최초의 래디알 타이어를 생산하여 중요한 기술 진보를 이룩하였다. 플라이는 자전거의 바퀴살처럼 타이어 가장자리에 90도로 위치시켰으며 타이어를 더욱 보강하기 위해 강철 그물망 벨트를 삽입하였다. 새로운 래디알 타이어는 더 길어진 지속력, 개선된 조종감과 운행 거리가 늘어났다는 장점이 있었지만, 제조 비용이 더 많이 들었다. 그럼에도 불구하고 래디알 타이어는 타이어 산업의 골드 스탠다드가 되었다. **BMcC**

# 타파웨어
## (1946년)

타파가 플라스틱 용기를 개선하다.

1940년대 초반까지 플라스틱은 발견된 지 얼마 안 된 화합물이었다. 초기 플라스틱은 깨지기 쉽고 미끄러우며 다소 불쾌한 냄새가 났으므로 플라스틱을 실용적으로 완벽하게 응용하는 것은 불가능해 보였다. 얼 타파(1907~1983)는 완벽한 플라스틱을 만들고자 했다.

타파는 화학 회사인 듀퐁社에 근무했으며 회사 근무를 통해 플라스틱의 디자인과 제조에 대해 배웠다. 1938년 그는 얼 S. 타파社를 설립하여 제2차 세계대전 기간 중 방독면에 들어가는 부품을 제조하였으며 전쟁이 끝난 후 일상 제품을 만드는 데 집중하였다.

타파는 폴리에틸렌 슬래그(원유 정제의 부산물)를 강력하고 금새 복원되면서도 미끄러움을 방지한 플라스틱인 타파웨어로 변환시키는 방법을 개발했으며 1946년경 타파웨어를 담배 케이스, 물컵, 음식 저장 용기와 같은 제품으로 만들어 시장에 출시하였다.

1947년 타파는 타파웨어의 고무바킹으로 특허를 취득하였다. 이는 뚜껑에 부착되어 공기와 물이 새지 않도록 해주었다. 타파웨어의 판매 부진으로 타파는 스탠리 가정 용품社와 협력하여 가정에서 사용하는 용기를 제작하였다.

그리하여 '타파웨어 플라스틱 용기'가 탄생했으며 1951년경 상점 진열대를 단독으로 차지할 만큼 엄청난 인기를 끌었다. 경쟁사들은 타파웨어와 유사한 제품들을 출시하였지만 이미 타파웨어 브랜드가 사실상 모든 서구 가정을 장악한 상태였다. **HI**

참고: 폴리프로필렌

➡ 여성 소비자의 가정적인 생활 방식에 호소한 타파웨어 플라스틱 용기(1963).

참고: 경화공정, 공기 타이어, 타이어 밸브

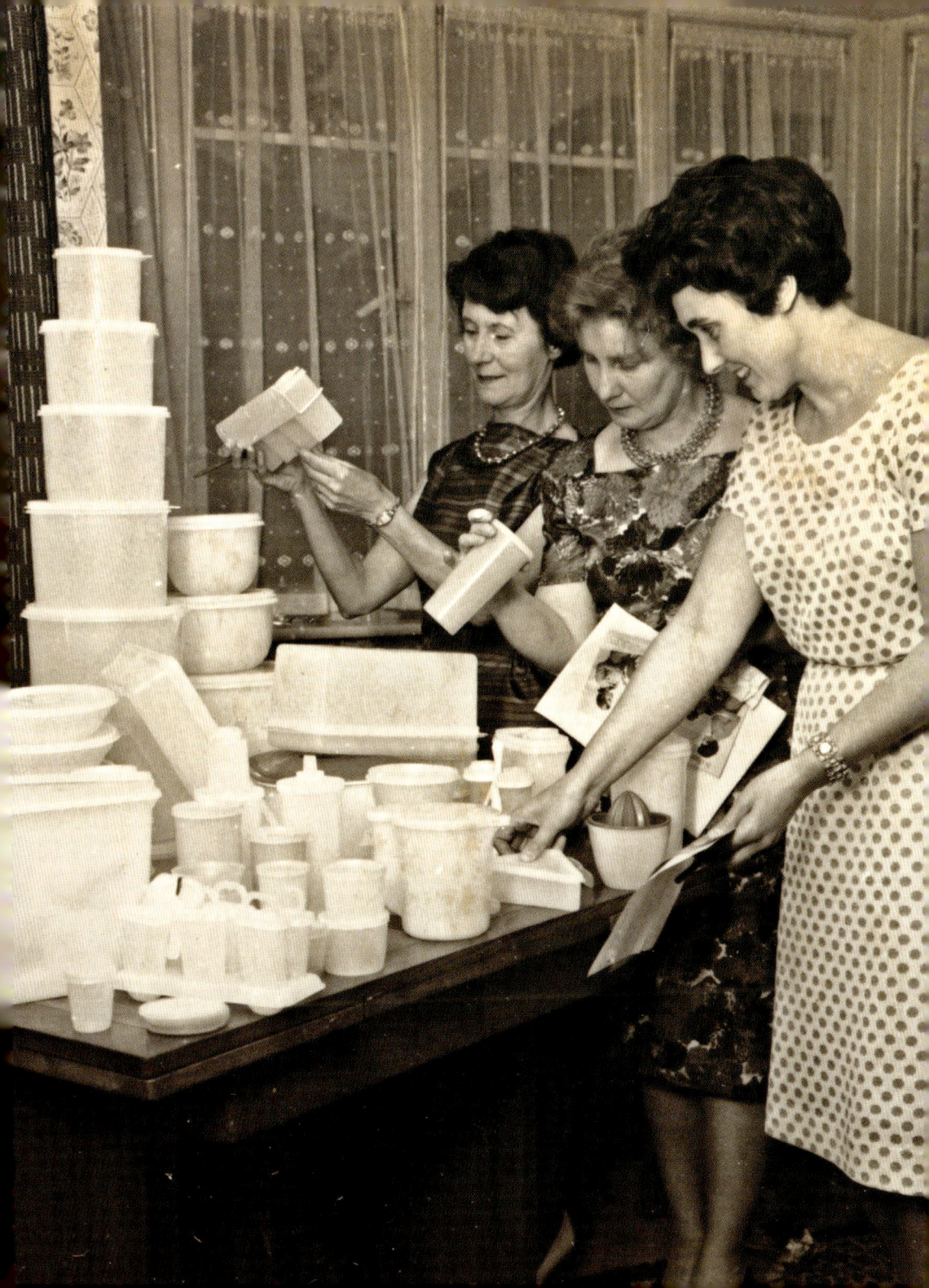

# 화학요법 (1946년)

길먼과 굿맨이 림프종을 치료하다.

제1차 세계대전 중 사용된 살상 가스인 이페리트는 암치료에 화학 요법을 사용할 수 있다는 것을 알려주었다. 이 가스로 사망한 병사를 부검해본 결과 가스가 림프 조직과 골수를 파괴한다는 사실이 밝혀졌다. 과학자들은 그 당시에 이페리트가 림프절의 암 세포를 파괴했을 가능성이 있다고 추정하였다.

1942년 초 예일 대학교의 두 약학자인 알프레드 길먼(1908~1984)과 루이스 S. 굿맨(1906~2000)은 미국 국방부에 소집되어 질소 머스터드(이페리트의 파생물)의 림프종 치료에 관한 잠재적 치료 효과에 대해 연구하였다. 길먼과 굿맨은 쥐와 토끼를 림프종에 걸리게 한 후 머스터드 약제로 그들을 치료하는 실험을 수행하였다.

다음 단계로 비(非)호지킨스 임파종에 걸린 환자에게 머스타인(mustine, 원형 항암제)을 주입하였다. 이 환자는 방사선 치료가 힘든 환자였다. 처음에는 이틀 내에 종양 덩어리가 부드러워질 만큼 환자의 상태가 좋아졌으나 이러한 효과는 단 1주일 간 지속됐다. 1946년 정부는 길먼과 굿맨이 소속된 팀에게 질소 머스터드를 암 치료제로 사용한 것에 대한 첫 번째 논문을 출판할 수 있는 권한을 주었으며, 출판한 논문은 약리체제로 암을 치료할 수 있다는 것을 최초로 입증했다.

세포의 분할을 관장하는 세포 통제 센터에 피해를 입혀 세포 분할이 진행되는 것을 막아주는 약품인 질소 머스터드는 더 나은 수준의 화학 요법을 발견하기 위한 모델이 되었다. 화학 요법은 종종 수술 및 방사선 치료와 병행하여 사용되고 있으며 점차 종류가 다양해지는 암에 대한 표준 치료법이 되었다. 오늘날 질소 머스터드는 비호지킨스 임파종을 위한 다약제 화학 요법에 사용되고 있다. **JF**

참고: 방사선 치료

# 아크릴 페인트 (1947년)

보쿠어가 예술가를 위한 새로운 페인트를 시장에 출시하다.

오토 롬은 1901년 박사 논문을 위하여 아크릴 플라스틱을 연구한 지 6년 후 롬앤하스社를 공동 설립하였으며, 1936년 플렉시글라스, 퍼스펙스, 루사이트와 같은 상표로 알려진 비산방지 아크릴 유리를 판매하기 시작했다. 제2차 세계대전 전까지는 판매가 잘 되지 않다가 전쟁 도중에는 미국이 매년 생산하는 몇만 대의 전투기 조종석에 플렉시글라스가 사용되어 판매량이 급증하였다. 롬앤하스社의 화학자들은 수십 년간 아크릴에 대해 연구해 왔지만 아크릴 페인트를 발명하지는 못했다. 대신 페인트 제조공으로 직업을 바꾼 아티스트가 아크릴 페인트를 발명하였다.

1941년 레너드 보쿠어(1910~1993)는 유성 페인트를 제조하여 판매하던 중 하얀 색상의 아크릴 샘플을 보고 깊은 감명을 받았다. 전쟁이 끝난 후 보쿠어는 페인트로 사용할 수 있는 아크릴을 제조하기 위해 롬앤하

> "일부 사람들이 하얀색 시럽과 같은
> 무언가를 들고 상점으로 들어갔다.
> 그는 이것이 아크릴이라고 말했다."
>
> 레너드 보쿠어

스社에서 근무했으며 1947년 최초의 아크릴 페인트인 '마그나'를 판매하기 시작하였다.

아크릴 페인트는 유성 페인트보다 장점이 많다. 아크릴 페인트는 벗겨짐, 균열 혹은 색상이 바래지는 현상이 없으며 다양한 재질의 표면에 칠할 수 있으며 빨리 건조된다는 특징이 있다. 1953년 롬앤하스社는 내벽에 칠할 수 있는 수성 아크릴 페인트를 출시했다. 손쉽게 칠할 수 있는 이 새로운 페인트는 건조가 빠르고 솔벤트 기반 페인트보다 청소하기 쉬웠다. **ES**

참고: 퍼스펙스

# 트랜지스터 (1947년)

바딘, 쇼클리, 브래튼이 문제점을 가지고 있는 진공관 트라이오드를 교체하다.

트랜지스터는 20세기 진정한 획기적 발명품 중 하나로, 트랜지스터가 존재하기 전에는 거의 모든 전자 회로가 비효율적이고 고장이 잦은 진공관을 사용하여 만들어졌다.

트랜지스터는 미국 뉴저지 주의 벨 전화 연구소에서 개발하였다. 과학자인 존 바딘(1908~1991), 윌리엄 쇼클리(1910~1989), 월터 브래튼(1902~1987)은 진공관 다이오드를 대체할 수 있는 반도체로서 게르마늄 광석이 적합한지 여부를 연구하고 있었다. 연구를 성공적으로 마친 후 세 사람은 상당히 어려운 작업인 고체 게르마늄 트라이오드의 제작에 관심을 갖기 시작했다. 20세기 초 진공관 트라이오드가 개발되어 발전한 이래, 진공관 트라이오드는 모든 전자 장비 부품의 핵심이었지만 많은 양의 전력을 소모했으며, 때때로 전기 백열 전구처럼 허용치를 벗어난 열을 발산하면서 수명이 짧다는 단점이 있었다.

1947년 12월 16일 바딘, 쇼클리, 브래튼은 최초의 트랜지스터를 제작하였다. 트랜지스터라는 이름은 트랜스미터(transmitter)의 '트랜(trans)'과 레지스터(resistor)의 '지스터(sistor)'을 따서 만들어졌다. 일주일 후인 1947년 12월 23일(트랜지스터의 탄생일로 항상 인용됨)에 그들은 대중에게 트랜지스터를 공개하였다. 트랜지스터는 크기가 작고 매우 적은 전력을 소모하며 열을 발산하지 않는다. 그로부터 십 년 이내에 대부분의 상업적 응용 제품에서 사용되던 진공관 기술은 거의 다 사라져 버렸다. **TB**

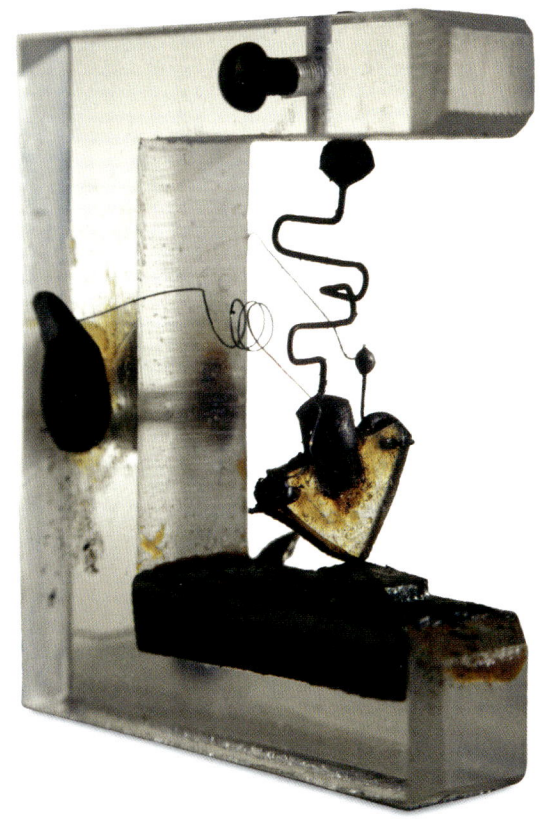

참고: 진공관 다이오드, 트라이오드, 트랜지스터 라디오

↗ 질연체가 아래쪽 메탈 판 위에 위치한 게르마늄을 눌러 금속 접점을 분리시켰다.

"브래튼은 장치 그 자체를 물이 있는 관에 담그기로 결정했다. 그 후 그 장치는 조금씩 작동했다."
아이라 플라토우, 트랜시스토리즈!

# 제세동기 (1947년)

벡이 멎은 심장을 정상적인 심장 박동으로 복원하기 위해 전기를 사용하다.

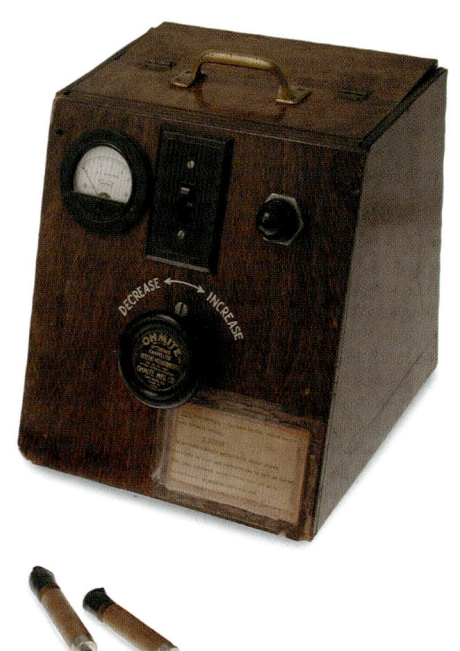

제세동기는 규칙적인 심장 박동을 회복시키기 위해 흉벽을 통해 전기 충격을 심장에 전달하는 장치이다. 심장 근육이 더 이상 수축 운동을 하지 않으면 신체 주위로 혈액이 공급되지 않기 때문에 만약 심장이 멎었을 때 제때 응급 조치를 하지 않는다면 사망할 가능성이 높아진다.

미국의 심장 전문의 클라우드 벡(1894~1971)은 1947년 오하이오 주 클리블랜드에 위치한 케이스웨스턴리저브 대학교에서 제세동법을 성공적으로 시술하였다. 벡은 선천성 심장 질환이 있는 14세 소년의 수술을 진행 중이었는데, 흉부를 닫는 순간 소년의 심장이 정지하였다. 심장 마사지가 실패하자 벡은 즉시 흉부를 다시 열어 개발 중이던 제세동기를 사용하였다. 벡의 제세동기는 60-Hz 교류로 연결된 상태에서 심장 위에 올려놓는 은 주걱(식탁용 큰 스푼 정도의 크기) 모양을 하고 있었다.

1954년 윌리엄 밀노와 함께 근무하던 윌리엄 B. 코우웬호벤은 최초로 개의 흉부를 열지 않고 제세동법을 시연하였다. 그로부터 2년 후 폴 졸은 사람을 대상으로 최초의 성공적인 외부 제세동법을 시술하였다. 오늘날 제세동기는 수술실에서 널리 사용되고 있으며 쇼핑몰이나 스포츠 경기장 같은 장소에서도 자동 제세동기(AED)를 찾아볼 수 있다.

요즘에는 심실세동의 위험이 큰 사람에게서는 심장 박동의 변화가 감지되면 자동적으로 전기 충격을 전달하는 이식형 제세동기가 종종 사용되고 있다. **JF**

"제세동기는 소화기처럼
우리 주위에 일반적으로
배치되어야 한다."
마이클 타히, 휴대용 제세동기로 생명의 위기를 넘기면서

**참고:** 심전계, 심장 박동기, 인공 심폐기, 인공 심장

🔎 벡은 동료 의사가 전기로 실험용 동물을 성공적으로 소생시키는 것을 보고 자신의 제세동기를 개발하였디.

# 폴라로이드 카메라 (1947년)

랜드가 순식간에 현상되는 사진을 소개하다.

폴라로이드 카메라는 출시되자마자 폭발적인 관심을 받았다. 비록 자체 현상 필름 기술이 그 당시에도 이미 존재했지만 폴라로이드社의 설립자인 에드윈 랜드가 1946년에 제작한 폴라로이드 카메라는 최초의 자체 현상 카메라였다.

랜드는 1937년 회사를 설립하여 8년 전 자신이 취득한 특허인 편광 필터를 제조하여 판매하였으며 얼마 지나지 않아 제2차 세계대전 중 미군에서 사용할 수 있는 편광 필터를 제조하였다. 1943년 자신의 딸과 휴가를 보내던 랜드는 딸에게 촬영 후 사진을 보려면 왜 이렇게 오랫동안 기다려야 하냐는 질문을 받았다. 이 질문을 받는 순간 랜드는 단 한 번에 현상되는 사진 시스템을 떠올렸으며 카메라 내의 이미지를 60초 이내 어떻게 현상할 것인지 생각하였다.

제2차 세계대전이 끝난 다음 해에 편광 필터에 대한 수요가 줄어들자 랜드는 즉석 카메라에 대한 자신의 아이디어를 실행에 옮기기 시작했다. 1947년 그는 자신의 사진을 찍고, 몇 분 후 청중에게 찍은 사진을 보여줌으로써 OSA(Optical Society of America)에 자신의 완성된 발명품을 공개하였다. 랜드의 첫 번째 카메라인 '모델 95'는 그 다음 해 11월에 판매를 시작하자마자 순식간에 매진되었다.

폴라로이드社는 1951년 방사선 사진 촬영을 위한 X선 필름을 출시했다. 디지털 카메라의 출현으로 모든 즉석 필름의 생산을 중단한 2008년 2월까지 계속해서 새롭게 디자인된 카메라와 필름이 제조되었다. 폴라로이드 카메라는 그 당시 혁명적인 발명품이었다. **SR**

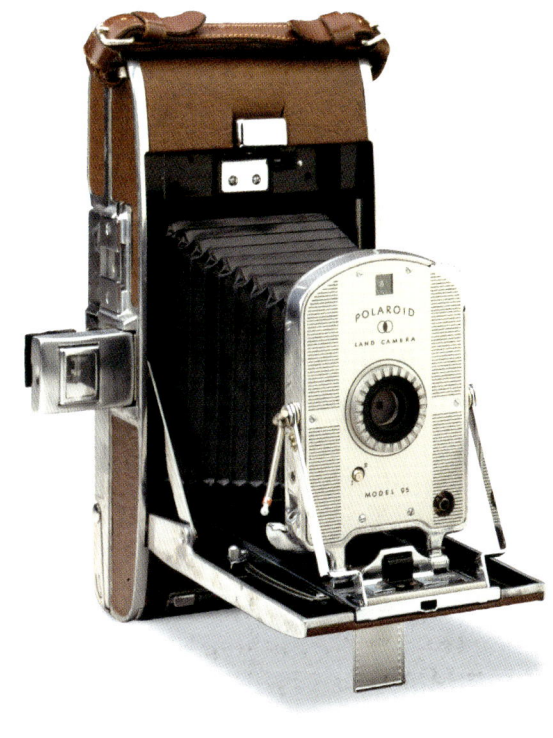

참고: 사진, 휴대용 카메라, 편광 필터, 디지털 카메라

↗ 코닥의 '브라우니' 모델처럼 폴라로이드 카메라는 대중들이 사진과 친숙해지도록 만드는 데 도움을 주었다.

"나는 갑자기 한 단계로 사진을 건조 처리하는 방법에 대해 알게 되었다."
에드윈 랜드

# 방사성 탄소연대 측정법
(1947년)

리비가 유기 물질의 연령을 확인하다.

1940년대 이전 과학자들은 바위 층 주변의 물체를 모아 상대적으로 연대를 측정하는 기법을 사용하여 화석과 기타 유기 물질의 연대를 알아내고자 했다. 그러나 이 방법은 부정확할 가능성이 매우 높았다.

희한하게도 우주의 원리를 이용하면 더욱 정확한 물체의 연대 측정이 가능하다. 높은 에너지의 우주선(線)은 끊임없이 우리의 대기권으로 방사되며 대기권과 충돌하면 성층권에서 원자로 분해되면서 대기 질소로부터 C-14라고 하는 탄소의 불안정한 방사선 형태가 만들어진다.

미국 과학자인 윌리엄 프랭크 리비(1908~1980)는 살아 있는 모든 생물은 탄소로 이루어져 있으며 대기권으로부터 탄소를 공급받아 신체의 탄소를 끊임없이 교체(식물은 이산화탄소의 형태로 탄소를 공급받으며 동물은 식물을 섭취하여 탄소를 공급받음)하고 있다고 생각했다. 리비는 살아 있는 모든 생물은 대기에 존재하는 비율과 동일한 양의 C-14를 신체 내부에 포함하고 있어야 한다고 생각했지만, 실제로 생물이 죽으면 이러한 C-14의 교체도 중단된다. 불안정한 C-14는 분해되어 고정된 비율(대략 5,700년마다 절반씩)의 일반 질소로 다시 변환된다. 특정 생물이 죽은 이후로 흘러간 시간은 대기의 C-14 비율과 그 생물의 C-14 비율을 비교하여 산출될 수 있다. 이 방법으로 최대 5만 년 전까지의 연대를 정확하게 측정하는 것이 가능하다.

리비는 나이테로 이미 연령을 확인한 전나무로 자신의 연대 측정법의 정확도를 실험한 후 1947년 방사선탄소연대측정법을 제안하였다. 방사선탄소연대측정법은 곧 널리 채택되었으며 사해 문서, 마지막 빙하 시대의 흔적과 같은 다양한 물체의 연대를 측정하는 데 사용한다. **JM**

참고: 가이거 계수기, 질량 분석기

# 초음속 비행기
(1947년)

미 공군 조종사들이 음속 장벽을 돌파하다.

초음속 비행기는 소리의 속도보다 더 빨리 날아가는데, 이를 땅에서의 속도로 계산해보면 시간당 770마일(1,230킬로미터)의 속도이다. 제2차 세계대전 중 미쓰비시 제로 및 슈퍼마린 스피트파이어 같은 전투기들은 급강하 시 이 속도에 도달할 수 있었으나 전투기 근처의 초음속 공기가 분열성 충격파와 난기류를 발생시켰다. 이로 인해 프로펠러의 효율이 급격하게 떨어졌으며 카오스 효과가 압력 섭동(攝動)이 증폭되어 항력이 증가했고 비행기 제어가 불가능해졌다. 이러한 현상을 음속 장벽이라고 한다. 음속 장벽은 훨씬 더 강력한 제트 엔진이 개발되고 기체와 날개가 강화됨에 따라 극복되었으며 비행기가 음속보다 빨리 움직이게 되면서 안정적인 비행이 가능해졌다.

누가 최초로 초음속 비행기에 탑승했는지는 여전

"나는 항상 죽는 것이 두려웠다.
나의 두려움은 항상 조종석에서 긴장을
늦추지 않도록 해주었다."
척 예거

히 명확하지 않다. 척 예거는 1947년 10월 14일 자신의 로켓 추진 벨 X-1 비행기에 탑승하여 마하 1.06의 속도로 모하비 사막 상공에서 음속 장벽을 돌파하였다. 그러나 이보다 조금 전에 F-86 세이버 제트 전투기가 급강하하면서 음속 장벽을 돌파하여 만들어낸 엄청난 꽝음을 들은 목격자들이 있었다. 이 전투기에는 시제품 테스트를 목적으로 조지 웰치가 탑승하고 있었다. **DH**

참고: 비행선, 동력 비행기, 제트 엔진, 스크램 제트

➡ 벨 X-1은 50-캘리버 중기관총이 장착된 초음속 비행기로 안정적인 비행기로 알려져 있다.

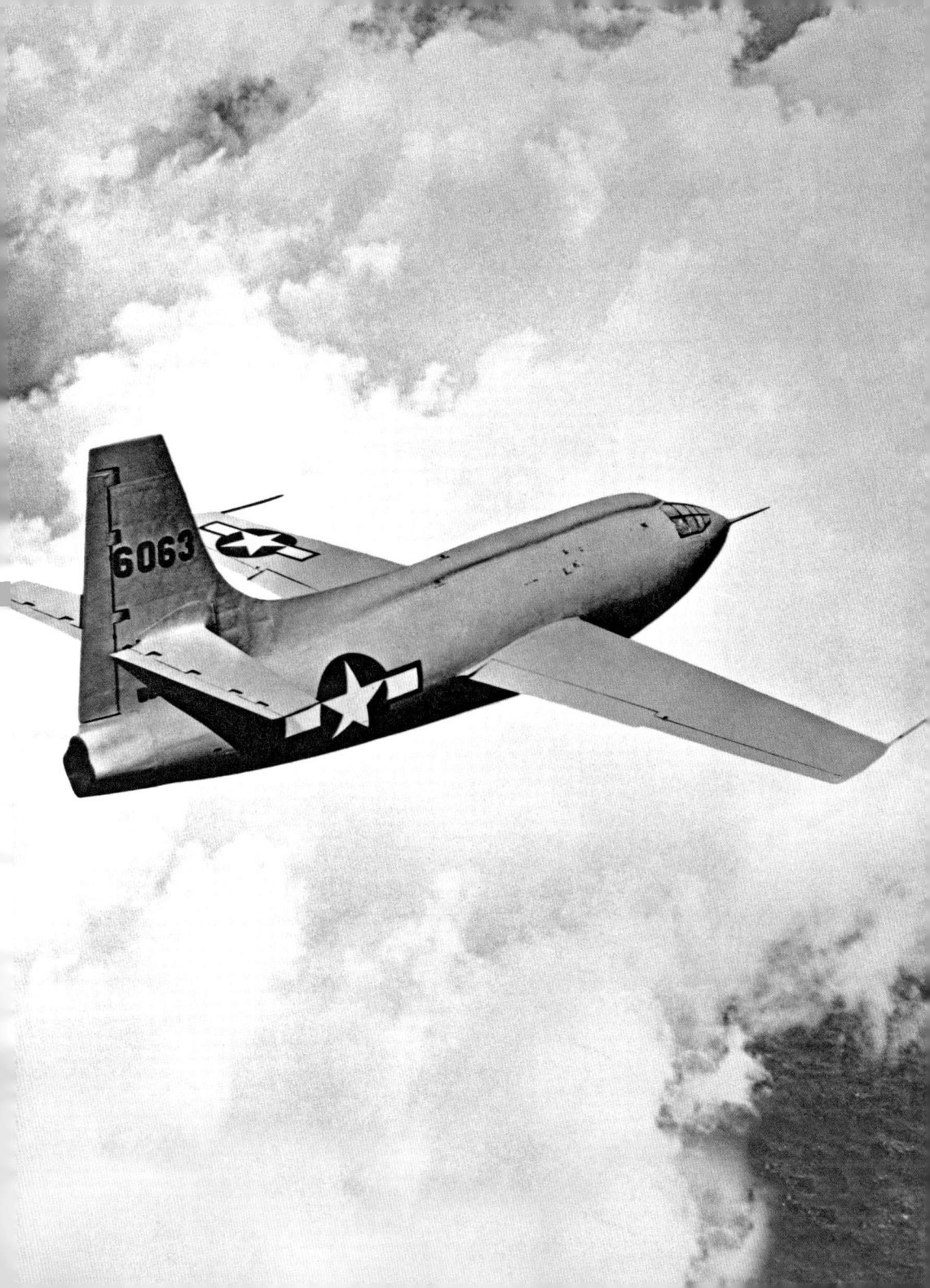

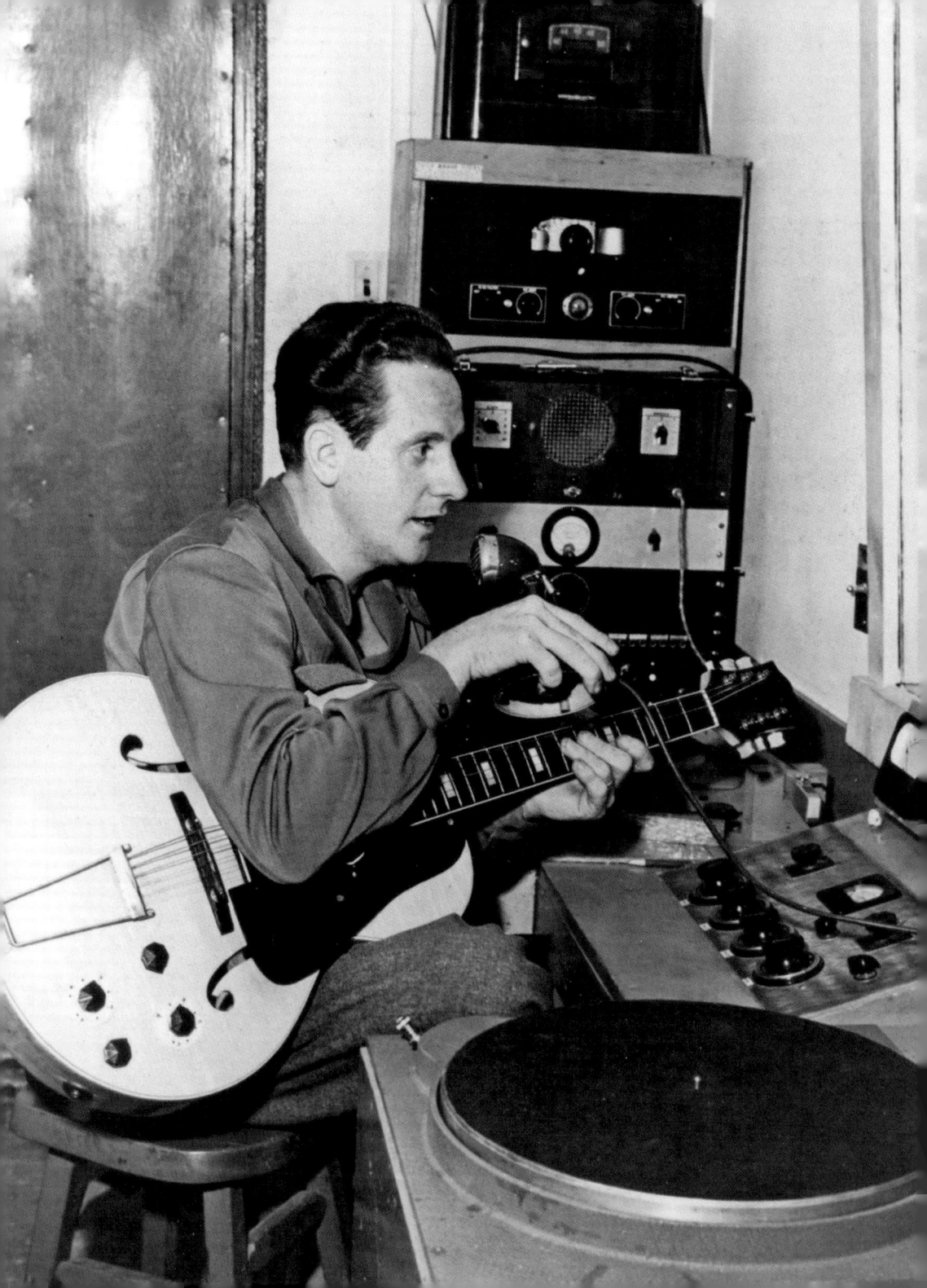

# 멀티트랙 음성 녹음
## (1947년)

폴이 한 번에 연주를 8번 한 것과 같은 효과를 만들어내다.

토머스 에디슨이 처음으로 음성을 녹음했을 당시 왁스 실린더를 사용하여 만든 그의 음성 녹음은 단순히 시간 속 특정한 한 순간을 기록한 것에 지나지 않았다. 1940년경 수많은 연구원들은 음성 녹음에 대한 다른 접근 방법을 찾기 시작했으며, 기타리스트이자 발명가인 레스 폴(1915년 출생)은 다양한 소리를 녹음하고 그들을 연속적으로 재생하여 완전히 새로운 것(합성 녹음)을 만들려는 아이디어에 대해 생각하고 있었다.

1947년 레스 폴의 실험은 결실을 맺었다. 캐피톨 레코드社는 폴의 솔로 연주곡 'Lover(When You're Near Me)'를 발매하였다. 이 곡은 폴이 여덟 개의 서로 다른 기타 파트를 동시에 연주한 것과 같은 효과가 있는 노래였다. 파울은 두 개의 왁스 실린더 레코딩 기계를 사용하여 녹음을 진행하였다. 첫 번째 실린더로 우선 한 파트를 녹음한 다음 두 번째 실린더로 처음에 녹음한 파트에 맞춰 연주하는 방식으로 녹음하였다. 그는 여덟 개의 모든 파트가 완료될 때까지 이 방법을 계속하였다. 이 선구적인 녹음 기술을 현재는 '중복(sound on sound)'이라고 일컫는다.

레스 폴은 또한 진정한 멀티트랙 테이프 녹음의 발전에 매우 중요한 역할을 하였다. 1948년 그는 친구인 빙 크로스비에게 세계 최초로 상용화된 자기 테이프 녹음기인 암펙스 모델 200을 선물받았다. 폴은 실험을 통해 녹음 헤드와 재생 헤드를 수정하였으며 1953년 암펙스社에게 최초의 8트랙 녹음기를 제조해줄 것을 의뢰하였다. 1960년경 미국에 있는 대부분의 메이저 레코딩 스튜디오에서 멀티트랙 테이프 녹음기를 보유하고 있었다. **TB**

참고: 자기 녹음기

← 스튜디오에 앉아 한 부분씩 나누어 녹음해야 하는 사실에 좌절한 레스 폴(1940).

# 바코드
## (1948년)

실버와 우드랜드가 개선된 데이터 추적시스템을 발명하다.

바코드의 개발은 1948년 식품 체인점 사장이 필라델피아에 위치한 드럭셀 기술 대학의 학장에게 조언을 구한 것에서 출발하였다. 해당 대학원생이었던 버나드 실버(1924~1962)는 체인점 사장이 학장에게 한 얘기를 우연히 듣게 되었다. 회사는 계산대에서 자동적으로 제품 정보를 수집하는 시스템을 원했지만, 학장은 그러한 연구를 시작하는 것에 관심이 없었다. 실버는 친구인 노먼 우드랜드(1921년 출생)와 함께 해결책을 마련해보기로 결심했다. 이 두 사람은 많은 시행착오 끝에 1920년대 리 드 포레스트가 발명한 영화 사운드트랙 기술과 모스 부호의 점/선을 결합해 보기로 했다. 우드랜드는 모스 부호를 아래로 늘어뜨려 점은 가는 선으로, 선은 굵은 선으로 만들었다.

드 포레스트의 필름은 필름의 가장자리에 따라 투

> "1974년에 바코드를 가진
> 최초의 제품이 계산대에서
> 읽히고 있다."
>
> 러스 애덤스, 저자

과하는 빛의 양이 달랐다. 빛이 필름에 비춰지면 다른 면에 위치한 장치가 투과된 빛의 강도를 감지하여 이에 상응하는 전자 파형으로 변환시켰으며 이 전자 파형은 스피커를 통해 음성으로 바뀌었다. 우드랜드는 드 포레스트의 이 시스템을 개조하여 각각의 넓고 좁은 선이 빛을 반사시키도록 센서를 오실로스코프와 결합시켰다. 적당한 가격, 낮은 전력, 레이저 광원, 획득한 데이터를 처리하는 소형 컴퓨터가 출현하여 바코드 시스템이 널리 사용되기까지는 그로부터 수십 년의 세월이 흘러야 했다. **MD**

참고: RFID, CCD

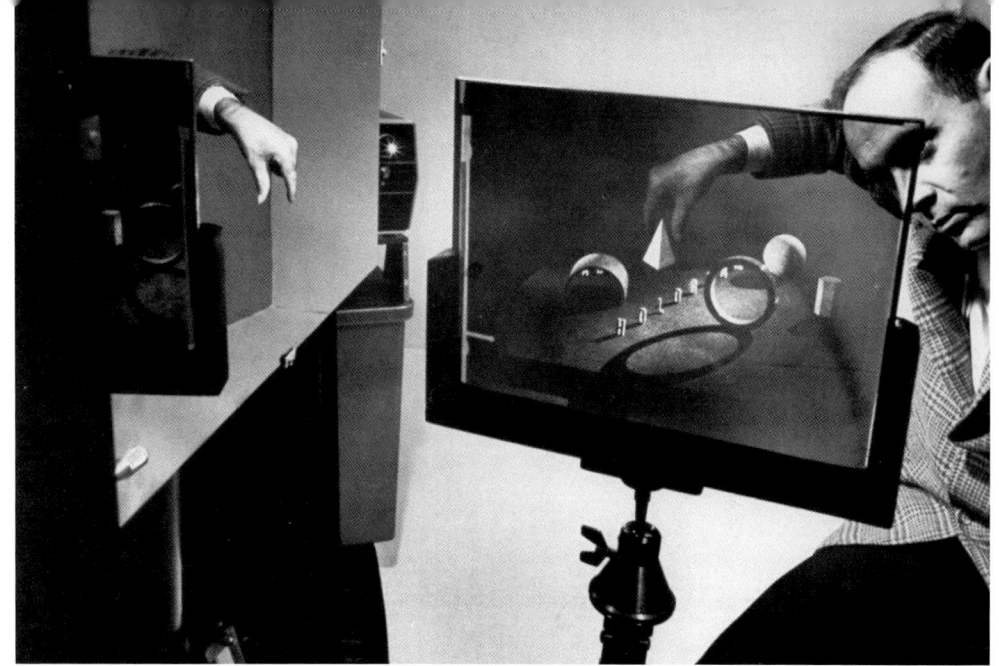

# 홀로그래피 (1948년)

가버가 삼차원 이미지를 생성하다.

그리스어인 홀로(holos, 전체를 의미)와 그래피(grafe, 적는다는 의미)를 결합한 용어인 홀로그래피는 이미지를 3D로 저장할 수 있도록 해주는 사진의 형태이다. 홀로그래피는 1948년 헝가리 출신 데니스 가버(1900~1979)가 영국 럭비 지역에 위치한 톰슨-휴스톤社에서 근무하던 중 발명하였다.

가버의 홀로그래피는 한 가닥의 빛으로 3D 이미지를 부호화하여 저장하였다. 1960년 러시아와 미국의 과학자 그룹이 발명한 레이저는 순수하고 강렬한 빛을 제공하여 홀로그램을 만드는 데 이상적이었다. 펄스형 루비 레이저는 강력한 빛을 매우 짧은 시간(나노세컨트) 동안 발산하기 때문에 빛의 발사와 정지를 매 순간 효율적으로 제어할 수 있었다.

레이저의 개발로 홀로그램 이미지를 저장하고 눈으로 확인할 수 있게 되었다. 1968년 스티븐 벤톤은 대량 생산이 가능한 형태인 백색광 홀로그래피를 발명하였다. 벤톤의 홀로그래피는 백색광에서 보면 일곱 가지 색상의 삼차원 무지개 홀로그램을 만들었다.

현재는 다양한 형태의 홀로그램이 널리 사용되고 있다. 무지개 홀로그램은 신용카드에 쓰이며 살바도르 달리와 같은 예술가는 홀로그래피를 예술적인 목적으로 이용하였다.

또한 홀로그램은 20세기 후반 영화에 등장했다. 스타워즈에서 도움을 청하는 3D 레이아 공주의 모습이나 웅웅 소리를 내는 광선검은 영화에서 볼 수 있는 홀로그램의 대표적인 예이다. **SD**

참고: 사진, 홀로그래픽 메모리

↑ 미시간 대학교에서 에미트 리스가 레이저 광선을 사용하여 3차원으로 이미지를 만들고 있다.

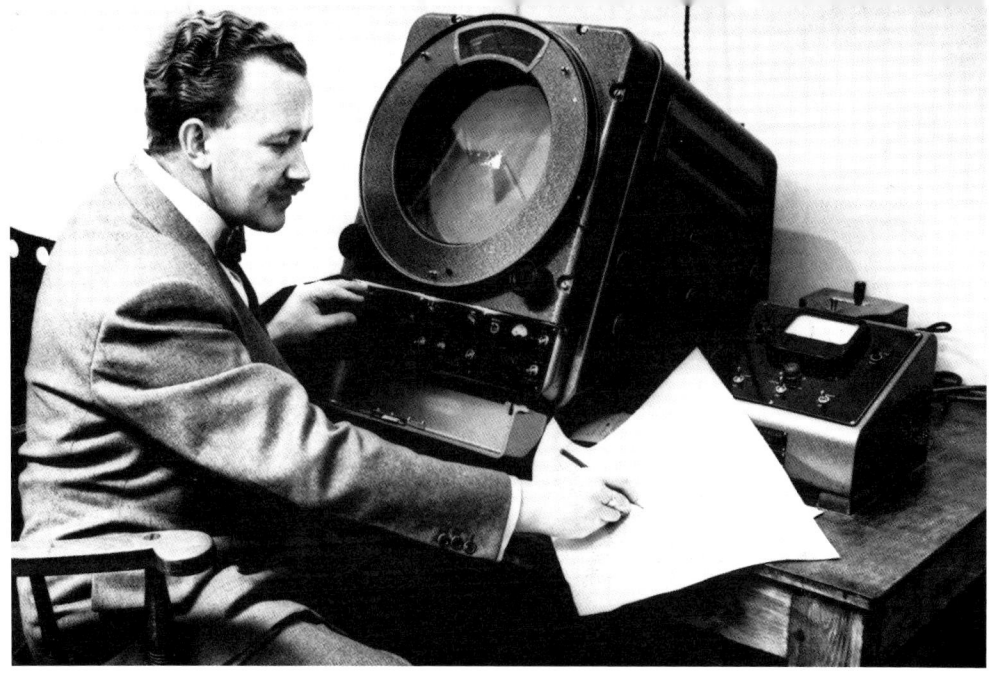

# 기상 레이더 (1948년)

제2차 세계대전에서 사용되던 레이더를 기상 시스템에서도 사용하다.

제2차 세계대전에 참전한 국가들은 적군의 비행기 위치를 감지하기 위해 레이더를 개발하였다. 그들은 또한 빗방울, 우박, 눈송이로부터 레이더 신호가 반사되어 기지국으로 전달되고 있음을 알아차렸다. 전쟁이 끝난 후에 이러한 신호들은 일기 예보를 위하여 사용되었으며 기상 레이더는 1948년부터 비행기에 장착되었다. 이는 비행기 탑승객들에게 피해를 입힐 수 있는 권적운을 감지하기 위해서였다.

기상 레이더 기지국은 기상 상황을 조사하는 회전식 안테나를 사용하여 구름을 향해 맥동초단파를 발산한다. 이러한 초단파는 일반적으로 1~10센티미터의 파장을 띠고 있는데, 이는 감지하고자 하는 물방울, 우박, 눈송이의 열 배 가량의 크기를 나타낸다. 물방울, 우박 등 떨어지는 입자가 파장을 흩어놓아 발생한 반송 파장이 레이더 기지국으로 다시 반사되면 기지국에서 기상 상황을 파악할 수 있게 된다.

기상 레이더를 통해 다섯 개의 기상 관련 정보를 측정하는 것이 가능하다. 우선 파장이 발사된 시간과 흩어진 시간을 비교하여 물방울, 우박, 눈송이까지의 거리를 측정할 수 있으며 반송 파장의 도플러 편차로 이동 중인 구름의 방향과 속도 측정이 가능하다. 도플러 신호의 다양한 변화를 통해 폭우를 예견할 수 있으므로 뇌우가 칠 것인지 혹은 토네이도로 발전할 것인지 예측할 수 있으며, 반송파의 세기는 특정 구름에서의 강수량 수치를 알려준다. 완벽한 3D 활동 기상 사진을 얻기 위해서는 구름의 높이와 함께 관련된 일련의 여러 기상 레이더가 동원되어야 한다. 기상 레이더는 항상 30분마다 레이더 비 구름 사진을 제공한다. **DH**

**참고**: 측우기, 풍속계, 기압계, 습도계, 아네로이드 기압계, 라디오 존데, 레이더

⬆ 런던 기상청의 직원이 폭풍을 경로를 파악하기 위해 레이더 스캐너를 사용하고 있다.

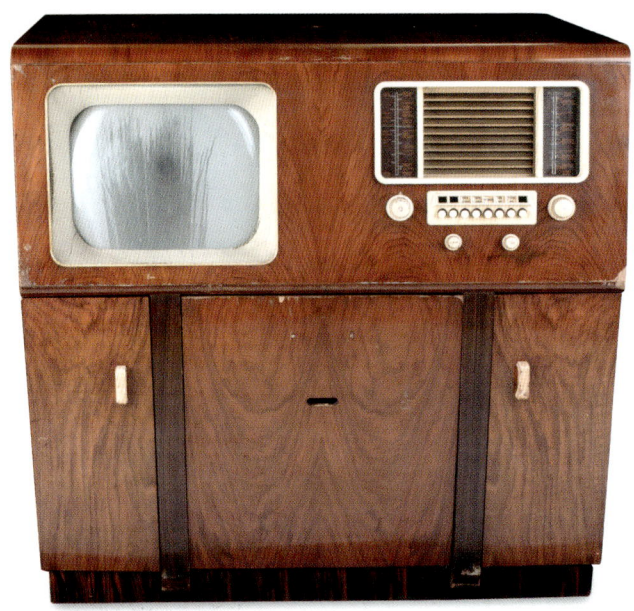

# 케이블 텔레비전 (1948년)

왈슨이 지역 안테나 텔레비전 시스템을 발명하다.

1948년 봄 미국의 발명가인 존 왈슨(1914~1993)은 지역 안테나 텔레비전을 구성하여 고객들에게 케이블 텔레비전의 놀라운 성능을 보여주었다.

펜실베이니아 주 마하노이 지역에 위치한 서비스 일렉트릭社의 사장인 왈슨과 아내 마거릿은 고객들이 근처에 위치한 산 때문에 방송 신호를 수신하는 데 어려움을 겪고 있다는 것을 알게 되었다. 그들은 고객들에게 도움을 줄 수 있는 방법으로 케이블 텔레비전을 생각해냈다. 왈슨은 산 꼭대기에 안테나를 설치하여 새로운 높이에서 방송을 수신하기로 마음먹었다. 케이블과 신호 증폭기를 사용하여 산 꼭대기에 설치된 안테나를 자신의 가전기기 상점에 연결하였다. 또한 자신의 상점으로 들어오는 방송 신호를 고객의 집으로 직접 분배하여 최초의 지역 안테나 텔레비전 시스템을 완성하였다.

케이블 TV라고 알려진 지역 안테나 텔레비전은 현재 미국과 유럽 가정의 60퍼센트가 시청하고 있다.

최초의 케이블 시스템은 신호를 수신하는 큰 안테나와 서비스 지역 전체에 할당된 신호 증폭기로 구성되었다. 케이블이 길면 전송되는 신호가 약해지기 때문에 일정 간격마다 증폭기가 설치되었지만 잡음과 신호의 왜곡이 발생하였다.

얼마 후 케이블 텔레비전에는 점점 더 많은 채널이 추가되었으며 극초단파 송신기와 수신기가 원거리 신호를 수신하기 위해 사용되어 케이블 공급자가 더 많은 채널을 제공할 수 있게 되었다. 그 결과 퇴근 후에 소파에서 채널을 이리저리 돌리는 사람들이 점점 늘어났다. **LW**

**참고:** 음극선관, 변압기, 텔레비전, 컬러 텔레비전, 리모콘, 플라즈마 스크린

⬆ 케이블 텔레비전이 출현한 1948년에는 텔레비전 수상기가 여전히 비쌌다. 이 텔레비전은 라디오와 통합되어 있다.

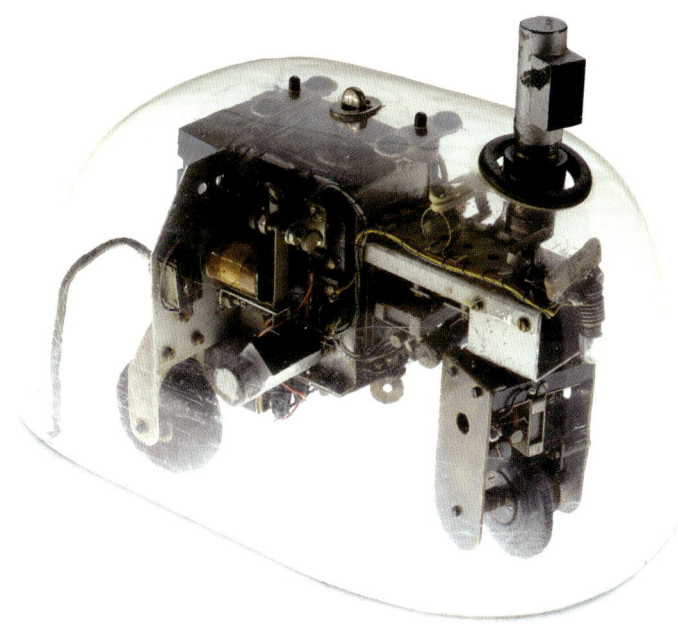

# 로봇 (1948년)

월터가 최초의 전기 자율 로봇을 제작하다.

로봇의 개념은 1495년 레오나르도 다빈치가 기계 기사 로봇을 만들었을 만큼 오래 전부터 존재했지만 최초의 기념비적인 로봇은 1948년에 완성된 엘머와 엘시라 이름 붙여진 거북이같이 생긴 한 쌍의 로봇이었다.

미국 출신 신경 생리학자이자 발명가인 윌리엄 그레이 월터(1910~1977) 박사가 제작한 거북이 로봇은 마치 살아 있는 것처럼 작동했으며 빛 감지를 위한 센서, 접촉 감지를 위한 센서, 추진력과 조종을 위한 모터와 두 개의 진공관 아날로그 컴퓨터가 장착되었다.

단순한 회로의 도움으로 전기기계 로봇은 빛이 있는 쪽으로 이동할 수 있었으며 배터리가 얼마 남지 않으면 정해진 길로 충전 장소를 찾아갈 수 있었다. 이 로봇은 60년 후에 출시된 로봇 강아지인 소니의 아이보(Aibo)를 만드는 기술적 기반이 되었다. 이 로봇은 빛의 밝기에 반응하는 움직임과 모터 동력을 이용한 움직임을 조합하여 네 가지 모드로 작동하는 것이 가능했다. 로봇은 거북이의 다양한 행동 패턴을 만들어냈는데, 한 실험에서 월터 박사가 로봇 앞에 발광체를 놓자 마치 거울을 보듯이 이를 바라봤다고 한다.

이론적이고 탐구적인 엘머와 엘시의 성향 때문에 월터 박사는 자신의 거북이 로봇을 '머시나 스페큘러트릭스'라고 불렀다. 월터 박사의 로봇은 뇌세포 간의 상호 연결을 발생시키는 매우 복잡한 행동을 연구하고 테스트하는 데 도움이 되도록 디자인되었다. 반사적으로 행동하는 그의 조그만 로봇은 인공 두뇌학과 로봇 공학의 탄생과 발전에 커다란 영향을 미쳤다. **MD**

참고: 자동인형, 산업용 로봇, 이족보행 로봇, 수술 로봇

⬆ 광수용기로 인해 거북이 로봇은 온건한 빛에는 접근하지만 강렬한 빛은 접근을 피할 수 있었다.

# 아이스링크 청소기 (1948년)

잼보니가 시간이 걸리는 단순한 일을 자동화시키다.

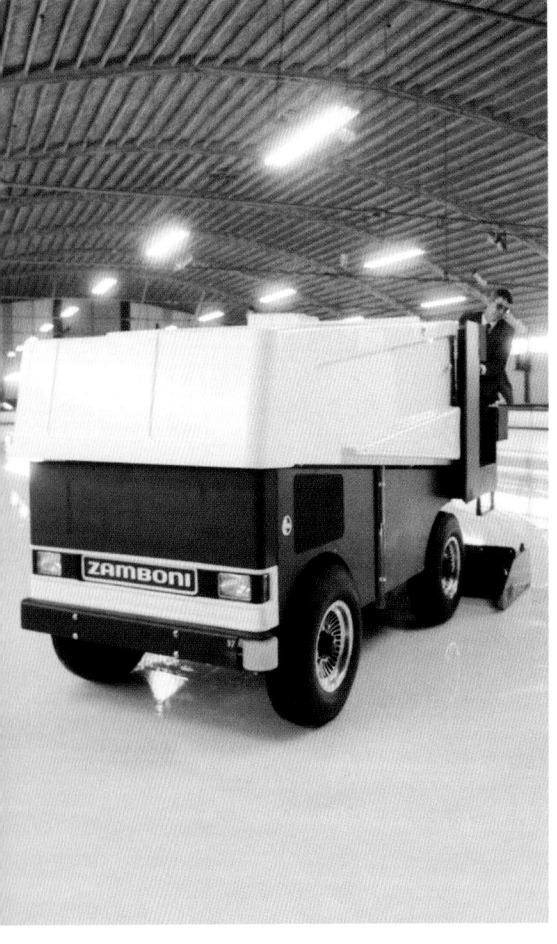

잼보니는 사람 이름이기도 하지만 미국에서는 아이스 링크의 표면을 고르는 작업을 지칭하기도 한다.

프랭크 잼보니(1901~1988)는 20세기에 이탈리아 이민자 출신의 부모 밑에서 태어났다. 그는 젊은 시절에 가족 농장에서 일했으며 지역 자동차 정비소에서 기계공으로 근무하였다. 프랭크는 자신의 남동생인 로렌스와 함께 얼음 제조 공장을 설립하여 냉장에 사용될 얼음 덩어리를 생산하였다. 1930년대 중반 전기 냉장고가 발명되면서 얼음 덩어리는 재용광로 쌓이기 시작하였다. 이로 인해 두 형제들은 아이스 제조 장비와 전문 지식을 사용하여 아이스링크를 만들었다. 그들이 만든 '아이스랜드'는 한 해에 15만 명이 방문하는 지역 명소가 되었다.

아이스링크를 청소하거나 얼음 표면을 고르는 작업은 작업 완료를 위해 세 사람이 1시간 30분 동안 작업해야 하는 일이었다. 잼보니는 이 작업을 좀더 효율적으로 수행할 수 있는 방법에 대해 생각했으며 1948년 아이스링크 정빙기를 성공적으로 제작하였다. 이로 인해 '모델 A'가 탄생했으며 한 사람이 10분간 작업하여 얼음 표면을 고르는 작업을 완료할 수 있게 되었다.

프랭크의 정빙기는 아이스 링크 표면을 고르는 데 필요한 모든 작업을 동시에 수행할 수 있는 훌륭한 기계이다. 정빙기 날은 얼음 표면의 얇은 층을 깎아냈으며 일련의 컨베이어는 깎은 얼음을 차량 후면으로 전달하여 버킷에 저장한다. 고압으로 물을 살포하여 얼음 표면 위의 오물을 제거하고 얼음의 구멍도 메울 수 있었다. 살포된 물은 거대한 스퀴지의 도움으로 제거되었다. **BG**

"사람들은 흐르는 시냇물, 불꽃놀이,
얼음을 청소하는 잼보니를
처다보는 것을 좋아한다."
찰리 브라운, 만화영화 「스누피」의 캐릭터

참고: 스퀴지, 자동 세정 창문

**↖** 아이스링크 표면을 고르는 작업을 수행하기 위해 자신의 아버지가 개발한 정빙기의 후속 모델을 운전하고 있는 리처드 잼보니.

# 합성 제올라이트 (1948년)

배럴이 산업용 용도를 위하여 제올라이트를 합성하다.

1948년 뉴질랜드의 리처드 배럴(1910~1996)은 자연에서는 발견되지 않는 유형의 제올라이트를 최초로 제조해 런던 임페리얼 대학교의 물리 화학 교수가 되었다.

천연 제올라이트는 규칙적인 구조로 구성된 미세한 구멍을 지닌 미소공 광석으로, 분자체로 사용될 수 있으며 전체 부피의 최대 50퍼센트 정도가 공기나 빈 공간으로 구성된다.

제올라이트는 미세한 화산재 층이 알칼리 물과 반응해 생성되며 미네랄 소다불석은 제올라이트의 전형적인 예이다. 노천 광산은 대략 일 년에 400만 톤의 제올라이트를 생산하며, 제올라이트들은 주로 콘트리트 산업에서 사용되고 있다. 농업에서는 워터 트랩의 역할을 위해 토양에 제올라이트를 포함시킬 수 있다. 제올라이트는 흡습성이기 때문에 아침 이슬로부터 자신의 질량 대비 절반 정도의 물을 흡수한다.

합성 제올라이트는 알칼리, 물, 유기 기질의 혼합물로 구성된 실리카 알루미나겔을 느리게 결정화시켜 만들어진다. 제올라이트를 합성으로 생산하면 오염되지 않은 순수한 최종 제품(합성 제올라이트)을 얻을 수 있다는 장점이 있다. 또한 생산 공정에서 제어된 온도는 자연에서 발견할 수 있는 것보다 더욱 고유한 구조를 지닌 합성 제올라이트를 생성할 수 있도록 해준다.

합성 제올라이트는 연수 및 정수 시스템의 이온 필터로 사용되며, 공업용 배출 가스로부터 특정한 분자와 핵 연료 산업에서 원하지 않는 핵분열 생성물을 제거할 수 있다. 제올라이트는 큰 분자를 위한 트랩(trap)으로서의 역할을 하여 석유 화학 공학의 알킬화와 같이 화학 공정의 속도를 높이는 용도로 쓰인다. **DH**

참고: 합성 다이아몬드, 합성 고무, 합성 혈액

# 아세트아미노펜 (1948년)

액셀로드와 브로디가 더욱 안전한 진통제를 발견하다.

생물학 학사를 취득했음에도 불구하고, 미국의 생화학자인 줄리어스 액셀로드(1912~2004)는 자신이 지원한 모든 의과 대학에서 번번이 떨어졌다. 결국 뉴욕의 공중 위생부에 연구 기술자로 취직해 음식의 비타민을 조사하였다. 1942년 과학 분야의 석사학위를 취득하기 위해 야간대학교에 입학하였으며 그 후 1946년에 골드워터 메모리얼 병원의 과학자인 버나드 브로디 밑에서 근무하였다.

1940년대에는 패혈증 질환 및 메트헤모글로빈혈증을 발병시키는 비아스피린계의 진통제를 사용하였다. 액셀로드와 브로디는 자세한 조사를 통해 대다수 비아스피린계 진통제의 주 원료인 아세트아닐리드가 이러한 질병의 원인이라는 사실을 밝혀냈다. 그들은 또한 아세트아닐리드와 동일한 방식으로 고통을 없애는 물질인 아세트아미노펜을 발견하였다.

> "나는 연구를 시작하는 데에는
> 훌륭한 머리가 요구되지 않는다는 것을
> 곧 알게 되었다."
>
> 줄리어스 액셀로드

1948년 논문에 그들은 아세트아닐리드의 대체제로 아세트아미노펜 혹은 파라세타몰(타이레놀)을 사용할 수 있다는 견해를 기술하였다. 1950년대 이후 아세트아미노펜은 아스피린보다 안전하다는 것이 증명되어 아이들을 위한 조제약으로 시장에 출시되었다. 오늘날 진통, 두통, 고열, 바이러스성 증상(감기, 독감), 생리통, 관절통, 치통을 완화시키기 위해 널리 사용되는 아세트아미노펜은 부작용이 없으며 다른 약품과 반응하지 않는다. **LH**

참고: 마취, 용해성 알약, 아스피린, 현대 전신 마취제

# 인공 호흡기 (1949년)

완벽한 시계 개발을 위한 경쟁이 시작되다.

미국의 생물 의학장치 발명가인 존 에머슨(1906~1997)
은 1931년에 발명된 철제 호흡보조기를 개선해 기계 인
공 호흡기를 개발하였다.

1949년 에머슨은 하버드 대학교의 마취 부서에서
동료들과 기계 인공 호흡기를 연구하였다. 1940년대의
전염성 소아마비는 수술 중 근육 이완제의 사용을 증
가시켰으므로 인공 호흡기에 대한 수요가 더불어 늘어
났다. 이는 근육 이완제가 환자의 호흡기 근육을 마비
시켰기 때문이다.

1950년대에는 버드 인공호흡기와 같은 다른 모델
들도 에메슨의 인공 호흡기 모델처럼 가스로만 구동되
었다. 영국에서는 이스트 래드클리프의 인공 호흡기와
비버의 인공 호흡기 모델이 주로 쓰였는데, 비버의 인
공호흡기는 주름 상자를 작동시키기 위해 자동 와이퍼
모터를 사용하였다. 1952년에 출시된 맨리의 인공호흡

> "에머슨은 1,000달러 이하로 판매되는
> 인공호흡기를 개발하여 호흡율 변화에
> 따라 발생하는 문제를 해결하였다."
>
> 찰스 스미스, SAM(Special Air Mission), 폴리오

기는 또 다른 가스 구동 모델로 비버의 인공호흡기에게
있는 문제를 그대로 포함하고 있었다. 후에 출시된 맨
리 마크 II 모델은 큰 인기를 얻어 수천 대가 제조되어
판매되었다. 맨리의 인공 호흡기는 유럽에서 널리 사용
되고 있는 양압 호흡기의 개발에 도움을 주었다.

1980년대에는 기계 인공 호흡기와 고주파 진동
호흡기를 결합한 고주파 충격 인공 호흡기가 도입되
었다. **JF**

참고: 철제 호흡보조기, 인공 심폐기

# 원자 시계 (1949년)

완벽한 시계 개발을 위한 경쟁이 시작되다.

대부분의 시계는 시계추, 평형 바퀴, 수정 결정판으로
구성된 시계 몸체의 진동을 기반으로 작동하지만 시계
의 각 구성요소는 온도, 압력, 중력의 영향을 받기 때문
에 시간 표시에 오차가 발생할 수 있다. 시간을 측정하
는 기계는 지구의 자전에 의존하지만 이러한 기계들은
계절 변화 및 조석 마찰의 영향을 받는다. 그러나 원자
는 초당 정해진 숫자로 진동하기 때문에 오차 없이 시
간을 표시하는 데 적합하다. 미국 국립 표준청과 영국
의 국립 물리 연구소는 원자의 진동을 이용하여 정확한
시계를 개발하기로 하였다.

1949년에 미국은 24GHz의 저압 가스 암모늄 분
자에 의해 동기화되는 쿼츠 시계를 제작했으며 물리학
자인 루이 에센(1908~1997)의 지도하에 1955년 영국
은 최초의 세슘 시계를 제작하였다. 이 세슘 시계는 세
슘 원자의 진동과 동기화된 전기 회로의 진동을 사용
하였다. 조율이 가능한 극초단파 공동에 세슘이 내장되
어 있었으며 매초 가장 낮은 두 초미세 에너지 준위 간
전이가 9,192,631,770번 발생했다. 이 수치를 초로 정
의해보면 하루가 8만 6,400초라는 기존의 통설은 틀린
것임을 알 수 있다. 좋은 원자시계는 1초가 빨라지거나
느려지는 데 대략 300만 년의 시간이 소요된다.

현재 네 개의 원자시계가 전자파 이동 시간 비교를
위해 여러 GPS 인공위성에 사용되어 지구 상에서의 위
치를 매우 정밀하게 알려주는 데 사용되고 있다. 원자
시계는 또한 물리학자들이 지구의 자전율의 변화와 대
륙의 이동을 관찰하는 데 쓰인다. **DH**

참고: 그림자시계, 물시계, 시계탑, 회중시계, 디지털시계,
쿼츠시계

→ 1955년에 영국인이 제작한 이 원자시계는 전파에 노출된 세슘
의 진동에 기반하여 작동한다.

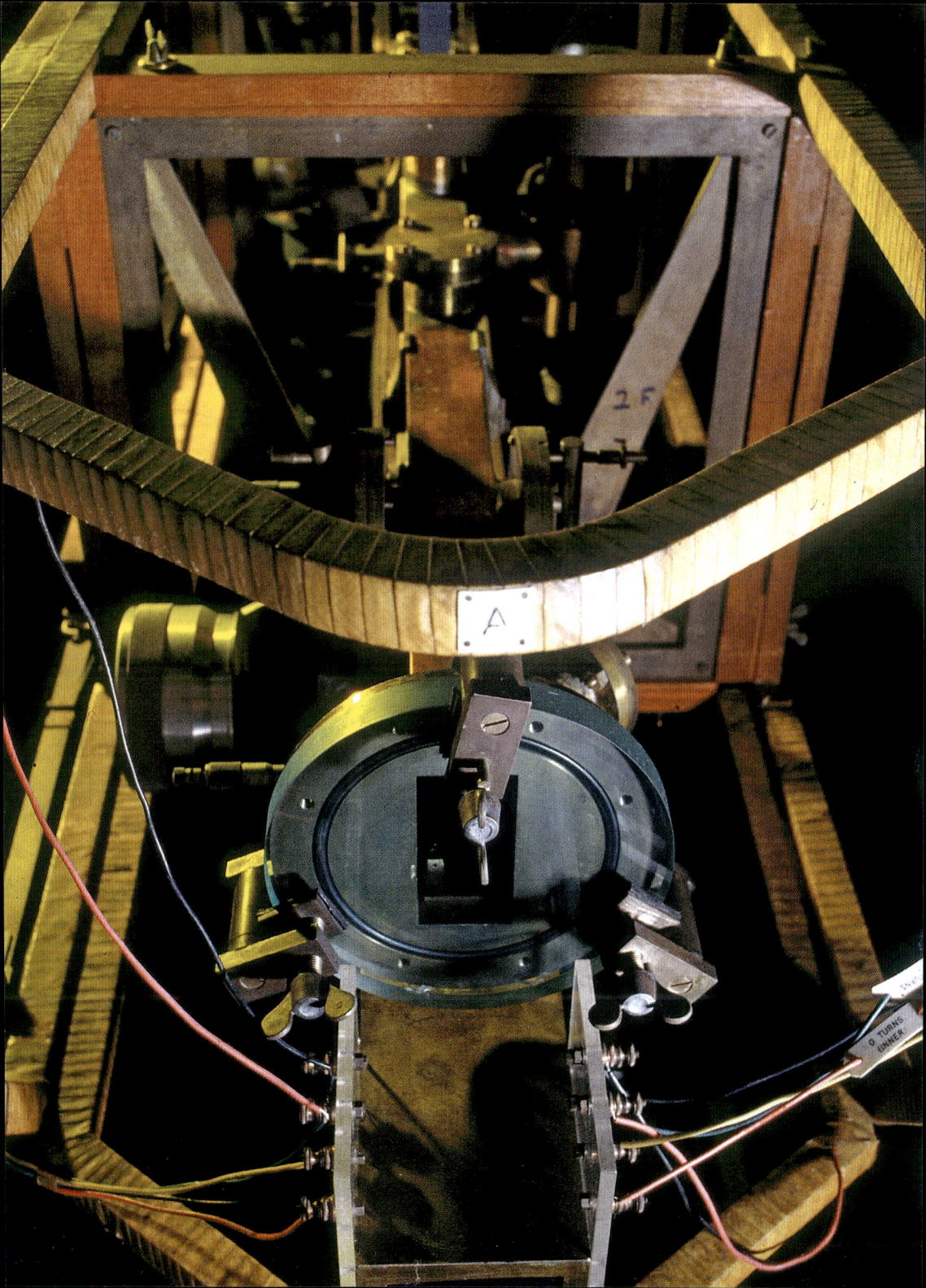

# 원심 클러치 (1949년)

포가티가 가벼운 응용 제품에 사용하기 적합한 효율적인 클러치를 발명하다.

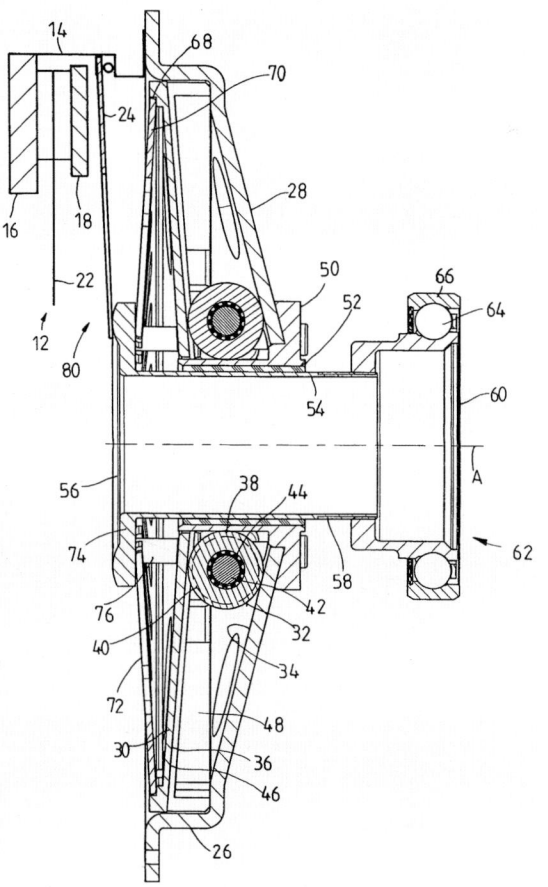

원심 클러치는 토머스 포가티(1934년 출생)가 스쿠터를 타면서 기어 변속할 때 느낀 좌절감 덕분에 개발되었다. 전통적인 자동차 클러치는 압력 판을 클러치 디스크에서 떼어 자동차로부터 바퀴 구동축을 분리시키는 종단 기계 운동을 수행한다.

원심 클러치는 이와는 다른 방식으로 작동하는데 구동축과 맞물리거나 맞물리지 않기 위해 모터의 회전 운동을 사용한다. 원심 클러치의 중앙에는 회전하는 엔진에 연결된 크랭크축이 위치하며, 이 크랭크축은 일정한 힘을 지닌 스프링에 의해 유지되어 엔진과 동일한 회전수로 회전한다. 엔진의 회전 속도가 증가하면 크랭크축의 회전력이 스프링의 인장력을 초과해 원심 클러치 내부의 마찰 부위가 바깥 쪽으로 벌어지면서 마찰력을 발생시킨다.

원심 클러치 내부에서 발생하는 마찰력은 엔진의 회전수가 낮을 경우에는 스프링의 인장력보다 작아져 원심 클러치가 엔진의 속도보다 더 느린 비율로 회전하게 만든다. 회전 속도가 점점 증가하면서 마찰력이 스프링의 인장력을 초과하면, 원심 클러치 내부의 마찰 부위가 클러치의 동체에 밀착하게 된다. 결국 원심 클러치의 중심부가 엔진과 동일한 비율로 회전하면서 최대 속도에 도달한다.

원심 클러치는 회전 속도를 갑자기 잃어버리는 경우가 없고 회전 속도가 매우 오랫동안 지속되기 때문에 잔디 깎기, 전기톱, 스쿠터, 모터 달린 자전거, 경주용 카트에 사용되고 있다. **HP**

"낮은 기어로 변속한다면
스쿠터가 10야드 전방으로
점프할 것이다."

토머스 포가티

**참고:** 자동차 기어, 클러치, 자동 변속기, 싱크로메시 기어

K 클러치의 마찰 부위가 바퀴를 구동하는 클러치 몸체 내부에서 팽창하여 마찰력을 발생시킨다.

# 인공 수정체 (1949년)

리들리가 세계 최초로 인공 렌즈를 삽입하다.

1950년대 백내장으로 인해 시야가 어두워진 사람들은 치료의 희망 없이 서서히 장님이 되어갔지만 오늘날에는 단지 30분간의 수술로 10대였을 때의 시력을 회복할 수 있다. 영국의 안과 의사인 해롤드 리들리(1906~2001)는 이러한 획기적인 기술 발전에 기여한 사람이다.

제2차 세계대전 중 리들리는 조종석의 퍼스펙스 파편이 눈에 박힌 조종사를 치료하면서 퍼스펙트의 파편이 눈에 합병증을 일으키지 않는다는 것을 알아냈다. 또한 가벼움과 시력을 돕는 특성 덕분에 퍼스펙스가 상처 입은 눈을 위한 대체 렌즈를 만드는 데 이상적인 물질임을 증명했다. 그는 이 정보를 광학 과학자인 존 파이크에게 알려주었으며 후에 파이크는 리들리가 최초의 인공수정체를 설계하고 제작하는 데 도움을 주었다. 리들리는 1949년 45세 여성에게 인공 수정체를 이식하는 수술을 수행하였다.

인공 수정체가 획기적인 기술 발전을 가져왔음에도 불구하고, 당시 의사들은 인공 수정체를 사용한 수술을 인정하지 않았다. 이전의 안과 의사들은 각막에 물이나 안구의 종양과 같은 물질만을 제거했을 뿐 결코 어떠한 물체도 안구에 삽입하지 않았다. 이러한 안과 의사들의 비웃음에도 불구하고 끝까지 자신의 견해를 피력한 끝에 마침내 리들리의 천재성은 인정되었다. 인공 수정체는 안과학 실습에 일대 변화를 일으켰으며 의료 부문에서 인공 장치의 삽입을 연구하는 데 도움을 주었다.

리들리의 시술법은 현재 일반적으로 시행 중이며 연간 600만 개 이상의 렌즈가 삽입되고 있다. 마땅한 치료 없이는 시각 장애인이 되었을지 모를 6,000여 만 명 이상의 사람들이 인공 수정체를 통해 혜택을 받을 수 있었다. 1999년 이후 인공수정체는 또한 안구의 초점을 맞추는 것과 관련한 문제를 해결하는 데 사용되고 있다. **JM**

참고: 렌즈, 안경, 이중 초점 렌즈, 콘택트 렌즈, 라식 수술

# 무선 호출기 (1949년)

그로스가 병원의 통신 수단을 개선하다.

무선 호출기 발명가인 알프레드 J. 그로스(1918~2000)는 일생을 통신 장치 개발에 전념하였다. 고철로 자신의 라디오를 제작할 만큼 재능이 있었던 그는 16세의 나이로 아마추어 라디오 오퍼레이터 자격증을 취득했다.

무선 호출기는 원래 의료 전문직 종사자들을 위한 도구로 개발되었으며 뉴욕 병원에 처음으로 도입되었지만 의료 전문직 종사자들은 무선 호출기를 잘 사용하지 않았다. 일부 의사들은 무선 호출기의 삐삐 소리가 환자를 불편하게 하거나 자신들의 골프 스윙을 방해할 수 있다고 불평하였다. 얼마 지나지 않아 무선 호출기는 곧 유용한 장치임이 밝혀졌으며 의료 전문직 종사자들의 필수품이 되었다.

무선 호출기는 의료 사회에 점차 퍼져나가 필수 기기로 자리매김하였다. 1974년 최초의 상업 무선 호출

> "나는 핸드폰이나 호출기가 없다.
> 내가 아는 모든 사람은 항상
> 핸드폰이나 호출기에 종속되어 있었다."
> 미치 헤드버그, 코미디언

기가 판매되었는데, 초창기 무선 호출기는 단순히 호출음만을 발생시켰지만 나중에 출시된 것들은 작은 액정을 통해 짧은 메시지를 확인할 수 있었다. 무선 호출기가 지원하는 메시지 형식은 사용자가 코드나 줄임말에 의존하게 만들었다.

불운하게도 그로스의 무선 호출기는 시대를 너무 앞서간 것이었으며 특허가 만료되고 난 후에야 인기를 얻게 되었으므로 그로스는 자신이 발명한 무선 호출기로 돈을 벌지 못했다. **SR**

참고: 무선 통신, 시민 밴드 라디오, 워키토키, 핸드폰

# 충돌 테스트 마네킹 (1949년)

앨더슨이 잠재적 부상 정도를 측정하는 데 도움을 주는 마네킹을 만들다.

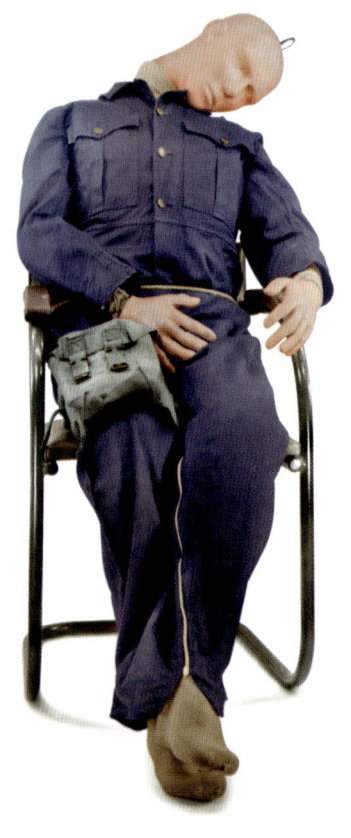

1940년대 후반 미 공군은 새롭게 설계된 비상 탈출용 좌석을 작동시키면 조종사가 어떠한 영향을 받게 되는지 데이터를 얻고 싶어했다. 이러한 정보를 얻기 위해 처음으로 충돌 테스트 마네킹이 제작되었다. 이 매우 똑똑한 마네킹은 '시에라 샘'이라고 이름 붙여졌으며 시에라 엔지니어링社와 파트너십을 맺은 미국의 사무엘 앨더슨(1914~2005)이 1949년에 제작하였다.

충돌 테스트 마네킹을 사용하기 전에는 사람의 시체로 안전 테스트를 수행하였다. 시체는 연구원들의 기분을 언짢게 하였으며 제한된 정보를 전달했을 뿐만 아니라 반복 사용이 불가능했다. 앨더슨의 실험용 마네킹은 시체로는 불가능했던 모든 것을 가능하게 해주었다. 수많은 자동차 안전성 실험 광용광로 충돌 테스트 마네킹은 이미 우리에게 친숙하지만 실제로 자동차 산업에서 이러한 마네킹이 사용된 지는 20년 정도밖에 되지 않았다.

앨더슨은 충돌 테스트 마네킹을 발명한 후에도 마네킹 연구와 관련한 업무를 수행했으며, 1968년에는 운전의 상황별 위험도를 측정할 수 있는 자동차 전용 마네킹을 디자인하여 'V.I.P'라고 이름 붙였다. 이 마네킹과 후속 모델들은 안전 벨트, 에어백, 강화된 문, ABS(antilock brakes)의 테스트뿐만 아니라 안전 테스트 결과를 전체 자동차 디자인에 반영하기 위해 사용되고 있다.

충돌 테스트 마네킹은 한 마디 불평 없이 반복해서 충돌을 모의 실험하여 자동차 몸체의 충돌 속도와 으스러지는 힘, 감속비와 구부러짐, 접히는 정도와 토크를 측정한다. 인간을 닮은 테스트 장치 덕분에 현대 자동차의 안전 기능들이 개발될 수 있었다. **RBk**

> "자동차 사고를 경험한 적이 없는 우리들 중 누군가는 마네킹에게 고마워해야 한다."
>
> 잭 젠슨, GE(General Motors)

↑ 오직 하나만 제작된 '시에라 샘' 마네킹. 작업복을 입고 있으며 왼쪽 주머니에는 녹음기가 들어 있다.

→ 두 명의 어빙 에어 슈트社 직원들이 스카이다이빙 연구에 사용할 낙하산 착용 마네킹들을 차에서 내리고 있다.

참고: 자동차, 에어백, 3점 좌석벨트, 비행기 비상 탈출 슬라이드

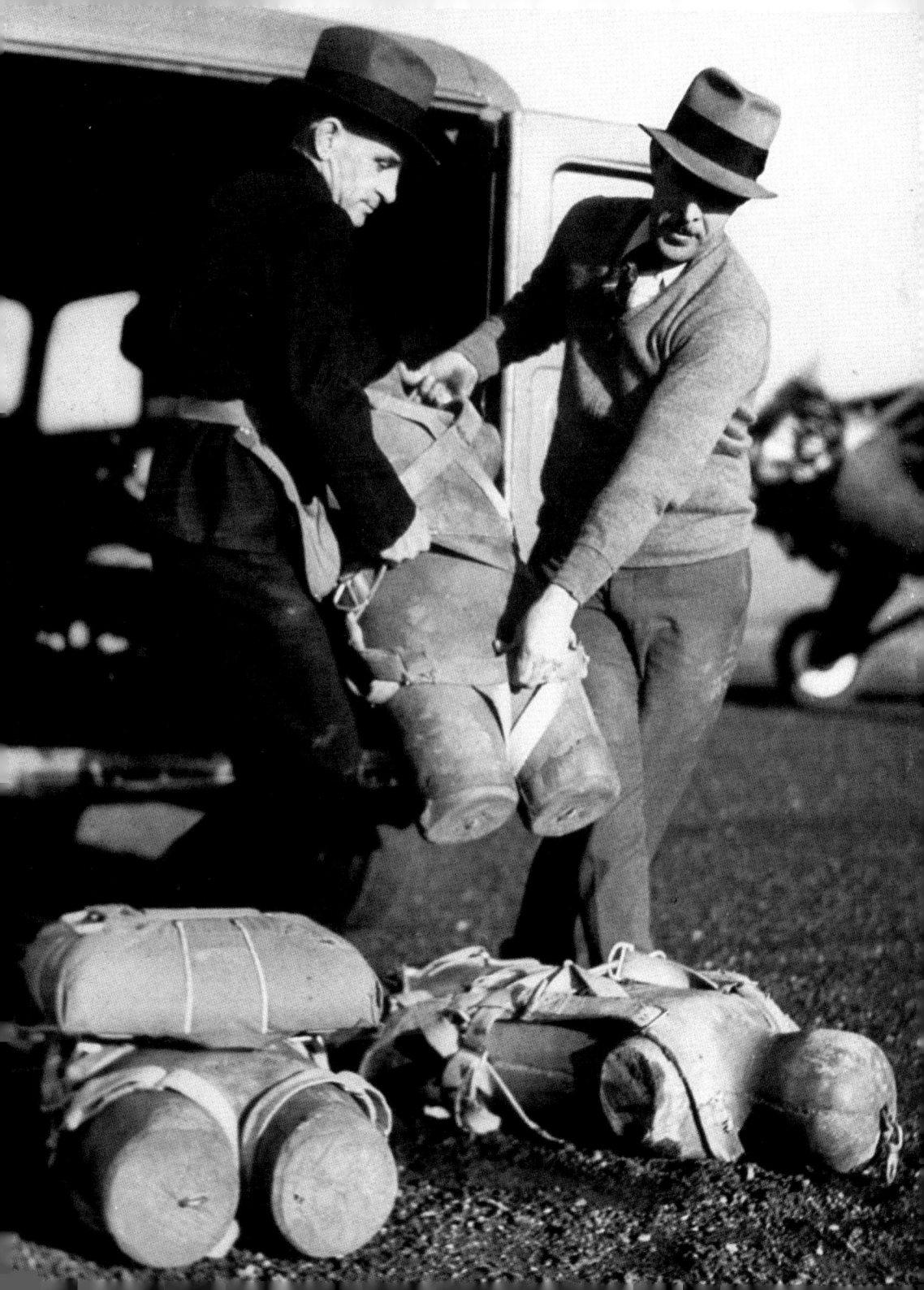

# 자기코어 기억장치
## (1949년)

왕과 우가 데이터를 영구 저장하다.

오늘날 사람들은 중요한 기록과 정보를 저장하기 위해 컴퓨터를 사용하지만 1950년대 이전까지 데이터를 저장하기 위해 컴퓨터를 사용하게 될 줄 아무도 예상하지 못했다. 그 당시에는 컴퓨터가 장기간 데이터 저장을 위해 사용할 수 있는 기술이 아니었기 때문이다.

최초의 컴퓨터는 수은관의 음파나 진공관 회로와 같은 방법을 사용하여 데이터를 저장했기 때문에 신뢰할 수 없었다. 이후 1949년 바이너리 데이터를 저장하는 새로운 방법(자기코어 기억장치)이 발명되었다.

자기코어 기억장치는 데이터를 바이너리 정보(0이나 1로 데이터의 각 비트가 저장됨)로 저장한다. 자기 코어는 두 방향 중 하나로 자기화되어 데이터를 0이나 1로 기록하며 도선을 통해 금속 코어로 전류의 펄스를 전달하여 자기코어의 데이터를 저장하거나 읽을 수 있었다.

> "성공은 천재적 지식보다는
> 일관된 상식으로
> 이루어질 확률이 더 높다."
> 안 왕

자기코어 메모리 기술은 상하이 출신 미국 물리학자인 안 왕(1920~1990)과 웨이둥 우가 만들었다. 자기코어 메모리는 전원이 꺼진 후에도 자기 디스크처럼 메모리에 기록된 내용이 유지된다. 이러한 이유로 현재에도 군대와 우주선의 전문화된 응용프로그램에서 간간히 사용되고 있다. **JM**

---

**참고:** 컴퓨터 프로그램, 디지털 컴퓨터, c 프로그래밍 언어, 플래시 메모리

# 신용카드
## (1950년)

맥나마라가 돈을 지불하는 새로운 방법을 발명하다.

신용의 개념은 어느 날 새롭게 생겨난 것이 아니다. '신용(credit)'이라는 단어는 믿음 혹은 신뢰를 의미하는 라틴어 크레도(credo)에서 유래하였으며 3,000년 전의 이집트 사람들은 이미 신용으로 물품을 구매하였다.

1887년 에드워드 벨러미의 소설 『뒤를 돌아보면서(Looking Backward)』에 신용카드가 이미 여러 번 언급되었지만, 1914년이 되어서야 웨스턴 유니온社가 일종의 신용카드를 사용자에게 발급하였다. 뉴욕의 은행원인 프랭크 X. 맥나마라는 고객과 함께 밖에서 즐거운 시간을 보내다가 지갑을 잃어버린 후 신용카드에 대한 아이디어를 생각해냈다. 그는 신용카드로 비용을 지불할 수 있는 200개의 다이너스 클럽 카드를 배포하였다.

이후 신용카드 발급자가 사용자에게 돈을 빌려주고 상인에게 돈을 지불받는 형태의 현대식 신용카드들이 빠르게 발전하였다. 1958년에 BOA(Bank of America)는 대중 시장에서 사용할 수 있는 최초의 신용카드를 제작하였다. 뱅크 아메리카드는 나중에 비자 시스템으로 발전하였으며, 1966년에는 신용 카드를 발급하는 은행 그룹이 마스터카드를 설립하였다. 전쟁이 끝난 후 경제 성장이 이루어지자 여러 선진국에서 신용카드 시스템을 사용하기 시작했지만 신뢰할 수 없는 특정 개발 도상국의 은행 시스템 때문에 전 세계적인 신용카드 시스템의 도입은 여전히 지연되고 있다.

최근 신용으로 사용된 금액이 너무 많은 선진국에서는 신용 시스템 경보가 발동되었다. 영국만 하더라도 2004년에 소비자 채무가 1조 파운드에 육박한다. 편안함 이상의 의미를 지닌 맥나마라의 시스템은 돈을 거래하는 방식을 영원히 바꾸어 놓았다. **SD**

---

**참고:** 금전 등록기, 현금지급기

# 텔레비전 리모콘

(1950년)

제니스 라디오社가 텔레비전 시청을 더욱 편하게 만들다.

1950년대 텔레비전 수상기는 거실의 필수품이 되기 시작했다. 시청자들은 채널을 변경하기 위해 편안한 안락 의자에서 끊임없이 일어나야 하는 불편함을 감수해야 했다.

1948년 가로드의 '텔레줌'은 최초로 제작된 리모콘 중 하나였다. 이 리모콘은 작고 둥근 버튼 하나가 있었을 뿐이며 텔레비전에 케이블로 연결된 채 화면의 화상을 확대하는 기능만 있었으므로 제니스 라디오社(현재의 제니스 전자)는 현대식 리모콘 개발에 착수하였다. 설립자이자 대표이사인 유진 맥도날드는 엔지니어에게 마음을 불편하게 하는 광고를 없애버릴 무언가를 발명하라고 지시하였다. 1950년 제니스 라디오社는 보다 적절한 이름이 붙은 '게으름뱅이'라는 리모콘을 출시하였다. 이 리모콘은 텔레비전 수상기의 모터를 활성화시켜 튜너를 작동시키는 것이었으나 여전히 텔레비전에 케이블로 연결되었다.

5년 후 제니스社의 엔지니어인 유진 폴리는 채널을 바꾸고 음을 소거하며 텔레비전을 켜기 위해 빛의 광선을 사용하는 '플래시매틱'을 고안해냈으나 텔레비전의 빛 센서가 너무 민감해서 햇빛만으로도 텔레비전이 무작위로 켜지거나 꺼졌다.

1956년에 제니스社의 로버트 애들러 박사는 리모콘 개발에 초음파를 사용할 것을 제안했으며, 그 결과 '제니스 스페이스 코맨드'가 생산되었다. 이 모델은 새롭게 개발된 적외선 기술이 도래한 시기인 1980년대까지 리모콘 기술의 트랜드를 선도했다. **HI**

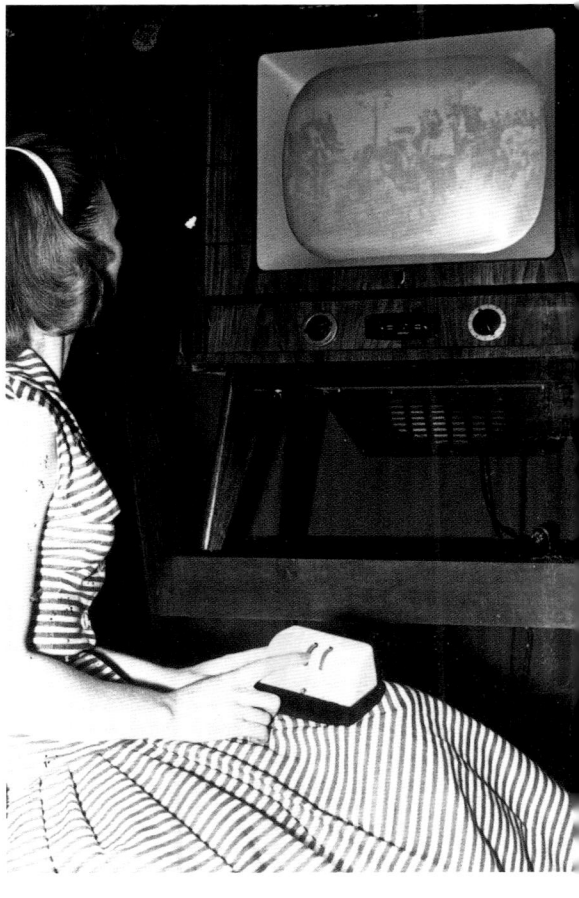

**참고:** 텔레비전. 컬러 텔레비전. 케이블 텔레비전. 플라즈마 스크린

↗ 리모콘이 개발된 이후로 방송국들은 시청자의 시선을 고정시키기 위해 훨씬 많은 노력을 기울여야 한다.

"제니스社가 아니었다면 오늘날 우리가 어떻게 텔레비전 수상기를 제어할 수 있었겠냐고 말하기도 했다."

제임스 폴, 작가

# 토카막 (1950년)

사하로프와 탐이 핵융합을 생각해내다.

1950년 안드레이 사하로프(1921~1989)는 핵 무기 디자인을 잠시 중단하고 1년 동안 이고르 탐(1895~1971)과 함께 플라즈마 물리학을 공부했다. 이 과정에서 그들은 핵융합을 통해 에너지를 생성할 수 있는 기계를 생각해냈다. 탐은 1958년에 노벨 물리학상을, 사하로프는 1975년에 노벨 평화상을 받았다.

핵분열은 우라늄이나 플루토늄의 방사성 원자를 쪼개어 에너지를 생산함과 동시에 1만 년간 매우 위험한 방사능 폐기물을 쏟아낸다. 반면에 핵융합은 중수소와 헬륨을 결합하여 위험한 폐기물 없이 에너지를 만들어낸다. 바닷물은 각 6,500 수소 원자당 하나의 중수소 원자로 이루어져 있으며 중수소 원자는 수소 원자보다 두 배 무겁기 때문에 비교적 분리하기가 쉽다. 이로 인해 바닷물을 원료로 하는 핵융합 에너지는 저렴하고 깨끗하다.

> "우리는
> 핵융합 반응기의 속도를 늦추지
> 못했다."
> 윌슨 그레이트배취, 발명가

탐과 사하로프의 발명품은 토로이드 자기장 구멍이라는 뜻의 러시아어 첫 글자를 따서 '토카막'이라고 명명되었다. 도넛 모양의 토카막 장치는 융합에 요구되는 온도와 밀도로 하전 입자를 압축하기 위해 자기장을 사용한다. 1968년 레브 아시모비치가 이끄는 팀이 토카막을 사용하여 최초의 지구 열핵융합 반응을 만들었다. 이 실험은 0.02초 동안에 8백만 캘빈(°K)에 다다랐다. **ES**

참고: 가스터빈, 전기 발전기, 원자로

# 원자로 (1951년)

진이 핵분열을 사용하여 전기를 만들어내다.

원자의 힘을 이용한 값싸고 깨끗한 에너지의 공급은 과학과 공상 과학에서 주요 목표였지만 초기 아이디어인 EBR1(Experimental Breeder Reactor 1)은 1951년 12월 20일이 되어서야 개발되었다. EBR1은 전기 에너지를 발생시킨 최초의 원자로이자 최초의 원자력 발전소라고 할 수 있다.

핵분열 반응으로 발생된 열은 물을 증기로 변환시키는 데 사용되었으며, 변환된 증기는 터빈을 회전시켜 전기를 생성하였다. 첫 날 원자로가 가동되었을 때에는 단지 네 개의 전구만을 밝힐 수 있는 전력이 생산되었으며 다음날에는 전체 연구 시설에 공급할 수 있는 충분한 전력을 생산하였다. 오늘날 가동되고 있는 대부분의 원자력 발전소는 이 오리지널 설계에 기반해 세계 전기의 16퍼센트를 공급하고 있다.

이 실험의 수석 과학자인 월터 진(1906~2000)은 1939년 핵 공학 부문에서 자신의 경력을 쌓기 시작했다. 3년 후인 1942년, 그는 핵폭탄을 개발하는 맨해튼 프로젝트에 참가하여 자동적으로 무한히 반복되는 핵 반응을 최초로 만들어냈다. 1945년 제2차 세계대전이 끝난 후 AEC(Atomic Energy Commission)는 무기가 아닌 곳에 원자의 힘을 사용하는 연구 및 전기 발생에 원자력을 사용하는 연구를 지원하였다.

원자로 EBR1은 1963년까지 가동되어 핵 에너지에 대한 연구를 계속 진행할 수 있도록 해주었다. 진은 원자로 디자인을 계속 개량했으며 그중 비등수(沸騰水) 원자로는 전 세계 상업 원자력 발전소를 위한 표본이 되었다. **SB**

참고: 가스터빈, 전기 발전기, 토카막

➡ 1973년에 공개된 프랑스 피닉스 원자로 중앙의 응축실.

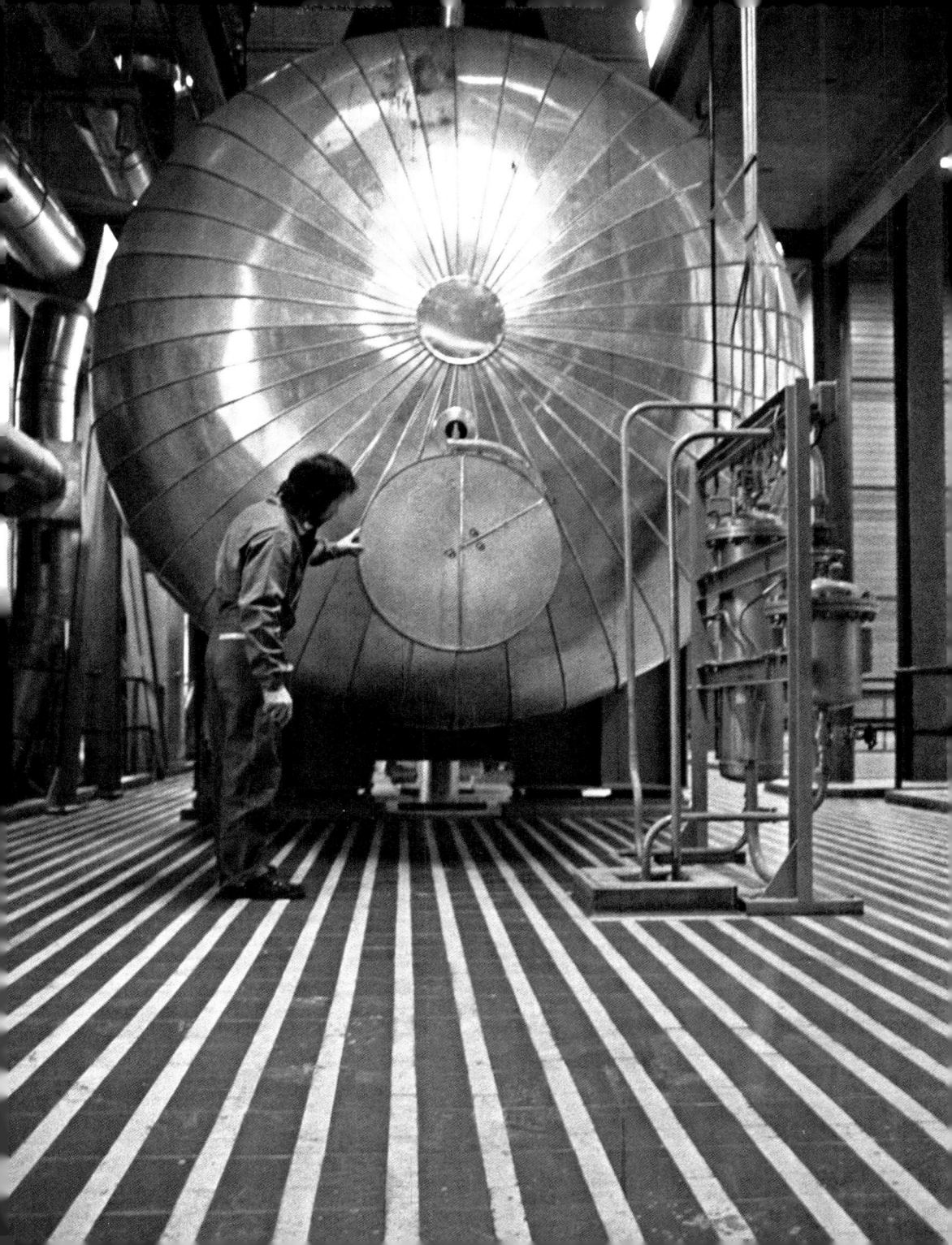

# 수소 폭탄 (1951년)

텔러와 울람이 놀라운 무기를 제작하다.

헝가리의 물리학자인 에드워드 텔러(1908~2003)는 우라늄 분열에 기반한 최초의 원자 폭탄을 제작하기 위해 맨해튼 프로젝트에 참가하였다. 텔러는 수소 융합 폭탄에 관심이 있었지만 해당 컴퓨터에 접근할 수가 없었으므로 수소 폭탄의 개발이 지연되었다.

일찍이 폴란드의 수학자인 스타니슬로 울람(1909~1984)은 분열 폭탄을 융합 반응을 위한 방아쇠로 사용할 수 있다는 것을 깨달았다. 텔러는 1951년 '텔러-울람' 설계가 되어버린 울람의 이 이론을 믿게 되었다.

수소 폭탄은 몇 마이크로초 동안 발생하는 일련의 단계로 작동한다. 수소 폭탄의 작은 금속 케이스는 스티로폼으로 분리된 두 개의 핵 장치(하나는 공 모양이고 다른 하나는 원통·모양)를 포함한다. 공 모양 핵 장치는 본래 표준 핵분열 폭탄이다. 이것이 폭발하는 순간, 고 에너지 방사선이 폭발에 앞서 발산된 후 원통형 2차 핵 장치 쪽으로 외부 금속 케이스에 의해 반사된다. 우라늄 235로 이루어진 원통형 핵 장치가 방사선의 압력으로 부숴지면 핵 장치 내부의 중수소가 압축되어 핵융합이 일어나는 온도로 가열된다. 이것은 순차적으로 더 많은 에너지와 중성자를 발산시켜, 원통형 핵 장치의 외부 우라늄 235와 플루토늄의 내부 코어에서 핵분열 연쇄 반응이 시작된다.

원자 폭탄은 제2차 세계대전에 사용되어 TNT 2만 톤과 맞먹는 위력을 발휘했다. 1952년 11월에 테스트된 최초의 미국 수소 폭탄인 아이비 마이크는 TNT 1,040만 톤과 맞먹는 폭발력을 발휘했다. 알베르트 아인슈타인은 어떠한 무기가 3차 세계대전에 사용될지 모르지만 3차 세계대전 후에는 아마도 인류가 막대기와 돌을 들고 싸우게 될 것이라고 했다. **AKo**

**참고:** 집속탄, 도약 폭탄, 원자 폭탄, 레이저 유도 폭탄

# 수정액 (1951년)

그레이엄이 쉽게 오타를 수정할 수 있도록 해주다.

수정액은 노스달라스에 위치한 싱글맘의 가정집 부엌에서 개발되었다. 1951년 베티 그레이엄(1924~1980)은 아들 마이클을 홀로 키우는 이혼녀였다. 그녀는 텍사스 은행에서 비서로 근무하였는데 새로운 전동 타자기의 카본 필름 잉크 리본으로 인해 문서에 많은 오타를 내곤 하였다. 그 당시 오타를 수정할 수 있는 유일한 해결책은 새로운 종이를 끼우고 타자를 처음부터 다시 치는 것이었다.

베티는 결혼 전부터 예술적 재능이 있었다. 그녀는 은행 창문에 색을 칠하던 근로자가 실수로 잘못 칠한 부분을 여분의 페인트로 덧발라 놓은 것을 발견하게 되었다. 여기에서 아이디어를 얻은 베티는 옅은 수성 템페라 물감으로 오타가 발생한 부분을 덧발라 숨겼다. 물론 그녀의 상사는 이러한 사실을 알아차리지 못했다. 그녀는 자신의 기적적인 흰색 물감 병에 '미스

> "나는 용기에 템페라 수성 페인트를
> 담았고 물감 붓을 집에서
> 사무실로 가져왔다."
>
> 베티 그레이엄

테이크 아웃'이라는 이름을 붙여 동료들에게 나누어주기 시작했다.

베티는 학교 화학 선생을 포함한 여러 사람의 도움을 받아 자신의 제조법을 개선하였다. 1958년 그녀는 근무하던 회사를 그만두고 회사를 설립하였다. 1968년 공장에서 처음으로 제품이 생산되었으며 1970년대에는 생산량이 년간 2,500만 병에 달했다. 1979년에 베티는 질레트社에 4,750만 달러의 금액으로 회사를 매각했지만 얼마 지나지 않아 죽고 말았다. **AK**

**참고:** 잉크, 종이, 흑연 연필, 카본지, 만년필, 볼펜, 펠트펜

# 테트라팩 (1951년)

라우싱과 발렌버그가 새로운 종이 상자를 개발하다.

1940년대 다국적 회사인 테트라팩社는 독창적인 판지 상자를 생산하여 음식 및 음료 산업에 혁명을 불러 일으켰다. 테트라팩社는 1951년 스웨덴의 루벤 라우싱(1895~1983)과 에릭 발렌버그(1915~1999)가 설립하였다. 라우싱과 발렌버그는 1943년 이전에 유리병 형태로만 판매되던 우유를 새로운 용기에 담고자 하였다. 그 두 사람은 최소한의 물질로 위생적인 용기를 만드는 것을 목표로 종이, 폴리에틸렌, 알루미늄 호일을 사용하여 테트라팩을 만들었다.

원본 디자인인 '테트라 클래식'은 1952년 출시되었다. 테트라 클래식은 네 개의 면을 지닌 피라미드 모양 우유 용기로, 스웨덴에서 판매되었다. 출시될 당시 시장 반응이 긍정적이었기 때문에 회사는 지속적으로 디자인을 개량하여 1959년 직사각형 모양의 '브릭' 카턴을 생산하였다.

1961년에는 알루미늄 층을 추가하여 최초의 무균화 포장 용기가 제작되었다. 테트라팩은 짧은 시간 동안 가해지는 고온 살균 기법으로 유제품 및 주스의 유통기한을 현저하게 늘렸으며 냉장 보관할 필요도 없게 되었다. 또한 더욱 쉽고 저렴하게 제품을 배송할 수 있게 되었다.

테트라팩은 계속해서 발전되어 다양한 모양과 크기의 수많은 용기들이 현재 사용되고 있다. 2003년 테트라팩社는 새로운 빨대인 '감각 빨대'를 출시하였다. 감각 빨대는 음료를 빨면 네 방향으로 음료가 입안에서 분출되도록 고안된 것이다. 테트라팩 社는 또한 살균 포장 부문으로 사업 범위를 확대하였다. **JG**

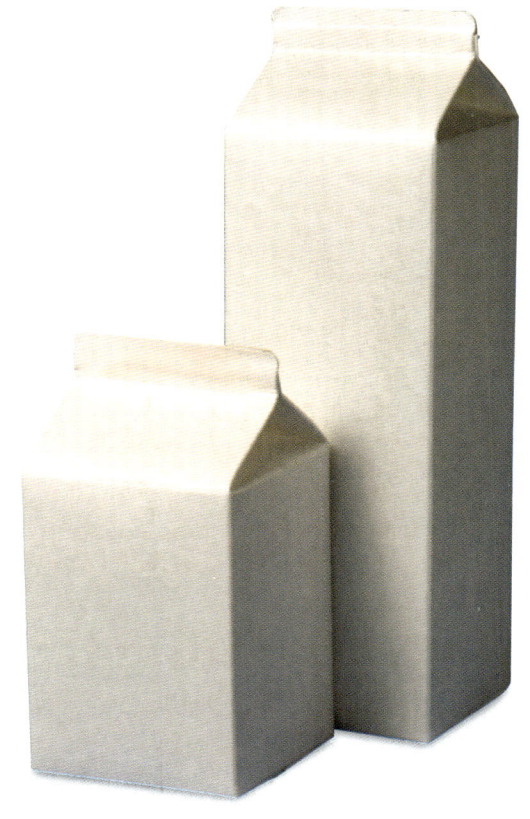

참고: 통조림, 자체 발열 음식캔, 알루미늄 호일, 냉동 식품

↗ 테트라팩社는 계속해서 사용의 편리성과 밀폐의 효율성을 결합한 뚜껑을 연구하고 있다.

"락토맨규레이션은
우유각의 '여기를 누르시오' 라고 표시된
부분을 마구 눌렀다."

리치 홀, 코미디언

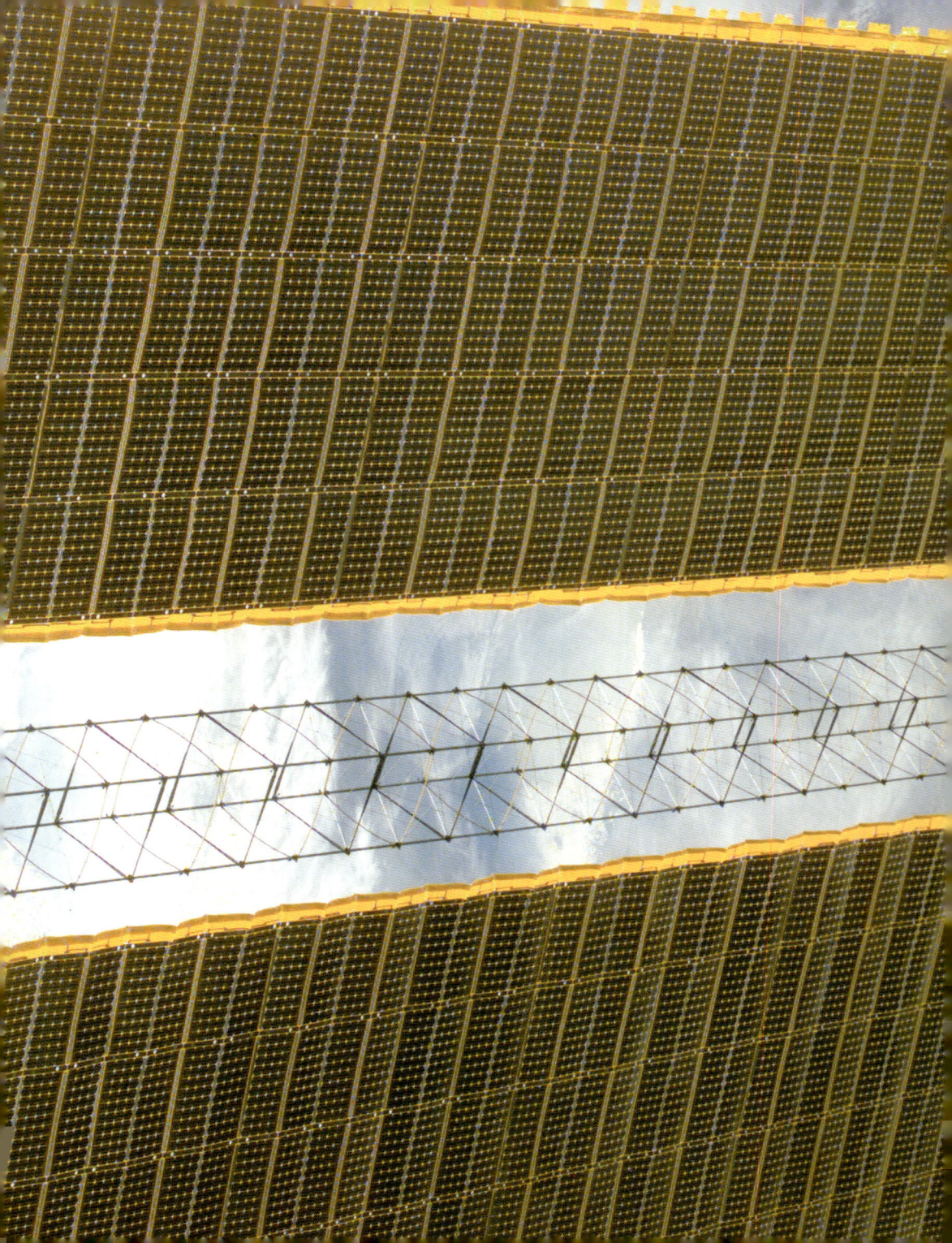

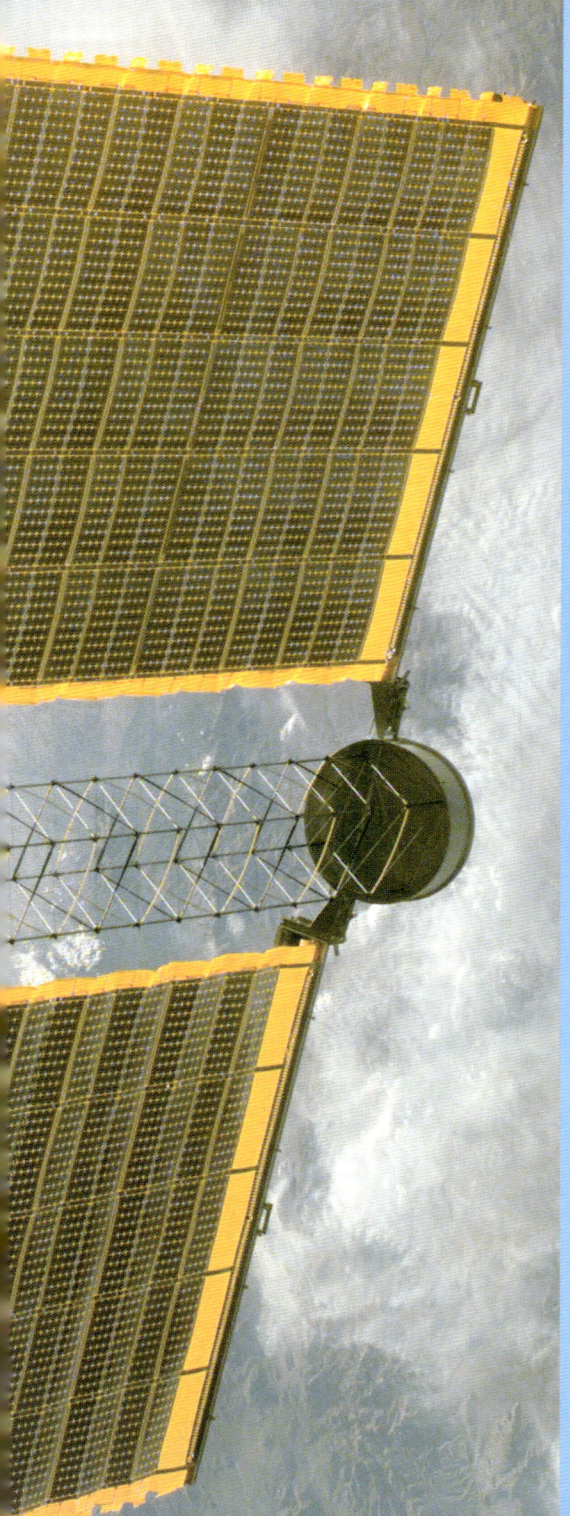

1950년대와 60년대, 전후 시대에 들어서면서 자동차 운전이 점차 대중화되기 시작했으며 컴퓨터가 새로운 기술 집약 제품으로 자리매김하였다. 3점 좌석벨트, 음주 측정기, 에어백, 과속 카메라의 출현으로 운전자의 사고 위험성이 낮아진 한편 하드 디스크 드라이브, 비디오 게임기, 하이퍼텍스트, 컴퓨터 마우스는 다가올 기술적 발전을 예견하였다. 인류가 지구를 떠나 우주에 처음으로 진입하였으며 현금 인출기는 어디서든지 돈을 인출하는 것을 가능하게 해주었다.

◀ 우주왕복선 인데버호의 태양 전지판.

# Going GLOBAL
(세계화 시대)

1952 to 1968

# 광섬유 (1952년)

캐이퍼니가 의학과 원격통신에 섬유 광학을 사용하다.

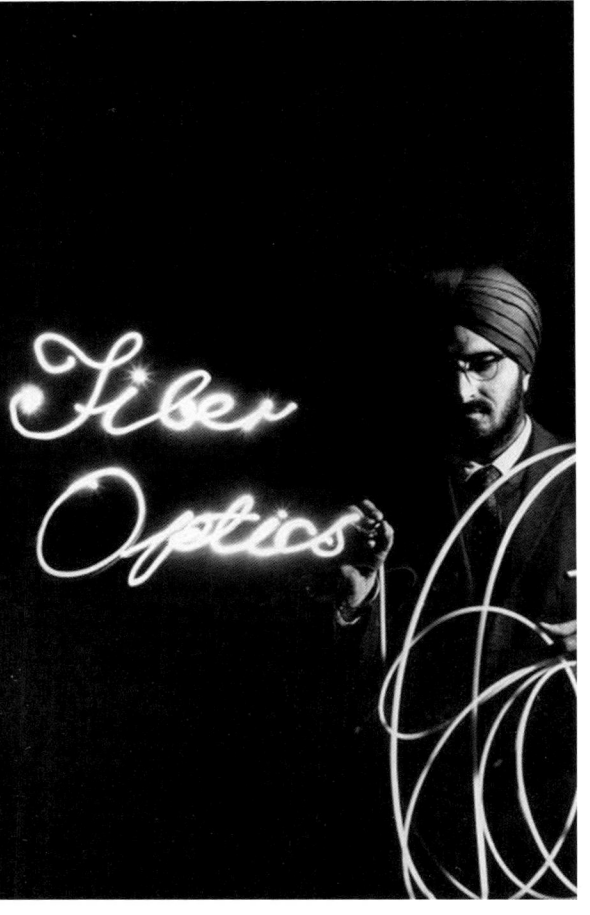

유리 또는 플라스틱으로 만들어진 광섬유는 한 장소에서 다른 장소로 빛을 끌어내는 데 사용된다. 광섬유는 처음에 의학적 신체기관 실험에 사용되었으며, 후에 기술이 발달하여 원격통신을 포함한 많은 부분에 적용되었다.

인도 태생의 내린더 싱 캐이퍼니(1927년 출생)는 광섬유의 아버지이다. 그는 1952년 런던 임페리얼 대학에서 연구를 하던 중 광학질 유리로부터 섬세한 필라멘트를 뽑아냈으며, 한쪽 끝에서 빛을 쏘면 섬유가 꼬여 있더라도 다른 한쪽 끝까지 빛이 전달된다는 것을 발견했다. 1850년대 아일랜드 발명가 존 틴들에는 분수에 빛을 밝히는 데 이 원리를 사용함으로써 광섬유의 개념을 최초로 입증하였다.

캐이퍼니는 빛이 유리 섬유 내의 내부 반사를 통해 목적지까지 이동하며, 각각의 유리 섬유는 상당한 거리에 걸쳐 다양한 빛의 파장을 동시에 전달할 수 있다는 사실을 발견했다. 유리 코팅을 섬유에 추가하면 섬유의 내부 반사력 확대로 이러한 효과가 증가했다. 이러한 특성은 많은 부문에서 응용될 때 광학 섬유의 성능이 구리선보다 더 뛰어날 수 있도록 해주었다.

동시대의 향상된 레이저 기술은 1960년대 중반 광섬유 기술과 결합되었다. 찰스 카오는 영국 에섹스에 위치한 스탠다드 텔레폰스 앤 케이블스에 근무하던 중 유리 안의 불순물을 제거하면 광섬유의 신호 감쇠 현상도 줄어든다는 것을 알아냈다. 캐이퍼니는 주요 장거리 전화 및 전 세계적인 컴퓨터 케이블 통신 구축과 같은 원거리 통신에 광섬유를 이용할 수 있도록 해주었다. **LC**

"선생님은 캐이퍼니에게 빛이
직진으로만 움직인다고 말했다.
캐이퍼니는 그것이 거짓임을 증명했다."
『포춘 매거진』, 1999년

참고: 절연선, 동축케이블, 고온 초전도체

Ⓚ 광섬유 조명은 간판과 인공 크리스마스트리 등에 장식적인 용도로 사용될 수 있다.

# 거품상자 (1952년)

글레이저가 소립자물리학에 대한 연구를 진척시키다.

도날드 글레이저(1926년 출생)는 미시간 대학교 교수로 재직하던 시절 차가운 맥주를 마시던 중 거품상자에 대한 영감을 얻었으며 이를 토대로 결국 1960년 노벨 물리학상을 받았다. 1952년 글레이저는 엄지손가락보다 작은 거품상자를 최초로 발명하였다. 그의 거품상자는 소립자 가속기를 통해 가속된 소립자가 액체가 담긴 상자를 통과하도록 설계되었다. 그렇게 되면 알맞은 조건하에서 아주 작은 거품들이 입자로 만들어지는데, 물리학자들은 이렇게 만들어진 거품을 촬영하고 분석하여 입자 특징에 관한 귀중한 정보를 얻을 수 있었다.

2006년 글레이저는 초기 실험용 액체로 맥주를 사용했지만, 맥주 속 거품에서 영감을 얻은 것은 아니라고 했다. 글레이저의 이론은 계속해서 연구 대상이 되었으며, 원자분쇄기로 사용된 거품상자들이 전 세계에 등장하였다. 가장 큰 거품상자는 끓는 점 이하에서 706큐빅 피트의 액체 수소를 저장할 수 있었다. 입자가 거품상자 안에 들어간 후 피스톤을 사용하여 내부 압력을 조금 감소시키고 액체 수소를 집어넣으면 가열된 준안정 상태가 만들어진다. 이 상태에서 거품은 입자들의 흔들림을 형성시키며, 내부 압력을 더 감소시키면 3D 복합카메라에 모양이 잡힐 만큼 충분히 팽창하였다.

거품상자들은 1980년대 중반 전선상자탐지기가 출현할 때까지 입자물리학을 지배하였다. 현재 거품상자는 암흑 물질을 조사하기 위한 도구로 각광받고 있다. **DHk**

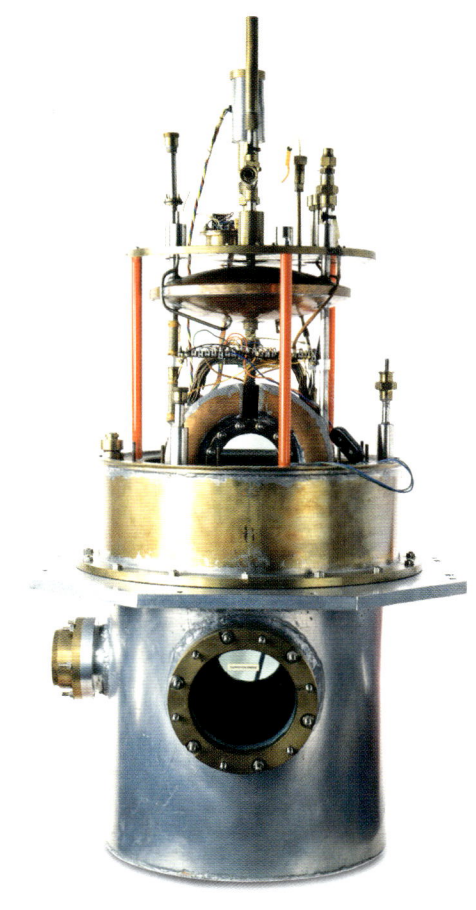

참고: 가이거 계수기, 싸이클로트론, 싱크로트론, 강입자 충돌기

↗ 영국 런던의 임페리얼 대학은 액체수소를 포함한 거품상자를 제작하였다.

"이렇게 나는
노벨 물리학 수상자의
제3세대를 대표한다."
도날드 글레이저, 노벨상 시상식

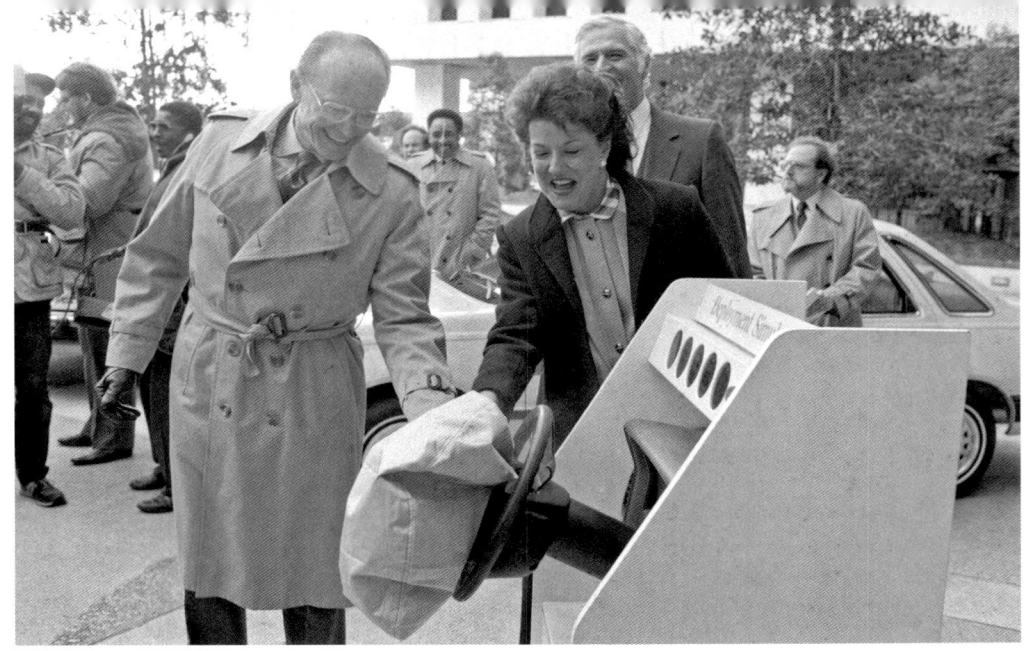

# 에어백 (1952년)

헤트릭의 발명이 자동차 사용광로부터 생명을 구해내다.

1952년 어느 날, 운전 중이던 존 W 헤트릭은 장애물을 피하기 위해 급제동해야 했다. 그 당시 헤트릭의 차 앞좌석에는 부인과 딸이 함께 타고 있었다. 그와 부인은 딸을 보호하고자 본능적으로 대시보드와 앞 유리창쪽으로 팔을 뻗었다. 이 사건이 계기가 되어 헤트릭은 에어백 장착 차량을 연구하게 되었다.

제2차 세계대전 당시 미 해군 엔지니어로 근무했던 헤트릭은 터지는 순간 눈 깜짝할 사이에 모든 것을 덮어버리는 압축 공기 지뢰를 우연히 생각해냈다. 1952년 헤트릭은 자동차가 충돌할 시 압축공기를 사용하여 급속히 에어백을 팽창시키는 방법을 제안했다. 그는 1953년 자신의 발명에 대한 특허를 취득하였지만, 1950년대 당시 제조업자들은 에어백의 안전요소보다는 스타일에 더 많은 관심이 있었다. 에어백 기술은 개선되었고 소비자들은 안전에 더욱 신경쓰게 되었다.

에어백 시스템은 세 가지의 주요 구성요소(백, 충돌 강도를 측정하는 센서, 충돌 시 백을 팽창시켜주는 가스)로 이루어져 있다. 에어백 쿠션은 전방으로 갑자기 펼쳐져 사람이 받게 되는 충격을 분산시키기 때문에 자동차 추돌 시 발생할 수 있는 신체 손상을 줄이는 역할을 한다.

에어백은 수천 명의 목숨을 구해냈지만, 충돌 사용광로 인한 죽음과 부상을 방지하기엔 충분하지 않다. 안전을 위해 자동차 탑승자들은 안전 벨트를 착용해야 하며 자동차는 충돌 시 충격을 흡수할 수 있는 대시보드와 스티어링 칼럼을 장착해야 한다. **EH**

**참고:** 자동차, 충돌 테스트 마네킹, 3점 좌석벨트, 속도 카메라

⬆ 1983년 포드社의 회장인 도널드 피터슨이 미국 교통부 장관 엘리자베스에게 에어백을 보여주고 있다.

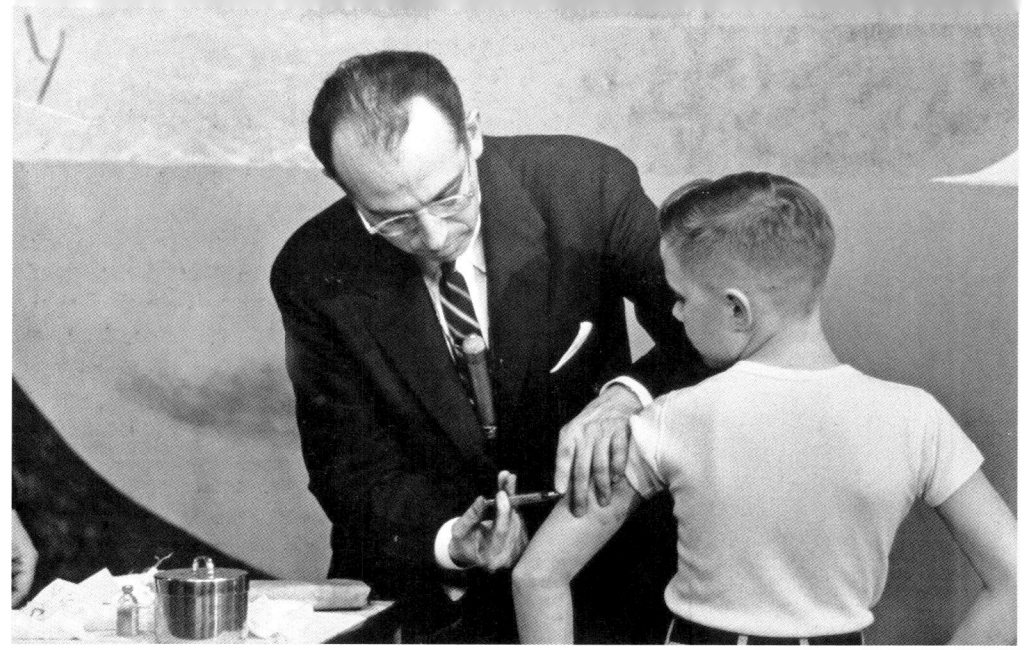

# 소아마비 백신 (1952년)

솔크가 생명을 구할 수 있는 주사형 백신을 개발하다.

이미 소아마비 바이러스는 전 세계에서 사라진지 오래다(아프가니스탄, 인도, 나이지리아, 파키스탄 제외). 이는 미국의 의사 겸 생물학자인 조나스 솔크(1914~1995)가 진행한 혁신적인 연구 덕택이다.

1947년 피츠버그 대학에서 솔크는 소아마비를 예방할 수 있는 백신을 찾던 중 인플루엔자 백신을 연구하게 되었다. 소아마비 바이러스에 감염된 환자 중 5~10퍼센트는 마비 증상을 겪게 되어 숨을 쉴 수 없게 된다. 그 당시에는 살아 있는 바이러스만이 바로 면역 반응을 일으킨다는 의학적 견해가 팽배하였으나 솔크는 이를 인정하지 않았으며 1952년 포름알데히드를 사용하여 소아마비 바이러스를 비활성화시킨 백신을 개발하였다. 솔크는 원숭이에게 먼저 백신을 실험한 후, 워싱턴 지체부자유 어린이집 환자를 대상으로 실험을 수행하였다. 솔크는 자신에게 먼저 백신을 투여하는 것을 보여주면서 환자에게 실험에 참여할 것을 설득하였다.

1954년 이중맹검법 중 하나인 플라시보 통제 실험을 통해 솔크는 6~9세 아이들 100만 명에게 소아마비 백신을 투여하였고, 같은 나이 또래 또 다른 100만명에게는 플라시보(위약)를 투여하였다. 그로부터 1년 뒤, 소아마비 백신을 투여한 아이들은 간 질환에 대한 면역성이 증가하였다. 1952년 미국에서는 5만 7,628건의 소아마비가 발생하였다. 하지만 소아마비 백신이 사용된 지 2년 만에 그 수치는 85~90퍼센트 정도로 감소하였다. 1961년 알버트 사빈이 먹는 소아마비 백신을 개발함으로써 솔크의 주사형 백신은 경구형 백신으로 교체되었다. 최근 들어 미국과 영국은 솔크의 주사형 백신을 다시 사용하고 있다. **JF**

**참고:** 예방접종, 백신, 콜레라 백신, 탄저병 백신, BCG 백신, 광견병 백신

⬆ 어린 소년에게 소아마비 백신을 주사하고 있는 솔크.

# 클로닝
## (1952년)

브릭스와 킹이 생물체를 유전적으로 복제하다.

대부분의 사람들은 복제라고 하면 흔히 공상과학 영화나 복제 양 돌리를 떠올린다. 그러나 복제는 공상과학 영화나 돌리가 세상에 등장하기 훨씬 오래 전부터 존재하였다. 복제(cloning)라는 단어 그 자체는 잔가지를 뜻하는 고대 그리스어에서 유래하였으며 1900년대 초 접붙인 식물을 언급하기 위해 '복제'라는 용어가 최초로 사용되었다. 현재 통용되는 복제의 의미는 1950년대에 생겨났다.

　　오늘날 과학자들이 생각하는 복제는 유전적으로 동일한 다른 생명체를 창조하는 행위를 일컫는 것이 아니라 단순히 태아에서 성인으로 어떻게 성장해 나가는지를 이해하는 행위를 일컫는다. 노벨상 수상자인 한스 슈페만은 1930년대 도롱뇽 태아로 실험을 시작했다. 그는 털 한 가닥을 사용하여 도롱뇽 태아의 세포핵을 분리한 후 각각의 세포핵을 가진 두 개의 세포를 확보하였다. 이 실험을 통해 슈페만은 성인의 세포핵을 배아에 위치시켜 동일한 방법으로 분할시키면 두 마리의 동일한 도롱뇽으로 성장하는지 의문을 가지게 되었다.

　　그로부터 수십 년 후 로버트 브릭스(1911~1983)와 토머스 킹(1921~2000)은 슈페만이 제기한 의문점을 연구하였다. 브릭스는 슈페만의 연구에 대해 확실하게 알지 못했지만, 성인 세포핵을 적출(摘出)한 수정란에 이식하면 완전한 성인 동물로 자라날 것이라 추론하였다. 그는 미세한 양의 물질을 정교히 다루기 위해 킹에게 도움을 요청했으며, 두 사람은 다 자란 참개구리에서 추출한 세포핵을 적출한 알에 주입하는 데 성공하였다. 1952년 브릭스와 킹이 세포핵을 주입한 알이 올챙이로 성장함에 따라 최초로 생물체 복제에 성공하였다. **BMcC**

참고: 인터페론 복제

# 롤러볼 방식 데오드란트
## (1952년)

디제랑스가 쉽게 사용할 수 있는 데오드란트를 발명하다.

롤러볼 방식 데오드란트의 개발은 독창적인 생각이 전혀 관련 없어 보이는 발명품과 어떻게 결합될 수 있는지 보여준 완벽한 예다. 19세기 후반 최초로 개발된 '멈' 데오드란트는 끈적거려서 사용하기가 힘들었다. 헬렌 바네트 디제랑스(1918~2008)는 1940년대 후반 브리스톨 마이어스社의 제품팀에 연구원으로 근무하였다. 그의 업무 중 하나는 고객이 선호하는 화장품 목록을 작성하는 것이었다. 디제랑스의 팀원 중 한 명이 최근에 본 볼펜에 대해 팀원들에게 얘기했으며, 디제랑스는 볼펜의 원리를 멈의 용기를 개선하는 데 사용하는 것이 좋겠다고 생각했다.

　　회전식 볼을 부착한 디제랑스의 새로운 용기는 1952년 미국에서 테스트되었다. 이후 더 많은 테스트를 거친 후 마침내 롤러볼 방식 데오드란트가 1955년

> "멈은 우아함을
> 중요하게 여기는 여성의
> 필수품이다."
> 1926년의 광고 문구

에 전 세계에 출시되어 좋은 반응을 얻었으나 곧이어 출시된 스프레이형 데오드란트에 가려 빛을 보지 못했다. 스프레이형 데오드란트는 1970년대까지 엄청난 시장 점유율을 유지하였으나 스프레이형 제품의 화학 성분에 대한 비난 여론이 형성되면서 롤러볼 형태 데오드란트가 다시 한 번 시장을 점유하였다. **AK**

참고: 치약, 비누, 칫솔, 데오드란트

▶ 멈 데오드란트는 여전히 남아메리카와 아시아뿐만 아니라 유럽에서도 널리 사용되었다.

# Another case for Mum Rollette

## THE NEW DEODORANT THAT **ROLLS ON!**

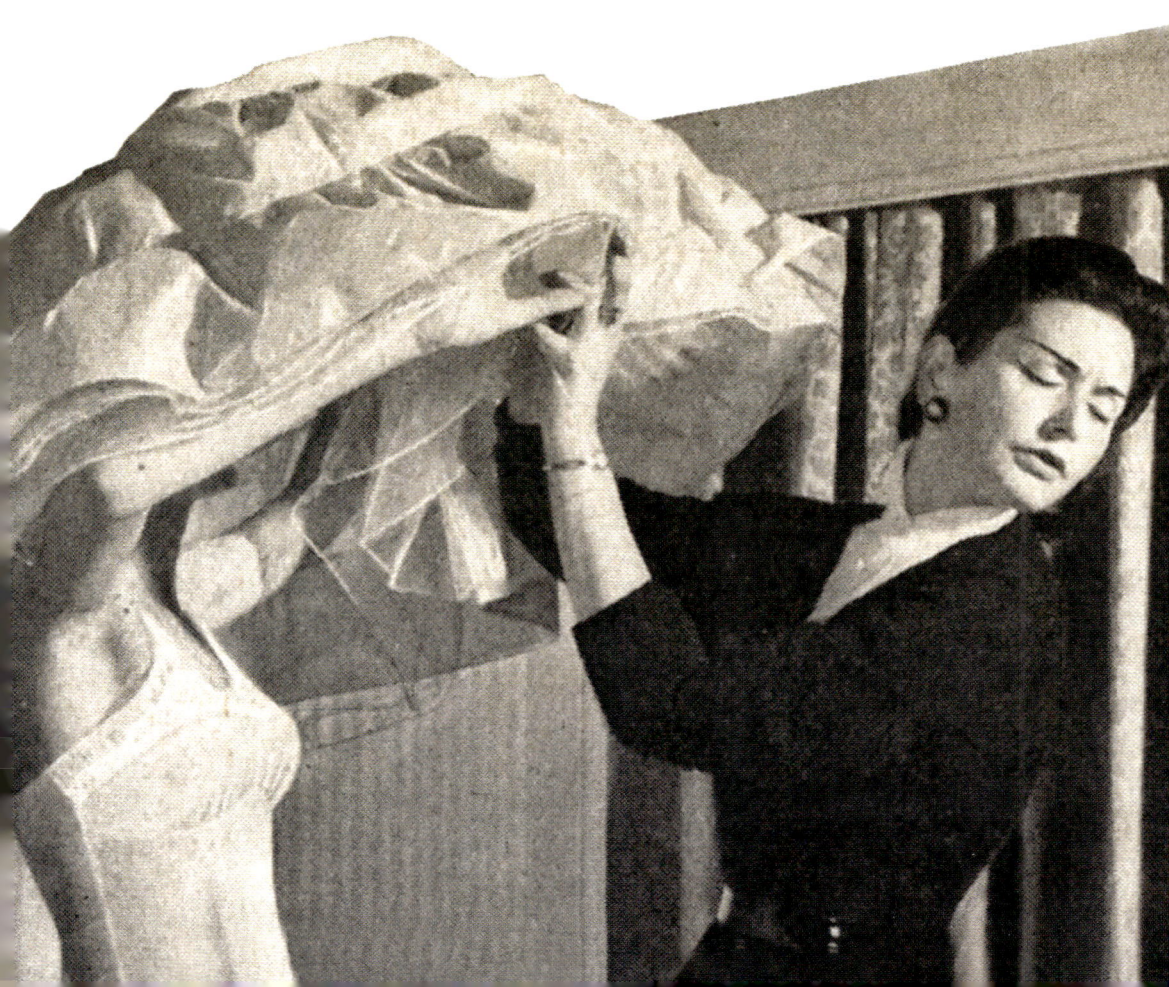

# 음성 인식 (1952년)

벨이 음성을 인식하는 컴퓨터를 만들다.

오드리는 벨 연구소의 아날로그 컴퓨터 이름이다. 사람들은 오드리의 음성이 담배 경매 로봇 두 대가 담배 꽁초를 놓고 싸우는 소리 같다고 묘사하였다. 그러나 1952년 오드리의 합성된 음성은 그 당시 최신 기술이었다. 하지만 오드리가 유명해진 이유는 음성 때문이 아니었다. 벨 연구소 과학자들은 수년간 인간 음성을 인식할 수 있는 기술을 연구하였는데, 오드리는 이러한 연구로 탄생한 최초의 음성 인식 컴퓨터였다.

사람들이 말하는 단어를 디지털 문자로 즉시 전환할 수 있는 컴퓨터는 응용처가 거의 무한하다. 그러나 사람의 억양과 발음이 서로 다르기 때문에 정확한 음성 인식은 사실 어려운 작업이다. 오드리는 1부터 10까지 사람이 말하는 숫자를 인식할 수 있었고, 불을 반짝여 자신이 들은 숫자를 표현하였다. 오드리는 사람이 말한 음성을 메모리에 저장된 사운드 패턴과 비교하여 어느 음성이 저장된 사운드 패턴과 비슷한지를 판단했다.

이 기술은 사전에 정의된 규칙에 기반했으며, 벨 연구소는 오드리가 전화 교환원 역할을 해주기 바랐다. 즉, 사람이 말한 음성을 인식하여 전화를 걸어주는 기능을 구현하고자 하였다. 하지만 문제는 정확도였다. 마침내 오드리는 특정한 사람들의 목소리를 인식하도록 조작되어 98퍼센트의 정확한 음성 인식률을 달성하였다. 이는 오드리가 상업적으로 충분히 사용될 수 있음을 의미하였다.

1950년대 이후 컴퓨터 성능이 급격하게 향상됨에 따라 여러 그룹이 자신들만의 음성 인식 시스템을 연구하기 시작하였다. 그 결과 가정용 컴퓨터를 위한 음성 인식 시스템을 구매할 수 있었으며, 음성 인식 시스템을 사용하여 특정한 구문을 컴퓨터에 프로그램하게 되었다. **DHk**

참고: 구술 녹음기, 음성 합성, 광학식 문자판독

# 호버크래프트 (1953년)

코커렐이 공기 중에 떠오르는 크래프트를 발명하다.

공기부양선(ACV)으로 알려진 호버크래프트는 대형 원심팬이 공기를 아래로 뿜어 지상으로부터 떠오른 상태로 움직이는 운송 수단이다. 수륙 양용인 호버크래프트는 비교적 평평한 땅에서 물품을 실어 고요한 강이나 바다를 가로질러 물품을 운반하는 데 사용될 수 있다. 공기 쿠션 때문에 바다과의 마찰력이 발생하지 않으므로 빠른 속력으로 물살을 가로지를 수 있다.

크리스토퍼 코커렐(1910~1999)은 최초로 상용화된 호버크래프트인 SRN1(Saunders Roe Nautical One)을 설계하였다. 그는 1953년 호버크래프트를 구상했지만, 1956년 6월이 되어서야 시간당 29마일(49킬로미터)로 주행할 수 있는 3인용 호버크래프트를 제작하였다. 코커렐은 호버크래프트 둘레의 좁은 터널에 공기를 불어넣기로 결정했다. 좁은 터널로 들어간 공기는 중앙 쪽으로 빠져 나오게 되는데 이 과정에서 호버크래

"공정함과 반칙 사이의 경계는 없다.
안개나 더럽혀진 공기나 공기 중을
떠 다니는 것은 매한가지이다."

윌리엄 셰익스피어, 『맥베스』

프트의 무게를 지탱해주는 고압력 쿠션이 형성되어 지면 위에 뜰 수 있었다.

오늘날 상업용 호버크래프트는 30분 안에 영국 해협을 건널 수 있다. 군대는 호버크래프트를 군인 및 무기 수송용으로 사용하는 반면 석유회사는 접근하기 어려운 곳에 굴착 장비를 전달하고 있다. 또한 수면에 파장을 일으키지 않기 때문에 수중 생물에게 피해를 끼치지 않고 습지대, 갈대, 늪을 이동할 수 있는 수단으로 이용 가능하다. **DH**

참고: 보트, 돛, 키, 증기선, 잠수정, 잠수함, 모터 보트, 제트 보트

▣ 1959년 7월 코커렐의 호버크래프트는 칼레에서 도버까지 운행하여 영국해협을 건넜다.

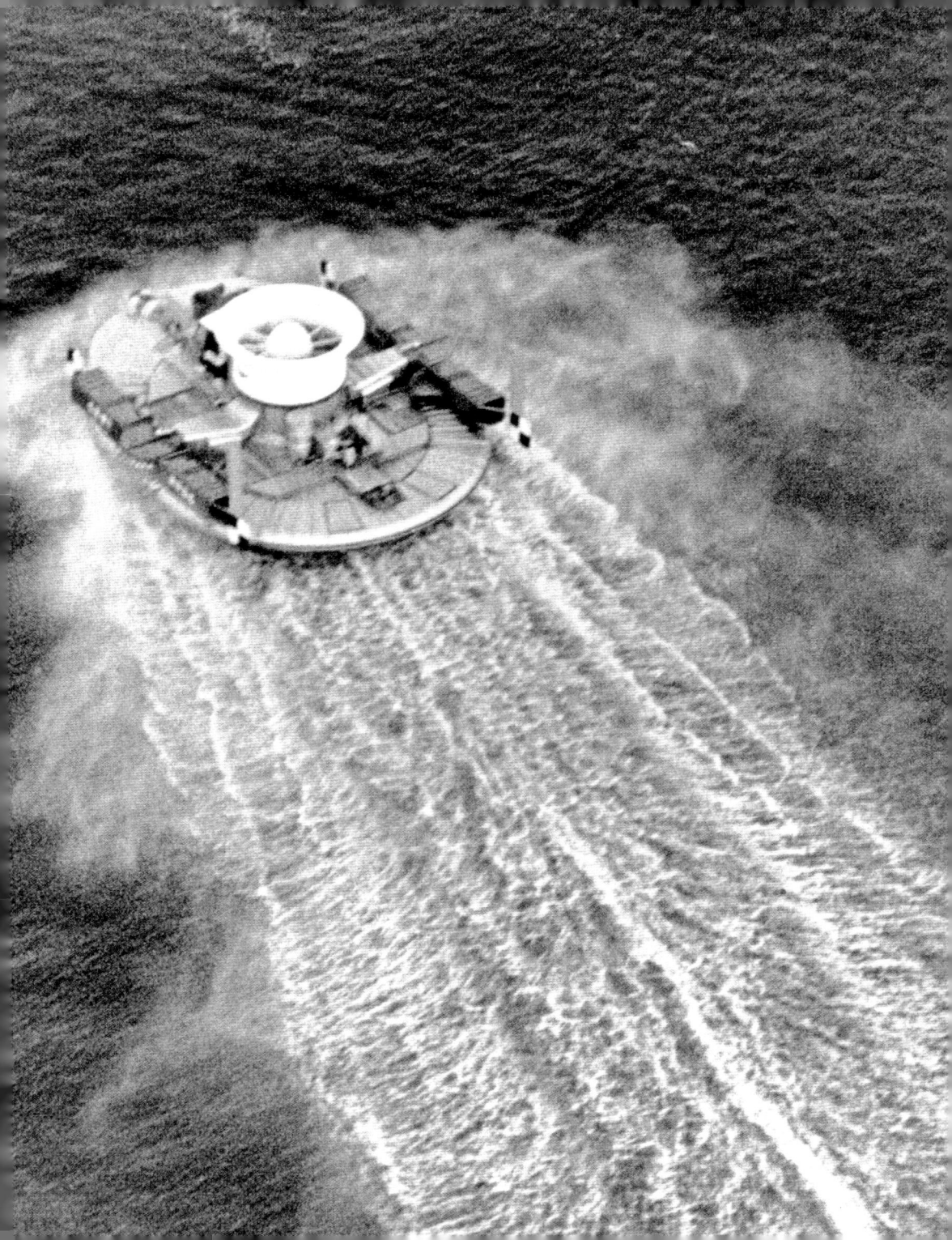

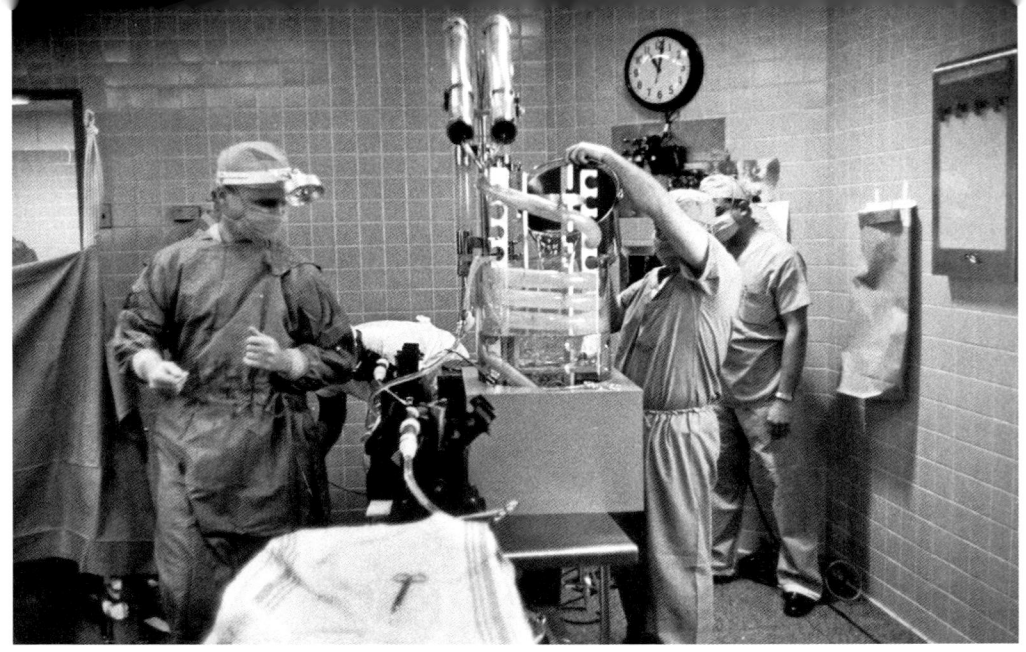

# 인공 심폐기기 (1953년)

기본 박사의 기계가 심장 수술을 획기적으로 발전시키다.

1930년 10월 한 젊은 외과 레지던트는 폐동맥의 혈액이 응고되어 숨쉬기 괴로워하는 환자를 밤새 돌보았다. 환자에게 필요한 수술은 미국에서 성공한 적이 없는 수술이었다. 독일에서 개발된 '트렌델렌부르크 수술'은 생존율이 6퍼센트에 지나지 않았다. 17시간에 걸쳐 수술은 성공적으로 진행되었으나 환자는 결국 사망하였다.

그 후 23년간 존 헤이샴 기본(1903~1973) 박사와 부인 메리는 심장이 멈춰 있는 동안 혈액을 공급할 수 있는 기계 제작에 대해 연구하였다. 1935년 그는 심폐 대체혈관 기계 시제품을 사용하여 고양이의 생명을 26분간 유지시켰다. 이 기계는 정맥의 혈액이 실린더 내의 회전 장치 속에 투입되면 산소를 공급받은 후 동맥 안으로 다시 투입되는 원리였다.

많은 사항이 개선되었으며, 1951년 인간을 대상으로 한 최초의 관상동맥 우회혈관수술이 시행되었으나 해당 환자는 사망하였다. 그로부터 15개월 후인 1953년 5월 6일 심장에 난 구멍을 수술하는 동안 18세 소녀

의 심장 기능이 26분간 기본 박사의 기계로 대체되었는데, 그녀는 수술 후 30년간 생존하였다.

이러한 유형의 수술은 단 몇 회만 시행되었지만 외과의사들이 심폐 대체혈관을 사용하여 심장의 문제점을 해결하고 심장 판막을 교체해 대동맥류를 회복시킬 수 있는 많은 수술을 할 수 있었다. 선구적인 심장외과 전문의였던 기본은 심장마비로 1973년에 사망했다. **SS**

**참고**: 철제 호흡보조기, 심장 박동기, 신장 투석기, 인공 심장

⬆ 1957년 미네소타 대학병원에서 인공 심폐기기를 사용하기 위한 준비 작업을 하고 있다.

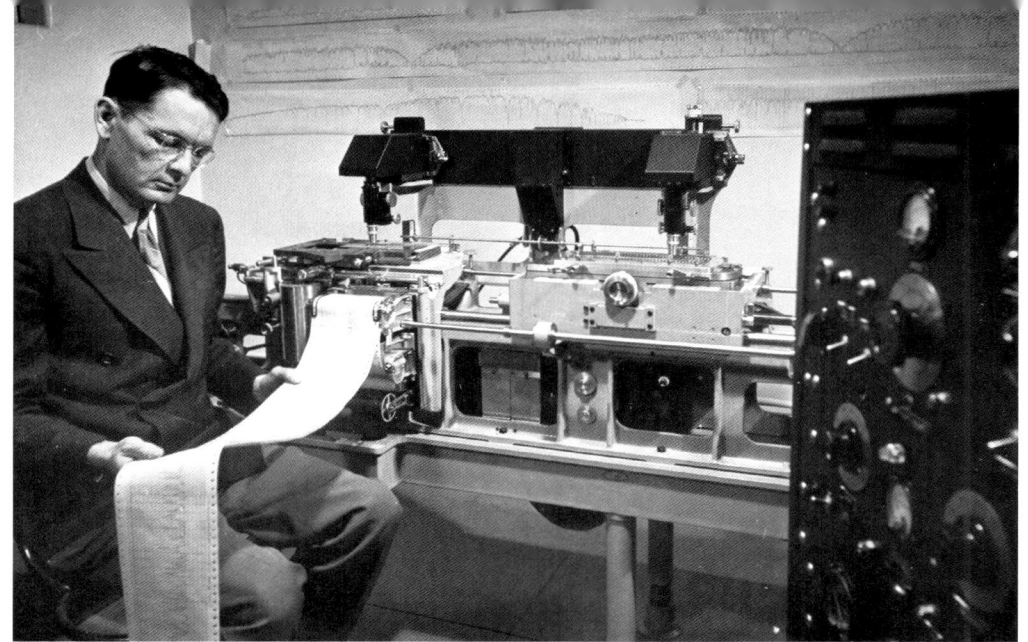

# 적응 제어 광학 (1953년)

배브콕이 천문학자를 도울 수 있는 광학 시스템을 생각해내다.

천문학자들은 수 광년 떨어진 별빛을 관찰하지만, 지구를 둘러싼 얇은 대기는 그 빛을 왜곡시킨다. 지구의 얇은 대기층은 다양한 온도와 밀도로 이루어져 있는데, 지구 주위를 이동하는 대기의 기류는 빛의 방향을 바꾼다. 빛의 방향 변화는 자료의 왜곡으로 나타나 대기 측정값을 쓸모 없는 것으로 만들거나 측정값의 해석을 어렵게 만든다. 이렇게 대기권의 두께 때문에 빛의 방향이 바뀔 수 있으므로 관측소는 대개 높은 산 위에 설치되었다. 하지만 높은 산 위에서 수행된 정밀 프로젝트는 대부분 여전히 문제점을 안고 있었다.

1953년 미국의 천문학자인 호레이스 배브콕(1912~2003)은 실시간으로 변화를 반영하고 오류를 수정하는 광학 시스템을 고안하였다. 그의 광학 시스템은 고생하는 천문학자들에게 희망을 주었지만, 컴퓨터 성능이 빠르게 변화하는 대기 속도를 따라 잡을 수 있었던 1990년대가 되어서야 사용이 가능하였다.

'적응 제어 광학'은 들어오는 빛의 왜곡을 측정한 후 관련 정보를 재빨리 전달하여 거울의 위치를 변형시키는 기술로, 별에서부터 전달되는 빛을 가변형 거울에 반영시켜 광학적인 왜곡을 줄여 주었다. 컴퓨터는 대기 변화에 관한 정보를 분석한 후 거울에 신호를 보내어 1초 동안에 수많은 각도로 거울을 변형시킨다. 구부릴 수 있는 거울을 위한 물질은 미개발 상태였으며 컴퓨팅 능력이 떨어졌기 때문에 예전에는 이 기술을 구현하는 것이 어려웠다. 그러나 현재는 이러한 조건들을 충족시킬 수 있어 화상의 질이 현저히 개선되었다. **LS**

참고: 망원경, 블링크 콤퍼레이터, 우주 관측소, 허블 우주망원경

⬆ 캘리포니아 주 샌디에이고 인근의 팔로마 산 관측소에서 기록 용지를 검토하고 있는 배브콕.

# WD-40 (1953년)

라센이 상상 이상의 다용도 제품을 발명하다.

WD-40은 군대 기술의 부산물이기 때문에 아마도 'War Department-1940'의 약자가 아닐까 생각하는 사람들도 있겠지만, 이 이름은 WD(water displacing) 화학 물질로 완벽한 제품을 만들려고 시도한 횟수와 관련이 있다.

1953년 캘리포니아 샌디에이고 실험실에서 로켓 케미컬社 직원 세 명은 우주 산업에서 사용할 목적으로 녹스는 것을 방지하고 기름기를 제거할 수 있는 제품을 만드는 작업에 착수하였다. 이들은 39번의 실패 끝에 마침내 해당 제품의 개발에 성공하였다. 항공 우주 계약사인 콘베어社는 아틀라스 미사일의 부식 억제제로 사용하기 위해 WD-40을 구매하였으며 이윽고 다른 도매 주문들도 뒤를 이었다.

로켓 케미컬社 직원들은 소량의 석유화학 기반 제품(WD-40)을 개인 용도로 집에 가져가곤 했다. 이를 알게 된 회사 창립자이자 화학자인 노엄 라슨(1923~1970)은 일반 대중에게도 WD-40이 유용하다고 생각하게 되었으며, 사용의 편의성을 위해 WD-40을 에어로졸 내에 주입하는 연구를 진행하였다. 이렇게 해서 탄생한 스프레이형 WD-40은 1958년 샌디에이고의 상점에서 판매되기 시작하였다. 사람들은 WD-40을 전혀 새로운, 상상할 수 없는 용도로 사용하였다. 1969년에 이르러서야 로켓 케미컬社는 이 유명한 제품에 WD-40이라는 이름을 붙여주었다.

WD-40은 본래 개발 의도와는 다르게 다용도로 사용되고 있다. 초기에 물기 방수제로 고안되었던 WD-40은 새로운 용도를 찾아낸 사람들에게 유용한 제품이었다. 이러한 이유로 WD-40은 카페트에 붙은 껌 제거, 옷 사이에 껴버린 지퍼의 분리, 혹은 관절염을 위한 치료제(제조사들은 이 용도로 사용하는 것을 권장하지 않음) 등 다양한 용도로 우리 곁에 오랫동안 머무를 것이다. **MD**

참고: 자동 윤활제, 에어로졸

# 인조 다이아몬드 (1953년)

폰 플라텐이 인공으로 다이아몬드를 만들다.

인조 다이아몬드를 만드는 것은 일종의 연금술(금속을 금으로 바꾸는 공법)이지만 불가능한 일은 아니었다. 인조 다이아몬드는 두 가지 종류로 구분된다. 첫 번째는 모조품으로, 다이아몬드와 생김새와 구조가 유사한 것을 말한다. 두 번째는 인조품으로, 다이아몬드 원석과 화학적 구조가 동일한 것을 말한다. 후자가 바로 진정한 인조 다이아몬드이다.

1893년 헨리 모이산은 실리콘 탄화칼슘으로 만들어진 모조 다이아몬드를 운석이 떨어진 분화구에서 최초로 발견하였다. 이러한 모조 다이아몬드는 후에 모이산과 다른 사람들에 의해 실험실에서 복제되었는데, 그 중 가장 유명한 윌라드 헐시의 모조 다이아몬드는 캔자스의 맥퍼슨 박물관에 전시되어 있다. 1953년 발트자르 폰 플라텐(1898~1984)과 그의 팀은 스웨덴 전기 회사인 ASEA에서 인조 다이아몬드와 관련된 비밀 연구를 진행하고 있었다. 그들은 마침내 최초의 인조 다이아몬드를 만들기 위해 필요한 충분한 열과 압력을 발생시키는 데 성공하였다. 개발된 기계는 2시간 동안 8만 3,000대기압을 발생시켰다. 이 기계는 처음에 매우 위험해 폰 플라텐은 기계의 스위치를 켤 때면 기계실 내의 불필요한 모든 인원을 외부로 내보냈다.

발명된 인조 다이아몬드 제조법은 유출 방지를 위해 비밀로 유지되었다. 그로부터 1년 후 폰 플라텐의 팀은 제너럴 일렉트릭社로부터 인조 다이아몬드 제작을 최초로 의뢰받아 독립적으로 작업을 수행하였다. 이윽고 인조 다이아몬드의 상업적 생산이 시작되었으며 보석으로 통용되었다. 인조 다이아몬드는 보석 이외에도, 절단 공구의 커팅 날로 이용되고 있으며, 입자 가속기 및 정밀 측정 장치와 같은 복잡한 기계류에 다양한 용도로 쓰이고 있다. **SS**

참고: 카보런덤

➡ 1955년 제너럴 일렉트릭社의 과학자들이 다이아몬드를 만들기 위해 1,000톤짜리 프레스를 사용하고 있다.

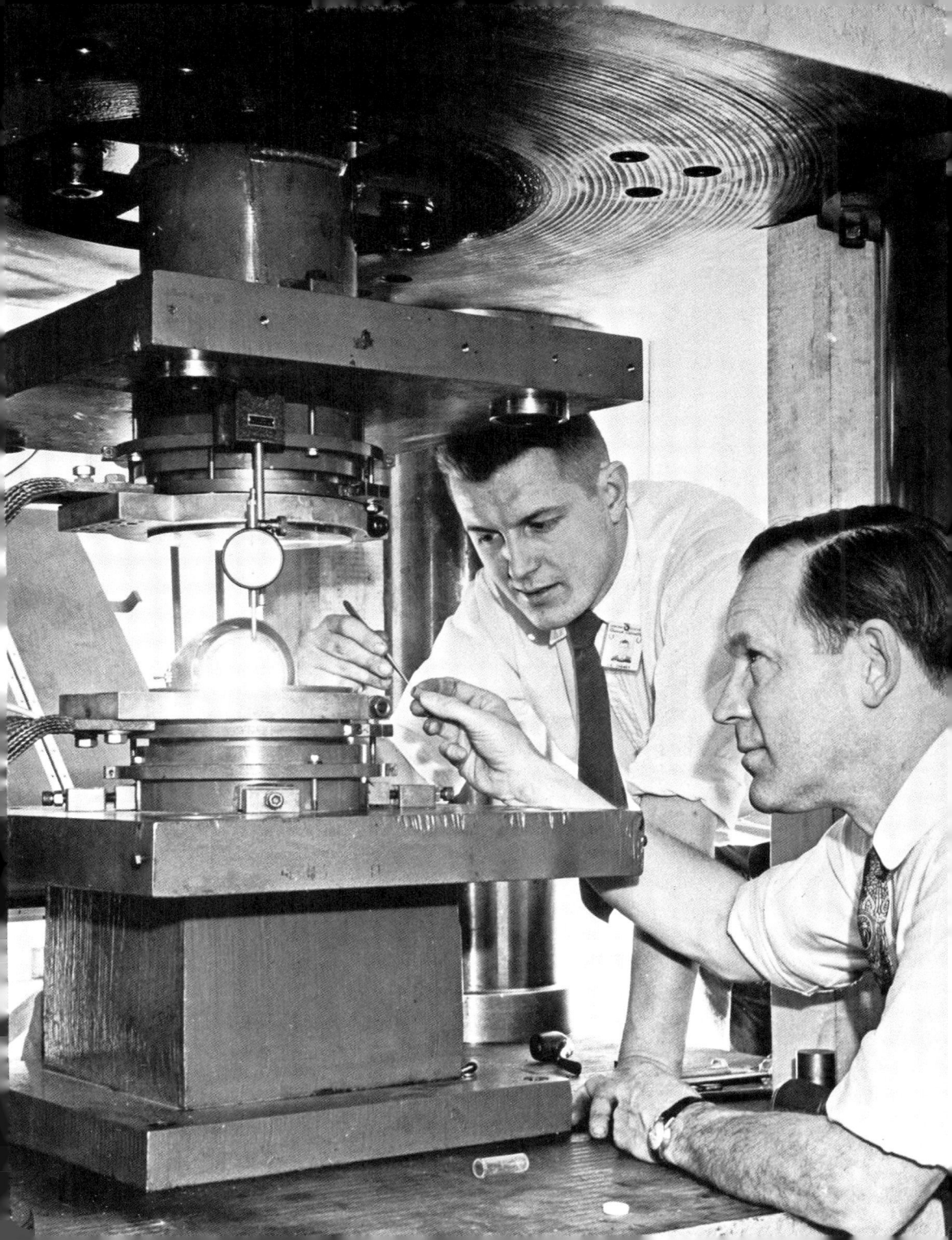

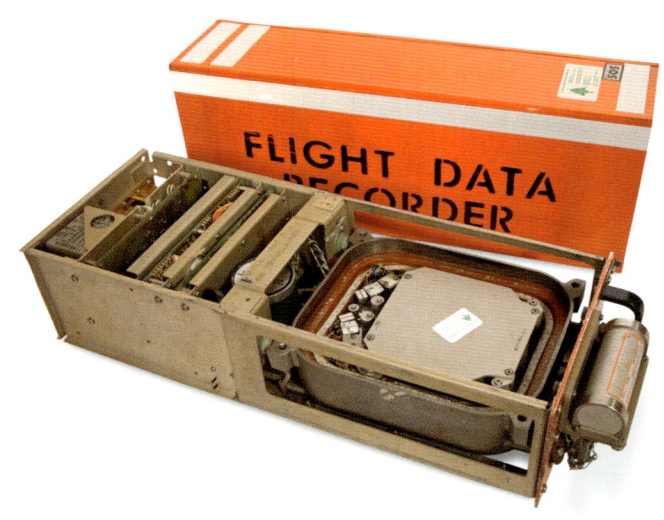

# 블랙박스 비행기록장치 (1953년)

워렌의 박스가 항공 운항 안전에 중대한 발전을 가져오다.

현재 모든 항공기에서 중요한 임무를 수행하고 있는 블랙박스 비행기록장치는 호주 항공 과학자 데이비드 워렌(1925년 출생)의 발명품이다.

제2차 세계대전이 끝난 후 항공 여행이 점차 대중화 되었지만, 설명할 수 없는 이유로 여러 대의 비행기가 추락하면서 비행에 대한 대중의 신뢰가 흔들렸다. 1953년 워렌은 팀의 일원으로 세계 최초의 분사 추진식 여객기인 코멧의 충돌 사고에 대해 조사하였다. 그는 추락 전 마지막 순간에 비행기에서 발생한 일들을 기록할 수 있다면 유용할 것이라는 생각에 조종실 내의 음성과 계기 판독을 기록함과 동시에 충돌에 견딜 수 있는 장치를 개발하기 시작하였다. 그리하여 강철 철사에 음성을 4시간까지 기록할 수 있는 'ARL 비행 기억 장치'라고 불리는 시제품을 제작했다. 조국인 호주에서는 워렌의 장치에 대해 아무도 관심을 가지지 않았지만, 1958년 영국은 워렌의 장치를 최초로 채택하였다.

1960년 퀸즈랜드에서 또 한 번 원인불명의 충돌 사고가 발생한 후, 호주는 세계 최초로 모든 항공기에 블랙박스 비행기록장치의 장착을 의무화하였다. 블랙박스의 색상은 실제로는 매우 밝은 오렌지색이다. 오늘날 비행기에는 두 개의 블랙박스가 장착되어 있으며 둘 다 비행기 꼬리 부분에 위치한다. 두 개의 블랙박스는 각각 조종실 음성 기록기(CVR)와 비행자료 기록기(FDR)로 분류된다. 이 기록 장치들은 조종실과의 무선 통신 내용에서부터 비행속도, 고도, 엔진 온도에 이르기까지 모든 사항을 기록한다. 또한 큰 충격을 견뎌낼 수 있도록 티타늄과 같은 금속으로 둘러 쌓여 사고 원인을 밝히는 데 도움을 주고 있다. **HI**

**참고:** 레이더, 기압고도계, 지면접근 경고장치

⬆ 블랙박스는 강력한 화염과 심해의 압력을 견딜 수 있도록 설계되었다.

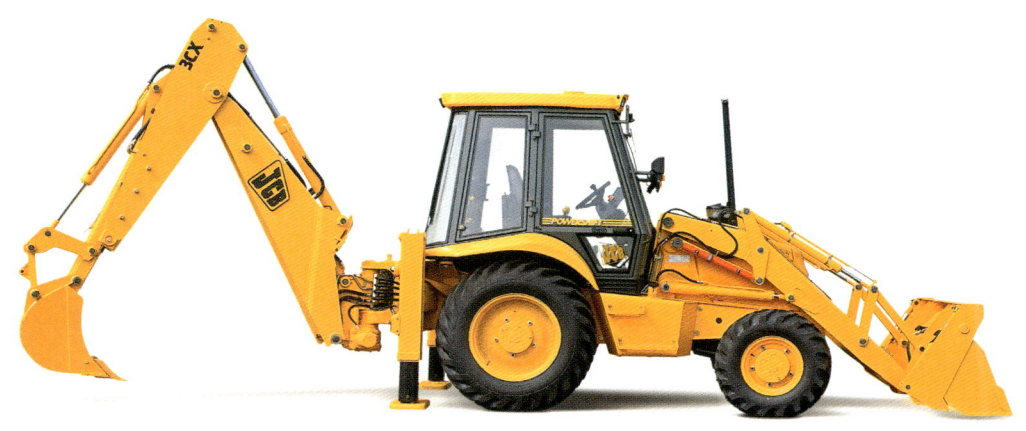

# 백호우 로더 (1953년)

밤포드가 강력하고 기능이 다양한 건설 장비를 발명하다.

JCB라고도 하는 백호우 로더는 영국 스태포드셔의 조지프 시릴 밤포드(1916~2001)가 발명하였다. 그는 1945년 금속 조각, 지프 차축, 값싼 용접 도구만을 사용하여 유압으로 작동하는 티핑 트레일러를 제작하였다. 후에 그는 티핑 트레일러를 45파운드(그 당시 180달러)에 판매하였다. 밤포드는 덤프 트럭같이 생긴 티핑 트레일러 제작과 더불어, 사업을 꾸준히 성장시켜준 백호우 로더를 제작했다. 발명가의 이니셜을 딴 JCB 로고는 백호우 로더가 만들어진 1953년 처음으로 사용되었다.

전형적인 백호우 로더는 세 가지 구성요소(트랙터, 로더, 백호우)로 이루어져 있다. 트랙터는 백호우 로더가 험난한 지형을 횡단할 수 있게끔 해주며 트랙터 앞부분에 위치한 로더는 많은 양의 물체를 퍼올리거나 밀어낼 수 있도록 해준다. 로더 기능을 수행하면서 동시에 조정이 가능한 백호우(버킷을 부착한 접이식 팔)는 트랙터의 윗부분이나 아랫부분을 파낼 수 있

지만 무거운 양의 하중이 실리면 구조적 손상을 야기시킬 수 있다. 백호우와 로더는 유압 펌프라고 하는 복잡한 양방향 유압 피스톤 시스템에 의해 조종되고 움직인다. 디젤 엔진은 백호우 로더의 다양한 유압 펌프에 기름을 공급한다.

1951년 JCB社는 자신들의 건설 기계류에 노란색과 검정색을 칠하기 시작했다. 노란색과 검정색이 조합된 백호우 로더는 현재 세계에서 가장 인기 있는 건축 장비 중 하나이다. JCB社의 백호우 로더는 출시 이래 전 세계에서 32만 5,000대가 판매되었다. **LW**

참고: 트랙터, 불도저

⬆ 세계 3위의 건설 장비 제작 업체 중 하나인 JCB社는 150개 국가에 제품을 판매하고 있다.

# 펠트펜
## (1953년)

---

로젠탈의 펜이 지워지지 않는 자국을 남기다.

펠트펜은 어떠한 표면에도 세상을 향한 메시지를 쓸 수 있게끔 해주어 작가들의 지혜를 고스란히 남기는 데 도움을 주었다.

펠트펜의 사용은 1940년대로 거슬러 올라간다. 당시 잉크통을 지닌 펠트펜은 만년필 디자인과 동일했지만, 전통적으로 사용되던 촉이나 심 대신 잉크가 천천히 흐를 수 있도록 펠트나 기타 작은 구멍이 난 다른 물질을 사용하였다.

1953년 시드니 로젠탈은 모직 펠트 심지 및 필기 촉이 있는 두터운 잉크 유리병을 사용하여 펠트펜 디자인을 매우 개선하였다. 로젠탈의 펠트펜은 어떠한 표면에도 필기가 가능했기 때문에 '매직 마커'라고도 하였다. 펠트펜 기술의 눈부신 발전을 의미하는 매직 마커는 점차 사용량이 증가하기 시작했다.

1962년 도쿄 스테이셔너리社의 직원인 호리에 유키오는 이전 제품들보다 작은 심을 만들어 종이에 필기하는 데 더욱 적합한 현대식 펠트펜을 발명하였다. 호리에의 발명은 사용이 편리한 필기용 붓(일본에서 흔하게 사용됨)을 개발하려던 노력의 결과였다. 그는 아크릴 섬유들을 함께 묶어 얇고 단단한 볼펜심을 만들었다. 호리에의 펜은 잉크가 아닌 염료를 사용한 최초의 펜으로, 많은 색상을 표현할 수 있었으며 중력을 이용하여 미세한 섬유로 구성된 펠트펜 심에 염료를 전달하였다.

일부 사람들은 머지않아 종이에 쓰는 대신 디지털 도구가 사용되어 펜이 더이상 제조되지 않을 것이라고 예측하고 있다. 하지만 사람들이 무언가를 써서 표현하고 싶을 때마다 펠트펜은 여전히 중요한 역할을 하게 될 것이다. **BG**

참고: 깃펜, 만년필, 볼펜

# 의료 초음파검사
## (1953년)

---

에들러와 허츠가 의료용 화상을 진보시키다.

신체 내 기관을 시각화하기 위해 음파를 사용하는 초음파 진단 화상 기술은 대부분의 의료 부문에서 사용되고 있다. 메릴랜드주 베데사에 위치한 네이벌 의학연구소의 조지 루드윅 박사는 1940년대 후반 초기 초음파 검사 실험을 수행하였다. 루드윅은 초음파를 사용하여 개에게 이식된 인간 담석을 성공적으로 검출하였다.

심장을 조사하는 데 그 당시 기술이 부적합하다는 사실에 좌절한 스웨덴 심장학자 잉게 에들러(1911~2001)는 더 진보된 아이디어를 생각해냈다. 에들러는 수술 전, 환자의 심장 질환에 대해 진단하던 중 심장 카테터법과 대조 엑스레이가 심장의 승모판에 대한 충분한 정보를 임상의에게 전달하지 못한다는 사실을 깨달았다. 그는 런드 대학교 핵 물리학과에 근무하는 칼 허츠(1920~1990)에게 레이더를 사용하면 심장 내부를 들여다 볼 수 있는지 물어봤다. 허츠는 레이더로는 불가능하지만 초음파로는 가능할 것이라고 답변하였다.

초음파 반사경을 대여한 후 에들러는 1953년 10월 29일 심장 박동에 따라 화면에 움직이는 에코를 포착했다. 그로부터 6주 후 애들러와 허츠는 이 기법을 사용하여 두뇌의 초음파 프로브를 생성했다. 그 사이 스코틀랜드 글라스고 산부인과 병원의 내과의사인 이안 도날드는 산부인과 용도로 사용할 수 있는 초음파를 개발하고 있었다.

오늘날 초음파는 음파 변형기를 지닌 프로브를 사용하여 신체 내 기관에 펄스를 전달한다. 음파 변형기 탑재 프로브는 근육과 연약한 조직을 화상으로 나타내는 데 유용하다. **LH**

참고: X선 사진, MRI, 컴퓨터 단층촬영

▶ 초음파 스캔이 임신 3개월 때 태아의 모습을 보여주고 있다.

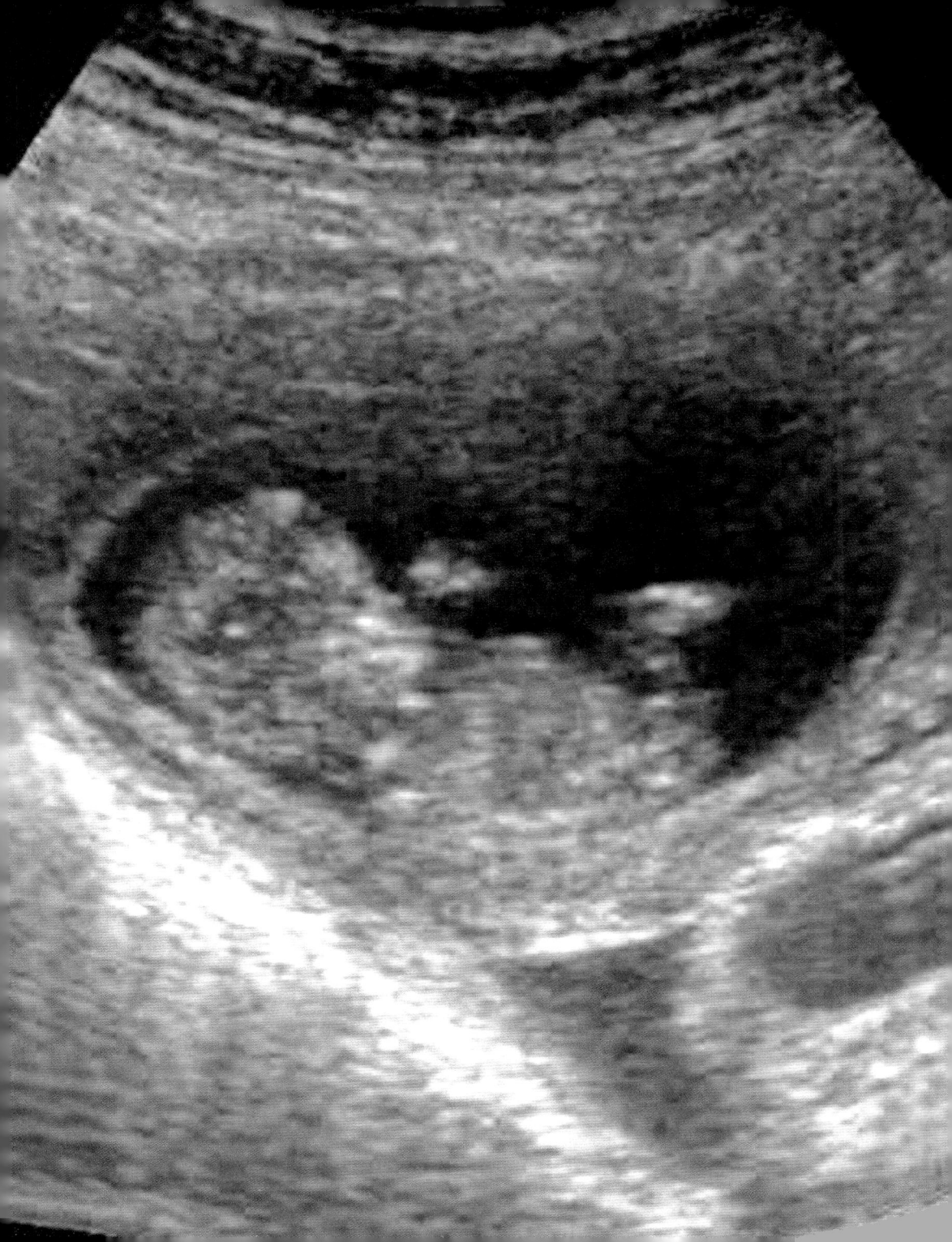

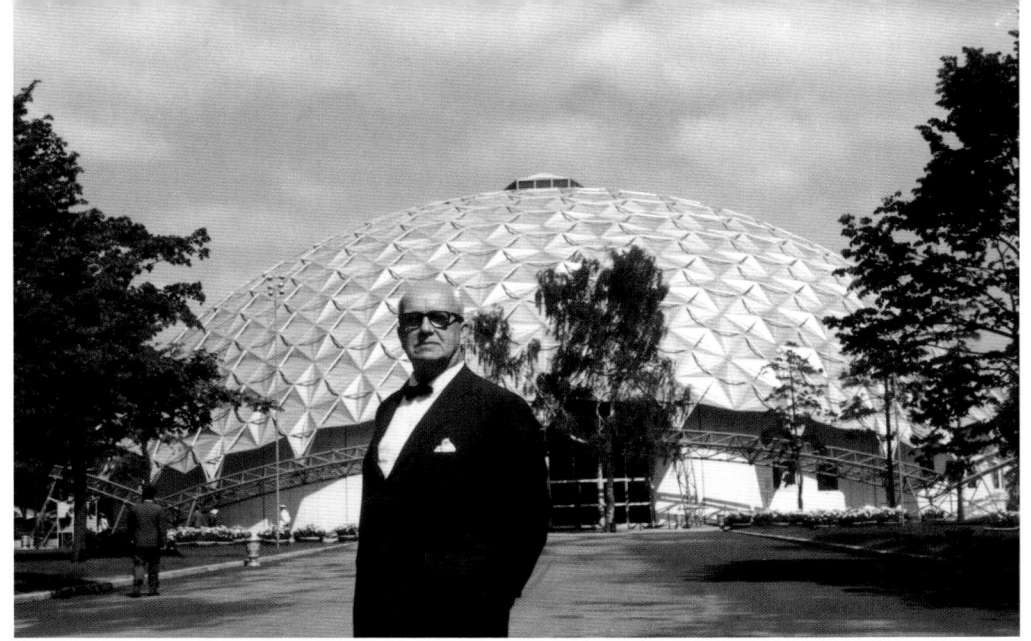

# 측지선 돔 (1954년)

풀러가 삼각형 패턴의 건축 형태를 창조하다.

리처드 벅민스터 풀러(1895~1983)는 시와 건축 등 다양한 분야에 박식한 사람이었다. 그가 개발한 측지선 돔은 플로리다주 디즈니월드의 엡콧 센터 및 영국 콘월의 에덴 프로젝트를 포함해 전 세계적으로 건축되었다.

측지선 돔은 다양한 모양과 크기로 건축되고 있지만, 자기 보강성(self-reinforcing) 삼각형 단면을 기본으로 하고 있다. 또한 표면 비율의 용적을 극대화하고, 하중을 잘 견디면서 조립이 빠르며, 강한 바람에 견딜 수 있다는 많은 장점을 가지고 있다. 풀러는 측지선 돔으로 미국 특허를 취득했지만, 1922년 독일인 발테르 바우에르스펠트가 이미 측지선 돔 원리를 기반으로 플라네타리움을 건축했다.

하롤드 크로토와 그의 동료들이 60개의 탄소 원자로 이루어진 제3의 탄소 안정 형태(후의 다이아몬드와 흑연)를 발견한해 인 1985년, 풀러의 돔 구조는 부흥기를 맞이하게 된다. 크로토는 탄소의 새로운 형태가 될

만한 구조를 생각하던 중 몬트리올에서 보았던 측지선 돔을 떠올렸고 60개의 탄소 원자 구조를 풀러의 측지선 돔처럼 배열할 것을 제안하였다. 이 구조는 풀러의 업적을 기려 풀러린으로 불리게 되었다. 풀러린을 구성하는 공 모양인 버키볼은 의료용 운반 장치 및 나노테크놀로지 응용 부문의 구조적 화합물로 각광받고 있다. 비록 대량 생산이 과제로 남아 있지만, 이 별난 구조물은 우리에게 새로운 미래를 가져다 줄 것이다. **MB**

**참고:** 집 짓기, 돔

⬆ 1960년 측지선 돔 앞에서 포즈를 취하고 있는 풀러. 그는 또한 연료 효율 자동차의 시제품도 제작하였다.

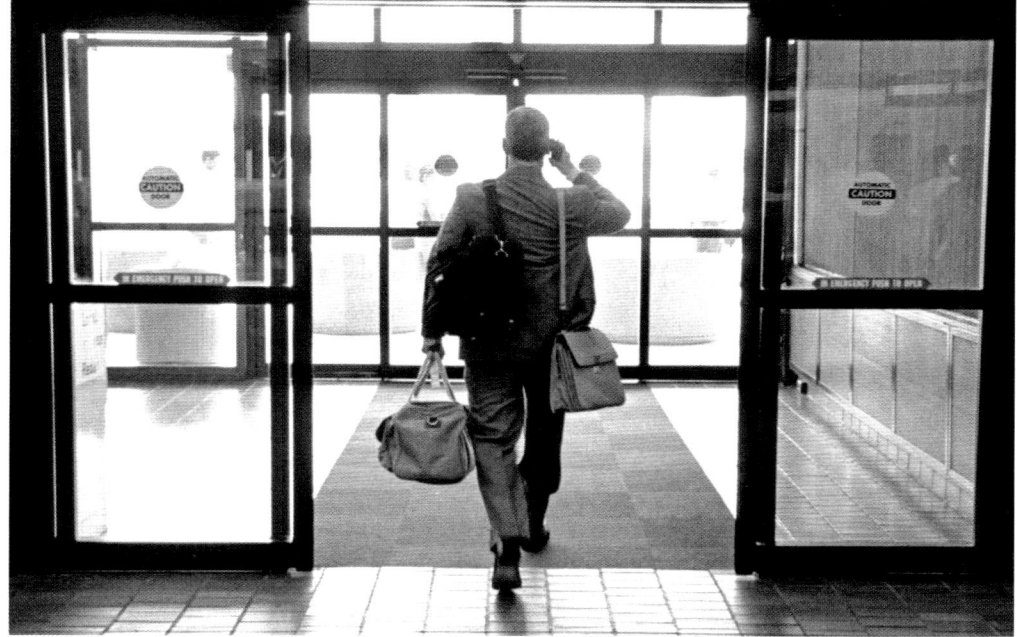

# 자동문 (1954년)

호톤과 휴잇이 새로운 문 시스템을 세상에 선보이다.

1954년 텍사스 주 코퍼스 크리스티에 위치한 호톤 글라스社 직원인 디 호톤과 류 휴잇은 바람 때문에 파손된 유리문 수리를 막 완료하였다. 강력한 돌풍을 일으키는 남 텍사스의 바람은 유리와 여닫이 문을 부수어 유리 수선 수요가 꾸준히 있었다. 남 텍사스의 예측할 수 없는 바람은 사람의 의지와는 상관없이 제멋대로 문이 열리고 닫히는 상황을 연출하였기 때문에 호톤과 휴잇은 더 나은 문 시스템을 발명하기로 결심했다.

처음에 그들의 문 시스템은 문 앞에 위치한 매트 작동기를 밟을 때에만 열리는 단순한 미닫이 문이었다. 이 문은 바람 때문에 저절로 움직이는 문제를 해결했을 뿐만 아니라 배달원이 두 손 가득히 짐을 든 상태로 상점에 들어오는 것을 가능하도록 해주었다. 도시의 주요 시설에서 해당 문의 테스트가 무상으로 진행되었으며, 1960년 본격적인 판매가 시작되었다. 이 자동문의 상용화 제품은 코퍼스 크리스티의 호텔 레스토랑에 최초로 설치되었다. 호톤과 휴잇은 1964년 특허를 취득했으며 호톤 오토매틱스社를 설립하였다. 휴잇은 후에 자동 미닫이 창문을 발명하였다.

사무실과 공공 건물의 자동화 출입 시스템에 오늘날까지 가장 폭넓게 사용되고 있는 자동문은 작동이 간편하고 사용자 친화적인 기본 디자인으로 수년간 발전해 왔다. 큰 유리문이 자동으로 열리지 않을 때 사람들이 순간적으로 당황할 만큼 자동문은 우리 생활의 일부가 되었다. **MD**

**참고:** 집 짓기. 회전문

⬆ 자동문은 통행을 감지하는 센서나 버튼으로 작동시킬 수 있다.

# 눌러 붙지 않는 팬 (1954년)

**마크와 콜레트 그레고리가 독창적인 주방기기를 만들다.**

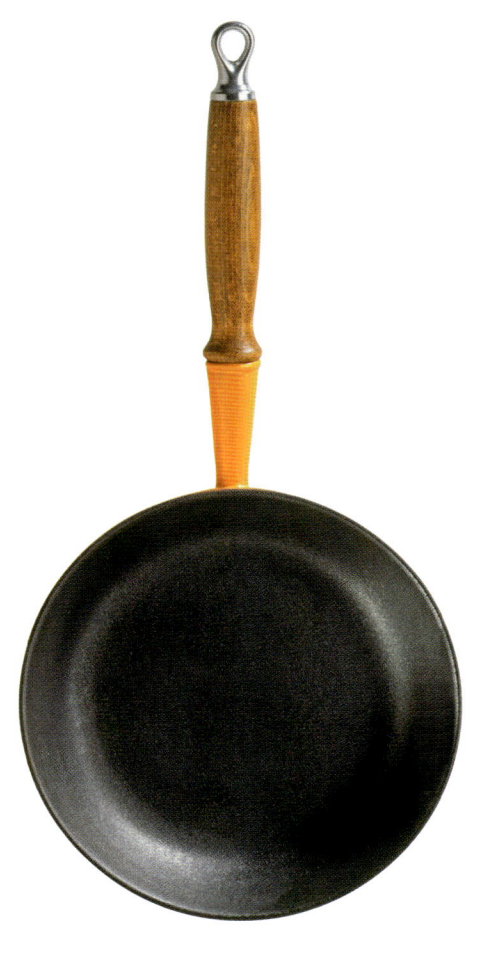

"프랭클린 D. 루스벨트는
테플론이 발명되기 오래 전에
이미 테플론 대통령이었다."

로버트 S. 매켈바인, 역사학자

눌러 붙지 않는 팬은 주방 역사에서 가장 많이 팔린 제품 중 하나이며 이 팬과 관련된 이야기는 1938년 듀퐁社가 테플론을 발명하면서부터 시작된다. 듀퐁社는 냉각제를 연구하고 있을 당시 PTFE(폴리테트라플루오로에틸렌)를 우연히 만들었다. 이 미끄러운 물질은 화학물질, 온도, 전기, 곰팡이 균에 저항할 수 있는 물질로, 듀퐁社는 빵 팬을 코팅하는 데 이 물질을 사용하였다. 1950년대 초반 프랑스 엔지니어인 마크 그레고리는 동료들로부터 테플론으로 산업용 알루미늄을 코팅할 수 있다는 이야기를 들었다. 알루미늄에 테플론을 접착시키는 방법을 알아낸 후 낚시 기어가 엉키는 것을 방지하기 위한 코팅제로 테플론을 사용하였다. 그의 부인 콜레트는 테플론으로 프라이팬을 코팅할 수도 있는지 물어봤다. 그레고리는 프라이팬 코팅을 시도해 보았는데, 코팅이 잘되었으며 이후 1954년 특허권을 따냈다.

그레고리와 콜레트는 눌러 붙지 않는 팬을 제작해 1955년에 판매하기 시작했다. 그레고리는 부엌용 팬을 만들었고 콜레트는 그 팬들을 거리에서 팔았다. 심지어 전통 프랑스 요리사도 그들의 제품을 살 정도로 코팅 팬은 인기를 끌었다. 1956년 마크와 콜레트는 테팔 주식회사를 설립했으며 눌러 붙지 않는 팬의 두 가지 구성 요소인 테플론과 알루미늄을 합성하여 테팔이라는 회사명이 만들어졌다. 1958년까지 이 두 사람은 100만 개의 눌러 붙지 않는 팬을 판매하였다.

테팔이 테플론의 상표명과 너무 유사하다는 듀퐁社의 의견 때문에 토머스 하디는 1960년 '티팔(T-fal)'이라는 이름으로 미국에서 눌러 붙지 않는 팬을 제조하기 시작했다. 회사들은 수십 년간 눌러 붙지 않는 여러 제품들을 계속해서 판매하였으며 이러한 제품들은 현재 전 세계 주방을 대표하는 기구가 되었다. **RH**

**참고: 테플론**

🔏 테플론 코팅이 강철이나 알루미늄 팬에 적용되고 있으며, 주철 팬은 테플론 코팅을 사용하여 눌러 붙지 않게 되었다.

# 트랜지스터 라디오 (1954년)

텍사스 인스트루먼트社가 최초의 소형라디오를 제작하다.

1947년 최초의 트랜지스터가 등장했을 당시 이것이 가전 제품에 얼마나 큰 영향을 미치게 될 것인지 추측할 수 있는 사람은 거의 없었다. 트랜지스터는 그 크기가 손톱만 했고, 무게도 거의 나가지 않아 부피가 크고 부서지기 쉬운 유리관을 직접적으로 대체할 수 있는 수단이었다. 트랜지스터의 등장으로 전기 회로는 그 크기가 축소되었으며 소형 DC(직류) 건전지로 동력을 공급받게 되었다.

트랜지스터 라디오는 이러한 소형화된 전기 회로를 사용한 최초의 소비재였다. 트랜지스터 라디오가 등장하기 이전에도 유럽과 일본의 무역 박람회에 출품된 수많은 휴대용 라디오 모델들이 존재했지만, 1954년 트랜지스터를 사용한 리젠시 TR-1은 대량 생산된 최초의 제품이었다. 리젠시 트랜지스터 라디오의 숨은 기술은 미국 전자제품 회사인 텍사스 인스트루먼트社로부터 시작되었다. 텍사스 인스트루먼트社는 시제품 모델을 설계하여 제작했지만 자신들의 회로를 개발하고 시장에 출시할 라디오 제조사와 손 잡았다. TR-1은 결코 싼 가격이 아닌 50달러에 판매되었다. 그 당시 50달러는 현재의 가치로 따지면 대략 400달러 정도이다.

극동 지방에서 10달러 이하의 가격으로 싸게 수입해 오면서 트랜지스터 라디오는 1960년대 대중적으로 보급되었으며 어디서나 음악을 듣는 유행이 생겨났다. 대부분의 트랜지스터 라디오는 이어폰을 낄 수 있었으므로 음악을 혼자 들을 수 있었다. 이로 인해 필수 액세서리인 소니 워크맨과 애플 아이팟이 등장할 수 있었다. **TB**

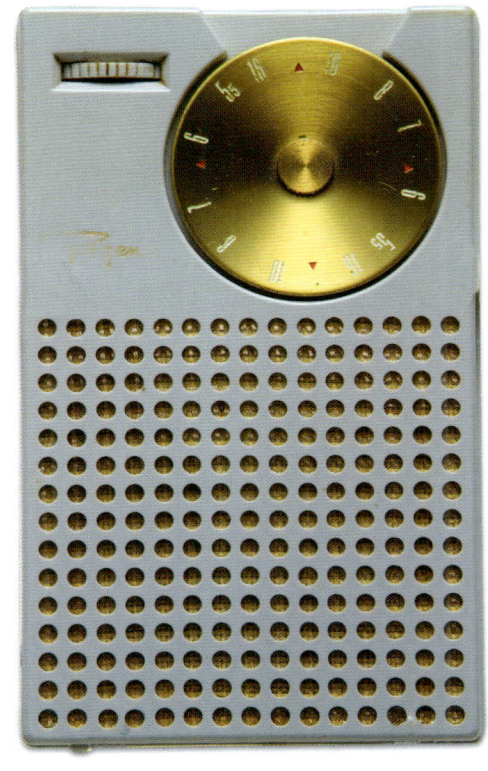

**참고:** 무선 통신, 개선된 라디오 송신기, 트랜지스터, 휴대용 카세트 플레이어

↗ 리젠시 TR-1은 1954년 10월에 출시되었으며 그로부터 한 달 후 15만 개가 판매되었다.

"무슨 일이 일어났든 간에/
화요일은 너무 느려/트랜지스터 라디오를
들고/낡은 갱도를 내려 가거나…"

밴 모리슨, 노래 '갈색 눈의 소녀'

# 폴리프로필렌 (1954년)

나타와 지글러가 세계에서 가장 중요한 플라스틱 중 하나를 발명하다.

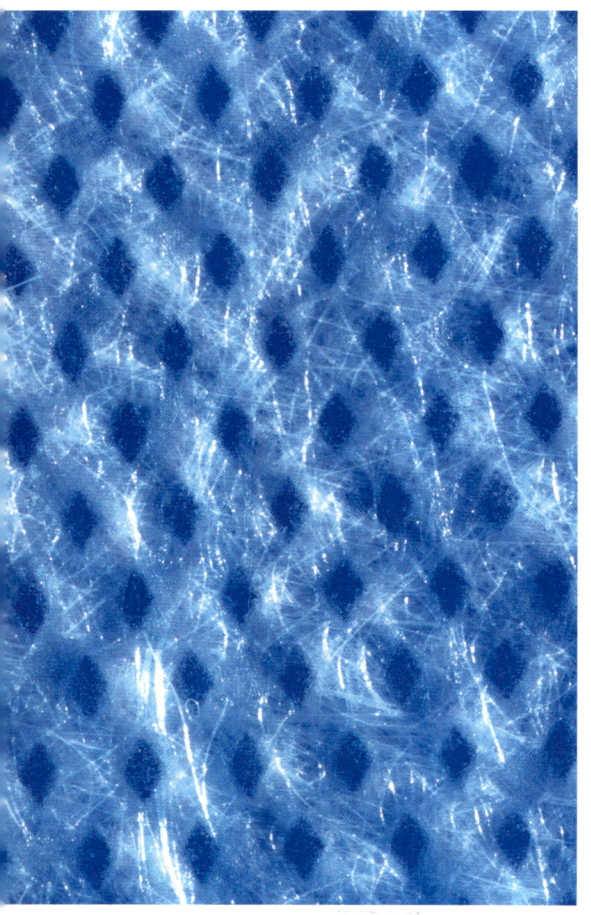

폴리프로필렌은 현재 세계에서 가장 중요한 플라스틱 중 하나로 카펫, 실내 장식품, 산업용 밧줄의 인공 섬유뿐만아니라 음식 및 화장품 병, 장난감, 가구, 자동차 부품에서도 사용되고 있다. 중합체는 우리 생활에서 매우 흔하게 찾아볼 수 있는데, 이는 중합체가 머리카락, 뼈, 근육, 식물 섬유의 주요 구성요소이기 때문이다. 1920년대 과학자들은 중합체 체인을 더 길고 무겁게 구성하여 유용하게 사용할 수 있는 방법을 연구하였다. 영국에서 1931년 폴리에틸렌(고분자 형태로 사람이 만든 최초의 중합체)이 제조됨으로써 이러한 연구에 대한 뛰어난 성과가 이루어졌다. 폴리에틸렌은 전 세계 플라스틱 시장을 지배하였지만 과학자들은 이 물질의 약한 성질에 실망했다. 그리하여 더 나은 플라스틱 개발을 위한 경쟁이 시작되었다.

이탈리아 과학자인 줄리오 나타(1903~1979)는 독일 과학자인 카를 지글러(1898~1973)와 함께 새로운 중합체 개발을 도울 수 있는 촉매제를 개발하고 있었다. 티타늄을 기반으로 한 지글러와 나타의 새로운 촉매재는 중합체 제작의 새로운 길을 열어주었다. 1954년 나타는 프로필렌을 중합하였지만 지글러와 상의 없이 독단적으로 특허를 신청하였다.

전 세계 다른 그룹들이 지글러-나타 촉매제를 사용하여 폴리프로필렌을 열심히 만드는 동안 정작 지글러와 나타는 법적 공방을 진행하였다. 결국 나타가 폴리프로필렌에 대한 권한을 갖는 대신 모든 로열티의 30퍼센트를 지글러에게 지급하는 조건으로 소송이 매듭지어졌다. 이 두 사람 간의 불화는 1963년 노벨 화학상을 공동수상할 때까지 계속되었다. **DHk**

> "우리 사회에는 플라스틱의 종류가 너무 많아서 비닐로 구성된 표범 피부가 멸종 위기에 처한 합성 물질이 되어 가고 있다."
> 릴리 톰린, 코미디언 겸 여배우

**참고:** 폴리스틸렌, PVC, 타파웨어, 페트병(PET)

◪ 사진에서 볼 수 있는 폴리프로필렌은 주로 자동차 시트와 같은 자동차 인테리어 소품에 사용되고 있다.

# 국제 단위계 (1954년)

국제도량형위원회가 통일된 도량법을 소개하다.

과학자와 엔지니어는 거리, 부피, 시간, 기온, 밀도, 속도, 전류 등을 항상 측정할 필요가 있다. 이러한 모든 것은 수치로 표현되는데, 이는 단위가 절대적으로 중요한 것임을 의미한다.

1874년 모든 도량형을 공통으로 구현하자는 아이디어가 영국에서 최초로 제기되었다. 그들은 길이는 센티미터로, 무게는 그램으로, 시간은 초로 통일할 것을 제안하였다. 메가는 10의 배수를, 마이크로는 10의 약수를 나타내기 위해 사용되었다.

불행하게도 센티미터, 그램, 초는 자기 및 전기 분야에서 사용하기에 불편했다. 그리하여 1889년에 개최된 국제도량형총회에서는 미터, 킬로그램, 초를 공통으로 사용하기로 결정했다. 1946년에는 앙드레-마리 앙페어(Andre-Marie Ampere)의 이름을 딴 전류 단위인 암페어(ampere)가 추가되었다.

1971년까지 미터, 킬로그램, 초, 암페어가 공통으로 사용되었으며, 열 네번째 국제도량형총회에서 이 네 가지 기본단위에 켈빈(온도 측정 단위), 칸델라(빛의 강도 측정 단위), 몰(물질의 양이나 원자 및 분자의 양을 측정하는 단위)을 추가하였다.

이를 통해 국제 단위계(SI unit)가 만들어졌다. 국제 단위 시스템은 전 세계 수많은 전통적 측정 시스템을 교체하였다. 주요 도량형으로 국제 단위계를 채택하지 않은 미국, 리베리아, 미얀마를 제외하고 오늘날 대부분의 국가들은 국제 단위계를 사용하고 있다. **DH**

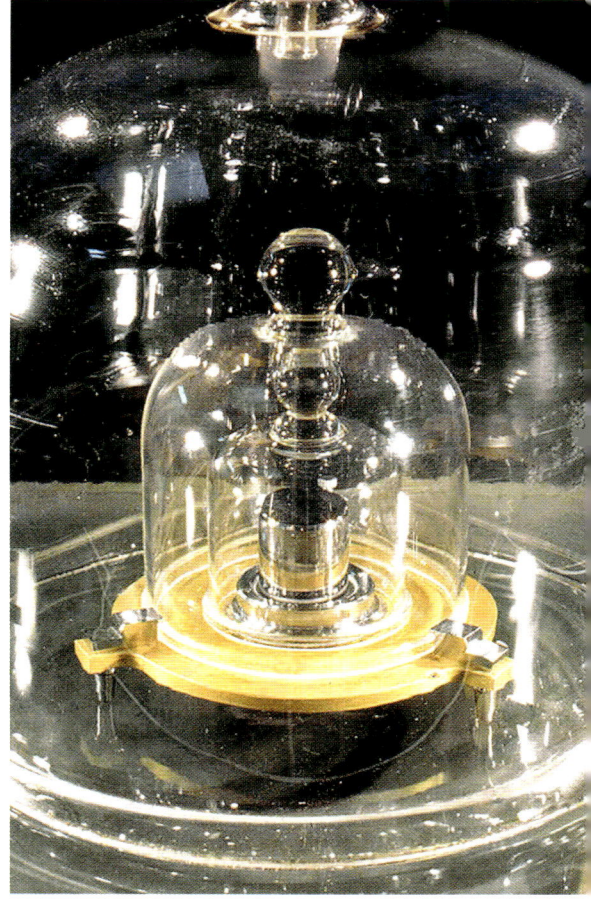

**참고:** 표준 도량형, 미터법

↗ 표준 1킬로그램 무게의 백금-이리듐이 세 개의 유리벨 안에 저장되어 있다.

> "국제 단위계는 정체되지 않고 전 세계의 끊임없는 요구에 맞추어 진화하고 있다."
>
> 국제도량형국

# 음주 측정기 (1954년)

보르켄슈타인이 음주 운전 예방 장치를 발명하다.

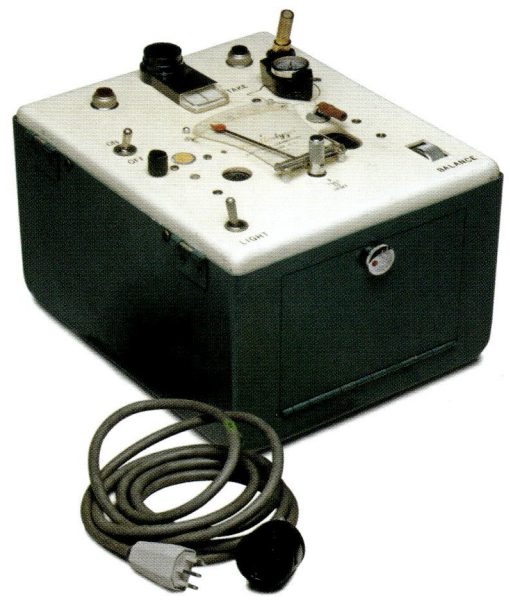

"음주와 운전은
매우 짧은 단어 목록이지만,
아주 어리석은 짓이다."

작자 미상

⬆ 1960년대 초 뉴저지의 스테판손 주식회사에서 제작한 음주측
정기.

➡ 1937년 캔자스 시의 안전설비박람회에 전시되었던 휴대용 음주
미터기.

1954년 인디애나 주의 경찰인 로버트 보르켄슈타인 (1912~2002)은 술에 취한 상태를 과학적으로 증명해 줄 수 있는 휴대용 음주 측정기를 발명하였다. 술을 마시면 혈액에 포함된 알코올 중 일부가 증발하여 폐포 내의 점막으로 이동한다. 음주 측정기는 폐포에서 측정 된 알코올 농도와 혈액에서 측정된 알코올 농도 간의 직접적인 관계를 보여주었다. 측정 대상자가 풍선을 불 면 풍선 안의 내용물을 화학적 솔루션(단색광으로 색상 의 변화를 감지함)을 통해 공기 중으로 방출하면서 음 주 수치를 측정하였다. 색상의 변화 범위는 호흡 내 알 코올 비율과 관련이 있었다.

보르켄슈타인의 음주 측정기는 1936년 롤라 하 저가 개발하여 특허를 취득한 음주 미터기(drunk-o-meter)로 대체되었다. 음주 미터기는 전문 실험실에서 분석된 표본 호흡에 의존하였다. 음주 측정기가 등장하 기 이전에는, 음주 여부를 측정하기 위해 경찰이 음주 용의자의 신체 상태를 관찰하였으므로 증거가 법정에 서 잘 받아들여지지 않았다. 성별, 몸무게, 신진대사로 인해 동일한 양의 알코올을 소비한 개개인들 사이에서 도 결과값이 다양하게 변화한다는 비난이 있었지만, 음 주 측정기는 법적 증거의 성립요건을 만족시켰다.

1964년 보르켄슈타인은 혈중 알코올 농도가 0.08 퍼센트인 운전자의 경우 술에 취한 것으로 간주해야 한 다고 주장한 연구물을 발행하였다.

1980년대에 이르러 화학물질을 기반으로 음주 여 부를 측정하던 장치에 적외선 기술을 사용하게 되었다. 협대역 적외선 빛과 파장은 알코올에 흡수되는데, 이를 활용하면 음주를 측정할 수 있다. 음주 용의자의 표본 호흡에서 흡수되지 않은 적외선의 양을 파악하면 정확 한 알코올 농도를 파악할 수 있다. **JF**

**참고:** 자동차, 주차 미터기, 과속 감시카메라, 에어백, 3점 좌석벨 트

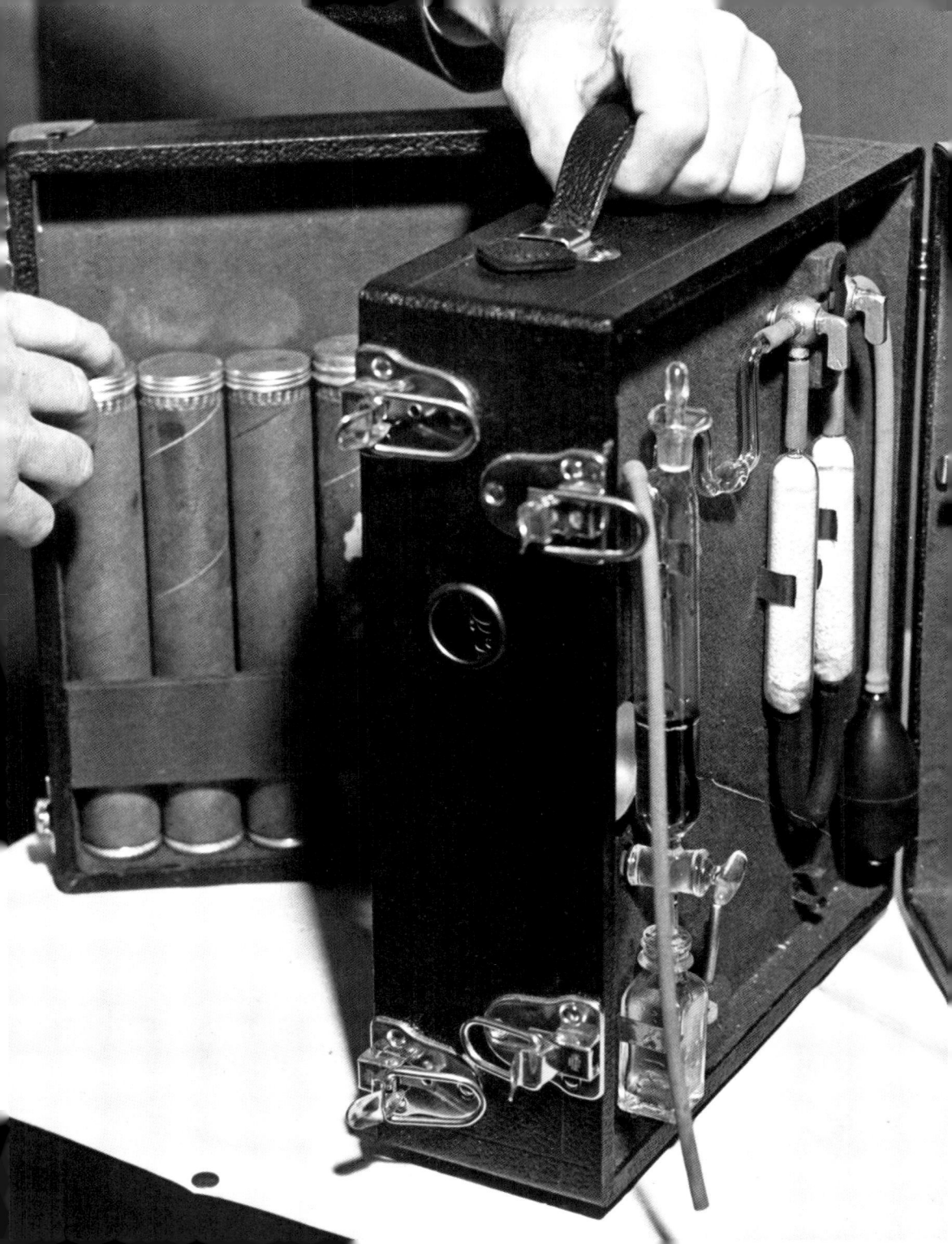

# 흡반 (1954년)

말름스트룀이 출산을 돕는 장치를 발명하다.

흡반은 분만이 원활하게 진행되지 않을 시 출산을 돕기 위해 개발된 진공 장치로, 스웨덴의 산부인과 의사인 타게 말름스트룀(1911~1995)이 겸자의 대체품으로 개발하였다. 말름스트룀은 자전거 펌프로 진공 기압을 생성하는 아이디어를 떠올렸다. 사발처럼 생긴 이 기구가 산도에서 아이의 머리에 부착되면 머리와 기구 사이의 공기를 빨아들여 진공 상태를 만들어낸다. 흡입량을 조절하는 의사는 아기를 분만할 수 있도록 산모의 수축과 동시에 기압을 적용시킨다. 흡반의 흡입컵은 사용 재질에 따라 유연(부드러운 플라스틱 또는 실리콘)하거나 단단(단단한 플라스틱 또는 금속)할 수 있다.

흡반은 겸자보다 산모에게 적은 외상을 입히지만, 분만 성공률에 있어서는 겸자보다 신뢰성이 떨어졌다. 흡반 분만은 서서히 수용되어 1990년대 이후 널리 사용되었다. 흡반 분만은 인기가 있었으나, 좋은 시술로

> "흡반 덕분에 많은 산모들은 더 이상
> 다루기 어렵고 위험한 겸자 분만으로
> 출산하지 않아도 된다."
> 『타임 매거진』, 1960년

는 여겨지지 않았다. 1998년 미국 FDA는 흡반 분만이 두피 근육 사이의 출혈과 두개골 내의 출혈 등 심각하거나 치명적인 합병증을 일으킬 수 있다고 경고하였다. 1994년과 1998년 사이에 발생한 열 두 건의 사망 사고와 아홉 건의 심각한 부상은 FDA가 이러한 권고를 하게 된 계기가 되었다. **JF**

# 겔 전기 영동법 (1955년)

스미시스가 분자체를 발견하다.

1950년대 토론토 대학 과학자로 근무하던 올리버 스미시스(1925년 출생)는 현미경 분자체를 만들기 위해 감자 녹말을 사용하던 중 쉽고 빠르게 단백질을 크기별로 분리시킬 수 있는 방법을 발견하였다.

2007년 노벨 생리의학상을 공동 수상한 스미시스는 녹말-겔 전기 영동법을 개발했을 당시 전구체로부터 인슐린을 분리하는 방법에 대해 연구하고 있었다. 감자 녹말을 이용하여 스미시스는 단백질을 크기별로 분리시킬 수 있는 겔을 만들었다. 그는 최상의 감자 녹말이 캐나다에서 제조된 분말을 원료로 하고 있음을 발견하였으며 위스콘신 대학에 근무할 당시 이 특별한 분말을 얻기 위해 매디슨, 위스콘신에서부터 토론토에 이르기까지 여러 곳을 방문하였다.

스미시스는 이 분말을 겔의 모체로 사용하여 단백질이 감자 녹말의 모체를 통해 이동할 수 있게끔 만들었다. 감자 녹말은 여과기 역할을 하여 연구하고 있는 단백질의 분리된 크기를 과학자들이 확인할 수 있도록 해주었다.

1930년대 후반 이후 전기 영동법이 계속해서 발전했지만 분말로 만들어진 여과기로 크기를 분리하는 방법은 단백질 과학에서 중요한 기술 진보였다. 스미시스의 녹말-겔 전기 영동을 구현한 초기 장치는 부피가 상당히 컸다. 이 장치는 정전류를 생성하지 않는 전류를 사용하였으며 두께가 0.4인치(1센티미터) 정도인 겔을 사용하였다.

겔 전기 영동법은 이후 수십 년에 걸쳐 발전하였다. 오늘날의 겔 전기 영동 장비는 이전보다 훨씬 더 작아졌지만, 스미시스가 발견한 여과기 개념은 여전히 단백질 분리의 기본 개념으로 사용되고 있다. **RH**

참고: 인큐베이터

참고: 질량 분석계

# 벨크로 (1955년)

메스트랄이 자연에서 영감을 얻은 독특한 부착식 직물을 발명하다.

벨크로는 옷과 가방에 지퍼 대신 널리 사용되는 물질의 상표명이다. 가볍고 내구성이 있으며 세탁이 가능한 이 물질은 두 조각의 나일론 섬유로 이루어지는데, 한 조각에는 강력한 갈고리가 빽빽하게 위치해 있으며 다른 조각에는 작은 원형 고리들을 포함하고 있다. 함께 붙이면 두 조각의 나일론 섬유가 서로 강력하게 접착되며 다시 뗄 수도 있다.

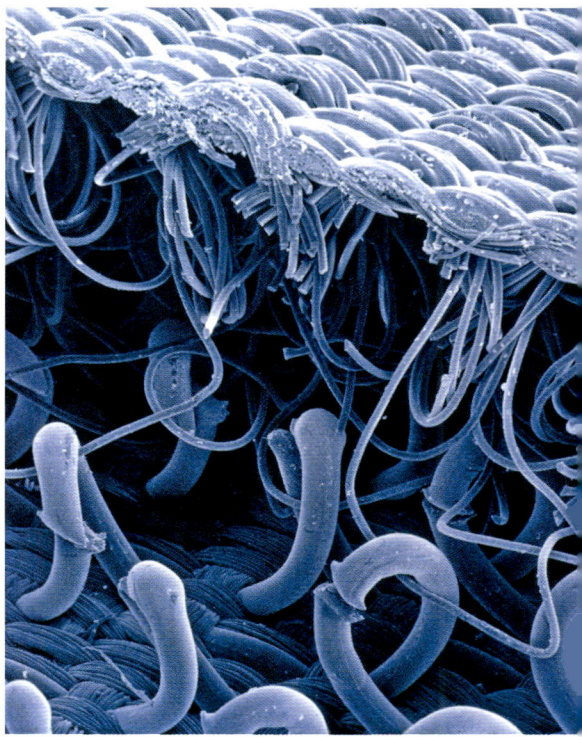

스위스 엔지니어 게오르그 데 메스트랄(1907~1990)은 1941년 알프스에서 하이킹을 마친 후 강아지와 자신의 옷에 산우엉 산우엉 가시가 붙어 있는 것을 발견하였다. 그는 현미경으로 옷에 붙어 있는 산우엉 가시를 관찰하던 중 벨크로에 관한 아이디어를 얻게 되었다. 산우엉 가시는 지나가는 동물 및 사람에게 들러붙을 수 있는 수많은 미세 갈고리를 가지고 있어 털어낼 때까지 떨어지지 않는다. 데 메스트랄은 한쪽 면에는 강력한 갈고리를 사용하고 다른 쪽 면에는 갈고리가 걸리는 원형 고리를 위치시켜 두 면을 붙일 수 있는 잠금 물질의 시장 잠재력을 알아차렸다. 벨크로(velcro)라는 이름은 프랑스 단어인 벨루어(velour)와 크로켓(crochet)을 따서 만들었다.

데 메스트랄은 사람들의 비웃음에도 굴하지 않고 1952년 스위스에 벨크로 인더스트리스를 설립하였으며, 프랑스 섬유 회사에서 온 직조공과 함께 자신의 디자인을 완성하여 1955년 특허권을 취득하였다. 1960년대 초반, 벨크로는 전 세계적으로 널리 보급된 제품이 되었으며 상표명임에도 불구하고 해당 직물을 가리키는 용어가 되었다. **EH**

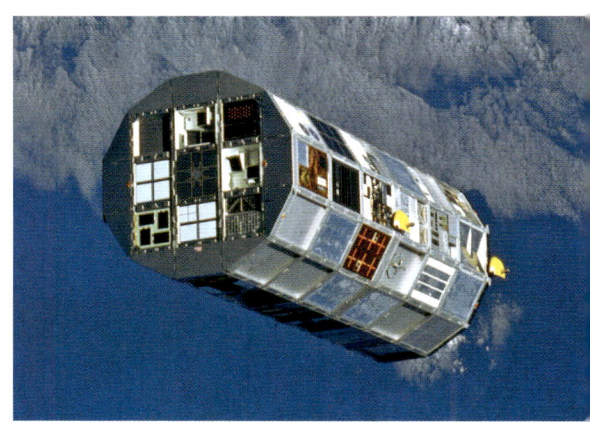

참고: 의류, 금속가공, 신발, 버튼, 버클, 테플론

↗ 벨크로는 윗면은 부드러운 표면으로, 아랫면은 갈고리를 지닌 표면으로 이루어져 있다.

→ NASA의 장기노출 장치를 둘러싸고 있는 은색 테플론 덮개는 벨크로 패드로 고정되었다.

# 과속 감시 카메라 (1955년)

하초니더스의 장치가 교통사고를 감소시키다.

과속 감시 카메라를 발명한 마우리츠 하초니더스(1911~1998)는 네덜란드 자동차 경주 선수였다. 1950년대 하초니더스는 자신의 운전실력으로 여러 대회에서 좋은 성적을 거두었다. 이 기간 동안 그는 코너를 도는 자신의 운전 속도가 향상되었는지 측정하기 위해 '가초'라고 알려진 카메라 장치를 생각해냈다.

과속 카메라는 레이더를 사용하여 카메라를 통과한 차량의 속도를 측정하는데, 차량이 카메라에 설정되어 있는 제한 속도를 초과하면 해당 차량의 사진이 카메라에 찍힌다. 과속 카메라는 두 장의 사진을 찍은 후 도로 위 흰색 선과 관련 차량의 위치를 비교하여 설정된 시간 간격 동안 이동된 평균 속도를 산출해낸다.

고정식 과속 감시 카메라는 미국, 영국, 호주, 프랑스 등에서 폭넓게 사용되고 있다. 사고를 예방하여 인명을 구조할 목적으로 만들어졌음에도 불구하고, 과

---

"속도는 결코 누구도
죽인 적이 없다. 갑자기 정지되면서
당신과 추돌하였다."

제레미 클락슨, TV 사회자

---

속 감시 카메라는 우리 사회에서 달갑게 받아들여지지 않는다. 일부 사람들은 과속 딱지로 부과된 벌금이 지방법원의 부정 수입원으로 사용된다고 생각한다. 그러나 2006년 조사 결과에 따르면 과속 카메라와 기타 교통 규제로 영국 내 교통 사고가 1/3가량 감소했다고 한다. **CB**

참고: 자동차, 주차 미터기, 에어백, 3점 좌석벨트, 음주 측정기

# 헤어 스프레이 (1955년)

체이스 프로덕트社의 스프레이가 머리를 고정시켜주다.

1920년대 생머리 헤어 스타일 이후, 웨이브와 컬이 유행하였으므로 머리를 단단히 고정시킬 수 있는 제품이 필요했다. 여성들은 수세기 동안 머리를 고정하기 위해 점토나 고무와 같은 천연 성분을 사용했지만 에어로졸의 발명으로 최초의 헤어 스프레이가 탄생할 수 있었다. 제2차 세계대전 중에 미국 정부는 말라리아를 발병시키는 해충을 박멸하기 위해 살충제 분사 방법을 연구하고 있었다. 1943년 농무부 직원 두 명은 액화가스로 압력을 가할 수 있는 에어로졸을 고안해냈다.

이윽고 헤어 스프레이는 에어로졸과 같은 원리로 제작되었다. 1948년 일리노이주 브로드뷰의 체이스 프로덕트社가 최초로 이 아이디어를 고안했는지 아니면 그로부터 7년 후 시카고의 헬렌 커티스社가 최초로 이 아이디어를 고안했는지에 대해서는 아직도 논쟁이 계속되고 있다. 초기의 헤어 스프레이는 건조되는 순간 머리카락을 붙일 수 있는 일종의 미세한 풀과 같은 중합체(긴 사슬의 화학 성분)를 사용하여 머리를 고정시켰다. 이러한 중합체는 머리카락에 쉽게 스며들 수 있도록 물이나 알코올 같은 용제와 혼합되었다. 원래 헤어 스프레이는 압축 불활성 가스로 클로로플루오로카본을 사용했지만 오존층 파괴의 원인이라는 사회적 우려로 1990년대에 사용이 금지되었다. 또한 환경 법안이 제정되어 에탄올 같은 휘발성 유기체 화합물의 사용량을 줄여야 했다.

현대식 헤어 스프레이는 부탄이나 프로판 같은 탄화수소를 사용한다. 또한 이러한 제품들은 궂은 날씨에도 머리를 고정시킬 수 있는 훨씬 더 복잡한 합성 물질을 포함한다. **HI**

참고: 에어로졸, 블로우-드라이 헤어 드라이어

➡ 오늘날 포스터로 판매되고 있는 1960년대 초 헬렌 커티스社의 잡지 광고 이미지.

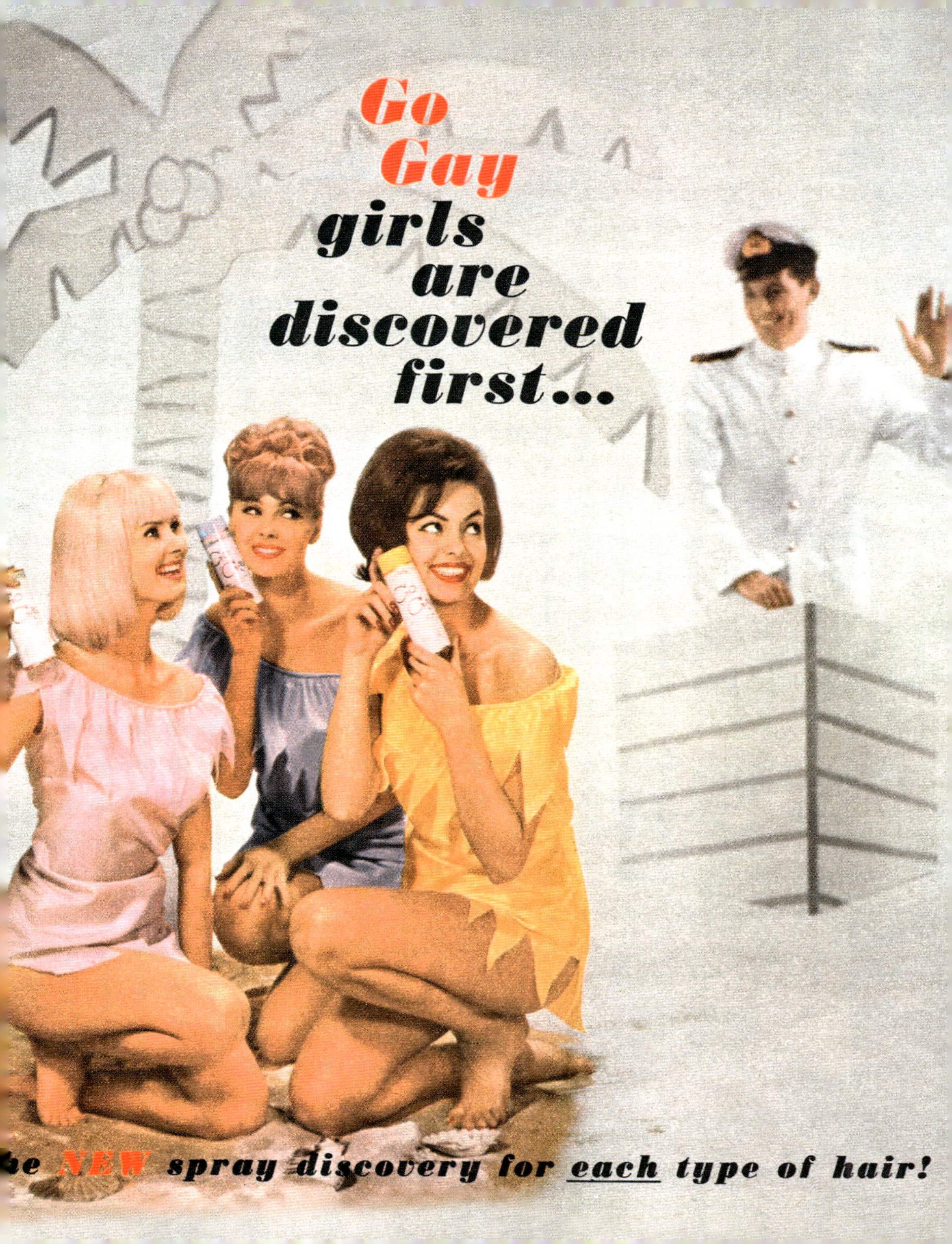

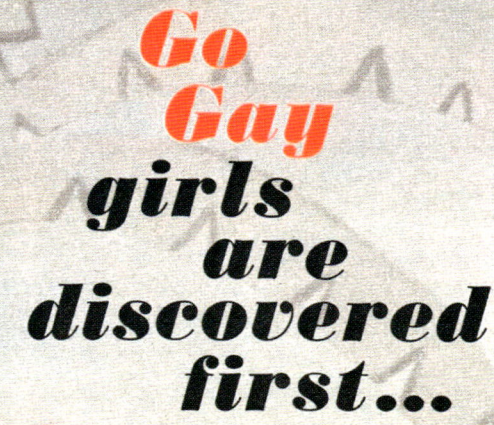

**Go Gay**
girls
are
discovered
first...

the *NEW* spray discovery for _each_ type of hair!

# 테트라사이클린 (1955년)

코노버가 광역 항균 스펙트럼 항생제를 개발하다.

항생제를 발견하자 사람들은 더 많은 양을 요구하기 시작했다. 페니실린과 스트렙토마이신은 일부 형태의 균류로부터 분리되었기에 자연적으로 발생하는 박테리아를 기반으로 한 항생제들이 계속해서 발견되었다.

초기에 연구 단체들은 여러 시행착오를 겪은 후 가장 가망성 있는 조사 방법인 토양에 사는 특정한 균류(방선균이라고 하는 유기체)를 조사하기 시작하였다. 레덜 연구소는 토양 표본에서 현재는 잊힌 항생제인 오레오마이신을 발견하였으며 그 뒤를 이어 파이자社는 테라마이신 항생제를 발견하였다. 오레오마이신과 테라마이신은 광역 항균 스펙트럼의 항생제로 사용되었으며 그램 양성 박테리아와 그램 음성 박테리아를 모두 포함하였다. 이로 인해 연구원들은 오레오마이신과 테라마이신이 동작하는 원리를 알아내는 데 초미의 관심을 가지게 되었다.

> "일년 내내 사용할 수 있는
> 항생제는 수많은 이유로 인해
> 사용되고 있다."
>
> 제임스 맥칼럼, 「독시사이클린」 시에서

로이드 코노버(1923년 출생)는 방성균에서 얻은 항생제를 연구하던 중 획기적인 사실을 발견해냈다. 그것은 오레오마이신과 테라마이신 둘 다 활동적인 성분임을 입증할 수 있는 공통된 구조를 공유한다는 사실이었다. 테트라사이클린이라고 이름 붙인 이 새로운 화학물질은 개선된 약물을 생산하기 위해 자연 발생 물질을 변형한 최초의 물질이었다. 이 화학물질과 그것의 파생물질인 독시사이클린, 미노사이클린은 오늘날에도 여전히 다양한 질병을 치료하기 위해 사용되고 있다. **BMcM**

**참고:** 페니실린 생산

# 베타 차단제 (1956년)

블랙이 심장의 스트레스를 완화시키는 약물을 발견하다.

베타 차단제는 노르아드레날린의 자극 활동을 차단해 심장 박동수와 심장의 운동량을 줄여준다. 오늘날 베타 차단제는 협심증, 고혈압, 불규칙한 심장 박동을 치료하고 심근증이 발병한 심장의 근육 기능 향상을 위해 널리 사용되고 있다.

베타 차단제는 1956년 영국 ICI社에 의사로 재직 중이던 스코틀랜드인 제임스 블랙(1924년 출생)이 개발하였다. 블랙은 심장혈관 질환에 대해 업무적인 이유 외에도 개인적으로 관심이 있었다. 아버지가 교통사고 후 심장 마비로 사망했으므로 블랙은 아드레날린, 협심증 심장 마비의 원인이 되는 스트레스의 역할에 대해 곰곰이 생각했다.

그 당시 협심증을 치료하기 위한 약물로 대부분 혈관확장제가 사용되었다. 그중에서도 특히 혈액 공급을 증가시켜 많은 양의 산소를 심장으로 전달하는 아질산염이 광범위하게 쓰였다. 혈관확장제가 홍조, 두통과 같은 부작용을 야기시켰기 때문에 블랙은 심장에 산소 공급을 증가시켜 협심증을 치료하는 대신 심장의 기능을 감소시켜 협심증을 치료할 수 있는 방법을 연구하였다.

블랙은 미국 과학자인 레이몬드 알퀴스트의 1948년 논문에서 영향을 받았다. 레이몬드 알퀴스트는 논문에서 심장 속도의 증가 및 감소에 대한 노르아드레날린의 효과는 알파와 베타 수용체라고 불리는 표적 신체 기관 내의 서로 다른 수용체로 인해 조절된다고 제안하였다. 블랙과 그의 동료들은 자극 없이 베타 수용체를 차단하는 구조를 발견하기 위해 다양한 화학물질을 사용한 끝에 프로프라놀롤을 합성하여 최초의 베타 차단제를 시장에 출시하였다. 이후 수많은 베타 차단제들이 생산되었다. **JF**

**참고:** 인공 심폐기, 프로작

# 촉매 변환 장치 (1956년)

후드리의 장치가 자동차 배기가스를 정화하다.

프랑스 기계 공학자인 외젠 후드리(1892~1962)는 열 분해를 통해 원유를 옥탄가가 높은 가솔린으로 변환 하는 공법을 발명한 것으로 잘 알려져 있으며 또한 자 동차 배기가스를 정화시키는 최초의 촉매 변환 장치도 발명하였다.

후드리는 자동차 경주를 즐길만큼 자동차에 대한 남다른 애정이 있었으며 이러한 관심 덕택에 엔진에 고 성능 연료가 필요하다는 사실을 알게 되었다. 그는 촉 매재를 사용하여 석유로부터 옥탄가가 높은 연료를 만 드는 방법을 개발했다. 촉매제는 화학 반응을 부추기거 나 가속화할 수 있는 물질이다.

1950년대 로스앤젤레스에서 스모그에 관한 초기 연구 결과가 발표되었으며 후드리는 배기가스의 유해 한 화학 성분이 미치게 될 환경적 영향력에 대해 걱정 하기 시작했다. 자동차가 배출하는 주요 성분에는 이산 화탄소, 질소, 수증기뿐만 아니라 일산화탄소, 탄화수 소와 같은 유독 가스가 포함된다. 후드리는 연료에서 방출되는 유독 가스의 양을 줄이기 위해 백금, 로듐, 팔 라듐과 같은 촉매제를 사용하는 장치를 만들었지만 불 행하게도 촉매 변환 장치는 그가 사망하고 나서야 사 용되기 시작했다.

1970년 미국 환경보호국은 엄격한 배출 통제 기 준을 마련하였으며 이에 따라 1974년 촉매 변환장치가 장착된 자동차가 최초로 제작되었다. 촉매 변환 장치는 1985년까지 유럽에 도입되지 않았지만, 현재는 대부분 의 새 자동차에 촉매 변환 장치가 장착되어 있다. **HI**

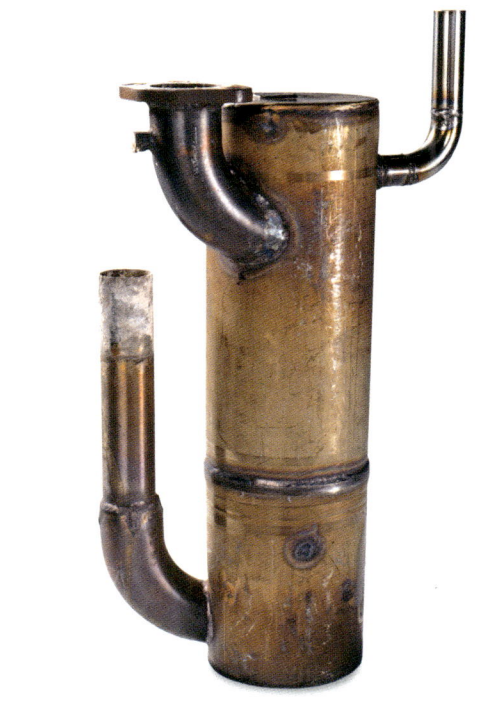

참고: 4행정 사이클, 자동차, 디젤 엔진

↗ 1992년에 제작된 이 촉매 변환 장치는 1996년 환경지킴이 상을 받았다.

➡ 거친 재질의 외부 확장 매트는 내부 층을 보호하였다.

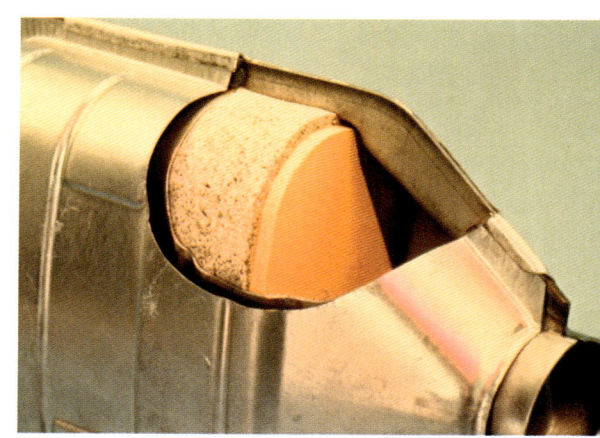

# 하드 디스크 드라이브 (1956년)

존슨과 IBM社가 컴퓨터 자료에 직접 접근하는 기술을 개발하다.

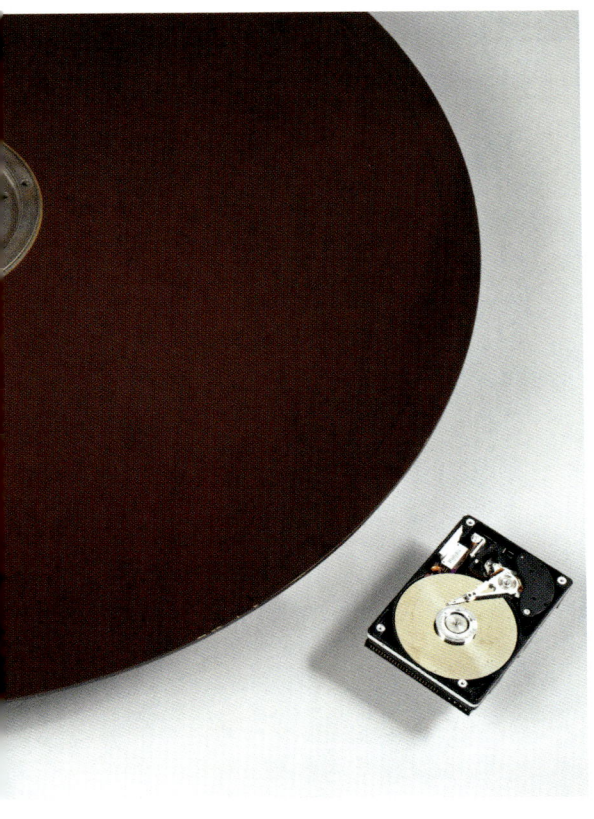

20세기 전반을 통틀어 자료 입력, 저장, 처리를 위한 주요 매체는 펀치카드였다. 1930년대 IBM社는 교사 겸 발명가인 레이놀드 B. 존슨(1906~1998)을 채용하여 연필로 표시한 것을 펀치카드로 변환하는 IBM 805 시험 성적 기계를 개발하였다. 그로부터 21년 후 존슨은 팀을 구성하여 하드 디스크라는 기술을 개발하였으며 이로 인해 펀치카드는 쓸모 없는 기술로 전락했다.

데이터에 연속적으로 접근해야 하는 펀치카드 및 자기 테이프와는 달리 하드 디스크 드라이브는 거의 동시에 모든 데이터에 접근할 수 있었다. 1940년대 후반 일부 컴퓨터들은 자기드럼 외부에 데이터를 저장했지만 이는 내부 공간을 낭비하는 결과를 초래하였다. 존슨과 그의 팀은 회전식 디스크의 스택에 데이터를 저장하는 방법을 찾아내어 볼륨당 데이터 저장량을 매우 증가시켰다. 그들의 주요 문제점은 충격 및 디스크 손상으로부터 리드-라이트 헤드를 보호하는 것이었다. 존슨의 팀은 헤드 부분에 얇은 공기층을 추가하여 이 문제를 해결했다.

1956년 9월 IBM社는 350디스크 스토리지 장치를 출시했다. 이 스토리지 장치는 초당 20번을 회전하는 지름 60센티미터 플래터에 5메가바이트의 데이터를 저장할 수 있었다. 그로부터 50년 후 IBM社는 최대 320테라바이트까지 저장할 수 있는 시스템 스토리지 DS8000 터보를 출시하였다.

오늘날 사람들은 넉넉한 디지털 저장 공간 덕분에 디지털 카메라로 사진을 찍고 수천 곡의 노래가 저장된 디지털 오디오 기기로 음악을 들으며 컴퓨터로 장편 영화를 시청하고 있다. 지난 50년간 저장 공간은 2년마다 두 배로 증가해왔으며 앞으로도 이 흐름은 계속될 것으로 보인다. **ES**

"최초의 디스크 드라이브에 코팅된 최초의 자기 슬러리는 딕시 컵으로 들이부어졌다."

배리 루돌프, IBM社의 부사장

↑ 1984년(왼쪽의 큰 디스크)과 1999년 하드 디스크(오른쪽의 작은 디스크)를 비교하면 기술의 진전을 확인할 수 있다.

→ 회전식 자기 디스크는 IBM의 램 650 데이터 처리 시스템에 장착된 하드 드라이브의 핵심 요소였다.

**참고:** 펀치 카드, 컴퓨터 프로그램, 펀치카드 어카운팅, 플로피 디스크

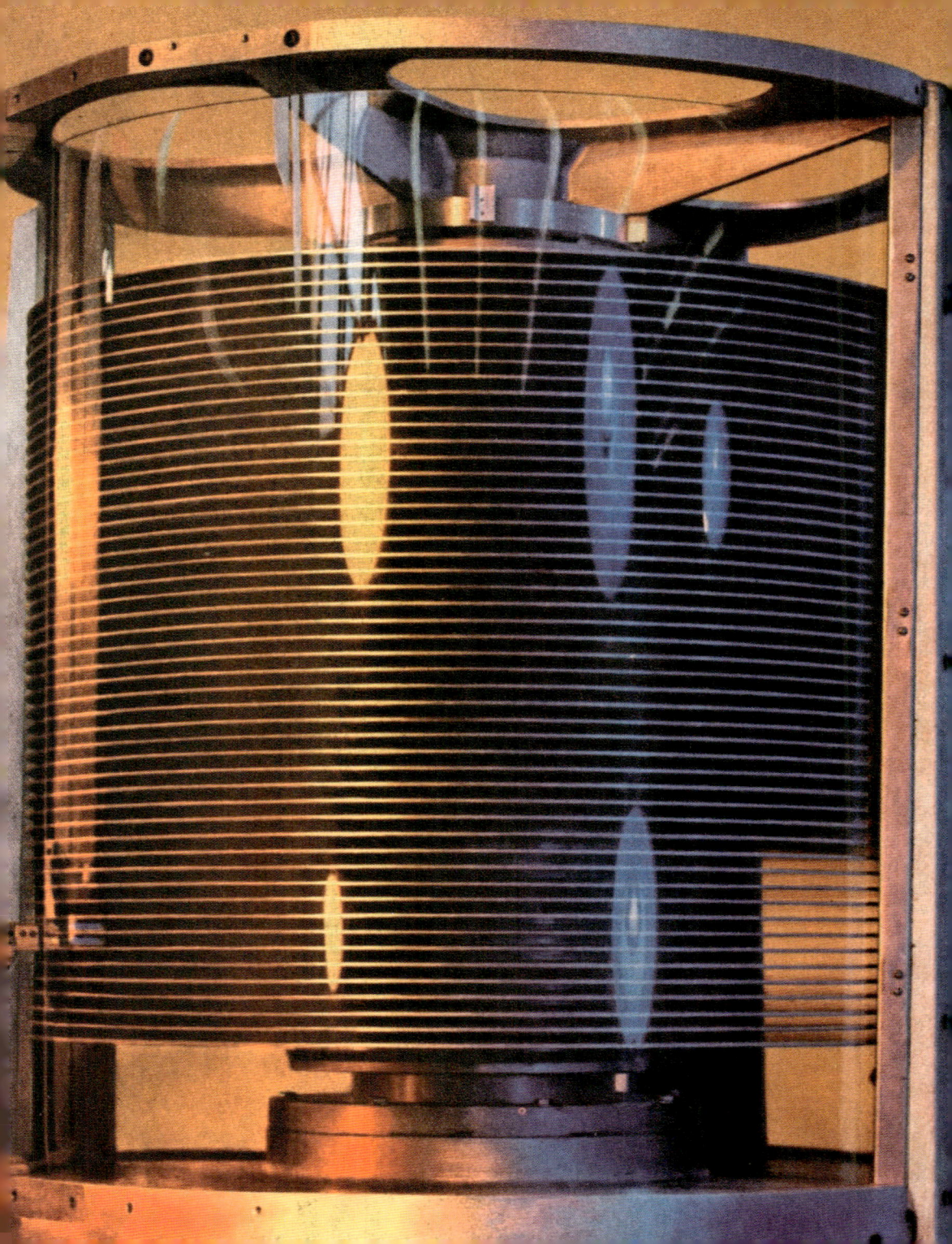

# 합성 혈액 (1956년)

**찬이 수혈을 대체할 수 있는 방법을 발명하다.**

가루 형태로 보존되는 합성 혈액은 인체 내 산소와 이산화탄소를 운반하는 적혈구를 대체할 수 있는 제품이다. 수혈과 관련된 문제, 특히 HIV 및 간염과 같은 바이러스 질환은 수혈을 통해 옮길 수 있기 때문에 합성 혈액의 개발은 환영할 만한 일이었다. 또한 헌혈 인구 감소, 혈액 이동과 저장의 어려움으로 말미암아, 합성 혈액의 개발은 불가피한 것이었다.

1956년 몬트리올 맥길 대학교에서 대학원생 연구 프로젝트를 수행하던 토머스 찬(1933년 출생)은 최초의 인공 혈구를 만들어냈다. 기숙사 방을 임시 실험실로 사용한 찬은 즉석에서 구할 수 있는 재료(향수 분무기 포함)와 질산염셀룰로오즈 용제(상처를 덮는 데 사용하는 물질)를 사용하여 헤모글로빈을 운반할 수 있는 투과성 봉투를 제작하였다. 헤모글로빈은 나이든 기증자의 혈액, 소의 혈액, 식물 및 균류에서 추출할 수 있었다. 찬이 제작한 인공 혈구는 인체에 사용되기 전 안전성을 보장하도록 수정되었다.

합성 혈액은 아직 진짜 혈액의 대안책이 되지는 못하고 있지만 연구 목적과 같은 다른 용도로 사용되고 있다. 인공 혈액 사용에 대한 윤리적 문제가 대두됐는데, 미국은 테플론 타입 합성 액체인 과불화탄소(PFC)에 초점을 맞춰 인공 혈액을 연구하는 반면 유럽은 헤모글로빈 기반 산소 공급책(HBOC)을 연구하고 있다. 그러나 HBOC 및 PFC에는 진짜 혈액에 존재하는 두 가지 성분이 빠져 있다. 혈액응고를 돕는 혈소판과 병원체에 저항하는 백혈구가 바로 그것이다. 혈액의 모든 기능을 수행하는 물질을 찾는 것은 과학자들에게 여전히 어려운 문제다. **JF**

**참고: 수혈, 혈액 은행**

↑ 노스필드 레보러토리스社는 2006년부터 산소를 운반하는 혈액 대체제인 폴리헴을 개발 중이다.

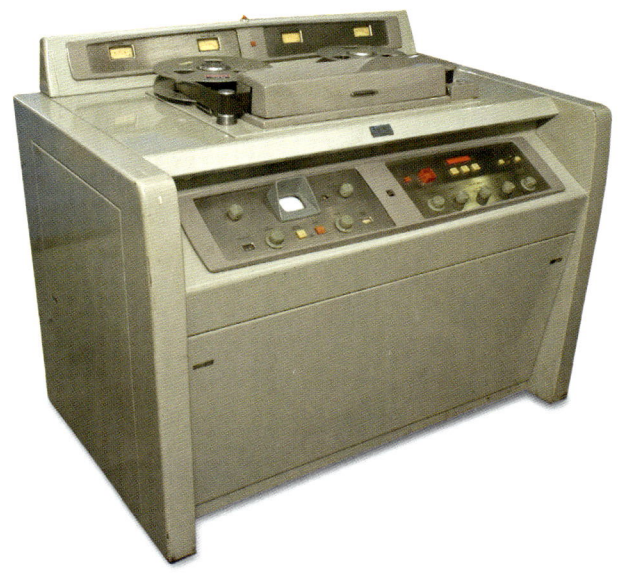

# 비디오테이프 녹화 (1956년)

암펙스社와 진스버그가 비디오 녹화 기술을 개발하다.

필름은 비디오테이프가 등장하기 전 텔레비전 프로그램을 녹화할 수 있는 유일한 실용 매체였다. 하지만 미국 텔레비전 시청자는 여러 시간대에 걸쳐 분포되어 있다는 문제점이 있었다. 미국 동해안 지역 시청자가 미국 서해안 지역 시청자와 동일한 저녁 시간에 쇼를 시청하려면 생방송을 촬영하여 필름을 현상한 후 스튜디오로 필름을 가져와 몇 시간 후 방송을 다시 내보내야 했다.

암펙스社의 직원인 레이 돌비와 찰스 폴슨 진스버그(1920~1992)는 팀을 이루어 비디오테이프 녹화장치(VTR)를 최초로 개발하였다. VTR은 텔레비전 카메라에서 실시간 화상을 포착하여 전자신호로 변환한 후 자기 테이프에 정보를 저장하는 장치이다. 예를 들어 오디오 테이프 녹음기에서 테이프는 초당(ips) 3인치에서 7인치(7.6~17.7센티미터)의 속도로 녹음 헤드를 지나가면서 연속적으로 정보를 녹음하였다. 하지만 TV 신호는 일반 오디오보다 500배 이상 큰 정보를 포함하고 있기 때문에 연속적으로 비디오를 녹화하려면 매우 큰 테이프 면적을 지니고 있더라도 초당 여러 피트의 속도를 내야 한다. 진스버그와 암펙스社의 해결책은 연속적으로 패턴을 녹화하는 대신 빠르게 회전하는 여러 개의 기록 헤드를 사용하는 것이었다. 이것은 테이프가 비교적 느리게 헤드를 지나갈 수 있도록 했다.

1956년 4월 암펙스社는 최초의 상용화 VTR을 출시하였다. 이 VTR은 15ips로 이동하는 2인치(5센티미터) 넓이의 3M 테이프를 사용했으며 개당 5만 달러에 판매되었다. 출시한 지 4일 내 암펙스社는 500만 달러에 해당하는 주문을 받았다. 이 때문에 라디오 스타들은 눈물을 흘려야 했다. **MD**

**참고:** 텔레비전, 광디스크, 캠코더, DVD, 블루-레이/HD DVD

⬆ 1956년 후반 CBS는 본문에 기술한 것과 같은 비디오테이프 녹화장치를 사용한 최초의 TV 방송국이 되었다.

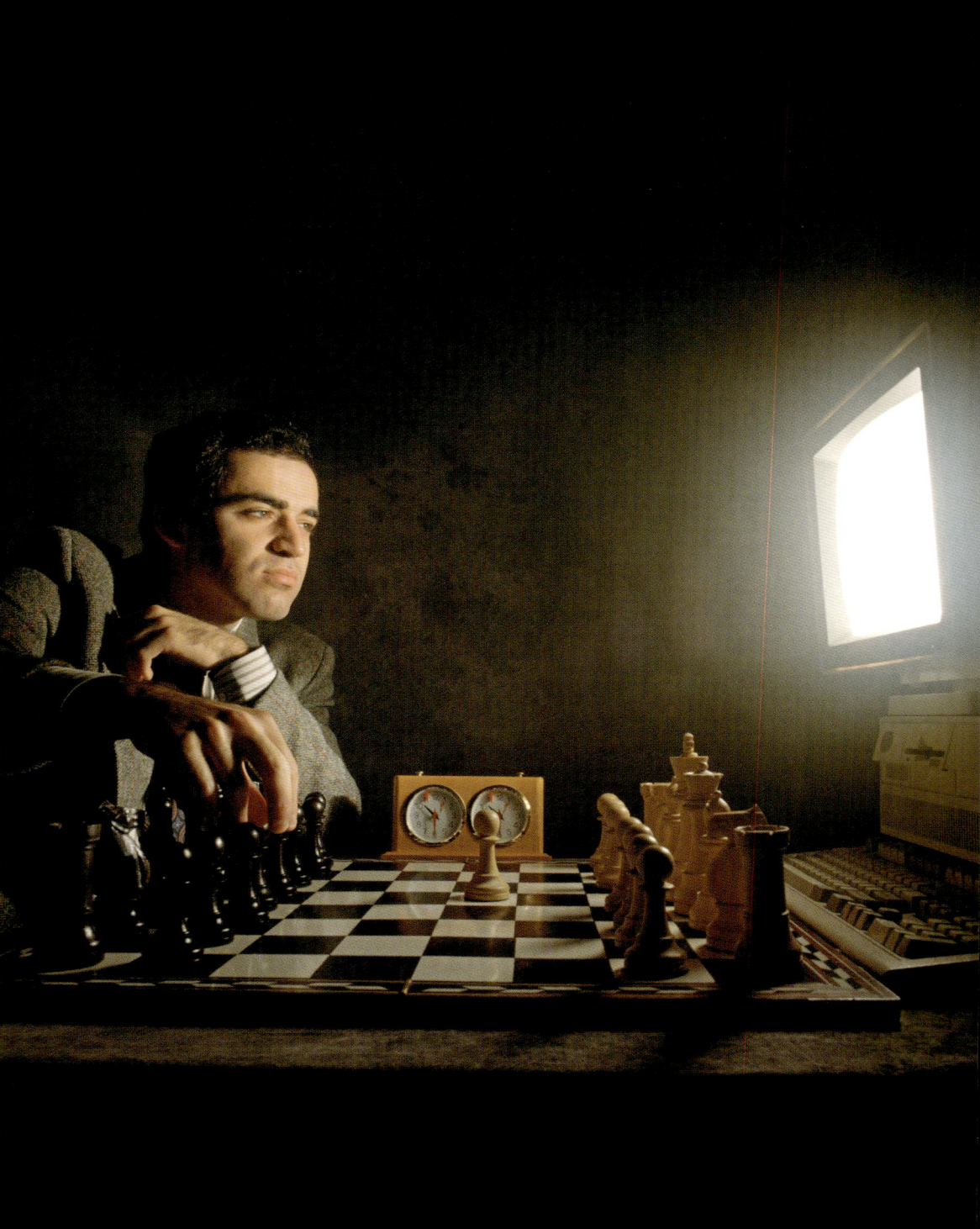

# 인공 지능
(1956년)

맥카시의 연구가 진척되지 못하다.

컴퓨터가 등장한 이래 사람들은 컴퓨터도 인간이 생각하는 방식으로 생각하도록 만들 수 있는지 궁금해 하고 있었다. 찰스 배비지와 에이다 러블레이스는 1835년 최초의 컴퓨터를 만들기 위해 함께 작업하던 중 이 의문 사항에 대해 처음으로 토론하였다.

1950년 미국의 수학자인 클라우드 섀넌은 컴퓨터가 체스게임을 할 수 있도록 만들려고 부단히 노력했다. 그 무렵 대서양 건너편에서는 알란 터링이 「컴퓨팅 기계류와 지능」이라는 제목으로 논문을 출판하였다. 그의 논문은 기계가 지능적인지 여부를 판단하기 위해 고려해야 하는 문제들을 다루었다.

1955년 뉴 햄프셔 다트머스 대학의 존 맥카시는 지능 연구의 쟁점에 대해 논의하고자 컨퍼런스를 제안하였다. 그는 컨퍼런스에서 최초로 '인공 지능'이라는 단어를 사용하였으며 이로써 인공 지능의 전체 연구 분야가 탄생하였다. 1956년 다트머스 컨퍼런스에서는 인공 지능(AI) 연구에 대해 정의하였다. 컨퍼런스는 그 당시 해결되지 못한 채 남아 있던 의문 사항을 해결하기 위해 연구해야 할 분야를 설정하였다. 하버드의 마빈 민스키와 같은 수많은 인재가 인공 지능이라는 주제에 자신의 경력을 바쳤다.

컨퍼런스의 많은 참석자들은 지능을 가진 기계가 십 년 이내에 등장할 것으로 예상했지만 인공 지능은 여전히 어려운 학문으로 남아 있다. 1997년 IBM社의 딥 블루 컴퓨터가 체스 챔피언인 게리 카스파로프에게 승리하는 놀라운 성과가 있었지만 이것은 인공 지능의 매우 좁은 분야에 불과했다. **MG**

# 정량 흡입기
(1956년)

3M社가 천식 환자를 위한 의료 장치를 발명하다.

지구상에서 대략 300만 명 정도의 사람들이 천식을 앓고 있다. 50년이 넘는 기간 동안 이들 중 대다수는 정량 흡입기의 도움을 받아왔다. 그러나 폐로 정해진 양의 에어로졸 약물을 전달할 수 있는 장치에 대한 아이디어는 과학자가 아닌 13세 소녀가 고안한 것이다. 수지 매이슨은 천식 스프레이를 부피가 큰 유리 분무기 대신 헤어 스프레이 같은 기구에 넣을 수 없는 이유에 대해 아버지에게 물어봤다. 그 후 리커 레보러토리스(1970년에 3M에게 인수됨)社의 대표였던 수지 매이슨의 아버지는 이 아이디어를 현실로 만들기 위해 회사 내 팀을 구성하여 연구에 착수하였다.

그들은 에어로졸 향수에 사용되는 기구를 조사한 후 알코올을 포함한 이소프로테놀 혹은 에피네프린, 아소코르브산, 염화플루오르화탄소, 불활성 가스의 혼합을 시도하였다. 초기 실험은 이 방법으로 약물을 전달하는 것이 효율적이라는 것을 보여줬으며 그로 인해 최초의 압축 정량 흡입기가 1956년 3월에 출시되었다. 협심증을 위한 아밀 나이트레이트 흡입기도 같은 해 출시되었다. 1957년에는 현탁액 형태의 코 흡입기가 출시되었고 구강 흡입기와 코 흡입기는 더 나은 디자인으로 수정되었으며, 1970년경 최초의 호흡 작동식 흡입기가 출시되었다. 1987년에 제정된 오존층 보호 법률 때문에 클로로플루오르카본 불활성 가스는 수소화불화탄소로 교체되었다.

정량 흡입기는 효과적으로 손쉽게 사용할 수 있도록 오늘날에도 여전히 개선되고 있다. 이로 인해 정량 흡입기를 사용한 흡입 정량화가 가능해졌다. **LH**

---

**참고**: 기계적 컴퓨터, 컴퓨터 프로그램, 하이퍼텍스트, 인터넷, 터치스크린

← 1997년 딥 블루 컴퓨터는 세계 체스 챔피언에게 승리한 최초의 기계가 되었다.

**참고**: 에어로졸

# 경구 피임약 (1956년)

핀커스와 록이 여성용 피임약을 발명하다.

1952년 미국 우스터실험생물학협회 소속 생물학자인 그레고리 핀커스(1903~1967)는 노르에친드론으로 알려져 있는 프로게스테론 호르몬을 합성하여 토끼와 쥐의 배란을 억제하였다. 노르에친드론은 멕시코 시티의 신텍스社에서 근무하던 화학자 카를 제라시가 개발하였다. 처음에 노르에친드론은 월경 장애를 치료할 수 있는 고농도 프로게스테론을 생산할 목적으로 만들어졌다. 노르에친드론은 인간 호르몬보다 더욱 활동적이며 구강 섭취 시 효과적이었다. 미국 출산조정협회의 설립자인 마거릿 생어는 핀커스의 연구 성과가 지닌 잠재성을 알아보았다. 그녀는 경구 피임약 개발을 위한 연구에 자금을 지원할 의사가 있는 캐서린 맥코믹을 핀커스에게 소개시켜 주었다.

핀커스는 독실한 가톨릭 신자이자 산부인과 의사인 존 록(1890~1984)의 도움으로 알약을 개발하였다. 에스트로겐과 프로게스테론을 결합한 이 알약은 뇌하수체를 속여 임산부로 인식하도록 작동하였다. 이 알약을 먹으면 뇌하수체는 난자 방출을 담당하는 FSH 및 LH 호르몬 생산을 중단시킨다. 1956년 푸에르토리코에서는 이 약에 대한 임상 실험이 시작되었고 그 다음 해 미국 식약청은 신텍스社의 노르에친드론을 승인하였다. 1960년에 피임약 사용이 승인된 것이다.

핀커스가 개발한 약은 전 세계 수백만 명의 여성이 사용하고 있지만 출시되면서부터 논쟁에 휩싸였다. 비평가들은 이 약이 여성의 자연적인 생리 주기를 방해하고 미혼 여성의 성적 문란을 조장해 사회 질서를 위태롭게 할 수 있다고 주장했다. 지지자들은 무턱대고 아이를 낳아 잠재적인 빈곤에 처하는 것을 막을 수 있으며 불필요한 죽음을 줄이고 원치 않는 임신에 대한 두려움으로부터 여성을 해방시킨다고 맞서고 있다. **JF**

참고: 콘돔

# 디지털시계 (1956년)

전자 형태로 시간이 기록되다.

시계는 두 가지 역할을 한다. 하나는 정확한 시간을 보여주는 역할이고 다른 하나는 시간을 측정하는 역할이다. 디지털시계는 작은 액정에 시간, 분, 초들을 숫자로 표현한다. 1883년 독일의 발명가인 요제프 팔베버가 디지털 손목시계에 대한 특허를 취득했을지라도, 적절한 디지털시계로의 발전은 디지털 액정의 역사와 밀접하게 관련된다. 가장 초창기 디지털시계들은 진공관의 빛으로 숫자를 표현하였다. 1950년대 디지털시계는 핵 물리학 기구 산업으로부터 많은 사랑을 받았다.

LED(Light Emitting Diode)와 LCD(Liquid Crystal Display)가 개발되지 않았다면 현대식 디지털시계는 존재하지 않았을 것이다. 최초의 상용화된 LED는 1960년대 개발되었으며 최초의 액티브 매트릭스 LCD 판넬은 1972년에 제작되었다. 1968년에 영화감독인 스탠리 큐브릭은 공상과학 영화 「2001: 스페

> "어리석음의 시간은
> 시계로 측정되지만 지혜는
> 어떠한 시계로도 측정할 수 없다."
>
> 윌리엄 블레이크, 시인

이스 오디세이」에 미래형 디지털시계를 소품으로 사용하였다.

디지털 알람 시계의 문제점은 전원이 꺼지면 설정이 초기화되고 전력이 급격하게 변하거나 중단된 후에는 알람이 작동하지 않을 수 있다는 것이었다. 작고 저렴한 디지털시계는 전자레인지에서부터 휴대전화에 이르기까지 수많은 장치에 사용되고 있다. 1980년대에는 디지털시계가 인기 있었던 반면, 오늘날에는 아날로그시계가 더욱 인기를 끌고 있다. **DH**

참고: LCD, 디지털 손목시계

# 인공 위성 (1957년)

소련이 처음으로 우주 시대에 중요한 발자취를 남기다.

1957년 10월 4일 소련은 최초의 인공 위성인 스푸트니크 1호를 발사함으로써 미국과의 우주 개발 경쟁에 방아쇠를 당겼다.

스푸트니크 1호는 질소로 채워진 비치볼 정도 크기(지름 58센티미터)의 구체로, 96분마다 지구 궤도를 한 바퀴씩 선회하였으며 정보를 지구로 전달할 수 있는 네 개의 긴 안테나가 있었다. 같은 해 11월 스푸트니크 2호는 살아 있는 개를 태우고 우주로 발사되었다. 라이카(탑승한 개 이름)는 스트레스와 과열로 당초 예상했던 10일보다 훨씬 짧은, 몇 시간 동안만 생존했을 것으로 추정된다. 1960년 8월경 스푸트니크 5호는 개 두 마리, 생쥐 마흔 마리, 쥐 두 마리, 식물 모음 표본과 함께 지구 궤도로 발사되었다. 스푸트니크 5호의 발사 목적은 유인 우주 탐험을 위한 것이었다.

미국은 소련의 업적에 놀라는 한편 그들의 업적을 위협으로 받아들였고 많은 예산을 우주 연구에 할당하면서 NASA(National Aeronautics and Space Administration)를 설립하였다. 이윽고 지구 주변 우주 궤도는 다양한 인공 위성들로 뒤덮이게 되었다.

대략 40여 개의 국가들이 자신만의 인공 위성을 제작하여 발사하고 있다. 약 3,000여 개의 유용한 위성들이 6,000여 개의 '우주 쓰레기'(빈 연료탱크 및 보조 추진 로켓)와 함께 지구 궤도를 선회 중이라고 추측된다. 달, 태양, 소행성, 행성의 궤도를 선회하는 인공 위성이 존재하지만, 대부분의 인공 위성들은 지구 궤도를 선회하고 있다. 인공 위성은 우주를 연구하고 날씨를 예측하며 전화 및 텔레비전 방송 신호를 전달하고 해양 및 항공 항해를 돕는 데 사용되고 있다. **DH**

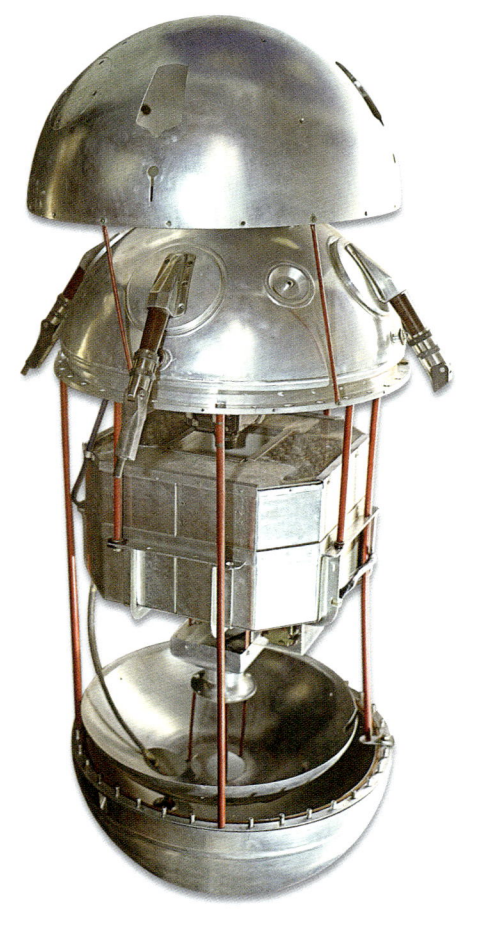

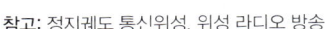

참고: 정지궤도 통신위성, 위성 라디오 방송

↗ 다양한 부분으로 분리된 스푸트니크 1호의 사진. 이 위성은 21일 동안 신호를 전달하였다.

"스푸트니크 1호는 대다수의
사람들을 매료시킨 동시에
흠칫 놀라게 했다."

돈 미첼, '스푸트니크: 50년 전'

## 버블랩 (1957년)

필딩과 차바네스가 새로운 물질을 발명하다.

대부분의 사람들이 도자기, 유리, 기타 귀중품들이 파손되는 것을 막는 데 버블랩 포장이 얼마나 유용한지 잘 알고 있다. 그러나 이 다용도 폴리에틸렌 포장재는 원래 고유한 타입의 벽면 장식재로 사용되기 위해 개발되었다.

1957년 미국 엔지니어인 알프레드 필딩과 스위스 발명가인 마르크 차바네스는 청소가 쉬운 인조 플라스틱 벽지를 만드는 데 주력하고 있었다. 그들이 개발한 초기 제품은 벽지로서 부적합했지만 새로운 종류의 포장재로 사용하기에는 안성맞춤이었다. 그들은 이 새로운 발명품을 기반으로 현재 연 매출이 40억 달러에 이르는 다국적 기업인 실드에어社를 설립하였다. 얇은 공기 층에 기반한 실드에어社의 버블랩은 충격을 흡수하는 공기 층이 있기 때문에 다른 폴리에틸렌 포장재보다 우수하다.

버블랩의 제조 공정 중 폴리에틸렌 시트는 우선 일정한 배열로 구멍이 난 드럼 주변에 꽉 감긴다. 공기를 포획하기 위해 두 번째 시트를 덧붙인 후 흡입기가 구멍을 통해 폴리에틸렌 시트를 빨아들여 고정된 공기 버블을 만든다. 그 결과 가볍고 유연한 포장재인 버블랩이 완성된다.

2007년 실드에어社는 젊은 발명가들을 대상으로 버블랩으로 제품을 만드는 대회를 개최하였다. 수천 명의 뛰어난 학생들 덕분에 버블랩의 여러 새로운 용도가 발견되었다. 대회 우승자는 자폐증 아이들과 함께 버블이 가득한 파란색 벽지를 제작하였다. **HB**

**참고:** 셀로판, 알루미늄 호일

⇐ 버블랩의 공기 버블을 터트리면 스트레스 해소에 도움이 된다.

## 광식각법 (1957년)

래드롭과 날이 실리콘 장치를 만들다.

광식각법은 예전에 사용되던 인쇄 공법을 현대적으로 발전시킨 것이다. 예전에 사용되던 석판인쇄에서는 부드러운 석회암 부분의 표면을 산으로 태워 기름 기반의 이미지를 남긴 후 기름이 없는 부분을 아라비아 고무로 봉했다. 그렇게 되면 유성 잉크가 봉해지지 않은 부분에만 들러붙었기 때문에 복잡한 사진과 새겨진 부분을 찍어낼 수 있었다.

광식각법은 트랜지스터와 전자 부품의 대량 생산에 사용되고 있다. 1957년 4월 매릴랜드에 위치한 미군 다이아몬드 병기 신관 연구소의 제이 러스럽과 제임스 날은 수동으로 납땜할 필요가 없는 전자 부품을 최초로 생산하였다. 이 전자 부품은 유리에 일련의 불투명한 크롬 라인으로 이루어진 포토머스크를 미리 형성시켜 디자인된다. 광식각법의 목표는 실리콘 웨이퍼 평면에 일정한 마스크의 패턴을 옮기는 것이다. 우선 실리콘이 포토레지스트 물질로 덮이면 마스크를 통해 자외선이 빛을 발산하여 포토레지스트 물질을 화학적으로 변화시킨다. 그 후 이 변화된 물질을 세척하면 포토레지스트 물질로 덮인 부분은 변하지 않고 남아 있게 된다.

이 공법의 전체 공정은 사진의 음화 제작과 유사하다. 광식각법으로 프린트된 돌출 부분은 웨이퍼 표면에 조그만 이미지를 층층이 만들어낼 수 있다. 최종 단계에서는 표면의 포토레지스트 물질을 구워내고, 그 후 물질의 새로운 층을 추가하는 방식으로 이 절차를 반복한다. 이와 같은 방법으로 모든 일련의 전자 부품과 연결 배선들이 층층이 만들어지고 있다.

오늘날 광식각법은 마이크로리소그래피와 나노리소그래피를 통해 가장 작은 크기를 프린트할 수 있도록 발전하고 있으며 컴퓨터 및 휴대전화에 사용되는 고도로 복잡한 마이크로칩 코어 제조에 이용되고 있다. **DH**

**참고:** 집적 회로, 마이크로프로세서

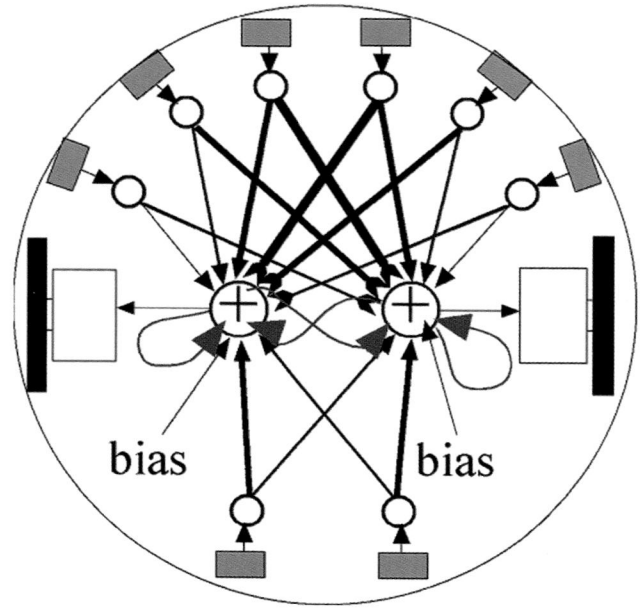

# 인공 신경망 (1957년)

로젠블라트가 인간의 기억을 흉내 내는 컴퓨터를 최초로 제작하다.

인간 기억에 대한 연구는 워렌 매컬럭과 월터 피츠가 뉴런이 작동하는 방법에 관한 논문을 작성한 해인 1943년에 큰 변화를 맞이하였다. 뉴런은 학습 및 인지와 관련된 신경 시스템의 조직 구성 세포이다. 그로부터 6년 후 도날드 헵은 뉴런이 사용될 때마다 발생하는 신경 연결의 강화에 대한 논문을 발표하였다.

인공지능 연구가 초창기이던 시절 뉴욕 코넬 항공 공학 연구소의 컴퓨터 과학자인 프랭그 로젠블라트 (1928~1971)는 파리 눈의 작동 방식을 연구하던 중 위험을 인지하는 순간 뇌에서 위험 정보를 처리하는 속도보다 파리가 빨리 반응한다는 것을 알게 되었다. 그 후 그는 인간의 사고 처리 능력을 모방한 신경 네트워크를 사용하여 새로운 기술을 습득할 수 있는 최초의 컴퓨터인 퍼셉트론을 제작하였다. 퍼셉트론은 상호 연결된 하나의 입출력 노드 층을 보유하였으며 각 연결은 서로 다른 노드를 자극하도록 설계되었다. 1960년대에 출시된 로젠블라트의 마크(Mark) 1 퍼셉트론은 학습을 통해 광학 패턴을 인지하고 식별하는 최초의 기계였다.

인공 신경망은 복잡성을 크게 증가시킨 백프롭 퍼셉트론의 등장으로 실용화되었다. 그 후 존 홉필드는 기억의 패턴을 저장하여 신경망에 부분적인 정보가 전달되어도 전체 기억 패턴을 추출할 수 있는 신경망 모델을 개발하였다.

오늘날 신경망은 판독기, 일기 예보, 폭탄 탐지기, 심지어 금융시장 예측에서 이용되는 광학식 문자판독 기반 기술로 사용되고 있다. **SS**

참고: 인공 지능

⬆ 인간의 두뇌 구조처럼 인공 신경망은 상호 연결된 노드의 집합이다.

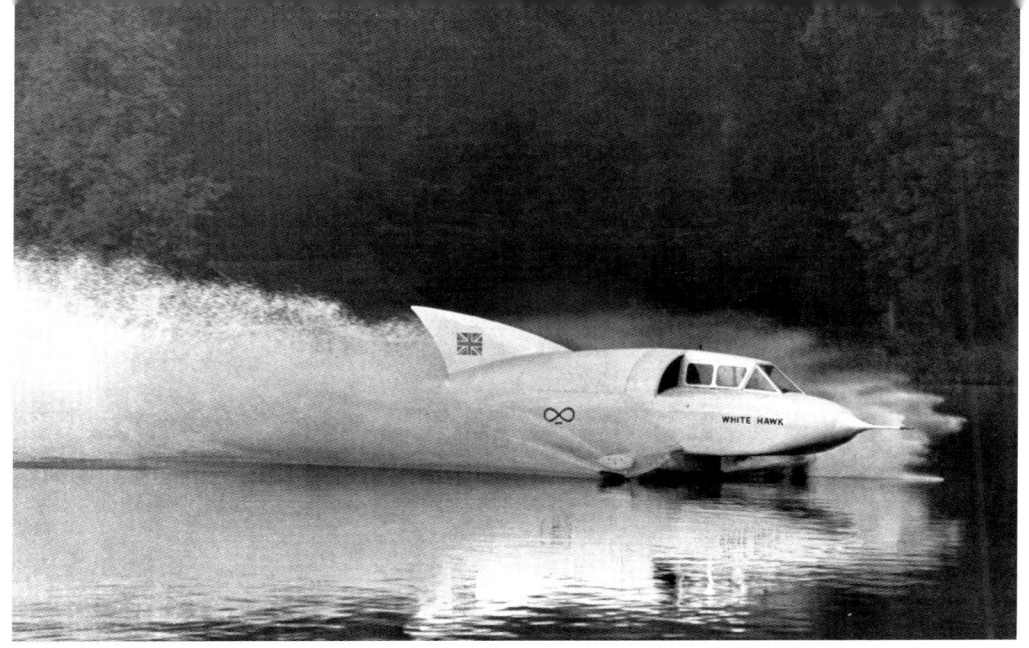

# 제트 보트 (1957년)

해밀톤이 프로펠러가 없는 보트를 최초로 발명하다.

윌리엄 해밀톤(1899~1978)은 제트 보트를 발명했을 당시 수중 기반 역학을 이미 연구한 경험이 있었다. 1954년 그는 제트 펌프를 제작하였다. 그가 제작한 펌프는 수중 차량의 추진력을 위한 필수 시스템이었다. 제트 펌프는 물을 펌프 뒤쪽으로 잡아당겨 수중 차량을 앞으로 전진시키는 원심력을 만들어내기 위해 프로펠러를 사용했다.

제트 보트는 제트 펌프와 비슷한 방식으로 작동한다. 간단히 말하면 제트 보트는 뉴턴의 물리학 제3법칙을 활용하는데, 스크루 프로펠러는 많은 양의 물을 가속화시켜 그에 대한 반응으로 다량의 추진력이 생성된다. 이 추진력으로 보트가 운행되기 때문에 제트 보트는 물살을 빠르게 가를 수 있다.

해밀톤은 뉴질랜드에서 연구를 계속했다. 그의 배는 얕은 호수를 빠르게 질주할 수 있었으며 바위와 같은 장애물을 쉽게 피할 수 있었다. 또한 제트보트의 손쉬운 조종성은 제트 보트를 시장성 있는 제품으로 만들었다.

해밀톤이 제트 보트에 대한 아이디어를 떠올린 최초의 인물은 아니었다. 이탈리아 발명가인 세콘도 캄피니는 1931년 해밀톤의 제트 보트와 유사한 제트 추진 보트를 고안했으나 특허를 신청하지 않았다. 그 이전에 그리스 학자인 아르키메데스가 초기 프로펠러인 수상 스크루를 고안한 기원전 3세기에 제트 보트를 개발하고자 했다.

해밀톤은 전통적인 보트가 주류이던 당시 제트 보트로 혁명을 불러 일으켰다면서 자화자찬했지만, 아마도 아르키메데스에게 자신의 발명품에 대한 공적 일부를 돌려야 할 것이다. **KB**

참고: 호버크래프트

⬆ 1952년 영국 윈더미어 호수에서 해닝-리 부부가 초기 제트 보트 시제품을 시험하고 있다.

# 마그네틱 띠 (1958년)

패리가 자기 카드를 발명하다.

휴대용 데이터 저장소인 마그네틱 자기 카드는 지갑이나 가방에서 쉽게 찾아볼 수 있는 물품이다.

정부의 보안 시스템 프로젝트를 수행하던 중 IBM社 엔지니어인 포리스트 패리는 개인 식별을 용이하게 할 수 있는 방법으로 자기 테이프 띠를 카드에 붙일 생각을 하게 되었다. 1980년대 칩 기반 스마트 카드가 출현할 때까지 마그네틱 카드는 클럽 멤버쉽 카드에서부터 전화카드, 신용카드, 직불카드에 이르기까지 폭넓게 사용되었다.

패리는 접착제로 자기 물질을 카드에 고정시키려고 여러 번 시도하였지만 번번이 실패하였다. 절망한 그는 집으로 돌아와 아내에게 자신의 연구에 대해 말해주었다. 마침 다림질을 하던 그의 아내는 플라스틱에 마그네틱 띠를 접착하기 위해 다리미의 열을 사용해 볼 것을 제안하였다. 기술 발전, 국제 표준화, 테스트 기간을 거친 후, 마그네틱 띠는 대량으로 생산되었다. 1960년대 런던 지하철 교통시스템 및 중앙정보국(CIA)과 같은 다양한 기관에서 마그네틱 카드를 사용하였다.

오늘날 마그네틱 띠는 미세 자기 입자를 수지로 고정시켜 만들어지며, 카드에 직접 부착되거나 플라스틱 뒷면에 마그네틱 띠를 제작한 후 이 플라스틱을 다시 카드에 부착한다. 입자들은 표준 산화철로 이루어지거나, 더 높은 '보자력' 마그네틱 띠가 필요한 경우 바륨 아철산염으로 이루어진다. 정보가 입자들의 극성을 변화시켜 마그네틱 띠에 작성되면 보자력이 증가하는 만큼 뜻하지 않게 정보가 삭제될 가능성은 줄어들게 된다. **MD**

# 레고 (1958년)

크리스티안센이 대표적인 아이들의 장난감을 개발하다.

1932년 아이들용 나무 장난감을 만들기 시작했을 당시 올레 키르크 크리스티안센은 작은 덴마크 마을의 목수였다. 경제 공황 상태였던 그 당시 목수로서 일감을 찾기 힘들었던 크리스티안센은 정교한 장난감들을 제작하여 많은 인기를 얻었다. 1934년 크리스티안센은 회사를 설립한 후 회사의 이름을 '잘 논다(leg godt)'란 의미의 덴마크어를 줄여 레고(Lego)라고 지었다.

1947년 레고社는 덴마크에서 최초로 플라스틱 사출 성형 기계를 구입하여 플라스틱 장난감을 집중적으로 생산하기 시작했으며 1951년경 플라스틱 장난감은 회사 매출의 절반을 차지하였다. 그로부터 11년 후 올레는 아들인 고트프레드와 함께 일하면서 레고라고 알려지게 된 플라스틱 블록을 1949년에 처음으로 제작하였다.

레고는 1947년 영국에서 만들어진 키디크래프트

> "장난감을 조립하는 행위를 통해
> 아이들은 창의적이고 실험적이며
> 탐험적으로 성장하게 된다."
> 미첼 레스닉, MIT 미디어 연구소

블록을 기반으로 만들어졌지만 덴마크에서만 판매되었으며, 1958년경 각 면 아래쪽에 홈이 있는 직사각형 블록으로 진화하였다. 진화된 블록은 스터드와 브릭 내부의 원형 기둥을 통해 조립되어 여러 개 쌓아도 구조적인 안정성을 유지할 수 있었다. 이렇게 해서 전설적인 장난감이 탄생했다. **BS**

**참고:** 장난감 전기 기차 세트, 메카노, 크레용

▶ 1962년 런던 셀프리지 백화점 매장에서 여섯 살 된 필리파 스미스가 레고를 가지고 놀고 있다.

**참고:** 마이크로프로세서, 플립플롭 회로, 개인용 컴퓨터 모뎀, 랩톱 노트북 컴퓨터

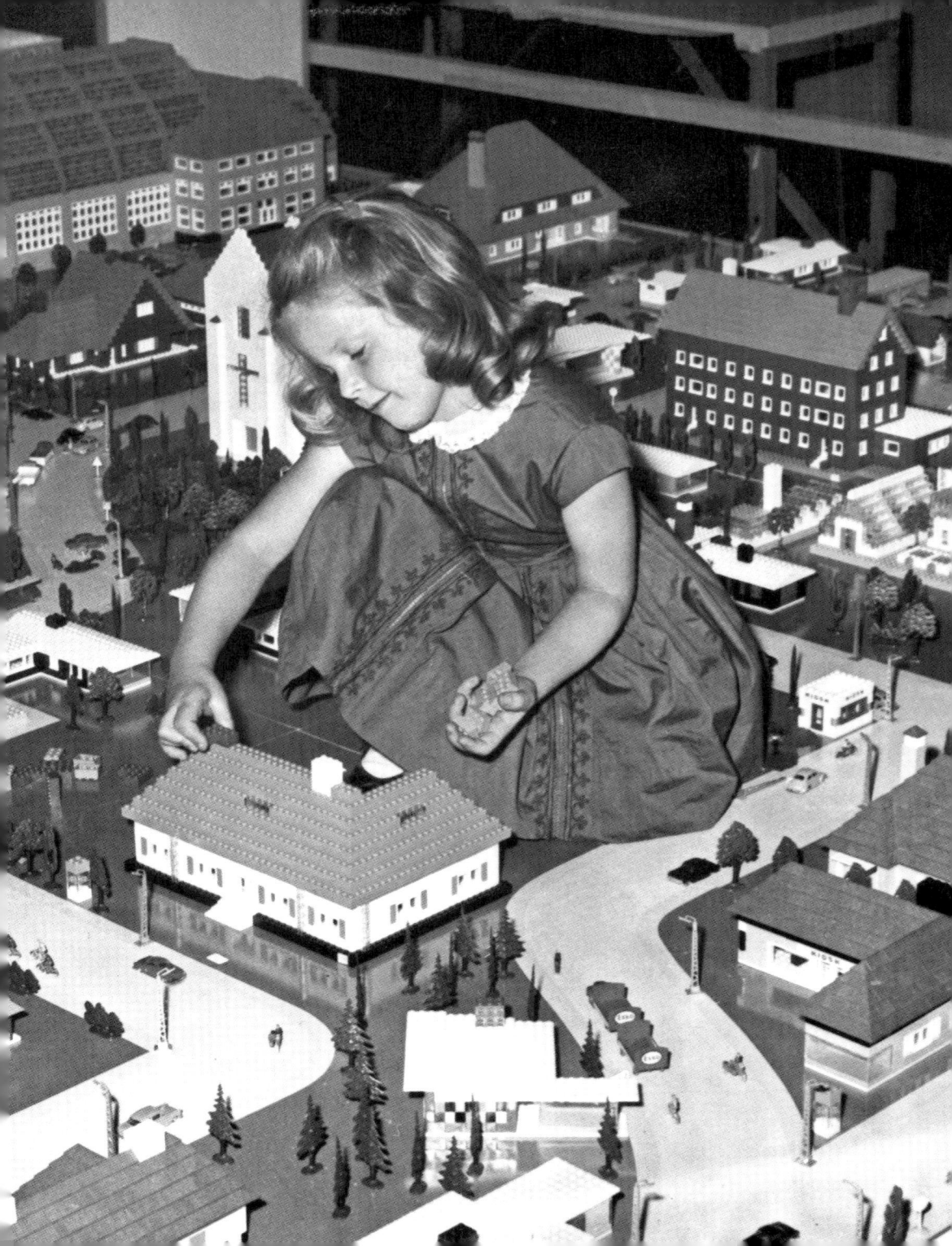

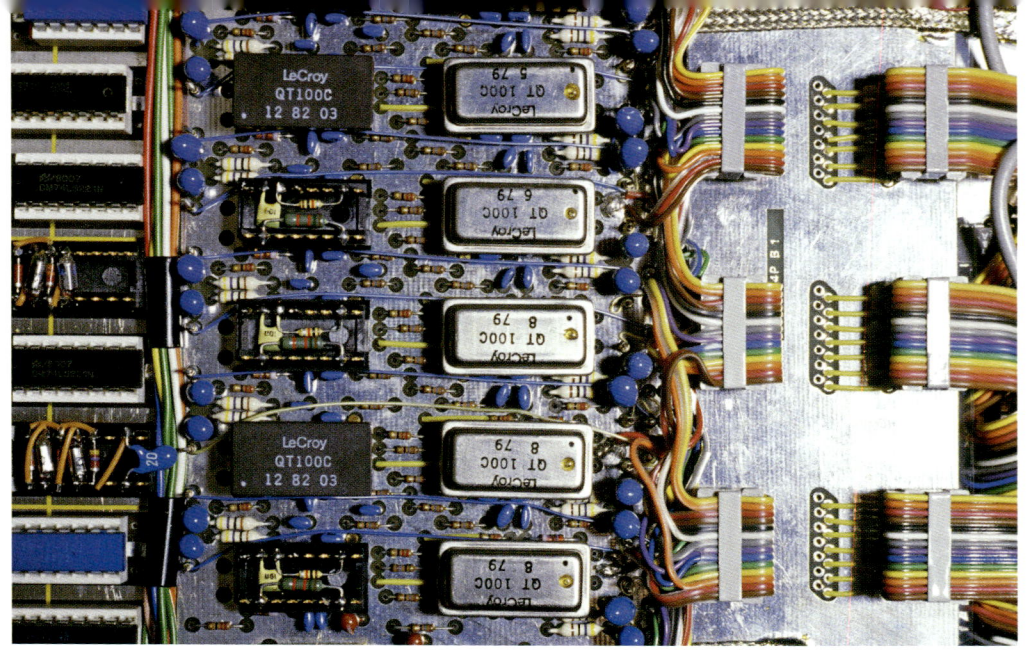

# 집적 회로 (1959년)

킬비와 노이스가 개인용 컴퓨터가 등장할 수 있는 길을 열어주다.

1958년 보비 피셔는 15세의 나이로 체스 역사상 가장 어린 그랜드마스터가 되었다. 이 경기를 지켜본 구경꾼들은 훗날 기계가 그에게 패배를 안겨줄 줄은 미처 생각지 못했다.

트랜지스터가 발명된 후 전자 기기들은 훨씬 더 복잡하고 정교해졌다. 다양한 크기의 수많은 부품이 회로를 만드는 데 사용돼 점점 더 회로가 빽빽해졌으며 시간과 제조 비용이 많이 소요되었다. 미군 통신부대가 착수한 마이크로 모듈 프로그램은 전자기기를 소형화시키기 위한 소형 부품 블록을 만들었지만 여전히 주요 문제가 해결된 것은 아니었다.

텍사스 인스트루먼트社는 잭 킬비가 1958년 입사할 당시 마이크로모듈 프로젝트를 미군 통신부대와 함께 수행하고 있었다. 입사한 지 얼마되지 않아 킬비는 더 나은 해결책을 찾아냈다. 축전지 및 저항기와 같은 수동 부품들이 트랜지스터와 같은 능동 부품과 동일한 반도체 물질로 만들어질 수 있게 됨에 따라, 이러한 부품들을 한 번의 공정으로 제조하는 것이 가능하다는 사실을 알게 되었으며 이를 기반으로 직접회로를 개발하였다. 트랜지스터, 축전지, 세 개의 레지스터로 구성된 킬비의 게르마늄 기반 시제품은 세계 최초의 집적 회로였으며 해당 특허는 1959년 2월에 인가되었다. 그 사이 페어차일드 반도체社의 로버트 노이스는 단위 회로에 관해 연구하던 중 부품을 회로에 직접 결합시키는 아이디어를 구상해 집적 회로 개발에 크게 공헌하였다. 집적 회로는 최초의 개인용 컴퓨터가 출현하는 데 기반이 되었다. **MD**

**참고:** 마이크로프로세서, 플립플롭 회로, 개인용 컴퓨터 모뎀, 랩톱 노트북 컴퓨터

⬆ 1984년에 제작된 집적 회로 및 회로 기판의 리본 커넥터 배선.

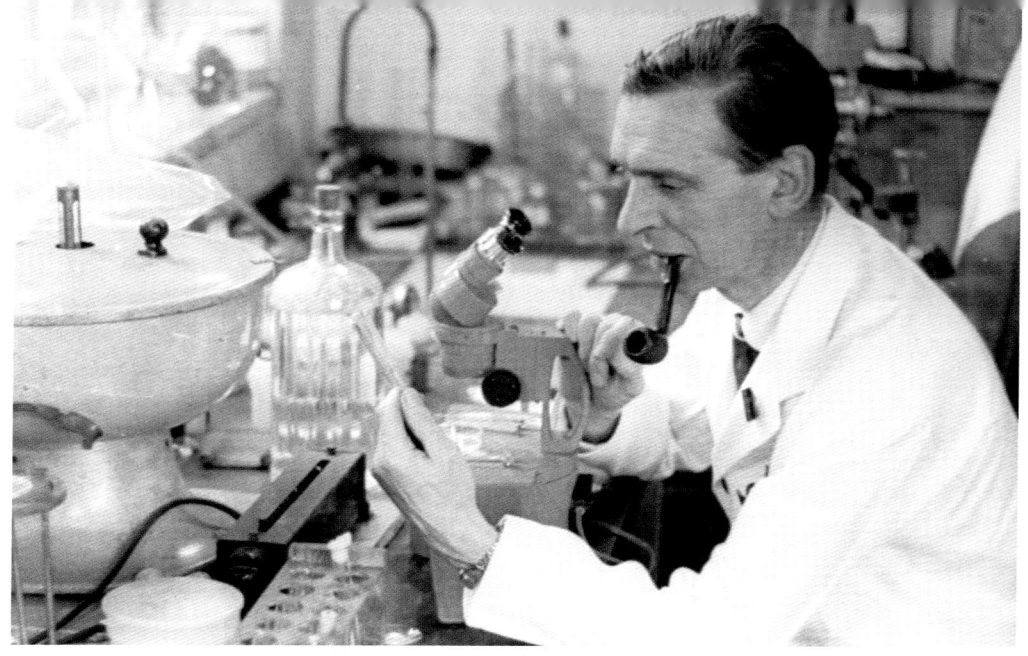

# 체외 수정 (1959년)

추에 창이 불임 부부를 도울 수 있는 임신 시술법을 개발하다.

체외 수정을 위해서는 우선 임상의가 여성의 난소에서 난자를 추출하여 자궁 밖에서 정자를 난자에 착상시킨 후 수정된 난자를 여성의 자궁 안에 넣어야 한다. 체외 수정은 논란의 여지가 있지만 생식 의학에서는 가장 중요한 발전 중 하나로, 전 세계 불임 부부들이 이를 통해 100만 명 이상의 아이를 낳을 수 있었다. 오늘날 체외 수정은 의학적, 법률적, 도덕적 기준으로 인해 계속해서 논란의 여지를 남기고 있음에도 불구하고 폭넓은 사회적 지지를 얻고 있다.

체외 수정은 중국의 생식 생물학자인 민 추에 창 (1908~1991)이 개발하였다. 그는 제2차 세계대전이 끝난 후 경구 피임약의 선구자인 그레고리 핀커스와 함께 연구를 수행하기 위해 미국으로 건너갔다. 핀커스는 1935년 토끼를 대상으로 체외 수정에 성공했다고 주장하였으나 과학자들은 막상 그의 시술법을 사용한 결과 체외 수정에 성공할 수 없었다.

창은 정자가 수정 능력을 보유하기 전까지 여성의 몸 안에서 배양되어야 한다는 것을 알게 되었다. 1959년이 되어서야 창은 검은 토끼의 수정란을 흰 토끼의 자궁 안으로 옮겨 체외 수정을 시연하여 새끼를 탄생시켰다. 더 나아가 창과 다른 과학자들의 연구는 서로 다른 종 간의 체외 수정에 필요한 조건을 밝혀내는 데 도움을 주었다.

영국의 패트릭 스텝토와 로버트 에드워드는 이 지식을 인간에게 적용하였다. 몇 년간의 실험을 거친 결과 1978년 그들은 세계 최초의 시험관 아기인 루이스 브라운을 탄생시켰다. **LH**

**참고:** 경구 피임약. 정자 직접주입법(ICSI)

⬆ 최초의 시험관 아기가 태어나기 8년 전인 1970년 영국 쉐필드에서는 체외 수정 연구가 진행되었다.

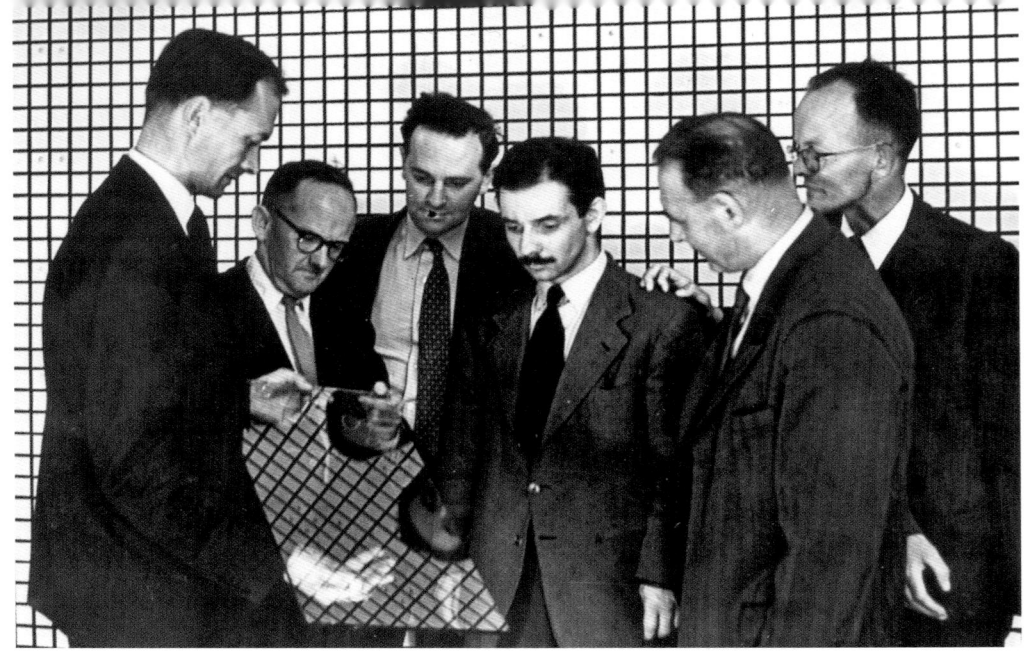

# 플로트 유리 (1959년)

필킹튼이 고품질 평면 유리를 만들기 위해 비용 효율이 높은 공법을 발명하다.

아마도 유리가 어떻게 만들어지는 지 곰곰이 생각해 본 사람들은 거의 없을 것이다. 사실 평면 유리가 상점 유리창, 자동차, 거울과 같은 용도로 사용되는 데 필요한 기준을 맞추는 것은 매우 어렵다. 영국에서 알라스테어 필킹튼(1920~1995)이 플로트 공법을 발명한 1959년 이전까지는 적어도 그러했을 것이다. 필킹튼은 유리 제조사인 필킹튼 브라더스(필킹튼과 관계 없음)社의 기술 엔지니어로 근무했는데, 7년에 걸쳐 플로트 공법을 완성하였다. 플로트 공법이 등장하기 이전에는 1848년 영국의 엔지니어인 헨리 베서머가 최초로 개발한 플레이트 공법이 사용되었다. 그러나 이 공법은 유리의 틀어짐과 자국이 생겼으며 연마를 통해 이러한 부분을 바로잡아야 했기 때문에 비용이 많이 들었다.

플로트 공법에서는 실리카, 탄산나트륨, 산화칼슘, 산화마그네슘, 산화 알루미늄을 합성하여 용해시킨 유리 혼합물을 주석 표면에 붓는다. 그러면 양쪽 면이 매끄럽고 1/4인치(6.8밀리미터)의 고른 두께를 지닌 유리의 플로팅 리본이 형성된다. 이 유리 리본을 잡아당겨 더 얇은 유리를 만들 수 있으며, 용해된 유리 혼합물을 평탄화시키지 않으면 더 두꺼운 유리를 만들 수 있다. 용해된 유리 혼합물은 주석 표면을 따라 흐르면서 서서히 냉각된 후 '레어'라고 불리는 긴 화덕에서 열처리된다. 유리가 빨리 냉각되면 응집력이 커져 절단기 아래에서 깨져버릴 수 있기 때문에 이 공정이 필요하다.

플로트 유리 라인은 길이가 1/3마일(0.5킬로미터)에 달하며 일년에 최대 3,287마일(6,000킬로미터)의 유리를 생산할 수 있다. 이 혁신적인 기법 덕분에 매주 97만 톤의 평면 유리가 전 세계 370여 개의 플로트 공장에서 생산되고 있다. **CL**

**참고:** 유리, 유리불기, 유리거울, 유리병 제조기

⊞ 플로트 유리에 관한 연구는 1952년에 시작되었다. 플로트 유리는 출시된 지 1년 만인 1960년에 순수익을 발생시켰다.

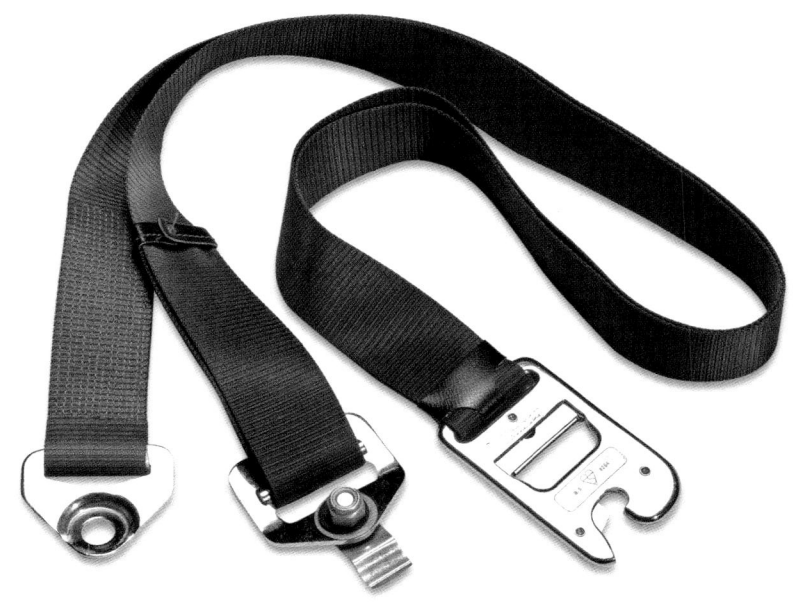

# 3점 좌석벨트 (1959년)

보홀린의 발명품이 운전자가 버클을 채우도록 만들어 수천 만의 생명을 구해내다.

스웨덴 볼보社의 직원이 발명한 3점 좌석벨트는 오늘날 널리 사용되는 발명품이다. 볼보社에 입사하기 전 닐스 보홀린(1920~2002)은 사브社의 비행기 디자이너였으며 1958년 비상 탈출용 좌석을 개발하였다. 그 당시 좌석벨트는 고속 추돌 사고 발생 시 내부 장기의 손상을 야기시킬 수 있는, 무릎을 감싸는 한 줄의 벨트로만 구성되어 있었다.

보홀린은 상체와 하체 모두를 보호할 수 있는 대안을 찾기 위해 노력하였다. 그의 3점 좌석벨트는 한 줄의 벨트로 가슴과 무릎을 보호할 수 있도록 했으며 추돌 시의 충격을 몸 전체로 분산시켜 부상 확률을 감소시켰다. 또는 차량이 고속으로 추돌하면 탑승자의 몸을 잡아주어 탑승자가 차량 밖으로 튀어나오는 것을 방지하는 데 효과적이었다.

1959년 스웨덴의 볼보社는 생산 차량에 새로운 좌석 벨트를 장착하기 시작하였으며 다른 자동차 제조사도 곧 3점 좌석벨트를 도입했다. 1970년 호주 빅토리아주는 최초로 운전자와 조수석 승객의 좌석벨트 착용을 의무화하는 법안을 통과시켰으며 그 후 대부분의 국가에서 좌석벨트 의무화 법안을 도입하였다. 1972년 볼보社는 뒷좌석에도 3점 좌석벨트를 장착하였다.

국립 고속도로 교통 안전청은 좌석벨트가 미국에서만 1년에 45퍼센트에 달하는 치명적인 자동차 추돌 사고의 위험을 감소시키고 10만 건 이상의 부상을 방지한다고 추정하고 있다. 반면 영국에서는 매년 370명이 좌석벨트를 착용하지 않아 자동차 추돌사용광로 목숨을 잃는다. **BO**

참고: 자동차, 충돌 테스트 마네킹, 에어백

⬆ 무릎 벨트는 내장 파열을 일으킬 수 있으나 1960년부터 사용된 3점 좌석벨트는 내장 파열을 방지하였다.

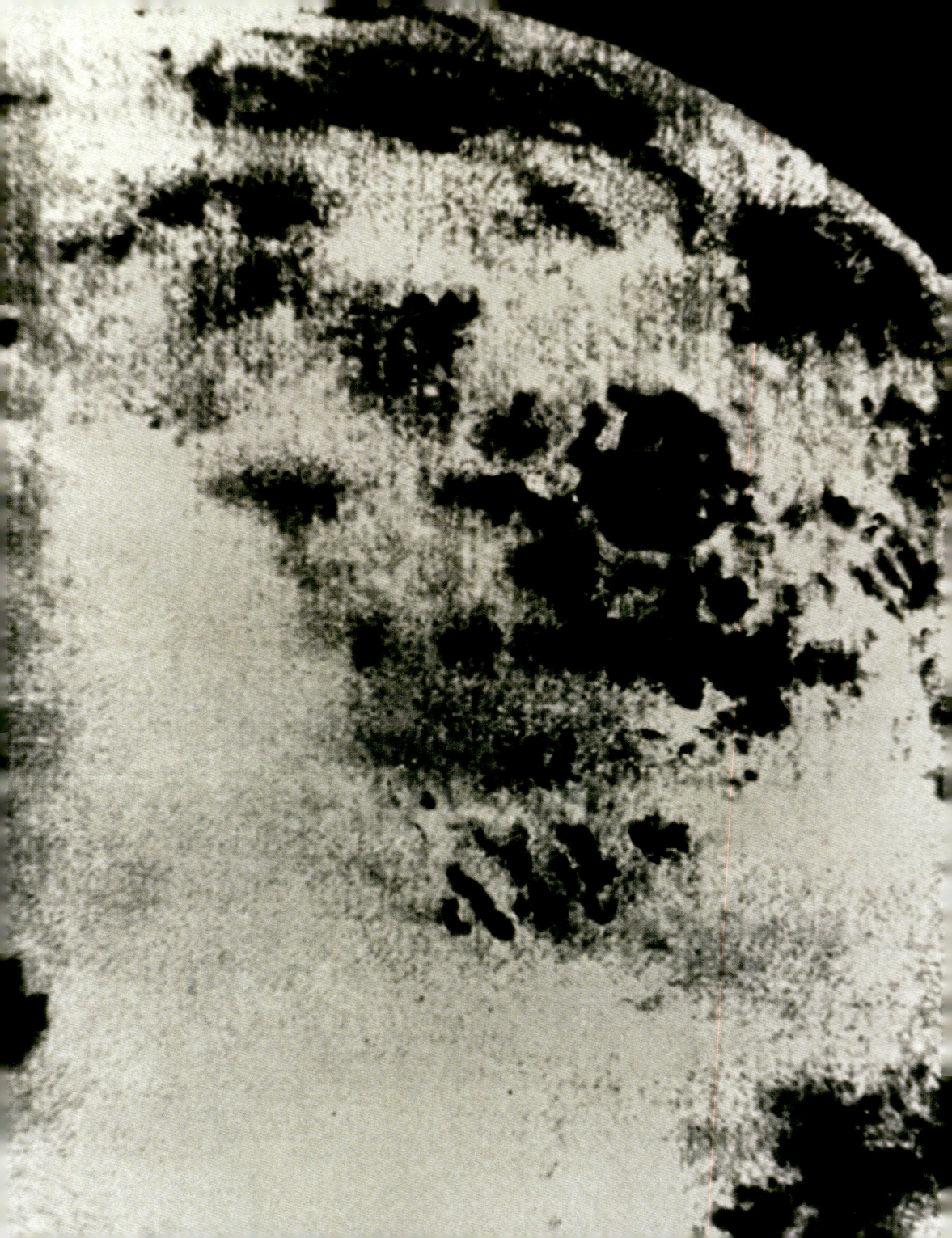

# 우주 탐사선
(1959년)

소련이 우주에 대한 우리의 지식을 넓혀주다.

우주 탐사선은 지구 중력의 힘을 벗어나 다른 태양계 행성을 근접 통과하거나 선회하는 위성이다. 최초의 우주 탐사선이 지향한 목표는 달이었다. 1958년 미국은 파이오니어 1호, 2호, 3호를 발사했지만 모두 실패했으며 소련은 1959년 1월 루나 1호 탐사선을 달 표면에 착륙시킬 목적으로 발사하였다. 루나 1호는 발사되어 3,700마일(5,950킬로미터) 상공에서 실종되었으나 적어도 확인된 지점까지는 도달했다는 데 의의가 있다. 미국의 파이오니어 4호는 3만 7,300마일(6만 킬로미터) 상공에서 실종되었다.

　　루나 2호(1959년 9월)와 루나 3호(1959년 10월)는 가장 위대한 최초의 성공을 이룩하였다. 루나 2호는 달의 동쪽에 위치한 '고요의 바다'에 착륙하였으며 루나 3호는 달의 반대편 화상(지구)을 찍었다. 1960년

> "우리는 당신의 위성을 가지고 있다.
> 만약 돌려받기를 원한다면 화성의 화폐로
> 200억을 보내라."
> 캘리포니아 주 파사데나에 위치한 나사 연구소의 그래피티

대 우주 탐사선이 최초로 달에 착륙하면서 달 착륙은 절정에 이르렀다.

　　1962년 최초의 성공적인 궤도 선회 우주 탐사선인 비너스호가 금성에 도착하였으며 소련의 탐사선 베네라 7호는 1970년 금성에 착륙하였다. 1976년 6월과 8월에는 미국의 탐사선 바이킹 1호와 2호가 화성에 성공적으로 착륙하여 화성 표면의 이미지를 전달하였다. 행성 간 우주 탐사선인 보이저 1호와 2호는 목적지 행성으로 아직도 이동 중이다. **DH**

**참고:** 인공 위성. 액체 연료 로켓. 우주 정거장, 재사용 우주선

◀ 러시아 우주 탐사선인 루나 3호가 1959년에 전송한 최초의 지구 사진.

# 컴퓨터 보조 교육
(1960년)

비처가 e-러닝에 첫발을 내딛다.

오늘날 컴퓨터는 어린아이에게 덧셈을 하는 방법, 공무원에게 외국어로 말하는 방법, 심지어 의대생들에게 인체를 해부하는 방법을 가르치는 데 사용될 수 있다. e-러닝 혹은 교육용 도구로 컴퓨터를 사용하는 것은 최신 기술인 것 같지만 적어도 그 개념 만큼은 오래 전부터 존재해왔다. 1950년대 말 IBM社와 일리노이 대학교는 컴퓨터를 교육적 용도로 사용하였다.

　　1960년 도날드 비처는 학교를 그만두는 학생이 늘어나는 것을 걱정하였다. 그러던 어느 날 수업 중 교수가 컴퓨터를 교육에 활용할 수 있는 방안을 찾아보라는 과제를 제시하는 순간 이 연구과제를 수행하기로 결심했다. 그는 그래픽과 터치 스크린을 사용한 최초의 학습 시스템 중 하나를 구체적으로 고안하였다. PLATO(Programmed Logic for Automatic

> "컴퓨터는
> 진정한 맞춤형 교육의
> 가능성을 제공한다."
> 도날드 비처

Teaching Operation)라고 이름 붙인 그의 시스템은 강의뿐만 아니라 게임과 인맥을 위한 이상적인 수단이었다. '튜터'라고 하는 컴퓨터 언어를 사용한 그의 시스템은 수많은 사용자들을 동시에 가르칠 수 있었다. 컴퓨터 보조 교육의 개발로는 충분하지 않았는지 비처는 플라스마 액정 판넬을 1971년 공동으로 발명하여 2002년에 에미 상을 받았다. **BMcC**

**참고:** 기계적 컴퓨터. 컴퓨터 프로그램. 디지털 전자 컴퓨터

# 광학식 문자판독
(1960년)

라비노우가 판독할 수 있는 기계를 발명하다.

러시아 혁명 기간 중 러시아를 떠나 뉴욕으로 이주한 제이콥 라비노우(1910~1999)는 전자 공학을 공부한 후 미국 국립 표준국에 근무하면서 수많은 발명으로 230개의 미국 특허를 취득하였다. 초기에 그는 미사일 유도 시스템과 연관된 군수용품들을 발명했지만 '판독 기계'로 유명해졌다.

광학식 문자판독(OCR)은 이전부터 존재했다. 1955년 리더스 다이제스트의 사무실에 상용화된 광학식 문자판독 시스템이 설치되었지만 종종 예측할 수 없는 결과를 내놓았다. 1960년 라비노우는 판독 시스템이 만들어낸 에러를 현저하게 줄일 수 있는 아이디어에 새로운 원리를 결합했으며, 그의 기계는 판독되는 정보를 편지, 숫자, 기타 부호로 구성된 매트릭스 표준 세트와 최초로 비교하였다.

> "1918년에 나는 생애 최초의
> 발명품을 만들었다고 생각한다.
> 나는 돌을 던지는 기계를 제작했다."
> 제이콥 라비노우

이 새로운 서류 판독 방법은 곧 인기를 얻게 되었고 오늘날에도 여전히 모든 현대식 OCR 시스템의 기본을 이루고 있다. 라틴어 기반 언어의 광학 판독은 현재 99퍼센트의 정확도를 자랑한다. 그러나 필기한 것을 전자적으로 완벽하게 판독하는 방법은 여전히 개발이 진행 중이다. OCR은 편지 분류와 과속 감시카메라의 자동차 번호판 판독에 사용되고 있다. **DHk**

참고: 팩시밀리, 음성 인식, 컴퓨터 스캐너

# 레이저
(1960년)

마이만이 다용도 레이저 장치를 발명하다.

레이저(Laser – Light Amplification by Stimulated Emission of Radiation)는 현대 생활의 근간을 이루고 있는 기술로 CD 및 DVD플레이어, 슈퍼마켓 계산대 판독기의 핵심 구성요소이다. 또한 치과 드릴, 금속 절단기, 용접, 눈 수술용 메스 등 광범위한 분야에서 이용되고 있다.

레이저 프로세스는 높은 에너지 레벨에 더 많은 원자가 존재하도록 원자의 개체 수가 광학적으로 펌핑되면서 시작된다. 그 후 다른 붕괴의 방출을 유도하는 광자가 생산되면 광자의 캐스케이드가 만들어진다. 각 끝에 거울이 위치한 '공진 공동'은 레이저 광선을 발하는 물질을 포함하고 있기 때문에 광자가 피드백을 유도하는 두 거울 사이를 앞뒤로 이동할 수 있도록 해준다. 공진 공동은 유도 방출을 통한 이득이 흡수 및 산란으로 비롯되는 손실을 초과할 경우 레이저 빛을 발산하는데, 공진 공동의 거울 중 하나인 반투명거울을 방사선이 통과하면 레이저 광선이 발생한다.

1916년 알베르트 아인슈타인이 '유도 방출'에 대해 언급하였으나 실질적인 현상은 1954년 '메이저'라고 하는 장치를 사용하여 최초로 구현되었다. 1960년 5월 캘리포니아 휴연구소에 근무하던 시어도어 마이만(1927~2007)은 합성 루비 결정을 사용하여 최초로 동작하는 레이저를 제작하였다.

현재는 수많은 종류의 레이저 물질이 존재한다. 레이저 물질 중 일부는 루비 및 석류석과 같은 고체인 반면 다른 레이저 물질은 헬륨과 같은 가스이거나 유기 색소의 액체 용제이다. **DH**

참고: 이산화탄소 레이저, 레이저 유도 폭탄, 컴퓨터 레이저 프린터, 원자 레이저

➡ 계속해서 강력한 빔을 생성할 수 있는 최초의 상용화된 레이저.

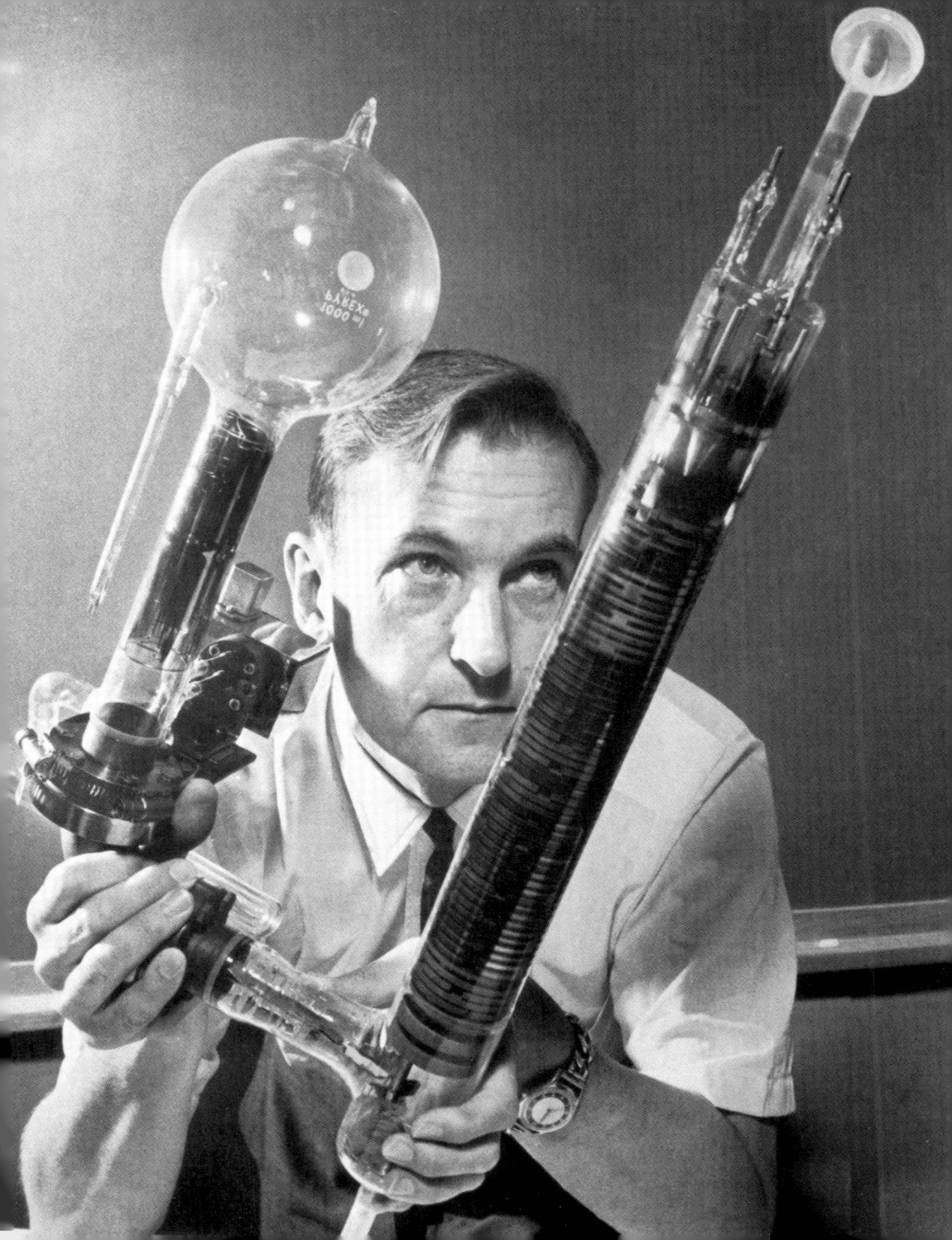

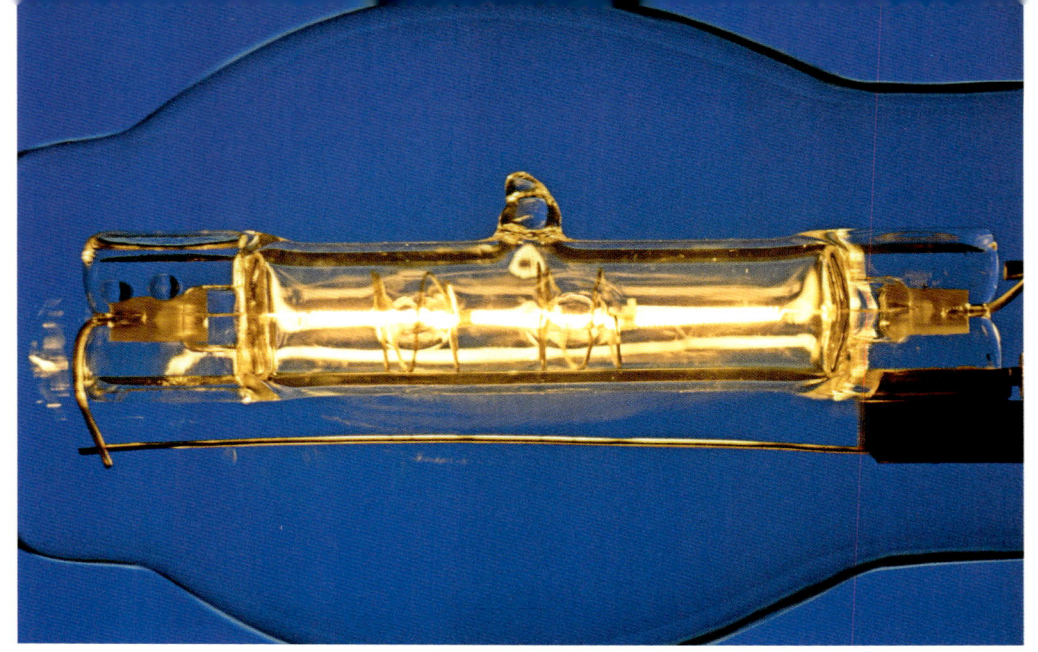

# 할로겐 램프 (1960년)

모비가 더욱 밝고 효율적인 전구를 개발하다.

1916년 어빙 랭뮤어가 텅스텐 필라멘트 전구를 발명한 이후 제너럴 일렉트릭社 연구원들은 더욱 효율적인 전구를 제작하기 위해 노력했다. 텅스텐 필라멘트 전구(백열등)의 문제점 중 하나는 작동 도중 텅스텐이 증발하는 것이었다. 이것은 전구의 내벽 코팅을 손상시킬 뿐만 아니라 필라멘트를 약하게 하여 필라멘트가 끊어지도록 만들었다. 필라멘트의 온도가 높아지면 빛을 내는 데 더욱 효율적이지만, 증발하는 텅스텐의 양이 많아지면서 전구의 수명을 단축시켜 제조사들은 딜레마에 빠졌다.

1960년 제너럴 일렉트릭社의 선임 연구원인 프레드릭 모비는 전기로 가열된 고온의 텅스텐 필라멘트를 할로겐 가스로 채운 '석영 엔벨로프'에 위치시켜 큰 기술 발전을 이룩하였다. 그의 할로겐 램프는 표준 전구 소켓에 잘 맞으며 더 높은 발광 효율을 지닐 뿐만 아니라 이전 텅스텐 램프보다 수명이 두 배나(2,000에서 4,000시간) 길었다. 일반 필라멘트 전구는 전력의 98

퍼센트를 열로 방출하며 2퍼센트만을 빛으로 방출시키는 반면 할로겐 램프는 이를 91퍼센트와 9퍼센트로 변화시켜 비용을 절감하였다. 모비는 GE 프로젝트와 관련된 다른 엔지니어들과 함께 연구했으며 1959년 엘머 프리드리히와 에멧 윌리도 개선된 백열등으로 특허를 취득하였다.

할로겐 램프는 한정된 전력 소비로 더 밝은 빛을 낼 수 있어 자동차 헤드라이트에 이상적이다. 또한 전구에서 발산되는 열이 적어 에어컨 온도를 더 낮추기 위해 사무실 전기를 많이 사용하지 않아도 된다. **DH**

**참고:** 백열전구, 텅스텐 필라멘트, 할로겐 렌지

↑ 램프 내 텅스텐 와이어는 할로겐 증기를 포함하는 석영 엔벨로프 내에 위치된다.

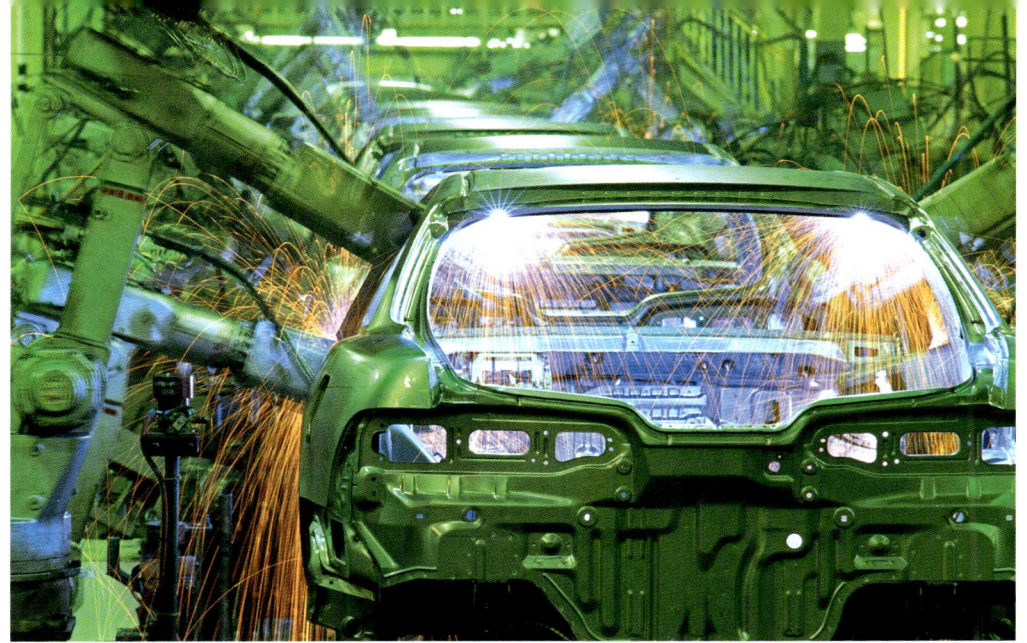

# 산업용 로봇 (1961년)

데볼과 엥겔버거가 사람을 대신해 업무를 수행할 수 있는 기계를 발명하다.

공상 과학 소설에서 미래형 기계가 사람 대신 불쾌하고 위험하며 지루한 업무를 수행할 수 있을 것으로 묘사된 이후, 발명가와 디자이너들은 그러한 꿈을 현실로 만드려고 노력하였다. 1961년 시제품 테스트 후 유니메이트라고 불린 로봇이 제너럴 모터社의 생산 라인에 사용되면서 새로운 시대가 개막되었다.

고정식 산업용 로봇인 유니메이트는 다이캐스팅된 제품을 옮기고 차량의 몸체를 용접하는 역할을 담당하였다. 무게가 대략 2톤 정도인 유니메이트 팔은 자기 드럼에 저장된 연속된 명령대로 작동하였으며, 다양한 작업을 수행할 수 있었다.

유니메이트는 1950년대 후반 미국의 엔지니어인 조지 데볼(1912년 출생)과 조지프 엥겔버거(1925년 출생)가 고안했다. 유니메이트 개발은 엥겔버거의 회사인 유니메이트社에서 진행하였다. 이후 산업용 로봇의 산업 규모는 급속도로 성장하였으며 곧 다양한 형태의 로봇이 평범한 작업, 지루한 작업, 위험한 작업을 수행하는 데 사용되었다. 이러한 로봇들은 초기에 한 곳에서 다른 곳으로 물건을 옮기는 데 사용되었으며 또한 프로그램을 교체할 수도 있었다. 로봇들은 유압 구동기를 사용하여 다양한 관절의 각도를 자리잡아 기록하는 방식으로 프로그램되었다. 그 후에는 요구되는 작업을 위해 기록된 순서를 반복하면 되었다.

유니메이트의 차기 버전은 폭발물 처리, 우편물 분류, 다른 로봇의 제작 등 다양한 작업을 수행할 지도 모른다. **MD**

참고: 자동인형, CAM, 이족보행 로봇, 수술 로봇

⬆ 인간이 기계를 검사하는 업무만 남은 일본에서 로봇이 자동차 몸체를 용접하고 있다.

# 광디스크 (1961년)

그레그가 DVD의 전신을 고안해내다.

DVD 디스크의 기원은 1958년으로 거슬러 올라간다. 1958년 미국 웨스트렉스 주식회사의 엔지니어 데이비드 폴 그레그는 오디오와 비디오에 적용할 포맷을 만들고자 하였다. 그레그는 스캐닝 전자 현미경을 사용하면 1마이크로미터의 10분의 1보다 적은 지름으로 사물을 관찰할 수 있다는 기사를 접한 후, 트랙을 지닌 플라스틱 디스크가 저렴한 광학식 판독기로 읽히는 것을 상상했다. 그가 상상한 것은 비닐 LP 트랙을 읽는 레코드 바늘과 같은 원리였다.

1961년 그레그가 특허를 취득한 원래의 아이디어는 집중된 광선이 비추어지면 판독기가 다른 면에서 빛을 포착하는 투명한 디스크였다. 그가 고안한 '비디오 디스크'는 이전 LP판처럼 디지털 방식이라기보다 아날로그 방식이었으며 두 개의 오디오 트랙과 비디오 트랙을 포함하였다.

> "기술 뉴스 잡지에서
> 본 일러스트레이션 하나가
> 광디스크를 위한 영감을 주었다."
>
> 데이비드 폴 그레그

1965년 그레그는 가우스 일렉트로피직스社를 설립하여 계속해서 발명품을 개조하였다. MCA社를 비롯한 수많은 대기업에서 그가 하는 일에 관심을 보였으며 결국 1968년 MCA社가 그레그의 회사를 인수하였다.

1969년 그레그가 취득한 또 다른 특허는 필립스 콤팩트 디스크, 소니 미니디스크, 파이오니아 DVD 레이저디스크의 토대가 되었다. 오늘날 DVD와 그 뒤를 잇는 블루레이 디스크는 역사상 가장 빠르게 성장하고 있는 미디어 포맷이다. **DHk**

**참고:** DVD, 블루레이/HD DVD

# 우주 망원경 (1962년)

NASA가 최초의 우주 망원경을 발사하다.

전자기파 스펙트럼 중 가시 밴드와 라디오 밴드만이 비교적 방해를 받지 않고 지구 대기를 통과할 수 있다. 또한 감마선, X선, 자외선, 적외선, 기타 모든 빛은 지구 대기층 위에서 관측이 훨씬 더 용이하다.

최초의 진정한 우주 망원경은 1962년 3월 7일 케이프커내버럴에서 낮은 지구 궤도로 발사된 태양 관측 위성 1(OSO-1)으로, 이 위성의 아랫부분은 2초마다 한 번씩 회전하였으며 윗부분은 우주를 향해 고정되었다. 또한 기구의 정확한 위치 유지를 위해 태양 디스크의 태양 센서와 보조 전동기를 사용하였다.

이 위성의 주요 목적은 감마선, X선, 자외선 파장으로 태양 표면의 대폭발을 관측하는 것으로, 우주선의 회전 부분은 항성 감마선의 근원을 찾기 위해 천체를 전반적으로 관측하였다. 미국이 높은 고도에서 핵 장치를 실험하였을 당시 1,000 궤도를 선회하였던 OSO-1의 효율성이 세 달 동안 크게 저하되었다.

OSO-1은 안정화된 궤도 우주선에 탑재된 정교한 계측장비가 오랫동안 성공적으로 비행할 수 있다는 것을 증명하였다. NASA는 허블 우주망원경(1990년 발사), 콤프턴 감마선 망원경(1991년 발사), 찬드라 x선 우주 망원경(1999년 발사), 스피처 우주망원경이라고 하는 우주 적외선 망원경 시설(2003년 발사) 등 일련의 우주 망원경을 계속해서 제작하였다. 우주 망원경은 천체를 관측하거나 특수한 물체로부터 자료를 모으는 역할을 한다. **DH**

**참고:** 망원경, 우주 탐사선, X선 망원경, 재사용 우주선, 허블 우주망원경

⬚ 1967년에 발사된 OSO-4 위성은 태양 표면 대폭발의 스펙트럼 방출을 측정하는 데 사용되었다.

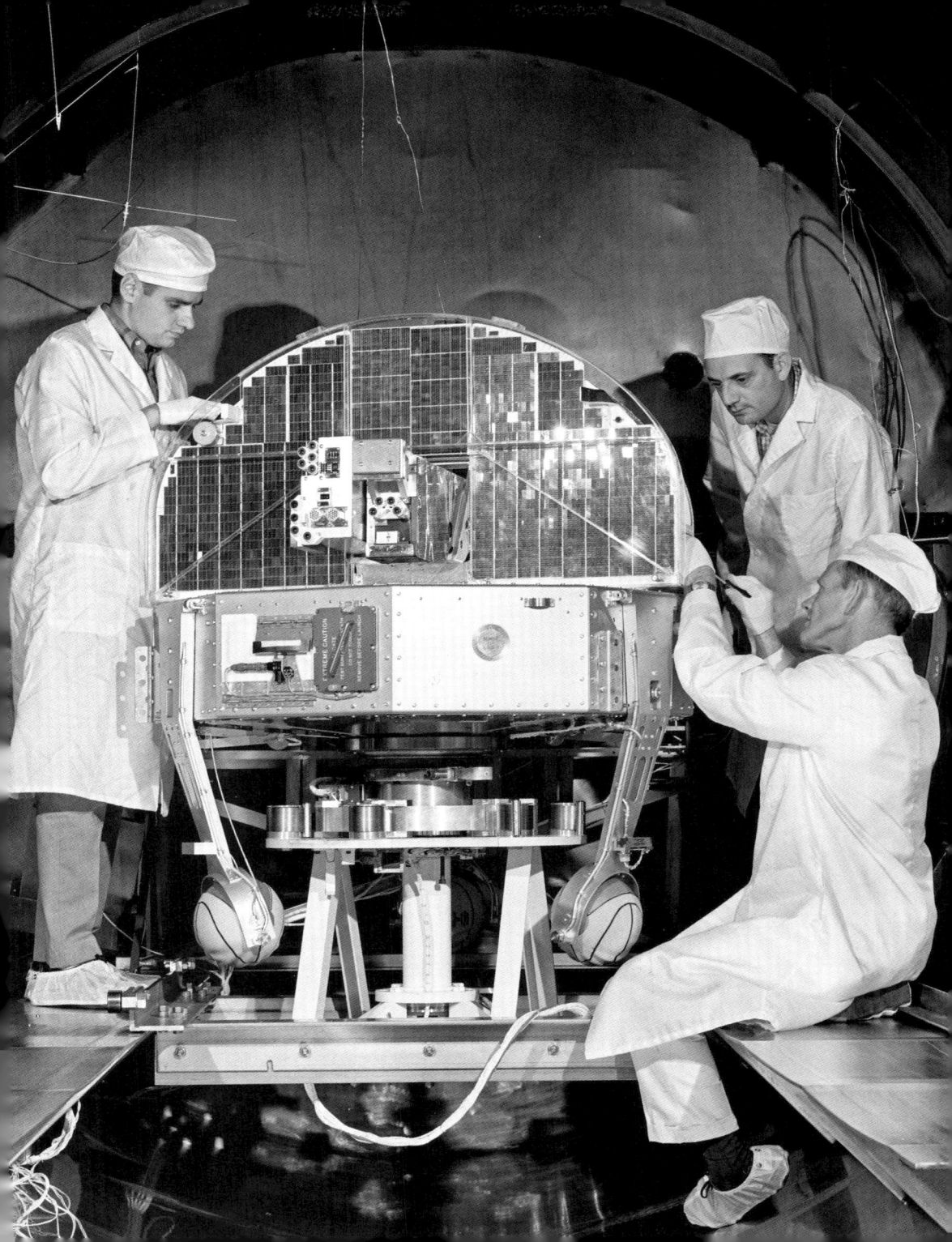

# LED (1962년)

홀로니악이 가시광선을 방출하는 최초의 LED를 만들다.

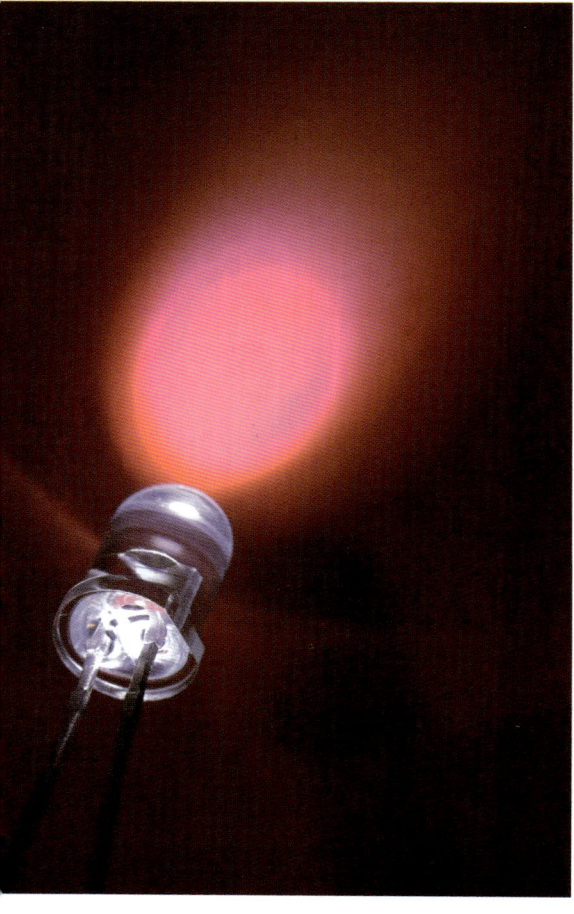

LED(발광다이오드, Light-Emitting Diode)는 반도체 장치로, 모든 반도체는 내부 구조의 불순물(미량의 화학 첨가물로 인해 발생) 때문에 전류를 전도하는 다양한 능력을 보유한다. N타입 불순물은 반도체에 여분의 전자를 추가하고 P타입 불순물은 '정공'을 생성한다. 음전기를 띤 입자인 전자는 자연적으로 전자가 많은 곳(음성)에서 전자가 적은 곳(양성)으로 이동하게 된다.

다이오드 내부에는 N타입 물질이 P타입 물질 옆에 놓이며, 이 둘은 전극 사이에 위치하면 이러한 구조는 전류가 N타입 쪽 전극으로부터 P타입 쪽 전극으로 한 방향으로만 흐르게 한다.

정공으로 빠지는 순간 전자는 광자의 형태로 에너지를 내보내며, 그 결과 전자들이 다이오드의 한 쪽에서 다른 쪽으로 움직일 때 빛이 발산된다. 반도체에 사용된 물질의 종류에 따라 다양한 빛의 파장들이 생성된다.

1962년 닉 홀로니악(1928년 출생)은 합성 갈륨비소인(gallium arsenide phosphide) 결정으로 구성된 다이오드를 만들었는데, 이 다이오드는 가시광선을 생성하였기 때문에 최초의 가시 스펙트럼 LED가 되었다. 그는 또한 유사한 원리를 사용하여 오늘날 CD 판독 레이저의 전신이 된 반도체 레이저 원형을 고안하였다.

LED는 디지털 벽시계, 손목시계, 텔레비전, 교통신호등, 디스플레이 화면 등 수많은 전자 제품에 쓰이고 있으며 또한 기존의 전구보다 열 에너지를 적게 소비하기 때문에 효율적 에너지 조명 시스템, 램프, 회중전등에도 사용되고 있다. **LW**

> "나는 가시 스펙트럼을
> 관찰하고 싶었는데, 다른 모든 사람이
> 적외선에 집중하고 있었다."
> 닉 홀로니악

참고: 밸브 다이오드, 백열전구, 트라이오드, 반도체 다이오드

◪ 사용된 반도체의 종류에 따라 LED가 방출하는 빛의 양과 방향이 결정된다.

# MOSFET (1962년)

호프슈타인과 하이만이 혁명적인 트랜지스터를 고안하다.

우리들 대부분은 레이저나 레이더와 같이 머리글자를 딴 유명한 발명품의 유래를 모르는 경우가 많다. 반면 MOSFET처럼 어떤 발명품은 알려질 만한 충분한 가치가 있음에도 불구하고 사람들에게 잘 알려지지 않은 경우도 있다.

MOSFET(산화막 반도체 전기장 효과 트랜지스터)에는 움직이는 소자가 없다. MOSFET의 구조와 기능에 관해서는 알파벳 N, P, N과 같이 세 가지 종류의 물질로 구성된 샌드위치와 같다고 설명할 수 있다. 전선이 샌드위치에서 두 개의 N소자에 연결되어 있다면 전기가 흐르지 않는데, 이는 P층의 전기적 속성이 다르기 때문이다.

그렇다면 전기의 흐름은 어떻게 유도되는 것인가? 우선 단열된 비전도성 물질을 P층의 한 쪽에 입힌 후, 이 절연체 위에 금속판을 위치시켜야 한다. 이렇게 해도 여전히 전기가 통하지는 않지만 '게이트'라고 불리는 금속판에 전압을 적용하면 밑에 놓인 P층과 비전도성 물질을 통해 전기장이 형성된다. 전기장은 P층 내부에서 양성자들을 몰아내는데, 이와 같은 현상은 P층에 채널을 형성하며, NPN 샌드위치 구조에서 두 개의 N층 간에 전도성이 생기면서 전류가 흐르게 된다.

MOSFET은 여러 훌륭한 제품을 만드는 데 쓰이고 있다. 스위치나 앰프(증폭기)에 쓰일 수도 있고 장치의 소형화를 이룩하는 데에도 적합하다. 또한 저열 속성을 가지고 있어 저렴한 비용으로 생산이 가능하다. MOSFET은 현대식 컴퓨터에 사용되는 집적 회로의 표준 구성요소로 꼽히기에 손색이 없을 정도로 필요한 모든 요소를 다 갖추고 있다. **AKo**

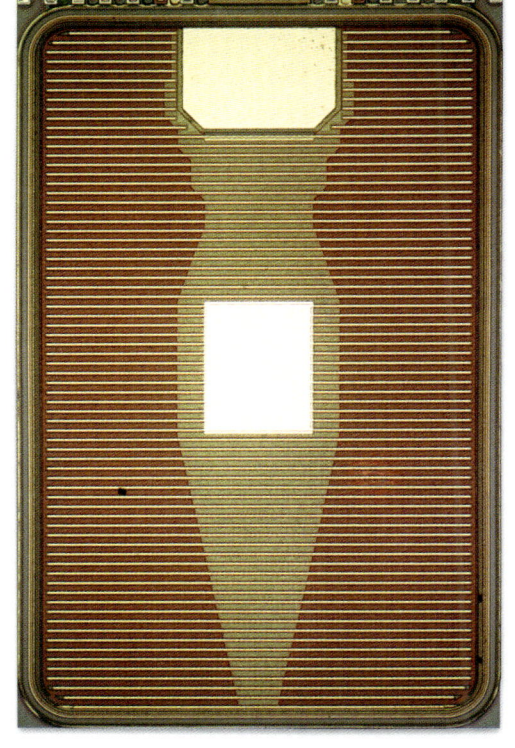

참고: 트랜지스터

↗ 대표적인 전기장 효과 트랜지스터의 집적 회로를 포함한 표면.

"만약 성공한다면 영웅이 될 것이다.
만약 실패한다면? 그저 다른 프로젝트로
가서 계속 일하면 된다."

버트 매튜즈, 날카로운 돌을 만드는 장인

# 고관절 대치술 (1962년)

챈리가 둔부 관련 장애가 있는 사람들에게 희망을 주다.

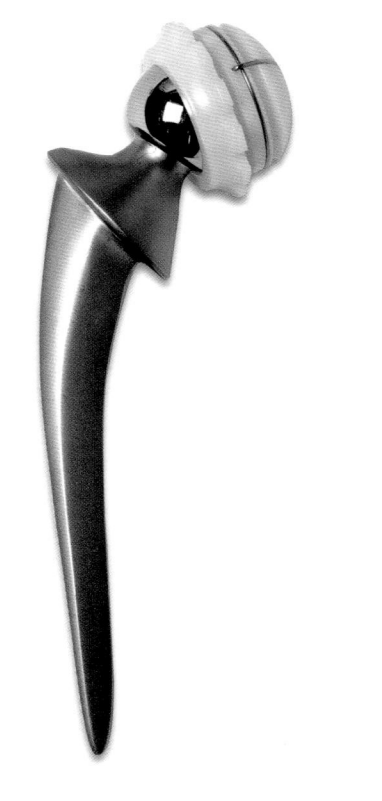

"세계적으로 쓰일 수 있는
오직 한 종류의 수술은 바로
관절성형술이다."

존 챈리, 1959년 강의 중에서

---

⬆ 철로 된 대퇴부 머리 부분이 폴리에틸렌 라이너(또는 소켓)에 맞
도록 만들어진 고관절 대치 보철물.

➡ X선으로 인공 보철물이 환자의 허벅지 뼈 안으로 잘 설치되었는
지 확인할 수 있다.

세계적으로 매년 80만 건이 넘는 고관절 대치 수술이
이루어지고 있다. 이 수술을 통해 환자들은 낡거나 병
든 고관절을 인공 고관절로 교체하여 관절의 움직임을
개선하고 통증에서 벗어날 수 있었다.

이 모든 것이 영국 의사 존 챈리(1911~1982)의 선
구적인 업적 때문에 가능했다. 존 챈리는 고관절 대체
를 위한 표준방식이 된, 마찰이 적은 관절 성형술 개발
에 도움을 주었다. 챈리는 골관절염과 고관절의 움직임
제한 조건들을 치료할 수 있는 최적의 방법을 조사하던
중 실질상 관절 대체라고 할 수 있는 골절의 압박 고정
방법을 연구하기 시작했다.

영국 위건에 위치한 라이팅턴 병원에 근무할 당
시, 챈리는 동료들의 반대에도 끝까지 소신을 굽히지
않았다. 그는 철강으로 된 대퇴골(넓적다리)용 스템/볼
섹션과 폴리에틸렌 고관절 소켓을 사용하여 고관절 대
치술을 진행하였다. 이 두 가지 장치는 아크릴 본 시멘
트와 뼈를 접합시킬 수 있었으며 1962년 그는 이 수술
을 성공적으로 수행하였다.

챈리는 수술에 참여하는 모든 스태프에게 전신용
수술복을 입히고 선반에 수술 기구를 올려놓도록 하였
으며 오염되지 않은 공기를 수술실 내에 유지시켜 수
술 구역 내의 감염도를 낮추었다. 또한 환자들에게 수
술 후 관절을 위임할 것을 부탁하여 환자들 개개인의
골절결합 상태를 조사해 수술 기법을 향상시키고 수술
의 효율성을 높였다.

사람들의 수명이 늘어나고 기존 환자들에게 시술
된 인공관절의 수명이 10년을 넘어감에 따라 고관절 대
치술은 오늘날 계속해서 발전을 거듭하고 있다. 더 나
은 재료를 찾기 위한 연구로 인공 고관절의 교체 필요
성이 줄어드는 더욱 튼튼한 인공 관절이 개발될 것이
다. **LH**

**참조:** 인공 수족, 관절이 있는 의지, 인공 심장, 능동 인공기관, 인
공 피부

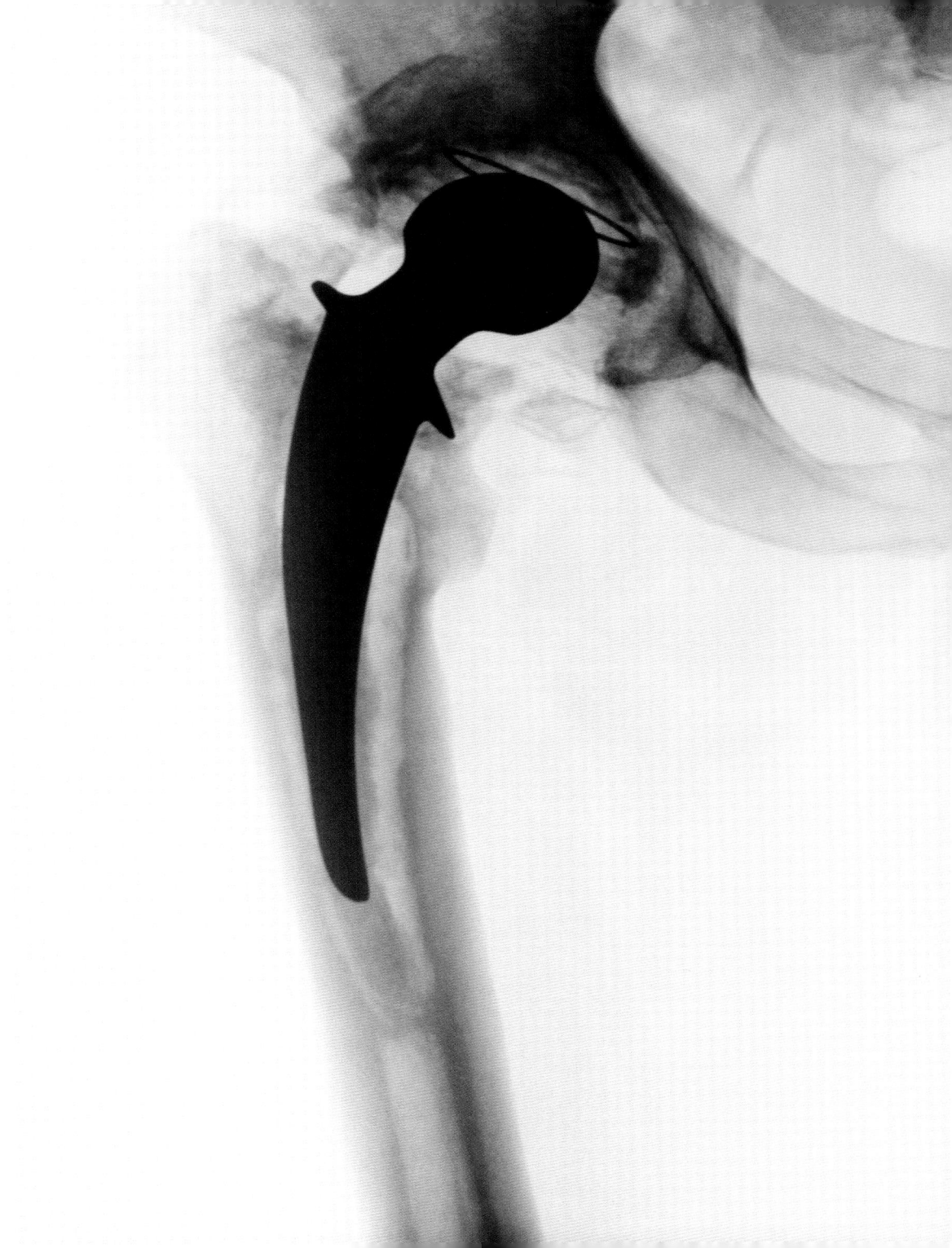

# 고리형 깡통 따개 (1963년)

프레이즈가 특별한 도구 없이도 음료수 캔을 쉽게 딸 수 있도록 해주다.

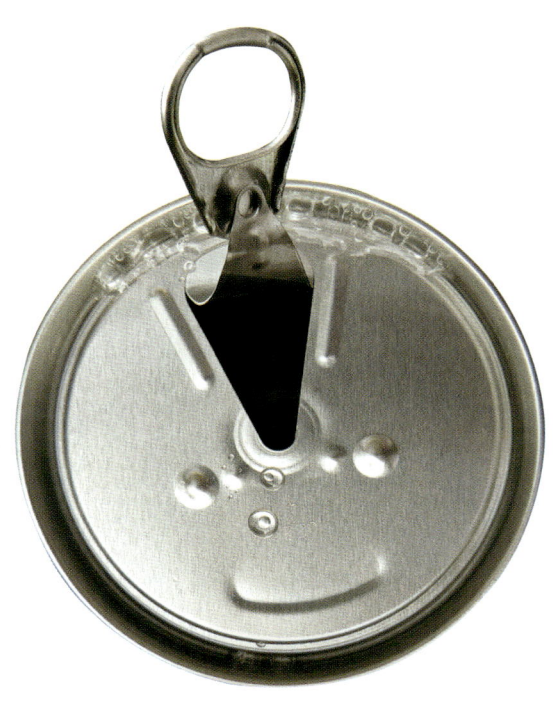

> "나는 쉽게 딸 수 있는 캔을 발명한 것이
> 아니다. 내가 한 일은 손잡이를 붙이는
> 방법을 개발한 것이다."
>
> 에멀 프레이즈

---

⬆ 단단히 고정된 손잡이가 없었다면, 캔 끝의 선 자국 부분을 캔으로부터 떼어내는 일은 불가능 했을 것이다.

➡ 캔에서 분리된 고리형 깡통 따개. 고리형 깡통 따개는 소프트 드링크 제조사들이 가장 먼저 도입하였다.

캔 음료는 21세기 가장 친숙하고 실용적인 발명품 중 하나이다. 에멀 프레이즈(1913~1989)가 깡통 따개를 발명하기 전에는 어떻게 캔을 여느냐가 관건이었다. 고리형 깡통 따개가 등장하기 이전, 사람들은 병따개와 비슷하지만 양 끝 부분이 뾰족한 '처치 키(church key)'라는 깡통 따개로 캔을 열었다. 처치 키의 한 쪽 끝은 캔에 마시기 위한 구멍을 내는 데 사용되었고, 다른 한 쪽은 공기가 들어갈 수 있는 작은 구멍을 만들어 내용물이 외부로 빠져 나오도록 하는 데 사용되었다.

어느 날 소풍을 갔다가 '처치 키'를 가져 오는 것을 깜빡한 프레이즈는 그 순간 고리형 깡통 따개에 관한 아이디어를 떠올렸다. 뾰족한 물체로 캔을 열려고 하면 쉽게 다칠 수 있다는 것을 알고 있었던 프레이즈는 때때로 자동차의 펜더(흙받이)를 사용할 때도 있지만, 별도의 도구없이 캔을 딸 수 있다면 얼마나 편리할 지에 대해 생각하게 되었다.

프레이즈의 발명품은 여러 단계를 거쳐 '고리형 깡통 따개(pull-top)'가 부착된 캔으로 완성되었다. 프레이즈의 고리형 깡통 따개는 금을 그어 놓은 작은 금속 조각에 리벳으로 고리를 붙인 모습이었다. 이 고리를 잡아당기면, 금속 조각 부분도 같이 떨어져 나와 공기와 액체가 모두 들락날락 할 수 있을 만큼의 구멍이 생긴다. 프레이즈는 금속 조각과 고리를 리벳으로 부착하여 획기적인 기술 발전을 이룩하였다. 이 발명품은 1960년대 초 피츠버그 양조회사에서 최초로 쓰였으며 1965년경 미국 양조회사의 75퍼센트 이상이 사용하였다. 하지만 1967년까지 프레이즈는 해당 발명품으로 특허를 취득하지 못하였다.

1970년대에 들어 오늘날 사용되고 있는 캔에 부착된 따개가 개발되었다. 프레이저의 발명품은 새로 개발된 캔 따개 고리로 대체되었지만 그의 기본 아이디어는 현재 사용되고 있는 캔 따개와 동일하다. **JG**

**참고:** 통조림. 깡통 따개. 자체 발열 음식캔

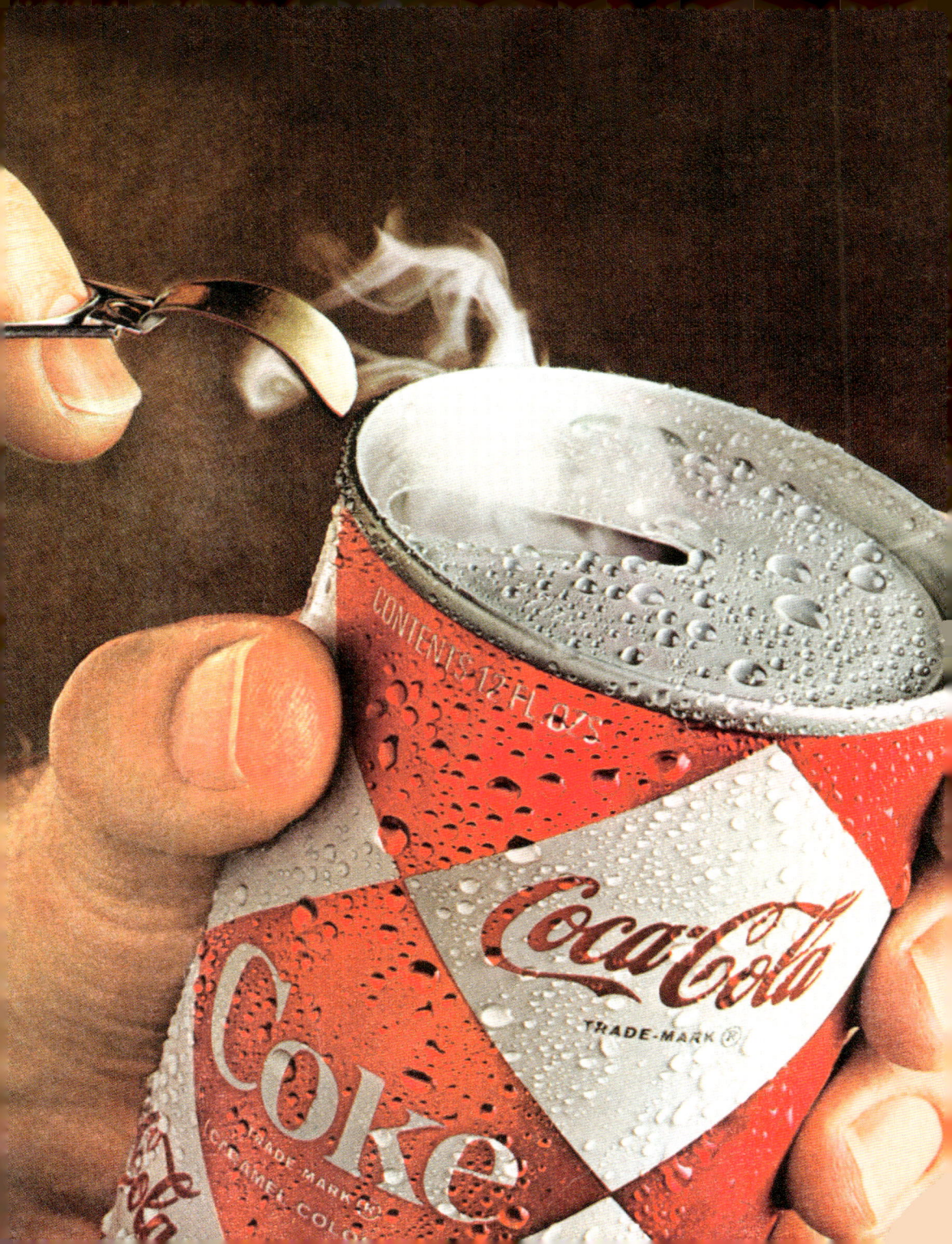

# 인공 심장 (1963년)

윈첼이 심장 개방 수술을 진행하는 동안 혈액을 순환시켜 줄 수 있는 도구를 고안하다.

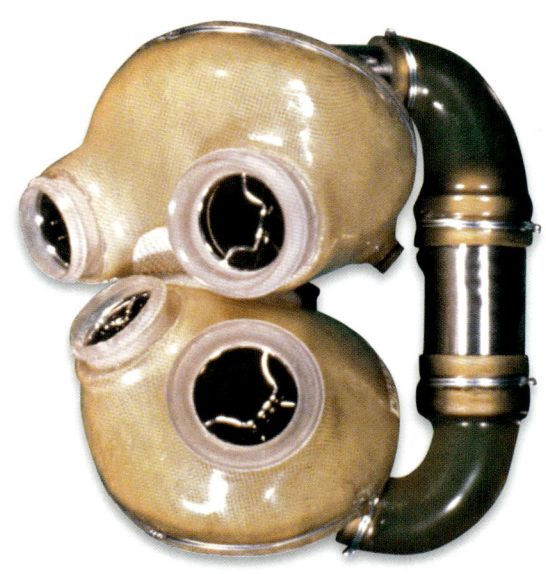

인공 심장은 혈액을 신체 내부에서 순환시키고 심장마비 등의 이유로 심장이 더 이상 효과적으로 움직이지 못하게 될 경우 심장을 대체하려고 고안되었다. 폴 윈첼(1922~2005)은 미국의 텔레비전 복화술사로, 인공 심장의 발명과는 거리가 먼 사람이었다.

한 캐스팅 파티에서 윈첼은 질식사고와 관련해 하임리히 구명법을 고안해 낸 의사 헨리 하임리히를 만나게 되었으며 수술실에서 하임리히가 수술하는 광경을 지켜본 후 어려운 심장 절개 수술을 수행하는 동안 혈액을 계속해서 펌프질 해줄 수 있는 인공 심장을 생각하게 되었다. 하임리히의 도움으로 윈첼은 인공 심장을 고안하여 첫 번째 시제품을 만들었으며 1956년 인공 심장으로 특허 신청을 했고, 1963년 특허를 취득하였다.

윈첼은 유타 대학교에 인공 심장 특허권을 기증하였고 로버트 자빅과 다른 사람들은 더욱 공을 들여 마침내 '자빅-7'을 개발하였다. 자빅은 흉부에 잘 맞도록 계란형의 모습으로 구성되었고, 신체에 더욱 적합한 폴리우레탄 재질을 사용하였다. 자빅-7에는 심실과 마찬가지로 혈액을 입구 밸브에서 출구 밸브까지 순환시킬 수 있는 두 개의 펌프가 위치하였다. 1982년 12월 2일 윌리엄 드브리시는 은퇴한 치과의사인 바니 클락에게 인공 심장을 최초로 이식하였고, 클락은 심장 이식 후 112일 동안 생명을 유지하였다.

인공 심장(좌심실 보조장치 라고도 함)은 심장마비 환자들에게 심장 기증자가 나타날 때까지 생명을 유지할 수 있도록 도와주는 다리 역할을 하고 있다. 크기가 작은 현대식 기구들은 예전의 인공 심장처럼 혈액을 저장해 둘 필요가 없는데 이는 혈액 순환 추진기로 계속해서 신체 내부의 혈액을 순환시킬 수 있게 되었기 때문이다. **JF**

참고: 인공 수족, 고관절 대치술, 능동 인공기관, 인공 피부, 인공 간

🅺 자빅-7은 1.8미터(6피트) 길이의 라이프라인으로 공급되는 압축 공기와 전기로 작동하였다.

"심장, 혈관의 판막과 심방들은
작은 인형의 움직이는 눈,
닫힐 수 있는 입과 다를 바가 없다."
폴 윈첼

# 발륨 (1963년)

스테른바흐가 불안, 걱정, 근심을 치료할 약을 발견하다.

1978년 발륨은 긴장, 근심, 불안 증상에 가장 많이 처방된 약이었다. 발륨은 1963년 미국 호프만-라 로슈社에 근무하던 폴란드 화학자 레오 H. 스테른바흐가 발견한 약으로, 바르비투르산염 과잉 복용 시 중독성과 독성을 야기시킨다는 사실이 밝혀짐에 따라 더욱 완벽한 약을 만들고 싶어 했다.

    스테른바흐는 20년 전 연구하다가 포기한 합성물질을 다시 연구하던 중 쥐들을 대상으로 Ro-5-0690을 임상 실험한 끝에, 최면성과 진정 작용이 있음을 발견했다. 호프만-라 로슈社가 리브리움이라고 이름 지은 이 약물은 벤조디아제핀(신경 안정제)류의 첫 번째 제품이 되었다. 벤조디아제핀은 뇌 내부의 정신 활동을 조절하는 망상 활성화 시스템(RAS)을 약화시킴으로서 작용한다. 1963년 스테른바흐는 리브리움 분자를 합성해 이전의 약보다 5배에서 10배 정도 강한 '발륨'이라

> "그녀는 은신처로 달려가네.
> 엄마의 작은 위안자에게로.
> 그리고 그것은 그녀를 도와주네."
>
> 롤링스톤즈, 노래 '엄마의 작은 위안', 1967년

는 약물을 개발했으며 불면증, 공황, 공포증 등을 치료할 때 사용했다.

    롤링스톤스의 노래 '엄마의 작은 위안'에는 가족의 요구사항에 지친 주부가 발륨을 복용하는 모습이 암시적으로 나타나 있다. 1979년 바바라 고든의 자서전인 『내가 할 수 있는 한 가장 빠르게 춤을 춘다』는 약물을 장기 복용했을 때 발생하는 신체의 약물 의존성과 발륨 복용을 갑자기 중단했을 시 나타나는 금단 증상을 알수 있도록 해주었다. 이러한 이유로 발륨은 2주 이하 복용치만 처방받을 수 있다. **JF**

참고: 마취, 용해성 알약, 아스피린, 헤로인, 아세트아미노펜, 테트라사이클린, 베타 차단제, 프로작

# 오디오 카세트 (1963년)

필립스社가 새로운 녹음 매체를 발표하다.

30년 후 등장하게 될 SMS 문자 메세지 서비스처럼 오디오 테이프 카세트(공식명칭은 컴팩트 카세트)는 기존의 발명 목적 외 다른 목적으로 기대치 않은 성공을 거둔 발명품이다. 카세트(작은 박스라는 뜻의 프랑스어)는 오디오 저장 매체로, 필립스社는 카세트가 하이파이(Hi-fi) 음악 시장에서 성공할 확률이 거의 없다고 판단하였다. 사실 카세트는 주로 구술녹음 장치와 저렴한 휴대용 녹음기에 사용하려고 고안된 것이었다.

    1963년에 출시된 카세트는 그 후 10년간 천천히 명실상부한 발명품으로 자리잡았다. 카세트가 성공한 가장 큰 이유는 필립스社가 기술을 무료로 쓸 수 있도록 허용했기 때문이다. 초기 카세트 카트리지 안에 사용된 테이프는 얇고 질이 좋지 않았으며 표준 오픈 릴식 테이프 넓이의 절반 정도 크기였다. 카세트는 양면 사용이 가능하므로(양면에 녹음 또는 재생을 할 수 있

> "1980년대 중반, 오디오 카세트라고
> 불리는 매체에 의한 음악 네트워크(연계성)
> 는 최고조에 이르렀다."
>
> 버트 매튜즈, 날카로운 돌을 만드는 장인

도록 고안됨) 각 면의 녹음 분은 1/16인치 안에 들어갈 수 있도록 압착되어야 했기 때문에 고 주파수를 포착하는 데 적합하지 않았다.

    돌비 소음 감소 및 고급 크롬 이산화물 테이프가 최상의 녹음을 가능하게 했음에도 불구하고, 컴팩트 카세트는 하이파이 애호가들에게 많은 사랑을 받지 못했다. 그럼에도 불구하고 1990년대 중반까지 카세트는 중요한 포맷이었으며 지역에 따라서는 레코드판 보다 더욱 인기 있는 포맷이었다. **TB**

참고: 비닐 축음기 음반, 오디오 테이프 녹음, 디지털 오디오테이프, 미니디스크

# 라바 램프

## (1963년)

워커가 전후 세대를 위한 매혹적인 램프를 고안하다.

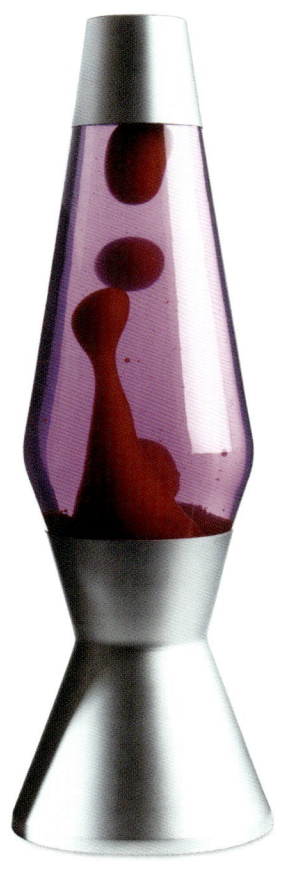

영국인 에드워드 크라븐 워커(1918~2000)는 바에서 술을 마시다가 라바 램프에 대한 아이디어를 떠올렸다. 칵테일 쉐이커와 깡통으로 만든 가정용 램프를 바라보던 중, 워커는 서로 혼합되지 않은 다른 밀도의 유체가 담긴 유리병의 시장 잠재력을 깨닫게 되었다. 집으로 돌아온 그는 물 혼합물, 반투명한 왁스, 사염화탄소를 포함한 유리병 내용물에 백열전구로 열을 가하는 새로운 램프를 만들기 시작했다. 램프 안의 왁스는 열을 내면서 녹았으며 병 안에서 수위가 상승해 왁스는 꼭대기에 다다르면 냉각되어 다시 바닥으로 하강하였다. 용해된 왁스는 어떠한 온도에서도 물위에 떠올랐다.

워커는 크레츠워스社를 설립하여 1963년 '천체' 램프라 불리는 제품군을 출시하였다. 램프를 시연하려고 영국의 소매업자를 초대하였지만 그들은 워커의 램프에 관심을 보이지 않았다. 그러나 워커는 브뤼셀 무역 박람회에 자신의 제품을 출시했으며 그 박람회에서 램프에 관심을 보인 미국인 기업가 아돌프 웨데이머를 만났다. 웨데이머와 그의 사업 파트너인 하이 스펙터社는 라바 램프의 미국 판권을 구매한 후 공동 출자 회사인 라바 심플렉스 인터네셔널社를 통해 라바 램프를 제조하기 시작했다. 그들이 제조한 램프는 '라바 라이트'라로 불렸다.

라바 심플렉스 인터네셔널社는 다양한 모양의 유리병을 사용하여 라바 램프를 개발하였고 램프에 밝은 색상을 입혔다. 라바 라이트는 1960년대 환상적 소품의 기본 아이템이 되면서 엄청난 성공을 거두었다. **SC**

"라바 브랜드 모션 램프는
미국 소비자들을
붙들지 못했다."

제임스 P. 밀러, '시카고 트리뷴'

참고: 아르강 램프, 아크등, 형광등, 앵글포이즈 램프, 할로겐 램프

◪ 라바 램프의 색상 방울이 올라가고 내려가는 것을 지켜보는 것은 히피족들의 즐거움이었다.

# CAD
## (1963년)

서덜랜드가 혁명적인 도구 개발에 도움을 주다.

마이크로칩의 기술 진보로 컴퓨터로 제품이나 빌딩 설계도를 정밀하게 제작하는 것이 가능해졌다. CAD (Computer Aided Design)는 거의 모든 산업의 디자인 과정을 완전히 변화시켜 제품 디자인의 계획, 수정, 최적화를 더욱 쉽고 간편하게 할 수 있도록 해주었다.

패트릭 한라티 박사가 프론토라고 불린 시스템 설계를 도와주던 해인 1950년대 후반 CAD 시스템의 초기 개발이 시작되었다. 프론토는 수치 프로그래밍 도구와 DAC(Design Automated by Computer)시스템을 선도한 최초의 시스템으로, 사용자와의 상호작용을 허용한 최초의 컴퓨터 그래픽 패키지 CAD 시스템 개발 착수에 도움이 되었다.

1963년 이반 서덜랜드(1938년 출생)가 스케치패드를 공개하면서 컴퓨터 그래픽 프로그램은 전환기를 맞이하였다. 미국 매사추세츠 공과 대학교에서 개발한 최초의 컴퓨터 프로그램인 스케치패드를 사용하면 사용자가 컴퓨터 화면에 '가벼운 펜'으로 그림을 그릴 수 있었다. 또한 그려진 사물을 편집, 확대하고 컴퓨터 메모리에 저장하는 것을 가능하게 해주었다.

서덜랜드의 시스템은 수많은 CAD 시스템 중 최초라고 할 수 있으며 CAD 산업 발전의 시발점이었다. 1960년대 말경 최초의 대규모 상업적 응용프로그램 개발이 어느 정도 진척되기 시작하였다. CAD 시스템 기술은 컴퓨터 성능의 향상과 더불어 계속해서 발전하였으며 1980년대 산업 표준인 '오토캐드'가 출시되었고 곧이어 3D 디자인 소프트웨어인 파라솔리드와 ACIS가 출시되었다. 파라솔리드와 ACIS는 오늘날에도 여전히 사용되고 있다. **SR**

# 이산화탄소 레이저
## (1964년)

파텔이 특수 광원을 제작하다.

이산화탄소 레이저는 가장 유용한 다용도 레이저로, 1964년 쿠마 파텔(1938년 출생)이 미국 뉴저지 주 벨 연구소에서 근무하던 중 발명하였다.

이산화탄소 레이저는 9와 11마이크로미터 사이의 파장으로 적외선을 발산하며 이산화탄소 레이저의 능동 매질은 이산화탄소, 니트로겐, 헬륨의 혼합체이다. 전류에 의해 진동이 생긴 니트로겐 분자는 전자 방출로 에너지를 잃을 수 없기 때문에 차례대로 이산화탄소 분자를 자극하여 레이저 빛을 만들어낸다. 헬륨은 두 가지 역할을 수행하는데, 첫 번째로는 전기 방전으로 발생한 가스 열의 이전을 돕는 역할을 하며, 두 번째로는 이산화탄소 분자가 여기 상태 후 기저 상태로 되돌아오게 하는 역할을 맡는다. 일반적으로 한 쪽 끝은 금속의 반사 미러이고 다른 한 쪽 끝은 코팅된 셀렌화 아연

> "원자가 나방과 같이
> 더 높은 레이저 강도를
> 찾게 되다."
> 스티븐 추, 물리학자

의 일부 전송용 미러로 구성된 밀폐 상자에 능동 매질이 포함된다.

파텔은 자신이 개발한 장치의 수많은 용도를 발견한 결과 이산화탄소 레이저는 어떤 형태의 레이저보다 더욱 실용적으로 응용되고 있다. 고해상도와 포화 흡수 분광을 개선하였으며 레이저 유발 융합과 비선형광학에 기여한 이산화탄소 레이저는 광 펌핑에도 사용되어 새로운 레이저를 만들고 있다. **BO**

---

참고: 디지털 전자 컴퓨터, 컴퓨터 보조교육, CAM, 3D 컴퓨터 그래픽

참고: 레이저, 레이저 유도 폭탄, 라식 수술, 원자 레이저, 레이저 트랙 앤 트레이스 시스템

# 8트랙 오디오테이프 (1964년)

리어가 자동차용 오락기기를 위한 새로운 오디오 포맷을 소개하다.

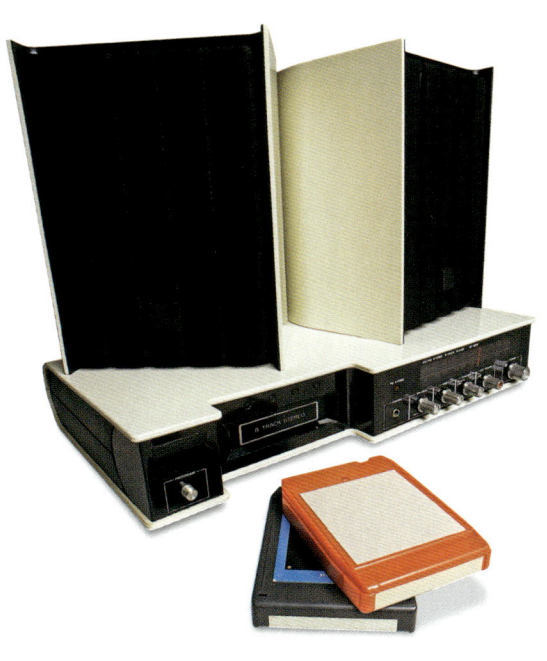

8트랙 카트리지(혹은 '스테레오 8')는 리어젯 주식회사의 빌 리어(1902~1978)가 이끈 미국 비즈니스 컨소시엄이 개발한 것이다. 그들의 목적은 차 안에서 사용할 수 있는 편리한 자기 테이프 재생 시스템을 만드는 것이었다.

8트랙 카트리지는 초당 3.75인치(9.5센티미터)로 재생되는 1/4인치(0.6센티미터) 길이의 줄 테이프를 포함하였다. 하나의 테이프에 4쌍의 스테레오 트랙을 저장할 수 있었기 때문에 8트랙 카트리지라고 불렸으며 기계적으로 재생 헤드의 높이를 변경하여 듣고자 하는 음악 부분을 조정하는 방식으로 트랙 사이의 전환이 자동적으로 이루어졌다.

작은 패키지로 더 많은 음악을 재생할 수 있어 릴 투릴 방식보다 뛰어났지만, 8트랙 오디오테이프는 4쌍의 스테레오 트랙이 1/4인치 테이프 안에 압축되었기 때문에 음질이 좋지 않았으며 더군다나 테이프를 되감는 것이 불가능했다. 하지만 8트랙 오디오테이프에는 이보다 더 큰 문제가 있었다. LP(long player)는 레코드의 각 면당 하나씩, 두 개의 서로 다른 음악 프로그램으로 구성되어 발매된다. 반면 8트랙 테이프로 음악 프로그램을 구성하려면 음악이 각 테이프 면당 네 개의 서로 다른 프로그램으로 분할되어야 했으므로 경우에 따라서는 앨범 트랙 목록이 테이프 길이에 맞도록 재구성되어야 했다. 또한 헤드를 재조정할 때나 음악 프로그램의 끝과 시작 부분에는 음악이 흐르지 않는 침묵 구간이 존재하게 된다.

이러한 단점에도 불구하고 스테레오 8은 최초의 자동차용 음악 포맷으로 인기를 얻었으며, 또한 1970년대 대부분의 주류 앨범이 8트랙 카트리지로 출시되는 데 많은 기여를 했다. **TB**

> "플레이어가 장례식 리무진뿐만 아니라 동력보트와 비행기에도 설치되고 있다."
>
> '타임 매거진', 1966년 8월 5일

⬆ 1980년대 초반까지 8트랙 스테레오 시스템은 매우 탐나는 제품이었다.

➡ 테이프의 덩치에 비해 저장 공간이 작다는 문제가 있었지만 자동차에는 8트랙 플레이어가 장착되었다.

**참고:** 멀티 트랙 오디오 녹음, 오디오 테이프 카세트, 디지털 오디오테이프(DAT)

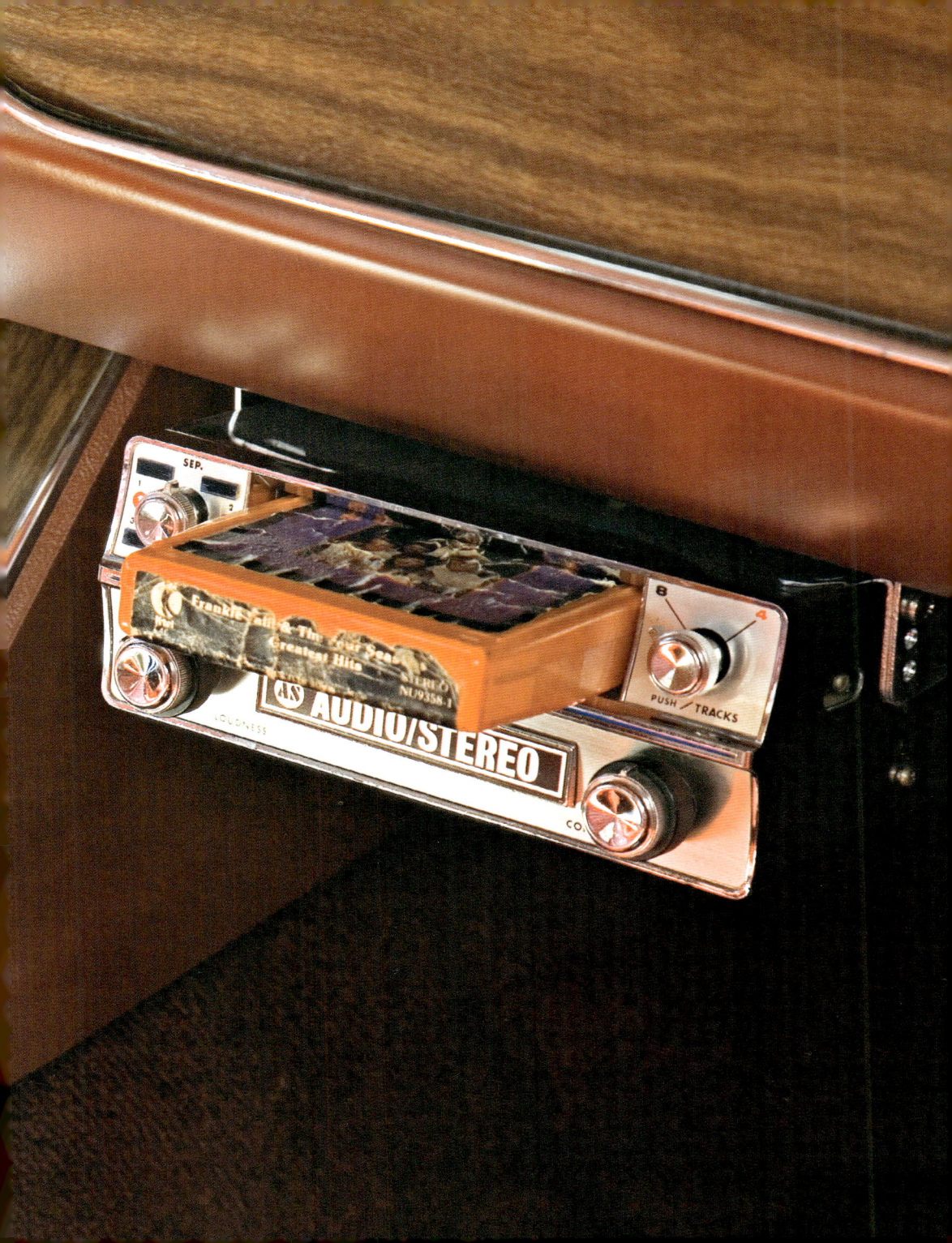

# 정지궤도 통신위성 (1964년)

휴즈 에어크래프트社가 대륙 간 전화 통화를 용이하게 해주다.

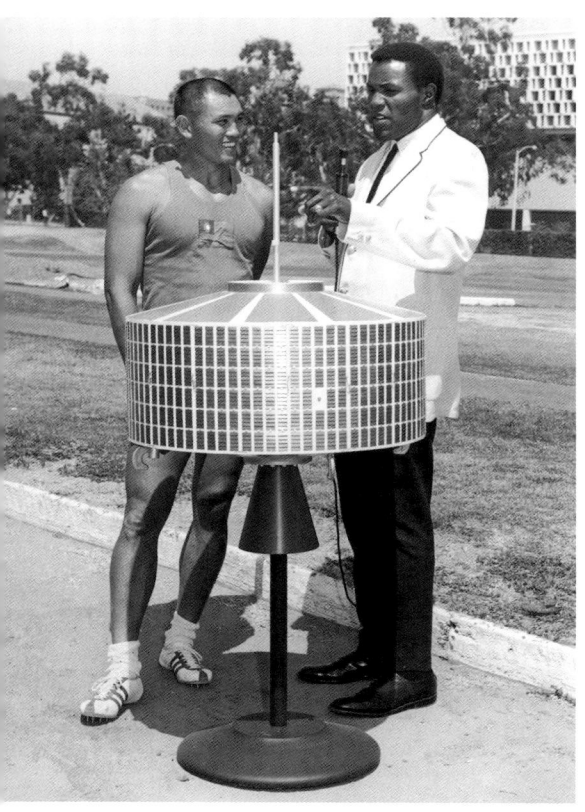

> "결국에는
> 가장 그럴듯한 예언이란
> 우스꽝스러운 것이다."
>
> 아서 C. 클락, 소설가 겸 기고가

1945년 영국 소설가 아서 C. 클락은 '지구 밖 릴레이'라는 제목의 기사에서 궤도 선회 인공위성이 정보를 중계하여 지구의 한 지역이 실시간으로 다른 지역과 교신할 수 있는 방법을 기술하였다. 러시아 과학자 콘스탄틴 치올코브스키가 클락보다 이 아이디어를 먼저 생각해냈지만, 클락이 아이디어를 더 자세하게 설명해놓았기 때문에 휴즈 에어크래프트社의 하롤드 로젠의 관심을 받을 수 있었다. 그리하여 1961년 자금 지원으로 '신콤 프로젝트'가 시작되었다.

그로부터 17개월 후 신콤 1호 위성이 발사됐으나 궤도 진입 전 신호 전송이 중단되었다. 그 뒤를 이어 1963년에 발사된 신콤 2호는 정지 위성 궤도에 진입하였지만 경사진 각도로 이동하였기에 특정 지점 상공에 정지해 있지는 못했다. 그럼에도 불구하고 신콤 II는 미국 케네디 대통령과 나이지리아 국무총리인 아부바카 발레 간 양방향 위성 전화를 가능하게 해주었다. 1964년에 발사된 신콤 3호는 정지 위성 궤도에 제대로 진입하였으며 도쿄 올림픽 게임 생방송을 북미와 유럽에 중계하였다.

위성 제작은 오늘날 전 세계적인 움직임이기 때문에 정지 위성 궤도에 인공위성을 위치시키는 것은 단순히 우주선을 발사한다고 가능한 일이 아니다. 인공 위성은 정지 위성 궤도에서 지구와 같은 속도로 움직이지만 적도 상공 2만 2,300마일(3만 5,800킬로미터) 지점에 위치해야 한다. 또한 서로 간격을 두고 떨어져 있어야 하기 때문에 정지 위성 궤도에서의 인공 위성 숫자는 자연스럽게 제한될 수밖에 없다. 정지궤도 통신 위성을 보유하고자 하는 국가들은 국제적 할당 메커니즘에 의해 위성의 위치를 배정받는다. **JM**

↑ 1964년 올림픽 출전 선수인 래퍼 존슨(우측, 미국)과 C.K 창(중국)이 신콤 3호에 관하여 이야기하고 있다.

➡ 신콤이 발사된 이후, 수많은 위성이 지구 밖 정지 궤도에 자리잡았다.

**참고:** GPS, 위성 라디오 방송

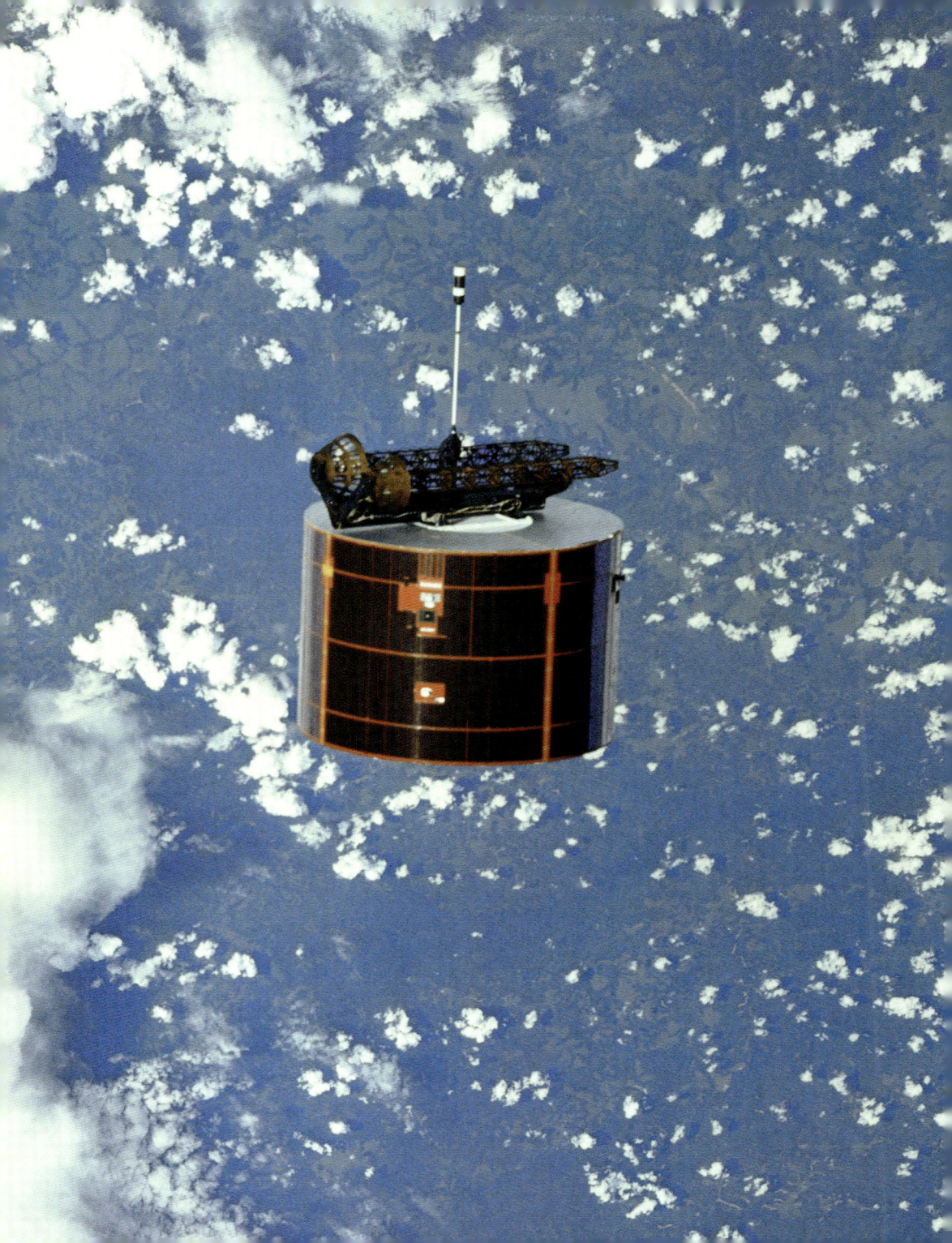

# 아스트로터프 (1964년)

파리아와 라이트가 유지가 쉬운 잔디 대체품을 발명하다.

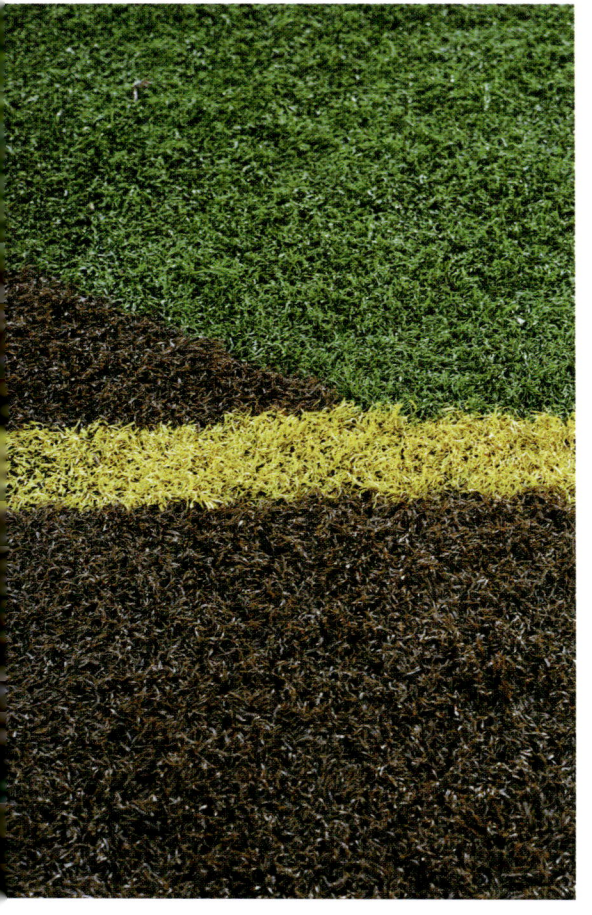

제임스 파리아와 로버트 라이트는 아스트로터프를 발명했을 당시 미국 몬산토社의 연구원이었다. 원래 챔 그라스라고 불렸던 이 인공 잔디는 1964년 로드 아일랜드의 프로방스에 위치한 모세스 브라운 스쿨에 최초로 설치되었다. 몬산토社는 이 인공 잔디를 1966년 휴스턴 아스트로돔 경기장에 설치한 후부터 아스트로터프라는 이름을 사용하였다. 1967년 인공 잔디는 특허로 등록되었다.

아스트로터프는 실제 잔디보다 딱딱해 선수들에게 심각한 부상을 야기시켰다. 이러한 문제로 인해 1980년대 아스트로터프를 채택했던 영국 리그 축구 팀들은 다시 자연 잔디를 사용하였다. 최근에 개발된 인공 잔디는 이러한 문제점을 대부분 해결했으며 모래나 고무를 채우고 나일론 섬유를 사용하여 원래의 잔디만큼 안전하게 만들었다.

3세대 제품이라 불리는 아스트로터프의 가장 최신 버전은 잔디를 닮은 초록색 폴리에틸렌 잎으로 이루어져 있으며, 적은 양의 검정색 고무를 혼합하여 표면이 매우 탄력적이다. 고무 조각 때문에 선수들 발 주변에는 탄성력을 발생시키지만 3세대 아스트로터프 위에서 하는 경기는 잔디에서 경기하는 것과 거의 차이가 없다.

아스트로터프는 전 세계 경기장 바닥의 유지보수 방법을 변형시켰다. 자연 잔디와 달리 인공 잔디는 물을 줄 필요가 없고, 뜨거운 기후에 적합하며, 잔디를 깎을 필요도 없다. 또한 야구처럼 야외에서만 가능했던 많은 스포츠가 인공 잔디 덕분에 실내 경기장에서도 가능하게 되었다. **SC**

"나는 잔디보다 아스트로터프를 선호하는지도 모른다. 나는 아스트로터프에서 절대 담배를 피우지 않는다."

조 나마스, 미식 축구 쿼터백

**참고: 철근 콘크리트**

K 녹색과 갈색 폴리에틸렌으로 만들어진 아스트로터프에 노란색 마커 페인트가 칠해져 있다.

# 플라즈마 스크린 (1964년)

세 명의 미국인이 매우 큰 화면을 만들다.

플라즈마 스크린은 1964년 일리노이 대학교의 도날드 비치, 진 슬로토우, 로버트 윌슨이 발명하였다. 플라즈마 스크린은 스크린 내 코팅된 인 원자를 유리관 내 전자총으로 자극하여 빛을 내는 기존 텔레비전 수상기의 대체품이었다. 일반 텔레비전 수상기는 전자총과 전자관을 사용했으므로 부피가 클 수밖에 없었다.

플라즈마 스크린은 일반 텔레비전 수상기와는 다른 기술을 사용한다. 스크린의 바로 뒷부분은 전극과 함께 크세논과 네온 가스를 포함한 수십만 개의 매우 작은 전지로 이루어져 있으며 전극을 통해 전하는 가스를 플라즈마로 잠시 변경시킬 수 있다. 플라즈마는 빛을 내는 이온화 가스로, 오로라나 플라즈마 볼의 덩굴손 형체는 이와 동일한 물리학 현상으로 인해 발생한다.

텔레비전과 달리 플라즈마 스크린은 깜박이는 현

> "새로운 150인치 짜리 플라즈마
> 스크린으로 올림픽을 시청하는 모습을
> 상상해 본 적이 있나요?"
>
> 사카모토 토시히로, 파나소닉 회장

상이 발생하지 않기 때문에 사람들은 오랫동안 컴퓨터를 사용해도 두통과 눈의 피로를 덜 느끼게 된다. 그러나 플라즈마 스크린의 가장 큰 장점은 전자총과 전자관이 필요 없어 액정 장치가 벽에 걸 수 있을 만큼 충분히 얇고 가볍다는 것이다.

진정한 텔레비전 애호가를 위한 150인치(380센티미터) 플라즈마 스크린이 시장에 출시되었지만 원활한 시청을 위해서는 방 길이가 적어도 30피트(9미터)여야 한다. **DHk**

**참고:** 변압기, 텔레비전, 컬러 텔레비전, 케이블 텔레비전, 텔레비전 리모컨

# SQUID (1964년)

자클레빅, 람베, 실버가 자력을 측정하다.

SQUID(초전도 광자 간섭계)는 두 개의 조지프슨 접합체인 매우 얇은 절연막으로 분리된 두 개의 초전도체로 이루어진다. 전압이 적용되면 절연막을 통해 고주파에서 전류가 진동하기 시작하며 전류는 주변 자기장에 영향을 받게 된다. 이 과정에서 SQUID의 전기 저항이 변하면서 매우 작고 약한 자기장을 측정하는 데 사용된다.

조지프슨 접합체가 최초로 만들어진 지 1년 후인 1964년 로버트 자클레빅, 존 람베, 아놀드 실버, 제임스 메르스로가 직류 SQUID를 발명하였다. 최초 모델은 액화 헬륨의 끓는점인 섭씨 영하 269도에서만 작동했다. 1987년 이보다 더욱 높은 온도의 초전도 세라믹을 발견하여 SQUID가 액체 질소의 끓는점인 섭씨 영하 196도에서 작동하도록 만들 수 있었다.

SQUID는 냉장고 부착용 자석이 발생시키는 자기

> "과학은 자연의 궁극적 미스터리를
> 해결할 수 없다. 왜냐하면 우리 자신이
> 자연의 일부이기 때문이다."
>
> 막스 플랑크, 물리학자

장보다 천억 배가 약한 자기장을 쉽사리 정량화할 수 있으며 뇌, 근육, 신경에서 만들어낸 자기장을 측정할 수 있다. 또한 금속을 포함한 구조를 시험하는 역할을 수행하며 비자연적인 사물들의 자기 환경에 영향을 미치기 때문에 SQUID는 민감한 군 감시 업무 및 공항 보안에 직접적으로 사용될 수 있다. **DH**

**참고:** 자기측정계, 뇌파계(electroencephalograph)

# 돌비 노이즈 감쇄

## (1965년)

**돌비가 테이프 녹음 시 발생하는 잡음을 제거하다.**

20세기 후반 자기 테이프는 대부분의 오디오 녹음 제작에 사용되었지만 언제나 일부 배경 잡음이 함께 녹음되는 문제점이 있었다. 이러한 테이프 히스 혹은 백색 소음은 깨끗한 음질의 음원에 있어 가장 거슬리는 부분이었다.

1965년 전기 기사인 레이 돌비(1933년 출생) 박사는 최초로 자기 테이프 잡음 감소 시스템을 제안하였다. 이 시스템은 소리를 압축한 후 확장시키는 방법으로 소리 품질에 영향을 주지 않도록 히스 레벨을 감소시켰다. 녹음 중 인코딩 회로를 녹음 소스와 테이프 녹음기 사이에 삽입하여 녹음의 다이나믹레인지를 압축했으며 재생 중 디코딩 회로를 테이프 녹음기와 재생증폭기 사이에 삽입해 다이나믹레인지를 확장시켰다. 이렇게 하면 음의 스펙트럼에서 조용한 음성이 차지하는

> "염원을 가지고 시작한 개발은
> 개발자가 원했던 것을
> 이루어준다."
>
> 레이 돌비 박사

비중이 더 커지고 테이프 히스를 발생시키는 더 높은 주파수가 차단되어 화이트 노이즈가 감소했다.

돌비의 최초 시스템인 돌비 A는 전문 녹음 시장에서 널리 채택되었다. 현실을 단순화시켜 특정 부분만 강조하는 로우 피델리티 필립스 카세트가 릴투릴 방식의 장치를 교체했을 무렵, 돌비는 더욱 단순한 버전을 제작하여 카세트 녹음기 제조사들에게 라이센스를 제공하였다. **TB**

참고: 확성기, 스테레오 음향, 서라운드 음향

# 접이식 유모차

## (1965년)

**맥클라렌이 젊은 부모들의 삶을 더욱 편리하게 해주다.**

빅토리아 시대부터 1960년대까지 엄마들은 크고 무거운 유모차에 맞서 고군분투하였다. 오늘날 유모차는 모든 부모들의 아기 용품 목록 중 최상위에 위치하는 품목이다. 부모들은 한 손으로 운반할 수 있는 접이식 유모차의 실용성을 인정하는 한편 촌스럽고 불편한 구식 스타일 유모차를 사용하고 싶어하지 않는다.

접이식 유모차의 발명가는 뜻밖에도 은퇴한 테스트 파일럿인 오웬 맥클라렌(1907~1978)이었다. 그는 이전에 스피트파이어 에어크래프트社에서 착륙 장치와 보호 덮개를 고안하였다. 유모차와 관련이 없던 그가 유모차를 개발한 것이 약간 이상해 보일 수 있지만, 항공학적 지식과 경험은 유모차를 튼튼하고 가볍게 만드는 데 많은 도움을 주었다.

자신의 손녀보다도 가벼운, 6.5파운드(3킬로그램)정도 무게였던 맥클라렌의 최초 모델은 약 10달러(7파운드)의 가격으로 판매되었다. 그의 유모차는 알루미늄 프레임으로 구성되었고 한 손으로 접을 수 있었다. 한 손으로 접는 기능은 부모들이 유모차를 접는 동안 아이들을 관리할 수 있도록 해준 중요한 디자인이었다. 맥클라렌은 1965년 특허를 취득한 후 영국 노트햄프턴셔의 본인 집에서 유모차를 제조하기 시작했다. 1976년경 그는 매년 오십 만개 이상의 유모차를 판매했는데, 해외 판매가 대부분을 차지하였다.

맥클라렌은 유모차를 포함하여 운송 수단 및 항공 공학 디자인에 대한 업적을 인정받아 대영제국의 MBE(Member of the British Empire) 자격을 얻게 얻게 되었다. **HB**

참고: 의자, 카트, 유모차, 접이식 휠체어

▣ 맥클라렌의 미국 특허 서류에 표시되어 있는 업데이트된 유모차 도안(1987).

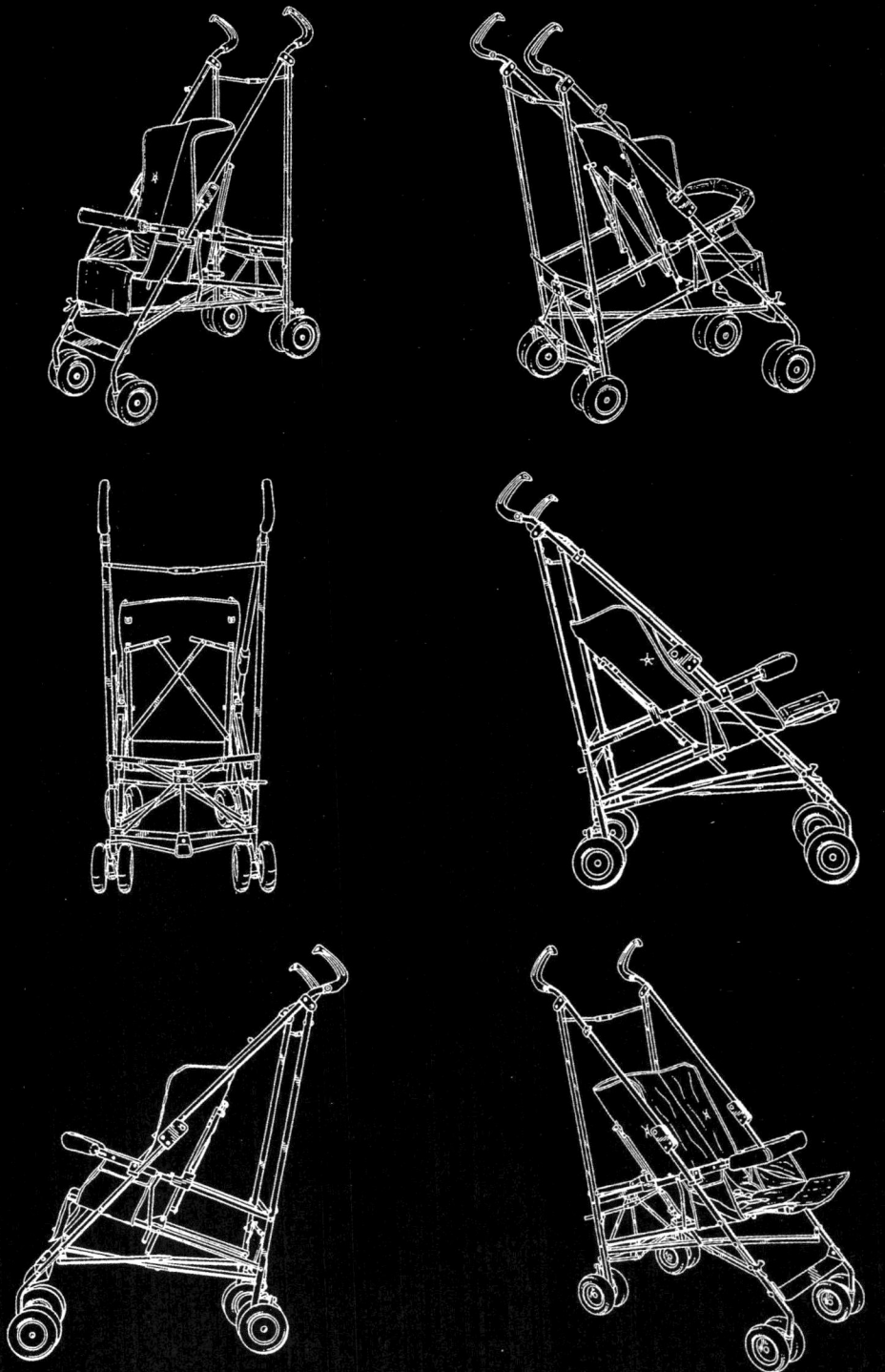

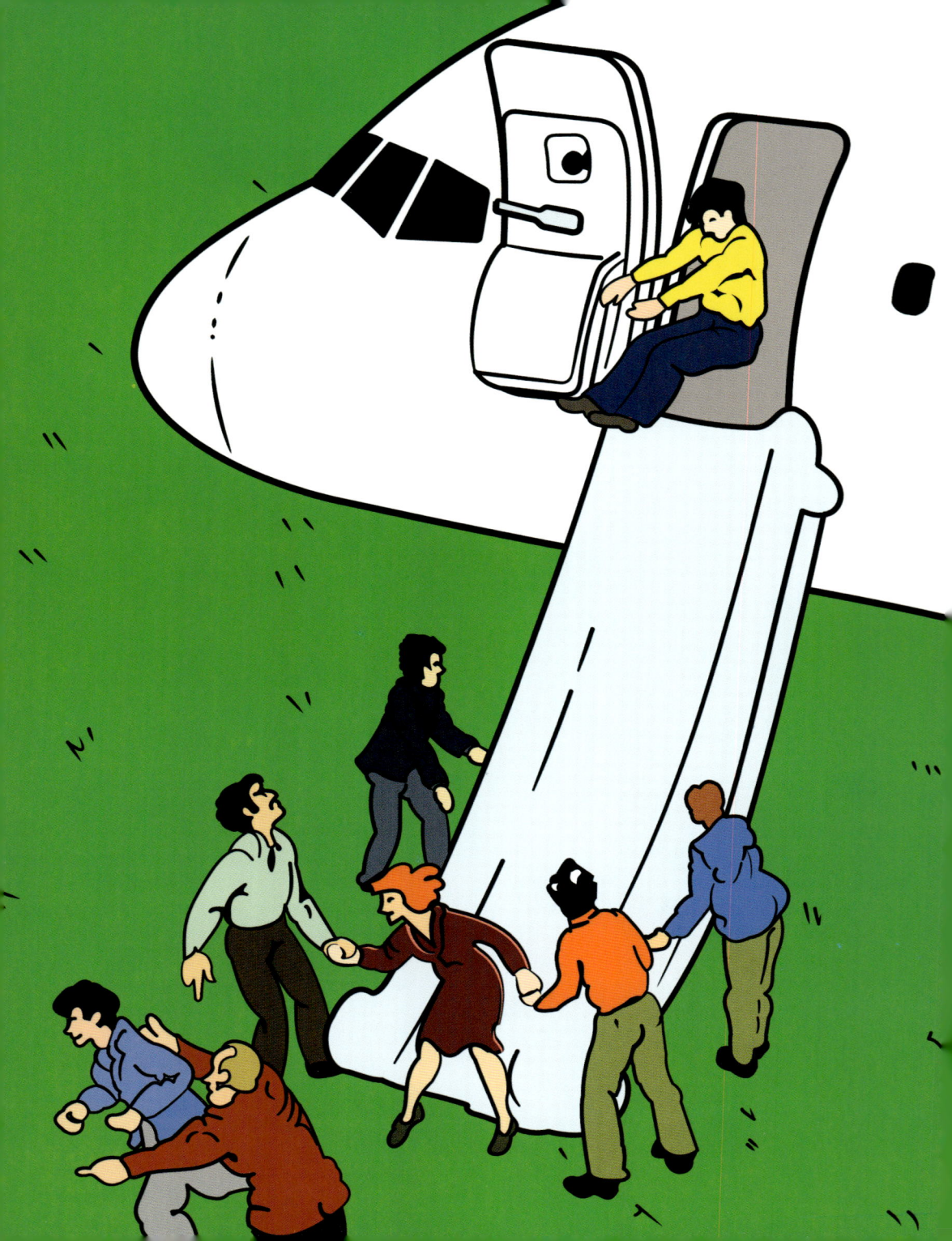

# 비행기 비상 탈출 슬라이드
## (1965년)

그란트가 비행기에서의 비상 탈출 속도를 향상시키다.

탈출구는 비행기가 추돌할 경우에 대비하여 곳곳에 위치하여야 한다. 항공관리국 규정에 따르면 어둡고 출구의 반이 막힌 조건하에서 승객들이 탈출구로 90초 이내 완전하게 피신할 수 있어야 한다고 명시 되어 있다.

1965년 콴타스 항공사의 안전 감독관으로 근무하던 잭 그란트는 바다에 비행기가 불시착 할 경우 비상 뗏목으로 사용할 수 있는 팽창형 탈출 슬라이드를 발명했다. 그의 고안품은 호주 시드니에서 성공적으로 테스트되었는데, 1960년대 항공 관리국은 이 팽창형 슬라이드가 온화한 날씨에서 25초 안에 펼쳐져야 한다고 요구하였다. 이 슬라이드는 이러한 요구사항을 충족시켰는데, 비행기 문 안쪽이나 비상용 출구 창문 아래에 위치시킬 수 있을 만큼 작고 가벼웠다.

비상시에는 슬라이드 메커니즘이 작동하여 슬라

---

> "탈출 슬라이드를 발명하는 것은
> 작은 핀의 머리 부분에서 합판의 균형을
> 맞추려고 시도하는 것과 같다."
>
> 마크 로버트슨, 엔지니어

---

이드가 출입문 밖으로 방출된 후 부풀어오르기 시작하는데, 초기에는 실린더로부터 압축 이산화탄소와 니트로겐 가스가 슬라이드에 주입된다. 약 1/3 크기만큼 슬라이드로 부풀어오르면 그 후 흡입기가 주변의 공기를 빨아들여 슬라이드를 끝까지 팽창시킨다. **RB**

**참고:** 낙하산, 배낭 낙하산, 3점 좌석벨트, 충돌 테스트 마네킹, 에어백

◄ 항공사 승객들을 위한 안전 지시 안내서에 나와 있는 비상 탈출 슬라이드의 이용법.

# 풍진 백신
## (1965년)

메이어와 파크맨이 새로운 백신을 실험하다.

1814년 독일 연구원들이 최초로 풍진이라는 명칭을 사용하였다. 후에 풍진을 의미하는 단어가 'rubella'로 바뀌었는데, 이 단어는 '불그스름한'이라는 뜻을 지닌 라틴어(rubellus)에서 파생되었다. 풍진(rubella)은 호흡기를 통해 사람 간에 전염되는 단일나선 RNA(single-stranded RNA) 바이러스이다. 대개는 약간의 발진으로 림프절이 붓거나 미열이 발생하는 가벼운 증상을 일으키지만, 임신한 여성의 경우 이와는 차원이 다른 문제를 겪게 된다. 태아가 선천성 풍진증후군으로 귀머거리, 정신지체, 심장결함, 간 및 비장의 질병들이 발생할 수 있기 때문이다.

1963년부터 1964년 사이 미국에서 3만 명의 아기들이 풍진 전염병 때문에 영구 장애인으로 태어났다. 이로 인해 국립보건원이 설립되었으며 백신을 찾으려는 캠페인이 시작되었다. 소아과 전문의인 해리 마틴 메이어(1928~2001)와 폴 파크만(1932년 출생)은 풍진 바이러스를 분리한 후 풍진 백신을 최초로 개발했는데, 아프리카 녹색 원숭이에게서 채취한 신장 세포에 바이러스를 배양하였다. 그로부터 2년 후 마침내 77번째 바이러스 배양물을 얻게 되었으며 HPV-77이라고 부른 이 배양물을 붉은털 원숭이에게 접종하였다. 접종된 원숭이는 풍진 증상을 보이지 않은 반면 백신을 맞지 않은 대조군의 원숭이들은 풍진에 감염되었다. 1965년 메이어와 파크만은 여성과 아이를 대상으로 임상 실험을 실시하였다. 임상 실험 결과 백신을 접종한 사람들에게는 항체가 만들어져 풍진 바이러스에 전염되지 않았다.

후에 풍진 백신은 볼거리, 홍역, 풍진에 사용할 수 있는 MMR 백신으로 개선되었다. **JF**

**참고:** 예방접종, 종두, 콜레라 백신, BCG 백신, 광견병 백신, 소아마비 백신

# 케블라
## (1965년)

렉이 매우 강력한 합성 섬유를 발견하다.

밀도가 섬유 유리의 절반 정도이고 강철보다 5배나 강력한 섬유인 케블라는 현재 세계적으로 널리 사용되고 있다. 케블라는 방탄 조끼로 제작되어 수천만 명의 생명을 구해냈다.

미국의 화학자 스테파니 퀴렉(1923년 출생)은 1946년 카네기 공과 대학을 졸업한 후 듀퐁社에 입사하여 고성능 화학물질을 연구하였으며 고분자 연구를 통해 성공적인 발견을 이룩하였다. 28개의 미국 특허권을 보유한 퀴렉은 낮은 온도의 고분자를 전문적으로 개발하였으며 1960년대 액정형 결정 고분자라고 하는 새로운 고분자 그룹을 발견하였다.

1965년 케블라 섬유의 발명은 고분자 합성 과정 중에 만들어진 화학 물질에 대한 관심으로부터 시작되었다. 이러한 물질은 물과 열에 매우 민감하며 쉽사리 가수분해되어 스스로 중합되었다. 퀴렉은 저온에서 이러한 화학물질이 흐릿한 액체인 아라미드 고분자를 생성한다는 사실을 알아냈다. 퀴렉의 연구 팀은 이 화학물질로 실을 뽑아 이전에 제작되었던 것보다 훨씬 딱딱하고 강력한 섬유를 제작하였다.

듀퐁社의 연구실에서 케블라 섬유의 상업적 활용처를 연구한 결과, 케블라는 여러 중요한 용도로 쓰이게 되었다. 석면 브레이크 패드 대체품, 경주용 보트의 돛과 로프, 대부분의 광섬유 케이블, 우주선 표면, 레디얼 타이어, 현수교 케이블 등이 케블라로 만들어진다. 또한 케블라는 군인과 경찰의 방탄 조끼 원료로 널리 사용되고 있다. 한 의류회사는 심지어 케블라를 혼합하여 아이들 교복을 제작하고 있다. **LC**

참고: 의류, 신발, 헬멧

# 강화 외골격
## (1965년)

제너럴 일렉트릭社가 매우 강력한 입는 로봇을 제작하다.

강화 외골격은 생명 모방 기술의 좋은 예제로, 로버트 A. 헤인레인의 1959년 소설『스타쉽 트루퍼스』는 강화된 갑옷을 입은 전사들을 묘사하고 있다. 이 아이디어는 강력한 갑옷을 착용한 영웅 이야기인 만화『아이언맨』의 소재로 다시 사용되었다. 강화된 갑옷이 대중들의 관심을 끌게 되면서 제너럴 일렉트릭社는 강화 외골격을 개발하는 작업에 착수하였다. 1965년경 제너럴 일렉트릭社는 최초의 강화 외골격인 '하디맨'을 제작하였다.

강화 외골격 장치의 기본은 착용자의 자연스러운 근육 움직임에 반응하는 로봇을 제작하는 것이었다. 하디맨은 무게가 자동차만큼 나갔지만 '제2의 피부'처럼 행동하도록 디자인되었으며 1,500파운드(680킬로그램)를 들어올리도록 설계된 3/4톤의 괴물이었다. 안타

> "당신은 생각할 필요가 없다.
> 그냥 입고 근육을 사용하여 직접적으로
> 조종하면 된다."
>
> 로버트 A. 하인라인, 소설가

깝게 하디맨은 제대로 작동하지 못했다. 작동 시 움직임을 제어할 수 없어 도저히 사람이 안에 들어가 조종하는 것은 불가능했다. 이 프로젝트로 달성한 것이라고는 한 손으로 750파운드(340킬로그램)를 들어올린 것뿐이었다. 내부의 인간이 다치지 않고 조종할 수 있는 의복형 로봇을 만드는 것은 현실적으로 아직은 불가능하다. **SB**

참고: 사슬 갑옷, 군 위장복, 능동 인공기관, 세그웨이 PT

▣ 오퍼레이터가 확실하게 작동되는 하디맨의 거대한 팔을 시연하고 있다.

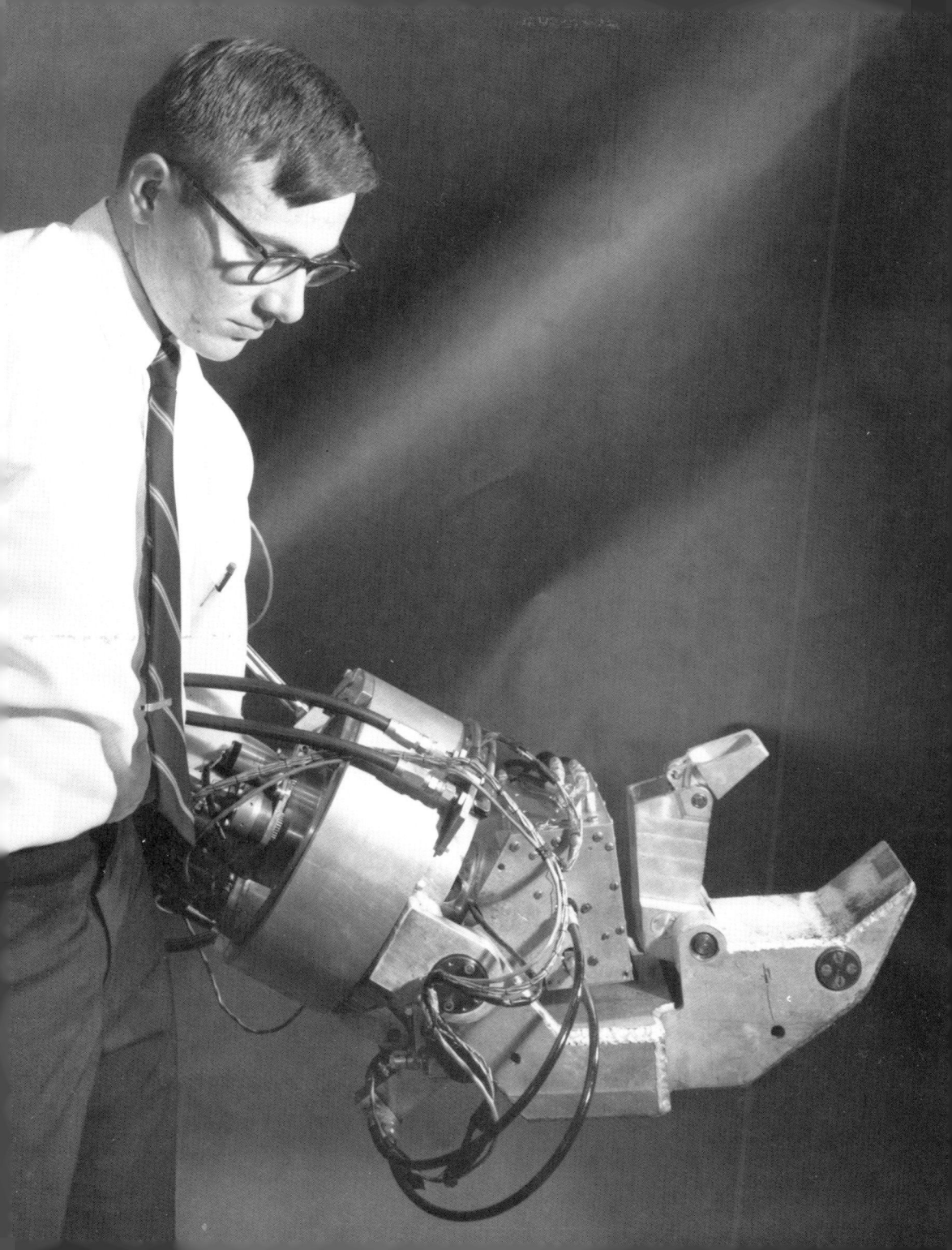

# 레이저 유도 폭탄 (1967년)

미 공군이 지정된 표적에 폭탄을 투하하기 위해 레이저를 사용하다.

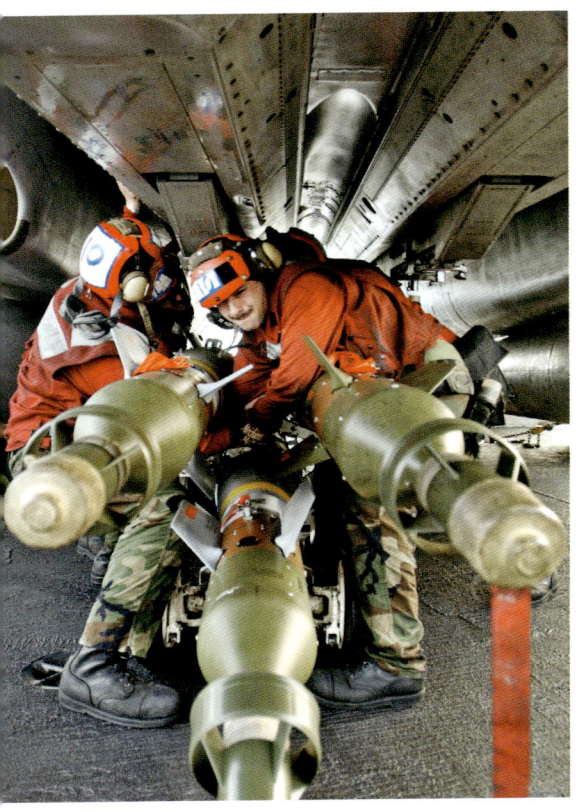

1962년 미 공군(USAF)은 정지되어 있는 목표물을 정확히 맞추는 데 사용될 수 있는 레이저 유도 폭탄을 연구하기 시작했다. 제2차 세계대전 중 비행기가 투하한 비유도 폭탄은 막대한 피해를 입혔으나 하나의 목표물을 파괴하기 위해 종종 수많은 폭탄을 투하해야 했다. 폭격기 조종사들은 항상 대공 화기의 위험에 노출되어 있었으며, 목표물에서 조금 떨어진 지역에는 민간인들의 끔찍한 죽음과 부상이 속출하였다.

1967년 미국 공군은 최초의 레이저 유도 폭탄인 볼트-117을 제작하여 1968년 베트남 전쟁에 사용하였다. 이러한 유도 폭탄 기술은 비유도 투하형 폭탄을 정밀한 유도 폭탄으로 변경시켰다.

레이저 유도 폭탄은 폭탄 투하용 항공기나 동반 항공기 또는 지상에서 운영되는 장치가 레이저 광선으로 비추는 목표물을 공격한다. 레이저는 목표물에 닿아서 반사된다. 폭탄을 투하한 후 비행기 내의 승무원은 레이저가 반사된 방향으로 폭탄의 방향을 지정한다. 그러나 레이저 유도 폭탄은 처음 사용할 당시 명중률이 낮았다. 조종사가 나쁜 기상 상황에 직면했다면 레이저 유도 폭탄은 사실상 그 기능을 수행할 수 없었다.

레이저와 컴퓨터 기술의 발달로 더욱 정교하고 치명적인 레이저 유도 미사일이 개발되었다. 걸프 전쟁 중이던 1991년에 성공적으로 배치된 신형 레이저 유도 미사일은 한 대의 비행기로 목표물에 레이저를 발사할 수 있었다. 한번 목표물이 정해지면 미사일은 목표물이 움직이더라도 목표물에서 발산하는 열을 따라간다. 여전히 오류가 발생하기도 하지만 레이저 유도 무기류는 무고한 생명의 손실을 줄일 수 있는 방법이다. **SG**

> "과학의 힘이 정신적 힘을 넘어선 결과,
> 우리는 유도 미사일을 개발할 수 있었지만
> 잘못된 판단력을 지닌 사람들도 생겨났다."
> 마틴 루터킹 주니어

⬆ 걸프 전쟁 중 볼트-117 폭탄이 미해군 항공모함인 USS 트루만 무기 장치대에 장착되고 있다.

➡ 페이브웨이 II 레이저 유도 폭탄은 활공 성능을 향상시키기 위해 뒷날개가 튀어 오르는 특징을 지니고 있다.

참고: 로켓, 캐논포, 집속탄, 도약 폭탄, 원자 폭탄, 수소 폭탄

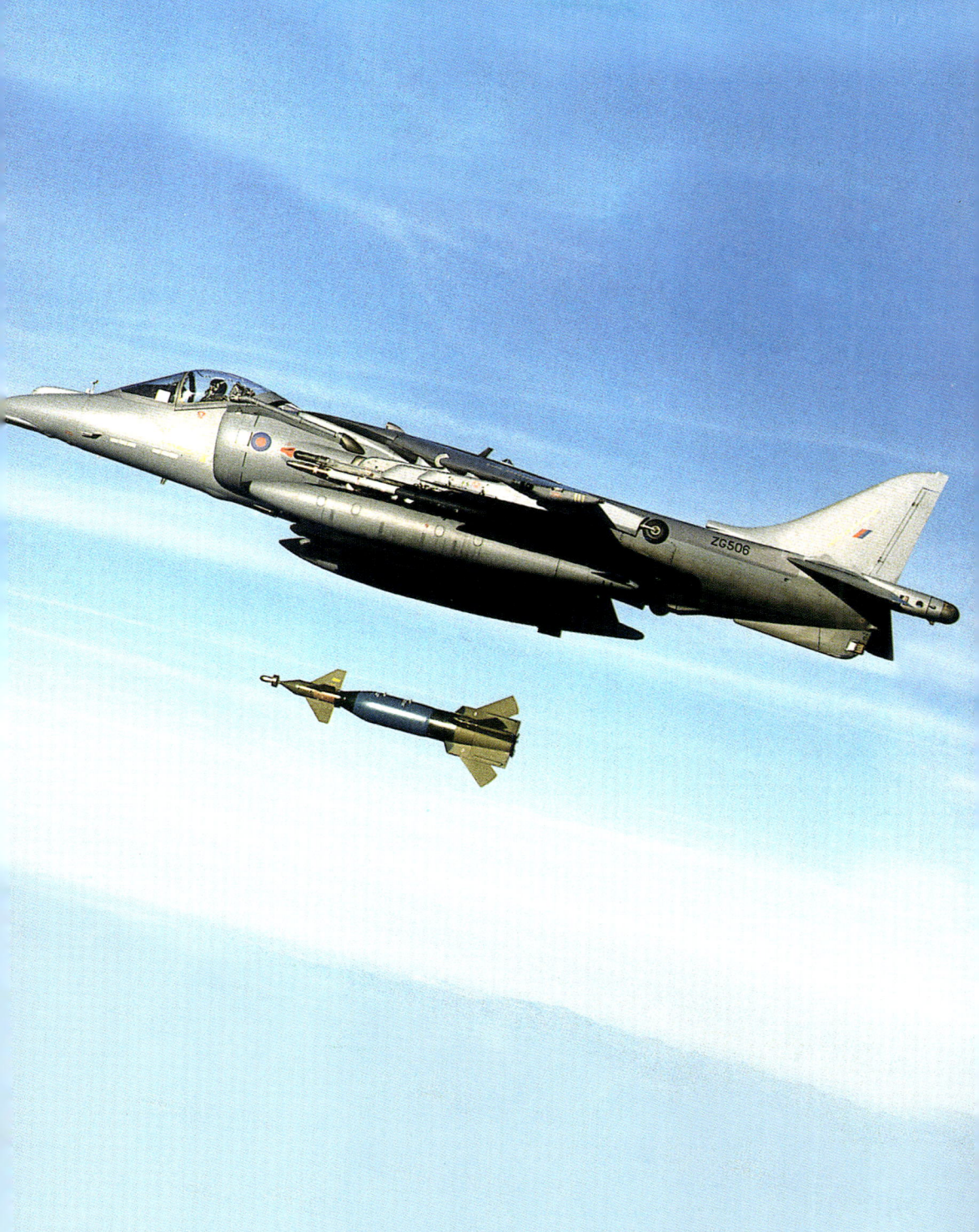

# 지면근접 경보장치
(1967년)

베이트맨이 항공기 승무원을 위한 안전 장치를 고안하다.

1960년대 비행 중 고도가 낮아져 추돌하는 사고가 여러 건 발생하였다. 그 당시 비행기 조종사들은 지면과 얼마나 근접해 있는지를 파악할 수가 없었기 때문에 이러한 사고가 빈번했다. 도널드 베이트맨(1932년 출생)은 이 문제를 해결하기 위해 지면근접 경보장치를 고안하였다.

이 시스템은 레이더 고도계(지상 위 고도를 측정함), 기압고도계, 강하 각도를 감지하는 센서의 자료를 대조 확인하여 작동한다. 만약 시스템에 지나친 하강 비율과 근접 비율, 이륙 후의 고도 손실, 불안전한 가시선 침투 혹은 강하 각도 편차를 등록한다면 조종사는 문제가 발생할 시 경고를 받게 된다.

이러한 다섯 가지 위험 모드는 조종사에게 경보를 발할 수 있는 각각의 고유한 음성과 영상 경고를 내장하고 있다. 또한 각각의 모드에서도 항로 이탈 정도에 따라 다양한 경고가 존재한다. 예를 들어, 분당 4,000피트(1,200미터)로 하강하는 경우 1,500피트(460미터) 상공에서는 하강 비율에 대해 경고하겠지만, 500피트(150미터) 상공에서는 급상승할 것을 경고한다.

1967년 베이트맨이 개발한 지면근접 경보장치는 대형 항공기의 고도 하강 추돌 비율을 년간 3.5회에서 2회로 줄여 주었으며, 1973년 미 연방 항공관리국은 대형 비행기에 지면근접 경보장치 장착을 의무화하였다. 이 시스템의 개선된 버전인 신형 지면근접 경보장치는 세계 지형 지도와 연결되어 비행기의 정확한 위치를 파악하여 가파른 경사와 같은 갑작스러운 변화를 예측하게 한다. 또한 열악한 기상 조건에서 제 때 필요한 경고를 발하여 조종사가 비행기를 원활하게 조종할 수 있도록 해준다. **HPF**

# 회생 제동
(1967년)

AMC社가 새로운 동력 기술을 시험하다.

1960년대 AMC(American Motors Corporation)社는 전기 자동차의 성능을 향상시키기 위해 회생 제동을 설계하였으며, 그 결과 1967년 회생 제동 기술을 사용한 자동차인 아미트론이 일부 제작되었다.

브레이크는 운동 에너지(움직임)를 다른 종류의 에너지로 전환하는 장치로, 전통적인 브레이크 시스템은 자동차 속도를 줄이기 위해 브레이크 패드의 마찰을 사용해 운동 에너지를 열로 바꾼다. 이 시스템은 효과적이지만 에너지 효율성이 떨어져 운동 에너지 일부를 연료로 활용할 방안이 모색되었다.

내부 연소 기관 및 화석 연료로 동력을 공급받는 차량은 관성을 연료로 활용하는 것이 불가능하다는 문제점이 있었지만 전기 자동차는 회생 제동을 통해 이 문제를 해결할 수 있었다. 전기 자동차의 코일은 회전

> "회생 제동은 전반적인 효율성을 향상시키며 브레이크 부품의 수명을 연장시킨다."
> 산업 장비 광고문

자에 위치한 자석에 반발하는 자기장을 생성하는데, 코일을 통한 전기 전달은 전기 자동차의 운동력이 발생한다. 만약 브레이크가 작동하는 도중 자동차 운동력의 발생 과정이 거꾸로 진행된다면, 자석이 코일에서 전기를 발생시킬 것이며 발생된 전기는 저장될 것이다.

회생 제동은 다른 종류의 전기 차량, 특히 기차에서 매우 유용하게 사용되고 있다. 기차의 경우 회생 제동을 사용하면 15퍼센트 정도 에너지 효율성이 향상된다. **JB**

---

**참고:** 동력 비행기. 레이더. 기압고도계. 블랙박스 비행기록장치

**참고:** 밴드 브레이크. 디스크 브레이크. 드럼 브레이크. 유압 브레이크

# 현금지급기

(1967년)

섀퍼드 배론이 현금 인출을 쉽게 할 수 있도록 하다.

현금지급기가 오래 전부터 존재해 왔던 것은 아니다. 현금지급기가 발명되기 전에는, 돈을 인출하려면 건물 안으로 들어가 창구 직원에게 이야기해야 했었다. 지금은 상점, 극장, 심지어 그랜드 캐년의 남쪽 가장자리에 위치한 전 세계 160만 개 이상의 현금지급기 기기에서 돈을 인출하는 것이 가능하다.

이러한 기술적 편리함을 누구에게 고마워해야 하는지에 대해서는 약간의 논쟁이 있다. 수많은 발명품을 만들어낸 발명가 루터 조지 시미지안은 1939년 최초로 '현금지급기'를 고안했다. 이 현금지급기는 뉴욕의 시티은행에 설치되었지만, 은행 창구직원과 마주하기를 원하지 않던 매춘부와 도박자들을 제외하고는 사용하는 사람이 없어 얼마 후 제거되었다.

현금지급기는 그 후 거의 30년간 사용되지 않았다. 1967년 스코틀랜드 출신 발명가 존 섀퍼드 배론(1925년 출생)은 전 세계 어느 곳에서나 현금을 인출할 수 있도록 해주는 기계를 욕실에서 떠올렸으며 그 결과 현금지급기가 다시 등장하였다. 배론의 최초 현금지급기는 1967년 북 런던의 엔필드 지역에 설치되었다. 이 초기의 현금지급기는 네 자리의 개인 식별 숫자(PIN 코드)로 개개인의 신원을 확인하였다. PIN 코드를 네 자리로 설정해 놓은 이유는 발명가의 부인이 가장 잘 기억할 수 있는 최대 길이의 숫자가 네 자리였기 때문이다.

얼마 지나지 않아 텍산 돈 웨첼이 플라스틱 카드로 작동하는 현금지급기를 최초로 발명하였으며, 스미스소니언 협회를 포함한 일부 사람들은 그를 현금지급기의 발명가로 인정하였다. **BG**

참고: 금전 등록기, 신용 카드

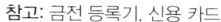 1967년 한 고객이 런던 은행의 현금지급기를 사용한 후 돈을 세고 있다.

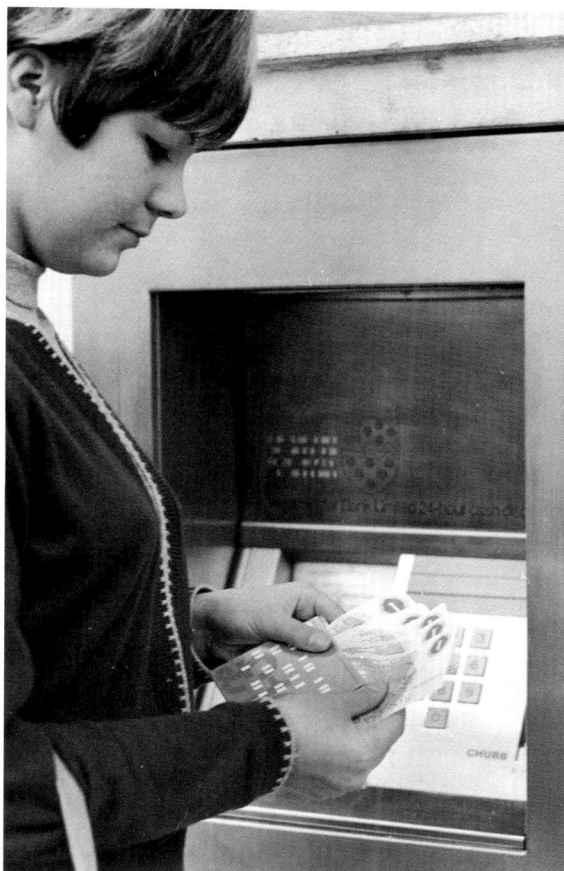

"나는 초콜릿 바 자동 판매기에 대한 아이디어를 생각해냈으나 초콜릿을 현금으로 대체하였다."

존 섀퍼드 배론

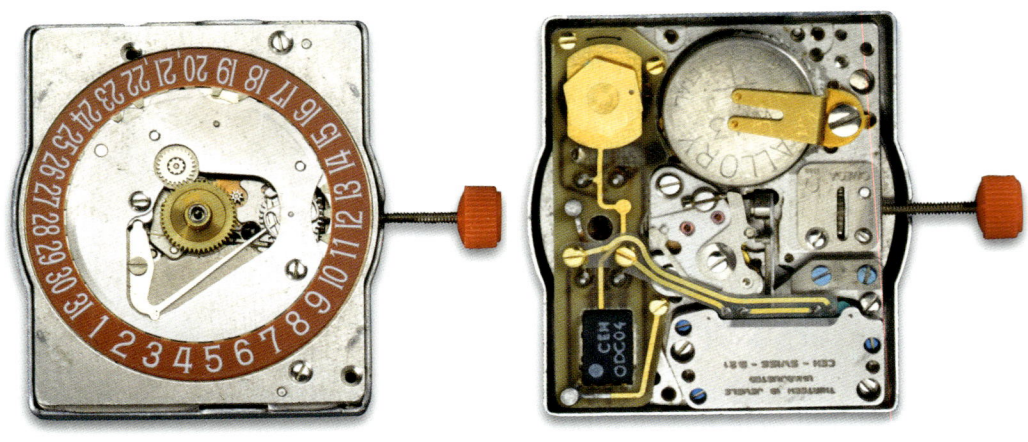

# 쿼츠시계 (1967년)

CEH 연구소가 시계 정확도에 대한 기술적 발전을 이룩하다.

쿼츠시계는 수정의 압정 현상을 이용하는데, 작은 전압을 적용시키면 진동을 만들어내는 4밀리미터의 수정 진동자는 쿼츠시계의 핵심이다. 이 진동자는 정확하게 초당 3만 2,768번 진동할 수 있도록 조정된 레이저이다. 더 높은 빈도수의 진동자는 너무 큰 전류를 필요로 하므로 배터리를 빨리 소모시키며, 낮은 빈도수의 진동자는 물리적으로 너무 크다. 초당 한 싸이클인 진동 신호는 아날로그식으로 초침을 움직이거나 디지털식으로 LCD에 숫자를 표시한다.

쿼츠는 열팽창 계수가 매우 낮아서 날씨 변화에 영향을 받지 않기 때문에 사용되었는데, 고른 품질로 대량 생산된 쿼츠시계는 시간의 오차가 하루에 1초 이하 정도 느리거나 빠르다.

최초의 수정 진동자는 1921년에 제작되었다. 1927년 캐나다 벨 연구소의 전자통신 엔지니어인 워렌 매리슨이 최초의 쿼츠시계를 만들었다. 불행히도 매리슨이 제작한 쿼츠시계의 진공관 구동식 전자 부품은 크기가 너무 컸으며 신뢰할 수가 없었다. 1960년대 반도체를 사용한 저렴한 디지털 논리 시스템이 도입되면서 기술적 돌파구가 마련되었다. 1967년 스위스 뇌샤텔에 위치한 CEH(Centre Electronique Horloger) 연구소는 세계 최초의 아날로그 쿼츠 손목시계인 베타 21을 개발하였고, 그로부터 2년 후 세이코社는 세계 최초의 상업용 쿼츠 손목시계인 아트손을 생산하였다. 이윽고 유지보수가 번거로운 기계식 진동형 평형 바퀴 대신 탁상시계, 타이머, 알람 메커니즘에 쿼츠 결정이 사용되었다.

극도의 정확성이 필요한 경우에는 원자력 시계가 쿼츠시계보다 선호되고 있다. **DH**

**참고:** 탑시계, 벽시계, 원자시계, 디지털시계, LCD

⬆ CEH에서 개발한 1967년 식 베타 21 쿼츠 손목시계의 날짜 바퀴(왼쪽)와 무브먼트.

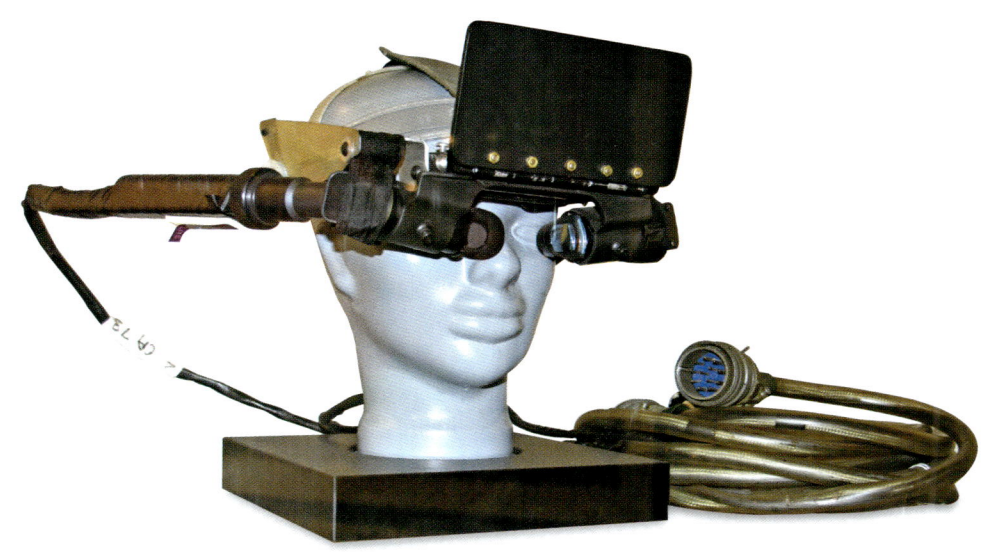

# 가상 현실 헤드셋 (1968년)

서덜랜드가 가상의 현실을 소개하다.

가상 현실(VR)은 개개인이 컴퓨터가 꾸며놓은 환경과 상호작용할 수 있는 시스템이다. 가상 현실이라는 용어는 기원에 대해 많은 논쟁이 있음에도 불구하고, 1970년대 대중적으로 사용되었다. 미국 엔지니어인 이반 서덜랜드(1938년 출생)는 사람들이 현실에서 불가능한 것들을 경험할 수 있도록 해주는 컴퓨터를 최초로 연구한 사람이다.

1960년 영화 촬영 기사인 모간 헬리그는 센소라마라고 하는 단일 사용자용 콘솔을 제작했으며, 센소라마는 주위 환경에 대한 사용자의 모든 감각을 자극했다. 하버드 대학교 대학원생이었던 서덜랜드는 그의 초기 아이디어들을 사용해 사실적으로 표현되는 가상 세계를 착용자가 들여다볼 수 있는 머리 착용식 액정을 개발하려 했다. 사용자는 컴퓨터가 유지하는 가상 현실과 완벽하게 상호작용할 수 있었다.

1968년 서덜랜드는 그의 학생인 밥 스프로울의 도움으로 컴퓨터와 연결된 원시적인 머리 착용식 액정 시스템을 제작하였다. 초기의 발명품은 너무 무거워서 천장에 매달아야 했기 때문에 그 모습이 다른 사람들에게 겁을 주었다. 이 시스템은 컴퓨터로부터 중계되는 화상을 표시하였는데, 사용자가 3차원 화상으로 느끼게끔 입체 화상으로 표현되었다. 서덜랜드의 시스템은 사용자의 머리 움직임을 추적하여 시야를 즉각적으로 업데이트할 수 있었다.

비행기 시뮬레이터 및 매트릭스와 같은 영화는 서덜랜드의 발명품을 응용하고 있다. **SD**

**참고:** 디지털 전자 컴퓨터, 비디오 게임 콘솔, 3D 컴퓨터 그래픽

↑ 1968년에 최초로 제작된 서덜랜드의 헤드셋은 현재 캘리포니아 컴퓨터 역사 박물관에 전시되어 있다.

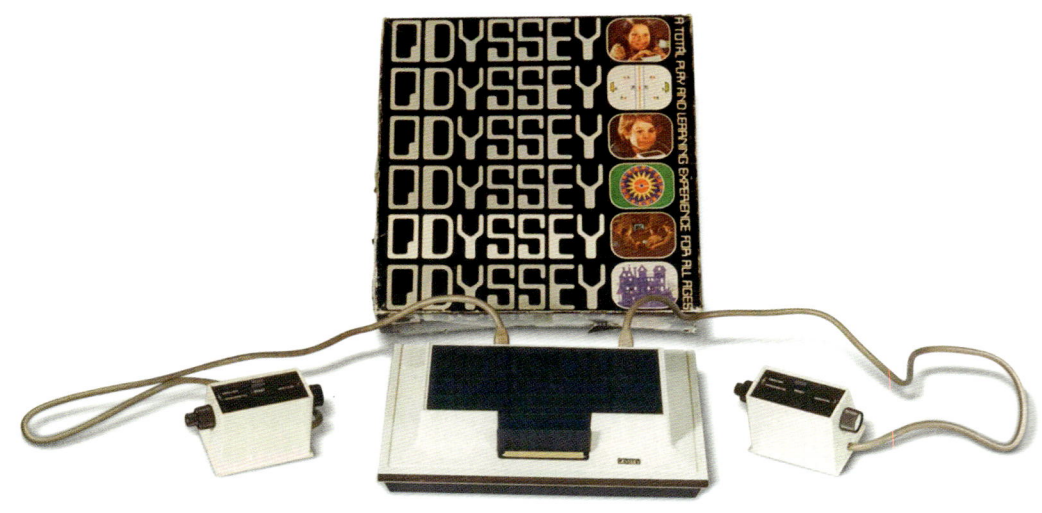

# 비디오 게임 콘솔 (1968년)

배어가 텔레비전 수상기와 상호작용하는 최초의 게임장치를 제작하다.

랄프 H 배어(1922년 출생)는 미국 방위산업체인 샌더스 어소시에이츠社에 재직할 당시 몇 년간 텔레비전 수상기로 게임을 할 수 있는 방법을 곰곰이 생각했다. 1966년 그는 '비디오 게임의 마그나카르타'라는 제목의 4페이지짜리 문서를 작성해 비디오 게임 콘솔에 대한 기반을 형성하였다. 처음에 배어는 남는 시간에 시제품을 만들었지만, 배어의 아이디어가 발전되는 것을 지켜보던 고용주는 배어가 생각한 제품이 큰 돈을 벌 수 있도록 해줄 것이라고 생각하여 배어의 프로젝트를 지원하기 시작했다.

그로부터 2년 후 1968년 배어의 '갈색 게임 콘솔기'가 등장하였다. 배어의 콘솔기는 탁구, 배구, 핸드볼, 축구, 골프, 장기, 심지어 최초의 시제품 총을 사용한 표적 사격 게임을 포함하였다. 배어의 콘솔 게임기는 텔레비전 앞에 있는 겹쳐진 투명 플라스틱을 사용하여 게임 내 장애물과 화면을 시뮬레이트 하였다. 1972년 마그나복스社는 이 게임기를 오디세이 시스템이라

는 이름으로 출시하였다.

최초의 콘솔 게임기이자 새로운 형태의 엔터테인먼트였음에도 불구하고 배어의 게임기는 많이 판매되지 않았다. 비효율적인 마케팅과 100달러에 달하는 높은 가격으로 잠재 소비자들이 구매를 꺼려했기 때문이다.

비디오 게임은 또 다른 발명가가 마그나복스 탁구 게임을 해본 후 그 게임을 '퐁'이라고 불린 오락실용 버전으로 만들 때까지 대중의 관심을 끌지 못했다. 오락실용 버전이었던 퐁은 매우 큰 인기를 끌었으며, 그 후 비디오 게임은 십억 달러 규모의 산업이 되었으며 레저 시간에 없어서는 안 되는 존재가 되었다. **SB**

**참고**: 텔레비전, 디지털 전자 컴퓨터, 가상 현실 헤드셋, 3D 컴퓨터 그래픽

⬆ 1972년의 마그나복스 오디세이 시스템은 7가지 게임에서 사용하는 액세서리들을 한 상자에 포함하였다.

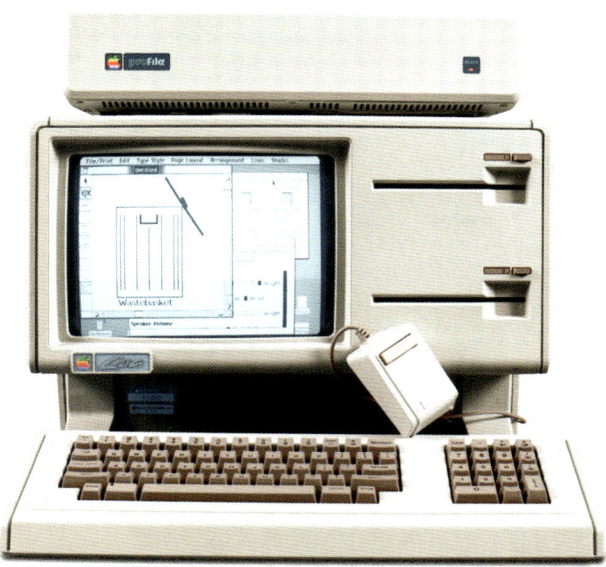

# GUI (1968년)

**엥겔바트가 컴퓨터 프로세스를 시각적으로 화면에 표시하다**

텔레비전은 사람들의 생각을 걸어시키는 바보 상자라고 비난받아 왔다. 하지만 21세기 사람들은 텔레비전보다 컴퓨터 화면을 훨씬 더 자주 바라본다.

초기 컴퓨터는 텔레비전과는 달리 화면이 존재하지 않았다. 처음으로 만들어졌을 당시 컴퓨터는 단순히 펀치카드에 수동으로 삽입된 자료를 처리하였으며 약간의 기계 잡음을 제외하고는 컴퓨터 안에서 무엇이 진행되는지 눈으로 확인할 수 없었다. 심지어 컴퓨터가 주어진 시점에 무엇을 처리하는지 이해하려면 학사 이상의 학력을 지닌 수학 전공자가 필요했다.

GUI(Graphical User Interface)를 더글라스 엥겔바트(1925년 출생)가 발명한 이후로는 모든 사람들이 이러한 사실을 알 수 있었다. 월간 애틀랜틱 잡지를 읽다가 배너바 부시의 에세이에서 영감을 얻은 엥겔바트는 NLS(ON-Line System)로 알려진 인간과 컴퓨터 간 상호작용 시스템을 개발했다. 액정 화면을 처음으로 채택했던 이 상호작용 시스템은 벡터 그래픽, 클릭 가능한 하이퍼텍스트 링크, 스크린 윈도잉을 사용했으며 1968년 시연 당시 큰 반향을 불러 일으켰다.

PARC(Palo Alto Research Center)의 알란 케이(1940년 출생)는 엥겔바트의 기본 아이디어를 더욱 발전시켜 컴퓨터 기능을 그래픽으로 표현하였다. 오늘날 우리에게 친숙한 폴더, 메뉴, 중복 창은 케이의 훌륭한 연구 성과이다. **CL**

**참고:** 기계적 컴퓨터, 컴퓨터 프로그램, 하이퍼텍스트, 터치 스크린, 3D 컴퓨터 그래픽

⬆ 애플社의 리사 컴퓨터는 GUI 환경이 적용된 최초의 컴퓨터였지만, 1만 달러의 가격 때문에 대부분의 고객들이 구매를 꺼렸다.

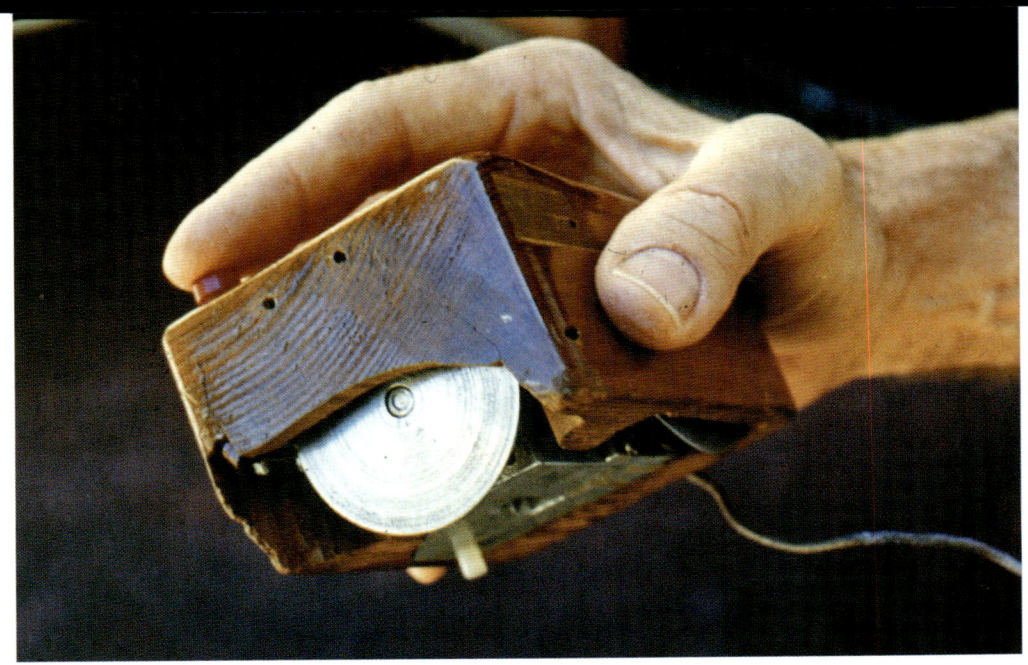

# 컴퓨터 마우스 (1968년)

엥겔바트와 잉글리시가 컴퓨터와 사용자 간 인터페이스를 크게 향상시키다.

1968년 수많은 '최초의 제품들이' 미국 샌프란시스코 추계연합컴퓨터회의에 소개되었다. 이러한 제품들 중에는 비디오 원격회의, 하이퍼텍스트(오늘날의 웹 링크 초석), 스탠포드연구소(SRI)의 프레젠테이션, 현대식 컴퓨터 서버 소프트웨어의 선조인 NLS(ON Line System) 등이 포함되었다. 이러한 현란한 전시품들 때문에 사람들은 SRI 연구원 더글라스 엥겔바트(1925년 출생)의 컴퓨터 마우스에 관심을 기울이지 않았다.

최초의 컴퓨터 마우스는 바퀴와 두꺼운 전기 코드가 달린 나무 상자였다. 엥겔바트와 동료인 빌 잉글리시(1929년 출생)는 1963년 처음으로 마우스를 생각해냈으며 컴퓨터 프로젝트의 일부분으로 이 장치를 제작하였다. 그들은 사용자들이 컴퓨터와 쉽게 상호작용할 수 있는 방법을 찾고 있었다. 최초의 마우스 시제품은 앞부분에 코드가 부착되었지만 불편함을 초래하였기 때문에 곧 뒤로 옮겨져 부착되었다. 엥겔바트의 말에 의하면 꼬리를 가진 쥐와 닮은 모양이었기 때문에

연구소에서 마우스라고 불렀다고 한다.

엥겔바트와 잉글리시는 둘 다 마우스를 시장에 출시하지 않았다. 제록스의 PARC는 마우스를 현대적인 감각으로 수정하였지만 대중에게 많은 인기를 얻지는 못했다. 1980년대 애플社 창업자인 스티브 잡스는 마우스를 성공리에 출시하였다. 잡스의 회사는 마우스를 다듬어 개인용 컴퓨터의 통합 부속품으로 만들었다. 마우스를 유명하게 만든 것은 애플社지만, 엥겔바트와 잉글리시가 마우스의 시초라는 것은 부인할 수 없다. **RBk**

**참고:** 기계적 컴퓨터, 컴퓨터 프로그램, 터치 스크린, 터치 패드, 웹캠

⬆ 엥겔바트의 'X−Y 위치 인식기'는 두 개의 바퀴를 사용하여 컴퓨터 화면에서 포인터를 움직였다.

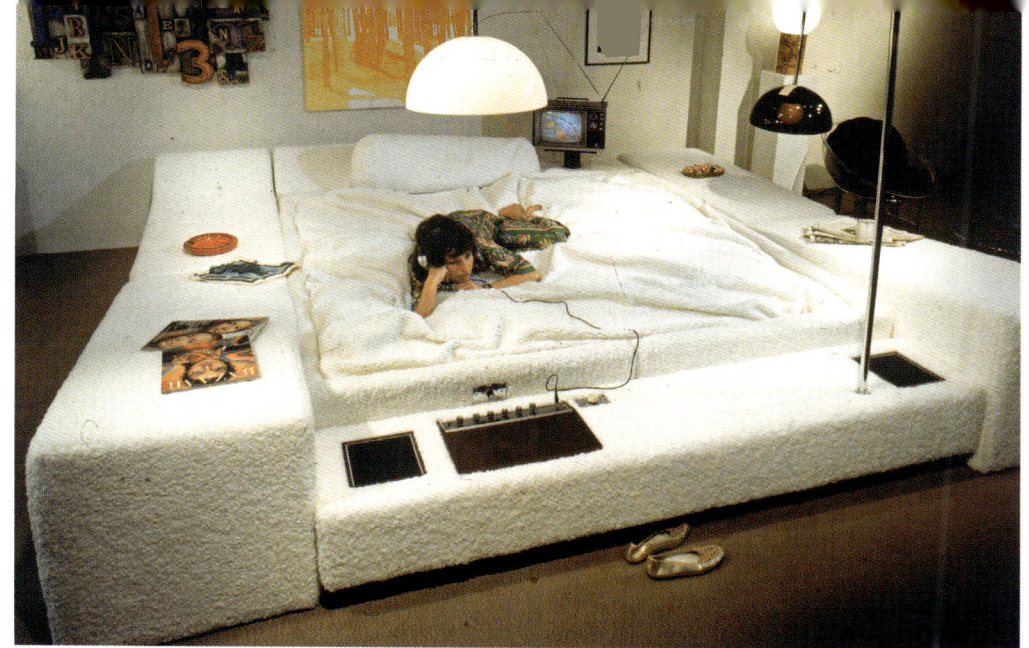

# 물침대 (1968년)

홀이 침실에서 사용할 수 있는 새로운 유형의 침대를 디자인하다.

물침대는 직사각형 나무 프레임이나 단단한 발포체 프레임을 사용하여 두 가지 형태 모두 강력한 금속 플랫폼으로 매트리스의 높이를 알맞게 조절할 수 있다. 초기 모델은 매트리스 내 오직 하나의 워터 챔버만 있어 매우 출렁였지만 나중 디자인은 출렁이는 움직임을 줄이려고 섬유 블록과 여러 개의 상호 연결된 워터 챔버를 매트리스 내에 결합하였다. 일부 현대식 물침대는 물과 공기를 담은 공간이 혼합되어 구성된다. 자동 온도 조절장치로 조절되는 전기 열 패드는 신체 온도인 섭씨 30도 정도로 매트리스 내 물의 온도를 유지한다.

1883년 영국 포츠머스의 윌리엄 후퍼 박사는 욕창이 발생할 위험이 있는 환자를 위하여 물침대를 설계해 영국 특허를 취득하였다. 그러나 이 침대는 방수가 아니었으며 물 온도 조절이 불가능해 상업적으로 성공하지 못했다.

찰스 프리오 홀(1943년 출생)은 캘리포니아 샌프란시스코 주립 대학교에 재학 중이던 1968년에 현대식 물침대를 디자인하였다. 원래는 액체 옥수수 녹말이나 젤리를 채운 비닐백을 사용하여 의자를 디자인할 계획이었으나 둘 중에 무엇을 채워도 의자가 편안하지 않았다. 이로 인해 홀은 물이 채워진 침대를 디자인하는 쪽으로 자신의 관심을 돌렸지만 유사한 물침대가 이미 로버트 A. 하인라인의 공상과학 소설에 매우 자세히 기술되어 있었기 때문에 자신의 디자인으로 특허를 취득하지 못했다. 하지만 하인라인은 자신의 디자인을 제품화하지는 않았다. **LC**

**참고:** 소파 침대. 내장형 침대

⬆ 사람들은 물침대를 외설적인 사치품이라고 여기게 되었다.

# 자쿠지 (1968년)

**자쿠지가 세계 최초로 뜨거운 욕조를 개발하다.**

뜨거운 욕조의 대표 브랜드인 '자쿠지'는 가족의 건강을 위해 발명되었다. 자쿠지 가족은 1900년대 초 미국으로 이주한 이탈리아 이민자로, 항공 산업 관련 기업을 성장시킨 후 관개 펌프를 고안하면서 번창하였다. 자쿠지 가족은 1948년이 되어서야 그들을 세계적으로 유명하게 만든 기술을 개발하기 시작하였다.

　칸디도 자쿠지(1903~1986)의 아들은 류마티즈 관절염에 걸려 병원에서 수치료(水治療, hydrotherapy)를 받았다. 아들을 집으로 데려오고자 했던 칸디도는 아들의 치료를 재현할 수 있는 수압 펌프를 개발하여 J-300 치료 장치로 출시했다.

　1968년 자쿠지 가족의 삼대 구성원인 로이 자쿠지는 최초의 현대식 욕조 버전을 개발하였다. 로이는 연구 핵심인력으로 회사에 합류하여 새로운 제품을 찾고 있던 중 J-300 치료 장치를 월풀 욕조처럼 레저 시장

---

　"자쿠지는
　50년간 자동차 극장을
　경험해 온 세대를 위한 것이다."
　마이크 다넬, 미국 텔레비전 대표

---

에 판매하려고 개선하였다. '로만'이라는 이름으로 시장에 출시된 로이의 디자인은 최초의 '자가 충족 소비재'로 판매되었다. 이전에는 외부 펌프가 욕조보다 낮은 곳에 있었지만 로만의 펌프는 욕조에 완벽히 통합되었다. 로만 펌프는 현재도 여전히 자쿠지 브랜드에서 사용되고 있으며, 50대 50으로 물과 공기를 욕조 안에 혼합시키는 역할을 한다. **JG**

참고: 물침대

# 하이퍼텍스트 (1968년)

**넬슨과 반 담이 컴퓨터에 쉽게 접근할 수 있도록 해주다.**

1968년 하이퍼텍스트가 미국 샌프란시스코 컨벤션 센터에서 대중에게 공개되는 순간, 기술 전문가들은 하이퍼텍스트가 굉장한 발명이라는 사실을 알아 차렸다. 시연회는 하이퍼텍스트 도구를 사용하여 정규 텍스트를 읽는 방법이 아닌 동적이고 상호작용적인 방법으로 어떻게 정보를 읽을 수 있는지를 보여주었다. 후에 하이퍼텍스트는 HTML(Hyper Text Markup Language)에 사용되어 인터넷 기본 언어가 되었으며, 정보 접근 방식에 혁명을 불러 일으켰다.

　표준 텍스트는 순서대로 읽게 되는 반면(예를 들어 서구식 스크립트는 왼쪽에서 오른쪽으로, 위에서 아래로 읽힘) 하이퍼텍스트는 사용자들이 페이지를 이동시키고 다음 텍스트를 열며 비디오 및 오디오를 활성화시키는 링크를 클릭하여 정보를 얻도록 해준다. 미국 엔지니어인 배너바 부시는 월간 애틀랜틱에 발표한 1945년 논문인 「우리가 생각하는 대로(As We May Think)」를 통해 하이퍼텍스트 기술의 전신인 메멕스 시스템을 고안하였다. 이 시스템은 개개인이 서로 연결된 마이크로 필름 롤의 형태로 정보에 접근할 수 있게 해주는 기계였다.

　두 명의 젊은 컴퓨터 과학자 테드 넬슨(1937년 출생)과 앤드리스 반 담(1938년 출생)은 부시의 논문에서 하이퍼텍스트 발명에 대한 영감을 얻었다. 브라운 대학교에 재직할 당시, 넬슨은 완벽하게 인덱스화된 정보 시스템에 대해 설명하기 위해 '하이퍼텍스트'라는 용어를 만들어냈다. 넬슨과 반담은 '하이퍼텍스트 편집 시스템'을 개발하였으며, 이 연구 프로젝트는 표준 하이퍼텍스트 언어의 구조를 만들어냈다. **SR**

참고: 컴퓨터 마우스, GUI, 터치 스크린, 개인용 컴퓨터

▣ 하이퍼텍스트의 개발은 웹 페이지를 위한 마크업 언어인 HTML 코드가 등장할 수 있도록 해주었다.

```
var lplg=(window.navigator.plugins["Sho
if (lplg) {
if (lplg.charAt(lplg.indexOf('.')-1)>=fM)
 else if (window.navigator.userAgent.ind
document.write('<scr'+'pt language=dc
next\nlcap=(IsObject(CreateObject("Sho
}

    if (ad_jsl && document.getElement
    ad_el('l_fl').previousSibling.style.vis
    if (!lcap&&typeof(LAMP)==undefin
    ad_el('l_fl').parentNode.style.margi
    ad_el('l_fl').parentNode.style.margi
```

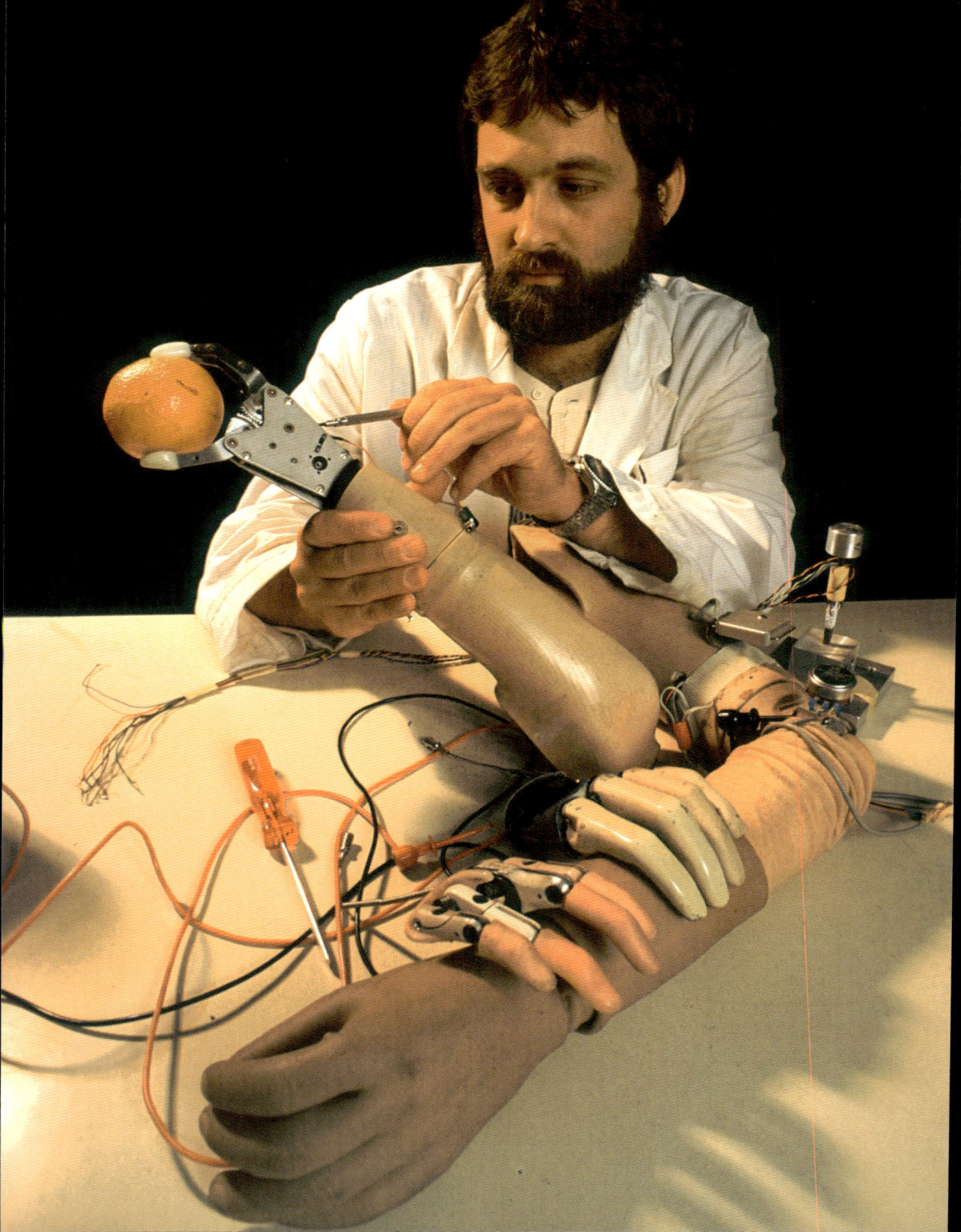

# 능동 인공기관 (1968년)

MIT팀이 동력을 지닌 인공 팔을 제작하다.

새뮤얼 앤더슨은 전기로 작동하는 최초의 인공 팔 모델을 개발하여 1949년에 공개하였다. 절단 사용광로 고통받는 공장 직원들을 위하여 설계된 이 장치는 매우 부피가 컸으며 외부 전원에 플러그를 꽂아야 했다.

뮌헨 대학교의 물리학과 학생이었던 레인홀드 레이터는 최초의 근전기 인공 팔에 대한 특허를 취득했다. 역시 외부 전원이 필요했던, 레이터의 인공 팔은 손을 쥐고 펴는 것을 제어하기 위해 근력에 남아 있는 근육 수축 신호를 사용하였다. 1948년이 되어서야 발명된 트랜지스터는 인공 팔 기술을 더욱 실현 가능성 있도록 만들어 주었지만, 그 당시 독일의 화폐가 재평가되면서 능동 인공기관 관련 프로젝트에 대한 자금 지원이 끊겼다.

1958년에 A. E. 코브린스키가 이끄는 러시아 팀은 살아 남은 손목 근육의 신호로 조종할 수 있는 근전기 손을 개발하였다. 독일의 오토복社와 오스트리아의 비엔나톤社는 러시아 팀이 개발한 인공 손 버전을 시장에 출시하였다. 최초의 성공적인 근전기 팔은 '보스턴 엘보우'로, 수학자인 노버트 바이너와 정형학과 의사인 멜빈 그림처, 아마 보제, 로버트 만, 메사추세츠 공과 대학교(MIT) 사람들이 1968년 시제품을 만들었으며 1974년 실용 제품을 제작하였다.

소켓 내의 센서로 작동하는 이 장치(보스턴 엘보우)는 근육 수축으로 발생하는 전류를 감지한다. 이러한 작은 전류 신호들은 증폭되며 배터리 구동 모터의 도움으로 인공 기관을 움직인다. 미래에는 기술이 발전해 촉감과 체온도 전달해 줄 수 있을 것이다. **SS**

---

**참고:** 인공 수족, 관절이 있는 의지, 고관절 대치술, 인공 심장, 강화된 외골격

◀ 연구소 기술자가 인공 손과 더불어 인공 팔뚝의 복잡한 기능들을 다루고 있다.

# 제어 약물 전달 (1968년)

자파로니가 천천히 녹는 서방형 약물을 개발하다.

하루에 한 번씩만 약물을 섭취하는 모든 사람은 알레잔드로 자파로니(1923년 출생)에게 고마워해야 한다. 그의 선구적 마음가짐 덕분에 피부를 통해 흡수되는 약물을 포함한 서방형 약물이 탄생했다.

1949년 자파로니는 천연 스테로이드의 정량 분석에 관한 논문을 제출하여 뉴욕의 로체스터 대학교로부터 박사학위를 받았다. 그는 연구를 통해 일반적으로 유기체는 오랜 시간에 걸쳐 적은 양의 스테로이드를 방출한다는 사실을 알게 되었다. 이것은 알약 형태로 다량 복용해야 했던 1940년대의 약물과는 현저한 대조를 이루는 현상이었다.

1968년 그는 제어된 약물 전달로 의학적 치료법을 개선하기 위해 알자社를 설립하였다. 한 번에 많은 양을 복용하여 약물을 전달하려고 하면 부작용이 발생한다는 것을 알았기에 더 나은 방법을 강구했다. 내분비학을 공부한 자파로니는 분비기관들이 강력한 효과를 지닌 극소량의 호르몬을 전달한다는 것을 깨닫고 약물을 소량으로 꾸준히 복용하는 것이 더욱 적합하다고 확신하였다.

오늘날 제어된 약물 방출 메커니즘에는 인슐린 혹은 진통제를 전달하기 위한 이식용 펌프, 피부에 천천히 약물을 방출하는 경피흡수 패치제 등이 포함된다. 경피흡수 패치는 니코틴 금단증상뿐만 아니라 특정한 진통 약물, 멀미, 피임을 위하여 사용되는데, 니코틴 금단증상의 경우 점차 투여량을 줄이느 방식으로 치료가 이루어지고 있다. 제어 약물 전달은 안정적으로 약물 레벨을 조절할 수 있도록 해줄 뿐만 아니라 단기 작용 약물의 지속 효과를 높이고 부작용을 감소시킬 수 있도록 해준다. **SS**

---

**참고:** 피하 주사기, 용해성 알약, 아스피린, 항바이러스 약물, 경피흡수 패치제

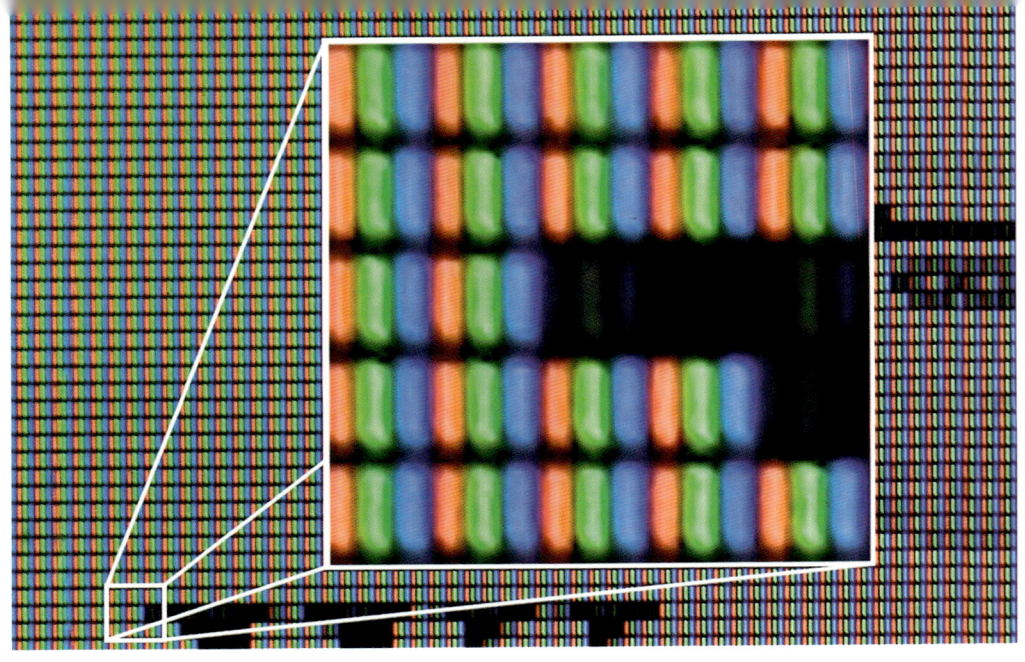

# LCD (1968년)

**헤일메이어가 결정의 두 가지 녹는점을 이용한다.**

LCD(액정 표시 장치, Liquid Crystal Display)는 텔레비전, 랩톱 컴퓨터, 수많은 휴대용 전자 기기에 사용되고 있으며, 1888년 프리드리히 라이니처는 최초로 액체 결정의 속성을 발견하였다. 그는 콜레스테롤 기반 물질의 녹는점을 측정하던 중 두 개의 녹는점이 존재한다는 사실을 알게 되었다. 콜레스테롤 기반 물질은 섭씨 145도에서 용해될 시 흐릿하고 끈끈한 액체가 되었으며 그 후 또 다시 섭씨 178도에서 용해되어 깨끗한 액체가 되었다.

결정 광학 분야 전문가인 오토 레만은 이러한 현상을 연구하여 흐릿한 액체가 고체 결정과 유사한 속성을 지닌다는 사실을 발견하였다. 고체 결정의 분자는 깔끔하게 평행으로 정렬되어 있는 반면 흐릿한 액체 분자는 고체 결정처럼 정렬되려는 경향이 있었다. 레만은 흐릿한 액체를 액체 결정이라고 이름 붙였다.

1968년 RCA(Radio Corporation of America)社의 조지 헤일메이어(1963년 출생)는 그룹을 이끌어 최초의 LCD를 개발하였다. 그들은 전하를 액체 결정에 적용시켜 분자가 빛을 재정렬시키거나 흩어지게 하는 동적 산란법을 LCD 개발에 사용하였다.

LCD는 두 편광 필터 사이에 위치한 액체 결정 물질로 만들어진다. 전기가 LCD에 적용되면 전기장이 분자의 꼬임을 발생시키는데, 첫 번째 필터를 통과할 때 액체 결정 주위를 순환하며 두 번째 필터를 통과하면 반사 화면에 '광점'을 생성한다. 전기장이 없을 때에는 분자가 꼬이지 않아 빛이 통과할 수 없기 때문에 화면에 어두운 점이 발생한다. 얼마나 많은 빛이 통과할 수 있는지는 분자가 꼬이는 정도에 달려 있다. **RB**

**참고:** 디지털시계, 전자 종이, 음극선관, 텔레비전

⬆ 움직이는 화상을 만들어내기 위해 LCD 모니터의 빨간색, 초록색, 파란색 소자가 개별적으로 활성화되고 있다.

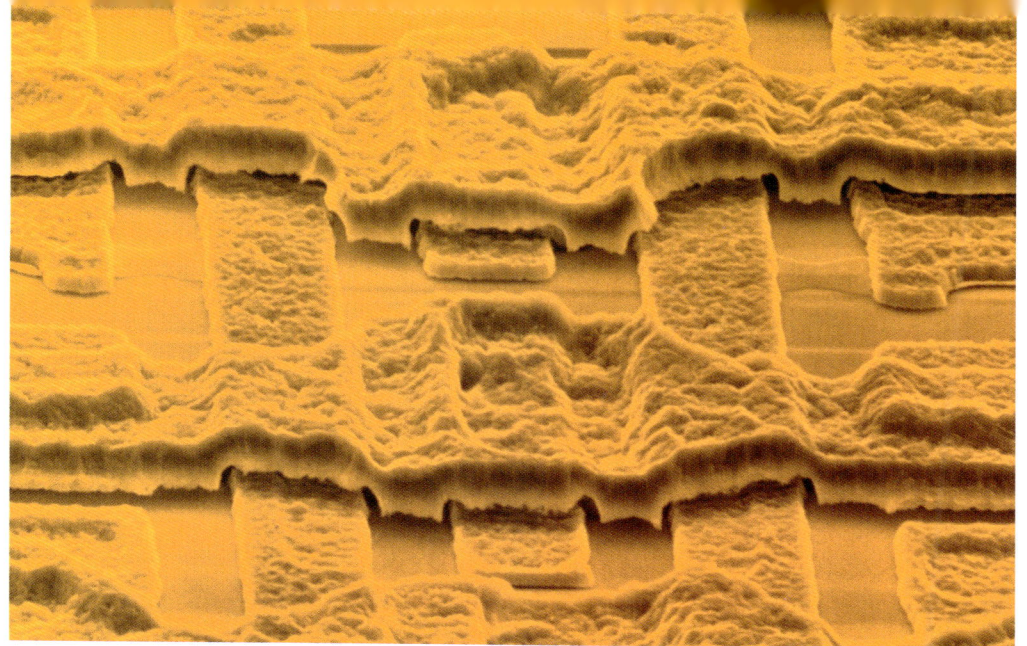

# RAM (1968년)

데나드가 메모리 셀에 트랜지스터와 캐패시터를 결합시키다.

RAM(Random Access Memory)은 고속으로 작동하는 컴퓨터 메모리로 1949년 자기 코어 메모리가 발명된 후 등장하였다. 하지만 현대식 RAM은 텍산 로버트 데나드(1932년 출생)가 발명하였다.

1966년 데나드는 IBM 왓슨 연구소에 근무하였다. IBM社에서는 전원을 많이 소모하는 크고 느린 자기 코어 메모리를 대체하는 데 트랜지스터가 적합하다고 생각하였다. 그리하여 6개의 트랜지스터만을 사용한 셀(cell)에 단일 비트 메모리를 저장하여 자기코어 메모리의 문제점을 감소시켰다. 실리콘 칩에 추가된 이 셀은 자기 코어와 비교하여 매우 작고 단순했지만 단일 트랜지스터와 캐패시터 소자는 전하를 유지할 수 있었다. 메모리는 캐패시터의 전하로 저장되었으며 메모리를 읽고 쓰는 데 트랜지스터가 사용되었다. 캐패시터는 전하를 누설시키기 때문에 메모리는 1초에 여러 번 지속적으로 갱신되어야 하는데, 이러한 끊임없는 삭제와 갱신으로 데나드의 시스템은 DRAM이라고 불리게 되었다.

갱신되어야 할 필요가 있음에도 불구하고, DRAM에게는 굉장한 장점이 있다. 두 종류의 소자만을 단일 실리콘 칩에 수천 개씩 나란히 배치하였기 때문에 여태껏 제작된 것 중 가장 메모리가 작았다. 컴퓨터 산업은 재빨리 데나드의 발명품을 이용하였으며, 1970년 신출내기 회사였던 인텔은 최초로 상용화된 DRAM 칩을 출시하였다. 자기 코어 메모리는 인텔이 새로운 DRAM 칩을 출시하자마자 과거의 기술로 전락했다. **MG**

**참고:** 디지털 전자 컴퓨터, 자기 코어 메모리, C 프로그래밍 언어, 플래시 메모리

↥ 가색 스캐닝 전자 현미경이 DRAM 집적 회로의 일부분을 보여주고 있다.

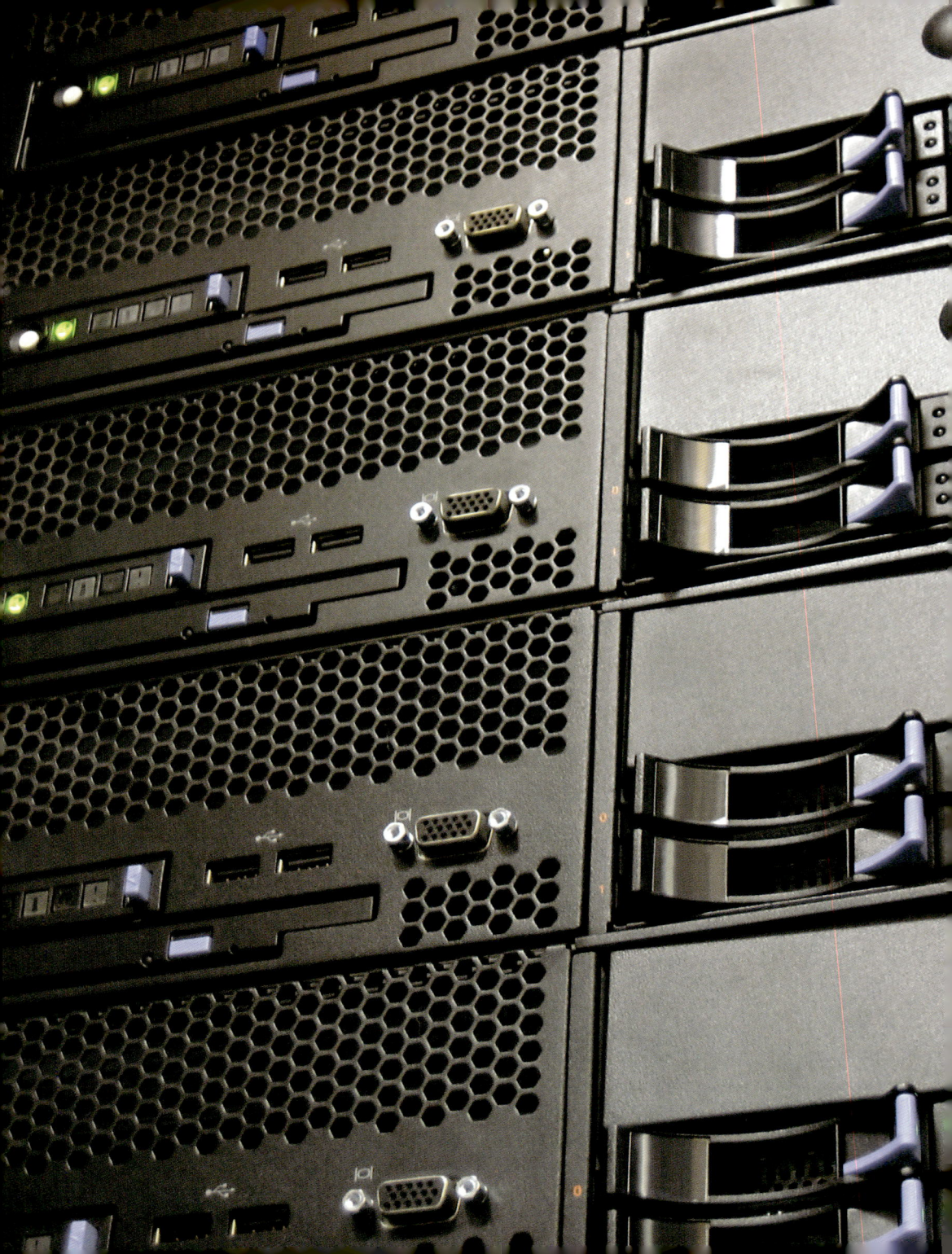

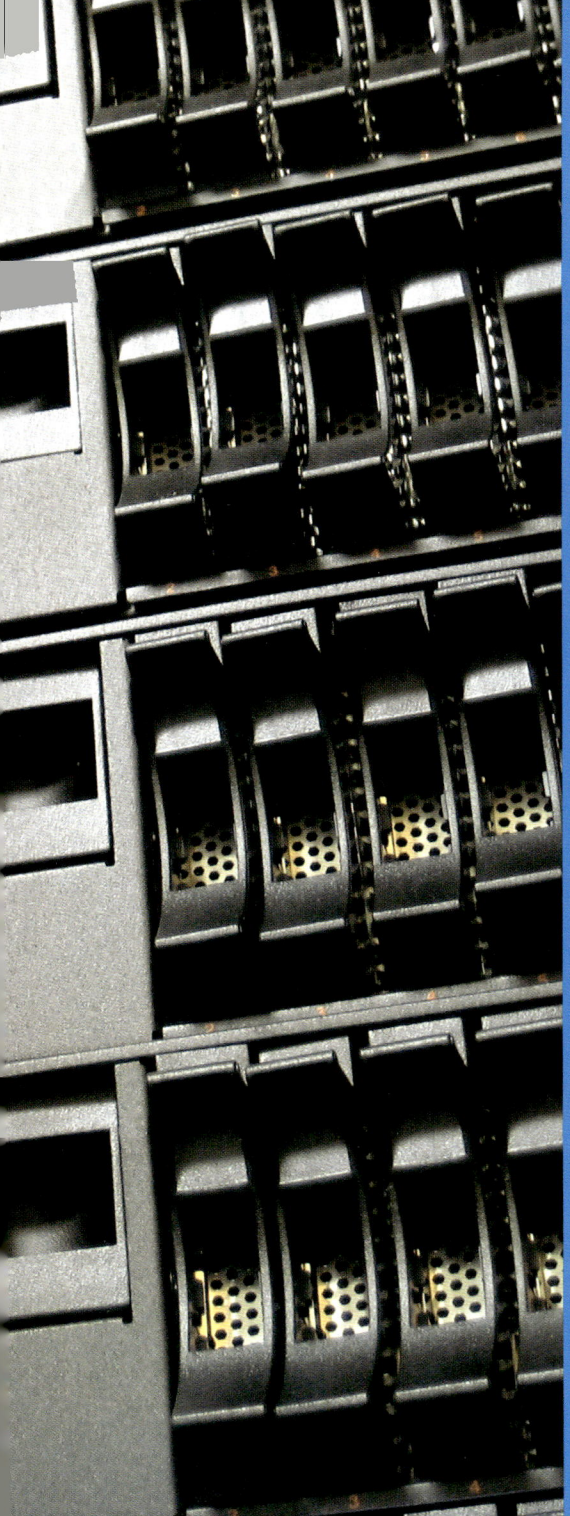

1990년대 이전에는 인터넷에 대해 알고 있던 사람이 거의 없었다. 그러나 인터넷은 세상에 등장하기 수십 년 전에 구상된 것이었다. 최초의 이메일이 발송되기 전인 1970년경에 개발된 휴대폰도 이와 유사한 예이다. 사실, 개인용 컴퓨터와 랩톱 컴퓨터 같은 여러 제품은 시장에 출시되기 오래 전에 이미 개발된 것들이다. 유인 우주 정거장 시대인 오늘날 어떠한 새로운 기술이 우리를 놀라게 할 것인지 기대된다.

◀ 인터넷 시대의 발명품들이 등장할 수 있게 해준 서버 클러스터.

# The INTERNET AGE
## (인터넷 시대)

**1969 to Present**

# 인터넷 (1969년)

ARPA가 최초의 컴퓨터 네트워크를 개발하다.

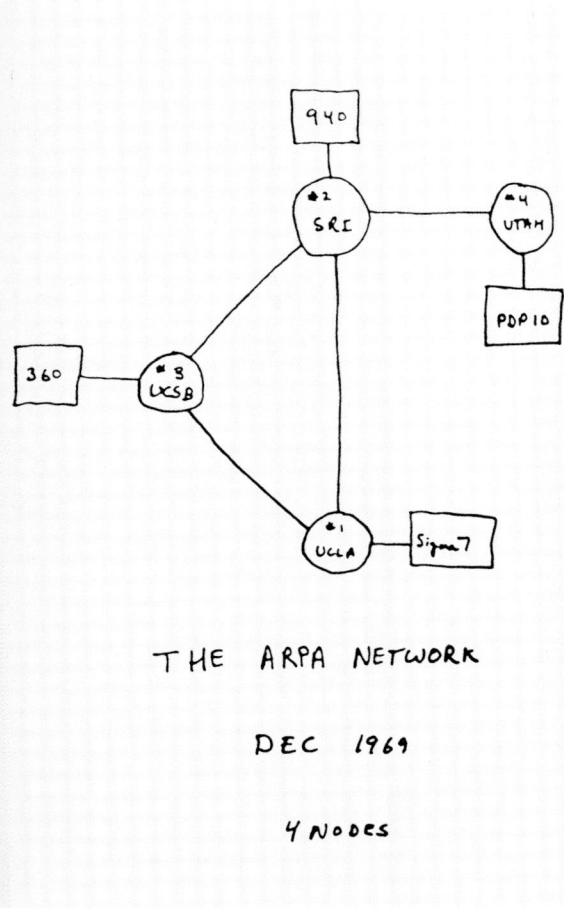

구 소련의 핵 위협에 대한 공포를 계기로 1963년 미국 국방성이 조직한 ARPA(Advanced Research Project Agency)는 컴퓨터 네트워크를 구축하기 시작했다. 다양한 지역에 위치한 컴퓨터 간에 고정된 경로 없이 데이터를 공유할 수 있도록 하여 핵 공격에도 취약하지 않은 시스템을 만드는 것이 컴퓨터 네트워크의 개발 목표였다.

1950년 후반 AT&T에서 개발한 모뎀(변조 및 복조 장치)을 사용하여 데이터를 전화 신호로 변환시킬 수 있었으며 1960년대에는 패킷스위칭과 같은 핵심 기술의 발전이 이루어졌다. 패킷스위칭은 데이터가 네트워크를 통하여 전달되도록 데이터를 패키징하고 레이블링하며 경로를 설정하는 시스템이다. 폴 바란(1926년 출생)이 제안한 패킷스위칭 시스템은 각각의 메시지를 작은 덩어리로 쪼개도록 구성되었다. 이렇게 쪼개진 메시지들은 지정된 목적지로 경로를 통해 전달(스위치)된다. 만약 메시지 묶음이 시애틀에서 달라스를 통해 뉴욕으로 이동할 경우, 달라스가 갑자기 오프라인 상태가 된다면 달라스 대신 덴버를 통해 메시지 묶음이 전달되도록 자동적으로 경로가 설정된다. 메시지의 다른 부분(혹은 패킷)은 서로 다른 경로로 전달된 후 목적지에서 원본 메세지로 재조립된다. 바란은 1964년 자신의 생각을 공표하였으며, 그로부터 5년 후 ARPANET이라고 불리는 새로운 네트워크가 탄생하였다.

1970년대 초 핵 위협이 감소함에 따라 ARPA-NET은 인터넷으로 이름이 변경되었으며 모든 사용자에게 개방되었다. 이후에 등장한 이메일, 월드와이드웹, 브라우저는 인터넷을 풍부한 커뮤니케이션 수단이 되도록 만들었다. **SC**

> "인터넷에서 정보를 얻는 것은 소화전에서 마실 것을 얻는 것과 같다."

미첼 케이퍼, 소프트웨어 디자이너

**참고:** 케이블 모뎀, 이메일, 인터넷 프로토콜(TCP/IP), 검색 엔진, 웹캠, 월드와이드웹

🔂 미래의 스케치: ARPANET의 핵심 설계자 중 하나인 래리 로버츠가 생성한 ARPANET의 다이어그램.

# 풍선 카테터 (1969년)

**포가티가 비삽입 혈관 치료 기구를 개발하다.**

토머스 포가티(1934년 출생)는 오하이오 주 신시내티에 위치한 굿사마리탄병원에서 수술실 기술자로 근무하던 중, 동맥과 정맥에 형성된 혈액 응고물을 제거하는 수술이 매우 어렵다는 것을 알게 되었다. 수술에 아홉 시간에서 열두 시간 정도 소요되었으며 정맥 전체를 끄집어 내야 했기에 환자가 죽거나 팔과 다리를 절단해야 하는 상황이 발생하였다.

포가티는 침습 수술을 하지 않아도 되는 계획을 고안했는데 그것은 풍선 카테터를 사용하는 것이었다. 그는 혈관을 통해 삽입될 수 있는 유연하고 강력한 카테터를 사용하여 혈액 응고를 막으려고 했다. 다락방에서 연구를 진행하던 포가티는 어부였던 시절 자신이 사용하던 '플라이 타잉' 기술을 응용하여 라텍스 장갑의 손가락 끝 부분을 카테터에 붙였다. 그가 만든 이 카테터는 혈액이 응고된 지점에서 장갑 손가락 부분을 식염수로 부풀릴 수 있었다.

포가티의 색전 제거용 풍선 카테터는 1961년 처음으로 환자에게 사용되었는데, 조그맣게 절개한 구멍을 통해 카테터를 막힌 동맥 안으로 밀어넣을 수 있엇다. 풍선 카테터가 팽창하여 막힌 동맥이 뚫리면, 응고된 혈액이 카테터와 함께 외부로 뽑혀 나왔다. 포가티의 풍선 카테터(1969년 특허로 등록)는 오늘날에도 여전히 혈액 응고물을 제거하는 기법으로 널리 사용되고 있다. 이 기법은 혈관 형성술에서도 사용되는데, 카테터의 풍선을 팽창시켜 협심증을 일으키는 축소된 심장동맥을 확장시킬 수 있다. **JF**

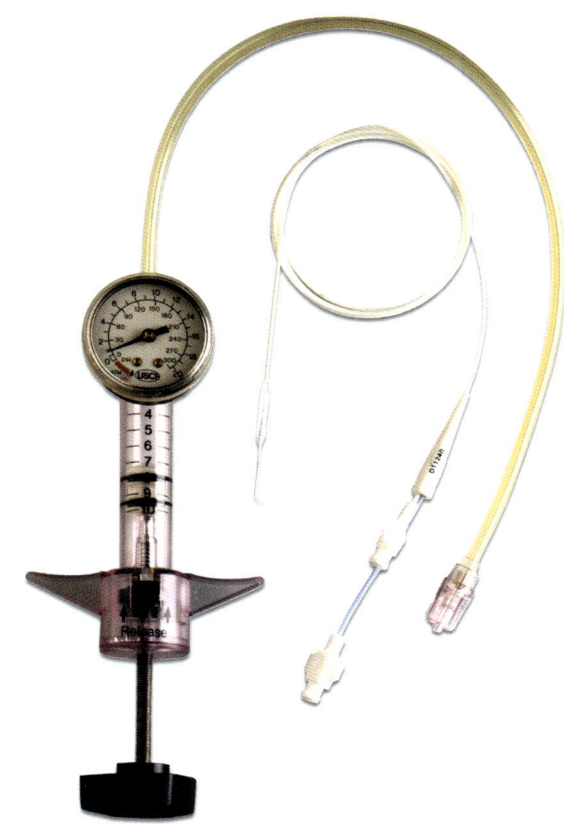

**참고:** 일회용 카테터. 혈관 내 스텐트

➡ USCI社와 바드가 1990년에 제조한 이러한 기구는 혈관 수술의 위험성을 감소시키고 있다.

"포가티의 수술 절차는 혈관 수술에 있어 좀더 안전한 수술이 가능하다는 것을 보여주었다."

금주의 발명가

# CCD
## (1969년)

보일과 스미스가 새로운 유형의 메모리를 개척하다.

CCD(Charge-Doupled Device)는 디지털 카메라와 비디오에 꼭 필요한 기술이지만, 원래는 새로운 형태의 메모리로 사용하려고 개발되었다. 1969년 어느 날 윌리엄 보일(1924년 출생)과 조지 스미스(1930년 출생)는 뉴저지에 위치한 벨 연구소에서 아이디어 회의를 통해 두 가지의 새로운 기술인 반도체 버블 메모리와 비디오 폰을 통합해 보기로 결정했다. 두 사람은 작은 단위로 묶인 전하를 실리콘 칩으로 제어하는 새로운 원리에 대해 연구하였다.

이렇게 해서 탄생한 발명품을 그들은 CCD라고 불렀는데, CCD에서 작은 단위로 묶인 전하의 광전 효과를 사용하여 들어오는 광자를 붙잡을 수 있다. 1969년 말에 보일과 스미스는 자신들의 장치를 사용하여 벨 연구소에서 전자 이미지를 찍을 수 있었다.

---

"우리는 새로운 장치를 발명하였다.
이것은 트랜지스터와는
다른 것이다."

윌리엄 보일, 공동 발명가

---

그 이후 다양한 회사들이 CCD를 개발하기 시작했으며 1974년 페어차일드 반도체社는 100 X 100 픽셀로 이미지를 찍을 수 있는 최초의 상업적 CCD 장치를 출시하였다. 오늘날 CCD는 디지털 카메라 외에도 천체 망원경, 스캐너, 바코드 판독기, 로봇 눈 등에 널리 사용되고 있다. **DHk**

**참고**: 바코드, 컴퓨터 스캐너, 디지털 카메라, 허블 우주망원경, 수술 로봇

---

# 원자외선 카메라
## (1969년)

카루더스가 별을 관찰할 수 있도록 해주다.

자외선은 가시광선 스펙트럼의 끝 부분과 X선 사이에 위치하여 태양이 발산하는 자외선 때문에 우리는 외출 시 선 크림을 바를 필요가 있다. 자외선은 살아 있는 생명체에게 나쁜 영향을 미치지만 대부분의 자외선은 지구 대기에서 흡수된다.

태양이 아닌 다른 곳, 특히 온도가 태양보다 두 배에서 열 배 정도 높은 별에서 발산되는 자외선은 우주에 대한 많은 정보를 우리에게 알려준다. 이러한 자외선은 지구 대기에서나 확인할 수 있기 때문에 그 당시 천문학자들은 알아낼 길이 없었다.

일반 카메라는 가시광선 스펙트럼 내의 빛만 찍을 수 있다. 하지만 1969년 11월 11일 천체 물리학자인 조지 카루더스(1939년 출생) 박사는 단파 길이로 전자 방사선을 감지하기 위한 화상 변환기를 개발하여 특허를 취득하였다. 카루더스 박사의 원자외선 카메라는 3인치(7.62센티미터) 크기와 48.5파운드(22킬로그램)의 전기 도금 장치로, 인간의 눈에는 보이지 않는 희미한 별들을 볼 수 있도록 해주었다. 원자외선 카메라는 1972년 아폴로 16호에 실려 달 표면에 설치됐으며, 연구원들이 지구의 대기 상 오염 농도를 조사할 수 있도록 해주었다. 원자외선 카메라는 200개 정도의 이미지를 기록하여 550개 이상의 별, 성운, 은하에 관한 데이터를 천문학자에게 전달하였을 뿐만 아니라 지구의 새로운 모습을 보여주었다. 원자외선 카메라는 대기층에서 가장 높은 부분인 전리층을 조사해 사람이 발생시킨 대기 오염 농도에 대한 일부 데이터를 제공했다. **DK**

**참고**: 컬러 사진, 적외선 사진, 사진 필름, 사진, 우주 망원경

▷ NASA 원자외선 감지기가 찍은 사진으로, 연성계 Z캠(가운데 흰색 물체)을 볼 수 있다.

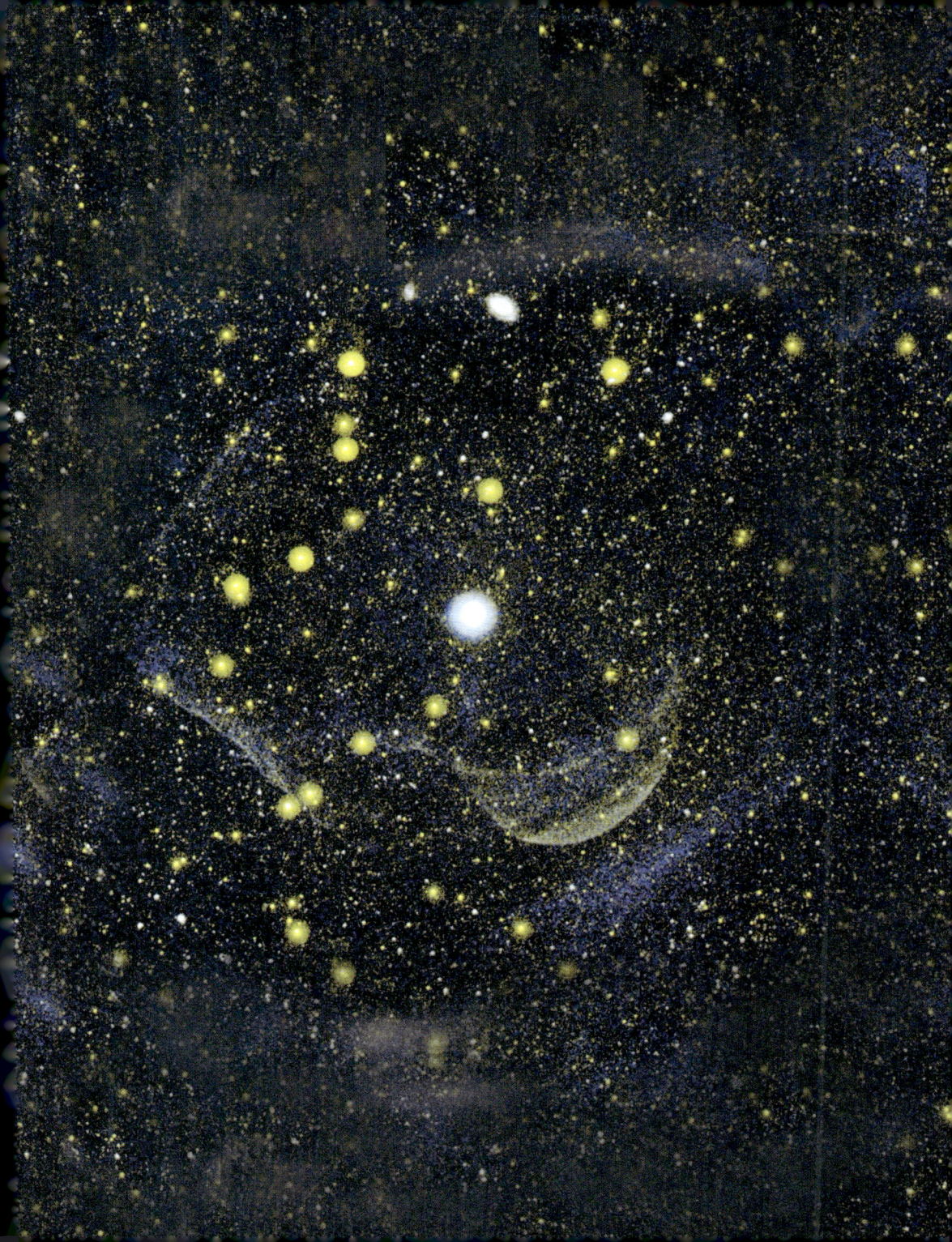

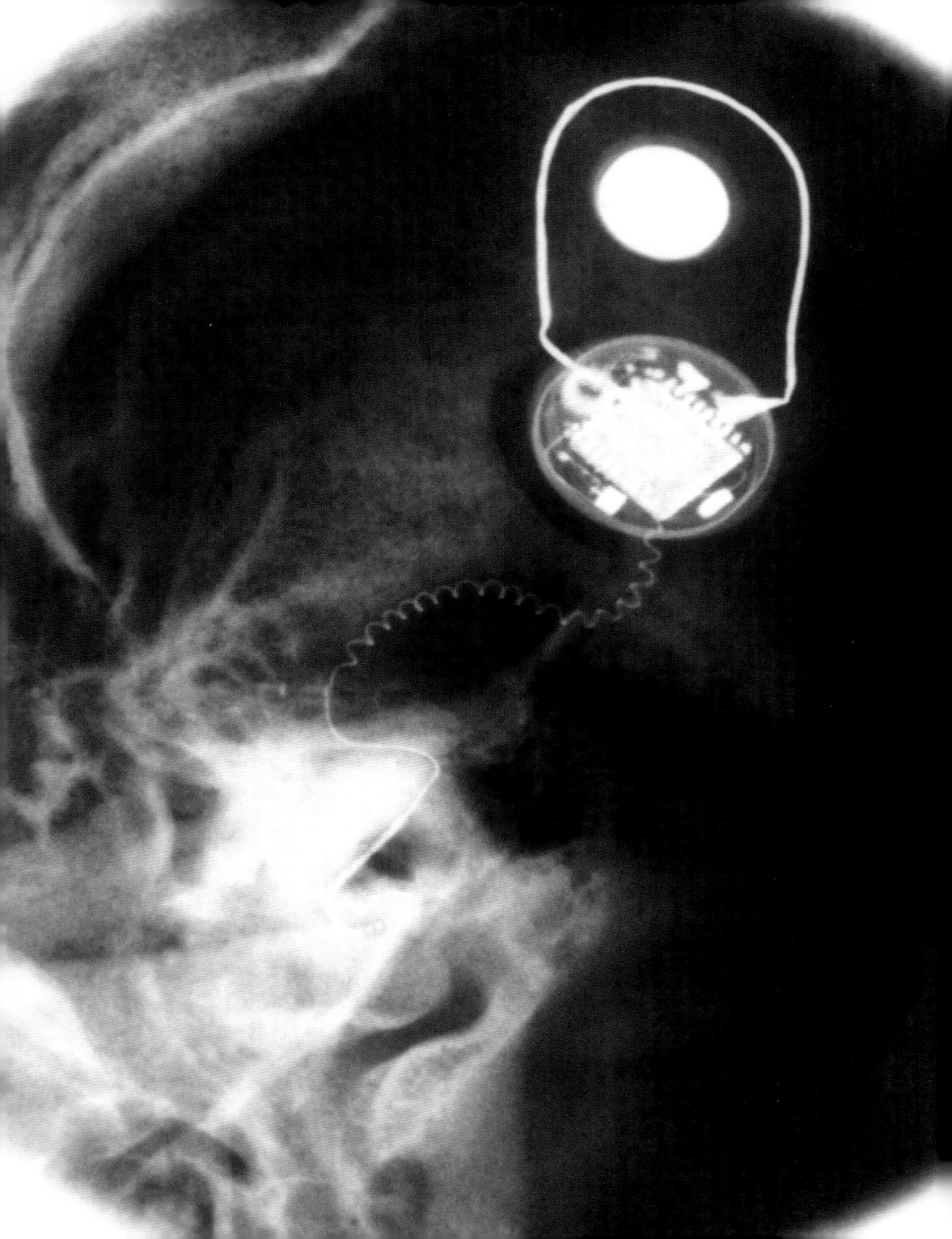

# 인공 와우 (1969년)

하우스의 이식물체가 청각 신경을 자극하다.

인공 와우는 수술을 통해 인체에 삽입되는 전자 장치로, 청각장애인이 소리를 들을 수 있도록 해준다. 인공 와우는 전기 충격으로 청각 신경을 직접 자극하여 작동한다.

미국의 윌리엄 하우스(1923년 출생)는 달팽이관 유형의 장치를 최초로 이식한 외과 의사다. 1957년 하우스는 청각 신경에 전극을 삽입한 후 신경을 자극하면 귀머거리도 음성을 들을 수 있다는 연구 기사를 읽었다. 1961년 하우스는 세 명의 난청 환자에게 인공 와우를 이식하여 환자들이 소리를 들을 수 있도록 해주었다. 전극의 최적 위치를 연구한 끝에 하우스는 1969년 최초로 이식 가능한 달팽이관을 제작하였다.

전기 자극이 뇌 세포를 파괴하거나 질병을 야기시킬 수 있다는 적대적인 비난과 두려움에도 불구하고, 1984년경 인공 와우는 미국 FDA(Food and Drug Administration)의 승인을 취득하였다. 인공 와우에서, 음성은 귀 근처에 착용된 마이크에 의해 포착되어 신체에 착용된 음성 처리기로 전송된다. 그 후 음성은 전자 신호로 변환되어 귀 안에 이식된 수신기로 전송된다. 수신기는 전극을 통해 신호를 내이(inner ear)로 전송하며, 내이의 전기 자극이 뇌로 전달되었다.

1990년대에 이르러 더 나은 기술 진보가 이루어졌는데, 특히 음성 처리기가 보청기 같은 장치와 통합될 수 있도록 소형화 되었다. 2005년에는 마침내 최초의 완전한 이식용 와우가 개발되었다. **JF**

# 연기 탐지기 (1969년)

피어살이 배터리로 작동하는 경보기를 제작하다.

최소 한 개의 연기 탐지기가 가정에 설치되어 있다면 불씨가 심각한 화재로 번질 위험이 반으로 줄어들 것이다. 1960년대 후반 연기 탐지기가 가정에 도입된 이후 전 세계 수천 명의 생명을 구할 수 있었다.

현대식 감지기의 선조격에 해당하는 연기 탐지기는 1902년 영국 전기 기사인 조지 다비가 발명하였다. 그의 감지기는 연기가 아닌 열을 감지하였으며, 버터로 갈라놓은 두 개의 전기 플레이트로 구성되었다. 방 안의 온도가 상승하면 버터가 녹아, 분리되어 있던 두 개의 플레이트가 서로 닿게 되어 경보가 작동했다.

현재 일반적인 연기 탐지기는 1939년 스위스 물리학자인 에른스트 마일리가 광산에 존재하는 독성 가스를 감지하기 위해 개발한 이온화 상자를 사용한다. 이온화 상자의 방사능 물질은 이온(전기적으로 하전된 원자)을 생성하는데, 연기가 발생하면 두 전극 간 이온 흐름이 방해를 받아 경보를 작동한다.

이온화 상자 연기 탐지기는 1950년대 사용이 가능했지만 가격이 비싸 공장과 기타 대형 빌딩에만 설치되었다. 1967년 미국의 두안 피어살(1922년 출생)은 작은 이온화 상자에 전력을 공급하는 배터리를 추가하여 최초의 실용적인 가정용 연기 탐지기를 개발했으며, 케네스 하우스와 랜돌프 스미스는 1969년 배터리 전원공급 연기 탐지기로 특허를 취득하였다. NASA는 우주 프로그램의 일환으로 연기 탐지기 제작 계획을 추진할 예정이다. 사실 NASA는 스카이랩 프로젝트를 위한 일종의 감지기를 개발한 적이 있지만 연기 탐지기 그 자체를 발명한 적은 없다. **RBd**

참고: 음성 인식, 음성 합성, 생체공학 눈

← X선이 내이(inner ear)에 위치한 인공 와우를 보여주고 있다.

**참고:** 자동식 화재 스프링클러, 불의 제어, 전기 화재 경보기, 소화기

# 디지털 손목시계 (1970년)

해밀턴 워치社가 미래의 시계를 개발하다.

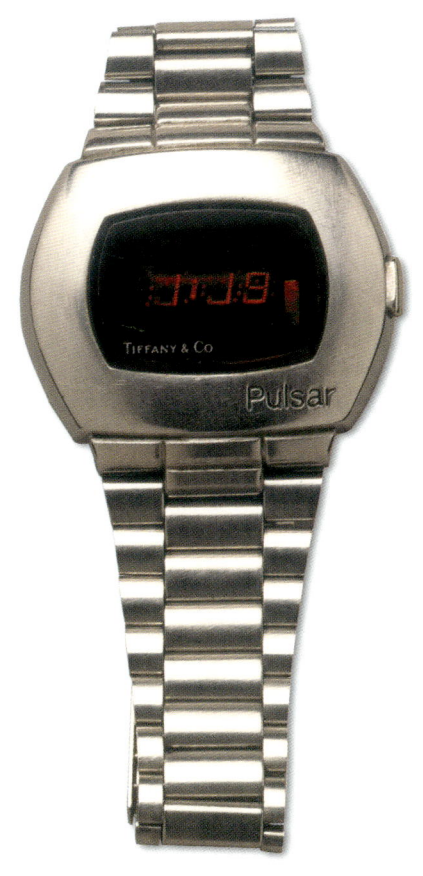

해밀턴 워치社의 '펄서'는 시간을 디지털로 알려주는 최초의 손목 시계였다. 이 18캐럿 금장 손목 시계는 빨간색 LED 화면으로 네 자리 숫자를 이용해 사용자에게 시간을 알려주었으며 소매가 2,100달러의 금액으로 판매되었다. 펄서는 개발 초기의 고장 문제로 1972년까지 상업적으로 출시되지 않았으나 출시 이후, 사람들은 기계식 부품을 탑재한 전통적인 다이얼 시계가 사라지게 될 것이라고 생각했다.

해밀턴社는 디지털 손목시계를 개발하기 위한 영감을 1968년 영화 「2001: 스페이스 오디세이(A Space Odyssey)」의 소품에서 얻었다고 했다.

제임스 본드처럼 화려한 도금 디지털 손목시계를 착용할 수 있는 기회라고 생각하면 2,100 달러의 가격은 싼 것이라고 주장하는 사람들이 많았을 테지만, 터무니 없이 비싼 가격은 펄서의 유일한 문제점이었다. 1975년 텍사스 인스트루먼츠社는 시계에 많은 돈을 낭비하고 싶지 않은 사람들을 위하여 플라스틱 시계줄로 구성된 디지털 손목 시계를 단돈 20달러에 판매한 후 얼마 지나지 않아 해당 시계의 가격을 10달러로 인하했다. 이로 인해 해밀턴社는 파산했으며 세이코社의 자회사가 되었다.

디지털 손목시계의 개발은 그 후 30년간 계속되었으며 1970년대 초 LED(Light-Emitting Diodes) 대신에 LCD(Liquid Crystal Displays)를 사용한 시계가 개발되었다. 1980년대에는 온도계, 언어 번역기, 계산기, 소형 텔레비전 등 여러 혁명적인 발명품들이 시계의 디지털 화면에 통합되었다. **BG**

"너희들은
정말로 무언가 기발한
생각을 하고 있다."
플러드 박사, 「2001: 스페이스 오디세이」, 1968년

**참고:** 원자시계, 벽시계, 쿼츠시계, 그림자 시계, 시계탑, 물시계, 디지털시계

⇦ 1970년대에 생산된 최초의 전자 디지털 손목시계인 해밀턴社의 펄서(Tiffany and Co. 버전).

# 핸드폰 (1970년)

**조엘이 휴대용 모바일 통신 시스템을 개발하다.**

1970년 뉴저지 주 머레이 힐에 위치한 벨 연구소의 전기 기사로 근무하고 있던 아모스 조엘(1918년 출생)은 자신의 발명품이 미래에 어떤 큰 영향을 미치게 될지는 상상도 하지 못한 채 오늘날 널리 이용되고 있는 핸드폰을 생각해냈다.

1970년대 이전에도 핸드폰이 있긴 했지만 단일 채널에 각 호출이 생성된 후에는 활용 가능한 채널 숫자로 동시 호출 숫자가 한정되었다. 그리고 만약 핸드폰 사용자가 관할 기지국을 벗어나기라도 한다면 네크워크 연결이 끊어지는 취약점을 가지고 있었다.

조엘은 휴대용 모바일 통신 시스템을 개발하여 이러한 문제를 해결하였다. 그가 발명한 통신 시스템은 기지국을 여러 개의 작은 저전력 기지국으로 분할하여 전화 서비스를 제공하는 방식으로 각각의 작은 기지국들은 하나의 무선채널이 할당되었고, 기지국 간의 간섭현상을 막기 위해 일정한 거리를 유지했다. 이 방식으로 핸드폰 사용자는 한 기지국의 서비스 지역에서 다른 기지국 서비스 지역으로 이동하게 되어도 셀룰러 방식 기지국과 무선 신호들이 전환되어 끊어짐 없이 전화 통화를 계속 할 수 있었다.

이 시스템에서 마이크로프로세서는 전화를 확인하고 셀룰러 방식 기지국을 검색하며 사용자가 네트워크를 통해 이동하는 동안 연결을 제어하는 핵심적인 역할을 담당한다. 오늘날의 핸드폰은 텍스트 메시지, 인터넷 접속, 카메라 기능 등 수많은 추가 서비스를 지원한다. **AKo**

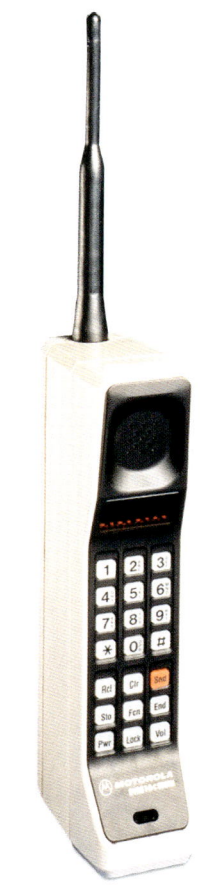

**참고:** 디지털 핸드폰, 스마트폰, 워키토키, 무선 통신

↗ 모토로라는 1983년에 상용화된 최초의 핸드폰을 생산하였다. 이 핸드폰의 무게는 28온스(794그램)였다.

> "다이얼 방식 전화 시스템의
> 작동 방식에 대한 호기심은
> 이 사업을 시작하게 된 계기가 되었다."
>
> 아모스 조엘

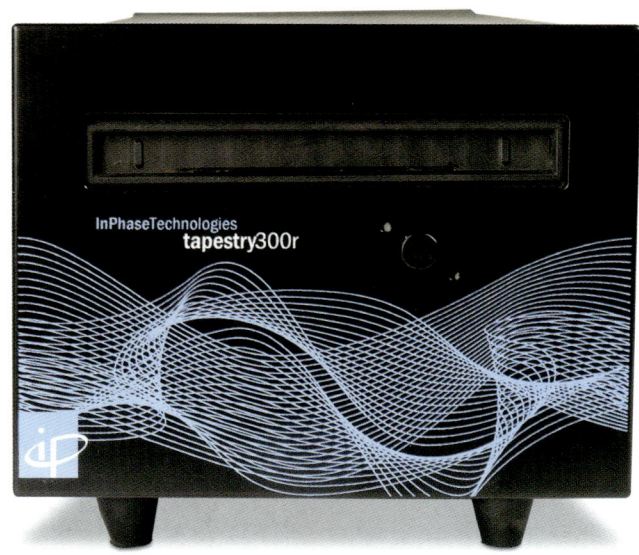

# 홀로그래픽 메모리 (1970년)

카울필드, 소레프, 맥마흔이 새로운 형태의 데이터 저장 장치를 개발하다.

홀로그래피는 일반적으로 3차원 이미지와 관련되는데, 홀로그램을 사용하여 광학적 형태로 정보를 저장하고 추출하는 기술은 홀로그래피 기술 중 가장 중요한 부분이다.

홀로그래픽 메모리는 가장 정밀한 레이저를 사용하여 '레퍼런스'와 '시그널'이라고 하는 두 광원 간의 간섭 패턴으로 만들어진다. 홀로그래픽 메모리는 보통의 홀로그램처럼 물체의 이미지를 저장하는 것이 아니라 일련의 데이터를 저장하는데, 1과 0의 형태로 이루어진 바이너리 데이터는 빛과 어둠의 패턴으로 표현된다.

홀로그래픽 메모리는 현재도 여전히 개발 중이지만 거의 40년 전에 선구적 발전이 이루어졌다. 1970년 미국 스페리 랜드 연구센터의 최고 책임 과학자인 헨리 카울필드(1873~1966)는 전기 기사인 리처드 소레프, 도날드 맥마흔과 함께 홀로그래픽 데이터 저장소에 대한 최초의 특허권을 신청하였다. 그들은 홀로그래피를 정보를 저장과 재생의 수단으로 제안했는데, 이론상 홀로그램은 1,000분의 1세제곱미터 당 4기가바이트의 용량을 저장할 수 있었다. 이러한 거대한 저장 능력과 더불어 홀로그래픽 메모리는 전체 데이터 세트를 순식간에 검색할 수 있다.

2006년 인페이스 테크놀로지스社는 홀로그래픽 기법을 사용하여 1세제곱인치 당 515기가바이트의 데이터를 저장하는 신기록을 세웠다. 인페이스 테크놀로지스社는 회사 설립 이후 세계 최고의 홀로그래픽 기억 장치 제품을 내놓았다. 카울필드와 그의 동료들이 개발한 홀로그래픽 기법 덕분에 하드 디스크와 DVD는 구식 기술이 되었다. **AC**

참고: 홀로그래피. 레이저

⬆ 태피스트리는 인페이스社가 출시한 최신 저장 장치이다. 300기가바이트의 용량은 대용량에 대한 상업적 수요를 충족시켰다.

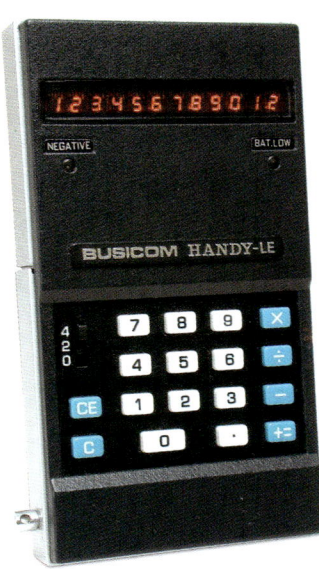

# 휴대용 계산기 (1970년)

비지콤 주식회사가 최초의 진정한 휴대용 계산기를 개발하다.

거의 모든 장치가 휴대 가능한 크기로 이루어져 있는 현대에, 단순한 포켓용 계산기가 공상 과학영화 소품으로 등장하던 때를 상상하기란 쉽지 않다. 1960년대 초반 계산기는 현재의 데스크톱 컴퓨터 정도의 크기였지만 성능은 강력하지 못했다. 그 당시에는 개인용 계산기가 존재하지 않았으며 업무용 데스크톱 계산기는 사칙연산만 가능했으므로 사무실에서의 복잡한 계산은 직접 해야 했었다.

1965년 텍사스 인스트루먼츠社의 수학자와 엔지니어들은 사내에서 발명한 통합 회로 기술을 사용하여 계산기의 크기를 줄이는 연구에 착수하였다. 1967년 경 그들은 여섯 자리 숫자로 사칙연산을 수행할 수 있는 배터리 전력공급형 시제품을 제작하였다. '칼-테크(Cal-Tech)'라고 부른 이 계산기는 큰 책 한 권의 크기(11×16×4센티미터)와 맞먹었으며 무게가 거의 3파운드(1.3킬로그램)에 육박했다. 이 계산기는 상업적으로 판매되지 않았다. TI社는 캐논社와 파트너쉽을 맺어

1970년경 칼-테크보다 조금 더 작은 '포켓트로닉'을 시장에 출시하였다.

1970년대 후반 일본의 비지콤社는 최초로 호주머니 크기의 계산기를 출시하였다. 비지콤 LE-120A는 포켓트로닉의 절반 정도 크기였으며 LED(Light-Emitting Diode) 화면을 최초로 장착하였고 계산기 전용 특수 통합 회로를 사용하였다. 1970년대 수많은 전자 회사들이 시장에서 우위를 점하려고 계산기를 앞다퉈 개발하였다. 텍사스 인스트루먼츠社는 이 경쟁에서 승리하여 시장을 석권하게 되었으며 이 회사의 이름 자체가 곧 계산기를 의미하게 되었다. **RBk**

참고: 주판, 디지털 전자 컴퓨터, 기계식 계산기, 세는 막대기

⬆ 1971년에 판매된 비지콤社의 '핸디-르' 모델. 최초의 포켓 사이즈 계산기이며 LED 화면을 최초로 사용하였다.

# 컴퓨터 스캐너 (1970년)

벨 연구소가 영상 기법을 개발하다.

컴퓨터 스캐너는 기계로 읽은 이미지를 컴퓨터가 이해할 수 있는 신호로 바꾼다. 이미지 스캐너는 CCD (Charge-Coupled Device)가 발명되기 이전부터 존재했을 만큼 오래되었지만, 대부분의 현대식 스캐너는 아직도 이 방법을 사용하여 이미지를 캡처한다.

스캐너는 빛을 캡처할 수 있는 CCD 배열을 내장하고 있다. 사진이나 책을 스캔하면 램프가 이미지를 밝게 비춰 렌즈에 반사시킨다. 그 후 렌즈에 반사된 이미지는 초점이 맞춰져 CCD 배열로 전달되는데, CCD는 전달된 이미지의 아날로그 신호를 만들어 낸 후 이를 다시 컴퓨터가 읽을 수 있는 디지털 신호로 변환시켜 저장한다. 최근에는 제조사들이 일반 램프로 빛을 반사시키는 대신 LED(Light-Emitting Diodes)로 빛을 반사시킨 후 센서를 통해 빛을 수신하는 CIS(Contact Image Sensor) 기법을 사용하기 시작했다. 낮은 퀄리

> "사람의 존재는 이미지로 입증된다.
> 이미지는 세상의 벽과 시간의 벽을 뛰어넘어 사람이 존재하는 모습을 보여준다."
> 로버트 펜 워렌, 시인

티의 화상이 만들어짐에도 불구하고 CIS 기술은 비용이 저렴하여 휴대용 스캐너에 사용되고 있다.

스캐닝 기술은 1970년대 이후 1차원에서 3차원으로 발전하였다. 예술가와 건축가들은 현재 최신식 레이저 기술을 사용하는 정교한 스캐너를 활용하여 자신들의 디자인에 포함시키고자 하는 사물의 3D 컴퓨터 모델을 만들어 낼 수 있다. 또한 영화 제작사들은 3D 스캐너를 사용하여 컴퓨터가 만들어낸 이미지로 특수 효과를 만드는 데 도움을 받을 수 있다. **HB**

# 자동차 경보 장치 (1970년)

스테레오社가 기계적인 경보 장치를 제조하다.

자동차 경보 장치는 인기 있는 발명품과는 거리가 멀다. 한 영국 텔레비전의 설문조사 결과 자동차 경보 장치(핸드폰 다음 순위)는 영국에서 가장 인기 없는 발명품 중 하나에 선정되었다. 또한 뉴욕 시장인 루디 줄리아니는 도시에서는 자동차 경보 장치에 방해 받는 일 없이 잠을 잘 수 있어야 한다고 논평하였다. 자동차 경보 장치의 사용을 금지시키자는 탄원이 있어왔는데, 심지어 자동차 도난 사고를 줄이는 데 도움이 되지 않고 문제를 악화시킨다고 주장하는 사람들도 있다.

자동차 도둑은 1896년 최초로 검거되었다. 자동차는 고가의 장비이며 절도 후 개조하는 것이 용이하므로 훔치기 쉬운 대상으로 간주되어 왔다. 1970년 캘리포니아 주의 자동차 스테레오 제조사들은 자동차 경보 장치를 생산하면서 자동차가 절도 문제가 해결될 것으로 예상했으나 사실은 그렇지 않았다. 경보 장치는 작동되는 순간 강력한 소음을 발생시켜 도둑들을 놀라게 만들 뿐만 아니라 사람들에게 누군가 자동차를 훔쳐가려고 한다는 사실을 알려주는 장점이 있지만 작동 메커니즘이 민감하다는 문제점도 있었다.

현대식 자동차 경보 장치는 자동차 주위에 퍼져 있는 센서의 배열들로 이루어진다. 이러한 센서는 자동차 문이 열리거나 자동차가 갑자기 움직이면 경보를 발생시킨다. 이러한 동작 센서의 의도되지 않은 빈번한 작동으로 사람들은 양치기 소년이 말하는 것을 듣는 것마냥 경보가 울리는 것을 점점 무시하게 되었다.

최근에는 자동차 경보 장치 대신 로잭과 같은 현대식 도난 차량 추적 시스템이 더욱 일반적으로 보급되고 있다. 일단 자동차의 도난 사실이 보고되면 차량에 숨겨놓은 무선 장치가 경찰에게 신호를 전달하여 자동차의 위치를 추적할 수 있도록 해준다. **BG**

**참고:** CCD, 광학식 문자 판독

**참고:** 도난 경보기, 전기 화재 경보기, 자동차, 다이얼 자물쇠

# 광학 집게 (1970년)

아쉬킨이 미세한 입자의 포획 및 조작을 위해 레이저를 사용하다.

방사 압력이란 빛의 광선이 물체로부터 반사되거나 흡수될 때 물체 표면에 미치는 압력을 일컫는다. 일반 광선은 넓게 분산되어 방사되지만 초점을 모은 레이저 광선은 극도로 집중된 힘을 적용시킬 수 있다.

만약 1그램보다 질량이 적은 미세 입자에 극도로 집속된 레이저 광선을 산란시키면, 입자에 미치는 방사형 운동량의 변화 때문에 초점 근처에서 입자를 포획하는 힘을 만들어 낼 수 있다. 이를 통해 단일 레이저 빔은 한 쌍의 집게처럼 작동할 수 있게 되며 개별적인 원자, 분자, 생물학적 세포들을 이 레이저 빔을 사용하여 미세하게 조작할 수 있다. 1970년 벨 연구소의 아서 아쉬킨(1922년 출생)은 광학적으로 흩어져 있는 입자들을 이 방법으로 포획할 수 있다는 것을 보여주었다. 그러나 아쉬킨은 벨 연구소의 스티븐 추가 개발한 레이저 냉각 기법을 사용하여 실행 가능한 공정을 만드는 데까지 15년의 세월을 소요하였으며 1987년경 매우 작은 생물학적 입자를 포획하였다.

DNA 염기서열, 박테리아, 바이러스를 연구할 때는 유리나 폴리스티렌의 유전체구에 이러한 것들을 위치시킨 후 광학 집게를 사용하여 위치를 조정한다. 이때 표본이 점점 뜨거워지거나 방사형 운동으로 피해를 입지 않도록 하려면 레이저 광선의 강도와 파장 선택에 신중해야 한다. 포획된 입자는 항상 컴퓨터가 조종하는 음향/전자 광학 시스템을 사용하여 통제된다.

광학 집게를 통해 나노미터 크기의 움직임 등을 연구할 수 있지만 광학 집게의 전체 시스템은 매우 복잡하고 가격이 비싸며 숙련된 조작을 요구한다. **DH**

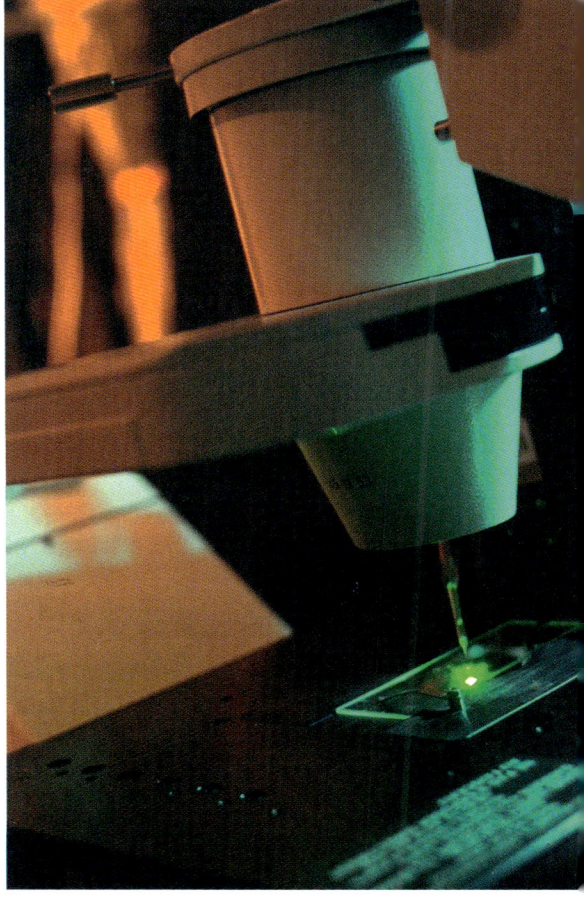

**참고:** 레이저, 원자의 레이저 냉각, 자기 원자 포획

↗ 프랑스의 국립 과학 연구 센터에서 유전자 변환 식물의 세포핵을 조작하고 있는 광학 집게.

"광 포획은 매우 중요한 발견이라는 것이 증명되었다. 광 포획은 스티브가 노벨상을 받을 수 있도록 해주었다."

아서 아쉬킨

# RFID
## (1971년)

카둘로가 물체를 식별하는 장치를 발명하다.

아마도 모두 한 번쯤은 자신이 알지 못하는 사이에 RFID를 사용해봤을 것이다. 빌딩 보안 장소에 입장하는 데 필요한 이름표(태그)나 도서관 서적을 파악하는 장치(판독기)는 RFID 기술을 사용하고 있으며, RFID는 현대 사회의 일부분이 되었다.

RFID는 처음에 아군인지 적군인지를 구별하는 신호를 방출하기 위한 목적으로 군용 항공기에서 사용되었다. 또한 보호 중인 물체의 위치를 파악하기 위해 RFID를 사용한 단순한 장치가 보안 산업에 쓰였다. 마리오 카둘로는 1969년 철도 추적에 바코드를 사용하는 것이 어렵다고 불평하는 엔지니어와 만났을 당시 군용 항공기와 보안 산업에 RFID 시스템이 사용되고 있다는 것을 알고 있었으며, 이 만남은 RFID가 극적으로 발전하는 계기가 되었다.

카둘로가 실제로 개념화한 것은 비교적 단순한 장치였다. 그는 RFID를 판독기와 특정 형태의 태그로 구성했으며 이렇게 만들어진 RFID 시스템은 뉴욕 항만청의 무인 요금 징수에 사용되었다. 같은 시기에 경쟁 개발자인 찰스 월튼은 특정 무선 주파수를 수신할 때에만 문이 열리는 출입문 자물쇠를 생각해냈다. 즉, 월튼이 생각해낸 것은 열쇠 카드로 열리는 문이었다.

현재는 RFID가 소매업의 요구를 충족시키는 쪽으로 확장되어 응용되고 있다. 비록 현재 바코드가 제품 식별을 위한 장치로 가장 많이 쓰이고 있지만, RFID 장치의 개발 진척 상황으로 보아 충분한 시간이 주어진다면 조만간 바코드를 대체하게 될 것이다. RFID는 이미 애완동물을 잃어버리게 되면 그들을 추적할 수 있게끔 애완동물에 이식되고 있다. **BMcC**

# CAM
## (1971년)

베지어의 프로그램이 생산 라인을 작동시키다.

사람들은 종종 로봇이 생각했던 것만큼 현대 생활에 널리 사용되고 있지 않다고 실망하곤 한다. 로봇은 우리가 아침을 만들지 않고 자동차를 청소하지 않으며 아이들을 침대에서 재워주지 않는다. 때문에 로봇이 우리의 기대를 거의 저버리고 있다고 생각할 수도 있지만, 그들은 우리의 실생활이 아닌 다른 부문에서 인간을 위하여 묵묵히 일하고 있으며 공상 과학 영화에 등장한 이후 우리가 예상했던 것보다 훨씬 더 보잘것 없는 일을 하고 있다.

프랑스 엔지니어인 피에르 에티엔 베지에(1910~1999)는 르노社에 근무하던 중 UNISURF 프로그램을 최초로 개발하였다. UNISURF는 자동차 몸체 및 기타 유사한 시스템을 설계하고 제조하는 데 있어 컴퓨터의 도움을 활용하려고 만들어졌다. CAM(Computer-Aided Manufacturing)은 소프트웨어 도구를 사용하여 부품의 생산을 담당하는 기계와 통신한다.

초기에 사람들은 CAM이 숙련된 기사 및 기술자에 대한 수요를 감소시킬 것이라고 걱정했다. CAM이 반복적인 수동 작업보다는 특정한 목적을 지닌 작업이나 업무를 훌륭하게 수행해 낸 이후로, CAM의 사용 여부에 대한 논쟁은 사실상 CAM의 지위를 상승시켰다.

오늘날 매우 다양한 종류의 CAM 소프트웨어가 존재하지만, 자신의 이름을 딴 베지에 곡선과 베지에 면이 생겨날 만큼, 베지에는 CAM 기술 발전에 중요한 역할을 하였다. 베지에 곡선과 베지에 면은 컴퓨터 그래픽 및 디자인 모델링에서 널리 사용되고 있다. **CL**

참고: 자동인형. 이족보행 로봇, 산업용 로봇, 수술 로봇

➡ 이 컴퓨터 화면은 산업용 로봇을 이용한 제조 시뮬레이션을 보여주고 있다.

참고: 바코드. 레이저 위치추적 시스템

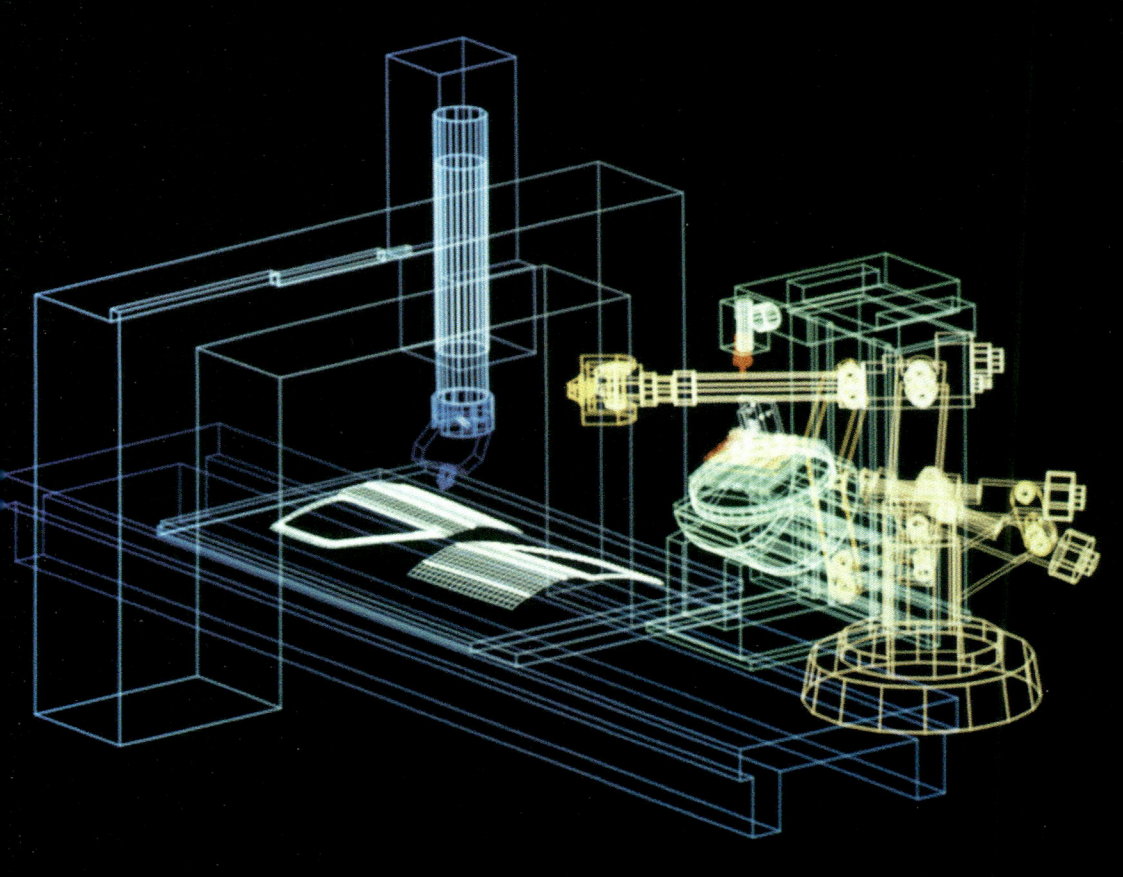

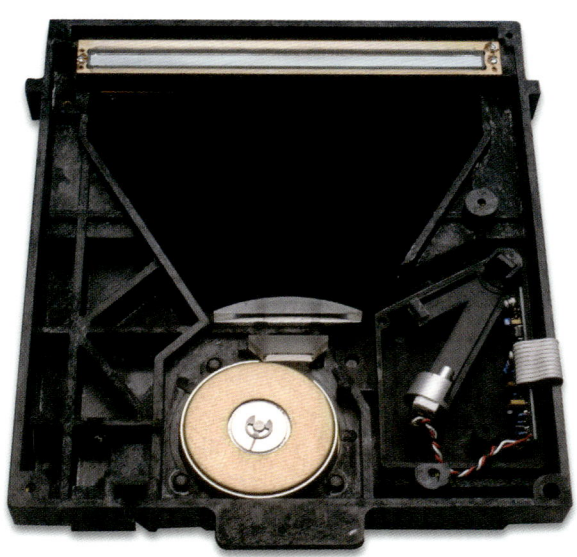

# 컴퓨터 레이저 프린터 (1971년)

스타크웨더가 고품질 텍스트 및 그래픽 출력을 위한 공정을 발명하다.

1969년 모든 사람이 LSD를 연구하던 반면 게리 스타크웨더는 뉴욕 웹스터에 위치한 제록스의 연구 기관에서 레이저를 연구하였다. 그로부터 2년 후 스타크웨더는 최초의 레이저 프린터 시스템을 제작하였다.

레이저 프린터는 자석처럼 극성이 반대인 사물이 서로를 끌어당기는 개념에 기반한 것이다. 레이저 출력 과정은 우선 레이저가 회전식 프린터 드럼에 원하는 패턴을 새기면서 시작된다. 그 후 레이저는 드럼의 양전하를 반사시켜 특정 지역을 음전기로 만들며, 이러한 음전기 지역은 양전기 분말인 토너를 드럼으로 끌어 당긴다.

인쇄 용지에 강력한 음전하가 적용되고 나면 회전식 벨트가 드럼으로 종이에 빨아들이는데, 이 과정에서 드럼을 통해 종이로 토너가 묻어 나온다. 종이는 출력되기 전 퓨저를 거치게 되며, 퓨저는 한 쌍의 가열된 롤러로 토너 분말을 녹여 종이에 붙이는 역할을 한다. 이러한 퓨저 롤러에 의해 종이가 타는 것을 막는

유일한 방법은 빠른 속도로 종이를 퓨저에 통과시키는 것이다.

그러나 제록스社는 레이저 프린터의 잠재성을 알아차리지 못했으며 스타크웨더가 레이저 프린터를 개발하는 것을 방해하였다. 심지어 제록스社는 상업적 레이저 프린터 모델을 생산할 당시 토너와 종이 판매에 대한 사업 가능성도 예측하지 못했다. 1980년 휴렛팩커드社는 제록스社가 먼지가 쌓인 채로 방치해 둔 개인용 레이저 프린터를 세계 최초로 판매하기 시작하였다. **LW**

**참고:** 잉크젯 프린터, 레이저, 인쇄기, 인쇄 전신기, 회전식 인쇄기

⬆ 1986년에 제조된 제록스 레이저 프린터의 내부 모습. 레이저 프린터는 1990년대까지 보편적으로 사용되지 않았다.

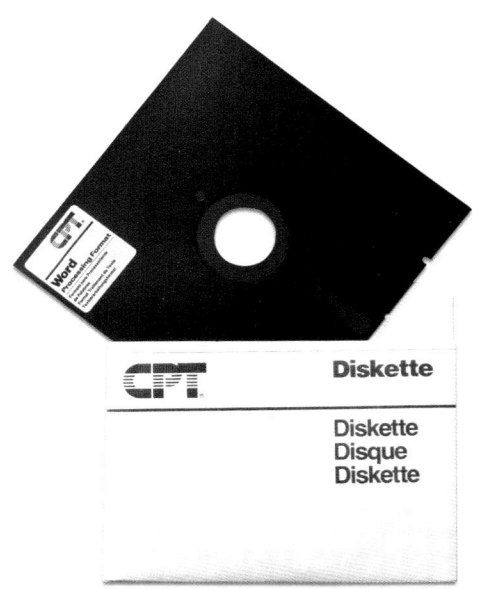

# 플로피 디스크 (1971년)

노블과 IBM社가 유연한 데이터 저장 매체를 개발하다.

1967년 IBM은 소프트웨어를 소비자에게 전달할 수 있는 더 나은 방법을 찾고 있었다. IBM의 370 메인프레임 컴퓨터는 배송 비용이 많이 들며, 크고 무거운 자기 테이프로 부팅되었다. 엔지니어인 데이비드 L. 노블(1918년 출생)은 자기 테이프를 대체하기 위한 수단을 찾으려고 더 나은 테이프 시스템에서부터 음악에 사용되는 비닐 음반에 이르기까지 모든 종류의 매체를 시도해 보았다.

시도해 본 것 중 아무것도 자기 테이프 대체에 적합한 것이 없었기에, 노벨은 유연한 자기 디스크에 기반한 새로운 시스템을 제안하였다. 그로부터 몇년 후 IBM은 노벨의 자기 디스크를 개발하였으며 1971년 유연한 플라스틱으로 만든 IBM의 8인치(20센티미터) 플로피 디스크가 시장에 출시되었다. 새로 개발된 디스크의 우편 발송을 위한 포장 방법을 연구하던 엔지니어들은 플라스틱 껍데기로 디스크 자체를 보호하는 아이디어를 생각해냈다. 디스크는 네모난 자켓(jacket) 안에 위치했으며 이를 통해 플로피 디스크 디자인이 탄생하게 되었다. 이러한 값싸고 가벼운 디스크는 큰 인기를 얻었으며 몇 년 후 크기가 8인치(20센티미터)에서 5.25인치(13.3센티미터)로 작아졌다. 그로부터 얼마 후 더 작아진 3.5인치(8.89센티미터) 표준 디스크가 출시되었다. 그 후 30년 이상 수십억 장의 플로피 디스크가 제조되었다.

플로피 디스크는 현재 더 많은 정보를 저장할 수 있는 네트워크, 플래시 메모리, DVD와 같은 광학 매체로 교체되었다. 하나의 블루레이 DVD는 IBM의 오리지널 80킬로바이트짜리 8인치(20센티미터) 플로피 디스크 60만 장과 동일한 저장 용량을 가지고 있다. **MG**

참고: 플래시 메모리, 고밀도 컴퓨터 저장매체, 자기 코어 메모리

⬆ 5.25인치(13.3센티미터) 플로피 디스크는 IBM이 개인용 컴퓨터를 출시하던 때인 1981년에 등장하였다.

# 유전자 변형 농산물
(1971년)

차크라바티가 자연적인 진화 과정을 무시해 버리다.

먼 옛날부터 인간은 다른 종(species)의 유전적 성질을 향상시킬 수 있는 방법을 끊임없이 탐구해왔다. 그 결과 선택 교배 및 교접을 통한 연구로 더 빠른 말, 내한성을 지닌 곡물, 다양한 품종의 개 등을 만들어 낼 수 있는 기술적 성과를 얻을 수 있었다. 분자 과학의 발전으로 지금까지는 우연에 의존할 수밖에 없었던 진화 과정과, 많은 시간과 노력이 소요되었던 품종 개량은 이제 인간이 의도하는 바대로 빠르게 진행되고 있다.

유전자 변형은 먼저 변형하고자 하는 작물에 어떠한 특징을 적용할 것인지를 결정하고, 다른 작물에서 그러한 특징을 지닌 유전자를 찾은 후, 좋은 특징을 지닌 유전자를 뽑아 양친 생물체(recipient organism)에 적용하는 것이다.

미생물학자인 아난다 차크라바티(1938년 출생)는 이 기법의 초기 개척자로, 세균 간에 전이될 수 있는 원형 DNA인 세균 플라스미드(bacterial plasmid)를 연구하였다. 그는 유출된 기름을 제거하는 데 도움을 주기 위해 원유를 분해할 수 있는 세균을 만들고자 했는데, 결국 종 간에 플라스미드를 전이하는 방법으로 한 종에 네 개의 유전자를 결합시켜 기름을 보다 빠르게 분해할 수 있는 세균을 만드는 데 성공했다. 이 세균은 특허로 등록된 최초의 생물체이다.

오늘날 농작물, 동물, 미생물의 유전자 변형은 활발한 연구가 이루어지고 있는 분야이며, 지넨테크社가 1982년 시장에 출시한 인슐린 제품처럼 세균을 활용한 인슐린 제조는 이 기술의 가장 성공적인 응용 사례 중 하나이다. 그러나 많은 사람이 분자 단계에서 생명을 조작하는 능력에 대해 반대하고 있으며, 또한 해충에 저항력을 가지도록 농작물의 유전자를 변형하는 행위도 극심한 반대에 부딪치고 있는 실정이다. **MB**

# 진공 성형
(1971년)

일본 과학자들이 플라스틱 부속품을 성형하여 만들어내다.

요거트 용기, 보트 선체, 대시보드, 아이들의 도시락 상자와 같은 제품의 유사점은 무엇일까? 이것들은 모두 동일한 원료로 구성되어 있을 뿐만 아니라 바로 진공 성형 공법을 통해 만들어졌던 것이다. 진공 성형이란 1971년 일본의 과학자인 쿠보 요시마사와 쿠니 나타가가 발명한 공법으로 원리는 다음과 같다.

우선 원하는 최종 제품의 모양으로 나무, 구조 발포체, 알루미늄을 사용하여 형틀을 제작한다. 그 후 진공상태를 만들어주는 상자 안에 이 형틀을 놓고, 형틀의 위에는 플라스틱 시트를 얹는다. 이제 상자가 위에서부터 가열되기 시작한다. 일단 플라스틱이 성형되기에 충분할 만큼 유연해지면 가열기의 전원이 꺼지고, 시트 아래에 놓인 형틀이 위로 올라가면서 유연해진 플라스틱 시트에 박힌다.

> "할리우드는 모든 것이 플라스틱으로 되어 있지만 나는 플라스틱을 사랑한다. 나는 플라스틱이 되고 싶다."
>
> 앤디 워홀, 미국 예술가

상자는 형틀과 플라스틱의 완벽한 흡착을 위해 플라스틱의 아래쪽을 다시 진공상태로 만든다. 플라스틱이 냉각될 때까지 이 흡착상태는 유지된다. 냉각이 완료되면 플라스틱 시트가 제거되며 플라스틱 시트의 가장자리가 다듬어져 최종제품만이 남게 된다.

이 공법은 깊이가 얕은 플라스틱 구성품의 성형에만 사용될 수 있다. **CB**

---

참고: 유전자 치료, 줄기세포 치료

참고: 페트병, 폴리스티렌, 타파웨어, 보온병, 진공 펌프

# 푸드 프로세서
## (1971년)

베르당이 다양한 모양으로 음식물을 썰고 갈고 빻을 수 있도록 해주다.

가장 대중적인 주방기기 중 하나인 푸드 프로세서는 과학자가 아닌 프랑스 출장 요리 서비스 영업사원이었던 피에르 베르당이 생각해낸 발명품이다. 그는 자신의 고객들이 음식물을 다양한 모양으로 써는 데 많은 시간을 할애한다는 것을 알고 이를 통해 틈새시장을 발견하고 개발하기로 했다.

베르당은 채소를 다듬어 조리부 직원의 작업 시간을 줄일 수 있는 기계를 발명하는 일을 시작했다. 그는 이 기계가 출장 요리 사업과 관련하여 일 년에 수백 시간을 절약해 줄 수 있을 뿐만 아니라 더 잘게 만들어진 음식 재료 덕분에 먹는 이의 식감을 개선하고 조리부 직원에게는 요리의 즐거움도 선사해줄 수 있다고 생각했다.

베르당이 자신의 아이디어로 제작한 시제품은 회전식 칼날이 부착된 큰 플라스틱 용기로 간단하게 구성되어 있었는데, 칼날은 회전축 주위를 빠르게 회전하여 내용물을 고르게 잘라낼 수 있었고, 용기의 뚜껑 부분에는 음식물을 넣을 수 있는 구멍이 있었다. 푸드 프로세서는 다지기, 깍둑썰기, 분쇄, 반죽 만들기 등의 기능이 있었으며, 이 기본 디자인은 나중에 더욱 빨라지고 강력해진 모터 구동 칼날을 장착한 디자인으로 업그레이드되었다. 베르당은 추후 적당한 크기와 쉬운 사용법으로 인해 현재까지도 큰 인기를 얻고 있는 휴대용 푸드 프로세서를 디자인하기도 했다.

베르당의 푸드 프로세서는 음식 재료를 손쉽게 다듬을 수 있도록 해줌으로써 대형 식당과 가정의 주방에 혁명을 불러일으켰다. **KB**

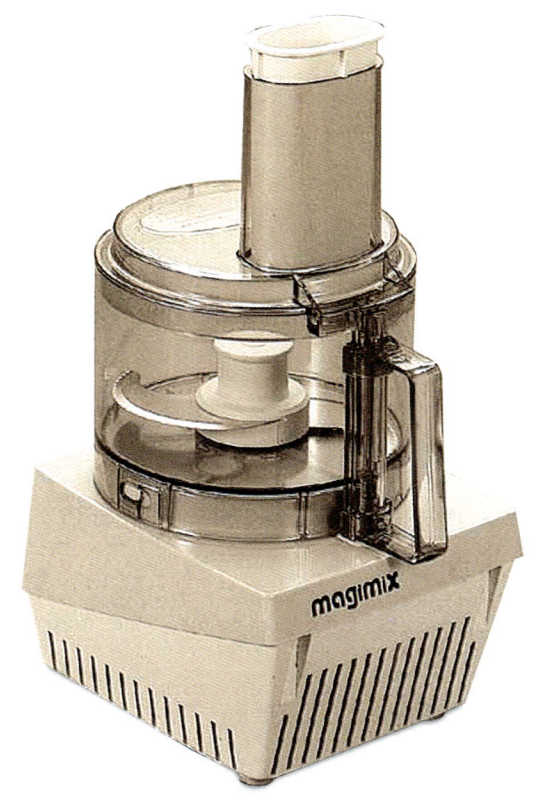

**참고:** 믹서기, 핸드 믹서, 압력솥

↗ 로보 쿠페社가 제조한 오리지널 마지믹스(Magimix) 프로세서로 시간이 흐른 뒤에도 디자인상에 거의 변한 부분이 없다.

"푸드 프로세서는 꼭 필요한 장치는 아니지만 당신의 시간과 에너지를 절약시켜주는 장치임에는 틀림없다."
델리아 스미스, 요리책 작가

# 컴퓨터 전화 교환기
## (1971년)

**후버가 원격 통신을 발전시키다.**

전화 통신 시스템이 처음으로 개발되었을 당시 숫자 버튼이 있는 전화기는 없었다. 그 당시 전화 호출은 교환원을 거쳐 연결되었는데, 수화기를 들면 교환원이 호출하기를 원하는 전화번호를 물어본 후 전선을 해당 교환기에 꽂아 전화 건 사람을 연결시켜 주었다.

그러나 전화기가 좀더 보편화됨에 따라, 사람이 일일이 전화 호출을 연결시켜주는 방식이 번거롭고 매우 실용성이 없었기에, 이를 개선하기 위해 전기 기계 교환기가 발명되었다.

하지만 통신 회사들은 이것도 충분하지 않음을 곧 알게 되었다. 너무 많은 전화 트래픽을 처리하다 보니 전기 기계 교환기에 부하가 걸려 종종 고장이 발생했기 때문이다.

수학 박사이자 기호 논리학 전문가인 컴퓨터 프로그래머 슈나이더 후버(1926년 출생)는 뉴저지에 위치한 벨 연구소에 근무하던 중 우연히 이 문제에 대한 해결책을 생각해냈다. 그녀는 시간대별로 전화 호출의 빈도를 관찰하여 피크 타임에 호출 수락 비율을 다시 조정하는 컴퓨터 교환 시스템을 제작하였다. 1971년 이 소프트웨어는 특허로 등록되었다. 이 소프트웨어는 또한 가장 최초의 소프트웨어 특허 중 하나로 유명하다.

후버 박사는 원격 통신의 선구자로 자신의 직장과 가사일을 성공적으로 병행하였다. 그녀는 세 아이 중 첫째를 낳은 후 병원에서 이 시스템에 대해 최초의 스케치를 했다. 이 컴퓨터 전화 교환기의 성공으로 인해 그녀는 벨 연구소 기술 부서의 여성 관리자로 임명되어 최상위직을 얻게 되었다. **CL**

# MRI
## (1971년)

**다마디안이 신체 판독으로 살아 있는 세포를 관찰하다.**

레이몬드 바한 다마디안(1936년 출생)은 핵 자기 공명을 사용하여 신체 내부를 들여다 보는 아이디어를 생각해냈지만, 실제로 MRI(Magnetic Resonance imaging) 기법을 가장 밀접하게 연구한 사람은 폴 로터버(1929~2007)와 피터 맨스필드(1933년 출생)이다. MRI 기법은 자기 에너지로 충격이 가해지는 순간 수소 원자가 공명하는 원리를 사용하는데, 해로운 방사선 없이 기존에 사용하던 기법보다 더욱 자세한 삼차원 화상을 제공해 주었다.

다마디안은 뉴욕에서 의사로 교육받던 중 핵 자기 공명 장치로 살아 있는 세포를 관찰하기 시작했다. 1971년 그는 건강한 세포보다 종양에 걸린 세포가 더 긴 반송 신호를 보낸다는 사실을 발견했다. 다마디안은 자신이 발견한 사실에 기반하여 암 세포를 찾아내는 방법을 1974년 특허로 등록하였으며 의사들은 암 세포를 발견하기 위해 그의 방법을 사용하였다. 그러나 그 당시 사용된 방법은 효율적이거나 실용적이지 못했다.

미국 화학자인 로터버는 스캔된 대상의 세포핵이 발산한 전파의 원천을 밝힐 수 있도록 자기장에 경사도를 도입하여 2차원과 3차원의 최초 MRI 화상을 만들어냈으며 영국 물리학자인 맨스필드는 스캔 속도를 향상시키고 더 깨끗한 화상을 만들어낼 수 있는 수학적 기법을 생각해냈다.

다마디안은 1977년 전신용 MRI 기계를 제작하여, 제자인 래리 민코프를 대상으로 심장, 허파, 흉벽의 전체 MRI 사진을 최초로 만들어냈다. 그 당시 다마디안이 사용한 방법은 현대식 MRI 촬영기법과는 매우 다른 방법이었다. **LH**

**참고:** 컴퓨터 단층촬영, X선 사진, 적외선 사진, 초음파

▣ 인간 뇌의 시상 MRI 스캔. 대뇌와 소뇌, 뇌간을 보여주고 있다.

**참고:** 전화, 자동 전화 교환기, 핸드폰

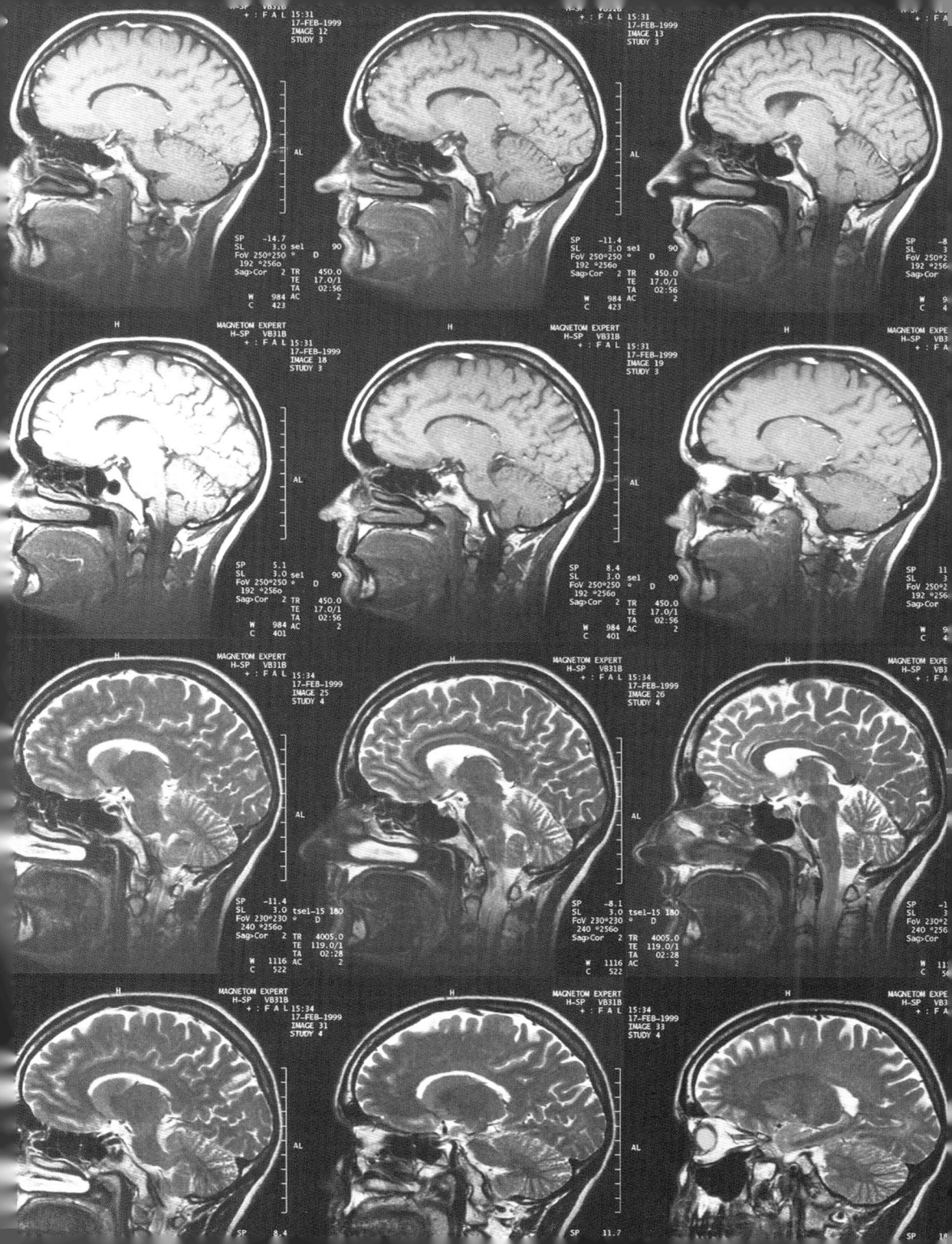

# 우주 정거장 (1971년)

소련이 최초로 유인 우주선을 우주에 정박시키다.

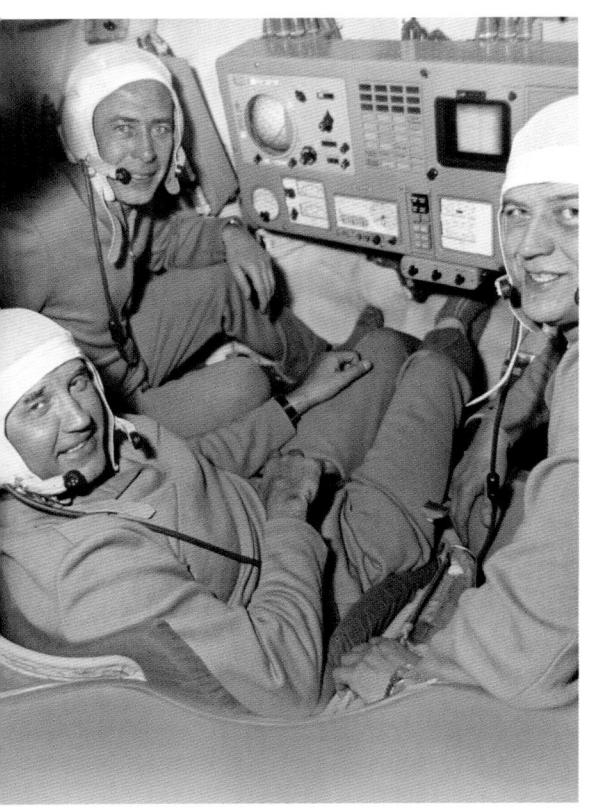

"시인 예브게니 예프투셴코는 텔레비전
인터뷰 진행자에게 인터뷰를 위해 비용을
지불해야 하는 것이 불공평하다고 말했다."

'타임 매거진', 「소유즈 11호」편에서

⬆ 이륙하기 전에 소유즈 11호에 탑승해 있는 승무원들(1971년).
이 미션은 비극으로 끝을 맺었다.

➡ 1995년에 궤도를 돌고 있는 미르(Mir) 우주 정거장의 모습.
미르 우주 정거장은 러시아에서 1986년에 발사한 정거장이다.

우주 정거장은 영구적인 유인 궤도 우주선으로, 우주
에 계속해서 머물러 있도록 설계되었다. 1971년 4월 19
일 소련은 최초의 우주 정거장인 살류트 1호를 발사하
였는데, 살류트 1호는 길이가 대략 65피트(20미터)이
고 지름이 13피트(4미터)인 우주선이었다. 소유즈 11
호는 도킹에 최초로 성공한 유인 우주선으로, 24일 정
도 지구 궤도에 정박하였으며 3명의 승무원이 탑승하
고 있었다. 이 세 명의 승무원은 지구 대기권에 재진입
시 동체가 폭발하여 모두 사망하였다. 미르와 같은 소
련의 차기 우주 정거장은 두 개의 도킹 포트와 물 재생
설비를 가지고 있었으며, 영원히 사람이 탑승할 수 있
도록 설계되었다.

1973년에 발사된 최초의 미국 우주 정거장인 스카
이랩(Skylab)은 미르보다 세 배 정도 컸다. 1984년 로
널드 레이건 대통령은 미국이 '프리덤'이라고 하는 거대
한 우주 정거장을 건설할 계획이 있음을 시사했다. 그
러나 예산이 삭감된 후 이 계획은 변경되었으며 1993년
미국은 러시아, 일본, 캐나다, ESA(European Space
Agency)와 협력하여 국제 우주 정거장을 건설하기로
결정했다.

미국, 러시아, 캐나다, 11개 유럽 국가 간의 협력
프로젝트인 국제 우주 정거장은 2000년 11월 이후로 계
속해서 우주 상공에 머물고 있다. 국제 우주 정거장은
189마일(350킬로미터)과 248마일(460킬로미터) 사이
의 높이에서 지구의 15.77 궤도를 선회하고 있다. 미국
의 우주 왕복선과 러시아의 소유즈, 프로그레스 우주선
이 사용하고 있는 국제 우주 정거장에는 현재 6명의 우
주 비행사가 수개월 간 체류하면서 마이크로 중력, 생
물학, 유체 물리학 실험을 수행하고 있다. 우주 공간에
장기간 노출된 신체가 받은 영향력을 평가하는 것은 그
들이 우주 정거장에 체류하는 주요한 목적이다. **DH**

**참고:** 동력 비행기, 액체 연료 로켓, 탄도 미사일, 우주 탐사선, 재
사용 우주선

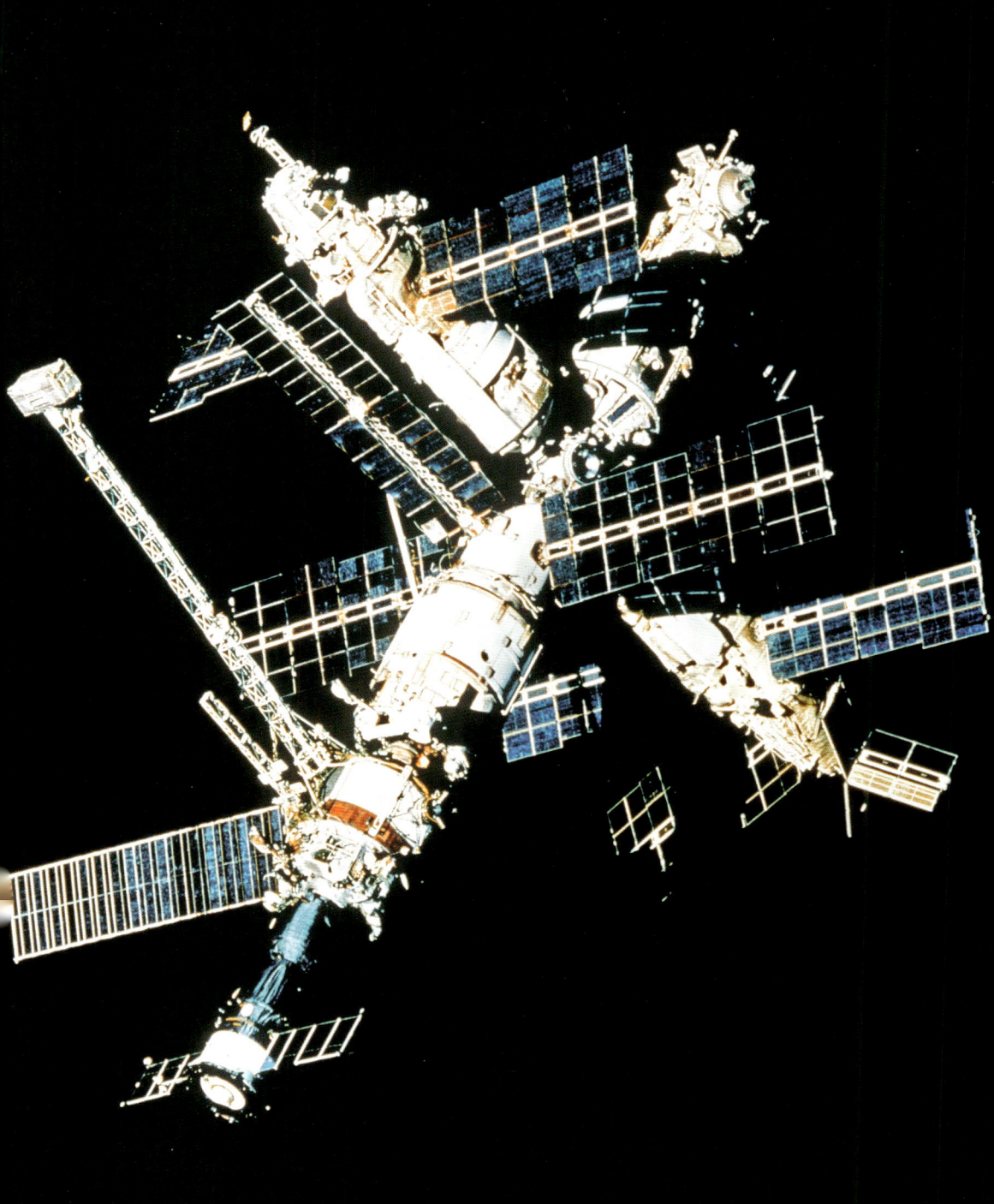

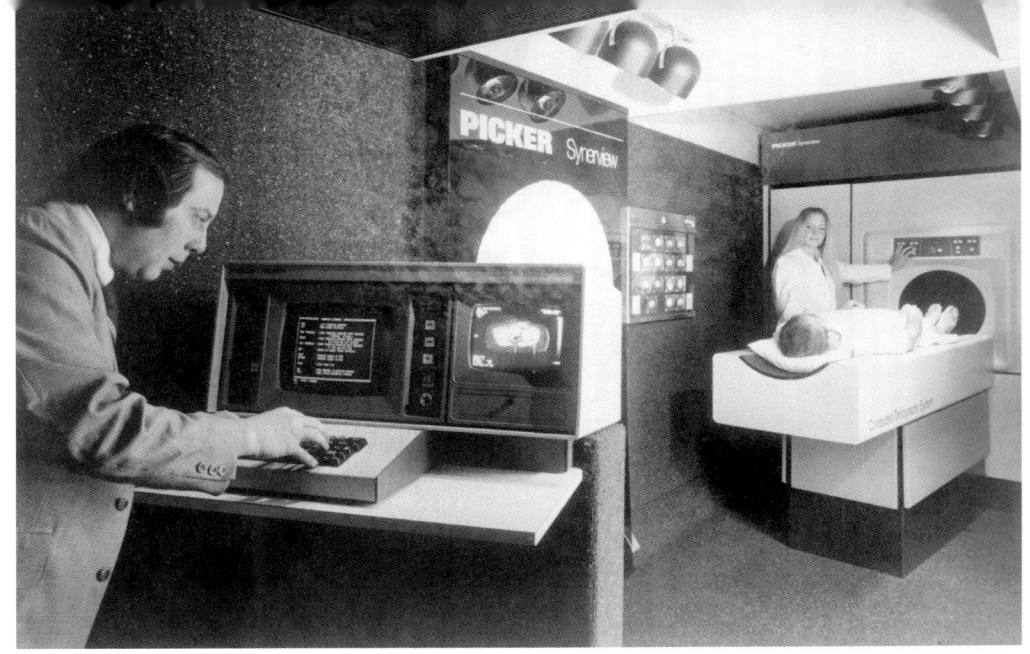

# 컴퓨터 단층촬영(CT) (1971년)

하운스필드가 새로운 신체 촬영 기술을 개발하다.

콘라트 뢴트겐(1845~1923)은 최초로 사람을 대상으로 X선 사진을 촬영한 사람으로, 1901년 노벨 물리학상을 받았다. 때문에 X선 필름은 때때로 뢴트게노그램(Rontgeno-gram)으로 불리기도 한다. X선 사진을 통해 외과의사들은 처음으로 신체 내에 박힌 유산탄과 총알을 볼 수 있었지만 촬영된 사진이 2차원이기 때문에 특정 물체가 얼마나 깊이 박혀있는지를 파악하려면 첫 번째 사진과 수직으로 두 번째 X선 사진을 촬영해야만 했다. X선은 또한 신체의 부드러운 조직 이미지를 선명하게 촬영하지 못했다.

　　X선 사진을 개선하려고 많은 기법들이 시도되었지만 CAT(computer-assisted tomography, 컴퓨터 단층촬영)이 개발되고 나서야 이러한 문제들이 해결되었다. 고드프리 하운스필드(1919~2004)는 1968년 CAT 스캔을 고안했으며 1971년경 임상 실험을 목적으로 시제품 스캐너가 영국 윔블던의 앳킨슨 몰리 병원에 설치되었다. 초기 컴퓨터 단층 촬영은 X선 관을 이동시키면서 다양한 각도로 많은 화상을 찍어 신체 내부를 확인할 수 있도록 해주었다. 후에 X선 필름은 이 민감한 감지기로 교체되었으며 컴퓨터가 재건한 화상은 필름보다 백배 이상 민감했기 때문에, 조직 밀도의 미묘한 변화를 파악할 수 있었다.

　　이 새로운 기법은 정상적인 뇌 조직을 병에 걸린 뇌 조직과 구별하는 데 처음으로 사용되었다. 1975년경 전체 몸을 찍을 수 있는 더 큰 스캐너가 시장에 출시되었으며 1960년대 앨런 코맥(1924~1998)은 화상을 재건하는 데 필요한 수학적 기법을 홀로 연구하기 시작했다. 코맥과 하운스필드는 1979년 노벨 생리학상을 공동으로 수상하였다. **SS**

**참고:** 심전계, 초음파 검사, 뇌파계, X선 사진

⬆ CAT 스캔 중에 환자는 터널 같이 생긴 원통에 들어가게 되며 X선 감지기가 환자의 몸 주위를 회전한다.

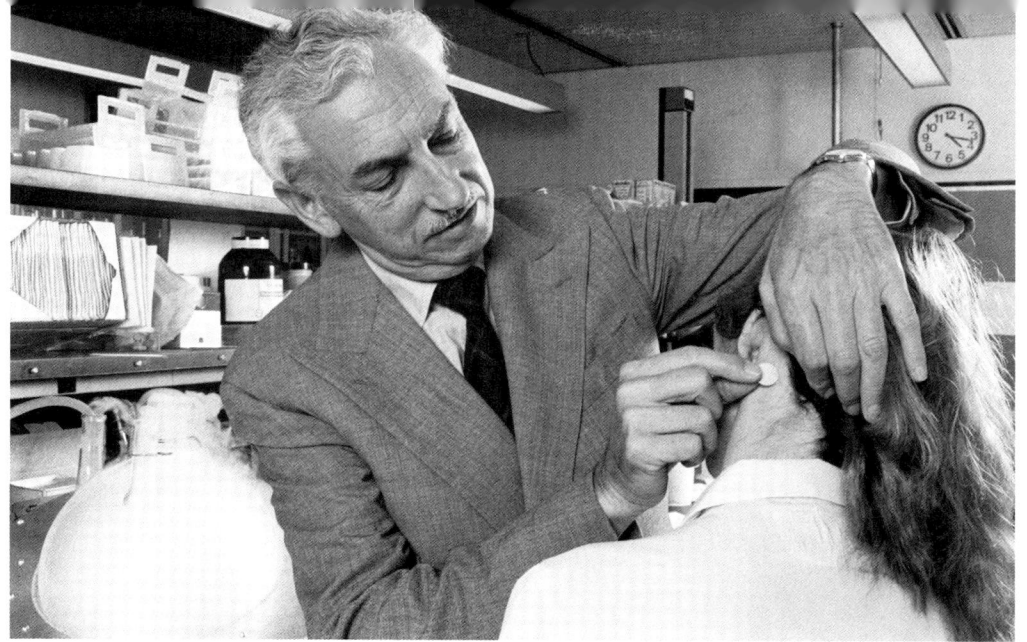

# 경피흡수 패치제 (1971년)

자파로니의 발명품이 약효 전달 방법을 개선하다.

바늘과 알약을 두려워 하는 사람들은 1979년 미국 FDA가 최초의 경피 흡수 패치제를 승인할 당시 환호했을 것이다. 이 새로운 유형의 약물은 알약을 섭취하거나 바늘을 삽입하지 않고도 약효를 전달하였다.

생화학자인 알렉산드로 자파로니(1923년 출생)는 정해진 시간에 방출되는 신체 호르몬처럼 시간에 맞춰 자동으로 약물을 전달하기 위해 경피흡수 패치제를 개발하였지만 정해진 시간에 정해진 양만큼 약물을 전달하지는 못했다. 1969년 그는 알자(ALZA)社를 설립하였으며 1971년경 '약물을 투여하는 붕대'라는 이름으로 자신의 발명품을 미국 특허로 등록하였다.

이윽고 자파로니의 패치제가 새로운 약물 전달 수단이라는 것을 깨달은 제약회사들은 같은 유형의 패치제를 생산하기 시작했다. 1980년대 초 멀미 약물을 전달하는 최초의 경피흡수 패치제가 판매되었고, 그 뒤를 이어 심장 투여 니트로글리세린을 위한 패치제 출시되었다. 현재는 니코틴 중독, 통증 관리, 피임, 호르면 대체요법, 기타 여러 용도로 응용되는 패치제가 존재하고 있다.

경피 흡수 패치제는 수십억 달러 가치에 해당하는 산업으로 미국에서만 3십억 달러 시장을 형성하고 있다. 이 모든 것은 자파로니가 설립한 알자社에서 시작되었으며 알자社는 2001년 밴드-에이드(Band-Aid)로 명성을 얻은 거대 제약회사인 존슨 & 존슨社에 10억 달러의 금액으로 매각되었다. **RBK**

**참고:** 항바이러스 약물, 경구 피임약, 제어 약물 전달, 용해성 알약, 후물린

↑ 1980년 경피흡수 패치제의 선구자인 알렉산드로 자파로니가 환자에게 패치제를 붙여주고 있다.

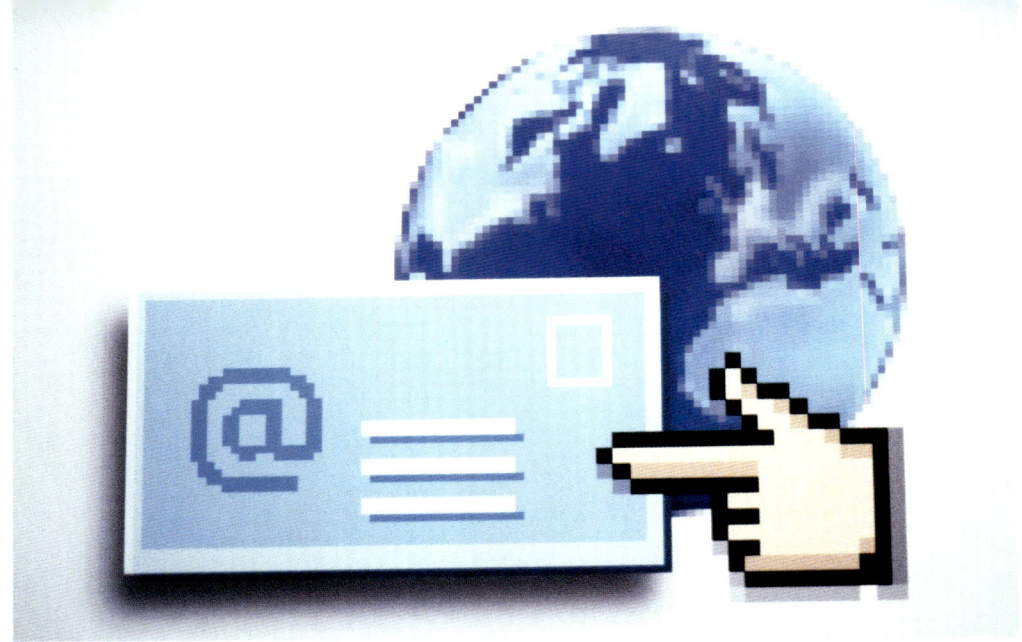

# 이메일 (1971년)

**톰린슨이 컴퓨터 네트워크 간에 통신을 가능하게 해주는 프로그램을 개발하다.**

1969년 BBN(Bolt, Barenek and Newman)社는 과학자들과 연구원들이 상대방의 컴퓨터 장비를 사용할 수 있도록 해주는 ARPANET 통신 네트워크의 개발 계약을 수주하였다. 통신 네트워크를 개발하던 중 엔지니어인 레이 톰린슨(1941년 출생)은 두 개의 프로그램 코딩을 테스트하기 시작했다. SNDMSG는 동일한 네트워크의 구성원들이 서로 간에 메시지를 교환할 수 있도록 해주는 반면 CPYNET은 두 개의 분리된 네트워크 간에 파일을 전송할 수 있도록 해주었다. 톰린슨은 이 두 개의 프로그램을 조합하여 독립적인 네트워크의 서로 다른 사용자들 간에 메시지를 전송할 수 있는 시스템을 제작하였다.

톰린슨이 결정한 가장 중요한 사항 중 하나는 호스트 네트워크 이름과 사용자 이름을 분리하기 위해 '@ 부호'를 사용한 것이다. 이것은 다소 난해한 부호라는 점을 빼면 꽤 논리적인 선택이었다.

전 세계에 미치게 될 중요성을 알지 못한 채 200줄의 코드로 이메일 프로그램을 만든 톰린슨은 자신이 최초로 보낸 이메일을 저장하지 않았다. 그는 'QWERTYUIOP'나 'TESTING 1 2 3 4'와 같이 흔해빠진 내용이었다고 말했다.

들리는 바에 의하면 톰린슨이 자신의 동료들에게 이메일 프로그램을 보여줬을 당시 동료들은 직무 내용과 관련이 없기 때문에 누구에게도 보여주지 말라고 말했다고 한다. 톰린슨은 심지어 아무 목적 없이 그냥 이메일을 만들었다고 얘기했다. 그렇다 할지라도 이메일은 ARPANET 개발로 탄생한 발명품이었기 때문에 ARPANET은 상당히 가치 있는 연구였다. **CL**

**참고:** 컴퓨터 프로그램, 인터넷 프로토콜 (TCP/IP), 월드와이드웹

↑ 이메일은 누구나 알고 있는 이메일 모양 아이콘을 컴퓨터 바탕 화면에 등록하게끔 만들었다.

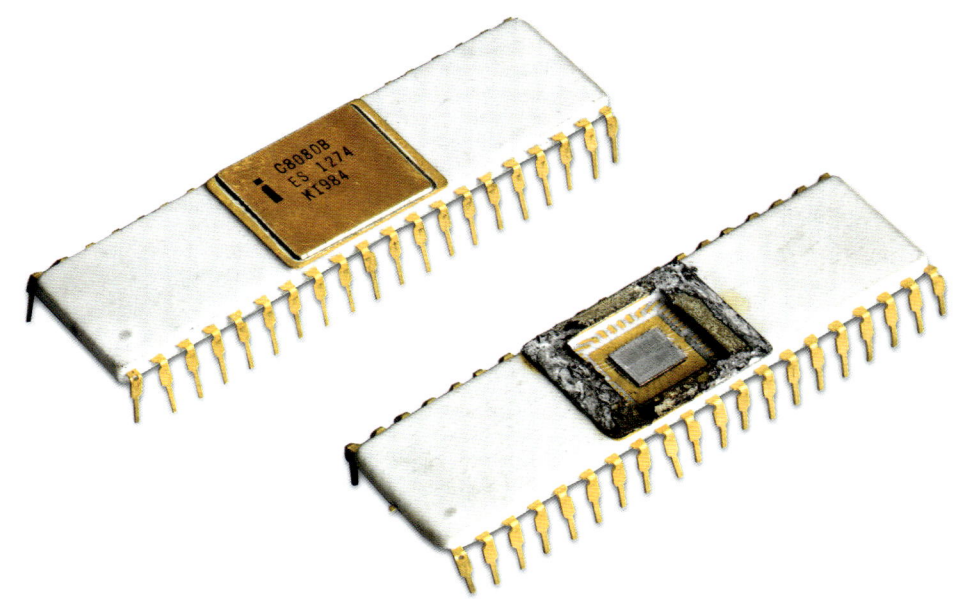

# 마이크로프로세서 (1971년)

호프의 발명품이 대중들에게 컴퓨터를 선사하다.

1960년대 후반 인텔社의 테드 호프(1937년 출생)는 일본 고객사에 납품할 여러 계산기를 디자인할 것을 지시받았다. 그 당시 이 작업을 수행하려면 각 계산기에 맞는 여러 개의 서로 다른 집적 회로(반도체 칩)를 개발해야 했다. 이러한 여러 집적 회로는 휴대용 계산기에 사용될 수 있을 만큼 충분히 작았지만, 다양한 작업을 처리하도록 프로그램되는 컴퓨터 칩의 경우 그 크기가 여전히 작지 않았다.

컴퓨터 칩의 크기를 줄이기 위해서는 컴퓨터 칩과 소형 집적 회로가 결합될 필요가 있었다. 호프는 다양한 작업을 수행하도록 프로그램 될 수 있는 하나의 집적 회로를 제작하기로 결심한 후 동료 기사인 스탠 메이저(1941년 출생), 페데리코 파긴(1941년 출생)과 함께 단일 반도체 칩에 전체 컴퓨터 칩의 기능을 집어넣었다. 이렇게 해서 호프의 모든 계산기는 동일한 칩을 사용하였지만 어떻게 동작할 것인지를 지시하는 서로 다른 명령문들을 각 계산기에 포함시킬 수 있었다.

손바닥 크기의 프로그램 가능 범용 컴퓨터 칩이 십년 전의 방 전체 크기만한 머신과 맞먹는 성능을 보유하고 있음을 깨달은 인텔은 계산기를 납품하는 일본 고객 회사와의 거래를 통해 그러한 칩을 다른 회사에 판매할 수 있는 권한을 확보하였으며 1971년 인텔 4004 프로세서를 출시하였다.

최초의 상업적 마이크로프로세서인 4004 프로세서는 1970년대와 1980년대 세계를 휩쓴 혁명의 첫 번째 단추 역할을 하였다. 또한 컴퓨터의 엄청난 발열 문제를 해결하여 집과, 자동차, 세탁기에 컴퓨터 칩이 내장될 수 있도록 해주었다. **MG**

**참고:** 컴퓨터 프로그램, 기계적 계산기, 기계적 컴퓨터, RAM

↑ 1974년경 인텔이 개발한 8080 마이크로프로세서. 8080 마이크로프로세서는 최초의 개인용 컴퓨터에 사용되었다.

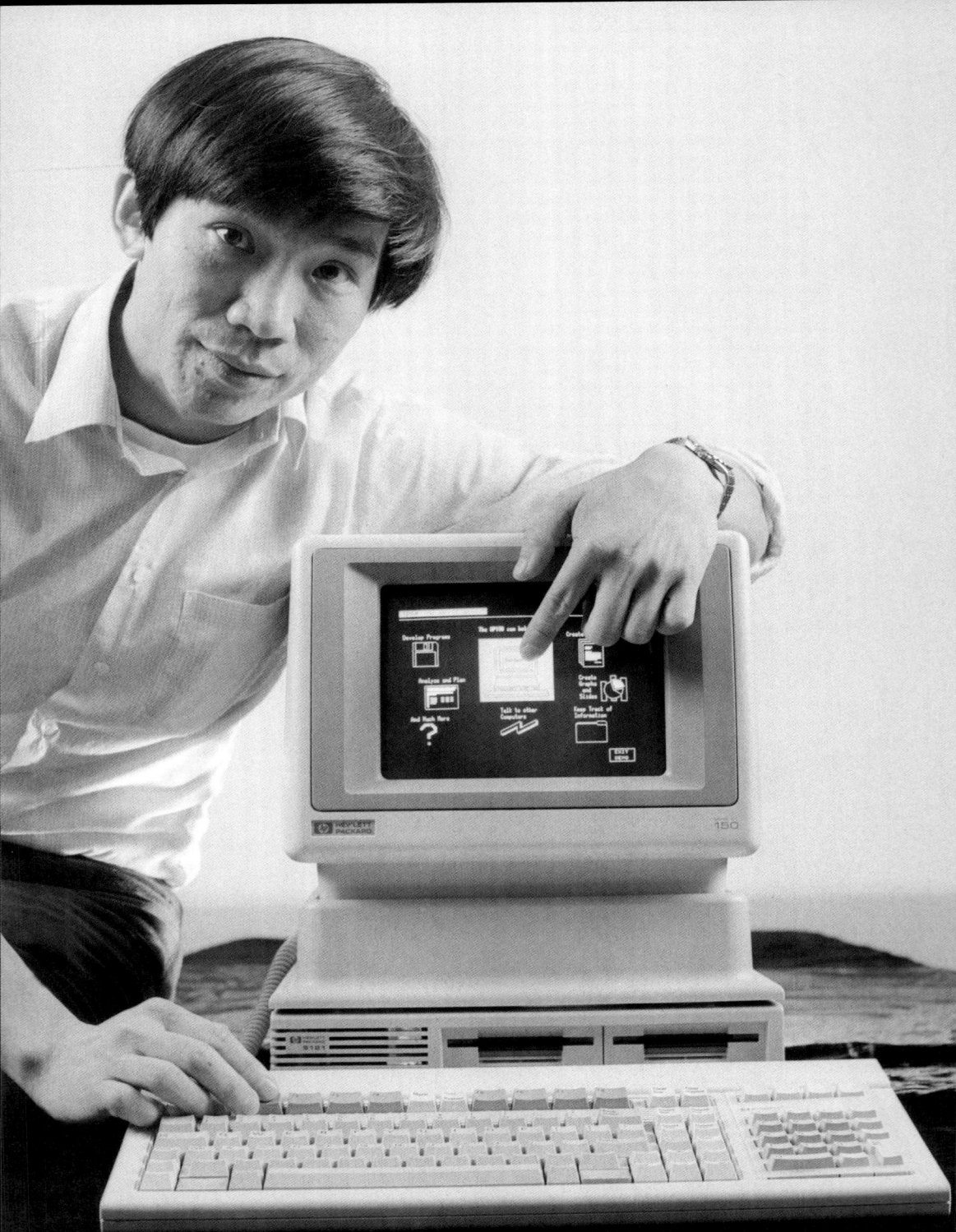

# 터치 스크린 (1971년)

허스트가 컴퓨터와의 상호작용을 쉽게 해주다.

컴퓨터가 빠르게 발전 중이던 20세기 후반 사람들은 컴퓨터와 상호작용할 수 있는 최적의 방법을 항상 고민하였다. 과거의 펀치 카드와 종이 테이프는 컴퓨터가 진화되고 키보드가 입력 장치로 선택되면서 사용하기에 부적절하였다.

1960년대 미국의 발명가 더글라스 엥겔바트는 컴퓨터와의 상호작용에 한 획을 긋는 컴퓨터 마우스를 발명하였으며 1971년 사무엘 C. 허스트 박사는 전자 터치 스크린 인터페이스를 발명하여 차세대 상호작용 기술의 토대를 마련하였다. 허스트는 켄터키 대학교 교수로 재직하던 시절, 띠 모양의 그래프 용지로부터 많은 양의 데이터를 읽어내야 하는 만만치 않은 업무에 직면했다. 이 작업은 졸업생들을 동원해도 적어도 두 달 동안 수행해야 된다는 것을 깨달은 허스트는 쉬운 방법을 연구해 보기로 결심했다.

허스트는 엘로그래프(Elograph) 좌표 측정 시스템을 생각해냈는데, 이 시스템은 사용자가 스타일러스로 누른 지점을 컴퓨터가 측정할 수 있는 입력 타블렛이었다. 허스트는 이 장치의 제조 및 판매를 위해 엘로그래픽(Elographics)社를 설립하였다. 엘로그래픽社는 현재 엘로 터치시스템즈(Elo TouchSystems)社로 이름이 변경되었으며, 허스트와 그의 팀원들은 3열심히 연구하여 스크린 위에 부착할 수 있는 투명 엘로그래프(터치 스크린) 버전을 제작하였다. 엘로그래픽社가 개발한 5선 저항막(five-wire resistive) 방식 터치 스크린은 손가락의 압력으로 눌러지는 투명 막을 장착하였다. 전기 저항 데이터로 작동하는 이 현대식 터치 스크린은 내구력이 있으며 고해상도 작업환경을 제공하였다. **DHk**

# 공개키 암호화 (1972년경)

엘리스, 콕스, 윌리엄슨이 신원을 암호화시키다.

공개키 암호화(PKC)는 참가자들이 자신의 신원을 다른 사람에게 전자상으로 확인시켜 줄 수 있게 해주는 기술이다. 수천 년간 서명은 자신의 신원을 예술품에 표기하는 데 사용되었으나 화폐와 계약의 개념이 전 세계로 퍼져나감에 따라 예술적인 목적이 아닌 일상 계약에서의 신원 증명 목적으로 사용되었다. 하지만 서명은 전자 보안에서 사용자의 신원을 증명하는 데 비실용적이었다.

각국 정부는 공개키 암호화의 잠재성을 깨닫기 시작했으며 자신들만의 기술을 유지하려고 노력했다. 1970년대 초반 제임스 엘리스(1924~1997), 클리포드 콕스(1950년 출생), 말콤 윌리엄슨(1950년 출생)은 영국 정부를 위한 암호화 방식을 연구하던 중 공개키 암호화 시스템을 개발하였다. 1997년 새로운 영국 정부의 '개방(openness)' 정책하에 영국은 24년 전에 개발한 공개키 암호화(PKC)를 전 세계에 공개했다. 수많은 교재가 공개키 암호화를 주제로 집필되었지만 공개키 암호화의 발견이 스탠포드 대학교의 마틴 헬맨, 랄프 머클, 위트필드 디피에 의해 이루어졌다고 기술하였다.

공개키 암호화에 대하여 자세하게 설명하려면 내용이 복잡해질 수 있으니 근본적인 핵심 내용만 다루고자 한다. 공개키 암호화의 요점은 두 개의 컴퓨터나 사람이 완벽한 프라이버시를 보장받으면서 통신하는 데 있다. 공개키 암호화 코드의 해킹이 가능하다고 알려져 있는 방법은 아직까지 존재하지 않는다. 공개키 암호화 처리 과정을 위한 수학적 공식 개발에 누가 기여했는지 현 시점에서 따지는 것은 부적절하다. 많은 사람이 온라인 거래 시 공개키 암호화를 통해 안전을 보장받고 있다. **CB**

---

**참고:** 컴퓨터 마우스, 인터넷, 컴퓨터 스캐너, 터치 패드, 가상 현실 헤드셋

◀ 휴렛팩커드社의 존 리가 개인용 컴퓨터(HP 150)의 터치 스크린 기술을 시연하고 있다.

**참고:** 자기띠, RFID (radio FrequenCy identification)

# C 프로그래밍 언어

(1972년)

리치가 더욱 유연한 언어를 개발하다.

세계에서 가장 널리 사용되고 있는 프로그래밍 언어를 개발한 데니스 리치(1941년 출생)는 전 세계 컴퓨터 프로그래머들의 우상이다.

하버드에서 학사와 석사를 마친 리치는 1968년 벨 연구소에 근무할 당시 켄 톰슨(1943년 출생)과 함께 UNIX 운영체제를 제작하였다. 그 당시 벨 연구소는 'B'라고 하는 프로그래밍 언어를 사용하고 있었으며 이 언어를 사용하여 유닉스를 만들었다. 운영체제를 제작하면서 리치는 자신만의 단어로 톰슨의 B 언어에 데이터 유형과 새로운 신텍스(syntax)를 추가하였으며 이를 통해 새로운 언어인 C가 탄생하였다.

유닉스 운영체제에서 사용하려고 디자인된 이 새로운 언어는 다용도로 사용이 가능하였다. C는 C로 짠 프로그램이 서로 다른 컴퓨터 간에 이식되거나 전이될 수 있게끔 해주었다. 그 당시 리치와 톰슨은 PDP-7 컴퓨터에서 B 언어로 작업을 수행하였는데, 벨 연구소에 새로운 PDP-11 중 한 대가 도입되자 당연히 더욱 강력한 컴퓨터인 PDP-11로 작업하고자 했다. B 언어로 짠 유닉스는 PDP-11의 새로운 기능을 활용할 수 없었기 때문에 리치는 초기 버전 C 언어로 유닉스 운영체제를 다시 작성하여 PDP-11 컴퓨터에 이식하였다.

이로 인해 덩치가 큰 PDP-11은 C를 사용한 최초의 메이저 컴퓨터가 되었다. C 언어의 유연함과 단순함으로 인해 프로그래머들은 여전히 C언어를 사용하고 있다. 리치와 톰슨은 1999년 유닉스와 C 언어에 대한 업적을 인정받아 빌 클린턴 대통령으로부터 미국 국립 기술 훈장(U.S. National Medal of Technology)을 받았다. **DHk**

# 인슐린 펌프

(1972년)

카멘이 당뇨병 환자들에게 균형적으로 약물을 전달하다.

인슐린 펌프는 배터리로 전원이 공급되는 소형 장치로, 당뇨병 환자의 혈류에 다양한 양의 인슐린을 공급한다. 당뇨병은 당분을 분해하는 신체 능력에 이상이 생긴 질병으로, 호르몬인 인슐린이 부족하여 발생한다. 인슐린 펌프가 발명되기 전, 당뇨병 환자들이 질병을 통제하기 위한 유일한 방법은 날마다 인슐린 주사를 맞는 것뿐이었다. 1960년대 아놀드 카디시 박사가 최초의 인슐린 펌프를 발명했지만 너무 커서 배낭처럼 등에 메고 다녀야 하는 문제가 있었다.

그의 형제인 딘 카멘(1951년 출생)은 대학에서 의학을 전공하던 중 이 문제에 관심을 가지게 되었으며 인슐린과 같은 약물을 환자가 안정적으로 복용할 수 있게끔 해주는 수단이 없다는 사실을 불평하였다. 이에 카멘은 주사기에 연결된 소형 인슐린 펌프를 제어하는

> "만약 당신이 중요한 것을
> 연구하지 않는다면,
> 시간을 낭비하고 있는 것이다."
>
> 딘 카멘

회로를 제작하였는데, 회로 제어에 많은 전력을 요구하지 않는 새로운 형태의 마이크로칩을 사용하였다. 카멘이 제작한 장치는 프로그램이 가능하며 오랜 시간 동안 정해진 인슐린 복용량을 환자에게 투여하였다. 카멘의 형제인 카디시는 이 장치를 자신의 동료들에게 보여주었으며 동료들은 즉시 감명을 받았다. 1976년 카멘은 오토시린게스社를 설립하여 인슐린 펌프를 시장에 출시하였다. **HI**

---

**참고:** 컴퓨터 프로그램, 자바 컴퓨팅 언어, 자기 코어 메모리, 마이크로프로세서

**참고:** 피하 주사기, 용해성 알약, 아스피린, 베타 차단제, 경피흡수 패치제, 인슐린, 후물린

# 개인용 컴퓨터
(1973년)

제록스 PARC의 알토가 가정용 컴퓨팅 산업을 촉진시키다.

최초의 개인용 컴퓨터 개발이라는 타이틀을 획득할 만한 여러 경쟁 회사들이 존재하지만 1973년 제녹스의 PARC는 컴퓨터 역사에 있어 가장 혁신적인 디자인 (오늘날 우리가 알고 있는 개인용 컴퓨터 디자인)을 출시하였다. 제작 장소인 캘리포니아 PARC(Palo Alto Research Center)의 이름을 딴 개인용 컴퓨터 알토 (Alto)는 캐비닛(16비트 주문식 프로세서와 디스크 저장소를 포함), 모니터, 키보드, 마우스로 이루어졌으며, GUI 환경과 클릭할 수 있는 아이콘을 가지고 있었다.

알토는 주로 연구를 목적으로 설계되어 사무실 환경에 적합할 만큼 충분히 작았지만, 컴퓨터 간에 정보를 공유하는 도중 사용자 인터페이스를 지원할 만큼 성능이 뛰어났다. 이는 그 당시 일반적이지 않았던 혁신적인 기능으로, 그로부터 10년이 지난 후에야 사용되었으며 1990년대에도 여전히 최첨단 기술로 인식되었다. 알토는 객체 지향 운영 체제와 최초의 이더넷 네트워크 카드를 장착하고 있었으며 또한 가장 필수적인 연구 도구들과 핀볼 게임이 설치되어 있었다. 제록스는 알토 머신을 다양한 연구소에 기증했으며, 연구소들은 알토 머신을 모든 미래형 개인 컴퓨터 디자인의 표준이라고 평가하였다. 알토는 또한 다른 사람들에게 영감을 제공하였다. 애플社의 공동 창업자인 스티브 잡스와 그의 팀원들은 알토의 선명한 그래픽과 사용자 인터페이스에 감명을 받았다. 제록스 알토를 제작한 팀은 컴퓨터 연구의 황금 시대를 촉진시킨 공로를 인정받아 2004년에 공학의 노벨상에 해당하는 드라퍼(Draper)상을 받았다. **JM**

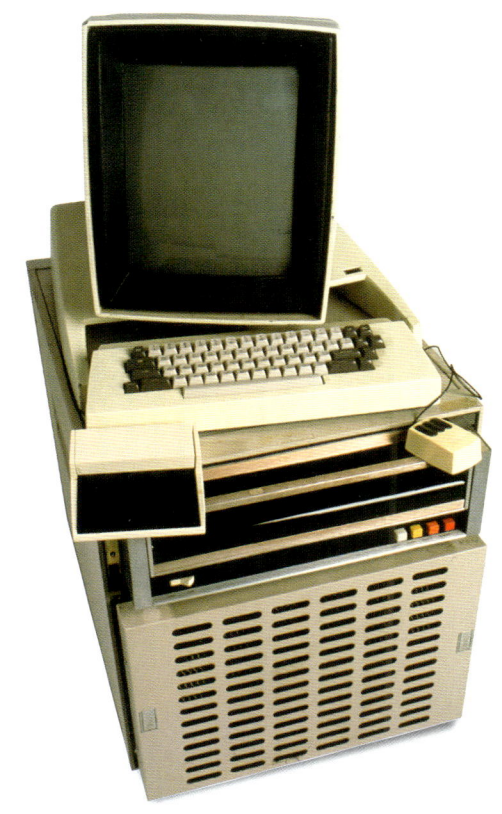

**참고:** 컴퓨터 마우스, 컴퓨터 프로그램, 기계적 컴퓨터, 윈도우 기반 컴퓨팅

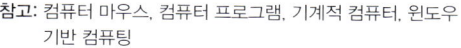 알토(Alto)의 가격은 3만 2,000달러였다. 이 모니터 디자인은 전체 페이지의 텍스트를 볼 수 있도록 해주었다.

"화상과 그래픽 폰트로 덮여 빛나고 있는 알토 화면은 신의 계시처럼 보였다."

존 마크오프, '뉴욕 타임스', 2003년 4월 3일

# 이더넷 (1973년)

멧칼프와 보그스가 컴퓨터를 네트워크로 연결하다.

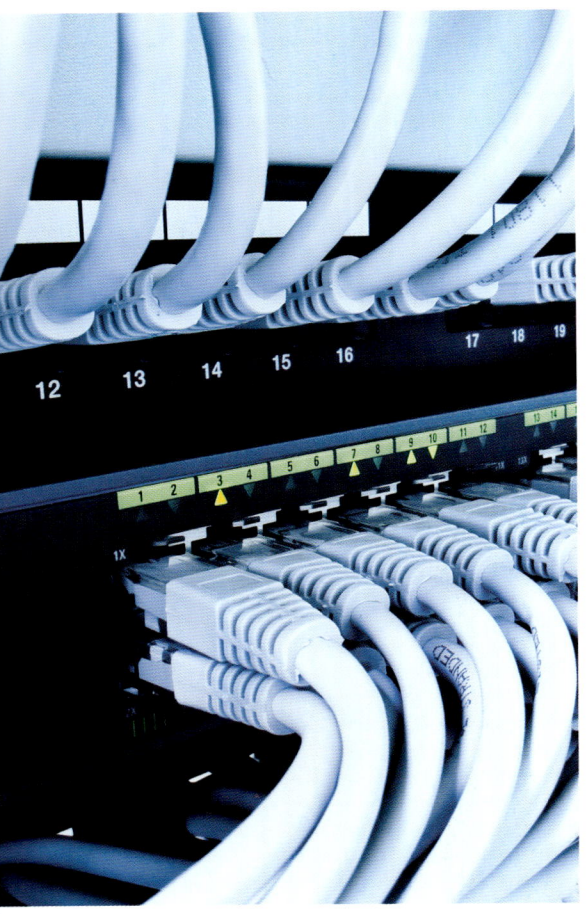

> "오늘날, 이더넷은
> 지배적인 네트워킹 기술로
> 우뚝 섰다."
> '이코노미스트', 2003년

1973년 제록스 PARC의 밥 멧칼프(1946년 출생)는 한 가지 문제점에 직면했다. 컴퓨터 주변기기의 공유와 컴퓨터 간 통신을 위해 급증하고 있는 주변의 컴퓨터들을 모두 서로 연결시켜야 했기 때문이다. 컴퓨터 간 연결의 어려움으로 인해 복도에 놓여진 세계 최초의 레이저 프린터(1971년 PARC에서 발명함)는 바쁘게 문서를 출력할 일이 없었다.

그 당시 컴퓨터 네트워킹은 이제 막 시작하는 단계였다. 네트워킹 관련 하드웨어는 비쌌으며 PARC에 설정되어 있는 배선은 스파게티 공장이 폭발한 것 마냥 뒤엉켜 있었다. 또한 컴퓨터나 케이블의 갑작스러운 장애는 전체 시스템을 다운시켰다. 이로 인해 멧칼프(Metcalfe)는 더욱 단순하고 신뢰할 수 있는 컴퓨터 네트워크를 구축하는 업무를 맡게 되었다.

모든 소스로부터 영감을 얻는 데 필사적이었던 그는 하와이 대학교의 무선 네트워크인 ALOHAnet을 우연히 접하게 되었다. ALOHAnet은 대부분의 컴퓨터 네트워크와는 다르게, 주어진 순간에 한 컴퓨터만이 다른 컴퓨터와 통신 할 수 있도록 통제되었으며 어떠한 컴퓨터도 통신에 참가할 수 있었다. 만약 여러 컴퓨터가 동시에 통신을 시도하면, 각각의 컴퓨터들은 정해진 시간 간격 동안 잠시 통신을 중단하였다.

멧칼프는 하와이 대학교 졸업생인 데이비드 보그스를 PARC로 데려와 ALOHAnet 개념에 입각한 유선 네트워크 구축에 착수하였다. 멧칼프의 이더넷 시스템은 충돌 및 사소한 결함이 발생하는 시스템이었으며 모든 컴퓨터가 하나의 긴 전선에 함께 연결되었다.

이렇게 즉석에서 개발된 이더넷은 현재 로컬 네트워크를 위한 가장 일반적인 표준이 되었다. 오늘날, 문서를 사무실 프린터로 전송하면 이더넷 기반 네트워크를 통해 문서가 프린터로 전달될 것이다. **MG**

**참고:** 인터넷, 인터넷 프로토콜(TCP/IP), 월드와이드웹

↗ 오늘날에도 여전히 사용 중인 시스템인 패치 판넬(patch panel)을 통해 컴퓨터가 네트워크에 연결되어 있다.

# 페트병(Pet) (1973년)

와이어스가 탄산 음료를 담을 수 있는 새로운 플라스틱을 발명하다.

페트병은 현재 가장 일반적인 재활용 품목 중 하나로, 페트병의 저렴함과 내구성은 페트병을 유리병보다 더욱 인기 있는 품목으로 만들었다. 미국의 엔지니어인 너세니얼 와이어스(1911~1990)는 거의 십 년간 페트병을 연구하였는데, 동료들에게 플라스틱으로 코카콜라와 같은 탄산 음료를 담을 수 있는지 물어봤을 때 동료들은 폭발할 것이라고 답변하였으며 일련의 초기 실험을 통해 이와 같은 사실이 입증되었다. 플라스틱은 약한 물체지만 플라스틱을 구성하는 긴 가닥의 분자들이 서로 얽히게 되면 강력해 질 수 있다. 와이어스는 분자가 팽팽하게 당겨지고 정렬되면 나일론이 더욱 강력해진다는 사실을 알게 되었으며 이러한 원리에 입각하여 플라스틱이 페트병으로 추출될 때 나일론 원사를 결합시킬 수 있는 형틀을 개발하였다.

병 모양 형틀 아래에 용해된 플라스틱을 붓고 플라스틱에 공기를 불어넣으면 형틀 전체에 걸쳐 플라스틱이 비산(飛散)하며 이렇게 비산된 플라스틱을 지그재그로 엮으면 페트병 형태가 만들어졌다. 초기 결과는 실패에 가까웠지만 와이어스는 거의 1만 번 정도 시도한 끝에 탄산음료로 인해 페트병이 터지는 문제를 해결하였다. 마침내 나일론은 폴리프로필렌 물질로 교체되었으며 폴리프로필렌의 우수한 탄력성은 복원력을 지니면서 재활용이 가능한 투명 페트병을 만들 수 있도록 해주었다.

페트병은 탄산 음료 산업의 호황으로 인해 업계에서 바로 사용되었으며 1999년경 일 년에 1,000억 병이 생산되었다. 오늘날 미국에서 생산된 폴리에스테르 카펫 중 거의 절반 가량은 플라스틱 페트병을 재활용하여 만든 것이다. **SD**

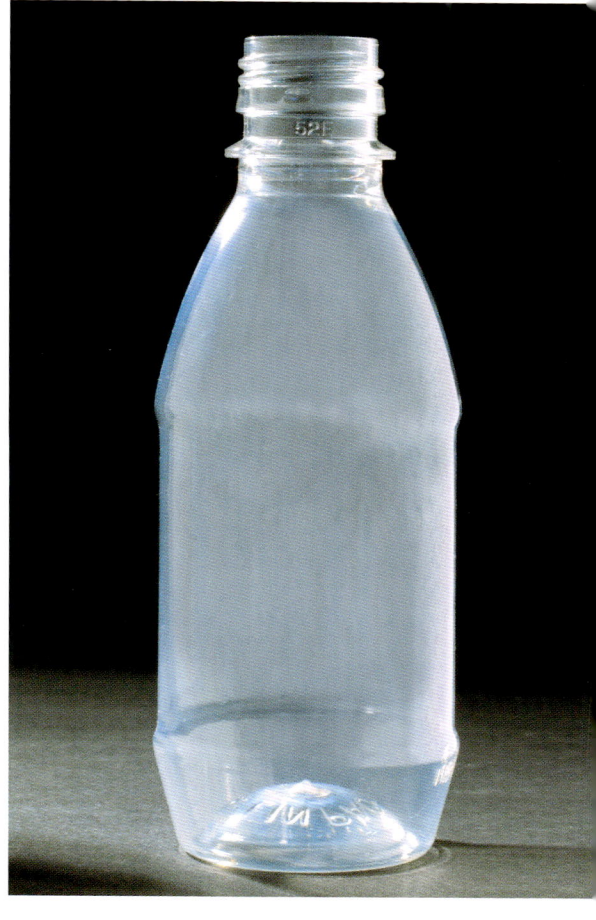

**참고:** 유리, 유리병 제조기, 탄산수, 폴리프로필렌, 테트라 팩

↗ 업계에서는 페트병을 테릴렌(Terylene)이라고 부른다. 테릴렌은 스포츠의류 및 음료수 병 제조에 폭넓게 사용되고 있다.

"몇 달간을 좌절한 후에,
우리는 형틀에 굳어진
수지 덩어리를 사용하였다."

너세니얼 와이어스

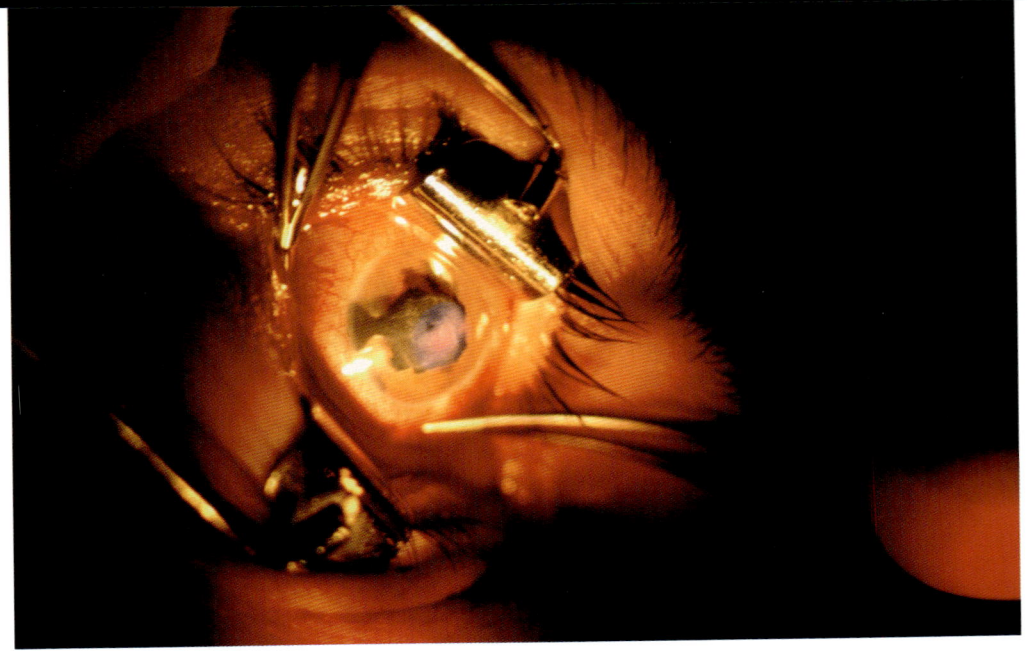

# 라식 수술 (1973년)

**보믹이 엑시머 레이저로 시력을 향상시키다.**

수백만 명의 사람들이 근시, 원시, 난시를 교정하고 안경을 벗어버리기 위해 라식(LASIK, laser-assisted in situ keratomileusis) 수술을 받고 있다.

1950년대에 스페인의 안과의사인 호세 바라커는 수술로 각막의 모습을 변경시키는 방법을 고안하였다. 러시아의 안과의사인 스뱌토슬라프 표도로프가 이를 더욱 발전시켜 눈에 안경이 박힌 소년을 치료할 때 방사상 각막 절개술을 수행하였다. 그는 각막 가장자리에 박힌 유리를 제거하기 위해 소년의 눈에 여러 개의 방사상 절개를 만들었는데, 각막이 회복되자 소년은 시력이 더욱 좋아졌다. 표도로프의 이러한 성공은 시력 교정 수술에 대한 많은 관심을 불러일으켰다.

1968년 인도의 물리학자인 마니 랄 보믹과 그의 동료들은 캘리포니아 대학교에서 수행한 연구를 통해 크세논, 아르곤, 크립톤 가스가 여기(勵起) 상태에 놓일 때 새로운 분자를 생성하는 엑시머(excimer) 레이저를 개발하였다. 1973년 보믹은 덴버에서 개최된 미국안과협회 회의에서 새로운 기술을 세상에 알렸으며 엑시머 레이저로 특허를 취득하였다. 그로부터 7년 후 인도의 화학자인 랭가스워미 스리니바산은 자외선 엑시머 레이저가 조직 주위에 손상을 입히지 않고 살아 있는 조직을 정확하게 에칭(etch)할 수 있다는 사실을 발견하였다.

1990년 이탈리아의 루치오 부라토와 그리스의 펠리카리스는 이러한 모든 기술을 조합하여 이전의 기법보다 빠르고 정확하며 합병증의 위험이 적은 라식 수술을 완성하였다. 이처럼 더욱 새로워진 기술은 라식의 성과를 높여주었다. **LH**

**참고:** 레이저, 레이저 백내장 수술, 생체공학 눈

⬆ 엑시머 레이저를 사용한 정밀한 레이저 수술이 환자의 눈에 수행되고 있다.

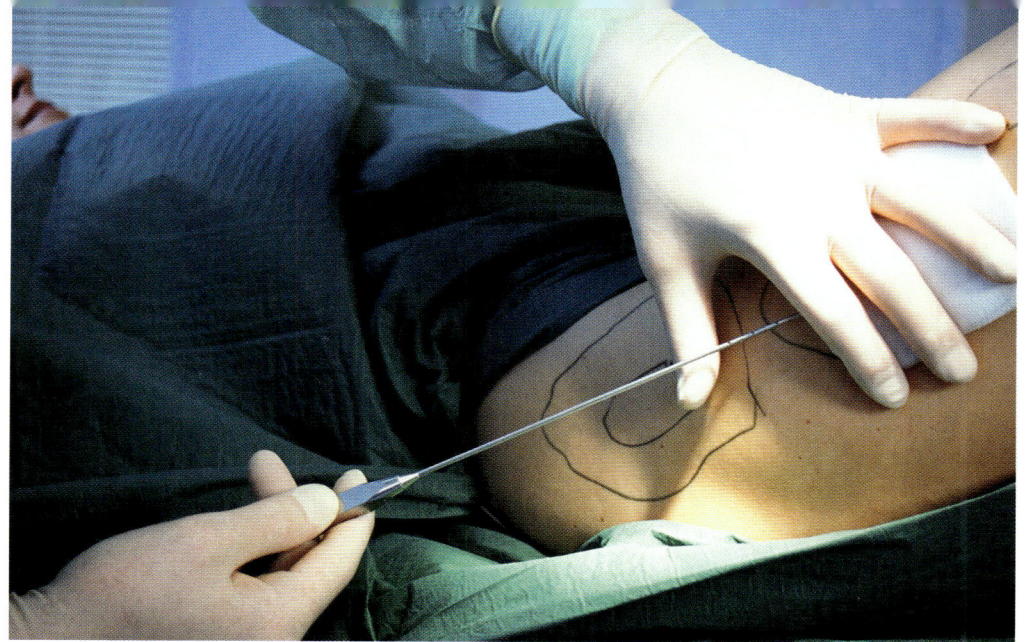

# 지방 흡입술 (1974년)

피셔가 과도한 복부 지방을 제거하는 기법을 개발하다.

지방 흡입술은 과도한 지방 조직을 피부 아래쪽으로부터 흡입하는 성형 기술로, 1974년 이탈리아 산부인과 의사인 조르조 피스케르(1934년 출생)가 최초로 개발했다. 그는 조그만 절개 구멍을 통해 흡입 장치에 부착된 전기 회전식 메스로 지방을 제거할 수 있다는 사실을 알게 되었다. 지방흡입술은 원래 복부 수술을 쉽게 하려고 과도한 지방을 제거할 목적으로 개발되었지만 환자가 종종 상당한 실혈(blood loss)로 고통받을 수 있다는 단점이 있다.

피셔가 지방 흡입술을 개발한 지 4년 후 프랑스 성형외과 의사인 이브-제라르 일루즈(Yves-Gerard Illouz)는 성형 수술을 목적으로 지방흡입을 시술하였는데, 끝이 뭉툭한 캐뉼라(cannula)를 사용하여 합병증을 줄이고 회복 시간을 단축시켰다. 1980년대 초 지방흡입술이 미국에 도입되었지만 높은 실패율로 인기가 없었다.

1985년 캘리포니아 주 피부과 의사 제프리 클라인 박사는 튜메슨트(tumescent) 마취법을 개발하여 지방흡입술의 실패율을 낮추었다. 튜메슨트 마취법은 국소 마취제인 리도카인과 혈관 수축용 약품인 에피네프린을 섞은 혼합 약물을 사용하는 기법으로, 이러한 혼합 약물은 출혈의 위험을 감소시키고 전신 마취의 필요성을 줄여주었다.

지방 흡입술은 완벽한 몸매에 대한 강박관념이 만연한 현대 사회에 대중화되어 있으며 거의 정상 체중이지만 몸매의 한 부분에 지방이 몰려 있는 사람들에게 특히 적합하다. 복부, 엉덩이, 허벅지, 무릎 등 우리 몸의 과도한 지방이 몰려 있는 부분은 대부분 지방 흡입술로 치료된다. **JF**

참고: 피하 주사기, 유방 확대술, 라식 수술, 경피흡수 패치제

⬆ 여성 환자가 지방 흡입술을 시술 받고 있다. 지방 흡입은 신체 특정 부분의 과도한 지방을 제거할 수 있다.

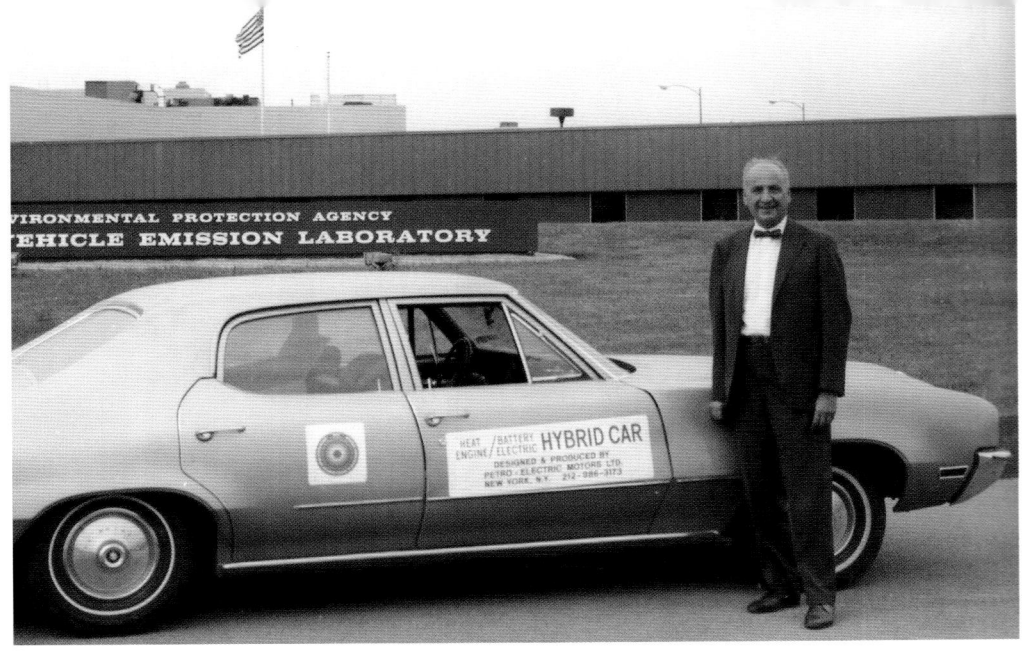

# 하이브리드 차량 (1974년)

우크가 이산화탄소 배출이 적고 연료 효율이 향상된 자동차를 개발하다.

하이브리드 차량은 두 가지 다른 유형의 엔진을 탑재하는데, 가솔린 또는 디젤 엔진은 대부분의 운동력을 제공하며 전기 모터는 추가적으로 자동차의 움직임에 도움을 주는 역할을 한다.

하이브리드 자동차의 주요한 장점은 이산화탄소 배출이 적고 연료 효율이 증가한다는 점인데, 이는 회생 제동 방식을 사용하여 자동차의 배터리가 충전되기 때문이다. 또한 페달을 밟지 않거나 정체로 인해 차량이 정지되었을 때 가솔린이나 디젤 엔진을 작동시키지 않는 방법으로 연료를 절약시키기 때문이다.

전기 기사인 빅터 우크(1919~2005)는 하이브리드 자동차 분야에서 주요한 기술 발전을 이룩한 사람으로, 1970년 연방 무공해 자동차 장려 프로그램을 위해 하이브리드 자동차를 개발하기 시작하여 1974년 친구인 화학자 찰스 로젠과 함께 페트로-일렉트릭 모터스社를 설립한 후 뷰익 스카이락을 가솔린/전기 하이브리드 자동차로 개조하여 갤런당 운행할 수 있는 거리를 두 배로 늘렸다.

하이브리드 자동차의 트윈 엔진은 전기 자동차가 가지고 있는 문제점인 느린 속도를 극복했지만, 미국의 주요 자동차 제조사와 미 환경 보호국은 하이브리드 자동차에 거의 관심을 보이지 않았기 때문에 빅터와 로젠은 마침내 회사를 해체시켰으며 그 후 빅터는 컨설팅 업무를 맡았다.

하이브리드라는 용어는 일반적으로 사용되어 소형 전기 모터를 장착한 자전거, 전기식 디젤 열차, 돛대와 돛을 지닌 디젤 동력 선박도 하이브리드 차량이라고 불리고 있다. 오늘날 미국에서는 일 년에 20만 대 이상의 하이브리드 자동차가 판매되고 있으며, 이러한 자동차들의 95퍼센트 정도가 일본에서 생산된다. **DH**

**참고:** 에어카, 전기 자동차, 자동차

↑ 미국 환경 보호국의 테스트 장소에서 자신의 하이브리드 뷰익 스카이락 자동차와 함께 사진을 찍고 있는 우크.

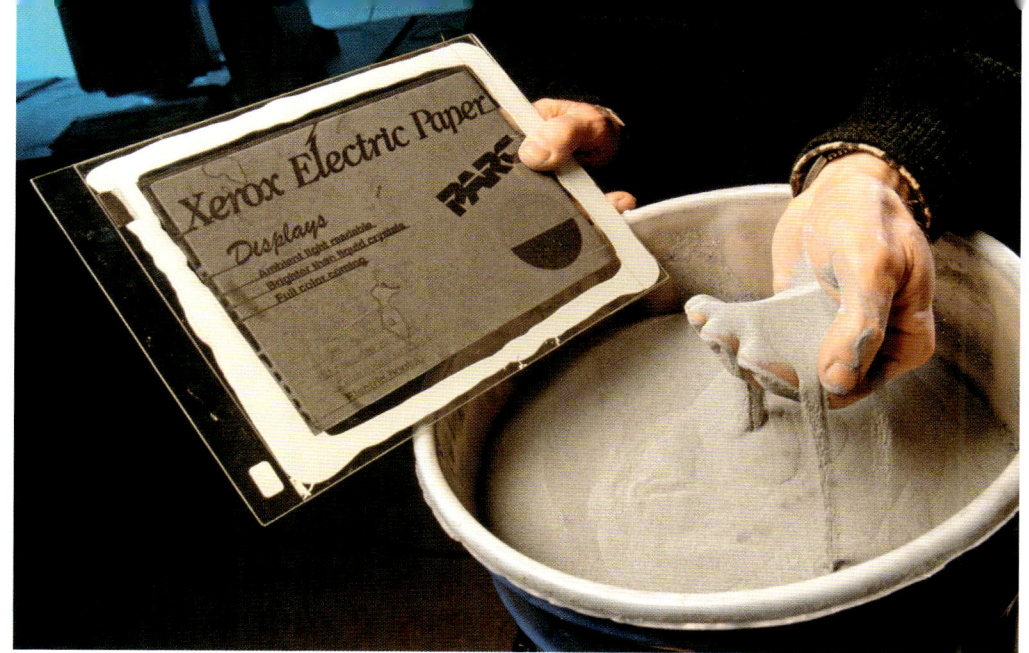

# 전자 종이 (1974년)

쉐리던이 사무실에서 종이를 사용하지 않아도 되는 환경을 향한 길을 열다.

전자 종이는 얇고, 유연할 뿐만 아니라 재사용이 가능한 점을 포함한 수많은 종이의 특성을 지니고 있다.

1970년대 제록스(Xerox) PARC의 개인용 컴퓨터 개발에 참여한 니콜라스 K. 쉐리던은 매우 흐릿하게 표시되는 음극선관을 향상시킬 액정 개발 업무를 진행하였다. PC 프로젝트가 중단되는 바람에 모니터로 사용되지는 않았지만 1974년 쉐리던이 개발한 자이리콘은 전자 종이의 초석을 마련하였다.

회전 중인 화상을 의미하는 그리스어인 자이리콘(Gyricon)은 얇고 유연한 플라스틱 시트로 구성되었으며 두 가지 색상에 따라 양극과 음극으로 하전되는, 절반은 흰색이고 나머지 절반은 검정색인 작은 알갱이들을 내장하였다. 자이리콘에 전류가 적용되면 알갱이들은 지정된 방법으로 회전하여 전자 종이에 검정색 문양을 만들어내는데, 이러한 유형의 액정이 가진 주요한 장점은 초기 전류가 적용되고 나면 이미지를 유지하거나 갱신하기 위해 더 많은 에너지 입력이 요구되지 않는다는 점이다.

오늘날에는 쌍안정(bistable) LCD, 콜레스테릭 LCD, EPD(electrophoretic display)와 같은 여러 유형의 전자 종이가 생산되고 있으며 이들 전자 종이는 자이리콘과 유사한 원리로 작동한다. 또한 최근에는 검정색만이 아닌 여러 색상을 표시할 수 있는 전자 종이가 개발되고 있다. 초기에는 가격이 비쌌지만 전자 종이의 가격은 계속해서 낮아지고 있으며 이미 시장에 출시되기 시작하였다. 전자 종이가 광고판에서부터 학교, 심지어 가정(변경 가능한 벽지로 사용)에 이르기까지 모든 장소에서 사용될 날이 멀지 않았다. **RP**

**참고:** 종이, 카본지, 크라프트 법, 수정액, LCD

⬆ 캘리포니아에 위치한 제록스의 연구 센터에서 쉐리던이 모래알보다 작은 자이리콘의 알갱이들을 보여주고 있다.

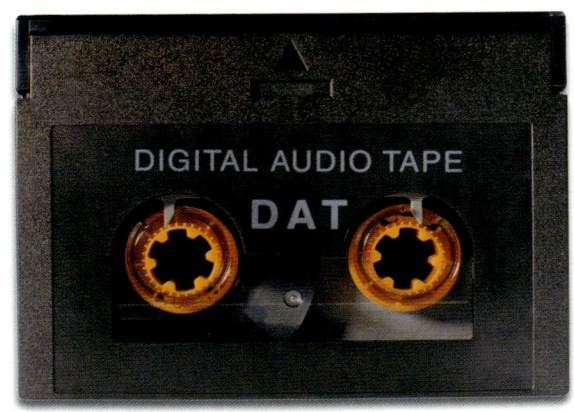

# DAT(Digital audiotape) (1975년)

스톡햄의 사운드스트림社가 새로운 녹음 시스템을 개발하다.

1980년대 이전 대부분의 상업적 오디오 녹음 원리로 사용된 아날로그 녹음은 원본 사운드와 관련된 물리적 특징이 다른 매체에 저장되는 반면 디지털 녹음은 원본 사운드가 디지털 정보로 전환되어 비트(bit) 라고 하는 일련의 1과 0으로 저장된다.

디지털 녹음의 원리는 1930년대 후반부터 이미 존재했지만 1975년이 되어서야 사용 가능한 상업적 시스템이 개발되었다. 1975년 토머스 스톡햄(1933~2004) 박사는 최초의 전문 디지털 녹음 회사인 사운드스트림社를 설립하였으며 아날로그-디지털 변환 회로를 거쳐 원본 음성을 16비트 음성으로 변환시킨 후 1인치(2.54센티미터) 허니웰 테이프 덱(tape deck)에 저장하고 저장된 음성을 재생하기 위해 디지털 정보가 디지털-아날로그 변환 회로를 거치게 되는 시스템을 개발하였다. 이 시스템은 아날로그 녹음 시스템이 가지고 있던 어떠한 문제도 발생시키지 않은 채 가장 좋은 음질을 제공하였으며 아날로그 장비와 관련된 일반적인

기계 결함 또한 근본적으로 개선하였다.

우리는 3M, 소니, JVC가 제작한 시스템들이 출시되자마자 즉시 성공을 거둔 것으로 알고 있지만 사실 1980년대 이전까지는 스톡햄의 시스템이 시장을 지배하였다. 1980년대 초부터 새롭게 등장한 소니社의 대시(DASH)와 미쓰비시社의 프로디기(ProDigi) 포맷은 이전의 시스템들을 구식으로 만들었는데, 소니社의 DAT 카세트 포맷은 디지털 스테레오 녹음을 만들기 위한 사실상의 표준이 되었고, 이러한 모든 포맷은 1990년대 초반까지 사용되었으며 그 이후 하드 디스크 녹음이 점차 시장을 지배하기 시작했다. **TB**

**참고:** 비닐 축음기 음반, 오디오 테이프 녹음, 자기 녹음, 미니디스크

⬆ DAT 카트리지는 오디오 카세트 테이프와 비슷하게 생겼지만 거의 신용카드 정도의 크기였다.

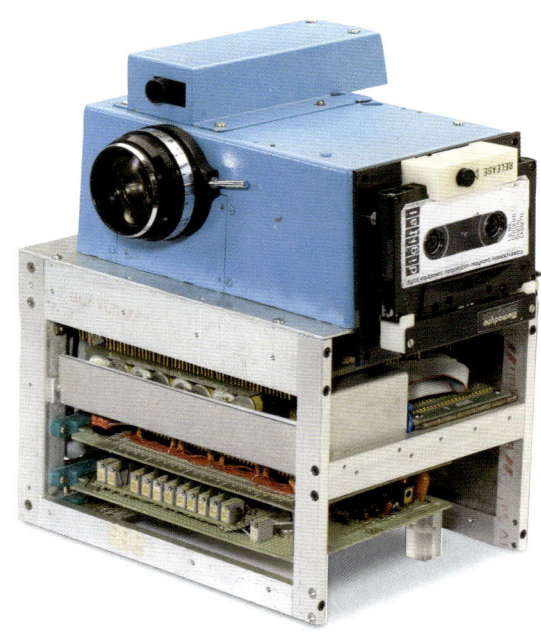

# 디지털 카메라 (1975년)

세손이 사진 필름의 필요성을 없애다.

오늘날 디지털 카메라는 대부분의 핸드폰에 그 기능이 장착되어 있을 만큼 너무 흔한 존재가 되어 버렸다. 디지털 카메라는 현재 당연하게 사용되고 있는 기기이지만 최초의 시제품은 1975년이 되어서야 제작되었다.

스티브 세손(1950년 출생)은 새내기 전기 기사로 코닥에 입사하였고, 그의 업무 전자 기기를 사용하여 카메라를 만드는 것이었다. 그는 영화 카메라 렌즈, 아날로그-디지털 변환 회로, 가장 중요한 CCD(Charge-Coupled Devices) 등 다양한 종류의 전자 기기를 함께 결합시켰다.

1975년 12월경 세손의 조잡한 디지털 카메라 시제품이 처음으로 테스트되었다. 8파운드(3.6킬로그램)의 무게와 토스터기 정도 크기의 카메라는 휴대하기에는 조금 무리가 있었다. 세손은 연구실의 보조 연구원을 대상으로 사진을 찍었는데, 이미지가 카세트에 기록되는 데 23초가 소요되었으며 그 후 테이프에서 이미지를 읽어 텔레비전 화면으로 표시하는 데 23초가 추가로 더 소요되었다.

다음 해 세손과 그의 동료들은 세손의 디지털 카메라를 코닥의 임원진에게 공개하였으나 임원진의 반응은 시원치 않았다. 카메라 필름 제조로 가장 잘 알려진 코닥의 직원들에게 필름이 필요 없는 카메라는 당황스러운 존재였다. 텔레비전으로 사진을 봐야 하는 이유가 무엇인지, 이러한 디지털 이미지를 어떻게 저장할 것인지가 그 당시 풀리지 않은 숙제였지만 컴퓨터 성능이 빠르게 향상되면서 마침내 이러한 문제가 해결되었으며 디지털 카메라가 전통적인 카메라를 대체하기 시작하였다. **CA**

**참고:** CCD, 사진, 휴대용 카메라, 자체 현상 필름 카메라

⬆ 세손이 발명한 최초의 디지털 카메라는 1978년 특허로 등록된 CCD 이미지 센서를 사용하였다.

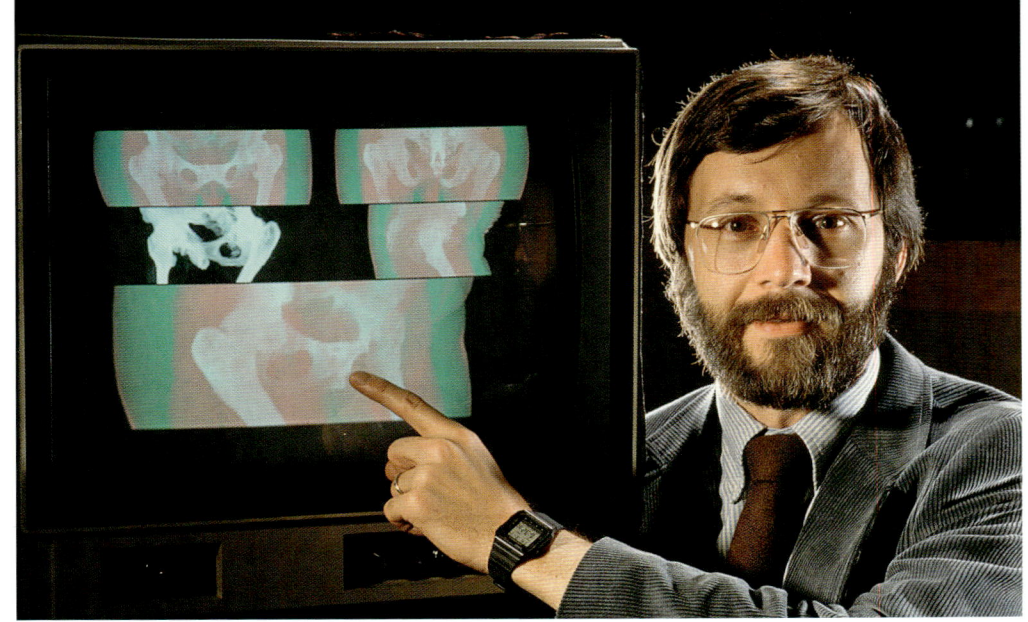

# 3D 컴퓨터 그래픽 (1976년)

**캣멀이 영화에서 사용된 최초의 3D 컴퓨터 생성 이미지를 만들다.**

3D 그래픽은 두뇌가 이미지를 2차원이 아닌 3차원으로 인식하도록 만들어주는 속임수에 기반한다. 3D 그래픽을 만들기 위해서는 물체의 빛, 농도, 원근, 재질, 기타 수많은 성질의 영향력에 대해 고려해야 하며 그 후 컴퓨터는 2차원 표면을 사실적으로 그려내야만 한다.

컴퓨터 그래픽의 진보는 1960년대 초부터 시작되었다. 1965년 상업적으로 사용 가능한 최초의 그래픽 터미널인 IBM 2250이 시장에 출시되어 폭발적인 반응을 얻었으며 그로부터 3년 후 이반 서덜랜드(1938년 출생)는 최초의 컴퓨터 제어 HMD(head-mounted display)를 제작하였다. HMD를 눈에 착용한 사람은 각각의 눈마다 별개의 이미지를 볼 수 있기 때문에 컴퓨터에서 보여주는 장면을 입체 3D로 볼 수 있었다.

그 후 서덜랜드는 유타 대학교에 위치한 컴퓨터 그래픽 분야 세계 최고의 연구 센터에 합류하였다. 그의 학생 중 한 명이었던 에드윈 캣멀(1945년 출생)은 실생활에 존재하는 대다수의 물체는 세밀한 표면 질감을 가지고 있다는 사실에 기반하여 텍스처 매핑 기법을 생각해냈다. 그는 물체의 평면 2D 이미지 표면을 따서 3D로 제작하려는 컴퓨터 이미지에 입히는 작업을 통해 3D 패턴을 적용시킬 수 있다고 확신했다.

이 방법을 사용하여 캣멀은 자신의 왼손을 애니메이션 버전으로 제작하였으며 그로부터 얼마 후 1974년에 제작된 캐나다 단편 영화인 「헝거」에 세계 최초의 컴퓨터 애니메이션이 사용되었다. 1976년에 제작된 영화인 「퓨처월드」에 사용된 애니메이션 얼굴 및 캣멀의 왼손은 영화에서 사용된 세계 최초의 3D 컴퓨터 생성 이미지가 되었다. **BG**

**참고:** 컴퓨터 프로그램, CAD, 가상 현실 헤드셋

⬆ 1985년에 캣멀이 픽사 모니터에 3D로 표현되는 CAT 스캔 이미지들을 과시하고 있다.

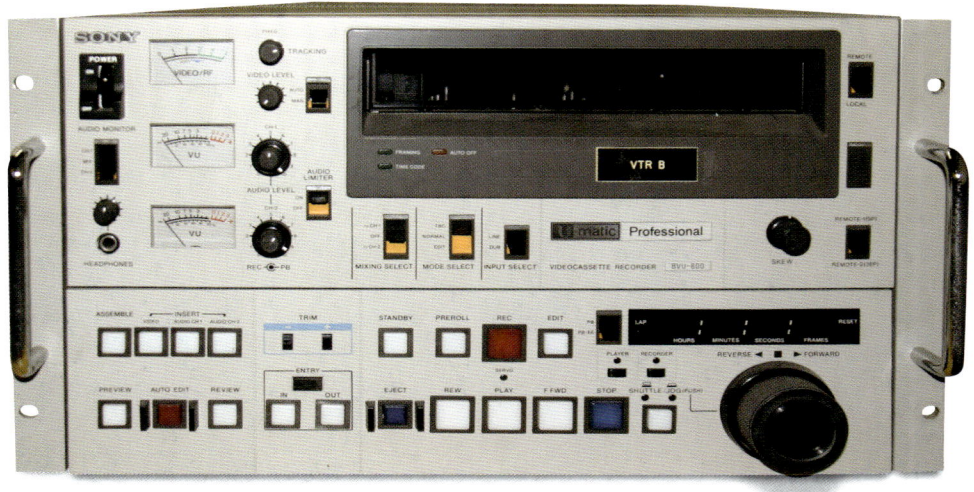

# ENG (1976년)

소니社의 발명품이 뉴스 편집실에서 필름을 몰아내다.

VHS와 베타맥스 간의 표준 포맷 경쟁이 시작되기 전에는 필름이 보편적으로 사용되고 있었다. 그러나 필름의 여러 불편한 점 때문에 마침내 비디오테이프가 발명되었다. 비디오 테이프는 필름보다 훨씬 빨리 편집할 수 있었으므로 뉴스 사업의 속도를 올려주었지만, 최초의 비디오 장치는 너무 커서 이동시킬 수가 없었기 때문에 기자는 휴대용 장치가 출현할 때까지 야외 취재를 진행할 수 없었다. 최초의 휴대용 방송 레코더는 테이프가 장착된 큰 배낭 모양을 하고 있었으며 필름보다는 품질이 낮았지만 스튜디오 외부에서 뉴스를 비디오에 녹화할 수 있도록 해주었다.

비디오테이프는 필름처럼 릴에 저장되었지만 1971년 소니가 유매틱 비디오 레코더를 출시하면서 이 방식은 변경되었다. 가정용으로 설계된 유매틱은 무겁고 고가의 테이프를 사용했지만 취급하기가 쉬운 카세트 형태의 기기였다. 소니는 유매틱을 미국 기업들에게 판매하기 시작했지만 유매틱에 저장되는 영상 퀄리티가 방송에서 사용하는 전문 표준보다 현저하게 낮아 방송사들은 유매틱을 사용하지 않았다.

1974년 미국 방송사인 CBS는 소니에게 방송사용 유매틱 버전을 제작해 줄 것을 요청하였으며 그로부터 몇 년 후인 1976년, 소니는 방송용 비디오 장비 시리즈를 CBS에 전달하였다. 유매틱 방송용 버전 제품은 촬영, 녹화, 편집 기능을 하나의 장치에 결합하여 소비자의 욕구를 만족시켰으며 이로 인해 성공을 거두게 되었다. 필름은 1980년대까지 뉴스 편집실에서 사라졌으며 대신에 ENG(Electronic News Gathering)가 출현했다. **DK**

**참고:** 필름 카메라/프로젝터, 캠코더, 광디스크, 비디오테이프 녹화

⬆ 촬영, 녹화, 편집 기능을 결합한 방송용 비디오.

# 고어텍스 (1976년)

고어 가족이 새로운 방수 물질을 만들다.

여러 겹의 옷을 껴입으면 활동하기가 불편해지며 두꺼운 외투 입으면 바람과 비로부터 몸을 보호해줄지는 몰라도 고된 신체 운동을 하게 될 시 몸을 땀투성이로 만들 수 있다. 하지만 합성 직물인 고어텍스는 통풍이 가능한 의류로 제작되어 피부를 뽀송뽀송하게 지켜준다.

고어텍스는 탄소−불소 결합으로 구성된 중합체인 PTFE(polytetrafluoroethylene)를 고온으로 팽창시켜 만들어지며, 수많은 흡수공으로 이루어져 착용한 사람이 흘린 땀을 증발하거나 배출할 수 있도록 해준다. 반면 흡수공은 아주 작아 외부의 물방울을 통과시키지 않는 고어텍스에는 편안함과 피부 보호를 목적으로 특수한 막이 여러 직물 층 사이에 위치한다.

고어텍스는 한 가족의 노력으로 발명되었다. 고어텍스는 윌버트 L. 고어(1912~1986)와 그의 아들 로버트 W. 고어와 로위나 테일러가 개발했다. 1958년 고어의 할아버지인 윌버트와 할머니인 비브는 델라웨어주에 회사를 설립하여 PTFE로 전자제품용 절연 물질을 생산하였다. 그로부터 10년 후 로버트 고어는 PTFE를 팽팽하게 만들면 강력한 방수 물질이 생성된다는 것을 발견하였으며 이를 응용하여 고어텍스를 제조하였다. 고어텍스를 최초로 직물에 응용한 것은 1976년으로, 그 당시 고어텍스는 텐트 덮개로 사용되었으며 그 후 외투, 부츠, 기타 다른 야외 장비, 침실로 만들어졌다.

고어텍스의 장점 덕분에 야외에서 군인들이 착용하는 많은 군복이 고어텍스로 만들어졌다. 또한 성형 수술 및 심장 수술에서 사용하는 2,500만 개 이상의 이식물을 위한 물질로도 사용되고 있다. **MB**

참고: 의류, PVC, 가모우백, 페트병

# 슈퍼 컴퓨터 (1976년)

크레이가 컴퓨터의 연산 속도를 높이다.

미국의 발명가인 시무어 크레이(1925~1996)는 컴퓨터 디자인에 혁명을 불러일으켰으며, 1972년부터 컴퓨터 기술의 범위를 확장시키는 기나긴 역사가 시작되었다. 크레이는 크레이 리서치社를 설립하여 고성능 컴퓨터를 제작하는 데 전념하였다. 그가 디자인한 크레이 1은 슈퍼컴퓨팅 부문에서 상업적으로 성공한 최초의 모델로 8메가바이트 메인 메모리와 초당 1억 3300만 부동 소수점 연산을 수행할 수 있는 거대한 마이크로프로세서를 탑재하였다. 크레이 1 연산 속도의 비밀은 벡터 레지스터 기술과 혁명적인 C 모양 외관에 있었는데, 집적 회로를 가능한 한 밀접하게 위치시킬 수 있도록 해주었다. 크레이 1은 엄청난 양의 열을 발산했으므로 과열을 방지하기 위해 복잡한 프레온 기반 냉각 시스템을 사용하였다.

1985년에 출시된 크레이 2는 크레이 1보다 처리속

> "시무어 크레이는
> 슈퍼컴퓨팅 산업의
> 토머스 에디슨이다."
>
> 래리 L.스마, 물리학자

도가 6배에서 12배 정도 빨랐으며 10배 정도 큰 저장 공간을 지닌 메모리를 탑재하였다. 크레이가 개발한 슈퍼 컴퓨터들은 과학 부문에서 무수히 많은 수치를 계산하는 데 사용되고 있다. 또한 날씨를 예측하고 비행기를 디자인하며 석유 매장 위치를 찾는 데도 쓰이며 핵 테스트에 대한 컴퓨터 시뮬레이션을 제공하고 있다. **JM**

참고: 기계적 컴퓨터, 컴퓨터 프로그램, 디지털 전자 컴퓨터, 마이크로프로세서

➡ 캘리포니아주 나사(NASA)의 에임스 연구센터에 위치된 크레이 슈퍼 컴퓨터.

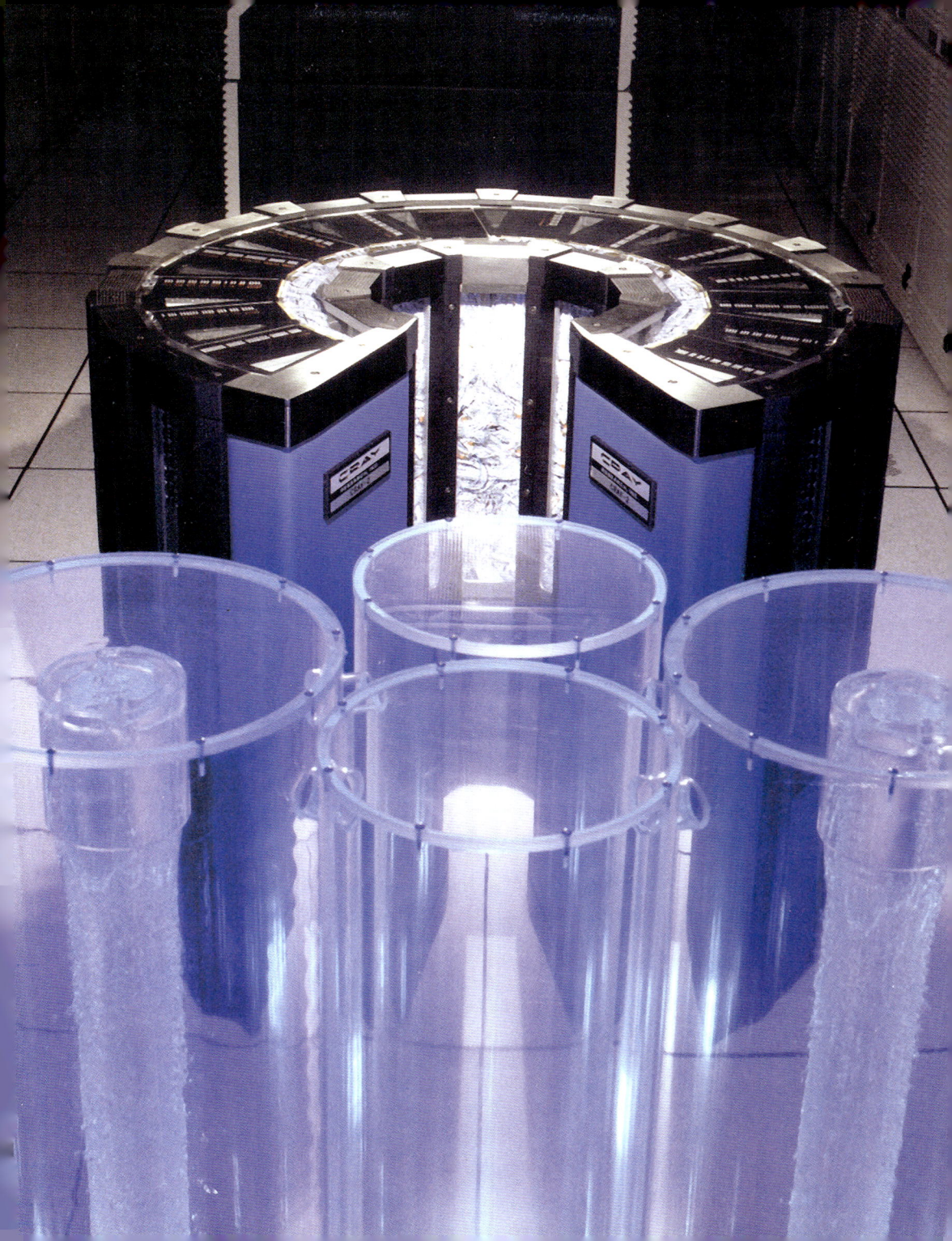

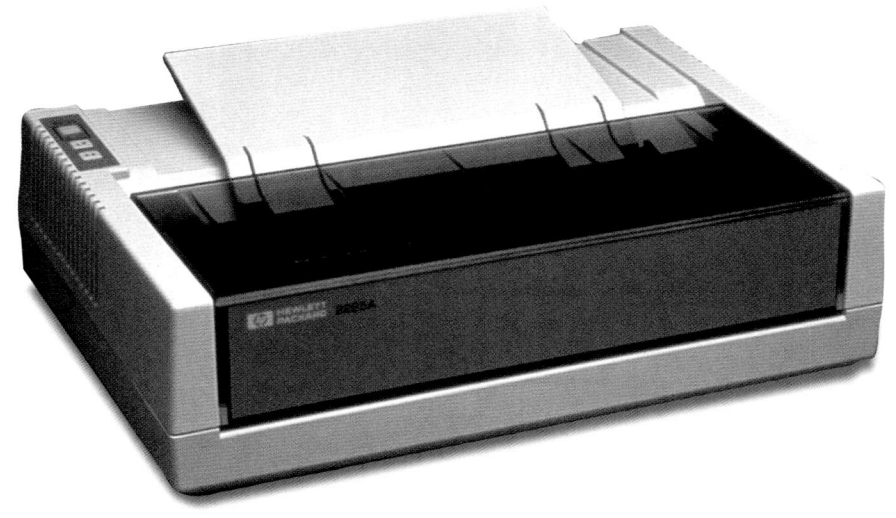

# 잉크젯 프린터 (1977년)

엔도가 새로운 출력 방법을 발명하다.

대부분의 유용한 기술들은 아이디어의 고안에서부터 최종 작동 모델의 제작까지 최소 몇 년이 소요되지만 잉크젯 프린터의 경우 이 기간이 훨씬 길게 소요되었다. 1867년 로드 켈빈은 정전기를 사용하여 종이에 잉크를 출력하는 방법으로 특허를 취득하였다.

1980년대 이전 컴퓨터에서 무언가를 출력하는 것은 시간이 다소 소요되는 작업이었다. 초기 프린터는 움직이는 부품과 펌프, 바람 주머니를 사용하여 구성되었지만 현대식 잉크젯은 균일한 잉크 방울과 정교한 출력을 생성하기 위해 열이나 정전기를 사용하여 이 모든 것을 바꾸어 놓았다. 1970년대 캐논社와 휴렛팩커드社는 최초의 신뢰할 수 있는 잉크젯 프린터를 생산하려고 일본에서 경쟁 중이었다.

캐논社 연구원인 엔도 이치로는 1977년 최초의 감열 잉크젯 프린터를 발명하여 휴렛팩커드社에 일침을 가했다. 그는 꽉 찬 잉크통이 우연히 뜨거운 땜질 인두에 닿는 것을 보고 영감을 얻었는데, 인두의 열은 잉크의 양을 팽창시켜 잉크가 뿜어져 나오게 만들었다. 엔도는 이것이 잉크 분출을 제어할 수 있는 해결책이라는 것을 깨달았으며 수 일 내 작동 가능한 모델을 제작하였다. 이 모델은 나중에 캐논 버블젯 프린터가 되었다.

휴렛팩커드와 캐논社는 그로부터 수 개월 내 잉크젯 프린터와 관련한 각자의 특허를 신청하였으며 많은 프린터 기술을 공유하였다. 고품질의 저렴한 프린터를 모든 사람들이 사용할 수 있게 됨에 따라, 가정의 소비자가 결국 이 프린터 경쟁의 승리자가 되었다. **JM**

**참고:** 컴퓨터 레이저 프린터. 잉크. 인쇄기. 인쇄 전신기. 회전식 인쇄기

⬆ 휴렛팩커드社는 1984년에 싱크젯을 출시하였다. 싱크젯은 조용하고 빠르며 가격이 저렴(495달러)했다.

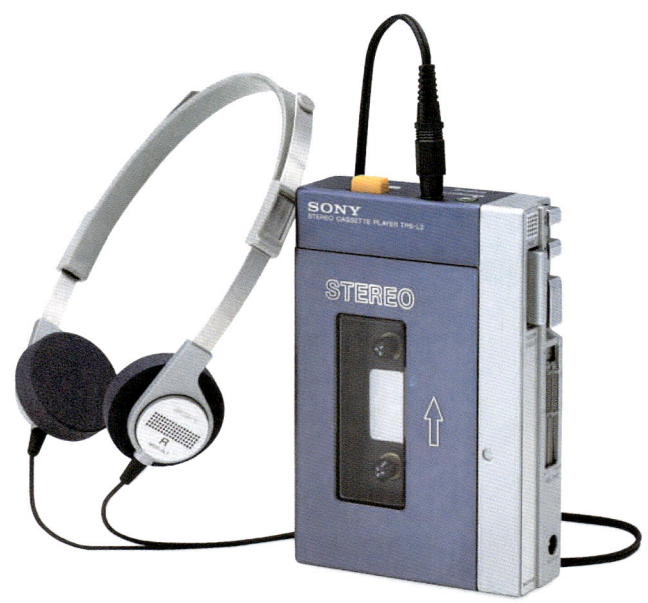

# 휴대용 카세트 플레이어 (1977년)

파벨이 최초의 휴대용 카세트 플레이어에 대한 특허를 취득하다.

1979년 휴대용 카세트 플레이어가 처음으로 출시된 이래 많은 사람이 소니 워크맨을 최초의 휴대용 카세트 플레이어라고 생각한다. 휴대용 카세트 플레이어는 이동 중에 음악을 듣는 것을 유행시켰으며 오늘날 도처에서 찾아볼 수 있는 아이팟의 직접적인 선조이다. 그러나 1973년경 전자 기기 분야의 전문 지식이 없던 한 발명가가 이와 거의 동일한 개념을 생각해냈다.

이 발명가의 이야기는 1972년 브라질에서부터 시작된다. 독일 출신인 안드레아스 파벨(1945년 출생)은 일을 하는 동안 음악을 들을 수 있는 방법을 찾고 있었으며 조그만 한 쌍의 헤드폰을 통해 음성이 재생되는 소형 휴대용 카세트 플레이어를 제작하고 이를 '스테레오벨트'라고 불렀다.

브라질을 떠나 스위스로 이주한 파벨은 여러 대형 전자제품 제조 회사를 방문했지만 아무도 그의 아이디어에 관심을 보이지 않았다. 그들은 음악을 들으려고 공공장소에서 헤드폰을 끼는 사람이 거의 없을 것이라고 생각했다. 자신의 발명품을 후원해 줄 사람을 찾는데 실패했지만 파벨의 신념은 흔들리지 않았으며 1977년 전 세계에 자신의 발명품을 특허 등록했다.

소니社가 그 유명한 워크맨을 출시한 지 1년 후 파벨은 거의 24년이란 세월이 소요된 마라톤 법적 분쟁에 착수하였다. 이 사건은 마침내 소니社가 파벨에게 1,000만 달러가 넘는 금액을 지불하면서 2003년에 해결되었다. **TB**

**참고:** 오디오 테이프 카세트, 미니디스크, 트랜지스터, 트랜지스터 라디오

⬆ 사운드 어바웃, 스토우어웨이라고도 알려진 소니社의 워크맨은 1979년 7월 1일에 출시되었다.

# 전도성 고분자 (1977년)

화학자들이 전기를 전도하는 플라스틱을 제작하다.

학교에서 과학을 공부하면서 우리는 전기 전도가 이온을 포함한 일부 액체와 금속에서 발생한다고 배워왔다. 그러나 화학자인 앨런 맥더미드(1927~2007)와 시라카와 히데키(1936년 출생), 물리학자인 앨런 허거(1936년 출생)는 전기를 전도할 수 있는 최초의 고분자를 제작하여 우리가 배운 수업 내용을 바꾸어 놓았다.

시라카와는 아세틸렌의 중합을 연구할 당시 고분자를 만드는 과정에서 촉매의 양을 잘못 조절(1,000배나 많이 첨가함)하였다. 그러자 평상시 사용하던 검은 분말 대신 울퉁불퉁한 폴리아세틸렌 필름이 만들어졌는데, 이 필름이 금속 광택을 띠어 시라카와는 이 필름의 속성을 조사하기 시작했다. 펜실베이니아 대학교의 앨런 맥더미드는 이 물체를 공동으로 연구하기 위해 앨런 허거와 시라카와를 불러 요오드 증기로 산화시켜 폴리아세틸렌을 변경하는 실험을 수행하였다. 또한 허거의 학생 중 한 명은 이 요오드 첨가 폴리아세틸렌을 조사하던 중 이 물체의 전기 전도성이 증가했다는 사실을 발견하였다. 이 세 사람은 1977년 연구 결과를 공표하였으며 2000년 노벨 화학상을 공동 수상했다.

오늘날 최고의 전도성 고분자는 구리 정도의 전기 전도성을 띠며 발견된 이후 다양한 범위에 응용되고 있다. 전도성 고분자라고 불리는 이유는 이 물체가 금속 전선처럼 전기가 통할 시 빛을 낼 수 있기 때문이다. 이 전기장 발광은 전통적인 전구보다 훨씬 더 효율적이기 때문에, 핸드폰과 카메라에 사용할 수 있는 고분자 LED 액정이 개발되고 있다. **DHk**

참고: 전기활성 고분자

# 원자의 레이저 냉각 (1978년)

와인랜드가 원자를 냉각시키는 공법을 개발하다.

원자가 남겨 놓은 에너지보다 원자와 충돌하는 레이저 빛의 광자가 더 많은 에너지를 지닐 수 있다면 원자는 차가워지게 된다. 레이저 광자의 에너지를 원자의 전기적 전이 에너지보다 약간 낮은 값으로 조정하면 광자의 도플러 적색 편이로 인해 원자들은 더 많은 광자를 흡수하는 광선 쪽으로 이동한다. 발산된 광자는 무작위 방향으로 원자를 남겨놓아 운동량과 운동 에너지를 증가시키는데, 이렇게 되면 온도는 운동 에너지에 비례하기 때문에 원자가 차가워지게 된다.

이 경우 원자는 매우 낮은 농도여야 한다. 이 아이디어는 캘리포니아 주 스탠포드 대학교의 시어도어 헨슈와 아서 숄로가 1975년 최초로 제안한 것이다. 그로부터 10년 후 AT&T 벨 연구소의 스티븐 추는 이 아이디어를 실행했으며 각 좌표축을 따라 세 쌍의 광선이 발사되는 6개의 레이저를 사용하여 나트륨을 대략 250켈빈 온도로 냉각시켰다. 광 펌핑을 사용하여 나트륨은 35켈빈 온도로 더욱 냉각되었으며 세슘은 3 켈빈 온도로 냉각되었다.

물리학자인 데이비드 와인랜드 박사는 레이저 냉각을 차세대 원자시계에 응용하였다. 굉장히 차가운 원자는 보즈-아인슈타인 응집체를 형성하여 양자 형태가 되는데, 이 상태에서 원자는 더욱 큰 정밀도를 띤다. 흥미진진하게도, 레이저 냉각 물질은 지구의 대형 중력장에 나쁜 영향력을 미칠 수 있기 때문에 다음 세대의 실험은 가까운 우주의 마이크로중력 환경에서 수행되어야 할 것이다. **DH**

참고: 원자 폭탄, 원자시계, 원자 레이저, 이산화탄소 레이저, 레이저

➡ AT&T 벨 연구소에서 노란색 레이저 광선이 금속 원자 트랩을 둘러싸 원자를 절대 영도로 냉각시키고 있다.

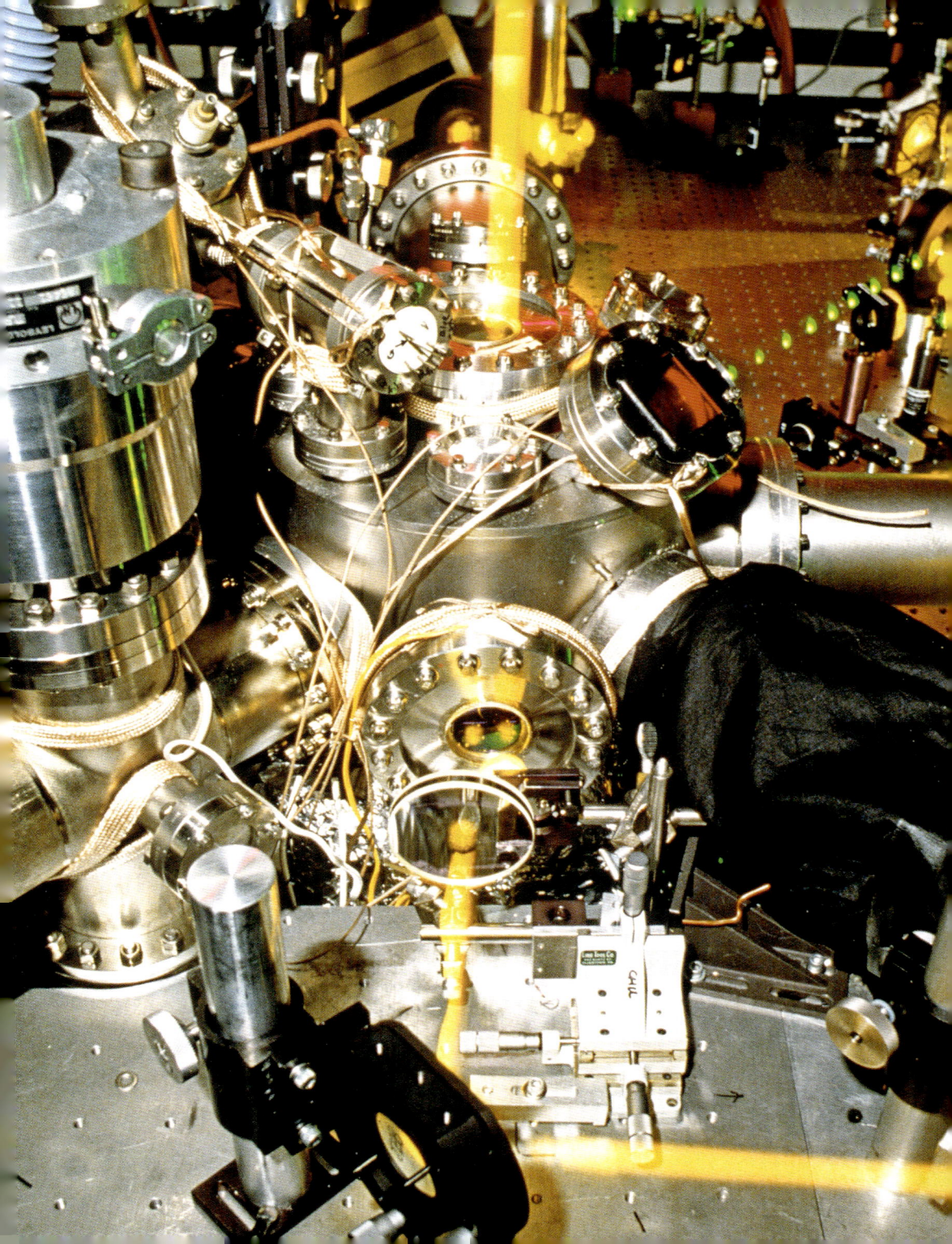

# 사이클론 진공 청소기 (1978년)

다이슨이 가정에서 사용할 수 있는 새로운 청소기를 디자인하다.

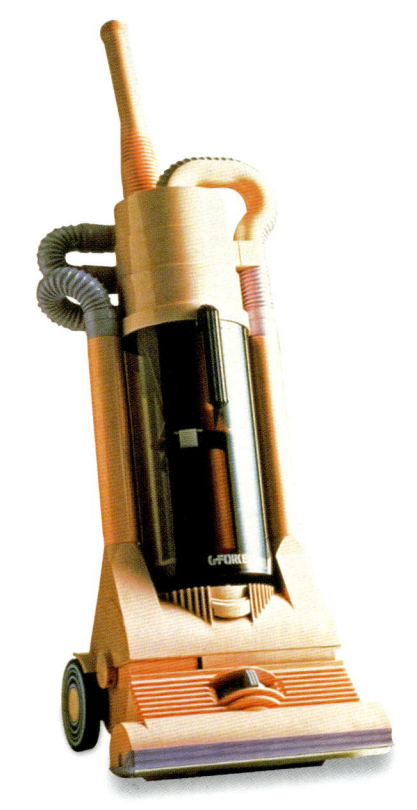

"원하는 진공 청소기를 개발하기 위해 5,127개의 시제품을 만들었다. 그중 5,126 개가 불량이었지만 하나는 정상이었다."

제임스 다이슨, '패스트컴퍼니 매거진', 2007년 5월

⬆ 다이슨은 1986년 3,500달러(2,000파운드)에 해당하는 소매 가격으로 지포스를 일본에 판매하였다.

➡ 먼지 주머니가 없는 최신 사이클론 진공 청소기 중 하나를 수리하 고 있는 발명가 제임스 다이슨.

1978년 디자이너인 제임스 다이슨(1947년 출생)은 진 공 청소기의 먼지 봉투에 먼지가 차기 시작하면 청소기 의 흡입력이 점점 떨어진다는 사실을 알게 되었다. 그 는 먼지를 청소기 내에 보관하지 않고 휴지통에 버리 게 된다면 진공 청소기의 흡입력을 유지시킬 수 있다는 것을 깨달았다. 5년간 5,127개의 실패한 시제품을 제작 한 끝에, 다이슨은 마침내 자신이 원하는 청소기를 발 명할 수 있었다.

다이슨은 왕립 예술대학교에서 가구 디자인과 인 테리어 디자인을 공부하였는데 이때 공부한 디자인 분 야에 관한 지식은 그가 아이디어를 개발하는 데 도움 이 되었다. 다이슨은 진공 청소기 개발을 시작한 지 7 년 만에 드디어 먼지 봉투가 필요 없는 진공 청소기 제 작 기술을 개발하였다.

다이슨 진공청소기의 청소 능력은 원심 분리에 기 반하는데, 먼지의 수십만 배 질량에 해당하는 원심력으 로 공기를 회전시키면서 먼지를 빨아들이고 먼지 입자 가 위로 빨려 올라와 저장 용기 내에 쌓인다. 이러한 먼 지 입자들이 저장 용기의 바닥으로 가라 앉으면 청소기 에서 분리해 휴지통에 버릴 수 있게 된다. 빨아들인 공 기 중 먼지 입자가 걸러진 공기는 청소기 외부로 방출 된다. 사이클론 진공 청소기에서 중요한 점은 청소기가 흡입력을 상실해서는 안 된다는 점이다.

1986년 다이슨은 한 일본회사와 계약을 체결하여 지포스라는 이름으로 자사 제품을 시장에 출시해 여러 상 을 휩쓸었다. 그로부터 7년 내 다이슨社가 생산한 DC01 모델이 영국에 판매되기 시작했으며 DC01 모델은 시 장에 출시되자마자 불티나게 판매되었다. 오늘날 다이 슨社는 원심 분리의 개념을 기반으로 한 다양한 청소 제품 (휴대용 진공청소기, 이중 드럼 세탁기)을 생산하고 있 다. **SR**

**참고:** 카펫 청소기, 전기 진공청소기, 진공 펌프

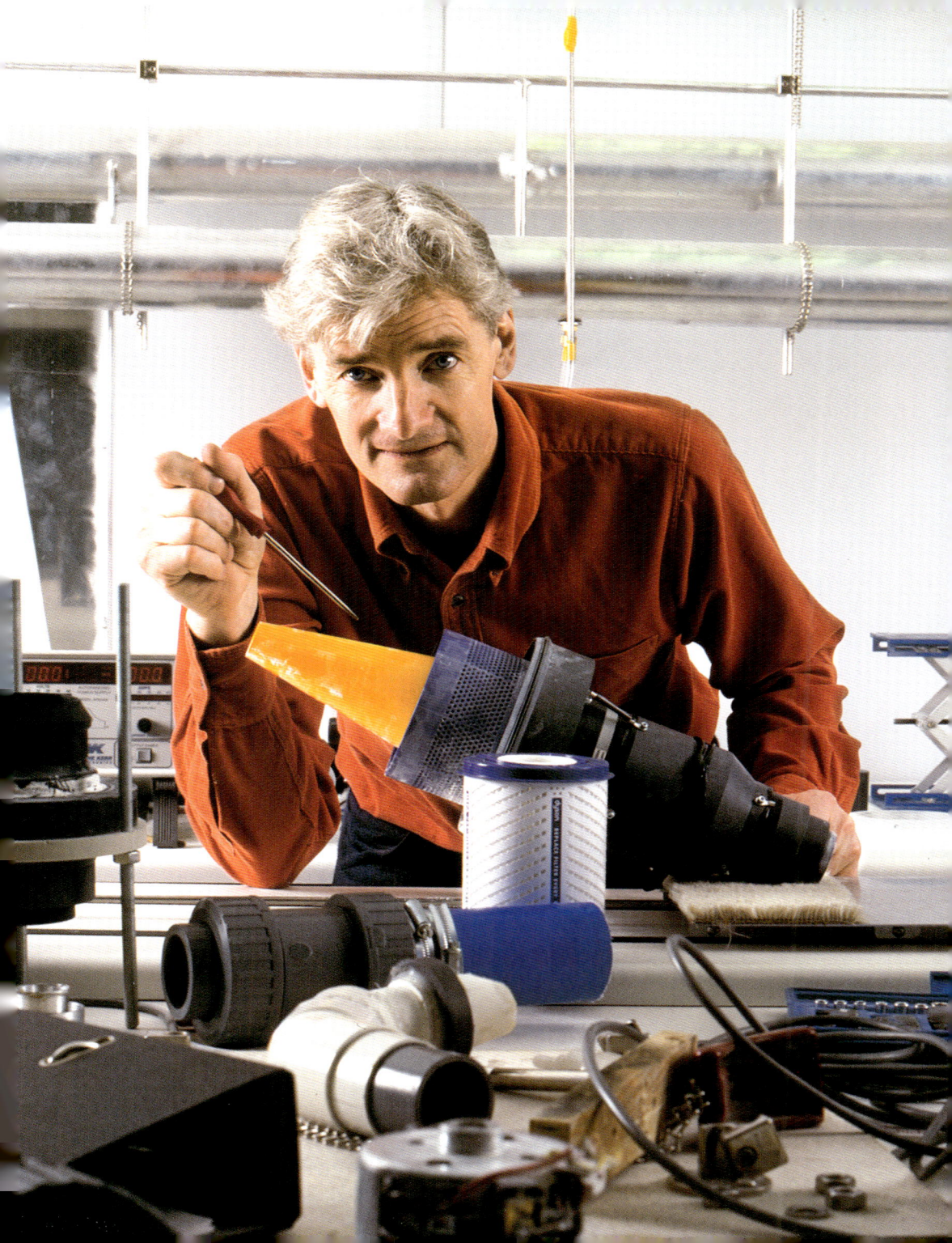

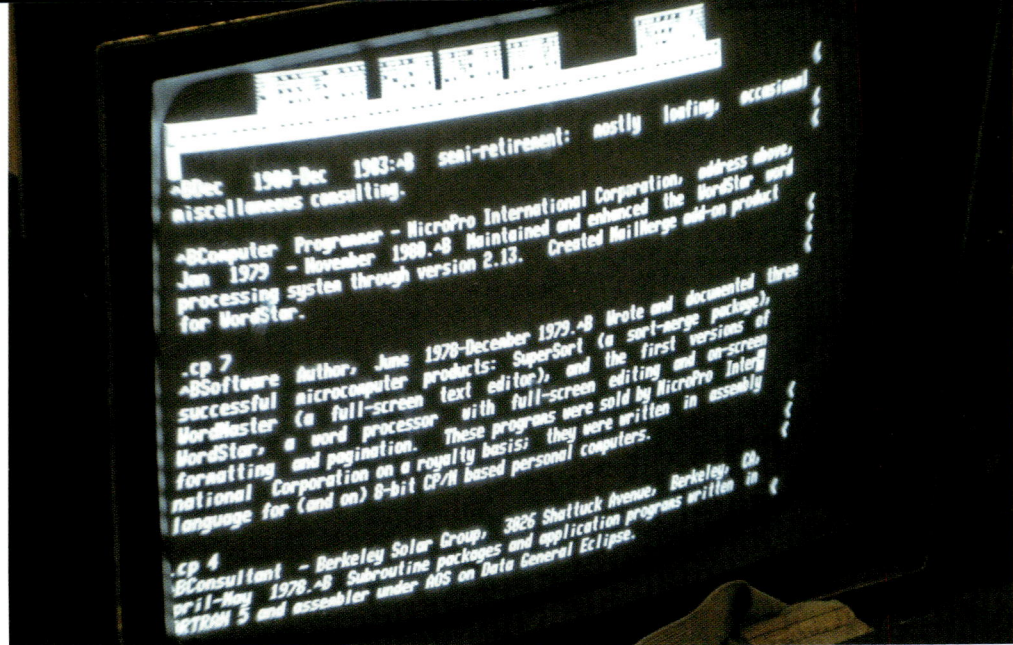

# 워드 프로세서 (1978년)

루빈스타인과 바나비가 상업적으로는 최초로 성공한 워드 프로세서 소프트웨어를 만들다.

컴퓨터 프로그래밍으로 만들어진 대다수의 초창기 소프트웨어와는 달리 워드 프로세서는 수학자나 엔지니어가 아닌 작가의 요구를 만족시키기 위해 제작되었다. 일부 사람들은 1960년대 후반 GUI(Graphical User Interface)가 도입된 이후 머지않아 컴퓨터로 책을 읽을 수 있을 것이라고 말했는데, 컴퓨터의 사용처에 대한 아이디어는 컴퓨터가 타자기 작업을 수행하도록 만들었다.

전문가의 컴퓨터 하드웨어는 워드 프로세서가 이미 설치되어 있도록 설계되었다. 키보드, 스크린, 프린터 모두가 현대식 기술을 활용하는 단일 독립 장치에 수용되어 문서를 출력하고 처리하였다. 그러나 한 젊은 사업가는 특정 장치에 종속되지 않는 워드 프로세서 소프트웨어를 제작하고자 하였다.

시무어 이반 루빈스타인(1934년 출생)은 마이크로컴퓨터를 제조하는 IMSAI 매뉴팩처링 주식회사의 마케팅 이사로 근무했지만 1976년 현금 8,500달러와 함께 회사를 떠나 마이크로프로 인터네셔널社를 설립하였다.

루빈스타인은 수많은 IMSAI 직원들을 자신의 회사 사원으로 고용했는데, 그중에서도 롭 바나비는 가장 뛰어난 사원이었으며 수개월 내 두 개의 프로그램인 워드마스터와 슈퍼소트를 완성하였다.

최초로 상업적 성공을 거둔 워드 프로세싱 소프트웨어인 워드스타는 바나비의 대표작이 되었다. 기능이 많고 사용하기 쉬운 워드스타는 시장에 출현한 모든 경쟁 제품을 물리치고 그 당시 세계에서 가장 대중적인 워드 프로세싱 소프트웨어가 되었다. **CL**

**참고:** 컴퓨터 프로그램, C 프로그래밍 언어, 자바 컴퓨팅 언어, 마이크로프로세서

⬆ 워드스타로 작성된 바나비의 이력서.

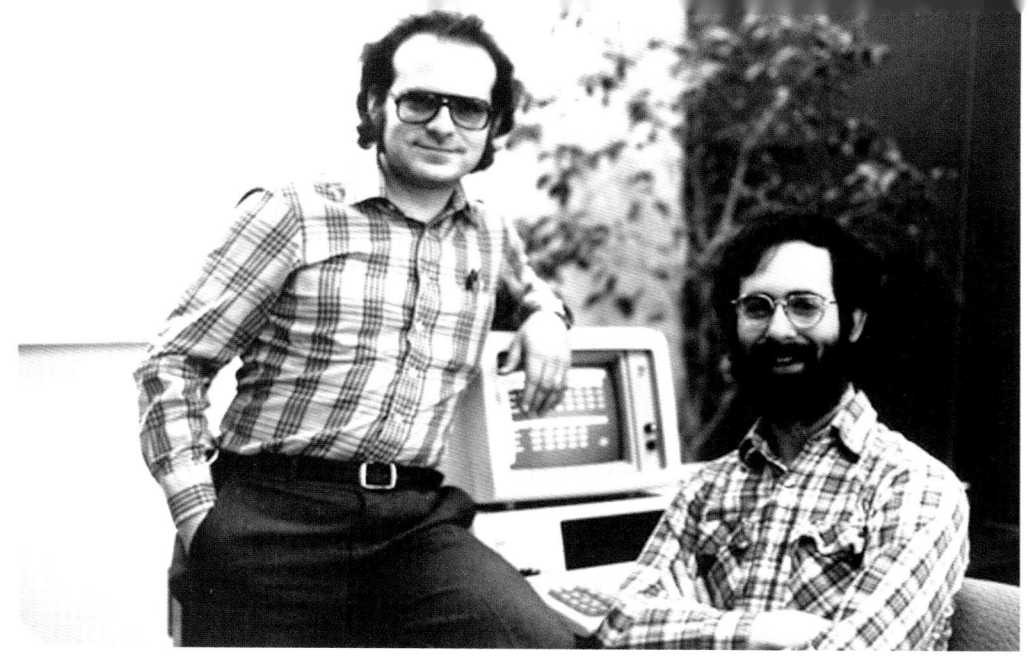

# 스프레드시트 프로그램 (1978년)

브리클린과 프랭크스톤이 데이터 정렬 및 계산에 소요되는 시간을 줄이다.

오늘날 거의 대부분의 사무실에서는 데이터 계산과 정렬에 스프레드시트를 사용하고 있다. 1961년 리처드 매테지크 교수는 많은 양의 계산을 컴퓨터로 처리할 것을 처음으로 제안했으며 1969년 르네 파르도와 레니 라마우는 메인프레임 컴퓨터용 스프레드시트 응용 프로그램을 개발하여 몇몇 주요 회사의 예산 계획을 수립하는 데 사용했다. 현대식 스프레드시트는 하버드 대학교 경영대학원 학생인 댄 브리클린(1951년 출생)이 1978년에 고안해냈다.

　브리클린은 입력된 데이터를 보여주고 간단한 데이터 조작과 계산을 가능하게 해주는 컴퓨터 프로그램과 초기 데이터가 변경되면 즉시 계산이 다시 이루어지는 컴퓨터 프로그램을 생각하였다. 스프레드시트의 초기 테스트 버전은 기능이 매우 빈약했기 때문에 브리클린은 스프레드시트를 개선하려고 MIT의 밥 프랭크스톤(1949년 출생)을 영입하였다. 프랭크스톤은 더 나은 산술 기능과 스크롤로 시트를 이동시키는 능력을 스프레드시트에 추가했으며 또한 그 당시의 개인용 컴퓨터에서 원활하게 실행될 수 있도록 프로그램 크기를 20킬로바이트로 줄었다. 이렇게 해서 만들어진 소프트웨어가 바로 비지칼크이다.

　비지칼크는 출시되자마자 성공을 거두었으며 다른 스프레드시트 프로그램(예를 들면 엑셀 등)의 토대가 되었다. 하지만 1981년까지 소프트웨어는 미국 특허 신청 대상이 아니었으므로 아쉽게도 브리클린과 프랭크스톤은 발명품을 자신들의 특허로 등록하지 못했다. **HP**

**참고:** 컴퓨터 프로그램. C 프로그래밍 언어. 자기 코어 메모리. 마이크로프로세서

⬆ 밥 프랭크스톤과 함께 있는 댄 브리클린(오른쪽). 그들은 전자 스프레드시트를 개발하기 위해 밥의 다락방에서 작업하였다.

# X선 망원경 (1978년)

NASA가 극도로 민감한 궤도 망원경을 제작하다.

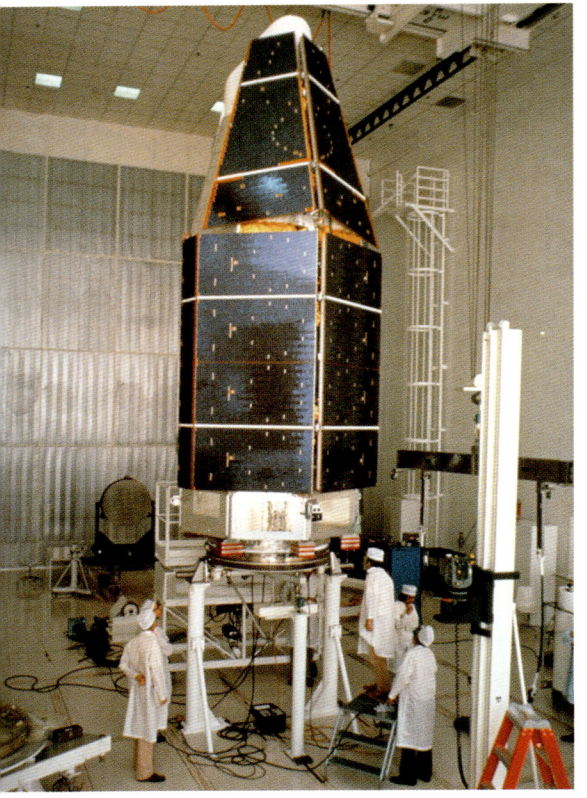

> "나사에게 우주는
> 여전히 최우선 순위의 연구 대상이다.
> 실패 없이는 성공을 이룰 수 없다."
>
> 댄 퀘일, 미국 부통령(1989~1993)

⬆ 1978년 발사되기 전에 아인슈타인 옵저버토리 인공위성에 두 개의 X선 화상 망원경이 실리고 있다.

➡ 아인슈타인 옵저버토리호가 찍은 퀘이사 3C 273의 X선 화상.

지구 대기에서 흡수되기 때문에 X선을 관측하려면 대기권 이상으로 올라가야 한다. NASA의 우후루(1970)호와 영국의 아리엘 5(1974)호는 자전 안정화 인공위성으로, 대략 400개 정도의 빛나는 X선 천체를 발견하였다. 우주 비행사들은 X선이 특히 초신성 폭발로 죽어가는 별과 백색왜성, 중성자 별, 블랙홀 상태로 최종 전환된 별에 대한 생명의 단서를 제공한다는 것을 깨달았다. X선은 태양 플레어와 같은 에너지 활동으로 방사된 방사선의 필수 구성요소이다.

두 기술상 진보가 우주 망원경 개발에 도움을 주었다. 하나는 개선된 공초점 미러 시스템의 제작이었고 다른 하나는 2차원 X선 화상 GSPC(gas scintillation proportional counter)의 발전이었다. 이를 사용하여 미국은 1978년 11월 완전한 이미지화 X선 망원경인 HEAO-2(High Energy Astrophysical Observatory-2)를 탑재한 최초의 궤도 인공위성을 발사하였다.

HEAO-2는 궤도를 잡고 적절히 작동하면서 '아인슈타인'으로 이름이 바뀌었다. 아인슈타인호는 X선을 발산하는 거의 모든 천체를 발견하였으며 또한 아인슈타인의 각분해능과 민감도는 백조자리 루프 초신성 잔해처럼 사물을 정확하게 지도에 표시할 수 있도록 해주었다. 아인슈타인호의 망원경은 우후루호의 망원경보다 수천 배 더 민감하였다.

아인슈타인호는 1981년 4월까지 임무를 수행하였으며 그 뒤를 이어 엑소새트, 로사트, 찬드라, XXM 뉴턴과 같은 다른 우주 망원경이 출현해 더 높은 해상도와 민감도를 계속해서 발전시켜 나갔다. X선 망원경은 새로운 천체의 발견과 더불어 블랙홀로 빨려 들어가는 물질이 X선을 방출한다는 사실을 발견하였다. **DH**

**참고:** 유리, 유리거울, 망원경, 렌즈, 무선 망원경, 허블 우주 망원경

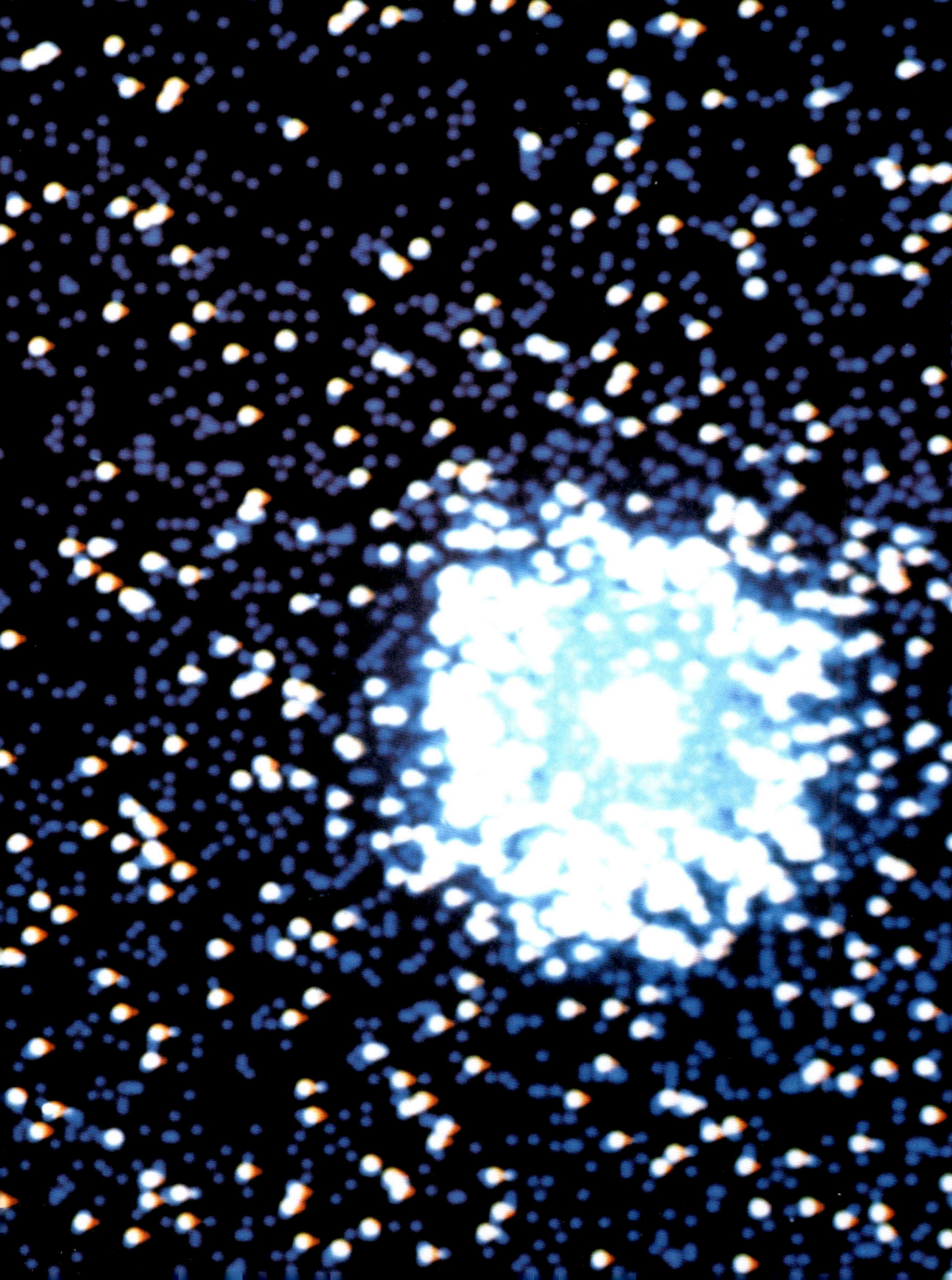

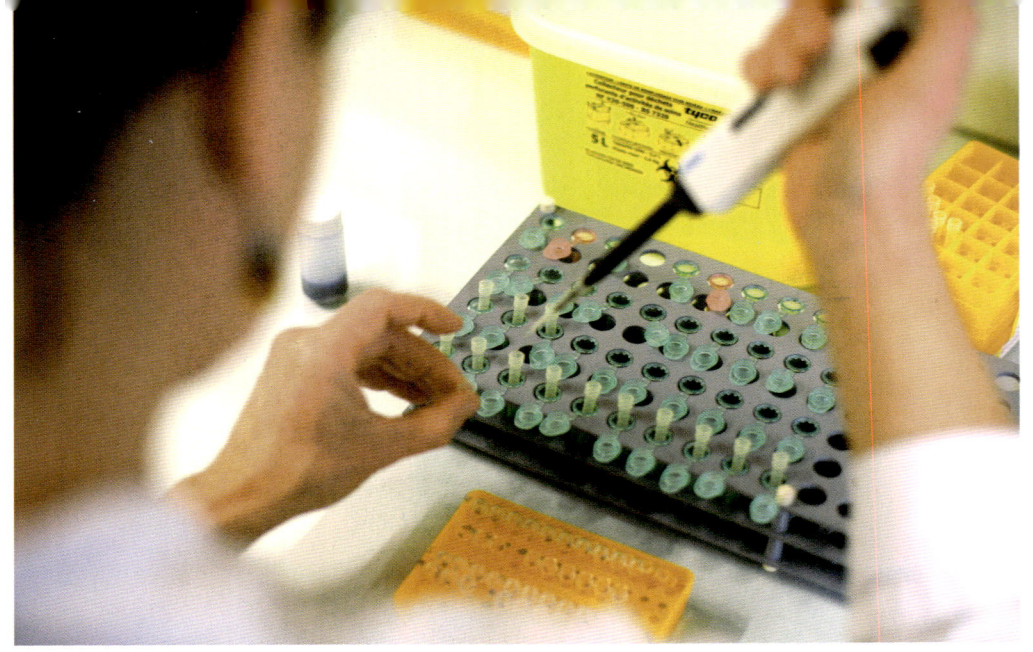

# 유전자 치료 (1978년)

자멕닉이 특정 유전적 물질의 복제를 중지시키다.

우리는 폐렴, 고혈압, 당뇨병, 심부전을 치료할 수 있지만 특정 유전적 질병의 경우는 이들 질병보다 치료가 더욱 어려운 실정이다. 폴 자멕닉(1912년 출생)이 개척한 기법을 응용하면 가까운 미래에 이러한 유전 질병의 치료가 가능해 질 것이다.

유전자 조작은 한동안 재조합 DNA 형태로 의약품에서 사용되었는데, 이 기법은 수많은 의약품의 소스이지만 실제로 유전적 물질을 조작하는 것은 아니다. 자멕닉은 새로운 유전자를 개개인에게 주입하는 것이 아니라 이미 존재하는 유전자를 차단하는 방법을 사용하는 유전자 치료가 혁명을 불러일으킬 것이라고 생각했다. 닭에게 특정한 암을 야기시키는 세균에 대해 공부하던 중, 자멕닉은 유전자를 추가하기보다는 바이러스 RNA를 조작하면 RNA가 복제되는 것을 방지할 수 있음을 깨달았다. 그는 일련의 뉴클레오티드 형태로 DNA나 RNA가 대부분의 유전 물질에 다른 뉴클레오티드와 쌍을 이루어 존재한다는 사실을 이용할 수 있다고 생각했는데, 만약 DNA나 RNA가 생성되는 단계를 차단하는 방법이 존재한다면 나쁜 결과가 발생하는 것을 막을 수 있을 것이라고 믿었다.

1978년에 발표한 논문에서 자멕닉은 짧은 DNA 가닥을 사용하여 정상적인 유전자의 기능을 어떻게 방해하는지를 설명하였다. 올리고뉴클레오티드라고 불리는 이러한 가닥들은 DNA의 첫 번째 조각에 부착되어 유전적 물질의 변환을 막아준다. '안티센스'라고 불리는 이 기술은 현재 백혈병에서부터 말라리아까지 이르는 모든 질병을 치료하기 위하여 개선되고 있다. **BMcC**

참고: 유전자 변형 농산물, 줄기세포 치료, 조직공학

⬆ 프랑스 브레스트의 한 연구소에서 DNA 샘플을 에펜도르프 관으로 옮기고 있는 연구원.

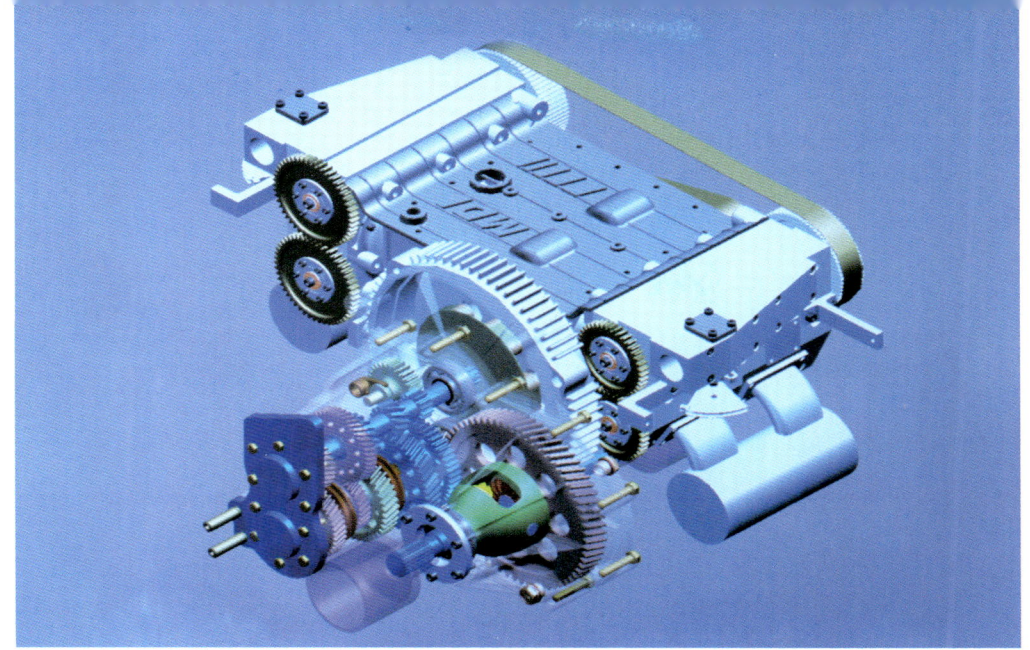

# 에어카 (1979년)

밀러가 압축 공기 차량을 개발하다.

1979년 미국의 테리 밀러는 자동차가 압축 공기만으로 운행이 가능하다는 것을 보여주었는데, 1,500달러의 비용으로 에어카 원을 개발한 후 1983년 자신의 방법을 특허로 등록하였다.

에어카는 연료를 태워 뜨겁게 팽창한 가스로 피스톤을 구동시키는 대신 압축 공기의 팽창을 사용하여 피스톤을 구동시킨다. 에어카의 초기 에너지는 공기의 압축과 관련되며 이것은 항상 전기로 수행되기 때문에 연료 연소 과정은 가솔린 자동차보다 더욱 환경 친화적이다. 많은 회사에서 아직 대중에게 출시하지는 못하고 있지만 에어카를 개발하고 있는 중이며 곧 시장에 출시될 것이다.

에어카는 시장에서 큰 인기를 얻기 전에 해결해야 하는 몇 가지 단점이 있다. 공기가 압축된 상태에서 팽창하면 엔진이 냉각되어 착빙을 야기시킬 수 있으며 사고가 발생할 경우 압축 공기 탱크가 폭발할 수 있지만 에어카는 가솔린 동력 자동차 및 미래형 자동차보다 많은 장점이 있다. 에어카에는 연소 기관이 존재하지 않아 내부 부품의 소모가 적고 해로운 배기가스를 배출하지 않는다. 이로 인해 에어카는 차세대 자동차 제조 기술로 각광받고 있다.

에어카는 유지 비용이 적게 들지만 어쩌면 차세대 자동차를 위한 경쟁에서 패배할 수도 있다. 이는 연료 전지 및 수소 기반 모델 뿐만 아니라 다양한 하이브리드 디자인이 현재 시장에서 선두를 지키고 있기 때문이다. 이러한 기술 중 아직까지 상업적 시장에서 인기를 얻은 것은 없으며 미래 자동차를 위한 최고의 디자인은 아직도 결정 중이다. **IS**

**참고:** 전기 자동차, 자동차, 하이브리드 자동차, 무인자동차

⬆ 에어카 엔진의 CAD 이미지. 에어카는 93마일(150킬로미터) 이상의 속도를 낼 수 있다.

# 항바이러스 약물 (1979년)

과학자들이 표적 약물 치료법을 개발하다.

소위 '마법의 탄환'이라고 하는, 환자에게 부작용 없이 세균이나 암의 신진 대사에만 영향을 미치는 약물은 초보 의사의 희망이다. 미국의 과학자 조지 히칭스(1905~1998)와 거트루드 엘리언(1918~1999)은 이러한 유형 의약품을 여러 개 제조하였다.

1944년 히칭스는 엘리언을 고용하여 연구를 수행하였는데 두 사람은 정상적인 인간의 세포에서 합성되는 DNA와 암에 걸린 세포, 박테리아, 바이러스 간의 차이점을 연구하는 실험을 실시하였다. 그들은 바이러스 세포의 복제 능력을 방해하지만 건강한 인간의 세포에는 영향을 미치지 않는, 핵산과 유사한 신규 혼합물질을 만들었다. 히칭스와 엘리언은 합리적인 약물 디자인 방법을 생각해 냈기 때문에 그들의 연구는 약물 개발 방법에 크나큰 영향을 미쳤다. 그들은 질병에 영향을 미치는 화학 물질을 찾기 위해 시행착오를 거치는 대신 이물질 세포가 흡수하는 분자를 디자인하여 약물을 표적에 직접적으로 전달하는 방법을 사용하였다.

히칭스와 엘리언은 하나의 약물 혼합물질을 완성하면 다른 하나를 완성하는 식으로 40년간 연구를 진행하였으며 그들의 작업은 백혈병, 통풍, 말라리아, 헤르페스, 장기 이식 거부반응, 류머티스성 관절염, AIDS를 위한 새로운 약물 개발을 선도하였다. 1998년 히칭스와 엘리언은 고혈압을 위한 베타 차단제와 궤양을 위한 H-2 길항제를 발견한 영국 과학자 제임스 블랙(1924년 출생)과 함께 노벨 생리의학상을 받았다. 그들은 화학이라는 학문을 이용하여 전염병 및 암과 싸울 수 있다는 것을 보여주었다. **JM**

# 바이오에탄올 (1979년)

피아트社가 에탄올로 엔진을 구동시키다.

바이오에탄올은 설탕이나 녹말로 만든 옥탄가가 높은 알코올로, 석유를 소모하는 제품에 사용할 수 있는 중요한 대체 연료로 고려되고 있다. 자동차에 사용된 최초의 연료 중 하나인 바이오에탄올은 제2차 세계대전 중 독일, 미국, 브라질, 필리핀에서 폭넓게 사용되었지만 전쟁이 끝난 후 값싼 석유 기반 연료에 의해 대체되었다.

1973년 석유 파동 이후 브라질은 바이오에탄올을 생산하기 위해 PROALCOOL 프로그램(브라질 알코올 프로그램)에 착수하여 전 세계 바이오에탄올 개발의 선구자로 군림하였다. 브라질은 바이오에탄올의 원료로 사탕수수를 사용하였으며 프로젝트의 첫 번째 단계(1975~1979)에서는 설탕 공장에 바이오에탄올 증류소를 설치했지만 프로젝트의 나중 단계에서는 독자적인 증류소들이 바이오에탄올 생산을 위하여 건설되었다.

이란 혁명으로 원유 가격이 폭등한 1979년의 석유 위기는 브라질로 하여금 연료 자립에 대한 필요성을 느끼도록 만들었다. 브라질 정부는 자동차 제조사에게 에탄올만으로 작동하는 새로운 엔진을 생산할 것을 주문했는데, 피아트 지사에서 생산한 피아트 모델 147로 불린 최초의 엔진이었다.

PROALCOOL 프로그램은 1980년대 기름 가격 폭락과 1990년대 에탄올 공급 부족으로 더 이상 진행될 명분을 잃게 되었다.

바이오에탄올 생산의 탄소발자국(carbon footprint)에 대해서는 여전히 의문이 풀리지 않고 있으며 한 생산 과정에서 많은 노동력과 에너지가 소모된다. 이러한 이유 때문에 바이오에탄올은 언젠가 다른 대체 연료원으로 교체될 것이다. **RH**

---

**참고:** 마취, 아스피린, DDT, 아세트아미노펜, 페니실린, 테트라사이클린, 스태틴스, 후물린

**참고:** 바이오디젤, 디젤, 기름의 열분해

# 자기 부상 열차 (1979년)

**댄비와 파웰이 새로운 유형의 열차 기술을 개발하다.**

초전도자석으로 추진되어 트랙 위를 미끄러지듯 달리는 자기 부상 열차의 원리가 알려진 지는 한 세기 이상 되었지만 예전에는 강력한 자기장을 제공하는 데 필요한 엄청난 전류를 만들어내는 것이 불가능했다.

두 물리학자인 고든 댄비와 제임스 파웰은 브룩헤이븐 국립연구소에서 고온 초전도체를 자석으로 사용하여 획기적인 기술 발전을 이룩하였다. 그들은 1968년 해당 기술로 특허를 취득하였으며 1979년경 독일 함부르크에서 개최된 수송수단 박람회에 트랜스래피드 자기 부상 열차를 출품하여 짧게나마 테스트 운행을 진행하였다.

자기 부상 열차 시스템은 길을 안내하는 트랙과 트랙 위에 뜨는 객차로 구성된다. 유도로에서 전자석이 만들어낸 자기장을 변경시키면 열차가 트랙을 따라 이동하는데 공기 저항만이 유일한 마찰력이므로 매우 빠른 속도를 내는 것이 가능하다.

자기장의 강도를 변경하여 매우 빠른 가속을 만들어낼 수 있으며 보통 열차보다 훨씬 더 다양한 트랙 경사면을 수용할 수 있어 터널이나 제방이 필요없어진다.

반면 자기 부상 열차는 심각한 단점을 가지고 있다. 유도로의 가격이 매우 비싸고, 기존에 깔려 있는 보통 철로를 자기 부상 트랙으로 바꿀 수가 없어 도시 내의 종착역과의 연결이 불가능하다.

자기 부상 열차는 1984년 영국에 도입되어 버밍엄 공항과 근처 철도역을 연결했으며 중국에는 또 다른 자기 부상 열차 시스템이 상하이에서 푸동 국제공항을 연결하고 있다. 그러나 보통 트랙에서 운행하는 TGV 열차의 성공으로 자기 부상 열차가 설치되어야 할 이유가 줄어들었다. **DH**

**참고:** 전기 트램, 기관차, 케이블카, 전자석

↗ 상하이의 자기 부상 열차는 항저우까지 도달하도록 106마일 (170킬로미터)의 트랙이 확장될 예정이다.

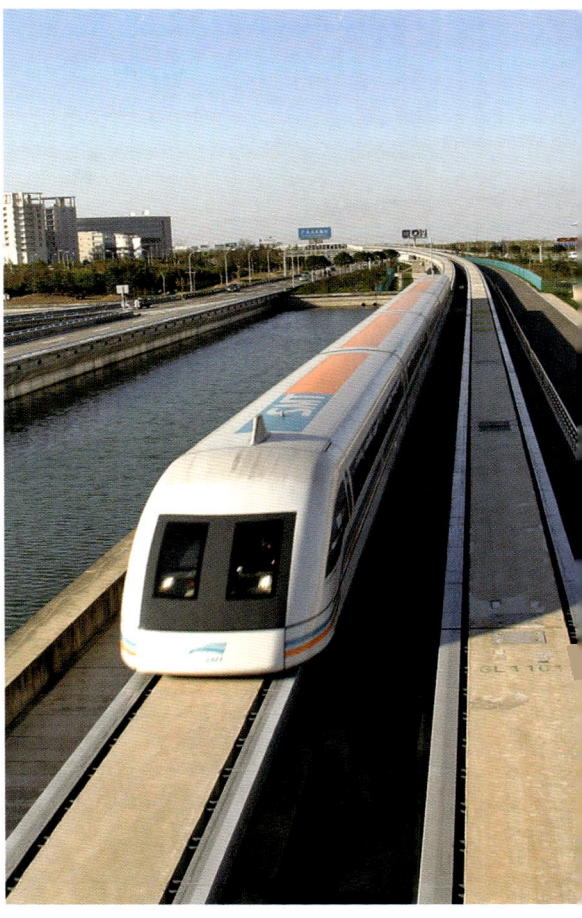

"수송을 위하여, 큰 질량의 중력을 빼앗아 절대적인 가벼움을 주는 법에 대해 배워라."

벤저민 프랭클린

# 포스트잇 (1980년)

실버와 프라이가 새로운 문방구 아이템을 발명하다.

포스트잇은 문서나 컴퓨터 및 다른 눈에 띄는 장소에 잠시 붙여놓는 조그만 메모지이다. 1980년에 미국 3M社의 직원인 아서 프라이(1931년 출생)와 스펜서 실버(1941년 출생)는 포스트잇을 상업적 목적으로 출시했으며, 현재 판매되는 다양한 포스트잇 중에서 노란색 3인치(7.5센티미터) 네모 모양 오리지널 포스트잇이 가장 많이 사용되고 있다.

1968년 실버는 재사용이 가능한 저점도 접착제를 개발하였다. 그는 표면에 살짝 달라붙어 있을 정도의 접착력을 가진 접착제를 스프레이나 게시판 표면에 응용하려고 하였다. 개발 과정에 오 년이 걸렸지만 회사 내에서 이 아이디어에 대한 지지를 얻어내는 데는 성공하지 못했다. 1974년 세미나에 참석한 아서 프라이는 저점도 접착제를 사용하면 예배 시간 중 발생하는 당황스러운 문제를 해결할 수 있을 것이라 예상했다. 성가

> "포스트잇 메모지를 주자 사람들은 즉시 무엇에 쓰는 물건인지 알아차렸으며 포스트잇 메모지의 가치를 알게 되었다."
>
> 아서 프라이

대원인 그는 책갈피를 잠시 자신의 찬송집에 가볍게 붙일 수 있다면 찬송가를 이어 부를 때 페이지를 쉽게 찾을 수 있어 성가대원들의 화음이 어긋나는 경우가 없을 것이라고 생각했다.

3M社는 개발 및 디자인에 오 년의 세월이 소요된 포스트잇 제품에 투자하기로 합의했으며, 제조에 필요한 장비를 설치하였다. 1980년 꾸준한 마케팅 캠페인을 전개한 끝에 포스트잇은 판매량이 급증했고 얼마 후 전 세계에서 찾아볼 수 있게 되었다. **EH**

**참고:** 접착제, 우표, 테이프, 초강력 순간 접착제

# 쇄석기 (1980년)

도르니어가 신장 결석에 대한 치료법을 개발하다.

항공 우주 공학의 발전 및 1970년대에 수행된 충격파 연구로 탄생한 쇄석기는, 침습 시술을 하지 않고도 고통없이 신장 결석을 치료할 수 있도록 해주었다.

독일 엔지니어인 클라우드 도르니어가 설립한 연구 단체는 초기에 항공 우주 기술 연구에 초점을 맞췄다. 도르니어 연구 그룹의 과학자는 항공기가 음속에 도달하는 순간 작은 물방울 앞에 만들어진 충격파로 인해 항공기에 곰보자국이 생기는 현상을 관측하였다. 이 발견을 계기로 1974년에 도르니어 연구 그룹의 엔지니어와 병원 간 공동연구가 시작되었으며 임상용 ESWL(extracorporeal shock wave lithotripsy)이 발명되었다.

이 새로운 기술을 적용한 도르니어 HM1 쇄석기는 1980년 최초로 환자 치료에 사용되었다. 신장 결석 치료는 X선을 사용하여 결석의 위치를 파악하고 그 위치에 ESWL의 고주파 충격파를 발산하여 결석을 파괴시켜 가루로 만드는 과정을 거쳤다. 치료과정에는 40분이 소요되며 간접 피해가 최소화된다. 환자가 고통을 느끼는 지점에서 쇄석기 충격파의 강도를 일정 수준까지 천천히 증가시키면 결석이 파괴되어 3주 후 환자의 소변으로 결석 조각이 나온다. ESWL 시술의 최초 성공률은 대략 95퍼센트 정도였다.

쇄석기는 요로에 존재하는 모든 유형의 결석 제거에 사용되고 있으며 힐스퍼, 테니스 엘보, 석회증과 같은 증상을 치료하기 위하여 정형외과에서도 사용되고 있다. 안전하고 효율적이며 침습 시술을 지양하는 치료 방법으로 수백 만 명이 이 기술의 혜택을 입었다. **RH**

**참고:** 신장 투석, 인공 심폐기, 인공 호흡 장치, 인공 간

# 물비누 (1980년)

미네통카 주식회사가 옛날 제품을 새로운 디스펜서에 담아 시장에 내놓다.

등록된 수많은 특허들이 모두 폭넓게 사용되는 것은 아니지만 물비누는 널리 쓰이는 특허 중 하나다. 뉴욕의 윌리엄 셰파드는 1865년 많은 양의 탄화수소암모늄과 보통의 비누를 혼합하여 걸쭉한 농도의 물비누를 발명하였다.

그의 발명품이 공공 장소의 디스펜서에 등장하기 시작했음에도 불구하고, 물비누는 1980년이 되어서야 미국 미네통카社에 의해 일반 대중에게 판매되기 시작했다. '소프트솝'이라는 상표로 출시된 손 세척 물비누는 출시하자마자 성공을 거두었는데, 이러한 성공에는 디스펜서를 통해 물비누를 분배하는 방식이 어느 정도 영향을 미쳤다. 물비누 용기의 상단에는 누르면 손에 정해진 양 만큼 비누를 공급해주는 플라스틱 펌프가 있었다. 미네통카社는 대형 다국적 기업이 선점하고 있던 비누 시장에 진입해 공급 회사로부터 사용 가능한 플라스틱 펌프를 전부 사들여 다른 회사가 유사 제품을 출시하지 못하도록 만들었다.

1987년 마침내 미네통카社는 물비누 브랜드를 콜게이트社에 매각하였으며 콜게이트社는 플라스틱 펌프가 부착된 용기에 담긴 소프트솝을 전 세계에 판매하였다.

물비누의 제조 과정 자체는 로켓 과학과 같은 첨단 기술을 요구하지 않지만 다양한 성공사례에 등장하는 여타의 혁신적인 제품들처럼 널리 사용되는 상품으로 발전하였다. 1980년도에 물비누와 펌프 용기를 함께 사용하는 것은 새로운 개념이었으며 플라스틱 펌프는 치약과 면도 크림으로 그 사용 범위를 확대해나갔다. **DHk**

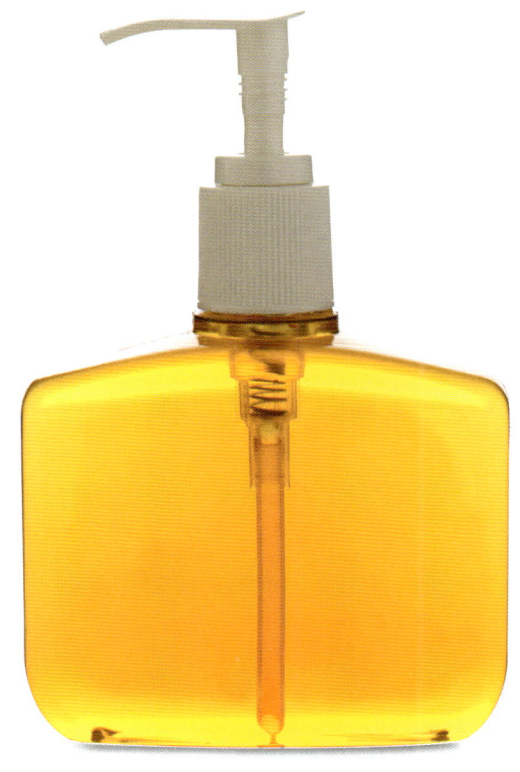

참고: 치약. 비누. 데오드란트

↗ 처음에는 물비누가 인기를 얻을 것이라고 생각하는 사람이 없었지만 플라스틱 펌프 용기에 담겨 출시되자 날게 돋힌듯 팔려나갔다.

"펌프 디스펜서는
일시적인 유행이 아니라
앞으로 계속 사용될 아이템이다."

잭 샐즈먼, 산업 분석가

# 플래시 메모리
(1980년)

마스오카가 데이터를 저장하는 새로운 방법을 발견하다.

램(RAM)이라고 하는 현대식 컴퓨터 메모리는 근본적인 문제점을 안고 세상에 등장했다. 램은 전원이 들어올 때에는 특정 내용들을 저장하고 있지만 전원이 꺼지면 2진수 형식으로 저장하고 있던 정보를 잃어버렸다. 이에 대한 해결책은 디스크나 테이프에 컴퓨터 메모리의 내용을 영구적으로 저장하는 것이었지만, 디스크나 테이프는 램보다 느리고 더 많은 전기를 소모했으며 진동에 약했다.

1967년 사이먼 지와 강대원은 전원이 없어도 프로그램된 상태를 기억할 수 있는 트랜지스터를 발명하였다. 그들은 평상시 전기적으로 고립되어 있는 트랜지스터의 부품에 전자를 집어넣어 전원이 꺼지면 전하를 포획하는 부동 게이트 트랜지스터를 프로그램하였다.

지와 강대원의 발명에 기반한 메모리 칩이 생산되었지만 개별적인 메모리 셀이 하나씩 지워지는 방식으로 메모리를 비우는 과정이 매우 복잡했으며 가격이 비쌌다. 1980년 도시바社의 후지오 마스오카(1943년 출생)는 새로운 디자인을 생각해냈는데, 그의 방법은 메모리 셀을 함께 묶어 한 번에 모두 지워지도록 하는 것이었다. 이것이 바로 플래시 메모리의 개념이었다.

플래시 메모리는 생산 단가가 저렴했으며 현재는 핸드폰, 디지털 카메라, 음악 재생기처럼 배터리가 소모되는 휴대용 기기나 전원이 갑자기 꺼져버리는 장치에 사용되고 있다. 플래시 메모리의 저장 용량이 늘어나면서 가격은 더욱 내려가고 있으며 비디오 카메라의 테이프와 노트북의 하드 디스크도 더욱 가볍고 신뢰할 수 있는 플래시 메모리로 교체되고 있는 추세이다. **MG**

# B형 간염 백신
(1980년)

블럼버그가 최초의 항암 백신을 제작하다.

미국 과학자인 바루크 블럼버그(1925년 출생) 박사는 수백만 명의 생명을 구해낸 인물 중 한 사람이다. 1960년대에 그와 동료들은 호주 원주민의 혈액을 검사하던 중 특이한 단백질을 발견하여 이를 '오스트레일리아 항원'이라고 명명했으며 전 세계 다른 곳에도 존재하는지 조사하였다. 오스트레일리아 항원은 미국인에게는 드물었지만 아시아인, 아프리카인, 일부 유럽인에게는 훨씬 더 일반적이었으며, 정기적으로 수혈을 받은 백혈병 환자에게서 발견된다는 사실이 밝혀졌다.

블럼버그 박사는 더 많은 인구 조사를 통해 오스트레일리아 항원이 비교적 알려지지 않은 바이러스의 일부이며 특히 B형 간염을 전염시킬 수 있다는 사실을 발견했다. B형 간염은 간을 공격하여 간경화를 야기시키는 심각한 질병으로 종종 간암과 간부전의 원

> "오스트레일리아 항원은
> 간염 바이러스의 특성을
> 알아내기 위한 로제타석이었다."
>
> 로버트 H. 퍼셀, 미국 국립보건원

인이 된다.

오스트레일리아 항원이 B형 간염 바이러스와 관련된 것이므로, 기증된 혈액을 분류하여 수혈을 통해 B형 간염이 발생할 위험을 줄일 필요가 있었다. 블럼버그와 그의 팀원들은 백신 개발을 위한 핵심 단계인 보균자의 혈액으로부터 추출한 바이러스의 외부막을 채취하는 연구를 시작했고, 블럼버그는 1976년 노벨상을 받았다. **JM**

---

**참고:** 컴퓨터 프로그램, 자기 코어 메모리, 마이크로프로세서, RAM

**참고:** 백신, 콜레라 백신, BCG 백신, 광견병 백신, 소아마비 백신, 홍역 백신

# 인공 피부
(1981년)

버크와 야나스가 심각한 화상 환자들에게 회복의 희망을 주다.

인간의 피부는 공학적으로 볼 때 놀라움 그 자체이다. 질기면서 신축성이 있고 유연한 피부는 수분 손실, 감염, 태양 자외선으로 비롯된 세포 피해에 대항하는 불투과성 벽의 역할을 한다. 이렇게 다양한 성질 때문에 피부는 복제하기 매우 어려운 물질이다.

미국 메사추세츠 종합병원의 외과의사인 존 F. 버크는 화상을 입은 환자를 치료하기 위해 신뢰할 수 있는 피부 대체제를 찾고 있었다. 화상 환자의 피부는 항상 환자 자신의 다른 신체 부위에서 떼어내 이식하지만 신체의 50퍼센트 이상이 화상을 입게 되면 종종 손상된 피부를 덮을 건강한 피부가 부족하게 된다.

1970년대 버크는 MIT 화학 교수인 이오아니스 V. 야나스와 팀을 이뤘다. 야나스는 동물 힘줄에서 자연 발생하는 신축성 있는 단백질(콜라겐)을 연구하고 있었다. 버크와 야나스는 소가죽에서 추출한 콜라겐 섬유를 상어 연골에서 추출한 긴 당 분자와 결합하여 격자 모양의 '폴리머 멤브레인'을 만들었으며 이를 건조시켜 점성 플라스틱 층에 붙였다.

종이 타월만큼 두꺼운 두 개의 층은 감염과 탈수를 막아주는 막을 제공하여 새로운 피부 세포가 성장할 수 있는 발판을 마련했다. 인공 피부막은 환자의 피부가 돋아나면 자연스럽게 제거되면서 벗겨지며, 땀샘이나 모낭이 존재하지 않지만 보통 피부처럼 생겼으며 흉터 자국이 없다.

1981년 버크와 야나스는 50에서 90퍼센트 정도의 화상을 입은 사람에게 인공 피부를 이식하여 환자를 회복시켰다. **JM**

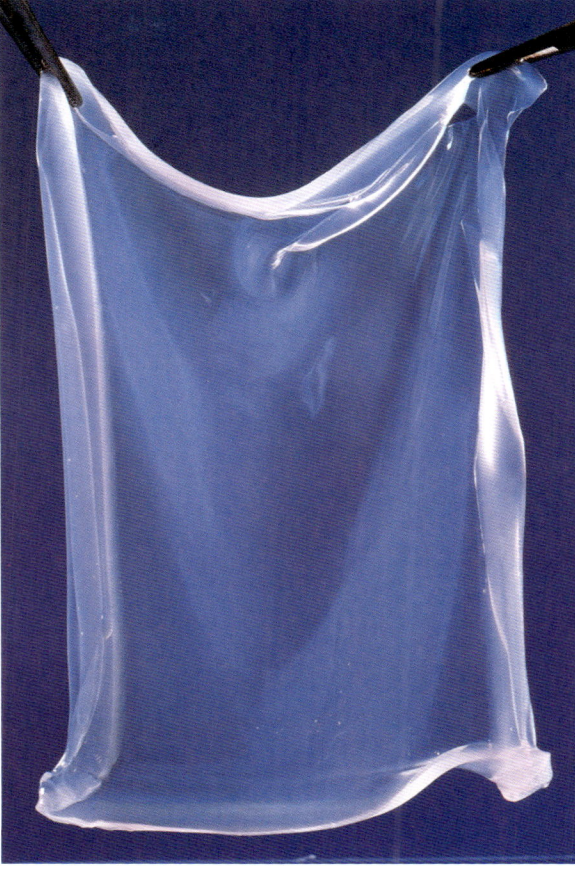

**참고:** 인공 수족, 인공 심장, 능동 인공기관, 인공 간, 키토산 붕대

↗ 이렇게 생긴 표피 조각이 백반과 같은 피부 질병 치료에 사용되었다.

"인공 피부는 심한 화상을 입은 피부를 덮기 위해 사용된 다른 물질들과 달리 부드럽고 유연하였다."

존 F. 버크

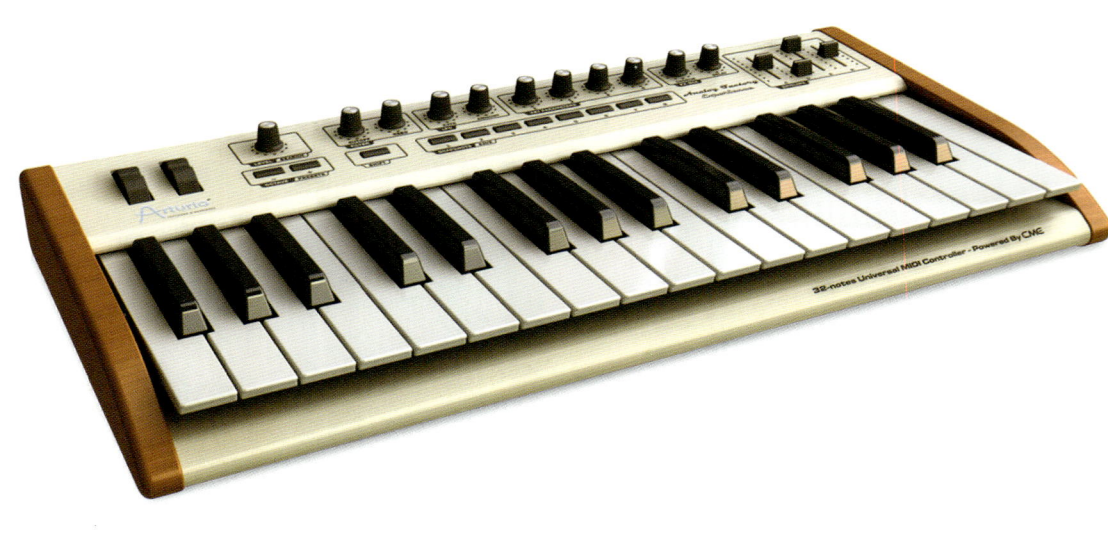

# MIDI (1981년)

**스미스가 모든 전자 악기에서 사용할 수 있는 공통 언어를 제안하다.**

1970년대 초에는 녹음실이나 락 콘서트에서 전자 신디사이저로 만든 사운드를 흔히 접할 수 있었다. 처음 출시되었을 당시, 터무니없이 비쌌던 악기들은 서서히 가격이 떨어져 적정가가 되었으며 시간이 지날수록 점점 보편화되었다. 다양한 전자 키보드에 연결되는 '시퀀서' 같은 관련 장치는, 연결된 키보드로부터 음을 만들어낼 수 있을 뿐만 아니라 다양한 음을 내장한 드럼 머신이기도 했다.

전자 악기의 확산으로 드러난 한 가지 문제점은 여러 제조사가 서로 호환되지 않는 전자 악기를 제작한다는 것이었다. 미국의 오디오 엔지니어인 데이브 스미스는 1981년 개최된 국제 오디오 공학회에서 음악 장비를 위한 범용적인 통신 표준이 필요하다는 것을 처음으로 제안하였다. 그는 이러한 표준을 줄여서 MIDI(Musical Instrument Digital Interface)라고 불렀다.

본질적으로 MIDI는 상호 연결된 MIDI 케이블로 신디사이저, MIDI 녹음기(하드웨어 시퀀스나 컴퓨터 기반 소프트웨어), 드럼 머신, 기타 유사한 장비들이 서로 호환될 수 있도록 도와주는 역할을 한다. MIDI의 가장 단순한 구성은 하나의 키보드로 두 악기의 음을 재생하고 통제하도록 두 개의 신디사이저를 서로 연결하는 것이다.

제조사들은 재빨리 스미스의 표준을 채택하였다. 놀라운 발명품인 MIDI가 없었더라면 지난 25년간 제작된 대부분의 샘플링 전자 음악은 쉽게 만들어질 수 없었을 것이다. **TB**

**참고:** 파이프 오르간, 메트로놈, 일렉 기타, 전자 신디사이저

⬆ MIDI는 신디사이저가 다른 종류의 디지털 장비에 연결될 수 있도록 해준다.

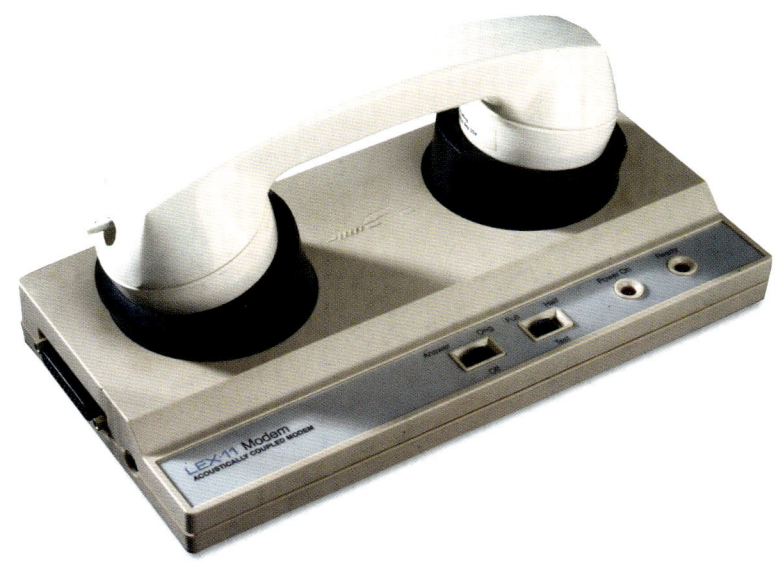

# 개인용 컴퓨터 모뎀 (1981년)

헤이스가 컴퓨터와 전화 시스템 간의 연결을 단순화시키다.

북아메리카 방공사령부가 전화선을 통해 미국과 캐나다에 있는 수백 개 레이더 기지로 데이터를 전송했던 시기인 1958년에 최초의 모뎀이 등장했다. 이 시스템에서 모뎀은 컴퓨터의 디지털 언어와 전화 시스템의 아날로그 언어 간 상호 변환을 담당하는 필수 기능을 수행하였다.

1981년 데니스 헤이스(1950년 출생)는 헤이스 스택 스마트모뎀을 시장에 출시하였다. 이 스마트 모뎀은 자동식 모뎀으로, 개인용 컴퓨터가 빠르게 시장에 등장하는 데 도움을 주었다. 초기의 모뎀은 다양한 컴퓨터와 호환이 되지 않았으며 제조 비용이 비쌀 뿐더러 작동이 불편했고 전화선에 수동으로 연결시켜야 했다.

스마트모뎀의 탁월함은 스스로 생각하는 능력과 자체적으로 전화 네트워크에 연결하는 프로그램에 있다. 스마트모뎀은 자신만의 데이터 언어를 사용하여 조작자의 요구사항에 따라 다른 컴퓨터 전화선과의 연결 및 연결 해제를 수행하며 호스트 컴퓨터의 데이터 명령만을 필요로 하기 때문에 더욱 저렴하고 작은 디자인이 가능했다. 또한 쉽사리 연결할 수 있는 포트 덕분에 어느 컴퓨터에나 설치할 수 있었다.

1985년경 헤이스의 회사는 스마트모뎀으로 개인용 컴퓨터 시장의 거의 절반을 점유하였으며 '헤이즈 호환'이라는 용어가 생겨났다. 이 용어는 경쟁 회사의 모뎀을 측정하는 벤치마크라는 의미로, 다른 회사의 모뎀들이 헤이즈社의 스마트모뎀과 호환되는 과정을 설명하는 데 사용되었다. **AE-D**

**참고:** 인터넷, 개인용 컴퓨터, 케이블 모뎀

⬆ 전화 수화기에 부착되는 1980년대 모뎀. 모뎀은 디지털 신호를 아날로그 신호로 변환한다.

# 재사용 우주선 (1981년)

NASA가 여러 번의 운행이 가능하도록 설계된 최초의 우주왕복선을 배치하다.

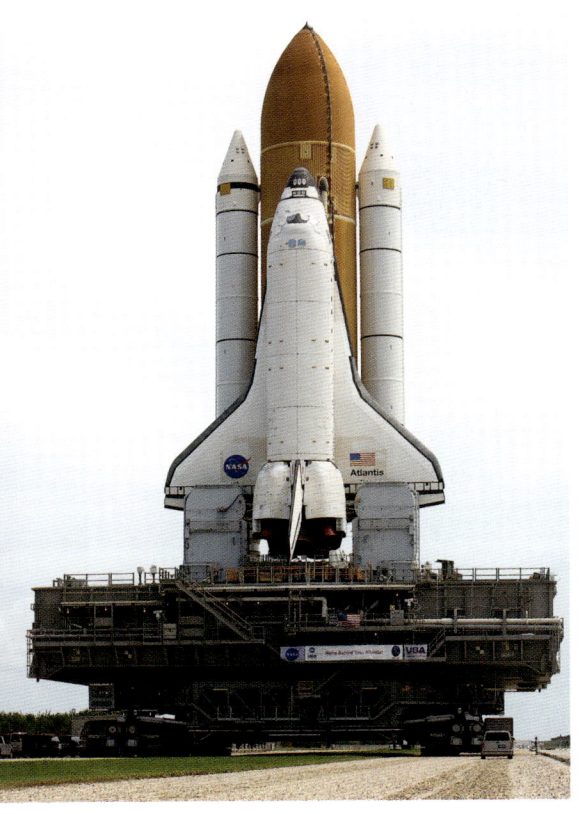

> "우주왕복선은
> 인류가 돈을 쏟아 붓도록 만드는
> 가장 효율적인 장치이다."

다나 로라바커, 미국 국회의원

아폴로호의 우주 비행사들을 달로 보내는 데 사용된 새턴 5호의 추진 로켓은 매우 비효율적이었다. 우주왕복선에서 분리되는 추진 로켓은 한 번만 사용할 수 있도록 설계되었으며 초기 몇 분 동안 질량의 97퍼센트를 소모했다. 진정으로 진보적이고 경제적인 우주 탐사를 위하여 필요했던 것은 재사용을 위해 이륙과 송환이 가능한 우주선이었다.

1972년 미국 NASA는 우주왕복선을 제작하기로 결정했으며 발사를 돕기 위해 로켓이 사용되었다. 최대 여덟 명의 승무원이 탑승할 수 있었던 우주왕복선은 거대한 화물실에 인공위성과 국제우주정거장의 부품을 적재하였다.

지구 귀환을 위해 대기권 진입 시 우주왕복선의 전방 마개와 뒷날개의 온도는 섭씨 1,430도까지 상승하며 대기권을 빠져 나온 우주왕복선은 일반 활주로에 착륙한다. 최초의 우주왕복선 콜롬비아호는 1981년 4월 12일에 발사되었으며 그 뒤를 이어 챌린저호, 디스커버리호, 아틀란티스호, 인데버호가 발사되었다. 1986년 1월 스물다섯 번째 우주왕복선인 챌린저호가 발사되는 순간까지 모든 것이 순조로웠으나, 장착된 고체 연료 로켓 부스터 중 하나가 폭발해 챌린저호의 탑승자 전원이 사망하는 사고가 발생했다.

러시아 왕복선인 부란은 1988년 비행 테스트를 실시했지만 곧 폐기되었다. 2003년 1월 미국 우주선 콜롬비아호는 지구로 귀환하면서 대기권에 진입 도중 폭발했으며 그로부터 2년 반 만에 미국의 왕복선 발사가 재개되었다. 미국은 2010년 이후 우주왕복선을 발사하지 않을 계획이다. 디스커버리호가 30년간 우주를 여행하고 있지만 우주왕복선에 들어가는 비용과 긴 귀환 시간이 불만족스럽기 때문이다. **DH**

⬆ 우주왕복선 아틀란티스호가 2008년 허블 우주망원경 임무를 수행하기 전에 발사 준비를 하고 있다.

➡ 1998년 미르(러시아 우주 정거장)호의 승무원이 미국 우주왕복선 디스커버리호를 찍은 사진.

**참고:** 동력 비행기, 액체 연료 로켓, 탄도 미사일, 우주 탐사선, 우주 정거장

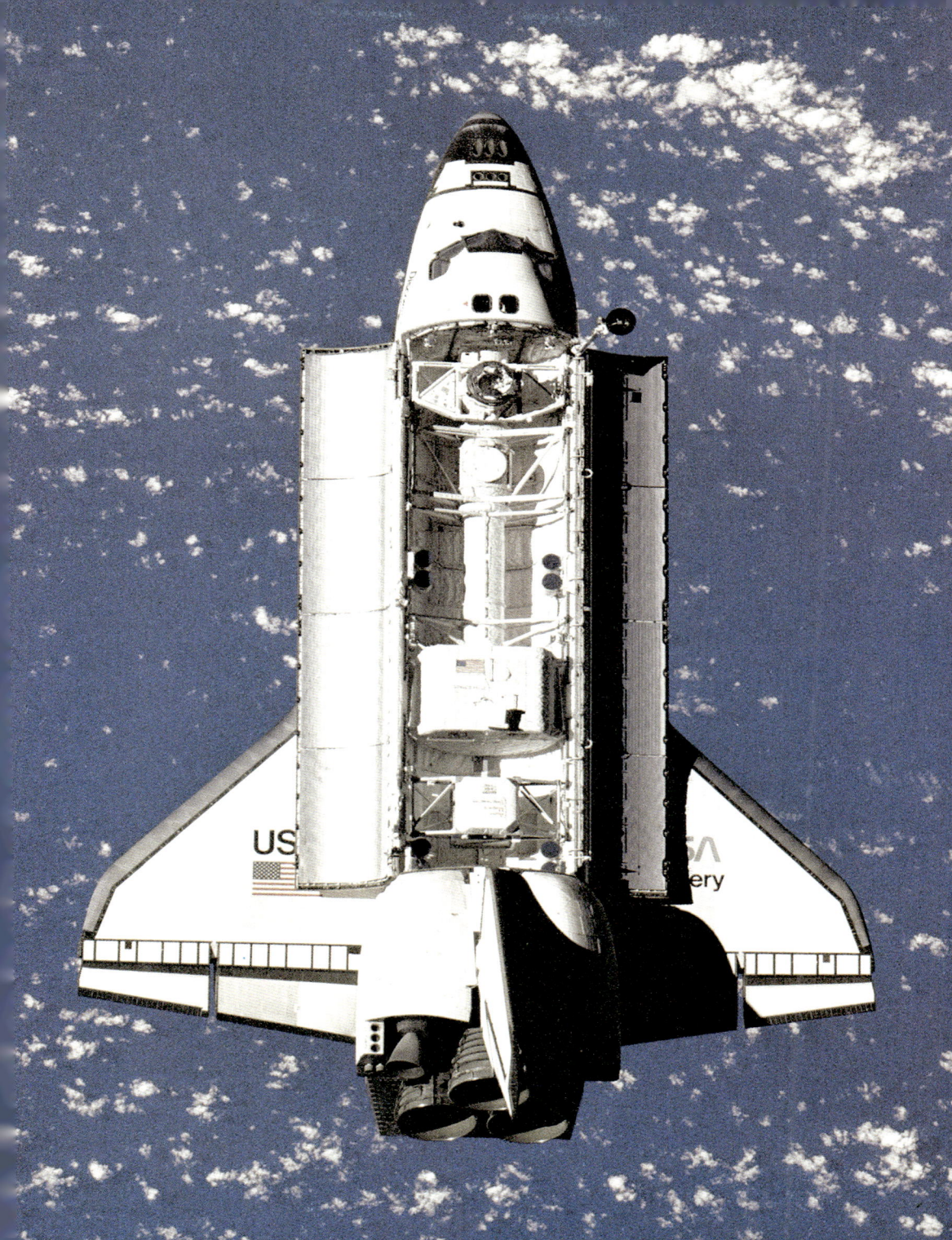

# 주사형 터널 현미경 (1981년)

비니히와 로러가 원자 수준으로 관찰하는 것을 가능하게 해주다.

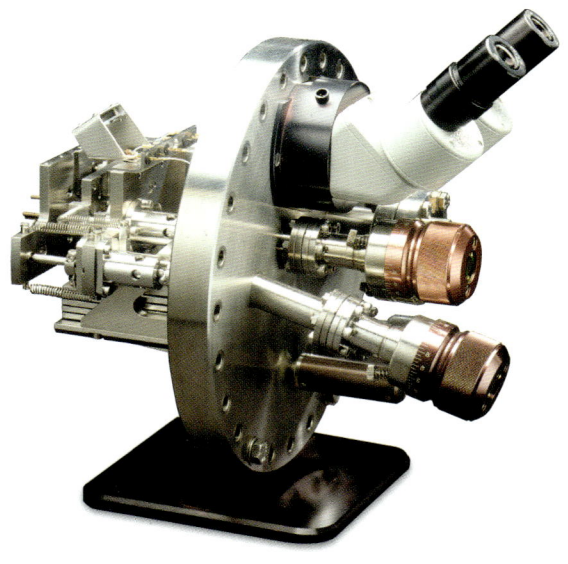

지금으로부터 30년 전에는 물체의 돌기와 홈을 원자 크기로 관찰하는 것이 불가능했다. 1981년 게르트 칼 비니히(1947년 출생)와 하인리히 로러(1933년 출생)는 서로 힘을 모아 이것을 가능하게 하는 발전된 형태의 현미경을 제작했다.

그들의 STM(주사형 터널 현미경, scanning tunneling microscope)은 전통적인 현미경과 유사한 점이 거의 없었다. 저온의 진공 상태로 작동되는 STM은 표본을 매우 가까이 조사할 수 있도록 해주는 뾰족한 탐침으로 구성되며 빛의 파장보다 작은 크기의 물체들을 다루는 도구이다.

STM은 전자 터널이라고 알려진 양자역학 현상을 이용한다. 전자 터널이란 전자가 원자 사이의 작은 간격을 점프할 수 있는 현상을 일컫는데, 금속과 같은 전기 전도 물체에서는 전자가 한 원자에서 다른 원자로 흐른다. 만약 STM의 탐침 끝을 금속 표면에 가까이 접근시켜 주사하면 금속 표면에서 탐침 끝으로 전자 터널을 통해 전자가 흐르면서 형체를 표현하는 윤곽을 금속 표면에 그릴 수 있게 된다. 결과적으로 이렇게 그려진 윤곽이 나노미터 범위로 표현된 분자의 사진이 되는 것이다.

또한 STM의 탐침은 과학자들이 전기장을 시료에 적용시켜 개별적인 원자를 이동시킬 수 있도록 도와준다. 탐침의 끝은 시료의 원자를 구성하는 여러 전자를 끌어당기거나 밀어내는 역할을 한다. 1990년에 STM은 세계에서 가장 작은 IBM 로고를 만드는 데 사용되었으며, 이 로고는 니켈 피막에 있는 35개의 크세논 원자로 만들어졌다. **JM**

"연구 과학자로서 당신은 찾고 싶은 모든 것을 발견하려는 욕망으로 연구를 진행하고 있다."

게르트 카를 비니히

참고: 렌즈, 현미경, 망원경, 전자 망원경

◪ 상업적으로는 최초로 생산된 1986년형 주사형 터널 현미경.

# 후물린 (1982년)

일라이 릴리社가 인간 인슐린을 생산하다.

1982년 개발된 최초의 인간 인슐린 제품인 '후물린' 덕택에 당뇨병 약물 치료제의 새로운 시대가 도래하였다. 1982년 이전 당뇨병 환자는 동물(대부분 소나 돼지)에서 추출한 인슐린을 투여받았으나 1982년경 이루어진 유전 기술의 발전으로 마침내 완전한 인간 인슐린이 제조될 수 있었다.

인슐린 분자는 1920년대 초에 발견되었으며, 얼마 지나지 않아 최초로 소에서 추출한 인슐린이 사람에게 주입되었다. 이 초기 인슐린은 매우 불순하고 많은 부작용이 있었지만 수많은 당뇨병 환자들의 생명을 구해냈다.

그로부터 10년간 인슐린의 순도가 높아지고 화학적으로 인간 인슐린을 합성하는 등 인슐린 발전 진전이 이루어졌다. 1978년 캘리포니아 주 샌프란시스코에 위치한 지넨테크 주식회사의 연구원은 대장균의 DNA를 재조합하여 완전한 인간 인슐린을 생산하는 연구를 시작했다. 일라이 릴리社는 이러한 유형의 인슐린 개발 및 제조에 착수하였으며 1982년 후물린 제품을 승인받았다. 이를 통해 후물린 R(빠른 효과)과 후물린 N(길게 지속되는 효과), 두 가지 유형의 제품이 생산되었다.

후물린은 최초의 비동물 기반 인슐린일 뿐만 아니라 최초로 승인된 유전자 조작 약품이다. 인간 인슐린에 대장균을 넣으면 대장균이 인간 인슐린을 만들어내고, 이들을 수거해서 후물린으로 정화시킨다. 후물린은 동물 오염물질의 간섭을 받지 않았으며, 대량 생산이 가능했는데, 이것은 동물 기반 인슐린에 의지하던 당뇨병 환자들에게는 기쁜 소식이었다. 오늘날 일라이 릴리社에서 생산하는 후물린은 네 가지 종류로 구성됐으며 대략 400만 명에 달하는 당뇨병 환자가 사용하고 있다. **RH**

**참고:** 피하 주사기, 용해성 알약, 인슐린 펌프

# 할로겐 렌지 (1983년)

쇼트社가 열 저항 조리용 가열판을 만들다.

독일의 전문 유리 제조사인 쇼트社는 원래 천체 망원경에 사용하기 위해 유리 세라믹을 제조하였다. 1983년 쇼트社는 할로겐 조리가 가능한 유리 세라믹 열판인 '세란'을 출시하였다. 뜨거운 온도로 오래 지속되는 할로겐 램프는 조리를 목적으로 사용하기에는 적합했지만 부엌에서 이를 응용하려면 사용할 수 있는 렌지 열판이 제한되었다. 세란은 조리사들이 할로겐 램프로 음식 조리를 할 수 있도록 해주었는데 할로겐 렌지 열판에는 할로겐 램프에서 방출되는 최대한의 열이 직접 전달되었다.

우리가 날마다 사용하고 있는 백열전구는 아르곤과 같은 불활성 가스를 포함한 유리관과 그 안에 있는 텅스텐 필라멘트로 이루어져 있다. 반면 할로겐 램프는 불활성 가스 대신 할로겐 가스(요오드 혹은 브롬)를 사용한다는 점을 빼고는 백열전구와 유사하다. 할로겐 가

> "만약 모든 세란 열판을
> 일렬로 배치한다면, 지구의 4분의 3
> 정도에 해당할 것이다."
>
> 쇼트

스의 사용은 복사열을 끌어올릴 수 있도록 해주지만 한편으로는 특수한 렌지 열판을 필요로 한다. 세란은 안정적으로 높은 열을 전달하는 반투명 열판이다.

할로겐 렌지의 전기 코일은 유리-세라믹 열판 밑에 위치한다. 쇼트社의 새로운 세란 할로겐 렌지 열판은 큰 인기를 얻었으며 여기에 사용되는 5,000만 개 이상의 열판을 여러 제조사에 판매하였다. **RBk**

**참고:** 오븐, 압력솥, 가스레인지, 전기 스토브, 할로겐 램프, 전자레인지

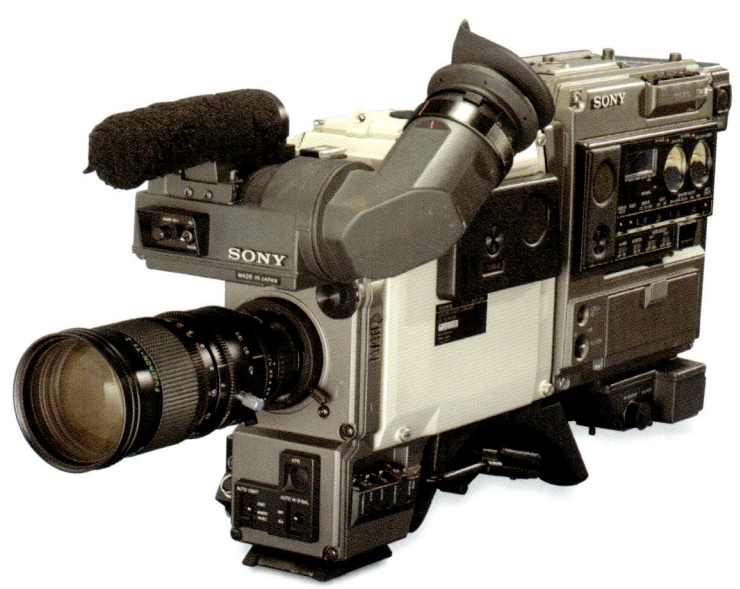

# 캠코더 (1983년)

소니社가 휴대용 비디오 캠코더를 최초로 출시하다.

오늘날의 휴대용 비디오 녹화 기술은 손바닥으로 캠코더를 쥐거나 핸드폰에 캠코더 기능을 통합시키는 것을 가능하게 하였다. 캠코더가 발명되기 전 특정 영상을 찍고자 하는 사람은 매우 큰 두 종류의 기계를 사용해야 했다. 카메라 그 자체는 한 사람이 간신히 운반할 수 있을 정도의 부피였기 때문에 파트너가 옆에서 비디오 카세트 레코더(VCR)를 들어줘야 했다.

이러한 구식 장비는 영상을 재생할 화면이 없어 최근에 녹화된 장면을 확인할 필요가 있을 때마다 VCR과 텔레비전을 연결해야만 하는 단점이 있었다.

이렇듯 비효율적인 예전의 장비는 방송 기자, 영화 제작사, 학생 등 기타 필요한 분야에서 휴대용으로 사용되는 것을 어렵게 하였다. 기술과 디자인의 진보로 비디오 녹화 장비의 크기가 기본적인 부속품 정도의 크기로 축소됨에 따라, 마침내 카메라와 레코더가 하나로 통합된 오늘날의 캠코더가 탄생하였다.

일본의 소니社는 최초로 상용화된 캠코더를 설계하였다. 소니社는 베타맥스 비디오 기술을 사용한 베타무비 캠코더 모델을 1983년 5월에 대중에게 공개하였다. 베타무비 캠코더 모델에는 재생 기능이 없고 특정한 장면을 보거나 되감기 하려는 사람들은 여전히 가정용 베타맥스 플레이어에 테이프를 넣어 별도의 텔레비전 화면으로 원하는 장면을 시청해야 했다. 하지만 이곳 저곳을 다녀야 하는 리포터들의 경우, 이러한 캠코더를 사용해 이전보다 훨씬 수월하게 업무를 처리할 수 있었다. **CL**

**참고:** 비디오테이프 녹화, 광디스크, ENG

⬆ 내수용 베타맥스와 동일한 크기의 카세트 케이스를 사용한 베타캠 시스템. 베타캠은 베타맥스와는 다른 테이프를 내장하였다.

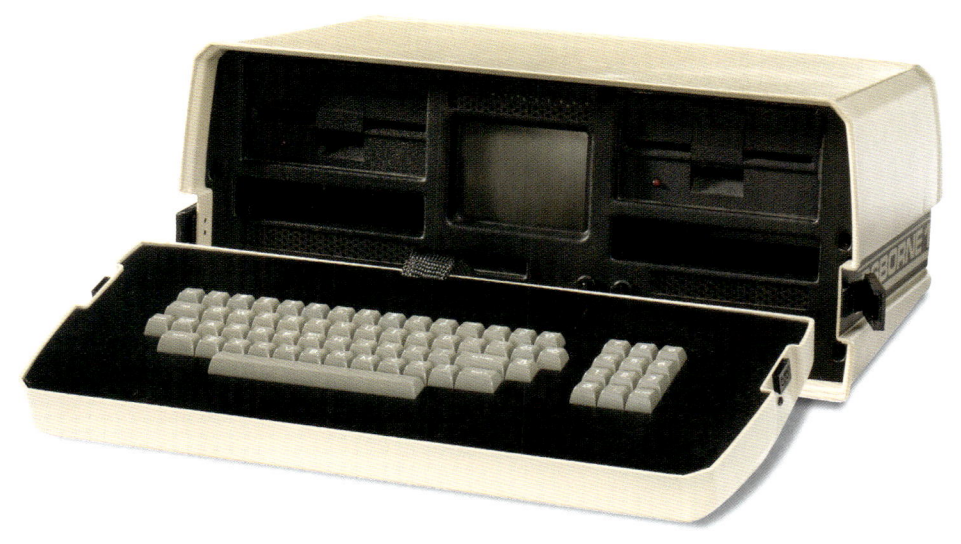

# 랩톱/노트북 컴퓨터 (1983년)

컴팩社가 상업적으로는 최초로 성공한 랩톱 컴퓨터를 출시하다.

컴팩社의 가장 성공적인 초기 모델인 랩톱 컴퓨터는 다양한 유형의 휴대용 컴퓨터들이 수십 년간 진화한 결과물이다.

　제록스 주식회사의 앨런 케이는 1971년 '다이나북' 개념을 제안했다. 그의 아이디어는 휴대가 가능한 개인용 네트워크 컴퓨터를 제작하자는 것이었으나 당시의 낮은 시장성으로 인해 보류되었다. 1981년 오스본 컴퓨터 주식회사의 앨런 오스본은 최초의 휴대용 개인 컴퓨터인 오스본 1호를 발명하였다. 오스본 1호는 작은 서류가방 정도의 크기였으며, 무게는 대략 24파운드(11킬로그램)였다.

　1982년에 출시된 빌 모그라이드의 그리드 콤파스 1101은 최초로 접이식 디자인이 적용된 노트북이다. 1983년에는 최초의 진정한 랩톱 컴퓨터인 갤리반 컴퓨터가 출시됐으며, 이는 당시 나온 것 중 가장 크기가 작고 가벼운 휴대용 컴퓨터였다.

　컴팩 컴퓨터 주식회사는 1982년 텍사스 인스트루먼츠社를 떠난 로드 캐니언, 짐 해리스, 빌 머토가 설립한 회사로 1983년 컴팩 포터블을 출시하여 경쟁 회사를 물리치고 시장을 석권했다. 컴팩 포터블은 IBM과 같은 작동 방식의 새로운 시스템을 만들기 위해 역공학 방법으로 IBM 바이오스(BIOS) 소스 코드를 응용하였다. 이는 그 당시 컴퓨터 시장에서 IBM이 대성공하는 중요한 이유가 되었다.

　컴팩 포터블은 1983년 처음으로 시장에 출시되자마자 기록적인 판매액을 달성하였다. 포터블 모델의 성공으로 랩톱은 더욱 진화해 오늘날의 작고 빠른 모델로 발전하였다. **RH**

**참고:** 기계적 컴퓨터, 디지털 전자 컴퓨터, 개인용 컴퓨터, PDA

⤒ 컴팩社의 포터블이 출시되는 데 도움을 준 1981년 형 오스본 1 휴대용 마이크로컴퓨터.

# 인터넷 프로토콜(TCP/IP)
(1983년)

칸과 서프가 컴퓨터들이 서로 통신할 수 있게 하다.

인터넷을 통해 다른 사람에게 파일이나 이메일을 전송할 때 두 컴퓨터 간의 직접 연결 없이 메시지가 어떻게 도달하는지 생각해본 사람은 거의 없을 테지만 TCP(Transmission Control Protocol)와 IP(Internet Protocol)의 분산화 마법 없이는 이러한 놀라운 일은 불가능하다. TCP/IP는 서로 별개의 네트워킹 프로토콜이지만 서로 밀접하게 연관되서 사용된다.

TCP/IP는 로버트 칸(1938년 출생), 빈튼 서프(1943년 출생)와 기타 다른 사람들이 함께 개발하였으며 1983년 처음으로 미국의 ARPA(Advanced Research Projects Agency) 패킷 스위칭 네트워크에 사용되었다. TCP/IP는 서로 다른 컴퓨터를 연결하는 과정에서 원격 네트워크를 수용했으며 궁극적으로 인터넷이 완성되었다. TCP/IP는 두 개의 계층으로 이루

> "인터넷은 네트워크의 각 레벨에서
> 우리가 중앙의 통제를
> 받지 않도록 해준다."
> 빈튼 서프

어지며, 상위 계층(TCP)은 전송을 위하여 파일이나 메시지를 더 작은 덩어리나 패킷으로 쪼개고 수신된 패킷을 원래 형태로 재조합하는 기능을 담당한다. 하위 계층(IP)은 주로 각 패킷의 주소 설정이나 경로를 다루면서 각 패킷을 알맞은 목적지로 인도한다. 인터넷에서는 각 메시지의 일부분이 경유하는 경로가 서로 다르다. 책을 분철하여 들고 다니는 것처럼 메시지는 각 비트로 쪼개진 후 서로 다른 경로를 통해 목적지로 전송되며 최종적으로 재조합된다. **MD**

**참고:** 인터넷, 이메일, 이더넷, DSL, 월드와이드웹

# 스텔스 기술
(1983년)

록히드 마틴社가 스텔스 비행기를 제작하다.

1983년 록히드 마틴 주식회사의 최초 스텔스 전투기인 F-117 나이트호크 수 년간의 개발 끝에 마침내 실전 배치되었다. F-117 나이트호크는 그 당시 레이더에 포착되지 않았으므로 일반 항공기보다 군사 활동 시 월등히 우수했다.

F-117의 설계자는 일반 항공기의 둥글둥글한 형체는 공기 역학을 향상시키지만 한편으로는 적군의 레이더에 포착되는데 반해 모퉁이가 날카롭고 삼각형 모양의 항공기는 레이더 반사율을 감소시킨다는 사실을 알게 되었다. 또한 F-117의 표면은 레이더 신호를 흡수하는 페인트로 코팅되어 있어 레이더에 포착되지 않도록 해주었다. 수직 안정판은 F-117의 또 다른 특징으로, 엔진 배출구의 교류(攪流)를 감소시켰지만 스텔스 전투기는 본질적으로 불안정하여 광범위한 컴퓨터

> "이것은 공군 전투기가 전략 전쟁에서
> 어떤 모양으로 만들어져야 하는지를
> 보여준 전략적 무기이다."
> 크리스 니안스 중령, 제7 전투 비행대

시스템 없이는 비행이 불가능했다.

미군은 스텔스 기 사진이 최초로 등장한 1988년까지 이 전투기의 존재를 부인하였다. 1989년 군사 행동에 최초로 모습을 드러냈으며 일부 작전에서 선택적으로 쓰이는 무기인 스텔스 기는 차세대 항공기가 등장한 2008년에 퇴역하였다. **SB**

**참고:** 비행선, 동력 비행기, 액체 연료 로켓, 제트 엔진, 초음속 비행기, 스크램제트

▶ F-117A 나이트호크 전투기 설계자는 적 레이더에 F-117A가 노출되는 것을 최소화시켰다.

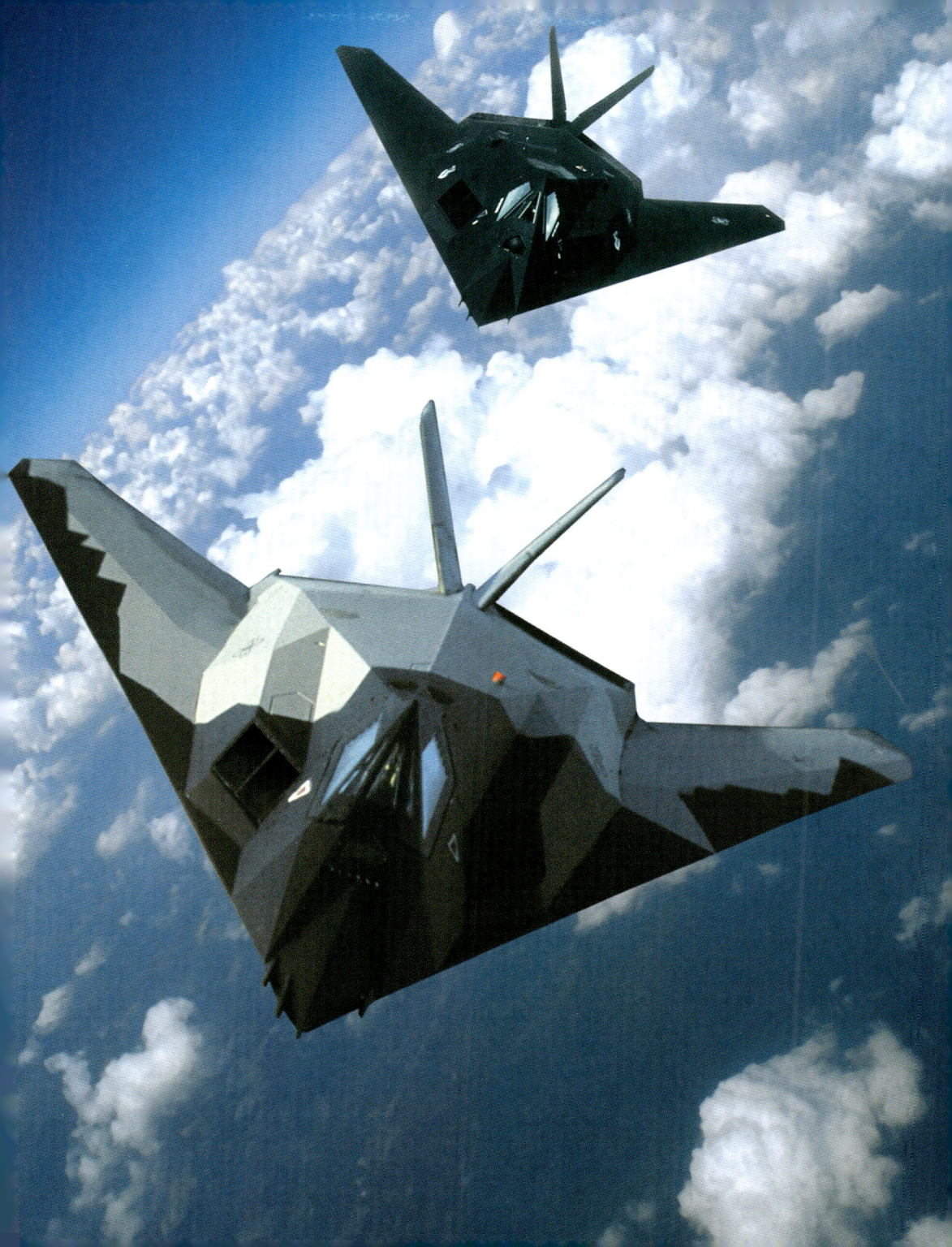

# 인터페론 복제

(1983년)

페스트카가 항바이러스 약물 치료를 개발하다.

1969년 연구과학자이자 물리학자인 시드니 페스트카 (1936년 출생) 박사는 인터페론이라고 하는 단백질을 연구하기 시작했다. 인터페론은 바이러스, 박테리아, 알레르겐, 암에 대한 면역 체계와 연관되는데, 페스트카는 인터페론의 역할 및 항바이러스 약물 제작 시 인터페론의 사용 가능 여부를 알고자 했다.

인터페론은 너무 강력해서 소량으로도 큰 반응을 일으킨다. 또한 매우 희귀한 단백질이므로 실험에 사용할 수 있는 순수한 표본을 충분히 얻기가 어려웠다. 페스트카는 마침내 역상 고성능 액체 크로마토그래피라는 방법을 개량하여 인터페론의 행동 메커니즘을 연구하는 데 충분한 양의 인터페론을 확보했다. 그는 인간 세포에 의해 비밀이 유지되는 인터페론을 공격하면 두 가지 방법으로 작동한다는 것을 알아냈다. 첫째, 인터

> "인터페론이
> 항바이러스 약물라는 사실은
> 발견 즉시 밝혀졌다."
>
> 시드니 페스트카 박사

페론은 자신들의 저항 메커니즘을 유발시키기 위해 이웃 세포들에게 신호를 보내며 둘째, 침입한 병원체를 죽이는 면역 세포들을 깨운다.

1975년 페스트카는 새롭게 등장한 DNA 재조합 기술을 사용해 인터페론을 복제하였으며 이렇게 복제한 인터페론을 1980년대 초 수행된 면역 체계 증진 임상 실험에 사용하였다. 새로운 1986년 항바이러스 약물인 인터페론은 FDA 승인을 취득했으며 이로 인해 수십억 달러 규모의 산업이 탄생하였다. **JM**

**참고:** 복제, 유전자 변형 농산물, 유전자 치료, 줄기세포 치료

# 자기 원자 트랩

(1983년)

프리처드가 과냉각 방법을 제안하다.

1925년 벵골의 물리학자인 사티엔드라 나드 보즈는 양자역학 연구를 기반으로 물체의 '새로운 상태'가 존재할 수 있다고 제안했다. 콜로라도 대학교의 에릭 코넬과 찰스 와이먼이 그러한 '새로운 상태'를 만드는 데까지는 70년이 걸렸다.

보즈-아인슈타인 응축물이라고 알려진 이 새로운 물체는 본래 원자의 집합체로, 온도가 극도로 낮아지면 하나의 커다란 초원자 형태를 띠게 된다. 이 초원자는 대규모의 양자역학적 효과를 보여주었다. 절대영도 이상의 온도인 작은 물체들을 얻는 것이 힘들기 때문에 과냉각의 과학 이론은 실천으로 옮기기가 어려웠다. 실제로 이와 연관된 많은 방법은 그들이 만들어낸 과학적 결과만큼이나 혁신적이었다.

1983년 데이비드 프리처드(1941년 출생)의 연구 논문에서 언급된 자기 원자 트랩은 과냉각의 과학을 실천하는 데 있어 중대한 역할을 하였다. 자기 원자 트랩은 양자역학의 원리에 따라 원자의 자기 모멘트가 양자화하는 값을 미리 지정한다. 즉, 연속적인 범위의 값을 사용하기보다는 이산(離散)값을 취해야 한다. 자기 원자 트랩은 경사 자장을 사용하기 때문에 중립 하전 원자를 포획할 수 있는 범위가 존재한다.

보즈-아인슈타인 응축물을 생성하려면 매우 차가운 원자가 필요하다. 물리학자들은 광자기 포획 레이저를 사용했던 것처럼 원자를 냉각시키는 등 다양한 방법을 사용하고 있다. 보즈-아인슈타인 응축물을 만들기 위해서는 초저온 상태가 되어야 하므로, 자기 원자 트랩이야말로 이러한 조건에 부합하는 해결책이었다. 자기 원자 트랩은 새로운 형태의 물체를 만들기 위해 기화 냉각을 사용하여 온도를 낮추어 포획된 원자의 상태를 유지할 수 있다. **DHk**

**참고:** 원자의 레이저 냉각, 원자 레이저

# MMU(우주공간 이동장치)

## (1984년)

NASA가 개별적인 이동장치를 사용하여 우주비행사들이 밧줄 없이 우주공간을 유영하다.

우주왕복선 및 우주 정거장의 도래는 NASA가 우주 비행사들이 사용할 수 있는 우주공간 이동수단을 개발하게끔 만들었다. 나사는 록히드 주식회사(현재는 록히드 마틴)에게 우주 비행사가 인공위성을 조작하고 구조물을 수리하거나 건설할 수 있고, 선외활동(EVA) 중인 동료를 구출할 수 있게 해주는 장치를 제작해 줄 것을 요청했다.

이로 인해 1984년 MMU(Manned Maneuvering Unit)가 등장하였다. 배낭처럼 생긴 MMU는 우주복에 내장된 생명 유지 시스템과 병행하여 작동하도록 설계되었으며 사용하지 않을 때 우주왕복선의 탑재부에 적재되었다. 또한 우주선 인근에서 작업을 수행 시 밧줄을 묶은 채로 작업하기 힘든 경우에는 표준 EMU(Extravehicular Maneuvering Unit)에 부착되었다. MMU는 스물네 개의 소형 로켓 엔진을 사용하여 우주 비행사가 민첩하게 특정 각도로 움직일 수 있도록 해주었지만 정교한 작업에는 적합하지 않았다. 우주 비행사는 MMU의 핸드헬드 제어 장치를 사용하여 이동할 수 있으며 MMU의 자동 조종 장치는 우주 비행사의 자세를 유지시키는 역할을 한다.

MMU는 세 개의 독립적인 우주왕복선 임무에 사용되었지만 우주왕복선 챌린저호의 폭발 사고 이후로는 사용되지 않는다. 밧줄을 묶은 채로 우주 유영을 하는 것이 MMU를 사용하는 것보다 우주선 부품 교체에 적합하며, SAFER(Simplified Aide For EVA Rescue) 장치가 국제 우주 정거장에 설치되어 더 이상 MMU를 사용할 이유가 없어졌기 때문이다. SAFER는 주로 뜻하지 않게 밧줄이 풀린 우주 비행사를 구조하는 데 도움을 주는 장치이다. **BMcC**

참고: 액체 연료 로켓, 탄도 미사일, 우주 탐사선, 우주 정거장, 재사용 우주선

↗ MMU는 우주왕복선 챌린저호의 우주 비행사인 브루스 맥캔들리스가 1984년 최초로 사용하였다.

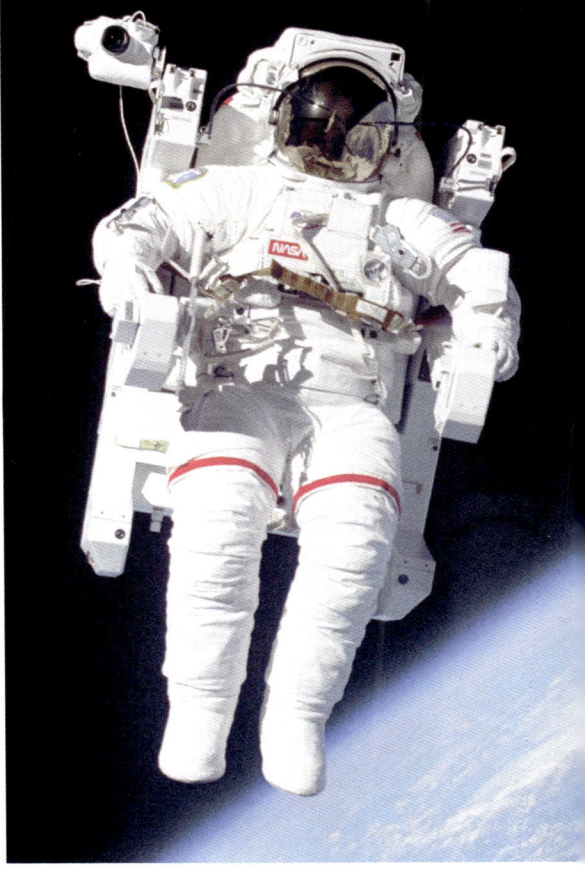

"우주 비행사가 된 이후로 나는 우주를 자유롭게 유영하고 싶어 했다."
존 L. 필립스, 우주 비행사

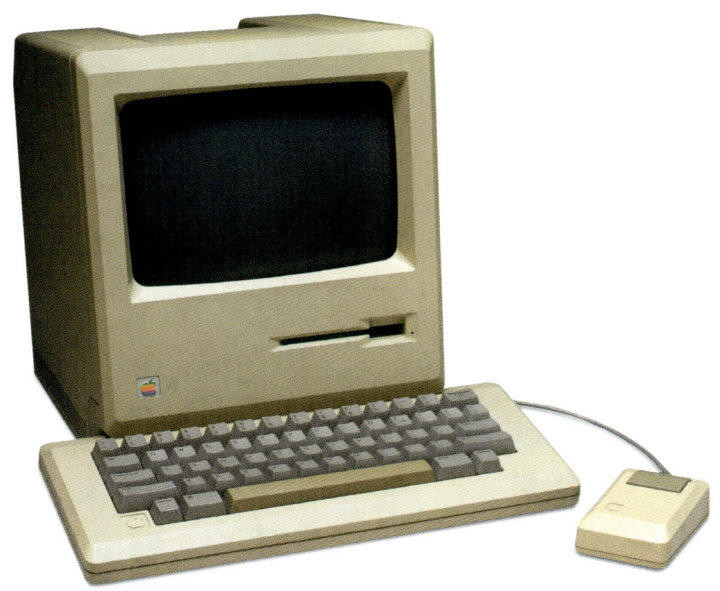

# 애플 매킨토시 (1984년)

애플社가 최초로 성공적인 GUI 환경 개인용 컴퓨터를 출시하다.

1970년대 이전 컴퓨터는 다루기 대단히 어려운 장치였다. 초기 컴퓨터는 주어진 문제를 해결하는 처리 능력이 충분하지 않았음에도 불구하고, 컴퓨터 사용자의 인터페이스 문제를 해결하려고 하는 사람이 아무도 없었다.

최초의 기술 진전이 제록스의 전설적인 PARC (Palo Alto Research Center)에서 이루어졌다. PARC의 알토 컴퓨터는 마우스를 클릭하여 파일을 여는 최초의 컴퓨터로 1968년에 개발된 컴퓨터 마우스 같은 초창기의 혁신적 제품들이 등장할 수 있는 토대를 마련했다. 또한 알토는 화면에 보이는 것을 그대로 출력해주는 가장 초기 형태의 워드 프로세서를 탑재했다.

PARC는 메뉴와 아이콘을 추가하고 창마다 프로그램을 위치시킨 최초의 그래픽 유저 인터페이스를 개발했다. 이로 인해 최소한의 훈련만 받은 사람들도 서신을 작성한 후 마우스 버튼을 클릭하여 문서를 출력할 수 있게 되었다.

제록스는 1970년대 자신들의 유저 인터페이스를 개발했으며, 1979년 PARC는 자신들의 아이디어를 애플 컴퓨터라고 하는 조그만 회사의 엔지니어들에게 보여주었다. 일급 기밀인 리사 컴퓨터를 위해 PARC와 유사한 유저 인터페이스를 연구하던 애플社는 PARC에서 자신들이 본 것에 깜짝 놀랐다. 애플社는 자신들이 가지고 있던 인터페이스에 제록스의 유저 인터페이스 아이디어를 통합하였다. 이를 통해 유저 인터페이스를 확장시킨 애플社는 유저 인터페이스가 새로운 방식으로 컴퓨터에서 작동하도록 개발하였다. 1984년 애플社는 그래픽 유저 인터페이스를 내장한 최초의 성공적인 개인용 컴퓨터인 '애플 매킨토시'를 출시하였다. **MG**

**참고:** 컴퓨터 프로그램, GUI, 3D 컴퓨터 그래픽, C 프로그래밍 언어

⤴ 포장을 풀고 코드를 꼽으면 즉시 사용할 수 있도록 설계된 애플 매킨토시 모델 M001.

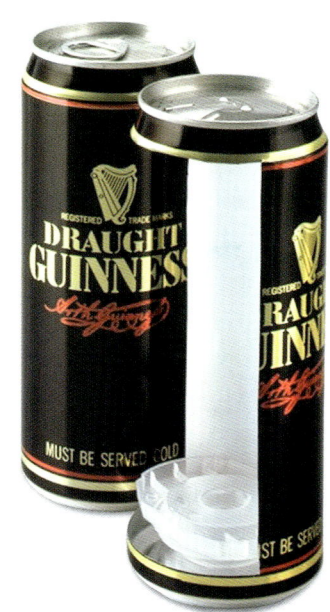

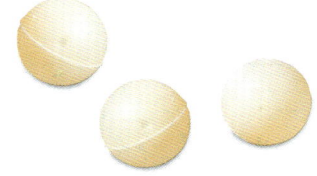

# 위젯 인캔 시스템(Widget In-can System) (1984년)

포리즈와 번이 기네스 드레프트의 특징을 캔으로 만들어내다.

맥주는 대량으로 저장될 때 통에 담겨져 발효된다. 이렇게 해서 발효된 통 맥주를 펌프로 뽑아내면 공기 중 질소와 혼합해 맥주 특유의 거품과 질을 얻게 된다. 기네스 아이리쉬 스타우트는 공기와 혼합하게 하는 특수 마개 때문에 독특한 거품을 만들어낸다.

맥주를 병에 담기 시작하면서 양조업자들은 병에서의 발효가 훨씬 높은 수준의 탄산화를 생성한다는 사실을 알게 되었다. 발효 과정에서 발생하는 이산화탄소는 병에서 산소가 차지하는 공간을 없애 맥주 맛을 시큼하게 만들지만 훨씬 많은 맥주 거품을 만들어주었다. 그러나 마개를 제거하고 맥주를 잔에 따르는동안 맥주의 부드러움은 상당한 변화를 보였다.

캔맥주는 1935년 최초로 대중에게 판매되었다. 그러나 많은 음주 애호가가 캔맥주보다 생맥주의 색과 맛을 더 좋아했기 때문에 캔맥주가 출시되었음에도 생맥주 판매량은 줄지 않았다. 이에 기네스社는 스타우트의 맛과 부드러움, 거품을 캔으로 옮기는 방법을 찾는 데 많은 비용을 쏟아 부었다.

1980년대 앨런 포리즈과 윌리엄 번은 마침내 맥주를 따르는 마개로 질소 혼합을 흉내내는 방법을 발견했다. 그들은 '위젯'이라고 하는 질소 및 맥주로 구성된 조그만 알갱이를 맥주와 함께 캔에 넣었는데, 캔이 개방되면 내부 압력이 갑자기 저하되어 질소가 맥주에서 빠져나가면서 기대하던 미감과 거품이 만들어졌다. **DK**

참고: 알코올 음료, 통조림, 손잡이 링, 유리병 제조기

⬆ 단일 위젯의 질소가 스타우트 음주 애호가들이 좋아하는 두꺼운 크림형 거품을 만들어낸다.

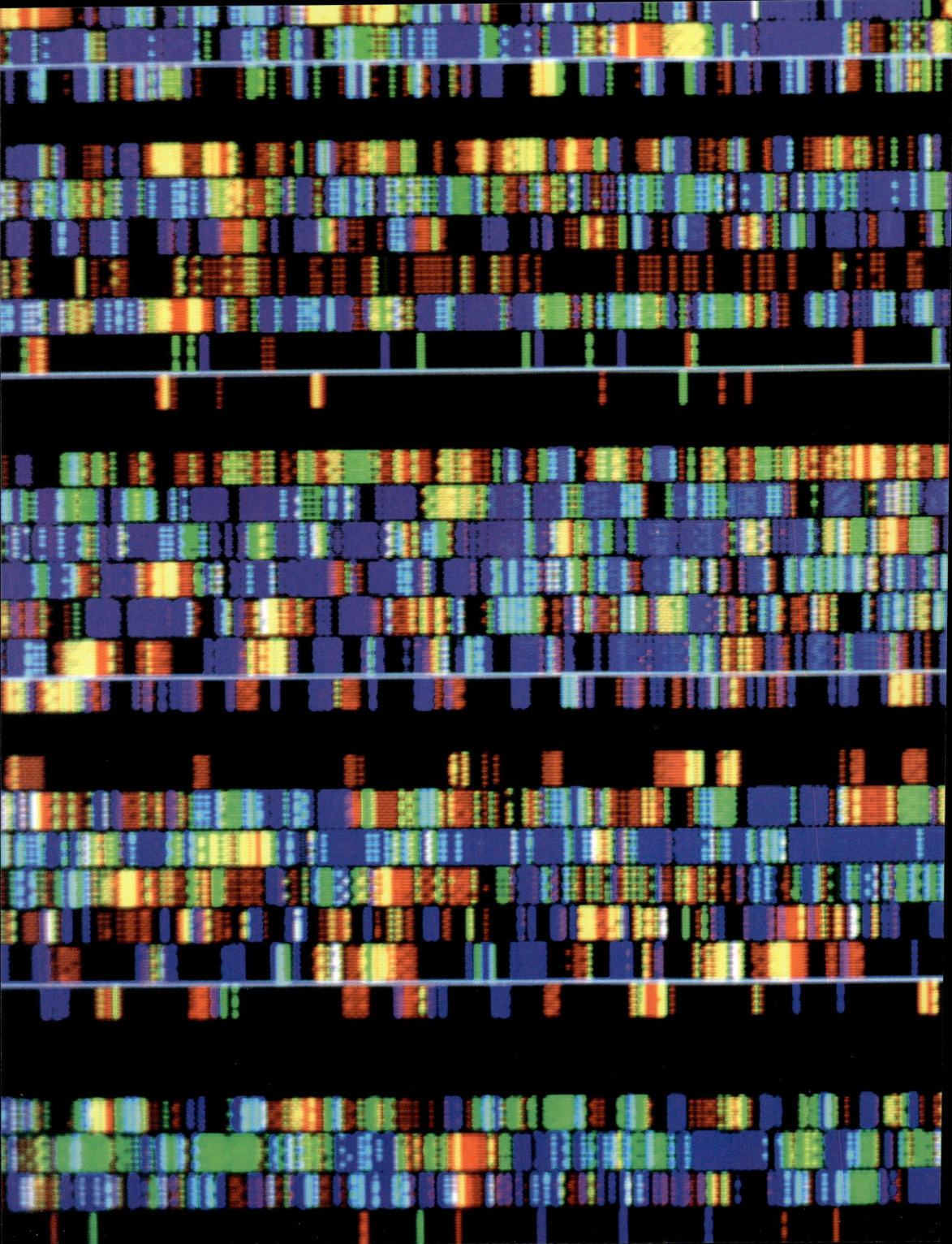

# DNA 염기서열 자동 분석법
(1985년)

후드와 스미스가 DNA 분석 속도를 향상시키다.

르로이 후드(1938년 출생)와 로이드 스미스(1954년 출생)는 여태껏 사용하던 방법보다 3,000배 빠르게 업무를 처리하는 공법을 발명하였다. 이는 기존에 비해 위험성과 노동 집약적 성향을 낮춘 것이었다. 1985년에 발명되어 현재 인간 게놈을 해독하고 매핑하는 열쇠의 역할을 하고 있는 이 공법이 바로 DNA 염기서열 자동 분석법이다.

DNA 염기서열 분석법은 1970년대 처음으로 발명되었지만, DNA를 구성하는 뉴클레오타이드 염기를 방사선으로 붙인 후 현존하는 단일 DNA 가닥들에 덧붙여야 하는 길고 어려운 과정이었다. 그 결과 DNA 가닥들은 '분리 젤'을 통해 이동하면서 염기쌍 별로 혹은 가닥 별로 수동으로 조사되었고 염기 서열이 손으로 기록되었다.

후드와 스미스는 이것이 매우 비실용적이라고 생각해 동료인 팀, 마이클 헝카필라와 협력하여 분석 과정을 능률적으로 만드는 연구에 착수하였다. 1980년대 중반 그들은 각 염기쌍의 무선 라벨을 뉴클레오타이드당 하나씩 사용되는 오렌지색, 빨간색, 파란색, 초록색 형광 염료로 교체하기로 결정했다. 이러한 염료는 무선 라벨보다 신뢰할 수 있으며 레이저를 비추면 빛을 발산할 수 있었다. 이렇게 방출된 빛을 컴퓨터에 부착된 열 감지기로 세면 자동적으로 DNA 가닥들을 목록화시킬 수 있었고 게다가 모든 염기 서열의 분석이 하나의 젤에서 이루어질 수 있었다.

이 공법은 연구에 실용적으로 사용할 수 있는 많은 양의 DNA 염기 서열을 만들었으며 인간 게놈 프로젝트를 이끌었다. **BMcC**

# 식물성 단백질
(1985년)

랭크 하비스 맥도걸社가 퀀을 출시하다.

많은 사람이 고기 섭취를 줄이거나 채식주의로 기호를 변경함에 따라 고기 대체재의 수요가 증가하고 있다. '퀀'이라는 상표로 알려져 있는 식물성 단백질은 이러한 수요에 부합하는 고단백 대체재로, 단백질을 섭취할 수 있는 음식을 찾던 영국 채식주의자들이 만든 것이다.

1967년 식물성 단백질이 조그만 영국 마을 근처 들판에서 발견된 곰팡이균인 '푸사리엄 베네나텀'으로 만들어졌다. 1970년대 랭크 하비스 맥도걸社는 균류 추출물이 인간에게 적절한지에 대해 연구했으며 이를 바탕으로 1980년대 대규모 제조 기법을 개발하였다. 1985년 균류단백질은 영국 판매 허가를 취득하였고 말로우 푸드社는 '퀀'을 출시하였다. 균류는 산소로 처리되는 발효 탱크에서 성장하는데, 이 탱크에서 균류단백질을 추출한 후 결착제로 달걀 알부민을 사용하여 퀀의

> "인조 고기를 진정으로 즐기기 위해서는
> 당신이 먹고 있는 것의 원료가
> 무엇인지 잊어야만 한다."
> 파하드 만주, '와이어드 매거진', 2002년

모양을 만들었다.

오늘날에는 퀀에 기반한 다양한 제품이 출시되고 있으며 심지어 줄무늬 베이컨 맛이 나는 제품도 있다. 현재 50만 개의 퀀 고기가 날마다 영국에서 소비되고 있다. **MB**

---

참고: 유전자 변형 농산물, 유전자 치료, DNA 지문감식, DNA 마이크로어레이

← 인간 DNA를 구성하는 유전자가 특정 염기를 나타내는 색상으로 컴퓨터 화면에 나타나 있다.

참고: 샌드위치, 분유, 사카린, 아침용 시리얼

# 중합효소연쇄반응(PCR)
## (1985년)

중합효소연쇄반응(PCR)

멀리스가 DNA를 복제하는 방법을 제안하다.

캘리포니아 주 에머리빌에 위치한 세터스 주식회사에 근무하던 캐리 멀리스(1944년 출생)는 1985년 하나의 DNA를 원하는 만큼 다량 복제하는 방법을 발견했다. 멀리스의 아이디어로 개발된 이 기술을 중합효소연쇄반응 혹은 PCR이라고 부른다. 중합효소연쇄반응은 효소 및 온도의 변화를 지원하는 시험관에서 수행되었다.

초기의 PCR에서 발견된 문제점들이 해결된 후에는 분자 생물학 연구에 많은 기술적 진보가 이루어졌으며 PCR에 대한 5,000장의 논문이 출판되었다. PCR 기술은 단일 가닥만큼 작은 대상에서 추출한 무한한 양의 DNA를 과학자에게 제공하며, DNA를 분석하고 복제하며 수정하는 속도를 높여주었다. 세터스社는 마침내 PCR 기술을 라로쉬社에 3억 달러의 금액으로 판

> "캐리 멀리스만큼 인류의 미래 복지나
> 현재 이익에 많은 영향을 미친 사람은
> 아무도 없다."
>
> 테드 코펠, ABC 방송사의 '나이트라인'

매하였다.

오늘날 PCR은 아주 다양한 분야에 사용된다. PCR은 질병 진단, 박테리아 및 바이러스 감지, 고대 화석의 DNA 증식, 범죄자의 DNA 분석, 다른 종과의 DNA 비교 등에 사용되고 있다. 심오하고 영향력이 큰 발명인 PCR은 우리 시대에 가장 중요한 발명품 중 하나로 우뚝 섰다. 캐리 멀리스의 중합효소연쇄반응만큼 우리 생활에 널리 영향을 미치고 있는 발명은 거의 없다고 해도 과언이 아니다. **RH**

**참고:** 유전자 치료, DNA 염기서열 자동 분석법, DNA 지문감식, DNA 마이크로어레이

# 수술 로봇
## (1985년)

고익산이 로봇으로 수술을 돕다.

1954년 조지 데벌은 프로그램이 가능한 산업용 로봇을 최초로 제작하였다. 이 로봇은 다관절 조작 암과 명령을 저장하고 실행하는 데 필요한 자기 저장 장치로 구성되었다. 1960년대 더 개선된 버전이 조립 라인에 사용되었다. 1978년 빅터 셰인만 교수는 상업용 로봇을 위한 표준이 된 PUMA를 소개하였다.

1985년 고익산(1946년 출생) 박사는 로봇 지원 수술을 가능하게 한 로봇 소프트웨어 인터페이스를 최초로 발명하였다. 그가 개발한 '올레'는 신경 외과 수술을 수행할 수 있는 변형 PUMA였다. 수술 시 조그만 탐침기가 두개골로 이동하였고, 탐침기에 연결된 CT 스캐너는 뇌의 3D 사진을 제공하였으며 로봇은 손상 부위로의 최적 경로를 표시하였다. '올레'는 종양으로 의심되는 곳의 생체 조직을 깊게 떼어내는 데 사용되었다.

'올레'를 테스트하기 위해 고익산 박사는 조그만 금속 물체를 네 개의 수박 안에 삽입하였다. 로봇은 물체의 위치를 빠르게 찾아내었고 금속을 제거하기 위해 기구를 삽입하였다. 그 후 로봇은 더욱 정교하게 발전하여 현재는 수술을 돕거나 수술을 직접 수행할 수 있는 수준에 도달했다. 1998년 독일 라이프치히에서 프리드리히 빌헬름 모어 박사는 다빈치 수술 로봇을 사용하여 로봇의 도움으로 심장동맥우회술(CABG)을 최초로 실시했다.

1999년에는 캐나다 온타리오 주 런던건강과학센터에서 제우스 수술 로봇을 사용하여 세계 최초의 수술 로봇 심장동맥우회술이 시행되었다. 환자의 흉골을 열지 않고 수술이 진행되었으며 전통적인 혈관우회수술처럼 심장이 정지하는 일이 없었다. **SS**

**참고:** 자동인형, 산업용 로봇, 이족보행 로봇, CAM

➡ 내시경으로 화상을 전달받으면서 외과의사들이 로봇 팔 끝부분의 수술 도구를 제어하고 있다.

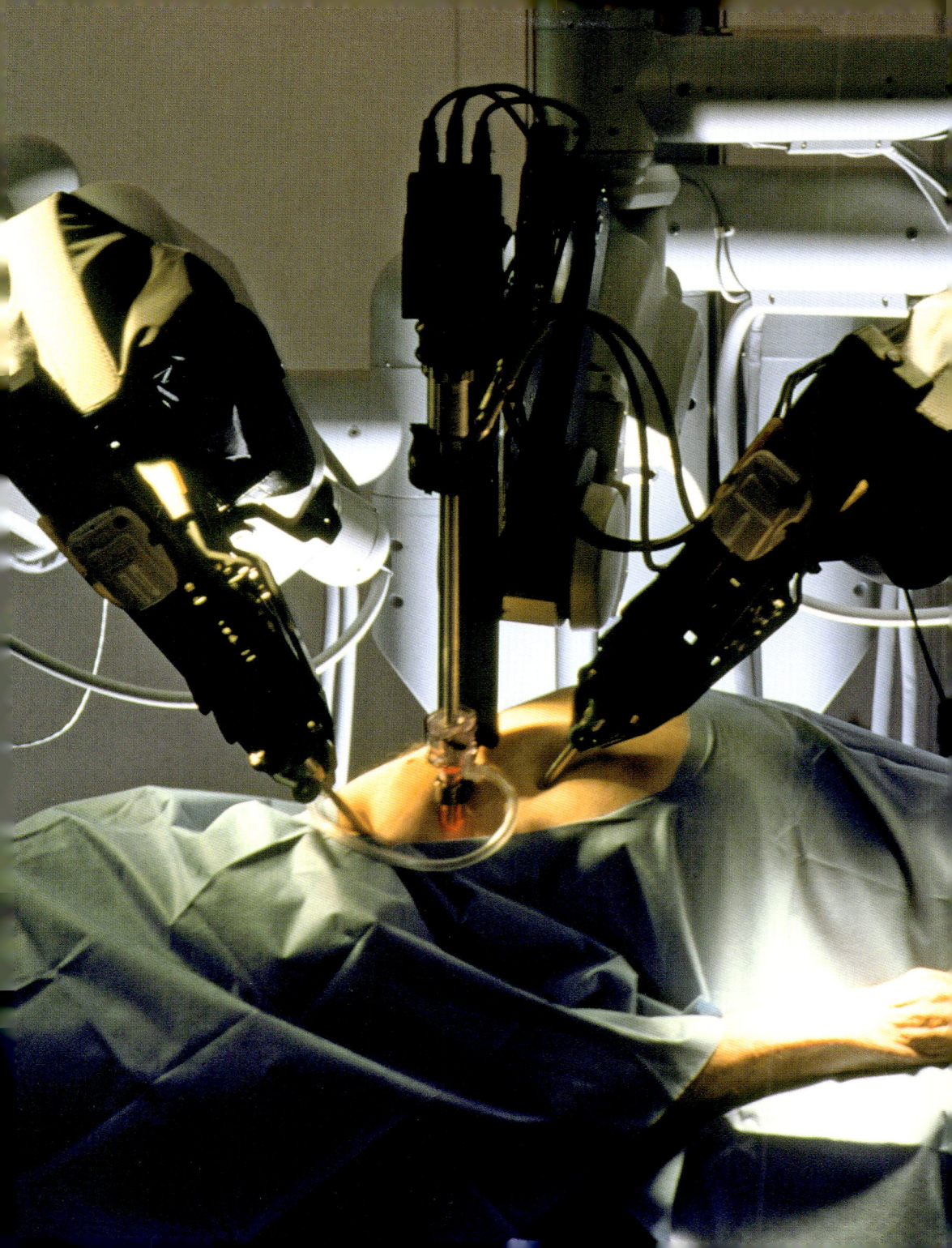

# 이족보행 로봇 (1985년)

**히타치社가 걸어 다니는 로봇을 성공적으로 제작하다.**

1985년 일본 츠쿠바 박람회에 와세다-히타치 레그 II 두발 로봇이 등장하기 전, 로봇의 움직임은 구르거나 기는 것이 전부였다. 그러나 보행이 가능한 와세다-히타치 레그 II의 등장으로 로봇의 움직임에는 큰 변화가 일어나게 된다.

히타치社와 일본 와세다 대학교가 공동으로 개발하였으며 온보드 컴퓨터와 유압 펌프를 내장한 WHL-II는 한 걸음당 13초 정도 소요하면서 평평한 지면을 걸었으며 보행 방향을 전환할 수도 있었다.

만약 로봇이 인간처럼 걸을 수 있게 된다면, 물체 주변에서 고난이도 동작을 수행할 수 있으며 계단을 오르내리는 것이 가능하다. 이러한 로봇의 응용처는 거의 무한하다고 볼 수 있지만 로봇이 걷기 위해서는 인간처럼 두 다리로 울퉁불퉁한 지면을 걸을 수 있어야 한다.

실험용 두발 로봇의 초기 걸음마 시스템은 정적 보

> "곤충처럼 생긴 외계인은
> 자신들을 닮은 로봇을
> 제작할 것이다."
>
> 케빈 J. 앤더슨

행(static balance walking) 자세였다. 보행 로봇은 연속적으로 정적 평형 상태를 유지하며 이동하였다. 로봇은 인간처럼 보행 주기가 반복되는 동안 실제로는 땅을 향해 넘어지는 동작을 취한다. 넘어지지 않고 효율적으로 움직이기 위해서는 넘어지기 전 발로 즉시 땅을 밟아야 한다. 관절을 사용하는 인간처럼 땅에 디딘 발에 무게가 집중되는 동적 균형은 이족보행 로봇 연구에서 중요한 차기 연구과제이다. **MD**

**참고:** 자동인형, 산업용 로봇, 수술 로봇

# DNA 지문감식 (1985년)

**제프리즈가 DNA로 개개인을 구별하다.**

DNA 데이터베이스에 의존하는 DNA 지문감식 때문에 일부 사람들은 프라이버시 침해 가능성을 우려하고 있는 반면 법의학, 친부 확인 검사, 동물 분류와 같은 영역에서 DNA 지문감식은 긍정적인 영향을 미치고 있다.

생화학자인 앨릭 제프리즈(1950년 출생)는 옥스포드 대학교에서 학업을 마친 후 1977년 레스터 대학교 교수가 되어 DNA 변이 및 유전자 진화를 연구했다. 그는 질병의 유전 패턴을 연구하며, 특히 코어 유전자 이외의 인간 DNA 염기서열에서 발생하는 유전변이가 지역 혹은 '극소위성'에 대해 분석하였다.

1984년 DNA의 극소위성을 연구하던 중 제프리즈는 X선 필름을 사용하여 다양한 사람들에게서 얻은 시료의 DNA 구성을 조사하였다. 그는 X선 필름을 현상하면서 복잡하게 얽혀 있는 패턴들을 자세히 관찰하여 사람 간에 특정 패턴이 다양한 형태로 존재한다는 것을 깨달았다. 즉, 사람마다 마치 지문처럼 고유한 극소위성 DNA 패턴이 존재했다.

자신의 발견이 특히 법의학 부분에 유용하다는 것을 깨달은 제프리즈는 1984년 특허를 취득하였으며 1985년 『네이처』지에 일련의 논문을 발표하였다. 이 기법은 영국 이민성에서 최초로 사용되었으며 1986년 영국 레스터셔의 범죄 사건 수사에도 쓰였다. 현재 DNA 지문감식은 범죄 사건 발생 시 수행되는 표준 절차로, 빠르고 신뢰할 수 있는 결과를 자동으로 얻을 수 있도록 해준다. **RH**

**참고:** 유전자 변형 농산물, DNA 염기서열 자동 분석법, DNA 마이크로어레이

▣ DNA 합성장치가 유전자 지문 분석 과정에 사용되는 합성 DNA를 만들고 있다.

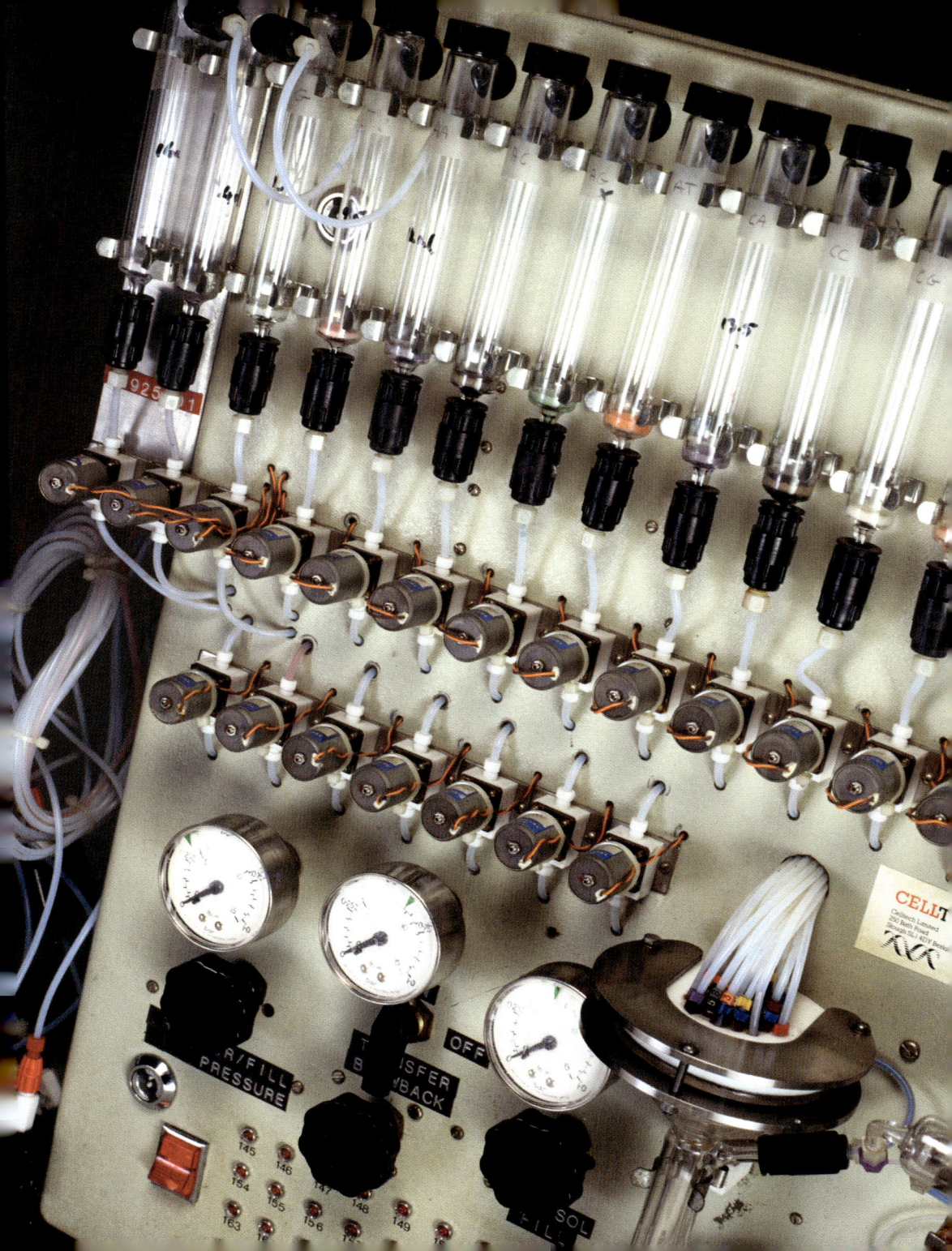

# 캡슐 내시경

(1985년)

멀릭이 삼키면 신체 내부를 조사할 수 있는 카메라를 고안하다.

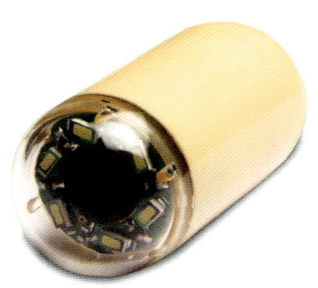

사람의 신체 내 창자 길이는 최대 26피트(8미터)에 달하며, 이렇게 길이가 긴 조직에 위장관 장애 같은 질병이 발생했을때 문제가 발생한 지점을 찾기란 쉽지 않다.

전통적인 내시경은 환자에게 얇은 광섬유관을 직접 삽입하면서 내장의 내벽을 텔레비전 화면을 통해 보여주며 환자가 견딜만한 고통하에서 최소한의 침습 시술을 시행한다.

디지털 카메라가 더욱 작아짐에 따라 전통적인 내시경을 대체하는 방법이 등장했다. 메릴랜드주 볼티모어의 타룬 멀릭 박사가 이끄는 의사 팀은 1985년 처음으로 무선 캡슐 내시경 장치를 제작하였는데, 카메라가 부착된 이 캡슐은 다른 비침습 방법으로는 미처 도달하지 못했던 창자 내 여러 부분에서 혈관성 병변, 종양, 셀리악병, 크론병과 같은 질병의 소재를 밝혀내는 데 유용했다. 검사에 사용되는 캡슐은 거의 비타민 알약 크기 정도였기 때문에 물과 함께 삼킬 수 있었다.

내시경 관처럼 캡슐은 광원과 렌즈 시스템을 포함했을 뿐만 아니라 환자가 벨트로 차고 있는 수신기로 화상을 전송하는 장치도 내장되었다. 입 속으로 삼켜진 후 캡슐 내시경은 위장관 전체를 장장 8시간에 걸쳐 돌아다닌다. 이 과정에서 식도, 위장, 소장, 대장의 컬러 화상을 수백 장 찍게되며 이렇게 모인 정보를 기반으로 의료상 진단을 가능하게 한다. **CL**

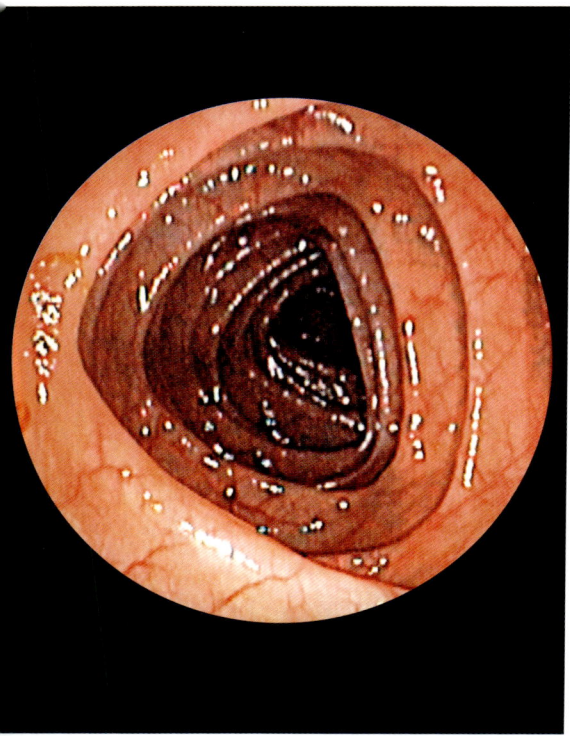

**참고:** 내시경, 필름 카메라/프로젝터, 줌 렌즈, 복강경

↗ 배터리 동력공급 캡슐의 렌즈 주변에 위치한 LED가 신체 내부를 비춘다.

← 내시경에 부착된 카메라로 촬영 중인 대장의 내벽.

# 무인자동차
(1986년)

딕맨스가 완전 자동화 차량을 제작하다.

뮌헨 분데스워 대학교 교수인 에른스트 디터 딕맨스
(1936년 출생)와 그의 팀은 완전 자동화된 무인자동차
를 설계하였다. 그들은 스티어링, 액셀러레이터, 브레
이크를 제어하는 메커니즘을 위해 상황 변화의 이미지
를 처리하는 일련의 카메라와 정보를 전달하는 감지기
를 밴에 장착하였다.

이 차량이 최초의 무인자동차는 아니었다. 1977년
일본 츠쿠바 기계공학 연구소는 시간당 18마일(30킬로
미터)의 속도로 코스를 운행하도록 설계된 무인자동차
를 제작하였다. 1986년 딕맨스가 제작한 밴은 일반 도
로를 시간당 최대 60마일(100킬로미터)의 속도로 운행
하여 더 나은 성능을 보였다.

유럽 위원회는 '프로메테우스'라고 하는 연구 및
개발 프로젝트에 자금을 지원하기 시작했으며, 딕맨스

> "오늘날 우리는 인간의 도움 없이
> 100마일로 운행할 수 있는
> 자동차 시대에 살고 있다."
> 세바스찬 스런 박사, 스탠포드 대학교

는 8년의 프로젝트 기간 동안 대단히 많은 기술을 발전
시켰다. 프로젝트의 최종 시연 단계에서는 두 대의 개
조된 메르세데스 500 SEL 모델이 파리의 다차선 고
속도로를 620마일(1,000킬로미터)의 속도로 운행하였
다. 뱀프와 비타-2는 시간당 최대 80마일(130킬로미
터)의 속도를 낼 수 있었으며 자동으로 차선을 변경하
도록 프로그램되어 느린 차량을 추월하였다. **CL**

# 고온 초전도체
(1986년)

베드노르츠와 뮐러가 전도성을 변형하다.

초전도체는 전기 저항성이 없는 물질이기 때문에 전력
손실 없이 전기가 흐를 수 있도록 해준다. 초전도체 현
상은 독일의 연구원들이 1911년 전도 물질로 고형 수은
을 사용하면서 발견하였다. 초전도는 특정 물질이 절
대 영도 혹은 섭씨 영하 273도 근처의 온도로 과냉각
될 때에 나타난다.

1986년 IBM의 연구원인 게오르그 베드노르츠
(1950년 출생)와 알렉스 뮐러(1927년 출생)는 새로운
유형의 초전도 물질인 산화구리 페로브스카이트를 발
견했는데, 이 물질은 섭씨 영하 238도에서 초전도가 가
능하였다. 휴스턴 대학교의 폴 추는 초전도 온도를 비
교적 낮은 섭씨 영하 182도까지 낮춤으로써 페로브스
카이트를 개선하는 데 기여했다.

이로 인해 처음으로 액체 질소 범위의 온도에서 초
전도가 발생하는 것이 가능해졌으며 이 발견으로 뉴욕
에서는 '우드스톡 오브 피직스'라고 하는 물리학자들의
대규모 미팅이 개최되었다.

1987년 베드노르츠와 뮐러는 노벨 물리학상을 받
았으며 같은 해 미국의 로널드 레이건 대통령은 고온
초전도체 덕분에 미국이 새로운 기술의 시대로 진입할
것이라고 선언했다.

이 기술은 아직 전 세계적으로 사용되고 있지는 않
지만, 현재 MRI 의료 스캐너와 액체질소 외피로 과냉
각된 특수 초전도 전선에 사용되고 있다. 일본은 이러
한 특수 전선의 코일을 실험용 자기부상 열차에 사용하
고 있으며 미 해군은 차세대 선박에 이 전선을 이용하
기 위한 연구 중에 있다. **DHk**

---

참고: 자동인형, 전기 자동차, 자동차, 하이브리드 자동차, 에어카

참고: 절연 전선, 동축 케이블, 광섬유

# 프로작 (1986년)

일라이 릴리社가 우울증 치료 약물을 개발하다.

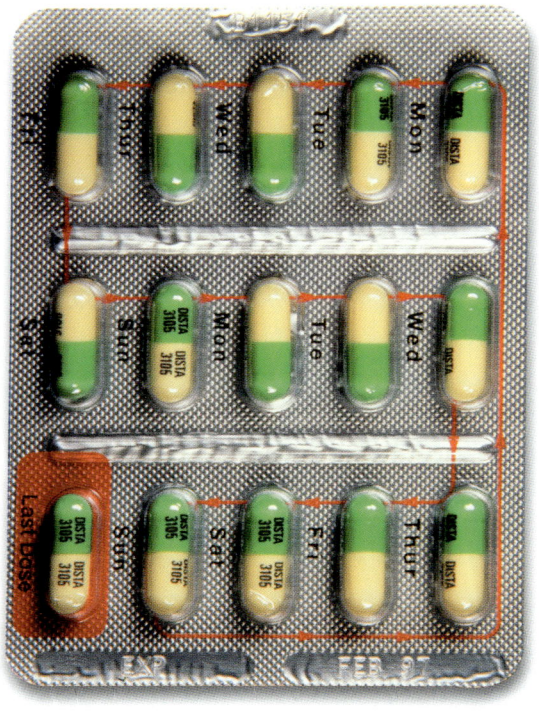

염산플루옥세틴의 상표명인 프로작은 세계에서 가장 널리 처방되는 항우울제이다. 프로작은 선택적 세로토닌 재흡수 억제제(SSRI)라고 불리는 새로운 종류의 우울증 치료 약물로 수면, 식욕, 공격성, 심리 상태에 영향을 미치는 신경전달물질인 세로토닌의 두뇌 분비량을 증가시킨다.

브라이언 몰로이, 레이 풀러, 데이비드 윙은 일라이 릴리社의 프로작 발명 팀원들이다. 1980년대 초 항히스타민제인 디펜하이드라민은 일부 우울증 치료제와 같은 특성이 있다고 알려졌으며 몰로이, 풀러, 윙은 3-페녹시-3-페닐프로피라미네(디펜하이드라민과 구조적으로 유사한 화합물) 및 열두 개의 합성 파생물로 항우울제를 위한 연구를 한 결과 염산플루옥세틴이 실험용 쥐에 가장 효과적인 것으로 나타났다.

염산플루옥세틴은 처음에 비만 억제제로 실험되어 비만으로 우울증을 겪고 있는 입원 환자에게 투여되었지만 비만 증상은 개선되지 않았다. 반면 이들의 우울증 증상은 완화되었다. 일라이 릴리社는 경미한 우울증 환자들에게 투약 실험을 하였고 대상자 다섯 명 모두 프로작을 복용하자 증세가 호전되었다.

프로작은 1986년 벨기에 시장에서 성공을 거두면서 이제껏 개발된 정신과 약물 중 가장 빠르게 의사들에게 수용되었다. 그로부터 3년 내 미국에서만 매달 6만 5,000건의 처방이 이루어졌으며 1990년대 초반에 이르러 450만 미국인들이 복용하였다. 그때 이후로 프로작은 성격을 바꾸는 약물이라는 명성과 자살을 유발하는 약물이라는 악명을 동시에 얻게 되었다. **JF**

---

"프로작은 명성, 소문, 스캔들을 거쳐 마침내 재활을 목적으로 사용되었다."

피터 D. 크라머, 『리스닝 투 프로작』, 1993년

---

**참고:** 아세트아미노펜, 발륨, 비아그라, 후물린

🄺 부작용이 알려지기 전까지 프로작은 수백만 명의 우울증 환자를 치료할 수 있는 좋은 방법으로 보였다.

# PDA (1986년)

사이온社가 스케줄 관리를 위한 휴대용 컴퓨터를 시장에 출시하다.

1984년, 경제는 호황기를 맞고 있었고 뉴스위크 매거진은 그 해를 '여피족(고등 교육을 받은 80년대 고소득 전문직 종사자)의 해'라고 선언했다. 당시 '파일로팩스 오거나이저'는 고등 교육을 받은 도시 근교 영국 젊은이들의 필수 액세서리였는데, 런던의 데이비드 포터 박사는 가죽 표지에 종이를 기반으로 구성된 파일로팩스를 기기 방식으로 구현하려는 계획을 세우고 있었다.

포터 박사의 회사인 사이온社는 신클레어 ZX 스펙트럼처럼 초기 가정용 컴퓨터 게임과 기타 소프트웨어를 제작하였으며 1984년 사이온社는 컴퓨터 하드웨어 시장에 진출하여 새로운 종류의 휴대용 컴퓨터인 '사이온 오거나이저'를 출시하였다. 이는 이동식 케이스로 보호되는 키보드와 소형 화면으로 구성된 직사각형 모양의 묵직한 장치로 시계, 소형 메모리를 탑재했으며 몇 개월간의 동작시킬 수 있는 9볼트 배터리로 전원을 공급받는다.

오늘날과 비교해보면 매우 구식 컴퓨터인 사이온 오거나이저는 조그만 버튼으로 저장하려는 정보를 입력했다. 저장한 정보를 자외선 램프로만 지울 수 있는 '라이트-원스' 메모리와 알파벳 순서로 배열된 키보드는 사이온 오거나이저의 단점이었다.

1986년 사이온社는 화면의 크기를 늘리고 다이어리와 알람 시계 기능을 추가한 새로운 버전의 오거나이저를 출시하였다. '사이온 오거나이저 II'는 최초의 PDA(personal digital assistant)라고 말할 수 있는 진정한 컴퓨터였다. 1992년 애플社의 존 스컬리는 오거나이저 II를 활용하여 애플의 뉴턴 메시지패드를 설명하던 중 오거나이저 II를 최초의 PDA라고 언급하였다. **MG**

**참고:** 휴대용 계산기, 개인용 컴퓨터, 슈퍼 컴퓨터, 랩톱/노트북, 스마트폰

↗ 1986에 출시된 사이온 오거나이저 II는 전 세계 여피족들의 필수 액세서리가 되었다.

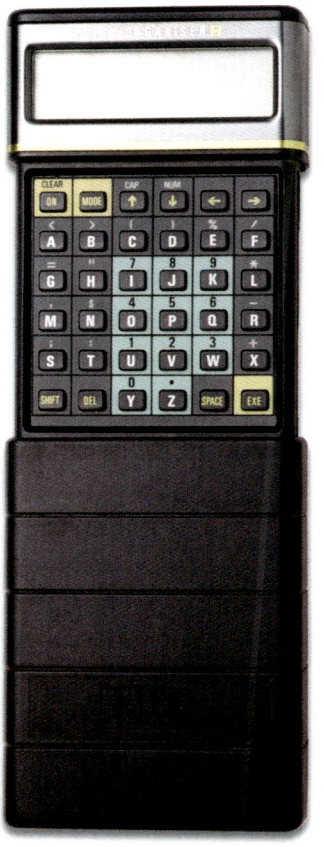

"조그만 벽돌처럼 생겼으며 2페이지 반 정도와 맞먹는 정보를 저장할 수 있었다."

아스트리드 벤들란트, '파이낸셜 타임즈'

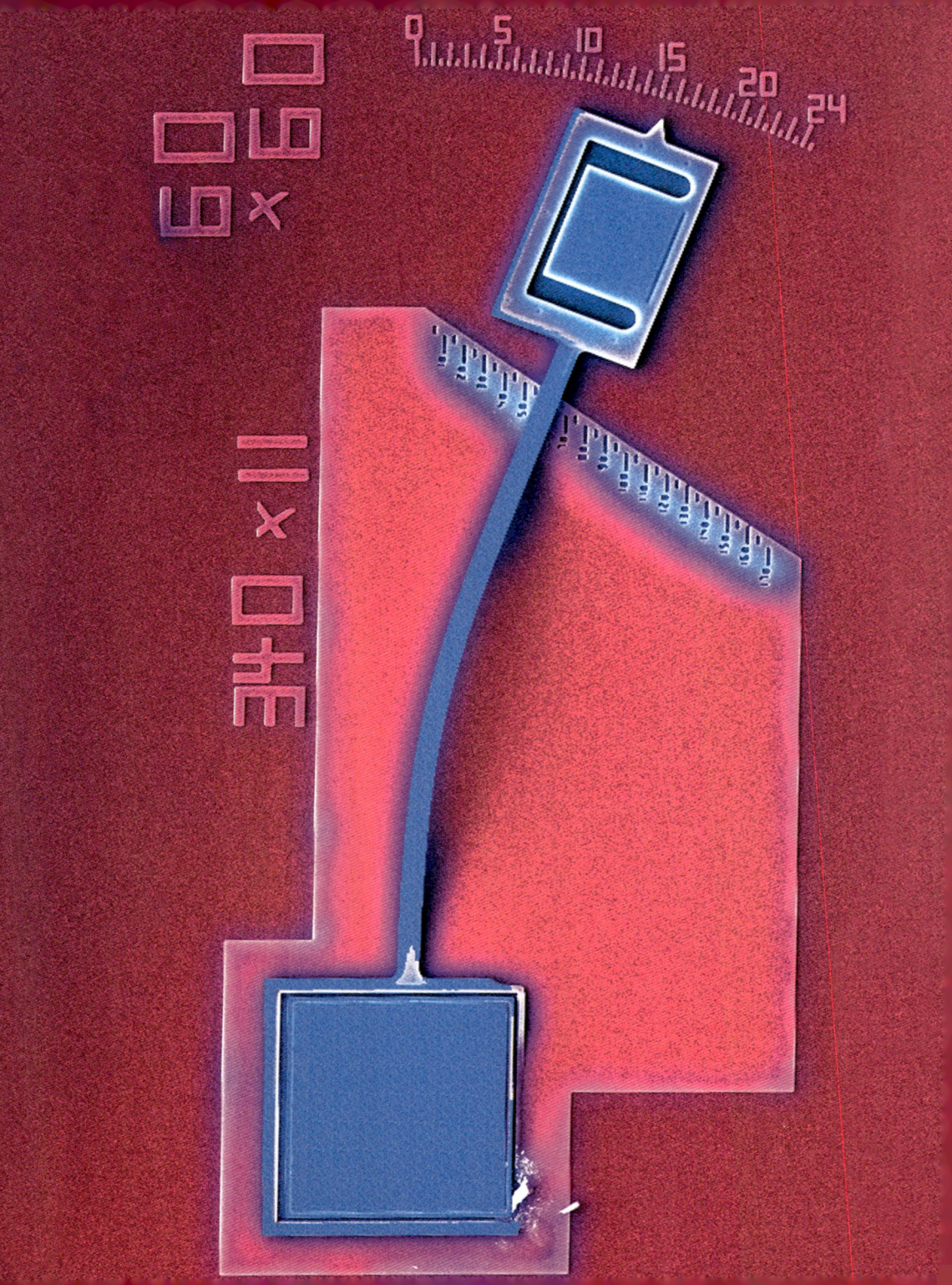

# MEMS
## (1987년)

실리콘 칩이 감각 기능을 얻다.

MEMS(미세전자제어기술)는 소형화된 전자 회로뿐만 아니라 소형 암, 기어, 스프링과 같은 기계 부품에 통합되는 전문화된 실리콘 칩으로, 데이터를 처리하는 능력과 특정한 종류의 센서 형태로 데이터를 저장하는 능력이 있다. 센서들의 크기는 100만분의 1미터 혹은 몇 마이크로미터 정도로 매우 작았다.

MEMS라는 용어는 1987년 IEEE(International Electrical and Electronics Engineers)의 '마이크로 로봇 및 텔레오퍼레이터 워크숍'에서 처음으로 사용되었으며, 1988년 해당 워크숍에서 실리콘 부품들을 실리콘 칩에 결합시키는 방법이 시연되었다.

일부 비디오 게임의 컨트롤러는 기울기, 진동, 가속을 측정하기 위해 제어 포드 내에 매우 작은 가속도계를 사용한다. 이처럼 가속도계는 오락 산업뿐만 아니라 자동차 산업에서도 사용되어 관성의 갑작스러운 변화를 감지한 후 적절한 순간에 에어백 안전 시스템을 가동시키는 역할을 한다. 잉크젯 프린터의 노즐 역시 또 다른 MEMS 응용 분야라 할 수 있다.

미래의 MEMS 사용 범위는 새로운 컴퓨터 액정 디스플레이에서부터 당뇨병 환자의 글루코오스 수치를 관찰할 수 있는 바이오 칩에 이르기까지 매우 다양하다. MEMS는 매우 다양한 상황에서 효율적인 해결책을 제공하는 거대한 잠재력을 지닌 기술로 빠르게 성장하고 있다. **AKo**

참고: RAM, 산업용 로봇, 마이크로프로세서

◁ 이 스캐닝 전자 마이크로그래프는 두 개의 스케일로 읽히는 센서를 내장한 MEMS을 보여주고 있다.

# MMO 게임
## (1987년)

플린과 테일러가 그래픽 MMO 게임을 제작하다.

오늘날 다중 접속 게임이 큰 인기를 얻는 데 시발점이 된 단순한 멀티플레이어 게임을 기억하는 사람은 거의 없을 것이다. 에버퀘스트, 월드 오브 워크래프트, 세컨드라이프의 게이머들은 인터넷에서 수많은 사람과 상호 작용을 한다.

켈톤 플린과 존 테일러는 게임 회사인 케스마이社를 설립하여 MMO(Massively Multiplayer Online) 게임을 제작하였다. 텍스트에 기반한 여러 MUD(multi-user dungeon) 게임이 1970년대 후반부터 있었지만 그래픽 기반 다중접속 게임인 에어워리어의 등장으로 기술 발전이 크게 이루어졌다.

1987년에 출시된 에어워리어는 제제2차 세계대전 전투기 시뮬레이터 게임으로, 동시에 수백 명의 사람들이 온라인에서 함께 게임을 할 수 있었으며 플레이

> "만약 16명을 초과하는 멀티플레이어 게임을 했었다면, 당신 또한 그 게임이 대규모 게임이라고 했을 것이다."
> 라프 코스터, 소니 온라인 엔터테인먼트

어의 입장이나 퇴장과 관계없이 게임이 계속 진행되었다. 플레이어들은 로그온하여 자신이 소유한 전투기를 선택한 후 다른 플레이어와 싸우거나 함께 미션을 수행하였다.

에어워리어는 MMO 게임의 주요한 이정표였다. 오늘날보다 그래픽은 떨어졌지만, 열여섯 명 이상의 플레이어 활동을 수용하는 능력은 그 당시 놀라운 성과였다. **JM**

참고: 비디오 게임 콘솔, 가상 현실 헤드셋

# 스타틴 (1987년)

머크社가 콜레스테롤 감소 약물을 출시하다.

콜레스테롤 수치가 높을 수록 심장마비 확률도 높아지기 때문에 콜레스테롤 수치를 낮추는 데 사용되는 약물 연구가 진행되었다. 1959년 독일 하이델베르크에 위치한 맥스 플랭크 연구소 과학자들은 HMG-CoA 환원 효소가 콜레스테롤 생성에 크게 관여한다는 사실을 알아냈다. 이 발견으로 전 세계 과학자들은 약물로 효소를 억제하여 콜레스테롤 수치를 낮추는 연구를 시작했다.

1976년경 일본 산요社의 연구원인 엔도 아키라는 페니실리움 키트리니움 균류로부터 HMG-CoA 환원 효소의 억제물인 컴팩틴과 ML236B을 최초로 분리하였으며 그 분야에 대한 전문 지식을 바탕으로 사상균과 균류를 연구하기 시작하였다. 1979년 미국의 머크 주식회사에서 근무하던 카를 호프만과 동료들은 아스페루길루스 테레우스 균류로부터 MK-733(후에 심바스

> "아마도 사람들의 식수에
> 스타틴을 포함시켜야
> 할 것 같다."
> 존 래클리스 박사, 컨설턴트 겸 내분비학자

타틴으로 명명)을 분리하였다. 1980년 컴팩틴이 개에게 암을 유발시켰다는 연구 결과 때문에 컴팩틴을 사용한 임상실험이 중단되었는데, 이는 차후 등장할 약물에 걸림돌이 되었다.

1985년 7월 FDA는 심각할 정도로 콜레스테롤 수치가 높은 환자들에게 심바스타틴을 제공하도록 마크社에게 특별 권한을 승인했다. 심바스타틴은 매우 적은 부작용으로 놀라운 결과를 만들어냈으며 이로 인해 1987년 9월 FDA의 승인을 취득하였다. **JF**

참고: 합성 혈액, 혈관 내 스텐트

# 조직공학 (1987년)

바칸티와 랑거가 세포 조직을 배양하다.

매사추세츠 주 보스턴의 아동 병원의 소아과 의사인 그린 박사는 조직공학을 최초로 시도한 사람으로, 실험대상인 쥐의 몸에 연골을 키우는 실험을 하였다. 비록 그의 연구는 성공하지 못했지만 차후 연구를 위한 디딤돌이 되었으며 이후 적합한 물질이 발명되자 세포는 당초에 의도했던 뼈대로 성장할 수 있었다.

이식 전문의사인 조지프 바칸티와 엔지니어인 로버트 랑거(1948년 출생)는 1987년 생물 분해성의 특성을 지닌 생합성 뼈대를 제작하였는데, 이는 영양분의 공급이 가능했을 뿐만 아니라 성장 중인 세포를 위하여 불순물이 제거되었다. 이러한 방법으로 배양한 최종 인공 삽입물은 천연 기관과 유사하였다.

등에 사람 귀 모양으로 성장한 뼈대가 이식된 생쥐는 잘 알려진 기술 발전 사례였다. 귀는 소의 연골 세포를 기반으로 한 생물 분해성 뼈대였으며 생쥐는 외부 단백질을 거부하지 않고 성장하였다. BBC 비디오 팀이 촬영한 이 실험 쥐의 모습은 세포공학의 상징이 되었다.

1998년 엄지 손가락 끝의 뼈가 기계에 잘린 공장 근로자가 매사추세츠 대학교 의료센터에 실려왔다. 바칸티는 산호 한 조각을 잃어버린 뼈 모양으로 갈아서 산호에 뼈 세포를 심어 환자에게 이식하였다. 그러자 산호가 서서히 사라지면서 뼈가 인공 삽입물을 대체하였다.

위에서 언급한 두 가지 예제(귀, 엄지 손가락 뼈)들은 유기체 내에서 자라났는데, 공학으로 설계된 조직은 생물 반응기에서 일반적인 생장과정을 거친다. 생물 반응기는 영양분 제공과 더불어 페트리 접시보다 더욱 효율적으로 불순물을 제거하도록 설계된 용기이다. **SS**

참고: 유전자 변형 농산물, 유전자 치료, 인공 피부, 줄기세포 치료

➜ 인간의 힘줄 조직이 파괴된 힘줄의 끝 부분 사이에 놓여 있다.

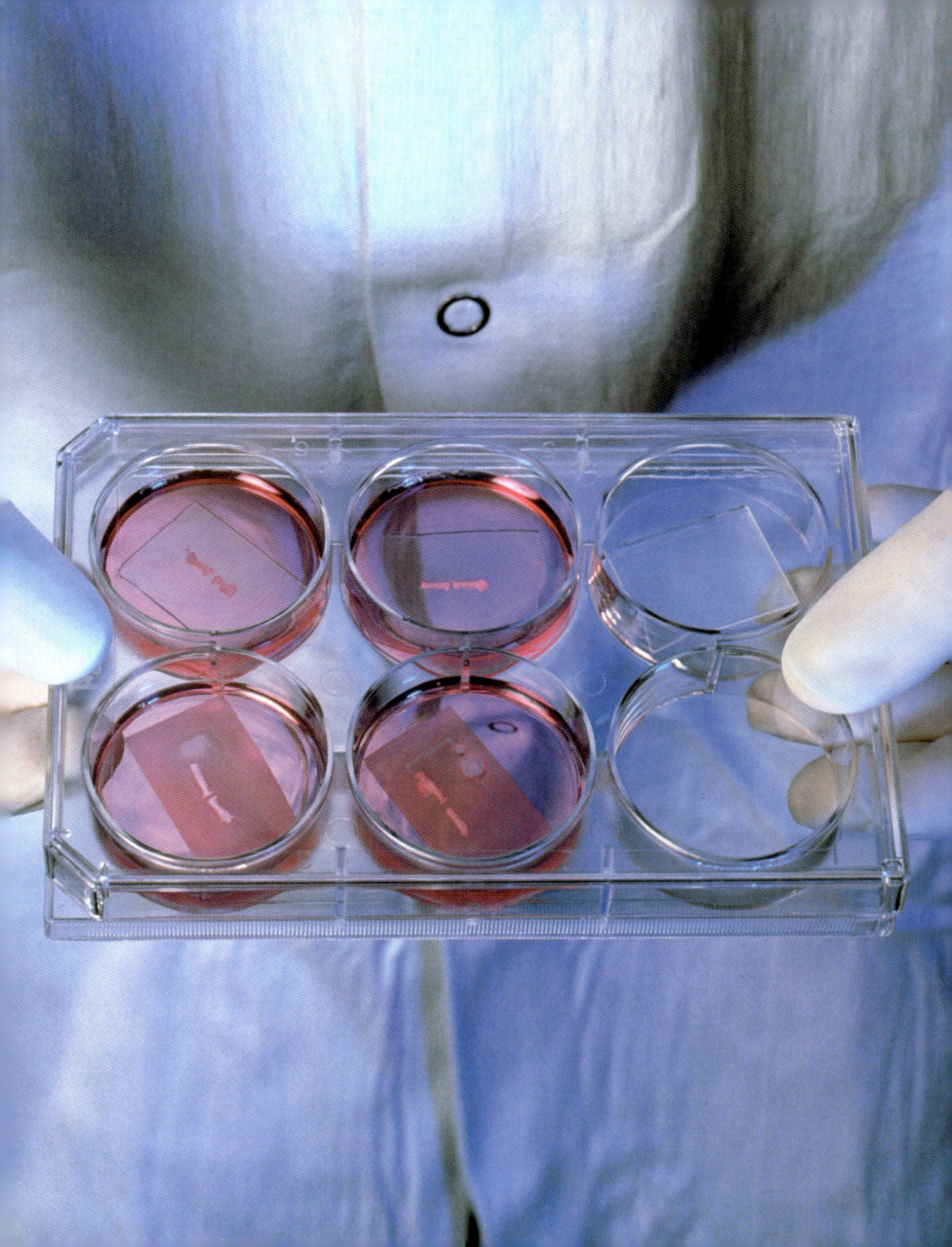

# DSL
## (1988년)

**레츠레이더가 인터넷 연결을 바꾸다.**

인터넷이 일상화되기 전까지만 해도, 인터넷 연결이란 어려운 일이었다. 전화를 통해 서버에 연결하는 데 많은 시간이 소요되었으며, 연결된 후 인터넷 자체의 속도도 느렸다. 또한 연결 중에는 전화선으로 전화를 걸고 받을 수 없어 아무도 전화를 사용할 수가 없었다.

고주파 광대역 설비로 케이블 통신 회사들이 유리한 위치에 있다는 것을 알고 있던 전화 회사들은 고속 인터넷 접속 서비스를 제공하기 위해 필사적으로 노력한 결과 세상에 이미 깔려 있는 구리 전선을 사용하는 기술인 DSL(Digital Subscriber Line)을 개발하였다.

미국 회사인 벨코어社의 조지프 레츠레이더(1933년 출생)는 DSL 기술의 아버지로, 광대역 신호가 고주파 및 저주파 대역을 따라 구리선을 통해 전송될 수 있다는 것을 처음으로 증명하였으며, ADSL라고 하는 비

---

> "인터넷에서 우리는 현재
> 엄청난 양의 데이터를
> 매우 많은 사람에게 제공하고 있다."
>
> 프랭크 제임스, '시카고 트리뷴' 신문

---

대칭 연결 아이디어를 생각해냈다.

대부분의 인터넷 사용자는 데이터를 업로드하는 것보다 훨씬 더 많은 데이터를 다운로드하기 때문에 업로드보다는 다운로드에 더욱 많은 대역폭과 연결 속도를 제공하겠다는 생각은 아주 기발한 것이었다. **CL**

참고: 인터넷, 케이블 모뎀, 인터넷 프로토콜(TCP/IP), 월드와이드웹

# 혈관 내 스텐트
## (1988년)

**팔마즈가 막힌 혈관을 다시 뚫다.**

혈관을 뚫고 지나가도록 설계된 그물관 장치인 스텐트는 관상동맥 질환 관리에 혁명을 불러일으켰다. 최초의 성공적인 스텐트는 아르헨티나 의사인 훌리오 팔마즈(1945년 출생)가 개발하였는데, 그는 풍선 혈관 성형술을 사용하여 좁아진 심장 혈관을 카테터로 확장시켜도 이후 혈관이 서서히 좁아질 수 있다는 사실을 알고 있었다. 때문에 혈관이 막히는 것을 방지하려고 혈관 내에 뼈대를 집어넣는 아이디어를 생각해냈다.

팔마즈는 구리선이나 납땜 인두와 같이 단순한 물체를 사용하여 인체 내에 삽입할 수 있는 스텐트 시제품을 제작하기 시작했다. 창고에서 우연히 발견한 그물로 만들어진 그의 스텐트는 접을 수 있을 만큼 유연했지만 혈관 내 삽입되는 동안은 고정된 상태를 유지했다.

돼지와 토끼에게 자신의 장치를 실험한 후 팔마즈는 레스토랑 사업가인 필 로마노와 브룩 아미 메디컬센터의 심장병 학자인 리처드 샤츠로부터 자금을 지원받았으며 1988년 혈관 내 스텐트로 공동 특허를 취득하였다.

스텐트 삽입으로 생겨난 혈관 내 상처에서 해당 부위 세포가 증식해 혈관이 막히는 혈관 재협착은 매우 골칫거리였다. 이를 해결하기 위해 면역억제제같은 치료제를 전달하는 약물 용출성 스텐트가 제작되고 있지만 몇몇의 경우 약물 용출성 스텐트는 혈전(血栓)이 생겨 심장 마비를 일으킬 수 있다.

현재는 천천히 용해되는 금속이나 고분자로 만들어진 생분해성 스텐트 제작 등 여러 가지 방법이 연구되고 있다. **JF**

참고: 일회용 카테터, 풍선 카테터, 쇄석기, 스타틴

↪ 좁아진 동맥이 카테터로 넓혀진 다음에, 스텐트가 삽입되고 그 후 카테터는 제거된다.

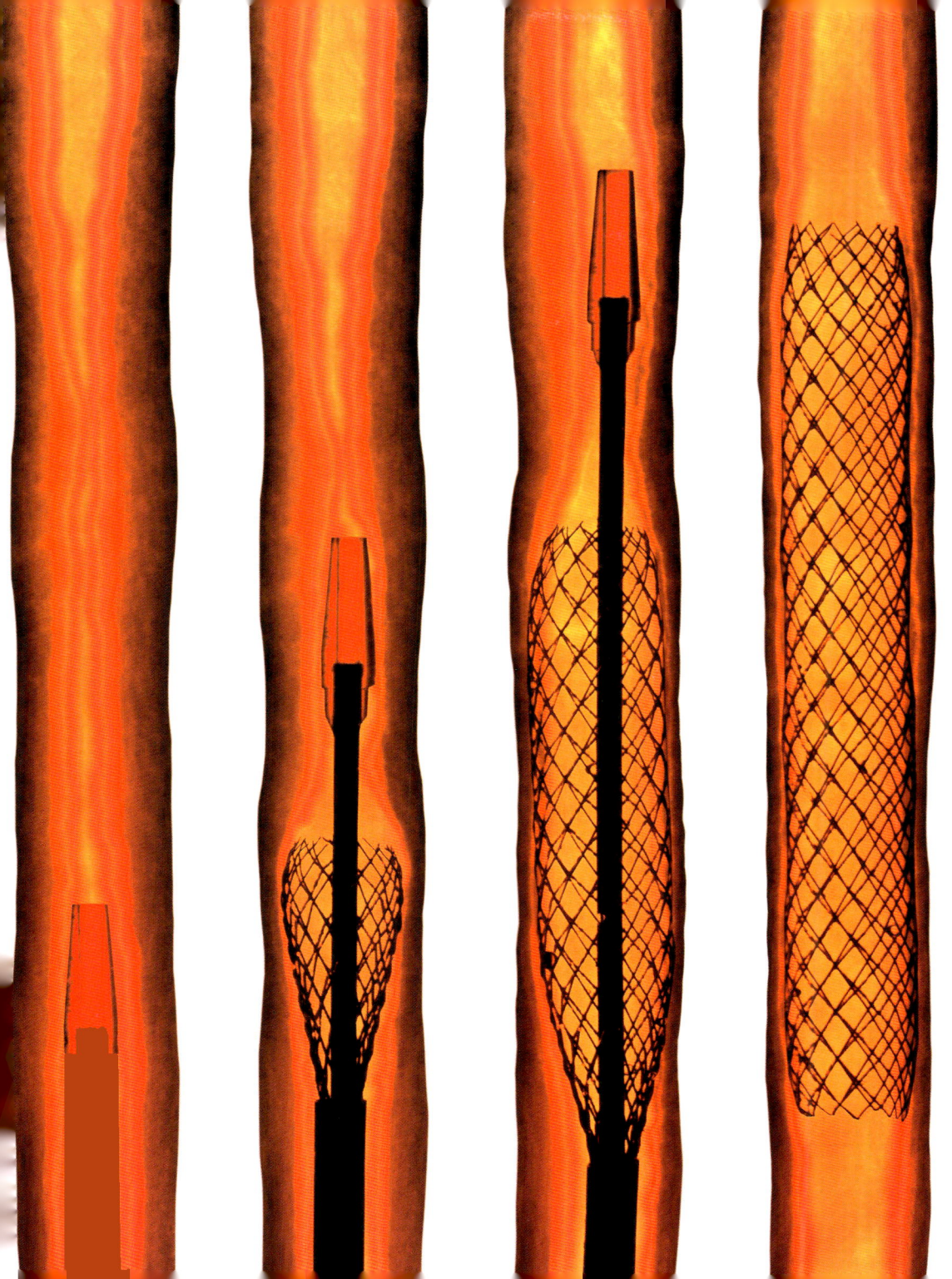

# 레이저 백내장 수술

(1988년)

배스가 안구의 수정체 제거를 용이하게 해주는 레이저 기구를 고안하다.

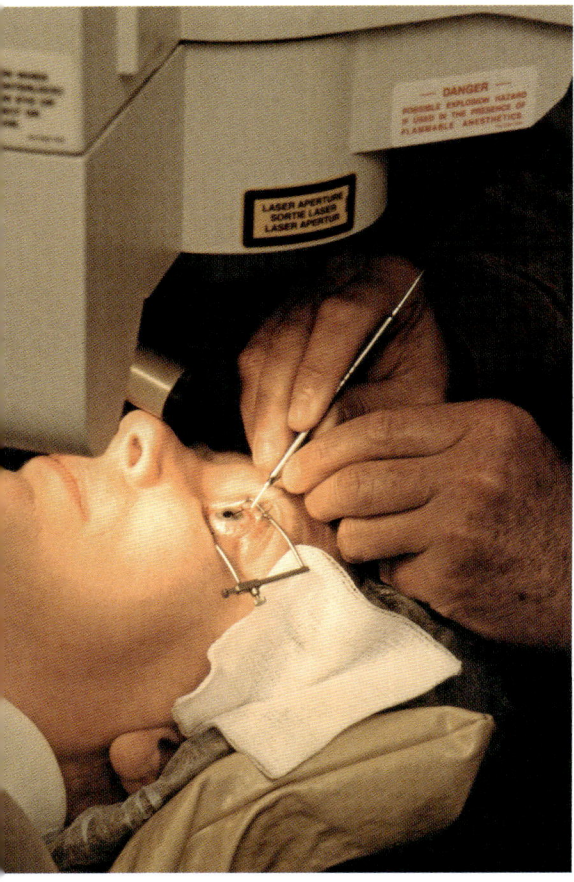

눈에 레이저를 쏘이는 것은 일반 사람에게는 해로운 것이지만 백내장 환자라면 이를 통해 시력을 회복할 수 있다. 실명의 원인이 되는 백내장은 빛에 초점을 맞추는 눈의 일부(수정체)가 흐릿해져 발생하는 병으로, 오래 살게 되면 누구나 한번쯤은 발병할 수 있는 질병이다. 안타깝게도 현재는 흐릿해진 수정체를 다시 투명하게 만들 수 있는 방법이 없기 때문에 안과 의사들은 병세를 호전시킬 다른 치료 방법을 사용하고 있다.

현대 의학에서는 백내장 치료를 위해 안구의 수정체를 제거하고 있는데, 수정체 제거 시술은 안구를 커다랗게 절개해야 한다는 한 가지 난점이 있었다. 안과 의사들이 오랜 세월에 걸쳐 수정체를 제거하는 방법을 찾아낸 끝에, 수정체를 잘게 분쇄하는 시술을 개발했다. 수정체의 에멀전화(化)라고 하는 이 방법은 단 한번에 수정체를 가루 상태로 만들수 있었다. 이 방법은 후에 초음파 발산 도구로 음성 에너지를 사용해 수정체를 분쇄하는 방법으로 바뀌었으며 분쇄된 수정체 조각들은 진공으로 흡입되어 안구 밖으로 배출되었다.

이러한 모든 방법은 뒤이어 패트리샤 배스(1942년 출생)가 고안해낸, 도구를 사용하는 방법으로 교체되었다. 배스 박사는 안구의 수정체를 유화하는 데 레이저를 사용할 수 있다고 가정하고 백내장을 제거하는 데 쓰는 레이저 기구 모델을 개발하여 1988년 특허를 취득하였다. 많은 시행착오를 통해 배스 박사의 레이저 기구는 의학적으로 검증되었으며 그녀의 시스템을 통해 현재 전 세계 백내장 환자들이 혜택을 받고 있다. **BMcC**

> "사람들에게 내가 가진
> 생각을 말하면 그건
> 불가능할 것 같다고 했다."
>
> 페트리샤 배스 박사

**참고:** 안구수정체, 레이저, 이산화탄소 레이저, 라식 수술

◪ 현재의 레이저 백내장 수술은 걸음마 단계이지만 미래에는 이 기법이 중요해질 것이다.

# 터치패드
## (1988년)

저파이드가 마우스 대체품을 찾아내다.

랩톱 컴퓨터의 출현은 마우스 없이 컴퓨터 커서를 움직이는 방법의 개발을 불러왔다. 미국의 발명가인 조지 저파이드(1952년 출생) 박사는 1988년 가장 널리 채택된 방법을 개발하였는데, 그의 '커패시티브 터치패드'는 사용자의 손가락 움직임을 감지하여 화면의 커서로 전달할 수 있었다. 흥미롭게도 저파이드는 포인트 앤 클릭 방식이 컴퓨터 인터페이스 운용의 표준 방법이 되기 전에 이 기술을 개발하였다. 1994년 애플 컴퓨터社는 그의 기술을 사용하려고 첫 번째로 라이센스를 구매했으며 저파이드의 커패시티브 터치패드는 애플 파워북 520에 최초로 등장하였다.

터치패드는 여러 층의 물질을 사용하여 작동한다. 최상위 층은 보호 계층으로, 사용자가 손으로 조작하는 대략 한 변이 3인치(8센티미터) 크기인 정사각형 모양이다. 그 아래쪽은 행과 열로 정렬된 연속적인 층의 전극으로, 각 층은 얇은 층의 절연체로 분리되어 있다. 전극들은 모두 교류를 공급하는 회로기판에 연결되어 손가락으로 터치패드를 만지면 그 지점의 전류가 차단되면서 차단 지점이 회로기판에 등록된다. 그 후 더 나아간 손가락의 움직임이 처음에 만져진 지점과 비교 측정되면서 손가락 움직임이 기록되어 화면에 재현된다.

오늘날 터치패드는 개인용 PDA에서부터 핸드폰에 이르기까지 휴대용 장치에서 폭넓게 사용되고 있다. 저파이드는 유선으로 연결된 마우스를 클릭하여 핸드폰 메뉴를 선택하려는 사람이 아무도 없을 것이기 때문에 터치패드를 휴대용 기기와의 상호작용에 사용해야 한다고 언급하였다. **JM**

참고: 컴퓨터 마우스, 터치 스크린

# 착상 전 유전자 진단
## (1989년)

핸디사이드가 유전 질환 때문에 세포를 실험하다.

PGD(착상 전 유전자 진단)는 1980년대 후반에 개발된 선구적인 유전자 테스트로, 임신 전 부모들이 유전성 질환을 검사할 수 있도록 해주었다.

영국 연구원인 알랜 핸디사이드와 동료인 로버트 윈스턴(1940년 출생)은 1989년 유전성 질환 검사를 위해 착상 전에 수정된 난자를 확인하는 기법을 공표하였는데, 난자를 확인한 후에는 유전성 질환에 영향을 받지 않는 배아가 체외 수정(IVF) 기법을 통해 착상되었다.

PGD가 도입되기 전, 유전성 질환을 물려줄 확률이 있는 부모들은 자식에게 그러한 질환이 유전되는 것을 막을 수 없었다. 그들이 선택할 수 있는 방법이라고는 자식을 낳지 않고 입양하거나, 유전성 질환이 발견되면 낙태해야 하는 위험을 무릅쓰고 임신을 강행

> "중요한 것은 그들이
> '맞춤 아기'가 아니라는 것이다.
> 그들은 완벽한 아기가 아니다."
> 로버트 윈스턴

하는 것뿐이었다. PGD는 그러한 부모들이 유전성 질환에 영향을 받지 않는 배아만을 골라낼 수 있도록 해주었다.

PGD 기법에서는 여성의 난소를 자극하여 난자 생산을 늘린 후 난자를 정자와 결합해 수정시키고 사흘에서 닷새가 지난 시점에서 배아로부터 세포를 제거(이 시점을 배반포라고 함)하여 특별한 유전성 질환 테스트를 수행한다. 일부 사람들은 PGD 때문에 다른 유전성 합병증에 걸릴 위험이 높아진다고 주장하지만 최근 연구 결과는 그러한 일이 발생하지 않음을 보여준다. **RH**

참고: 유전자 변형 농산물, 유전자 치료, 체외 수정

# MP3 압축 (1989년)

프라운호퍼가 음원의 다운로드 속도를 높이다.

1990년대 초부터 인터넷 사용량이 증가함에 따라 인터넷 사용자들은 음원을 공유하려고 하였으나 기본 연결 속도와 큰 파일 크기로 인해 음원의 업로드와 다운로드 속도가 너무 느렸기 때문에 쉽지 않았다. 1987년 독일의 유명한 프라운호퍼 연구소는 고음질이면서 낮은 비트레이트 오디오 코딩 방법을 연구한 결과 1989년 음질에 영향을 미치지 않는 크기로 오디오 파일을 압축하는 방법인 MP3(MPEG Audio Layer III) 포맷을 생각해냈다.

MP3의 압축 과정은 매우 복잡하지만 개념은 단순하다. CD(compact disc)는 정보를 디지털 형식인 바이너리 비트로 저장하는데, CD에 들어 있는 스테레오 음악은 매초 1,411,200비트로 구성된다. 불필요한 정보를 제거하여 녹음한 음성의 비트 수를 줄이는 MP3의 압축 알고리즘은 인간 청각의 특성을 고려한 '인지 잡음 형상화'를 사용한다.

MP3로 압축되면 인간의 귀로 들을 수 없거나 다른 더 큰 음성에 가려지는 특정 사운드가 전체 사운드의 현저하게 변화시키지 않는 범위 내에서 제거된다. MP3는 CD로부터 복사한 노래 용량을 12분의 1로 압축할 수 있으므로 MP3 노래 버전은 압축되지 않은 버전보다 열두 배 더 빨리 다운로드 할 수 있다.

파일 크기를 줄여 빠른 전송이 가능해짐에 따라 MP3는 인터넷에서 디지털 음원을 주고 받기 위한 인터넷 표준이 되었으며 음반을 오프라인에서 구매하는 것이 아니라 합법적이든 불법적이든지 그 여부를 떠나 온라인에서 음원을 다운로드하는 완전히 새로운 현상을 만들어냈다. **TB**

# DNA 마이크로어레이 (1989년)

포더가 유전자적 활성화에 대한 연구를 단순화시키다.

인간의 DNA는 대략 3만 개의 다양한 유전자로 구성되는데, 신체 내 각 세포는 비록 동일한 DNA를 가지고 있을지라도 개별 세포의 역할에 따라 서로 다른 유전자를 활성화시키거나 무기력하게 만든다. 세포에서 어느 유전자가 활동적인지 연구하는 것은 유전자 기능을 형성하는 것이 무엇인지 밝혀내는 데 유용한 방법이며, 유전자가 올바르게 기능하지 않을 때 무엇이 잘못되었는지 식별하는 데 도움을 준다.

1989년 미국의 과학자 스티븐 포더는 DNA 분석에 혁명을 불러 일으킨 기법을 공표하였다. 그는 유리 슬라이드로 최대 50만 개의 고유한 DNA 가닥을 포함한 DNA 마이크로어레이를 제작했으며 세포의 유전자가 활성화되면 유전자 정보의 상보(相補)적인 사본(mRNA)이 생성되었다. DNA 염기쌍인 mRNA는 일치하는 DNA 조각을 찾아 함께 결합하는데, 활성화된

> "모든 유전자와 모든 유전자 변이를 볼 수 있게 됨에 따라 우리는 쉽사리 해답을 얻을 수 있다."
>
> 에릭 랜더, 인간 게놈 프로젝트 리더

유전자를 찾으려면 mRNA에 속한 염료를 세포에 바른 후 그 세포 내용물을 마이크로어레이에 추가하면 되었다. 그러면 mRNA 가닥들이 서로 맞는 DNA 염기서열과 결합하여 일치하는 조직의 DNA가 염료에 의해 표시되었다. 마이크로어레이는 심장병에서부터 암에 이르기까지 많은 질병 연구에 사용할 수 있는 매우 효과적인 방법이라는 사실이 증명되었다. **JM**

참고: 유전자 치료, DNA 염기서열 자동 분석법, DNA 지문분석, 착상 전 유전자 진단

➡ DNA 마이크로어레이를 사용하면 수천 개의 유전자가 한번에 테스트 될 수 있어 세포의 전체 유전자 프로파일을 제공한다.

참고: 팟캐스트, JPEG 압축, 고밀도 컴퓨터 저장매체

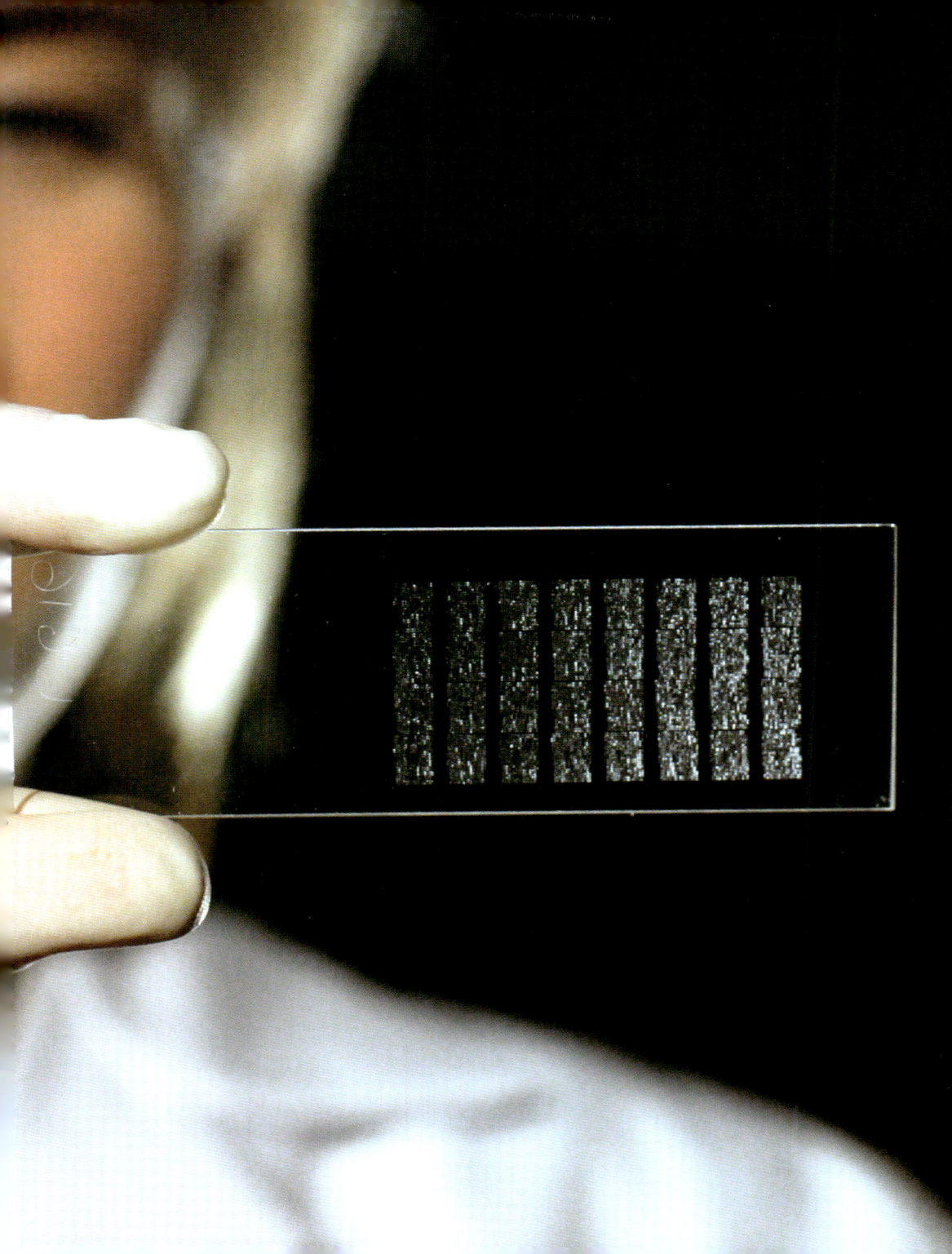

# 월드와이드웹 (1989년)

버너스 리가 세계 최초의 웹사이트를 제작하다.

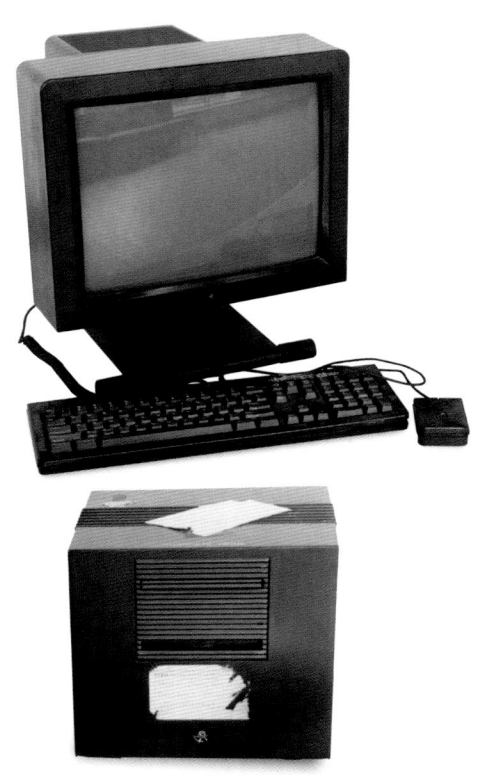

당시 월드와이드웹에서 유일하게 자신의 웹페이지를 제작했던 팀 버너스 리(1955년 출생)는 세상을 변화시키는 다양한 방법을 알고 있었다.

버너스 리는 옥스포드 퀸스칼리지에서 물리학 학사를 취득한 후 곧장 컴퓨터 산업에 뛰어들었다. 1989년경 그가 근무하던 유럽의 입자물리학연구소인 CERN(스위스 제네바에 위치)은 여러 그룹의 연구원들이 쉽게 정보를 공유할 수 있는 방법을 찾고 있었는데, 버너스 리는 손쉬운 정보 공유 방법으로 인터넷에서 단어를 클릭하면 해당 문서로 연결되는 하이퍼텍스트 기법을 사용할 생각을 하게 되었다. 그리하여 동료인 로버트 카알리아우와 공동 연구한 끝에, 월드와이드웹이라고 하는 시스템을 만들어내는 데 성공했다.

그가 구현한 최초의 웹 서버는 1990년 말까지 운영되었다. 그 당시 버너스 리의 'NeXT' 컴퓨터는 컬러 화면이 아니었기 때문에 가장 초기의 웹 페이지는 단순한 흑백 텍스트였다. 그로부터 20년이 채 지나지도 않았으나 현재 월드와이드웹에 존재하는 웹사이트는 수백만 수백만 개로 불어났다. 오늘날 웹은 연구원들의 물리학 연구를 계속해서 돕는 한편 사람들이 쇼핑을 하고 음악을 들으며, 조간 신문을 읽을 수 있도록 해주었다. 또한 오랜 친구와 연락을 취하는 데에도 요긴하게 사용되고 있다.

버너스 리는 현재 MIT의 선임 연구원이자 월드와이드웹 컨소시엄의 의장으로 일하고 있으며, 사우샘프턴 대학교의 교수로 재직 중이다. 21세기 초 그가 이룩한 업적의 중요성은 실로 헤아릴 수가 없을 만큼 큰 것이었다. **MG**

> "세계는 한 번에 한 부분씩만 변경될 수 있는데, 기술은 그 부분을 변경하는 행위이다."
>
> 팀 버너스 리

⬆ 버너스 리는 CERN에서 이 컴퓨터 겸 서버를 사용하여 세계 최초의 웹 브라우저와 웹 에디터를 제작하였다.

➡ 팀 버너스 리의 오리지널 월드와이드웹 브라우저를 실행 중인 NeXT 컴퓨터에서 찍은 스크린 샷.

**참고:** 인터넷, 웹캠, VOIP, 웹 신디케이션(RSS)

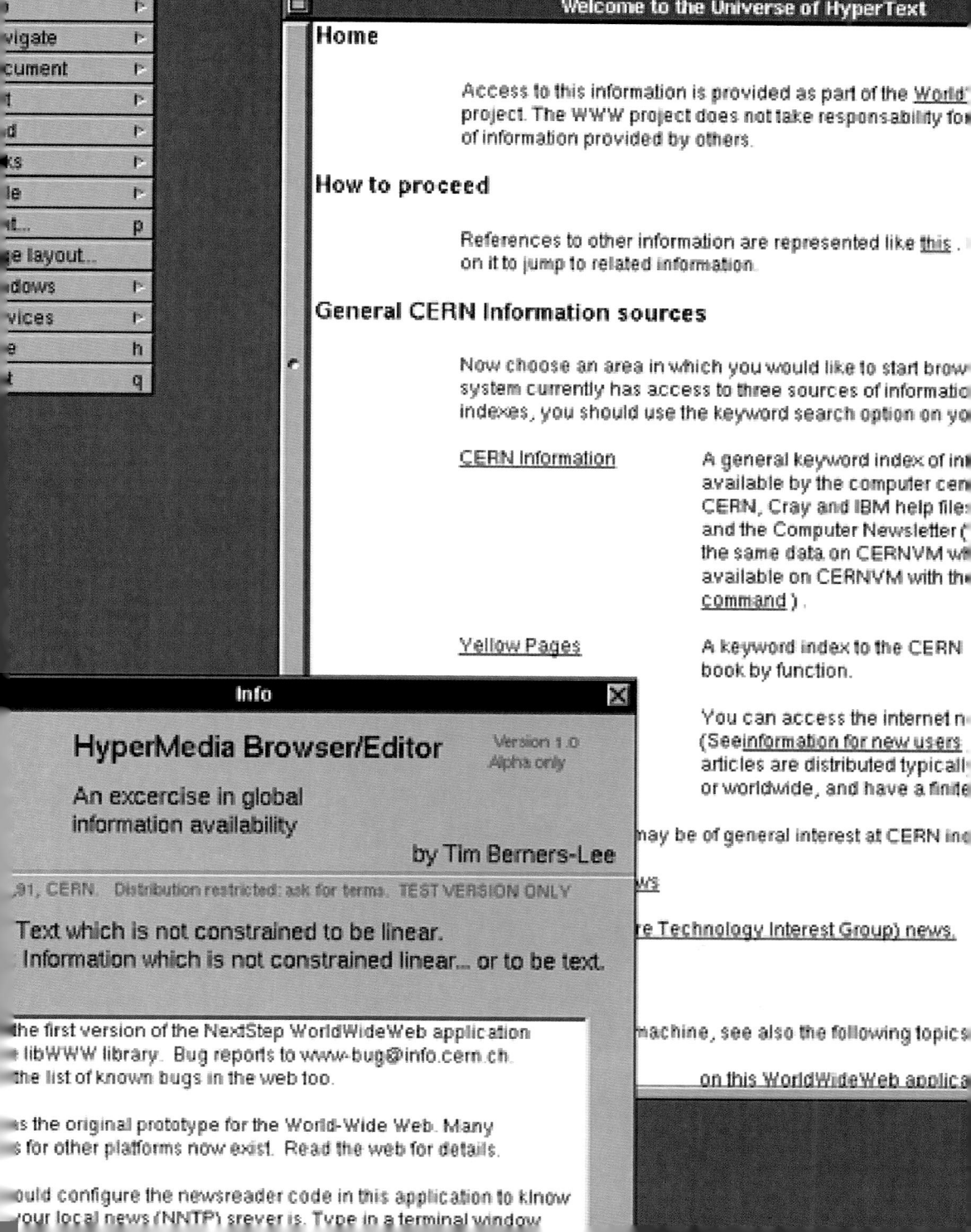

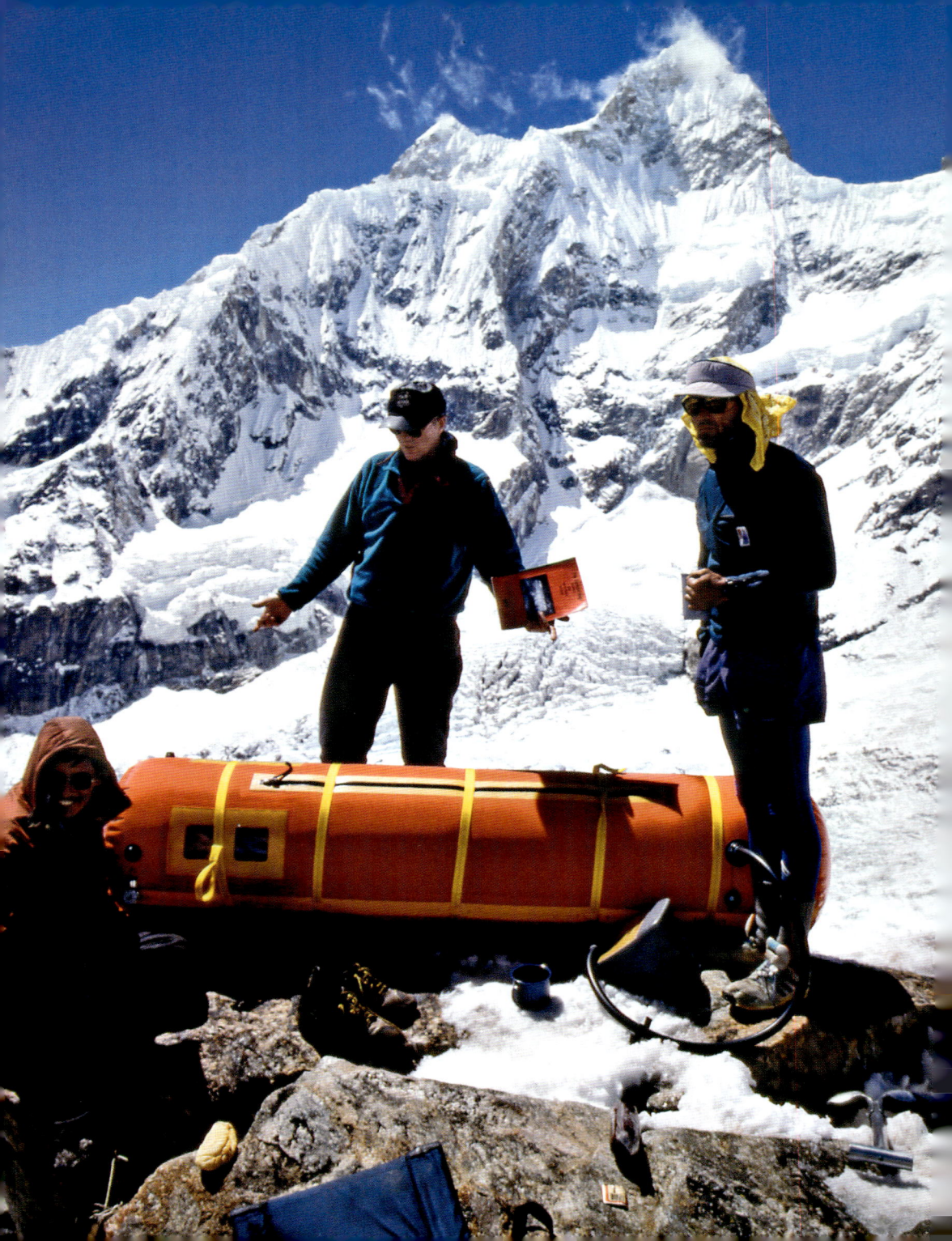

# 가모브 백 (1990년)

가모브가 응급 처치용 침낭을 발명하다.

이고르 가모브(1936년 출생) 박사는 인도나 존스의 용감한 모험성과 알베르트 아인슈타인의 과학 지식을 겸비한 인물로, 그의 아버지인 조지 가모브는 물리학자 겸 우주학자였으며 어머니는 유명한 발레리나였다. 과학의 매력에 빠져 콜로라도 대학교에 입학하기 전, 조마사와 가라데 교사 등 다양한 사회경험을 했던 가모브는 미생물학 및 생물물리학 박사를 취득한 후 자신의 전공 분야를 주제로 학생들에게 강의를 하면서도 모험과 야외활동에 대한 열정을 숨길 수 없었다.

가모브는 고지대에서 수행되는 훈련 활동을 조사하던 중 고지대에 체류 중인 운동 선수들이 야외 훈련 시 가지고 다닐 수 있는 구명용 기구로 응급 처치용 침낭을 떠올렸다. 사람은 8,200피트(2,500미터)를 초과하는 높이에 오르면 고산병을 앓을 수 있는데 그렇게 되면 산소 부족으로 인체에 악영향을 미쳐 폐나 뇌에 물이 차오를 수 있다. 가모브가 처음에 개발한 고산병 대비 장치는 부피가 크고 온도가 급격하게 올라갔기 때문에 성공하지 못했지만 부피를 줄일 수 있는 나일론 침낭에 자신의 아이디어를 결합하여 가모브 백을 성공적으로 개발하였다.

현재 듀퐁社에서 판매하고 있는 가모브 백은 고압 산소실과 같은 효과를 내어 고산병 증상을 완화시키는 작용을 하며, 발로 밟는 펌프로 공기를 주입하기 때문에 등산가 및 트래커들이 휴대하기에 매우 편리하다. 구조용 백과 더불어 가모브는 두 명의 환자를 수용할 수 있는 가모브 텐트를 개발하였으며 고지대 침대에 대한 특허도 취득하였다. **BG**

참고: 방독면, 산소호흡기, 고어텍스

← 가모브 백은 환자 주변의 공기 압력을 증가시켜 고산병을 치료한다.

# 유황램프 (1990년)

우리와 우드가 백열전구를 연구하다.

좋은 조명의 조건 중 하나는 물체가 인간의 눈에 잘 보이게끔 빛을 방출하는 것이다. 마이클 우리와 찰스 우드는 방출하는 빛의 대략 73퍼센트 정도가 가시 스펙트럼이며 1퍼센트만이 자외선이기 때문에 연속 스펙트럼을 생성하는 전리 분자 유황($S2$)이 이상적인 발광체라고 생각했다.

유황 플라즈마는 매우 부식성이 강하기 때문에 일반 텅스텐 전극을 사용할 수 없다. 그렇기 때문에 우리와 우드는 유황 플라즈마를 골프공 크기의 석영 전구에 포함시킨 후 마그네트론 동력원을 사용하여 빛을 방출해보기로 했다. 그러나 전구 내의 유황 플라즈마는 매우 뜨거워 석영 전구가 용해되지 않으려면 팬으로 계속 냉각되어야 했다. 또한 1,000와트보다 어두운 전구를 생산하는 데 있어 비실용적이기 때문에, 가시광을 분산시키기 위해 광도파관이나 파라볼라 반사기를 사용해

> "우리는 거의 1만 시간 동안
> 유황 전구를 켜놓았지만
> 어떠한 문제도 발견하지 못했다."
>
> 마이클 우리

야 하는 또 다른 단점도 있었다. 유황램프는 냉각 팬의 소음과 마그네트론이 만들어내는 방사선으로 말미암아 Wi-Fi, 무선 전화기, 위성 라디오에 간섭현상을 일으킬 수 있다는 이유로 상용화가 지연되고 있다.

태양을 완벽하게 모방한 램프는 미래의 꿈이다. 우리와 우드는 더욱 밝고 에너지 효율적이며 환경 친화적인 빛을 방출하도록 계속해서 유황 램프를 발전시키고 있다. **DH**

참고: 양초, 석유 램프, 아르강 램프, 가스등, 아크등, 백열전구, 앵글포이즈 램프

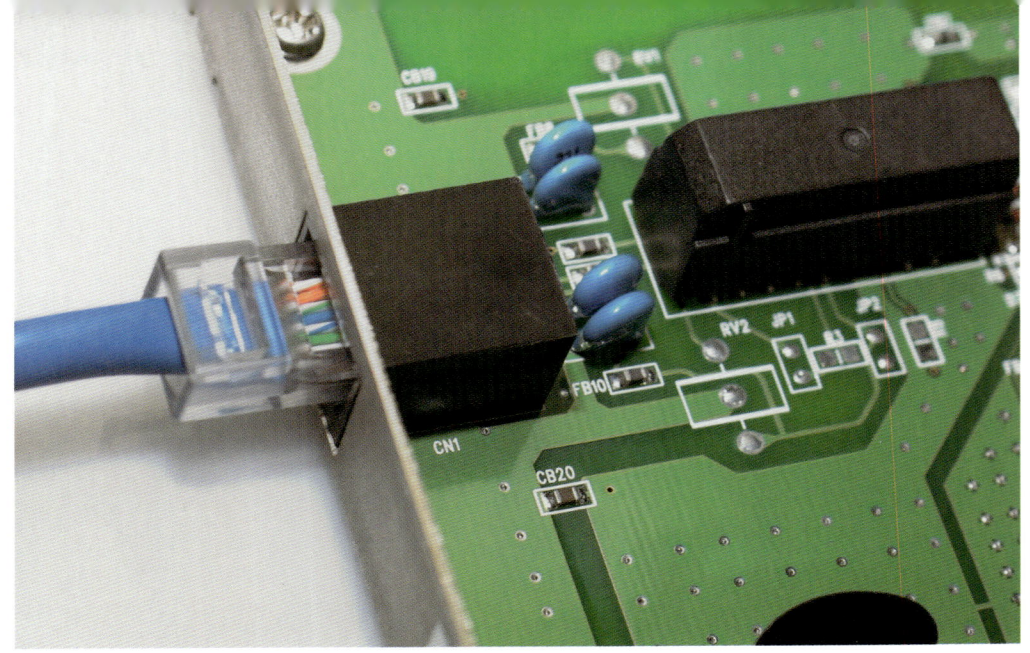

# 케이블 모뎀 (1990년)

야시니가 개인용 컴퓨터를 인터넷에 연결시키다.

광대역이 존재하지 않는 세상을 상상해본 적이 있는가? 고속 데이터 전송이 불가능했다면 오늘날처럼 인터넷이 정보, 사진, 영화, 사업 기회의 중심이 되었을까? 이란 태생의 미국 전기 기사인 로우즈베흐 야시니(1958년 출생)는 케이블 모뎀을 발명하여 빠른 연결 속도를 구현하였다.

1981년 야시니는 GE社에서 근무하던 중 텔레비전 수상기를 제작하였다. 그는 신호가 어떻게 흐르는지 이해하기 위해 가정용 텔레비전 수상기를 집으로 가져와 분해해보았다. 이렇게 해서 습득한 지식을 바탕으로 그는 1986년 데이터 네트워킹 회사인 프로테온社에 입사하였다. 프로테온社는 데이터를 전송하는 데 있어 트위스트 페어라고 하는 네트워크 케이블을 사용하였다.

사람들은 비디오와 데이터의 혼합은 불가능하다고 말했지만, 야시니는 가정에 케이블 텔레비전 신호를 전달하는 동축 케이블로 다른 정보도 함께 전달할 수 있다는 사실을 알게 되었다. 1990년 그는 랜시티 주식회사를 설립하여 한 쪽으로는 데이터 네트워크를, 다른 한 쪽으로는 케이블 텔레비전 네트워크를 제공하는 인터페이스 장치(최초의 케이블 모뎀)를 제작하기 시작했다. 초기 모델은 1만 5,000달러라는 비싼 가격으로 판매되었으며 설치에만 3개월이 소요되었지만 5년 후 출시된 3세대 랜시티(LANcity) 모뎀은 플러그앤플레이 기능을 지원했으며 500달러에 불과한 가격으로 판매되었다.

베이 네크워크社는 5,900만 달러에 랜시티 주식회사를 인수하였다. 야시니는 케이블 모뎀으로 데이터를 전송하는 표준인 DOCSIS의 개발, 구현, 인증에 앞장섰다. **JM**

**참고:** 개인용 컴퓨터 모뎀, 웹캠, VOIP, 웹 신디케이션

⬆ 컴퓨터를 인터넷에 연결시킨 야시니의 LAN 케이블 모뎀.

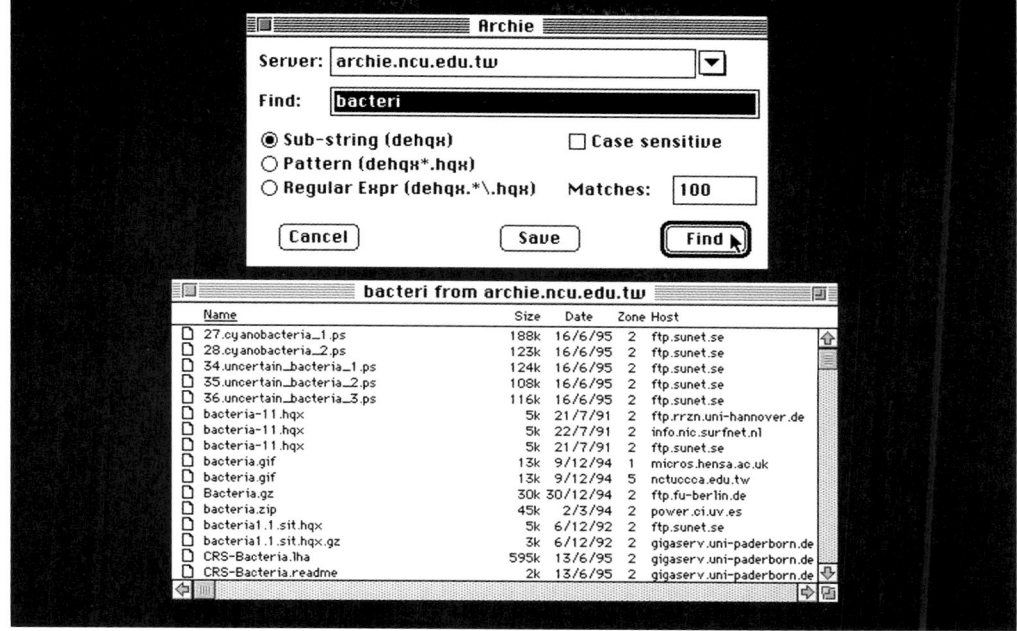

# 검색 엔진 (1990년)

엠티지가 인터넷을 위한 검색 도구를 제작하다.

검색 엔진이 등장하기 전, 컴퓨터들은 파일을 주고 받을 수 있도록 단순히 함께 연결되어 있는 수준에 불과하였으며 사람들은 서버에 공유 파일을 업로드하려는 사람들과 그러한 파일을 다운로드하려는 사람들로 나뉘었다. 서버를 한데 모으면 한 군데에서 많은 파일을 쉽게 찾을 수 있었지만 파일의 위치를 알지 못하면 여전히 해당 파일의 다운로드가 쉽지 않았다.

몬트리올 맥길 대학교에서 학업 중이던 앨런 엠티지(1964년 출생) 역시 이러한 상황에 직면하였다. 소프트웨어 법인을 설립하려고 엠티지는 대학교에서 사용하는 인터넷을 통해 무료 응용프로그램을 검색하였다. 처음에는 일일이 직접 응용프로그램을 검색하여 자신이 찾은 소프트웨어의 데이터베이스를 구축하였지만 컴퓨터 과학자가 된 후 이 작업을 수행하는 프로그램을 제작하였다.

1990년 최초의 검색 엔진이 탄생하였다. 프로그램 이름은 원래 '아카브'였지만 프로그램 이름의 글자

수를 제한하는 유닉스 표준 때문에 '아카브(archive)'에서 v를 뺀 '아키(Archie)'라는 이름이 탄생하였다. 이 최초의 검색 엔진은 현대식 검색 엔진과는 많이 달랐지만 원하는 파일의 이름을 알고 있는 경우 파일을 찾는 데 도움이 되었다.

1991년 파일 내에 포함된 텍스트까지 검색할 수 있는 고퍼가 등장하였다. 그 후 검색 엔진은 사용자가 검색을 용이하게 할 수 있도록 검색 통계 결과를 사용하기 시작했다. 야후는 페이지에 대한 설명 부분을 추가하였고 라이코스는 단어의 유사성을 분석하여 관련 사이트를 제공했다. 1995년경에는 사진, 음원, 비디오 검색 기능이 추가된 알타비스타가 등장하였다. **DK**

**참고:** 인터넷, 개인용 컴퓨터, 인터넷 프로토콜(TCP/IP), 월드와이드웹

⬆ 키워드를 입력하여 사용자는 아키의 데이터베이스에 저장된 파일 이름에 접근할 수 있었다.

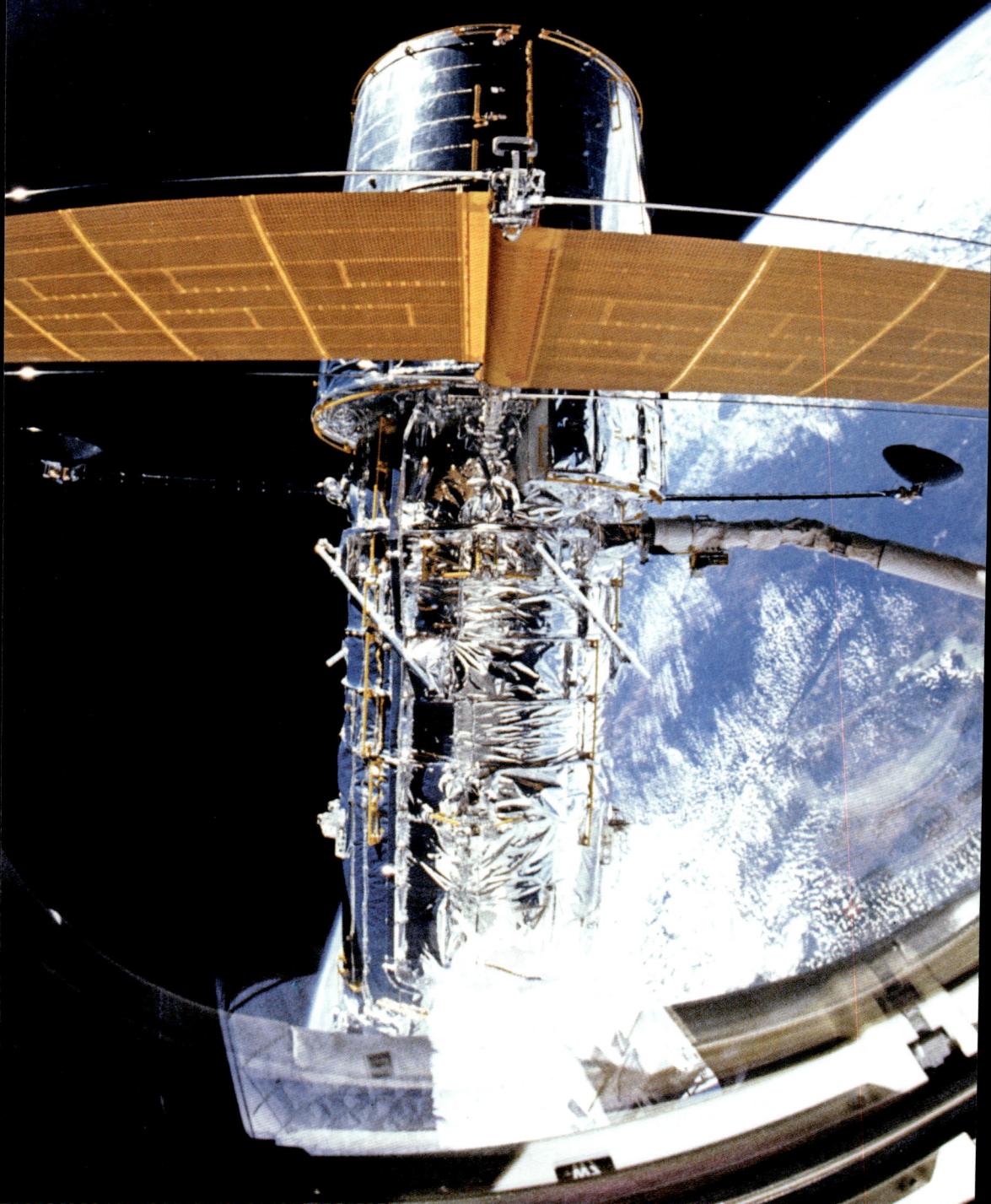

# 허블 우주망원경 (1990년)

NASA가 우주에 대한 우리의 지식을 넓혀주다.

줄여서 허블(Hubble)이라고 부르기도 하는 허블 우주 망원경의 이름은 은하수 외부에 다른 은하가 존재한다는 것을 보여준 미국 천문학자인 에드윈 허블의 이름을 따서 지어졌다. 허블은 가시광선으로 먼 우주를 연구하려고 설계한 궤도 회전식 반사 망원경이다. 1977년 이후 NASA가 자금을 지원한 허블 우주망원경이 1986년 공개될 예정이었으나 챌린저 우주왕복선의 비극으로 1990년 4월이 되어서야 공개될 수 있었다.

망원경의 초점 면에 부착된 네 개의 기기들은 모듈로 설계되어 임무를 수행하는 동안 다른 기기들로 교체가 가능하였다. 곧 메인 거울에 설계 이상이 있음이 발견되었고 모듈을 교체함으로써 임무를 재계할 수 있었다. 1993년 우주왕복선 구조대는 메인 거울에 발생한 문제를 해결하였다.

우주 물체의 장엄한 화상을 찍는 것 외에도 허블

> "천문학을 통해 우리는
> 우주를 연구하고 있는데, 이는 실제로
> 지구의 과거를 보고 있는 것과 같다."
>
> 리스 경, 영국의 어스트로너머 로열

은 감지기를 같은 지역의 하늘에 며칠 동안 노출시킬 수 있기 때문에 지구로부터 훨씬 더 먼 물체의 화상을 찍을 수 있다. 먼 은하의 초신성 폭발을 관찰함으로써 허블은 우주의 팽창이 실제로 가속화되고 있다는 것을 알아냈다. **DH**

**참고:** 망원경, 버니어 눈금, CCD, X선 망원경

← 1990년에 발사된 이후 네 개의 서비스 임무가 허블 우주 망원경에 추가되었다.

# 웹캠 (1991년)

실시간 영상이 가상 현실 세계와 결합되다.

세계 최초의 웹캠은 갓 끓인 커피를 마시고 싶은 영국 케임브리지 대학교 컴퓨터학과 학생의 소망으로 탄생하였다. 컴퓨터 연구소로부터 조금 떨어진 곳에 하나의 커피 주전자만이 놓여있어 갓 끓인 커피는 금새 바닥나곤 했었다. 이 문제를 해결하기 위해 쿠엔틴 스태퍼드 프레이저와 폴 자데츠키는 커피 주전자에 카메라 초점을 맞추어 놓는 아이디어를 생각해냈다.

단순한 프레임 그래버를 장착한 컴퓨터가 커피 주전자를 비추는 카메라에 연결되었다. 자데츠키는 3분마다 카메라에서 이미지를 가져오는 서버 프로그램을 작성하고, 프레이저는 '트로이안 룸 커피 클럽' 구성원 모두의 컴퓨터에서 실행되는 소프트웨어를 개발하였다. 그 후 서버에 연결하여 커피 주전자의 화상을 구성원들의 컴퓨터 화면에 표시하였다. 카메라는 1993년 인터넷에 연결되어 초기 월드와이드웹의 인기 있는 상징이 되었다. 2001년 8월 웹캠의 스위치가 마침내 꺼지자 국제 매체가 이 사건을 보도하였으며 오리지널 크럽스 커피 주전자는 이베이에서 엄청난 금액으로 경매되었다.

포그캠은 현재 세계에서 최장시간 작동 중인 웹캠으로, 1994년부터 샌프란시스코 주립대학교에서 영상을 촬영하고 있다. 이 카메라는 학생인 제프 슈워츠와 단 윙이 캠퍼스 생활 관련 영상을 찍기 위해 설치하였으며 여전히 인문학과 건물 앞에서 영상을 중계하고 있다.

웹캠 기술은 포르노 산업이 관심을 보이기 시작한 후로 인터넷에서 널리 사용되었다. 포르노 산업은 네덜란드의 개발자를 고용하여 웹 플러그인 없이 실시간 영상을 제공할 수 있는 소프트웨어를 제작하였으며 이로 인해 '라이브 스트리밍 웹캠'이 개발되었다. **HP**

**참고:** 개인용 컴퓨터, 인터넷, 컴퓨터 마우스, 터치 스크린

# 디지털 핸드폰 (1991년)

GSM이 국제적으로 수용된 표준 셀룰러 네트워크를 구축하다.

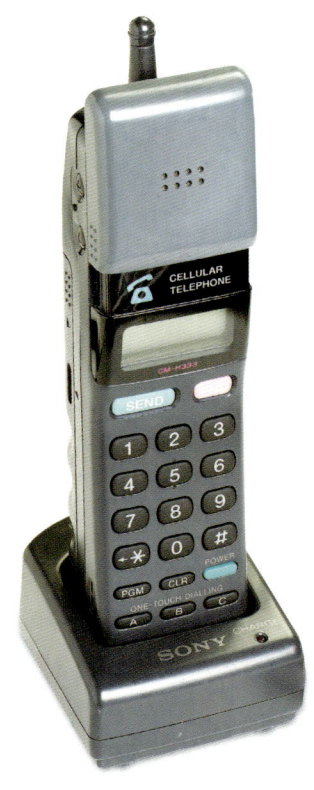

"30년 전만 하더라도
기능이 업무용 빌딩의 전체 층을
가득 채웠다."

마셜 브레인, '하우 스터프 워크스' 웹사이트

---

⬆ 충전기에 거치되어 있는 이 소형 소니 CM-H444 핸드폰은
1994년에 출시되었다.

➡ 마이크로프로세서, 디지털 신호 처리기, 무선 주파수 파워 섹터
를 연결한 회로기판.

1980년대 초에 접어들자 더욱 많은 고객이 아날로그 핸드폰 시스템을 사용하기 시작했지만 각 국가에서는 자신들만의 표준을 개발하였기에 나라 간 핸드폰 시스템 체계가 종종 호환되지 않았다.

표준화가 필수적이었으므로 유럽 전역에 걸쳐 공통된 핸드폰 시스템을 개발하는 데 관심을 가졌던 열세 곳의 통신회사들은 1982년 컨소시엄인 GSM(Groupe Special Mobile)을 설립하였다. 후에 GSM의 약어는 'Groupe Special Mobile'에서 'Global System for Mobile Communications'으로 변경되었다. 1991년 피니쉬 라디오린자 네트워크社가 최초의 GSM 전화 통화를 가능하게 하였으며 1997년경 100여 개 국에서 GSM 네트워크를 구현하였다.

GSM은 핸드폰 전화 통화의 모든 요소에 대한 표준을 만들려고 노력했다. 이 표준에는 전화를 주고 받는 데 사용되는 특정 주파수도 포함되었다. 신호 및 대화 채널이 디지털화된 이후 GSM 네트워크는 2세대(2G) 전화 시스템으로 간주되었다. 음성은 디지털화되어 압축된 뒤 GSM 네트워크를 통해 전달되었기에 아날로그로 처리하는 것보다 네트워크 자원을 훨씬 효율적으로 사용하였다. 또한 디지털 전화기를 사용하여 최대 9,600bps(초당 비트 속도)의 속도로 데이터를 전송하거나 받을 수 있었으며 문서도 팩스로 보낼 수 있었다. 착신 전환, 수신과 발신 금지, 발신자 확인, 통화 대기 등과 같은 기타 GSM 서비스가 GSM 네트워크에 통합되었다. GSM이 도입한 기능 중 가장 현저하게 영향을 미친 기능은 SMS(Short Message System)였다.

GSM 협회는 210군데 이상의 다양한 국가나 지역에서 세계 핸드폰 사용자의 82퍼센트가 GSM 표준을 사용한다고 추정하고 있다. **AKo**

참고: 무선 통신, 워키토키, 핸드폰, 스마트폰

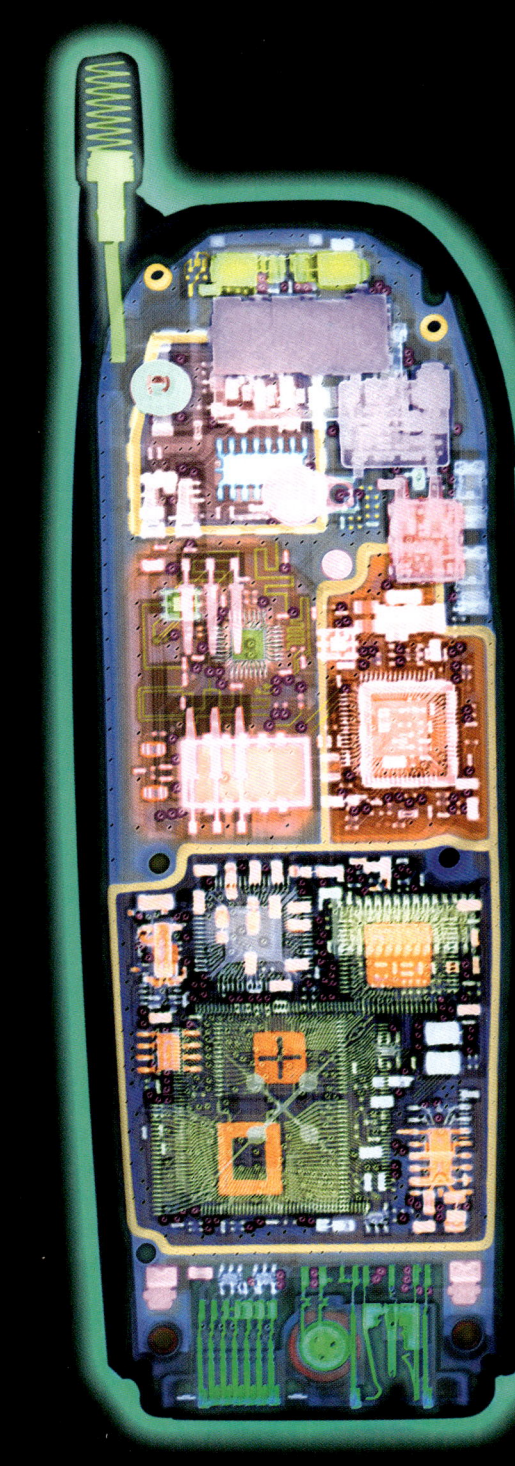

# 스마트폰 (1992년)

IBM社가 마치 컴퓨터 같은 전화기를 발명하다.

스마트폰을 일반적으로 정의하기란 쉽지 않지만 군이 정의하자면 진보된 기능을 지닌 핸드폰이라고 말할 수 있다. '사이먼(Simon)'이라고 불린 최초의 스마트폰은 1992년 IBM社가 개발하였으며 1993년 일반 대중에게 공개되었다. 사이먼은 달력, 주소록, 계산기, 메모장, 이메일, 팩스 기능을 보유하였으며, 전화를 하기 위해 버튼을 누르는 대신 텍스트 입력을 할 수 있는 온스크린 키보드와 검색을 위한 터치스크린을 탑재하였다.

1996년 노키아社는 자신들의 베스트셀러 핸드폰을 휴렛팩커드社가 개발한 PDA(팝톱 컴퓨터)와 성공적으로 결합시킨 최초의 스마트폰을 출시하였지만 매우 고가였다. 그 후 스마트폰을 위한 여러 전용 운영체제가 개발되었다.

심비안은 가장 널리 사용된 스마트폰 운영체제로, 2005년 56퍼센트에서 85퍼센트 사이의 시장 점유율

> "스마트폰은
> 제작된 방법과 할 수 있는 기능이
> 보통 핸드폰과는 다르다."
> 데이비드 우드, 심비안

을 보였다. 스마트폰 응용프로그램은 카메라, 음악 재생기, 비즈니스 문서(PDF 및 MS Office 문서)를 사용할 수 있게끔 해주는 액셀러레이터, 인터넷 브라우저, Wi-Fi, GPS(Global Positioning System) 등으로 확장되었다. Wi-Fi는 VoIP(Voice over Internet Protocol)를 사용하여 인터넷을 통해 전화 통화를 할 수 있도록 해주었다. 미래에는 현재 핸드폰의 전화 부품이 완전히 단종될 것이며 스마트폰이 단순히 컴퓨터로 이용될 것이다. **RP**

참고: 핸드폰, 디지털 핸드폰, PDA, 아이폰

# 미니디스크 (1992년)

소니社가 디지털 레코딩 포맷을 공개하다.

1980년대 후반 미국 음원 산업 내부의 강력한 로비로 대중적인 레코딩 매체에서 DAT(Digital Audiotape)가 거의 사장되었으며 이제 막 등장하기 시작한 필립스社의 콤팩트 카세트가 DAT의 대체품으로 떠올랐다. 이로 인해 일본 소니 주식회사는 직접 디지털 레코딩 포맷을 개발하기 시작했다.

1992년에 소개된 미니디스크는 소형 컴퓨터의 플로피 디스크와 외관이 유사했다. 미니디스크는 디지털화된 오디오를 최대 80분까지 저장할 수 있는 데이터 저장 매체로, 자기광학 디스크에 기반하였다. 알맞은 레코더에 위치시키고 레이저로 한 쪽 면을 가열하면 미니디스크는 자기장에 영향을 받기 쉬운 상태가 된다. 그리고 난 후 디스크의 다른 면에 있는 자기 헤드가 가열된 지역의 극성을 바꾸어 디지털 데이터를 디스크에 녹음하게 된다. 오디오를 재생하면 레이저는 반사된 빛의 극성을 감지하여 디지털 데이터로 해석한다.

미니디스크 포맷은 필립스/마쓰시다 DCC(Digital Compact Cassette) 포맷과 경쟁을 거친 후 널리 보급되기 시작했다. 소니社는 베타맥스 비디오 시스템을 출시했을 당시인 1970년대에 경쟁업체가 관련 포맷으로 그들 고유의 레코더를 생산하는 것을 허용하지 않았기 때문에 베타맥스 비디오 시스템으로 성공을 거두지 못했다. 이와 같은 과오를 소니社가 범하지 않은 것은 미니디스크가 성공할 수 있었던 이유였다. 일본에서는 주요한 포맷이 되었지만 미니디스크의 대중성은 오디오 매니아와 같은 틈새 시장으로 한정되어 있다. 저장 가능한 CD와 MP3 플레이어가 적당한 가격으로 시장에 출시되면서 콤팩트 카세트만이 시장에서 사장되었다.

미니디스크는 현재 안정된 포맷으로서의 지위를 유지하고 있다. 2004년에는 미니디스크의 뒤를 이어 범용 저장 매체로 폭넓게 사용되고 있는 Hi-MD 포맷이 개발되었다. **TB**

참고: 오디오 테이프, 카세트 디지털 오디오 테이프 (DAT), 광디스크, DVD

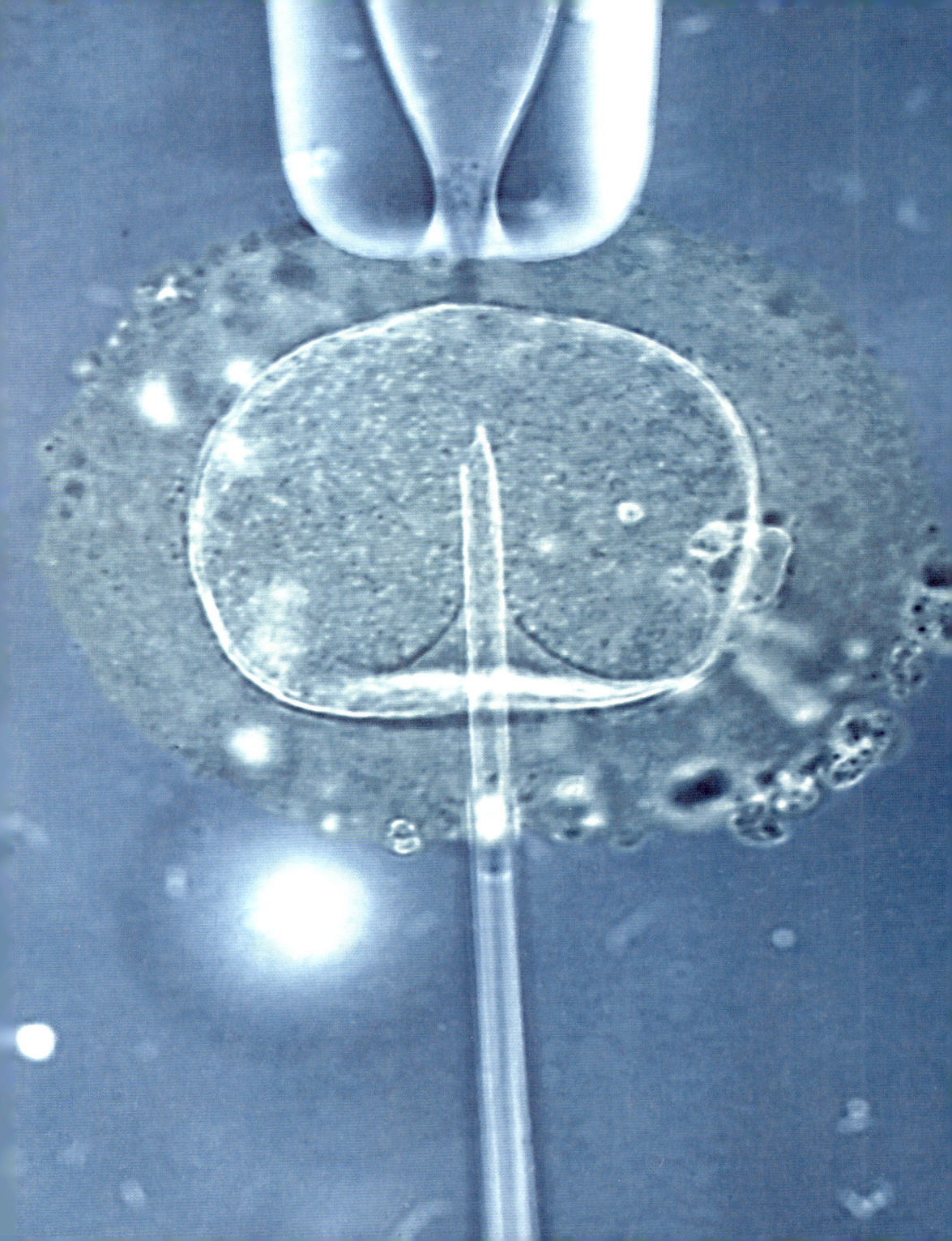

# JPEG 압축
## (1992년)

JPEG가 디지털 이미지의 압축을 개선하다.

1990년대 초 이전, 비트맵 이미지의 용량이 커서 다운로드나 배포가 어려웠으므로 인터넷은 주로 텍스트 기반 매체였다. 1992년에 이미지 크기를 압축하는 데 사용되는 새로운 표준인 JPEG가 도입되면서 이러한 모든 것은 바뀌었다.

JPEG는 이미지 압축 파일이지만, 사실 JPEG의 약자는 사진 포맷 이름을 의미하지 않는다. JPEG는 1986년에 설립된 국제 기구인 'Joint Photographic Experts Group'의 약자로, 이 국제 기구는 JPEG 사진이 생성되는 순간 저장 용량을 감소시킬 수 있는 표준 압축 알고리즘을 생각해냈다. 기술적으로 JPEG 포맷은 JFIF(JPEG File Interchange Format)라고 불린다.

JPEG는 컬러 이미지의 픽셀을 픽셀 블록으로 변환시킨 후 이러한 블록의 휘도와 색상 값 평균을 취해 저장해야 할 데이터 수를 줄인다. 더군다나 JPEG 압축은 양자화(고주파 잡음을 제거하는 메커니즘)와 DCT(Discrete Cosine Transformation)라고 하는 복잡한 절차로 수행되는데, 압축 성과가 좋아 압축률에 따라 발생하는 세부 이미지 손실이 사람 눈에 잘 드러나지 않는다. 이미지가 다시 저장될 때마다 많은 데이터가 없어지고 화질이 떨어진다는 점에도 불구하고, JPEG는 현재 인터넷에서 폭넓게 사용되고 있다.

JPEG 기구는 또한 새롭게 개선된 무손실 형태의 JPEG인 JPEG 2000이라고 하는 새로운 포맷을 고안했다. 웹과 디지털 카메라에 JPEG가 이미 폭넓게 사용되고 있기 때문에 JPEG를 JPEG 2000으로 교체하는 데에는 시간이 소요될 것으로 예상된다. JPEG 2000은 표준화된 디지털 아카이브로 선택될 이미지 포맷이기 때문에 미래에 여러 용도로 쓰이게 될 것이다. **JM**

참고: 인터넷, MP3 압축

# GPS (Global Positioning System) (1993년)

미 국방성이 네비게이션을 업데이트하다.

GPS(Global Positioning System)는 특수한 주파수를 통해 극초단파를 전송하는 위성 시스템으로, GPS 수신기는 위성으로부터 신호를 받아 획득한 정보로부터 위치를 표시한다. GPS 시스템은 1993년 미국 정부가 개발했지만 러시아의 글로나스(아직 완성되지 않음), 중국의 콤파스 시스템, 유럽의 갈릴레오 시스템 등과 같은 유사한 메커니즘이 다른 국가에도 존재한다. 미국 정부는 네비게이션을 목적으로 현재 전 세계에서 사용되고 있는 GPS 시스템에 년간 750만 달러 정도를 소모하고 있다.

GPS 시스템은 매우 유용하여 상업적으로 광범위하게 응용되고 있다. 군대에서 GPS는 타겟을 추적하고 위치를 파악하여 미사일을 발사하는 데 사용되고 있으며 또한 탐사, 구조, 수색 임무에도 쓰이고 있다. 민간

> "이후로 네비게이션 및 위치 추적에 대한 가장 현저한 발전은 무선 네비게이션이다."
> 국립항공협회

용 GPS 장치는 자동차 네비게이션 시스템뿐만 아니라 국내 원양 항해선에서도 사용되고 있다. 오늘날의 수많은 핸드폰은 추적이 가능하도록 설정된 내부 GPS 시스템을 포함하고 있어 넓은 지역에서 사용자의 위치를 찾아낼 수 있다. GPS는 또한 지진이나 떨림과 같은 지질 구조상의 활동을 조사할 수 있을 만큼 정확도가 개선되었다. **JD**

참고: 정지궤도 통신 위성

➡ 2004년 PDA 네비게이션 시스템의 시연자가 아테네 올림픽 스타디움의 위치를 조회하고 있다.

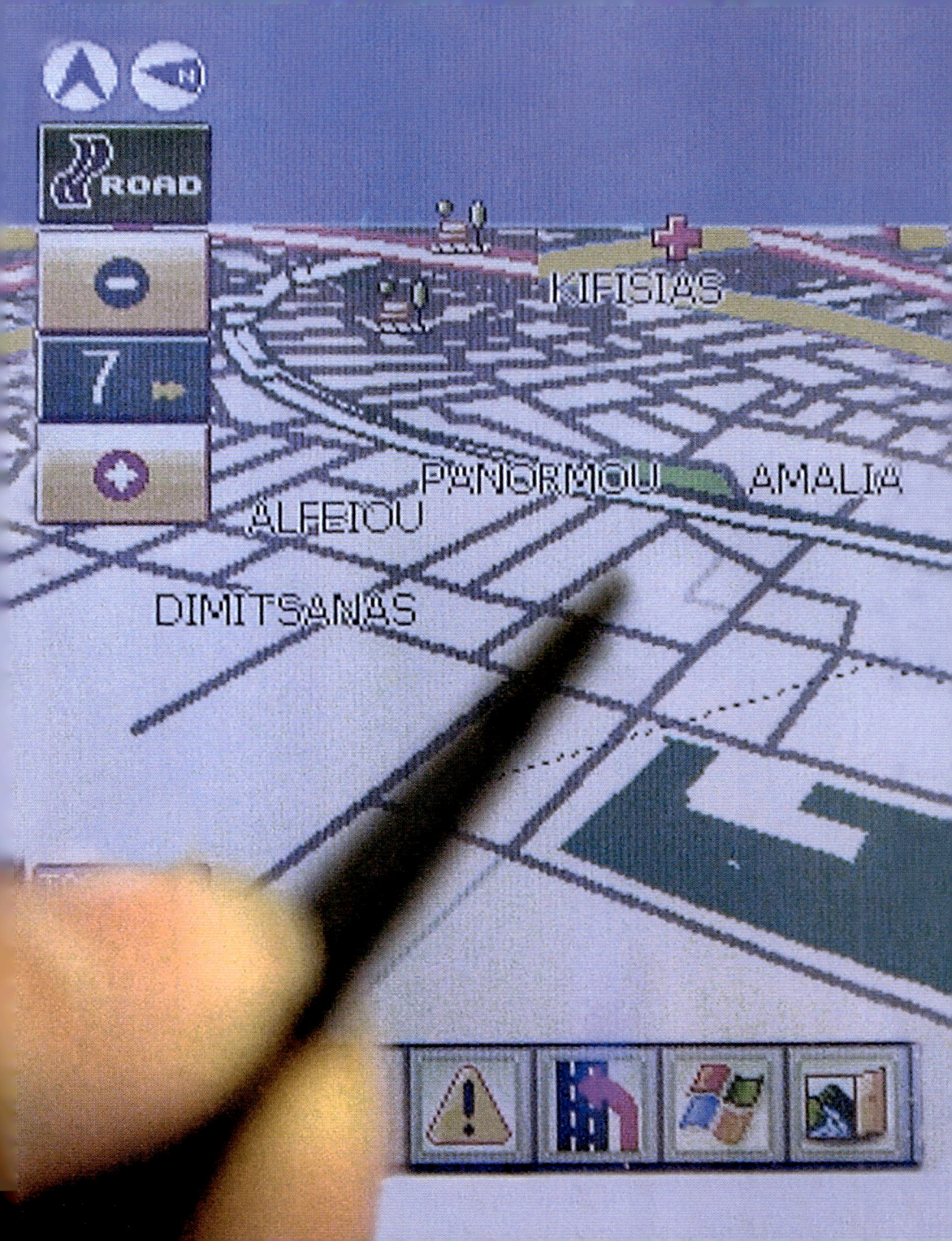

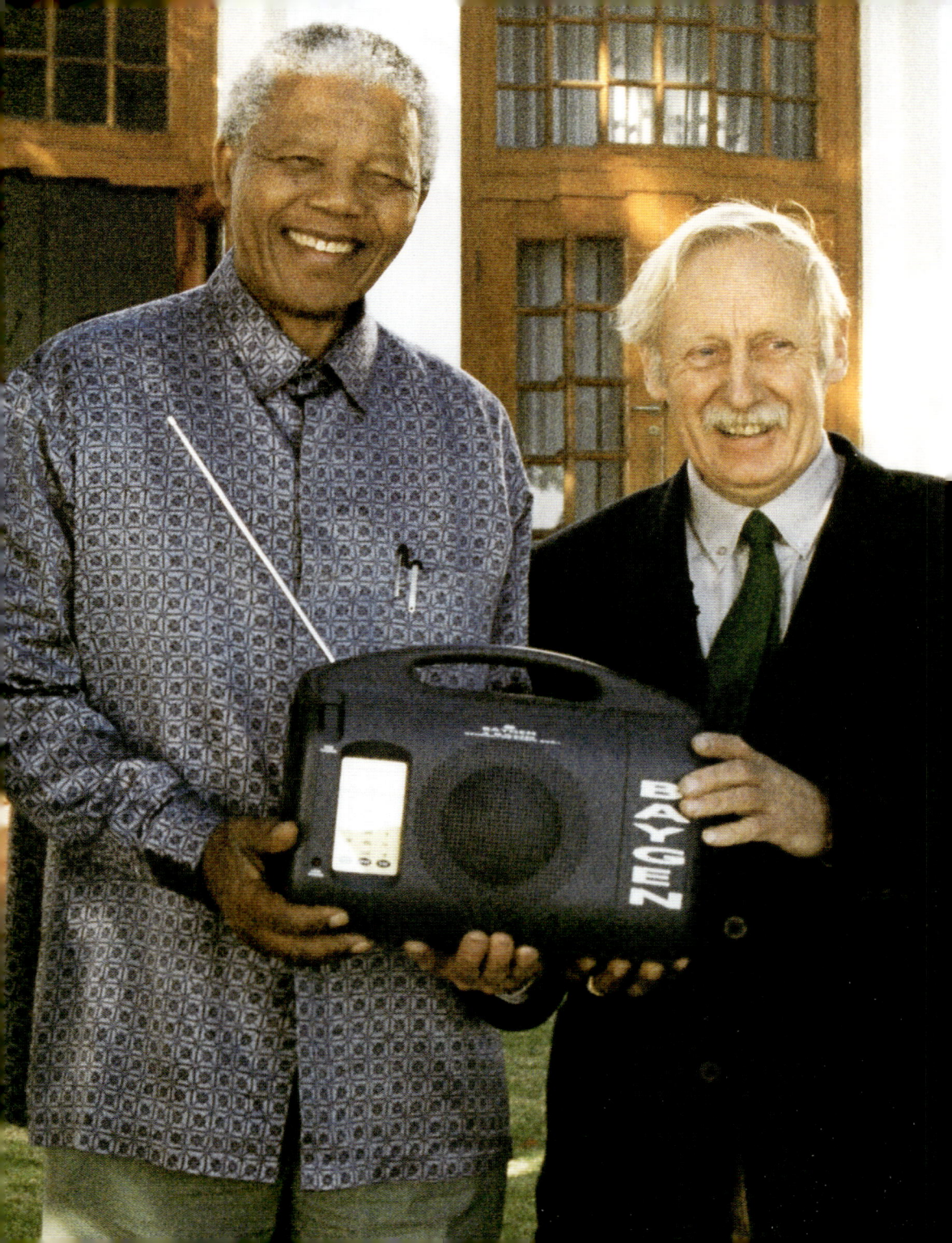

# 와인드업 라디오 (1993년)

베일리스가 배터리가 필요 없는 라디오를 발명하다.

무배터리 라디오는 의외의 한 남성이 발명하였다. 이 이야기는 1991년 발명가인 트레버 베일리스(1937년 출생)가 아프리카의 AIDS 확산에 대한 텔레비전 다큐멘터리를 시청하면서 시작되었다. 다큐멘터리는 오직 교육을 통해서만 AIDS 확산을 억제할 수 있다고 제안하고 있었지만 아프리카의 통신 기술 부족과 빈곤은 교육을 어렵게 만드는 주요한 문제점이었다.

때문에 베일리스는 가정용 전기나 배터리없이 작동하는 단순하고 값싼 라디오 수신기가 해결책이라고 생각하여 구형 트랜지스터 라디오의 부품과 장난감 자동차의 소형 전기 모터, 음악 상자의 태엽장치 메커니즘을 조합하여 시제품을 만들었다. 그가 만든 시제품은 조그만 내부 전기 발전기 역할을 하는 태엽장치 와인드업 메커니즘으로 작동했는데, 태엽이 완전히 감기면 스프링이 14분간 전원을 공급하였다.

"성공의 열쇠는 관습적인 사고를
따르지 않는 시도를 감행하는 데 있다.
관습은 발전의 적이다."

트레버 베일리스

베일리스는 이 아이디어로 1993년 특허를 취득하였지만 잠재적 투자자에게 발명품이 지닌 장점을 납득시키는 데 실패했다. 1994년 BBC 프로그램인 '내일의 세상'에 출현하면서 무배터리 라디오는 국가적 관심을 얻게 되었으며 1년 내 베일리스의 발명품(현재는 베일리스 프리플레이 라디오라고 알려져 있음)은 남아프리카에서 대량으로 생산되기 시작하였다. **TB**

참고: 무선 통신. 크리스털 세트 라디오. FM 라디오. 트랜지스터 라디오

← 1996년 넬슨 만델라는 아프리카 통신에서 와인드업 라디오의 역할을 강조하였다.

# 자바 컴퓨팅 언어 (1995년)

썬 마이크로시스템즈社가 월드와이드웹에 활력을 불어넣다.

1991년 썬 마이크로시스템즈社는 차세대 새로운 컴퓨터 프로그래밍 도구를 제작하기 위해 '더 그린 프로젝트(the Green project)'에 착수하였다. 차기 컴퓨팅 세상에서는 무슨일이 일어날지를 예측하려 한 제임스 고슬링의 그린 프로젝트 팀은 컴퓨터 기술과 디지털 소비자 제품의 융합이 미래의 트랜드라고 생각하였다. 수많은 유형의 컴퓨터 플랫폼이 존재했으므로 고슬링의 팀은 한번 작성하면 어느 플랫폼에서도 실행될 수 있는 프로그래밍 언어를 만들기로 결심했다. 디지털 케이블 텔레비전 산업의 관심을 끌기 위해 그들은 상호작용식 가정용 엔터테인먼트 컨트롤러의 시제품을 만들었다. 하지만 애니메이션, 터치스크린, 인터넷과 유사한 네트워크 능력을 보유한 그들의 기술은 시대를 너무 앞서갔기 때문에 케이블 텔레비전 회사들은 이 기술을 사용하는 법을 알지 못했다.

"인터넷은 최고의 제품이 승리를 얻을 수
있는 기회의 장이다. 자바는 대단한 기술이
며 그렇기에 사람들은 자바를 원한다."

빌 조이, 선마이크로시스템즈社의 공동 설립자

그린 프로젝트 팀은 미디어와 조그만 프로그램을 네트워크를 통해 배포하면 자신들의 프로그래밍 언어가 월드와이드웹에 완벽하게 조화된다는 사실을 사람들이 알 수 있을 것이라고 생각했다. 1994년 그들은 웹 브라우저 내에서 애니메이션, 움직이는 객체, 동적 컨텐츠를 실행시킬 수 있는 자바 프로그램을 제작하였으며 1995년 인터넷 브라우저인 넷스케이프 네비게이터에 통합되었다. 자바 플랫폼의 융통성, 효율성, 이식성 덕분에 자바는 현재 PC에서부터 신용 카드에 이르기까지 다양한 범위의 장치에서 사용되고 있다. **JM**

참고: 컴퓨터 프로그램. 디지털 전자 컴퓨터. C 프로그래밍 언어

# USB 연결

(1995년)

USB 구축 포럼이 접속을 용이하게 해주는 표준화된 인터페이스 소켓을 제공하다.

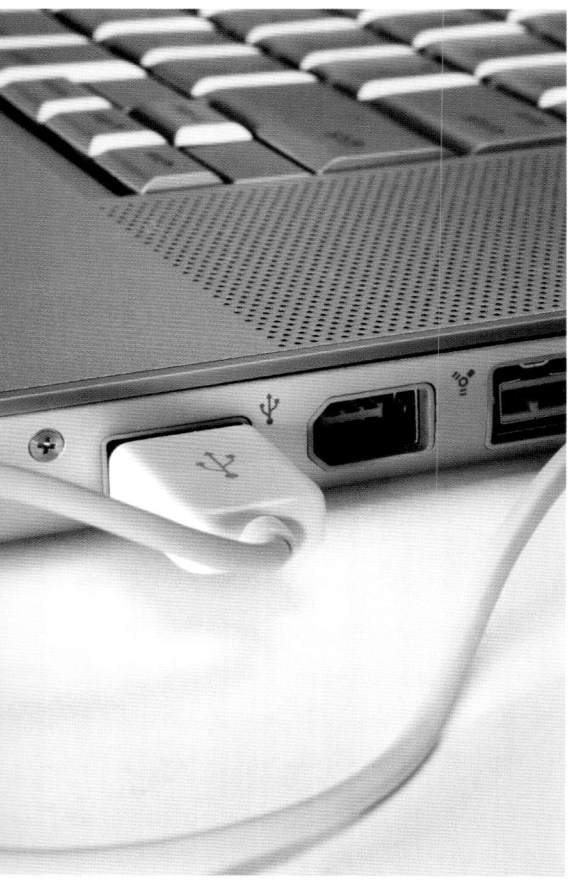

오랜 기간 컴퓨터를 사용한 사람이라면 컴퓨터 스위치를 끄고 재부팅하는 일에 너무도 익숙해져 있을 것이다. 그러나 USB(universal serial bus)를 연결하게 되면서 더 이상 컴퓨터를 끄거나 재부팅할 필요가 없어졌다. 오늘날 프린터나 스캐너 등 컴퓨터에 연결하는 대부분의 장치는 드라이버를 설치해야 하는 카드 대신에 USB 커넥터로 연결될 수 있다.

USB는 컴퓨터 종류에 상관없이 아무 포트에나 어떠한 장치라도 연결시킬 수 있는 미래형 장치이다. USB 기능을 나타내는 세 갈래 삼지창 모양의 문양은 현재 모든 플러그와 소켓에 사용되고 있다. 물론 USB를 인식하지 않는 소수의 비인가 장치들이 존재하지만 현재 모든 PC는 기본적으로 USB 포트가 내장돼 있다.

1990년대 중반 최초의 USB 상호연결(USB 1.0)이 등장하였으며, 오늘날 사용되고 있는 USB 2.0 연결은 USB 1.0 사용자들의 기대치보다 열 배나 빠른 데이터 전송 속도를 보여준다.

1995년 인텔社가 설립한 USB 구축 포럼(USB-IF)은 컴퓨팅 역사에 중요한 획을 그었다. 컴퓨팅 산업에서 USB는 연결 과정을 편리하게 개선하겠다는 목표를 달성할 수 있는 수단이었다. USB 개발의 다음 단계는 물리적 연결을 완전히 없애는 것이다. 2007년에 USB-IF는 무선 USB 통신에 상당한 기술적 진전이 있음을 발표하였다. 무선 USB는 소규모 위피(WiFi) 네트워크처럼 작동하기 때문에 프린터를 선으로 연결하지 않은 상태로 원하는 곳에 위치시킬 수 있다. **HB**

"프린터에 연결할 수 없다고?
왜 이 장치는 프린터에 연결할 수 없어?
내가 플러그를 꼽았단 말이야!"

에디 이자드, 코미디언

**참고:** Firewire/IEEE 1394 연결, WLAN 표준

◩ USB를 꼽았다가 빼는 행위는 컴퓨터 연산을 방해하지 않아 재부팅을 하지 않아도 된다.

# FireWire/IEEE 1394 연결
(1995년)

애플社가 새로운 디지털 인터페이스를 소개하다.

1980년대 중반 애플社의 엔지니어들은 컴퓨터와 많은 양의 데이터를 교환할 수 있는 새로운 고속 데이터 전송 매체를 연구하기 시작했다. 증가된 속도에 비추어 이 기술은 '파이어와이어(FireWire)'라는 이름을 얻게 되었으며 1995년에 출시되었다.

애플社의 엔지니어들은 1987년 파이어와이어의 최초 명세서를 제작하였다. 애플社는 USB 장치가 키보드 및 마우스에는 적합하지만 비디오 카메라와 같이 교환되어야 하는 데이터가 기가바이트 단위인 고메모리 응용기기에는 USB 장치보다 더 빠른 속도가 필요하다는 것을 깨달았다. 그들은 자신들의 기술을 모든 컴퓨터(매킨토시 및 윈도우 기반 컴퓨터)를 위한 표준으로 만들려고 IEEE에 이 기술을 제출하여 1995년 승인을 받아냈다.

> "S3200 표준은 IEEE 1394의 지위를 절대적인 성능 리더로 유지시킬 것이다."
> 제임스 스나이더, 1394 협회

이 인터페이스 시스템은 우선 IEEE 1394라 명명되었으며 USB 속도보다 거의 40배 정도 빠른 속도로 데이터 교환이 가능하였다. 그러나 개념적으로 이 기술은 키보드처럼 작은 패킷을 주고 받는 장치보다 큰 데이터 패킷을 주고 받는 장치를 위하여 설계되어 경쟁해야 할 포맷이 존재하지 않았다.

2002년에 등장한 IEEE 1394는 파이어와이어 속도보다 두 배나 빨랐으며 사용 가능 거리도 늘어났다. 2008년 1394협회는 현재 포맷 속도보다 네 배 더 빠른 S3200이라고 하는 신 버전을 출시했다. **SR**

**참고:** USB 연결, WLAN 표준

# 그리드 컴퓨팅
(1995년)

더 큰 능력을 발휘하기 위해 컴퓨터들을 연결시키다.

미국 컴퓨터 과학자인 칼 케셀만, 이안 포스터, 스티브 투에케는 잉여 전기를 공급하기 위해 발전소가 연결된 것처럼 컴퓨터를 여러 대 연결하면 거대한 연산처리 능력을 제공할 수 있다는 생각을 하게 되었다. 컴퓨터 그리드나 파워 그리드에 참여하려는 사람들은 자신의 컴퓨터 위치나 성능에 대해 걱정할 필요가 없다. 이는 전 세계에 위치한 다양한 유형의 컴퓨터들이 통합되어 그리드 컴퓨팅을 구성하기 때문이다. 컴퓨터는 여러분이 잠들거나 점심을 먹거나 혹은 컴퓨터가 입력을 기다리는 하루 중 아무 때나 그리드로 사용될 수 있다. 고속 상호연결을 항상 사용할 수가 없기 때문에 그리드 컴퓨팅은 프로세서가 통신을 하지 않고 수행할 수 있는 독립적인 계산 문제에 최적화된다.

그리드 컴퓨팅에 사용되는 소프트웨어는 신뢰할 수 없고 제대로 기능하지 못하는 악의적인 노드를 확인하도록 설계돼야 하며 언제든지 오프라인 상태가 가능하도록 노드를 수용해야 한다. 또한 그리드 컴퓨팅에 참여 중인 노드는 중앙 시스템이 개별적인 프로그램, 보안, 데이터 저장소에 간섭하지 않는다는 사실을 신뢰해야 한다.

그리드 컴퓨팅은 매우 복잡한 수학 문제를 푸는 데 널리 사용되고 있다. 또한 약물 디자인을 위한 분자 모델링 데이터의 질의, 전기적 두뇌 활동의 분석, 외계 문명으로부터의 메시지를 받기 위한 무선 망원경 수신기 결과값의 검색, 강입자 충돌기와 같은 고에너지 물리학 기계의 결과값 조사 등 거대한 양의 데이터를 다루는 특정 컴퓨팅 응용프로그램에서도 사용되고 있다. **DH**

**참고:** 인터넷, 이더넷, 강입자 충돌기

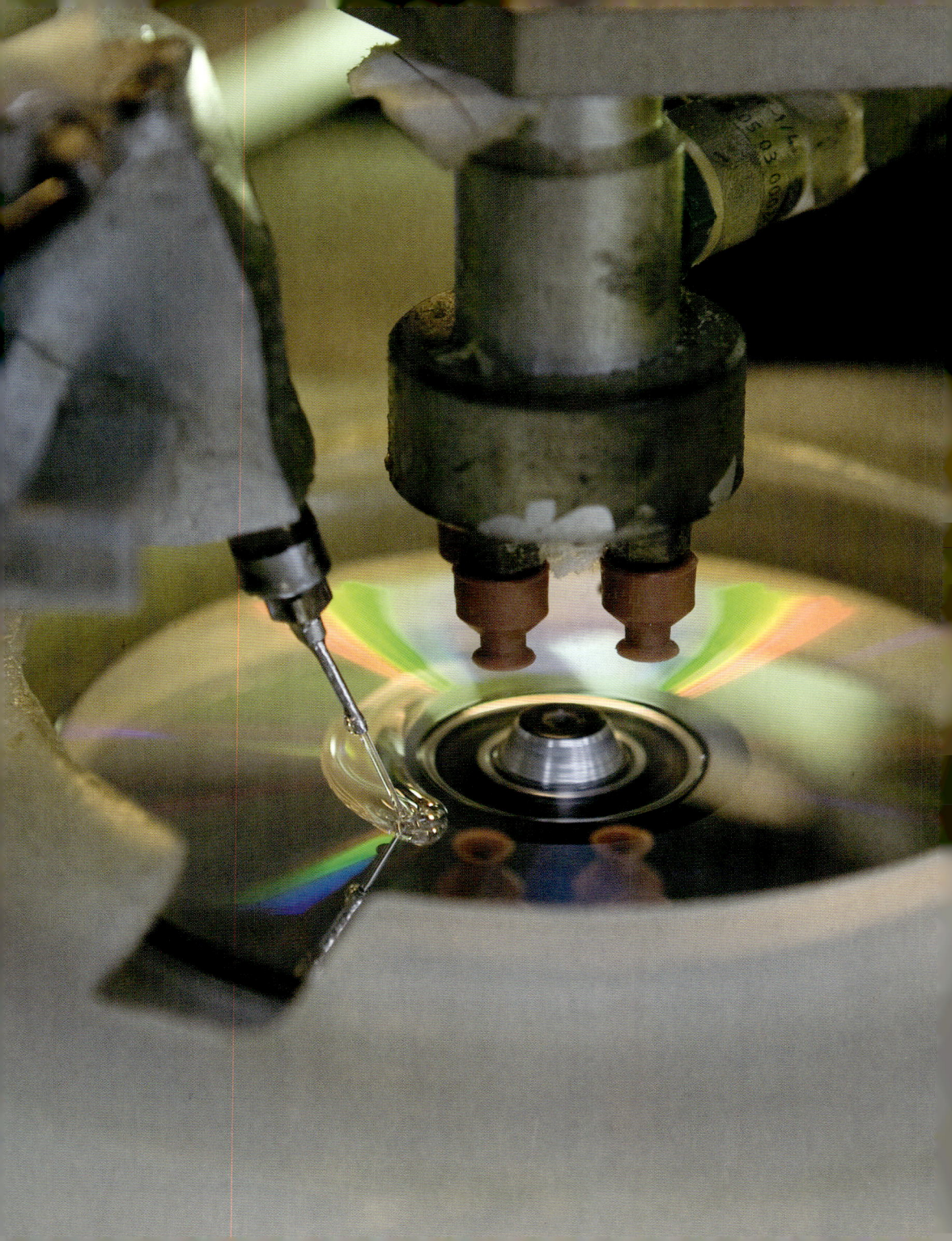

# DVD
## (1995년)

---

컨소시엄이 비디오 레코딩을 업그레이드하다.

미래 지향적 콤팩트 디스크(CD)가 폭풍처럼 오디오 시장에 출현한 후 VHS 테이프가 사라지는 것은 단지 시간 문제였으며 10억 개의 진열대에서 카세트 테이프는 CD로 교체되었다.

　　레이저디스크 기술은 이미 존재했었지만 결코 많은 양이 판매되지 않았기 때문에 콤팩트 디지털 비디오 디스크를 위한 시장은 여전히 활짝 개방되어 있었다. 1993년 고밀도 CD에 대한 최초의 제안은 두 개의 경쟁 포맷을 탄생시켰는데, 막강한 전자회사인 소니와 필립스社는 동맹회사들과 MMCD 포맷 진영을 이뤄 산업의 강자인 도시바, 마쓰시다, 타임워너가 선택한 SD 진영과 접전을 치루고 있었다. 그 후 1995년 한 진영이 DVD라고 알려진 매체를 공개하였으며 그 결과 열 개 회사가 컨소시엄을 구성했다.

　　DVD는 2시간 분량의 고품질 디지털 비디오, 여덟 개 트랙의 디지털 오디오, 32개 트랙의 자막 정보를 저장할 수 있었을 뿐만 아니라 가볍고 작으며 내구성이 뛰어나다는 장점이 있었다. 나중에 출시된 듀얼 레이어 DVD는 일반 DVD보다 두 배 큰 저장 용량을 보유하였으며 보다 이후에 출시된 양면 DVD는 듀얼 레이더 DVD 저장 용량의 두 배를 보유하였다.

　　DVD는 종종 디지털 비디오 디스크(digital video disc), 혹은 디지털 다기능 디스크(digital versatile disc)의 약자로 언급되기도 하지만, 공식적으로는 단순히 세 글자로 된 이름일 뿐이다. DVD는 DVD 포럼에 소속된 250개 회사들이 1999년에 붙인 이름으로, DVD 이름 그 자체에는 어떠한 함축적 의미도 없다. **CL**

# VoIP
## (1995년)

---

보칼텍社가 저렴한 인터넷 전화를 소개하다.

1973년 ARPANET은 대니 코헨 연구원의 네트워크 음성 프로토콜을 최초로 사용하여 컴퓨터 네트워크를 통해 여러 연구 장소 간에 대화를 주고 받을 수 있도록 하였다. 그러나 그 후 수년간 인터넷을 통해 음성을 전송한 사용자는 연구원, 컴퓨터광, 초기 컴퓨터 게이머들 뿐이었다.

　　1995년 보칼텍社는 인터넷 폰이라고 하는 소프트웨어를 출시하였다. 마이크로소프트 윈도우 전용으로 설계된 인터넷 폰은 화자의 음성을 컴퓨터 데이터로 변환한 후 압축하여 인터넷을 통해 다른 컴퓨터에 연결된 모뎀으로 실시간 전송하였다.

　　많은 사람이 싸다는 이유 하나로 갑자기 인터넷 전화에 관심을 갖기 시작했다. 예를 들어 미국에서는 인터넷으로 거는 현지 통화료는 종종 무료인 반면 원거리

---

"장점은 명확하다. 나는 시드니에 있는 친구에게 런던 현지 통화요금으로 전화를 걸어 이런저런 이야기를 나눌 수 있다."
존 다이아몬드, 타임즈 매거진의 저널리스트

---

통화료는 가격이 좀 비싼 편이다.

　　인터넷 속도가 개선되고 다른 회사들도 유사한 서비스를 제공하기 시작함에 따라, 인터넷을 통해 전화를 거는 것을 VoIP(Voice over Internet Protocol)라고 부르게 되었다. 가장 유명한 VoIP 회사 중 하나인 스카이프는 서비스를 시작한 해인 2003년 이후 가입자 간에 수천억 분 이상의 통화 시간을 기록하였다. **MG**

---

**참고:** 비디오 테이프 녹화, 광디스크, 블루레이/HD DVD

◁ 중국 베이징에 위치한 폴리스타 디지디스크社의 공장에서 제조된 DVD.

**참고:** 전화기, 인터넷, 이더넷, 인터넷 프로토콜 (TCP/IP)

# WLAN 표준 (1996년)

헤이즈가 무선 네트워킹을 정비하다.

1970년에 구축된 ALOHANET은 가장 초창기 컴퓨터 네트워크 중 하나로, 현대식 무선 네트워크 개발에 많은 도움을 주었으며 오늘날에도 여전히 여러 무선 네트워크의 기본 원리로 사용되고 있다. 그러나 초기에는 무선 네트워크의 비용이 비쌌으며 무선 장비의 크기가 엄청나게 컸기 때문에 유선 네트워크가 물을 가로질러야 한다거나 혹은 험한 지형으로 인해 유선 네트워크의 설치가 힘들 경우에만 무선 네트워크가 사용되었다. 1980년대가 되어서야 값싸고 더욱 작아진 장비들이 등장하면서 무선 네트워킹이 주류를 이루기 시작했다.

그러나 무선 네트워크는 호환 문제가 있었는데, 1980년대 말 여러 회사가 무선 네트워킹 장비를 판매했지만 서로 호환이 되지 않았기 때문에 제조사들 간에 협력이 필요했다. IEEE와 빅 헤이즈(1941년 출생)는 이러한 호환 문제를 해결하는 데 앞장섰다. 헤이즈

---

"통신이나 제어가 필요한
모든 것이 무선으로
연결될 것이다."

빅 헤이즈

---

는 새로운 기술을 개발하기보다 IEEE의 무선 표준 위원회를 맡아 제조사 간의 협력을 장려하였다. 그 결과 1996년 제조사들은 IEEE 802.11로 지정된 최초의 표준 WLAN을 출시하였다.

많은 기업들이 1999년에 채택한 WLAN 표준은 선 없이 랩톱 컴퓨터를 전 세계 어디든지 들고 다니면서 호주 공항에서부터 잔지바르 동물원에 이르기까지 어느 곳에서나 인터넷에 연결할 수 있게 해주었다. WLAN 표준의 이름은 더욱 외우기 쉬운 Wi-Fi로 통용되었다. **MG**

**참고:** 인터넷, 월드와이드웹, USB 연결

# 원자 레이저 (1996년)

케텔레가 작동하는 원자 레이저를 개발하다.

광학 레이저 원리에 기반한 원자 레이저는 수년 전부터 존재하였다. 전구와 달리 레이저 빛은 응집성이 있기 때문에 특정 지역에 빛을 집중시킬 수 있으며 회전 등에서 발산되는 빛처럼 퍼지지 않고 먼 거리를 이동할 수 있다. 1960년에 광학 레이저가 소개될 무렵 과학자들은 이미 파도물결 같은 레이저의 특성에 대해 잘 알고 있었지만 원자 레이저는 이론적으로나 가능한 것으로 생각했다.

이후 1997년이 되어서야 최초의 기초적인 원자 레이저 작동 모델에 대한 보고서가 발표되었다. 1995년 볼프강 케텔레(1957년 출생) 교수와 동료들이 최초로 제작한 보즈–아인슈타인 응축물이라고 하는 과냉각 물질의 기묘한 형태는 원자 레이저 개발을 가능하게 해주었다. 개별적인 원자들이 자신들의 정체성을 잃고 단일 덩어리로 결합된 이 물질은 여러 가지 점으로 볼 때 레이저 빛의 광자와 유사한 속성을 가졌다.

그로부터 얼마 후인 1996년 11월 케텔레와 그의 팀은 최초로 작동했던 원자 레이저를 구현하였다. 그들은 물질파(matter wave)를 생성하기 위해 응집된 원자의 소스로 보즈–아인슈타인 응축물을 사용하여 수도꼭지에서 떨어지는 물방울처럼 각각 최대 수백만의 원자를 포함한 원자의 작은 방울을 방출하였다.

원자 레이저는 현재 연구 목적으로만 사용되고 있으며 실용적인 사용처는 아직 구체적으로 정해진 바가 없지만 컴퓨터 칩에 직접적으로 원자를 놓아 훨씬 작고, 더욱 미세한 패턴의 칩을 제조할 수 있도록 함으로써 미래에는 컴퓨터의 성능을 향상시키는 수단으로 사용될 것이다. **DHk**

**참고:** 레이저, 이산화탄소 레이저, 원자의 레이저 냉각, 강입자 충돌기

▸ 케텔레와 다른 두 명의 사람들은 보즈–아인슈타인 응축물에 대한 연구 성과를 인정받아 노벨 물리학상을 받았다.

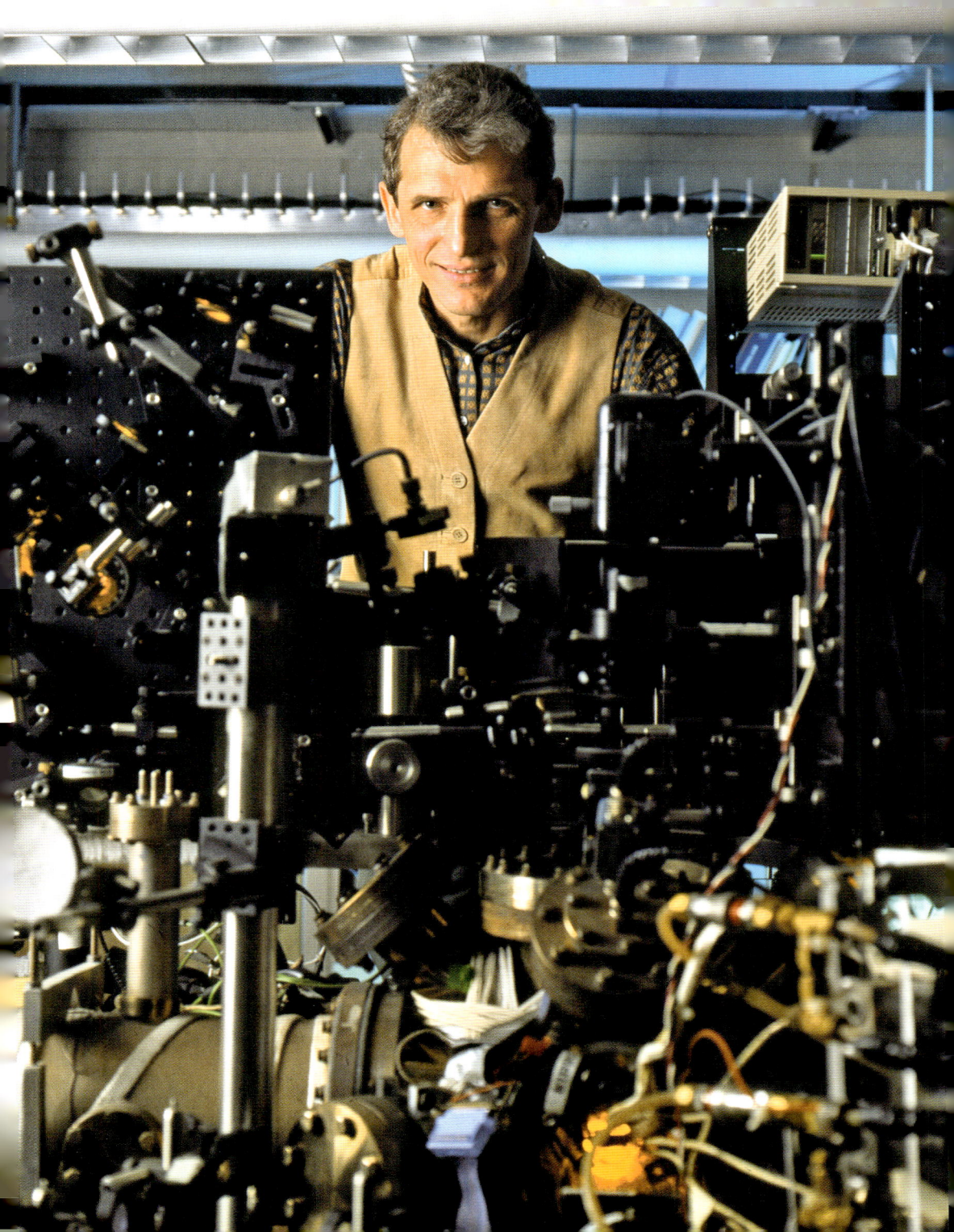

# 줄기세포 치료
(1998년)

톰슨과 동료들이 혁명적인 의료 치료법을 개발하다.

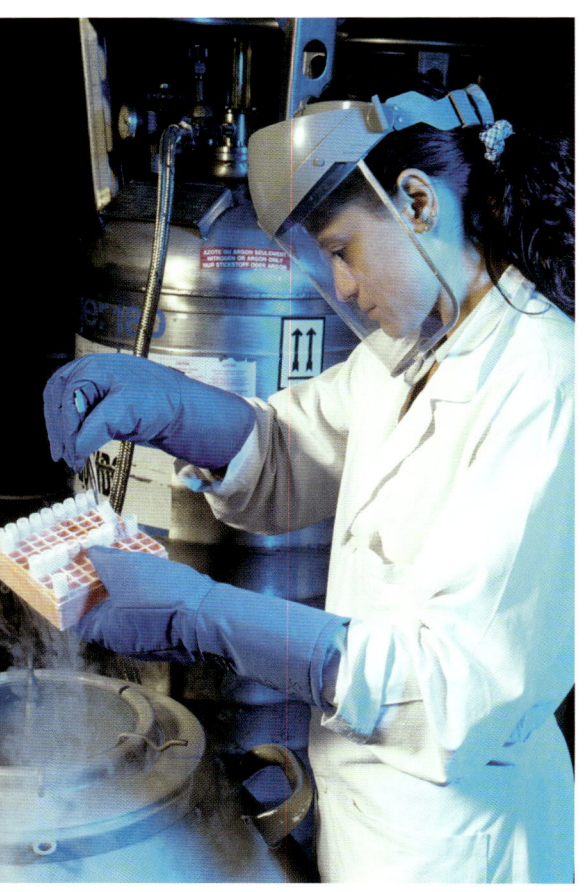

"배아 줄기 세포는
과학자들의 희망이며 정치적으로도
현재 뜨거운 감자이다."

프레더릭 골든, 논평가

줄기 세포는 다양한 유형의 세포 형태로 분화할 수 있는 능력이 있는 세포로, 대체 조직으로 성장시키기 위해 사용되고 있다. 위스콘신 의과대학교 출신의 발생 생물학자인 제임스 톰슨(1958년 출생)은 인간 배아 줄기 세포를 최초로 분리하여 배양하였다. 그의 연구 결과는 1998년 11월 6일 '사이언스 저널'에 게재되어 어떻게 인공 수정 병원으로부터 제공받은 배아를 사용하여 줄기 세포를 추출하고 무기한으로 복제하였는지 설명하였다. 톰슨이 받은 배아는 더 이상 배아가 필요하지 않은 커플이 기증한 것이었다.

신체에 존재하는 200개 세포 유형 중 하나로 자체 성장할 수 있는 능력을 지닌 줄기 세포는 당뇨병, 백혈병, 파킨슨병, 심장병, 척수외상을 비롯한 수많은 치명적 질환을 치료하는 데 유용하다. 또한 살아 있는 생물을 대상으로 약물을 실험하는 더욱 효과적인 방법과 인간 질병의 모델을 과학자들에게 제공해준다.

줄기 세포 연구는 모든 사람의 기대를 한껏 받고 있는데 비해 연구 성과는 느리게 진척되고 있는 실정이다. 인간 배아로부터 줄기 세포를 배양하는 것이 윤리적으로 문제가 된다는 식의 논쟁이 줄기 세포 연구에 장애가 되고 있기 때문이다.

2007년 톰슨과 일본 교토 대학교의 야마나카 신야는 각자 독립적으로 보통의 인간 피부 세포를 줄기 세포로 변환시키는 방법을 개발하였는데, 그것은 단지 네 개의 유전자를 사용하여 인간 피부 세포를 다시 프로그래밍하는 것이었다. 그들의 연구는 인간 배아 줄기 세포의 부족이나 연구에 대한 미 연방정부의 자금 지원 제한과 같은 문제점을 극복할 수 있는 기회를 제공할 것으로 보인다. **JF**

**참고:** 유전자 치료, DNA 마이크로어레이, 착상 전 유전자 진단

🄺 연구원이 섭씨 영하 182도의 액체 질소 저장소에서 줄기 세포를 포함한 작은 유리병을 뽑아내고 있다.

# 비아그라
## (1998년)

화이자社가 발기 불능 남성에게 희망을 주다.

비아그라(구연산 실데나필)는 발기부전을 치료하는 최초의 경구 투여 약물로, 10년 전부터 판매된 이래 120개 국가 2,700만 명 이상의 발기부전 남성에게 처방되었다. 사실 처음 비아그라가 개발된 것은 고혈압을 치료하기 위해서 인데, 고혈압 관련 임상 실험에서는 실망스러운 결과를 낳았다. 하지만 임상 실험 대상자가 부끄럽게 보고한 비아그라의 한 가지 특이한 부작용은 발기 상태를 유발한다는 것이었다.

　뇌로부터 성적인 자극 메시지가 고리형 GMP(고리형 구아노신 일인산염)을 자극하면 화학 물질이 골반 근육을 편안하게 하여 페니스가 평상시보다 여덟 배 높은 혈액으로 충혈된다. 실데나필은 고리형 GMP를 파괴하는 효소(포스포디에스터레이즈타입 5)를 억제하여 발기 상태를 유지하는 역할을 했다.

　제약회사인 화이자社는 발기부전으로 고통 받는 19세에서 87세에 이르는 참가자 3,700여 명의 남성을 대상으로 무작위 위약대비 임상 실험을 21회 실시하였다. 임상 실험 결과 비아그라는 열 명의 남성 중 일곱 명에게 성행위 기능을 회복시켜 주었다. 게다가 비아그라의 약효는 남성이 성적으로 흥분하였을 때에만 작용했다.

　비아그라는 1998년 미국 FDA의 승인을 취득하였다. 발기부전을 위한 이전의 치료법으로는 페니스에 약물 주입, 요도 좌약, 수술, 진공 장치 등이 있었다. 비아그라는 FDA 승인을 취득한 지 14주 내에 미국에서만 200만 개가 처방되었다. 하지만 두통, 홍조, 소화불량, 일시적 색각 장애와 같은 부작용을 유발할 수 있었으며 엄청난 수의 환자들이 비아그라 복용 후 심장 마비 증세를 겪기도 했다. **JF**

# 웹 신디케이션(RSS)
## (1999년)

구하가 웹에서 뉴스를 추적하다.

컴퓨터 분야에서는 혼동을 유발하는 세 글자 축약 용어를 많이 사용하고 있다. RSS는 이러한 세 글자 축약 용어의 대표적인 예제이다. RSS라는 용어는 그 동안 'Rich Site Summary', 'RDF Site Summary', 'Really Simple Syndication'을 의미하였다.

　RSS는 특히 뉴스처럼 콘텐츠가 빠르게 변화하는 웹사이트를 표현하는 방식이다. 1999년 라마나단 V. 구하(1965년 출생)는 RSS을 최초로 사용하여 My.Netscape.Com 사이트를 제작하였다. 이 포털 사이트는 브라우저에서 단일 페이지의 뉴스를 사용자가 원하는 대로 이동시킬 수 있도록 했다. 이는 서로 다른 원본 웹사이트들이 구하의 공통 포맷으로 뉴스를 제공하였기 때문에 가능하였다.

　애플社의 ATG(Advanced Technology Group)에

> "사람들이 뉴스 매체로 다른 것을
> 할 수 있다는 것을 깨닫는 데에는
> 시간이 좀 걸렸다."
> 라마나단 V. 구하

서 구하의 연구로 탄생한 RSS는 1999년 이후 수많은 조직과 사람들의 노력으로 일부 구체화되었는데, 팟캐스트의 선구자인 데이브 와이너는 RSS 표준에 많은 기능을 추가하여 팟캐스팅의 등장을 2003년으로 앞당겼다.

　오늘날의 RSS는 많은 컨텐츠를 한 곳에 모으는 기능을 제공한다. 뉴스, 블로그 엔트리(블로그에 올라온 글), 주식 시세, 팟캐스트를 한 곳에 모을 수 있으며 최근에는 구글 리더와 같은 소프트웨어를 사용하여 RSS를 활용한 정보를 얻을 수 있다. **MG**

---

**참고:** 콘돔, 경구 피임약, 체외 수정, 정자 직접주입법(ICSI)

**참고:** 인터넷, 인터넷 프로토콜(TCP/IP), 개인용 컴퓨터 모뎀, 월드와이드웹

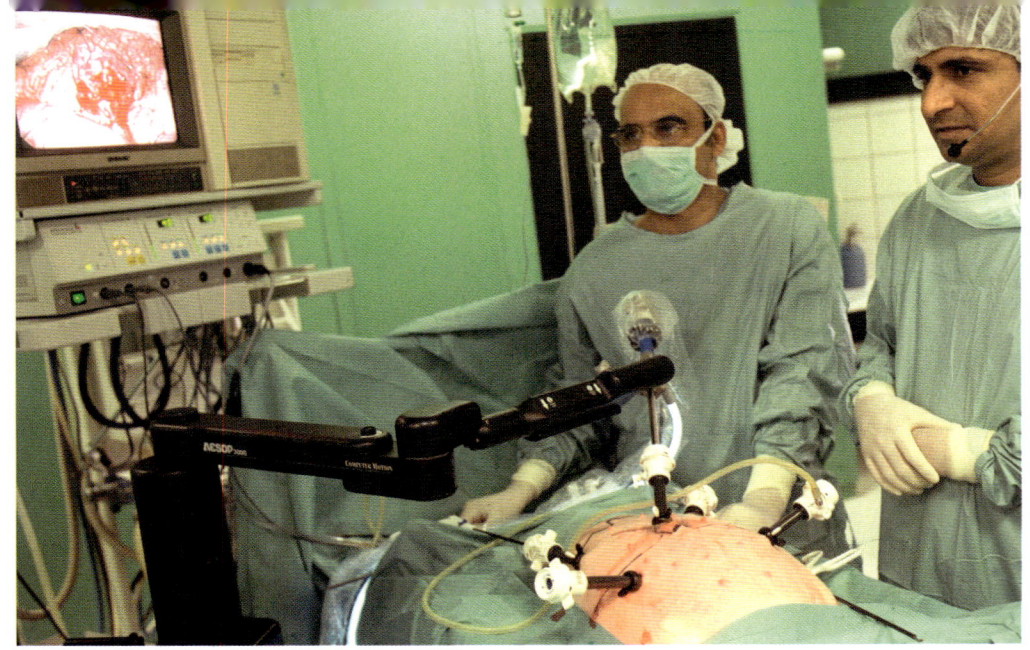

# 원격 수술 (2001년)

가그너가 로봇의 도움으로 원격 수술을 수행하다.

외과 의사들은 키보드나 조이스틱을 사용하여 '다빈치' 혹은 '제우스'와 같은 진보된 수술 로봇의 움직임을 원격으로 제어할 수 있다.

2001년 9월 7일 프랑스 스트라스부르 대학교의 제크 마레스코와 IRCAD 유럽 원격수술협회, 뉴욕 마운트 사이나이 의료센터의 복강경 수술과장 마이클 가그너는 그들로부터 3,700마일(6,000킬로미터) 이상 떨어진 스트라스부르에 사는 68세 여성의 담낭을 제거하였다. 스트라스부르에는 다른 의료진들이 대기하고 있었으나 수술에 간섭하지는 않았다.

'오퍼레이션 린드버그'라고 이름 붙여진 이 수술은 정보를 전달하기 위해 고속 광섬유 네트워크를 필요로 했는데, 수술 중 로봇을 움직이고 그 움직인 결과를 화면으로 지켜보는 것 사이에는 8분의 1초간의 시차가 발생하였다. 이 수술은 복강경으로 진행되었고 카메라와 기구가 조그만 절개를 통해 환자 몸 속에 삽입되었으며 수술이 끝나는 데에는 전통적인 담낭 수술과 비슷한 54분 정도가 소요되었다.

이러한 진보된 기술은 전문 외과의사가 어느 곳에서든지 수술을 진행할 수 있도록 해주었기 때문에 심지어 우주 정거장과 같이 멀리 떨어진 장소에서도 수술이 가능하다.

2006년 5월 이탈리아 밀란에서 수술 로봇이 원격 수술을 진행하였다. 밀란의 산 라파엘레 대학교의 부정맥과 심장전기생리학 학장인 카를로 파포네는 매사추세츠 주 보스턴에서 진행되는 수술을 지켜보며 원격 로봇을 제어하였는데, 34세 남성의 불규칙한 심장 박동을 제어하기 위해 50분에 걸쳐 수술이 진행되었다. **SS**

**참고:** 무균 수술, 내시경, 복강경, 수술 로봇

⬆ 외과의사들이 음성 명령으로 작동하는 수술 로봇인 '이솝'으로 수술을 진행하고 있다.

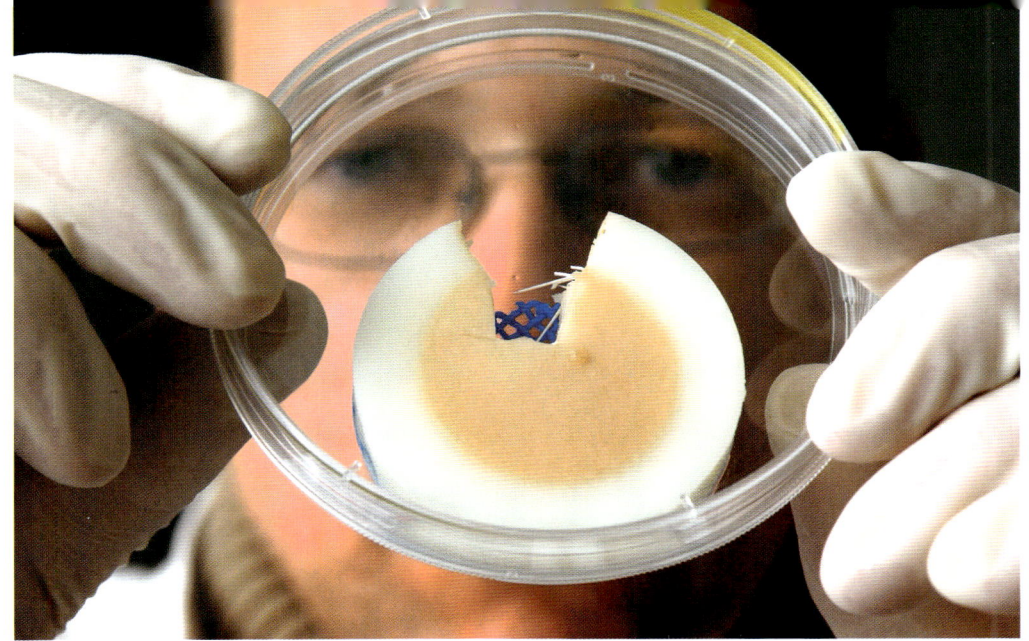

# 인공 간 (2001년)

마츠무라가 급성 간부전 환자가 사용할 수 있는 구조 장치를 발명하다.

사람들은 인공 심장의 등장에 상당히 흥분하며 놀라움을 감추지 못했으나 그 원리를 곰곰이 생각해보면 기본적으로 수천 년 동안 인간이 사용해온 펌프와 동일한 원리라는 것을 알 수 있다. 이렇게 설명하면 인공 심장은 아주 간단한 기술처럼 여겨진다. 하지만 인공 간은 인공 심장과는 달리 매우 복잡한 장치다.

인공 심장이 한 가지 작업만을 처리하면 되는 반면 인공 간은 여러 작업을 동시에 처리해야 한다. 간은 음식을 우리 신체가 사용할 수 있는 원료로 분해하고 해로운 화학 물질의 독성을 없애며 글리코겐 형태로 에너지를 저장하는 역할을 한다. 또한 출혈을 멎게 하는 단백질을 생산하기 위해 담즙으로 많은 물질을 제조한다. 이렇듯 다양한 기능을 하나의 인공 간에 통합시키는 것은 어려운 과제이다.

신체의 모든 혈액을 새로운 혈액으로 교체하는 방법에서부터 혈액 투석에 이르기까지 수많은 방법이 망가진 간을 치료하는 데 사용되었지만 성공하지 못했다.

2001년 인공 간을 처음으로 제작한 케네스 마츠무라 박사와 그의 팀은 간 세포를 취하여 일련의 목탄 필터에 순서대로 올려놓는 것이 인공 간을 만들 수 있는 최고의 방법이라고 생각했다. 이 장치는 부분적으로는 정상적인 간 세포로 만들어졌기 때문에 정상적인 간이 갖는 대부분의 기능을 수행하였으며, 이식을 받아 새로운 간을 사용할 수 있을 때까지 임시적으로 사용되었다.

영국 과학자들은 줄기 세포로부터 최초의 인공 간을 제작하였다. 머지않아 전체 기관을 인공 장비로 이식할 수 있는 날이 오기를 희망해본다. **BMcC**

참고: 인공 심폐기. 인공 피부. 인공 심장. 신장 투석. 제어 약물 전달

↑ 이 페트리 접시에서 볼 수 있는 간 세포와 함께 위치한 플리스가 임시로 쓰이는 외부 인공 간에 사용되고 있다.

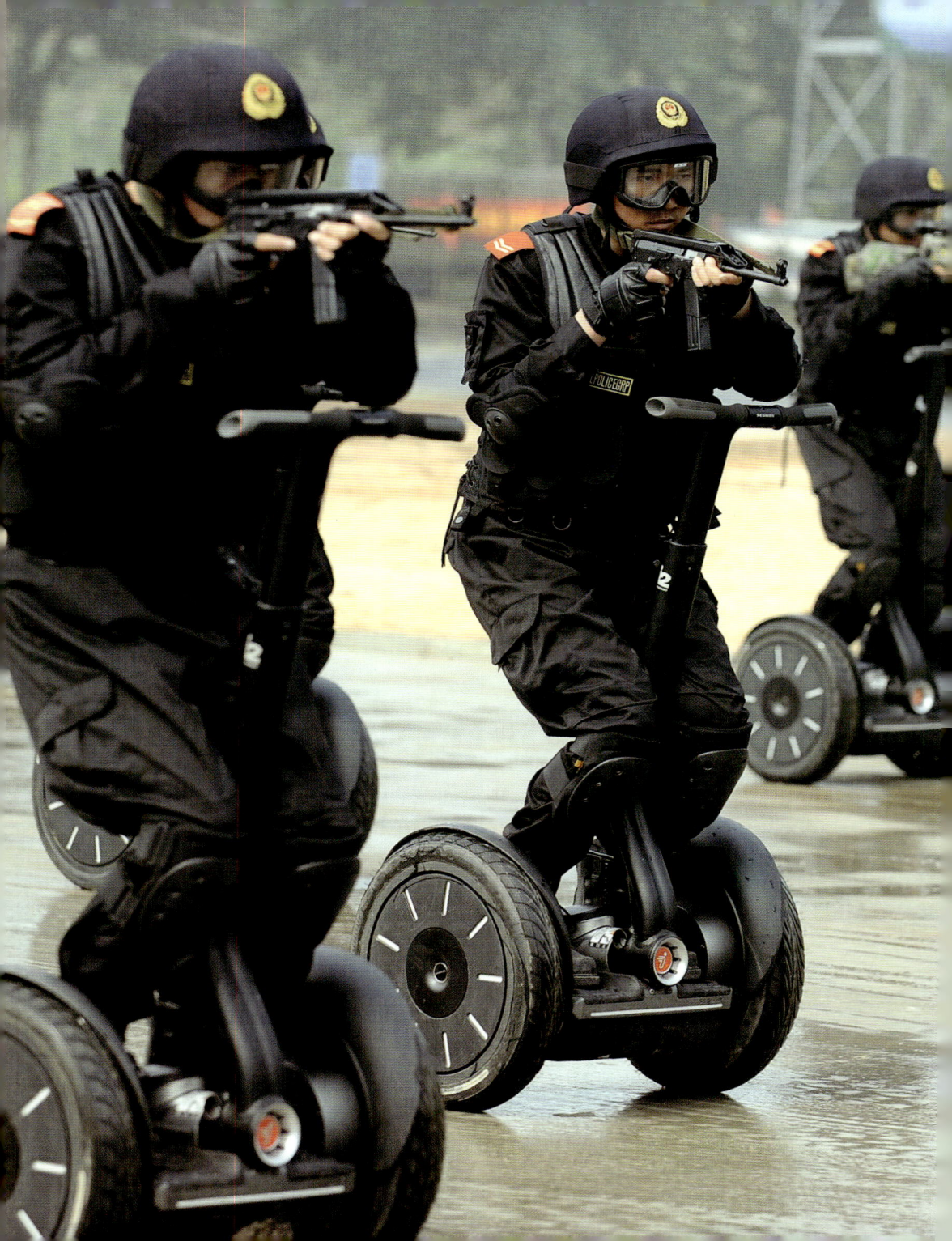

# 세그웨이 PT (2001년)

카멘이 자이로스코프 스쿠터를 제작하다.

딘 카멘(1951년 출생)이 제작한 세그웨이 PT(Personal Transporter)가 2001년 12월 마침내 공개되는 순간, 사람들은 실망감을 감추지 못했다. 세그웨이는 반중력 장치로 한동안 그 영향력이 인터넷보다 클 것이라는 소문이 자자했었다.

사실 1억 달러의 금액으로 10년 이상의 시간이 걸려 개발된 개발된 세그웨이는 5,000달러짜리 자이로스코프 스쿠터일 뿐이다. 사용자는 두 바퀴와 T 모양 핸들 막대기 사이의 플랫폼에 탑승하여 시간당 최대 12마일(20킬로미터)의 속도를 낼 수 있다.

하나의 배터리로 15마일을 운행할 수 있는 세그웨이의 독창성은 경미한 움직임을 등록하는 센서와 마이크로프로세서의 배열에 있으며 바퀴에 부착된 환경 친화적인 전기 모터는 움직임이 발생할 때마다 즉시 작동하여 계속해서 완벽한 균형을 잡아준다. 이러한 기능

> "만약 환경 문제를
> 심각하게 우려하고 있다면,
> 세그웨이를 사용해야만 한다."
>
> 렘비트 오픽, 영국 정치인

덕분에 세그웨이는 브레이크를 가지고 있지 않지만 정지나 감속이 가능하며 탑승자가 움직이는 방향으로 이동할 수 있다.

매우 비싼 가격과 투박한 디자인, 일부 괴짜를 위한 장치라는 낙인은 세그웨이가 현재 홍보 분야 외의 다른 분야에서는 성공하지 못하는 원인이다. **DaH**

---

**참고:** 자동인형, 강화 외골격, 이족보행 로봇, 무인자동차

◄ 2008년 세그웨이 PT에 탑승한 중국 무장 경찰들이 대테러 훈련을 수행하고 있다.

# 위성 라디오 방송 (2001년)

XM社가 라디오 방송에 혁명을 불러일으키다.

자동차 라디오로 좋아하는 방송을 들으면서 운전을 하다 보면 방송국 송신기 범위 밖으로 벗어나 라디오 방송이 차츰 작아지는 현상을 경험하게 된다. 이 현상은 2001년 새로운 라디오 수신법이 등장하면서 해결되었다. 이 새로운 방법을 통해, 이용료만 내면 우주로부터 100개의 다양한 채널에 대한 전파를 수신할 수 있게 되었다.

두 개나 세 개의 고궤도 위성이 제공하는 방송 중계는 위성 접시 없이 성냥갑 정도 크기의 안테나로 강력한 신호를 수신할 수 있도록 했고, 때로는 초고층 빌딩이나 긴 터널로 인해 방송 신호가 약해질 수 있지만 지상에 위치한 타워가 위성 신호를 증폭시켜 이 문제를 해결하였다.

처음에는 두 개의 회사가 위성 라디오를 제공하는 데 필요한 라이센스를 1997년에 승인받았다. XM社와 시리우스社가 바로 그 두 회사로, XM社는 2001년 9월 미국에서 최초로 위성 방송 서비스를 시작하였으며 시리우스社가 2002년에 그 뒤를 이어 위성 방송 서비스를 시작하였다. 한 달 10달러의 이용료로 XM社는 다양한 채널을 제공하였는데, 일부 채널은 뉴스, 스포츠, 교통, 날씨 등 특정한 주제를 다루는 전용 채널이었다. 음악 채널은 광고와 DJ가 없었고, 토크쇼는 무료 지상 라디오 방송보다 검열 수위가 낮았다. 더군다나 위성 라디오 수신기는 현재 방송에서 나오고 있는 가수와 노래 제목을 보여주었다. 곧 수신기는 자동차에서 집으로 옮길 수 있도록 만들어졌다.

초기에는 가입자 수가 더디게 증가하였다. 처음 출시될 당시 채널당 네 명의 청취자만이 존재했지만 2008년경 총 가입자 수가 1,600만 명에 육박하였다. 음원 저작권에 대한 법적 논쟁과 일부 토크쇼 내용에 대한 불만에도 불구하고, 위성 라디오 서비스는 앞으로도 계속 진행될 전망이다. **JM**

---

**참고:** 인공 위성, 정지궤도 통신위성

# 자동 세정 창문

(2001년)

PPG 인더스트리스社가 잡일로부터 해방시켜주다.

21세기 인류의 삶이 점점 더 바빠짐에 따라 과학 기술자들은 우리의 수고를 덜어줄 방법을 계속해서 연구하고 있다. 먼지 봉투가 필요 없는 진공 청소기, 뜨거워지는 시기를 알려주는 냄비, 운전자가 잘못된 길을 가고 있으면 경고를 울리는 자동차 등은 이들이 개발한 유용한 시간 절약 장치라 할 수 있다.

혁신적인 기술인 자동 세정 창문 또한 유용한 시간 절약 장치임에 틀림없다. 하지만 요즘 창문의 청결에 대해 염려하는 사람이 과연 얼마나 되겠는가? 하지만 조사 결과 사람들은 창문의 청결에 관심이 많은 것으로 나타났다. 2001년 PPG 인더스트리스社는 『베터 홈즈&가든스』 매거진에서 2000년에 실시한 소비자 설문조사 결과에 따라 발명되면 좋을 제품 목록 최상위에 위치한 자동 세정 창문을 최초로 개발하였다.

선클린(SunClean)이라고 이름 붙여진 PPG社의 창문은 유리의 매우 얇은 티타늄 옥사이드 층이 태양의 자외선과 반응하여 창문의 유기 티끌을 분해하기 때문에 자동으로 청소가 된다. 티타늄 옥사이드 코팅은 친수성(親水性)을 띠기 때문에 자동 세정 창문은 보통 창문처럼 빗물이 방울져 맺히지 않는 대신 전체 창유리에 걸쳐 얇은 층을 형성하면서 흘러 유리의 티끌을 세척하는 데 도움을 준다.

현존하는 창유리를 자동 세정 창문으로 서둘러 교체해야만 하는 특별한 이유가 있는 것은 아니므로 자동 세정 창문의 인기는 아직 증명되지 못했다. 자동 세정 창문은 현재 수많은 유리 제조사로부터 구매할 수 있지만, 제자리 수인 판매량은 일반 가정집 주인들이 15~20퍼센트의 비용을 더 주고 자동 세정 창문으로 바꿀 마음이 없다는 것을 의미한다. **JB**

참고: 스퀴지, 아이스 링크 청소 기계

# 자가 보수 소재

(2001년)

화이트가 플라스틱의 잠재 수명을 연장하다.

우리의 신체는 자체 치료 능력이 있으며 뛰어난 자가 치료 물질인 피부로 둘러싸여 있다. 2001년 미국의 스콧 화이트와 그의 일리노이 대학교 팀이 자가 보수 중합체를 만들기 전까지 인공 물질은 피부의 이러한 이점을 보유하지 못했다.

자가 보수 소재는 소량의 촉매와 치료제를 포함한 마이크로캡슐로 구성된 합성물질인데, 소량의 촉매는 치료제가 소재의 손상을 복구할 수 있도록 해준다. 소재는 미소 균열로 비롯된 손상 때문에 항상 시간이 갈수록 변질되며 미소 균열은 더 큰 균열로 발달할 수 있다. 마이크로캡슐을 터트려서 나온 치료제가 촉매와 접촉하면서 균열이 메워지는 자가 보수 소재는 긴 수명을 자랑하며 특히 인공 장기나 우주 산업에서 매우 중요한 역할을 할 것으로 기대된다.

> "치료는
> 시간의 문제이지만
> 때때로 기회의 문제이기도 하다."
>
> 히포크라테스, '의학의 아버지'

자가 보수 소재는 자체적으로 보유하는 치료제 양이 한정되어 있기 때문에 수명이 정해져 있다. 일단 치료가 이루어지고 나면, 자가 보수 소재는 원래 강도의 60에서 75퍼센트 수준으로 강도가 약해지지만 유사한 일반 소재보다 최대 20퍼센트 이상까지 강도가 세기 때문에 여전히 건재할 수 있다. 화이트의 궁극적인 목표는 회복 물질을 전달하는 순환 계통을 지닌 생체 모방 소재를 만드는 것이므로, 이 소재는 무한한 수명을 얻게 될 것이다. **JB**

참고: 세포공학, 인공 피부

# 키토산 붕대

(2002년)

헴콘社가 혈액을 응고시키는 인명 구조용 붕대를 발명하다.

상처를 감싸 혈액을 흡수할 뿐만 아니라 상처에 닿아 혈액 응고를 야기시키는 붕대에 대해 들어본 적이 있는가? 키토산 붕대가 바로 이러한 역할을 한다.

키토산은 새우 껍질 속에 있는 합성물질로, 키토산의 분자는 양전하를 띠기 때문에 음전기로 하전한 적혈구와 상호작용하여 혈액을 응고시킨다. 키토산에 대한 연구는 미국 오레곤 메디컬 레이저 센터에서 최초로 시작되었는데, 동물 실험을 통한 초기 결과 붕대로서 사용할 수 있음이 입증되었다. 2002년에는 FDA로부터 키토산에 대한 사용 승인을 취득했으며, 외상을 치료하는 기술을 개발하던 회사인 헴콘社는 키토산 붕대의 개발과 제조에 착수하였다.

키토산 붕대는 전쟁터뿐만 아니라 민간사회에서도 유용하게 사용된다. 상처에 매우 단단한 응고물을 형성시켜 환자가 더욱 쉽게 이송될 수 있도록 해주며 전쟁터에서 수혈의 필요성을 줄인다. 또한 내구성이 있고 휴대가 간편해 군인들은 전쟁 중 입은 부상을 지혈해야 할 때 스스로 응급처치를 할 수 있다. 출혈은 전쟁터에서 죽음을 맞이하게 되는 주요 원인으로, 연구원들은 만약 베트남 전쟁 중에 키토산 붕대가 존재했다면 대략 5,000명의 군인이 목숨을 건졌을 것이라고 추정한다.

2005년 펜타곤은 헴콘社의 키토산 붕대 생산에 1억 500만 달러를 지원하였다. 또한 키토산 붕대는 미군 RDECOM(Research, Development and Engineering Command)가 선정한 최고의 10대 발명품 중 하나로, 목록 중 유일한 의료 제품이다. **RH**

참고: 수혈, 세포공학, 인공 피부, 자가 보수 소재

↗ 키토산은 30초 동안 큰 상처로 발생하는 많은 양의 출혈을 막을 수 있으며, 이는 전쟁에서 매우 중요한 기능이다.

"모든 전투 사망 요인의 20~30 퍼센트에 해당하는 출혈 문제가 키토산 붕대로 해결될 수 있다."

켄톤 W. 그레고리, MD

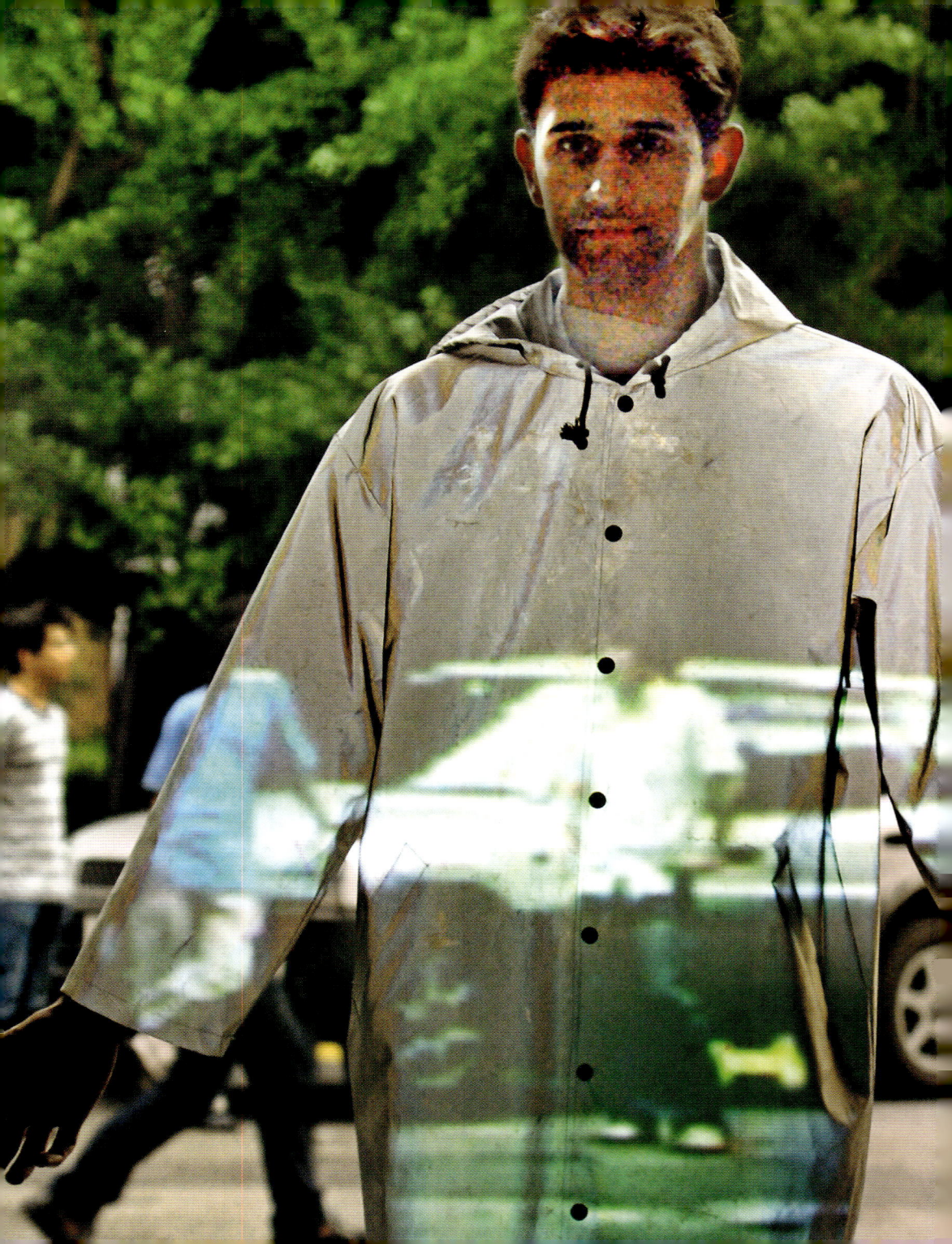

# 광학 위장
## (2002년)

다치가 투명하게 보이도록 만들어주는 외투를 제작하다.

일본인들의 연구 덕분에 21세기 군인들은 머지않아 주변의 배경과 하나가 되어 눈에 띄지 않게될 것이다. 광학 위장은 인공 현실의 과학과 기술을 연구하고 있는 도쿄 대학교 교수인 스스무 다치(1946년 출생)가 개발하였다. 다치는 현재 많은 사물을 눈에 보이지 않도록 만드는 연구를 진행하고 있지만 아이러니컬하게도 이전에는 장님들을 위한 로봇 안내견을 개발했었다.

　다치와 그의 연구팀은 주변 배경을 촬영한 후 물체가 입은 외투에 촬영한 배경을 영사하는 방법으로 광학 위장 기법을 구현하였다. 광학 위장에 사용되는 코트는 일반적인 코트가 아니라 빛을 원래 방향으로 반사하는 수천 개의 작은 구슬로 코팅되어 있기 때문에 코트가 눈에 보이지 않게 된다. 하지만 이것은 어디까지나 이론일 뿐이며 이 시스템을 현실에서 완벽히 구현하

---

"나는 눈에 보이지 않는 현상을 만들고자 했다. 이것은 일종의 증강현실 (augmented reality)이다."

스스무 다치

---

기에는 아직 갈 길이 멀다. 일단은 광학 위장에 필요한 장비 수를 줄여야 한다.

　다치는 2002년 '정보를 제공하기 위한 방법과 장치'라는 이름으로 광학 위장에 대한 특허를 취득하였으며 이후 미군은 이 기술을 사용하여 시제품을 만들었다. 현대전은 머지않아 하나의 큰 술래잡기 게임으로 변할지 모른다. **CB**

# 레이저 트랙 앤 트레이스 시스템
## (2002년)

드로월라드가 제품의 이동 경로를 추적하다.

요즘은 슈퍼에서 사과를 판매하는 단순한 업무에도 진보된 기술이 사용되고 있다. 이전에는 정산대의 계산원이 그라니 스미스, 골든 딜리셔스와 같은 다양한 사과 품종을 분류하여 그에 맞게 소비자에게 비용을 청구해야 했다. 여러 이유로 이 일이 어려워지자 각각의 사과에는 작은 스티커가 부착되었고, 이렇게 부착된 스티커를 사람들은 P. L. U(price look-up)라고 불렀다. 그러나 스티커 부착은 시간이 소요되고 비용을 발생시켰으며 극소수의 정보만을 제공하였다. 더군다나 스티커가 너무 끈끈하면 제거하기가 힘들었고 스티커의 접착력이 충분하지 않으면 스티커가 떨어지기 일수였다.

　2002년 미국의 레이저 전문가인 그렉 드로월라드는 사과 껍질에 레이저로 판독 가능한 바코드를 새겨넣는 아이디어를 생각해냈다. 바코드는 사과의 유형부터 원산지, 출하일, 공급자, 칼로리, 무공해 여부, 유전적 변형 여부 혹은 공정 무역인지에 대한 정보까지 컴퓨터에 알려주었다.

　바코드의 도움으로 사과의 생산에서부터 판매까지 모든 과정을 추적할 수 있게 되었다. 레이저 바코드는 배, 복숭아, 레몬, 오렌지, 오이, 피망 등 수많은 과일과 야채에 새겨질 수 있지만 딸기와 같이 부드럽고 쉽게 썩는 음식은 레이저 바코드를 새기기에 적합하지 않다. 몇몇 사람들은 레이저로 바코드가 새겨진 과일을 여전히 무공해라고 할 수 있는지 의문을 제기하기도 한다.

　하지만 레이저 트랙 앤 트레이스 시스템은 수많은 제조 아이템에 적용될 수 있으며, 시간에 민감한 혈액이나 배포 루트를 따라 전달되는 백신 제품을 다루는 제약 산업에서 매우 유용하게 사용할 수 있다. **DH**

---

**참고:** 군 위장, 야간 투시경, 컬러 야간 투시

⬅ 특수한 빛 반사 직물로 만들어진 코트에 주위 배경을 영사하면 투명화가 이루어진다.

**참고:** RFID, 바코드, 레이저

# 스크램제트 (2002년)

퀸즈랜드 대학교와 퀴네티큐社가 극초음속 비행을 가능하게 하다.

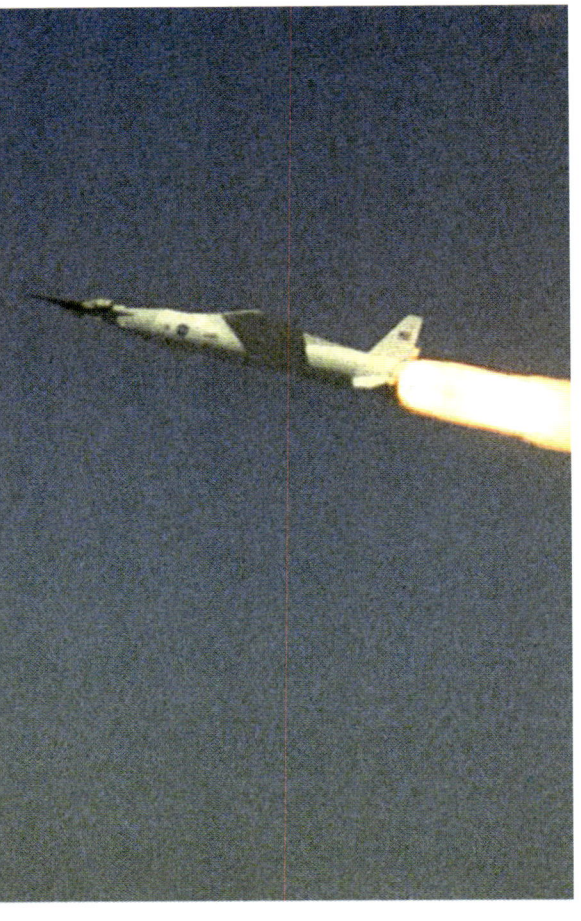

21세기에서 속도는 매우 중요한 요소이기 때문에 과학자들은 터빈 기반 엔진 시스템의 단순함과 비효율성을 개선하여 훨씬 빠른 비행을 가능하게 해주는 스크램제트(scramjet, Supersonic Combustion Ramjet) 엔진을 개발하였다.

스크램제트는 연료 산화제를 전달할 필요성을 없애 엔진의 성능을 개선하였다. 대기 중 산소를 사용하여 비행기 내의 연료를 태우는 이 방법으로 비행기는 더욱 가볍고 빨라질 수 있었다. 스크램제트는 오랫동안 이론상으로만 가능했으나 2002년 호주 퀸즈랜드 대학교의 과학자들과 영국의 방위 회사인 퀴네티큐가 스크램제트 항공기의 성공적인 처녀 비행에 성공하였다. 비록 테스트가 실용적인 엔진 시스템이 아니라 단순히 기술만을 시연하는 수준이었을지라도, 스크램제트 항공기는 음속의 일곱 배인 마하 7에 도달하였다.

이에 자극을 받은 NASA는 비행기에 추진력을 제공할 수 있는 실용적인 기술로 스크램제트를 사용하기 위해 하이퍼-X 프로그램을 진행하고 있다. 사람들은 스크램제트 기술이 비행기를 마하 15에 도달할 수 있도록 해주어 뉴욕에서 도쿄까지의 열여덟 시간 비행을 두 시간으로 단축시킬 것으로 예상된다.

2007년 미국 DARPA(Defense Advanced Project Agency)와 호주 DSTO(Defence Science and Technology Organization)는 합동으로 스크램제트 비행기를 발사하여 극초음속 속도인 마하 10에 도달하는 데 성공하였다. 이러한 극초음속 비행기는 머지않아 등장할 것이다. **FS**

"우리는 극초음속 비행기가
아주 멀지 않은 미래에
현실화 될 것이라고 믿는다."
스티븐 워커 박사, DARPA의 전략기술국

**참고:** 동력 비행기, 제트 엔진, 초음속 비행기, 스텔스 기술

↗ 2004년 NASA X-43A 스크램제트는 마하 9.6 즉, 시간당 거의 7,000마일(1만 1,265킬로미터)의 속도로 비행하였다.

# 블루레이/HD DVD (2003년)

나카무라가 광학 저장매체를 최적화시키다.

HD 미디어는 DVD가 상용화된 지 3년 후인 1998년에 개발되었다. DVD의 저장 용량은 CD의 여섯 배지만 새로운 HD 미디어의 모든 정보를 저장하기에는 용량이 부족하였기 때문에 새로운 포맷이 필요했다. 마침내 2003년 4월 최초의 블루레이 디스크와 HD DVD 호환 장치가 시판되었다.

블루레이와 HD DVD는 DVD보다 여섯 배 많은 정보를 저장할 수 있다. 구식 DVD 플레이어의 저품질 영상을 시청하는 데 불만을 품은 사람들은 최신 대형 텔레비전에서 고품질 영화를 시청하기 위해 HD 저장 매체를 요구하고 있다.

1998년에 개발된 HD 미디어와 2003년에 개발된 HD DVD 저장 매체 사이에는 몇 년간의 시간적 격차가 있었다. 더 짧은 파장을 지닌 레이저로 문제를 해결할 수 있다는 사실을 모두 알고 있었지만 샌타바버라의 캘리포니아 대학교 교수인 나카무라 슈지(1954년 출생) 박사가 블루 레이저 다이오드를 개발하고 나서야 비로소 블루레이와 HD DVD가 세상에 등장하였다. 1990년대 나카무라는 이미 파랑색, 초록색, 흰색 LED를 발명했던 경험을 가지고 있었다. 블루레이라는 이름은 디스크를 읽고 쓰기 위해 사용하는 블루 레이저에서 기원한 것이다.

제조사들은 VHS와 베타맥스 포맷 간의 경쟁으로 뼈아픈 교훈을 얻어 DVD를 다른 경쟁 매체 없이 표준 포맷으로 순순히 채택했다. 하지만 HD 포맷에 관해서는 이러한 선례를 무시하고 또 다시 포맷 경쟁 체제를 구축하였다. 소니의 블루레이 디스크와 도시바의 HD DVD는 시장을 지배하기 위한 경쟁에 돌입했다. 결국 기술을 지닌 거대 회사 간의 싸움에서 소니社가 승리했고 도시바社는 2008년 2월 19일 HD DVD 포맷 제작 중단을 선언하였다. 그 순간 이미 판매된 100만 대의 HD DVD 플레이어는 그 가치를 잃어버리고 말았다. **JB**

참고: 광디스크, 레이저, DVD, 고밀도 컴퓨터 저장매체

# 팟캐스트 (2003년)

라이돈과 위너가 디지털 미디어 파일을 개척하다.

21세기 초 처음 10년 동안 새로운 통신 기술이 확산된 결과, 랩톱으로 텔레비전 쇼를 시청하고 핸드폰에서 뉴스를 읽으며 MP3 플레이어에서 라디오 방송을 듣는 것이 가능해졌다. 팟캐스트는 이러한 것을 쉽게 수행하는 역할을 하고 있다.

디지털 오디오 파일 혹은 비디오 파일인 팟캐스트는 가입된 사용자에게 자동적으로 배포되며 사용자는 개인용 컴퓨터, MP3 플레이어 혹은 핸드폰 같은 모바일 장치를 사용하여 배포받은 파일을 듣거나 볼 수 있다. 팟캐스터가 비디오 혹은 MP3 오디오 파일을 만들고 나면 RSS 피드 파일은 팟캐스트의 위치를 가리키는데, 수신자는 '애그리게이터' 소프트웨어를 사용하여 팟캐스트를 구독할 수 있다. 이 소프트웨어는 RSS 피드를 주기적으로 체크하여 콘텐츠가 존재하는지, 혹은 새로운 콘텐츠가 추가되었는지 확인한 후 콘텐츠를 자

> "질문은 인터넷 규칙에 의한 새로운 세상을 보고하고 논평할 수 있는 방법이다."
>
> 크리스토퍼 라이돈

동으로 다운로드 하는 역할을 한다.

팟캐스트라는 용어 자체는 2004년 영국의 기술 칼럼니스트인 벤 해머슬리가 '아이팟'과 '브로드캐스트'라는 단어를 조합하여 만들었다. 전직 뉴욕타임스 리포터이자 라디오 진행자였던 크리스토퍼 라이돈(1940년 출생)이 팟캐스트를 최초로 제작한 것으로 알려져 있지만, 사실 데이브 위너(1955년 출생)와 같은 사람들도 팟캐스트 제작에 많은 공헌을 했다. 데이브 위너는 라이돈의 블로그를 자동적으로 널리 배포시키기 위해 RSS 신디케이션 피드를 개발하였다. **TB**

참고: 웹 신디케이션 (RSS)

# 고밀도 컴퓨터 저장매체
## (2005년)

**IBM社가 컴퓨터 메모리를 매우 향상시키다.**

컴퓨터에는 근본적으로 두 가지 유형의 메모리(메인 메모리와 하드 드라이브)로 구성된다. 메인 메모리인 DRAM(Direct RAM)은 컴퓨터 메모리의 액티브 스토리지 구성요소로, 빠르지만 거의 정보를 저장하지 않는 반면 다른 유형의 메모리인 하드 드라이브는 정보를 저장하기 위해 논리적으로 자기화된 금속 디스크를 사용한다. 이러한 이유로 강력한 자석을 랩톱 컴퓨터 위에 올려놓으면 안 된다. 하드 드라이브는 디스크가 아래쪽에서 회전하는 동안 정보를 읽게 되는데, 이 과정은 메인 메모리가 정보를 읽는 시간에 비해 긴 시간이 소요된다.

2005년 IBM은 생김새가 닮았기 때문에 소위 '노래기(millipede)'라고 불리는 고밀도 컴퓨터 저장매체를 개발하였다. 노래기는 나노 기술을 사용하여 실리콘

> "2010년경에는 슈퍼 컴퓨터가 한 사람의 두뇌 용량과 맞먹는 저장 용량을 갖게 될 것이며, 2020년경에는 PC가 그렇게 될 것이다."
>
> 레이몬드 커츠와일, 발명가 겸 미래학자

처리된 중합체 표면의 작은 오목부에 정보를 저장하며, 이 정보는 전통적인 하드 드라이브보다 훨씬 빨리 읽고 쓸 수 있는 일련의 원자력 탐사기로 읽힌다.

결론부터 얘기하자면 노래기는 하드 드라이브보다 훨씬 더 빠르다. 정보를 읽고 쓰는 시간이 거의 DRAM 속도와 맞먹으며 하드 드라이브보다 더 많은 정보인 평방인치당 1테라바이트 만큼의 정보를 저장할 수 있다. 이러한 저장 용량은 현재 사용되고 있는 자기 저장장치보다 네 배 더 큰 용량이다. **BG**

---

**참고:** 펀치 카드, 자기코어 기억장치, 플래시 메모리, JPEG 압축, MP3 압축

# 컬러 야간 투시
## (2005년)

**TNO社가 야간 투시 기술을 개량하다.**

야간 투시경은 원래 군사적 목적으로 1942년 미국인 윌리엄 스파이어서가 개발하였다. 그로부터 몇년 후, 투시경의 카메라는 작은 양의 빛을 취한 후 증폭시켜 회색이나 초록색의 흐릿한 화상을 생성하였고 이를 통해 밤에 무슨 일이 벌어지고 있는지 확인할 수 있었다. 만약 증폭시킬 빛이 존재하지 않을 정도로 칠흑같은 어둠 속이라면 적외선 감지기가 움직이는 물체의 열을 측정하여 열의 농도로 사물을 볼 수 있게 했다.

하지만 회색이나 초록색으로 보이는 야간의 모습은 물체의 거리를 판단하기 힘들게 만들었다. 또한 대낮에 여러 색상으로 보이는 것과는 달리 사물이나 배경이 동일한 회색으로 보여졌으므로 사물과 배경의 구별이 어려웠다. 네덜란드 군대는 밤에 사물을 컬러로 볼 수 있는 투시경을 개발하기 위해 네덜란드 수스테르베르흐에 위치한 알렉스 토엣의 TNO 연구팀에 개발을 의뢰하였다.

2005년 공개된 야간 투시경은 모든 색상을 식별할 수 있는 대낮에 샘플 사진을 투시경에 입력하며 투시경은 입력된 컬러 사진을 해당하는 회색 야간 사진과 중첩시켜 두 사진을 비교한다. 이 과정이 끝나면 투시경은 밤에 사용될 때마다 야간 화상을 즉시 컬러로 변환할 수 있다.

초기의 컬러 야간 투시경은 도시, 지방, 사막, 연안 환경에 맞춰 다양하게 설정해야 했지만 이후에 출시된 야간 투시경은 GPS(Global Positioning System) 데이터를 사용하여 컬러 야간 투시경이 사용되고 있는 특정한 위치에 맞춰 자동으로 색상 범위를 조절하게끔 프로그램되었다. 군사용 목적 이외에도 응급 의료 서비스 시 야간 수술을 위해 컬러 야간 투시경을 사용할 수도 있다. **DK**

---

**참고:** 야간 투시경, GPS, 영상 증폭관

# 서피스 컴퓨팅

(2006년)

마이크로소프트社가 개인용 컴퓨터를 책상에서 내려놓게 만들다.

2006년 마이크로소프트社는 마우스와 키보드 대신 임베디드 후면 투사형 터치 스크린을 포함한 테이블 탑을 사용하여 컴퓨터와 상호작용할 수 있는 새로운 방법을 시연하였다. 스크린 뒤 테이블 안에는 시야를 중첩시킨 다섯 개의 카메라가 위치하였으며 이러한 카메라는 화면을 통해 사물을 보고 화면에 있는 항목을 인지하거나 읽도록 프로그램되었다. 또한 물리적 객체를 인식하고 펜 혹은 브러쉬의 움직임과 손짓을 추적하며 신용카드나 고객 우대 카드를 읽을 수 있었다.

서피스는 수많은 터치 지점을 지원해 많은 사람이 동시에 한 대의 컴퓨터를 사용하고 한 명의 사용자가 한꺼번에 여러 일을 처리할 수 있도록 해주었다. 예를 들어 디지털 카메라를 컴퓨터 테이블에 올려놓으면 컴퓨터는 그것이 카메라라는 것을 즉시 인식하여 카메라에 저장된 이미지를 다운로드한 후 테이블 탑 스크린에 나타낸다. 이미지 확대는 단순히 이미지 끝을 양 손가락으로 잡아서 늘리기만 하면 되었으며 음악 플레이어에 노래를 드래그해서 넣거나 빼는 것도 유사한 방법으로 수행되었다. 이 장치는 인간의 손을 사용하여 컴퓨터와 상호작용할 수 있게끔 해주었다.

현재 마이크로소프트 서피스는 호텔, 공공 엔터테인먼트 개최 예정지, 상점, 레스토랑에서 사용되고 있지만 머지않아 음악 및 책 목록의 검색, 특정한 항목의 다운로드, 비디오 포커 플레이, 맥주나 음식 주문에 활용될 것이다. 또한 컴퓨터 게임 기술의 획기적 진보에 많은 도움을 줄 것이며, 컴퓨터 사진에 색상을 입힐 경우 실제 붓과 가상 팔레트를 사용할 수 있도록 해줄 것이다. **DH**

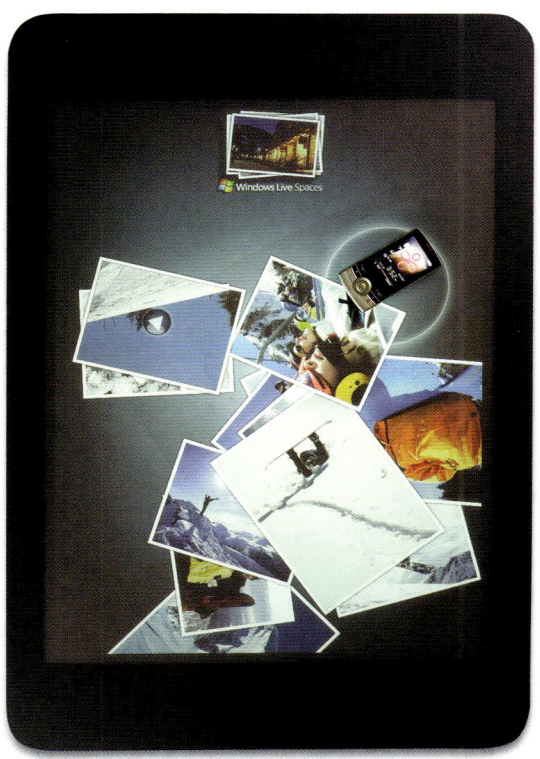

**참고:** 터치패드, 터치 스크린, 플라즈마 스크린

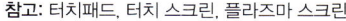
한 손가락 혹은 두 손가락으로 터치하여 이미지를 이동하거나 크기를 조절할 수 있는 테이블 탑 스크린.

"식탁, 의자, 과일 한 그릇, 바이올린 등 사람이 행복해 지는 데 필요한 것이 뭐가 더 있겠나?"

알베르트 아인슈타인

# 주문형 도서출판 (2006년)

북스온디멘드社가 단기 인쇄 비용을 줄여주다.

북스온디멘드社는 2006년 주문 즉시 책의 사본을 인쇄하는 방법인 주문형 도서출판(POD, Printing On Demand)을 개발하여 출판업계에 혁명을 불러일으켰다. POD는 전통적인 인쇄보다 훨씬 빠르고 설정이 단순한데, 이는 페이지가 전자적으로 저장되어 석판 필름이나 인쇄용 판이 필요하지 않기 때문이다. POD는 장당 단가가 기존 인쇄 방법보다 비싸지만 설치 비용을 고려해 본 후 적은 량으로 인쇄하면 장당 더 낮은 가격으로 인쇄가 가능하다. POD 서적은 전통적인 인쇄 포맷이나 e-book 중 한 가지 형태로 만들어질 수 있다.

POD 디지털 기술은 오래되고 비교적 잘 알려지지 않은 수많은 서적을 새롭게 출력하여 그러한 서적들이 잊혀가는 것을 방지하고 있다. CUP(Cambridge University Press)는 1998년 이후 POD를 사용하고 있으며 카탈로그에 현재 1만 개 이상의 서적을 보유 중이다. POD 회사인 라이트닝 소스社는 18세기 스페인 음악이나 유성의 기원 등 다양한 주제로 대략 월간 100만 권 정도의 서적을 제작하고 있다.

POD 공법은 또한 유명인사의 자서전, 텔레비전 프로그램 책자, 리얼리티 TV 프로그램 광고지처럼 단기간에 많은 양의 인쇄가 필요한 경우에 유용하다. 이러한 종류의 인쇄물은 장기간 소비되는 물량이 아니기 때문에 출판업자들은 적은 수량만을 기존 인쇄 기법으로 출력한 후 추가 수요가 있을 때마다 POD를 사용하여 창고에 재고가 쌓이는 위험을 최소화시키고 있다.

POD는 종이와 잉크를 덜 사용하며 쓰레기를 거의 발생시키지 않기 때문에 전통적인 인쇄 방법보다 훨씬 환경 친화적인데, 이는 현대 산업 사회에서 매우 중요한 요소이다. **FS**

**참고:** 에칭, 라이노타이프기, 모노타이프기, 이동형 활자, 석판인쇄

# 아이폰 (2007년)

애플社가 새로운 개념의 핸드폰을 출시하다.

2007년 1월에 출시된 애플 아이폰은 음악 재생, 사진 찍기, 인터넷 검색, 이메일 전송, 영화 재생이 가능하며 최대 8기가바이트의 정보를 저장할 수 있었다. 아이폰은 또한 멋들어진 터치 스크린 메커니즘과 함께 Wi-Fi, 계산기, 달력, 메모장 기능을 보유하였으며 전화기의 기능까지 갖추고 있었다.

큰 화면에 버튼이 없는 외관을 지닌 아이폰은 전화기처럼 생기지 않아 디자인 그 자체만으로도 눈에 띄었으며 터치 스크린을 통해 손가락만으로도 작동되도록 설계되었기 때문에 다른 모델처럼 스타일러스(stylus)가 필요하지 않았다.

그러나 전 세계 스마트폰 시장에서 점유율이 5퍼센트 정도에 불과할 만큼 아이폰은 기대했던 수준의 성과를 내지 못했는데, 이러한 결과를 초래한 원인에는 아이폰의 초기 판매 가격이 599달러였던 것도 어느 정

> "우리는 아이폰이 '게임 체인저'라고 생각한다. 아이폰은 핸드세트(handset)에 대한 사람들의 생각을 바꿔놓을 것이다."
>
> 랜달 스티븐슨, AT&T의 최고 경영자

도 영향을 미쳤다. 판매 가격은 나중에 399달러로 인하되었는데 이 때문에 초기 구매자들의 원성을 샀다.

2008년 7월 애플社는 더욱 빠른 3G 네트워크를 이용할 수 있는 새롭고 저렴하며 개선된 아이폰 3G를 출시하였다. 비록 애플社의 많은 직원이 관여했지만 아이폰의 발명가는 애플社의 CEO인 스티브 잡스이다. **RP**

**참고:** 핸드폰, 디지털 핸드폰, 스마트폰

▶ 얇은 외형의 아이폰 LCD 터치스크린이 작동 메뉴를 보여주고 있다.

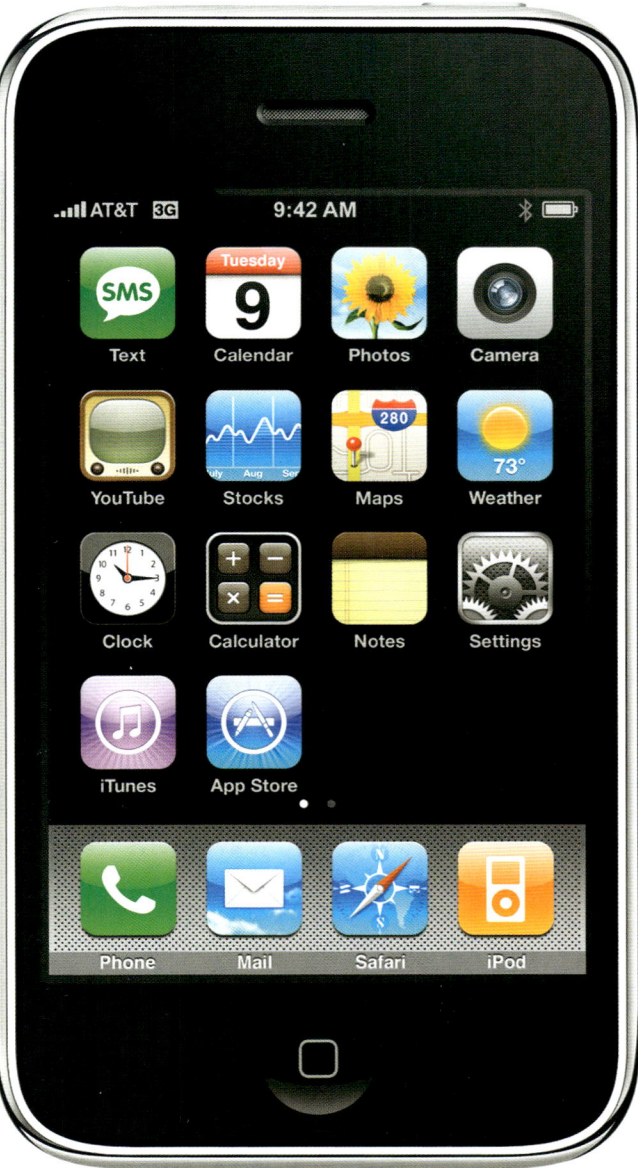

# 생체공학 눈 (2007년)

아르고스 II로 장님이 형체를 식별할 수 있게 되다.

2007년 미국에서는 70명의 환자를 대상으로 아르고스 II라고 하는 새로운 장치의 임상실험이 진행되었다. 이는 안경에 부착된 카메라를 사용하여 시각 정보를 안구에 위치한 전극으로 공급하는 것으로 이 실험에서 장님 환자들은 형체나 움직임을 볼 수 있었다. 아마도 매우 가까운 미래에는 진정한 생체공학 눈이 등장할 것으로 예상된다.

시력을 회복시킬 수 있는 방법에 대한 연구는 1950년대 이후부터 진행되어 왔다. 인공 안구는 일반적으로 빙정석이나 의료용 아크릴로 만들어진 얇은 시트로, 기능을 하지 못하는 안구 위에 씌워졌다. 최근에 연구원들은 맹인들에게 시력을 되찾아주는 방향으로 연구를 진행하고 있지만 선천적인 맹인에게 시력을 되찾아주는 것은 매우 어려운 일이다.

과학자들이 개발한 생체공학 눈은 맹인들의 시력

> "이 혁명적인 기술은
> 사람들의 삶의 방식을 변화시킬 수 있는
> 잠재력을 가지고 있다."
>
> 아니타 라이프스톤, 왕실 국립 시각장애인연구소

을 완벽하게 회복시키는 수준까지는 아니더라도 이에 거의 근접한 상태이다. 정말로 중요한 것은 전자 신호와 생체공학 눈 사이의 관계인데, 이 부분은 현재 연구 중이며 성인이 되고 나서 시신경에 피해를 입었다면 전극을 사용하여 시신경을 다시 살려내는 것이 가능한 상태이다. 생체공학 눈은 최대 60개까지 일련의 복잡한 전극을 사용하고 있지만 완벽하게 작동하는 생체공학 눈은 아직 등장하지 않았다. **KB**

참고: 인공수족, 인공와우, 라식 수술, 능동 인공기관

# 강입자 충돌기 (2008년)

CERN의 입자 분쇄기가 완성되다.

인간이 건설한 것 중에 가장 큰 기계인 강입자 충돌기(LHC)는 지하 165에서 575피트(50.175미터) 지점에 위치한, 원주가 17마일(27킬로미터)에 달하는 거대한 원형 터널 내에 자리잡은 입자 가속기이다. 제네바 근처에 위치한 강입자 충돌기는 그 크기가 너무 커서 프랑스와 스위스 간 국경을 통과할 정도이다.

원형 터널은 1983년에서 1988년 사이에 건설되어 2000년까지 운용된 또 다른 입자 가속기인 거대 전자-양전자 충돌기를 장착하고 있었다. 거대 전자-양전자 충돌기의 교체품인 강입자 충돌기는 1995년에 인가되었으며 2008년 9월 거대 전자-양전자 충돌기와 교체되었다. LHC는 여태껏 건설된 것 중에 가장 강력한 입자 가속기로, 근본적인 이원자 입자를 다루도록 설계되었다.

LHC는 빛의 속도로 양자를 가속화 할 수 있는 자석을 사용하기 때문에 양자는 100만분의 1초 이하로 가속기를 순회할 수 있다. 또한 LHC에서는 두 개의 광선이 링 주위를 서로 다른 방향으로 움직이는데, 두 개의 광선이 네 개의 독립된 지점에서 교차되면 양자가 거대한 에너지로 충돌하여 발생한 양자의 파괴가 고감도 기구에 의해 관찰된다.

이렇게 양자 간의 충돌을 발생시키는 목적은 미세 규모로 무수히 새로운 입자를 생성하여 우주가 태어났던 빅뱅 상태의 일부 상황을 재현하는 데 있다. 일부 과학자들은 LHC에서 얻은 결과로 힉스 입자의 존재가 밝혀지기를 바라고 있다. 소위 '신의 입자'라고 불리는 힉스 입자는 입자의 질량을 결정할 수 있다. **DHk**

참고: 거품상자, 사이클로트론, 싱크로트론

➜ LHC 내에 통합되어 있는 세계에서 가장 큰 초전도 솔레노이드 자석의 코어.

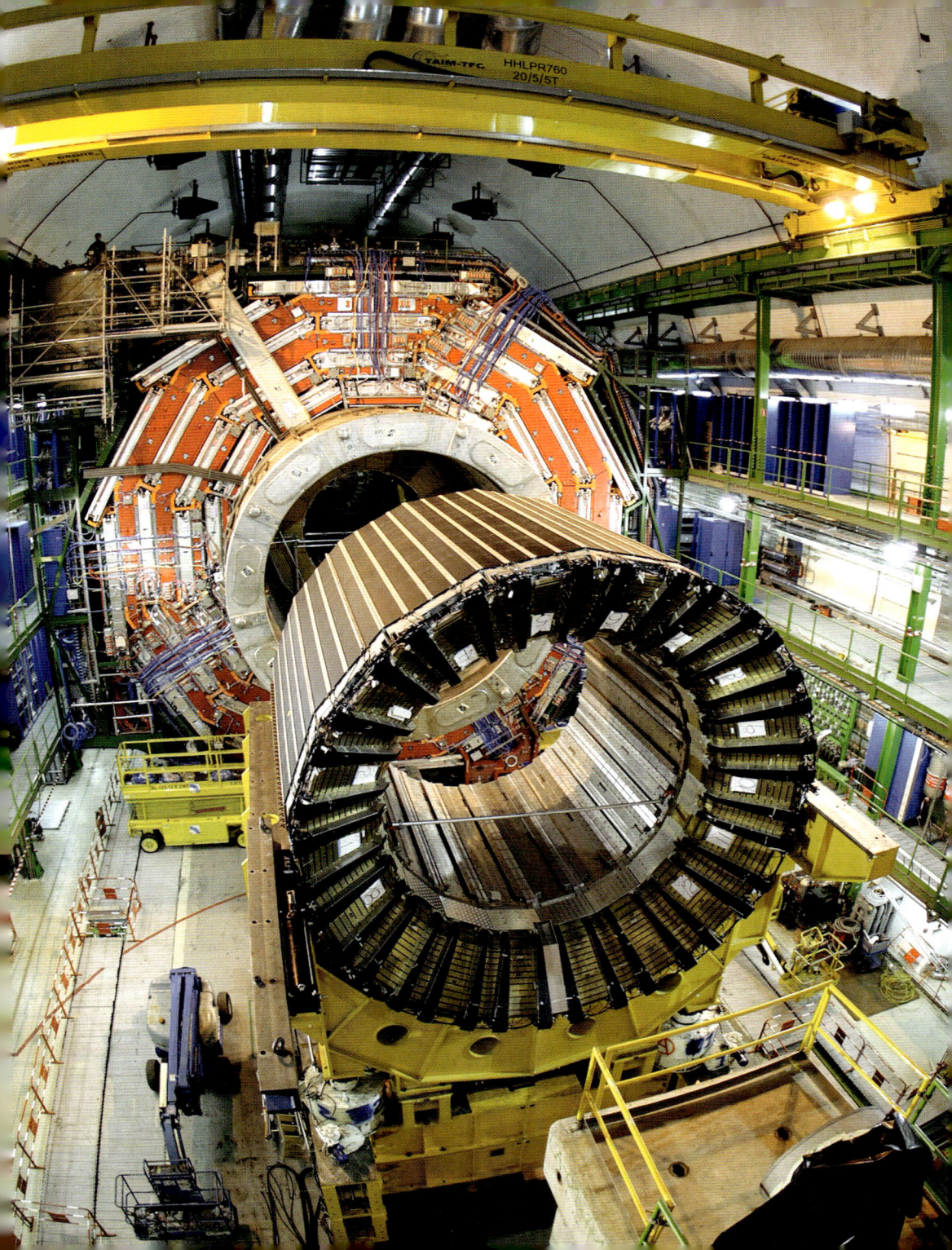

# 용어설명

## CFC
CFC(클로로플루오로카본)은 염소, 불소, 탄소를 포함한 화합물로, 오랜 기간 동안 냉장고의 냉매제와 드라이클리닝 솔벤트로 사용되었지만 현재는 오존층 손상 유발 효과로 인해 사용이 금지되었다.

## DNA
DNA(Deoxyribonucleic acid)는 살아 있는 모든 생물의 유전 부호를 가진 핵산으로, 이중 나선으로 함께 꼬인 한 쌍의 DNA 분자 형태로 존재한다. 나선 참조.

## pH
용제 상 수소 이온의 농도 측정치로, 산성이나 알칼리성으로 수치를 나타낸다. 순수한 물은 pH가 7이며, 7보다 낮은 쪽을 산성, 7보다 높은 쪽을 알칼리성으로 표현함. 산, 알칼리 참조.

## RAM
'Random Access Memory'의 약어로, 컴퓨터의 단기 작업용 메모리(데이터 저장소).

## RNA
단백질 합성에 필수적인 핵산으로, DNA와 달리 단일 가닥 분자로 구성됨. DNA 참조.

## X선(X-ray)
전자기 방사선의 한 형태로, 감마선보다 파장이 길고 주파수가 낮은 광선. 의학과 공공 보안 분야에 사용되며 전리 방사선의 형태가 되면 위험할 수 있으므로 사용에 주의를 요한다.

## 감마선(Gamma-ray)
소립자 상호작용으로 생성되는 고에너지 전자기 방사선이나 고주파 발광을 나타내는 말. 감마선은 살아 있는 세포를 통과하여 손상을 입힐 수 있다. X선 참조.

## 강철(Steel)
탄소와 다른 요소(망간, 크롬, 바나듐, 텅스텐)를 포함한 철의 합금.

## 경작(Tillage)
잡초를 뽑고 토양을 일궈 작물을 재배할 수 있도록 땅을 개간하는 행위이다.

## 고도(Altitude)
해수면이나 지표면처럼, 알려진 수준으로 표현된 물체의 높이. 천문학에서는 물체의 수평선 위 높이를 의미하며 각도로 측정된다.

## 공기식(Pneumatic)
공기 드릴처럼 압력하에서 공기나 가스로 작동하는 장치를 설명하는 단어.

## 광석(Ore)
바위처럼 자연적으로 생겨난 물질로, 미네랄이나 금속을 포함한다.

## 광자(Photon)
전자기 방사선을 전달하는 소립자나 파동을 일컫는다. 광자는 정지 질량이 0이라는 점에서 전자와 같은 유형의 소립자와 구별된다.

## 광학(Optics)
빛뿐만 아니라 눈과 시야를 연구하는 학문 분야.

## 기가와트(Gigawatt)
10억 와트와 동일한 단위로, 대형 발전소나 파워 그리드의 출력량을 표현하는 데 사용된다.

## 기계식 이스케이프먼트 (Mechanical escapement)
진자가 회전하거나 평형 바퀴가 제어될 수 있도록 기어의 움직임을 조정하는 시계 장치.

## 나선(Helix)
소용돌이 모양을 한 삼차원 공간의 커브. 단백질, 핵산, 중합 분자의 원자는 DNA의 이중 나선처럼 나선의 모습을 하고 있다. DNA 참조.

## 니트로글리세린(Nitroglycerin)
글리세롤을 질산염으로 처리하여 얻은 무겁고 기름기 있는 액체로, 불안정하여 폭발 위험이 높기 때문에 1860년대 이후 다이너마이트 같은 폭발물에 사용되었다.

## 도체(Conductor)
열, 전기, 음성을 전송하는 물체나 장치. 일부 물질은 다른 물질보다 더 뛰어난 도체이며, 전도율이 높은 구리와 전도율이 낮은 나무를 비교하면 구리가 나무보다 더 뛰어난 도체가 된다.

## 동체(Fuselage)
승무원, 승객, 화물을 수용하는 비행기 몸체.

## 동축(Coaxial)
문자 그대로 같은 축을 공유한다는 의미 외에도, 여러 전도 매체가 함께 외피에 싸여진 동축 케이블을 일컫는다.

## 디지털(Digital)
신호나 정보를 연속적이지 않은 물리적 수량으로 전환하여 산술 숫자로 표현하는 것. 아날로그 참조.

## 라텍스(Latex)
다양한 식물과 나무에서 발견되는 천연 고무 물질. 고무나무에서 추출된 라텍스는 여러 상업적 고무 응용제품에 원료로 사용된다.

## 래칫(Ratchet)
한쪽 방향으로만 회전 운동을 허용하는 장치. 회전식 십자문, 잭, 호이스트, 래칫 스크류 드라이버가 이에 해당한다.

## 레이더(Radar)
'Radio Detection and Ranging'의 약어로, 움직이는 객체에 전자기 파형을 반사시키고 범위, 고도, 방향, 속도를 측정하기 위해 반사된 신호를 처리하는 시스템.

## 레이저(Laser)

'Light Amplification by Stimulated Emission of Radiation'의 약어로, 원자나 분자로부터 광자의 발산을 자극하여 응집된 빛을 일컫는다. 레이저는 레이저 프린터, 광섬유, CD/DVD플레이어에 사용되고 있으며 제조업에서는 금속과 기타 물질의 형체를 구성하는 데 이용하고 있다.

## 마력(Horsepower)

내연기관의 힘을 일컫는다. 말과 증기엔진의 비교에서 기원된 이 용어는 현재는 엔진 출력의 측정치를 나타낸다. 킬로와트, 메가와트, 기가와트, 테라와트 참조.

## 메가와트(Megawatt)

백만 와트의 전기와 동일한 의미로, 벼락이나 발전기의 거대한 전기 출력량을 표시하는 데 사용.

## 모뎀(Modem)

변조와 복조를 위한 장치. 일례로 전화선의 아날로그 신호를 컴퓨터의 디지털 데이터로 변환하는 역할을 한다.

## 모조 피지(Vellum)

송아지 피부로 만들어진 얇고 결이 고운 양피지. 양피지 참조.

## 박식가(Polymath)

여러 주제에 대해 광범위하게 알고 있는 사람.

## 반도체(Semiconductor)

실리콘과 같은 고형물로 만들어져 전기를 전도하고 절연시키는 역할을 한다. 반도체는 컴퓨터, 휴대전화, 디지털 텔레비전과 같은 장치에 사용되고 있다.

## 반지름(Radius)

원의 중심에서 둘레까지 측정한 직선거리. 지름 참조.

## 발전기(Dynamo)

전기 발전기의 초기 형태로, 기계 에너지를 전기 에너지로 변환하는 장치.

## 발전기(Generator)

전기와 같은 에너지를 생성하는 장치 혹은 가스나 증기를 생성하는 메커니즘.

## 방사(Radiation)

원자나 전자가 고에너지 상태에서 저너지 상태로 변경될 때 전자기파로 방출되는 에너지로, 불안정하고 위험한 방사선 형태인 전리방사선을 가리키는 단어. 전파와 극초단파는 비전리방사선의 예로, 전리방사선보다 안정적인 상태이기 때문에 위험하지 않다.

## 방사능(Radioactivity)

불안정한 원자핵으로부터 발산되는 전리방사선이나 입자를 가리킨다. 방사 참조.

## 방위각(Azimuth)

진북과 같은 기준면 사이의 각도와 별이나 행성과 같은 우주의 지점을 측정하는 개념. 예를 들어 기준면으로 0도의 진북을 사용하면 남쪽 지점의 방위각은 180도가 된다.

## 배터리(Battery)

1800년 알렉산드로 볼타가 발명한 저장한 화학 에너지를 전기로 전환하는 장치. 배터리는 원래 전해액 전지를 연결하여 제작되었으나 현대식 배터리는 반죽을 포함한 건전지로 구성된다.

## 보즈-아인슈타인 응축물
### (Bose Einstein condensate)

과냉각 상태하에서 대부분의 원자가 단일 상태나 초원자로 합쳐지는 현상. 알베르트 아인슈타인과 사티엔드라 보즈가 발표한 연구에서 유래된 이름.

## 볼트(Volt)

전기 힘의 측정 단위로, 1800년 전지를 최초로 개발한 이탈리아 물리학자인 알렉산드로 볼타(Alessandro Volta)의 이름에서 유래한 용어.

## 분류학(Taxonomy)

살아 있는 생물을 식물군이나 동물군처럼 분류하는 학문.

## 산(Acid)

7보다 낮은 PH 용제로, 물에 용해될 때 수소 이온을 방출하는 화학 화합물. pH 참조.

## 산화 환원(Redox)

분자, 원자, 이온에 결부된 전자 수를 감소시키거나 증가(산화)시켜 산화수 (oxidation number)를 변경하는 화학 공정. 산화 참조.

## 산화(Oxidation)

산소와 다른 물질과의 화학 반응. 탄소가 산화되어 이산화탄소가 발생하는 현상을 예로 들 수 있다. 산화 환원 참조.

## 솔레노이드(Solenoid)

원통형으로 도선을 감은 장치로, 전류가 적용될 때 자석의 기능을 함.

## 솔벤트(Solvent)

다른 물질을 용해시키기 위해 사용하는 액체나 가스로, 용제의 형태로 만들어짐. 매니큐어 제거액, 페인트 시너, 드라이클리닝용 유기용제 등이 솔벤트 사용의 예이다.

## 수경법(Hydroponic)

토양을 이용하지 않는 대신 물에 용해된 영양분으로 식물을 재배하는 방법.

## 수력발전(Hydropower)

동력을 공급하기 위해 흐르는 물의 에너지를 사용하는 것으로, 물레바퀴나 물레방아와 같은 메커니즘이 포함된다. 수력학 참조.

## 수력학(Hydraulics)

관개(灌漑)를 목적으로 수로를 내는 것처럼, 흐르는 액체를 파이프, 펌프, 터빈을 통해 제어하는 학문.

## 스쿠버(Scuba)

'Self-Contained Underwater Breathing Apparatus'의 약자로, 잠수부들이 수중에서 잠수할 수 있도록 해주는 장비.

**아날로그(Analog)**
전압의 경우와 같이, 신호나 정보를 연속적으로 표현하는 것. 디지털 참조.

**알고리즘(Algorithm)**
수학적 계산이나 컴퓨팅 같은 다른 유형의 처리 연산에 수반되는 규칙.

**알칼리(Alkaline)**
물에 용해되는 pH 7 이상의 화학 합성물. pH 참조.

**암모니아(Ammonia)**
높은 농도의 알칼리 용제의 제작을 위해 물에 용해하는 무색 가스. 세정액으로 사용.

**암호학(Cryptography)**
코드를 작성하고 해독하는 학문.

**압축기(Compressor)**
터빈에 동력을 공급하기 위해 증가된 압력으로 가스를 공급하는 메커니즘. 이 용어는 또한 신호의 범위를 제한하는 전기 증폭기를 가리키는 단어이기도 하다.

**양피지(Parchment)**
염소 피부와 같은 동물 피부로 만든 얇은 필기 용구. 모조 피지 참조.

**연금술(Alchemy)**
기본 금속을 금으로 바꾸는 것이 가능하다는 가설에 기반 하여 중세 시대의 화학 발전을 이끈 학문.

**연소(Combustion)**
연료와 산화제가 가열될 때 발생하는 일련의 반작용.

**열역학(Thermodynamics)**
열을 전력으로 변환하는 학문.

**와트(Watt)**
기기에 의해 변환되는 에너지율 측정 단위. 일례로, 빛으로 변환되는 전구의 전기 에너지를 들 수 있다. 19세기 증기 엔진의 발명가인 제임스 와트의 이름을 따서 지어진 이름.

**우현(Starboard)**
전방을 향했을 때 선박의 우측면을 일컬음. 좌현 참조.

**운동에너지(Kinetic energy)**
움직임이 발생할 때 물체가 얻게 되는 에너지. 물체의 운동에너지는 속도의 제곱과 비례한다.

**원자(Atom)**
화학 요소의 기본 단위로, 다양한 수의 양자, 중성자, 전자로 구성된다.

**유전적(Genetic)**
생물의 형질을 결정하는 각 세포 코드인 유전자와 관련된 용어.

**이온(Ion)**
하나 이상의 전자를 얻거나 잃어 양전하를 띠게 되는 원자나 분자.

**자외선(Ultraviolet)**
전자기 방사선의 한 형태로, X선보다 짧은 파장을 지니며 인간의 눈에는 보이지 않는 광선. 특정한 양의 자외선은 신체의 비타민 D 생성에 도움을 주지만 너무 많은 자외선을 쪼이게 되면 피부가 타는 부작용이 나타난다.

**적경(Right Ascension)**
경도가 0인 지점으로부터 동쪽으로 천구의 적도를 따라 측정되며 시간, 분, 초로 표시.

**적외선(Infrared)**
가시광선 스펙트럼의 빨간색 끝 부분보다 큰 파장을 지닌 전자기 방사선. 적외선 카메라로 가열된 물체가 발산하는 적외선을 포착할 수 있다.

**전극(Electrode)**
물체나 장치로 전기를 전달하거나 전기 공급을 중단하는 전기 도체.

**전자(Electron)**
음전하를 전달하는 소립자.

**전자기(Electromagnetism)**
전기와 자기장의 상호작용.

**절연체(Insulator)**
유리나 플라스틱처럼 전기의 흐름을 방해하는 물질.

**제련(Smelting)**
광석을 가열하고 용해시켜 금속을 추출하는 것.

**좌현(Port)**
전방을 향했을 때 선박의 좌측면을 일컫는다. 우현 참조.

**주파수(Frequency)**
초당 측정되는 진동, 음성, 무선, 광파의 비율. 시간 단위당 음파처럼 반복적인 행위를 측정하는 데 사용된다. 고주파는 많은 파동과 단파장을 가리킨다. 파장 참조.

**중합체(Polymer)**
플라스틱을 위한 용어로 사용되는데, 나일론과 PVC처럼 구성단위가 대단히 유사한 분자 구조를 지닌 화학 합성물을 가리킴.

**지동설(Heliocentrism)**
태양계 중심에 태양이 존재한다고 가정한 학설. 갈릴레오가 이 학설을 주장할 때까지 지구가 우주의 중심이라는 학설이 지배적이었다. 천동설 참조.

**지렛대 받침(Fulcrum)**
지렛대를 움직이게 해주는 중심 지점으로, 지렛대 받침의 위치는 무거운 물체를 이동하는 데 있어 중요한 역할을 한다.

**지름(Diameter)**
한쪽에서 다른 쪽으로 원의 중심을 지나는 선의 길이. 반지름 참조.

**천구의 적도(Celestial equator)**
지구의 적도를 우주에 투영시킨 가상의 원.

**천동설(Geocentrism)**
지구를 우주나 태양계의 중심으로 가정한 학설로, 17세기까지 가장 유력한 학설이었다.

**철(Iron)**
적철광과 같은 광석에서 흔히 발견되는 단단하고 자성을 가진 은회색 금속 원소로, 지구 중심을 구성하는 주요 물질. 강철, 주철, 연철의 주요 구성물.

**청동(Bronze)**
구리와 주석의 합금.

**촉매(Catalyst)**
그 자체로는 영구적인 화학적 변화를 발생시키지 않으면서 화학 반응 비율을 높이거나 화학 반응을 자극하는 물질.

**캔틸레버(Cantilever)**
다른 끝은 받쳐지지 않은 상태로 한쪽 끝 부분으로만 고정되는 빔이나 플랫폼. 캔틸레버식 다리와 발코니에서 흔하게 볼 수 있다.

**케로신(Kerosene)**
원래는 램프용 기름의 상표명이었으나 현재는 제트 엔진과 지역난방의 연료인 연소 가능 탄화수소 액체를 언급하는 의미로 널리 사용된다. 영국과 남아프리카 공화국에서는 파라핀으로 부른다.

**클로로포름(Chloroform)**
트리클로로메탄이라고도 하는 무색의 휘발성 액체로 솔벤트 원료. 19세기에는 일반 마취제로 사용된다.

**클리트(Cleat)**
쐐기의 기능을 수행하여 로프의 미끄러짐을 방지하는 금속이나 나무 조각.

**킬로와트(Kilowatt)**
1,000와트와 동일한 단위로, 약 1.34 마력과 같다. 마력 참조.

**태양 관측 망원경(Helioscope)**
태양을 관찰하는 데 사용되는 기기로, 표면에 태양의 이미지를 투영하여 태양의 직접관찰로 인한 눈의 손상을 방지한다.

**테라와트(Terawatt)**
1조 와트의 전기와 동일한 단위.

**토크(Torque)**
축을 기준으로 물체를 회전시키는 힘으로, 작용하는 힘의 양과 축의 회전 시간에 기반하여 변동한다.

**트러스(Truss)**
건축과 다리 디자인에 사용되는 하중 지지 구조로, 2차원 혹은 더욱 복잡한 3차원 형태의 삼각형 모양으로 설계한 것이다.

**특허(Patent)**
발명품의 제조, 사용, 판매에 단독 권한을 부여하는 것.

**파라핀 왁스(Paraffin wax)**
원유에서 증류한 탄화수소의 가연성 왁스 고형물. 양초, 화장품, 광택제로 사용될 뿐만 아니라 봉인과 방수의 용도로도 사용된다.

**파장(Wavelength)**
빛, 음성, 물, 전자기파를 측정할 때 파장이 반복되는 최대치 간의 거리를 일컫는다. 주파수 참조.

**페놀(Phenol)**
콜타르에서 추출되는 흰색의 투명한 고형물. 묽은 용액 상태를 석탄산이라고 부르며 살균제로 사용.

**편각(Declination)**
천문학에서 편각은 천구의 적도상 북쪽이나 남쪽 지점의 각거리를 가리킨다. 이 용어는 또한 자기의 북극과 지리적 북극 사이의 각도 편위를 설명하는데 사용된다. 자기의 북극 참조.

**픽셀(Pixel)**
'picture element'의 약어로, 화면에 나타나는 이미지 상 가장 작은 정보의 단위를 의미. 픽셀 개수는 예를 들어 '5 메가 픽셀 디지털 카메라'처럼 이미지의 선명도를 설명하는 데 사용된다.

**합금(Alloy)**
두 개 이상의 금속 성분이 결합한 금속으로, 강도가 뛰어나고 부식에 대한 지향성이 높다.

**합성물(Compound)**
두 개 이상의 다른 요소가 화학적으로 결합된 물질. 혼합물과는 달리, 별개의 합성물 성분이 화학적으로 반응하여 전혀 다른 화학적 물질이 만들어진다.

**혼천의(Armillary Sphere)**
태양, 달, 지구의 관계와 별과 행성의 움직임을 나타내는 모델로, 황동 링과 후프로 만들어짐. 기원전 3세기경 그리스에서 최초로 개발되었으며 천동설보다는 지동설을 기반으로 제작될 만큼 중세 시대의 천문학자에 의해 많은 개선이 이루어졌다.

**혼합물(Composite)**
물리적 혹은 화학적 속성이 매우 다른 두 개 이상의 물질로 만들어진 혼합 물질로, 각 물질의 속성이 혼합물 구조 내에 개별적으로 남아있게 된다. 합판, 나무-플라스틱 합성물, 일부 적층판을 예로 들 수 있다.

**홀로그래프(Holograph)**
직접 작성한 문서를 일컫지만 현재는 삼차원으로 표현되는 사진 이미지를 의미.

**회로(Circuit)**
전류를 흐르게 하는 폐쇄 경로나, 그러한 경로를 함께 구성하는 전기 도체 시스템.

**흑연(Graphite)**
일부 바위의 미네랄로 생겨나는 탄소의 한 형태로, 연필이나 원자로에 사용된다.

**흑연(Plumbago)**
흑연(Graphite)의 예전 표기법. 흑연(Graphite) 참조.

# 발명가 인덱스

# 필자 소개

## (SA) 사이먼 애덤스

역사가이자 작가로 활동하고 있으며 런던에 거주하고 있다. 다수의 역사 관련 책에 원고를 기고해왔으며, 어린이 독자를 대상으로 『고대 로마』, 『제2차 세계대전』, 『타이타닉의 침몰』 등과 같이 다양한 주제로 50권 이상의 책을 저술했다.

## (CA) 클래어 애쉬튼

아일랜드 더블린 출생으로, 스코틀랜드 에든버러 대학에서 기계공학 전공으로 최우수 명예학위를 받았다. 현재 애버딘에서 기계공학자로 석유 및 가스회사에서 일하고 있다.

## (KB) 캐서린 볼

햄프셔에서 자랐으며 브리스틀의 웨스트잉글랜드대학에서 영어와 환경과학 학사 학위를 받았다. 현재 브리스틀에 거주하며 홍보 관련 일에 종사하고 있다.

## (JB) 짐 벨

레스터 대학에서 동물학 학사 학위를, 브리스틀의 웨스트 잉글랜드 대학에서 사이언스 커뮤니케이션으로 석사 학위를 마쳤다. 여러 과학센터와 온라인, 지역 라디오의 뉴스 캐스터로 일하고 있다.

## (SB) 스튜어트 벨

런던에서 태어났으며 바스대학교와 웨스트 잉글랜드 대학교에서 응용생물학으로 학위를 받았다. 현재 영국 캠브리지에서 교육실습 과학 선생님으로 활동 중이다.

## (RB) 리아즈 브우노

사우스햄튼 대학에서 화학과로 석사, 박사 학위를 마쳤다. 현재 스윈던에 살고 있으며 영국 연구 위원회에서 일하고 있다. 글쓰기를 즐기며 과학에 대한 열정을 갖고 대중을 열광시키면서 모든 과학

자가 괴짜는 아님을 증명하려고 노력한다. 잡지 『귀무가설』의 집필진이다.

## (HB) 해일리 버치

영국 브리스틀에 기반을 둔 프리랜서 작가이자 편집자이며 생명과학과 커뮤니케이션 학위를 받았다. 과학과 기술분야의 광범위한 주제에 대하여 다수의 책, 잡지와 웹사이트에 기고해왔다. 그의 연구 내용은 『자연』, 『화학의 세계』, 『리틀 블랙 북 오브 사이언스』와 『데일리 텔레그래프』에 잘 나타나 있다.

## (RBd) 리처드 본드

런던 대학교에서 생물학과 과학의 역사, 철학으로 학위를 받았다. 과학정책, 과학과 사회 분야에 대한 다양한 글을 써왔으며, 『귀무가설』에 익살스러운(본인이 그렇게 생각하는) 글인 '다른 실험실' 칼럼을 연재하고 있다.

## (CB) 크리스토퍼 브로프

유니버시티 칼리지 런던에서 물리학 중 우주과학 분야를 공부했고, 2005년에 왕립 천문학 학회의 특별회원으로 선출되었다. 어린 시절 그의 꿈은 특수정예부대가 되는 것과 견인식 트랙터와 고철을 재료로 하여 낡은 탱크를 만드는 것이었다. 현재 재정 분야에서 일하고 있다.

## (MB) 맷 브라운

과학자들을 위한 공간인 웹사이트 '네이처 네트워크'의 저술가 겸 편집자이다. 아내와 런던에 살고 있으며 아이폰을 사랑한다.

## (RBk) 레이첼 버크스

미국의 육지로 둘러싸인 주(州) 중의 하나인 네브래스카 주에서 공부하고 있는 순수 캘리포니아 주민이다. 현재 법의학과에서 석사학위, 화학과에서 박사학위를 끝마쳤다. 휴식시간에 드라마 '로 앤 오더(Law & Order)'를 즐겨보며, 어떤 책이든 속독한다. 래브라도견 왓슨과 함께 주로 시간을 보낸다.

## (TB) 테리 버로우스

저술가, 음악가이자 대학교수이다. 음

악, 비즈니스, 과학기술, 교육, 심리학, 미디어, 현대사와 같은 다양한 분야에서 50권 이상의 저서를 출간했다. 런던에 근거를 두고 생활 중이다.

## (LC) 루시 케이브

빈틈없는 항해사이며 항해술의 역사적 변천에 기여한 발전 과정에 대해 흥미를 보이고 있다. 과학을 공부 중이며 다양한 주제에 대해 글을 쓴다.

## (SC) 스테판 케이브

과학과 디자인, 과학기술을 공부하고 있으며 특히 일상생활 속에서 볼 수 있는 효과적인 디자인에 대해 관심을 갖고 있다. 독서, 럭비, 조정, 항해술에 대한 관심이 남다르다.

## (JC) 잭 첼로너

런던 임페리얼 단과 대학에서 물리학을 전공했고, 런던에 있는 과학박물관의 교육 부서에서 수 년간 일했다. 현재 과학 분야의 작가 겸 편집 자문위원으로 활동 중이며, 20권 이상의 유명한 과학 책들을 발행해왔다. 현재 영국 브리스틀에 거주하고 있다.

## (AC) 앤드류 채프먼

15년 이상 프리랜서 작가로 일하고 있으며 인류학과 계보학, 직업 문제, 연기와 같은 다양한 주제의 책을 발행해왔다. 출판업뿐만 아니라 인터넷 컨설턴트 등 전문적인 디자이너이자 에디터로 활동 중이며, 책을 추천해주는 유명한 웹사이트를 운영하고 있다.

## (JD) 조쉬 데이비스

고군분투하는 지구화학자로 현재 캐나다 앨버타 주에 있으나, 따뜻한 지방에 있는 회사에서 일자리를 제안한다면 기꺼이 받아들일 용의가 있다.

## (MD) 마이클 데이비스

오래 전부터 여행과 다양한 발명의 기원 조사를 하는 데 열정을 쏟았다. 현재 켄트에 거주하고 있으며 프리랜서 논객으로 런던에서 일하고 있다.

**(SD) 사라 드링크워터**

프리랜서 작가이자 저널리스트이다. 잡지와 신문에 글을 쓰고 있으며 르네상스 문학으로 유니버시티 컬리지 런던(UCL)에서 석사학위를 받았다. 2009년에 첫 소설을 내놓았다.

**(AE-D) 아만다 앨스던 듀**

결혼 전 성은 배튼으로, 뉴욕 대학교에서 영어와 역사로 학위를 받았다. 다양한 편집 일을 하고 있며, 책 발행인들을 위해 다년간 일해왔다. 현재는 성장한 자녀들과 함께 살면서 프리랜서 작가로 일하고 있다.

**(JF) 자넷 프리커**

생리학으로 학위를 받았고, 의학 간행물 'BMJ'부터 '더 란셋 투 더 데일리 메일'에 이르기까지 의학에 관한 많은 저서를 남겼다.

**(MF) 마거릿 프리커**

산업체와 공업전문 대학, 학교, 성인 교육 분야에서 일해왔고 최근에는 명예전문위원으로 활동했다. 물리학으로 이학학사와 문학 석사학위를 마쳤으며 교육학으로 석사, 박사학위를 마쳤다.

**(MG) 맷 깁슨**

여덟 살부터 컴퓨터 프로그래밍을 해왔다. 워릭 대학교를 졸업하고 성인기를 IT 산업 분야에서 보냈다. BBC에서 파트타임으로 일하던 시절 저널리즘에 빠져들었으며, 현재에는 북 리뷰에서 유명 인사들의 인터뷰에 이르기까지 모든 것을 주제로 글을 쓰고 있다. 타고난 런던 사람이지만, 우연한 기회로 브리스틀에 정착했다.

**(JG) 제임스 그랜트**

영어와 문학을 전공한 런던 킹스 대학교 졸업생이다. 예술 비평과 연극 작품을 소재로 글을 집필하며, 현재 서리에 살고 있다.

**(RG) 레그 그랜트**

폭 넓은 역사 관련 주제로 20권 이상의 책을 집필했다. 저서로는 『베를린 장벽

의 건설과 붕괴』, 『비행: 100년의 비행』, 『1900년부터 현재까지 영국의 생생한 역사』, 『암살』, 그리고 『군인: 전투원의 생생한 역사』가 있다.

**(SG) 사이먼 그레이**

셰필드할람 대학교에서 미디어를 공부했다. 현재 프리랜서 작가 겸 여행 플래너로 일하고 있다.

**(BG) 바니 그랜펠**

프리랜서라는 불확실한 직업에 뛰어들기 전, 런던 과학 박물관과 브리스틀 과학 센터에서 과학 지도사로 일했으며, 현재 많은 직업을 갖고 있다. 그의 업무에는 과학, 커뮤니케이션, 뉴미디어, 집필 등이 있다.

**(DHk) 데이비드 호크셋**

본래 천체물리학자였으나 지금은 모든 과학과 기술을 주제로 집필, 편집, 상담을 하고 있다. 기네스북 세계 기록을 세운 수석 객원 컨설턴트이고, BBC, 루카스필름, 스타체이서社를 포함한 기업의 프리랜서로 활동하고 있다.

**(RH) 레베카 헤르난데즈**

생화학을 공부했고 시애틀의 바이오테크 부문에서 8년간 일한 후 2006년 영국으로 이주했다. 과학 연구 외에도 취미로 과학 글쓰기와 교육을 하며, 여행, 드럼 연주와 플라밍고 춤으로 여가 시간을 보낸다.

**(LH) 리사 히츤**

프리랜서 겸 과학과 의학 저널리스트이다. '뉴 사이언티스트', '너싱 타임스'와 '영국 의학 저널'을 비롯한 다양한 간행물에 글을 기고했다. 단편소설 작가이자 시인이기도 하다.

**(EH) 엘리자베스 혼**

대학교에서 과학을 공부했으며 특히 사람들이 사는 방식에 과학적, 기술적 발달이 끼치는 영향에 관심을 갖고 있다. 광범위한 주제로 글을 쓰고 교육 관련 출판사에서 일하고 있다.

**(DH) 데이비드 휴즈**

천문학과 물리학으로 학사학위를 받고, 42년간 셰필드 대학교에서 학생들에게 강의했다. 천문학과 교수로 근무했으며 태양계의 작은 행성과 천체물리학 역사를 연구했다. 2007년에 정년 퇴임했다.

**(DaH) 데이비드 후터**

독일에서 태어나 청소년기를 영국과 프랑스에서 보냈다. 고등학교 졸업 후 이탈리아로 가서 경제학을 공부했으나 결국은 헛된 시도로 끝났다. 2년 후 문예 창작과 종교학 공부를 위해 영국의 미들섹스 대학교에 다녔으며 졸업 후 현재 런던에서 프리랜서 작가 겸 에디터로 일하고 있다.

**(AI) 앤드류 임페이**

2005년 브리스틀 대학교를 졸업했다. 수분과 바다오리류와의 관계 연구로 박사학위를 받았다. 현재 프리랜서 관광 가이드로 유럽을 돌며 박물학 투어를 안내하고 있다. 또한 많은 수상경력이 있는 잡지이자 온라인 소스인 『귀무가설, 불가능한 과학 저널』의 공동 창립자이며, 데일리 텔레그래프에서는 이 잡지를 "과학 세계의 비밀의 눈"이라 평했다. 이 잡지의 목표는 유머를 이용하여 과학에 대한 대중의 의식과 이해의 폭을 넓히는 것이다.

**(HI) 한나 이솜**

맨체스터 대학교에서 생물의학을 공부했다. 현재 리즈에 거주하며 출판·신문 저널리즘에 대한 석사 과정을 공부 중이다.

**(AK) 앤 케이**

다년간의 경험이 있는 작가 겸 에디터이다. 일생 동안 많은 주제에 매달렸고, 우리가 매일 쓰는 것들이 어떻게 생겨났는가에 대해 특별한 관심을 갖고 있다. 현재 브리스틀 대학교에서 대학원 과정을 공부하고 있다.

**(DK) 더글라스 킷슨**

과학언론학을 공부하러 브리스틀에 가기 전 워릭에서 수학과 물리학을 공부했

다. 영화와 과학을 좋아하며, 덥수룩한 머리를 하고 있다.

### (AKo) 안드레이 코빌린크
과학 저널리스트 겸 웹사이트 'First-Science.com'의 전직 에디터이다.

### (JL) 제인 랭
삽화가 든 논픽션 분야에 20년 이상의 경력을 쌓은 작가 겸 에디터이다. 서양 미술과 역사를 전공했으며, 『시슬리 메리 베이커와 그 예술』의 저자이자 『현대 세계의 생생한 역사』의 주요 필자였다.

### (CL) 크리스 로체리
리즈 대학교에서 문예 창작을 공부했다. 졸업 후 학자금 대출을 갚기 위해 요크셔의 생일파티 자리를 돌아다니며 어린이들에게 흥미로운 방식으로 과학을 가르쳤다. 런던에 거주하면서 작가로 활동하고 있으며, 때때로 두바이와 피터버러의 극단을 위해 피아노 연주를 한다.

### (BMcC) 제임스 맥칼럼
데이비드슨 컬리지에서 생물학으로 학사 학위를 받았고 사우스캐롤라이나 의과대학에서 의학을 전공했다. 미국 사우스캐롤라이나주, 콜롬비아에 있는 임상 내과에서 대학의 입원진료전문의와 부교수로 활동 중이다.

### (JM) 제이미 미들턴
생화학으로 학위를 받았고 과학 분야의 모든 것에 열정을 품고 있다. 프리랜서 작가 겸 에디터로서의 삶을 살고 있으며, 현재는 바스에서 아내, 아이와 함께 살고 있다.

### (BO) 브라이언 오웬스
캐나다에서 태어났으며 생물학으로 학사 학위를 받았다. 런던으로 옮겨와서 과학언론학으로 석사 학위를 받았다. 현재 두 과학 정책 회보인 '리서치 포트나이트', '리서치 유럽'의 신문 편집자이다.

### (TP) 탐신 피커렐
미술사를 공부했고 이탈리아에 대해 더 깊이 몰두해왔다. 광범위하게 세계 여러 지역을 여행하며, 미술, 과학, 발명, 경마에 관해 글을 쓰는 데 시간을 할애한다. 최근 저서로 『더 호스: 예술 속 말의 30,000년』, 『말 애호가의 바이블』, 『토스카나의 비밀』, 『인상주의자들』, 『반 고흐』와 『1001개의 역사유적』이 있다.

### (BP) 베키 풀
브리스틀 대학교에서 환경박사 과정을 마치고 연구 과학자로 일하고 있다. 현재 통밀빵 속의 유전자 발현 환경의 효과를 연구 중이며 연구실에서 밀 종류 식물을 돌보고 데이터를 분석하고 있다. 과학의 모든 면에 대해서 글 쓰는 것을 즐기며 웹사이트인 'the naked scientists.com'에 많은 기사를 기고해왔다.

### (HP) 헬렌 포터
영국에서 태어났고 타이완, 싱가포르, 가이아나에서 살았다. 캠브리지 대학교에서 자연과학으로 학부와 학사 학위를 받았고 현재는 생물화학으로 박사 과정을 밟고 있다. 열정적인 리더이자 댄서이고 팬터마임에서는 악역을 맡았다. 또한 『귀무가설』의 필자이다.

### (SR) 스티브 로빈슨
옥스퍼드에서 저널리즘을 공부하고 있으며 과학 발행물의 프리랜서 작가로 활동하고 있다.

### (LS) 레일라 세터리
16세의 어린 나이에 글래스고 깊숙한 곳에서 벗어나 섬나라인 성 안드레로 이주했다. 5년간 물리학을 공부하고 학사학위를 받았다. 그래스고와 옥스퍼드 대학교에서 연구를 수행했고 현재 공학-물리과학 연구위원회에서 일하고 있다.

### (ES) 에릭 슐츠만
미국인으로 박사 과정을 공부하는 천문학자이며 1999년 출판된 유명한 과학책 『시간의 역사』의 저자이다. 그의 저작은 북미, 유럽, 아시아 등지의 잡지, 신문, 라디오 등에 실렸다. '200자의 우주 역사'를 포함한 다수의 기사를 썼던 '더 매드 매거진 오브 사이언스'에 기억에 관한 글을 쓰고 있으며 '기발한 연구 연보(AIR)'의 위원회 회원이다.

### (FS) 페이스 스미스
영국에서 태어났으며 동물학으로 학사 학위를 마쳤다. 몇 년간 지역 신문에 칼럼을 기고했으며, 현재는 수의기생충학으로 박사 과정을 밟고 있다.

### (SS) 스튜어트 스미스
미국에서 태어났으며 생물학으로 학사 학위를 받았고 의학 학위까지 미국에서 마쳤다. 의학을 계속 실습하고 가르치고 있으며 종종 글을 쓰기도 한다.

### (BS) 배리 스톤
호주 멜버른 출생으로 치섬 국립전문대학에서 여행, 창작, 문학과 사진학 학위를 이수했다. 현재 각종 신문과 잡지에 여행, 건축, 현대사 관련 글을 기고하고 있다.

### (FW) 프란시스카 위긴스
남부 링컨셔 출신이지만, 에든버러 대학교에서 기계공학을 전공했다. 현재 항구에서 선박 검사원으로 세계를 돌며 활동 중이다.

### (LW) 로간 라이트
캐나다에 살고 있으며, 현재 엔지니어링 학사 과정을 공부 중이다. 예술보다 공학이 더 중요하다고 생각한다.

### (TZ) 토머스 젤러
미국 컬리지 파크에 위치한 매릴랜드 대학교의 역사학 부교수이다. 『독일로의 운전: 독일 아우토반의 경관, 1930-1970』(2007)의 저자로, 전집 『자동차 앞 유리를 넘어선 세계: 미국과 유럽의 도로와 경관』(2008), 『강의 역사: 유럽과 북미 운하의 원경』(2008), 『나치는 얼마나 친환경적이었나?』 자연, 환경, 그리고 제3제국』(2005), 그리고 『독일의 자연: 문화적 경관 그리고 환경의 역사』(2005)을 공동 편집했다.

**사진 출처**

Every effort has been made to credit the copyright holders of the images used in this book. We apologize for any unintentional omissions or errors and will insert the appropriate acknowledgment to any companies or individuals in subsequent editions of the work.

20–21 © Jesper Jensen/Alamy 22 John Reader/Science Photo Library 25 The Art Archive/Musée Guimet Paris/Dagli Orti 26 The Art Archive/Egyptian Museum Turin/Dagli Orti 27 The Bridgeman Art Library 29 Science Museum 31 The Bridgeman Art Library 32 Alamy 34 Cintract Romain/Age Fotostock 36 The Art Archive/Musée Guimet Paris/Dagli Orti 37 The Art Archive/Private Collection/Dagli Orti 38 The Art Archive/British Museum/Dagli Orti (A) 41 The Art Archive/Musée du Louvre Paris/Dagli Orti 42 The Bridgeman Art Library 43 The Art Archive/Dagli Orti 45 akg-images/Erich Lessing 46 Corbis 47 Catalhoyuk Research Project 49 The Art Archive/Topkapi Museum Istanbul/Dagli Orti 50 The Art Archive/Dagli Orti 51 The Bridgeman Art Library 53 The Art Archive/Dagli Orti 54 The Art Archive/Bardo Museum Tunis/Dagli Orti 57 The Bridgeman Art Library 59 The Art Archive/Diozesanmuseum Trier/Dagli Orti 61 Gianni Dagli Orti/Corbis 63 The Art Archive/Dagli Orti 65 Kimbell Art Museum/Corbis 66 Västerbottens museum 67 Frederico Formenti/University of Oxford 69 The Art Archive/Museo Nazionale Reggio Calabria/Dagli Orti 71 The Art Archive/Dagli Orti 73 The Art Archive/Dagli Orti 75 The Bridgeman Art Library 77 The Art Archive/Musée du Louvre Paris/Dagli Orti 78 Dinodia 79 Photo Scala, Florence 81 akg-images/Erich Lessing 82 The Art Archive/Egyptian Museum Cairo/Dagli Orti 85 Hip/Scala, Florence 87 Chris Cheadle/Alamy 88 Science Museum 89 The Art Archive/Musée du Louvre Paris/Gianni Dagli Orti 91 The Bridgeman Art Library 93 Mary Evans Picture Library 2008 94 The Art Archive/Dagli Orti 95 Christel Gerstenberg/Corbis 97 The Art Archive/British Museum/Dagli Orti 99 The Bridgeman Art Library 100 Hip/Scala, Florence 101 Louvre, Paris, France/The Bridgeman Art Library 102 akg-images/John Hios 103 akg images 104 The Art Archive/Musée Romain Nyon/Dagli Orti 105 Science Museum 107 Werner Forman Archive/Scala, Florence 108 Bibliotheque Nationale, Paris, France/Archives Charmet/The Bridgeman Art Library 111 akg-images/Erich Lessing 112 The Bridgeman Art Library 115 The Art Archive/British Museum/Eileen Tweedy 117 The Art Archive/Archaeological Museum Cividale Friuli/Dagli Orti 119 David Lees/Corbis 120 Dragon News/Rex Features 122 Science Museum 123 The Bridgeman Art Library 124–125 © Hans Delnoij/Alamy 127 The Hammer Museum 129 The Stapleton Collection/The Bridgeman Art Library 131 akg-images 132 Ben Plewes Travel Photography/Alamy 133 Mary Evans Picture Library 134 The Art Archive/Historiska Muséet Stockholm/Alfredo Dagli Orti 135 Hugh Threlfall/Alamy 137 akg-images/British Library 139 North Wind Picture Archives/Alamy 140 Fitzwilliam Museum, University of Cambridge, UK/The Bridgeman Art Library 142 The Bridgeman Art Library 143 Interfoto Pressebildagentur/Alamy 144 Science Photo Library 145 akg-images 146 The Bridgeman Art Library 148 akg-images 149 Ladi Kirn/Alamy 150 The Art Archive 152 The Art Archive 154 akg-images 155 The Art Archive 157 akg-images 158 The Bridgeman Art Library 159 Scala 160 The Art Archive/Museo Correr Venice/Alfredo Dagli Ort 163 Science Museum 164 Gutenberg-Museum, Mainz 165 Scala 167 Science Museum 168 © Bettmann/Corbis 170 Science Museum 173 Wellcome Images 174 Scala 176 Science Museum 177 Heidelberg University, Germany 178 Photo Scala, Florence 2004 179 Scala, Florence—courtesy of the Ministero Beni e Att. Culturali 180 Scala Florence/Hip 182 Dave King/Dorling Kindersley, Courtesy of The Science Museum, London 185 Science Museum 186 Science Museum 188 The Bridgeman Art Library 190 The Art Archive/Eileen Tweedy 191 Science Museum 192 Science Museum 194 Dave King/Dorling Kindersley, Courtesy of The Science Museum, London 195 Science Museum 197 Anna Clopet/Corbis 197 The Bridgeman Art Library 198 Corbis 199 Science Museum 200 DK Limited/Corbis 203 The Bridgeman Art Library 204 Getty 206 Science Museum 207 Science Museum 208 DK Limited/Corbis 211 Science Museum 212 Science Museum 215 Science Museum 215 Wellcome Images 216 The Art Archive/Collection J. M. Demange Paris/Gianni Dagli Orti 218 George Bernard/Science Museum 219 Archives Charmet/The Bridgeman Art Library 220 Science Museum 221 Science Museum 222 Canadian War Museum in Ottawa, Canada 224 Mary Evans Picture Library/Alamy 224 Science Museum 225 Giraudon/The Bridgeman Art Library 227 Courtesy of the Warden and Scholars of New College, Oxford/The Bridgeman Art Library 228 Mary Evans Picture Library 230 Science Museum 230 Science Museum 231 Science Museum Pictorial 232 Science Museum 232 Science Museum 235 Science Photo Library 236 Bridgeman Art Library 237 Wellcome Library, London. Wellcome Images 238 Science Museum 239 Science Museum 240 akg-images 241 Alamy 242 Hip/Scala, Florence 243 Science Museum 244–245 © Colin Garratt; Milepost 92 ½/Corbis 246 Wellcome Images 247 Bettmann/Corbis 248 The Bridgeman Art Library 249 Bettmann/Corbis 250 Interfoto Pressebildagentur/Alamy 252 Mary Evans Picture Library 253 Lordprice Collection/Alamy 255 Science Museum 256 Mary Evans Picture Library 258 McCord Museum 259 Bettmann/Corbis 260 Science Museum 261 Schenectady Museum; Hall of Electrical History Foundation/Corbis 263 Science Museum 264 Science Museum 265 Science Museum 267 Science Museum 269 Getty Images 270 Science Museum 271 Wellcome Images 273 Science Museum 274 The Bridgeman Art Library 275 Clive Streeter © Dorling Kindersley, Courtesy of The Science Museum, London 276 Vic Fowler/Rex Features 277 NMeM Science Museum 278 Science Museum 279 Mary Evans Picture Library 280 Mary Evans Picture Library 281 Beverly Wilgus 282 Bettmann/Corbis 283 akg-images 284 Mary Evans Picture Library 285 Getty Images 286 Bridgeman Art Library 287 Science Museum 289 © Bettmann/Corbis 290 The Bridgeman Art Library 291 © Swim Ink 2, LLC/Corbis 292 © Chad Davis/Alamy 292 © Bettmann/Corbis 295 The Bridgeman Art Library 295 Science Museum 296 Roger-Viollet/Topfoto 296 DK Limited/Corbis 298 National Museum of American History/Smithsonian 299 Science Museum 301 Science & Society Picture Library/Science Museum 301 Science Museum 303 Science Museum 304 Getty 304 Science Museum 305 The Print Collector/Alamy 305 Dave King © Dorling Kindersley, Courtesy of The Science Museum, London 307 Science Museum 308 Geoff Brightling © Dorling Kindersley 309 Gady Cojocaru/Alamy 310 Science Museum 311 Science Museum 312 Time & Life Pictures/Getty Image 313 Getty Images 315 Science Museum 315 Science Museum 316 akg-images 317 Getty Images 319 Antiques & Collectables/Alamy 319 Hip/Scala, Florence 320 Science & Society Picture Library/Science Museum 321 Science Museum 323 Schenectady Museum; Hall of Electrical History Foundation/Corbis 324 Science Museum 325 Sam Ogden/Science Photo Library 328 Bettmann/Corbis 329 DK Images 330 Science Museum 332 Ronald Pearson 334 Science Museum 335 Advertising Archives 336 Corbis 337 Sarah Quill/Alamy 339 Science Museum 340 The Advertising Archives 343 © Syd Brown 344 Science Museum 345 Science Museum 346 Mary Evans Picture Library 348 Science Museum 350 Science Museum 351 Science Museum 353 Science Museum 354 Historial de la Grande Guerre © Yazid Medmoun 356 Science Museum 357 Science Museum 358–359 Science Museum 361 Courtesy the National Firearm

Museum, Fairfax, VA **362** NMeM, Science Museum **363** Science Museum **365** Science Museum **367** U.S. National Archives and Records Administration **368** Hulton Archive/Getty Images **370** Imperial War Museum **371** akg-images **373** The Art Archive/Culver Pictures **374** Topical Press Agency/Getty Images **376** Three Lions/Getty Images **378** Mary Evans Picture Library 2008 **379** Boyer/Roger Viollet/ Getty Images **381** Shutterstock **382** Courtesy Stanley **383** Science Museum **385** Vintage Power And Transport/Mark Sykes/Alamy **386** DK Images **387** Harry Vos/www.the-canopener.com **389** Corbis **390** Dave King © Dorling Kindersley **391** Bettmann/Corbis **393** Bettmann/ Corbis **395** The Advertising Archives **396** Tyco Fire & Building products **397** Science Museum **399** Science Museum **400** Science Museum **401** Science Museum **402** Fox Photos/Getty Images **403** Mansell/Time & Life Pictures/Getty Images **404** Mary Evans Picture Library 2008 **406** Science Museum **407** Hulton Archive/Getty Images **409** Stuart Forster/Alamy **410** Science Museum **411** Jan Willem Bech **412** Science Museum **413** Mary Evans Picture Library **414** Boyer/Roger Viollet/Getty Images **416** Science Museum **417** David Kilpatrick/Alamy **419** Corbis **420** Science & Society Picture Library/Science Museum **424** Stockbyte/Getty Images **425** Clive Streeter © Dorling Kindersley, Courtesy of The Science Museum, London **426** Hulton Archive/Getty Images **427** Schenectady Museum; Hall of Electrical History Foundation/Corbis **428** The Art Archive/Dagli Orti **431** Science Museum **433** U.S. National Archives and Records Administration **434** Otis Elevator Company **435** Bettmann/Corbis **436** Science & Society Picture Library **437** Science & Society Picture Library **439** Fox Photos/Getty Images **440** Science & Society Picture Library **441** Science & Society Picture Library **443** Daimler **443** Daimler **445** Daily Herald Archive/Science & Society Picture Library **446** Science Photo Library **447** Hip/Scala, Florence **448** Science Museum **451** Fox Photos/Getty Images **453** Shawn Flock **455** Mary Evans Picture Library 2005 **456** Clive Streeter, Dorling Kindersley, Courtesy of The Science Museum, London **457** Hulton Archive/Getty Images **459** www.vintageinternetpatent.com **460** Underwood & Underwood/Corbis **461** Bettmann Corbis **463** Science Photo Library **464** National Museum of Photography & Corbis **464** Corbis **467** Mary Evans Picture Library 2005 **468** akg-images **471** Corbis **472** Corbis **475** National Media Museum/Science Photo Library **477** Otis Elevator Company Archives **478** Wenger SA **479** SNA Europe **481** ABI Europe **482–483** © David Muscroft/Alamy **484** Sheila Terry/science Photo Library **485** Science Photo Library **487** Getty Images **488** Dorling Kindersley **489** GEA WestfaliaSurge Inc. **491** Universität Heidelberg **492** Bettmann/Corbis **493** National Media Museum/Science Photo Library **494** Kodak Collection/NMeM/ Science Photo Library **496** Science Photo Library **497** Science Photo Library **500** The History of Advertising Trust **501** Science Photo Library **503** The Art Archive **504** Getty Images **505** General Photographic Agency/Hulton/Getty Images **506** Science Museum **506** Mary Evans Picture Library 2008 **507** Science Museum **507** NMeM - Kodak Collection/Science Museum **509** Getty Images **510** Popperfoto/ Getty Images **511** Bettmann Corbis **512** Science Photo Library **513** Science Photo Library **517** Carrier Corporation **518** Shutterstock **519** Motoring Picture Library/Alamy **521** Dave Rudkin © Dorling Kindersley **522** FPG/Hulton Archive/Getty Images **523** Science Photo Library **524** Crayola **528** Science Museum **529** Underwood & Underwood/Corbis **530** Getty Images **531** Getty Images **532** Science Museum **533** Science Museum **534** Science Museum **536** PhotoPower/Alamy **538** Bernard Hoffman/Time Life Pictures/Getty Images **539** Science Museum **540** Corbis **542** Mike Dunning © Dorling Kindersley, Courtesy of The Science Museum, London **543** MoMA, New York/Scala, Florence **546** Science Museum **546** Science Museum **547** Science Museum **549** Science Museum **551** Science Museum **553** Fox Photos/Getty Images **555** Time Life Pictures/Pix Inc./Time Life Pictures/Getty Images **556** Science Museum **560** DeAgostini Picture Library/Scala, Florence **561** John Martin, Science Museum **562** Science Museum **563** Science Museum **565** Science Museum **567** Hulton Archive/Getty Images **569** General Photographic Agency/Getty Images **570** The Bridgeman Art Library **572** Science Museum **573** Dave King © Dorling Kindersley, Courtesy of The Science Museum, London **575** Utilisation Presse/Edition uniquement, akg-images **578** Photodisc/Alamy **580** Bettmann Corbis **582** Science Museum **583** Science Museum **585** General Photographic Agency/ Getty Images **586** Minnesota Historical Society **588** Hulton-Deutsch Collection/Corbis **589** Bettmann Corbis **591** Hulton-Deutsch Collection/Corbis **592** Bettmann Corbis **593** National Media Museum/Science Museum **594** Bettmann Corbis **596–597** Corbis RF/Alamy **598** Antiques & Collectables/Alamy **598** Kodak Collection/NMeM/Science Museum **600** Science Museum **601** Corbis **602** Science Museum **603** Science Museum **605** Daily Herald Archive/NMeM/Science Museum **607** Science Museum **608** Bettmann Corbis **611** Mary Evans Picture Library 2008 **612** De Agostini Picture Library, Scala, Firenze **613** Bettmann/Corbis **614** Hulton-Deutsch Collection/Corbis **615** George W. Hales/Fox Photos/Getty Images **616** Dave Rudkin © Dorling Kindersley **618** JupiterImages/Brand X/Alamy **620** Photo Researchers/science Photo Library **623** akg-images/RIA Nowosti **625** Ray Tang/Rex Features **626** NASA **629** Science Museum **631** Time Life Pictures/Getty Images **632** Redfx/Alamy **633** Gerard Tel **635** Harry Todd/Fox Photos/Getty Images **637** Hip/Scala, Florence **639** R. Gates/Hulton Archive/Getty Images **640** Science Museum **641** Science Museum **643** Dmitri Kessel/Time Life Pictures/Getty Images **644** Peter Stackpole/Time Life Pictures/Getty Images **646** Bettmann Corbis **647** Alfred Eisenstaedt/Pix Inc./Time & Life Pictures/ Getty Images **648** Science Museum **649** Science Museum **650** Detlev Van Ravenswaay/Science Photo Library **651** Popperfoto/Getty Images **653** Motorola, Inc. **654** John Loengard/Time Life Pictures/Getty Images **656** The Art Archive/Culver Pictures **657** Dmitri Kessel/ Time Life Pictures/Getty Images **659** George Konig/Keystone Features/Getty Images **661** Daily Herald Archive/NMeM/Science Museum **662** Utilisation Presse/Edition uniquement/akg-images **664** Fred Ramage/Getty Images **666** Matthew Richardson/Alamy **667** Courtesy of the Collection of the Australian National Maritime Museum, Darling Harbour, Sydney **668** Fritz Goro/Time Life Pictures/Getty Images **670** Science Museum **671** Los Alamos National Laboratory/Science Photo Library **673** Lawrence Berkeley National Lab **674** Science Museum **675** Canada Science and Technology Museum Corporation **676** The Advertising Archives **679** Daily Herald Archive/NMeM/ Science Museum **681** Science Museum **682** Dittrick Medical History Center, Case Western Reserve University **683** National Media Museum/Science Museum **685** Smithsonian Institution/Corbis **686** Michael Ochs Archives/Getty Images **688** Fritz Goro/Time Life Pictures/Getty Images **689** Hulton-Deutsch Collection/Corbis **690** Science Museum **691** Science Museum **692** Neal Preston/Corbis **695** Science Museum **698** Courtesy of Dr. Gary Enever/Royal Victoria Infirmary **698** Margaret Bourke-white/Time & Life Pictures/Getty Images **701** NMPFT/Daily Herald Archive/Science Museum **703** Jean Gaumy/Magnum Photos **705** Tetra Pak **706-707** © Corbis Sygma **708** Michael Rougier/Time Life Pictures/Getty Images **709** Science Museum **710** Bettmann Corbis **711** Al Fenn/Time Life Pictures/Getty Images **713** The Advertising Archives **715** Daily Herald Archive/NMeM/Science Museum **716** Al Fenn/Time Life Pictures/Getty Images **717** J. R. Eyerman/Time Life Pictures/Getty Images **719** Bettmann Corbis **720** Edward Kinsman/Science Photo Library **721** Dorling Kindersley **722** Dr. Najeeb Layyous/Science Photo Library **724** Hulton Archive/Getty Images **725** Photodisc/Alamy **726** David Murray, Dorling Kindersley **727** Bettmann Corbis **728** Alfred Pasieka/Science Photo Library **729** AFP/Getty Images **730** Science Museum **731** Bettmann Corbis **733** NASA **733** Science Photo Library **735** The Advertising Archives **737** Document General Motors/Reuter R/ Corbis Sygma **737** Science Museum **738** Science Museum **739** The Advertising Archives **740** Tim Boyle/Getty Images **741** Science Museum **742** Louie Psihoyos/Corbis **745** Ria Novosti/Science Photo Library **749** Hulton Archive/Getty Images **751** Kent Gavin/Keystone/

Hulton Archive/Getty Images **752** David Parker/Science Photo Library **753** Manchester Daily Express **754** Courtesy Pilkington United Kingdom Limited **755** Science Museum **756** Science Photo Library **758** Mary Evans Picture Library/Alamy **760** Amy Trustram Eve/Science Photo Library **761** George Steinmetz/Corbis **763** NASA **764** Giphotostock/Science Photo Library **765** Ferranti Electronics/A. Sternberg/Science Photo Library **766** Science Museum **767** Image Source/Corbis **768** Istock **769** The Coca-Cola Company/The Advertising Archives **770** Hank Morgan/Science Photo Library **772** Steve Shott © Dorling Kindersley **774** JupiterImages/Comstock Images/Alamy **775** Car Culture/Corbis **776** Hulton Archive/Getty Images **777** Bettmann Corbis **778** Muntz/Getty Images **785** General Electric **786** Justin S. Osborne/U.S. Navy/Reuters/Corbis **787** Jack Pritchard/Getty Images **789** Peter Ruck/Bips/Getty Images **790** Science Museum **790** Science Museum **792** Courtesy Leonard Herman **793** Bootstrap Alliance **794** Roger Ressmeyer/Corbis **795** Heinz Kluetmeier/Time & Life Pictures/Getty Images **797** Shutterstock **798** Phototake Inc./Alamy **801** David Scharf/Science Photo Library **802–803** Andy Piatt **805** Science Museum **807** NASA **808** Mediscan/Corbis **810** Science Museum **811** Motorola, Inc. **812** Courtesy of InPhase Technologies **813** Vintage Calculators **815** Vo Trung Dung/Corbis Sygma **817** Maximilian Stock Ltd/Science Photo Library **818** Roger Ressmeyer/Corbis **819** Science Museum **821** © Magimix **822** Wellcome Images **823** Hulton-Deutsch Collection/Corbis **824** Science Photo Library **825** NASA/Science Photo Library **826** Bettmann Corbis **827** Roger Ressmeyer/Corbis **828** Gregor Schuster/zefa/Corbis **829** Science Museum **830** Roger Ressmeyer/Corbis **833** Volker Steger/Science Photo Library **834** Shutterstock **835** Science Museum **836** Philippe Plailly/Eurelios/Science Photo Library **837** Image Source/Getty Images **838** Institute Archives **839** Kim Kulish/Corbis **840** Photodisc/Alamy **841** Curtesy Kodak **842** Roger Ressmeyer/Corbis **843** © Sony **845** Charles O'Rear/Corbis **846** Courtesy Porter Novelli **847** © Sony **849** Hank Morgan/Science Photo Library **850** Dyson **851** The Advertising Archives **854** TRW Corporation/Science Photo Library **855** NASA/Science Photo Library **856** Garo/Phanie/Rex Features **857** Philippe Psaila/Science Photo Library **859** Qilai Shen/epa/Corbis **861** LWA/Getty Images **863** Mauro Fermariello/Science Photo Library **864** www.protoolerblog.com **865** Science Museum **866** Matt Stroshane/Getty Images **867** National Aeronautics & Space Adm/Science Museum **868** Science Museum **870** Science Museum **871** Science Museum **873** Getty Images **875** Science Museum **876** Science Museum **877** Diageo Archives **878** James King-Holmes/Science Photo Library **881** Peter Menzel/Science Photo Library **883** Science Museum **884** Cordelia Molloy/Science Photo Library **884** Wellcome Images **886** Damien Lovegrove/Science Photo Library **887** Victor De Schwanberg/Science Photo Library **888** Eurelios/Science Photo Library **891** Simon Fraser/Science Photo Library **893** Don Farrall/Getty Images **894** O. Louis Mazzatenta/National Geographic/Getty Images **897** Patrick Dumas/Eurelios/Science Photo Library **898** CERN/science Photo Library **899** CERN 2008 **900** Courtesy of Chinook Medical Gear, Inc. **902** Andrea Matone/Alamy **904** Corbis **906** Science Museum **907** D. Roberts/Science Photo Library **909** Courtesy Haberman Associates **911** Zephyr/Science Photo Library **913** Jung Yeon-Je/AFP/Getty Images **914** Courtesy Trevor Baylis **916** bobo/Alamy **918** Gideon Mendel/Corbis **921** Volker Steger/Science Photo Library **922** Pasquale Sorrentino/science Photo Library **924** Vo Trung Dung/corbis Sygma **925** Marijan Murat/dpa/Corbis **926** Fa Changguo/Xinhua Press/Corbis **929** Hemcon/Capstrat **930** Yoshikazu Tsuno/AFP/Getty Images **932** NASA **935** Linna Photographics, Inc. **937** Courtesy of *What Hi-Fi? Sound and Vision* **939** Martial Trezzini/epa/Corbis

# 감사의 말

Quintessence would like to thank the following picture libraries, and in particular the individuals named:

Vera Silvani/SCALA Picture Library

Tom Vine/Science & Society Picture Library

Nick Dunmore/The Bridgeman Art Library

John Moelwyn-Hughes/Corbis

Hayley Newman/Getty Images

Jessica Talmage/Mary Evans Picture Library

Anna Mosley/The Art Archive


Quintessence would also like to thank the following individuals for their assistance in producing this book:

Helena Baser

Rebecca Gee

Neil Lockley

Ann Marangos

Bruce Nicholson

Fiona Plowman

Tobias Selin

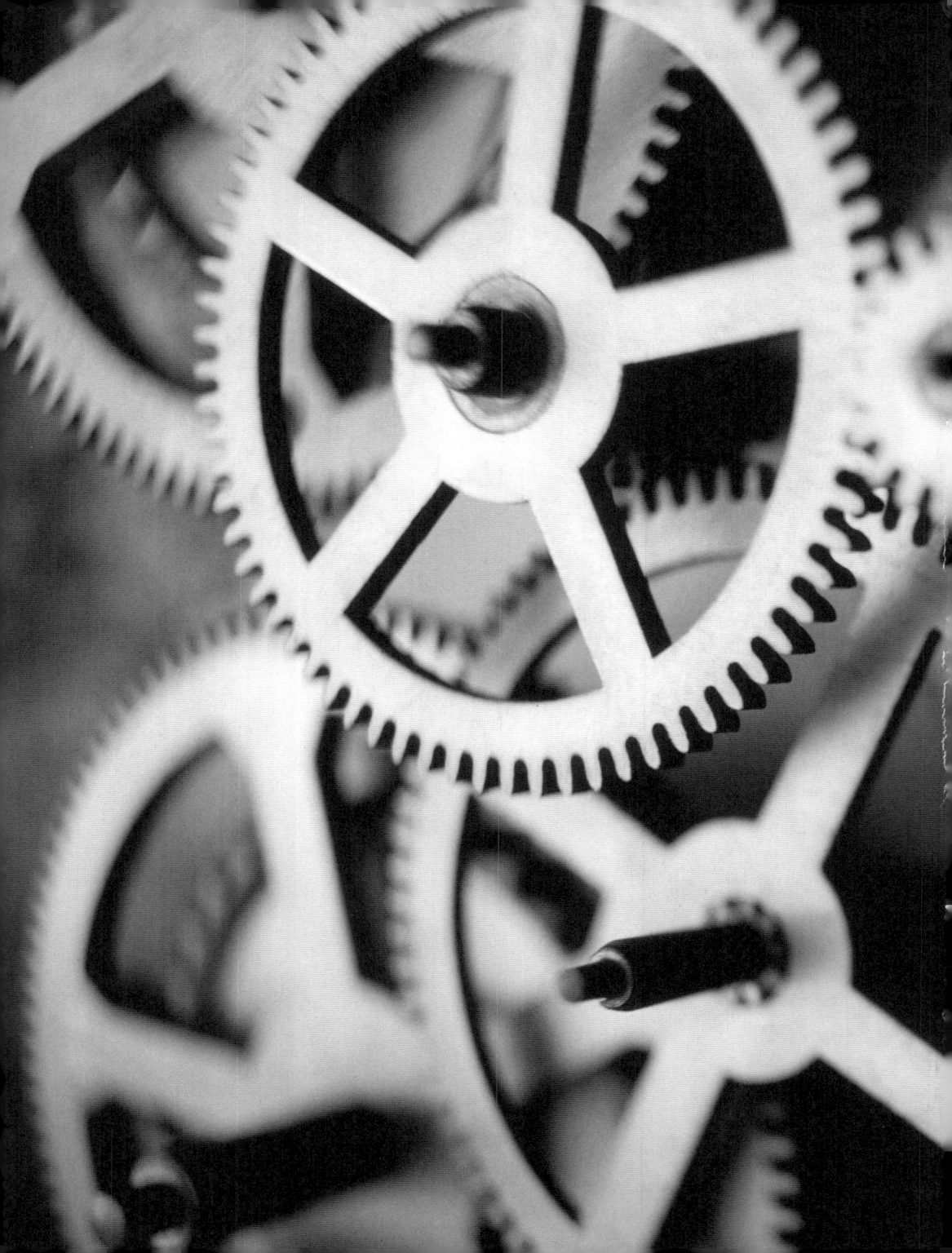